国家出版基金项目
NATIONAL PUBLICATION FOUNDATION

2013年国家社科基金项目“陈介祺研究”
（编号：13BF052）结项成果

陳介祺研究

（上）

孙敬明　吉树春　黄　可　主编

齊魯書社

图书在版编目（CIP）数据

陈介祺研究 / 孙敬明，吉树春，黄可主编. -- 济南：齐鲁书社，2021.11
ISBN 978-7-5333-4484-9

Ⅰ. ①陈… Ⅱ. ①孙… ②吉… ③黄… Ⅲ. ①陈介祺－人物研究 Ⅳ. ①K825.81

中国版本图书馆CIP数据核字(2021)第151380号

责任编辑：刘玉林　马安钰
责任校对：赵自环　王其宝
装帧设计：郭　觐　李　生　王曦泽

陈介祺研究
CHEN JIEQI YANJIU
孙敬明　吉树春　黄可　主编

主管单位	山东出版传媒股份有限公司
出版发行	齊魯書社
社　　址	济南市英雄山路189号
邮　　编	250002
网　　址	www.qlss.com.cn
电子邮箱	qilupress@126.com
营销中心	（0531）82098521　82098519　82098517
印　　刷	山东临沂新华印刷物流集团有限责任公司
开　　本	720mm × 1020mm　1/16
印　　张	98
插　　页	26
字　　数	1800千
版　　次	2021年11月第1版
印　　次	2021年11月第1次印刷
标准书号	ISBN 978-7-5333-4484-9
定　　价	600.00元（共三册）

编委会

项目主持人简介

孙敬明，字鑑泉，号辰生，潍坊人，1952年9月14日生。先于吉林大学考古专业毕业，复于吉林大学著名古文字学家于省吾教授主办的全国古文字讲师研究班结业。1993年被评为山东省文博系统最年轻研究员。曾任潍坊市文物管理委员会办公室副主任、主任等职。现为潍坊市博物馆特聘研究员，中国先秦史学会常务理事、中国殷商文化学会理事、中国钱币学会理事会学术委员会委员、山东省社会科学专家库成员、山东省文物专家委员会委员、山东省文物鉴定委员会委员、山东博物馆特聘研究员、山东省文博系统高评委，山东大学、山东师范大学、烟台大学兼职教授及研究生导师。

其积四十年之功，致力于齐地古文字、古兵器、古钱币、古国史与古文明之综合研究，立足海岱，面向天下；坚持辩证唯物主义与历史唯物主义观点，奉行王国维“二重证据法”。其以文物考古资料为基础，将之与古文字、古文献和民俗资料相结合，已对先秦30余个古国之历史文化悉心摭研，不唯齐、鲁、莒，还对其他古国之文化特征及与周边古国交往关系等自具识见。完成国家课题两项，其中一项获国家出版基金资助。迄今已在中华书局、文物出版社、齐鲁书社等出版学术专著10部，发表论文300余篇，获国家、省级奖项43项。

其参与主持发掘的青州龙兴寺遗址，入选1996年“全国十大考古新发现”、中国“百年百大考古发现”。

陈介祺塑像

十钟山房

十钟山房梁头彩绘

万印楼

陈介祺故居陈列馆

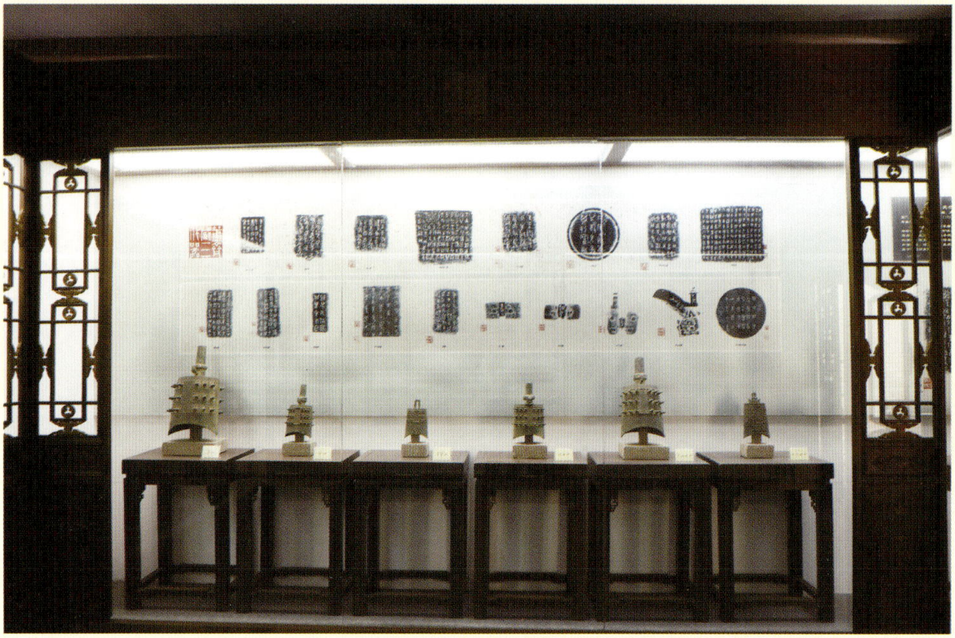

陈介祺藏周十一钟

陈介祺藏毛公鼎全形拓本

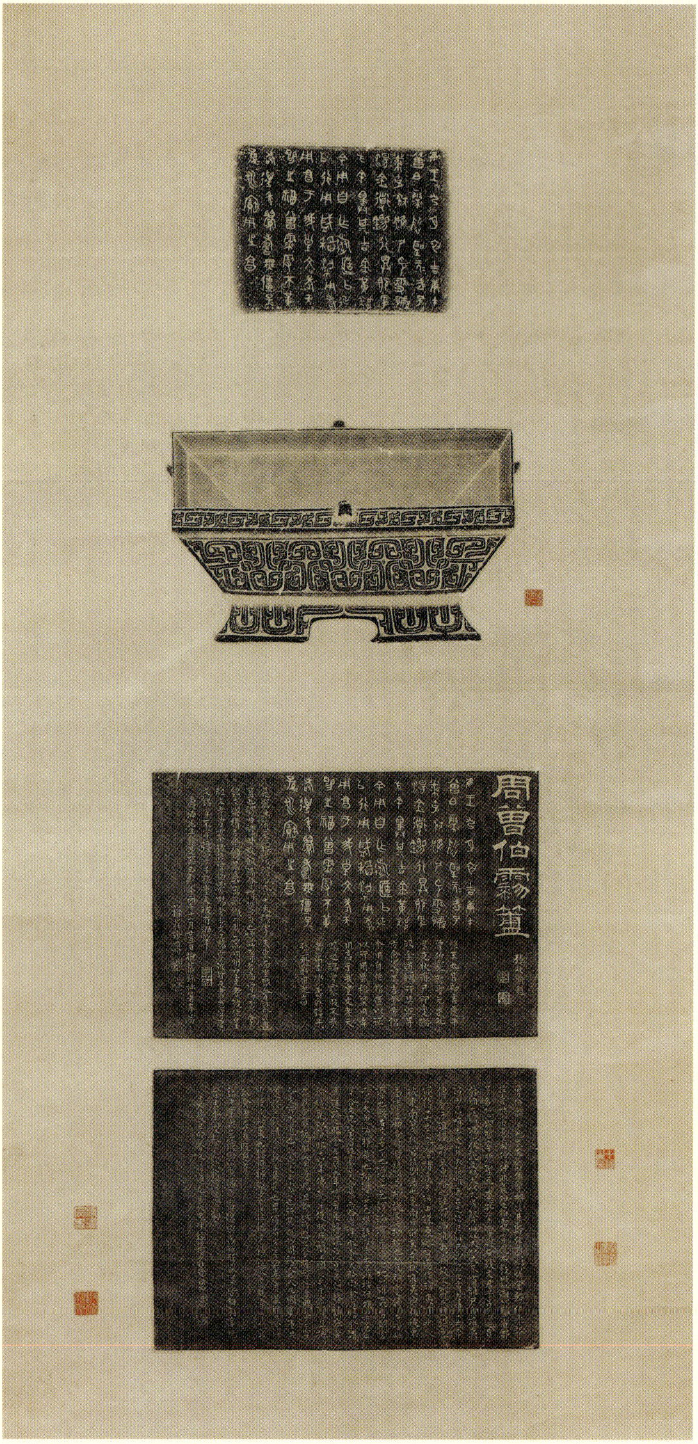

陈介祺藏曾伯簠全形
拓本

陈介祺藏鄂侯驭方鼎全形拓本

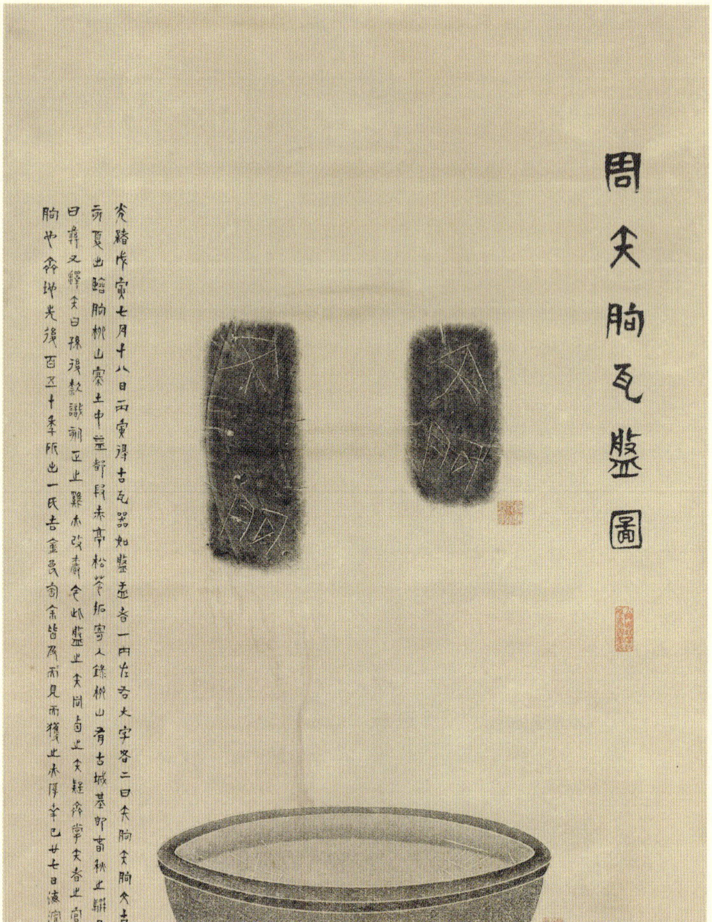

陈介祺藏周矢胸瓦盘
全形拓本

陈介祺藏秦砖拓本

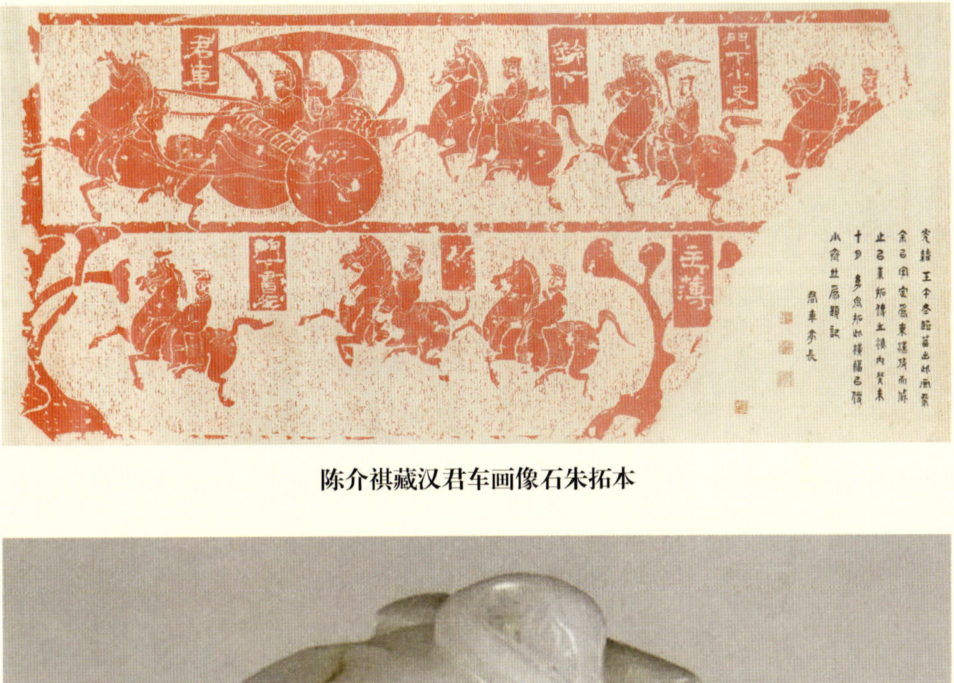

陈介祺藏汉君车画像石朱拓本

陈介祺藏汉婕伃妾娋玉印

弁　言

孙敬明

陈介祺在中国金石学、考古学与博物馆学之学术发展史上，是不可逾越的里程碑式人物；其无论对中国历史的认识补苴，对文物的收藏、研究与信息的传布，还是对传统经学到金石学再发展至新兴考古学演进过程中的卓越贡献，均应是“前无古人，后无来者”的。

但是，历史认知之路又往往是漫长而曲折的。在陈介祺身后百数十年间，学术界对其关注与研究，由于历史客观环境和条件的拘囿，在经历了上百年的沉寂冷清之后，才出现明显的转机。这一方面是因为社会的稳定发展和人们对历史事物认识的逐渐客观，另一方面是因为大量的考古新发现涉及当初陈介祺的收藏与研究，甚至有的考古与古文字研究专项科目则是由陈介祺所创立的。而陈介祺的学术贡献，是历史发展传承积淀所使然，所以陈介祺研究课题的选定与立项亦是历史发展之必然。

本课题的研究进展，一直受到国家及省市各级领导和专家的关怀与支持，得到国内外有关文物收藏研究单位、学术团体和个人的无私援助与鼎力襄赞；尽管由于历史原因，课题的立足点选择潍坊，但是学术界的热烈响应、积极参与，则犹如陈介祺文物资料广布天下那样绵延无尽与丰厚凝重，所以这部著作是承普天之下许多关怀和诸位学者共同努力的结果。因此笔者怀着对前贤大德的景仰之忱和对同时代学者的无限崇敬之心，不能不在开篇写下铭怀与感谢！

一、研究概况

对于陈介祺的研究可分三个阶段，第一阶段应为陈氏故去后的半个多世纪，即清代晚期至新中国成立之前。当时拘囿于社会条件，人们很难对陈氏有基本、客观的认识。偶见断片散简式的文论，亦多是对陈氏曾经收藏的某件文物进行的考释研究。陈氏收藏文物门类广繁，数量浩博，在当时条件下整理研究极费周章；又逢社会动荡，国家内外交困，风雨飘摇，大厦欲倾，且陈氏对文物研究著作之出版俱是追求精审完美，遂致其生前身后正式出版的著作较少。而洎今经星散云逸留存的陈氏文物、尺牍、手札、钱币、镜鉴，可谓遍布海内外。陈氏生前尤其归里潍县（今潍坊）之后，几乎只与国内数位著名的金石学家进行信札交流，尽管其在学术圈内备受推崇，但毕竟又是阳春白雪，和者盖寡，知者弥稀。加之其去世后半个多世纪内，王朝鼎革，动荡兵燹，故而对其本身与其藏品进行综合研究者可谓寥若晨星。

由于印学的应用与普及，社会对陈氏的初步认识，往往又从其著作《十钟山房印举》开始。1916 年 6 月至 9 月间，王国维致函远在日本的罗振玉，其中有 18 通中提及《十钟山房印举》，当王国维将新购此书越洋寄给罗振玉时，其信札云："原书分装百册。首古玺，次汉以后官印，次私印。私印之中复以'革带印'、'私印'、'之印'及'无印字'等分类，而各类中又以韵为姓之次弟，极有条理。……簠斋印此，分类排印，实其生平一大事业。而流传于世者，只有此本，实为可叹。"①

1918 年，风雨楼影印邓实辑《簠斋吉金录》，褚德彝、章炳麟分别为之作记、题辞，褚记云陈氏"因过于矜慎，及身竟未将藏器编集成书，好古家以为憾事"。章炳麟题辞曰"陈氏所集纸墨、椎拓之工精矣，稍附考订而不敢恣其辞。将所谓多见阙殆，慎言其余"。后来罗振玉编《三代吉金文存》，其中收录陈氏旧藏三代有铭青铜器数量较多。1924 年，梁启超称："山左金石最

---

① 吴泽主编：《王国维全集·书信》，中华书局 1984 年版，第 118～119 页。罗继祖《跋观堂书札》称："从一九一五年（民国四年）起，到一九二六年（民国十五年）即王先生逝世的前一年止，总共一百六十五通，其中我自藏的共一百〇四通。以一九一六、一七两年数量最多，因为这两年祖父客日本京都，王先生居上海，两地暌隔，所以通信频繁，以后随着踪迹的变化而变化，自然就减少了。"（参见吴泽主编：《王国维全集·书信》，中华书局 1984 年版，第 474 页。）

富。自顾亭林来游，力为提倡，厥后黄小松（易）宦斯土，搜剔日广，斯土学者亦笃嗜之，有以名其家者。海丰吴子苾（式芬）、诸城刘燕庭（喜海）、潍县陈簠斋（介祺）、黄县丁彦臣（彦臣）、福山王莲生（懿荣），皆收藏甚富，而考证亦日益精审。故咸同光间金石学度越前古，而山东学者为之魁。"①

新中国成立前，山东博雅之士王献唐先生主政山东省图书馆，极为注重对海岱地区金石文物与善本古籍的征集与研究，并且十分推崇潍县陈介祺与日照许瀚。王献唐评价陈介祺称："此老研精金石，对于鉴别、考释、椎拓……无不从潜心阅历中得来。当时如潘伯寅、吴清卿、王廉生、鲍子年、李竹朋、吴平斋等，莫不推挹备至，其得名不虚也。"② 1930年，王献唐复傅斯年札称："以此事在山东方面，为陈簠斋、刘燕庭之金石，王菉友、桂未谷、许印林之于小学，丁以此之于古韵，皆卓绝一世，尤应先表扬。"③ 王献唐对陈氏收藏的陶文、玺印、青铜器等都曾谋划征集，并亲自到潍县进行调查走访，甚至更想入藏国之重宝毛公鼎，但时值社会动荡不安，最终毛公鼎流落至台湾。同时，王献唐还让馆内同仁对陈介祺从堂弟陈介锡曾经收藏的皇皇巨制《桑梓之遗》百余册进行研究。1933年，商承祚先生发表文章称："提起笔来写这篇文章之先，我就想到一位老先生，是我平生最佩服的；恐怕不仅是我，凡着研究古文字的人都是一致的；何以呢？因为他的眼光太好了。他一生收藏的铜器等，不下几千件，没有一件是假的。他的论调同批评，不但高出当时同辈一等，简直可以说'前无古人，后无来者'。这人是谁？就是山东潍县陈介祺字寿卿号簠斋他老先生。"④ 张政烺、唐兰先生曾经对齐国临淄及其周近出土的陈氏立事岁陶文撰写专门文章，而周进则有汇集陶文的《季木藏陶》，黄宾虹则编著《陶玺文字合证》专书。与之同时，郭沫若的《两周金文辞大系图录考释》则对陈氏收藏的青铜器铭文进行分国断代研究，而对陈氏三量以及战国齐威王所作铜敦的考证，则从陈氏之处受到启发。

① 梁启超：《近代学风之地理的分布》，载《清华学报》第1卷第1期，1924年。

② 王献唐：《顾黄书寮日记》。转引自李勇慧：《一代传人王献唐》，山东教育出版社2012年版，第79页。

③ 王献唐：《复傅斯年书》。转引自李勇慧：《一代传人王献唐》，山东教育出版社2012年版，第105页。

④ 商承祚：《古代彝器伪字研究》，载《金陵学报》第3卷第2期，1933年。

1941年，容庚著《商周彝器通考》，对毛公鼎、纪侯钟进行了细致研究，尤其对纪侯钟的各部位名称印证《周礼·冬官·考工记》的相关记载而饶有发明。

第二阶段自新中国成立至2000年。这一阶段，金石考古、文物研究逐渐复兴。20世纪50年代，陈梦家在《考古学报》上连续发表系统文章《西周铜器断代》，其中多处论及陈介祺曾经收藏的西周有铭青铜器。1955年，香港《东方文化》曾刊载张瑄《十钟山房印举纂例考》，这是当时所见的数量极少的研究文章之一。1958年，容庚、张维持将1941年出版的《商周彝器通考》扩编为《殷周青铜器通论》并出版，书中称清代青铜器辨伪："其时辨伪最严的莫如陈介祺，他本人收藏了很多金石砖瓦，年老阅历多，学识更丰富，鉴别力益精，自编有《簠斋藏器目》。"同时，该书对陈介祺长期实践总结出的青铜器辨伪的五条依据一一罗列。① 在对青铜器著录书籍的评介部分，容庚称："清光绪以前的印刷术是用刻石和雕版刊印图书，工料浩繁，非官方及士大夫不易为。……陈介祺给鲍康的信里说：'今人论书必推许氏。然许书已非真本，岂能如钟鼎为古文字庐山真面。……好古家刻书，每患己见之陋而沮，愚谓刻摹精审，则天下后世皆得借吾刻以考证，又何必因噎而使错过失时。惜乎燕翁（刘喜海）不明乎此而徒以玩物毕一生之精力而一无所传也。'……陈介祺感慨地说：'刻书之事，不能不望有力而在都会者，无友无工，惟有浩叹。'"② 1959年，李学勤于《文物》第7期至第9期发表《战国题铭概述》连贯长文，对陈氏所藏东周陶文、玺印、兵器、量器等进行综合研究，这在当时也属于开战国文字分域断代研究风气之先的。1964年，陈育丞于《文物》第4期刊布《簠斋轶事》，揭櫫陈氏收藏研究故事。

对于陈介祺所收藏的毛公鼎，因其字数最多、内容丰富，所以学界关注研究的人亦最多，如徐同柏、吴大澂、孙诒让、郭沫若、唐兰、陈梦家等。③清代有人怀疑毛公鼎为赝品，如官宦名人张之洞，"每挟其好辨之才，把真器的毛公鼎、盂鼎、董武钟、齐女瓶四器都作为伪器论列"。鲍康批判他说：

---

① 容庚、张维持：《殷周青铜器通论》，科学出版社1958年版，第136～137页。
② 容庚、张维持：《殷周青铜器通论》，科学出版社1958年版，第139页。
③ 陈梦家：《西周铜器断代》，中华书局2004年版，第292～302页。

"学力过人，具有辨才，未免扬九天抑九渊。"① 对张之洞之谬说，陈介祺致书潘祖荫谓："闻成见或有偏处，此只是考古人之字，而未深求古人作篆之法。多见而深求之，真与伪自可信与心矣。文人、才人，香涛（按：张之洞号香涛）足以当之。"② 新中国成立后，寓居台湾的卫聚贤以及澳大利亚的巴纳等也曾给陈介祺和毛公鼎泼诬，但是台北故宫博物院器物典藏部主任张光远先生经仔细观摩、悉心研讨并结合现代化科技透视手段进行综合研究后，为毛公鼎辩诬；还有香港中文大学张光裕教授，亦对毛公鼎的仿制、铭文版式与真伪等进行了全面探讨，还毛公鼎国之瑰宝之真面目。

1981 年，文物出版社出版罗福颐主编之《古玺汇编》，其中大量收录陈介祺旧藏玺印，并提及对陈氏关于东土六国文字与秦文字有所区别的认识。《齐鲁学刊》1982 年第 5 期发表李学勤《山东陶文的发现和著录》一文，对陈介祺发现、收藏和研究陶文给予极高的评价。1984 年出版的《古文字研究》第九辑收录由徐自强、张亚初、刘雨合撰之《北京图书馆所藏青铜器铭文拓本汇编序》一文，文中称据不完全统计，我国历代出土的传世青铜器和新中国成立以来出土的有铭文的青铜器，"见于著录者，约在一万件左右。这是研究我国古代历史的极其重要的第一手材料。北京图书馆自京师图书馆以来，通过几十年的工作，从公私藏家手中收集了数量十分可观的铭文拓本。其中仅商周至战国时期的青铜器和铭文拓本就达两千余纸（战国以后的尚不计在内）。这次我们仅整理了其中的一部分。这些拓本包括了原属公藏的：故宫博物院藏器拓本，宝蕴楼藏器拓本。原属私藏的：潍县陈介祺（簠斋）的拓本，庐江刘体智（善斋）拓本，浭阳端方（陶斋）拓本，北平孙壮（雪园）拓本，闽侯陈宝琛（澂秋馆）拓本，上虞罗振玉（雪堂）拓本，以及黄濬（伯川）、王辰（铁庵）、吴式芬（子苾）、陈淮生、张致和、张玮等人所藏拓片。其中数量较多的首推簠斋、善斋、陶斋、雪园、雪堂、澂秋馆和故宫博物院等几批。在这些拓本中，有不少是海内罕与其匹的精拓、佳拓。例如十钟山房所传拓的楚公豪钟（钤'十钟山房藏钟''海滨病史''簠斋'等印）、纪侯钟、者沪钟、叡钟等几件钟；陈介甫所藏，上有罗振玉为陈淮生写

① 容庚、张维持：《殷周青铜器通论》，科学出版社 1958 年版，第 136 页。
② 〔清〕陈介祺著，陈继揆整理：《秦前文字之语》，齐鲁书社 1991 年版，第 27 页。

了题跋的毛公鼎拓本；从古堂徐同柏考释、尤晋珊传拓的晋公盦（钤‘尤晋珊手拓’印）等，都是知名的国宝重器和难得的精良佳拓”①。由此可见，无论藏器的数量、质量还是铭文传拓之精良，均当首推陈介祺；并且上所罗列之诸藏家，有几位还是清末民国时期人物，由此亦可看出陈介祺之富藏博纳是超越时空的。1984 年，中国古文字研究会第五届年会在西安召开，孙敬明提供论文《齐陶新探》，开篇即称：“战国时期，齐国都城周围官、私经营手工制陶业的基本情况如何？其乡间各级行政机构设置及其组织制度如何？这些问题对古史研究至关紧要，而文献记载却甚寥寥，长期以来，如同迷宫一般摆在人们的面前。陶文是当时‘物勒工名’制度的产物，其为促进齐国商品经济的发展做出贡献，还为大家提供了打开迷宫之门的钥匙。第一个对齐国陶文进行搜集、鉴定和整理的是清末山东潍县著名的金石学家陈介祺先生。尔后，有关学者为此也付出辛勤劳动并取得可喜成果。新中国成立以后，对有关陶文进行研究者当首推李学勤先生。”1987 年，孙敬明于《文物》第 1 期发表《“车大夫长画”戈考》云：“山东省潍坊市治所旧称潍县，是清代著名金石学家陈介祺先生的故里。潍坊市创建博物馆时，陈氏后裔将陈介祺先生生前珍藏的金、石、玺印等欣然捐赠，车大夫长画戈是其中之一。”最初由于铭文属于刻款，为锈色所掩，故被释读为：“□庶长画戈”（《奇觚室吉金文述》10・28）、“□庶长戈”（《周金文存》6・34 后）、“长画戈”（《三代吉金文存》19・36・2）、“□秃长画戈”（《小校经阁金文拓本》10・13）、“□大长画戈”（《金文著录简目》6740）。1989 年，中华书局出版何琳仪之《战国文字通论》，此书是当时专门研究战国文字分域、断代的空前之作。其依据陈氏东土六国与秦文字不同的识见，进而遵循李学勤关于战国题铭概述的观点，将普天之下的战国文字分为秦、齐、楚、燕与三晋五大体系；文中称引陈氏曾经庋藏的青铜礼器、兵器、陶文、玺印与杂项等众多资料，传承旧学，立论新颖，属于承前启后的重要著作。1990 年，中华书局出版高明编著之《古陶文汇编》，内中收录陈氏所藏齐、鲁、邾国都城及近郊出土的战国陶文，且其对文字的释读多采纳陈氏之观点。陈介祺六世嫡长孙陈继揆先生秉承家

---

① 徐自强、张亚初、刘雨：《北京图书馆所藏青铜器铭文拓本汇编序》，见《古文字研究》第九辑，中华书局 1984 年版，第 439～440 页。

风，以数十年之期整理其先祖陈介祺所著《秦前文字之语》，并于1991年交由齐鲁书社出版。1995年，罗宏才于《文物》第1期发表《新发现的两通陈介祺书信》。1996年，潍坊市文化局举办潍坊历史文化名人展，事后将相关资料编辑成《潍坊历史文化名人》一书，交由齐鲁书社出版，其中有赵益民撰写的有关陈介祺的篇章。

第三阶段盖从2000年开始。这一阶段主要由此前的零散研究逐渐向专题研究、系统化研究转变。裘锡圭称："陈介祺不但是大收藏家，也是极重要的金石学家，可惜迄今为止尚未看到能全面而深入地介绍他的学术成就的文章。"① 孙慰祖为《陈介祺年谱》作序称："对于陈氏学术思想与成果的梳理研究，是近代学术史上一个被滞后的课题。"② 2003年，全国艺术科学规划课题"潍坊文化三百年"（编号03EA096）以专著形式结集，其中第三章为金石学，孙敬明撰《陈介祺与中国金石学》《潍县仿古铜器研究》两篇文章，对陈氏藏古、考古、传古及陈氏世家首次进行较为系统的研究。《潍坊文化三百年》一书则于2006年由文化艺术出版社出版。2004年至翌年，文物出版社陆续出版陈继揆编著之《簠斋论陶》《簠斋鉴古与传古》《簠斋金文题识》《簠斋金文考》等著作。李学勤为《簠斋鉴古与传古》作序称："簠斋对青铜器精于鉴别，正由于他于此见多识广，不仅有丰富的经验，而且提高到理论的认识。例如他在《复潘祖荫笔记》中说：'同一三代之器，文与制皆可别其先后，多见自能知之，相形自别。王朝与诸国异文异制，亦多见自知。'所谓'文'即纹饰，'制'即形制。用形制和纹饰作为标准，来区别青铜器以及其他器物的年代、国别，这已经可以说是类型学方法的萌芽了。"③ 陆明君在吉林大学读硕士时即开始对陈介祺进行研究，并于2004年将其硕士论文增补修订为《簠斋研究》，交由荣宝斋出版社出版。书后内容简介云："本书以清代著名金石学家簠斋（陈介祺，号簠斋，以号行）为研究对象，在簠斋研究阙如的情况下，对其生平、收藏、鉴古辨伪、传古、考释、书学印学思想、著述、学术成绩及影响等，进行了较全面的考察，可谓簠斋研究的奠基之作。"

---

① 裘锡圭：《裘锡圭学术文化随笔》，中国青年出版社2000年版，第361页。

② 陆明君：《陈介祺年谱·序》，西泠印社出版社2015年版，第1页。

③ 〔清〕陈介祺著，陈继揆整理：《簠斋鉴古与传古·序》，文物出版社2004年版，第2～3页。

2005 年 7 月，由潍坊市政府、山东书法家协会、西泠印社印学理论与社史研究室等联合召开“陈介祺学术思想及成就研讨会”，会议收到来自海内外专家学者所提交的论文 29 篇，内容涉及陈氏金石学之伟大成就及其对中国金石学之贡献，并分别对陈氏关于陶文、玺印、印学思想、传古方法，以及陈氏与刘喜海、王懿荣、苏氏兄弟等人的交游进行讨论。大会论文集《陈介祺学术思想及成就研讨会论文集》于 2005 年由西泠印社出版社出版。

2009 年，齐鲁书社出版了孙敬明《潍坊古代文化通论》一书，该书第一章总论部分指出潍坊文化的特点，包括清代金石学与文学艺术的繁荣、清代世家望族文化；第三章讨论金石学的起源与陈介祺在中国金石学界的核心地位，专论陈氏对中国金石学的伟大贡献，还有郭麐与《潍县金石志》、潍县金石学仿古铜古董行与甲骨学以及潍县仿古铜器研究等内容。2012 年 8 月，由潍坊市人民政府、西泠印社、台湾玄修印社、山东印社主办，中共潍坊市委宣传部、潍坊市委台办、潍坊市文联、潍坊市文广新局、潍城区人民政府承办的“海峡两岸著名金石学家陈介祺文物收藏展暨学术研讨会”在潍坊召开，来自海峡两岸的近百位专家学者参观了在潍坊市博物馆举办的陈介祺收藏文物展，并对陈介祺的收藏理念、文物藏品、传古思想、书法艺术等进行研讨。2013 年 10 月，由中共潍城区委宣传部、潍城区文广新局、陈介祺研究会、潍州书法家协会举办的“纪念著名金石学家陈介祺诞辰 200 周年座谈会”在陈氏里籍潍城区举行，来自全国各地的近百位专家学者出席。其中，陆明君从山左金石文化的角度，推阐陈介祺当时的学术文化环境与其传承、弘扬、扩大传统金石学领域的贡献与影响。陈介祺集藏古、鉴古与传古于一身，可谓冠盖一时。孙敬明认为陈介祺是桑梓之先贤、金石学之大旗，其学问之大就像汪洋大海般涵泳万象，并且陈介祺架起了由金石学通向考古学的桥梁，为考古学之先驱。同时，《中国书画》2013 年第 9 期隆重推出“陈介祺纪念专题”。

2013 年 10 月，国家社会科学基金项目“陈介祺研究”正式立项。

2013 年 10 月，刘三强主编之《金石大寿——纪念陈介祺诞辰二百周年》文物藏品图册由天津古籍出版社出版，孙敬明为之作序云：“潍县陈氏自幼天机清妙，深得阮元之激赏……惟其藏古并非视同珍宝珠玉，而是视文物为历史信息之载体，长篇铭文堪比《典》《谟》。藏古之旨在于传古，传古大道则在于传古文字之著述。”2013 年 11 月，潍坊市博物馆举行纪念陈介祺诞辰 200 周年活动，同时举办“陈介祺研究”开题论证座谈会。故宫博物院秦明、国家图书馆卢芳玉、南京大学范毓周、烟台大学江林昌、中国文化遗产研究院刘绍刚、中国艺术研究院陆明君、山东石刻艺术博物馆杨爱国等 30 多位知名专家学者出席。孙敬明将其此前陆续发表之有关山左区域经学、金石学以及关于陈介祺、郭麐、丁树桢、王懿荣等人的研究论述二十余篇结集为《陈介祺与中国经学金石学及考古学研究类稿》，提交大会；潍坊市博物馆编印《金石千秋——纪念陈介祺诞辰二百周年藏品选》。2014 年，王增山编著之《李佐贤生平著述考》由齐鲁书社出版，贺传芬、孙敬明为之作序称：“山左原为金石学肇源与核心之地，至今数千百年，迭历沧桑，虽学科细分，门类旨归，经史研究彪炳海内，然于学术发展史之追溯探研或有遗缺，尤其对清代金石学家群体之研究方兴未艾，知者已有陈介祺、许瀚、王献唐之专门研究著述刊行。此则踵出，可列在金石学研究之文苑矣。”① 书中涉及李佐贤与陈介祺金石之交与新结姻娅。2015 年，陆明君新著《陈介祺年谱》由西泠印社出版社出版。

本课题负责人孙敬明籍贯潍坊，先于吉林大学考古学专业毕业，旋受业于吉林大学于思泊省吾、罗甘孺继祖先生门下。于先生每每论及陈介祺，总是称之“目光如炬，心细如发，了不起”，罗先生则谓“山东潍县清代有著名金石学家陈介祺，当代则还有日照的王献唐”。1984 年，于先生主办全国古文字讲师研究班，孙敬明幸得入班学习之机会，并得以与老师、同学赴全国各地参观考察。其间于北京聆听胡厚宣、张政烺、李学勤、裘锡圭先生讲授古文字学，他们对陈介祺推崇不已，尤其张政烺先生到过潍县，与潍县丁氏世家有旧谊，对陈介祺更是心怀敬意。1984 年 8 月，孙敬明赴西安出席中国古文字研究会第五届年会，得以拜见与会学者柯纯卿昌济先生。先生祖籍胶州，然父祖辈即侨寓潍县，故对潍县感情极深，一再询问陈氏故居保存与陈氏后裔情形。1986 年，陈继揆先生应邀归里出席十笏园建园一百周年座谈会时，孙敬明得以追随左右，随时请教，并随其至平度即墨故城与天柱山考察。1988 年，孙敬明又陪同陈继揆、杜在忠先生到蓬莱、长岛出席山东古国史第

① 王增山：《李佐贤生平著述考·序一》，齐鲁书社 2014 年版，第 3 页。

四次学术讨论会。行前陈继揆先生先由天津到潍坊，客居其二叔陈君藻先生家，孙敬明得与陈氏世家贤哲雅集，聆听高见而受益匪浅。交往期间，承蒙陈继揆先生惠贶王国维《水经注校》、罗福颐《古玺汇编》，以及陈先生所著陈簠斋系列丛书多种。《秦前文字之语》甫送齐鲁书社时，孙敬明曾陪陈继揆先生到齐鲁书社与有关专家研讨出版情况，并蒙陈先生厚意，借与簠斋陶文书稿，供孙敬明抄录笔记。由于受到国内著名古文字学家与考古学家及陈氏后裔的启迪教诲，孙敬明对同有桑梓之谊的先贤陈介祺产生无限敬仰之忱。

2015年6月，孙敬明怀虔敬之心，沉潜编撰2013年国家社会科学基金项目“陈介祺研究”之提纲，设计上、下两编，胪列二十四章，章下再分课题研究框架构思与资料重点提示等，提纲全篇近万字。提纲甫就，广求明教，荷承清华大学李学勤教授，复旦大学裘锡圭教授，复旦大学出土文献与古文字研究中心主任、长江学者刘钊教授，中山大学古文字研究所所长、中山大学传统文化研究中心主任陈伟武教授，中国钱币博物馆原馆长、中国人民银行参事黄锡全教授，孔子博物馆馆长郭思克研究员，中国文化遗产研究院刘绍刚研究员，台湾“中研院”蔡哲茂研究员，以及陈介祺七世嫡长孙陈进等先生给予诸多教益，再作修订。为免遗珠之憾，两编之后再设一编，全书改为上（统考会纂）、中（典型绎论）、下（遗珠摭拾）三编。俟后即举办提纲研讨和作者分工会议。为使课题研究广博而有深度，特邀请故宫博物院、国家图书馆、北京大学、中国文化艺术研究院、中国文化遗产研究院、山东博物馆、青岛市博物馆、青岛市黄岛区博物馆、苏州博物馆、青州博物馆、潍坊市地方史志办公室、潍坊学院、台湾“中研院”等单位有关专家承担相关章节。

经过数年联合攻关，形成一百八十万字之《陈介祺研究》文稿，这应是迄今所见在中国金石学发展史研究中，对陈介祺典型个案研究最为前沿和全面的阶段性成果。我们强调科学严谨，以马克思主义为指导，坚持辩证唯物主义和历史唯物主义的观点；重视资料基础，上穷碧落下黄泉，寻寻觅觅，广搜远绍，甄选鉴别；在占有雄厚资料的基础上集思广益，开阔学术视野，加大研究深度；追求学术品位，遵循王国维的“二重证据法”，将传世资料与考古资料相结合，以前所未有的新体例对陈介祺的世家繁衍、姻娅友朋、学术传承、文物收藏、类项典型、鉴定辨伪、传古理念、著作刊布、诗词文学、书法艺术、学术贡献与后世影响，以及其在中国经学与金石学到考古学转变过程中的作用、在中国博物馆学发展史上的贡献和在传统学术发展史上的地位等，进行全面系统的综合研究。此项研究在填补陈介祺研究空白的同时，又是对中国金石学尤其是清代发展史研究的一次大推动。

二、金石世家

明末至清季，山东潍县有郭、陈、张、丁四大著名家族。潍县陈氏之先祖，可追溯到元代末年陈大观。据《陈氏支谱》（清光绪本）称，潍县陈氏，始祖大观，原籍河北沧州，明初以先世知潍州，遂隶籍焉。至陈介祺祖父陈祥桂已是十五世。陈介祺父陈官俊，嘉庆十三年（1808）进士。陈继揆《秦前文字之语·前言》谓陈官俊“以名翰林入直上书房，后为上书房总师傅，道光皇帝师，并授皇长子读。历任四部：工部、兵部、礼部、吏部尚书，累官协办大学士，道光二十九年卒于官”①。陈介祺为道光二十五年（1845）四月进士二甲第三名。进士朝考，钦取一等第十名，五月由内阁中书改为翰林院庶吉士。后因厌倦官场，并因清朝逼捐巨额银两，遂于咸丰四年（1854）以病为托词，归老潍县。

陈介祺之父陈官俊曾以著名金石学家阮元为师，陈官俊为掖县（今莱州）翟云升所著之《隶篇》作序云：“予年十三应童子试，主翟君文泉家，遂缔交，既而补博士弟子员、食廪饩、领乡荐皆同年，情好弥笃。逮予宦京师，文泉来诣公车，必与数晨夕谈笑欢洽，一如在郡时。今不与晤历十六年矣。前年秋，倩予中表弟谭怡堂携所纂《隶篇》十五卷见示。寓书曰是区区者不足言著述，况学殖浅，研辨讨论非疏即滥。娄欲易稿，因病未能，今出以就正者，以君知我深，当不我姗笑也。时予承乏铨曹，公冗少暇，退食之顷，辄一翻阅，卷既终，持谓怡堂曰：善哉！此书之体例乎！以部领字，如枝附干。而笔迹各异者，易于对观也；以摹代临，如景随形，而楷式所存者，期于曲肖也。此为从前所未有，即为后来所不可无矣。……去年夏五月遣工抵莱……晨夕考诫，并校舛误，越年余而工告竣，为书简端以志不朽。道光十八年（1838）夏五月，平寿伟堂陈官俊序。”② 陈官俊对该书摹录隶书本体与

① 〔清〕陈介祺著，陈继揆整理：《秦前文字之语·前言》，齐鲁书社1991年版，第1页。

② 〔清〕翟云升：《隶篇·序二》，中华书局1985年版，第1页。

演变以及正经补史的意义等，均有深湛的识见。是年陈官俊官礼部右侍郎，尽管平生位处庙堂，几无少暇研讨金石之学，但是其与阮元交往期间，支持其子陈介祺收藏文物及与金石学界名家交往，并将其推荐至阮元门下，得到阮元“天机清妙”之赞誉。同时，陈官俊及其三弟陈官侨还有中表弟谭怡堂等都对翟云升编纂《隶篇》多所助益。试想陈介祺少年即搜集文物，颇费银两，凡此必须得到其父之嘉许。从《许瀚日记》中获知，当时如许瀚、王筠等人到北京经板库陈家参观文物、探讨学术，或不时见到陈官俊。由此可见，陈介祺之父即通晓金石之学。

陈介祺从堂弟陈介锡亦是著名金石学家，平日收藏文物以古代书画为主，最著名的是其辗转收藏由胶州高凤翰、即墨郭廷翕所辑海岱先贤书画手迹七十余巨册，并在此基础上，与陈介祺相与考订增补，广罗天下与齐鲁相关之名人书画手迹，署名曰《桑梓之遗》，竟至百余巨册。光绪十二年（1886），王懿荣在登州张允勷处获观“《桑梓之遗》目录，于齐鲁先哲手迹搜求略备。知原册曾存潍县陈晋卿（介锡）处，旋为势家豪夺以去，公思踵其意收集海岱人文”①。

陈介祺长子陈厚钟去世较早，惟次子陈厚滋能随之传承金石之学，协助其整理文物、编写文稿，如同治十二年（1873）八月二十九日陈介祺致书鲍康称：“《印举》后十部已成十余本，每部竟至八十本，所费不意过多。……凡例目录已命次儿厚滋创稿。”陈介祺长孙陈阜是一位颇有乃祖之风的人物，这与陈介祺当年对其悉心培植有着密切关系。陈阜不但在金石学领域有较好的素养，而且急公好义，每逢灾荒瘟疫都能协助其祖父创办粥厂，并亲临现场参与救助活动。同时，协助王懿荣创办登州团练抵御倭寇、在潍县组织家族成员协助潍县县令靳昱坚守城邑，遂使宗庙典籍、金石文物得以保存。陈介祺四世嫡长孙陈文会传承金石之学，斋号“海隅逸史”“续祖印斋”等，其在北京加入冰社，与柯劭忞、罗振玉、丁佛言、黄侃等有学术交往。陈文会五弟陈文璘，字秉忱，早年参加革命工作，先供职于军队，新中国成立后不久被调至中共中央办公厅工作。其家学渊源，金石学基础深厚，当时田家英等人于文物收藏一事，从其处受益良多。当年陈介祺曾孙媳妇郭组珍捐赠

① 吕伟达主编：《王懿荣集》，齐鲁书社1999年版，第476页。

曾伯霥簠和迟簋①，便是经陈秉忱等人动员事成的。陈介祺五世嫡长孙陈元章，字君善，幼承家学，饱读诗书，陈介祺所藏玺印大都辗转归其保管，后由其全部捐赠给故宫博物院，同时陈介祺鉴定收藏用印70余方被其一并捐赠。陈君善曾任故宫博物院研究员。陈君善二弟陈君藻，曾任山东省文物管理委员会委员，精于金石篆刻与书法，与王献唐等有学术交往。陈介祺六世嫡长孙陈继揆，曾任天津师范大学图书馆馆长、历史系党委书记、教授。陈继揆先生对陈氏金石之学之继承与弘扬颇具典型，其自称："余为簠斋六世孙，惜生也晚，陋于闻见，先是曾受命于秉忱叔祖暨君藻二叔，搜集整理先人遗著，余虽不敏，敢不黾勉从事，以观厥成。今应齐鲁书社之约，整理簠斋先生遗著数种。先检家藏书札底稿，及《秦前文字之语》手订本，参以影印本，稍加整理。"② 俟后，陈继揆又对其先祖簠斋传古、鉴古、藏陶与玺印等进行逐项研究，并于文物出版社出版著作多种。陈介祺七世嫡长孙陈进，绍承家门之学，秉承祖训，活跃于国内外陈介祺研究之学术界，整理出版陈介祺以及潍县金石学家的著作数种。由此可见，陈氏一门，祖孙八代，绵延二百余年之长风，不忘初心，砥砺前行。

在潍坊区域从事金石之学的大多是名门世家子弟，因为要进行金石文物的研究，首先得占有金石文物第一手资料，而当时的国内风气之盛，影响所及，遂使一般文物的价格亦为高昂，所以寒素之士欲治此学，多因财力而却步。再者，当时收藏文物抑或被当作一种聚敛财富的手段，而真正爱好与研究者，则收集文物倾其心血，并对所有藏品护若头目，由此而影响到昆仲子孙，往往是一门声气相类，兄弟、父子互为切磋、鉴赏析疑，从而形成一些所谓的金石学世家。此点与传统的经史之学亦有世家传承而弘扬的现象相类似。如陈官俊、陈介祺、陈厚滋、陈阜、陈文会、陈君善、陈继揆以及陈进嫡传八代，尤其陈介祺与陈厚滋父子，最有成就。后世各代由于社会变故、家道中落、为生活所迫等，而不能守住先祖之文物，使之陆续散佚。陈君善

---

① 据《簠斋吉金录》所录铭文，迟簋自铭曰"盨"，现藏于山东博物馆。卫松涛释文："迟作姜淠盨。用享孝于姑公。用祈眉寿屯鲁，子子孙孙永宝用。"后文除引文及相关著述外，仍以旧称"迟簋"称之。

② 〔清〕陈介祺著，陈继揆整理：《秦前文字之语·前言》，齐鲁书社1991年版，第5页。

虽因故将先祖之“万印”抵债，但其爱先祖文物之心未泯，尚能从中斡旋，遂使“万印”中的绝大部分得以保存于今故宫博物院。而这种德行操守，亦与其家门传承、父祖影响有关，也是金石学之魅力所在。

三、姻娅友朋

金石之学既可以作为家学祖孙绍继，又可以作为媒介欣结姻娅友朋。陈官俊夫人丁氏，为浙江台州卫守备丁治平之女，兵部武库司郎中丁廷华与永春直隶州知州、台湾凤山县知县丁廷琛之胞妹。晚清时期丁家乃潍县首富，丁廷华、廷琛之宗兄弟丁廷珍三子丁善宝、丁善庆与丁善长俱是文人名士。丁善长著有《圜币浅说》四卷。丁善宝家有十笏园，是山左文人名士雅集之所，其子丁毓庚传承家学。丁毓庚之子丁锡田为禹贡学会会员，热衷于搜集出土文物、征集乡邦文献，与顾颉刚、王献唐、张政烺等人交往密切，并曾随王献唐到齐国故都临淄进行考古调查。丁锡田之子丁伟志为中国社会科学院原常务副院长，著名历史学家。丁锡田之孙丁一川为北京大学历史学系教授。

陈介祺岳父诸城李璋煜，早年与陈官俊相识，交往甚笃。李璋煜与胞兄李仁煜绍继乡风，远承宋代东武赵明诚、李清照夫妇之学术思想，故与陈官俊成为金石之友，志趣相投。正因父辈有金石之好，子女辈才有李璋煜之爱女嫁归陈介祺为妇之美缘。

诸城徐会沣，同治七年（1868）进士，翰林院编修，累官礼部、工部、吏部侍郎及兵部尚书，为陈介祺外甥女婿。陈介祺有两姊一妹，大姊、小妹俱早亡，唯二姊生女嫁归徐会沣。光绪六年（1880）五月徐夫人染恙，陈介祺致书徐会沣称：“闻甥女有恙，殊为焦灼。……家姊处若一闻此语，过七十人必及挂念矣。”① 陈介祺生于嘉庆十八年（1813），时年大姊七岁，二姊三岁。光绪六年（1880），陈介祺六十八岁，二姊已是“过七十人”。徐会沣供职于京师，与王懿荣、吴大澂等金石学家多有交往，且精于诗词书法。陈介祺与之通札最多，纵论金石陶文，兼及国家大事。徐会沣或曾到潍县省亲。彼此间虽是姻亲，但更多的是金石学之情谊。

潍县郭、陈、张、丁四门豪族之间姻娅如网，错综复杂，有时遂致夫人

---

① 陆明君：《陈介祺年谱》，西泠印社出版社2015年版，第371页。

在娘家与婆家的辈分倒转数辈。通常世家联姻看重的是门当户对，而陈氏世家同时还注重金石之学的缘分，如陈介祺玄孙女陈君绮嫁归著名艺术家郭味蕖为妇。

郭梦龄为陈介祺表兄，历任陕西按察使、河南按察使、署河南布政使、山西布政使、山西巡抚等。咸丰三年（1853），陈介祺为缴纳清朝廷逼捐之四万银两而辗转河南、山西省筹措。当时郭梦龄在山西布政使任上，得其从中斡旋，陈氏方得从银号、当铺中收取银两。郭味蕖乃郭梦龄之嫡传玄孙。郭味蕖自幼受家乡金石学影响，喜好收藏。因社会时局动荡不已，遂致陈氏旧藏之部分文物散出，郭味蕖不忍陈氏旧藏文物散佚境外，在其夫人的协助下，倾资收集。其从新的美学角度对三代青铜器进行研究，对铜镜的造型、纹饰与寓意，以及对全国考古所见的古代城址、阙观碑碣等进行综合研究，留有著作多种。

陈介祺与潍县金石学家郭麐交情至笃，郭麐为郭味蕖之先祖。郭氏编著《潍县金石志》时，陈介祺将自己所藏有关金石资料悉数赠送，亲自为之拟定体例、修订校对，并命其次子陈厚滋与助手王石经襄赞玉成其事，同时托请王懿荣、潘祖荫为之作序。陈介祺卒于光绪十年（1884）七月二十日，七月初仍在校订《潍县金石志》。

利津李佐贤为道光十五年（1835）进士，居国史馆修史多年，后被简放汀州知府，为官清廉。李氏平生喜好古钱学，著有《古泉汇》《续泉汇》《续泉说》，同时收藏有大量古人书画。道光十五年供职都门后，李佐贤得与陈介祺交往。后陈介祺归里，直至同治九年（1870）两人复有书函往来，李佐贤致书陈介祺称："廿余年渴别，忽奉手书，如获良觌，为之狂喜者累日。……承惠范拓六十四种，不啻百朋之锡，感铭奚似。"① 并于同年秋到潍县拜访陈介祺。陈介祺赠送其众多珍贵钱币标本，如此厚意激励之下，李佐贤遂有续《泉汇》之举。俟之同治十二年（1873）九月，李佐贤长子李枚卿之女嫁归陈介祺长孙陈阜为妇，陈介祺喜作联语"富俭贵勤直德妇，理明辞达是文人"以劝勉。李佐贤之子李韦卿绍承家学，与陈介祺交往长久。

海丰（今无棣）吴式芬出身名门望族，为道光十五年（1835）进士，历

---

① 王增山：《李佐贤生平著述考》，齐鲁书社 2014 年版，第 205 页。

任广西南安知府、江西建昌知府、河南按察使、直隶布政使、陕西布政使、内阁学士署礼部侍郎等职，早年与陈官俊交好。从政之余，吴式芬喜好金石之学，收藏三代青铜器数量较多。其著有《捃古录》《金石汇目分编》《捃古录金文》《双虞壶斋藏器目》《陶嘉书屋钟鼎彝器款识目录》等，还与陈介祺合编《封泥考略》。道光二十七年（1847），吴式芬到京拟赴河南按察使新任，作为知己至交，陈介祺当与之多所聚叙。吴重憙为吴式芬次子，于咸丰九年（1859）娶陈介祺长女陈厚培为妇。吴重憙既有很好的学问，又受其外舅陈介祺指授而深谙政治。同治元年（1862）吴重憙中举人，八九月间来潍县暂居，得以问学于陈介祺。俟后转入官场，累官河南陈州知府、江宁布政使、直隶布政使、直隶总督兼北洋大臣、江西巡抚、邮传部右、左侍郎等。因其在朝廷，得以师事潘祖荫，同治九年（1870）正月曾致函陈介祺，代其师潘祖荫求赐潍河中出土汉碑，称："前闻潍河中出汉碑一种，示获寓目，兹敝老师潘伯寅先生函来，云吾外舅处有新得残汉碑三四种，命婿务为求拓本一份。敢祈分赐一本，千万千万！婿或可得其副，非所敢望也。"① 同治九年（1870）十月，吴重憙至潍县，据其于《簠斋藏古册目》中的跋文称："十月到潍度岁……此金文目录约是庚午冬下帏时所写。并写陈氏所收诸城刘氏（燕庭方伯）、诸城李氏（方赤方伯）、利津李氏（竹朋太守）、日照许氏（印林先生）各藏拓本，亦可谓大观矣。余以三日工夫写此本，寿老颇勖其勤，曾抄一份寄予。此册又是耑抄陈氏藏器，以寄吴平斋先生者，今归茗理长兄，出以属题。既属金石同好，因详记寿老与予家金石至交，并予与寿老家往来踪迹。事隔五十年，予亦在告了岁，因思寿老犹得见予出守陈州，我堂上二亲并不及见予成立，并遗稿之成书，则又含毫而伤感者也。丁巳三月初五日，八十寿吴重憙题。"② 丁巳指1917年，此跋文为其对五十年前旧事之追忆，而其对外舅与双亲的敬重之情跃然纸上。与陈厚培成婚之后，吴重憙多次省亲潍县，为陈介祺整理金石文物、抄写书稿。陈介祺子侄辈中，当以仲子陈厚滋与女婿吴重憙对其金石事业助益良多，而陈介祺对这位女婿亦甚为赏识，与友人通札中经常提及这位"小倩"。

---

① 陆明君：《陈介祺年谱》，西泠印社出版社2015年版，第181页。
② 陆明君：《陈介祺年谱》，西泠印社出版社2015年版，第185～186页。

王懿荣出身山东福山世家望族，有清一代王氏家族考取文武进士者二十七（或谓二十六）人，家门兴旺，注重学术，父祖辈即为官游历天下，搜集金石文物。王懿荣九世祖王骘官至户部尚书，祖父王兆琛官至山西巡抚，父王祖源官至四川按察使。父祖数代，均有著作传世。王懿荣光绪六年进士，三任国子监祭酒，亦曾奉命在家乡创办团练抵御倭寇。王氏最大之学术贡献在于发现甲骨文，这与其自身学术修养和其同陈介祺的深切学术交往密不可分。光绪二年（1876）四月，陈介祺致函王懿荣称："年来万事不如古文字，而海内唯如君者良朋数人，不胜仰企，唯垂念之。"① 王懿荣为光绪六年进士，于同年十一月归里省墓。光绪七年正月返京时沿路访古，二月在潍县陈介祺府上盘桓三日，尽观陈氏庋藏，又在潍县著名金石学家高庆龄家住一日，俟后则到寿光，参谒其高祖母之娘家李宗丞祠，三月则为高庆龄《齐鲁古印攈》作序。《秦前文字之语》收录陈介祺致潘祖荫函44通、致王懿荣函58通、致吴云函25通、致吴大澂函35通。由此亦可见陈氏与王懿荣之至好交情。②

同治三年（1864），陈介祺外孙、吴重憙次子吴崶生。光绪元年（1875）八月，王懿荣之妹受聘嫁归南皮张之洞为继配。③ 光绪八年（1882），王懿荣嫁次女崇媖为吴崶之妇。吴崶累官江安督粮道、两淮盐运使。光绪十五年（1889），王懿荣长子王崇燕娶河北丰润张人骏之女张允淑，庚子之乱时张允淑与其翁姑王懿荣、谢氏一同殉国。张人骏为同治七年（1868）进士，官至两江总督协办大学士。丰润张氏亦以金石传家，后世裔孙如河北省文物考古研究院研究员张守中，对侯马盟书、中山王厝铜器铭文之摹写研究贡献巨大。张人骏姻亲如广东商衍鎏、商承祚、商志谭祖孙三代，俱是著名金石学家。商衍鎏之女嫁归张人骏之孙张象昀为妇；兄商衍瀛之女嫁归罗振玉之子罗福颐为妇，罗振玉之女则是王国维的儿媳妇。由此可见，金石学家之间的姻娅关系既密且好。王懿荣平生著述十数种，如《汉石存目》《南北朝存石目》《六朝石存目》《攀古楼藏器释文》《古泉选》《天壤阁杂记》《福山金石志》等。光绪二十六年（1900），八国联军掳掠京城，王懿荣壮烈殉国。

阮元为陈介祺父辈之师长，陈介祺年轻时得以谒见。知陈介祺喜好古文

---

① 陆明君：《陈介祺年谱》，西泠印社出版社2015年版，第329页。

② 〔清〕陈介祺著，陈继揆整理：《秦前文字之语》，齐鲁书社1991年版。

③ 吕伟达主编：《王懿荣集》，齐鲁书社1999年版，第467页。

字，阮元遂以“天机清妙”赞誉之，并手书论钟鼎彝器石鼓许氏文字之诗文馈赠。此举对陈氏激励甚大。

翟云升，山东掖县（今莱州）人，进士，与陈介祺之父交往至深，陈介祺则执礼师尊之，并为其《隶篇》提供大量资料。对此翟云升《隶篇》自序称，助之成书者为“蒙古奎榆邨观察（昌），钱塘吴仲云观察（振棫），石埭方友山司马（熙），海昌许珊林刺史（梿），元和张六琴巡政（禄卿），汉阳叶润臣（名沣），道州何子贞（绍基）、何子毅（绍业），海丰吴子苾（式芬），日照许印林（瀚），安丘王菉友（筠），诸城刘燕庭（喜海）、李月汀（璋煜），蓬莱葛瀛宾（元昶），栖霞牟农星（房），潍县谭怡堂（均赞）、郭次虎（熊飞）、刘徽五（文典）、陈敬堂（官侨）、陈寿卿（介祺），胶州张不群（群雁）、孙贻亭（荣曾）、孙云舫（荣炅）、傅铁峦（赓岩）、柯康侯（名晋）、孙渥田（既堂）、张小云（祖樾），同邑吕筠庄（延庆）诸君子也”。

许瀚，日照人，精于小学与金石之学，得山东学政何凌汉赏识，曾随其在浙江杭州为之校书。许瀚与陈介祺交往至好，据《许瀚日记》载，许瀚在京师时，数次到经板库陈氏府上与陈介祺、王筠、张士保、何绍基等人切磋学问，陈介祺亦不时到许瀚下榻处访谈。许瀚晚年曾为吴式芬校订金石文字著作。同治六年（1867）许瀚病殁，陈介祺为之作挽联曰：“经训古康成，更释迈薛阮，韵订顾王，文而又儒真不愧；字学今叔重，惜桂版燹焚，吴编病辍，人犹有憾竟云亡。”许氏身后，部分遗稿转交陈介祺，陈氏力倡为之刊行，作《日照许氏金文册目释》，并校订其《攀古小庐砖瓦文字》《攀古小庐款识释文》等著述。①

诸城刘喜海、王锡棨及安丘王筠都是知名金石学家，他们三人都曾到京师经板库陈氏府上雅集论文，且彼此间于金石拓本互有馈赠。王筠研究《说文》，能以西周金文形体纠正许氏错误。刘喜海身后诸多藏品转归陈介祺，陈氏每每摩挲研讨之，则思念旧时金石之交情。

潘祖荫，咸丰二年（1852）殿试一甲三名进士，累官工部、刑部、吏部、户部侍郎，工部尚书。其自幼即有金石文字之好，收藏文物门类广泛，如青铜、碑版、陶文、字砖，所藏文物中最知名者是陕西出土的大盂鼎。潘、陈

---

① 陆明君：《陈介祺年谱》，西泠印社出版社2015年版，第159页。

两家本是世交，潘祖荫之祖父与陈介祺之父同官中枢，潘祖荫之父、叔父与陈介祺早年相识。同治十三年（1874），经鲍康绍介，二人遂成文字交。二人常通札讨论文物真赝、铜器分类，以及整理方法、传拓技术、选纸用墨与刊书传古文字等。尤其潘祖荫在陕西获得大盂鼎，陈介祺欣喜异常，多次与潘氏通札，不厌其烦详细秘嘱关于这件大型青铜器的包装、运输、运费，甚至挑选何等人、如何进京等事宜。①

鲍康，安徽歙县人，髫龄即喜好古钱币，道光十九年（1839）举人。其于咸丰三年（1853）进京，与刘喜海、李佐贤多有交往。中途短暂为官，后则专心治金石之学。“先生品格高亮，重友情，施于人而无求于人，严于取与，有古人风。簠斋所藏六泉十布有缺者，先生慨然为之补足。簠斋方集秦斯文字，先生欣然借予秦量。先生著泉说、续泉说，簠斋读后为之作注者几十则，先生分别刊刻之。”② 陈氏与鲍康相识于京师，归里后则互通信札，切磋钱币之学。

吴云，浙江归安（今湖州境内）人，曾署苏州知府。“先生初好碑帖书画，鉴赏极精。既与嘉兴张廷济交，受其影响，笃好古器物，所藏侈富。兵燹后，南中诸家弆藏者，悉数散佚，先生居沪苏间，悬重金以求，于是阮元、张廷济以及苏州曹载奎旧藏重器亦皆归之。最著者有阮氏、曹氏两家之大中齐侯罍，因名其斋曰两罍轩。著有两罍轩彝器图释、古铜印存、古官印考、考印漫存、古镜录、焦山志、虢季子白盘考、建安弩机考等若干卷，尽付剞劂。”③ 陈、吴二人因共同爱好，先于道光二十五年（1845）在京师相识，后则辗转暌违，直至同治十二年（1873）复通书札。吴云为陈氏编辑《十钟山房印举》提供帮助，陈氏则因其藏有两件齐侯罍而以齐侯鉼考释寄赠，俾便同一国族且时代相同的三件铜器铭文进行比较研究。

吴大澂，江苏吴县（今苏州）人，同治七年（1868）进士，累官陕甘学政、都察院左都御史、广东巡抚等职。同治十二年（1873）始得与陈介祺通

---

① 〔清〕陈介祺著，陈继揆整理：《秦前文字之语》，齐鲁书社1991年版，第29～30页。

② 〔清〕陈介祺著，陈继揆整理：《秦前文字之语》，齐鲁书社1991年版，第143～144页。

③ 〔清〕陈介祺著，陈继揆整理：《秦前文字之语》，齐鲁书社1991年版，第211页。

札，二人均治理学，而政见亦相同。潘祖荫称："当世理学而兼金石学者，唯执事与寿卿耳。"吴、陈二人"书信往还无间，拓墨互赠，商讨文字，可谓集思广益。尤以齐鲁陶文之出土，簠斋辨识最早，收藏亦最富，有拓必遗，请为考释。先生（按：指吴大澂）前后著成古陶文字释数种，并作题记云：'三代文字之见于彝器者，有日少无日增。出土之器，无数百年不毁。好古者获吉金三五字，亦极可贵。不谓古陶残字与金石同寿，奇文逸体，可补鼎彝款识所不及。簠斋前辈搜访至七十余种，为从来金石家未见未闻，可喜亦可异也。'"① 通览《秦前文字之语》，陈介祺与潘祖荫、吴云、鲍康之通札，字里行间所言主要是对三家各自的藏品进行点评，而与王懿荣、吴大澂之通札则或论及政治时局，颇多感慨。更为重要的是，陈氏与王懿荣、吴大澂三者之间的学术识见尤多相似，对藏古、考古、鉴古与传古的认识已上升到理论层面。而吴大澂对古文字与经典文献、名物制度的释证，以及将古文字形体与《说文》进行比较而纠正谬误，这都是划时代的识见。

陈介祺在京都有诸多金石文事友，除了来自全国各地的文人雅士，亦有手工巨匠，还有古董商人；归里潍县后，又添新朋友。诸如杨澥，江苏吴江人，篆刻家，为陈介祺及其父亲治印；许梿，浙江海宁人，与陈介祺在京师相识，曾为官山东平度知州，于朴学、《说文》皆有所涉猎，师从孙星衍。又如山东日照进士丁守存，山东蓬莱金石学家张允勷，江苏吴江篆刻家翁大年，浙江海宁全形墨拓家僧达受，浙江海盐墨拓能手陈畯，浙江海盐金石学家徐同柏，浙江嘉定金石学家瞿中溶之子瞿树镐，安徽定远金石学家方濬益，浙江嘉兴书画金石学家张廷济，安徽霍山宋学家吴廷栋，山西定州经学家张穆，陕西长安古董商人苏有年②、苏亿年、苏兆年，潘祖荫之父潘曾绶，湖南道州书法家何绍基，直隶定兴名画家张槃，山东巡抚丁宝桢，北洋大臣李鸿章，广东巡抚潍县人张兆栋，潍县状元曹鸿勋，潍县篆刻家王石经，广东番禺墨

---

① 〔清〕陈介祺著，陈继揆整理：《秦前文字之语》，齐鲁书社 1991 年版，第 274 页。

② 陆明君《陈介祺年谱》第 82 页载，道光二十九年（1849），陈介祺于关中古董商苏镐川处得"李沱"印等 24 方。第 89 页载，咸丰元年（1851）苏兆年自长安使其弟苏亿年来售"张隆私印"归陈介祺。苏氏兄弟：苏有年、苏兆年、苏亿年。敬明按：周都丰镐，古者"丰年"称"有年"或"大有年"，律及名、字相因之意，而此"镐川"，应为苏有年之字欤？兆年字丰玉，犹可与兄字"镐川"形成"丰镐"连文。

拓家何昆玉，日照金石学家丁良善，江苏泰州收藏鉴赏家宫昱，潍县新技术照相人谭相绅，潍县篆刻家陈佩纲，潍县金石学家高庆龄、高鸿裁、高嘉钰，利津传拓助手李贻功、李泽庚，潍县书画家刘嘉颖，四川铜梁金石书画家王瓘，等等。他们都对陈介祺的学术事业多所助益。如陕西长安苏氏三兄弟，为陈氏提供大量文物珍品，同时也从陈介祺处学得大量知识。苏兆年曾护送藏品来潍县。而王石经、丁良善、何昆玉、宫昱、陈畯、李贻功、李泽庚、陈佩纲、谭相绅等，则协助陈介祺精心墨拓、外出拓碑、考古调查、搜集文物、拍摄照片，为其传古做出贡献。

四、学术传承

陈介祺生于京师之学术高官世家，于家学自有其良好传承，其父陈官俊当年殿试二甲第一名，足见其学术修养。直隶遵化人李恩庆，道光十三年（1833）进士，官至两淮盐运使，好书画、精鉴别、富收藏，与陈介祺交往三四十年，陈介祺受其影响至深，道光三十年（1850）陈介祺曾致函称："三十年来，情如骨肉。"道光三十年七月陈介祺致书李恩庆云："祺昨抵都，即思趋谒。知师驾连日酬应，未定住处。昨小舫传谕，明晚钧临，谨备晚饭。伏祈早到，面申积慕。敬请老夫子大人尊安。"① 江苏武进人费耕亭，嘉庆二十四年（1819）进士，从政之余笃学工文，官于京师二十年，时以训导后学为己任。陈介祺约于道光二十年（1840）受教于费耕亭。陈介祺于金石碑版之学，最初应是受到翟云升的影响。陈氏与翟云升为世交，陈介祺十九岁应童子试至莱州府治掖县，补博士弟子员，翟云升赠题隶书折扇，诗云"一鸣从此始，相望青云端"②。后来又得到阮元的奖掖与启迪。阮元虽为官员，但在经学、史学、金石学、文学、历算与书画等方面都有颇深造诣。其著作有《积古斋钟鼎彝器款识》十卷等。但是从金石学发展史来看，陈介祺受山左金石学之影响最深。

山左金石学源远流长。《国语·鲁语下》载："仲尼在陈，有隼集于陈侯之庭而死，楛矢贯之，石砮，其长尺有咫。陈惠公使人以隼如仲尼之馆问之。

① 以上两条引文参见陆明君：《陈介祺年谱》，西泠印社出版社 2015 年版，第 26、86 页。

② 陆明君：《陈介祺年谱》，西泠印社出版社 2015 年版，第 16 页。

仲尼曰：'隼之来也远矣！此肃慎氏之矢也。昔武王克商，通道于九夷、百蛮，使各以其方贿来贡，使无忘职业。于是肃慎氏贡楛矢、石砮，其长尺有咫。先王欲昭其令德之致远也，以示后人，使永监焉，故铭其栝曰"肃慎氏之贡矢"，以分大姬，配虞胡公而封诸陈。古者，分同姓以珍玉，展亲也；分异姓以远方之职贡，使无忘服也，故分陈以肃慎氏之贡。君若使有司求诸故府，其可得也。'使求，得之金椟，如之。"据经典史册所记，孔子应是金石学第一人，其贡献在于开启鉴定历史文物、正经补史之先河。晏子则首次辨识青铜器铭文，《晏子春秋·景公游纪得金壶中书晏子因以讽之第十九》记载晏子陪景公游于纪，得铜壶，上有丹书铭文曰"食鱼无反，勿乘驽马"①。汉武帝时鲁恭王从孔子旧宅墙壁中发现战国时期经书《尚书》《礼记》《论语》《孝经》等，皆以蝌蚪文即今日所谓的战国文字写成，时人不得辨识，孔子十世孙孔安国则皆得通释。东汉时期，北海高密郑玄则兼通今古文，遍注群经，《后汉书》称其"括囊大典，网罗众家，删裁繁诬，刊改漏失"。郑玄注经充分运用先秦文字、历史文物，诠释经典礼仪与名物制度。宋代则有东武赵明诚与李清照夫妇，李清照《〈金石录〉后序》云："右《金石录》三十卷者何？赵侯德甫所著书也。取上自三代、下迄五季，钟、鼎、甗、鬲、盘、匜、尊、敦之款识，丰碑大碣、显人晦士之事迹，凡见于金石刻者二千卷，皆是正讹谬，去取褒贬，上足以合圣人之道，下足以订史氏之失者皆载之，可谓多矣。"《金石录》乃宋代金石学集大成之作，不仅内涵丰富，而且体例谨严完备，诸如其胪列器物门类以钟、鼎、甗、鬲为开端，清代金石学著作多所取仿，陈介祺之著作亦以钟、鼎、甗、鬲为开端，而罗振玉《三代吉金文存》则几乎完全遵从《金石录》之分类次序。

明清鼎革之际，周亮工任潍县县令，其不避矢镞炮火，麾师城头，誓死守城，身先士卒，终于使得潍县城免遭如"嘉定三屠""扬州十日""上虞被兵记"及《罗烈妇李氏墓表》中所描述的那般惨烈的情况。周亮工在金石、印学与书画之收藏鉴赏等方面的学养都很高，其事迹、学术影响整个山左，而于潍县之影响则最为深远，潍县人对其感恩戴德，曾为之立生祠。

清乾隆十四年（1749），梁诗正奉命编撰《西清古鉴》四十卷，后又编撰

---

① 吴则虞：《晏子春秋集释》，中华书局1962年版，第336页。

《宁寿鉴古》十六卷。乾隆四十六年（1781），王杰等奉命编撰《西清续鉴甲编》二十卷。除官方著作外，私家如钱坫、曹载奎、吴荣光等也分别刊行青铜器图录或款识著作。乾隆晚期，山东巡抚毕沅与山东学政阮元组织编纂《山左金石志》，益都段松苓躬亲其事，在山东境内访拓碑碣，辛劳不辞而奉献良多。益都李文藻为乾隆时期著名金石学家，曾得钱大昕之赞誉，著有《诸城金石略》。

齐鲁印学宗于安丘张氏，张氏家族家学渊源，有“老三张”“小三张”“新三张”数代精英，而其家族又以张贞最为突出。研读《安丘张氏印谱》与相关著作，可见张贞之于经史之学、金石文字、书画篆刻造诣甚深，故被称为齐鲁印学之宗师。张氏治印既借鉴许慎《说文》，同时更注重见于著录的三代吉金文字，如新中国成立以后才有明确出土地点的㠱器，在张氏治印中“㠱”字早已被运用。张氏印学之风流播潍水，潍县的郭氏世家子孙如乾嘉朝郭伟勣、郭启翼、郭见龙、郭起隆父子叔侄等，同样崇尚金石学与印学。郭伟勣则是潍县县令郑板桥的至交文史友，郑氏经常到郭氏南园雅集论文，并为郭氏题署《松筠桐荫馆印谱》，该印谱辑集了郭家所藏与自制玺印。

海岱地区历史悠久，文化繁荣发达，公私内外交往活动尤为频繁，故其玺印符节之使用亦称发达。陈氏受乡风包孕，基于学问与认识，自少年即从当地开始收集先秦玺印，这既是其金石之缘的开始，也是其金石学大师成就的基础。道光十一年（1831），陈介祺先后到莱州府治掖县、山东省治济南应乡试、府试，其《十钟山房印举》自序云：“余自应试始至莱，秋试始至历，见齐鲁三代器秦汉印即好之。”陈氏时年十九岁，可见其自年少时即喜好收藏先秦铜器与秦汉玺印。同治四年（1865）三月，陈氏作《玉印合编》序谓：“余自弱冠后，留意求之，积三十年，于吾乡燕秦南中获三十余印。”由此可知其收藏玺印之始初，以及其最初所收玺印之数量。

陈氏年少时即喜好古印，自应是传承潍县、安丘印学收藏研究之一脉，其一生对玺印之收集亦从未间辍，除去因朝廷逼捐和与捻军作战之时未得收集古印外，其余时间包括归里殡葬父母事后亦随时收集玺印，由此可见玺印之于陈氏，则正如王国维先生所言：“实其生平一大事业。”① 而齐鲁印学由

① 吴泽主编：《王国维全集·书信》，中华书局1984年版，第119页。

周亮工、张贞世家、高凤翰、潍县郭氏世家的创成绵延，到陈介祺则既是集大成者，又是印学发展之最高峰。

同时，陈介祺对三代吉金文字的收藏、研究，更是传承与弘扬山左金石学之长风，而对其影响最为直接的则是吴式芬。陈介祺《宝簠斋集各家彝器释文》云："余于既冠后从子苾六兄游，论古文字，考订金石，始稍稍有吉金之蓄。"①

纵观陈介祺一生之金石学术经历，其少年得乡风之包孕，始得雅好金石之学而收集玺印与三代古铜器。自道光年间至同治时期，其学术发展渐趋成熟，此间其定居京师，交游极广，同时还有官场应酬，尤其遭遇父亲亡故、清朝逼捐，为筹措捐银而疲于奔命，事息则归返潍县直至终老。这既是陈介祺一生中的极大事件与转折点，又是其金石学术发展史上的分水岭与转型期。陈介祺于同治十三年（1874）作联语称："旧学商量加邃密，新知培养转深沉。"这应是其对学术知识积累发展与升华的认识，我们认为若将此寓意用在其四十岁左右之时，最为綦切。

四十岁之后，陈介祺归里潍县，专心于学术，重新与老友新知频频通札，并大批量收集文物，对旧藏进行分类管理与逐项研究，同时还新发现陶文封泥，开拓古文字研究新领域。这使得陈介祺藏古、鉴古、考古、传古的实践与理论快速升华，进入突飞猛进的蓬勃发展阶段。正是由于长时期的积累，陈氏的金石收藏、研究水平才达到山左乃至国内金石学传承发展的最高峰。

汉代的郑玄与刘熙以经史之学名重天下，宋代的赵明诚、清代的陈介祺则以金石之学而影响广远。如果说汉代的北海、高密一带以郑玄为代表而共同形成天下经史之学的中心的话，那么清代的潍县及其周近的安丘、诸城、益都，甚至旁及莱阳、福山、利津与海丰，则在此区域内形成以陈介祺为代表的金石学之中心。齐鲁大地自古文物积淀丰富，金石之学由来已久，至宋代倡兴一时；清代自毕沅、阮元编撰《山左金石志》以来，该地金石学之风气更盛。前经毕、阮之提倡，后有陈介祺、刘喜海、王懿荣、翟云升、吴式芬、李佐贤、许瀚、王筠、桂馥之推动，遂使山东成为天下金石学的中心，时谓"金石学在山左"，良有由也。

---

① 陆明君：《陈介祺年谱》，西泠印社出版社2015年版，第18页。

五、历史贡献

陈介祺“富藏精鉴，宗仰海内”，为有清一代金石学之冠，可谓前无古人、后无来者。其金石之学远绍孔子、晏子、孔安国、郑玄、赵明诚、周亮工、阮元、李文藻、段松苓诸家。在金石学之学术发展史上，先秦为之滥觞，汉代视钟鼎为祥瑞，宋代或用于征史，至清代则发展完备而渐趋转型。陈介祺怀抱历史之使命，推陈出新，收藏巨富，所藏文物数量达数万件（种）；著述不辍，文论手札辑集三百数十种。于是带动国内、浸润山东，形成以其为中心的金石学术群体，旧谓金石学在山左，而山左之中心则在潍县。同时，潍县、诸城、益都、安丘亦形成以陈介祺为核心的地方学术群体。山左、潍县金石学之长风由先秦历两汉而至宋、清，宛如宋玉《风赋》所谓初起青萍之末，渐行渐远而最终形成撼动历史、遍及全国之狂飙。

首先，从学术发展史审视，通常谓先秦子学、两汉经学、魏晋玄学、隋唐佛学、宋代理学、清代朴学。我们认为宋代与清代之金石学更是其历史的特色。在中国金石学发展史上，陈介祺是集大成者，无论收藏研究与学识均迥越前代与时贤。其对文物出土地点之环境如山川水流、历史古迹、城址、墓葬、共存文物等相关信息，文物出土收藏流转过程及自身的度量数据、完残程度等相关信息均旁搜远绍，力求完备。同时，他十分注重田野考古调查，如派助手丁良善、王石经等到琅琊及其周近访拓秦汉碑版、调查故城遗迹、搜寻出土文物，并且要求访古者写调查日记并图绘环境；在对青铜器的研究方面，又非常注重器物的形制、花纹与文字书体，这被李学勤先生称为考古类型学之萌芽。王国维《观堂集林》中对有清一代之学术概括为：“国初之学大，乾嘉之学精，而道咸以降之学新。”由此可见，陈介祺不仅是金石学之集大成者，而且其新的思维方式还架起了由传统金石学通向考古学的桥梁。中国自主的考古发掘应属在金石学引领之下的最新探索形式，如安阳小屯，若无王懿荣发现甲骨文，则不可能会有十余次的考古发掘。中国积累数千年的金石学应是中国新兴考古学的基础，而考古学则是在不断汲取传统金石学营养之基础上发展起来的。

其次，拓宽金石学领域，促使金石学更趋完备科学。陈介祺收藏文物的种类超越历史与同代，举凡钟鼎盘匜、金戈铁剑、镜鉴钱币、圭璧环璋、碑版造像、经幢志石、陶文玺印、封泥铭范、瓦甓宫当与宋元翰墨，悉搜罗庋藏。其对历史文物怀有敬畏感和使命感，认为藏古之目的在于传古。陈介祺有着良好的家学即经学基础，而又广求明教，故得以洞悉历史、精审文物、目光如炬、心细如发。其不仅收藏文物种类最广，而且精品最多，有的收藏则属天下独一无二，堪称同类文物之冠，如毛公鼎与陈氏三量。1959年新中国成立十周年大庆，中国历史博物馆（今国家博物馆）举办文物展览，从上海博物馆、故宫博物院、山东博物馆等调拨大量文物，其中的曾伯𩃬簠、子禾子釜即为陈氏旧藏。台北故宫博物院所谓镇院之宝有三——毛公鼎、东坡肉石、翠玉白菜，而毛公鼎亦为陈氏旧藏，足可见陈氏所藏青铜器质量之精。先恩师于省吾先生称古文字资料有八类，即甲骨、金文、陶、石、玺、古化、竹简、帛书。在陈介祺之前原无陶文之类，陈介祺是第一个发现陶文并大量收藏与研究陶文之人，而且其陶文收藏之数量、质量与研究水平及成果等也是当时第一人。如今陶文与甲骨、金文、竹简、帛书、玺印、货币一样，成为古文字学研究中的一门专项研究。铸器铭范为旧所未藏，封泥为前人所未闻，陈介祺的收藏研究可谓慧眼识珠。

复次，学术研究创新。陈介祺收藏的数万件（种）文物之所以俱是真品，是因为其具有高人数等的学术眼光，正如前所征引商承祚先生所言："提起笔来写这篇文章之先，我就想到一位老先生，是我平生最佩服的；恐怕不仅是我，凡着研究古文字的人都是一致的；何以呢？因为他的眼光太好了。他一生收藏的铜器等，不下几千件，没有一件是假的。他的论调同批评，不但高出当时同辈一等，简直可以说'前无古人，后无来者'。这人是谁？就是山东潍县陈介祺字寿卿号簠斋他老先生。"① 王国维称："古来新学问起，大都由于新发见。"并举例云："有孔子壁中书出（出山东曲阜县），而后有汉以来古文家之学。有赵宋古器出，而后有宋以来古器物、古文字之学。惟晋时汲冢竹简出土后，即继以永嘉之乱，故其结果不甚著。然同时杜元凯注《左传》，稍后郭璞注《山海经》，已用其说。"② 是陈介祺首次发现、研究并著录、传布战国陶文，而今古文字学中才有陶文之学。陈介祺一生对文物作伪

① 商承祚：《古代彝器伪字研究》，载《金陵学报》第3卷第2期，1933年。
② 王国维：《最近二三十年中中国新发见之学问》，载《学衡》1925年总第45期。

深恶痛绝，而其对青铜器、钱币与瓦当之辨伪极为精到，其所秉持的鉴别核心即在于古文字。其运用三代吉金文字纠正许书，对传统小学《说文》的研究做出贡献，吴大澂《说文古籀补》更有陈氏之心血与智慧。陈介祺最早辨识出六国古文字与秦国文字有异，还释读出金文“玟”“珷”为“文王”之“文”、“武王”之“武”专用字，从而纠正《尚书·大诰》之讹谬；释证从“土”与否之“陈”为陈蔡之“陈”与田齐之“陈”，二者迥然有别。其费数十年之心血编印《十钟山房印举》，开创玺印汇编之体例，成为后来之圭臬。其收藏三代吉金，为研究周初政治、岁时月令、古国历史、区域文化多所创获，如天亡簋、纪侯钟、鄂侯驭方鼎、郳始鬲、师寰簋、曾伯霥簠等①，为研究西周王室及鄂、纪、郳（邾）、齐、曾诸国历史提供了科学引导与佐证。

再次，对文物收藏、保护与研究，以及对中国博物馆发展史的贡献。中国博物馆的萌芽远在先秦，宋代开辟专馆分类庋藏，赵明诚、李清照夫妇在益都则辟建收藏保护与研究功能较全的博物馆。而陈介祺则于归里后对文物进行分类，以斋号名其场馆，如“万印楼”“十钟山房”“宝簠斋”“簠斋”“三代古陶轩”“古瓦量斋”“宝康瓠室”“君子砖馆藏砖”“千化范室”“三代化范之室”“君车汉石亭长”“秦铁权斋”“三百范斋藏范”“二百镜斋藏镜”“秦诏量瓦之斋”等。由此可以看出，除了标识文物器类与个人志趣，内中更有俾便文物分类存放管理与明辨研究资料性质的宗旨，凡此诸种多是出于科学管理的需要。

最后，传古方法创新与其他。“关于青铜器的专著，据《籀史》所载，首推宋代《皇祐三馆古器图》，其次嘉祐八年刘敞作《先秦古器记》刻于石，二书所载皆只十一器。李公麟著《考古图》，每卷每器都绘其图像，释其形制

① 青铜器的铭文及器名隶定通常有一个发展变化过程，如天亡簋旧称大丰簋、朕簋，纪侯钟又名己侯钟（铭文隶定为“己”，文献作“纪”），鄂侯驭方鼎又名噩侯驭方鼎、器侯驭方鼎（铭文隶定为“噩”，陈氏隶定为“器”，文献作“鄂”）、王南征鼎（陈氏自定名），师寰簋旧称师害簋，叡钟又作虘钟，虢叔旅编钟又作虢未旅编钟，楚公豪钟又作楚公冢钟（陈氏释作“豪”），陈侯因资簋旧称陈侯因资敦，等等。在本书稿中，除引文、相关著述部分以当时隶定之名称呼外，行文中尽量以现今通称表述。此外，青铜器铭文中还存在较多古今字，如“隹”与“唯”、“乍”与“作”、“白”与“伯”等，导致同一器物铭文在不同版本的著作中用字不同，或同一金文在不同器物、不同版本著作中的隶定及用字不同等现象较常出现。本书稿中对于青铜器铭文的摘录，一般参校权威著作，同一器物之铭文用字保持一致，不同器物铭文之间不考虑铭文隶定用字一致等问题。

及说明其用途，并附有释文。以上三书都已失传。”① 其他传世图书，皆以线条勾勒器形，而图形、花纹则与实际相去太远。章炳麟为《簠斋吉金录》题辞称：“陈氏所集纸墨、椎拓之工精矣，稍附考订而不敢恣其辞。将所谓多见阙殆，慎言其余者，篆古书遗，固宜如是也。”陈介祺为求传古文字之精切而总结历代碑版吉金的拓墨技法，并参以中国画散点透视的原理。尤可称道的是，其不仅为鉴古而使用放大镜，而且为便于传古而首次应用西洋摄影术，还将摄影的光学明暗对比之原理一并应用到对吉金铭文和器形的拓制上。其专门精心选择心底细稳、手法灵妙者进行培养训练，而再来捶制拓本。为使所拓吉金文字精切传神，其笔、墨、纸、拓等均由专人制作，尤其是纸张，可谓千滤万选。此外，每次进行拓制之时，皆根据铭文之大小、笔画之粗细和凹凸之深浅而选用不同的纸张。由此而精心做出的拓本，真可谓“纸白如玉，墨光如漆，为天下第一”。其为传古而改进全形拓技法，以此法拓出的器物，形制、花纹、神韵毕俱。而用极薄之六吉棉连所拓出的拓本，墨色浓淡有致，细微颗粒犹可辨识，且拓本整体轻润华美，如同“蝉衣”。

为传古文字，其专心设计书籍版式与铭文布局，要求一器一纸，按类别、时代编排顺序，而同时代者则以字少多为之先后。凡齐鲁出土者，为传古切当、明晰，俾便后人考论，而加钤“山左土物”印玺。我们甚至可以认为，陈介祺为传古文字，不但于金石文物的传古方法自辟蹊径，而且于传统的雕版影印等书籍出版事业亦创新良多，境界空前。

在金石学、考古学、博物馆学之外，陈介祺在书法、诗词、中医中药等领域都有其独到之处。而其于地方传统手工业诸如潍县仿古铜、铸造铜印、红木嵌银等，亦有突出贡献。

还必须提及的是陈介祺对国家、民族的历史责任感。其关心国是民瘼，对于创办报纸、赈济荒灾等事亲力亲为，对于朝廷政治、封建吏治、地方边区安靖等关切之忧亦散见于与友朋通札之字里行间。

岁次著雍阉茂月在夷则日值初吉，邑后学孙敬明

熏沐拜撰于潍水之湄九龙山知松堂南牖下

---

① 容庚、张维持：《殷周青铜器通论》，科学出版社1958年版，第139页。

总 目

统考会纂

目　录

附

第一章 陈介祺研究的历史与现状

陈介祺的学术与收藏成就在其生前就得到了金石学界的高度评价，其去世之后继续得到有关学者的关注。新中国成立后特别是20世纪90年代以来，随着传统文化的回归，陈介祺研究再次成为学术热点，研究角度和内容呈现出多方位、多样化的趋势。

第一节 陈介祺著述的整理与刊印

陈介祺著述生前多未成书，刊行问世的仅有：《簠斋印集》十二册，咸丰元年（1851）钤印本；《陈簠斋丈笔记附手札》一卷，同治十三年（1874）《滂喜斋丛书》本；《传古别录》，光绪元年（1875）《滂喜斋丛书》本。这从客观上限制了其学术研究的开展。自陈介祺去世直至今日的一百余年间，经过数辈学人的不懈努力，其主要学术成就得以呈现，为相关研究提供了基础资料。

一、清末民国时期

自陈介祺去世到新中国成立之前这一阶段，陈介祺研究的重点主要集中在对其传古成果的整理方面。光绪十八年（1892）吴重憙刊《家塾授蒙浅语》，光绪二十二年（1896）《灵鹣阁丛书》收录江标辑《簠斋藏器目》，光绪三十年（1904）吴重憙影印《封泥考略》（与吴式芬合辑），光绪三十三年（1907）罗振玉影印《毛公鼎初拓本》①，1913年罗振玉之《云窗丛刻》又收

① 参见罗振玉：《贞松老人遗稿乙集》之四《影印陈氏拓本跋》，1943年石印本。

录《簠斋金石文考释》一册，1916年神州国光社影印《簠斋藏古玉印谱》朱墨钤印本一册，1918年风雨楼影印邓实辑《簠斋吉金录》，1919年商务印书馆涵芬楼影印陈敬第辑《簠斋尺牍》十二册，1920年广仓学窘铅印邹安校录《簠斋藏古册目并题记》，1921年罗振玉影印《簠斋旧藏小盂鼎铭拓本》，1923年商务印书馆涵芬楼影印《十钟山房印举》（一印一页本），1925年陈文会委托商务印书馆影印《簠斋藏古目》一函三册（十八卷，补遗一卷，附目五卷）①，1925年上海蟫隐庐影印宜哲编订《簠斋藏镜》，1930年神州国光社影印《陈簠斋手拓古印集》四册，1933年丁锡田《潍县文献丛刊》第二辑收录《簠斋访碑拓碑笔札（附青州访碑目）》，1937年潍县赵录绰据抄本刊印《簠斋金文考》一册，另有民国时期商务印书馆影印陈介祺手书本《陈簠斋写东武刘氏款识》一卷、《簠斋尺牍》（致吴大澂）不分卷。

为搜求陈介祺相关遗著，相关学人付出了艰辛努力。如罗振玉在《赫连泉馆古印存·序》中称："闻簠斋陈氏万印楼谱尤为海内巨观，惜旧印百部，数十年来讫未装治行世，此则艺林之至憾也。"② 此后他与王国维多方求购《十钟山房印举》未果。③ 王献唐计划对陈介祺著作进行系统整理，后因"遗书均藏其曾孙某处，滞存北平，秘不示人"④ 而未果。⑤

二、新中国成立后至今

新中国成立后，对陈介祺著作的整理始于20世纪90年代。1991年陈继揆整理的陈介祺尺牍汇编《秦前文字之语》由齐鲁书社出版。在此影响下，陈介祺研究重新回到学术视野。2001年辛冠洁整理的《簠斋藏镜》由文物出版社出版，2004年陈继揆整理的《簠斋论陶》《簠斋鉴古与传古》由文物出

① 丁佛言、陈承修、田士懿、冯恕、赵葵畦、姚华、冯汝玠、孙壮等人，在商务印书馆所印制的售书宣传单上同发启事推介此书称"此为先生晚年详订手稿之本，考释精深，最为完善"，"纸墨精良，装订雅洁，非特艺林盛事，实笃古家一大宝筏也"。

② 罗振玉辑：《赫连泉馆古印存》，1916年钤印本。

③ 柳向春、李顺香：《罗振玉与〈十钟山房印举〉》，载《山东图书馆学刊》2009年第1期。

④ 王献唐：《双行精舍书跋辑存》，齐鲁书社1983年版，第105页。

⑤ 后整理陈介祺拓本为《秦诏量瓦集拓》《十钟山房金文》《二百镜斋镜文》《齐鲁陶文》四种，收录于王献唐：《海岳楼金石丛拓》，青岛出版社2009年版。

版社出版，2005 年陈继揆整理的《簠斋金文题识》《簠斋金文考》由文物出版社出版，2005 年北京图书馆出版社编选的《历代陶文研究资料选刊》收录了陈介祺的《十钟山房藏齐鲁三代周秦两汉瓦当文字目》《簠斋古泥封目》①，2008 年国家图书馆金石拓片组编著的《国家图书馆藏陈介祺藏古拓本选编》（包括《古砖卷》《铜镜卷》《青铜卷》《瓦当卷》）② 由浙江古籍出版社出版。2009 年，文物出版社整理出版了《陈介祺藏拓秦诏量铭文》③，同年青岛出版社出版王献唐遗著《海岳楼金石丛拓》，包括其整理陈介祺拓本编辑的《秦诏量瓦集拓》《十钟山房金文》《二百镜斋镜文》《齐鲁陶文》四种。2010 年，山东大学出版社出版的《山东文献集成》第三辑收录了陈介祺的《宝簠斋集各家彝器释文不分卷》、《封泥考略》（与吴式芬合著）、《簠斋尺牍》、《秦汉瓦当文字》、《簠斋吉金录》、《陈簠斋先生手题奇篆拓本一卷》、《簠斋藏镜》、《簠斋访碑拓碑笔札一卷附青州访碑目一卷》、《陈簠斋遗文七则》九种。④ 2014 年陈郁整理有《嘉树堂藏陈介祺瓦当拓片集》⑤，2015 年天津人民美术出版社出版有陈进编选的《陈介祺自用印存》。以上工作，展示了陈介祺收藏与学术成果的主要内容。

第二节 专题研究

陈介祺学术成就丰硕，人们对其研究主要涉及其金文成就及相关藏品、陶文成就、《十钟山房印举》与印学思想、传古成就、书学成就、金石交游等专题。综合研究近年来也颇多涌现。

一、金文成就及相关藏品研究

清末民国时期，学界对陈介祺金文成就及相关藏品的研究尚处于发端阶段。陈介祺身后，王国维是较早关注并利用陈介祺金文成果的学者之一。

---

① 贾贵荣、张爱芳选编：《历代陶文研究资料选刊》，北京图书馆出版社 2005 年版。

② 国家图书馆金石拓片组：《国家图书馆藏陈介祺藏古拓本选编》，浙江古籍出版社 2008 年版。

③ 文物出版社：《陈介祺藏拓秦诏量铭文》，文物出版社 2009 年版。

④ 山东文献集成编纂委员会：《山东文献集成》第三辑，山东大学出版社 2010 年版。

⑤ 陈郁：《嘉树堂藏陈介祺瓦当拓片集》，嘉树堂 2014 年。

其《说彝》称："簠斋晚年已确知彝之为敦，故毅然去彝目。"① 新中国成立以后，对陈介祺金文成就及相关藏品研究重点集中在毛公鼎等重器上。1952 年董作宾的《毛公鼎考年》②、陈梦家的《西周铜器断代》③，1956 年平心的《甲骨文及金文考释》④，1961 年唐兰的《怀念毛公鼎、散氏盘和宗周钟——兼论西周社会性质》⑤，1966 年于省吾的《"王若曰"释义》⑥ 等，这些关于毛公鼎的研究文章都是在陈介祺研究的基础上开展的。20 世纪 70 年代之后，张光远⑦、容庚⑧、李学勤⑨、马承源⑩等人的研究也无不涉及陈介祺。

近年来，对陈氏吉金藏品的考证已经成为陈介祺研究的一个重要内容。如孙敬明的《"车大夫长画"戈考》⑪，曹菁菁的《簠斋藏弩机考略》⑫，迟延璋、朱英的《陈氏〈新莽常乐卫铜饭帻〉拓本赏析》⑬，苏辉的《陈簠斋旧藏莽量的重新发现与研究》⑭，张志亮的《王维朴藏陈介祺吉金杂拓册》⑮，都属于这一范围。杨鲁安的《清陈介祺监拓"齐法化"范墨本概述》⑯、关汉亨的《陈介祺论泉集币及钱范收藏》⑰ 等则涉及陈介祺所藏钱币钱范。

---

① 王国维：《观堂集林（外二种）》，河北教育出版社 2003 年版，第 73 页。

② 董作宾：《毛公鼎考年》，载《大陆杂志》第 5 卷第 8 期，1952 年。

③ 陈梦家：《西周铜器断代》，中华书局 2004 年版，第 292 页。

④ 平心：《甲骨文及金文考释》，载《华东师范大学学报》1956 年第 4 期。

⑤ 唐兰：《怀念毛公鼎、散氏盘和宗周钟——兼论西周社会性质》，载《光明日报》1961 年 2 月 2 日。

⑥ 于省吾：《"王若曰"释义》，载《中国语文》1966 年第 2 期。

⑦ 张光远：《西周重器毛公鼎》，载《故宫季刊》第 7 卷第 2 期，1972 年。

⑧ 容希白：《商周彝器通考》，台湾大通书局 1973 年版。

⑨ 李学勤：《铭文最长的先秦青铜器是什么?》，载《文物天地》1985 年第 2 期。

⑩ 马承源主编：《商周青铜器铭文选》，文物出版社 1986 年版。

⑪ 孙敬明：《"车大夫长画"戈考》，载《文物》1987 年第 1 期。

⑫ 曹菁菁：《簠斋藏弩机考略》，载《文献》2009 年第 1 期。

⑬ 迟延璋、朱英：《陈氏〈新莽常乐卫铜饭帻〉拓本赏析》，载《文物鉴定与鉴赏》2010 年第 5 期。

⑭ 苏辉：《陈簠斋旧藏莽量的重新发现与研究》，载《文博》2013 年第 1 期。

⑮ 张志亮：《王维朴藏陈介祺吉金杂拓册》，载《东方艺术》2013 年第 12 期。

⑯ 杨鲁安：《清陈介祺监拓"齐法化"范墨本概述》，载《中国钱币》1987 年第 4 期。

⑰ 关汉亨：《陈介祺论泉集币及钱范收藏》，载《中国钱币》2015 年第 4 期。

二、陶文成就研究

陶文的发现与研究是陈介祺的重要学术贡献。自清同治十一年（1872）陈介祺得到第一枚陶文残瓦，到其去世前一年（光绪九年，1883），其陶文收藏将及5000件。① 他在对陶文进行初步鉴定、分类、记录出土地点的基础上，提出了“古陶文字不外地名、官名、器名、作者用者姓名与其事其数”② 的观点，并将陶文与金文、玺印和传世文献相印证，取得了开创性的成果，引起了同时代学者的关注。如吴大澂在《三代秦汉古陶文字考》自叙中说：“潍县陈寿卿前辈介祺所得三代古陶文字……至精之文，不减彝器。有可证《说文》及吉金文字者。”③ 民国时期，黄宾虹、顾廷龙、周进、王襄等人持续关注陈介祺的陶文收藏。陈介祺认为陶文系古玺钤印而成，此说为黄宾虹所继承，黄宾虹所撰《陶玺文字合证》与《古玺用于匋器之文字》将陶片文字与古玺文字进行对比研究，考其书源，指出古陶文字“既可证实玺印之用，书体中有雄浑、秀劲，约分两种，皆足为书法源流之参考”④，且“古玺文字，前人莫明其所用，今以匋器证之，有确知其为款识之模型而无疑义”⑤。顾廷龙在《古匋文孴录自叙》中对陈介祺的研究给予了极大肯定。⑥ 王襄在《古陶残器絮语》中称：“有文字之陶现于人间，列入金石学，陈氏为其创者。”⑦ 陈介祺最先结合齐国历史对陶文“立事”进行了研究，之后唐兰《陈常陶釜考》⑧ 与张政烺《“平陵陈得立事岁”陶考证》⑨ 均受其启发。

20世纪80年代，学界对陈介祺陶文成就的研究进入了一个新的阶段。1980

---

① 〔清〕陈介祺著，陈继揆整理：《簠斋论陶》，文物出版社2004年版，第56页。

② 〔清〕陈介祺著，陈继揆整理：《簠斋论陶》，文物出版社2004年版，第34页。

③ 顾廷龙：《吴愙斋先生年谱》，哈佛燕京学社1935年版，第276页。

④ 黄宾虹：《陶玺文字合证·卷首语》，1930年神州国光社影印本。

⑤ 上海书画出版社、浙江省博物馆：《黄宾虹文集·金石编》，上海书画出版社1999年版，第346页。

⑥ 顾廷龙：《顾廷龙文集》，上海科学技术文献出版社2002年版，第29页。

⑦ 王襄：《古陶残器絮语》。转引自陆明君：《崇古尚理　探赜灵明——清代金石学家陈介祺的鉴藏与学术》，载《中国书画》2013年第9期。

⑧ 唐兰：《陈常陶釜考》，载《国学季刊》第5卷第1期，1935年。

⑨ 张政烺：《“平陵陈得立事岁”陶考证》，见北京大学《史学论丛》第二册，1935年；又收录于《张政烺文史论集》，中华书局2004年版，第46页。

年裘锡圭的《战国文字中的“市”》①、1982年李学勤的《山东陶文的发现和著录》②、1984年郑超的《齐国陶文初探》③，以及1986年以来孙敬明的《齐陶新探（附益都藏陶）》《齐国陶文分期刍议》《从陶文看战国时期齐都近郊之制陶手工业》④、王恩田的《齐国地名陶文考》⑤、李宝垒的《齐国陶文与田氏代齐研究》⑥ 等研究齐国陶文的文章中，很多观点都是在陈介祺陶文研究基础上的进一步创新。2006年蒯宪的《陈簠斋之陶器考释文稿》则根据新发现的陈介祺手稿较为系统地论述了陈介祺的陶文成就。⑦ 秦诏瓦量残片是陈介祺的重要藏品之一，罗振玉称其为“聚珍版之原始”⑧。2012年冯磊的《赖有残瓦传秦篆——记〈秦诏量文字册〉》⑨、2013年徐钢城与钱铁颖的《清陈介祺辑拓审订秦始皇诏瓦量残字稿本考略》⑩，皆对陈介祺所藏秦诏瓦量及其研究成果进行了探讨。此外，金祥恒的《匋文编》⑪、高明的《古陶文汇编》⑫、何琳仪的《战国古文字典——战国文字声系》⑬、汤余惠的《战国文字编》⑭、王恩田的《陶文图录》⑮ 和《陶文字典》⑯ 等字汇书籍都收录了陈介祺的陶文拓本。

---

① 裘锡圭：《战国文字中的“市”》，载《考古学报》1980年第3期。

② 李学勤：《山东陶文的发现和著录》，载《齐鲁学刊》1982年第5期。

③ 郑超：《齐国陶文初探》，中国社会科学院研究生院1984年硕士学位论文。

④ 孙敬明：《齐陶新探（附益都藏陶）》，见《古文字研究》第十四辑，中华书局1986年版；《齐国陶文分期刍议》，见《古文字研究》第十九辑，中华书局1992年版；《从陶文看战国时期齐都近郊之制陶手工业》，见《古文字研究》第二十一辑，中华书局2001年版。

⑤ 王恩田：《齐国地名陶文考》，载《考古与文物》1996年第4期。

⑥ 李宝垒：《齐国陶文与田氏代齐研究》，载《齐鲁文化研究》2010年刊。

⑦ 蒯宪：《陈簠斋之陶器考释文稿》，见《西泠印社》总第九辑，荣宝斋出版社2006年版。

⑧ 王献唐跋《秦始皇诏瓦量残字》，西北民族大学图书馆藏本。

⑨ 冯磊：《赖有残瓦传秦篆——记〈秦诏量文字册〉》，载《书法》2012年第5期。

⑩ 徐钢城、钱铁颖：《清陈介祺辑拓审订秦始皇诏瓦量残字稿本考略》，载《收藏家》2013年第9期。

⑪ 金祥恒：《匋文编》，台湾艺文印书馆1964年版。

⑫ 高明：《古陶文汇编》，中华书局1990年版。

⑬ 何琳仪：《战国古文字典——战国文字声系》，中华书局1998年版。

⑭ 汤余惠主编：《战国文字编》，福建人民出版社2001年版。

⑮ 王恩田：《陶文图录》，齐鲁书社2006年版。

⑯ 王恩田：《陶文字典》，齐鲁书社2007年版。

三、《十钟山房印举》与印学思想研究

《十钟山房印举》在古玺印鉴定、印谱编纂体例研究和篆刻学习等方面都具有重要价值，该书编纂完成后即引起学界推崇。王国维在给罗振玉的信中盛赞《十钟山房印举》的编排体例是陈氏“生平一大事业”①。新中国成立之初，张瑄有《十钟山房印举纂例考》②。20 世纪 70 年代，罗福颐在《古玺印考略·序》中言：“潍县陈氏，以所藏古玺印汇合同时各家所有，拓为《十钟山房印举》，极一时之盛。其分类目首列战国古玺，较之明代有所发展。”③近年来，《十钟山房印举》与印学思想研究成为陈介祺研究中的重点内容。2005 年，孙慰祖的《簠斋印事七题——关于〈十钟山房印举〉和〈封泥考略〉》④、陆明君的《“万印楼”藏印及〈十钟山房印举〉的成书过程、体例及版本考说》⑤、佘彦焱的《〈十钟山房印举〉及其编印过程》⑥、贺文荣的《从〈十钟山房印举〉的编例看陈簠斋对古玺的认识》⑦、林如的《从〈十钟山房印举〉看陈簠斋的古玺印专题收藏》⑧ 等文章从不同角度对《十钟山房印举》进行了专题研究。同时，蔡显良的《陈介祺印学思想探赜》⑨、曲彬的《从〈秦前文字之语〉探陈介祺的印学成就与思想》⑩、舒文扬的《从簠斋用

---

① 吴泽主编：《王国维书信》，中华书局 1984 年版，第 119 页。

② 张瑄：《十钟山房印举纂例考》，载《东方文化》第 2 卷第 2 期，1955 年。

③ 罗福颐：《古玺印考略·序》，紫禁城出版社 2010 年版，第 1 页。

④ 孙慰祖：《簠斋印事七题——关于〈十钟山房印举〉和〈封泥考略〉》，见《陈介祺学术思想及成就研讨会论文集》，西泠印社出版社 2005 年版。

⑤ 陆明君：《“万印楼”藏印及〈十钟山房印举〉的成书过程、体例及版本考说》，见《陈介祺学术思想及成就研讨会论文集》，西泠印社出版社 2005 年版。

⑥ 佘彦焱：《〈十钟山房印举〉及其编印过程》，见《陈介祺学术思想及成就研讨会论文集》，西泠印社出版社 2005 年版。

⑦ 贺文荣：《从〈十钟山房印举〉的编例看陈簠斋对古玺的认识》，见《陈介祺学术思想及成就研讨会论文集》，西泠印社出版社 2005 年版。

⑧ 林如：《从〈十钟山房印举〉看陈簠斋的古玺印专题收藏》，见《陈介祺学术思想及成就研讨会论文集》，西泠印社出版社 2005 年版。

⑨ 蔡显良：《陈介祺印学思想探赜》，见《陈介祺学术思想及成就研讨会论文集》，西泠印社出版社 2005 年版。

⑩ 曲彬：《从〈秦前文字之语〉探陈介祺的印学成就与思想》，见《陈介祺学术思想及成就研讨会论文集》，西泠印社出版社 2005 年版。

印看陈介祺的篆刻审美和创作思想——兼论翁大年和王石经的篆刻》①、王庆忠的《陈介祺篆刻思想的实践者——王石经》② 等文章系统论述了陈介祺的印学思想。2010 年，中国艺术研究院吴义达的硕士学位论文《〈十钟山房印举〉研究》③ 在总结前人研究成果的基础上，系统梳理了《十钟山房印举》的玺印来源、成书过程、传世版本、编纂体例以及书中所反映的陈介祺的印学思想与成就。2014 年，天津人民美术出版社出版陈继揆所著《万印楼印话》，披露了陈介祺玺印收藏研究方面的许多一手材料。④

四、传古成就研究

在金石学史上，陈介祺是以传古为己任并付诸实践的第一人，其传古成就主要反映在“他对器物的辨伪、识读、考证、传拓上”⑤。王国维在《毛公鼎跋》中指出：“此鼎器小而字多，故拓墨不易。余见秦中旧拓与端氏新拓此鼎，皆不佳。惟陈氏拓最精。”⑥ 褚德彝称：“近代收藏彝器之富，推吴县潘氏、潍水陈氏。潘氏曾编《攀古楼款识》，学者藉以窥见一斑；陈氏收藏彝器，鉴别精审，远胜攀古。”章炳麟称：“陈氏所集纸墨、椎拓之工精矣，稍附考订而不敢恣其辞。”⑦ 王献唐称“此老研精金石，对于鉴别、考释、椎拓……无不从潜心阅历中得来。当时如潘伯寅、吴清卿、王廉生、鲍子年、李竹朋、吴平斋等，莫不推挹备至，其得名不虚也”⑧，又称陈氏《十钟山房印举》“所收诸印，虽未见原物，但以印文证之，无一伪制，即所收铜器石刻砖瓦皆然”，并用“心细如发，眼明如炬”来形容陈介祺鉴识之精审。⑨ 1933

---

① 舒文扬：《从簠斋用印看陈介祺的篆刻审美和创作思想——兼论翁大年和王石经的篆刻》，见《陈介祺学术思想及成就研讨会论文集》，西泠印社出版社 2005 年版。

② 王庆忠：《陈介祺篆刻思想的实践者——王石经》，见《陈介祺学术思想及成就研讨会论文集》，西泠印社出版社 2005 年版。

③ 吴义达：《〈十钟山房印举〉研究》，中国艺术研究院 2010 年硕士学位论文。

④ 陈继揆：《万印楼印话》，天津人民美术出版社 2014 年版。

⑤ 张业法：《传说时代的开启》，见《西泠印社》总第九辑，荣宝斋出版社 2006 年版。

⑥ 王国维：《观堂集林（外二种）》，河北教育出版社 2003 年版，第 802 页。

⑦ 见邓实辑：《簠斋吉金录·章炳麟题辞》，1918 年顺德邓氏风雨楼影印本。

⑧ 王献唐：《顾黄书寮日记》。转引自李勇慧：《一代传人王献唐》，山东教育出版社 2012 年版，第 79 页。

⑨ 王献唐：《五镫精舍印话》，齐鲁书社 1985 年版，第 31 页。

年，商承祚在《古代彝器伪字研究》中的观点，主要是依据陈介祺的鉴定经验总结而来。① 1973 年，容庚在《商周彝器通考》中专门论述陈介祺辨伪、拓墨之法。② 2006 年，桑椹在《全形拓之传承与流变》中介绍了陈介祺全形拓的方法，包括原器的分纸拓和刻版拓两种。③《中国书法》2015 年第 3 期《青铜器全形拓特辑》亦将陈介祺作为重要研究对象，其中陆明君撰文《陈介祺与金石传拓》，专门介绍陈介祺的传古思想和全形拓技术。除传拓方式外，陈介祺较早将西洋照相技术应用于金石学研究中，也成为一些学者的关注点。2005 年，胡志平在《论陈介祺的传古思想及其使用西洋照相术的尝试》一文中，介绍了陈介祺对西洋照相术的认识，并称陈介祺首开照相用于金石考据之先河。④

五、书学成就研究

陈介祺的书学成就为其金石成就所掩，长久以来没有得到应有的重视。近年来，随着陈介祺书法、题跋、手札等大量出现，陈介祺的书学成就开始成为学界研讨的重要内容。2005 年，陆明君的《陈介祺的书学思想与书法探析》介绍了陈介祺的书学思想与书法实践，对其书学思想及其根源、得失进行了分析。⑤ 2013 年，蒯宪的《簠斋书法略论》阐述了陈介祺的书法特点和书法演变分期。⑥ 2014 年，刘光的《何绍基与陈介祺书学的比较》从用笔方法、学书历程、书学思想等方面对何绍基、陈介祺进行了比较研究⑦；张卫华的《陈介祺楷书简论》论述了陈介祺书法的用笔、章法，指出陈介祺书法整体风貌可以概括为“平正”“古厚”“静穆”。⑧

---

① 商承祚：《古代彝器伪字研究》，载《金陵学报》第 3 卷第 2 期，1933 年。

② 容希白：《商周彝器通考》，台湾大通书局 1973 年版。

③ 桑椹：《全形拓之传承与流变》，载《紫禁城》2006 年第 5 期。

④ 胡志平：《论陈介祺的传古思想及其使用西洋照相术的尝试》，见《陈介祺学术思想及成就研讨会论文集》，西泠印社出版社 2005 年版。

⑤ 陆明君：《陈介祺的书学思想与书法探析》，载《书法研究》2005 年第 1 期。

⑥ 蒯宪：《簠斋书法略论》，载《中国书画》2013 年第 9 期。

⑦ 刘光：《何绍基与陈介祺书学的比较》，载《艺术品》2014 年第 1 期。

⑧ 张卫华：《陈介祺楷书简论》，首都师范大学 2014 年硕士学位论文。

六、金石交游研究

梁启超是较早关注陈介祺与同治、光绪时期金石学群体的学者，并于其1920年出版的《清代学术概论》中对此有所讨论。近年来，这方面的成果主要有孙敬明的《陈介祺与中国金石学》①、《王懿荣与潍县金石学界之交游》②、《郭麐与〈潍县金石志〉》③，吕金成的《陈介祺与王懿荣交往郄视》④，张其凤的《刘喜海对陈介祺的影响考绎》⑤，张炜羽的《周鼎齐罍有述作　秦玺汉印共研求——陈簠斋与吴平斋交往考述》⑥，等等。以上成果介绍了陈介祺与清末金石学家阮元、吴大澂、潘祖荫、鲍康、吴式芬、刘喜海、李佐贤、徐同柏、张廷济、翟云升、许瀚、王懿荣、曹鸿勋、吴云、郭麐等人的交往，为我们大致勾勒出陈介祺的金石交游圈。

七、综合研究

近年来，随着陈介祺重新成为学术热点，学界对陈介祺进行综合研究的成果逐渐增多。对陈介祺进行综合研究的论文主要有2001年李凤海的《清末收藏家陈介祺》⑦、2004年孙国强的《陈介祺的金石学成就和历史地位》⑧、2005年范正红的《论陈介祺与金石学》⑨、2005年孙敬明的《陈介祺与中国

---

① 孙敬明：《陈介祺与中国金石学》，见《潍坊文化三百年》，文化艺术出版社2006年版。

② 孙敬明：《王懿荣与潍县金石学界之交游》，见《海岱古钱新解》，齐鲁书社2016年版。

③ 孙敬明：《郭麐与〈潍县金石志〉》，见《潍坊古代文化通论》，齐鲁书社2009年版。

④ 吕金成：《陈介祺与王懿荣交往郄视》，见《陈介祺学术思想及成就研讨会论文集》，西泠印社出版社2005年版。

⑤ 张其凤：《刘喜海对陈介祺的影响考绎》，见《陈介祺学术思想及成就研讨会论文集》，西泠印社出版社2005年版。

⑥ 张炜羽：《周鼎齐罍有述作　秦玺汉印共研求——陈簠斋与吴平斋交往考述》，见《陈介祺学术思想及成就研讨会论文集》，西泠印社出版社2005年版。

⑦ 李凤海：《清末收藏家陈介祺》，载《收藏家》2001年第12期。

⑧ 孙国强：《陈介祺的金石学成就和历史地位》，载《潍坊学院学报》2004年第3期。

⑨ 范正红：《陈介祺与金石学》，见《陈介祺学术思想及成就研讨会论文集》，西泠印社出版社2005年版。

金石学》、2006 年陆明君的《陈介祺藏古》①、2009 年陆明君的《陈介祺与晚清金石学》②、2013 年陆明君的《崇古尚理　探赜灵明——清代金石学家陈介祺的鉴藏与学术》③ 等，以上成果较全面地阐述了陈介祺在中国金石学界的地位及其对当前文化传承的影响。

陈介祺综合研究专著主要有陆明君的《簠斋研究》《陈介祺年谱》。《簠斋研究》④ 系陆明君在其硕士论文基础上增订而成，2004 年由荣宝斋出版社出版。陆明君在查阅国内各大图书馆、博物馆和陈介祺后人所藏一手资料的基础上，对陈介祺的生平事略、藏古与传古思想、古文字与书学印学成就、著述等进行了系统梳理与考证。《簠斋研究》是目前陈介祺研究的扛鼎之作。2015 年，陆明君又就其所获资料，整理出版了《陈介祺年谱》。⑤ 另外，邓华访问了陈继揆和陈继遵等陈氏家族后人，结合潍坊地区现存地方史料编写了《陈介祺传》⑥ 及文史资料集《清代收藏大家陈介祺》⑦，对相关问题提出了新的见解。

八、国外相关研究

国外对陈介祺的研究主要集中于日本，1922 年滨田耕作、内藤湖南编印的《陈氏旧藏十钟（泉屋清赏别集）》⑧ 是国外最早的有关陈介祺研究的著作。此后相关成果则有 1993 年小木太法的《簠斋藏秦汉瓦当略辩》⑨，2000 年中村伸夫的人物传记《陈介祺》⑩，2005 年田上惠一的《收藏家陈介祺的出

---

① 陆明君：《陈介祺藏古》，见《西泠印社》总第九辑，荣宝斋出版社 2006 年版。

② 陆明君：《陈介祺与晚清金石学》，载《中国文化画报》2009 年第 6 期。

③ 陆明君：《崇古尚理　探赜灵明——清代金石学家陈介祺的鉴藏与学术》，载《中国书画》2013 年第 9 期。

④ 陆明君：《簠斋研究》，荣宝斋出版社 2004 年版。

⑤ 陆明君：《陈介祺年谱》，西泠印社出版社 2015 年版。

⑥ 邓华：《陈介祺传》，齐鲁书社 2015 年版。

⑦ 邓华主编：《清代收藏大家陈介祺》，文物出版社 2005 年版。

⑧ ［日］滨田耕作、内藤湖南：《陈氏旧藏十钟（泉屋清赏别集）》，1922 年日本刊本。

⑨ ［日］小木太法著，史宇译：《簠斋藏秦汉瓦当略辩》，中国国际广播出版社 1993 年版。

⑩ ［日］中村伸夫：《陈介祺》，日本二玄社 2000 年版。

现与其研究略史——附交友人物简表》①、清原实门的《陈介祺的收藏》②、萩信雄的《陈介祺所用印谱》③、松丸道雄的《陈介祺与苏氏兄弟——关于陈氏的古董的搜集》④，2006年尾崎苍石的《金石家陈介祺》⑤、大阪书籍株式会社出版的中村伸夫所著之《簠斋藏古陶文选》⑥。涉及陈介祺的相关研究成果则有1998年东京国立博物馆编《中国的封泥》⑦，以及2000年江村治树的《春秋战国秦汉时代出土文字资料的研究》⑧、尾崎苍石的《战国古陶文考》⑨ 等。

九、有关研讨会暨专题展览

近年来，在传统文化回归的大背景下，关于陈介祺的研讨会及展览相继举办。2005年7月23日至24日，由潍坊市政府、西泠印社、山东省书法家协会、山东印社联合主办的“陈介祺学术思想及成就研讨会”在陈介祺故里潍坊市隆重举行，来自上海、天津、吉林、内蒙古、河南、山东、江苏、浙江、澳门等地以及日本的学者60余人围绕陈介祺学术成就、传古思想与事迹、生平交游等主题展开了热烈而深入的交流和探讨。会议期间，潍坊市博物馆举办了“陈介祺遗物观摩展”，展出了来自上海博物馆、西泠印社、潍坊市博物馆馆藏以及陈继揆、杨鲁安、林乾良、蒯宪、徐国卫、日本友人清原

---

① ［日］田上惠一著，［日］谷川雅夫、和田广幸译：《收藏家陈介祺的出现与其研究略史——附交友人物简表》，见《陈介祺学术思想及成就研讨会论文集》，西泠印社出版社2005年版。

② ［日］清原实门著，［日］和田广幸译：《陈介祺的收藏》，见《陈介祺学术思想及成就研讨会论文集》，西泠印社出版社2005年版。

③ ［日］萩信雄著，［日］和田广幸译：《陈介祺所用印谱》，见《陈介祺学术思想及成就研讨会论文集》，西泠印社出版社2005年版。

④ ［日］松丸道雄著，［日］和田广幸译：《陈介祺与苏氏兄弟——关于陈氏的古董的搜集》，见《陈介祺学术思想及成就研讨会论文集》，西泠印社出版社2005年版。

⑤ ［日］尾崎苍石著，［日］中山步译：《金石家陈介祺》，见《西泠印社》总第九辑，荣宝斋出版社2006年版。

⑥ ［日］中村伸夫：《簠斋藏古陶文选》，日本大阪书籍株式会社2006年版。

⑦ ［日］东京国立博物馆：《中国的封泥》，日本二玄社1998年版。

⑧ ［日］江村治树：《春秋战国秦汉时代出土文字资料的研究》，日本汲古书院2000年版。

⑨ ［日］尾崎苍石：《战国古陶文考》，载日本《篆美》2000年第93～95号。

实门和荻信雄等个人收藏的陈氏相关文物70余件。2012年8月31日至9月2日，由潍坊市人民政府、西泠印社、台湾玄修印社、山东印社主办的“海峡两岸著名金石学家陈介祺文物收藏展暨学术研讨会”在潍坊召开，蔡哲茂、简英智、孙慰祖、范正红等学者参加，潍坊市博物馆展出相关文物50余件。2013年11月12日，由山东省文物局、潍坊市人民政府主办的“纪念陈介祺诞辰二百周年学术研讨会”在潍坊市博物馆开幕，范毓周、江林昌、孙慰祖、刘绍刚、孙聚友、张登德、杨波、杨爱国、孙敬明、陆明君等国内知名学者和陈介祺后人参加了研讨会。在此期间，潍坊市博物馆举办了“金石千秋寿卿永寿——纪念陈介祺诞辰二百周年特展”，展出相关文物200余件。2017年6月29日至8月28日，由国家图书馆（国家典籍博物馆）与潍坊市博物馆共同主办的“天将金石付斯人——清代金石学家陈介祺特展”在国家典籍博物馆展出。展览共分为“富藏精鉴”“翰墨遗珍”“宗仰海内”三个单元，潍坊市博物馆精选有关藏品135件赴京展出。以上活动，对陈介祺研究起到了积极推动作用。

第三节　研究意义及本书大纲设计

陈介祺是一位卓越的金石学家。然而，金石学在陈介祺身后不久的时间里，即在西学东渐的进程中被西式学科体系“肢解”。当我们分别从今天的历史学、古文字学、考古学、博物学、印学等角度去审视陈介祺时，仅能看到陈氏学术成就的一些“残片”，只有将这些“残片”恢复至原有的状态，我们才能看到一个“全面”的陈介祺。因此，在前人研究成果的基础上，聚集学界之力，推出一部全方位展示陈介祺生平及学术成就的系统性、综合性研究专著，就愈显迫切和重要。

基于以上考虑，本书分统考会纂、典型绎论及遗珠摭拾三编。统考会纂编计十二章：第一章为陈介祺研究的历史与现状，第二章为陈介祺在金石学史上的传承地位，第三章为潍县陈氏世家与陈介祺，第四章为陈介祺的学术交游，第五章为陈介祺青铜器收藏与研究，第六章为陈介祺玺印封泥收藏与研究，第七章为陈介祺陶文砖瓦收藏与研究，第八章为陈介祺钱币收藏与研究，第九章为陈介祺铜镜收藏与研究，第十章为陈介祺石刻陶泥造像收藏与研究，第十一章为陈介祺辨伪研究，第十二章为陈介祺书画收藏与研究，统考会纂编后另附陈官俊年谱简编。典型绎论编计十二章：第一章为陈介祺在中国学术发展史上的地位，第二章为毛公鼎研究，第三章为陈介祺传古思想与方法实践，第四章为陈介祺对中国博物馆历史发展的贡献，第五章为陈介祺著述考略，第六章为陈介祺文章诗词楹联书法艺术赏析研究，第七章为郭味蕖对陈介祺铜器分类名称与铜镜研究，第八章为陈介祺研究著述目录长编，第九章为潍县高庆龄世家金石砖瓦研究，第十章为故宫博物院、国家图书馆藏陈介祺研究资料辑要，第十一章为山东博物馆、青岛市博物馆藏陈介祺资料研究，第十二章为台湾“中研院”史语所藏陈介祺《簠斋金文手稿》简介，典型绎论编后另附陈介祺年谱。两编之下再列遗珠摭拾编，对山东博物馆、潍坊市博物馆、青州博物馆、诸城市博物馆等庋藏与陈介祺相关之金石文物、手札尺牍、拓本钤印、陶文瓦当进行介绍与研究。同时，结合山左金石学群体阵营彼此间以及与江淮金石学家之交流，对明清以来周亮工、张贞世家、黄易、李文藻、翟云升、许瀚、潘祖荫、吴云、桂馥、何绍基、王懿荣、庄陔兰、丁艮善以及王献唐等墨迹丹青进行系统介绍或个案研究，并由此彰显有清一代金石学在山左之胜概。

第二章 陈介祺在金石学史上的传承地位

“金石学”是一门以实物为载体，偏重对铭文进行著录与研究的学问，被视为中国考古学的前身。清代乾嘉以来，随着朴学的发展及考经证史的需要，一度中衰的金石学开始复兴，于道咸同光时期发展至鼎盛阶段，研究范围不断扩大。作为这一阶段金石学界的“核心”人物，陈介祺在收藏、学术、艺术诸方面均取得了突出成就，对后世产生了深远影响。

第一节 金石学发展历史暨陈介祺学术背景

中国金石学萌芽于东周，形成于宋代，历经元明中衰，至清代中期再度繁荣。清代中期以后，金石学开始转型，陈介祺的出现为此次转型提供了新的推动力。

一、金石学发展历史

中国金石学的萌芽可以追溯到东周时期，《荀子》记载孔子曾经到太庙研究欹器①，《晏子春秋》亦载齐景公游纪得丹书金壶②。此后，西汉司马迁、北魏郦道元等学者已经开始收集、著录金石碑版，并运用于史学研究。唐代韦述“家聚书二万卷，皆自校定铅椠，虽御府不逮也。兼古今朝臣图，历代知名人画，魏、晋已来草隶真迹数百卷，古碑、古器、药方、格式、钱谱、

---

① 梁启雄：《荀子简释》，中华书局1983年版，第386页。

② 吴则虞：《晏子春秋集释》，中华书局1962年版，第336页。

玺谱之类，当代名公尺题，无不毕备”①，其所著《两京新记》记载了兴福寺《圣教序碑》、西市《市令载敏碑》、东明观《冯黄庭碑》《李荣碑》等。以毋煚《古今书录》为蓝本的《旧唐书·经籍志》则著录了《诸郡碑》一百六十六卷、《杂碑文集》二十卷，敦煌出土文书中也有辑录碑志之作。以上足以证明唐代集录碑版文字已经初具规模。

北宋统治者奖励经学，提倡恢复礼制，故宋代出现收集、整理和研究古物的热潮，金石学逐渐形成体系。天禧元年（1017）僧湛诠所著的《周秦古器铭碑》是宋代见于记载的最早的金石专著。皇祐三年（1051），宋仁宗诏令秘阁与太常出所藏三代钟鼎供太乐制作礼乐器时参考，又诏墨拓器款以赐宰相，这是彝器墨拓最早的例证。嘉祐八年（1063），刘敞首开私人著录及收藏青铜器之风，著有《先秦古器记》，并提出“礼家明其制度，小学正其文字，谱牒次其世谥”② 的研究方法。同时期的欧阳修著《集古录》一千卷，收录了上自周穆王下至隋唐五代的上千件金石器物，内容极为广泛。熙宁二年（1069），欧阳修之子“撮其大要，别为录目”③，成《集古录目》二十卷传世。吕大临著《考古图》十卷，对收录的每件器物进行绘图、摹文，列释文于其下，并将器物的大小、尺寸、容量、重量、出土地点、收藏者等信息一一写明，在体例方面多有建树。李公麟著《考古图》（又称《古器图》）一卷，对每件器物都图绘形状，并解释其制作、铸文、款字、义训及用途。故有学者认为，宋代“士大夫知留意三代鼎彝之学，实始于伯时（李公麟）”④。至宋徽宗时，士大夫以至宫廷贵族竞相访求和收藏古物已成风尚，每一器物动辄值数十贯甚至上千贯，因此致使天下冢墓被破坏殆尽。宋徽宗所得精品器物共八百多件，由王黼考订编纂，分成二十类，成《宣和博古图》三十卷。这一时期另外一部重要的金石学著作是赵明诚的《金石录》。该书共三十卷，前十卷著录青铜器铭文和先秦至北宋1900余种石刻的目录，后二十卷乃赵氏

① 〔后晋〕刘昫等：《旧唐书》卷一百二，中华书局1975年版，第3184页。

② 〔宋〕刘敞：《公是集》卷三十六《先秦古器记》，清福建覆刻武英殿聚珍版刻本。

③ 〔宋〕欧阳修：《欧阳文忠公全集》卷四十二《集古录目·序》，清乾隆十一年（1746）孝思堂刻本。

④ 〔宋〕翟耆年：《籀史》卷上《李伯时考古图五卷》，光绪十五年（1889）石印本。

为部分器物所作的题跋，叙述器物出土的时间、地点、收藏者等内容，是当时所见金石文字的总录。赵明诚指出：“《诗》《书》以后，君臣行事之迹，悉载于史……若夫岁月、地理、官爵、世次，以金石刻考之，其抵牾十常三四。盖史谍出于后人之手，不能无失；而刻词当时所立，可信不疑。”① 至此，以金石刻辞证史成为较为广泛的做法。

进入南宋，则有薛尚功《历代钟鼎彝器款识法帖》二十卷。此书收集自夏商至秦汉的铜器、石器铭文近五百件，订讹考异，详加注释，其内容在宋代集录彝器款识的专著中最为丰富，编次也较有条理。沈括《梦溪笔谈》、郑樵《通志》等书也包含金石方面的内容。沈括不仅记录了一些古器物的形状和款识，而且进一步研究器物的制作方法和原理，如用冶金学原理来解释古剑、用光学原理来解释古镜、用几何学原理来解释弩机上“望山”的用法，都具有一定的科学价值。郑樵在《通志》二十略中专列《金石略》，记录他一生中见到的古代器物，并且对它们进行了考订。其他如洪遵《泉志》十五卷、龙大渊《古玉图谱》一百卷、郑文宝《玉玺记》一卷、王厚之《汉晋印章图谱》一卷、岳珂《桯史·晋盆杅》等则专门研究某类古物，这些都是宋以前的学者不曾注意的。

宋代金石学的成就主要表现为以下三点：一是通过辛勤收录，使原来的奇器珍玩成为学术研究的对象，为清代的汉学研究开拓了先路；二是创造了传拓文字和绘制图形的方法，用图形展现每一器物的形制，并说明尺寸、重量、出土地点、收藏者，摹写款识文字，甚至依据拓本刻本上石，以求长久；三是借助古器自载之名，确定了钟、鼎、鬲、甗、敦、尊、壶等古代器物的名称。

元、明时期，金石学略见中衰，成果较少，《河朔访古记》《古玉图》《格古要论》为这一阶段的代表性著作。《河朔访古记》共十六卷，由入仕元朝的色目人葛逻禄乃贤于至正二十三年（1363）撰成，是记录和考订古代遗迹与碑刻的著作。朱德润所撰《古玉图》共二卷，是我国现存最早的一部著录玉器的专著。曹昭所撰《格古要论》共三卷，成书于洪武二十一年（1388），是现存最早的一部文物鉴赏专著。该书在景泰七年（1456）

① 〔宋〕赵明诚：《宋本金石录·序》，中华书局1991年版，第2页。

至天顺三年（1459）由王佐进行了增补，扩增为十三卷，名《新增格古要论》。

清代，受乾嘉学派的影响，金石学与经史考证、舆地方志之学相结合，结出了更为丰硕的果实，并有王昶等人正式提出“金石之学”的命名。对于金石学的发展脉络，梁启超进行了概括总结：

金石学之在清代又彪然成一科学也。自顾炎武著《金石文字记》，实为斯学滥觞。继此有钱大昕之《潜研堂金石文字跋尾》、武亿之《金石三跋》、洪颐煊之《平津馆读碑记》、严可均之《铁桥金石跋》、陈介祺之《金石文字释》，皆考证精彻……顾、钱一派专务以金石为考证经史之资料，同时有黄宗羲一派，从此中研究文史义例。宗羲著《金石要例》，其后梁玉绳、王芑孙、郭麐、刘宝楠、李富孙、冯登府等皆庚（赓）续有作。别有翁方纲、黄易一派，专讲鉴别，则其考证非以助经史矣。包世臣一派专讲书势，则美术的研究也。而叶昌炽著《语石》，颇集诸派之长，此皆石学也。……自阮元、吴荣光以封疆大吏，嗜古而力足以副之，于是收藏浸富，遂有著录。阮有《积古斋钟鼎彝器款识》，吴有《筠清馆金石文字》，研究金文之端开矣。道咸以后日益盛，名家者有刘喜海、吴式芬、陈介祺、王懿荣、潘祖荫、吴大澂、罗振玉。①

清代的金石学内容十分丰富，金石学者对铜镜、兵符、砖瓦、封泥等开始进行专门研究，鉴别和考释水平也显著提高。清代中后期，特别是经过以陈介祺为代表的诸多学者的努力，金石学获得多方面的突破，成为现代考古学、博物学、历史学、古文字学不可或缺的文化基因。

二、陈介祺生平暨学术经历

陈介祺（1813—1884），字寿卿，又字酉生，号伯潜，又号簠斋、齐东陶父、万印楼主人等。其学术经历与家庭背景为其从事金石收藏与研究奠定了坚实基础。

（一）家世生平

潍县陈氏原籍河北沧州，始祖陈大观于元代末年迁居潍城（今潍坊），后

① 梁启超：《清代学术概论》，上海古籍出版社1998年版，第58～59页。

世子孙繁衍，耕读传家，成为当地望族。陈介祺祖父名祥桂；父官俊，嘉庆十三年（1808）进士，改翰林院庶吉士，充文颖馆协修，历任工部、兵部、礼部、吏部尚书，协办大学士，充上书房总师傅，卒赠太子太保，赐祭葬，谥“文悫”；母丁氏，同邑浙江台州卫守备丁治平女。

陈介祺于嘉庆十八年（1813）十月十日巳时出生于京城，幼承庭训，“聪慧嗜学，日读百数十行略不遗忘”①。道光十一年（1831），考取莱州府郡庠生。道光十五年（1835），考取山东乡试举人，“两主司得卷疑为耆宿，撤棘始知为世家少年，语人曰‘此其人不易得也’”②。其间，拜费庚吉③为师，究心经史辞章，“由是以诗文名都下”④。

道光二十一年（1841），陈介祺考授内阁中书。道光二十五年（1845），中乙巳科二甲第三名进士，朝考一等第十名，改翰林院庶吉士，散馆，授编修，任国史馆协修、方略馆分校。任职期间，陈介祺始专心程朱之学，与倭仁、吴廷栋、涂宗瀛、何慎修等“往复辨论，精益求精，深得洛闽宗旨”⑤。潘祖荫称“当世理学而兼金石学者，唯执事（按：指吴大澂）与寿卿（按：指陈介祺）耳”⑥。

道光二十八年（1848）四月五日，陈介祺母丁氏卒；次年七月三日，陈介祺父陈官俊因痰疾猝发去世。陈介祺先后料理丧事，居家守制。咸丰三年（1853）二月，太平军攻陷南京等地，户部库储匮竭，无法发放在京官员的俸禄。同时，经副都御史文瑞奏请，朝廷命包括陈家在内的十八家前朝老臣富绅捐献银两，陈介祺代父赴部，被勒捐四万两；三月，“因恐须交产之故”，

---

① 陈蜚声总纂：《潍县志稿》卷三十《人物·文学》，潍县和记印刷局，1941 年。

② 陈皋：《先祖考文懿公行述》。见丁锡田辑：《潍县文献丛刊》第三辑，潍县和记印刷局，1936 年。

③ 费庚吉，字耕亭，江苏武进人。嘉庆二十四年（1819）进士，授礼部主事，道光初任《大清通礼》纂修官。出为湖广道监察御史、河南汝宁知府、福建督粮道，后卒于军中。笃学工文，官京师二十年，时以训导后进为己任，从其学者甚众。著有《历代名宦管见录》《费耕亭诗文集》等。

④ 陈蜚声总纂：《潍县志稿》卷三十《人物·文学》，潍县和记印刷局，1941 年。

⑤ 陈皋：《先祖考文懿公行述》。见丁锡田辑：《潍县文献丛刊》第三辑，潍县和记印刷局，1936 年。

⑥〔清〕潘祖荫：《与吴大澂书》。转引自顾廷龙：《吴愙斋先生年谱》，哈佛燕京学社 1935 年版，第 62 页。

陈介祺安排其妻李氏及子女避往故里，寄居城西郊来章村。陈介祺在寄给六叔母、九叔父母的家书中云：

乡居虽多少难处暨不甚便处，而子孙可长可久，极其流弊不过愚蠢，尚不至陷溺流荡，好则能读而耕，安于勤俭数世，可以保身保家。今日吾家几同颠沛，侄实因此念及将来之盛衰在于今兹之谋始，或可冀因危而得安也。①

经过多方筹措，陈家所摊派款项至六月方如数上缴，陈介祺被赏戴花翎，加侍讲学士衔。以上变故使他意识到官场险恶，不禁萌生退意。此时太平军活动频繁，因在抗御太平军之“直隶肃清团防”任事，陈介祺迟至次年才以病乞假，回归故里，自称“海滨病史”“林下田间大夫”，从此不入仕途。

陈介祺从小接受的是儒家的“入世”思想，虽厌倦官场，却依然关心时局。居乡期间，他不断通过政界戚友了解内外大政，积极参与地方公益，并对改革吏治、赈灾救荒、洋人来华传教及开矿筑路、富国强兵等有大量论说。

咸丰十年（1860），捻军又入山东。为避战乱，陈介祺举家移至城内新建成的增福堂新居，并会同官绅捐资兴办团练。咸丰十一年（1861）二月二十一日，捻军首次抵达潍县，陈介祺从兄陈介眉率部出城迎战，与堂弟陈介封等26名民团首领及170多名团勇阵亡，陈介祺率人找回二人遗骸。朝廷敕旨为陈介眉等人修建专祠，陈介祺捐款监造，数年乃成。为加强潍县的战备力量，陈介祺于是年夏在潍县城墙上亲自设计监造空心炮台3座，并主持刊印《乡守辑要》，劝导乡村修筑圩墙，坚壁清野。八月，捻军再至，侦察到城头有新筑炮台，乃绕城而去，“潍境乡村赖以保全无算”。同治六年（1867），捻军再入山东，往复过潍县十次，陈介祺“率众登陴，酷暑严寒身先丁勇，竭力堵御”。五月，山东巡抚丁宝桢督军过境，陈介祺“出城犒师，由此订交。凡军中机务，邮寄函商，日尝三至”。十一月十五日，他还曾致书李鸿章，就防御捻军事宜建言献策。“及全省肃清，宝桢为请于朝，加三品衔。”

光绪二年（1876），潍县大旱，饥荒甚重，陈介祺率长孙陈阜于城隍庙办

---

① 《潍县陈氏家藏簠斋家书》。转引自陆明君：《陈介祺年谱》，西泠印社出版社2015年版，第101页。

粥厂，“日往施粥，八阅月无间，粥必亲尝，旋到旋领，略无拥挤之患。大饥之后，不染疠疫为从来少见，所活万计”①。事后，山东巡抚文格②为其奏请，陈介祺得赏二品顶戴。

居乡期间，他还注重家族事务，曾经于祭田庄创办社仓，又重修宗祠、建家庙、置祭田、立近族义茔等。

光绪十年（1884）七月二十日子时，陈介祺因病卒于家，享年七十二岁，乡谥“文懿”。其“易箦之夕，尤以海疆为念（按：时值中法战争期间），绝无一言道及家事”③。

（二）收藏与学术经历

道光十年（1830），吴式芬游京师，往来陈官俊之门，陈介祺与之结交。陈介祺《宝簠斋集各家彝器释文》题记云：“余于既冠后从子苾六兄游，论古文字，考订金石，始稍稍有吉金之蓄。既少有所见，好益笃，藏日增，同好者以拓墨往来，亦益富。”④ 后来两人结为亲家。大约在道光十五年（1835），陈介祺以小门生拜谒一代学宗阮元，以金石学请益。阮氏誉以“天机清妙”，并书论钟鼎古文诗三首于纨扇以赠，使陈介祺更坚定了自己的学术方向。此后，陈介祺凭借雄厚的资金及家庭背景，开始广泛收集金石文物，并进而与在京师的利津李佐贤、日照许瀚、诸城刘喜海、安丘王筠、道州何绍基、汉阳叶志诜、嘉兴张廷济及徐同柏（未曾谋面，仅通过书信往来）等结为金石之友。这一时期，陈介祺联系比较密切的还有山东掖县（今莱州）前辈学者翟云升，陈介祺曾积极为之搜寻资料编辑《隶篇》及其续编。陈介祺的重要藏品大多是在这一时期入藏的。

咸丰三年（1853），因陈家被勒捐四万两，经济力量大不如前，且陈介祺归里后忙于家计，收藏被迫停顿。经过几年经营，咸丰七年（1857）生活基本安定后，陈介祺与西安古董商苏兆年恢复联系，嘱其搜求古物，而以一年一百金为率。是年九月十八日陈介祺致函苏兆年云：

---

① 陈蜚声总纂：《潍县志稿》卷三十《人物·文学》，潍县和记印刷局，1941 年。

② 光绪三年（1877）至五年（1879）任山东巡抚者为满洲正黄旗人文格。

③ 陈皋：《先祖考文懿公行述》。转引自陆明君：《陈介祺年谱》，西泠印社出版社 2015 年版，第 437 页。

④ 〔清〕陈介祺：《宝簠斋集各家彝器释文》，山东博物馆藏抄本。

丰玉老友足下。五六年不曾通问，想一切安善顺利为慰。愚归里四载，境况艰难，非楮墨所能罄，惟眷属粗安，闲居养静而已。关中如有新出古物，尚望寄我数种，但其直必须减从前之半，方可寄来，否则万万不可，徒劳往返。每年寄一次，每次共合不可过百金，即稍多，亦须每年陆续归清，言定一年以百金为率。远道不可临时两边为难，千万千万。……①

同治元年（1862），苏兆年遣其弟苏亿年至潍，陈介祺一次买进秦汉官私印200余方。同治八年（1869）九月二十四日，陈介祺得元代方从义《云山秋兴图》，自记云："同治己巳九月廿四日，得此方方壶山水真迹于莱阳赵客，欣于奇遇，展赏不已。画及人不能及，弇州一跋亦不易得，真至幸古缘清福也。廿六日记。"② 以上阶段是其收藏的延续。

同治十年（1871），陈介祺五十九岁之际，原配李氏及长子厚钟相继去世，陈氏悲伤难遣，遂于同治十一年（1872）七月作《传古小启》，持家课孙之外，与鲍康、吴云、潘祖荫、吴大澂、王懿荣等人书函往来，将全部精力投入到古器物的征集、鉴别、考释、传拓、交流中，直至其去世。该时段陈介祺的学术成就主要集中在陶文、封泥与玺印的收藏与考释上。其尝作"陶文齐鲁四千种，印篆周秦一万方"联，并题记云："余归来不能致古鼎钟，今老矣，忽于齐鲁得三代文古陶数十器暨残陶文四千种，旧藏秦汉印七千钮，尚可增益。尤肆力于三代古玺印，皆前人所未及也。"③ 其存世的30余种已刊或未刊著述、批注，也大多出于这一时期。

第二节 陈介祺的金石学成就与影响

陈介祺的金石学成就主要表现在收藏、辨伪、传古、学术、艺术五个方面，对当时及后世均产生了重要影响。

---

① ［日］松丸道雄著，［日］和田广幸译：《陈介祺与苏氏兄弟——关于陈氏的古董的搜集》附图，见《陈介祺学术思想及成就研讨会论文集》，西泠印社出版社2005年版，第345～346页。

② 陈育丞：《消寒琐记》，潍县陈氏家藏本。转引自陆明君：《陈介祺年谱》，西泠印社出版社2015年版，第176～177页。

③ 《敬宽书屋联钞》稿本，陈继揆藏。

一、收藏成就与影响

陈介祺凭借其优越的学识和家庭条件，自弱冠即开始从事收藏，并好之终身。其主要藏品涉及青铜器、古玺印、封泥、陶器、陶文、砖瓦、镜鉴、刻石、古钱币、书画、古籍、碑帖等多个门类，总量达两万余件，故《清史稿》誉其“所藏钟鼎、彝器、金石为近代之冠”①。据最晚定本的《簠斋藏古目》② 等资料统计，陈介祺藏品情况大致如下：

（一）商周青铜器

钟十一件，即邢仁钟、觑钟、兮仲钟、纪侯钟、楚公豪钟（三器）、古奇字编钟（即《殷周金文集成》所谓者沪钟）、觑编钟、虢叔旅编钟、许倪编钟。陈介祺因之取其成数，颜其室曰“十钟山房”。除许倪编钟外，其余后来均被日本京都泉屋博古馆购藏。

鼎十九件，其中方鼎三、圆鼎十六。方鼎中之趠鼎，见于薛尚功《历代钟鼎彝器款识法帖》，为罕见的宋代藏器。鄂侯驭方鼎，有铭文八十九字，陈介祺称“光绪甲申（1884）得之闽中，归里卅年，得鼎以此为最”③。毛公鼎则是陈介祺藏品之最，现藏于台北故宫博物院。其他还有伯鱼鼎（出易州）、犀伯鱼父鼎、郑君媿鼎、衰鼎、旁肇鼎、厘鼎（据《殷周金文集成》为 2 件，有盖，鼎极小）、眉脒鼎、梁上官鼎（有盖）等，而山东境内出土者有堇伯鼎、杞伯敏父鼎、陈侯鼎、斟其鼎等。

另有牺尊二、尊八、卣十一、壶一、罍一、鉼一、斝二、觚六、觯十六、角三、觥一、爵五十三、簋二十五、盘五、匜六、釜二、鋘一、鬲三、簠四、盨一、甗二、盉三、鋺二、剑四、干首二、瞿四、戈四十、矛六，共二百一十五件。著名者如大丰簋（现藏于国家博物馆）、兮甲盘、曾伯霥簠（现藏于国家博物馆）等。④

---

① 赵尔巽等：《清史稿》卷三百六十五，中华书局 1977 年版，第 11439 页。

② 〔清〕陈介祺：《簠斋藏古目》一函三册（十八卷，补遗一卷，附目五卷），1925 年商务印书馆影印本。

③ 〔清〕陈介祺著，陈文会整理：《簠斋藏古目》，1925 年商务印书馆影印本。此器后陈介祺注。

④ 有的学者据同治十一年十二月六日陈介祺致鲍康函称“四十年来所收金文多至九百种”，认为簠斋所藏铜器数量远不止此。此说将陈介祺收藏的他人金石拓片计算在内，并不准确。

（二）古玺印

古玺印七千余方，绝大多数为战国及秦汉玺印，以陕西、山东出土者最多，六朝以后者皆未收入《簠斋印集》及《十钟山房印举》中，如果再加上这部分年代较晚者，又不止七千余方。陈介祺的古玺印收藏中，较知名的有刘耽六面印、王敞印、王尊印、淮阳王玺、日庚都萃车马巨玺、汉十二字金玺、婕伃妾娋印等。

（三）封泥

《封泥考略》中收录陈介祺所藏封泥五百七十五枚，这些封泥主要出土于关中、巴蜀、齐鲁等地。封泥中各类职官几乎皆备，其中品类中较多的有相十三、内史七、太守四十七、都尉十、令十二、长十三、丞三十六、尉三十七。民国时期，陈氏所藏封泥多数流入日本，现藏于日本东京国立博物馆。

（四）陶文

陶文是指秦以前遗留在陶器或残陶片上的文字。自同治十一年（1872）五月六日，陈介祺自同邑于某手中得到一件今平度东南即墨故城出土的带字陶器残片，经鉴定为先秦文字后，他无比欣喜，提笔写道："三代古陶文字，不意于祺发之，三代有文字完瓦器，不意至祺获之，殆祺好古之诚有以格今契古而天实为之邪。"① 经过多年购求，到去世前一年，陈介祺藏古陶七十余器、残陶文近五千片②，以齐地出土为多，其中又以临淄为最，鲁、邹、滕次之，也有来自关中者。王恩田云："簠斋身后，所藏陶文实物除少量藏品归周季木等各家外，其余分为两批。一批被王献唐先生代山东省图书馆金石保管所购得。金石保管所的文物现归山东省博物馆，但馆内却没有这部分陶文实物。估计是新中国成立后，从四川运回金石保管所途经北京时，这批陶文连同滕县（今滕州）安上村出土的郳国铜器等其他文物一并调拨给其他单位了。另一批陶文实物归了青岛市博物馆。据1965年清点登记共有1798件，外界相传陈氏藏陶4000件都在青岛市博物馆当系讹传。"③

---

① 〔清〕陈介祺著，陈继揆整理：《簠斋论陶》，文物出版社2004年版，第23页。

② 〔清〕陈介祺撰，陈继揆整理：《簠斋论陶·序》，文物出版社2004年版，第1～3页。

③ 王恩田：《陈介祺与陶文》，见《陈介祺学术思想及成就研讨会论文集》，西泠印社出版社2005年版，第41页。第一次全国可移动文物普查数据显示为1731件。

陈介祺还藏有秦诏瓦量三十三件。王壮弘《历代碑刻外流考》载："秦瓦量少见，潍县陈介祺得卅三种，字文极精，尝用特制棉连纸精拓传世，人争宝之，陈氏殁后，其孙携原物至青岛，1934 年售于日人。国内有翻刻本流传，精神差，字画细者是伪物。《唐风金石文字跋尾》曰：'此量乃潍县陈氏所藏，以前金石家所未见。文字精绝，每作一阳文范，合十范而印成全文。每范四周，必见方廓，观此知古代刻字之术发明甚早……此实聚珍板之原始，可见古代文明开化之早，著此以告世之著中国文明史者。'"①

（五）秦汉铜器

陈介祺藏秦汉及新莽器九十余件，包括鼎、釜、甗、钟、鋆、镫、豆、熏炉、壶、洗、奁、弩机等。其中汉鼎十一、镫十、洗十五、弩机二十三。所藏汉器较精者有十三件，包括十六年鋆、渔阳郡孝文庙铜甗鍑、未央宫尚浴府乘舆行烛盘、桂宫行镫、阳泉使者舍熏炉、池阳宫行镫、绥和雁足镫、开封行镫等。

另有秦始皇诏铜版铁权一、秦始皇诏铁权铜版一、秦始皇诏二世诏铁权铜版一、秦量三、量版六，还有部分铜诏量残字。端方曾说："传世秦器，海内藏弆者簠斋与恒轩（按：指吴大澂）而已。恒轩官秦中久，而簠斋之力足以奔走天下，故不出户庭而所得转多于恒轩。簠斋素封，子孙能世守其藏量及诏版，海内故家所有，悉归簠斋。"② 罗振玉辑《秦金石刻辞》卷上"金类"共收秦器诏版四十三件，其中陈介祺藏品占二十一件；诏版十八件，其中陈介祺藏品占十五件。

（六）古代兵器

未见藏目，鲍康《续丛稿·记陈氏古兵》云："陈寿卿复以所得古兵拓寄王廉生，凡三十三纸，廉生持示余，悉有款识，为戈二十有二、瞿五、矛四、干首一、镦一，吕不韦一戈字尤精。其出齐地者十之七，巨观哉。"③

（七）铜镜

光绪二年（1876）五月二十五日陈介祺致吴大澂书云："今春拓敝竟

① 王壮弘：《历代碑刻外流考》，载《书法研究》1984 年第 2 期。
② 罗振玉：《秦金石刻辞·自序》，1914 年上虞罗氏珂罗版印本。
③ 〔清〕鲍康：《续丛稿》，同治十二年（1873）鲍氏刊本。

(镜)藏不皆精，共百七十纸，奉鉴。自名二百竟(镜)斋，以好之不笃，未补足。"① 陈氏家藏抄本《镜拓全目》所收正二百件，当系后来所补足。1925 年，上海蟫隐庐据刘鹗所藏陈介祺镜拓影印的《簠斋藏镜》，内收一百零八镜。2001 年，文物出版社所出版《陈介祺藏镜》，内收一百八十二镜。

(八) 刻石

据陈氏家藏抄本《十钟山房藏石目》，陈氏所藏刻石有一百一十六种，分别为：东汉四、晋一、后凉一、北朝造像五十三、隋造像七、六朝无年月石三十一、唐十六、宋一、金二。知名的有：汉君车画像石(现藏于法国巴黎博物馆)、曹望憘造像(现藏于美国费城大学博物馆)、王阿善造像(现藏于国家博物馆)等。

(九) 砖

三百二十六件。其中，秦或三代砖十六件，秦汉画像砖十件，汉纪元砖十六件，汉姓名砖十二件，汉吉羊文砖四十八件，其他为汉以后者。

(十) 瓦当

八百一十五件。光绪二年五月二十五日陈介祺致吴大澂云："敝藏瓦拓全分五百十一纸，寄备选补。询之拓者云，后得之瓦有补拓者，今再寄七十八纸，均乞检收。"② 此后又有新获者。

(十一) 泉范

《簠斋泉范目》所记泉范仅四十余品。同治十三年(1874)十月陈介祺回复谭雨帆书自称有泉范百三四十③。李佐贤《续泉汇·跋》称："同治甲子(1864)予有《古泉汇》之刻，收泉五千有奇，窃以为无可增矣。庚午(1870)秋访陈寿卿京卿于潍阳，得观所藏泉范，自周秦至六朝，标新领异，百品有余，就中《泉汇》已收者少，而未收者多，始叹造物之无尽藏，而畴昔之见闻犹未广也。寿卿慨然以全拓本见赠，余遂欣然有续《泉汇》之志。"

① 〔清〕陈介祺著，陈继揆整理：《秦前文字之语》，齐鲁书社 1991 年版，第 300 页。

② 〔清〕陈介祺著，陈继揆整理：《秦前文字之语》，齐鲁书社 1991 年版，第 300 页。

③ 陈敬第辑：《簠斋尺牍》，1919 年商务印书馆涵芬楼影印本。

鲍康《观古阁泉说》云“寿卿泉范百余”，其在《观古阁丛稿》中又云：“泉范著录自《曝书亭集》始目以活碧。而寿卿拓寄藏范，铜者六十、石者二十四、土者三十二，五铢土范率有阳文，小篆反书之，纪年者十一，并宣帝本始、地节、元康、神爵年号，尤昔人所未见。”综合以上材料，则陈介祺所藏泉范当在一百三十件左右。

（十二）化布泉币

数量不详。陈介祺自云：“余平生好金而不好泉……泉之存止于莽。”① 其子陈厚滋亦嗜古泉，藏品多而稀见，王懿荣《天壤阁杂记》述其至潍县曾见“陈九兰（按：指陈厚滋）藏四朱及賹化种类极多，皆《泉汇》所未收”②。

（十三）古代绘画

陈介祺早年受书画鉴赏家李恩庆③的影响，一度致力于收藏古代绘画，并有杨澥为之刻“宝恕堂藏画印”。其曾于同治十一年（1872）九月二日致吴云函中罗列自藏书画品目，计有：“唐王维伏生授经图卷。宋李唐小江南春卷。文与可竹三（一无款）。（极思得东坡、仲圭、禹玉竹。）宋元纨扇集锦。朱文公札卷（真迹）。黄山谷书卷（经伏波神祠诗）。马和之画毛诗（高宗书）。元王叔明乐志论卷、天香深处卷、夏山高隐轴。赵兰倪竹合卷。云林小景二轴。方方壶江山秋兴卷。赵松雪马轴。以上皆可信其不赝。”④ 这只是其同治十一年前所藏的元代以前的重要书画作品。光绪三年（1877）十月三日，陈氏在致吴大澂书附笺中云：“归来喜藏画竹，与可有三，范宽一，云林一，定之一，藏于君子林，唯梅道人竹与山水无之，竹仅得刻本，厂中如见宋元画竹，乞为留意，但必须真而佳者。”⑤ 其中范宽、倪瓒（云林）、顾安（定之）之藏品不见前目，陈介祺所藏明清以来之书画作品也没有目录传世。如

---

① 〔清〕鲍康：《观古阁泉说》，同治十二年（1873）鲍氏刊本。

② 吕伟达主编：《王懿荣集》，齐鲁书社1999年版，第261页。

③ 李恩庆，字季云，号集园，遵化人。道光十三年进士，官至两淮盐运使。笃好书画，精鉴别，富收藏。著有《爱吾庐书画记》等。

④ 〔清〕陈介祺著，陈继揆整理：《秦前文字之语》，齐鲁书社1991年版，第215～216页。

⑤ 陈敬第辑：《簠斋尺牍》，1919年商务印书馆涵芬楼影印本。

对于王原祁浅绛纸本《春峦积翠图》，郭味蕖曾在《知鱼堂书画录》中称："初为北平李季云所藏，后归吾乡陈簠斋太史，辛巳六月，余以千金得之。"①《知鱼堂书画录》又载，道光十七年（1837），陈介祺曾于潍县得郑板桥《墨竹轴》，其签题"郑板桥墨竹六枝，题七绝一首，纸本甚破碎，丁酉购于吾乡。寿卿"。陈介祺曾于咸丰八年（1858）六月二十四日致介猷三弟书中提及《蒋文肃墨笔花卉册》一册、《孙雪居太守设色花卉》一卷。② 咸丰九年（1859）四月二十一日，陈氏得恽寿平山水册，跋曰："余在京师惟收得珊瑚阁藏恽王合壁（璧）二册……今得历客此册，是经意之作，虽是山水，然真不可从得也。"③《潍县志稿》图版载陈介祺手迹中堂，后题记："同治七年岁在戊辰十月，西泉老弟为致云峭老人通竹幛子洗涤重装。"④ 可见陈介祺还藏有益都杨涵之通景《墨竹》。无怪乎李佐贤编辑《书画鉴影》后，曾对陈介祺感叹道："每思尊藏法书名画甲于东省，不得收入兹编为憾。"⑤

在鉴藏过程中，陈介祺形成了自己的鉴画理论。他论画注重"用笔"，强调"高古"，说"作画先求神韵，不讲用笔，似是第二义，有笔再谋局，再求自然之墨韵，便不为画稿渲染所缚，方可入古宋元之室"，又说"作画不求用笔，止谋局事烘染，终不成家"，作画"多见能留心，自能分出路径。作家之制，又从书卷中酿出，不同画匠也"⑥。

（十四）名家书法

目前所见陈介祺所藏多为清人书作，一部分源于自己的搜购，一部分为陈官俊旧藏。如咸丰八年（1858）十一月二十一日陈介祺致翁大年书云："今因家任堂叔来南，谨将先君所存成邸款联付刻。"

（十五）古籍

陈介祺还藏有部分善本书籍，有"宝恕堂藏书印"。王懿荣《考古杂著》

---

① 郭味蕖：《知鱼堂书画录》。资料见于北京东方大观国际拍卖有限公司2013年秋季艺术品拍卖会。

② 陆明君：《陈介祺年谱》，西泠印社出版社2015年版，第124页。

③ 陆明君：《陈介祺年谱》，西泠印社出版社2015年版，第130页。

④ 陆明君：《陈介祺年谱》，西泠印社出版社2015年版，第173页。

⑤ 〔清〕李佐贤：《石泉书屋尺牍》，同治十年（1871）利津李氏石泉书屋刊本。

⑥ 陆明君：《陈介祺年谱》，西泠印社出版社2015年版，第124页。原函图片由恒昌杨宁提供。

中记其“过潍县，住四日，遍访赏鉴家。在陈寿丈处三日，书画古器不具数。见所藏朱子《楚词》与协卿本装潢皆同”①。同治九年（1870）五月二十八日，陈介祺赠丁宝桢殿本《十三经注疏》及原装明本一部，还建议其参考阮元翻刻宋本，谈及“某存阮本只有一部，是以未呈”②。同治十年（1871），涂宗瀛谋刻《朱子大全文集》，来函索求陈介祺所藏明嘉靖刻本。③

（十六）碑帖

未见目录。陈介祺书札中多见嘱托各地好友为之觅拓的内容。如同治九年春，友人蓬莱张允勷以《黄庭坚书法残石拓本》及《兰亭残石拓本》（颍上本）见赠。④ 见于记载的藏品还有《神策军纪圣德碑》宋拓本等。

（十七）各类金石拓本

陈介祺晚年称“书画之爱，今不如昔。以金文拓本为最切，其味为最深厚，石鼓秦刻汉隶古拓次之”⑤。他致函鲍康说：“都中如见吉金拓本，无论新旧，求为留意。新出六朝石，亦乞致佳拓。”⑥ 他致函吴云说：“南中旧雨，惟君一人，所望既拓尊藏而不遗，尤望精者多副。从所请而不厌其渎，更望于南中收藏家广为搜致，市鬻旧拓亦乞代购（宗周钟拓本尤切企），则文字知己之感，真金石之不渝矣。”在另一封致吴云函中又说：“旧拓金文，惟宗周钟最系梦寐，乞为致之，内府藏器真拓尤念之。”⑦ 致鲍康函中则有“惟望大雅代为广收旧拓，及新出金文，寄慰远人，感企感企”⑧ 等语。历经四十余年锲而不舍，陈介祺所得各类金石拓片数量巨大。如咸丰二年（1852）夏，陈介祺曾将所藏各家金文拓七百余种装册，名曰《宝簠斋集各家彝器释

---

① 吕伟达主编：《王懿荣集》，齐鲁书社 1999 年版，第 261 页。

② 《陈介祺尺牍·与丁稚璜书》，中国文化遗产研究院图书馆藏抄本。转引自陆明君：《陈介祺年谱》，西泠印社出版社 2015 年版，第 184 页。

③ 陆明君：《陈介祺年谱》，西泠印社出版社 2015 年版，第 191 页。

④ 陆明君：《陈介祺年谱》，西泠印社出版社 2015 年版，第 183 页。

⑤ 〔清〕陈介祺著，陈继揆整理：《秦前文字之语》，齐鲁书社 1991 年版，第 239 页。

⑥ 〔清〕陈介祺著，陈继揆整理：《秦前文字之语》，齐鲁书社 1991 年版，第 147 页。

⑦ 〔清〕陈介祺著，陈继揆整理：《秦前文字之语》，齐鲁书社 1991 年版，第 216 页。

⑧ 〔清〕陈介祺著，陈继揆整理：《秦前文字之语》，齐鲁书社 1991 年版，第 176 页。

文》①。光绪元年（1875）七月二十五日致王懿荣云："年来得钱化拓几四百余，而子苾所藏独无之，加以旧本当可六七百，亦一大观。"② 故其有"千化范室""三代化范之室"收藏印③。

光绪十年（1884）陈介祺去世后，其所藏金石拓本分于各房，后逐渐散卖，部分流入异域。1918 年，褚德彝为《簠斋吉金录》题记云："近闻陈氏所藏古器，半为驵侩贩售，输之海舶，他日好古家欲见墨本而不可得。"④ 其在国内者，多归国家图书馆、山东博物馆、青岛市博物馆、潍坊市博物馆等文博单位收藏。

由陈介祺的藏品不难看出，其收藏是以文化价值为基本前提的，他说：

> 汉儒之功，在于存古，宋儒之功，在于明理。明理而前圣之说先儒之传乃定，天地万物之理乃明，吾人心身之知乃切。其博大孰能过之，特不侈矜多富以为炫耳。义理之次，即是文字，无文字则义理亦不传而晦。今日唯此吉金是天地之藏，祖龙之暴所不能尽发而焚之者，可不重乎。⑤

清代金石学家鲍康称："寿卿所藏古器无一不精，且多，允推当代第一。"⑥ 吴云曾言："当今金石之学定推寿卿，收藏之富，穷绝今古，尚犹孜孜不倦广为搜罗。"⑦ 后世如商承祚认为陈介祺是"前无古人，后无来者"⑧的一代宗师。裘锡圭则称其为"清代最大的，甚至可以说是古今最大的私人收藏家"⑨。

---

① 〔清〕陈介祺：《宝簠斋集各家彝器释文》，山东博物馆藏抄本。

② 〔清〕陈介祺著，陈继揆整理：《秦前文字之语》，齐鲁书社 1991 年版，第 113 页。

③ 杨鲁安藏《陈介祺监拓齐法化范墨本》四册，均为"齐法化"范拓片，计 162 件，册末标有陈介祺亲笔篆书第十三册、第十四册、第十五册、第十六册的字迹，姑按全帙二十册推算，当装有化范墨本 800 件以上，基本符合"千化范"之说。参见杨鲁安：《清陈介祺监拓"齐法化"范墨本概述》，载《中国钱币》1987 年第 4 期。

④ 邓实辑：《簠斋吉金录》，1918 年顺德邓氏风雨楼影印本。

⑤ 〔清〕陈介祺著，陈继揆整理：《秦前文字之语》，齐鲁书社 1991 年版，第 71 页。

⑥ 〔清〕鲍康：《续丛稿》，同治十二年（1873）鲍氏刊本。

⑦ 〔清〕吴云：《两罍轩尺牍》，见《近代中国史料丛刊》第二十七辑，台湾文海出版社有限公司 1968 年版，第 777 页。

⑧ 商承祚：《古代彝器伪字研究》，载《金陵学报》第 3 卷第 2 期，1933 年。

⑨ 裘锡圭：《裘锡圭学术文化随笔》，中国青年出版社 1999 年版，第 360 页。

二、辨伪成就与影响

陈介祺对辨伪高度重视，他在致潘祖荫札中说："不朽之作，固在传真，尤严去伪。""收藏必以无伪为求古文字之要。"① 对古器物要"知其善与美，识得真与伪"②。陈介祺认为"以貌取古器，则貌伪者至；以奇取古器，则伪奇者至"③。在鉴定方法上，他强调"学问无穷，岂可自是，唯用心以求其真知而已""金文多见多读，自可通真伪，释古文字，以多见为第一。多见，知三代至六朝用笔之法，非其族类者，自望而可知"④，认为"真者固多见而知其美，伪者亦多见而知其恶"⑤。其辨伪理论以同治十三年（1874）五月致王懿荣札中所述最为系统：

不成字，不成文理，不成笔法，不成章法，何以为古文字。不真好，不真用心，见色泽即疑为字真，见形似而不求甚解，守真器数十百，见真拓数百纸，而复大收伪字，叶氏之覆辙也，岂可蹈之。蹈之则仍是玩物之习重，而好古文字之学轻。寒士能拓能收古文字而讲求之，岂有力者所能逮乎。伪刻必有斧凿之痕，以铜丝刷去之，则又有刷痕而字锋又失。且旧物手摸即可知（铜、玉等皆然，古物皆然）。伪者必不浑融，伪者斑下无字，斑中更不能见字。古器过朽，铜质无存，则字不可剔而可见。真者字底有铜汗积灰，必不能伪。铸字刻字必可辨，铸字佳者，每上狭而下宽。古人之字只是有力，今人只是无力。古人笔笔到，笔笔起结立得住，贯得足，今人如何能及。不知只是未向此中追求，好古必以文字为主也。不识字之铜贩，多见出土器即能辨其真伪，学士大夫乃不能辨之邪。见拓本即可定者，以文字知也。疑之过者，非其时代晚，即

---

① 〔清〕陈介祺著，陈继揆整理：《秦前文字之语》，齐鲁书社1991年版，第31、34页。

② 孙国强：《陈介祺的金石学成就和历史地位》，载《潍坊学院学报》2004年第3期。

③ 〔清〕陈介祺著，陈继揆整理：《秦前文字之语》，齐鲁书社1991年版，第69页。

④ 孙国强：《陈介祺的金石学成就和历史地位》，载《潍坊学院学报》2004年第3期。

⑤ 〔清〕陈介祺著，陈继揆整理：《簠斋鉴古与传古》，文物出版社2004年版，第1页。

其字不精也。宋元仿而入土者，字与制作不能不逊。色泽即有极佳者，亦其用古铜铸者也。古人模范之精，今多不能思议，以土为范，范上以刀画之成格，格上漆书字，字上再以土堆成阳字，铸成即为阴款（铜每极薄，耳足中又有土范），岂今所能为。蒙臆古书有刀有杵，聿即从[illegible]，今古文字似有此两种也。内外范合而质甚薄，何以不少误，铜不细，剂不良，不能无少缺。铸范留气孔不合法，则气在内而金不即凝。花文与字有拨蜡之说而今不传（汉器及印中均有土质，法尚未尽亡，瓷器大行，而古法荡然矣）。书自有时代，相较可知。书亦有工拙，书亦有王朝与各国之不同。文亦有定例，多见类推，自可知也。①

以上文字还涉及古文字的制作工艺、区域风格。容庚、张维持据此总结出陈介祺五条辨伪方法②，至今为学术界所遵从。另外，陈介祺在《复潘祖荫笔记》中说："同一三代之器，文与制皆可别其先后，多见自能知之，相形自别。王朝与诸国异文异制，亦多见自知。"③ 李学勤认为："所谓'文'即纹饰，'制'即形制，用形制和纹饰作为标准，来区别青铜器以及其他器物的年代、国别，这已经可以说是类型学方法的萌芽了。"④

陈介祺的辨伪成就在当时即得到众多学者的推崇。鲍康称"当代赏鉴家不得不推簠斋为第一"⑤。褚德彝称："陈氏收藏彝器，鉴别精审，远胜攀古（按：许瀚，室名攀古小庐）。"⑥ 后世学者如王献唐则认为："此老精鉴，当时潘（按：指潘祖荫）王（按：指王懿荣）二吴（按：指吴大澂、吴式芬）诸公，皆出其下，心细如发，眼明如炬。"⑦ 1932 年，商承祚在《古代彝器伪

---

① 〔清〕陈介祺：《致王廉生书》。见陈敬第辑：《簠斋尺牍》，1919 年商务印书馆涵芬楼影印本。又见〔清〕陈介祺著，陈继揆整理：《秦前文字之语》，齐鲁书社 1991 年版，第 69 ~ 71 页。《秦前文字之语》"文亦有定例"作"文义亦有定制"，此从《簠斋尺牍》。

② 容庚、张维持：《殷周青铜器通论》，科学出版社 1958 年版，第 136 ~ 137 页。

③ 〔清〕陈介祺著，陈继揆整理：《簠斋鉴古与传古》，文物出版社 2004 年版，第 1 ~ 2 页。

④ 〔清〕陈介祺著，陈继揆整理：《簠斋鉴古与传古·序》，文物出版社 2004 年版，第 3 页。

⑤ 〔清〕鲍康：《鲍臆园手札》。见王云五主编：《丛书集成初编》，商务印书馆 1936 年版，第 6 页。

⑥ 邓实辑：《簠斋吉金录》，1918 年顺德邓氏风雨楼影印本。

⑦ 王献唐：《五镫精舍印话》，齐鲁书社 1985 年版，第 31 页。

字研究》一文中说："提起笔来写这篇文章之先，我就想到一位老先生，是我平生最佩服的；恐怕不仅是我，凡着研究古文字的人都是一致的；何以呢？因为他的眼光太好了。他一生收藏的铜器等，不下几千件，没有一件是假的。他的论调同批评，不但高出当时同辈一等，简直可以说'前无古人，后无来者'。这人是谁？就是山东潍县陈介祺字寿卿号簠斋他老先生。"①

三、传古成就与影响

陈介祺对古代文物进行鉴藏、研究的目的在于传古，其核心则在于传古文字。他说："古器出世，即有终毁之期，不可不早传其文字。我辈爱文字之心，必须胜爱器之念，方不致丧志而与珠玉等。"② 他还说"藏而不传，与未藏同"③，"精拓传世方是己物，不然何以信今传后，岂可虚以一藏"④。为了更好地实现传古理想，自同治初至其去世前的二十余年间，陈介祺先后聘请张子达、吕守业、徐凤岐、李贻功、陈子振等知名拓工，积极投身于传古实践，"终岁无不拓之日，且继以夜"⑤。其在继承传统"乌金拓"的基础上创造了墨色淡如罗纱的"蝉翼拓"，而且改进了全形拓，为后世留下了大量精美拓片。

全形拓技法始于嘉庆年间嘉兴马起凤及其弟子六舟，但该技法当时比例失真，细节也有问题。陈介祺受摄影技术的影响，萌生了改进全形拓的想法。他于同治十三年（1874）十二月二日致潘祖荫函中提出："做图用洋照而勿令其传印，收版自存之。花文以拓本撙节上版为合。可作二图，大者用原尺寸，小者则以照者摹刻，字亦可照，小者为一缩本图与字也。洋照花树能得迎面技，且可四面转侧照之……"⑥ 光绪元年（1875）正月二十六日陈介祺在致吴大澂的信中称："兹有表弟谭雨帆名相绅，旧在潘世兄霨署中习得西人照法……今试令照三代古文字拓及器量图乃至佳。"⑦ 同年四月其在致王懿荣的信

① 商承祚：《古代彝器伪字研究》，载《金陵学报》第3卷第2期，1933年。

② 陈敬第辑：《簠斋尺牍》，1919年商务印书馆涵芬楼影印本。

③ 张其凤：《刘喜海对陈介祺的影响考绎》，载《南京艺术学院学报（美术与设计版）》2006年第1期。

④ 〔清〕陈介祺著，陈继揆整理：《秦前文字之语》，齐鲁书社1991年版，第60页。

⑤ 〔清〕陈介祺著，陈继揆整理：《秦前文字之语》，齐鲁书社1991年版，第59页。

⑥ 〔清〕陈介祺著，陈继揆整理：《秦前文字之语》，齐鲁书社1991年版，第42页。

⑦ 〔清〕陈介祺著，陈继揆整理：《秦前文字之语》，齐鲁书社1991年版，第287页。

中又谈及："洋照虽不必好其奇，然照古器形，缩三代古文字锓木，以补其不能久存之憾，而用其能不失真之长。"又言："当以洋照取其真形再拓，鼎文鼎耳足原样布于放大足尺寸真形上，使之无一不合乃可。……巧者能者之心目，不能如洋照之浑成如铸一丝不走，以为真式，而扩充之，使如原器大小为图，刻石与木而拓之（墨、朱，朱中用白蜡）为巨幅。铭文则用原器精拓本，亦可以刻者为稿，而拓原器补缀成之，更大雅。"① 在《传古别录》中，陈介祺对此作了更加详细的说明，由此开全形拓一代新风。

吴云曾在致潘祖荫的书函中称："簠斋乃当代传人。"吴大澂赞誉陈介祺的拓片"纸墨精良，为从来所未有"。叶昌炽在《语石》中指出："潍县陈簠斋前辈拓法为古今第一，家藏石刻，皆以拓尊彝之法拓之。定造宣纸，坚薄无比，不用椎拓，但以绵包轻按，曲折坳垤，无微不到，墨淡而有神，非惟不失古人笔意，并不损石。齐鲁之间，皆传其法。""其鉴别之审，装池之雅，纸墨毡蜡之精，剖析毫发，无美不臻。"② 王国维在《毛公鼎跋》中评价道："惟陈氏拓最精。"③ 章炳麟为《簠斋吉金录》题辞称："陈氏所集，纸墨、椎拓之工精美，稍附考订而不敢恣其辞。将所谓多见阙殆，慎言其余者，篆古书遗，固宜如是也。"④

四、学术成就与影响

（一）学术著作

《潍县乡贤传》称陈介祺"于朝章、国典、经史、义理、训诂、辞章、音韵之学靡不究心。又以金石有裨实学，赏奇析疑，老而弥笃，其所藏弆集古今之大成。所著金石题跋及诗古文词，海内讲古学家争为刊行，然十不逮其一二云"⑤。

陈介祺的著述目前可见刊本、稿本传世的主要有《访碑拓碑手札》（丁锡

---

① 〔清〕陈介祺著，陈继揆整理：《秦前文字之语》，齐鲁书社 1991 年版，第 108 ~ 109 页。

② 〔清〕叶昌炽撰，王其祎校点：《语石》，辽宁教育出版社 1998 年版，第 264、34 页。

③ 王国维：《观堂集林（外二种）》，河北教育出版社 2003 年版，第 641 页。

④ 邓实辑：《簠斋吉金录》，1918 年顺德邓氏风雨楼影印本。

⑤ 丁锡田：《潍县乡贤传》，1926 年石印本。

田刊本)、《封泥考略》十卷（与吴氏同辑)、《封泥考释》、《簠斋笔记》一卷（滂喜斋刊本)、《簠斋藏古册目并题记》（邹安校录本)、《簠斋藏古目》三册（陈文会影印本)、《簠斋藏器目》二卷（灵鹣阁本、广仓学宭本、商务印书馆影印本)、《簠斋尺牍》十二册（商务印书馆影印本)、《传古别录》一卷（滂喜斋刊本与石居影印本)、《簠斋吉金录》八卷（风雨楼影印本)、《簠斋金文考释》一卷（云窗丛刊本)、《簠斋题跋》二卷、《汉镫考记》、《汉金文考》、《汉书地理志校释》一卷、《家塾授蒙浅语》一卷、《家塾五言记》一卷、《毛公鼎考释》一卷、《南宫盂鼎考释》一卷、《秦汉瓦当文字》、《秦前文字之语内外篇》、《秦权量诏版释文诗纪》、《诗经论文》、《十钟山房藏石目》一卷（未刻稿本，藏黄氏)、《十钟山房印举考释》、《十钟山房钟鼎款识》、《说文统释》、《习字诀》一卷、《序跋一册说文古籀补序甄古斋印谱跋》、《诸经训释》、《奏议书牍》、《古印一隅》（清同治十二年潍县陈介祺刻本)、《汉代铜器》（清同治十年潍县陈介祺刻本)、《名贤书联》（清同治八年潍县陈介祺刻本)、《传古小启》（清同治十二年潍县陈介祺刻本）等①，如果加上各种别本，则蔚为大观。其中见于《清史稿·艺文志》的有《簠斋藏器目》一卷、《簠斋金石文字考释》一卷、《笔记》一卷、《封泥考略》十卷。

（二）代表性学术成果

1. 金文考释

金文是清代古文字研究的重点，其研究目的在于正经补史，相关成果在涉及《说文》的著作中也得到了反映。段玉裁《说文解字注》、桂馥《说文解字义证》中均少量引用金文。王筠《说文释例》已将金文运用到字形演变比较中，但成就不大。陈介祺认识到："秦燔文字而古圣之作大晦，许氏收文字之遗以为说，二千年来言文字学者必宗之，要皆燔后所余，独吉金款识是燔前古文字之真面，非许氏可比。自宋迄今，吉金文字之传，迥越前古，有是真古文尚书者，有不可以许书定者。"② 同治十一年（1872）十月十四日，陈介祺致书鲍康称："今人论书，必推许氏，然许书已非真本，岂能如钟鼎为

① 以上参见陆明君:《簠斋研究》，荣宝斋出版社 2004 年版，第 143 ~ 174 页。
② 陈敬第辑:《簠斋尺牍》，1919 年商务印书馆涵芬楼影印本。

古文字庐山真面。当以今世所传金文千余种，合古书帖，编增许书。钟鼎之外，惟古刀币及三代古印耳，是当并补许书中。……盖今日之突过许书者，惟此古人铸金之真文字。"① 同治十三年（1874）五月，陈介祺致书王懿荣称："今日惟此吉金是天地之藏，祖龙之暴所不能尽发而焚之者，可不重乎。释之以多见为第一，考经为第二，证许为第三。有据者断之，无据者则桂氏说文义证案而不断之例为至是。不可徒博，愈引愈远而愈无当也。"② 同年七月二十五日，陈介祺再次致书王懿荣称："所好所知，止是求一个真，止是要学不厌。通形象，非通古文字不可。通古文字，非多见真钟鼎古器文字不可。今日而欲求秦以前古圣人文字之真，敬进一解曰，通真古器文字，非多读古人书，而深研圣人所反求天地自然之理，有得于圣人义理之心不可，人虽作不到，而理自不可易也。后人所不知圣人之事有二，古文字其一，道理其一也。"③ 以上见解，走在了时代前列。

同治十一年（1872）十二月六日，陈介祺在致鲍康的书函中说："好古者以多收拓本多刻古文字为主，考据尽可别刻附后，不厌其多，听后来之讨论可矣。痴人说梦，何以自知，必当而言之不疑，有所征则可存耳，岂叔重所未及见及知者，而吾可突过之邪。金文释虽不易，然多见自可引伸，尤宜以文为主，弟谓前人多重一字而忽全文，此亦有少人处。伯寅少农好古有力，曷不为字学统编，以说文为本，而凡诸治许氏家言及字学书，皆附列于一字之后，以便考订异同，并可摹吉金文字附之，许书所无，则附部后，亦一大著作。"④ 他的这一想法，后来由吴大澂付诸实践，成《说文古籀补》。吴大澂在自叙中指出《说文》中古文的形体跟习见的铜器铭文不合，怀疑它们皆为"周末七国时"文字⑤，陈介祺也有类似看法。后来民国时期丁福保编著的《说文诂林》及新中国成立后周法高等编纂的《金文诂林》等著作，在编

---

① 〔清〕陈介祺著，陈继揆整理：《秦前文字之语》，齐鲁书社1991年版，第145～146页。

② 〔清〕陈介祺著，陈继揆整理：《秦前文字之语》，齐鲁书社1991年版，第71页。

③ 〔清〕陈介祺著，陈继揆整理：《秦前文字之语》，齐鲁书社1991年版，第77～78页。

④ 〔清〕陈介祺著，陈继揆整理：《秦前文字之语》，齐鲁书社1991年版，第149页。

⑤ 〔清〕吴大澂：《说文古籀补》，光绪二十四年（1898）刊本。

排的体例上大都仿照吴书，而此体例实创于陈介祺。①

先秦传世文献以《尚书》为最古。陈介祺之前的经学家多以传统的文字及训诂学方法考辨《尚书》，对金文资料没有足够重视。陈介祺认为，“尚书至今无从得确据以定之。其理之至者，固可以孔孟程朱之说定之，其文之古者，则唯吉金古文可以定之。吉金之文，亦唯尚书可以通之”②，“金文之体例句读，亦皆可证尚书”③。王懿荣根据金文首先提出《尚书·大诰》篇中“宁王”“宁武”“宁考”“前宁人”等文字中之“宁”疑为“文”字之误时，陈介祺当即赞同并作了补充。④ 这种吉金、经典互证的学术思想被王国维、罗振玉等继续发挥，使古文字学得以确立并向前迈进了一大步。

在古文字考释方面，陈介祺反对主观臆断，主张“考据以简切为主，以案而不断为正”“有据者断之，无据者则桂氏说文义证案而不断之例为至是。不可徒博，愈引愈远而愈无当也”⑤。陈介祺认为古文字考释“尤宜以文为主”，“前人多重一字而忽全文，此亦有少人处”。⑥ 所谓“以文为主”，是指在注重形体分析的同时，要注重结合该字所在的语言环境，亦即后世所谓的“辞例”，同时还要从通篇铭文的时代、国别、性质诸方面综合考虑，并非一味就字释字，而不讲其余。例如，他最早认识到了“郾”与“燕”的关系，以及“陈”与田齐之关系，以“陈”字从“土”与否而区分陈蔡之“陈”与田齐之“陈”，这对春秋战国文字的分域断代研究极富创见。再如，他考证出战国古玺中“城”与“都”字，将“”释为“锡”⑦ 等，其结论的正确性

① 孙敬明：《陈介祺与中国金石学》，见《潍坊文化三百年》，文化艺术出版社 2006 年版，第 158 页。

② 〔清〕陈介祺著，陈继揆整理：《秦前文字之语》，齐鲁书社 1991 年版，第 40 页。

③ 〔清〕陈介祺著，陈继揆整理：《秦前文字之语》，齐鲁书社 1991 年版，第 89 页。

④ 〔清〕陈介祺著，陈继揆整理：《秦前文字之语》，齐鲁书社 1991 年版，第 40 页。陈介祺又在致王懿荣的书函中指出《尚书·君奭》中“宁王”之“宁”亦皆从“文”为长，“宁王”即“文王”，从而纠正了《尚书》中所谓的“宁”字旧时一直被理解为安宁之“宁”的错误。

⑤ 〔清〕陈介祺著，陈继揆整理：《秦前文字之语》，齐鲁书社 1991 年版，第 71 页。

⑥ 〔清〕陈介祺著，陈继揆整理：《秦前文字之语》，齐鲁书社 1991 年版，第 149 页。

⑦ 参见孙敬明：《陈介祺与中国金石学》，见《潍坊文化三百年》，文化艺术出版社 2006 年版，第 159 页。

百年后方为新出资料所证明。

名物考释主要指对出土古器物的名称及功用进行的考辨研究，是小学的主要内容。陈介祺对器物考释的专文集中于《簠斋金石文考释》中。陈介祺提出“吉金必以经传考定其器，与器之用、与制、与名”①。如古器中有“簋”者，宋代以来名“敦”，又以敦之侈口无盖而圈足者为“彝”，至陈介祺始悟其失，定彝为敦。其致吴云函云：“古无彝尊，彝器之重而常者之通名也。”② 此说后为王国维《说彝》所证明。再如陈介祺根据灵山卫（今青岛市黄岛区）出土的“区”与“鋘”等量器，阐释田齐陈氏厚贷薄收笼络人心的惠民之举，并指出《史记》中齐人歌之的“妪”乃“区”之误。③ 他还根据汉桂宫镫上的“前浴”铭文认为：“云前浴者，盖帝斋戒沐浴以候神人，而此镫为入浴时前导所用，故曰前浴也。”这些观点都是很有价值的。

陈介祺的古文字考释成就广受称道。鲍康云：“寿卿释文，时有新解。”④ 吴式芬《捃古录金文》、吴大澂《说文古籀补》、丁麟年《移林馆吉金图识》亦多引陈氏之说。

2. 陶文研究

陈介祺晚年搜集陶文近五千片，随拓随释。现藏于山东博物馆的《簠斋陶释》四函十六册，收陶文三千余片，辑于光绪四年（1878），是当时陶文研究较有代表性的成果，但未刊行。包括周矢胸盘在内的七十余件完整古陶器，则由姚公符制图刻版传于后世。

陈介祺在陶文研究领域的贡献主要体现在以下三个方面：一是提出“古陶文与古玺印近，有以玺成者，有刻者”⑤。黄质（宾虹）在 1930 年出版的《陶玺文字合证》一书中，通过一些玺印与陶文符合的实例为此说提供了实

① 〔清〕陈介祺著，陈继揆整理：《簠斋鉴古与传古》，文物出版社 2004 年版，第 5 页。

② 〔清〕陈介祺著，陈继揆整理：《秦前文字之语》，齐鲁书社 1991 年版，第 247 页。

③ 〔清〕陈介祺：《区鋘考记》。见〔清〕吴大澂：《窓斋集古录》第二十四册，民国涵芬楼影印本。

④ 〔清〕鲍康：《观古阁丛稿三编》，见《观古阁丛刻九种》，上海古籍出版社 1992 年版，第 373 页。

⑤ 〔清〕陈介祺著，陈继揆整理：《簠斋论陶》，文物出版社 2004 年版，第 15 页。

证。二是从辨器形、识文字入手，结合《周礼》诸书，提出“古陶文字不外地名、官名、器名、作者用者姓名与其事其数”①，为后来研究者奠定了认识基础。三是将陶文中的陈氏与齐国的田氏联系起来考证历史问题，也为后来的学者所认同。②

陈介祺常将陶文拓片分寄同好，尤其是吴大澂。光绪三年（1877）二月，吴大澂得陶文拓片七十余纸，作《陶文释》；得八百余纸时，作《三代秦汉古陶文字考》，皆草创之稿。同年，吴大澂成《古陶释文》四卷，陈介祺复函祝贺：“二千年来古文字未发之藏，祺之世及见之，祺之友能读之，真至幸矣。”③ 光绪八年（1882），吴大澂作《说文古籀补》，择陶文录入，奇字别为附录。丁佛言《说文古籀补补》也充分吸收了陈介祺的研究成果。

受陈介祺影响，潘祖荫、王懿荣等皆请人到临淄搜集陶文，济南李宗岱、诸城王希祖、益都孙文楷也争相搜购陶文。陈介祺去世后，其传古助手受聘于周进，助周进购藏陶文四千片。故王襄《古陶残器絮语》称：“有文字之陶现于人间，列入金石学，陈氏为其创者。”④ 吴大澂《三代秦汉古陶文字考》自叙云：“潍县陈寿卿前辈所得三代古陶文字……至精之文，不减彝器。有可证《说文》及吉金文字者。又得残瓦量，有始皇诏书字，向来金石家未见未闻，殊可宝贵。”⑤ 顾廷龙亦曾指出，研究古代历史，陶文的价值与意义并不在甲骨金文之下。⑥ 如今，陶文研究已成为与甲骨文研究、金文研究、简牍研究并重的古文字学研究领域的分支。

3. 玺印研究

---

① 〔清〕陈介祺著，陈继揆整理：《簠斋论陶》，文物出版社 2004 年版，第 34 页。

② 郑超《战国秦汉陶文研究概述》（《古文字研究》第十四辑）称，陈介祺对陶文研究的贡献主要有三点：第一，他指出陶文多用玺印印成（见李学勤《山东陶文的发现和著录》）；第二，他认为陶文的主要内容“不外地名、官名、器名、作者用者姓名与其事其数”；第三，他将陶文中的陈氏与齐国的田氏联系起来。他还将“陈向立事岁”陶片中的“陈向”释为田庄子白，可见这是他对山东陈氏陶文的基本看法。

③ 〔清〕陈介祺著，陈继揆整理：《秦前文字之语》，齐鲁书社 1991 年版，第 315 页。

④ 王襄：《古陶残器絮语》，载《燕京学报》1948 年总第 35 期。

⑤ 郑超：《战国秦汉陶文研究概述》，见《古文字研究》第十四辑，中华书局 1986 年版，第 248 页。

⑥ 孙敬明：《潍坊古代文化通论》，齐鲁书社 2009 年版，第 117 页。

陈介祺最早的印学著作为道光二十七年（1847），在许瀚、吴式芬、何绍基的帮助下，利用所藏玺印辑成的《簠斋印集》二册。该印集收印389方，首次将周代古玺列于秦汉印之前，有功于印林。咸丰元年（1851），友人陈畯帮助陈介祺编钤《簠斋印集》十二册，共十部，收官印317方、私印1931方、封泥137方，并附载虎符、鱼符、龟符等。其中所载玺印，除去借自刘喜海的百纽外，均属陈氏自藏。同治十一年（1872），陈介祺出金、铜、玉印7000余方，益以东武李璋煜之爱吾鼎斋、海丰吴式芬之双虞壶斋、归安吴云之二百兰亭斋、吴县吴大澂之十六金符斋、利津李佐贤之石泉书屋、歙县鲍康之臆园等各家所藏玺印2000余方①，督其次子厚滋与何昆玉编次，用粤纸精钤《十钟山房印举》十部，每部五十册。为使印举之编辑更为科学，陈介祺总结了前人印谱杂乱无序、查阅不便的教训，提出了新的分类编排方法——叙姓以韵，同者以纽，回文反文、朱白界道、类中以复别之。光绪九年（1883），又用六吉棉连纸精钤十部，每部一百九十一册，集玺印10284方。据统计，明清至民国以来的印谱所收古玺印数量总共四万余方，而《十钟山房印举》即占四分之一。其品类之全、体例之善、名印之多、钤拓之精，“在九百年的印谱史上，至今，它依然是空前的，无匹的”②。

对古玺印时代与形制的认知，也是《十钟山房印举》的一个突出成就。元明人不知古印中有早于秦代之物，乾隆五十二年（1787），程瑶田为潘氏《看篆楼印谱》作序，释出战国印中的“私玺”二字，并说“‘玺’但用‘尔’者，古文省也”③，这是清人辨识先秦古玺印的先声。道光十五年（1835），张廷济《清仪阁古印偶存》称先秦印为古文印④。吴式芬《双虞壶斋印存》将古玺印排在秦汉印之前。陈介祺同样认为周秦印是周末与秦代之物，古玺印是三代之物。光绪四年（1878），陈介祺在致吴大澂的信中说：“朱文铜玺，前人谓之秦印，不知是三代，今多见亦似六国文字。”⑤ 其在致吴云的信中又言：“宋以来止知有秦印，不复知有三代，今以钟鼎通之乃定，

---

① 〔清〕陈介祺：《十钟山房印举·序》，1923年商务印书馆涵芬楼影印本。

② 韩天衡：《天衡印谭》，上海书店出版社1993年版，第92页。

③ 〔清〕程瑶田：《通艺录》，嘉庆年间刻本。

④ 〔清〕张廷济：《清仪阁古印偶存》，道光十五年（1835）钤印本。

⑤ 陈敬第辑：《簠斋尺牍》，1919年商务印书馆涵芬楼影印本。

已于印举中首举之。”①《十钟山房印举》在汉印之前列有古玺印和周秦印两类，前者基本上是六国印，后者包括战国时的秦印、秦代印和汉初印，而且陈介祺对这些古玺印制作时代的认识已接近实际。另外，他认为“之章”“之印”与“印”“章”等这些印文称法有先后之别，并将存世钩印定名为“合符”，定其为周代印式。他还是第一个明确区分鼻纽、桥纽、瓦纽的人。

4. 封泥研究

封泥的发现是清末金石学领域的重要成果。道光二十二年（1842）吴荣光辑《筠清馆金石文字》，始以“汉世印范子”著录四川所得6枚封泥，其物随后散归龚自珍、刘喜海等人，刘喜海据《后汉书·百官志》将其定名为“封泥”。刘喜海去世后，陈介祺获其所藏并开始搜购封泥，咸丰元年所辑《簠斋印集》中已刊载封泥130余枚，并将封泥与官印、私印并列为三大主要类别。此后，陈介祺又同吴式芬对两家所藏封泥进行考证，其成果现存有《汉官私印泥封》三卷（稿本）、《簠斋古泥封目》一卷（稿本）、《陈簠斋藏封泥》五册（拓本）等。光绪二十四年（1898），吴重憙合两家所藏（陈氏藏575枚，吴氏藏271枚）辑为《封泥考略》十卷（光绪三十年刊印），成为最早将封泥与秦汉文字、官制、地理相互考证研究的专著。

五、艺术成就与影响

（一）书法

乾嘉以来，随着金石学的兴起，清代的书法也由帖学向碑学转变，篆隶成为书家风尚。从传世墨迹来看，陈介祺青年时期的早期书体属于以颜体为骨架的馆阁一路；归里后，他结合自己的金石学实践，在书法创作上糅合隶书的笔意和钟鼎文的神韵，自创一种书体，在晚清书法家中独树一帜。何绍基称赞他的字“古逸绝伦”。

同治元年（1862），陈介祺对自己的书法实践进行总结，编写成两千多字的《习字诀》，对笔法、墨法、结体、行款等问题逐一进行讲解，对后人影响较深。

---

① 〔清〕陈介祺著，陈继揆整理：《秦前文字之语》，齐鲁书社1991年版，第255页。

在技法上，陈介祺特别强调“用腕”“指不动”。他在《习字诀》中提出：“所有之法，全在下笔处，笔行后无法，无从用心用力也。运腕之要，全在指不动，笔不欹，正上正下，直起直落，无论如何皆运吾腕而已。‘直落’二字要体会，下笔微茫，全势已俱。转折即同另起一笔，不是断开，只是换法。下笔先要法分明，分明方是法，不分明不是法，笔笔分明便笔笔变化，余五十后始见及此。”① 他认为笔法千古不易，结体需要用功。要得笔法，需要学习古人，他说：“得古人一笔，便多一法，一字有十笔，便有十法，一笔有数写法，更多变化。诸法奔赴腕下，无一不善，必成大家。”②

在书学路径上，陈介祺崇尚北宋，在其《习字诀》中也有论述，他认为：“钟王帖南宗，六朝碑北宗，学者当师北宗，以碑为主，法真力足，则神理自高，先求风姿，俗软入骨，未易湔洗矣。”③ 对此他进一步解释说：“取法乎上，钟鼎隶篆，皆可为吾师。六朝佳书，取其有篆隶笔法耳，非取貌奇，以怪样欺世。求楷之笔，其法莫多于隶。盖由篆入隶之初，隶中脱不尽篆法，由隶入楷之初，楷中脱不开隶法。古人笔法多，后人笔法少，此余所以欲求楷中多得古人笔法，而于篆隶用心，且欲以凡字所有之点画分类，求其法不同者，摹原碑字而论之，为汉碑笔法一书也。”④

（二）篆刻

陈介祺所辑《十钟山房印举》《封泥考略》等著作，对后世印学研究影响巨大，前文已经述及。在治印理论方面，陈介祺注重“书刻并重”，其《与西泉论印一则》云：

> 凡作印：篆居其六七，刻居其三四，篆佳而刻无力，则篆之神不出。刻有力而篆不佳，则野矣。穆倩之篆犹未免“野人不识字”之憾，松雪、

---

① 山东省文化厅史志办公室、潍坊市文化局史志办公室：《山东省文化艺术志资料汇编·第十八辑（潍坊市〈文化志〉资料专辑）》，1989年，第289页。

② 山东省文化厅史志办公室、潍坊市文化局史志办公室：《山东省文化艺术志资料汇编·第十八辑（潍坊市〈文化志〉资料专辑）》，1989年，第291页。

③ 山东省文化厅史志办公室、潍坊市文化局史志办公室：《山东省文化艺术志资料汇编·第十八辑（潍坊市〈文化志〉资料专辑）》，1989年，第292页。

④ 山东省文化厅史志办公室、潍坊市文化局史志办公室：《山东省文化艺术志资料汇编·第十八辑（潍坊市〈文化志〉资料专辑）》，1989年，第291页。

三桥以下，篆亦未能至古，而秀则近于弱矣！①

在艺术追求上，陈氏特别强调“古法”“浑成”。早在道光二十七年（1847），陈介祺跋《苏氏纂集集古印谱》称：“刻印以得古人用笔之法为最难，知用笔矣，又往往难于浑成，盖以朴茂之神，达雄秀之气，非精心贯注，动与古会，未易造此真境。”② 要得古法则需要“用力运腕”。在品评吴云的用印时，陈介祺说有的印“殊稳细有古意，唯极微茫处，亦须十分用力运腕，乃得古法，而不徒揣摩修饰，失于少弱”③。

由于长期接触金文玺印，陈介祺认识到“篆刻以钟鼎古印二者笔法为师，可破近人陋习”④。并且在《论摹钟鼎文作印》中还提出了具体要求，他说：

摹吉金作印，不可一字无所本。不可两字凑一字，不可以小篆杂。一难于形似，再难于力似，三难于神似，四难于缩小。必先大、小、长、短同能似，然后乃能缩小。五难于配合，本非一器之字，一体之书，一成之行，而使相合，非精熟孰能之。各字结构已定，难于融通，字外留空，尤难于疏而不散，须如在物明镜之中，乃为得之。须笔笔见法，笔笔有力，乃能得神。不可好奇太过……⑤

另，传统印学认为细朱文印发端于元代赵孟頫，后世称为元朱文。在封泥发现之初，陈介祺曾言：“汉印少朱文。近来出泥封之多……真足为朱文之矩矱，松雪不足道矣。”⑥ 陈介祺率先提出学习封泥远较追踵元朱文为佳，也为近现代篆刻艺术的发展开辟了新的途径。

第三节　陈介祺在晚清金石学群体中的地位

陈介祺在晚清金石学群体中居于枢纽地位，与他交往的师辈学人主要有

---

① 陈育丞：《记王石经治印》，载《文物》1963 年第 10 期。

② 韩天衡：《历代印学论文选》，西泠印社出版社 1999 年版，第 430 页。

③〔清〕陈介祺著，陈继揆整理：《秦前文字之语》，齐鲁书社 1991 年版，第 271 页。

④ 谢国桢：《吴愙斋（大澂）尺牍》，见《近代中国史料丛刊》第七十二辑，台湾文海出版社有限公司 1973 年版，第 16 页。

⑤ 陈育丞：《记王石经治印》，载《文物》1963 年第 10 期。

⑥〔清〕陈介祺著，陈继揆整理：《秦前文字之语》，齐鲁书社 1991 年版，220 页。

刘喜海、李璋煜、翟云升、王筠，平辈学人主要有吴式芬、许瀚、李佐贤、吴云、鲍康、吴大澂、王懿荣、潘祖荫。退居林下后，在其影响下，潍县及其周边区域成为晚清金石学的重镇。

一、陈介祺与晚清金石学群体

陈介祺在金石学上能够取得突出成就，除与其家庭及自身因素有关外，与一时师友砥砺也密切相关。陈介祺在为吴大澂《说文古籀补》所作之叙中谈及自己早期的学术交结时说：

至我朝而许氏之学大明，钟鼎之字亦大显。仪征阮文达公先成《积古斋钟鼎款识》一书，最为精善，传布于天下，所收王复斋钟鼎款识拓册亦为最古。文达为先文悫公童试师，官太傅时，谒于京第，知祺好古文字，以“天机清妙”为譬，书《论钟鼎诗》于纨扇以赐。时汉阳叶东卿驾部、海丰吴子苾阁学、道州何子贞同年，皆以文字及先公门；诸城李方赤外舅、刘燕庭世丈，安丘王菉友姻丈，日照许印林同年，皆在京师；嘉兴张未未解元、徐籀庄明经，皆南中未见忘年交。共以古文相赏析。①

在另一份名单中，罗列更为详细：

文达公为先文悫公童试受知师，以某耽古文字，特加奖勉，手书见赐，有“天机清妙”之誉。南中金石交，则：嘉兴张未未（廷济），徐籀庄（同柏），子士燕，鲍子年（康），吕垚仙（佺孙），吴康甫（廷康），翁未均（大年），陈粟园（畯），何子贞（绍基），朱筱沤（钧），韩履卿（崇），严眉岑（福基），叶东卿（志诜），吴平斋（云），许珊林（梿），吴我鸥（珩），沈西雍（□□②），张小余（荐粢），甘实庵

---

① 〔清〕吴大澂：《说文古籀补·陈介祺叙》，光绪二十四年（1898）刊本。

② 空格处当为“尔振”。宋咸熙《耐冷谭》卷七云：“嘉兴沈西雍涛，原名尔振，少有神童之目。时余监理省城敷文书院，执贽来谒，试以经义，应对如流。年才十五耳，予喜甚。金坛段茂堂大令赠以诗，有‘他年若数传经者，门下应推第一人’之句。戴太守廷沐奇其才，妻以女。女名小琼，号墨华，亦能诗。己巳七月之望，同内子郡斋坐月联句。魏塘金文沙夫人为之补图。原唱云：月来皓云际，商声喧素秋（西雍）；怯寒衣袂薄，咽露草虫愁（墨华）。树影踏疑碎，怪禽啼更幽（西雍）；夜阑吟不稳，一叶打人头（墨华）。”

（熙）。同乡则：先外舅李方赤（璋煜），刘燕庭（喜海），吴子苾（式芬），许印林（瀚），翟文泉（云升），李竹朋（佐贤）。①

陈介祺往来密切的先辈人物主要有刘喜海、李璋煜、翟云升、王筠等。

刘喜海（1793—1853），山东诸城人，大学士刘墉侄孙，兵部尚书刘镮之子。嘉庆二十一年（1816）举人，历官至浙江布政使。金石学家、古泉学家、藏书家。道光二十二年（1842）春，刘喜海来京，赠陈介祺著名的“虢季子白盘”拓片，陈介祺在当年六月即作考释数百言，道光三十年（1850）又补释近两千言。咸丰元年（1851），陈介祺钤拓自己的第一部金石著作《簠斋印集》时，曾借用刘喜海藏印一百多纽。刘喜海去世后，所藏重器邢仁钟、兮仲钟、纪侯钟、虢叔旅编钟、善业泥造像、铜诏版、铜泉范等多归陈介祺，所著《古泉苑》稿本一百零一卷也由其后人赠送给陈介祺。陈介祺将刘氏的《海东金石苑目跋》《论泉绝句》《长安获古编》等交金石好友鲍康刊行。

李璋煜（1784—1857），山东诸城人，嘉庆二十四年（1819）进士，官至江苏布政使，道光三十年（1850）以病告归。他是乾嘉金石学界比较活跃的人物，藏获甚富，曾主持校勘桂馥的《说文解字义证》等，撰有《爱吾鼎斋藏器目》一卷及《灵鹣阁丛书》等。李璋煜是陈介祺岳父，陈介祺所撰《日照许氏诸城李氏金文拓本释》中，对其所藏青铜器铭文有所考证。

翟云升（1776—1858），山东掖县（今莱州）人。道光二年（1822）进士，授广西知县，以母亲年迈为由辞任。后经陈官俊推荐为国子监丞，但未成行。晚年深居简出，居家著述，治学以汉儒为宗。翟云升与陈官俊有同学之谊，故陈介祺得以请益。早年陈介祺还曾积极帮助翟云升广集汉碑资料，辑《隶篇》等。

王筠（1784—1854），山东安丘人，清代研究《说文》的四大家之一。王筠的说文学著作中大量应用金文研究成果，是与包括陈介祺在内的金石学者的影响分不开的。

与陈介祺往来密切的平辈友朋则有吴式芬、许瀚、李佐贤等。

吴式芬（1796—1856），山东海丰（今无棣）人。道光十四年（1834）

① 陈阜：《先祖考文懿公行述》。见丁锡田辑：《潍县文献丛刊》第三辑，潍县和记印刷局，1936 年。

进士，历官至浙江学政、内阁学士兼礼部侍郎。生平专攻训诂之学，长于音韵，精于考订，是封泥的发现者和最早研究者，是引导陈介祺进入金石学领域的关键人物，后来与陈介祺成为儿女亲家。吴式芬去世后，陈介祺敦促其长子吴重周邀请许瀚整理、校勘吴式芬遗著《攈古录金文》等并付梓，同时将吴式芬所藏封泥考释稿《汉封泥考》加上自己的收藏合编考校，成《封泥考略》。

在此附带说一下吴式芬次子吴重憙。吴重憙（1838—1918），字仲怿，亦作仲怡、仲饴，同治元年（1862）举人。咸丰九年（1859）娶陈介祺长女陈厚培为妻。出仕之前经常为陈介祺整理、缮写金石文字，多得陈介祺点拨教诲，后来根据陈介祺传授的笔记整理成《作字之法》一文，并于光绪十八年（1892）附于《家塾授蒙浅语》中刊行于世。在同治十一年（1872）吴重憙抄本《潍县陈氏宝簠斋藏器目》一书的题跋中，陈介祺对吴重憙寄予了厚望，他说："仲饴既手录余斋金文各册竟，复为录所藏吉金成目。余自甲寅后里居，无友朋之乐、室家之安。既惩夺志，又扰守望。六年来始稍稍检拓，思装册汇目，存其昔好，久未能就，今得仲饴相助，旬余而毕，业成于勤，即此可推。第吾所望于仲饴者大且重，仲饴勉之哉，勿以此夺志也。"① 吴重憙踏入仕途后历任直隶布政使、护理直隶总督、北洋大臣、仓场侍郎、河南巡抚等，与潘祖荫、王懿荣、鲍康、左宗棠等有交谊，与王懿荣为亲家。

许瀚（1797—1867），山东日照人，著名汉学家，精通校勘、文字、音韵、金石考据。陈介祺与许瀚在京师时即定交，《许瀚日记》对此多有记录。许瀚归里后，设教馆于兰山，仍与陈氏保持书函沟通。②

李佐贤（1807—1876），山东利津人。道光十五年（1835）进士，授编修，官至福建汀州知府，后引退归里。李、陈二人在京期间即交往密切。咸丰二年（1852）李佐贤辞官回利津后，时常到潍县拜访陈介祺。③ 同治九年

---

① 《潍县陈氏宝簠斋藏器目》，国家图书馆藏吴重憙抄本。

② 《许瀚日记》载："（某年六月二十日）刘四来，得寿卿信，并金拓四件。刘四为拓八埠阙全份，每份十张。有字四处，又似有一处南武阳一段，乃元和三年，又一段章和元年。是尚在东汉之初，弥足贵矣，惜模糊难辨也。"

③ 同治十一年（1872）十月十四日陈介祺致鲍康函称："三年来惟竹朋老兄，小倩仲饴，时来过访为金石之欢。……"（〔清〕陈介祺著，陈继揆整理：《秦前文字之语》，齐鲁书社 1991 年版，第 144～145 页。）

(1870)，陈介祺去信与李佐贤恢复交流，李佐贤立即复信曰“廿余年濶别，忽奉手书，如获良觌，为之狂喜者累日”①，并在当年秋天专程到潍县重叙旧谊。为帮助李佐贤著《古泉汇》《续泉汇》，陈介祺不但将自己珍藏的稀见泉范拓本相赠，在编撰考释方面亦付出心血。李佐贤的两个儿子李贻良（枚卿)、李贻隽（韦卿）也爱好收藏古物，经常向陈介祺书信求教。后来，李佐贤的长孙女嫁给了陈介祺的长孙陈阜，两家成为至戚。

恢复金石收藏后，陈介祺书翰往来最为频繁的人则是金石学家吴云、鲍康、吴大澂、王懿荣、潘祖荫。

吴云（1811—1883)，浙江归安人，举人，仕至苏州知府。道光二十五年(1845）谒选入都，陈介祺过访，并以玉枕兰亭相赠，遂定交。此后音问中断。同治元年（1862)，吴云罢官后寓居苏州，闭门著述。同治十一年(1872）三月，陈介祺与吴云复通函札。当时，陈介祺正在编纂《十钟山房印举》，吴云借与藏印若干方，并为置办所用纸张。后吴云又寄赠玺印数枚，陈介祺因作《𤜶钮鱼钮为秦印考》。

鲍康（1810—1881)，安徽歙县人，官至夔州知府。喜收藏，精鉴赏，著述颇丰。陈介祺与鲍康相识于咸丰二年（1852)。鲍康《为石查跋簠斋印集》载：“咸丰壬子（1852）夏，余应礼部试报罢，留都门，访寿卿于经板库旧居。”②同治十一年（1872)，鲍康致仕居京，两人恢复通信。鲍康《观古阁丛稿三编》多载二人切磋之事，《观古阁泉说》则附刊《陈寿卿评》三十三条。

吴大澂（1835—1902)，江苏吴县（今苏州）人，仕至湖南巡抚。同治十二年（1873)，陈介祺长孙陈阜成婚，时任陕甘学政的吴大澂托鲍康转呈贺联，陈介祺驰书致谢，二人遂订交。后两人每有所获，即书信往来，相与欣赏问难，直至陈介祺去世。吴大澂《古陶文考释》《说文古籀补》均是在陈介祺的提示与帮助下完成的。吴氏云“海内真知真好，唯长者一人；知我者，亦唯长者一人”③，足见二人相交之笃。

---

① 〔清〕李佐贤：《石泉书屋尺牍》，同治十年（1871）利津李氏石泉书屋刊本。

② 〔清〕鲍康：《观古阁丛稿三编》，见《观古阁丛刻九种》，上海古籍出版社 1992 年版，第 428 页。

③ 谢国桢：《吴愙斋（大澂）尺牍》，见《近代中国史料丛刊》第七十二辑，台湾文海出版社有限公司 1973 年版，第 147 页。

王懿荣（1845—1900），山东福山（今烟台市福山区）人，仕至国子监祭酒。经鲍康介绍，王懿荣于同治十二年（1873）开始与陈介祺通信。陈介祺誉王懿荣"年富才美"，将来必"高树一帜"。两人往复函札现存240余封，谈金石之外多涉及时局，足见两人关系之密切。后来陈介祺的长婿吴重憙之子吴葑（两淮盐运使）娶王懿荣之女，又成姻亲。光绪七年（1881）二月，王懿荣由故乡返京途经潍县，专门到陈介祺家居住三日，遍赏陈介祺所藏，并通过陈介祺介绍，走访了潍县的其他收藏家。王懿荣是甲骨文的发现者，这一机缘应该说在陈介祺在世时已经种下。同年（1881），经王懿荣介绍，陈介祺还与王瓘①开始通函交流学术。

潘祖荫（1830—1890），江苏吴县（今苏州）人，咸丰二年（1852）探花，仕至工部尚书。同治十三年（1874），因鲍康介绍，陈介祺与潘祖荫定交。光绪九年（1883），潘祖荫在为《说文古籀补》所作之叙中自道学术次第曰："余八岁即见阮文达于兵马司后街之邸，以齐侯罍拓本为赐。后为陈颂南师弟子，始为钟鼎文字之学。洎通籍，交海内名流如刘丈燕庭、陈丈寿卿、吴丈子苾，皆好金石者也，稍稍得闻绪余。"又曾言："荫自少好金石之学，平生所与商榷者，沈文忠师、陆星农师、鲍子年丈、李竹朋丈、陈寿卿丈、吴平斋丈，数公而已。"② 潘祖荫得陈介祺书札，即为刊刻《陈簠斋丈笔记附手札》《传古别录》行世，并欲合刊陈介祺致鲍康、王懿荣、吴云等书札为《秦前文字之语》。

陈介祺与金石之友的学术交流主要是通过函札来完成的。梁启超在《清代学术概论》中对函札在清代学术交流中的作用及函札本身的学术价值给予了充分的肯定，他说：

> 清儒既不喜效宋明人聚徒讲学，又非如今之欧美有种种学会学校为聚集讲习之所，则其交换知识之机会，自不免缺乏。其赖以补之者，则函札也。后辈之谒先辈，率以问学书为贽。……平辈亦然。每得一义，辄驰

① 王瓘（1847—1934），字孝禹，又作孝玉，四川铜梁人。清末举人，官至江苏道员。曾入端方之幕府。富收藏，精鉴别，擅书画篆刻。著有《清画家诗史》《益州书画录》等。王瓘此时居京师，与王懿荣为邻，故相识。

② 〔清〕吴云：《两罍轩尺牍·潘祖荫序》，见《近代中国史料丛刊》第二十七辑，台湾文海出版社有限公司1968年版，第1页。

书其共学之友相商榷，答者未尝不尽其词。凡著一书成，必经挚友数辈严勘得失，乃以问世，而其勘也皆以函札。此类函札，皆精心结撰，其实即著述也。此种风气，他时代亦间有之，而清为独盛。

……其所以考证，多一时师友互相赏析所得，非必著者一人私言也。……①

陈介祺与金石之友的函札往来正是建立在学术交流的前提下。他与诸友相约："以识古字论古文为语，不涉入赏玩色泽语也。"② 并呼吁同道对金石文物"聚之、辨之、思之、传之"③，致使"得其书简者，无不珍爱，或装册珍藏，或抄录传阅。李竹朋将书札抄还时，有'人有古董，我有今董'之语"④。鲍康称其信札"不特古雅可诵，其学识尤卓有可传"。

二、对潍县及其周边金石学的影响

退居潍县后，陈介祺也扶持和影响了一批本地学人。在他的推动下，注重对金石文物的搜求与研究在当时的潍县已成为较为普遍性的社会文化现象。

郭麐，篆刻家郭启翼孙，终生不仕。撰有《潍县金石志》八卷、《潍县金石遗文录》一卷、《四海汉碑图考》一卷等。《潍县志稿》卷二十九《人物·高士》载："郭麐，字子嘉……种瓜劚菜之暇，亟思搜罗邑中文献于荒冢破寺间，断碣残碑，剥苔剔藓往往而获。然拘于力，十数年仅得九十余种。盖自居乡后，不入城市者六七年。绅富戚族之门阈内外无履迹也。独于考证篆籀、辨别碑版真伪时，一诣陈介祺家，陈与订补得二百三十二种，厘为八卷，名曰《潍县金石志》，即今之传钞本也。"⑤ 郭麐自序称："十数年来仅积有九十余种，稍加编次，己巳岁就正于陈簠斋太史，既为订其疏略，复欣然以所藏邑中金石，属海丰张君子达（衍聪）尽拓相付。并属同里王西泉（石经）、魏新斋（得元）、陈孟益（增）共事采访，又搜得若干种。麐与簠斋次子九

① 梁启超：《清代学术概论》，上海古籍出版社 1998 年版，第 64、59 页。

② 陈敬第辑：《簠斋尺牍》，1919 年商务印书馆涵芬楼影印本。

③ 孙国强：《陈介祺的金石学成就和历史地位》，载《潍坊学院学报》2004 年第 3 期。

④ 〔清〕陈介祺著，陈继揆整理：《秦前文字之语》，齐鲁书社 1991 年版，第 4 页。

⑤ 陈蜚声总纂：《潍县志稿》卷二十九《人物·高士》，潍县和记印刷局，1941 年。

兰（厚滋）、泉皋小儿（续大）参释其文。”该志有潘祖荫、王懿荣序。光绪十年（1884）七月，陈介祺在去世前不久为该志作《校勘记》，对其稿本体例、版式等皆有指授。

王石经（1831—1918），潍县人，武秀才。平生爱好金石文字，擅篆隶。在协助陈介祺集古传古之余，专注篆刻，所刻石印，一笔一画均从古印中得来。潘祖荫誉其“近今无第二人”，徐坊称“自有金石以来，未有如先生者”①。晚年与同邑高鸿裁、田镕叡、刘嘉颖各出所藏精品辑成《古印偶存》二十册，还辑有《集古印隽》《西泉存印》②。陈介祺《集古印隽》卷首题记曰：

> 王西泉四弟，余归里来文事友也。能刻印，见余所藏三代秦汉玺印而益进；能作篆隶，见余所藏秦泰山廿九字、汉二杨碑、郭有道碑真本而益笃；能嗜古文字，见余所藏吉金而能读；且善毡墨，能鉴别，见余所藏唐宋来书画而更精审。朝夕过余讨论已二十余年矣。识见日上，藏弆日富，时人已多推之，殆右丞所谓“天机清妙”者与。……③

受陈介祺的影响，当时潍县及其周边的学者也开始注重玺印与陶文研究。潍县人高庆龄与侄高嘉钰、子高鸿裁撰《齐鲁古印攈》四卷，续一卷（收印668方，有潘祖荫、王懿荣、宋书升序），考订精详。王懿荣经潍县时，曾至高家鉴评所藏金石文物。高鸿裁克承家学，撰《齐鲁古印攈补》十卷、《上陶室砖瓦文攈》十二卷、《历代志铭征存》、《二十三家金文目》等。举人郭梦星长子、廪贡生郭祐之嗜学耽古，所得古玺官私铜印一千余纽，成《续齐鲁古印攈》十六卷。近年新发现的赵执中《印揭》八册，诸城王绪祖序言中即称其“曾游陈丈簠斋之门，故闻见确而鉴别精”④。

孙文楷（1847—1912），益都（今青州）人，同治十二年（1873）举人，

---

① 王志民主编：《山东重要历史人物》，山东人民出版社2009年版，第176页。

② 1929年商务印书馆出版时，改名为《甄古斋印谱》。

③ 《集古印隽》卷首题记。天津人民美术出版社影印陈介祺故居陈列馆藏本，2015年。

④ 〔清〕赵允中：《印揭》，见《印学研究》第十一辑，文物出版社2017年版，第3页。

不仕，潜心研究金石，著有《稽庵古印笺》、《鉴古斋印存》、《古印商》、《古钱谱》、《木庵古陶文字》（与堂弟文澜合著）、《古陶文字》、《秣山藏陶》等，《益都县图志》中的《艺文志》《金石志》亦为其所撰。光绪十一年（1885）九月，其于《稽庵古印笺·序》中云：

尝就正于潍阳陈寿卿年丈，嗜好既合，启迪殊殷，赠以弁言，系以评跋。寸心相印，辄以精博见推；尺素远贻，复以著述相勖。余虽逊谢不遑，未尝不感激思奋也。自是每有新得，互为欣赏，或论世次之先后，或商篆法之异同，疑义与析，乐此不疲。余有志于集印，实自此始。①

丁艮善，日照人，年轻时随许瀚游学，著有《吕氏春秋校录》。许瀚去世后，长期客居陈介祺之门，协助其整理文字。陈介祺还委托他和王石经、何昆玉、宫玉甫等到琅琊台等处访古拓碑，陈介祺让其作日记留念。丁艮善保存了《簠斋金石文考释》原稿，罗振玉据以刊入《云窗丛刻》。

陈介祺一度关注书画收藏，其从弟陈介锡受其影响，不惜重金广搜博求书画珍品②，著名的《桑梓之遗》书画册一百册即由其最终续成。陈介锡著有《桑梓之遗书画目录》《桑梓之遗人物考略》《桑梓之遗录文》《文石山房诗钞》《文石杂识》等。陈介祺次子陈厚滋、长孙陈阜亦能传其学。陈阜长子陈文会（1877—1930），光绪二十六年（1900）优贡，曾任陆军部郎中，善书法，陈介祺所藏封泥玺印等曾归其保存。他还是民国时期北平金石文字学术研究社团——冰社成员。③ 1925 年，陈文会整理并委托商务印书馆影印了

---

① 《稽庵古印笺》，山东博物馆藏稿本。转引自吕金成：《孙文楷陶文著述考略》，见《印学研究》第二辑，山东大学出版社 2010 年版，第 163 页。

② 潍坊藏家有李佐贤、刘耀椿、何绍基致陈介锡书札册页一本，于钧生旧藏。2011 年 11 月，北京翰海秋拍一件吴历《秋山亭子图》，为陈介锡旧藏，收藏印为“潍陈晋卿家藏”“曾为陈晋卿藏”。南京博物院藏明沈周《溪山秋色图》，纸本墨笔，鉴藏印为“曾为陈介锡藏”朱文印、“陈晋卿鉴藏章”白文印。

③ 据史树青为《丁佛言手批吴愙斋集古录》所作序言，冰社最初的社长是易大厂，副社长为齐宗康、周康元，秘书为孙壮、柯昌泗。社员还有柯劭忞、罗振玉、陈宝琛、田士懿、罗惇曧、马衡、徐森玉、陈半丁、寿石工、金禹民、胡佩衡、徐宗浩、汪霭士、丁佛言、林白水、黄季刚、启功、梅兰芳、尚小云等。每到周末，冰社社员们便各携所藏古器到古光阁后院，考释铭文，鉴别年代，交流研究心得，互赠拓本书报，互通学术信息，前后共历二十年，其影响远播大江南北。

《簠斋藏古目》，并提供家藏资料，帮助丁佛言撰《说文古籀补补》。陈文会婿、潍县著名国画家郭味蕖广为搜罗陈介祺散佚文物，著有《殷周青铜器铭文考略》《知鱼堂鉴古录》《镜文考释》等。

不仅如此，由于陈介祺的推动，涌现出大量潍籍古玩商人，使潍县成为当时全国重要的文物集散地，并催生了仿古铜、红木嵌银产业，流风所及，迄今犹盛。

第三章　潍县陈氏世家与陈介祺

潍县（今潍坊）地处齐鲁腹地，历史悠久，底蕴深厚。明清两代教育发达，科甲兴盛，人才荟萃，学术著述和文学艺术创作活动十分活跃，出现了影响较大的学术流派和地方文学艺术流派，涌现出一批学术名流、文化名人、文学名家和艺术人才，他们在文化、教育、文学艺术、医学及民间艺术等方面都取得了巨大成就。陈介祺出身潍县名门世家，虽中进士、居官位，但中年厌倦仕进，辞官归里，专心收集金石文物并进行考证研究。陈氏以其深厚的传统经史之学的素养，又兼当时知名学者如阮元等的激赏指点及金石学师友的切磋研磨，故于金石之学独具慧眼。其不但鉴赏目力高、收藏多而精、收藏门类广又全，而且开拓出新的收藏与研究领域。诸如古陶文之首次发现与深入研究，古玺印收集断代与独创体例编辑《十钟山房印举》，以及将新收封泥与玺印合证而探讨古代职官制度、军事交通、地理地望等，均有其卓越之处。受陈氏的带动与影响，当时潍县乃至整个山东地区的金石之学走在全国的前列。

第一节　潍县历史沿革

潍县位于山东省中部偏东、山东半岛西侧，是海岱之间的中心地带，这里山水相济、河海表里，优越的自然地理环境为远古文明的起源与早期农业的发展提供了天然的有利条件。在历经数十万年发展而形成的博大雍容、特色鲜明的齐鲁文化圈中，潍县区域文化自有其丰富的内涵与突出的特点。

一、自然环境

潍县地质构造属中朝准地台山东隆起区次级构造单元鲁东古隆起区和鲁西隆起区衔接部，即沂沭断裂带北端的次级构造单元昌潍凹陷之内。其西侧是沂沭断裂带的鄌郚—葛沟断裂，东部为昌邑—大店断裂，潍县处于中、新生代凹陷盆地中。沂沭断裂带控制了区内构造的生成、发展、岩浆活动及其矿产的赋存。沉积盖层主要为中、新生代陆相沉积。境内大部分地区被第四系覆盖，区境南部各时代地层均有发育，但发育存在较大差别，中、新生代以前的地层分布零星。①

潍县地处北温带季风区，背陆面海。受欧亚大陆和太平洋的共同影响，大陆度在50%以上，形成冬冷夏热、四季分明的暖温带季风型半湿润大陆性气候。② 其特点是：春季温暖干燥，风多雨少；夏季炎热多雨，温高湿大；秋季天高气爽，气候宜人；冬季干燥寒冷，北风频吹。与山东各县比较，潍县春、夏季温度比西部各县偏低，比山东半岛各县偏高；秋、冬季温度比西部各县偏高，比山东半岛各县偏低，属于半岛内陆性气候。这主要是受大陆度自西北向东南沿海逐渐减少的趋势及受海洋影响的程度不同等因素影响。潍县地形起伏不大，气温无明显差异，因受典型季风气候影响，四季气温分明。潍县的年平均降水量，丰水年与枯水年差异较大；年内降水夏季最多，冬季最少；雨季一般自6月底或7月初开始，至8月中下旬结束。

潍县地处泰沂山脉尾闾之北侧，地势南高北低，呈较平缓倾斜状。流经潍县的主要河流有潍河、白浪河、虞河等，诸河水源补给主要来自降水，属季风性河流。因降水年际、年内变化很大，故各河流量大小无常。

二、潍县及周边区域史前文化概述

潍县优越的自然地理环境，为农业、畜牧业、渔业、矿产业、手工业、商业和交通的发展提供了天然的有利条件，为远古文明的发展奠定了坚实的基础。潍县地区的史前文化发展悠久，传承有序，绵延不断。早在8000多年

---

① 潍坊市潍城区史志编纂委员会：《潍城区志》，齐鲁书社1993年版，第109页。

② 潍坊市地方史志编纂委员会：《潍坊市志》，中央文献出版社1995年版，第111页。

前就有人类繁衍生息在这片沃土上，后李、北辛、大汶口、龙山文化时期的先民更迭递进，在此居住、劳作、生息，创造了璀璨的古代文明，在华夏文明形成过程中发挥了不可替代的历史作用，写下了不见诸文字记载的历史篇章。

后李文化（距今8500—7500年），因首先发现于临淄后李官村遗址而得名，主要分布在泰沂山脉北侧的山前地带。潍县及周近地区的典型后李文化遗址有寒亭前埠下遗址、诸城六吉庄子遗址等。该时期处于母系氏族社会，生产力水平较为低下，农业处于刀耕火种的原始生产阶段，狩猎、采集占据重要地位，家畜驯化已经开始。后李文化以其古老的文化内涵和特征揭开了海岱文明的序幕，是目前所见海岱文化区内最早的新石器时代文化。

北辛文化（距今7300—6100年），因首先发现于山东滕县（今滕州）北辛遗址而得名，主要分布于泰沂山系南、北两侧，涵盖了除胶东半岛以外的山东省大部分地区。目前，该文化遗存在潍县及周近地区发现较少，主要有青州桃园遗址、临朐东上林遗址等。该时期原始农业初具规模，家畜驯化较前发展，捕鱼技术已相当高超，制作石器、陶器有专门分工，手工业仍处于从属地位，但整体水平有了较大提高。

大汶口文化（距今6300—4500年），因首先发现于山东泰安大汶口遗址而得名，主要分布区以泰山附近为中心，包括江苏省北部及山东省大部分地区。潍县及周近地区发现的典型遗址有诸城呈子遗址、诸城前寨遗址、寒亭鲁家口遗址等。该时期处在母系氏族社会向父系氏族社会过渡阶段（早期处于母系氏族社会末期向父系氏族社会过渡的阶段，中、晚期进入父系氏族社会阶段），社会生产以农业为主，辅以渔猎采集。在农业、家畜饲养业发展的基础上，手工业也快速发展。

龙山文化（距今4600—4000年），因1928年首先发现于山东章丘龙山遗址而得名，根据不同地域和特征，分为河南龙山文化、陕西龙山文化、山东龙山文化等，山东龙山文化又称典型龙山文化。这一时期最显著的文化特征是城堡的出现。潍县及周近地区发现的典型遗址有寿光边线王遗址、诸城呈子遗址、昌乐宇家遗址、昌乐后于刘遗址、寒亭狮子行遗址、潍城姚官庄遗址等。该时期处在原始社会晚期的父系氏族社会阶段，社会生产以农业和饲养业为主，社会分工的规模和范围日益扩大，手工业高度发达，主要手工业部门有制陶、玉石制作、建筑、冶铜和纺织等。

三、夏商周时期的古国

夏商周时期，作为东夷古族活动中心之一的潍县及周近地区，“邑”“都”相望，大小方国林立，如夏代的斟鄩、斟灌、寒国，商周时期的蒲姑、逄、亚醜、纪、邓、杞、诸国等。由此可见国家文明初期，潍县及周近地区古代文化的发展已经达到相当的高度。

（一）爽鸠、季萴、逄国

爽鸠是少昊司寇的名称，又指爽鸠氏的封国，地处今昌乐东南部。少昊是父系氏族社会东夷族的首领。至尧、舜时，爽鸠氏为季萴氏取代。商代，季萴氏又为陵所灭，后者建立起逄国。因陵的爵位是伯，故亦称逄公伯陵。商周之际，博兴一带兴起了蒲姑氏，逄国又为蒲姑所灭。

（二）斟灌、斟鄩

斟灌，据《续山东考古录》“寿光”条记载：“斟灌国故城在东北四十里，一称灌亭，一称东寿光城，今斟灌店。”今寿光斟灌村一带，即斟灌立国之处。斟鄩，据《读史方舆纪要》潍县“平寿城”条记载：“西南五十里有斟城，古斟寻（鄩）国。”据考古发掘，在流经潍县的白浪河上游发现了夏朝偏早阶段的古遗址群，这与史料记载的斟鄩位置基本吻合。

（三）寒国

寒国在夏代之初甚至之前即已存在，其统治中心在今潍坊市寒亭区一带。寒国是伯明氏所建的古老部落，寒浞为国君所逐，后投靠羿，一同夺取夏王朝天下。由于羿不理朝政，寒浞取而代之，并攻杀第五代夏君相，后为相之子少康所杀，夏又继兴，这就是夏王朝历史上著名的“少康中兴”。潍县自古保留着寒亭、寒浞冢、浞河等与古寒国历史相关的地名。

（四）诸国

早在夏代，诸城境内就建立了诸国，初为妘姓国，到春秋时改由彭姓统治。其统治区域在今诸城、安丘一带。

（五）亚醜

亚醜虽不见于文献记载，但经考古发现揭示，其为商代重要的东夷大方国。青州苏埠屯为商代亚醜方国的墓地，位于青州市东北苏埠屯东一处隆起的埠岭上，宋代以来此地就有“亚醜”铭文铜器出土，20世纪60、80年代，苏埠屯遗址经过两次发掘，出土了大量珍贵文物，包括著名的“亚醜”大铜钺、“亚醜”簋、“亚醜”觯等，成为轰动考古界的最重要的商代墓葬群之一。

（六）杞国

周朝建立后，对先贤的后代进行分封，从诸城的牟娄寻到大禹的后代东娄公，封在河南，建立杞国。西周末年，由于邻国的侵逼，杞国在河南无法立足，便举国东迁，回到国君的祖籍，后来在今昌乐、安丘等地建国。春秋末年，杞国被楚国攻灭。

（七）淳于国

周武王把今安丘东北部封给淳于公，建立淳于国。淳于公为姜姓，淳于国和当时的莱、纪等国为邻。春秋初年，杞国不断侵逼，淳于国国君无力抵抗，只好逃到外地避难，淳于国遂灭亡。

（八）莱国

商代以前，莱国的统治中心在今昌乐、临朐等地，东部直到今龙口沿海地区。姜太公初封齐国时，建都营丘（今昌乐境内），离莱都较近，莱侯曾多次率众争夺营丘。春秋时期，随着齐国的强大，齐国打败莱国，占有今平度以西的领土，莱公被迫迁都至今龙口地区，称东莱。战国时期，东莱亦被齐国吞并。

（九）纪国

早在商代时期，纪国已在弥河流域活动，今寿光城北十公里处的古城很有可能是商周时期的纪国国都。周灭商，纪国又臣服于周。春秋初年，齐国强大起来，逐步向东发展，纪国成为主要障碍。经过长期战争，到公元前690年，纪国被齐国吞并。

（十）齐国

周朝建立后，封姜太公为齐侯，建都于营丘，后来齐国又迁都于今淄博市临淄区。齐国初建时，今潍坊以西的一些地区便由齐国统辖。随着势力的增强，齐国逐步统一了许多邻国。到春秋末年，今潍坊及周近地区都成为齐国的领土。

四、建置沿革

夏商时期，潍县区域内有斟灌、寒、平寿等封国。周初，武王封邦建国，封太公望于齐，都营丘。春秋、战国时期，潍县区域属齐国。

秦朝在全国推行郡县制度，开始设三十六郡，后增至四十多个郡，辖一千余县。以公元前221—前206年的郡县设置为准，潍县当时属胶东郡。

西汉，郡县、封国并行，汉武帝时又分全国为13个州刺史部，潍县区域当时为青州刺史部所辖。西汉景帝中元二年（前148）置北海郡，领县二十六，其中平寿、斟、桑犊、乐都皆在潍县境内。东汉光武帝建武二十八年（52）置平寿县，改北海郡为国。魏仍置平寿县，属北海国。晋初平寿县属齐国，后属北海郡。

两晋、十六国时期，政局动荡，政权迭相更替。潍县区域先后为前赵、前燕、前秦诸国所占据，其政权建置，皆相因袭。南北朝时期，南朝宋置平寿县，属北海郡。北魏统一北方后，境内置平寿、胶东，属北海国。北齐天保七年（556）废平寿县并入下密县，属高阳郡。

隋初，潍县区域置下密、潍水二县，属北海郡。隋开皇十六年（596）分北海郡，置潍州。隋大业三年（607）州废，复置北海郡，改下密为北海，改潍水为下密。

唐武德二年（619）复置潍州，领县十七，其中北海、平寿、寒水、潍水、下密皆在潍县境内。唐武德六年（623）唯留北海、营丘、下密三县，余十四县并废。唐武德八年（625）废潍州，以营丘、下密并入北海县，属河南道青州。潍县境域，唐代以前无可考。《潍县志稿》卷六《疆域·沿革》载：“（唐）北海县治，东至胶水与莱州胶水县中分为界，海水在县东北，东接莱州，西接寿光县，南至安丘（开元后改辅唐）界，西南与益都、临朐相接。领乡九，可考者二：曰鹿台、曰唐安。”

宋建隆三年（962）以北海县建北海军，乾德三年（965）改为潍州，仍治北海县。宋代，北海县东至莱州界108里，西至青州界70里，南至密州（今诸城）界50里，北至海120里，东南到密州界55里，西南至青州界90里，东北至莱州界105里，西北至青州界35里，辖儒教、通德、高阳、斟城

4 乡。①

金、元两代仍置北海县，属潍州。金、元两代沿袭宋制，境域无甚变动。金辖斟城、儒教、逢陵 3 乡和固底镇。元分儒教、崇德、永丰、清和、崇道、大有 6 乡。

明洪武元年（1368）改置潍州。明洪武十年（1377）五月降州为县，潍县之名由此确定，并一直沿用下来。明洪武二十二年（1389）潍县改属莱州府平度州。清初，因明旧制。清雍正十二年（1734）降平度为散州，潍县直属莱州府。明洪武十年至清代潍县的境域："东至王伯村（今寒亭区东庄乡王伯村）与昌邑县为界，西至涝埠（今符山镇东埠村）与昌乐县相邻，南至辛庄与昌乐县接壤，北至渤海莱州湾，西北至槐埠（今杏埠乡槐埠村）与寿光县相依，东南至石马坟庄（今安丘县许营）界安丘县。明代清和乡改归昌乐。县分 9 隅、5 乡、84 社（明神宗万历时改 84 社为 77 社）。清初，沿袭明制，乾隆时改为 8 隅、5 乡、74 社。"②

清宣统二年（1910）筹办自治，划潍县城乡为 16 个区。民国初年，疆域、区划循旧。1914 年裁府，改山东为四道，潍县属胶东道。1925 年改为十一道，改属莱胶道。1927 年裁道，潍县直属山东省。1929 年，县划分为 11 个自治区。抗日战争时期，隶山东省第八行政督察区，至 1948 年潍县解放。

1948 年 4 月潍县解放，以潍县城、坊子、望留等地建潍坊特别市，属山东省政府。同年 8 月恢复潍县建置（即新潍县），属昌潍专区。1949 年 6 月，潍坊特别市改称潍坊市，隶属不变。

地方志相沿袭，称潍县土城始于汉，考古实证其应创始于隋，石城改于明。有城门四：东曰朝阳、西曰迎恩、南曰安定、北曰望海，其中西、南两门为瓮城。清道光二十八年（1848）重修后，周长 1235.3 丈，城墙高度平均 3.7 丈，厚度 2.6 丈。城门均有谯楼、炮台，高大厚实，雄伟壮观。乾隆《潍县志》载："土城创于汉……明正德七年（1512）莱州府推官刘信重修。崇祯十二年（1639）邑令邢国玺以石甃之。……乾隆十三年（1748）知县郑燮倡众大修，不假胥役，修城一千八百余尺，垛齿、城楼表里完整。"嘉庆、道

① 潍坊市潍城区史志编纂委员会：《潍城区志》，齐鲁书社 1993 年版，第 78 页。

② 潍坊市潍城区史志编纂委员会：《潍城区志》，齐鲁书社 1993 年版，第 78 页。

光、光绪年间又屡加重修。1934 年 6 月，拆除东门谯楼及瓮城，改建标准钟楼。

潍县东关，明建三官、镇武、关帝、观音、凌云、绿瓦、王母、玉皇八阁。清代于阁外又建城墙。《潍城区志》载：东关坞，清咸丰十一年（1861）创修，同治五年（1866）竣工。有坞门七，西曰庆城、通济，西北曰耀武，西南曰奎文，南曰鸣凤，东曰升曦、游鳞。升曦、鸣凤、游鳞三门各设炮台一。①

县署在城内正北，即潍州故治。前为"东莱首邑"石坊。中为大堂，堂前为露台，甬道上立箴石亭，正前为大门，大堂后为静观堂，后为三堂。元至元二十七年（1290）知县张萃重修。明、清屡加重修，规模依旧。新中国成立后，已拆建马路，旧址无存。

潍县素以手工业著称，土布、小农具、风筝、刺绣、仿古铜、嵌银漆器、木版年画等久享盛名。1948 年，县城主要街道有县治前街、南门里大街、西门里大街、东门里大街、北门里大街、东关大街、北坝崖街、李家街以及通往火车站的南北马路，一般宽三四米，多为土路面。城区为政府机构驻地，东关为工商业区，西关、北关为农业区。白浪河东岸沙滩上分布有较多小型店铺和固定摊点，每逢"二、七"大集，城乡物资集此交流。南门外晓市是杂货、蔬菜集散地。县城内学校规模较小，有中学 5 处、师范 1 处、小学 25 处。另有医院 3 处，并设有民众教育馆、国术馆、影院、剧院等文体活动场所。

第二节 陈氏落籍潍县与繁衍

明清时期，潍县的农业、手工业和商业得到长足发展，区域经济文化发展呈现出繁荣景象。其主要原因在于，明初大移民活动、贸易格局的改变和城市的繁荣。明初大移民活动不仅为潍县地方经济的恢复与发展提供了相当数量的劳动力，也为地方文化发展注入了新的活力，并推动了一批科举世家、文化世家的兴起和村落文化的发展。海外贸易的发展、新商路的开辟、农业

① 潍坊市潍城区史志编纂委员会：《潍城区志》，齐鲁书社 1993 年版，第 84 页。

商品化程度的加深等为潍县城市经济的兴起创造了条件，潍县发展成为区域政治经济文化的中心城市，城市的兴起反过来又促进了商品经济的繁荣。明清两代，潍县教育发达，科甲兴盛，人才荟萃，一批学术名家、文学艺术人才相继崛起，他们在教育、文学、艺术、医学及民间文化艺术等方面都取得了巨大成就。

明初大移民是由明政府组织的规模空前的人口迁移活动。大移民对改变明初人口分布不均状况和推动社会经济的恢复与发展产生了深远影响。明初，潍县地区大量移民的迁入不仅使潍县社会经济得到迅速恢复与发展，而且改变了潍县人口和村落分布格局，外来移民与本地居民通婚往来、相互融合，改良了人口素质，革新了风俗。同时，外来文化与当地文化相互交融，推动了地方文化的发展。

一、明初移民迁播与地方文化发展

在明初规模空前的移民活动中，潍县及其周近地区是一处移民活跃的区域。这一区域在明代分属青州、莱州两府。两府有部分人口迁往省内东昌府和河北等地，但同时也接收了大量由山西、河北及其他地区迁来的移民。元末明初，山东、河北、河南等地备受兵燹摧残，人民流离，土地荒芜。明初，朱元璋采纳户部郎中刘九皋“狭乡之民，听迁之宽乡，欲地无遗利，人无失业”的建议，迁山西泽、潞两州之民于河北，后又屡徙浙西及山西之民于山东、河南等地。洪武年间共移民 8 次，山东接受移民 184 万，其中来自山西的移民数量最多，达 121 万，占移民总数的 66%；来自河北的移民达 35 万余，约占移民总数的 19%。① 永乐年间移民 10 次，迁往山东的移民亦有相当规模。

山西和河北移民有两个集散地。其中一个集散地是山西平阳府的洪洞县。山西移民多来自太原、平阳 2 府和泽、潞、辽、沁、汾 5 州。洪洞地处晋南，明初洪洞县广济寺内设有移民机构，寺旁有一棵参天的汉代古槐，树上有密密麻麻的老鹳窝。移民需到移民机构领取凭照川资，编队迁送。所以山西移民都自称来自洪洞县，洪洞大槐树就成了山西移民的一个象征符号。另一个

① 曹树基：《中国移民史》第五卷，福建人民出版社 1997 年版，第 213 页。

集散地是北直隶（今河北省）真定府的枣强县。河北移民大多数都自称来自枣强，枣强为冀南交通咽喉。“靖难之役”发生后，河北南部和山东西部等地成为主要战场，许多迁徙到河北的山西移民为逃避战乱，只得再次迁移，一部分就迁移到相对安定的山东东三府（青州、莱州、登州）。许多河北人也都经枣强转迁到东三府。

据曹树基统计，洪武年间青州府接收民籍移民41.1万、军籍移民3.7万，两项合计44.8万；莱州府接收民籍移民8.8万、军籍移民4.3万，两项合计13.1万，两府共接收移民57.9万。其中，山西移民17万，河北移民22.3万。[①] 两府共21州县，县均接收移民2.75万。潍县及其周近地区属于今潍坊市辖域的9个县区，接收移民总数约24.8万。当然，各州县移民分布不平衡，数量也不可能均等，但如果考虑自发移民的迁入和鲁西移民的二次迁徙以及永乐年间的移民等因素，明初潍县及其周近地区接收的移民数量当远大于这个数字。

大量移民迁入的直接结果是当地农业劳动人口的增加，许多昔日荒芜的土地迅速被开垦为农田，地方农业经济得以恢复与发展，而且移民及其后代与当地原住居民交互杂处，使得他们有条件在文化上互相交流、互相促进，从而推动乡村社会风尚呈现出多样化、复杂化发展局面，并在各地文化相互融合的基础上，形成了更具生命力和开放性、包容性的新的地方文化。各地移民与原住居民相互通婚，有利于优化地方人种，在某种意义上提高了地方人口素质。

大量移民迁入后建立了许多新的村落，从而改变了原有的村落结构与布局。潍坊地方志、地名志、家谱、墓碑以及口述史料等显示，明代以前潍坊的村落很少，众多村落为明代移民所建。今潍坊市潍城区（明代属潍县）有327个自然村落，其中建于明代的村落有197个，占村落总数的60.24%；山西移民村落69个，河北移民村落14个，云南与“小云南”移民村落18个，三者占村落总数的30.89%。今潍坊市寒亭区（明代属潍县）有405个自然村落，其中建于明代的村落有220个，占村落总数的54%，明代村落多数为移民所建。民国《潍县志稿·民社志》又载，洪武年间迁入潍县的山西移民有

① 曹树基：《中国移民史》第五卷，福建人民出版社1997年版，第213～214页。

115 族，河北移民 28 族，两者合计约占全县氏族总数的 42%，加上其他地区的移民，移民占总人口的 47%，多数移民来自山西洪洞与河北枣强。①

移民对地方文化发展所产生的影响是深远的。移民不仅重建了潍县的乡村聚落，而且改变了潍县的乡村社会，重塑了潍县地方文化。移民中有不少有文化的富户或被贬斥的官吏，他们把文化知识带到潍县的乡村。移民迁入后，政府又在移民地区组织办学，移民地区的文化事业开始缓慢恢复。移民对地方文化所产生的积极影响，往往经过几代人才显现出来。移民迁入潍县后，很快融入地方社会中，并将自身因受原地域文化熏陶所形成的长处与潍县地域文化中的长处相结合，不同地域文化之间的优势融合与互补，为家族发展和人才成长创造了诸多有利条件。经过几代人的努力，这些移民后代在科举场上开始施展才华。一个地方文化水平的高低常反映在学校教育水平上，而学校教育最重要的成果又反映在科举上。科举的成功率是学校教育水平的重要体现。明清两代，潍县地区教育发达，文风兴盛，科甲蝉联，人才辈出，达到了潍县历史上人才发展的全盛时期。在明清山东进士人数前十名的州县中，潍县以 106 人位居第六位；潍县有状元 2 人，占全省 11 名状元的 18.18%。科甲兴盛还催生出许多科举世家。考察这些家族的背景，多数为明初迁居潍坊的移民后裔，其中明初由河北沧州迁来的陈氏世家就是外来移民中的典型代表。

二、潍县陈氏世家简史

潍县陈氏祖籍河北沧州，先祖陈大观于明洪武初年定居潍县，至陈官俊时家道大兴。陈官俊（1782—1849），字伟堂，嘉庆十三年（1808）进士，以翰林入直上书房，后为上书房总师傅、道光帝老师，历任工部、兵部、礼部、吏部尚书，官至协办大学士。数百年中，陈氏一门中进士者十数人。其中，以官职显荣者为陈官俊，以学问称著者则为陈官俊之子陈介祺。

元至正八年（1348）春，祖籍河北沧州的陈大观任职潍州，携家眷赴潍，但尚未就任便被罢职，遂寄居潍城②，明洪武二年（1369）编户入籍，从此

① 曹树基：《中国移民史》第五卷，福建人民出版社 1997 年版，第 192 页。

② 《陈氏支谱》，陈氏家族藏。

在潍县落籍。陈大观有三子：友亮、友忠、友直，分别被称作老长支、老二支和老三支。潍县陈氏家族十六世陈官俊为嘉庆十三年进士，授翰林院编修，又升为翰林院侍讲学士；十七世陈介祺为道光二十五年（1845）进士，授翰林院编修；十七世陈介猷为咸丰二年（1852）朝考翰林院庶吉士。由于陈氏家族先后出了三个翰林，故有“翰林院安陈家”之说。再有陈官人、陈介猷、陈恒庆等进士出身，因而又有“一门五科第，四世六校官”之称。

陈大观家族老长支陈友亮后裔中，七世祖陈宗仁是明代文林郎，任洪洞县知县。八世祖陈懿训亦是文林郎。九世祖陈所养是敕封文林郎，任南漳县知县；陈所问也是敕封文林郎，曾任广东道监察御史和真定县知县。十世祖陈祝泰是明末敕赠征仕郎、礼科右给事中，又赠儒林郎、行人司司正。十一世陈调元字撰甫，号北溟，别号鸥盟道人，明崇祯癸未科进士，曾任河北直隶省河间府宁津县知县，并曾在兵部、刑部任中级官员，阅历广泛。潍城陈氏族谱自明嘉靖三十八年（1559）创立，万历甲寅年重修。明崇祯年间，陈调元带领族人续修，并写下原序。入清后，顺治八年（1651），陈祝升考取举人，敕封文林郎，任固安县知县。陈调元的孙子陈黻考取康熙乙酉科武举。陈黻，字绣上，亦字绣裳，号怡亭，年十九抡武魁，北上不第，遂退而学琴，经常弹奏《梦蝶操》以寄意。他特别擅长绘画，对于国画中的山水、人物、花卉、虫鸟各臻其妙。同时，他非常喜欢交友，不善诗而喜听人吟诗，不饮酒而喜见人饮酒；晚年好禅供达摩像，常诵金刚经，常与了心和尚谈大乘法，后无疾而终。陈黻的二儿子陈周臣，字凤梧。精骑射，虽是秀才出身却考中了康熙三年（1664）甲辰武科，任泗州卫运粮千总。由于长期在大江南北押运粮草，亲历过许多高山大川，其皴染烘托之法颇得江山胜迹之助。后来由于始终得不到重用提拔，告归乡里，以绘画艺术为志趣，聊度晚年。十七世陈应聘于道光十三年（1833）考中癸巳科进士，曾任广东新会县知县，署韶州府知府，他的兄弟和堂兄弟陈应芬、陈应奎、陈应枢等也先后于道光年间中举。他的孙子陈德昌考取光绪癸卯科进士，也在广东任职，为河源县知县，所以世称其祖孙为“广东道陈家”，意思是在广东做道台的陈家。在老长支后裔中，以道光十八年（1838）进士陈阡最为显赫，他曾任福建仙游县县令，政绩卓越，先后升为闽县县令，台湾鹿港同知，广信、吉安知府。后来，由福建按察使、江苏布政使升任资政大夫、兵部侍郎、都察院右副都御史，部院提督军门、江西巡抚。同治九年（1870）病卒后，荣禄、赵长龄、李鸿章等亲自为其撰写墓志铭。老长支陈友亮的后裔曾集中在撞钟院附近居住，陈家老过道是其祖居地，后代散居在附近的撞钟院陈家前街、前苇湾崖以及松园子街等处，世称“撞钟院陈家”。老长支在郊区的陈家村和冯家村也有后裔。该家族藏有1922年续修的《陈氏支谱》。

老二支陈友忠的后裔，主要居住在潍城西北郊区的赫家、西七、灶户王、臧家、禹王台等农村。可能由于受文化环境的制约，这一宗脉出现的人才较少。十一世的陈人麟，曾任东昌府的河道千总。十七世的陈寿泰头脑聪慧、账目清晰，因而被潍城首富丁四宅聘为总管。

老三支陈友直的后裔最为兴旺发达，到第八世陈懿试，生下三乐、三复、三劄、三奇、三思五个儿子，俗称“新五股”，其中三复和三奇两股子嗣尤为兴旺。陈三复一股传到第十五世便是陈祥桂等兄弟六人，陈祥桂的三个儿子陈官俊、陈官桀、陈官侨是同胞三兄弟。陈官俊曾任工、兵、吏、礼四部尚书，官至协办大学士，陈介祺便是其子。陈官俊的堂兄弟陈官义是道光进士，其胞弟陈官人的长子陈介眉曾任河南归德府知府，署开封府知府，回乡后任潍县民团团总，在率领潍县民团与捻军作战中“力竭捐躯”，潍坊博物馆现存有记载这段历史的石碑。陈官俊死后入贤良祠，陈介眉和陈介封死后入昭忠祠。任江西丰城县知县、署南康府知府的陈官义，举人陈官侨、陈官贤、陈官良、陈介侯、陈厚滋，任安徽池州府知府的陈介璋，任内阁中书的陈介猷，都是这一宗支的名人。陈三奇一股也是人丁兴旺、官运亨通的主要宗支。其孙陈兆鸾是顺治六年（1649）己丑科进士，曾任河南彰德府知府，十笏园在清初曾是他的府邸。陈兆鸾的侄子、十二世陈尚志靠他的荫庇崛起，贡生出身，考授州同，相当于六品顶戴。后来，他通过官商性经营各地十几处典当行发家，成为潍城大富豪。陈尚志与先后任潍县县令的赖光表、郑板桥交往甚笃，带头捐资倡建书院、修筑城墙，深受两位县令器重。其子孙秉承家业，各有造就，并捐资修建北城石楼和潍水书院。该家族的后人至今还保留着乾隆三十九年（1774）和道光十四年（1834）两次分家文书。该支的主要代表人物有嘉庆武进士陈梅岩，任浙江处州卫守备。嘉庆进士陈凤翰的三、四代后人中，先后有十人出身科甲，因此，家里有两块牌匾：“祖孙父子兄弟科甲”“祖孙父子兄弟叔侄科甲”。根据清朝的惯例，具备拔贡以上功名的人可在家中竖旗杆一支，金巷子陈凤翰门前曾竖有八支旗杆（院内还有两支），世称“八支旗杆底陈”。乾隆举人陈廷钰，嘉庆举人陈试、陈述东、陈述经、陈述芹、陈述贤、陈文斗、陈子饬，西门里三条过道同科中举的陈象枢、陈象轸，同治九年（1870）举人陈象丙兄弟以及光绪举人陈梦庚、陈晋康、陈绯彬等，都属这个家族。另外，这个家族于经商、行医、教书等都代有名人。陈三奇世系主要居住在北门里、金巷子、仓巷子、北马道和胡家牌坊街的十一宅过道，城北郊区的北里庄和来章村的陈姓也属于这一世系的后裔。

老三支陈友直的发祥地在北门大街。其位置在县衙右侧，直通城墙北大门望海门。城门外的北关有一条“东自登莱达济西”的驿道，潍县驿递总铺曾设在北关，这里是钦差大臣、朝廷命官、驿递差役、达官贵人频繁往来于山东半岛的必经之地和休憩之所，也是进入潍城的咽喉之地。北门大街曾是潍城最早的商业区，药店、药材栈、花店、绸缎庄、油坊、当铺、干货行、货栈等遍布街道两旁。北门大街是沟通城内外买卖的必经之地，最初分为南北两段，进来望海楼城门的一段叫北门里，南段则叫翰林院街。陈氏家族的后裔在街道两旁聚族而居，家庙祠堂也设立在北门大街中段路西。十二世陈尚志的后人住在北门里，这里是他们的发祥地；陈祥桂世系住在翰林院街，他们祖辈勤奋攻读，成为官宦之家。

在各支脉林立的陈氏古宅中，最古老并有名气的当数北门大街小学对面这个民间俗称“翰林院”的大院，陈氏本家称作“老大门”。这个大院始建于明初，至20世纪80年代拆迁时，尚留有许多明式房屋，那时这个大院已被陈氏祖祖辈辈分家后各自分割隔离成许多小院，小院之间隔离出一条小胡同，后来迁进许多外姓。

明末清初以来，陈祥桂兄弟六人都住在这个大院里，祥桂和儿子们住在后排九间明代草顶砖房的东头三间。嘉庆十三年（1808），陈官俊考中进士，选庶吉士，授编修，迁赞善。嘉庆二十一年（1816），入直上书房。嘉庆二十三年大考二等，迁司经局洗马，升翰林院侍讲。其子陈介祺，道光二十五年（1845）进士，官翰林院编修。陈介祺堂兄弟陈介猷，咸丰二年（1852）也因朝考优异而成为庶吉士，入翰林院。翰林院本是朝廷的官署，但由于陈氏“老大门”里先后出了三位翰林，故而民间对其祖宅就有“翰林院”之称。

潍城陈氏家庙是嘉庆元年（1796）始建的，坐落在北门大街中段路西，与“大中丞”刘鸿翱的刘氏家庙对面而建。陈氏家庙内竖有两支旗杆，挂两串红灯，对门刘氏家庙内也竖有两支旗杆，挂两串红灯。《陈氏祠堂碑记》现仍存于陈介祺故居陈列馆院内。陈氏家庙旁边曾建有光禄公祠，是在陈官俊官至协办大学士后，父以子贵，其父陈祥桂受皇恩诰赠光禄大夫，遂建光禄祠以光耀门庭。其母夏氏也被封为一品诰命夫人。

此外，由于各种原因，潍县陈氏家族的许多宗支散居外地。如第七世陈子立，因兵乱孤身逃到高密北乡楚家沟；第八世陈进举，因遭荒年，于清初顺治年间迁居高密北乡永丰屯，在那里定居三百余年，繁衍了十几世，后来，该支又有人迁到河南南阳定居。再如，第十七世陈介眉被捻军杀死后，其家眷怕受牵连，也迁往高密匿居；陈汝梅一支的陈蜚声等迁居安丘景芝其外祖母家居住。

第三节　潍县金石学成就

潍县金石学的兴起，远承宋代赵明诚著《金石录》的余绪，近则得益于明末潍县县令周亮工的推掖。此后，由于乾嘉学派的影响，金石学在全国范围内迅速发展，而素有金石学传统的潍县更是得风气之先，进入最为繁盛的阶段，尤其是陈介祺的出现，更是将潍县金石学推上了巅峰，使潍县金石学称盛于天下。

一、潍县金石学概况

潍县自古即为文物之邦，素有藏古、传古之风。及至清季，当地鉴藏、研究金石风气更盛，从青铜器铭文研究，到碑版、玺印、封泥与陶器文字考释，以及金石传拓与刊布，均已臻至盛境。同时，一大批金石学家涌现出来，如郭伟勣、郭启翼、陈介祺、高庆龄、高嘉钰、高鸿裁、郭麐、王石经等，均为一时名家。潍县金石学及金石学家的主要成就有以下三点。

（一）对金石学历次高峰贡献巨大

潍县金石学的历史较为久远，而且在每个学术发展的繁盛阶段，亦均处于全国此种学术构成格局中的重要地位。这也正与该地区的经史之学发展的历史轨迹与特点相适应。汉代的郑玄与刘熙以经史之学名重天下，宋代的赵明诚、清代的陈介祺则以金石之学而影响广远。如果说汉代的北海、高密一带以郑玄为代表而形成天下经史之学的中心的话，那么清代的潍县及其周近的诸城、益都（今青州）、安丘，甚至旁及莱阳、福山、利津与海丰（今无棣），则形成以陈介祺为代表的金石学之中心。而整个山东地区自古以来文物积淀丰富，金石之学由来已久，及至宋代昌兴一时，清代则自毕沅、阮元编撰《山左金石志》后，更使该地旧有传统的金石之学风气大盛。前经毕、阮之提倡，后有初尚龄、翟云升、刘喜海、吴式芬、李佐贤、许瀚、桂馥、陈介祺、王筠、王懿荣之推动，山东遂成为天下金石学之中心，时谓金石学在山左。而在山左金石学之中，则更以潍县为中心，所以潍县成为天下金石学的中心。这应是潍县金石学发展史上最为辉煌的成就。

（二）对传统金石学领域开拓明显

传统金石学，顾名思义，其重在文物的质地为“金”与“石”，故往往把三代礼器与汉唐碑版作为收藏研究之对象。及至清代，先有刘喜海开泥造像、封泥收藏研究风气之先，后有陈介祺开创收藏研究陶文之端绪，使封泥、砖瓦、铸币、铭范文字研讨之风兴盛，潍县金石学在拓展传统金石学领域方面贡献突出。

其中尤其值得称道的是陈介祺，其博学多识，不同时俗，将文物作为历史信息的最客观载体而加以研究，以达到“传古”的目的。因此，使金石学研究不再囿于宋明以来限于青铜器、碑刻的传统，而是对铜镜、泉币、瓦当、陶文、画像石等各种质地的文物，举凡有关社会历史者，必致同时网罗搜集，从而开拓了金石学收藏研究的领域，遂使金石学出现“新”的局面。以陶文、封泥、砖瓦文字而论，陈氏是第一个发现陶文并进行收藏和研究的，是当今古陶文字之学的开山之祖。因为齐鲁陶文多为玺印按压在陶器上所留存，所以其将陶文与玺印合证，故把玺印、陶文之学推向极致。在其带动下，潍县高庆龄、高鸿裁、高嘉钰一门则专事研究陶文与玺印；益都的孙文楷、孙文澜亦受其影响而广事收集与研究，并且多有创见，先后得到陈介祺、王献唐等人的肯定。

（三）对中国传统文化传播影响深远

潍县不但是天下金石学的中心，而且由于金石学的积淀与影响，潍县古董商人发现了石破天惊的甲骨文，从而为中国文化做出贡献。更为人所称道者，潍县的金石学不但能够影响当地与国内，而且能以其深邃的学术魅力征服外来宗教布道者。当时居住在潍县、益都的外国传教士，本是来中土传播西方宗教，其固有的历史价值观念较之中国自是大不相同。但由于潍县当地丰厚的历史文化，尤其浓郁的金石学风气的浸润培植，西方传教士遂开始重视金石文物之学，并且在潍县老一辈金石学家相继故去，又兼社会局势动荡而后继乏人之际，他们成为金石学拓展分衍的新兴甲骨学研究的先行者。如住在潍县的方法敛与柏根和住在益都的库寿龄，均曾于潍县古董商人手中收购大量甲骨进行售卖或研究。此外，方法敛发表的甲骨文研究论文是外国学者首次发表在国际著名刊物上的甲骨文研究成果。潍县金石学文化的风气促使外籍传教士倾慕中国文化，收集、研究和保存甲骨文，由此可见当地金石学文化根基之深、包容之大和无量造化之功弥高。

二、潍县及周近金石学家群体

（一）赵明诚与《金石录》

赵明诚（1081—1129），字德甫（又作德父、德夫），诸城人。生于北宋官宦之家，其父赵挺之是徽宗朝的尚书右仆射。赵明诚青少年时期随父居住于汴京（今开封），后入太学，能诗词，善作文，尤其擅长文献校勘、金石鉴赏。大观元年（1107），赵挺之病死，由于政敌作梗，赵家被抄，赵氏兄弟亦一度入狱。赵明诚以其母郭氏为青州人，故次年携夫人李清照返青州定居。赵明诚受欧阳修《集古录》的影响和启发，长期访求金石碑刻，收集自三代至五代的古器铭文和石刻拓片两千多卷，立志撰写一部完整、严肃、清晰的《金石录》。

《金石录》的编撰过程历尽艰辛。从事金石铭刻的搜集、保藏、鉴别、考订、题跋、著录、刊布等一系列整理研究工作是一种非常费时费力，更需资财，却又见作者学识、功力以及文化素养的学术活动，其研究成果往往凝聚作者一生的智慧和心血。其自序云："余自少小，喜从当世学士大夫访问前代金石刻词，以广异闻。……访求藏畜，凡二十年而后粗备。"并说"余之致力于斯，可谓勤且久矣"。[①] 赵明诚所藏金石中，部分为他人所赠，也有部分出

① 〔宋〕赵明诚著，刘晓东、崔燕南点校：《金石录·序》，齐鲁书社2009年版，第1页。

自家传，如《金石录》卷三十《唐遗教经跋尾》云："余家藏金石刻二千卷，独此经最为旧物，盖先公为进士时所畜尔。"而更多的则是其不遗余力地搜罗、访求和购置所得，李清照作《〈金石录〉后序》回忆夫妇俩从事金石收集、考订情形时说"（赵明诚）年二十一，在太学作学生。赵、李族寒，素贫俭。每朔望谒告出，质衣，取半千钱，步入相国寺，市碑文、果实归，相对展玩咀嚼，自谓葛天氏之民也。后二年，出仕宦，便有饭蔬衣练、穷遐方绝域、尽天下古文奇字之志。日就月将，渐益堆积。丞相居政府，亲旧或在馆阁，多有亡诗、逸史、鲁壁、汲冢所未见之书，遂力传写，浸觉有味，不能自已。后或见古今名人书画、一代奇器，亦复脱衣市易"。后来赵明诚"连守两郡，竭其俸入，以事铅椠。每获一书，即同共勘校，整集签题。得书画、彝鼎，亦摩玩舒卷，指摘疵病，夜尽一烛为率"。李清照为此甚至"食去重肉，衣去重采，首无明珠翡翠之饰，室无涂金刺绣之具"①。至于金兵南下，战火纷飞，《金石录》能够劫后余生，修订成书，并在绍兴十三年（1143）表进于朝，刊行问世，更是和李清照的付出分不开。可以这样说，《金石录》虽署名赵明诚所撰，实为赵明诚、李清照夫妇共同感情和心血之合璧。

《金石录》分三十卷。前十卷为目录，按时间顺序著录商、周、秦、汉古器铭及秦汉迄于五代的石刻，题下多注明年月及撰书人名；后二十卷为跋尾五百零二篇。《金石录》作为北宋以前传世钟鼎碑版铭文的集录和考证专著，收罗丰富，考证精谨，在我国金石学研究史上具有重要地位，其学术成就历来为人所称道。南宋朱熹称此书比欧阳修之《集古录》"铨序益条理，考证益精博"。晚清学者李慈铭评价说："赵氏援碑刻以正史传，考据精慎，远出欧阳文忠《集古录》之上，于唐代事尤多订新、旧《唐》两书之失。当时新史方行，而德夫屡斥其谬误，悉心厘正，务得其平；于《旧书》亦无所偏徇，真善读书者也。"又谓："李易安后序一篇，叙致错综，笔墨疏秀，萧然出町畦之外。予向爱诵之。"赵明诚《金石录》之学术价值和成就主要体现在以下几个方面：

1. 证经典之同异

---

① 〔宋〕赵明诚著，刘晓东、崔燕南点校：《金石录》，齐鲁书社 2009 年版，第 258 页。

金石学自其创立时即与经史之学密切相关，故而以金石铭刻证经典之同异自是金石学的重要内容。如，对于汉代《熹平石经》残碑，赵明诚言：“以世所传经书本校此遗字，其不同者已数百言，又篇第亦时有小异。”① 又如，关于“觚”和“爵”的容量大小问题，《周礼·考工记》载：“爵，一升。觚，三升。”而汉儒则认为“爵，一升。觚，二升”。赵明诚用出土的爵和觚相量，正好一觚等于三爵，从而证实了《周礼》记载的准确性。

2. 正诸史之谬误

即用金石铭刻订正史书中诸如人物姓氏、名讳、字号、乡邑、世系、家世、履历、官爵、行为事迹、卒日、寿年、葬日、葬地、妻子儿女等谬误。如《金石录》卷二十三《唐杜如晦碑跋尾》载：“今以《碑》考之，颇多异同。《传》言‘如晦，大业中尝以选补滏阳尉，弃官去’，而《碑》言‘在隋起家为雍州从事，及炀帝幸江都，代王使君判留守事’。盖如晦未尝为滏阳尉，而亦未尝弃官去也。《传》言‘秦王为皇太子，授左庶子’，而《碑》作‘右庶子’。《传》言为‘检校侍中，摄吏部尚书’，而《碑》作‘摄侍中、吏部尚书’。……盖此《碑》乃太宗手诏，世南勒文于其石，其官爵、祖父名讳不宜有误，皆可以正史氏之失矣。”

3. 补载籍之缺佚

金石铭刻保存了反映各个历史时期政治、经济、社会、文化、宗教、民俗等情况的丰富史料，以此对史书中应载而未载的有关国家治乱兴衰大事、重要典章制度以及人物生平事迹进行增补，或者对史书记载中过于粗疏简略处进行补充，亦是《金石录》的学术贡献。如《金石录》卷十七《汉郭禧后碑跋尾》载：“《后汉书·列传》既不载禧所终，而《灵帝纪》但云‘建宁三年夏四月，太尉郭禧罢’，亦不言其为何官。今以《碑》考之，乃知其罢为太中大夫，而卒于光和二年也。”

4. 校正前贤阙失

《金石录》成书前，已有吕大临《考古图》、欧阳修《集古录》等著作行世。这些著作在金石学上虽有开创之功，但由于历史条件的局限和作者主观

---

① 〔宋〕赵明诚著，刘晓东、崔燕南点校：《金石录》，齐鲁书社2009年版，第136页。

方面的原因，书中多有阙失错讹之处。赵明诚不盲从前人，对于前辈学者书中的差误多有驳议。例如，其曾在《金石录》卷十一《商雒鼎铭跋尾》中指出《考古图》中的阙失：

右《鼎铭》，刘原父得于商雒。铭云："维十有四月。"蔡君谟尝问原父："'十有四月'者何?"原父不能对。吕氏《考古图》云："古器铭多有是语，或云十三月，或云十九月。疑人君即位居丧，逾年未改元，故以月数。"余尝考之，古人君即位，明年称元年，盖无逾年不改元之事。又余所藏《牧敦铭》有云："惟王十年十有三月。"以此知吕氏之说非是。盖古语有不可晓者，阙之可也。①

《金石录》以"正经订史"为旨趣，以"考信求实"为原则，以"引古筹今"为目的，体例完善，内容丰富，考证精审，影响深远。《金石录》进一步挖掘了学术研究新材料，增加了学术研究新内容，开启了学术研究新方法，拓展了学术研究新领域，在中国金石学史上占有非常重要的地位。《金石录》与此前的《集古录》两书，不但编撰体例成为后世金石学著作的基本模式之一，"或宗欧、赵之例，著目录，加跋尾"②，而且其考经订史、引古筹今的治学旨趣也成为顾炎武、钱大昕等清代金石学家努力追求的目标；同时，两书运用金石遗文和传世文献相印证，正误补缺，开启了近代王国维"二重证据法"之先河，为我国金石考据学的发展奠定了基础。而具体到潍县一地，则赵明诚及其《金石录》的影响更甚，遂使潍县由此形成了搜集、著录、刊布、研究金石的浓厚风气，及至明清时期更是出现了金石学大为繁兴甚至名闻天下的盛况。

（二）刘喜海的金石学成就

诸城原是赵明诚之故里，是当时山东首屈一指的大县，且地富人足，故至清代出现众多知名金石学大家。刘墉侄孙刘喜海即当时知名的金石学家，其一生致力于金石搜集与研究，且与国内诸名家有颇多交往。

刘喜海（1793—1853），字燕庭，诸城逄哥庄（今属高密）人。诸城刘氏自明弘治由砀山迁入，至清代大盛，被誉为"海岱高门第"。其曾祖父刘统勋

---

① 〔宋〕赵明诚著，刘晓东、崔燕南点校：《金石录》，齐鲁书社 2009 年版，第 102 页。

② 〔清〕陆增祥：《八琼室金石补正》，文物出版社 1985 年版，第 927 页。

位至军机大臣、东阁大学士；其伯祖父刘墉清廉正直，克绍家声，位至体仁阁大学士；其父刘镮之位至吏部尚书。刘氏家族几乎人人能诗。除能诗，刘统勋还是书法家，刘墉是有清一代书法大家，刘镮之既是书法家又是收藏家、鉴赏家。刘喜海自束发受书，即嗜金石，对其影响最大的是阮元。阮元身历乾嘉文物鼎盛之时，以经术、文章主持风会数十年，为江南收藏大宗，被海内学者奉为泰斗。阮元之藏品，刘喜海都得以过目。在名流前辈的提携下，刘喜海穷搜广积、精鉴深研，在金石学领域取得了多方面的突出成就：

1. 泉币收藏方面的集大成者

刘喜海的泉币藏品及著述量大质优，其藏品上起周秦，下迨明季，外藩杂品等也无不搜求，为编定系统的钱币史奠定了基础。后来的泉币学著作都从刘喜海处得益，学界公认他为中国钱币学的奠基人。清代泉币收藏大家鲍康在《观古阁泉说》中说："泉币之好萃于山左，同时如初渭园、刘燕庭、吴子苾、陈寿卿、李竹朋极一时之盛，当以燕庭为最。"① 在《李氏古泉汇序》中称："集大成者，厥惟刘丈燕庭。"② 在追述自己见到刘喜海藏品时的感受时又说道："得遍观所蓄，汪洋惊叹，如穷子之入宝船。"由此可见刘喜海之藏品在时人心目中的地位。在著述方面，刘喜海有为其博得创例之誉的《嘉荫簃论泉绝句》，以及被时人公认为摹刻俱精的皇皇巨著《古泉苑》。

2. 青铜器收藏领域的显著成就

其所收藏的青铜器皆为一流重器，如四件编钟、四枚秦诏版、武周龟符等皆为珍罕之品。尤其是其中的四件编钟归藏陈介祺后，极大地丰富了陈氏的收藏，并成为其"十钟山房"所藏11件编钟的重要组成部分。如著名的纪侯钟，出自纪国都城遗址（今寿光纪台），辗转归刘喜海收藏，刘氏对此钟珍爱有加，且自作长诗以颂之。后来，容庚、张维持著《殷周青铜器通论》，书中乐器一节特选纪侯钟摹绘线图并标识名称，成为天下铜钟之典型。

3. 泥造像收藏领域的开拓性贡献

唐善业泥造像在刘喜海之前没人发现，更谈不上收藏。刘喜海对唐善业

---

①〔清〕鲍康：《观古阁泉说》，见《观古阁丛刻九种》，上海古籍出版社1992年版，第7页。

②〔清〕鲍康：《观古阁丛稿》，见《观古阁丛刻九种》，上海古籍出版社1992年版，第228页。

泥造像的重视，使鲍康、陈介祺等人对唐善业泥造像倍感兴趣。鲍康在《题唐泥造象拓册》中，对其收藏唐善业泥造像的过程和意义讲得比较全面透彻："唐善业泥造象，前人未经著录。道光己亥，刘燕庭丈游慈恩寺，始于雁塔下拾得。或全或阙，大小凡八具。……六朝以来，铜、石造象有纪年者不知凡几，率皆阴文。而泥质阳文惟此为最致，乃千二百余年迄不传。非遇好古留意如燕庭，则是象终晦。"①

4. 封泥收藏开风气之先

陈介祺、吴式芬合辑的《封泥考略》是对封泥进行系统研究的重要著作，但刘喜海在封泥的收藏研究方面具有开风气之先的贡献。他在封泥研究领域的重要贡献，就是首先对"封泥"一词进行了探讨。这种带印的泥块，清朝中期在山东出土了不少，刘喜海独具慧眼，不但对出土的封泥表现出了金石学家特有的敏感，发现了其价值，而且根据《后汉书·百官志》守宫令下本注对封泥名称、身份进行了确认。

5. 金石著述宏富有新意

刘喜海著有《三巴金石苑》《嘉荫簃论泉绝句》《长安获古编》《古泉苑》《海东金石苑》《泉苑菁华》《四川访碑录》《燕庭遗稿》《嘉荫簃集》《燕庭金石丛稿》等。其著作的主要特点是在收罗研究对象广泛、时代跨度极大，并已跳出所谓"古不考三代以下"的藩篱。其主要著作《长安获古编》共两卷，卷一载殷周器43件，卷二载秦汉及唐代器36件，附秦瓦1件，补遗汉封泥30件、元官印8件、斗检封3件，共121器。鲍康评价此书："今先生审订之精，搜罗之富，允推近代第一。"② 容庚、张维持合撰之《殷周青铜器通论》专设《青铜器著录书籍的评介》一章，其中第一节图像类，所收自宋代至民国时期的青铜器著作共三十种，刘氏《长安获古编》位列第十。另外，刘喜海著《嘉荫簃论泉绝句》二百首，首开论泉诗歌著作之先河；《三巴金石苑》为巴蜀地区历代金石图文并蓄之第一部著作；《海东金石苑》是海内第一部著录朝鲜金石的著作。

---

① 〔清〕鲍康：《续丛稿》，见《观古阁丛刻九种》，上海古籍出版社1992年版，第340～341页。

② 〔清〕鲍康：《续丛稿》，见《观古阁丛刻九种》，上海古籍出版社1992年版，第318页。

（三）段松苓与《益都金石记》

段松苓（1744—1800），字劲伯，亦字赤亭，青州府益都县（今青州）人。段松苓家庭坎坷，十二岁丧母，十七岁丧父。所以，他从青少年起就主持家务，供养祖母、继母，抚育两个幼弟。段松苓虽遭此困窘，但不改其志，一有空闲就博览群书，研究学问。其生性放达，不拘规矩，所以在科举考试中不能屈就八股文的约束，读书多年，还仅为童生，连秀才也没有取得。后来，钱塘人周嘉猷来益都担任知县，在一次童子试中，考试所策题目是青州郡县的沿革、疆域、古迹。通场的考生无人能够答对，只有段松苓"条举件系"，挥毫洒洒，洋洋数百千言，试卷写满后另附他纸续写。知县周嘉猷大为惊叹，视其为异才，录其为榜首。

但是不久，段松苓的祖母和继母又接连病故。按照定制，段松苓要"丁忧"守孝三年，在此期间不得参加科举考试。加之段松苓本来就对科举仕途不感兴趣，此后便放弃科考，致力于研究学问。他酷爱金石，到处搜访吉金志石。发现有未经著录的碑刻，他一定亲操毡墨，捶拓而归，而且仔细研究，认真考证碑刻的时代背景、人物事件，"日夜钩考"，必疏通证明而后已。

段松苓收藏了大量珍贵金石资料，著名学者翁方纲来山东担任督学期间，热衷于搜访金石，从段松苓处所获最多。毕沅担任山东巡抚期间，与时任山东学政阮元组织编纂《山左金石志》，便聘请段松苓与偃师人武亿仁、朱文藻到督学幕府负责此事。他们遍访泰沂诸山，西起济宁，东到临朐，"探幽剔秘"，搜集了若干碑刻，其中许多碑刻是宋代著名金石学家欧阳修、赵明诚所未发现的。

嘉庆元年（1796），按察使孙星衍非常赏识段松苓，要以"孝廉方正"的名义举荐他出山做官，但段松苓一则迷恋于金石考证，二则厌恶官场腐败，所以力辞不就。他长居乡间，悉心照料家人，与弟段乔苓、段耳苓同居四十余年，抚养子侄辈读书，受到乡里的赞誉。嘉庆五年（1800），段松苓病故，享年五十六岁。

段松苓著有《益都金石记》《赤亭金石跋》《山左古金志》《山左碑目》《益都诗纪补订》等。《益都金石记》是继赵明诚、李文藻的著作之后，又一部系统介绍、考证青州地区金石文物的著作，凡四卷，光绪九年（1883）刊印。卷一收三代青铜器铭文，有尺寸说明、释文和部分考证文字。后三卷收石刻。卷前有武亿仁、朱文藻序。武亿仁的序文记述了段松苓搜集资料、编纂此书的过程，高度评价了该书的价值：

今岁春二月，山东督学使者仪征阮公编录此方金石遗文，属益都段君赤亭为之搜采。君既任其事，由泰安抵济宁，又折而南至于临朐沂镇，往返千有余里。所至披榛棘，携拓工，手拓数百纸，及获前人所未及收者又数十本，辇致以归。已而，自出平日所缉乡邦遗刻，录有成书，上之阮公。公悉命采摭，不没其实。噫！君之于斯道也，信所谓性而好之者与！君藏蓄积两世，多获远方异本，顾未暇校摩，而区区掇拾，仅及于此……然予谓君之致力先致于耳目所易及，其用志也专，其为征信也不诬。是故予于段君之书，必其无漏焉耳矣。君书起于三代，下逮金元，仿其碑之尺度存于何所，然后征之传志，详附而类引之，盖如古史家广记备言之体。故予谓君之厚于乡也，不遗其实，俾文献有所寓焉，以劝来者。

光绪《益都县图志》之《金石志》，大量引用了这本书的资料。

（四）王筠的学术贡献

在潍县周近的金石学家群体中，安丘的王筠是极为著名的一位。其总理古北海郡国经史、小学之余绪，在清代朴学大为发展的良好学术氛围中，上绍明代安丘之马氏、汉魏南朝之伏氏、汉季高密之郑玄与北海之刘熙经史小学之流风，致力于《说文》研究，被称为清代《说文》“四大家”之一。王筠在《说文》研究领域的突出成就在于，注重利用金石文字，从文字的形体和其所在的语言环境而考证文字的本义与孳乳义，并以金石文字订正许氏《说文》之误。

王筠（1784—1854），字贯山，号菉友，安丘人，出身于安丘书香世宦之家。王筠为道光元年（1821）举人，道光二十四年（1844）以国史馆誊录议叙选山西乡宁知县，并曾权知曲沃、徐沟二县。王筠一生著述宏富，影响巨大，其自著书50多种，勘订他人书60余部，被时人尊为“华北当代儒宗”。他的主要著作有《说文释例》《说文句读》《说文韵谱校》《说文属》《文字蒙求》等。

王筠在语言文字方面的研究，主要体现在《说文释例》和《说文句读》中，这是两部语言文字学方面的经典著作。同治四年（1865），王筠嗣子王彦侗表上《说文释例》《说文句读》二书，由礼部进呈，先上同治帝浏览，后旨下南书房诸臣覆阅。太子太傅潘祖荫阅毕，跋其书后，备极推崇，谓在《说文》研究上“君书晚出，乃集厥成，补弊救偏，为功尤巨”。《清史稿·王筠传》载：“筠治《说文》之学垂三十年，其书独辟门径，折衷一是，不依傍于人，论者以为许氏之功臣。”

《说文句读》一书，系王筠采撷诸文学大家的著作，辨其正误，删繁举要，参以己意，集语言文字之大成之作。《说文释例》疏解许说，贯穿通达，博大精深，辞尚体要，为研究许书开辟了新途径，使阅读《说文》者能够提纲挈领，登堂入室。胡朴安说：“清朝文字学诸家，能自成一书，解释《说文》全部之例，足为后学之指导者，当推王筠之《说文释例》。”许嘉璐在《王筠说文六书相兼说研究》序中说：“今观是书，所‘释’固《说文》之‘例’，然亦六书之例，文字繁衍孳乳之例。是释《说文》而不依傍《说文》，足以观文字之会通者也。然则谓是书乃旷代所无，足以起叔重所未传之奥义，补段桂之未及、启迪后世文字学理论之作，不为过矣。”王筠在语言文字学界得到的评价如此之高，足以说明他的文字学功底之深厚、研究之精深。

王筠能取得如此成就，与当地的文化环境有很大关系。其父王驭超是乾隆五十一年（1786）举人，曾考取咸安宫教习，历任遂宁、潜山、霍邱、阜阳知县，升寿州知州，为当时名宦。为便于子弟阅读，王驭超曾辑《海岱史略》一百四十卷，此为安丘第一部历史名著，被收入《山东文献集成》第一辑第九册。王筠自身也很重视地方文化，对家乡的古今方言及其演变特别关注，这是他在《说文》学方面独树一帜的重要因素。另外，王筠《说文释例》的一个重要特色是运用大量古文字材料说字形、解字义、解释文字形体的演变以及通假字的各种规律，这些成绩的取得，则得益于潍县及周围地区金石考据学的繁荣。一生致力于著书、藏书的王筠曾说：“子孙若贤，多存几年，子孙不贤，长街卖钱。”其子孙没有将其著作卖钱，其著作除特殊原因毁掉一部分外，幸存部分经几代人的悉心收藏，完好无损地保存下来。

王筠在教育学方面也有很大的成就。他是当时朴学大师祁寯藻的门生，专攻小学，有很高的建树。在教育学方面，王筠的主要著述是《文字蒙求》，对后世影响深广。其《教童子法》也明确点出了他的治学思想，这部著作的最大价值是他提出了“学生是人，不是猪狗”的思想，具有很强的人文主义色彩。他在总结过去儿童教育经验的基础上，提出了自己的教育经验，形成了自己对儿童教育的独特方法。他主张教育要尊重人的个性，顺应人的天性，发挥人的能动性，并注意语文育人的综合性。他在文中写道："教弟子如植木，但培养浇灌之，令其参天蔽日。其大本，可为栋梁，即其小枝，亦可为小器具。""考试不必早。凡功名无论大小，得之必学业长进。若已有二等本领，而后入学，一经长进，则可中矣。""学字亦不可早，小儿手小骨弱，难教以'拨镫法'，八九岁不晚。……"他的这些思想至今仍有许多值得我们借鉴和吸收之处。

王筠对文学、文字学都有很高的造诣，并在语言教学方面有深层的文化基础和自己独特的见解，因此在文化界具有独一无二的地位，其对金石学界、文学界、史学界均做出了重要贡献。王筠有三位兄弟，二弟王简是嘉庆己卯、庚辰联捷进士，三弟王篁是道光己亥副榜，四弟王范是道光辛丑进士。在以科举取士的封建时代，他们不仅在政治方面成就突出，同时也与其父兄一起为家乡的历史文化事业添光增彩。

（五）孙文楷与益都金石学

清代乾隆、嘉庆以后，山东境内金石研究重镇林立，名家辈出。就现在的潍坊而论，当时就同时存在三个金石研究重镇——东部的潍县、南部的诸城、西部的益都。三地鼎足而立，既互相独立又紧密相连，在当时山东乃至全国金石学界占有重要地位。经刘喜海、陈介祺等人的带动，潍县金石收藏和研究大盛。齐国陶文、殷墟契文都由潍县金石学家最先发现，使当时金石研究达到了新的水平。益都界临淄、潍县之间，自古文化发达，地上地下的金石文物极为丰富，清代金石考据之学风起，邑人重于金石之学者甚多，孙文楷则是其中的集大成者。

孙文楷（1847—1912），字模山，又字模卿、穆山、木山，号稽庵、东田耘叟、柳泉，清末益都士绅领袖。同治十二年（1873）举人，屡试不第，遂绝意仕途，潜心著述，致力于金石考据之学，家财多耗于购藏古器。光绪末，继胶州法伟堂后续成《益都县图志》五十四卷，且独撰其中的金石、艺文二志，世称其博洽。后又任宣统《山东通志》青州府采访，对其中《金石志》内容多所添补。

孙文楷的金石收藏门类齐全，举凡甲骨、吉金、印玺、封泥、造像、钱币、摩崖碑刻题拓，应有尽有，其搜罗之丰富精湛，周边地区只有潍县陈氏可与之相酹。以青铜器为例，光绪《益都县图志·金石志》记有商立戈觶、周铸子叔黑颐鼎等重器，秦汉玺印有秦阜将唯印、秦半通印、汉长广令印等，封泥如汉“平寿丞印”封泥等，都是其中的精品。孙文楷还是清末金石收藏新品种——陶文、甲骨文的最早收藏者和研究者之一。门风所致，其弟孙文澜亦是一位收藏家，不仅收藏陶文，而且收藏甲骨文。孙文楷帮其弟辑释的《木庵古陶文释》在中国金石学史上有开创意义，王献唐先生对此赞誉有加，称：“前此治齐鲁陶器文字专释成书者，殆以木庵为第一人矣！”但因陶文、甲骨文材质非金非石，故孙氏未把所收陶文、甲骨文收入《益都县图志·金石志》中。

另外，有人或因孙文澜之居址靠近齐都临淄，而将其籍贯归于临淄。如胡厚宣《临淄孙氏旧藏甲骨文字考辨》为误之所始，且其文末注释引张履贤致张政烺函称：“此间（益都）北乡有孙文澜者，字观亭，为一金石陶瓦搜藏家。”① 不知何故却又称其为临淄人。近有《中国文物报》介绍中国科学院历史研究所藏甲骨卜辞文章，仍沿孙氏为临淄人之误说。

孙文楷的金石学成就不仅在于其收藏之丰富，更在于他对金石的精确考据。孙文楷曾批注《古泉汇》，纠正原书谬误并增补新泉，且多有精到之语，“非于此学三折肱者不能道也”（王献唐语）。孙文楷在参与《益都县图志》《山东通志》的编纂过程中，利用丰富的金石资料，对旧志缺略之《职官志》多所补正，成为近代以金石文字证史的较早实践者之一。孙文楷任《山东通志》采访时所撰《金石采访册》贴有拓本，并附有考释，皆极精审。孙氏尤重古玺印的搜集与研究，其古印专著《稽庵古印笺》集钤印考释于一体，陈介祺赞其“考释精博，佩服佩服”。另外，孙氏与潍县陈介祺过从甚密，陈氏每得一器，辄拓请孙氏考订。光绪九年（1883）十二月十四日，陈介祺有复孙文楷书，言“求古人文法，必多见金文拓本。始得参互考证者，必以经文为本，以吉金为例，以上下文义为定，以《说文》为阶。舍《说文》今日无从识古字，舍吉金今日无从正《说文》、补《说文》也”。

孙文楷所修之《益都县图志·金石志》堪称清末益都金石研究的集大成

① 胡厚宣：《临淄孙氏旧藏甲骨文字考辨》，载《文物》1973 年第 9 期。

之作，对乾嘉以来青州的金石学研究做了全面精微的总结。孙文楷对青州前辈金石学者的著作之传承也不遗余力，段松苓的《山左碑目》《益都金石记》均由其校勘后付梓。

（六）潍县高氏收藏宏富

有清一代，潍县不少文人学者从事古文物搜求、珍藏、研究，其中最著名者除陈介祺外，则属收藏宏富的高庆龄、高鸿裁父子。

高庆龄，号南郑，与陈介祺为同时代人。高庆龄喜好金石，尤精于古玺印，其历年收集的古印达600余方，且多为山东境内出土。晚年与侄高嘉钰、子高鸿裁共同考订，撰《齐鲁古印攗》四卷，续一卷，收印668方。该谱不仅著录了大量古玺印资料，而且发凡起例，考订精详，在玺印研究领域有创造性建树。谱中多精品，古玺印尤佳，其以古玺印列于秦、汉之前，乃首见。《齐鲁古印攗》系高庆龄于光绪七年（1881）手自厘定，谱甫成而殁。该书内有潘祖荫、王懿荣、宋书升序及高庆龄自序，并有高鸿裁短跋。当时王懿荣曾路经潍县，专至陈（介祺）府与高府对两人所藏金石文物进行鉴评。

高庆龄之侄高嘉钰亦喜收藏。民国《潍县志稿·金石志》中载有一件战国齐铜戟，铭文曰“齐城右造车戟，冶期”，志载此戟出县北乡，存高嘉钰家。齐国有铭兵器多达百数十件，而有此类铭文者不过数件，此铭文资料弥足珍贵。高庆龄之子高鸿裁克承家学，自幼胸襟旷迈，不屑世俗利禄之学，好古文，嗜金石，既长益笃。辑有《齐鲁古印攗补》一卷，并与潍县王石经、田镕叡、刘嘉颖等各出精品辑为《古印偶存》二十册。

高鸿裁（1852—1918），字翰生，室名上陶室、退耕堂。他精研汉学，且好藏书，凡宋元版本及秘抄禁书均刻意搜求，所藏古籍达三万卷，分经、史、子、集、丛书、类书6类。著有《齐鲁遗书十八种》十八册和《辨蟫居藏书目》一卷。其曾为蒲松龄散佚仅存97首的《聊斋诗集》作跋，又曾参与襄校《山东通志》，在京任史馆编修。他以二十多年心血收集的几乎全部山东省各府州县方志，于1933年被美国国会图书馆亚洲部购去，内中有许多极不易见的版本。

高鸿裁曾立志在金石收藏方面超越陈介祺，故其另辟蹊径：一是收集历代墓志铭拓片。他以所藏拓片编成《历代志铭征存》一书，分石部、砖部、杂类，在当时已可称极为完备。二是收集古砖瓦。其前后所得古砖瓦共有一千多份，选不重复者五百多份拓成《上陶室砖瓦文捃》，其中包括他于光绪十三年（1887）从河南所得秦祠壁砖。该砖有铭文12字，曰：“海内皆臣，岁登成熟，道毋饥人。”此砖十分罕见，当时或以为是秦代之物。高鸿裁晚年生活困顿，所藏之物陆续售出。上陶室砖瓦于1931年被日本人购去，运至青岛时，幸被车站扣留，然世之罕见的所谓12字秦砖被日本人秘藏盗运出国。所余砖瓦被王献唐等收入山东省立图书馆金石保存所，才得以保存下来。

高鸿裁所藏之古砖瓦为海内砖瓦之精华，其中属于秦汉时期之砖瓦堪称国宝。王献唐对高鸿裁与上陶室砖瓦评价极高：“中国古代的金石家，最初不甚注意砖瓦。要讲物品真确，文字精雅，花样美富，恐怕任何哪一家，都比不了高翰生。”“平心而论，实在高家的收藏，不能说是绝后，也可以当得起空前。”

（七）郭麐与《潍县金石志》

潍县郭氏世家子弟郭麐（1823—1893），字子嘉，自号望三散人。其出身于书香门第，是金石学家郭启翼之孙、高鸿裁中表兄弟。郭氏幼承家学，酷爱金石文字，终生不事仕进。他栖居乡间，悉心考古，精研六书，数十年间搜罗金石不辍，鉴赏能力为陈介祺所推服。其性情傲僻，不随俗流，洁身自好，严于律己，分外之财毫厘不取。他曾被郭熊飞聘为家馆教师，随其宦居南北十余年。返籍后，于城西杨家庄置田十余亩，筑舍居住，名为“杨峡别墅”。因住处濒临大于河，又名其居室为“听漪山房”。

他在隐居乡间埋头著述的同时，于荒冢破寺中、断碣残碑间剥剔苔藓，搜集古迹金石文献，十余年间得90余种。自乡居后，六七年不入城市，更不与缙绅交往，独于考证篆籀、辨别碑版真伪时，与陈介祺共相研讨。经补订得金石文献232种，辑为八卷，名《潍县金石志》。该书前有潘祖荫、王懿荣序，后有陈介祺之《校勘记》，内收录金石碑碣、钟鼎彝器、砖瓦文字等200余种，是研究地方历史文化不可多得之作。

光绪九年（1883），侍郎汪鸣銮视学山左，求访于郭麐。郭麐为之缕述详析东汉许慎之《说文解字》，并提出自己的见解，汪鸣銮为之倾服。汪氏见郭麐著述甚丰却因家贫无资刊行，欲赠金相助，郭麐辞谢。汪氏又欲为之请、授之以官，其亦辞谢。最后，汪鸣銮执意留金作为写书费，并允为校刊诸书，郭麐才起谢。为使近三十卷著述尽快问世，他历时三月，力疾校雠完成后，终未能出版。郭麐耗费多年心血之著述因无力出版而被埋没，令其深为痛心，忧郁成疾，于光绪十九年（1893）悒悒而逝。临终前，郭麐将遗稿悉付友人王承吉。

除《潍县金石志》外，其著作尚有《潍县金石遗文录》一卷、《两汉北海郡国县摘案》一卷、《潍县古城考》一卷、《潍言》四卷、《潍方言》八卷、《金石拓临稿》一卷、《四海汉碑图考》一卷、《急旧新编》一卷、《潍县竹枝词》一卷、《理丧杂记》一卷、《五祀考略》一卷、《二郭佚诗》一卷、《望三故人感旧集》一卷、《抱瓠老人诗集》八卷。其中《潍县金石志》《潍县古城考》《潍方言》等，对研究古代历史和语言都具有一定的价值。

三、潍县金石学对甲骨文之发现的重要影响

1899 年发现的甲骨文，与居延简牍、敦煌经卷及大内档案并称 19 世纪中国学术史上的四大发现，现在的甲骨学已成为世界的显学。潍县金石学对这一显学的产生与发展均产生过极为重要之影响，其影响主要有以下两个方面：

（一）潍县金石学对初识甲骨文的古董商人之影响

郭沫若《中国古代社会研究》指出，最初发现甲骨文的是潍县古董商人。由此可见潍县古董商人与甲骨文的发现具有直接的关系。起初甲骨确是经由潍县古董商人持售京津达官学者，而当时国内的收藏者也主要集中在山东，又以潍县、益都为多。潍县古董商人为何能独具慧眼，将这些在殷墟出土且被当地人当作寻常药材的“龙骨”断识为重要文物？这与潍县浓郁的金石学之氛围有着极为密切的关系。潍县的文物商贩与古董行从业人员，生逢当时全国金石学最为发达、文物交易最为频繁的环境中，一方面能经眼大量精美文物，使自身眼力大增；另一方面能从金石学家身上学得丰富的文物鉴赏知识，使自身学识日进。故而其专业水平与业务能力比起其他地方的同行来自然高出不少，能够在发现甲骨文的特殊历史时刻做出重要的贡献。因而《甲骨学一百年》称：“商代甲骨文得以重现人间，应该说也有潍县古董商人们的功劳。这样来评价他们，应当说才是公平的。”

（二）潍县金石学对研究甲骨文传教士之影响

潍县较高的金石学成就、浓厚的金石学氛围，不但鼓舞了国人参与收藏、研究金石的热情，而且对居于此地的外国传教士亦产生了重要影响，使他们

对中国最为传统的金石学产生浓厚兴趣，使他们在当时动荡的社会局势下，有兴趣、有机会、有能力成为收集与研究甲骨文的一支重要力量。如住在潍县的方法敛、柏根，以及住在益都的库寿龄均曾从潍县古董商人手中收购大量甲骨，有的售出，有的则进行整理研究。《甲骨学一百年》记载：光绪三十年（1904），美英传教士就在山东潍县收购甲骨文。其中，库林（或译作库寿龄、考龄）是英国浸礼会驻青州宣教士；查尔芳（又译作查尔凡）是美国长老会驻潍县宣教士。他们二人合伙从山东潍县古董商人手中购买了数百片有字甲骨（具体数目至今不详，因其中有不少伪刻），不久将400片卖给英国人在上海开办的“亚洲文会博物馆”。英美两国的教会联合在潍县创办了一所广文学堂，当时的校长是牧师柏根，他知道甲骨文是中国的古代文字，则从库、方二氏手中买到约80片。这约80片甲骨文后来归了英美教会在济南所办的广智院（1951年改为自然博物馆）。①

另据《甲骨年表》载，光绪三十二年（1906）九月，“美国驻潍宣教士查尔凡（Rev. Frank H. Chalfant）著《中国原始文字考》（Early Chinese Writing），是为欧美研究甲骨文字之第一人”②。查尔凡的中文名字是方法敛，该文发表在《卡内基博物院》第四期上。后来，库、方二人又各自在世界一些著名刊物上发表多篇关于甲骨文研究的文章。正是由于他们的宣传与鼓动，甲骨文很快便成为轰动国际学术界的新研究领域。

第四节　陈氏世家金石学人物

金石学的形成与发展是建立在中国丰厚传统文化积淀之基础上的，是一门以实物为载体的独具中国特色的学问。潍县从事金石之学的大多是名门世家子弟，因为要进行金石文物的研究，首先得占有金石文物第一手资料，而当时国内收藏风气尤盛，影响所及，遂使一般文物的价值银两亦为高贵，所以寒素之士欲治此学，多因财力而却步。再者当时收藏抑或被当成一种聚敛财富的手段，而真正爱好与研究者则收集文物倾其心血，对所有藏品护若头

① 王宇信、杨升男主编：《甲骨学一百年》，社会科学文献出版社1999年版。

② 董作宾、胡厚宣：《甲骨年表》，商务印书馆1937年版。

目。由此而影响到昆仲子孙，往往一门声气相类，兄弟、父子互为切磋、鉴赏析疑，从而形成一些所谓的金石学世家。陈氏世家治金石之学者，如陈介祺、陈厚滋、陈阜、陈文会、陈君善、陈继揆嫡传六代，尤其陈介祺与陈厚滋父子最有成就。后世各代由于社会的变故，家道中落，不能保守住文物，使之陆续散佚。而第五代陈君善虽因故将“万印”抵债，但其爱先祖文物之心未泯，尚能从中斡旋，遂使“万印”绝大部分保存于今故宫博物院。这种德行，亦与其家门传承、父祖影响有关，这也是金石学之魅力所在。第六代陈继揆则克绍祖风，对陈介祺的零星文物和手札尺牍进行分类整理，以现代学问之新目光来著述弘扬。

一、陈介祺

严格意义上的金石学的产生以宋代刘敞、欧阳修、吕大临、薛尚功、黄伯思、赵明诚等人的集古、传古为开端，元、明两代略加中衰，至清代随着朴学的发展及考经证史的需要，金石学开始复兴并达到极盛，故“金石学之在清代又彪然成一科学也”。梁启超《清代学术概论》称晚清金石学“道咸以后日益盛，名家者有刘喜海、吴式芬、陈介祺、王懿荣、潘祖荫、吴大澂、罗振玉”。在上述诸名家中，陈介祺是最为特殊、贡献最多的。他集藏古、鉴古、释古、传古于一身，可谓收藏最富、鉴别最精、传拓最佳，而于古器物及铭文考释又多有创见的晚清金石学领域的杰出代表。

陈介祺是清代著名的金石学家，对金石学的发展做出了巨大贡献。他博通经史，酷爱金石文物收藏与研究，曾与金石学家阮元、何绍基、吴式芬切磋学问，深得阮元之欣赏。陈介祺出身潍县名门世家，虽中进士、居官位，但中年厌倦仕进，于咸丰四年（1854）辞官归里，自此谢却应酬，专心收集金石文物并进行考证研究。

陈介祺以其所收藏的金石彝器数量之多、价值之大、门类之广、质量之精，堪称晚清金石学之集大成者。他所收藏的文物上溯三代，下至明清，有青铜器、镜鉴、碑碣、石刻、砖瓦、玺印、封泥、书画、古籍等。《清史稿》称“介祺绩学好古，所藏钟鼎、彝器、金石为近代之冠”。金石学家吴云曾言：“当今金石之学定推寿卿，收藏之富，穷绝今古，尚犹孜孜不倦广为搜罗。”在其藏品中，青铜器达200多件，著名者有毛公鼎、十钟、天亡簋、兮甲盘等，这些都为青铜文物之极其珍贵者。毛公鼎为西周重器，铸造精良，表面装饰素朴典雅、清新庄重，内壁铭文32行共497字（或谓499字、501字），为传世青铜器中铭文最多者，现藏于台北故宫博物院。陈介祺对毛公鼎所作的考释，对解决西周时期的有关历史问题具有重要的价值。陈氏藏品中有西周晚期和春秋时期古钟11件，其中如纪侯钟、楚公豪钟等均是古代乐器的典型代表，故取其整数，以此名其斋曰“十钟山房”；又因其集有周秦印篆近万方，故名其楼曰“万印楼”。

陈氏以其深厚的传统经史之学的素养，又兼当时知名学者如阮元者之激赏指点及同时代金石学家相互切磋研磨，故于金石之学独具慧眼。其不但鉴赏目力高、收藏多而精、门类广而全，并且开拓了新的收藏与研究领域。诸如发现古陶文并深入研究，收集古玺印并断代，独创体例编辑《十钟山房印举》，以及收集封泥并将其与玺印合证而探讨古代的职官制度、军事交通、地理地望等，均有其卓越之处。他为后世保留下数以万计的文物珍品，同时他的著述亦包罗丰富、卷帙浩繁。受陈氏的影响与带动，潍县乃至整个山东的金石之学走在了全国的前列。

二、陈厚滋

陈厚滋是陈介祺的次子，字德树，号九兰、邃庵，堂号令怡堂。咸丰八年（1858）举人，敕授征仕郎，官山西候补知县。其克承家学，考订金石文字，著有《续十钟山房印举》。

陈厚滋是陈介祺藏古、鉴古、传古的主要助手，参与整理陈介祺的各种收藏品。陈介祺编纂《十钟山房印举》的设想非常宏大，其钤拓《十钟山房印举》的主要帮手就是次子陈厚滋。同治十三年（1874）十月，陈介祺在给表弟谭雨帆的复信中提道：“《印举》已编有大概，惟考与过细及标目未备。次儿考中书未取，稽迟尚未归，月内盼其到家。何伯瑜由津欲入都，其徒周子芳同往。前已印得廿部与彼三七分，彼七者，以纸、印泥一切俱属彼。”同年，陈介祺在致鲍康的信中说：“《印举》久未理稿，今次儿北上，再理恐在夏秋间。前七八册稿已定，拟再做数部……加以目录、凡例、叙文，今年未知能毕否。”光绪九年（1883）陈介祺致信王懿荣，谈及《十钟山房印举》时说：“冬寒拓友将归，又以《印举》须自理。”由这些信札可知，因为印谱编辑头绪繁多，拓印工作数量大、耗时长，且主要的助手陈厚滋外出未归，致使《十钟山房印举》的编辑工作进行得非常缓慢。由此亦可见陈厚滋在《十钟山房印举》编辑过程中所承担的责任之重大。

陈厚滋的府第在潍县城南门里（今潍坊市潍城区向阳路南端路西）。陈介祺病逝后，其生前所收藏品由三个儿子平分，陈厚滋分得迟簋、曾伯霥簠等一批珍贵的青铜器。他谨遵父嘱，谨言慎行，对这些家传青铜重器一直悉心保存。中华人民共和国成立后，其后人将迟簋、曾伯霥簠等一批珍贵青铜器捐献给国家，这批器物现藏于国家博物馆。

三、陈阜

陈厚钟是陈介祺的长子，字德念，堂号令闻堂。道光二十九年（1849）举人。作为长子的陈厚钟自然是陈介祺产业的主要继承人，陈介祺身后将毛公鼎和7000余方古玺印都传给了陈厚钟这一宗支。但厚钟于1871年病逝，因为先于其父十三年去世，所以他的影响较小。

陈阜是陈厚钟长子、陈介祺的长房长孙，字祜曾，清廪贡生。陈介祺故后，后人析产时，其藏印由长孙陈阜分得。陈阜将陈介祺的古玺印收藏完整珍藏，毫无散失。潍城人才济济、官宦辈出，所以缙绅世家很多，民间的很多大事需要有权威的人物协调，为办事方便和统一行动，邑绅民众曾一致推举陈阜为代表。陈阜有五子：文会、文徵、文郁、文珞、文璘。

四、陈文会

陈文会是陈介祺曾孙、陈阜长子。陈阜故后，陈介祺藏印传于陈文会。民国初年陈文会将藏印携至天津，并一直恪遵祖训，将陈介祺藏印完整珍藏，秘不示人。同时，陈文会为弘扬陈介祺之金石学成就，整理出版了《簠斋藏古目》。1925年，陈文会整理出版了陈介祺手书《簠斋藏古目》十八卷、补遗一卷、附目五卷。其中，除了陈文会所编之《藏古目补遗》，其余都是陈介祺生前的手书真迹，且很多古器目下有陈介祺的详尽注释。该书的出版，为后人展示了陈介祺金石收藏与研究的全貌。尤其值得一提的是，陈介祺生前将毛公鼎秘不示人，从未在自己的藏古目中提及，陈文会将毛公鼎首次收入《簠斋藏古目》。这部书是中国金石学发展史上的一部具有里程碑性质的著作。

1930年陈文会病逝后，藏印归其长子陈元章保管。

五、陈秉忱

陈秉忱是陈介祺曾孙、陈阜之子，原名文璘，字邠丞，又字邠臣，早年参加革命，新中国成立前曾在中央军委机关工作，抗战胜利后曾参加北平军调小组的工作。新中国成立后，长期在中央机关和中央领导身边工作。受家学影响，陈秉忱也热衷于书法、篆刻与收藏。其擅书法，走帖学一路，尤精楷书、行书；于绘事擅墨笔花卉，有花鸟画《芍药》《荷花》等传世；亦精篆刻，曾为诸多名人治印，印风工稳清秀。他收藏有翁同龢、康有为、吴昌硕、徐悲鸿、郭沫若、傅抱石、刘海粟等名家的经典作品，每件皆是其用心挑选之作，体现出其深厚的家学渊源及较高的艺术修养。

1948年潍县解放后，陈秉忱带头捐献家藏古代文物和古籍文献，还动员弟媳郭组珍捐献出陈介祺收藏的重器曾伯霥簠等青铜器。在他的带动和影响下，潍坊地方知名人士纷纷向政府捐献文物和古籍。据统计，当时仅捐献的古籍就达3758种34365册。到北京后，陈秉忱还动员其侄陈元章（即陈继揆之父）将万印楼所藏古印捐献给故宫博物院。

六、陈君藻

陈君藻是陈介祺五世孙、陈文会次子，名奎章，字君藻，著名书法家、篆刻家。1948年参加革命，历任潍坊市图书馆馆长、潍坊市博物馆馆长、潍坊市万印楼印社主任、潍坊市政协常委等职。陈君藻生前系中国书法家协会会员、潍坊市书法家协会名誉主席，常热心培育书法、篆刻新人，对本地后学及日本青年书法家曾多所扶掖。其作品曾参加全国第一、二届书法篆刻展和中日书法交流展等重大国内外展览，后人辑有《陈君藻书法篆刻选》。

陈君藻于书法、篆刻等均有较高造诣，是陈氏家族于书法、篆刻方面最有成就的一位。其篆刻得王石经亲授，自身又勤于钻研、广益多师，故其篆刻深得家传《十钟山房印举》之精华，风格工稳古朴，有秦玺汉印之神韵。其书法习自丁佛言，用笔凝练精到，章法规整有序；线条丰润饱满且刚柔相济，富有很强的韵律感；点画递相辉映、顿挫有致，回锋转笔自如，韵态卓越之中蕴含着极为流畅的美感，无论是运笔走势的布控还是思维意识的整合，都显示了其娴熟的艺术功力。同时，陈君藻远绍先祖陈介祺遗风，书法款识传承和发展了“簠斋体”，使作品意境深远、内涵丰富，自然呈现出景致与情怀、传统与个性的和谐统一。

七、陈继揆

陈继揆字百纳，是陈介祺六世嫡长孙。毕业于辅仁大学国文系，新中国成立后长期从事教育工作，曾任天津师范大学图书馆馆长、历史系党支部书记等职。他自幼深受家族金石学传统的熏陶，精小学，通史学，喜金石，好地理，长期致力于陈介祺遗著的整理与研究工作，是当代研究陈介祺学术的著名代表学者，已整理并刊行的陈介祺相关著作有《秦前文字之语》《簠斋鉴古与传古》《簠斋金文题识》《簠斋论陶》，并在专业领域发表过学术文章多篇。

第五节 陈氏世家金石学姻亲

家族联姻对家学传承也有着较大的促进作用，陈氏世家金石之学的传承发展尤与其金石学姻亲间的互通有无、相互促进、同气相求有着莫大关系。陈氏世家金石学姻亲复杂，如陈介祺为李璋煜之婿，陈介祺之女、孙女分别为吴式芬之儿媳、孙媳，李佐贤孙女为陈介祺之长孙媳，陈介祺玄孙女为郭味蕖之夫人，王懿荣之女为陈介祺女婿吴重憙之儿媳，等等。

一、李仁煜、李璋煜

陈介祺的金石学研究成就与他结缘诸城李氏有很大关系。李仁煜，字书山，号溪亭，乾隆五十四年（1789）举人。嗜金石，精于鉴赏，其收藏的历代碑帖、钟鼎彝器颇多，每一件都考证其源。他曾建专室以存放古物金石等，自名为“爱吾鼎斋”。晚年，李仁煜喜得一枚由城南出土的汉石洛侯金印，欣喜若狂，悉心研讨，考证精详。李仁煜著有《书山诗稿》六卷、《书山杂著》四卷等传世。李璋煜（1784—1857），字方赤，号月汀、箭汀，山东诸城人，嘉庆十八年（1813）拔贡、举人，嘉庆二十五年（1820）进士。历任刑部主事、常州知府、扬州知府、浙江按察使、江苏布政使等，道光三十年（1850）

以病引归。

李璋煜擅经义词章及小学，富收藏，有《爱吾鼎斋藏器目》等著述。李氏与陈介祺父陈官俊为同乡，来往较频。其于道光十七年（1837）出任常州知府前，居官刑部，为京城金石界较为活跃的人物。他曾多次倡议组织文友雅集，并于道光七年（1827）主持校勘桂馥《说文解字义证》，邀校者有许瀚、许梿、王筠、陈宗彝等。约在道光十二年（1832），李璋煜将女儿许配给陈介祺，成为陈介祺的外舅（岳父）。此前，陈介祺即与李氏早有交往，或许正是金石之缘，决定了陈氏的婚姻，陈介祺也因此得到李仁煜、李璋煜的指教。陈介祺六世孙陈继揆处藏有部分李璋煜致陈官俊、陈介祺的信札抄本，其中李氏致陈介祺的信札中，言家事而外，往往涉及金石，或问询收藏近况，或提供出土器物信息。陈氏能一生专注于金石学，与李氏的赞赏与支持或有一定关系，李璋煜实际上是陈介祺一生专注于金石学的重要人物，其在学识和物质上都为陈介祺提供了帮助。

二、吴式芬

吴式芬无疑是影响陈介祺步入金石之学的关键人物。陈、吴二人因金石之好，遂成至交，“又缔丝萝之好”——陈氏以长女许以吴氏次子吴重憙，后其孙女又为吴氏孙媳。

吴式芬（1796—1856），字子苾，号诵孙，山东海丰（今无棣）人，道光十五年（1835）进士，官至内阁学士兼礼部侍郎。是当时著名的古物鉴赏家和金石学者，所著《攈古录》为清代金石目录类著作中体例完备、收书数量最多的一种。据吴式芬《题自藏钟鼎款识册》云，“余自庚寅以后游京师，获交当代好古诸家，每遇古器必手自摹拓，而四方同好亦各以所藏拓赠，所获浸多”，吴式芬于道光十年（1830）始与京中诸金石家交往，其成进士取仕之年，陈介祺二十三岁。陈介祺《宝簠斋集各家彝器释文》自序云：“余于既冠后从子苾六兄游，论古文字，考订金石，始稍稍有吉金之蓄。”以此推之吴、陈相交当在吴氏成进士前后。而陈介祺在为吴大澂《说文古籀补》所作之叙中称吴氏等“皆以文字及先公门”，可知吴式芬与其父陈官俊亦有交往。道光二十六年（1846），陈介祺在致远赴广西右江道的吴式芬之书札中云：“握别以来蟾圆十五度矣，神驰心结，惟君一人，想易地有同情也。”并详述别后情况及新获金石等，足见彼此之情诚笃。吴氏在外宦游十年，先后仕于粤、豫、燕、黔、秦，于咸丰四年（1854）引疾归里，咸丰六年（1856）病卒。而吴氏一生弆藏之金石书画等珍品，于同治七年（1868）惨遭兵燹，所剩无几。吴氏卒后，陈氏敦促吴重憙请其师许瀚整理校勘吴氏遗著《攈古录金文》等。吴式芬曾将自己所藏封泥进行考订并编成《汉泥封考》稿，其卒后，陈介祺出以自藏封泥并考订，嘱吴重憙合编并考校，成《封泥考略》。

三、李佐贤

李佐贤（1807—1876），字仲敏，号竹朋，山东利津人。光绪《利津县志》称其"道光戊子领乡荐第一，乙未举礼部，由庶常授编修，居史馆。道光甲辰典试江西，出守福建汀州府。莅政六载……引退归，以载籍为娱"。李氏自弱冠时即收藏金石书画，而尤以古泉为专好。道光十五年（1835）成进士后供职于都门，与陈介祺、吴式芬、刘喜海、戴醇士、吕尧仙等订交。李氏与吴式芬、陈介祺为同年（李、吴为乙未进士，陈为是年举人），又为同乡，遂成挚友。陈氏归里后，与李氏遂疏于往来，同治九年（1870）前复有书函往来，时李氏致陈氏书云："廿余年阔别，忽奉手书，如获良觌，为之狂喜者累日。"同治九年秋，李氏至潍县访陈介祺。同治十一年（1872）九月，陈介祺妻李氏出殡，李佐贤还前往吊唁。李氏与内阁中书鲍康俱专嗜古泉，彼此出所藏质证商讨，鲍氏著《观古阁泉说》，李氏予以补充作《续泉说》，两书皆先后寄给陈介祺，陈氏再作补充，并畅抒己见。后李氏著《古泉汇》六十四卷，刻刊后陈氏又一一进行批校，并寄至李氏，嘱其更订，彼此间相互研讨，直言而不避短。陈氏为助李氏作《续泉汇》，将稀见泉范拓本赠之，李氏致书陈氏云："承惠范拓六十四种，不啻百朋之锡，感铭奚似，各种奇品皆前人著录所未见闻者，真可谓集泉范之大观。"① 李氏又在所著《续泉说》中记云："唐泉以建中为最少，而'元'字、'中'字两泉又建中等泉之别品，绝无而仅有者，昔于京师出土，详见《古泉汇考》，为燕庭所得，今归寿卿，转以赠余，良友佳贶，洵足感也。"② 李佐贤之子枚卿、韦卿亦有好古之

① 〔清〕李佐贤：《石泉书屋尺牍》，同治十年（1871）利津李氏石泉书屋刊本。

② 〔清〕李佐贤：《续泉说》，见《观古阁丛刻九种》，上海古籍出版社 1992 年版，第 144～145 页。

尚，与陈氏俱有交，书翰频传。李枚卿之女嫁归陈氏之门，为陈介祺长孙媳。李佐贤病重时，陈氏曾遣孙媳回籍侍奉。李氏卒于光绪二年（1876）闰五月，陈氏即遣人前往，并致李韦卿唁函，表达“不胜悲骇”之情。

四、吴重憙

在陈氏的金石姻亲之中，其长婿吴重憙是个非常重要的人物。吴重憙（1838—1918），字仲怿，亦作仲怡、仲饴，清同治元年（1862）举人。历任陈州知府、直隶布政使、福建按察使、河南巡抚等，民国后寓居天津，晚号石莲老人。其自幼恪守庭训，好古而博综经史，咸丰九年（1859）娶陈介祺长女为妻。吴重憙八十岁（1917）时曾于《簠斋藏古目》册首之题记中述其“四次往来于潍之踪迹”：

> 先外舅陈寿卿先生与先阅部公早订金石之交，故又缔丝萝之好。咸丰己未（1859）陈夫人来归。至同治壬戌（1862）乡试后，予至潍，九月闻捷旋即回里。庚午（1870）予送张甥树杰乡试到济，后甥赴秦，予欲肄业金泉书院，寿老属予馆潍，备三冬文史之用。十月到潍度岁，方欲束装入都，适遭先外姑李夫人之丧，下旬方克就道。壬申（1872）二月，为内弟陈德念之殡，往祀土社并游超然台、五莲山，四月归里。秋九月，因外姑之殡，与利津李竹朋年丈又同往襄礼，事毕又与竹丈作劳东之游，十月归里。①

吴重憙每抵潍县，陈介祺多与之谈论治学之道，或授其作字之法。吴氏还多次为陈介祺整理、缮写金石文字之事。同治十一年（1872），陈介祺在吴重憙抄本《潍县陈氏宝簠斋藏器目》上题跋：

> 仲饴既手录余斋金文各册竟，复为录所藏吉金成目。余自甲寅后里居，无友朋之乐、室家之安，既惩夺志，又扰守望。六年来始稍稍检拓，思装册汇目，存其昔好，久未能就，今得仲饴相助，旬余而毕，业成于勤，即此可推。第吾所望于仲饴者大且重，仲饴勉之哉，勿以此夺志也。②

---

① 《簠斋藏古目》吴重憙题记，陈氏家抄本。

② 《潍县陈氏宝簠斋藏器目》，国家图书馆藏吴重憙抄本。

陈介祺对吴重憙寄予厚望，而吴氏也确实笃好金石之学，与潘祖荫、鲍康、王懿荣等相交，并拜潘祖荫为师，与王懿荣结为姻亲。其父吴式芬与陈介祺之合著《封泥考略》等，皆由其整理校订并谋为刊行。

五、徐会沣

徐会沣是陈介祺之外甥女婿，两人关系极为密切，徐会沣的为人处世之道处处受到陈介祺的点拨与教诲。徐会沣（1837—1905），字东甫，诸城人。幼年即聪慧过人，喜读书，善应对。同治初，考中举人，同治七年（1868）中进士，初为翰林院庶吉士，后任侍读学士。光绪十七年（1891），任光禄寺卿。后又先后出任江南乡试正考官、顺天府学政及顺天府尹，晚年升为兵部尚书，后因病去世。光绪帝十分惋惜，称他是“持躬谨慎，学问优长”的好官。徐会沣精通经史，还工诗、善书，其书法风格雍容典雅。至今在颐和园东殿门内南侧，还悬挂着他的巨幅正楷书法中堂，书体端庄，笔力苍劲，堪称珍品。陈介祺生前与徐会沣往复通信多达百余封，内容除讨论朝廷时局变化及政务应对事宜外，多涉及金石收藏与研究话题。这一时期，正是陈氏金石收藏与研究的鼎盛时期，陈、徐二人对金石的共同兴趣加深了彼此之间的共同语言，其书信往复到了无话不谈的地步。

六、王懿荣

王懿荣因其女嫁与陈介祺女婿吴重憙之子，故而与陈介祺有辗转姻亲关系。王懿荣（1845—1900），字廉生，山东福山（今烟台市福山区）人。王氏“年未冠，随父官京师，观政户部，声誉大起”，为潘祖荫、翁同龢所赏识，并于光绪六年（1880）成进士。光绪二十六年（1900），八国联军入侵北京，王懿荣书绝命词，投井殉国，谥“文敏”。有《天壤阁杂记》刊行于世。王氏性嗜金石碑版及古籍，任京官多年，散值后多赴市肆游览，时有所得，虽典衣酬值而不惜。光绪二十五年（1899），潍县估人携河南安阳出土之甲骨文于王氏，王氏成为断定甲骨文为殷商文字的第一人。王氏经鲍康、潘祖荫介绍，于同治十二年（1873）与陈介祺通书函，时致书论定金石文字。光绪七年（1881）二月，王氏返里回京，取道北上，“过潍县，住四日，遍访赏鉴家。在陈寿丈处三日，书画古器不具数”，此为两人之面交。陈、王二人通函，谈金石之外多涉及时局，政见颇能相通。

七、潍县郭氏世家

明清时期，潍县城里丁、郭、陈、张四大家族均是翰墨书香的文献著述世家。其中郭氏家族既是齐鲁望族中科举联踵的官宦名门，更是一个相当典型的书香盈门的文化世家。陈、郭两姓同为邑中大族，郭家分支中的东大支、西三支、西五七六支、西五八五支等多与陈家有累世姻亲关系。据《郭氏族谱》载，郭氏首祖郭礼于明朝成化十九年（1483）从高唐移民潍县，以青箱为业，教书育人，形成了以家族为中心的崇尚读书的风气，奠定了郭家书香世家之门风。这一家族延续时间之长、名儒显宦之众、德业文章之隆盛，均受到世人敬仰。郭氏子孙多以诗文、绘画、篆刻、金石、收藏、医道出名，家传承继，各具所长。其中，从事金石之学者，有郭启翼、郭伟勣、郭起隆、郭麐、郭裕之、郭恩坚、郭味蕖等。

郭伟勣（1710—1791），字熙虞，号芸亭、柏园、松筠道人，谥“文恪”。乾隆五十四年（1789）钦赐举人，五十五年赐翰林，斋堂为松筠桐荫馆。曾以书画为媒广交名士，为郑板桥所推重。工于隶篆，雅好图章，与其侄郭启翼同以精于治印名噪一时，所作印文温润秀雅、超凡脱俗。后以自刻印及家藏旧作石印辑成《松筠桐荫馆印谱》三卷三册，此书为潍邑印人对古玺印研究的标志性成果之一。

郭启翼（1731—1803），乾隆时举人，曾在江西新城、安福等地做官，后罢职归里。善诗文，喜吟咏，工篆刻；嗜好治印，师法安丘篆刻名家张卯君，颇能神似。辑自刻印《松雪堂印萃》，收录成语印1400余枚，附以释文，另收“寿”字印百余方。另有《摹印萃》十二卷、《松雪堂遗集》四卷。

郭祐之（1856—1930），字申堂，为郭梦龄之侄、潍县金石名家高庆龄外甥，光绪二十年（1894）翰林，曾任兵部主事。高庆龄有《齐鲁古印攈》，郭祐之作《续齐鲁古印攈》十六卷，收印千余方，是鉴赏古印的珍品。

郭味蕖（1908—1971），现代著名国画家、美术理论家、美术教育家。郭味蕖的曾祖郭恩观（字藕汀）酷爱书画收藏，与赵之谦、朱雪筠、华鳌等画家交谊深厚。父亲郭乃珏也擅长书法，惜过世较早。郭味蕖聪颖好学，自幼熟读四书五经、古典诗词，八岁入丁氏小学，随丁东斋等习画。后在上海艺专从倪贻德、陈抱一、陈之佛学习西洋绘画。1934 年参加“同志画社”，1937 年考入北平古物陈列所国画研究室，临摹、研究古代名作，并师从山水画大师黄宾虹学习画史、画论和书画鉴定。新中国成立后，经徐悲鸿介绍，到中央美术学院研究部任职，后调入民族美术研究所、徐悲鸿纪念馆从事理论研究。郭味蕖早年曾受赵之谦、陈洪绶的影响，后通过写生创自家技法，总结出花鸟和山水相结合、白描和点染相结合、工笔和写意相结合、重彩和泼墨相结合，以及焦点透视与散点透视相结合的创作方法，拓展了花鸟画的思维和表现领域，其意境、情趣适应了时代的审美需求，为中国画的创新做出了突出贡献。

郭味蕖是一位学者型画家。他秉持家学，对书画理论、经史典籍、训诂辞章、金石文物、建筑雕刻史以及诗词书法等，无不深入钻研。郭、陈两家本有很深的渊源，尤其郭味蕖与陈介祺玄孙女陈君绮结为连理，使得郭味蕖得以观赏陈氏家族的金石书画珍藏，这对于提高他的学术水平和艺术境界大有裨益。郭味蕖在金石学研究方面取得诸多重要成果，著有《殷周青铜器释名考略》《知鱼堂鉴古录》《镜文考释》《古代建筑与雕刻》《汉画研究》《魏齐周隋造像残石册》《说镜》等。

第四章 陈介祺的学术交游

陈介祺出身宦门，自幼热衷于与经学、小学尤其是金石学界的人物广为交游，其曾自记居京师时之交云："南中金石交，则：嘉兴张赤未（廷济），徐籀庄（同柏），子士燕，鲍子年（康），吕垚仙（佺孙），吴康甫（廷康），翁未均（大年），陈粟园（畯），何子贞（绍基），朱筱沤（钧），韩履卿（崇），严眉岑（福基），叶东卿（志诜），吴平斋（云），许珊林（梿），吴我鸥（珩），沈西雍（□□），张小余（荐粢），甘实庵（熙）。同乡则：先外舅李方赤（璋煜），刘燕庭（喜海），吴子苾（式芬），许印林（瀚），翟文泉（云升），李竹朋（佐贤）。"① 咸丰四年（1854）陈介祺归里后，潜心于金石之学，少与外界通音问近二十年，外地来访者唯老友李佐贤及陈介祺之婿吴重憙。其间，陈介祺也深感僻处少友导致其研究视野颇受局限之问题。同治十一年（1872）起，陈介祺遂与退官居京的鲍康、苏州吴云通书问，经鲍康介绍，又与潘祖荫、王懿荣、吴大澂书札往来，并与诸友相约"以识古字论古文为语，不涉入赏玩色泽语也"②。作为与金石同道交流学术最重要途径的往来书信，陈介祺用功甚勤，动辄三四千言，甚至一日与四友同时作书。得其书简者，无不珍爱，或装册珍藏，或抄录传阅。李佐贤将书札抄还时，有"人有古董，我有今董"之语。③ 通过与友人的书信往来，陈介祺得到了来自全国各地的大量珍贵金石拓片资料和重要出土资讯，这使得陈介祺虽偏居潍县而金石资料搜罗宏富，这些精拓品和出土信息也是其进行金石学研究的重

① 陈育丞：《簠斋轶事》，载《文物》1964 年第 4 期。

② 〔清〕陈介祺著，陈继揆整理：《秦前文字之语》，齐鲁书社 1991 年版，第 89 页。

③ 〔清〕陈介祺著，陈继揆整理：《秦前文字之语》，齐鲁书社 1991 年版，第 4 页。

要基础和前提。有了这种交流，且这种交流不囿于一人一地，陈介祺才得以在占有较充分的金石资料的同时，能及时、全面地把握当时金石学研究的最新领域和学术前沿。从同治十一年（1872）至光绪十年（1884），陈介祺留下了大量的书札，这些书札中几乎包含了陈介祺的全部金石学术思想。而陈介祺的金石诸友不仅是一时政要，更为饱学之士，识见广博，虽人各千里，但鸿雁频传，将他们的学术交流紧紧地融会在了一起，相互影响，共同提高，形成了一个强大的金石学潮流，“促进了晚清金石学的发展，并奠定了后来古文字学的基础”①。

第一节　前辈师长

一、与仪征阮元

阮元是较早发现并引领陈介祺走上金石学道路的重要人物。阮元（1764—1849），字伯元，号云台（亦作芸台），又号雷塘庵主，晚号怡性老人，谥“文达”，江苏仪征人。历官山东学政、浙江巡抚、湖广总督、体仁阁大学士等。工诗文，精于考证鉴别，辑自藏印成《续锦囊印林》，又辑成《积古斋藏印谱》，著有《山左金石志》《积古斋钟鼎款识》《揅经室集》等。陈介祺得阮元褒赏，缘于陈介祺之父陈官俊为阮元任山东学政时所取生员，陈介祺得以“小门生”的身份求教。陈介祺对阮元亦极为推崇，其在为吴大澂《说文古籀补》所作之叙中云：“至我朝而许氏之学大明，钟鼎之字亦大显。仪征阮文达公先成《积古斋钟鼎款识》一书，最为精善，传布于天下，所收王复斋钟鼎款识拓册亦为最古。文达为先文悫公童试师，官太傅时，谒于京第，知祺好古文字，以‘天机清妙’为譬，书《论钟鼎诗》于纨扇以赐。”此纨扇今藏于陈氏后人处，上有阮元所作论钟鼎诗三首：“汤盘周诰古文辞，宋椠春秋未足奇。谁识斋中钟鼎字，铸当周孔未生时。”“左史真能读典坟，灵均曾以善书闻。若非钟鼎彝彝在，举世无人识古文。”“一字经人十日思，欲从许慎上推之。韩苏若解摹周篆，石鼓诗歌当更奇。”对于阮元“天机清妙”的赞誉，陈介祺引以为荣，在几十年后的书信中还多次提及。正是因为

① 陆明君：《簠斋研究》，荣宝斋出版社2004年版，第33页。

既身居高位又以精研金石之学为士林所宗仰的阮元的赞许，陈介祺才更笃嗜于金石文字，并痴之终身。在阮元的倡导和影响下，当时的文人士大夫多雅好金石文字，他们互相传递古物出土及收藏信息，彼此馈赠金石文字拓本，进而结成了一个金石研讨群体，陈介祺即为其中的佼佼者，并成为当时山东金石研究的核心人物。

二、与诸城李璋煜

李璋煜（1784—1857），字方赤，一字礼南，号月汀、簃汀，山东诸城人，陈介祺岳父。嘉庆十八年（1813）举人，嘉庆二十五年（1820）庚辰科进士。李璋煜嗜金石，擅经义辞章及小学，藏获甚富，撰有《爱吾鼎斋藏器目》一卷。李璋煜与陈介祺父陈官俊为同乡，均出仕在外，故多有往来。“簠斋娶李氏（按：指李璋煜）之女约为道光十年（1830），陈介祺十八岁，至迟在此时已与李氏有交。或许正是金石之缘，决定了陈氏的婚姻，也更深化了李、陈的金石之交。”① 李璋煜于道光十七年（1837）出任常州知府时，陈介祺二十五岁。此前，李璋煜居官户部，为京城金石界较为活跃的人物，他曾多次倡议并组织文友雅集，并于道光七年（1827）主持校勘桂馥《说文解字义证》，邀校者有许瀚、许梿、王筠、陈宗彝等。今可见李璋煜致陈官俊、陈介祺的信札抄本，其致陈介祺书信中往往涉及金石，如问询收藏近况、提供出土器物信息等。陈介祺一生能够专注于金石学，与李璋煜的赞赏与支持密切相关。此外，陈介祺居京期间交往的印人不少，陈介祺用印多出杨澥和翁大年之手。而李璋煜用印今可知者，“璋煜私印”“簃汀”“臣璋煜印”“视已成事之斋”“予性颛而嗜古”“李璋煜记宜身至前迫事毋闲愿君自发封完印信”“山左李氏簃汀收藏金石文字”等印为杨澥所刻，“璋煜私记宜身至前迫事毋闲愿君自发封完印信”“方赤手肃”“方赤持赠”“方赤审定”四方印为翁大年所刻。② 从中亦可见二人志趣相投之一斑。李璋煜之兄李仁煜亦精通金石文字之学，喜读书，富收藏，擅隶书。时诸城南乡出土西汉石洛侯金印，为李仁煜所得，李氏遂作文近二百言考释，并刊一青田石上。李氏所书、康

---

① 陆明君：《簠斋研究》，荣宝斋出版社 2004 年版，第 21 页。

② 孟庆泰：《诸城乡贤遗印辑录》，见《印学研究》第一辑，山东大学出版社 2009 年版。

锡所刊考文之印现藏于诸城市博物馆。

三、与掖县翟云升

翟云升（1776—1860），字舜堂，号文泉，山东掖县（今莱州）人。嘉庆五年（1800）举人，道光二年（1822）进士，授粤西知县，以母老不仕，荐授国子监丞，复辞。光绪《三续掖县志·翟文泉先生传》载："自髫年嗜学，举乡后益精心训诂，一贯群书，视世之荣悴若于己无与者，而惟键户修业，终其身穷困老死而不悔。……公精隶法，一时丰碑墓碣多出公手，丐书者日踵其门，而终无率尔之习。"翟氏系曲阜桂馥弟子中最能得其传者，以善书名世，著有《说文辨异》八卷、《隶篇》十五卷、《说文谐声后案》二卷。清代掖县为莱州府治所在地，潍县隶属莱州。翟云升是陈介祺父陈官俊挚友，交情笃厚，陈官俊为《隶篇》作序云："予年十三应童子试，主翟君文泉家，遂缔交。既而补博士弟子员，食廪饩领乡荐皆同年，情好弥笃。逮予宦京师，文泉来诣公车，必与数晨夕谈笑，欢洽一如在郡时。"翟云升家贫而性情孤傲，道光十八年（1838），其《隶篇》撰成时，陈官俊在京为官，且渐显达，在陈官俊的倡导资助下，山东官员并"同郡邑诸戚好及一时巨公"纷纷响应。故《隶篇》得以刊行，陈官俊的作用当至关重要。《隶篇》的及时刊行，也奠定了翟云升在学术史上的地位。

道光十一年（1831），陈介祺入莱州府郡庠，与翟云升相识并交往，成为忘年之交。翟云升有贺陈介祺入泮隶书折扇，上书："一鸣从此始，相望青云端。""辛卯春三月，孟潜（按：陈介祺早岁号孟潜）贤侄补博士弟子员，书刘梦得句以志喜。蘋野杏苑，即预贺也。"① 而翟云升撰《隶篇》，陈介祺及其金石好友、亲属多提供所藏拓本以助之。"据仅存的陈介祺致翟氏数通函札（陈氏家抄本）可知，道光十七八年前后，陈氏与翟氏通函较频，并为其编撰《隶篇》（续篇）提供杨著碑、杨震碑、汉尚浴府金行烛盘、三公山碑等拓本及汉钲、汉钫钩摹本等。吴式芬致翟氏书并提供所藏拓本亦通过陈介祺转寄。翟氏还托陈氏转寄致吴式芬、何绍基、汪喜孙、王筠等人书函。翟氏尝赠陈

---

① 陆明君：《陈介祺年谱》，西泠印社出版社2015年版，第16～17页。

氏吉金册，陈氏请其为拓云峰山及天柱山等诸石刻。”①

四、与诸城刘喜海

刘喜海（1793—1853），字燕庭，山东诸城人，乾隆时东阁大学士刘统勋曾孙，体仁阁大学士刘墉侄孙。嘉庆二十一年（1816）举人，官兵部员外郎、户部郎中、福建汀州府知府、陕西延榆绥远道巡道、四川布政使、浙江布政使，一度兼署浙江巡抚。因耽迷古玩，被浙江巡抚参劾“疏于政务”而罢官。平生精研金石碑刻，大力搜集出土文物并作质证考订。官于陕西时，得关中所出周代铜器、秦诏版、汉封泥、新莽十布等物，在四川则收集到宋代多种铜钱和保存于巴蜀的历代碑刻拓本等。陈介祺作为其同乡和晚辈与之相交，往来密切，并转得其所藏部分吉金铜器及古玺印、封泥等。刘喜海于古钱币颇为专长，有《古泉苑》一百零一卷，另有《长安获古编》三卷、《海东金石苑》六卷等金石书稿。咸丰三年（1853）刘喜海卒，“所藏重器归簠斋者有邢仁钟、兮仲钟、纪侯钟、虢尗旅编钟等，其所藏秦诏版、铜泉范、唐善业泥造像等物亦多归簠斋。其《长安获古编》未刻竟之书，簠斋于都中坊间得之，已被剜补书名，次序淆乱。簠斋予以校定，并力倡为之刊行”②。刘喜海卒后，陈介祺每提及刘喜海，皆称“与燕翁丈至交，甚念甚念”。

陈介祺与刘喜海之交情，更多地体现在陈介祺在刘喜海卒后帮助整理、刊行刘喜海生前著作上。陈介祺于京师坊间寻得刘喜海《长安获古编》未刻之书，即交鲍康刊刻，陈介祺与刘喜海之间的交往及学术观点，在陈介祺与鲍康的书信中较多见。同治十二年（1873）七月十日陈介祺致鲍康函云：“《获古编》乞早编辑，稿一成则事定，原稿望早发还，勿迟迟也。刘书未刻而散失，吴书又复因循，皆以畏考释不博而误，识者切须鉴此。”同治十二年十月十二日又致鲍康尺牍云：“《获古编》能先示稿尤慰，或可少有参酌，亦不必定年前付还，前言乃恐迟迟不成，不能为燕翁留一著作。”由此可见陈介祺与刘喜海确实交情笃厚。在陈介祺的敦促下，刘喜海的

---

① 陆明君：《簠斋研究》，荣宝斋出版社2004年版，第25页。
② 陆明君：《簠斋研究》，荣宝斋出版社2004年版，第21页。

《海东金石苑目跋》《嘉荫簃论泉绝句》等皆刊于鲍康的《观古阁丛书》中，而陈介祺对《海东金石苑》因难于摹刻而仅刻目跋之事，引叹不已。刘喜海所藏金文拓本册，经陈介祺考定编目，题为《东武刘氏款识册目》，后由商务印书馆影印行世。此外，刘喜海自用“燕庭所藏金石”“燕庭”二印，也是常为陈介祺治印的翁大年所镌。①

陈介祺对刘喜海的评价，间亦稍有“微词”。抱传古之志，大半生以传古为己任并付诸实践，是奠定陈介祺在金石学上突出地位的重要基石。光绪二年（1876）三月七日陈介祺致潘祖荫尺牍言：“窃以精拓传世方是己物，不然何以信今传后，岂可虚此一藏。”以大量极其精致的金石拓片流传当世、惠及后世，是陈介祺对金石学的一大特殊贡献。陈介祺有专著《传古别录》行世，其墨拓之精，无与伦比，拓印之多，难以计数。作为收藏家，陈介祺的远见卓识，即使时至今日，依然令人钦佩，使人法效。也正因为如此，陈介祺认为刘喜海富藏而不思传古，有玩物之嫌，故于同治十一年（1872）十月十四日致鲍康尺牍中言：“好古家刻书，每患已见之陋而沮，愚谓刻摹精审，则天下后世，皆得借吾刻以考证，又何必因噎而使错过失时，惜乎，燕翁不明乎此理，而徒以玩物毕一生之精力而一无所传也。”好在其后陈介祺为其作了弥补。

第二节 平辈同道

一、与歙县鲍康

鲍康（1810—1881），字子年，号观古阁主人，安徽歙县人。道光十九年（1839）举人，官至夔州知府。自束发即有古钱癖，积蓄既富，研究且深，著有《古泉丛考》《古泉考略》等。后侨居长安，与刘喜海晨夕过从，遍观刘氏所藏古泉及关中所出古器，共相质证。咸丰二年（1852）入京，始与陈介祺交往，且与古泉学名家如初渭园、戴醇士、钟丽泉、李佐贤、吕佺孙等相与往来。同治八年（1869）出守夔州，同治十一年（1872）退官居京，息影臆园，自号臆

① 孟庆泰：《诸城乡贤遗印辑录》，见《印学研究》第一辑，山东大学出版社 2009 年版。

园野人。“然思念旧交，求其友声，遂复与隐居海滨之簠斋通尺素焉。”① 鲍康是打破陈介祺归隐与沉寂的人。陈介祺归隐后，是辞官居京的鲍康率先给陈介祺写信，并将潘祖荫的书信和吉金文字一同寄去，才使陈介祺又重新在晚清的金石界活跃起来，并迅速地与包括王懿荣在内的诸多金石同好进行广泛联系的。鲍康重友情，尽力帮助他人而对人少有所求，尤其在与陈介祺的交往中更是如此。陈介祺所藏六泉十布有缺，鲍康为之补齐；陈介祺集秦斯文字，鲍康欣然将秦量相借；陈介祺批注《泉说》几十则，鲍康皆予以刊刻。鲍康晚年著有《观古阁丛稿三编》，在序跋杂文之中，多载鲍、陈二人互惠金石文字、切磋学问之事，成为一时佳话。时人称鲍康、陈介祺及其好友李佐贤为“三高士”，陈介祺题李佐贤书《金刚经》手卷云：“归田卅载岂师陶，不学今衰日月慆。把卷自思增俯仰，惭闻知我拟三高。”② 陈介祺于同治十一年（1872）十二月六日致鲍康书信中云：“野人之恬退，是有古性情者，故念我不置耶。……野人以大隐而在京洛，如得二拓，则分其一与在远之野人，得一则寄以示，闻之则以告，其他非所欲也。”两人皆以“野人”自称和互称，颇有惺惺相惜之慨。《簠斋尺牍》所收致鲍康书，为同治十一年至十三年间所作，前有鲍康同治十三年八月题记：“余自夔解组，于同治壬申六月朔旋都后，得寿卿前辈书颇勤，不特古雅可诵，其学识尤卓有可传，爰取素册一一帖之，以志吾两人交谊之挚。”③

二、与归安吴云

吴云（1811—1883），字少甫，号平斋，又号榆庭，晚号退楼，浙江归安（今湖州）人，官至苏州知府。同治元年（1862）罢官，闭户著述，并以金石书画为娱。吴云初好碑帖书画，精于鉴赏。后与张廷济交往，受其影响，笃好金石古器，所藏侈富，于古玺印亦深有研究。太平天国运动后，南中诸家弆藏散佚，吴云居沪苏间，悬重金搜求，阮元、张廷济以及苏州曹载奎旧藏重器多归吴云，最著者有阮元、曹载奎两家所藏大中齐侯罍，吴云因名其斋为两罍轩。著有《两罍轩彝器图释》《两罍轩印存漫考》《虢季子白盘考》

① 〔清〕陈介祺著，陈继揆整理：《秦前文字之语》，齐鲁书社 1991 年版，第 143 页。
② 〔清〕陈介祺著，陈继揆整理：《秦前文字之语》，齐鲁书社 1991 年版，第 144 页。
③ 陆明君：《簠斋研究》，荣宝斋出版社 2004 年版，第 34 页。

《汉建安弩机考》《古镜录》等，并有诗文尺牍题跋若干卷。另有《两罍轩尺牍》行世。道光二十五年（1845），吴云谒选入都，陈介祺过访，并以玉枕兰亭相赠。此后两人音讯中断。同治十一年（1872）三月十三日，陈介祺始作书致吴云："别来廿余年矣……二罍及新得之器，均求精拓悉寄，祺亦当以所藏求考订也。"吴云复信中言："乙巳年都门聚别，匆匆二十又七年矣，道路间隔，世事迁变，不但良晤无由，即一纸之书亦无从寄达。""亟取展读，勤拳之谊溢于言表，欢喜之情真出望外。"① 此后两人书函频往，同治十二年（1873）二月二十四日陈介祺致吴云尺牍言："我辈好古，皆有真性情真精神与古人相契，方非玩物丧志。夸多斗靡，与玩珠玉无异，故必重在文字，尤重有真知有思古获心之喻也。吾两人三十年前踪迹虽疏，行年俱过六十，非以心相契，以书相通，以厚不遗，以直不饰，何以异于流俗耶。"一吐愿为金石诤友之真情。陈介祺编《十钟山房印举》，吴云乃假以古玺若干方入谱，后又寄印数方，陈介祺于是作《虺钮鱼钮为秦印考》。

三、与吴县潘祖荫

潘祖荫（1830—1890），字伯寅，号郑盦，又作郑庵，江苏吴县（今苏州）人。祖世恩，道光间任军机大臣。父曾绶，内阁侍读。咸丰二年（1852），潘祖荫以殿试一甲第三名授编修，官工部、刑部、礼部、户部侍郎。光绪十一年（1885），任工部尚书。卒赠太子太傅，谥"文勤"。潘祖荫自幼好金石文字。咸丰四年（1854）辑朝鲜、日本碑刻为《海东金石录》二十四卷，其后搜集益勤，闻有彝器出土，辄倾囊购之。所得既多，遂成《攀古楼金石款识》。其所藏金石文字品类繁多，自钟鼎至于石刻砖瓦，青铜重器如郘钟、史颂鼎、盂鼎等皆为其旧藏。盂鼎于同治十三年（1874）为左宗棠所得，此鼎乃嘉庆、道光年间岐山地区出土，初为当地宋氏所得，后被周氏豪夺。左宗棠购以重资，拟将其送至关中书院，闻潘祖荫爱之，即慨然持赠。盂鼎铭文295字，殊为世间绝品。山东陶文发现后，潘祖荫亦倩人往赴其地，广为收集，故其所藏益夥。

---

① 〔清〕吴云：《两罍轩尺牍》卷九。转引自陆明君：《簠斋研究》，荣宝斋出版社2004年版，第35页。

陈、潘两家本为世交，潘祖荫之祖父与陈介祺之父同官中枢，潘祖荫之叔潘季玉与陈介祺也早就结识。同治十一年（1872），潘祖荫托鲍康及雪帆转达其致陈介祺之书信，同治十二年闰六月陈介祺复函："归里廿年，久隔京华音问。前承惠缄，并赐新刻丛书。时以老妻长子相继去世，心绪至恶，不能搦管，久之则欲言而嗫嚅，又畏斟酌字句，心怯目眊，遂益迟迟。自省多疚，知大君子必不深责也。六月又于雪帆兄处寄手翰，并大刻各种，齿及贱名，尤深惶悚。子年兄处又屡寄尊斋新获彝器各拓，自以郘钟为至精，兹妄拟其文，寄请教正，尤望寄示考释，并指谬误是企。仍由子年兄转寄甚便，不敢求专复也。"从此，陈、潘二人遂成文字之交。他们互赠款识拓片，考释金石文字，交流研究心得。潘祖荫尚义而有力，得陈介祺金石文字考论及书札后甚为珍重，即为刊刻《陈簠斋丈笔记附手札》《传古别录》行之于世，后汇入《滂喜斋丛书》《功顺堂丛书》，"并欲合簠斋致鲍康、王懿荣、吴云等书札刻而传之，订为《秦前文字之语》，且已写版，后因簠斋治学严谨，坚予相阻，要求重新校删，遂搁置"①。此外，陈介祺与王懿荣的交往也受到潘祖荫影响。潘祖荫与王懿荣有师生之谊，同治十二年王懿荣应顺天乡试时，副考官即为潘祖荫。

四、与吴县吴大澂

吴大澂（1835—1902），原名大淳，同治元年（1862）后为避载淳讳，更名大澂，字清卿，号恒轩，又号愙斋，江苏吴县人。吴大澂因收藏有铜兵符十六件，故自名其室为十六金符斋。吴大澂弱冠即研读《说文》，长于金石文字，凡彝铭、陶文、封泥、玺印，每有所获，时与陈介祺相析疑。著有《古陶文考释》《说文古籀补》《十六金符斋印存》《字说》《恒轩所见所藏吉金录》《权衡度量考》等。

陈介祺与吴大澂均具有非常扎实、广博的金石学素养，二人所居的地理位置又有很强的互补性。潍县地处山东半岛中部，是连接胶东地区与齐鲁腹地的重要交通枢纽，历来商埠云集，历史文化积淀丰厚，对外交流广泛深远，是蜚声遐迩的齐鲁重镇。而吴大澂视学陕西，陕西为数朝古都、访古之胜地，

---

① 陆明君：《簠斋研究》，荣宝斋出版社2004年版，第36页。

故陈介祺期之甚殷，有“君秦我齐，可谓合志”之语。陈介祺与吴大澂往来之书信，先后被整理成《簠斋尺牍》《吴愙斋（大澂）尺牍》，故二人的学术交流信息保留得较为完整。谢国桢在编《吴愙斋（大澂）尺牍》时，还就二人往来书信进行了对照，撰写了《吴陈两家尺牍编年表》，吴大澂尺牍存58通，陈介祺尺牍存37通。从现存《簠斋尺牍》看，吴大澂与陈介祺的金石交往是从同治十二年（1873）陈介祺长孙举行婚礼，吴大澂为其篆贺联开始的，当时吴大澂方赴陕甘学政任所。同治十二年八月五日陈介祺致书吴大澂以表答谢：“久于伯寅少农书中得闻风雅，复于攀古楼款识刻得读大著，已深向往。昨猥以长孙将行婚礼，辱承宠联远锡，故愧不敢当，而巨文法篆，尤非近今所能及，再拜谨登，以钦以感。……敝藏金文廿拓（又秦亭侯李夫人石拓二纸），聊应雅属，由子年兄处代致。惟乞古缘所遇，不忘远人。羡有奇之必搜，企有副之必惠，当悉拓敝藏以报也。”而小陈介祺22岁的吴大澂更是仰慕陈氏久矣，复“簠斋老前辈大人函”曰：“得读大著所释金文，私心向往者二十余年。……蒙手翰先颁，奖勖备至。猥以拙书联语，重荷宠褒，益令惭惶无地。”此后，二人书信往还无间，墨拓互赠，凡鼎彝、古陶、封泥、玺印文字无不相与赏析，求证问难，考释解疑。陈介祺是最早辨识齐陶文的人，收藏亦最富，陈介祺选拓寄赠，请为考释，吴大澂得之，著成《愙斋陶文考释》等，并题记云：“簠斋得三代古陶八百余种，寄示拓本，真古所未有，足补说文之缺，与鼎彝并重乎。……”① 而光绪四年（1878）二月二十七日陈介祺致吴大澂书云：“……古匋时至。选收释拓，终日从事于此……二千年来古文字未发之藏，祺之世及见之，祺之友能读之，真至幸矣。”谢国桢在《吴陈两家尺牍编年表》中云及陈、吴二人通函：“驿递往还，或一月而数发，或半岁而始达，长篇累牍至数万言而不能休，凡平生所历耳经目验之事，金石文字之学，无不于尺牍中见之。然而两君神交十年，未尝谋面。光绪戊寅二月十七日簠斋书云：‘祺今年六十有六，而吾兄有万里壮游，晤面无从，寄书不易，可从洋照一识荆州否？’是年四月廿三日愙斋在河间书云：‘贵乡去此五百余里，瞻望德星，恨不插翼而飞，一亲颜色。’两君相交之笃如此。”道咸以降，古器出土益丰，簠斋得之益夥。陈介祺“尝欲辑本朝许氏学之说为

① 《愙斋陶文考释》稿本，国家图书馆藏。

《说文统编》，以一字为一类，先列钟鼎古字，次以许氏籀文古文字，古文无则前阙文，古字不可释则附各部后存之，再次以许氏学各家说，又次以古训诂、古音韵各家说”，惜因故未能成书。吴大澂却先著成《说文古籀补》一书，可谓英雄所见略同，陈介祺乐而为之序，盛赞此书。陈、吴二人通函，往往一月数发，长篇累牍，有时至洋洋万言。吴大澂喟曰：“海内真知真好，唯长者一人；知我者，亦唯长者一人。”① 陈介祺与吴大澂一生虽从未谋面，但二人交情之笃厚，又非朝夕相处者所能并论。

五、与海丰吴式芬

吴式芬（1796—1856），字子苾，号诵孙，山东海丰（今无棣）人，道光十五年（1835）进士，道光十年（1830）始游于京师，并与京中金石诸家广泛交流。其自记云：“余自庚寅以后游京师，获交当代好古诸家，每遇古器必手自摹拓，而四方同好亦各以所藏拓赠，所获浸多。”② 吴式芬是著名的古物鉴赏家和金石学者，辑有《双虞壶斋印存》《陶嘉书屋秦汉印章》等；所著《捃古录》为清代金石目录著作中体例完备、收书数量最多的一种。陈介祺《宝簠斋集各家彝器释文·序》云：“余于既冠后从子苾六兄游，论古文字，考订金石，始稍稍有吉金之蓄。”可见吴式芬是影响陈介祺从事金石收藏与研究的关键人物。此后，陈、吴二人遂成至交，并相订“丝萝之好”，惜吴式芬早逝，至吴式芬卒后三年，陈介祺长女方与吴式芬次子吴重憙成婚。道光二十六年（1846），陈介祺在致远赴广西右江道的吴式芬的书札中云：“握别以来蟾圆十五度矣，神驰心结，惟君一人，想易地有同情也。”③ 吴式芬殁后，陈介祺敦促吴重憙请其师许瀚整理校勘吴氏遗著《捃古录金文》等。吴式芬生前将自己所藏封泥整理考释成《汉泥封考》，吴式芬卒后，陈介祺将自己所藏封泥进行考证，嘱吴重憙合编成《封泥考略》刊行，成为封泥研究史上的典范之作。

---

① 谢国桢：《吴愙斋（大澂）尺牍》，见《近代中国史料丛刊》第七十二辑，台湾文海出版社有限公司 1973 年版，第 147 页。

② 〔清〕吴式芬：《题自藏钟鼎款识册》，见《无棣文征》卷四，民国石印本，山东省图书馆藏。

③ 陆明君：《簠斋研究》，荣宝斋出版社 2004 年版，第 20 页。

六、与利津李佐贤

李佐贤（1807—1876），字仲敏，号竹朋，别号贻隽、石泉，山东利津人。道光八年（1828）领乡荐第一，道光十五年（1835）进士，授编修，居史馆。道光二十四年（1844）典试江西，出守福建汀州府。莅政六载，引退归，以载籍为娱。李佐贤擅长辞章，雅好金石书画，尤以古泉为专好，勤于著述，著有《古泉汇》六十四卷、《书画鉴影》二十四卷，以及《续泉汇》《续泉说》《石泉书屋类稿》《石泉书屋诗钞》《石泉书屋金石题跋》《石泉书屋印存》等。李佐贤与吴式芬为同年进士，陈介祺为是年举人，与李佐贤又为同乡，陈、李二人遂成挚友。陈氏归里后曾与李佐贤中断往来，至同治九年（1870）才恢复通信。李佐贤致陈介祺书云："廿余年濶别，忽奉手书，如获良觌，为之狂喜者累日。就稔簠斋世仁兄年大人金石比寿，翰墨娱情，诸符颂臆。窃意世间禄位名寿所在多有，浓福尚易，清福独难，吾兄竟兼而有之，果何修而得此耶？益令人健羡无已。承惠范拓六十四种，不啻百朋之锡，感铭奚似。各种奇品，皆前人著录所未见闻者，真可谓集泉范之大观。"① 同治九年（1870）秋，李佐贤至潍县访陈介祺，"得观所藏泉范，自周秦至六朝，标新领异，百品有

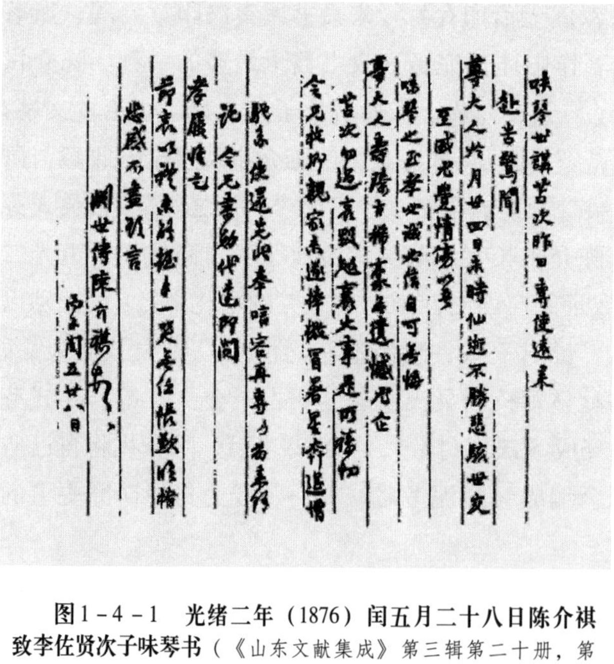

图1-4-1　光绪二年（1876）闰五月二十八日陈介祺致李佐贤次子味琴书（《山东文献集成》第三辑第二十册，第758～759页）

① 〔清〕李佐贤：《石泉书屋尺牍》。转引自王增山：《李佐贤生平著述考》，齐鲁书社2014年版，第205页。

余，就中《泉汇》已收者少，而未收者多，始叹造物之无尽藏，而畴昔之见闻犹未广也。寿卿慨然以全拓本见赠，余遂欣然有续《泉汇》之志”。李佐贤与鲍康皆嗜古泉，彼此出所藏求证商讨，鲍康著《观古阁泉说》，李佐贤予以补充作《续泉说》，两书皆先后寄陈介祺，陈介祺另作补充，并提出自己的见解，对李佐贤《古泉汇》亦一一批校并寄至李佐贤，嘱其更订。《陈介祺批校古泉汇》于1994年由书目文献出版社出版。李佐贤之子贻良、贻隽亦好古，与陈氏俱有交。经李贻隽介绍，李佐贤族侄李贻功、贻功侄李泽庚助陈介祺传拓金石，李泽庚跟随陈介祺时间最久，深得陈介祺真传，首创以两纸精拓毛公鼎，堪称绝技。李贻良之女嫁归陈氏之门，为陈介祺长孙陈阜妻。李佐贤病重时，陈介祺即遣孙媳回籍侍奉。李佐贤卒于光绪二年（1876）闰五月二十六日，随后陈介祺致李佐贤次子贻隽唁函（图1－4－1），表达惊闻此讯“不胜悲骇，世交至戚，尤觉情伤”之痛。

七、与高要何昆玉

何昆玉（1828—1896），字伯瑜，广东高要人。精篆刻，善摹拓彝器。同治十一年（1872）秋，何昆玉携其所藏古印2700余方来潍县，全部转于陈介祺。何昆玉记云：“壬申秋，寿翁闻之，致函张西山中丞与昆熟商，属携所得古铜印二千七百余事并十钟山房所藏古铜印共七千余事往潍水，而赵印亦归寿翁秘笈矣。寿翁喜昆所拓之《吉金斋古铜印谱》式，分门别类，可作为《印举》二十部，每部凡六十本，取元吾子行《三十五举》之意，意欲驾前明顾氏《印薮》之上，诚一巨观也。昆于是自备纸本印泥，苦工为其手拓各印年余。惜寿翁数易其稿，未得成谱。”① 其间，陈氏还出其所藏玉印，令何昆玉钤得十册南归，此即《簠斋藏古玉印谱》，后于民国年间由

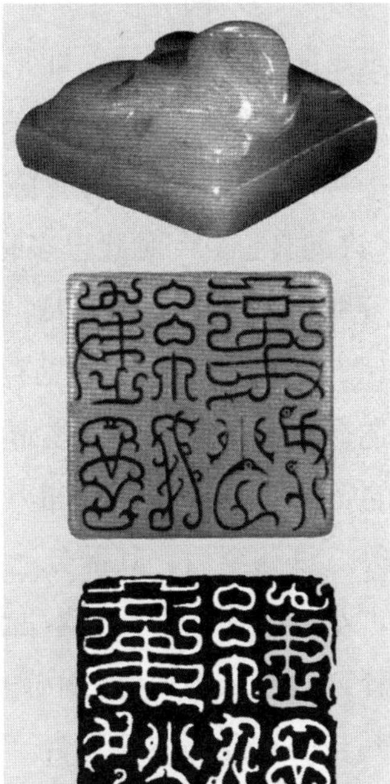

图1－4－2　西汉玉印“婕伃妾娋”（故宫博物院藏）

① 〔清〕何昆玉辑：《簠斋藏古玉印谱·序》，1916年神州国光社影印本。

神州国光社刊行。何昆玉所言“赵印”，即西汉玉印“婕伃妾娋”（图1－4－2），“婕伃”为武帝时设置的女官，位比列侯，“娋”为印主名。印文为鸟虫篆，华美灵动，工艺精湛，玉质纯净温润，为汉代玉印之冠。该印现藏于故宫博物院。

八、与日照许瀚

许瀚（1797—1867），字印林，山东日照人。道光五年（1825）被山东学政何凌汉选为拔贡，次年入国子监，并曾住于何凌汉寓邸，与何氏之子何绍基、何绍业朝夕相从，切磋金石训诂之学。许瀚精于训诂、音韵，长于考订，校书甚多，如桂馥《说文解字义证》等，见重于时。龚自珍推之为北方学者第一。许翰为道光十五年（1835）举人，选授峄县教谕，旋丁忧去官。许瀚与陈介祺为同年举人，又皆与何绍基、吴式芬、李璋煜等相友善，陈介祺在京延陈畯钤印《簠斋印集》，刊行印集之首由何绍基署检，题曰：“道光廿七年，平寿陈氏刊。日照许瀚印林、海丰吴式芬子苾、道州何绍基子贞同审定。平寿陈氏所藏。”据《陈介祺年谱》可知，许、陈二人在京期间频频来往，《许瀚日记》[①] 对此也多有记载，如：道光十六年（1836）四月二十五日“陈寿卿来叙”，十月十日“寿卿来，谈许久”，十月二十八日“早诣经板库（按：陈介祺居所），见寿卿，并见伟堂先生”等。许瀚返里后曾为吴式芬所邀课其子，系陈介祺之婿吴重憙的恩师。许瀚一生颠沛流离，为人课学校书，自己却有大批遗稿未得刊行，行世的仅有《攀古小庐文》《攀古小庐杂著》等。许瀚卒后，其部分遗稿转归陈介祺，陈介祺力倡为其刊行，校订其《攀古小庐砖瓦文字》《攀古小庐款识释文》等著述，并作《日照许氏金文册目释》。此外，幼从许瀚游的日照丁艮善亦曾帮助陈介祺打理文事，陈介祺还遣其与王石经等访琅琊台。丁艮善治学一直追随许瀚，著有《吕氏春秋校录》，校勘书籍多种，因与陈介祺之婿吴重憙友善，曾应邀校刊吴式芬遗著。

九、与道州何绍基

何绍基（1799—1873），字子贞，号东洲、蝯叟，湖南道州（今道县）

---

① 〔清〕许瀚著，崔巍整理：《许瀚日记》，河北教育出版社2001年版。

人。道光十六年（1836）进士，授编修，历任国史馆协修、总纂、提调，咸丰二年（1852）任四川学政，三年后因条陈时事而被革职。此后游历各地，曾主讲于济南泺源书院，后回长沙城南书院任山长。晚年居苏州，与吴云交谊甚笃。何氏博学多识，尤以书法名世，在书法史上有较高的地位。何绍基与陈介祺弱冠时即频相往来，陈介祺极其推崇书法与学识，所辑有《敬宽书屋联钞》，其中一册皆为何绍基所作，并题："集中惟子贞同年为最，以其所学所见于集字发之，他人不能及也。"① 无疑，陈介祺对何绍基最为推崇的是其书法，何绍基对陈介祺影响最大的也是书法。陈介祺在京期间与何绍基的过从交往以及二人对书法的共同兴趣，使得二人一个时期内书法风格与用笔特征颇为相近，尤其是行草书。"陈、何两人都崇拜阮元，受其影响极大。……陈、何二人紧追阮元碑学思想之步踵，书学观点极为相似，为一时最激进的尚碑者。陈、何两人的区别是：中年后陈氏以金石学为主，书法为辅；而何氏以书法为主，金石学为辅。因此决定了陈氏在金石学、何氏在书法上各自地位的确立。"②

第三节　晚辈学友

一、与福山王懿荣

陈介祺与王懿荣是晚清时代山东籍具有独特贡献的两位金石学大家，只从陶文和甲骨文的发现而言就足以奠定二人在学术史上的突出地位，同时陈介祺与王懿荣的学术交流又是全方位、多角度的，陈介祺的许多金石学思想都是在与王懿荣的交流中被记录下来的。

王懿荣（1845—1900），字廉生，山东福山（今烟台市福山区）人。王懿荣自幼在家乡读书，十五岁时与弟、妹侍母进京，随当时任职兵部主事的父亲生活，此后一直寓居京城。光绪六年（1880）中进士，官至国子监祭酒。王懿荣在京生活期间，虽然家境比较困难，但还是尽量省吃俭用，以购买古铜器、石刻、钱币、印章、古籍等，甚至因此将妻子的嫁妆、首饰典当一空。

---

① 陆明君：《簠斋研究》，荣宝斋出版社 2004 年版，第 27 页。

② 陆明君：《簠斋研究》，荣宝斋出版社 2004 年版，第 116 页。

只要他认为有价值之物，“残石片瓦，无不珍藏而秘玩之。钩稽年代，补证经史……每多创见”①。王懿荣著有《汉石存目》《攀古楼藏器释文》《福山金石志稿》《天壤阁杂记》等十几种学术著作。光绪二十五年（1899）秋，王氏发现甲骨文，并“审定为殷商故物，购得数千片。是为吾国研究殷墟甲骨文字开创之始”②。可惜王懿荣还没来得及实现深入研究这些珍贵文字的愿望，便于次年七月八国联军入侵之际，投井殉国。王懿荣对于甲骨文这一划时代的重大发现，也有赖于其在与陈介祺等交往过程中打下的扎实的金石学基础。

陈介祺与王懿荣的从政道路是迥然不同的。陈介祺作为一位正直的学者，性情恬淡，不能适应宦海风波，对时政尤其是官场中的黑暗与凶险极为不满与厌恶，加之其父亲陈官俊又去世，所以他选择了辞官归里、潜心治学之路，从他所撰写的“热闹场中良友少，巧机关内祸根蟠”“曾种桃花，不知汉魏；犹存松菊，自谓羲皇”两副楹联中可见他的心志。虽此，陈介祺的思想根源还是忠君报国。道光皇帝卒后，其表心志云：“痛念先君受恩之深，君臣一气，痛切寸衷，莫知所以。敬奉遗旨，哭告主前，自念君父之恩，此生皆不能报，心裂肠断，五内崩摧，罔极同深，余生何足惜哉。痛甚，痛甚。”③王懿荣在从政上则有着鲜明的以身许国的忠孝观念，其在母亲去世后曾写信给次子崇烈言“吾父母吾不能奉养矣，此后之致身君国者，赴汤蹈火亦不敢辞”，即表明了其忠心报国的愿望和决心。

在陈介祺与王懿荣交往的十二年中，可考的往来书信有70余通，其中谈论金石文字的有60通，千字以上的就有12通，多者则洋洋三千余字，且多有写毕又行、再行及另附笺等情况，有的经三日方才写就。陈介祺虽与王懿荣通信略晚，但其致王懿荣的书信现存最多，与王懿荣通信时间最长。

陈介祺与王懿荣除书信往来外，会面只有一次。光绪六年（1880）十一月，新科进士王懿荣回乡探亲、祭祖，但他并没有急于赶回家中，而是沿途

---

① 王崇焕：《王文敏公年谱》。见吕伟达主编：《王懿荣集》，齐鲁书社1999年版，第486页。

② 王崇焕：《王文敏公年谱》。见吕伟达主编：《王懿荣集》，齐鲁书社1999年版，第488页。

③ 陆明君：《簠斋研究》，荣宝斋出版社2004年版，第14页。

探寻金石古物，归家后仍然四处寻访。新年过后，光绪七年（1881）二月，王懿荣开始从里返京，同样访友问古，散资购藏。其经黄县（今龙口）在族兄王守训家小住后，来到潍县并住在陈介祺家中。王崇焕《王文敏公年谱》中有“过潍县，住陈簠斋太守家”的记载。王懿荣本人在《天壤阁杂记》中记为：

二月间，取道北上……过潍县，住四日，遍访赏鉴家。在陈寿丈处三日，书画古器不具数。见所藏朱子《楚词》与协卿本装潢皆同。见南郑丽珍所藏古泉、古砖、古印。南郑宋板《四书》，闻寿丈称之，未见。槐堂故后，家无长丁。陈九兰藏四朱及賹化种类极多，皆《泉汇》所未收。陈小兰以办盐下乡。《桑梓之遗》书画一大宗，未见，闻有总目。得一六字刀，十五金。又得高君二字，极佳之。大量几专车，今尚存西泉家。得“齐”字砖二。①

王懿荣在潍县停留了四天，并拜会了潍县的其他收藏家。其间，王懿荣用三天时间遍观陈氏所藏，所观“不具数”，足见陈介祺藏品之丰富。这次会面是在二人往来书信八年、彼此心仪已久的情况下发生的，自然有说不完的话题要在书信讨论的基础上进行面对面的深入沟通。不仅如此，王懿荣从潍县回京半年后，将次女崇嫃嫁与陈介祺婿吴重憙之次子對，使二人又具有了亲戚关系。

经考察，陈介祺与王懿荣之书信往来始于寄赠金石拓片，终于寄赠金石拓片。同治十二年（1873）陈介祺首次致函王懿荣，仅有“新访拓文登晋咸宁司马长元石门题石二纸，敝藏石拓十四种，乞察存。大著先缴，乞录副见寄，以便增注”数语；至光绪十年（1884）最后一封信中尚云：“新得古戈一、小石造象一（天保王鸭十四人），拓以伴函。时企惠拓新得也。”时距陈介祺去世不到70天（按：光绪十年闰五月），中间几乎每函必伴拓片。即使未伴拓片，亦多以新物出土信息相互转告。陈介祺与王懿荣之间还经常交流拓印的技法。陈介祺曾对王懿荣这样说道：“经年累月椎拓不休，其间破裂磨擦之憾，周旋酬应，抵牾含容，教拓絜聒，收支检护，心力之繁难，束脩纸

① 〔清〕王懿荣：《天壤阁杂记》。见吕伟达主编：《王懿荣集》，齐鲁书社1999年版，第260～261页。

墨一切之费，盖八年于兹，而近年尤甚，此事未尝一日少有间断。今之好尚共趋于此，或者天欲斯文之绝者少有所续，而一二好文字不作玩物者讨论之，则此拓之劳，诚不能已。”这确是陈介祺当时的真实写照。王懿荣致陈介祺的信更是如此，并常伴以“京报一捆并上”“京报接前拨者续上”① 等。王懿荣所藏古物，多由其夫人黄兰拓印：“王懿荣所购得的古彝器、泉印、镜剑、砖瓦等物，每得一种，黄夫人必亲手椎拓，而且每拓一件务必‘使纸白如玉，墨光如漆’，无丝毫墨痕沁入字口才罢手。然后在拓片的纸尾，盖上一方朱色小印，记其物名，文字灿然。”② 惜黄夫人体弱多病，光绪三年（1877）就病逝了。

陈介祺与王懿荣之间的交往，主要还是围绕金石学研究，探讨治学方法、谈论辨伪心得、考释金石文字等。讨论治学方法与途径是陈介祺与王懿荣往来书信中的重要内容，尤其陈介祺致王懿荣书信之长篇宏论者多为此，两人纵横古今，宏论博述，涉及面极广。在他们的探讨中，陈介祺重点阐述了将金石学放在整个古代文化的背景下去审视和把握，从源头上研究古人学识的真谛，通过“博学、笃志、切问、近思”，探索金石领域的道理和规律，即以“理”究源，衡之以学术。而其主张坚决摒弃主观臆断和猜测的学术观点，在今天仍具有重要意义。如：

> 知圣人之心，然后可以知圣人所作之字所言之文，而非可以浅尝圣人，如童蒙而自矜也，有所见则谨而识之，而无可以自是也。……通形象，非通古文字不可。通古文字，非多见真钟鼎古器文字不可。今日而欲求秦以前古圣人文字之真，敬进一解曰，通真古器文字，非多读古人书，而深研圣人所反求天地自然之理，有得于圣人义理之心不可，人虽作不到，而理自不可易也。后人所不知圣人之事有二，古文字其一，道理其一也……古人作字之始，止是圣人之心，有学问道理，彻上彻下，包举无遗。于一事则以一指明之，于一意则以一字领会之，于一形则以一字象取之，于一声则加一字以谐合之，四者用所不足，则转注假借而引伸以通足之。（同治十三年七月二十五日致王懿荣）

---

① 王懿荣致陈介祺信札，国家图书馆古籍部藏，福山吕伟达抄本。

② 吕伟达主编：《甲骨文之父王懿荣》，山东画报出版社 1995 年版，第 99 页。

陈介祺始终把“多见”放在金石学研究的第一位，强调古文字研究要以多见为第一，考经为第二，证许为第三，这实际与前文所述的尽量详尽地占有金石资料是一致的。书法篆刻艺术的创作及辨伪均是如此。非多见无法提高眼界，眼界低无以取得研究与创作成果。对此，陈介祺对王懿荣多次提及：

不识字之铜贩，多见出土器即能辨其真伪，学士大夫乃不能辨之邪。(同治十三年五月致王懿荣)

奇而无理，工而无力，则必伪，似已道尽。其理与力，则用心于古文字，多见而识之自喻，不能口舌争也。(同治十三年十月致王懿荣)

陈介祺对学术研究的态度一向是极其严谨的，他强调学术研究必须经过字斟句酌、逐一分析、不断地进行去伪存真，如此方能有出路。分析是陈介祺在致王懿荣的书信中提出的一个重要论断：

学问之事，全在分析而不侊侗，侊侗止是不分析，分析得十条路出，方知此一条是九条皆不及，而知之愈真，行之弥笃，是皆能分析之力也。……推之书不字字句句分析去读，文不字字句句、段段节节分析虚实浅深开合反正去读，碑帖不分析钩撇点画起住一笔笔分析开去学，止是整吞很捉，何由得一分明路径。分得清，积得富，又见得同之不同，不同之同，则合之而大，贯之而通。小大盖莫不然，特在人权轻重而用吾心耳。(同治十三年九月二日致王懿荣)

求真是陈介祺在学术研究上的重要主张，是检验真好古与附庸风雅的试金石。他强调学问无穷，不可自是，唯用心以求其真知。只有真好者，方能全神贯注，穷其精力、智力、财力于一业，从而取得较大的成果。这一主张更是陈介祺与王懿荣多次互勉的内容：

真知从笃好中出，笃一分真一分，笃一日真一日，笃在小在偏，真亦在小在偏，不敢谓知不真者之皆好之不笃，而不敢不自益笃所好，以求知之益真，所愧者仅在古文字，而非古义理，尤愧均未能实致其力。所企君子能之，而因有以启迪我耳，不可以魔障自喜而自囿也。(同治十三年十二月四日致王懿荣)

凡事之无可如何者，其本只是自己作不到，与世浮沉而不求诸己，则终作不到矣。作不到认真二字，事焉能有所为乎?(光绪十年三月十二日致王懿荣)

对于陈介祺的认真精神，王懿荣至为钦佩：

吾丈自与侄通书以来以及见与诸老辈函答之件，皆始终如一，首尾不苟，此外诸先生所不能也。此事虽小，可以喻大，则至敬守一之怀，非侄辈浅人所能假托摹拟也。(光绪元年十一月十日)①

王懿荣还因与陈介祺相比自己的字迹潦草而几次向陈介祺陈述理由并谦请谅解。王懿荣在致陈介祺的信函中谈论学术较少，多只涉及对某具体古物或铭文的说明或意见。

古文字考释是陈介祺与王懿荣交往中经常探究的重要内容，除他们之间相互探讨外，陈介祺还经常将王懿荣的学术成果向其他学友推介。如对王懿荣首先提出《尚书》中“宁王”“宁武”等文中的“宁”系“文”字之误，陈介祺对此颇为赞同，并连同自己的观点一同向潘祖荫作了介绍：

福山王廉生农部懿荣书来，谓大诰宁王宁武皆古文字作作之讹。余谓文人见诗，前文人见兮中钟西宫簋，尤不可移，则大诰之为真古文亦定矣。伐武庚之罪，自当告武王庙，三叔之罪，自当告文王庙，则文王文人之说，甚为有见。(同治十三年十月十三日致潘祖荫)

高水平的辨伪是奠定陈介祺在金石学史中突出地位的重要基石。陈介祺与王懿荣多次探讨辨伪问题，陈介祺从器形、款识、义理、视野等方面大处着手、小处着眼，向王懿荣传授了许多辨伪经验：

伪刻必有斧凿之痕，以铜丝刷去之，则又有刷痕而字锋又失。且旧物手摸即可知（铜玉等皆然，古物皆然)。伪者必不浑融，伪者斑下无字，斑中更不能见字。古器过朽，铜质无存，则字不可剔而可见。真者字底铜有汗积灰，必不能伪。铸字刻字必可辨，铸字佳者，每上狭而下宽。……书自有时代，相较可知。书亦有工拙，书亦有王朝与各国之不同。文义亦有定制，多见类推，自可知也。(同治十三年五月致王懿荣)

古人用心无大小皆用其极，小者只是其心用熟，自然能如此，非如后人止专在小处搜求也。……常人之器以形别，有国有位之器以文别。(同治十三年七月二十五日致王懿荣)

陈介祺的书法篆刻艺术观点多是从其对于金石学的深厚研究中派生的，

① 王懿荣致陈介祺信札，国家图书馆古籍部藏，福山吕伟达抄本。

其书法散发着浓郁的“金石味”。陈氏著有《习字诀》行世，各种书体均多融古法，笔锋犀利，具有鲜明的艺术特色。他在艺术观念上是鲜明的崇古主义者，如同治十三年五月陈介祺在致王懿荣的长信中说“古人之字只是有力，今人只是无力。古人笔笔到，笔笔起结立得住，贯得足，今人如何能及。不知只是未向此中追求，好古必以文字为主也”，透视出其对书法艺术取法的独特感悟。

二、与潍县王石经等

王石经是陈介祺篆刻思想的最忠实的实践者。王石经（1833—1918），字君都，号西泉，别署甄古斋主，潍县人。少有膂力，入武庠，得中武秀才，擅长技击一道。嗜金石文字与治印，尝同王懿荣、盛昱、徐坊诣太学观石鼓，同宫本昂赴琅琊拓秦刻石，刻“曾登琅邪手拓秦刻”印纪其行。自陈介祺归里后，王石经与其朝夕过从，夙称莫逆，颇得陈介祺指授与赏识，陈介祺用印亦多出于王石经之手。而陈介祺金石学渊博，收藏富甲海内，王石经寝馈其间，悉心观摩数十年，详其文辞，取其笔法，识其奥赜，印刻皆从古而来，虽生于道咸时，奏刀殊无当时篆刻名家之习。王献唐尝评：

> 潍县王西泉石经，日与簠斋申堂诸人相处，见闻特博，又喜鉴收古印，与高翰生等，辑为古印偶存，日寝馈其中，以性情之所好，簠斋之指授，乃专学治印。白文以汉为宗，几可乱真，虽或不如黄桂浑厚，然乃真能为汉印者。间仿白文秦印，亦皆入妙，惟不能为细朱文之小玺。其大玺更以彝器文字入之，拘而不化，章法刀法古穆之趣，与周玺不侔。彼盖以簠斋之夙教，欲以金文入印，自辟蹊径者也。①

王献唐此语确为知言。陈介祺在《西泉印存》②（图1－4－3）题跋中称：“王君通隶法，名字采中郎（字曰君都）。好古天机妙（阮文达公谓，非天机清妙不能好三代文字），多材雅事详。印摹镫照汉，帖抚拓追唐。何日编钟鼎，同登赤重堂。”又称：“西泉作印与年俱进，昔师汉印，今则秦斯、金石刻，三代器文之法，有得于心，徒以古印求之，非知西泉者矣。”“西泉作印，

① 王献唐：《五镫精舍印话》，齐鲁书社1985年版，第150页。

② 〔清〕王石经：《西泉印存》，钤印本，陈继遵藏。

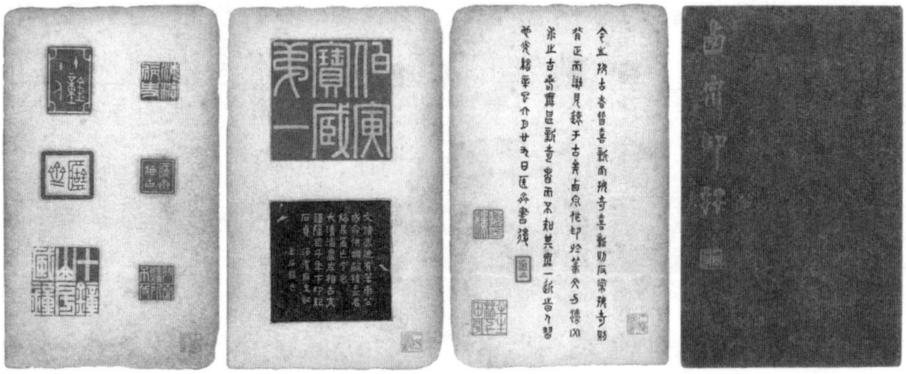

图1-4-3 王石经《西泉印存》(一册，钤印本，陈继遵藏)

于篆文刀法，必求之古，若无甚新奇者，而不知其无一近时人习也。”潘祖荫序云：“西泉之印近今无第二人。”吴大澂赞曰：“今观西泉先生篆刻之精，直由秦汉而上窥籀史，融会吉金古玺文字于胸中，故下笔奏刀不求古而自合于古。簠斋丈以为无一近时人习，信然。使㧑叔尚在，不知如何赞叹倾倒也。”张士保则跋有“意在笔先，刀无狂发，以有余之游刃取象外之真神”之赞语。匡源诗云：“喜见西泉子，豪情迈等伦。天怀殊浩荡，赏鉴亦精醇。古篆追秦法，清谈似晋人。张高今不作（谓卯君、南阜两先生），赖此挽千钧。”宋书升跋云：“世运递迁而递降，文学艺事无一不逊前人，则法古尚已。余嗜慕篆书，学之无所进。得交吾乡西泉先生，先生擅此有年矣。其致力之精，取法之善，唯以周宣石鼓及秦泰山、琅邪刻石旧拓本，心摹力追，外此如李阳冰、释梦英等遗笔，亦不屑寓目。故为书庄而不佻。其坚也如石嵌壁；其朴也如金在矿；其雄劲而委婉，如鹰隼摩空而螣蛇之出穴也。以余力为人摹印，莫不叹绝。岁丙戌春入京师，吴县潘伯寅尚书见此自辑印册，亟推为天下第一。盖先生与陈寿卿学士游，学士藏秦汉官私章玺近万纽，曾商订万印楼印谱，缪篆体势按类分究，洞悉规范，而又以作书之意萃精力以取之。其运刀也，或捎之而使阴，或杀之而使阳，当其游刃于虚目中，但见有篆，不见有石也。庄生所谓庖丁解牛，恢恢有余地者，殆亦得其悬解而驯致，以进于道与前修。”① 此外尚有

① 〔清〕王石经著，陈进整理：《西泉印存》，天津人民美术出版社 2014 年版，第 67～71 页。

吴重熹题诗及盛昱、王懿荣题跋等，多有赞语。陈介祺在致王懿荣、吴大澂、潘祖荫等人的书信中亦对王石经广为推誉，言“平生倩人作印数百，皆不慊，唯同邑王君西泉能知古意”（同治十三年十二月四日致王懿荣），“武生而能作篆隶，知古法，刻印尤得汉法，亦能作钟鼎”（同治十三年二月十三日致潘祖荫），“刻印似今人所不及”（光绪元年正月二十六日致吴大澂），“似不让㧑叔也”（光绪元年正月十一日致潘祖荫）。陈介祺于学术、艺事见解颇深，自视极高，向来不轻易赞许他人，唯对王石经情有独钟，此间既有王石经治印系经陈介祺指授，能够践行陈介祺印学思想之故，又有王石经好古敏求，学识日深，刀笔益精之故。《西泉印存》中所载“伯寅宝藏第一”巨印，系陈、王为潘祖荫得藏大盂鼎而刻，印稿及款文均出自陈介祺之手，由王石经奏刀而成，印文谨严，刀法稳实，对此陈介祺与潘祖荫尺牍中言及五次方定稿，可见其于篆刻创作之严谨。同治八年（1869）九月陈介祺使王石经取天发神谶碑入印刻“海滨病史”，印化天然去雕饰，寓奇于平，气势雄强，灵动生趣，古意盎然，陈介祺款署“印篆之奇，前此所未有也”，并于印稿下题记（图 1－4－4）①：“吴天玺天发神谶碑字，古今书之至奇者，其法偶于汉碑额、汉印中一见之，他无有也。六朝后书家无习之者，本朝惟金冬心书似，窃取之而不言，所自以秘其奇，世人知吴碑之奇，而不知其出于古漆书之刀法，知其奇而又不知习之。吾友王子君都既

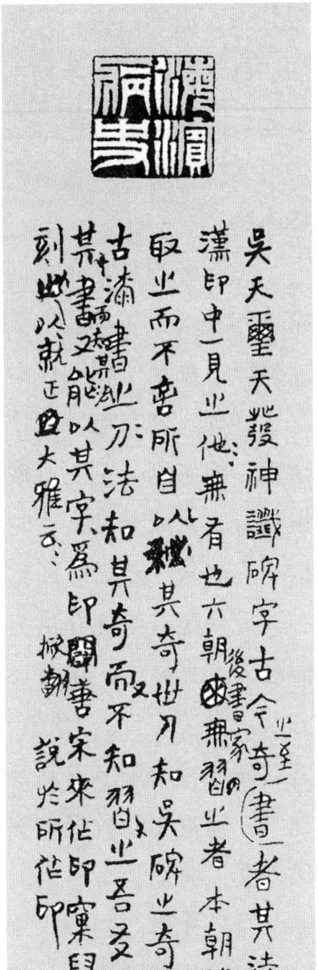

图 1－4－4　陈介祺题王石经治“海滨病史”印

① 陈育丞：《记王石经治印》，载《文物》1963 年第 10 期。

习其书，而知其法，又能以其字为印，掀翻唐宋来作印窠臼。”虽然王石经平生居邑远离浙皖等篆刻创作中心，其治印却在陈介祺的“指授”下以取法乎上见长。他宗法汉铸，将吉金石刻文字融会入印，一心师古，悉心探究，不为时人所囿，可谓晚清颇具代表性的古典主义印人，于山东篆刻史中可谓高峰人物之一。

王石经曾与陈介祺商订辑录古玺印之事。其曾辑簠斋藏印兼少取其他各家藏印成《集古印隽》四册，陈介祺题：“王西泉四弟，余归里来文事友也。能刻印，见余所藏三代秦汉玺印而益进；能作篆隶，见余所藏秦泰山廿九字、汉二杨碑、郭有道碑真本而益笃；能嗜古文字，见余所藏吉金而能读；且善毡墨，能鉴别，见余所藏唐宋来书画而更精审。朝夕过余讨论已二十余年矣。识见日上，藏弆日富，时人已多推之。”① 光绪十六年（1890）王石经与田镕叡、高鸿裁、刘嘉颖同辑成《古印偶存》四册，选印精严，钤印精良。

此外还有为陈介祺汇集金石且与其甚为契合的高文翰。高文翰，字薇垣，潍县人。光绪十一年（1885），高文翰辑所得古印成《印邮》八册，存印720方。王懿荣序云：“薇垣与陈簠斋丈论古为最契合，尝走数千里为簠老访古。万印楼所收印玺多出其手。光绪甲申长夏，薇垣游大梁及关中，累月不得归。比归，则簠丈先数日老去。薇垣乃携遍拓所新得物和白打钱，旷野无人，寒风萧瑟，哭而焚诸墓上，酬以告之。虽陈氏子弟不知也。”

受陈介祺“指授”的印人还有陈佩纲、胥伦等。陈佩纲（？—1879），字子振，陈介祺族弟，尤工摹刻古印，陈氏称其“刀胜于笔，临摹尤长”，陈介祺所用之印有由陈佩纲代刀者，如同治十三年（1874）九月二日陈介祺在致王懿荣的书信中云及：“近所用钟鼎文小印，乃自篆，令族弟佩纲子振学刻。”陈氏还嘱其为潘祖荫、王懿荣、鲍康、吴云等金石好友摹刻印章，并将陈佩纲摹刻之印辑为《古玺印文传》，寄给京中王懿荣等人请为代销，以助寒士生活之资。惜陈佩纲英年早逝于吴大澂幕府。胥伦，号芰塘，潍县人。少游于簠斋之门，能篆刻，悟古人铸印法，精拨蜡翻砂铸印工艺，以更加复古的治印方式成为同时代印人中的特例。晚年游于京，为王懿荣、盛昱等所赏

---

① 〔清〕王石经辑，陈进整理：《集古印隽》，天津人民美术出版社2015年版，第3～5页。

识。光绪十九年（1893），其铸印集《梧园印蜕》一册印行，牌记署："光绪十有九年，岁次重光单阏月阳在毕日，得甲子案意园郁华阁藏海内金文拓本，摹六十甲子印，潍县胥伦芰塘拨蜡铸。"① 罗福颐云："从明代起，刻石章者皆称仿秦汉，其实明人作品类秦汉者不多。至清代，刻印之风蓬勃兴起，多仿凿印而各成派别。咸丰、同治以后金石学盛行，有翁大年、王石经、胥伦等人出，始仿汉铸印，视其为陈介祺所作诸印，能紧随汉人步武。"②

师从王石经者有王石经长子王幼泉、陈介祺五世孙陈君藻。王幼泉，(1855—1921)，名宗彝，字幼泉，以字行，聪颖特建，有"雏凤"之誉，篆刻承家法，工稳流畅。陈君藻（1901—1987），名奎章，字君藻，中年后以字行，得王石经亲授，远宗十钟山房古印韵致，近汲甄古斋篆刻之法，深研三代秦汉文字，讲求法度，一丝不苟，印风端庄静穆（图1－4－5）。

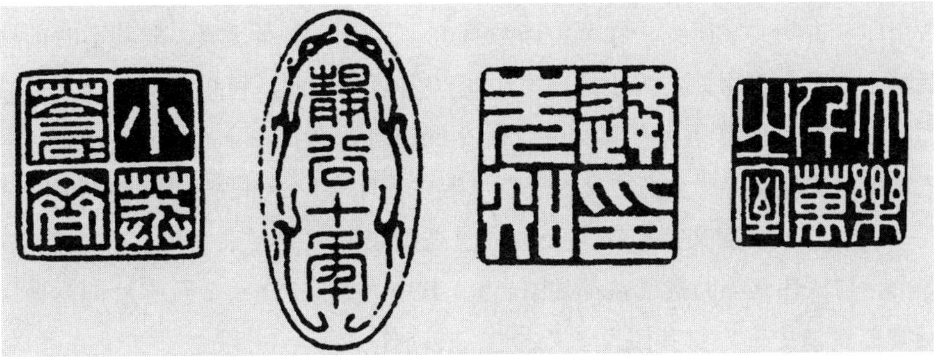

图1－4－5　陈君藻治印

三、与益都孙文楷

孙文楷（1847—1912），字模山，亦署模珊、模卿、穆山、憨山、芝生、柳泉、山泉、菊溪等，号稽庵、默道人、东田耘叟、东野朴士，以鉴古斋、保铸山房、文石斋、方泉精舍、泉府、纸窗竹屋等名室，山东益都（今青州）人，是晚清时期的一位金石学家，工诗及古文。同治十二年（1873）中举，

① 《梧园印蜕》，山东省图书馆藏本。
② 罗福颐：《古玺印概论》，文物出版社1981年版，第96～97页。

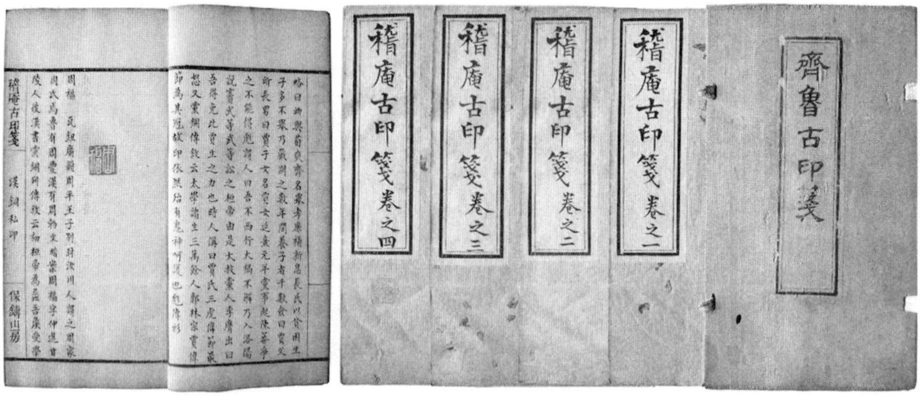

图1-4-6 孙文楷《稽庵古印笺》（亦名《齐鲁古印笺》，四卷，钤印本，山东师范大学图书馆、山东省图书馆藏）

后不图仕进，安于乡村，农事之余潜心著述。孙氏早年嗜好古泉，后专心于古玺印、古陶文字研究，收藏古印数百方。其家与临淄接壤，故其不时前往荒野中寻觅古器物并广为收购，家中资产多消耗于此。每得一器，孙文楷必悉心拓墨，广征群籍，考其文字，晨夕探究，积久成书。孙文楷与陈介祺、王懿荣、法伟堂等为金石之交，著有《鉴古斋印存》、《稽庵古印笺》（图1-4-6）、《木庵古陶文字》、《一笑集》、《适野集》、《老学斋文集》、《古钱谱》等书，与法伟堂等同撰《益都县图志》（其中《艺文志》《金石志》即为孙氏所撰）。《清史稿》将其作为忠义之士，传略作：

> 孙文楷，字模卿，山东益都人。同治癸酉举人。潜心著述，尤精金石之学，以收藏贫其家，力耕自养，恒屡岁不入城市。有《适野集》《一笑集》，皆咏田事诗也。逊位诏下，家人秘不以闻。经月，忽入城访友归，即仰药自尽。将死，嘱其子曰："吾行吾所安耳，毋谓我死节也！"著有《老学斋文集》二卷，《今吾吟草》四卷，《稽庵古印笺》四卷，《古钱谱》等书。①

《清史稿》所记显然是褒扬孙氏"仰药""死节"之举。陈介祺雅重其学，并于光绪十年（1884）跋《鉴古斋印存》："大著考释精博，敬佩敬佩。唯古器古印不可轻剔，剔则笔画虽见，古意易失，尤不可用快刀尖

① 〔清〕赵尔巽等：《清史稿》卷四百九十六，中华书局1977年版，第13725页。

针也。”① 二人往来书信传世不多，山东省图书馆藏有光绪九年（1883）十二月陈介祺致孙文楷书信（图1－4－7）一通：

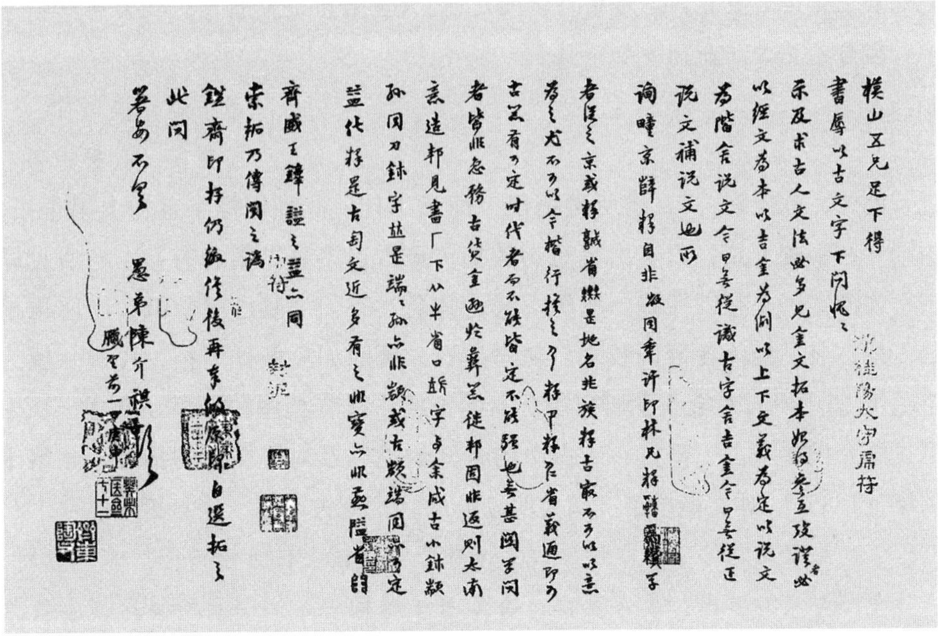

图1－4－7　光绪九年（1883）十二月陈介祺致孙文楷书（山东省图书馆藏）

模山五兄足下：

得书辱以古文字下问，愧愧。示及求古人文法，必多见金文拓本，始得参互考证者，必以经文为本，以吉金为例，以上下文义为定，以《说文》为阶。舍《说文》今日无从识古字，舍吉金今日无从正《说文》、补《说文》也。

所询疃京薛释，自非，敝同年许印林兄释[illegible]为缵，学者从之。京或释[illegible]省，[illegible]是地名，非族。释古最不可以以意为之，尤不可以今楷、行推之。[illegible]释[illegible]，释[illegible]省，义通即可。古器有可定时代者而不能皆定，不能强也，无甚关学问者皆非急务。

古货金逊于彝器，徙邦固非，返则太率意，造邦见《书》，厂下从[illegible]，

① 《鉴古斋印存》钤印本，山东博物馆藏。

省口。字与余藏古小玺颛孙同，刀玺字并是端。端孙亦非颛，或古颛、端同，亦可定。益化释是。古匋文近多有之，非宝，亦非燕。隘省，齐威王镈谥之益亦同。索拓乃传闻之讹。《鉴斋印存》仍缴，俟后再奉假原印自选拓之。此问箸安不具。

愚弟陈介祺顿首

腊望前一日庚申

此外，陈氏嘱："瓦槽所得拓仅一面又不佳，此种模糊字宜初上墨全拓，次则专在字画上拓，以看出笔意为佳拓。藏古以多藏拓墨为有益，有所见即拓寄或购寄，必有以藏报。乞历下代为物色。召伯虎簋已有数纸，尚愿再求二三纸，典见经传各器同装之。鹿孝禹石，历肆如见极佳旧拓，代购一幅为企。"① 信中既有对金石学研究宏观上的把握，又有具体的考释和方法，从中可见陈介祺在考古、释古、传古中的真知灼见以及对孙文楷的指授。光绪十一年（1885），孙文楷撰于济南大明湖畔的《稽庵古印笺·序》云及：

余居益都……嗜印成癖，每搜奇于稷下，常访古于田间。东郭春耕，玺节与泉刀并出；故宫秋雨，金章与圭璧同登。……余所蓄印，古玺颇多，爰出旧藏，拓为一册，溯元公之旧典，断自周而来，订六代之驳文，等诸自郐以下，鉴别维审，笺注綦详，将欲附古以成书，窃比不贤之识小。尝就正于潍阳陈寿卿年丈，嗜好既合，启迪殊殷，赠以弁言，系以评跋。寸心相印，辄以精博见推；尺素远贻，复以著述相勖。余虽逊谢不遑，未尝不感激思奋也。自是每有新得，互为欣赏，或论世次之先后，或商篆法之异同，疑义与析，乐此不疲。余有志于集印，实自此始。癸未后为济南之游，角艺之暇，玩古自娱。②

孙文楷对陈介祺的钦仰之情溢于言表，以至于陈介祺殁后，孙文楷一时间感到无所适从："寿卿年丈已归道山，惊老成之遽谢，欲就质而无从，原稿具在，题识如新，摘录卷中，用志向慕。"而孙文楷也正是受陈介祺的指授和影响开始收藏、研究古玺印，并最终著成了在古玺印研究史上具有重要地位和影响的《稽庵古印笺》四卷。

① 陆明君：《陈介祺年谱》，西泠印社出版社 2015 年版，第 420 页。

② 〔清〕孙文楷：《稽庵古印笺·序》，钤印本，山东省图书馆藏。

四、与海丰吴重憙

吴重憙（1838—1918），字仲怿，亦作仲怡、仲饴，号蓼舸、石莲，晚号石莲老人，山东海丰（今无棣）人，吴式芬次子，陈介祺长婿，同治元年（1862）举人，曾任陈州知府、河南巡抚等，官至直隶布政使、护理直隶总督、北洋大臣等，民国后寓居天津。少随兄吴重周游，恪守庭训，好古而博综经史。关于吴重憙往来于潍县之情况，其曾记云："先外舅陈寿卿先生与先阁部公早订金石之交，故又缔丝萝之好。咸丰己未（1859）陈夫人来归。至同治壬戌（1862）乡试后，予至潍，九月闻捷旋即回里。庚午（1870）予送张甥树杰乡试到济，后甥赴秦，予欲肄业金泉书院，寿老属予馆潍，备三冬文史之用。十月到潍度岁，方欲束装入都，适遭先外姑李夫人之丧，下旬方克就道。壬申（1872）二月，为内弟陈德念之殡，往祀土社并游超然台、五莲山，四月归里。秋九月，因外姑之殡，与利津李竹朋年丈又同往襄礼，事毕又与竹丈作劳东之游，十月归里。"① 而对于吴重憙抄本《潍县陈氏宝簠斋藏器目》，陈介祺题跋云："仲饴既手录余斋金文各册竟，复为录所藏吉金成目。余自甲寅后里居，无友朋之乐、室家之安，既惩夺志，又扰守望。六年来始稍稍检拓，思装册汇目，存其昔好，久未能就，今得仲饴相助，旬余而毕，业成于勤，即此可推。第吾所望于仲饴者大且重，仲饴勉之哉，勿以此夺志也。"陈介祺对吴氏寄予厚望，多与之谈论治学之道，或授之以作字之法。而吴氏承前辈之故志，笃好金石，与潘祖荫、王懿荣、鲍康、左宗棠等皆有交谊，并拜潘祖荫为师，与王懿荣结为亲家。吴式芬、陈介祺合著之《封泥考略》，亦多赖其整理并刊印。吴重憙亦有著述多种，如《吴氏文存》《吴氏世德录》等。

① 《簠斋藏古目》吴重憙题记，陈氏家抄本。

第五章 陈介祺青铜器收藏与研究

陈介祺是中国金石学史上的大家。他的青铜器收藏数量众多，《清史稿》称其“所藏钟鼎、彝器、金石为近代之冠”。而且，他的藏品质量高、精品多，例如毛公鼎、天亡簋、兮甲盘等都是稀世珍品、国之重宝。相对于青铜器收藏，他对青铜器研究的贡献更加突出。一方面，他以青铜器铭文正史书记载之谬误，取得了巨大的成绩；另一方面，其对青铜器及青铜器铭文的考释对当时乃至后世之研究产生了巨大的影响。

第一节 陈介祺的青铜器收藏

在陈介祺的众多藏品之中，青铜器是其最主要、最重要同时也是其最为专注的一类收藏。陈介祺收藏古物有“三重”，即重三代秦汉之器、重文字之器、重精藏。最符合这三个条件的当属青铜器，因此陈介祺对于青铜器尤其是三代青铜器的收藏和研究极为关注。同理，若要研究陈介祺的青铜器收藏以及其对青铜器研究的贡献，首先要明确其青铜器收藏的准确数量、种类、时代、铭文等基本信息。

一、陈介祺青铜器收藏的种类和数量

陈介祺收藏的青铜器究竟有多少，很难给出一个准确的数字。但基于陈介祺本人各时期著述、往来手札以及其后人的整理研究资料，我们大致可以对其所藏青铜器种类和各类数量进行简单归纳。因玺印、铜镜、古钱及泉范另文讨论，在此不做讨论。又因其藏铜器种类较多，如果单以时代或功用分类难免混杂，因此采用时代与功用相结合的分类方法，以便使读者能一目

了然。

有关陈介祺青铜器收藏的著述及所载器目如下：

（一）《潍县陈介祺金文拓本释》

同治十年（1871）吴重熹抄本。成书年代较早，收录不全。

（二）《潍县陈氏宝簠斋藏器目》

同治十一年（1872）吴重熹手录稿本。陈介祺跋，内有“《宝簠斋金石目》，壬申以后得者不载”。此书成书时间过早，收录亦不全。

（三）《簠斋藏器目》

江标辑，《元和江氏灵鹣阁丛书》第一集，清光绪刻本，载263器。

所载器目：钟11、铎1、鼎21、簠4、簋1、尊10、敦26、爵52、觥1、斝2、卣11、觶16、角3、觚6、鬲3、甗2、盉3、壶1、罍1、鉼1、釜2、鋘1、碗2、盘6、匜6、刀2、剑4、戈46、矛13、镈1、铺首3、镂鞠1，共计263件。

（四）《簠斋藏器目第二本》

江标辑，《元和江氏灵鹣阁丛书》第五集，光绪刻本，载179器，较前者少收“古兵杂器”84器。

所载器目：钟11、铎1、鼎20、牺尊2、尊8、卣10、壶1、罍1、鉼1、斝2、觚6、觶17、角3、觥1、爵44、敦24、盘4、匜5、区2、鋘1、鬲3、簠4、簋1、甗2、盉3、杂器2，共计179件。

（五）《簠斋吉金录》

邓实辑，1918年风雨楼影印本，载陈介祺所藏商周彝器、兵器、秦权量、汉器、弩机、泉范、金铜像等共389器。邓实在开篇目录后附识云：“……今编吉金录，略依江氏所刊两目而补其所未备，复增入秦权量刻辞及汉器弩机泉范造像等共得三百八十九器，较之江目多出百二十六器。簠斋藏器太略已备矣。”此书唯一的遗憾在于“镜印符牌之属当另辑专书”，所以所收陈氏藏器目不全。

所载器目：钟11、铎1、鼎22、尊10、卣11、壶1、罍1、鉼1、斝2、觚6、觶16、觥1、爵45、簋26、盨1、盘6、匜6、釜2、鋘1、鬲3、簠4、盉3、甗2、碗2、丰字器2、古距末1、秦宰箕铲1、秦量3、秦诏版11、鼎

13、甗鍑1、钟3、鎜1、镫12、熏炉1、饭幩1、葆调1、车饰2、金刃1、弩机18、铜范67、古兵器41、造像25，共计389件。

（六）《簠斋藏古册目并题记》

十六册。邹安校录，1920年铅印本。该书所载器目、顺序与《簠斋藏古目》略同，但失收卷十七权、卷十八弩机，而且题记内容、器目数量都与《簠斋藏古目》有所不同，可供参考。

（七）《簠斋藏古目》

三册。1925年刊行本。第一、二册分别编次于光绪七年（1881）、光绪九年（1883）。第三册为未完之册。第二册后有陈介祺后人陈文会补遗。此书除石刻、古陶、砖、镜及玺印等失收外（第三册只载部分朱文官私印），所载簠斋藏品详备，较其他簠斋藏目亦更可信，是了解陈氏藏品的主要凭证资料。是书共收录先秦至两汉钟鼎彝器、兵器、量器和铜诏版等400余件。

（八）《丛书集成初编》

王云五主编《丛书集成初编》中收录《簠斋藏器目及其他四种》，1936年商务印书馆影印，内含《簠斋藏器目》及《簠斋藏器目第二本》，所载陈介祺藏青铜器器目与江标所编相同。

（九）《簠斋轶事》

陈育丞作，载《文物》1964年第4期，文中称陈介祺藏特钟7、编钟4、方鼎3、圜鼎15、牺尊2、尊8、卣11、壶1、罍1、鉼1、斝2、觚5、觯16、角3、觥1、爵50、簋26、錞1、盘5、匜6、釜2、鋘1、鬲3、簠4、盨1、甗2、盉3、碗2、剑4、干首2、瞿4、戈40、矛10、秦汉器80余事。

（十）《秦前文字之语》

陈继揆整理，齐鲁书社1991年出版。整理者在前言中称“簠斋收藏之富，鉴别之精甲天下。……仅举其有铭文者，商周铜器二百四十八件，秦汉铜器九十七件，石刻一百一十九件，砖三百二十六件，瓦当九百二十三件，铜镜二百件，玺印七千余方，封泥五百四十八方，陶文五千片，泉镜镞各式范一千件，铜造像无目不计。论私家收藏之富，盖已空前矣。”后人对于陈介祺藏品数目的认知，多从此说。

（十一）《簠斋研究》

陆明君著，荣宝斋出版社2004年出版。书中详考陈介祺所藏青铜器数量，并按照时代和类别分别进行了讨论，分类较细，共列器目300余件。

所载器目：商周青铜器有钟11、鼎19、牺尊2、尊8、卣11、壶1、罍1、鉼1、斝2、觚6、觯16、角3、觥1、爵53、簋25、盘5、匜6、釜2、鋘1、鬲3、簠4、盨1、甗2、盉3、碗2、剑4、干首2、瞿4、戈40、矛6，共245件；秦汉铜器及权量诏版包括汉鼎11、镫10、洗15、弩机23、秦始皇诏铜版铁权1、秦始皇诏铁权铜版1、秦始皇诏二世诏铁权铜版1、秦量3、量版6，共71件；簠斋藏古兵未见目载。鲍康《续丛稿·记陈氏古兵》载："陈寿卿复以所得古兵拓寄王廉生，凡三十三纸，廉生持示余，悉有款识，为戈二十有二、瞿五、矛四、干首一、镦一，吕不韦一戈字尤精。其出齐地者十之七，巨观哉。"

（十二）《簠斋金文题识》

陈继揆据《簠斋藏古目》及簠斋金文拓包装纸上的题识整理而成，文物出版社2005年出版。收录钟、鼎、簋、甗、爵、镫、熏炉、弩机等共354器。该书应该是新中国成立以来关于陈介祺青铜器藏目最为翔实、准确的辑录，极具参考价值。

所载器目：钟7、编钟4、铎1、方鼎3、圜鼎18、鬲3、甗2、簋25、錞1、簠4、簋1、牺尊2、尊8、卣11、盉3、壶盖1、罍1、鉼1、斝2、觚5、觯16、角3、觥1、爵50、盘5、匜7、釜2、鋘1、碗2、剑4、干首2、瞿4、戈45、矛6、镈1、丰字铜器2、金铺1、距末1、铜镂鞠1、权1、权版2、量3、量版6、鼎12、鍑1、甑1、钟3、鋈1、熏炉1、雁足镫1、高镫3、烛豆1、锭1、行镫4、行镫盘1、饭帻1、壶1、金刃1、汉铜器6、权2、车铜4、葆调1、刀圭1、洗13、奁1、铜牌1、弩机22、合符钩1，共计354件。

（十三）《国家图书馆藏陈介祺藏古拓本选编·青铜卷》

浙江古籍出版社2008年出版，序中称国家图书馆藏陈介祺传古拓本青铜器1500余纸，是卷仅拣选拓工精美、保存完整、有名人收藏题识者191种。其中，三代青铜器75种（附战国陶器1种）、秦汉铜器43种（附唐代符节3种），铜造像24种，善业泥5种，古泉范40种。检其所列，种类较全，除玺印、镜鉴外几乎各类均有收录，但是每一类仅拣选部分上品，其总量未知。

所载器目（载陈介祺拓片目录）：钟12（06、08实际为一物两拓）、鼎7、簋10、盨1、簠4、尊1、觯2、觚1、爵22、角3、盉2、壶1、盘3、鋘

1、釜1、戈6、矛1、剑1、盘1、诏量3、甗1、鍪1、烛盘1、镫4、熏炉1、洗12、弩机7、虎符6、造像记21、善业泥5、泉范30。

仅就以上各版本著述所列陈介祺藏青铜器目，去其冗余而取其合集后，我们会发现，陈介祺所藏青铜器数量远远高于先前所见各版本。但是，这与陈介祺所藏青铜器的真正数目仍相去甚远。一方面，几乎各版本著述对其青铜器收录都存在不同程度的漏、缺情况；另一方面，每一著作成书（文）时间、所依据资料来源也不相同，遗漏、重复甚至错误之处在所难免。

二、陈介祺所藏青铜器目录

上文已对陈介祺所藏青铜器种类进行了归纳，使我们对陈氏所藏青铜器种类有了大概的了解。再结合《簠斋藏古目》《簠斋金文考》《簠斋金文题识》《簠斋研究》《国家图书馆藏陈介祺藏古拓本选编·青铜卷》等著述进行比对综合，可得其青铜器名目如下：

（一）三代器

钟（11）　邢仁钟、遣钟、兮仲钟、纪侯钟、楚公豪钟（三器）、古奇字编钟、虢叔旅编钟、遣编钟、许倪编钟

铎（1）　受铎

鼎（22）　毛公鼎、趠鼎、鄂侯驭方鼎、郑君媿鼎、犀伯鱼父鼎、斟其鼎、子作父癸鼎、已亥方鼎残器、天君鼎、陈侯鼎、伯鱼鼎、杞伯敏父鼎、堇伯鼎、鼎字鼎、褱鼎、伯鼎、旁肇鼎、厘鼎、眉脒鼎、梁上官鼎、□鼎、莫伯鼎

尊（10）　商牺尊盖、亚形牺尊、应公尊、传尊、子祖辛尊、遣尊、鱼父庚尊、鲁文旁尊、员父尊、双角形子父己尊

卣（11）　效卣、瑟中狂卣器、白哀卣、祖癸残卣、矢伯鸡父卣、析子孙父乙卣、罒父辛且己卣、析子孙父丁卣、子孙父癸残器、舟旁父丁卣、豚卣

壶（1）　中伯壶盖

罍（1）　钦罍

鉼（1）　繁安君鉼

斝（2）　瞿斝、父乙斝

觚（6）　天子班觚、手荐血形父丁残觚、且戊觚、父乙子豕形觚、叔

觚、举觚

觯（16） 母甲觯、周垣重屋且己觯、父丁告田觯、幼子父丁觯、子鱼父丁觯、子孙父己觯、聿贝父辛觯、举父己觯、子父庚觯、亚中子形父乙觯、毛觯、举且戊觯、举且丙觯、癸觯、子立刀形觯、子执器父癸觯

觥（1） 妇闆觥

爵（53） 盂爵、虘爵、□作祖辛爵、癸罠爵、二龙奉中父癸爵、两手奉中爵、父己析子孙爵、父戊舟爵一、父戊舟爵二、子在褓子执干形爵、立瞿中爵、子壬乙辛爵、弅祖癸爵、祖乙爵、祖辛爵、山丁爵、子丁爵、丁举爵、作乙公爵、手执中爵、父戊爵、子孙爵、父甲爵、子□父乙残爵、父乙爵、旂单父丙爵、鱼父丙爵、鱼父丁爵、子别父丁爵、父丁举爵、父丁爵一、父丁爵二、父丁爵三、父戊爵、举父己爵、子负主父庚爵、酉父辛爵、父辛爵、二足蹈矩父癸爵、子提卣父癸爵、手执爵形父癸爵、双爵形父癸爵、爵形父癸爵、爵集木父癸爵、饔飧爵一、饔飧爵二、鹈爵、鱼爵、鬲爵、举爵、团爵，另两爵名未考

簋（24） 天亡簋、君夫簋盖、颂簋盖、函皇父簋（器、盖）、录簋（器、盖）、师寰簋（器、盖）、丰兮簋（器、盖）、𠨘𢍰簋、小子师簋、商祖庚乃孙簋、格伯簋、虢遣生簋、伯闳残簋、纪侯簋（器、盖）、伯乔父簋、中簋、伯鱼簋（器、盖）、伯鱼簋残器、子戊簋、癸山百乳簋、庙形百乳簋、双凤集木簋、𢦏句母簋、每父乙簋

敦（1） 陈侯因資敦①

盘（7） 兮甲盘、齐太宰归父盘、敏盘、陵子盘、父丁盘、綁父盘、取膚盘

匜（7） 陈子子匜、取膚匜、窀匜、黄中匜、函皇父匜、苏甫人匜、王妇異孟姜匜

釜（2） 齐太公田和釜、陈纯釜

鋘（1） 齐左关鋘

鬲（3） 艾伯鬲、郑燕伯鬲、郳始鬲

簠（4） 曾伯霥簠、许子壮簠、都公諴簠、虢叔簠

① 即陈侯因資簠。

盉（3） 立瞿子执干形盉盖器、父辛盉盖、史孔和

甗（2） 龚妊残甗片、伯贞残甗片

碗（2） 启碗一、启碗二

丰字器（2） 丰字铜器一、丰字铜器二

角（3） 陆角、爻角、宰椃角

盨（1） 迟盨

距末（1） 古距末

金铺（1） 金铺

铜镂鞠（1） 铜镂鞠

戈（47） 商奇字龙首戈、二年群子戈、卅三年戈、周□四年残戈柲、呈戈、梁伯戈、宋公戈、平陆戈、平阳戈一、平阳戈二、羊子戈、高密戈、子备戈、仕戈、就戈、无盐戈、陈戈、陈图戈、右濯戈、陆右戈、子戈、魏散父戈、郑戈、铁戈、右卯戈、黄戈、陈鹿戈、侃戈、伯晳戈、堲戈、右军戈、吾戈、帠戈、皇宫戈、高肖戈、郾王戈、郾王残戈柲一、郾王戈柲、郾王残戈柲二、大长戈、左军戈一、左军戈二、辂戈、秦子戈、余子戈、吕不韦戈、归戈

刀（2） 古刀一、古刀二

剑（4） 高阳剑、叔子剑、古金银错十二字剑、王元䛬剑

矛（12） 古矛一、古矛二、邗矛、宝矛、羊矛、高矛、武父矛、安□矛一、安□矛二、郾王矛一、郾王矛二、郾王矛三

镈（1） 羊镈

干首（2） 五字干首、鱼字干首

瞿（5） 夏川瞿、商立瞿钺形瞿、商卯瞿、商虎父立刀瞿，余一名无考

铺首（3） 铺首一、铺首二、铺首三

（二）秦器

诏版（3） 秦始皇诏铜版铁权、秦始皇诏铁权铜版、秦始皇诏二世诏铁权铜版

秦量（3） 秦始皇诏二世诏铜量、秦始皇诏二世诏铜量（吴氏）、秦始皇诏二世诏铜量（李氏）

量版（6） 秦始皇诏木量铜版、秦二世诏木量残铜版、秦二世诏残铜

版、秦二世诏木量铜版一、秦二世诏木量铜版二、秦二世诏木量铜版三

镵（1）　秦宰箕镵

（三）杂器及汉代以后器

鼎（12）　牦车宫鼎器、阳周仓金鼎、杜共鼎盖、乘舆十湅鼎器、云阳鼎器、废丘鼎盖、临淄鼎器、上林鼎、美阳共厨金鼎、□□鼎、淄川金鼎、安成家铜鼎

甗鍑（1）　渔阳郡孝文庙铜甗鍑

壶（1）　富贵壶

钟（3）　新莽中尚方钟、东汉陈彤钟、扶侯钟

鍪（1）　十六年鍪

灯（镫）（12）　绥和雁足镫、池阳宫行镫、桂宫行镫、万岁宫镫、临虞宫镫、步高宫镫、开封行镫、日上镫、未央宫尚浴府乘舆行烛盘、士军侯烛豆、曲成家锭、晋大康镫盘

熏炉（1）　阳泉使者舍熏炉

饭帻（1）　常乐卫士铜饭帻

葆调（1）　毕少郎葆调

车饰（4）　前右上广车铜、在厗下车铜、大吉利车铜一、大吉利车铜二

金刃（1）　胶东食官金刃

弩机（23）　八石中尚方弩机、迟秀调祝元□弩牙、大吉弩、馆陶郭小机、何氏小机、河东冯久机、河东李游机、河内工官百八九三丁机键、河内工官弟六十十两机、河内工官二千九十两机、河内工官千六百廿六两机、京兆官弩弩牙、南阳工官机二键、南阳工官机二键二、邵赟陈宗机郭、太仆机、魏正始二年左尚方机、永和二年五月书言府四石机、永寿二年正月己卯诏书四石机、永元六年十万工造四石机郭、元初二年残机郭、元初二年赏边发八石机郭、正始五年十二月卅日左尚上造步弩机郭

合符钩（1）　益寿合范钩

汉权（2）　新莽建八两圆权、长宜子孙小权

洗（13）　董是器洗、董氏作洗、严氏造吉羊洗、吉羊富昌洗、陈富贵昌洗、吉羊洗一、吉羊洗二、富贵昌宜侯双鱼洗、富贵昌宜侯王洗、君宜子孙双鱼洗、君宜子孙也双鱼洗、长宜子孙双鱼洗、大吉羊双鱼洗

刀圭（1） 大郭刀圭

汉器（6） 尚方故治八千万铜器、完字铜器、千金氏铜器、大者千万家铜器一、大者千万家铜器二、少府铜器

盘（1） 矢胸盘

虎符（6） 广阳虎符、东莱太守虎符、桂阳太守虎符、宸豫门开门龟符、左武卫将军传佩鱼符、朗州传佩鱼符

奁（1） 晋泰康奁

铜牌（1） 西夏铜牌

造像（33） 北齐皇建蒙伯仁造像座、北齐天保辛始造像、北魏景明造像、北魏太和□两徂造像、北魏太和曹党生造像、北魏太和丁柱造像、北魏兴和刘目连造像、北魏延昌秦□国造像、北魏延昌孙枭雌造像、北魏永平阳信范汉世造像、北周保定邓仲略造像残座、北周武成邢定国造像座、胡十造像、僧遵造像、隋大业□父绵造像座、隋开皇金孝旭顾嵩合造像、隋开皇李□达造像、隋开皇缇□薄造像、隋开皇王□晖孙□侃造像、隋开皇吴市兴造像、隋开皇阳河阿鲁造像、隋仁寿高容造像、隋仁寿张保亮造像、□□造像、□遵造像、刘显要造像、汤长嵩造像、吴士兴造像、宣景达夫妻造像、张洪亮造像、正光二年造像、周昌造像、左稽保造像

以上是综合各家著述所列陈氏所藏器目所得，共计 416 件。虽然说这与陈介祺所藏青铜器准确数量还有差距，但至少对于三代重器来说应该不会有大的出入。以上统计不求能全面掌握陈介祺的铜器收藏，仅供大家参考借鉴。

三、陈介祺藏青铜器选粹

陈介祺秉承“重真品”“重精藏”的藏古守则，因此其藏品中无一赝品，而且精品众多，其中不乏一些独一无二的孤品。下面，我们撷取陈氏所藏青铜器中较为著名的几件并略作陈述，以期能窥一斑而见全豹，对陈介祺在青铜器收藏方面所取得的成就有大概的了解。因能力所限，铜器铭文中存疑者不敢妄作定论，为方便阅读而取其较通俗易懂者。文后所列著录亦不敢称全面，但求有助于相关研究。

（一）纪侯钟

栾长 16.5 厘米，甬长 10 厘米，甬上部及干饰重环纹、雷纹及环带纹，

鼓上、篆间、舞上均饰斜角雷纹。陈介祺得此钟于咸丰三年（1853），是年，刘喜海卒，此钟遂归陈介祺。该钟出土于乾隆年间寿光纪台，李廓、刘喜海、陈介祺递藏，现藏于日本京都泉屋博古馆。铭文共3行，计6字，文作“纪侯虓作宝钟”。此器拓片见于《簠斋吉金录》，拓片上有陈介祺手书：“纪侯钟，见《山左金石志》，甬有环者，唯此古钟，有铜钩，多无字，唯南海吴氏所录有从钟之钩四字。”又有邹适庐题记：“钟小而厚，倍它钟，当不中律，国之所以早亡与。录藏古册题记，适庐。”

所见著录：《三代吉金文存》《山东金文集存》《商周彝器通考》《殷周青铜器通论》《陈氏旧藏十钟》《金文通释》《金文集》《山左金石志》《益都金石记》《山东通志》《积古斋钟鼎彝器款识法帖》《金石索》《清爱堂家藏钟鼎彝器款识法帖》《商周彝器释铭》《从古堂款识学》《攈古录金文》《愙斋集古录》《愙斋集古录释文剩稿》《缀遗斋彝器款识考释》《奇觚室吉金文述》《古籀余论》《周金文存》《桦华阁集古录跋尾》《簠斋吉金录》《两周金文辞大系图录考释》《小校经阁金文拓本》《海外吉金图录》《殷周金文集成》《金文总集》《山东金文集成》等。

（二）楚公豪钟①

共3件，现藏于日本京都泉屋博古馆。同治十三年（1874）十月十一日，陈介祺赠潘祖荫虢叔旅编钟、楚公豪钟、龙姞簋等拓本，由此说明，陈介祺得此三钟大约在此年间。三钟形制接近，但尺寸不一，铭文也不尽相同，分别是“楚公豪自铸□钟。孙孙子子其永宝”“楚公豪自铸□钟。孙孙子子其永宝”“楚公豪自作宝大□钟。孙子其永宝”。陈介祺在《簠斋吉金录》中认为“家（豪）从爪，疑仍是受异文”。经学者考证，楚公豪钟是西周中晚期楚国国君熊渠所铸，是目前所发现的年代最早的楚国铜钟，全世界仅发现4件。

所见著录：《簠斋吉金录》《两周金文辞大系图录考释》《殷周金文集成》等。

（三）毛公鼎

陈介祺最为珍爱的铜器收藏，同时也是最具价值、影响力最大的铜器收

① 楚公豪钟，陈氏当初隶定为“楚公豪钟”，今释作“楚公豪钟”。陈氏认为“豪”为“受”之异文，故此三钟又曾被称作“楚公受钟”。

藏。道光二十三年（1843）出土于陕西岐山，咸丰二年（1852）陈介祺斥巨资从西安古董商人苏亿年手中购得，并于此后近三十年内秘不示人，足见陈介祺对它的重视和喜爱。毛公鼎是西周宣王时期器物，半球状深腹，三兽足，双立耳位于鼎口，口沿饰重环纹；铭文位于鼎腹内壁，共32行，计497字（一说499字、501字），是迄今所发现的中国古代有铭青铜器中铭文最长的铜器。铭文讲述了周王励精图治，革除弊病，对毛公委以重任并给予毛公赏赐，毛公为感谢周王而特地铸造铜鼎以记载此事。通篇铭文体例规范，内容完整，是一篇完整的关于周代册命的记载，对于研究西周历史具有重要的价值和意义，甚至“抵得上一篇《尚书》”。除此之外，毛公鼎铭文苍劲有力，具有极高的书法价值。最早对毛公鼎进行考释的是陈介祺，此后，徐同柏、许瀚、郭沫若等也先后对毛公鼎进行过考释，明确了它的时代和价值。正因为其价值之大，陈介祺一度将其藏于家中秘不示人。陈介祺去世后，毛公鼎先后辗转于端方、叶恭绰、陈咏仁等人手中，现藏于台北故宫博物院，是其镇院之宝之一。

毛公鼎铭文：王若曰：父厝，不显文武，皇天弘厌厥德，配我有周，雁受大命。衔怀不廷方，亾不闬文武耿光。唯天畄集厥命，亦唯先正襄辪厥辟，昏堇大命。肄皇天亡炅临保我有周，不巩先王配命。愍天疾畏，司余小子弗彶，邦畄害吉？翩翩四方，大从不静。乌虖！䠤余小子㘚湛于𫲨，永巩先王。

王曰：父厝，余唯肇域巠先王命，命女辪我邦我家内外，悉于小大政，甹朕立。虩许上下若否雩四方，死毋瞳余一人才立，弘唯乃智。余非庸又婚，女毋敢妄寍。虔夙夕叀我一人，雍我邦小大猷，毋折緘，告余先王若德。用卬邵皇天䌛緟大命，康能四或，俗我弗乍先王㥶。

王曰：父厝，雩止庶出入事于外，专命专政，埶小大楚赋，无唯正昏，弘其唯王智，乃唯是丧我或历。自今出入专命于外，厥非先告父厝，父厝舍命，毋有敢悉专命于外。

王曰：父厝，今余唯䌛先王命，命女亟一方，匌我邦我家。毋頋于政，勿雍逮芡□肴，毋敢龏龏橐橐，乃敄鳏寡。善孝乃友正毋敢湎于酉，女毋敢豕才乃服，緟夙夕敬念王畏不睗，女毋弗帅用先王乍明井，俗女弗以乃辟函于𫲨。

王曰：父厝。己曰：彶兹卿事寮大史寮，于父即君。命女𩰫嗣公族雩参有司：小子、师氏、虎臣雩朕亵事。以乃族干吾王身。取征卅寽，赐汝𩰫鬯一卣，祼圭瓚宝，朱市、匆黄、玉环、玉瑹、金车、桒綼較，朱器囩靳，虎冟、熏里，右厄，画轉，画輯，金甬，遣衡，金踵，金豙，勒𩍂，金簟弼，鱼箙，马四匹，攸勒，金钩，金膺，朱旂，二铃。易女𢆶关，用岁用政。毛公𢊔对扬天子皇休，用作障鼎，子子孙孙永宝用。

所见著录：《从古堂款识学》《捃古录金文》《攀古小庐古器款识》《古籀拾遗》《古籀余论》《愙斋集古录》《奇觚室吉金文述》《东方杂志》《容庚先生百年诞辰纪念文集》《缀遗斋彝器款识考释》《吉金文录》《小校经阁金文拓本》《独笑斋金石文考》《铧华阁集古录跋尾》《古器物铭释》《毛公鼎斠释》《毛公鼎集释》《两周金文辞大系图录考释》《周金文存》《周秦金石文选评注》《旧云盦金文释略》《毛公鼎柬注》《毛公鼎今译》《毛公厝鼎铭》《毛公鼎正注》《中国金石学讲义》《毛公鼎铭考》《簠斋吉金录》《三代吉金文存》《金文历朔疏证》《西周铜器断代》《金文选注绎》《金文通释》《金文鉴赏》《西周金文选注》《商周青铜器铭文选》《三代吉金文存释文》《殷周青铜器通论》《殷周金文集成》《两周金文选注》《国宝荟萃》《中国青铜器全集》《周金文选》等。

（四）应公尊

通高 16.4 厘米，口部长径 12 厘米、短径 10 厘米。束颈，腹下垂，腹部饰饕餮纹。铭文位于腹内壁，共 2 行，计 6 字，文为“应公作宝尊彝”。陈介祺得之于道光年间，现藏于山东师范大学历史文化学院文物陈列室。据统计，目前应国具铭铜器共 84 件，其中考古发掘出土 51 件，传世品 20 件，另有 13 件见于各收藏机构。应公尊作为应国早期铜器，对于研究应国历史、西周早期政治与方国关系具有重要意义。

（五）师寰簋

陈介祺的早期藏品之一，得之于道光十五年（1835）二月二十五日，该器现藏于上海博物馆。师寰簋为西周宣王时期的青铜食器，器形较大，宽腹，圈足，下置三兽足，腹部两侧有大龙耳，下有垂珥，造型庄严而浑厚；盖线及器口饰兽目交连纹，其余均为平行脊纹。器、盖对铭，共 10 行，计 117 字。铭文记述的是宣王命令师寰率师讨伐淮夷的事情。师寰簋对于研究西周古国、周王室对淮夷地区的经营以及淮夷地区的经济与纺织业等具有重要的意义。此器铭文还可以与《诗经》中的相关记载以及兮甲盘的铭文相对照，因此更加可信。

师寰簋铭文：王若曰："师寰，越淮夷繇我帛贿臣，今敢博厥众，假反厥工吏，弗迹我东域（国）。今余肇命汝率齐师、曩、莱、棘、尼、左右虎臣，征淮夷。"既执厥邦酋，曰冉，曰裘，曰铃，曰达，师寰虔不坠，夙夜恤厥将事，休既有功，折首执讯，无谌徒驭，殴俘士女、牛羊，俘吉金。今余弗遐徂，余用作朕后男腊尊簋，其万年子子孙孙永宝用享。

所见著录：《三代吉金文存》《殷周金文集成》《两周金文辞大系图录考释》等。

（六）天亡簋

又名大丰簋、朕簋、聃簋，是西周初期著名青铜器，也是陈介祺青铜器收藏中较为著名的器物之一，现藏于国家博物馆。天亡簋于清道光二十三年（1843）与毛公鼎同出于陕西岐山，陈介祺于当年由苏亿年手中购得。该器为方座，圆身，有四兽耳，方座及器身饰回旋龙纹，整体造型简洁，古朴厚重。铭文位于内底，共8行，计78字，记载了周武王灭商后举行典礼的事情（林沄研究称这次典礼为西周的"开国大典"），同时也表达了"天亡"对周文王、周武王的赞美。更难能可贵的是，天亡簋铭文通篇押韵，对偶工整，韵律协调，可以说是目前所见的中国最早的韵文。关于铸器者"天亡"，有太公望、史佚和泰颖诸说，均待进一步考证。天亡簋是研究周初历史的重要资料，具有重要的史料价值、文学价值和书法价值，是周代青铜器断代的标准器之一。

天亡簋铭文：乙亥。王有大丰（礼），王凡三方。王祀于天室，降，天亡佑王。衣（殷）祀于王丕显考文王，事喜上帝，文王监在上。丕显王作省，丕肆王作庚，丕克乞衣（殷）王祀。丁丑，王飨，大宜，王降亡得爵退囊。唯朕有蔑，敏启王休于尊簋。

所见著录：《三代吉金文存》《两周金文辞大系图录考释》《殷周金文集成》《金文总集》《殷周青铜器综览》《商周青铜器铭文选》等。

（七）兮甲盘

又名兮田盘、兮伯盘、兮伯吉父盘，西周宣王时期的著名铜器。该盘为圆形，口沿外侈，沿下饰窃曲纹，腹有双耳，底近平。该盘出土时为完整器，其圈足毁于元代。铭文位于内壁底部，共13行，计133字，记述了兮甲奉宣王命征伐玁狁（又作“獫狁”），因战功获赏赐，并对南淮夷征收赋税的事情，是研究周王朝与玁狁的战争、周王朝对南淮夷的经营以及周代赋税制度和周代经济的不可多得的史料。王国维《兮甲盘跋》言：“此种重器，其足羽翼经史，更在毛公诸鼎之上。”兮甲盘于宋代出土，后历经数代名贤收藏传递，直到清末辗转至陈介祺手中。清代吴式芬《捃古录金文》中说兮甲盘为“直隶清河道库藏器，山东潍县陈氏得之者都市”。清方濬益《缀遗斋彝器款识考释》中也说此器见于元人《研北杂志》，“后入保定官库，今为陈寿卿编修所藏”。在其之后，兮甲盘下落不明，不知流散何处。2014 年，兮甲盘重现国内，2017 年在西泠春拍上以 2. 12 亿元人民币的价格被拍卖。

兮甲盘铭文：唯五年三月既死霸庚寅，王初格伐玁狁于（余吾），兮甲从王，折首执讯，休亡瞥（愍），王赐兮甲马四匹、駒车，王令甲政（征）司（治）成周四方责（积），至于南淮夷。淮夷旧我帛畮（贿）人，毋敢不出其帛、其责（积）、其进人、其贾，毋敢不即次即市，敢不用命，则即刑扑伐，其唯我诸侯、百姓。厥贾，毋不即市，毋敢或入蛮宄贾，则亦刑。兮伯吉父作盘，其眉寿万年无疆，子子孙孙永宝用。

所见著录：《绍兴内府古器评》《研北杂志》《捃古录金文》《缀遗斋彝器款识考释》《愙斋集古录》《小校经阁金文拓本》《奇觚室吉金文述》《周金文存》《簠斋三盘》《三代吉金文存》《两周金文辞大系图录考释》《西周铜器断代》《殷周金文集成》《金文总集》《殷周青铜器综览》《商周青铜器铭文选》《商周青铜器铭文暨图像集成》等。

（八）曾伯霥簠

春秋早期青铜器，是陈介祺早期的收藏品之一，原为宁波周小崖所藏，道光十九年（1839），陈介祺在京师古董市场购得，现藏于山东博物馆。该器作于周襄王七年，铸器人为曾国国君。传世曾伯霥簠共有两件，此为其一，另一件为清代金石学家阮元所收藏。曾伯霥簠铭文共 11 列，计 90 字，记述了曾伯霥征伐淮夷并获取江淮铜锡矿产的事情，是研究周王朝与淮夷关系、周朝经济以及矿冶和铸造业的重要史料。陈介祺得此铜簠后自号“簠斋”，名其室为“宝簠斋”，并委托翁大年为其刻制“簠斋”印章，充分说明了陈介祺对曾伯霥簠的重视和喜爱。陈介祺去世后，该簠为陈厚滋所藏，新中国成立后由其后人捐赠给国家。

曾伯霥簠铭文：唯王九月初吉庚午，曾伯霥哲圣元武，元武孔黹，克狄淮夷，印（抑）燮繁汤（阳），金道锡行，具既卑方。余择其吉金黄炉，余用自作旅簠，以征以行，用盛稻粱，用孝用享，于我皇祖文考，天赐之福，曾伯霥遐丕黄耇，万年眉寿无疆，子子孙孙永宝用之享。

所见著录：《从古堂款识学》《攈古录金文》《愙斋集古录》《缀遗斋彝器款识考释》《奇觚室吉金文述》《周金文存》《独笑斋金文考》《簠斋吉金录》《两周金文辞大系图录考释》《小校经阁金文拓本》《三代吉金文存》《山东金文集存》《殷周金文集成》《金文总集》等。

（九）陈侯因資敦

即陈侯因資簋。高约 19.7 厘米，口径约 25.6 厘米，战国晚期齐威王时青铜器，齐系青铜器的代表作品。陈介祺明确称之为“齐威王器也，形如半瓜”，因齐鲁两国敦形制不一，齐敦如《簠斋吉金录》所称，其盖、身各作三柱状足或环纽，为青铜器断代的典型器，为后来齐国青铜器编年提供了佳证。道光二十七年（1847）五月，陈介祺曾寄陈侯因資敦拓片给徐同柏，求其代为考释，说明在此之前陈介祺已经得到此物。结合陈介祺在释古、传古方面的一贯风格，当时应距离他获得实物不会太久，或许就在该年。陈侯因資敦铭文共 8 行 79 字，主要记述了齐威王追颂齐桓公丰功伟绩并表达自己继承祖先传统、创建伟业的志愿，以及诸侯共同贡献青铜用以铸造铜敦歌颂齐桓公的事情。铭文中还提到威王祖先为黄帝，可以说是关于黄帝真实存在的最早的实物证据。传世陈侯敦包括陈侯因資敦在内共 4 件，它们是研究战国铜器尤其是齐国铜器的重要标准器，是战国青铜器区系类型划分的依据，具有重要的史料价值和意义。陈介祺之后，该器曾归庐江刘体智所有，现藏于上海博物馆。

陈侯因資敦铭文：唯正六月癸未，陈侯因資曰：皇考孝武桓公恭戴！大慕克成。其唯因資扬皇考，绍緟高祖黄帝，佅嗣桓文，朝问诸侯，合扬厥德。诸侯簀荐吉金，用作孝武桓公祭器敦。以登以尝，保有齐邦，世万子孙，永为典尚。

所见著录：《从古堂款识学》《攈古录金文》《愙斋集古录》《愙斋集古录释文剩稿》《奇觚室吉金文述》《敬吾心室彝器款识》《缀遗斋彝器款识考释》《古籀余论》《周金文存》《韡华阁集古录跋尾》《金文丛考》《簠斋吉金录》

《陈侯四器考释》《吉金文录》《双剑誃吉金文选》《善斋吉金录》《小校经阁金文拓本》《三代吉金文存》《善斋彝器图录》《安徽通志金石古物考稿》《周秦金石文选评注》《商周彝器通考》《两周金文辞大系图录考释》《积微居金文说》《金文通释》《山东金文集存》《山东通志》《殷周金文集成》《金文总集》等。

（十）陈氏三量

又称齐量三器，即子禾子釜、陈纯釜、左关鉌。咸丰七年（1857）出土于胶县灵山卫古城旁（今属青岛市黄岛区），陈介祺委托张祖樾代为收购并收藏。陈氏三量乃战国早期齐国于当地设关征收关税时所用的器具，是齐国的标准量器。子禾子釜又称丘关釜，通高 38.5 厘米，口径 22.3 厘米，腹径 31.8 厘米，底径 19 厘米，经实测，其容量为 20.46 升，铭文共 9 行 108 字。陈纯釜又称陈猷釜，通高 39 厘米，口径 23 厘米，腹径 32.6 厘米，底径 18 厘米，容量为 20.58 升，铭文共 6 行 34 字。左关鉌即左关鍈，高 10.8 厘米，口径 19.4 厘米，容量为 2.07 升，铭文共 2 行 4 字。铭文中的“子和子”即田和子，铭文内容体现了齐国量器制造和管理制度，并且可以与《左传》《史记》等文献记载相印证，是研究田氏代齐之后的量制改革制度、齐国对于沿海地带经济贸易管理制度的重要史料。陈氏三量现藏于上海博物馆。

子禾子釜铭文：□□立事岁，禝月，丙午。子禾子□□内者御梠（莒）市，□命谚陈得：左关釜节于廪釜，关鉌节于廪半，关人筑杆戚釜，闭料于□外，槛釜而车人制之，而以发退汝关人，不用命则寅之，御关人□□其事，中邢斤逐（杀）赎以金半钧，□□其𥁰厥（厥）辟□逐（杀），赎以□犀，□命者，于其事区夫，丘关之釜。

陈纯釜铭文：陈猷立（莅）事岁，𩁹月戊寅，于兹安陵亭，命左关师发敕成左关之釜，节于廪釜，敦者曰陈纯。

左关鉌铭文：左关之鉌。

所见著录：《山东金文集成》《齐量三器》等。

（十一）颂簋盖

存世“颂器”数量较多，有鼎、簋、壶三类。颂鼎 3 件，分别收藏于北京故宫博物院、台北故宫博物院、上海博物馆。簋 8 件，一件为张廷济、沈仲复、端方等旧藏，现藏于美国纳尔逊·阿特金斯艺术博物馆；一件为刘鹗旧藏，现藏于北京故宫博物院；一件簋盖为顾寿康、邹安旧藏，现藏于日本京都黑川古文化研究所；一件簋盖经陈介祺、姚观光、刘体智递藏，现藏于上海博物馆；一件为吴式芬旧藏，现藏于上海博物馆；还有一件由刘喜海、李宗岱、丁树桢递藏，现藏于山东博物馆；其余两件不知所踪。壶3件，一件为承德避暑山庄旧藏，现藏于台北故宫博物院；一件壶盖由赵之琛、钱水西、莫远湖等递藏，但现在下落不明；一件壶身为丁树桢旧藏，现藏于国家博物馆。传世"颂器"系同一组青铜器，铭文基本一致。山东博物馆藏颂簋为敛口，鼓腹，圈足下有三小足；子母口，盖上有捉手；腹部饰双兽首半环耳；器口和盖沿各饰一周窃曲纹。该器腹和盖对铭，共15行152字。铭文记述了周宣王对颂进行册命的事情，是研究周代册命制度的重要资料。

颂簋铭文：唯三年五月既死霸甲戌，王在周康昭宫。旦，王各（格）大室，即立（位）。宰弘右颂入门，立中廷。尹氏授王命书。王呼史虢生册命颂。王曰：颂，命汝官司成周贮，监司新造贮，用宫御。赐汝玄衣黹纯、赤市朱黄、銮旂、攸勒，用事。颂拜稽首，受命册佩以出。返入瑾璋。颂敢对扬天子丕显鲁休，用作朕皇考龏叔皇母龏姒宝尊簋。用追孝祈匄康𩁹纯右（佑），通录永命。颂其万年眉寿无疆，畯臣天子灵终，子子孙孙永宝用。

所见著录：《山东金文集成》等。

（十二）虢叔旅编钟

一说出土于宝鸡，一说出于长安河壖之中。全套应有8件，文献中仅见7件，现仅存5件。陈介祺所藏虢叔旅编钟先后为胡定生、刘喜海所藏，咸丰三年刘喜海卒后归陈介祺，现藏于日本京都泉屋博古馆。该钟铭文共计4行26字，文为"皇考威仪，虔御于天子，乃天子多锡旅休。旅对天子鲁休，扬用作朕"。传世虢叔旅编钟中，除陈介祺所藏铭文为26字外，其余4器均为91字，文为"虢叔旅曰：'丕显皇考惠叔，穆秉元明德，御于厥辟，得纯亡愍。旅敢肇师型皇考威仪，虔御于天子。乃天子多锡旅休。'旅对天子鲁休扬，用作朕皇考惠叔大林和钟。皇考严上，翼在下，數數㠪㠪，降旅多福。旅其万年子子孙孙永宝用享"。传世虢国具铭青铜器数量不多，唯虢叔旅编钟铭文较长，对于研究虢国历史、周代礼乐制度等具有十分重要的价值。《簠斋吉金录》中，陈介祺于虢叔旅编钟拓片上题"宗周钟今不知所在，世传唯虢叔旅三钟为冠"，由此足以看出该器的重要性。

所见著录：《积古斋钟鼎彝器款识》《商周彝器通考》等。

（十三）陈子子匜

通高16.7厘米，宽29.8厘米，重2.09千克。短流、浅腹，龙形鋬、四兽足，上腹部饰蟠螭纹。铭文位于器内壁，共计5行30字，文为“唯正月初吉丁亥，陈子子作寒孟妫教所媵匜。用祈眉寿，万年无疆，永宝用之”。该器出潍县东乡（今潍坊市寒亭区），先后为李佐贤、陈介祺所藏，现藏于故宫博物院。由铭文证知，该器系陈国名“陈子子”者，为“寒孟妫”所作的媵器。由此即可证明，直至春秋晚期，地处今河南淮阳的妫姓陈国，仍与寒国通婚。此亦表明当时的寒国，仍有相当的实力与地位。陈子子匜、斟其鼎、郱仲盘、郱仲匜分别提到了寒、斟灌、斟郱三个古国，为研究潍坊地区夏代古国提供了珍贵的资料。

所见著录：《据古录金文》《窓斋集古录》《缀遗斋彝器款识考释》《周金文存》《簠斋吉金录》《潍县志稿》《奇觚室吉金文述》《双剑誃吉金文选》《两周金文辞大系图录考释》《小校经阁金文拓本》《三代吉金文存》《金文通释》《殷周金文集成》《金文总集》《山东金文集成》等。

（十四）鄂侯驭方鼎

陈介祺、陈大年递藏，现藏于上海博物馆。该器为平折沿，立耳，深腹，柱状足；口沿下饰龙纹，三足上部饰兽面纹。铭文位于器内壁，共计11行86字。文为“王南征伐角、僪（遹）。唯还自征在坏。鄂侯驭方纳壶于王，乃祼之。驭方侑王，王休宴，乃射，驭方佮王射，驭方休阑王宴，咸饮。王亲赐驭方玉、五谷、马四匹、矢五束，驭方拜手稽首，敢对扬天子丕显休赉。用作尊鼎，其万年子孙永宝用”。铭文记载的是周王征伐淮夷，鄂侯驭方献醴于周王，陪同周王宴饮并获得周王赏赐的事情。鄂侯驭方还见于禹鼎铭文，但是两器铭文内容截然相反。鄂侯驭方鼎是研究周王室与鄂国关系的重要实物资料，对于研究周代礼制、周王室与淮夷地区之关系也具有重要的价值和意义。

所见著录：《上海博物馆新收集的西周青铜器》《簠斋吉金录》《三代吉金文存》《两周金文辞大系图录考释》等。

（十五）陈侯鼎

陈介祺、孙壮递藏，现藏于故宫博物院。该鼎为敞口，翻唇，口沿外附双耳，盂腹，三蹄足，腹上部环饰窃曲纹带。铭文位于器内壁，共计 4 行 21 字，文为“唯正月初吉丁亥，陈侯作□妫囧母媵鼎，其永寿用之”。陈侯鼎为春秋早期所铸，铸器者系陈侯。《史记·陈杞世家》记载，陈国自胡公满始封至陈泯公二十四年被楚人灭国，前后共历二十一世二十五君凡六百余年。因此，该器是研究古杞国历史的重要实物资料。新中国成立以来，山东肥城小王庄、沂水刘家店子、烟台海阳嘴子前都曾出土两周陈国有铭青铜器。

所见著录：《三代吉金文存》《捃古录金文》《愙斋集古录》《奇觚室吉金文述》《从古堂款识学》《周金文存》《小校经阁金文拓本》《殷周金文集成》《簠斋吉金录》《山东金文集成》等。

（十六）杞伯敏父鼎

清道光、光绪年间，新泰出土杞国青铜器 9 件，计杞伯鼎 2 件，杞伯簋 4 件，杞伯盆、壶、匜各 1 件。陈介祺于光绪年间得杞伯鼎 1 件，并于当年七月致信王懿荣称“二十年来仅增此一器”。陈氏所藏杞伯鼎铭文共 3 行 16 字，文为“杞伯每亡作邾曹宝鼎，子子孙孙永宝用”。杞伯鼎是研究杞国政治封嗣、迁徙地望和西周王朝对夏商古国实行继绝举遗政策的珍贵资料，现藏于日本京都小川睦之辅氏。

所见著录：《捃古录金文》《愙斋集古录》《奇觚室吉金文述》《古籀余论》《周金文存》《簠斋吉金录》《小校经阁金文拓本》《两周金文辞大系图录考释》《三代吉金文存》《山东金文集存》《金文通释》《金文集》《古代铭刻汇考续编》《殷周金文集成》《金文总集》《山东金文集成》等。

（十七）斟其鼎

又称斟鼎，清代出土于潍县东乡，后归陈介祺收藏，西周前期时器。其铭文共 2 行 9 字，文曰：“甚（斟）其肇作父丁尊彝。[illegible]。”陈介祺得之后当即考释出铭文中“甚”即“斟”，进而推断夏代古国斟鄩、斟灌在潍县及其周边活动的历史。1981 年，潍坊临朐的嵩山暖水河泉头村出土鄩仲盘与鄩仲匜，不仅可以与斟其鼎铭文互证，还可以作为陈介祺解说之补充。此鼎对于研究潍坊地区夏代初期的历史，斟灌、斟鄩与夏帝太康、中康、相以及后羿与寒浞之间关系等，尤为重要。

所见著录：《潍县志稿》《海岱古族古国吉金文集》等。

（十八）郳始鬲

春秋早期器物，铭文共8字，文为“郳始逘母铸其羞鬲”。文献记载邾国在周宣王后期分为邾、小邾（郳）与滥三国。小邾国处郳地，故又自称郳。枣庄山亭区小邾国贵族墓地出土大量西周晚期郳国具铭铜器，但是其中的“郳”不从“邑”。因此，郳始鬲可以作为郳国自邾国分离出来建国的证据，并且可与文献相互佐证，更凸显其价值。

所见著录：《从古堂款识学》《攈古录金文》《愙斋集古录》《缀遗斋彝器款识考释》《奇觚室吉金文述》《周金文存》《簠斋吉金录》《小校经阁金文拓本》《三代吉金文存》《山东金文集存》《金文通释》《殷周金文集成》《金文总集》《山东金文集成》等。

（十九）王妇曩孟姜匜

西周器，陈介祺旧藏，现藏于上海博物馆。其铭文共3行，计15字，文为“王妇曩孟姜作旅匜，其万年眉寿用之”。该器对于研究“曩国”的迁徙以及其与齐、鲁、莒、纪等山东古国的关系具有重要意义。

所见著录：《愙斋集古录》《缀遗斋彝器款识考释》《周金文存》《韡华阁集古录跋尾》《簠斋吉金录》《小校经阁金文拓本》《三代吉金文存》《积微居金文说》《殷周金文集成》《金文总集》等。

（二十）迟盨

西周器。钱坫、刘喜海、陈介祺递藏，现藏于山东博物馆。该器铭文共4行23字，文为：“迟作姜淠盨，用享孝于姑公，用祈眉寿屯鲁，子子孙永宝用。”

所见著录：《三代吉金文存》《十六长乐堂古器款识考》《积古斋钟鼎彝器款识法帖》《清爱堂家藏钟鼎彝器款识法帖》《攈古录金文》《山东省博物馆藏品选》《殷周金文集成》《金文总集》《愙斋集古录》《缀遗斋彝器款识考释》《奇觚室吉金文述》《敬吾心室彝器款识》《周金文存》《簠斋吉金录》《小校经阁金文拓本》《山东金文集成》等。

（二十一）齐太宰归父盘

又名归父盘、齐太宰归父残盘、齐归父盘、归父残盘，陈介祺、刘体智旧藏，现藏于美国纳尔逊·阿特金斯艺术博物馆。此盘仅存残铜一片，直径约18.8厘米，铭文共6行24字，文为：“唯王八月丁亥，齐大宰归父𠀠为忌盥盘，以祈眉寿，灵命难老。”

所见著录：《筠清馆金文》《从古堂款识学》《捃古录金文》《愙斋集古录》《缀遗斋彝器款识考释》《奇觚室吉金文述》《敬吾心室彝器款识》《簠斋吉金录》《双剑誃吉金文选》《善斋吉金录》《两周金文辞大系图录考释》《小校经阁金文拓本》《善斋彝器图录》《三代吉金文存》《山东金文集存》《周金文存》《积微居金文说》《金文通释》《殷周金文集录》《古代铭刻汇考续编》《殷周金文集成》《金文总集》《山东金文集成》等。

（二十二）车大夫长画戈

援长5.7厘米，宽3.5厘米，内残长2.5厘米，胡长8.5厘米，栏侧三穿，重0.215千克。陈介祺旧藏，现藏于潍坊市博物馆。其铭文共5字，“大夫”2字为合文，文为“车大夫长画戈”。孙敬明根据其形制、铭文体例判断，其当属战国中晚期或稍后之齐国所铸。①

所见著录：《周金文存》《三代吉金文存》《小校经阁金文拓本》等。

（二十三）齐系兵器

据统计，目前所见齐系兵器有170余件。② 陈介祺所藏兵器中就有大量齐系兵器，如陈侯因資戈、平阳戈、平陆戈、羊子戈、高密戈等。它们都具有十分典型的齐系兵器特点，甚至可以说是齐系兵器的标准器形，具有极高的史料价值。

所见著录：《三代吉金文存》《缀遗斋彝器款识考释》《奇觚室吉金文述》《周金文存》《簠斋吉金录》《殷周金文集成》《金文总集》《小校经阁金文拓本》等。

（二十四）吕不韦戈

陈介祺旧藏，后入上海博物馆，现藏于国家博物馆。该戈援长而狭，长胡，内部三面均有刃，是战国中晚期青铜戈的典型式样。戈胡部两侧均刻铭文，正面为“五年，相邦吕不韦造。诏事图，丞蕺，工寅”，背面为“诏事，属邦”。

《史记·吕不韦列传》云：“太子政立为王，尊吕不韦为相国。”“秦王十

① 孙敬明：《“车大夫长画”戈考》，载《文物》1987年第1期。

② 孙刚：《齐文字编·前言》，福建人民出版社2010年版，第2页。

年十月，免相国吕不韦。”则铭文中“五年”应指秦王政五年，即公元前 242 年。“相邦”即典籍中之“相国”，汉世因避汉高祖刘邦之讳，改称相邦为相国。铭文中“图”为地名。“丞蕺，工寅”为督造官员与工匠。

秦代的兵器在兵马俑坑以及陕西咸阳附近都有发现，其中青铜质的戈和戟较为常见，主要有四年相邦吕不韦戟、五年相邦吕不韦戈、七年相邦吕不韦戟以及八年相邦吕不韦戈等。四年相邦吕不韦戟，2007 年出土于兵马俑坑中，由青铜戈、矛以及木柄组成，全长 2. 87 米，是目前国内发现的唯一一件保存完整的青铜戟。该戟的戈头全长 26. 7 厘米，援呈弧形，刃部经过修复后仍然十分锋利，胡四穿，用以固定在木柄上；戈的内部刻有“四年，相邦吕不韦造，寺工”等珍贵铭文，其中“寺工”是史书里明确记载的秦始皇时代的兵器铸造局。

五年相邦吕不韦戈，1974 年出土于兵马俑一号坑中，由援、胡、内三部分组成。援呈弧形，刃部经过修复后仍然十分锋利；内的中部有一穿。其铭文为“五年，相邦吕不韦造”。

七年相邦吕不韦戟，1974 年出土于兵马俑坑中，通高 32 厘米，由戈和矛两部分组成。戈头的形制与前两件大致相同，援呈弧形，胡四穿，内的中部也有一穿。其铭文为“七年，相邦吕不韦造，寺工告，丞义，工競”。

八年相邦吕不韦戈，1978 年出土于陕西省三原县附近，其援稍微上扬，内部平直，中有一穿；胡的下部残折，仅存二穿。援、胡、内三部分均有锋利的刃。戈内正面铭文为“八年，相邦吕不韦造。诏事图，丞蕺，工奭”。

另外还有出土于四川地区的九年相邦吕不韦戈，此戈是年代最晚的一件吕不韦戈。根据《史记》记载，在秦王政九年（前 238），与吕不韦关系密切的嫪毐作乱，秦王政诛嫪毐，并于次年罢免吕不韦，后吕不韦饮鸩而死。

（二十五）郾（燕）国兵器

陈介祺所藏兵器中有郾王戈 4 件、郾王矛 3 件，并且铭刻多署“郾王职”，即燕昭王。这些兵器据称多出于今临朐、青州一带，对于战国兵器研究、齐燕战争研究具有重要意义。

陈介祺是晚清著名收藏家，也是中国金石学史上屈指可数的收藏大家。他的青铜器收藏不仅在当时，即便放眼现在整个中国收藏界，也是凤毛麟角般的存在。种类齐全是其青铜器收藏的一个重要特点。根据上文的统计，陈介祺所藏青铜器中仅三代器即有37种，从礼器到乐器，从兵器到酒器，几乎无一不具。而诸如秦诏量、铜镂鞠、齐量三器等，或是陈介祺首开收藏之先河，或是陈介祺将其发扬光大，极大地改变了当时收藏界对于铜器收藏的看法，更加体现出陈介祺在这方面独到的眼光。“重精藏”是学术界公认的陈介祺藏青铜器最突出的特点。这一特点不仅表现在他的藏品无一伪品，更突出地表现在他那些举世无双的国宝级藏品上，如被誉为“西周三大重器”之一、“晚清海内三宝”之一、“抵得上一篇《尚书》”的毛公鼎，被王国维认定为“更在毛公诸鼎之上”的兮甲盘，作为西周断代的标准器之一并且具有中国最早韵文的天亡簋，传世仅四件而陈介祺独取其三的楚公豪钟……凡此种种，不胜枚举。以上列举的陈介祺所藏青铜器中，对于三代重器，尽可能全面地收录了资料；对于三代以后之青铜藏品，则从各类别中摘取其较有代表性者加以简要介绍，力求使读者能对陈介祺的青铜器收藏有较为整体的了解。

第二节　陈介祺所藏青铜器的文化价值

中国传统金石学自宋代产生之后一直到陈介祺、吴大澂之前，基本囿于小学的范畴，而将金石文字与传世文献相对照并进行研究的学者屈指可数。及至晚清，金石学家对金石文字的价值有了更新的认识，以金石文字考证、补阙传世文献成为金石学研究的一个新的方向。陈介祺收藏的青铜器铭文与传世及出土文献记载可相互补正，由此不难看出陈介祺藏品的文化价值。

一、陈介祺所藏青铜器与传世文献

（一）兮甲盘铭文与《尚书·周书·费誓》

兮甲盘是西周宣王时期的著名铜器，圆形，口沿外侈，沿下饰窃曲纹，腹有双耳，底近平。出土时为完整器，圈足毁于元代。铭文位于内壁底部，共13行，计133字，记述了兮甲奉宣王命征伐猃狁，因战功获赏赐，并对南淮夷征收赋税的事情，是研究周王朝与猃狁的战争、周王朝对南淮夷的经营以及周代赋税制度和周代经济的不可多得的史料。该铭文与《诗经》中的内容可相互印证，更凸显其对于三代吉金文存历史研究的重要性。王国维《兮甲盘跋》言：“此种重器，其足羽翼经史，更在毛公诸鼎之上。”兮甲盘于宋代出土，后历经数代名贤递藏，直到清末辗转至陈介祺。清代吴式芬《捃古录金文》中说兮甲盘为“直隶清河道库藏器，山东潍县陈氏得之者都市”。清方濬益《缀遗斋彝器款识考释》中也说此器见于元人《研北杂志》中，“后入保定官库，今为陈寿卿编修所藏”。

兮甲盘作器者兮甲旧释作“兮田”，经过王国维的考证，确定“㽞”为“甲”。王国维因卜辞先公“上甲”之甲与此同作,“字中纵横二笔不与其旁相接,与田迥异”,将“田”改正为“甲”字;又曰“甲者月之始，故其字曰伯吉父。吉有始义，古人名月朔为吉月，以月之首八日为初吉，是其证也”。①

兮甲盘铭文与《尚书·周书·费誓》的互证体现在两方面。一是周伐猃狁。王国维在《兮甲盘跋》中曾提及传世金文中记载周伐猃狁这一事件的共有三器，即虢季子白盘、不其敦与兮甲盘，并进一步提出“……其文法亦与《尚书·周书·费誓》相同，此种重器，其足羽翼经史，更在毛公诸鼎之上”。兮甲盘所记载的是宣王伐猃狁的事情。除兮甲盘之外，陈介祺所藏青铜器中涉及周伐猃狁的还有鄂侯驭方鼎，与兮甲盘不同的是，鄂侯驭方鼎记载的是厉王伐猃狁的事情。二是周王室对淮夷地区的经营。兮甲盘是研究淮夷地区的为数不多的实物资料之一，其重要性不言而喻。对此，王国维已有论断。《尚书·周书·费誓》中亦有许多关于淮夷的记载，如“徂兹淮夷，徐戎并兴”。顾颉刚曾对淮夷地望进行研究，其研究借助的主要文献就包括《尚书·周书·费誓》。此外，《春秋》《诗经》中也有诸多类似的记载可相互佐证。《春秋·昭公四年》载：“夏，楚子、蔡侯、陈侯、郑伯、许男、徐子、滕子、顿子、胡子、沈子、小邾子、宋世子佐、淮夷会于申。……秋七月，楚子、蔡侯、陈侯、许男、顿子、胡子、沈子、淮夷伐吴。”《诗经》中则有“江汉浮浮，武夫滔滔。匪安匪游，淮夷来求”之语。

（二）天亡簋与《逸周书》

天亡簋是西周初期著名青铜器，也是陈介祺青铜器收藏中较为著名的器物之一，现藏于国家博物馆。道光二十三年（1843），天亡簋出土于陕西岐山，后被陈介祺从苏亿年手中购得。该器为方座，圆身，四兽耳，方座及器身饰回旋龙纹，整体造型简洁、古朴厚重。铭文位于内底，共8行，计78

① 陈梦家：《西周铜器断代》，中华书局2004年版，第324页。

字，记载了周武王灭商后举行典礼的事情，同时也表达了“天亡”对周文王、周武王的赞美。更难能可贵的是，天亡簋铭文通篇押韵，对偶工整，韵律协调，可以说是目前所见的中国最早的韵文。关于铸器者“天亡”，有太公望、史佚和泰颖诸说，均待进一步考证。天亡簋是研究周初历史的重要资料，具有重要史料价值、文学价值和书法价值，是周代青铜器断代的标准器之一。

《逸周书》本名《周书》，共七十篇，实存五十九篇，内容涉及礼制、兵戎，有史事，有训诂，有政令，有说教等，主要有《克殷》《世俘》《商誓》《度邑》《作雒》《皇门》《祭公》等篇目，保存的大都是西周史料。“武王克商”是西周同时也是中国历史上的一件大事，而武王克商的准确年代一直是学术界关注的焦点之一。《逸周书》中，《克殷》《世俘》《度邑》三篇均有武王克商之后进行祭祀的相关记载。《逸周书·克殷》记载的是武王克商之后举行祭典之事，此事还见于《礼记·大传》《史记·周本纪》《史记·鲁周公世家》。而《逸周书·世俘》所记的祀典应该是武王西归后在宗周所举行的大礼。《逸周书·度邑》的记载则更偏重祭典的地点。

三篇之中，《逸周书·世俘》的内容与天亡簋的铭文最为接近。例如：“辛亥，荐俘殷王鼎，武王乃翼矢珪、矢宪，告天宗上帝。王不革服，格于庙，秉语治庶国，籥人九终。王烈祖自太王、太伯、王季、虞公、文王、邑考以列升，维告殷罪。籥人造，王秉黄钺，正国伯。壬子，王服衮衣，矢琰，格庙，籥人造，王秉黄钺，正邦君。癸丑，荐殷俘王士百人，籥人造，王矢琰，秉黄钺，执戈。王奏庸，大享一终。王拜首稽首，王定，奏庸，大享三终。”

于省吾在《关于“天亡簋”铭文的几点论证》一文中，曾单列一节对天亡簋铭文与《逸周书·世俘》进行比对论证。通过研究，他指出“世俘篇这一段以辛亥、壬子、癸丑连续三日来分别叙述，天亡簋则以乙亥、丁丑两日来分别叙述。世俘篇辛亥日所记的大事，为祭告殷罪于天宗上帝和烈祖大王、王季、文王等，而天亡簋所记的大事，为祭祀文王和上帝。……世俘篇记癸丑日奏庸（镛），大享一终和大享三终。天亡簋记丁丑日‘王乡（飨），大俎’，正与世俘篇大享之义相符”，进而指出“世俘篇的辛亥、壬子、癸丑应该依据铭文订正为乙亥、丙子、丁丑”，并且纠正了天亡簋为周人灭殷之前所作的错误看法。①

① 于省吾：《关于“天亡簋”铭文的几点论证》，载《考古》1960年第8期。

林沄在《天亡簋“王祀于天室”新解》一文中，结合《逸周书》之《度邑》篇、《文传》篇、《作雒》篇之内容，对“王祀于天室”的祭典性质、祭典对象、祭典地点以及宗教意义提出了自己的理解，并在文末对天亡簋铭文的价值和研究中存在的问题提出了宝贵的意见。①

此外，叶正渤在《〈逸周书〉与武王克商日程、年代研究》《〈汲冢周书·克殷解〉、〈世俘解〉合校》两篇文章中，引用《世俘》《度邑》《泰誓》《武成》《牧誓》《克殷》等相关记载，并引用天亡簋、利簋铭文对武王克商的具体日期进行了推断。②

李学勤在《“天亡簋”试释及有关推测》一文中，对天亡簋铭文中的关键字句进行了分析，同时结合《逸周书·度邑》《史记·周本纪》等记载以及何尊铭文进行研究，指出天亡簋所记载的祭典应该是在武王克商归周之后一两年内举行的。文章的最后，李学勤同样指出天亡簋铭文的意义和重要性还有待于进一步研究确认。③

（三）兮甲盘与《诗经》

上文曾提到兮甲盘铭文与《尚书·周书·费誓》可相互佐证。实际上，兮甲盘铭文与《诗经》之间也存在密切的关联。这一关联，主要体现在兮甲盘作器者身上。兮甲盘曾一度被称为兮田盘，后经王国维考证，确定作器者“⊞”实为“甲”。郭沫若在王国维考证的基础之上进一步考证出“兮甲”即“兮白（伯）吉甫”。尹吉甫在打败玁狁之后，周宣王即派他征收淮夷的贡物，这一事件是兮甲盘铭的主要内容之一。而这件事以及尹吉甫其人，在《诗经》中处处可见。

《诗经·小雅·六月》载：“六月栖栖，戎车既饬。四牡骙骙，载是常服。猃狁孔炽，我是用急。王于出征，以匡王国。比物四骊，闲之维则。维此六月，既成我服。我服既成，于三十里。王于出征，以佐天子。四牡修广，其大有颙。薄伐猃狁，以奏肤公。有严有翼，共武之服。共武之服，以定王国。

---

① 林沄：《天亡簋“王祀于天室”新解》，载《史学集刊》1993 年第 3 期。

② 叶正渤：《〈逸周书〉与武王克商日程、年代研究》，载《南京社会科学》2001 年第 8 期；《〈汲冢周书·克殷解〉、〈世俘解〉合校》，载《古籍整理研究学刊》2010 年第 4 期。

③ 李学勤：《“天亡”簋试释及有关推测》，载《中国史研究》2009 年第 4 期。

猃狁匪茹，整居焦获。侵镐及方，至于泾阳。织文鸟章，白旆央央。元戎十乘，以先启行。戎车既安，如轾如轩。四牡既佶，既佶且闲。薄伐猃狁，至于大原。文武吉甫，万邦为宪。吉甫燕喜，既多受祉。来归自镐，我行永久。饮御诸友，炰鳖脍鲤。侯谁在矣，张仲孝友。"

《诗经·大雅·荡之什》载："赫赫明明，王命卿士，南仲大祖，大师皇父。整我六师，以修我戎，既敬既戒，惠此南国。王谓尹氏，命程伯休父，左右陈行，戒我师旅。率彼淮浦，省此徐土，不留不处，三事就绪。赫赫业业，有严天子，王舒保作，匪绍匪游。徐方绎骚，震惊徐方，如雷如霆，徐方震惊。王奋厥武，如震如怒，进厥虎臣，阚如虓虎。铺敦淮濆，仍执丑虏，截彼淮浦，王师之所。王旅啴啴，如飞如翰，如江如汉，如山之苞。如川之流，绵绵翼翼，不测不克，濯征徐国。王犹允塞，徐方既来，徐方既同，天子之功。四方既平，徐方来庭，徐方不回，王曰还归。"

《诗经·大雅·江汉》载："江汉浮浮，武夫滔滔。匪安匪游，淮夷来求。既出我车，既设我旟。匪安匪舒，淮夷来铺。江汉汤汤，武夫洸洸。经营四方，告成于王。四方既平，王国庶定。时靡有争，王心载宁。江汉之浒，王命召虎。式辟四方，彻我疆土。匪疚匪棘，王国来极。于疆于理，至于南海。王命召虎，来旬来宣。文武受命，召公维翰。无曰予小子，召公是似。肇敏戎公，用锡尔祉。厘尔圭瓒，秬鬯一卣。告于文人，锡山土田。于周受命，自召祖命。虎拜稽首，天子万年。虎拜稽首，对扬王休。作召公考，天子万寿。明明天子，令闻不已。矢其文德，洽此四国。"《诗序》云："《江汉》，尹吉甫美宣王也。"

相传，尹吉甫是《诗经》的主要采集者。以上三篇都是尹吉甫为纪念周王伐玁狁、经营淮夷所作，与兮甲盘铭文皆可相互印证。除此之外，《诗经》中相传为尹吉甫所作的还有《大雅·韩奕》等数篇，涉及周朝分封、婚姻、物产等诸多事件及人物，也可作为旁证材料用以印证陈介祺所藏青铜器与《诗经》对于西周历史研究的重要性。

（四）陈氏三量与《左传》

关于齐国量制，《左传》中多有记载，但是一直缺乏实物证据。陈氏三量的发现为其提供了最为准确翔实的证据，同时也从一个侧面反映出陈介祺眼光的独到之处。陈氏三量即子禾子釜、陈纯釜、左关鉚。

《左传·昭公三年》载："既成昏，晏子受礼，叔向从之宴，相与语。叔向曰：'齐其何如?'晏子曰：'此季世也，吾弗知齐其为陈氏矣。公弃其民，而归于陈氏。齐旧四量，豆、区、釜、钟。四升为豆，各自其四，以登于釜。釜十则钟。陈氏三量皆登一焉，钟乃大矣。以家量贷，而以公量收之。山木如市，弗加于山。鱼、盐、蜃、蛤，弗加于海。民参其力，二入于公，而衣食其一。公聚朽蠹，而三老冻馁，国之诸市，屦贱踊贵。民人痛疾，而或燠休之。其爱之如父母，而归之如流水。欲无获民，将焉辟之?箕伯、直柄、虞遂、伯戏，其相胡公、大姬已在齐矣。'"

《左传·昭公二十六年》载："陈氏虽无大德，而有施于民。豆、区、釜、钟之数，其取之公也薄，其施之民也厚。公厚敛焉，陈氏厚施焉，民归之矣。"

孙诒让在《左传齐新旧量义》中以陈氏三量对齐国量制进行了考证，并指出："陈氏新量之釜，盖十斗非八斗也。依《传》文当以四升为豆不加，而加五豆为区，则二斗，五区为釜，则一斛，积至钟则十斛。所谓'三量皆登一者'，谓四量唯豆不加，故登者止三量，而钟亦即在三量之中也。区字亦作鏂。《管子·轻重丁》篇云：'今齐西之粟釜百泉，则鏂二十也。齐东之粟釜十泉，则鏂二泉也。'又《海王篇》云：'盐百升而成釜'，'釜''釜'字同。……盖《管子》书多春秋后人增修，故正用陈氏新量，足为《左传》增一左证。"①

1959年，上海博物馆出版《齐量》一书，根据馆藏的陈氏三量对田齐量器的进位制度进行了研究，证明了孙诒让的观点。此外，杨宽的新版《战国史》中关于田齐量制的介绍也采用了孙诒让的观点。

（五）陈侯因资敦与《史记》

传世陈侯器有四，徐中舒曾作《陈侯四器考释》。陈侯因资敦即四器之一，为战国晚期齐威王时器。陈侯因资敦系陈介祺旧藏，后归庐江刘晦之，现藏于上海博物馆，其铭文共8行79字。

该器铭文首先点明作器时间，然后讲述作器原因，其后则是材料来源、作器用途及目的。陈侯因资敦能够闻名于世，最重要的一个原因就是其铭文中提到了黄帝，可以算作黄帝存在的最早的实物证据。

① 〔清〕孙诒让：《籀庼述林》卷二，1915年刻本，第65页。

《史记·五帝本纪》载："嫘祖为黄帝正妃，生二子，其后皆有天下：其一曰玄嚣，是为青阳，青阳降居江水；其二曰昌意，降居若水。昌意娶蜀山氏女，曰昌仆，生高阳。……帝颛顼高阳者，黄帝之孙而昌意之子也。……虞舜者，名曰重华。重华父曰瞽叟，瞽叟父曰桥牛，桥牛父曰句望，句望父曰敬康，敬康父曰穷蝉，穷蝉父曰帝颛顼，颛顼父曰昌意：以至舜七世矣。"

陈侯因資系陈完十二世孙、陈胡公之二十三世孙。胡公为舜之后人，舜为黄帝之后人。由此可以推断，陈侯因資正是黄帝的远孙，这与陈侯因資敦铭文中自称黄帝之后相合。

尽管如此，对于黄帝是否真实存在过，学术界一直存在争议。实际上，司马迁在援引各家"五帝"之说撰写《史记》的过程中并未对诸说盲从盲信，而是进行了一定的考证，保留了各家的看法。战国晚期，"五帝"一度被看作上古史中的一个时代。20世纪二三十年代，在疑古风潮之下，"五帝"之说则完全被当作神话对待。虽然后来这种极端的看法被逐渐否定，但是关于"五帝"是否在中国历史上真正存在、黄帝究竟有无其人等讨论一直没有停歇。

《考古学报》2007年第1期收录了王晖《出土文字资料与五帝新证》一文，作者在综合自古至今各家关于"五帝"之说的观点之基础上，援引齐侯因資敦、秦公大墓之磬、商周甲骨文金文资料，以及新出土战国竹简资料等实证资料，分别对黄帝、颛顼、帝喾、尧、舜之名号及历史进行探讨，可算是最近十多年相关研究中论据较为充分、结论较为可靠者。作者在该文正文伊始即对齐侯因資敦铭文与皇帝名号进行研究。文章最后，作者提出："汉代学者所说五帝传说时代之前有'三皇'是不可信的，因时间久远'五帝之外无传人'；战国秦汉时期学说所说五帝时代的各种礼仪与政治制度大约也不可相信，因时间久远'五帝之中无传政'。但是战国时期流传的五帝时代这些著名领袖人物及其重要事迹还是应该相信的，也是我们应该根据出土古文字资料和古文献相互印证并重新整理的。"

中国历史悠久，文明传承有序，从《史记》开始一直到《清史稿》的整理，历朝历代信史皆有可征。但是先秦史尤其是三代历史仅存吉光片羽，并且争议频频。因此，自古以来对先秦史的研究一直是中国古史研究的重心所在。历史上，历代鸿学巨儒都为此奉献了毕生的精力并做出了贡献，但是由于缺乏直接的实物证据，加之考证方法的局限，很多问题未能取得学术界共识。晚清一代，以陈介祺为代表的一批金石学家开始意识到三代器物铭文的重要性，并开始了以三代吉金文字补阙、修正文字记载的研究，将中国三代历史研究带到了一个新的层面。随着考古学的发展，大批珍贵的出土文字资料陆续公之于世，基于出土文献的历史研究现已成为中国历史研究的主流之一，并得到学术界的一致认可。因此，在某种意义上说，陈介祺是把考古学引入历史学的先驱。由于种种原因，陈介祺基于金石文字的史学研究成就较其收藏所取得的成就稍逊一筹，但其研究及其丰富的藏品共同为后世留下了大量宝贵的资料并影响至今。

二、陈介祺所藏青铜器与出土文献

铭文是最能体现青铜器价值的要素。青铜器铭文少则一两字，多则数百字，多数记载的是“国之大事”，有些内容还可与传世文献相佐证。然而由于中国历史上的今古文之争，单纯以一两则青铜器铭文与古史相证也不能完全令人信服。自 20 世纪初开始，伴随着竹简、帛书、陶文等大量出土文献资料的面世，传世青铜器铭文得到了越来越多材料的证实。陈介祺所藏部分青铜器的铭文较繁缛，世人长期以来对其记载内容存在不同看法。现在随着越来越多出土文献资料的公布，相关研究进一步深入，陈介祺所藏青铜器的文化内涵和价值得到进一步挖掘。

（一）陈介祺藏鄂国铜器与新出土鄂国铜器及其对于鄂国历史研究

鄂国原是商朝的一个重要方国，称鄂方，位置大约在今河南沁阳。西周早期，鄂国被周王朝分封到江汉地区；周夷王时期，楚国熊渠讨伐鄂国，封中子红为鄂王，又建立了楚国所辖的鄂国；厉王时期，鄂国被灭。鄂国在西周时期并不是超级大国，但其与周王室有着千丝万缕的联系，鄂国历史研究对于西周历史研究具有重要意义。更难能可贵的是，鄂国传世铜器数量较多，这为鄂国历史研究以及鄂国与周王室关系的研究提供了较为丰富的材料，同时也吸引了学术界的目光。

1. 鄂侯驭方鼎

陈介祺的青铜器收藏之一。该器为西周晚期周厉王时器，记载的是周王征伐淮夷，鄂侯驭方献醴于周王，陪同周王宴饮并获得周王赏赐的事情。除了鄂侯驭方鼎，传世鄂侯器还有鄂侯鼎、鄂叔簋等。

2. 鄂侯鼎

现存澳门。有六字铭文："噩（鄂）侯作宝尊彝。"其形制、纹饰、尺寸与羊子山 4 号墓中出土的一件鼎几乎雷同，说明该鼎可能同羊子山墓地有关。①

3. 鄂叔簋

现藏于上海博物馆。器身为盆形，圈足，带方座，方座内带铃，四耳作兽首形，有珥。腹部饰圆涡纹、夔纹，圈足饰饕餮纹，方座饰鸟纹。有六字铭文："噩（鄂）叔作宝尊彝。"该器的制作时代为西周早期。②

4. 鄂季□父簋

现藏于上海博物馆。有铭文 2 行共 8 字："噩（鄂）季□父作宝尊彝。"该器的制作时代为西周早期。③

5. 鄂侯弟厝季觯（简报称为卣）

现藏于上海博物馆。侈口，束颈，垂腹，圈足，有盖，盖顶有喇叭形捉手，颈部有两个对称的半环耳，腹部置一兽首形耳，器、盖同铭，共 2 行 8 字："噩（鄂）侯弟厝季作旅彝。"该器与羊子山墓地出土的一件尊的铭文相同，时代为西周早期。④

6. 鄂侯弟厝季青铜簋

现藏于洛阳市博物馆。敛口，子母口，腹微鼓，圈足，腹部有两个对称的半环形耳，失盖。腹部饰精细雷纹一周。内底有铭文 2 行共 8 字："噩（鄂）侯弟厝季自作簋。"尊、卣、簋均为鄂侯弟厝季所作之器，制作时代为西周前期。⑤

7. 鄂侯簋

三件，两器一盖，现藏于台北故宫博物院。簋为子母口，圈足，鼓腹，

---

① 李学勤：《论周初的鄂国》，载《中华文史论丛》2008 年第 4 期。

② 上海市文物保管委员会：《近年来上海市从废铜中抢救出的重要文物》，载《文物》1959 年第 10 期。

③ 徐少华：《鄂国铜器及其历史地理综考》，载《考古与文物》1994 年第 2 期。

④ 马承源：《记上海博物馆新收集的青铜器》，载《文物》1964 年第 7 期。

⑤ 张剑：《洛阳博物馆馆藏的几件青铜器》，见《文物资料丛刊（3）》，文物出版社 1980 年版，第 41～45 页。

口沿下及圈足饰重环纹，腹饰瓦纹，两兽耳有珥。器内底有铭文 2 行共 17 字："噩（鄂）侯作王姞媵簋，王姞其万年子子孙永宝。"铭文记载的是鄂侯嫁女于周天子之事，说明此鄂侯与周王室关系密切，此鄂侯很可能是鄂侯驭方，若此推测不误，则此鄂侯簋就是厉王时器。

此外应格外注意的是同属周厉王时期的禹鼎，该器与鄂侯驭方鼎时代相同，而且铭文中有明确的"鄂侯驭方"。所不同的是两器铭文内容截然相反，鄂侯驭方鼎铭文反映出鄂侯与周王室关系和谐，与上文提及的三件鄂侯簋铭文亦可互证，而禹鼎铭文却明确记载了周王室对鄂侯的征讨。

禹鼎铭文：禹曰："丕显趄趄（桓桓）皇祖穆公，克夹召先王，奠四方，肆武公亦弗遐望朕圣祖、考幽大叔、懿叔，命禹仦（肖）朕祖考政于井邦。肆禹亦弗敢惷，睗共朕辟之命!"乌乎哀哉！用天降大丧于下国，亦唯噩（鄂）侯驭方率南淮尸（夷）、东尸夷，广伐南国、东国，至于历内。王乃命西六师、殷八师曰："裂伐噩（鄂）侯驭方，勿遗寿幼。"肆师弥守匌恇，弗克伐噩（鄂）。肆武公乃遣禹率公戎车百乘、斯驭二百、徒千，曰："于将朕肃慕惠西六师、殷八师伐噩（鄂）侯驭方，勿遗寿幼。"雩禹以武公徒御至于噩（鄂）。敦伐噩（鄂），休隻（获）氒君驭方。肆禹稽首对扬武公丕显耿光。用作大宝鼎，禹其万年子子孙宝用。

铭文记载了鄂国的灭国时间以及原因。

以上传世资料为鄂国历史研究提供了最基础的材料，它们共同见证了鄂国从西周初期一直到西周末年的存在、发展与消失。但是对于鄂国的地望，西周鄂国和楚封鄂国的地望，学术界长期存在争议。随着考古工作的不断开展，有关鄂国的资料不断丰富，为解决鄂国地望问题提供了更多的材料支持。它们与传世资料相互印证补阙，从而解决了鄂国地望、沿袭、灭亡以及与周王室关系等一系列问题。

新中国成立后出土的有关鄂国的考古资料主要有以下几处：

1975 年，随州安居羊子山出土青铜器 4 件，其中鼎、簋、爵、尊各 1 件。尊底部有铭文 2 行 8 字："噩（鄂）侯弟厝季作旅彝。"簋、尊的制作时代属西周早期。①

---

① 随州市博物馆：《湖北随县发现商周青铜器》，载《考古》1984 年第 6 期。

1980年，随州市博物馆在羊子山发掘墓葬一座，出土青铜鼎、簋、爵、尊、觯、卣、戈、兽面及铜泡等共18件，时代均为西周早期。① 尽管该墓中没有出土具铭青铜器，但是从该墓的地望及墓葬形制和级别判断，其时代为西周早期或中期偏早。

2007年11月，羊子山4号墓（西周早期）中出土了27件青铜器，器类有鼎、簋、甗、罍、盉、盘、卣、尊、斝、觯、爵、方罍等。其中鄂侯提梁卣（盖内）、鄂侯罍（盖内）、鄂侯盘（盘底）均有铭文2行5字："噩（鄂）侯作旅彝。"鄂侯方罍盖内有铭文1行7字："噩（鄂）侯作厥宝尊彝。"鄂中方鼎盖内有铭文2行6字："噩（鄂）中作宝尊彝。"从这些铜器铭文来判断，4号墓墓主应该是鄂侯。②

以上三批材料充分表明，随州羊子山墓地是西周早期的鄂侯家族墓地，西周早期的鄂国政治中心就在今随州安居镇。传世铜器中甗和静方鼎铭文将曾、鄂并提，也表明曾、鄂为邻国。

8. 中甗

北宋政和戊戌年（1118）出土于湖北孝感，周昭王时器，铭文记载周昭王命令中到南国视察，为其南巡设立行宫，出使小大各国，并赏赐中土地等事宜。铭文中有"在噩（鄂）师次"等记载。

9. 静方鼎

周昭王时器，出土地点不详，现藏于日本出光美术馆。器体呈长方槽形，窄沿方唇，口沿上一对立耳，柱足，四角和四壁中部各有一道扉棱。口沿下饰由双夔组成的兽面纹，四壁饰外卷角兽面纹，两侧填以短尾倒立的夔纹，兽面均以四角的扉棱为鼻梁，足的上部饰浮雕兽面纹。其铭文为："唯十月甲子王在宗周，令师中眔静省南国相，□应八月初吉庚申至，告于成周，月既望丁丑，王在成周太室，命静曰：'俾汝□司在曾噩（鄂）师。'王曰：'静，易（锡）汝、鬯、旂、市、采□。'曰：'用事。'静扬天子休，用作父丁宝尊彝。"铭文所记事件与中甗相同，即中和静一起到南国视察，为周昭王南巡设立行宫。"俾汝□司在曾噩（鄂）师"指命令静管理在曾、鄂的军队。③

---

① 随州市博物馆：《湖北随县安居出土青铜器》，载《文物》1982年第12期。

② 随州市博物馆：《随州出土文物精粹》，文物出版社2009年版，第9页。

③ 徐天进：《日本出光美术馆收藏的静方鼎》，载《文物》1998年第5期；张懋镕：《静方鼎小考》，载《文物》1998年第5期。

2011 年、2013 年随州叶家山两次发掘出土大量具铭青铜器，铭文中以“曾”“侯”“曾侯”“曾侯谏”较为多见。发掘者推断 M65、M111 为曾侯墓，M2、M27 或为曾侯夫人墓。两次发掘成果证明，曾国早在西周早期已经存在，叶家山墓地应为曾侯家族墓，而曾国国都极有可能就是叶家山墓地附近的庙台子遗址。既然曾国位于随州，那么与之相近的鄂国中心位于随州一带也就可以得到佐证。

在此之后，南阳市考古所 2012 年在南阳市新区新店乡夏响铺村北 500 米处（今属南阳市宛城区）发现鄂侯家族墓地，墓地内勘探出墓葬 30 余座，发掘 20 座，出土大量青铜器、漆器、玉器、陶器等珍贵文物。其中 M1 出土的 2 件簋盖、3 件铜鬲口沿上均有“噩（鄂）侯夫人”铭文；M6 出土的编钟上有“噩（鄂）侯”铭文；M5 出土的铜簠、铜鬲上均有“噩（鄂）姜”铭文；M19 出土的铜簋、铜匜上均有“噩（鄂）侯”铭文；M20 出土的铜簠上有“噩（鄂）姜”铭文。发掘者认为南阳之鄂就是所谓的西鄂，即《汉书·地理志》《水经注·淯水》所记之西鄂，其上限与随州之鄂相连。“从夏响铺鄂国贵族墓地的发现与发掘看，西周晚期到春秋早期鄂国仍然存在于南阳，应是周王朝灭鄂国后，把鄂国王族置于周王朝统治范围内。”①

1957 年及 1960 年，安徽寿县先后出土鄂君启节五枚，其中车节三枚，舟节两枚。据最早的整理者统计，三枚车节相同，均为青铜质，上有错金文 150 字；两枚舟节亦相同，均为青铜质，上有错金文 165 字，是楚怀王六年（前 323）下令为鄂君启铸造的免税凭证。黄尚明通过对舟节、车节所记载的运输路线的考证，认为鄂君启应该是鄂州之鄂，即东鄂，也就是《汉书·地理志》中记载的江夏郡下所设之鄂县、《水经注·江水》中记载的鄂县故城。他同时援引了包山楚简第 76、164、193 号简所记之鄂君（这个鄂君有可能是鄂君启，或者是鄂君启的儿子）等记载，并根据考古调查成果推断这一鄂君的治所很可能就是原属鄂州现为大冶所辖的鄂王故城遗址。②

以上传世鄂国青铜器与新出土的资料共同为两周时期鄂国历史研究提供

---

① 崔本信、王伟：《南水北调中线工程南阳夏响铺鄂国贵族墓地发掘成果——对西周晚期到春秋早期鄂国研究将是一个突破》，载《中国文物报》2013 年 1 月 4 日。

② 黄尚明：《从考古新材料看鄂国的历史变迁》，载《华中师范大学学报（人文社会科学版）》2015 年第 1 期。

了宝贵的材料，基本上确定了古鄂国在两周不同时期的地望、发展以及迁徙史。

（二）陈介祺藏虢国铜器与新出土虢国铜器及其对于虢国史研究

虢国是周代历史上较为活跃的诸侯国之一。西周初年，周文王分封虢仲、虢叔为东、西二虢。周平王四年（前767），东虢为郑国所灭。西虢后于公元前655年为晋国所灭。虢国在周代虽然是小国，但其既与周王朝在政治、经济、文化方面保持了一致，又具有自身特色，并且活动频繁，传世及出土资料众多，对两周历史与文化影响广泛而深刻。因此，虢国历史研究对于周代历史研究意义深刻。

陈介祺的青铜器收藏中，虢叔旅编钟关乎虢国历史。该钟上有铭文4行，共26字。传世虢国具铭青铜器数量不多，唯虢叔旅编钟铭文较长，对于研究虢国历史、周代礼乐制度等具有十分重要的价值。《簠斋吉金录》中，陈介祺于虢叔旅编钟拓片上题“宗周钟今不知所在，世传唯虢叔旅三钟为冠”，由此足以看出该器的重要性。

目前，学术界对于虢国历史的研究已经十分深入、成熟，对于虢国都城、东西虢位置、虢国迁徙史及虢国世系等基本达成了共识。有学者将学界对虢国历史的研究分为三个阶段：第一阶段主要是基于文献典籍和传世品的著录、考释研究阶段；第二阶段自20世纪50年代至1990年上村岭虢国墓地第二次发掘之前，又可细分为基于考古资料的初步积累与初具规模的虢国史研究、基于考古资料的再积累与较深入的虢国史与虢国文化研究两个阶段；第三阶段以1990年开始的上村岭虢国墓地第二次发掘为标志，虢国史与虢国文化研究进入了基于考古资料的再积累与较深入的虢史与虢文化研究新阶段。①

第一阶段的研究主要停留在对文献的解释和铭文的考释上，研究对象则主要包括虢叔旅编钟在内的传世虢国青铜器——最早如《考古图》中所录虢叔鬲、虢叔簠；至清末民国时期，学者们收录的虢国有铭铜器已达数十件，根据铭文可分为虢公、虢伯、虢仲、虢叔、虢季及其他六组。此外，还有鬲攸从鼎、何簠等与虢国历史有关的有铭铜器。

---

① 李久昌：《60年来虢史与虢文化的发现与研究——〈虢史与虢文化研究〉前言》，载《三门峡职业技术学院学报》2012年第3期。

第二阶段，随着田野考古工作的陆续开展，一大批新出土的虢国青铜器丰富了虢国历史研究的资料，同时与传世虢国青铜器相对照，更加充分地挖掘出其包含的历史价值及意义。这一时期与虢国历史相关的出土资料主要有：

1956—1957 年，三门峡上村岭虢国墓地第一次考古发掘出土包括虢太子元徒戈在内的 14 件虢国有铭铜器。虢太子元徒戈的形制为长援直内，援尖呈圭首状；胡部较长，有四穿；内的端部呈圆弧形，中部有长方形穿；长方穿的两侧有铭文“虢太子元徒戈”。

1972 年，北京市文物管理处拣选发现清宫旧藏班簋。是簋四耳饰兽首，下垂长珥作为支柱，其后又另有小珥；口沿下饰回纹，间有两道弦纹；腹部饰兽面纹；矮圈足。班簋内底铸有铭文 20 行，共计 197 字，其中提到虢：“唯八月初吉，在宗周，甲戌，王令毛伯更虢城公服，屏王位，作四方亟（极），秉緐、蜀、巢令，锡铃。”

1975 年，岐山董家村出土公臣簋；计有铭文 6 行 43 字，文为：“虢仲命公臣：‘司朕百工，锡汝马乘、钟五、金，用事。’公臣拜稽首，敢扬天尹丕显休。用作尊簋，公臣其万年永宝兹休。”

此外还有 20 世纪六七十年代在河南洛阳北窑西周墓地发现的虢公戈、陕西岐山京当出土的虢仲鬲、陕西扶风庄白微氏家族铜器窖藏中出土的三年壶等。

1990—1999 年，虢国墓地第二次大规模考古发掘，出土包括青铜、玉、铁、金、陶、石、木、骨、贝、麻、丝、苇、草、竹、蚌等在内的 20 多种材质的各类文物 2.3 万余件（颗），其中，有铭虢国青铜器达 60 余件。

2005 年，国家博物馆征集入藏柞伯鼎，该鼎铭文记载了虢仲指挥柞伯、蔡侯围攻昏邑之事。

2009 年，《文物》公布了香港私人收藏的又一何簋，通高 23 厘米，口径 19 厘米。铭文计 4 行 34 字：“唯八月公陕年，公赐何贝十朋，乃令何治三族，为何室，用兹簋设公休，用作祖乙尊彝。”李学勤先生考证认为何尊与何簋之“何”为同一人。①

---

① 李学勤：《何簋与何尊的关系》，见《出土文献研究》第九辑，中华书局 2010 年版，第 3 页。

根据李久昌统计，自20世纪50年代以来，三门峡地区共出土虢国有铭青铜器80件左右，陕西等地出土虢国及与虢国有关的有铭青铜器20余件，加上传世著录的虢国及与虢国有关的有铭青铜器，其数量已超过150件。铜器铭文涉及政治、军事、经济、法律、文化、社会及民族关系等内容，多为传世文献所不逮，对虢国古史的建构有非常重要的作用。①

三、陈介祺藏器及铭文与山东出土商周金文对于山东古国研究

先秦古国众多，《左传·哀公七年》谓："禹会诸侯于涂山，执玉帛者万国。"《吕氏春秋·用民》："当禹之时，天下万国，至于汤而三千余国，今无存者矣。"甲骨文、金文中的商代晚期地名、诸侯名，以及与族名、地名相关的殷商王妇名等，据台湾学者丁骕的统计，共约698个；又据《史记·陈杞世家》记载，西周武王时期的侯伯尚有千余人。山东商周时期的古国，见于文献和青铜器铭文者，有60余个。然文献不足征，新出土和传世青铜器铭文则可补苴遗缺。今仅就山东先秦莱、莒、郲、鲁、齐五国境内出土的异地异国部族之青铜器带有铭文者胪列如次，并就相关铭文内容稍加绎论诠解，以揆度当时列国之间文化交流与融合之趋势。为阐述方便，故就山东古国之方位，按顺时针顺序予以论列。

陈介祺所藏青铜器中有相当一部分出土于齐鲁大地，亦有一部分虽然收集自全国各地，但其铭文反映之内容与山东地区商周古国有千丝万缕的联系。有些铭文反映了商周王室对四方的征伐，有些铭文则体现出不同国家之间的联姻结盟，更有些铭文则直接记录了商周时期部分古国的迁徙历史。随着新中国成立后出土资料的不断丰富，传世资料与出土文献相互补阙，为山东地区商周古国研究提供了新的契机和更多的资料。在此方面，孙敬明先生当为集大成者。下文以其大作《莱莒郲鲁齐国出土异地商周金文通释绎论》② 为本，摘其要点，一则说明陈介祺所藏青铜器及铭文对于山东地区商周古国历

---

① 李久昌：《60年来虢史与虢文化的发现与研究——〈虢史与虢文化研究〉前言》，载《三门峡职业技术学院学报》2012年第3期。

② 该文系孙先生初稿，已分为《郲国出土异地商周金文通释绎论》《莱国出土异地商周金文通释绎论》《莒国出土异地商周金文通释绎论》《鲁国出土异地商周金文通释绎论》《齐境出土异国族金文通释绎论》，发表于《海岱学刊》《东方考古》《管子学刊》《青铜器与山东古国学术研讨会论文集》等期刊、文集。

史研究的重要性，二则彰显孙先生在此研究方面之高度及成就。

孙先生自述：“（该文）勾稽莱、莒、邾、鲁、齐五国境内出土之异地青铜器铭文二百篇，旁证金文百五十余篇，涉猎古国凡近六十数。其中，莱国出土邓、贮、鬲、禹、齐、纪、曩、包（鲍）、熊、芮、单、胡、蔡十三国族带铭文青铜器二十六件；莒出土臣、冉、齐、鲁、诸、莱、郘、曹、陈、徐、吴、越、樊、黄、邛、楚十六国族之有铭铜器三十一件；邾出土庚、雷、鲁、郳、毕、昆、铸、滕、祀、鄝、徐、吴、宋、费、邳十五国族青铜器铭文三十四件；鲁出土奄、薛、周王太史、召公（燕）、陈、楚国睽士父、郿、莒、齐乘父士杉、杞、邾、铸、邿、薛史显、宋、鄫、徐、齐赗子叔子、蔡等国族带铭文青铜器五十余件；齐地出土亚醜、册融、纪国、叔龟、画、小臣传、师寰、过、斟鄩、上曾、鲁、铸、陈、蔡、曹、淳于、宋、商丘叔、莀、郳、吴、越、燕、韩、赵、魏等国族百数十件带铭文的青铜器。铭文篇章所涉疆域东起自海，西抵周原，南达荆楚吴越，北逾燕赵山戎。是所谓积数十年之功，对海岱间五大古国所见异地金文作初步清理。对相关铭文内容酌为诠绎，以揆度每历史时期列国之间文化交流趋向与融合之态势。”

除了出土资料，孙先生在论证过程中所引陈氏藏器且详列名目者近15件，如果将相关背景资料也统计在内，恐怕不低于几十件，足见孙先生对如此繁杂的资料的熟悉程度以及在此方面的成就。为避免因水平不足，妄自揣度可能对读者产生的误导，现仅将孙先生详列名目之陈氏藏器罗列，以备专家学者研究。

1. 隻父癸爵

陈介祺旧藏，鋬下铭文作“隻父癸”。该爵与济南市博物馆所藏“矢”爵、山东博物馆所藏“矢贮”铜爵，以及传世的数件“矢贮”鼎、觚、爵、簋、斝与戈等，或可证明“矢贮”古国族的地望在今临朐一带。

2. 隻卣

清乾隆五十六年（1791）出土于临朐柳山寨，其铭文曰：“矢伯隻作父癸彝。”该区域后又出土东周矢朐盘，将“矢伯隻”与“矢朐”相关联。传世的隻父癸爵亦是陈氏藏品。这些都是“隻”国族在潍水与弥水活动的遗存。

3. 蔡姞簋

清代时期出土于蓬莱，《簠斋藏古册目》谓：“蓬莱庄家所得。”后曾归清代大金石学家潘祖荫收藏。其铭文曰:“蔡姞作皇兄尹叔尊□彝。尹叔用绥多福于皇考德尹、惠姬,用祈匄眉寿绰绾,永命你厥生灵终。其万年无疆子子孙孙永宝用。”

4. 冉父丁爵、丁冉爵、冉父己觯等

陈介祺收藏了不少出土于临朐的青铜器,尤其是临朐柳山寨及其附近的桲罗林子村等地出土的商代青铜器。如“冉”铭青铜器集中在临朐出土,则证明其城邑应该在今临朐境内。

5. 宋公差戈

清代出土于济宁。铭文位于胡部,曰:“宋公差之所造不阳族戈。”

6. 传尊

西周早期时器,相传出土于青州。其铭文曰:“传作父戊宝尊彝。亚牧。”

7. 师寰簋

西周晚期时器,铭文中有“齐师”,陈介祺批校《筠清馆金石文字》称此器:“出登莱地,归余,器、盖二。”该器铭文较长,记载师寰受西周国王之命率齐师曩、莱、僰尼、左右虎臣征淮夷而大获全胜之役。此簋与陕西安康出土的史密簋、山东高青陈庄出土的师引簋均为研究西周时期齐国、莱国、曩国历史的珍贵资料,并且可与陈介祺收藏并以之名斋号的春秋早期的曾伯霥簠铭文互证。

8. 斟其鼎

西周前期时器,清代出土于潍县。其铭文曰:“斟其肇作父丁尊彝。。”可证春秋时期斟鄩之后裔尚存留于齐国境内。

9. 铸子叔黑颐鼎

清光绪年间出土于山东益都。其铭文曰:“铸子黑颐肇作宝鼎,其万年眉寿永宝用。”陈介祺曾作《铸子鼎考》,并有跋记。跋记云:“腊月二十日,益都孙模山使其子延宾(以)所得二鼎来请正。子下是‘叔黑臣’三字,臣即颐。灯下释之甚快意。”①

10. 陈侯鼎

① 陈继揆著,陈进整理:《万印楼印话》,天津人民美术出版社2014年版,第36页。

春秋早期时器。其铭文拓本钤印“簠斋山左土物”，铭文曰：“唯正月初吉丁亥，陈侯作铸妫冏母媵鼎，其永寿用之。”

11. 陈子子匜

清代潍县东郊出土，有铭文5行，计30字：“唯正月初吉丁亥，陈子子作寒孟妫教所媵匜。用祈眉寿，万年无疆，永宝用之。”该器时代为春秋晚期。

以上摘取陈介祺藏鄂国、虢国以及与山东古国相关之铜器，结合前辈学者的研究成果，探讨了其蕴藏的历史价值和文化价值。当然，陈介祺所藏青铜器远不止以上几种。相信随着更多出土资料的公布，随着古国、古史、古代艺术等研究的深入，人们对其所藏青铜器之价值必将有更加全面的认识。

第三节　陈介祺金文考释成就及影响

除“藏古”与“鉴古”外，陈介祺对青铜器铭文的隶定与阐释在当时也具有较大影响，为世人所认可。陈介祺每每得到青铜器，均会做拓片分付各地学者，与之进行交流探讨。除了自己所藏青铜器铭文，他还经常为其他金石学家纠正隶定金石文字，尤能体现他在这一方面的深厚功底。他对金文的考释为当时学术界所认可，并且他的许多观点至今仍值得称道。

一、首开以金文对比补正《说文解字》之先河

《说文解字》（以下简称《说文》）是中国第一部系统分析汉字字形和考究字源的字书，是古文字研究的经典。清代以前，学者们对《说文》的研究都是注、校、考、证以及释例、句读之类。清代说文学在乾嘉时期发展到顶峰，但学者们的相关研究也没有突破考证诠释的范畴，所引金文也只是用作注解的证明材料。这种状况直到晚清才有所变化。“这种变化，就是人们不再盲目信奉《说文》，并开始利用出土古文来补充与修正《说文》。”① 陈介祺便

---

① 陆明君：《崇古尚理　探赜灵明——清代金石学家陈介祺的鉴藏与学术》，载《中国书画》2013年第9期。

是其中的佼佼者。首先，他较早认识到青铜器铭文“非许书可比”，并且可订《说文》之遗漏或讹误。他明确指出“释三代古器物铭以多见吉金文字为主，今日虽舍许书无从识古文字，然校古真器究隔一层”。同治十一年（1872）九月二日其致吴云书云：“金文为许氏之书之祖，又无传刻之失，当补入许书，而不可释者以偏旁附之。”是年十月十四日致鲍康书云：“今人论书，必推许氏，然许书已非真本，岂能如钟鼎为古文字庐山真面。当以今世所传金文千余种，合古书帖，编增许书。钟鼎之外，惟古刀币及三代古印耳，是当并补许书中。”

其次，陈介祺对《说文》中之“古文”的认识也极有见地。他说《说文》中之古文“皆不似今之古钟鼎，亦不说某为某钟某鼎字，必响拓以前，古器字无毡墨传布，许氏未能足征”。同时，他对所谓的孔壁古文也提出了怀疑，认为孔壁古书为周末人传写，“非复孔子六经之旧简”。王国维则根据大量资料断定《说文》中的古文是战国时东方国家的文字，这种说法渐被近几十年的考古资料证实。

另外，许氏《说文》认为籀文即大篆，是西周周宣王时代的文字。《说文·序》云：“及宣王太史籀，著大篆十五篇，与古文或异。至孔子书六经，左丘明述《春秋传》，皆以古文，厥意可得而说。”《汉书·艺文志》云：“史籀十五篇。”自注：“周宣王大史作大篆十五篇。”又云：“史籀篇者，周时史官教学童书也……”而陈介祺已经认识到《说文》中所引籀文不尽合于六书，与标准的大篆石鼓文也不相同，应为西周末期文字。

再者，陈介祺也是《说文》成书以来对“秦书八体”进行阐释的第一人。同治十三年（1874）二月二十二日，陈介祺致吴云书谓：“秦书八体，一曰大篆，二曰小篆，虽有许书，印亦见之，可证补焉。三曰刻符，刻符书符节令掌之，今传虎符是也。四曰虫书，五曰摹印，六曰署书，七曰殳书。虫书今唯见于古印，有鱼鸟形之异，秦玺，斯以虫书书之，盖取书之至古者也。署书今无传，而汉碑题额、吴天发神谶字近之，今人无能名之者，余所藏樊缵、冯泰及六面各印，其署书之遗与。萧子良云：古者文既书笏，或亦书殳。殳书见于印，又见于瓦当，或武功与武职所用与，余所藏又有垂露一印。八曰隶书。印中多参用之。凡此皆足涤汉简、梦英十八体宋人字书之陋也。其甚古者又与三代钟鼎同，而其奇不可识者或又过之，前人断之以秦，亦近陋矣。”① 由此可见，陈介祺对于《说文》所列“秦书八体”的推断是建立在他丰富的青铜器铭文、玺印及陶文资料之基础上的，其虽以《说文》为参照，但认识远超《说文》。因为许慎只对汉六书作解，而对“秦八体”仅列其名目而已。

裘锡圭曾说：“从乾、嘉之际开始，清人在古文字研究上才有明显超过前人之处。道光以后，重要的金石收藏家辈出，陈介祺（1813—1884，号簠斋）是其中的代表。”陈介祺在当时即提出“释古文字多见为第一，考经为第二，证许为第三”的主张，提出“古文字义理第一，文法第二，书法第三”“读古人之字，不可不求古人之文，读古人之文，不可不求古人之理”“古器字有各体之不同。古器字有各国之不同。古器字有是真古《尚书》文者”，充分反映了他在释古文字方面的深厚功底和独到见解。他还十分反对主观臆断，主张“考据以简切为主，以案而不断为正”“有据者断之，无据者则桂氏说文义证案而不断之例为至是。不可徒博，愈引愈远而愈无当也”，由此反映出他在治学方面的严谨态度。陈介祺对于金石文字考释的独到见解多见于其致金石好友的书信手札中。例如，他最早辨识出“郾”与“燕”、“陈”与田齐之关系，尤其以陈字从“土”与否而别异陈蔡之“陈”与田齐之“陈”，这对于春秋战国文字的分域断代研究极富创见。其考证金文中的“”为“锡”，更是超前独步。又如，他对“玟”“珷”两字的隶定，纠正了人们几千年来的认知错误。再如，毛公鼎铭文中有“马四匹，攸勒，金钩，金膺”，其中的“钩”字，陈介祺在周毛公鼎铭释文中即释为“钩”，但直到今天才得以确证。以此可见，陈氏考释古文字确有不凡之处。②

同治十一年（1872）十二月六日，陈介祺在致鲍康的信中提道：“好古者以多收拓本多刻古文字为主，考据尽可别刻附后，不厌其多，听后来之讨论可矣。痴人说梦，何以自知，必当而言之不疑，有所征则可存耳，岂叔重所未及见及知者，而吾可突过之邪。金文释虽不易，然多见自可引伸，尤宜以文为主，弟谓前人多重一字而忽全文，此亦有少人处。伯寅少农好古有力，

① 〔清〕陈介祺著，陈继揆整理：《秦前文字之语》，齐鲁书社 1991 年版，第 263 ~ 264 页。

② 陆明君：《陈介祺与晚清金石学》，载《中华文化画报》2009 年第 6 期。

曷不为字学统编，以说文为本，而凡诸治许氏家言及字学书，皆附列于一字之后，以便考订异同，并可摹吉金文字附之，许书所无，则附部后，亦一大著作。”陈介祺在信中首次提出了编纂《字学统编》的构想，并简略提及编纂体例与方式。此后，吴大澂作《说文古籀补》、丁福保编著《说文诂林》及周法高等编纂《金文诂林》等，这些学术史上的重要典籍，其宗旨、体例、次序以及摹写选录金文的辞例、罗列众家考释等，均宗法陈氏，包括最后再加按语。凡此丁、周氏所为，同是当年陈介祺计划托潘祖荫为之者。唯不同者，在于丁书重在《说文》，而周书则重在金文，未详列众治许氏家言，然合此两书，正得陈氏宗旨。①

二、开创以金石文字研究古史的新局面

在真正意义上的考古学产生之前，中国的古史研究基本局限于“以史正史”“以史补史”，鲜有以出土文物补正史书者。其中，以《尚书》最具代表性。《尚书》为先秦文献中最古者，其中保存了大量弥足珍贵的史料。金景芳先生曾称《尚书》是“中国自有史以来的第一部信史”，但是学术界对《尚书》之真伪的观点分歧最大。由于竹简在流传中容易损坏断烂，又因各家传抄容易错乱脱误，还有为了政治需要和学术目的而篡改编造之事，故《尚书》之流传最为驳杂，出现了多种错综不一的版本。随着金石学在清代的大盛，一部分见识卓著的金石学家开始突破过往史学研究的局限，开始将出土文物资料与文献记载相比较，从而纠正古史记载中的谬误。陈介祺无疑是其中的集大成者。

王懿荣根据金文，首先提出《尚书》中“宁王”“宁武”之“宁”疑为“文”字之误时，陈介祺当即表示赞同，并作了补充。陈氏又在致王懿荣的信中指出，《尚书·君奭》中之“‘宁王’亦皆从‘文’为长”，从而纠正了《尚书》中所谓的“宁”字旧时一直被理解为“安宁”之“宁”的错误，并向潘祖荫介绍道：“尚书至今日无从得确据以定之。其理之至者，固可以孔孟程朱之说定之，其文之古者，则唯吉金古文可以定之。吉金之文，亦唯尚书

① 孙敬明：《陈介祺与中国金石学》，见《陈介祺学术思想及成就研讨会论文集》，西泠印社出版社2005年版，第17页。

可以通之。福山王廉生农部懿荣书来，谓大诰宁王宁武皆古文字作作之讹。余谓文人见诗，前文人见兮中钟西宫簋，尤不可移，则大诰之为真古文亦定矣。武庚之罪，自当告武王庙，三叔之罪，自当告文王庙，则文王文人说，甚为有见。”①

陈氏最先提出金文之体例句读亦皆可证《尚书》的观点，认为“金文是补千古秦燔之憾，义理外即推此，吉金皆以字为古，而不知乃古尚书真本，文尤足重。说文不足征，多见自可通”。陈介祺的这些观点为后来的学者所认证：吴大澂即在《字说》《说文古籀补》中运用金文研究《尚书》；孙诒让用甲骨文研究《尚书》；王国维创立二重证据法，用金文、甲骨文研究《尚书》且成就巨大；于省吾则有《双剑誃尚书新证》等力作。冯胜君《二十世纪古文献新证研究》认为，王懿荣、陈介祺等人的“这些成绩和观念，为二十世纪古文献新证研究提供了知识和理论上的准备，这在王国维、于省吾、郭沫若等人著作中有充分的体现，同时也凸显了二十世纪古文献新证研究同传统金石学研究之间的学术传承关系”②。

三、名物考释方法影响至今

名物考释主要指对出土古器物的名称及功用进行的考辨研究。青铜在古代称“金”“吉金”，限于矿产资源的不均衡以及古人采矿能力的低下，青铜在当时的重要性不言而喻，青铜器在当时更是国之重器。“国之大事，在祀与戎”，而祭祀的主要实物就是青铜器与玉器。大禹治水后铸九鼎以代天下，由此可见青铜器在当时的地位。正因如此，古人对于青铜器的名称、规格、组合、使用方法乃至纹饰都有严格的规定，这一点在《周礼》中有充分体现。但是由于《周礼》仅有文而无图，而各国各代各地铸造工匠铸造青铜器的工艺又存在不同，导致面世的青铜器与《周礼》中的记载相差较多，只有一部分与《仪礼》所载相符合。因此，以文献为青铜器定名十分困难。随着出土资料的不断丰富，越来越多不明种类的青铜器出现在世人面前，其有一部分更是存在“自名”情况，但是更多的青铜器没有铭文或不存在“自名”情

① 〔清〕陈介祺著，陈继揆整理：《秦前文字之语》，齐鲁书社1991年版，第40页。
② 冯胜君：《二十世纪古文献新证研究》，齐鲁书社2006年版，第27页。

况。如何为这些未见于文献的青铜器命名，成为困扰学术界至今的问题。而陈介祺在此方面则有独到之处。

陈介祺对于青铜器的考释，最知名者当属“簋”。自宋代金石学兴起一直到晚清，历代金石学家均称“簋”为“敦”，又以敦之侈口无盖而圈足者为彝。陈介祺经过考释，纠正了这一错误观点，并且定“彝”为“敦”。陈介祺还根据灵山卫出土的陈氏三量，引证文献中齐旧四量（豆、区、釜、钟），阐释了齐国田陈氏厚贷薄收笼络人心的惠民之举，并指出《史记》中齐人歌之的“妪”乃“区”之误。这些观点都是很有价值的。陈氏对器物的考释，如雁足镫考、兮甲盘考等，俱参以文献典籍阐发器名、形制与功用，虽或有偏颇甚至错误之处，但对后来的考释颇具启示作用。①

除此之外，陈介祺对于青铜器分类、青铜器纹饰、青铜器形制与功用的考释不仅独步于晚清金石学界，而且至今仍具有重要的指导意义。“圣人制器尚象，皆有取义。云雷，取其发动而成文也，回文者是（又取施不穷）。牺首、羊首、米粟，取其养也，乳形者同。饕餮，取戒贪也。龙取其变，虎取威仪，虎文尤多，重威仪也。蜩取其洁，熊取其猛。纲目，取其经纬也，未可以殚述也。……后人制器，舍其规矩，则不方圆。……吉金必以经传考定其器，与器之用、与制、与名。吉金宜分爨与不爨之用。酒器宜分饮器、盛酒器之别（古人饮酒似不爇。觯是寻常使用之饮器，斝非饮器）。食器宜别，文有黍稷稻粱者是也。牛、羊、豕、禽、鱼、鹑、牛首、羊首器之别。大鼎、中鼎、小鼎之别，圆鼎、方鼎、长方鼎之别。有足无足，有耳无耳，有盖无盖之别。量器之别，钟与区、鍑之类是也。温器之别，铫之类也。盥器之别，匜、洗是也。烝器之别，甗、鼎是也。熨器之别。豆、登、烛、镫之别。符节之别，叶氏龙节是也（龙节，阮氏系汉，非）。爨器之别，鬲、鼎是也。角之角，爵之角，爵之两柱警目、三足戒倾，觚之觚，尊之觚，皆取义之制也。兵器之别。”②“器形本以所用为别而作，既尚其象，又有取义之设。如今传簋下有方坐者，又有四耳者，蒙皆谓为盛羹之器。四耳取其二人共持，方坐取其下重不荡，皆至敬之义。……知圣人之心，然后可以知圣人所作之字，

---

① 陆明君：《陈介祺与晚清金石学》，载《中华文化画报》2009 年第 6 期。

② 〔清〕陈介祺著，陈继揆整理：《簠斋鉴古与传古》，文物出版社 2004 年版，第 1 ~ 6 页。

所言之文，而非可以浅尝圣人……食器，黏者则椭圆，取易拭，或圆，不黏者则方，鱼鼎禽鼎凫鼎则长方……”①

四、对诸学科的及研究影响

（一）对晚清金石学

陈介祺的青铜器收藏及研究带动了晚清金石学的繁荣，同时还带动了潍县乃至全国的青铜器收藏，并且更正了许多人对于青铜器收藏的错误观点。最重要的是，他为当时的金石学界树立了一个标杆，使中国的金石学向更加科学的方向发展。尽管陈介祺的青铜器藏品多数已经下落不明，但是他对于青铜器的定名、出土地点以及流传过程的考证，对于青铜器铭文的考释，对于青铜器尺寸的记录及器形的描摹，尤其是拓片的制作等，使我们即便在器物已经消失的情况下仍然能直观而全面地对其有所了解。陈介祺一生传拓不下万余纸，为保存、传承这批青铜器资料穷尽了毕生的精力。其做法即便是在当代，仍值得我们学习。

（二）对现代考古学

陈介祺是“把金石学之门打开，迎接新兴考古学的第一人”。正如孙敬明先生所说，“真正从金石文字中寻绎铁证，来与三代典籍玺符相合且又创获最多者，则当首推陈介祺。而清季金石学的发展和研究涉猎领域的不断拓宽，以及在文字与经典合证之研究向纵深发展，若上溯其源，则无不是与汉代今、古文之争而通承一脉的。……陈介祺则又正是上承汉宋之余脉，而卓然兴起的一代集大成者。或者说由于陈介祺的身体力行，不但拓宽和延伸了中国传统金石学所涉猎的领域，更新了传统整理与研究的理念，使传统的玩古、藏古、鉴古发展到考古与传古，使金石学至此而发生了质的飞跃。同时，也正是由于陈介祺和他的金石良友同开风气之先，一改由坐等上门而主动至野外调查访寻，甚至有时带明确学术目的的野外踏勘活动，仅就此点，则与当时西方新兴考古学和后来中国考古调查的手段又是何其相似。因此可以认为，中国早期严格意义上的考古学，亦正是在传统金石学基础之上发展

---

① 〔清〕陈介祺著，陈继揆整理：《簠斋鉴古与传古》，文物出版社 2004 年版，第 39～40 页。

起来的"①。王国维先生在治学方面提出了著名的二重证据法，我们由陈介祺的学术思想中观之，则此种方式之端倪早已显露，古文字学中的地下之物印证于典籍的手段在陈介祺时已萌生并由其开始了实践。李学勤在为《簠斋鉴古与藏古》所作之序中说："簠斋对青铜器精于鉴别，正由于他于此见多识广，不仅有丰富的经验，而且提高到理论的知识。例如他在《复潘祖荫笔记》中说：'同一三代之器，文与制皆可别其先后，多见自能知之，相形自别。王朝与诸国异文异制，亦多见自知。'所谓'文'即纹饰，'制'即形制。用形制和纹饰作为标准，来区别青铜器及其他器物的年代、国别，这已经可以说是类型学方法的萌芽了。"

（三）对传统音律学研究

陈氏自号"十钟山房"，实际上其所藏铜钟共 11 件，包括楚国最早的编钟在内皆为三代乐器，对于研究古代礼乐制度具有重要意义。此外，陈介祺所藏天亡簋铭文是中国最早的韵文，对于中国古代格律研究也具有重要意义。

（四）对传统书法研究

包括毛公鼎、颂簋、天亡簋在内的众多三代重器，其铭文繁缛，深得圣人之义，具有重要的书法价值。因此，这些具铭青铜器自面世以来即为历代书法家所追捧。陈介祺所藏秦量诏版为篆书的学习和研究提供了最珍贵的一手资料。陈介祺也是一位书法大家，他对于书法的见解同样影响至现在，他是《说文》成书以来对"秦书八体"进行阐释的第一人，将其丰富的藏品对比《说文》所列"秦书八体"，以实物资料确定了各种书体，解答了古人的疑惑，更正了人们在传统认识上的错误，为后世书法研究奠定了基础。

陈介祺不仅是卓有成就的金石学家，也是一位具有创造精神的书法家。他融篆、隶、楷、行诸体于一身，创造了风格独具的"簠斋体"，为后人所称道。陈介祺出身晚清官宦世家，幼年时即受到严格的正楷训练，其楷书小字功力深厚且不失性情。其书法源于颜真卿，但不囿于颜体，以颜体宽博的结构、铺毫的运笔，特别是以圆转使笔，表现篆书体势，显得格外得体。②

---

① 孙敬明：《陈介祺与中国金石学》，见《陈介祺学术思想及成就研讨会论文集》，西泠印社出版社 2005 年版，第 10 页。

② 蒯宪：《篆刻书法自成风格》，载《潍坊晚报》2016 年 9 月 18 日。

（五）对古国史研究

陈介祺所藏青铜器多数具有铭文，其中有铭文洋洋洒洒可抵得上一篇《尚书》的稀世珍品毛公鼎，有记载完整周代册命制度并号称中国韵律诗起源的天亡簋，又有记载周对淮夷的经营以及征淮夷事件的师寰簋、曾伯霥簠等，还有反映周王室与各方国间以及各方国彼此之间关系的众多重器。尤其是21世纪以来，以孙敬明为首的一批专家又开始了对陈氏所藏齐系兵器、燕系兵器，以及陈氏所藏青铜器与山东古国关系的系统研究，并取得了一系列的成果，将对陈介祺旧藏青铜器的研究提升到了一个新的高度。尤其是在古国史研究方面，诸位专家通过归纳梳理海岱地区出土青铜器，结合陈氏所藏铜器及铭文资料，对莱、莒、邾、鲁、齐海岱五国同列国之间的文化交流与融合进行探讨，这对于陈介祺研究与海岱地区古国史研究都具有划时代的意义。

除此之外，秦诏量之于秦朝量制研究、陈氏三量之于齐国量制研究、天亡簋与颂簋之于周代册命制度研究俱是不可多得的一手资料，至今仍被频繁引用。

以上是关于陈介祺的铜器收藏及其考释对当时及后世影响的简单概括。可以明确的是，他的铜器收藏及考释的影响绝非寥寥数言可以概括。这一影响在过去、现在乃至将来的学术界会一直存在。

第六章 陈介祺玺印封泥收藏与研究

于省吾先生依据传世铜印，最早指出玺印起源于商代，近年安阳考古果有新征。而汇编研究古代玺印之学，或谓滥觞于唐。宋代金石学称盛于史，印学、钱币各自为宗；有清乾嘉数朝，朴学大兴，吉金遽增，钟鼎彝器而外，则印学一门巍然大观，时有金石学在山左之谓。陈介祺倾心印学与封泥研究，对玺印与封泥搜集历有年所，在认识和研究方法上较前辈学者具有重大突破。而从陈介祺《十钟山房印举》及其与吴式芬合辑之《封泥考略》中，亦可见其对于秦汉魏晋文献典籍与职官制度等造诣之深湛，其印学理论与指导实践在中国印学的发展过程中起到了突出作用，影响深远。

第一节 玺印收藏与《十钟山房印举》

在古代印学史上，私家藏印最富者为陈介祺，自称其藏室为“万印楼”，而其所编纂的《十钟山房印举》（以下多简称《印举》），所收古玺印之多、选取之精、体例之善、钤印之佳亦皆是空前的，在当时的金石学界及后来的篆刻艺术领域都有广泛的影响。陈介祺与古玺印有着特殊之缘，其爱好金石始于古玺印，收藏耗资最巨者为古玺印，而晚年又疲于《印举》的编纂这一浩繁工程。可以说，古玺印耗费了其金石生涯的大半心血与精力，也成就了其在印学史上的地位。

一、万印楼藏印

清乾嘉以后，金石收藏的风气空前兴盛，文人、富绅及官豪大多好古，争相搜罗。而其时古器物也纷纷出土，所谓“地不爱宝”。古玺印因其易于保存，兼具职官、地名等可补史志之遗阙，且于当时兴旺发达的篆刻亦有直接的参考利用价值，故金石收藏家尤为看重，出现了一些收藏玺印上百方甚至逾千方的藏家，但都远没有陈介祺所藏数量之巨、品质之高。现拟分三个阶段来考察陈介祺购藏古玺印之经历，并就其藏印的真实数量与藏品特点等加以说明。

（一）陈介祺辞官归里前的古玺印收藏

陈介祺十九岁至莱州府应童试、至济南应乡试时始好古，并开始收藏古印，其在《十钟山房印举》自序中述好古之发端云："余自应试始至莱，秋试始至历，见齐鲁三代器秦汉印即好之。" "至莱"为参加莱州府生员考试，"至历"为参加省府济南之乡试。据陈阜《先祖考文懿公行述》记"十九岁入郡庠"，可知陈介祺弱冠时已开始好古并收藏古印了。陈介祺作为官宦子弟，青少年时期一直生活在京城，十七岁时就曾随父晋谒国子监，得观鼎彝及石鼓。其二十岁时已成婚，时岳父李璋煜亦居官京城，是非常活跃的好古文人，曾邀许瀚、许梿、王筠、陈宗彝等校定桂馥《说文解字义证》，并经常邀文人同道雅集。身处此种环境中，又在好古风尚盛行的背景下，可以想见弱冠时的陈介祺亦会有逛厂肆而赏古搜古的经历。此时陈氏亦开始与金石学家吴式芬等交往，其曾记："余于既冠后从子苾六兄游，论古文字，考订金石，始稍稍有吉金之蓄。"目前所见最早的有明确纪年的陈介祺与吴式芬的通函是道光十五年（陈介祺二十三岁）二月二十五日，陈介祺得师寰簋后，致函吴式芬，请其"便中速来一观"。此年秋，陈氏乡试至济南，亦有搜古之兴。而此前其已与山东掖县（今莱州）的翟云升频繁通函，并惠寄石刻拓本，助翟氏编撰《隶篇》时用以勾摹，另外陈氏在致翟氏函中对有关石刻如数家珍，还常述及其他金石家。这再次表明陈介祺弱冠时已经开始好古藏古了。

道光十六年（1836），陈介祺与许瀚在京联系密切①，陈、许二人之相识当早于此。许瀚于道光五年（1825）即被山东学政何凌汉选为拔贡，道光六年（1826）入都为国子监生员时曾居何凌汉寓邸，与其子何绍基、何绍业等朝夕过从。陈介祺与何绍基作为居京的宦门子弟，此时早已相识。陈、许作

---

① 《许瀚日记》"道光十六年"条下多记与陈介祺交往之事。参见〔清〕许瀚著，崔巍整理：《许瀚日记》，河北教育出版社 2001 年版。

为同乡，且皆有金石文字之好，并由何绍基为介，二人相识及往来或在道光十二年（1832）陈氏弱冠之前。

道光十七年（1837），陈氏之金石收藏当有了可观的数量，故是年十二月，请杨澥（号龙石）为其刻了“古平寿陈介祺宜铭金室所藏金石文字”等细朱文印①，但此时其所藏古玺印的数量等尚未可知。而此时陈氏购藏古印大致的交易价格，可从《许瀚日记》道光十九年二月二日条下所记“孟慈赎寿卿押去玉印。印五方，银二十五两，两交清”② 中获取些许信息，即当时购藏每方玉印大致需银五两。

吴式芬出京都（任江西南安府知府）前，陈介祺与吴式芬频繁往来，交流金石信息。陈氏每发现古印则必相告，催促吴氏前来观赏，如此间“七月三十日”（未署年）致吴式芬一函中云：“明日子万过我并携印来，小斋兰花新放数枝，殊可共赏也……新见旧玉印十数方，尚有佳者，明日务来观，尊藏并望携来（青金者亦携来为幸）。”又一无年月札中云：“弟近得粤中潘家铜印二册，尚佳，不可不速来观也。”这反映出其对古玺印的极大热情。

道光十九年（1839）冬，翁大年为陈介祺刻“簠斋”朱文印③，说明此时陈介祺已经购藏了曾伯霥簠，并开始以此颜居为号。陈介祺见古玺则必欲得之，并逐渐收藏了一些古印精品，如“刘耽”六面印，道光二十二年（1842）十月十二日何绍基访陈介祺时曾观此印并写入《何蝯叟日记》中④，道光二十四年（1844）正月初一日张廷济为陈介祺所藏此印作赋以颂，可见此印受宝重之情形。此时，陈介祺之收藏也开始为风雅士人及金石好友所关注。

道光二十四年（1844）前后，陈介祺与朱钧多有通函及往来⑤，函中涉

---

① 《陈簠斋自用印存》（钤拓本，簠斋后人藏）首页即此印，并载边款拓文：“道光丁酉嘉平望前四日篆，吴江龙石。”

② 〔清〕许瀚著，崔巍整理：《许瀚日记》，河北教育出版社2001年版，第96页。

③ 《陈簠斋自用印存》中有翁大年刻“簠斋”一印，边款署“道光己亥中冬，大年”。

④ 何绍基《何蝯叟日记钞》是日条下记：“陈寿卿处看桂字，观所得‘白淮父敦’及‘内者镫’，古色清润可爱。‘刘耽’印亦佳。”何氏后作《刘耽名印诗为陈寿卿同年作》（见《东洲草堂诗钞》卷八，《续修四库全书》1528册，第639页）。

⑤ 《潍县陈氏旧札抄》（楮庵手抄本）中多有这一时期朱钧致簠斋的书札。

及古玺印考证问题。道光二十五年（1845）八月，翁大年寄其所作《瞿中溶〈古官印考〉补遗目录》，陈介祺于其上题跋云："乙巳八月叔均寄。当以所藏官印及虎符鱼符即寄之，并属其代购印谱。古泥封亦当采入。"① 此跋语反映出陈介祺对印谱体例的考虑与关注，并已有了将所藏古玺印结集成书的想法。

道光二十五年，陈氏中进士，其父陈官俊已官至吏部尚书、协办大学士，家门之鼎盛为其购藏奠定了丰厚的经济基础。此时前后，是陈氏购藏古玺印较为集中的时期。

道光二十六年（1846）年初，陈介祺获古甚丰，此时其所藏较精的汉印已近三百方。是年二月三日其致远任于广西右江道的吴式芬书云："年来所得金石三十五种，手拓呈鉴。汉印精者近三百枚，俟刻板成，当以精本相质。渊北先生'侯志''傅方''孟明'玉印，今以赠祺，想闻之必为喜慰也。"② 这近三百方古印应为陈氏日常搜求积累所得，但也不排除一次数十方来源于古董商的情况，尤其是西安古董商。陈介祺手记中与古董商苏氏兄弟来往的最早记载是道光二十九年（1849）九月，而实际交往当早于此时。

道光二十七年（1847），陈介祺开始编《簠斋印集》，请何绍基题署，扉页亦由何氏题："道光廿七年，平寿陈氏刊。日照许瀚印林、海丰吴式芬子苾、道州何绍基子贞同审定。平寿陈氏所藏。"由此可知，陈介祺编《簠斋印集》时，曾征询许瀚、吴式芬、何绍基的意见。韩天衡在《陈介祺〈十钟山房印举〉及它谱》一文中记："《簠斋印集》二册本……共存印三百八十九方。成书于道光丁未（一七八四）年。当为陈氏辑谱之首成。又古来集古印谱，古玺印均多杂置谱中，或附于谱末，陈氏此谱则首次将产生于周代的古玺印列于秦汉印之前，拨乱反正，有功印林。"③ 韩天衡所见二册本《簠斋印集》是否成书于道光二十七年（丁未），笔者未见此本，不能妄加断定（因陈氏后来有用刊印的何绍基所题道光二十七年封检之谱纸钤印的情况）。而道光二十六、二十七年，簠斋藏印又有猛增。道光二十八年（1848）二月，陈氏曾在自藏印钤本上题记云："合刘燕翁、孙懿庭借存三十四方，共计五百九

① 《潍县陈氏家藏抄本》，簠斋后人藏。
② 《潍县陈氏家藏抄本》，簠斋后人藏。
③ 韩天衡：《天衡印谭》，上海书店出版社1993年版，第324页。

十余枚，戊申二月十六日酉刻检点一过（此外吾乡所得暨□□所赠三十余印，省外二百余未入此稿）。秦汉铜章八百余，涂金刻玉粲纷，如刘耽（玉）……惜乎吾印不得与张叔未先生共赏之，而受之亦于日下卒也。三叹不已。”① 从陈氏此题记可知，道光二十八年二月其藏印已达八百余方。

道光二十八年四月，陈介祺母病逝。约十月至十一月间，陈介祺回籍葬母，事后游潍县及高密、诸城等地，搜寻古玺印。在潍县，其购得族兄陈际唐部分古印，又于田氏手中得“经事得志”古玉玺，在潍之牛驼谭升九（即谭二先生）处购得虎纽“胡光信印”、瓦纽“迟年唯印”等古印52方及部分两面印。至高密，得“夏侯赏印”于纪七。至胶，得见“琅邪相印章”龟纽银印。至诸城，亦有所获。②

道光二十九年（1849）四月，陈介祺回故里，为先母过周年忌日。此年的四月、闰四月、五月，陈氏都在故里潍县，并至潍县近邻各地访古，得古玺印颇丰。在潍县，得十二叔父所藏古印66方，另有两面印7方；得陈晋卿二弟所赠“司马安·臣安”两面印；于族兄际唐处购古印60余方；得谭二先生之子所藏汉印50方，又得谭二先生“王胜之印”“张强私印”等姓名印26方及部分两面印、吉语印等。至诸城（东武故地），得“关内侯印”等8方；在纪七处，得“季□之印”两面子印。至昌乐，得雪舫宗叔所赐“牟遂之印·牟翁□”两面印等。陈介祺回京后，其父陈官俊于是年七月初三日遽逝，即使在守先父之灵柩期间，陈介祺也没有放弃对古玺印的收藏。是年九月，关中古董商苏兆年遣其弟苏亿年来访，陈介祺得“田孟”琉璃印、“建威将军章”、“凌江将军章”、“伏波将军章”等铜官印31方，以及“王受·臣受”等两面印11方，另有面圆穿印1方、姓名印36方。是年，陈介祺还从关中古董商苏镐川处购得“李沱”玉印及姓名印等24方。

道光三十年（1850），陈介祺获印颇丰。正月六日，得苏镐川所售“王博

---

① 邓华主编：《清代大收藏家陈介祺》书后附图26，簠斋藏印钤拓并题记稿本图版。文物出版社2005年版。

② 参见国家图书馆藏《簠斋印集》五册及九册批注稿本（咸丰元年后增钤本）有关印下之簠斋题记。以上两种《簠斋印集》，为借用道光二十七年刊印的有何绍基题署的印谱笺纸，非咸丰元年正式成书之《簠斋印集》及此前之初编本，是此后簠斋将以前所藏印及新获之印经剔后陆续钤拓于印谱笺纸中，并作题记。想必簠斋每得印后，即分别包裹，并作何时所得及得自何处等记注，故日后或多年后见印文下题记时仍能详具。

之印”，以及“信期·郢人”“朱若私印·朱细夫印”“缪虞温印·缪长君印”“许胡人·臣胡人”两面印4方。二月，借刘喜海古玺印160余方，拟入《簠斋印集》。三月二十七日，同年张凤山之友来售“即墨长印”“斶禁”等印5方。五月十八日，西安古董商苏亿年又至京，得部分古印。六月，归潍县故里过先父周年忌日时，得谭二先生姓名印、吉语印、两面印60余方。七月中上旬，由潍县返京。七月二十二日，祖母夏氏卒。八月十四日，天中（今河南驻马店）积古斋于丽泉病中使其弟来京，将“敬事”“臣长”等古玺5方及两面印2方携来。十一月，西安古董商苏三至京，得“新成顺德单右集之印”“左将马厩”“汉氏仟长”“晋卢水率善佰长”古印4方。十二月，得西安苏镐川所售“田穉季印·田乐人印”子母印。除以上已涉及之印，另有明确记载的得于是年的还有：得苏亿年寄印36方，得苏镐川之印54方（包括金印1方、玉印2方、绿松石印1方、铜印46方、两面印4方），另于天中积古斋购得“悊行”等古印3方。

道光三十年夏，陈介祺延请海盐陈畯移榻陈宅，助其钤拓编次《簠斋印集》。此书历八月余，于咸丰元年（1851）钤拓而成，共钤10部。咸丰元年成书之《簠斋印集》收印2485方，包括带钩印、符记印等，其中封泥137枚，两面印及六面印（六面印7方）共钤印文213方。① 印集中除假借刘喜海藏印160余方②外，余皆陈氏自藏。陈介祺此时藏印应皆体现于该印集中，除去所借刘喜海160余方及自藏封泥137枚，该印集载陈氏自藏印2000余方。陈介祺在《簠斋印集》中曾题记：“官印约四百，私印约一千八百，共约二千二百方，辛亥六月。”这明确记载了咸丰元年（辛亥）六月其藏印2200余方。而此时陈介祺正延请陈畯始钤《簠斋印集》，此数字与定本的《簠斋印集》

---

① 西泠印社藏有《簠斋印集》十二册全本，余正《西泠印社藏〈簠斋印集〉》一文中记：“全谱印章内文共1060页（中式页码，一页两面），收印2485方。”余先生进行了仔细清点，其中第十一册为两面印及六面印，共载213方。

② 国家图书馆藏《簠斋印集》九册批注稿本，第三册一至十三页共载古玺印131方，第十三页末簠斋题记：“以上官私印百方，庚戌二月假之东武刘燕庭年丈入谱中。”另，国家图书馆藏《簠斋印集》五册批注稿本，第四册第一至四页载“刘龙印信·刘龙·顺承”子母孙印及母印、子印、两面印等33方，第四页后簠斋题：“以上子母孙印、母印、子印、两面印、古蜡封卅三方，假之东武刘燕庭年丈入谱。”这部分另册钤的子母印、两面印等当同时借自刘喜海。

所载自藏印数量是相吻合的。

咸丰元年至咸丰四年陈介祺归里前这几年中，其所购藏古印当不为多，从国家图书馆所藏两种《簠斋印集》批注稿本之藏印题记中，只能概括出如下数条：咸丰元年正月，得“方城都司徒”“司成之玺”“部曲督印”等7印于群玉斋；五月，苏兆年使其弟苏亿年来，携“张隆私印”玉印等归簠斋；十二月，得苏镐川所售“兼横野将军司马”“部曲督印”“宛川护军章”“尉司马印”“兼南和长”“讨难将军章”“牙门将印”等古玺印。咸丰二年（1852）正月二十一日，苏兆年寄玉小印1方、铜官印5方、私印14方，并寄父乙觯、太康奁、王氏镜、宜侯王大吉羊钩、玉钩以及第布、差布各一；二月，苏兆年遣其弟苏亿年来，得古玺印110多方，其中两面印7方；十一月，于栩斋购得“晋率善羌邑长”等印及“苏赐·臣赐”“长乐·利出”两面印等共5方；十二月八日，苏兆年寄来“刘崇私印”“王畜”“张安”等古印9方及两面印3方；是年，陕西苏有年寄“行嘉私印”“杨遂”等姓名印7方。另记，是年于潍县谭升九处亦获“常庠·日利”等两面印6方及其他古印。据以上所记，咸丰元年至咸丰二年陈介祺共得古玺印180方左右，至多也不会超过200方。而咸丰三年及咸丰四年未见其载记，此时正值陈介祺受朝廷逼捐四万两白银而疲于筹款并决意弃官回籍之时，未暇顾及搜古，或即有所得古印亦未清理打钤入册载记。

综上所述，陈介祺辞官归里前，其藏印估计为2400余方，陈介祺于同治十一年（1872）十月致鲍康书中称其归里前藏印“旧有二千”，此当为约略性数字。而以上藏印的来源有三。其一为陕西古董商，尤以苏氏诸兄弟为主，除苏兆年（苏六）、苏亿年（苏七）外，还有苏镐川（当为苏兆年、苏亿年之兄）。陈介祺于咸丰七年（1857）九月十八日致苏兆年书中云：“令兄镐川务为致意，务为说到一切。令七弟并候。”① 而陈介祺藏印题记中，还有“苏有年”的名字（或亦为苏兆年、苏亿年兄）。陈介祺曾在《簠斋印集》（九册本）第六册第二十四页“行嘉私印”等7方印后记：“壬子苏有年又在堂寄。”另，题记中还提到“苏三”的名字，苏三（当排行三）是苏有年还是苏镐川，抑或苏有年、苏镐川为一人之名与字，未可确断，俟考。从国家图

① 此函为陈介祺原手稿，日本松丸道雄藏并提供复件。

书馆藏《簠斋印集》五册稿本与九册稿本两种载有陈介祺藏印题记的印集中粗略进行统计（有明确记注者），其得自苏兆年、苏亿年兄弟的有近700方，得自苏镐川的有100多方。其二为山东潍县及周边地区。综合陈介祺所记可知，其先后从潍县谭升九及其子处得古印240余方，从潍之族兄陈际唐处购得60余方，十二叔父赠70余方。其三为其他地区的古董商或厂肆及金石友等，如其曾记从天中积古斋、群玉堂、栩斋等古董铺亦有得，还有戚友零散所赠。

陈介祺归里前的这一时期，是其收藏古印异常顺利且所获颇丰的时期。这一时期其年富力强，精力旺盛，搜古的热情极大，这从其早年致吴式芬、季则叔等信函中可了解。另外一个重要的因素是这一时期其父陈官俊贵为一品，家资殷富，并在京城中有数处产业①，故只要遇古印，陈介祺即可不计其值而购入，毛公鼎即为其当时以千金巨价所购之藏品。

（二）归里后至始编《十钟山房印举》（壬申本）期间的古玺印收藏

咸丰四年（1854），陈介祺以病乞假，由京城归故里潍县，从此不再涉入仕途。其归里初期，暂居于潍县城郊的来章村，五六年后（约咸丰十年）潍县城内新居建成（即今之陈介祺故居陈列馆所在地，但今之故居只保留了原来的一部分，大部分都在新中国成立后被拆除，用于修建潍坊三中。今陈列藏品的“万印楼”亦非原藏印之所）。在陈介祺迁居城内之前，从京运回之藏品一直封箱未动，其曾自记：“旧存都置高阁，无地可设，亦无人可谈，惟戚友投赠乡间出土古印及陕贾时寄数纽，为归来所增益耳。”② 陈介祺经历了宦海风波，心灵遭受重创，所以其在归里前后，搜古之心大减。咸丰三年（1853）至咸丰七年（1857）秋这近五年的时间内，我们目前尚未看到其任何

① 陈家当时在京有数处产业之事，可从陈介祺咸丰三年四月初三日寄潍县五叔祖母、六叔祖母函中得悉，其谈朝廷逼迫陈家捐银四万两时云：“三月内交过弍万两后，余共措交之两万两，尚无着落。以都中生意全行滞住，架空之处全行露出，大小生意全不卖钱，手艺人散去十分之四，如此光景，都中一切铺户皆下不去。产业衣服器用皆无处销售典当，将来竭力凑办，如实不足，只好将产业交抵，然非万不得已，不如此也。”（潍县陈氏家藏抄本）

② 同治三年致翁大年书。簠斋后人藏。

搜古藏古的信息，此前陈介祺曾频繁与苏氏兄弟联系，而后“五六年不曾通问”①，其“归里四载，境况艰难，非楮墨所能罄，惟眷属粗安，闲居养静而已”②，可以想见其归里后的境况。直至咸丰七年九月，其开始与苏兆年通函，嘱其搜寻邮寄关中所出古物，云“望先物茅布二枚、序布一枚、次布一枚为属。封泥亦望多赠我数块……汉铜印、旧玉印、旧玉精品、铜器精品小者尤佳，酌为留意可也”③，但此时陈介祺在搜古的财力上表现出力不从心之感，故与苏兆年约定“每年寄一次，每次共合不可过百金”。

咸丰八年（1858）六月，得故友翁大年书函并所寄数印。

咸丰十年（1860）正月十六日，其在致苏兆年书附笺中云：“官印六方不精，私印只二三方尚好，余太碎小，勉留卅方。”④

同治元年（1862）七、八月间，苏兆年遣其弟苏亿年至潍，携秦汉官私印200余方（其中有子母孙印、两面印若干方）来归簠斋。国家图书馆所藏《簠斋印集》五册批注稿本，第三册第十九页左边空页中有陈介祺题记：“自牙门将至此十九页，苏兆年使其弟苏亿年自关中来归予者，小秦印别为一册，壬戌九月十一日夜簠斋主人书（子母孙印、两面印又附一册）。”第三册共十九页，第一页首印即银印龟纽“牙门将印”，该册中所钤皆为苏亿年携来者，分为官印、吉语印、姓名印、肖形印，共计175方。又，第五册第十二页左边空页中有陈介祺题记：“苏亿年来后又由都寄。”第五册第十五页左边空页中又见陈介祺题记：“以上亿年来后再寄者，壬戌九月八日丁巳记。”从以上数条可推知，此前不久苏亿年来潍，携来古玺印200余方。是年十月二十二日，陈介祺曾致西安古董商苏兆年谈搜购古物之事，云“旧玉印出土精品务多寄数方，官印暨古器精品、泥封、旧玉均所念也”⑤。

此时前后，陈介祺于山东得两面印32方。国家图书馆所藏《簠斋印集》九册批注稿本，其中第五册共六页，载两面官印、两面私印及两面吉语印32方，皆为山东省内所得，陈介祺于册后页末题记：“自两面官印至此，山左所

① 咸丰七年九月十八日致苏兆年书。日本松丸道雄藏并提供复件。
② 咸丰七年九月十八日致苏兆年书。日本松丸道雄藏并提供复件。
③ 咸丰七年九月十八日致苏兆年书。日本松丸道雄藏并提供复件。
④ 《陈介祺书札》九册稿本，国家图书馆藏。
⑤ 《陈介祺书札》九册稿本，国家图书馆藏。

得，壬戌九月三日灯下记。”时其曾慨叹归里后得古印日少，记云：“昔年得印必手剔之，然后入此册记之。甲寅归里后，得印日少，而室家未定，即得数印亦置之箧中而已，今年南捻未扰，强屏家事以课孙阜，因捡印增入未能剔也。”

同治三年（1864）十一月朔，陈介祺曾致翁大年书，对金石故友纷纷离世深感悲伤与怀念，并对乱世中的金石友及其收藏情况表示担忧，还向翁大年表露自己因僻居乡间而缺少沟通的一种失落与无助之情，嘱翁大年代为留心搜求古器字多者、古印、宋拓碑帖及汉碑旧拓、上品古玉等，并云归里后，在收藏方面“旧存都置高阁，无地可设，亦无人可谈，惟戚友投赠乡间出土古印及陕贾时寄数纽，为归来所增益耳”。

同治六年（1867）十一月陈介祺记云：“朱力自陕来，得量版、铜印，拓附。”①

同治七年（1868），吴式芬原藏金石文物遭兵燹，大半被焚，其藏印2000余方（即《双虞壶斋印存》所收者）被乱民抢出，后来一部分被辗转售归簠斋（陈氏将其钤入《十钟山房印举》后，因吴式芬已故，故将这一部分古印还给吴式芬之子吴重憙）。

同治十年（1871）三月二十二日，王石经于潍县白浪河干市上为得“纪克国印·纪中卿印”两面印，陈介祺题记之，称：“充足浑朴，汉印中之佳者。”②

同治十一年（1872）九月，陈介祺致吴云书云：“敝藏古印颇可成书，惜此间无同好解事者助成之，僻陋甚，以不得人相助为苦也。……归里后又得千余印，尚有可得千余之望，而玉印尤遇之，以思再作，既苦无友，又兼刻板印刷诸事种种不易。”陈介祺此函中明确说“归里后又得千余印”，而这显然是在此年何昆玉“以潘毅堂藏印千余归余”之前。此时陈介祺已有作印谱的想法，并在函中嘱吴云购印谱所用之竹纸与六吉棉连纸。

同治十一年秋，陈介祺致函潍县同乡广东巡抚张兆栋，嘱其代为协商收购何昆玉藏印。何昆玉藏印的主要来源是广东同乡潘德畬看篆楼古印及叶氏

① 同治六年十一月十九日致大女书。稿本，李经国先生藏并提供图片。
② 稿本，簠斋后人藏。

平安馆节署烬余古印。何昆玉为《簠斋藏玉印谱》作序云："陈寿卿京卿所藏古玉印以赵飞燕印为甲观……壬申秋，寿翁闻之，致函张西山中丞与昆熟商，属携所得古铜印二千七百余事并十钟山房所藏古铜印共七千余事往潍水，而赵印亦归寿卿秘笈矣。"然陈介祺在光绪九年所作《十钟山房印举·序》中云"南海何伯瑜昆玉书来，以潘毅堂藏印千余归余"，并且陈介祺在同治十一年编《十钟山房印举》时，在致鲍康书中谈及此事亦称得何氏"千余印"，这与何昆玉所记"二千七百余事"相差甚大，究竟何昆玉带来了多少古印并转主于陈介祺？对此孙慰祖先生作过详细的考述，其云："关于何昆玉携归簠斋之数，陈敬第涵芬楼印本《印举·序》采从何昆玉说，何在《簠斋藏古玉印谱·序》中述其携至潍印章为'二千七百余事'。按何氏六册本《吉金斋古铜印谱》（以下简称《吉金斋》）所辑 1266 方绝大多数是潘氏（毅堂）看篆楼旧物，已所增益者仅《续集》辑录二百余方。仅以此数，不足'二千七百余事'。叶志诜平安馆所藏虽不知其确数，但有一点是清楚的，叶氏藏印并未尽归于簠斋，因为簠斋同治十二年八月《致吴云书》仍说'尚有烬余数百在羊城也'。但何氏吉金斋另有一谱，上海博物馆藏、原何昆玉旧藏钤印的十一册本《吉金斋》，其与六册本收印多不相同，这些印也多未见于《印举》。此外，六册本《吉金斋》中涵有少量宋元印，这是簠斋所不录的，而其他汉六朝官印亦有未录入《印举》的。因此，如果以吉金斋印谱两个系统相汇合，则可得何氏所述之数。陈、何两人所说之数目相抵牾，则可能的情况是，簠斋在入藏时有所选取，簠斋所述乃是实入之数，何氏所称乃是至潍总数。何昆玉未入《印举》之印，有的见于后来《共墨斋汉印谱》及其他印谱，这似乎也说明何氏之印未尽归簠斋。"① 孙先生的考述是颇为审慎的，他还认为陈介祺在印谱自序中所述外借之印"盖以东武李氏爱吾鼎斋藏印、海丰吴氏双虞壶斋藏印，子年、竹朋各数印"之语与其所考相一致，云："簠斋此语中，李璋煜、吴式芬为'藏印'，属全称概念；鲍康、李佐贤是'各数印'，这是很精确的，笔者所校结果与之完全符合。由此也可见簠斋叙事之谨严。"孙慰祖先生倾向于陈介祺所记，即陈介祺收何昆玉所携印"千余"。

---

① 孙慰祖：《簠斋印事七题——关于〈十钟山房印举〉和〈封泥考略〉》，见《陈介祺学术思想及成就研讨会论文集》，西泠印社出版社 2005 年版，第 125～126 页。

陈介祺归里后的古玺印收藏，除同治元年（1862）所购苏氏兄弟印及同治十一年（1872）收何昆玉所藏印外，少见其他记载。而自咸丰四年（1854）其四十二岁时归里至同治十一年其六十岁，这近二十年的时间是其收藏与学术研究的低迷期，前期其家室未安，后（从咸丰九年至同治七年）又一直恐慌于捻军起义并为此而谋划抵御等，加之其家室庞杂、家人多病，陈介祺身心俱疲，其曾于致长女书中云"我若不自己扎挣，既不能启后，何若承先。我只可自己勉励自己，活一日作一日，心境强自宽解"①。这种背景及条件极大地影响了其收藏活动。

（三）陈介祺晚年的古玺印收藏

自同治十二年（1873）末陈介祺初编钤成《十钟山房印举》并搁置，至光绪十年（1884）七月其去世前，这十年多的时间里，陈介祺藏印又有增益，但所增数量远没有以前的势头，更没有一次性收印几百方的情况。其间，我们见到的多是一些零散的购藏记录或言论。如：

同治十三年（1874）十月十二日陈氏致王懿荣书，云是日午后"得一古圆玺、二戈，皆齐产"。

光绪二年（1876）四月五日，其致王懿荣函云："有远来者，得古印十余，无官印，而有小古私玺二。"四月二十五日，其致潘祖荫称："新得古印四。"九月十三日，收得"[illegible][illegible]"古印，并于此印拓纸两边及下方朱笔题："[illegible]，从大从牛从刀从干。[illegible]，与瓦器玺文'[illegible]'同，当是'得'古文，亦一时物。光绪丙子九月十三日庚午收。"② 是年十月三日，收得益都县郑母村南三里之棘林村出土的"甫阳都玺"古银官玺，并作记，称此印"以商周吉金文字推之，定为虞时作……可为万印楼诸印之首"③。

光绪三年（1877），得潍县谭三所售"过坚""临义""王武""徐乐成"等古印。④

---

① 同治六年十一月十九日致大女书。稿本，李经国先生藏并提供图片。

② 稿本，簠斋后人藏。

③ 稿本，簠斋后人藏。

④ 簠斋于以上四印及其他三印（共七印）拓纸上题记："过坚、临义、王武、徐乐成可入，余三可不存。谭三。丁丑。"（稿本，陈继揆先生藏）当是丁丑（光绪三年）得之于潍县谭三，谭三或为咸同年间为簠斋提供古印之"谭二先生"（谭升九）之弟，俟考。

光绪四年（1878）二月致书吴大澂云“得新出土六字古玺”，是年四月又致书吴大澂云“新得大字古铜玺一”。

光绪五年（1879）三月，得“艾乘私印”于潍市，簠斋题记之。①

光绪七年（1881）十月四日，得“□北将军之印”，簠斋于此印拓纸上有题记。②

光绪九年（1883）五月，陕西古董商苏亿年两次为陈介祺寄古物，其中亦有古印，陈介祺在致苏亿年书中云：“第二次十五印，则‘建伶道宰’‘迹者单尉’为佳，‘杨屏’两面一横一直为新，‘孟容’乃元人字印，吉语泉非至佳者，龙钮印余昔得一无字者，此亦不似汉，私印皆非精品也，所以有假字疑心者，即写信来说者，并非疑足下。”③ 可见，苏亿年后期所寄之印真赝混杂，并少有精品。

光绪九年九月，陈介祺在《十钟山房印举·序》中记同治十一年后的藏印时云：“后以搜三代文字，于钟鼎外，复收古货、古匋，尤好古玺，十年之久日增于前，近亦不易致矣。”“十年之久日增于前”，但究竟增加了多少，簠斋没有具体说，但其于光绪八年（1882）十一月二十七日致王瓘书中曾云：“拙著《印举》十年未成，续获又将增五六百，年近逾七，知不可缓。”续获五六百，指同治十一年编钤《十钟山房印举》之后的增印数。那么再至其去世前的一年多中，增印数也不会超过一二百方。也就是说，陈介祺同治末编《十钟山房印举》之后的十多年中，新获印不会超过七八百方。

陈介祺晚年藏印的增益，主要依靠潍县及周边的古董商，其中以潍县的高文翰、赵允中、杜锡九、王氏（名不详）等人以及临淄的马庆灏为主。他们不仅活动于山东本地，还奔走于陕、晋、冀、豫及南方，当有一定收获。但陈介祺晚年藏印，并未见如以前收印清剔钤印后而记其所得时间及来源的题记文字。

陈介祺晚年的古玺印收藏增量不大，主要原因有三点。一是其经济能力

① 簠斋于此印拓纸上题记：“光绪己卯三月，崔贞礼得于潍市。艾姓齐大夫艾孔之后……”（稿本，陈继揆先生藏）

② 簠斋于此印拓纸上题记：“辛巳十月四日得六朝铜印，文曰‘□北将军之印’，‘北’上一字不晰，钮似兔。”（稿本，陈继揆先生藏）

③ 光绪九年五月二十五日致苏亿年书（西安阎秉初藏，陈继揆先生得复印本，并载于《文物》1995 年第 5 期）。

受到了一定限制。其曾言归里后力不能购重器，主要原因便是归里后其经济能力不能与在京时相比。同治十一年，其一次性收归何昆玉所藏上千方古印，在财力上也是勉强为之。而光绪初年，因山东大旱，陈介祺捐银甚巨，并设粥厂救济难民等，削弱了其财力，使其已无法从心所欲搜古购古。二是陈介祺回籍后影响了当地一些古玺印收藏者，如潍县之郭氏、高氏、丁氏等各家，出土古印被各家争而分藏，当地或外地的古董商人及陈氏所遣使的在外搜古者也因各自之利，或售以价高者，或留以自藏，这由陈介祺光绪十年（1884）正月二十日致谢景瑀书中所云“高、王、赵三君此来不似前专为我购物矣”即可略窥。另，陈介祺逝后的第二年，为陈介祺搜古的高文翰即刊其所藏古印为《印邮》，并请王懿荣作序，说明陈介祺在世时高氏已自己留藏古印了。三是原来为其提供古印的苏兆年、苏镐川等可靠的陕西古董商已谢世，陈介祺几乎丧失了在西部古都罗织古印的源头。苏亿年虽尚在，但他不如其兄守信厚道或念旧情，陈介祺难以从其手中购得合理价格的古印，这在陈介祺书札中有所体现，此不赘述。

（四）关于陈介祺藏印数量问题

关于陈介祺晚年所藏古玺印的总数，笔者在以前的著述中已说明，认为“七千余方”可信，与陈继揆、孙慰祖两先生的观点是一致的。王献唐在《五镫精舍印话》之《十钟山房印举》一文中亦述：“前岁为山东图书馆商购陈氏藏印时，曾以影丰一部寄来，凡其所存，皆以紫圈记之，共七千六百余事。”同书《金轮精舍古玉印谱》一文中亦记山东图书馆曾有全部购归陈介祺藏印计议，“托人接洽，询其印数，凡存七千六百余事，言簠老所藏，悉在其中”。陈介祺故后，后人析产时，其藏印由长孙陈阜分得。陈阜故后，民国初年其子陈文会曾将藏印携至天津。1930 年陈文会病逝后，藏印归其长子陈元章（字君善）保管，陈元章亦记：“这部分古印，虽名万印，实有七千余方。”①

而陈介祺在同治十一年（1872）十二月六日致鲍康函中称：“敝藏秦汉印旧有二千，归里后所得，又几一千，今又得潘氏看篆楼印，东翁节署烬余，

① 陈君善：《万印楼藏印始末》。见陈继揆：《万印楼印话》，天津人民美术出版社 2014 年版。

共千余。”其中的“二千”“一千”“千余”合计为四千余，再加上前文所考陈介祺去世前的十余年中收印数量为七八百方，总计藏印五千余方。这个数字与通常所说的藏印共“七千余方”少了约两千方，如按王献唐先生所记陈介祺藏印共“七千六百余事”，缺口近三千。笔者认为，其原因或出在以下方面：

其一，陈介祺自述中的“千余”这个约数出入较大，如前文所考其归里前实际藏印二千四百余方，亦说“二千”或“二千余”。而其所云得何昆玉所携看篆楼旧藏及叶东卿所藏烬余“共千余”，或远超过一千，也可能会达到一千五六百方，都是可以用“千余”来概括的。作为收藏家来说，心理上更倾向于平日积累，而不是凭财力吞取他家所藏，所以不排除陈介祺有意含糊其辞而少说了收归何氏所携来古玺印数量的可能。陈介祺在同治十二年（1873）七月十日致鲍康书中又云：“一印稿十余文，十方百余文，百方千余文，千方十余千文。约有五千方，加子母、两面或可得六千余（此时尚未计清）。”这里明确说不计入两面印、套印而达五千方，则比同治十一年十二月致鲍康书中所述多了千余方，而这半年中并未有古印购藏的记载，这也说明了以上我们所说问题的存在。

其二，两面印、套印部分是否计入的问题。陈氏计藏印时有时按纽算，即两面印印文为二却以一纽计，还有六面印亦为六印文而以一纽计；套印中如二套印、三套印，即陈介祺所称的子母印、子母孙印等，亦皆以收藏时呈现为一体而以一纽计。如上文所引同治十二年七月陈介祺致鲍康书中云“约有五千方，加子母、两面或可得六千余”。陈介祺所藏两面印、套印等甚多，吴重憙《金石书画畸零》中曾记其所藏《十钟山房印举》癸未本中有“三套两套印共二本，八十九方；两面印共十七本，九百三十八方”① 等记载，或许其中包括所假戚友所藏；国家图书馆藏《簠斋印集》五册、九册稿本（两种皆咸丰元年后藏印增钤本）将两面印、套印各分钤，虽未作一一清点，也约近千方。而诸家所说的“七千余方”，当然一般是以印谱中所钤印文之数计，即包括两面印、六面印及套印中各印部分。

其三，“七千余方”或“七千六百余事”，可能包括了陈介祺外舅李璋煜

---

① 陈继揆：《万印楼印话》，天津人民美术出版社2014年版，第15页。

爱吾鼎斋旧藏的部分。上文已述，陈介祺外舅李璋煜爱吾鼎斋及亲家吴式芬双虞壶斋两家旧藏玺印当时遗留部分是全部收入《十钟山房印举》的。吴式芬所藏古印曾辑为《双虞壶斋印存》，载印一千一百余方①，陈继揆先生曾记曰："'同治七年农民军直隶入山东，攻破海丰，吴氏所藏铜器大半焚，藏印二千方为乱民抢出，大部辗转售归簠斋。系大部，非全部。据吴式芬之子、簠斋之婿吴重憙笔记所记。光绪间，曾得失者四十三方，用价五十金，双虞壶斋所藏印入印谱后，全部送还仲饴。'周叔弢曰：'我在天津收得双虞壶斋藏印，（二十世纪）五十年代，为带头购买建国公债，全部售予故宫博物院，价一万元。此古印先经过徐世章之手。我和《十钟山房印举》对过，存百分之九十九，可谓全部保存下来。'"② 以上所述未涉及印之数量，所谓"和《十钟山房印举》对过，存百分之九十九"，可能转述不当，《十钟山房印举》中之印并未标注哪家所藏，数量上是无法比对的。不过据此可以肯定，双虞壶斋遗存的古印入《十钟山房印举》后，已归还吴家，陈介祺"七千余方"藏印，可以排除双虞壶斋古印遗存部分。再者吴式芬长子吴重周亦好古，并一直珍视、守护着先父所藏，陈介祺也不会夺人之爱。那么最有可能的就是外舅李璋煜爱吾鼎斋所藏古玺印部分，后归并到陈介祺所藏古玺印中。尤其是李氏爱吾鼎斋旧藏之印，在李氏子嗣不能为继的情况下，理所当然会归陈介祺。只是在同治末年初编《十钟山房印举》时，陈介祺还没有将其视为己有，故没有计入藏印数中。及至光绪六年（1880）正月在其所改定的"陶文齐鲁四千种，印篆周秦一万方"联后的题记中，有了"旧藏秦汉印七千余钮，尚可增益"之语③。此处陈介祺所记"七千余钮"，与其身后遗留实际印数相吻合。再者，李氏爱吾鼎斋旧藏之印入《十钟山房印举》后，未见去向记载，似亦可说明这一原委。而李氏爱吾鼎斋旧藏之印未成谱，数量多少亦未见陈介祺等人言及，尚不可考，但不会超过数百方。

故此笔者认为，以上三方面当是陈介祺自述藏印数量与实际藏印数量略

---

① 《双虞壶斋印存》有多种钤印本，山东博物馆藏有七卷残本，载印600余方；西泠印社及上海图书馆皆藏有八卷本，载印1100余方。以上各谱皆无序跋，未标注钤印时间。

② 陈继揆：《万印楼印话》，天津人民美术出版社2014年版，第146～147页。

③ 《敬宽书屋联钞》稿本，陈继揆先生藏。联后簠斋题有"庚辰正月改定"。

有抵牾的原因。

（五）陈介祺藏印的特点

陈介祺藏印以陕西、山东出土者居多，其原因主要有以下几点。其一，此两地本为古都郡邑集中之处，“据故书纪，市贾传闻，各省出土情形不同，有极多者，有极少者，间或寥若星凤。大抵以陕西山东二省，最为美富，次则河南绥远，又次则山西，又次则河北安徽，其余各省，及边塞区域，偶或一见，大江以南，间出唐宋以下印章，周秦几绝无仅有焉。秦汉官印之富，当首推陕西，古玺则推山左，次则绥远，余省虽皆出土，实为远逊。至秦汉私印，几无省无之，亦以陕鲁二省为夥”①。其二，陈介祺与苏兆年、苏亿年等西安古董商联系较频，尤其与苏氏兄弟在归里前即有来往，以金石相交三十多年，陈氏所藏秦陕所出之印多与他们有关。其三，所处地利之优势。同治、光绪年间齐都故址临淄出古印最多，邹县（今邹城）之纪王城亦多有出土，潍县及周围各郡邑故地，如日照、诸城、莒县、即墨、高密、安丘、益都（今青州）、昌乐、临朐、博山、淄川、临沂、济宁、峄山、滕县（今滕州）各处也都有部分古玺印出土。陈氏收印最早，“先时临淄古印，无人购买，乡人皆送往周村铜器肆中，计铜折价，入炉溶化。迨后陈氏知之，始派人至各铜器肆告言，几（凡）有古印，一律计其轻重，给以倍价，于是先后肆中所存，悉归簠老”②。肆中之印既尽，陈氏又派专人至临淄及其他地区收购。奔走于四方为陈介祺搜罗古印及金石器物者，主要有高文翰、赵允中、杜锡九、马庆灏等人，其中马庆灏为临淄人，其余皆为潍县人。高文翰（字薇垣）与陈介祺论古最契，尝走数千里为陈介祺访古，搜集玺印。陈介祺去世时，其尚在外奔走。王懿荣曾为高氏所辑《印郎》作序云：“光绪甲申长夏，薇垣游大梁及关中，累月不得归。比归，则簠丈先数日老去。微垣乃携遍拓所新得物和白打钱，旷野无人，寒风萧瑟，哭而焚诸墓上。”由此可窥陈氏搜古之用心。陈氏藏印7000余方，所藏绝大多数为战国及秦汉玺印，六朝以后者皆未收入《簠斋印集》及《十钟山房印举》中，如果再加上这部分年代较晚者，其藏印数量又不止7000余方。陈氏是历史上私家藏印最富者，因

① 王献唐：《五镫精舍印话》，齐鲁书社1985年版，第370～371页。
② 王献唐：《五镫精舍印话》，齐鲁书社1985年版，第371～372页。

此名其藏室为“万印楼”毫不夸张。其藏印不但数量至巨，而且多为精品，金、玉、银、铜、宝石、琉璃、牙钿等各种材质之印俱备，其中最矜贵者有刘耽六面印、王敞印、王尊印、淮阳王玺、东郡守丞、“日庚都萃车马”巨玺、汉十二字金玺、婕伃妾娋印等。刘耽见于史晨碑，张廷济、何绍基对此印均有诗赞记。王敞则见于曹全碑。而“婕伃妾娋”鸟虫篆玉印精美绝伦，曾被人们长时期误认作赵飞燕之物，自元代开始达官贵人即争相宝藏，后归龚自珍、潘毅堂，转至何昆玉手中后，又归簠斋。

陈介祺所藏“万印”在其故后为长孙陈阜所得。1914 年第一次世界大战时，日本兵在山东登陆，陈氏后人携带“万印”迁居天津，后有部分被盗，又迫于生计，于 1903 年左右将其抵押于北京琉璃厂德宝斋古玩铺。德宝斋欲高价卖给日本人，为此与陈氏后人协商，遭陈氏后人拒绝。直至新中国成立后，“万印”归入故宫博物院。

二、《十钟山房印举》的成书过程、体例及版本

《十钟山房印举》（以下多简称《印举》）是陈介祺以自藏古玺印为主，兼采戚友部分藏印而钤集的极一时之盛之印谱。因《印举》成书过程较为特殊，且编纂钤制时间较长，流传于世的版本颇为繁杂，颇有必要对其进行考究探讨。

（一）《十钟山房印举》的成书过程

陈介祺在辞官归里前，就曾将自藏古玺印编成印谱。道光二十七年（1847），陈介祺即筹划编《簠斋印集》，且曾邀金石好友许瀚、吴式芬、何绍基审定。道光三十年（1850）夏，陈介祺延请陈畯移榻陈宅，助其钤拓编次，历八月余，至咸丰元年（1851）成书十部。此书版式、用纸、署检、序文等为刻印，印文均为钤拓。

同治十年（1871）是陈介祺人生经历中最凄苦的时期之一，春丧夫人，夏失长子，悲伤难遣，遂孤奋于金石文字，检其所藏，始拭拓墨，并考释所藏金文及拓本，以思传古。是年，陈介祺作考文多篇，甚为勤勉，亦有颇多创获。

同治十一年（1872）秋，何昆玉携其吉金斋所藏，又以潘氏看篆楼、叶氏平安馆粤署烬余之印至潍县，转归陈介祺。此时，陈介祺藏印已蔚成大观，故

有结集行世之想。何昆玉曾在《簠斋藏古玉印谱》序中记，因陈介祺称赏其所拓《吉金斋古铜印谱》式，故延其为钤拓编次《印举》，何昆玉留于陈宅，陈介祺嘱其与次子厚滋钤拓《印举》。当时与何昆玉同至潍者还有其徒周子芳。

陈介祺出其夙藏，去六朝以后者，又假之增益李璋煜、吴式芬藏印千余，始编纂钤拓《印举》。名曰《十钟山房印举》者，为师吾丘衍《三十五举》及桂馥《续三十五举》（皆为印学著作）之意，并借以“举”为分类也。“十钟山房”乃因陈氏藏有十一钟，取其整数而名（按：此时尚未取室名“万印楼”，而及颜称“万印楼”后，书名又不能中途改易）。据何昆玉为《簠斋藏古玉印谱》所作之序载，何氏驻陈介祺家拓印一年半余，因陈介祺数易其稿，未得成谱，“其初稿已成谱者，广纸十部，苏纸改稿未成谱者亦十部”。先以广纸钤印的十部，纸面光滑，油泥重而不吸取，印文偏肥，陈介祺不满意，又购苏纸再印十部。这二十部亦即所说的“壬申本”，每部拟装六十册（散页未装），每卷首页刻有陈介祺题写的“十钟山房印举，同治壬申海滨病史六十岁作”。此本实则拓成于癸酉年（同治十二年）底。

同治十二年（1873）十一月十五日，陈介祺致吴大澂书云：“拙著印举成八十卷，今腊明正可脱稿，何君久稽，十五月成廿部，以其四见酬，索每部六十金，所余无几，如欲留，明年上元前书至方可。明年拟再觅友为之，迟则戚友千余印归还矣。”又于十二月致鲍康书云：“古印近已入箧，后再印寄。印举已成七分，次儿小恙月余，未能写校，何昆玉已赴历，留其友候稿补易，即印毕亦须目录二册成，乃为完书。”虽然《印举》钤印基本完成，但因收印数量甚巨，编次难定，且陈氏患其体例未善，延数年而未能定稿。同治十三年（1874）三月陈氏致书鲍康云：“印举久未理稿……凡例叙文，今年未知能毕否。”十月致王懿荣云：“又印举中古玺印四十七纸，今日增二纸并上。检时记原次，将来录目释寄订疑再复，此已考订一年矣。”而壬申年始拓的这二十部《印举》稿，皆未装册，亦无序目，光绪元年（1875）正月陈氏致潘祖荫书云：“若必欲先睹，亦可发何封（按：此指何昆玉所封存）以一奉寄，唯未编未装无序目举目，不过仅见印耳。”二十部《印举》稿，原商定与何昆玉相分，而因书未定稿，故陈氏封存未动，虽多有友人索取而不予。

光绪二、三年，陈介祺主要忙碌于陶文的收集、选拓及考释，这期间及之后的几年里，虽然诸事烦冗，但其始终没有搁置对《印举》编次体例的思考，一直煞费苦心于此。而《印举》的编次是相当浩繁的，如何合理设置各举类，既尽量避免重复，又能使各印充分体现于所列的举目中，并保持不相抵牾，的确甚为不易。例如，“古玺、周秦印二举，文字每多不辨，故仅按印之形制，互见于他举中，如两面、五面、玉印等是；其印文虽有适于各举者，亦不互见，仅各钤一细目于其本举而已，如吉语玺印，仅于古玺周秦二举中，分别钤为细目，不另见于臣名印举中也；复姓印亦然”①。

陈介祺多年中于《印举》的编次反复权衡，为防止举目变动调整而致所钤印页无从更正与弥补，故决定每印一页，并改作小本，用吴中六吉棉连纸。光绪三年（1877）十月陈介祺曾云：“印举不出在己，已十分焦灼，衰老无友，徒思变计，作一印一叶，积劳未复，尚不能经始。”后其在《十钟山房印举事记》中言：“细白棉料纸一张，裁去三寸五分一条，直截三条，再横截十二页。每一刀九十四张，或九十三，计裁一千零一十六张。每部万页，用纸九刀。加封面、举类、前后余纸，用十刀不甚足。”“一印一页，似太费纸，然易印不至损纸。易编可以更正，易补可以大观，不至一成难变。推之《说文》分字统编众书亦然，无续集补遗之弊。”② 以此足可窥其编次之苦心，陈氏在此文中对《印举》之体例、用纸、印泥、钤印、用墨、刻工、版式、装帧等都有详述。陈介祺于此精益求精，力求驱驾于前人。且《印举》各拓本均依类精粘于《印举》格纸中，页内衬纸，依拓本之大小部位挖空，以求平妥。诸此种种，则《印举》又绝非易竣。

当时的金石之友无不翘望此书，吴大澂等屡有敦促，并为之谋划。如光绪八年（1882）十月十八日吴大澂致陈介祺书云：“《印举》为古今大观，久欲怂恿成之，承示工料计须百金一部，敝处拟留四部，愉庭丈及李香严廉仿（鸿裔）必可各得一部。此外如廉生、仲饴必能醵金相助，此举即可谋始刻板，如无好手，可寄东甫（徐会沣）处，属其问讯虎坊桥慈幼堂内，交邢篆香刻之，即前赴关中属刻彝器图瓦当之人也。”③ 吴氏还寄银三百两，以作订

---

① 张瑄：《十钟山房印举纂例考》，载《东方文化》第2卷第2期，1955年。

② 光绪八年十一月二十八日簠斋致王瓘书并附《十钟山房印举事记》一册，时王瓘来书请益，簠斋致书谈《十钟山房印举》体例后，并随事所记，成此篇文。见簠斋后人所藏簠斋书札。

③ 谢国桢：《吴愙斋（大澂）尺牍》，见《近代中国史料丛刊》第七十二辑，台湾文海出版社有限公司1973年版，第346～347页。

求《印举》编拓之资。

吴大澂等金石友的敦促，使陈介祺决意加紧对《印举》的编撰，其于光绪八年十一月二十七日致王瓘书中云："拙著《印举》十年未成……年近逾七，知不可缓。清卿兄慨助二百属速成之。拟例以印文一式为一举，两面则一举一附，下侧仍别有两面类重出，子母、金、玉、银、铅、铁、石、骨、角等并同。以中册如笺式而少大，一印一页，取其易印、易编、易补、八十页为一册，百册为全部，页数即多亦不过百册。惟敝地无刻字印册善工，无棉纸好墨（尚可托由苏购，易于工匠）。吾兄如为乐助，乞为一询，或刻数字印一纸寄示。再与廉生兄同商，一册一金不知是否足用？弟处延友、印泥，除纸墨、装订工费可余若干，同好醵资可有几处先寄，均希壹是示遵。每类之前，尚须一版刻第几举某式、某编，同好有欲以藏印编入者，以木印别之。"并附寄其所列记的《十钟山房印举事记》一册于王瓘，对《印举》的编次、版式的刊刻工作都作了详细的谋划和陈说。

光绪九年（1883），陈介祺对《印举》的体例、举类及断代等重要事项当已大略完成，所以是年九月其为《十钟山房印举》作序，并寄呈吴大澂、王懿荣请正。

而此时前后，外国列强对华觊觎日盛，中法战事持紧，陈介祺忧于国运，心系朝政，主要精力投放于此，并作有《海防说》《铁路说》等，不能专心于金石文字。更未能所料的是，一向以身体康健、精力充盈而为金石好友所称，并年逾七十尚能得女复又得子的陈氏，于光绪十年（1884）七月初六日，忽患"膀胱不化之症"，旋于七月二十日遽逝。其在金石学术上所存有的种种抱负成为其永远的遗憾，故《印举》至陈氏卒亦未定稿。张瑄《十钟山房印举纂例考》曾总结《印举》难于定稿的原因为："夫胥徒拓工，岂能触类旁通，即或口耳相授，亦不能使无讹遗，此《印举》稿之难定者一也。又以《印举》正式钤拓后，续有增改，旧叶辄不能复用（此指壬申本言），是以编制《印举》稿目时，审慎矜持，不敢草率从事，有阙疑数载方定其例者，此《印举》稿之难定者二也。况《印举》中所收各家玺印，未能久假，有已依草目入钤者，有玺印已经退还，而草目更改者，虽或可以预存零叶黏补，但一逢有缺，则无以足其类，此《印举》稿之难定者三也。且各《印举》稿中，每有钤一二印以示例，而不标注其特性者，置之日久，遂不能再道其类别，即或知之，亦未能尽以同类之玺印归付，此《印举》稿之难定者四也。”①

《印举》虽未能在当时刊行，而一印一页按序排列，已准备编订成书。所憾只是未装的散页钤印稿难于依次第完整地保存下来，又无例目，没有呈现给世人一个完本。罗振玉在《赫连泉馆古印存·序》中尝言：“闻簠斋陈氏万印楼谱尤为海内巨观，惜旧印百部，数十年来讫未装治行世，此则艺林之至憾也。”而罗氏谓“旧印百部”亦非确指。

陈介祺逝世后，吴大澂、王懿荣等金石好友曾谋划促成《印举》完书。陈介祺逝世时，吴大澂奉旨赴朝鲜处理朝日议约事务，次年春其致函陈介祺长孙陈阜，深表哀悼之情并作挽联，八月派尹伯圜专程前往潍县，协助陈介祺后人整理编定《印举》等。时吴大澂致陈阜函云：“弟与令祖大人金石神交，性情契洽，不图老成凋谢，一面缘慳。以后古文字考订之学，无可就正，展读遗书，时深挂榻抚琴之感。尊斋藏印编次未成，为令祖生平憾事。前接舍亲汪柳门学使来书，述及吾兄善承先志，有绳武之思，并因敝处曾寄三百金，拟俟印谱编齐，惠寄数部，且感且佩。弟思印本有八千余方，卷帙繁多，检点亦非易易，特属尹伯圜躬诣清济，与吾兄相助为理，易于集事。如令祖在日有手编目录，即可按照原目分别先后时代、官私各印，尤为精密。伯圜博雅好古，心细不浮，又能手拓吉金文字，可与陈粟园并驾齐驱。”② 吴氏力求促成《印举》，但最后还是不了了之。此后吴大澂始终惦记此事，谋图早日成书，其于光绪十五年（1889）八月致王懿荣书云：“何伯瑜所打《印举》及簠斋手定稿本，虽已取到，尚未分卷，此事亦极琐屑繁重，断不能假手他人。仅将官印抄一目录，古玺目尚未抄齐，俟编订成本，再行寄览，特非折差所能带耳。”③ 但此事极琐屑繁重，尽管吴大澂、王懿荣等有此心愿，亦未完成此事。直至 1921 年，商务印书馆觅得一印一页本，因原书卷帙繁重，“乃谋缀十八印为一叶”，并于 1923 年影印行世，方使世人借此得窥《印举》之基本面目。

（二）编纂体例

古印著为谱录，自唐代即已出现，《新唐书·艺文志》载有徐景的《玉玺

---

① 张瑄：《十钟山房印举纂例考》，载《东方文化》第 2 卷第 2 期，1955 年。

② 《吴大澂书札》稿本，国家图书馆藏。

③ 《吴大澂书札》稿本，国家图书馆藏。

正录》、纪僧真的《玉玺谱》、姚察的《传国玺》等。北宋见于记载的集古印谱为杨克一的《集古印格》、宋徽宗的《宣和印谱》。南宋王顺伯、颜叔夏、姜夔、王俅亦皆有辑谱。元代赵孟頫、吾丘衍、杨遵也各有集古印所成之书。但以上所列，仅见史籍载记或存目，原书皆失传。明代顾从德作《印薮》，搜采古玺印达一千七百多方，并于万历年间以木刻本行世，影响较广，以印谱传者始自顾氏。清代随着篆刻的发展及金石学的兴盛，人们对古玺印愈加重视，集古印谱不断出现，如吴观均《稽古斋印谱》、程从龙《秦汉印谱》（又称《程荔江印谱》）、汪启淑《汉铜印丛》《退斋印类》、潘毅堂《看篆楼古铜印谱》等。道光以后钤集古印成谱之风益盛，所藏数量可观且有心力者，往往会钤集成谱，有的还刊刻广传，如张廷济《清仪阁古印偶存》、吴云《二百兰亭斋古印考藏》、吴式芬《双虞壶斋印谱》等。而陈介祺《十钟山房印举》所收古玺印数量之大、品类之全、名印之多，皆为空前。

陈氏针对前人印谱杂乱无序、查阅不便的教训，开创了新的分类编排方法，将古玺、官印、周秦印、姓名印作为《印举》的四大要类，并按印式、印材分门别类，一类一举，而各类中又以韵为姓之次第。尤其是其首列“古玺”，可谓发凡之举。正如陈氏自言：“宋以来止知有秦印，不复知有三代，今以钟鼎通之乃定，已于《印举》中首举之。”① 又云：“古玺在叔未②处亦未甚标异，自弟以钟鼎引伸发明，当更增重。”③ 罗福颐先生在《古玺汇编·序》中阐说晚清以来对古玺印的认识过程云：

> 战国古玺之传世，早见于明人印谱中，而当时不明其时代，皆列于秦汉印之末，至清初仍然。迨清道光八年（公元一八二八年），张廷济《清仪阁古印偶存》始称战国玺为古文印。至吴式芬《双虞壶斋印存》（在同治初年），签上始有“古玺官印”“古朱文印”字样，列在秦汉印之前。至陈簠斋在清同治十三年，始称朱文铜玺似六国文字，玉印似六国书法而近西周者（见簠斋致吴云尺牍）……海宁王观堂丈据颐《古玺文字征》稿作《桐乡徐氏印谱序》，始确定古玺文为六国文字。近世以来，湖南长沙战国墓之出帛书及仰天湖墓之出遣策，河南信阳之竹简，

① 见《簠斋尺牍》（十二册本），同治十三年八月十七日致吴云书。

② 张廷济，号叔未。此处指其所辑《清仪阁古印偶存》。

③ 见《簠斋尺牍》（十二册本），同治十三年九月二十三日致吴云书。

安徽寿县之鄂君启节，山西侯马之盟书等次第出土，其书体与古玺文十同八九，于是古玺之时代益信而有征。①

王国维《桐乡徐氏印谱序》作于1926年（见《观堂集林》卷六），而陈氏最先提出古玺似六国文字的观点，较王国维得以确定之时早了半个多世纪。同治十三年（1874）正是陈氏《十钟山房印举》初稿编就之时，陈氏自同治十一年始编《印举》，整日沉湎于七千余方玺印中，见识之广，他人自是难与之匹敌。因此当其首先发现古玺文字书体诡异，有增损笔画、变易形体的特点时，自然会联想到其盛行于书不同文之世，从而初步认为古玺文字是六国文字。应该说，陈氏此识是一个了不起的发现。而其在体例上首举之，亦至为精当。其实早在道光末年，陈介祺在《簠斋印集》（成书于咸丰元年）中已经将"三代玺"列为书首了，可以说当时他已对先秦古玺有了一定的认识，只是对古玺的断代与认识尚没有后来清晰与自信。

世人皆言《印举》世无完本，亦无定本，并为此而叹惋。那么《印举》的本来面目，或者说陈介祺预想的成书体例究竟如何？这一问题早有人关注与探讨。已故学者张瑄先生是陈介祺长玄孙陈君善之甥，早年就读于辅仁大学，后任教于香港大学东方文化研究院，晚年至美国某博物馆工作。其《十钟山房印举纂例考》（以下简称《纂例考》）一文，作于1937—1939年其在北平期间，文中记云："时姨丈陈君善先生尽出所藏，供为参考；并嘱就所有《印举》资料，详为考订，成一例目，或可依此例目，就先后各本散页补缀之，定为完本，盖《印举》虽编纂卅年，尚迄无一完整例目也。"故其有条件并负有前辈的嘱托对《印举》进行仔细梳理与研究。其在《纂例考》中复原了一个《印举》总目，总结为二十九举，依次为：（1）古玺；（2）巨玺；（3）官印；（4）周秦印；（5）异材印；（6）巨印；（7）奇纽印；（8）两面印；（9）套印；（10）五面印、六面印；（11）"姓名"印；（12）"姓名印"印；（13）"姓名名"印；（14）"姓名名印"印；（15）"姓名名印"回文印；（16）"姓名私印"等印；（17）"姓名之印"等印；（18）"姓名印信"等印；（19）"姓名表字"等印；（20）"姓名吉语"等印；（21）"复姓名"等印；（22）"臣名"等印（妾名附）；（23）殳篆印；（24）吉语印；（25）象形印；

① 罗福颐：《古玺汇编·序》，文物出版社1981年版，第2~3页。

（26）玺印拓墨；（27）封泥；（28）斗检封、虎符、龟鱼符；（29）摹刻玺印。《纂例考》中另有“各举细目”一编，对每一举类亦详加考定、列举，如官印中又分为皇帝、王、婕伃、侯、家丞、相、丞、将军、将、司马、都尉、校尉、督、太守、令、长、郡尉、宰、郡侯、乡官等，官印附录中又列无考官印、长老印、地名姓名印、蛮夷印、官印封泥。再如异材印中分为金、铁、铅、银、玉、晶、松石、石、陶、泥、琉璃、骨、漆等。而各举姓名印以印文形制及排列等分类更详备。

张瑄将《印举》编纂通例总结为39条，因张氏原文难以查见，此择选其主要之条而述列如下：

玺印每一大类为一举。如“古玺”“官印”“周秦印”等各为一举。

先官印后私印。按此所以“周秦印”于时为早，反列于汉魏六朝官印之后也。

古玺文字辨认不易，考订为艰，但以文字与三代文相似，故置于诸大类之前，以为卷首。

古玺、官印、周秦印、姓名印为本书的四大要类。四大类外，凡“品”“质”特异者，量虽少亦各为一举。如以印之形制为别，则有套印、两面印、五面印、六面印等类；以印之尺寸为别，则有巨玺、巨印等类；如以纽制为别，则有虺纽、蛇纽、鱼纽、泉纽、泉范纽、龙纽等类；如以印材为别，则有金、银、铅、铁、玉、石等类。

以至尊至精之品冠各举各目之首。如“君之信玺”为玉印之首，“建明德子千亿保万年治无极”为官印、金印之首等是。按后印簠斋先生谓为皇帝用印。又此条不适于姓名印，盖姓名印依韵为次也。

传世封泥，均为玺印真迹，故各依类附各举中，并独为一类，以便观览。

斗检封、虎符、龟鱼符等，仍依《簠斋印集》例，收为附录。

本书大半以朱泥钤印，惟有非“墨拓”“笔绘”不足以传真者，其例如下：古玺及周秦印，以朱泥钤之，最易肥失真，又印面残缺处及古蜡封等，更非墨拓不能见，他若印纽花纹、封泥等，亦非墨拓无以传其形；至如立体之印形印纽，且须笔绘，方能见其原制，本书因印而施，宁精勿速。

玺印之同文者，未必同范，有见必录，聚于同类，如古玺中之“丁公之玺”“敬事”等，官印中之“部曲将印”“别部司马”等是也。

前人印谱之于私印，均径以韵次；本书先依印文，分为“姓名”、“姓名印”、“私名名印”、“姓名名印”回文、“姓名私印”、“姓名之印”、“复姓名”等诸类，再于各类中据四声韵次，排比先后。

古玺、周秦各印，虽不能一一为之考释，但就文字篆法论，几皆能依印文之大、小、朱、白、界、道等分别为类，不相杂厕。故本书独于此二类区分印文形式最为详尽，盖欲续有增益，得依类以为文字之考订，非为摹印家多举奇例而设也。

古代玺印，十九铜制，间有异材，另别为举，曰异材类；其印之涂金、涂银者，为数过多，仍以铜印视之，不入此类。

古代玺印，纽制虽多变化，要不外坛纽、鼻纽、瓦纽、桥纽、覆斗纽、亭纽、重屋纽、龟纽、兽纽等，其纽之特奇者，别为一举，曰奇纽类。

从以上条陈可知，簠斋于此书可谓竭其心虑，至为周全。《印举》的体例还可以从光绪八年陈介祺所作《十钟山房印举事记》（以下简称《事记》）中去探询，毕竟这是陈介祺晚年预想成书的写照，而张瑄《纂例考》一文参考资料中缺失《事记》，或当时不曾知见。《事记》载（为缩短篇幅，分行处以“/”标之）：

自叙/凡例/目录/考释：考人/分阑文。考姓、考篆、考官、考地、考奇字。/分时代。/分印文。/分朱白。/分阑文。/分象形间以印文。/分玉、水石、琉璃、松石、水晶、白石琫（云母也）、象牙、骨角、乾漆、黑珀、瓦。/分印钮。/分印侧字及象形。/古玺有王器、有君玺、有官玺、有银玺，有银、有玉，有摹刻石印。/私玺别有一举，分朱白文，阑文。/古玺有钩印。有象形，有奇钮。/符节亦印类，附之。拓图。石与木二种。银错字非图不传。/龙节传世惟一汉至隋有虎符，唐有龟鱼符，半钩。余曰合符钩。私符也，亦符类也，并举之。/封泥，印所出也，并举之。

《事记》中有“考释”一条，所记甚明，当是陈介祺预想中所包含的内容。孙慰祖先生早就意识到这一问题，其在《簠斋印事七题》一文中结合日本东京国立博物馆所藏《十钟山房印举稿本》四十册及上海博物馆藏《簠斋印考》稿本三册（与东京国立博物馆所藏《十钟山房印举稿本》原为同本，后所拆散者）等作了深入的探讨，孙先生的结论是："如果天假以年，并辅以有力之助编者，簠斋生前能够按照他的初衷编定《印举》，那么，将是一部《考略》的姐妹之篇，而不是现在我们见到的'仅见印耳'的面貌。"① 孙先生还认为《印举》迟迟不能定本，主要原因是受制于考释工作的延宕——"编次工作在很大程度上与考证结论相关联，官印的断代与类别分析上往往牵一发动全身，调整序次、类别是必在难免之事"。这一观点是颇有识见的。

这里所要补充的是，《印举》中包含考释是陈介祺理想的体例，并不是说必有考释才称为完本。实际上吴大澂等金石好友翘盼并催促陈介祺完成《印举》，也都没有期望附有考释。如果不考虑体例上的力求完善，完全可以依《簠斋印集》等例定稿，而尽快成一完本。其之所以没有定稿，当不只是考释尚未完备，还有如孙慰祖先生所说的"编次工作在很大程度上与考证结论相关联"，考证未善会影响陈氏对有些玺印的断代与类别分析。也就是说，即便《印举》不附释文，但有的玺印在断代或分类等问题上还存在未最后确定的情况，还是会影响《印举》的定稿。陈介祺在《十钟山房印举事记》后附语中记："考释别刻附后，自成一书。"这说明陈介祺也认可"考释"可游离于《印举》，而自成一书。

日本东京国立博物馆所藏《十钟山房印举稿本》及与之本为一书而分离的上海博物馆所藏《簠斋印考》等，当视为可别为另书的《印举》考释本。如咸丰元年《簠斋印集》，陈介祺亦有考释本，即山东省图书馆所藏《簠斋印集》十二册陈介祺批注本，王献唐先生曰："余所见本，多有簠斋释文在下，纸装拓朱，均极精美，当时殆欲考释全集，未竣事也。"而此本《簠斋印集》考释本，即该书刊行后，陈介祺在自藏本上所作的考注。

《印举》虽非完本，但陈介祺对此谱的设计已非常明了，其体例的创制及科学性无疑是此前同类印集难以比拟的。正如王国维致罗振玉书中曾言："簠斋印此，分类排印，实其生平一大事业。"王献唐也说《印举》"凡所甄录，

---

① 见《陈介祺学术思想及成就研讨会论文集》，西泠印社出版社 2005 年版，第 141 页。

俱精鉴无爽，度其穿处，当皆圆空，当时分定先后，必有取于文字形制二者之间，以但取文字，偶或变化难定，形制则藏（截）然不淆。即此一端，可知簠老之精审。他家印集，类都混合钤打，不分秦汉矣”①。

（三）版本

《十钟山房印举》因难于定稿，十余年中几经编次重订，加之未装的散页流出，版本繁杂，多为不全之本。“至若持‘壬一’‘壬二’之散叶，或‘一印一叶本’之散叶，再据坊本装订之者，更勿论矣。世之读《印举》者，每苦其无序、无例，一印数见，其旨难明，方讶其繁，何虑其缺，故虽手执残本，不之知也。”② 只国家图书馆即藏有五十册本、一百零八册本、七十二册本、二十二册本、二十册本、十六册本、十四册本、八十一册本、一百九十一册本等。另据《中国古籍善本书目》，上海图书馆有一百三十六册本（钤印稿本）、一百二十册本、四十册本（壬申本），上海博物馆有六十四册本（壬申本）、一百九十二册本（癸未本），山东博物馆有二十九册本（壬申本），北京市文物局有六十三册本（壬申本），西泠印社有一百册本、一百八十二册本，南开大学图书馆有一百九十册本，国家博物馆有一百九十一册本，天津图书馆有一百九十一册本（癸未本），四川省图书馆有一百九十二册本（癸未本），等等。

陈介祺故后，隔逾四世，至民国时期原封存的壬申本《印举》才流散出去。据陈继揆先生回忆，20 世纪 30 年代，其父（陈元章，陈介祺五世孙）将壬申本《印举》由潍运至京，因原散页未理顺未装，或售或赠戚友。所余尚有两箱，后因居室自大迁小，无处存放，故借存于北京长春堂药铺。今国家图书馆特藏部册数不等者之壬申本，多缘于此。③

无论现存世的《印举》有多少种，皆源于同治十一年始编的壬申本两种（广纸、苏纸分别钤印）及光绪九年基本成书的癸未本（即一印一页本），兹将《印举》几种版本简要列举如下：

《十钟山房印举》（壬一本）：每举首页刻有“十钟山房印举”“同治壬申海滨病史六十岁作”等字样，可简称其为“壬一本”。壬一本纸面光滑，色微

① 王献唐：《五镫精舍印话》，齐鲁书社 1985 年版，第 27 页。

② 张瑄：《十钟山房印举纂例考》，载《东方文化》第 2 卷第 2 期，1955 年。

③ 陈继揆：《万印楼印话》，天津人民美术出版社 2014 年版，第 12 页。

黄，即何昆玉所言以“广纸”（或称“粤纸”）所印十部者。此本钤拓泥油过润而不吸收，以致朱文失之于肥，白文又患之于瘦。壬一本钤于前，乃用何昆玉所带粤纸与印泥。

《十钟山房印举》（壬二本）：亦每举首页刻“十钟山房印举”“同治壬申海滨病史六十岁作”字样，白色厚棉料“苏纸”本，板框较壬一本略短狭一二分，简称“壬二本”。此本纸张、印泥配合得宜，较好地保存了原印字形。此本为陈介祺不甚满意粤纸本，又遣专人购得“苏纸”重钤印者。

以上两本往往统称为“壬申本”，两种各钤十部。

《十钟山房印举》（一印一页本）：六吉棉连纸小本，版心刻有“簠斋藏古之一”字样，简称“一印一页本”，又有称“癸未本”者。《印举》当以此本所收既全，体例又善，唯其用纸过薄，朱色易烘，部分印文略有漫漶，不甚清朗。“壬申本与此本当时均为散叶，无装成册者，有之，乃肆估依散叶原束制册，非陈氏原装也。盖各散叶，当时均由胥人依《印举》稿类次后，束以纸带，注明类目，复集束为包，标写各束名目，此乃为《印举》完成时，寻检之利便而设，并非即以束为本也。至于《传古小启》及《秦前文字之语》中，所屡言不同之本数，乃预白之语，非当时即有装成者也。”① 后流传的较完整的癸未本有一百九十四册、一百九十二册等，收印一万零四百零二方（此据吴重憙所得一百九十二册本之数）。

《十钟山房印举》（涵芬楼印影本）：十二册，1923 年商务印馆据一印一页本影印。陈敬第于该书序云：“原书卷帙繁重，乃谋缀十八印为一叶，其子母印或印之大者、两面以至六面者又不能概以十八印为率。”实则此本是据一印一页本之散页，依杂目拼凑而成，其阙漏者甚多，如巨玺类、虺纽蛇纽鱼纽类、封泥类、斗检封、虎符龟符鱼符类等均缺，其他亦不全。其印制不精致，如所载周秦一类，几全失原形，原印中隆凸之痕全无见存，笔画起止交接处亦失于真。中国书店 1985 年据此本重印，为上、下两册本。

第二节　封泥收藏与《封泥考略》

陈介祺是最早涉足收藏封泥的人之一，对封泥的研究是陈介祺金石学研

---

① 张瑄：《十钟山房印举纂例考》，载《东方文化》第 2 卷第 2 期，1955 年。

究的重要内容，并贯穿于其研究的始终，直到其生命的尽头。陈介祺虽对刊行自己的封泥研究著述抱有非常大的期望，但终没能在生前实现自己这一学术愿望，这是令陈介祺引憾终生之事。《封泥考略》则是第一部对古封泥进行专门考释的著作，虽为陈介祺与吴式芬合著，但其中三分之二以上的封泥为陈介祺所藏。该著作对所录封泥进行逐枚考释，对研究战国及秦汉官制、地理以及篆刻艺术创作都具有极其重要的史料价值，是封泥研究史上具有里程碑意义的重要文献。

一、封泥收藏

陈介祺归里之前已收藏了部分封泥，时间在道光年间。咸丰元年（1851），《簠斋印集》（十二册本）印行，其中收录封泥137枚。陈介祺自序云：“余集古印二十年，精选慎收，去伪去近，自周秦以来至于汉魏六朝官私玺印二千余钮，金、玉、银、铜、宝石、琉璃、牙钿备具，复假之东武刘燕庭方伯百钮，益以泉印、钩印、斗检封、泥封，附以虎符、龟鱼符为十二册。”对于自己所得的300余枚关中封泥，陈氏在其改订吴式芬《汉官私印封泥考略》手稿中记云：

道光年间，关中出方泥，上有印文，下有绳穿及竹版文。识者考之为泥封，前人所未曾见也。吴子苾六兄与余先后各得三百余，为最多。子苾视学浙中，以所藏为《考略》，而翁尗均大年校之，未刊而子苾没，未及余之所藏也。同治壬申，余既编《印举》，屡属子苾之子、吾倩仲饴，以余藏考补，合编摹刻，与《印举》同行矣。甲戌三月，取子苾所著读而订之，复以所藏校而识之，以寄仲饴。长夏无事，乞早成之。刊时当令次儿从事校字也。企甚企甚。四月廿八

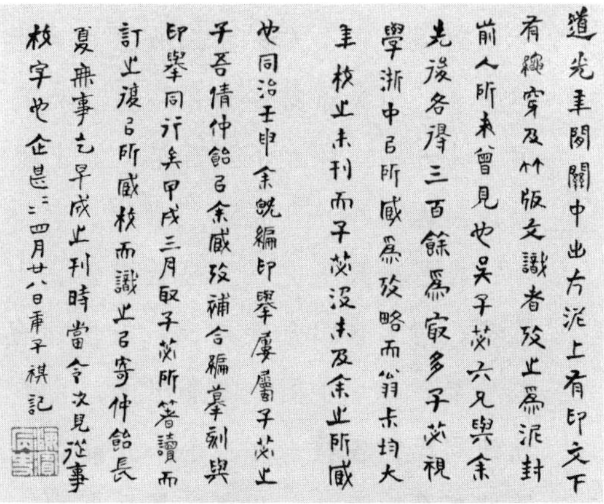

图1-6-1　**陈介祺《封泥考略》题记**（《西泠艺丛》2017年第5期）

日庚子祺记。(图1－6－1)

而山东最早开始收藏封泥的当属刘喜海，时间在道光二年（1822）。吴荣光南海吴氏家刻本《筠清馆金石文字》对所录封泥记云：“此汉世印范子也，以泥杂胶为之。道光二年，蜀人掘山药，得一窖，凡百余枚，估人赍至京师，大半坏裂，诸城刘燕庭、仁和龚定盦各就估人得数枚，山西阎帖轩藏数枚，余不知落何处。”所言“印范子”即封泥。刘喜海所藏封泥，在咸丰二年（1852）成书的《长安获古编》中辑录30余枚，咸丰三年（1853）刘喜海卒，所藏封泥归陈介祺，具体数量未见详记。

陈介祺归里多年后，山东方有封泥出土。目前可知山东最早出土封泥的时间为同治十年（1871）十月前，收藏者为陈介祺、孙文楷等。是时，潍县郭麐著《潍县金石志》，内录汉封泥六枚，但未见泥拓。其中，“淄川王玺”“淄川丞相”未注藏处；“淄川府丞”注“今存十钟山房”；“平城家丞”“平寿丞印”注“今存益都孙文楷牧山家”；“平寿”注“今存赵氏家”。此为目前所见山东出土封泥之最早记载。此后，陈介祺得“姑幕丞印”封泥，光绪二年（1876）七月四日陈介祺致吴大澂尺牍云：“东土竟亦有泥封，文曰‘姑幕丞印’，未及拓。”

此外，陈介祺卒后，陈氏后人亦在收藏封泥，王献唐在其《临淄封泥文字叙目》中对此多有记述。光绪二十三年（1897），临淄刘家寨农田内出土封泥100余枚，“悉归潍县陈氏”，余者王献唐记载道：

> 封泥之在山左，其以收藏名家者，先后不过数人耳，为刘燕庭、为陈簠斋、为吴子苾、为郭申堂、为高翰生、为王廉生、为丁幹圃，而燕庭尤为开山。今才不及百年，刘氏所藏，悉归簠斋，今并随海舶而东矣。吴氏封泥，昨岁已在津门散出，郭氏一部，亦早转归北京大学，尚存少半，类皆残毁不完。至高氏旧蓄，十数年来，先后散入南中。廉生收藏无多，清末售归丹徒刘氏。幹圃所存，又归秋浦周氏。云散风流，已垂垂尽矣。二十年间，临淄出土，又不下七八百枚，上虞罗氏、闽侯陈氏、秋浦周氏，各获一部，余多分散南北，且杂入临淄伪制数百，东人自藏，除益都孙氏而外，几寥若晨星也。①

① 王献唐：《临淄封泥文字叙目》，1936年海岳楼刊本，第28页。

光绪二十四、二十五年间，刘家寨村人掘土制砖时，亦出一坑封泥，多被陈氏购去。

陈介祺所藏封泥今大多藏于日本东京国立博物馆，其流转过程在1998年东京国立博物馆编《中国の封泥》之前言《当馆保管の封泥の概略》中作了记述，盖这批封泥自簠斋处散出后，由上海金颂清转给原田悟郎，后归时任东洋纺织株式会社社长的阿部房次郎，阿部氏于1935年将封泥赠给东京帝室博物馆（今东京国立博物馆）。而吴式芬所藏封泥，民国时期散出津门，大多为孙鼎所收，20世纪70年代末孙鼎将其捐赠给上海博物馆，但“丞相之印章”“御史大夫”等封泥未在其中，今藏处尚不明。对于上海博物馆收藏的吴式芬旧藏封泥，孙慰祖在《中国古代封泥》① 一书中作了进一步汇考。

关于陈介祺收藏封泥的总数，陈继揆记为548枚，日本东京国立博物馆现藏556枚，孙慰祖考为近600枚。总之当不少于《封泥考略》所收之575枚。

陈介祺所藏封泥，以西安、四川等地出土封泥为主，山东出土封泥次之。这是因为山东之封泥出土时间较晚，且陈介祺在世期间出土数量不大，陈介祺去世后方大量出土。陈介祺所藏封泥的年代从战国至秦、西汉、新莽、东汉，序列较为完整，官印品类丰富，如战国封泥“左司马闻䣝信玺”，秦封泥“皇帝信玺”，西汉封泥“淄川王玺”“御史大夫”，新莽封泥“裨将军印章”，东汉封泥“广陵丞印”，它们都是具有代表性的封泥。尤其秦汉时期的封泥，涉及中央、地方的职官名称比较齐全，包括王、侯、大夫、相、内史、太守、都尉、司马、丞、尉、令等。各品类中数量多者有相十三、内史七、太守四十七、都尉十、令十二、长十三、丞三十六、尉三十七。封泥中涉及的郡县地名达二百多个。而“皇帝信玺”封泥，更是目前所见的唯一的帝玺封泥，其封检方法与所封之物仍有待进一步研究探讨。私印封泥的品类、书体更是丰富多样。

二、《封泥考略》

《封泥考略》十册（图1-6-2），石印本，光绪三十年（1904）印于上

① 孙慰祖：《中国古代封泥》，上海人民出版社2002年版。

海。扉页有“封泥考略”篆题四字，未署款；扉页背面有“海丰吴氏、潍县陈氏所藏辑成十卷，光绪甲辰之秋印于沪上”牌记，按每列四字排列；内署“海丰吴式芬子苾、潍县陈介祺寿卿同辑”，未署撰考者，前后亦无序跋。目录中每枚封泥分别以“吴藏”“陈藏”标识，正文每面一拓，于每封泥左下角钤“双虞壶斋封泥”“簠斋藏古封泥”相区分，左系考释文字。第一册为古玺封泥、汉帝信玺封泥、汉代官印封泥，存96枚；第二册为汉诸侯王玺印封泥、汉侯印封泥、汉侯国官印封泥，存68枚；第三、四册为汉郡国官印封泥，存211枚；第五、六册为汉县邑道官印封泥，存212枚；第七册为汉县邑道官印封泥、汉县邑道无官名印封泥、汉县邑道掾史印封泥、汉县邑道乡官印封泥，存87枚；第八册为新莽朝伪官印封泥、新莽郡国伪官印封泥、新莽县邑道伪官印封泥、新莽伪封侯子男印封泥、新莽族女伪封号印封泥、新莽诸侯以下母妻伪封号印封泥、新莽伪封家丞印封泥，存49枚；第九册为新莽伪封号印封泥，存57枚；第十册为汉臣名印封泥、汉妾名印封泥、汉私印封泥，存66枚，共收封泥846枚，其中陈介祺所藏封泥575枚，吴式芬所藏封泥271枚。《封泥考略》稿本今存潍坊市博物馆，有陈氏题记：“光绪己卯余作印文曰‘簠斋藏古封泥’，‘封泥’文似胜‘泥封’。‘封泥’见《百官志》。”

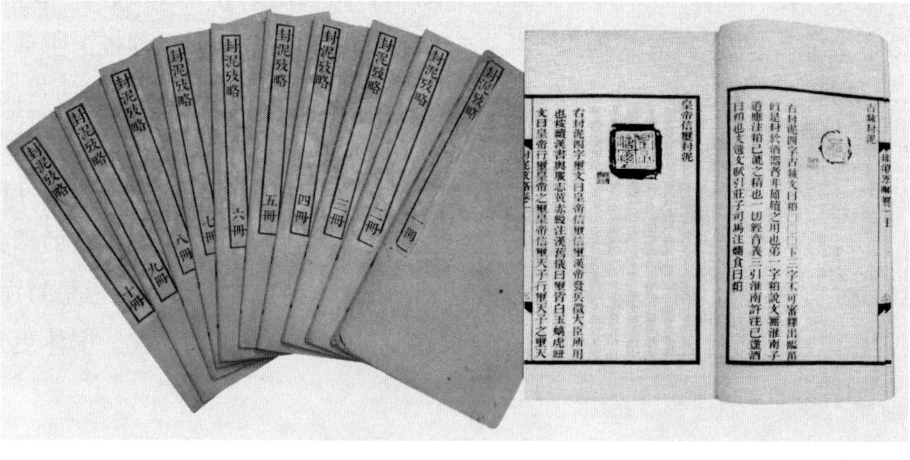

图1-6-2 《封泥考略》（光绪三十年石印本，西泠印社藏）

《封泥考略》的成书过程颇为漫长，并在藏辑者去世几十年后方得印行，对此，前文已有陈介祺“子苾视学浙中，以所藏为《考略》，而翁卡均大年校之，未刊而子苾没，未及余之所藏”等叙述。从陈介祺所述中略知，吴式芬在咸丰四年至五年（1854—1855）任浙江学政时，已对所藏封泥进行了考释，成《封泥考略》初稿，并请翁大年进行校订。翁大年，字叔均（又作未均），号陶斋，江苏吴江人，笃嗜金石，精于考据，尤以古官印考证见长，篆刻工秀，陈介祺归里前所用印多出其手，其亦为吴式芬治印，与陈、吴交谊皆厚。同治十一年（1872）陈介祺嘱吴重憙合己之所藏封泥进行考订、补录；至同治十三年（1874）陈介祺取吴重憙所编进行审订，并考校自藏部分，寄给吴重憙，嘱统编再考，促其早刊，以连续“企甚”表达了对《封泥考略》刊行的重视。“光绪三年六月，吴重憙初将《封泥考略》厘考大概，‘编录略有眉目’，寄簠斋审定。此后是否又经翁大年校释，尚不详”①，“簠斋在光绪六年编拓成《陈簠斋藏封泥考略》，当是准备另谋单行一书。越四年，陈介祺辞世。他终未能在生前完成合编之《考略》的印行”②。此后，直至陈介祺卒后二十年（光绪三十年，即1904年），吴重憙方完成《封泥考略》的刊刻，此时，据吴式芬“视学浙中，以所藏为《考略》”已过去了整整五十年。刊印其父亲、岳父的遗著，以吴重憙的地位和学识，既义不容辞，也完全能够胜任。无疑，在刊印《封泥考略》的过程中，翁大年、吴重憙二人发挥了极其重要的作用。

科学的研究方法、完备的体例、合理的编次、翔实的考证奠定了《封泥考略》在学术史上的突出地位。对此，孙慰祖作了比较贴切的阐述：

> 《考略》的体例，参酌了瞿中溶的《集古官印考证》，编次则按《汉书·百官公卿表》与《地理志》为纲分别部居，表明了以实物证史的主旨。其考释类为印证史书记载之不诬、阐明史书未详之官制地名、补正史书传伪之文字诸方面。罗福颐论及《考略》尝谓“详审得当”，“其编次方法非熟于《史》《汉》者不能为”（《偻翁印话》）。考证简赅精审确是此书的特点之一。③

---

① 陆明君：《簠斋研究》，荣宝斋出版社2004年版，第150页。

② 孙慰祖：《簠斋印事七题——关于〈十钟山房印举〉和〈封泥考略〉》，见《陈介祺学术思想及成就研讨会论文集》，西泠印社出版社2005年版，第151页。

③ 孙慰祖：《古封泥述略》，见《古封泥集成》，上海书店出版社1994年版，第8页。

> 《考略》还注意到封泥实物遗迹与史载封检方法相互印证，并对封泥作了初步的断代鉴别。《考略》的个别断代结论已将印文形态与文献记载结合起来进行，这是古封泥断代研究的起点。①

顾颉刚亦称“《封泥考略》所附考释，条理精审，其中有不少可补《汉书·百官公卿表》的阙遗”②。而《封泥考略》这一具有开拓意义的体例，为此后的封泥研究提供了基本的方法与规范，起到了引领示范作用，如周明泰作《续封泥考》《再续封泥考》、罗振玉作《齐鲁封泥集存》，均以其为参照。光绪十六年（1890），潍县郭闻庭辑历年所收临淄出土封泥（间亦有非齐鲁所出者），除去重复及可疑者，辑成《齐鲁封泥考存》四册，收封泥328枚。郭闻庭拓成后，延益都孙文楷参照《封泥考略》体例逐作笺注，孙文楷以俗冗未能下笔，而举有资考据者，序于卷首。后王献唐拟辑《临淄封泥文字》，亦欲参照《封泥考略》旧例，每印各为考释，却以仓迫无暇未果，而仅就封泥出土地址及制度文字撮其大旨，论列成《临淄封泥文字叙》。可见《封泥考略》对后世影响之巨。

第三节　印学理论及其在印学发展史上的影响

陈介祺生活的年代，正处在印学高度发展的时期。金石学与书法、篆刻本有着密切的联系，陈介祺的印学思想又直接产生于金石学中，并具有典型性，有助于我们考察与反思晚清印学理论的发展。

一、对古玺印、封泥的认识

在陈介祺的金石生涯中，其对古玺印倾注的心血尤其多——弱冠时好古始于古玺印，藏品中耗费最大者为古玺印，所藏古玺印七千余方，为历史上私家藏印最富者，并以此名其藏室为“万印楼”；早年居京时即编有《簠斋印集》，而晚年殚精竭虑于《十钟山房印举》的编纂。其在印学研究方面的认识皆源于其得天独厚的鉴藏基础。

---

① 孙慰祖：《簠斋印事七题——关于〈十钟山房印举〉和〈封泥考略〉》，见《陈介祺学术思想及成就研讨会论文集》，西泠印社出版社2005年版，第155页。

② 顾颉刚：《当代中国史学》，辽宁教育出版社1998年版，第23页。

罗福颐先生在《古玺汇编·序》中阐述晚清以来对古玺印的认识过程云：

战国古玺之传世，早见于明人印谱中，而当时不明其时代，皆列于秦汉印之末，至清初仍然。迨清道光八年（公元一八二八年），张廷济《清仪阁古印偶存》始称战国玺为古文印。至吴式芬《双虞壶斋印存》（在同治初年），签上始有“古玺官印”“古朱文印”字样，列在秦汉印之前。至陈簠斋在清同治十三年，始称朱文铜玺似六国文字，玉印似六国书法而近西周者（见簠斋致吴云尺牍）……海宁王观堂丈据颐《古玺文字征》稿作《桐乡徐氏印谱序》，始确定古玺文为六国文字。近世以来，湖南长沙战国墓之出帛书及仰天湖墓之出遣策，河南信阳之竹简，安徽寿县之鄂君启节，山西侯马之盟书等次第出土，其书体与古玺文十同八九，于是古玺之时代益信而有征。①

王国维《桐乡徐氏印谱序》作于1926年，而陈氏最先提出古玺文字似六国文字的观点，较王国维得以确定之时早了半个多世纪。同治十三年（1874）正是陈氏《十钟山房印举》初稿编就之时，陈氏自同治十一年始编《十钟山房印举》，整日沉湎于七千余方玺印中，见识之广，他人自是难与之匹敌。因此当其首先发现古玺文字书体诡异，有增损笔画、变易形体的特点，自然会联想到其盛行于书不同文之世，从而初步认为古玺文字是六国文字。应该说，陈氏此识是一个了不起的发现。

陈介祺对古玺印的认识还体现在诸多方面。如瞿中溶《集古官印考证》十七卷，成书经凡三十余年，此书于同治末、光绪初年开雕，然未竣事（至十四卷而中辍）。陈介祺经多方求索得此未完之本，研读并以朱笔校正，批注甚多，为之作了补阙或订正。兹举数例如下：

瞿氏自序中谓汉代官印，不以印与章为尊卑之别。陈介祺批注云：“曰印曰章，曰之章曰之印，自是一时之制，先后不同，非可以意为之，书阙不能详耳。”王献唐先生认为：“章为彰之初文……印章用为佩服，有章箸之义，又以绶钮分秩（详汉旧仪），有章别之义……与印玺二名不同，而章之一名，必施于丞相将军中二千石者，亦殆因此，乃汉人所自立者也。凡一物名称，其沿习俗旧号者，本义必甚浅显，若就事明制，特立新名者，用意必较宏深。

① 罗福颐：《古玺汇编·序》，文物出版社1981年版，第2～3页。

印玺皆属常称，章则特为创制，故含义雅俗有别。”① 王氏此论甚为有见，证明了陈氏印、章有别的观点。至于“之章”“之印”与“印”“章”有先后之别，亦能符合史实，说明陈氏作了细致的比较与研究。

又如“虎符鱼符目”后陈氏题：“符节以今传世青铜龙节为最古，竹符不可见，见惟虎龟鱼符。又传世有半钩，余始谓之合符钩，盖私符也，余藏有齐出古文者，是周已有之。”古代带钩，常见类为汉制。陈氏将存世钩印定名为合符，并认为乃周制，是最古的印式。钩有印文者，《十钟山房印举》著录十七枚，有文字玺，有象形玺。陈氏之观点也为后人所赞同。通常所见钩印，其印类在背面钩顶之上，出土者并不多见。吴式芬《攈古录金文》所载古器物铭中有一精美钩印。鲍鼎《国朝金文著录表补遗》引积学斋、猗文阁两家之金文，著录钩印八纽，皆定为晚周时物。

再如，前人印谱对鼻纽、桥纽、瓦纽多含混不别，瞿氏书卷七“江都令印”下，瞿氏即谓：“范氏称鼻钮，《印丛》称桥钮，顾氏称瓦钮。”陈氏批注云：“鼻钮如鼻孔，瓦钮薄，桥钮到边而中狭。”说明了以上三纽虽然近似，却有分别，并非同一形制的不同称法。王献唐认为陈氏此说“分析三钮体制最晰”②。

而陈介祺在印学上的贡献更体现于在《十钟山房印举》上，该书在印学史上具有开创性意义，其收古玺印数量之巨（癸未本收印 10402 方）、品类之全、名印之多、体例之善、钤拓之精皆为空前。王国维在给罗振玉的信中曾盛赞此书的编排体例等，并云此书的编纂实是陈氏“生平一大事业”。

封泥的发现是晚清金石学的重要成果之一。道光初年蜀中出土封泥，刘喜海、龚自珍等各获数枚，封泥逐渐引起学者们的关注。道光二十二年（1842），吴荣光辑《筠清馆金石文字》，收录自蜀中所得六枚封泥，此为封泥见于著录的发端。但当时学者们尚不知封泥的性质，吴氏仅将其作为“汉世印范子”著录，其后刘喜海据《后汉书·百官志》守宫令下本注“主御纸笔墨及尚书财用诸物及封泥”，始正其名为“封泥”。对封泥功用的认识，至王国维才有了令人信服之说，其在《简牍检署考》中将封泥置于简牍检署制

① 王献唐：《五镫精舍印话》，齐鲁书社 1985 年版，127 ~ 128 页。
② 王献唐：《五镫精舍印话》，齐鲁书社 1985 年版，第 55 页。

度中作了比较全面的考察，在阐述“封泥之为物”及其兴替、封泥与玺印的关系等方面有颇多创获。陈介祺也是最早关注封泥的人物，他最先认识到封泥的价值及其与古玺印的关系，并于咸丰元年的《簠斋印集》中收录封泥130余枚，将其与官印、私印列为三大主要类别。《簠斋印集》是最早将封泥与玺印并列，并归于印集的著作。至光绪初年，陈介祺与好友吴式芬收藏封泥最富，陈、吴二人分别对自己所藏封泥进行了考证，吴氏还请翁大年参订。吴氏卒后，陈氏敦促其婿、吴式芬之子吴重憙，合两家所藏封泥再作考订并辑为一书，刊为《封泥考略》。其体例的创制、所考内容及其学术价值均得到后人的高度评价，是最早将封泥文字与古官制、地理相互联系考证的书籍。尽管《封泥考略》中的各条不能确指谁人所作，但其中有许多发凡之论，当是引录或参酌了陈氏之考证。如卷一陈氏所藏的“皇帝信玺”下述云：“此封泥色紫，背有版痕、绳痕，当是以版入中，上以绳缄其口，以泥入绳至版，然后加以封印，外加青囊囊之，两端无缝，以护封泥。如藏玉牒于石检，金绳縢之，石泥封之，印之以玺也。‘中约署’当是束牍之中，而‘署’字以为识也。”① 说明陈氏等人已注意到封泥实物遗迹与史籍所载封检方法的相互印证问题，可惜未作深考，后来为王国维所补阙。

以古玺印、封泥校正古籍或史书中的地理、官职是陈氏所长及用力之处，这一点除见于《封泥考略》《簠斋官印考》中外，还见于许多题记、批注中，此不赘述。陈介祺在古玺印、封泥领域的认识与见解，都可视为其在印学史上的贡献。

二、“书中求印”中的以“古法”为核心的印学思想

印章自战国时期大量出现以后，一直没有脱离实用的功能和工艺化的制作，直到后来印章被作为艺术表现的载体，其艺术性才越来越得到突显。伴随着人们对治印艺术的追求不断提高，印学理论逐渐形成并不断发展。清乾嘉以降，在金石学的发展以及尚碑书法思潮的刺激下，人们对治印艺术的思考也异常活跃。一方面，古玺印大量出土和集古印成谱越来越多见，促使人们重新认识印章的古典之美；另一方面，人们开始尝试从古代青铜器铭文及

① 〔清〕陈介祺、吴式芬辑：《封泥考略》卷一，中国书店1990年版，第4页。

石刻文字中获取印章审美意象。陈介祺虽然处在这样的印学背景下，但偏居一隅，消息阻隔，对活跃在江浙一带的印人的活动不甚了解。而其孤人自语，有的观点与同时期的印学诸家颇有类似之处，也有时能独阐要义、洞见时弊。陈氏的印学观点皆出于其日积月累沉浸于古玺印及青铜器铭文的揣摩思研，其治印言论散见于尺牍或题跋中，虽不成体系，但在当时颇具意义。然而陈氏的印学思想一直没有得到印学界的关注，只有韩天衡《历代印学论文选》①收录了其《〈十钟山房印举〉序》《〈甄古斋印谱〉跋》《〈苏氏纂集集古印谱〉跋》几篇短文而已，并且这些印谱序跋也体现不出其全部的印学思想。

陈介祺的印学思想突出体现在其对"古法"的崇尚，以及在此前提下对"力"的赏悦、对心与神契合的真境的感悟等。陈介祺的这种以"古法"为宗的思想是与其对金石文字的诚笃之心密不可分的。作为一个极其典型的饱受儒学教化的传统文人，陈介祺本身即对先秦古圣顶礼膜拜，以古为宗、以古为雅是其与生俱来的情结，而陈氏在长期的金石文字的浸淫中，"愈老愈爱三代古文字拓本也"，其对古文字的形质及内在精神意蕴的感悟也日益深切，达到了常人难以企及的境界。陈介祺的论印之言多与论书之言相一致，其主要观点是从书法中求印，从而得"古法"（或称"法"）之真。而陈氏所云之"法"，并不局限于"笔法"等层面，而是一种由具体的"笔法"及结字之法为前提而生发出的精神层面的东西，如其言："古文字一篇中之气，一字中之气，一画中之气，岂今人所能伪哉。"② 又言："古人力足气足，有真精神贯其中而充于颠末。法即在此，须以此求之。"陈氏认为有"力"、有"气"，才能有真精神贯其中。其云：

> 古人作字，其方圆平直之法，必先得于心手，合乎规矩，唯变所适，无非法者，是以或左或右或伸或缩，无不笔笔卓立，各不相乱，字字相错，各不相妨，行行不排比，而莫不自如，全神相应。又作范须反书铸出乃正，是非规矩之至神，其孰能与于此。惜乎圣人所传学书之法，今不能知矣。古人之法，真是力大于身而不丝毫乱用，眼高于顶明于日而不丝毫乱下，乃作得此等字，所以遒敛之至而出精神，疏散之极而更浑

---

① 韩天衡：《历代印学论文选》，西泠印社出版社 1999 年版。

② 见《簠斋尺牍》（十二册本），同治十三年六月八日致潘祖荫书。

沦。字中字外极有空处，而转能笔笔字字行行篇篇十分完全，以造大成而无小疵，非圣人之心，孰能作之哉。①

在陈介祺的观念中，文字之迹时代愈晚则愈失于法，愈散弱无力，故其慨叹"圣人所传学书之法，今不能知矣"，也因此对金文尤为赏悦，并力倡以金文入印取法：

古只是有力，晚只是无力，愈晚愈逊愈法少。金文神完气固而散，只是笔笔有法有力，下笔处法明力足，愈有力愈能留，愈遒愈盘礴愈不可方物，而心迹却不模糊。……唯其有力，所以如此。刀只是一铁笔耳。有腕有心，知觉分明，则力不至卤莽灭裂而为门外汉矣。或以钝刀入古印中试之，亦可有得。其要唯以心之轻重运腕而指不动为主。无知之蒙，妄以私测，就有道正之。②

陈氏主张的作印求金石古文字之法，不仅要求形似，更重要的是追求"心精力果如古人"，即追求心手交融与古人神会相通的境界。陈氏更具体地指出要体察古人之用笔，"须笔笔见法，笔笔有力，乃能得神"。他认为：

刻印以得古人用笔之法为最难；知用笔矣，又往往难于浑成。盖以朴茂之神，达雄秀之气，非精心贯注，动与古会，未易造此真境。③

至汉印，人止知烂铜，而不知铜原不烂，得其刀法愈久愈去痕迹则自佳，此所常与西泉共论者也。作画不求用笔，止谋局事烘染，终不成家，仿汉烂残而不求用笔者同。④

朱文难刻易工，然松雪衡山之工亦甚不易。最难者劲健，次则秀稳。有篆法有书味，数者含蓄于中，非率尔所能至。即此不甚出色，亦非寻常时派矣。⑤

陈氏在明末朱简"刀法者所以传笔法"之"笔意表现论"基础上，又进行了发挥，将作印之笔法直接对应于书法、绘画笔法。陈氏本来就持有刻印主要在于作篆的观点，其尝言："凡作印，篆居其六七，刻居其三四，篆佳而

---

① 见《簠斋尺牍》（十二册本），同治十三年十月十三日致潘祖荫书。

② 见《簠斋尺牍》（五册本），同治十二年十一月十五日致吴大澂书。

③ 〔清〕陈介祺：《〈苏氏纂集集古印谱〉跋》，见《历代印学论文选》，西泠印社出版社1999年版，第430页。

④ 见《簠斋尺牍》（十二册本），光绪元年三月二日致王懿荣书。

⑤ 见《簠斋尺牍》（十二册本），光绪元年三月十日致王懿荣书。

刻无力则篆之神不出，刻有力而篆不佳则野矣。……松雪、三桥以下，篆亦未能至古，而秀则近于弱矣。”作印求之于篆，而篆书自秦以后即渐浇醨，唐李阳冰虽盛美一时而终乏古质，其后者更失之远甚。赵孟頫举起复古大旗，虽亦擅篆，并为印学上最早提倡取法汉印者，还尝辑《印史》古印集，其工整优美的小篆朱文印一度被人们仿效，但确如陈氏所言“篆亦未能至古，而秀则近弱”。至清陈介祺时期，篆书才在探古寻真的喧嚣中有所振作，陈氏之前有邓石如，同时者为赵之谦，稍后则有吴昌硕，皆能借古开今并作用于印。书、印俱冠于一时，正佐证了陈氏印求篆法之识。

陈介祺的观点在当时洵为不凡，也为汉以后治印古法荡然无存、不复可观而找到了症结所在。其金石好友吴云，迷好书画篆刻，经常与江浙一带书画篆刻名流往来相论，对陈氏的印学言论也颇为激赏：“所论玺印篆法、刀法，于古人精神命脉所寄，可谓洞见症结，曾出来笺与张子青尚书及潘季玉、李眉生、杜小舫诸君观之，无不击节称善，咸称名下果不虚也，佩甚佩甚。”①

三、取吉金古文字入印之观点的倡导者

治印取法于金石古文字，这在印学史上是一个较早提出并多有争论的问题。随着宋代金石学的肇兴，元代时就开始有人作了此种提议，但遭到著名印学家吾丘衍的非议。明代万历时朱简等印人也曾就所取印字的正谬、来源等，发生过争执。如何广取金石文字入印，又不失印之本身的传统法度，开始为人们所思考。因当时受出土实物的局限，古代金石文字尚未真正得到人们的普遍重视，取吉金文字入印的观点并没有形成较大影响。直至清乾嘉以后，金石学大兴，印取吉金、石刻古文字的论说才纷纷被陈介祺、赵之谦等人提出。陈介祺的论印之言与其论书之言几乎是一种论调，其“取法乎上，钟鼎隶篆，皆可为吾师”之思想亦完全生发于印论中，而其对钟鼎文字入印的积极倡导与实践，是陈氏的卓见和在印学史上的突出贡献。如：

祁君刻印欲有意求古，可求之钟鼎，钟鼎字不足，即专作小篆，而

① 〔清〕吴云：《两罍轩尺牍》，见《近代中国史料丛刊》第二十七辑，台湾文海出版社有限公司1968年版，第678页。

求钟鼎之力于手于笔，求钟鼎之法于笔之两端，一笔一笔求之，以运于小篆之中，自有可过汉人处，而必为千年来之传作矣。欲传必心精力果如古人，方能望见古人一二，有一二则必传矣。①

摹吉金作印，不可一字无所本，不可两字凑一字，不可以小篆杂。一难于形似，再难于力似，三难于神似，四难于缩小，必先大小长短同能似，然后乃能缩小。五难于配合，本非一器之字、一体之书，一成一行，而使相合，是非精熟之至，孰能为之。各字结构已定，难于融通，字外留空，尤难于疏而不散，须如物在明镜之中，乃为得之。须笔笔见法，笔笔有力乃能得神。②

蒙谓作印去近人篆刻之习，而以钟鼎古印二者笔法为师，自当突过前人。③

陈介祺还是最先提出将封泥入印者。他本是最先关注封泥、搜罗收藏封泥最多的人，又富藏并研究古玺印，其《封泥考略》是著录和研究封泥最早的一部专著，有着重要的学术价值。纯阳文秦汉印章在按印于泥后，转换成阴文，印章与封泥形成了同一时代、同一艺术品的两种相辅相成的形式。陈介祺意识到这一形式对印章的补偿意义，故言："汉印少朱文。近来出泥封之多……若得佳工精刻，真足为朱文之矩矱，松雪不足道矣。"④ 陈氏给了人们一个提示，古玺印在秦汉阶段朱文艺术形式阙如的遗憾在封泥中可获得较为完美的弥补，从而给治印家从印外取法开辟了一片新的天地。

检点近代印学理论史，陈介祺的上述印学思想与活跃于印坛上的同时期的魏锡曾、赵之谦、胡澍等人相似。魏氏阐发了"印从书出论"之观点，赵之谦、胡澍论印都涉及了"印外求印论"，尤能与陈氏之观点相表里。黄惇先生认为"赵之谦是'印外求印论'的倡导者和开拓者"⑤，赵氏作印主要取资于贞石，但与之有关的印论却是只言片语，且大都体现于其所作印之边款中，尚没有像陈氏这样大谈以钟鼎笔法为师，并如此阐述金文的内在之美。陈氏

① 见《簠斋尺牍》（十二册本），同治十三年八月二十一日致潘祖荫书。
② 见《簠斋尺牍》（十二册本），同治十三年九月二十三日致吴云书附笺。
③ 见《簠斋尺牍》（五册本），同治十二年十一月十五日致吴大澂书。
④ 见《簠斋尺牍》（十二册本），同治十一年五月二日致吴云书附笺。
⑤ 黄惇：《中国古代印论史》，上海书画出版社1994年版，第266页。

的言论少有人关注，是因其不像赵之谦般在书画界及印学界颇负盛名。而作印求法于金石、封泥之说，直至民国初年经王光烈、叶铭等人才得到进一步阐发。王光烈在1918年所作的《印学今义》一书中言：

以上数种文字（指甲骨文、金文、陶文、砖瓦、汉碑额、泥封文字等），不啻古人真迹，非如后人附会自作可比，如能备置浏览，自于印学有无量之裨益……至泥封尤为汉印嫡派，用作朱文自然纯古，皆不可不夙为习服者也。若融会贯通，自为一派，前无古人，后无来者，则在个人之才力精能而已。

以上所言与陈氏几乎一种论调，可谓承陈氏之说。而叶铭于1916年在《〈赵扬叔印谱〉序》中云：

善刻印者，印中求印，尤必印外求印。印中求印者，出入秦、汉，绳趋轨步，一笔一字，胥有来历；印外求印者，用宏取精，引伸触类，神明变化，不可方物。二者兼之，其于印学蔑以加矣。

其印外求印所论与陈氏之"金文神完，气固而散……愈遒愈盘礴，愈不可方物，而心迹却不模糊"又如出一辙。我们不能妄说王、叶二人受陈氏的影响，因为载有陈氏印论之言的《簠斋尺牍》刊行于1918年，在此之前他们一般是看不到这些私藏手札的，这正说明了陈氏印学观点的超前性。

陈介祺的印学思想既有其超前的一面，又有其保守的一面。说其超前，是因他倡导"书中求印"及"印外求印"（亦即求之于三代秦汉金石的观点）；说其保守，是因其唯以"古法"为尚。虽然跳出了"印中求印"本体形式的圈子，似乎包含了求变的意识，但他的艺术审美观念又始终被笼罩在古典美的樊篱中。他认为古人之事皆寓之以理，心精力果而能造极，而文字艺事等愈晚愈逊愈法少。顽固的崇古思想使其视创新求变者为"近人篆刻之习"而不予认同，认为"今之好古者皆喜新而好奇，喜新则反常，好奇则背正，而识见远于古矣"。所以其虽赞赏"赵扬叔之谦刻印尚佳"①，并曾托吴云向他求刻名章，但又认为"抑甫（之谦）作少有名士习气，有意求乱头粗服，亦是一病"②。在陈氏眼中，赵氏之印尚不如在他指授培养下"作印于篆

① 见《簠斋尺牍》（十二册本），同治十三年二月十三日致潘祖荫书。
② 见《簠斋尺牍》（十二册本），同治十一年九月二日致吴云书附笺。

文、刀法必求之古”的王石经，故其曾言“西泉似不让㧑叔也”①。对于陈氏所持的这种观点，应辩证地去认识：一方面，篆刻在邓石如、赵之谦等人以前，元明清各家确实对传统吸取不足，不仅尚未正式开始以钟鼎文字作印或注重从钟鼎文字中取法，而且即使仿习汉印亦远逊，味薄而少有古意。陈氏以古法为宗，欲力矫时弊，在当时确有积极意义。而其对以钟鼎文字入印的倡导，具有开启与引领风气之功。从此，摹吉金文字入印成为篆刻艺术的一种新风尚。另一方面，陈氏强烈的崇古思想，形成了以古为准绳的艺术审美标准，但失却了“借古开今”的艺术思想，与吴昌硕“今人但侈摹古者，古者以上谁所宗”② 这种敢于质疑古人、勇于创新的精神大相径庭，这是陈氏印学思想拘泥于古、不能升华至更高境界的症结所在。

第四节 自用印稽考

陈介祺一生致力于藏古、传古，同时也笃好时人印章，请人刻了许多自用印。这些自用印能反映出他的学术生涯和思想、胸襟和情怀等情况，也成为其学术活动的有机组成部分，故极有学术和艺术价值。本节即对此作初步考察和认识。

一、数量

陈介祺在同治十三年（1874）十二月致王懿荣函中说道：“平生倩人作印数百，皆不慊。”③ 可知其自用印之多。再考虑到此时距其去世尚有十年，而这十年又是其学术成就最辉煌、刻印也最多的时期，故其实际自用印之数量会更多，但因其生前身后均未能很好地整理保存，现在已难确知。目前所见资料有：

1. 李志贤《陈介祺自用藏印》④，录印蜕 54 方，简称《李》；

① 见《簠斋尺牍》（十二册本），光绪元年正月十一日致潘祖荫书。
② 沙孟海：《印学史》，西泠印社出版社 1987 年版，第 168 页。
③ 〔清〕陈介祺著，陈继揆整理：《秦前文字之语》，齐鲁书社 1991 年版，第 92 页。
④ 载《书法丛刊》2001 年第 3 期。

2. 陆明君《簠斋研究》①，录印121方，印蜕91方，简称《陆》；

3. 日本学者荻信雄《陈介祺所用印谱》②，录印蜕80方，简称《荻》；

4. 舒文扬《从簠斋用印看陈介祺的篆刻审美和创作思想——兼论翁大年和王石经的篆刻》③，录印118方，简称《舒》。

《李》文发表最早，其所收诸印是“从各种拓本、印本上收辑”的。也许正因如此，陆、舒二人对其中C43—C45（见本节附录）未予认可，而这三印的确颇可疑。《陆》文是在1936年陈元章拓本的基础上扩充而成。《荻》文来源与《陆》文同。《舒》文则是综合《陆》文以及其他资料而成。

本文综合这些资料，又在其他资料中查得4印：

1. A36“寿卿”，载邓华主编《清代大收藏家陈介祺》（附表中简称《邓华》）图27④，此印亦见于《西泠印社》总第九辑第40页陈介祺书法作品；

2. B15“宝簠斋”，辑自日本《金石书学》2005年第10期封二之“古帖异书”对联用印，此印与B14的章法不同，B14为二、一字排列，B15为一、二字排列；

3. C42“簠斋先秦文字”，载书同上，第16页之《始皇诏版》《二世诏版》拓片钤印；

4. C46“陈介祺所藏”（图1－6－3⑤），载《国史金石志稿》第2324页。

图1－6－3　“陈介祺所藏”印

从印文和风格看，这4印为陈氏自用印应无疑问。如此共得陈氏自用印130方，这也是目前所知陈介祺自用印的数量。其中，A37有目无印，B15无法摹出，故本文实收印蜕128方（见本节附录“陈介祺自用印拓片”）。现以《舒》文所制表格为基础，增入新项目附于本节末（见本节附录“陈介祺自用印表”），表中“收录”一项就不再标出《舒》文。

---

① 荣宝斋出版社2004年版。

② 见《陈介祺学术思想及成就研讨会论文集》，西泠印社出版社2005年版，第236～245页。

③ 见《陈介祺学术思想及成就研讨会论文集》，西泠印社出版社2005年版，第391～420页。

④ 图见邓华主编：《清代大收藏家陈介祺》，文物出版社2005年版。

⑤ 图见王献唐：《国史金石志稿》，青岛出版社版2004年版，第2324页。

另，《簠斋研究》第170页所录齐刀币拓片皆钤“壬午”印；《山东藏书家》载簠斋藏书印中有“金石日击撞”“曾经我眼即我有”“陈伯子介祺古莱之东睢人也”①；《印学研究》第一辑有翁大年为陈介祺刻“陈介祺”朱文三连印和“其子子孙孙永宝用”白文印②。此6印亦录此备考，也期待以后有更多簠斋自用印被发现。

二、刻印时间

从陈介祺自用印的刻印时间可以看出陈氏之经历及其思想变化，以及其收藏的丰富和学术研究的深入等相关情况。陈介祺学术活动的重点在其归里后，这一时期从其自用印中反映出的最重要的变化是其明显增强了与收藏和学术研究方面的联系，而且其自用印印文内容越分越细，自用印数量越来越多，他还因纪念收藏品而起斋号并刻印。因此，他后期的自用印与其收藏、研究三者之间的关系和变化情况可以互相印证。如可由他的学术活动、藏品收入时间和拓片整理的大体时间，推知其自用印的刻制时间，反之亦可由用印情况推知其藏品收藏和研究时间。为此，梳理其学术活动与自用印刻制时间等相关问题，能够更好地了解这几方面的情况与变化。

道光十九年（1839）二月，陈介祺为许瀚《六君子砖合本》③题诗，其后的“君子砖馆藏砖”印或结缘于此；陈氏于是年得曾伯霥簠，因号“簠斋”。

咸丰元年（1851），纂集藏印成《簠斋印集》十二册，虎龟鱼符作为一类附于最后。而“簠斋藏虎龟鱼符之印”乃归里后王石经为其所刻，这说明陈氏初期编辑印谱时虽有分类设想，但尚无用印章进行分类整理的想法，由此可见其学术研究及用印的变化情况。

咸丰十年（1860），陈氏在归里六年后迁入城内新居，始得整理研究藏品。

---

① 王绍曾、沙嘉孙：《山东藏书家史略》，山东大学出版社1992年版，第269页。

② 吕金成主编：《印学研究》第一辑，山东大学出版社2009年版，第118页。

③ 此《六君子砖合本》是许瀚辑自题君子砖的诗文及友朋题赠。罗振玉《俑庐日札》之君子砖条载：“大兴刘氏所藏君子砖，后归潍县陈氏，故亦颜其居曰君子砖馆。”大兴刘氏即刘铨福，亦好金石，富收藏，擅治印，曾官刑部，斋号砖祖斋。陈介祺的君子砖也许是经由许瀚而获得，但时间不详。

同治七年（1868）冬，陈氏拓装秦量诏版。

同治八年（1869），王石经刻“海滨病史”印（A26）。

同治九年（1870），王石经刻“十钟山房藏钟”印（C29）。

同治十一年（1872）五月，陈氏首次发现陶文，与陶文有关的印章当晚于此时；秋，收何昆玉所携印，藏印达六千余方，筹编《十钟山房印举》，“万印楼”印应在此后；十一月，辑年来所考释汉器成《簠斋金文考》。

同治十二年（1873）春，陈氏将富贵壶与吉羊洗合刊为《富贵吉羊之图》，并取斋号“富贵吉羊之室”，以陈氏一贯的作风，似应有此文之印，但未见；四月，泉范拓竟，欲让人作一藏范印而未就①；八月，与鲍康商量为十布六泉制椟之事②，“簠斋收藏六泉十布印”或在此际；十月，始拓所藏秦瓦及齐地所出瓦。

同治十三年（1874）二月，陈氏致书鲍康云“若欲令补近刻先秦两京二印，则寄亦可”，可知“簠斋先秦文字”“簠斋两京文字”二印刻于此前不久；三月，致书王懿荣云“今日篆一古兵印，属族弟子振学刻”③，同日又致书潘祖荫云“今春拓得古兵将毕，秉烛检卅三纸，以今日新刻印识之”④，这是所知最为具体的新印刻毕和启用时间⑤；三月，始读吴式芬《汉官私印封泥考略》并考订之，又考释自藏封泥；四月初五，得琅琊台西南古城址出土秦百二十斤铁权，“秦铁权斋”印应作于此后；九月，所藏齐鲁三代两汉瓦当文字目编毕，“簠斋藏秦瓦当”“簠斋藏汉瓦当”二印或作于此际；十月，致书王懿荣云“伯寅坚欲刻吾数人往还书，不可却，乞将来删定之，其标题拟仿齐东野人之语，易为秦前文字之语，未知可否”⑥，故“秦前文字之语”印或作于此际。

光绪元年（1875）正月，陈氏致书潘祖荫云“已为属西泉子振作南公鼎

---

① 〔清〕陈介祺著，陈继揆整理：《秦前文字之语》，齐鲁书社1991年版，第157页。

② 〔清〕陈介祺著，陈继揆整理：《秦前文字之语》，齐鲁书社1991年版，第168页。

③ 〔清〕陈介祺著，陈继揆整理：《秦前文字之语》，齐鲁书社1991年版，第67页。

④ 〔清〕陈介祺著，陈继揆整理：《秦前文字之语》，齐鲁书社1991年版，第18页。

⑤ 事实上，“簠斋古兵”有朱、白各一印，俱见王石经《甄古斋印谱》。而见于陈介祺拓片上的是朱文印C8，至于子振所刻者不详，也或者有其他情况。

⑥ 〔清〕陈介祺著，陈继揆整理：《秦前文字之语》，齐鲁书社1991年版，第88页。

斋、南公宝鼎之室、南鼎斋、盂斋、盂鼎斋印及南鼎斋古彝器、古文字、盂斋先秦文字、两京文字、盂斋法化诸印，且一斋名作大小数印”[①]，可知簠斋同类印或早于此；二月，将所藏四百余枚封泥上蜡试拓，“簠斋藏古封泥”印或作于此际；又，致鲍康信中提及首次收得秦诏残瓦量，可知“秦诏量瓦之斋”和“古瓦量斋”二印约作于此时。

光绪二年（1876）五月，陈氏致书吴大澂：“自名二百竟（镜）斋，以好之不笃，未补足”，并求刻“二百镜斋藏镜”朱文印[②]，现见簠斋所用之印为白文，且为王石经所刻，故有可能作于此后，而“二百范斋藏范”印或亦在此际；六月，藏砖二百余拓毕，“君子砖馆藏砖”印约作于此际；七月，始见山东出土封泥。本年与友人通函始用“三代古陶”字眼，而光绪三年（1877）八月其致吴大澂函云“未及用三代古匋轩印及瓦登瓦器木印别之”[③]，故“三代古陶轩”印约作于此际。

光绪四年（1878）十一月，齐法化范千枚拓成一份，“千化范室”“三代千化范室”二印或作于此际。

光绪八年（1882）十一月，为新得临淄出土东汉君车画像石作记，并朱拓数纸装轴，现存朱拓已钤“君车汉石亭长”印，故此印应作于此际。

另外，有些印文可从簠斋的尺牍中发现端倪，如同治十一年十二月“（秦诏、量、吕不韦戈）合之泰山残字，琅邪石刻，真斯相一巨观也”[④] 之语与“集秦斯之大观”印、同治十三年二月“金文是补千古秦燔之憾”[⑤] 之语与“收秦燔所不及”印、同治十三年九月“文字之役，文字之福，天壤间惟此可重”[⑥] 之语与“文字之福”印。上述语论之时间均是首次提及时间，此后还多次提及。这极可能是陈介祺在与朋友的交流中形成思想火花，并进而刻为印文，故这些印的刻制时间应与其在书信中的首次提及时间相去不远。

综上所述，陈介祺所使用的自用印多是在同治、光绪年间刻制的，这既

---

① 〔清〕陈介祺著，陈继揆整理：《秦前文字之语》，齐鲁书社 1991 年版，第 46 页。

② 〔清〕陈介祺著，陈继揆整理：《秦前文字之语》，齐鲁书社 1991 年版，第 300 ~ 301 页。

③ 〔清〕陈介祺著，陈继揆整理：《秦前文字之语》，齐鲁书社 1991 年版，第 309 页。

④ 〔清〕陈介祺著，陈继揆整理：《秦前文字之语》，齐鲁书社 1991 年版，第 155 页。

⑤ 〔清〕陈介祺著，陈继揆整理：《秦前文字之语》，齐鲁书社 1991 年版，第 260 页。

⑥ 〔清〕陈介祺著，陈继揆整理：《秦前文字之语》，齐鲁书社 1991 年版，第 198 页。

与他的收藏、学术研究的高峰时期相关，还与他整理古器物时分类集中拓制的时间相关。

三、印文和印字

陈介祺自用印的印文很大一部分取决于或反映出其收藏、研究和思想的变化情况。其自用印中，收藏印数量最多，内容也最重要，其他斋号、闲章类印又往往由收藏印生发而来。其收藏印多依藏品数量和品类的增加及研究内容的逐渐深入细化而不断增加。陈介祺早年在京时，请杨澥、翁大年所刻如“古平寿陈介祺宜铭金室所藏金石文字”等印，是很笼统的大概念、大范畴之印，尔后其收藏印不仅区分金、石，且金、石之下又细分为酒器、兵器、铜镜、砖、瓦等。分类如此之细，显然是因为其藏品的增多和整理研究的需要，也反映出其学术研究的变化。

其他名号、斋馆、闲章印等，更显示出其某一时期所收器物之特点、类型，或自己特别看重的器物等情况，如从“簠斋”到“十钟山房”再到“万印楼”等印，即反映了这种即时变化的特点。而少数闲章印则表达了他的学术研究、生活感受和精神境界，如“半生林下田间”“古之田间大夫”等印。这些印都含有很深的寓意，也反映出其思想和文化修养的深度。

在陈介祺自用印中有数方是同文同式的。有的是大小不同，以用于大小不同的拓片，如王石经参以《吴天发神谶碑》文字为其所刻“海滨病史”印，因为陈介祺很喜欢，故又刻了一方小的；有的是为寻求朱、白文的变化；有的则是印面文字有所变化，或稍作改进。当然，也有因拓片太多，一方使用不便而多刻的。

陈介祺的年号印中，较早的是“庚午”（1870），而后自“戊寅”（1878）以后就基本连续起来了，可知他晚年又习惯以年号作标志。

陈介祺存世的藏品拓本、考释研究著作分为金文、铜镜、虎龟鱼符、陶器、瓦器、瓦量、泉范、齐刀、齐刀范、古金化、封泥、砖瓦、瓦当、碑拓等，这正与其收藏印亦基本一致，足见三者是密不可分的同一学术整体。① 同

① 王绍曾、沙嘉孙：《山东藏书家史略》，山东大学出版社 1992 年版；王绍曾主编：《山东文献书目》，齐鲁书社 1993 年版。

时还可看出，他一生的收藏和学术研究重心只在古文字，其他则略之。这由他收藏有数量可观的佛教造像和碑刻却未见这类印章，仅有“簠斋藏石”一印以概之，即可证。

一般来说，印面的印文确定之后，印字便是关键。但印字的选择并不是孤立的，也须考虑印式、大小、风格、印文内容及用途等诸方面因素，且需符合用印要求和印学思想，所以陈介祺对此亦极其重视。

由于他主张“名字宜汉印，收藏宜宋元佳印”①，这就基本决定了他对印字的要求。因此，他的自用印中的仿汉白文印和细朱文印二者数量较多，是仿古玺印的两倍。同时，他对于丰富的古玺印和汉以后的文字资料，亦较少借鉴。尤其值得注意的是，陈介祺最先提到古封泥可以作为朱文之矩矱②，却未见他有这方面的尝试，想来主要原因应是其文字不甚符合他的用印要求。所以，像王石经借鉴《吴天发神谶碑》文字入印，甚为少见。但这种借鉴，也是经过了印化处理，才合乎陈介祺的用印要求。③

陈介祺自用印中的仿古玺印数量少的情况，或与三代文字集成印文要比秦汉文字困难有主要关系。在他所用的40余方仿古玺印中，归里后所作近30方，即说明这是随着古文字资料的丰富和王石经篆刻水平的提高而逐渐增多的。同时，归里前的仿古玺印也不再使用，其中包括杨澥与翁大年所刻“寿卿”“簠斋”等印。对此，经过比较可以看出杨、翁二人仿古玺印具有颇多个人色彩而未能纯粹，这显然与陈介祺归里后对古典精髓的理解和取法上有了差异，自然也就不甚符合他的用印要求了。另外，陈介祺的收藏印中的仿古玺印亦多用于先秦时代的藏品，以其年代相近而风格亦接近，似乎是有意而为之，由此亦可见他对印字的选择具有深入细致的思考。这些值得注意的现象，反映出陈介祺对印字要求之苛刻和对篆刻艺术理解的变化等问题。

---

① 〔清〕陈介祺著，陈继揆整理：《秦前文字之语》，齐鲁书社1991年版，第219页。

② 同治十一年九月二日致吴云书云：“汉印少朱文。近来出泥封之多……真足为朱文之矩矱，松雪不足道矣。”（见〔清〕陈介祺著，陈继揆整理：《秦前文字之语》，第220页。）

③ 吴让之、徐三庚、赵之谦均取法过《天发神谶碑》，但各有不同，说明各人的视角和思考是不同的。

对于摹吉金文字作仿古玺印，陈介祺亦积有经验且已形成自己的见解，其中有两点很值得注意：一是要有所本，不可拼凑和掺杂小篆①，二是不能过小②。前者是为保证文字的正确性，后者是为保持文字原有的神韵。为此，他还有自己的摹写方法，亦颇特殊而有效，“十钟主人”大印就是典型的实例。此印“钟”字即取自家藏敔钟，且字径与原字相近，故此印尺寸较大。此后的“廿钟主人”印，当是由此缩摹的。事实上，不仅是仿古玺印要有所本，甚至仿汉印也是如此，如“万印楼”印之“万”字，亦是取自家所藏砖拓（图1－6－4③）。故此，他对朋友所求刻之印，或要求朋友将欲刻之字摹来，或告知某字摹自某器等，如“今以敝藏兮田盘文为作一尊字印一，似未失真”④，“斋字乃弟影齐侯罍写之，尚相合”⑤，等等。这均表现出他一贯严谨和精益求精的作风。也正因如此，他的仿古玺印中以白文印为多（以其资料多且摹写不失真），而仿朱文古玺印就往往不如白文者。同理，其仿汉印中的白文印亦较朱文印为好。

图1－6－4
“万”字砖拓

实事求是地看，陈介祺这种有些极端的用字方法，确实与此前的篆刻家以古玺文和印化金文入印是不同的，能够更真实地保存古文字的神韵气息，这也是对篆刻艺术的有益尝试。但若过于拘泥，也会影响风格的变化。如凡有“簠斋”二字的仿古玺印，此二字的字形无论大小都基本一样，即说明其在某字写法确定之后，便恪守不变。另有些印文相近的白文印就像双胞胎，如“簠斋藏秦瓦当”与“簠斋藏汉瓦当”二印、“二百范斋藏范”与“二百镜斋藏镜”二印，文字、风格、形式基本一样，只是换了一字。如此处理，或许是出于某种考虑而有意为之，但合适与否，也值得推敲。还有些印，一旦确定，就会或放大或缩小，或改朱为白或改白为朱，也不再尝试更丰富多样的变化。究其根源，与他的用字方法不无关系。虽说其中有王石经的因素，

---

① 〔清〕陈介祺著，陈继揆整理：《秦前文字之语》，齐鲁书社1991年版，第40页。

② 〔清〕陈介祺著，陈继揆整理：《秦前文字之语》，齐鲁书社1991年版，第82页。

③ 图见国家图书馆金石拓片组：《国家图书馆藏陈介祺藏古拓本选编·古砖卷》，浙江古籍出版社2008年版，第93页。

④ 〔清〕陈介祺著，陈继揆整理：《秦前文字之语》，齐鲁书社1991年版，第38页。

⑤ 〔清〕陈介祺著，陈继揆整理：《秦前文字之语》，齐鲁书社1991年版，第48页。

但陈介祺还是起着主导作用的。故可以认为，陈介祺对文字的使用还是有所局限的，而他用字的利弊及所反映出的深层原因等问题，也确实有思考价值和理论意义。

四、使用

陈介祺的自用印主要用于两方面：一是文字书写，包括信札、书法作品等；二是收藏和学术研究，包括藏书、拓片、考释著作等。后者在实际使用中要多于前者。但簠斋的书作、著作及收藏品出版的并不多，而且他的用印也有一个变动的、复杂的过程。在笔者所见资料中，陈介祺见于使用的印章有68方，此数与其传世之印数亦有差异。但若抛去早年所刻已搁置不用的、先行刻下而未及使用的（如几方纪年印）和重文之印等，所差其实不太大。更重要的是，这些印基本上为其归里后所作，故能反映出其归里后的实际用印情况。而对于陈介祺自用印使用情况的探讨，亦有助于对其学术研究的认识和理解。

笔者曾认为："陈介祺对于如何用印也是很有研究和见解的。他多次谈到，要根据用途和器物类型及拓片情况来酌定印章之大小、形状、朱白、印文内容、印文字体等，以及钤盖位置，切不可胡来，以免破坏藏品的整体审美效果而变得不伦不类。他的认识与做法无疑是应当肯定的，因为印章在这种情况下就不再是独立的艺术品了，而是另一件艺术品的一个有机组成部分了。因此就要服从和符合用印对象的整体审美效果，而不能喧宾夺主或者更坏，是要增辉而不能减色。这也表露出陈介祺用印方面的美学思考和见解。"①

现对他具体的用印情况再作进一步的了解。对于古陶拓片，"用'三代古陶轩'者，秦前文字也。用'宝康瓠室'者，两汉文字也。瓦豆以'瓦登'木印别之，余皆用'瓦器'木印统之。秦诏瓦量则用'古瓦量斋''集秦斯之大观'识之。珍重之品加印'古陶主人''齐东陶父''簠斋先秦文字'诸印"②。若是完整的，还在木印下方钤以更小的"完"字印。对泉范和镜范拓片，则在右上角钤以"土""沙"字印。至于封泥和玺印，拓本原本不大，

① 曲彬：《从〈秦前文字之语〉探陈介祺的印学成就与思想》，见《陈介祺学术思想及成就研讨会论文集》，西泠印社出版社2005年版，第262页。

② 〔清〕陈介祺著，陈继揆整理：《簠斋论陶·前言》，文物出版社2004年版，第3页。

故仅用一方较小的朱文印。现在面世的周矢朐瓦盘全形拓有两份，其上陈介祺的题跋不同，拓者姚公符之印也不同，可知非同一时间所作。但陈介祺所用的七方印及位置、顺序是相同的，姚公符印的位置也相同，而且印文均钤盖得非常清晰，说明陈介祺对用印的设计是非常慎重的，一旦设计好了就不再轻易改变，而且钤印也绝无半点马虎。陈介祺不仅自己如此，也以此去影响朋友，如对潘祖荫的用印就有具体而细致的建议："鼎图下方拟用名印一，中用南公鼎斋，不用伯寅所藏第一。"①

陈介祺如此精心设计、严格规范地用印，确实能反映出他对用印的学术性和艺术性的深刻思考，以及他做事的严谨态度，这的确是空前绝后、无人能及的。

五、印人

陈介祺关注和结交印人，不仅在于自己喜好并大量用印，而且在于他可以通过与印人的交流了解、认识印坛状态，并做出自己的判断和选择，最终形成和完善自己的印学思想。当然，这对我们认识陈介祺自用印的相关情况也有所帮助。

陈介祺年轻时及居京期间交往的印人不少，否则不会有"倩人作印数百"之事。但如今为我们所知的唯有杨澥和翁大年，其他还有谁，刻了什么，均不详。陈介祺归里后，杨、翁二人之印也因印文变化等原因而被停用。尽管陈介祺认为翁大年的篆刻有一些不足，但对其刻印还是持肯定态度。他还在同治十一年（1872）九月向吴云询及翁大年，此后多次向潘祖荫、吴云提到翁大年的著作，由此可见他们之间的特殊友谊。

陈介祺归里后，与外界的联系少了，与印人的交往也困难了，幸有王石经出现，才解决了其用印问题。二人交往之初，王石经的治印水平未必能使陈介祺满意，但这时陈介祺的学术活动也未进入高峰期，用印尚少，故这段时间是陈介祺对王石经进行培养、锻炼、提高的时期。否则，在那时的条件下，王石经也未必会有良好的发展。王石经刻印的确非常用功和精益求精，令陈介祺十分满意。陈介祺在同治八年秋为王石经所刻"张仔信印"所作边

① 〔清〕陈介祺著，陈继揆整理：《秦前文字之语》，齐鲁书社 1991 年版，第 53 页。

款和题跋中，就对其印作了肯定。① 而对王石经仿《吴天发神谶碑》所刻“海滨病史”一印的肯定和赞扬，则更有艺术眼光和学术意义。② 此后，陈介祺恢复与外界之交流，还向朋友们推介王石经。光绪二年（1876）四月，其又题王石经《西泉印存》。这些都反映出二人在篆刻艺术上的切磋、交流和探讨是非常广泛而深刻的。在陈介祺见于使用的68 方印中，确知为王石经所刻的有 40 方，而其余作者未详之印，如 B4“三代古陶轩”与另两方同文印风格相近，B8“千化范室”亦有《吴天发神谶碑》意味，而 C1“陈氏吉金”、C2“簠斋吉金文字”、C9“簠斋藏石”、C26“簠斋两京文字”及多数年号印等与王石经所刻之印风格相近，故都极有可能是王石经所作。陈介祺晚年的用印益多，也是因为有王石经这一方便条件，由此足见他对王石经的倚重。但是，陈介祺很清楚王石经为学问所限而难以进入更高的层次，所以一直积极引导他，而王石经也能基本理解和实现陈介祺的印学思想和要求。可以说，两人在近三十年的交往中，意趣相近，经过相互影响、交融和适应，形成了非常特殊而又默契的互补互助关系，也各自形成了独特的印学思想和制作特点。也许正因为这种关系，使得陈介祺对王石经有所偏爱，以致有“西泉似不让㧑叔”“今人所不及”之说。其实，西泉、㧑叔各有千秋，陈氏所言显然带有个人感情色彩而欠客观。但无论如何，陈介祺与王石经这对搭档，的确是篆刻史上绝无仅有而又值得思考的特例。

陈佩纲是陈介祺的族弟，同治十二年（1873）秋，陈介祺开始培养他学摹钟鼎文作印。至次年七月，陈佩纲将所摹古玺印文辑成《古玺印文传》，陈介祺为之作序，还帮其推销。③ 陈介祺也介绍他为朋友们刻印，如将他推荐给吴大澂。这对陈介祺的用印会有一定影响，但影响不大。陈佩纲为陈介祺刻过多少印，已不可知，然陈介祺在培养陈佩纲的过程中，也会使自己获得更多的实践经验。

---

① 舒文扬：《从簠斋用印看陈介祺的篆刻审美和创作思想——兼论翁大年和王石经的篆刻》，见《陈介祺学术思想及成就研讨会论文集》，西泠印社出版社2005 年版，第415页。

② 舒文扬：《从簠斋用印看陈介祺的篆刻审美和创作思想——兼论翁大年和王石经的篆刻》，见《陈介祺学术思想及成就研讨会论文集》，西泠印社出版社2005 年版，第415页。

③〔清〕陈介祺著，陈继揆整理：《秦前文字之语》，齐鲁书社 1991 年版，第 86 页。

图1-6-5　王石经琅琊台记事印

何昆玉治印宗浙派，他于同治十一年（1872）秋携印来潍售与陈介祺，并逗留一年多。此间，他协助陈介祺钤拓印谱，还于同治十二年八月至十月，与王石经等人去琅琊拓碑。王石经有一印记录此事（图1-6-5①）。陈介祺应不会坐失向何氏索印的机会，但这只是猜测，究竟如何不得而知。不过，陈氏在与何氏的交往中能更多地了解印坛情况，倒是毫无疑问的。

胥伦（字芰塘）为陈介祺同乡，陈介祺认为“胥印可者尚妥，而不能作篆，刀亦弱，不可久交，甚可惜。一二皮相稍异而不能作篆，焉知作印耶”②。由此可知胥印难入陈介祺法眼，故两人应不会有过多印事方面的交往。然陈介祺对胥氏的评价倒是极为精要，足为篆刻金针。

在陈介祺的金石好友中，吴大澂是刻印的，陈介祺曾对吴大澂直言道：“前读为平斋刻论语春秋在此罍，似叔均而书卷过之。”③ 即说明其对吴大澂的印是肯定的。因此，他后来还向吴大澂索印：“竟拓则久思作一二百竟斋藏竟印，朱文方五分者，乞赐刻用于拓，即以见寄。”④ 但这对他们来说终究是小事，因为他们的交往主要在于学术和收藏，而非刻印。

最后，还有必要说说吴云。虽然陈介祺曾有一言评价吴云之印：“尊印自比清卿学使者为胜，似叔均之弱而书卷过之矣，盖未得古人用刀之法也。”⑤ 但除此之外，再无有关吴云治印的资料和作品传世，所以也很难确认吴云的印人身份。可是，吴云与陈介祺在书札往来中有许多关于印学方面的交流，表现出吴云深刻而独到的见解，甚至对印学亦有重要意义，故不可忽视。如吴云在光绪五年（1879）致陈介祺书云：古陶拓片文字“绝似三代古币，即

---

① 图见［日］《金石书学》2005年10期第27页，清原实门《陈介祺的收藏》一文。文中称此印为王石经所刻，但看风格与王氏颇不类，值得怀疑。

② 〔清〕陈介祺著，陈继揆整理：《秦前文字之语》，齐鲁书社1991年版，第125页。

③ 〔清〕陈介祺著，陈继揆整理：《秦前文字之语》，齐鲁书社1991年版，第277页。

④ 〔清〕陈介祺著，陈继揆整理：《秦前文字之语》，齐鲁书社1991年版，第301页。

⑤ 〔清〕陈介祺著，陈继揆整理：《秦前文字之语》，齐鲁书社1991年版，第248页。

照此传形仿刻一印，极有古趣”①。另函云：“又有椭形寿字，一起首印者，能得西泉为我一刻，感荷无已。”② 这说明吴云还是具有篆刻家的敏锐眼光和意识的。又如，吴云致陈介祺书云：“当今刻印能者绝少，白文尚有汉文可仿，朱文则古篆不可识。宋元宗派专尚工秀，学之颇不易见长。敝乡丁、黄、奚、蒋及曼生诸君尚不失古意，而近日治印者畏难取巧，其朱文全学邓石如一派，恶俗难耐。”③ 可见，吴云对当时印坛之弊端及根源的认识确实非常透彻，绝非一般印人所可比，这应与他收藏研究古玺印和结交印人的经历不无关系。

陈介祺归里后，条件虽不如在京时，但他依然关注篆刻艺术及印人的状况。其于同治十一年九月致吴云书云：“尊用之印却未能古，何不乞赵抑甫大令（之谦）为之，并为弟求名印也。”在同治十三年二月又致潘祖荫书云：“赵抝叔之谦刻印尚佳。当代能刻而佳者，乞以所刻详示，并其爵里姓名为企。”陈介祺欲获知当时印坛情况的热切心情跃然纸上。他多次提及赵之谦，即说明他对赵之谦的篆刻已比较了解。至于陈介祺如何了解的赵之谦的篆刻，以及此次求印成功与否，皆不详。④ 而陈介祺求印，恐怕更多的是出于对印章的一贯喜好和对篆刻现状的关注。至于陈介祺与其他朋友和印人以印为纽带的交往情况，也有继续关注和探讨的空间与价值。

六、风格

陈介祺存世之自用印，虽非自己所作，但前期的自用印已经过他的汰选，后期的自用印或是他与王石经等人共同讨论创作的，或是按其要求并得其认可的，他除了不操刀，其他环节都有参与，故其自用印能反映出他的印学思

---

① 〔清〕陈介祺著，陈继揆整理：《簠斋论陶》，文物出版社2004年版，第53页。

② 〔清〕陈介祺著，陈继揆整理：《簠斋论陶》，文物出版社2004年版，第54页。次年即光绪六年七月二十日陈介祺致吴云书：“西泉所作匋文寿字印，乃命其备不（按：当为石）仿作者，唯求石不得，甚歉歉。”这是目前所见两人最后一通信，此后如何亦不详。（见〔清〕陈介祺著，陈继揆整理：《秦前文字之语》第271页。）

③ 〔清〕吴云：《两罍轩尺牍》，《近代中国史料丛刊》第二十七辑，台湾文海出版社有限公司1968年版，第671页。

④ 考虑到赵之谦在同治十二年去南昌后就发誓不再刻印，故可能性不大。

想等情况。而且，陈介祺在印学方面的见解也的确非常精辟深刻。

陈介祺的自用印基本是拟古玺、汉印和仿宋元朱文印等传统的形式风格，尤其是归里后所用之印，更是专以摹古为尚，绝不涉流派印和时俗气息，因而具有静穆内敛、浑厚高古之风。这种独立于主流篆刻之外的“尚古”印风，当时主要流行于金石家群体中①，陈介祺则因其用印数量、内容以及风格等方面十分突出而成为其中的佼佼者和代表。

陈介祺自用印的印风之所以与篆刻家有巨大的差异，主要原因就是他们用印的目的与印学思想等方面有根本的不同。如陈介祺曾直言：“可用之印不须多，止求与吾书相类，与吾收藏不疥疣耳，否则亦奚以为哉。”② 说到底，陈氏之自用印是要为藏古、传古等学术研究服务的，其艺术性也是要服从于学术性和实用性的。这与把艺术性作为追求目标的篆刻家们（如赵之谦就立志“一心开辟道路，打开新局”“为六百年来橅印家立一门户”）是截然相反的，这也就必然决定了他们不同的印风取向。

对陈介祺而言，其“尚古”还有更深刻的背景因素。他在归里后，逐渐确立和坚定了收藏、研究古文字的学术方向。当时那种社会动荡、文化凋敝的境况已使他深感危机，而收藏的经历又使他敏锐地认识到，秦燔之前宝贵的古文字出土即可能等于毁灭。因此，他出于高度的文化自觉，尽心尽力地保存、传承上古圣贤之心和斯文之理，这也成为指导他一切文化学术活动的核心思想。而由此所形成的“尚古”的审美意识，不仅改变了他的书法风格，而且改变了他的用印风格。

由于这样的心理状态也会加重他对篆刻现状的不满意、不认可心态，故他经常与人谈及近人篆刻的问题。如他曾与吴云谈道：“（翁大年）刻印无误字而拘，未得汉法。……抑甫作少有名士习气，有意求乱头粗服，亦是一病。”③ 他甚至还提出“作印去近人篆刻之习，而以钟鼎古印二者笔法为师，自当突过前人”这样的具体建议。而这些都是他的经验之谈。其实，不独陈

---

① 舒文扬：《从簠斋用印看陈介祺的篆刻审美和创作思想——兼论翁大年和王石经的篆刻》，见《陈介祺学术思想及成就研讨会论文集》，西泠印社出版社2005年版。

② 〔清〕陈介祺著，陈继揆整理：《秦前文字之语》，齐鲁书社1991年版，第92页。

③ 〔清〕陈介祺著，陈继揆整理：《秦前文字之语》，齐鲁书社1991年版，第219页。

介祺，持类似认识的还有吴云。他们的认识颇有代表性，反映出一种时代的声音。故此，陈介祺坚持师古的态度和做法，显然也具有以身作则以矫正时弊的目的。

总之，陈介祺之印风的选择与形成，是在当时的境况下，出于对篆刻艺术的不同理解及用印的特殊要求，并经过比较和思考后的结果，而并非仅仅出于好古。他在去除近人篆刻之习的实践中，更致力于追求三代、秦汉的传统艺术性，而非时尚艺术性或篆刻艺术的创新与发展，是向后看的前行。当然，这种有些矫枉过正的做法有利也有弊，且无形中与主流篆刻成为两极，在一定程度上限制了其用印艺术风格的变化与发展。但如果因此说陈介祺是保守的，也不恰当，由他既反对“拘”也不赞成“放”可以看出，他的立场是符合中庸之思想的，还是值得肯定的。

陈介祺的自用印，因其收藏、见识、学术成就和社会地位等，不仅在当时影响广大，对后世亦影响深远。但这一影响是由金石学家蔓延到篆刻家的，只是在印文的内容（如收藏和学术研究的分类等）和印章风格方面各有侧重。如赵时棡①，就直接使用簠斋的印文“平生有三代文字之好”为印（图1－6－6）。又如孟昭鸿②，有十数方收藏印之印文与陈介祺的印文相近，甚至有几方印的印字、风格都相同，只是改变了姓氏、斋号数字而已（图1－6－7、1－6－8）。再如罗振玉有“雪堂藏三代器”，商承祚有“商氏吉金”“思泊古兵”，等等，实难尽述。这种代有效仿的现象很能说明一些问题，也很值得思索。

图1－6－6　“平生有三代文字之好”印

图1－6－7　“方陆藏古”印

图1－6－8　“孟氏吉金”印

---

① 赵时棡（1874—1945），字献忱，又字叔孺，浙江鄞县（今宁波）人，篆刻家。

② 孟昭鸿（1883—1947），字方陆、方儒，山东诸城人，金石收藏家、书法篆刻家。

由上述分析可见，陈介祺的自用印是在其学术思想和印学思想指导下，在其宏大的学术研究背景下及具体实践中，所形成的一种为其收藏和学术研究服务的、空前绝后的、非常独特的用印形态和范式，同时也把这种尚古的篆刻审美观念和风格推向一个新的层面，成为篆刻艺术大背景下的一种必不可少的形态。如今，陈介祺时代那种用印环境已不复再现，但他的用印与他的收藏、学术成就都是丰厚的文化遗产，仍有其价值和影响，且这种古典印风仍将作为篆刻艺术之一翼而长久存在下去。同时，由此所引发的对于学术与篆刻、学问与技巧、篆刻的实用性与艺术性之间矛盾关系等许多问题的思考，亦将是深刻而有意义的。

附：

陈介祺自用印拓片

A1

A2

A3

A4

A5

A6

A7

A8

A9

A10

A11

A12

A13

A14

A15

A16

A17

A18

A19

A20

A21

A22

A23

A24

A25

A26

A27

A28

A29

A30

A31

A32

A33

A34

A35

A36

B1

B2

B3

B4

B5

B6

B7

B8

B9

B10

B11

B12

B13

B14

C1

C2

C3

C4

C5

C6

C7

C8

C9

C10

C11

C12

C13

C14

C15

C16

C17

C18

C19

C20

C21

C22

C23

C24

C25

C26

C27

C28

C29

C30

C31

C32

C33

C34

C35

C36

C37

C38

C39

C40

C41

C42

C43

C44

C45

C46

D1

D2

D3

D4

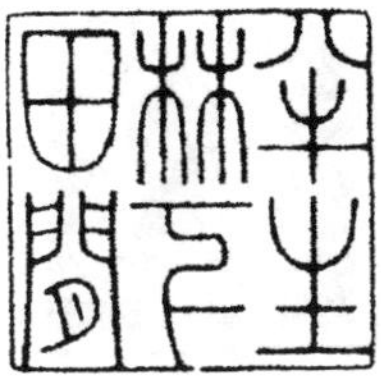
D5

D6

D7

D8

D9

D10

D11

D12

D13

D14

D15

D16

D17

E1

E2

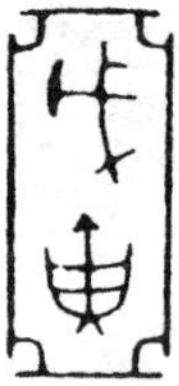
E3

E4

E5

E6

E7

E8

E9

E10

E11

E12

E13

E14

陈介祺自用印表

一、姓名字号印

序号	印文	印面情况	印面尺寸（mm）	作者	收录
* A1	陈介祺印	白文	45×45	王石经	《李》《陆》《荻》

（续表）

序号	印文	印面情况	印面尺寸（mm）	作者	收录
A2	陈介祺印	白文田字格	23×23	待考	《陆》《萩》
A3	陈介祺印	白文田字格	15×15	待考	《萩》
A4	陈介祺	白文日字格	23×15	待考	《萩》
A5	陈介祺印	朱白文相间	17×17	翁大年	《陆》
＊A6	陈介祺印	白文鸟虫篆	15×15	待考	《陆》
A7	寿考维祺	白文	17×17	翁大年	《陆》
A8	寿卿	白文	13×13	翁大年	《陆》《舒》
A9	寿卿	朱文仿古玺	11×11	翁大年	《舒》
A10	寿卿	朱文仿古玺	11×11	杨澥	《陆》
A11	介祺	细朱文	12×12	翁大年	《陆》
A12	介祺	朱文仿古玺	7×7	翁大年	《陆》
A13	介祺	朱白文相间	12×12	翁大年	《陆》
A14	平寿	朱文仿古玺	12×12	翁大年	《陆》
A15	酉生	朱文仿古玺	10×10	翁大年	《陆》
A16	簠斋	细朱文	18×18	翁大年	《陆》
A17	簠斋	朱文仿古玺	12×12	翁大年	《陆》
＊A18	簠斋	朱文仿古玺	16×10	王石经	《李》《陆》
＊A19	簠斋	朱文仿古玺	33×30	王石经	《陆》《萩》
＊A20	簠斋	白文仿古玺	33×28	王石经	《李》《陆》《萩》
＊A21	簠斋	白文仿古玺	15×15	王石经	《李》《陆》《萩》
A22	簠斋刊	白文仿古玺	44×37	王石经	《陆》《萩》
A23	酉生启事	白文	23×23	待考	《萩》
A24	退修居士启事	细朱文	22×22	待考	《萩》
＊A25	海滨病史	白文仿吴天发神谶碑	24×24	王石经	《李》《陆》《萩》
＊A26	海滨病史	同上	18×18	王石经	《萩》

（续表）

序号	印文	印面情况	印面尺寸（mm）	作者	收录
＊A27	海滨病史	白文	21×21	王石经	《陆》《荻》
＊A28	齐东陶父	白文	22×22	王石经	《李》《陆》《荻》
＊A29	齐东陶父	白文	17×17	王石经	《陆》《荻》
A30	齐东陶父	白文	17×17	待考	《李》
＊A31	古陶主人	白文横日格	19×19	待考	《李》《陆》《荻》
＊A32	宝汉楼主	朱白文相间	15×15	待考	《陆》
＊A33	十钟主人	白文仿古玺	42×28	王石经	《李》《陆》《荻》
A34	廿钟主人	白文仿古玺	32×21	王石经	《陆》
＊A35	君车汉石亭长	白文	20×20	王石经	《李》《陆》《荻》
＊A36	寿卿	朱文仿古玺	27×27	待考	《邓华》
A37	陈介祺字寿卿莱之夷潍人也	待考	待考	待考	《陆》，无印蜕

二、斋馆印

序号	印文	印面情况	印面尺寸（mm）	作者	收录
＊B1	万印楼	白文	18×18	王石经	《李》《陆》《荻》
＊B2	十钟山房	白文	18×18	王石经	《李》《陆》《荻》
＊B3	三代古陶轩	白文	15×15	王石经	《陆》
＊B4	三代古陶轩	白文	15×15	待考	《荻》
＊B5	三代古陶轩	白文	19×19	王石经	《李》《陆》《荻》
＊B6	千化范室	朱文双边	25×25	王石经	《李》《陆》《荻》
B7	千化范室	朱文双边	18×18	王石经	《李》《陆》
B8	千化范室	白文横日格	18×18	待考	《荻》
B9	三代化范之室	朱文	19×19	王石经	《李》《陆》《荻》

（续表）

序号	印文	印面情况	印面尺寸（mm）	作者	收录
B10	宝康瓠室	白文田字格	21×21	王石经	《陆》《荻》
*B11	秦诏量瓦之斋	朱文	17×17	王石经	《李》《陆》《荻》
*B12	秦铁权斋	白文	22×22	待考	《李》《陆》《荻》
*B13	古瓦量斋	白文横日格	24×24	待考	《李》《陆》
*B14	宝簠斋	白文仿古玺	27×27	待考	《陆》
*B15	宝簠斋	白文仿古玺	待考	待考	《金石书学》，无印蜕

三、收藏印

序号	印文	印面情况	印面尺寸（mm）	作者	收录
*C1	陈氏吉金	朱文仿古玺	12×12	待考	《陆》《荻》
*C2	簠斋吉金文字	朱文仿古玺	10×10	待考	《荻》
*C3	簠斋吉金文字	白文仿古玺	25×22	待考	《李》《陆》
C4	簠斋清供	朱文仿古玺	11×11	待考	《陆》《荻》
*C5	簠斋清供	朱文仿古玺	14×14	王石经	《李》《陆》《荻》
*C6	簠斋藏古	白文仿古玺	21×21	王石经	《李》《陆》《荻》
C7	簠斋古兵	白文仿古玺	16×16	王石经	《陆》
*C8	簠斋古兵	朱文仿古玺	15×15	王石经	《李》《陆》《荻》
C9	簠斋藏石	白文	18×18	待考	《李》
*C10	簠斋藏石	白文	19×19	王石经	《李》《陆》
*C11	簠斋藏石	白文	22×22	王石经	《李》《陆》
C12	簠斋藏砖	白文	28×20	待考	《李》《陆》
*C13	簠斋藏三代器	白文	16×15	王石经	《李》《陆》《荻》
C14	簠斋藏三代玺	朱文	10×10	王石经	《陆》《荻》

（续表）

序号	印文	印面情况	印面尺寸（mm）	作者	收录
*C15	簠斋藏古封泥	朱文	8×8	王石经	《陆》《荻》
C16	簠斋藏古金斤	朱文仿古玺	17×17	王石经	《陆》《荻》
*C17	簠斋藏古酒器	白文仿古玺	16×16	待考	《陆》《荻》
*C18	簠斋藏秦瓦当	白文	23×23	待考	《荻》
*C19	簠斋藏汉瓦当	白文	22×22	待考	《荻》
*C20	簠斋所宝彝器	白文仿古玺	15×15	待考	《陆》
*C21	簠斋金石文	白文仿古玺	13×14	待考	《陆》
*C22	簠斋西汉器图	朱文	27×26	待考	《荻》
*C23	簠斋山左土物	朱文	12×12	待考	《陆》《荻》
*C24	簠斋先秦文字	白文	17×17	王石经	《李》《陆》《荻》
*C25	簠斋两京文字	白文	17×17	王石经	《李》《陆》《荻》
C26	簠斋两京文字	白文	20×20	王石经	《李》《陆》《荻》
C27	簠斋收藏六泉十布印	朱文	10×10	王石经	《陆》《荻》
*C28	簠斋藏虎龟鱼符之印	白文	15×15	王石经	《陆》《荻》
*C29	十钟山房藏钟	白文	42×42	王石经	《李》《陆》《荻》
*C30	十钟山房藏钟	白文	27×27	王石经	《李》《荻》
*C31	二百范斋藏范	白文	19×18	王石经	《陆》《荻》
*C32	二百镜斋藏镜	白文	16×16	王石经	《李》《陆》《荻》
*C33	君子砖馆藏砖	白文	19×19	王石经	《李》《陆》《荻》
*C34	宝康瓠室藏瓦	白文	18×18	王石经	《李》《陆》《荻》
*C35	齐鲁三代陶器文字	白文	17×17	待考	《李》《陆》《荻》
C36	陈介祺所得三代两汉金石记	白文	25×25	待考	《陆》
C37	宝恕堂藏书印	朱文	30×35	杨澥	《陆》
C38	宝恕堂藏画印	朱文	30×35	杨澥	《陆》

（续表）

序号	印文	印面情况	印面尺寸（mm）	作者	收录
C39	古平寿陈介祺宜铭金室所藏金石文字	朱文	30×30	杨澥	《陆》
C40	酉生手拓	朱文	9×9	杨澥	《陆》
C41	伯潜秘玩	细朱文	17×17	翁大年	《陆》
*C42	簠斋先秦文字	白文仿古玺		待考	《金石书学》
C43	陶庐心赏	白文	14×14	待考	《李》，存疑
C44	陶庐所藏	朱文	15×15	待考	《李》，存疑
C45	耘东	朱文仿古玺	11×11	待考	《李》，存疑
*C46	陈介祺所藏	白文	约16×16	待考	《国史金石志稿》

四、闲章印

序号	印文	朱白类别	印面尺寸（mm）	作者	收录
*D1	有周陶正之后	白文	20×20	王石经	《李》《陆》《荻》
*D2	秦前文字之语	白文	21×21	王石经	《李》《陆》《荻》
*D3	集秦斯之大观	白文	21×20	王石经	《李》《陆》《荻》
*D4	收秦燔所不及	白文	21×21	王石经	《李》《陆》《荻》
*D5	半生林下田间	细朱文	21×21	王石经	《李》《陆》《荻》
D6	文字之福	白文	18×18	王石经	《李》《陆》
*D7	文字之福	白文	18×18	待考	《荻》
*D8	文字之福	白文	16×16	待考	《李》
D9	寿考维祺以介景福	朱文	17×17	翁大年	《陆》
*D10	平生有三代文字之好	细朱文	21×21	待考	《李》《陆》《荻》
D11	弗食不知其旨	朱文仿古玺	20×20	待考	《荻》
D12	予性颛而嗜古	白文仿古玺	18×18	待考	《荻》
D13	卜居孝子之里	白文仿古玺	28×28	待考	《荻》

（续表）

序号	印文	朱白类别	印面尺寸（mm）	作者	收录
＊D14	古之田间大夫	白文	20×20	待考	《李》《陆》《获》
D15	愿为主书令史	白文	20×20	待考	《获》
D16	窃有以得见用心	白文	20×20	待考	《获》
D17	烟墨不言受其殴染纸札无情任其摇襞	白文	20×20	待考	《获》

五、纪年印

序号	印文	朱白类别	印面尺寸（mm）	作者	收录
E1	癸酉壬戌癸卯丁巳	朱文仿古玺	17×17	翁大年	《陆》
E2	庚午	白文仿古玺	29×16	王石经	《陆》《获》
E3	戊寅	朱文仿古玺	34×15	王石经	《陆》《获》
E4	己卯	白文仿古玺	22×22	待考	《获》
＊E5	庚辰	朱文仿古玺	20×20	待考	《获》
E6	辛巳	白文仿古玺	20×20	待考	《获》
E7	壬午年正七十	朱文	17×17	待考	《李》《陆》《获》
E8	癸未	朱文仿古玺	16×16	待考	《获》
＊E9	癸未簠斋七十一	朱文	17×17	待考	《李》《陆》《获》
＊E10	簠斋甲申七十二岁	朱文	17×17	待考	《李》《陆》《获》
E11	乙酉	白文仿古玺	20×20	待考	《获》
E12	丙戌	白文仿古玺	18×18	王石经	《陆》
E13	戊子	朱文仿古玺	28×12	待考	《获》
E14	癸巳	白文仿古玺	20×20	待考	《获》

注：有＊者为见于使用者。

第七章 陈介祺陶文砖瓦收藏与研究

自唐代出现古瓦砚后，陶器进入金石家视野。宋代之后，金石家又继以砖瓦收藏，陶器、砖瓦收藏之风延续千年。至陈介祺发现陶文，开拓了金石研究的范围。陈介祺的收藏以陶文、砖瓦为大宗，他是古陶文和秦诏瓦量的发现者与最早研究者，自撰联语“陶文齐鲁四千种”，开陶文研究之先风；其所藏古砖、瓦当独具特色，砖瓦研究成就亦为后世所宗。陈介祺藏陶文、砖瓦多出于齐、鲁、邹、滕之地，兼及全国，是研究先秦及秦汉时期地域社会发展的重要资料。

第一节 陈介祺陶文收藏概述

陶文指刻划、书写或戳印在陶器上的文字。在甲骨文、金文出现之前的新石器时代，陶器上就开始出现一些刻划符号，它们成为我国文字的重要起源之一。战国时期，随着文字的日臻成熟与规范，陶器上出现了刻划或戳印文字，使陶文迎来了鼎盛时期，其上承殷卜辞、周铭刻，下启秦汉小篆，并一直延续到两汉魏晋的砖瓦文字，在一定程度上弥补了先秦文字资料相对匮乏的缺憾。随着瓷器的出现和书写记事载体的改进，陶文才逐渐走向消亡。陶文收藏之滥觞不晚于道光年间。据《邹县金石志》记载，莒子恩罐腹部刻有八分体“莒子恩”三字，罐系道光甲辰（1844）冬日出土于峄山邾国古城。① 其后，王懿荣在一则题跋中谈到吴式芬曾藏有一件传为长安出土的有铭陶鼎。② 但陶文进入

① 徐畅：《陶文发现与著录》，载《青少年书法（青年版）》2011 年第 4 期。

② 王恩田：《〈陶文图录〉序》，见《古籍研究 2006 卷上》（总第 49 期），安徽大学出版社 2006 年版，第 284 页。

金石学家的研究视野，始于陈介祺。他是陶文研究的开拓者，时人称赞："（陈介祺）复于荒郊瓦砾之中，淘掘残砖碎甓，遂使数千年前古文奇字，为祖龙所未劫，许氏所未录，欧阳、赵、薛所未得见者，一时并大显于世，天之未丧斯文，特畀公以康强聪吉之年，以扩此继往开来之学，此又非退谷所能同日语也。"①

一、陈介祺的陶文收藏与研究

李学勤称"第一个鉴定和收藏陶文的学者，是清末山东潍县有名的金石学家陈介祺"②。陶文的发现是陈介祺生平最重要的事件之一。同治十一年（1872），陈介祺得到第一枚陶文残片，这比甲骨文的发现早了27年。李学勤在《吉金拾零》内见簠斋手跋陶文拓本一纸，上曰："瓦器残片出潍之东，甚古，有印文曰陈𣄰，当是陈氏之族，𣄰字不可识。同治壬申五月六日己丑，得之于姓。"陈继揆又证之曰："余翻检旧册，亦得同年（同治十一年）题跋一纸，始得之陶片，抑有田陈氏之印记，系得自同邑于姓，出土于齐国大邑即墨故城遗址。"③

陈介祺自同治十一年得到第一片战国陶文后，又于同治十二年（1873）三月得汉瓮残陶四件，上有陶文"家常富贵""常饮食百口宜孙子"两种，并作《汉残瓮考》。同治十三年（1874）得齐国古陶文两种。他在给王懿荣的信中说："又得瓦器上玺文二，一如圆合子盖，径约五寸余，一则一握而已。"④ 至光绪元年（1875），陈介祺所得陶文数量渐增，并发现秦诏瓦量，认为瓦量是"宫上之残瓦"。这一时期陈介祺收藏研究的重点是青铜器、金石文字和古玺印，他对陶文的认识的改变是在发现秦诏瓦量之后——他认为秦诏瓦量之发现乃"千古未有之奇"⑤，并由此愈加重视陶文收藏。

自光绪三年（1877）起，陈介祺开始大量搜罗古代陶文，并言"三代古

① 〔清〕吴云：《两罍轩尺牍》，见《近代中国史料丛刊》第二十七辑，文海出版社有限公司1968年版，第714页。

② 李学勤：《山东陶文的发现和著录》，载《齐鲁学刊》1982年第5期。

③ 〔清〕陈介祺著，陈继揆整理：《簠斋论陶·前言》，文物出版社2004年版，第1～2页。

④ 〔清〕陈介祺著，陈继揆整理：《簠斋论陶》，文物出版社2004年版，第6页。

⑤ 〔清〕陈介祺著，陈继揆整理：《簠斋论陶》，文物出版社2004年版，第10页。

匋文字，不意于祺发之，三代有文字完瓦器，不意至祺获之。殆祺好古之诚有以格今契古而天实为之耶”①。其于光绪三年致吴大澂的信中说：“三代古陶拓，计瓦登三百五十七纸，残瓦器三百七十七纸，又陶印一纸，共计七百三十五纸。”② 在光绪四年（1878）二月二十七日致吴大澂的信中又说：“兹又检（光绪三年）十一月六日以后得者，瓦器百又三拓，瓦登百六十九拓。今日尚得二三百种，未及拓，共二千六百余矣。”③ 这一时期，陈介祺的主要精力都用在了古陶文的收藏、鉴定、考释及传拓上，其所藏陶文数量达2600余件，已蔚为大观。从光绪五年（1879）开始，陈介祺的陶文收藏逐渐减少。是年九月十九日其致吴大澂信中称“弟近几不收矣”④。光绪六年（1880），陈介祺作联语“陶文齐鲁四千种，印篆周秦一万方”，附记中言“忽于齐鲁得三代文古陶数十器暨残陶文四千种”。光绪九年（1883），即陈氏去世前一年，又在“陶文印篆”联后记：“陶文今将及五千。癸未。”⑤ 其间，陈介祺还收藏了包括周矢朐盘在内的70余件完整古陶器，并由姚公符制图刻版做了全形拓传世。

陈介祺陶文收藏主要依靠潍县及其周边地区的古董商人，如高文翰、杜锡九、赵允中、马庆灏等。他们都曾长期游走各地，为陈介祺收集古物，不少陶文拓片上还记有他们的名字，如“陈向立事岁”瓦釜为马庆灏访得，“公窑”陶片由杜锡九于光绪七年（1881）访得。此外，潍县周边之民众风闻陈氏收瓦陶及带字残片之事，也有发现或拣拾者送上门来的。陈介祺曾言“负贩求之于乡，牧竖求之于野，能使三千年上文字之在瓦砾者，裒而传之，此亦归里数十年真积之力。从此齐鲁人人心中知有此事，则古文字所全多矣”⑥。陈介祺所藏陶文多出于齐、鲁、邹、滕之地，其中又以临淄为最；也有来自关中者，可能为古董商苏亿年兄弟代觅。

陈介祺痴迷于金石文字，以传古为志，提出“以传三代文字为第一，考

---

① 〔清〕陈介祺著，陈继揆整理：《秦前文字之语》，齐鲁书社1991年版，第310页。

② 〔清〕陈介祺著，陈继揆整理：《簠斋论陶》，文物出版社2004年版，第22页。

③ 〔清〕陈介祺著，陈继揆整理：《簠斋论陶》，文物出版社2004年版，第34页。

④ 〔清〕陈介祺著，陈继揆整理：《簠斋论陶》，文物出版社2004年版，第52页。

⑤ 〔清〕陈介祺著，陈继揆整理：《簠斋论陶》，文物出版社2004年版，第56页。

⑥ 〔清〕陈介祺著，陈继揆整理：《簠斋论陶》，文物出版社2004年版，第24页。

释次之”的观点。在这种观点之下，陈介祺夜以继日，“选收释拓，终日从事于此，亦至劳冗”①，家中陶文捶拓终日不绝，一直持续了数年。陈氏对陶文随拓随释，或略作题记，或注明出土地点，又多钤印记，以别年代。这些拓片多为不经装订的散页拓本，或被陈介祺赠予金石之友，或被人购去，因此出现了多种传世的簠斋藏陶拓本。目前所见主要包括山东博物馆藏《簠斋陶文释存》《簠斋藏陶》、北京大学图书馆藏《陈簠斋藏古陶文》《簠斋藏陶拓本》《簠斋瓦器拓本》《簠斋瓦量拓本》《簠斋藏陶》、国家图书馆藏《簠斋古陶文考释》、苏州博物馆藏《秦始皇诏瓦量残字》、西北民族大学图书馆藏王献唐跋本《秦始皇诏瓦量残字》等十余种。

二、陈介祺所藏陶文的流散

陈介祺所藏陶文数量目前尚无定数。李学勤说：“陈氏所藏为数甚多，其在世时传拓的《簠斋藏陶》，据称全套共四千零四十三纸，现今能看到的若干部，件数多寡不一，互有出入。陈氏藏品最后尚不止此数，听曾在1937年夏为北平图书馆洽让万印楼陶文的谢国桢先生谈，当时所见约四千八百件。”②陈继揆在《簠斋论陶·前言》中说：“原山东文管会副主任、省图书馆王献唐先生，对簠斋藏陶研究最勤，全部拓片及《簠斋陶释》均经其亲自整理，生前曾谓潍县陈氏藏陶七千片，或有根据。盖簠斋于光绪十年殁后，次子厚滋续有收获。”③

陈介祺去世后，其所藏陶文为长孙陈阜所得。“原物于‘七七’事变前夕经谢刚主（谢国桢）介绍售于青岛博物馆，今据收点者言，总数为四千八百件。”④ 孙敬明亦记：“陈氏所藏陶文，身后亦并其他文物散出，后存青岛市博物馆。1986年秋，笔者专程赴青岛市博物馆考察这批陶文。有关陶器全部盛在装子弹的小木箱内，每箱约一百余块，约四十余箱。当时因文物库房系借旧宗教庙堂，内中置物纷繁，白日亦觉黑暗，且木箱置于最西部，并上叠

---

① 〔清〕陈介祺著，陈继揆整理：《簠斋论陶》，文物出版社2004年版，第30页。

② 高明：《古陶文汇编·李学勤序》，中华书局1990年版。

③ 〔清〕陈介祺著，陈继揆整理：《簠斋论陶·前言》，文物出版社2004年版，第2～3页。

④ 〔清〕陈介祺著，陈继揆整理：《簠斋论陶·前言》，文物出版社2004年版，第2页。

硬木大罗汉床，移动不得，故仅取出数箱开验，据保管者称笔者为此批陶文入藏以来首次启箱者。经验：其中以齐都临淄陶文为主，文字特征和内容格式显明。还有所谓鲁陶文，其实主要是今邹城市邾国故城遗址出土者。器物以豆、罐为主，亦有个别较完整陶豆，余者多是带有戳印的豆柄局部，故使一箱盛装许多。”① 然王恩田先生云：“簠斋身后，所藏陶文实物除少量藏品归周季木等各家外，其余分为两批。一批被王献唐先生代山东省图书馆金石保管所购得。金石保管所的文物现归山东省博物馆，但馆内却没有这部分陶文实物。估计是新中国成立后，从四川运回金石保管所途经北京时，这批陶文连同滕县安上村出土的邾国铜器等其他文物一并调拨给其他单位了。另一批陶文实物归了青岛市博物馆。据 1965 年清点登记共有 1798 件。外界相传陈氏藏陶 4000 件都在青岛市博物馆当系讹传。青岛市博物馆收藏这批陶文的经过不得而知，估计是与四座北魏石造像一道企图东渡时被截获而留在青岛的。”②

《季木藏陶》中确有陈氏所收陶文，其中包括陈氏于同治十一年（1872）首次得到的“陈[illegible]”陶文，说明陈氏藏陶有所散佚，后流入青岛市博物馆的已非陈氏原藏的全部。2011 年，青岛市博物馆将陈介祺旧藏陶文进行评估定级，1731 件陶文残片被确定为一级文物，朱凤瀚评价说，这组陶片上的文字，对于研究战国时期齐国首都临淄一代的行政区划和手工业发展状况有着极其重要的史料价值。③

第二节　陈介祺陶文研究的成就与影响

陈介祺是古陶文的发现者、收藏者，也是陶文研究大家。他晚年痴迷于陶文收藏、鉴定、考释与研究，在陶文分类与断代、陶文隶定及文字内容研究、陶文与玺印关系以及秦诏瓦量研究等方面多有创获，对陶文研究有筚路蓝缕之功。在陈介祺的倡导下，古陶文引起了清末学者的重视，潘祖荫、吴

① 王振民主编：《潍坊文化三百年》，文化艺术出版社 2006 年版，第 149 页。

② 王恩田：《陈介祺与陶文》，见《陈介祺学术思想及成就研讨会论文集》，西泠印社出版社 2005 年版，第 41 页。

③ 李魏：《市博物馆馆藏“考级”有惊喜》，载《青岛日报》2011 年 7 月 18 日。

大澂、王懿荣、刘鹗等竞相收藏，各有所获。

一、陈介祺的陶文研究成就

陈介祺对陶文研究的最大贡献是“开陶文研究之先风”。他在收藏陶文的过程中，首先对残陶进行鉴定、分类，记录出土地点并进行断代。陈介祺根据残陶形制指出陶文载体有尊、豆、鼎、量、鬲等器类，陶豆称“瓦登”，量器曰“瓦量”，其余皆为“瓦器”，并刻“瓦登”“瓦器”木印，分别钤于拓本之上，“瓦量”多手书，以为区别。陈氏所藏陶文多是经幕友、专差征集所得，但他尤其重视对陶文出土地点的记录，并多次告诫金石好友考究器物的出土地点。器物出土地点是现代考古学的重要内容之一，陈介祺对器物出土地点的重视也表明他将金石收藏纳入学术研究范畴之中。在此基础上，陈介祺对所藏陶文进行断代，并以钤印区分。三代陶文多钤“三代古陶轩”“齐鲁三代陶器文字”等印，两汉者钤“宝康瓠室”“宝康瓠室藏瓦”等印，秦诏瓦量拓本多钤“秦诏量瓦之斋”“集秦斯之大观”等印，珍重之品加钤“簠斋”“齐东陶父”“古陶主人”“簠斋先秦文字”“簠斋金石文”“文字之福”等印。在现代考古学理念没有形成之前，陈介祺对陶文的审定与分析，开清末陶文研究之风气，也为后人研究提供了重要参考（图 1－7－1）。

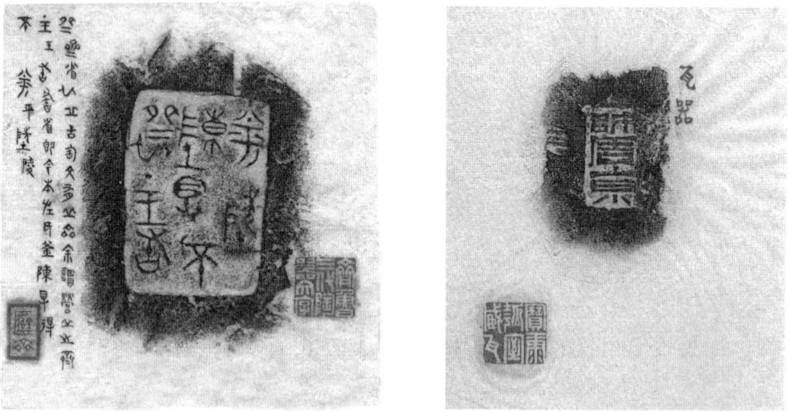

图1－7－1　簠斋藏古陶文拓片（中村伸夫《簠斋藏古陶文选》）

清代中晚期，古文字研究进入一个新阶段。这一时期的学者注重将古文字与《说文》研究相结合，将金文、陶文、玺印文字等进行综合比较，相互推勘，以探究古文字演变之规律。陈介祺重文字之器，最早提出了金文与《尚书》互证的观点。他以金文研究之功底对古陶文进行隶定，并对《说文》进行补正，其中不乏真知灼见。如《簠斋陶文考释文稿》（图1－7－2）收陶文拓本49件，其中陈介祺考释并隶定了“法”“窖”“范”“吃”“里”“易”“关”“鉢”等字。① 他与吴大澂、吴云等人在信中多次讨论陶文隶定的问题，如光绪二年（1876）其与吴大澂讨论“即墨之市”的隶定，光绪三年（1877）讨论“臧”“爰”“造”“鱼”“忍”等字之隶定，光绪四年（1878）又谈到“敀”“军”“尚㖃”“荐”“射”等字之隶定。光绪四年（1878），陈介祺作《瓦釜考释》，其中参照胶州灵山卫（今青岛市黄岛区）出土的子禾子釜、陈纯釜对“立事”进行印证，同时对《说文》进行补充。② 故吴大澂在《三代秦汉古陶文字考》自叙中说：“潍县陈寿卿前辈介祺所得三代古陶文字，至八百余种，至精之文，不减彝器。有可证《说文》及吉金文字

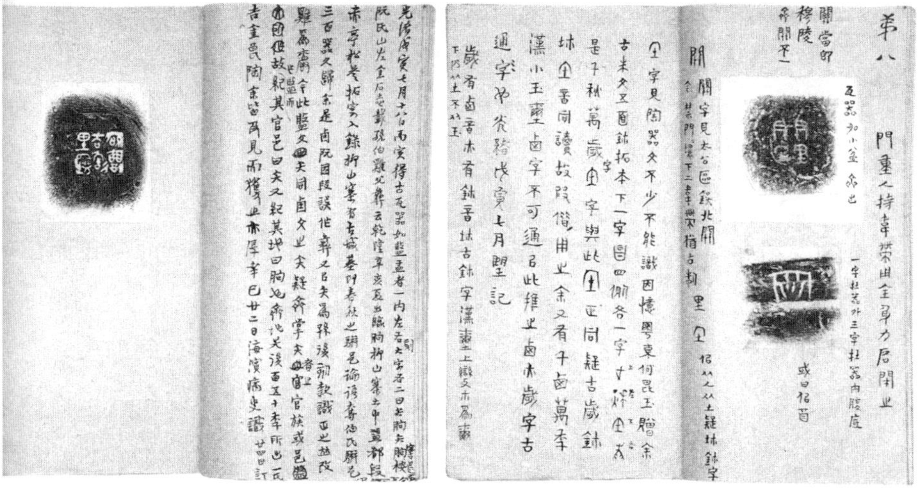

图1－7－2 《簠斋陶文考释》书影（《西泠印社》总第九辑）

① 蒯宪：《陈簠斋之陶器考释文稿》，见《西泠印社》总第九辑，荣宝斋出版社2006年版。

② 〔清〕陈介祺著，陈继揆整理：《簠斋论陶》，文物出版社2004年版，第48～49页。

者。”① 陈介祺率先对陶文进行考证，并与吴大澂等相互探讨，提出了诸多独特见解，称重一时。但是，他所不能隶定者亦甚多，故其谦言：“余于钟鼎文字，不能识者百或有一二，又谓刀布文字不过一二，非钟鼎比也。今得三代古陶文字，则不可识者甚多，且有正倒不能定者，奇矣哉。”②

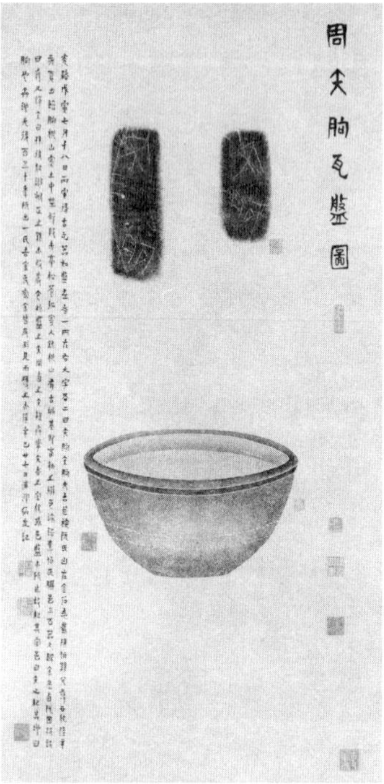

图1-7-3　陈介祺藏周矢胸盘全形拓

同治、光绪时期，因青铜器、陶文等地下资料大量出土，学者日渐重视将出土资料与传世文献结合进行研究的治学方法。陈介祺在文字隶定的基础上对陶文内容进行研究，提出了“古陶文字不外地名、官名、器名、作者用者姓名与其事其数”的观点，并将陶文与金文、玺印与传世文献相印证，进而对古国史、古代职官、区域地理、社会阶层和经济发展等问题进行研究，是王国维“二重证据法”之先声。例如，陈氏《周矢胸盘跋》参考古代文献与青铜器铭文考证春秋骈邑与朐、齐之掌矢之官等③（图1-7-3）；在《瓦釜考释》中，又将陶文中的陈氏与齐国田氏联系起来，指出“陈向立事岁”中的“陈向”即田庄子白，参照《周书》认为职官“立事”即“相齐”之意，釜乃陈氏四量之一④，李学勤称“唐兰先生作《陈常陶釜考》，正是继续陈介祺此文开启的端绪”⑤。

通过对陶文的比对研究，陈介祺最早提出了陶文与玺印之间的关系，指出陶文制作有刻划和戳印两种方式，戳印者多以玺印钤成。他在《论古陶文字》中言：“古陶与古玺印近，有以玺成者，有刻者。”⑥ 从拓片分析，戳印陶文笔画圆润，结构较为规整，玺印边框痕迹明显；刻划陶文用笔率真，刀

① 顾廷龙：《吴愙斋先生年谱》，哈佛燕京学社1935年版，第276页。
② 〔清〕陈介祺著，陈继揆整理：《簠斋论陶》，文物出版社2004年版，第15页。
③ 〔清〕陈介祺著，陈继揆整理：《簠斋论陶》，文物出版社2004年版，第44页。
④ 〔清〕陈介祺著，陈继揆整理：《簠斋论陶》，文物出版社2004年版，第48～49页。
⑤ 〔清〕陈介祺著，陈继揆整理：《簠斋论陶·序》，文物出版社2004年版，第3页。
⑥ 〔清〕陈介祺著，陈继揆整理：《簠斋论陶》，文物出版社2004年版，第15页。

锋明显，粗细不一，有以刀刻边框者，大部分如周矢朐盘，较为率意。① 陈介祺所藏陶文大部分以古玺戳印而成，自战国至汉代所钤玺印更加规整，姓氏印、吉语印、地名印使用更为广泛。陈介祺对陶文、玺印关系之观点在后世考古发现中多有印证，如其所藏“左桁正木”白文残陶（图1－7－4）即与1964年五莲盘古城遗址出土的8枚“左桁正木”阳文铜玺（图1－7－5）相类②，黄宾虹在《古玺用于陶器之文字》一文中亦列举了古玺文字与陶文相合的事例③。

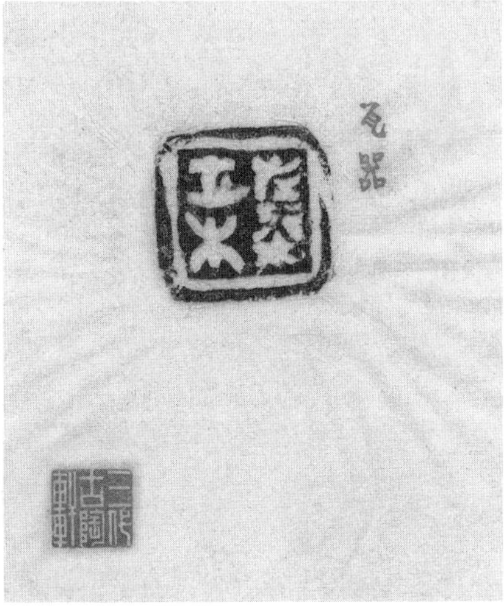

图1－7－4　簠斋藏“左桁正木”陶文拓片（中村伸夫《簠斋藏古陶文选》）

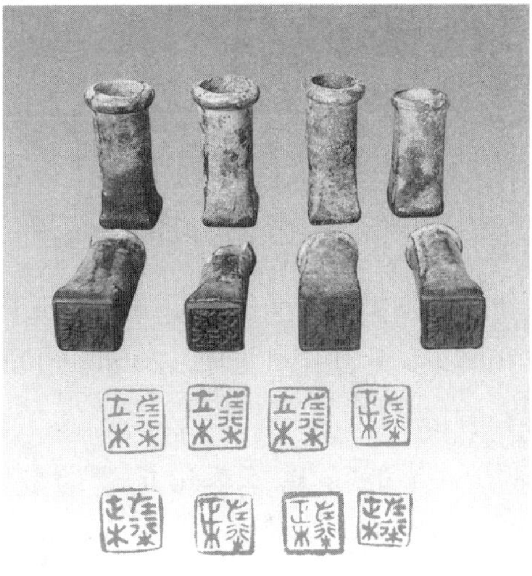

图1－7－5　五莲盘古城遗址出土的“左桁正木”铜玺（郭公仕《五莲文物志》）

古陶文是继商周金文及玺印、货币、石刻文字之后，古文字学的重要分支。陈介祺的收藏与研究，使清末金石学家将陶文与金石文字并称。他曾言

① ［日］中村伸夫：《陈介祺旧藏古陶文拓本——簠斋藏古陶文选》，日本大阪书籍株式会社2006年版。

② ［日］中村伸夫：《陈介祺旧藏古陶文拓本——簠斋藏古陶文选》，日本大阪书籍株式会社2006年版，第185页；孙敬明等：《山东五莲盘古城发现战国齐兵器和玺印》，载《文物》1986年第3期。1964年，五莲王世疃公社迟家庄大队社员在盘古城边发现战国玺印13方，暂由大队收存。几经辗转，仅余8方。

③ 黄宾虹：《陶玺文字合证·卷首语》，1930年神州国光社影印本；王鲁湘：《黄宾虹全集·金石编》，河北教育出版社2008年版，第346页。

"三代文字，千余文数百文可得一片数字，岂非至幸"①。吴大澂在《陶文释题记》中称"不谓古陶残字与金石并寿，奇文逸体，可补鼎彝款识所不及。簠斋前辈搜访至七十余种，为从来金石家未见未闻，可喜亦可异也"②。以陈介祺为代表的陶文研究者把古陶文字与钟鼎彝器铭文放在同等重要的位置，使陶文研究成为战国古文字学研究的大宗，为民国以来的古文字学研究提供了新的方向。

二、秦诏瓦量的发现与研究

秦诏瓦量是刻印有秦代诏文的标准量器。光绪元年（1875）陈介祺始发现秦诏瓦残片。发现秦诏瓦量残片之后，陈介祺兴奋异常，于当年十二月四日致潘祖荫、吴大澂、鲍康、王懿荣的信中分别言及此事。他在给潘祖荫的信中说："近所得唯残瓦二三十片，中有一秦诏残瓦，至佳。"③ 其后他又题秦诏残瓦字说："此真千古未有之奇。黄金不足比重，海上神光，从吾簠斋片瓦上气如虹见矣。"④ 秦诏瓦量残片是陈介祺的重要藏品之一，他再三跋记以盛扬其事，对其宝重无比。20 世纪 30 年代，这批东西被日本商人购去，国内多存有拓本。

（一）陈介祺藏秦诏瓦量的数量

学界一般认为，光绪元年（1875）十一月二十九日陈介祺购得邹县古城出土残瓦，其中存始皇诏书六字，这是其首次发现秦诏瓦量残片之时间。苏州博物馆所藏《秦始皇诏瓦量残字》稿本题跋曰："光绪元年十一月廿九日壬戌，有自邹县得'千秋万岁余未央'七字秦瓦来者。中有残瓦一，存始皇诏字六，二完四缺，一行当三字。"⑤ 但《秦前文字之语》记载，光绪元年四月一日陈介祺在致王懿荣的信中说："又寄清卿古瓦玺拓五，秦诏瓦拓二。"⑥

---

① 〔清〕陈介祺著，陈继揆整理：《簠斋论陶》，文物出版社 2004 年版，第 58 页。

② 〔清〕陈介祺著，陈继揆整理：《簠斋论陶》，文物出版社 2004 年版，第 17 页。

③ 〔清〕陈介祺著，陈继揆整理：《簠斋论陶》，文物出版社 2004 年版，第 9 页。

④ 〔清〕陈介祺著，陈继揆整理：《簠斋论陶》，文物出版社 2004 年版，第 10 页。

⑤ 徐钢城、钱铁颖：《清陈介祺辑拓审订秦始皇诏瓦量残字稿本考略》，载《收藏家》2013 年第 9 期。

⑥ 〔清〕陈介祺著，陈继揆整理：《秦前文字之语》，齐鲁书社 1991 年版，第 107 页。

从其致王懿荣的信中可知，陈介祺最早发现秦诏瓦残片可能要在光绪元年四月之前（图 1 –7 –6）。

图 1 –7 –6　陈介祺藏秦诏瓦量拓片

光绪元年之后，陈介祺不断关注秦诏残瓦。光绪二年（1876）作《秦始皇诏残字瓦量考略》记述残瓦由来，光绪三年（1877）七月十六日对残瓦拓本进行审定，光绪五年（1879）十月补记“此后三十二种皆有印痕，非刻者。己卯十月朔记”。至光绪五年（1879），陈介祺得秦诏残瓦三十三片。刘君复所藏《秦诏瓦量残字》抄本收录拓本三十三种，其中光绪五年的补记为“此后十一种皆有印痕，非刻者，己卯十月朔记”①。文物出版社出版的《陈介祺藏拓秦诏量铭文》收秦诏瓦量拓本三十二件，较苏州博物馆藏本少一片，均钤有陈介祺收藏印，其中一件为三字一行刻画而成。② 据此推断，至光绪五年，陈介祺藏秦诏瓦量残片共三十三片。

至光绪八年（1882），陈介祺藏秦诏瓦量残片二十种，存诏文三十九字。北京匡时 2012 年春拍《秦诏瓦量残字》稿本有陈介祺跋文：“后竟于齐鲁古陶得三代文字，光绪元年忽见中杂秦陶一片，因力求之。八年之久，至二十

---

① 山东恒昌拍卖有限公司：《金石相契——纪念陈介祺诞辰二百周年专场》，2013 年 12 月 6 日。

② 文物出版社：《陈介祺藏拓秦诏量铭文》，文物出版社 2009 年版。

片，诏字四十，唯缺一尽字。”① 光绪八年，没有陈介祺新收秦诏瓦量的记录。光绪九年（1883）十二月十五日，其在致王懿荣的信中说“新得秦诏瓦量字二片”②，这应该是陈介祺得到的最后两片瓦量残片。定稿于光绪九年的《簠斋藏古目》第二册记录秦诏瓦量残片二十四种，应是省略了铭文重复的陶片。光绪九年长至日，陈介祺在致王懿荣的信中言“册内有秦诏瓦量字大本二。其一奉赠，仍望将前赠不全之本，交东甫付还，以便补完自存”；十二月十五日在得到最后两片秦诏瓦量残片后，陈介祺又致信王懿荣言“今拓大纸小纸共四，以补前拓”。③ 从其致王懿荣的信中看，光绪九年后陈介祺不再将整套拓片补齐送人，而是寄新得残瓦拓本数纸，以补前拓。王石经曾手拓全本秦诏瓦量铭文（图1－7－7），当是陈介祺补全四十字后所为，时间应在光绪九年之后。因此推测，至陈介祺去世之前，其所藏秦诏瓦量残陶数量或为三十五片，三十三片拓本应为光绪九年十二月之前所作。

图1－7－7　王石经拓簠斋藏秦诏瓦量拓片（上海国际商品拍卖公司2007年）

（二）陈介祺对秦诏瓦量的研究

陈介祺对秦诏瓦量的研究主要集中在对秦诏瓦量器形的认识变化、秦诏瓦量文字的制作工艺以及对斯书小篆文字价值的认识这三个方面。他得到的第一片秦诏瓦量残陶出自山东宁阳，陈介祺认为是始皇帝登泰山封禅所居宫

---

① 北京匡时国际拍卖有限公司2012年春季艺术品拍卖会“翠墨撷英——善本碑帖专场”。王献唐辑录《陈簠斋遗文七则》中说：“八年之久，至二十片，诏字三十。”（见《山东文献集成》第四辑第五十册，第642页。）今从陈介祺手书稿本。

② 〔清〕陈介祺著，陈继揆整理：《簠斋论陶》，文物出版社2004年版，第70页。

③ 〔清〕陈介祺著，陈继揆整理：《簠斋论陶》，文物出版社2004年版，第69～70页。

殿之瓦，他在给王懿荣的信中说："近得一秦诏残瓦，至佳。人皆不解何以刻诏于瓦，蒙窃为此宫必李斯所作，故刻诏于宫上之瓦，以记并兼之盛者。"① 又言："文在瓦为未详，余谓其宫必始皇登岱所居，而李斯所作。"② 到光绪三年（1877），陈介祺藏瓦量数量增加，他逐渐认识到这些东西应该是瓦量，"余昔得秦始皇诏刻字残瓦一，疑为宫瓦。今又得残瓦四，其三器口宛然，定为瓦量。古瓦器皆计所容，以法度量之，诏施于瓦器，非量而何？"③ 王献唐跋《秦诏瓦量残字》言："秦初并天下，一法度衡、石、丈、尺。今所存者，只衡、量二种，载有始皇二十六年诏文，字句悉同此瓦量，其一种也。"④

由于得到的第一片瓦量残陶"并兼（天）下诸（侯），黔（首大）安"为三字一行，刻划而成，陈介祺据此认为秦诏瓦量上的文字是刻划而成。随着所藏秦诏瓦量残片数量和种类的增加，陈介祺对秦诏瓦量文字制作工艺的认识也更加全面。光绪三年（1877），因见到两字一行、拓印而成的瓦量残陶，他的认识也随之发生变化。"字在器颈，二字一行，当二十行。……颈圜故铸二行四字，铜印陶成加印于泥，然后入火。……复审前刻字诏瓦，其上亦似：器口三字一行，当十四行，末行一字，字大于四瓦，似书于器上，刻者尤见笔法刀法。以瓦形校之，皆可得器口圜颈大概也。"⑤ 之后，王献唐题跋言"量文四字为范，合十范印成。所以分用数范者，因此诏文系于量成后，趁泥黏未烧时钤之，器为圆形，不得不以数范串联印成也"⑥。

陈介祺对斯书文字极为推崇，他前后多次派人到琅琊精拓秦琅琊台刻石，并于琅琊台上"掘得秦瓦三百余"⑦，其中即有斯书小篆"千秋万岁"瓦当；后不断搜罗秦铁权、秦铜量，并刻印"秦铁权斋""秦诏量瓦之斋""集秦斯

① 〔清〕陈介祺著，陈继揆整理：《簠斋论陶》，文物出版社2004年版，第9页。

② 徐钢城、钱铁颖：《清陈介祺辑拓审订秦始皇诏瓦量残字稿本考略》，载《收藏家》2013年第9期。

③ 徐钢城、钱铁颖：《清陈介祺辑拓审订秦始皇诏瓦量残字稿本考略》，载《收藏家》2013年第9期。

④ 王献唐跋《秦始皇诏瓦量残字》，西北民族大学图书馆藏本。

⑤ 徐钢城、钱铁颖：《清陈介祺辑拓审订秦始皇诏瓦量残字稿本考略》，载《收藏家》2013年第9期。

⑥ 王献唐跋《秦始皇诏瓦量残字》，西北民族大学图书馆藏本。

⑦ 潍坊市博物馆：《金石千秋——纪念陈介祺诞辰二百周年藏品选》，内部刊物，2013年，第75页。

之大观”等印。陈介祺称赞秦诏瓦量文字：“书刻并美，锋颖犹新。读古人书，看古文字，曷可不以心精全力注之，以求古人之心乎。”① 又言：“此真千古未有之奇。黄金不足比重，海上神光，从吾簠斋片瓦上气如虹见矣。”其于光绪三年（1877）言：“斯书为柔毫之祖，传世至少。……不意今竟获瓦诏字，与石同，不在泰山、琅耶二刻下。秦之文字亦于斯为盛矣。”② 光绪八年（1882）又言：“今传世小篆，斯之后无可学者。此字视周鼓秦碑尤有益于以笔作字之学，且完愈金石，字势如新，足涤传刻之陋，诚小篆之至幸矣。”③ 陈介祺对以秦诏瓦量为代表的斯书文字不吝溢美之词，足见其推崇之至。

三、陈介祺之后的陶文收藏与研究

陶文的发现与研究远早于甲骨、简帛和敦煌文献，是金文之外研究三代秦汉历史的重要实物和文献资料。陈介祺开辟的陶文研究方向为之后的陶文研究提供了借鉴。在他的提倡下，清末以来陶文收藏蔚然成风，由最初齐、鲁、邹、滕陶文延及秦、燕、三晋、两周陶文，随着近年的考古发现又扩至史前刻划符号。将出土陶文与传世文献相结合开展先秦社会发展与文字探源研究，成为古文字学研究的重要内容。

受陈介祺影响，学者们开始重视古陶文。陈介祺言“自余得三代古陶后，都中潘伯寅司寇，济东道李山农，诸城王念亭争收之”④，此外吴大澂、王懿荣、刘鹗、端方等亦多收藏，其中又以吴大澂考释最精。吴大澂与陈介祺交好，陈介祺将收藏的陶文多拓寄吴氏，共同探讨研究。光绪三年（1877），吴大澂《古陶文字释》四卷成稿，然未见流传；光绪八年（1882），吴氏又编成《读古陶文记》一卷，是现存最早的陶文专著。潘祖荫收藏陶文数量较多，其所获山东古陶文字至数千品，但拓本很少流传。光绪二十年（1894），方濬益编订《缀遗斋彝器款识考释》，收录了陈介祺陶文数十品，并附有考释。孙文楷著有《古陶文字》，记其所收三代秦汉残陶百余种；又与其弟孙文澜合著

---

① 〔清〕陈介祺著，陈继揆整理：《簠斋论陶》，文物出版社 2004 年版，第 9 页。

② 徐钢城、钱轶颖：《清陈介祺辑拓审订秦始皇诏瓦量残字稿本考略》，载《收藏家》2013 年第 9 期。

③ 王献唐辑录：《陈簠斋遗文七则》，见《山东文献集成》第四辑第五十册，山东大学出版社 2011 年版，第 642 页。

④ 〔清〕陈介祺著，陈继揆整理：《簠斋论陶》，文物出版社 2004 年版，第 58 页。

《木庵古陶文释》，被王献唐编入《山左先哲遗书提要》，惜未印行。① 王懿荣所藏陶文后归刘鹗，使刘氏之陶文收藏至千余品；光绪三十年（1904）刘鹗选其中五百余件编成《铁云藏陶》三册（含封泥一册）并正式出版，他的另一部分陶文拓片则编入《铁云庚子劫余录》中的《古陶奇字》。此外，端方的陶文拓本编成了《陶斋藏陶》十卷。这一阶段的陶文收藏尚属于传统金石学范畴，陶文研究成果主要是拓本的著录，且少见刊行。

辛亥革命之后，陶文收藏家渐多，且有一些外国学者参与其中。这一时期的拓本辑录主要有吴隐的《遯斋古陶存》、方德九的《德九存陶》、张培澍的《古陶琐萃》、邵章的《古陶器文》、顾廷龙的《古陶文舂录》、周进的《季木藏陶》、谢芳的《云水山人陶文萃》等，内容多以山东地区出土的战国陶文为主。1925 年王国维提出“二重证据法”后指出陶文与兵器、玺印、货币文字为六国古文字一系②，指明了陶文的时代。1930 年黄宾虹的《陶玺文字合证》，证明了玺印与陶文之间的关系。1934 年王献唐辑成《邹滕古陶文字》二册，专门著录邹滕地区的陶文。1935 年，唐兰发表《陈常陶釜考》、张政烺发表《平陵陈得立事岁陶考证》，为陶文研究论述之先。这一时期出现了两篇概述陶文的文章：一是顾廷龙《古陶文舂录·自序》，探讨了陶文的出土、陶器的形制、陶文的内容与行款、陶文与古籀文的关系等；二是王襄的《古陶残器絜语》，讨论了古陶残器的出处、时代、种类、书法、文字和著录等内容。国外对陶文的研究主要集中在日本，1922 年日本人太田孝太郎出版了《梦庵藏陶》；太仓喜八郎编有《古陶文》拓本，关野雄在临淄进行考察采集到了陶文。此外，英国人林仰山于 1940 年在《中国科学美术杂志》第 71 卷发表论文，著录和讨论了 1939 年在济南大辛庄发现的一件有铭灰陶豆，这件陶豆现藏于山东博物馆，后来被证实该陶器系伪造，铭文则是根据真品翻制的。

民国时期，秦诏瓦量研究首见于罗振玉。罗振玉曾据陈介祺之拓片指出，瓦量上玺印所钤文字乃中国雕版印刷之滥觞。此后，王献唐对陈介祺藏秦诏瓦量拓本进行整理并题跋，其认识多与陈氏相同，并称“今此量以

---

① 吕金成：《孙文楷陶文著述考略》，见《印学研究》第二辑，山东大学出版社 2010 年版。

② 王国维：《观堂集林（外二种）》，河北教育出版社 2003 年版，第 148～149 页。

四字范多，数排印而成全文，此实是聚珍版之原始。可见古代文明开化之早”①。黄濬于1935年以珂罗版出版的《衡斋金石识小录》收秦始皇二十六年诏残瓦量5件，与陈介祺所藏均不相类，应为黄濬所庋者。朵云轩藏有39种瓦量残片，其中33种为陈介祺所藏，6种为南社社员孙世伟所藏。随着近年来秦诏瓦量拓本的拍卖，徐无闻、刘君复等旧藏秦诏瓦量拓本渐为学界所知，成为秦诏瓦量研究的重要参考资料。

新中国成立后，考古发现为陶文研究提供了新的资料。自20世纪50年代以来，陶文研究成果日益丰富。这一时期研究的陶文仍以齐、鲁、邹、滕之地出土陶文为主，其次是关中秦地、燕国、三晋、两周陶文。李学勤较早关注齐国陶文，他的《战国题铭概述》（1959年）通过齐国陶文研究当时政治、经济状况，是一次有意义的尝试；《山东陶文的发现和著录》（1982年）介绍了自陈介祺首次发现陶文至新中国成立这段时间内山东陶文的发现、收藏、著录和研究情况，材料搜集丰富，为研究者提供了大致的参考书目。此外，李先登的《天津师院图书馆藏陶文选释》（1978年）、朱德熙的《战国匋文和玺印文字中的“者”字》（1979年）、裘锡圭的《战国文字中的“市”》（1980年）、高明的《从临淄陶文看乡里制陶业》（1992年）、王恩田的《齐国地名陶文考》（1996年）、许淑珍的《齐国陶文的几个问题》（2002年）、李宝垒的《齐国陶文与田氏代齐研究》（2010年）等文章，不仅对部分陶文进行了释读，同时还利用陶文对制陶业的组织形式、陶工的身份、陶文年代分期以及地方军事制度和历史史实等进行了研究。2012年，新泰一中在施工过程中出土了165方陶文，任相宏、刘延常、乾惕、卫松涛、张振谦等学者对这批陶文进行了相关研究，随后出版了《新泰出土田齐陶文》一书。新泰出土陶文反映了齐国手工业管理制度、职官设置、量具制造等内容，学者们围绕齐铭立事以及陶文与田齐的关系等进行考释，在一定程度上佐证了陈介祺对陶文的研究。

孙敬明在综合前代研究资料的基础上，对齐国陶文进行了系统研究。他的《齐陶新探（附益都藏陶）》（1986年）、《潍淄流域的陶文》（1988年）、《临淄齐故城内外新发现的陶文》（1988年）、《齐国陶文分期刍议》（1992

① 王献唐跋《秦始皇诏瓦量残字》，西北民族大学图书馆藏本。

年)、《齐陶文史料价值例说》(1993年)、《齐陶文比较研究》(1994年)、《齐陶文比较研究(续)》(1994年)、《从陶文看战国时期齐都近郊之制陶手工业》(2001年)、《齐都陶文丛考》(2006年)等文章,除对部分关键文字进行考释外,还利用新材料对齐国春秋晚期至战国晚期的陶器及陶文进行了分类和分期断代,参照钟鼎、兵器、货币文字探讨齐陶文的源流、窑场设置、官民制陶手工业发展概况等内容,几乎涉及齐国陶文研究的各个方面。

秦国陶文最早进入金石学家视野,吴式芬、陈介祺、罗振玉、周季木等都藏有秦陶文。新中国成立后,收藏秦陶文较多者首推陈直,其将所藏编为《关中秦汉陶录》。随着近几年咸阳城、栎阳城、上林苑、始皇陵等遗址的考古发掘,大量秦陶文被发现,袁中一编著《秦代陶文》,收录秦国陶文最为完备。燕国陶文因燕下都遗址的发掘而大量出土,多收在发掘报告《燕下都》一书中。三晋、两周陶文是一个有待探索的新领域。赵国陶文发现较早,但数量不多。韩国陶文以郑韩故城发现的无边栏二字白文私名印陶文最具代表。魏国及两周陶文发现亦较少。楚地漆器发达,但陶器制作相对薄弱,故陶文相对较少。

新中国成立后,陶文研究专著主要有金祥恒的《匋文编》、周绍良及李零的《新编全本季木藏陶》、高明的《古陶文汇编》、王恩田的《陶文图录》《陶文字典》等。此外,汤余惠的《战国文字编》、何琳仪的《战国文字通论》《战国古文字典——战国古文声系》等字汇书籍也收录了大量陶文。

随着半坡、良渚、大汶口、龙山以及殷墟、周原等遗址中出土陶器腹部、口沿处刻划符号的发现,陶文研究范围由陈介祺时期所谓战国秦汉文字拓展到甲骨文、金文之前的刻划符号和原始文字。从考古学和文字考释的角度看,史前及商周陶器上的文字更接近汉字的原始形态。郭沫若、于省吾、陈炜湛等都认为这些在甲骨文之前的符号是文字的起源。严文明认为丁公陶文是比较成熟的早期文字,李学勤指出二里头遗址和磁县下七垣遗址出土的陶器符号都是文字。还有王蕴智《史前陶器符号的发现与汉字起源的探索》、王晖《中国文字起源时代研究》《从蚌埠双墩遗址陶符看史前陶器刻划符号的性质》、高明《论陶符兼谈汉字的起源》、王宪明《诸城前寨大汶口文化陶文解读》、康瀚予《文明史视野中的大汶口文化陶文研究——兼与良渚文化刻符比较》等文章,对史前陶文与文字起源的关系进行了研究,认为史前陶器的刻划符号是中国文字的起源，并以此探究中华文明起源进程。殷商、西周时期的陶文发现较少，研究主要集中于文字释读方面，如徐正磊《殷商与西周陶文研究》、徐锡台《西周陶文试释》、陈全方《周原出土陶文研究》等文章，将陶文资料和甲骨文、金文等文字字形相比照，在此基础上对殷商及西周陶文进行释读。

第三节 陈介祺的古砖收藏

砖的本字为“甎”，尚有“甓”“塼”等古名。最早见于《诗经·陈风·防有鹊巢》：“中唐有甓。”《陈风》约为春秋中叶的作品，说明迟至在春秋时期，砖已出现并应用于日常生活中。随着之后“物勒工名”生产制度的要求，砖上出现了刻画、摹印的文字和画像，赋予了砖以文化和艺术生命。陈介祺收藏古砖326种，以山东地区出土的文字砖为主，这些古砖内容丰富、精美绝伦，为书法艺术研究提供了重要的资料。

一、古砖收藏与研究概况

据目前考古资料所知，战国晚期关中地区出现了花纹砖和大型空心砖。到秦代，随着制陶业的发展，砖的烧造质量随之提高，品种增多，并且出现了专门的铺地砖、铭文砖、画像砖等。铭文砖主要受“物勒工名”生产制度影响，有玺印式和刻划式两种。西汉时期，因厚葬风气兴起，空心砖在关中、洛阳一带广为流行，大型建筑也以此为铺地和栏杆之用。这一时期，砖的装饰纹饰以几何纹为主，砖文内容不断丰富，形成了自己的风格。东汉时期，河南、山东等地流行以画像砖装饰墓室的做法，画像砖内容多为菱形图案和吉语文字。东汉后期是画像砖的大繁荣时期，砖的烧造技术在南方传播，内容丰富、图案精美、反映社会生产生活和神话世界的画像砖、铭文砖在河南、安徽、四川等地被用于墓室修建。魏晋南北朝时期，铭文砖主要流行于长江中下游地区，延续着两汉以来制砖业的繁荣。隋唐之后，人们更加重视砖的实用价值，画像砖、铭文砖逐渐衰落。

古砖研究主要以画像砖和铭文砖为主。画像砖在战国秦汉时期开始出现，是一种采用模制、雕刻、彩绘等方式表现图案花纹以及艺术形象的特殊建筑材料，其题材广泛、内容丰富，客观真实地反映了古代人们生活的方方面面。铭文砖的砖铭文字是与甲骨文、金文、玺印以及刻石文字同等重要的古代文字资料，历史上诸多学者以辑录古砖奇文为好，尤其是晚清，金石考据之风盛行，许多文人、考据学家另辟蹊径，对残断剥蚀的砖瓦文字情有独钟，重金搜购，倾力研究，“秦砖汉瓦”遂著称于世。

古砖研究始于赵明诚《金石录·汉阳朔砖字》：“右汉阳朔砖字云：‘尉府壶壁，阳朔四年正朔始造设，已所行。’字画奇古，西汉文字，世不多有。此字完好可喜，然所谓‘尉府壶壁’，又云‘已所行’者，莫晓其为何等语。”① 此即尉府内甬道旁壁上之砖。洪适《隶续》中收录《永平砖文》《汝伯宁砖文》《曹书文砖文》《谢君墓砖文》《永初砖文》五种，其中《永初砖文》不仅记载了该砖的出土地点，同时还比较了同一地区出土的不同载体的书法文辞，是一篇颇有研究价值的早期砖铭记录。② 清代中期至民国时期，古砖收藏研究渐多。嘉庆《宝丰县志》收录砖铭 1 则，涉及砖铭内容、书体、制作形式（阴文凸起）、藏家，这是清代较早著录砖铭的书籍。阮元主编之《两浙金石志》收录砖铭 5 则，内容涉及古砖尺寸、砖铭内容、出土地点、藏家等。陆增祥的《清仪阁所藏古器物文》第五册为砖铭卷，收录砖铭 54 则，该书的编著形式十分考究，对有关砖铭的史料、出土地点、时代、书体、交流人物、价格以及是否砖砚等都做了较为详细的记录，十分难得；其《八琼室金石补正》亦收录砖铭 19 则。道光十三年（1833）冯登府《浙江砖录》收汉魏六朝砖，每块砖都标明年代、尺寸、出土地、收藏者。道光十四年（1834）《金石续编》收录晋砖 2 则，内容涉及史籍资料、晋砖出土地点与藏家，难能可贵的是在第二则中明确记载了收藏的时间为嘉庆二十三年（1818）。清宣统元年（1909）刻本《陶斋藏石记》《陶斋藏砖记》中，前者收录端方藏墓志砖 25 则，后者收录砖铭 118 则。这一时期的方志如光绪五年（1879）《广州府志》、光绪七年（1881）《续纂江宁府志》、光绪八年（1882）《栝苍金石志补遗》、光绪十六年（1890）《定兴县志》等，对古砖多有著录。其中，光绪七年《续纂江宁府志》收录砖铭 5 则，在“六朝富贵砖”

① 〔宋〕赵明诚：《宋本金石录》，中华书局 1991 年版，第 323 页。
② 〔宋〕洪适：《隶释　隶续》，中华书局 1985 年版，第 416、618 页。

中，作者注明了出土时间及地点，并据《南史·何承天传》推断其为东晋旧砖，这说明清末学者已将对砖铭的研究提到了较高层次。民国时期的地方志书如《湖北金石志》《安徽通志稿》《新繁县志》等，均有古砖著录。其中《新繁县志·金石》收录的"富贵昌，宜宫堂；意气扬，宜弟兄；长相思，勿相忘；爵禄尊，寿万年"二十四字汉砖，在近年的考古中即有发现，甚为精美。

此外还有张燕昌《三吴古砖录》、周中孚《杭嘉湖道古砖目》、徐熊飞《古砖所见录》、陈宗彝《古砖文录》、丁芮模《汉晋砖文考略》、陈璜《泽古堂古砖录》、钮重熙《百陶楼甓文集录》、吴廷康《慕陶轩古砖图录》、严复基《严氏古砖存》、吕佺孙《百砖考》、纪大复《古砖品》、宋经畬《瓴甋录》、黄瑞《台州砖录》、陈介祺《簠斋砖瓦文字》、高鸿裁《上陶室砖瓦文捃》、孙诒让《温州古甓记》、罗振玉《高昌砖录》等。然而，这些专著收录砖文不过数百种，或有图无考，或有考无图，均未能臻善尽美。

清末古砖收藏以陆心源为集大成者，他收藏汉魏至唐宋各时期古砖千余方，以汉、晋各帝号砖最多，号称"五百汉晋砖斋主人"，并专门建有千甓亭用以集藏古砖。这些古砖均出自乌程、武康、长兴各县的汉、三国、东晋、南朝古墓。光绪六年（1880），陆心源将这些墓砖砖文、纹饰拓出后，详加考证，光绪七年（1881）仿冯氏《浙江砖录》的格式，辑成《千甓亭砖录》六卷，光绪十四年（1888）又出版《千甓亭砖续录》四卷。为了更具体、更直观地反映古砖全貌，陆心源又让其子陆树藩、陆树屏及门人李延达用西方摄影技术对砖图进行拍摄并石印，于光绪十七年（1891）出版《千甓亭古砖图释》二十卷。《千甓亭古砖图释》既有篆文，又有图案，对每一古砖的时代、产地、尺寸、内容、特点均有详细注释，考据精当，引用资料翔实，且版图逼真，在同类著作中影响较大。陆心源尚有《潜园友朋书问》，收录了他与杨岘、吴昌硕等人交往的信件，其中谈到陆心源因家境殷实，以收汉砖为多；杨岘、吴昌硕等当时生活窘迫，杨岘只收三国砖，吴昌硕并无汉砖，只收吴砖。① 抗战期间，千甓亭的古砖散失很多。新中国成立后，陆氏后裔将所剩古砖全部捐赠给浙江省博物馆。

---

① 刘荣华：《杨岘与千甓亭主人的古砖情结》，载《中国文物报》2008年3月5日。

二、陈介祺的古砖收藏

从目前所见资料来看，古砖并非陈介祺的主要藏品。陈介祺藏砖326件，其中秦或三代砖16种，秦汉画像砖10种，汉纪元砖16种，汉姓名砖12种，汉吉羊文砖48种，其余古砖均为汉代之后。陈介祺藏砖特色明显，就出土地点而言，主要以山东潍县、掖县、蓬莱等地为主，也有陕西、河北、河南南阳等地出土古砖，但数量较少，这或许是陈氏未遑作大规模搜罗所致。陈介祺收藏的古砖以汉、魏、南北朝为主，虽亦有唐宋砖，但数量极少；就内容而言，陈氏以传古为己任，一贯重视带铭文的古器物，更兼画像砖当时尚未大量出土，未引起当时学者的重视，故陈介祺藏砖以文字砖为主，画像砖较少。

陈介祺对所藏古砖少有考证，偶有拓本题跋记录出土地点，如“潍东关三官古阁奇字残砖”“南阳汉画像砖”（图1－7－8）等；其对潍县出土段默砖之考证“首一字当是灵。灵门，沂水东北，县见《汉志》。‘府君’二字见汉石，此非魏即晋矣。出潍城中”，详言砖铭隶定、年代考证及出土地点，较为少见。①吴重憙抄本《潍县陈氏宝簠斋藏器目》对陈介祺藏部分古砖注有出土地点。陈介祺藏砖多以拓本传世，主要收藏于国家图书馆、山东博物馆等单位。其中国家图书馆藏有三套陈介祺古砖拓本，第一套共七册，355张，拓工精良，装裱讲究，并且把同文砖集中到一起，但无收藏印；第二套共四册，138张，部分有收藏印；第三套全八册，第三册为陈氏藏砖，共计209张，每张

图1－7－8　南阳汉画像砖拓片（国家图书馆《国家图书馆藏陈介祺藏古拓本选编·古砖卷》）

---

① 国家图书馆金石拓片组：《国家图书馆藏陈介祺藏古拓本选编·古砖卷》，浙江古籍出版社2008年版，第84页。

都有陈介祺收藏印。国家图书馆藏陈介祺古砖拓本共计702张，除去重复，共有212种、344件，多钤有“簠斋”“君子砖馆藏砖”“簠斋藏古”“簠斋先秦文字”“簠斋两京文字”“齐东陶父”“海滨病史”“有周陶正之后”“平生有三代文字之好”“君车汉石亭长”“半生林下田间”等收藏及闲章印。2008年，国家图书馆金石拓片组选取其中精美者198种编为《国家图书馆藏陈介祺藏古拓本选编·古砖卷》。

从国家图书馆藏陈介祺古砖拓片看，陈氏所藏古砖主要有条砖、楔形砖、方砖、空心砖等几类，内容涉及纪元、记名、吉语、墓志、画像等内容。从制作工艺上看，大部分为是模印砖，偶有刻划砖。陈氏藏砖以条砖为主，文字或图案主要印在砖的长条侧面或顶端一侧，如西王母图、车马出行图（图1－7－9）等画像砖，延平元年、元和三年、永元六年等纪年砖；也有的在两三个面上都会模印文字或图案，如段默砖（图1－7－10）、孙伯世砖（图1－7－11）等。有少量楔形砖，如山东平原出土的“命非金石”砖（图1－7－12），或为墓室券门所用。方砖主要为铺地砖，图案和文字模印在砖的正面，如“长生未央”花砖（图1－7－13）、延年益寿砖等；又有“封万年”砖（图1－7－14）、“千秋万世”砖等，或为以玺印制作的砖模压制而成，多为陕西出土；河南南阳出土丛林乐舞汉画像方砖或作装饰之用。另外，陈介祺还藏了一些空心砖残片（图1－7－15），纹饰多为涡纹、菱纹、柿蒂纹等，很多还能看见空心砖堵头的孔。模印古砖铭文的一般做法是先做模子，做出的模子上的文字需是反书，压出来的文字才是正文。由于制作匠人水平有限，偶尔会出现正字做模反文印出的现象，陈介祺所藏铭文砖中也偶有此类现象。

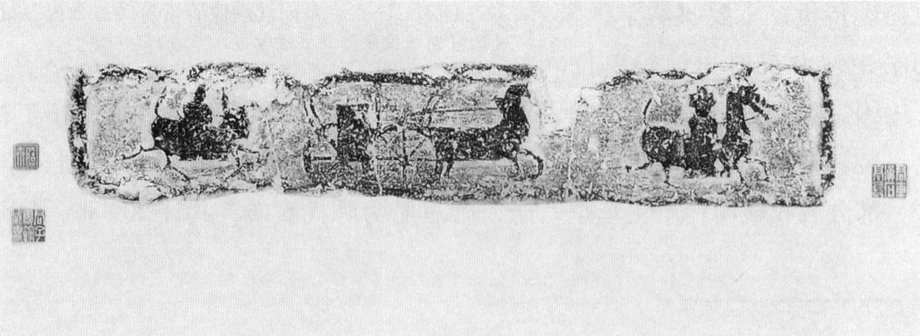

图1－7－9 车马出行砖拓片（国家图书馆《国家图书馆藏陈介祺藏古拓本选编·古砖卷》）

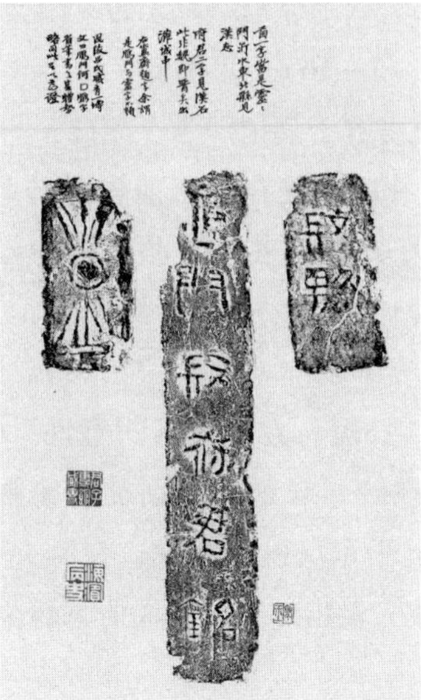

图1－7－10 段默砖拓片（国家图书馆《国家图书馆藏陈介祺藏古拓本选编·古砖卷》）

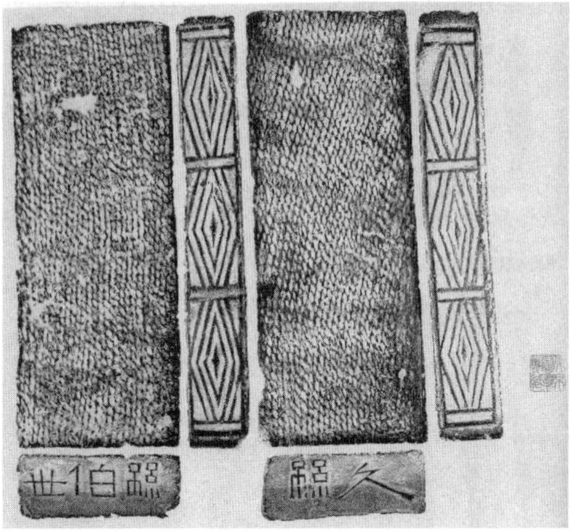

图1－7－11 孙伯世砖拓片（国家图书馆《国家图书馆藏陈介祺藏古拓本选编·古砖卷》）

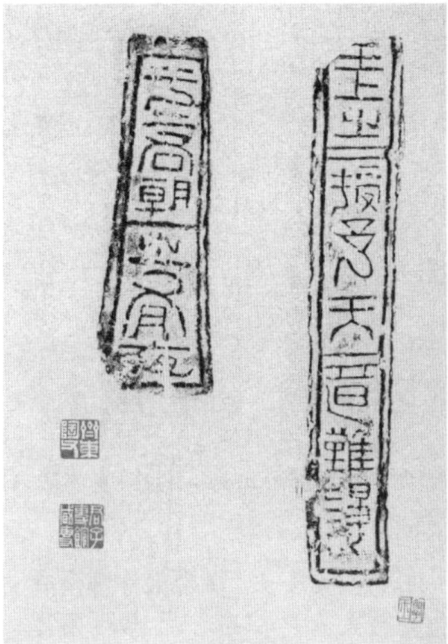

图1－7－12 “命非金石”砖拓片（国家图书馆《国家图书馆藏陈介祺藏古拓本选编·古砖卷》）

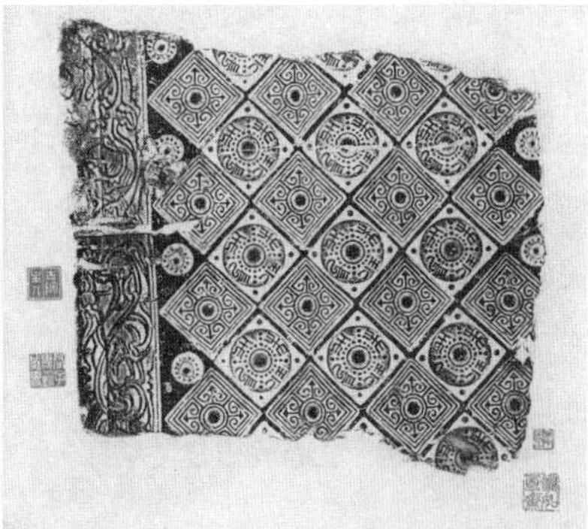

图1－7－13 “长生未央”花砖拓片（国家图书馆《国家图书馆藏陈介祺藏古拓本选编·古砖卷》）

陈介祺较早开始了墓志砖之收藏，其所藏墓志砖之铭文分为模印和干刻两种。模印铭文砖如西晋咸宁四年（278）“陈郡太守淮南成德合（按：合，又有

图1－7－14　“封万年”砖拓片（国家图书馆《国家图书馆藏陈介祺藏古拓本选编·古砖卷》）

学者释作吕）府君夫人之椁也”墓志砖，阳文隶书系模印而成（图1－7－16）。北魏皇兴二年（468）鱼玄明墓志和孙杜妻鲜于墓记即为干刻砖①。鱼玄明墓志（图1－7－17）是在刻字前先将砖磨平，然后划格，再书丹刻划，书体工整，笔力健劲，气象朴拙，有魏碑体之美。孙杜妻鲜于墓记刻划“齐郡广饶县孙杜妻鲜于”（图1－7－18），刀刻明显，字体大小、长短、方正极具随意性。陈介祺藏砖中少见湿刻砖，湿刻砖以刑徒墓志居多。干刻砖与湿刻砖盛于东汉魏晋时期，在陈介祺之后随着考古发现才大量出现，故陈氏所藏较少。

图1－7－15　空心砖拓片（国家图书馆《国家图书馆藏陈介祺藏古拓本选编·古砖卷》）

图1－7－16　“陈郡太守淮南成德合府君夫人之椁也”墓志砖拓片（国家图书馆《国家图书馆藏陈介祺藏古拓本选编·古砖卷》）

① 潍坊市博物馆：《金石千秋——纪念陈介祺诞辰二百周年藏品选》，内部刊物，2013年，第41页。

图1-7-17　鱼玄明墓志拓片（潍坊市博物馆《金石千秋》）

图1-7-18　孙柱妻鲜于墓记拓片（潍坊市博物馆《金石千秋》）

图1-7-19　王献唐题跋陈介祺监修灵阜砖拓本（陈自仁、杨莉《石陶文字拓片与王献唐题跋》）

陈介祺藏砖数量虽然不多别，但其对汉砖尤其是汉铭文砖极为推崇。铭文砖自隋唐起日渐式微，至明修南京城“物勒工名”，方多有使用，内容以州、府、县相关官员及制砖人、窑匠名字为主。乾嘉之后，金石学盛行，文人偶有仿制，以擅书法、通金石者所作最有古意。如道光二十年（1840）赵之琛、章黼等为杭州南屏山净慈寺所监造的铭文砖，结体考究，书风朴茂，不输魏晋。咸丰元年（1851），陈介祺扶父柩归里，监修祖茔，督造“灵阜”砖以为祖茔之用。是砖尺寸与齐鲁汉砖相合，长约32厘米，宽约21厘米，厚约6厘米，四面铭文分为“咸丰”“元年正月十日丁酉”“灵阜”“墓墙”，四周间以菱形花纹，铭文隶书规整沉凝、庄严肃穆，与齐鲁汉砖一脉相承。民国时王献唐曾见此砖拓本，题跋曰："此潍邑陈簠斋监修祖茔，自造之砖，仅见墨本矣，似汉制。闻其家中尚藏数函，觅求未得。"① 陈介祺之后，山左古砖收藏以同邑高鸿裁为巨，其所藏"物品真确，文字精雅，花样美富"②（图1-7-19），为后世所称赞。

第四节 陈介祺的瓦当收藏与研究

瓦当作为一种建筑材料，不仅可以保护屋檐椽头，延长建筑物使用寿命，而且因其图案文字之美妙生动而具有极高的艺术价值。考古发现的瓦当最早见于西周扶风召陈建筑遗址，瓦当皆为半瓦，当面光平，纹饰简单，形制古朴。到战国秦汉时期，瓦当迎来了发展的高峰，出现了云纹、葵纹、动植物纹及文字瓦当等。唐宋以降，瓦当开始进入金石学家视野。明清以来，瓦当藏家日多，专书不断。陈介祺以文字瓦当收藏为主，兼及图案瓦当，数量达九百余种，引为大宗。

一、唐宋以来的瓦当研究

对瓦当最早关注始于唐人用瓦制砚。吴融《古瓦砚赋》云："无谓乎柔而无刚，土埏而为瓦；无谓乎废而不用，瓦断而为砚。"③ 北宋王辟之的《渑水燕谈录》记载宋哲宗元祐六年"得古铜瓦，五皆破，独一瓦完。面径四寸四分，瓦面隐起四字，曰'羽阳千岁'，篆字随势为之，不取方正，始知即羽阳旧址也"④。之后，黄伯思《东观余论》言："近有长安民献秦武公羽阳宫瓦十余枚，若今人筒瓦然，首有'羽阳千岁万岁'字。"其中还记载了耀州出土的"益延寿"瓦当并做了考证，订正了颜师古注《汉书》之误，开瓦当文字考证之端。⑤ 南宋《续考古图》卷一即摹拓了"益延寿""官立石苑""长乐未央""羽阳千

---

① 陈自仁、杨莉：《石陶文字拓片与王献唐题跋》，甘肃人民美术出版社2010年版，第57页。

② 王献唐：《砖瓦图书为什么要开会展览?》，山东省立图书馆，1931年。

③ 〔清〕董诰等：《全唐文》卷八百三十，中华书局1987年版，第8626页。

④ 〔宋〕王辟之：《渑水燕谈录·事志》，中华书局1981年版，第103页。

⑤ 〔宋〕黄伯思：《东观余论·古瓦辩》，人民美术出版社2010年版，第52页。

岁”四种文字瓦当。元代李好文《长安图志》记录了“长乐未央”“长生无极”“汉并天下”“储胥未央”“万寿无疆”“永奉无疆”“上林”等文字瓦当，数量较前代增加，书中还考证了羽阳乃陈仓所出，确定了羽阳宫的位置，并发现“长乐未央”并非瓦文所称宫殿专用字瓦。明洪武年间王祎《王忠文公集》中谈到了李好文说的“储胥未央”等六瓦当，与李氏之记载相同。

清代以来，瓦当著作日渐增多。康熙年间林佶的《汉甘泉宫瓦记》，记其得甘泉宫瓦“长乐未央”。乾隆初年朱枫以长安瓦30种，摹刻其形，编成《秦汉瓦当图记》四卷。程敦的《秦汉瓦当文字》二卷续一卷，收瓦139种，并附有详细考证。此外还有王昶的《金石萃编》、毕沅的《秦汉瓦当图》《关中金石记》、翁方纲的《两汉金石记》、钱坫的《汉瓦图录》、张廷济的《清仪阁古器物文》、申兆定的《涵真阁秦汉瓦当图说》、陈广宁的《汉宫瓦当》、钱亦轩的《半宫瓦当文考》、冯云鹏和冯云鹓的《金石索》、陆增祥的《八琼室金石补正》、王福田的《竹里秦汉瓦当文字》、王仙州的《古瓦绘图》、吴式芬的《捃古录》、陈介祺的《簠斋藏古目》《十钟山房藏齐鲁三代周秦两汉瓦当文字目》、吴大澂的《愙斋砖瓦录》、高鸿裁的《上陶室砖瓦文捃》、罗振玉的《秦汉瓦当文字》、吴隐的《遯盦秦汉瓦当存》、黄中慧的《琴归室瓦当文钞》、何遂的《绘园藏瓦》等瓦当著作。其中，民国罗振玉《秦汉瓦当文字》五卷收瓦当148种319件，对清代以来学者的瓦当研究做了总结，并第一次收录了图案瓦当和汉代之后的瓦当。这一时期对瓦当的研究主要集中于收藏、著录以及年代断定上，所谓“望气而定”，即依据出土地点参照传世文献断定瓦当时代成为瓦当鉴定的重要方法。

新中国成立后，瓦当大量出土。这一时期的瓦当著录主要有陈直的《关中秦汉陶录》、陕西博物馆的《秦汉瓦当》、陕西省考古研究所的《新编秦汉瓦当图录》、徐锡台等人的《周秦汉瓦当》、刘士莪的《西北大学藏瓦选集》、西安文物管理委员会的《秦汉瓦当》、傅嘉仪的《秦汉瓦当》、华非的《中国古代瓦当》、杨力民的《中国古代瓦当艺术》、钱君匋等人的《瓦当汇编》、李发林的《齐故城瓦当》、陈根远与朱思红的《屋檐上的艺术——中国古代瓦当》、戈父的《古代瓦当》、赵力光的《中国古代瓦当图录》、安立华的《齐国瓦当艺术》、刘怀君与王力军的《秦汉遗珍——眉县秦汉瓦当图录》、陈永志的《内蒙古出土瓦当》等。1996年始编的《新中国出土瓦当集录》，包括《燕下都卷》《齐临淄卷》《秦雍城卷》《甘泉宫卷》《汉长安卷》《汉陵卷》《汉魏故城卷》《唐长安卷》《唐洛阳卷》，现已经出版《甘泉宫卷》和《齐临淄卷》。国外学者在这方面的研究主要有日本二玄社所编的《汉瓦当文集》、下中弥三郎的《书道全集》、关野雄的《半瓦当之研究》、村上和夫的《中国古代瓦当纹样研究》等。

除上述瓦当专著外，还有学者围绕瓦当纹饰、文字、艺术风格、制作工艺等进行探讨，其中以刘庆柱的成果最值得一提。刘庆柱的《战国秦汉瓦当研究》《秦瓦当概论》《汉代文字瓦当概论》《汉长安城遗址及其出土瓦当研究》等，以考古发掘资料为基础对秦汉瓦当纹饰、制作工艺及文字瓦当产生的时代等进行研究，改变了过去对瓦当"望气而定"的断代方式，提出了与考古结合通过地层学和类型学进行断代的研究方法。

对齐瓦当的研究最早见于陈介祺的《簠斋藏古目》《十钟山房藏齐鲁三代周秦两汉瓦当文字目》、高鸿裁的《上陶室砖瓦文据》等，但多是从考据学角度对文字瓦当进行收录与研究。最早对齐瓦当进行系统研究的当属日本学者关野雄，其《半瓦当之研究》收录临淄瓦当57件，并对临淄半瓦图案的意义、瓦当的年代进行了详细论述。新中国成立后，随着齐瓦当的大量出土，齐国瓦当研究成果也日益丰富。李发林的《齐故城瓦当》、张文彬的《新中国出土瓦当集录·齐临淄卷》、安立华的《齐国瓦当艺术》等，对以临淄为主的齐地出土瓦当进行了系统收录与研究，填补了齐瓦当研究的诸多空白。

二、陈介祺的瓦当收藏

陈介祺的瓦当收藏以秦汉文字瓦当为主，兼及战国秦汉的云纹、几何纹、动植物纹瓦当，共有923件①，其来源主要包括山东的临淄、即墨、琅琊及鲁国故地和陕西关中、苏北赣榆等地，以齐都临淄附近出土瓦当为大宗。据《秦前文字之语》记载，陈介祺曾于同治十二年（1873）七月、同治十三年（1874）三月两次遣人至琅琊台，精拓琅琊台刻石，并得瓦当三百枚。同治十二年其在致鲍康的信中说："琅邪台瓦当，秦瓦也。藏四十年得五瓦。"同治十三年（1874）三月的信中又说："琅邪秦刻，近又遣工往拓。秦瓦尚有残碎三五十片。"光绪元年正月在致吴大澂的信中说："今再寄上近得琅邪台秦瓦

---

① 〔清〕陈介祺著，陈继揆整理：《秦前文字之语·前言》，齐鲁书社1991年版，第3页。

拓四十七纸，齐出汉瓦四十七纸，无字者二十八纸。秦残瓦当千百倍于齐，何无求之者。”① 吴大澂曾题跋陕西关中出“千秋万岁”残瓦当拓片：“陈簠斋丈游琅邪台，掘得秦瓦三百余，文各不同。余得其全分拓墨，大半皆千秋万岁。此则陕出，与齐鲁异。”②（图1－7－20）《十钟山房藏齐鲁三代周秦两汉瓦当文字目》又收东莱万岁亭瓦十种（图1－7－21）。根据国家图书馆藏《陈簠斋藏瓦当文字》所收录的“卫”“维天降灵延元万年天下康宁”“汉并天下”“甘林”及鸟篆文“永受嘉福”等瓦当可知，陈介祺所藏瓦当除来自齐鲁故地之外，陕西关中地区亦是重要来源地区。其所藏“维天降灵延元万年天下康宁”十二字瓦当（图1－7－22），最早见于宋临淄人王辟之《渑水燕谈录》，清代则见于程敦的《秦汉瓦当文字》，乾隆年间宋葆醇、钱坫、俞肇修三人均有收藏，并定其为秦代瓦当。陈介祺藏有五枚此类瓦当，据拓本分析其所藏与宋、钱、俞三人所藏相异，当为新发现，实属不易。此外，同治十三年（1874）陈介祺在致王懿荣的信中说“今又得赣榆之青口所出秦瓦残字一”，光绪二年（1876）又在致吴大澂的信中说“新得瓦十四种，拓各一，多赣榆者”。③ 除陕西关中之外，陈介祺所藏文字瓦当之出土地多为秦皇汉武东巡处，或与此有关。

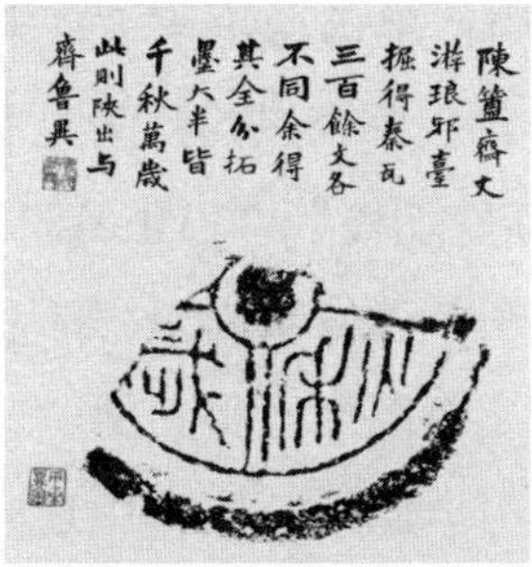

图1－7－20 吴大澂跋千秋万岁残瓦拓片（潍坊市博物馆《金石千秋》）

图1－7－21 陈介祺藏东莱万岁亭残瓦拓片（山东恒昌《金石相契——纪念陈介祺诞辰二百周年专场》）

图1－7－22 陈介祺斋藏“维天降灵延元万年天下康宁”十二字瓦当拓片（小木太法藏《秦汉瓦当拓本》）

---

① 以上参见〔清〕陈介祺著，陈继揆整理：《秦前文字之语》，齐鲁书社1991年版，第161、190、286页。

② 潍坊市博物馆：《金石千秋——纪念陈介祺诞辰二百周年藏品选》，内部刊物，2013年，第75页。

③ 〔清〕陈介祺著，陈继揆整理：《秦前文字之语·前言》，齐鲁书社1991年版，第91、302页。

陈介祺生前将所藏瓦当拓片装订，分送于吴大澂、王懿荣等友人。现在所能见者有：国家博物馆藏《陈簠斋藏瓦当文字》，毛装18册，收录陈介祺藏瓦当拓本近900种；何遂旧藏《簠斋瓦当拓片》，毛装19册，共收瓦当拓片885纸；日本学者小木太法藏《秦汉瓦当拓本》，全十二卷，共收瓦当775种；徐世襄藏拓本两册，一册39纸，一册45纸，共瓦当84种；南京图书馆藏《簠斋藏瓦当文拓本》，共77种。此外，山东省图书馆藏《簠斋砖瓦文字》拓本四十卷和《秦汉瓦当文字拓本》。2012年，北京印千山春季艺术品拍卖会上所拍《陈介祺汉瓦当拓片》共计213纸。陈介祺瓦当拓本多钤有“簠斋藏秦瓦当”“簠斋藏汉瓦当”“簠斋先秦文字”“簠斋两京文字”“簠斋藏古”“古陶主人”“宝康瓠室藏瓦”“半生林下田间”等印，并以之辨别瓦当年代。

陈介祺曾对自己收藏的瓦当进行编目，现存较全的一种为陈继揆藏本《瓦拓全目》一册，抄本，载瓦当拓本目录800余种，或与国家图书馆藏《陈簠斋藏瓦当文字》相对应。此外尚有《十钟山房藏齐鲁三代周秦两汉瓦当文字目》，两册共20面，钤印“十钟主人”。该目以周、秦瓦当为上册，汉瓦当为下册，分即墨、齐、琅琊台、鲁等地域，共收录瓦当170余种。其中，齐地瓦当“万岁未央”1件，陈介祺认为是秦代文字瓦当；琅琊台出土“千秋万岁”瓦当及其半瓦当共105件、“千利万年”残瓦1件，陈介祺均认为是秦代文字瓦当；齐地出土“千秋万岁”“千利万岁”“万岁无极”“长乐富贵”“大吉□官”“高官□□”“君宜侯王”等瓦当40件，东莱万岁亭出土“千秋万岁”“万岁”“万岁未央”“未央”等瓦当10件，加之鲁国地区出土的“千秋万岁余未央”瓦当等，陈介祺均认为是汉代文字瓦当。此外，该目中还收录秦汉时期无字瓦当16件。①

三、陈介祺的瓦当断代

陈介祺对所藏瓦当的断代多参照前人之研究，并根据传世文献及出土地点进行确定。自北宋王辟之《渑水燕谈录》记载“羽阳千岁”瓦当是先秦遗物后，后世学者多以文字瓦当源于秦之前。陈介祺藏有即墨出土反文文字瓦

① 〔清〕陈介祺：《十钟山房藏齐鲁三代周秦两汉瓦当文字目》，见《历代陶文研究资料选刊》，北京图书馆出版社2005年版。

当“富易□□”，以其字形奇古且出于即墨故城而定其为周代，列于《十钟山房藏齐鲁三代周秦两汉瓦当文字目》之首。五枚“维天将灵延元万年天下康宁”十二字瓦当也被陈介祺收录于《秦汉瓦当文字》中，认为其为秦代之物，并钤“簠斋藏秦瓦当”印。[①] 光绪七年（1881），陈介祺得东莱万岁亭出土“千秋万岁”残瓦，其题跋曰：“东莱万岁亭残瓦，光绪辛巳仲冬收。”[②] 该瓦当边廓内饰一周凸弦纹，以单十字界格线四分当面，内有小篆“千秋万岁”四字，字体方正，与琅琊台出土“千秋万岁”瓦当形制相同（图 1－7－23）。琅琊台始建于秦始皇时期，陈介祺认为台上出土瓦当文字之体势与秦琅琊台刻石相同，故将其认定为秦代瓦当（图 1－7－24），并由此提出了“其字屈填者”乃汉代流行之“缪篆”[③]。东莱万岁亭位于莱州万岁河附近，相传始建于汉武帝时期。琅琊台瓦当与万岁亭瓦当形制相同，陈介祺却将其分列为秦代、汉代，或因出土地点始建年代不同之故。再者，陈介祺认为树纹和动物纹圆瓦当为汉代遗物，2013 年山东恒昌拍卖有限公司曾拍卖陈介祺藏树纹双鱼双鹿圆瓦当拓片，上钤“簠斋藏汉瓦当”白文小印。

图 1－7－23　“千秋万岁”瓦当（青岛市黄岛区博物馆藏，琅琊台出土）

图 1－7－24　陈介祺藏“千秋万岁”瓦当拓片（小木太法藏《秦汉瓦当拓本》）

① ［日］小木太法著，史宇译：《簠斋藏秦汉瓦当略辨》，中国国际广播出版社 1993 年版，第 36 页。

② 山东恒昌拍卖有限公司：《金石相契——纪念陈介祺诞辰二百周年专场》，2013 年 12 月 6 日。

③ 〔清〕陈介祺著，陈继揆整理：《秦前文字之语》，齐鲁书社 1991 年版，第 22 页。

近年来考古发掘出土的瓦当逐渐增多，瓦当出土地层有了标准参照物，文字瓦当源于西汉已成为学术界的共识。秦故都雍城、栎阳城、咸阳城遗址及秦始皇陵区，河北易县燕下都遗址，中山国中山故城，秦皇岛的横山、金咀山遗址，辽宁绥中秦始皇行宫遗址等，其战国和秦代文化层中均未发现文字瓦当。西汉栎阳城遗址和汉太上皇帝陵园的西汉初年地层中出土了大量的瓦当，但是没有发现一块文字瓦当。目前通过考古发掘出土的文字瓦当，其地层没有早于西汉早期的。汉景帝陵园曾出土“千秋万岁”“与天无极”文字瓦当等，从瓦当的制作方法、当面布局和文字字体等方面观察，其年代比武帝茂陵、昭帝平陵出土的瓦当略早，这极有可能是营造阳陵时使用的瓦当。在文帝霸陵和惠帝安陵的陵园中尚没有文字瓦当出土。① 焦南峰等在《秦文字瓦当的确认和研究》中谈到在陕西凤翔孙家南头堡子壕遗址中出土的“蕲年宫当”“橐泉宫当”“来谷宫当”等瓦当是秦代遗物②，但从当面布局、文字结构等分析，皆为汉代瓦当形制，故刘庆柱先生认为是“秦宫汉葺”之物③。1984—1985 年发掘的辽宁绥中“姜女石”秦汉建筑遗址中出土了 8 件大型夔纹瓦当和 3 件“千秋万岁”圆瓦当残片，大型夔纹瓦当与陕西咸阳始皇陵出土同类瓦当基本相同，3 块“千秋万岁”圆瓦当残片从文字结构分析皆为汉瓦当，故作为秦代碣石宫的辽宁绥中“姜女石”遗址未发现早于汉代的文字瓦当④。1987—1991 年发掘的河北秦皇岛金山咀秦代建筑遗址中采集和出土各类瓦当 57 件，未发现文字瓦当⑤。所以，从目前考古资料分析，无论是关中地区还是关中之外的秦代行宫遗址，在西汉之前的文化层中没有发现文字瓦当，文字瓦当最早见于西汉景帝时期，在汉武帝时期才流传开来。

陈介祺的重要藏品“维天将灵延元万年天下康宁”十二字瓦当在西安武库遗址西汉地层中也有出土，在同一地层的考古发现中没有秦代遗物伴生出

---

① 刘庆柱：《古代都城与帝陵考古学研究》，科学出版社 2000 年版，第 289 页。

② 焦南峰、王保平、周晓陆、路东之：《秦文字瓦当的确认和研究》，载《考古与文物》2000 年第 3 期。

③ 刘庆柱：《古代都城与帝陵考古学研究》，科学出版社 2000 年版，第 326 页。

④ 辽宁省文物考古研究所：《辽宁绥中县“姜女坟”秦汉建筑遗址发掘简报》，载《文物》1986 年第 8 期。

⑤ 河北省文物研究所等：《金山咀秦代建筑遗址发掘报告》，载《文物春秋》1992 年 S1 期。

土，并且武库并非“秦宫汉葺”的建筑①。因此，“维天将灵延元万年天下康宁”十二字瓦当应当为西汉瓦当。对于琅琊台出去的“千秋万岁”瓦当，陈介祺在拓片上均钤印“簠斋藏秦瓦当”白文小印。新中国成立后，青岛市黄岛区博物馆（原胶南县博物馆）在考古调查过程中，在琅琊台地区采集到斯书小篆文“千秋万岁”圆瓦当、“万岁”半瓦、“千秋”半瓦等。这批瓦当与陈介祺所藏“千秋万岁”瓦当拓本及山东博物馆藏高鸿裁上陶室砖瓦中“千秋万岁”斯书篆文瓦当相符。20世纪80年代，史树青先生为原胶南县博物馆鉴定琅琊台“千秋万岁”瓦当时也认为是秦代遗物。琅琊瓦当无论是文字字体还是当面布局，皆与关中地区出土的同类瓦当不同，但与陕西韩城芝川扶荔宫遗址②、泰山岱庙仁安门遗址③出土的汉代文字瓦当以及山西洪洞和传为河南洛阳发现的“海内皆臣岁登成熟道毋饥人践此万岁”文字砖在字体结构上相似，字体风格直逼秦斯小篆。方若在《校碑随笔》中言：“光绪年间，河南洛阳城南四十里出海内皆臣十二字砖，书法直逼秦斯，遂疑秦代物，迨后又出汉广益强十二字砖，众始释然而断为汉矣。但二砖篆法与他砖迥乎不同，可谓秦斯余韵于兹未坠。”④ 因此，陈介祺所藏琅琊台“千秋万岁”瓦当与其所藏东莱万岁亭“千秋万岁”瓦当，皆为汉代中期遗物。

四、从陈介祺藏瓦当看山东地区汉代文字瓦当

从目前的考古资料来看，山东是出土文字瓦当较多的省份之一。从齐故城、东平陵城、鲁故城、琅琊台地区出土的瓦当以及陈介祺、高鸿裁等清末金石学家所藏山东地区出土的文字瓦当分析，西汉中期以后，山东地区在与关中屈填的缪篆文字瓦当保持一致的同时，还具有一定的区域特点，主要表现在瓦当文字字体和瓦当文字布局结构这两个方面。

秦始皇二十八年（前219），秦始皇“东巡郡县”。此后五次东巡，先后

---

① 中国社会科学院考古研究所汉城工作队：《汉长安城武库遗址发掘的初步收获》，载《考古》1978年第4期。

② 陕西省文物管理委员会：《陕西韩城芝川汉扶荔宫遗址的发现》，载《考古》1961年第3期。

③ 高晓燕、秦彧：《泰安岱庙出土的汉唐瓦当》，载《江汉考古》2000年第3期。

④ 〔清〕方若著，王壮弘增补：《增补校碑随笔》，上海书画出版社1981年版，第161页。

到山东泰山、峄山、芝罘、成山、琅琊等地，并在泰山、峄山、成山、琅琊立刻石"颂秦德、明得意"。秦刻石用秦朝统一文字秦斯小篆写成，这种字体同样出现在秦诏版、秦诏铁权、秦诏瓦量等秦代标准器上，并在山东地区产生了极大的影响。汉代以来，在陕西关中中央核心区域流行缪篆书体文字瓦当的时候，山东地区受秦斯小篆影响出现了方正小篆文字瓦当。除琅琊台、东莱万岁亭出土斯书小篆文瓦当之外，山东东平陵城、泰山地区均有相似瓦当出土。1975 年，山东章丘东平陵城遗址曾采集一枚"千秋万岁"瓦当，该瓦当中心饰大乳丁纹，以双界格线两分瓦当，内有小篆文"千秋万岁"四字，近方正，略呈屈填状。① 东平陵城出土瓦当文字字体仍有秦小篆风格，但更显古拙。1995 年，岱庙仁安门修缮过程中发掘出土部分汉代瓦当，其中文字瓦当有"千秋万岁"和"长乐未央"两种（图 1－7－25），"千秋万岁"瓦当字体与东平陵城采集的略相似，唯文字屈填更加明显，空隙处以乳丁填之；"长乐未央"瓦当字体以秦小篆为基础，方正规整，略有变化，不填充当面。2012 年，琅琊台北 40 千米处的黄岛祝家庄遗址中出土的"千秋万岁"瓦当与琅琊台瓦当相似，但有的瓦当在文字周边填饰乳丁纹，字体渐长渐屈。琅琊台与泰山同为秦始皇、汉武帝东巡地之一，并都有秦代刻石，泰山区域还发现了大量秦诏瓦量残陶；琅琊台"千秋万岁"瓦当与岱庙的"长乐未央"瓦当之文字均有秦代小篆文风格，可能在瓦当制作时同样受到了斯书字体风

图 1－7－25 岱庙仁安门出土"千秋万岁""长乐未央"瓦当（赵祥明《泰安岱庙瓦当的造型艺术和历史文化价值》）

① 山东省文物考古研究所：《新中国出土瓦当集录·齐临淄卷》，西北大学出版社 1999 年版，第 380 页。

格的影响。从这类瓦当出土地泰山、东莱万岁亭、琅琊台分析，斯书小篆文瓦当在山东地区的使用可能与汉武帝东巡山东有关，或为其行宫所用之瓦。

在瓦当的当面布局上，关中文字瓦当多以当心外延单、双界格线四分当面，以缪篆文屈填当面。但是陈介祺收藏的齐地瓦当中，有一些瓦当与关中汉代瓦当和斯书瓦当迥异。诸如《十钟山房藏齐鲁三代周秦两汉瓦当文字目》记载汉代齐地出“千秋万岁”瓦：“四字向外，夹以直阑，间以云纹，四汝连于中当。”① 此类瓦当文字多向外，笔画简省，以卷云纹间隔。同治十三年(1874)，陈介祺得到寿光纪台出土此类瓦当，所不同者瓦当外边廓有八字：“汉千秋万岁瓦，出今寿光之纪台。外轮有八字，如汉竟（镜），仅见此瓦。于姓目见出土，审物实为真品。字唯‘宜长’二字尚晰，盖四言吉语也。乙亥九月四日丁酉簠斋所得。”并钤“簠斋两京文字”印②（图1－7－26）。此外，鲁地曾出土“千秋万岁余未央”瓦当，陈介祺记曰：“鲁，汉，千秋万岁余未央瓦，中当外十字重阑，‘千秋’居一，‘万’居一，‘岁余’居一，‘未央’居一。此种七字者罕见，或鲁殿瓦与。”③“千秋万岁”“长乐未央”之类的吉语作为西汉中晚期的流行语言，他们的出现与当时祈福求祥的社会背景相符合。关中地区多是“千秋万岁”“长乐未央”“永奉无疆”“与天无极”“永受嘉福”等四字吉语，唯一例外者

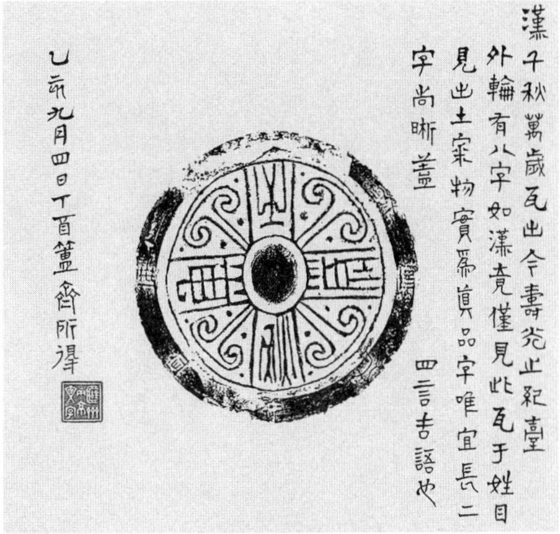

图1－7－26　簠斋藏寿光纪台“千秋万岁”瓦当拓片（山东恒昌拍卖有限公司《金石相契——纪念陈介祺诞辰二百周年专场》）

① 〔清〕陈介祺：《十钟山房藏齐鲁三代周秦两汉瓦当文字目》，见《历代陶文研究资料选刊》，北京图书馆出版社2005年版，第435页。

② 山东恒昌拍卖有限公司：《金石相契——纪念陈介祺诞辰二百周年专场》，2013年12月6日。

③ 〔清〕陈介祺：《十钟山房藏齐鲁三代周秦两汉瓦当文字目》，见《历代陶文研究资料选刊》，北京图书馆出版社2005年版，第438页。

仅有“维天将灵延元万年天下康宁”十二字瓦当。但山东地区在四字吉语之外又有拓展，出现了仿镜铭以及“千秋万岁余未央”七字铭瓦当，这与山东地区求仙祈福的地域文化有着密切关系。

从陈介祺收藏的齐鲁汉代吉语瓦当来看，山东地区因受地域文化影响，西汉中期以来的文字瓦当确与关中地区有所不同。从当面结构来看，云纹界格四分当面瓦当是与齐国树纹、动物纹对称纹饰瓦当一脉相承的。秦始皇统一全国后几次东巡齐鲁故地以加强统治，使斯书文字在山东地区影响深远，一直延续到西汉中期。吉语铭文在瓦当上的拓展一方面是受关中大一统文化符号的影响，另一方面也是与区域神仙方士文化密不可分的。

第八章 陈介祺钱币收藏与研究

陈介祺所藏钱币及钱币范，是其众多收藏中的一小部分而已。根据与之交好的钱币学家的著述，如李佐贤《续泉说》、鲍康《观古阁丛稿》、罗振玉《俑庐日札》等，可以获取陈介祺钱币收藏及研究方面的资料。

第一节 铸币与钱币收藏历史

我国铸币历史悠久，在长达两千八百余年的时间里，金属铸币始终占有重要地位，故流传下来的金属铸币品类繁多、版别复杂，尤其是先秦两汉金属铸币，种类繁富，琳琅满目。历史更替、江山易主也带来了钱币的更迭改铸。到了三国两晋南北朝时期，群雄割据，政权并立，铸钱非一家，钱文亦非一种。加之历代废旧立新，使得年代久远的旧钱为当时人所不识。于是，人们便对钱币及其历史产生兴趣，进而收藏与研究钱币，钱币收藏文化及钱币学由此产生。钱币学是中国传统金石学的一部分，钱币学的研究在我国已有千余年的历史。

一、中国铸币史简述

钱币又称货币，是在商品生产和商品交换发展中，自发地从商品界分离出来的一种特殊的商品，是用来固定地充当一般等价物的。有人认为，货币产生于商代。《六韬》载“武王入殷，散鹿台之金钱以与殷民”，《史记》中也说“（纣）厚赋税，以实鹿台之钱”，又说“散鹿台之钱……以振贫民”。商代金文中常出现商王或诸侯王赐予下属若干朋贝的辞例，“朋”就是贝的计量单位，可见贝除了作为装饰品，还具备了货币的功能。从现存的资料来看，真正意义上的金属铸币开始于西周末至春秋时期（约前800—前700年）。

先秦铸币种类繁多，从现代钱币学分类上来看，目前考古资料中所见先秦铸币除布币、刀币、圆形钱三大类之外，还有楚铜贝币、楚金币等，各类铸币中又包含若干形制。布币可分为二型十一式，空首布可分为弧足空首布和尖足空首布两式，平首布可分为尖足布、圆足布、方足布、类圆足布、类方足布、桥足布、锐角布、三孔布和长布九式，每式下又分若干小类。刀币按其国属可分为燕国刀币、齐国刀币和赵国与中山国直刀。燕国刀币可分为尖首刀和明刀两型。齐国刀币按其脊的形制可分为断脊齐刀、不断脊齐刀和其他三型，断脊齐刀文字有三种，即“节墨之法化”“安阳之法化”“齐之法化”；不断脊齐刀文字有两种，即“齐返邦张法化”“齐法化”；其他主要为“齐明刀”和“截首刀”。赵国和中山国直刀按其形体大小分大、中、小三型，每型刀币又分为若干式。圆形钱分为圜钱和圆钱两类，圜钱按国属分为魏国、赵国、秦国和其他圜钱四型；圆钱分为燕国、齐国、秦国圆钱三型。

秦代因秦始皇统一货币制度而使得铸币形制较为单一。《史记·平准书》载：“及至秦，中一国之币为三等，黄金以溢名，为上币；铜钱识曰半两，重如其文，为下币。而珠玉、龟贝、银锡之属为器饰宝藏，不为币。然各随时而轻重无常。”① 秦始皇在币制上废止战国后期六国旧钱，统一为“半两”圆钱，这标志着中国古代货币的初步成熟，奠定了中国货币的基本形制。圆钱前后沿用两千多年，贯穿于整个封建社会（图1－8－1）。

图1－8－1　陈介祺藏半两钱范拓片

汉承秦制，但由于社会经济萧条，西汉立国之初进行了币制改革，将秦时法重十二铢的半两钱，减重至三铢左右，面文不变。高后年间，又铸“八铢钱”“五分钱”，文帝时，铸“四铢钱”，面文皆为“半两”。武帝时，铸

① 〔汉〕司马迁：《史记》卷三十，中华书局1998年版，第1442页。

"三铢钱"，面文即"三铢"，后又铸重四铢的"三分钱"等；元狩五年（前118），罢半两钱，准郡国始铸五铢钱，称为"郡国五铢"或"元狩五铢"，从此开启了长达七百三十余年的五铢钱流通期。后铸"赤仄五铢"，又铸"上林三官五铢"，成为两汉五铢钱的定式。

新莽时期，多次改革币制，造"大泉五十""契刀五百""一刀平五千""小泉直一"，后又实行"宝货制"，即"五物"（金、银、铜、龟、贝）、"六名"（钱货六品、金货一品、银货二品、龟货四品、贝货五品、布货十品）。王莽后期，废大、小泉，新铸"货布""货泉"二品。

东汉初年，因经济凋敝，"废铜钱"，置"铁官钱"，开始铸造铁质的五铢钱。建武十六年（40），复铸五铢钱，即"建武五铢"，法本西汉。

三国两晋时期，既沿用两汉旧钱，又有新铸，如蜀汉"直百五铢"、孙吴"大泉当千""大泉二千"、十六国成汉"汉兴"、后赵"丰货"、十六国夏"大夏真兴"等。

南朝货币铸造和使用范围大为增加，除五铢外，新铸"四铢""孝建""永光""永平五铢""常平五铢""永通万国"等。

隋代，仍沿用五铢旧例。而至唐代，废五铢，始铸"开通元宝"，又铸"乾元重宝""乾封泉宝""建中通宝"，此为钱文中用元宝、重宝、通宝之始。

宋、辽、西夏、金、元时期，钱文以国号、年号加宝文为主要结构，如"圣宋元宝""崇宁重宝""大康通宝""乾祐元宝""大定通宝""至元通宝"等。

明清时期，铸钱仍以年号加宝文钱为主，如"洪武通宝""崇祯通宝""康熙通宝""光绪通宝"等，形制与此前并无多大变化，这是从秦始皇统一天下并确立方孔圆钱为法定流通钱币后一直贯穿下来的，虽钱文不同，但铸币形制历两千余年而不变，及至清末新式币制倡兴而结束。

二、金属铸币收藏与研究历史

钱币收藏，起初只是文人雅士出于赏玩的目的而兴起的一个收藏门类。后来，文人雅士在收藏钱币实物的基础上对其加以考证研究。早在一千五百多年前的南朝萧梁时，顾烜就将搜集到的历代钱币和历代钱币的铸造经过编成《钱谱》一书。南宋洪遵《泉志·序》载："至黄帝成周，其法浸具。秦汉而降，制作相踵。岁益久，类多湮没无传，梁顾烜始为之书。"顾氏《钱谱》引刘氏"两铢钱""星月钱""四五钱""八星钱"四种钱，说明在顾氏之前尚有更早钱志，但无从考证。南宋洪遵《泉志》中引顾氏《钱谱》所载三十四种钱，对顾氏《钱谱》之流传做出了突出贡献，使今人能基本了解顾氏《钱谱》的主要内容和研究方法，体察中国钱币学创立时的概貌。这部著作可以弥补一般史书的缺漏，纠正一般史书的错误。如杜佑《通典》载"稚钱"径一分半，王钦若《册府元龟》说是一寸半，而顾氏《钱谱》经实物验证为八分半，可纠两书之误。但其中也有部分错误认知误导了后代史家千余年，如将十六国成汉之"汉兴钱"误认为班固《汉书》中所谓的"荚钱"，将"传形五铢"误认为三国蜀汉刘备所铸之钱等。

隋唐时期，钱币收藏与研究已初具规模。唐代御史中丞封演将南北朝梁国至唐代的钱币做了整理，编著成《续钱谱》。此著作已失传，但南宋洪遵《泉志》中曾引封氏语五条。五条中前三条皆有问题，然而作为早期钱谱来说，当时传世与出土钱币量少，作者难以见到实物，错误在所难免。南宋洪遵《泉志》中还引用了敦素《钱谱》九条，涉及的钱币都是唐及唐以前的，可以推断敦素应为唐人。从《泉志》中的九条引文来看，敦素收录了一些前人所未收的新资料，以及王莽圆钱铸币精品，实属难得。

五代时期，张台著《钱录》，此书虽亡佚，但南宋洪遵《泉志》引其二十五条，从中可见张台较为注意钱文、形制、纹饰的差异，并据钱币的流通地区判断钱币国属等，这是他对古泉研究的贡献。然而他在铸钱工艺、钱文释读等方面也有失误，但系时代条件所限，不可苛求。

宋代金石学大兴，有关钱币的谱录逐渐增多，钱币收藏与研究蔚然成风。在南宋洪遵《泉志》之前，还有多部钱币著录。如李孝美所编的《历代钱谱》。宋晁公武《郡斋读书志》中载："梁顾烜尝撰《钱谱》一卷，唐张台亦有《钱录》二卷。皇朝绍圣间，李孝美以两人所纂舛错，增广成十卷，分八品云。"然此著录今已亡佚无传本，但南宋洪遵《泉志》引有二十余条，从中可见李氏之书较此前的著录有许多特识之处。董逌所著《续钱谱》亦已亡佚，南宋洪遵《泉志》引其十一条，从中可见董氏之见解有见地亦有失误。另一种著录为《旧谱》，亦已佚，南宋洪遵《泉志》引其六十余条，是引用条目中最多的一种，但从洪氏行文笔录中未标明作者等方面分析，《旧谱》当为不知作者的众谱总括。

以上诸谱都已亡佚，仅能从南宋洪遵《泉志》中窥见一二。南宋洪遵《泉志》中引用的亡佚著录还有金光袭《钱宝录》、陶岳《货泉录》、佚名《钱氏钱谱》、于公甫《古今泉货图》等。宋代钱谱传至今者，仅《货泉沿革》和《泉志》两种。《货泉沿革》为北宋时人所著，然未见宋刻本，所见最早一种为收入元至顺年间所刻《事林广记》中的缩编本，无单行本行世。其书屡遭后人篡改，《事林广记》中所载者已非原貌，然亦有很多较高见解。《泉志》成书于南宋绍兴十九年（1149），宋陈振孙《直斋书录解题》和《宋史·艺文志》中均有著录。但宋元以来未见该书刻本，现知最早的抄本是《永乐大典》本，其次是明万历三十一年（1603）钱塘徐象梅跋《秘册汇函》本。

除了专门的钱币著录，在宋人笔记中，杂陈着对钱币收藏和研究的心得。如《鹤林玉露》卷三中的"半两钱"："今世有一样古钱，其文曰半两，无轮郭，医方中用以为药。考之《史记》，乃汉文帝时钱也。"《云麓漫钞》卷二载："新莽大黄布刀文，谱家皆云'布刀'，细观篆文，'刀'中一点重，即'千'字也。"《梦溪笔谈》卷十九云："熙宁中，尝发地得大钱三十余千文，皆'顺天''得一'，当时在庭皆疑古无'得一'年号，莫知何物。予按《唐书》：史思明僭号，铸'顺天''得一'钱。……'得一'特以名铸钱耳，非年号也。"《野客丛书》卷三十载："仆家旧有'得一元宝'一钱。字文方重如颜体，轮郭甚古，后为好事者取去。今此二钱，人家往往有之。"以上记载都是作者以实物为基础进行的考证研究。《云烟过眼录》卷二载："叶森又见褚弟子马虚中出示褚所藏诸古钱，皆作粉牌，缀钱于上，下书其文。"《清波杂志》卷七"钱谱"条载："……亲党洪子予，收古钱币数十百种，自虞夏以降，一无遗者。……洪死，尝叩其子，云：'悉举入棺矣。'或言其家虑为势力者攘取，故为之辞。"从这几则笔记中可看出宋代钱币收藏与研究之风行。

宋代之后，金、元、明皆以行钞为主，铸钱使用很少。铸钱减少的同时，种类无多，这直接影响到钱币收藏。这一时期的钱币收藏进入低迷期，很少有钱币专著流传下来。

及至清代，尤其是乾隆、嘉庆年间，金石考据之风极盛，钱币收藏与研究也在此期间有了很大发展。清翁树培著《古泉汇考》八卷，收集完备。清初尚龄著《吉金所见录》十六卷，首一卷，末一卷，他最大的贡献就是把刀币断代为春秋战国，打破了旧时对三皇五帝的附会。清倪模一生致力于古泉收藏，并著《古今钱略》，全书三十二卷，首一卷，末一卷。清李佐贤著《古泉汇》六十四卷，又与鲍康合著《续泉汇》十四卷并补遗二卷。

19世纪末至20世纪前期，中国钱币学的研究有进一步发展。方若撰《言钱别录》二卷和《言钱补录》一卷，黄鹏霄撰《故宫清钱谱》一册，这些都是作者在查看实物的基础上进行的研究著述。特别值得一提的是丁福保，他所著的《古泉大辞典》是一部比较详尽的钱币图谱和有关论述的汇刊。当然，嘉庆、道光以来的著述，包括丁福保《古泉大辞典》在内，因时代的局限性，无论在图谱取材的真伪方面还是在考证文字的精确性方面，尚有差误与疏漏。

第二节　陈介祺的钱币收藏与研究

陈介祺对于钱币的收藏，有一定的标准，他在评鲍康《观古阁泉说》“泉币之好一条”中说：“余平生好金而不好泉……泉之存止于莽。”又在《古泉汇》首集卷一后跋中说：“余于金不收泉，而三代古文字不能不爱，莽之仿古亦有可观，虽略收之未暇考也。”① 他在收藏钱币的同时，又进行拓印和研究。

一、陈介祺的钱币收藏

陈介祺收藏的古泉不计其数，但是没有为之作目。陈介祺收藏古币的缘由正如鲍康所说：“寿卿与伯寅集币至新莽止，均以古文字为至重，非玩物也。”陈介祺除了收藏古泉，还收藏了为数不少的古泉拓本，如“六泉十布”拓本、“孝建四铢”拓本等。陈介祺重精藏，如其所言“夫多不如真，真不如精，古而精足矣，奚以为多？得可存者十，不如得精者一”。

陈介祺收藏的先秦两汉金属铸币，有刀币、布币、圆钱、新莽钱等品种，

---

①〔清〕陈介祺等：《陈介祺批校古泉汇·首集卷一》，书目文献出版社1994年版，第17页。

我们可以从李佐贤《续泉说》、鲍康《观古阁丛稿》、罗振玉《俑庐日札》等各种资料中窥见一斑。

陈介祺收藏古刀币两百余种，其中的“齐建邦跞法化”六字刀不少于五枚，包括背上传形、背化传形都是稀世珍品；“节墨之法化”五字刀三十余枚，当中有背“开邦”、背“安邦”、背“大行”、背“法甘”（今释“大昌”）等珍品；“齐之法化”四字刀十余枚。鲍康《观古阁丛稿》中说：“寿卿为余阁中前辈……近复拓寄古刀二百数十纸，节墨刀一种不下卅枚，其精且多也。”①《陈簠斋释齐刀本》现藏于山东博物馆，为拓裱本，其中全是齐刀币，共八十一页，每页拓齐刀币正反两面，并钤“壬午”印。陈簠斋曾孙陈文郁在拓本前留有题记：“先簠斋公手释齐刀拓本，光绪八年壬午所得。”

布币精品主要有面文“安阳”“背两”“背十二朱”圆足三孔布各一枚，面文“閵”“离”圆首圆足布币多枚。另外，还收藏有新莽六泉十布、賹化、賹四化、賹六化圆钱等。

陈介祺与其同时期的金石家刘喜海、李佐贤、鲍康等过从甚密，常交换各自所藏古泉，部分精品就是通过交换、赠送得来的。鲍康云陈介祺曾赠送他宝化钱一枚及六字齐刀币一枚。李佐贤《续泉说》云：“余收十布，向缺三布，前寿卿赠以次第两品。”② 而陈介祺收藏新莽六泉十布，独缺壮泉，鲍康藏有二品，赠予陈介祺一枚，遂使陈介祺收藏新莽六泉十布完整，并有《簠斋六泉十布拓本》传世。

陈介祺收藏古泉止于新莽，但其最珍爱的当为古刀布和新莽六泉十布，这一点可以从其传世拓本和印章中看出。陈介祺关于古泉的印章有两方，一为“簠斋收藏六泉十布印”，一为“簠斋藏古金斤”。

陈介祺收藏古泉虽不甚笃，但是对古泉的研究颇有见地。他在注重收藏的同时，学术研究成果也非常丰厚。他批注的《观古阁泉说》《续泉说》《古泉汇》在当时影响极大。

二、陈介祺的钱币研究

陈介祺对于先秦两汉金属铸币的研究，在当时有限的社会条件下，可谓

① 〔清〕鲍康：《观古阁丛稿》，清同治十二年（1873）刻本。

② 〔清〕李佐贤：《续泉说》，清同治十二年（1873）刊本。

见地深刻，正如关汉亨先生在《中华珍泉追踪录》中所讲，他的研究成果主要有以下几个方面：

对于古泉定名研究。陈介祺根据《史记》《汉书》等史籍解释刀、布、币、泉、贝、钱的字义来给古泉定名。《续泉说》中对此有所记载，如其将刀形币定名为“化刀”，空首布定名为“化币”，非空首布定名为“化布”，蚁鼻钱定名为“化贝”，圆孔圆钱定名为“化泉”，方孔圆钱定名为“化钱”等。①

对于古刀布年代和铸地研究。陈介祺认为“化币、化布出唐虞夏殷故墟，蚁鼻惟今河南固始出，齐刀、宝化、宝四化、宝六化惟出东海”“半两以上无郭者，皆三代物。半圜古于半两，而晚其重几两几铢之类与”。②

对于古币拓本内容研究。陈介祺认为：“三代刀布圜法，亦吉金之类也，先重文字，再及斤权，再及形制，故摹文释文第一，记斤权第二，图形制第三。”③

对于齐刀币研究。首先是对齐刀币品种的研究，陈介祺认为九字刀不存在，是伪作。他在评鲍康《观古阁泉说》“齐刀币出土尚多一条”中讲道：“余谓凡九字皆伪，不敢附和。”李佐贤和鲍康都很认同这一点。李佐贤说：“九字齐刀所见仅二三品，泉汇曾收其一，颇为寿卿所訾，其论殊近理。古篆多离奇，此字谨严乏古意，与诸齐刀殊，或以三字磨平，细细改刻者，然铁线极工难辨。胡石查新得者疑亦此类，故未再如谱。”其次是对齐刀币面文的释读，六字刀面文前二字，李佐贤释读为“建邦”，初尚龄释为“造邦”，陈介祺从初氏说。再者是对齐刀背文的释读，背文或一字或二字，上面有三横文及“丨”状，似书似画，陈介祺谓取卜世三十之义；旧谱释为“二”者，陈介祺释为“上”，“万”者释为“方”。④

对于空首布研究。首先是对无文布的研究，他说“此真是庤，乃钱镈之钱”，认为这是“上古无文字时之品”，“竹朋《泉汇》所收，亦有无字田器

① 〔清〕李佐贤：《续泉说》，清同治十二年（1873）刊本。

② 〔清〕鲍康：《观古阁丛稿三编》，清光绪二年（1876）刊本。

③ 〔清〕鲍康：《观古阁丛稿三编》，清光绪二年（1876）刊本。

④ 〔清〕鲍康：《观古阁泉说》“泉说补遗”，清同治十二年（1873）癸酉秋七月歙鲍氏刊雕刻本。

形大者二种。不可不以此冠古货之首，谓为上古第一之品也”。其次，他对布币钱文的释读也别有见地。《观古阁泉说》中载“布文旧云不可识者甚多”，而陈介祺经过研究，对布文进行了释读。如其将方足布作“”者释读为“桃源”，并指出由左向右释读的顺序；将尖足布作“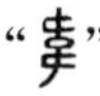”及“”者释读为“韦”，是“韩”的略写；将空首布作“”者释读为“基”，作“”者释读为“粤”，作“”者释读为“宋”，作“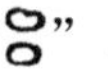”者释读为“莒”。这些释读可以说是前所未有，所以鲍康在编著《观古阁泉说》一书时，在其后的“泉说补遗”中称“均可补入《泉汇》”。而且，陈介祺还打破了此前金石家对于面文的释读，有自己独到的见解。如，空首布作“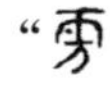”者，李佐贤释读为“粤”，而陈介祺则认为是“雩”；作“”者，李佐贤释读为“泉”，陈介祺则认为是“宗”；作“”者，李佐贤释读为“谷”，陈介祺则认为是“冶”；作“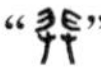”者，李佐贤释读为“发”，陈介祺则认为是“羿”。①

对于圜钱、圆钱铸造年代研究。陈介祺认为圆孔圜钱“至宝（按：宝，今释为賹）四化、宝六化始有轮廓，外圆而内方”，也就是说方孔圆钱始铸于賹四化、賹六化。他指出“内外俱圜者当为泉之古制，外圜内方者当为泉之变制，始于太公之圜法”。

对于釿布面文研究，主要是对于釿布面文的释读。陈介祺认为该布面文当为“釿”字，而非“金化”，因为“斤”与“化”的篆书不同，即使是“化”的省略写法也与釿布面文上的写法不同，而且以平安君鼎为例，最终确定釿布面文为“釿”字。

以上种种，让我们看到了陈介祺在古泉研究中的创解，这些创解都基于他深厚的古文字功底。正如他所说的：“钟鼎文多见自能引申触类，可并识币布刀泉古文字与古印，其随意增减，则刀布为尤多，知之则可通矣。”②

三、陈介祺批注的钱币著述

在钱币研究方面，陈介祺批注或校订了一批钱币著述，影响一时。现择

① 〔清〕鲍康：《观古阁泉说》“泉说补遗”，清同治十二年（1873）癸酉秋七月歙鲍氏刊雕刻本。

② 〔清〕鲍康：《观古阁泉说》“陈寿卿评”一，清同治十二年（1873）癸酉秋七月歙鲍氏刊雕刻本。

要简述如下：

《观古阁泉说》一卷，鲍康撰，陈介祺批注。此书主要是评说历代钱币著录得失，并多述遗闻轶事，间或涉及考释泉币文字。末附刻“陈介祺评说”三十三则。据国家图书馆所藏《陈介祺批校古泉汇》稿本，陈氏于首集卷一后记有“同治癸酉，鲍子年夔守以《泉说》稿寄阅，随手注所见数则，不意子年竟附刊”。

《续泉说》一卷，李佐贤撰，陈介祺批校。此因鲍康著《观古阁泉说》有阙漏或不详不尽之处，故作，以补鲍氏之未备。陈氏曾言：“竹朋见之，复有续说，余又注，寄子年。”又，陈氏于《续泉说》批云：“同治癸酉十一月三日夜读于簠斋，亦注数语，同寄观古阁主人。”其后并附陈介祺《说泉》一文。

《古泉汇》六十四卷，十六册，李佐贤撰，陈介祺据此本批校并跋，批校稿本现藏于国家图书馆。陈氏于首集卷一后跋曰：“余于金不收泉，而三代古文字不能不爱，莽之仿古亦有可观，虽略收之，未暇考也。同治癸酉，鲍子年夔守以《泉说》稿寄阅，随手注所见数则，不意子年竟附刊。竹朋见之，复有续说，余又注，寄子年，冬夜围炉，遂以所见，取《泉汇》复注之。今人论古只患无可说，不患说之误，因误而得是正，亦学问之益也，两君子其不责之乎？十一月廿七日记。”此跋未载年份。陈氏在同治十二年（1873）十二月立春后一日致鲍康书中言：“窃以为《泉汇》乃必传之书（唯其如此，更宜求善）。既有我辈数人，不可不为他山之助，且版印过多，已将漫漶，续补精善，必更相形，何不重加厘定，合刻善本，以臻美备垂永久耶？至浅学妄说，本不足为定论，其可从者则从之而不必指明，其当辨者则直订之而不必周旋，再有所见，亦必当奉质。”陈氏先后三次批注鲍康、李佐贤著录，多有独到之见，被以后的钱币学家及爱好者视为研究古泉之名家，丁福保《古钱大辞典》多有论说。《陈介祺批校古泉汇》，已于1994年由书目文献出版社出版。

第三节　齐国刀币铭范的收藏与研究

在陈介祺的钱币收藏中，齐国刀币铭范是一项主要内容。陈介祺曾专辟一室用于齐刀币范等各式泉范的收藏，名曰“千化范室”，由此可见其对于齐国铸币及齐刀币范的珍爱程度。

一、齐国铸币及齐刀币范的收藏与著录

先秦时期，齐国是海岱之间的东方大国，是春秋五霸、战国七雄之一，并因拥有山泽渔盐之利，商业十分发达，一直保持着自己独立的刀币体系，直到战国晚期才出现圆形钱。刀币从春秋时期开始铸造，种类繁多，厚大精美。

齐刀币范，从历代钱范著录及目前的考古实物来看，分为铜质、夹砂陶质和砂石质三类，各类质地的刀范又有着使用年代上的差别。

齐国铸币，王献唐先生以铸钱方法将其分为三个阶段。他认为这三个阶段是先后继承发展的，不能一刀割断，第二阶段存在第一阶段的残余，第三阶段存在前两个阶段的残余，只是在某个阶段以某种材质为主罢了。此说甚有道理。

第一阶段为细砂土模期。这种模子在齐国临淄故城内出土最多，集中出现在“大佛寺”旧基地带。这一阶段，齐刀币模子需要刻正面和背面一对，一个模子上一般刻有三把阴文刀，刀文一般为“齐法化”（图1-8-2）。

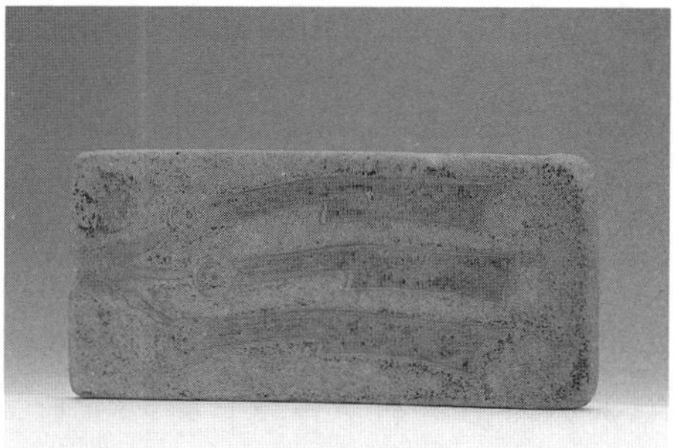

图1-8-2 青州博物馆藏齐刀币范

第二阶段为石模期。这种模子较细砂土模子经久耐用，其造型、文字和用法都与第一阶段相同，但是它除了铸“齐法化”三字刀，还铸齐刀币的辅币——圆钱。石灰砂岩模子也在齐都临淄附近出土。

第三阶段为铜模期。此时“齐法化”三字刀范母一般为长方形，背面光平，似铜盘，内底分列两柄阳文齐刀作为面文，右为背文，彼此相向。

古代钱谱早在南北朝时期就已出现，而钱范的著录晚很多，历代钱谱从不提及钱范，直到清乾隆十四年（1749）《钦定钱录》中开始对钱范有所著录，但是仅著录一件，跋文题为“莽钱范”。这件钱范是朱彝尊在清康熙四十六年（1707）在友人处初见，并名之为钱范，这是此类器物定名之始。后来，

对钱范进行收藏与研究者还有翁树培、倪模、初尚龄等。许多金石学家虽认同朱彝尊的命名，但对钱范的具体用途仍不明朗。冯云鹏二兄弟仍认为此器为“钱式”“小洗”“镜范”。陈介祺、李佐贤、鲍康、罗振玉等金石学家藏范量颇丰，并有所著述和研究，正是他们的热衷藏范，使得流散钱范大量归入金石学者手中，从而有功于后学。

齐刀币范的收藏与著录，当在清乾隆之后兴盛。《观古阁泉说》载：“泉范之著录也，自曝书亭集始也。……刘燕庭所藏凡二十余枚，富哉范乎。”从中可知，刘喜海收藏钱范20余件。另载：“古物出土愈多亦愈奇，如燕庭之宝六化范、齐刀范。”可知刘喜海亦有齐刀币范的收藏。李佐贤所著《古泉汇》一书，共六十四卷，以元亨利贞分为四集，其中贞集为异钱、杂品、钱范等，收录钱范75件，包括齐刀币范1件。李佐贤与鲍康合著的《续泉汇》，仍沿用《古泉汇》体例，以元亨利贞分为四集，贞集分为五卷，其中第二至第五卷收录钱范192件，包括齐刀币范1件。鲍康于清道光年间得识古泉学家刘喜海，咸丰年间又与李佐贤认识，成为至交。

陈介祺在收藏古泉的同时，收集钱范尤其是齐刀币范巨多且精，具体情况在后文叙述。

二、陈介祺对齐刀币范的收藏与研究

陈介祺收藏古泉的同时，特别注重收藏泉范，所获颇丰。他在批注《古泉汇》时说“泉范自是长雅，可与古刀布共珍”，因为古刀布范模上和背部都有古文字可考。他为收藏的钱币范作目，编为《簠斋泉范目》，列四十余种，其中数量较多者有齐法化刀范、秦半两铜范、半两圆范、半两长方八角范、货布长方范、货泉长方范、大泉五十范、货泉折角方范等。清代古泉学家李佐贤在《续泉说》中说：“泉范自朱竹垞始见著录，前此无人言及。近代出土愈多，种类繁夥，寿卿所收数侔秦观可谓集泉范之大观。就中宝四宝六残铜范，宝六石范，齐刀两铜范，皆成周古物，大半两二土范，皆先秦古物。”他收藏钱币范如收藏钱币一样，注重精藏，《续泉说》载：“他如汉半两石范，有兼带千秋字及龙文者。有面背同文者，有一面榆荚、一面四铢半两者，标新领异，莫可究诘。至莽范、两汉六朝范，更不可枚举。”鲍康在《观古阁泉说》中说：“寿卿前辈拓寄所藏泉范铜、石、土三种百十有六纸，从来无此巨观。”又说陈介祺“藏范铜者六十，石者廿四，土者卅二。五铢土范率有阳文，小篆反书。有纪年者十一，并宣帝本始，地节、元康、神爵年号，尤昔人所未见”。陈介祺收藏泉范众多，且都为之拓印，并治印数方，印文曰“千化范室”“三代化范之室”等。

陈介祺收藏钱范众多，齐刀币范则是其中的一大宗。罗振玉在《俑庐日札》中说：“陈氏即有齐化范数百，乃山东小汪家村出土者。”

陈介祺收藏泉范的同时，也在不断对其进行研究，在泉范领域做出了突出的贡献。其研究泉范与研究古泉一样，将文字当作重要的辨伪手段。

陈介祺倡导研究古钱币必须研究古文字，古文字对于钱币鉴定意义重大。由于清乾隆之后考据之学的盛行，学者们都重视金文。高端造假者往往会在真器上刻假铭，这就突显了铭文辨伪的重要性。陈介祺在给金石好友信函中屡次提到古文字的重要性，现列举一例：

> 《续泉说》注求政示。窃又谓泉之为学，论文字已非玩物，论钱法尤为大经济，止论古则不伤时，止论便民则病者可知，唯企君子说之，分类之编，可谓一大著作。①（同治十二年十一月二三日致鲍康书）

陈介祺在钱币鉴别方面的经验，也为后世研究提供了一个方向。如他在评《观古阁泉说》“秦中古帝王州一条”中谈及：“古器先重文字，次重制作。制作有图即可，文字精拓，亦可得真，一纸之费。好学而无力者能致之。只玩色泽，则与宝珠玉何异。不辨别文字，亦何益于小学。”又：“南中有以古泉加锡为字而饰青绿者。”②

潍县有一个造仿的高手，名刘学诗，人称“刘小鬼”。王献唐《阳向邑玺》中也提道：“邑有刘孝师（学诗），伪造古印能乱真，重（簠）斋致吴窸斋、鲍子年手札中的所谓刘小鬼者也。”他的作伪技术可以乱真，又据王献唐《阳向邑玺》“诸城尹孝廉祝年彭寿，治金石有声，时以伪物欺人，过潍访学师，以阳向邑玺拓本属刘仿制，手（字）锈逼真，持售吴窸斋，窸斋以重价得之。大喜”，可见刘学诗作为手段之高。然而，陈介祺见到他仿制的节墨刀范后，在致鲍康的书信中说“刘学诗吾同邑，从东武窃观燕翁旧藏而仿之，

① 陆明君：《陈介祺年谱》，西泠印社出版社2015年版，第252页。

② 〔清〕鲍康：《观古阁泉说》“陈寿卿评”一，清同治十二年（1873）癸酉秋七月歙鲍氏刊雕刻本。

技颇乱真，从不至弟处，谲而有定见，此所以为小鬼与。所作节墨刀范等，从他处见得，齐刀范背，乃有隶书大吉，亦可见伎俩之不大矣”①。由此可以看出陈介祺深厚的古文字功底对于辨伪的重要作用。

陈介祺对于当时所见的节墨刀铜范母认定为赝作，同时对所见的另一种齐大刀铜范母（背文亦为隶书“大吉”字样），也认定为刘学诗伪作。这都是真知灼见的鉴别。然而，由于时代的局限性，他也有研究出错的地方。例如他认定刘燕庭所藏的齐大刀铜范母为真品，自己也藏有一件，并为《古泉汇》和《续泉汇》所著录。李佐贤《古泉汇》贞集卷十三“泉范”第一件就是“齐刀铜范”，面文“齐法化”三字，背文“三十化”，陈介祺批注“合土所用者”“以两拓本相合，则面背相对而成二刀，其非合土之后，又剖土为二之明矣，此说可定。两拓本可以面背相合，异土拓之范，则面与面合，背与背合，不剖分及能成刀”。《古泉汇》载“为刘燕庭所得，乃从来谱录所未载者”。李佐贤、鲍康《续泉汇》贞集卷二“泉范”第一件也是“齐刀铜范”，面文“齐法化”三字，背文“三十〒”，《续泉汇》中载“昔年惟刘燕庭有之，叹为希世之珍。今于同治丁卯青齐地又出此范，为陈寿卿所得，并燕庭旧范亦归寿卿，竟无独而有对”。他们在著录中对这两件齐大刀铜范加以著述，可见他们也是认同陈介祺对齐大刀铜范母为真品的观点的。而曾任国家文物鉴定委员会委员、中国钱币学会学术委员、天津文史馆馆员、天津市钱币学会副会长的唐石父在其主编的《中国古钱币》一书中，在涉及“齐国是最先使用叠铸范铸钱”的论断时，于注释中提及了刘喜海、陈介祺收藏的两件齐三字刀铜模盒，认为模盒与三字刀之间存在矛盾，无法说清。现代很多学者如黄锡全、周卫荣等从形态、工艺、文字等方面考证也认为刘、陈收藏的两件齐三字刀铜模盒为伪作。

但是，中国钱币学会理事会学术委员会委员孙敬明指出：所谓陈介祺收藏的齐刀币模范伪品，因时代久远，研究者不得亲按实物，不得对比实物与拓本，不得勘验拓本之真赝，而遽以将伪作断为陈介祺所曾藏，但事情并非如此简单。陈氏家乡逼近临淄，其对齐都金石文物之观察细如毫发，尤其钟

---

① 〔清〕陈介祺著，陈继揆整理：《秦前文字之语》，齐鲁书社1991年版，第184页。

鼎、兵器、钱币，且能明断赝品刀范，其断不会收藏赝品，更不会作伪。而坊间类有刘学诗者，挟时代之艺技，取名家之声响，刻模作范，浇铸翻盒，捶拓钤印，浸染做旧，以售其伪，凡此不可不辨，亦不可不提也。

在钱币的收藏上，《观古阁泉说》中提及的钱币，其中刀币、布币（图1－8－3）、钱范等不少精品都是陈介祺所藏，为助鲍康著书立说而提供给他使用的。陈氏曾赠给李佐贤泉中珍品，李佐贤记云："唐泉以建中为最少，而'元'字、'中'字两泉又建中等泉之别品，绝无而仅有者，昔于京师出土，详见《古泉汇考》，为燕庭所得，今归寿卿，转以赠余，良友佳贶，洵足感也。"

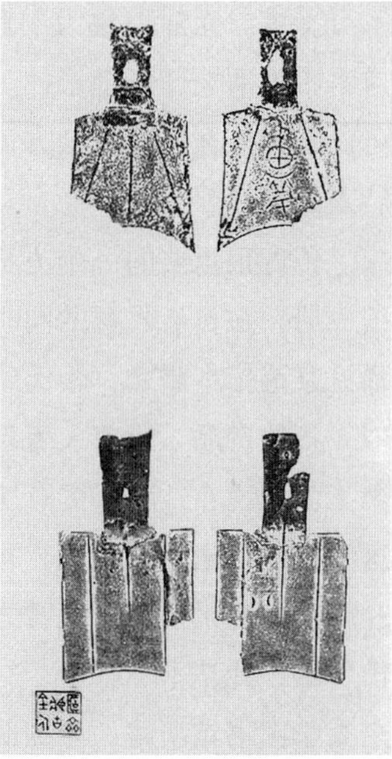

图1－8－3 陈介祺藏布币拓片

三、陈介祺钱币研究对后世的影响

无论是收藏古泉还是研究古泉，陈介祺对后世最大的影响就是他传古的精神。陈介祺曾在清同治十一年（1872）十月十四日致鲍康书中言："好古家刻书，每患已见之陋而沮，愚谓刻摹精审，则天下后世，皆得借吾刻以考证，又何必因噎而错过失时，惜乎，燕翁不明乎此理，而徒以玩物毕一生之精力而一无所传也。"①

钱币传古，也包括对钱谱的著录。陈介祺在同治十一年十月十四日致鲍康书中讲道："三年来惟竹朋老兄，小倩仲饴，时来过访为金石之欢。……吾三人每谈必念吾兄，而祺则坚谓吾兄不可不刻古泉，以为燕翁虽没，其古泉苑不可不为刻传。竹兄之泉汇，虽过前人，然体例尚未尽善，版本亦属简率，摹刻唐以上泉，甚为不精。竹兄所患力薄，吾兄曷不就前人今人之书说，以所藏真拓精摹刻之，以为信今传后之善本。……缘兄一生于此中用力甚多，

① 〔清〕陈介祺著，陈继揆整理：《秦前文字之语》，齐鲁书社1991年版，第146页。

不可抛掷。而前人致力于此者，亦可附以俱传。即费千余金，亦可作多还旧逋，不得谓老悖不念子孙。书传而子年传，子年传而千金何必过惜。"① 从中可以看到他在钱谱著录方面不仅有着高人一筹的见解，也有着著书立说以滋后人的情怀。

传古很重要的一个方面就是作拓。陈介祺十分注重对拓片的制作，并汇编成册，在自己收藏的同时，也会赠予友人。陈氏为助李氏作《古泉汇》，将稀见泉范拓本赠之，李氏致书："承惠范拓六十四种，不啻百朋之锡，感铭奚似。各种奇品，皆前人著录所未见闻者，真可谓集泉范之大观。"吴大澂曾致函王懿荣说："簠斋丈有所获必寄一拓。"陈介祺古泉藏品甚丰，传拓又精，这些拓片寄送全国各地，被广大爱好者收藏，故给后人留下了许多珍贵的拓片精品，以供研究、欣赏之需。目前，留存下来的《簠斋泉范》为国家图书馆所藏，此拓本不分卷，有十四册本和十六册本。《陈簠斋藏泉范拓本》为北京大学图书馆所藏，十四册。

陈介祺的钱币收藏及研究对于其次子陈厚滋影响甚大。王懿荣在《天壤阁杂记》中载："陈九兰藏四朱及賹化种类极多，皆《泉汇》所未收。"陈介祺父子的钱币收藏传至今日，实物虽多分散，但著录尚存，可谓幸事。

① 〔清〕陈介祺著，陈继揆整理：《秦前文字之语》，齐鲁书社 1991 年版，第 144 ~ 145 页。

第九章　陈介祺铜镜收藏与研究

铜镜在中国青铜器发展史上占有重要地位。它起源较早，延续时间长，应用广泛，更集历史、文化、艺术、手工业、社会学、民俗学价值于一体，历代以来为金石学家和学术界所关注。中国传统金石学家对铜镜的研究肇始于宋代，清代达到高峰，但是其研究基本局限于传统小学范畴内。陈介祺的铜镜收藏，尽管在其藏品中所占比重较小，但精品同样众多，体现了他“重精藏”的思想。由于种种原因，陈介祺对铜镜的研究没有深入，但是他在镜拓制作方面的高超技艺以及对于铜镜收藏的独到眼光使得他的铜镜收藏乃至镜拓在当时就成为金石界的宠儿，甚至漂洋过海远渡日本，并对后世的铜镜研究产生了广泛而深远的影响。陈介祺也是最早开始收藏镜范的大家之一，他所收藏的明确见于记载的三件镜范是关于临淄齐故城镜范见于著录的最早实证。直到今天，他所收藏的铜镜和镜范对于临淄齐故城汉代铸镜业研究仍具有重要的价值和意义。

第一节　铜镜历史与研究

现有的考古资料已经证实，至少在4000年前的齐家文化中已经出现铜镜。及至商代，铜镜已在中原地区得到较为广泛的应用。两周时期，尤其是春秋战国时期，铜镜已经演变成一种流行的日用品，并在汉代迎来其第一个发展高峰。此后，历经短暂的低迷，在唐代迎来其第二个高峰。宋元以后，特别是明代以后，铜镜的发展逐步趋向衰落，并最终为玻璃镜所代替。对于铜镜的研究，最早可见于宋代《宣和博古图》，此时可视为铜镜研究的起步阶段，研究内容较为简单，作品较少；清代至民国是铜镜研究的发展阶段，不仅著述增多，而且更重要的是这一时期铜镜研究已经开始从青铜器研究中独立出来，并总结出一些较为科学的经验和标准。新中国成立后，铜镜研究进入新阶段，特别是考古资料的不断增多为铜镜研究提供了更为科学、准确的资料，铜镜的区系类型、时代特征已基本确立，对其进行的研究也逐步趋向于铸造技术、合金成分、铸镜场所、美学价值、社会学意义等更高层次。

一、铜镜在中国的起源

关于中国铜镜的起源，中国古典文献中有着不同的描述。《轩辕黄帝传》载："……帝因铸镜以像之，为十五面，神镜宝镜也。"《述异记》亦载饶州俗传轩辕氏铸镜于湖边，今有轩辕磨镜石，石上常洁，不生蔓草。上述记载均明确提出铜镜的发明者是轩辕黄帝。另外也有一些文献认为铜镜是黄帝的妃子嫫母发明的。但是，由于这些文献一方面出现的较晚，另一方面作为史料明证的可靠性低一些，因此不能作为中国铜镜起源最直接的论证依据。

铜镜在中国古代有"镜""鉴""照子""监子"等多种不同的称谓。"镜"字在中国出现相对较晚，文献中的最早记载见于战国晚期，例如我们耳熟能详的邹忌讽齐王纳谏，典出《战国策·齐策》，其中就有"（邹忌）朝服衣冠，窥镜，谓其妻曰：'我孰与城北徐公美'"的描述。此外，《庄子·应帝王》篇中有"至人之用心若镜，不将不迎，应而不藏，故能胜物而不伤"；《楚辞·九辩》中有"今修饰而窥镜兮，后尚可以窜藏"；《韩非子·观行》中有"古之人，目短于自见，故以镜观面"。由此可见早在战国时期，铜镜至少已经成为士大夫阶层修饰自鉴的一种日用品。"鉴"字在甲骨文中就已出现，学者们认为其字形表示"临水见人"，其指示意义就是一个站立的人利用容器中静止的水映照自己的容貌。因此，持"镜源于鉴"观点的学者据此推断铜镜出现的时间应该在商代甚至更早。

近代以来学术界对于铜镜起源的主流说法归纳起来大致有三种：以梁上椿、郭沫若为代表的"源于鉴"说，以岳慎礼为代表的"源于阳燧"说，以何堂坤为代表的"源于发光铜器"说。这些观点都有一定的证据和道理，但是缺少最直接、最具说服力的实物证据。因此，学术界对这一问题一直未能达成共识。

随着中国田野考古学的兴起和发展，学术界关于铜镜的起源问题在一定程度上达成了共识。1934 年，河南安阳侯家庄西北冈 M1005 中出土 1 枚几何纹铜镜；1975 年，甘肃广河齐家坪齐家文化墓葬中出土 1 枚铜镜；1976 年，河南安阳小屯妇好墓中出土 4 枚几何纹铜镜，同年，青海贵南尕马台遗址齐家文化墓葬中出土 1 枚七星纹铜镜；1983 年，青海湟源县大华中庄发掘墓葬 118 座，其中 29% 的墓葬中随葬铜镜，共出土卡约文化铜镜 34 枚；1986 年，河南安阳大司空村南 M25 内出土 1 枚凸弦纹铜镜。此外，诸如上岭村虢国墓地、河南辛村卫国墓地等出土的两周、秦汉及以后的铜镜考古资料更是数不胜数，在此不做赘述。在众多发现中，齐家文化铜镜年代最早。齐家文化的碳十四年代测定为公元前 2255 年至公元前 1910 年，与中原地区传说中的夏王朝年代一致。卡约文化则相当于夏代后期到商周时期，其晚期相当于西周时期。

这些考古资料的发现，明确地告诉世人铜镜早在 4000 年以前就已在中国出现，并且将铜镜在中国出现的年代推至先前已知文献记载和学者推断所不能及的更早的年代。而且，“从目前发现的商代和西周铜镜看，绝大多数可能是通过某种方式直接来源于西北或北方地区的古代民族。具有中原铜器纹饰风格的铜镜，是在西周晚期到春秋初年才开始出现”①。当然，这只是目前已知考古材料所能证实的推断，将来随着新资料的陆续出现，这一年代或许会提前至更早，铜镜的起源地也会更明确。

二、中国古代铜镜发展的分期

关于中国古代铜镜的发展阶段，不同学者持有不同的观点。孔祥星《中国古代铜镜》② 把中国古代铜镜的发展史分为中国铜镜的早期阶段（起源至商周）、中国铜镜的发展与流行阶段（春秋战国）、中国铜镜的繁荣鼎盛阶段（两汉）、中国铜镜的中衰时期（三国两晋南北朝）、中国铜镜的高度发展阶段（隋唐）、中国铜镜的日趋衰落阶段（五代至元）六个阶段；管维良《中国铜镜史》③ 则分为中国铜镜的起源和早期阶段（起源至西周）、中国铜镜的勃兴阶段（春秋战国时期）、中国铜镜的繁荣阶段（两汉时期）、中国铜镜的

---

① 宋新潮：《中国早期铜镜及其相关问题》，载《考古学报》1997 年第 2 期。

② 孔祥星、刘一曼：《中国古代铜镜》，文物出版社 1984 年版。

③ 管维良：《中国铜镜史》，重庆出版社 2006 年版。

缓进阶段（三国两晋南北朝时期）、中国铜镜的鼎盛阶段（隋唐时期）、中国铜镜的缓慢发展阶段（宋辽金时期）、中国铜镜的衰落阶段（元明清时期）七个阶段；何堂坤《中国古代铜镜的技术研究》① 则从工艺和技术角度把中国古代铜镜的发展史分为齐家文化到西周、春秋战国、两汉、魏晋南北朝、隋唐、两宋、辽金元、明八个阶段。也有其他学者在前述每一个大的阶段下又划分出更多小的阶段。尽管学者们对于每一阶段的铜镜发展的高度有着不同的认识，但是对于每一阶段的时间跨度划分基本一致，而且对于每一阶段铜镜的艺术特色及时代特征描述也基本一致。这一点也得到了越来越多考古资料的证实。

在中国铜镜发展史上，两汉是一个发展顶峰。在这一时期，不仅铜镜的数量急剧增多，而且铜镜的铸造技术进一步提高，并逐步出现官私合营的局面；再者，两汉铜镜特征明显、造型精美、时代特征极强，因此对后世铜镜铸造产生了巨大影响，以至于有些学者以宋代开始仿造汉镜为由断定中国古代铜镜发展至宋时已开始趋于没落；尤为重要的一点是，镜铭在两汉铜镜上的广泛使用使得其备受金石学家的宠爱，陈介祺所藏铜镜即以两汉铜镜为主。

三、历代铜镜研究概述

现有文献表明，中国古代铜镜研究始于宋代。成书于北宋的《宣和博古图》中收录铜镜 113 枚，并将这些铜镜分为乾象门、水浮门、诗辞门、善颂门、枚乳门、龙凤门、素质门、铁鉴门八个小类，同时还对其年代进行了推断。尽管根据现在的研究成果来看，这样的分类原则不统一，断代也存在问题，但是该书的存在明确地表明，对于铜镜的系统研究早在宋代就已经开始，并且已有了初步的成果。在这一时期，相关研究还见于《啸堂集古录》等著作。

清代至民国是中国金石学史上的高峰时期，同时也是中国铜镜研究的高峰时期。具体表现就是这一时期铜镜收藏数量及著述较前代有极大提升，更重要的是这一时期对于铜镜的研究已经开始从青铜器研究中独立出来，并且更加深入、细致、科学。这一时期的代表性研究成果有梁诗正等《西清古

① 何堂坤：《中国古代铜镜的技术研究》，紫禁城出版社 1999 年版。

鉴》，王杰等《西清续鉴》《宁寿鉴古》，翁方纲《西汉金石记》，钱坫《浣花拜石轩镜铭集录》，王昶《金石萃编》，冯云鹏、冯云鹓《金石索》，梁廷枏《藤花亭镜谱》，刘心源《奇觚室吉金文述》，罗振玉《古镜图录》《镜话》，陈宝琛《澂秋馆吉金图》，陈介祺《簠斋藏镜》，徐乃昌《小檀栾室镜影》，容庚《古镜拓影文字》《秦汉金文录》，刘体智《善斋藏镜》《小校经阁金文拓本》，梁上椿《岩窟藏镜》，郭味蕖《知鱼堂鉴古录》《镜文考释》《说镜》，等等。其他金石学著述中间或有关于铜镜的收藏和研究，在此不一一赘述。

值得一提的是，这一时期国外学者对中国铜镜的研究也开始兴起，如富冈谦藏的《古镜的研究》、梅原末治的《汉三国六朝纪年镜图说》《汉以前古镜之研究》、原田淑人的《泉屋清赏·镜鉴编》、后藤守一的《古镜聚英》、驹井和爱的《中国古镜之研究》、樋口隆康的《古镜》和保坂三郎的《古代镜文化之研究》就是其中的代表作，对中国铜镜的研究起到了积极的推动作用。

新中国成立以后，随着中国考古学的迅速发展，大批新资料陆续出现，关于铜镜的著述如井喷而出。这一时期的著述可略分为以下几类，一是地区性的出土资料汇编：如《浙江出土铜镜选集》《四川省出土铜镜》《湖南出土铜镜图录》《阿城县出土铜镜》《陕西省出土铜镜》《上海博物馆藏青铜镜》《鄂城汉三国六朝铜镜》《铜镜图案——湖南出土历代铜镜》《吉林出土铜镜》等；二是铜镜发展史及铜镜断代研究，如《中国铜镜史》《铜镜史话》《中国古代铜镜》《汉镜》《三国两晋南北朝的铜镜》《唐宋铜镜》《辽代铜镜研究》等；三是铸镜技术和工艺研究，如《试论洛阳出土的战国镶嵌玻璃铜镜》《论战国时期的透雕夹层铜镜及相关问题》《中国“透光”古铜镜的奥秘》《中国古代铜镜的技术研究》等；再有一类是关于铜镜收藏与鉴赏的著述，如《铜镜鉴赏》《中华历代铜镜鉴定》《中国铜镜图案集》《铜镜鉴赏与收藏》《铜镜知识三十讲》《古铜镜鉴赏及收藏》等；最后一类可以称之为对铜镜的多学科研究，如《菱花照影——中国镜文化》《中国铜镜美学发展史》《镜与中国传统文化》《唐代铜镜与唐诗》《文化、语言学视角下的中国古镜研究》《以古为鉴——镜子造型与纹饰的现代解析》《论唐代铜镜的装饰审美特色》《中日文化交流中的铜镜研究——以宋镜东传日本为中心》等。总的来说，随着材料的日益丰富，对于铜镜的传统意义上的研究如分类、断代、镜铭释读等，目前均已确立了学术界公认的基本标准，下一步的研究更倾向于铸造技术、合金成分、铸镜工场、美学价值、社会学意义等方面。

第二节 陈介祺的铜镜收藏及成就

陈介祺在藏古、鉴古、释古、传古方面有一套独有的见解和理论，在某种意义上可以说他已经突破了传统金石学的范畴——他对于藏品尺寸、重量、出土地、流传经过和铭文考释的综合记录已经具备了现代考古学的意义。这在其铜镜收藏中同样得到了体现，并对后世铜镜研究产生了深远影响。他收藏的铜镜数量多、精品多，更加可贵的是他率先开始了对镜范的收藏，这不仅在当时是一个创举，即便放到现在，对于中国铜镜铸造业的研究仍具有十分重要的意义。

一、陈介祺的铜镜收藏

由于各方面的原因，我们现在已经很难还原陈介祺铜镜收藏的全貌。但是这并不影响我们对其在此领域所取得的成就作出判断。仅从目前我们所能见到的资料来看，他的铜镜收藏数量非常多，更重要的是他的传古眼光及思想在此领域也有突出的表现。

（一）收藏经历与藏镜数量

陈介祺一生收藏颇丰，不仅种类全，而且精品多。但是，相较于他对青铜器、玺印、陶文等的收藏和研究，对铜镜的收藏和研究在其整个藏古及研究中显得并不十分突出，如其自称“好之不笃”。但事实并非如此，道光十二年（1832），陈介祺在致翟云升的书信中，请其代为求购张不群所藏曹党生造像等五种造像石刻及汉黄羊镜，这是关于陈介祺收藏铜镜的最早记载。一直到光绪二年（1876）春，陈介祺在致吴大澂的书信中说道：“今春拓敝竟藏不皆精，共百七十纸，奉鉴。自名二百竟斋，以好之不笃，未补足。”字里行间透露出其对当时的铜镜收藏并不满足。由此可见，陈介祺对于铜镜的收藏不仅开始较早，而且持续时间较长，对于铜镜的研究也有既定的计划。其铜镜收藏无论在数量、质量还是在传古价值方面，均不失为当时翘楚。但陈介祺对于铜镜的考释研究计划最终没有践行，不能不说是一大憾事。

关于陈介祺藏镜的准确数目，学术界目前并未达成共识。陈介祺有“二百镜斋藏镜”白文印章，但实际上在其致吴大澂的书信中提到，其自名“二百镜斋”之时所拓铜镜仅170纸。此后，学者们多以其斋号为依据判断其藏镜200枚，但是都没有明确的依据。陈介祺对于铜镜的整理研究较晚，《簠斋藏器目》中并未收录，因此，对于陈介祺收藏铜镜的数量推断只能从流传至今的镜拓中获取依据。目前，已公开出版的关于陈氏藏镜数量的描述有以下几种：

江苏广陵古籍刻印社1997年版《簠斋藏镜》（据民国刊本影印）共收录陈氏藏镜108枚。在其序言中也有关于陈氏藏镜的记载：陈氏收藏丰富，尤以钟、鼎、玺、印等青铜器为最著名，其中古铜镜即有一百七十方，曾将较精美者一百单八方拓片分赠好友。

《陈介祺藏镜》共收陈氏藏镜182枚。但著者在后记中引王献唐手札称陈氏藏镜有201枚：“潍县陈簠斋介祺，搜藏古镜有花纹、文字者，自秦、汉迄明，凡二百一面，自署其室为‘二百镜斋’。……兹为本馆收得簠翁原拓全份，略以时次编为四卷，题曰二百镜斋镜文。”

《国家图书馆藏陈介祺藏古拓本选编·铜镜卷》共收陈氏藏镜174枚，序言中称国家图书馆藏陈氏镜拓300余纸：“国家图书馆藏陈介祺藏古拓本数量颇丰，有6000纸之多，涵盖了陈氏藏古的大部分。其中古砖700余纸，瓦当900余纸，铜镜300余纸，青铜器1500余纸，泉范1600余纸，古陶文800余纸。”①

陈小波《清代大收藏鉴赏家陈介祺》、刘秉信《万印楼》中所列铜镜数量均为200件。陆明君在《陈介祺藏古》《簠斋研究》中称，《簠斋藏镜》收108镜，《陈介祺藏镜》收182镜，陈氏家藏抄本《镜拓全目》列记藏镜正达200枚。但是由于三者均未罗列图或目，而陈氏家藏《镜拓全目》未见公开，因此具体是哪200枚铜镜、是否与已公开材料一致等，均难以断定。②

此外，北京大学图书馆藏有《二百镜斋藏镜》拓本三册，山东博物馆有

---

① 国家图书馆金石拓片组：《国家图书馆藏陈介祺藏古拓本选·铜镜卷》，浙江古籍出版社2008年版。

② 陆明君：《簠斋研究》，荣宝斋出版社2004年版。

《二百镜斋文汇编》，国家图书馆有《陈簠斋手拓镜铭》精拓本，所列镜目均不完全相同。

值得指出的是，辛冠杰在《陈介祺及其藏镜》一文中，对抱残守缺斋所刊《簠斋藏镜》与其所获嘉德本以及《岩窟藏镜》所收陈氏藏镜三者进行了对比研究，发现三者各有所长，进而推断出陈氏藏镜“正好是一百九十九面，由此看来，陈介祺藏镜不会少于二百面”。按照同样的方法，我们通过对比《国家图书馆藏陈介祺藏古拓本选编·铜镜卷》《陈介祺藏镜》《簠斋藏镜》发现，这三者所收镜拓同样各有损益。结合辛冠杰此前的推断，那么陈介祺藏镜的数量当在200枚之上。

其实，“二百镜斋”只是陈介祺的斋号而已，并非其藏镜确数。其自名“二百镜斋”之时镜拓仅170纸，此后陆续有所增补。其第一次赠送吴大澂镜拓是在光绪二年（1876）五月二十五日，共170纸；同年，寄镜拓173种；光绪四年（1878）十一月十日，接吴大澂所赠彝器、范、镜、印、瓦砖之拓359种；光绪六年（1880）七月二十日，赠吴云镜拓一纸；光绪八年（1882）二月，赠吴大澂镜拓一封。从存世镜拓上的印章来看，有无印者，有钤“二百镜斋藏镜”白文印者，有钤“二百镜斋藏镜”白文并“簠斋藏古”朱文印者，有钤“二百镜斋藏镜”白文并“簠斋”白文印者。由此可见，陈介祺藏镜、拓镜是一个持续的过程。而其拓制镜铭活动必定进行了多次，所赠金石好友镜拓数目也不尽相同，这或许就是后世各出版物中所述数量不一致的原因所在。但他收藏铜镜的数量超过200枚应该是没有疑问的。

（二）藏镜时代

抱残守缺斋《簠斋藏镜》是最早关于陈介祺藏镜的著述，共收录镜拓108纸。但这并不是陈氏藏镜的全部，因为从该书出版到陈介祺离世的这一段时间内，陈介祺藏镜陆续有所增益。陈介祺不止一次对其藏镜进行拓制，且其每次赠予好友的镜拓数量也不尽相同。尽管如此，每一版本在具体数量上可能有所差别，但这对于陈氏藏镜型式研究以及断代研究影响不大。由于时代原因，《簠斋藏镜》没有对陈氏藏镜开展具体的断代和详细分类研究，而仅依据镜铭对陈氏藏镜进行了归纳，镜铭相同或相近者则归为一类。这种分类方法有一定的道理，但是在现在看来并不科学。

《陈介祺藏镜》于2003年出版，共收录陈氏藏镜原拓182纸。著者按照时代顺序对镜拓进行了整理，在每一镜下都附有详细的介绍，包括尺寸、镜铭、纹饰、其他相关研究以及价值判断等，考释较为详细，介绍较为全面。根据著者的分类，182纸镜拓中，西汉57纸，新莽5纸，东汉86纸，三国两晋南北朝23纸，隋唐7纸，金元明4纸。

《中国国家博物馆藏陈介祺藏古拓本选编·铜镜卷》出版于2008年，共收陈氏镜拓174纸。镜拓下附说明，主要是铜镜名称、时代以及镜铭，较为简略。对于时代的划分，该书更加细致。

对比以上两种著述不难看出，汉镜是陈介祺铜镜收藏的重点，在其藏镜中占有绝对的比重。若以大的时代框架进行分类，则陈介祺藏镜的时代以东汉为最多，其次为西汉，再者为南北朝、隋唐、金元明。

二、收藏成就

在收藏界，衡量一个收藏家水平的尺度主要是其藏品的数量、真伪、质量以及研究深度四个方面。在某一收藏领域能同时做到眼光毒、数量大、精品多、研究深这四方面者已非常不易，在多个收藏领域都能做到的自古以来凤毛麟角，陈介祺即其中一位，仅其在铜镜收藏领域的成就便令人仰止。

（一）收藏数量首屈一指

上文曾就陈介祺藏镜的数量做过统计，尽管众说纷纭，但是陈介祺藏镜数量不在200枚之下已经是学术界的共识。在陈介祺之前，关于铜镜的著录也有不少，例如《宣和博古图》，作为宋代最具盛名的金石学著作之一，共收铜镜113枚。同时期的《啸堂集古录》仅收录15枚。清代是中国传统金石学发展的高峰时期，这一时期对于铜镜的研究和著录要远远多于历朝历代。在陈介祺之前，较为著名的铜镜著录有：《西清古鉴》收录铜镜93枚；《宁寿鉴古》收铜镜101枚；钱坫《浣花拜石轩镜铭集录》收录各式镜铭21条；翁方纲《两汉金石记》收录镜铭22条；梁廷枏《藤花亭镜谱》收录汉唐宋铜镜130枚；冯云鹏、冯云鹓《金石索》收录历代铜镜177枚。在其后则有罗振玉《古镜图录》收录精美镜拓102纸，其中纪年镜33纸（属陈氏旧藏者7纸），其他各式镜69纸（属陈氏旧藏者37纸）；徐乃昌《小檀栾室镜影》收录古镜383枚；陈宝琛《澂秋馆吉金图》收录铜镜21枚；刘鹗藏镜百余；郭味蕖《知鱼堂鉴古录》收录铜镜286枚；梁上椿《岩窟藏镜》收录先秦至清历代铜镜624枚。其他零星收藏及新中国成立后的铜镜著述在此不一一列举。通过这个统计不难看出，就铜镜收藏数量而言，在陈介祺之前的历代收藏家中，没有人超过陈介祺。陈介祺去世以后，其所藏铜镜流散各处，几乎可见于各家著述中，充分说明了他的铜镜收藏在当时收藏界的地位之高。

（二）精品比例较高

陈介祺去世以后，他收藏的铜镜陆续流散，并且迅速成为收藏家们重点关注的对象。罗振玉曾以自己所藏数十枚铜镜交换陈介祺的一枚藏镜，充分说明陈介祺收藏铜镜之精。“重精美、重文字”是陈介祺藏古的一贯原则。因此，在他收藏的两百余枚铜镜中，精品不胜枚举，而且具有以下三点特征：

第一，纪年镜数量较多。纪年镜是铜镜中较为特殊的一类，因镜铭中含有纪年而得名，所以对于铜镜断代、传统铸造业研究具有重要意义，是铜镜研究的标尺，十分重要但是存世极少。1943年，梅原末治《汉三国六朝纪年镜图说》出版，全书搜罗了当时几乎能见到的所有纪年镜，不过100余枚。而陈介祺个人就藏有6枚，分别是：吴太平元年镜、吴元兴元年镜、晋泰始九年张氏镜、晋太康二年镜、晋永康元年镜、东汉建武五年镜。1998年出版的《汉唐纪年镜图录》，也不过收录了国内外所藏纪年镜129枚。第二，纹样别致或镜铭独特，极为罕见的铜镜占有极大比例。如《陈介祺藏镜》中的第一百六十枚，纹饰别致，著者称不见于各种著录；第八十枚博局四神尚方镜纹样别致，极为罕见；第一百零九枚简化博局纹四神镜，镜缘上有“华州司侯司验讫”字样，并有花押；同书中收录陈介祺所藏隋唐镜7枚，著者认为都是精品，并称“上圆下方镜”为稀世珍宝。第三，陈介祺的藏镜中有同模镜。《陈介祺藏镜》中有两对同模镜：第一、第二枚是同模镜，第三十一、三十二枚是同模镜。同模镜存世量较少，对于研究当时的铜镜铸造工艺具有重要意义。

（三）修复与传拓最大限度地保留了铜镜的内涵和价值

首先，陈介祺是较早开始用拓片对铜镜进行研究的人。在陈介祺之前，所有关于铜镜的研究多集中于对文字的考释，如《啸堂集古录》《两汉金石记》《浣花拜石轩镜铭集录》等。梁廷枏的《藤花亭镜谱》收录汉唐宋铜镜130枚，虽然对其大小、重量、纹饰均进行了记录，并考究其断代和辨伪，可惜全书只有文字而没有拓图。另外一类如《宣和博古图》《西清古鉴》等虽然记录了铜镜尺寸、铭文，并且描摹了图形，但是书中描摹的形制容易受到主观因素影响，难以真实反映铜镜本身的特征，作为图录的参考价值更大一些，对于科学研究贡献有限。陈介祺的传拓水平举世公认，交换拓片也是他与众多金石学家交流的最常见途径。陈介祺制作的镜拓细致入微，可以说是纤毫毕现，能让观众对铜镜铭文、纹饰、特征一目了然，并且其拓片直观、客观、真实。正是这些精美拓片的存在，才使得当大部分铜镜或焚于兵火或流散海外时，我们仍可以对其进行研究。其次，陈介祺在铜镜修复方面也做出了贡献。在陈介祺收藏的铜镜中，有一部分是残缺的，有一部分是破碎后经过简单修复的，这在有些镜拓中就可以看出；而有些经过细致修复的铜镜，我们甚至难以在其拓片中找到痕迹。例如《陈介祺藏镜》中第八十六枚博局纹四神尚方镜，梁上椿在偶然的机遇之下才发现它是经过陈介祺修复的，修复之后不仅表面不见痕迹，就连叩击铜镜的声音都没有变化。另外，虽然陈介祺的传古思想并未完全地在其自身的铜镜收藏研究中得到运用，他在青铜器、玺印、陶文等方面的成功实践却为其他学者研究铜镜提供了借鉴和参考。被公认为新中国成立前铜镜研究之大成的《岩窟藏镜》在许多方面都能反映出这一点。《岩窟藏镜》代表了金石学框架内铜镜研究的最高水准，书中每一件铜镜均标注出土地点、尺寸、重量，对铭文的释读、纹饰的考证以及年代的推断都在一定程度上透露着陈介祺的传古思想。

（四）开镜范收藏之先河

陈介祺收藏的镜范，明确见于记载的有三件，这三件镜范均系陈介祺于光绪四年（1878）收得。陈介祺在该年四月四日致吴大澂的信札中提及“月余所收古匋四百又二。又新得汉竟范三，一砖质而轻，其二则色白不坚，质极轻，如海水沫结成之石。昔年曾见一铁尚方竟范拓，此真至奇之品而陶父之幸”①。此三件镜范拓片见于罗振玉《古器物范图录》，书中共收录镜范七件，其中有三件出自陈介祺。这三件镜范均为日光草叶连弧纹镜背范，其中两件较为完整，“见日之光长毋相忘”之铭文清晰可辨。

罗振玉《古器物范图录》成书于1916年。从该书出版一直到1997年临淄齐故城发现汉代镜范并引起学术界关注，80多年的时间内没有任何人对镜

---

① 陆明君：《陈介祺年谱》，西泠印社出版社2015年版，第353页。

范开展独立的研究。尽管在20世纪20年代到40年代，一批日本学者曾在齐故城调查发现过陶镜范，但是没有对此展开专题研究。在此期间，见于著录的同类镜范不过12件。① 从20世纪末开始，中国社会科学院、山东省文物考古研究所（今山东省文物考古研究院）陆续在临淄齐故城开展调查、发掘工作，正式开始了对临淄齐故城内汉代铜镜铸造业的研究，并在较短时间内取得了一系列的成绩。陈介祺所藏的三件镜范与临淄齐故城内出土的镜范特征一致，结合陈氏收藏文物的几个主要来源判断，这三件镜范极有可能出自临淄齐故城。因此，这三件镜范对于齐故城汉代铜镜铸造业的研究也是一份有益的补充。

第三节　临淄铜镜铸造作坊出土镜范与陈氏藏镜比较研究

临淄齐故城铜镜铸造作坊的发现和发掘在中国铜镜发展史及相关研究方面具有划时代的意义。这一考古发现不仅丰富了汉代铜镜、镜范的种类，同时也确定了临淄齐故城作为汉代铸镜中心的地位。陈介祺作为清代山东著名金石学家，历来重视对山左出土文物的搜集，尤其是对齐故城遗址及其周边地区出土文物的搜集。其中，最为著名者当属齐国陶文。实际上，陈介祺所藏铜镜也有相当一部分来自齐故城及其周边地区，或者铸造于临淄铸镜作坊，这些都可以在临淄齐故城铸镜作坊中找到踪迹。陈介祺还开创了镜范收藏之先河，即便是放眼于今天，仍能体现出其眼光之卓绝。下文即以陈氏所藏铜镜（镜拓）及镜范与临淄齐故城之考古发现展开对比，以期为陈氏藏镜之来源做些许探索。

一、临淄齐故城铸镜作坊的发现与研究

临淄齐故城铸镜作坊的考古学研究是近年来学术界的一个热点，这一工作的开展为探讨古代齐国地区铜镜的来源、特征和分布具有重要的意义。从现有的资料来看，陈介祺的铜镜收藏多数来自这一地区。因此，对二者进行

① 白云翔、张光明：《山东临淄齐国故城汉代镜范的发现与研究》，载《考古》2005年第12期。

比对研究或许能起到相互增益的作用。

（一）临淄齐故城镜范发现及研究概述

对临淄齐故城铸镜作坊的考古学研究最早可追溯至1997年，故城大城南部刘家寨发现汉代镜范，经报道后引起学术界关注；

1999年，白云翔先生以该发现结合历代镜范资料为基础，撰写了《西汉时期日光大明草叶纹镜及其铸范的考察》①，首次将镜范纳入汉代铜镜研究的范畴；

2000年，齐国故城大城东部苏家村出土镜范多件，文物部门收集1件；

2001年，淄博市博物馆收集镜范残片8件；

2003年，中国社科院考古研究所与山东省文物考古研究所共同对齐故城汉代铸镜作坊进行了考古调查；

2005年，白云翔、张光明两先生以调查成果为基础，综合齐故城历年出土的镜范资料并查阅资料文献，撰写了《山东临淄齐国故城汉代镜范的发现与研究》②，对已发现的齐故城汉代镜范进行了分型定式，并首次对临淄铜镜的特征进行了归纳；

2004—2006年，经国家有关部门批准，中日学者开展了为期两年的关于临淄齐国故城汉代镜范的合作研究，并于2007年2月举办了齐都临淄与汉代铜镜铸造业国际学术研讨会③；

2007年，《山东省临淄齐国故城汉代镜范的考古学研究》正式出版，上编“临淄齐国故城出土镜范资料集成”、下编“临淄齐国故城出土镜范及相关问题研究”并附录“临淄齐国故城及其出土镜范研究文献”，较为全面地记录和反映了临淄齐故城铸镜作坊的田野考古及研究工作成果，以及学界对于镜范研究的最新成果，包括日本学者在这一方面所做的研究工作；

2011年，中国社会科学院哲学社会科学创新工程项目“临淄齐故城冶铸

---

① 白云翔：《西汉时期日光大明草叶纹镜及其铸范的考察》，载《考古》1999年第4期。

② 白云翔、张光明：《山东临淄齐国故城汉代镜范的发现与研究》，载《考古》2005年第12期。

③ 白云翔：《汉代临淄铜镜制造业的考古学研究及其意义》，载《光明日报》2007年7月6日。

遗存考古发掘与研究”正式启动，在前期工作的基础上对齐故城铸镜作坊进行深入的发掘和研究；

2012年秋、2013年春，中国社会科学院考古研究所、山东省文物考古研究所、临淄区文物局联合在齐故城范围内的阚家寨村东南三个地点进行试掘①；

2014年6月，《山东临淄齐故城秦汉铸镜作坊遗址的发掘》正式发表，对2012年和2013年两次发掘的成果进行了总结②。

（二）临淄齐故城出土镜范的数量、种类及特征概述

目前，临淄齐故城之内出土镜范的数量有276件之多（包含采集资料、出土资料以及见于相关著述的资料），以下是关于临淄齐故城范围内发现的镜范情况概述：

1997年，故城大城南部刘家寨发现汉代镜范1件；

2000年，齐国故城大城东部苏家村出土镜范多件，文物部门收集1件；

2001年，淄博市博物馆收集镜范残片8件；

2003年，中国社科院考古研究所与山东省文物考古研究所在石佛堂村东南采集镜范残片8件，在苏家庙村西采集镜范残片6件③；

2004—2006年，临淄齐国故城汉代镜范的合作研究结束后，临淄齐国故城出土并经过实际考察的镜范已达96件（该数字较《临淄齐国故城汉代镜范及相关问题研究》多1件，可能两文写作期间又有新发现，所以采信成文时间较晚者）④；

2012年秋、2013年春，中国社会科学院考古研究所、山东省文物考古研究所、临淄区文物局联合在齐故城范围内的阚家寨村东南三个地点进行试掘，出土镜范180余件；

---

① 中国社科院考古研究所：《山东临淄齐故城冶铸遗存考古调查与发掘取得重要收获》，载《中国文物报》2013年7月19日第8版。

② 中国社会科学院考古研究所、山东省文物考古研究所、临淄区文物局：《山东临淄齐故城秦汉铸镜作坊遗址的发掘》，载《考古》2014年第6期。

③ 中国社会科学院考古研究所、山东省文物考古研究所：《山东临淄齐国故城内汉代铸镜作坊址的调查》，载《考古》2004年第4期。

④ 白云翔：《汉代临淄铜镜制造业的考古学研究及其意义》，载《光明日报》2007年7月6日。

见于著述的汉代镜范资料主要有：罗振玉《古器物范图录》中收陈介祺藏草叶纹镜范3件，以及王懿荣藏草叶纹镜范2件、单圈铭文带镜范2件；《岩窟藏镜》中收“见日之光长毋相忘”草叶纹镜范1件；日本东京国立博物馆所藏博局草叶纹镜范残片1件；日本学者守屋孝藏四神博局纹镜范1件；日本东京都美术馆藏草叶纹镜范1件；日本学者藤井有邻藏草叶纹镜范1件；日本东京大学考古学研究室藏草叶纹镜范1件；日本学者关野雄在临淄齐故城付家庙购买“见日之光天下大明”草叶纹镜范1件。据白云翔先生考证，《岩窟藏镜》所列镜范实际上是陈介祺所藏三件镜范中的一件。而另一件“见日之光长毋相忘”镜范后来流入日本，即藤井有邻所得之镜范①。

实际上，临淄齐故城遗址范围内出土的镜范还有相当一部分在个人手中。因此，276只是一个大概的数字，真实数量应该远超于此。

临淄齐故城遗址内目前已发现的镜范均为陶质，分镜面范和镜背范两种，其中镜背范的数量占绝大多数，而我们对于铜镜时代、地区特征的研究也主要基于镜背范。临淄齐故城遗址出土镜背范上的纹饰，以蟠螭纹、草叶纹、连弧纹、四乳弦纹等西汉早期铜镜纹饰为主，具体可归纳为匕形缘连弧纹镜范、四乳草叶纹镜范、博局草叶纹镜范、蟠螭纹镜范、四乳弦纹镜范、四乳龙纹镜范几种，2012年及2013年的发掘中又出土了素面镜背范。总的来说，所有出土镜范均属西汉时期，未发现东汉时期镜范；铸镜直径在10厘米左右的镜范数量最多，最小的不过几厘米，最大的超过30厘米；草叶纹镜范是其中最具特色的一类。

二、陈氏藏镜与齐故城出土镜范的对比

陈介祺的铜镜收藏，除镜拓外现在已经很难见到实物资料。因此，对于陈氏藏镜与齐故城镜范的对比研究只能通过镜拓进行。因陈介祺在传拓方面工艺精湛，极为全面地保留了其藏镜的纹饰特征，故这一比较研究才得以开展。

（一）陈氏所藏镜范与临淄齐故城出土镜范的对比

陈氏所藏三件镜范均为镜背范。

① 白云翔：《临淄齐国故城汉代镜范及相关问题研究》，见《山东省临淄齐国故城汉代镜范的考古学研究》，科学出版社2007年版，第98页。

“见日之光长毋相忘”草叶纹镜背范形制：圆纽，圆形纽座；双线方框铭文带，四内角饰桃形花苞，外角饰射线状枝叶；框外每边中间为无座乳丁，乳丁外为桃形花苞，乳丁两侧各有一组单层草叶纹；铭文框内每边中间各有两字，无间隔，逆读为“见日之光长毋相忘”；最外层为十六内向连弧纹；直径 10 厘米。该镜背范与临淄齐故城遗址出土镜范 SLQJF: 09 在纹饰、布局、铭文走向等方面均一致，唯一的区别在于后者铭文为“见日之光天下大明（阳）”。依照白云翔先生对于临淄齐故城陶范的分型定式，陈介祺所藏该镜范属于四乳草叶纹镜范中的 A 型Ⅰ式（图 1－9－1）。

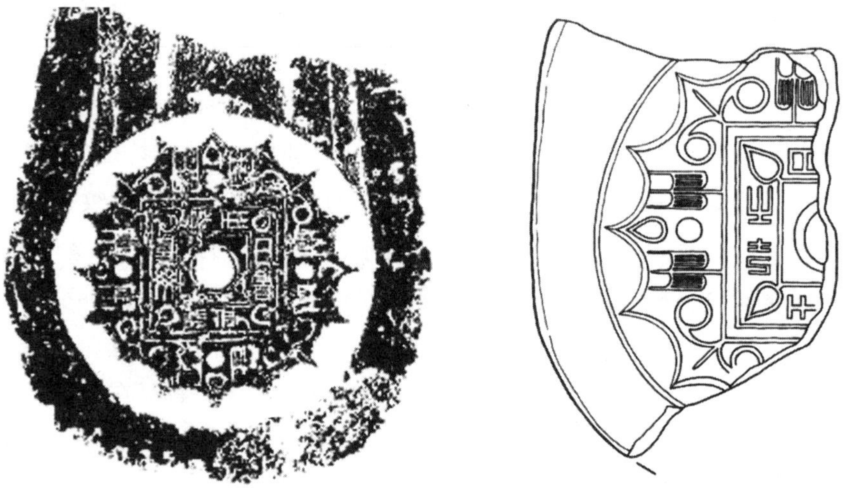

图 1－9－1 《古器物范图录》所载陈氏第一件镜范与临淄出土 A 型Ⅰ式镜范（SLQJF: 09）比较

“草叶纹镜背范”形制：铸件与上一件类似，纹饰、布局基本类似，但磨损严重。从残存的纹饰来看，与第一件的最大区别在于铭文带内四角花苞与铭文之间有双间隔线；铭文漫漶不清；直径 11 厘米。该镜范为单层草叶纹镜范，内角饰桃形花苞、外角为射线枝叶等特征与临淄齐故城 SLQJF: 17、SLQJF: 13 类似，最大的区别在于其铭文带内有双间隔线。因该镜其他特征不明显，不能作进一步推断，应该同样属于白云翔先生所述四乳草叶纹镜范中的 A 型（图 1－9－2）。

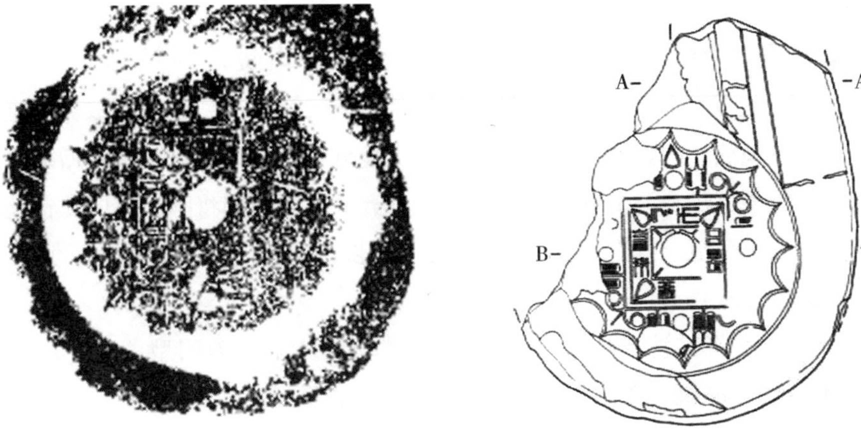

图1-9-2 《古器物范图录》所载陈氏第二件镜范与临淄出土A型Ⅰ式镜范（SLQJF: 13）比较

“见日之光长毋相忘”草叶纹镜背范：圆纽，柿蒂形纽座；双线方框铭文带，四内角饰一对三角形回纹，外角饰枝叶花苞纹；框外每边中间为带座乳丁，乳丁外为桃形花苞，乳丁两侧各有一组双层草叶；铭文框内每边各两字，无间隔，顺读为“见日之光长毋相忘”；最外层为十六内向连弧纹；直径12.5厘米。该镜特征与临淄齐故城SLQJF: 11、关野藏镜特征类似，唯铭文有所不同，当属于白云翔先生所述B型Ⅱ式叠层草叶纹镜（图1-9-3）。

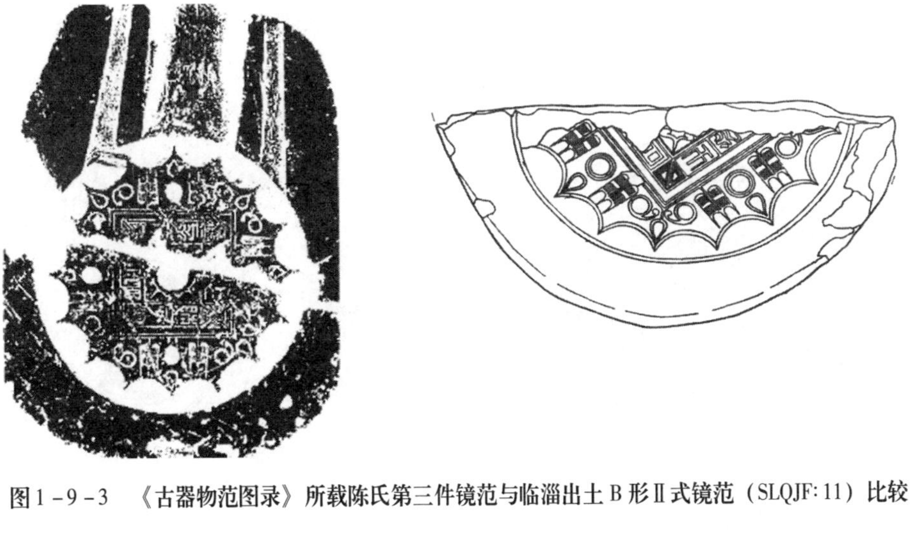

图1-9-3 《古器物范图录》所载陈氏第三件镜范与临淄出土B形Ⅱ式镜范（SLQJF: 11）比较

陈氏所藏镜范均能在临淄齐故城遗址出土镜范中找到同类者，说明这批镜范应出自临淄齐故城。

（二）陈氏所藏汉代镜拓与临淄齐故城出土镜范的对比

白云翔先生在《临淄齐国故城汉代镜范及相关问题研究》中将齐故城出土镜范分为蟠螭纹镜范、四乳弦纹镜范、四乳龙纹镜范、四乳草叶纹镜范和博局草叶纹镜范五种类型，每一类型下又细分为若干小类。下面我们将陈介祺所藏铜镜与临淄齐故城出土镜范进行比对，探讨二者之间有多少共性，又存在哪些不同。

1．蟠螭纹镜

白云翔先生将临淄齐故城出土的10件蟠螭纹镜范分为四型。陈介祺所藏铜镜中蟠螭纹铜镜仅一枚，即《陈介祺藏镜》中第五十七枚，载《国家图书馆藏陈介祺藏古拓片选编·铜镜卷》第147页。仔细观察，二者应为同一镜拓，但尺寸相差1.5厘米。不知是测量误差，还是描述有误。但无论尺寸如何，二者特征一致。该镜为弦纽（《陈介祺藏镜》称圆纽，但《铜镜卷》拓片清晰，具有明显弦纽特征），圆形纽座；座外施四道弦纹，间以蟠螭纹和铭文；主纹饰为复杂蟠螭纹，其外为弦纹；铭文为“愁思曾志欲见毋说相思愿毋绝”。该镜纹饰以及布局特点与临淄齐故城出土的蟠螭纹A型镜范铸件类似，相近者还有临淄商王村出土铜镜M49∶2。它们都以蟠螭纹为主体纹饰，纽座为圆形，纽座与主体纹饰之间以弦纹隔断，主体纹饰与镜缘之间同样以弦纹间隔。但是，具体到蟠螭纹的复杂程度、纽座上是否装饰纹饰以及是否有铭文等方面，彼此存在一定的不同。或者可以把陈介祺所藏蟠螭纹铜镜划为该型下的一个小类（图1－9－4）。

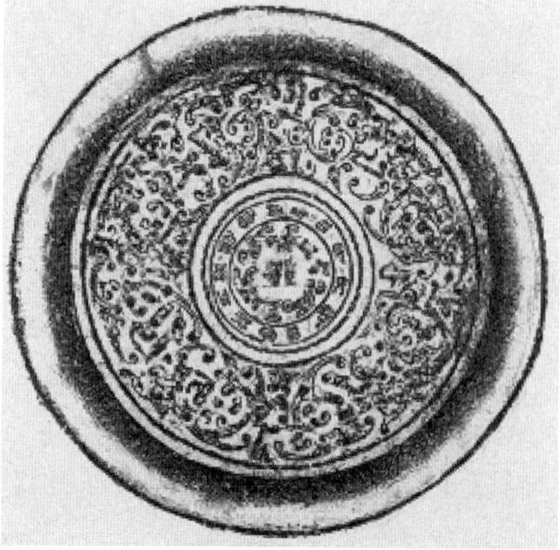

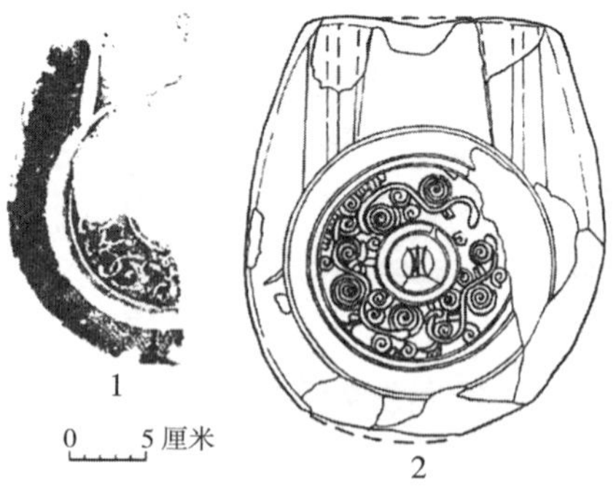

图1－9－4 陈介祺藏蟠螭纹铜镜拓片与临淄出土A型蟠螭纹镜范对比

2. 四乳弦纹镜

此类镜范在临淄齐故城遗址内仅发现3件。陈介祺藏镜中与此类铸件最接近的只有一枚，即《陈介祺藏镜》中第四十三枚。它们之间的共性在于镜缘内侧饰一周弦纹，主纹饰外区为内向连弧纹，内区饰四个乳丁和双弦纹，纽座均为圆形。不同之处在于，陈氏所藏铜镜连弧纹带多达二十四组，四乳均有圆座，而且除了四乳和双弦纹之外还装饰有众多的花瓣和花朵，并且有“富贵常乐未央长毋相忘”铭文（图1－9－5）。

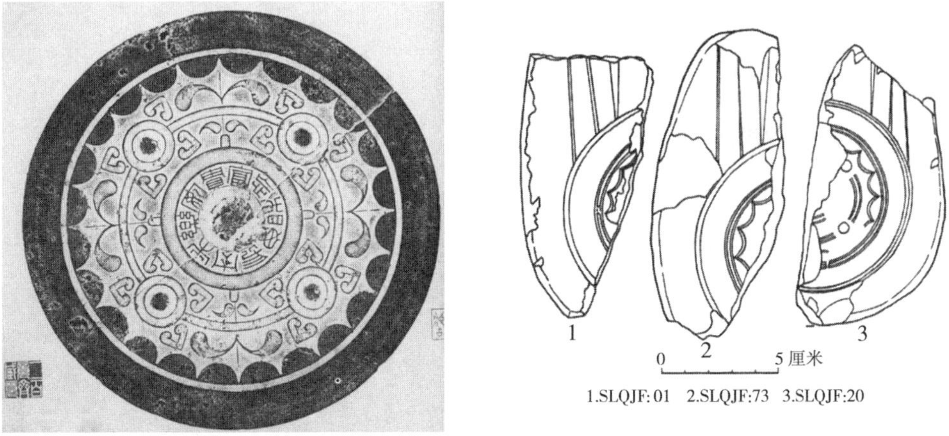

图1－9－5 《陈介祺藏镜》第43页铜镜拓片与临淄出土四乳弦纹镜范对比

3. 四乳龙纹镜

陈氏藏镜中未见此类镜范铸件。

4. 四乳草叶纹镜

A型Ⅰ式：《陈介祺藏镜》中第八枚属于此种镜范铸件：圆纽，柿蒂形纽座；座外施单弦纹方框，方框外为铭文，每边两字居中，无隔断；再外为双弦纹方框，四内角为斜线方格，外角为射线枝叶；方框外侧每边中间为带圈四乳丁，其上为花苞，两侧各有一组单层草叶纹；最外侧为十六内向连弧纹；铭文为“见日之明长毋相忘”。除铭文外，该镜与SLQJF:78基本相同，与之类似的还有章丘女郎山西坡出土铜镜M10:3（图1－9－6）。

A型Ⅱ式：《陈介祺藏镜》中第三、第六枚属此种形制的镜范铸件，它们与A型Ⅰ式最大的不同之处在于双弦纹方框四外角饰枝叶花苞，其他特征类似。白云翔先生称，与此类镜范铸件相似的铜镜发现较少，陈介祺所藏铜镜或可做一补充（图1－9－7）。

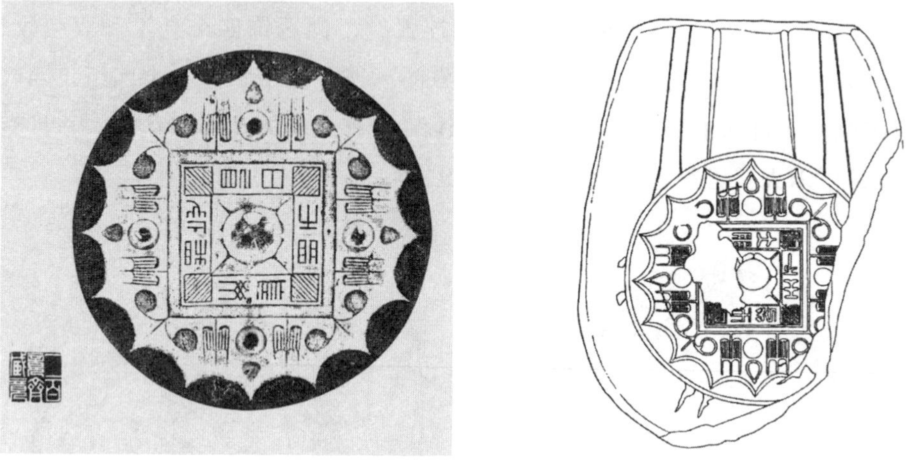

图1－9－6 《陈介祺藏镜》第8页铜镜拓片与临淄出土A型Ⅰ式四乳草叶纹镜范（SLQJF:78）对比

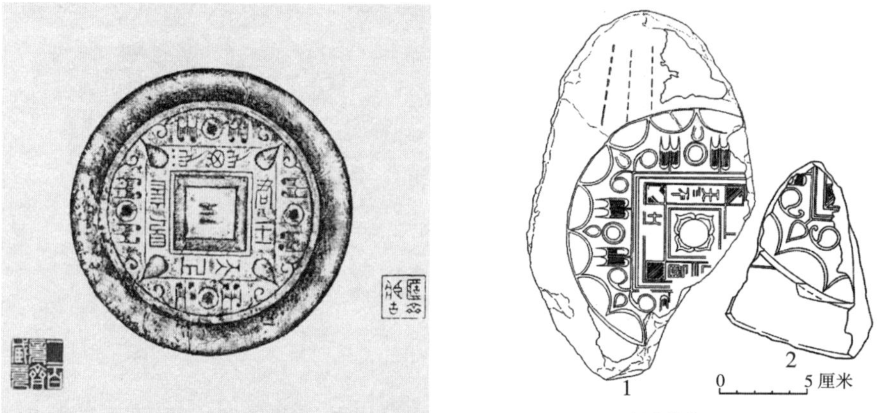

1. 傅家镜范 2.SLQJF:68

图1－9－7 《陈介祺藏镜》第3页铜镜拓片与临淄出土A型Ⅱ式四乳草叶纹镜范对比

B型Ⅰ式：陈氏藏镜中与此类镜范铸件形制相同的为第十三枚：圆纽，柿蒂形纽座；座外双重弦纹方框，其间篆字铭文，每边三个，无间隔；再外为双弦纹方框；四内角为两斜三角组成的小方框，外角为射线状枝叶；方框外侧中间为带圈乳丁及花苞，两侧各有一组叠层枝叶；最外侧为十六内向连弧纹；铭文为“久不见侍前俙秋风起予志悲”（图1－9－8）。

《陈介祺藏镜》中另有两枚铜镜与 B 型Ⅰ式四乳草叶纹镜范形制基本相同，仅细部或铭文有所差异：第四枚铭文为“见日之光长乐未央”；第五枚四内角无纹饰，铭文为“见日之光天下大阳服者君王”。

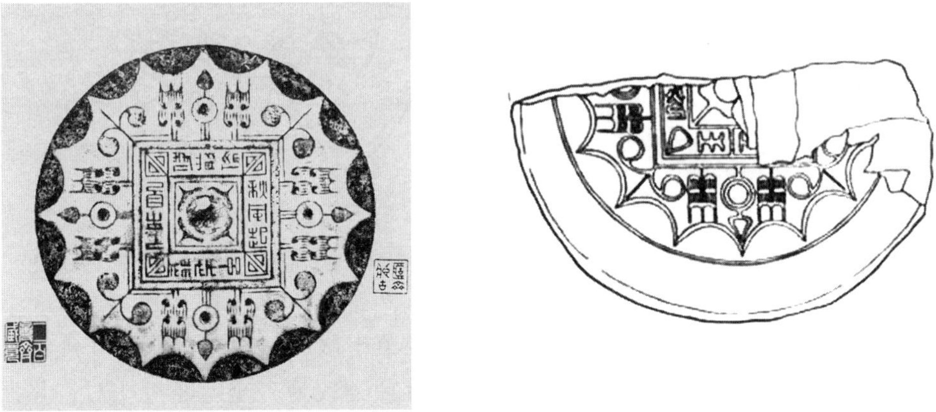

图1－9－8 《陈介祺藏镜》第13页铜镜拓片与临淄出土镜范（SLQJF:21）对比

B 型Ⅱ式：与 B 型Ⅰ式最大的区别在于，双弦纹方框四外角饰枝叶花苞。陈氏藏镜中与此类镜范铸件相同的有《陈介祺藏镜》第九、第十、第十一、第十四、第十五共五枚铜镜。它们总体特征属于 B 型Ⅱ式，但是在四内角装饰、铭文、纽座等方面与 B 型Ⅱ式（SLQJF:11）镜范存在不同，尤其是第十四枚，龙纹纽座极为罕见，或者可以作为此类铜镜细分的依据（图1－9－9）。

C 型三叠层草叶纹镜范铸件在陈氏藏镜中没有找到例证。

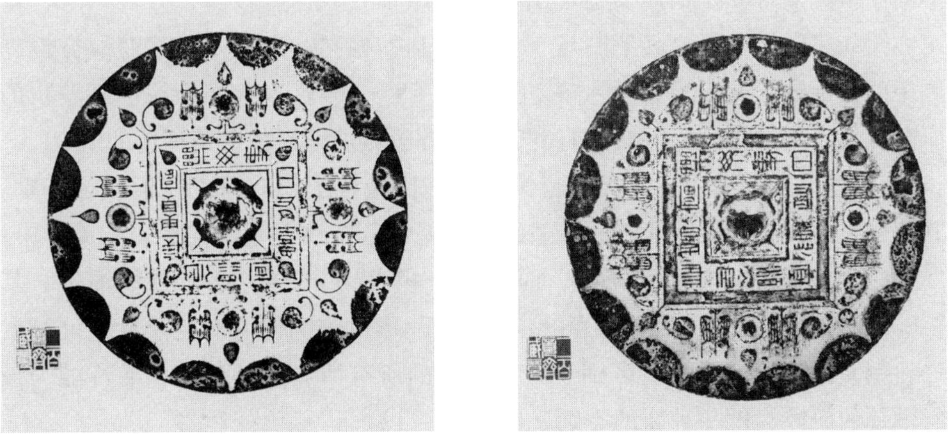

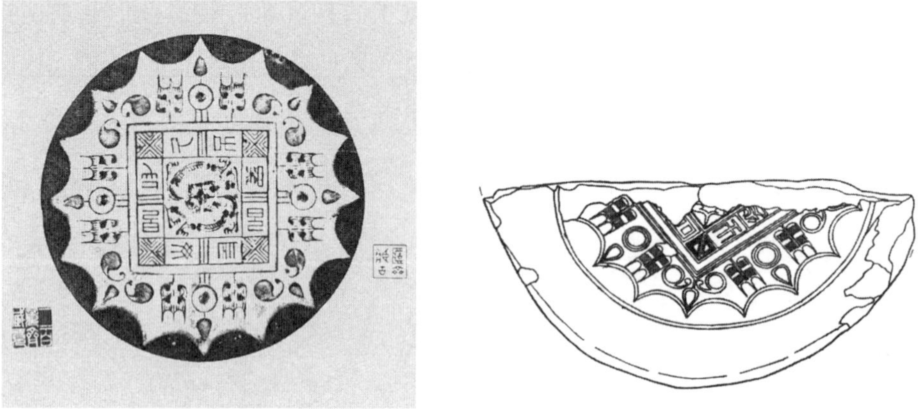

图1－9－9　《陈介祺藏镜》第9、第10、第14页铜镜拓片与临淄出土镜范（SLQJF:11）对比

草叶纹镜是临淄齐故城遗址出土汉代镜范中最具特色的一类。在陈介祺所藏铜镜中，草叶纹镜占有一定比例，而且种类较为齐全。经过比对，临淄齐故城遗址出土汉代四乳草叶纹镜范铸件的多数种类在陈氏藏镜中都能找到踪迹。而陈氏藏镜中则有一定数量和种类的四乳草叶纹镜暂未在临淄齐故城中找到镜范。

例如《陈介祺藏镜》中的第一、第二枚，二者或属于“同模镜”或“同范镜”的范畴：均为弦纽，双弦纹方座；其外为双弦纹方框，内有篆文八字，每边两字居中，无隔断；四角由内向外伸出花苞；外框每边中间为带圈乳丁，两侧各有一组单层草叶；其外再有双弦纹圆圈。这种纹饰和布局方式在很大程度上与常见的草叶纹铜镜类似，但又有着明显的不同，例如无内向连弧纹，双弦纹方框四角由内向外伸出为单独的花苞以及外框中间仅饰乳丁的特征则不同于常见的草叶纹铜镜类型（图1－9－10）。

再如第七枚铜镜，其形制与A型Ⅰ式基本相同，但是唯独双弦纹方框外侧中间仅饰乳丁而没有枝叶或花苞（图1－9－11）。这些都为我们下一步的研究提供了新的方向，也必将有利于临淄齐故城遗址汉代铸镜作坊的研究。

5. 博局草叶纹镜。此类镜范铸件在陈氏藏镜中仅有一例，但较为特别。其特别之处在于，在临淄齐故城遗址出土博局草叶纹镜范及同类镜范铸件中，“L”形纹饰外都饰桃形花苞，而《陈介祺藏镜》中的第十二枚铜镜，其“L”形纹饰外装饰的是单层草叶纹，“L”形纹饰两侧为双层草叶纹。第十二枚铜镜的这一特征明显区别于目前发现的所有博局草叶纹镜，或许能为该类铜镜的研究提供一种新的类别（图1－9－12）。

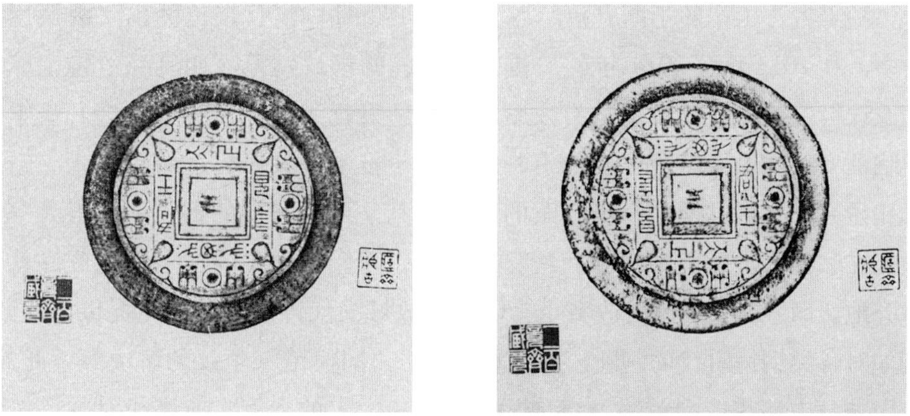

图1－9－10 《陈介祺藏镜》第1、2页铜镜拓片

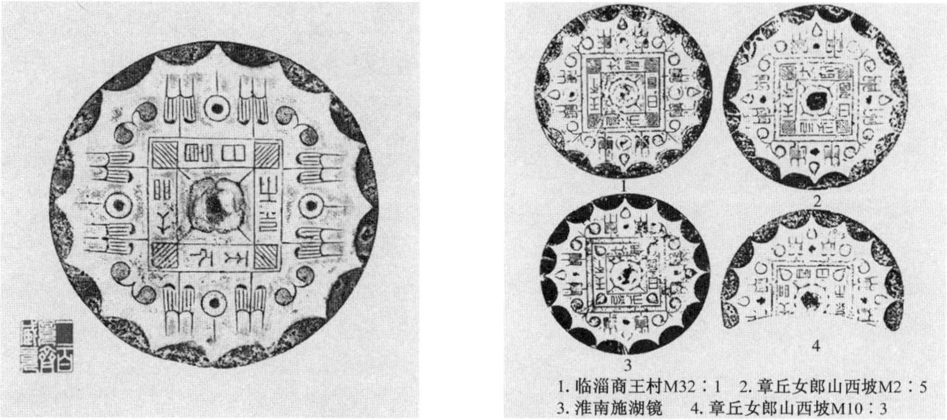

图1－9－11 《陈介祺藏镜》第7页铜镜拓片与临淄出土A型Ⅰ式镜范对比

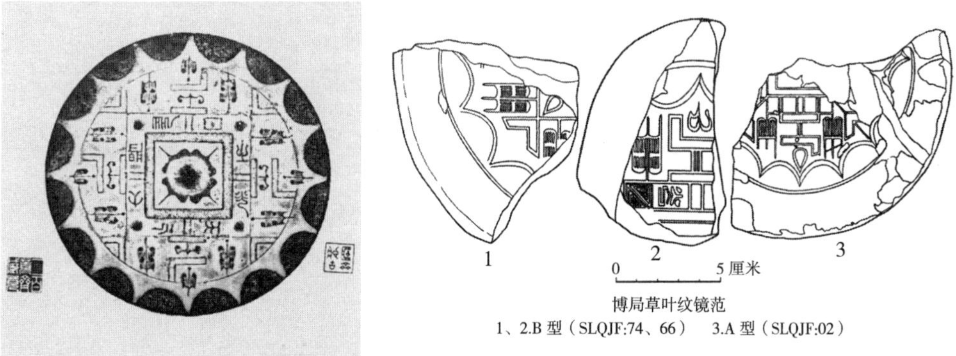

图1－9－12 《陈介祺藏镜》第12页铜镜拓片与临淄出土博局草叶纹镜范对比

随着考古工作的不断开展，临淄齐故城遗址内汉代镜范的出土数量逐渐增多。在2013年及2014年的发掘工作中，蟠螭纹镜范、四乳弦纹镜范、四乳龙纹镜范、草叶纹镜范均有发现，并且新发现了素面镜背范，进一步丰富了临淄齐故城遗址铸镜作坊的资料，有利于推动相关研究进一步深入。经过对比研究，我们发现陈介祺收藏的铜镜尤其是西汉时期的铜镜中，很大一部分能在临淄出土镜范中找到踪迹。这说明，陈介祺收藏的这批铜镜或许就来自齐地。而陈介祺的铜镜收藏也为临淄齐故城汉代铸镜业的研究提供了佐证：例如对各类铜镜时代的判断、对“同范镜”“同模镜”争议的解决等。此外，陈氏藏镜中那些造型精美、纹饰复杂、独一无二的个例，或许能对临淄铸镜业的研究起到推动或指明方向的作用。

第十章　陈介祺石刻陶泥造像收藏与研究

山东地区自古为碑版石刻发达之地，秦刻八石，齐鲁占其四，而今日残存的仅有琅琊台刻石；临淄、济宁是汉碑的集中出土地；以青州为中心，六朝造像出土地星罗棋布。潍县地近临淄、青州，为东夷故地，汉代以降平寿、都昌、桑犊、营陵等故城星罗棋布，自古为人文辐辏之地，时有金石出土。而陈介祺以好古之笃、财力之厚，自得其地利。陈介祺的金石交谊遍于天下，其与陕西苏氏兄弟的交谊中也有金石交流的成分存在，故陈介祺所藏北朝造像中也多有陕西等地出土的小型造像。山左碑版造像加上陕西北朝、隋、唐造像，构成了簠斋藏石的骨干。

第一节　陈介祺藏石概况

与陈介祺所藏青铜器如三代彝器、古玺印等相比，碑刻、造像等收藏非陈介祺收藏之重点，故往往被研究者忽视。对于陈介祺所藏石刻的著录，据陈氏家藏本《十钟山房藏石目》（以下简称《目》），陈氏收藏刻石116件，分别为：东汉4件、晋1件、后凉1件、北朝造像53件、隋造像7件；六朝无年月石31件、唐16件、宋1件、金2件。① 另据笔者网络查询，苏州图书馆藏有1941年富晋书社影印《簠斋藏石目》，亦无缘寓目。潍坊陈介祺纪念馆藏有陈介祺《十钟山房藏石目》稿本，此书已因潮湿板结而无法打开。而陆心源在《金石录补》中称陈介祺藏“魏晋六朝造像数百”，不知所据。至民国后期，叶恭绰曾至陈介祺故居，称“藏物星散，而残砖碎石犹满

① 陆明君：《簠斋研究》，荣宝斋出版社2004年版，第57～58页。

庭除”①。时光荏苒，风烟流散，陈介祺藏石已难见全璧，所幸陈介祺所藏碑版造像重器或存海外，或藏国内公立博物馆。当时陈介祺对自己所藏广为传拓，所以据存世拓本仍可见陈介祺藏石之大概。笔者仅凭目力所及，据各书著录拓本等搜集陈介祺藏石144种，辑成《簠斋藏石表》（详见本章末附表），对陈介祺藏碑刻及石、陶造像做一简要论述。

按《簠斋藏石表》（以下简称《表》），以时代划分，汉石4件，晋石1件，后凉造像1件，北魏造像（座）17件（含萧宝夤隆绪元年王阿善造像），东魏造像（座）9件，西魏造像1件，北齐造像（座）26件，北周造像（座）8件，北朝无年月残石37件，隋造像7件，唐石27件，宋石4件，金石2件。《表》与《目》相比较：汉、晋、后凉藏石数目相符；《表》载北朝带纪年造像61件，《目》载53件；北朝无年月石，《表》载37件，《目》载31件；隋造像数目，《表》《目》均为7件；唐石，《表》载27件，《目》载16件；宋石，《表》载4件，《目》载1件；金石，《表》载2件，《目》载1件。《表》《目》比勘，因《表》多根据各书著录或拓本，难免存在谬误；另也可妄测，《目》可能不是陈介祺藏石之最终定本。《表》《目》相比，《表》略多，在无缘见《目》的情况下，以《表》为研究基础当不会有太大偏差。

陈介祺藏石的出土地点，主要集中于山东、陕西两地。山东又集中于以潍县为中心，东至黄县，西至临淄，北至无棣、广饶，南至诸城这一区域。另有陈氏早年于京都购置之碑刻及河南墓志。有出土地可稽考者，山东42件（其中潍县18件，益都12件，临淄7件，寿光1件，诸城1件，广饶1件，黄县1件，无棣1件），陕西12件，北京2件，河南1件。山东出土石刻应为当地金石学家或古董商人所搜集，陕西出土石刻应为陕西古董商人苏亿年兄弟等为陈介祺购求，北京2件可能为陈介祺早年寓京时所购置，河南1件不详出处。

陈介祺藏石现在的收藏地点，国内以故宫博物院、国家博物馆、山东博物馆等为主。其中故宫博物院藏3件，国家博物馆藏1件，山东博物馆藏6件。故宫博物院、国家博物馆藏品来源不详，可能为中华人民共和国成立后

① 叶恭绰：《〈六朝诸家石佛造像原拓〉跋》，见《簠斋藏金石拓片三种》，荣宝斋出版社2008年版。

陈氏后人捐献或山东调拨。山东博物馆藏陈介祺藏造像6件，当为1931年8月，时任山东省立图书馆馆长兼山东金石保管所负责人的王献唐先生，自潍县陈氏后人处搜购而来。此次共购藏陈介祺旧物，计“泉币一千四百八十七品，石刻二十石，砖类一百〇八件，瓦类三百件，陶器二百五十五件，陶片豆檠一千六百四十九件，杂件七件，共计三千八百廿六件”①。这批藏品于当年9月16日运抵山东省立图书馆②，后划归山东博物馆，山东博物馆所藏造像当在此二十石内。

第二节 碑刻墓志收藏

据《表》，陈介祺共藏碑刻、墓志（涉宗教者均除外）19件：东汉碑刻4件，晋1件，北朝墓志1件，唐墓志10件、真草《千字文》2件，金墓志1件。就明确出土地者以出土地论，则陕西7件，山东3件，北京2件。

陈介祺自收藏金石开始，即重视碑刻，以下移录《簠斋访碑拓碑笔札》中关于碑刻的数则记载：

> 凡山水名胜、古陵墓、古寺观必多碑刻，皆须留心细访。（或有断碎改作阶石、柱础、碑趺、米臼等用者，亦有后代磨前代碑刻文而碑面尚存字迹者，亦有存碑额、碑阴、碑侧未磨者，须详审求之）
>
> 凡古刻自元以上，无论篆隶真草及字工拙，虽片石数字均拓无遗，惟明代者不拓。（古刻不著年代者亦并拓之）
>
> 凡碑拓毕即注明某碑现在某处，系某州县某村某庙或某山岩某洞，在城某方，距城若干里，并详注明，以资确据。或某碑确知在某处，未能即拓，即详记其碑名地名，以便再拓。好古家有碑目并金石之见于子集者望即借钞寄示，以便补入碑目。
>
> 凡碑额（即碑头）、碑阴（即碑背面）、碑侧（即碑两旁）有字及画

① 李勇慧：《民国时期清代山左潍县陈介祺金石学文献流传整理与文献学价值——以山东省立图书馆（山东金石保存所）为例》，载《历史文献研究》2014年第1期。

② 王献唐：《双行精舍书跋辑存续编》（齐鲁书社1986年版，第190页）“水云诗钞二卷”条下有王献唐先生跋：“是日，图书馆购潍邑陈氏砖瓦石刻，于午后运馆，内有大齐武平八面石像，字里像间，尚存鎏金，海内孤品也。”

像、花纹均拓无遗。①

由以上引文可见，陈介祺藏石之思想与藏三代吉金之思想是一脉相承的，即古人一切刻写文字之金石都十分宝贵，凡是有字及花纹之摩崖石刻、造像记、经幢、石柱、石井栏、寺观石额、石香炉、盆鼎、画像石等，都是求古圣人之心的重要参考资料。

与当时的金石学家一样，陈介祺最珍视的是秦汉碑刻，秦代石刻多为摩崖石刻，金石学家只能收藏拓本，因此能作为私人收藏的碑刻多为汉代及汉代以后的。潍县周边地区在汉代时为文化昌明之地，因此多有汉碑出土。宋代以来，逄府君墓石柱、社坛买地碑、逢童子碑、凉州刺史魏元丕碑等汉碑都为潍县周边出土。清中期后，地不爱宝，齐鲁琬琰尽出人间，陈介祺自然得其地利。

同治九年（1870），陈介祺贤婿吴重憙致书陈介祺云："前闻潍河中出汉碑一种，示获寓目，兹敝老师潘伯寅先生函来，云吾外舅处有新得残汉碑三四种。"② 此札所说潍河所出汉碑当指陈介祺所藏"太山之石"残石（又名黄神石刻、王子移葬表），《潍县金石记》《潍县志稿》《善本碑帖录》《北京图书馆藏中国历代石刻拓本汇编》等均有著录，为陈介祺收藏最完整的潍县本地汉代碑刻。据拓本形制，该石粗朴无雕琢，下部埋于土中，上部文字露于土外，当为早期墓表之类。原石今藏于故宫博物院，当为陈氏后人捐献。陈介祺藏汉碑残石还有"'貳用'等字残碑""'爵千'等字残石"，据拓本钤"簠斋两京文字"，当为陕西或河南出土。而陈介祺所藏两汉碑石最知名者当属君车画像石。

一、君车画像石

陈介祺收集金石，主要有四位古董商人为其奔走，号"高赵杜马"，即高文翰、赵允中、杜锡九、马庆灏，其中马庆灏为临淄人，其他三人为潍县人，君车画像石即为杜锡九以一百一十元为陈氏购得的。③

① 〔清〕陈介祺：《簠斋访碑拓碑笔札（附青州访碑目）》，见《潍县文献丛刊》第二辑，潍县和记印刷局，1933 年。

② 陆明君：《陈介祺年谱》，西泠印社出版社 2015 年版，第 181 页。

③ 王献唐：《五镫精舍印话》，齐鲁书社 1985 年版，第 9 页。

君车画像石为光绪八年（1882）临淄于家庄出土，画像为减地平雕，上部尖锐如屋，正面画像分为两层，上层右为一轺车，御马昂首奋蹄，作疾驰状。车前为车御，执辔按缰，后一人躬身坐于车厢内，此人当为墓主人。马车之上题隶书“君车”。车后紧跟三骑马随从，第一骑后上题隶书“铃下”，第二骑后上题隶书“门下小史”，第三骑后半残。整幅上层画面“极车驰马骤之势”①。下层右有一物似树似芝，当为祥瑞植物，后一骑马者，马尾之上题隶书“门下书佐”，第二骑上有额而未刻，第三骑跟于后，又一似树似芝物，上题隶书“主簿”。左下残。背面无字，“横方阑文如额，中有三兽，首小颈长，四足有尾，奇不可名”②，陈介祺据文献，考证此三兽为三龙。随着后世山东地区汉画像石的不断出土，当可断定此三兽是山东地区汉画像石中常见的“三龙”或“龙虎”形象。陈介祺此论亦开汉画像石图像考释之先声。

陈介祺收藏此石之初，即撰写《临淄东汉画像石记》，对其进行了考证：

> 盖州刺史太守之象，其曰君、使君也。其曰铃下，《东京赋》“疏轂飞铃”，《文选》薛注：飞铃以缇油，广八尺，长拄地，画左青龙，右白虎，系轴头，取两边饰。《诗》“和铃央央”，《传》“铃在旂上”，《尔雅》“有铃曰旂”。此骑者在车后旂下，故曰“铃下”也。其曰门下小史，门下如门亭长、门功曹，书佐小史如干小史二百三十一人，主簿如主簿录阁下事，均见《百官志》。③

陈介祺得此石颇为得意，言：“归里后，访吾乡著录诸汉刻不得，仅得无年月残石三，今于淄得此，亦足慰矣！”④ 并筑亭保存此石，因此石有“君车”二字，自号“君车汉石亭长”，嘱王石经治“君车汉石亭长”白文印。由此可见陈介祺对此石之钟爱。

陈介祺去世后，所藏金石为外人所觊觎，君车画像石亦于宣统元年

---

① 〔清〕陈介祺：《临淄东汉画像石记》，见《簠斋金石文考释》，1914 年罗振玉《云窗丛刻》本。

② 〔清〕陈介祺：《临淄东汉画像石记》，见《簠斋金石文考释》，1914 年罗振玉《云窗丛刻》本。

③ 〔清〕陈介祺：《临淄东汉画像石记》，见《簠斋金石文考释》，1914 年罗振玉《云窗丛刻》本。

④ 〔清〕陈介祺：《临淄东汉画像石记》，见《簠斋金石文考释》，1914 年罗振玉《云窗丛刻》本。

（1909）与曹望憘造像一起经上海流落异域，现藏于法国巴黎博物馆。

二、琅琊刻石捶拓

琅琊刻石原在山东诸城东南百六十里山下，其东、南、西三面环海。《山左金石志》载："乾隆间泰州宫懋让知事见石裂，熔铁束之，得以不颓。"清道光中，铁束散，石碎。后毛澄知县事，筑亭覆之。光绪二十六年（1900）四月前后，一场大雷雨令此石毁失。1921—1922 年，诸城教育局局长王景祥派县视学王培祜前后两次到琅琊台搜寻，将散碎石块凑合，所幸刻石整体伤损很少。后将其移至诸城教育局古物保存所，并题识得石始末，另有孟昭鸿、柯昌泗等刻跋。新中国成立后，该石被移置山东博物馆，1959 年被移置中国历史博物馆（今国家博物馆）。

秦代刻石存世极少，据《史记》共七处，为"峄山刻石"（前 219）、"泰山刻石"（前 219）、"琅邪刻石"（前 219）、"之罘刻石"（前 218）、"东观刻石"（前 218）、"碣石刻石"（前 215）和"会稽刻石"（前 210），称"秦七刻石"。七石后多损毁，属秦代原刻者只存泰山刻石及琅琊刻石，泰山刻石仅存秦二世诏书十字，而琅琊刻石清末存十数行，近百字，且为李斯亲笔所书，故为后世金石、书法家所珍重。陈介祺对琅琊刻石亦推崇备至，曾作《咏琅邪台秦刻石》诗：

> 今篆上推只至李，丰碑屹立始于秦。
> 试呼篆祖兼碑祖，珍重柔豪作字人。

陈介祺认为秦代李斯小篆上承三代、下接两汉，在中国文字史上具有重要意义。琅琊刻石兼"篆祖""碑祖"于一身，可见它的重要性。

陈介祺虽未亲至琅琊台，但曾多次派拓工及助手去琅琊台寻访古物，捶拓碑石。据陈介祺致鲍康、王石经等人的信札记载，同治十二年（1873）八月，陈介祺第一次派人赴琅琊台。参与这次活动的有王石经、丁艮善、何昆玉、宫昱等。

王石经（1833—1918），字君都，号西泉，山东潍县人，为陈介祺的重要助手，精于篆刻、传拓。

丁艮善（1829—1893），字少山，山东日照人，精于小学。

何昆玉（1828—1896），字伯瑜，广东高要人。清代篆刻家，尝客陈介祺家，为陈介祺拓印。

宫昱，字玉甫，江苏泰州人，收藏家。其弟宫本昂常年任职山左。

这次捶拓寻访活动人数多、时间长，陈介祺称“甚盛事也”。这次活动的最主要任务是捶拓琅琊刻石。在陈介祺的指导下，众人精拓琅琊刻石甚夥，且随时派人将拓片送回潍县陈宅。因此可以推断，这次活动完全是由陈介祺资助的。此次捶拓历时约三月，至十月十八日，众人始回潍。陈介祺对这次捶拓活动非常满意，九月六日寄鲍康琅琊台精拓一份，十月十八日寄潘祖荫精拓四份。

同治十三年（1874）三月至五月间，陈介祺又数次遣工往琅琊台拓秦石。同治十二年立春后一日陈介祺致鲍康书云：

> 拓琅邪台秦刻，约四钱一纸八钱一分即可，醵资有三十余分，二三月即可遣工前往。拓毕，再拓晋石，晋石距此八百余里，来往路费过多，每分八钱亦可，非三十余分，则不能往矣！①

可见，陈介祺采取了类似于现今“众筹”的形式传拓琅琊台刻石，可谓为传古不遗余力。“晋石”指“司马长元石门刻石”，位于文登晒字镇崮头集村东南珠山前。同治时期，此地交通主要靠畜力，如非好古如陈介祺，谁肯跋涉八百里捶拓金石？

第三节　造像收藏

北朝隋唐石造像是陈介祺藏石的大宗，也是陈介祺藏石的主体。山东为佛教较早传入地区，以潍县论，观法寺、东明寺、洪福寺等寺院均应建于北朝，清末这些古寺院遗址均有北朝造像出土。潍县周边之临淄、益都、诸城、临朐等北朝时的重镇出土佛教造像更为集中。因此，陈介祺所藏石造像及造像等大多为山东当地所产，另有陕西数种当为西安苏氏为其购置者。

据笔者所辑《表》，陈介祺共收藏各种宗教造像、刻石 125 件：后凉纪年造像 1 件（李节造像）；北朝纪年造像 61 件，其中北魏造像（座）17 件（含萧宝夤隆绪元年王阿善造像），东魏造像（座）9 件，西魏造像 1 件，北齐造

① 陆明君：《陈介祺年谱》，西泠印社出版社 2015 年版，第 265 页。

像（座）26件，北周造像（座）8件；北朝无年月残石37件；隋代纪年造像7件；唐代纪年造像、佛教刻石等10件，无年月造像、经幢、刻石等4件；宋代宗教刻石4件；金代宗教题名1件。约占《表》中全部藏石的86.1%。陈介祺所藏造像年代最早者为十六国后凉太安元年（386）李节造像，最精美、最著名者当属曹望憘造像座。此外，与北朝山东士族崔氏有关的崔懃造像座、北朝道教造像王阿善造像、马落子造像，都是非常有特色的。

一、曹望憘造像座

曹望憘造像座为陈介祺藏石中的精品，据《山左金石志》载，此石原嵌于临淄西桐林庄某民居中，后为助陈介祺购置古物的商河拓工刘泰所寻得，刘泰与物主商洽，将其运至簠斋处。①

此造像座四面刻，三面线刻人物造像，一面题记。线刻构图精美，笔法高古，为北朝造像中仅见。一面为力士托博山炉于头顶，两侧有凤鸟、狮子、莲花、八宝等；一面为像主曹望憘褒衣博带，上张伞盖，前后有六位仆从簇拥，后有一人牵马；另一面应为曹望憘夫人在五位仆从簇拥下行进，后有一人牵牛车；另一面为造像记，整篇造像记近二百字，内容丰富，字体秀劲，已有唐人楷书神韵。

另外，造像记中记载曹望憘官职为“襄威将军、柏仁令”，对于考证北魏柏仁建置有重要意义。战国时期赵国刀币有面文“白人”，《汉书·地理志》《三国志》《晋书·地理志》《魏书·地形志》中皆作“柏人”，而至《隋书·地理志》中已作“柏仁”，可见“柏人”改“柏仁”应在北魏至隋之间。而曹望憘造像记为此提供了更为确切的证据，即在北魏正光六年（525）之前，柏人县已改为柏仁县，修正了《元和郡县考》《太平寰宇记》等史籍中对“柏人”改“柏仁”认识的偏差。②

曹望憘造像于宣统元年（1909）经上海流落异域，1921年被售与法国巴黎博物馆，后辗转入藏美国费城大学博物馆。

---

① 陆明君：《陈介祺年谱》，西泠印社出版社2015年版。第220页。

② 刘萃峰、陆帅：《北朝政区“柏人”改“柏仁”考——以石刻资料为线索》，载《南京晓庄学院学报》2013年第5期。

二、崔懃造像

崔懃造像刻于北魏神龟二年（519），约在同治十三年（1874）四月前归陈介祺，现藏于故宫博物院。据郭麐《潍县金石志》记载，此像出于潍县城西。造像记牵涉当时聚居青齐的士族清河崔氏多人，兹将造像记原文抄录于下：

正面：魏员外散骑常侍中坚将／军三公郎中中散大夫高／阳□右司徒府右长史／崔鸿平西府益州／长流参军荡寇将军齐／州别驾司徒府城居参军／东中郎九州二郡贾板台／使徐州仓曹参军崔鹔／齐州录事参军广川／太守崔鹍／唯大魏神龟二年岁次己／亥九月戊寅朔十一日辛巳／齐州东清河郡俞县人崔／懃削减身资造石像一／躯二侍菩萨上为皇帝陛／下三公主司后为居家眷／属咸同斯福／像主崔懃用钱九千

侧面：法仪兄弟廿五人各钱一百裁佛金色（以下为二十五人题名，略）

关于此造像座的出土地，邱仲鸣先生在《艺术趣味与家族信仰变迁——以崔懃造像座为中心的个案研究》一文中，据造像记中崔鸿等题名及临淄两次北朝崔氏墓地发掘报告，遽定此石为临淄所产，稍显武断。以出土北朝造像和石窟题名为断，多有外地人于此地造像者。如同为陈介祺所藏之曹望憘造像座，造像者曹望憘自署为齐州魏郡魏县人，而此石却为临淄出土。据郭麐《潍县金石志》载，崔懃造像座出土地为潍县西，且此书所收陈介祺藏器皆为陈介祺亲自指授、确为潍县出土者。

崔懃造像记之重要，在于其中包括了当时清河崔氏乌水房多人，临淄北朝崔氏家族墓地的发掘为此造像座的解读提供了更多可能。

清河崔氏为魏晋时期的北方大族，自崔辑等南迁青齐后，成为青齐豪族，如《魏书》中立传之崔光、崔亮、崔鸿等，在北魏权力中枢均烜赫一时。1973 年冬，临淄辛店电厂在施工中发现一批墓葬，山东省文物主管部门前往调查并清理了十四座墓葬。1983 年 4 月，淄博市博物馆和临淄区文管所又在该处清理了墓葬五座，确定为清河崔氏乌水房家族墓葬，除出土一批珍贵文物外，还出土了崔鸿夫妇、崔鹔、崔博（崔鸿侄）、崔德（崔鸿侄）、崔猷（崔鸿堂伯）等人的墓志，这些墓志详细介绍了这一支清河崔氏的仕宦经历，绘出了较完整的谱系。①

北朝时生活于青州的这支清河崔氏除代表了当地的儒家发展水平外，对当地的佛教建设也表现出极大的热情。其中，崔鸿之父崔敬友、崔鸿之妻张玉怜等都为虔诚的佛教徒，甚至崔光、崔敬友之弟出家为僧（释慧顺）。青州龙兴寺出土的“北魏永安三年崔和妻贾淑姿造像”、段松苓《益都金石记》中所记“东魏广福寺造像题名”、青州博物馆所藏“北齐天保九年崔世宗门宝塔之颂”刻石，以及崔懃造像等，均是这一家族信奉佛教的佐证。

崔懃造像是迄今所见最早的崔氏家族投资兴造的造像，造像之年迁居青州的崔氏第三代崔光69岁，而第四代崔鸿等兄弟正值壮年。作为当地儒家经学代表的世家大族，能够堂而皇之地把名字刻于造像座上，说明当时佛教信仰已经被纳入本地的文化体系中。

同时，崔懃造像记中明确说明了造像的具体费用，为研究者精确推断当时的造像成本提供了极好的基础资料。②

三、善业泥像之收藏

鲍康《题唐泥造象拓册》载：“唐善业泥造象，前人未经著录。道光己亥，刘燕庭丈游慈恩寺，始于雁塔下拾得。或全或阙，大小凡八具，全者一面一佛坐莲台，二尊者侍下，或蹲二兽，荫以娑罗树，一面则‘大唐善业泥压得真如妙色身’三行十二字阳文，遒劲若敬客书。”③ 道光十九年（1839），刘喜海在西安慈恩寺发现一种模制的小泥佛像，大多背部有发愿文，当时他捡拾了十几件完好的泥像，这些泥像被收入时人鲍昌熙所著《金石屑》中。这类造像大致有三种，第一种如苏常侍造像，背面铭文多是“印度佛像大唐/苏常侍等共作”。第二种如比丘法律造像，背面铭文文字较多：“大唐国至相寺比/丘法律从永徽元/年已来为国及/师僧父母法界苍/生敬造多宝佛塔/八万四千部流通/供养永为铭记矣。”第三种就是印有“大唐善业/泥压得真/如妙

① 苏玉琼、蒋英炬：《临淄北朝崔氏墓》，载《考古学报》1984年2期；张光明、李剑：《临淄北朝崔氏墓地第二次清理简报》，载《考古学报》1985年3期。

② 邱仲鸣：《艺术趣味与家族信仰变迁——以崔懃造像座为中心的个案研究》，见《艺术史研究》第八辑，中山大学出版社2006年版。

③ 〔清〕鲍康：《续丛稿》，见《观古阁丛刻九种》，上海古籍出版社1992年版，第340页。

色身”字样的小像，其他还有地藏菩萨像（无铭文）、兴福寺造像（仁寿二年兴福/寺少陵原□/眇行者□）、元和十年（815）合州令造像等。因在这类小佛像铭文中有“大唐善业/泥压得真/如妙色身”字样，即本文所说的第三种，故有学者统称这类唐代小泥像为“善业泥像”①。刘喜海的发现，带动了其他金石学家对善业泥像的收藏热情。陈介祺另一同志好友鲍康亦收藏泥像，在《题唐泥造象拓册》中，他说：“荐福寺老僧桂真为余作缘，亦于礼王村之真性寺乞得一具。盖其大者。上二层复有小佛七，均坐莲花台。文则并同其字画，如出一模。”陈介祺在给鲍康的回信中则说：“唐善业泥造像，自当补入（按：指《长安获古编》）。燕翁所藏完者已在弟处，弟亦有完者一二，当并拓附。又有一种泥像可入。其字多质似瓦者，陕伪也。”可见，刘喜海收藏之完整善业泥像后全归陈介祺。刘喜海去世时，其著述多未印行，《长安获古编》《古泉苑》书稿也归陈介祺收藏。因此，陈介祺在与鲍康等友人的信札中，一再提及由金石好友募集款项刊刻刘喜海书稿事宜，并将刘喜海开创收集之善业泥像补入《长安获古编》中。

由上可见，善业泥像被刘喜海发现，后经鲍康、陈介祺等发展并发扬光大，成为清末金石收藏的新品种。

第四节　陈介祺碑刻及造像收藏特点

一、重视潍县及周边碑刻及造像

道光十九年（1839）五月，时年二十七岁且尚在京邸之陈介祺在致“锦江四叔”书中，询及潍县及寿光、昌乐、益都碑刻事宜：

> 寿光南乡纪公台（在玉兔埠不远，台名记不清，大约碑去台甚近），有汉耿弇碑，望用绵纸（薄宣纸宜佳）为拓五十份，拓工须选精手。祺前所留拓碑法务详阅之为要。祺之望此如望岁月，幸勿忽为祷。《山东碑目》已留润轩姻叔处，可取来一看（钞一份更妙）。寿光碑可并访拓，吾邑城西十六里永平社通明寺晋碑务为一访，益都碑已有眉目否？便中望

① 李翎：《擦擦与善业泥》，载《中国美术研究》2013年第2期。

告我。昌乐东坡书石幢不可不移置斋中也。”①

民国《寿光县志·古迹·冢墓》载：“汉建威大将军耿弇墓在县城北十五里王胡城内（今古城街道前王村）。”而汉耿弇碑，《寿光县志》无记载，寿光博物馆今存乾隆十九年（1754）寿光知县王椿所立“东汉建威大将军愍侯耿弇之墓”碑，陈介祺当日所闻之耿弇碑或指此乎？“祺之望此如望岁月”句，可见初涉金石之陈介祺对家乡碑刻资料搜集之迫切。

又“吾邑城西十六里永平社通明寺晋碑”，应指“后晋天福二年重建东明寺碑”。民国《潍县志稿》卷三十八《金石·石类》载：“在县西乡考家庄北东明寺。”或因传抄之讹，或因当时陈介祺主要生活在千里之外的京城，对家乡风物尚不熟识，仅凭耳闻，故有此误。但由此可见，陈介祺碑刻之收藏研究自家乡之碑刻为始并贯穿于其收藏生涯之始终。

陈介祺始终眷眷于心的还有潍县西益都出土的石刻，益都西南多山，出产优质青石，明清以降，多有碑刻、佛教造像出土，“益都好古家多藏碑石，如傅氏、房氏、段氏赤亭、尚氏，家皆极富”②，其《青州访碑目》列出益都金石学家收藏之碑幢、造像等55种，吩咐“照单购求”，上文手札中所说“益都碑”或即指此。

清人叶昌炽称陈介祺对潍县、山左乃至全国金石影响深远：

> 自潍县有陈氏，青齐琬琰，尽出人间。不啻以《诗》《礼》发冢。其鉴别之审，装池之雅，纸墨毡蜡之精，剖析毫发，无美不臻，乡里皆传其衣钵。潍，海滨一小邑耳，至今鬻古者成市。秦金汉玉，无所不有，不独碑版之富也。都门骨董客自山左来者，皆潍人也。近时新出唐墓志多自陕来，魏造象半为齐物，然假托者即出于其间。古石佛无字者，或镌其背，或凿其龛，年月文字，皆能乱真。虽以潘文勤之精鉴，滂喜藏石，亦间为犁邱所眩也。③

在叶昌炽看来，在陈介祺等齐鲁金石学家的带动下，潍县乃至山东形成了一个巨大的金石学行业链，农夫、古董商人、拓工、装裱工匠、印人甚至

---

① 陆明君：《陈介祺年谱》，西泠印社出版社2015年版，第40页。

② 〔清〕陈介祺：《簠斋访碑拓碑笔札（附青州访碑目）》，见《潍县文献丛刊》第二辑，潍县和记印刷局，1933年。

③ 〔清〕叶昌炽撰，王其袆校点：《语石》，辽宁教育出版社1998年版，第34页。

古董作假者都参与其中，陈介祺自谓“负贩求之于乡，牧竖求之于野，能使三千年上文字之在瓦砾者，裒而传之，此亦归里数十年真积之力。从此齐鲁人人心中知有此事，则古文字所全多矣”①，使偏在海隅的潍县成为当时全国的古董集散地，白浪河古铜市场成为全国金石学家向往的“淘宝”圣地。陈介祺金石启蒙之师、金石大家阮元之“公孙吕戈”等都得于潍县古铜市场。据陈继揆先生所辑《簠斋金文题识》，陈介祺藏铜器中得之“潍市”者，有商已亥方鼎残片、鼎、祖癸卣残器、聿贝父辛觯、父甲爵、商重屋簋器、史孔和等。直书“得之白浪河干铜市者”，有伯辟簋残器、左里鉴、堇山方鼎残片。② 随着潍县古董市场的繁荣，日益壮大的潍县古董商人不再满足于本地的古董需求，他们北上京师，西达陕西，南趋河南，成为全国金石大佬们的座上客。

二、“以字为重”，重视对碑刻文字资料的收集

清代前期，由于最高统治者的极力倡导，董其昌、赵孟頫书体盛极一时，与之适应的是帖学大盛，魏晋以来的碑帖被一再翻刻拓印，成为士人学习书法和科举应试的圭臬。但是清代中期以后，帖学的千篇一律和翻刻日益失真等弊病日益显现，使一生摹帖的士人产生了厌倦情绪，他们需要一种新鲜血液注入日益衰落的书法界中。随着清代后期金石学的日益繁盛，三代吉金铭刻、秦汉碑版、六朝造像墓志等出土日多，金石学家们“回归古法”的呼声日高，他们试图改变董其昌、赵孟頫书体一统天下的局面。在阮元、包世臣等金石学家的带领下，他们一改清初崇尚帖学的传统，更加注重从金石等古人的实物文字资料中汲取书法营养。正如康有为所论：“碑学之兴，乘帖学之坏，亦因金石之大盛也。”③ 由于特殊的历史原因，汉隶和北朝碑刻文字成为篆书向楷书转化过程中的活化石。陈介祺是清末书法界革命的努力实践者。对于古文字学家陈介祺来说，汉代以来碑刻、造像题名等文字与三代吉金铭刻组成了汉字“篆书—隶书—楷书”的完整演变序列，也成为他实践书法革

---

① 光绪三年（1877）八月二十五日致吴大澂札。转引自陆明君：《陈介祺年谱》，西泠印社出版社 2015 年版，第 344 页。

② 陈继揆著，陈进整理：《万印楼印话》，天津人民美术出版社 2014 年版。

③ 〔清〕康有为：《广艺舟双楫》“尊碑第二”，中国书店 1983 年版。

新、自成书法一派的两件法宝。陈介祺精研北朝碑刻文字并娴熟运用是在其四十岁前后，其咸丰二年（四十岁）时所作《毛公鼎释文》小楷峭拔，卓尔不群，明显显现出魏碑笔意。[①] 对于陈介祺自创之“簠斋体”，刘恒先生认为：“用笔取六朝，转折师汉隶，结构参金文，因而面目奇特，风格独树。”[②] 可见，陈介祺在收藏汉魏碑刻的同时，不断探索并进行书法实践，为力图纠正当时书法之弊而刻意求新。

陈介祺藏器最注重的是器物上文字的价值，这种思想同样贯穿于其石刻收藏中。“天地间惟以文字为重，文字以古为重”[③]，陈介祺所藏刻石，虽多为残碑断碣，文字皆有可取。清末人论北魏初期碑刻文字：“孝文以前，文学无称，碑版亦不著。今所要者，惟有三碑。道武时则有秦从造像、王银堂题名，太武时则有巩伏龙造像、赵埛造像，皆新出土者也。虽草昧初构，已有王风矣！”[④] 其中，北魏天赐三年（406）王银堂等五人造像残石、北魏皇兴三年（469）赵埛造像、巩伏龙造像皆为陈介祺所藏，由此也可看出陈介祺收藏石刻之精审。

---

① 陆明君：《簠斋研究》，荣宝斋出版社 2004 年版，第 115～116 页。

② 刘恒：《中国书法史·清代卷》，江苏教育出版社 1999 年版，第 227 页。

③ 同治十二年五月二十五日致苏亿年札。转引自罗宏才：《新发现的两通陈介祺书信》，载《文物》1995 年第 1 期。

④ 〔清〕康有为：《广艺舟双楫》“备魏第十”，中国书店 1983 年版。

附：

簠斋藏石表

序号	名称	时代	出土地	铭刻内容	入藏簠斋年月	现存何处	资料出处	备注
1	君车画像石	东汉	临淄于家庄	“君车”“铃下”“门下小史”“门下书左”“主簿”	光绪八年（1882）	法国巴黎博物馆	《簠斋金石文考释》《善本碑帖录》	
2	“太山之石”残石（又名黄神石刻、王子移葬表）	汉	潍县寒亭东埠	太山之位黄神宗伯土府土/主分□王子移葬易居予/不訾留者已留去者已/者去东岳之目青石用表/□□青与祖□夷角用/三□什人有寿肖□人之□	光绪十年（1884）正月前	故宫博物院	《潍县金石志》、《潍县志稿》、《善本碑帖录》、《北京图书馆藏中国历代石刻拓本汇编》（第一册）	
3	“贰用”等字残碑	汉		□民 贰用 □係			《增补校碑随笔》	
4	“爵千”等字残石	汉		……爵千……			《烟潍路工赈纪略·古物调查》《上海博古斋2009年春季大型艺术品拍卖会图录》	
5	“处士”等字残碑阴	晋		士城阳徐□ 处士北海微□公□ 处士北海徐烈□楷 处士东莱□炽文昌 处士□□□□□□□□		故宫博物院	《增补校碑随笔》《善本碑帖录》《魏齐晋唐佛造像》拓本册	《增补校碑随笔》著录为汉

（续表）

序号	名称	时代	出土地	铭刻内容	入藏簠斋年月	现存何处	资料出处	备注
6	李节造像	后凉太安元年（386）		李节今依上祖舍□子坡□／福严下寺后住仙师上□／伏恩下□□□东至河／南至□□高□北至河西□／十日　大安元年立			《簠斋藏古目（石）》《簠斋藏金石拓片三种》《宝簠斋金石目》	《捃古录》定为北魏
7	王银堂等五人造像残石	北魏天赐三年（406）		天幽崇如□／绝有形之表／□里□言／超数量之／外是以能□／□□言于／鹿林潜真／向然钦法／师识度洁旷／邑主秦从卌人／□三年岁在丙／午四月十五日造（余为题名，略）			《簠斋藏金石拓片三种》	
8	鱼玄明墓志残石	北魏皇兴二年（468）		皇兴二年戊申岁十一/月癸卯朔十九日辛酉/安西将军雍州刺史/明康公鱼玄明之铭			［日］清原实门《陈介祺的收藏》后所附拓片	施哲存藏拓本，陶冷月题为“北魏鱼玄明砖铭”
9	赵珚造像	北魏皇兴三年（469）	黄县	唯大魏皇兴三年定州中山郡／赵珚为亡父母亡兄造弥勒像一／区若在三途速令解脱若生人间／王侯子孙舍身□□常与佛会／愿见世安隐愿愿从心使一切众／生普同斯愿		山东博物馆	《簠斋藏金石拓片三种》、山东博物馆藏造像拓本、《北京图书馆藏中国历代石刻拓本汇编》（第三册）	

（续表）

序号	名称	时代	出土地	铭刻内容	入藏簠斋年月	现存何处	资料出处	备注
10	道民王伯安造老□像（又名“刘女共姜造像”）	北魏太和十四年（490）		正书，太和十四年岁次庚□九月四日			《簠斋藏金石拓片三种》《簠斋藏古目（石）》《宝簠斋金石目》《南北朝存石目》	
11	张相造像	北魏延昌二年（513）	陕西泾阳	延昌二年／岁在癸巳三／月乙卯朔廿九／癸未相为／眷属造／天尊一区／愿大小同□／息男胡女／息男舍□／息女罗朱／胡妻杨兴女			《宝簠斋金石目》《簠斋藏金石拓片三种》	
12	崔懃造像座	北魏神龟二年（519）	潍县城西	正面：魏员外散骑常侍中坚将／军三公郎中中散大夫高／阳□右司徒府右长史／崔鸿平西府益州／长流参军荡寇将军齐／州别驾司徒府城居参军／东中郎九州二郡贾板台／使徐州仓曹参军崔鹔／齐州录事参军广川／太守崔鹍／唯大魏神龟二年岁次已／亥九月戊寅朔十一日辛巳／齐州东清河郡俞县人崔／懃削减身资造石像一／躯二侍菩萨上为皇帝陛／下三公主司后为居家眷／属咸同斯福／像主崔懃用钱九千 侧面：法仪兄弟廿五人各钱一百裁佛金色（以下为题名，略）	同治十三年（1874）四月前	故宫博物院	《潍县金石志》、崔懃造像座拓片、《簠斋尺牍》、《宝簠斋金石目》	

（续表）

序号	名称	时代	出土地	铭刻内容	入藏簠斋年月	现存何处	资料出处	备注
13	周存妻造像记残石	北魏正光元年（520）	临淄	正面：……□光元年二月……/……王贞去武……/……官遣……/……发心…… 背面：……周存妻……			《北京图书馆藏中国历代石刻拓本汇编》（第四册）	
14	严小洛造像	北魏正光二年（521）	陕西泾阳	正面：清信士/严小洛/息男/阿儁/清信女/杜阿尧 背面：正光二年岁/在辛丑七月□□/□三日己亥/严小洛兴/慈心减□/造石像一区□/属所愿□ 左侧：复为七世所生/龙花□会/□□□首 右侧：□严舅/妻孙小陵			《宝簠斋金石目》、《簠斋藏金石拓片三种》、《北京图书馆藏中国历代石刻拓本汇编》（第四册）	
15	赵清女等四百人造像残石	北魏正光六年（525）	广饶段家庄		同治十一年（1872）		《陈介祺年谱》	商河拓工刘泰辇来，断而为五
16	宝渊造像	北魏正光六年（525）		大魏正光六年岁在乙巳朔廿二日丙寅比丘尼宝渊上为亡父母□师敬造像一躯幻容已就愿令亡者□西方妙乐国土恒在龙华树下三			《宝簠斋金石目》、［日］宫泽正顺《昙鸾的佛教与道教》（杨笑天译，《佛学研究》	商河拓工刘泰所致

（续表）

序号	名称	时代	出土地	铭刻内容	入藏簠斋年月	现存何处	资料出处	备注
				会说法常与仏居若下生人间□为国王长者及众生普同斯愿所愿如是比丘尼宝渊比丘尼宝宣比丘尼宝纪比丘尼□建比丘尼宝悦比丘尼宝豫一切众生咸同成仏			2007 年第 1 期）、《陈介祺年谱》	
17	曹望憘造像	北魏正光六年（525）	临淄	大魏正光六年岁次□/□三月乙巳朔廿日甲/子　夫法道初兴则十/方趣一释迦启建则含/生归伏然神潜涅槃入/于空境形坐玄宫使□/迷后轨襄威将军柏仁/令齐州魏郡魏县曹望/憘是以仰思三宝之踪/恨□逢如来之际减己/家珍玄心独拔敬造弥/勒下生石像一躯愿以/建立之功使津通之益/仰为家国己身眷属永/断苦因常与佛会七世/先亡神升净境亲表内/外齐沐法泽一切等类/共沾惠液/堂堂福林荡荡难名知/财非己竭家精成佛潜/已久今方现形非直普/闰六合扬名	同治十一年（1872）前	美国费城大学博物馆	《宝簠斋金石目》、曹望憘造像拓片、《簠斋研究》、《陈介祺年谱》	商河拓工刘泰所致

（续表）

序号	名称	时代	出土地	铭刻内容	入藏簠斋年月	现存何处	资料出处	备注
18	杨丰生造像	北魏孝昌三年（527）		大魏孝昌三年岁次丁未□月／戊巳朔廿日壬子佛弟子杨丰生减／割家珍为亡父嵩敬造石像一区愿／亡者上生天宫下生人间胡王长者／堕洛三途待□诸佛速令解脱／佛弟子杨嵩弟子杨□兴			《宝簠斋金石目》《簠斋藏金石拓片三种》	
19	王阿善造像	萧宝夤隆绪元年（527）	陕西出土	正面存“玉皇土”，侧面存“隆绪元年十一月廿五日女官王阿善／造像二躯愿母子长为善居”“亡夫冯阿树／亡息冯义显”，背面存“道民女官／王阿善／乘车上”“侄／冯毌妨乘马上／息冯法兴乘马上”		国家博物馆	《宝簠斋金石目》、王阿善造像拓片	
20	比丘□道勇造像	北魏建义元年（528）	临淄	□□齐□临淄县阳侯寺比丘□道勇造弥勒□□四面尊像，正书，建义元年岁次戊申六月丁亥朔十□日辛□			《南北朝藏石目》	
21	张神远造像	北魏永安三年（530）		大魏永安／三年五月／十日清信／士张神远／敬造石像／一躯供养／上为亡父／母现前兄／弟妻子／眷属愿舍／形受身／常处妙境／□佛闻法／悟元生思／一切众生／咸蒙法□			《北京图书馆藏中国历代石刻拓本汇编》（第五册）	《南北朝存石目》作清信士张仲远造石像

（续表）

序号	名称	时代	出土地	铭刻内容	入藏簠斋年月	现存何处	资料出处	备注
22	太昌造像	北魏太昌元年（532）	潍县	太昌元年十二月……张佛……老弟三人为父／母造像一区	光绪十年（1884）正月前		《簠斋尺牍》光绪十年（1884）正月廿三日致王懿荣函、《魏齐晋唐佛造像》拓本册	
23	赵和等造像残石	北魏		俱为题名，略			《簠斋藏金石拓片三种》	
24	天平二年造像残石	东魏天平二年（535）		天平二年五／月十四日比丘／僧更造石／像一区……			《南北朝存石目》、《宝簠斋金石目》、《魏齐晋唐佛造像》拓本册	《南北朝存石目》作比丘僧□爱造石像残字，《宝簠斋金石目》作天平二年比丘□曾受造像残石
25	宝藏造像座残石	东魏兴和二年（540）		大魏兴和二年／岁次庚申七月／十五日豫姊比／丘尼宝藏为／之管建□□／愿□□□□／同归佛……		山东博物馆	《北京图书馆藏中国历代石刻拓本汇编》（第六册）、山东博物馆藏造像拓本	

（续表）

序号	名称	时代	出土地	铭刻内容	入藏簠斋年月	现存何处	资料出处	备注
26	昙陵造像残石	东魏兴和二年（540）		大魏兴和二年岁／次庚申七月丙子／朔廿五日庚子比／丘尼昙陵为师僧／父母内外眷属敬／□观世音像一／□□切众生咸……			《北京图书馆藏中国历代石刻拓本汇编》（第六册）	同治九年簠斋题张允勷赠“金沙泉”三字拓云：“同治庚午春，郭君子嘉于渠邱北潍邑南之王峻寺访得魏兴和残石。”或即指此
27	马都爱造像座	东魏兴和二年（540）	临淄	大魏兴和二年／岁次庚申十月／□巳朔七日新亥／夫至□湛然非／神舟无以泛其／津大夜重昏非／大觉莫能悟／其迹释迦如／来修功德于旷／劫之前收妙果／法云之后故能／绝迹尘外道证／群生者也／马都爱敬造石／像一躯仰为／父母愿往生西／方妙乐国土发／愿兄弟姉妹一切／眷属所生之／处值佛闻法一／切众生愿值／勒怆登先首（后为题名，略）			《北京图书馆藏中国历代石刻拓本汇编》（第六册）	

（续表）

序号	名称	时代	出土地	铭刻内容	入藏簠斋年月	现存何处	资料出处	备注
28	孙思宾等三十七人造像座	东魏兴和二年（540）		大魏兴和二年岁次／庚申十二月甲辰朔／□九日青州北海郡／□东县人孙思宾法／义卅七人敬造石像／一躯上为国王帝主／□僧父母居家眷属／□为一切众生普同／□福（后为题名，略）			《北京图书馆藏中国历代石刻拓本汇编》（第六册）	
29	尼静悲造像	东魏兴和四年（542）	潍县城内撞钟院巷	兴和四年／六月八日佛弟／子静悲敬造／观音像一躯／上为皇帝陛／下后为师僧／父母及自己／身居山眷内外／后为法界群／生有形之类／皆同此福			《宝簠斋金石目》、《潍县金石志》、《北京图书馆藏中国历代石刻拓本汇编》（第六册）	
30	成休祖造像	东魏兴和四年（542）		正面：成休祖／妻李莀／息绍宗 背面：兴和四年三月七日清信佛弟子／成休祖敬造观世音像一躯愿使夫／妻息绍宗三口悉皆平善老者延／年少者益寿易学聪明仕官速／迁所来而愿　成绍宗记			《金石千秋——纪念陈介祺诞辰二百周年藏品选》、《北京图书馆藏中国历代石刻拓本汇编》（第六册）	
31	刘目连造像	东魏兴和五年（543）	临淄	大魏兴和五年岁次癸亥正月／壬戌朔二日癸亥雍州长安刘／目连敬造观世音像一躯／愿使夫妻见世安稳			《北京图书馆藏中国历代石刻拓本汇编》（第六册）	先归诸城李氏，后归簠斋

（续表）

序号	名称	时代	出土地	铭刻内容	入藏簠斋年月	现存何处	资料出处	备注
32	曹全造像座	东魏武定元年（543）		大魏武／定元年／岁次任／亥九月／戊子朔／清信士／女佛弟／子曹全／为亡夫／己息□			《宝簠斋金石目》、《北京图书馆藏中国历代石刻拓本汇编》（第六册）	
33	巩伏龙造像	西魏废帝元年（552）一说北魏太和十七年（493），又说太武帝延和元年（432）		背面：大魏国元年岁次壬申／六月丁酉朔十一日丁未／正信佛弟子巩／伏龙为亡比丘慧□／造石像一区愿亡师／业□永消常生净／土住大乘海为／□尊首清信女窦□女 左右侧为题名，略			《宝簠斋金石目》、《簠斋藏金石拓片三种》、《北京图书馆藏中国历代石刻拓本汇编》（第三册）	
34	道常造像	北齐天保四年（553）	寿光	正面：大齐天保／四年岁次／癸酉八月／辛卯朔十／九日己酉／过宋寺比／丘道常减／割衣钵之／资敬造太／子像一躯／普为一切 右侧：众生国王／帝主师僧／父母普同／斯福		上海博物馆	《宝簠斋金石目》、《潍县金石志》、《魏齐晋唐佛造像》拓本册	

（续表）

序号	名称	时代	出土地	铭刻内容	入藏簠斋年月	现存何处	资料出处	备注
35	兵曹参军兄弟等残造像	北齐天保七年（556）	潍县东南上庄	非……幽……是……自……遂……造石□像……求无尽……练金石……却讵谓……仍……之功妣姊……还……仓仪兄……母居家眷属……弥勒下生愿……大齐天保七年／十二月辛未朔八日兵曹□军……兄弟等刊石……骑兵参军……府士曹参军……（以下为题名，略）			《宝簠斋金石目》《潍县金石志》	
36	王频造像座	北齐天保九年（558）	潍县治西撞钟院巷菩萨庙	正面：大齐天／保九年／七月十／五日清／信士女／王频敬／造弥勒／石像一躯／仰为亡／□夏显 右侧：伯愿令／亡夫托／生西方／妙乐国／土师僧／父母居／眷大小／一切 后面：众生咸／同斯福／夏客生／妻树 左侧：夏显伯／妻王频／女明照／女提赉／息桓域 像座上面：比丘／尼乔／晕		民国时归山东省图书馆	《潍县金石志》、《潍县志稿》、《魏齐晋唐佛造像》拓本册	

（续表）

序号	名称	时代	出土地	铭刻内容	入藏簠斋年月	现存何处	资料出处	备注
37	张康张双兄弟造像	北齐天保八年（557）		座四面：大齐天／保八年／三月廿／□日佛／弟子张／康张双／兄弟二／人敬造／观世音／象一躯／愿七世／父母及／法界众／生咸同／斯果			《北京图书馆藏中国历代石刻拓本汇编》（第七册）	
38	张归生造像记	北齐天保九年（558）		大齐天／保九年／三月廿／三日张／归生敬／造卢舍／那像一／躯愿生／父母托／□佛国／居门眷／属常与／善会法／界仓生／咸登斯／愿			《北京图书馆藏中国历代石刻拓本汇编》（第七册）	
39	张疵造像（又名“清信士□海岑等造像记”“龙兴邦等造像”）	北齐天保十年（559）	临淄	十方像主张疵／大齐天保十年岁次己卯六／月□□朔八日癸巳清信士／□北海太守龙兴邦□给知／□□□□幽□□积珍难同／是□□□心清信士张□□／□□敬造十方□迦□□／躯未及□就邦□□□／□□□□□竭家珍□□／□□□□□世愿□□隆□／□□□一切众生皆同斯愿（以下为题名，略）			《宝簠斋金石目》、《北京图书馆藏中国历代石刻拓本汇编》（第七册）、《簠斋藏古目（石）》	《宝簠斋金石目》作“天保十年龙兴邦等造像幢。上十面，下六面”。

（续表）

序号	名称	时代	出土地	铭刻内容	入藏簠斋年月	现存何处	资料出处	备注
40	王鸭脸造像	北齐天保十年（559）		背光后：天保十年腊月八／日十四人造石佛一丘／王鸭脸镜盛端尼盛真尼／逢由王影辽枏好王宠桃／李光陈骋王赏靡胜逢／上为皇帝陛下一切／众生有刑之类俱福 座下：尼叶□□报			《北京图书馆藏中国历代石刻拓本汇编》（第七册）	
41	都昙□造像	北齐天保十年（559）	潍县西南小许家庄庙中	天保十年门……月十六日丁亥……任辰日……阳郡都昙……为亡父母亡姊／敬造卢舍那／像一躯			《宝簠斋金石目》《潍县金石志》	
42	宇文仲造玉像	北周武成元年（559）		正面：周武成元年□□／己卯九月乙卯朔□／日己未仪同三司大／都督宇文仲为亡／父太尉及亡兄亡／弟过去眷属／七世父母造玉像／一区愿亡者□□ 左侧：□□□□□／□善一切众生／咸同斯福			《宝簠斋金石目》《簠斋藏金石拓片三种》	
43	智念造像	北齐乾明元年（560）		大齐乾明一／年岁次庚辰／五月辛亥朔／十五日乙丑／像主智念等／仰为皇帝师／僧父母亲知／眷属法界含／生同升妙乐（下为题名，略）			《藏帖浅识》、《魏齐晋唐佛造像》拓本册	

（续表）

序号	名称	时代	出土地	铭刻内容	入藏簠斋年月	现存何处	资料出处	备注
44	欧伯罗夫妻造像	北齐乾明元年（560）		惟大齐乾□□／年岁次甲辰□／月庚戌朔十日／己未／摩诃大檀越欧／伯罗夫妻为□／女华姜敬造□／舍那像一躯□／使士□转命□／积成耳无量□／净远垢香供□／又见在父母亡／过七世目前子／孙并及一切□／斯并福		山东博物馆	《北京图书馆藏中国历代石刻拓本汇编》（第七册）、山东博物馆藏拓本	
45	许儁三十人等造像	北齐皇建二年（561）		大齐皇建二年／岁次辛巳十月／癸酉朔卅日壬／寅许儁孙洪珍／其执回田野禄／法义卅人等知／身无常割舍依／资敬造卢舍那／像一躯上为国／王帝主师僧父／母居家眷属亡/者生天现存护／宗一切众生普／同斯福（下为题名，略）		山东博物馆	《宝簠斋金石目》、《北京图书馆藏中国历代石刻拓本汇编》（第七册）、山东博物馆藏拓本	
46	马落子造像	北周保定元年（561）		保定元年四月三日道／民马落子皂西王老／君像一区上为七世／父母所生父母□缘／眷属一□成道（余为题名，略）			《簠斋藏金石拓片三种》	
47	秦回亟造像	北周保定元年（561）		秦回亟为亡父兄造像，正书，保定元年六月十一日			《南北朝藏存石目》	

（续表）

序号	名称	时代	出土地	铭刻内容	入藏簠斋年月	现存何处	资料出处	备注
48	郭贤造像	北周保定四年（564）		维周保定四年／岁次甲申五月／八日使持节骠／骑大将军开府／仪同三司大都／督郑／州柱／国吴／国公／总管府长史昌／乐县开国公郭／贤敬造释迦牟／尼像一区			《宝簠斋金石目》、《簠斋藏金石拓片三种》、《北京图书馆藏中国历代石刻拓本汇编》（第八册）	
49	李明显造像座	北周保定五年（565）		保定五年岁次乙酉八月廿四日□／弟子李明显为亡／女阿他亥孙女赵／长妃敬造释迦石像／一区愿亡女阿他等／面奉慈尊及法／众生速成佛道			《宝簠斋金石目》、《簠斋藏金石拓片三种》、《北京图书馆藏中国历代石刻拓本汇编》（第八册）	
50	法仪百余□等造定光像	北齐河清年间					《簠斋尺牍》《南北朝存石目》《宝簠斋金石目》	
51	比丘明空等七人造像	北齐河清三年（564）	益都旧弥陀寺旧址	大齐河清三／年岁次甲申／三月己未朔／十八日丙子／比丘明空等／七人仰为□／现师父母□／王帝主及一／切众生敬造／卢舍那像一／躯愿善道资／身福因闰识／等悟思修齐／鉴我净长乖／四生永登一／实	咸丰初年		《益都金石记》卷一、《北京图书馆藏中国历代石刻拓本汇编》（第七册）、梦石山房藏清拓本	先归益都李文世，咸丰初归簠斋

（续表）

序号	名称	时代	出土地	铭刻内容	入藏簠斋年月	现存何处	资料出处	备注
52	严□顺兄弟造四面龛像座	北齐天统元年（565）	益都西关城隍庙西	□□昌随缘□／□逐感深明□／□自达无生□／□前尚书严□／顺兄弟仰为／亡考宁远将／军东海太守□／郡都督带郯城／戍主亡妣神识／等敬造龙华四／面龛像阿难迦／叶菩萨诸天□／于大齐天统元／年五月十五□／管就光明竟□／□万日之绕□／□□好争燃□／□□之旋壁庑／□□妣神居□／□□九有而□／□□眷属四□／□□□而辞		山东博物馆	光绪《益都县图志》、《北京图书馆藏中国历代石刻拓本汇编》（第七册）、山东博物馆藏造像拓本	原藏益都古西关房氏，后归簠斋，光绪《益都县图志》"严□顺"作"严□慎"
53	吴莲花造像座（又名"法义优婆姨等造像"）	北齐天统元年（565）	潍县东南全河头庄（古桑犊城故址）	大齐天统元年岁次/乙酉七月辛巳朔十/五日乙未/盖道原冲廓至理幽/悬法胄睢盱渺然叵/识但群生禀灵事等/两照倏忽将移不殊/逝水且六尘之乐易/过三途之苦难越如/同法义优婆姨等禀/性神机并合雅睿晓/法识空体如指掌知/财是败身之毒明福/为依归之业舍割资/珍敬造娑罗像一躯/能镂真容不异右胁/物证诸镌和光未殊/火倪新见上为皇帝/师僧父母居眷一切/同咸斯业其颂曰/法宗冲默体相叵寻/迷途谓浅晓者知深/初性未别禀识有殊/和福保身财将败躯（以下为题名，略）	同治八年（1869）		《宝簠斋金石目》、《潍县金石志》、《簠斋藏金石拓片三种》、《北京图书馆藏中国历代石刻拓本汇编》（第七册）	

（续表）

序号	名称	时代	出土地	铭刻内容	入藏簠斋年月	现存何处	资料出处	备注
54	董桃树残造像	北齐天统二年（566）		背面：构楼万仞非凭基……地取圆会托因而……佛弟子董桃树根……火宅焚煎遂追聚……石像一龛采画薄……借此微善愿/皇祚永隆八方……存亡眷属逮及形…… 侧面：大齐天统二年岁次……			《北京图书馆藏中国历代石刻拓本汇编》（第七册）	
55	□德造像	北齐天统三年（567）		背面：天统三年七月十五……/德父在时失象一……/侍处后愿家口……			《北京图书馆藏中国历代石刻拓本汇编》（第七册）	
56	曹景略造像	北齐天统五年（569）	益都	大齐天统五/年岁次己丑/四月庚申朔/廿三日壬午/佛弟子曹景/略为亡息庆/绍造卢舍/那舍象一躯/愿使托生宫/殿恒在佛所/又为居家/眷属见/在安隐（以下为题名，略）		山东博物馆	《宝簠斋金石目》、《北京图书馆藏中国历代石刻拓本汇编》（第七册）、《簠斋藏金石拓片三种》、山东博物馆藏拓本	
57	天统造像残石	北齐天统□年		……齐天统……岁次……			《魏齐晋唐佛造像》拓本册	

（续表）

序号	名称	时代	出土地	铭刻内容	入藏簠斋年月	现存何处	资料出处	备注
58	司马治中造像座	北周天和五年（570）		天和五年□／次庚寅七月／壬子朔十八日／己巳□□／司马治中□／□上为□□／□敬□□□／音像一区			《宝簠斋金石目》、《北京图书馆藏中国历代石刻拓本汇编》（第八册）	
59	慕容士建造像座	北齐武平二年（571）		大齐武平二年六月／八日前杨领□开府／行参军慕容士建自／以凛形气像资荫□／□奉法倾心投诚竭／心敬为□兄特进□／□大将军开府仪同／三司前杨州道□□／□仆射尚书令都督／□北□车荆蛮□／□南兖项城□阳／□□胶州颍州赵州／□州合十三州□□／□□城□西□县开／国伯阳城郡开国公／□氏县开国公食□／□阳郡幹新除光州刺／史义安王并仪同□／□十一人等造阿弥／陀像并观世音大势／至菩萨三躯愿主□／□四大长享万国积／□不已传位无穷仍／□亡考神灵托生西／方妙乐国土今身后／□善缘相逢见在内／□长蒙康善兄弟五／□并及眷属率土有／□之徒沾以无形之／□并愿同日离苦俱／时登乐			《宝簠斋金石目》、《北京图书馆藏中国历代石刻拓本汇编》（第八册）	

（续表）

序号	名称	时代	出土地	铭刻内容	入藏簠斋年月	现存何处	资料出处	备注
60	辛洪略造像	北周天和六年（571）		天和六年／五月廿□／日佛弟□／别将辛洪／略为亡父／敬造世加／石像一区／今得成就（下为题名，略）			《宝簠斋金石目》、《簠斋藏金石拓片三种》、《北京图书馆藏中国历代石刻拓本汇编》（第八册）	
61	邹道隆尔僧香造像	北周建德元年（572）		背面：尔僧香先愿造像一区□□□就／建德元年造托正面左右侧为题名，略			《宝簠斋金石目》《簠斋藏金石拓片三种》	
62	王马居造像座	北齐武平三年（572）	益都	大齐武平三／年十一月乙／卯朔一日壬／清信佛弟子／故人王马居／眷属等敬／造观世音／菩萨一躯／上为皇帝／陛下七世父／母一切有形／咸同斯福／像主王马居（下为题名，略）			《宝簠斋金石目》、《簠斋藏金石拓片三种》、《北京图书馆藏中国历代石刻拓本汇编》（第八册）	
63	曹臺造像座	北齐武平三年（572）	益都	大齐武□三／年十一月乙／卯朔一日壬／正信佛弟子／故人曹臺眷／属等敬造卢／舍那像一躯／上为皇陛下／七世父母／一切有形咸／同斯福（下为题名，略）			《宝簠斋金石目》、《簠斋藏金石拓片三种》、《北京图书馆藏中国历代石刻拓本汇编》（第八册）	

（续表）

序号	名称	时代	出土地	铭刻内容	入藏簠斋年月	现存何处	资料出处	备注
64	法绅造像	北齐武平四年（573）	益都	大齐武平四年九月十五日比丘尼法绅识生生之虚有知灭灭之为空遂割衣钵之余仰为亡父母敬造卢舍那像一区爰始成就上为国王帝主臣僚百官又为过现未来三世师僧父母一切法界众生俱同斯福			《烟潍路工赈纪略·古物调查》(《山左金石志》《益都县图志》称在青州府署财神阁,不知孰是)	
65	淳于元皓造像座	北齐武平五年（574）	诸城	大齐武平五／年岁次甲午／四月辛卯朔／八日戊戌佛／弟子淳于元／皓为亡弟双／皓敬造无量／寿佛一躯并／二菩萨愿亡／者托生西方／常愿闻法侍／佛见存同福			《宝簠斋金石目》、《簠斋藏金石拓片三种》、《北京图书馆藏中国历代石刻拓本汇编》(第八册)	
66	比丘尼慧远造像	北齐武平六年（575）		□齐武平六年／乙卯朔一日比／丘尼慧远为亡师敬造卢舍那像□／躯上为皇帝陛□／师僧父母法界众／生□升净土／比丘尼像主法□／比丘尼像主阿书／比丘尼阿静／比丘尼法思／比丘尼法仵／比丘尼香毋			《魏齐晋唐佛造像》拓本册	

（续表）

序号	名称	时代	出土地	铭刻内容	入藏簠斋年月	现存何处	资料出处	备注
67	高道乾造像残石	北齐武平七年（576）		信士佛弟子□□高道乾题名，正书，武平七年岁次			《南北朝存石目》	
68	背光佛造像	北朝		石泐如沙，仅可识：……敬造……家眷……父母……	光绪三年（1877）八月廿一日前		《金石千秋——纪念陈介祺诞辰二百周年藏品选》	谭君所赠
69	王太等题名八面残石（又名绥远将军宋承祖等题名残石）	北朝	潍县东南石马坟庄小汶河畔	俱为题名，略	同治八年（1869）末		《宝簠斋金石目》《潍县金石志》《陈介祺年谱》	
70	冯宣等题名残佛背光	北朝	潍县城南（一说出诸城）	俱为题名，略			《宝簠斋金石目》《潍县金石志》《簠斋藏金石拓片三种》	
71	木苗邨人□登造像残石	北朝	潍县城南	岁……寅八月壬……朔十八日己……木苗村人……登兄弟等……家珍敬……母			《宝簠斋金石目》《潍县金石志》	
72	两面佛龛碑额成贤等题名残石	北朝	潍县东南盛盆社庄	俱为题名，略			《潍县金石志》《簠斋藏金石拓片三种》	

（续表）

序号	名称	时代	出土地	铭刻内容	入藏簠斋年月	现存何处	资料出处	备注
73	刘子欢造像	北朝		背部漫漶，正面俱为题名，略			《簠斋藏金石拓片三种》	
74	耿僧文造像座	北朝		俱为题名，略			《2013年西泠印社秋季拍卖会图录》《簠斋尺牍》《宝簠斋金石目》	
75	造像残石	北朝		……清□……大魏……年……			《魏齐晋唐佛造像》拓本册	
76	阴□造像残石	北朝		……阴□敬造……像一躯上……母兄弟……家眷属……同斯……			日本友人赠陈介祺纪念馆拓片	
77	□妙胜造像	北朝					《宝簠斋金石目》《簠斋藏古目(石)》	
78	言财造像残石	北朝					《宝簠斋金石目》《簠斋藏古目(石)》	
79	李楚等造像残石	北朝					《宝簠斋金石目》、《簠斋藏古目(石)》	
80	佛经残石	北朝	益都	隶书，存七字			《宝簠斋金石目》《簠斋藏古目(石)》	

（续表）

序号	名称	时代	出土地	铭刻内容	入藏簠斋年月	现存何处	资料出处	备注
81	残碑	北朝	益都	五行，可辨“胜皇王有”等十六字			《宝簠斋金石目》《簠斋藏古目（石）》	
82	残碑	北朝	益都	六行，可辨“�运赫矣”等十九字			《宝簠斋金石目》《簠斋藏古目（石）》	
83	塔主朱刚造像残碑	北朝		二面，都邑主□买奴十七人等造像，塔主朱刚像主成贤等名残石			《簠斋藏古目（石）》《南北朝存石目》	
84	菩萨光明生（应为“主”）扈□□扈罗□扈终憘等题名残石	北朝					《南北朝存石目》	
85	随那主□韩残石	北朝					《南北朝存石目》	
86	维那比丘等字残石	北朝					《南北朝存石目》	
87	□□董僧佛□那逢子光等石残石	北朝					《南北朝存石目》	

（续表）

序号	名称	时代	出土地	铭刻内容	入藏簠斋年月	现存何处	资料出处	备注
88	□□景文□那解苟等名残石	北朝					《南北朝存石目》	
89	□丰□□明王命过等名残石	北朝					《南北朝存石目》	
90	□过孙兀字奂过孙都憘等名残石	北朝					《南北朝存石目》	
91	法义□□王匡等字残石	北朝					《南北朝存石目》	
92	造石□贾氏供养等字残石	北朝					《南北朝存石目》	
93	比丘仰比丘法□等字残石	北朝					《南北朝存石目》	
94	耿玄张兴等名残石	北朝					《南北朝存石目》	
95	衣乏民宋显等名残石	北朝					《南北朝存石目》	
96	□龟陈胤伯等名残石	北朝					《南北朝存石目》	

（续表）

序号	名称	时代	出土地	铭刻内容	入藏簠斋年月	现存何处	资料出处	备注
97	□郎陈□等名残石	北朝					《南北朝存石目》	
98	为皇家师僧父母亡过儿等字残石	北朝					《南北朝存石目》	
99	盖生灭□等字残石	北朝					《南北朝存石目》	
100	息□同有邑等字残石	北朝					《南北朝存石目》	
101	见生等字残石	北朝					《南北朝存石目》	
102	一躯愿使亡者托化金㲯等字残石	北朝					《南北朝存石目》	
103	安永齐圆等字残石	北朝					《南北朝存石目》	
104	菩萨萨福等字残石	北朝					《南北朝存石目》	

（续表）

序号	名称	时代	出土地	铭刻内容	入藏簠斋年月	现存何处	资料出处	备注
105	房纷池造像	隋开皇三年（583）	潍县城西	房康……母崔……房康……房纷池……□魏开皇三／□岁次癸卯／□月八日丙／□青信女房／□池为父母／□造观音像／□躯上愿生／生世世值佛／闻法			《宝簠斋金石目》《潍县金石志》《簠斋藏金石拓片三种》	
106	姚长宽造像	隋开皇三年（583）		像主姚长／宽□供养／为家口大小／所生父母七世父／母开皇三年／七月廿二日成			《宝簠斋金石目》《簠斋藏金石拓片三种》	
107	侯延造像	隋开皇十二年（592）		岳女张兰一心供养／开皇十二／年三月□／日侯延为／女夫张仕／岳敬造释／迦像一区／岳妻侯矮一心供养			《宝簠斋金石目》《簠斋藏金石拓片三种》	
108	王僧伽造像残石	隋开皇十五年（595）		……彼岸大……十五年岁次乙卯五月／戊午朔十日丁卯清信／佛弟子荆州主簿王／僧伽江东琅琊人也左……菩萨主镇远将军故……			《北京图书馆藏中国历代石刻拓本汇编》（第九册）	
109	张信造像	隋开皇十七年（597）		开皇十七年岁次丁／巳五月丁未朔一日丁／未佛弟子张信为／亡息来富敬造阿／弥陀石像一区愿亡／息舍此秽形面奉／弥勒托生西方三／界无碍七世等／归永离诸苦（左、背、右俱为题名，略）	光绪七年（1881）		《宝簠斋金石目》、《簠斋藏金石拓片三种》、《北京图书馆藏中国历代石刻拓本汇编》（第九册）、《陈介祺年谱》	

（续表）

序号	名称	时代	出土地	铭刻内容	入藏簠斋年月	现存何处	资料出处	备注
110	齐慎略造像	隋仁寿元年（601）		辛酉仁寿元／年七月佛弟／子大都督齐慎／略为息齐□／善造石像／一区合家大小／□□供养			《宝簠斋金石目》《簠斋藏金石拓片三种》	
111	许昙(月丙)造像	隋仁寿二年（602）		大随仁寿二／年岁在戊八／月丙午朔九／日甲寅(月丙)四／人有难(月丙)发／愿得了敬造／石像一躯今得／成就保佛慈／恩像主许昙／(月丙)发心主礼□(后为题名,略)			《宝簠斋金石目》《簠斋藏金石拓片三种》	
112	刘师政造像座	唐显庆四年（659）		大唐显庆／四年七月／□一日清信／佛弟子／刘师政／为七世父／母现存父／母合家大／小内外眷／属等敬造／阿弥陀像／一区			《宝簠斋金石目》、《簠斋藏金石拓片三种》、《北京图书馆藏中国历代石刻拓本汇编》(第十三册)	
113	麟德二年残石	唐麟德二年（665）	益都	存三面,十五字			《宝簠斋金石目》《簠斋藏古目(石)》	
114	张武例造像座	唐咸亨四年（673）	无棣	咸亨四年岁／在癸酉二月／丁巳朔四日／庚申张武／例为亡父见／在母造弥陀／像一铺上为／皇帝陛下／□亡过一／切众……			《宝簠斋金石目》、《簠斋藏金石拓片三种》、《北京图书馆藏中国历代石刻拓本汇编》(第十五册)	

（续表）

序号	名称	时代	出土地	铭刻内容	入藏簠斋年月	现存何处	资料出处	备注
115	管均墓志	唐调露元年（679）	陕西西安	大唐故绵州万安县令管／府君之墓志／君讳均城阳人也乾封元／年正月十二日遘疾薨于／私第春秋六十有九以调／露元年十月十四日息弘／福寺僧嗣泰收骨起塔于／终南山鸦鸣埠禅师林左			《宝簠斋金石目》、《北京图书馆藏中国历代石刻拓本汇编》（第十六册）	
116	管俊墓志	唐调露元年（679）	陕西西安	大唐故营州都督上柱／国渔阳郡开国公孙管／俊墓志／讳俊城阳人也乾封二／年五月廿日终于私第／春秋一十有三以调露／元年十月十四日于鸦／鸣埠禅师林左起塔			《宝簠斋金石目》、《北京图书馆藏中国历代石刻拓本汇编》（第十六册）	
117	管真墓志	唐调露元年（679）	陕西西安				《宝簠斋金石目》、《簠斋藏古目（石）》、《西泠印社》第九辑“陈介祺研究专辑”第46、47页照片	
118	武幹造像	唐永淳元年（682）	陕西	永淳元年／七月廿六日／丁巳雍州／美原县频／阳府校尉／上柱国同／（王帝）武幹／并妻緱／为男思／□猛士／□遒行／造阿			《宝簠斋金石目》《簠斋藏金石拓片三种》	

（续表）

序号	名称	时代	出土地	铭刻内容	入藏簠斋年月	现存何处	资料出处	备注
				弥／陀像一区／思约兄思／悊弟思济／思俭思／□思贞／淑骑都尉／武秀淑飞／骑尉武才／淑文林郎／武德				
119	比丘尼妙英造弥勒像记、宋文师修弥勒像铭（二种合刻一石）	唐圣历二年（699）、先天二年（713）					《宝簠斋金石目》《簠斋藏古目（石）》	
120	骆思慎造像	唐神龙二年（706）	陕西	佛弟子飞骑／思慎神龙二／年十二月十／二日灵武军／行阵亡为造／石像一区□／为天皇天□／下为法界众／生共成佛□／骆慎一心供□			《宝簠斋金石目》《簠斋藏金石拓片三种》	
121	□明澄造像	唐开元十年（722）		维开元十年岁／次壬戌十月己亥／朔十三日辛亥□／明澄为亡母敬造／石像一铺上为／国王帝主			2013年西泠印社秋季拍卖会网络照片	
122	开元残字残石	唐开元二十四年（736）		……大唐……／……廿四年岁……／……景子十月……／未朔……			《北京图书馆藏中国历代石刻拓本汇编》（第二十四册）	

（续表）

序号	名称	时代	出土地	铭刻内容	入藏簠斋年月	现存何处	资料出处	备注
123	苏君残墓志	唐贞元二年（786）	陕西	……于立身行必有□……随夜壑之迁建中二年……政里之私第春秋历一百八十六／甲子矣呜呼生也有涯古今之大分来而必往运序／之屈申以贞元二年五月六日迁窆于终南祔之旧茔／礼也询时之制以塔代封略述斯文刊于贞石铭曰／于嗟苏君运何促兮忽焉长往（烇）幽箓兮萧萧悲风／生拱木兮弈弈方坟在林麓兮			《宝簠斋金石目》、《北京卓德2012年夏季古籍拍卖会图录》、《北京图书馆藏中国历代石刻拓本汇编》（第二十八册）	
124	樊□言残墓志	唐贞元九年（793）	陕西西安	……果毅都尉樊……／杨名显亲者孝也……／……右金吾引驾……／气雅度高深冰雪……／乡党称孝焉……／……三年岁次戊子……／……岂恒存逝水无……／……贞元九年于……／……故得拔……			《宝簠斋金石目》、《北京图书馆藏中国历代石刻拓本汇编》（第二十八册）	
125	陈义墓志	唐永贞元年（805）	陕西西安	略			《北京图书馆藏中国历代石刻拓本汇编》（第二十九册）	诸城刘氏旧藏，后归簠斋

（续表）

序号	名称	时代	出土地	铭刻内容	入藏簠斋年月	现存何处	资料出处	备注
126	右领军墓志残石	唐元和年间		大唐故右领军卫左……垂俗后昆者义也……代闺门焉　皇……临晋县人也特禀异……遇种厥德仁游艺……秋七十有八元和……嗟乎天长地久人……尼之叹由悲逝川……□买地建先修胜……			《魏齐晋唐佛造像》拓本册	
127	灵璨造窣堵波塔刻经	唐大和二年（828）		俱为经文，略			《宝簠斋金石目》、《北京图书馆藏中国历代石刻拓本汇编》（第三十册）	
128	陈立行墓志	唐大中十一年（857）	北京丰台	略			《宝簠斋金石目》、《北京图书馆藏中国历代石刻拓本汇编》（第三十二册）	
129	刘洽妻姚氏权葬石表	唐大中十一年（857）	陕西西安	略			《北京图书馆藏中国历代石刻拓本汇编》（第三十二册）	
130	佚名造像座	唐咸通□年		咸通□□四□／日弟／□□／□□／□□／□边／属释迦牟尼像／一区一心供养			《簠斋藏金石拓片三种》	

（续表）

序号	名称	时代	出土地	铭刻内容	入藏簠斋年月	现存何处	资料出处	备注
131	敬延祚墓志	唐中和三年（883）	北京大兴（《石刻名汇》云昌平出土）	略			《宝簠斋金石目》、《北京图书馆藏中国历代石刻拓本汇编》（第三十四册）	吴式芬旧藏，后归簠斋
132	北海县令顾□昌造佛顶尊胜陀罗尼经幢	唐	潍县东南许营庄	为陀罗尼经文及北海县官员题名，略			《宝簠斋金石目》《潍县金石志》	
133	左金吾卫残石	唐	潍县城中	乌杨……羽林卫翊□……□左金吾卫……□右卫□			《潍县金石志》	
134	造像残石	唐		存三行，“造像愿皇祚永隆”等十字			《宝簠斋金石目》《簠斋藏古目（石）》	
135	残石片	唐		存三行，“见贰兴相近”等十字			《宝簠斋金石目》《簠斋藏古目（石）》	
136	福当寺僧残石	唐	益都	……污毁者……非地之灵□……测圣化难穷……福当寺僧智明……□□□稽……			《宝簠斋金石目》、《簠斋藏古目（石）》、《魏齐晋唐佛造像》拓本册	

（续表）

序号	名称	时代	出土地	铭刻内容	入藏簠斋年月	现存何处	资料出处	备注
137	真草《千字文》法书残石	唐		存“朗曜”“指薪修”等字			《宝簠斋金石目》、《魏齐晋唐佛造像》拓本册	
138	真草《千字文》法书残石	唐		存“户扈古古”等字			《宝簠斋金石目》、《魏齐晋唐佛造像》拓本册	
139	法胜造塔铭石	北宋天禧元年（1017）	河南	略			《宝簠斋金石目》、《北京图书馆藏中国历代石刻拓本汇编》（第三十八册）、《北京卓德国际拍卖有限公司2013年春季艺术品拍卖会——郑爰居先生寒松堂旧藏碑帖专场图录》	
140	王存等造香炉记	北宋元丰元年（1078）	潍县洪福寺	潍州北海县斟城乡马柳保程傅村／王存等纠集众人创建香炉一坐／永充供养各具姓名于后（后为题名，略）			《宝簠斋金石目》《簠斋藏古目（石）》《潍县志稿》	

（续表）

序号	名称	时代	出土地	铭刻内容	入藏簠斋年月	现存何处	资料出处	备注
141	牟懿等建伏烟龙王庙碑	北宋崇宁三年（1104）	潍县西南乡	潍州北海县斟城乡马柳保村社官……牟懿头领下巷（后为题名，略）			《宝簠斋金石目》《簠斋藏古目（石）》《潍县志稿》	潍县郭麐旧藏，后归簠斋
142	孙锡等题名残石	北宋					《宝簠斋金石目》《簠斋藏古目（石）》	
143	郑公墓记碑	金大安二年（1210）	益都县城东北房家庄	略			《宝簠斋金石目》、《益都金石记》、《北京图书馆藏中国历代石刻拓本汇编》（第四十七册）、《2012 年德宝夏季拍卖会图录》	益都段松苓旧藏，后归簠斋
144	庆姐题名残石	金	潍县城中	俱为题名，略			《宝簠斋金石目》《潍县金石志》《潍县志稿》	

第十一章　陈介祺辨伪研究

有清一代，金石收藏成为一种时尚，很多收藏者为了赏玩或附庸风雅而不辨真伪地大量收购金石文物，甚至有些金石学家也是如此。陈介祺坚决反对这种做法，认为这并不是真正爱好金石。陈介祺不仅收藏的眼光高绝，其对藏品的辨伪能力和鉴定水平更是不同凡俗。他曾云：“吉金之好，今日直成一时尚。窃谓徒玩色泽，则名为古物，与珠玉珍奇何异。”① 他收藏大量金石文物的目的不是为了赏玩，而是希望通过对藏品的研究来增长学识和正经补史。他提出“少收而精择，少许胜多”②，认为文物收藏不在于收藏数量的多少而在于“精择”。这里的“精择”指的就是对文物的辨伪。

著名学者商承祚在《古代彝器伪字研究》中说：“提起笔来写这篇文章之前，我就想到一位老先生，是我生平最佩服的；恐怕不仅是我，凡着研究古文字的人都是一致的；何以呢？因为他的眼光太好了。他一生收藏的铜器等，不下几千件，没有一件是假的。……这人是谁？就是山东潍县陈介祺字寿卿号簠斋他老先生。”③ 著名考古学家王献唐在其《五镫精舍印话》中也对陈介祺的精于鉴别给予高度评价：“此老精鉴，当时潘王二吴诸公，皆出其下，心细如发，眼明如炬。”④ 著名古文字学家容庚、张维持合著的《殷周青铜器通论》中说：“辨伪最严的莫如陈介祺。”这些学界权威人士众口一词，盛赞陈

---

① 〔清〕陈介祺著，陈继揆整理：《簠斋鉴古与传古》，文物出版社2004年版，第38页。

② 〔清〕陈介祺著，陈继揆整理：《簠斋鉴古与传古》，文物出版社2004年版，第30页。

③ 商承祚：《古代彝器伪字研究》，载《金陵学报》第3卷第2期，1933年。

④ 王献唐：《五镫精舍印话》，齐鲁书社1985年版，第31页。

介祺的金石鉴定水平，可见陈介祺对于青铜器等金石器物的辨伪功夫必定十分了得，其金石文物的辨伪理论、方法及成果对中国金石学、考古学的发展具有重要的意义和作用。

第一节 青铜器及其铭文辨伪

自宋代金石学产生以来，古代青铜器成为研究与鉴赏的重要文物，公私竞相收集入藏，青铜器逐渐具有了较高的经济价值。因此，从宋代开始就有人制作伪品以牟取暴利。陈介祺曾致书吴云说："近日吉金直成一大时尚，赝器纷出，不可不慎，亦不可不辨，特不易言，亦不敢妄言，安得同志留心文字者共质之耶。"陈介祺高超的鉴伪能力，保证了他收藏的高质量，他曾说："夫多不如真，真不如精，古而精足矣，奚以多为？得可存者十，不如得精者一。"即使如此严格要求、精选慎收，陈介祺的藏品数量仍然达到两万余件，由此更体现了其雄厚的实力。

一、青铜器作伪的历史和方法

（一）青铜器作伪的历史概况

根据容庚先生等人的研究，从宋代迄今，千余年来青铜器作伪的历史大致可以分为四个阶段。

第一阶段，宋元明时期。宋代的伪器已见于宋代的青铜器著录中。例如薛尚功《历代钟鼎彝器款识法帖》卷十六著录的封比干墓铜盘就是伪器。明代的青铜器作伪情况，可见于高濂《论新铸伪造》："近日山东、陕西、河南、金陵等处，伪造鼎彝壶觚尊瓶之类，式皆法古，分寸不遗，而花纹款识，悉从古器上翻砂，亦不甚差，但以古器相形，则迥然别矣。虽云摩弄取滑，而入手自粗；虽妆点美观，而气质自恶。"

第二阶段，清初至嘉庆时期。由于经济的恢复和发展、统治者的提倡，金石学有了新的发展，作伪也兴盛起来。此时主要是仿照宋代青铜器图录作伪。据容庚研究，乾隆皇帝命臣下编纂的著录皇室藏器的《西清古鉴》《西清续鉴甲编》《西清续鉴乙编》《宁寿鉴古》四书中，共收录有铭青铜器 1176 件（有铭铜镜不包括在内），其中伪器 317 件，疑伪者 173 件，共计 490 件，占比超过41%。

第三阶段，清道光时期至清末。一方面由于金石学者重视铭文，另一方面作伪器费力而易辨，因此，作伪者大多转而在真器上摹刻伪铭以牟利。这种作伪风气始于西安，以号称“凤眼张”的张二铭最为有名。

第四阶段，民国初期。由于政治腐败、军阀混战，各地不仅盗墓之风大盛，而且作伪之风更炽。北京、潍县、苏州、西安等地更是成为作伪的中心，有许多作伪高手。此时由于西方近代科学技术的传入，作伪者运用新技术作伪，使作伪水平有了很大提高。例如，用拓本照相制版及化学药品腐蚀方法作伪铭，就比过去錾刻的伪铭要逼真得多。如《善斋吉金录》所录师麻孝叔簠，其铭文就是仿吴大澂所藏师麻孝叔簠真品铭文，用化学腐蚀法制成的，与真铭颇为近似，非仔细辨识不能识其伪。

同时，由于外国人重视艺术价值，喜好新奇的器形和纹饰，致使国内伪作新奇器形、纹饰之风兴盛起来。例如，苏州作伪高手周梅谷伪作的车马狩猎纹方口圆壶（见《殷周青铜器通论》图版205，1958年版），器形及纹饰十分新奇，蒙蔽了许多人。

（二）青铜器作伪的诸种方法

孙敬明以金文书体，结合潍县传统工艺，以及潍坊市博物馆馆藏潍县仿古铜器，对青铜器的诸种作伪方法进行了综合研究。其相关研究著述有《潍县金石学仿古铜古董行与甲骨学》①、《潍县仿古铜器研究》②等。孙敬明总结青铜器作伪方法有如下数种。

1. 增刻铭文

自宋代金石学大盛以来，人们往往以铭文的有无、多寡而判定铜器的收藏价值，因而一些擅巧之徒便尝试在青铜器上添刻文字。他们刻字，有的是凭借已有铭文而酌加变异，亦有的则是异想天开，造出所谓的“仓颉”“禹书”“封比干墓”的铜器铭文。现在看来，这些伪刻铭文自不足信，但在当时还是唬住了一批人，否则不会被收入钟鼎款识著作中。明清时期，潍县仿古铜制作者对所要添刻的文字已有选择，他们在铜器上刻字的情形有多种。

（1）真器假铭

---

①② 孙敬明：《潍坊古代文化通论》，齐鲁书社2009年版，第130～159页。

这种情形早晚都有，为的是刻上文字以得善价。如潍坊市博物馆藏有一件铜器的残底，其器壁厚重，似是一商代晚期大型提梁卣的底，且有高圈足。此类器物，往往器盖对铭，铭文多在盖顶内和器底内，且通常为一二个所谓“氏族徽号”类文字。而此卣底即加刻“天黿父癸”四字，并且刻得很像。再即一件“平阴戈”，此戈年代乃春秋晚期，可是在内上穿后刻“平阴戈”三字，其中“平”字从“土”，“戈”字从“金”，不论刻得像与不像，本身这种字体特征与戈的年代相违背。虽然字刻得像战国文字，且是齐国地名文字特征，可惜所刻文字与戈体之年代不同。安丘市博物馆藏有一件战国铜戈，其上刻铭“建兴六年”（228），这本是蜀汉后主刘禅的年号，尽管此戈刻的是汉代篆体，与战国文字大异其趣，但又犯了字体与戈体年代相差的错误。

（2）真铭添刻

这种情形往往是刻在铭文字数少的铜器上，如“燕王职作武跸旅剑”，作伪者在其原有的八字铭文后加刻两个字，为的是使其与众不同，好多售银钱。岂不知违背燕国铜剑铭文的程式，妄刻两字，使其原有价值受到影响。

（3）拼凑假铭

这种文字虽然文理不通，但作伪者自以为稀奇，为的是蒙骗那些道行不高的收藏者。虽然拼凑的假铭文理不通，但字是从真铭那里取仿而来的。这种作伪，往往刻出看似通篇的铭文。但真正识者，一看即知文理不通。

2. 器盖真假组合

或真器配伪盖，或真盖配伪器，使之成为半真半假却又真假难辨的完器。这种情形多见于鼎、敦类器。因为鼎有时失盖，或盖太残；敦也有类似的情景。这种做法有的还在上面刻、铸铭文，但刻工不如铸工好，真正字刻得好、器形花纹也铸得好的伪器很少见。

3. 嵌假铭于真器

这种做法大致在清后期出现，此时仿古匠人积累了一定的工艺和文字方面的知识。他们发现要在真器上刻假铭，往往字口起“毛”，笔画浅滑，没有原铸出的金石韵味。于是单独从原真器上截取通常有铭文的部位，然后就此形制，重新翻砂、雕模、堆勒铭文。铸成之后，再嵌入真器中。然后以锡焊接，再敷上古铜锈，经过多道工序处理，则谓“天衣无缝”了。因为这种方法做出的伪铭更具古韵，也就更能唬人。日照某县博物馆藏有一件陈逆簠，其铭文在器底内侧，而此部位又正是一长方形平板，系切去原底嵌入新铸铭文底板，欺蒙了不少收藏家。1984 年，由临沂师专王汝涛教授和临沂地区文化局王文起局长共同主编的《沂蒙金文辑存》收录陈逆簠器形与铭文摹本等，并称："此器曾载《钟鼎彝器款识》和《金石索》。但出土地点与时间皆无记载，抗战前为邑人狄建鏊所藏，今下落不明。"又云此器亦载于《临沂县志》。校对《沂蒙金文辑存》摹本图形发现，其应是从《临沂县志》上转刻而来。

4. 嵌真铭于假器

新中国成立前，青铜器的出土除极少数为科学发掘外，大都是为偶然或盗掘出土，出土时往往受损。再者，三代古器深埋地下，由于埋藏条件的限制，有的出土时即已残破，甚至极为破损。仿古铜器匠人有时得到不能修复改造的有铭文铜器残件，经权衡利益，于是依照铭文自报器名，而参照铭文所在部位的尺寸，相与照应，自行设计铸造出新器，并在相应部位预留出铭文残件的缺位，届时一并嵌入，再进行其他工序。如潍坊市博物馆收藏的"白（伯）父作宝鼎"，其铭文是西周早期的，是从残鼎上截取的，而新铸的鼎亦是仿西周早期的，器形、花纹、双耳、口沿、三足以及倾垂的下腹仿作得实在是高妙。因此在 1980 年全国首批一级文物定级时，潍坊市博物馆将其推荐填表上报。至 1985 年孙敬明与同仁在做此鼎铭文拓片时，隐约似见铭文四周有框线，鉴定出此鼎乃新铸。其方法为嵌入真铭后以锡焊缝，再敷锈色。

5. 拼凑器物添刻铭文

这项是潍县仿古铜匠人的绝活。潍县仿古铜匠人将多种器物的零碎残件汇总，再经巧手深思斟比，量材度器，重新构思设计出一种新器形，经过粘对焊接、上锈敷色，简直达到出神入化的妙境。高濂《遵生八笺·燕闲清赏笺》称："又等屑凑旧器破败者，件件皆古，惟做手乃新，谓之改锹。余在京师，见有二物，一子父鼎，小而可用，花纹制度，人莫不爱。其伪法：以古壶盖作肚，屑凑古墓碎器飞龙脚焊上，以旧鼎耳作耳，造成一炉，非真正物也。一方亚虎父鼎，内外水银，无一痕纹片，初议价值百金，制在五寸，适用可玩，人争售之。余玩再三，识其因古水银方镜破碎，截为方片，四面冷焊，屑凑古炉耳脚，制成工巧，可谓精绝。余一识破，众以为然，后竟不知何去。若此作手，技妙如神。”①

6. 新铸器物新刻铭文

此种做法起源最早。工匠们最初是铸一些仿古的香炉、佛像、鼎、觚、烛台之类的祭祀用器，后来则为仿古作伪的至高利益所驱使，转而刻意仿铸古器。早期所铸器，多是依据宋吕大临的《考古图》、王黼等所撰《博古图录》、清梁诗正等编《西清古鉴》《宁寿鉴古》、王杰等编《西清续鉴甲编》《西清续鉴乙编》等。这些都是图像类的金石专书，可是囿于当时条件，书中所载三代彝器图像多是用写生线条勾画的，这与后来的照相制版印刷方法不可同日而语。仿古铜艺人依照书上的器物线图，再凭原来所铸造的仿古祭器以及民间传世的宋元祭器的形制纹样与锈色，参证比较，来新铸三代古器。这些器物今日看来确属不“古”，可是在当时人们的鉴赏水平及条件下却有一定的市场。

再一种是在新铸器物上刻字，这在潍县仿古铜中也算大宗。其依器而移录刻字，往往出错。商承祚在《古代彝器伪字研究》中称，据他所见，不但有在真器上刻铭者，如所谓“晋侯盘”，更有在新器上刻字的。但“做买卖的古董贩，因为‘胸无点墨’，故此杜撰出来的文章读不通顺，这是无足怪的”，如潍坊市博物馆所藏录旁仲驹父彝、簋等。其中，所仿铜彝为商代，其铭文却仿西周；分明是器为“彝”，新刻铭文却自称为“簋”，唯有所仿簋的造型、花纹、时代、名称均与铭文相契合。还一件铜甗，把底部漏孔封死，而在上面再刻铭文，这更是有违于器制用途的。

新铸新刻是潍县仿古铜器的特点，许多器物与铭文，多与仿制的录旁仲驹父簋一样，器形、花纹与铭文都十分契合，反映出仿古工匠在铜器制作技艺及古文字方面的极高水平。

其铸器的方法主要有两种，一是翻砂，二是失蜡法（当地人称“拨蜡”或“拔蜡”）。清代中后期至民国初年，仿古工匠积数代人、数百年的师传经验与知识积累，仿古技术已有很大进步。同时，他们不再单纯依照书本上的器物图像翻刻铸器与造字，而是有机会见到出土的、摆在他们面前的青铜器，这才是真正的“模范典则”。这些仿古工匠凭借经验手段，照样或改易铸出的新器跟以前所仿造的伪器大不一样，而是真正做到了与古器相伯仲，这种高

① 〔明〕高濂：《燕闲清赏笺》，巴蜀书社 1985 年版，第 24 页。

水平、高工艺的作品也最能蒙人。

其刻字的方法主要有两种，一是刀刻，二是用化学药水腐蚀。有时因刀刻的痕迹太明显，也辅以腐蚀法。

7. 新铸器物与铭文

这种做法往往是技艺极高者所为，并且铭文一般不太长。如潍坊市博物馆所藏仿西周药鼎、伯和父鼎、乙巳鼎等，均十分精美，铭文高古，即令今日考辨真赝，亦须反复斟酌。

并且采用这种方法所铸器物门类繁杂，有兵器、钱币、玺印、铜镜、佛像以及其他杂项等。

8. 改刻铭文

这种做法往往见于小件的刀币和圆钱上。改刻者将钱币周郭及原有文字磨浅，将原有文字如“齐法化”改刻为“齐之法化”，此种制品钱币较原来同类要体薄而轻。还有一些少见的圆钱文字，可以择而改刻。如“半两”或“五铢”可以改刻作“西周”等。

二、青铜器辨伪的方法和实践

清代以来，由于青铜器出土增多，不但引起了金石学家们的高度重视，一些达官贵人为了附庸风雅，也不惜重金购求青铜器，更有人把青铜器作为珍贵财富收藏。“有好者必有伪者”，这就刺激了当时的古董商人与一些能工巧匠联手作伪，以牟取更大的利润。正如陈介祺所指出的：“好者日多，直所以日昂，伪者获利日厚，所以效尤者日众。”鲍康曾云：“秦中古帝王州，铜器时时出土，无款识者居其半，当日只以花文色泽及完好者是珍也。自燕庭宦秦，晓以文字多者为贵，虽残缺亦无伤。从此古器几无完肤，虽寸许铜造象，亦必于背上补镌年月。有苏氏兆年兄弟最善搜抉，重趼百舍，求之荒村古冢，所得尤多。又有张氏（号风眼张）精于镌刻，虽尊彝腹中深处，亦能以长削随方就圆刻之，磨以沙石，埋置土中，复使绣（锈）蚀，经年取出，巨眼亦难辨矣，时人呼为‘张二铭’。余谓燕庭曰：‘苏张之害，流毒至今，丈实启之。’燕庭亦大笑。”可见当时作伪风气之盛。

青铜器是陈氏藏品中的重要组成部分。因此，这些伪造的青铜器和伪刻的古文字也给他的收藏与研究带来了很多麻烦，作伪越精、越乱真，危害越大。而他所生活的潍县，正是有名的作伪中心之一。杜廼松所著《中国古代青铜器简说》中曾说："宋以后每个时期都出现一些仿造和伪造青铜器的能手。"他还提到新中国成立前，"山东、上海、苏州、陕西等地是这方面人才荟萃的地方，其中尤以山东潍县为最"。生活在潍县的陈介祺，对此深恶痛绝。他说："古器无文不恶，伪字则恶矣。""今日都中伪字至谲，有似而非之可恶。"并气愤地说："古器无字何害，何必损之?""古器一刻伪字即毁。"因此，他认为"传古首在别伪"。

陈介祺作为著名的收藏家，所藏青铜文物数量十分巨大。当时著名的金石学家吴云评价他说："当今金石之学定推寿卿，收藏之富，穷绝今古。"①《清史稿》评价他："介祺绩学好古，所藏钟鼎、彝器、金石为近代之冠。"② 陈介祺在金石界的地位得到广泛的认可，可谓"古今第一大收藏家"。这些藏品的来源也十分广泛，大致可分为两类：一类藏品来自金石之友的馈赠、转让或交换，如得自刘喜海处的邢仁钟、兮仲钟、纪侯钟、虢叔旅编钟，得自袁理堂的戱编钟，得自叶东卿的郑君畏女鼎，等等；另一类藏品则为从古董商或民间购买得来，如楚公豪钟、毛公鼎、天亡簋、鄂侯驭方鼎、曾伯霥簠，等等。

当时许多青铜器收藏家的辨伪能力不够，其藏品中难免真赝驳杂。陈介祺就曾多次提到汉阳叶氏（叶东卿），说他的收藏中伪器甚多。他曾在给王懿荣的一封信中写道："守真器数十百，见真拓数百纸，而复大收伪字，叶氏之覆辙也，岂可蹈之。"③ 就连陈介祺的金石学前辈阮元也不免在收藏时看走眼。陈介祺在《读〈说文古籀补〉拟例》中说："阮书选刻至精，尚不免以宋为周，如宋嘉礼尊、甲午簋、天锡簋。以伪为商，如秉仲鼎、亚室父癸鼎、册命父癸鼎、母乙鼎、庚午父乙鼎、宥父辛鼎、西宫父甲尊、子执弓尊、刊宫尊、子执刀祖乙卣、鹰父己壶、作祖壶、子执刀父乙觯、亚簋。以伪为周，如孟姬鼎、鲁公鼎、亚形鲁公鼎、乙公鼎、乙公万寿鼎、师旦鼎、召父鼎、绾绰眉寿簋、仲驹父簋、宝盘、乙戈。以伪为秦，如秦权、秦斤。以古为秦，

① 〔清〕吴云：《两罍轩尺牍》，见《近代中国史料丛刊》第二十七辑，台湾文海出版社有限公司 1968 年版，第 777 页。

② 赵尔巽等：《清史稿》卷三百六十五，中华书局 1986 年版，第 11439 页。

③ 〔清〕陈介祺著，陈继揆整理：《簠斋鉴古与传古》，文物出版社 2004 年版，第 28 页。

如右军戈。以古为汉，如宝用剑、龙虎铜节。以伪为汉，如孔文父钟、好畤鼎、汾阴侯鼎、孝成鼎、司正鬴、齐安炉、大官壶、注水匜、黄山镫、林华观行镫、周阳侯甗等，三四十器。”① 所以即使是出自其他金石收藏家的青铜器，亦需加以认真鉴别。

而来自古董商及民间的青铜器，其辨伪尤为必要。当时金石收藏成为一种社会风尚，造假之风亦随之盛行。古董商为牟取利润，作伪手段层出不穷，致使很多藏品真赝难辨。陈介祺对当时众多文物贩子为了盈利伪造文物的现象有充分的了解。他曾说过：“今则传世燹余，出土日少，逐利者众，作伪者劳，诚不可不严辨而后选之，勿滋百世之惑也。”② 前文提到的苏兆年、苏亿年兄弟就曾经多次在真的青铜器上加刻假的铭文以求卖出更高的价格。苏氏兄弟住在西安，陈介祺的不少青铜器藏品都出土自岐山一带，在购入途中少不得要经过苏氏兄弟之手，从而有被苏氏兄弟等古董商鱼目混珠、以假乱真的可能性。

当时造假贩子们的造假技术多种多样，除了伪造铭文、增刻铭文等常用手段外，还会采用无字青铜器作底，然后由他处寻来铭文刻于其上。这样制作出来的伪器辨识难度十分大，这些他处寻来的铭文有时可能只有寥寥几个字，但陈介祺依然能够辨认出真伪，很多时候连加刻铭文的出处都能一一道来。陈介祺不仅鉴识功夫了得，还对当时文物贩子的造假十分了解。苏氏兄弟从事古董行业，与国内大家潘祖荫、陈介祺有交往。陈介祺鄙夷这两兄弟的品行，在其与金石同好的书信交往中提及苏氏兄弟的造假活动，说苏兆年“昔苏六以古器归叶，几无一真，云有真则伪自败，可谓诡识”③，认为苏亿年“不如其兄，不识耶，抑不诚耶”④。又谓：“苏七所寄精伪者二，屏去后，久无音问。”当时著名的造假贩子如李宝台、顾湘舟等人，都不敢让陈介祺鉴别古物。在给鲍康的信中，陈介祺提到自己有个叫刘学诗的同乡，造假本领颇高，但所伪造之古器从来不敢让他过目。陈介祺在致鲍康信中称：“刘学诗吾同邑，从东武窃观燕翁旧藏而仿之，技颇乱真，从不至弟处，谲而有定见，

---

① 陈介祺著，陈继揆整理：《簠斋鉴古与传古》，文物出版社 2004 年版，第 26 ~ 27 页。

② 陈介祺著，陈继揆整理：《簠斋鉴古与传古》，文物出版社 2004 年版，第 27 页。

③ 陈介祺著，陈继揆整理：《簠斋鉴古与传古》，文物出版社 2004 年版，第 57 页。

④ 陈介祺著，陈继揆整理：《簠斋鉴古与传古》，文物出版社 2004 年版，第 57 页。

此所以为小鬼与。所作节墨刀范等，从他处见得，齐刀范背，乃有隶书大吉，亦可见伎俩之不大矣。”① 陈介祺写这封信的意思是为了表示虽然刘学诗的造假手段颇高，但是瞒不过他的眼睛，所以刘学诗从不敢登他的家门。其中自是有一种得意之情，也体现了他对自己深厚的文物辨伪能力的自信。

陈介祺不得不经常与伪器和伪字打交道，而打交道的过程，正是他提高辨伪能力的极好实践。他深有感触地说：“真者固多见而知其美，伪者亦多见而知其恶。”在正反两方面的对照中，他形成了自己一整套的辨伪方法。他在给王懿荣的信中总结说：“伪刻必有斧凿之痕，以铜丝刷去之，则又有刷痕而字锋又失。且旧物手摸即可知。伪者必不浑融，伪者斑下无字，斑中更不能见字。古器过朽，铜质无存，则字不剔而可见。真者字底有铜汗积灰，必不能伪。铸字刻字必可辨，铸字佳者，每上狭而下宽。”又说：“近日作伪至工，须以作字之原与笔力别之，奇而无理，工而无力，则其伪必矣。”“古文字一篇中之气，一字中之气，一画中之气，岂今人所能伪哉?”“识得古人笔法，自不至为伪刻所给，潜心笃好，以真者审之，久自能别。”这些经过实践摸索出来的方法，在没有现代化仪器设备的清代，发挥了很大的作用。正如陈介祺所说：“能别则伪者自远。”因此，作伪者不敢将伪器卖给陈介祺。即使陈介祺手下的人不小心把伪器收入，陈介祺经手时立即可以辨出真伪，予以剔出。

陈介祺对于青铜器的辨伪有着自己的一套理论。他在《读〈说文古籀补〉拟例》中曾提到自己的辨伪方法：“古人之文理文法，学者真能通贯，即必能辨古器之文，是谓以文定之。古字有古人笔法，有古人力量，有古人自然行款，书者真能用心得手，亦即必能辨古器之字，是谓以字定之。古器之铜皆铸，铸款入土数千年，土润溽暑，则款识内积汗，且款多外狭内宽，贩夫常见，每能识之。赝鼎多系凿刀，转折不圆，行款不浑，赤绿皆浮而无青色，坚者则系烧成。……鉴者而收伪器，是谓不能以铜定之。”②

总结来说，陈介祺认为辨识青铜器有三种主要方法：

其一是以“文”来判定。这里的“文”并不是指文字，而是指“古人之

---

① 〔清〕陈介祺著，陈继揆整理：《秦前文字之语》，齐鲁书社 1991 年版，第 184 页。

② 〔清〕陈介祺著，陈继揆整理：《簠斋鉴古与传古》，文物出版社 2004 年版，第 26 页。

文理文法”。陈介祺特别强调“文理文法”的重要性，认为“古文字义理第一，文法第二，书法第三”①，“窃谓古学之长，必折衷于理，博而不明，不能断也。辞赋之胜，亦必以理，汉学之杂，必择以理。读古人之字，不可不求古人之文，读古人之文，不可不求古人之理，不可专论其字”②，将“理”和“法”放在“字”之前。陈介祺多次强调辨识一件青铜器首先应从大处着眼，整体把握，看其是否符合其制作时代的“理”。每一件真品青铜器必定符合它所在的时代的规范和文法，若与当时的“理”不符，那一定就是伪器。前文中提到阮元曾将宋器断定为周器、将三代之器断定为秦汉之器，陈介祺依据“理”正确判定了这些器物的制作时间并纠正了阮元的错误。

其二是以“字”来判定，即从文字入手。陈介祺提出：“收古器则必当讲求古人作篆用笔之法，知之然后可以判真赝，可以知钩刻之失不失。”③ 他认为古文字不同书体之间存在区别，不同国家之间的文字存在区别，古文字还有各种定例，以此为依据即可辨识古器真伪。例如，他依据文字判定“赤器父所作器见于关中，此旅簋而曰享考，似文可疑，季字亦有误”④，以及“系伯干首，字劣甚，似陕伪”⑤。而后来证明陈介祺的判断无误，这两件青铜器确实是赝品。

其三是从青铜器的形制、材料、制作等方面进行判定，即“以制作别”。陈介祺认为“王朝与诸国异文异制”⑥，不同朝代、不同国家的青铜器的形制和纹饰不尽相同。比如西周初年的青铜器大多是四耳的，而天亡簋、宜矢侯

---

① 〔清〕陈介祺著，陈继揆整理：《簠斋鉴古与传古》，文物出版社2004年版，第32页。

② 〔清〕陈介祺著，陈继揆整理：《簠斋鉴古与传古》，文物出版社2004年版，第32页。

③ 〔清〕陈介祺著，陈继揆整理：《簠斋鉴古与传古》，文物出版社2004年版，第35～36页。

④ 〔清〕陈介祺著，陈继揆整理：《簠斋鉴古与传古》，文物出版社2004年版，第42页。

⑤ 〔清〕陈介祺著，陈继揆整理：《簠斋鉴古与传古》，文物出版社2004年版，第43页。

⑥ 〔清〕陈介祺著，陈继揆整理：《簠斋鉴古与传古》，文物出版社2004年版，第2页。

簋、井侯簋和大保簋等青铜器都是四耳的，以此为依据可以判断它们产自西周初年。此外，青铜器还常因其用途不同而被制作成不同的形制，即陈介祺所说的："器形本以所用为别而作。"① 比如盛放质地较黏稠类食物的青铜器大多为椭圆形或圆形，因为这样比较容易取食和清理。盛放鱼类、禽类食物的青铜器多为长方形，因为这种形制才能比较容易地容纳食物。而且君臣、父子之间等级分明，不同等级人群使用的青铜器也有不同的要求规范。特别是西周一代，对于青铜器的种类和数量有严格的规定。周礼规定周天子可以使用九鼎八簋，诸侯使用七鼎六簋，卿大夫使用五鼎四簋，士使用三鼎一簋。下级不能够僭越使用上级规格的青铜器。这样依据青铜器的形制也可以对其进行辨识。依据纹饰也可以鉴别青铜器，如虎食人头纹流行于商代，后母戊鼎上就有此纹饰，而在其他各代这种纹饰却不多见。陈介祺对青铜器上所描绘的纹饰有专门的论述："圣人制器尚象，皆有取义。云雷，取其发动而成文也，回文者是（又取施不穷）。牺首、羊首、米粟，取其养也，乳形者同，饕餮，取戒贪也。龙取其变，虎取其威仪，虎文尤多，重威仪也。蜩取其洁，熊取其猛。纲目，取其经纬也，未可以殚述也。"②

在检测青铜器真伪时，应按照先文理再文字后形制的顺序逐级进行判定，不能仅以其中一种方法作为判断的标准。陈介祺就曾仅凭文字判定："毕姬鬲，似亦未真，既去作字，宝字又过小，然不见器不敢定。鬲若伪，则逼真矣。"③ 不见到实物他也无法最终确定毕姬鬲真伪，仅通过"作"和"宝"两个字推断毕姬鬲不是真品。后来的学者证明毕姬鬲是真器，容庚先生的《颂斋述林》中就提到过该器。可见以上述三种方法中的某一种来作为检测青铜器真伪的标准是不合理的，无法正确判定真伪。

陈介祺认为，要掌握鉴定古物真伪的方法，只能通过熟读经典、多见真器、多练习。他将古圣人的经典放在首位，曾多次强调其重要作用："知圣人

---

① 〔清〕陈介祺著，陈继揆整理：《簠斋鉴古与传古》，文物出版社 2004 年版，第 39 页。

② 〔清〕陈介祺著，陈继揆整理：《簠斋鉴古与传古》，文物出版社 2004 年版，第 1 页。

③ 〔清〕陈介祺著，陈继揆整理：《簠斋鉴古与传古》，文物出版社 2004 年版，第 43 页。

之心，然后可以知圣人所作之字，所言之文。”① “通形象，非通古文字不可。通古文字，非多见真钟鼎古器文字不可。……通真古器文字，非多读古人书，而深研圣人所反求天地自然之理，有得于圣人义理之心不可。”② 陈介祺认为首先应该多读古圣人经典，求尽圣人之理，然后才能精通古器文字，从而了解古器的形制、纹饰等。在这一过程中，陈介祺又反复地提及要“真好古文字”“真用心”“多见”，不能只流于表面。

综上可知，陈介祺对于青铜器的辨伪可谓精细入微、臻之化境。他自己有一套辨识青铜器的方法，这种方法是由宏观到微观层级递进的：先考证古器的“义理”，然后是考证“文字”，最后才是考证“制作”。通过这三个方面的辨识，伪器就无处藏身了。商承祚先生对陈介祺“他一生收藏的铜器等，不下几千件，没有一件是假的”③ 的评价可以说是十分贴切的。

第二节　陶文瓦当辨伪

金石学发展到清代，其目的之一在于以文字资料和器物形制来与传统典籍合证历史，因此对三代之名物制度与《诗》《书》《礼》《春秋》的研究又是清代学者最为注重的，从而有“古不考三代之下”之谓。特别是陈介祺的博学多识与不同时俗，其将文物作为历史信息的最客观载体而加以研究，最终以达到“传古”的目的。因此，陈介祺的金石学研究不再囿于宋明以来限于青铜器、碑刻的传统，而是对铜镜、泉币、瓦当、陶文、画像石等各种质地的文物，举凡有关社会历史者，必致同时网罗搜集，从而开拓了金石学收藏研究的领域，遂使金石学出现“新”的局面。特别是以陶文、封泥、砖瓦文字而论，陈氏是发现陶文并第一个进行收藏和研究的人，是当今古陶文字之学的开山之祖。因为齐鲁陶文多为玺印按压在陶器上所留存，所以其将陶文与玺印合证，从而把玺印、陶文之学推向极致。

① 〔清〕陈介祺著，陈继揆整理：《簠斋鉴古与传古》，文物出版社2004年版，第39页。

② 〔清〕陈介祺著，陈继揆整理：《簠斋鉴古与传古》，文物出版社2004年版，第39页。

③ 商承祚：《古代彝器伪字研究》，载《金陵学报》第3卷第2期，1933年。

由于风气所致，陶文瓦当的作假之风亦随之而盛。陈介祺发现齐鲁陶文，功莫大焉，而其对于陶文之辨伪，亦是识见高绝。陈介祺于光绪元年（1875）六月十七日致吴大澂函称："承寄示手自缩摹孙氏藏瓦册，精妙如见原拓，感感。中恐不能无伪，若刻则须如原瓦而鉴汰之。……长安伪器日出，不可不慎，力求于藏器藏拓则亦易见其为今人所为处。……瓦之上下以瓦断痕定，古瓦字先成，轮后成。伪者不坚而似砖，秦瓦多伪，齐瓦昔不知伪，今有之矣。琅邪台畔有烧成者，潍有胶水泥者。"其对有字瓦当的辨识可谓精到，作伪者不知周秦瓦当为分次作成。考古资料显示，瓦当之字与花纹均先由模范印出，而其后部则由轮制出圆筒，再用细线中分为二，于其一端粘接上瓦当，外表则按压涂抹，至粘接处不留痕迹。故由瓦当粘接处之断面，可知其制作工艺，更能判断真伪。陈介祺鉴古之精妙，可谓细微直至毫末，若非真好古、真学问，断不能至此。陶文绝大多数系用玺印按压而出，陈介祺精于玺印文字，加之对制陶工艺知之甚详，故精于鉴别，其收藏陶文四五千种而无一赝品。即令今日，若非具备古文字知识，仅从陶文审鉴，亦类多有走眼之家。

陈介祺的瓦当收藏非常广泛，他不仅收集琅琊台瓦当，而且收集齐地及关中秦汉瓦当。

> 此次武城官瓦即出其地，上当是东字，或有年月，当再求完字者。①
>
> 新得齐出汉千秋万岁残瓦四……②
>
> 正杪拓友至，复拓昔年所收关中残瓦。③
>
> 十二字瓦，字体方色黑烬者真，九字瓦似非西汉，卫字亦秦，全瓦尤须审。④

陈介祺指出，"有好者必有伪者"，因"秦残瓦三字者，尚直数金"⑤，所以，以水胶和沙土为泥印于木刻、不经火烧的伪瓦开始大量出现。陈介祺说：

---

①〔清〕陈介祺著，陈继揆整理：《秦前文字之语》，齐鲁书社 1991 年版，第 55 页。

②〔清〕陈介祺著，陈继揆整理：《秦前文字之语》，齐鲁书社 1991 年版，第 102 页。

③〔清〕陈介祺著，陈继揆整理：《秦前文字之语》，齐鲁书社 1991 年版，第 304 页。

④〔清〕陈介祺著，陈继揆整理：《秦前文字之语》，齐鲁书社 1991 年版，第 299 页。

⑤〔清〕陈介祺著，陈继揆整理：《秦前文字之语》，齐鲁书社 1991 年版，第 48 页。

"真者固多见而知其美，伪者亦多见而知其恶。"在真伪之辨中，他形成了一套自己的辨伪方法，并留下了大量的辨伪资料，如其曾云：

今又得赣榆之青口所出秦瓦残字一，敝邑西南土名营丘古城所出瓦一（此瓦字即仿秦瓦字），皆千秋万岁字，而秦尤古，当以别于琅邪台者（拓各二纸，乞即寄清卿各一，并言所出之地，以佳拓与之）。今有敝邑伪瓦，以水胶和沙土为泥，印于木刻，（其法名水胶泥，）其土似即砖沙屑，但未经火耳。五铢双龙范似伪，可告子年删之，并为道念，勿厌齐人求古文字之扰也。①

新得秦汉瓦三十三纸，中之漆合者，或有已寄一二种，须校。伪瓦日多，胶合者重，新陶者燥。②

第三节 钱币玺印辨伪

一、钱币辨伪

金石学兴起于宋代，清代以来臻至极盛，当时或谓"金石学在山左"。钱币学作为金石学的分支，滥觞于六朝，历经隋唐宋元明各个时期，演进较为平淡，清代以前的钱币谱录几乎不谈鉴定，往往赝品、非钱币品杂陈其间，难辞粗疏荒陋之诮。至乾嘉时期，整个社会的好古风尚导致了古钱价格日涨和赝作风行，即如陈介祺所称："要之好者日多，值所以日昂，伪者获利日厚，所以效尤者日众。使有真鉴，不过仅不得售与数人，而鬻古者必求真者以售之，则难得而利轻，不若伪者之本轻而利厚，无惑乎竭其心力，日出而不穷也。"③ 鲍康在《观古阁泉选后序》中详细记载了当时古泉作伪的大致情况：

伪泉至今日狡狯甚矣！其翻沙者，有江南之苏州、山东之潍县、甘肃之秦州，要必以长安为巨擘。闻以真泉置极细沙土上，印之为模，铸

① 〔清〕陈介祺著，陈继揆整理：《秦前文字之语》，齐鲁书社 1991 年版，第 91 页。
② 〔清〕陈介祺著，陈继揆整理：《秦前文字之语》，齐鲁书社 1991 年版，第 55 页。
③ 〔清〕陈介祺著，陈继揆整理：《簠斋鉴古与传古》，文物出版社 2004 年版，第 59 页。

成时，刀以剔之，石以磨之，衣带以和之，俟沙痕尽化，然后涂以黑色或埋置土中……逮薛氏父子刻泉一出，一时伪泉更无出其右者……①

此外，鲍康在《观古阁泉说》中又云：

> 秦中古帝王州，铜器时时出土，无款识者居其半，当日只以花文色泽及完好者是珍也。自燕庭宦秦，晓以文字多者为贵，虽残缺亦无伤。从此古器几无完肤，虽寸许铜造象，亦必于背上补镌年月。有苏氏兆年兄弟最善搜抉，重趼百舍，求之荒村古冢，所得尤多。又有张氏（号风眼张）精于镌刻，虽尊彝腹中深处，亦能以长削随方就圆刻之，磨以沙石，埋置土中，复使绣（锈）蚀，经年取出，巨眼亦不易辨矣，时人呼为"张二铭"。余谓燕庭曰："苏张之害，流毒至今，丈实启之。"燕庭亦大笑。古泉复有薛刻一种乱真，见余所作《泉辨》，时人呼为"薛重泉"。盖铸泉易识，刻泉难识，以余之深知情伪，亦曾得一泉，与燕庭反复审视，不能下断语，况流传千百年后乎？他日谱家，必有矜为创获，谓吾辈当日并未及见者，大抵皆薛刻也。②

此记更为详细地记录了西安最主要的古玩作伪者苏兆年与苏亿年兄弟、张二铭以及薛重泉父子等人的作伪情形。其中，苏氏兄弟、张二铭等重在夏商周三代青铜器作伪，而薛氏父子则重在钱币古泉作伪。上述引文中提到，对于某种刻泉是开门之泉还是薛氏伪作，连鲍康、刘喜海这样的钱币收藏、鉴定大家都难以辨别，若是流传千百年后，估计后人十有八九都认为其是古泉真品传世了。

清代山东金石学家有着较为共同的特点，即在收集金石文物时，往往注重对历代钱币的收集。他们有着较为深厚的金石学知识，故而对钱币的收集与研究亦能达到一般人所不能企及的高度。同时，清代山东著名的钱币学家中，也没有一位是单一从事钱币收藏与研究的，这也从另一个方面证明古钱币是清代山东金石学研究的重要内容。陈介祺作为晚清著名金石学家，"富藏精鉴，宗仰海内"，其藏品以青铜器、古玺印、陶文、石刻造像、泉币、书画

---

① 〔清〕鲍康：《观古阁泉选》，见《观古阁丛刻九种》，上海古籍出版社1992年版，第216页。

② 〔清〕鲍康：《观古阁泉说》，见《观古阁丛刻九种》，上海古籍出版社1992年版，第8页。

为最多，且多为精品。陈氏在钱币的收藏辨伪方面亦充分体现了他的“富藏精鉴”，其钱币藏品的学术性、珍罕性较高，其中尤以先秦钱币为大宗。在收藏钱币的同时，陈介祺还大量收藏与之相关的冶铸钱币的铭范，不仅有常见的陶范，还有“齐法化”铜范等极为珍罕的战国铜范。

与陈介祺在青铜器等藏品领域的辨伪水平相当，其对齐国刀币等珍稀钱币的辨伪亦有极高深的造诣。例如，他在给金石友人的信札中曾多次提到潍县有刘小鬼者最擅长伪刻改造齐国刀币，但是由于陈氏具有极高的辨伪能力，凡此伪品皆为陈氏所识破。得读陈氏当时的辨伪文字，其中有两点令人印象深刻，对今天的辨伪研究仍极富启发与借鉴意义。

一是从材质角度辨伪。由于中国古代没有科学意义上的化学和铸造学，整个社会对钱币合金成分的认识往往比较肤浅，除史籍中偶尔记录的钱监、钱局铸币的大致合金配比外，古代的古钱研究者更多依靠对钱币日积月累的观察和体认。对于锈蚀较轻的钱币，学者可以从其表面呈色对其材质进行感性的认识。与其他著名钱币学者一样，陈介祺对钱币的材质亦极为关注。陈介祺是较早注意到黄铜质地钱币的学者，他在评点鲍康的《泉辨》时指出，“古无黄铜，明以来始有之”。其所指“黄铜”，与我们今天理解的黄铜基本一致，即铜锌合金。《明会典》《续文献通考》等典籍中有明代嘉靖年间用黄铜铸钱的记载，陈介祺有此识断，应该是寓目过这些史料。

二是从文字角度辨伪。所谓“文字”，指钱币文字的布局、书体、风格等信息。钱币研究属于金石学范畴，而先秦货币之研究首要在于辨识文字，凡此识字为先。在中国历代金石学家中，陈介祺以重视从古文字着眼来进行古器物的鉴定而闻名，其“每以古人文字为至重”，所收青铜器、古陶、古玺印、古钱等绝少赝品，于文字辨真伪体会极为深湛。陈氏言称：“古人之文理文法，学者真能通贯，即必能辨古器之文，是谓以文定之。古字有古人笔法，有古人力量，有古人自然行款，书者真能用心得手，亦即必能辨古器之字，是谓以字定之。”① “收古器则必当讲求古人作篆用笔之法，知之然后可以判

① 〔清〕陈介祺著，陈继揆整理：《簠斋鉴古与传古》，文物出版社2004年版，第26页。

真赝，可以知钩刻之失不失。”① “古文字浑厚者，其中之真精神至坚至足，至朴至臧。其清刚者，其中之真精神至奇至矫至变，不弱不纤。我之用心用力，聚精会神，不似古人，何能不为伪所欺，而并时人之心思才力亦不能知，而乃自骋自诩乎?”② 他强调从古器物的文法、笔法、精神等层面来判断真伪。

陈氏有着极为深湛的古文字学造诣，所以在古钱的鉴定上，对钱币文字的释读自有其过人之处。陈介祺在齐国刀币以及三晋、燕国布币等研究方面均极精到，其关于齐国“齐返邦氹法化”六字刀币文字的考释，以及“蔺”字布币的研究，皆有独到见解。对于当时出现的九字刀，其从文字入手，认定当时见到的九字刀都是赝品：“余谓凡九字者皆伪，不敢附和。”鲍康也证实：“齐九字刀，寿卿终疑之。”可谓力排众议、独树一帜，也即如后来方家所言的“一时诸鉴家尚为所摇，独陈寿卿始终谓九字刀皆伪，诚卓见也!”与陈氏同时代的著名古泉学者李佐贤很快接受了陈介祺的观点，并更正了自己的错误。李佐贤曾在纂辑《古泉汇》时误收一枚九字刀，被陈介祺批评后很快接受了陈氏的观点，并在编《续泉汇》时不再收录。李氏亲自记载了这段往事：“九字齐刀所见仅二三品，《泉汇》曾收其一，颇为寿卿所訾，其论殊近理，古篆多离奇，此字谨严乏古意，与诸齐刀殊，或以三字刀磨平，细细改刻者，然铁线篆极工难辨，胡石查新得者疑亦此类，故未再入谱。”陈介祺强调不要迷惑于古钱字面文字，而要以钱币形制和字体传达出的时代信息来判断，此可谓古钱文字辨伪之至言。

同治十二年（1873）十二月立春后一日，陈介祺致书鲍康，谈及刀币铭范的辨伪。他明确指出：“齐刀之范必不与小布同。刘学诗吾同邑，从东武窃观燕翁旧藏而仿之，技颇乱真，从不至弟处，谲而有定见，此所以为小鬼与。所作节墨刀范等，从他处见得，齐刀范背，乃有隶书大吉，亦可见伎俩之不大矣。要之好者日多，直所以日昂，伪者获利日厚，所以效尤者日众。使有真鉴，不过仅不得售与数人，而鬻古者必求真者以售之，则难得而利轻，不

① 〔清〕陈介祺著，陈继揆整理：《簠斋鉴古与传古》，文物出版社 2004 年版，第 35 ~ 36 页。

② 〔清〕陈介祺著，陈继揆整理：《簠斋鉴古与传古》，文物出版社 2004 年版，第 36 页。

若伪者之本轻而利厚，无惑乎竭其心力日出而不穷也。然我辈好文字而不好玩器，焉得不为古人力剖之。落落寡合，唯自守此志而已。”① 齐刀铭范多于临淄一带出土，且大都是陶范，质坚如砖，一范列 3 刀，而燕国币范则一范列 4—5 刀，三晋布币范通常则一范列 2 枚，三者明显不同。陈氏之说，考古发现已证之。齐刀范正面或背面例有刻记，其内容与齐刀背文相类似，其书体自是战国及以前文字，且刀币合范而铸，刀首在上，刀尖位下，故其范上刻划文字多与此顺序一致，而若与刀币上文字顺序相从者，则多可疑。

二、玺印辨伪

秦汉玺印的搜集、印谱的汇辑至清代呈现繁荣景象，受利益驱动，古玺印翻造作伪亦日益泛滥。正如陈介祺所言：“要之好者日多，值所以日昂，伪者获利日厚，所以效尤者日众。”② 估人欺世射利，陈介祺对此深恶痛绝。在这样一种特定的历史环境中，从事古玺印鉴藏研究必须要洞悉作伪伎俩，促使自身提高辨伪能力。陈介祺认为“传古首在别伪”，同时又要“识得古人笔法，自不至为伪刻所绐，潜心笃好，以真者审之，久自能别”③。

陈介祺收藏古玺印亦将辨伪列为首要，得一印必考其印文，察其渊源，解奇辨疑，去伪存真。通过长期的悉心揣摩和深入研究，他在古玺印辨伪方面积累了异常丰富的经验。王献唐在《五镫精舍印话》里说：“陈氏十钟山房印举，所收诸印，虽未见原物，但以印文证之，无一伪制，即所收铜器石刻砖瓦皆然。此老精鉴，当时潘王二吴诸公，皆出其下，心细如发，眼明如炬。”④

“明末清初以来，古玺印的作伪手法大致不外毫无蓝本的伪造、依据真品翻铸、以素面印坯或磨去古印文字伪刻三种。”现代对传世古玺印辨伪，需要以各个时代玺印鉴别标准为基础，针对具体的鉴别对象，辨析其所具特征是否与该时代风格相符。主要依据是：印文内容（包括官印中的官名、地名，

---

① 〔清〕陈介祺著，陈继揆整理：《秦前文字之语》，齐鲁书社 1991 年版，第 184 页。

② 〔清〕陈介祺著，陈继揆整理：《簠斋鉴古与传古》，文物出版社 2004 年版，第 59 页。

③ 〔清〕陈介祺著，陈继揆整理：《簠斋鉴古与传古》，文物出版社 2004 年版，第 38 页。

④ 王献唐：《五镫精舍印话》，齐鲁书社 1985 年版，第 31 页。

部分成语印文的文辞等）、印文书法、印纽形制及质料等方面的特征，结合文献记载和其他相应时代的文字遗迹，特别是科学发掘出土的有确定年代的玺印，进行综合考证，从而确定一批各个时代的标准品，并形成不同时代玺印在文字书法、铸刻、构图、纽式方面的标准序列。

陈介祺所处的时代尚无科学考古的理念，不可能对古遗址进行搜寻和发掘，以此来确定标准品。陈介祺仅见到两罍轩官印拓本，也未能目睹官印实物和纽式、材质等。其从玺印文字篆法、章法、玺印形制、官制、史学及制作工艺水准等着手，凭借厚实的鉴赏经验，望文研判，真伪立断。如其对“牙门将印”“陈留太守章”“平原徒丞印”“剑士”（图1－11－1）诸印的鉴定辨伪，以现代鉴别标准来衡量，无疑是完全准确的。例如，“平原徒丞印”印文仿新莽制，纽式为兔纽。纵观秦汉魏晋官印，均未见兔纽一式，此类伪品，多按印谱摹刻印文或向壁虚造，再臆造纽式。再如“颍川西湖之长”印，陈氏一望便知为六朝以后印，不使入编。其他官印或印文乖谬，体势木然（如“牙门将印”）；或章法不能贯气，线条呆滞僵硬（如“兼平北司马印”）；或违背官印尺度标准，不合玺印制度，杜撰官名（如“剑士”）；或依据古地望郡名，伪托官称，无中生有（如“陈留太守章”）；或官制与印文时代不类者（如“沛祠祀长”）。陈介祺的高见常使金石同道有豁然开朗之感，令人拜服。无怪乎吴云得书后赞叹：“兄一见即指出具征，目光如炬，无微不烛，尤为心服。”①

牙门将印　　陈留太守章　　平原徒丞印　　剑士

图1－11－1　陈介祺辨伪玺印举例

褚德彝记云：“陈氏收藏彝器，鉴别精审，远胜攀古。”迄今所见陈氏对

① 张炜羽：《周鼎齐罍有述作　秦玺汉印共研求——陈簠斋与吴平斋交往考述》，见《陈介祺学术思想及成就研讨会论文集》，西泠印社出版社2005年版，第296～297页。

各类文物的鉴别收藏，因其目的在于通过此种过程与相关载体来进行考证研究和传递古文化，故其鉴别不仅是要判定有关对象的真赝，还要更进一层来挖掘它们内在的历史文化信息。通过相关资料，我们甚至可以认为，陈介祺对古代金石文物的鉴别早已超越了传统的所谓“文物鉴定”的范畴。若按一般的文物鉴定学的要求，判定文物真赝则已达到初步目的，故而一些文物鉴定家或收藏家能识别器之真赝、决定留去已属难能可贵。因此，陈介祺对金石文物之性质的断定，若用“鉴别”或“鉴定”来阐述，恐与之实际水平和目的尚存相当差距。在此，我们暂且借用陈氏与金石友人之间的书札中所时常讨论的“好古”“藏古”“鉴古”“考古”“传古”凡此诸种来代表陈介祺对金石文物之研究水平。其中所谓的“古”，绝非仅对某些对象的性质进行判定。可以认为，陈介祺的“鉴古”，是对相关对象之产生与发展的历史关系和其出土或流传的地点与过程、其所内在的研究历史的价值，以及其有关作伪仿造的情景甚至某种类项的作伪者的历史、传承、发展与特点等，进行综合的判定与研究。而在此中最为根本的、首要的依据则在于古文字。文字是记录语言的符号，是人类文明的重要标志，而汉字又是历史最悠久和沿用时间最长的文字，古器文字皆是当时历史信息高度凝聚的博大精深的无量载体，其不仅对研究既往的历史与语言至关重要，而且对整个人类文明发展的探索与研究至关重要。此外，各类文物中最直接的信息和易于被直接或间接获取与解绎的内容，莫过文字。旧时作伪，因于传统正经补史是文物研究之大要，故三代吉金文字有“一字千金”之誉，致使文字的模铸、改刻、蚀划诸种造假首为先锋。

同时，陈介祺所进行的“鉴古”，亦是金石文物收藏研究家的综合素养的体现。他主张“好古”“笃古”是一种天性，而真正的“好古”，其目的在于无私的“传古”。要“传古”得有研究的对象，而“传古”前首先要进行“鉴古”程序。并且，凡此诸种“古”，看似分离，实际上却密不可分、互为表里。如果所谓的收藏家或鉴定家，目的在于附庸风雅、彰显博学或是积敛资财，将文物视比珠玉，则自难企及“鉴古”之境界。而陈介祺不仅积毕生之精力进行“鉴古”与“传古”，而且将其真知灼见通达于友人和传及后世。由此即可看出，其所谓“鉴古”之心经，亦正是其所“传古”之重要组成部分。

第十二章 陈介祺书画收藏与研究

国人素将金石、书画并称，而历来雅好书画者尤甚于金石。苏轼在《宝绘堂记》中说："凡物之可喜，足以悦人而不足以移人者，莫若书与画。"陈介祺是著名的金石学者、书法家，同时也是一位收藏宏富的书画鉴赏家。陈介祺所藏书画的数量和质量，堪称一流；他对书画收藏的热爱和追索，横阔一生；他在书画鉴赏方面的高察与洞见，为人所仰；他对家乡书画艺术的贡献和影响，在在可钦。

陈介祺的书画收藏结缘于少年时期，而他对书画的"酷爱"与他早年同著名书画鉴藏家李恩庆的交游密不可分。虽然陈介祺后来发誓"决屏玩好"，全身心投入到古文字、古器物的鉴考之学，但其对于收藏书画的嗜好到老仍不能已。他对书画收藏的认真和执着绝非一般好古者流，他对书画艺术的洞鉴尤多卓见精识。

鉴于种种原因，陈介祺作为书画收藏家的身份为其金石学家的盛名所掩；他的书画收藏亦鲜为外界所知，仅李佐贤的《书画鉴影》和郭味蕖的《知鱼堂书画录》中辑录了一些陈介祺的收藏。但李佐贤的《书画鉴影》又是略而不详；郭味蕖的《知鱼堂书画录》新近才出版，流传不广。可以说，郭味蕖作为书画鉴赏家，是陈介祺书画收藏和鉴识的直接受惠者和承继者。本文据此二书及相关资料，对陈介祺的书画收藏进行概述，力求还原这位中国书画鉴藏史上重要一家的本来面目，同时使我们认清他对家乡书画艺术发展的巨大贡献和深远影响。

第一节 陈介祺收藏书画数量及传世重要藏品举例

陈介祺一生富藏精鉴，书画收藏亦洋洋大观。其收藏书画的数量和质量，从他的姻戚李佐贤、郭味蕖①的评论中可见端倪。李佐贤在编纂《书画鉴影》时曾感叹："每思尊藏法书名画甲于东省，不得收入，兹编为憾！"② 郭味蕖也在谈学画历程的文章中写道："……地方上又有位大收藏家陈簠斋，是毛公鼎的收藏者，家藏晋、唐以来书画珍品，室号'晋唐书画馆'，在当时不亚于故宫之陈列。"③

陈介祺对自己所藏书画颇为自信。他在致金石好友同时也是著名书画鉴赏家吴云的信中曾说："敝藏画。唐王维伏生授经图卷。宋李唐小江南春卷。文与可竹三（一无款）。（极思得东坡、仲圭、禹玉竹。）宋元纨扇集锦。朱文公札卷（真迹）。黄山谷书卷（经伏波神祠诗）。马和之画毛诗（高宗书）。元王叔明乐志论卷、天香深处卷、夏山高隐轴。赵兰倪竹合卷。云林小景二轴。方方壶江山秋兴卷。赵松雪马轴。以上皆可信其不赝。"④ 这里，陈介祺只是将他收藏的元代以前的书画珍品略举一二，他还收藏有大量明清画家、学者的书画精品。

一、收藏书画的数量

据不完全统计，陈介祺所藏书画在五百件以上⑤，尚不包括对联、扇面及时人作品。按朝代大致划分如下：

（一）唐代

王维《伏生授经图》卷。

---

① 李佐贤与陈介祺后来结为姻亲，陈介祺长孙陈阜娶李佐贤长孙女，陈阜夫妻二人即为郭味蕖夫人陈君绮的祖父母。

② 〔清〕李佐贤：《石泉书屋全集·石泉书屋尺牍（下）》，清咸丰、光绪年间刻本。

③ 郭怡孮、郭绵孮主编：《郭味蕖艺术文集》，人民美术出版社 2008 年版，第 902 页。

④ 〔清〕陈介祺著，陈继揆整理：《秦前文字之语》，齐鲁书社 1991 年版，第 215～216 页。

⑤ 据郭味蕖二子郭绵孮整理之笔记资料。

（二）宋代

文同《竹图》轴、《晴竹图》轴、《竹图》轴；

苏轼《梅花图》轴；

苏辙《范纯仁告身》卷；

黄庭坚《经伏波神祠》卷；

秦观书卷；

范宽《风竹图》轴；

李唐《江南春》卷；

马和之《荡之什》卷；

白玉蟾诗卷；

朱熹字卷；

马远《枯木双樵图》轴；

佚名《五牛图》卷；

宋人《仙山楼阁图》轴；

宋人《富贵长春图》轴。

（三）元代

赵孟頫《竹梅图》轴、《洞玉经》卷、《秋声赋》卷、《雪赋》卷、《种树贴》卷、《三札》卷、《陋室铭》卷、《为管夫人画花鸟》卷；《归去来辞》册、《幽兰赋》册、《文赋》册、《谷山赋》册、《手札》册、《元人归猎图》轴（旧题赵子昂真迹）；

赵孟頫《兰》、倪瓒《竹》合卷；

管道升《竹》卷（赵孟頫题）、《回文诗》卷、《紫竹庵图》轴；

黄公望《富春大岭图》轴；

吴镇《墨妙》卷；

王冕《墨梅图》轴；

顾安《竹石图》轴；

唐棣《岸阔风悬图》轴；

倪瓒《林亭远岫图》轴、《疏林小景图》轴；

方从义《江山秋兴》卷；

王蒙《乐志论》卷、《天香深处》卷、《夏山高隐图》轴。

以上唐宋元时期作品共计46件。另有《宋元名人画册》《名贤墨绘册》《宋元明诸大家山水册》《元明萃秀册》等内含宋元诸家作品无算。

（四）明代

包括方孝孺、戴进、张复、沈周、文徵明、陆治、陈淳、文伯仁、徐渭、孙克弘、董其昌、陈继儒、赵左、倪元璐、张瑞图、崔子忠、黄道周、祝允明、文嘉、仇英、唐寅、周臣、文彭、谢时臣、吴彬、项元汴、米万钟、丁云鹏、恽向、蓝瑛、冯起震、陈洪绶、张风等书画大家的作品，共计一百余件。

（五）清代

包括王时敏、萧云从、项圣谟、王鉴、傅山、法若真、查士标、朱耷、髡残、石涛、王翚、吴历、王武、恽格、王原祁、姜实节、蒋廷锡、高其佩、冷枚、华喦、高凤翰、邹一桂、金农、黄慎、郑燮、董邦达、刘墉、张敔、边寿民、罗聘、桂馥、朱文震、翁方纲、梁同书、黄易等书画大家的作品，共计三百余件。

二、传世重要书画藏品举例

陈介祺自幼喜爱书画，青年时期优游京华，又以天资和才华名动艺林，所见之高，所历之广，非寻常人可以望见。因此，他的书画收藏并不亚于他的金石收藏。其书画藏品中有很多是名家的精品力作，更不乏国之瑰宝，今略举数例。

（一）唐王维《伏生授经图》卷

被陈介祺确信无疑的唐代王维《伏生授经图》卷是一件传世名作，也是唯一一件流传下来被认为是王维创作的人物画作品。在宋代已入内府，《宣和画谱》著录，上有宋高宗题字“王维写济南伏生”，其后代有名家题跋。明中期流入民间，入清以后先后为梁清标、宋荦、谢宝树等人收藏。清代著名书画鉴赏家孙承泽谓其“人物之妙，有非唐人所能及者”①。

王维作为唐代著名诗人、画家，讲究“诗中有画，画中有诗”，被称为“文人画之祖”。《伏生授经图》纵25.4厘米，横44.7厘米，绢本设色，生

① 赵启斌主编：《中国历代绘画鉴赏》，商务印书馆2013年版，第136页。

动地描绘出伏生授经的场景。图中老者右手执卷，左手指点，精神矍铄，气息典雅，显示出作者运用线条写景状物的高超技能（图1－12－1）。此画被《铁网珊瑚》《清河书画舫》《珊瑚网》《佩文斋书画谱》著录，但不见于李佐贤《书画鉴影》，或由于陈介祺秘藏不轻易示人，但也有可能系李氏认为此画非王维真迹。现在也有人认为此画是北宋摹本，但宋高宗题字确信无疑。唐画不属名款，所以按照通例现在一般标记王维《伏生授经图》。

此画1925年被日本商人阿部房次郎购得并带去日本，现藏于日本大阪市立美术馆，被列入"重要文化财"。2010年上海博物馆曾举办"千年丹青——日本、中国藏唐宋元绘画珍品展"，展出中日各大博物馆所藏唐宋元名画，此画为当时日本参展的46件作品之一。

图1－12－1　王维《伏生授经图》

（二）宋黄庭坚《经伏波神祠》卷

《经伏波神祠》卷被公认为黄庭坚存世最具代表之作，纸本，纵33.6厘米，横82.6厘米，凡16行，166字。范成大评其"山谷晚年书法大成，如此帖毫发无遗恨矣"；文徵明称其"雄伟绝伦，真得折钗、屋漏之妙"。该卷被《听雨楼帖》《诒晋斋法帖》《小清秘阁帖》等收录（图1－12－2）。

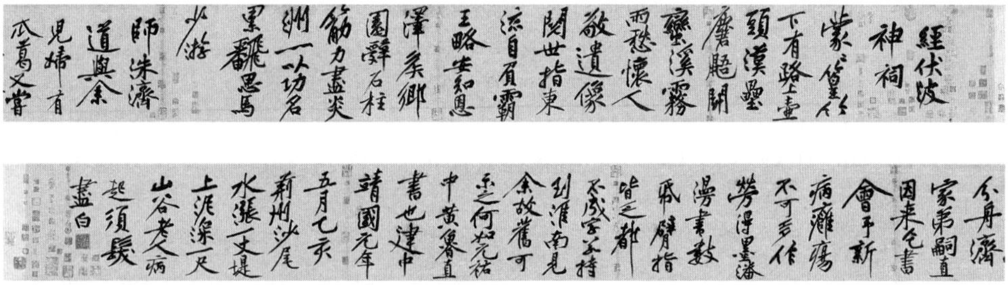

图 1－12－2　黄庭坚《经伏波神祠》

该卷曾被明代书画家沈周收藏，后被嘉兴项元汴购藏，明万历年间归权臣严嵩，清乾隆时归于内府，旋被赏赐给成亲王永瑆。乾隆五十九年（1794），永瑆用此卷换取刘墉新购唐琴，遂入刘家。晚清归陈介祺。2010 年，北京保利拍卖黄庭坚大字行楷《砥柱铭》，以 4.368 亿元人民币落锤成交，后被多方质疑真伪。此二件作品同载李佐贤《书画鉴影》，但正如明代著名书画鉴赏家张丑所言，“（《砥柱铭》）其品尚在《经伏波神祠》真迹之下”①。

（三）元黄公望《富春大岭图》轴

《富春大岭图》为黄公望晚年经意之作，是为好友华亭曹知白外孙邵亨贞所作。该图为纸本，纵 74 厘米，横 36 厘米。据张庚《图画精意识》记载，画上原有王蒙、倪瓒题跋，后来重新装裱时裁去。该图现有明代祝允明及清代宋葆淳、叶梦龙、翁方纲、吴锡麒、王拯、李佐贤七人题诗题跋。其中以叶梦龙长跋尤为重要：

> 元黄大痴《富春大岭图》，旧藏温陵相国家，后为宋芝山以八百金购得，前在京师脍炙人口矣。予已有元季四家妙迹，然未若此之稀有者，因故请再四，乃割爱归予楼中。足感友谊之笃，盖此画非深于鉴古亦不能识其奥耳。惟愿子孙能守则守之，否则当易以原值，乃不薄视此宝。但甑未尘封，仍须留也。叶梦龙谨识。（图 1－12－3）

叶从宋葆淳手中购得此画时间约为嘉庆乙丑（1805），并请翁方纲题跋。据宋跋可知，他从泉州洪氏家购入此画的时间为嘉庆辛酉（1801）九月，购

① 〔清〕张丑：《古代书画著作选刊：清河书画舫》，上海古籍出版社 2011 年版，第 716 页。

价为八百两白银，在当时绝对属于“天价”。

《富春大岭图》为黄公望的代表作，是学习元人笔墨的绝好摹本。画家沈周、董其昌、张宗苍都临仿过此图，其中董其昌《仿黄公望富春大岭图》在中国嘉德2012年秋季拍卖会上以6267.5万元人民币成交，亦创下当时董其昌作品成交最高纪录。

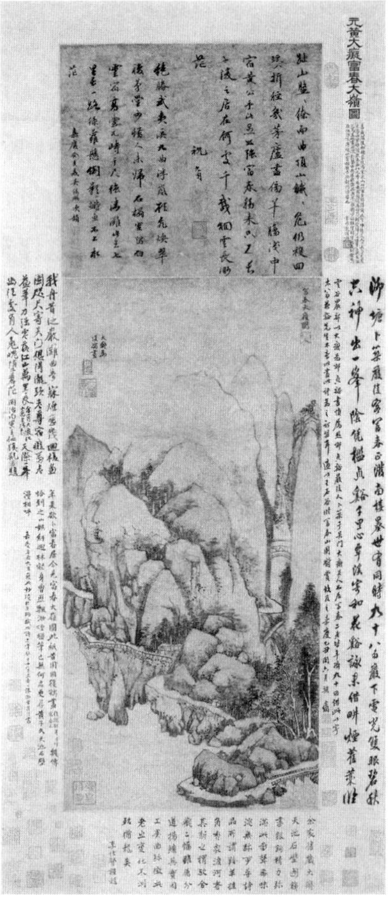

图1-12-3 黄公望《富春大岭图》

图1-12-4 王蒙《夏山高隐图》

（四）元王蒙《夏山高隐图》轴

王蒙，字叔明，号黄鹤山樵，赵孟頫外孙，与黄公望、吴镇、倪瓒合称“元四家”。《夏山高隐图》，绢本，纵149厘米，横63.5厘米，作于至正二十五年（1365），是王蒙成熟时期的代表作（图1-12-4）。

画中重山叠翠，飞泉落涧，茅舍错落，人物古朴。山峦用披麻皴、解索皴，树木用积墨法。作者巧妙运用实中求虚、疏密对比之法，使画面雄奇苍浑，无迫塞之感，为王蒙山水画之精品。《大观录》《江村销夏录》《书画鉴影》皆有著录。

清代画家王时敏、近人张大千皆有《仿（临）王蒙夏山高隐图》，直到现在此图也是学习中国山水画的常用临本。

此作现藏于故宫博物院。

（五）明徐渭《水墨写生》长卷

徐渭，字文长，号青藤老人、天池山人。他是中国文化史上的一位奇才，也是中国大写意花鸟画的代表人物，他的艺术风格对清代画家八大山人、石涛、“扬州八怪”、赵之谦，以及近现代画家吴昌硕、齐白石都深有影响。郑板桥曾刻有“青藤门下牛马走”印章以示钦敬；齐白石则称“恨不生前三百年”为青藤“磨墨理纸”。

《水墨写生》长卷，一名《杂花卷》，纸本，墨笔，纵 30 厘米，横 1053.5 厘米。纸连十幅，作水墨花木十四种，分别为牡丹、石榴、荷花、苇草、梧桐、菊花、瓜、豆、紫薇、葡萄、芭蕉、梅花、水仙、竹子。全卷笔墨纵横、气势磅礴、洋洋洒洒、一气呵成，隽拔超逸之气溢于纸上，如一首宏大乐章，打破了自然时空的限制，具有强烈的表现性意味，是充分体现中国画墨华水韵的一幅杰作。

徐渭《水墨写生》长卷现藏于南京博物院，是南京博物院十八件“镇馆之宝”中唯一一件书画作品（图 1-12-5）。

图 1-12-5 徐渭《水墨写生》长卷

第二节 陈介祺书画鉴藏的交游与思想

陈介祺一生酷爱金石书画，因此他的交游多是金石之交、书画之交，如何绍基、李恩庆、李佐贤、吴云、潘祖荫、吴大澂、王懿荣等，他们本身既是金石学者，又是书画家、鉴赏家，因而陈介祺时常相与交流。在书画方面，陈介祺早年受李恩庆影响甚深；晚年僻居乡里，以传古为任，虽“决屏玩好”，但未停止书画弁藏，时常与弟陈介锡及同乡戚友王石经、张士保、郭麐、刘嘉颖等相与探讨。而李佐贤、王懿荣亦曾专程来潍欣赏陈介祺所藏书画。陈介祺深感僻居乡里所见不广，因此多次拜托吴云等为其购藏书画。而他所欣赏的，正是历代有创见的书画大家。在书画鉴赏方面，他强调“真知”“真见”。同他在书法方面的追求一样，他对书画的笔墨极为重视，强调“用笔”，强调画法与书法的一致性；同时他又十分注重作者的人品道德。这一切助成了他超越于书画赏玩的文化高度。

一、陈介祺书画鉴藏的交游

（一）在京时期

陈介祺的书画鉴藏为其金石鉴藏与研究的盛名所掩。究其原因，一是陈介祺没有完整的书画著录流传于世，也鲜少在其所藏书画上题跋或钤加鉴藏印章；二是陈介祺后来以书画近于玩物，“兢兢以玩物为惧，六十以前廿年已力屏之”。据现存《簠斋尺牍》等手迹以及后来发表的研究文章我们可以推断，陈介祺所藏书画确实大部分得于其42岁“乞假”回乡之前。但如此之多的书画收藏足以说明其对书画鉴藏的酷嗜。陈介祺早年刻有“宝恕堂藏画印”“宝恕堂藏书印”“古平寿陈介祺宜铭金室所藏金石文字”三印，是他最早所用的鉴藏印章，这也说明当时他对金石、书画的喜爱程度是相当的。

从陆明君《陈介祺年谱》及前人日记、笔记中，我们可以查到一些陈介祺早年与友人交往中关于书画鉴赏方面的记录。如：

道光十六年（1836）七月十日，《许瀚日记》：“访子苾，遇寿卿，同往琉璃厂观渊如先生书。”（按：渊如为孙星衍，清代著名经学家、书法家，工篆隶，精于金石碑版。陈介祺藏其尺牍册。）

道光十九年（1839）十一月二十四日，《许瀚日记》：“顾珩圃、陈寿卿来，带绣谷画，珍宜斋裱。”（按：司马钟，号绣谷，清中期画家，工花卉鸟兽。）

道光二十二年（1842）十月十二日，《何绍基日记钞》：“陈介祺处看桂字，观所得白淮父敦及内者镫，刘耽印亦佳。”（按：桂馥，清代著名学者、书法家、篆刻家。陈介祺藏其书作数件，并桂馥小像一轴。）

道光二十五年（1845）正月六日，《何绍基手写日记》："进城赴陈伟堂师相席，寿卿出示徐天池画卷、得天书《鱼枕冠颂》、南阜老人画《弄孙八珠》册。"① （按：张照，字得天，清初著名书法家，陈介祺藏其书法数件；高凤翰《弄孙八珠》册，2011年嘉德秋拍有同名作。）

在何绍基的诗集中，又有一些何绍基应陈介祺之请为其所藏书画而题的诗，如：

道光二十三年（1843），何绍基有《法时帆学士瀛洲亭图为陈寿卿舍人赋》诗，诗后注"寿卿得此图，余得学士移居图"，可知二人同好。此图为画家罗聘应好友、官至国子监祭酒的法式善之请所作长卷，现藏于日本东京国立博物馆。

道光二十六年（1846）十二月十九日，何绍基又为陈介祺所藏姜开先画册题诗。

许瀚、何绍基是陈介祺一生的金石好友。许瀚早年来京，就住在何绍基家；而何绍基之父何凌汉与陈介祺之父陈官俊同朝为官，何绍基称陈官俊为师，又与陈介祺为乡举同年，两人都喜书画鉴藏。许瀚、何绍基都比陈介祺年长许多，许瀚长陈介祺十六岁，何绍基长陈介祺十四岁，因而青年陈介祺时常请他们看画作题，也有学习交流之意。那时北京琉璃厂书画古籍市场很兴盛，时常可以见到宋元真迹，绝不是现今所能同日而语，而他们所看所题书画极有可能是陈介祺刚刚收得或正欲收入之作。

（二）与"二李"的交往

对陈介祺书画鉴藏影响最大的人，是他的老师李恩庆。当时书画鉴藏界有"三李"之谓，清人崇彝在他的《道咸以来朝野杂记》中有如下记载："咸丰、同治间……收藏书画者，当时有'三李'之目，谓李季云恩庆、李西园东、李竹朋佐贤也。……一经诸公品题，若士之登龙门者。"② 可见当时"三李"在书画鉴定方面的权威地位。而"三李"之中，李恩庆又居首席。

---

① 以上参见陆明君：《陈介祺年谱》，西泠印社出版社2015年版，第25、41、49、57页。

② 〔清〕崇彝：《道咸以来朝野杂记》，见《北京古籍集成》第二十一册，北京出版社2015年版，第57页。

李恩庆，字季云，号集园，又号皖生，直隶遵化（今河北遵化）人。道光十三年（1833）进士，官至两淮盐运使，著有《爱吾庐书画记》四卷。

李恩庆长陈介祺十四岁，家世渊源，收藏极富，善画山水，精于鉴别。青年陈介祺喜爱书画收藏，遂拜其为师，时常向其请益。每当陈介祺对某件作品心有疑虑时，就接请李恩庆协助鉴定。在明末清初画家张风（字大风）的一幅人物图轴中夹带的一张字条上有如下文字：

大风此幅奕奕有神，似非赝品，敬呈审定！若可，便重装之。受业祺上。

珍品也。季云具白寿卿贤弟太史，丙午闰夏廿六日。

丙午为道光二十六年（1846），此前一年陈介祺刚刚高中进士，入翰林院。此段文字虽简短，但足以说明二人的师承关系。而陈介祺的谦虚谨慎以及李恩庆的慧眼如炬，从字条中可见一斑。

又，今贵州省博物馆藏、李恩庆旧藏的明唐寅《长松泉石图》轴的诗堂上，有陈介祺跋文一段，更说明了师生当时过往（图 1－12－6）：

图 1－12－6 唐寅《长松泉石图》

六如居士《长松泉石图》，太仓张雪槎补象，寿少傅王文恪公七十诞辰所作也。居士既寿以画与诗，复寿以序，载《全集》中，书、画、诗、文堪称四绝。重以文恪学问勋业卓越一代，此图允宜不朽，不仅以图绘妙迹著矣。旧为洪石农（范）官济南太守时所藏，有洪书居士原序并跋，较之《集》中多所删节，且有误字。跋云“旧有序文，另装成帙”，盖居士手书冠于上方，而洪分装自补之也。季云师通籍后，十五年来收唐宋元明及近人名画二百余种，皆鉴别精确，可起作者而质之。道光丁未，获居士《湖山梅逸图》暨《韩熙载夜宴图》，复因大兴刘宽夫侍御得此巨轴，真得古人解衣磅礴之妙。祺幸侍函丈，再拜敬观，赞叹不已。绢左霉蚀殊甚，诗中“归”字半泐，“有衮”二字已缺。以序见《集》内，装时遂去洪书。他日延津剑合，得原本仍装于上，真艺林一大快事。居士有知，当呵护之使来前也。十月十日丙辰，簠斋三十五岁主人、受业陈介祺谨书。

此段文字足以说明陈介祺在书画鉴藏方面得李恩庆教诲殊深。题跋之日正值三十五岁生辰，更说明他对书画鉴藏的用心。

李恩庆对陈介祺来说不只是授业之师，二人感情还极其深厚。陈介祺在道光三十年（1850）致李恩庆的信函中自称：“三十年来，情如骨肉。”可见陈氏自少年时期即与其笃交，得其教诲，并深受影响。二人经常通信，这种真情之流露，我们还可以从保留至今的《簠斋尺牍》中体会到。

道光二十九年（1849）陈官俊去世，李恩庆专程前往吊唁。据陆明君《陈介祺年谱》记载，陈介祺在道光三十年三月二十八日致李恩庆的函中云：“灵前握手劝诫之语，感极触痛，涕泪如流。翘望师颜，曷胜依恋。”是年六月十三日又致函李恩庆云：“祺痛背椿晖，忽将周岁，痛心之至，刻不能安。是以决意归里，于祭日哭祭，不敢久住也，计七月廿日可返。夫子彼时如将出都可迟至廿二三日间否？仰企钧颜，莫名依恋。”这是陈介祺在返里途中，听说恩师从陕启程回京，请求其在京多住两天，以便自己回京时可以相见。果然七月十九日陈介祺刚回京，两人就相约见面。同年陈介祺祖母去世时，李恩庆又来吊唁，九月二十四日陈介祺致函李恩庆云：“此次夫子远来，犹及照拂一切，始终成全，真如骨肉。哀感之私，曷能言状！”

李恩庆、陈介祺这种亲密关系，其实还有另一层因缘，即李恩庆实为陈官俊授业弟子。李恩庆早岁师从陈官俊，深受其培养，课业精进；在书画鉴赏方面，师生亦有交流，如《爱吾庐书画记》中就有陈官俊在李恩庆藏画上题跋的记录。另，李恩庆在一幅自绘山水画上亦有如下题记：

作图历旬余始成，殊自矜惜，求正于潍县少农师，极蒙许可，并赐收存，敬记数语，以为荣幸，门人李恩庆。

此画作于道光壬寅（1842），时陈官俊任户部右侍郎兼管钱法堂事务，故李恩庆称其为“少农师”。

在今美国佛利尔美术馆藏、李恩庆旧藏的五代荆浩《钟离访道图》上，有陈介祺的一段跋文，更直接说明了这种关系：

> 是图主峰之奇，人物草木之古，真晓屏相国所谓“骨体迥绝，思致高深”者，又有思翁、蕉林鉴定，夫复何疑！……相国为先文悫受知师，竹朋、季云先生受知于先君子，祺既请业于爱吾庐，又与石泉主人为姻戚，前后寓目，是有厚幸已。同治甲戌八月十日庚辰，海滨病史陈介祺题。

同治甲戌即1874年，是时李恩庆去世已逾五载，而陈介祺返乡已二十年。他重睹当年过眼巨迹，追述与“二李”的渊源，特别是与李恩庆的关系，当是真心流露。此处陈介祺明确点出，李恩庆、李佐贤皆“受知于先君子”，这就说明“二李”与陈氏有父子两代的关系，他们都曾受到陈官俊的赏识和栽培，因而对陈介祺格外垂青。

“二李”之一的李佐贤年长陈介祺四岁，道光十五年（1835）中进士，供职于都门，1844年授翰林院编修，第二年陈介祺由进士朝考一等第十名改为翰林院庶吉士，二人共事词垣。李佐贤在京数年，时常流连厂甸，与刘喜海、吴式芬、李恩庆、吕佺孙多有交谊，与陈介祺订交约在1839年前后。李佐贤既是金石学者，又是著名的书画鉴赏家，其所著《书画鉴影》二十四卷，资料丰富，稽考精实，是现今书画考藏的重要文献。李佐贤、陈介祺的孙辈后来结为姻亲，则使二人关系更进一步。在李佐贤《石泉书屋尺牍》最后一篇中，有如下阐述：

> 卅年结契，夙同李杜交情；两姓缔姻，更结朱陈好合。恭惟寿卿……不鄙寒门之弱……惟冀百年永好……①

李佐贤曾来潍县，并鉴赏过陈介祺与陈介锡的书画收藏，但估计没有看全。在他的《书画鉴影》一书中，收录了一些陈介祺的书画收藏，但只有部分明确写为“寿卿所藏”，另一部分却没有标注，而书中还有一些他人的藏品也没有明确标注出处，令人难以理解。崇彝在他的《道咸以来朝野杂记》中

---

① 〔清〕李佐贤：《石泉书屋全集·石泉书屋尺牍（下）》，清咸丰、光绪年间刻本。

说："竹朋先生虽有《书画鉴影》一书，恐多属寓目，非尽是所有者。"① 不过李佐贤的确有很多书画收藏，其子枚卿、韦卿亦好收藏。光绪元年（1875）八月二十三日陈介祺致李韦卿的书中云："尊藏集扇闻将及千，不审可借一观否？如恐有磨损，则不必矣。"集扇及千，亦可称一巨观。

（三）居乡时期

陈介祺42岁以后，隐居乡里，境遇与在京师时天壤之别。虽然有陈介锡、郭麐、王石经、张士保等相与考藏，相对来说收藏书画的机会少了许多。而且此后陈介祺的精力主要用在金石文字的挖掘、整理、考藏与传古上，用在书画方面的精力便少了，但他一直没有停止书画收藏。他对于书画的喜爱，仍然见诸他的文字中。

咸丰九年（1859）四月二十一日，陈氏得恽格（号南田）山水册，在册后作跋：

南田真迹，南中收藏家以有无为雅俗，几如云林矣。珍逾球璧，尚可流传辗转，若北方则不能至也。余在京师惟收得珊瑚阁藏恽王合璧（璧）二册（所见花卉无虑百余本，无一真笔）。所见者四明吕星田（倌孙）扇册，设色花卉精妙无匹，为向来所未有。扇无皱痕，似是以扇式裁纸为之。归来于晋卿弟处得山水花卉集册，就中"岁寒"一幅极精。今得历客此册，是经意之作，虽是山水，然真不可从得也。己未四月廿一日夜簠斋记。②

同治八年（1869）九月二十四日，陈介祺又于莱阳赵姓处得元代方从义《江山秋兴图》，十分高兴，遂于二十六日作记云：

同治己巳九月廿四日，得此方方壶山水真迹于莱阳赵客，欣于奇遇，展赏不已。画及人不能及，弇州一跋亦不易得，直至幸古缘清福也。③

光绪二年（1876）三月四日，陈介祺在致王懿荣的信中说：

……竹报想已至，承欢以仲圭《草亭诗意卷》《松泉图卷》，可谓文矣，敬羡敬羡。若真则更思一见。旧藏元四家真迹不多，唯沙弥（按：

① 〔清〕崇彝：《道咸以来朝野杂记》，见《北京古籍集成》第二十一册，北京出版社2015年版，第58页。

② 陆明君：《陈介祺年谱》，西泠印社出版社2015年版，第130页。

③ 陆明君：《陈介祺年谱》，西泠印社出版社2015年版，第176～177页。

> 吴仲圭号梅沙弥）无佳者（竹尤企），佳者曾见杜兰溪学礼官农部时一轴。祺近好书画，不如古文字，而识则进，昔尚有心得之，真唯欲多见扩之，此间苦无从也。①

王懿荣曾于光绪七年（1881）过潍县，遍观各家所藏，“在陈寿卿丈处三日，书画古器不具数”。

光绪三年（1877）十月三日，陈介祺复吴大澂书，附笺云：

> 归来喜藏画竹，与可有三（图 1－12－7），范宽一，云林一，定之一，藏于君子林，唯梅道人竹与山水无之，竹仅得刻本，厂中如见宋元画竹，乞为留意，但必须真而佳者。朱竹垞、何义门、傅青主、金冬心联佳者，皆欲收或借刻也。②

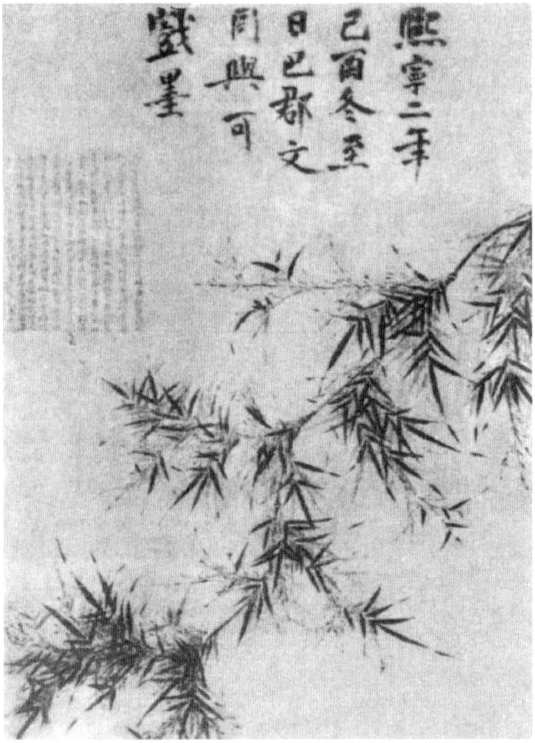

图 1－12－7　文同《墨竹图》

光绪四年（1878）十二月二十日，复信吴大澂，又云：

> 傅青主五七言联乞代购真者付刻，冬心佳者亦乞，少费无妨。傅联已刻一十一字极长者……傅画亦极爱之，至晋乞留意，字已收得不少。③

另外，陈介祺在与吴云的书信中也时常谈及书画，他请求同样爱好书画收藏的吴云在当地为他寻购书画作品，并想借阅吴云所藏书画目录一读。我们将在后文簠斋所藏书画之来源一节详细列举。

---

① 《簠斋尺牍》（十二册本），1919 年商务印书馆涵芬楼影印本。

② 陆明君：《陈介祺年谱》，西泠印社出版社 2015 年版，第 346 页。

③ 陆明君：《陈介祺年谱》，西泠印社出版社 2015 年版，第 358 页。

现在所能见到的陈介祺最晚的书画鉴赏记录，是光绪八年（1882）九月十六日跋外甥刘实甫所藏沈周山水画：

石田翁画法，自元以上无所不有，而笔意苍老大方自然尤不可得，又似于梅道人有深契。此副二树并列者三，偃者一，已觉澄心旷目，忽而高峰插天，远峰映后，直逼亭背，用意写境俱奇。盖此亭建于高山岭脊，故亭后深不可测。近人作画不能作主峰，更不能构奇想者，以胸少丘壑未为万里游也。主峰结顶亭前石根固见笔法，而亭中隐士道貌尤古，非翁心有抱，焉能如此？实甫吾甥家藏是图，西泉与余鉴定而深赏之，装成为题数语以待知音。光绪八年九月既望己亥雨中，齐东陶父陈介祺书。①

纵观此段跋文，句句经典，简直是在教授刘实甫绘画心法。刘嘉颖，字实甫，潍县人，出于世家，少喜绘事，时年21岁。引民国《潍县志稿》中的说法，“邑中陈寿卿收藏之富甲天下，刘至辄出历代名迹以资观摩，由是深得古人秘奥，艺乃大进”。

次年，陈介祺又将自书陆游“爱书不厌如平壑，戒酒新严似筑堤”一联赠与他，跋曰：“余不作楹字三年矣，实甫吾甥索之不已，因检庚辰所作赠之。实甫作画饮酒喜放翁此二语，将使画中有书卷而酒无量耶！癸未九月三日庚辰，簠斋七十一叟舅氏陈介祺。”

正是由于陈介祺的栽培和鼓励，刘嘉颖才得以遍观陈介祺所藏历代巨迹，绘画直入古人门径，高标一帜，成为潍县画派奠基人物，引领并推动了百年来潍坊书画艺术的繁荣发展。

二、陈介祺鉴藏书画的思想

（一）“真知”为鉴藏之要

在今美国弗利尔美术馆藏、李恩庆旧藏的五代荆浩《钟离访道图》上，有陈介祺的一段跋文，反映出他书画鉴藏方面的思想。他说：

……窃谓古人之笔，只是有力，其法则在笔之两端。不笔笔求其法，而徒观大略，非真知也。

---

① 陆明君：《陈介祺年谱》，西泠印社出版社2015年版，第393页。

陈介祺对鉴藏书画提出要"真知"。所谓"真知"，即要读懂古人笔法。

中国绘画艺术自从南北朝时期谢赫提出"六法"以来，"骨法用笔"就是评判美术作品的重要标准；随着文人画的兴起，笔墨几成评价绘画优劣的第一标准。以陈介祺精湛的学识和一丝不苟钻研传统文化的品格，他对书画的鉴识能力和鉴赏水平，与他鉴藏金石的法眼是一脉相承的。

在陈介祺谈论书画的文字中，常常可以看到他对骨法用笔的重视。他曾在致吴云的函中说："作画先求神韵，不讲用笔，似是第二义，有笔再谋局，再求自然之墨韵，便不为画稿渲染所缚，方可入古宋元之室。鉴别亦先求此，然后有真见也。"① 又说："作画不求用笔，止谋局事烘染，终不成家。"②

陈介祺精于书法，对用笔有深刻独到的理解。他在所撰《习字诀》中也处处强调用笔使笔的方法：

> 下笔处一画之法已具，一身之力俱到。有法则两头吃劲，中间仍不省力，方是真有法。中间松，仍是下笔力不足……收笔立得住即是下笔之法无误，收不住者，即下笔时法仍未尽善。凡事慎终于始，小道亦然，要好，全在不苟。③

人们常说"书画为小道"，而陈介祺则说："小道亦然，要好，全在不苟。"真是真知灼见。陈介祺于金石、于文字、于书画，一辈子追求"真知"，追求"不苟"，这正是他的成功之处，也是他的胜人之处。

我们从郭味蕖《知鱼堂书画录》的记载中，也可看出陈介祺对书画鉴赏的认真态度。在对沈周《苕溪碧浪图》的著录中，有陈介祺跋文一段：

> 丙寅冬，既得清爱堂藏石田《碧梧吟社图卷》于东武，复得此《苕溪碧浪图》于京肆。此卷笔力尤老健，无一笔不天成。卷中题咏虽多，无真知画笔之妙者。郭蘧庵、曹种水诗尚非率尔之作，然皆不足以倚瑶林与石田翁笔并列。他日当重装画卷，而以诸题别为一卷存之，勿使他人展卷不

① 〔清〕陈介祺著，陈继揆整理：《秦前文字之语》，齐鲁书社 1991 年版，第 260 页。

② 陆明君：《簠斋研究》，荣宝斋出版社 2004 年版，第 122 页。

③ 毛万宝、黄君主编：《中国古代书论类编》，安徽教育出版社 2009 年版，第 141 页。

能快意也。丁卯十一月朔。[①]（图1－12－8、图1－12－9、图1－12－10）

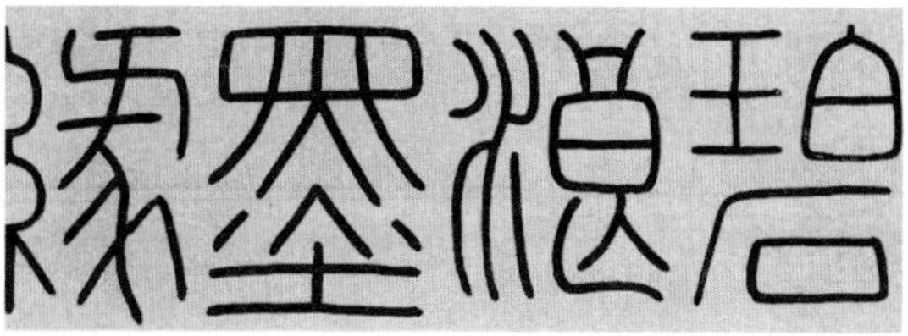

图1－12－8 沈周《苕溪碧浪图》卷之一

图1－12－9 沈周《苕溪碧浪图》卷之二

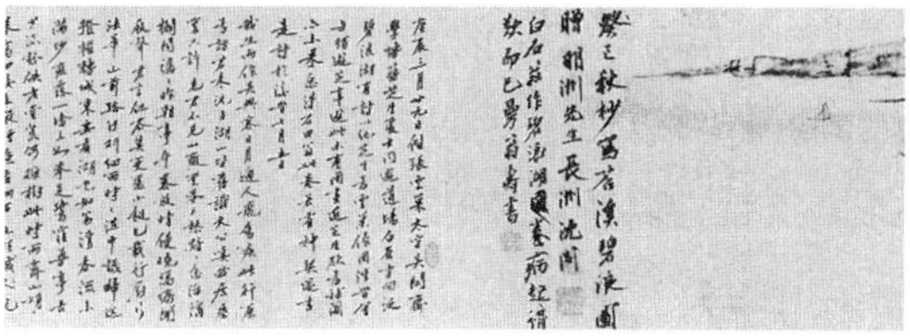

图1－12－10 沈周《苕溪碧浪图》卷之三

此处陈介祺又提到“真知”。郭籧庵即郭麐，字祥伯，号频伽、籧庵，江苏吴江人，是著名的诗人、金石学者、鉴赏家；曹种水是与郭麐同时期的词学家、收藏家。二人的题画诗作在陈介祺看来都非“真知画笔之妙者”，因而想重新装裱以别卷存之，好使展卷能够快意。这就更加证明陈介祺书画鉴赏水平之高，以及他对于书画的喜爱。

郭味蕖《知鱼堂书画录》中收录了陈介祺旧藏书画数十件。从郭味蕖的题记中，可知陈介祺对古人片纸只字皆十分珍惜，很多都是他重新装池并亲自题签的。如周静香《仿董北苑山水图》轴，签题“周静香仿北苑山水，寿卿得之博兴蒋氏，丙申夏重装”，钤“寿卿”圆印；又如王麓台《山水》，签题“王司农仿大痴真迹，寿卿所藏”。姜实节《仿云林古木秋风图》后有郭味蕖题记：“原为吾乡陈簠斋太史故物，闻当时极为珍惜，叹为不易再得，重为装池宝藏。太史殁后，流入京估之手，壬午六月，余以三百金得之，于是复归潍上。”[②]

陈介祺与一般书画收藏家不同，他很少在画上加盖鉴藏印章，只偶尔加钤一方“簠斋清供”朱文方印。说明陈介祺鉴赏书画，非以玩好猎奇占有为

① 郭怡孮、郭绵孮主编：《郭味蕖艺术文集》，人民美术出版社2008年版，第577页。

② 郭怡孮、郭绵孮主编：《郭味蕖艺术文集》，人民美术出版社2008年版，第416页。

目的，而是以学习传承艺术为主旨。

在咸丰八年（1858）六月二十四日陈介祺致秩卿三弟的信函中，我们可以进一步了解他对书画学习及收藏的态度：

所索花卉册卷作临本，佳册本难得，花卉尤难于山水。今检得珍存蒋文肃墨笔花卉册一，南沙代笔最多，真迹极为难得。用心追摹，求其用笔之法，自可免俗，如有所得，即以与弟勿使渍染。如不作画，仍望寄我，作晴窗雅玩也。又，孙雪居太守设色花卉一卷，用笔极佳，明人名手，未知弟欲学何种？都中收藏家颇多，多见能留心，自能分出路径。作家之制，又从书卷中酿出，不同画匠也。若欲应酬作扇头，则觅时手多作粉本足矣。……博古斋缪姓裱画人闻不在，彼如裱旧书画，伊尚细心，蒋册如付装时，勿假他人手，不可用色纸、冷金纸作副页。①

这里陈介祺再次强调，学画要"用心追摹，求其用笔之法"；要成为"作家"，而非画匠。所谓"作家"，即文人画家。笔者虽然没有见过陈介祺所作之画，但可以想象他的画如同他的书法，一定不俗。而陈介祺对于京肆收藏界之熟谙，以及对装裱字画的用心和爱护，绝非一般人可以望见。

（二）"传古"为鉴藏之旨

陈介祺在书画鉴藏方面也秉承"传古"思想，表现在他精心挑选了一些书画精品，并将他对其中一些作品的理解写成跋文，然后摹刻上石或上板，广为传拓。

比如同治八年（1869），陈介祺刻名贤书联几十副，其中有郑板桥"删繁就简三秋树，领异标新二月花"一联，跋曰：

板桥先生蕴书卷之秀，发于政治笔墨，此其一事也。同治己巳，陈介祺刻并记。

在另外一幅摹刻的陈洪绶赠周亮工的《苏武李陵图》上，也有陈介祺题跋一段：

栎园先生宰吾邑有城守功，其属老迟图此，盖自寓千秋之隐疚与印文亮也，辜恩负义之辈意同识者。勿徒皮相奇古之笔，而能赏其坚心忠骨之神，则为知画意矣。余昔见此，"栎园"二字尚在，不知何时伧父去

---

① 陆明君：《陈介祺年谱》，西泠印社出版社2015年版，第124～125页。

之。今归育来，求记其事，育来知赏此，自与皮相异矣。同治癸酉七月廿九日乙亥，海滨病史六十一岁书。①

两任潍县令，一位被列入“贰臣”，一位被罢官免职，然而对潍县人民来说，他们都是功德无量的人，所以陈介祺以他的高见卓识，让人们在欣赏艺术的同时，记住他们的政治抱负和人格追求。

陈介祺在书画摹刻方面的爱好也反映出他在艺术上的追求。如同治十一年（1872）九月四日陈介祺在写给吴云的信中说：

尊刻冬心小联极佳，乞假原本一刻，如能见赐，或为转购如此佳者，真至感矣。枝山、江村虽佳，非弟所好。如董文敏、黄石斋、倪鸿宝、傅青主、顾亭林、朱竹垞、何义门、杨椒山、史阁部之类，尤所企切。近人则冬心、板桥亦可，其他笔法高古联语佳妙，亦均可刻。阮文达佳者，亦思刻一二联。乞以此类推之，以人重者亦佳。②

可以看出陈介祺所喜好的书画家，都是在书画史和文化史上多有创建的人物。而黄石斋（道周）、顾亭林（炎武）、史阁部（可法）等，不但学问渊深，更具政治气节，可谓民族英雄。由此可知，陈介祺看重的不仅是书法，更是人的品格，因而他的书画收藏与摹刻，有超出笔墨之外的深层内涵。

第三节 陈介祺收藏书画的来源与流向

受康熙、乾隆两位帝王影响，清朝书画弁藏之风隆盛，皇亲国戚、巨卿贵族乃至富商大贾多有好者。从所藏质量和数量来说，陈介祺亦为其中之佼佼者。由于陈介祺的自身经历，他的书画收藏主要来自京城与家乡两地。其藏品中既有《石渠宝笈》著录的作品，也有历经名家递藏的精品，更有家乡世代流传的先贤佳作。咸同以后，国是日非，兵瞟战乱、政权更迭、社会翻覆，使这些藏品来去匆匆。陈介祺毕生书画收藏，在陈家保留不过百年，现已云烟散尽，探索其来龙去脉十分不易。但因陈介祺所藏多有名作，遍寻古今书画著录及当今国内外公私收藏，仍有迹可循。笔者虽所见不广，暂列于下，详俟日后补充。

---

① 青岛市博物馆：《青岛市博物馆藏画集》，文物出版社 1991 年版，第 36 图。

② 〔清〕陈介祺著，陈继揆整理：《秦前文字之语》，齐鲁书社 1991 年版，第 226 ~ 227 页。

一、陈介祺所藏书画的来源

（一）陈官俊旧藏

在陈介祺的书画藏品中，可以肯定有一部分是其父陈官俊的收藏。我们现在虽然不能具体分辨出来，但从李佐贤《书画鉴影》中可以找出佐证。在《书画鉴影》第二十一卷中有文徵明《松阴高士图》，李佐贤有如下标记："此陈文悫公蒙恩赉之物，今寿卿学士敬藏。"画幅右绫边有成亲王题诗一首。陈官俊历任工部、兵部、礼部、吏部尚书，累官协办大学士，应该蒙赏赉不少。其藏品中还有一件王翚的《仿郭恕先山水》，钤有"皇次子章""养正书屋图记"，查此二章为道光皇帝做太子时所用。陈官俊嘉庆二十一年（1816）入直上书房，做过爱新觉罗·旻宁（后来的道光皇帝）的老师，所以此件很有可能也是御赏之物。道光皇帝后来一直对陈官俊恩赉有加，所以陈介祺的藏品中一些经过《石渠宝笈》著录的作品，多半也应该为赏赐作品。

咸丰八年（1858）十一月二十一日，陈介祺致翁大年函云："谨将先君所存成邸款联付刻，伏乞指示壹是。""成邸"是成亲王永瑆，这副对联为陈官俊所藏。另外上文所举李恩庆呈送师门的山水画作品，张士保为陈官俊创作的《博古拜相图》，以及在郭味蕖《知鱼堂书画录》中的一些"伟堂"上款的对联，都属陈官俊的旧藏。

关于陈官俊求购书画的记录，在《魏源全集》里有一件魏源致画家姚燮的信札可供参考。

楳伯仁兄大人左右：

小诗奉饯，即祈示正。陈寿卿兄扇已送去，而来信云伟堂夫子欲求绘团扇数柄，务恳拨冗为之（只用单款可也）。明早送伟师处，并取李芸舫太守之信也。

陈世兄来信并附阅。即颂行祺。

弟魏源顿首。①

按魏源年谱，此札约作于道光二十四年（1844）五月姚燮离京前。札中陈

① 魏源全集编辑委员会编校：《魏源全集》第十二册，岳麓书社2011年版，第755页。

官俊、陈介祺父子同时向姚燮求画，正可说明陈氏父子有相同爱好。

（二）李恩庆旧藏

陈介祺的书画鉴藏既受业于李恩庆，其藏品中亦有一些原为爱吾庐旧藏。如《书画鉴影》中著录的顾安《竹石图》即李恩庆旧藏，马和之《荡之什》卷亦钤有"季云审定真迹"印鉴。《知鱼堂书画录》中亦有一些此类记录，如郭味蕖收藏的王原祁《春峦积翠图》，上有李恩庆签题："王司农仿大痴春峦叠翠。北平李氏家藏，道光丁酉季云重付装。"郭味蕖在其《知鱼堂书画录》中题记如下："此麓台司农六十七岁笔也，晚年妙境已臻绝艺。初为北平李季云所藏，后归吾乡陈簠斋太史。辛巳六月，余以千金得之。"（图1－12－11）郭味蕖后人为筹建郭味蕖美术馆忍痛割爱，于2005年北京华辰春拍中以220万元人民币的价格将此画拍出。此画后经数次转手，在2013年北京东方大观秋拍中再次以1750万元人民币落锤。

图1－12－11　王原祁《春峦积翠图》

这些画作大部分应该是李恩庆生前或故去后，陈介祺辗转购藏而来，因为李恩庆晚年即将其所藏书画出售，并曾委托李佐贤代售。但也有一些可能是师徒交换得来的。

清人陈元禄《十二种兰亭精舍诗集·璐河渔唱》中记载，道光二十五年（1845），陈介祺于琉璃厂博古斋得徐渭《水墨写生》长卷，"长几三丈，花木蔬果之属十四种，纵横挥洒……翁苏斋题七古长句，行草亦如画卷奇气勃勃从十指出，其结句曰'空山独立始大悟，世间无物非草书'，可想见下笔之狂纵矣。……北平李寄云布政见而神驰目骇，爱弗忍释，因以旧藏王麓台司农《南山积翠》卷，夙为编修所赏者交易而退”。

徐渭《水墨写生》长卷，即今南京博物院所藏徐渭的代表作《杂花卷》，是南京博物院从其42万余件院藏文物、3万余件书画收藏中公选出来的唯一一件书画类镇馆之宝。卷后除翁方纲长诗外，有李恩庆《和翁氏韵为寿卿题天池老人泼墨写生长卷》一首。李恩庆后来于丙午（1846）孟秋再跋，详细记录师生二人换画过程：

是卷于道光乙巳为潍阳陈寿卿庶常所得，余见而神驰目骇、言不能出口者久之。余旧藏有麓台少农《南山积翠》卷（图1-12-12），方寿卿之见之也亦如余。盖是卷用笔如狂草，于奇中寓正；少农卷如古篆，于正中见奇。皆希世之珍、疑神之作也。寿卿既嘱余和苏斋韵续题于尾矣，久之复有交易之意，又各不忍释，姑依违而为交质之说，于是徐卷归诸余，王卷归诸寿卿。得宝失宝，我两人几无以自名忻戚。昔人有知，或亦赏此诚求笃嗜之苦衷，更出其奇迹之在人间者以相赐，俾得两无私憾乎？唯日望之。①

图1-12-12 王原祁《南山积翠》卷

此卷《书画鉴影》有著录，可以佐证的还有《何绍基日记》。道光二十五年（1845）正月六日，何绍基记：“陈寿卿处，见天池画卷，有覃溪题诗，剧佳；得天书《鱼枕冠赞》，极有神韵；南阜画《弄孙八珠》册，别致得很。”

另据中国美院王非非硕士论文《李佐贤书画鉴赏研究》，李恩庆曾以刘墉《小楷书太上感应篇》卷换陈介祺所藏画，所据未详。而刘墉之《小楷书太上感应篇》卷后来亦被郭味蕖收藏。郭味蕖在其《知鱼堂书画录》中题记：“乾隆五十六年庚戌，文清公已72岁，年逾古稀，仍握笔孜孜作小楷八十余行，不见衰笔，真圣世人瑞、希世珍宝也！原为北平李季云藏，后归吾乡陈簠斋太史。癸未春三月，四百金藏之知鱼堂。”

① 夏逸辰：《中国历代名画作品欣赏·徐渭》，新世界出版社2014年版，第12页。

在《爱吾庐书画记》之《蒋文肃花卉草虫翎毛册》一条后，李恩庆自记："与陈寿卿易董书。""董"指董其昌；而《蒋文肃花卉草虫翎毛册》，可能就是前文借给秩卿三弟临摹的"珍存《蒋文肃墨笔花卉册》"。

（三）刘墉、刘喜海旧藏

陈介祺的金石研究受刘喜海影响很深，在他刚开始喜爱金石研究的时候就与刘喜海交往，曾借得刘喜海藏古玺印160余方，钤入早年出版的《簠斋印谱》。刘喜海长陈介祺二十二岁，陈介祺称其为"燕庭丈"。刘喜海曾祖刘统勋的母亲为潍县郭氏，刘统勋、刘墉、刘喜海去京回乡路经潍县，都来郭家住过。郭刘、郭陈皆累世姻戚，如果从郭家看，刘喜海与陈介祺为同辈。诸城又是陈介祺外舅李璋煜家所在，陈介祺亦曾数次到访诸城并寻求古物。咸丰三年（1853）刘喜海殁后，家不能守，其所藏及著作相继散出。陈介祺得其大量收藏，如十钟中的邢仁钟、兮仲钟、纪侯钟、虢叔旅编钟，以及唐善业泥佛像、铜诏版、铜泉范等，都是刘氏的旧藏。刘氏既然可卖吉金，亦当可卖书画。前文提到永埕用来和刘墉交换的黄庭坚的《经伏波神祠》卷，应该就是陈氏购自东武刘氏的藏品；而前文所举沈周的《碧梧吟社图》卷，陈氏直接点名得自东武清爱堂。

（四）何昆玉、何瑗玉旧藏

据万君超《"富春大岭图"琐谈》一文考证，此图自清初起的大致递藏过程如下：

> 冯铨（河北涿州人）→泉州洪氏（福建泉州人）→宋葆淳（山西安邑人）→叶梦龙（广东南海人）→何昆玉、何瑗玉兄弟（广东高要人）→严震道（浙江吴兴人）→庞莱臣（浙江吴兴人）→庞增和（庞莱臣孙）→南京博物院（1962年入藏）。①

此图在何昆玉、何瑗玉兄弟和严震道之间曾为陈介祺收藏，则可推定陈介祺得之于何氏兄弟。何昆玉曾携2700余古印来潍售与陈介祺，又长期寓居陈府，协助陈介祺金石传拓并编制《十钟山房印举》等。何昆玉曾云：

> 陈寿卿京卿所藏古玉印以赵飞燕印为甲观。旧藏龚定庵太史家，题

---

① 万君超：《"富春大岭图"琐谈》，载《中国文化报·美术专刊》2015年4月30日。

咏殆遍，后归吾粤潘德畬方伯。方伯与昆本属比邻，其所藏碑帖书画，无不相与论析之……①

何昆玉、何瑗玉对书画鉴赏十分在行，何瑗玉还著有《书画所见录》，因此可以想象他兄弟二人的其他一些收藏也曾卖给陈介祺。可佐证此论的是光绪元年（1875）八月二十三日陈介祺致李韦卿的信中问及：“何伯瑜之弟蘧庵欲携关仝绢本轴、子固书画卷来访，未知果否?”则可以肯定何氏兄弟收藏过一些重要的书画作品，并将其中一些出手。另外在陈介祺收藏的一幅陈洪绶的作品上也有何昆玉的印章，陈氏一般不会在画上加盖鉴藏章，因此也不会喜别人加钤印章，故这幅作品当为何氏旧藏。

（五）委托吴云、吴大澂等代购

陈介祺好友吴云喜好书画收藏，是著名书画鉴赏家，许多流传于世的宋元名迹上皆有其题跋和鉴藏审定之章。同治十二年（1873）十一月二日，吴云在回复陈介祺索要其书画录的信中即说：“弟于书画一门倾心三十年，家藏自北宋至国初卷、册、立轴真且精者约四五十种，颇堪自信。”

吴云曾做过苏州知府，且晚年长期居于苏州，苏州是书画繁盛之地，因而陈介祺尝托其收购书画。如同治十二年（1873）二月二十四日陈氏致函吴云说道：

苏市去年有老莲书五言联，乞为购寄，佳联或借或购均望在意。②

又，同治十一年（1872）九月四日致函吴云说道：

尊刻冬心联，文与书并极佳，深慰寸心，千乞为留意购一二见寄。冬心书画直追古人，好之深，此间无从得也。拟以赐本先刻，再乞数付。③

吴云亦有回书，云：

欣悉近体增胜，考订金石之余，间及前人书画。属觅梅道人竹石小轴，南中重元四家遗迹，收藏家不惜重值多方购取，以不得为俗，其中真赝杂出。生平所见真迹颇亦不少，惬心者亦止十数件而已。执事主盟坛坫，风雅所宗，寻常之品不必置论，即鄙人以为精致，而彼一是非此

---

① 陆明君：《陈介祺年谱》，西泠印社出版社 2015 年版，第 218 页。

② 陆明君：《陈介祺年谱》，西泠印社出版社 2015 年版，第 226 页。

③ 〔清〕陈介祺著，陈继揆整理：《秦前文字之语》，齐鲁书社 1991 年版，第 219 页。

一是非，总以目见为准。谨当力为搜罗，倘一时不得，亦必向亲友力索一二件以副諈诿。俟韩兄北旋，托其代呈法鉴。合则付价，或易以金拓；否则仍将原件携还，至妥办法也。

又云：

韩兄言旋，曾肃寸笺，附有古铜印存十二册及元人画一轴，未知何日澈览……①

另外，在陈介祺与吴大澂的往来书函中也有请代购傅山、金农书联等相似之语，前文已引，此处不再重复。

（六）朋友馈赠

陈介祺所交往的金石之友，本身多是书画家，因而相互之间馈赠一些对联、扇面或者藏品，实属平常之事。从以下几条记载中可见他们交往之一斑。

同治十一年（1873）十二月十七日，陈介祺收到吴云所惠金农书联。

同治十二年（1874）八月五日，陈介祺致函吴大澂，感谢其为长孙陈阜婚礼赐联。

同治十二年十二月二十五日，陈介祺收到吴云惠赐儿孙辈书法及与张子青合作山水纨扇二握。

光绪元年（1875）三月十九日，王懿荣致信陈介祺，求寄八大山人画册。

光绪八年（1882）九月二日，吴大澂致书陈介祺，寄赠书联二副。

在郭味蕖《知鱼堂书画录》中也有一些陈介祺与金石友人交往的记录。如张廷济赠陈介祺对联二，其一为："字识子姬千名以上，诗在苏黄两家之间。道光二十四年甲辰元旦，为寿卿先生陈仁兄真学纪实，嘉兴小弟七十七岁老者张廷济。"（图1-12-13）吴大澂赠陈介祺对联二，其一为："陶文齐鲁四千种，印篆周秦一万方。簠斋老前辈所收古陶文四千余种，从来金石家所未见；周鉢及秦汉印集至万余，亦古今一巨观。爰书是联寄呈教正。窸斋吴大澂。"吴大澂赠陈阜对联上书："旁门为柳深若谷，对花作室小于舟。祜曾世大兄大人雅鉴，吴大澂。"

（七）京乡两地搜罗

陈介祺所藏书画，大部分为其早岁得于京肆，但每次回乡亦广为搜求。

① 以上两条见〔清〕吴云：《两罍轩尺牍》，清光绪十年刻本。

图1-12-13　张廷济所书对联（郭味蕖美术馆藏）

在郭味蕖《知鱼堂书画录》中，有周静香《仿董北苑山水图》一轴，上有陈介祺亲笔题签“周静香仿北苑山水，寿卿得之博兴蒋氏，丙申夏重装”；又有郑板桥墨竹轴一件，签题“郑板桥墨竹六枝，题七绝一首，纸本甚破碎，丁酉购于吾乡，寿卿”。丙申为道光十六年（1836），丁酉为道光十七年（1837），这些都是陈介祺购藏书画的较早记录。

在李佐贤《书画鉴影》第十八卷中，有高凤翰左笔书画一册，共十二开，“书画俱左笔，书狂草而画写意，系晚年出色之作，寄潍县郭芸亭者”。郭伟勣号芸亭，潍县郭氏九世祖，与高凤翰、郑板桥交谊深厚。高凤翰曾在给郭伟勣画的一幅《春山杏雨图》上题曰：

当秋写怀人，却借春山好。杏雨带云流，低徊萦春草。中有故人心，望望在远道。多地拖行云，相思寄缥缈。

《春山杏雨图》寄芸亭四弟，九别言怀并题小诗寄意。乾隆丙寅九月望后，南阜学兄胶州高凤翰六十四岁痺人左手写意并识。

自丁巳废右以来，久不能作此细笔，兴至偶然为好友破格为之，凤翰左手又记。①

① 《北海郭氏诗存》，稿本，私人所藏。

此画为潍县郭氏旧藏，后归陈介祺所有。

另，与陈介祺同时期的潍县人于祉的《澹园诗选》中，有《寿卿太史屡索云林画不与，赋此慰之》诗二首：

梦想倪迂四十年，而今始得见真传。却因酷爱秋山色，不放清辉上画船。

过眼云烟若死怜，同心共醉老迂前。如何便得神仙术，一幅高山两处悬。①

于祉，字燕受，号澹园，也是一位著名的书画鉴藏家，收藏宋元以来书画甚夥，著有《揽古轩书画录》《澹园诗集》行世。陈介祺曾多次购求于祉所藏倪瓒的一幅山水画，却因于祉亦酷爱之而不得。

二、陈介祺所藏书画的流向

书画鉴藏既是风雅之事，又可以满足猎奇心理，自卷轴画兴起以来，从帝王将相到文人商贾莫不追求，而其流传之速，往往如过眼云烟。

陈介祺的书画收藏在其生前就有一些已转让或销售出去，除去我们前文列举的与业师李恩庆相互交换的作品，我们还可以在《簠斋尺牍》中寻到蛛丝马迹。如他在光绪九年（1883）九月二十八日致王懿荣的信函中说："旧藏松雪书尚有佳者。若字多古器精品，宋拓九成宫，尚可易；写经必须后款十分真及佳跋乃可。"从前文我们知道陈介祺收藏赵孟頫书法作品十余件，此顷则拟以之交换金石碑帖。

又有二信亦提到书画：

……八大山人画册真迹一本，虽不及昔年子苾兄所赠之四巨册，而已甚难得，乞使人与心泉和尚一看，三十金即可与之，售者原直廿四金也。册在同邑曹竹铭处。②

再刘诒谋于家乡极力购求，于旧家得板桥书自叙稿一卷、马湘兰设色双钩兰册一，敬为代呈，乞即察鉴。二种俱真迹无疑，未审法鉴以为如何？此间有文五峰粗笔山水极长卷，蓝田叔仿梅道人山水、倪文正题

① 〔清〕于祉：《澹园诗选》，清道光、咸丰年间刻本，国家图书馆藏。
② 陆明君：《陈介祺年谱》，西泠印社出版社2015年版，第416页。

长卷，戴文进极长山水卷，俱真迹。未审南中可值若干？有人托售也。欲得何种？亦可示及，可为留意。①

第一封见于《簠斋尺牍》，是陈介祺致王懿荣替人代售八大山人画册；第二封见于田家英《小莽苍苍斋藏清代学者书札》，前段失去，不辨人物时间，亦是为他人代搜代售书画。从中可以看出陈介祺对于出售书画的态度。

陈介祺收藏的书画作品如同他所收藏的其他藏品一样，大部分是在其身后开始散佚的，其中重要作品因为人所瞩目，仍然流传有序，现多见诸中外各大博物馆、美术馆。

唐王维《伏生授经图》，后被完颜景贤著录于《三虞堂书画目》中，并自注："绢本。山东陈寿卿物。"完颜景贤又有鉴赏诗作一首并注如下：

人物曾观王右丞，书签六字宋思陵。伏生写像须眉古，宋世留题吴傅朋。

唐王右丞写济南伏生像卷，绢本，自宋元明以来历经著录，画法高古。有宋内府号数一行，系半字；又宋思陵在押缝题"王维写济南伏生"七字；后有吴说观款。卷中收藏印章繁多，其不常见者："严嵩家制褒忠孝"一印。卷尾有宋牧仲、朱竹垞、刘石庵等跋，流传有绪，至为精美。现藏山左陈寿卿后人家，余曾以千金议值未果否。

完颜景贤是满洲镶黄旗人，刑部尚书崇文勤公孙，收藏宋元书画甚富。从诗作自注中可知当时此卷尚在陈氏后裔手中并且千金不易。此《三虞堂书画目》于1933年出版，时完颜景贤已殁，编辑者复加按语："此卷已归日本爽籁堂。"爽籁堂即属日本收藏家阿部房次郎。在林树中《海外藏中国历代名画》自撰前言中则明确说，在阿部房次郎的藏品中，王维《伏生授经图》是完颜景贤的旧藏②，则说明最终陈氏后裔将此画让与完颜景贤。而阿部房次郎卒后，按其遗愿，《伏生授经图》于1942年被捐赠给大阪市立美术馆。

《名贤宝绘册》由十二幅画组成，俱似宋人笔墨，《书画鉴影》著录，陈介祺身后亦归完颜景贤收藏，现藏于大阪市立美术馆。

倪瓒《疏林小景》轴，后来亦归阿部房次郎收藏，现藏于大阪市立美术

---

① 陈烈主编：《小莽苍苍斋藏清代学者书札》，人民文学出版社2013年版，第685页。

② 林树中：《海外藏中国历代名画》第一卷，湖南美术出版社1998年版，第19页。

馆（图 1－12－14）。

黄庭坚《经伏波神祠》卷，经方爱龙《黄庭坚“经伏波神祠诗卷”的流传与著录》一文（见《中国书法》2008 年第 1 期）考证，1918 年由陈氏子孙售归寒木堂颜世清，1925 年归叶恭绰，后为王南屏、陈仁涛递藏。几经辗转，1950 年张大千购于香港，为大风堂镇馆之宝。后携往日本，为细川护立侯爵购得，现藏于日本东京永青文库。

马和之《荡之什》卷在杨仁恺《国宝沉浮录》中有著录，现藏于日本京都藤井齐成会有邻馆，被列入“重要文化财”（图 1－12－15）。

图 1－12－14 倪瓒《疏林小景》

图 1－12－15 马和之《荡之什》卷之一

管道升《紫竹庵图》后归罗振玉，被收录于《宸翰楼所藏书画目录》中，现藏于日本奈良大和文华馆。

黄公望《富春大岭图》后被民国时期著名收藏家庞莱臣收藏。1963 年，庞莱臣的孙子庞增和将其捐给南京博物院。王季迁云：“1947 年在上海，《富春大岭图》的讨价是六千美金，可是，在市场上六个月没人买，因为有人讲这幅可能是假的。结果给庞莱臣买去。”① 此作后来被古代书画“七人鉴定小组”鉴定为真迹，在劳继雄《中国古代书画鉴定实录》和杨仁

① 万君超：《“富春大岭图”琐谈》，载《中国文化报·美术专刊》2015 年 4 月 30 日。

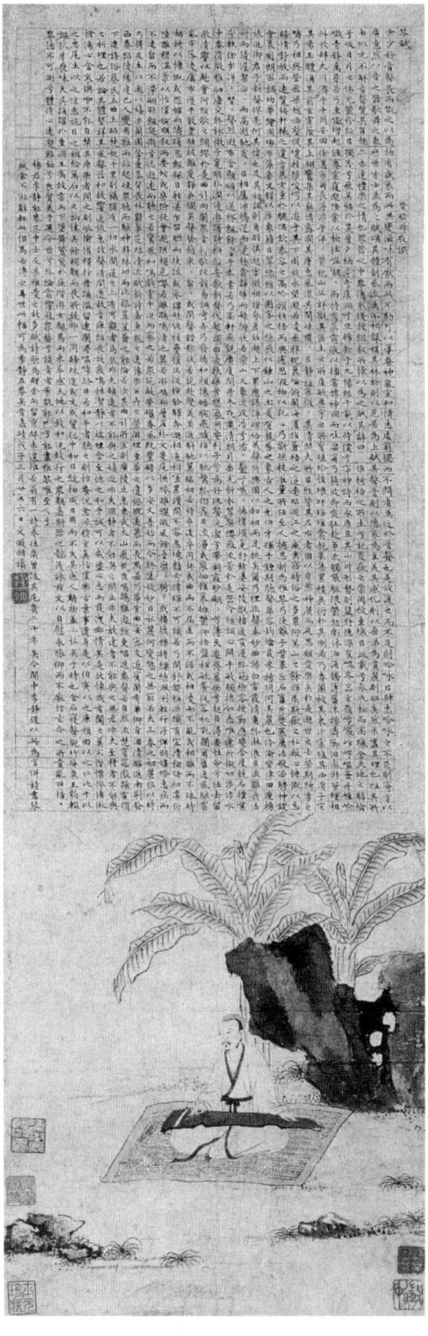

图1-12-16 文徵明《蕉石鸣琴图》

恺《中国古代书画鉴定笔记》二书中皆有著录。

王蒙《夏山高隐图》现藏于故宫博物院。民国初年前后，著名收藏家韩慎先于琉璃厂书画店中重金购得此画。韩慎先也因此画在收藏界声名远扬，他将其作为镇斋之宝，并给自己书斋取名“夏山楼”，自号“夏山楼主”。张大千曾于1947年借临此图。

赵孟頫《兰》、倪瓒《竹》合卷，后归张伯驹收藏，收录于《丛碧书画录》中，现藏于上海博物馆。

王冕《墨梅图》，后归陈叔通收藏，被列为所藏“百梅”之首，现藏于上海博物馆。

文徵明《蕉石鸣琴图》，现藏于无锡博物馆（图1-12-16）。

姜承宗《山水册》被收录于崇彝《选学斋书画寓目笔记》中，云：“有何子贞和覃溪韵五古一首，小楷致精，附有跋识，为陈簠斋先生题者。此册画家名不甚著，然笔墨亦自妍雅，不失为南宗之隽逸者。题识则荟萃明末诸贤，几于数尽云间之彦，殊可宝贵。闻友人得诸陈氏子孙。”

石涛《荷花》轴，后归张大千收藏，收录于《大风堂书画录》中。[①] 后归谢稚柳、唐云递藏。

① 大风堂门人：《大风堂书画录》，浙江人民美术出版社2014年版，第174页。

徐渭《水墨写生》长卷，现藏于南京博物院，后有“叶赫那拉氏”“诗梦斋珍藏印”“齐白石观”等鉴赏印。诗梦斋主人为叶鹤伏，号诗梦居士，两广总督、文渊阁大学士叶赫那拉氏瑞麟第三子，慈禧太后之侄。

陈介祺用徐渭《水墨写生》长卷交换而来的王原祁《南山积翠》长卷，后为吴湖帆所藏，吴称其为“神韵第一，设色第一，笔墨第一”。后被上海收藏家丁惠康收藏。1964 年，广西壮族自治区博物馆从丁氏处购藏。

文同巨幅竹图，在新中国成立后归中国历史博物馆（今国家博物馆）。

被评为烟台市博物馆“十大镇馆之宝”之一的金农《古佛图》，也是陈介祺的旧藏。清末被十笏园主人丁善宝购得，并摹图文刻石，立于十笏园中假山蔚秀亭，后归黄县丁氏。20 世纪 40 年代胶东土改，丁家长工在院中拾得两捆“无用”字画回家。20 世纪 60 年代由烟台博物馆从原长工手中收归国有，现为国家一级文物。据说 20 世纪 60 年代初，著名文物鉴赏家张伯驹到烟台，见到这幅作品后大为震惊，连呼：“了不得！了不得！世界第一！世界第一！”张伯驹感慨地说：“这幅画我寻找了 40 多年，以为早已流失海外，没想到完好地收藏在烟台，万幸！万幸！”①（图 1－12－17）

马远《枯木双樵图》现藏于潍坊市博物馆，今名《山林归樵图》②（图 1－12－18）。

另外，容庚《颂斋书画小记》中有对于沈周《苕溪碧浪图》的记载：“一九四二年十一月廿二日，鉴光阁送此卷来，时已黄昏，欲留观不可，云有顾主明晨须送去也。余曰，若然，可明晨来取。乃竭一夕之力，临一副本。天明就寝，尚未入梦，而估人来索，乃一笑还之。自谓生平作画之乐，未有过此者。”③ 容庚为近现代著名金石学者和收藏家，亦笃爱书画收藏。此《苕溪碧浪图》即为陈介祺旧藏，郭味蕖《知鱼堂书画录》中亦有著录，恰巧 1942 年 6 月郭味蕖曾于知鱼堂对临《苕溪碧浪图》，说明此时该卷刚刚从潍县流传出去。此卷后被日本人江田勇二收藏，现藏于台北鸿禧美术馆。

---

① 钱欢青：《金农〈古佛图〉历险记》，载《济南时报》2013 年 4 月 9 日。

② 陈介祺认为此图乃宋代马远之作，而潍坊市博物馆展出此图时则标注为明人仿作。

③ 容庚：《颂斋书画小记》，广东人民出版社 2000 年版，第 49 页。

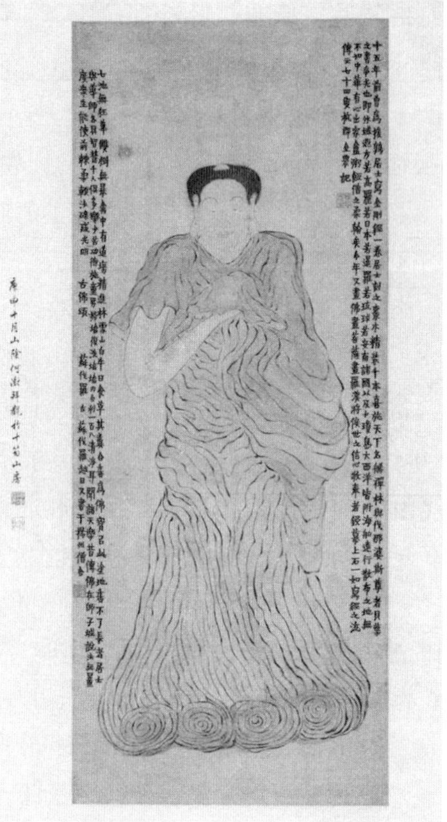

图1－12－17　金农《古佛图》

图1－12－18　马远《枯木双樵图》

在陈介祺身后，主动追寻陈氏书画文物的除日本人、古董客外，当属郭味蕖。郭味蕖怀着对民族艺术的热爱，主动购入了一部分陈介祺旧藏的书画文物。在郭味蕖《知鱼堂书画录》中，详细记录了陈介祺旧藏书画三十余件，只可惜其中一部分后来失毁于“文革”时期。

第四节　陈介祺书画收藏对地方书画鉴藏风气的影响

潍县书画收藏风气源远流长，时至今日，仍然是书画收藏最为活跃之地。这与潍坊的文脉息息相关，与陈介祺的影响也密不可分。在陈介祺生前，即带动一大批文人、艺术家相与考藏，朝夕研摩。如《桑梓之遗》的搜集和整理，就倾注了陈介祺的学术思想。在其身后，其所藏大批文物陆续散出，亦让人对潍县有了进一步了解。鲁迅在文章中就曾提到“潍县陈氏”，并将其作为收藏界的代表。陈介祺不仅推动了潍县鉴藏的热潮，而且引导了近现代以来当地书画艺术的繁荣发展，其中以郭味蕖最具代表，他们共同奠定了潍县书画在中国美术界的地位。

一、潍县的书画鉴藏传统

潍县的书画鉴藏传统由来已久，明清以降更形成风气，这与周亮工、郑板桥、招子庸这些潍县县令的引领是分不开的。

周亮工，字元亮，号栎园，明崇祯十三年（1640）进士，翌年放官潍县。在这里他与潍县父老誓死抗清，留下了千古佳话，潍县人民感念他，为其建生祠供奉。作为学者和艺术家、鉴赏家，周亮工推动了潍县金石书画艺术的发展和文物收藏风气的形成。比如安丘张贞、张在辛、张在乙父子的篆刻艺术直接得周亮工教诲，而清乾隆时潍县郭伟勣、郭启翼叔侄因与张氏累世姻娅而成为周亮工的再传弟子。这种风气一直影响到与陈介祺同时期的王石经、郭麐，以及近现代的陈秉忱、陈君藻、郭味蕖、于希宁、陈寿荣等。

在绘画方面，周亮工与明末清初大画家陈洪绶为莫逆之交，周亮工收藏陈洪绶作品最多，并且有一些在潍县流传下来。因而潍县的绘画艺术特别是人物画深受陈洪绶的影响。陈介祺收藏的一些作品上也钤有“曾藏周亮工家”等印章。

与周亮工相比，郑板桥主政潍县时间更长，同时又处于“康乾盛世”，因而影响更深。总的来说，郑板桥虽为封建官吏，更是一位艺术家。郑板桥留给潍县的不仅有“些小吾曹州县吏，一枝一叶总关情”的勤政爱民思想，还有“删繁就简三秋树，领异标新二月花”的艺术创新精神，以及与当地士绅文人的长久友谊。从他给郭伟勣的信中就可以看出这种交谊：

> 七年聚首，四载暌违，思想之深，莫可言罄。诸年台福与时进，道日益高，风日益古，凡天之所以厚之者，皆诸公能自厚也。话别之日，多蒙嘉贶；千里之外，又荷远贻。方接华翰时，即作一书奉谢，而舍弟误置书箧中，一时寻觅不得，遂沉沦至今，甚为开罪。兹有拙书四幅，奉寄郭质亭翁、田林玉翁、郭景文翁，惟彝训兄一幅，未题尊字，以一

时不能记忆，求芸亭兄代补一二字可也。弟郑燮顿首。

凤周、君谋诸先生祈转致……贵县年岁大熟，深慰远怀。①

信函中之名讳除田林玉外，皆为郭氏子弟。而郑板桥写给郭景文之父郭抡升的诗句“相思不尽又相思，潍水春光处处迟”，更可说明板桥对潍县的情感是久而弥永的。

乾隆《潍县志》中记有郑板桥在郭家园鉴赏金石碑帖的情形：“请君图书发秘藏，少连康乐争摩拊。老砚名印钿匣罗，岐鼓秦碑墨香吐。最后触鼻还流胪，禹书神迹传岣嵝。……”

诗书画印全才的郑板桥虽然没有实现他“立功天地，字养生民”的抱负，但他在潍县发展了他的艺术，推动了当地文化艺术的繁荣发展。

招子庸则是又一位擅长兰竹的潍邑令，民国《潍县志稿》中记载：“招子庸，字铭山，广东南海人……少多能，不修边幅，既不得志，乃为人写兰竹，霜�翠篠，签条弱植，俱有生意。又工画蟹，平沙潜水，苇荻萧疏，见者有濠濮间想，一时争贵重之。”道光十七年（1837），招子庸任职潍县，多有惠政，甚得民心。平时则以书画自娱，兴豪泼墨，�竹摇风，人多宝之。现潍坊市博物馆仍存有招子庸所绘大幅竹子刻石，其中一幅上题：“落箨始知真有节，凌云自问本无心。任他风雨消磨久，还向空中作凤吟。”可见招子庸是一位品位极高的文人画家。

因这几位本身既是书画家又是鉴赏家的贤邑宰的影响，潍县的书画与收藏之风十分活跃，代有人才。如受到张在辛、高凤翰称许的郭汝龙，字乾五，一生潜心画法，所作潍县十景，载乾隆《潍县志》。其同时擅指画，尝自题指画牡丹云：“最爱长安碎锦窠，年来如许费临摹。自应莫怪常贫贱，十指轻抛富贵多。”谭谟伟，字贻堂，工书擅画，精于墨竹；其弟谭汝霖，所绘山水人物花果毕臻其妙。谭云龙，木匠出身，取法郑板桥，摹仿郑氏书画几可乱真。周克济，字子航，号莲塘，工花卉，所作藤萝大幅有夭矫之势。王瞻，字雁溪，善画人物，与掖县姜国霖齐名。郭起隆，字南庐，工诗，善花卉，追踪高凤翰，山水亦简逸有致。于祉，字燕受，号澹

① 〔清〕陈介锡：《桑梓之遗录文》，见《山东文献集成》第一辑第四十册，山东大学出版社 2007 年版，第 336 页。

园，善画山水，笔墨苍劲。郭植星，字联五，山水、人物、花鸟并妙，风格酷似张士保。郭榆寿，字塞生，精绘事，受业于掖县张士保，所绘仙佛人物颇得师传。在书画收藏方面，周亮工、郑板桥、招子庸因其在美术史上的地位和影响，其书画遗存一直在潍县流传。而潍县以郭、陈、张、丁为首的世家望族，文事昌盛，代有藏家。像郑板桥《潍县竹枝词》四十首、《怀潍县二首》以及巨幅竹图等皆为郭氏家族旧藏，有一些书画藏品一直传到郭味蕖手中。张氏、丁氏家族亦皆有大量收藏，著名的唐代怀素的草书《食鱼帖》就是丁氏家族的旧藏。陈氏家族除陈介祺外，陈子懿、陈介锡叔侄递藏的《桑梓之遗》，所收先贤书画至百册，逾千件，被誉为“山左文艺最让人称羡者”，后文进行专门介绍。

二、陈介祺与《桑梓之遗》

陈介祺从堂弟陈介锡，字晋卿，号小兰，清咸丰、同治年间山东著名书画收藏家。曾不惜重金搜集明代以来山东乡贤书画作品续成百余册，名曰《桑梓之遗》，为山左文艺重要文献。晚年编订《桑梓之遗目录》十卷、《桑梓之遗录文》十卷、《桑梓之遗考略》一百卷。

《桑梓之遗》的编制过程，前后历时百余年并经数人接力而成。从陈介锡所撰《续成桑梓之遗书画册序》中，我们可以了解集成《桑梓之遗》的艰苦历程。是编由高凤翰肇始于乾隆庚申（1740）。先是，高凤翰拟收集同乡先辈书画真迹编集成册。他先编成一册，在去世前因无法完成宏愿而交给好友即墨郭廷翕赓续。郭廷翕为清康熙年间名臣郭琇之子，居即墨，与潍县郭伟勣为同族兄弟。郭廷翕不负所托，倾尽全力拟续成百册，并以高凤翰所集之《百朋合璧》作为殿后。然而迄于乾隆丁酉（1777），只积至七十八册。郭廷翕去世后，其后人为还债，将《桑梓之遗》转售给莱阳左氏。此后莱阳赵庆孙曾拟续之而无果。道光十六年（1836）胶东大饥，左氏将七十七册卖给潍县陈子懿（字季则，陈介祺族叔）。陈子懿故后，其子于咸丰九年（1859）将原册及陈子懿备续书画皆转售给族兄陈介锡。恰巧此时莱阳左氏又将原已散失的高凤翰收集的《百朋合璧》一册寄给陈介锡，至此陈介锡手里已有七十八册。陈介锡即拟完成先辈集成百册的宏愿，他先替赵庆孙、陈子懿各集一册，后又用了十二年时间，至同治庚午（1870）方告竣。其间“锐意访求，除箧笥藏弃外，或乞自良朋，或购以重价，或易以珍玩，甚有奔驰数百里、挽托数十人而后获者”，并从所得千余种当中，殚心抉择，必人与物确足以传者，始赓续为百册，以竟高、郭两先生之绪。

由于对书画的相同嗜好，以及对传承文化的坚定决心，陈介祺一直对《桑梓之遗》的赓续之事予以关注。道光十六年（1836）陈子懿购得《桑梓之遗》时，陈介祺尚随父在京，但此后两年相继回潍，以其对书画的热爱，可以推断陈介祺此间应见过《桑梓之遗》。在道光二十年（1840）陈子懿中举前后，两人多有通函，探讨金石拓片及书画等。陈介祺还将一时所得书画扇面及小品装成一巨册以赠。同年四月十三日，陈介祺致函陈子懿，建议“《桑梓之遗》不可轻易改动，亦不可轻易装池。欲求再续，先考乡先辈及仕宦寄寓，诸公姓字以待访求，已得者录其文词编为一册，集成便可付刻。时人不录，别为一册可也。遗迹待彰，亦贵取舍合义，先编凡例，次具征启，正可不朽耳”①。

由此可以看出此时陈子懿拟续集《桑梓之遗》。他“曾手撮一目，且欲考其人物，别为小传，以谢世弗果”。他曾将《桑梓之遗》携往宦处，却因此得罪上官，不但影响仕进，后来并殁于官所。所幸《桑梓之遗》未曾遗失，由其子运回家乡。

陈介锡得到《桑梓之遗》后，即循陈介祺所述之思路精心编续。陈介锡于咸丰九年（1859）有跋文一段：

> 己未春，册归予家，并于莱阳访获末册。检点前后，已非全璧。因念是册为海岱名迹，又经南阜、根庵两先生审定，片纸只字，文献攸关，不详为著录，再传百数十年，或致散佚，姓名无征矣。故于出处、款识反覆考订，首标姓氏爵里，安顿前后各题，跋次之。其尺寸大小及叶数种数多少，间为录出，欲使览者不待倾箱倒箧，而法绘宝墨与夫审定之精妙，装池之古雅，如在目前，则区区编次之苦心为不虚费耳。咸丰九年十二月二十五日，后学陈介锡敬题于文石山房之雪窗。②

① 陆明君：《陈介祺年谱》，西泠印社出版社2015年版，第44页。
② 吕伟达主编：《王懿荣集》，齐鲁书社1999年版，第74页。

此前陈介锡曾将《桑梓之遗》编辑目录向陈介祺求教。咸丰九年（1859）正月十三日陈介祺致函陈介锡，表明态度：

辑遗首重人品、道德之品、忠烈之品、隐逸之品，次则诗文书画。媲古冠时，非具学识，难免芜秽，岂易言哉。原目阅过，付还。俟来文石山房时，再当与弟讨论之耳。①

此时陈介祺已返乡多年，陈介锡时常向其请教，相与讨论。如陈介锡在《桑梓之遗录文·序》中所说："自余续辑，邮筒相寄者，莱郡翟青野征君，张鞠如明经，武定李竹朋太守，济宁许芝山广文。更有簠斋家兄，朝夕商榷，槐堂郭君，四远搜罗，至翦裁位置，始终装演不倦者，则老友徐鸣山也。晋卿氏识。"

同治六年（1867）二月六日，陈介祺函复从弟陈介锡云："《百朋合璧册》读过，卯君中黄极佳，蝶园刻画烘染略似洋法，无名者亦佳，惜无南阜老人一一题识也。'木莽'二字似是老人笔。册须纸封，外以白洋布包之，阅时以牙签，勿使手涴，即还亦珍重之意。文石主人左右，簠斋复。"字里行间展现出陈介祺对此册的珍惜。

同治十一年（1872）李佐贤莅潍，并于是年秋为《桑梓之遗》作序。其后王懿荣于光绪七年（1881）过潍，亦有《跋潍县陈介锡先生集〈桑梓之遗〉书画册目录》，并言"此册为乡里艳称久矣"。陈介锡历时多年孜孜编订《桑梓之遗目录》十卷、《桑梓之遗录文》十卷、《桑梓之遗考略》一百卷，自此这一山左文艺重要文献始告成。

遗憾的是寄托了几代人理想的《桑梓之遗》在陈介锡身后，亦逐渐散出，至今踪迹已无可考。现唯潍坊市博物馆藏有《棠梓清芬》一册，上有陈介祺同治十三年（1874）九月二十三日题目并跋。跋曰：

高西园集乡先辈书画为册，题曰："随意拾瑶竹"，即墨郭根莽续之至数十册。从弟晋卿又踵之逾百册，精富过前人矣。以其所副为册，应寅谷邑父母之属，将之掖任，为识册末。同治甲戌九月廿三日陈介祺书。②（图1－12－19）

---

① 陆明君：《陈介祺年谱》，西泠印社出版社2015年版，第129页。

② 陆明君：《陈介祺年谱》，西泠印社出版社2015年版，第291页。

是册为陈介锡所集《桑梓之遗》之副册。陈介锡请陈介祺题名《棠梓清芬》后，将其送给了当时即将离任的潍县县令靳昱。该册内收十一位清代乡贤的书画作品，包括周亮工、张端亮、郑燮、王士禛、赵执信、刘以贵、高凤翰、郭廷翕、刘墉、窦光鼐的书法作品，崔璞、张端亮的山水作品，以及高凤翰的花卉作品等。有的画作钤“曾为陈介锡藏”“文石山房所存”朱文印，及“潍陈晋卿家藏”“桑梓之遗”白文印。虽为小幅，但笔精墨妙，堪称精品，是鉴赏、研究诸家作品的宝贵资料，从中亦可看出当时《桑梓之遗》所集之厚富。

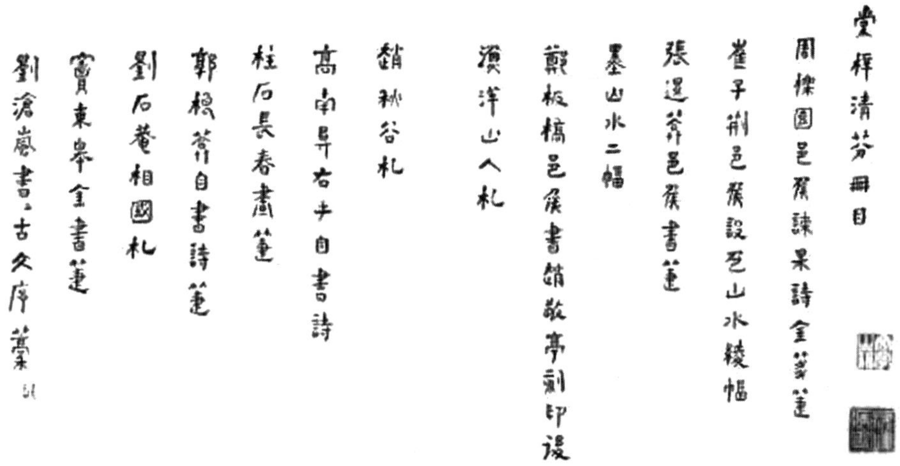

图1－12－19　陈介祺《棠梓清芬》册目

三、陈介祺对郭味蕖在绘画鉴藏方面的影响

郭味蕖是20世纪著名画家、美术史论家、美术教育家和文物鉴赏家，对金石造像、建筑雕刻、版画年画、美术史论、书画鉴赏都深有研究。其生前执教中央美术学院，是一位学者型艺术家。他将毕生积学发于绘画，开一代新风，为中国花鸟画的发展做出了里程碑式的贡献。

郭味蕖的治学与成长深受郭、陈家学的滋养，特别是陈介祺一出，潍邑成为金石圣地，天下瞩目，泽被乡里。郭味蕖继美前贤，在学术和艺术上努力耕耘，以天资和勤奋，将潍坊书画推升到新高度，又将中国画艺术推进到时代前沿。郭味蕖是继陈介祺之后潍县涌现出的又一位学者兼艺术家，他的治学道路、治学精神都深受陈介祺影响。

郭、陈两家都是文化世家，簪缨继世，文人辈出。郭氏自明朝成化癸卯（1483）始迁潍县，至清末考中进士八人、举人二十一人、贡生七十余人。文艺方面有四十六人结有诗集，其中十余人入编俞剑华编著的《中国美术家人名大辞典》。郭、陈两家世代姻亲。郭味蕖太高祖郭梦龄，字文与，又字小房，号研农，道光癸未（1823）进士，仕至山西布政使，署理山西巡抚，并著有诗集《自然草》十卷。陈介祺与郭梦龄为平辈。据陈官俊为郭梦龄母亲张宜人所作墓志铭可知，郭梦龄外曾祖母和外祖母都出自陈家。而陈官俊、郭梦龄一为朝中重臣，一为封疆大吏，祖上又累世姻戚，因此两家关系极近。当年陈介祺为筹措四万两捐银而专程赴山西时，深得署理山西巡抚的郭梦龄襄助。陈介祺返程途中专函申谢，开头便称："小房表兄方伯大人台座：晋垣来往，屡接教言，叠饫珍厨，荷关垂之肫切，助设措之多方，感激之私，铭诸心版……"①

郭味蕖本生②高祖父郭襄之（1812—1885），字翊如，亦字匡侯，号楸坪，道光二十四年（1844）举人，仕至西宁兵备道道台，著有《淡简斋诗草》。郭襄之任西宁府知府时，因军功被左宗棠亲自保举升任西宁兵备道道台，并赠联："柱石九筵权衡六幕，渟涵道味酝酿民和。匡侯大兄大人属。"③郭襄之与陈介祺青年时期同居京城，往来亦多；晚年归里后，郭襄之带头捐资办团练，积劳成疾以身殉职。陈介祺曾撰联"恭敬遵节退让明礼，刚健笃实辉光日新。匡侯老表侄观察大人正"④以表达对这位年长自己一岁的老表侄的称颂。

郭味蕖曾祖父郭恩观（1832—1885），号藕汀，咸丰乙卯（1855）顺天举人，曾官浙江临安、平湖、秀水三县知县，有政声，四品衔加四级，诰授通奉大夫。郭恩观性喜收藏，何绍基、曾国藩、陈介祺、匡源、李鸿章、赵之谦等皆有墨宝惠赠。陈介祺赠郭恩观的作品，在郭味蕖《知鱼堂书画录》

---

① 郭味蕖家藏《笺寄偶存》稿本。

② 郭味蕖曾祖郭恩观出继，故郭襄之为"本生"高祖父。郭恩观为郭襄之长子。

③ 郭怡孮、郭绵孮主编：《郭味蕖艺术文集》，人民美术出版社2008年版，第565页。

④ 郭怡孮、郭绵孮主编：《郭味蕖艺术文集》，人民美术出版社2008年版，第550页。

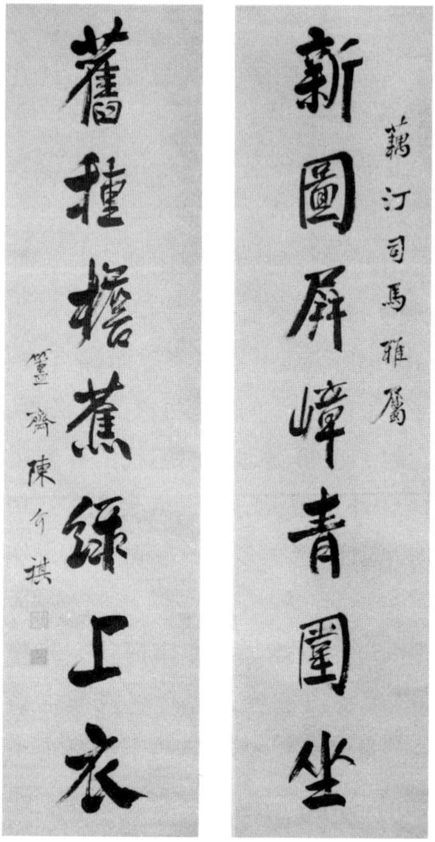

图 1－12－20 陈介祺所书对联

中记有五件，分别是：红笺本八尺联（“据德宰民颂声并作，养贤致礼治道大通”）、淡红描金笺本四尺联（“自有琴书增道气，且收风景属诗人”）、宣纸本四尺七言联（“新图屏嶂青围坐，旧种檐蕉绿上衣”，图 1－12－20）、宣纸本四尺七言联（“积善好学能造命，存仁寡欲自延年”）、行书屏《与曹晋叔书》。

对于郭味蕖来说，母亲和夫人都出自陈家，而夫人陈君绮又是陈介祺玄孙女。因此从青年时期起，郭味蕖努力继承郭、陈两家家学，相继撰写了《殷周青铜器释名考略》《镜文考释》《知鱼堂鉴古录》《说镜》等关于青铜器方面的著作。他广泛收藏从陈家散出的青铜器、文物拓片，认真研究并手录陈介祺的《传古别录》，还将自藏的一百余面汉唐铜镜亲手拓印出来，用的是陈介祺专用的拓印纸，并将自己对这些镜鉴的研究考释认真记录在纸上。他认真学习篆刻艺术，摹刻陈介祺所藏珍贵印章，与内兄陈君善、陈君藻等相与切磋，深得秦汉满白文印玺风神。他曾专门研究仿照陈介祺所作《富贵吉祥之室》创作过一些吉金瑞花图，就是用家藏的鼎豆盘彝手自拓墨缀花而成。他亦曾在自藏的有吴大澂题字的簠斋古陶器拓片上补缀墨笔花卉，极为浑穆古雅，更可见他的功力和真传。20 世纪三四十年代，郭味蕖完全沉浸在对古器物、古文字与古书画的考证研究之中，夫人陈君绮在诗中描写了当时的情景：“金石篆刻丹青册，今古文章与诗篇。唯望与君齐纳取，碧纱窗前共钻研。”在书画鉴藏方面，他仿照李佐贤《书画鉴影》的体例，编写《知鱼堂书画录》，记录了他收藏和鉴赏过的历代书画作品逾千件。

抗日战争时期，郭味蕖还与日本文化间谍相周旋，购藏了一部分陈氏散出的名画。《知鱼堂书画录》中著录的属于陈介祺旧藏的书画有文伯仁《设色山水图》轴、董其昌《仿倪元镇山阴丘壑图》轴、恽向《万木寒山图》轴、陈洪绶《春酿图》轴、陈洪绶《挂钱图》轴、姜实节《仿云林古木秋风图》轴、石涛《观涨图》巨轴、王鉴《林壑夕阳图》轴、王鉴《陡壑密林图》轴、董邦达《仿唐子畏逃禅图》轴、董邦达《烟坞云庄图》轴、罗聘《红梅图》轴、罗聘《佛像》轴、郑板桥《墨竹图》轴、法若真《行草诗翰》册、沈周《苕溪碧浪图》卷、沈周《碧梧吟社图》卷、王武《三十六宫图》卷、刘墉《小楷书太上感应篇》卷、王原祁《春峦积翠图》巨轴、蓝瑛仿赵松雪《春林翠岫图》轴（图1－12－21）、王时敏《墨笔山水图》轴、沈周《溪山静钓图》巨轴、董邦达《秋林渔隐图》轴、朱文震《秋山红树图》轴、张敔《墨梅图》轴、金农《罗汉图》轴、黄要叔《富贵长春图》轴等。

图1－12－21　蓝瑛《春林翠岫图》

在《知鱼堂书画录》中，郭味蕖对这些珍贵的书画深入研究、反复品评，对画作尺幅、内容、题跋、印章详细记录，珍爱之情溢于言表。这既为其日后在艺术上的创新打下坚实的基础，也为书画鉴藏史增加了一笔厚重的学术资料。如他对黄要叔《富贵长春图》所识：

绢本。高4尺2寸，宽2尺2寸。赋彩浓艳，纯用勾勒，黄白牡丹三树，在山石前后，竹二竿，下有竹鞭，上段杏花一株，枝干盘屈夭矫，繁花密蕊，落英缤纷，颇富春意。雉鸡二，雄者立山石上，雌者在地坡上伸首前向，注目一螽斯。鹡鸰二，绶带二，黄鸟二，蓝雀二，鸲鹆一，黄鹂一，画眉一，麻雀一，戴胜一，锦鸡一，芙蓉雀一，探春一，计鸟18只，各极飞鸣食宿之态。上段似残缺，可能裁去一段，亦或原系每种鸟类皆成双者。款三字，大二分许，在下左角牡丹干内，甚清晰。下左角有项子京鉴藏印四，尚可辩识，余印多不可识。

…………

潍上陈簠斋太史故物。太史当时或未发见款题，依其绢素、色彩、画法、布局、勾勒方法等定为宋人所画，因签题"宋人富贵长春图"。甲申三月，予以二百金得之，穷三日之力始发见款字，后又赖显微镜识出项氏印章。是年二月得唐恩画维摩像，三月又得此名笔。千年真迹流传人间者绝少，从绢素赋彩犹能窥见前贤矩矱，和璧夜光，真希世之珍。①

他在恽向《万木寒山图》后识："道生为明季高手，画柳尤名满大江南北，即恽寿平尚不能窥其藩篱、得其浑厚，平生不多作。此帧笔墨浑化，如无缝天衣，吉光片羽，弥足珍宝。原为陈簠斋太史故物，癸未六百金得之，每一展对，顿觉凉生肺腑。"② 在王时敏《墨笔山水图》后记："此帧亦吾乡陈簠斋太史故物，曾见利津李氏《书画鉴影》，但邹氏题跋为李氏误抄数字。壬午六月味蕖以五百金得之，苍浑沉雄，蔚为大观，太常精作也。每值山楼对雨，展轴静坐，直有少文卧游之慨矣。通幅完好，惜上段似被裁剪，款字竟不得卒读，恨事！恨事！"③（图1－12－22）在姜实节《仿云林古木秋风图》后记："原为吾乡陈簠斋太史故物，闻当时极为珍惜，叹为不易再得，重为装池宝藏。太史殁后，流入京估之手，壬午六月，余以三百金得之，于是

① 郭怡孮、郭绵孮主编：《郭味蕖艺术文集》，人民美术出版社2008年版，第397～398页。

② 郭怡孮、郭绵孮主编：《郭味蕖艺术文集》，人民美术出版社2008年版，第413页。

③ 郭怡孮、郭绵孮主编：《郭味蕖艺术文集》，人民美术出版社2008年版，第423页。

复归潍上。”①

正因为是陈介祺的旧藏令郭味蕖多了一份亲近，更多了一份责任，郭味蕖才花巨资将其收入囊中。从品评中，我们能够看出郭味蕖对这些画作的珍重，也可以看出他对历代绘画史传的熟谙，字字珠玑，莞尔目前。他探究、品评、心领神会，与平常古董家的把玩有天壤之别。他将治学严谨的陈介祺视为楷模，将陈介祺的书画评论奉为圭臬，努力从历代名家作品中汲取营养，充实自己的绘画经验，最终形成他秀丽刚正、典雅清新的画风。

图 1－12－22　王时敏《墨笔山水图》

正如他在 1941 年北平个展前言中所述：

> 吾乡陈文懿公簠斋尝云：“论画以画法为主，论法以用笔为主，笔高则墨自高，而尤以品为主，品高则意有在笔墨之外者矣。”所谓盘礴睥睨，峥嵘奇崛，磊磊落落，乃是翰墨家平生所养之气，用笔淋漓高下各自性情，如屯甲联云，时隐时现，更须读万卷书，行万里路，融浑古人，自辟町畛，庶得冲和恬淡，以别于庸工俗子。②

潍上自陈介祺一出，金石之学标领宇内，四海宗仰，鉴藏成为世家文人一时风气。郭味蕖或承继先人遗泽，或重资求购于市肆，尽力保藏了一批珍

---

① 郭怡孮、郭绵孮主编：《郭味蕖艺术文集》，人民美术出版社 2008 年版，第 416 页。

② 郭怡孮等：《画家·学者郭味蕖纪年》，人民美术出版社 2008 年版，第 79 页。

贵的书画文物，使自己眼界大开。通过反复品评、心摹手追，复以金石为导引、以诗文为蒙养、以民间艺术为生发，陶涵化育，最终助成了他清刚朴茂的画风，并将这股潍上清风推升到时代前沿的高度。即便在逆境中，他心性也再次升华，所写皆为心画，无不发自灵芽，笔下愈加高古雄奇、倔强苍茫。他画芭蕉，题“请看笔墨淋漓处，不属青藤与白阳”；画竹，题“使文与可、苏子瞻、李息斋、吴仲圭见之，亦当掀髯相许，把袂入林”；画松，题“老龙睡起才伸爪，抓破天边一片云。正不必作前人墨奴也”。郭味蕖晚年病卧疏园，亦曾想凭借记忆和照片，为知鱼堂所藏书画重新录目，但因病未果。如今，这批劫后余珍既是潍县金石书画鉴藏传统中一笔丰厚的史料，更是对乡梓先贤的最好纪念。随时间的推移，它们会焕发出愈加夺目的光彩。

附

陈官俊年谱简编

潍县陈氏原籍沧州，始祖陈大观元至正年间因仕潍州，遂举家定居于此。陈氏家族世代科甲，至陈官俊位列台阁，达到鼎盛。陈官俊，字伟堂，号恕田，又号吁尊，嘉庆十三年（1808）进士，二甲第二名，由翰林院庶吉士散馆，历官国子监祭酒、詹事府詹事、通政使司通政使，礼部、吏部、户部侍郎，署工部尚书、兵部尚书、礼部尚书、吏部尚书、协办大学士、上书房总师傅等职，历典乡试会试、殿廷御试，每与衡校，取士无数。陈官俊晚年自作年谱《伟堂笔记》，起自乾隆五十四年（1789），止于道光二十五年（1845）八月①；又有《陈中堂履历笔》（以下简称《履历》）一册，起自嘉庆十三年（1808）陈官俊中进士，止于道光二十四年（1844）十二月官协办大学士，记其生平②。今以此为纲，参照《清实录·仁宗睿皇帝实录》（以下简称《仁宗实录》）、《清实录·宣宗成皇帝实录》（以下简称《宣宗实录》）以及《清史列传·陈官俊传》（以下简称《陈官俊传》），简编年谱。

乾隆四十七年（1782）　一岁

陈官俊系陈大观十六世孙，其父陈祥桂，字省庵，覃恩诰赠光禄大夫，经筵讲官、协办大学士、吏部尚书加三级；其母夏氏，覃恩诰封一品太夫人。

---

① 〔清〕陈官俊撰，〔清〕吴保锴辑：《伟堂笔记》，国家图书馆藏稿本。

② 〔清〕陈官俊：《陈中堂履历笔》，陈氏后人陈绣章藏，曾在潍坊市举办的首届中国（潍坊）陈介祺艺术展上展出。

据《清代朱卷集成·山东乡试朱卷·道光丙午科·陈介猷》记载，陈祥桂兄弟六人：长祥年，邑庠生，覃恩貤赠光禄大夫，经筵讲官、协办大学士、吏部尚书加三级；次祥桂；三祥来，貤封中宪大夫，詹事府右春坊右庶子加二级；四祥凤，貤封朝议大夫，右春坊右庶子加一级；五祥冀，貤封朝议大夫，翰林院侍讲加二级；六祥醴，貤封文林郎，翰林院编修，议叙六品。陈祥桂生三子：长官俊；次官傑，邑庠生，貤赠儒林郎，翰林院庶吉士、国史馆协修；三官侨，丁酉科山东乡试举人，内阁中书、委署侍读，国史馆分校、办理诰敕房事务。①

陈官俊出生时间无明确记载。《伟堂笔记》称"二十一岁，八月十九日授室"。陈介祺在《哀启》中称其母丁氏"年二十一归家君"②。刘鸿翱《诰封一品夫人丁夫人墓志铭》："（丁夫人）生于乾隆四十七年九月十二日寅时，卒于道光二十八年四月初五日巳时，得年六十八岁。"由此推断陈官俊与其夫人丁氏同龄，生于乾隆四十七年（1782）。③

乾隆五十四年（1789）　八岁

入学受业。《伟堂笔记》："八岁，入学，受业高月川先生，讳湧。"④

乾隆五十五年（1790）　九岁

随王先生（失讳）受业学习。《伟堂笔记》："九岁，受业于王先生。"

① 顾廷龙主编：《清代朱卷集成》第二百一十二册，台湾成文出版社 1992 年版，第 247～252 页。

② 〔清〕陈介祺：《哀启》，陈氏后人陈育丞外孙青岛张凡先生藏，系陈介祺为母亲丁夫人所撰生平。

③ 〔清〕刘鸿翱：《诰封一品夫人丁夫人墓志铭》。转引自陆明君：《陈介祺年谱》，西泠印社出版社 2015 年版，第 74 页。吴重憙在《伟堂笔记》后手书陈官俊简谱，记载"陈文悫公，乾隆辛亥生"，乾隆辛亥系乾隆五十六年（1791），当误。

④ 高月川，疑为高守训。民国《潍县志稿》卷二十八《人物·事功》称："（高守训）留京会试者三次不第，乃归，授生徒。与刘鸿翥、郭圩、郭墇、陈凤翰、陈官俊、王延年及族侄其召等，推广理堂先生之所以为教者，以古文为时文，而神明变化于离合断续之法。"刘鸿翱为刘鸿翥弟，兄弟二人为嘉庆十四年（1809）同榜进士。高守训乾隆三十九年（1774）中副榜，乾隆四十五年（1780）中庚子科顺天乡试，此后先后参加了辛丑、甲辰、丁未三科会试不中。乾隆五十二年（1787）高守训归乡，至乾隆五十八年（1793）中癸丑科三甲同进士，其间两次讲学于麓台书院。

乾隆五十六年（1791） 十岁

是年至十七岁，随胞伯陈祥年学习。《伟堂笔记》："十岁，从胞伯受业，至十七岁。"

据《清代朱卷集成·山东乡试朱卷·道光丙午科·陈介猷》记载，陈祥年生子二：长陈官乂，道光十二年（1832）进士，历署江西上高、东乡县知县、南康府同知，授新昌县知县，江西甲午、辛卯科乡试同考官，钦加知州衔，补调丰城县知县，生子介坤；次陈官人，太学生，诰封奉直大夫，覃恩诰封奉政大夫、江苏通州直隶州知州，生子介眉、介锡。①

乾隆五十七年（1792） 十一岁

参加童子试，受知于潍县知县庄述祖②。《伟堂笔记》："十一岁，应童子试，受知庄明府。讳述祖，庚子进士。"

乾隆五十八年（1793） 十二岁

参加府试。《伟堂笔记》："十二岁，应府试。"

乾隆五十九年（1794） 十三岁

参加院试，住翟云升家，主考官提督山东学政阮元③。陈介祺在为《说文古籀补》所作之叙中云："文达为先文悫公童试师。"陈官俊在为《隶篇》所作之序中云："予年十三应童子试，住翟君文泉家，遂缔交。"

《伟堂笔记》："十三岁，应院试，入泮，受知阮芸台先生。"

乾隆六十年（1795） 十四岁

是年院试一等，补廪膳生员。《伟堂笔记》："十四岁，院试一等，

① 顾廷龙主编：《清代朱卷集成》第二百一十二册，台湾成文出版社1992年版，第247～252页。

② 庄述祖，字葆琛，号珍艺，晚号檗斋，江苏武进人，乾隆四十五年（1780）进士，乾隆五十七年（1792）由昌乐调任潍县知县。

③ 阮元，字伯元，江苏仪征人，乾隆五十四年（1789）进士。

补廪。”

嘉庆二年（1797） 十六岁

是年院试二等，主考官提督山东学政曹城①。《伟堂笔记》：“十六岁，院试二等，学使曹顾崖先生。”

嘉庆五年（1800） 十九岁

是年院试一等，主考官提督山东学政戴均元②。

八月，参加庚申恩科乡试，中第三十名，是科主考官太常寺卿恩普，副主考吏部主事焦以厚，同考官张秉锐③。与夫人丁氏定亲，刘鸿翱《诰封一品夫人丁夫人墓志铭》：“伟堂十九岁，领嘉庆庚申乡荐，遂媒定焉。”④

《伟堂笔记》：“十九岁，院试一等，学使戴可亭先生。是岁庚申科中式第三十名，大主考恩丙堂先生；焦老师讳以厚，因愈年卒，已失其号矣。房师张石农先生，讳秉锐，己酉进士。”

嘉庆七年（1802） 二十一岁

八月十九日，与夫人丁氏成婚。丁氏，潍县人，乾隆己亥恩科武举人、浙江台州卫守备丁治平之女，永春直隶州知州、台湾凤山县知县丁廷琛胞妹。《哀启》：“伏念先母孝顺性生，幼为先外祖父母钟爱，不出户庭，年二十一归家君。”

《清代朱卷集成·山东优贡卷·光绪丁酉科·陈阳》载：“曾祖母氏丁，诰封一品夫人。乾隆己亥恩科武举、浙江台州卫守备、诰授武德骑尉、诰封中宪大夫，覃恩貤赠光禄大夫、经筵讲官、协办大学士、吏部尚书加一级讳治平公女；工部屯田司员外郎、兵部武库司郎中讳廷华公胞妹；道光壬辰科

---

① 曹城，号顾崖，安徽歙县人，乾隆三十六年（1771）进士。

② 戴均元，字修原，江西大庾（今大余县）人，乾隆四十年（1775）进士。

③ 恩普，字雨堂，镶蓝旗人，乾隆五十五年（1790）进士；焦以厚，字载之，江苏江宁（今南京）人，乾隆五十二年（1787）进士；张秉锐，字颖叔，江苏丹徒（今镇江）人，乾隆五十四年（1789）进士。

④〔清〕刘鸿翱：《诰封一品夫人丁夫人墓志铭》。转引自陆明君：《陈介祺年谱》，西泠印社出版社2015年版，第2页。

举人、国子监典簿、钦加知州衔，甲辰大挑一等分发福建，历署永春直隶州知州、台湾澎湖同知、彰化县知县、题补长汀县知县、调补台湾凤山县知县讳廷琛公之胞妹。”①

《伟堂笔记》：“二十一岁，八月十九日授室。”

嘉庆十一年（1806）　二十五岁

十一月二十日，长女生。《伟堂笔记》：“廿四岁，丙寅。十一月二十日，长女生。”②

嘉庆十三年（1808）　二十七岁

三月，参加戊辰科会试，中第一百四十五名。是科会试总裁官有董诰、秀堃、邹炳泰、顾德庆；本房同考官为杨怿曾，拨房同考官李可蕃③。

四月二十一日，于保和殿参加殿试。二十五日传胪，中二甲第二名。二十八日朝考，第五名。是科殿试阅卷官有吏部尚书瑚图礼、礼部尚书王懿修、工部尚书曹振镛、吏部左侍郎潘世恩、礼部左侍郎桂芳、兵部右侍郎周兴岱、工部左侍郎周兆基、工部右侍郎陈希曾。《仁宗实录》：四月丁亥，“策试天下贡士刘嗣绾等二百六十一名于保和殿。……辛卯，上御太和殿传胪，赐一甲吴信中、谢阶树、石承藻三人进士及第，二甲朱棨等一百十五人进士出身，三甲侯钤等一百四十三人同进士出身”④。

五月初四日，在圆明园引见，授翰林院庶吉士。《仁宗实录》：五月己亥，“引见新科进士。得旨：……朱棨、陈官俊……著改为翰林院庶吉士”⑤。《履历》：“嘉庆十三年进士，由庶吉士散馆。”

---

① 顾廷龙主编：《清代朱卷集成》第三百七十四册，台湾成文出版社1992年版，第296页。

② 《伟堂笔记》作“廿四岁”，应为二十五岁。

③ 杨怿曾，号介坪，安徽六安人，嘉庆六年（1801）进士；李可蕃，广东南海人，嘉庆七年（1802）进士。

④ 〔清〕戴均元等：《仁宗睿皇帝实录》（三），见《清实录》第三十册，中华书局1986年版，第565～568页。

⑤ 〔清〕戴均元等：《仁宗睿皇帝实录》（三），见《清实录》第三十册，中华书局1986年版，第573～574页。

是年，充文颖馆协修。《陈官俊传》：“嘉庆十三年进士，改翰林院庶吉士，充文颖馆协修。”①

《伟堂笔记》：“廿七岁，戊辰科中式第一百四十五名，殿试二甲二名，朝考第五名。五月初四日，圆明园引见，改庶吉士。大总裁董蔗林先生、秀楚翘先生、邹晓屏先生、顾筠岩先生；本房杨介坪先生，辛酉进士；拨房李椒堂先生，壬戌进士。是岁充文颖馆协修。”

嘉庆十四年（1809）　二十八岁

四月初三日，参加散馆考试；初七日在勤政殿引见，钦定一等第三名，授翰林院编修。《仁宗实录》：四月戊戌，“上御勤政殿听政。引见戊辰科散馆及补行散馆人员。得旨：……汉书二甲之庶吉士贺长龄、陈官俊、周之琦……俱著授为编修”②。《履历》：“十四年四月，授编修。”

《伟堂笔记》：“廿八岁。四月初三日，散馆一等第三名；初七日引见，授职编修。”

是年，丁夫人侍奉翁姑来京居住。《哀启》：“家君己巳留词馆，先母随侍翁姑来京寓，操作事皆一人任，勤劳数倍于昔。”

嘉庆十五年（1810）　二十九岁

四月初二日，考试试差，任庚午科顺天乡试同考官。《履历》：“十五年，放顺天乡试同考官。”

十一月初九日，次女生。

《伟堂笔记》：“廿九岁，庚午。考差，充顺天乡试同考官，得士十三人。是冬十一月初九日，次女生。”

嘉庆十六年（1811）　三十岁

任翰林院编修、文颖馆纂修，参与《全唐文》编纂。《全唐文》：“奉旨

---

① 王钟翰点校：《清史列传》，中华书局1987年版，第2862页。

② 〔清〕戴均元等：《仁宗睿皇帝实录》（三），见《清实录》第三十册，中华书局1986年版，第804页。

开列编校《全唐文》诸臣职名，纂修官：翰林院编修臣陈官俊。”①

《伟堂笔记》：“三十岁，补文颖馆纂修。”②

嘉庆十七年（1812）　三十一岁

二月初六日，在乾清宫参加翰詹考试。十一日，钦定为二等第八名，赏线绉袍料一匹③。是年前后，以翰林院编修兼任文渊阁校理。④《仁宗实录》：二月己酉，“谕内阁：本日大考翰詹”；甲寅，“谕内阁：此次考试翰詹各官，按其文字优劣，分为等第。……编修葛方晋、陈官俊、史评、周之琦、贺长龄，右中允吴其彦、编修邱煌，著各赏线绉袍料一匹”。⑤

《伟堂笔记》：“三十一岁，壬申。二月初六，大考二第第八名；初十日引见，记名候升，并赏大卷线绉一匹。”

嘉庆十八年（1813）　三十二岁

十月十日巳时，长子陈介祺生于北京，小名乾。

《伟堂笔记》：“三十二岁，癸酉。冬十月初十日巳时，长男介祺生。”

嘉庆二十年（1815）　三十四岁

四月十八日，在圆明园引见，升右春坊右赞善。九月，调任左赞善，出任治河方略馆总纂官。《履历》：“二十年四月，补授右赞善。九月，转补左赞善。”

《伟堂笔记》：“三十四岁，乙亥。夏，四月十八日，引见，升授右赞善；九月转左赞善，充治河方略馆总纂。”

---

① 〔清〕董诰等：《全唐文·职名》，清嘉庆间武英殿写刻本。

② 《伟堂笔记》在“十一月初九日，次女生”下写“寻补文颖馆纂修”，后又将其删去，改为“三十岁，补文颖馆纂修”。故应于嘉庆十六年（1811）初任文颖馆纂修一职。

③ 《伟堂笔记》作“初十日引见”，今据《仁宗实录》改。

④ 《陈介猷乡试卷》《陈阳优贡卷》记录陈官俊简历时在“翰林院编修”之后、“右春坊赞善”之前有“文渊阁校理”一职，当是陈官俊以翰林院编修兼职。

⑤ 〔清〕戴均元等：《仁宗睿皇帝实录》（四），见《清实录》第三十一册，中华书局1986年版，第425～429页。

嘉庆二十一年（1816） 三十五岁

四月初十日，在正大光明殿考试试差。

六月二十八日，入直上书房。

八月，任丙子科顺天乡试同考官；二十六日，三女出生。《履历》："二十一年，放顺天乡试同考官。"

《伟堂笔记》："三十五岁，丙子。夏，六月二十八日，入直尚书房。八月，充顺天乡试同考官，得士十六人。八月二十六日，三女生。"

嘉庆二十二年（1817） 三十六岁

六月十四日，以左春坊左赞善充日讲起居注官。① 《仁宗实录》：六月丙戌，"以左春坊左赞善陈官俊充日讲起居注官"②。

七月十八日，参加木兰秋围。

《伟堂笔记》："三十六岁。秋，七月十八日，扈跸木兰行围。"

嘉庆二十三年（1818） 三十七岁

二月十三日，在乾清宫参加翰詹考试；十七日，教授四阿哥绵忻读书；十九日③在勤政殿引见，钦定二等第二名，赏缎二匹。《仁宗实录》：二月辛巳，"大考翰林院、詹事府各官于乾清宫"；乙酉，"谕内阁：……四阿哥质性聪明，尽可读书……著陈官俊暂行授读"；丁亥，"谕内阁：此次考试翰詹各官，按其文字优劣，分为等第。……二等之编修贺熙龄、左赞善陈官俊、编修刘斯嵋、修撰洪莹、侍读学士顾皋，著各赏缎二匹"。④

七月初三日，授司经局洗马。十月，授翰林院侍讲。《履历》："二十三年七月，补授司经局洗马。十月，补授翰林院侍讲。"

---

① 《清史列传·陈官俊传》记载嘉庆二十一年九月任日讲起居注官（王钟翰点校：《清史列传》，中华书局1987年版，第2863页），陆明君《陈介祺年谱》从此说。今据《仁宗实录》改。

② 〔清〕戴均元等：《仁宗睿皇帝实录》（五），见《清实录》第三十二册，中华书局1986年版，第368页。

③ 《伟堂笔记》作十八日引见，今据《仁宗实录》改。

④ 〔清〕戴均元等：《仁宗睿皇帝实录》（五），见《清实录》第三十二册，中华书局1986年版，第479～480页。

《伟堂笔记》："三十七岁，戊寅。二月十三日大考，二等第二名。十八日引见，记名候升，并赏大卷缎二匹。是年七月初三日，恩授司经局洗马。是年十月十二三日，恩授翰林院侍讲。"

嘉庆二十四年（1819）　三十八岁

三月初六日，任己卯科会试同考官，取士十三人。《履历》："二十四年，会试同考官。"

六月十九日，任陕甘乡试正考官。《履历》："六月，放陕甘正考官。"

九月初五日，命提督山西学政。十四日，在蒲州府得旨。《仁宗实录》：九月甲子，"翰林院侍讲陈官俊提督山西学政"①。《履历》："九月，放山西学差。"陈介祺咸丰三年（1853）作《癸丑四月八日由都入晋，十九日将至太原，途中感怀》："三十年前感旧游，曾随使节度芦沟。"其注曰："先文悫公己卯视学山右，余年七岁。"②

冬，在山西学政任，道经晋祠时殴打差人。《宣宗实录》："陈官俊于道经晋祠时，自行责打办差家人……系嘉庆二十四年冬间之事。"③

《伟堂笔记》："三十八岁，己卯。三月初六日，恩点会试同考官，得士十三人，王继昺、蔡家玕、尚开谟、徐久道、庆善、伊崇额、徐述虔、方玉璪、龚藻、饶芝、彭三寿、郭鸣皋（高）、但明伦。是年六月十九日，恩放陕甘正考官，得士高步月等六十五人。是年九月十四日，蒲州府得旨提督山西学政。"

嘉庆二十五年（1820）　三十九岁

四月，提督山西学政，转任翰林院侍读。五月，在解州得旨转侍读。《履历》："二十五年四月，转补侍读。"

六月，主持平阳府院试。其间，纳通判婢女为妾。

---

① 〔清〕戴均元等：《仁宗睿皇帝实录》（五），见《清实录》第三十二册，中华书局 1986 年版，第 775 页。

② 陆明君：《陈介祺年谱》，西泠印社出版社 2015 年版，第 103 页。

③ 〔清〕文庆等：《宣宗成皇帝实录》（一），见《清实录》第三十三册，中华书局 1986年版，第 462～464 页。

七月二十五日，嘉庆皇帝崩于避暑山庄。

八月初六日，在沁州，闻知嘉庆皇帝驾崩，遂即回太原。

八月二十七日，道光帝在太和殿继位，即位诏书“内外满汉文武大小官员俱加一级”①，陈官俊以翰林院侍读加一级。

九月，将嘉庆皇帝遗诏交山西巡抚成格，升右春坊右庶子，仍在山西学政任上。《履历》：“本年九月，补授右庶子。本月奉上谕：陈官俊着仍留山西学政之任，钦此。”②

十二月十三日，谏阻道光皇帝停止清查各省陋规之事。十四日，因条陈阻谏议叙加一级。《宣宗实录》：十二月乙未，“谕内阁：朕初自热河回京时，召见英和，询以政治。据奏：各省、府、州、县养廉不敷办公、莫不取给陋规日益加增，不若通谕督抚藩司，逐一查明，分别应存应革，定以限制……因降旨令各督抚体察情形，详议具奏。谕旨甫下，即据汤金钊、陈官俊、汪廷珍先后陈奏，皆以此事为不可行”；丙申，“谕内阁：……汪廷珍、汤金钊、方受畴、蒋攸铦、陈官俊俱著交部议叙”。③

《伟堂笔记》：“三十九岁，庚辰。任山西学政。五月在解州，恩转侍读。是年八月初六日，惊闻仁宗睿皇帝大事，由沁州举哀，成服回省。九月内，颁仁宗睿皇帝遗念。交巡抚成格赍回。”

道光元年（1821）　四十岁

五月二十四日，令陈官俊密查范立德控告山西河东道张大镛办理盐务不公案。《宣宗实录》：五月癸酉，“山西盐商范立德令抱呈家人张升呈控河东道张大镛办理盐务不公一案……河东道张大镛平日居官，声名若何？其因生日索取银两，并违制令商人拜寿，是否实有其事？陈官俊近在同省，自应有所见闻。著密行访查，成格及陶澍审办此案，有无瞻徇情面，定案时是否公允，

---

① 〔清〕文庆等：《宣宗成皇帝实录》（一），见《清实录》第三十三册，中华书局1986年版，第112页。

② 《伟堂笔记》作十月初三日升右庶子，《清史列传·陈官俊传》载“九月，升右春坊右庶子”（王钟翰点校：《清史列传》，中华书局1987年版，第2863页），今据本传及《履历》改。

③ 〔清〕文庆等：《宣宗成皇帝实录》（一），见《清实录》第三十三册，中华书局1986年版，第209～211页。

该学政一并查访，据实奏闻”①。

八月初六日，升侍讲学士。十四日，令陈官俊回京供职，在上书房行走，教授大阿哥奕纬读书。《宣宗实录》：八月辛卯，“又谕陈官俊著回京供职，仍在上书房行走，授大阿哥读”②。《履历》：“道光元年八月，补授翰林院侍讲学士。本月奉上谕：陈官俊着回京供职，仍在上书房行走，授大阿哥读。”

十月初一日，次子讷生。

十一月十三日，山西巡抚成格弹劾陈官俊在学政任内诸款，陈官俊承认责打差人及途中纳妾两款，不承认泄露密查地方官之事。十四日，降为中允赞善，候缺补用，仍在上书房行走。是日，上谕申斥成格，在道光二十四年、二十五年密考时为何不奏陈官俊任内诸款，命陈官俊赴太原等待质问。《宣宗实录》：“（十一月）辛酉，谕内阁：昨据成格参奏陈官俊在山西学政任内各款，当交军机大臣传到陈官俊逐加诘问。折内所参责打家人并途中纳妾两款，陈官俊俱已承认……陈官俊于道经晋祠时，自行责打办差家人，未免轻躁，此犹其过之小者。至考试平阳时，买通判之婢为妾……此实咎无可辞。其所参陈官俊在任干预地方公事一节，上年朕本有密旨谕陈官俊令其留心察访官吏贤否、政治得失，随时密奏。讵意陈官俊卞急粗率，辄将晋省官员大加访问，以致声势侈张，物议滋起，殊与朕委任陈官俊之意大相径庭。陈官俊著降为中允赞善，候缺补用；念伊平日在上书房授大阿哥读书，功课尚能认真，著加恩仍在上书房行走……又谕：陈官俊责打办差家人，系嘉庆二十四年冬间之事。该抚既经查明，其年终为该学政出具密考时，何以并不据实陈奏。至途中纳妾，系二十五年六月之事，该抚于上年进京时，犹得诿以正当悲戚之时，未敢以琐屑之词上陈；至该抚回任后，又届年终密考，何以又不据实陈奏。直至陈官俊卸事回京后，始行参奏。在陈官俊戾由自取，实无可辞。而成格参奏此事，为公乎？为私乎？”③《履历》：“本年十一月，奉上谕：陈官俊着降中允赞善候补，念伊平日在上书房授大阿哥读书，功课尚能认真，

① 〔清〕文庆等：《宣宗成皇帝实录》（一），见《清实录》第三十三册，中华书局1986年版，第341页。

② 〔清〕文庆等：《宣宗成皇帝实录》（一），见《清实录》第三十三册，中华书局1986年版，第399页。

③ 〔清〕文庆等：《宣宗成皇帝实录》（一），见《清实录》第三十三册，中华书局1986年版，第462～464页。

着加恩仍在上书房行走，钦此。”

十一月二十四日，成格、陈官俊解职，命长龄署理山西巡抚事务，查办陈官俊、成格一案。《宣宗实录》：十一月辛未，“谕军机大臣等：长龄来京陛见，计此时已将行近太原。著于接奉此旨后，即驰赴山西省城，将此事秉公查办。如已行过太原，亦即驰回。现已有旨令陈官俊前往晋省。长龄即传旨成格与陈官俊，俱各先行解任。即著长龄署理巡抚事务，令成格与陈官俊当面质对”①。

十二月十二日，长龄查明成格参奏陈官俊各项具系传闻，陈官俊退出上书房，降为编修。十四日，道光帝下旨申斥陈官俊。《宣宗实录》：十二月戊子，“谕内阁：兹据查讯具奏，成格于参奏陈官俊各款，多系得自传闻，不能指实……陈官俊躁妄粗鄙，不知慎密，实属负恩，着退出上书房，以编修降补。……庚寅……谕内阁：……陈官俊奉命典学，惟当尽心考试，或有与抚臣交涉之事，原可公同商酌。至奉有密旨后……不应将密谕显露，公然议论其贤否是非……躁妄粗鄙，深负朕恩，必当立予降黜，以为不慎不密者戒”②。《履历》：“十二月奉上谕：陈官俊着退出上书房，以编修降补。”

《伟堂笔记》：“道光元年辛巳年，四十岁。任山西学政。八月初六日，恩升侍讲学士，寻命来京，仍入直尚书房。十月初一日戊寅丑时，次男讷生。十一月十三日被劾，得旨以中允赞善降补，寻赴山西候质。十二月十二日，协办大学士长龄专折入奏，得旨降补编修。”

道光二年（1822）　四十一岁

八月初六日，壬午科顺天乡试同考官，取魏源等十七人并副榜三人。《履历》：“二年，壬午科放乡试同考官。”

十二月二十九日，三女儿早殇。

《伟堂笔记》：“四十一岁，壬午。八月初六日。奉旨分校京兆试，得魏源等十七人，副榜三人。十二月二十九日，三女殇。”

---

① 〔清〕文庆等：《宣宗成皇帝实录》（一），见《清实录》第三十三册，中华书局1986年版，第473页。

② 〔清〕文庆等：《宣宗成皇帝实录》（一），见《清实录》第三十三册，中华书局1986年版，第483～486页。

道光三年（1823）　四十二岁

在翰林院编修任，刊刻《理堂文集》。是年，韩通儒在陈官俊府中坐馆，教授陈介祺读书。《潍县志稿》卷三十《人物·文学·韩致经先生小传》：“母殁，来京，馆陈伟堂学士家。理堂先生殁，致经裒辑成编，陈伟堂付梓。”①

《伟堂笔记》：“四十二岁，癸未。”

道光四年（1824）　四十三岁

闰七月初五日，致函二弟陈子饬，询问二伯陈廷钰②近况，谈及《理堂文集》《理堂诗集》《理堂日记》即将刻竣。③

是年约八月之后又有信致二弟陈子饬，询问二伯近况，并言及理堂先生文集刻竣并银钱诸事。④

八月初三日，在乾清宫正大光明殿参加翰詹考试。初九日，钦定三等，罚俸半年。《宣宗实录》：八月己巳，谕内阁：此次考试翰詹各员……其考列三等之编修吴敬恒、李钧、汪于泗、但明伦，检讨何辉绶，修撰陈沆，编修

---

① 陈蜚声总纂：《潍县志稿》，潍县和记印刷局，1941 年。韩通儒，字致经，韩梦周族子，县学生员。其父早殁，因侍母绝意乡试，曾坐馆于陈官俊家中。韩梦周著作刻于道光三年至四年，由韩通儒裒辑，陈官俊刻于京师。

② 陈廷钰，字其相，号式堂，乾隆三十年（1765）乙酉恩科举人，大挑一等，历署四川纳溪、定远、长宁、綦江、清溪县事，授射洪县知县，四川己卯科同考官，升合州知州，题署酉阳直隶州知州，诰授奉直大夫，崇祀乡贤祠。陈子饬，廷钰子，嘉庆二十年（1815）丙子科举人，历官益都县教谕、湖北郧阳府郧县知县、荆州府水利同知。

③ 山东恒昌拍卖有限公司：《金石相契——纪念陈介祺诞辰二百周年专场》，2013 年 12 月 6 日。其文云：“翊思二弟好，兄在京，诸属平吉，可慰远念。闻二伯大人在合州，民情极为爱戴。即羡门先生亦深相契合，谅迁擢在指顾间耳。未知近中常有家信来否？起居饮食更健康否？理堂先生文集、诗集、日记现将刻竣，约费二百一二十金内外，八月节前可蒇事也，至刷印多少更难预计。据致经表叔云，每部总在京钱三千之外，此只好各人随便耳。子郛兄在潍，仍主教席，不胜艳羡，此读书真实受用也。兄俊手书，闰七月初五日。”

④ 山东恒昌拍卖有限公司：《金石相契——纪念陈介祺诞辰二百周年专场》，2013 年 12 月 6 日。其文云：“翊思二弟近好，兄在京，诸叨平安。致经表叔因嫁女事多不能离家，明岁已另延师矣。即乾儿之受益亦不为少也。二伯常有信来潍否？身体更健康否？现外省督抚保举各员，以戴制军（按：戴三锡，时署四川总督）相知甚深，自宜首列荐，章京中亦尚无确信，年内总可知矣。大弟在川，想甚安吉。诸弟读书得名师训之，当日见长进也。兄官俊书。再，理堂先生文集现已刻竣，所需工价银二百三十两内外，共刷印二十部，兄处存十部，今所烦韩表叔带十部来，祈吾弟检存。每部纸价、印工约在九钱银以外，若再装订则更昂矣。又前所借钱账开一清单来，年终可清算也。”

方传穆、刘学厚，修撰陈继昌，编修陈官俊以上十名，俱著各罚俸半年。①

《伟堂笔记》："四十三岁，甲申。八月初三日，在正大光明殿御试翰詹，得三等，罚俸半年。"

道光五年（1825） 四十四岁

五月初二日，陈廷钰病逝于西安旅次，有信询问其灵柩何时启程还家安葬。②

八月初六日，充乙酉科顺天乡试同考官，取徐燧等二十三人，副榜二人。《履历》："五年，乙酉科乡试同考官。"

九月，书《宝应寺增置庙产碑》，是碑现存北京市广安门内南线阁，由贾允升撰文，陈官俊正书丹。③

《伟堂笔记》："四十四岁，乙酉。八月初六日，奉旨分校京兆试，得徐燧等廿三人，副榜二人。"

道光六年（1826） 四十五岁

五月初八日，教习庶吉士。九月二十七日丑时，第三子敬出生，其母张氏。十月十五日，三子敬因风早殇。十二月十八日子时，次子讷因痘早殇。

《伟堂笔记》："四十五岁，丙戌。五月初八日，奏充教习庶吉士。九月二十七日丑时，三男敬生，张出，寻于十月十五日，因风致殇。十二月十八日

① 〔清〕文庆等：《宣宗成皇帝实录》（二），见《清实录》第三十四册，中华书局1986年版，第152页。

② 山东恒昌拍卖有限公司：《金石相契——纪念陈介祺诞辰二百周年专场》，2013年12月6日。其文云："大弟、二弟苫次：前在都中即闻伯父有告病之信，已卸任回籍，旋在中途养病，方冀不日即可获痊，孰意竟长谢人间耶！恸思伯父清风善政，卓卓人间，即跻显秩，享上寿亦为理所应得。乃未及还里，寿终长安。天道至此，夫复何言！然视在四川，山川之阻远，亦少有闲矣。伯父素有四方之志，以泽及民生为心，非念念私情者，在天之灵固无怨惘也。吾弟痛遭大事，悲哀至情，万难少释，然萱堂已迫榆景，还以尽心服事。又家中诸事均须摒挡，孝不灭性，古礼所称，尚祈节哀，以仰慰伯父如在之神。斯即所以为孝也。灵柩于何日启程？何日还家安葬？有定期否？均望于信中寄知。兄守官京师，不获尽哀灵前，诚大憾事，然耿耿之怀无时可解耳。兄官俊寄。"

③ 国家图书馆藏有该碑拓本。贾允升，字猷廷，山东黄县人，乾隆六十年（1795）进士。

子时，讷儿因痘致殇。”

道光七年（1827） 四十六岁

任翰林院编修，教习庶吉士。《伟堂笔记》：“四十六岁，丁亥。”

道光八年（1828） 四十七岁

三月初八日，于乾清宫考差，考题为“友直友谅”“威仪抑抑、德音秩秩”，陈官俊赋诗“落花水面皆文章”。

四月二十八日，充贵州乡试副考官，五月初一日得旨意，十一月初六日回京。是科取邵凌霄等四十人为举人，副榜八人。《宣宗实录》：四月丁酉，“翰林院编修丁善庆为贵州乡试正考官，陈官俊为副考官”①。《履历》：“八年四月，放贵州正考官。”②

十二月初十日，升右中允。《履历》：“十二月，补授詹事府右中允。”

《伟堂笔记》：“四十七岁，戊子。三月廿八日，考差乾清宫，御试题‘友直友谅’‘威仪抑抑、德音秩秩’，诗题‘落花水面皆文章’，得‘章’字。五月初一日恭奉恩命，充贵州（乡试）副考官，得邵凌霄等四十人，副榜八人。十一月初六日回京复命。十二月初十日，御门升右中允。”

道光九年（1829） 四十八岁

三月二十六日，升国子监祭酒。《履历》：“九年三月，补授国子监祭酒。”

《伟堂笔记》：“四十八岁，己丑。三月廿六日，御门升祭酒。”

道光十年（1830） 四十九岁

任国子监祭酒。《伟堂笔记》：“四十九岁庚寅。”

---

① 〔清〕文庆等：《宣宗成皇帝实录》（三），见《清实录》第三十五册，中华书局1986年版，第74页。

② 《履历》称放贵州乡试正考官，《清史列传·陈介祺传》载“八年五月，充贵州乡试副考官”（王钟翰点校：《清史列传》，中华书局1987年版，第2866页），今据《宣宗实录》改。

道光十一年（1831） 五十岁

二月，自题画像："尔亦我，我亦尔。心观心，无彼此。且静坐，且欢喜。学吃亏，学知止。受中嗔，苦中美。看得空，作得实。慎言语，节饮食。养生方，此要旨。"①

五月十一日，考差京堂诸官，陈官俊以亲老免试。

六月十三日，放江西乡试正考官。十六日，谢恩召见。二十四日，与副考官、翰林院编修钱福昌一同启程赴江西。《宣宗实录》：六月癸巳，"国子监祭酒陈官俊为江西乡试正考官，翰林院编修钱福昌为副考官"②。《履历》："十一年六月，放江西正考官。"

七月初一日，其父陈祥桂在京去世。初三日，以陈官俊丁忧，由都察院左副都御史毛式郇为江西乡试正考官。初七日，在山东滋阳接廷寄，其父七月初一日去世，遂即赴京奔丧，十七日到京。八月初四日安放其父灵柩于彰仪门内宝应寺，九月初九日与其弟陈官侨运送灵柩回潍县，九月二十日抵潍县。十月二十一日安葬其父于潍县将军埠以西、刘家埠以东、大于河长堤外，直隶迁安县附生李启臣先生择地。《宣宗实录》：七月癸丑，"江西乡试正考官陈官俊丁忧，以都察院左副都御史毛式郇为江西乡试正考官"③。《履历》："七月初一日，丁父忧。"

《伟堂笔记》："五十岁，辛卯。五月十一日，命在上书房考试京堂，以亲老未敢与试。六月十五日奉命充江西正考官，十六日谢恩召见。廿四日携副考官钱编修福昌号辰田前赴江西。七月初七日宿山东滋阳县，忽接讷近堂差官交到廷寄一道，惊悉先父于七月初一日在京因病捐馆，终天抱恨，痛不欲生。当即匍匐奔京，十七日到京，扶柩闷恸，呜呼哀哉！八月初四日，恭移先父灵柩暂安彰仪门内宝应寺。九月初九日卯时，由宝应寺偕弟侨恭奉先父灵柩回里，于九月廿日抵潍。十月廿一日丑时，先父灵柩安葬新茔，其地在将军埠之西、刘家埠之东，又西则大于河长堤外护。择地者为李启臣先生，

---

① 资料来自陈官俊六世孙陈建章先生。

② 〔清〕文庆等：《宣宗成皇帝实录》（三），见《清实录》第三十五册，中华书局1986年版，第1009页。

③ 〔清〕文庆等：《宣宗成皇帝实录》（三），见《清实录》第三十五册，中华书局1986年版，第1033页。

直隶迁安县附生。”

道光十二年（1832） 五十一岁

因母夏太夫人在京城，安葬其父后旋即回京守制，侍奉其母。七月初一日回潍县，父丧一周年忌日。

《伟堂笔记》：“五十一岁，壬辰。守制。因母老在京侍养，七月初一日回潍上，初忌祭。”

道光十三年（1833） 五十二岁

在京守制。其弟陈官侨七月初一日回潍县上祭。陈官俊九月十九日回潍县上祭，与熊宝书一同查看茔园，认为茔地不吉，遂即卜地于潍县北门外半里小红庙后，定于明年迁葬。

十月初七日，服除。十八日由潍县取道济南回京。十一月初三日，具折请安，并召见。十二月初九日，任翰林院侍讲学士，初十日具折谢恩。《履历》：“十三年十月三十日，服满。十二月补授侍讲学士。”

《伟堂笔记》：“五十二岁，癸巳。守制。侨弟于七月一日回潍上，次忌祭。九月十九日回潍省墓，同熊茗斋宝书偕行，细看新茔。茗斋不以为吉，当即远近相度，得潍城北门外半里许小红庙后吉穴，因定于明年迁葬。是年十月初七日释服。十月十八日由潍赴省，由省赴京。于十一月初三日具折请安，召询甚详。十二月初九日，御门补授翰林院侍讲学士，初十日具折谢恩。”

道光十四年（1834） 五十三岁

正月，转翰林院侍读学士。①

二月二十一日，升詹事府詹事。二十三日奉旨，二十四日具折谢恩。《宣宗实录》：二月丙辰，“以翰林院侍读学士陈官俊为詹事府詹事”②。《履历》：

① 陈官俊于道光十三年（1833）十二月补授侍讲学士，《宣宗实录》记载其于次年二月以侍读学士升詹事府詹事，两月内未见有转官记录，因此陈官俊当于道光十三年（1833）十二月至十四年（1834）正月间由侍讲学士转侍读学士。

② 〔清〕文庆等：《宣宗成皇帝实录》（四），见《清实录》第三十六册，中华书局1986年版，第760页。

"十四年二月，补授詹事府詹事。"

三月初四日，充日讲起居注官；次日召见，具折谢恩。《宣宗实录》：三月己巳，"以詹事府詹事陈官俊充日讲起居注官"①。《履历》："三月充补日讲起居注官。"

五月初二日，长女亡。

六月初九日，值日，召见。

九月十九日，奉旨稽查西四旗觉罗学。二十二日召见，具折谢恩。《履历》："九月，稽察西四旗觉罗学。"

十月，暂帮批本。《履历》："十月，奏派暂帮批本。"

十一月十七日，升内阁学士兼礼部侍郎衔，二十日奉旨，二十一日召见谢恩。《宣宗实录》：十一月己卯，"以詹事府詹事陈官俊为内阁学士，兼礼部侍郎衔"②。《履历》："十一月，补授内阁学士，兼礼部侍郎衔。"

十二月二十三日，充文渊阁直阁事。《履历》："十二月充补文渊阁直阁事。"

《伟堂笔记》："五十三岁，甲午。二月廿三日，奉朱笔升授詹事府詹事，次日具折谢恩。三月初四日，奉旨充补日讲起居注官，初五日具折谢恩召见。五月初二日申时，长女亡。六月初九日值日，召见。九月十九日，奉旨稽查右翼觉罗官学，二十日具折谢恩召见。十一月二十日，奉旨补授内阁学士兼礼部侍郎，二十一日谢恩召见。十二月廿三日，奉朱笔充文渊阁直阁事，二十四日谢恩。"

道光十五年（1835）　五十四岁

四月十七日，阅乙未科会试复试卷。二十日，任殿试读卷官。次日，在保和殿策试张景星等二百七十二名贡士。二十六日，稽查中书科事务。《宣宗实录》：四月己酉，以大学士长龄、潘世恩，刑部尚书史致俨、吏部右侍郎文

① 〔清〕文庆等：《宣宗成皇帝实录》（四），见《清实录》第三十六册，中华书局1986年版，第770页。

② 《清史列传·陈官俊传》记载"十月，升内阁学士，兼礼部侍郎衔"（王钟翰点校：《清史列传》，中华书局1987年版，第2866页），今据《宣宗实录》《履历》《伟堂笔记》改为十一月。

庆、户部左侍郎姚元之、工部右侍郎吴杰，内阁学士陈官俊、卓秉恬为殿试读卷官。庚戌，策试天下贡士张景星等二百七十二人于保和殿。① 《履历》："十五年四月，稽查中书科。"

五月初一日，阅新进士朝考卷，取士七十四人。

十月初一至十五日，因皇太后六旬万寿，着蟒袍补褂。初十日，加恩进一级，请封本人及妻室，貤封曾、祖父母。十四日，任武英殿试读卷官。

《伟堂笔记》："五十四岁，乙未。四月十七日，奉旨阅新贡士覆试卷。二十日，奉旨充殿试读卷官；一甲三人，刘绎、曹联桂、乔晋芳，二甲一名张芾。廿六日，奉旨稽察中书科事务，具折谢恩。五月初一日，奉旨阅新进士朝考卷，取七十四人。十月初十日，皇太后万寿，恩诏准加一级，请封本身妻室，貤封曾、祖父母。十四日，奉旨充武英殿试读卷官。"

道光十六年（1836）　五十五岁

正月二十三日，任知贡举，提调贡院场务。《宣宗实录》：正月丁未，"以吏部右侍郎恩桂、内阁学士陈官俊知贡举"②。

三月初九日，任礼部右侍郎。《宣宗实录》：三月壬辰，"以内阁学士陈官俊为礼部右侍郎"③。《履历》："十六年三月，补授礼部右侍郎。"

四月初十日，由贡院回朝复命，召见。十八日值日，召见，谢恩。三十日，任丙申恩科进士朝考阅卷大臣，取士五十九人。④

五月十六日，转礼部左侍郎。《宣宗实录》：五月戊戌，"转礼部右侍郎陈官俊为左侍郎"⑤。《履历》："五月，转补左侍郎。"

---

① 〔清〕文庆等：《宣宗成皇帝实录》（五），见《清实录》第三十七册，中华书局1986年版，第72～73页。

② 〔清〕文庆等：《宣宗成皇帝实录》（五），见《清实录》第三十七册，中华书局1986年版，第272页。

③ 〔清〕文庆等：《宣宗成皇帝实录》（五），见《清实录》第三十七册，中华书局1986年版，第314页。

④ 《清史列传·陈官俊传》记载"五月，充朝考阅卷官"（王钟翰点校：《清史列传》，中华书局1987年版，第2866页）。丙申恩科系四月二十五日传胪，传胪后三日朝考，当在四月任朝考阅卷官。

⑤ 〔清〕文庆等：《宣宗成皇帝实录》（五），见《清实录》第三十七册，中华书局1986年版，第369页。

六月十六日，值日，召见。

七月二十一日，调吏部右侍郎，次日召见，谢恩。《宣宗实录》：“壬寅……调礼部左侍郎陈官俊为吏部右侍郎。”① 《履历》：“七月，补授吏部右侍郎。”

《伟堂笔记》：“五十五岁，丙申。正月廿三日，奉旨派充知贡举。三月初九日，奉旨升补礼部右侍郎。四月初十日，由贡院复命，召见；十八日值日，同卿谢恩召见。四月三十日，奉旨阅朝考卷，取士五十九人。五月十六日，奉旨转礼部左侍郎。六月十六日，值日，召见。七月廿一日，奉旨调吏部右侍郎，廿二日谢恩，召见。”

道光十七年（1837）　五十六岁

四月初十日，在圆明园正大光明殿举行乡试考差，陈官俊奉命阅卷。

五月初一日，赏人参二两。

八月初二日，以吏部右侍郎兼署户部右侍郎，兼管钱法堂事务。初六日，任丁酉科顺天乡试副考官。初九日揭榜，取程宇光等举人二百四十二名，谢凤三等副榜四十四名。《宣宗实录》：八月丁未，“吏部右侍郎陈官俊兼署户部右侍郎，兼管钱法堂事务”；辛亥，“以协办大学士户部尚书王鼎为顺天乡试正考官，吏部右侍郎陈官俊、户部左侍郎文庆为副考官”。②《履历》：“十七年，顺天副考官。八月，奉上谕：户部右侍郎兼管钱法堂事务，着陈官俊兼署。”

十二月二十六日，任吏部左侍郎。次日召见，谢恩。《宣宗实录》：十二月己巳，“转吏部右侍郎陈官俊为左侍郎”③。《履历》：“十二月，转补吏部左侍郎。”

是年，为湖北安陆知府、蒲城王得颖墓志铭撰写志盖。题名“诰授荣禄

① 〔清〕文庆等：《宣宗成皇帝实录》（五），见《清实录》第三十七册，中华书局1986年版，第417页。

② 〔清〕文庆等：《宣宗成皇帝实录》（五），见《清实录》第三十七册，中华书局1986年版，第657~660页。

③ 〔清〕文庆等：《宣宗成皇帝实录》（五），见《清实录》第三十七册，中华书局1986年版，第750页。

大夫吏部左侍郎署户部右侍郎兼管钱法堂事务潍县陈官俊顿首拜篆盖"①。

《伟堂笔记》："五十六岁，丁酉。五月初一日，赏人参二两。四月内考试各衙门试差，奉命阅卷。八月初二日，奉旨署户部右侍郎兼管钱法堂事务。八月初六日，奉旨充顺天乡试副考官，初九日揭晓，得士程宇光等二百四十二名，副榜谢凤三等四十四名。十二月廿六日，奉旨转补吏部左侍郎，廿七日谢恩，召见。"

道光十八年（1838）　五十七岁

正月二十九日，以吏部左侍郎署经筵讲官。《宣宗实录》：正月壬寅，"以吏部左侍郎陈官俊、礼部右侍郎吴文镕，工部右侍郎廖鸿荃署经筵讲官"②。《履历》："十八年正月，奉朱笔圈出吏部左侍郎陈官俊充署汉经筵讲官。"

四月，充庶吉士散馆阅卷大臣。《陈官俊传》："十八年，充庶吉士散馆阅卷大臣。"③

五月初一日，赏荷包及人参二两。是月为翟云升《隶篇》作序，落款曰："道光十八年夏五月平寿伟堂陈官俊序。"④

十二月，以吏部左侍郎充经筵讲官。除夕，赏荷包。《履历》："十二月，奉朱笔圈出吏部左侍郎陈官俊充补汉经筵讲官。"⑤

《伟堂笔记》："五十七岁，戊戌。五月初一日，赏荷包，又赏人参二两。除夕，赏荷包。"

道光十九年（1839）　五十八岁

二月初三日，在文华殿举行仲春经筵，陈官俊讲《尚书》"刑期于无刑民

---

① 《皇清诰封朝议大夫湖北安陆府知府孝廉方正容溪王公墓志铭》由王鼎撰文，杨振麟书丹，1967 年出土于蒲城县贾曲乡忽家村王容溪墓中，现藏于蒲城县博物馆，国家图书馆藏有墓志拓本。

② 〔清〕文庆等：《宣宗成皇帝实录》（五），见《清实录》第三十七册，中华书局 1986 年版，第 766 页。

③ 王钟翰点校：《清史列传》，中华书局 1987 年版，第 2866 页。

④ 陆明君：《陈介祺年谱》，西泠印社出版社 2015 年版，第 35 页。

⑤ 《清史列传·陈官俊传》载"十九年正月充经筵讲官"（王钟翰点校：《清史列传》，中华书局 1987 年版，第 2866 页），今从《履历》，以道光十八年（1838）十二月充经筵讲官。

协于中”。讲毕，在文渊阁赐茶，于本仁殿赐宴。《宣宗实录》：二月己巳，“以举行仲春经筵。上御文华殿经筵，直讲官桂轮、陈官俊进讲《书经》‘刑期于无刑民协于中’。……礼成，上幸文渊阁，赐讲官及听讲诸臣茶，复赐宴于本仁殿”①。

二月十六日，大考翰詹于圆明园正大光明殿。十八日，陈官俊奉旨阅卷。《宣宗实录》：二月壬午，“大考翰林院、詹事府各官于圆明园正大光明殿”；“乙酉，谕内阁：此次考试翰詹各员……一等四员，二等四十二员，三等四十四员，四等四员，不列等一员”。②

三月初五日，升工部尚书，初六日到任，初七日赴白涧行宫，初八日召见谢恩。《宣宗实录》：三月辛丑，“吏部左侍郎陈官俊为工部尚书”③。《履历》：“十九年三月，补授工部尚书。”

七月，奉旨清查户部三库。《陈官俊传》：“七月，命查三库。”④

十月二十二日，为国子监学正、学录考试阅卷官，取士二十八人。

十一月初八日引见举人，记名十八人。十一日，恩赐紫禁城骑马，次日召见谢恩。《宣宗实录》：十一月癸卯，“命礼部尚书龚守正、刑部尚书隆文、工部尚书陈官俊、正蓝旗蒙古都统哈哴阿在紫禁城内骑马”⑤。《履历》：“十一月，奉上谕：工部尚书陈官俊着加恩在紫禁城内骑马，钦此。”

十二月十八日，因查办东陵郎中庆玉侵帑走漏消息，致使庆玉隐匿财产，命陈官俊说明。二十二日，陈官俊暂时解职，听候传讯。二十三日，因陈官俊回奏言语含混，下诏申斥。二十四日，再下诏申斥，以陈官俊言语不知检点，交部严加议处。二十六日，因陈官俊两次陈奏含混隐饰，革职。《宣宗实录》：十二月庚辰，“载铨等奏，遵旨传讯户部主事全孚查办庆玉一案，因何

---

① 〔清〕文庆等：《宣宗成皇帝实录》（五），见《清实录》第三十七册，中华书局1986年版，第982～983页。

② 〔清〕文庆等：《宣宗成皇帝实录》（五），见《清实录》第三十七册，中华书局1986年版，第990～993页。

③ 〔清〕文庆等：《宣宗成皇帝实录》（五），见《清实录》第三十七册，中华书局1986年版，第1005页。

④ 王钟翰点校：《清史列传》，中华书局1987年版，第2866页。

⑤ 〔清〕文庆等：《宣宗成皇帝实录》（五），见《清实录》第三十七册，中华书局1986年版，第1157页。

豫先得信，据称系陈官俊告知，著陈官俊明白回奏”；甲申，“陈官俊著暂行解任，听候传讯”；乙酉，“谕内阁：前因查办庆玉一案……牵涉工部尚书陈官俊……全孚之供仍称陈官俊告知，而陈官俊则过涉支吾……著陈官俊再行据实具供，无得稍形影响”；丙戌，“又谕：陈官俊以一品大员，言语不知检点，摭拾空谈，致令全孚藉端传说，以虚为实，咎实难辞。陈官俊著交部严加议处”；戊子，“谕内阁：查办庆玉各款，与陈官俊原不相涉，惟陈官俊传询全孚时，稽核经手工程，不应以臆揣之词，提出难免动家字样，以致全孚藉端送信，指虚为实，已属失于检点。至降旨饬令明白回奏，并解任取供，两次所陈，俱含混隐饰，及至严旨切责，始行供明，殊失大臣之体。陈官俊著照部议革职”。①《履历》：“十九年十二月解任，奉上谕：陈官俊着照部议革职等因，钦此。”

《伟堂笔记》：“五十八岁，己亥。二月初三日充经筵讲官，奉命在文华殿讲《书经》‘刑期于无刑民协于中’。二月十八日，奉旨阅翰詹大考卷，一等李国杞、喻增高、季芝昌、何裕承。三月初五日奉旨补授工部尚书，初六日由行在到部，初七日赴白涧，初八日具折谢恩，召见。十月二十二日，奉旨派阅考取国子监学正、录卷，得士二十八人。十一月初八日引见，记名十八人：俞长赞、潘曾莹、徐如钰、李湘华、沈祖望、赵畇、吴文锡、金汝砺、陈世绂、胡清江、黄绍先、厉恩官、边钟鄂、方濬颐、林懋烈、沈元泰、孙家铎、裘象坤。十一月十一日奉旨着加恩在紫禁城内骑马，十二日谢恩，召见。十二月廿六日因全孚供报，奉旨革职，有谕旨二道。”

道光二十年（1840）　五十九岁

四月初六日，补授通政使司通政使。《宣宗实录》：四月丙寅，“以已革工部尚书陈官俊为通政使司通政使”②。《履历》：“二十年四月，补授通政使司通政使。”

九月十八日，致函二弟陈子饬，谈及四弟陈子懿中道光庚子恩科乡试五

① 〔清〕文庆等：《宣宗成皇帝实录》（五），见《清实录》第三十七册，中华书局1986年版，第1178～1186页。

② 〔清〕文庆等：《宣宗成皇帝实录》（六），见《清实录》第三十八册，中华书局1986年版，第49页。

十六名举人。①

《伟堂笔记》："五十九岁，庚子。四月初六日，奉旨补授通政使司通政使。"

道光二十一年（1841） 六十岁

十二月二十四日，以通政使稽查西四旗觉罗学。是年书联"万卷藏书宜子弟，十年种树老风烟"②。

《伟堂笔记》："六十岁，辛丑。十二月廿四日，奉旨稽查右翼觉罗官学。"

道光二十二年（1842） 六十一岁

正月十七日，升户部右侍郎，兼管钱法堂事务。二十七日，署经筵讲官。《宣宗实录》：正月丙寅，"以通政使司通政使陈官俊为户部右侍郎，兼管钱法堂事务"；丙子，"以户部右侍郎端华、陈官俊署经筵讲官"。③《履历》："二十二年正月，补授户部右侍郎，兼钱法堂事务。二十二年二月，充补经筵讲官。"④

十一月初六日，任吏部左侍郎。《宣宗实录》：庚戌，"调户部右侍郎陈官俊为吏部左侍郎"⑤。《履历》："十一月，奉旨补授吏部左侍郎。"

《伟堂笔记》："六十一岁，壬寅。正月十七日，奉旨补授户部右侍郎，兼

---

① 山东恒昌拍卖有限公司：《金石相契——纪念陈介祺诞辰二百周年专场》，2013年12月6日。其文云："翊思二弟近好，近接九月十二日到手书，知吾弟督办义举，可敬之至。又送来芡实糕四匣，其味甚佳，嗣后可无再寄，以前所送尚未尽也。谢谢。阅《山左题名录》，知四弟中五十六名举人，虽字画有错误，兄决其必是也。可喜可贺，明春又添一会试人矣。兄宦情本淡，经两番波折，觉无德无才人，不宜得位，更为心平气和。惟受恩太重，不敢遽去耳。汝二婶母精神康健，较胜于前，又兄全家福气。以下眷口均各平吉，可纾远念。兄俊书，十八日。"

② 是联见青岛天麒阁拍卖有限公司2010年青岛之春书画精品拍卖会。

③ 〔清〕文庆等：《宣宗成皇帝实录》（六），见《清实录》第三十八册，中华书局1986年版，第586~597页。

④ 《清史列传·陈官俊传》（王钟翰点校：《清史列传》，中华书局1987年版，第2867页）及《履历》皆以二月充经筵讲官，今据《宣宗实录》改。

⑤ 〔清〕文庆等：《宣宗成皇帝实录》（六），见《清实录》第三十八册，中华书局1986年版，第914页。

管钱法堂事务。正月廿七日，奉旨充署经筵讲官。十一月初六日，奉旨调吏部左侍郎。”

道光二十三年（1843）　六十二岁

二月初二日，命陈官俊会同恩桂、祁寯藻、何汝霖、惟勤、阿灵阿等人调稽查户部所收豫工事例捐银实数。《宣宗实录》：二月乙亥，“谕内阁：户部银库所收豫工事例捐项，并捐输经费银两，著派恩桂、祁寯藻、陈官俊、何汝霖、惟勤、阿灵阿详细稽查确数”①。

是年春，其妻丁夫人病。《哀启》：“先母于癸卯春服魏曾容先生药，以黑铅煮水为引，致下红冻，遂成似痢似泻之症，下气后重，日久便秘服结。”

四月初九日，奉旨兼管户部三库事务。《宣宗实录》：四月癸未，“谕内阁：户部三库，总司出纳事务较繁……著添派廖鸿荃、陈官俊”②。《履历》：“二十三年四月，奉上谕：户部三库总司出纳，事务较繁，着派户部满汉左侍郎兼管。向来管理三库大臣仅派二员，着添派廖鸿荃、陈官俊。嗣后凡遇收放银两日期，六人中轮，应一人亲往监视，并专司启闭，不准稍有旷误。其管库大臣，通俟三年期满再行奏请更换等因，钦此。”

五月，颜料库失火，罚俸半年。《陈官俊传》：“五月，以颜料库不戒于火，部议夺俸半年。”③

六月十八日，以吏部左侍郎兼署户部右侍郎，兼管钱法堂事务。是月，银库亏空案发，陈官俊曾任查库大臣，有失察之罪，革职留任，限期填补完亏空后官复原职。《宣宗实录》：六月庚寅，“吏部左侍郎陈官俊兼署户部右侍郎，兼管钱法堂事务”④。《陈官俊传》：“六月，兼署户部右侍郎，兼管钱法堂事务。时银库亏短案发，官俊曾充查库大臣，坐失察革职留任。旋以应赔

---

① 〔清〕文庆等：《宣宗成皇帝实录》（六），见《清实录》第三十八册，中华书局1986年版，第981页。

② 〔清〕文庆等：《宣宗成皇帝实录》（六），见《清实录》第三十八册，中华书局1986年版，第1023~1024页。《伟堂笔记》以四月初九日兼管户部三库，今从《宣宗实录》。

③ 王钟翰点校：《清史列传》，中华书局1987年版，第2867页。

④ 〔清〕文庆等：《宣宗成皇帝实录》（六），见《清实录》第三十八册，中华书局1986年版，第1054页。

银两限内全完，恩予开复。”①《履历》：“六月，奉上谕：户部右侍郎兼管钱法堂事务，着陈官俊兼署，钦此。”

八月初六日，因兵部尚书许乃普任顺天乡试副考官，陈官俊奉旨署理兵部尚书。《宣宗实录》：八月丙午，“以礼部尚书麟魁为顺天乡试正考官，兵部尚书许乃普、国子监祭酒花沙纳为副考官。以都察院左都御史特登额署礼部尚书，吏部左侍郎陈官俊署兵部尚书”②。《履历》：“八月，奉上谕：许乃普现在入闱，兵部尚书着陈官俊署理，钦此。”

十月，因吏部行印被窃，陈官俊以吏部左侍郎被降级留任。《陈官俊传》：“十月，以吏部行印被窃，部议镌级留任。”③

十一月二十六日，恩赐紫禁城骑马。《宣宗实录》：十一月甲午，“命礼部尚书麟魁，都察院左都御史特登额、李宗昉，镶红旗蒙古都统禄普，吏部左侍郎陈官俊、右侍郎成刚在紫禁城内骑马”④。《履历》：“十一月，奉上谕：吏部左侍郎陈官俊着加恩在紫禁城内骑马，钦此。”

十二月十九日，升礼部尚书，兼署工部尚书，二十日到任。与军机大臣、顺天府尹等议科场章程，其内容涉及乡、会试誊录和会试补考等事宜。二十六日，充经筵讲官。二十七日赐“福”字。《宣宗实录》：十二月丁巳，“以吏部左侍郎陈官俊为礼部尚书，兼署工部尚书”；甲子，“以礼部尚书陈官俊充经筵讲官”。⑤《陈官俊传》：“十二月，偕军机大臣、顺天府遵旨申议科场章程。”⑥《履历》：“十二月，奉上谕：礼部尚书着陈官俊补授，并兼署工部尚书，钦此。本月二十日任。二十四年正月，奉朱笔圈出礼部尚书陈官俊充补经筵讲官。”⑦

《伟堂笔记》：“六十二岁。四月初九日，奉旨以吏部左侍郎管理户部三库

---

① 王钟翰点校：《清史列传》，中华书局1987年版，第2867页。

② 〔清〕文庆等：《宣宗成皇帝实录》（六），见《清实录》第三十八册，中华书局1986年版，第1099页。

③ 王钟翰点校：《清史列传》，中华书局1987年版，第2867页。

④ 〔清〕文庆等：《宣宗成皇帝实录》（六），见《清实录》第三十八册，中华书局1986年版，第1150页。

⑤ 〔清〕文庆等：《宣宗成皇帝实录》（六），见《清实录》第三十八册，中华书局1986年版，第1160～1166页。

⑥ 王钟翰点校：《清史列传》，中华书局1987年版，第2867页。

⑦ 《履历》以二十四年（1844）正月充经筵讲官，今据《宣宗实录》改。

事务。六月十八日，奉旨兼署户部右侍郎，管钱法堂事务。八月初六日，奉旨署兵部尚书。十一月廿六日，奉旨紫禁城骑马。十二月十九日，奉旨补授礼部尚书，兼署工部尚书。十二月廿六日，奉旨充经筵讲官；又廿七日，赏'福'字。"

道光二十四年（1844）　六十三岁

正月十六日，赴圆明园正大光明殿廷臣宴，得赏物一件。

二月初二日，在文华殿参加仲春经筵，讲《尚书》"德威惟畏"。经筵结束后，在文渊阁赐茶，在本仁殿赐宴。十三日，调任工部尚书，十六日到任。《宣宗实录》：二月己亥，"春分，以举行仲春经筵。上御文华殿经筵……直讲官关圣保、陈官俊进讲《书经》'德威惟畏'……礼成，上幸文渊阁，赐讲官及听讲诸臣茶，复赐宴于本仁殿。庚戌，调礼部尚书陈官俊为工部尚书"①。《履历》："二月，奉上谕：调补工部尚书，本月十六日任。"

三月初四日，任甲辰会试正主考。《宣宗实录》：三月辛未，"以工部尚书陈官俊为会试正考官，都察院左都御史文庆、工部左侍郎徐士芬为副考官"②。

四月初六日，主持甲辰科会试，是科取士二百二十九人。二十一日，在保和殿举行甲辰科殿试，二百零九名贡士参加。二十五日，太和殿传胪，是科状元为孙毓溎，榜眼为周学濬，探花为冯培元。二十六日引见辛丑科散馆人员，陈官俊任此次庶吉士散馆阅卷大臣。二十八日，新进士朝考，任阅卷官。《宣宗实录》：四月丁巳，"策试天下贡士焦春宇等二百九名于保和殿"；戊午，"引见辛丑科散馆及补行散馆人员"；辛酉，"上御太和殿传胪，赐一甲孙毓溎、周学濬、冯培元三人进士及第，二甲王景淳等一百六人进士出身，三甲孙廷元等一百人同进士出身"。③《陈官俊传》："四月，充庶吉士散馆阅

---

① 〔清〕文庆等：《宣宗成皇帝实录》（七），见《清实录》第三十九册，中华书局1986年版，第15~25页。

② 〔清〕文庆等：《宣宗成皇帝实录》（七），见《清实录》第三十九册，中华书局1986年版，第37页。

③ 〔清〕文庆等：《宣宗成皇帝实录》（七），见《清实录》第三十九册，中华书局1986年版，第64~67页。

卷大臣、朝考阅卷官。”①

七月初七日，与阿灵阿一同奉命勘察泰东陵明楼正座四面情形。

八月，以工部尚书兼任沟渠河道值年大臣，任期一年。《陈官俊传》：“八月，充沟渠河道值年大臣。”②

十月，参与举人大挑。《陈官俊传》：“十月，命大挑各省驻防举人。”③

十一月初八日，与军机大臣及恩桂审讯宋添成临刑呼冤案。十一日，上奏会审结果。《宣宗实录》：十一月辛未，“谕内阁：昨日朝审已勾之绞犯宋添成一名，临刑呼冤。著派军机大臣会同恩桂、陈官俊再行覆讯具奏”；甲戌，“军机大臣等奏：惟据刑部查阎清文负欠酿命，于从重问拟枷杖外，罪无可加，案无翻异，仍照刑部原议将该犯宋添成拟绞”。④

十二月十六日，调吏部尚书，升协办大学士，十九日到任。二十六日，赏“福”字和“寿”字。《宣宗实录》：十二月戊申，“调工部尚书陈官俊为吏部尚书、协办大学士”⑤。《履历》：“十二月，奉上谕：补授协办大学士、吏部尚书，十二月十九日到内阁协办任。”

《伟堂笔记》：“六十三岁。正月十六日预正大光明殿廷臣宴，赏物七件。二月初二日，经筵直讲《书》‘德威惟畏’。二月十三日，奉旨调补工部尚书。三月初六日奉朱笔：甲辰会试正考官着陈□□去，副考官文孔修总宪、徐惺庵少空。四月初九日揭晓得士焦春宇等二百廿九人；是科状元孙毓溎，山东济宁人；榜眼周学濬，浙江乌程人；探花冯培元，浙江仁和人；传胪王景淳，原名澄，江西萍乡人。十二月十六日，奉旨调补吏部尚书、协办大学士。廿六日，赏‘福’字，加赏‘寿’字。”

道光二十五年（1845）　六十四岁

正月初六日，何绍基应陈官俊邀请赴宴。《何绍基手书日记》：“（是日）

---

① 王钟翰点校：《清史列传》，中华书局1987年版，第2868页。

② 王钟翰点校：《清史列传》，中华书局1987年版，第2868页。

③ 王钟翰点校：《清史列传》，中华书局1987年版，第2868页。

④〔清〕文庆等：《宣宗成皇帝实录》（七），见《清实录》第三十九册，中华书局1986年版，第154～155页。

⑤〔清〕文庆等：《宣宗成皇帝实录》（七），见《清实录》第三十九册，中华书局1986年版，第171页。

至火神庙一游，进城赴陈伟堂师相席。”①

正月十六日，参加正大光明殿赐宴，赏物七件。

三月初二日，陈官俊上奏修缮泰东陵方城一折，派德诚负责修缮。《宣宗实录》：三月癸亥，“谕内阁：陈官俊奏查勘工程请择吉修理一折，泰东陵方城各工，著钦天监速择吉期，派德诚敬谨承修”②。

三月二十三日，子陈介祺中道光乙巳恩科会试第一百五十五名，是科山东取士十六人。

四月初七日，陈官俊奉旨勘察泰东陵明楼台面工程。十一日，到泰东陵勘察结束，回京。《宣宗实录》：四月丁酉，“谕内阁：德诚奏泰东陵明楼台面工程，续经查出情形，请派员查勘一折，著派陈官俊前往敬谨勘估具奏”③。

四月十八日，因子介祺中会试，谢恩。二十一日，陈介祺在保和殿参加殿试。二十二日，引见甲辰科散馆人员，陈官俊任此次庶吉士散馆阅卷大臣。二十五日传胪，陈介祺中二甲第三名；是科状元萧锦忠，榜眼金鹤清，探花吴福年。二十六日，因署理兵部尚书期间，候补主事恩麟违例派署掌印，司员索诈，书吏吸烟，未能及时查办，降三级留任。二十八日，陈介祺参加朝考，三十日阅卷，定为一等第十名。《宣宗实录》：四月辛亥，“策试天下贡士蒋超伯等二百十七名于保和殿”；壬子，“引见甲辰科散馆人员”；乙卯，“上御太和殿传胪，赐一甲萧锦忠、金鹤清、吴福年三人进士及第，二甲钟启峋等九十八人进士出身，三甲奎章等一百十六人同进士出身”；丙辰，“前因兵部堂官违例派署掌印，又于司员索诈，书吏吸烟……前署兵部尚书陈官俊著照议降三级留任”。④《陈官俊传》：“二十五年四月，充庶吉士散馆阅卷大臣。寻以前署兵部尚书任内，于候补主事恩麟违例派署掌印，未能查明更正，部议镌级。”⑤

---

① 陆明君：《陈介祺年谱》，西泠印社出版社 2015 年版，第 57 页。

② 〔清〕文庆等：《宣宗成皇帝实录》（七），见《清实录》第三十九册，中华书局 1986 年版，第 203 页。

③ 〔清〕文庆等：《宣宗成皇帝实录》（七），见《清实录》第三十九册，中华书局 1986 年版，第 213 页。

④ 〔清〕文庆等：《宣宗成皇帝实录》（七），见《清实录》第三十九册，中华书局 1986 年版，第 219 ~ 222 页。

⑤ 王钟翰点校：《清史列传》，中华书局 1987 年版，第 2868 页。

五月初五日，引见乙巳科新进士，子陈介祺授翰林院庶吉士。陈官俊于初六日具折谢恩。《宣宗实录》：五月乙丑，“引见新科进士，钟启峋、周寿昌、陈介祺、何桂芬、徐元勋、蒋志淳……俱著改为翰林院庶吉士”①。

八月初八日，奉旨祭祀孔子。《宣宗实录》：八月丁酉，“祭先师孔子，遣协办大学士吏部尚书陈官俊行礼”②。

十月，与军机大臣一同审讯福建台湾人郭光侯敛钱上控一案。《陈官俊传》：“十月，命偕军机大臣审讯福建台湾刁民郭光侯一案。”③ 是月，为道光二十四年（1844）进士于凌辰题“进士第”匾额④，题名“大总裁、经筵讲官、协办大学士、吏部尚书管理户部三库事务加三级陈官俊，道光二十五年岁次乙巳月建丁亥上浣笺”。

十一月，与军机大臣一同审讯吏目蒋勤培责押无辜案。《陈官俊传》：“十一月，遵旨偕军机大臣审讯吏目蒋勤培责押无辜一案，并讯明给事中双寿、巡城御史万超有请托瞻徇情弊。”⑤

是年，覃恩貤封夫人丁氏父母。《哀启·附启》：“先外祖父母遗命，付诸女各千缗，先母仍置存母家，积三十年弗用。至乙巳户部推广章程，由部请封者一律给予‘覃恩’字样。先母乃请于家君，尽出母家存缗为请封用，得貤赠外祖父母如家君官。”

《伟堂笔记》：“六十四岁。正月十六日，在正大光明廷臣宴，赏物七件。四月十一日，子介祺中式贡士百五十五名，回。赴西陵查工回京后，于本月十八日谢恩。廿四日，子介祺殿试二甲第三名，十本引见。廿八日，子介祺由进士朝考。卅日，阅卷，钦取一第第十名。五月初五日，子介祺引见，由内阁中书恩用庶常，初六日，具折谢恩。八月初八日，奉旨祭先师孔子庙。”

---

① 〔清〕文庆等：《宣宗成皇帝实录》（七），见《清实录》第三十九册，中华书局1986年版，第226页。

② 〔清〕文庆等：《宣宗成皇帝实录》（七），见《清实录》第三十九册，中华书局1986年版，第272页。

③ 王钟翰点校：《清史列传》，中华书局1987年版，第2868页。

④ 该匾现藏于潍坊市寒亭区朱里街道小东庄村。

⑤ 王钟翰点校：《清史列传》，中华书局1987年版，第2868页。

道光二十六年（1846） 六十五岁

二月十九日，道光皇帝拜谒西陵，命陈官俊与定郡王载铨、大学士卓秉恬、尚书恩桂留京办事。《宣宗实录》：二月乙巳，“谕内阁：朕此次恭谒西陵，启銮后，著派定郡王载铨、大学士卓秉恬、尚书恩桂、协办大学士尚书陈官俊留京办事”①。

闰五月，因吏部郎中庆文、邱景湘收受书吏张彤银钱、寿礼，以失察罪交都察院议处。《陈官俊传》：“闰五月，以吏部郎中庆文存用书吏张彤送缴节省工银，听从干求，改补经承名次；郎中邱景湘收受张彤寿礼，扶同瞻徇；官俊坐失察，交都察院议处。”②

中秋节后，其妻丁夫人身体日渐痊愈。《哀启》：“自丙午中秋后，医药调理，日渐痊灭……惟腹脘腹胀未愈。”

十一月，充玉牒馆副总裁，命管理三库事务。《陈官俊传》：“十一月，充玉牒馆副总裁，命管理三库事务。”③

十二月初十日，任册封正使，与副使、礼部左侍郎连贵持节晋封琳妃乌雅氏为琳贵妃。《宣宗实录》：十二月辛酉，“命协办大学士吏部尚书陈官俊为正使，礼部左侍郎连贵为副使，持节、赍册宝晋封琳妃乌雅氏为琳贵妃”④。

十二月十三日，因御门听政，吏部堂官全未到班，陈官俊罚俸二年。《宣宗实录》：十二月甲子，“谕内阁：前日朕御门时，吏部堂官全未到班，各部院堂官亦多未到，当经降旨分别严加议处。……陈官俊著罚俸二年”⑤。

道光二十七年（1847） 六十六岁

二月初六日，以母夏氏年九十，赏赐“耆臣寿母”匾额并“福”“寿”

---

① 〔清〕文庆等：《宣宗成皇帝实录》（七），见《清实录》第三十九册，中华书局1986年版，第349页。

② 王钟翰点校：《清史列传》，中华书局1987年版，第2868～2869页。

③ 王钟翰点校：《清史列传》，中华书局1987年版，第2869页。

④ 〔清〕文庆等：《宣宗成皇帝实录》（七），见《清实录》第三十九册，中华书局1986年版，第470页。

⑤ 〔清〕文庆等：《宣宗成皇帝实录》（七），见《清实录》第三十九册，中华书局1986年版，第472页。

字，及珍玩文绮。《宣宗实录》：二月丙辰，“以协办大学士吏部尚书陈官俊母夏氏年九十……赏御书扁额、福寿字、珍玩文绮有差”①。《陈官俊传》：“二十七年二月，以官俊母年九十岁，御书‘耆臣寿母’匾额、‘福’‘寿’字，并珍绮等赐之。”②

四月二十日，任丁未科殿试阅卷大臣。二十一日，许彭寿等二百三十一名贡士在保和殿参加殿试。二十五日传胪，是科状元张之万，榜眼袁绩懋，探花庞钟璐。二十八日，朝考新进士，陈官俊任朝考阅卷官。《宣宗实录》：四月戊辰，“以大学士宝兴，协办大学士吏部尚书陈官俊，礼部尚书魏元烺，吏部左侍郎季芝昌，礼部右侍郎吴钟骏，兵部右侍郎朱凤标，内阁学士黄琮、李嘉端为殿试读卷官”；己巳，“策试天下贡士许彭寿等二百三十一名于保和殿。癸酉，上御太和殿传胪，赐一甲张之万、袁绩懋、庞钟璐三人进士及第，二甲许彭寿等一百十人进士出身，三甲李森等一百十八人同进士出身”。③

五月，任翰詹考试阅卷大臣。初九日，道光帝命大学士、军机大臣会同吏部研究满洲、蒙古翻译进士升迁章程。六月初四日，与大学士穆彰阿等议奏翻译进士转入翰詹章程九条。《陈官俊传》：“五月，充大考翰詹阅卷大臣。六月，寻偕大学士穆彰阿等奏将翻译出身满、蒙人员分缺转补，并分别内班、外班及应行考试抵补之处，拟就九条呈览。”④

十一月，奉旨划定各省获盗引见官员章程。为王容溪妻魏氏撰写墓志铭，题名“诰授光禄大夫、协办大学士、吏部尚书潍县陈官俊顿首拜撰”⑤。《陈官俊传》：“十一月，上以各省获盗引见官员，有题咨到部者，有专折具奏者，殊未画一，命吏部明定章程，画一办理。”⑥

---

① 〔清〕文庆等：《宣宗成皇帝实录》（七），见《清实录》第三十九册，中华书局1986年版，第499页。

② 王钟翰点校：《清史列传》，中华书局1987年版，第2869页。

③ 〔清〕文庆等：《宣宗成皇帝实录》（七），见《清实录》第三十九册，中华书局1986年版，第527~529页。

④ 王钟翰点校：《清史列传》，中华书局1987年版，第2869页。

⑤ 《皇清诰封恭人王母魏太恭人祔墓墓志铭》由林则徐书，姚元之篆盖，1967年出土于蒲城县贾曲乡忽家村王容溪墓中，现藏于蒲城县博物馆，国家图书馆藏有墓志拓本。

⑥ 王钟翰点校：《清史列传》，中华书局1987年版，第2869页。

十二月，有信致文登于昌进恭贺新春。①

是年撰写《皇清覃恩诰封宜人晋封夫人李母宋夫人墓志铭》，题名“赐进士出身、诰授光禄大夫、经筵讲官、协办大学士、吏部尚书管理户部三库事务加三级年愚弟潍陈官俊顿首拜撰”。②

道光二十八年（1848）　六十七岁

二月，撰《张公薇廷暨配董刘两夫人合葬墓志铭》③。

二月十五日，丁夫人用贾姓医生按摩腹部，腹胀稍缓。三月十二日开始，下淤血；月底停按摩，用张姓举人参术之方；四月初二日，以脾火虚热，误用参术之方加黄连，致腹痛难忍。初五日巳时，夫人丁氏卒。刘鸿翱《诰封一品夫人丁夫人墓志铭》：“（丁夫人）生于乾隆四十七年九月十二日寅时，卒于道光二十八年四月初五日巳时，得年六十八岁。”《哀启》：“介祺不孝，罪孽深重，侍奉无状，不能慎视药饵，以致先母于四月初五日巳时弃不孝祺而长逝。”④

九月十二日，奉旨审讯刑部郎中祥璋一案。《宣宗实录》：九月壬午，“解任刑部郎中祥璋著革职，其住宅井内起出尸骨一案，著派陈官俊、文庆会同军机大臣，严行检验审讯”⑤。

---

① 是信见于中国嘉德2016年春季拍卖会古籍善本专场。全文：“湘山年兄司马阁下，近颂芝函，远邀绮注，并将厚贶，感切难名。辰维福履绥嘉，起居康吉。际春光之初，转知宦运之丕亨，明岁安澜，自膺大吏，犹保崇阶叠晋，望何如之。生忝领铨衡，慎持库钥，趁公黾勉，陨越时虞。阁下其何以箴我耶。所喜老母九旬又一，精神增健。京中眷口均各平吉可慰，廑怀手此复谢，顺候升祉，并颂年禧不一。生陈官俊拜手。”于昌进，字子与，号湘山，山东荣成人。由副贡官南河，历署睢南、海防、宿北同知，补里河同知，后署淮阳兵备道，诰赠荣禄大夫，光绪《清河县志》卷十七有传，是年正在同知任上。

② 《皇清覃恩诰封宜人晋封夫人李母宋夫人墓志铭》志主为江南道御史李莹夫人宋氏。李莹字锦泉，号朗亭，山东济宁人，嘉庆十三年（1808）戊辰科进士，与陈官俊同年。

③ 张维垣，字薇廷，号啸崖，又号松风，山东平原人，拔贡，文林郎，临清直隶州邱县教谕。

④ 丁夫人实际年龄为六十七岁。

⑤ 〔清〕文庆等：《宣宗成皇帝实录》（七），见《清实录》第三十九册，中华书局1986年版，第792页。

十一月十六日，兼任上书房总师傅。《宣宗实录》：十一月丙子，“以协办大学士、吏部尚书陈官俊充上书房总师傅”①。

十二月十九日，因吏部引见时误入乾清门，陈官俊以失察罪罚俸一年。《宣宗实录》：十二月己未，“谕内阁：都察院奏，遵议吏部带领引见堂司各官处分等语……文庆、陈官俊、花沙纳、侯桐、福济、张芾均著罚俸一年，亦不准其抵销”②。

是年冬，丁夫人灵柩归里。《潍县陈氏旧札》载是年李璋煜致陈官俊函：“臆颂嫂夫人灵輀当于冬初回东吉壤，已前定否？”③

道光二十九年（1849） 六十八岁

二月初八日，给事中陈坛参奏翰林院编修童福承品行不端，不适合担任上书房师傅；又称其送陈官俊妻祭文，言语失当，命上书房总师傅穆彰阿、潘世恩、陈官俊奏明情况。十二日，陈官俊因不能及时上奏童福承所送祭文言语失当事，被免去上书房总师傅一职，交吏部、都察院议处。十七日，陈官俊降六级留任。《宣宗实录》：二月丁未，“谕内阁：给事中陈坛奏，编修童福承品行不端，难胜上书房师傅之任一折，著穆彰阿、潘世恩、陈官俊明白回奏”；辛亥，“穆彰阿、潘世恩、陈官俊均著毋庸充上书房总师傅，并均交吏部、都察院议处”；丙辰，“穆彰阿、潘世恩均著加恩改为降四级留任，陈官俊著加恩改为降六级留任”。④

闰四月，任考差阅卷大臣。《陈官俊传》：“闰四月，充考试试差阅卷大臣。”⑤

七月初三日，卒于家中。晋赠太子太保，入祀贤良祠，予祭葬，谥文悫，赏其长孙厚钟举人，命惇郡王奕誴往奠。初四日，又赏次孙陈厚滋吏部引见。

---

① 〔清〕文庆等：《宣宗成皇帝实录》（七），见《清实录》第三十九册，中华书局1986年版，第819页。

② 〔清〕文庆等：《宣宗成皇帝实录》（七），见《清实录》第三十九册，中华书局1986年版，第838页。

③ 陆明君：《陈介祺年谱》，西泠印社出版社2015年版，第75页。

④ 〔清〕文庆等：《宣宗成皇帝实录》（七），见《清实录》第三十九册，中华书局1986年版，第857～861页。

⑤ 王钟翰点校：《清史列传》，中华书局1987年版，第2870页。

《宣宗实录》：七月戊戌，“协办大学士、吏部尚书陈官俊卒。命惇郡王奕誴往奠茶酒。晋赠太子太保，入祀贤良祠，予祭葬，谥‘文悫’；赏其孙厚钟举人，一体会试”①。《陈官俊传》：“谕曰：‘协办大学士、吏部尚书陈官俊……兹以痰疾猝发，顷刻溘逝，遗章披览，悼惜良深！著加恩晋赠太子太保，入祀贤良祠。赏给陀罗经被，派惇郡王即日前往奠醊。’又谕曰：‘伊长孙陈厚钟加恩赏给举人，准其一体会试；次孙陈厚滋俟及岁时，由吏部带领引见，候朕施恩。’”②

① 〔清〕文庆等：《宣宗成皇帝实录》（七），见《清实录》第三十九册，中华书局1986年版，第911页。

② 王钟翰点校：《清史列传》，中华书局1987年版，第2870页。

国家出版基金项目
NATIONAL PUBLICATION FOUNDATION

2013 年国家社科基金项目“陈介祺研究”
（编号：13BF052）结项成果

陳介祺研究

（中）

孙敬明　吉树春　黄　可　主编

齊魯書社

典型绎论

目　录

第一章 陈介祺在中国学术发展史上的地位

中国学术发展史通常可分为先秦子学、两汉经学、魏晋玄学、隋唐佛学、宋明理学、清代朴学几个阶段。但金石学在中国学术发展史上最具历史特色，先秦为之滥觞，汉代视钟鼎为祥瑞，宋代或用于征史，至清代则发展完备而渐趋转型。而陈介祺则成为中国金石学、考古学与博物馆学之学术发展史上不可逾越的里程碑式的人物。陈氏怀抱历史之使命，广搜博求，收藏文物数量达数万件（种）；著述不辍，文论手札辑集三百数十种；带动国内，浸润山东，形成以其为中心的金石学术群体，故旧谓金石学在山左，而山左之中心则在潍县。同时，潍县、诸城、益都、安丘亦形成以陈介祺为重的地方学术群体。其无论是对中国历史的认识补苴，对文物的收藏、研究与信息的传布，还是在传统经学到金石学再发展至新兴考古学演进过程中的卓越贡献，皆应是“前无古人，后无来者”的。

第一节 学术方法

宋代欧阳修、赵明诚、洪适等将金石学作为专门的学问，形成金石著录、校勘、鉴别、考订等系统而专门的方法。陈介祺等清代金石学者进一步推而广之，对金石学传统学术方法加以继承和发展，并使之与经史考证、舆地方志之学相结合，结出了更为丰硕的果实，其所积累的材料和方法为历史研究提供了丰富营养。

一、金石学的传统学术方法

宋元以来，考据辨伪作为传统学术研究的基础性方法，与义理之学一并受到学者重视，考据辨伪的范围、水平和成就都超过前代。义理之学与考据辨伪共同构成宋元学术研究方法的两翼，学者们无论是治经还是考史，通常是先用汉学方法进行考据辨伪，然后用宋学方法探求义理。但成熟的学者大都是对汉学、宋学有所侧重且不固执一端。

金石学是以古代青铜器和石刻碑碣为主要研究对象的一门学科，偏重著录和考证文字资料，以达到正经补史的目的。金石学在宋代形成一种专门学问，是传统的考据辨伪方法的扩展。

“金”主要指商周时期的青铜器，在古代铜器铭文中或称“吉金”；“石”主要指秦汉以后的石刻，在古代或称“乐石”“嘉石”“贞石”。郑樵在《通志·金石略序》中说：“三代而上，惟勒鼎彝。秦人始大其制而用石鼓，始皇欲详其文而用丰碑。自秦迄今，惟用石刻。”人们对金石文献的使用已有很长的历史，《史记·秦始皇本纪》中就收录了6篇石刻文字，但隋唐以前没有这方面的专著。至宋代，涌现出了一批金石学家，发表了一批具有开创性的金石学著作，他们不仅保存了一批金石碑刻，而且进行了初步研究，形成了一套收集、整理、鉴别、考订金石资料的方法。

宋代的金石学家在研究刻辞的同时，已经开始以此来正经补史。吕大临《考古图·序》中说通过金石碑刻可以“探其制作之原，以补经传之阙亡，正诸儒之谬误”，认为在金石之中有“制度法象之所寓，圣人之精义存焉”。当时在士大夫中搜集铜器、石刻拓片形成一种风尚，如叶梦得《避暑录话》载：

> 宣和间，内府尚古器。士大夫家所藏三代秦汉遗物，无敢隐者，悉献于上，而好事者复争寻求，不较重价，一器有直千缗者。利之所趋，人竞搜剔山泽，发掘冢墓，无所不至。往往数千载藏，一旦皆见，不可胜数矣。吴珏为光州固始令，先申伯之国，而楚之故封也。间有异物，而以僻远，人未之知，乃令民有罪入古器自赎。既而罢官，几得五六十器。与余遇汴上，出以相示，其间数十器尚三代物。后余中表继为守，闻之，微用其法，亦得十余器。

欧阳修的《集古录》是宋代金石学创始的标志。在《集古录》中，欧阳修不仅存录了大量金石刻辞，还写了400多条跋语，据此考证出300多处正史中的疏误舛谬。此外，对后世影响较大的宋代金石学家还有赵明诚、洪适、吕大临、黄伯思、陈思、王俅、娄机、薛尚功、王厚之、张抡、翟耆年等。据统计，有姓名可考的宋代金石学家即有126人，这一数据尚不包括宋人笔记中的金石考古方面的零散记载，如吴曾《能改斋漫录》、沈括《梦溪笔谈》中都有这方面的内容。王国维在《齐鲁封泥集存》中云“自宋人始为金石之学，欧、赵、黄、洪各据古代遗文，以证经考史，咸有创获”①，是符合历史实际的。

有清以来，受乾嘉学派影响，金石学进入鼎盛时期。乾隆年间曾据清宫所藏古物，御纂《西清古鉴》等书，推动了金石学的发展。尤其是道咸以后，有刘喜海、吴式芬、陈介祺、王懿荣、潘祖荫、吴大澂等名家辈出，金石学成为清代重要学科。这一时期的金石学研究范围进一步扩大，人们对铜镜、兵符、砖瓦、封泥等开始进行专门研究，鉴别和考释水平也显著提高。

二、从陈介祺的著述中考察其学术方法

传统金石学源于唐宋时代，唐代韦述等史家已经开始收集、著录金石碑版，并运用于史学著述中。《旧唐书·韦述传》载：“（韦述）家聚书二万卷，皆自校定铅椠，虽御府不逮也。兼古今朝臣图，历代知名人画，魏、晋已来草隶真迹数百卷，古碑、古器、药方、格式、钱谱、玺谱之类，当代名公尺题，无不毕备。”《旧唐书·经籍志》著录《诸郡碑》一百六十六卷、《杂碑文集》二十卷；敦煌出土文书中也有辑录碑志之作，如《李氏造窟功德碑》《张淮深碑》《常何墓志》。这些书籍虽不著编纂者姓名，但表明唐代已有学者着意集录碑版文字了。宋代欧阳修、赵明诚、洪适等金石学家及其著作将金石学推向成熟，形成金石著录、校勘、鉴别、考订等系统而专门的方法。清代学者进一步推而广之，并使之与经史考证、舆地方志之学相结合，结出了更为丰硕的果实。中国金石学所具有的深厚传统、所积累的材料和方法为

① 王国维：《齐鲁封泥集存序》，见《观堂集林·附别集》，中华书局2004年版，第920页。

历史研究提供了丰富营养。

陈寅恪在《陈垣〈敦煌劫余录〉序》中云："一时代之学术，必有其新材料与新问题。取用此材料，以研求问题，则为此时代学术之新潮流。"学者利用新材料研求此新问题，从而形成历史学、语言学、考古学研究中的当代新潮流。然而面对新材料，学者不应放弃那些行之有效的传统学术方法。陈介祺作为有清一代金石学研究的集大成者，其在拓展传统金石学收藏研究领域，即发现、收集金石学研究新材料的基础上，不但没有放弃这些行之有效的传统学术方法，而且在继承的基础上有进一步的发展。

推考陈介祺关于金石学研究的学术方法，离不开对其全部学术活动、学术成果尤其是著作的考察。但陈介祺对于学术研究非常严谨，对于自己的著作要求十分严格。罗振玉在《簠斋金石文考释》跋中提道："潍县陈寿卿先生收藏吉金石刻为海内之冠，顾平生撰述矜慎，至老无成书，惟歙鲍氏、吴潘氏刻其手札数十通而已。"① 陈继揆整理的《秦前文字之语》中提到陈介祺计划将《秦前文字之语》出版，书稿已经寄给了潘祖荫，但在光绪元年（1875）与潘祖荫的通信中又提出"秦前文字语录存勿刊"②，"二十一日寄所校秦前文字之语卷一，并校删副本一，由廉生代上，想已至，其余仍欲校删"③，"秦前文字语正月校删录副再寄"④，"秦前文字之语冗未及删，前钞本仍乞还，以便照删，万勿即刊"⑤。这部书经过陈介祺的不断校删，到光绪二年（1876）末仍然未刊印。从现存资料看，在这两年时间里，陈介祺即将《秦前文字之语》删改三遍，没有被文字记载的删改可能还有很多。仅由此一书就可以看出陈介祺对自己的著作要求之严。因为陈介祺的这种态度，导致其生前出版的著作并不是太多。本节所述关于陈介祺的著作包括陈介祺生前出版行世以及后人整理的著作。

关于金石学著作的分类，各家颇有不同。陆和九《中国金石学》将金石学著作分为四类，即目录之学、图谱之学、考据之学、校勘之学；朱剑心

---

① 转引自陆明君：《簠斋研究》，荣宝斋出版社 2004 年版，第 143 页。
② 〔清〕陈介祺著，陈继揆整理：《秦前文字之语》，齐鲁书社 1991 年版，第 56 页。
③ 〔清〕陈介祺著，陈继揆整理：《秦前文字之语》，齐鲁书社 1991 年版，第 57 页。
④ 〔清〕陈介祺著，陈继揆整理：《秦前文字之语》，齐鲁书社 1991 年版，第 59 页。
⑤ 〔清〕陈介祺著，陈继揆整理：《秦前文字之语》，齐鲁书社 1991 年版，第 60 页。

《金石学》则按照吉金之著录、石刻之著录分而述之；王国维《〈宋代金文著录表〉序》则将其分为三类："既写其形，复摹其款，此一类也。""但以录文为主，不以图谱为名，此二类也。""虽无关图谱，而颇存名目，此三类也。"陈介祺的金石学著作，若按以上诸家观点进行分类，不但大为不同，而且难以兼顾，其原因在于：陈氏著作中有不少兼及金与石者，很难按朱氏之一概；陆氏分类无录文之类；王氏第三类将目录与考据混为一谈，且仅限于吉金之类。此外，陈氏金石著述内容庞杂，或专录一器，或仅释一碑，或尺牍散见，或文集偶及，使之分类更加困难。本文择陈氏主要著作，从其研究方向与内容入手，粗分为六类，且不强分某一著作为某一类也，仅以此略窥陈氏金石学研究之学术方法。

（一）录目之类

最早的金石录目著作是欧阳修所编的《集古录》。关于宋代金石录目著述，自欧阳修、赵明诚、王象之三家外，当属陈思的《宝刻丛编》比较完备。到了清代，此类著作数量已达数十种，且搜罗范围之广、碑石数目之巨，已非昔日可比。在清代金石目录书中，收录资料最多的一种是吴式芬所撰《捃古录》。专录一地金石碑目之著作在宋代尚告阙如，清代却蔚为大观，可见清代金石著作较之宋代可谓既深且细。清代专录某一地金石碑目的著作有毕沅、阮元《山左金石志》，胡聘之《山右石刻丛编》，沈涛《常山贞石志》，阮元《两浙金石志》，翁方纲《粤东金石略》，等等。宋、清两代金石录目类著作，或专为录目而作，或录目后兼及考证，其中著录的部分金石器物或散失流落，或风化磨灭，后人已无法得见，而这类金石录目类著作为后人保留了大量关于金石存留情况的资料，这既是当时著录的主要动因之一，也是其重要价值之所在。

陈介祺的此类著作主要有：《簠斋藏器目》《簠斋藏古目》《簠斋藏古册目并题记》《簠斋吉金目》《簠斋藏古册目》《十钟山房藏石目》《十钟山房藏瓦当目》《封泥拓全目》《瓦拓全目》《十钟山房藏古目》《古玺目》《周秦印目》《官印目》《潍县陈氏宝簠斋藏刘氏金文册目释》。

（二）录文之类

陆和九在《中国金石学》中说："秦刻六石，纪功颂德之滥觞；蔡撰诸碑，铭幽诔善之初桄；地莂地券，开合同契约之先河；题记题名，创赞序诗词之异制。颂称之文，勒于钟鼎；吉祥之语，见于洗铃。采辑成帙，亦艺苑之别开生面也。”其中谈到了金石学与文学的关系以及采辑金石铭文的重要意义。事实上，宋代欧阳修、赵明诚、洪适等人早已认识到辑录碑文对于参稽经史详略得失的作用。金石录文类著作的主要目的就是防止金石文字年久失传，以及金石铭刻因自然风化侵蚀等损坏不存。此外，史书中的记载往往相抵牾，也需用金石文字加以校正，这也正是金石录文类著作的重要价值之一。清代金石著作中录文较全、收碑刻文字较多的是王昶的《金石萃编》，共收录从先秦到辽金时期的石刻文字和铜器铭文1500余种，汉以前的按原来的篆文或隶书摹写，汉以后的用楷书写出。道光、咸丰时，为此书作续编者有好几家。此外，清代金石著作中涉及载录金石铭刻内容的著作还有：阮元《山左金石志》，陈奕禧《金石遗文录》，叶万《续金石录》，褚峻、牛运震《金石经眼录》，谢启昆《粤西金石略》，宋世荦《古铜爵书屋金石文补遗》，周在浚《天发神谶碑释文》，王森文《石门碑醳》，沈涛《常山贞石志》，等等。清代不仅有上述专录一碑之文或一地之碑文者，还有一类专录某种石刻形制之铭文的著作，如黄本骥的《古志石华》，此书专门著录墓志碑全文，道光以前出土的墓志，见于著录拓本的，此书已采录十之七八。

陈介祺的此类著作主要有：《陈簠斋写东武刘氏款识》《簠斋金文》《潍县陈介祺金文拓本释》《毛公鼎释文》《宝簠斋集各家彝器释》。

（三）考证之类

在金石著作中，录目、录文本身并不是最终目的。金石学家用大量的精力梳理碑目、诠录碑文，为的是保存这些铭刻文字资料，以与经史相互印证。所以，考证便成了金石著作的中心环节和核心内容。欧阳修的《集古录》也是第一部金石考证专著，对于金石铭刻，欧阳修遇与史传不同者，“并载夫可与史传正其阙谬者”；至于世系、子孙、官封、名字，也每据碑以正之。此书在订正史籍错误、补充史传疏漏、考索典制渊源、品评历史人物等方面，都做出了较大贡献。该书问世后，别创一种积聚文化财富的风尚，并将摩挲玩赏古董引向考据史事，推动了金石考据学的诞生。赵明诚曾言：“得欧阳文忠公《集古录》，读而贤之，以为是正讹谬，有功于后学甚大。”欧、赵等人开创的金石之学，是作为历史研究的一门辅助学科而出现的，其主要作用和中心内容就是考证，包括对金石的时代、真伪、书写者、碑刻文字、用字情况、碑文内容等的详细考证，从而证史传之阙谬、考经籍之得失。这种考证之法延续至清代，更向精微广博方向发展，著作数量也数十倍于从前。如以跋尾为考证对象的有翁大年《陶斋金石文字跋尾》、方朔《枕经堂金石跋尾》、韩崇《宝铁斋金石文跋尾》、钱大昕《潜研堂金石文字跋尾》；专门考证石经的有顾炎武《石经考》、杭世骏《石经考异》；专考一碑者如张弨《瘗鹤铭辨》、汪士鋐《瘗鹤铭考》、顾沅《宋韩蕲王碑释文》、翁大年《旧馆坛碑考》、潘祖荫《攀古楼汉石纪存》；专门考证碑中别字的有罗振鋆《碑别字》、罗振玉《碑别字补》、赵之谦《六朝别字记》。此外，还有钱坫《十六长乐堂古器款识考》、吴式芬《捃古录金文》、孙汝梅《六朝碑目考》、方濬益《缀遗斋彝器款识考释》、潘祖荫《攀古楼彝器款识》、陆增祥《八琼室金石札记》和《金石祛伪》、朱绪曾《开有益斋金石文字记》、孙星衍《京畿金石考》、林侗《来斋金石考》、郑业敩《独笑斋金石文考》、段松苓《益都金石记》、翁方纲《两汉金石记》等。

陈介祺的此类著作主要有：《簠斋金石文字考释》《簠斋金文考》《簠斋陶文释存》《古玺释文》《簠斋官印考》。陈介祺等清代金石学者在考证的规模、范围以及精深细微方面已远超宋人，但考证之法多本宋代之成例，系在继承中发展。

（四）图谱之类

宋人吕大临撰《考古图》，著录宫廷及私人所藏古代铜器、玉器200余件，均附绘图。赵九成《续考古图》大体上也依吕书之体例记载百余种器物，且每物一图，不以类从，随见随录。但赵氏之书的缺点在于：其器物有铭却不摹铭文；从某人某处所得，也不注在器物名下，与《考古图》稍异。王黼等奉敕撰《宣和博古图》，所记皆徽宗宣和殿所藏古器839件，全书将839件古器分为20类，每类有总说，每器皆摹绘图形、款识，记录大小、容积、重量等，并附器物名称、用途、时代等相关考证，其款识之文摹绘尤精。清人涉及金石图谱的著述首推梁诗正等11人于乾隆十四年（1749）奉敕编撰的《西清古鉴》，其各卷所记古器物皆为当时清王朝内府所藏，共1529件，均按器绘图，因图系说，比较详细地说明每件器物的方圆围径、高广轻重等，对古器物上的铭文，各为释文，其体例效仿《考古图》《宣和博古图》二书，且绘图精确，不失毫厘。乾隆年间另一官方著述为《宁寿鉴古》，该书著录之器以汉唐以前为断，共701件，据宁寿宫写本影印。此外，清代私家金石图谱著述也很多，如吴云《两罍轩彝器图释》、陈宝琛《澂秋馆吉金图》、曹奎《怀米山房吉金图》、吴大澂《窸斋集古录》、冯云鹏及冯云鹓《金石索》、张燕昌《金石契》、张廷济《张叔未藏金石文字》等。

陈介祺的此类著作主要有：《簠斋吉金录》《簠斋藏镜》《汉瓦当》《秦汉瓦当文字》《簠斋藏吉金拓本》《簠斋封泥印存》《簠斋砖瓦文字》《陈簠斋藏古陶文》《簠斋瓦器拓本》《簠斋泉范》《簠斋印集》《十钟山房印举》《陈簠斋手拓古印集》《簠斋藏古玉印谱》。

（五）校勘之类

至于校勘之学，陆和九在《中国金石学》仅举民国方若《校碑随笔》为例，而宋、清金石学著作中竟无一例，可知宋、清金石学著作中关于校勘之学的著作颇为少见。但陈介祺的金石学著作中对此有所涉猎，其《批校〈古泉汇〉》《〈潍县金石志〉校勘记》等即属“校勘之学”的金石学著作。《〈潍县金石志〉校勘记》以其篇幅精短，故移录于下，借此可大略了解陈氏的金石“校勘之学”：

金文内：甚諆臧聿作父丁尊彝，“甚”即“斟”；“臧”即“臧否”，从口不从臣，见于金文、玺文、古陶文；“聿”即“肇”省，戍始也，或曰“聿末”；字作“芈”首形，是盛芈首所用鼎。又，峚卣铭中“米”字，又见南海吴氏筠清馆金文、印文内“戚子张”与“巨炅千万”，古皆用于金银饼上，如金元宝上字，此种自余始定为汉印，又定为火印。

石文内：太山之石残字当是汉石。

砖文内：“齐”字砖①，当属三代。“五千”字砖②，出金阜圩。东明寺“东”字瓦③，是后晋人书也。

---

① 《潍县金石志》卷八之古“齐”字砖项下载：“右砖长一尺一寸三分、广五寸一分、厚三寸。字在正面，篆书，阴文。出县城中，今存十钟山房。”该记载未注明此砖年代，故簠斋于《校勘记》内注明其当属“三代”。

② 《潍县金石志》卷八之汉“五千”字砖项下载：“右砖长一尺一寸、广五寸六分、厚二寸。字在底面，二字一行，篆书，反体阴文。出县西金附圩，今存十钟山房。”该项内出土地记为“金附圩”，簠斋于《校勘记》内校为“金阜圩”。

③ 《潍县金石志》卷八之后晋瓦当“东”字项下载：“右瓦当‘东’字，径三寸一分，隶书，凿文。出东明寺，今存十钟山房。”

元本宜清钞，每种一叶，以便增删为定本，再以定本清录副本，以便就正大雅，而自存其副本，以防遗失。

光绪十年岁在甲申秋七月，陈介祺。①

（六）综合之类

前文对于陈介祺著述的分类在显示某一著作的完整性方面自有它的不足，且个别著述不能强归入某类，因此难免有疏略。如传世的《簠斋尺牍》等著述，兼录目、录文、考证、校勘之事；如《封泥考略》等，即将图谱、释字、考证合成一书；另有与金石学相关之序、跋、题记等。其甚或于金石学科之完善与发展亦多真知灼见，故归为一类，以“综合之类”名之。陈介祺的此类著作主要有：《陈介祺书札》《簠斋书札》《秦前文字之语》《陈簠斋丈笔记附手札》《传古别录》《封泥考略》。

陈介祺金石著述之丰富自不待言，以上只是对部分陈介祺自己生前出版行世以及后人整理出版的著作的介绍，能大略勾勒出陈介祺金石学研究的概况。但总体而言，如此分类能大体反映陈介祺主要金石学著作的研究内容、著述的目的和方式，以及其对传统金石学的继承发展及贡献情况。通过对陈介祺金石学著作的研究内容、著述目的和方式以及其对传统金石学研究方法的继承发展情况加以考察，可以得到这样的认识：金石学是一门独立性很强的传统学科，陈介祺的研究和著述体现了传统金石学自身固有的研究方法、研究内容、研究目的；陈介祺收录金石目录和铭文、传拓金石形制及铭文等对人们了解古代礼制以及金石存留散佚情况其功甚巨；尽管金石学研究对认识文字的演变和发展、碑文文体的分析有积极作用，但其根本目的就是正经补史，所以考证始终是陈介祺金石学研究的核心内容。

三、陈介祺对传统学术方法的创新

陈介祺作为中国学术史上具有承前启后、开拓创新意义的金石学家，凭借深厚的理学素养、坚实的朴学功底和非凡的学术远见，在正经补史、名物训诂、文字考释、校勘著录、印谱编撰、鉴古辨伪等传统金石学研究领域的传承、发展与创新方面，做出了许多超越同辈学者的学术贡献。

---

① 〔清〕郭麐：《潍县金石志》，近年影印小书巢抄本。

（一）以古文字为核心的辨伪思想和方法

陈介祺所藏数万件文物之所以俱是真品，关键在于其具有高人数等的学术眼光。商承祚曾言："提起笔来写这篇文章之先，我就想到一位老先生，是我平生最佩服的；恐怕不仅是我，凡着研究古文字的人都是一致的；何以呢？因为他的眼光太好了。他一生收藏的铜器等，不下几千件，没有一件是假的。他的论调同批评，不但高出当时同辈一等，简直可以说'前无古人，后无来者'。"① 陈氏一生对文物作伪深恶痛绝，而其对青铜器、钱币与瓦当辨伪极为精到，其所秉持的鉴别核心即在于古文字。如其运用三代吉金文字纠正许慎《说文解字》之谬误，对传统小学的研究做出贡献。吴大澂《说文古籀补》更有陈氏之心血与智慧。又如其辨识出东土"六国古文"，指出"六国古文"与秦国文字有异。还如其释读金文"玟""珷"为"文王"之"文"、"武王"之"武"专用字，从而纠正《尚书》作"宁王""宁武"之讹谬；释正从"土"与否之"陈"为田齐之"陈"与淮阳原地之"陈"，指出二者迥然有别。陈介祺以古文字为核心的文物辨伪理论为古文物的鉴别提供了比较准确可行的方法。

（二）对"二重证据法"的贡献

清代的学术发展有着鲜明的特色，乾嘉时期盛行的朴学也将传统的小学推向了极致，《说文解字》研究领域出现了段玉裁、桂馥、朱骏声、王筠等杰出的学人，但我们也应看到他们都是从传统的训诂、音韵校注、考识方面进行研究的，清代的"汉学"之风使学者们大多沿着传统的解经之规去做深入细致的研究，毋庸讳言，这一时期的学术成果是深入的、丰硕的，但从方法上来讲则是古法的自然延续。而在乾嘉之后的金石学家中，陈介祺是首次系统提出并应用出土文物与传世文献互证的学者，其通过金文与传世文献相印证来达到"正经补史"的目的。其实《说文解字》中所收古文、籀文也是从实物中来的，如许慎曾在《说文解字·叙》中说"郡国亦往往于山川得鼎彝，其铭即前代之古文"。这样的一种述说大概最能启发专门收藏鼎彝的金石学家。陈介祺用金文来纠正《尚书》和《说文解字》等传世文献，其中已经暗含用出土文物来印证传统文献的思想。陈介祺收藏金石以文字作为衡量其价

---

① 商承祚：《古代彝器伪字研究》，载《金陵学报》第3卷第2期，1933年。

值的重要标准不是偶然的。陈介祺以吉金实物之字证《说文解字》之字的想法在与吴云、吴大澂的信函中表现得十分充分，他在致吴大澂的信中讲道："以三代古文冠许书字前是第一事。"这样以实证注考《说文解字》的意义是极其重要的。吴大澂的《说文古籀补》无疑受到了陈介祺学术思想的启发。陈介祺在致潘祖荫的信中说："尚书至今日无从得确据以定之，其理之至者，固可以孔孟程朱之说定之，其文之古者，则唯吉金古文可以定之，吉金古文亦唯尚书可以通之。"这种吉金、经典互证的学术思想是先进的，为后来的学者所证明和利用，吴大澂、王懿荣等纷纷通过这一方法进行研究。王国维明显受到了这种方法的影响，将陈介祺用金石文字考证传世文献的方法发展为"二重证据法"，至今仍是历史研究的重要方法。这种方法为以后的金石学家、历史学家们所使用，对中国古史研究在方法论上的进步起了推动作用，直至今日仍然具有活力。

（三）对古玺印的认识和对印谱编纂体例的创新

陈氏于同治十三年（1874）最先提出古玺似六国文字的观点，较王国维得以确定时早了半个多世纪（王国维的观点见于《桐乡徐氏印谱序》，作于1926年），这是具有超前学术眼光的。陈氏对古玺印的认识还体现在诸多方面，如认为"之章""之印"与"印""章"等这些印文称法有先后之别，这一认识亦符合史实，王献唐先生对此给予了肯定。再如其将存世钩印定名为"合符"，并认为其乃周制，是最古的印式。钩有印文者，《十钟山房印举》著录十七枚，包括文字玺、象形玺等。陈氏之观点，也为后人所赞同。另外，前人印谱对鼻纽、桥纽、瓦纽多含混不别，陈氏始指出："鼻钮如鼻孔，瓦钮薄，桥钮到边而中狭。"说明了以上三纽虽然近似却有分别，并非同一形制的不同称法。王献唐认为陈氏此说"分析三钮体制最晰"。而陈介祺在印学上的贡献更体现在《十钟山房印举》上，该书在印学史上具有开创性意义，其收古玺印数量之巨（"癸未本"收印10402方）、品类之全、名印之多、体例之善、钤拓之精皆为空前。王国维在给罗振玉的信中曾盛赞《十钟山房印举》的编排体例等，并云此书实是陈氏"生平一大事业"。

（四）对文物收藏、保护与研究的创新

中国博物馆的萌芽远在先秦，至宋代始开辟专馆分类庋藏，如赵明诚、李清照夫妇在益都辟建收藏保护与研究功能较全的博物馆。而陈介祺则于归

里后对文物进行分类，以斋号名其场馆，如“万印楼”“十钟山房”“宝簠斋”“簠斋”“三代古陶轩”“古瓦量斋”“宝康瓠室”“千化范室”“三代化范之室”“秦铁权斋”“秦诏量瓦之斋”等。由此可以看出，陈氏以其所庋藏文物名斋，除去标识文物器类与个人志趣的思想外，内中更有俾便文物分类存放管理与明辨研究资料性质的宗旨，如由文物所钤玺印内容即可分辨文物种类。凡此诸种，多是出于科学管理的需要。

（五）对传古方法的创新与实践

“关于青铜器的专著，据《籀史》所载，首推宋代《皇祐三馆古器图》，其次嘉祐八年（1063）刘敞作《先秦古器记》刻于石，二书所载皆只十一器。李公麟著《考古图》，每卷每器都绘其图像，释其形制及说明其用途，并附有释文。以上三书都已失传。”① 其他传世图书，皆是以线条勾勒器形，而其图与花纹则与实际相去太远。在金石学史上，声言以传古为己任并付诸实践的，陈介祺为第一人。他抱传古之志，大半生专务于此，这在当时是绝无仅有的。陈氏为求传古文字之精确，而总结历代碑版吉金的拓墨技法，并参以中国画散点透视的原理。他在金石传拓中精益求精，并注重探寻外地的拓墨经验，物色拓墨高手，与他们不断探讨、反复研究，掌握了拓古器形状与铭文的绝活，陈氏将这些拓法及经验不断地函告各地的金石好友，并将传教拓工的记录加以整理，写成《传古别录》刊行于世，陈氏之拓墨法得以大力推广。叶昌炽在《语石》中言：“潍县陈簠斋前辈拓法为古今第一。”“其鉴别之审，装池之雅，纸墨毡蜡之精，剖析毫发，无美不臻。”章炳麟在《簠斋吉金录》题辞中称：“陈氏所集纸墨、椎拓之工精美，稍付考订而不敢恣其辞。将所谓多见阙殆慎言其余者，篆古书遗，固宜如是也。”现存于世的金石拓本中，出自陈氏“十钟山房”者究竟有多少，这是无法估量的。陈氏自同治初年至病殁，二十余年间“终岁无不拓之日，且继以夜”（陈氏致潘祖荫书语）。陈氏所藏玺印、陶文皆近万计，钟鼎彝器、镜鉴等亦数量巨多并经反复传拓，有时每次拓几十份，且不贪求速度，精益求精。吴云当时在致潘祖荫书函中即有言：“簠斋乃当代传人。”陈氏给后世留下了数十万计的精致金石拓本，陈介祺的“传古”思想以及精湛的拓物技能皆为今天的博物学打下了

① 容庚、张维持：《殷周青铜器通论》，文物出版社1984年版，第139页。

丰厚的基础。尤可称道的是，其不仅于鉴古中使用显微（放大）镜，而且为便传古首次应用西洋摄影术，还将摄影的光学明暗对比之原理一并应用到吉金铭文和器形的拓制上。他专门精心选择心底细稳、手法灵妙者进行培养训练，然后再令其捶制拓本。为求所拓吉金文字精切传神，陈介祺所用笔、墨、纸、拓等均是专工制作，尤其纸张，可谓是千滤万选。陈氏根据铭文的大小、笔画的粗细和凹凸之深浅而精选不同的纸张，由此而精心做出的拓本，真可谓“纸白如玉，墨光如漆，为天下第一”。其为传古而独创全形拓，以此法拓出的器物，形制、花纹、神韵毕俱。而用极薄之六吉棉连纸所拓出的拓本，墨色浓淡有致，细微颗粒犹可辨识，轻润华美，如同“蝉衣”。

第二节　对传统金石学研究的开拓

陈介祺对金石学领域的拓宽，促使金石学更趋完备科学。其收藏文物的种类超越历史与同代，举凡钟鼎盘匜、金戈铁剑、镜鉴钱币、圭璧环璋、碑版造像、经幢志石、陶文玺印、封泥铭范、瓦甓宫当与宋元翰墨，悉搜罗庋藏。陈介祺对历史文物怀有敬畏和使命感，其藏古之目的在于传古，传古则是传古文字。陈氏有着良好的家学基础，而又广求明教，结交学术精英，洞悉历史，精审文物，目光如炬，心细如发。其不仅收藏文物种类最广，而且精品最多，有的则是天下独一无二、堪称同类文物之冠的，如毛公鼎与陈氏三量。于省吾先生称古文字资料有八类，即甲骨、金文、陶、石、玺、古化、竹简、帛书。在陈氏之前并无陶文之类。陈介祺是发现陶文并第一个大量收藏与研究陶文的人，而且其收藏之数量、质量、研究水平及成果也是当时第一人。铸器铭范旧所未藏，封泥前人未闻，陈氏都能慧眼识珠，进行收藏研究。

一、陶文的发现和考释

在陈介祺之前，人们对陶文尚未能认识和关注。陈介祺于同治十一年（1872）发现第一片齐国陶文，自此开始大力收藏，成为大规模收藏、著录、研究陶文的第一人。在他的影响和带动下，收藏陶文蔚成风气，自清末至民国，先后收藏陶文者不下六七十家。光绪三年（1877）至四年（1878）是陈介祺陶文收藏的高峰期，仅光绪三年十一月至光绪四年二月，短短数月时间就累计收得“二千六百余矣”。光绪四年末，陈氏刻“齐鲁三千种”印；光绪九年（1883），其曾自撰对联“陶文齐鲁四千种，印篆周秦一万方”，自记所收陶文“将及五千”。陈介祺不仅收藏、传拓陶文，也进行研究。现存的簠斋陶文题拓近900件，由王献唐代山东省图书馆购得并装订成册，书名为《簠斋陶文释存》（十六册），现藏于山东博物馆。陈氏对收集的陶文随拓随释，或略作题记，或记明出土地点，同时对大部分陶文予以较准确的断代。陈介祺在陶文研究方面的贡献主要体现在以下两方面：一是指出陶文多用玺印印成。他提出“古陶与古玺印近，有以玺成者，有刻者”，其观点甚确。后来，黄宾虹在1930年出版的《陶玺文字合证》一书中，通过一些玺印与陶文符合的实例，确切证明了两者之间的关系，也印证了陈氏之观点。二是提出“古陶文字不外地名、官名、器名、作者用者姓名与其事其数”。这些见解都是十分正确的，为后人的研究奠定了基础。另外，他将陶文中的陈氏与齐国的田氏联系起来，来考证历史问题，也为后来的学者所认同。无怪乎王襄《古陶残器絜语》称：“有文字之陶现于人间，列入金石学，陈氏为其创者。”

二、对封泥的大规模收藏和研究

封泥的发现是晚清金石学的重要成果之一。自道光初年蜀中出土封泥开始，封泥便引起学者们的关注。陈介祺也是最早关注封泥的学者之一，其最先认识到封泥的价值及与古玺印的关系，故转得刘喜海最初所得蜀中、关中出土的几十枚封泥，并于咸丰元年（1851）的《簠斋印集》中收录封泥130余枚，将封泥与官印、私印同列为三大主要类别，这是最早将封泥与玺印并列，归于印集的一个先例。至光绪初年，《封泥考略》由陈氏谋划成书，其体例、所考内容及学术价值，均得到了后人的高度评价，是最早将封泥文字与古官制、地理相互联系考证的书籍。而《封泥考略》“皇帝信玺”下云：“此封泥色紫，背有版痕、绳痕，当是以版入中，上以绳缄其口，以泥入绳至版，然后加以封印，外加青囊囊之，两端无缝，以护封泥。如藏玉牒于石检，金绳縢之，石泥封之，印之以玺也。‘中约署’当是束牍之中，而署字以为识也。”说明陈氏等人已注意到封泥实物遗迹与史籍所载封检方法的相互印证问题。可惜陈氏未作深考，后来为王国维所补阙。

三、对铸币铭范的鉴藏和研究

铸币铭范是研究历朝币制和当时铸币工艺的重要物证和可靠资料，是极为珍贵的。陈介祺作为晚清著名金石学家，“富藏精鉴，宗仰海内”，藏品以青铜器、古玺印、陶文、石刻造像、泉币、书画为最多，且多为精品。陈氏在钱币的收藏辨伪方面亦充分体现了他的“富藏精鉴”，其钱币藏品的学术性、珍罕性较高，尤以先秦钱币收藏为大宗。陈介祺在收藏钱币的同时，还大量收藏与之相关的冶铸钱币的铭范，其中不仅有常见的陶范，还有“齐法化”铜范等极为珍罕的战国铜范。陈介祺自有玺印，文曰“千化范室”。同治十二年（1873）十二月立春后一日，陈介祺致书鲍康，谈及刀币铭范的辨伪，其明确指出：“齐刀之范必不与小布同。刘学诗吾同邑，从东武窃观燕翁旧藏而仿之，技颇乱真，从不至弟处，谲而有定见，此所以为小鬼与。所作节墨刀范等，从他处见得，齐刀范背，乃有隶书大吉，亦可见伎俩之不大矣。要之好者日多，直所以日昂，伪者获利日厚，所以效尤者日众。使有真鉴，不过仅不得售与数人，而鬻古者必求真者以售之，则难得而利轻，不若伪者之本轻而利厚，无惑乎竭其心力日出而不穷也。然我辈好文字而不好玩器，焉得不为古人力剖之。落落寡合，唯自守此志而已。”① 齐刀铭范多于临淄一带出土，且大都是陶范，质坚如砖，一范列 3 刀，而燕国币范则一范列 4 至 5 刀，三晋布币范通常则一范列 2 枚，三者明显不同。陈氏之说，考古发现已证之科学。齐刀范正面之角或背面例有刻记，其内容与齐刀背文相似，其书体是战国及以前文字，且刀币合范而铸，刀首在上，刀尖位下，故其范上刻划文字多与此顺序一致，而若与刀币上文字顺序相从者，则多可疑。

第三节 架起通向考古学的桥梁

陈介祺生活于晚清，在他的中晚年，西方文化随着列强的入侵打开了中国的大门，并开始不断冲击中国本土文化。金石学作为中国本土的学科不断

---

① 〔清〕陈介祺著，陈继揆整理：《秦前文字之语》，齐鲁书社 1991 年版，第 184 页。

受到来自西方考古学的冲击。西方考古学传入中国后迅速被吸收和本土化。20世纪20年代末30年代初，一系列由国人和国家所主持的考古学活动标志着中国近代考古学的诞生。从金石学和中国考古学的形成来看，两者最初是相互独立的两个学科，并不存在由金石学演化为考古学的关系。但金石学中对古文物的研究与考古学中对出土文物的研究颇有相似之处，金石学对古文物的整理、保存、鉴别和考证也可应用于考古学。因此，金石学必定会对考古学产生影响。笔者认为，考古学自传入中国后能迅速中国化，与这种影响是脱不了关系的。从这一方面来说，金石学为中国考古学的形成奠定了基础。西方考古学传入中国是在20世纪20年代末30年代初，而陈介祺等晚清金石学家们大多生活在19世纪晚期，时间上正是在西方考古学传入之前。可以说，当时的金石学家及其研究成果为未来考古学的传入和迅速中国化做了铺垫，作为中国金石学发展史上集大成者的陈介祺的作用就不言而喻了。

陈介祺在金石收藏研究与学识方面均超越前代与时贤。李学勤先生在《〈簠斋鉴古与传古〉序》中说："簠斋对青铜器精于鉴别，正由于他于此见多识广，不仅有丰富的经验，而且提高到理论的认识。例如他在《复潘祖荫笔记》中说：'同一三代之器，文与制皆可别其先后，多见自能知之，相形自别。王朝与诸国异文异制，亦多见自知。'所谓'文'即纹饰，'制'即形制，用形制和纹饰作为标准，来区别青铜器以及其他器物的年代、国别，这已经可以说是类型学方法的萌芽了。"① 其实目前考古学的断代手段之一，就是以文、制而确定的类型学。陈介祺的鉴古之法对于中国考古学的建立具有重要意义。

尤为难能可贵的是，以陈介祺为代表的金石学家在倾力搜集文物的同时，已经开始自觉注重文物的出土信息，迈出了传统金石学向现代考古学转化的第一步。其对文物出土地点之环境如山川水流、历史古迹、城址、墓葬、共存文物相关信息，以及文物出土收藏流转过程及自身的尺寸数据、完残程度等相关信息，均旁搜远绍，力求完备；同时，他非常注重田野考古调查，如派助手丁良善、王石经等到琅琊台及其周近访拓秦汉碑版、调查故城遗迹、

① 见〔清〕陈介祺著，陈继揆整理：《簠斋鉴古与传古·序》，文物出版社2004年版，第2～3页。

搜寻出土文物，并且要求他们写调查日记及图绘环境；在对青铜器的研究方面，他注重器物的形制、花纹与文字书体，这被李学勤先生称为考古类型学之萌芽。王国维《观堂集林》中对有清一代的学术概括为：“国初之学大，乾嘉之学精，道咸以降之学新。”受陈介祺以金石文字考证传世文献的方法影响，1925 年王国维发表《古史新证》，倡导“二重证据法”，对中国古史研究在方法论上的进步起到了推动作用。1935 年唐兰出版《古文字学导论》，提出古文字考释的偏旁分析法与历史考证法，促使古文字学脱离了传统金石学与小学的束缚。1941 年出版的《商周彝器通考》，更在青铜器及纹饰的分类、定名诸方面做出了重要贡献。史学观念的进步也使金文更好地与传世历史文献相联系，使之成为研究古史的重要资料。与此同时，石刻研究亦被纳入现代考古学与史学的研究范畴。20 世纪以来，照相技术与印刷水平的提高成为传统金石学研究获得新发展的重要条件。由此可见，陈介祺不仅是金石学研究之集大成者，而且其新的思维方式与方法还架起了由传统金石学通向考古学的桥梁，这在中国学术发展史上具有特殊的意义。

陈介祺保留的文物和拓片为考古学研究提供了大量的素材，他的文物养护技术在文物养护中也具有实用价值，他关于文物的辨伪理论为文物的鉴别提供了比较准确可行的方法，他用金石文字考证传世文献的方法经王国维先生发展为“二重证据法”，至今仍是历史研究的重要方法。陈介祺的金石学研究理论、方法及成果对于中国考古学的出现和发展具有重要的作用。从这方面来讲，陈介祺不仅是中国传统金石学的集大成者，也可以说是中国考古学的奠基人。

有清一代，潍县及周近区域出现了以陈介祺为代表的三十余位金石学家，这在国内亦属特例；并且流风所及，在潍县及周近这片孕育着深厚金石学传统的土地上，在 20 世纪初诞生了两位现代考古学的先驱吴金鼎和祁延霈，将这一地区在传统金石学领域取得的辉煌成就带入现代考古学的视野。

吴金鼎（1901—1948），字禹铭，安丘宋官疃乡（今属景芝镇）万戈庄人，中国著名考古学家，龙山文化的发现者。1926 年考入清华学校（清华大学前身）国学研究院，在李济的指导下攻读人类学专业。1930 年初到中央研究院历史语言研究所考古组工作，参加了河南安阳殷墟、山东章丘城子崖、安阳后岗等著名历史遗址的发掘。1933—1937 年赴英国伦敦大学留学，其间曾去巴勒斯坦进行田野考古实习，1937 年获博士学位。全面抗战期间，先在中央博物院筹备处工作，后回历史语言研究所工作。抗战胜利后，曾任齐鲁大学训导长、文学院院长、国学研究所主任、图书馆主任等职。

吴金鼎是山东龙山文化的发现者。1928 年，他在山东省章丘县（今济南市章丘区）进行调查时，在龙山镇以东、武原河畔被称为“城子崖”的台地上，发现了这个遗址。吴金鼎深知它自成一文化系统，与中原及西北的彩陶文化是不同的，故前后 6 次前往考察，经发掘、研究，将其命名为“龙山文化”。这一发掘与命名，在中国乃至世界考古史上有着划时代的意义。1930—1931 年，历史语言研究所邀请吴金鼎和李济等人，前后两次赴城子崖进行发掘。这两次的收获，后来由傅斯年、李济、董作宾、梁思永、吴金鼎、郭宝钧及刘屿霞编著成考古报告集《城子崖》。城子崖遗址的发掘，在中国考古学史上极具开创性意义，对于认识和研究中国新石器时代文化起到了重大推动作用。

1933 年秋，山东省政府派吴金鼎前往英国伦敦大学进修。在英国伦敦大学留学时，他博览群书，刻苦钻研，以英文出版了《中国史前的陶器》一书。此书成为当时关于中国史前陶器的最为详尽的著作，是世界各国学者研究中国考古学的必读书目。获博士学位后，他于 1937 年回国。1938—1940 年，他与曾昭燏、王介忱（吴金鼎夫人）到云南大理附近的苍洱进行考察，发现 32 处遗址，并主持挖掘了数处，撰写了《云南苍洱境考古报告》一书，奠定了西南地区史前考古学的基础。1941—1943 年，他在科研经费极为拮据的情况下，坚持对四川彭山汉代崖墓和成都前蜀王建墓进行了发掘，对于汉代和五代十国时期的艺术研究做出了卓越的贡献。

他在齐鲁大学任职期间，仍不忘田野考古，亲自讲授田野考古学基础，并编写了考古学讲义。正当他不遗余力地培养考古人才的时候，1948 年 9 月 18 日，癌症夺去了他的生命。《中国大百科全书·考古卷》有他的事迹介绍，称他是最有成就的现代考古学家之一。他的主要著作有：用英文写成的《山东人体质之研究》和《中国史前的陶器》，以及与他人合写的《城子崖》和《云南苍洱境考古报告》等。1928—1929 年的平陵考古可以说是吴金鼎田野考古的起点，此后他自 1930 年加入历史语言研究所，到 1948 年不幸因病逝世，这十几年时间内，他的考古足迹遍及山东、河南、云南和四川等省。他的学术贡献在于对中国新石器文化的研究方面，主要有三大范畴：对龙山文化的发现及城子崖遗址的发掘；对中国史前陶器的认识和评价；对中国西南地区的考古开拓。

祁延霈（1910—1939），又名天民，字霈苍，满族。其父祁锡㻐，字蕴璞，满洲镶黄旗人，在地理学领域享誉中外，被英国皇家地理学会授予“名誉会员”的称号。祁锡㻐一生博览群书，知识渊博，尤其对历史地理有深入的研究。著有《中华大地理志》《中国文化史纲要》《国际概况讲义》《国防地理》《新编初级中学地理教本》《山东乡土教本》等专著，和《中国的灌溉文化》《山东地理概要》《抗战的新局面》等论文。祁锡㻐不但知识渊博，而且治学严谨、教学认真，其任教数十年，桃李满天下，许多学生成为国内外知名学者。

祁延霈是祁锡㻐的长子，自幼秉承博学家教，立志报国。1928 年夏考入北平师范大学地理系。次年，慕翁文灏之名，重新投考清华大学，考入地理系地质专业。在清华大学学习期间，他参加了北京近郊“八大处”“斋堂”“百花山”三幅地质图的测绘工作，并对西北边疆历史、地理问题进行了深入研究，是清华大学中国边疆问题研究会的负责人之一；大学三年级时在《清华周刊》文史专号上发表了两万余字的论文《帕米尔史地考》。1933 年毕业后，他受聘到中央研究院历史语言研究所从事考古研究工作，参加了山东滕县（今滕州）安上村、日照两城镇和河南安阳侯家庄西北岗殷墟第 9 至 13 次的发掘工作，发现了大量的物质文化遗存，为商代历史研究和甲骨文研究提供了大批可靠的宝贵资料，写出了《山东日照考古调查记》等论文。1936 年，他还先后参与了益都苏埠屯、日照等地的古代遗址调查工作。随后，祁延霈发表《山东益都苏埠屯出土铜器调查记》《山东日照考古调查记》《西康考古调查记》《山东日照两城镇大孤堆发掘报告》等论文。1937 年，他参加了历史语言研究所与中国地质调查所联合组织的西康古迹考察团，与安特生等人前往今甘孜地区的道孚、炉霍一带，进行史前遗址的调查，发现了大量的文化遗存。

抗日战争全面爆发后，祁延霈随历史语言研究所西迁，在长沙停留期间，他听了徐特立关于中共《抗日救亡十大纲领》的演讲，思想上深受启发，是年冬离开历史语言研究所，先往重庆寻找失散的亲人，后奔赴延安，被分配到陕北公学第二期第九队学习，后又加入中国共产党，1938 年 3 月被调往新疆工作。1939 年 12 月，祁延霈因劳累过度，患伤寒病，医治无效，不幸逝世，年仅 29 岁。哈密群众为他举行了隆重的追悼会，并在他的墓碑上刻下“天山永孝，正气长存”八个大字，以彰显这位共产党员的气节。1946 年 8 月 6 日，中共中央在延安召开追悼大会，追认祁延霈等 9 位同志为“新疆死难九烈士”。

第四节 对文字与人类文明的认识

晚清时期的金石学家普遍喜欢考释金石文字，并通过金石文字来研究古籍、文献和古代的名物制度。陈介祺也不例外，而且其文字功底极强。鲍康就曾经称赞他说：“寿卿释文时有新解。”①陈介祺熟读《说文解字》并对造字六法有自己的理解。他曾致信王懿荣说：“古人作字之始，止是圣人之心，有学问道理，彻上彻下，包举无遗。于一事则以一指明之，于一意则以一字领会之，于一形则以一字象取之，于一声则加一字以谐合之，四者用所不足，则转注假借而引伸以通足之。”② 陈介祺认为造字之法只有四种，即“指事”“会意”“取形”“谐声”，分别对应造字六法中的“指事”“会意”“象形”“形声”。而“转注”和“假借”则是用来“引伸”使文字表达更加合理的，是用字之法而非造字之法。陈介祺还认为在四种造字之法中，“象形”是人们最先使用的，他在给王懿荣的信中说：“古人作字，始于象形，使人见形而会其意明其事，其他则辅翼之而已。”③ 陈介祺对于造字之法的认识与现在关于造字六法的认识相差无几，足见其文字功底之深厚。

陈介祺研究古文字的最终目的是将古文字与传世文献相印证，以“正经补史”。当时的学者大多是从训诂学等方面入手来考证传世文献，对于出土文物以及金文不够关注。陈介祺却认为可以用青铜器铭文来对传世文献进行考释，并曾尝试用金文来考释《说文解字》。当时的金石学家们考释古文字时主要依靠《说文解字》这部作品。学界对《说文解字》进行注解考释，取得了

① 〔清〕鲍康：《观古阁丛刻九种》，上海古籍出版社 1992 年版，第 373 页。

② 〔清〕陈介祺著，陈继揆整理：《秦前文字之语》，齐鲁书社 1991 年版，第 79 页。

③ 〔清〕陈介祺著，陈继揆整理：《秦前文字之语》，齐鲁书社 1991 年版，第 83 页。

一系列的成果，并涌现出了一批《说文》学家，其中的代表人物是被誉为《说文解字》四大家的段玉裁、桂馥、朱骏声和王筠。《说文解字》成书于东汉，距晚清时代较远，后人的加注难免会出现错误和缺失。在陈介祺之前的学者们往往迷信《说文解字》，对这些错误和缺失视而不见，又或者虽然认识到了这些错误却没有很好的解决办法。陈介祺在熟读《说文解字》的基础之上认为可以用金文等古文字来考释《说文解字》。他在给吴云的信中写道："许氏收文字之遗以为说，二千年来言字学者必宗之，要皆燔后所余，独吉金款识是燔前古文字真面，非许氏可比。"① "欲合宋以来金文书（摹刻失真者），附刻为一书，以存古圣之作，而为多见之助。"② "再逐字分编许书各字之前，以立许书之本，而凡汉以来言字学之书，皆分字附焉，以证许氏之意。"③ "倘有能先我早成之者，正不必己出而尚可乐助。"④ 陈介祺认识到经过秦始皇焚书之后，很多古文字都已经丢失。许慎的《说文解字》作于东汉，对于弥补在焚书中丢失的古文字并没有多大的帮助。只有青铜器上的铭文才能还原古文字的本来面目。所以他想结合宋朝以来的金文来对《说文解字》进行补充和修改。不过写这封信之时陈介祺已经六十二岁了，身体欠佳，精力不济，所以他的这个愿望并没有实现。后来吴大澂写出了《说文古籀补》，陈介祺非常高兴并为其作叙。这部著作是第一部用金文考证《说文解字》的作品，虽然并不是陈介祺所作，但用金文考释《说文解字》的主旨早已被陈介祺认识到并提出。可以说陈介祺是第一个尝试用金石文字对《说文解字》进行补充和修改的学者。

陈介祺还曾利用金文订正《尚书》。先秦文献中以《尚书》为最古，其中保存了大量弥足珍贵的资料，然《尚书》流传最为驳杂，出现了今文三家、古文、伪古文等多种错综不一的版本。清代中叶，学者们开始对其进行较广

---

① 〔清〕陈介祺著，陈继揆整理：《秦前文字之语》，齐鲁书社 1991 年版，第 262 页。

② 〔清〕陈介祺著，陈继揆整理：《秦前文字之语》，齐鲁书社 1991 年版，第 263 页。

③ 〔清〕陈介祺著，陈继揆整理：《秦前文字之语》，齐鲁书社 1991 年版，第 263 页。

④ 〔清〕陈介祺著，陈继揆整理：《秦前文字之语》，齐鲁书社 1991 年版，第 263 页。

泛的考辨研究，在陈介祺之前的小学、经学家们多以传统的文字及训诂学的方法考辨《尚书》，而对先秦金文出土史料，或因尚未多见，没有加以关注和利用。王懿荣提出《尚书》之中“宁王”“宁武”的“宁”字当为“文”字，陈介祺立即表示赞同并去信对王懿荣说：“尚书至今日无从得确据以定之，其理之至者，固可以孔孟程朱之说定之，其文之古者，则唯吉金古文可以定之，吉金古文亦唯尚书可以通之。”① “武庚之罪自当告武王庙，三叔之罪自当告文王庙，则文王文人说，极为有见。”② 他还在同年十月与王懿荣的通信中指出《君奭》之“宁王”“亦皆从文为长”③。冯胜君《二十世纪古文献新证研究》认为，王懿荣、陈介祺等人的“这些成绩和观念，为二十世纪古文献新证研究提供了知识和理论上的准备，这在王国维、于省吾、郭沫若等人著作中有充分的体现，同时也凸显了二十世纪古文献新证研究同传统金石学研究之间的学术传承关系”。

从金石学的兴衰与金石学研究的历程中可以深切地感受到，人文社会科学类的学术研究，其水平的高低是与时代所给予的政治环境、科学世界观及科学技术的发展程度、时代的需求密切相关的。中国传统金石学研究的对象——青铜器（及其他古器物）、金文与古代石刻，负载着中国古代文明的大量信息，是无比珍贵的文化遗产，有关的学问研究具有重要文化价值与传承意义。

---

① 〔清〕陈介祺著，陈继揆整理：《秦前文字之语》，齐鲁书社 1991 年版，第 66 页。

② 〔清〕陈介祺著，陈继揆整理：《秦前文字之语》，齐鲁书社 1991 年版，第 66 页。

③ 〔清〕陈介祺著，陈继揆整理：《秦前文字之语》，齐鲁书社 1991 年版，第 89 页。

第二章　毛公鼎研究

毛公鼎于清道光二十三年（1843）出土于陕西岐山县，与大盂鼎、散氏盘、虢季子白盘并称晚清“四大国宝”。陈介祺是毛公鼎的第一任收藏者、研究者。自陈介祺开始，潍县陈氏家族收藏毛公鼎五十余年。宣统二年（1910）毛公鼎被售与端方后屡易其主，最终归台北故宫博物院收藏。自毛公鼎出土以来，毛公鼎研究薪火相继，是商周吉金研究的热点之一。

第一节　毛公鼎概况

毛公鼎，又名𢉩鼎、毛公𢉩鼎，西周宣王器，因铭文记载毛公𢉩受册命赏赐而得名。该鼎大口，立耳，半球状深腹，圜底，兽蹄形足，口沿下饰一道带状重环纹，腹部有一道凸弦纹。口径 47.9 厘米，高 53.8 厘米，腹深 27.2 厘米，重 34.7 千克。内壁铸铭文 32 行，共 497 字，其中合文 7 字，重文 11 字（一说 499 字，内有合文 8 字、重文 10 字），是目前国内所见青铜器中铭文最长的一篇，内容堪比《尚书》，是研究西周历史的重要资料。

一、毛公鼎之流传经过

毛公鼎于清道光二十三年（1843）发现于陕西岐山县。一说出土后即被卖给铜匠，恰被西安古董商苏亿年发现，由其购得后运往北京龙福寺街售给著名收藏家陈介祺。① 党晴梵《华云杂记》曾云：“乡人不识其为三代法物，

① 王献唐遗作，路方红整理：《从毛公鼎说到张宗昌韩复榘》，载《山东图书馆学刊》2009 年第 3 期。

以旧铜器视之，售于跑乡收烂货者之手，转入砖头阌，行将毁销矣。古董商苏七偶过其地见之，知为至宝，以五十千对半钱票购得。”① 另有学者谈到，毛公鼎是清道光年间（1821—1850）被陕西省岐山县董家村村民董春生在地里挖出，打算卖给一古董商，后因同村村民从中阻拦，毛公鼎被收入官府，之后又被卖给了苏亿年。② 苏亿年得此宝鼎后，即与陈介祺联系欲转售给他，但陈介祺由于刚收聃簋而无力购买，又遇父丧，遂一再搁置买鼎之事。咸丰元年（1851），陈介祺守孝毕回京，再与苏亿年兄弟协商购买毛公鼎。咸丰二年（1852），苏亿年将毛公鼎运到北京，毛公鼎始入簠斋之室。

关于毛公鼎的出土时间，《陕西金石志》记载：“是鼎咸丰八年（1858）出土，由烂铜铺在乡间收买，运省备熔化，为苏亿年瞥见，以市钱六十千购得之，运京出售，希世之宝，乃得流传。”③ 然陈介祺手书《毛公鼎释文》末有“咸丰二年（1852）壬子五月十一日宝簠居士陈介祺审释并记”的记载，鲍康《跋毛公鼎摹拓本》称是鼎于咸丰壬子由苏亿年载入都，时陈寿卿尚供职词馆，以重资购藏，秘不示人④，可知毛公鼎确实于咸丰二年（1852）归陈介祺收藏。陈介祺获得毛公鼎之后，并未将其公之于世，而是一直深锁秘藏。陈介祺曾请陈畯制作毛公鼎拓片后自作释文，并送至好友徐同柏、许瀚、吴式芬三人处，请求释文。同治十年（1871）七月二十五日陈介祺在参照徐同柏等人释文的基础上完成《毛公鼎考释》⑤。相传陈介祺携鼎归里后，亲友丧事多欲借毛公鼎以示隆重，陈介祺对此深为不安，遂请工匠仿铸了两件毛公鼎，以供亲友借祭之用，后世言毛公鼎为伪器者或与此有关。⑥

陈介祺去世之后，陈氏家族在长孙陈阜主持下平分家产，毛公鼎由陈介祺次子陈厚滋分得，后归其子陈陔收藏。至陈陔时，时任直隶总督端方慕毛公鼎大名，请陈介祺同宗、监察御史陈恒庆的长子陈芙珩从中说和，让陈陔

---

① 党晴梵：《华云杂记》，《待庐丛刊》之五，1937 年铅印本。

② 梁丽红：《命运多舛的毛公鼎》，载《华夏文化》2012 年第 2 期。

③ 杨虎城、邵力子等：《陕西金石志》，1934 年陕西通志馆铅印本。

④ 〔清〕鲍康：《观古阁续丛稿》，清同治十二年（1873）鲍氏刊本。

⑤ 该手稿由陈氏后人于 1963 年捐赠给文化部，现藏于中国文化遗产研究院图书馆。

⑥ 张世贤：《从毛公鼎的真伪鉴别展望中国古器物学的研究》（下），载《文物保护与考古科学》1995 年第 1 期。

将毛公鼎卖与端方，端方许诺陈陔到湖北银元局任职。宣统二年（1910），端方遣北京琉璃厂古董商人孙桂澄到潍县，夤夜造访陈氏后人，购得毛公鼎后当即携之离开潍县。① 端方得到毛公鼎后，次年便死于四川保路运动。端方死后，陈陔未能如愿出仕为官，又兼深悔轻率失鼎被同乡诟骂，遂一病不起，不久去世。②

时人称端方得到鼎后“以闺阁敛具媵其女夫项城袁氏，后闻又质入天津商人之手”③。所谓“天津商人”，当是端方去世后，其家人将毛公鼎抵押给了天津华俄道胜银行。李棪《金文选读》称端方“殁后，存物多散，端夫人曾致函廉泉（上海文明书局创始人、金石家），托售此鼎，索价三万金，迄未成议。端夫人寻谢世，家人将此鼎抵押于天津道胜银行”④。张宗昌督鲁时，时任山东省图书馆长的丁绂臣与省长林宪祖商议从天津道胜银行购回此鼎，当时所费连本带利不过四万银元，后因张宗昌反对而作罢。1927 年，邹寿祺应石友三之请题跋毛公鼎全形拓时曾言“昨传已为鲁中某上将所罗致，未知果否”⑤，应指丁绂臣购鼎一事，“某上将”即张宗昌。1926 年，华俄道胜银行进行整顿清理，又将毛公鼎转押给了北京大陆银行。1928 年，陈调元主鲁时，省政府决议以盐商欠款十六万元购置图书文物。1930 年，韩复榘调任山东省政府主席，王献唐力主用这笔资金购买毛公鼎、海源阁善本书籍以及万印楼藏印。此时，北京大陆银行因毛公鼎抵押本息太高，亦急于出手。这一时期，列强纷纷垂涎毛公鼎。曾任北洋政府交通总长的叶恭绰恐毛公鼎被外国人购得，奔走呼吁，筹资购鼎。《申报》1932 年 9 月 4 日记载：“陈氏之家藏毛公鼎，尤为希世之珍，前在光绪二十八年时，以一万二千元为端方购去。端死后，以八千元押于道胜银行，业已多年。最近始为叶恭绰等集股赎回，本息共用洋八万元，现在收藏于天津。”王献唐曾就买鼎事宜与叶恭绰联系，

① 姚华：《毛公鼎全形拓题跋》，见西泠印社 2015 年首届艺术品拍卖会《中国书画古代作品专场·古籍碑帖专场》。

② 宋伯良：《毛公鼎的收藏家》，载《纵横》1996 年第 8 期。

③ 毛公鼎全形拓题跋，见上海崇源艺术品拍卖有限公司 2002 年首次大型艺术品拍卖会。

④ 李棪：《金文选读》，香港龙门书店 1969 年版。

⑤ 邹寿祺题跋毛公鼎全形拓，见上海崇源艺术品拍卖有限公司 2002 年首次大型艺术品拍卖会。

称“那时鼎价不过七八万元，我为此事与叶誉虎接洽过”，终因韩复榘不肯拨款而作罢。① 后叶氏迁居上海，将毛公鼎藏入其上海寓所“懿园”。②

1937 年抗日战争全面爆发后，叶氏避乱香港，离沪前将珍藏的 7 箱文物秘密寄存于上海公共租界英商美艺公司仓库，其中一箱装的就是毛公鼎。后因财产纠纷，叶恭绰的姨太太潘氏大兴讼事，并将毛公鼎下落告知了日本宪兵队。得知消息后，叶恭绰焦急万分，嘱托其侄叶公超赴沪周旋，并叮咛：“美国人和日本人两次出高价购买毛公鼎，我都没有答应。现在我把毛公鼎托付给你，不得变卖，不得典质，更不能让它出国。有朝一日，可以献给国家。”③ 经历一番磨难之后，叶公超最终于 1941 年将毛公鼎送至香港。1941 年底，日军占领香港，叶恭绰被捕入狱，虽经日军威逼利诱，始终未供出毛公鼎去处。1942 年，获释后的叶恭绰又秘携毛公鼎返回上海。叶恭绰回到上海后拒绝出任伪职，闭门谢客，不久身染重病，又兼家庭发生经济危机，无奈之下开始变卖文物，将毛公鼎以三百两黄金转让给富商陈咏仁，陈咏仁向叶恭绰承诺抗战胜利后将其捐给国家。

抗战胜利后，陈咏仁履行承诺，将毛公鼎交给国民政府，并刻“陈氏咏仁、利仁于胜利还都年献呈国府”印以为纪念。随后，该鼎辗转至戴笠手中，后被误认为是逆产，被上海敌伪物资管理委员会扣留。④ 据上海市档案馆藏毛公鼎档案记载，抗战胜利后，国民政府行政院通过上海市政府责成上海市教育局接管毛公鼎，上海市成立了由叶恭绰、徐士浩、俞庆棠、王汝昌、杨宽等人组成的毛公鼎保管委员会。经该委员会查明，毛公鼎后辗转为戴笠所得，戴笠死后“该器在军统局保存。经杨委员（杨宽）偕同王委员汝昌前往接洽，据该局负责人面称已送南京该局保管”，之后交由上海敌伪物资管理委员会保管。后经时任教育部社教司处长的徐伯璞多方周旋，三次呈文行政院，又邀请教育部次长杭立武一同去见行政院秘书长翁文灏，说明毛公鼎之重要性。在获得行政院批文后，徐伯璞旋赴上海面见上海敌伪

① 以上参考王献唐遗作，路方红整理：《从毛公鼎说到张宗昌韩复榘》，载《山东图书馆学刊》2009 年第 3 期；孙方：《叶恭绰收藏毛公鼎年份探究》，载《商》2014 年第 38 期。

② 石业华：《稀世国宝——毛公鼎》，载《科学大观园》1995 年第 11 期。

③ 程军祥：《毛公鼎：台北“故宫”第一宝》，载《深圳商报》2011 年 2 月 22 日。

④ 梁丽红：《命运多舛的毛公鼎》，载《华夏文化》2012 年第 2 期。

物资管理委员会主任郭泰祺，多次斡旋之下才将毛公鼎取回，移至南京，由中央博物院保管。①

1948年，毛公鼎与一批国宝重器被清点后打包装箱，从南京运往台湾。1950年，被运到台中县雾峰乡吉峰村“联管处”保管。1957年，在台北小规模陈列。1965年，毛公鼎由台北故宫博物院收藏，成为镇馆之宝，摆放在商周青铜展厅最醒目的位置，永不更换。

二、毛公鼎的真伪与年代

自毛公鼎出土以来，金石学界即对其真伪争论不断。陈介祺得到毛公鼎后秘不示人，仅以拓本在好友间流传。时人研究也多据拓本，故以张之洞为代表的部分晚期学者认为是伪器。张氏称：“昨见陈氏收毛公鼎拓本，乃伪物也。何以言之，文字讹舛一，词意凡杂二，通篇空泛三……洋洋五百言，无一事一地一人，皆套语耳，古无此文体；此梅、阎诸君斥伪古文尚书者也；是空泛也。陈氏以千金买赝鼎，不亦慎乎！”② 针对张之洞的非难，陈介祺在给潘祖荫的信中称：“攀古楼款识释文，自以张（之洞）说为长，以其博雅而聪颖，于理为近也。祺愧不博，又不能穷理。而窃谓古学之长，必折衷于理，博而不明，不能断也。辞赋之胜，亦必以理。汉学之杂，必择以理。读古人之字，不可不求古人之文，读古人之文，不可不求古人之理，不可专论其字，窃向往之而愧未能也。”又道：“古文字一篇中之气，一字中之气，一画中之气，岂今人所能伪哉？”③

近代学者卫聚贤在其所著《中国考古学史》一书中称陈介祺收养了一批有技术的刻工，由他们在厂肆中伪造了毛公鼎。④ 但是，卫聚贤之怀疑不足为据。毛公鼎自发现以后，鲍康便有题跋记述其发现始末，陈介祺、徐同柏、吴式芬、吴大澂、孙诒让、刘心源、王国维、郭沫若等踵武考释，均是建立在毛公鼎是真器的基础上。

时至当代，澳大利亚学者巴纳博士再言毛公鼎不论器物、铭文都是近

① 刘庆功：《有关毛公鼎的一份档案》，载《紫禁城》2008年第9期。

② 〔清〕张之洞：《广雅堂论金石札》，1933年南皮张氏刻本。

③ 〔清〕陈介祺著，陈继揆整理：《秦前文字之语》，齐鲁书社1991年版，第27页。

④ 卫聚贤：《中国考古学史》，商务印书馆1937年版，第120页。

世所伪造，称毛公鼎冶铸技术太差，立耳形状罕见，铭文上半部分是抄袭而来，字体结构不规律等。巴纳博士的论文一出，即有张光远、万家保、张光裕等人予以反驳。20世纪90年代，台北故宫博物院张世贤运用X光透视技术，根据透视状态下毛公鼎的垫片部位特征与气孔特征认定毛公鼎是真器无疑。①

毛公鼎整体造型敦厚端正、雄浑朴实，纹饰简洁素雅，显现出威而不张的西周礼乐气象。陈介祺、吴大澂认为是鼎为西周成王器，陈介祺称"是命之作，自在武庚甫平之后，或周公未归时欤"②；吴大澂亦言"今得毛公、南公二鼎，文同成王之诰。……二千九百余年周初宝器至今完好"③。郭沫若在20世纪30年代根据毛公鼎形制、花纹、铭文背景、出土地等考证认为此铭全体气势颇为宏大，泱泱然存宗周宗主之风烈，此器宜宣王之时代为宜。④ 吴其昌在《驳郭鼎堂先生之毛公鼎之年代》⑤ 一文中也有论证，认为该鼎应是成王时期器物。而温廷敬《毛公鼎之年代》则力证毛公鼎是穆王初年器。⑥ 唐兰认为此鼎从它的形制、铭文内容、字体书法看，应该是厉王时器。⑦ 陈梦家从形制花纹、赏赐物品、铭文辞句、当时局势等四个方面综合分析，认为毛公鼎是夷王时器。⑧ 目前学术界多认可郭沫若的观点，以毛公鼎为西周宣王时器物。

三、毛公鼎铭文简述

学界通常认为毛公鼎铭文记述了周宣王对其臣下毛公进行训诫和册命赏

---

① 张世贤：《从毛公鼎的真伪辨别展望中国古器物学的研究》（上、下），载《文物保护与考古科学》1994年第2期、1995年第1期。

② 〔清〕陈介祺：《周毛公鼎释文》，国家图书馆藏抄本，原稿藏于中国文化遗产研究院图书馆。

③ 〔清〕吴大澂：《愙斋集古录》，1921年商务印书馆涵芬楼影印本（第四册），第10、11页。

④ 郭沫若：《两周金文辞大系考释》，日本求文堂1935年版。

⑤ 吴其昌：《驳郭鼎堂先生之毛公鼎之年代》，载《东方杂志》第30卷23号，1933年。

⑥ 温廷敬：《毛公鼎之年代》，载《史学专刊》第1卷第3期，1936年。

⑦ 唐兰：《记美帝国主义阴谋劫夺我国青铜重器》，载《文物》1960年第10期。

⑧ 陈梦家：《西周铜器断代》，中华书局2004年版，第300、301页。

赐之事，但也有学者认为其所记之事在夷、厉王时期。全文首先追述了周文王、周武王的丰功伟绩，感叹现时社会不安宁，继而叙述宣王委任毛公管理内外事务，训诫毛公要勤政爱民，修身养德，并对他进行赏赐以示鼓励。全篇以记言为主，辅以叙事，是研究西周社会发展的重要史料。目前已有众多学者对其进行考释和解说，今据陈梦家《西周铜器断代》中之毛公鼎释文并参考其他学者之释文，将毛公鼎铭文全文抄录于下：

王若曰：父厝，不显文武，皇天弘厌厥德，配我有周，雁受大命。�百怀不廷方，亾不闬文武耿光。唯天𨆌集厥命，亦唯先正襄辥厥辟，昏堇大命。肄皇天亡斁临保我有周，不巩先王配命。愍天疾畏，司余小子弗彶，邦𨆌害吉？翻翻四方，大从不静。乌虖！𢓜余小子圂湛于艱，永巩先王。

王曰：父厝，余唯肇域𢀛先王命，命女辥我邦我家内外，惷于小大政，甹朕立。虩许上下若否雩四方，死毋𤲞余一人才立，弘唯乃智。余非庸又婚，女毋敢妄寍。虔夙夕叀我一人，雍我邦小大猷，毋折緘，告余先王若德。用卬邵皇天䌛𩞁大命，康能四或，俗我弗乍先王羞。

王曰：父厝，雩之庶出入事于外，专命专政，埶小大楚赋，无唯正昏，弘其唯王智，乃唯是丧我或历。自今出入专命于外，厥非先告父厝，父厝舍命，毋有敢惷专命于外。

王曰：父厝，今余唯䌛先王命，命女亟一方，匋我邦我家。毋頧于政，勿雍律庶□㞢，毋敢龏龏橐橐，乃敄鳏寡。善孝乃友正毋敢湎于酉，女毋敢彖才乃服，𩞁夙夕敬念王畏不睗，女毋弗帅用先王乍明刑，俗女弗以乃辟函于艱。

王曰：父厝。己曰：䢔丝卿事寮大史寮，于父即君。命女𤔲𤔲公族雩参有司：小子、师氏、虎臣雩朕亵事。以乃族干吾王身。取征卅寽，赐汝秬鬯一卣，祼圭瓒宝，朱市、匆黄、玉环、玉琮、金车、桒緐較，朱𩍂𠭯靳，虎冟、熏里，右厄，画轉，画輯，金甬，遣衡，金踵，金家，勒𩌏，金簟弼，鱼箙，马四匹，攸勒，金钩，金膺，朱旂，二铃。易女丝关，用岁用政。毛公厝对扬天子皇休，用作障鼎，子子孙孙永宝用。（图2－2－1）

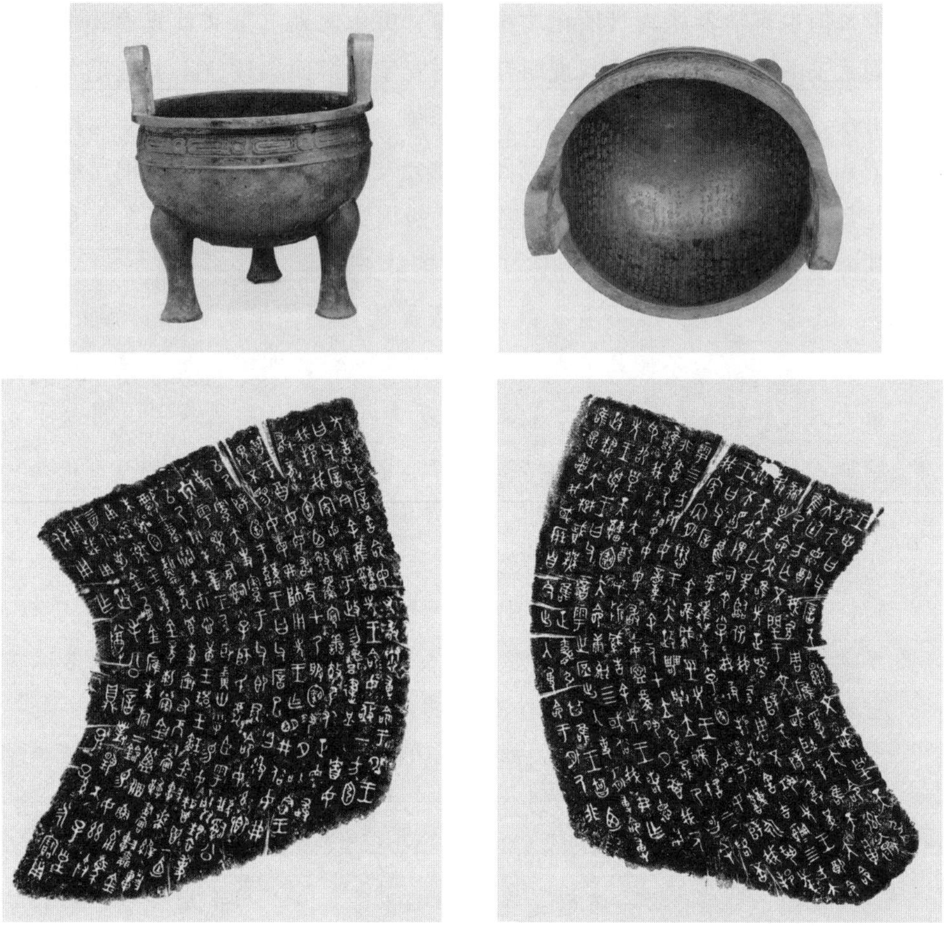

图2-2-1 毛公鼎及铭文拓片（台北故宫博物院）

毛公鼎铭文共分五段，首段以“王若曰”起句，追述了周文王、周武王膺受皇天之命，统率四方，使各族归顺、王室振兴的历史功绩；接着说如今四方动乱，王室衰微。其余四段皆以“王曰”开头。第二段是周宣王告诫毛公厝，要勤于辅佐君王，巩固先王事业；治理邦国要励精图治，为整个王朝考虑，不能贪图安逸，不可图一时之利。第三段是周宣王告诫毛公厝要恪尽职守，协助治理国家，在朝政上进行监督。第四段为周宣王再次嘱咐毛公厝要时刻敬念王命，效忠王室，要照顾鳏寡，管理好自己的从属，不可塞壅民意，不可奢侈浪费，不可耽溺于酒。最后一段是周宣王对毛公厝的册命和赏赐，命毛公厝管理公族和三有司（小子、师氏、虎臣），并赏赐他美酒、玉器、车马、兵士、命服等。毛公为对册命及赏赐表示感激并颂扬周宣王的美德，特铸宝鼎，使子孙永宝世传。

周厉王时期，国家政策失当，诸侯反叛，周厉王被流放彘地（今山西霍州市东北），由此开始了由周定公、召穆公共同理政的“周召共和”时代。周宣王即位初年，面临着周厉王以来的社会动荡和猃狁、西戎等少数民族的军事威胁，亟思改革。毛公𢾺作为姬姓王族，是周文王之子、周武王之弟毛叔郑之后，周宣王叔父，地位显赫。周宣王在内外交困之际，请其辅佐王室，委以专权，推行改革，管理监督内外政务，以待中兴。毛公鼎铭文与《尚书·文侯之命》以及《诗经·大雅·韩奕》中的用语和内容相近；就体例格式而言，这是一篇典型的西周册命铭文，但又不拘泥于传统的册命体例；从内容看，其记述文辞真实详尽，言辞殷切，彰显着周王室的庙堂之气，对研究西周晚期的政治历史有重要的参考价值。

第二节　毛公鼎研究综述

毛公鼎出土一个半世纪以来，学界对它的研究几乎没有间断。最早的研究者有陈介祺、徐同柏、许瀚等人，继之以吴大澂、孙诒让等金石考据家，民国以来又有罗振玉、王国维、郭沫若、陈梦家、唐兰等学者，以至于当代，有关毛公鼎的研究日趋细化和专门化。梁丽红《一个半世纪来毛公鼎研究史回顾》① 中已经对清末民国以来的毛公鼎研究进行了较为详尽的回顾，以下再做梳理和补正。

一、晚清民国时期毛公鼎研究概况

晚清民国时期对毛公鼎的研究，主要集中在对铭文的通释和对单字句的考释上，其他问题涉及很少。咸丰二年（1852）陈介祺在得到毛公鼎后即对铭文进行考释并作《毛公鼎释文》。陈氏对照铭文写出释文，不识之字则照原文摹写，之后又对毛公鼎价值进行评价，称“周公𢾺鼎铭两段三十二行，四

---

① 梁丽红：《一个半世纪来毛公鼎研究史回顾》，载《中国史研究动态》2008 年第 4 期。

百八十五字，重文十一字，共四百九十六字。每字界以阳文方格，中空二格。近出关中岐山县。……此鼎较小，而文之多几五百，盖自宋以来未之有也。典诰之重，篆籀之美，真有观止之叹。数千年之奇于今日遇之，良有厚幸已"①。这篇释文是毛公鼎的第一篇释文，已经把铭文中大多数字释出，虽有一行漏释，并且其中一些关键性、难度高的字没有进行解释，但对毛公鼎的研究实有开创之功。陈介祺的《毛公鼎释文》先后数易其稿，据陈继揆称，第一稿包括毛公鼎释文和后记，后裱为一条幅，条幅分三部分，上段为四靴头式铭文拓本，中段为释文和后记，下段为全形拓，陈君善曾于20世纪30年代做石印本。② 其后又有四套手稿，其中有的用墨笔、朱笔、绿笔屡加增益，新中国成立后这批手稿被陈氏后人捐赠给了文化部。③

嘉兴徐同柏、日照许瀚、无棣吴式芬也是较早对毛公鼎进行研究的学者。徐同柏《从古堂款识学》（图2－2－2）一书中，收录了毛公鼎铭文摹本，还对铭文疑难字句进行解释，并将铭文与典籍相互印证进行考释。④ 许瀚亦对毛公鼎铭文进行释文，并收录于其著作《攀古小庐古器款识释文并跋》⑤ 中。吴式芬在得到毛公鼎铭文拓片后将其进行摹写，并收录于《攈古录金文》。⑥ 吴式芬摹本与徐同柏摹本略有不同，吴氏摹本76行，徐氏摹本96行，但两种摹本均字体精细，基本保持了铭文字体原形。同治十年（1871）七月二十五日，陈介祺又融会徐、许两家释文，写成了《周毛公㫚鼎考释》，认为毛公鼎为西周初年器。

之后，吴大澂、孙诒让等学者纷纷参与研究，学者们对毛公鼎的探究也逐渐细致深入，但主要是在通篇释读的基础上，对单字句进行考释。吴大澂对毛公鼎铭文进行释读，并撰有《毛公鼎释文》。⑦ 孙诒让《古籀拾遗》中通

---

① 〔清〕陈介祺著，陈继揆整理：《簠斋金文题识》，文物出版社2005年版，第8页。

② 陈君善石印本曾现于北京华夏国拍2013年春季拍卖会古籍文献专场，据其拓本分析，应为光绪元年之后所拓，详见本章第三节。

③ 陈继揆：《毛公鼎旧事》（下），载《文物天地》1992年第1期。

④ 〔清〕徐同柏：《从古堂款识学》，光绪十二年（1886）同文书局石印本。

⑤ 〔清〕许瀚：《攀古小庐古器款识释文并跋》，安丘赵智如抄潍县陈氏藏本。

⑥ 〔清〕吴式芬：《攈古录金文》，清光绪二十一年（1895）精刻本。

⑦ 〔清〕吴大澂：《毛公鼎释文》，光绪十三年（1887）同文书局石印本。

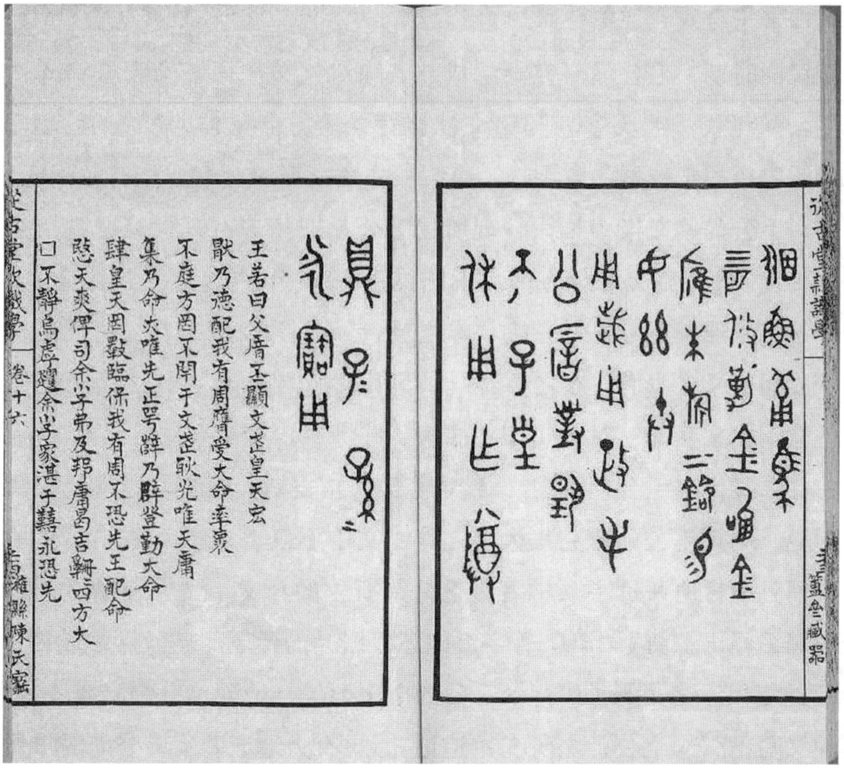

图2-2-2　《从古堂款识学》书影

释毛公鼎铭文，并对部分疑难字句进行考释，对不识之字做出了标记①；之后又在《古籀余论》中修改和补充了《古籀拾遗》中的研究成果②。这一时期对毛公鼎的著录主要有吴大澂的《愙斋集古录》③、刘心源的《奇觚室吉金文述》④，书中收录了毛公鼎器铭拓片，以供后世参考。

晚清是毛公鼎研究的初始阶段，王国维对这一时期的研究有明确评价："一时学者竞相考释，嘉兴徐寿臧明经（同柏）、海丰吴子苾阁学（式芬）、瑞安孙仲容比部（诒让）、吴县吴清卿中丞（大澂）先后有作，明经首释是器，有凿空之功，阁学矜慎，比部闳通，中丞于古文字尤有县解，于是此器

---

① 〔清〕孙诒让：《古籀拾遗》，1918年扫叶山房石印本。

② 〔清〕孙诒让：《古籀余论》，光绪二十九年（1903）刻本。

③ 〔清〕吴大澂：《愙斋集古录》，1921年商务印书馆涵芬楼影印本。

④ 〔清〕刘心源：《奇觚室吉金文述》，光绪二十八年（1902）印本。

文字可读者十且八九。”①

至民国时期，毛公鼎研究渐趋成熟，除对铭文进行著录和考释外，还向诸如毛公鼎年代、毛氏家族和铭文社会背景等方向延伸。罗振玉、王国维、郭沫若、容庚、于省吾、商承祚、唐兰、陈梦家等均对毛公鼎有较深入研究。罗振玉对毛公鼎铭文极为推崇，现所见毛公鼎旧拓多有其大篆题端，并有临摹之作传世。② 在铭文考释方面，王国维于1916年作《毛公鼎铭考释》，其序中介绍了古器文字考证之方法“本之《诗》《书》，以求其文之义例；考之古音，以通其义之假借；参之彝器，以验其文字之变化”③，之后引用典籍并与其他青铜铭文互证，对每句详加注解，并考释出“疾”“厝”“膺”“勤”等字，文末又作《毛公鼎厝跋》，盛赞陈氏墨拓之精。郭沫若的《毛公鼎之年代》是这一时期毛公鼎研究集大成之作，文中不仅著录了毛公鼎铭文拓片及器形，而且中肯地评价了众学者为毛公鼎所作的释文，又考释铭文，对字句进行解释，释出“将”“厝”等字；他还根据鼎的形制、花纹、《尚书·文侯之命》的年代、铭文的时代背景、鼎的出土地等，论证毛公鼎乃宣王时器。④ 此后他又写了《〈毛公鼎之研究〉追记》，更有力地证明了毛公鼎的年代，并为单字解说提供了新的依据。⑤ 此外，吴其昌在《金文世族谱》中收录金文中所见的毛氏家族成员，为毛氏家族在西周时期的情况做一明确梳理⑥；容庚的《毛公鼎集释》（未刊稿）、商承祚的《毛公厝鼎铭释》⑦、吴宝炜的《毛公鼎文正注》⑧、张之纲的《毛公鼎斠释》⑨、高亨的《毛公鼎铭柬注》⑩、于

---

① 王国维：《观堂古金文考释五种》，1923年乌程蒋氏密韵楼铅印本。

② 罗振玉节临《毛公鼎铭》，西泠印社2012年春季拍卖会《中国书画近现代名家作品专场》。

③ 王国维：《观堂集林（外二种）》，河北教育出版社2003年版，第145页。

④ 鼎堂（郭沫若）：《毛公鼎之年代》，载《东方杂志》第28卷13号，1931年。

⑤ 鼎堂（郭沫若）：《〈毛公鼎之研究〉追记》，载《东方杂志》第28卷16号，1931年。

⑥ 吴其昌：《金文世族谱》，1936年商务印书馆石印本。

⑦ 商承祚：《古器物铭释·毛公厝鼎铭释》，1927年中山大学油印本。

⑧ 吴宝炜：《毛公鼎文正注》，1930年风雨楼石印本。

⑨ 张之纲：《毛公鼎斠释》，1934年中华书局铅印本。

⑩ 高亨：《毛公鼎铭柬注》，载《志林》1942年第3期。

省吾的《毛公厝鼎铭》① 等在对毛公鼎研究进行整理的基础上，集合百家看法，提出各自的见解。其他学者如邹安的《周金文存》②、黄公渚的《周秦金石文选评注》③、陶北溟的《旧云盦金文释略》④、陆和九的《中国金石学讲义》⑤ 中都收录有毛公鼎的铭文通释或解说，但影响不大。

除通释的文章以外，还有很多关于毛公鼎铭文单字考释和词句解释的文章。戴家祥《罛字说》考释“罛”的读音，基本为后人所接受。⑥ 唐兰《论彝器中的“休”字》⑦ 详细分析了“休”字的常见含义。陈梦家《“王若曰”考》⑧、董作宾《“王若曰”古义》⑨ 两文均论述了“王若曰”的来源与含义。郭沫若《周官质疑》一文中利用毛公鼎等多种青铜器铭文与《周礼》中记载的官制相对照，对部分传统认识提出了质疑。⑩ 陈小松《释毛公鼎“取征卅寽”——〈周礼〉“以两剂禁民狱入钧金”新证之七》考释“征”字，并以鼎文证《周礼》，值得借鉴。⑪ 杨树达《积微居金文说》中有四篇关于毛公鼎的文章，主要探讨鼎文中的难句，注重与典籍的互证⑫；他的《〈诗〉“对扬王休”解》借助《诗经》中“对扬王休”一语来阐述金文中“对扬王休”之义⑬。

清末民国时期，毛公鼎为多家著述所著录。柯昌济《韡华阁集古录跋

---

① 于省吾：《毛公厝鼎铭》。转引自梁丽红：《一个半世纪来毛公鼎研究史回顾》，载《中国史研究动态》2008 年第 4 期。

② 邹安辑：《周金文存》，1921 年上海广仓学窘珂罗版印本。

③ 黄公渚选注：《周秦金石文选评注》，商务印书馆 1935 年版。

④ 陶北溟：《旧云盦金文释略》，载《古学丛刊》1939 年第 2 期。

⑤ 陆和九：《中国金石学讲义》，北京图书馆出版社 2003 年版。

⑥ 戴家祥：《罛字说》，载《国立中山大学语言历史学研究所周刊》第 11 卷 125 期，1930 年。

⑦ 唐兰：《论彝器中的“休”字》，载《申报》1948 年 2 月 14 日。

⑧ 陈梦家：《“王若曰”考》，载《说文月刊》第 4 卷合刊，1944 年。

⑨ 董作宾：《“王若曰”古义》，载《说文月刊》第 4 卷合刊，1944 年。

⑩ 郭沫若：《周官质疑》，见《郭沫若全集·考古编》第四卷，科学出版社 2002 年版。

⑪ 陈小松：《释毛公鼎“取征卅寽”——〈周礼〉“以两剂禁民狱入钧金”新证之七》，载《文物周刊》1947 年第 46 期。

⑫ 杨树达：《积微居金文说》，中国科学院 1952 年版，第 29～33 页。

⑬ 杨树达：《〈诗〉“对扬王休”解》，载《大公报》（天津）1947 年 1 月 8 日。

尾》①、郑业敩《独笑斋金石文考》②、吴闿生《吉金文录》③中均著录有毛公鼎铭文考释内容。邓实在《簠斋吉金录》中著录两片式毛公鼎拓片，但重字严重。④刘体智《小校经阁金文拓本》中著录毛公鼎"四靴头式"拓片，重字较邓书少。⑤罗振玉《三代吉金文存》中著录毛公鼎铭文拓片，但因是一行行拓下来的，改变了铭文原有行款。⑥吴其昌《金文历朔疏证》中著录毛公鼎"四靴头式"拓片，但第三片上部极其不清晰，器形图施墨过多，花纹亦不清晰。⑦郭沫若《毛公鼎之年代》中著录毛公鼎的铭文拓片及器形拓本为"二片拓"，清楚明了，行款均匀，字体基本保持原状，器形图拓本两足在前，一足在后。

晚清民国时期的毛公鼎研究成果丰富，许多研究成果成为毛公鼎研究奠基之作，得到学界公认。在对毛公鼎铭文的研究方面，学者从最初的文字隶定到之后参照传世古籍和青铜铭文互证，在古器物考据中引入"二重证据法"，改变了以往的研究方法，对之后考古学、古文字学研究产生了极大的影响。

二、20 世纪五六十年代毛公鼎研究概况

进入 20 世纪五六十年代，毛公鼎研究慢慢呈现多元化格局，学者不再只聚焦于对毛公鼎铭文的通释，而把眼界拓展到了更为广阔的西周社会制度等历史问题的研究上；对于铭文字句的考释也日渐详细，不断涌现出新的看法和见解。

这一阶段最具影响力的著作当属陈梦家的《西周铜器断代》，书中介绍了毛公鼎的出土、流传、形制等，着重对铭文进行考释，后记中又从毛公鼎形制、花纹及铭文中所载赏赐器物等方面论及毛公鼎年代，定为西周夷王器。⑧

---

① 柯昌济：《韡华阁集古录跋尾》，1916 年铅印本。
② 郑业敩：《独笑斋金石文考》，1929 年慧业堂石印本。
③ 吴闿生集释：《吉金文录》，1933 年南宫邢氏刻本。
④ 邓实辑：《簠斋吉金录》，1918 年顺德邓氏风雨楼影印本。
⑤ 刘体智辑：《小校经阁金文拓本》，1935 年石印本。
⑥ 罗振玉：《三代吉金文存》，1936 年上虞罗氏百爵斋影印本。
⑦ 吴其昌：《金文历朔疏证》，商务印书馆 1936 年版。
⑧ 陈梦家：《西周铜器断代》，中华书局 2004 年版，第 292 ~ 302 页。

李棪的《金文选读》对铭文进行通释，在序言中对毛公鼎的时代进行探讨，认为应是厉王时期器物，并对张之洞器伪说进行批驳。① 洪家义《金文选注绎》在通释毛公鼎铭文的基础上，对单字进行考释，并第一次对铭文做出今译，该文末还对鼎的出土及现藏状况等问题进行了介绍，对鼎的形制和铭文中所反映的社会性质及史实进行了研究。②

较之于著述，论文涉及的方面要丰富许多。高鸿缙《毛公鼎集释》汇集前人研究成果，并在此基础上有所延伸发挥。③ 杨绍萱在《宗周钟、散氏盘与毛公鼎所记载的西周历史》中对毛公鼎铭文进行了著录和解说，并以此对西周历史进行探究。④ 在字句的考释方面，平心《甲骨文及金文考释》认为毛公鼎中所赐物“𠭰㝃”乃是《诗经》中的“约革”。⑤ 唐兰《毛公鼎“朱韨、葱衡、玉环、玉瑹”新解——驳汉人“葱珩佩玉”说》在考释文字的基础上，从字形、字义两方面对毛公鼎中所记的“朱韨”“葱衡”“玉环”“玉瑹”四件物品进行了解释，注重与典籍进行比较，同时对旧说进行了修正。⑥ 沈文倬《对扬补释》⑦，林沄、张亚初《〈对扬补释〉质疑》⑧，皆针对“对扬王休”一语的含义进行探讨。于省吾在《“王若曰”释义》一文中针对“王若曰”一语阐述了自己的看法。⑨ 此外，关于毛公鼎的社会历史背景，唐兰《怀念毛公鼎、散氏盘与宗周钟——兼论西周社会性质》一文通过研究毛公鼎等三件器铭，对西周的社会性质进行了探讨。⑩ 而陈育丞《簠斋轶事》一文讲述了陈介祺与毛公鼎之间的机缘，并收录了陈介祺为毛公鼎做的第一篇释

---

① 李棪：《金文选读·毛公鼎》，香港龙门书店 1969 年版。

② 洪家义：《金文选注绎》，江苏教育出版社 1988 年版。

③ 高鸿缙：《毛公鼎集释》，载《师大学报》1956 年第 1 期。

④ 杨绍萱：《宗周钟、散氏盘与毛公鼎所记载的西周历史》，载《北京师范大学学报（社会科学版）》1961 年第 4 期。

⑤ 平心：《甲骨文及金文考释》，载《华东师范大学学报》1956 年第 4 期。

⑥ 唐兰：《毛公鼎“朱韨、葱衡、玉环、玉瑹”新解——驳汉人“葱珩佩玉”说》，载《光明日报》1961 年 5 月 9 日。

⑦ 沈文倬：《对扬补释》，载《考古》1963 年第 4 期。

⑧ 林沄、张亚初：《〈对扬补释〉质疑》，载《考古》1964 年第 5 期。

⑨ 于省吾：《“王若曰”释义》，载《中国语文》1966 年第 2 期。

⑩ 唐兰：《怀念毛公鼎、散氏盘与宗周钟——兼论西周社会性质》，载《光明日报》1961 年 2 月 2 日。

文《毛公鼎释文》。①

三、20世纪70年代以后毛公鼎研究概况

20世纪70年代之后，毛公鼎研究更趋于细化和专门化，研究性论文涉及历史学、音韵学、金石学、古器物学、书法等多个方面，而关于毛公鼎的流传经过的文章亦愈发详尽和多样。

新时期以来，随着学科门类的细化，学者们从不同角度更为准确地解读毛公鼎。历史及古文字学方面，唐兰《“弓形器”（铜弓柲）用途考》认为毛公鼎铭文所说的“金簟”有竹制也有铜制，主要用途是在弛弓时束缚弓以防弓体损伤。② 于豪亮在《说“引”字》中将“□”释为“引”字，已成经典之作，为学界所公认。③ 沈文倬的《有关〈对扬补释〉的几个问题——答林沄、张亚初二同志的质疑》，探索了“对扬王休”在礼仪上的特殊意义。④ 祝瑞开《释“爰”“寽”》分析了“爰”“寽”二字的关系。⑤ 刘运兴在《〈毛公鼎〉铭文“康能四或俗我弗乍先王□”考释》一文中，通过古音和字义的分析，对“康能四国，俗我弗乍先王□”进行考释，认为这句话的含义是“镇抚四方，使我庶几不忝辱于先王（之功烈）”。⑥ 秦建文《金文“扬”字形义考》从形、义两方面对“扬”字进行了考释。⑦ 张富海则在《毛公鼎铭文补释一则》一文中对“舂”字进行考释，同样在参考百家学说之后，从音韵学角度分析，认为该字应读为“专”。⑧ 孙稚雏在《毛公鼎铭今译》一文中，对鼎文进行白话翻译，集各家学说并进行评价，文中还对毛公鼎进行断

---

① 陈育丞：《簠斋轶事》，载《文物》1964年第4期。

② 唐兰：《“弓形器”（铜弓柲）用途考》，载《考古》1973年第3期。

③ 于豪亮：《说“引”字》，载《考古》1977年第5期。

④ 沈文倬：《有关〈对扬补释〉的几个问题——答林沄、张亚初二同志的质疑》，载《杭州大学学报（哲学社会科学版）》1981年第3期。

⑤ 祝瑞开：《释“爰”“寽”》，载《人文杂志》1981年第5期。

⑥ 刘运兴：《〈毛公鼎〉铭文“康能四或俗我弗乍先王□”考释》，载《烟台师范学院学报（哲学社会科学版）》1992年第2期。

⑦ 秦建文：《金文“扬”字形义考》，载《曲靖师范学院学报》2004年第1期。

⑧ 张富海：《毛公鼎铭文补释一则》，载《中国典籍与文化》2011年第2期。

代，认为应为厉王时器。[①] 王治国在其博士论文《金文所见西周王朝官制研究》中讨论金文记载的命官制度、职官系统、部分主要职官和西周王朝选官任职特点时，对毛公鼎铭文多有参考。[②]

语言学方面，胡性初《论毛公鼎铭文的修辞艺术》主要探讨了毛公鼎铭文的修辞价值，罗列了毛公鼎铭文中的修辞手法（排比、借代、叠字、比喻等）并就具体字句进行解释分析，认为该铭文体现了古人运用语言符号形成表达手法的言语修辞现象，以及主观上为取得最佳表达效果而运用语言符号的修辞思想。[③] 张正霞《〈毛公鼎〉构词法研究》则以毛公鼎铭文中的复音词为研究对象，对复音词的数量、比例进行统计和分类，分析认为毛公鼎铭文词汇主要以单音词为主，构词方式以偏正式为主；词性构成比较简单，以名词为主，动词和形容词比较少。[④]

书法艺术方面，刘铁平在《笔力沉雄　墨意淳厚——谈〈毛公鼎〉的艺术特色与临习》一文中，着重介绍了临习毛公鼎铭文需要注意的问题，认为其书法结构稳定而富有变化，线条外廓动感张扬，点画沉稳而具有向心力。[⑤] 刘洪洋《从〈毛公鼎〉看金文的临摹与创作》从书法角度阐释毛公鼎铭文，包括字体、笔画、结构和笔法，称赞毛公鼎铭文优美婉曲、灵动自然、气势磅礴。[⑥] 除此之外，曹菁菁《罗振玉题端之毛公鼎全形拓》从国家图书馆所藏的一张毛公鼎全形拓入手，详细介绍全形拓的技艺以及该拓本的细节特点。[⑦] 而张长寿、闻广《跋落照堂藏毛公鼎拓本——落照堂藏拓之二》也在介绍落照堂藏毛公鼎拓本的情况之后，对毛公鼎铭文拓本传拓技法的演变进

---

① 孙稚雏：《毛公鼎铭今译》，见《容庚先生百年诞辰纪念文集》，广东人民出版社1998年版。

② 王治国：《金文所见西周王朝官制研究》，北京大学2013年博士学位论文。

③ 胡性初：《论毛公鼎铭文的修辞艺术》，载《广东教育学院学报》2000年第5期。

④ 张正霞：《〈毛公鼎〉构词法研究》，载《大理学院学报》2004年第6期。

⑤ 刘铁平：《笔力沉雄　墨意淳厚——谈〈毛公鼎〉的艺术特色与临习》，载《书法艺术》1994年第6期。

⑥ 刘洪洋：《从〈毛公鼎〉看金文的临摹与创作》，载《青少年书法》2007年第22期。

⑦ 曹菁菁：《罗振玉题端之毛公鼎全形拓》，载《人民日报（海外版）》2008年12月29日。

行了考证，理顺了铭文拓本的演变顺序。①

关于毛公鼎的出土、流传和收藏经过也为近年来部分学者所关注。一些与毛公鼎有关的人所写的回忆性文章，更成为研究毛公鼎流传经过的重要参考。陈继揆《毛公鼎旧事》对毛公鼎的出土、流传、拓本、铭文考释、时代等均有论及，比较全面。② 陆明君《簠斋研究》《陈介祺年谱》、邓华《陈介祺传》《清代大收藏家陈介祺》对陈介祺收藏与研究毛公鼎的过程有专门介绍。徐伯璞《毛公鼎得失记》以自己的亲身经历讲述了抗战胜利后对毛公鼎的追寻过程。③ 刘庆功《有关毛公鼎的一份档案》④、《上海市教育局曾与毛公鼎错失良缘》⑤ 通过民国旧档案讲述了徐伯璞追寻毛公鼎的过程。此外尚有叶子刚《毛公鼎几经沧桑话统一》（《紫禁城》1986 年第 2 期）、宋伯良《毛公鼎的收藏家》（《纵横》1996 年第 8 期）、恒章《救护〈四库全书〉和“毛公鼎”的徐伯璞》（《炎黄春秋》1997 年第 3 期）、梁丽红《命运多舛的毛公鼎》（《华夏文化》2012 年第 2 期）等对毛公鼎的流传经过进行介绍。

这一时期，对毛公鼎的著录主要包括：胡自逢《周金文选》著录毛公鼎铭文摹本⑥；罗福颐《三代吉金文存释文》对毛公鼎铭文进行了通释⑦；容庚《殷周青铜器通论》著录毛公鼎器形的照片⑧；《殷周金文集成》既著录铭文拓片，又著录铭文的摹本，拓片为最佳本的两片拓⑨；《金文编》⑩、《北京图书馆藏青铜器铭文拓本选编》⑪、《商周青铜器铭文选》⑫ 等著作均收录毛公鼎

---

① 张长寿、闻广：《跋落照堂藏毛公鼎拓本——落照堂藏拓之二》，载《文物》2009 年第 2 期。

② 陈继揆：《毛公鼎旧事》（上、下），载《文物天地》1991 年第 6 期、1992 年第 1 期。

③ 徐伯璞：《毛公鼎得失记》，载《钟山风雨》2001 年第 6 期。

④ 刘庆功：《有关毛公鼎的一份档案》，载《紫禁城》2008 年第 9 期。

⑤ 刘庆功：《上海市教育局曾与毛公鼎错失良缘》，载《收藏界》2008 年第 11 期。

⑥ 胡自逢：《周金文选》，台湾文史哲出版社 1983 年版。

⑦ 罗福颐：《三代吉金文存释文》，香港问学社 1983 年版。

⑧ 容庚、张维持：《殷周青铜器通论》，文物出版社 1984 年版。

⑨ 中国社会科学院考古研究所：《殷周金文集成》，中华书局 1984～1994 年版。

⑩ 容庚编著，张振林、马国权摹补：《金文编》，中华书局 1985 年版。

⑪ 北京图书馆金石组：《北京图书馆藏青铜器铭文拓本选编》，文物出版社 1985 年版。

⑫ 马承源主编：《商周青铜器铭文选》，文物出版社 1988 年版。

铭文并进行考释，对铭文的疑难字句亦进行解说；唐复年的毛公鼎研究成果收录在《金文鉴赏》一书中，先是对铭文的通释，后对重点字句进行解释，其观点多继承其父唐兰之说①；裘锡圭《古文字论集》②、秦永龙《西周金文选注》③ 则收录毛公鼎铭文通释和毛公鼎两片拓。

四、台湾地区及国外毛公鼎研究概况

大陆之外，毛公鼎的研究主要集中于中国台湾地区和日本。台湾地区学者对毛公鼎的研究方向和大陆几无差别，日本学者有关毛公鼎的研究也不外乎流传、拓本、考释等几个方面，但依然有借鉴价值。

董作宾《毛公鼎考年》从文字、成语、礼制三个方面进行论证，认为毛公鼎为西周初年器物。④ 谭旦冏《毛公鼎之经历》对毛公鼎的流传经过进行了介绍。⑤ 周法高主编的《金文诂林》中收录了毛公鼎铭文，并进行了注释。⑥ 张光远《西周重器毛公鼎》驳斥了毛公鼎器伪之说，还介绍了鼎的出土和流传经过。⑦ 巴纳、张光裕《中日欧美澳纽所见所拓所摹金文汇编》介绍了毛公鼎庋藏地点并收录了铭文。⑧ 张光裕《论两篇伪作的毛公鼎铭文》指出现存毛公鼎拓本中有伪作，提醒学者认真辨认。⑨ 万家保《毛公鼎的铸造及相关问题》从铸造学角度对毛公鼎进行考证，这是前人所未涉及的。⑩ 刘阶平《陈簠斋先生与毛公鼎》讲述了毛公鼎的流传、拓本、铭文等问题，其中收录许多学者的毛公鼎拓本跋，很有价值。⑪ 张世贤《从毛公鼎的真伪鉴别展望中国古器物学的研究》介绍了运用 X 光透视技术辨别毛公鼎真伪的

---

① 唐复年：《金文鉴赏》，北京燕山出版社 1991 年版。

② 裘锡圭：《古文字论集》，中华书局 1992 年版。

③ 秦永龙：《西周金文选注》，北京师范大学出版社 1992 年版。

④ 董作宾：《毛公鼎考年》，载《大陆杂志》第 5 卷第 8 期，1952 年。

⑤ 谭旦冏：《毛公鼎之经历》，载《大陆杂志》第 5 卷第 9 期，1952 年。

⑥ 周法高主编：《金文诂林》，香港中文大学出版社 1975 年版。

⑦ 张光远：《西周重器毛公鼎》，载《故宫季刊》第 7 卷第 2 期，1973 年。

⑧ ［澳］巴纳、张光裕：《中日欧美澳纽所见所拓所摹金文汇编》，中国画报出版社 2019 年版。

⑨ 张光裕：《论两篇伪作的毛公鼎铭文》，载《书目季刊》第 8 卷第 4 期，1975 年。

⑩ 万家保：《毛公鼎的铸造及相关问题》，载《大陆杂志》第 60 卷第 4 期，1980 年。

⑪ 刘阶平：《陈簠斋先生与毛公鼎》，载《书目季刊》第 7 卷第 3 期，1973 年。

理由和毛公鼎在透视效果下显现的特征，认定毛公鼎为真器，同时也说明科学技术在古器物学和考古学中发挥日益重要的作用。①

日本学者林泰辅于20世纪30年代出版有《毛公鼎铭考》，对毛公鼎铭文进行考解，但创获不多。② 日本著名汉学家白川静著有《金文通释》，其中涉及毛公鼎研究。该书首先简明回顾了毛公鼎的研究史，罗列了器名、出土、年代、收藏、著录及研究情况，并且提出自己对铭文的独到见解。③ 美国学者倪德卫在《〈竹书纪年〉解谜》（中文版）中认为师訇簋和毛公鼎铭文在行文风格上非常相似，他们应为同时期作品，认为毛公鼎年代为周幽王即位之年（前783）。④

总体说来，毛公鼎研究继晚清时期陈介祺的开创之功，一直呈高深之势延续发展。20世纪五六十年代，不断有学者在继承前学的基础上，对以前的观点提出质疑和新的认识；至20世纪70年代以后，随着学科的专门化，毛公鼎研究所涉及的领域不断拓宽而且更加细致，但研究群体以中国学者为主，国外学者中以日本白川静的研究最为全面。

第三节 毛公鼎全形拓研究

全形拓又名立体拓、器形拓、图形拓，它是一种以墨拓作为主要手段，辅以素描、剪纸等技术，将古器物的立体形状表现在纸上的特殊传拓技法。毛公鼎是国之重器，出土以来，收藏者不断对其进行全形拓，不同时期的拓片各有特点。在照相技术尚不普及的情况下，全形拓保存了毛公鼎的图像资料。陈介祺是全形拓的重要发展者之一，作为毛公鼎的第一任收藏者，其所做毛公鼎全形拓为后世所推崇。

---

① 张世贤：《从毛公鼎的真伪鉴别展望中国古器物学的研究》（上、下），载《文物保护与考古科学》1994年第2期、1995年第1期。

② ［日］林泰辅著，明朝译：《毛公鼎铭考》，载《国立中山大学语言历史学研究所周刊》第10卷第116期，1930年。

③ ［日］白川静通释：《金文通释》，中村印刷株式会社1976年版。

④ ［美］倪德卫著，魏可钦、解芳等译，邵东方校：《〈竹书纪年〉解谜》，上海古籍出版社2015年版。

一、陈介祺与毛公鼎原器全形拓

最早对毛公鼎进行捶拓的是鲍康。鲍康《跋毛公鼎摹拓本》言“初出土时，余在秦，曾拓存一纸”，此或即王国维后来所称之“秦中旧拓”。[①] 鲍康拓本世无所存，应仅为铭文拓本。容庚题跋叶公超藏毛公鼎拓本中有“《徐籀庄年谱》道光二十三年（1843）云：得张石匏秦中书，寄示岐山所出周鼎双钩本”[②] 之语，此铭文双钩本应是据秦中旧拓本描摹。陈介祺得到毛公鼎后请陈畯为之传拓，并将其送与徐同柏、许瀚、吴式芬三位挚友，请其共同考释铭文。因此推测陈介祺最初的拓本也是铭文拓本，以作文字考释之用。之后，陈氏采用透视法对毛公鼎进行全形拓，成为毛公鼎全形拓第一人。

陈介祺之前，全形拓多为整纸拓，名为立体，实如平面。在捶拓时，器物上的花纹只拓一半，器耳、提梁等只拓正视一面，且墨色不分浓淡。陈介祺在总结前人经验的基础上，采用分纸拓，同时注意到器物的透视关系，在拓片中展现所能见到的器物各面，以浓淡不同的墨色表现立体之感。

早期的毛公鼎全形拓由拓工虎臣完成，所见有王懿荣之子王汉辅题端之朱拓本，钤有“古瓦量斋”等印，或为王氏旧藏。该拓本上亦有马衡题跋：“毛公鼎旧藏潍县陈氏，器为天下名宝，三代器文字之冠。此拓为虎臣先生朱拓之精本，海内罕见也。丁亥春日，马衡。”[③]（图2－2－3）该拓本器形整体略显扁平，口沿与腹部平齐；鼎耳用墨内侧深及鼎腹，右侧鼎耳处有三角形锈斑；腹部重环纹拓完整者四组，两侧半组可合为完整一组，纹饰自右向左排列，与原器方向相反，当为剪裱时该部分纹饰倒置的结果；三鼎足中足在前，两足在后，范线明显，中足直立挺拔，后两足外撇，内侧各有一圆形凹陷，凹陷内饰有“＋”“∟”纹凸起。这一时期毛公鼎铭文采用条子拓方式，铭文整体分四部分，每部分两至三行为一个条子，拓毕拼接成两片式拓本。捶拓时拓工注意到了器物受光部分和背光部分的区别，以墨色浓淡进行区分，

---

① 张长寿、闻广：《跋落照堂藏毛公鼎拓本——落照堂藏拓之二》，载《文物》2009年第2期。

② 游国庆：《二十件非看不可的故宫金文》，台北故宫博物院，2012年，第58页。

③ 王汉辅题端毛公鼎全形拓，见上海博古斋2011年迎春艺术品拍卖会古籍善本专场。

图2-2-3　**虎臣本毛公鼎全形拓**（上海博古斋2011年迎春艺术品拍卖会古籍善本专场）

使所拓器物层次分明。

据陈秉忱称，陈介祺毛公鼎原器铭文拓本最初用条子拓；之后拓四片，即“四靴头式”，后来是两片式。从目前所见拓本可知，条子拓分为两种，一如虎臣拓本将铭文整体分成四部分，每部分做条子拓后剪去重字拼接；另则将铭文以每四行为一条子，整体分为八个条子，拼接后形成两片式拓本（图2-2-4）。虎臣拓本是陈介祺尚未将西洋照相法引入全形拓之前所做，因此这类拓本当拓于咸丰、同治年间，属于较早期拓本。

将西洋照相法引入全形拓始于陈介祺表弟谭相绅，谭相绅曾在潘霨署中学习西洋照相之法。光绪元年（1875）正月二十六日陈介祺在给吴大澂的信中称：“兹有表弟谭雨帆名相绅，旧在潘世兄霨署中习得西人照法……今试令照三代古文字拓及器量图乃至佳。”① 同年四月在给王懿荣的信中又谈及采用拍照制作盂鼎全形拓的方法，言“洋照虽不必好其奇，然照古器形，缩三代古文字锓木，以补其不能久存之憾，而用其能不失真之长”，又言“当以洋照取其真形再拓，鼎文鼎耳足原样布于放大足尺寸真形上，使之无一不合乃可。……巧者能者之心目，

① 〔清〕陈介祺著，陈继揆整理：《秦前文字之语》，齐鲁书社1991年版，第287页。

图2-2-4 条子拓毛公鼎铭文拓片（中国嘉德2015年秋季拍卖会古籍善本专场）

不能如洋照之浑成如铸一丝不走，以为真式，而扩充之，使如原器大小为图，刻石与木而拓之（墨、朱，朱中用白蜡）为巨幅。铭文则用原器精拓本，亦可以刻者为稿，而拓原器补缀成之，更大雅”。① 在之后定稿的《传古别录》中，陈介祺参照西洋照相法，对全形拓之透视关系做了更加明确的说明："拓图以记尺寸为主，上中下高低尺寸既定，其曲处以横丝夹木板中，如线表式抵器即可得真。再向前一倾，见口即得器之阴阳。以纸裱挖出后，有花纹耳足者，拓出补缀，多者去之使合，素处以古器平者拓之。……整纸拓者，似巧而俗，不入大雅之赏也。”② 光绪元年（1875）正月，陈氏在给吴大澂的信中尚未言及洋照用于全形拓，在四月给王懿荣的信中则详细说了洋照做盂鼎全形拓的方法，五月初已写版待刊的《传古别录》又对全形拓的透视刻版进行阐释，说明陈介祺在光绪元年（1875）正月至四月间以洋照兼采透视之法用于全形拓。冯恕跋端方之毛公鼎全形拓时言：“簠斋陈先生得此鼎，曾拓十本，皆潍县谭姓手拓。”③ “潍县谭姓”即陈介祺表弟谭相绅。因此，这一时期的毛公鼎全形拓主要由谭相绅制作完成。

谭氏拓本较虎臣拓本略显挺拔，锈迹明显；鼎耳内侧施墨至口沿处即止，右侧鼎耳处锈斑仍可见；腹部上端内收，不与口沿平齐，腹部最大径略大于口沿径；腹部环带纹方向与鼎同，有饰四组半者，四组完整，鼎腹右侧存有半组④；有饰五组者，亦为四组完整，两侧纹饰合为一组，左侧仅存环带纹之

① 〔清〕陈介祺著，陈继揆整理：《秦前文字之语》，齐鲁书社1991年版，第108～109页。

② 〔清〕陈介祺：《传古别录》，光绪元年（1875）滂喜斋丛书本。

③ 姚华：《毛公鼎全形拓题跋》，见西泠印社2015年艺术品拍卖会中国书画古代作品专场·古籍碑帖专场。

④ 毛公鼎全形拓，见北京华夏国拍2013春季拍卖会古籍文献专场。

图2-2-5 国家图书馆藏罗振玉题端毛公鼎全形拓

一端（图2-2-5）①；三鼎足直立，中足在前，两足在后，范线明显，后两足内侧圆形凹陷所形成的白色圆圈不见，仅存有“+”“∟”纹凸起。

光绪元年（1875）之后，铭文拓本也在之前条子拓的基础上不断改进。首先是将条子拓改为“四靴头式”拓法，该拓本较之后端方时期的铭文拓本，靴头均朝外侧（图2-2-6）。在“四靴头式”拓法的基础上，陈介祺又进行了多种两片拓的尝试。目前所见有三种，一种是上下分拓，左右相连，落照堂藏毛公鼎铭文拓本由上下两片纸分拓而成，是在“四靴头式”拓本基础上左右相连而成（图2-2-7）；第二种如国家博物馆藏罗振玉题端毛公鼎全形拓（图2-2-5），将“四靴头式”与条子拓相结合，做成左右两片拓本，每片拓本下部以3—4行为一个条子，随鼎腹及铭文走势剪去重字后呈条子状分散；第三种将“四靴头式”拓法改为左右分拓，上下相连，然拓片重字较多（图2-2-8）。铭文两片拓本由李泽庚（字星甫）发明，据《陈介祺年谱》记载，光绪元年（1875）二月李佐贤次子李韦卿介绍李泽庚跟随陈介祺学拓，陈介祺称“星甫来令学拓封泥”②，则两片拓应在光绪元年（1875）。早期拓本在靴头相连处仍有凸起，之后通过对用纸剪口的不断调整，拓片中间由“靴头”形成的凸起也消失不见（图2-2-9）。

---

① 曹菁菁：《罗振玉题端之毛公鼎全形拓》，载《人民日报（海外版）》2008年12月29日。

② 陆明君：《陈介祺年谱》，西泠印社出版社2015年版，第303页。

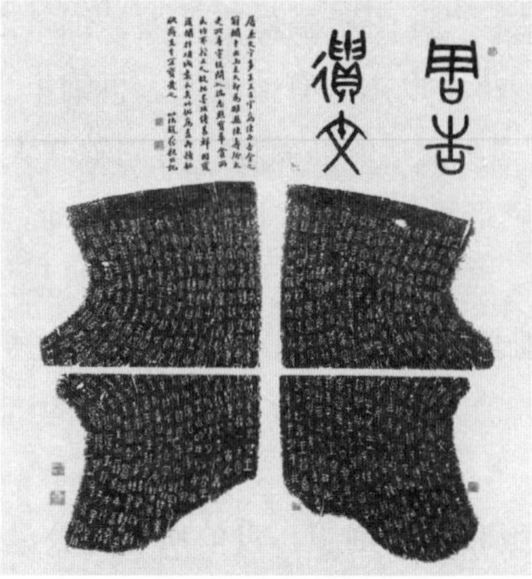

图2-2-6　“四靴头式”毛公鼎铭文拓片（中国嘉德2015年秋季拍卖会古籍善本专场图录）

图2-2-7　落照堂藏毛公鼎铭文拓片（《跋落照堂藏毛公鼎拓本——落照堂藏拓之二》）

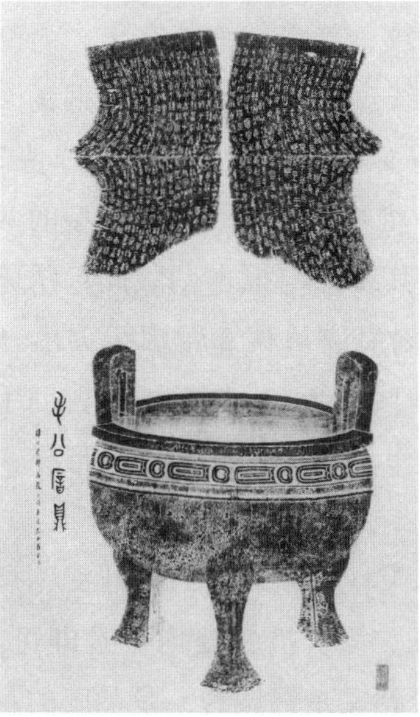

图2-2-8　国家图书馆藏罗振玉题跋毛公鼎全形拓

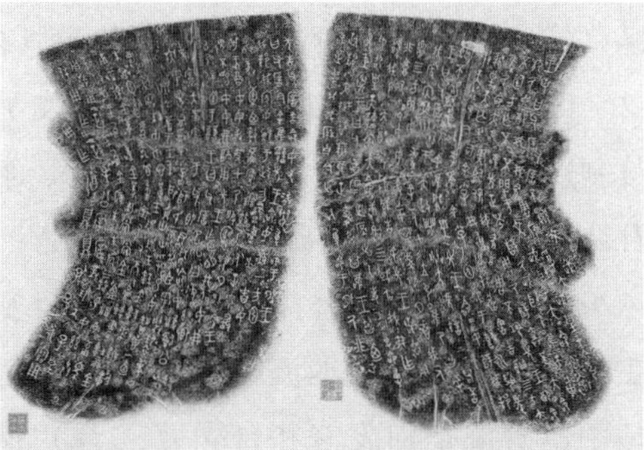

图2-2-9　“两片拓”式毛公鼎铭文拓片（《中国书法》2015年第3期封面）

二、陈介祺与毛公鼎刻版全形拓

清代中期，拓本馈赠之风盛行。藏家往往将器形画成图后，刻在木板或石板上捶拓；或用木板锯成器形，以拓就之花纹罩于板上，拓其边缘而得器形。六舟和尚曾刻版拓印焦山鼎，阮元题跋：“此图所摹丝毫不差，细审之，盖六舟僧画图刻木而印成鼎形，又以此纸折小之以拓其有铭处乎。再细审之，并铭亦是木刻。”①《清稗类钞》中曾提道：“阮文达家庙藏器，有周虢叔大令钟、格伯簋寰盘、汉双鱼洗，皆无恙，惟全形椎拓不易，因而真迹甚稀。况夔笙求之经年，仅获一本。复本所见非一。石刻较优于木，然真赝相形，神味霄壤，可意会不可言传，不仅在花纹字画间也。”② 至陈介祺，在引入透视法进行全形拓的同时，又以全形拓本摹勒刻版，并在包括毛公鼎在内的诸多器物全形拓中使用。

陈介祺制作的毛公鼎刻版分为器形刻版和铭文刻版，目前所见毛公鼎全形拓本多为刻版捶拓，亦有器形以刻版拓、铭文配以原器拓者。陈介祺以原器全形拓为底版，参照西洋照相校正，制作毛公鼎全形拓刻版。潍坊市博物馆藏有一套楸木刻版，鼎足较高，器身挺拔，口径大于腹径，口沿及鼎耳处刀刻痕迹明显；鼓腹圜底，腹部饰四组半重环纹；兽蹄足上部突出，内侧切面呈弧状，两足在前，一足在后，后足可见范线。为表现器物上的铜锈，陈氏将大漆反复自然滴落于木板之上，然后磨平以现锈斑之状③（图 2－2－10）；铭文刻版利用白石两块，做出原鼎凹度，将铭文刻上，此为典型的两片式。陈介祺时期制作的全形刻版尚有石质者，其纹饰与楸木刻版同，锈斑较明显（或为原有石斑所致），口沿及鼎耳处刀刻痕迹与腹部轮廓线突出（图 2－2－11）。另据陈秉忱称，毛公鼎铭文另有木质刻版。④ 陈介祺传古助手姚公符制造器具精巧绝伦，并精摹勒，其刻版制作了六十三件陶器全形拓，陆明君认为毛公鼎全形拓刻版亦由其完成。⑤

20 世纪以来，毛公鼎全形拓伪作渐多。陈秉忱称：“翻刻的鼎文、鼎图是在二十年代，以拓本流行古董行中。伪拓纸、墨、折叠处均一看即可辨。伪拓中，听说是别茂修和台霁五（音）伙制。铭文是锡做的，是鼎腹的一半

---

① 转引自徐蓉蓉：《青铜文化的延续——全形拓》，载《上海工艺美术》2015 年第 1 期。

② 徐珂辑：《清稗类钞选（著述类 鉴赏类）》，书目文献出版社 1984 年版，第 209 页。

③ 潍坊市博物馆：《金石千秋——纪念陈介祺诞辰二百周年藏品选》，内部刊物，2013 年，第 4 页。

④ 陈秉忱致陈继揆信，该信曾在潍坊市博物馆举行的陈介祺遗物展上展出。

⑤ 陆明君：《陈介祺与金石传拓》，载《中国书法》2015 年第 3 期。

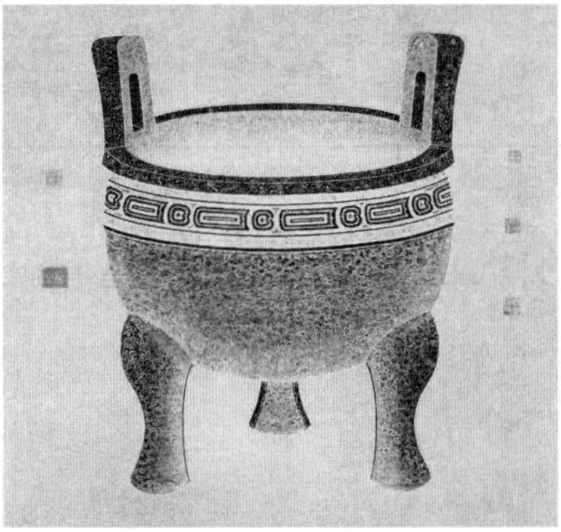

图2-2-10 潍坊市博物馆藏毛公鼎木版全形拓

图2-2-11 毛公鼎石版全形拓（中国嘉德2015年春季拍卖会古籍善本专场）

……伪制毛（公）鼎拓本流传当不在少数，盖有图章的也是伪刻。”① 近年另见民国毛公鼎石板，由三块方形白石凿成半凹状，分别刻毛公鼎及两片铭文，然刻工较粗且刀笔软弱，远不及陈氏之刻版。

三、陈介祺之后的毛公鼎全形拓本

陈介祺后人有以毛公鼎原器做拓者，或为陈陔出售前所制。王献唐称：“在出卖以前，陈家便拓了三天三夜，现在流行的墨本，多半是这时所拓。”② 自陈陔出售毛公鼎后，毛公鼎先后被端方、叶恭绰、陈咏仁和中央博物院、台北故宫博物院收藏。因毛公鼎之盛名，藏者无不制作全形拓以纪所藏。故陈介祺之后，先后出现了端方时期拓本、王秀仁拓本、张舜铭拓本、台北故宫博物院铭文拓本等，其中以端方时期拓本为罕见。王秀仁先后为叶恭绰、陈咏仁进行传拓，其拓本尤被称道。

端方自陈陔处购得毛公鼎后即请人以原器做全形拓，然甚艰难，又兼端方不久后死于四川保路运动，故端方藏鼎时所做全形拓数量甚少，相传仅为四本，目前所见者有衡水孙桂澄藏本。从孙氏藏本看，端方时期的毛公鼎全形拓与陈氏原器拓本相类，腹部重环纹拓四组，一足在前，两足在后，整体

---

① 陈秉忱致陈继揆信，该信曾在潍坊市博物馆举行的陈介祺遗物展上展出。

② 王献唐遗作，路方红整理：《从毛公鼎说到张宗昌韩复榘》，载《山东图书馆学刊》2009年第3期。

锈迹明显，后两足内侧的“＋”“∟”纹饰仍可见；铭文为“四靴头式”，靴头朝内。孙桂澄曾协助端方从陈陔手中购得毛公鼎，其藏本中亦记此事。姚华在题跋中记录了孙桂澄协助端方购鼎的相关经过，“此瘖鼎乃归忠慜公端方后所拓，秋帆之所藏也。鼎原藏潍县陈寿卿先生家，秘不示人。有妒之者至，诋为赝鼎。其后拓本稍稍流传，则又推重其文为尚书遗篇云。方寿老逝世，忠慜得鼎讯可问也。驰书自西山别舍，亟秋帆之潍，信宿至秘无知者，夤夜访陈氏后人，趁其机势侵晨鼎入秋帆手，而潍之巨家来夺已无及矣。秋帆遂拏归京师，忠慜喜可知也。鼎即归而艰于拓墨，久之得数本，此其一也。世号端拓以墨本，鼎足正面在前，于陈拓在后者，为二家之别。端拓即罕，秋帆又于此鼎有一段因缘，焉可不为之记乎”。此外尚有钮嘉荫题端“周毛公鼎铭”、罗振玉跋“此鼎为海内吉金之冠”等文字。冯恕题跋记述了时人所盛传之“毛公鼎十四本拓”，称“簠斋陈先生得此鼎，曾拓十本，皆潍县谭姓手拓，吴窸斋所谓秘不示人者也。忠慜得之仅拓四本即匆匆赴蜀授命。秋帆是本即四本之一，亦即十四本之一，可宝也”（图 2－2－12）。

叶恭绰得到毛公鼎后曾请当时著名拓工王秀仁为之做全形拓，形制仿陈介祺制版拓本，两足在前，一足在后，腹部拓重环纹共计四组，两侧为圆形重环纹之两端。传世拓本有叶恭绰赠吴湖帆本，其上钤印“王秀仁手拓金石文字”“恭绰长寿”“湖帆密籍”等。吴湖帆题端“三代第一吉金文字”；其跋两段，一为“潍县陈簠斋先生旧藏，海丰吴子苾阁学辑《捃古录》以此鼎文字最多，列最后。沈阳端忠敏得于陈氏。辛亥后乃归番禺叶遐庵丈。甲戌（1934）元日试笔记，吴湖帆”；一为“十年前遐翁所贻。乙酉（1945）夏日，付纪群贤甥藏之。尚有刘氏藏周矢彝拓本，与此堪耦并记赠”（图 2－2－13）。①

台北故宫博物院藏有叶恭绰侄子叶公超所藏之拓本，上有 1936 年商承祚题端以及于省吾、孙海波、唐兰的题跋，另有 1937 年容庚题跋（图 2－2－14），这四段题跋内容多历数毛公鼎收藏经过或考释毛公鼎之时代、文字。1946 年，毛公鼎被收归国有，叶恭绰在拓本上题跋：“此器兹移国有，可云得所。然抚今思昔，不能无感。怀璧之罪，可不慎欤？遐翁。”1953 年，董作宾作跋认为毛公鼎是周成王时期器物（图 2－2－15）。

---

① 吴湖帆家藏毛公鼎拓本，见金石契·东方大观 2015 年春季艺术品拍卖会。

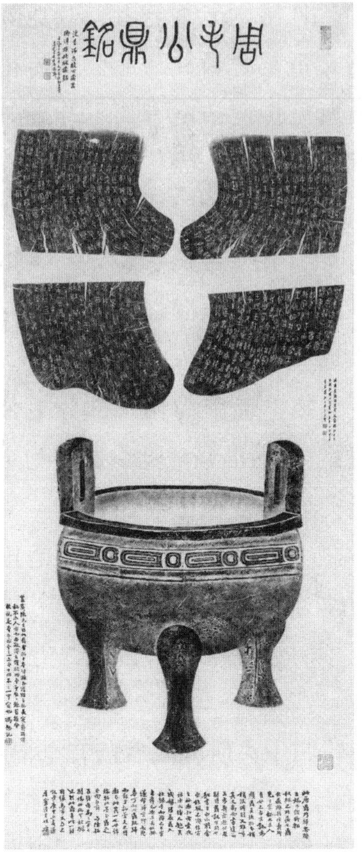

图2－2－12 孙桂澄藏毛公鼎全形拓（西泠印社2015年首届艺术品拍卖会）

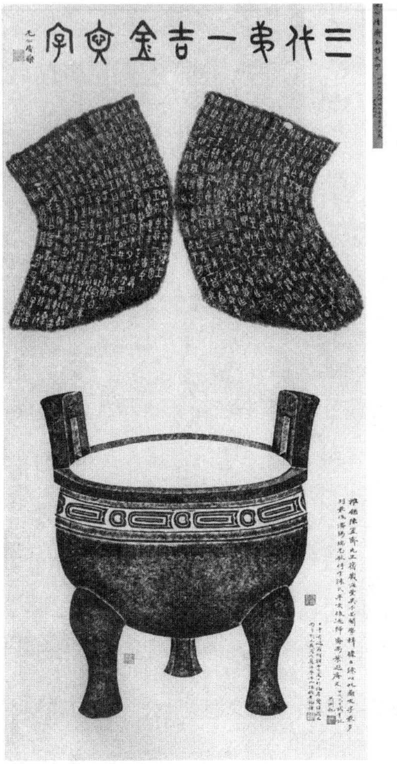

图2－2－13 吴湖帆家藏毛公鼎全形拓（金石契·东方大观2015年春季艺术品拍卖会）

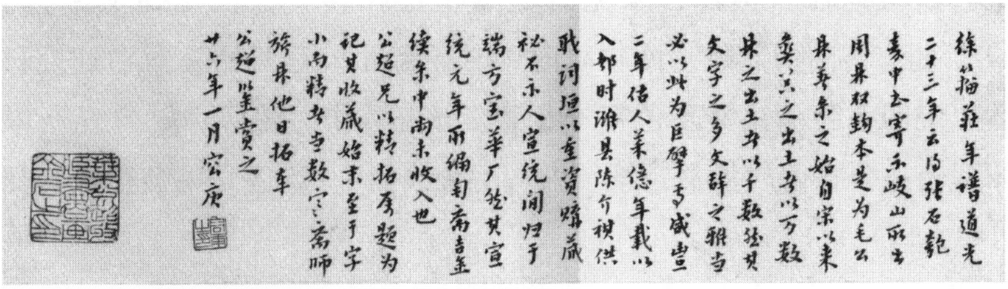

图2－2－14 容庚题跋叶公超藏毛公鼎全形拓

陈咏仁自叶恭绰手中购得毛公鼎后，于1946年与其弟陈利仁将毛公鼎捐赠给国民政府。捐赠之前，陈咏仁请王秀仁为之做全形拓，共拓制50份，形制与叶恭绰时期的拓本相同，当时售价为每套二百两白银。王氏精于传拓，

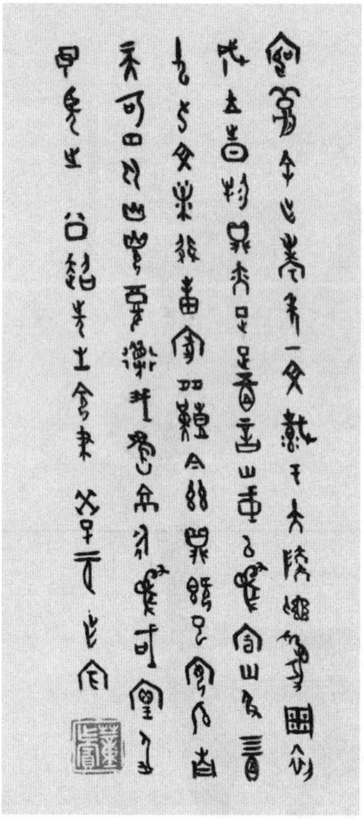

图2－2－15 董作宾题跋叶公超藏毛公鼎全形拓

拓纸折痕较少，且铭文无重复者，避免陈介祺分纸传拓及铭文重复之弊，为毛公鼎传拓之最佳拓本。目前所见传世拓本有商承祚题签、容庚题跋本，其上钤有“陈咏仁伯陶玺”“陈利仁”“三代吉金无上至宝”“陈氏所藏”“山阴王秀仁拓”等印（图2－2－16）。[①] 该拓本拓工精良，字口凹凸还原原器之效果，真实展现毛公鼎之本来面貌，或为陈咏仁所自藏。又有王禔题跋本，该拓本鼎腹尚拓有部分毛公鼎铭文。王禔题跋：“毛公厝鼎。此鼎文字为金文中之最多者，且完好无残蚀，尚能句读。吴愙斋以周诰遗文称之，洵可补入经文，得是拓宜珍宝诸。戊子立冬节古杭王禔福厂题并识。”钤“王禔”“福厂六十岁后书”“古杭”等印（图2－2－17）[②]。

毛公鼎被收归中央研究院后仍有全形拓本。所见者有当时南京泮池书店经理张舜铭所拓，该全形拓本整体挺拔，腹部自口沿下内收，饰四组完整重环纹，两足在前，中足在后，整体墨色较重，少见锈迹，或为硬物刻版所为。其为分纸拓制后剪裱而成，接裱痕迹明显（图2－2－18）。

毛公鼎被运往台湾后，未见有器形全形拓传世，仅见铭文朱色拓本。1998年，闻广访问台北故宫博物院时，时任台北故宫博物院器物处处长的张光远曾以院印毛公鼎铭文朱色拓本相赠。该拓本分左右两片，文从行顺，其上有末代衍圣公孔德成墨书题篆“西周毛公厝鼎”，这应是毛公鼎最晚的拓本（图2－2－19）。[③]

---

① 容庚题跋毛公鼎拓本，见中国嘉德2015年秋季拍卖会古籍善本专场。

② 王禔题跋毛公鼎拓本，见西泠印社2007年秋季艺术品拍卖会中国书画近现代名家作品专场。

③ 张长寿、闻广：《跋落照堂藏毛公鼎拓本——落照堂藏拓之二》，载《文物》2009年第2期。

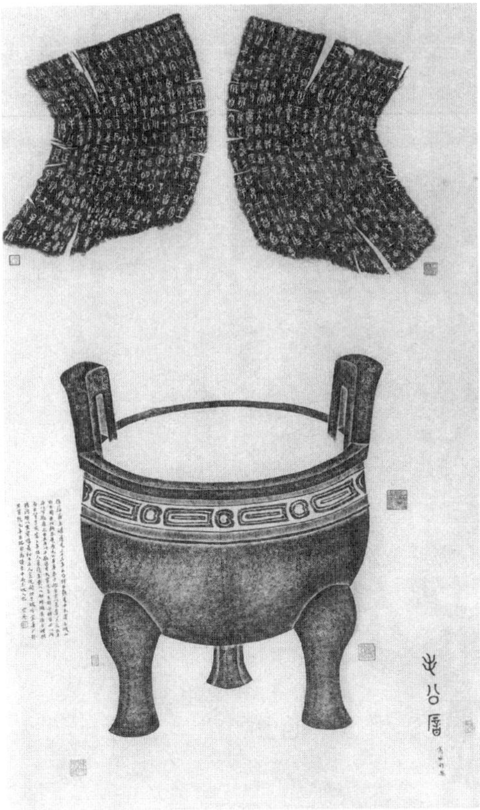

图2-2-16 容庚题跋毛公鼎全形拓（中国嘉德2015年秋季拍卖会古籍善本专场）

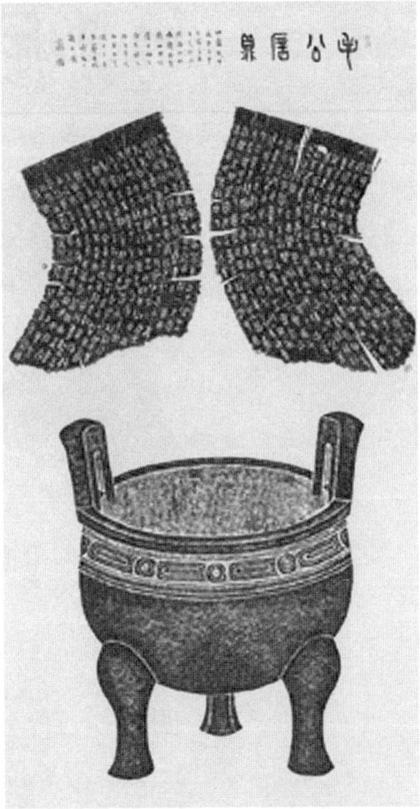

图2-2-17 王禔题跋毛公鼎全形拓（西泠印社2007年秋季艺术品拍卖会）

图2-2-18 张舜铭毛公鼎全形拓（山东恒昌2013年秋季艺术品拍卖会）

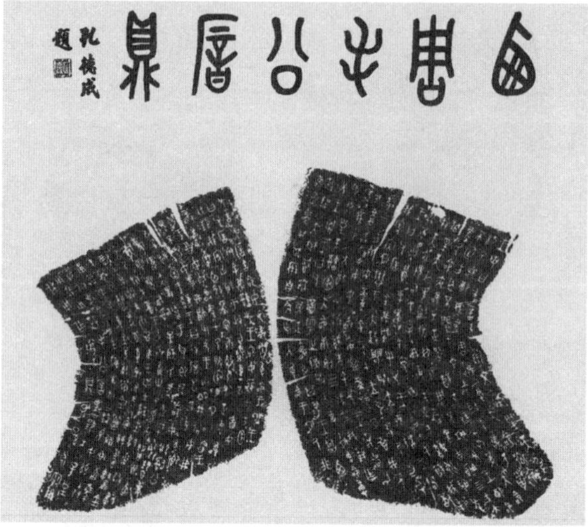

图2－2－19　台北故宫博物院毛公鼎铭文拓本（《跋落照堂藏毛公鼎拓本——落照堂藏拓之二》）

第四节　毛公鼎的历史文化价值

毛公鼎与大盂鼎、散氏盘、虢季子白盘并称晚清“四大国宝”，它们全面反映了西周晚期社会政治、经济、文化概况，在中国文化发展史上具有重要地位。毛公鼎出土后备受世人关注，学者们对其在文字、史学、文化、艺术层面的价值给予了高度评价。晚清金石学家吴大澂曾说：“使当日孔子见之，必录入《周书》，在不删之列。”① 郭沫若也曾评价其“抵得上一篇《尚书》”。毛公鼎铭文字迹规整，笔力遒劲，字与字以界格相间，当是在范上先刻划格子再书写铭文，极具书法艺术价值，历来为书法界所推崇。李瑞清称赞毛公鼎为周庙堂文字，“其文则《尚书》也”，“学书不学毛公鼎，犹儒生不读《尚书》也”。②

① 转引自田永德：《天将金石付斯人　清代收藏家金石学家陈介祺》，载《收藏家》2017 年第 11 期。

② 李瑞清：《跋毛公鼎铭文》。转引自张洪峰：《简论李瑞清大篆书法理论及其实践》，载《安徽文学》2011 年第 4 期。

（一）毛公鼎的历史价值

毛公鼎以其铭文之多、记史之详，成为研究西周史的重要资料，自晚清起，学者们即对毛公鼎铭文进行解释和考据。纵观铭文内容，以周王室中兴为背景，开篇提及国家四方不安、国政困顿，周宣王欲图中兴，拜托毛公辅佐王政。从恳切的言辞和细致的描绘中可以深切地体会到周宣王励精图治的决心和西周晚期国家危急的情形。文中，周宣王册命毛公主管公族和小子、师氏、虎臣三有司。西周金文中多见“小子”之称，其中有的是国王自己的谦称，有的是官名。但也有一些“宗小子”“小子某”“某小子某”，则可能都是小宗对大宗的自称，如盠驹尊中即有“王弗望厥旧宗小子”之语，九年卫鼎中有“卫小子家逆”之语。师氏与虎臣是西周时期统帅军队的高级军官，《尚书·牧誓》中将师氏与千夫长、百夫长连称；《尚书·顾命》中记载成王临终时召见“芮伯、彤伯、毕公、卫侯、毛公、师氏、虎臣、百尹、御事”，以师氏与虎臣连称，与毛公鼎铭文同。毛公鼎铭文中的职官与《尚书》等传世文献记载相符，成为后世了解西周时期官制制度的重要参考。铭文中记载宣王赏赐毛公厝美酒、玉器、车马、兵士、命服等，基本与《周礼·大宗伯》“一命受职，再命受服，三命受位，四命受器，五命赐则，六命赐官，七命赐国，八命作牧，九命作伯”以及《韩诗外传》“诸侯之有德，天子锡之：一锡车马，再锡衣服，三锡虎贲，四锡乐器，五锡纳陛，六锡朱户，七锡弓矢，八锡鈇（斧）钺，九锡秬鬯”等文献记载相符，为探究当时的赏赐制度和礼仪制度提供了重要依据。

西周“制礼作乐”，以礼乐制度安邦治国。周朝礼乐文化的传承以青铜器为载体，钟鼎彝器作为礼器，其大小、轻重是王室贵族身份、地位和权威的象征。毛公鼎从器形上看，双立耳、圜底鼓腹、兽蹄形足，端庄敦重，给人以王命威严之感；从纹饰上看，口沿下饰一道带状重环纹和一道凸弦纹，既满足了装饰的需要，又不显得繁复，使得整件器物古朴典雅又不失端庄美感，符合西周时期人的审美要求。毛公鼎铭文井然有序的法度、温文尔雅的审美倾向，体现了含蓄内敛的中国传统文化精神。其篇幅巨大，铭文整齐，开篇即言“王若曰：父厝，不显文武，皇天弘厌厥德，配我有周，膺受大命”，颂之如临其境，观之有洋洋恢宏之感，作为庙堂文字，“其文则《尚书》也”，作为《典》《诰》之文，彰显着周王室谦恭和谐的中和之美与中庸思想。

从音韵学角度看，毛公鼎铭文积淀着相当丰富的言语修辞艺术。全文运用排比、借代、顶真、省略、转类辞格、敬谦辞格等修辞手法突出表达效果，使整篇铭文在造句、记事、述怀上很有法度。例如在描写周王赏赐时，25 个词语排用，条分缕析，极有气势。毛公作铭时注意发挥嘏辞的修辞效果，既称赞了周宣王的功绩和美德，又彰显了自己受册命和褒赏的荣耀。全文记述上下连贯，语义步步深入，彰显主题，表现了古人极高的修辞艺术，见证着西周时期语言的发展程度和言语习惯。

从器物学角度看，毛公鼎在铸造过程中出现了浇铸不足、存有气泡、成型有误的现象，这种现象在西周晚期的大型青铜器中普遍存在，如陕西历史博物馆藏周厉王时期的多友鼎，即以熔化旧有铜器铸造而成，以致其青铜合成比例失调，故器物整体不如西周早中期青铜器规整。毛公鼎铭文界格明显，或因器体硕大及器表粗糙，器物成型后没有进行细致打磨所致。通过其铭文界格我们推测，西周时期的长篇铭文在翻模制作过程中，多依界格摹写刻划，以彰显规整与法度。

（二）毛公鼎的书法艺术价值

西周金文书法的发展历程大致可划分为早、中、晚期三个阶段。早期大多沿袭殷商风格，书法朴茂凝重，瑰丽沉雄，大小不拘，随意恣性，字多施以肥笔、重团以突出其形态，体现出书写者在创作上较为自由随意的时代特征。中期风格为之一变，用笔凝重而笔势顺畅，点画圆浑，虽也有肥笔、重团，但其装饰意味明显减少，书写意蕴增强，行款变得疏朗，字体也逐步趋于规范。到了晚期，金文书法已臻完备，无论是在用笔、结字、布局还是在气韵风格上都趋于成熟，装饰意味消失，线条愈加沉雄质朴，字形更显生动活泼，内涵丰富性大大加强。这一时期，金文大致分为两种类型，一类是书写挺拔、笔势匀称，纵横成行而刻意求工的字体，以虢季子白盘铭文为代表；另一类以毛公鼎铭文为代表，其铭文为最成熟的大篆形态，可能是西周晚期王室使用的标准字体，笔道圆润，结字和谐优美。

毛公鼎铭文随鼎腹内弧面形制而展开，书写以斜向、环状运动的线条和灵活多变、或方或长的结字依势完成，整个铭文处置井然有序、和谐统一，表现出纯熟的书写技巧、高超的形式美感和极高的艺术价值，阐释了西周金文由繁杂、粗率、严谨肃整到圆熟精到的文字演变、发展轨迹，堪称完美。其用笔精严，线条圆润，饱满遒劲，体势沉雄又回曲蜿蜒，坚韧纤徐，长短互用，轻重有别，起止转折处恰到好处。笔画粗细趋向统一，优雅婉曲，使线条既有清朗精严的审美意味，又有高贵典雅的贵族气息，还有自然浑凝、拙朴生动的金石之气。在结构上，毛公鼎铭文主取平正之势，形体修长而工整，强调字与字的间距感，显示了书写者的理性与成熟，给人以静谧安详之美。可以说整篇铭文是依鼎布势，纵横有序，在其宏伟的整体视觉效果中更显庄重、威严和高贵。

在中国书法史上，《散氏盘铭》结体松动，书写率逸，荡气酣畅；《虢季子白盘铭》刚健劲拔，笔势匀称，有意求工；《大盂鼎铭》瑰丽雄奇，用笔方正，茂密完满；《毛公鼎铭》优美婉曲，灵动自然，气势雄浑。《毛公鼎铭》与《散氏盘铭》《大盂鼎铭》差异较大，而与《虢季子白盘铭》风格相近，二者都是西周宣王时期的作品，线条圆劲，字形工整，结体方长。但《虢季子白盘铭》的线条圆润精熟、神气内敛，首尾划一，用笔平和简静、不激不厉，应规入矩，其线条呈现出来的是一种秀美；而《毛公鼎铭》笔法精严，结构劲健，线条极尽浑凝拙朴，呈现出自然的跌宕起伏，表现出来的是一种壮美。

《毛公鼎铭》书法疏密有致，转折自如，灵秀中不失规矩与严谨，显示出金文已发展到极其成熟的境界，历来被视为金文经典名作和书法艺术瑰宝。自清道光末年在陕西岐山出土以来，不断有人对其进行考释、研究和学习，它丰富独特的美感和高古深奥的内涵有待我们进一步体味感悟。

第三章　陈介祺传古思想与方法实践

从传古的角度看，陈介祺的贡献不仅在于其堪称盖世的文物收藏，也不仅在于其“眼明如炬”的鉴别和辨伪方法，更在于他一直怀抱传古之志并将这一思想尽可能地付诸实践。他的藏古和鉴古，最终都是为了“传古”。在他看来，这是学人应尽的责任，更是一种历史使命。为了传古，他不仅从事研究著述的撰写，还学习和创造各种先进方法将古器物进行妥善保存、流传和弘扬。在传拓方面，他改进和创造新传拓技法，不仅继承了“乌金墨拓”的工艺，又创造了墨色淡如罗纱的蝉翼拓及改进全形拓（立体拓）。他留下的拓片数以万计，为后来的考古学、古文字学等都提供了大量珍贵的原始资料。为了更好地保护和整理文物，他还将文物藏品进行科学分类，对文物种类与数量进行合理统计，并对藏品进行合理的保护等。

第一节　传古体现文人儒家传统思想

与前朝和当代的收藏家所不同的是，陈介祺真正把文物收藏作为研究和传播历史文化的载体和形式，一切文物收藏与研究均从保留和传播古代人类文明出发，故而其收藏不是一种出于闲情逸致的雅好，而是一种社会责任和历史使命。也就是说，和前人最为根本的区别在于，陈介祺收藏文物有着明确的目的，即倾其一生心力而为之的所谓“传古”。① 从中我们可以窥见陈介祺的传古观念及其所反映出来的儒家传统思想。

---

①　孙敬明：《潍坊古代文化通论》，齐鲁书社2009年版，第99页。

一、陈介祺的崇古思想与传古之志

陈介祺对金石的痴好与迷恋，是建立在其强烈的崇古思想基础上的。清季，考古与史学研究尚未真正开启，虽然考据之学鼎盛之极，人们对先秦社会有了突破性的认识，但是清人从文献到文献的认识方式存有极大的缺憾和局限性。在陈氏等学者的观念中，创造文明的先人都无比神圣，探解圣人之心、追寻圣人之道是其共同的思古情怀，这一点我们从同治十三年（1874）七月十七日陈介祺致王懿荣的书信中可以体会。

> 窃谓秦以前是一天地，同此世界，而与后迥不同。盖自伏羲一画开天而大文始著。文不外阴阳，阴阳即是奇偶，奇偶即是单双（奇之两面即偶，阳下即阴，离即无物），即是虚实。至文王、周公，极世之文；至孔子，极人心之文；至秦燔而自古圣人之所以文斯世之言与事荡然矣。汉搜残缺传闻，而圣人之言不明，先王之政无据、千余年如夜行。至程朱而圣人之心始明，先王之政则仍不可详求，如秦以前之人世界，恐终天地而未必可得矣，蒙是以于三代之文字有深嗜也。①

陈氏及其金石之友以目睹或拥有千载圣人之物为福缘，对金石文字具有一种亲和感，如陈氏所言："我辈好古，皆有真性情真精神与古人相契，方非玩物丧志。夸多斗靡，与玩珠玉无异，故必重在文字，尤重有真知有思古获心之喻也。"② 陈氏崇古好古，却并没有沉迷消息于此，曾作一联自警曰："好古文儆徇玩物，明至理耻动机心。"③ 其所思所虑是如何将这些宝贵的文化遗产传于后世，"窃以精拓传世方是已物，不然何以信今传后，岂可虚此一藏"④。于是，陈介祺以传古为志，并告诫金石之友"好名之心不必有，传古之志不可忘"⑤，提出当以传三代文字为第一，考释次之的观点。其云："刻今人文字何如先刻古人文字？此蒙所望于天下，而以考据为次者也……有文

---

① 陆明君：《陈介祺年谱》，西泠印社出版社 2015 年版，第 281 页。

② 〔清〕陈介祺著，陈继揆整理：《秦前文字之语》，齐鲁书社 1991 年版，第 22 页。

③ 《敬宽书屋联钞》稿本，陈继揆先生藏。

④ 〔清〕陈介祺著，陈继揆整理：《秦前文字之语》，齐鲁书社 1991 年版，第 60 页。

⑤ 陈介祺批《续泉说》，见《观古阁丛刻九种》，上海古籍出版社 1992 年版，第 142 页。

字方可信今传后，以俟君子，否则说梦而已。”① 陈介祺将传古视为迫切之事，在同治十三年（1874）二月二十二日给吴云的书信中明确写道：“窃谓古器出世，即有终毁之期，不可不早传其文字。”② 陈氏“首以传三代文字为第一”的思想，在当时有其背景和原因：陈氏身处清王朝走向衰落之时，社会动荡不安，兵火频接，大批珍贵文物在战乱中惨遭毁坏或被抢掠。如南方张廷济、曹载奎及阮元所藏之器都在太平天国运动中散佚。而好友吴式芬一生所藏，于其卒后（同治七年）遭兵燹，大半被焚毁。另一好友叶志诜，晚年致仕颐养于其子叶名琛之广东节署，所藏金石也在鸦片之役中烬失。类似的情况在当时很常见。③

在金石学史上，以传古为己任并付诸实践的，陈介祺为第一人。在他生活的那个时代，多数金石收藏者往往是在附庸风雅，一为敛财聚宝，二为赏玩之乐，三为以此扬名。而兼收藏与研究、意在传古的人实在不多。传古，是尽量地忠实于古文字遗迹，将之再现、捶拓或摹刻下来，以传于后世。

在金石鉴藏方面，本着信今传后的理念，在大量的鉴藏活动中，陈介祺对于传古以及如何传古都有着自己的创见。传古是陈介祺一生对于金石学研究的最基本态度，对古物的收藏整理在他的整个人生中占据着十分重要的位置。陈介祺曾作《传古小启》，约聚同仁，广散此文，目的在于呼吁大家于鉴藏方面注重传古。与之交好的潘祖荫对此亦十分推崇，潘氏曾在他的《滂喜斋丛书》中刻有陈氏的《传古录笔记及手札》。陈介祺在金石学方面注重传古的思想散见于他的书信中，他对于古文物的态度不是雅玩，而是传承，这与当时文人墨客及士大夫对于金石古玩的态度有所不同。他的研究从不同领域、不同角度、不同侧面展示出他在金石学研究方面的独特认识、成就和贡献。④

陈介祺的传古意识以存真为本，他亦被时人称为“以传古为己任”。事实上，“传古”不仅包含“流传”之意，更应该包含“藏古”“考古”“鉴古”

---

① 陈介祺批《续泉说》，见《观古阁丛刻九种》，上海古籍出版社 1992 年版，第 141～142 页。

② 陆明君：《陈介祺年谱》，西泠印社出版社 2015 年版，第 260 页。

③ 陆明君：《簠斋研究》，荣宝斋出版社 2004 年版，第 74 页。

④ 胡志平：《论陈介祺的传古思想及其使用西洋照相术的尝试》，见《陈介祺学术思想及成就研讨会论文集》，西泠印社出版社 2005 年版。

"释古"等多方面内容。陈介祺以其渊博的学识和毕生的精力来对古代文物进行鉴藏研究，其收藏之所以富赡、研究之所以精深，均是出于唯一目的，即传古，而传古的核心则在于传古文字。当然，传古文字并非其终极目的，其终极目的则在于从这些古文字中发掘、研究古代历史之真面目。而如何传古，则亦是长綮陈氏心中的一大难题。如其在光绪二年（1876）四月初一致潘祖荫札中称："多宝不传，精拓不布，亦深为古人怅怅。精拓而多存之，以俟其人，尤为大雅企，不可徒存而虚此岁月也。爱今爱古同此一诚，过虑者自有以处之，可不相妨，不可不作也。"① 陈介祺以历史发展的眼光，思及古代文物出世后罹受山河振荡，久传不易，终有毁失之期。同时，面对清季乱世之衰，他对金石文物的保护与传布心有远虞。②

陈介祺的传古主要表现在大力地搜集文物尤其是带有文字的文物并科学地保存——在自己书斋尚无一楹的情况下而专辟"十钟山房""万印楼"用以庋藏文物，倾心于研究——在暮衰之年罹遭夫人、长子之丧的苦痛，仍不改其传古痴心，并吁请金石名家中有财力者收文物、成著作或刊布相关金石资料。翻检《簠斋尺牍》《秦前文字之语》及其他簠斋文字，知其为人、为文、为学无时不在传古。有时或得新器文字，则当即作书，驰报友知。有时为得传古文字之精拓，而督检至夜以继日；或传足急赴，则一日作书五六通。检其书札，往往前面述及友朋金石之质询文字、馈遗纸墨、传古方法诸种，中则阐论传古新得，末则论传古之道。

陈介祺有言："古器出世，即有终毁之期，不可不早传其文字。爱文字之心，必须胜爱器之念，方不致丧志而与珠玉等。"陈氏传古的成就亦是空前的，虽著作丰富而刊行者少，但其于传古之道，诚可谓至大至深矣。③

正如褚德彝所谓，虽然陈氏"收藏彝器鉴别精审，远胜攀古"，可是"因过于矜慎，及身竟未将藏器编集成书，好古家以为憾事"。陈氏一生治金石文字之学，为传古文字而殚精竭虑，并讲求古人所谓"多见阙殆慎言其余"，同时因社会局势、财力、年寿诸种因素，导致其有关传古之作付梓者少，今散存天壤而所见者稀矣。

---

① 〔清〕陈介祺著，陈继揆整理：《秦前文字之语》，齐鲁书社1991年版，第61页。

② 王俊芳：《陈介祺与潍坊金石学》，中国文史出版社2012年版，第62页。

③ 陆明君：《陈介祺年谱》，西泠印社出版社2015年版，第260页。

二、弘扬和传播文化之担当

陈介祺是传统儒学的优秀代表。儒家的“内圣外王”、经世致用之道以及“修身、齐家、治国、平天下”的人生理想，支配着众多知识分子的思想言行。① 这些，自然对陈介祺具有极为深刻的影响，也培养了他积极承担社会责任和历史使命的特质。孟子的“穷则独善其身，达则兼济天下”、宋初张载的“为天地立心，为生民立命，为往圣继绝学，为万世开太平”② 等，都是知识分子责任感和使命感的典型表达，放在陈介祺身上，一点也不为过。这种精神，也早已深深地熔铸在中华民族的生命力、创造力和凝聚力之中，成为中华文明绵延千载、生生不息的精神动力。从陈介祺身上，我们看到了知识分子的神圣使命，特别是“继绝学”的坚守。这种坚守具有震撼心魄的魅力。

为了弘扬和传播古文化，陈介祺尽其所能地收集承载古文化的器物、文字，并进行精审的鉴别和研究。鉴别和研究是为了在“存真”的基础上传古。客观来看，其传古意识也以存真为本。他一贯主张“传则必不可失真，字与拓图与照者校，皆不失毫发则必传”，他在给友人的信中亦多次谈及此：“我辈所述，乃为传古人非为传一己，古人传则己亦必传，是不可不公其心求古人之是者，而我先为传之，正不必器之在我，惟专以拓为贵，以图为备，只标我所及见者，其文与制，可传则传之。若考则前人者尽可多刻，勿惜所费，今人者则当酌。未考者则先刻图摹字释文，记尺寸斤权，铭之所在，所出之地，所藏之家，传之以资博闻者之问学，庶不致因循一己，蹈前此刻书不成之弊。”③ 他认为“传古人以自传，而必使后人犹可见庐山真面，而无失谬之憾”④。

陈介祺的这些努力，都是为了弘扬和传播文化。尤其在金石学领域，他将中国古文化进一步弘扬光大并使之走向精深境地。从金石学的发展角度来

---

① 李申申：《略论知识分子在中华优秀文化传承中的使命与担当》，载《华北水利水电大学学报（社会科学版）》2011 年第 2 期。

② 〔宋〕张载著，章锡琛点校：《张载集》，中华书局 1978 年版，第 320 页。

③ 〔清〕陈介祺著，陈继揆整理：《秦前文字之语》，齐鲁书社 1991 年版，第 235 ~ 236 页。

④ 〔清〕陈介祺著，陈继揆整理：《秦前文字之语》，齐鲁书社 1991 年版，第 185 页。

说，到了清代晚期，经乾嘉学派的提倡，金石之学又得到大力发展，达到第二个高峰期。

这一时期，也是潍坊金石学最兴旺发达的时代。诸城的李璋煜、李仁煜、刘燕庭、王锡棨等，益都的李文藻，寿光的安致远，安丘的张贞、王筠等，都为金石学的发展做出了巨大的贡献。而潍县的陈介祺，则是在他们的肩膀上将潍县的金石学发展到顶峰。陈介祺与长江流域的潘祖荫被称为“南潘北陈”，是当时金石学界的两大巨擘。而当时“金石学在山左”称谓之取得，也正是以陈介祺为旗手的潍县金石学家共同努力的结果。

陈介祺收藏金石，重在研究古器物、古文字，探索古文化。其一生著述颇丰，留下著作数百种，如《十钟山房印举》《封泥考略》《簠斋古金录》《传古别录》《簠斋藏古目》《簠斋金石文考释》《簠斋藏古玉印谱》《簠斋藏镜》《说文通释》《诸经训释》《诗经论文》等，这些著作都以其精确的考证和精辟的见解著称于世。在著述之外，我们还发现陈介祺生前写下的数千封金石学方面的信函，这些都极大地推动了晚清金石学研究的发展，也是陈介祺弘扬和传播古文化的最有力的佐证。

第二节 对文物载体信息的科学认识与实践

怀抱传古之志的陈介祺，对文物所承载的信息的保留极尽完整、真切。为了更好地将这些信息传递下去，他不仅吸收当时国内外的先进科学成果，还利用自己的学识发明了一些方法。如孙敬明先生在《潍坊古代文化通论》中指出的，“陈氏为求传古文字之精切，而总结历代碑版吉金的拓墨技法，并参以中国画散点透视的原理。尤可称道的是，其不仅用于鉴古而使用显微（放大）镜，而且为便传古首次应用西洋摄影术，其还将摄影的光学明暗对比之原理，一并应用到吉金铭文和器形的拓制上”①。除了创造颇有科技含量的蝉翼拓和立体拓，他还让族人陈佩纲学习并引入照相技术拍摄文物图片，其目的在于尽最大可能为后人传真，以利于后人研究。此外，他还对文物保护措施进行研究和改进等。

① 孙敬明：《潍坊古代文化通论》，齐鲁书社2009年版，第115页。

一、拓片的认识与制作

“拓”，也称“传拓”“拓墨”“捶拓”“椎拓”“打碑”，拓成者称“拓片”“拓木”“打本”，是将宣纸铺在石刻或青铜器上，用水润纸，以毛刷将其拍击凹入文字或纹饰中，然后扑墨于纸上，待干后把纸揭下来，凹陷的阴文或纹饰由于没有沾墨而呈白色，余下部分呈墨色。阳文则相反。墨拓起于何时已难考证，根据推测，南北朝时期已经使用此法。传世最早的拓本应是清末敦煌发现的唐太宗温泉铭碑拓，但宋人未及推广，故罕有拓本流传。清嘉庆以后，拓本才被人们重视并开了吉金拓墨之风气。到陈介祺时代，金石之家更是藏必行拓相传。

据说东汉晚期由于临摹习字的需要，拓片应运而生。“传拓”一词最早见于《隋书·经籍志》：“其相承传拓之本，犹在秘府。”隋唐时期，这种习字方法被上层士大夫普遍采用。两宋时期，随着金石学的形成，传拓成为一门独特的艺术形式。甲骨、吉金、陶文、陶范、封泥、古玺、铜镜、古泉、瓦当、画像砖石、文字砖、造像、摩崖、墓志、经幢等都可以成为传拓的对象。拓片是一门集金石学、考古学、美学三位一体的高层次艺术门类，历来受到文人墨客的青睐，为收藏家所珍藏。拓片不但在视觉上给人以美感，其本身带有的斑驳痕点更令人发思古之幽情，具有纸笔书写所没有的趣味。全形拓制作过程中必有的捶拓工艺，使拓片成为珍贵的艺术品。由于捶拓年代及捶拓者不同，一些全形拓本身就具极高的文物价值。1920 年，著名学者罗振玉出售私人藏品。其中，五代董源《山居图卷》售价三千五百银元，明代唐寅《品茶图卷》售价六百五十银元，而宋拓《罗池庙碑》售价六千银元。由此可见珍贵拓片在文人心中的地位。由此也不难理解北宋著名书法家黄庭坚“孔庙虞书贞观刻，千两黄金那购得”之语。早年流传下来的拓片，加上名人收藏题跋，其价值不亚于原物价值。所以，收藏文物拓片，也是对文物的保护和利用。

（一）陈介祺的制拓技艺

陈介祺抱传古之志，大半生专务于此，在当时绝无仅有。为了传古，他极尽收藏之能事。因为在他看来，要保护古器物，就要让这些古器物及其所传达的信息能够为世人所用，发挥这些古器物的真正价值。而在当时，要较好地保存和反映古器物的信息和原貌，拓片制作应该算作最主要、最可能的方式。晚清学者叶昌炽在《语石》中言：“潍县陈簠斋前辈拓法为古今第一，家藏石刻，皆以拓尊彝之法拓之。”“齐鲁之间，皆传其法，余一见即能辨之。”① 其传拓之拓片被吴大澂誉为“纸墨之精，为从来所未有，真是前无古人，后无来者”，据亲见过陈氏吉金器物拓片的人描述，其拓本形貌、纹饰、文字的清晰度之高、之精美、之传神，吴大澂所赞誉确非溢美之词。而“其鉴别之审，装池之雅，纸墨毡蜡之精，剖析毫发，无美不臻”②。

现存于世的金石拓本中，出自陈氏“十钟山房”的究竟有多少，这是无法估量的。陈氏自同治初年至病殁，二十余年间“终岁无不拓之日，且继以夜”（陈氏致潘祖荫书语）。陈氏所藏玺印、陶文数量皆以万计，钟鼎彝器、镜鉴等亦数量巨多并经反复传拓（有时每次拓几十份），且不贪求速度，精益求精。吴云当时在致潘祖荫书函中即有言：“簠斋乃当代传人。”陈氏给后世留下了数十万计的精致金石拓本，现多藏于国内外各大博物馆、图书馆等，此为陈氏之雅怀远识。

墨拓方法看似简单，实非易事，欲拓出原物上的字迹体势及内在神韵，使之毫芒毕现，墨迹浓淡适宜，非潜心研究并有熟练技术者不能为。同一器物拓片的精劣，有判若两物之差异。陈介祺强调的“精拓”与“传古”，用意也正在于此。③

陈介祺认为，金石器物不精拓，则字失神。只有精拓，才能信今传古。这样的认识使其经年累月捶拓不休。乌金拓施以浓墨拓之，雅致匀净，字画消晰分明。蝉翼拓用浓墨轻扑，望之如蝉翼，纤毫毕露。在陈介祺之前，其他各地的传拓手艺是用布包棉花扎成扑包，蘸墨进行捶拓，但棉花吸墨充足，拓出的痕迹浓黑一片，有些地方还侵蚀到字体和纹饰内，导致文字及纹饰漫漶不清或走形。陈介祺的蝉翼拓则是改用布包秕谷，让墨汁浸到扑包的秕谷空壳中，拓出的墨点像撒了一层芝麻在纸片上，星星点点如蝉翼般透爽，字迹或纹饰的刀工也不会被浓墨掩盖，所以能够呈现出凹凸的层次感和立体效

① 〔清〕叶昌炽撰，王其袆校点：《语石》，辽宁教育出版社 1998 年版，第 264 页。

② 〔清〕叶昌炽撰，王其袆校点：《语石》，辽宁教育出版社 1998 年版，第 34 页。

③ 陆明君：《簠斋研究》，荣宝斋出版社 2004 年版，第 75 ~ 76 页。

果，能够传神逼真地再现原作风采。所以陈介祺创立的蝉翼拓，使我国千年传拓技艺更上一层楼。①

为了实现“精拓”，陈介祺专门精心选择心思细腻、手法灵妙者进行培养训练，而后再令其捶制拓本。为求拓制吉金文字精切传神，陈介祺所用笔、墨、纸、拓等均是专工制作，尤其纸张，可谓是千滤万选。陈氏根据铭文的大小、笔画粗细和凹凸之深浅而精选不同的纸张，由此而精心做出的拓本，真可谓“纸自如玉，墨光如漆，为天下第一”。如北京图书馆存公私各家旧藏青铜器铭文拓本，以陈介祺所监拓者量多质精，是为第一。② 其为传古而独创类似摄影照片的全形拓，以此法拓出器物全貌，使形制、花纹、神韵毕具，并用极薄之六吉棉连纸，施墨精匀。以此法所拓出的拓本，墨色浓淡有致，细微颗粒犹可辨识，轻润华美，如同“蝉衣”。③

陈介祺的立体拓为按器物各部位尺寸，审其向背，分轻重施墨，拓出的图片有立体感，俨然一幅素描器物图。陈氏将用这些方法制作的拓本赠送给金石好友并将制拓的记录整理成《传古别录》。《传古别录》是第一本关于拓字的专门著述，专门介绍拓片技法，陈氏曾称其“可为手艺之先导”④。他把古器铭文墨拓成册，传于后世，给后人留下了大量的金石精拓资料。

由于毛公鼎鼎壁上下收分，中部弧多，全部文字又铸造在一个凹面上，所以完整、清晰地从鼎内拓出原文是一项难度极高的工作。陈介祺与传拓艺人们反复推敲试验，终于凭借高超的智慧和技巧取得了成功。陈介祺将多年积累的经验进行总结，编写出两部传拓手艺专著：《传古别录》和《传碑拓碑札记》。他在著作中介绍了传拓的一些诀窍：用白及胶水上纸，未干时先上墨一次，以墨浓不走为准，不可接拓，使墨浸字内或透纸背，墨胶不粘起纸时才可再上，干后再上浓墨数次才能有光彩，浓墨者耐久易摹唯不可侵入字之内。捶制拓片时，根据原件的位置，有的露天捶制，有的在室内作业，其工艺过程要求精致、细巧、轻盈、洁净。⑤

---

① 王俊芳：《陈介祺与潍坊金石学》，中国文史出版社 2012 年版，第 61 页。
② 孙敬明：《潍坊古代文化通论》，齐鲁书社 2009 年版，第 100 页。
③ 孙敬明：《潍坊古代文化通论》，齐鲁书社 2009 年版，第 115 页。
④ 《陈介祺致潘祖荫手札》稿本，国家图书馆藏。
⑤ 王俊芳：《陈介祺与潍坊金石学》，中国文史出版社 2012 年版，第 60～61 页。

（二）陈介祺与拓片技艺的发展

谈起陈介祺在拓片方面的成就，我们就需要提及拓片的发展过程及陈介祺在其中所起的承上启下的重要作用。我们常常遇到以下几种称谓：器形拓、图形拓、全形拓。这几种称谓（或者说传拓方法）在不少学者看来完全是一回事，但从拓片的发展进程中我们不难看出，它们是全形拓在发展过程中不同阶段的称谓，具有前后相继的关系；它们虽然一脉相承，但差异还是明显的。

自宋以降，传拓种类繁多。如宋之毡腊拓、隔麻拓，明之套拓、色拓、烟煤拓，清之洗碑拓、镶拓、堆墨拓等。这些拓法多以平面石刻为主要对象，而对青铜器全形的传拓始于清代嘉庆、道光年间。

全形拓称谓出现在照相术发明之前。关于全形拓的开创者，有两种说法，一为清代道光时期的马起凤，二为僧达受。这二人均有作品留存于世。

先看马起凤。桑椹在《全形拓之传承与流变》一文中确认，全形拓由清代嘉庆、道光年间浙江嘉兴人马起凤始创。马起凤，字傅岩，生平不详。清代长洲（今苏州）人。徐康《前尘梦影录》卷下云："吴门椎拓金石，向不解作全形，迨道光初年，浙禾马傅岩能之。"现代著名古文字学家容庚在《殷周青铜器通论》中亦云："彝器拓全形始于嘉庆年间嘉兴马起凤所拓的汉洗……今马氏拓本，除金石屑所载外未见他器。"① 《金石屑》所录汉洗，上有马氏题跋："汉洗，旧拓本，戊午六月十八日，傅岩马起凤并记。"② 戊午乃嘉庆三年，由题跋中提及系旧拓本推知此拓片的捶拓时间可早至乾隆年间。③

再看僧达受。达受，字六舟，又字秋楫，别号寒泉、南屏退叟、万峰退叟等。俗姓姚，嘉兴海昌（今浙江海宁）人。出家于海昌白马庙，后主杭州西湖净慈寺、苏州沧浪亭大云庵、镇江焦山寺（定慧寺）。嗜金石，其自编年谱《宝素室金石书画编年录》记载："壮岁行脚所至，穷山邃谷之中，遇有摩崖必躬自拓之，或于鉴赏之家得见钟鼎彝器，亦必拓其全形。"他留给后人的

---

① 容庚、张维持：《殷周青铜器通论》，中华书局2012年版，第131页。

② 〔清〕鲍昌熙：《金石屑》，见《石刻史料新编》第二辑第六册，台北新文丰出版公司1979年版，第4612页。

③ 桑椹：《全形拓之传承与流变》，载《紫禁城》2006年第5期。

是流传较广的“以灯取形”拓法。达受和尚以灯取形，把焦山鼎的尺寸量好，画出轮廓，再以厚纸做漏子，用极薄之六吉棉连纸做拓纸，拓前用白及水以笔刷器上，再用湿棉花上纸，待纸干后，以绸包棉花作扑子，扑拓上墨。僧达受独创的这一方法颇得藏家青睐。金石家阮元知晓后，便邀他将自己收藏的三代青铜器用此法拓之，以飨友人。

阮元在僧达受所拓焦山鼎拓本卷轴上作了这样的题跋：“焦山周鼎，余三见之矣，此图所摹丝毫不差，细审之，盖六舟僧画图刻木而印成鼎形，又以此折纸小之以拓其有铭处乎。再审之，并铭亦是木刻。所拓篆迹浑成，几于无别，真佳刻也。”又跋：“此鼎图大小不爽，余曾手掇之，力不能胜也。”这种“以灯取形”的方法，是用灯照在器物上，获取器物的投影，再依影而勾画出器物的形状。但灯越近于器物，器物就越大，反之就越小。即便用器物的实际尺寸来较正，也是难于精确的。“再以厚纸做漏子”“画图刻木而印成鼎形”“并铭亦是木刻”等手段，也仅得器形的大概，然而却提供了一种全新的思路。

僧达受与学者阮元、书法家何绍基、画家戴熙等名流关系密切，曾为阮元作《百岁图》：“先以六尺匹巨幅，外廓草书一大寿字，再取金石百种椎拓，或一角，或上或下，皆以不见全体著纸。须时干时湿，易至五六次，始得葳事。”阮元极为赏识，以“金石僧”称之。六舟和尚的拓本以擅长用淡墨著称，多有存世。值得一提的是，他的不少作品，或以钟鼎插花作为题材，或自绘小像于其间，颇具文人雅趣。由他所开创的将青铜器全形与绘画相结合的这一艺术形式，对后世影响很大，清末民初尤为盛行。金石藏家延聘拓工传拓出器形，再请名家在彝器拓片上补缀花卉，成为由传统清供图发展而来的又一绘画品类。

一种技艺的产生不可能一下子就成熟起来。僧达受的全形拓，还有一个突出特点，那就是淡雅如鸣蝉之翼，却纤毫毕露，将“蝉翼”墨用到极致。僧达受是个集众艺于一身的人，善书篆、隶、飞白、铁笔，间写花卉，得徐渭纵逸之致，并皆佳妙，还善治印，刻竹亦精，精鉴别古器碑版。所以阮元以“金石僧”称之。今天，我们也可以从其弟子的作品中感受到他的制拓技艺。江苏常州的李锦鸿，曾师从僧达受学拓金石文字，且造诣甚深。

陈介祺对马起凤、僧达受之全形拓进行了改进。陈氏当时对经史、义理、训诂、辞章、音韵等无不钻研，尤其对金石文物有特殊爱好。特别是他借丁忧之由，辞官返回故里后，潜心于金石及其他古文物的收藏和研究。数年后，当他看到黑白相间、层次分明的盂鼎照片及从其他途径得到的风景照片，产生联想，提出"作图用洋照"的构思。作图用洋照，正是陈介祺发现了洋照取形的长处和僧达受"以灯取形"之不足，经过深思熟虑后提出的改进设想。当时陈介祺所处的时期，洋照虽未普及，但陈介祺是较早使用西洋照相术的人。他从盂鼎照片中得到了不少启发。可以这样说，陈介祺等人在改进传统捶拓方面进行了大量的实践，改进了全形拓。也就是说，他们将以灯取形的方法改进为"以图取形"。

陈介祺还致力于传拓的纸、墨、工具的改良，大大推进了拓片技术的发展。以灯取形是写意的，它有太多的可塑性，僧达受穷其所能，做到的只能是极尽相似。陈介祺则使其更接近真实了。陈介祺致潘祖荫书云："鼎宜度以建初尺，尺有木者，有纸褙者，有三尺五尺者，乃便用耳。足上口（径、圜）、腹（深、围、下垂之中），均须详度寄拓本，乞拓一全耳。拓腹内文一段……"《传古别录》云："拓图以记尺寸为主，上中下高低尺寸既定，其曲处以横丝夹木板中，如线裱式抵器即可得真。再向前一倾，见口即得器之阴阳。以纸裱挖出后，有花纹耳足者，拓出补缀，多者去之使合，素处以古器平者拓之。不可在砖木上拓。不可连者，纸隔拓之。整纸拓者，似巧而俗，不入大雅之堂也。"从以上话语中我们可以清晰地看出，陈介祺经过精细研究和大量的实践，结合西洋照相术，改进了全形拓。用陆明君的话来说就是，"陈介祺这一方法……无疑更加准确，相应部位比例也更趋合理"①。

由此不难得出这样的评断：如果说僧达受的全形拓在他那个时代堪称绝技，陈介祺时代的全形拓则是在僧达受之后的弘扬和发展。从陈介祺等人的早期作品中，也不难看出僧达受"锓木制版"的工艺。事实上，陈介祺在写给好友吴大澂的书信中有这样一段话："焦山周鼎字有疑，愚久见如此，然精拓笔尽尚多不可疑者，非目睹面论，不敢决也。"由此更可确定陈介祺不仅见

① 陆明君：《陈介祺与金石传拓》，载《中国书法》2015 年第 3 期。

到了僧达受的焦山周鼎拓本，而且不只一幅。由此可以分析出陈介祺是在疑问中潜心研究，日后又在此基础上有所图新和发展的。

当然，全形拓仍然有提升的余地。陈介祺曾函告已编撰出版了《两罍轩彝器图解》的吴云和时任陕甘学政的吴大澂，谈及全形拓是在黑白反差和整体效果上取得了一些突破而“图甚不如法，未免怅歉”，还有待做图上的探索提高。经过鼎形上的“以建尺校其形，以黍重库权校其容”，结构上的鼎耳、花纹等处以原拓做图等细致的工作，全形拓才达到了令陈氏满意的效果。我们从《晚清传拓技艺的开拓者陈介祺》一文中，也能够得到进一步的证实：“在青铜器的铭文拓配上博古图后，黑白反差过大，用赤拓、绿拓进行对比，效果亦不佳。”在形拓图发展的过程中，对器物中光点高低反映在画稿上的黑白反差强弱处理，开始是以传统中国水墨画技法中墨的浓淡来处理，制版传拓是以套拓法进行的，这样不仅是制版工作量大，而且对拓手的技术要求相对较高。后来发展为以着墨点的疏密来处理反差的强弱，解决了套拓中难以处理的浓淡过渡的难点，制版后一次传拓完成。

在清末民初出版的青铜器学术著作中，多以形拓图并配上铭文原拓，取代了过去博古图和临摹铭文的作法。其中最为典型的，是由陈宝琛编撰、罗振玉参与，在1930年出版的《澂秋馆吉金图》一书。此外，陈介祺对摹拓、全形拓艺术的开创和发展，与其对金石学的研究一样，丰富了祖国的文化艺术宝库，得到了学术界的肯定和敬仰。

在全形拓领域，我们可以想见大师陈介祺从设想到反复实践后取得的成绩，以及为此所付出的心血。他凭借着深厚的学养、广博的知识、雄厚的财力、一丝不苟的作风，使传拓技艺又进一步得到完善和提高。可惜的是，他在传拓方面流传于世的著作不多，故他同友人的信函和遗留下来的题跋中深入浅出、高出时人的宝贵见解更显得弥足珍贵。他是通过“技法—艺理—精神”的轨道来完成他的理念的。陈介祺监拓的各种拓本的特点是：用墨多深沉厚重，不急不躁，丝丝入扣，有儒雅之风，同时深明用墨三昧。

陈介祺立体拓的发明和制作，部分得益于盂鼎照片。在看到潘祖荫从京师寄来的盂鼎照片后，他为之一震。面对黑白相间、层次分明的盂鼎照片以及从其他途径得到的风景照片，陈介祺在经过深思熟虑之后，提出了“作图用洋照”的构思。于是，才有同治十三年（1874）十二月二日致潘祖荫书中的如下说法：“作图用洋照而勿令其传印，收版自存之。花文以拓本撙节上版为合。可作二图，大者用原尺寸，小者则以照者摹刻，字亦可照，小者为一缩本图与字也。洋照花树能得迎面枝，且可四面转侧照之，作兰竹菊梅谱尤佳，山水皴法用之亦佳，唯须去俗晕，出以古名大家之画笔，必过前人，非心精眼明手敏识超亦不能至。画院中亦不可无此一格，集各处洋照山水图，析作粉本，便可自有机杼，唯用笔如作画不易耳。”① 陈介祺改进的全形拓，离不开西洋照相术，这一点我们将在下个部分详细阐释。

可以这样说，全形拓是在图形拓和立体拓的基础上不断发展成熟的：取形上更为准确，用墨技巧上更加灵活。如贾文忠所言，全形拓要求拓技者具备素描、绘画、裱拓、剪纸等技法基本功，是一种把器物原貌以墨拓之法转移到平面拓纸上的特殊技艺。全形拓，从字面上不难理解，“全”是完备、齐全之意。至民国时期，全形拓技术可以说达到了一种前所未有的高度。

随着西方素描理论较为广泛的传入，幻灯机、放大镜、卡尺等设备在中国逐渐普及。有了更准确的测量工具（陈介祺等人当时的测量器物是自建尺），最主要的还是西方的焦点透视法的运用，使取形更加准确、合理，使喜好和研究这一技艺的人们有了更多的选择。这一时期才真正实现了陈介祺的“作图用洋照”的设想，全形拓的技艺也日渐成熟起来。在陈介祺以后的很长一段岁月里，人们依然沿用陈介祺全形拓的方法使用刻板、云规、纸漏，并在做图时使用照相术及幻灯机等。

贾文忠曾介绍陈介祺全形拓的特色。他指出，陈介祺的全形拓采用分纸拓法，将器身、器耳、器腹、器足等部位的纹饰、器铭分拓，再用笔蘸水划撕掉多余白纸，按事先画好图稿相应之需，把拓完的各部分拓片粘在一起。因所绘图稿准确、用墨浓淡适宜，全形拓技法得到进一步发展。民国时期周希丁等人将透视、素描等技法应用于全形拓，墨色考究，浓淡相间，所拓器物图像的立体感较前期大为增强。

民国以后，西方绘画中的透视素描技法日渐普及，器形绘制较以往更加

① 〔清〕陈介祺著，陈继揆整理：《秦前文字之语》，齐鲁书社 1991 年版，第 42 页。

准确，全形拓的技艺更加成熟起来。① 这一时期的代表人物有周希丁②、马子云③等。周希丁长于素描技法，故其所做全形拓比例关系多较协调，近乎摄影。马子云的全形拓法全由个人体悟，最初也是先绘图，至1950年传拓西周重器虢季子白盘，则采用了根据摄影放大绘图再于铜器之上传拓的办法，其构图透视比例关系几乎完全与摄影相同。

除"绘图刻版"拓法与青铜器原件完全脱离外，以陈介祺为代表人物的分纸传拓所采用的先拓再装裱的方法，和以周希丁、马子云为代表人物的先绘制素描图再按图多次上纸分段施拓于一纸的做法，虽然其拓片中涉及青铜器铭文、纹饰等特别重要的部位是原器上拓制的，但其他不重要部位则几乎都是在器外进行的，这中间既有用毛笔勾描的"画拓"痕迹，也有"用油纸规其外节"的"拓画"痕迹。

（三）陈介祺的传古助手

在图拓、形制方面，陈介祺认为，传古、传真除了金石家本人的能力，拓手亦是十分重要的因素。他认为，"得好刻工、好拓手、有释文，则吉金无不可刻者"。陈介祺为了探索传拓手艺，经常与拓手切磋技艺，聘请各地名拓

---

① 清代中期以来，全形拓的制作方法大致有以下几种：1. 绘图刻版，器外施拓。阮元跋六舟焦山鼎全形拓本就是此法。2. 绘图分拓，剪纸装裱。陈介祺《陈簠斋丈笔记附手札》中云"作图之法，以得其器之中之尺寸为主。以细竹筋丝或铜细丝穿于木片中，使其丝端抵器，则其尺寸可准……他人则以意绘，以纸背剪拟而已"，《传古别录》中则说"以纸褙挖出，后有花文、耳、足者，拓出补缀，多者去之使合"。3. 取法素描，整纸移拓。（参见郭玉海：《响拓、颖拓、全形拓与金石传拓之异同》，载《故宫博物院院刊》2014年第1期。）

② 周希丁（1891—1961），名康元，原名家瑞，字希丁、西丁，晚年别署墨盦、墨庵，斋堂名号石言馆，江西金溪人，随祖辈定居北京。早年在琉璃厂开设古光阁古玩铺，后在北京文博界从事古器物传拓及文物保管、鉴定工作。善制印章，白文极佳，有"阴文周"之称。他对古器物有更深入的了解，对水墨情趣有比常人更深的认识，并对陈介祺等人的拓技进行了深入细致的研究。以深厚的传统功力为基础，他又学习了西方焦点透视法，因此在他拓制的器物图形作品自然是不一样的。他将这些作品定名为"全形拓"。周希丁将西方焦点透视法运用在器形的拓制上，从局部至整体取形有了较大进步。他利用水墨效果基本反映出器物的立体形状，加强了艺术表现力。不足之处是由形至神缺少灵活性，主观意识与客观形象间没能很好地解决过渡问题。

③ 马子云（1903—1986），陕西合阳人。曾在北京琉璃厂庆云堂当店员，学得金石传拓技法。其拓铜器全形，能在继承传统的基础上兼取透视原理和摄影成像特点，精益求精，卓尔不群。1947年受聘入故宫传拓铜器，并从事金石鉴定研究。

手专门从事传拓工作。陈介祺在致友人的信中多次谈及要延用好的拓手，他在同治十一年（1872）十月二十五日致鲍康的信中说："尊斋似必须延一能拓字之友，归来每遇此等事，辄追念粟园不置，其二子今不知如何。"他认为拓手在传古过程中起的作用是非常大的，吴式芬赠给陈介祺的宝尊彝拓本，与顾湘舟赠陈介祺的同种器物全形拓本虽如出一范，但前者无比秀美，使得陈氏发出"岂别一器耶，抑同器而拓手有异趣耶"的感慨。①

可以这样说，陈介祺的金石拓本能够流传于世，与这些拓手的努力也是分不开的。这里重点介绍几位颇有影响的拓手。②

陈介祺在北京做官时，曾长期雇请陈畯帮他传拓金石器物。陈畯，字粟园，浙江海盐人，精于墨拓，尤其工于蝉翼拓，而且善于调制印泥和钤印，毛公鼎初拓本就是出自他手，陈介祺对他推崇备至。陈介祺在给吴大澂的信中还极为惋惜地说："追忆粟园，岂可再得。"陈介祺38岁时，将陈畯请到家中，并为他安排了住房，令其帮助自己钤拓自己的第一部著作《簠斋印集》，时间长达八个月之久。该印集共十部，十二册。

陈介祺后半生回潍归隐后，随着他大力收藏、传拓、发奋著述，又增加了多位长期聘用的拓手。曾经效力于簠斋之门，为其拓字、钤印或料理金石文字之事者，有王石经、陈佩纲、吕守业、张子达、徐凤歧、李贻功、李泽庚、姚学桓、曹鸿勋、何昆玉、丁良善等。其中王石经和陈佩纲兼擅治印，王石经尤其出众，是潍县著名篆刻家。他们以精湛的墨拓技艺，给后人留下了数以万计的金石精拓资料。

王石经是陈介祺后半生的主要幕僚和助手。陈氏长期僻居乡野，所交最笃者为王石经。二人倾心相印，为金石文事之友。陈介祺后半生的收藏印章和闲章多出其手，其中许多是由陈氏亲自篆写印文，然后交由王石经捉刀雕刻的。

王石经（1833—1918），字君都，号西泉，潍城人。他一生酷爱金石文字，善书篆隶，尤精篆刻。他的篆刻取法秦汉印，兼及秦权、秦诏版以及量瓦文字。其治印稳健端重，风格独特，因而"一时无两，自成一家"。王石经聪颖好学，善于钻研，与陈介祺结为挚友，朝夕研讨。陈介祺在《与西泉论

① 〔清〕陈介祺著，陈继揆整理：《秦前文字之语》，齐鲁书社1991年版，第251页。

② 王俊芳：《陈介祺与潍坊金石学》，中国文史出版社2012年版，第78～82页。

印一则》中谈到“凡作印：篆居其六、七，刻居其三、四，篆佳而刻无力，则篆之神不出。刻有力而篆不佳，则野矣……”，又在《论摹钟鼎文作印》中说“摹吉金作印，不可一字无所本。不可两字凑一字，不可以小篆杂。一难于形似，再难于力似，三难于神似，四难于缩小。……须笔笔见法，笔笔有力，乃能得神。不可好奇太过……”。王石经耳濡目染，受益匪浅。他对陈介祺所藏商、周、秦、汉青铜器上的文字和古代印玺进行临摹，潜心研究，取之笔法，悟其奥妙，深得秦汉印之精魄。王石经治学严谨，师不泥古，篆刻十分注重章法。他的作品，多以钟鼎文入印，具有秦汉印之风。他为陈介祺篆刻的“十钟山房藏钟”“簠斋藏汉瓦当”“海滨病史”等印章佳作，现仍存于故宫博物院。他著有《甄古斋印谱》《西泉印存》。金石名家潘祖荫、王懿荣、匡源、盛昱等曾为他的《甄古斋印谱》题跋，并对其篆刻艺术给予了高度评价。王石经在金石上的见识和治印的提高都离不开陈介祺的指授，他追随陈氏三十年之久，直到陈氏谢世。

陈佩纲，字子振，是陈介祺的族弟，与王石经一起在陈介祺的指导下学治印，陈介祺于同治十三年（1874）致潘祖荫的信中说他“刀胜于笔，临摹尤长，自篆则逊王远甚，摹古亦仍逊王”。他也曾多次为陈氏治印，陈氏还委托他为潘祖荫、王懿荣、鲍康、吴大澂等金石好友摹刻印章。同治十三年，陈介祺将他摹刻的印章集为《古玺印文传》，并寄给王懿荣等人，请他为之代销，以助寒士生活所需。后来陈氏将他推荐给吴大澂做幕僚，但他不久后便猝发疾病而逝。

追随陈氏做传拓手艺的其他人的简况如下：

张子达，字衍聪，精于仿绘画拓法，他用浓淡墨拓制曹望憘造像，颇得其意趣，陈氏称赞他的拓法“胜东省他人，但聋甚，又多疑，又能使气，又私拓，又不惜护，非有人监拓不可”。吕守业，陈介祺经常称赞他勤勉，并且“从容细致，为之不受迫促，一纸须他人数纸工夫，勿轻视之”。徐凤歧，精于装裱，陈氏所有拓本的装制都出自他手，陈介祺在信札中称赞他为“老友”，可见对他的赏识与尊重，他也是一直追随陈氏的老艺人。李贻功（字书勋）、李泽庚（字星甫）叔侄二人都是利津人，由李佐贤的儿子李韦卿介绍来潍，帮助陈氏传拓金石。李泽庚跟随陈氏最久，深得陈氏指教，首创用两张纸精拓毛公鼎（在他之前要用多纸拼拓），堪称绝技。何昆玉也是其中较著名的一位，他主要是在后期帮助陈介祺钤拓编著《十钟山房印举》和《簠斋藏古玉印谱》等。

陈介祺与这些拓手们过从甚密，经常向他们传授知识，同他们切磋技艺，叶昌炽在《语石》中指出："潍县陈簠斋前辈拓法为古今第一，家藏石刻，皆以拓尊彝之法拓之。定造宣纸，坚薄无比，不用椎拓，但以绵包轻按，曲折坳垤，无微不到，墨淡而有神，非惟不失古人笔意，并不损石。齐鲁之间，皆传其法。"足见陈介祺与拓手们已将这项工艺切磋研究得出神入化，达到前无古人的水平。

陈介祺的拓品今天仍然被人们精心收藏着，青岛市区的一位王先生家藏有一拓册。在2007年9月的青岛鉴宝会上，王先生带去请专家鉴定。令王先生没有想到的是，他不经意间带来的这本拓册，得到了鉴藏专家的一致肯定，认为此拓册为"大开门"，是清代著名收藏鉴赏家陈介祺手拓的北魏至北齐石碑及佛造像册页，传承有序，品相完好，具有很高的历史文物价值及艺术欣赏价值，并被评定为当月青岛鉴宝会最具收藏价值的"宝物"。

二、拍摄技术的引进与应用

为了在传古工作中做到尽可能地"传真"，在制作拓片时，陈介祺还力倡借助照相技术。他是最先提出以"洋照"摹刻古器物和铭文的人，也是第一个利用照相技术制拓的人。

晚清时期，许多西洋科学技术由传教士和中国留学生、海员带回并传入中国，其中包括照相技术。当时国外照相石印法印刷术以及珂罗版印刷已传入国内，上海天主教土山湾印书馆已率先引进照相石印法印刷教会文献。照相术是由英国传教士德贞于1860年带入中国的，最初被许多人视为异端邪说，认为照相时摄取"目睛之水""人之心血"。后来，德贞出版了《脱影奇观》一书，自此西洋照相技术正式传入我国。陈介祺表弟谭雨帆，曾在登莱青兵备道（驻所设烟台海口）潘霨署中习得"西人照法"。作为最早掌握照相技术的人之一，他在与陈介祺诸多来往的同时将这一技术介绍给了陈介祺。

在同行中，陈介祺较早注意到西洋照相术的价值，并率先使用西洋照相术。他创造性地将摄影光学明暗对比原理，应用到对青铜器铭文和器形的拓制上。他富有远见地认识到利用照片钩摹（用油素纸敷在照片上钩摹后，再锓刻于木板上)，可以再现一些不易捶拓的器形与铭文，而且还能保持大小缩放的真实性，这也是人工描绘和书写无法达到的。因此，他不仅自己采用此法制作拓片，还在金石好友中广为传播。虽然当时仅有单色黑白照，还不能呈现拍摄物体色彩，却不影响摹刻文字，这也是他制作的拓本具有立体感并广受欢迎的原因。

与陈介祺交好的友朋，如鲍康、吴云、潘祖荫、吴大澂、王懿荣等，均为一时之金石鉴藏名家，对于文字考释极为重视，于拓刻亦有所关注，但无人关注西洋照相术。吴云曾致书潘祖荫，力劝潘氏将其收藏“摹其形说”并以此作为金石考据之佐证。潘祖荫收藏宏富，但拓刻不精。陈介祺亦多次致信于潘，谈传古要重视金石拓本之精审，并建议其使用西洋照相术。而此时，陈介祺已归里多年，与之交游的潘祖荫等人，或居都中，或任事一方，但对于照相术的认识与使用比陈介祺还落后。对西洋的照相术，陈介祺曾向朋友介绍自己使用此法的心得。

他在致吴大澂书中详细地谈及此事：“兹有表弟谭雨帆名相绅，旧在潘世兄霨署中习得西人照相法，以其法形似而不大雅，故不取。后见其照山水树木得迎面法，于凡画稿皆有裨，照碑帖则近雅而未甚古也。今试令照三代古文字拓及器量图乃至佳。虽缩小而能不失其真，且似字之在范经铸者，浑朴自然。字虽小而难刻，然上海刻工或能之。器外形象文虽不能甚晰，有拓本相校亦易审，有一图及图拓，虽不见器亦可成书，且可将难得之拓印传之，是法乃为有益于中国艺文之事矣。”陈介祺一贯主张“刻图有洋照法却可用。古器不易照，可以白纸糊之，用墨拓花纹照之，用其尺寸（胜以意为之)”，他用此法却也不拘泥于此法，认为“洋照近大远小，过分明亦有弊”。①

陈介祺认为西洋之照相术有不失真之长处。光绪元年（1875）四月二十二日，他在致王懿荣的信中说：“洋照虽不必好其奇，然照古器形，缩三代古文字锓木，以补其不能久存之憾，而用其能不失真之长，亦佳。”②

陈介祺虽未有专门论述西洋照相术的宏文，但他在寄给友人的信札中屡屡谈及此，并每每有独到见解，如他对传古必传真的认识、对西洋照相术的

① 〔清〕陈介祺著，陈继揆整理：《秦前文字之语》，齐鲁书社1991年版，第217页。

② 陆明君：《陈介祺年谱》，西泠印社出版社2015年版，第308页。

认识以及对新鲜事物的接纳。他对自己的论点十分自信。陈介祺凭借深厚的文史功底和坚韧不拔的治学毅力，致力于金石碑版之学。其虽归故里，身处僻壤，仍心系时事，并多有真知灼见，如国家治理、对外关系、军事谋划、举业吏治等。他认为于小处细者大处亦能细，故于细微之处亦十分重视。基于此种认识，在金石学方面，他尤主传古一定要在传真方面花气力。对于传真，陈介祺认为，只要有利于古物的保真、传真，任何手段都不妨尝试。故其对从西方引进的先进技术非常重视，对于肉眼看不清的，他主张用显微镜；而对从西洋引进的照相术，他尤其重视，曾多次致信潘祖荫，强调照相术的先进性：既为托刻参照，又可避免因恐拓手不好而导致“细花不能工耳”，因为“洋照图至当”。他亦曾托潘祖荫为之照鼎，并归之以六朝石拓全份65种拓资为“照鼎之用”。他还认为凡是好的藏品都要照，而照相费在当时是很昂贵的。

陈介祺在致王懿荣的信中曾谈到他对潘祖荫制作的盂鼎图拓甚为不满，并再次强调照相术的使用，称“当以洋照取其真形再拓”。他认为，“巧者能者之心目，不能如洋照之浑成如铸一丝不走，以为真式，而扩充之，使如原器大小为图，刻石与木而拓之（墨、朱，朱中用白蜡）为巨幅。铭文则用原器精拓本，亦可以刻者为稿，而拓原器补缀成之，更大雅。照而不刻，则不能久，刻而不照，则不能不失真而悉合。缩字刻之亦至佳。作古文字细书，非此不可，是为古人别开真面矣”①。潘祖荫刻刊《攀古楼彝器款识》，器必有图，足资考证。而陈介祺认为潘氏刻刊虽宏富，但欠精当，称“海内如伯寅所藏几于无二，而拓未能得古人之真”。陈介祺在致潘氏的信中曾多次提及此，从中可以看出陈介祺认为鉴藏家藏品的刻拓一定要精，才可以信今传后，否则便“虚此一藏”。

陈介祺认为，照相术便于记录拓图与实物的比例。他认为：“洋照法亦佳，惟前大后小，又须器上纸再拓，墨绿色乃可照，中土人能此者可试之，而不可使携版往，缩图则必记其小于器几分也。好古以文字为重，全瓦与鼓究近玩物，稍缓此等，正可肆中收其重者，此言亦他山之助也。”② 他还建议

① 〔清〕陈介祺著，陈继揆整理：《秦前文字之语》，齐鲁书社1991年版，第109页。
② 〔清〕陈介祺著，陈继揆整理：《秦前文字之语》，齐鲁书社1991年版，第248页。

潘祖荫将盂鼎图缩照一本入攀古楼，自为一册，照后精拓。陈介祺认为，传古制图岂可不精当，以洋照取其真形，再拓鼎文、鼎耳足，然后放大，使放大的样本与原样“无一不合”，照相可不计大小，以精确为当。

在当时盛行的金石学研究中，人们喜欢采用传统的拓刻之法，陈介祺亦深谙此法，并在他诸多的信札中与金石同好对此有颇多交流，金石同好于刻拓技术方面对他亦颇为推崇，陈介祺亦每得于此方面的创获而自赏。然而陈亦把时人颇不以为然的西洋照相术大量用于实践，从而使之成为金石学研究领域的一种尝试。照相术的最大优点即精确，以照相技术来保证古物之真，在当时是较先进的方法。最初，他并不认可这种方法，以其法形似而不大雅，故不取。后见其表弟“照山水树木得迎面法，于凡画稿皆有裨，照碑帖则近雅而未甚古也。今试令照三代古文字拓及器量图乃至佳”，遂将此法运用于日后的金石鉴藏活动。金石学本为中国传统文化中最具学究气的一门学问，陈介祺却于其中引入了现代的照相技术，这就使得他于金石学方面的研究又多了新的手段，亦使他与同时代的学者有了明显的区别。

陈介祺认为传古重在去伪存真，要达到这个目的，则对于各种研究对象必熟悉其世系渊源，并积极实践。西方的照相技术的价值就在于存其真像。中国传统的拓刻亦讲究精神得真，但限于条件，很多的拓刻作品或失之于模糊，或失之于制作粗糙，或面目皆失。引进照相技术即可避免此种遗憾。陈介祺一贯认为传古必存真，包括形制，均不能以意揣之，但同时他认为洋照不能取其神：“洋照乃取物产之精而明其用，亦可谓泄造化之秘矣。然止是取其形而不能取其神，以形有定而静，神无定而动，动则或照成二物而不工而反拙矣。形工而神拙，则具物而已。点睛飞去，颊上三豪，西法岂能得乎。”① 陈介祺虽于金石拓刻中率先使用了西洋照相技术，但他终究受中国传统文化影响过深，于论述西洋照相技术时过分强调了中国传心之学为西洋技术所不及，称“中国传心之学岂彼所能知哉”。陈介祺强调“洋照近大远小，过分分明亦有弊，形似而神不大雅，究不能全用其法”。陈氏所说的形神说，如果用于制作文人士大夫赏玩之博古图，则不谬矣，但陈氏这里所说的恰恰

① 〔清〕陈介祺著，陈继揆整理：《秦前文字之语》，齐鲁书社 1991 年版，第 109 页。

是用于制作鉴古传真、类似于“工程制图”的拓刻，如此要求便显得自相矛盾了。陈介祺这种认识的局限性，正是中国传统鉴藏学于形制方面研究的局限性。中国传统的鉴藏研究过分强调神、韵等无法量化的指标，而在强调形、真等可量化指标时，又过分强调类似气、韵等这些无法量化的传心之学的指标。尽管如此，在晚清时代，陈介祺已经是一位善于接受新事物的开明学者了，他于书法、篆刻、绘画等方面多有精深的研究。值得一提的是，陈介祺亦曾想将西洋照相技术应用于绘画中。同治十三年（1874）十二月二日，他在致潘祖荫的信中说：“洋照花树能得迎面枝，且可四面转侧照之……大家之画笔，必过前人，非心精眼明手敏识超亦不能至。画院中亦不可无此一格，集各处洋照山水图，析作粉本，便可自有机杼，唯用笔如作书不易耳。”①

陈介祺于传古方面的努力及贡献令人敬佩。作为一位在金石学领域多有开创性研究的学者，陈介祺的实践带给了我们许多启示，而在使用西洋照相术方面，他带给我们的启示尤多：

启示一：偏居海滨的陈介祺，对于西方的一些先进技术如照相术等能如此敏感，在于他一直关心外面的世界。这与他早年随父亲在京都生活并与名家频繁接触有关，他虽已归里，眼界却依旧开阔。当时许多人对此不以为然，并没有把它与金石学研究联系起来。但是陈介祺不但这样想了而且这样做了，并且他对于一种新技术，亦能不拘成见，灵活运用，使得他在金石考据、绘画材料研究、拓刻、图像记录等方面成果不俗。

启示二：不囿于已有的方法，敢于做多种尝试。陈介祺使用照相术，最初也是一种尝试，尝试于金石碑版、写书作画、刻书制笺，且有所发明。

启示三：陈介祺开辟了金石考据方面一种全新的文献存档方式。在这之前，人们通常用手绘的方式存录文物形貌，陈介祺除传拓技术之外，还为文物的图片存档提供了先例。他主张凡所精鉴之佳品全部予以拍照，如遇暂时无法考证的亦予以拍照，实物与原传拓图不合者采用“未合可先照之”的方法，留待后人考证，便于文献的存留。

启示四：陈介祺之于金石研究引进西洋照相术，对于近代金石考古学有着方法性的启示。

---

① 〔清〕陈介祺著，陈继揆整理：《秦前文字之语》，齐鲁书社 1991 年版，第 42 页。

尽管如此，陈介祺亦有他的局限性。首先，陈介祺藏有海内著名的毛公鼎，但其著录中绝少提及此事，亦藏该鼎于其秘室中，秘不示人。他的做法与潘祖荫家藏大盂鼎等重器却不录入《攀古楼彝器款识》如出一辙。其次，其传古还仅限于他所交游的金石同好，且他亦多次致信友人，嘱其对所照图像“宜自存之”“用洋照而勿令其传印，收版自存”。然而，陈介祺仍不失为一位开一代风气之先的学者。西洋照相技术在金石学领域的运用，是“好古之诚有以格今契古”的陈介祺在金石学研究方面的一个很重要的贡献，其意义不仅在于开了一种全新的研究金石学的风气之先，而且在于这是最为传统的金石学研究与先进的现代技术相结合的开始。它的诞生使模糊的金石刻拓终于有了一种清晰的、可以量化的考察指标，这在当时是难能可贵的。①

三、对文物藏品的分类、整理与保护

陈介祺对文物载体信息的科学认识及实践的另一个重要表达，是他基于传古的核心是传古文字这一理念，对文物藏品进行科学的分类并进行尽可能的整理和保护。

（一）对文物藏品进行合理分类

鉴于传古的核心是传古文字这一理念，陈介祺对于有文字之古器可谓情有独钟，所以，商周古器物特别是其上的文字显然是陈介祺的关注重点，也是其藏品的第一大类别。可以说，在这一方面，陈介祺展现出了过人的前瞻性，往往能用超前的思想审视古器物和古文字。比如，他提出了“多见”之说：金文多见多读，自可通真伪，“释之以多见为第一”。再如，他提出了“识真”之说——在鉴藏古器物时应知其善与美，识得真与伪。他说：“古文字浑厚者，其中之真精神至坚至足至朴。”可见，陈介祺在鉴别青铜器时眼光之独到。此外，他还关注商周古器物之外的其他众多领域。

陈介祺藏品的第二大类应为玺印。作为中国古玺印最早的探究者之一，他收藏的很多玺印除了具有颇高的美学价值，还具有相当高的学术价值。《十

① 胡志平：《论陈介祺的传古思想及其使用西洋照相术的尝试》，见《陈介祺学术思想及成就研讨会论文集》，西泠印社出版社2005年版。

钟山房印举》之宏阔就是这方面很好的证明。对玺印的收藏和研究，同样是他倾力所在。从19岁开始，他便着力收藏并研究印章，辞官归隐时已经存有2000余方，归里后，他更是为此颇费精力和财力。到他59岁时，已经收藏古印7000余方。陈介祺不但广泛收藏古印，还对古印进行严格甄别，他对所藏古印有如下要求："精选慎收，去伪去近。"和收藏古器物一样，鉴藏古印玺的主要目的是为了传古。陈介祺传古心切，根据《十钟山房印举》的自序，他曾多次对好友表明心愿："念一生所聚，不可使古人不传。"因此，陈介祺编撰的《十钟山房印举》就是此心愿的表达。但该书的编辑困难重重，而且在举类上也存在相当多的困难：面对数量庞大的印玺，在那个时代，想做到分类清晰，对编撰者来说的确面临极大的学术和技术难题。面对这一问题，陈介祺在前人基础上提出了"叙姓以韵，同者以钮，回文反文，朱白界道，类中亦复别之"的分类编排方法，而且对每一印都进行考释。书成之后，学界震动，《十钟山房印举》后来被印学界奉为经典，有"印谱之冠""印学之宗"之誉。

陈介祺藏品的第三大类是陶文。在这方面，陈介祺著有《簠斋藏陶》《陶文释存》等。古陶文是继商周青铜器、玺印、石刻文字等之后的又一发现。清同治十一年（1872），陈介祺得到了出土于即墨、上有被其鉴定为三代古陶文文字的一件残片。他称其为"黄金不足比重"，之后陈介祺开始广泛收集并研究陶文，自号"齐东陶父"，并开启了陶文研究的先河。在研究方面，陈介祺提出"古陶文与古玺印近，有以玺成者，有刻者"；还提出"古陶文字不外地名、官名、器名、作者、用者姓名与其事其数"。这些都为后来的陶文研究打下了良好的基础。

除了青铜器、印玺、陶文，陈介祺还藏有秦诏版、汉画像石、碑碣、古砖、铜镜、封泥、文字瓦当、泉镜镞各式范、精品书画、兵器等。

整体来说，陈介祺的藏品不仅种类多、数量大，还特别突出"传古"之意。他看重古器（尤其是三代秦汉古器），也是为了在求真之基础上传古，他的治学严谨同样是为了这一目的。从这一点来说，陈介祺的传古理念和实践的确达到了前所未有的高度。

（二）对文物藏品的保护与管理

陈介祺在对文物藏品进行科学分类的同时，还尽可能地对文物藏品进行保护。鉴于这方面资料有限，这里仅以陶文的保护为例，蜻蜓点水式地谈其一二。

陶文保护的重要方法之一，就是制作拓片并尽可能地保护和流传这些拓片。如何制拓，前文已经介绍。簠斋所藏陶器及陶片，以齐地出土者为多，其中又以临淄出土为最。簠斋所收陶片经其选取后，即交拓工，每件拓若干份，捶拓之声终日不绝。其书札中曾言："唯古匋时至。选收释拓，终日从事于此，亦至劳冗。""今年拓者疲于古匋，已夜以继日。"这种紧张的陶文收集、考释、传拓活动，一直持续了数年。

这些多为不经装订的散页拓本，多赠金石之友，因此出现了多种传世的簠斋藏陶拓本。这些拓本，多钤有"齐东陶父""有周陶正之后""三代古陶轩""古陶主人""宝康瓠室"等簠斋别号、室名印章。目前散见于各图书馆、博物馆的簠斋藏陶拓本数量其夥，其中以山东博物馆所藏《齐鲁陶文》中所收陶文数量最多，达6944件。"这可能就是所谓簠斋藏陶七千种说法的主要根据。但其中重复破残甚夥，不仅包括上面提到的少量伪品和可疑的陶文，而且一些主要的精品并不在其中。"① 也可能包括陈氏逝世后其后人续收的一部分陶文。"簠斋藏陶拓本收陶文数量多而精者，当以国家图书馆所藏《望文生谊斋古陶文字》为最，共四函二十册，收陶文3622件。再者为北京大学图书馆所藏《簠斋瓦器拓本》，六函三十册，收陶文2580件。"②

在铜器保护方面，陈介祺同样尽其所能。如其对铜器进行除锈、剔字，对铭文进行清理，等等。陈氏对延煦堂的山楂除锈法予以肯定并将其完善。封泥保护方面，重要的例子是其因害怕"皇帝之玺"封泥上蜡后被损坏而没有上蜡，故不常拓，等等。同时，在文物的装运环节，他也提出了自己的想法并付诸实践，如其曾提到大盂鼎从陕西装箱起运的沿路注意事项等。此外，为了更好地进行拓印，他不断改善宣纸：不仅特制六吉棉连宣纸，还倡导用白及泡水浸润宣纸；张廷济的白及胶上纸法被陈介祺、吴大澂进一步发展和完善。

无论广事收藏还是精心保护，陈介祺的主要意旨皆在于尽其所能、非失真性传古。

---

① 王恩田：《陈介祺与陶文》，见《陈介祺学术思想及成就研讨会论文集》，西泠印社出版社2005年版。

② 陆明君：《陈介祺与陶文的发现、收藏及研究》，载《青少年书法》2011年第2期。

第四章　陈介祺对中国博物馆历史发展的贡献

探索陈介祺对博物馆学的贡献，必须要探索中国博物馆的起源。世界上没有任何一个国家和地区像中国的历史如此漫长而连绵不断，凡此则正是中国博物馆诞生、发展的基础。并且由博物馆积渐发展演化而产生的所谓“博物馆学”，则更是一种宏观上探索博物馆的历史、性质、功能的新兴科学。从广泛意义上看，其与社会学、哲学、历史学、美学、宗教学等都有交叉兼融的关系。我们初步认为：中国的博物馆滥觞于先秦，发展在汉唐，振兴在宋清，转型于民国。而清代晚期的陈介祺则正处在中国博物馆由振兴走向转型的阶段，而其所做的工作对博物馆性质及功能的拓展和完善无疑是承前启后而跨越历史时代的。

第一节　中国博物馆起源

若从世界人类历史发展的角度考量，似乎更多的国家和地区是经由考古学的逐渐兴起，随着实物资料的不断积累和社会研究认识的逐渐深入而开始出现新型博物馆，并且逐渐发展完善，继而由此诞生所谓的“博物馆学”的。博物馆一词源起于希腊语——Mouseion，意即“供奉缪斯（Muse是掌管学问与艺术等的九位女神）及从事研究的处所”①。西方学者认为，始建于公元前290年左右的亚历山大博物馆是世界上最早的博物馆，而中国的研究者或认

① 王宏钧主编：《中国博物馆学基础》，上海古籍出版社2001年版，第36页。

为：世界上最早的博物馆是亚历山大城缪斯神庙和山东曲阜孔子庙堂，建于公元前478年的孔子庙堂是中国最早的纪念类博物馆，比西方所谓最早的博物馆早180多年。① 而所谓“博物馆学”，则是1885年英国人杰·格拉瑟正式使用的，迄今不过一百多年的历史。②《中国大百科全书》认为：“博物馆学的研究对象是保存、研究和利用自然标本与人类文化遗存，以进行社会教育的理论和实践，包括博物馆事业发生、发展的历史及其与社会的关系，也包括博物馆社会功能的演进、内部机制的运营和相互作用的规律。”③ 有不少人类学家认为严格意义上的考古学诞生在西方，并由此顺理成章地认定博物馆也最早出现在西方，甚至国内的学者也附和着这种论调。然而事实真的如此吗？尽管本章主旨在于评述陈介祺先生对中国博物馆学的历史贡献，但是如果对博物馆的起源探研未明，不仅对于中国博物馆学发展的历史，而且对于陈氏对中国博物馆学所做贡献及其历史地位之评骘，均难能中肯。所以在此，不得不对中国博物馆的起源做必要之探索。

一、考古所见中国博物馆雏形

首先关于博物馆的名称、性质。如果按西方所谓博物馆即供奉缪斯及从事研究的处所之论调，则中国的博物馆出现的时间会更早。根据考古资料发现，人类对历史文物的看重与保护，最初应该是出于宗教崇拜的意义，如新石器时代大型祭祀遗址的修筑与祭祀活动的开展和对相关历史文物遗存的保护，这在国内黄河流域、江淮流域以及辽河流域等均有所发现。甲骨坑、铜器窖藏与盟书坎穴等，均是当时出于对历史文物的看重与保护而特意为之的。这些遗存在今江西、江苏、湖南、湖北、四川、陕西、河南、山东与辽宁等地均有所发现，尽管规模不一，然而性质是一致的，其数量成百上千。

据考古资料发现，中国新石器时代的祭祀遗址较为普遍，比较典型的则是辽西红山文化的所谓女神庙祭祀建筑群——经过精心规划设计的砌石建筑，依山傍水，气势宏伟，且其中供奉有一尊尊圆目阔口、大腹便便、栩栩如生

① 王宏钧主编：《中国博物馆学基础》，上海古籍出版社2001年版，第57~58页。

② 王宏钧主编：《中国博物馆学基础》，上海古籍出版社2001年版，第17页。

③ 王宏钧、冯承伯：《博物馆学》，见《中国大百科全书·文物 博物馆》，中国大百科全书出版社1993年版，第50页。

的女神塑像。除去其神秘的宗教色彩，则其应属于东亚地区最早的博物馆之雏形。西方博物馆的寓意与东方有差别，在中国，“博物”连缀成辞，最早见于《左传·昭公元年》（前541）所记晋侯闻子产之言，称赞其为“博物君子也”。其次则是《汉书·楚元王传》赞：“唯孟轲、孙况、董仲舒、司马迁、刘向、扬雄。此数公者，皆博物洽闻，通达古今。”还见于西晋的《博物志》，尽管这是一部讲述山川河流与志怪方术的小说，但是其比西方的所谓博物馆学之“博物”不知要早多少个世纪！还有许多著作，如宋代《宣和博古图》中载录三代青铜器800余件，比其更早的《考古图》中著录三代秦汉青铜器、玉器等200多件。而这些著作对研究中国的博物馆学与考古学都是极其重要的。博物馆发展到今天，对其功能的定义主要是典藏、研究与宣传。即便如此，中国的博物馆与西方形形色色的所谓博物馆之间的差异何啻天壤。博物馆这个历史悠久的产物，其性质、功能是随社会的发展而不断变化的；同样天宇穹隆广盖博野，因空间而产生的区域差异亦是显而易见的。尽管如此，如若探索博物馆之滥觞，审视天下，则唯有中国具备独特的历史条件。这是因为，西方文明古国尽管历史悠久，甚至有的远远超过中国，但是他们历史的链条几乎全部中断，种族革命，语言文字灭绝，了无承传，几乎没有一个像中国这样五千多年光辉文明连绵有序——不但历代传继，而且文字语言连绵发展本身就是完美的、典型的非物质文化遗产博物馆。中国自古即重视对历史资料的收藏与保管，也就由此而论及金石学与考古学、博物馆学之间的关系，而由金石学发展到考古学并分蘖出博物馆学，应是中国学术发展的固有道路与结果；当然，外来学术的影响也不可忽视。

关于中国博物馆起源的最好佐证则是夏禹铸九鼎和商周的甲骨文。《左传·宣公三年》（前606）记载，大禹时“铸鼎象物，百物而为之备，使民知神、奸”。毕沅《山海经新校正序》载：“禹铸鼎象物，使民知神、奸。按其文有国名，有山川，有神灵奇怪之所际，是鼎所图也。鼎亡于秦，故其先时，人犹能说其图，以著于册。”洪亮吉《山海经诂》称：“今《山海经·海内》《大荒》等篇，即后人录夏鼎之文也。”殷商甲骨文记载，当时把先公先王的庙称之为“图室”，就是指有图画的宫室。这些图画的内容很丰富，据《淮南子·主术训》记载，既有尧、舜这样的使国家昌盛的英明君王，亦有桀、纣这样的荒淫奢侈使国家灭亡的无道昏君。《论语·八佾》记载孔子“入太庙，每事问。”后来到周天子太庙，看到“四门墉有尧舜之容，桀纣之象，而各有善恶之状、兴废之诫焉。又有周公相成王，抱之负斧扆，南面以朝诸侯之图焉”（《孔子家语》卷三）。战国时期，这种情形更加普遍。楚国的先王庙及公卿祠堂里，“图画天地山川神灵，琦玮僪佹，及古贤圣怪物行事”（王逸《楚辞章句·天问序》），非常壮丽。失意中的屈原面对这些壁画，一一探其究竟，于是就有了体制奇特的《天问》。孙作云在《从〈天问〉中所见的春秋末年楚宗庙壁画》中写道：“我们根据《天问》文本，可以确信，《天问》是根据壁画而作的。”① 孙先生还对《天问》中的图画进行了详尽的考证。屈原既然对着壁画的内容一一发问，说明当时就有一种“看图讲诵”的艺术形式可供借鉴。台静农《屈原天问篇体制别解》一文把《天问》同流传在苗族中的开天辟地诗进行比较，认为“远古人历史的教本”中就有这种开天辟地歌，因而《天问》是“采自当时民间的歌诗体”。原始先民祭祀祖先，面对先王庙的图画进行唱诵，既是文学的生产过程，也是文学的生存状态。而《九歌》中的诸多歌辞，只有面对图画的唱诵才感觉是有的放矢。② 饶宗颐曾在《楚辞与古西南夷之故事画》中说：“古代巫术必须借重于图画，《九歌》里的太一及鬼神，西汉时即被作为绘画的题材，用来致祭。”“‘太一’是有图的，在祭祀时悬挂出来。”“我怀疑《远游》和《九歌》之类都是因图而制文。”因图制文，正是按图讲故事技艺的书面化。③

殷墟（又作殷虚）与周原发掘出大型的宫殿与宗庙祭祀遗存，其工程浩大、规模宏伟，往往出乎人们预料，由此可想见当时宫阙巍峨、庙堂深深之风致。殷墟遗址，陈梦家先生引证《说文》云：“虚，大丘也，昆仑丘谓之昆仑虚；古者九夫为井，四井为邑，四邑为丘，丘谓之虚。”④ 自发现甲骨文至今已有一百多年的时间，由此而进行科学考古发掘的时间也接近百年。其间不但出土十数万件带字甲骨，而且发现大量的宫殿、宗庙和墓葬，有的墓葬上还建有用于祭祀的享堂，其中最为典型的则是殷墟妇好墓上的享堂。《殷虚妇好墓》载：“在五号墓墓圹之上，压着一号房基……房基作长方形，转角呈

---

① 孙作云：《天问研究》，中华书局1989年版，第52页。

② 台静农：《屈原天问篇体制别解》，载《台湾文化》1947年第6期。

③ 饶宗颐：《楚辞与古西南夷之故事画》，载《故宫季刊》第6卷第4期，1972年。

④ 陈梦家：《殷虚卜辞综述》，中华书局1988年版，第30页。

漫圆形，稍大于墓口，南北残长5.5米，东西宽约5米。……值得注意的是，房基大小不仅与墓葬大体接近，而且恰恰座（坐）落在墓口之上。这种墓上压有房基的现象，亦见于大司空村墓312，可见其并不是孤立的。……我们认为，这座房基应是有意识地建筑在墓上的，其营建时间可能在墓主入圹后不久。卜辞中记有：‘甲申卜，即贞，其又（祐）于兄壬，于母辛宗。’（后上，7.11）‘即’是祖甲时卜人，‘母辛宗’应是武丁法定配偶之一庙号称为‘辛’的宗庙，与五号墓墓主有直接的关系。由此推测，五号墓上的房屋有可能就是为祭祀墓主而建的。”①《殷虚妇好墓》第五部分设专节论述五号墓的年代与墓主问题，其谓：妇好之名，在武丁期卜辞中有较多的记载，据统计，至少有一百七、八十条以上。她是武丁的配偶，生前曾参与国家大事，从事征战、主持祭祀等等。地位相当显赫。……‘母辛’则是其子辈祖庚、祖甲等对‘妣辛’的称谓。在祖庚、祖甲时期卜辞中有不少关于祭祀‘母辛’的记载……由于‘司母辛’铭铜器与‘妇好’铭铜器共存于一座墓中，我们推测，两者指的当是同一个人。就是说，妇好是墓主之名；‘辛’是她的庙号，后来又称之为‘妣辛’。这一发现，为解决卜辞中‘妇好’与‘妣辛’的关系问题提供了重要依据。”② 考古发掘所获得的种种迹象以及诸多专家的综合研讨，都表明妇好墓上的房屋就是为祭祀妇好所建的享堂。《说文》：“庙，尊先祖貌也。”而享堂即建筑在墓葬之上专门祭祀墓主的庙堂。享堂里设有被祭祀者的牌位，甚至还有其画像，以及生前所用或新制作的祭器与相关文物等。享堂中还会依照礼法按时举行祭祀，这在甲骨文中多有记载。试想这种祭祀要延续数代，所以历代还会对享堂祭祀之主的生平事迹进行搜集整理，俾便祭祀时对先祖之事迹进行褒扬及表达子孙们的仰敬之悃忱。凡此诸种，按西方学者对博物馆性质的界定，尤其比较所谓亚历山大缪斯女神庙的建置功能，则殷虚妇好墓上的享堂是目前中国考古所见时代最早的博物馆。

无独有偶，1953年文物部门在安阳大司空村共发掘三处遗址，其中遗址一下边压有墓葬三座（M301、302、307）。遗址二压在M311上面。遗址三

① 中国社会科学院考古研究所：《殷虚妇好墓》，文物出版社1980年版，第6页。

② 中国社会科学院考古研究所：《殷虚妇好墓》，文物出版社1980年版，第226～228页。

“恰压于墓 312 之上，方向也与墓口方向相同”①。只是当时类似情形少见，对其用途不好推测，故未作深入探索而已。现在可以认为，这也是建在墓葬上面的享堂。

此种现象不仅在安阳殷墟，在其他区域也有发现。如中国社会科学院考古研究所发掘的山东滕州前掌大商代墓葬。《滕州前掌大墓地》第三章第四节“祭祀遗存”部分，第一小节介绍墓上建筑，称：“北区墓地有多座墓葬存留有柱洞、夯土基础和础石等，根据其分布状况和排列位置，应是分别建在这些墓葬上的房屋，而且一般多是将墓室和墓道覆盖其下。如北Ⅰ区的 BM4，在墓室、墓道底部留有立柱的柱洞，墓口周边经过清理，出土有多个排列有序的柱洞以及散水设施等，表明该建筑设施是经过精心规划，正规施工而营造的一座墓上建筑物。”②“根据墓葬地面周边、墓底和墓道内保留的 21 个柱洞，以及相关的散水遗迹等，确认当时墓葬在埋葬前就规划和设计好，随着墓葬的完成将墓上建筑覆盖到整个墓葬之上。虽然目前尚无从判断墓上建筑的形式和规模，但该墓存在墓上建筑这一点应是成立的。”③ 杨鸿勋先生指出：“看来，在陵墓上建享堂很可能是奴隶制初期就已有了的。……战国时期在陵墓上建享堂的制度，大约对秦和西汉都有影响。……在陵墓上设奉祀、纪念性建筑，至南北朝时期受到佛教的影响，曾出现新的形式。……平山战国陵墓享堂的发掘和兆域图的出土，进一步证明了战国时期是举行墓祀的。通过以上的讨论，看来西周乃至殷商也行墓祀，殷墓祭祀坑的发现已提供了实证，可知也应有祭祀必备的建筑设置。”④

如果真的按西方学者对博物馆的定义来讲，则中国商代的博物馆已经为数甚多。而其之后的西周春秋战国以及汉魏隋唐直至辽代甚至明清，无论考古发掘还是文献记载以及地面遗存，在此漫长的历史发展时期内，这种享堂的建筑不但历代延续，而且其功能在不断地充实。这种所谓祭祀供

---

① 马得志等：《一九五三年安阳大司空村发掘报告》，载《考古学报》1955 年第 1 期。

② 中国社会科学院考古研究所：《滕州前掌大墓地》，文物出版社 2005 年版，第 122 页。

③ 中国社会科学院考古研究所：《滕州前掌大墓地》，文物出版社 2005 年版，第 60 页。

④ 杨鸿勋：《战国中山王陵及兆域图研究》，载《考古学报》1980 年第 1 期。

奉并研究死者事迹的场所被作为博物馆早期的雏形无可厚非，但是笔者认为，真正的具有中国特色的博物馆跟西方所界定的博物馆的形式、性质有所不同。

还是从安阳殷墟谈起。1899 年王懿荣辨识出甲骨文，石破天惊，而对甲骨文的科学发掘始于 1928 年。至 1937 年，历经 10 年的考古发掘，收获极为重大。其中，1936 年发掘的 H127，整个坑内布满了甲骨，共出土甲骨 17096 片，并有一蜷曲的人骨伏在上面。出土甲骨的时代主要为武丁时期，同时还有盘庚、小辛、小乙之世的。在这些甲骨中，有的龟甲被刀重加刻划，这是过去未见过的；也有一些字迹用毛笔书写及刻辞涂朱涂墨的现象，借此可对殷人用笔书写的情形有所认识。再结合“大龟四版”“大龟七版”以及其他几坑中出土甲骨的情形研究，可知殷人是甲、骨分埋的。而且 H127 未经扰动，这么多的甲骨集中存放一起，并有一个管理者的遗骸，由此推知这坑甲骨是“有意存储”的。① 将这么多的甲骨集中掩埋在地下，并且埋藏地点与殷王室宫殿宗庙近在咫尺，说明将这些甲骨埋在地下是为了长久保存，同时也便于后来的查验与研究借鉴。由此也可推断，这种掩埋的形制和众多的实物文字资料，则具有博物馆的性质。

1977 年，陕西岐山凤雏西周宫殿或宗庙建筑基址西厢二号侧发现 H11 和 H31 两个窖穴，出土卜甲和卜骨共 17275 片，其中带文字的有 289 片，这是出土西周甲骨数量最多的一次。② 对此，学术界认识不同，有学者认为这批甲骨属于周文王到昭王时期，也有学者认为其属于殷商王朝时期，卜辞中的“王”应为商王帝辛，主持占卜的人是掌握甲骨的，他们投奔周族，必然会载其甲骨档案，携以俱来。这是周原发现的大批商王室甲骨的主要来源。③ 无论属于何种情景，对甲骨进行掩埋保存的观念及目的是一样的，而且甲骨埋藏地点与宫殿或宗庙的关系也是一致的，所以由此可认为，商周时期尽管种族文化区域和时代各不相同，但是对于最重要的信息载体之保管措施是一脉相承的，这两个窖穴也是西周早期具有博物馆性质的遗存。

---

① 王宇信：《甲骨学通论》，社会科学出版社 2015 年版，第 70 ~ 71 页。

② 王宇信：《甲骨学通论》，社会科学出版社 2015 年版，第 303 ~ 304 页。

③ 王宇信：《甲骨学通论》，社会科学出版社 2015 年版，第 311 页。

二、典籍所载中国博物馆形式

《史记·五帝本纪》载帝颛顼“依鬼神以制义，治气以教化，洁诚以祭祀”。帝喾“明鬼神而敬事之”，帝舜“乃在璿玑玉衡，以齐七政。遂类于上帝，禋于六宗，望于山川，辩于群神”。由此可见在五帝时代，人们不但供奉祭祀人类的祖先神明，还祭祀自然界的日月山川等。而这种将人文与自然诸神祇有机地融合在一起，进行供奉祭祀和研究，是中国的文化特色，也是世界上最早出现的博物馆之雏形。《左传·宣公三年》（前606）：“楚子伐陆浑之戎，遂至于雒，观兵于周疆。定王使王孙满劳楚子。楚子问鼎之大小、轻重焉。对曰：‘在德不在鼎。昔夏之方有德也，远方图物，贡金九牧，铸鼎象物，百物而为之备，使民知神、奸。故民入川泽、山林，不逢不若。螭魅罔两，莫能逢之。用能协于上下，以承天休。桀有昏德，鼎迁于商，载祀六百。商纣暴虐，鼎迁于周。德之休明，虽小，重也。其奸回昏乱，虽大，轻也。天祚明德，有所底止。成王定鼎于郏鄏，卜世三十，卜年七百，天所命也。周德虽衰，天命未改。鼎之轻重，未可问也。’”从宗教寓意考察，祭祀与供奉往往相关。而夏禹所铸九鼎作为国家权力至高无上和神圣的象征，其祭祀供奉的功能最为典型，并且长期被供奉在庙堂，历代承传，直至秦统一而所谓九鼎散佚，故有始皇泗水捞鼎之传闻。律之西方观点，则夏代的九鼎及其供奉之所和祭祀尊崇的意义是中国历史上出现时代最早且最为典型的博物馆。

殷人尚鬼，故而庙堂林立。甲骨文中记有殷代帝王的庙号，并且以日为名。殷人在宗庙中摆放历代先王的牌位，称为神主之主，而“示”是神主之主的象形。同时，直系与旁系在祭祀的时间、频率及与宗亲关系的远近方面有所区别。陈梦家先生在《商王庙号考》中指出自上甲以至殷亡37王和祖己的名号。由殷代先王庙号可见，作为庙号主要部分的天干，表示及位、死亡和致祭的次序；先祖在祭祀中是依亲疏之别而逐渐被淘汰的；因祭法不同而用不同的庙号；庙号与生称是有区别的。① 由此可见，商代甲骨文中记载的商代帝王有37名之多，这不仅需要将这些祖宗按血缘辈分连绵有序地在宗庙中摆列祭祀，而且需要对他们的生平、子孙与亲缘关系等进行采集、整理与考

① 陈梦家：《商王庙号考》，载《考古学报》1954年第2期。

量，俾便厘清昭穆、传之久远。这与西方所谓的博物馆自然是十分相近的。

三代礼制多所承传，所谓殷因于夏，而周因于商，同时亦有所损益。西周金文中习见某庙、某宫等内容。而这些所谓的庙或宫，大都是奉祀纪念祖宗先人的专门场所。陈梦家《西周铜器断代（二）》对此进行了研讨。西周金文中称某庙、某宫者习见，兹举例如下：

称某庙者：

同簋："王在宗周，各大庙。"

吾簋："王在成周……王各于成周大庙。"

免簋："王在周，昧爽王各于大庙。"

师兑簋："王在吴，各吴大庙。"

大克鼎："王在宗周，旦，王各穆庙。"

师兑簋："王在周，各康庙。"

吴方彝："王在周成大室，旦，王各庙。"

蔡簋："王在雍居，旦，王各庙。"

鄂簋："王在周邵宫，丁亥，王各于宣廝。"

虢盘："王各周庙宣亭廝。"

称某宫者：

令方彝："周公宫。"

庚嬴卣："庚嬴宫。"

康鼎："康宫。"

师晨簋："师录宫。"

太师虘簋："师彔宫。"

善鼎："大师宫。"

牧簋："师汙父宫。"

陈梦家认为宫与庙是有区别的，宫、寝、室、家是生人所住的地方，庙、宗、宗室等是人们摆放先祖鬼神之位的地方。①

唐兰先生《西周铜器断代中的"康宫"问题》中揭列了西周铭文中有关"康宫"的诸种情形：

---

① 陈梦家：《西周铜器断代（二）》，载《考古学报》1955 年第 2 期。

王在“康宫”：

康鼎：“王在康宫。”

王在“康宫太室”或在“康宫”而格太室：

君夫簋：“王在康宫太室。”

扬簋：“王在周康宫，旦，格太室。”

休盘：“王在周康宫，旦，王格太室。”

王在“康宫”某宫或某太室：

颂鼎：“王在周康邵宫。”

克盨：“王在周康穆宫。”

寰盘：“王在周康穆宫，旦，王格太室。”

伊簋：“王在周康宫，旦，王格穆太室。”

望簋：“王在康宫新宫。”

鬲攸从鼎：“王在周康宫徲太室。”

克钟：“王在周康剌宫。”

在康宫中祭祀：

令彝：“甲申，明公用牲于京宫，乙酉，用牲于康宫，咸既，用牲于王。”

在康宫内部：

伊簋：“令伊执司康宫王臣妾百工。”

唐兰先生认为：“从这些记载里可以看到凡是说‘王在康宫’，或在‘康宫’里的什么地方，都是为了王对做这件铜器的人进行册命；令彝说到‘用牲于康宫’，用牲是很重要的祭祀；‘康宫’在祭祀中的地位跟‘京宫’一样，并在王城之前；‘康宫’里有王的臣妾百工。”“康宫”是周康王的宗庙。令彝铭文中将“京宫”和“康宫”并称，“京宫”是祭祀太王、王季、文王、武王、成王的宗庙；“康宫”里有“邵宫”“穆宫”“剌宫”，是昭王、穆王、厉王的宗庙，徲太室是夷王的宗庙。郭沫若《两周金文辞大系图录考释》认为金文中的“京宫、康宫均宗庙之名”。唐兰先生指出：“首先是‘京宫’，是周王的祖庙，郭沫若同志也是同意的。……《吕氏春秋》说‘归，乃荐俘馘于京太室’，可见这个‘京宫’是在宗周的。当时成周还没有建立，当然不会有‘京宫’。当周公营建洛邑作为大邑成周的时候，据《逸周书·作雒解》

说：‘乃位五宫：大庙、宗宫、考宫、路寝、明堂。’所谓‘宗宫’，显然就是宗庙（宗周的所以称为宗，也就是因为宗庙所在的原故），它必然是仿照宗周的‘京宫’盖的。因为‘京宫’是‘宗宫’，所以也叫做‘京宗’。班簋说：‘受京宗懿厘。’甲戌鼎说：‘维四月在成周，丙戌，王在京宗。’（《西清续鉴甲编》1·36）更可以证明成周也有‘京宫’。‘宗宫’‘京宫’和京宗是同一宗庙的不同名称。把‘京宫’的内容搞清楚以后，再回头来看令彝里的‘京宫’、‘康宫’和‘王’城等用牲典礼的安排，就很容易理解了。”①

由西周金文可以看出当时王室宗庙设立之普遍，而且宗庙规模宏大，建制繁复，因功用性质不同而划分诸多区域；同时宫庙的建立有多种，既有综合供奉祭祀的，也有专门独立的庙堂。更为重要的是，金文中记载宫庙里还有专门管理宗庙日常维护和制作祭祀器用以及对先王事迹进行整理研究的所谓“臣妾百工”。西周金文中的“臣”或称“小臣”，《周礼·夏官·小臣》中记载小臣“掌王之小命，诏相王之小法仪。掌三公及孤卿之复逆，正王之燕服位。王之燕出入，则前驱。大祭祀、朝覲，沃王盥。小祭祀、宾客、飨食、宾射掌事”等。小臣的地位有高低之分，如荣簋之臣为父荣，由于为周王助祭受赏达贝百朋之多。百朋之赐是目前所见赏赐货贝的最高数。② 为周王助祭得到的赏赐货贝数量最多，由此也可看出周王对宗庙祭祀大事的重视。《礼记·丧服小记》：“王者禘其祖之所自出，以其祖配之，而立四庙。”郑玄注：“高祖以下与始祖而五。”又《礼记·文王世子》：“五庙之孙，祖庙未毁，虽及庶人，冠、娶妻必告。”《穀梁传·僖公十五年》（前645）：“天子七庙，诸侯五，大夫三，士二。”《礼记·冠礼》：“礼有以多为贵者，天子七庙。”《礼记·祭法》：“王立七庙……曰考庙，曰王庙，曰皇考庙，曰显考庙，曰祖考庙……远庙为祧，有二祧。”《礼记·王制》：“天子七庙，三昭三穆，与太祖之庙而七。诸侯五庙，二昭二穆，与太祖之庙而五。大夫三庙，一昭一穆，与太祖之庙而三。士一庙。”王家之庙数量多而可以远及始祖，庙堂中历代祖宗之“示”，按昭穆制度而供奉，届时进行祭祀。《周礼·夏官·隶仆》：“掌五寝之扫除粪洒之事。”郑玄注：“五寝，五庙之寝也。”凡此正

① 唐兰：《西周铜器断代中的“康宫”问题》，载《考古学报》1962年第1期。

② 张亚初、刘雨：《西周金文官制研究》，中华书局1986年版，第45页。

可与伊簋所谓“令伊执司康宫臣妾百工”相兑读。西周与商代一样，王室贵族设立众多的宫庙，其中供奉数代祖宗及有关祖考母妣的生平事迹等。如《楚辞·招魂》所云：“像设君室，静闲安些。”可见庙堂中不仅有牌位，而且有祖宗的画像（此种习俗延续到汉代，则演变为在墓葬或享堂中的石板上刻画墓主的生平事迹），后世子孙都必须对父祖事迹进行搜集、整理和研究。所以说，周室贵族宗庙应该就是当时王家的博物馆。

《周易·系辞上》：“河出图，洛出书，圣人则之。”高亨先生曰：“河，黄河。洛，洛水。汉人说：伏牺时有龙马出于河，身有文如八卦，伏牺取法之，以画八卦。夏禹时有神龟出于洛，背上有文字，禹取法之，以作书，即《尚书·洪范》之起原。”①

高亨先生附考曰：“此二事是先秦时代之神话。《书·顾命》曰：‘大玉夷玉天球河图在东序。’《文选典引》蔡邕注引《尚书》曰：‘颛顼河图雒书在东序。’《论语·子罕》篇：‘子曰：凤凰不至，河不出图，吾已矣夫！’《史记·孔子世家》载《论语》此文，‘河不出图’下有‘雒不出书’一句。据此，河图洛书始见于《顾命》，孔丘已认为是天赐之祥瑞。《礼记·礼运》：‘河出马图，凤皇麒麟皆在郊。’《管子·小匡》篇：‘昔人之言受命者，龙龟假，河出图，雒出书，地出乘黄。今三祥未有见者。’……先秦神话是否如此，不可考见。余谓河图洛书之原意：河图是黄河之图，洛书是洛水之图，皆是古地理书。西周王朝重视其书，故宝藏之，载入《顾命》。但在春秋战国时代已演为神话矣。”②

1954年江苏丹徒烟墩山出土的宜侯夨簋，铭文开篇称：“唯四月辰在丁未，王省武王、成王伐商图，遂省东国图。”（图2-4-1）陈梦家先生认为：“两图字应读作边鄙之鄙。”③

传1931年河南北部出土的康侯簋铭文曰：“王朿伐商邑，祉令康侯图于卫。沬司土逘鼻图。作厥考尊彝。”陈梦家先生认为“图”乃康侯之名：“此康侯图当是康侯封：古文邦、封一字，图、鄙一字；《说文》‘邦，国也’，

① 高亨：《周易大传今注》，齐鲁书社1998年版，第405页。
② 高亨：《周易大传今注》，齐鲁书社1998年版，第416页。
③ 陈梦家：《西周铜器断代（一）》，载《考古学报》1955年第1期。

《广雅·释诂》四‘鄙，国也’。”陈梦家认为此器或应为沫司徒逘簋。①杨树达定名“沬司徒逘簋”，释“图”作“鄙”。引证《广雅·释诂》：“鄙，国也。”“延令康侯鄙于卫，即封康侯于卫也。”②

图2-4-1 宜侯夨簋铭文

清代嘉庆十四年（1809）入内府之夨人盘铭文末段曰：“西宫襄、武父则誓。厥受（授）图夨王于豆新宫东廷。”陈梦家先生释“受”为“为”，曰：“‘厥为图’之为字，旧释如此，不确。图即丹图，乃是约剂。《周礼·司约》：‘凡大约剂书于宗彝，小约剂书于丹图。’注云：‘大约剂，邦国约也，书于宗庙之六彝，欲神监焉。小约剂，万民约也。丹图未闻。’”③

郭沫若考释夨人盘末段铭文谓：“受者授省，言经界既定，誓要既立，乃授其疆里之图于夨王。授图之地乃在‘豆新宫东廷’。豆者夨之属邑，上举夨之有司中有豆人，可证。就此语观之，本盘实是夨人所作，旧称‘散氏盘’者实误也。”④ 杨树达曰：“又云‘氒受图夨王于豆新宫东廷’。受读为授，授图夨王谓授图之夨王，抑或夨王授图之倒文。授田者为夨，则授图者亦当为夨，或释授图于夨王，非也。”⑤ 揆诸文意，所授之图，并非当场所绘，应属事前绘制而存放于“豆新宫”者。

结合宜侯夨簋、康侯簋、夨人盘铭文内容，其中的“图”，均应是广义上的地图。商代王师动辄数月征伐，辗转数千里，推想当时征战必定有地图作参考，而绝非盲打误闯。而宜侯夨簋所谓“武王、成王伐商图”与“东国图”，应即

① 陈梦家：《西周铜器断代（一）》，载《考古学报》1955年第1期。
② 杨树达：《积微居金文说》，科学出版社1959年版，第244页。
③ 陈梦家：《西周铜器断代》，中华书局2004年版，第348页。
④ 郭沫若：《两周金文辞大系图录考释》，上海书店出版社1999年版，第131页。
⑤ 杨树达：《积微居金文说》，科学出版社1959年版，第35页。

当年周师伐商行军作战路线图；王晖先生认为是早期的军事地图。① 而东国图，则如《左传·昭公九年》（前533）所载“及武王克商，蒲姑、商奄，吾东土也”或今日海岱区域大致相当的地域图。康侯簋所谓“征令康侯图于卫。沬司土逘㝵图”，应该如《左传·襄公六年》（前567）载齐国攻杀莱共公，“迁莱于郳。高厚、崔杼定其田”。所谓“定其田”，乃踏勘疆界形势而绘制成图之意。踏勘商邑之事由康侯主持，而由沬司土具体执行。周代“司徒”之名，在西周早期和中期金文中作“司土”，西周晚期出现“司徒”。②《周礼·地官·司徒》：“大司徒之职，掌建邦之土地之图，与其人民之数，以佐王安扰邦国。”由此可证沬司土逘为商邑绘制地图正是其职责所在。

新中国成立前，陕西扶风岐山一带出土善夫山鼎，其铭文曰：“惟卅又七年正月初吉庚戌，王在周，各图室。”陈梦家先生指出：“图室当在周庙，无叀鼎曰‘王各于周庙，述于图室’（《大系》143）。由此器，知周庙、图室在周。”③ 由此鼎铭文征之，西周有地图，而且有存放地图的专门场所，而此又正可与《尚书·顾命》“大玉、夷玉、天球、河图，在东序”相兑读。

《周易》中有“河图”“洛书”，金文中有地“图”之名称，而考古发掘中则见到了“图”与“书”之实物。1978年，河北平山中山国墓一号墓主室中出土铜板兆域图一块，“由于火烧已经变形。长94、宽48、厚约1厘米。一面有一对铺首，另一面有用金银镶错的一幅‘兆域’，也就是葬域平面示意图，图上标明宫垣及坟茔所在地点，建筑各部分名称、大小、位置和中山王的诏书”（图2-4-2、2-4-3）。诏书规定必须遵照王命而选择兆域，制定其宽窄长短大小，“有事者官图之”。“诏书的大意是：中山王命令赒，在修建葬域中，要按规定的长宽大小标准去做，如果发生问题要依法处置；违法者死罪不赦，不执行王命者罪连子孙。该铜板一件从葬，一件藏在王府。”④ 朱德熙、裘锡圭认为：“这幅图是中山王陵园的建筑平面图。图中内宫五个堂在丘上。丘是墓上的封土，这些堂应该是建在封土上的享堂。……《周礼·春

① 王晖：《从金文看西周宗庙“图室”与早期军事地图及方国疆域图》，载《陕西师范大学学报（哲学社会科学版）》2012年第1期。

② 张亚初、刘雨：《西周金文官制研究》，中华书局1986年版，第8~9页。

③ 陈梦家：《西周铜器断代》，中华书局2004年版，第289页。

④ 河北省文物管理处：《河北省平山县战国时期中山国墓葬发掘简报》，载《文物》1979年第1期。敬明按：铭文“相邦赒”之“赒”，今释为“贾”，可从。

图2－4－2 中山国兆域图

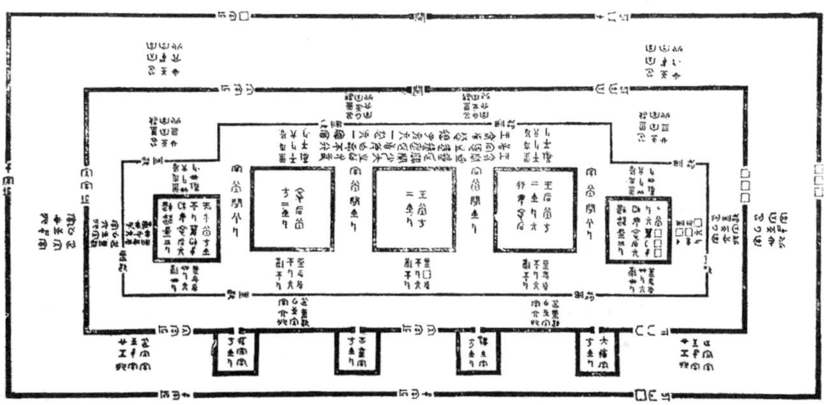

图2－4－3 中山国兆域图摹本

官·冢人》：‘掌公墓之地，辨其兆域而为之图。’贾疏云：‘谓未有死者之时，先画其地之形式，豫图其丘垄之处。’可见王厝也很可能在生前预先让相邦赒为自己的陵园作好规划，绘成兆域图。”①《周礼·春官·墓大夫》：“墓大夫，掌凡邦墓之地域，为之图。令国民族葬，而掌其禁令，正其位，掌其度数，使皆有私地域。”中山王陵出土兆域图铭文称：“王命赒为兆法，阔狭小大之制，有事者官图之。”此铭文可与前述矢人盘铭文兑读；矢人盘铭文曰：“西宫袭、武父则誓。厥受（授）图矢王玉豆新宫东廷。”其中“受”乃

① 朱德熙、裘锡圭：《平山中山王墓铜器铭文的初步研究》，载《文物》1979年第1期。

郭沫若所释，陈梦家或释为“为”，从字形看应当释为“受”。但是从铭文内容来看，当时应该有踏勘交易土地四至、绘制地图的经过，绘制地图称“为图”，交于对方则称“授图”，接受者则称“受图”。重要的图均应有备份，如中山王陵兆域图铭文称“其一从，其一藏府”，即一件用来随葬，一件被藏在府库。① 高亨先生引证《尚书·顾命》曰：“大玉、夷玉、天球、河图，在东序。”而此中山国的兆域图则藏在“府”中，可见类似的“序”“府”“宫”等，在当时是保存图册典籍和祖宗文物的处所，从其性质看已经类似后来的博物馆。

2003 年，陕西眉县杨家村青铜器窖藏出土鼎 12 件，鬲 9 件，方壶 2 件，盘、匜、盉、盂各 1 件，共计 27 件西周时期青铜器，这组铜器的时代从西周早期到西周晚期。所有铜器均带有铭文，27 篇铭文共计 4000 余字。铭文记载单氏逨之世家，从其皇高祖单公，到逨举凡八代，几乎是一部系统的单氏家族史。同时，铭文还记载单氏先祖诸代人物随从文王、武王灭纣，建立周邦；领受王命，北征戎狄、南伐荆楚；协助周王治理天下，管理山林，以及因功受册命封赐的漫长历史。由此，而开列出从周文王到宣王举凡 12 代的世系。这 27 件带有 4000 余字铭文的铜器，每件都精美无比并且保存完好；而铜器的时代也从西周初年到宣王时期。尽管这些铜器最终在一处有意掩埋的窖藏中出土，但是在其未进入窖藏之前的情景如何呢？结合周人的宗法观念和人们对家族历史极为珍重的情况，可以推想这些珍贵的青铜器是单氏家族世世代代传承的反映家族历史的珍贵文物，而在掩埋之前，这些铜器应该是保存在单氏家族的宗庙之中的。从铭文所记载的历史以及铜器所跨越的时代之长可见，单氏子孙对历代先祖的事迹及其与周王朝的关系是经过整理而传承有序的。那么，既有文物实体，又有历史信息的传承、整理和研究，还有专门的保存管理和供瞻仰这些实物的宗庙处所，综合来看这又属于什么性质呢？律之西方理论，这显然就是一处事关家族和国家历史的博物馆。②

《国语·鲁语下》载：“仲尼在陈，有隼集于陈侯之庭而死，楛矢贯之，

---

① 朱德熙、裘锡圭：《平山中山王墓铜器铭文的初步研究》，载《文物》1979 年第 1 期。

② 陕西省考古研究所、宝鸡市考古工作队、眉县文化馆联合考古队：《陕西眉县杨家村西周青铜器窖藏发掘简报》，载《文物》2003 年第 6 期。

石砮，其长尺有咫。陈惠公使人以隼如仲尼之馆问之。仲尼曰：‘隼之来也远矣！此肃慎氏之矢也。昔武王克商，通道于九夷、百蛮，使各以其方贿来贡，使无忘职业。于是肃慎氏贡楛矢、石砮，其长尺有咫。先王欲昭其令德之致远也，以示后人，使永监焉，故铭其栝曰“肃慎氏之贡矢”，以分大姬，配虞胡公，而封诸陈。古者分同姓以珍玉，展亲也；分异姓以远方之职贡，使无忘服也。故分陈以肃慎氏之贡。君若使有司求诸故府，其可得也。’使求，得之金椟，如之。”孔子在陈国鉴定隼身上所带箭，为“楛矢、石砮”。西周初年成王践奄之后，肃慎进贡楛矢、石砮，时过数百年之后，陈国府库中尚存放着当年肃慎进贡的楛矢、石砮，并且被珍藏在金椟之内，可见当时人们对文物的重视和保护措施的提升，并且陈国的故府就是其国家的博物馆，有管理人员曰“有司”。《史记·老子韩非列传》载：“老子者，楚苦县厉乡曲仁里人也，姓李氏，名耳，字聃，周守藏室之史也。”《集解》：“《地理志》曰苦县属陈国。”《索隐》按：“《地理志》苦县属陈国者，误也。苦县本属陈，春秋时楚灭陈，而苦又属楚，故云楚苦县。”学界通常认为楚国灭陈国的时间在春秋末季，大约为公元前 479 年，而次年正是孔子卒岁。老子长于孔子，故其在世时苦县应属于陈国。《索隐》按：“藏室史，周藏书室之史也。又《张苍传》‘老子为柱下史’，盖即藏室之柱下，因以为官名。”《史记·张丞相列传》：“张丞相苍者，阳武人也。好书律历。秦时为御史，主柱下方书。……而张苍乃自秦时为柱下史，明习天下图书计籍。”《索隐》：“周秦皆有柱下史，谓御史也。所掌及侍立恒在殿柱之下，故老子为周柱下史。今苍在秦代亦居斯职。”所以当时的守藏室，就是今天所说的博物馆。而所谓的“图书”与今日“图书”有别，应该读作“图”“书”，“图”应是如上所揭列西周青铜器名中的地图，而“书”则应是载有文字资料的简牍缣帛。老子作为“守藏室之史”，可算得上通贯古今、知晓天地万物的博物馆专家。

《左传·襄公六年》（前 567）载齐国攻下莱国国都，“陈无宇献莱宗器于襄宫。”《史记·燕召公世家》载公元前 284 年“燕兵独追北，入临淄，尽取齐宝，烧其宫室宗庙”。《史记·乐毅列传》载乐毅致书燕王，追述当年由其指挥军队攻入齐国临淄：“齐王遁而走莒，仅以身免；珠玉财宝车甲珍器尽收入于燕。齐器设于宁台，大吕陈于元英，故鼎返乎磿室。”这里所谓莱国的“宗器”，应是陈列在莱国宗庙里的钟鼎彝器。而齐国的“襄宫”、燕国的

"宁台"和"元英"，均是陈列历史文物等珍宝的处所，也就是当时的博物馆。同时，还可从上述引文中看出燕国根据器物的性质、功用而分别陈列，所谓"大吕陈于元英"，应指将成套的乐器专门陈列在"元英"，而此"元英"，应是音乐博物馆；所谓"宁台""磿室"，则是陈列珍宝鼎彝之馆。

宋代洪迈《容斋随笔》云："三代彝器，其存至今者，人皆宝为奇玩。然自春秋以来，固重之矣。经传所记，取郜大鼎于宋，鲁以吴寿梦之鼎贿荀偃，晋赐子产莒之二方鼎，齐赂晋以纪甗、玉磬，徐赂齐以甲父之鼎，郑赂晋以襄钟，卫欲以文之舒鼎、定之鞶鉴纳鲁侯，乐毅为燕破齐，祭器设于宁台，大吕陈于元英，故鼎返乎磨室（敬明按：《史记》作'磿室'）是已。"林欢博士按："由于宗教和礼仪上的意义，三代彝器历来具有重要地位，周灭商则迁商鼎，春秋战国时期可以用作政治交往的工具，汉以后它又作为奇珍祥瑞被收藏。时至宋代，钟鼎彝器才真正成为研究的对象。"① 古人对三代钟鼎彝器极为看重，它不仅是庙堂之器与名分之象征，而且是历史的真实见证者，所以传世宝器都有专门的存放处所，并有专人管理。《史记·封禅书》载："秦缪公立，病卧五日不寤；寤，乃言梦见上帝，上帝命缪公平晋乱。史书而记藏之府。"秦国虽处西方，或以戎狄视之，然其亦有府库保存典籍文物。而这些保存青铜器和重要典籍的处所，应该就是先秦时期典型的博物馆。②

第二节　汉唐时期中国博物馆之发展

汉代由于治国理念和历代帝王的强调，罢黜百家，独尊儒术，故无论庙堂还是民间，对历史文化传承的识辨与研究都得到长足发展，所以汉代应该是传统学问在经历秦代暴风雨式的扫荡之后最为发展的历史时期。魏晋南北朝属于中国历史上动荡不已的时期；隋唐在经历魏晋南北朝的战乱之后，尽管社会形态尤其民族观念方面有了些西域文化的色彩，如鲁迅先生即称"唐室大有胡气"，但是有关统治者及其僚属集团还是以中原正统自

① 参见林欢：《宋代古器物学笔记材料辑录》，上海人民出版社2013年版，第3页。
② 孙敬明：《读文说图》，载《中国文物报》2016年9月20日。

居的。虽然当时受西域文化的影响比较浓重，对传统历史文化的重视与研究远不及此前的两汉王朝，更不及其后的两宋时代，然而其处于两个发展王朝之间，自能有得前朝之余绪、孕后来之先声者，故于此段仅作约略概述。

汉唐时期应该属于中国博物馆的发展阶段，汉代宗庙以及墓地上的享堂，尤其画像石墓葬与享堂的同时出现，使得具有悠久传统的中国特色的博物馆更为直接而具体：既有掩埋在地下石刻历史画廊，又有建立在墓葬之上的墓主生平事迹展示。

一、汉代珍视青铜器

秦始皇统一六国后，照例会集六国之府库宝物，虽然其为巩固专制政权而焚烧有关六国政治历史之典籍，但是其对于占卜筮法和农业园艺医学等著作则加以留存。而当时存放大量著作典籍尤其从关东六国所掳掠文物珍宝的府库，从其性质来看应即当时之博物馆。汉代恪守传统，对历史文物珍宝极为重视，《汉书·高帝纪》载刘邦军队进入咸阳，即“封秦重宝财物府库”。高祖之时“天下既定，命萧何次律令，韩信申军法，张苍定章程，叔孙通制礼仪，陆贾造新语。又与功臣剖符作誓，丹书铁契，金匮石室，藏之宗庙”。先秦时期的图、符、丹书、铁券是盛放在金匮石室而放入宗庙里珍藏的。此前如春秋时期的陈国，在庙堂中珍藏西周肃慎进贡的楛矢、石砮，“使求，得之金椟”可证。《史记·孝武本纪》载：“上有故铜器，问少君。少君曰：‘此器齐桓公陈于柏寝。’已而案其刻，果齐桓公器。一宫尽骇，以少君为神，数百岁人也。”尽管这位少君是位江湖方术之士，但是其具备文物鉴定研究和古文字方面的知识，所以能够考证春秋时期齐桓公陈列在柏寝宫台带铭文的青铜器，其对汉代文物的收藏、鉴定与研究之水平由此可见一斑。《史记·孝武本纪》载，元狩六年（前117）“夏六月中，汾阴巫锦为民祠魏脽后土营旁，见地如钩状，掊视得鼎。……迎鼎至甘泉……至长安，公卿大夫皆议请尊宝鼎。……有司皆曰：‘闻昔大帝兴神鼎一，一者一统，天地万物所系终也。黄帝作宝鼎三，象天地人也。禹收九牧之金，铸九鼎，皆尝鬺烹上帝鬼神。遭圣则兴，迁于夏商。周德衰，宋之社亡，鼎乃沦伏不见。’”此时的“有司”，与春秋时期孔子在陈国所见的“有司”，均应是管理类似国家博物馆的职官，他们通晓历史，深谙宗教典制，而对文物的保管研究是其主要职责。由此也可看出汉代人对先秦文物的敬畏感，他们往往将文物尤其三代鼎彝的出土当作社会的祥瑞，并极尽渲染之能事。

《汉书·郊祀志》载，宣帝神爵四年（前58）“美阳得鼎，献之。下有司议，多以为宜荐宗庙”。此处“有司”与《国语·鲁语》中所记孔子时期陈国管理故府的“有司”，以及汉武帝时期的“有司”，应该属于同一职官。尽管“有司”属于普遍的称谓，但是仍可看出历代均设有管理历史文物的职官，凡此则类似后来博物馆管理者之职司，故而其职掌也应该相似。最终，经张敞辨识铭文，这件铜鼎为尸臣鼎，记载周王赏赐之事，故不宜荐于宗庙。汉武帝时期，在孔子旧宅内发现战国简册，孔子的后裔孔安国对其进行整理研究，内中包括《尚书》《礼记》《论语》《孝经》等先秦典籍。汉代文献中多有青铜器出土情况，许慎的《说文解字·叙》就提道：“郡国往往于山川得鼎彝，其铭即前代之古文。”当时国家有学识的人，能鉴定西周、春秋时期的铜鼎，还能辨识上面的铭文，尽管他们不是专业的博物馆工作者，仍能看出当时人们对古代文物的认识水平。如东汉末年之郑玄，对先秦典籍进行整理注疏，凡是经典中有关名物制度，其大都能举证古代器用进行疏证，这应不仅是郑玄本人的学术成果，也应是从先秦到汉代几百年间社会对历史文物认识、鉴别、解释的逐渐升华的结果。汉朝收藏文物、图书等的处所，比较著名的有国家所建的“天禄”“石渠”“兰台”等府库。

宋人蔡絛《铁围山丛谈》云：“虞夏而降，制器尚象，著焉后世。繇汉武帝汾睢得宝鼎，因更其年元。而宣帝又于扶风亦得鼎，款识曰：‘王命尸臣，官此栒邑。’及后和帝时，窦宪勒燕然还，有南单于者遗宪仲山甫古鼎，有铭，而宪遂上之。凡此数者，咸见诸《史记》所彰灼者。”①

二、魏晋隋唐新见简牍与书画

“殆魏晋六朝隋唐，亦数言获古鼎器。梁刘之遴好古爱奇，在荆州聚古器数十百种，又献古器四种于东宫，皆金错字，然在上者初不大以为事，独国

① 〔宋〕蔡絛：《铁围山丛谈》卷四。转引自林欢：《宋代古器物学笔记材料辑录》，上海人民出版社2013年版，第55页。

朝来浸乃珍重，始则有刘原父侍读公为之倡，而成于欧阳文忠公。”①

由汉代绵历魏晋而至隋唐，人们对出土青铜器的珍爱、收藏之风气未曾间断，只是因时代风气不同，遂各有浓淡轻重而已。对此起到重要推动作用的，则是出于朝堂的王公贵族与知识名士。

汉代以后，社会进入动荡时期，由于战乱频频，人们对生活的追求与汉代大不相同，故对出土文物研究的热情自然逊色。但是，文献中仍有文物出土的记载。如《水经注·沔水》：“元嘉六年（429），大水破坟，坟崩，出铜不可称计。得一砖，刻云：‘项氏伯无子，七女造墎。’世人疑是项伯冢。”《水经注·赣水》：“旧俗九月九日升高处也。昔有人于此沙得故冢，刻砖题云：‘西去江七里半，筮言其吉，卜言其凶。’而今此冢没于水。所谓筮短龟长也。”《水经注·渐江水》：“江有琵琶圻，圻有古冢堕水，甓有隐起字云：‘筮吉龟凶，八百年落江中。’谢灵运取甓诣京，咸传观焉。乃如龟繇，故知冢已八百年矣。”

宋高似孙《纬略》云：“梁刘显字嗣芳，沛国人。任昉尝得一篇缺简书，文字零落，历示诸人，莫能识者。显云是古文《尚书》‘无逸’篇。昉验《周书》，果如其言。时魏人献古器，有隐起字，无能识者。显按文读之，无有滞碍。考校年月，一字不差，高祖甚嘉焉。”② 中国历史上发现竹简并见载于史册的，最早的应该是西汉武帝时孔子旧宅得战国简册，其次则晋代汲郡得所谓《竹书纪年》、南朝齐襄阳得战国简《考工记》，宋代陕右得汉代竹简。清代以来，人们重视古文字资料，简册文字出土最多，如甘肃、内蒙古、山东、湖南、湖北、河北、江苏等地新近出土的竹简，可抵历史上出土之总数的数倍。如从博物馆藏品的门类发展历史来看，似是石器、铜器和竹简的收藏、研究之历史最早而长久。

宋高似孙《纬略》云：“唐开元中偃师人耕地得古铜盘，篆奇古，其文曰：‘右林左泉，后冈前道，万世之宁于焉。’”③ 此铜盘铭文似有汉代神韵，

---

① 〔宋〕蔡絛：《铁围山丛谈》卷四。转引自林欢：《宋代古器物学笔记材料辑录》，上海人民出版社2013年版，第55页。

② 〔宋〕高似孙：《纬略》卷四。转引自林欢：《宋代古器物学笔记材料辑录》，上海人民出版社2013年版，第107页。

③ 〔宋〕高似孙：《纬略》卷十。转引自林欢：《宋代古器物学笔记材料辑录》，上海人民出版社2013年版，第58页。

由此也可推断唐代对出土青铜器的看重。

宋王钦臣《王氏谈录》云："景祐中，内出古铜钟、鼎、尊三器，诏公（王洙）辨其款识。公辨其文，称有周立王字法，参以篆隶，形制不与经典相合，非远古时物，疑似武氏时器，具上其事，诏藏于龙图阁。"① 由此或可推想，唐代不仅大量收藏书画碑帖，同时也收藏不少青铜器，甚至会因社会的需求而仿造三代带铭文的铜器。

宋周密《齐东野语》云："隋《修文殿御览》，载晋人藏书数，有白绢草书、白绢行书、白缎绢楷书之目。"② 有关魏晋时期收藏文物典籍书画的资料较少，从《修文殿御览》中可知晋代收藏书法为数不少，而当时书写的载体多为绢缎等丝织品。而中国自古盛产丝绸，在造纸出现之前，其作为文化传播尤其作为文章书画最为广泛的载体，便于收藏和长期保管，堪当历代博物馆收藏传统文物的典型。

宋姚宽《西溪丛语》云："唐秘书省有熟纸匠十人，装潢匠六人。潢，《集韵》：'音胡旷切。'《释名》：'染纸也。'《齐民要术》有装潢纸法，云：'浸蘖汁入潢，凡潢纸灭白便是，染则年久色暗，盖染黄也。'后有雌黄治书法云：'潢讫治者佳，先治，入潢则动。'《要术》，后魏贾思勰撰。则古用黄纸写书久矣。写讫入潢，辟蠹也。今惟释藏经如此，先写后潢。《要术》又云：'凡打纸欲生，生则坚厚。'则打纸工盖熟纸匠也。予有旧佛经一卷，乃唐永泰元年奉诏于大明宫译，后有鱼朝恩衔，又有经生并装潢人姓名。"③ 尽管此处多在讲述唐朝书画用纸的装潢之法，但从中可以看出唐人对书画经卷的重视；同时，从博物馆文物保护措施的角度来看，对书画经卷用纸进行装潢，且所用的蘖汁具有杀虫作用，这对纸质文物的保护无疑是一种探索性的贡献。

宋姚宽《西溪丛语》记载汉魏石经历经战乱，"北齐迁邕《石经》于邺都，至河滨，岸崩，石没于水者几半。隋开皇中，又自邺运入长安，寻兵乱

① 〔宋〕王钦臣：《王氏谈录》。转引自林欢：《宋代古器物学笔记材料辑录》，上海人民出版社2013年版，第45页。

② 〔宋〕周密：《齐东野语》卷十。转引自林欢：《宋代古器物学笔记材料辑录》，上海人民出版社2013年版，第177页。

③ 〔宋〕姚宽：《西溪丛话》卷下。转引自林欢：《宋代古器物学笔记材料辑录》，上海人民出版社2013年版，第176～177页。

废弃。唐初，魏郑公鸠集所余，十不获一，而传拓之本，犹存秘府。当时《一字石经》犹数十卷，《三字石经》止数卷而已。由是知汉《石经》之亡久矣。魏《石经》近世犹存，堙灭殆尽。往年，洛阳守因阅营造司所弃碎石，识而收之，凡得《尚书》《论语》《仪礼》，合数十段。”① 由此可见汉魏隋唐都注重石经，但因战乱，石经难免被破坏；战事平息后，人们则搜集石经残留，故许多著名石经都有此劫后余生的经历。

隋唐时期似乎更重视对历代书画的收藏与研究，如隋炀帝创建“妙楷台”和“宝迹台”，大量收藏书画。而唐代的数位帝王更喜欢搜集书画碑帖。如果说汉代在中国博物馆发展史上最为重视同三代礼制相与表里的青铜钟鼎彝器的话，那么隋唐则是在浓厚的佛教文化氛围中对中国古代书画最能穷尽搜集与鉴赏的。如此，从博物馆收藏、研究和展示的功能考量，正是由于隋唐王朝对书画碑拓的大量收藏研究和君王臣子雅士相与切磋鉴赏，才使得历代书画的收藏与研究成为中国博物馆发展史上的长项与特点。从博物馆藏品的门类和其收藏与研究的发展历史来看，隋唐时期对历代书画的收藏与研究，是在先秦两汉的积淀发展基础之上不断拓展与提升的，这应是后世书画作为中国博物馆收藏、研究之重头戏的美好前奏。

《唐会要》卷十上：“初，有司奏……又获古砖，长九寸，有篆书‘千秋万岁’字及‘长乐未央’字。”

宋周密《志雅堂杂钞》称：“江南后主，尝诏徐铉，以所藏古今法帖入于石，名升元贴（帖）。此则在淳化之前，当为法帖之祖也。”② 王楙《野客丛书》云：“仆又观《墨客挥犀》，谓法帖中多吊丧问疾者，盖唐帝好晋人墨迹。舍吊丧问疾之书，悉入内府，后归昭陵，无有存者。惟吊丧问疾者，以不祥故，多在人间。”③

由此可见，博物馆的发展受制于社会环境：汉代与唐代延续时间均较长，故其文物收藏、研究的社会环境较好，博物馆的发展渐趋向上。

---

① 〔宋〕姚宽：《西溪丛话》卷下。转引自林欢：《宋代古器物学笔记材料辑录》，上海人民出版社2013年版，第141～142页。

② 〔宋〕周密：《志雅堂杂钞》卷上。转引自林欢：《宋代古器物学笔记材料辑录》，上海人民出版社2013年版，第175页。

③ 〔宋〕王楙：《野客丛书》卷十。转引自林欢：《宋代古器物学笔记材料辑录》，上海人民出版社2013年版，第176页。

第三节　宋代中国博物馆的兴盛

宋代属于中国金石学综合发展时期，并且达到历史上的第一个高峰。而中国的金石学可谓包罗万象，其不仅是后来由此衍生出的文物学、博物馆学、考古学和收藏学等诸多分支学科的渊薮，而且又有历史与区域特色。据林欢博士系统整理的宋代人关于古器物学的笔记与文献资料可知，当时社会将所收集的文物按质地划分为铜器、陶器、泉币、玺印、玉器、竹木、石刻、杂项，与之相关的还有墓葬、遗址和古器物的仿制等。此分类不仅包罗今日的博物馆所收藏、研究的对象，而且包含考古学与文物复制等方面的内容。如铜器的收藏与研究方面，当时对于青铜器的起源、功能、种类、名称、收藏、著录、征史以及复制、辨伪、传拓、绘图等均有较为系统的认识。而其他种类，若与今日所划分文物类别相较，则基本一致。再如陶器门类，则包含砖、瓦、陶、瓷。砖、瓦的出土区域则涉及今江西、浙江、湖北、四川、河北与陕西等地，主要在两汉魏晋时期的宫室坛台或墓葬中出土，并且上面大都带有铭文。所以说，中国的自具特色的博物馆学到宋代已经较为完备。为便于了解宋代文物收藏与研究状况，则依据林欢博士所整理划分的内容，分门别类作大致的介绍。

一、收藏文物门类

文物收藏属于博物馆的基本功能，同时也是博物馆得以存在的基础。世界上任何国家和地区对历史文物的认定，均与其区域文化发展的历史密切相关，如东方社会对文物的认识与西方多有差异。宋代的文物收藏种类较多，其中主要有青铜器、陶瓷砖瓦、钱币、玺印、玉器、简牍、石刻等。

（一）青铜器

宋代洪迈《容斋随笔》云：“三代彝器，其存至今者，人皆宝为奇玩。然自春秋以来，固重之矣。经传所记，取郜大鼎于宋，鲁以吴寿梦之鼎贿荀偃，晋赐子产莒之二方鼎，齐赂晋以纪甗、玉磬，徐赂齐以甲父之鼎，郑赂晋以襄钟，卫欲以文之舒鼎、定之鞶鉴纳鲁侯，乐毅为燕破齐，祭器设于宁台，大吕陈于元英，故鼎返乎磨室是已。”林欢博士按：“由于宗教和礼仪上的意义，三代彝器历来具有重要地位，周灭商则迁商鼎，春秋战国时期可以用作政治交往的工具，汉以后它又作为奇珍祥瑞被收藏。时至宋代，钟鼎彝器才真正成为研究的对象。”①

宋人蔡絛《铁围山丛谈》云：“殆魏晋六朝隋唐，亦数言获古鼎器。梁刘之遴好古爱奇，在荆州聚古器数十百种，又献古器四种于东宫，皆金错字，然在上者初不大以为事，独国朝来浸乃珍重，始则有刘原父侍读公为之倡，而成于欧阳文忠公。又从而和之，则若伯父君谟、东坡数公云尔。初，原父号博雅，有盛名，曩时出守长安。长安号多古簋、敦、镜、甗、尊、彝之属，因自著一书，号《先秦古器记》。而文忠公喜集往古石刻，遂又著书名《集古录》，咸载原父所得古器铭款。繇是学士大夫雅多好之，此风一煽矣。元丰后，又有文士李公麟者出。公麟字伯时，实善画，性希古，则又取平生所得暨其闻睹者，作为图状，说其所以，而名之曰《考古图》，传流至元符间。太上皇帝即位，宪章古始，眇然追唐虞之思，因大宗尚。及大观初，乃效公麟之《考古》，作《宣和殿博古图》。凡所藏者，为大小礼器，则已五百有几。……独政和间为最盛，尚方所贮至六千余数，百器遂尽。……尝有旨，以所藏列崇政殿暨两廊，召百官而宣示焉。……时所重者三代之器而已，若秦、汉间物，非殊特盖亦不收。及宣和后，则咸蒙贮录，且累数至万余。若岐阳宣王之石鼓，西属文翁礼殿之绘像，凡所知名，罔间巨细远近，悉索入九禁。而宣和殿后，又创立保和殿者，左右有稽古、博古、尚古等诸阁，咸以贮古玉印玺，诸鼎彝礼器，法书图画尽在。”② 宋代王室搜集文物数量最多，内府诸阁殿中所藏数量陆续累至万余。但是其种类复杂，并非只有青铜器。

陆游《家世旧闻》：“先君言，绍圣初，宗室仲忽得古铜器，有铭曰：‘鲁公作文王尊彝以献。’诏送秘阁，而馆中劾奏，仲忽所献，实非古物，请正欺诞之罪。于是仲忽坐罚俸一月。……至崇宁后，古器毕集于御府，至不可胜计。一器之值，或数千缗，多因以求恩泽。所至古冢劚凿殆遍，而仲忽所献，巍然冠众器之上矣。有《博古图》百卷，然犹其略也。宣抚司入燕，

---

① 参见林欢：《宋代古器物学笔记材料辑录》，上海人民出版社2013年版，第3页。

② 〔宋〕蔡絛：《铁围山丛谈》卷四。转引自林欢：《宋代古器物学笔记材料辑录》，上海人民出版社2013年版，第55~56页。

得古玉器以献，亦编于图，命王黼作序。”① 黄伯思《东观余论》云：“古宝器鼎之方者多矣，以其铭款考之，鲁公文王方鼎则谓之尊彝，单子方鼎则谓之从彝……惟陀员庚申方鼎乃谓之鼎。然则诸器制度大概相类，以其可尊而为法故曰‘尊彝’。”② 可见当时研究者对青铜器铭文的内容进行比较，并对有关名物制度如“尊彝”称谓进行深入研究。当年仲忽所献鼎，或以为其非古物，但是黄伯思则认为其属于真品，并以其铭文作为例证。清代山东梁山出土七件西周时期带铭文青铜器——学界称之为“梁山七器”，其中一件为周公作文王鼎。③ 西周金文中的“周”，甚至在清代时还被误释作“鲁”。由此可见宋代人对青铜器真赝鉴别和铭文研究的水平。

由此验证，宋宗室仲忽所得古铜器可能是一件西周初年的铜方鼎，王室古物馆中人员鉴定或误。同时，也有可能属于宋代新仿器，并且作伪者见到了宋代或宋代以前出土的类似周公作文王铜鼎的铭文。由此可见宋代出土铜器著录对后来青铜器研究的重要影响。

宋叶梦得《避暑录话》云：“宣和间，内府尚古器。士大夫家所藏三代、秦、汉遗物，无敢隐者，悉献于上。而好事者复争寻求，不较重价，一器有直千缗者。利之所趋，人竞搜剔山泽，发掘冢墓，无所不至，往往数千载之藏，一旦皆见，不可胜数矣。吴珏为光州固始令，先申伯之国而楚之故封也。间有异物而以僻远人未之知，乃令民有罪皆入古器自赎。既而罢官，几得五六十器。……后余中表续为守，闻之，微用其法，亦得十余器。乃知此类在世间未见者尚多也。”对此种种现象，林欢博士谓：“宋代的古器收藏是一场盛极一时的全国运动，朝廷重视，士大夫热衷，官吏搜刮，平民或为赎罪，或为贪财而致力于挖掘，大概举国上下，没哪个阶层不曾卷入。这一方面促进了古器物研究（不经过摩挲大量实物，不可能形成像宋代那样成熟的古器物学），另一方面因为挖掘的盲目以及缺乏完善的出土文物保存手段，致使数

---

① 〔宋〕陆游：《家世旧闻》卷下。转引自林欢：《宋代古器物学笔记材料辑录》，上海人民出版社2013年版，第54页。敬明按：铭文应为“鲁公作文王尊彝”，“以献”属后句。

② 〔宋〕黄伯思：《东观余论》卷上。转引自林欢：《宋代古器物学笔记材料辑录》，上海人民出版社2013年版，第16页。

③ 陈梦家：《西周铜器断代》，中华书局2004年版，第45页。

量无法估算的古器、古迹受到破坏。”① 河南东南部固始、光山、潢川一带古国众多，两周时期有蔡、申、蓼、黄、蒋与潘等国，后来这一区域大部分归属楚国。宋代即在此区域内出土众多青铜器。新中国成立前后，此区域内出土大量两周青铜器，以黄国、潘国青铜器为多见，且其中不少带有铭文，由此亦可证明宋人所记可信。

宋邵博《邵氏闻见后录》云：“宣和殿聚殷周鼎钟尊爵等数千百种。国破，虏尽取禁中物，其下不禁劳苦，半投之南壁池中。后世三代彝器，当出于大梁之墟云。”② 宋吴曾《能改斋漫录》云：“大中祥符五年（1012），南康军建昌县李士衡庄……急流中得一古器，篆文款识甚奇。太守刘保衡指以为鼎……保衡绘形刻石尚在。今观石刻，制作精巧，正古酒爵，非鼎也。”林欢博士按：“误爵为鼎，苏轼也犯过同样错误（《答胡穆秀才遗古铜器诗》）。……宋代对古彝器的研究始于真宗初咸平三年，是年由句中正、杜镐首开风气。自此宋人对古彝器的正名经历了一场艰苦的历程。容庚先生《宋代吉金书籍述评》云：‘《考古图序》作于元祐七年（公元1092年），其书所定器名尚多乖舛。……及《博古图录》成，所定器名，十九确定，亦可知当时诸人研究之猛进矣。’古器大量出土，以及临摹、传拓、‘绘形刻石’等新手段的出现都是宋代金石学繁荣的主要原因。”③ 蔡絛《铁围山丛谈》载：“崇宁甲申议作九鼎……又政和六年，用方士王仔昔建言，徙九鼎入于大内，作一阁而藏之。”④ 虽然此九鼎是仿制夏禹九鼎而作，但还是被视为珍宝，并于大内设立专阁庋藏，可见当时对文物的重视。又，欧阳修《归田录》记载：“照作新乐，将铸编钟，给铜铸泻务，得古编钟一枚，工人不敢销毁，遂藏于太常。钟不知何代所作，其铭曰：‘粤朕皇祖宝和钟，粤斯万年，子子孙孙永宝用。’叩其声，与王朴夷则清声合，而其形不圆侧垂，正与朴钟同，然后知朴博古

① 参见林欢：《宋代古器物学笔记材料辑录》，上海人民出版社2013年版，第44页。

② 〔宋〕邵博：《邵氏闻见后录》卷二十七。转引自林欢：《宋代古器物学笔记材料辑录》，上海人民出版社2013年版，第45页。

③ 〔宋〕吴曾：《能改斋漫录》卷十四。转引自林欢：《宋代古器物学笔记材料辑录》，上海人民出版社2013年版，第46页。

④ 〔宋〕蔡絛：《铁围山丛谈》卷一。转引自林欢：《宋代古器物学笔记材料辑录》，上海人民出版社2013年版，第165～166页。

好学，不为无据也。"① 从所描述钟之形状，以及铭文语句辞例，可以推考这件铜钟属于一组编钟之一枚，而且时代应为春秋时期。

文莹《玉壶清话》载："长安一巨冢坏，得古铜鼎，状方而四足，古文一十六字，人莫之晓。命句中正辨其篆，曰：'此鸟迹文也。其词曰：天王迁洛，岐、酆锡公。秦之幽宫，鼎藏于中。'命杜镐考其事，曰：'武王克殷，都于酆、镐，以雍州为王畿。及平王东迁洛邑，以岐、酆之地赐秦襄公。'"②

黄伯思《东观余论》载："今观内府古器中有周之著尊，文饰华巧，胆作夔龙蟠屈之势，腹著云雷回旋之状，而足皆著地，盖因于商礼而加文耳。"③ 当时不仅大量收集三代钟鼎甗鬲等，还收集汉代的青铜镜，如姚宽《西溪丛语》载："李晦之一镜，背有八柱十二兽，面微凸，蒂有铭，云：'尚方佳贡大毋伤，左龙右虎辟牛羊，朱鸟玄武顺阴阳，子孙备具居中央，长保二亲乐富昌。'" 林欢博士谓："铭文是汉式，八柱十二兽又像是唐或五代的十二生肖八卦式镜。"④ 还有汉代量器、铜壶、虎符、铜鼓等，几乎今天博物馆所收集的三代两汉甚至魏晋时期的青铜文物，在宋代的国家府库以及金石学家的收藏中都已经见到。

依据宋人笔记所载，当时社会各界收藏的青铜器的时代，主要为商周时期，有的可到汉代等。这些青铜器包括钟、鼎、尊、罍、彝、舟、卣、瓶、爵、斗、卮、觯、杯、敦、簠、簋、豆、甗、锭、斝、觚、鬲、鍑、盉、壶、盦、瓿、铺、罂、鉴、盘、匜、洗、盆、铜、杅、磬、錞、铎、钲、铙、戚、镦、奁、镜、节钺、戈、矛、盾、弩机、表、坐旒、铃、刀笔、杖头、蹲龙、鸠车、提梁、龟蛇、砚滴、车辂、柁辕等。花纹主要有云、雷、山、鳞、细、粟、蝉、黄目、飞廉、饕餮、蛟螭、虬龙、麟凤、熊虎、龟蛇、鹿马、象鸾、夔牺、蜼凫、双鱼、蟠虺、如意、圜络、盘云、百乳、鹦耳、三

① 〔宋〕欧阳修：《归田录》卷一。转引自林欢：《宋代古器物学笔记材料辑录》，上海人民出版社 2013 年版，第 169 ~ 170 页。

② 〔宋〕文莹：《玉壶清话》卷一。转引自林欢：《宋代古器物学笔记材料辑录》，上海人民出版社 2013 年版，第 13 页。

③ 〔宋〕黄伯思：《东观余论》卷上。转引自林欢：《宋代古器物学笔记材料辑录》，上海人民出版社 2013 年版，第 18 页。

④ 参见林欢：《宋代古器物学笔记材料辑录》，上海人民出版社 2013 年版，第 33 页。

螭、毯草、瑞草、篆带、星带、辅乳、碎乳、立夔、双夔等，时代则为商代到汉代。①

同时，宋代人从名物制度的角度出发，依据《周礼》等相关典籍，研讨三代青铜器的形制、花纹、铭文、功用、收藏地点，以及铭文内容所涉及的历史时代、人物、事件等。而且当时社会崇尚金钱名利风气的推波助澜还引发了宋代历史上的大量文物造假活动，这也必定促使国家和个人对文物的真赝进行鉴定，所以宋代的文物鉴定也达到相当高的水平。

（二）陶瓷砖瓦

周密《癸辛杂识》载伯机云："长安中，有耕者得陶器于古墓中，形如卧茧，口与足出茧腹之上下，其色黝黑，匀细若石，光润如玉，呼为茧瓶，大者容数斗，小者仅容数合，养花成实。或云：'三代秦以前物，若汉物，则苟简不足观也。'"林欢博士按："形制是'鸭蛋壶'，又称'茧瓶'。鸭蛋壶始见于战国晚期，盛行于秦汉，绝迹于汉代中晚期。秦汉有在灰陶器上涂黑漆或褐漆的作法，目的是模仿漆器。汉代陶器有制作精匀、表面光滑的特点。上揭茧瓶可能是涂黑漆的汉代鸭蛋壶，非三代器。"② 秦国茧形壶颇具地域特色，秦统一后始见在关东出土，似是主要沿今陇海线直到东海滨，山东临沂银雀山西汉墓中也有出土，但是往北则不见。长安出土的茧形壶据描述似是秦代物；而宋代即称之为"三代秦以前物，若汉物，则苟简不足观也"，说明宋代人不仅对铜器的研究达到历史最高水平，而且对陶器的鉴定断代也很科学。由此不由令人联想到清代高凤翰所绘的新石器时代的陶鬶内植荷花的趣事。1958年冬，山东大学刘敦愿先生称本校韩连琪教授惠告，青岛市文物管理委员会藏有一件灰陶罐，上面有高凤翰写刻诗文："吸古得深味。介子城边老瓦窑，田夫掘出说前朝；老翁拾来插瓶供，得结莲房碗大饶。余家介子城下，偶得瓦器如罂罐，插莲结莲房，饱绽坚实，竟可为食，以其气足，生物有成也。时乾隆乙丑（1745）夏六月，南阜翁左手志。"韩连琪又在青岛文物店发现高凤翰所作的一幅水墨荷花，上面画有龙山文化的陶鬶，内植荷花莲

---

① 林欢：《宋代古器物学笔记材料辑录》，上海人民出版社2013年版，第8页。笔者稍作简括。

② 参见林欢：《宋代古器物学笔记材料辑录》，上海人民出版社2013年版，第71~72页。

房，左上方题跋云："介子城边老瓦窑，田夫掘出说前朝；阿翁拾来插莲供，常结莲房碗大饶。余家介子城下，常得瓦器如罂罐，可充瓶供，插莲花，房大如碗，饱绽坚实，以其气足，生物有成也。南阜老人左手画并志。"① 宋代人以秦代的茧形壶"养花成实"，清代则以陶罐、陶鬶植莲花，"以其气足"而"饱绽坚实"得"莲房碗大"。凡此习俗古今一贯，高凤翰先生得读宋人笔记而在陶器中养花植莲，而今民间百姓也多有以古陶器养花者。

邵博《邵氏闻见后录》载中隐王正叔云："王仲至帅长安日，境中坏一古冢，有碧色大瓷器，容水一斛，中有白玉婴儿，高尺余，水故不耗败，如新汲者。玉婴儿为仲至取去。"②

刘昌诗《芦蒲笔记》载："……周益公坐间，出示汉五砖，皆得于剑州梓潼县，因记其文，公亦书于后，并录之。"笔记所录谢君砖、范君甲砖、范君乙砖，皆是墓葬铭文砖。③ 叶梦得《岩下放言》："华人发古冢，得砖，皆有刻字，曰：'晋升平四年，三月四日，大学博士陈留郡雍丘县都周阐字道舒妻活，晋浔阳太守谯国龙埛县柏逸字茂长小女，父晋安城太守鹰扬，男讳蟠字永时，皆镌同文。'此周阐之妻、百逸之女墓也。父晋安太守鹰扬男讳蟠者，盖阐之父，故独称讳。但其妻名活，何义？字画极分明无讹。"林欢云："晋升平四年是公元360年，东晋墓葬常见年号砖铭，上言砖铭记年月日、姓名、家世，殆是墓志铭。宋代学者始对墓志铭发生兴趣，洪适《隶释》载有《汉张宾公妻穿中二柱文》（汉建初二年）。"④

李学勤云："古砖很早受到金石学家注意，在宋代已有著录见收。"墓志铭砖的时代可早到战国，山东邹城张庄曾出土。

曾敏行《独醒杂志》载："赣之雩都尉厅后，旧有灌婴庙临其池上。庙毁，往往瓴甓堕池中，岁年不可记矣。因刀镊工取半瓦为砺石，人见而异之，

---

① 刘敦愿：《根据一张古画寻找到的龙山文化遗址——山东胶县北三里河遗址调查小记》，载《文史哲》1963年第2期。

② 〔宋〕邵博：《邵氏闻见后录》卷二十六。转引自林欢：《宋代古器物学笔记材料辑录》，上海人民出版2013年版，第72页。

③ 〔宋〕刘昌诗：《芦蒲笔记》卷二。转引自林欢：《宋代古器物学笔记材料辑录》，上海人民出版社2013年版，第68～69页。

④ 参见林欢：《宋代古器物学笔记材料辑录》，上海人民出版社2013年版，第69～70页。

遂求其瓦为砚，于是有灌瓦之名。”①

洪迈《容斋续笔》载：“相州，古邺都，魏太祖铜雀台在其处，今遗址仿佛尚存。瓦绝大，艾城王文叔得其一，以为砚，饷黄鲁直，东坡所为作铭者也。其后复归王氏。砚之长几三尺，阔半之。先公自燕还，亦得二砚，大者长尺半寸，阔八寸，中为瓢形，背有隐起六隶字，甚清劲，曰：‘建安十五年造。’魏祖以建安九年领冀州牧，治邺，始作此台云。”② 黄伯思《东观余论》：“欧阳公《研谱》云：‘相州真古瓦，朽腐不可用。世俗尚其名尔。……’然近有长安民献秦武公羽阳宫瓦十余枚。若今人筒瓦然，首有‘羽阳千岁万岁’字。其瓦犹今旧瓦，殊不朽腐。其比相州瓦又增古矣。”③ 宋代人对砖瓦的研究达到历史最高水平。砖瓦一般缺少像青铜器那样的华美和神秘感，当时之所以得到重视，主要在于砖瓦上的铭文，有的铭文可以与石刻墓志兑读，有的铭文属于吉祥语句。宋代人依据砖瓦的形制和铭文，大都可准确判断出其时代和产地，这与清代和今天的研究水平并无太大差距。

（三）钱币

王楙《野客丛书》载：“世言钱起于周太公九府圜法，《前汉志》云：‘凡货金钱布帛之用，夏殷以来，其详靡记。’汉《盐铁论》亦曰：‘夏后以贝，殷以紫石，后世或金钱刀布。’是周以前未用钱。仆观太公《六韬》曰：‘成王入殷，散鹿台之金钱以与殷民。’《史记》曰：‘纣厚赋敛，以实鹿台之钱。’又曰：‘散鹿台之钱以赈济贫民。’高谦之亦曰：‘昔禹遭大水，以历山金铸钱，救人之困。汤遭大旱，以庄山之金铸钱，赎人之卖子。’是三代皆已铸钱，不但周也。”④ 宋代人对钱币的研究，经今日考古发掘证明，有关考论的确是科学的。罗大经《鹤林玉露》载：“今世有一样古钱，其文曰半两，无轮郭，医方中用以为药。考之《史记》，乃汉文帝时钱也。当时吴濞、邓通皆

① 〔宋〕曾敏行：《独醒杂志》卷九。转引自林欢：《宋代古器物学笔记材料辑录》，上海人民出版社 2013 年版，第 67 页。

② 〔宋〕洪迈：《容斋续笔》卷十二。转引自林欢：《宋代古器物学笔记材料辑录》，上海人民出版社 2013 年版，第 67 页。

③ 〔宋〕黄伯思：《东观余论》卷上。转引自林欢：《宋代古器物学笔记材料辑录》，上海人民出版社 2013 年版，第 68 页。

④ 〔宋〕王楙：《野客丛书》卷二十五。转引自林欢：《宋代古器物学笔记材料辑录》，上海人民出版社 2013 年版，第 75 页。

得自铸钱，独多流传，至今不绝。其轻重适中，与今钱略相似。视五铢货泉，又先二百年矣。五铢货钱，比今钱却稍轻。”① 赵彦卫《云麓漫钞》载：“新莽‘大黄布刀’文，谱家皆云‘布刀’，细观篆文，‘刀’之中一点重，即‘千’字也。此币有布形，无刀形，谓之刀，误也。况刀与布二物，不可得兼，曰千者，当千用之。”② 而今钱币学界或沿用旧传误说，而多读此种布币面文曰“大布黄千”。由上所揭列，知宋人已经读曰“大黄布千”。再上推汉代人是如何读法呢？1972—1974 年，由甘肃省文化厅文物处、甘肃省博物馆文物队、酒泉地区及当地驻军等单位组成的居延考古队调查发掘了肩水金关、甲渠候官（破城子）、甲渠塞第四燧三处遗址，出土汉简 19400 余枚。破城子探方五九中出土汉简 937 枚，其中编号为 84、191—198、201—216、218—220、222、226、227、228 的 32 枚汉简，记录了当时居延破城子戍守基层士吏十月的月禄领取情况，如 191 号：“万岁候史宋良，十月禄大黄布十三枚。”196 号：“史吏张桐，十月禄大黄布十三枚，十二月辛未自取。”215 号：“第十八隧长张护，十月禄大黄布十三枚，十二月丁丑候长良取。”218 号：“……十月禄大黄布十三枚，十二月丁丑候长良取”202 号：“俱起隧长邹相，十月禄大黄布十三枚。……”220 号：“右第十部士吏以下，吏十一人用大黄布百四十三枚，第十部吏……”由宋代人的识读顺序，再补征新出土汉代简册，凡此布币面文应以宋人读“大黄布千”为确当。③ 在中国古代钱币研究领域，通常谓最早的著作为南朝梁顾烜《钱谱》，《隋书·经籍志》载南朝有两种钱币著录，唐五代时期的钱币谱录如封演的《续钱谱》、张台的《钱录》等，宋代则有陶岳《货泉录》、金光袭《钱宝录》、董逌《钱谱》、李孝美《历代钱谱》、姚元泽《钱谱》、洪遵《泉志》等，沈括《梦溪笔谈》中也涉及对楚国金版的研究。

（四）玺印

宋代对玺印的收藏研究也颇具水平，马永卿《懒真子》云：“仆仕于陕洛

---

① 〔宋〕罗大经：《鹤林玉露》丙编卷三。转引自林欢：《宋代古器物学笔记材料辑录》，上海人民出版社 2013 年版，第 75 页。

② 〔宋〕赵彦卫：《云麓漫钞》卷二。转引自林欢：《宋代古器物学笔记材料辑录》，上海人民出版社 2013 年版，第 75 页。

③ 甘肃省文物考古研究所、甘肃省博物馆、文化部古文献研究室、中国社会科学院历史研究所：《居延新简》，文物出版社 1990 年版，第 372～374 页。

之间，多见古印。于蒲氏见廷尉之印章，于司马氏见军曲侯丞印。”① 又云：“政和中，仆仕关中。于同官蒲氏家，乃宗孟之后，见汉印文云：‘辑濯丞。’印文奇古，非隶非篆，在汉印中最佳。辑濯乃水衡属官。‘辑’，读如楫。‘濯’，读如棹。盖船官也。水衡掌上林，上林有船官。而辑濯有令丞。此盖丞印也。然皆太初元年已前所刻，太初已后皆五字故也。”②

周密《癸辛杂识》载：“保定府之西有易州，即郭药师起兵处，在易水北，州东南有故城，土人号曰‘燕子城’。有人耕于城中，得小铜印数十枚，一好事者购得赵云之印，一钮不盈寸，篆十字，极精好。伯机得一印于焦达卿处，古文二字莫有识者。其最可怪者，或一锸土凡得数枚，莫知其所以然也。”③ 此处所谓的“燕子城”即燕下都。

王明清《挥麈录》载：“亡友薛叔器家有‘关外侯’印，甚奇古。后考之，魏建安二十三年尝置此名也。又友人家有‘荡虏将军’章，及明清有‘横武将军’印，皆不可考。伯氏有‘新迁长’印，后考《前汉书》，乃新室尝以上蔡为新迁也。”④

据林欢辑录资料可知，宋人关于玺印的笔札甚多，由此可见宋代对汉代以前的古印收藏研究具有较高的水平。

（五）玉器

程大昌《演繁露》载：“绍兴十三四年间，或于会稽禹庙三清殿前发地，得瘗玉。官寺初未之知，人多分取，及县官知而录之，止余四物。其一苍璧……其二苍璋……又有一物体圆如璧，而旁出两角……吴民可帅越大兴工浚镜湖，得小玉璧，以藏公帑中。”⑤

---

① 〔宋〕马永卿：《懒真子》卷三。转引自林欢：《宋代古器物学笔记材料辑录》，上海人民出版社 2013 年版，第 81 页。

② 〔宋〕马永卿：《懒真子》卷五。转引自林欢：《宋代古器物学笔记材料辑录》，上海人民出版社 2013 年版，第 83 页。

③ 〔宋〕周密：《癸辛杂识》别集卷上。转引自林欢：《宋代古器物学笔记材料辑录》，上海人民出版社 2013 年版，第 82 页。

④ 〔宋〕王明清：《挥麈录》前录卷三。转引自林欢：《宋代古器物学笔记材料辑录》，上海人民出版社 2013 年版，第 82 页。

⑤ 〔宋〕程大昌：《演繁露》卷三。转引自林欢：《宋代古器物学笔记材料辑录》，上海人民出版社 2013 年版，第 97 页。

周密《志雅堂杂钞》云："宣和殿所藏殷玉钺。长三尺余，一段美玉。文藻精甚。三代之宝也。后归大金。今入大元。每大朝会，必设于外廷。"①

邵博《邵氏闻见后录》云："绍圣初，先人官长安府，于西城汉高祖庙前卖汤饼民家，得一白玉奁，高尺余，遍刻云气龙凤，盖为海中神山，足为饕餮，实三代宝器。府上于朝，批其状云：墟墓之物，不可进御，当籍收官库，尚遵祖宗典制也。"② 张世南《游宦纪闻》云："尝观《归田录》，载欧公家有一玉罌，形制甚古且精巧。始得之梅圣俞，以为碧玉。在颍州时，尝以示僚属。坐有兵马钤辖邓保吉者，真宗朝老内臣也，识之曰：'此宝器也，谓之翡翠云。禁中宝物，皆藏宜春圣库，库中有翡翠琖一只，所以识也。'"③ 由此也可证之，宋代与前代一样，于皇家宫室内设专库存放文物珍宝。从更多的宋代札记中获知，宋代民间偶然出土新石器时代、三代以及汉代玉器，数量较多。如程大昌《演繁露》所记会稽禹庙所得之"圆形如璧，而旁出两角"者，应属于良渚文化的玉璇玑。对此知者，可搜取秘藏或献与官府，或轻易毁弃；同时亦有故弄玄虚，伪造光怪陆离之器，比附天地神灵，附会祥瑞以欺世盗名者。但是从博物馆藏品门类来看，宋代人对玉器的研究鉴定水平已远远超过唐代。

（六）简牍

邵博《邵氏闻见后录》载"崇宁初，经略天都，开地得瓦器，实以木简札，上广下狭，长尺许，书为章草，或参以朱字，表物数曰：缣几匹，棉几屯，钱米若干，皆章和年号。松为之，如新成者"，林欢博士曰："历史上发现古简册之事载于史册的仅三例，发现的时间和地点分别是：一，晋代，汲郡；二，齐，襄阳；三，北宋，陕右。《邵氏闻见后录》记载北宋崇宁初发现木简之事，文字简练而记载详尽，可补史书之缺。该批木简的年代为东汉章帝章和年间（公元 87 年—89 年）。从简书文字内容来看，其性质是遗策。"④

---

① 〔宋〕周密：《志雅堂杂钞》卷上。转引自林欢：《宋代古器物学笔记材料辑录》，上海人民出版社 2013 年版，第 99 页。

② 〔宋〕邵博：《邵氏闻见后录》卷二十六。转引自林欢：《宋代古器物学笔记材料辑录》，上海人民出版社 2013 年版，第 100 页。

③ 〔宋〕张世南：《游宦纪闻》卷一。转引自林欢：《宋代古器物学笔记材料辑录》，上海人民出版社 2013 年版，第 99～100 页。

④ 参见林欢：《宋代古器物学笔记材料辑录》，上海人民出版社 2013 年版，第 105 页。

王应麟《困学纪闻》载："宣和中，陕右人发地，得木简于瓮，字皆章草。"① 黄伯思《东观余论》载："近岁关右人发地得古瓮，中有东汉时竹简甚多。往往散乱不可考，独永初二年讨羌符文字尚完，皆章草书，书迹古雅可喜。"②

高似孙《纬略》引《文士传》载："人于嵩山下得竹简一版，上有两行科斗之书。张华以问束皙。皙曰此明帝显节陵中竹简。"又引萧子显《齐书》曰："襄阳有盗发古冢，相传是楚王冢，获竹简书。青丝编简，广数分，长二尺，皮节如新。盗以把火照书。后人得十余简，以示抚军。王僧虔云是科斗书《考工记》，《周官》所缺文也。"再引《齐春秋》曰："襄阳人发古冢，有玉镜及竹简古书，字不可识。王僧虔善识字体，亦不能解，云是科斗。济阳江淹博古好事，以科斗文字推之，则周宣之前也。简殆如新。"林欢博士按："收集了前人典籍著作中有关竹简的资料，比较重要的是其中关于竹简出土的记载。虽然主要是南北朝间事，但它反映了宋人对出土竹简的关注。实际上，它总结了前人对孔子壁中书以及汲冢竹书外其他出土竹简的研究成果，另一方面，也说明了宋人的竹简研究是有其历史渊源的。"③

（七）石刻

目前所见我国时代最早的文字纪事类石刻为战国时期秦国的石鼓文与中山国的王陵刻石。秦汉以降，碑碣志文增多，不可胜数。而对碑志文字进行搜集研究，应该滥觞于汉代，至宋代则达到兴盛。如洪迈《容斋随笔》所谓："东武赵明诚德甫，清宪丞相中子也。著《金石录》三十篇，上自三代，下讫五季，鼎、钟、甗、鬲、盘、匜、尊、爵之款识，丰碑大碣显人晦士之事迹，见于石刻者，皆是正讹谬，去取褒贬，凡为卷二千。"④

---

① 〔宋〕王应麟：《困学纪闻》卷八。转引自林欢：《宋代古器物学笔记材料辑录》，上海人民出版社2013年版，第106页。

② 〔宋〕黄伯思：《东观余论》卷上。转引自林欢：《宋代古器物学笔记材料辑录》，上海人民出版社2013年版，第106页。

③ 参见林欢：《宋代古器物学笔记材料辑录》，上海人民出版社2013年版，第107页。

④ 〔宋〕洪迈：《容斋随笔》四笔卷五。转引自林欢：《宋代古器物学笔记材料辑录》，上海人民出版社2013年版，第57页。敬明按：洪迈之言，应称引自李清照《〈金石录〉后序》，然有出入。

张淏《云谷杂记》云："秦汉以前字画多见于钟鼎彝器间，至东汉时石刻方盛。本朝欧阳公始酷嗜之，所藏至千卷，既自为跋尾，又命其子棐撮其大要而为之说，曰《集古录目》，晚年自号六一居士，《集录》盖其一也。其门人南丰曾公，亦集古篆刻为《金石录》五百卷。后来赵公明诚所蓄尤富，凡二千卷，其数正倍于欧阳公，著《金石录》三十卷。石林叶公梦得又取碑所载事与史违误者，为《金石类考》五十卷。近时洪文惠公适集汉魏间碑为《隶释续》凡四十八卷。昭武李公丙类其所有，起夏后氏竟五季著于录者亦千卷，号《博古图》，正讹谬，广异闻，皆有功于后学。"① 姚宽《西溪丛语》记载汉魏石经历经南北朝与隋唐之乱而迁徙辗转，至唐代初年，"魏郑公鸠集所余，十不获一，而传拓之本，犹存秘府。当时《一字石经》犹数十卷，《三字石经》止数卷而已。……往年，洛阳守因阅营造司所弃碎石，识而收之，凡得《尚书》《论语》《仪礼》，合数十段"②。

罗大经《鹤林玉露》称："《春秋》：'星陨如雨。'释者曰：'如，而也。'欧阳公《集古录》载后汉郭先生碑云：'其长也，宽舒如好施，是以宗族归怀。'东坡得古镜，背有铭云：'汉有善铜，出白杨，取为镜，清如明。'皆训'如'为'而'也。"林欢博士谓："以古碑文、古器铭作为文字训诂的新材料，可以说是一种进步。但是，所引用的汉镜铭文有误。"③ 根据宋代人的笔记可知，当时碑刻之学极盛，其研究对象上起所谓三代碑刻，如石鼓诅楚文；重点则在秦汉，如秦始皇及二世刻石、汉代石经等；魏晋隋唐碑版同样被作为历史资料对待，宋代人不仅研究碑碣志文的起源、形制、演变、内容，而且对其文字形体、语言词汇、训诂解经、讹谬俗变、书法鉴赏等均有所涉猎。

由上所揭列，宋代文物收藏的门类与后来博物馆所庋藏的门类没有多大差别。或者说，凡是今天研究考察的文物门类，在宋代几乎均已创立。所谓差距，只是在于水平与所借鉴的自然手段方面。由此可见，宋代博物馆的性

---

① 〔宋〕张淏：《云谷杂记》卷三。转引自林欢：《宋代古器物学笔记材料辑录》，上海人民出版社 2013 年版，第 113 页。

② 〔宋〕姚宽：《西溪丛语》卷上。转引自林欢：《宋代古器物学笔记材料辑录》，上海人民出版社 2013 年版，第 141 ~ 142 页。

③ 参见林欢：《宋代古器物学笔记材料辑录》，上海人民出版社 2013 年版，第 115 页。

质、功能、历史定位和发展水平，与当时世界上任何国家和地区比较，均处于遥遥领先的地位。

二、相关古迹、墓葬、遗址

宋代金石学昌盛，人们关注鉴赏和收藏研究的对象，不仅包括上所揭列的可移动文物，还包括历史古迹、墓葬、遗址等。宋代人对历史古迹、墓葬、遗址所在的地理位置、山川水流，及其历史旧观和当时保存情景，以及墓葬出于自然或人为的原因而出土文物种类数量等，大都进行些许记录。这种对野外不可移动文物古迹的调查搜访，尽管与今日的田野考古调查有区别，但是从学术发展史的角度来考量，说明宋代不但对可移动文物的收集、庋藏和研究达到较高水平，而且对野外不可移动文物古迹的描述记录和探究同样达到较高水平。凡此，不仅对当时金石学的发展、公私博物馆的大量出现、相关文物的出土及保护等具有重要意义，而且对后世的文物保护与研究等产生了巨大的影响。如有关札记中记载了汉长沙王墓、长安近郊大古冢、汉大司徒朱鲔墓、澧州古冢、太原高柴古墓、上饶古冢、梁孝王墓、历代帝陵的相关信息，同时有墓葬出土棺椁、石函以及上面覆盖旌幡旗旐之类的相关记载，甚至还对古代遗址如城址、墙垣、宫殿、庙堂、台观、水渠、井泉、街巷等进行描述与记录。凡此，均对今日考古学研究具有借鉴意义。

三、保存文物场所

博物馆的基本功能就是收藏、研究与宣传。宋代对文物的大量收藏远超前代，而其收藏的文物种类较之今日并不逊色。当时收藏门类繁复、数量众多的文物，其收藏保管的处所和措施又是如何呢?

（一）国家收藏场馆

汉代将出土的三代青铜器视作祥瑞，认为其关乎国家大事，自然对其极为重视而珍重宝藏。宋代同样向往三代礼制，将三代钟鼎彝器看作当初礼乐文明的象征，面对这些钟鼎甗鬲盘匜尊敦，人们的精神世界则仿佛回到了那个时代，所以人们对三代青铜器的珍爱较之汉代有过之而无不及。如宋翟耆年《籀史》之《徽宗皇帝祀圜丘方泽太庙明堂礼器款识三卷》载：“肇新宋器，匹休商周……于是一洗汉唐诸儒臆说之陋，万世而下，始识三代尊彝之制，使六经所载，不为空言。"① 尽管这是在谈论宋代新仿制的三代彝器，但是内中所蕴含的政治、宗教、历史方面的诸种信息和精神依托，则远在真正的三代彝器之上。由此可见国家对青铜类文物的重视程度。所以为妥善保护好这些珍贵的历史文物，国家就得建立专门的场馆并选择饱学之士悉心保护、研究这些历史文化遗产。在宋代官宦文人笔记中所见当时国家收藏文物的处所大致有以下几处：

龙图阁。如王钦臣《王氏谈录》载："景祐中，内出古铜钟、鼎、尊三器……非远古时物，疑似武氏时器，具上其事，诏藏于龙图阁。"②

宣和殿。如邵博《邵氏闻见后录》称："宣和殿聚殷周鼎钟尊爵等数千百种。"③ 周密《志雅堂杂钞》载："宣和殿所藏殷玉钺。长三尺余，一段美玉。文藻精甚。三代之宝也。后归大金。今入大元。每大朝会，必设于外廷。"④

秘阁、御府。如陆游《家世旧闻》云："先君言，绍圣初，宗室仲忽得古铜器……诏送秘阁，而馆中劾奏，仲忽所献，实非古物……至崇宁后，古器毕集于御府，至不可胜记。"⑤

保和殿、左右稽古阁、博古阁、尚古阁。如蔡絛《铁围山丛谈》载："及宣和后，则咸蒙贮录，且累数至万余。……而宣和殿后，又创立保和殿者，左右有稽古、博古、尚古等诸阁，咸以贮古玉印玺，诸鼎彝礼器，法书图画尽在。"⑥

内府。如叶梦得《避暑录话》云："宣和间，内府尚古器。士大夫家所藏

---

① 〔宋〕翟耆年：《籀史》，中华书局 1985 年版，第 4 页。

② 〔宋〕王钦臣：《王氏谈录》。转引自林欢：《宋代古器物学笔记材料辑录》，上海人民出版社 2013 年版，第 45 页。

③ 〔宋〕邵博：《邵氏闻见后录》卷二十七。转引自林欢：《宋代古器物学笔记材料辑录》，上海人民出版社 2013 年版，第 45 页。

④ 〔宋〕周密：《志雅堂杂钞》卷上。转引自林欢：《宋代古器物学笔记材料辑录》，上海人民出版社 2013 年版，第 99 页。

⑤ 〔宋〕陆游：《家世旧闻》卷下。转引自林欢：《宋代古器物学笔记材料辑录》，上海人民出版社 2013 年版，第 54 页。

⑥ 〔宋〕蔡絛：《铁围山丛谈》卷四。转引自林欢：《宋代古器物学笔记材料辑录》，上海人民出版社 2013 年版，第 56 页。

三代、秦、汉遗物，无敢隐者，悉献于上。”①

宜春圣库。如张世南《游宦纪闻》载：“尝观《归田录》，载欧公家有一玉罂，形制甚古且精巧。始得之梅圣俞，以为碧玉。在颍州时，尝以示僚属。坐有兵马钤辖邓保吉者，真宗朝老内臣也，识之曰：‘此宝器也，谓之翡翠云。禁中宝物，皆藏宜春圣库，库中有翡翠琖一只，所以识也。’”②

当然，由于笔记作者不同，对同一收藏文物的处所或有不同的称谓，并且所谓“秘阁”“御府”“内府”等大概均是国家藏宝处所。陆游所谓的“馆中劾奏”之“馆”，应该是收藏文物的专馆，其中还有通晓文物研究与鉴定的职司；这种专馆，名称不同于“阁”“殿”“府”。由此或可推断，宋代国家对文物的宝藏与研究场所，有时可能依照文物的类别而设立专馆。同时，这种“馆”的称谓，应该与中国特色的博物馆之名称的出现具有渊源关系。

（二）私人收藏场馆

国家对文物收藏的嗜好，自上而下推及到社会上的官宦世家及有能力者，使这一群体在文物收藏的社会风尚中成为较大的社会群体并起着推波助澜的作用。他们有权力和资财，广搜博取，建有豪门广厦，自然有着极好的文物收藏环境。这些文物收藏的场所，如同今日的私有博物馆。翟耆年《籀史》之《徽宗圣文仁德显孝皇帝宣和博古图三十卷》载：“帝文武生知圣神天纵，酷好三代钟鼎书，集群臣家所畜旧器，萃之天府。选通籀学之士，策名礼局，追迹古文，亲御翰墨，讨论训释，以成此书。”③ 宋代皇帝亲自编著《宣和博古图》这部书，不但汇集国家所藏，而且荟萃群臣家所蓄旧器，可谓一部公私藏品集萃图录。

又如林欢《宋代古器物学笔记材料辑录》一书，搜集宋代官宦文人笔记著作等八十余种，这些资料中往往提到文物的公私收藏，而大凡有藏品就有收藏的处所，只是因藏品数量多寡、藏者势力即社会地位之高下而有广狭之

① 〔宋〕叶梦得：《避暑录话》卷下。转引自林欢：《宋代古器物学笔记材料辑录》，上海人民出版社 2013 年版，第 44 页。

② 〔宋〕张世南：《游宦纪闻》卷一。转引自林欢：《宋代古器物学笔记材料辑录》，上海人民出版社 2013 年版，第 99 ~ 100 页。

③ 〔宋〕翟耆年：《籀史》，中华书局 1985 年版，第 1 页。

分。容庚、张维持《殷周青铜器通论》称:"关于青铜器的专著,据《籀史》所载,首推宋代《皇祐三馆古器图》,其次嘉祐八年刘敞作《先秦古器记》刻于石,二书所载皆只十一器。李公麟著《考古图》,每卷每器都绘其图像,释其形制及说明其用途,并附有释文。以上三书都已失传。至今还有传本的,最早是吕大临的《考古图》,以后著作日多,据《籀史》著录金石的书凡三四种,今所存的只三种。根据容媛的《金石书录目》及其补编,统计从公元一〇九二年吕大临的《考古图》至一九五三年的《四川大学历史博物馆所藏古铜鼓考》为止。关于青铜器的著作,依其性质分为七类。一、目录之属十九种,二、图像之属七十种,三、文字之属四七种,四、通考之属十种,五、题跋之属三种,六、字书之属六种,七、杂著之属六种,合计一六一种。依年代划分:清以前的只有十二种,清代的六二种,民国以后的八七种。"① 据容庚、张维持《殷周青铜通论》的大致统计,宋代的青铜器著作,主要有:吕大临《考古图》十卷、王黼等《博古图录》三十卷、佚名《续考古图》五卷、薛尚功《历代钟鼎彝器款识法帖》二十卷、王俅《啸堂集古录》二卷、王厚之《钟鼎款识》一卷。② 较之其他材质文物如碑版陶瓷砖瓦玉器和竹简等,历代对青铜器的收藏似乎情有独钟。宋代有关青铜器的著作,据《籀史》所记和容媛的统计大概有十数种,这是清代以前有关青铜器著作数量最多的时代。从《籀史》所记宋代金石著作三十四种,与林欢所集宋代八十余家的笔记载录中,可以想见当时社会文物收藏风气之盛,而与之相关的文物保存场所数量一定相当可观。

李清照《〈金石录〉后序》:"右《金石录》三十卷者何?赵侯德甫所著书也。取上自三代、下迄五季,钟、鼎、甗、鬲、盘、匜、尊、敦之款识,丰碑大碣、显人晦士之事迹,凡见于金石刻者二千卷,皆是正讹谬,去取褒贬,上足以合圣人之道,下足以订史氏之失者皆载之,可谓多矣。……后二年,出仕宦,便有饭蔬衣练、穷遐方绝域、尽天下古文奇字之志。日就月将,渐益堆积。丞相居政府,亲旧或在馆阁,多有亡诗、逸史、鲁壁、汲冢所未见之书,遂力传写,浸觉有味,不能自已。后或见古今名人书画、一代奇器,

---

① 容庚、张维持:《殷周青铜器通论》,科学出版社1958年版,第139页。

② 容庚、张维持:《殷周青铜器通论》,科学出版社1958年版,第140~147页。

亦复脱衣市易。尝记崇宁间，有人持徐熙《牡丹图》求钱二十万。当时虽贵家子弟，求二十万钱，岂易得耶？留信宿，计无所出而还之，夫妇相向惋怅者数日。……收书既成，归来堂起书库大橱，簿甲乙，置书册。如要讲读，即请钥上簿关出。卷帙或少损污，必惩责揩完涂改……遇书史百家字不刓缺、本不讹谬者，辄市之储作副本。自来家传《周易》《左氏传》，故两家者流文字最备。于是几案罗列，枕席枕藉，意会心谋，目往神受，乐在声色狗马之上。至靖康丙午岁，侯守淄川，闻金人犯京师，四顾茫然，盈箱溢箧，且恋恋，且怅怅，知其必不为己物矣。……凡屡减去，尚载书十五车。……青州故地尚锁书册什物，用屋十余间。”①

由此《〈金石录〉后序》可见赵明诚与李清照夫妇收藏文物的种类、数量和存放的处所与管理措施等。夫妇二人志同道合，收藏文物不遗余力，甚至“脱衣市易”。他们对青铜器、碑刻、书画、古籍的收藏最为用心——对珍贵稀缺的古籍储备副本；建立库房、内置大橱；所有藏品划分等级、编制顺序号、登记在册；文物出库要凭钥匙开启库房并进行登记；在研读中发现古籍书画污损时对其进行修复。尽管李清照对他们夫妇在青州归来堂专门用于保管文物的库房未有提及，但是她写到为逃避金人南侵而清理文物“凡屡减去，尚载书十五车。……青州故地尚锁书册什物，用屋十余间”，即他们收藏的文物种类数量非常多，仅存放书册什物就用屋十余间。试想夫妇二人节衣缩食，积数十年之精力倾心收藏，还有父祖亲戚的传留馈赠，故其藏品数量得以累千数万。

归来堂所藏文物有严格的管理制度和保存措施，同时进行不间断的深入研究，还出版研究成果著作。结合林欢博士搜集的宋代八十余人的笔记资料以及国家收藏文物和出版图书的载录，甚至可以认为，在宋代，赵明诚、李清照夫妇的归来堂应该属于当时民间规模最大、收藏文物种类及数量最多、研究水平最高、管理措施最完备的博物馆。

四、藏品研究

由上所揭列可以看出，宋代人笔记手札中关乎历代文物的记载往往还提

① 〔宋〕赵明诚著，刘晓东、崔燕南点校：《金石录》，齐鲁书社2009年版，第257～258页。

及对其中某件藏品的考证研究，笔记所载大都是对历史文物的审视研读和由此而引发的对历史的反思以及对现实社会的启迪等。由于在文物收藏门类部分提到过诸多研究实例，故而在此有些实例介绍尽量从简。

（一）研究方法

从宋代金石著作和有关文人雅士的笔记甚至小说中可以看出，宋代还是比较注重对文物实物的研究与历史文献相结合的。如《籀史》之《徽宗皇帝祀圜丘方泽太庙明堂礼器款识三卷》载："肇新宋器，匹休商周……于是一洗汉唐诸儒臆说之陋，万世而下，始识三代尊彝之制，使六经所载，不为空言。"① 王明清《挥麈录》称："李伯时自画其所蓄古器为一图，极其精妙。……真一时之奇物也。先人跋语云：'右《古器图》，龙眠李伯时所藏，因论著自画，以为图也。……凡先秦古器源流，莫先于此轴矣。……本朝自欧阳子、刘遼父始辑三代鼎彝，张而明之，曰：'自古圣贤所以不朽者，未必有托于物，然物固有托于圣贤而取重于人者。'……所谓：'三代邈矣，万一不存，左右采获，几见全古'，惟龙眠可以当之也。"② 尽管宋代学者对汉唐诸儒的研究成果，有的尚不认可，但是他们的考证研究方法还是基本遵循汉代的——尤其自郑玄以来的名物制度与六经相斟兑比较的科学方法。宋代在考证铭文书体、内容时与历史相结合方面还是可以肯定的，当然这种与史互证的研究方法应属孔子开风气之先。但是，历史发展到宋代，此前汉唐甚至魏晋南北朝时期对文物收藏研究的成果积累自然对宋代产生了积极的影响。首先宋代并非单一将文物视为所谓的地不爱宝天降祥瑞，而更重要的是将文物视为正经补史、推考三代礼乐制度的神圣之物。这应该是宋代在中国金石学发展史上的突出贡献之一。如宋徽宗所说的通过对三代钟鼎彝器的考证研究甚至复制传播，能达到"一洗汉唐诸儒臆说之陋，万世而下，始识三代尊彝之制，使六经所载，不为空言"的目的。而王明清《挥麈录》所谓"三代邈矣，万一不存，左右采获，几见全古"，指三代已经远去，有关文物典章万不存一，而经搜求探究则有望窥见古代面貌。

林欢博士称："宋人已经在铜器定名、断代上摸索出一条路子，即把铜器

① 〔宋〕翟耆年：《籀史》，中华书局 1985 年版，第 4 页。

② 〔宋〕王明清：《挥麈录》余话卷二。转引自林欢：《宋代古器物学笔记材料辑录》，上海人民出版社 2013 年版，第 56～57 页。

铭文中提到的人名与文献典籍进行对照，从而推断出该器的具体作器年代。这一发明意义重大，即使在考古学有了质的飞跃的今天，它依然是铜器断代的一种主要手段。”①

（二）研究门类

如上所揭列，林欢博士关于宋代八十余种笔记小说中关于历史文物的收藏和文物古迹的记述与研究，依据文物的材质和诸事类之性质而大致分为以下十类：一，铜篇，内则有器类、收藏、著录与研究考史；二，陶篇，内则有砖瓦、陶器；三，泉币篇；四，玺印篇；五，玉篇；六，竹木篇；七，石刻篇，内则有碑刻、石鼓、诅楚文、石经、石权、石砮；八，墓葬、遗址篇；九，仿制篇；十，杂篇。就此分类，不仅包罗今日的博物馆所收藏研究的对象，而且有考古学与文物复制等方面的内容。如对铜器的收藏与研究，以及对青铜器的定名、分类、用途等探索，大都结合三代经典所记名物制度和汉代人的研究成果。当时对青铜器的起源、功能、种类、名称、收藏、著录、征史以及复制、辨伪、传拓、绘图等均有较为系统的认识。而其他种类，若与今日所划分文物类别相较，则基本一致。再如陶器门类，则包含砖、瓦、陶、瓷，砖、瓦的出土区域则涉及今江西、浙江、湖北、四川、河北与陕西等地，主要在两汉魏晋时期的宫室坛台或墓葬出土，并且上面大都带有铭文。所以说中国的独具特色的博物馆学在宋代已经较为完备。为便于认识宋代文物收藏研究，前文已依据林欢所整理划分的内容，分门别类作了大致的揭示。

（三）研究成果

见于历史、金石和后世考古研究专门著作的宋代金石学著作数量达三十四种，有的已经仅存书目，而其间湮没无闻的也不在少数。还有林欢所搜集宋代文人雅士有关金石学著作笔记八十余种，由此可见宋代社会对金石文物的重视和其研究成果。而当时的专门性研究著作，如青铜器、玉器门类，大凡出版著作一般首先得绘制图录，对所著录器物的尺寸、重量、形制、花纹与铭文等进行描摹，同时还有序言录目以及研究考证的文字等。尤其在青铜器研究方面，宋代与当代研究著作的体例大致相似。同时还有一部分专门绘

① 林欢：《宋代古器物学笔记材料辑录》，上海人民出版社2013年版，第51页。

制的青铜器图录，尤其涉及周代“三礼”中所载录的名物制度者，往往都要绘制图录。如宋代早期聂崇义所著《新定三礼图》，据《直斋书录解题》卷二记载，该书最初图画于“宣圣殿后北轩之屋壁”①。

宋人蔡絛《铁围山丛谈》云：“虞夏而降，制器尚象，著焉后世。……独国朝来浸乃珍重，始则有刘原父侍读公为之倡，而成于欧阳文忠公。又从而和之，则若伯父君谟、东坡数公云尔。初，原父号博雅，有盛名，曩时出守长安。长安号多古簋、敦、镜、甗、尊、彝之属，因自著一书，号《先秦古器记》。而文忠公喜集往古石刻，遂又著书名《集古录》，咸载原父所得古器铭款。繇是学士大夫雅多好之，此风遂一煽矣。元丰后，又有文士李公麟者出。公麟字伯时，实善画，性希古，则又取平生所得暨其闻睹者，作为图状，说其所以，而名之曰《考古图》，传流至元符间。太上皇帝即位，宪章古始，眇然追唐虞之思，因大宗尚。及大观初，乃效公麟之《考古》，作《宣和殿博古图》。凡所藏者，为大小礼器，则已五百有几。……独政和间为最盛，尚方所贮至六千余数，百器遂尽。……尝有旨，以所藏列崇政殿暨两廊，召百官而宣示焉。……时所重者三代之器而已，若秦、汉间物，非殊特盖亦不收。及宣和后，则咸蒙贮录，且累数至万余。若岐阳宣王之石鼓，西属文翁礼殿之绘像，凡所知名，罔间巨细远近，悉索入九禁。而宣和殿后，又创立保和殿者，左右有稽古、博古、尚古等诸阁，咸以贮古玉印玺，诸鼎彝礼器，法书图画尽在。然世事则亦烂漫，上志衰矣，非复前日之敦尚考验者。俄遇僭乱，侧闻都邑方倾覆时，所谓先王之制作，古人之风烈，悉入金营。夫以孔父、子产之景行，召公、散季之文辞，牛鼎象樽之规模，龙瓿、雁灯之典雅，皆以食戎马，供炽烹，腥鳞湮灭，散落不存。文武之道，中国之耻，莫甚乎此，言之可为于邑。至于图录规模，则斑斑尚在，期流传以不朽云尔。”② 三代青铜器种类繁富而造型诡谲，前所未见，无专门修养与知识者难以分辨；而寻常学者或仅拘囿于历史经典，亦难认识。故欲加研究者首先得辨识器形、

① 〔宋〕聂崇义纂辑，丁鼎点校解说：《新定三礼图·校释说明》，清华大学出版社2006年版，第3页。

② 〔宋〕蔡絛：《铁围山丛谈》卷四。转引自林欢：《宋代古器物学笔记材料辑录》，上海人民出版社2013年版，第55～56页。

明晰名称；欲辩理陈说、推广天下者，就得描摹图形、花纹、铭文，结合经典相与比较研究。李公麟的“作为图状，说其所以”是一种图文并茂的研究成果形式，但是宋代以及清代出版的青铜器著作，主要形式还是摹刻线图、摹写铭文，这与李公麟的实际而形象的绘图大有距离。当今则是彩色照相，器物图像清爽逼真，然其与宋代人之用心实出一理。

王黼等撰《宣和殿博古图》又称《宣和博古图》《博古图录》《博古图》，或简称《博古》。容庚、张维持《殷周青铜器通论》称：“此书据蔡絛《铁围山丛谈》谓：‘大观初，乃仿（李）公麟之《考古（图）》作《宣和殿博古图》，凡所藏者为大小礼器则已五百有余。’宣和乃殿名而非年号。其后增至八百余器，连宣和五年（一一二三年）临淄出土的齐侯镈钟亦收入书中，故王国维考证，认为‘此书之成自当在宣和五年之后’。此书所收器分为二十类，八三九器，其中杂器四十，鉴一一三。每类各有总说，每器有图像，并记大小、容量、重量、铭识及考证，实集宋代所出青铜器之大成。《四库全书总目提要》（卷一一五）批评说：‘考证虽疏而形模未失，音释虽谬而字画俱存。’此书每据实物以订《三礼图》之失。宋代所出的器多见于此书。图绘也精，读者‘尚可因其所绘以识三代鼎彝之制、款识之文，以重为核订，当时裒集之功亦不可没’。”①

当然，人们对此书的评价也不一样。洪迈《容斋随笔·博古图》称：“政和、宣和间，朝廷置书局以数十计，其荒陋而可笑者莫若《博古图》。予比得汉匜，因取一册读之，发书捧腹之余，聊识数事于此。”② 其《容斋三笔·再书〈博古图〉》又称：“予昔年因得汉匜，读《博古图》，尝载其序述可笑者数事于《随笔》，近复尽观之，其谬妄不可殚举。……齐侯镈钟铭云：‘咸有九州，处禹之都。’释之曰：‘齐之封域，有临淄、东莱、北海、高密、胶东、泰山、乐安、济南、平原，盖九州也。’予按铭语正谓禹九州耳，今所指言郡名，周世未有，岂得便以为州乎？”③ 今天看来，洪迈的解释正确，后来出土

---

① 容庚、张维持：《殷周青铜器通论》，科学出版社1958年版，第140～141页。

② 〔宋〕洪迈：《容斋随笔》卷十四。转引自林欢：《宋代古器物学笔记材料辑录》，上海人民出版社2013年版，第52页。

③ 〔宋〕洪迈：《容斋三笔》卷十三。转引自林欢：《宋代古器物学笔记材料辑录》，上海人民出版社2013年版，第53～54页。

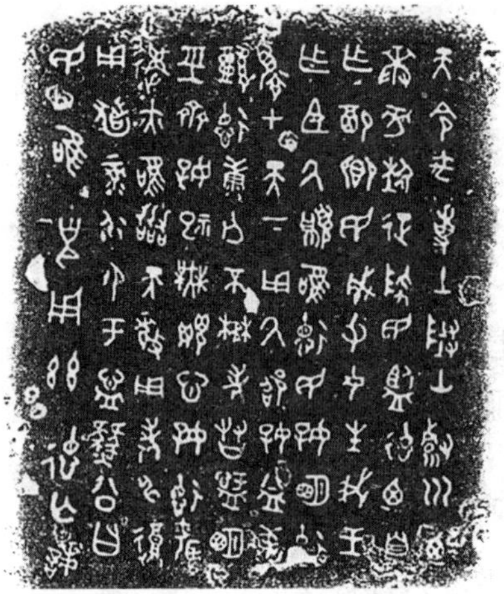

图2－4－4 遂公盨铭文

的秦公簋、遂公盨铭文中都有关于禹的记载（图2－4－4），愈证洪迈此说之精当。而王黼等所撰《博古图》开收录器物有图像加考证之先河，内容丰富，录器近30类达839件，已是皇皇巨制，内中错伪自然难免。从汉代到宋代已跨越数百甚至上千年，宋代金石学已经达到了相当高的水平，尽管对有些青铜器铭文的释读不尽正确甚至谬误，但是学术发展的道路原本如此。洪迈乔然自高贤，然其所谓之汉匜则未必属汉代！西周至春秋时期流行盘、匜相配，战国时期则盘、匜极为少见，所谓汉代铜匜则量少而形如匏瓢，与周代铜匜不可同日而语也。

前引容庚谓："此书每据实物以订《三礼图》之失。"《三礼图》全名《新定三礼图》，五代至宋聂崇义撰，最初成书于五代末，宋代初年再作修订。从《新定三礼图》的文字释解和绘图样式，可见宋代以前人们对先秦礼器的认识水平。因此，我们可以将此书定为宋代与宋以前金石学发展史上有关探索水平的分水岭。宋陈伯广跋《新定三礼图》："予观其图，度未必尽如古昔，苟得而考之，不犹愈于求诸野乎？淳熙乙未闰月三日，永嘉陈伯广书。"清钱谦益跋《新定三礼图》："宋显德中聂崇义《新定三礼图》二十卷，援据经典，考译文象，繇唐虞讫建隆，粲然可证。然如尊彝图中牺象二尊，并图阮氏、郑氏二义，而不主王肃之说。是时齐子尾送女之器已出地中，而聂氏考犹未核。南宋人谓'观其图，度未必尽如古昔'，有繇然也。此等书经宋人考定，其图象皆躬命缋素，不失毫发。近代雕本传写讹缪（谬），都不足观。余旧藏本，出史明古家。遵王此本有俞贞木图记，先辈名儒，汲古嗜学，其流风可想也。辛丑夏四月四日，蒙叟谦益书于城北之胎仙阁。"① 宋代人与清代人对《新定三礼图》之评骘可谓允当。同时，从该书中个别图像可以看出，

① 〔宋〕聂崇义纂辑，丁鼎点校解说：《新定三礼图·附录》，清华大学出版社2006年版，第654～655页。

作者还参照过地下出土的文物，如《玉辂序》称引《巾车》“掌王之五辂”，聂氏所绘“玉辂”中的车马、人物、伞盖、鞭策，显然参考过当时所见的汉画像石车马出行图；还有所谓的“豆”“登”，应该参考过当时所见战国带盖陶豆。①

但是终究因五代战乱、宋朝甫新，所以可参考的出土文物实在有限，如钱谦益所谓齐子尾送女之器已出地中，由于环境条件所限，聂氏不一定能够见到。到了北宋末年，经过一百五六十年的飞速发展，金石学已经达到历史上的第一个高峰期，所以《博古图》自然能够“每据实物以订《三礼图》之失”。有此《新定三礼图》与《博古图》比较，不但可见证唐五代到宋代金石学的发展历程，而且可清楚地看到宋代对金石文物的研究方法之科学以及研究水平的大幅度提升，这在中国金石学和博物馆学发展史上具有重要的历史意义。

欧阳修《归田录》称：“蔡君谟既为余书《集古录目序》刻石，其字尤精劲，为世所珍。”② 当时将金石著作摹刻上石，似是一种社会风气。当然此种做法必定推动了当时金石学的发展，而从博物馆学的发展来看，这种将研究成果著作刊行或者摹刻上石的做法，也是一种社会传播的有效途径。

吴曾《能改斋漫录》云：“李伯时公麟，雅好钟鼎古文奇字。自夏商以来，以先后次第之。闻一器，则捐千金不少靳。所蓄日富，俱为图记。”③ 王明清《挥麈录》称：“李伯时自画其所蓄古器为一图，极其精妙。……真一时之奇物也。先人跋语云：‘右《古器图》，龙眠李伯时所藏，因论著自画，以为图也。……凡先秦古器源流，莫先于此轴矣。……本朝自欧阳子、刘邍父始辑三代鼎彝，张而明之，曰：‘自古圣贤所以不朽者，未必有托于物，然物固有托于圣贤而取重于人者。’……所谓‘三代邈矣，万一不存，左右采获，几见全古’，惟龙眠可以当之也。”林欢博士云：“宋代金石学发展，很大一部

① 〔宋〕聂崇义纂辑，丁鼎点校解说：《新定三礼图·校释说明》，清华大学出版社 2006 年版，第 276～279、427～433 页。

② 〔宋〕欧阳修：《归田录》卷二。转引自林欢：《宋代古器物学笔记材料辑录》，上海人民出版社 2013 年版，第 54～55 页。

③ 〔宋〕吴曾：《能改斋漫录》卷十一。转引自林欢：《宋代古器物学笔记材料辑录》，上海人民出版社 2013 年版，第 47 页。

分得益于新的著录手段。”① 宋代金石学著作中的所有绘画线图，俱是以白描为手段，这在汉画像石以及魏晋墓葬壁画中已经得到充分运用。而关于三代青铜器的摹绘，李公麟所绘的方法定与《博古图》等形式有别，其或采用写实敷彩形式，如此则器物形状、颜色活灵活现，可惜如今不得见。

吴曾《能改斋漫录》称：“夏英公竦性好古器奇珍宝玩，每燕处，则出所秘者，施青毡列于前，偃卧牙床瞻视终日而罢。月常数四如此。”林欢博士谓：“夏竦著有《重校古文四声韵》，整理传抄古文，而传抄古文则是研究战国文字极为有用的资料。金石铭文研究和对传抄古文的整理是宋代古文字学的两项成就。”②《汗简》与《古文四声韵》俱是研究战国文字的著名著作，其体例大致同于汉代许慎的《说文解字》，两书收录各种古文书体，俾便研究斟兑。但类似夏竦这样面对文物而瞻视终日，且月月四次者，诚可谓审视入骨也，故其对《古文四声韵》有独到的造诣，可见其审视文物时进行了细致深入的观察思考，尤其对文字形体点画之间的变化达到了细致入微的地步。

但是亦有将文物视为玩物者，如吕大临《考古图·序》称：“当天下无事时，好事者畜之，徒为耳目奇异玩好之具而已。”洪迈《容斋随笔》称：“三代彝器，其存至今者，人皆宝为奇玩。”由上所揭列，可以看出容氏所谓宋代人将钟鼎彝器作为珍玩之谓，似欠允当。对于此类观点，由宋代出版的大量的青铜器图形与款识的著作以及李清照《〈金石录〉后序》所言可证明。任何时代对文物的收藏态度皆是存在极大差别的，宋代王公贵族士大夫之流，大都具备相关的历史常识，所以对文物的历史价值是有着明确的认识的。同时，确实有少部分人属于以文物装点所谓的风雅，把玩文物，招摇过市；也有的人不学无术，因投机钻营而得金钱地位，而文物在其心目中也不过是珍玩而已。如叶梦得《岩下放言》云：“余少好藏三代秦汉间遗器，遭钱塘兵乱尽亡之。后有遗余铜鸠柱头，色如碧玉。因以天台藤杖为干植之，每置左右，今年所亲章微州在平江，有鬻铜酒器，其首为牛，制作简质，其间涂金隐隐犹可见，意古之兕觥。会余生朝，章亟取为余寿。余欣然戏之曰：‘正患吾鸠

① 参见林欢：《宋代古器物学笔记材料辑录》，上海人民出版社 2013 年版，第 56 ~ 57 页。

② 参见林欢：《宋代古器物学笔记材料辑录》，上海人民出版社 2013 年版，第 47 页。

杖无侣，造物岂以是假之耶？’二物常以自随，往岁自行山间，使童子操杖以从，殆以为观尔，未必直须此物也，迩来足力渐觉微，每升降殆不可无时坐石。间儿子甥侄辈环于侧，辄以杖使以觥酌酒以进。即为引满，常亦自笑其癖。”①

第四节 陈介祺对中国博物馆历史发展的贡献

纵观中国博物馆之历史，可谓是呈跳跃式发展：由先秦之滥觞，历两汉而成型，洎宋代更得突飞猛进，经元明则渐趋平滞。尽管元、明两代均有一些仿古复古的举动，然而对于文物的收藏与研究，较之宋代则大为逊色。但是有清一代，则属于崛起发展和转型的历史时期。对此不由使人联想到秦始皇统一天下，为消除关东六国原有思想观念以俾便政治统治，而进行“焚书坑儒”这一对历史文化有重大破坏性的政治措施。清军入关取代明王朝之统治后，同样为消除数千年来中原王朝为正统的理念，在思想文化领域采取与秦始皇异曲同工的措施——遏制言论自由，制造文字冤狱，凡是不利于清王朝统治的著作及其作者大都受到不同程度的摧残与打击。正是如此惨烈的政治高压局势，促使文人士子更加埋头于经史典籍中，以逃避现实政治的重重束缚。清代初期的顾炎武决绝避世，游历天下古迹，寻访金石文物，著述颇丰，以石经研究尤称突出，并对山东考古多所用心而著成《山东考古录》。当时山东地方学者如安丘张贞等亦绍承乡风，搜集金石文物而研究古国历史。再往后则有钱大昕、瞿中溶、黄易、初尚龄等人，对金石砖瓦钱币玺印多所收藏与研究。

乾嘉时期，国之局势已经稳定，封建帝王出于对历史文物的兴趣爱好和政治统治的需要，责命当朝博学之士对三代钟鼎彝器进行整理研究，出版相关著作，如《西清古鉴》《宁寿鉴古》与《西清续鉴》甲乙编等，这些著作水平颇高，至今仍有取仿价值。而地方巡抚、学政，则或搜集地方历史文物与金石资料，编著有关金石著作。如乾隆时代，山东巡抚毕沅与学政阮元，

① 〔宋〕叶梦得：《岩下放言》卷中。转引自林欢：《宋代古器物学笔记材料辑录》，上海人民出版社 2013 年版，第 47 页。

受山左金石学风气的浸润影响而责成益都段松苓以及河南偃师武亿等编著《山左金石志》；尽管此前黄易、李文藻、段松苓、武亿等各有地方州府或碑版题刻等专项金石著作，但是《山左金石志》所收录金石文物1300余种，诚乃洋洋大观，这在国内亦是开风气之先的著作，而随后各州郡取仿者尤夥。当然这些文物的来源不外乎历史传承、公私所藏、当时出土和专门访古考察所获等，而这种研究著录的宗旨与传播的过程，都是博物馆性质、功能的最具体的展现，尽管当时人们不一定有类似今日博物馆的观念。从乾嘉时期到清朝灭亡，金石学之风渐行渐烈，如褚德彝谓："钟鼎款识之学萌芽于东汉，至赵宋始集有专书。而有清一代为极盛，《西清》《宁寿》提倡于朝廷，《积古》《筠清》胝沫于学者，足以媲美宣、政，远过王、薛矣。近代收藏彝器之富，推吴县潘氏、潍水陈氏。潘氏曾编《攀古楼款识》，学者藉以窥见一斑；陈氏收藏彝器，鉴别精审，远胜攀古。"

在传统金石学的发展过程中，中国的博物馆产生由量变到质变的转化——即由综合性质的博物馆，而衍生出专题与地志性博物馆；同时由于外国传教势力的介入，而出现古生物化石自然博物馆等。陈介祺生于嘉庆年间，历经道光、咸丰、同治三朝而卒于光绪年间，陈氏所处的时代正是中国金石学继宋代以后达到历史最高峰之时，凡此金石学的突飞猛进，使其不啻承继了中国漫长悠久的学术传统，而且更重要的是其为金石学与中国博物馆的飞速发展及急剧转型做出了历史性的贡献。

通览历史，对中国博物馆发展做出最大贡献者应数宋代赵明诚和清代陈介祺。尽管宋代社会对金石文物的认识，除去仿古、正经补史外，更多在于雅玩，但是赵明诚与李清照夫妇则真正将文物当作研究和补苴历史的实物资料，他们经过长期深入的实践，故能识见卓然而超越同代人之认识。同时，赵明诚为清宪丞相之子，有家学渊源和丰厚的经济基础，这都是其热爱和收藏大量金石文物并进行研究的基础。陈介祺为陈官俊之子，陈官俊乃道光帝师并授皇长子读，历任或兼署工、兵、礼、吏四部尚书，累官至协办大学士，且家学、资财颇称优厚；而从陈官俊当年的人物交集中，尤其道光十八年（1838）为翟云升刊行《隶篇》并为之制序云云，亦可窥见其是喜好金石文物的。如光绪十年（1884）正月，陈介祺为吴大澂《说文古籀补》作叙云："文达为先文悫公童试师，官太傅时，谒于京第，知祺好古文字，以'天机清妙'为譬，书《论钟鼎诗》于纨扇以赐。时汉阳叶东卿驾部、海丰吴子苾阁学、道州何子贞同年，皆以文字及先公门；诸城李方赤外舅、刘燕庭世丈，安丘王菉友姻丈，日照许印林同年，皆在京师；嘉兴张未未解元、徐籀庄明经，皆南中未见忘年交。共以古文相赏析。"① 由此可见陈官俊应该通识古文字，故能影响其子；但其终因宦海深沉不可自拔而难向学术也。

而赵明诚生逢宋金对峙、金兵南下、国家动乱不已之危局；陈介祺晚年则恰逢国家内忧外患，殁世甫久即有八国联军攻入京师之祸乱。二人所处家庭与社会环境局势又何其相似乃尔。二人面对国家危亡之局势，想到文物的价值留存必须通过研究著录与传播等途径来实现，所以就产生历史使命感，对文物的收藏研究和传播成为一种历史的担当，进而节衣缩食、孜孜矻矻、不舍昼夜地进行整理研究。而在对待文物收藏研究的态度上，陈介祺与赵明诚也正相同。但是，从文物收藏的种类、数量和研究著录等方面看，赵明诚应是站在宋代金石学发展的顶端，可称得上是汉代以来私人收藏研究的集大成者，是最典型的博物馆专家。陈介祺则是宋代以来最大的私人收藏家，甚至是前无古人、后无来者的收藏家，故其对中国博物馆发展所做出的贡献也应该是前无古人、后无来者的。

通观陈氏收藏研究之历史，可谓道路之漫长而肇始自髫龄；中途人生之遭际，数年间迭经父、祖母、长媳、原配夫人、长子五丧之痛，蒙受清王朝强逼认捐四万两白银之难及荒旱赈灾之煎熬，而收藏研究之志未曾稍改。归里后，其收藏门类渐广，然数量扩增之速度或不及此前，但是，研究之道术日渐精当，且与天下著名金石学家广泛交往。窃以为在同治年间，陈氏因归里安居而学问精进不已，此时可谓陈氏研究学问的分水岭，此前尚不系统，至此则大有体系创获，而其对文物的收藏保护与研究领域更为远阔，方法臻至科学，成就亦属非凡。

而其对中国博物馆历史发展的贡献则主要体现在以下几个方面：

一、收藏文物种类

林欢《宋代古器物学笔记材料辑录》搜集宋代人关于金石文物的笔记著

---

① 〔清〕吴大澂：《说文古籀补·陈介祺叙》，光绪二十四年（1898）刊本。

作八十余种，分类归纳为十篇，凡此基本包罗宋代社会金石学研究之内容。中经历史之演进，俟之清代晚期陈介祺以一己之力，除石鼓文、诅楚文未曾收藏之外，其余各类文物均有所收藏，同时还有新的类项填补历史收藏研究之空白。在这一方面，陈介祺之贡献可分为三个层次。

首先是陈氏藏古的理念。陈氏所藏完全出于对历史文物的保护与研究，其藏古与考古研究都是为了传古，而传古则是通过研究传布古文字以补苴或纠正历史。凡此识见较之宋代大有升华而且取得了综合性的跨越时代的历史性成就。

其次是陈氏在学术发展史上的贡献。从先秦子学、两汉经学、魏晋玄学、唐宋理学到清代的朴学，尽管称谓、主旨有所差异，但是金石学作为历史发展的脉络还是基本传承一贯的：自先秦与汉代的滥觞，中经宋代的大幅度提升，到清代尤其清代后期臻至完善，并且随西学东渐而开始由金石学向新兴考古学转变。在此漫长的发展历史中的学者代表，汉代应数郑玄，宋代则是赵明诚，清代为陈介祺。比较发现，陈介祺不但为传统金石学的发展开拓了领域、创立了方法，而且架起了由金石学通向考古学的桥梁。

最后是陈氏对收藏保护与研究宣传所做的具体贡献。藏品是博物馆存在的基础，而有关的研究著录与传播则是建立在文物收藏基础之上的；同时，对文物的研究与传播可以提升社会对文物历史和艺术价值的认识，从而扩大影响进而推动社会更广泛收藏文物。陈介祺对文物藏品的收集早在其少年时代就已开始，并得到金石学家阮元的激赏；同时，陈介祺有着良好的家学渊源与深厚的经学基础，有清一代陈氏世家考中进士者十数人，陈介祺于道光二十五年（1845）中进士，为二甲三名，旋入直翰林院，由此可见其在经史之学方面的造诣，而对文物的认识反映出其鉴藏方面的综合修养。后来王国维提倡“二重证据法”，其中包括纸上之材料和地下之新材料互证，而纸上之材料则指经史子集。陈介祺于经史子集方面的深湛造诣也是其收藏文物、研究文物的基础。其收藏的青铜器中有许多国之瑰宝；陶器瓦当收藏尤富，并且首次发现和研究陶文；对钱币的收藏超越宋代，尤其收藏冶铸钱币的铭范更有划时代的意义；收藏玺印数量最多、门类最广，可称得上集大成者；而对玉器竹木石刻的收藏亦是不遗余力；同时，他还收藏大量宋元以及明清书画名家的佳作等。仅从收藏的门类、数量即可称前无古人、蔚然大宗。

陈介祺六世嫡长孙陈继揆教授在其整理陈氏信札集《秦前文字之语》中，对陈介祺的藏品的数量有比较具体的统计："仅举其有铭文者，商周铜器二百四十八件，秦汉铜器九十七件，石刻一百一十九件，砖三百二十六件，瓦当九百二十三件，铜镜二百件，玺印七千余方，封泥五百四十八方，陶文五千片，泉镜镞各式范一千件，铜造像无目不计。论私家收藏之富，盖已空前矣。"① 何鑫在《论陈介祺在金石学发展中的重要作用》中指出："不过陈继揆对藏品的统计还是不全面。举例来说在陈介祺的藏品中玺印的数量最多。陈继揆据《簠斋印集》《十钟山房印举》等作品推测藏印的总数为七千多方。但这些作品所收录的大部分是春秋战国以及秦汉时印，对于时代偏后的玺印并未收录。陈继揆在统计时就漏算了这一部分。再比如说陈继揆统计陈氏所藏青铜器大约有五百多件。而陈介祺就曾经在给鲍康的信中提到过，'四十年来所收金文多至九百种，益以吴李，或可得千'。可知陈继揆漏掉了大约四百件青铜器。陈继揆在统计时也没有计算无铭文的藏品、古泉、书画和拓片的数目，所以陈介祺的藏品的数目远超过陈继揆统计的数目。"② 此说有可取处，然未皆允当。

（一）青铜题刻

宋高似孙《纬略》所录宋代金石学著作中，所见三代青铜器带有铭文者237件，尽管当时对青铜器种类、名称以及时代用途的认识等尚待提升，但是所揭列有关鼎、敦、彝、鬲、钟、尊、爵、簠、簋、豆、洗、盘、匜、盉、甗、舟、卣、盉、觚、瓯、盂、釜等，应该多数不误。《纬略》还称："右三代鼎器名见于图书者，会粹于此，将有考焉。"③

通检陈氏所藏铜器，有三代礼、乐、兵、车与日用杂器，以及秦汉魏晋之诏版、权衡、镜鉴、造像等。凡此，若论一时一家之庋藏种类如此繁富且量大而精者，自是前无古人、后无来者。

---

① 〔清〕陈介祺著，陈继揆整理：《秦前文字之语·前言》，齐鲁书社1991年版，第3页。

② 何鑫：《论陈介祺在金石学发展中的重要作用》，烟台大学2015年硕士学位论文。何鑫统计也有出入，陈氏所谓金文九百种，应含铭文拓本。然陈氏实际藏青铜器数量还是远超陈继揆所言。

③ 〔宋〕高似孙：《纬略》卷十一。转引自林欢：《宋代古器物学笔记材料辑录》，上海人民出版社2013年版，第58～61页。

陈氏所藏三代秦汉带有铭文的比较重要的青铜器大都见于《簠斋吉金录》，为数近乎四百。但是还有相当数量的青铜器未曾见于著录，如著名的师寰簋器、盖，以及数量较多且带有铭文的战国齐、燕与三晋兵器，同时还有不带铭文的青铜钟鼎彝器与兵器。总之，其所收藏的铜器数量远远超过《簠斋吉金录》所收录的数量。如同治十一年（1872）三月，陈介祺《宝簠斋集各家彝器释文》云："余于既冠后从子苾六兄游，论古文字，考订金石，始稍稍有吉金之蓄。既少有所见，好益笃，藏日增，同好者以拓墨往来，亦益富。咸丰癸丑（1853）夏，装三代器文七百余种为册，归里后未及释也。"① 由此可见陈氏在其四十一岁时，既已获见三代吉金铭文七百余种，在当时应是数量最多者。同治十三年（1874）六月，《簠斋藏古册目》记云："同治甲戌夏，龚观察以百金来索拓金文……为成十六册，藉自编次题记，至十月始毕，录稿存备装阅（装直四十金，二两五钱一册）。器二百八十余，洗、弩及小器未及拓入。"② 此时，陈氏挑选带铭文的重要器物二百八十余种进行捶拓，而其总的藏量远不止此。在此需要说明的是，因本书对陈氏收藏类项有专题研究，然从博物馆收藏功能立论，必须有收藏门类之篇章，所以在此为避免与专章所论重复，仅撷取典型举例而已。

陈氏收藏两周青铜钟十一件，因而斋号"十钟山房主人"，据陆明君《簠斋研究》中收录的陈氏用印既有"十钟主人"亦有"廿钟主人"可见，仅此铜钟一项，其收藏就远不止十一件。这些铜钟对研究邢、楚、许、虢、鄦与纪等国历史至为珍贵。陈氏收藏天下出土青铜器，而对山左出土者尤为关注，并且大都在山左出土文物的拓本上钤印"簠斋山左土物"。如纪侯钟，清乾隆年间出土于寿光纪台下，先归益都举人李廓，间属诸城金石名家刘喜海，后归陈氏，其在钟拓本右侧题书："甬有环者，唯此古钟。"容庚、张维持《殷周青铜器通论》第五章青铜器类别说明部分，为便于释解《考工记》中凫氏为铜钟有关部位命名一节，而特以纪侯钟为典型，用以标志各部位名称。并称纪侯钟"乾隆年间山东寿光县人得于县城南二五里纪侯台下。复南五里有纪王城，即剧县故城，乃春秋时的纪国"，并特别指出："甬上有旋的只得此

① 陆明君：《陈介祺年谱》，西泠印社出版社 2015 年版，第 210 页。

② 陆明君：《陈介祺年谱》，西泠印社出版社 2015 年版，第 278 页。

器。”《考工记》于铜钟整体部位（件）命名十三个，其中，“钟县为之旋，旋虫为之干”。迄今考古所见铜钟之干上带有旋者，唯此纪侯钟，由此可见仅从考证六经名物制度上来看，这件藏品是何等的重要（图2－4－5）。①

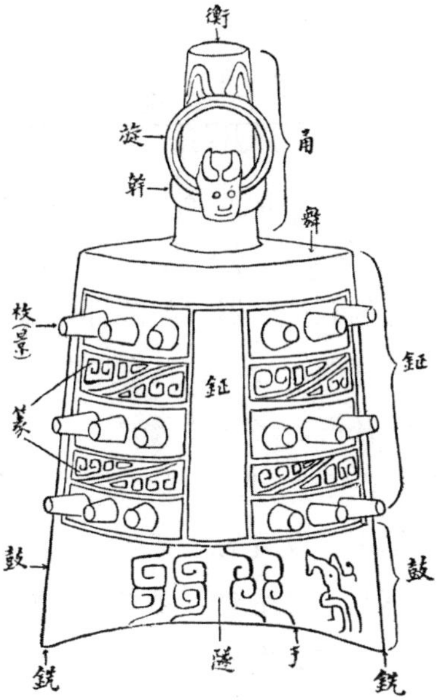

图2－4－5　纪侯钟各部位名称图

陈介祺收藏的铭文字数最多的青铜器即毛公鼎，共有铭文499字（或谓497字、501字），这是自汉代出土带铭文青铜器以来字数最多的一件，其他字数较多的西周青铜器如小盂鼎400字左右、矢人盘349字、史墙盘284字；河北中山王陵出土战国中山王厝方壶近448字，中山王鼎469字。商代时在青铜器上铸作铭文极简少，通常二三字，最多数十字；西周时字数逐渐增多，通常数十字，多者百十字，二三百字者极少，四百字以上者仅毛公鼎一件；春秋战国时铭文字数增多，如编钟、编镈数件成套且通篇字数较多，而中山王鼎则是战国时期铭文字数最接近毛公鼎的一件，所以有的学者称毛公鼎抵上一篇《尚书》。

还有西周初年的天亡簋，铭文涉及西周初翦灭殷商、武王亲祀天室和文王之庙的史实。陈梦家《西周铜器断代》之“一、武王铜器”开篇即此铜簋，称：“陈介祺旧藏，今在故宫博物院（按：现藏国家博物馆）。《簠斋吉金录》3·1曰‘武王时器，四耳方座，簋名不见文，以形称之。余藏三十年，今日定为毛公聃季簋。癸酉（纪元1873年）七月二十九日乙亥，陈介祺记’。《攈古录》3·1·72曰‘山东潍县陈氏藏，四耳方坐（座），出关中’。《窸斋集古录·賸稿》曰‘与毛公厝鼎同时出关中’。陈介祺毛公鼎拓本题记云‘道光（纪元1821—1850年）末年出土于岐山’。由癸酉上推三十年为纪元1844年，当道光之末。器与毛公鼎同出于岐山，所以陈氏定为毛公聃季之

① 容庚、张维持：《殷周青铜器通论》，科学出版社1958年版，第73～75页。陈氏所谓“甬有环者”之“环”，即《考工记》中所述之“旋”。

簋。该器出土已一百十余年，器形罕见流传。一九五六年终，闻琉璃厂自沪购得四耳方座簋有七十余字者，以为必系此器，往视果然，为之欢欣。器完整无缺，光泽甚好，乃西周第一重器。孙诒让说‘此簋文字古朴，义难通晓；审绎辞意，似是周武王殷祀祖考时助祭臣工所作’（《古籀余论》3·12—14）。铭文记‘王衣祀于王丕显考文王’，则铭文之王为武王无疑。郭沫若考订此为武王时器，与陈孙之说都是正确的。……此簋不但是西周最早的一件可断代的铜器，并且在形制上有其特殊的意义。”①

还有著名的师寰簋，陈介祺在批校《筠清馆金石文字》时，称师寰簋：“出登莱地，归余器、盖二。”铭文所见左、右虎臣等，尤其是关乎周王室或齐国军事设置的“齐师”，颇为引人关注，随着考古新资料的出土而越显得师寰簋铭文之重要。而迄今所见西周青铜器铭文涉及“齐师”者凡四件：

山东高青陈庄出土的引簋铭文：“王若曰：‘引，余既命汝，更（赓）乃祖，执司齐师……’”② 此处之“更”，应读为“赓续”之“赓”，意为继承引之祖上的职司为齐师之长（图2-4-6）。

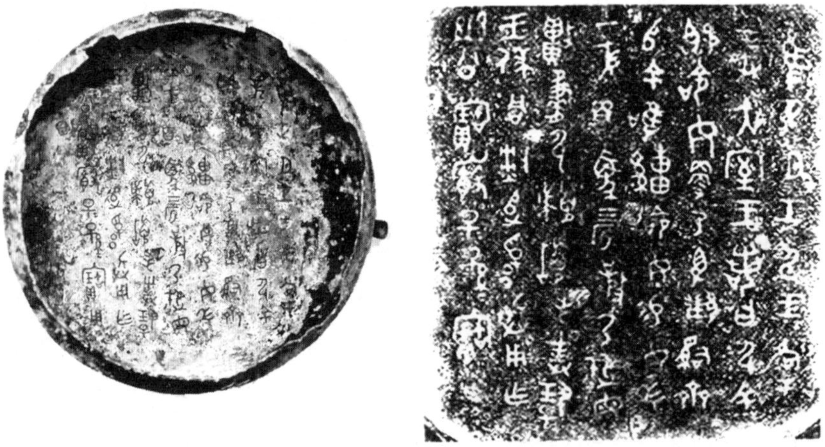

图2-4-6 引簋铭文

① 陈梦家：《西周铜器断代》，中华书局2004年版，第3~6页。

② 山东省文物考古研究所：《山东高青县陈庄西周遗存发掘简报》，载《考古》2011年第2期；李学勤、刘庆柱、李伯谦、李零、朱凤瀚、张学海、王恩田、王树明、方辉、郑同修、魏成敏、王青、靳桂云：《山东高青县陈庄西周遗址笔谈》，载《考古》2011年第2期。

陕西安康出土史密簋铭文："王令师俗、史密曰'东征……'，师俗率齐师……史密右率族人……"①

陈介祺旧藏登莱之地出土师寰簋铭文："王若曰：'师寰……今余肇令汝率齐师。'"此簋《簠斋吉金录》未见载录。而陈介祺批校《筠清馆金石文字》称师寰簋"出登莱地，归余器、盖二"，今藏上海博物馆。从铭文所记周王命师寰"率齐师"等推考，这位"师寰"与高青出土引簋铭文之"师引"及文献简册之"师尚父"均为齐国人。

妊小簋铭文："白（伯）艻父事（使）口犊（觌）尹人于齐师，妊小从。"

还有陕西长安张家坡出土的两件铜簋，亦可与上述四簋铭文相兑读：

元年师旋簋铭："王呼作册尹册命师旋曰'备于大佐，官司丰还……"

五年师旋簋铭："王曰：'师旋，令汝羞追于齐……敬毋败绩。'"②

两簋铭文可与以上四件铜簋之铭文相结合，研究齐国或周王室在齐地的军事设置，以及周懿王烹杀齐哀公的历史。

《簠斋吉金录》编录青铜的顺序为先钟、鼎、尊、卣，再壶、罍、鉼、斝、觯、觚、爵、敦、盘、匜、鬲。目录中所列的"敦"，在正文拓本题识中则有称之"簋"者，可见其对宋代人命名铜器将铜敦与铜簋混为一谈之事，是自有见解的。铜器中簋与敦之形制、时代大有区别，但因历史局限，宋代人则混同为一种。陈介祺《簠斋吉金录》卷三收录铜簋，而其题署名称则有敦和簋之别，但是后来编辑出版者则于目录统称为敦。如陈氏自题"簋盖五"为录簋之盖；自题"簋器五"为录簋之器；自题"簋盖六"为师密寰簋之盖；自题"簋器六"乃师害簋之器；自题"簋器七"乃又一件师寰簋之器；自题

① 参见李启良：《陕西安康市出土西周史密簋》，载《考古与文物》1989 年第 3 期；吴镇烽：《史密簋铭文考释》，载《考古与文物》1989 年第 3 期；张懋镕：《史密簋发现始末》，载《文物天地》1989 年第 5 期；张懋镕、赵荣、邹东涛：《安康出土的史密簋及其意义》，载《文物》1989 年第 7 期；李仲操：《史密簋铭文补释》，载《西北大学学报（哲学社会科学版）》，载 1990 年第 1 期；陈金方、尚志儒：《史密簋铭文的几个问题》，载《考古与文物》1993 年第 3 期；张懋镕：《史密簋与西周乡遂制度——附论"周礼在齐"》，载《文物》1991 年第 1 期；李学勤：《史密簋铭所记西周重要史实考》，载《中国社会科学院研究生院学报》1991 年第 2 期；孙敬明：《史密簋铭笺释》，载《故宫学术季刊》第 9 卷第 4 期，1992 年。

② 郭沫若：《长安县张家坡铜器群铭文汇释》，载《考古学报》1962 年第 1 期。

"簋器有缺十三"为虢遣生簋；自题"敦十八，伯鱼簋"为伯鱼簋盖。关于青铜簋的名称，容庚、张维持指出："自宋以来误释簋为敦。清钱坫《十六长乐堂古器款识考》始辨簋之为簋而非敦，可是他把迟盨、立盨的盨字也释作簋，又未免与盨相混乱。严可均集《全上古三代秦汉六朝文》，从钱氏之说，把敦皆改作簋。韩崇跋《登叔簋铭》，也认为前人释为敦的字实即簋字。黄绍箕作《说簋》，以申钱、韩两氏之说，从文字、器物两方面论证不应释敦为簋。容庚著《商周彝器通考》更从出土的器数及铭辞上考察，也证明黄氏所说的正确。簋之是簋而非敦，遂成定论。"① 其实宋代有人已经初步认识到簋与敦之别，如宋人蔡絛《铁围山丛谈》云："又从而和之，则若伯父君谟、东坡数公云尔。初，原父号博雅，有盛名，曩时出守长安。长安号多古簋、敦、镜、甗、尊、彝之属，因自著一书，号《先秦古器记》。"② 清代的陈介祺对敦、簋形制名称已经有所认识，其开始对同一种器物有的称敦，有的称簋；甚至对同一件器物也称敦或簋。《簠斋吉金录》陆续编辑，循有渐进，同治十二年癸酉（1873）陈介祺跋聃簋（今称"天亡簋"）铭文拓本："敦一，武王时器，四耳方坐（座）。簋名不见文，以形称之。余藏此三十年，今日定为毛公聃季簋。癸酉七月廿九日乙亥，陈介祺记。"拓本左下钤"海滨病史"白文印一。③ 钱坫之《十六长乐堂古器款识考》刻于嘉庆元年（1796），当时其即已分辨出簋与敦。这早在陈氏的著作前近八十年，但是当时交通、印刷和学术传播极为不便，陈氏是否见到钱坫的著作亦未可知。《陈介祺年谱》载道光十五年（1835），陈介祺于"二月廿五日，得师害敦二"。道光二十二年（1842）十月十二日赏桂馥书法并观所得白淮父敦（敬明按：即伯雍父簋，后归陈介祺收藏）。由此可见此时陈氏对敦、簋之别尚未区分。俟后，而其对簋与敦的区分则在于器形、文字的差异。还有陈介祺对汉代带印文陶器形状的描述："二为瓮腹，如瓦片，文一方四行，曰，常饮食百口宜孙子。每行二字，有直阑，吉祥语之至美，而前所未曾有者也。文与圆轮相间，其下方胜

① 容庚、张维持：《殷周青铜器通论》，科学出版社1958年版，第34页。

② 〔宋〕蔡絛：《铁围山丛谈》卷四，转引自林欢：《宋代古器物学笔记材料辑录》，上海人民出版社2013年版，第55页。

③ 陈介祺藏毛公聃季簋（天亡簋），并为拓本题跋，收入《簠斋吉金录》，位列敦类第一器。考订名物制度，自宋至清，如敦、簋之明辨，反映学术水平。

一周，又凹文数周，如古簋腹。其一方阑中亦家常贵富字，间以圆文，上下作麻布文，如瓦有文者，如束带，当为瓮腹之下。”① 由此可见陈氏对敦、簋之形制已有了较明确的认识。

这是因为铜簋的延续时间较长，从殷商晚期到春秋早期是铜簋的普遍流行阶段，所以其形制从早到晚变化较大。而在更多的金石学家仍旧沿用宋代成说之时，陈介祺已经开始对其名称有所改进。

尽管如此，1936 年出版的黄浚《尊古斋所见吉金图》中仍将敦、簋之名称混同，多所不清。

陈介祺藏鄂侯驭方鼎，载《簠斋吉金录》卷一之十六，自题“圜鼎二”“簠斋所宝”，钤印“簠斋甲申（1884）七十二岁”“适庐所藏”。陈梦家定此器为西周孝王时期，云鄂侯驭方鼎“铭 11 行 85 字。陈介祺旧藏”，“此鼎述周王还自南征，中途劳其从行的鄂侯，行息燕或燕射之礼，毕致酬币。……就铭文内容，可知此时鄂侯臣服于周，先于夷王时禹鼎铭内叛周之鄂侯。……因此可判断此鼎在共王后夷王前，今暂定为孝王。1958 年 2 月 7 日”②。鄂侯驭方鼎铭文内容极为重要，其中涉及西周中晚期周王室与东方、东南方、南方诸国族之间的关系。对于鄂侯驭方鼎铭文中的鄂国地望，有江苏北境、湖北西部与东部、河南南部与北部诸说。对鄂侯驭方鼎铭文，陈介祺、郭沫若、陈梦家、唐兰、徐中舒、马承源等均曾做过研究，该篇铭文还可与禹鼎、鄠生盨等结合探究。近十数年湖北随州叶家山以及河南南阳有关考古发掘对商周时期错综纷纭的鄂国之谜的破解大有裨益，而其中鄂侯驭方鼎则是最早被发现、收藏和著录的，最能提示和探究鄂国历史之谜，堪当打开鄂国历史的关键锁钥。

陈介祺收藏西周时期山东郳国铜器郳伯鬲，尽管铭文简短，但内容至为重要，对于研究两周时期邾国分化出郳、滥等二级小国的历史具有重要价值。其还可与考古发现的枣庄山亭的小邾国墓地和旧所著录的邾国三公的铭文铜钟，以及近来滕州出土的共有十二字长铭的春秋郳公戈等③，进行综合探索、纵横比勘。

---

① 〔清〕陈介祺著，陈继揆整理：《簠斋论陶》，文物出版社 2004 年版，第 4 页。

② 陈梦家：《西周铜器断代》，中华书局 2004 年版，第 216～219 页。

③ 孙敬明：《新见郳公戈刍议》，载《中国文物报》2017 年 5 月 30 日；《剑戈不容渎犯者必惩戒——从新见郳公戈谈起》，载《中国文物报》2018 年 1 月 9 日。

陈介祺所庋藏并以其自名斋号的曾伯霥簠，何时、何地出土不得而知。据陆明君《陈介祺年谱》称，陈氏约道光十九年（1839）“于京古董市得曾伯霥簠，遂颜其居为‘宝簠斋’，并以‘簠斋’为号。按：翁大年是年中冬为刻‘簠斋’印，说明其已得是器，而此年之前未见云曾伯霥簠及见有‘簠斋’之印，故应得此器于是年。另，簠斋题曾伯霥簠拓本：‘余于都市得此簠已十余年，徐籀庄释考，刻之檀匮。阮文达公所收者，慈溪叶梦渔湖海阁物也，今不知如何矣。同治乙丑（1865）夏，幼石来拓，丙寅（1866）装成，复为题之。陈介祺。’”① 曾伯霥簠铭文则是研究春秋早期周王朝与江汉地区曾国关系的重要资料（图2－4－7）。

图2－4－7 曾伯霥簠

① 陆明君：《陈介祺年谱》，西泠印社出版社2015年版，第42页。

2016—2017 年，湖北省文物考古研究所、北京大学考古文博学院与京山文化体育新闻出版广电局联合发掘苏家垄遗址，发现了百余座曾国贵族墓葬与大型冶铜遗址，轰动一时。墓葬内出土青铜器 500 多件，其中带铭文者 50 余件，时代为两周之际至春秋早中期之际。其中，M79、M88 为曾伯桼夫妇墓。M79 内出土铜鼎 8 件、甗 1 件、鬲 4 件、簠 4 件、簋 4 件、壶 2 件、盘 1 件、匜 1 件，其中鬲、簋、壶多带有铭文。[①] 曾伯桼壶单篇铭文共 9 行凡 83 字，经方勤、董珊与沈培等名家释读，或可隶定为：

唯王八月，初吉庚午，曾伯桼哲圣孔武，孔武元犀，克狄淮夷。余温恭且忌，余为民父母。唯此壶章，先民之尚。余是楙是则，允显允异，用其鐈镠，惟玄其良，自作尊壶，用孝用享于我皇祖及我父考。用锡匄眉寿，子孙永宝。（图 2－4－8）

图 2－4－8　曾伯桼壶

① 湖北省文物考古研究所：《湖北京山苏家垄发现曾国大型城邑遗址》，载《中国文物报》2018 年 2 月 23 日。

以上对新出土曾伯霥诸器进行研究的各家，大都提到现存国家博物馆之曾伯霥簠。此簠从初归陈介祺所藏洎今百八十余年。试想由曾伯霥一人于同年八月所作之鬲、簋、壶诸器，在其身后两千七八百年陆续出土，并得以间隔百八十余年，幸与同一人同一年所作曾伯霥簠佳会兑斟，而饶多发明。凡此不啻曾国历史之重光，更乃中国金学发展史上的一桩盛事。倘簠斋先生九泉有知，当欣欣然矣！①

图2－4－9　**子和子釜**

还有陈介祺收藏的胶州灵山卫故城旁出土的“陈氏三量”（子和子釜、陈纯釜、左关钾）。陈介祺于同治五年（1866）三月作《太公区考》称：“咸丰丁巳（1857），闻胶西灵山卫古城旁土中出土铜器三……文有‘子和子’字、‘陈’字，是田常曾孙太公和所作器也。”② 陈氏对此三量正确定名，并比照齐豆、区、釜、钟四量，考证铭文所记“子和子”即齐太公田和，“左关”即灵山卫故城等。对此，杨树达、郭沫若等均进行了探讨，认同陈氏观点。三量铭文对于战国时期田氏代齐之后的政治经济制度、军事战略布局以及对东方海上的商业贸易的管理措施等研究，甚至齐国春秋时期流通的大型刀币之铸造地点的研究，均具有重要的资料价值（图2－4－9）。

陈介祺收藏有大量齐国境内出土战国带有铭文的兵器，按国别主要有齐、燕、三晋等，并且大都著录出土地点，这对于研究东周时期齐国兵器的铸造和军事战略格局，尤其战国晚期齐燕交恶、齐师伐燕，以及燕军侵入齐国绝大部分区域长达五六年之久的历史，均具有不可替代的重要历史资料价值。

① 孙敬明：《富藏精鉴　宗仰海内——从京山出土的曾伯霥铭文浅谈陈介祺铜器收藏》，载《中国文物报》2018年5月1日。

② 陆明君：《陈介祺年谱》，西泠印社出版社2015年版，第150～151页。

还有许多先秦时期的重要青铜器、铸币铭范，以及秦汉以降的铜鼎、量器、兵器、佛教造像、青铜镜鉴与杂项等，其中有不少属于填补收藏历史之空白的。同治十三年（1874）三月陈介祺致书王懿荣称："春来拓古兵两月余将毕……先已归来所得齐地戈矛奉寄二十纸，为器二十一，瞿在其中，其又十三纸，则非齐出而并附焉。就中惟吕不韦戈字极佳，确为斯相书，惜仅可见铸款诏事二字，其凿款则纸厚手重，拓未易见，拟摹刻拓附，未及作也。"五月又致书王懿荣："古兵三十余种，云廿一，或有遗邪？内出吾齐者已注明。"①陈氏收藏文物最为注重出土地点，而且精心传古，如上述秦代吕不韦戈与今日考古所见者相同，即铭文多为凿款；当时陈氏因凿款不便拓制，故巧用心思采取先摹刻而后传拓之法，凡此皆能保护文物而且可完善传古之方法。

同治十二年（1873）五月，陈氏寄赠鲍康四耳敦（应即聃簋或称天亡簋，图2－4－10）、兮甲盘、齐归父残盘、许子妆簠拓四种，以及秦诏版拓七种。陈氏收藏商周带有族徽铭文铜爵五十余件；两周带铭文钟鼎彝器，关乎寒、斟、纪、曩、杞、莱、周、齐、鲁、邾、郳、郰、虢、丰、黄、苏、艾、龚、郑、邢、应、宋、陈、蔡、楚、录、许、鄀、鄂、曾、燕、秦等三十余国族。

图2－4－10　天亡簋铭文

光绪七年（1881）得宋元公戈，簠斋题记："山左土物，出任城。光绪辛巳得之方子聑。"②春秋时期宋国兵器中带铭文者，多为宋国诸公所作。同时关于"方子"之名称，当时写作"方子"，不像后来之"坊子"，这对探讨当今"坊子"一名之由来饶有启迪。考古所见宋国有铭铜器，山东出土者，多在鲁南。

① 陆明君：《陈介祺年谱》，西泠印社出版社2015年版，第264～265页。

② 〔清〕陈介祺著，陈继揆整理：《簠斋金文题识》，文物出版社2005年版，第79页。

同治十二年（1873）十二月，陈氏跋刘喜海《秦铜诏版诗》后题记云：“同治癸酉冬，苏亿年书云出宝鸡县宝鸡台土中，在铁椎上取铜版时，用力折断为二，铁上亦有阳识大字，与阴款字同，似是镕铁入版者。椎铁约重今权三四十斤，购者得之铁肆，而弃其铁，极为憾事。按《颜氏家训》：‘开皇二年五月，长安民掘得秦时铁称权，旁有铜涂镌铭二所。’其曰权，又曰称，盖一时之语。其云‘二所’，盖即始皇二世两诏。其云‘铜涂’，盖不知版铜嵌入铁内相平，似铜涂者，其器正与此同，特彼完而此有缺耳。与余今所得始皇诏同为铁权之版，为百二十斤之石甚明。而始皇之权无二世诏者，尤为黄门之所未见，千载后真有厚幸已。”① 由此可见隋代初年即有秦始皇铁权出土于西安（或此“西安”泛指周原一带），只是当时者对铁权缺乏科学认识，故表述有差误。而千百年后陈氏不但收藏秦始皇铁权，还收藏始皇与二世诏版同嵌入一权者，此为前人所未见。

同治十三年（1874）六月，《簠斋藏古册目》云：“同治甲戌，龚观察以百金来索拓金文，为检藏拓寄之。……至十月始毕，录稿存备装阅（装直四十金，二两五钱一册）。器二百八十余，洗、弩及小器未及拓入。”由此可知，陈氏早在此时就已经收藏铜器二百八十余件。

光绪二年（1876）五月，陈介祺致书吴大澂称：“今春拓敝竟藏皆不精，共百七十纸，奉鉴。”② 陈氏所藏铜镜及镜范数量较大，经考古发掘和相关研究可知，其中有相当一部分来自附近的齐国临淄故城。相关资料得以流传至今，俾便与新出土者作比较研究，其意义至为重要。③

---

① 陆明君：《陈介祺年谱》，西泠印社出版社 2015 年版，第 254 页。

② 〔清〕陈介祺著，陈继揆整理：《秦前文字之语》，齐鲁书社 1991 年版，第 300 页。

③ 张爱云、杨淑香、刘琦飞：《山东淄博市临淄区齐国故城发现汉代镜范》，载《考古》1998 年第 9 期；中国社会科学院考古研究所、山东省文物考古研究所、临淄区文物局：《山东临淄齐故城秦汉铸镜作坊遗址的发掘》，载《考古》2014 年第 6 期；李亮亮、王丽媛、周建磊：《临淄铜镜铸造作坊的发现与陈氏藏镜的比较研究》，载《管子学刊》2016 年第 3 期。孙福建新编《丁锡田集·杂事》记云：临淄“葛家庄马氏，其父清同、光间营古董业，江苏吴清卿、吾邑陈簠斋，皆与之善。辑古器拓本数册，马氏以为奇品，曾用兰纸晒一二份，不轻示人”。敬明按：1983 年季冬，本人至临淄齐国故城遗址博物馆，承馆长张龙海先生之雅，得见清光绪临淄马庆灏辑录东周陶文《蠡古萃影汇编》，开本极大，确为晒兰，然真赝杂厕。葛家庄马氏兄弟三人：马庆涟、庆澍、庆灏，从兄弟有庆煜者手书韶园“孔子闻韶处”碑题。

光绪四年（1878）四月，陈氏致书吴大澂称："月余所收古匋四百又二。又新得汉竟范三，一砖质而轻，其二则色白不坚，质极轻，如海水沫结成之石。昔年曾见一铁尚方竟范，此真至奇之品而陶父之幸。……古匋拓已将及三千。"① 陈氏收藏铜镜铭范拓，也属首创，而且据今日考古所见，临淄齐故城刘家寨一带发掘出土大批汉代陶镜铭范，其质地与战国刀币铭范相同；而陈氏收藏的铁镜范则是闻所未闻，故其欣喜异常！陈介祺还大量收藏秦诏版，国内于秦诏版之收藏，无论从开始收藏之时代，还是收藏之数量、种类来看，陈氏都应数第一人。这对研究秦代量制与法令推行至关重要。

光绪元年（1875）六月，陈氏致书吴大澂，称拓得弩二十种。② 青铜弩机大致起用于汉代，陈氏此处所谓之"弩"，应当是弩机。迄今所见汉代弩机数量较少，早在一百多年以前陈氏收藏弩机已经多达二十余种，这在当时应该属于收藏数量最多者。

（二）陶瓷文字

《史记·孔子世家》载季桓子掘井得一陶器，其中盛有似羊形的陶器，当时不识为何物。依据鲁国故地出土商周及其以前的文化遗存，或可推断那件器物为龙山文化的陶鬶。宋代人对陶器的认识尚不及陶瓦，尤其王公贵族士大夫之流，风雅好古，崇尚以瓦甓作砚台，几成风气。而清代陈介祺则在此基础上，首先发现并认定陶器上的先秦文字，这对博物馆藏品种类与内容都是极为重要和科学的补充。

再如临淄王辟之《渑水燕谈录》中即记载当时陕西出土的所谓秦瓦当。当时文人雅士用所谓的秦砖汉瓦制作瓦砚，然并非实用，其意义在于附庸风雅；对于带有文字的瓦当则是欣赏其吉祥语句或美妙花纹，借此发思古之幽情，但尚未达到考释文字并研究名物制度、探索相关历史的境界。早期砖瓦文字则是探索先秦魏晋相关历史的重要资料。砖瓦与青铜、甲骨等均是重要的文字载体，于省吾先生指出，古文字依其载体材质可分为甲骨、金文、竹

---

① 〔清〕陈介祺著，陈继揆整理：《秦前文字之语》，齐鲁书社 1991 年版，第 317～318 页。陆明君：《陈介祺年谱》，西泠印社出版社 2015 年版，第 353 页。唯《秦前文字之语》"此真至幸之品而陶父之幸"句，《陈介祺年谱》则为"此真至奇之品而陶父之幸"，此从《陈介祺年谱》者。

② 陆明君：《陈介祺年谱》，西泠印社出版社 2015 年版，第 311 页。

简、帛书、陶、石、玺、古化八种。李学勤指出，古砖是我国传统金石学内一个极具特色的文物品类。砖作为建筑的重要构件，在我国出现甚早，依照目前已有的考古资料，至少可以上推到西周。实际上，商代已有砖的前行形态存在，如河北藁城台西殷商中期房址中发现的“土坯”，距今已三千多年。至于砖上文字的出现，当以山东邹城张庄出土的墓志砖为最早，该墓不迟于战国早期，距今也有二千五百年上下了。而砖的大规模使用，并且砖上出现较多文字，乃是秦汉迤下的现象。古砖数量繁多，富于学术与艺术价值，文字尤堪供书法的研究鉴赏。古砖很早受到金石学家注意，在宋代已有著录见收。到清代金石学著作盛行，出现了真正的“砖”门名家，有“砖”门著述及图录，这种趋势延续到20世纪前期，形成一时之盛。①

古人尝谓“道在瓦甓”。陈氏对砖瓦文字的认识较早。道光十九年（1839）二月，陈氏为许瀚《六君子砖合本》题诗：“道大谁为倡，河间尚好贤。嵚奇六君子，湮没几千年。断甓今犹在，斯人古已传。愿言从许子，相与试磨砖。”《六君子砖合本》许瀚题识：“君子砖，汉河间献王为博士毛公筑君子馆所埏埴也。嘉庆庚辰（1820），肃宁苗先簏学植于县城东南十余里拾得之，其地即河间国故址。”② 由陈、许二人所题，可见当时金石界对汉砖的认识与研究并非单单在砖之自身，而更在于砖之出土地点及其与历史事件相合征。

同治三年（1864）七月，陈介祺为翟清野题作潍县出土战国“齐”字古砖七言诗，诗中有云“定为三代谁能戾”。陆明君按语：“潍县所出‘齐’字砖，为春秋战国时物，簠斋收藏数方，冠藏砖首。”③

同治十二年（1873）十月，陈介祺始命助手拓庋藏秦瓦及齐地出土瓦当等，其中有旧藏关中出土者。

光绪元年（1875）七月八日，陈介祺致书王懿荣，附寄晋太康八年（287）城阳黔陬王从事残砖拓本一件，并云：“敝藏齐出砖有黔陬字，得此为二。”秦置黔陬县，治所在今胶州，该地近年多有钱币出土。

光绪元年（1875）九月，陈介祺致书吴大澂：“子年屡云吾兄欲刻敝藏齐

① 见朱明歧：《古砖荟·序》，文物出版社2015年版，第1~2页。

② 陆明君：《陈介祺年谱》，西泠印社出版社2015年版，第37~38页。

③ 陆明君：《陈介祺年谱》，西泠印社出版社2015年版，第145页。

鲁秦汉瓦当文字，愧弗感荷！今来书敦促，谨将自装未缀之册奉鉴，并检存拓百三十纸奉赠，连夜粗编一目请正，乞教之。”① 由此可知簠斋藏秦汉齐鲁瓦当数量不少。

光绪元年（1875）十一月二十九日，陈氏得邹县邾国故城遗址出土秦瓦，上有印文七字曰“千秋万岁余未央”。同时还有秦残瓦，亦有印文，称出土宁阳岗城，在泰山西南，故而推断此瓦为秦始皇当年登岱所居宫殿之瓦。考古发掘证明邾国故城出土众多秦代诏版瓦量，而泰山西南宁阳则未闻出土。陈氏所记宁阳瓦应属瓦片持有者故意隐瞒出土地点所致。所谓“岗城”，应作“堽城”。

光绪元年（1875）八月，陈氏致书潘祖荫：“新得秦汉瓦三十三种，中之漆合者，或有已寄一二种（伪瓦日多，胶合者重，新陶者燥），须校。”② 当时诸家收藏瓦当，导致作伪应运而生，陈氏应是最早提出瓦当鉴别真伪的人；与此同时，陶文作伪者更是普遍，临淄一带尤为突出。

同治三年（1864）陈氏致书翁大年称：“钧窑佳者如直不昂，此间友人尚可分购。有妥（托）人来自海舶至登州，自登州七八日可至敝邑也。其直须从前十之三乃可，否则勿劳往返。”③ 由此可见其陈氏还收藏古瓷器。

光绪元年（1875）十二月四日，陈氏致书潘祖荫，称：“前瓦拓如欲补，或付目或付拓补足。终岁无不拓之日，且继以夜，劳与迂甚矣。”④ 光绪四年（1878）四月致书吴大澂，称“月余所收古匋四百又二。又新得汉竟范三，一砖质而轻，其二则色白不坚，质极轻，如海水沫结成之石。昔年曾见一铁尚方竟范，此真至奇之品而陶父之幸。……古匋拓已将及三千”。由此可见其藏砖瓦数量之多与门类之广。

同治十三年（1874）九月，陈氏致书鲍康云：“今日编敝藏齐鲁三代两汉瓦当文字目毕。”⑤ 陈氏居处海滨，为齐文化之核心区域，而潍县南境之诸城、安丘等地则或属于鲁、莒，东旁高密、胶州等地则或属于莱国，故其尤

① 陆明君：《陈介祺年谱》，西泠印社出版社 2015 年版，第 317 页。
② 陆明君：《陈介祺年谱》，西泠印社出版社 2015 年版，第 314 页。
③ 陆明君：《陈介祺年谱》，西泠印社出版社 2015 年版，第 146 页。
④ 陆明君：《陈介祺年谱》，西泠印社出版社 2015 年版，第 322 页。
⑤ 陆明君：《陈介祺年谱》，西泠印社出版社 2015 年版，第 290 页。

注重海岱区域齐、鲁、莒、莱文物之收藏。

宋代人收藏的砖瓦文字，主要是带有墓志性质的砖书，分墨、朱两种，更多的则属于买地券性质，并且还有符箓之类的内容。瓦当文字最早者为秦汉时期，属于吉祥语句，这与当时社会风气尤其秦皇汉武崇尚神仙、企慕长生的时代氛围相契合。陈介祺收藏有大量的山东境内临淄、曲阜、平陵、琅琊台、即墨故城等遗址出土的秦汉瓦当，以及部分带有墨书或朱书的字砖。

咸丰十年（1860），陈介祺为许瀚所校理吴式芬之《捃古录》题记云："金文似不宜与碑刻砖瓦合编，以第一第二皆金文也。寿卿记。""砖瓦似宜别为一册，碑刻则附碑目中见之，似无须再见。"许瀚在封里亦有题记："砖瓦亦别著，金文亦当别著。鄙见正与尊意合。"① 同治六年（1867）许瀚病殁，陆明君称许氏卒后，其部分遗稿转交于陈介祺，陈氏力倡为其刊行，并作《日照许氏金文册目释》，还校订其《攀古小庐砖瓦文字》《攀古小庐款识释文》等著述。② 青铜器铭文时代重在先秦，内容为标记王年、颂赞功德与纪事契约等；陶文及砖瓦文字则兼及先秦与秦汉，内容属"物勒工名"与吉祥语句；碑刻铭文则属汉魏以降，内容为纪事与褒扬。凡此三种，时代既有差异，材质又不相同、文字内容别异，所以应该分类著录。由此亦可窥见陈氏当时对文物性质的认识与分类原则。

同治十三年（1874）二月，陈介祺致书吴云，称："自去冬十月命工拓秦瓦及齐地所出瓦、旧存关中秦汉瓦，四阅月仅得四五分（份）……虽不足二百纸，亦殊觉日月之劳。"并附笺题曰："秦汉瓦拓本一百九十四纸（外有目，详其地）。"③ 陈氏将所藏文物的出土地当作必不可少之研究前提，这与今日考古或博物馆藏品载录并无差距。此前两年陈氏已经发现齐地出土战国陶文，但是起初所获数量不多。

陈介祺收藏陶瓷器后，开始注重当地出土陶豆、罐盆与井圈等，瓷器则注重收藏宋代以前者。他尤其注重陶器上的文字即所谓的"陶文"，而陶文则主要为戳印和刻划形成。商周时期陶器上的刻划文字多属于简单纪事，并且数量较少。春秋战国时期出现的大量陶文则属于"物勒工名"的性质，多数

① 陆明君：《陈介祺年谱》，西泠印社出版社 2015 年版，第 135 页。
② 陆明君：《陈介祺年谱》，西泠印社出版社 2015 年版，第 159 页。
③ 陆明君：《陈介祺年谱》，西泠印社出版社 2015 年版，第 262 页。

系戳印而成。陈氏收藏陶器门类可谓广博，而且他是发现、收藏和研究战国陶文之人，并由此而成为古文字学中陶文一科之创始人。陈氏于同治十一年（1872）五月发现第一片在即墨出土的战国田氏陶量文字，当即准确断代、释字、判定主人、补正历史。与陈氏当年所发现陶文类似的内容，在今天津静海钓台遗址中也有出土。齐国陶文的出土范围大致在今山东省内，外省出土者除上述天津静海钓台遗址外，还有江苏邳州市梁王城遗址。① 由此可知，齐国陶文出土地点，最北可到天津静海，南越枣庄山亭东江（敬明按：2018 年 2 月 24 日，承山东省文物考古研究院刘文涛先生告知，其参与考古发掘之枣庄山亭东江遗址出土数件战国齐陶文）、滕国故城遗址而至江苏邳州梁王城，东抵青岛和龙口，西逾聊城之境。陈氏在发现第一片陶文之后，即请人到临淄等地搜购民间发现的陶文。经过十数年的积累，其所收集的陶文数量有四五千或六七千件，这无论在当时还是现在都是公私收藏陶文数量最多的。而且，陈氏从辨识和收藏齐国陶文开始，留意收集山东、河北境内外出土的齐、鲁、邾、燕与秦等国陶文。

从宋代国家和私人博物馆藏品的种类来看，虽然战国陶文之载体与砖瓦同类，但是战国陶文之性质及内容又远远超乎寻常的砖瓦文字。这些陶文属于国家管理之下的制陶手工业者生产的产品，既有国家在统一时间、地点烧制的量器、建筑材料和日用器皿，也有私人创立、世代相守的老品牌。常见陶文为使用戳印在陶器未烧制之前打印上去的，亦有相对较少的刻划文字，但是在陈介祺收藏之时，刻划文字极少见到，今日则大量涌现。陶文的内容主要为：监造者的姓名、里籍、立事岁的届数，陶工的里籍、姓名以及陶器的名称，等等。而且列国之中，齐国陶文内容最称完备、系统。从陶文的内容、陶器的烧造地点与出土地点，可以探索战国时期齐国兵民制度、都邑戍守、商业流通与对外贸易等历史。通常青铜器铭文记述社会上层贵族的有关史实，对民间基层社会的历史则往往缺乏载录，而陶文则正可补苴青铜器铭文所载录之缺失。陶文所载内容，对民间邑轨连里之组织、里籍制度、都鄙郊野、税赋劳役、寓兵于民之历史，甚至对地理地望等探索均大有裨益。从

① 原丰：《邳州梁王城遗址齐陶文的发现与研究》，见《传承与创新：考古学视野下的齐文化学术研讨会论文集》，上海古籍出版社 2019 年版。

陶文中也可看出齐国历史文化对周边三晋、燕、秦的影响，如：齐国所见立事制度，影响到燕、赵；齐国量器上的文字内容、格式在本土开风气之先，并对秦始皇统一度量衡尤其量器上的文字内容有着重要的影响。

从陈介祺收藏、研究第一片战国陶文开始，经过一百多年的资料积累和学术发展，陶文的研究与甲骨文、金文、竹书、帛书、玺印文、货币文字一样，成为古文字学中的一门专项，并且由齐国的陶文研究而影响并创立秦、燕、郑、赵、中山国的陶文研究。同时，陶文还与同时代的其他文字资料进行横向比较研究，而今出版的陶文研究成果、资料汇编及陶文字典等，足可以与甲骨文、金文、竹书、帛书、玺印文、货币文字等研究成果相媲美，而这一切的创始之功莫不归于陈介祺。当初，陈介祺对第一片陶文极为珍重，其数次题跋陶文拓本，一云："陈𡚸，残瓦。壬申五月六日得之邑于姓，出即墨古县。"二云："瓦器残片出潍之东，甚古，有印文曰陈𡚸，当是陈氏之族，𡚸字不可识。同治壬申（1872）五月六日己丑得之于姓。"① 或曾有人提到早在陈介祺之前就有人提及陶文，即清代马星翼于道光二十七年（1847）《邹县金石志》中提到当地出土陶文。其实早在宋代，人们就注重收集带有文字的秦汉砖瓦，并对文字内容进行释读，凡此只是在于文人士大夫的娱情雅玩，《邹县金石志》中所提及的当地陶文，应是承宋代余绪。此外，邹县陶文又以秦汉时代的占多数，易于辨识，这与陈氏所发现的战国陶文性质及意义迥然有别。而只有陈氏的发现研究，才使战国陶文进入金石文字研究范畴，更为博物馆藏品增加了新类项。

光绪四年（1878）四月，陈氏致书吴大澂，称"古匋拓已将及三千"。光绪四年（1878）十月八日，陈氏得鲁地出土陶文五百种，十九日致书吴大澂云："残匋今夏秋少所得，盖日久地面日少，非耕余遇大雨不易觅，有亦剔残而已。出少则觅者亦少，虽有力者亦未易即得，是以不与人争矣（此齐地者）。鲁地远而往者少，是以尚有可得，特复者多，昨日得五百种，复者三百五十。"② 陈氏所谓"鲁地陶文"，其实绝大部分为邹县邾国故城遗址出土者。邾国故城位于今邹城东南绎山之阳，城址南北较长，中部以南以及西城墙外

① 〔清〕陈介祺著，陈继揆整理：《簠斋论陶》，文物出版社 2004 年版，第 1 ~ 2 页。

② 陆明君：《陈介祺年谱》，西泠印社出版社 2015 年版，第 357 页。

多有陶文出土，但是每片字数较少，并且以秦代陶文为多见。

光绪六年（1880）正月，陈介祺自作联语曰："陶文齐鲁四千种；印篆周秦一万方。"跋文曰："余归来不能致古鼎钟，今老矣，忽于齐鲁得三代古陶器数十器暨残陶文四千种，旧藏秦汉印七千钮，尚可增益。尤肆力于三代古玺印，皆前人所未及也。"① 可见当时不仅有大量的带文字的陶器残片，还有完整的带文字的陶器，这从传世陈氏题跋并装裱成轴的陶器全形拓中即可窥见一斑。②

陈氏藏汉代陶器数量较多，同样注重带有文字者。如题汉代陶瓮口沿和肩部陶片拓本云："同治十又二年（1873）癸酉三月，得汉瓮残瓦凡四。二为瓮口，方阑文中有家常贵富四字，皆间以重方胜文。二为口之上面，其方圆文相间者为口之外轮，轮上连口而下垂不连腹，以避击撞，与今制异。二为瓮腹，如瓦片，文一方四行，曰，常饮食百口宜孙子。每行二字，有直阑，吉祥语之至美，而前所未曾有者也。文与圆轮相间，其下方胜一周，又凹文数周，如古簋腹。其一方阑中亦家常贵富字，间以圆文，上下作麻布文，如瓦有文者，如束带，当为瓮腹之下。"③ 陈氏并作《汉残瓮考》云："余得古瓮片于东汶将入潍处之古城，俗呼为杞城地。"从陈氏之描述可以看出，四片陶器应属于两种器物，一种为陶井圈，上有长方形戳印文字"常饮食百口宜孙子"，与戳印圆轮相间而逐次连绵井圈一周。高密市大牟家镇孙家曾出土一件完整的陶井圈，其形制文字与陈氏描述相同，而大牟家镇孙家正位杞城之东不远处。此外，昌邑、寒亭、安丘境内亦出土同类井圈多件，只是口沿处没有戳印文字且完整者极少。另一种当为大陶盆口沿，此种口沿既宽且平，其上易于戳印陶文，陶文在口沿上面往往连印一圈。陈氏不仅准确表述了陶瓮残片的部位形制与文字内

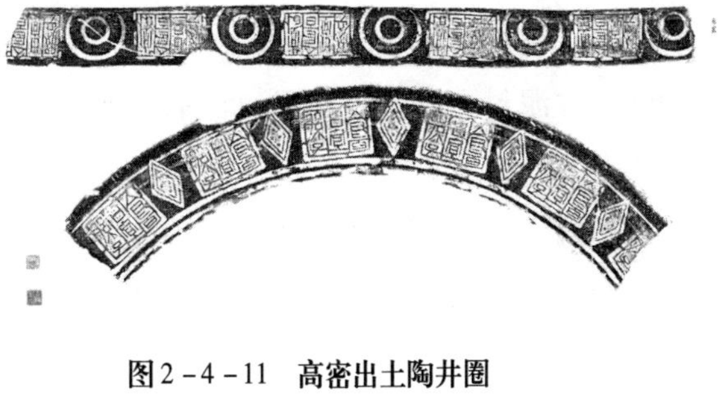

图2－4－11　高密出土陶井圈

① 陆明君：《陈介祺年谱》，西泠印社出版社2015年版，第367～368页。

② 孙敬明：《陈介祺〈周矢朐瓦盘图〉小笺》，载《中国文物报》2017年4月4日。

③ 〔清〕陈介祺著，陈继揆整理：《簠斋论陶》，文物出版社2004年版，第4页。

容，还记录了它们的出土地点，并与相关文献结合考证杞城的历史沿革，从而断定陶瓮的历史价值（图2－4－11）。

陈介祺平生之一大事业即开启陶文收藏研究之风。考古所见陶文出现时代最早，如山东莒县、诸城、日照、宁阳与安徽蒙城等地大汶口文化遗址出土的大口尊上的陶文，其不仅是探索中国古代汉字与人类文明起源的重要证据，更是研究历史的最具普遍意义的科学资料。尤其释之为“旦”者，在莒县及其以北60公里处的前寨、以西200公里处的宁阳于庄、以南400公里处的安徽蒙城尉迟寺遗址，都发现在同一种器物的同一位置刻划的相同符号，这对揭示该符号之于文字的意义，以及古代区域间文化交流的频率与密度，都有重要的意义。如青铜器通常是社会上层的权利地位和礼制文明的重要标志，因成本极高且受礼制的约束而其数量有限；陶器上的文字则关乎宗教、族徽、纪事、卦象，以及社会生产制度与商品流通之内容，不仅数量众多，而且区域广袤，远远超出青铜器铭文的数量和其所行布的区域。还有封泥文字，属于用玺印在封泥上钤出，有的经过火烧，故而坚硬似陶器质地，所以封泥文字也可归类在陶文系列。

道光二年（1822），“是年，首次在四川出土封泥。蜀人掘山药得一窑，凡百余枚，估人携至京师，大半坏裂，刘喜海、龚自珍、阎帖轩各得数枚。当时人们对封泥为何物尚缺乏认识”①。道光二十二年（1842），“吴荣光辑《筠清馆金石文字》，摹入四川出土六枚封泥，为封泥见于著录之发端。但其尚不知封泥的性质，是作为‘汉世印范子’著录的”②。

道光二十五年（1845）八月，陈介祺在瞿中溶《古官印考》翁大年补遗目录中跋云：“乙巳八月叔均寄。当以所藏官印及虎符鱼符即寄之，并属其代购印谱。古泥封亦当采入。”③ 此时陈介祺已经留意封泥与玺印之间的关系，当初称之为“泥封”。咸丰八年（1858）七月，陈介祺致吴重周书云：“寄示《汉泥封考》一册，敬谢敬谢！（泥封难拓，亦宜刻木。昔在都与燕庭先生亦有《泥封考》，燕庭录一册，殁后不知尚存否？）”④ 可知此时吴重周仍称“泥

---

① 陆明君：《陈介祺年谱》，西泠印社出版社2015年版，第10页。
② 陆明君：《陈介祺年谱》，西泠印社出版社2015年版，第50页。
③ 陆明君：《陈介祺年谱》，西泠印社出版社2015年版，第61页。
④ 陆明君：《陈介祺年谱》，西泠印社出版社2015年版，第126页。

封”。咸丰十年（1860）正月，陈氏致书苏兆年称：“泥封再带勿令压碎方好，寄物须有粗木匣方不磨也。”其后则正确命名“封泥。”同治十三年（1874）三、四月，陈氏批阅吴式芬《汉官私印泥封考》，并校订自家所藏封泥研究稿本，在其《封泥考略》甲戌（同治十三年）批校本题记：“道光年间，关中出方泥，上有印文，下有绳穿及竹板纹，识者考之为泥封，古人所未曾见也。吴子苾六兄与余先后各得三百余为最多。”

潍坊博物馆藏陈氏手抄稿本《封泥考略》一册（图2－4－12），陈氏自题封签曰“汉官私印封泥考略”（按：“封泥”二字原作“泥封”，但二字间用朱书对调符号校改），下题“甲戌（1874）校本。己卯（1879）又校”，右题“光绪己卯（1879）余作印文‘簠斋藏古封泥’，‘封泥’文似胜‘泥封’。‘封泥’见《百官志》”。封二题名：“古封泥官印考略”，下题：“或曰玺印，其官私目刻之。”由此可见陈氏首次正确命名“封泥”，而其自作印文称“封泥”在光绪五年（1879），则其相关认识应在此时或更早。同时，陈氏还将封泥文字与玺印、陶文以及青铜器文字进行职官地理等方面的横向比勘，其在封泥研究领域的成就往往超越前贤与同时代金石学家。

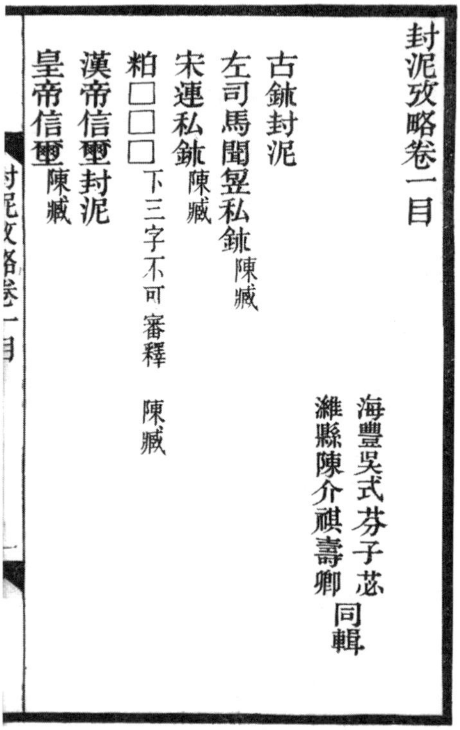
封泥攷略卷一目
海豐吳式芬子苾
潍縣陳介祺壽卿 同輯
古鉨封泥
左司馬聞盟私鉨 陳臧
宋連私鉨 陳臧
粕□□□ 下三字不可審釋 陳臧
漢帝信璽封泥
皇帝信璽 陳臧

图2－4－12 《封泥考略》书影

（三）钱币铭范

汉代卓文君《白头吟》称“男儿重义气，何用钱刀为”，其中即提到古代刀币。宋周煇《清波杂志》云：“辉（煇）家藏《历代钱谱》十卷，乃绍圣间李孝美所著。盖唐人顾烜、张台先有纂说，孝美重修也。周秦后钱之品样，具著于帙，是特见于形似尔。亲党洪子予，收古泉币数十百种，自虞夏以降，一无遗者。每出示坐客，道所以然，皆有依据。”林欢称：《清波杂志》

刘永翔校注云："《郡斋读书志》卷一四《类书类钱谱》云：'梁顾烜撰《钱谱》一卷，唐张台亦有《钱录》二卷。皇朝绍圣间，李孝美以两人所纂舛错，增广成十卷，分八品云。'辉（烨）谓顾烜为唐人，误。"① 考古发现晋代人即收藏齐国刀币，如山东龙口市芦头镇东梧桐村北西晋6号墓出土齐国刀币"齐法化"（或称"齐大刀"）一枚，通长18.6厘米，重43.39克。这是考古所见最早收藏并用于随葬的唯一刀币资料。② 宋代人收藏钱币既成风气，以收藏先秦刀布为珍稀，其中梅尧臣曾有诗作《饮刘原甫家，原甫怀二古钱，劝酒。其一，齐之大刀，长五寸半；其一，王莽时错金刀，长二寸半》："主人劝客饮，劝客无夭妍。欲出古时物，先请射以年。……探怀发二宝，太公新室钱。独行齐大刀，镰形末环连。文存半辨齐，背有模法圆。……"陈介祺开始收藏钱币与玺印的时间均较早，道光二十二年（1842）二月十四日，陈氏装勉堂叔父所拓赠《汉志》小布并题记："《汉志》小布，长寸五分，重十五铢，自小布以上各相长一分相重一铢，文各为其布名，直各加一百，上至大布，长一寸四分，重一两，而直千钱，无是为布货十品。东武刘燕庭观察秦中竟获全布，真千古之快！安得起张、盛二公于九原同为叹赏哉！道光辛丑勉堂叔父为拓此纸，壬寅二月十四日装成题记。古平寿陈介祺。"③ 咸丰三年（1853）春，东武刘喜海卒，陆明君称刘氏所藏铜钟大都归陈氏，以及所藏唐代善业泥佛像、铜诏版、铜泉范等亦多归簠斋。鲍康题诗《癸丑暮春自滨州入都，闻燕庭世丈遽归道山，哲嗣载卿通判虞采传述遗命，以即墨刀贻余，怆然有作》，并为刘氏《长安获古编》序曰："先生等身著作，身后都散佚，《古泉苑》一百一卷，尤为巨观，陈寿卿前辈得其原本，曾嘱余梓行……壬申（1872）解组旋都下，见已刊之。"④ 刘燕庭收藏钱币至多，其中先秦刀布数量较大，而其身后大都归于陈介祺。而陈介祺对钱币的收藏，尤其注重先秦时期者。而对于铸造钱币铭范的收藏，则应是陈氏之创举。同治十二年（1873）三月陈介祺致鲍康书谓"敝藏泉范已悉数拓就"，四月又于便笺中

① 参见林欢：《宋代古器物学笔记材料辑录》，上海人民出版社2013年版，第78页。

② 烟台市博物馆、龙口市博物馆：《山东龙口市东梧桐晋墓发掘简报》，载《考古》2013年第4期。

③ 陆明君：《陈介祺年谱》，西泠印社出版社2015年版，第49页。

④ 陆明君：《陈介祺年谱》，西泠印社出版社2015年版，第102页。

注："范拓共一百一十六种。"①

同治五年（1866）三月，陈介祺得刘喜海藏齐刀范奇品，自作诗句云："金范不以铸，埴土入其中。两土复掌合，冶铜乃可容。昔人得泉范，宝已璆琅同。况兹太公刀，圜法肇齐东。杏化即法化，面识阳文工。……"陈氏释读刀币面文为"法化""节墨"而非"即墨"，释读背文为"安邦"与"开邦"，以及将背文"☰""♦"释为"三""十"等，多数正确。其作诗文以志，称"况兹太公刀，圜法肇齐东"，可见陈氏对齐刀币的认识达到空前水平。此前或以为刀币为葛天氏或轩辕氏时期铸造。莱阳初尚龄指出刀币属于先秦，而陈氏则认为刀币铸于齐太公，并且正确识读刀币面文与背文。陈氏在作诗的同时题跋曰："同治丙寅（1866）三月得东武刘燕庭方伯旧藏齐刀范，古今无二之品也，十八日丁丑作此赋之，退修居士草。"复又跋曰："近年关中所出汉五铢土范皆阳文，乃铸范之范，非以铸钱者也。惟宝六化土范、半两土范作阴文，而土坚似石，有黑点，当时抟埴为之，两合土范以成铸者。亦有半两、五铢铜范作阳文者，盖泉皆阳文，非阴范不能镕入，以金范为母，土范乃可生生不穷也。亦有半两、五铢铜范作阴文者，或亦可以铸钱，而未见全范，不敢遽以金之说易合土之文也。"② 陈氏此谓极具见地，对于制造钱范之模范之认识迥然超越前人，并且今习见半两、五铢铜范，以关中地区出土者为多，诚可为陈氏之论佐证。同时，陈氏所谓"宝六化"，应即齐地出土之"賹六化"，"𧶠"字下部从"贝"，上部从"冉"，极似"宝"字。凡此钱范大都在齐都临淄出土，据称今寿光古城遗址20世纪60年代亦曾出土数块（图2－4－13）。

同治九年秋（1870）李佐贤来访，得见陈氏所藏自周秦至六朝钱范百余种，且获簠斋所赠相关拓本，遂有作《续泉汇》之想。李佐贤跋《续泉汇》云："同治甲子（1864）予有《古泉汇》之刻，收泉五千有奇，窃以为无可增矣。庚午（1870）秋访陈寿卿京卿于潍阳，得观所藏泉范，自周秦至六朝，标新领异，百品有余，就中《泉汇》已收者少，而未收者多，始叹造物之无尽藏，而畴昔之见闻犹未广也。寿卿慨然以全拓本见赠，余遂欣然有续《泉

① 陆明君：《陈介祺年谱》，西泠印社出版社2015年版，第228页。
② 陆明君：《陈介祺年谱》，西泠印社出版社2015年版，第150页。

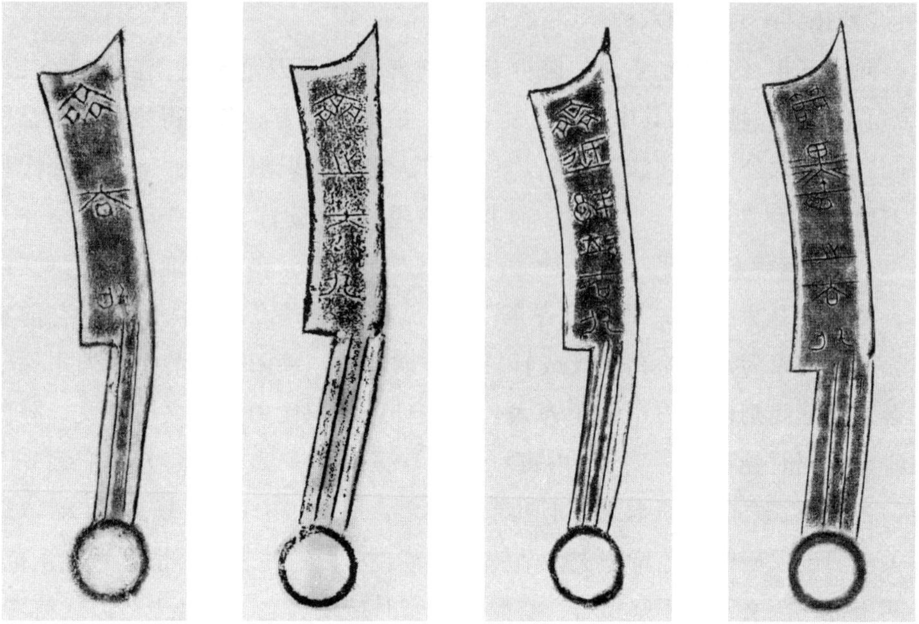

齐法化　　齐之法化　　齐返邦张法化　　节墨之法化

图2-4-13 齐刀币

汇》之志。”李佐贤为著名收藏家，且以收藏钱币量大、类多以及出版钱币著作著名，但是其见到陈氏所藏钱范后，则生造物之无尽与见闻之未广之感喟矣！

同治十一年（1872）六月《簠斋尺牍》第八册卷首有鲍康题记云：“余自夔解组于同治壬申（1872）、六月朔旋都后得寿卿前辈书颇勤，不特古雅可诵，其学识尤卓有可传。”据杨凯龄《鲍子年先生传》谓：“己巳（1869）秋，年六十，檄守夔，视事甫二载，以忤上司，解组，归隐臆园。……先是检旧藏得一千七百品有奇，录之为《观古阁泉目》，拓其十之五六为《泉选》，装成二十有六函，续得约千品，选拓成《补遗》六卷，各家所藏精拓成廿有余卷，并芟检序跋杂文及耆旧风流交流韵事，汇刊《丛稿三编》，而以题咏付梓，从潘祖荫、陈寿卿请也。”① 陈氏收藏钱币种类、数量都较多，其不但帮助李佐贤续编成《续泉汇》，而且致函鲍康敦促其编成《观古阁泉目》

① 陆明君：《陈介祺年谱》，西泠印社出版社2015年版，第214~215页。

《泉选》《补遗》，并促其汇编成《丛稿三编》。

同治十二年（1873）三月、四月，陈介祺致函鲍康云："敝藏泉范已悉数拓就。""范拓共一百一十六种。"

同治十二年（1873）七月，鲍康刊行《观古阁泉说》，附《陈寿卿评》云："余平生好金而不好泉，好石而不好砖。泉之存止于莽，砖之存止于北，归来见出土者则亦存之。"① 从此言可见陈氏对三代金文和历朝碑版的珍视程度，而其对古钱币的收藏则重在汉代以前出土者。但自京师归里后，因注重山左出土文物，故海岱区域出土者，无论金、泉、砖、石与汉代之后，可藏者悉数收集。然其收藏的核心目的为正经补史，最终还是归结到先秦时期。

同治十二年（1873）十一月，陈介祺致函鲍康，称："泉之为学，论文字已非玩物，论钱法尤为大经济，止论古则不伤时，止论便民则病者可知，唯企君子说之，分类之编，可谓一大著作。"② 陈氏此时对钱币的认识已经完全脱离宋代人把玩钱币附庸风雅的窠臼，而是上升到研究文字和经济学范畴的高度，不但要通过钱币探索历史，而且要对社会有所借鉴；同时，其论证国家控制钱币的铸造流通，以及由此对民间社会经济所产生的利弊等，都有独到的见解，这在当时无异是空谷绝响；他还建议鲍康将钱币分类而编辑成书。同年十一月，陈氏批注李佐贤《古泉汇》："余于金不收泉，而三代文字不能不爱，莽之仿古亦有可观，虽略收之未暇考也。同治癸酉（1873）鲍子年夔守以《泉说》稿寄阅，随手注所见数则，不意子年竟附刊。竹朋见之，复有续说，余又注，寄子年。冬夜围炉遂以所见，取《泉汇》复注之。今人论古只患无说，不患说之误，因误而得是正，亦学问之益也。"③ 同年十二月又寄鲍康函云："续泉说拙注奉寄后，复取泉汇读注一过，妄以己见试拟刀布等名目，而以化（货）统之。又别圜法圜孔方孔为二类，又分六朝以上唐宋以下为上下二编，又辨合土之说，又剔当在秦半两以上者。其尤当去者，如钱中之王，必不可附于汉钱，而以唐宋后至俗至劣之品，滥入于古泉之间（厌胜以牌居首，其中似杂糅，分别剔汰，自有可观），即欲留之，亦只可附于下编

① 陆明君：《陈介祺年谱》，西泠印社出版社 2015 年版，第 238 页。
② 陆明君：《陈介祺年谱》，西泠印社出版社 2015 年版，第 252 页。
③ 陆明君：《陈介祺年谱》，西泠印社出版社 2015 年版，第 253 页。

之后。”① 由此可见陈氏对鲍康所编辑钱币著作的体例，有着明晰科学的识见：按时代和钱币的形制分类编排，如先秦刀币、布币，并且大致先秦两汉为一编，六朝唐宋以下为二编，其余还有附录下编，精审录入厌胜钱等一些具有符箓宗教意义的钱币。其间陈氏还是多所顾及鲍康的脸面，对鲍康已经收集的没有多少学术价值的伪劣之品又不好悉数剔汰，况且鲍康也不会同意，故才有此折衷之法。

同治十二年（1873）十二月，陈介祺致函鲍康云：“刘学诗吾同邑，从东武窃观燕翁旧藏而仿之，技颇乱真，从不至弟处，谲而有定见，此所以为小鬼与。所作节墨刀范等，从他处见得，齐刀范背，乃有隶书大吉，亦可见伎俩之不大矣。要之好者日多，直所以日昂，伪者获利日厚，所以效尤者日众。使有真鉴，不过仅不得售与数人，而鬻古者必求真者以售之，则难得而利轻，不若伪者之本轻而利厚，无惑乎竭其心力日出而不穷也。然我辈好文字而不好玩器，焉得不为古人力剖之，落落寡合，唯自守此志而已。”② 可见陈氏对刀币与刀币铭范的辨伪研究已经达到炉火纯青的地步，并且一生憎恶作伪，所以作伪者不敢上其门。由此亦可获知当时潍县一带，不但有仿造刀币者，而且有取仿节墨刀范者；刀币因字数多少而论价高低，所以作伪者往往仿造节墨、安阳等刀范。但是，这些小伎俩在陈氏真心好古积微居渐练就的火眼金睛面前，总是原形毕现的。

光绪元年（1875）七月，陈氏致书王懿荣，称：“年来得钱化拓几四百种，而子苾所藏独无之，加以旧本当可六七百，亦一大观。”

光绪元年（1875）十一月，陈氏致书鲍康，称：“近拓所得燕翁齐刀化十一，长刀化一，卢氏钱化一，大钱化二。”此所谓“齐刀化”即习见之“齐法化”，“长刀化”应是“齐返邦张法化”，“卢氏钱化”应是面文为“卢氏”的布币，“大钱化”不知所指。陈氏对战国以下圆钱稍有涉及，而其重点则在于先秦刀、布、圆钱等的收藏与研究。

光绪四年（1878）十一月，陈氏回复吴大澂书云：“齐法化范千枚，已拓

① 〔清〕陈介祺著，陈继揆整理：《秦前文字之语》，齐鲁书社1991年版，第182页。

② 〔清〕陈介祺著，陈继揆整理：《秦前文字之语》，齐鲁书社1991年版，第184页。

成一分（份），均待装也。”由此可见陈氏收藏齐国刀币铭范数量之多。

光绪八年（1882）十一月，陈氏致书王懿荣，所附拓本中有“五铢”土范拓十三纸。

由上所揭列，可知陈介祺收藏古代钱币，重点在先秦与两汉，而且收藏大量战国刀、布、圆钱及战国至汉代铸币铭范，这不仅远超宋代，而且迥越时贤。

（四）金玉玺印

宋代人已经收集玺印并进行研究，吴曾《能改斋漫录》云：“蔡邕《独断》云：‘玺，印也，信也。天子玺，白玉，螭虎纽。古者尊卑共之。’春秋襄公二十九年左氏《传》：‘季武子取卞，使公冶问玺书，追而与之。’杜预曰：‘玺，印也。’《月令》曰：‘固封玺。’季武子使公冶问玺书，此诸侯大夫印皆称玺也。”① 周密《癸辛杂识》亦云保定易州燕子城出土玺印，此所谓“燕子城”者即今所称之燕下都古城遗址，在易县东南、南北易水之间，城郭残垣、墓葬、遗址、坛台尚在，多有冶铸作坊，往往出土燕国“明刀”与铸币铭范，玺印亦有发现。唯燕国玺印作长条状，形制特异，且文字诡谲难识。陈介祺不但派人搜集临淄齐国故城、曲阜鲁国故城和邹县邾国故城以及滕州薛国故城遗址出土的文物，而且对周近及较远的莒国、三晋以及燕国等地出土的文物均致力搜求，其藏品中就有不少燕国文物。如从博物馆收藏研究的范围来看，陈氏的收藏区域范围可谓广泛而又普遍。陈氏收藏研究的玺印中，齐国与燕国的玺印数量可谓名列前茅，当然有些燕国的著名玺印极有可能在齐国境内出土，这与燕国伐齐占领齐国长达五六年的历史有关。

宋代人收藏研究的玺印，主要是汉代以来的，而先秦玺印极少，从周密的《癸辛杂识》中或可窥见燕下都出土的战国玺印。有清一代，人们对先秦玺印的收藏研究主要受到陈介祺的引领。陈氏居处山左海岱之间，齐国历史久长、文化发达且外交活动尤为频繁，其玺印符节的使用也称发达，所以基于陈氏的学问与认识，从当地开始收集先秦玺印，既是其金石之缘的开始，也是其金石学大师成就的基础。道光十一年（1831）陈介祺先后到莱州府治掖县、山东省治济南应府试、乡试，《十钟山房印举》自序云：“余自应试始

---

① 〔宋〕吴曾：《能改斋漫录》卷一。转引自林欢：《宋代古器物学笔记材料辑录》，上海人民出版社2013年版，第82页。

至莱，秋试始至历，见齐鲁三代器秦汉印即好之。”陈氏时年十九岁，可见其自年少即爱好先秦铜器与秦汉玺印收藏。同治四年（1865）三月，作《玉印合编》序谓：“余自弱冠后，留意求之，积三十年，于吾乡燕秦南中获三十余印。”① 由此可知其收藏玺印之始初，以及其当时所收集玉印的数量。

陈氏年少时即喜好古印，这与地方文化风气有关，因为山左所谓齐鲁印学则是自明清之际由潍县附近的安丘而开始的。安丘张贞属于齐鲁印学的创始人之一，得到周亮工的奖掖。张贞以及与之交往密切的胶州高凤翰、潍县郭氏世家等，他们多是明清齐鲁印学的宗师或传承中坚，这些人都对陈氏产生了重要的影响；而陈氏一生对玺印之收集亦从未间辍，除去因朝廷逼捐而奔趋筹措和防备捻军时未得收集古印外，其余时间包括归里殡葬父母事后，亦是随时收集。由此可见玺印之于陈氏，则正如王国维先生所言：“实其生平一大事业。”②（图 2－4－14）

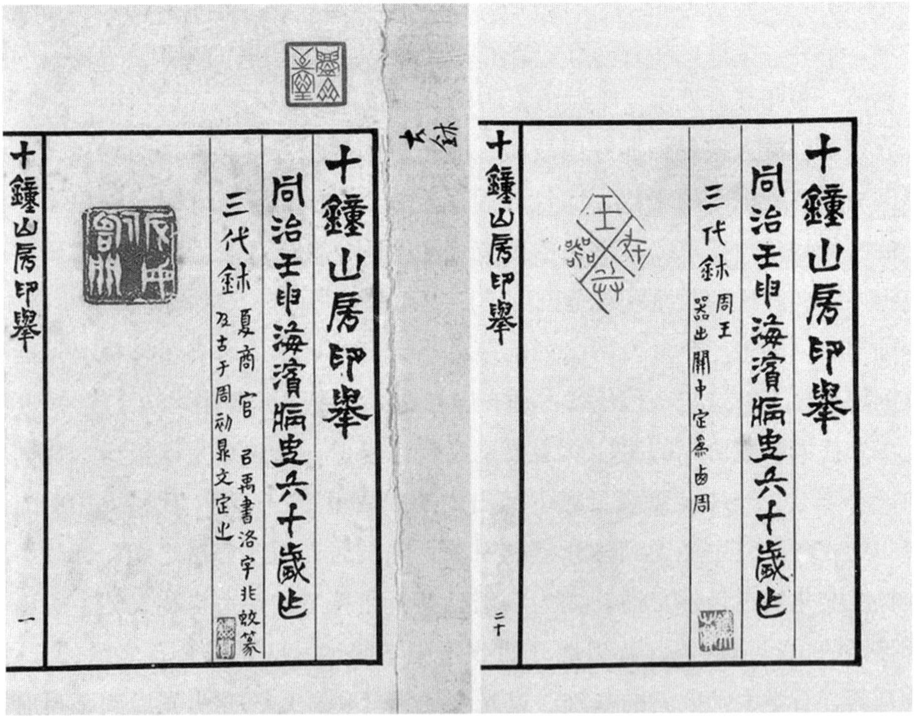

图 2－4－14 《十钟山房印举》书影

① 陆明君：《陈介祺年谱》，西泠印社出版社 2015 年版，第 147～148 页。

② 吴泽主编：《王国维全集·书信》，中华书局 1984 年版，第 119 页。

道光十九年（1839）二月二日，汪喜孙赎回押给陈介祺的玉印五方，价值二十五两白银。由此或可推知当时一般玉印的市场价值，而其平生收集世间罕见极为珍贵之玉、金、铜印，数量达七千多方，于此付出之精力与财力亦是可想而知的。而陈氏对文物的收藏，可谓时时挂心，处处留心，须臾不离其心。

道光二十八年（1848）二月，陈氏在其自藏玺印拓钤本上题记："合刘燕翁、孙懿庭借存三十四方，共计五百九十余枚，戊申二月十六日酉刻检点一过（此吾外乡所得暨□□所赠三十余印，省外二百余未入此稿）。秦汉铜章八百余……"① 由此可知，从其开始收集玺印，绵历十数年之期，至此得藏先秦两汉玺印已逾千方。

同年（1848）冬，陈氏由京师归潍县葬母，其"悉遵礼经，扶柩归葬，徒步千里未尝骑乘"。翌年春，归里为母过周年忌日，以及往后为父、祖母归葬，均得借近在潍县及昌乐、高密、诸城、胶州等地寻访古迹、搜求文物，此间得到不少玺印。从其在钤印稿本题跋如"以上五十二印，戊申冬出都至牛驼旅次，晤同邑谭二先生购得之"可知，这批玺印是陈氏在扶柩归里途中，在牛驼旅次，于同邑人谭二先生处购得。其他收购文物的记录大致如此——记录文物名称、收购时间、地点、原持有人姓名，玺印则钤印样本，文物则描摹形状或附上拓本，这是文物入库管理的最基本信息，这种详细的记录要求皆是陈氏在长时间的文物收购登记研究保管之基础上逐渐探索出来的。

咸丰元年（1851）立秋前，陈畯为陈介祺钤拓装成《簠斋印集》十部，每部十二册，收官印317方、私印1931方、封泥137枚，并附载虎符、鱼符、龟符等。由此可见陈氏对玺印的重视与研究进展。

同治元年（1862）七、八月间，西安古董商人苏亿年携秦汉官私玺印二百余方至潍，皆归陈氏收藏。这是其收进玺印数量较多的一次。

同治十三年（1874）八月十七日，陈介祺致书吴云，称："宋以来止知有秦印，不复知有三代，今以钟鼎通之乃定，已于《印举》中首举之。"陈氏由三代吉金文字之形体结构，而比较推断先秦玺印文字形体，故能独具慧眼释读出宋代以来所不知的战国玺印，这也是古文字书体比较研究法之发轫。

---

① 陆明君：《陈介祺年谱》，西泠印社出版社2015年版，第73页。

（五）石刻碑帖

石刻文字肇始于殷商，春秋战国有秦国石鼓文与中山国陵园刻石，秦代则有秦始皇与二世之峄山、泰山、芝罘、琅琊、朐山、碣石等地碑刻。这些石刻文字记载了相关历史，是研究历史的珍贵的第一手资料。如是，人们对石刻文字的重视与收集，早在汉代就已开始。宋代仅碑刻一门，就有多种著作，收录碑碣刻石文字数千种，诚可谓洋洋大观者。林欢谓："宋代士人往往倾家荡产收集古物。欧阳修《集古录目序》、李清照《金石录后序》都谈到聚器之难，器散之易，但虽深知如此，仍好此不息。"①

经宋代的发展，清代初期碑版刻石之收藏研究比青铜吉金更要超前。陈氏对碑刻之收藏，并未局限于传统金石学的收藏范围，而是随时代的发展、认识的深入而逐渐拓宽收藏研究领域，尤其于造像题刻方面贡献突出。

道光十七年（1837）十月，陈介祺寄赠翟云升汉《杨震碑》拓本。此前已于道光十五年（1835）为翟云升编《隶篇》提供金石资料。道光十九年（1839）五月五日，陈氏致锦江四叔书云："寿光南乡纪公台（在玉兔埠不远，台名记不清，大约碑去台甚近）有汉耿弇碑，望用绵纸（薄宣纸亦佳）为拓五十份，拓工须选精手。祺前所留拓碑法务详阅之为要。祺之望此如望岁月，幸勿忽为祷。《山东碑目》已留润轩姻叔处，可取来一看（钞一份更妙）。寿光碑可并访拓，吾邑城西十六里永平社通明寺晋碑务为一访，益都碑已有眉目否？便中望告我。昌乐东坡书石幢不可不移置斋中也。"② 簠斋函中所提及之汉耿弇碑、通明寺晋碑，今皆藏于潍坊市博物馆。同年六月十一日许瀚来经板库陈府，"进城到经板库，观新拓东省碑及佛像六座"。

道光十八年（1838）闰四月，陈氏致书翟云升求购掖县云峰山、平度天柱山郑文公石刻拓本；欲以五十金求购胶州张不群所藏魏太和丁利丁造像、曹党生造像、延昌县枭雌造像、隋仁寿高镕造像、武平造像、汉黄羊镜六种等。可见陈氏受当时社会之影响，最初亦十分重视碑刻之收藏。同治三年（1864）十月，陈氏致函翁大年，托其搜求宋拓碑帖、汉碑拓本以及旧玉、钧瓷等。当时南方有捻军起义，山东一带亦是风雨欲来之兆。即便在此情景之

① 林欢：《宋代古器物学笔记材料辑录》，上海人民出版社2013年版，第46页。

② 陆明君：《陈介祺年谱》，西泠印社出版社2015年版，第40页。

下，陈氏犹不忘记收藏文物。

道光十八年（1838）八月，陈氏致外舅李璋煜书，托求僧达受所藏金石拓本。其中谓："其雁足镫拓本最精，求两纸，余者均求，随时属六舟也。六舟雅而俗，不可以道义得之耳。"① 《陈介祺年谱》云此"六舟"即"僧达受"，此人精于金石墨拓，而在当时的历史环境下，陈介祺传古之心迫切，只有类此六舟之墨拓方法方称陈氏传古之心，所以其对六舟的精妙技法尤为称重，同时对此人既雅且俗的特质更有明确的认识。六舟等人的墨拓技法对陈氏的影响极大，正是在此基础上，陈氏结合传拓实践，揣摩青铜器、陶器形体与铭文的特点，参照西洋画法的明暗投影原理而改进了全形拓技法。

道光二十二年（1842）六月，陈氏手拓《唐陈义墓志铭》，并作剪裱本册页。不唯青铜器、陶器、封泥、玺印，陈氏对齐地尤其桑梓及其周近出土碑刻亦十分重视，从其与友人的通札中即可领略其对金石文物倾心搜求与渴望之情。

道光二十三年（1843）十二月初，杨翰遣工拓得汉樊敏碑，惠赠陈氏一纸。陈氏收得后，急寄翟云升以补刻入《隶篇·三续》中。由此更可看出陈氏收藏文物不是为自秘珍玩，而是为传古、征古，将文物视为天下之公器。如此大公无私之胸怀，唐宋以来尚无出其右者。

道光二十五年（1845）八月，许瀚惠寄汉阙及齐、隋碑拓本共十六种。《许瀚日记》称："送寿卿城里外齐隋十三种，加汉阙、凤凰、城头隋碑共十六种。送子贞城里外十三种，加城头隋碑共十四种。"② 此时许瀚在沂州临沂授学，得暇遍访城内外以及周近碑刻造像，并与同好亲自制拓，后分赠国内金石学好友，以研讨碑刻历史、文字形体和书法之学。

同治七年（1868）九月，获见潍县洪福寺北魏造像碑拓本并郭麐考释，陈氏读而订之，有感于其"耆古颛勤，性情与俗学异矣"。郭麐乃潍县世家子弟，博学多闻，游历既广，性嗜古而勤著述，著作多重，以《潍县金石志》最关乎地方历史，且为后世所倚重。凡此著作中金石文物多达二百数十种，其中三分之二为陈介祺所藏。今寒亭区双杨村北邻洪福寺村，即当年洪福寺

① 陆明君：《陈介祺年谱》，西泠印社出版社 2015 年版，第 36 页。
② 陆明君：《陈介祺年谱》，西泠印社出版社 2015 年版，第 61 页。

旧址所在；而村民亦有尚能称述旧况者。

同治八年（1869），陈介祺得齐地所出北齐吴莲花等造像，题记曰："北齐天统吴莲花等造像。簠斋己巳所得齐地之石，乙亥拓寄两罍轩。"①

同治十一年（1872）十月，陈介祺致鲍康书云："兹有商河老拓工刘泰自历来，携有汉画，检其两城山四种、曲阜公府后门一种、见老子一种、颜氏乐圃一种、普照寺一种、鱼台一种，虽无新奇者，如命以补旧存，并属令有画即拓矣。"吴重憙《北魏正光造像考》称："北魏正光年太和寺赵清女等四百人造像残石，旧在青州乐安城南二十里之段家庄前石佛沟内。……同治壬申十月，在潍得此拓于商河拓工刘叟，其曹望憘、宝渊二石久归陈氏宝簠斋中。与此刻一造于三月十八日壬戌，一造于三月廿日乙丑，一造于三月廿二日丙寅，当年不逾五日而成者，历一千三百九十九年，而忽然璧合，谓非造物之巧为凑泊可乎？"②

同治十二年（1873）闰六月，承鲍康惠寄沙南侯获碑双钩本。同年八月首次致函吴大澂，托其代拓沙南侯获碑，希望得一二十份，并敦煌、仓颉、石门颂等刻石拓本。

同治十二年（1873）八月，陈氏派助手及王石经、丁少山、何昆玉、宫玉甫等至琅琊台以及秦代离宫别馆搜访碑版砖瓦文字等。八月三日陈氏致鲍康书曰："日内宫玉甫（得河平汉石者）、王西泉（石经）、何伯瑜同游琅邪台拓秦石。"八月十一日又致书王石经称："知初十日同至泊林庄前往，此行有丁少山兄，甚盛事也。乞为道慕，并以秦铜量拓三、木量铜诏版八奉赠。……秦时离宫与礼日亭故址，乞宫、丁二君子访记之。得有秦瓦尤望先惠及某也。"③ 往下还提到《管子》和《春秋》所记地名转附、朝舞，以及在此附近的秦汉宫祠，并称："更乞少山兄作日记见示，以当同游也。"泊林庄位于琅琊台西南，距一日路程。丁少山为日照人，家距琅琊台不远，自有人脉，故便于考察之事。同时，陈氏还要求作考古调查日记，这在当时尤为难得。同年九月六日其致书鲍康云："琅邪拓碑访瓦者适至，因竭两日夜之力拓寄赏，有详目一纸。"由此亦可见陈氏对新获资料，竭力在最短时间内甚至是日

① 陆明君：《陈介祺年谱》，西泠印社出版社2015年版，第179页。
② 陆明君：《陈介祺年谱》，西泠印社出版社2015年版，第220页。
③ 陆明君：《陈介祺年谱》，西泠印社出版社2015年版，第241页。

夜兼作而分赠国内金石友。十月二日又致书鲍康称："拓友归去，须月余方来，拓工尚在东武。"十月十八日致书潘祖荫称："今日拓工自琅邪台还，已三月之久矣。驰上精拓四纸，乞与子年兄分存之。"①琅琊访古一行至少五六人，在东武滨海琅琊台及其周近访古三月有余，搜求砖瓦等文物，虽然重点在于访拓秦刻石（图2－4－15），但是从上述信札字里行间可看出，本次收获颇丰。

图2－4－15　秦琅琊台刻石

同治十三年（1874）九月十七日，陈介祺题王石经《集古印隽》："王西泉四弟，余归里来文事友也。能刻印，见余所藏三代秦汉玺印而益进。能作篆隶，见余所藏秦泰山廿九字、汉二杨碑、郭有道碑真本而益笃。能嗜古文字，见余所藏吉金而能读。且善毡墨能鉴别，见余所藏唐宋来书画而更精审。"②

光绪元年（1875）四月二十二日，陈氏致书王懿荣，附寄春来所拓六朝石刻造像四十种，尚有二十种未拓出。可见陈氏藏石刻造像数量之多。

光绪元年（1875）六月七日，陈氏致吴大澂书云："今年止拓得六朝石六十余。"③

光绪八年（1882）十一月，陈氏作《临淄东汉君车画像石记》云："光绪壬午冬，临淄人掘土得一汉石。……余归里访吾乡著录诸汉刻不得，仅得无年月残字三。今于临淄得此，亦足慰矣。"④并依据画像石所题刻"君车""铃下""门下小史""门下出佐""主簿"等，而名之为"君车汉画像石"，

① 陆明君：《陈介祺年谱》，西泠印社出版社2015年版，第245、247、250页。

② 陆明君：《陈介祺年谱》，西泠印社出版社2015年版，第290页。

③ 陆明君：《陈介祺年谱》，西泠印社出版社2015年版，第310页。

④ 陆明君：《陈介祺年谱》，西泠印社出版社2015年版，第395～396页。

以及根据《百官志》所记而定其时代为东汉。

光绪十年（1884）七月初，陈介祺校勘郭麐所编《潍县金石志》，陈介祺对文字考释、编书体例格式等多所指授。事竣，于七月二十日辞世。

陈氏收集碑刻造像，从汉代而迤逦宋元，所藏造像不仅有石质，还有铜质。同治十三年（1874）十二月四日其曾致书王懿荣，并附北魏、隋代铜造像拓本九种。

图2－4－16 曹望憘造像拓本

陈氏收藏碑刻，不仅注重宋代人所收藏带有长篇铭记者，而且对汉代的画像石尤为看重，于魏晋造像亦是广为搜罗，分类庋藏（图2－4－16）。有些巨型石刻或摩崖题记属于不可移动文物，如泰山、峄山、琅琊等地秦刻石，陈氏常委派专人携带特制纸墨，不远数百里奔赴现场拓制。又如位于今新疆巴里坤哈萨克自治县焕彩沟的汉代沙南侯获碑，陈氏则是辗转托请吴大澂为之延人捶拓。由此可见陈氏收藏文物的种类繁富，而且文物的来源几乎遍及国内。

（六）书画典籍

洪迈《容斋四笔》称引李清照《〈金石录〉后序》云：赵明诚始为官得俸，“便有穷尽天下古文奇字之志，传写未见书，买名人书画、古奇器。有持徐熙《牡丹图》求钱二十万，留信宿，计无所得，卷还之。夫妇相向惋怅者数日”，且“每获一书，即日勘校装缉，得名画彝器，亦摩玩舒卷，摘指疵病，尽一烛为率。故纸札精致，字画全整，冠于诸家”。① 书画艺术作品通常不为金石学家所看重，但是其同样是历史信息

① 〔宋〕洪迈：《容斋四笔》卷五。转引自林欢：《宋代古器物学笔记材料辑录》，上海人民出版社2013年版，第57页。

的载体，由此可见赵明诚夫妇收藏眼界之高明。而清代的陈介祺同样具备较高的收藏眼界，其在收藏金石钟鼎彝器的同时，用心收藏唐宋元明清名家书画。从博物藏品门类来讲，书画属于较大的类项。

道光十七年（1837），陈介祺曾于潍县购得郑板桥《墨竹轴》。《知鱼堂书画录》中载录此画，附注："签题：郑板桥墨竹六枝，题七绝一首，纸本甚破碎，丁酉购于吾乡，寿卿。"① 可见，陈氏自年轻时亦致力于书画购藏。

道光二十五年（1845）正月，陈介祺向何绍基出示其所藏徐渭画卷、张照书法《鱼枕冠颂》、高凤翰《弄孙八珠》册等。

道光二十六年（1846）十二月，何绍基为陈氏所藏晚明姜开先画册题跋自作诗文，云："开先，名承宗，其姓一姜一宗，姓宗名灏，姓姜名承宗，实一人也。陈寿卿藏此册属题。……画有南宗禅。于字寓征尚，庐山之开先。巨眼老宗伯，位置吴黄间。我但觉画妙，未暇涉言诠。……是由古情性，化作真云烟。安得草堂图，翩然来几前。镫镫证画脉，摩诘定开山。"② 由此可见姜开先此作之精美灵妙。

同治六年（1867）二月，陈介祺致书从堂弟陈介锡称："《百朋合璧》册读过，卯君中黄极佳，蝶园刻画烘染略似洋法，无名者亦佳，惜无南阜老人一一题识也，'木莽'二字似是老人笔。册须纸封，外以白洋布包之，阅时以牙签，勿使手涴，即还亦珍重之意。"③ 此乃陈介锡所辑《桑梓之遗》的续编。

郭廷翕（1709—1778），字虞受，号冷亭，又号根莽、根庵，清初名臣郭琇季子，潍县郭氏（郭尚忠之后）后裔，后迁山东即墨。乾隆六年（1741）举人，官授湖北宜春知县。工诗善书，精于篆刻。博雅嗜古，精于鉴藏书画古帖，著有《根莽诗集》。秉承胶州高凤翰先生之志续补《桑梓之遗》达七十八册，保存了大量山左名人书画。据称《桑梓之遗》上百册，皇皇巨著，《山东文献集成》收录有《桑梓之遗录文》，由此亦可见《桑梓之遗》收集书画数量之巨。而陈氏对书画文物的保护措施，即令今日看来亦是极为科学的。

---

① 陆明君：《陈介祺年谱》，西泠印社出版社 2015 年版，第 32 页。
② 陆明君：《陈介祺年谱》，西泠印社出版社 2015 年版，第 68 页。
③ 陆明君：《陈介祺年谱》，西泠印社出版社 2015 年版，第 153 页。

同治七年（1868）十月，因王石经为其揭裱重装清初益都杨涵[①]所画竹子而题诗四首，跋云其自藏湖州（宋文同）竹轴、赵（元赵孟頫）兰倪（元倪瓒）竹合装卷。民国《潍县志稿》卷三十《人物·文学》附载图影《陈介祺诗草》，此为陈介祺手书中堂，是典型的所谓“簠斋体”。读其诗文清新典雅，良多妙致，此前鲜有称及，今移录如下：

作势风篁拂石来，谷中交干上徘徊。
连山不尽萧森影，可是云门极顶崖。

闻君爱竹入深林，密叶高柯善取神。
解道胸中有成物，谁从弦外赏遗音。

室虚物少淡无奇，壁素棂疏静处宜。
危坐正襟心定处，漏沉雪积月明时。

我爱湖州仰曲枝，新梢元镇写多姿。
披图试问三君子，猗猗何如有斐诗。

同治七年岁在戊辰十月，西泉老弟为致云峭老人通竹幛子洗涤重装。廿二日夜不寐，咏此，书乞是正。退修居士陈介祺。[②]

从陈氏以诗文所书中堂布局，即每四句为一组来看，其应是三组。前二首可作为研究和评骘杨涵所画风竹生动传神，及其入深林描写景物的实践之珍贵资料来赏析；末一首则是写陈氏心境及其所藏文与可《竹》与《赵兰倪竹合卷》，此亦具有史料价值。据《秦前文字之语》所载，同治十一年（1872）九月二日陈介祺致函吴云称其所藏唐、宋、元人书画，其中即罗列：“文与可竹三（一无款）。（极思得东坡、仲圭、禹玉竹。）……赵

① 杨涵，字水心；又名辅峭，字云峭，号笠云，康熙时书画家，其尤善墨竹，气象萧森，如闻风雨搏击之声。其与诸城“张氏四逸”交善，长年寓居张氏之放鹤园，卒葬诸城庙山。有《云峭诗稿》。

② 陆明君：《陈介祺年谱》，西泠印社出版社2015年版，第173页。

兰倪竹合卷。”① 更为有趣的是，王懿荣《考古杂著》中，记其光绪七年（1881）二月：“过潍县，住四日，遍访赏鉴家。在陈寿丈处三日，书画古器不具数。”由潍县向西，“过寿光，谒仓颉墓，又谒本生高祖妣母家李宗丞祠。西泉即李氏裔婿，闻其家有文与可《大竹》，为寿丈购去，在潍县所见即是”。② 陈介祺先在诗作中注其所藏文与可《竹》与《赵兰倪竹合卷》，五年后与友人信中再提及，十三年后王懿荣于光绪七年（1881）至陈家鉴赏文与可之《大竹》，并且证之陈氏所藏文与可《竹》三，其中一《大竹》是从寿光李宗丞家购得。③ 陈介祺诗中所注为之洗涤重装云峤老人画竹者“西泉”，即潍上著名篆刻家王石经，与王懿荣《考古杂著》中所提之“西泉”为同一人。王懿荣善诗文，其中有的还专写潍县人物与风光，王西泉亦雅好诗文，他们三人相交甚洽。

同治八年（1869）九月，陈介祺自莱阳赵姓处得元代方从义《云山秋兴图》，纸本卷轴高一尺四寸五分，长四尺二寸九分，上有明代王世贞题跋。陈氏自记云：“欣于奇遇，展赏不已。画及人不能及，弇州一跋亦不易得，直至幸古缘清福也。”④ 由此可见其对古人书画的珍爱程度。

同治十一年（1872）九月，陈氏致书吴云：“敝藏画。唐王维伏生授经图卷。宋李唐小江南春卷。文与可竹三（一无款）。（极思得东坡、仲圭、禹玉竹。）宋元《纨扇集锦》。朱文公札卷（真迹）。黄山谷书卷（经伏波神祠诗）。马和之画毛诗（高宗书）。元王叔明乐志论卷、天香深处卷、夏山高隐轴。赵兰倪竹合卷。云林小景二轴。方方壶江山秋兴卷。赵松雪马轴。以上皆可信其不赝。昔年收得本无多品，归里后始则无室可居，决屏玩好，嗣则守助之警，是以所见既陋，取得甚少，不足为大雅道也。”⑤

同治十三年（1874）九月二十三日，陈介祺为从堂弟陈介锡所藏《棠梓

---

① 〔清〕陈介祺著，陈继揆整理：《秦前文字之语》，齐鲁书社 1991 年版，第 215 ~ 216 页。

② 吕伟达主编：《王懿荣集》，齐鲁书社 1999 年版，第 261 页。

③ 据福山《古岘王氏族谱》、寿光《斟灌李氏家谱》载，王懿荣高祖母为寿光李炳之女，李铉为李炳之孙，曾任职宗人府宗丞。

④ 陆明君：《陈介祺年谱》，西泠印社出版社 2015 年版，第 177 页。

⑤ 〔清〕陈介祺著，陈继揆整理：《秦前文字之语》，齐鲁书社 1991 年版，第 215 ~ 216 页。

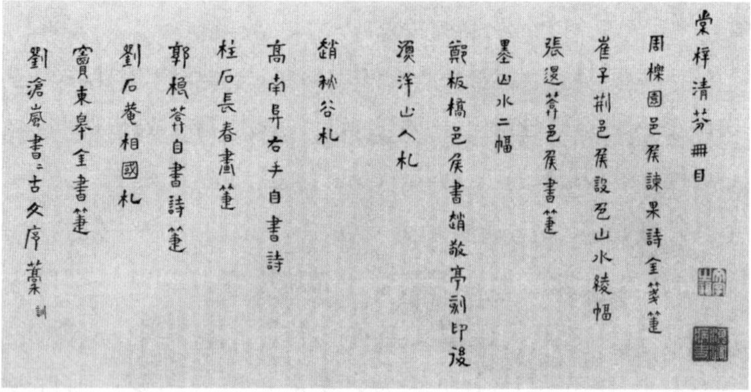
棠棣清芬冊目
周櫟園邑侯諫果詩全箋
崔子荊邑侯設色山水綾幅
張退菴邑侯書箋
墨山水二幅
鄭板橋邑侯書趙敬亭刻印跋
須洋山人札
趙秋谷札
高南阜右手自書詩
柱石長春畫箋
郭棖蓀自書詩箋
劉石菴相國札
竇東皋全書箋
劉滄嵒書古文序藁

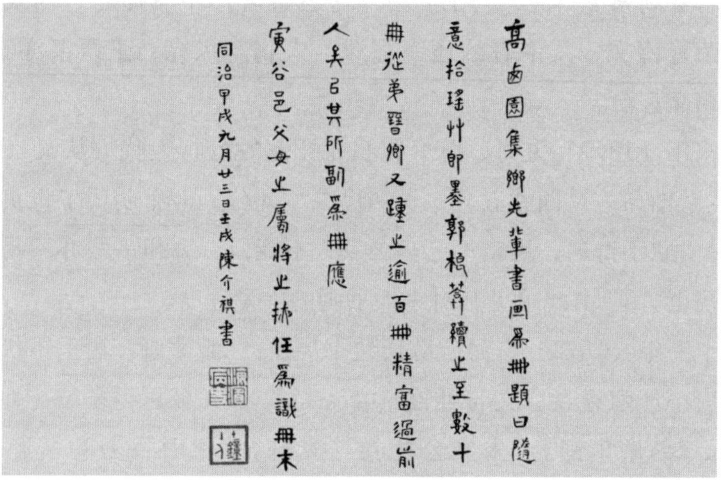
高西園集鄉先輩書画爲冊題曰隨意拾瑤草卽墨郭棖蓀續之至數十冊從弟晉卿又踵之逾百冊精富過前人矣以其所副爲冊應寅谷邑父母之屬將之掖任爲識冊末
同治甲戌九月廿三日壬戌陳介祺書

图 2－4－17　陈介祺书《棠棣清芬》册目及跋文

清芬》题册名并跋曰："高西园集乡先辈书画为册，题曰：'随意拾瑶草。'即墨郭棖蓀续之至数十册。从弟晋卿又踵之逾百册，精富过前人矣。以其所副为册，应寅谷邑父母之属，将之掖任，为识册末。同治甲戌九月廿三日壬戌陈介祺书。"① 此册页今存潍坊市博物馆，共计21叶，每叶有两幅书画。作者为周亮工、崔璞、张端亮、郑燮、王士禛、赵执信、刘以贵、高凤翰、郭廷翕、刘墉、窦光鼐、陈介祺、陈介锡等人（图 2－4－17）。最初由高凤翰集乡先辈书画成册；后经郭廷翕续集扩编，增加在当地为官者书画，名之曰《桑梓之遗》；再后则经陈介祺从堂弟陈介锡更扩增与海岱区域相关者之书画，

① 陆明君：《陈介祺年谱》，西泠印社出版社 2015 年版，第 291 页。

遂使册页数逾百册，而成为山左书画收藏史上时代最早、关乎桑梓、名家众多的空前绝后之作。而此间陈介祺为之筹划、襄赞贡献最多。从陈氏的书画收藏可见其收藏理念，即无论收藏金石文物还是书画古籍，其根本目的在于研究历史，而文物之收藏传承则是在传承历史。

光绪七年（1881）二月，王懿荣归里省墓返程，在潍县盘桓四日，提到"《桑梓之遗》书画一大宗，未见"。《王懿荣集》载《跋潍县陈介卿先生〈桑梓之遗〉书画册目录》："此举书画并收，凡字之大轴长卷者，俱裁为蓑衣装，统归为巨册，甚可惜也。创自胶州高南阜手，后归即墨郭椐庵，已八十册矣。然渐收及外省人，名曰'附见'，实亦自乱其例。此居乡既久，或无所得，乃取以自遣无聊之极思耳。后质莱阳典当铺中，中间失去数册。又后遂归陈小兰，推广其例，又以书画之为吾东先辈上款者，及他省名流之曾履吾东者，亦附见焉。开此二门，然较椐庵之用意稍密，即后来收者，亦多居上，近闻已二百册。……南阜初意，止集胶人，椐庵乃渐推广之。此册为乡里所艳称久矣。……南阜、椐庵两先生当年率意集此，无一宋、元名迹可为压卷之品，晋乡（卿）丈后来居上，或当稍胜，然其近来簿录，吾未之见也。"

此跋文之前，原有陈介锡跋语："即墨郭椐庵先生续南阜老人辑《桑梓之遗》，卷帙浩繁。旧存莱阳质库，道光间为族叔季则先生所得。先生曾手撮一目，且欲考其人物，别作小传，以谢世弗果。己未（1859）春，册归余家，并于莱阳访获末册。检点前后，已非全璧。因念是册为海岱名迹，又经南阜、椐庵两先生审定，片纸只字，文献攸关，不详为著录，再传百数十年，或致散佚，姓名无征矣。故于出处、款识反覆考订，首标姓氏爵里，安顿前后各题，跋次之。其尺寸大小及叶数种数多少，间为录出，欲使览者不待倾箱倒箧，而法绘宝墨与夫审定之精妙，装池之古雅，如在目前，则区区编次之苦心为不虚费耳。咸丰九年（1859）十二月二十五日，后学陈介锡敬题于文石山房之雪窗。"①

《王懿荣集》录诗《近事戏成四绝》："十年海岱起英灵，名世文章照眼青。我向家山乞遗墨，如何如凤更如星？""先人旧署莲花龛，喜得莲花卷一函。今日添来经第四，九原如在笑颜含。""子书世德纸宽行，汉武梁祠卷未

① 吕伟达主编：《王懿荣集》，齐鲁书社1999年版，第73～74页。

亡。故物新收二十载，只今披览手重忙。”“邺侯架接米家船，生小关心夙好牵。一自金门成大隐，岁星四十九行年。”原注：“潍县陈氏所藏《桑梓之遗》转入外省某氏。余五年前忽大集先辈遗迹，名曰《海岱人文》。”①

《王懿荣集·王文敏公年谱》载：光绪十二年（1886）丙戌，“七月，公赴登州府城谢吊戚党。于张允勷骑尉处见即墨郭根庵（廷翕）、胶州高南阜（凤翰）两先生所集《桑梓之遗》目录，于齐鲁先哲手迹搜求略备。知原册曾存潍县陈晋卿（介锡）处，旋为势家豪夺以去，公思踵其意收集海岱人文”②。

王献唐主政山东省立图书馆期间，指导并校改馆中牟祥农的论文《桑梓之遗与海岱人文》。李勇慧称：“牟祥农《桑梓之遗与海岱人文》、李毓麟《杜威图书馆分类表》、屈万里《汉魏石经残字》与《山东省立图书馆善本书目·甲编》等同人论著，皆遵王献唐之嘱而作。王献唐从选题拟定、资料搜集、论文写作与修改，均倾注了大量的心血，但从未在这些论文上署上自己的名字。”③ 由此可见王献唐先生对陈氏所藏《桑梓之遗》的重视程度，亦可想见如此皇皇巨著的历史与艺术价值。牟祥农撰、王献唐校改之《桑梓之遗与海岱人文》称：“山左艺文之结集，最为乡人称艳者，一曰《桑梓之遗》，一曰《海岱人文》。前书专收书画，由高南阜、郭根菴、陈晋卿赓续搜集，亘百余载，成书百册；后出福山王廉生手，除书画外，兼及典籍。二书均以齐鲁先哲手迹及未刻著述为限，专集一方艺文，成斯巨构。用力之勤，采摭之博，前此未尝有也。本馆馆长数年来锐意访购，得《桑梓之遗》一册，底本《桑梓之遗书画目》二种，抄本《书画册录文》及《人物考略》各一种，《海岱人文》典籍三十六种，储之馆中。”④ 潍县陈氏所藏，继承百数十年之期，迭经高、郭、陈数家之手，成《桑梓之遗》百余巨册，蔚成一时之盛。然得失有时。余留意潍上桑梓文献，尤关心《桑梓之遗》巨制，唯迄今杳无音信；或如王懿荣先辈所言，归于外省，不知今日尚存天壤间否？然山东省图书馆搜得《桑梓之遗》一册及相关录文、人物两种，借可管窥诸种，可谓弥足珍

① 吕伟达主编：《王懿荣集》，齐鲁书社 1999 年版，第 127 页。
② 吕伟达主编：《王懿荣集》，齐鲁书社 1999 年版，第 475～476 页。
③ 李勇慧：《一代传人王献唐》，山东教育出版社 2012 年版，第 179 页。
④ 李勇慧：《一代传人王献唐》，山东教育出版社 2012 年版，第 210～211 页。

贵；而潍坊市博物馆所藏《棠梓清芬》乃《桑梓之遗》之副，亦对研讨《桑梓之遗》大有裨益者（图 2－4－18）。

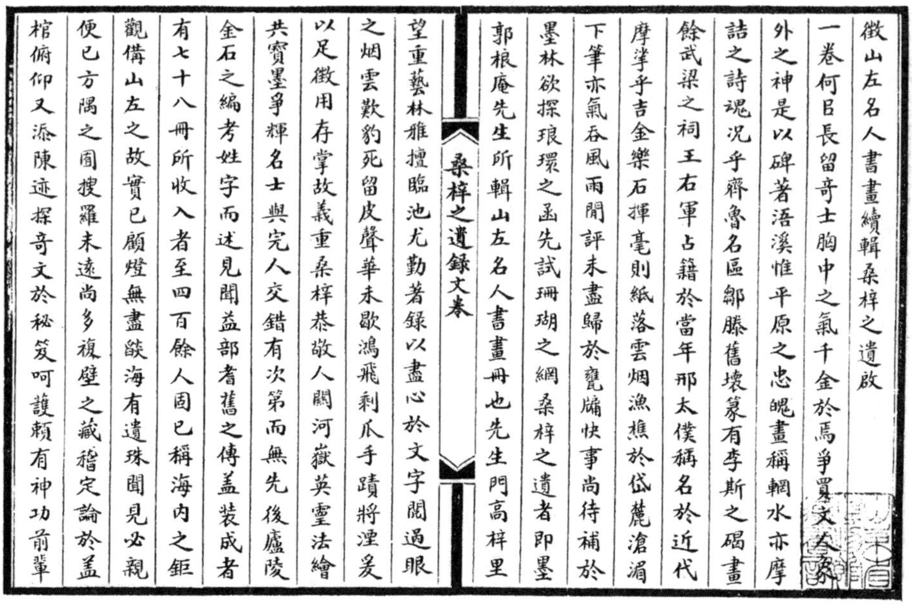

图 2－4－18　《桑梓之遗》书影

山东博物馆存王懿荣辑《海岱人文》三十六册，除山左先贤书画墨迹外，兼及山左先贤典籍。

光绪八年（1882）九月，陈介祺跋刘嘉颖所藏沈周山水画云："石田翁画法，自元以上无所不有，而笔意苍老大方自然尤不可得，又似于梅道人有深契。此副二树并列者三，偃者一，已觉澄心旷目，忽而高峰插天，远峰映后，直逼亭背，用意写境俱奇。盖此亭建于高山岭脊，故亭后深不可测。近人作画不能作主峰，更不能构奇想者，以胸少丘壑未为万里游也。主峰结顶亭前石根固见笔法，而亭中隐士道貌尤古，非翁心有抱，焉能如此？实甫吾甥家藏是图，西泉与余鉴定而深赏之，装成为题数语以待知音。光绪八年九月既望己亥雨中，齐东陶父陈介祺书。"① 陈氏对书画颇有见识，尤其于书画历史流派、各家特点与名流书画谋篇布局，诸如山峰峥嵘、亭阁映衬、人物情景

① 陆明君：《陈介祺年谱》，西泠印社出版社 2015 年版，第 393 页。

等，俱有独到之见解。此外，陈氏对于书画装裱维护尤其看重，这也是对文物藏品进行科学保护管理的需要。

同时，陈介祺还收藏大量古籍善本，这一点据王懿荣光绪七年（1881）二月“过潍县，住四日，遍访赏鉴家。在陈寿丈处三日，书画古器不具数。见所藏朱子《楚词》与协卿本装潢皆同”① 可以推知。再据李勇慧《一代传人王献唐》所记，王献唐鼎力斡旋，促成河南扶沟柳堂遗书数百十箱捐赠省图，同时“并为海源阁藏书、潍县万印楼入藏本馆奔走于书主、政府之间，惜未成功”。由此也可推断陈氏藏古籍版本数量之巨。

二、藏品保管措施

现代博物馆的功能主要为文物收藏保管和研究宣传，如此功能亦是随历史的发展而逐渐完善的，所以各个历史时期对文物的保管措施也各不相同。如先秦时期所谓的“太庙”“明堂”“金匮”“石室”；宋代内府尚古器，藏古器处如“宣和殿”“保和殿”“龙图阁”“左稽古阁”“右稽古阁”“博古阁”“尚古阁”等。私家所藏从宋代李清照《〈金石录〉后序》“归来堂起书库大橱，簿甲乙，置书册。如要讲读，即请钥上簿关出”可知，当时她家收藏文物，已经有专门的库房和柜橱，也相应有分类登记账簿之类，库房与重要文物都有锁具关防。宋代与清代皇家都建有专门收藏文物的殿阁，而私家收藏的情景则高下参差各不相同，在具体文物分类保存管理方面更是存在极大差异。博物馆的基本功能首先在于对文物的保管和研究，再则是对文物的宣传与利用。而陈氏的收藏研究与传古是当时最科学意义层面上的文物利用。

（一）存放处所

宋王钦臣《王氏谈录》云：“景祐中，内出古铜钟、鼎、尊三器，诏公（王洙）辨其款识。公辨其文，称有周立王字法，参以篆隶，形制不与经典相合，非远古时物，疑似武氏时器，具上其事，诏藏于龙图阁。”② 由此可知宋代古器收藏处所非一，有的藏于府库、秘阁、宣和殿，有的藏于龙图阁。

陈介祺于京师经板库居处设有存放文物的专门场所，并且石刻碑版、造

① 吕伟达主编：《王懿荣集》，齐鲁书社 1999 年版，第 261 页。

② 〔宋〕王钦臣：《王氏谈录》。转引自林欢：《宋代古器物学笔记材料辑录》，上海人民出版社 2013 年版，第 45 页。

像、玺印、封泥与青铜器及书画等均是分类存放。如此，较之宋代和当时普通文物收藏者，陈氏对文物性质的认识和正确分类保管的措施等均有较大提升和超越。陈氏辞官归里潍县，因避祸而暂居城郊，俟之事寝，遂渐于城中择地建造房舍，开辟存放各类文物的场所。有学者认为陈介祺之“万印楼”仅是一个斋号名称，实际并无此楼。试想其选择“万印”与“楼”名斋，必有缘由。如所周知，陈氏收藏玺印7000余方，若取其成数自可称“万印”，此与其收藏楚、虢、许、敶、纪国等十数件铜钟而自名“十钟山房”的情景相似。寻常房子自然可以名称“山房”，但是称“楼”得有实据。而陈氏宅邸内之东南部恰恰就有二层楼房一处；并且此楼房极为牢固严密，不但砌墙宽厚、门窗窄小，而且楼梯如同吊桥，平时吊起在楼底空中，键关锁钥，不可登临；而主人上楼后则顺手收起，防范措施极为严密而科学。7000多枚玺印上启三代，下逾汉魏，材质包括金、银、铜、玉等，官私印文极为珍稀，陈氏对之护若首目，故而砌筑楼房专辟玺印存放场所而名之曰“万印楼”（图2－4－19）。其他斋号俱有实指，如“宝簠斋”“簠斋”。同治五年（1866），陈介祺题幼石为之精拓曾伯霥簠：“余于都市得此簠已十余年。徐籀庄释考，刻之檀匮。阮文达所收者，慈溪叶梦渔湖海阁物也，今不知如何矣。”陆明君谓：“曾伯霥簠传世有两器，一器为浙江慈溪叶梦渔所藏，即《殷周金文集成》9.4631之器，曾归阮元；另一器即簠斋所藏，即《殷周金文集成》9.4632之器，原为宁波周小崖所藏之物，陈氏于京市中购得。”① 还有涉及陈氏藏陶、钱币、铭范、石刻、诏量、镜鉴与铁权的各种斋号，如“三代古陶轩”“古瓦量斋”“宝康瓠室”“君子砖馆藏砖”“千化范室”“三代化范之室”“君车汉石亭长”“秦铁权斋”“三百范斋藏范”“二百镜斋藏镜”“秦诏量瓦之斋”，等等。由此可以看出，陈氏以其所庋藏文物名斋。除去标识文物器类与个人志趣外，内中更有俾便文物分类存放管理与明辨研究资料性质的宗旨。钤印此斋号玺印的文物资料，仅从玺印内容即可分辨文物种类，凡此诸种多是出于科学管理的需要。

马衡早年曾论及古代书籍分类管理制度，为便于分类管理与取用，古人

---

① 陆明君：《陈介祺年谱》，西泠印社出版社2015年版，第148～149页。敬明按：陈氏跋云“同治乙丑夏，幼石来拓，丙寅装成，复为题之”。故陈氏此跋，应在丙寅（1866）所题，且未标节序。而《陈介祺年谱》列在乙丑（1865）之夏，似不妥。

图2-4-19 万印楼

“卷轴以帙裹束，置于架上，每患不易检寻，故有签以为标识。《唐六典注》谓集贤院四库书用牙签，以红、绿、碧、白分经、史、子、集。唐韩愈《送诸葛觉往随州读书诗》亦曰：‘邺侯家多书，插架三万轴，一一悬牙签，新如手未触。’皆言签之材质，为象牙所制。但余以为普通书签，未必皆用牙，必有用木或纸或帛者。此种书签，既为便于检寻而设，则其上当记其书名及卷数，此又可推测而知者也”①。由此可见，陈氏以印章分类亦如唐人以书签分类也。

而当时国内南北著名金石学家之斋号，有潘祖荫“攀古楼”，吴大澂“窸斋”、鲍康“观古阁”、吴云“两罍轩”、刘喜海“嘉荫簃”、许瀚“攀古小庐”、李佐贤“石泉书屋”“得壶山房”、吴式芬“双虞壶斋”、王懿荣“天壤阁”等。其中，吴云、李佐贤、吴式芬以各自所藏之罍、泉、壶名斋，这与陈介祺之“簠斋”名相似；而其他之斋号蕴含比较宏阔，与所藏文物之种类、形制、名称尚无衔接。由此不但体现陈氏所藏文物之种类丰富、数量巨大，而且通过斋号，最能看出陈氏对文物收藏分类管理的系统性和科学性，以及远远超越时贤所达到之历史高度。

① 马衡：《凡将斋金石丛稿》，中华书局1977年版，第272页。

（二）保管措施

陈氏在文物保管方面大有贡献，他对文物进行分类，依据文物材质进而区分文物学术价值，由此则为每类文物的具体保护管理的相应措施的制定奠定了基础。其对青铜器，多采取上架或装箱措施，如其专门以檀木按照曾伯霥簠尺寸而制作箱匣，同时配置底座，并在箱匣外壁摹刻铜簠铭文以及名家考释研究文字，如此则是最为科学完备的保管措施。

同治十三年（1874）七月十一日，陈氏致书潘祖荫，恰逢当时潘祖荫获赠大盂鼎，陈氏对此尤为关切，故云："收古器至盂鼎，似不必再过求。……左相书归盂鼎，自取方无痕迹，且可速。愚见似尚非谬，或寄运费二百金与小子，托其制椟（厚木、铁钉叶、内用纸厚糊、塞满不少动，或托子年切致苏亿年为之尤妥）。觅车、择京差员弁之至可托者委之，而进城事自任之，当必妥速。"① 像大盂鼎这种国之重器，自当妥善保护。陈氏为保证远途运输安全，嘱可委托之人制作厚木箱，内用纸厚糊，放置大盂鼎后再塞满纸，保证大鼎不因路途颠簸而出现晃动，可见其心细如斯。而如此识见和具体措施与细节，都是陈氏经长期目验心究而总结升华得来的。在当时条件下，白银二百两应是数目较大的一笔资金，陈氏以此定制木箱以及采取相应保护措施，足见其对文物的重视程度。并且从制作厚木箱到箱内用纸厚糊，到放入大鼎后再塞满纸，再到委托有搬运文物经验的老古董商人经办此事，可见陈氏虑事之精细。如此做法，与今日青铜器装箱搬运并无多少差别，这在当时来说无疑是做到了极致。

如上所揭列，同治六年（1867）二月，陈介祺致书陈介锡称："《百朋合璧》册读过……册须纸封，外以白洋布包之，阅时以牙签，勿使手涴，即还亦珍重之意。"当时陈介锡收藏《桑梓之遗》并续编已达百余巨册，岁时绵历百数十年经几代人之手而成，并且其中还有宋与明代的墨迹。陈介祺嘱托陈介锡对书画册页，须单册用纸护封，纸外再以白洋布包裹。因白洋布经纬细密柔软，不像木机梭织土布棉线带疙瘩且会摩擦册页；同时要求阅读时以象牙制成的扁签轻轻挑转，不能用手直接翻阅，唯恐手渍涴漫而玷污书画页面。凡此对书画文物的保护措施可谓细致入微，即令今日看

① 〔清〕陈介祺著，陈继揆整理：《秦前文字之语》，齐鲁书社 1991 年版，第 29 页。

来亦是极为科学而专业的。由此可见，从博物馆学角度审视，陈氏在藏品的保护和借阅使用等方面都有其至高至善的认识。

同治十一年（1872）十月，陈氏致函苏亿年称：“寄物必须用匣，有上等非常之品，先寄信来并拓本商量，或取或送可也。”① 陈氏出于对文物的保护，与古董商人交接文物时，要求必须用木匣装盛；若属非常之品，则须先寄送拓本经其目验，然后决定邮寄抑或派人取或送至。同治十三年（1874）七月二十日，陈氏致书谭雨帆，称龚易图所索拓本“日内将各金文检点补足……蔼翁装册，能于近省妥便寄示（定日再取往来用匣，不妥则已），当择佳者录释。寄册勿多（高丽纸厚包），三四本即可”②。这里也谈到文物保护措施：即便对铜器拓本，也要装盛在木匣中取送往来，而对拓本装册，亦不可过多装成包裹，而是三四本为一包裹，用高丽纸厚包。高丽纸纤维多而长，韧性好且隔潮。由此可见陈氏用心之细致周密。

前数年某国际博物馆日，潍坊市博物馆组织免费为民众鉴定文物，笔者忝为专家之一，有幸得睹潍上民间家传汉代铜镜一面，尤为重要的是装盛铜镜的长方形锦囊精美典雅，乃前所未见。其形制类似线装书函，里软绒，面锦缎，仿佛铜镜大小，外一开口有并列骨签别封。由锦缎与制作形制断此镜囊为清代晚期，因岁月既久，锦囊表面之封签残失，不可辨识为何家所藏所制。然就其精美之程度、制作之考究，窃以为最有可能为陈介祺所曾有者。

陈氏对文物的保护、存放场所和分类保护所用的橱柜，以及文物在静态下的存放和动态下的运输，都有较为完善的措施，包括当年关注海防国运以及办团练筑炮台率领守城等。凡此一切，既是出于对人民生命财产的保护，亦是出于对文物典籍的守护。

由上所揭列，可见当时陈氏不仅对重要吉金彝器十分珍爱，精心保管，或将铭文考释与器形拓本刻之于檀匮，而且对铭文与器物全形拓本亦极为珍重。为了传古，其深思历史前车之鉴，忧虑文物罹患不可预见的天灾人祸；为更快、更好地传拓文物器形与铭文，同时为传播并保护文物之计，其将器形与铭文精心复制于木版或石刻。光绪八年（1882）十一月，陈氏作《十钟

① 陆明君：《陈介祺年谱》，西泠印社出版社 2015 年版，第 222 页。
② 陆明君：《陈介祺年谱》，西泠印社出版社 2015 年版，第 282 页。

山房印举事记》称："古人文字，不可不公海内大雅之学。藏而不传，与未藏同，与靳古遗古同。拓虽少损，安知日后必在吾家，必在天壤间耶？况拓传而古人传，拓者藏者亦附古人传耶。其器亡拓存，或摹刻或点石点铜传之，则美备矣。"① 由此可见，陈氏藏古与传古思想的关键在于传播古文字，即通过最大限度地传播古文字，俾便起到正经补史的作用。如潍坊市博物馆藏有陈介祺为传拓而上石翻刻的毛公鼎铭文、曾伯霥簠器形与铭文、毛公鼎全形木版、汉君车画像石刻以及魏曹望憘造像等。1988 年，笔者赴长春出席中国古文字研究会第七届年会期间，荷承香港中文大学张光裕教授惠示，称宝鸡、香港等地存有清代或民国时期仿铸的毛公鼎铭文铜版；数年前潍坊某企业家为弘扬金石之学，而延人仿造多件毛公鼎，同时还仿铸毛公鼎铭文整块铜版。由此可见，陈介祺为保护青铜器与石刻所采取的措施在当时已经是难能可贵的了。

同治十二年（1873）七月，陈氏致函吴云，称："我辈所述，乃为传古人非为传一己，古人传则己亦必传，是不可不公其心求古人之是者，而我先为传之，正不必器之在我，惟专以拓为贵，以图为备，只标我所及见者，其文与制，可传则传之。若考则前人者尽可多刻，勿惜所费，今人者则当酌。未考者则先刻图摹字释文，记尺寸斤权，铭之所在，所出之地，所藏之家，传之以资博闻者之问学，庶不致因循一己，蹈前此刻书不成之弊。"② 由此不仅可看出陈氏的传古思想与治学态度，还可得见陈氏对文物藏品的分类登记管理和研究要求。

纵观陈氏收藏研究的历史，还可看出陈氏学术思想的积渐与升华过程：少年时最喜玺印，成年后在京师时注重收藏碑刻钟鼎，归里后则接连家事纷繁，不得专心于学问；大致自同治十年（1871）起，其于藏古、考古和传古的学问大有从量到质的升华，几乎对诸种文物的收藏与研究都臻至独到的超越前人、凌驾时贤的高度。

三、文物研究方法

依据当代博物学所认识到的博物馆功能，除文物保管、宣传之外，另一

---

① 陆明君：《陈介祺年谱》，西泠印社出版社 2015 年版，第 398 页。

② 〔清〕陈介祺著，陈继揆整理：《秦前文字之语》，齐鲁书社 1991 年版，第 235 ~ 236 页。

项重要的功能即研究。有人认为藏品是博物馆的核心，而研究则是博物馆的灵魂。对于藏品的研究，则往往体现收藏者对文物性质价值最初步、最直接的认识。历史上对文物的认识，尤其三代吉金，先秦时期认为钟鼎彝器的出土属于神灵的昭示；汉魏时期则将其当作天地所赐的祥瑞；宋代饱学之士将其当作正史书之失的依据，但是在更广的社会范畴内则将其当作文玩甚至比作金银珠玉；而将其真正当作历史研究的科学资料则是清代乾嘉以后的事情，其中最为典型的代表则是陈介祺。

早在春秋时期，孔子即能辨识西周肃慎所进贡的楛矢、石砮，晏子能释读纪国青铜壶上的铭文；到了汉代，孔安国考释孔子宅壁中发现的战国简牍，张敞、李少君释解西周与春秋时期的铜鼎铭文……这些都属于对文物进行研究的历史典型。宋高似孙《纬略》载："梁刘显字嗣芳，沛国人。任昉尝得一篇缺简书，文字零落，历示诸人，莫能识者。显云是古文《尚书》'无逸'篇。昉验《周书》，果如其言。时魏人献古器，有隐起字，无能识者。显按文读之，无有滞碍。考校年月，一字不差，高祖甚嘉焉。"① 由此可见，当时人们不仅收藏出土文物，而且研究方法也趋近科学，尤其对竹简木牍上的文字，已经能够勘验历史文献典籍，相与比较，而且能释读汉代以前的古文字，这也说明当时博物馆学研究已经分门别类，各有研究的对象与方法。

（一）系统全面　信息交叉

李学勤称：中国的现代考古文物研究，是在历史久远的金石学的基础之上建立和发展的。传统的金石学积累了非常丰富的材料内涵，从而成为现代研究足以依据的起点。不仅如此，即使是现代文物考古研究已经取得令世人瞩目成果的今天，以往的金石学仍然有不少知识和观点值得我们重视和汲取。在中国学术史上，金石学这门学科的渊源，一直可以追溯到汉代，而如人们所习知的，至两宋而告其大成，后世这一方面的方法与模式，包括学科的各种分支，当时业已齐备了。及至清中叶以下，金石学达到全盛，所产生的成果，在20世纪现代考古文物学科发轫之后，大多得到继承和推进，体现在诸多学者的工作之中。例如青铜器、玉器、陶瓷以至石刻、玺印、钱币等的专

---

① 〔宋〕高似孙：《纬略》卷四。转引自林欢：《宋代古器物学笔记材料辑录》，上海人民出版社2013年版，第107页。

门研究，都是这样。① 如果从宏观的中国学术发展史角度着眼，不难发现经学与金石学应该是相宜并重的，尽管经学发展完善的历史远比金石学长久，但是汉代已经有人辨识钟鼎铭文和战国简牍文字，而所谓的“古文经”则主要肇源于孔子故宅壁中书，而后来收藏研究简牍钟鼎则是金石学的大项。中经宋代的推动发展，到清代乾嘉时期金石学博兴，达到其发展史上之新高峰。当时的金石学家对金石文物的研究目的在于正经补史，如顾炎武、黄易、阮元、李文藻、段松苓等，尽管方式方法尚不成熟，皆能结合金石文物甚至亲历现场进行文物实际状况的科学调查而进行地方历史文化探索研究，有的则更进一步，力求探索三代经典所载之名物制度。

清代晚期既是金石学积渐发展进入成熟完善之历史阶段，亦是传统金石学向新兴考古学转变之历史阶段，而陈介祺不仅是金石学研究探索的巍然巨擘，并且架起了由金石学通往考古学的桥梁。这一点得益于陈氏对所获取文物资料信息系统完备的要求，以及其科学的研究方法。他的研究方法与要求，甚至与后来考古学科的方法与要求并无多大差异。

陈氏注重现场调查，尤其对于在齐、鲁、邾国都城及其周近出土的陶文，都派人到现场收集，提供相关的信息；其还曾至诸城等地进行山川形势与出土文物调查。最典型的则是，为研究琅琊秦刻石及其附近出土的陶器瓦当，陈氏特于同治十二年（1873）八月派其传古得力助手王西泉、丁艮善、何昆玉、宫昱等人到琅琊台及其周近秦汉离宫别馆进行考古调查与捶拓刻石，同时搜集碑刻、瓦当、玺印等相关文物。陈氏特意要求访古人员在野外调查中写日记，记述调查对象的位置、现状以及捶拓工作情况等。去时八月十日左右，九月初有回潍者，带回部分碑刻瓦当拓本，十月十八日全部回潍，历时两三月。从陈氏手札字里行间推测，此次琅琊访古一行至少五六人，在东武滨海琅琊台及其周近访古两三月，如此队伍行动，俨然一有目的、有组织的田野考古调查小组。

当日，陈介祺即致函潘祖荫称：“今日拓工自琅邪台还，已三月之久矣。驰上精拓四纸，乞与子年兄分存之。”由此不仅可以看出陈氏治学研究的方法与态度，还可以看出其视学术为天下之公器，资料不自秘，而是在获得资料

① 参见朱明歧：《古砖荟·序》，文物出版社 2015 年版，第 1 页。

的同时与同好分享。

（二）资料科学 创获颇多

对文物进行研究应该是博物馆收藏保管的前提，诸如征集文物藏品，首先得进行真赝鉴别与基本学术价值的初步评骘。或进一步而言，文物真赝鉴定往往是研究的基础，否则初始即误，正可谓失之毫厘而谬以千里。诸如青铜器作伪的故事，最早见于《韩非子·说林下》："齐伐鲁，索馋鼎，鲁以其雁（赝）往。"宋代仿造铜器数量较多，主要目的在于象征周代礼制的存在，如蔡絛《铁围山丛谈》载："崇宁甲申议作九鼎……鼎一铸而成……又政和六年，用方士王仔昔建言，徙九鼎入于大内，作一阁而藏之。"① 又如洪迈《容斋三笔》云："夏禹铸九鼎，唯见于《左传》……崇宁三年，用方士魏汉津言铸鼎，四年三月成……七年，又铸神霄九鼎……遂为十八鼎。"② 赵彦卫《云麓漫钞》称："今之太常所用祭器、雅乐，悉绍兴十六年礼器局新造。祭器用《博古图》，乐器用大晟府制度。大晟乐用徽宗君指三节为三寸，崇宁四年所铸景钟是也。"③ 宋代不仅新铸青铜礼器，而且新造玉质乐器，如姚宽《西溪丛语》云："大庆殿玉磬十六，新造也。其下趺以凤。初以狮子不出于三代，故易之。"④ 宋朝王室为恢复周礼、教化人心而仿造青铜玉石礼乐器，但是民间亦有为牟利而铸造新铜器并做旧上锈而骗人的。赵希鹄《洞天清录》中便谈及青铜器上锈的方法，以及当时伪造的铜香炉等。⑤

关于青铜器鉴定，林欢称："宋人在铜器断代上常误周器为商器，但很少误商器为周器。宋人确定商器的很多方法，在今天仍然值得借鉴。《洞天清录》收古钟鼎彝器辨共十八条，内容广博，涉及夏商周断代、古器色泽、气

---

① 〔宋〕蔡絛：《铁围山丛谈》卷一。转引自林欢：《宋代古器物学笔记材料辑录》，上海人民出版社2013年版，第165～166页。

② 〔宋〕洪迈：《容斋三笔》卷十三。转引自林欢：《宋代古器物笔记材料辑录》，上海人民出版社2013年版，第166页。

③ 〔宋〕赵彦卫：《云麓漫钞》卷三。转引自林欢：《宋代古器物学笔记材料辑录》，上海人民出版社2013年版，第170页。

④ 〔宋〕姚宽：《西溪丛语》卷下。转引自林欢：《宋代古器物学笔记材料辑录》，上海人民出版社2013年版，第171页。

⑤ 〔宋〕赵希鹄：《洞天清录》。转引自林欢：《宋代古器物学笔记材料辑录》，上海人民出版社2013年版，第165页。

味、款识、铸造方法以及辨伪等方面，此为第一条。当代古器专家罗福颐先生对其的评价是：'博而不约，文字空洞的多。'"① 宋代在青铜器断代、辨伪方面，赵氏（希鹄）之论堪为代表，而到清代陈介祺时期则产生巨变，加之陈氏的眼光与收藏经历，故其对文物鉴定入藏及其历史价值的评定则远在宋代人之上。

清代由于金石之学大兴，所以青铜器作伪也甚嚣尘上。当时比较著名的地点就有山东潍县、陕西长安、江苏苏州、京师等地。陈介祺对文物鉴定可谓火眼金睛，目光如炬而心细如发。其对藏品的搜求，严格把关，绝不混入一件赝品。由于陈氏学术水平极高，其对青铜器铭文的书体、篇章与内容等可谓烂熟在胸。但是当时仍有不少达官贵人，将商周青铜器比作金银珍宝，或接受礼赠，或费心购求以附庸风雅。道光二十四年（1844），叶志诜得西周遂启諆鼎，该鼎原有铭文九字，陕西人增刻百二十余字，陈介祺断定为伪刻，叶氏对此置若罔闻，而于金山寺展示，并与友朋作歌赋诗或作考释，喧闹非常。

对于青铜器的辨伪，陈氏目验心究，有其独特的见解。同治十一年（1872）十月，陈介祺致函西安古董商人苏亿年，因苏氏此前受陈氏之托在当地搜集出土铜器、玺印、瓦当等，苏氏将搜集的大鼎拓本寄来，陈氏称："寄来大鼎拓本，其字乃假刻，以薛书②与今器凑成，其字上又似加绿者，足下不知之也。如看不出则眼力不如令兄矣。古器真假，世人多不知看字，而只知看斑色。看字不但看字底之新旧、有灰无灰，假刻者之必有刀痕或铜刷痕。以文义、篆法定之，尤百无一失。即有时真者见弃，亦属寻常矣。今日假刻胜前数位，几欲乱真，而其软弱与错谬处终不能免。人不能别，则亦不学之弊耳。惜乎无字古器大遭荼毒，转不足供雅玩。夫无字何害？只知重价买有字者，而不知一纸拓字、一幅全图，无论有多大学问皆足供其考定。又岂必如宝珠玉之必贵己有而茫然不知真假以株守之也。"③ 由此可见，陈氏不但能鉴定铭文真赝，而且对为牟厚利而在铜器上添刻铭文，从而对铜器造成破坏之事是深恶痛绝的。

---

① 林欢：《宋代古器物学笔记材料辑录》，上海人民出版社 2013 年版，第 3 页。

② 指宋人薛尚功著《历代钟鼎彝器款识法帖》二十卷。

③ 陆明君：《陈介祺年谱》，西泠印社出版社 2015 年版，第 221 ~ 222 页。

同时，受陈介祺的影响，当时的金石学家大力收藏民间挖掘出土的陶文与瓦当。当时，陶文作伪以临淄一带最为突出。同时，瓦当作伪更是普遍。如上揭光绪元年（1875）八月陈氏致潘祖荫书称："新得秦汉瓦三十三种，中之漆合者，或有已寄一二种（伪瓦日多，胶合者重，新陶者燥），须校。"可见陈氏对任何资料必须精心鉴定、断其真赝而定其取舍。

咸丰七年（1857）十二月，陈介祺致书许瀚，时许瀚整理吴式芬遗书，陈氏对此极为关心且颇多建议："《碑目》易稿数四，自当先订成之。昔年所见，每地先以现存，次以待访，未知尚仍其旧否？拓本不能遍致，其小地名亦未能遍考，分别信疑，以俟后来如何？砖瓦宜别为一卷。《石鼓》必不可遗，《岣嵝》亦需再酌，二刻尚存，未若《比干》《延陵》之徒传摹本也。《捃古录》则未见，亦未闻其例。金文有又确定为周器者，商器则恐有臆断。若只论字之多少，似亦不免淆乱。尤不可仅录释文，不事摹刻也。"① 这是对文字原件拓本和摹本予以区别的态度，尤其青铜器铭文，不能只著录释文，而不附录拓本或摹本，这是古文字研究也是传古方面最为重要的见识。试想铭文一种而解释多家，如不附录原件之拓本或摹本，又怎能判断释读之正确与否？摹刻铭文既是悉心体会文字结构、笔画走势以揣摩古人心意的最好路径，也是掌握青铜器铭文辨伪本事的重要方法。

同治五年（1866），陈氏对胶西灵山卫故城旁出土的陈氏三量铭文进行研究，正确释解"子和子""陈""区"等关键铭文，认为"左关""地滨海，在齐之左，故曰'左关'，今故城当即其址矣"②。陈氏此识见极高，郭沫若等从其说。1964 年五莲盘古城出土齐战国玺印 13 方，印文同曰"左桁征玺"。此地北去数十公里即灵山卫故城，两地均位于齐国东境，正所谓"齐之左"，故两处关口、桁征均冠之"左"矣。

同治十年（1871）七月，陈氏作周盂鼎释文，对三代彝器文字的性质和研究方法提出新见解："三代以来古钟鼎文字，不第贵识其字也，贵乎能通其义，尤贵能求其行文之法。书事之例，虽不足以赅古史，而其施于彝鼎，书于宗彝者，亦可得其大概，征信于数千载下而可无少疑矣。"他认为

---

① 陆明君：《陈介祺年谱》，西泠印社出版社 2015 年版，第 119 ~ 120 页。
② 陆明君：《陈介祺年谱》，西泠印社出版社 2015 年版，第 151 页。

盂鼎铭文所载王命数复，再三诏诰，诚乃："三呼而三诰之之辞也，其反复叮咛之意至为深切著明。朱子论《诗·大雅》所谓平易明白正大光明者，庶几得之矣。呜呼！斯文之至于斯也，岂今本之《尚书》、汲冢之《竹书》所得拟哉？真秦以后人所得目睹古人铭金之第一篇文字也已。"同年亦作毛公鼎铭文考释达一万二千余字，其谓："秦燔之后，群经大晦，西汉之际，惟说清乱。虽古训多闻，非后世所及，而天命自然之理，圣人大中之心，汉儒则未能深造自得而有以折衷群言之是非。"① 通过对长篇铭文的考释，陈氏不仅准确释读铭文内容，而且由此而阐发对西汉儒生对传世今文和新见古文经典的释解讹谬与折衷之论的批评之意。

对于青铜器铭文的研究，陈氏结合典籍与汉代许慎《说文》以及自己考证文字的方法，在同治十一年（1872）十二月致鲍康书札中论及："刻古泉须先选工钩刻，与拓本同乃为尽善。刀法须曲折碎切，与刻书异。……刻金文惟阮书为善，惜亦有伪器，汰而重刻亦大佳。好古者以多收拓本多刻古文字为主，考据仅可别刻附后，不厌其多，听后来之讨论可矣。……金文释虽不易，然多见自可引伸，尤宜以文为主，弟谓前人多重一字而忽全文，此亦有少入处。伯寅少农好古有力，曷不为字学统编，以说文为本，而凡诸治许氏家言及字学书，皆附列于一字之后，以便考订异同，并可摹吉金文字附之，许书所无，则附部后，亦一大著作。"② 陈氏之言可谓振聋发聩，其对《说文》以及诸家有关字学之著作，可谓统揽在心，而对金文研究更有雄厚积淀，所以其提出金文研究应与《说文》相结合，并取仿《说文》部首卷帙次序而编辑金文字学之书。其后丁福保即编著的《说文诂林》，俟之1982年，在陈簠斋提出编纂规划与体例的百年之后，由周法高编著的《金文诂林》正式出版，这是古文字学界的大事，证明了学术的积渐发展和一代学术宗师的超前识见。

光绪十年（1884）正月，陈氏为吴大澂《说文古籀补》作叙云："许氏之书至宋始著，传写自多失真，所引古文，校以今传周末古器字则相似，疑孔壁古经亦周末人传写。"陈氏此说至确。而后百年人们才认识到许氏书中所

---

① 陆明君：《陈介祺年谱》，西泠印社出版社2015年版，第195～196页。

② 〔清〕陈介祺著，陈继揆整理：《秦前文字之语》，齐鲁书社1991年版，第148～149页。

收古文为战国文字，故其形体与西周金文和秦石鼓文不相同。

光绪元年（1875）八月七日，陈氏雨中作《簠斋藏古册目》并题记："象形而无人名者，疑皆商器，其中皆有至理深意。周人不过记某某作器而已，即字少亦不过记事。器小字少未必皆周以前，颇不易定，止可类聚之居。今之世止以多见秦燔前古字为幸，故余编次皆先字多者，而不敢强定为商，且焉知无虞夏物乎？今于字之古近商者标而出之，不敢字少者一类。光绪乙亥秋记。"① 此题记虽短，但极为精深，迄今所见商代青铜器铭文字数较少，通常多为族徽，或简称"父某""祖某"等。此亦是时代所使然。而早在百数十年前，簠斋先生即已认识到铭文简少者为商代器，周代不过记录某某作器而已，由此可见陈氏当时探研之艰深、认识之科学。

关于陶文的发现与研究意义，王襄《古陶残器絜语》称："金石学之在昔，金有钟、鼎、彝器，石有碑、碣、墓志，其旁支逮于镜、兵、玺印、泉币、砖、瓦、造像、封泥。自汴宋至满清，时历千载，有专家之访求考定，汇其品物，著于录者，仅此已尔。陈簠斋出，悟古器物出土之地，多在周汉两京，又悟东周而后，列国及七强故都，埋藏者应富，乃募工人，趋临淄，访齐之古城，并力发掘，果大得残陶。有文字之陶，现于人间，列入金石学，陈氏为其创者。"②

光绪八年（1882）十二月，陈氏题记得秦汉瓦当并战国陶文之事，云："归里后，于泰山、琅邪求秦石数字不得，仅自琅邪秦台侧获瓦当残字数百，追寻斯笔之法，始有所入。后竟于齐鲁古陶得三代文字。"陈氏所谓的"琅邪秦台侧"，应在今琅琊台西的夏河城遗址，此地为战国琅琊邑，秦为三十六郡之一琅琊郡治。前数年笔者应邀前往此处进行考古调查，发现战国树木对兽纹瓦当和铺地砖等，同时看出陈氏对文物的出土地点尤为关注，说明其对文物价值的认识更在于探究历史地理。

同治十二年五月，陈氏致函鲍康云："阮文达语祺，非天机清妙不能笃嗜古文字。"同时致函苏亿年称："余收古物以印之费为多，而爱之则不如三代器，愈老愈爱三代古文字拓本也。""如有再出字多之器，千万不可失之。切

---

① 陆明君：《陈介祺年谱》，西泠印社出版社2015年版，第314页。

② 王襄：《古陶残器絜语》，载《燕京学报》1948年第35期。

属切属！千万千万！"① 三代古器文字对文明礼制与名物制度的研究，正如李清照《〈金石录〉后序》所谓"是正讹谬，去取褒贬，上足以合圣人之道，下足以订史氏之失"。由此可见陈氏对三代社会性质与历史地位的看重。

同治十二年闰六月，陈氏致函潘祖荫，称："金文以三代文字为重。秦无文字，汉器之铭无文章，记年月、尺寸、斤两、地名、器名、官名、工名而已，后世则并此而无之矣。三代在上位者以德，有德者必有言，故有文字。三代后在上位者以才，德不足者言不足，故无文字。……吉金必以经传考定其器与器之用与制与名。"② 凡此均是以三代器物与铭文，同传世经典交相比勘而推阐名物制度与礼制文明。

同治十二年八月，陈氏致函鲍康云："多见多用心，以精为贵，久之自有真知。矜奇好异，与宝珠玉同，既富精品，又收伪器，自是所知未深，未尝以已得佳者切审之耳。"③ 这亦与李清照《〈金石录〉后序》所讥"自王播、元载之祸，书画与胡椒无异；长舆、元凯之病，钱癖与传癖何殊"者，亦正相似。

陈氏收藏既富，眼界开阔，且饱读诗书，故对文物研究有其独到之处。从其考释铜器铭文的篇章可见，其对铭文认识有综合的释读方法，讲究偏旁、字义与通篇铭文的融会通贯，同时还与相关铭文作比较，对文字与历史和名物制度作全面研究。其将汉代铜器鋈、灯之收藏种类、名称演变、古代应用存放处所与文献典籍所载内容进行系连，同时引用诗词歌赋相关资料，可谓旁征博引，广搜远绍。即便将其与今日考释精彩文章兑读，亦是毫不逊色。光绪九年（1883）十一月，陈氏致书徐会沣称："周旋拓手之难、费用之多、检点之劳、筋力之衰，知者自能见之，而不以为鬻古求利，且知其竭精神岁月为古人役而无所余，不过藉可公诸海内传之后世而自信无一伪者，不过力不能致上上之品耳。"④ 由此可见陈氏为传古所付出之精力与心血。

---

① 陆明君：《陈介祺年谱》，西泠印社出版社 2015 年版，第 231 页。

② 陆明君：《陈介祺年谱》，西泠印社出版社 2015 年版，第 233 页。

③ 〔清〕陈介祺著，陈继揆整理：《秦前文字之语》，齐鲁书社 1991 年版，第 168 页。

④ 陆明君：《陈介祺年谱》，西泠印社出版社 2015 年版，第 418 页。

光绪九年十二月，陈氏致书益都孙文楷："求古人文法，必多见金文拓本。始得参互考证者，必以经文为本，以吉金为例，以上下文义为定，以《说文》为阶。舍《说文》今日无从识古字，舍吉金今日无从正《说文》、补《说文》也。"① 陈氏此札论及金文考释方法，论证金文、《说文》与经典文献三者之间的关系。考释古文字必须以《说文》为步阶，由《说文》而考释古文字，以经典验证古文字，以古文字而纠正《说文》，三者之辩证关系讲得极为透彻入理。而其中将"以上下文义为定"之语，则是在对金文书体与《说文》比较考证时，同时运用辞例推勘之方法，即依据上下文文义而考释古文字。这在当时属于极为超前的识见。约半个世纪后的古文字学家讲究古文字考释方法，有所谓形体考证、偏旁分析与辞例推勘方法等。

四、著书立说，传古不辍

据新兴博物馆学之概念要求，博物馆于文物收藏研究之外，还有一项重要功能即宣传。陈介祺所处时代由于条件所限，不可能像当今的博物馆般举办展览、传播文化。尽管如此，陈介祺文物收藏的目的即在于传古，所谓传古就是传播古文字所蕴含的历史信息，让当代与后世得以据此来探索研究历史。陈氏将传古当作自己的人生追求，可谓孜孜矻矻、不舍昼夜而终其一生。自元明而至清代，正是中国博物馆学进入其突飞猛进、迅速发展完善的时期，同时也是中国博物馆学发展史上的第一个高峰时期。而像陈介祺等著名的金石学家，各家所藏都是一个各具特色的文物收藏与研究的博物馆，而收藏最发达的时期也同时是历史动乱阶段，所以博物馆之宣传功能显然疲弱。陈氏常与金石友人进行资料共享，如遇钱币、陶文、金文、封泥、玺印、碑拓等文物信息，便及时与大家交流，并将自藏钱币补苴李佐贤、吴云的钱币学著作，将琅琊台秦碑拓本从速赠送潘祖荫、吴云等。郭麐《潍县金石志》收录金石资料 232 种，其中 140 余种乃陈介祺无私襄助，同时陈氏父子共为整理编校，还约邀潘祖荫、王懿荣为此书制序作跋，陈氏则为之作校勘记。惜陈氏于作校勘记之当月二十日溘然长逝。

（一）坚定信念 认知弥深

自同至五年（1866）至同治十年（1871）夏，陈氏六年间迭遭丧长媳、

① 陆明君：《陈介祺年谱》，西泠印社出版社 2015 年版，第 420 页。

原配夫人、长子之痛，但其仍坚持编辑《十钟山房印举》，其自序云："辛未春，李淑人卒，夏热无以自遣，复检金文读之。又念一生之所聚，不可使古人不传，遂拭拓墨。"同治十年秋，取咸丰三年（1853）夏所装《宝簠斋集各家彝器释文》研读，自序云："咸丰癸丑夏装三代器文七百余种为册，归里后未及释也。同治辛未秋热甚，悲伤不能遣，取而读之。"俟之同治十一年（1872）三月跋《宝簠斋集各家彝器释文》云："余于既冠后从子苾六兄游，论古文字、考订金石，始稍有吉金之蓄。既稍有所见，好益笃，藏日增，同好者以拓墨往来，亦益富。咸丰癸丑夏，装三代器文七百余种为册，归里后未及释也。"由此可见陈氏在其四十一岁时既已获见三代吉金铭文七百余种，在当时应属数量最多者。并且装订吉金铭文时，正是陈氏人生最为艰难困窘之时，迭经父亲与祖母之丧，又罹患清王朝逼迫捐巨银之厄难，辗转京师、山西筹措银两，诚可谓进退维谷、困窘万般。即令如此情景，陈氏尚能淡定心气，编辑金文。这也是其一生为人处世的风格。后来六年间其接连有长媳、原配夫人与长子之丧，然其在妥善安葬亲人之时，仍一如既往研读金石文字。由此可见陈氏传古之心志。① 如上所揭列，道光十九年（1839）二月二日汪喜孙赎回押给陈介祺的玉印五方，价值白银二十五两。由此或大概推知当时一般玉印的市场价值。以及王懿荣《考古杂著》中，记其光绪七年（1881）二月："过潍县，住四日，遍访赏鉴家。……得一六字刀，十五金。"② 于此

---

① 陈氏于同治十一年（1872）三月二十七日作跋，称此七百余种成册于咸丰癸丑夏。然陆明君《陈介祺年谱》据簠斋六世嫡长孙陈继揆先生手稿云："此金文册陈继揆先生知之甚详，其记云：'此金文大册，以磁青皮装册页廿四本，除平日所收七百余种，未获拓本之重器，即以木刻款识代之……装订甫成，即遭索款之祸。携归故里，因僻居乡村，金石之好，如止酒然皆屏之。同治十年，李夫人病殁，悲伤无以遣，始取而释读之。次年，子婿吴重憙仲饴来，出册相质，即手录成帙。'"然据《陈介祺年谱》咸丰三年二月，称引当事人之一崇实《惕盦年谱》所记与《潍县陈氏家藏簠斋家书》所载，簠斋当年四月初三寄潍县五叔祖母、六叔祖母函称："三月内交过贰万两后，余共措交之两万两，尚无著落。"《陈介祺年谱》记索银事在二月十日。陈介祺当年四月初到山西，四月二十四日到山西介休，五月四日仍在介休，五月十九由太原返京，六月三日到京，六月捐银事毕。七月八日致诒卿弟云："兄还都后，不多出门。读书以消永日。"咸丰四年陈氏尚在京师，并于三月初五日致函先归居潍县的夫人李氏。大概此后不久，陈氏则由京师归潍县。所以陈氏装金文册的时间应该在咸丰三年之夏，事在交完四万两白银之后。由此愈见陈氏传古信念之坚毅笃定！

② 吕伟达主编：《王懿荣集》，齐鲁书社1999年版，第261页。

亦可参考当时齐国刀币的价值。而陈氏藏品种类多、数量大，其所用资财之巨亦可想象。

陈氏收藏的最终目的在于传古，而传古的方式就是传古文字，因古文字是最直接的文献，“上足以合圣人之道，下足以订史氏之失”。同治十三年（1874）二月十三日，陈介祺致鲍康书云：“至我辈之好古文字，以补秦燔之憾，自不同玩物，而无异于珠玉之侈矣。同志共从事于斯，则自无世俗之见（始皇之暴，无如天地之藏，但出则已是将毁，唯在早传其文字耳，爱文字之心，必须胜爱器之念，所望海内君子日有以相贶耳）。”① 所以陈氏对青铜器、玺印、封泥、陶文等举凡带有文字者，皆珍爱、收藏、研究而传布之。同治十三年二月二十二日，陈氏致吴云书，先论及西周请器铭文中“玟”“珷”二字，左旁从“王”（世人皆认为是“玉”，独陈氏认为是“王”），乃当时“文王”之“文”、“武王”之“武”的专用字，这在清代无异于空谷绝响。其还谓：“窃谓古器出世，即有终毁之期，不可不早传其文字。我辈爱文字之心，必须胜爱器之念，方不致丧志而与珠玉等。盖天地以文字为开塞，义理以文字为显晦，秦燔文字，而古圣之作大晦。许氏收文字之遗以为说，二千年来言字学者必宗之，要皆燔后所余，独吉金款识是燔前古文字真面，非许书可比。自宋迄今，吉金文字之传迥越前古，有是真古文尚书者，有不可以许书定者，其文与字非多见不能通。是以欲合今日所见拓本、摹刻善本，精摹其文为一书，一器一版，字多者释文则别为一版，少者共一版。且欲合宋以来金文书摹刻失真者，附刻为一书，以存古圣之作。而为多见之助，再逐字分编许书各字之前，以立许书之本。而凡汉以来言字学之书皆分字附焉，以证许氏之义。上窥制作文字之原，下集字学之大备，则传一己而不能久者，传古人而己亦必传矣。”② 同年五月十一日，其又致书王懿荣称：“大雅之于好古可谓深矣，尤望于已得者则如恐毁伤，未得者则爱其文字，而聚之、辨之、思之、传之。”

由此可见陈氏对文字与人类文明之间的关系的精确识见。同时，其对三代古文字与东汉许氏《说文》之间的关系的评判亦称精当，心中并谋划以三

① 〔清〕陈介祺著，陈继揆整理：《秦前文字之语》，齐鲁书社 1991 年版，第 187 页。

② 陆明君：《陈介祺年谱》，西泠印社出版社 2015 年版，第 260 ~ 261 页。

代铭文摹刻成书，以宋代摹刻失真者作为附录备考；再将金文单字摹刻编置于许氏《说文》各字之前，作为古文字典型，俾便与许书对照。如此则成篇铭文、宋人之讹、古字之体与许书通贯成一长编，则古文字之书可称完备。后来如吴大澂《古籀汇编》、容庚《金文编》等大都遵循这种设计思路；更后则有周法高等汇总各家识见，以许书为顺序，罗列单字诸种形体、诸家释读而编成《金文诂林》，这与丁福保《说文诂林》有相似之处，但是大的思路仍循陈氏模式。

光绪十年（1884）正月，陈介祺为吴大澂《说文古籀补》作叙云："祺尝欲辑本朝许氏学之说为《说文统编》，以一字为一类，先列钟鼎古字，次以许氏籀文古文字，古文无则前阙文，古字不可释则附各部后存之，再次以许氏学各家说，又次以古训诂、古音韵各家说，有志而学与力不能就。"① 陈氏对传统许氏之学与古文字、古训诂、古声韵之学，以及彼此之间关系，可谓识见孔明洞达。于此皆有先见之明，近百年后才有《金文诂林》之书出，然尚不具古训诂与古声韵之资料矣。

光绪六年（1880）五月，陈氏自作联语"古文半六国，诗字多三家"，并跋曰："余尝谓许氏所收古文，与今传世周末吉金文多相同，盖秦燔后汉去六国时甚近，故六国文字为多，以其异于小篆，故概目为古文也。许氏说解多与毛韩三家合，故前人谓《说文》多收三家诗字也。"② 由此可见陈氏卓识，对《说文》古文有着最早而且科学的识见。

1916 年王国维《史籀篇疏证·序》对战国文字提出"东西二土文字"说，东土文字指东方的齐、楚、燕、三晋及周边小国文字，西土文字则专指秦国文字。1934 年胡光炜《齐楚古金表》对古文字派别提出殷、周、齐、楚四派的观点。1959 年李学勤将战国文字分为齐、燕、三晋、楚与秦五个区域。后来考古学上则又将全国文化区系分为齐、燕、楚、三晋、秦、吴越、巴蜀文化等。凡此诸说与文化区系划分，都是建立在陈氏的认识之基础上的。

陈氏对文物从不自秘，绝不像某些收藏家或以奇货可居而将之秘藏，而是将资料共享，在最短的时间内通过手札和拓本形式将信息传给金石界同仁，如

---

① 陆明君：《陈介祺年谱》，西泠印社出版社 2015 年版，第 424 页。
② 陆明君：《陈介祺年谱》，西泠印社出版社 2015 年版，第 371 页。

同治十三年（1874）十月十三日，陈介祺于午后“得一古圆玺、二戈，皆齐产”是日夜，致书王懿荣，书三纸，并附新得古圆玺与二戈拓本。

光绪二年（1876）五六月间，陈介祺曾致书吴云，并有所附赠。吴云于此年夏复书陈氏，称谢云：“伟功兄至，交到手札十八叶，古镜拓百七十三种、藏古目录一册、周距末拓、瓦字拓、西泉刻印，并掷还古印七钮，一一照数收领。”陈氏藏砖瓦、铜镜、兵器等，都是尽快制拓，然后悉数分赠金石友人。其还将藏古目录分寄给友人，可见其资料不自秘与大家共享之程度——几乎毫无保留。

（二）目验心究 传古新法

汉代将钟鼎彝器视之为祥瑞，故寻常辈极难见到；宋代时有传古思想，有的捶制拓本，有的描摹器形花纹，当然这种做法有时也是为了观赏娱乐。宋人蔡絛《铁围山丛谈》云：“又从而和之，则若伯父君谟、东坡数公云尔。初，原父号博雅，有盛名，曩时出守长安。长安号多古簋、敦、镜、甗、尊、彝之属，因自著一书，号《先秦古器记》。……学士大夫雅多好之，此风遂一煽矣。元丰后，又有文士李公麟者出。公麟字伯时，实善画，性希古，则又取平生所得暨其闻睹者，作为图状，说其所以，而名之曰《考古图》，传流至元符间。太上皇帝即位，宪章古始，眇然追唐虞之思，因大宗尚。”①

道光二十六年（1846）九月，陈介祺跋六舟上人所作吉金全形拓本：“吉金绘图古已有之，从器上拓出而形象曲合，绘事制作不差毫厘，足资考定之真，更浑描摹之迹者，则海盐吾宗南叔先生克明始擅其长，诚前人所未有，极今日之能事矣。先生殁，其犹子粟园畯能继之，两世皆馆东武刘燕庭廉访家，余尝遍观所拓，古雅静穆，真不啻在三代几席间也。六舟上人更以完纸成之，尤极精能，虽有巧者不能出其心思已，展册赞叹，书此归之。丙午九月癸未朔，山左陈介祺记于宝簠斋。”② 清代乾嘉时期的青铜器著录，也大都采用类似宋代人的线描形式，但是到了清代中后期，已经有所谓的铜器全形拓。由此可见，所谓吉金全形拓之技法与作品，早在六舟之前就有海盐陈氏两代掌握了技术要领且做的拓本均极为精致。六舟则是后来者，改进了方式，

---

① 〔宋〕蔡絛：《铁围山丛谈》卷四。转引自林欢：《宋代古器物学笔记材料辑录》，上海人民出版社 2013 年版，第 55 页。

② 陆明君：《陈介祺年谱》，西泠印社出版社 2015 年版，第 66 页。

能用整纸拓出器物全形。据称僧六舟不断创新改进，由起初的单片连缀、剪裁合装等制作出所谓全形拓，从而能捶拓出器形完整、铭文齐备的整张拓本，可谓达到高妙极致的水平。而到陈介祺时期，则是大量应用到青铜器、陶器、度量衡器的形制传拓上，不仅铭文惟妙惟肖，而且器形更是精美无比，这是陈氏在中国博物馆文物传布方面的重要贡献。陈介祺一生真爱文物、真好传古，为传古之法亲自实践、殚精竭虑，对传古材料之纸、墨、胶、石、木，工具之扑、拓、刷、竹签，铜器去锈之酸味果实的蒸煮敷布，以及对操作者心要细、手口要稳等，都有严格的要求和系统的方法。陈氏为使天下传古得法而专门就一生心得而撰成《传古别录》（图2－4－20）。

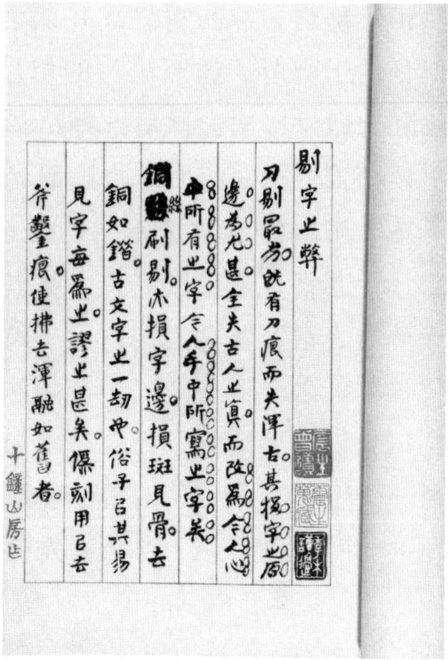
剔字之弊
刀剔最劣。既有刀痕而失渾古。其損字之原
邊為尤甚。全失古人之真而改為今人心
中所有之字。令人手中所寫之字矣。
銅絲刷剔。亦損字邊。損斑見骨。去
銅如鐕。古文字之一劫也。俗手以其易
見字每為之。謬之甚矣。傈刻用以去
斧鑿痕。使拂去渾融如舊者。
十鐘山房

图2－4－20 《传古别录》书影

道光三十年（1850），陈介祺延请海盐陈畯到潍县，为自己钤印捶拓编次《簠斋印集》，阅八月乃成。二十年后陈氏致书吴云尚称：“廿年前所著簠斋印集，仅成十部。……阅八月乃毕，非粟园静专，不能就也。”① 陈氏传播文物信息之目的在于静专达道、心神向往，而非珍赏雅玩、竞技夸比，这与宋代文人士大夫大不相同。

同治十三年（1874）十二月二日，陈介祺致书潘祖荫，言及盂鼎并谓以照相技术传古，建议用“洋照法”为盂鼎拍器形、花纹与铭文图片。这在当时应属于新技术，可见陈氏的传古思想亦是与时俱进的。而传古方法从拓本到宋代李公麟手绘图形，再到清代道光、同治年间以来的全形拓，同治年间则更有新的照相术，而诸种方法，陈氏都积极推行或逐步改进而引领时代之先进。光绪元年（1875）正月二十六日，陈介祺致书潘祖荫，对表弟谭雨帆照相技术多所改进而肯定，建议为盂鼎照相，铭文依

① 〔清〕陈介祺著，陈继揆整理：《秦前文字之语》，齐鲁书社1991年版，第225页。

照相片摹刻，神韵更好。并认为洋照法“乃为有益于中国艺文之事矣”。但是由于所谓“洋照法”的相片存放久了会变色而模糊，并且成本极高，故陈氏做过多次尝试后选择尽量少用。但是通过研究“洋照法”，陈氏则引领拓工依据照相明暗投影的光学原理来不断改进全形拓法，所以陈氏手下拓工拓出的器物全形，均是浓淡相宜、明暗自然。光绪二年（1876）二月十九日，陈氏接到吴大澂去岁腊月三日书，书中称赞陈氏之云：“三代彝器之富，鉴别之精，无过长者。拓本之工，亦从古所未有。”叶昌炽赞誉陈氏之全形拓乃“古今拓法第一”“洵为古今所罕观”褚德彝称“其椎拓款识精妙绝伦，为向来所未有”。

同治八年（1869）陈氏刻郑板桥联语“删繁就简三秋树，领异标新二月花”，并自为题记云：“板桥先生蕴书卷之秀，发于政治笔墨，此其一事也。同治己巳，陈介祺刻并记。”① 陈介祺为传古、为文化传播不遗余力。“扬州八怪”之一郑板桥为潍县令七年，对地方文化教育、城市建设与书法绘画艺术多所推进，故而潍县民众讽诵甘棠，特为周亮工、赖光表、郑板桥创建三贤祠；潍县民众更为喜欢郑板桥的作品，所以陈介祺为之传刻文字于金石，如今联语纸本早不知所踪，而其联语拓本得以在天壤间广泛传布。

同治九年（1870），陈介祺致书山东巡抚丁宝桢，论刻四书五经应慎选版本，云：“闻重刊四书五经颁行，《四书》似以嘉庆辛未璜川吴氏真意堂刊本为善，句读亦酌《五经》监本，有与钦定本不同者，似宜从钦定本，均须详校。”②

光绪八年（1882）十一月，陈氏致书王璀后爰及所思而为文记之：“今人有畏印谱损古印而不印者，有摹石印作谱者，余谓皆非也。古人文字，不可不公海内大雅之学。藏而不传，与未藏同，与靳古遗古同。拓虽少损，安知日后必在吾家，必在天壤间耶？况拓传而古人传，拓者藏者亦附古人传耶。其器亡拓存，或摹刻或点石点铜传之，则美备矣。宋元以来金文刻虽失真，何尝不足存耶？壬午仲冬廿八日庚戌记。”③ 由此可见陈氏对文物保护与传播之关系的认识，不同于某些所谓的收藏家，视文物等同金玉，秘不示人，而

---

① 陆明君：《陈介祺年谱》，西泠印社出版社 2015 年版，第 180 页。

② 陆明君：《陈介祺年谱》，西泠印社出版社 2015 年版，第 182 页。

③ 陆明君：《陈介祺年谱》，西泠印社出版社 2015 年版，第 398 页。

不知文物自身的历史价值与意义，一味怀抱自珍。文物的历史价值在于正经补史，而不是被当作金玉珠宝。而更何况世事沧桑，天灾人祸，文物能永远留存天壤间乎？

同治八年（1869），陈氏重刻王维德《外科全生集》，并为之作序，称王氏医药之方，药到病除，百无一失，重刻使之广博天下，医济众生。从文物研究与传播角度考量，陈介祺不仅对历史文献类文物，而且对有用于社会人生之书，亦大力推广之。

陈氏一生为文物研究著述不辍，惜由于社会动乱等原因，其著述中正式出版者较少，但是留存天壤间者仍旧可寻得踪迹。以往称陈氏著述有五十或八十余种，今经牛鹏志上穷碧落下黄泉般寻寻觅觅，竟获得三百三十种（参见本书典型绎论编第五章）。

五、文物保护贡献巨大

陈介祺处于中国历史的大动荡大变革时期，国内冲突与兵燹连连，城市、农村概莫能免。同时，帝国列强觊觎侵略，外国宗教逐渐渗透。如此情形，与北宋末年赵明诚夫妇所处的时代极为相似。洪迈《容斋四笔》称："东武赵明诚德甫，清宪丞相中子也。著《金石录》三十篇……其妻易安李居士，平生与之同志，赵没后，愍悼旧物之不存，乃作后序，极道遭罹变故本末。"①而陈介祺的父亲，则是做过清代四部尚书的道光帝师陈官俊，他们两家的门第倒也有些相似。试想北宋末年南北冲突加剧，社稷变色，宗庙震荡，文物被毁，如此大规模的文物散佚与破坏，在中国历史上应属空前。虽然北宋末年的动乱属于国家内部矛盾的急剧冲突，而由于文化积淀和宗教信仰与生活习性的差别，遂导致文化瑰宝遭到破坏与毁灭的厄运，凡此情形与清代晚期英法联军火烧圆明园和八国联军入侵紫禁城野蛮抢劫掳掠大量人类历史文化遗产的残酷与疯狂又是何其相似？所以比较两个时代的特殊环境，更能发现陈介祺对文物保护、宣传及研究的历史性贡献。

宋邵博《邵氏闻见后录》载："宣和殿聚殷周鼎钟尊爵等数千百种。国

① 〔宋〕洪迈：《容斋四笔》卷五。转引自林欢：《宋代古器物学笔记材料辑录》，上海人民出版社 2013 年版，第 57 页。

破，虏尽取禁中物，其下不禁劳苦，半投之南壁池中。后世三代彝器，当出于大梁之墟云。”① 林欢称：“金人的南侵掠夺，是对金石学的一次打击，官库作为最大的收藏家丢失了大量古器（南迁后也有金石学著作出现，但总的来说是衰落了）。”②

（一）经略鼎力保潍城

《潍县志稿》卷三十《人物·文学》陈介祺条下载：“辛酉（1861）太平军略山东，乃移城内。二月，军抵城下。会同官绅先期捐资团练，潍城赖以保全。”《山东通志》卷百七十七载：“咸丰十一年（1861），捻匪窜潍，介祺出巨款办团练，以于城之西南建筑炮台，贼不敢逼。”陆明君称：“以上所记会同官绅捐资设局办团等，当在咸丰十一年二月太平军来潍之前，与从兄陈介眉共谋防御事也。”③ 咸丰十一年二月，张宗禹率军逼近潍县，陈介祺从兄陈介眉率团练出城迎战，与其堂弟陈介封等二十六名民团首领及一百七十多名团勇阵亡。陈介祺是年三月致长女厚培札称：“廿一日在三里庄接仗，伤贼不少。贼吹哨，大队数万齐至……汝绥卿大伯带勇出城策应，适值贼追勇散，遇贼阵亡。来章三叔随同全家入城，是日出城亦阵亡。陈姓亡者数十人，最为可惨。”陈阜《先祖考文懿公行述》载：“侦贼有八月复至之语，于酷暑中筹画经营建设虚心炮台三座，规模制度皆先祖一人创之。八月贼过潍境不敢复近城垣，则捍御之力也。又复刊印《乡守辑要》，劝修隅堡，潍境乡村赖以保全无算。”④ 八月，捻军复至，闻见有炮台，避之而去。同治六年（1867）五月，赖文光率军渡京杭大运河，东攻泰安，进逼济南，又经潍县而直入山东半岛，战讯迭传，潍城警报纷纷，陈氏为守城而忧心谋划周全。山东巡抚丁宝桢督军过潍，陈介祺“出城犒师，由此订交。凡军中机务、邮寄、函商，日尝三至”。十一月捻军逼近潍城，陈介祺从弟陈介锡任北关副团总，陈介祺与之商议修圩辅城之事。十二月三日，捻军临近，陈氏“登北城，详览形势”，晚间至陈介锡处共议城防大事，“次日遂发呕吐旧疾”。十二月六日，陈

---

① 〔宋〕邵博：《邵氏闻见后录》卷二十七。转引自林欢：《宋代古器物学笔记材料辑录》，上海人民出版社 2013 年版，第 45 页。

② 林欢：《宋代古器物学笔记材料辑录》，上海人民出版社 2013 年版，第 56 页。

③ 陆明君：《陈介祺年谱》，西泠印社出版社 2015 年版，第 136 页。

④ 陆明君：《陈介祺年谱》，西泠印社出版社 2015 年版，第 138～139 页。

介祺致陈介锡札称："病中筹画北圩形势，有必须为吾弟言者，勉强握管，务希留意。"此信札专谈城防筑圩的门向、形式、预留炮眼，并提出"应作底洞之处"的五个具体位置及注意事项等。是年捻军往来潍县十数次，簠斋俱是亲力亲为，悉心谋划城圩，进行防御。《潍县志稿》卷三十《人物·文学》载陈介祺防御捻军有功，"丁卯一岁三乱，率众登陴，酷暑严寒身先丁勇，竭力堵御，巡抚丁宝桢督军过境，出城犒师……及全省肃清，宝桢为请于朝，加三品衔"。

为保全潍县城，陈氏家族在抵御捻军中死亡数十人，而陈介祺为办团练所付出的资财更不在少数。陈介祺为抵御捻军而加强潍县城防，谋划设计城防炮台及相应抵御措施，并亲自登临城防观察形势，可谓竭尽全力。由其与丁宝桢之间频频有战事信札往还，可知陈氏精于谋划、谙熟军机，不但整个潍县的保全有赖于陈氏及其家族的付出，而且整个山东战局之扭转亦有陈氏谋划之功。由此可见陈氏不仅保护了潍县全城生命，而且使有关城邑的文物宗庙典籍得以完好保损，据此可称陈氏有保护文物之大功劳。

（二）一门八代迭传承

陈氏不但与天下金石学家往来密切，而且与山东本地金石学者亦颇多交游，同时对潍县金石学的繁荣发展更是贡献卓著。如高鸿裁、高庆龄、高嘉钰、郭荫之、郭麐、王石经等知名金石学家，他们的学术成就都离不开陈介祺的无私惠与。而陈氏家族从陈介祺族叔陈子懿斥巨资购求《桑梓之遗》，递传至陈介祺从弟陈介锡陆续收藏扩增《桑梓之遗》至百巨册，再到陈介祺仲子陈厚滋、长孙陈阜以及后世子子孙孙几乎都喜好文物，尤其四世孙陈秉忱、五世孙陈君善与陈君藻、六世嫡长孙陈继揆及其子陈进，均能绍继祖风家学。

陈介祺从弟陈介锡收藏书画，同时对钱币鉴藏精审，王懿荣光绪七年（1881）二月"过潍县，住四日，遍访赏鉴家。在陈寿丈处三日，书画古器不具数。见所藏朱子《楚词》与协卿本装潢皆同。见南郑丽珍所藏古泉、古砖、古印。南郑宋板《四书》，闻寿丈称之，未见。槐堂故后，家无长丁①。陈九

① 荷承潍上郭君同惠示，槐堂即郭荫之，字槐堂，号午臣，郭梦鲤次子，郭祐之申堂、郭焕之炳堂之四服兄弟。《潍县金石志》所载藏品多是郭荫之、王石经、陈介祺、高氏父子等所藏。郭荫之配亦寿光李氏，父配西关高氏。郭祐之父郭梦星配西关高氏，子配西关高氏。郭梦惠子郭秉之配西关高氏。俱为高其绪一支。姻戚圈即金石圈。

兰藏四朱及賹化种类极多，皆《泉汇》所未收。陈小兰以办盐下乡。《桑梓之遗》书画一大宗，未见，闻有总目。得一六字刀，十五金。又得高君二字，极佳之。大量几专车，今尚存西泉家。得‘齐’字砖二。过寿光，谒仓颉墓，又谒本生高祖妣母家李宗丞祠。西泉即李氏裔婿，闻其家有文与可《大竹》，为寿丈购去，在潍所见即是。李氏凋零尤甚。所得古匋、泉范、砖瓦不悉数，并汉印及钱，止一齐刀奇。”① 由此获知，王氏过经潍县，数日之间，搜集文物而得“大量几专车，今尚存西泉家。得‘齐’字砖二”。

陈氏身后，所藏文物由于时代变革，几多散佚。而有幸留存至新中国成立者，则多由其后人捐赠给国家，如玺印、古籍善本等，玺印现存故宫博物院。王献唐《山东古代文物管理委员会一九五一年一二两月工作报告》载：“曾伯霥簠一件，迟簋器、盖一件（敬明按：依据《簠斋吉金录》卷三簋之一铭文所记，该器自名曰“盨”），陈郭组珍捐。据潍坊市文管会二月二日捐献铜器二件，一有铭文九十字，一有铭文二十二字（敬明按：“子子”重文，当计为二十三字），均属陈簠斋旧藏。为国内最著名珍贵铜器。现器存该会。业经呈请省府发给奖状，已寄潍县。”② 《文物参考资料》1951 年第 3 期报道《山东潍坊古管会收到陈郭组珍捐献周代铜器》称：“潍坊市古代文物管理委员会于上月收到市民陈郭组珍捐献周代铜器二件，一为曾伯霥簠盖，有铭文九十字；一为迟簋，器盖同样，有铭文二十二字。”据陈介祺六世嫡长孙陈继揆称，其二叔陈君藻，做过图书馆馆长，带头捐献汉代“富贵铜壶”，“并动员八叔祖母捐献了陈介祺名斋之‘曾伯霥簠’，该器堪称国宝。日寇侵华时，八叔祖母为避免日寇夺取，将其深埋地下……君藻往做工作，叔祖母毫无犹豫地无偿捐献国家。该器先存潍坊，一调济南，二调北京中国历史博物馆（今国家博物馆）”③。陈郭组珍为陈介祺曾孙媳。陈介祺次子陈厚滋，清咸丰戊午（1858）恩赏举人，生三子，次子陈阳字致扶，一字黼曾，生一子陈文铎。陈文铎为潍县北门大街陈氏二十世，娶同邑郭氏。郭氏名组珍，潍县东

① 吕伟达主编：《王懿荣集》，齐鲁书社 1999 年版，第 261 页。

② 山东省文献集成编纂委员会：《山东文献集成》第四辑第五十册，山东大学出版社 2011 年版，第 312 页。

③ 陈继揆：《陈君藻书法篆刻选·序言》，2001 年 4 月。

门里郭宅十六世，光绪戊戌（1898）进士、翰林院编修郭恩赓长女，行十九。①

当年金石学界就有“南潘北陈”之誉。如褚德彝为《簠斋吉金录》作记云：“近代收藏彝器之富，推吴县潘氏、潍水陈氏。”陈介祺与潘祖荫是金石之友，且两家又是世交，潘之祖与陈之父同官中枢，潘之父、叔与簠斋早年相识。后如1951年2月，陈氏曾孙媳陈郭组珍首捐迟盨、曾伯霥簠之典型，与潘祖荫之孙媳捐大盂鼎、大克鼎之义举，正是绍承祖风，数代骈美于天下者也。

由上可见，陈氏簠斋及其一门八代金石之家风，绳绳绵绵无穷尽矣！而对中国博物馆发展史之贡献巨大，厥功至伟。

① 此承郭君同惠示。

第五章　陈介祺著述考略

陈介祺著述，前人已屡为辑考。约 1930 年、1931 年间，安丘赵录绰撰《簠斋先生著述目》，内载陈介祺著述 42 种，其中 12 种标注版本，30 种标列书目，陈介祺重要著述皆已包罗在内，其稀见之文并多有所举，是迄今所见最早的一部对陈介祺著述进行专门汇集与研究之作。1931 年，王献唐在《簠斋先生著述目》抄本的基础上，复补录陈介祺著述 7 种，多标注版本及藏处。在此之前，诸家虽对陈介祺述作各有著录，然皆稍为搜记，并多疏漏，虽稍可启人，未足以发凡。

宣统二年（1910），叶铭《金石书目》著录陈介祺著述 2 种。1923 年，林钧《石庐金石书志》成书，内著录陈介祺著述 11 种，且多标注版本，并撰有提要，实开范例。1925 年，田士懿《金石名著汇目》著录陈介祺著述 9 种，均未言版本。1926 年，黄立猷《金石书目》著录陈介祺著述 9 种，标注版本甚详。1927 年编纂完毕的《清史稿》，因限于采记已刊印流布者，且斠录从慎，故其《艺文志》部分仅著录陈介祺著述 4 种。1930 年，容媛《金石书录目》刊于北平，前有容庚序文，序文中论田士懿《金石名著汇目》云："目中所收陈介祺所著之《毛公厝鼎考释》以下八种，皆未印行；而已印行之《簠斋金石文考释》（云窗丛刊本）、《簠斋吉金录》（风雨楼影印本）、《十钟山房印举》（涵芬楼影印本）、《簠斋藏古册目并题记》（广仓学窘活字本）四种阙而未收，此所未喻者二也。"《金石书录目》共收陈介祺著述 12 种，后《金石书录目补编》复补录 4 种，是以容媛共搜集陈介祺著述 16 种。而对陈介祺著述藏拓搜罗最富且欲刻印其全书者，则为王献唐。王献唐《双行精舍书跋辑存》中载其 1930 年所撰之"簠斋藏古目不分卷补遗一卷"条云：

余尝有志为簠斋重编器目，并刻印所著各书，曾函潍邑友人丁稼民，征录存稿。稼民覆函谓，先生遗书均藏其曾孙某处，滞存北平，秘不示人。或即影印本书之文会也。然果如文会序言，能将先生遗书取次付印，则固向学者之幸，余亦无须从事于此矣。①

王献唐刻印陈介祺全书之志虽未成，然其为山东省图书馆搜集陈介祺著述及藏拓最为大观，其除补录《簠斋先生著述目》7 种之外，又于《双行精舍书跋辑存》中著录陈介祺著述 8 种，多为稀见之作。1937 年，屈万里、隋少亭等所编《山东省立图书馆善本书目》著录陈介祺稿本 22 种，即为王献唐搜罗入藏。另，王献唐复为山东省图书馆辑藏陈介祺金文拓片全份、砖瓦拓片全份、陶文拓片全份、秦诏瓦量残字拓片全份、古镜拓片全份、泉范拓片全份，并辑有陈介祺藏拓《簠斋古陶文字》《齐鲁陶文》《秦诏瓦量集拓》《二百镜斋镜文》等 10 余种、搜集陈介祺遗文 7 则，其《中国古代货币通考》《五镫精舍印话》等更屡屡有陈介祺撰藏之议论，洵为近代陈介祺研究领域最有功之臣。

1934 年成书的宣统《山东通志》，其《艺文志》部分载陈介祺著述 5 种，虽与《清史稿·艺文志》所录几近相同，然皆撰有提要，并补前人所未及。如《陈簠斋丈笔记附手札》一条，其引吴重憙撰陈介祺事略，并云“今滂喜斋所刊者，尚非其全帙”诸语，他书皆未言此。1941 年刊行的《潍县志稿》著录陈介祺著述 31 种，其目录标注几全同于赵录绰《簠斋先生著述目》。1945 年编撰的《续修四库全书总目提要（稿本）》共载陈介祺著述 15 种，其提要撰写者主要为冯汝玠，次为班书阁、刘节。所撰之提要皆极为详细，凡版本、目录、序跋皆有所载，并论其源流，评其优劣，多不刊之论。唯内或引宣统《山东通志·艺文志》，或引原书序文，而未言出处，是谓小眚。

1955 年，张瑄《十钟山房印举纂例考》发表，内载陈介祺玺印藏拓类数十种，皆为陈介祺拓片散稿，与前重出互见，颇为驳杂。1985 年至 1991 年出版的《中国古籍善本书目》载录陈介祺著述稿抄本 60 种，录其版本，标其藏处，洵为巨观。其后崔巍《山东省博物馆藏明清民国山左学者著述知见录》著录 26 种，内载稀见之书甚多。1993 年出版的王绍曾《山东文献书目》著录 58 种，版本、藏处皆一一注明。2000 年刊行的《清史稿艺文志拾遗》著

---

① 王献唐：《双行精舍书跋辑存》，齐鲁书社 1983 年版，第 105 页。

录陈介祺著述51种①，多同于《山东文献书目》。孙敬明《陈介祺与中国金石学》亦著录陈介祺著述51种，以陈介祺单篇释文及稀见之书为要。而著录较为全面者为2004年出版的陆明君《簠斋研究》，内共著录陈介祺著述144种，分已刊行书籍、未刊行书籍、单篇辑存与批注校订书籍四大类，并将陈介祺著述的版本、藏处、序跋、源流等情况标注于后，且多数撰有提要。是书搜罗既广，论述复详，后出转精，足为发凡。虽偶或疏误，略有繁芜，白璧微瑕耳。2007—2011年，《山东文献集成》四辑中共影印收录陈介祺著作15种，多为稿本或抄本，对研究陈介祺著述具有极大参考价值。2009年，《东吴中文研究集刊》载吴翰儒《簠斋陈介祺藏书初探》一文，后附录《簠斋藏书目》列表，表内著录陈介祺著述及藏拓122种，范围兼及台湾诸馆藏，搜掘实广。只是目内将陈介祺自撰之书与其所藏之书混为一编，殊为不类，其著录亦有杂乱之嫌。然其注重陈介祺批注校订之书，乃其长处。2015年，陆明君《陈介祺年谱》发掘陈氏家藏稿抄本数种，稀见之书序跋多全为移录，皆可补前人研究之空白。上列诸书之外，他如《贩书偶记》及续编、《清史稿艺文志及补编》、《中国丛书综录》、《潍坊古籍书目》对陈氏著述亦各略有著录，因其所补甚少，兹不赘述。

上述诸书，较早著录陈介祺著述之书仅收录数种或十数种，不过百年时间，近人收录陈介祺著述数量即已达100余种。导致陈介祺著述数量参差不齐的因素自然有前人搜掘不深、陈介祺著述定稿者甚少等，但更重要的因素则是因百年之间学人对"著述"这一语义的认定有了很大变化。《两罍轩尺牍》载光绪元年（1875）吴云致潘祖荫书云："子年书来，谓簠斋收藏豪富，乃谆劝他人刻书，而自己转无著作，且编纂之书亦所未见，子年深以为异。"② 由此可知，鲍康、吴云、潘祖荫在光绪元年时即已形成陈介祺"自己转无著作，且编纂之书亦所未见"的共识。查光绪元年之前，《潍县陈氏宝簠

---

① 陆明君《簠斋研究》第五章《著述及藏品书目辑梳》中云："2000年中华书局出版王绍曾主编之《清史稿艺文志拾遗》，所载簠斋书目尚不及容氏所收。"其所云"容氏所收"即容媛《金石书录目》。查《金石书录目》载陈介祺著述12种，《金石书录目补编》补录4种，二书共著录16种，而王绍曾《清史稿艺文志拾遗》著录陈介祺著述凡51种。陆明君所言有误。

② 〔清〕吴云：《两罍轩尺牍》，见《近代中国史料丛刊》第二十七辑，台湾文海出版社有限公司1968年版，第584～585页。

斋藏器目》《潍县陈氏宝簠斋藏古目》《潍县陈氏簠斋金文拓本释》《秦量诏版释文诗记》等皆已写定，《簠斋印集》亦两度刊行，他如《毛公厝鼎考释》等单篇行文更已定稿多篇。由此可见藏目、拓本、散篇题记及意到辄至的考释、佳兴偶至的吟咏等辑藏撰述在鲍康、吴云、潘祖荫等人眼中是不能被纳入严格意义上的"著述"范围的。而这一类没有考释的藏目、拓本等，在陈介祺自己眼中好像也算不上"著述"。如同治十三年（1874）陈介祺致潘祖荫书中有"传古之事近鄙"[①] 语，光绪元年（1875）六月十七日陈介祺致吴大澂书中亦有"传古求助，极近卑鄙"语。即便在今天看来极为重要的《传古别录》，陈介祺也不认为是重要之作。光绪元年七月二十六日陈介祺致潘祖荫书论及《传古别录》时云："此不过为手艺先导，止无错字易解可已。"[②] 再如各金石书目多所著录的《簠斋藏器目》前后两种，实为江标所辑，依今日学术规范视之，是不能归到陈介祺著述范围内的，其他数量繁多的"簠斋藏目""簠斋拓册"等皆可作如是观。然而历代金石书目将此类著述皆归于陈介祺名下，似在弥补其著述罕觏的遗憾。直至1913年，罗振玉在《簠斋金石文考释》跋中复云："潍县陈寿卿先生，收藏古金石刻为海内之冠。顾平生撰述矜慎，至老无成书，惟歙鲍氏、吴潘氏刻其手札数十通而已。"[③] 陈介祺识见卓然，富藏海内，然生前著述绝少，老无成书，当时学界诸家深为叹惜。

陈介祺著述稀少并多未定稿刊行，个中原因，固然有无得力之人所助之一端之故，如其致潘祖荫书曾云"祺之所以未成书，固无学无力，尤未得人能知此意者而助成之"，致鲍康书亦云"刻书之事，不能不望有力而在都会者，无工无友，惟有浩叹"。[④] 陆明君《簠斋研究》亦将此列入陈介祺"至老无成书"原因之一，并与陈介祺矜慎谨严、传古思想、牵于家务、印刷限制等诸端并列。然除陈介祺矜慎谨严、传古思想二条外，其他皆非的论，并非陈介祺未定稿成书的主要原因。笔者认为，陈介祺著述多未定稿成书的原因

---

① 陈敬第辑：《簠斋尺牍》，见《近代中国史料丛刊》第九十七辑，台湾文海出版社有限公司1973年版，第38页。

② 〔清〕陈介祺著，陈继揆整理：《秦前文字之语》，齐鲁书社1991年版，第54页。

③ 罗振玉辑：《簠斋金石文考释》，清宣统印本，湖南大学图书馆藏。

④ 〔清〕陈介祺著，陈继揆整理：《秦前文字之语》，齐鲁书社1991年版，第62、164页。

主要有三。陈氏矜慎谨严，精益求精，撰述增删补订，定稿无期，此其一也；其谋编刻印，每思创例，复以巨帙为想，一人一时，力所难及，此其二也。其治学次第，先志于传古，次为考释，次通古人行文之法，终以此求三代之真，以通古今义理，而藏古传古事业无涯，此其三也。其撰述矜慎谨严之例、藏古传古之行甚多，兹不赘述。今举其所谋编二三事，即可察也。同治十一年（1872）五月二日陈介祺致吴云书云："窃谓今日当首以传三代文字为第一，考释次之。文字传然后人得有以考订。当依说文部目为一书，而精摹之。"① 此据《说文》部目，并合时人所藏金石古器中的三代文字分韵合编，于许慎之书另为集成之举，陈介祺曾屡屡致意。同治十二年（1873）十一月三日致吴云书、同治十三年（1874）二月二十二日致吴云书、光绪三年（1877）八月十三日致吴大澂书等皆云此，尤以同治十三年二月二十二日致吴云书所论最详。又光绪元年（1875）正月十二日致吴大澂书云："金文宜与石别为一书，仍不若大集今存世金文精刻之。"② 光绪三年（1877）九月二日致吴大澂书云："弟裒集秦金文字，洵前所无，吾兄如肯刻传，尤胜刻当。"③ 又光绪三年（1877）九月十八日致吴大澂书云："若精刻三代化文至六朝，或止于汉以补篆隶，亦传古一事，与古匋古玺并重，不仅编一钱史矣。"④ 由此可知，《十钟山房印举》《封泥考略》之外，陈介祺于《说文》重编、集古金文、三代化文合编等皆有设想。唯巨帙合编，颇不易行，故或未定稿，或未付编。是以吴云致潘祖荫书云："簠斋为当代传人，惟其天性好胜，所作务要出人头地，刻意求工，转致因噎废食。即如汇刻先秦文字一端，若照薛、阮二书之例，选择器之字多而精确者，得好手影摹刻之，再得我二人相助为理此书，一出亦足继往开来，决为必传之作。乃必欲依许氏说文部目，创例成书，条件既繁，诠证匪易，穷年累月，不知何日得成。来谕谓其刻古金文一

① 陈敬第辑：《簠斋尺牍》，见《近代中国史料丛刊》第九十七辑，台湾文海出版社有限公司 1973 年版，第 985 页。

② 〔清〕陈介祺著，陈继揆整理：《秦前文字之语》，齐鲁书社 1991 年版，第 286 页。

③ 〔清〕陈介祺著，陈继揆整理：《秦前文字之语》，齐鲁书社 1991 年版，第 294 页。

④ 〔清〕陈介祺著，陈继揆整理：《秦前文字之语》，齐鲁书社 1991 年版，第 312 页。

事，竟不能成，想亦指此也。”①

因陈介祺著述的种种特殊性，是以今日研究陈介祺著述，自不能依循晚清诸家著录从严之例，又谨防开陈介祺撰述著录漫无涯际之风。如因其传拓一生，未有定稿，故后世诸藏家有陈介祺原拓者屡见不鲜，诸藏家另为装订并题名重印者层出不穷。如今所见青铜器拓藏类即有《十钟山房金文》《簠斋所辑金文二十册》《簠斋精拓》《簠斋藏吉金拓本》《簠斋存古余录》《国家图书馆藏陈介祺藏古拓本选编·青铜卷》等；陶瓦类有《簠斋藏陶》《齐鲁陶文》《簠斋古陶文字》《十钟山房藏齐鲁三代两汉瓦当文字目》《秦诏瓦量集拓》《十钟山房藏齐鲁秦汉瓦当文字目》《簠斋砖瓦文字》《陈簠斋藏瓦当文字》《簠斋藏砖》《簠斋藏瓦当》等。上列诸拓藏多数相重互见，所载雷同，唯多寡不一。其他玺印封泥、石刻镜鉴类拓片皆如此。再如单篇行文考释之数，孙敬明《陈介祺与中国金石学》据《秦前文字之语》所载，计陈介祺对诸类器铭之释字、定名、辨伪、纠谬以及友朋所藏托为研究等篇目千数种。故本章所考陈介祺著述，他人辑编之陈介祺藏器目录拓册，循其旧例，有见则录；诸馆藏拓凡已成集装册者，择要著录；单篇行文考释之作，凡序、跋、题记及陈介祺自言或诸家引证有考释者，皆为著录；其他散见诸书，如《簠斋金文题识》所载《古博具铜镂鞠记》及《陈介祺与中国金石学》所云对诸器之释字、定名、辨伪、纠谬等零字碎语不成章者，皆不予著录。

今综合诸书，阅诸馆藏，重为著录。共著录陈介祺青铜器类著述 87 种，玺印封泥类著述 71 种，陶瓦石刻镜泉类著述 72 种，经史尺牍综合类著述 100 种，凡 330 种。

第一节　青铜器之什

陈介祺藏吉金诸器，始于道光十一年（1831），其毕生鉴藏不辍，所得富甲海内。陈氏有关吉金著述，约有藏器目录、金文考释、拓册款识、传古笔记及批注校跋诸类。以下参稽诸家，得藏器目录类著述 11 种，金文考释类著

① 〔清〕吴云：见《两罍轩尺牍》，《近代中国史料丛刊》第二十七辑，台湾文海出版社有限公司 1968 年版，第 562～563 页。

述14种，拓册款识类著述16种，传古笔记2种，单篇释文30种，批注校跋类著述17种，凡90种，合其相重者，实得87种。

《簠斋吉金目》

《簠斋吉金目》，稿本。《中国古籍善本书目》《山东文献书目》《簠斋研究》著录为一卷；《中国科学院图书馆藏中文古籍善本书目》作四卷，一册一函，中国科学院图书馆藏。

是册内有陈介祺批注。卷一载钟三、鼎九、盘四、敦十七、彝四。卷二载卣六、牺尊一、尊五、罍一、壶一、爵二十三。卷三载觥一、角二、斝二、觯七、觚二、簠三、盉二、甗二、鬲二、匜二、豆一、铎一、戈四、刺二，并附周秦间鼎二、壶一。卷四载秦诏版一、汉鼎九、汉钟一、汉甗鍑一、汉饭帻一、汉镫七、汉权一、汉弩机五、汉器三。

以此目与同治十一年（1872）吴重憙稿本《潍县陈氏宝簠斋藏器目》对比可知，是册成目甚早，诸器名亦未定，当为迄今所见陈氏第一本吉金器藏目。

《潍县陈氏宝簠斋藏器目》

《潍县陈氏宝簠斋藏器目》，又名《宝簠斋金石目》《潍县陈氏宝簠斋藏古器目》，一卷，清同治十一年（1872）吴重憙稿本。《中国古籍善本书目》《山东文献书目》《清史稿艺文志拾遗》《簠斋研究》著录，国家图书馆藏，《山东文献集成》第四辑第二十册影印收录。《清史稿艺文志拾遗》中录作《潍县陈氏宝簠斋藏古目》一卷。

是集内署作《宝簠斋金石目》，并标注有"壬申以后得者不载"字样，前有同治十一年（1872）陈介祺跋文，次列目录。目录中仅列吉金藏目，未及其他各砖瓦等藏器，与正文有所不同。所载器目按三代、秦、汉等朝代先后而列。

陈介祺跋云："仲饴既手录余斋金文各册竟，复为录所藏吉金成目。余自甲寅后里居，无友朋之乐、室家之安，既慼夺志，又扰守望。六年来始稍稍检拓，思装册汇目，存其昔好，久未能就，今得仲饴相助，旬余而毕，业成于勤，即此可推。第吾所望于仲饴者大且重，仲饴勉之哉，勿以此夺志也。"

同治十一年（1872）陈介祺致吴云札云："敝藏吉金文字，今年吴仲饴为录目一本。""敝藏吉金目，今春始与小倩仲饴成之，先寄呈览（尚未录释文及须注者）。"① 此即《潍县陈氏宝簠斋藏器目》。

是集内录三代钟十一、铎一、鼎十八、尊七、牺尊二、卣九、壶一、鉼一、罍一、爵四十四、角三、觥一、斝二、觚七、觯十八、彝五、簋二十、簠三、簋一、盉三、甗二、鬲三、盘四、匜六、豆一、区一、鋘一、戈二十二、瞿二、矛四、镦二、剑二、铜器二，以上三代之器凡210种。另有秦诏版六、秦戈一、汉鼎十四、汉甗鍑一、汉壶二、汉钟一、汉鋈一、汉熏炉一、汉雁足镫一、汉镫七、汉烛豆一、汉锭一、汉烛盘一、汉鹿庐镫一、汉饭帻一、汉弩机十、虎符四、钩二十一、汉钉一、汉权二、汉洗十三、汉鐎斗四、汉铃六、汉铜器四、晋奁一、西夏铜牌四、唐龟符二、唐鱼符二，以上凡秦汉诸代之器凡114种。后录泉范一百一十二，石刻八十一，砖一百二十二，瓦三十五，瓦当三十九。此目共载陈介祺同治十一年（1872）前藏器目713种。

是集陈介祺跋语云吴重憙"既手录余斋金文各册竟，复为录所藏吉金成目"，可知此本原欲仅录吉金目录，其后又增加泉范、石刻、砖瓦类等。以此中吉金目录与两种《簠斋藏器目》对校可知，吴重憙稿本所录略少于《簠斋藏器目》中所载。以三代卣器为例，吴重憙稿本共录9种，《簠斋藏器目》第一本共录11种，《簠斋藏器目》第二本共录10种。三者对比，《簠斋藏器目》第二本比吴重憙稿本增录"效卣"一种，《簠斋藏器目》第一本复增"豚卣"一种。由此可知，陈介祺"效卣""豚卣"皆为"壬申以后得者"，即同治十一年（1872）后入藏。

是本又有民国黄县丁菊甦抄本，名为《潍县陈氏宝簠斋藏古器目》，山东博物馆藏，附于《宝簠斋集各家彝器释文》之后。丁氏抄本半页九行，行二十字，以有格稿纸抄录。以丁氏抄本与吴重憙稿本对校，器目名称及器目抄录顺序几乎全同，不同处甚少。鼎类之目中，吴重憙稿本首列"大鼎"，丁菊甦抄本则作"厝鼎"，则此大鼎即毛公鼎。由此可知，吴重憙稿本《潍县陈氏

① 〔清〕陈介祺著，陈继揆整理：《秦前文字之语》，齐鲁书社1991年版，第216、227页。

宝簠斋藏器目》中首将毛公鼎录为“大鼎”，而灵鹣阁之《簠斋藏器目》（两种）皆未得录。

《陈氏宝簠斋藏金石目》

《陈氏宝簠斋藏金石目》，抄本，一册一函，北京大学图书馆藏。

《潍县陈氏宝簠斋藏古目》

《潍县陈氏宝簠斋藏古目》一卷，稿本。《中国古籍善本书目》《山东省博物馆藏明清民国山左学者著述知见录》著录，山东省图书馆、山东博物馆藏。《山东省博物馆藏明清民国山左学者著述知见录》载：“此册乃同治十三年辑目，其册陈氏题两则云：甲戌八月陈介祺读记一过……第二年又记云：乙亥冬寄七至十二册，至丙子正月读毕。以此录校一过，又写一本，惜前未俱写存。二月晦壬辰记。按前目十六卷，即十六册，实为一册合订。”①

复查同治十三年（1874）十月十二日致陈介祺王懿荣书云：“今年为东海关龚观察以八十金索去金文二百余拓，复以四十金属装，为作十六册。编次题记虽劳，颇慰素志。”内间附小字云：“录目及题毕，即先求正。”② 是语亦见引于陈文会《簠斋藏古目十八卷附补遗》识语及《秦前文字之语》中。

以此可知，是册即为陈介祺求正王懿荣之本，亦即为江标灵鹣阁之《簠斋藏器目》所据之本。周察诸事，此本与《簠斋藏古册目并题记》当为一种。

《簠斋藏器目》（两种）

《簠斋藏器目》，凡二卷，《灵鹣阁丛书》本，江标辑。是集为陈介祺藏吉金器目册，《金石书目》（黄立猷）、《清史稿·艺文志》、《石庐金石书志》、《金石书录目》、《簠斋先生著述目》、宣统《山东通志·艺文志》、《潍县志稿·艺文志》、《续修四库全书总目提要（稿本）》、《中国丛书综录》、《山东省博物馆藏明清民国山左学者著述知见录》、《山东文献书目》、《簠斋研究》

① 崔巍辑释：《山东省博物馆藏明清民国山左学者著述知见录》，山东大学《清人著述总目》编辑部藏2003年印本，第238页。

② 陈敬第辑：《簠斋尺牍》，见《近代中国史料丛刊》第九十七辑，台湾文海出版社有限公司1973年版，第280页。

著录。此集刻本前后有二，或称前目后目，是以《潍县志稿·艺文志》《簠斋先生著述目》均著录为二卷，而《清史稿·艺文志》仅著录一卷，为《簠斋藏器目》第一本。宣统《山东通志·艺文志》著录为二卷，《续修四库全书总目提要（稿本）》《中国丛书综录》《山东文献书目》皆著录为《簠斋藏器目》一卷，《簠斋藏器目第二本》一卷。《金石书目》（黄立猷）、《簠斋先生著述目》是集条下标注有"灵鹣阁本"与"广仓学窘本"。《簠斋藏器目》无"广仓学窘本"，此误。

《簠斋藏器目》一卷，始收入清代元和江标《灵鹣阁丛书》第二集中，列第十六种，光绪二十二年（1896）元和江氏湖南使院刻本，后收入《丛书集成初编》艺术类，列第48种。《簠斋藏器目第二本》一卷，收入《灵鹣阁丛书》第五集中，列第6种，光绪江氏湖南使院刻本，后收入《丛书集成初编》艺术类，列第49种。二本皆半页十一行，行二十二字，四周单边，黑口，单鱼尾，国家图书馆、山东省图书馆、山东博物馆、北京大学图书馆、河南大学图书馆等多家单位皆有收藏，二本皆无题识序跋文。1936年，商务印书馆据《灵鹣阁丛书》本影印，将其收入《丛书集成初编》中，1985年，中华书局据以再版。《金文文献集成》第十八册收录。

《簠斋藏器目》第一本，藏目计钟十一、铎一、鼎二十一、簠四、簋一、尊十、敦二十六、爵五十二、觥一、斝二、卣十一、觯十六、角三、觚六、鬲三、甗二、盉三、壶一、罍一、鉼一、釜二、鋘一、碗三、盘六、匜六、刀二、剑四、戈四十六、矛十三、镈一、首三、鞠一，凡263器。

《簠斋藏器目》第二本，藏器目计钟十一、铎一、鼎二十、牺尊二、尊八、卣十、壶一、罍一、鉼一、斝二、觚六、觯十七、角三、觥一、爵四十四、敦二十四、盘四、匜五、区二、鋘一、鬲三、簠四、簋一、甗二、盉三、杂器二，凡179器。

是集概要以冯汝玠所撰《续修四库全书总目提要（稿本）》"簠斋藏器目"条叙述最为翔实，颇得要领，唯提要内所计器目偶误。如《簠斋藏器目》第一本共收263器，《续修四库全书总目提要（稿本）》误作"二百七十四器"。《簠斋藏器目》第二本录簠器四、匜器五，《续修四库全书总目提要（稿本）》误作"簠五""匜四"。《续修四库全书总目提要（稿本）》并云：

（《簠斋藏器目》前后二本）皆录（按：此“录”字为衍字）王戟门录自王文敏，而江氏又录自王戟门，付之手民者也……以陈氏藏器榻（拓）本与此两目互校，受铎即两手奉舟铎，视鼎即天君鼎，驭方鼎即王南征鼎……古櫑即钦罍，陈猷釜即陈犹区。前目与后目器名、标题彼此亦多歧异。以王文敏所藏簠斋手校之目及簠斋之孙所刊簠斋手写之目，与此两目互证，器数既各不相同，器名亦互有同异。至吴氏《捃古录》内所引陈氏藏器，更有出于此两目之外者，其陈氏藏器中最著名之毛公厝鼎，则惟见于《捃古录》及簠斋之孙所补《簠斋藏古册目》内，而陈氏手校手写之目及此两目悉未著录。以陈氏校写之目证此两目，更以此两目之前目证后目，乃知陈氏校写之目与此两目皆非陈氏藏氏（按：此“氏”字为衍字）器之全目。江氏于此两目先后并刻，盖亦知其非簠斋藏器全目，只可据以互证，不可据为定本，故据所录并刻而存之以待考也。①

由上可知，《簠斋藏器目》前后目先有王懿荣所藏陈介祺器目，王锡棨复录自王懿荣，后江标录自王锡棨，并刊刻行世，非陈介祺藏器全目。陈介祺著述拓藏，终日矻矻，几无辍时，所以撰述向无定本，藏录难求全目（并不止于吉金一目）。

今检《簠斋藏器目》前后两目，前目载藏器32种263器，后目载器26种179器，除前目较后目多载古兵器之类外，钟、铎、鼎、簠、簋、尊、敦、爵、觥、斝、卣、觯、角、觚、鬲、甗、盉、壶、缾、鋘、盘、匜诸器两目并有。其余不同者尚有：前目尊器为10，后目析为尊8、牺尊2；前目有釜无区，后目有区无釜，然前目陈猷釜即后目陈犹区。凡此种种，皆可知前后二目除名称界定有异外，所载诸器几乎全同。

《簠斋藏古册目并题记》

《簠斋藏古册目并题记》，又作《宝簠斋藏古册目并题记》，《石庐金石书志》《潍县志稿·艺文志》《中国古籍善本书目》《山东省博物馆藏明清民国

① 中国科学院图书馆整理：《续修四库全书总目提要（稿本）》，齐鲁书社1996年版，第2册，第228～229页。

山左学者著述知见录》《山东文献书目》《簠斋研究》著录。是集有稿本、抄本与广仓学窘排印本三种版本。《中国古籍善本书目》著录稿本一卷，上海图书馆、山东博物馆各有藏。然查《山东省博物馆藏明清民国山左学者著述知见录》，内著录抄本十六卷，《中国古籍善本书目》著录山东博物馆所藏稿本当为抄本。《山东文献书目》著录《簠斋藏古册目并题记》稿本一卷，清抄本十六卷。《潍县志稿·艺文志》著录是集，未言何种版本。《簠斋研究》著录1920年广仓学窘排印本，是本国家图书馆、山东省图书馆、北京大学图书馆、北京师范大学图书馆等皆有藏。2004年，《金文文献集成》第十八册据广仓学窘本影印收录。

今据广仓学窘本，前有1920年睢宁姬觉弥序文，册端标注“杭州邹安校本”。是集共分16册，亦即今所谓十六卷，册末列有1918年与1920年邹安跋记。

册一录钟十一、铎一，册二录方鼎三、圜鼎十四，册三录牺尊二、尊七、卣十二，册四录壶一、罍一、鉼一、斝二、觚四、觯十五，册五录角四、觥一、爵十六，册六录爵二十三，册七录敦八，册八录敦十二、錞一，册九录盘四、匜五、区二、鋘一，册十录鬲三、簠四、簋一、甗二、盉三、和一，册十一录剑二、干首一、瞿三、戈十，册十二录戈十五、秦戈一、矛五、镦一，册十三录秦量二、权一、诏版五，册十四录诏版七、刻石三，册十五录汉鼎十二、汉甗鍑一、汉金刃一、汉钟三、新莽饭帻一，册十六录汉熏炉一、雁足镫一、行镫三、汉镫一、汉高镫三、汉锭一、汉烛一、汉壶一。集内所诸器目后，多有陈介祺题注，一至十册上下两端载有邹安题记，内容多与《簠斋吉金录》同。

邹安1918年题记云：“此前数年自中江李香严家出，乃香严索录之本，即由簠老属胥所钞者。久思印行，未果。今钞存一册于窘，以待异日寿诸梨枣。”1920年跋记云：“右簠斋藏古册目并题记一卷，校印既竣，恐犹有挂漏，偶访钱塘陈叔通编修，见前所假抄之本，丹黄殆遍。细审乃据东武刘氏款识册目、钱塘汪氏郎亭集古录增入多目，并寄簠斋之孙礼丞照原稿改以朱笔。”“异日再版，当依叔通、礼丞两校本排次，以存原稿之旧云。”则邹安校录之广仓学窘本乃李香严索以陈介祺，陈介祺复倩人抄写之本。此本另有陈叔通抄校本与陈文会校改本，邹安未及排次。

复查《山东省博物馆藏明清民国山左学者著述知见录》之《簠斋藏古册目并题记》十六卷抄本云："此册乃陈介祺藏器目及题记，中经陈叔通过录陈介祺批校于上，又有邹寿祺题，邓实影印其吉金录，此书亦为低（底）本。"① 既内云为"陈叔通过录"，则山东博物馆藏抄本即陈叔通抄校本。

又同治十三年（1874）十二月二日陈介祺致潘祖荫信札附笺云："附藏古册目一本，未及拓入者駑竟而已。"② 则此赠潘祖荫之藏古册目与《簠斋藏古册目并题记》颇为相合，更可见陈介祺拓古之多，赠人之众。

《簠斋藏古目十八卷附补遗》

《簠斋藏古目》，1925 年陈文会影印本。《双行精舍书跋辑存》《金石书录目》《潍县志稿·艺文志》《续修四库全书总目提要（稿本）》《山东文献书目》《簠斋研究》皆著录为《簠斋藏古目》三册；《山东文献集成》第四辑第二十册影印《簠斋藏古目》作五种二十三卷。

《簠斋藏古目》三册，第一册标有"辛巳"，即陈介祺编次于光绪七年（1881）；第二册标有癸未，即陈介祺编次于光绪九年（1883），此两册亦即所谓《簠斋藏古目十八卷》。第三册为附册，收录《十钟山房藏齐鲁三代两汉瓦当文字目》《簠斋古泥封目》《簠斋泉范目》。三册合称为《簠斋藏古目》。1925 年陈文会曾予以影印，国家图书馆、山东省图书馆、北京大学图书馆、北京师范大学图书馆、吉林大学图书馆、山东师范大学图书馆等多家图书馆皆有藏。

《簠斋藏古目十八卷》，有稿本与影印本两种版本。稿本由《山东省立图书馆善本书目》《中国古籍善本书目》著录，上海图书馆藏。陈文会影印本多题作《簠斋藏古目十八卷补遗一卷》，《金石名著汇目》《双行精舍书跋辑存》《山东省博物馆藏明清民国山左学者著述知见录》《山东文献书目》《清史稿艺文志拾遗》著录。《双行精舍书跋辑存》著录为《簠斋藏古目不分卷补遗一卷》。癸未册录卷一至卷十二。卷一录钟七、编钟四、铎一，卷二录方鼎三、圜鼎十五，卷三录牺尊二、尊八、卣十一，卷四录壶一、罍一、鉼一、

① 崔巍辑释：《山东省博物馆藏明清民国山左学者著述知见录》，山东大学《清人著述总目》编辑部藏 2003 年印本，第 237 页。

② 陈敬第辑：《簠斋尺牍》，见《近代中国史料丛刊》第九十七辑，台湾文海出版社有限公司 1973 年版，第 43 页。

斝二、觚五、觯十六，卷五录角三、觥一、爵二十一，卷六录爵二十八，卷七录四耳簋一、簋七，卷八录簋十七、錞一，卷九录盘四、匜五、区二、鋘一，卷十录鬲三、簠四、簋一、甗二、盉三、和一、碗一，卷十一录剑四、干首二、瞿四、戈十六，卷十二录戈十五、矛六、镦一、三代铜器三。辛巳册录卷十三至卷十八，并附补遗。卷十三录权一、权版二、量三、量版六、度版一，卷十四录瓦量二十四，卷十五录汉鼎十二、鍑一、甑一、钟三、鍪一，卷十六录熏炉一、雁足镫一、宫镫三、烛豆一、锭一、行镫四、饭帻一、壶一、金刃一、铜器三，卷十七录权二、车铜四、葆调一、刀圭一、洗十五、奁一，卷十八录弩机二十。两册十八卷共录器目350种。此目之中，每器后多有题记。后附陈文会器目补遗，复增周毛公鼎等13种，并云："以上二目均系另纸手录，印时遗脱，谨补注于此。"

末有陈文会识文云："今秋小愈，渐亲文事，爰检公晚岁手书，此卷先成，景本以饷同好。其中未经补注各器钧依原编序次于后，至毛公㕯鼎为传世舀文之冠，在昔秘诸箧衍，故未入录。今以弁圜鼎之首，庶几收逋证讹，巨细毕举。"此文亦附于《潍县志稿·艺文志》后。

《簠斋研究》第五章《簠斋藏古目》条下脚注后附有商务印书馆售书宣传单复印件，内云《簠斋藏古目》"考释精深，最为完善"①，然对校其他诸目，是集亦非全目。《双行精舍书跋辑存》即云："余前为山东图书馆购存拓本一千八百三十余份，据与吴愙斋往来函牍，共藏五千余事，此均未载。他如铜石造像、碑刻画像，其见于拓本及簠斋吉金录并他书所载者，为目尤繁，概未胪列。可知此书亦仅簠斋藏古之部分，并非全豹。"②

2004年，《金文文献集成》第十八册据陈文会本影印收录。

《簠斋吉金录》

《簠斋吉金录》，1918年风雨楼影印本，邓实辑，一函八册，《金石书目》（黄立猷）、《石庐金石书志》、《金石书录目》、《簠斋先生著述目》、《潍县志稿·艺文志》、《续修四库全书总目提要（稿本）》、《清史稿艺文志及补编》、

① 陆明君：《簠斋研究》，荣宝斋出版社2004年版，第161页。

② 王献唐：《双行精舍书跋辑存》，齐鲁书社1983年版，第104～105页。

《山东省博物馆藏明清民国山左学者著述知见录》、《山东文献书目》、《簠斋研究》等著录。《潍县志稿·艺文志》《清史稿艺文志及补编》《山东文献书目》著录为八卷。国家图书馆、山东省图书馆、山东博物馆、山东大学图书馆、清华大学图书馆、北京大学图书馆、南京大学图书馆、四川大学图书馆、郑州大学图书馆等多家单位有藏。《山东文献集成》第四辑第二十册据山东大学图书馆藏风雨楼本影印收录。

是集由褚德彝题签，前列1918年褚德彝题记，次列章炳麟题辞，次列陈介祺致吴云书函一札，次列褚德彝跋文，次列目录，目录后有邓实附识文。内载吉金凡389器，拓图570余帧。褚德彝记云：

> 余旧藏簠斋藏器拓本，乃当时赠平斋者，每种间有自书考释，约二百品。秋枚先生敦书乐古，见之从臾付印，公之同好。又以藏本相假，吾友适庐藏簠翁藏器拓亦多，并有簠翁自定藏古目录，因属适庐分类排比，粹为一编。近闻陈氏所藏古器，半为驵侩贩售，输之海舶，他日好古家欲见墨本而不可得，亦如归来堂之图书、墨妙亭之碑刻，仅供目录家之考索。幸得秋枚集其墨本，景印传世，簠斋吉金菁华悉粹。若得好事者取其石刻专瓦匋器文字萃为巨编，藉存国粹于万一，则是编犹其椎轮也。戊午十一月余杭褚德彝记。

陈文会《簠斋藏古目》跋文云：“同治甲戌，龚蔼人观察以金十斤来索拓金文，并属装池为编次题记，成十六册。事迄，汇录一帙，并以副本寄吴平斋先生，是为传写诸本之始。”由上可知，褚德彝藏本即福建龚昌图向陈介祺索拓之副本。并查《簠斋尺牍》，此本先寄王懿荣，复拓寄吴云，后为褚德彝藏。又邓实识文云：

> 《簠斋藏器目》，江建霞太史曾两次刊入《灵鹣阁丛书》中，考其第一目共载二百六十三器，其第二目共载一百七十九器。其前目比后目多八十余器者，乃前目增入古兵器一类，而后目不列也。今编吉金录，略依江氏所刊两目而补其所未备，复增入秦权量刻辞及汉器、弩机、泉范、造像等，共得三百八十九器，较之江目多出百二十六器。簠斋藏器太（大）略已备矣。先是，寒家极力搜罗簠斋吉金墨本，十余年来，集合不鲜，久思影印行世，而校录江目，所缺尚多，不无遗憾。友人褚君礼堂、邹君适庐亦酷爱簠斋遗拓，搜集尤勤。今年夏间，假得两家藏本，合以

寒家所有，突过江目。乃另编目，决付影印。

据上可知，《簠斋吉金录》乃褚德彝、邹安、邓实三家所藏陈介祺藏器拓本之影印集册。内载钟十一、铎一、鼎二十一、尊九、卣十一、壶一、罍一、鉼一、斝二、觚六、觯十六、觥一、爵四十五、敦二十六、盘六、匜六、区二、鋘一、鬲三、簠四、簋一、盉三、甗二、杂器六、古兵器四十一、秦量三、秦诏版十一。另有汉鼎十三、甗鍑一、壶一、钟三、鋬一、镫十二、熏炉一、饭帻一、葆调一、车饰一、金刃一、弩机十八、铜铁范六十七、造像二十五。除石刻砖瓦镜玉等之外，是书几乎已经概全陈介祺同治十三年（1874）之前的藏器，可与《簠斋藏器目》前后目及吴重憙本《潍县陈氏宝簠斋藏器目》对校。1918 年之后，此书不断再版，据《山东文献书目》可知，是书曾有 1935 年翻印本。1980 年，台联国风出版社据风雨楼本精装一册再版影印。

《簠斋积古金文目录》

《簠斋积古金文目录》，同治十年（1871）稿本，《簠斋藏书目》著录，仿管公楼朱丝格子写，台湾“中研院”史语所傅斯年图书馆藏。

《潍县陈氏宝簠斋金文册目释》

《潍县陈氏宝簠斋金文册目释》，陈介祺家抄本，二卷，内载陈介祺跋文。《中国古籍善本书目》《山东文献书目》著录，上海图书馆藏。

《簠斋尺牍》载同治十三年（1874）四月十二日陈介祺致潘祖荫书云：“兹寄上金文册目释一册，其一册尚有数叶未毕，再有北便可寄。与仲饴同录止此，近中所见未曾装册者，尚未录也。”①

《簠斋金石文考释》《金文释存》

《簠斋金石文考释》，又名《簠斋金石文字考释》《簠斋金文考释》《金文释存》，共有稿本、抄本与云窗丛刻本三种版本。稿本不分卷，《中国古籍善本书目》《山东文献书目》著录，国家图书馆藏。清抄本一册，《山东省立图

① 〔清〕陈介祺著，陈继揆整理：《秦前文字之语》，齐鲁书社 1991 年版，第 18 页。

书馆善本书目》《山东省博物馆藏明清民国山左学者著述知见录》《山东文献书目》著录，山东博物馆藏。云窗丛刻本系罗振玉1914年据同治十二年(1873)陈厚滋写本于日本京都东山侨舍影印，列云窗丛刻第6种，《清史稿·艺文志》、《石庐金石书志》、《金石书录目》、《簠斋先生著述目》、宣统《山东通志·艺文志》、《潍县志稿·艺文志》、《续修四库全书总目提要（稿本)》、《中国丛书综录》、《山东文献书目》、《清史稿艺文志拾遗》、《簠斋研究》著录，诸书目著录多题作一卷。国家图书馆、山东博物馆、首都图书馆、北京大学图书馆、上海图书馆等有藏。

《山东文献书目》著录《簠斋金石文考释》（云窗丛刻本)、《金文释存》(抄本)、《簠斋金文考释》（稿本）三种，此三种书实为一种。《山东省立图书馆善本书目》著录《金文释存》不分卷，而《清史稿艺文志拾遗》著录其为一卷。《山东省博物馆藏明清民国山左学者著述知见录》云："《金文释存》一卷，清抄本，是书为介祺子厚滋写本，其后罗振玉曾影印此编，归入云窗丛刻本。"又《簠斋金文考》排印本赵录绰1937年跋文云："此册（按：即《簠斋金文考》）为同治十一年重定之本，内陈氏手校甚多。上虞罗氏曾由日照丁艮善家购得陈氏金石零稿，汇编为《簠斋金石文考释》，印入云窗丛刻中，考汉器者七篇。取此册相较，凡陈氏所手校及增补者皆无之，而每篇后所记年月亦皆缺如。盖非最后定稿也。"查云窗丛刻本《簠斋金石文考释》，其中《大丰簋释文》篇有"同治癸酉七月三十日丙子复审释之"语。综上可知，《簠斋金石文考释》为同治十二年（1873）陈厚滋写本，而《簠斋金文考》虽有陈介祺手校批注，但此本实早于云窗丛刻本《簠斋金石文考释》。是以此两本皆非最后定稿。

是集稿本前后皆无序跋，云窗丛刻本后有1913年罗振玉跋文，半页十三行，行二十二字，无删改。罗振玉跋云："宣统纪元，始得此卷于丁绍山待诏艮善家，尚是先生手稿及先生嗣子九阑大令厚滋写本，存《金文考释》八篇，《汉石记》一篇，诗二章。吉光片羽，不忍自我而淹没，亟印行以遗治斯学者。"由此可知，此本先存于日照丁艮善处，复为罗振玉所得，内有《周盂鼎释文》《大丰簋释文》《西汉孝文帝铜鍪考释》《西汉渔阳郡孝文庙铜甗鍑并甑考》《汉桂宫镫考释》《汉阳泉使者舍熏炉考释》《西汉绥和雁足镫考》《汉镫考记》考释文八篇，《临淄东汉画像石记》一篇，《东武刘燕庭方伯池阳镫歌（并序）》（后附海盐张开福和诗一首）、《燕庭方伯获古长安，长歌纪此。张石匏开福、鲍子年康亦皆有诗，而未及前左足之庄字。兹因刻图，为儿子厚滋辨得，赋句志后》[①] 诗两首。

以《簠斋金文考》与《簠斋金石文考释》相校，诗文重者有九。所不同者，《簠斋金文考》载《汉尚浴府金行烛盘考》《汉开封镫考》，《簠斋金石文考释》载《周盂鼎释文》《大丰簋释文》《临淄东汉画像石记》。以两见之文相校，不同者甚微。《汉桂宫镫考释》一文末，《簠斋金文考》增补小字批注十余字；《西汉绥和雁足镫考》中竟宁雁足镫处，《簠斋金文考》文上增小字批注“近闻在吴县潘季玉处”，其他近乎全同。

《续修四库全书总目提要（稿本）》云：“陈氏考订金石之文，虽多述作，向未刊梓。其散见于已刻诸著内者，率多单词片语，从未见有如（按：此“如”字为衍字）长篇巨幅如此编者。”[②] 集内诸文，多精绝之见，如《周盂鼎释文》云：“三代以来古钟鼎文字，不第贵识其字也，贵乎能通其义，尤贵能求其行文之法，书事之例，虽不足以赅古史，而其施于彝鼎，书于宗彝者，亦可得其大概，征信于数千载下而可无少疑矣。”

《簠斋金文考》《汉金文考》

《簠斋金文考》，壬申再定本，此本有陈氏家抄本、1937 年排印本和 2005 年文物出版社影印本等多种版本。是书诸书目皆未著录，仅《簠斋轶事》《簠斋研究》著录。

陈氏家抄本，陈介祺后人陈君善、陈继揆递藏，清抄本，半页十行，行十九字，前标注为“壬申仲冬再定本”。首列目录，次有同治十一年（1872）陈介祺题记，诸篇末皆标记写作年月，为排印本和影印本之底本。1937 年，陈君善据抄本铅字排印刊行，排印本半页十一行，行三十字，四周单边，后有安丘赵录绰 1937 年跋文，无汉器拓印图，国家图书馆、中山大学图书馆等有藏。2005 年，陈继揆据陈氏家抄本影印，付文物出版社出版，并增入汉铜器拓图等。稿本于 1963 年被陈育丞、陈继揆捐赠给国家，时由文化部拨付文

---

① 簠斋七绝诗，诗题为笔者加。

② 中国科学院图书馆整理：《续修四库全书总目提要（稿本）》，齐鲁书社 1996 年版，第 2 册，第 77 页。

物博物馆研究所藏①，今中国文化遗产研究院图书馆藏②。

是集内载《十六年鍪》（正文作《西汉孝文帝铜鍪考释》）、《西汉渔阳郡孝文庙铜甗鍑并甑考》、《汉尚浴府金行烛盘考》、《汉桂宫镫考释》、《汉阳泉使者舍熏炉考释》、《东武刘燕庭方伯池阳镫歌》、《海盐张石匏开福和作》、《燕庭方伯获古长安，长歌纪此。张石匏开福、鲍子年康亦皆有诗，而未及前左足之庄字。兹因刻图，为儿子厚滋辨得，赋句志后》、《西汉绥和雁足镫考》、《汉开封镫考》、《汉镫考记》，共计文八篇、诗三首。2005 年影印本又附入《竟宁雁足镫考》《赵晋斋魏建昭雁足镫考》及赵魏、李兆洛等人诗，颇为芜杂。

陈介祺同治十一年（1872）题记云："余收吉金四十年，得西汉器十有一，年来益以阳泉、绥和二器，为十有三。同治辛未秋九，取其大小相称者八，命工绘图锓木，一一考释。复以汉镫为多，汇考记之，编为一册云。"

所谓《簠斋金文考》"壬申再定本"，是因该书诸文多作于同治辛未年，后于"壬申再定"。而云窗丛刻本《簠斋金文考释》则为同治癸酉本。《簠斋金文考》与《簠斋金文考释》之关系大体如下：陈介祺《西汉孝文帝铜鍪考释》等汉器考释之文皆作于同治辛未年（1871），当有《簠斋金文考》（辛未定本）；同治壬申年（1872），又有《簠斋金文考》（壬申再定本）；同治癸酉年（1873），据《簠斋金文考》（辛未定本）再复审视，另加《临淄东汉画像石记》等文，复为《簠斋金石文考释》。此两者之关系，详见本章《簠斋金石文考释》条。

又《金石名著汇目》《潍县志稿·艺文志》《簠斋先生著述目》著录陈介祺《汉金文考》。1937 年排印本中赵录绰跋云："右《簠斋金文考》抄本一册，为汉器考释及诗歌，盖即陈氏《汉金文考》之一。"则陈介祺初集诸汉器文字一一考释，名为《汉金文考》，《簠斋金文考》为其中一部分。《汉金文考》今未见。

---

① 参见《陈育丞、陈继揆捐献陈簠斋一批手稿》，载《文物》1964 年第 4 期。以下凡云"稿本于 1963 年被陈育丞、陈继揆捐赠给国家，时由文化部拨付文物博物馆研究所藏"数语，皆引此，不另注出。

② 《陈介祺年谱》第 195 页载，原藏于文物博物馆研究所之数种陈介祺稿本，现皆藏于中国文化遗产研究图书馆。以下引此，亦不另注出。

《宝簠斋集各家彝器释文》《潍县陈氏簠斋金文拓本释》

《宝簠斋集各家彝器释文》，此即《潍县陈氏簠斋金文拓本释》，因版本不同，故题名有异。是书共有三种版本，一为陈介祺稿本，名为《宝簠斋集各家彝器释文》；一为同治十年（1871）吴重憙抄校本，名为《潍县陈氏簠斋金文拓本释》；一为丁菊甦抄本，亦名为《宝簠斋集各家彝器释文》。陈介祺稿本，今未见。吴重憙抄校本无序跋，其他与丁菊甦抄本所载，几无不同。吴氏抄本与丁氏抄本在内容方面的不同之处在于，吴氏抄本抄录至“毛公厝鼎”处，仅列鼎名，未列毛公鼎释文，而丁氏抄本则全录毛公鼎释文。

《宝簠斋集各家彝器释文》，《中国古籍善本书目》《山东省博物馆藏明清民国山左学者著述知见录》《山东文献书目》《清史稿艺文志拾遗》《簠斋研究》著录，《山东文献集成》第二辑第二十二册影印收录。山东博物馆藏丁菊甦抄本，《中国古籍善本书目》著录此本为稿本，《山东文献书目》《清史稿艺文志拾遗》《簠斋研究》据以著录。《山东省博物馆藏明清民国山左学者著述知见录》及《山东文献集成》皆著录山东博物馆藏丁菊甦抄本。此抄本据陈介祺稿本过录，半页九行，行二十字；前有同治十一年（1872）陈介祺自序，次有凡例，后列正文。

《潍县陈氏簠斋金文拓本释》不分卷，同治十年（1871）吴重憙抄校本，《中国古籍善本书目》《山东文献书目》《清史稿艺文志拾遗》《簠斋研究》著录，《山东文献集成》第四辑第二十册影印收录，国家图书馆藏。前后无序跋。《宝簠斋集各家彝器释文》前陈介祺同治十一年（1872）自序云：

> 余于既冠后从子苾六兄游，论古文字，考订金石，始稍稍有吉金之蓄。既少有所见，好益笃，藏日增，同好者以拓墨往来，亦益富。咸丰癸丑夏，装三代器文七百余种为册，归里后未及释也。同治辛未秋热甚，悲伤不能遣，取而读之。今春子苾之子仲饴倩来，出册相质，即手录成帙，复以东武先方赤外舅、刘燕庭年丈、日照许印林同年诸集古册补之。①

① 〔清〕陈介祺：《宝簠斋集各家彝器释文》，见《山东文献集成》第二辑第二十二册，山东大学出版社2008年版，第7页。

由此可知，咸丰三年（1853），陈介祺先将所蓄吉金之拓本及友朋所赠吉金拓本共700余种装订成册，并携以归里；同治十年（1871），陈介祺读而释之；同治十一年（1872）春，复手录成帙。然是集吴重憙抄校本则标有“辛未钞”字样，则指抄于同治十年（1871）。两说必有一误，待考。

是集内载陈介祺所藏吉金拓本736通，各器并有陈介祺释文，每器之下，皆以小字标注器藏于何处、拓自何处或著录于何处。如“叔盂父鼎”下，标有“十字”“陈粟园拓本”“捃古”“诸城刘氏”字样，即此器上有文字十，此拓本为陈畯所拓，《捃古录》载录此器，诸城刘喜海藏器。细检此集，陈介祺所藏金文拓本，除自己所藏器物之拓本外，主要有诸城刘喜海、苏州曹载奎、汉阳叶志诜、南海李宗岱、诸城李璋煜、日照许瀚、洪洞刘师陆、新安程振甲等人所藏器物之拓本。释文之中，与各家藏器均作对比，亦可偶见器物流转之况。如“父癸角”下标注“叶氏，孙渊如旧物”，“兮仲钟”下标注“刘氏，今归陈氏”。是以此集亦可视为名家吉金器藏器之集注。

吴重憙抄校本《潍县陈氏簠斋金文拓本释》前有跋记，记云：“壬午元旦之夕，以捃古校对钟鼎二门，陈吴同录者以朱记陈册之上、吴册之下。陈有吴无者钟五，鼎廿。”后有“辛未钞”字样。可知同治十年（1871），先抄录一过。光绪八年（1882），陈介祺复以此本与《捃古录》对校，以备《捃古录》之完善。今检此集，不独钟鼎二门，其他诸器亦与《捃古录》作对校。

丁菊甦《寄庵札记》叙其本原委甚详，其云：“己卯秋，偶于邑冷摊得潍县陈簠斋著《宝簠斋藏古目器目》一册、《宝簠斋各家彝器释文》四册，合为一函。抄笔奇古有别致，当为手写定本。细询售者，知出家幹圃先生。”“此册当为簠斋先生寄请幹圃公者，允堪宝贵。藏古器目一册，当日陈氏曾梓行，今京津书肆犹有售者。若各家彝器释文，则遗稿未梓者也。”① 据此似可定《宝簠斋集各家彝器释文》丁菊甦抄本为1939年抄本。

《宝簠斋集古金文考释》

《簠斋集古金文考释》，又作《集古金文考释》，《簠斋先生著述目》《秦

① 丁菊甦：《寄庵札记》，见《山东文献集成》第二辑第二十册，山东大学出版社2008年版。

前文字之语》著录，今未见，疑与《簠斋金石文考释》《簠斋金文考》等类同。

《簠斋金石墨拓释存》

《簠斋金石墨拓释存》，一册，稿本，《山东省立图书馆善本书目》著录为不分卷，《山东省博物馆藏明清民国山左学者著述知见录》《山东文献书目》《清史稿艺文志拾遗》皆著录为一卷，山东省图书馆、山东博物馆递藏。

《山东省博物馆藏明清民国山左学者著述知见录》云："此册乃陈氏辑其所藏金石之有文字者，墨拓后贴成册叶，每半叶一至二片。并释所拓之文于旁，皆为介祺手书。"①

由此可知，是册与《宝簠斋集各家彝器释文》《潍县陈氏簠斋金文拓本释》皆属同时辑释，所载当相同。所不同者，《簠斋金石墨拓释存》乃专辑陈氏所藏金石之拓释，不列其他诸家藏器。《宝簠斋集各家彝器释文》《潍县陈氏簠斋金文拓本释》皆有同治十年（1871）稿抄本，则是册亦当定为同治十年稿本。

《宝盘铭释文》

《宝盘铭释文》，刻本，一册一函，中国人民大学图书馆藏。

《十钟山房钟鼎款识》

《十钟山房钟鼎款识》，《簠斋先生著述目》《潍县志稿·艺文志》《续修四库全书总目提要（稿本）》著录，皆未言版本与卷数。今未见。《续修四库全书总目提要（稿本）》"簠斋笔记"条云其"均未付梓，世无传本"。

以是册题名可知，乃陈介祺所藏钟鼎二器之款识，当与《簠斋藏古册目并题记》《簠斋吉金录》《簠斋藏古目十八卷附补遗》《宝簠斋集各家彝器释文》《潍县陈氏簠斋金文拓本释》《簠斋金文题识》等书中所载陈介祺钟鼎款识相同。

---

① 崔巍辑释：《山东省博物馆藏明清民国山左学者著述知见录》，山东大学《清人著述总目》编辑部藏2003年印本，第222页。

《簠斋金文手稿》

《簠斋金文手稿》，清同治年间散页手稿，《簠斋藏书目》著录，为陈介祺金文考释札记手稿，1985年台湾"中研院"史语所编，台湾"中研院"史语所傅斯年图书馆藏。据台湾"中研院"史语所蔡哲茂介绍，是集手稿为清同治年间散页手稿，由"中研院"史语所整理，并于1985年编黏成册，定名为《簠斋金文手稿》。

《簠斋金文题识》

《簠斋金文题识》，为陈介祺所藏吉金器目题识文，陈继揆辑，2005年文物出版社排印出版。

陈介祺藏器附有题记的著述有《簠斋藏古册目并题记》《簠斋吉金录》《簠斋藏古目十八卷附补遗》，然皆不如是集记录翔实可取。每器之下，多叙字数、录器形、释文字、溯源流、征典籍，并记器物出土地，是以欲全面了解陈介祺吉金藏器，此当为首选。

集内载钟七、编钟四、铎一、方鼎三、圜鼎十八、鬲三、甗二、簋二十五、錞一、簠四、簋一、牺尊二、尊八、卣十一、盉三、壶一、罍一、鉼一、斝二、觚五、觯十六、角三、觥一、爵五十、盘五、匜七、釜二、鋘一、碗二、剑四、干首二、瞿四、戈四十五、矛六、镈一、丰字铜器二、金铺一、距末一、铜镂鞠一、权一、权版二、量三、量版六、汉鼎十二、鍑一、甑一、钟三、鍪一、熏炉一、雁足镫一、高镫三、烛豆一、锭一、行镫四、行镫盘一、饭帻一、壶一、金刃一、汉铜器六、权二、车铜四、葆调一、刀圭一、洗十三、奁一、铜牌一、弩机二十二、合符钩一，凡354种。

自陈继揆《簠斋金文题识》序文可知，诸题识资料来源，除少数取自《簠斋藏古目》，多抄自金文拓本之包装纸上。原为陈介祺自题，后因更换包装，陈氏后人遂为抄录。

《秦量诏版释文诗记》《秦量诏版八首》

《秦量诏版释文诗记》，又作《秦权量诏版释文诗记》《簠斋藏秦权量铜诏版释文诗记》，稿本。《簠斋先生著述目》作《秦权量诏版释文诗记》，《潍县志稿·艺文志》作《秦权量诏版释文诗纪》，《簠斋轶事》《簠斋研究》作《簠斋藏秦权量铜诏版释文诗记》，均未言卷数。稿本于1963年被陈育丞、陈继揆捐赠给国家，时由文化部拨付文物博物馆研究所藏，今中国文化遗产研究院藏。是稿有朱笔题于上，内并载四言诗一首。2013年9月刊《中国书画·陈介祺纪念专题》内载《秦权量诏版诗文记》（是刊误题作《秦权量诏版诗文集》）图片数帧，可参考。

《秦量诏版八首》，稿本，中国文化遗产研究院藏，《陈介祺年谱》著录。内记云："丙寅得四版，既诗记之。丁卯复获始皇版，戊辰冬日，乡田无警，拓装再咏之。"

以此与《秦量诏版释文诗记》相校可知，陈介祺先于同治五年（1866）得秦权量诏版四，先题四言诗一首。次年复得始皇版，同治七年（1868）复题诗八首。

《簠斋尺牍》载同治十一年（1872）九月二日陈介祺致吴云手札云："余最后得一始皇者诏者，始皇者惟存此残字与敝藏耳。愚有考有咏，惜目眊，僻处无人可录呈，又不得面晤同赏，怅何如之。"① 同治十二年（1873）七月二十九日，陈介祺致吴云手札云："其中四部钟，弟有释文，并《秦量诏版释文诗记》，均请是正。又《传古小启》，并博一粲。"② 同年七月晦日致吴云手札云："度是度，量是量，不可以一器兼二名。而诏旧误，张直名度，亦误，乃施于木斗斛者。刘作秦铜诏版，不言其为何器，亦非。余名为秦量诏版。"③ 则秦量诏版之名始定于陈介祺。鲍康《观古阁续丛稿》有《题秦诏版拓册》，内云刘喜海、鲍康、陈介祺三人皆于秦诏版题诗吟咏，"寿卿有考释有诗，订正极详"。

《青箱古集续编之簠斋吉金藏拓册》

《青箱古集续编之簠斋吉金藏拓册》，是题为编者加。诸城王锡棨、王绪

---

① 陈敬第辑：《簠斋尺牍》，见《近代中国史料丛刊》第九十七辑，台湾文海出版社有限公司1973年版，第1009～1010页。

② 陈敬第辑：《簠斋尺牍》，见《近代中国史料丛刊》第九十七辑，台湾文海出版社有限公司1973年版，第1039页。

③ 陈敬第辑：《簠斋尺牍》，见《近代中国史料丛刊》第九十七辑，台湾文海出版社有限公司1973年版，第1048页。

祖、王维朴数世藏辑之陈介祺藏拓本，为《青箱古集续编》一部分，经折装，山东大学图书馆藏。《山东文献集成》第三辑第十九册影印《青箱古集续编》一种，内载录陈介祺藏拓1100余纸，多无题识语。

《山东文献书目》《山东大学图书馆古籍善本书目》皆云《青箱古集续编》为清王苍编辑，《山东文献集成》据以著录，实误。查王维朴《王氏金石书目提要》云："先君于光绪初叶继纂《青箱古集续编》一百二十册，为时三十载，搜罗遍宇内。式仍正集，分装十五巨函。翻阅一过，须尽三日之力。"则《青箱古集》及《青箱古集续编》皆为诸城王锡棨、王绪祖、王维朴世代递作，非王苍之辑。《山东大学图书馆古籍善本书目》《山东文献集成》是册复标注"陈介祺藏器"，亦欠妥。册内辑有叶志诜、吴大澂、吴式芬等藏器或拓本，故当作"陈介祺藏拓"，非仅"陈介祺藏器"。

是以《山东大学图书馆古籍善本书目》《山东文献集成》将此陈介祺藏拓册题为《青箱古集续编》，未妥。应作《青箱古集续编之簠斋吉金藏拓册》。今人复有据此著录为《陈介祺〈青箱古集续编〉》者，则误而又误。

《十钟山房金文》

《十钟山房金文》，四册，陈介祺原拓，1932年王献唐辑本。《双行精舍书跋辑存》《山东省立图书馆善本书目》《山东文献书目》《王献唐研究》著录，山东省图书馆、山东博物馆递藏。2009年，青岛出版社将是集整理收入《海岳楼金石丛拓》中。

是集为陈介祺吉金藏器拓片全集。书前有王献唐跋文，《双行精舍书跋辑存》并载之。跋云："潍邑陈簠斋所藏吉金款识，邓秋枚已有印本。此其原器拓本，装贴四册，册各为卷，总题为十钟山房金文。如毛公厝鼎诸重器，别装卷轴藏之，册狭不能容也。"① 李勇慧《民国时期清代山左潍县陈介祺金石学文献流传整理与文献学价值——以山东省立图书馆（山东金石保存所）为例》又转引《顾黄书寮日记》1931年7月3日云："为图书馆购陈簠斋金文拓本全份，惟无十钟及毛鼎耳。"同年7月24日云："敬古斋送毛鼎拓本及陈簠斋题十布拓本来。"同年8月27日云："陈氏所藏十一钟精拓本，为图书馆

① 王献唐：《双行精舍书跋辑存》，齐鲁书社1983年版，第128页。

留之。凡簠斋先生收藏金石，本馆至是已尽有墨本矣。”①

是册内载吉金器物390件，陶类435件，封泥244件，铜印70余枚。

《十钟拓册》

《十钟拓册》，陈介祺原拓，杨继振原藏，鲍康题跋，《观古阁丛稿三编》著录。鲍康《为幼云跋陈氏十钟拓册》有“寿卿之钟，各饶神致”之语。

《簠斋所辑金文二十册》

《簠斋所辑金文二十册》，陈介祺原拓本，《金石书录目》《簠斋研究》著录，又有十六册、十一册本，皆为国家图书馆所藏。此当与王献唐辑《十钟山房金文》拓本相类。

国家图书馆藏陈介祺青铜器拓本1500纸。2008年，国家图书馆金石拓片组编、浙江古籍出版社出版的《国家图书馆藏陈介祺藏古拓本选编·青铜卷》中所载诸拓，即当自《簠斋所辑金文》中所录。

《簠斋藏吉金拓本》

《簠斋藏吉金拓本》，四十册，《簠斋研究》著录，北京大学图书馆藏。

《簠斋精拓》

《簠斋精拓》，四册，李佐贤旧藏，见载于吴光耀《三味老人五家集古录》（四川大学博物馆藏），《〈金石书录目〉再补》著录并附提要。《〈金石书录目〉再补》提要云：“自序云为光绪二十五年（公元一八九九年）在北京时，‘琉璃厂帖贾王麟甫五十金为吾得之。簠斋手书题名《秦二世木量诏版》……李竹朋知府手书目录，盖其故物。’共收拓片四十器，皆钤有‘簠斋藏三代器’或‘陈氏吉金’等陈介祺的印记。每册有李竹朋手书目录和他的收藏印。吴氏得到李竹朋这个藏本之后，又在原编目录的基础上作了些补订工作，缺者补之，误者正之。”②

---

① 中国历史文献研究会：《历史文献研究》总第33辑，华东师范大学出版社2014年版，第198页。

② 张勋燎：《古文献论丛》，巴蜀书社1990年版，第391页。

另吴光耀辑有《簠斋精拓续》，亦载吴光耀《三味老人五家集古录》中，然非陈介祺原拓，多自他书剪拓。

《簠斋存古余录》

《簠斋存古余录》，拓本，十册，《陈介祺与中国经学金石学及考古学研究类稿》著录，李宗侗旧藏，今美国加州大学伯克利分校东亚图书馆藏。内载陈介祺金石拓片302种，并多有陈氏题跋及考证。

《簠斋积古金文》

《簠斋积古金文》，拓本，原书无题，《簠斋藏书目》著录，李宗侗旧藏，今台湾“中研院”史语所傅斯年图书馆藏。

《国家图书馆藏陈介祺藏古拓本选编·青铜卷》

《国家图书馆藏陈介祺藏古拓本选编·青铜卷》，一册，国家图书馆金石拓片组据本馆藏陈介祺青铜拓片辑编影印而成，2008年浙江古籍出版社出版。内载三代青铜器75种（附战国陶器一种），秦汉铜器43种（附唐代符节3种），铜造像24种，善业泥5种，古泉范40种，凡191种。每种下皆标注藏器尺寸、器物说明及铭文释读。内所载善业泥5种，本不属青铜，因附铜造像而联类之。

《东武刘氏款识》

《东武刘氏款识》，1919年商务印书馆据陈介祺同治十年（1871）手稿影印。又作《刘氏款释》《刘氏款识》《东武刘氏款识册目》《陈簠斋写东武刘氏款识》等。《金石书目》（黄立猷）著录作《刘氏款释》一卷，《簠斋先生著述目》著录作《刘氏款识》一卷，《石庐金石书志》著录作《东武刘氏款识册目》一卷，《金石书录目》《山东文献书目》著录作《东武刘氏款识》一卷。《续修四库全书总目提要（稿本）》重出，一作《陈簠斋写东武刘氏款识》，未言卷数；一作《东武刘氏款识册目》一卷。《清史稿艺文志拾遗》《簠斋研究》著录作《陈簠斋写东武刘氏款识》一卷。国家图书馆、山东省图书馆、山东博物馆、北京大学图书馆、南京大学图书馆、中山大学图书馆、吉林大学图书馆等有藏。2004 年，《金文文献集成》第十八册影印收录。

是集乃陈介祺为刘喜海所藏吉金拓本所题款识，共 170 余拓，主要有汉阳叶志诜、东武李璋煜及陈介祺等人藏器。陈介祺手录其目，每器下并附考释，或录全文。取此书与刘喜海《嘉荫簃藏器目》对校，《嘉荫簃藏器目》中所载诸器多未见于此书。

《续修四库全书总目提要（稿本）》中，此书重出，故两篇提要皆以发先声，足以启人。如冯汝玠所撰提要云："编中榻（拓）目之下，陈氏随器附注，虽无崇论宏议，而其订正考释之处，颇多可取。""考古者于此目，若仅视为前贤遗墨，则浅之乎视此册矣。"① 刘节所撰提要云："介祺手摹其文，足与陆增祥《金石札记》、方濬益《缀遗斋彝器考释》之说相证。又其书虽为目录，而间附考证，往往发金文之凡例。"②

如遂启諆鼎，陈介祺考释此器颇详，言器中文字"原铭止此九字，陕中人增刻伪字成三百"，并云"古文与字岂俗工所能作，我辈嗜之止为文字，岂以有无为嫉、以奇异为货而宝之？乃不知所以宝者，自有真邪。"其见解正合于古人之心。此下注有"同治十年八月七日"字样，可推知《东武刘氏款识》当为陈介祺同治十年（1871）稿本。

《金文小品集》

《金文小品集》，上海书画出版社 2000 年版，内收陈介祺所藏金文拓片 123 种。

是集前言云："上海朵云轩藏有原陈介祺所藏的商周金文拓片数百纸。这些拓片，皆用当时汪六吉棉连纸所拓，拓工极为精细，墨色或如乌金或如蝉翼，文字之笔画绝不失真，一百多年来未曾刊印。今遴选这些拓片中的一二三纸，按原大精印成册曰《金文小品集》。"

---

① 中国科学院图书馆整理：《续修四库全书总目提要（稿本）》，齐鲁书社 1996 年版，第 2 册，第 51 ~ 52 页。

② 中国科学院图书馆整理：《续修四库全书总目提要（稿本）》，齐鲁书社 1996 年版，第 29 册，第 230 页。

《潍县陈氏宝簠斋金文册目》

《潍县陈氏宝簠斋金文册目》，又作《潍县陈氏宝簠斋金文册目三种》，吴重憙辑，陈介祺校注并跋，稿本，《中国古籍善本书目》《中国丛书综录补编》《山东文献书目》皆著录作三卷，国家图书馆藏。

《潍县陈氏宝簠斋藏器目》内载陈介祺同治十一年（1872）跋云：“仲饴既手录余斋金文各册竟，复为录所藏吉金成目。”此册即吴重憙手录陈介祺“金文各册”之本。

此册内载陈介祺所藏金文册目三种三卷，内有《潍县陈氏宝簠斋藏刘集金文目》一卷、《潍县陈氏宝簠斋藏李许集金文目》一卷、《簠斋摘录利津李氏集金文目》一卷。

《潍县陈氏宝簠斋藏刘氏集金文册目释》

《潍县陈氏宝簠斋藏刘氏集金文册目释》，陈氏家抄本，《中国古籍善本书目》《山东文献书目》《簠斋研究》著录，皆作一卷，上海图书馆藏。

《潍县陈氏宝簠斋藏日照许氏东武李氏利津李氏集金文册目释》

《潍县陈氏宝簠斋藏日照许氏东武李氏利津李氏集金文册目释》，陈氏家抄本，《中国古籍善本书目》《山东文献书目》《簠斋研究》著录，皆作一卷，上海图书馆、黑龙江大学图书馆藏。

是集乃陈介祺为许瀚、李璋煜、李佐贤之吉金藏器拓本所作的考释。

《簠斋摘录〈利津李氏集金文目〉》

《簠斋录〈利津李氏集金文目〉》，五册，稿本，吴重憙辑，陈介祺校注并跋，《中国丛书综录补编》《山东文献书目》《簠斋研究》著录，国家图书馆藏。此为《潍县陈氏宝簠斋金文册目》中的一部分。

《陈介祺藏拓秦诏量铭文》

《陈介祺藏拓秦诏量铭文》，2009 年文物出版社影印单行本，收录陈介祺所藏秦二十六年诏版、秦二世元年诏版、二世元年诏书等，并载整理释读之文。

《传古小启》

《传古小启》一卷，有稿本与刻本两个版本。稿本今藏于中国文化遗产研究院图书馆。

同治自刻本，前有陈介祺自序。《江苏省国学图书馆图书总目》《山东省博物馆藏明清民国山左学者著述知见录》《山东文献书目》《清史稿艺文志拾遗》《陈介祺年谱》著录，山东博物馆藏。《山东文献书目》《清史稿艺文志拾遗》皆著录为同治刻本，《山东省博物馆藏明清民国山左学者著述知见录》著录为清自刻本。

《山东省博物馆藏明清民国山左学者著述知见录》云："此编有潘祖荫滂喜斋刊本，有叶氏存古丛刻石印本，此乃陈氏自刻之编。"① 此处将《传古小启》与《簠斋传古别录》视为一种，误。《山东省博物馆藏明清民国山左学者著述知见录》又云："按此编陈氏论拓藏钩刻之法，编录诠释之例，条分缕析最为精详。而于古器之流别，篆法之同异，制作之精微，亦多创获。至所云以貌取古器，而不求古人作文作字之法，仍是玩物之习，尤洞中赏鉴家末流之敝。"② 今查诸本《簠斋传古别录》，皆无"古器之流别，篆法之同异"与"以貌取古器，而不求古人作文作字之法，仍是玩物之习"之语。以此推知，是刻与《簠斋传古别录》多有相同，然所载当更为富赡。

《山东省博物馆藏明清民国山左学者著述知见录》其下并引卷首陈氏自序文，略云"检视所藏，尚少赝字。复思拓传，公诸海内。其旧交以真拓来投者，则亦如所投报之。其同好未识面而欲得者，衰老不能自拓，僻处无文字友乐助，辄无以应。又纸墨帛胶，食功壹是，所费不能无。不收微资，是终不能为古人传矣"云云。③

《簠斋尺牍》载同治十二年（1873）七月二十九日陈介祺致吴云手札云：

---

① 崔巍辑释：《山东省博物馆藏明清民国山左学者著述知见录》，山东大学《清人著述总目》编辑部藏 2003 年印本。

② 崔巍辑释：《山东省博物馆藏明清民国山左学者著述知见录》，山东大学《清人著述总目》编辑部藏 2003 年印本。

③ 崔巍辑释：《山东省博物馆藏明清民国山左学者著述知见录》，山东大学《清人著述总目》编辑部藏 2003 年印本。

“其中四部钟，弟有释文，并《秦量诏版释文诗记》，均请是正。又《传古小启》，并博一粲。”① 此处《传古小启》亦即是刻。

《簠斋传古别录》

《簠斋传古别录》，又称《传古别录》。诸书多著录为一卷。内容以论吉金传拓之法为主，兼及石刻等。是集为陈介祺生前刊刻的定本之一，所以版本众多，流布较广。《金石书目》（叶铭）、《金石书目》（黄立猷）、《石庐金石书志》、《金石书录目》、《簠斋先生著述目》、宣统《山东通志·艺文志》、《潍县志稿·艺文志》、《续修四库全书总目提要（稿本）》、《清史稿艺文志及补编》、《中国丛书综录》、《山东文献书目》、《簠斋研究》著录，国家图书馆、山东省图书馆、上海图书馆、浙江省图书馆、北京大学图书馆、清华大学图书馆、山东大学图书馆等多家单位各有藏本。

光绪四年（1878），潘祖荫将是刻收入其《滂喜斋丛书》中，列第四函第5种，此为滂喜斋丛书本，半页九行，行二十五字，小字双行同，四周双边，单鱼尾，版心题作“簠斋传古别录”。光绪五年（1879），王懿荣《天壤阁丛书》增刊录入，列第5种，此为天壤阁丛书本，半页十二行，行二十三字，小字双行同，四周双边，双鱼尾，黑口。宣统二年（1910），叶铭《叶氏存古丛书》石印收录，列第2种，此为叶氏存古丛刻本，半页八行，行二十三字，四周单边，单黑鱼尾。1920年，建德周季木据手稿影印，即与石居影印手稿本，末有周季木题跋。跋云：“此册簠斋先生手记，为滂喜斋丛书所刻原稿，自潘氏归黄县丁氏，今转归季木，将以付影印。”手稿以十钟山房纸写录，半页八行，行字不等，间有朱笔批注。周季木卒后，此手稿归周叔弢。1959年，复由周叔弢捐于北京图书馆。1935—1937年，商务印书馆《丛书集成初编》艺术类据滂喜斋丛书本影印收录，列第60种。1936年，邓实《美术丛书》第二辑收录，列第9种，此为美术丛书本，半页十行，行二十九字，小字双行同，四周单边，版心题作“传古别录”。1985年，中华书局《丛书集成初编》再版。1986年，《石刻史料新编》第三辑第二册据滂喜斋丛书本

---

① 陈敬第辑：《簠斋尺牍》，见《近代中国史料丛刊》第九十七辑，台湾文海出版社有限公司1973年版，第1039页。

影印收录。2004 年，陈继揆将《传古别录》点校排印，收入其整理的《簠斋鉴古与传古》中。

是集内所载，略分四部分。一为拓字之法，一为拓字之目，一为拓字损器之敝，一为剔字之敝。末附延煦堂说去锈之法二则（与石居影印手稿本无此二则）。容庚《商周彝器通考》上编第九章《去锈》、第十章《拓墨》，多引此书。冯汝玠于《续修四库全书总目提要（稿本）》中叙此书颇为详要，其云：

> 每类之内，为说若干条。说有语焉不详者，更于说下附注，以申其意。……按簠斋致吴窸斋牍中，有伯寅为刊《传古别录》之语，其牍所署年月，为光绪乙亥，知此录之刊，刊于乙亥以前。簠斋一生著作，刊行者绝少，即有刊本，亦多刊于身后。惟此录与簠斋笔记，则刊于生前。今以近时周氏影印手稿本，以证潘氏此刻文字悉同，惟移剔字各条于拓字损器各条之后，与手稿本前次（按：此“次”字为衍字）后次序微异。而延说二则，为手稿所无耳。①

《簠斋研究》据光绪元年（1875）七月二十六日陈氏致潘祖荫手札有“《传古别录》廿册领到”诸语，定此本为光绪元年潘伯寅刻本，与《续修四库全书总目提要（稿本）》所述相异。

《毛公厝鼎考释》

《毛公厝鼎考释》，又作《周毛公厝鼎铭释文》《毛公鼎考释》《毛公厝鼎释文》《考订毛公鼎文》，诸书著录多作一卷。《金石名著汇目》《中国古籍善本书目》著录《周毛公厝鼎铭释文》一卷，《清史稿艺文志拾遗》复据《清朝续文献通考经籍考》著录《考订毛公鼎文》一卷，《簠斋先生著述目》著录《毛公厝鼎考释》一卷，《潍县志稿·艺文志》著录《毛公鼎考释》一卷，《秦前文字之语》《簠斋研究》著录《毛公鼎释文》，无分卷次。

此本有咸丰二年（1852）手稿本、同治十年（1871）手稿本、同治十年陈氏家抄本等多个版本。咸丰二年（1852）手稿本今藏于陈介祺后人手中。

---

① 中国科学院图书馆整理：《续修四库全书总目提要（稿本）》，齐鲁书社 1996 年版，第 2 册，第 24 页。

同治十年（1871）手稿本于1963年被陈育丞、陈继揆捐赠给国家，时由文化部拨付文物博物馆研究所藏，今中国文化遗产研究院图书馆藏。陈氏家抄本，《中国古籍善本书目》著录，内附有徐同柏考释文，今藏于国家图书馆。

《毛公厝鼎考释》最早之手稿本为咸丰二年（1852）本，为陈介祺始得毛公鼎即为考释之本。文末款识为“咸丰二年壬子五月十一日宝簠居士陈介祺审释并记”，可证陈介祺于咸丰二年（1852）购得此鼎，正可与鲍康在《观古阁续丛稿》“咸丰壬子，苏亿年载入都时，陈寿卿以重资购藏，秘不示人”合证。复据《簠斋研究》转引陈继揆《毛公鼎旧事》可知，毛公鼎释文有第二、第三、第四、第五4篇手稿，其中有的用墨笔、朱笔、绿笔屡加增益，进而可知陈介祺之《毛公厝鼎考释》一文，今可考者即有五种稿本。咸丰二年（1852）手稿本文末题识云：

> 右周公厝鼎铭两段三十二行，四百八十五字，重文十一字，共四百九十六字。每字界以阳文方格，中空二格。近出关中岐山县。鼎字之多者，曶鼎不可见已，真本亦不易觏。关中近日出土之鼎，其大者字似曶鼎少大，尚为青绿所掩，为李公所得，次即盂鼎归刘公，皆长安宦。此鼎较小，而文之多几五百，盖自宋以来未之有也。典诰之重，篆籀之美，真有观止之叹。数千年之奇于今日遇之，良有厚幸已。①

此文亦所见于《簠斋金文题识》。

今所见陈介祺诸器目释文之书中，著录毛公厝鼎者有同治十年（1871）吴重憙抄校本《潍县陈氏簠斋金文拓本释》、同治十一年（1872）吴重憙抄本《潍县陈氏宝簠斋藏器目》、《簠斋吉金录》、《宝簠斋集各家彝器释文》、《簠斋藏古目十八卷附补遗》、《簠斋金文题识》。其中最早者为同治十年吴重憙抄校本《潍县陈氏簠斋金文拓本释》，此本“毛公厝鼎”处，仅列鼎名，未列释文。

《簠斋先生手题奇篆拓本》

《簠斋先生手题奇篆拓本》一卷，光绪九年（1883）稿本，《簠斋研究》著录，《山东文献集成》第四辑第二十册收录，国家图书馆藏。

---

① 《毛公厝鼎考释》咸丰二年（1852）手稿本，陈介祺后人藏。

是稿凡八页，半页六行，行字不等，无格，有多处删改。首列金文拓片六枚，正文乃光绪九年六月二十六日陈介祺为王懿荣藏古奇篆长剑所作之考释题记，末又附一纸，为陈介祺光绪十年（1884）复作题记之诗文。

《簠斋先生手题奇篆拓本》云：“福山王廉生太史壬午过秦，得古奇篆长剑，癸未拓以寄余。”以下遂考释其诗文。复查《簠斋尺牍》光绪九年六月二十八日致王懿荣信，内云：“兹于月廿二日得五月廿六日手书，并赐古拓五种六纸，敬谢敬谢。”[①] 以下即论释古奇篆长剑之事，其文与今所见《簠斋先生手题奇篆拓本》大体相同。

由上可知，光绪九年（1883），王懿荣过秦得古奇篆长剑，五月二十六日遂拓以寄陈介祺。六月二十六日，陈介祺先作考释，此即今所见《簠斋先生手题奇篆拓本》。六月二十八日，复另为文考释古奇篆长剑寄示王懿荣。光绪十年（1884）三月，陈介祺复为文考释，并附之于后。

《毛公聃季敦释文》

毛公聃季敦，又称大丰簋、聃敦、周聃簋。《簠斋藏古藏册目并题记》“聃敦”条下标注“有考，有释说”，《毛公聃季敦释文》即所谓“考”，见于《簠斋尺牍》所载同治十二年（1873）七月三十日陈介祺致吴云信札及《簠斋藏古藏册目并题记》中。《簠斋藏古藏册目并题记》中，此文与《周聃簋说释》辅行之，可并观。

《周聃簋说释》（《大丰簋释文》《聃敦释说》《聃敦释文》）

《周聃簋说释》，又作《大丰簋释文》《聃敦释说》《聃敦释文》，陈介祺单篇行文，有手稿本与清抄本。《簠斋金石文考释》著录作《大丰簋释文》，《簠斋藏古册目并题记》《秦前文字之语》《簠斋研究》著录作《聃敦释说》[②]，《中国古籍善本书目》《山东文献书目》著录作《周聃簋说释》一卷，《簠斋轶事》著录作《聃敦释文》。

---

① 陈敬第辑：《簠斋尺牍》，见《近代中国史料丛刊》第九十七辑，台湾文海出版社有限公司1973年版，第578页。

② 陆明君《簠斋研究》第五章第三节《著文篇目辑存》（《簠斋研究》第172页）著录《大丰簋释文》《聃敦释说》为二种，此二文实为一种，唯题名不同。

手稿本于1963年被陈育丞、陈继揆捐赠给国家，时由文化部拨付文物博物馆研究所藏，今中国文化遗产研究院图书馆藏。清抄本由上海图书馆藏。是文《簠斋金石文考释》《簠斋藏古册目并题记》皆载之。

据《簠斋尺牍》所载同治十二年（1873）七月三十日陈介祺致吴云信札中"今日始决"①语、《簠斋藏古册目并题记》载《聃敦释说》文末"甲戌十月定本"② 语可知，周聃簋释考初定稿于同治十二年七月三十日，释考与释文定稿于同治十三年（1874）十月。

《南公盂鼎考释》

《南公盂鼎考释》，稿本，陈介祺单篇行文。《簠斋先生著述目》《潍县志稿·艺文志》《簠斋轶事》《秦前文字之语》《簠斋研究》著录。《簠斋轶事》《簠斋研究》记载此稿本于1963年被陈育丞、陈继揆捐赠给国家，时由文化部拨付文物博物馆研究所藏，今中国文化遗产研究院图书馆藏。

《齐太公和区考释》

《齐太公和区考释》，又作《太公区考》，《簠斋研究》著录，《簠斋藏古册目并题记》载录全文。《潍县志稿》卷三十前附有《太公区考》手题拓本照，由此知此考写于同治五年（1866）三月二十八日夜。

以《簠斋藏古册目并题记》所载《齐太公和区考》与《潍县志稿》前附《太公区考》拓文相校，二文多有不同，可并观。

《周龙姞簋说》

《周龙姞簋说》，又作《龙姞敦说》，陈介祺单篇行文，稿本，《潍县志稿》卷三十前附陈介祺手题拓本照。《簠斋轶事》作《龙姞簋说》，《秦前文字之语》著录作《龙姞簋考释》，《簠斋研究》著录作《龙姞簋考释》。"龙"当作"龙"，《簠斋轶事》《簠斋研究》皆误。稿本于1963年被陈育丞、陈继

---

① 陈敬第辑：《簠斋尺牍》，见《近代中国史料丛刊》第九十七辑，台湾文海出版社有限公司1973年版，第1053页。

② 刘庆柱等：《金文文献集成》第十八册《器目与序跋》之器目篇《簠斋藏古册目并题记》，线装书局2005年版，第154页。

揆捐赠给国家，时由文化部拨付文物博物馆研究所藏，今中国文化遗产研究院图书馆藏。

《簠斋尺牍》光绪元年（1875）八月九日致王懿荣书、九月十日致吴大澂书中皆略考释此器。

《郘钟释文》

《郘钟释文》，又作《四郘钟释文》，稿本，陈介祺单篇行文，《簠斋轶事》《秦前文字之语》《簠斋研究》著录。稿本于1963年为陈育丞、陈继揆捐赠给国家，时由文化部拨付文物博物馆研究所藏，今中国文化遗产研究院图书馆藏。

《簠斋尺牍》载同治十二年（1873）七月二十九日陈介祺致吴云手札云："其中四郘钟，弟有释文，并《秦量诏版释文诗记》，均请是正。又《传古小启》，并博一粲。"

《齐侯鉼释文》

《齐侯鉼释文》，又作《齐侯鉼考释》《齐侯罍铭释》，稿本，陈介祺单篇行文，初释于同治十年（1871）夏。《簠斋先生著述目》《秦前文字之语》录作《齐侯鉼考释》，《簠斋轶事》《簠斋研究》作《齐侯鉼释文》。稿本于1963年被陈育丞、陈继揆捐赠给国家，时由文化部拨付文物博物馆研究所藏，今中国文化遗产研究院图书馆藏。

齐侯鉼即齐侯罍，此器称谓较多，今多从罗振玉之说，作齐侯壶。两罍后同归吴云。同治十一年（1872）三月十三日陈介祺致吴云手札云："去夏酷暑中检旧藏金文册，以尊藏罍考读之，妄有所见，容得手复，即当就正。"同年五月二日又致吴云手札云："尊藏两罍、永始鼎文之赐，感感。承索拙说罍文，先以初清草呈正，其清草无副，未敢即寄。"① 则《簠斋轶事》所云《齐侯鉼释文》手稿本即此"清草"本，陈介祺定此器为鉼，故言"齐侯鉼"。

又《两罍轩尺牍》载同治十一年（1872）吴云致陈介祺手札云："承示

① 〔清〕陈介祺著，陈继揆整理：《秦前文字之语》，齐鲁书社1991年版，第212～213页。

《齐侯罍铭释》一篇……引《论语》《春秋》为证，笔法谨严，直使奸雄心事三千年后昭然若揭，甚快甚快。谨当附刻于册，听后之人参考。”①

《乘舆鼎考释》

《乘舆鼎考释》，此文见《簠斋尺牍》所载同治十一年（1872）九月二日陈介祺致吴云手札，乃陈氏应吴云之请考释吴氏藏汉永始鼎之作。

《两罍轩尺牍》载同治十一年（1872）四月十八日吴云致陈介祺手札云：“附去汉永始铜鼎拓本，此器尚未纂录，乞于著述之暇，撰考释一通，俟寄到即当编入。”②

《簠斋尺牍》所载同治十一年（1872）九月二日陈氏致吴云手札中载此文，言为行旅所用之器。

《器侯驭方鼎释文》

《器侯驭方鼎释文》，稿本，陈介祺单篇行文，《簠斋轶事》《秦前文字之语》《簠斋研究》著录。稿本于1963年被陈育丞、陈继揆捐赠给国家，时由文化部拨付文物博物馆研究所藏，今中国文化遗产研究院图书馆藏。

此文又有王献唐抄本，见《山东文献集成》第四辑第五十册所录《双行精舍杂存》第五篇之孙文楷《潍阳陈簠斋年丈近新获器侯鼎蒙惠拓本兼以释文相示，歌以志之》。

《区鍈考释》

《区鍈考释》，稿本，陈介祺单篇行文，《簠斋轶事》《秦前文字之语》《簠斋研究》著录。稿本于1963年被陈育丞、陈继揆捐赠给国家，时由文化部拨付文物博物馆研究所藏，今中国文化遗产研究院图书馆藏。

同治十三年（1874）四月陈介祺致吴大澂手札云：“大著区鍈释文，釜字甚是，唯器形似钟而不似釜，不可烹煮。又史记妪乎之文，必是区误，可以

① 〔清〕吴云：《两罍轩尺牍》，见《近代中国史料丛刊》第二十七辑，台湾文海出版社有限公司1968年版，第639～640页。

② 〔清〕吴云：《两罍轩尺牍》，见《近代中国史料丛刊》第二十七辑，台湾文海出版社有限公司1968年版，第639页。

两说并存。"① 自此数语可略见一斑。鲍康《观古阁丛稿》载有《跋陈氏区鍑拓册》。

《虢季子白盘考释》

《虢季子白盘考释》，稿本，陈介祺单篇行文，《捃古录金文》《簠斋轶事》《秦前文字之语》《簠斋研究》著录。稿本于1963年被陈育丞、陈继揆捐赠给国家，时由文化部拨付文物博物馆研究所藏，今中国文化遗产研究院图书馆藏。此篇释文亦可见于《捃古录金文》。

《周盂鼎释铭文》

《周盂鼎释铭文》，又作《周盂鼎释文》，抄本，一册毛装，无格，半页八行，行二十四字，国家图书馆藏。

是册前有陈介祺叙录，次列随文考释，多以徐同柏释文为本，末列陈介祺识文。是册为陈介祺考释周盂鼎铭文最为完整者，今《簠斋金石文考释》中所见《周盂鼎释文》即为是册末之识文部分。

《西汉孝文帝铜鍪考释》

《西汉孝文帝铜鍪考释》，《簠斋研究》著录。是文载于《簠斋金石文考释》《簠斋金文考》，《簠斋金石文考释》未载定稿年月，《簠斋金文考》载其作于同治十年（1871）十月十二日。

《铸子器考释》

《铸子器考释》，同时并有跋语，陈氏家藏稿本，《秦前文字之语》《陈介祺年谱》著录。

《齐镈考释》

《齐镈考释》，《续修四库全书总目提要（稿本）》《簠斋研究》著录。

---

① 〔清〕陈介祺著，陈继揆整理：《秦前文字之语》，齐鲁书社1991年版，第282页。

《续修四库全书总目提要（稿本）》“簠斋笔记”条云是文未付梓，“世无传本”。是文略见于《簠斋尺牍》光绪元年（1875）七月二十七日致王懿荣书札中。

《曶鼎考》

《曶鼎考》，《续修四库全书总目提要（稿本）》《簠斋研究》著录。《续修四库全书总目提要（稿本）》“簠斋笔记”条云是文未付梓，“世无传本”。

《陈侯因資簋考释》

《陈侯因資簋考释》，《续修四库全书总目提要（稿本）》《簠斋研究》著录。是文可见于《簠斋藏古册目并题记》第八册。

《兮甲盘考释》

《兮甲盘考释》，《续修四库全书总目提要（稿本）》《簠斋研究》著录。是文可见于《簠斋藏古册目并题记》第九册。

《西汉渔阳郡孝文庙铜甗鍑并甑考》

《西汉渔阳郡孝文庙铜甗鍑并甑考》，《簠斋研究》著录。是文载于《簠斋金石文考释》《簠斋金文考》，《簠斋藏古册目并题记》标注“有考”，未载全文。《簠斋金石文考释》未载定稿年月，《簠斋金文考》载其作于同治十一年（1872）正月十日。

《汉桂宫镫考释》

《汉桂宫镫考释》，《簠斋研究》著录。是文载于《簠斋金石文考释》《簠斋金文考》，《簠斋金石文考释》未载定稿年月，《簠斋金文考》载其初稿成于道光二十一年（1841），定稿于同治十年（1871）十二月己卯立春先二日。

《汉阳泉使者舍熏炉考释》

《汉阳泉使者舍熏炉考释》，《簠斋研究》著录。是文载于《簠斋金石文考释》《簠斋金文考》，《簠斋藏古册目并题记》标注“有考”。《簠斋金石文考释》未载定稿年月，《簠斋金文考》载其作于同治十年（1871）十二月十八日。

《西汉绥和雁足镫考》

《西汉绥和雁足镫考》，《簠斋研究》著录。是文载于《簠斋金石文考释》《簠斋金文考》，《簠斋藏古册目并题记》标注“有考”。《簠斋金石文考释》未载定稿年月，《簠斋金文考》载其作于同治十年（1871）九月十六日。

《池阳宫镫考》

《池阳宫镫考》，《簠斋藏古册目并题记》标注有考，今未见此考释文。

《簠斋金文考》前目所谓“池阳宫镫”者，乃陈介祺附载刘喜海、张石匏及陈介祺自作等诗，非《池阳宫镫考》一文。《簠斋研究》著录作于同治十年（1871）十月晦日之《池阳宫镫考》者，亦误。《簠斋金文考》中《东武刘燕庭方伯池阳镫歌》前之小序，乃刘喜海作，非陈介祺考。文中夹杂“祺按”语，此一证；陈介祺于池阳宫镫之发见全在此器“足有庄字”，而《东武刘燕庭方伯池阳镫歌》前之小序通篇未论此，此又一证。而最可证明者为《簠斋金文题识》中池阳宫行镫题识，其云：“东武刘燕庭方伯得之青门，刻入《长安获古编》，长歌纪之，曰二十有九言，未及足下庄字。”① 此与《东武刘燕庭方伯池阳镫歌》前之小序正可相合。至于陈介祺于其末赋诗一首并云云，可称题识，未能称之为一篇考论释文。

《汉尚浴府金行烛盘考》

《汉尚浴府金行烛盘考》，《簠斋研究》著录。《簠斋金文考》载是考作于同治十一年（1872）十一月十四日。

《汉开封镫考》

《汉开封镫考》，《簠斋研究》著录。《簠斋金文考》载是考作于同治十一

① 〔清〕陈介祺著，陈继揆整理：《簠斋金文题识》，文物出版社2005年版，第117页。

年（1872）十一月十二日。

《竟宁雁足镫考》

《竟宁雁足镫考》，《簠斋金文考》著录，陈文郁抄录并识文。陈文郁识文云："右先京卿公考释竟宁雁足灯一则，似写与南中友人者，非定稿也。无年月日，自当在《汉灯考记》之前。"①

《汉镫考记》

《汉镫考记》，《簠斋先生著述目》《潍县志稿·艺文志》《簠斋研究》著录。是文载于《簠斋金文考》《簠斋金石文考释》，《簠斋金石文考释》未载定稿年月，《簠斋金文考》载是考作于同治十年（1871）十二月二十二日。

《〈彝器款识伪刻汇编〉题识》

《彝器款识伪刻汇编》一册，拓本，不分卷，未知编撰者，山东省图书馆藏。《山东省立图书馆善本书目》著录此书，云内有陈介祺、李佐贤题识。

《校注〈攀古小庐古器款识释文〉》

《校注〈攀古小庐古器款识释文〉》，《许瀚著述知见录》《簠斋研究》著录。《攀古小庐古器款识释文》，许瀚撰，陈介祺藏许氏底本，内有陈介祺校注三条。

《批校〈攀古楼款识目〉》

《批校〈攀古楼款识目〉》，《山东省立图书馆善本书目》《中国古籍善本书目》《簠斋研究》著录。《攀古楼款识目》，不分卷，清抄本，潘祖荫撰，陈介祺批校并跋，山东省图书馆、山东博物馆递藏。

《校订〈金文考〉》

《校订〈金文考〉》，《簠斋研究》著录，今可见于《吴愙斋（大澂）尺

① 〔清〕陈介祺著，陈继揆整理：《簠斋金文考》，文物出版社2005年版，第79页。

牍》中。《金文考》，稿本，吴大澂撰，《吴愙斋（大澂）尺牍》中载有陈介祺记云：“癸酉九月十二日，子年寄至吴清卿学使《金文考》。”① 内载陈介祺校订七则。

《手批〈爱吾鼎斋金石拓本〉》

《手批〈爱吾鼎斋金石拓本〉》，《簠斋先生著述目》王献唐补录，《山东文献书目》著录。《爱吾鼎斋金石拓本》，李璋煜藏，陈介祺手批，原本五十册，现存五册，山东省图书馆藏。

《批注〈捃古录〉残稿》

《批注〈捃古录〉残稿》，《中国古籍善本书目》《山东文献书目》《簠斋研究》著录。《捃古录》残稿，不分卷，稿本，吴式芬撰，许瀚订补，陈介祺批注，国家图书馆藏。

《捃古录》再校本第三册有陈介祺题记：“金文似不宜与碑刻砖瓦合编，以第一第二皆金文也。”“碑刻则附碑目中见之，似无须再见。”

《跋〈稚鹤题识金石拓本〉》

《跋〈稚鹤题识金石拓本〉》，《中国古籍善本书目》《山东文献书目》著录。《稚鹤题识金石拓本》，拓印本，淳于鸿恩辑，陈介祺、丁树桢等跋，山东博物馆藏。

《跋〈六舟上人吉金全形拓本〉》

《跋〈六舟上人吉金全形拓本〉》，陈介祺道光二十六年（1846）跋，《陈介祺年谱》著录。

《跋六舟拓〈程木庵藏器册〉》

《跋六舟拓〈程木庵藏器册〉》，陈介祺道光二十六年（1846）跋，《陈介

---

① 谢国桢：《吴愙斋（大澂）尺牍》，见《近代中国史料丛刊》第七十二辑，台湾文海出版社有限公司 1973 年版，第 395 页。

祺年谱》著录。

《跋〈钟鼎字源〉》

《跋〈钟鼎字源〉》，《中国古籍善本书目》《簠斋藏书目》著录。《钟鼎字源》，五卷附录一卷，康熙五十五年（1716）一隅草堂刻本，汪立名撰，陈介祺跋，中国社会科学院考古研究所藏。

《校〈汉爵考〉》

《校〈汉爵考〉》，《中国古籍善本书目》《簠斋藏书目》著录。《汉爵考》，陈介祺家抄本，杭世骏撰，陈介祺校，上海图书馆藏。

《校注〈筠清馆金石文字〉》

《校注〈筠清馆金石文字〉》，《中国古籍善本书目》《簠斋研究》著录。《筠清馆金石文字》，五卷，稿本，吴荣光撰，陈介祺校注，国家图书馆藏。

《跋〈从古堂款识学〉》

《跋〈从古堂款识学〉》，《中国古籍善本书目》著录。《从古堂款识学》，不分卷，稿本，徐同柏撰，阮元、叶志诜、何绍基、陈介祺跋，上海图书馆藏。

光绪三年（1877）十月三日陈介祺致吴大澂手札云："从古堂款识所缺拓，敝藏尚有可补者，月半后当细校录目记注。"①

《批校〈长安获古编〉底本》

《批校〈长安获古编〉底本》，又作《批校〈长安获古编〉》，《簠斋先生著述目》王献唐补录，《山东省立图书馆善本书目》《中国古籍善本书目》《山东文献书目》《簠斋研究》著录。《长安获古编》，不分卷，稿本，刘喜海撰，戴熙、陈介祺批校，陈介祺原藏，后山东省图书馆、山东博物馆递藏。

---

① 〔清〕陈介祺，陈继揆整理：《秦前文字之语》，齐鲁书社1991年版，第313页。

《批〈延煦堂金文拓本目〉》《批校〈延煦堂金文册目〉》

《批〈延煦堂金文拓本目〉》，《中国古籍善本书目》《簠斋研究》著录。《延煦堂金文拓本目》，一卷，抄本，潘祖荫撰，陈介祺批，上海图书馆藏。

《批校〈延煦堂金文册目〉》，《簠斋研究》著录，潍坊市博物馆藏。陈介祺题记云："甲戌八月，陈介祺读记一过，以所知及阮书略校，未能以藏拓悉校，编定再求录寄。"

《跋〈后汉桓侯纪功铭拓本〉》

《跋〈后汉桓侯纪功铭〉拓本》，《陈介祺年谱》著录。《后汉桓侯纪功铭》石刻拓本，张贞旧藏，潍坊市博物馆藏，上有陈介祺跋语。

第二节　玺印封泥之什

陈介祺玺印之藏，始于道光十一年（1831）；封泥之藏，始于道光二十年（1840），今检其玺印封泥谱录类著述50种，玺印封泥考释类著述11种，批注序跋类著述12种，凡73种。合其相重者，可得71种。

《簠斋印集》

《簠斋印集》，为罕见的陈介祺生前定稿并刊行之书，亦可视为《十钟山房印举》前导之作。是书版本，一为道光二十七年（1847）刻钤印稿本，一为咸丰元年（1851）刻钤印本。《金石书目》（叶铭）、《簠斋先生著述目》、《续修四库全书总目提要（稿本）》、《贩书偶记》、《印谱考》、《中国古籍善本书目》、《山东文献书目》、《清史稿艺文志拾遗》、《簠斋研究》、《万印楼印话》著录。《贩书偶记》录作"咸丰二年刊本"，《金石书目》（叶铭）录作《簠斋印存》，宣统《山东通志·艺文志》将是集与《十钟山房印举》视为一种，皆误。道光二十七年（1847）刻钤印稿本，国家图书馆、山东省图书馆藏；咸丰元年（1851）刻钤印本，十二册，国家图书馆、西泠印社藏。2015年，日本尾崎苍石据道光二十七年本影印。

道光二十七年（1847）刻钤印稿本，《续修四库全书总目提要（稿本）》

著录为二册。是本所载皆为官印，并多有空白，乃未成之书，陈介祺随注随钤，故内有同治元年、咸丰元年等题识语，前后无序跋。册右有“何绍基署检”字样，后署许瀚、吴式芬、何绍基审定，册一收印 250 方，册二收印 139 方，凡 389 方。是册格式及始末以《续修四库全书总目提要（稿本）》《簠斋研究》所载最详。《续修四库全书总目提要（稿本）》云：“此《簠斋印集》，悉为官印，印皆绝佳。官名各以类聚，惟无一字之考释。书之格式，每页三行，每行四格。每行之一、三两格皆方形；二、四两格皆长方形，其部位较一、三两格为大。编中之印，皆钤于每行之第一格内，二、三、四格皆空白，惟第三格亦间有钤印者。以其格式度之，每页之一、三两格，皆为钤印之所；二、四两格，乃备考释之用。此编乃初钤稿本、未成之书，故其第三格多未钤印，二、四两格亦无考释耳。”①

又王献唐《五镫精舍印话》“十钟山房印举”条云：“先是潍邑陈簠斋，于道咸之际，以所藏印，属海盐陈粟园，拓为簠斋印集十部……余所见本，多有簠斋释文在下，纸装拓朱，均极精美，当时殆欲考释全集，未峻事也。”② 此可证《簠斋印集》又有陈介祺考释本，亦可证陈介祺辑《簠斋印集》本欲考释所拓诸印，非仅以古印示人，正如其自序所云：“上窥玺节之遗，贯通于文字制作而讨论之。”今国家图书馆另藏有道光二十七年（1847）《簠斋印集》稿本，印下多有考释，此与王献唐所见本当为一种。

咸丰元年（1851）刻钤印本，十二册，系在道光二十七年（1847）刻钤印稿本之基础上增订而成。是本由陈畯钤拓，何绍基署检，许瀚、吴式芬、何绍基审定，前有陈介祺自序。第一册收三代玺、古官玺、官印，第二册收官印，第三册收金银印、玉石印等，第四册、第五册、第六册收姓名印，第七册收姓名印、印信、殳篆印、泉纽印、钩纽印，第八册收六面印、两面印，第九册收子母印及古朱文、古白文等，第十册另编余后，第十一册收古圆印、秦私印等，第十二册收古长方印、横方印、吉羊文印、象形印、蜡封印、斗检封、虎符、龟符、鱼符等。内收官印凡 317 方，私印 1931 方，泥封 137 方，共 2493 方。是集刻钤始末可见陈介祺自序、《十钟山房印举》自序、《簠斋尺

---

① 中国科学院图书馆整理：《续修四库全书总目提要（稿本）》，齐鲁书社 1996 年版，第 8 册，第 95 页。

② 王献唐：《五镫精舍印话》，齐鲁书社 1985 年版，第 259 页。

牍》所载同治十一年（1872）九月二日陈氏致吴云手札、鲍康《观古阁丛稿三编》之《为石查跋簠斋印集》诸文，《簠斋研究》梳理最详。《十钟山房印举》（癸未本）自序云："辛亥读礼京第，东卿、子苾、刘燕庭、吕尧仙、朱筱沤、方赤翁、先怡堂十二叔父同醵资，赠海盐陈粟园畯成《簠斋印集》十部。"① 鲍康《为石查跋簠斋印集》云："咸丰壬子夏，余应礼部试，报罢留都门，访寿卿于经板库旧居，曾出以相示。整洁精良，心目为之豁爱弗置。寿卿语余曰：'庚戌夏，数同好醵资属陈粟园所印。粟园手为重茧，印成人各分一部，子来迟，无以赠子矣。'余闻而怅然。"② 同治十一年（1872）九月二日，陈介祺致吴云书云："廿年前，所著《簠斋印集》仅成十部……归来仅存二部，今辍其一赠君，乞即是正。"③ 复参陈介祺自序，是集始钤印于道光三十年（1850）夏，阅八月，于咸丰元年（1851）成。所印十部，叶志诜、吴式芬、刘喜海、吕尧仙、朱筱沤、李璋煜、陈怡堂七人各分一部，陈介祺自藏两部，后以其中一部赠吴云，另一部自留。以上已知九部之所在，唯余一部《簠斋印集》未知所归。《万印楼印话》之《簠斋印集》则云："簠斋自留二部，其一于光绪间赠吴大澂清卿先生。"④ 此语与陈介祺尺牍中所记不合，然必有所据，则另一部当即赠与吴大澂。

今国家图书馆又藏有《簠斋印集》批注稿本九册本与五册本。另陈继揆藏有《簠斋印集》稿本一种，《万印楼印话》著录，凡四本十二册。检其目录，与咸丰元年（1851）十二册刻钤印本相同，此当即刊行咸丰元年十二册刻钤印本所据刊行之底本。

《十钟山房印举》

《十钟山房印举》，陈介祺最重要的著述之一，历代古印钤存以此最为大观，源流亦最为驳杂，惜未定稿。今主要有钤印稿本、同治十二年（1873）钤印本、光绪九年（1883）钤印本、1922 年石印本等多个版本。至于民间散

---

① 〔清〕陈介祺：《十钟山房印举》，国家图书馆藏光绪九年陈氏十钟山房刻钤印本。

② 〔清〕鲍康：《观古阁丛稿三编》，见《观古阁丛刻九种》，上海古籍出版社 1992 年版，第 429 页。

③ 陈敬第辑：《簠斋尺牍》，见《近代中国史料丛刊》第九十七辑，台湾文海出版社有限公司 1973 年版，第 1013 ~ 1014 页。

④ 陈继揆著，陈进整理：《万印楼印话》，天津人民美术出版社 2014 年版，第 5 页。

页装订，随成各册，又不知凡几。《金石书录目》、《簠斋先生著述目》、宣统《山东通志·艺文志》、《双行精舍书跋辑存续编》、《山东省立图书馆善本书目》、《续修四库全书总目提要（稿本）》、《贩书偶记》、《清史稿艺文志及补编》、《印谱考》、《中国印谱解题》、《中国古籍善本书目》（表2－5－1）、《山东省博物馆藏明清民国山左学者著述知见录》、《山东文献书目》、《清史稿艺文志拾遗》、《簠斋研究》等均作著录，版本多有不同。国家图书馆、上海图书馆、山东博物馆、国家博物馆、天津图书馆、上海博物馆、四川省图书馆、南开大学图书馆、西泠印社等各有藏本。

是书源流始末及版本考述可参见陈介祺癸未本自序、何昆玉《簠斋藏古玉印谱》序、陈敬第《十钟山房印举》影印前识、《续修四库全书总目提要（稿本）》“十钟山房印举”条、张瑄《十钟山房印举纂例考》、王献唐《五镫精舍印话》“十钟山房印举”条、横田实《中国印谱解题》“十钟山房印举”条、陈继揆《〈十钟山房印举〉介绍》、孙慰祖《簠斋印事七题》及《陈介祺与〈十钟山房印举〉》、陆明君《簠斋研究》“十钟山房印举”条、吴义达《十钟山房印举研究》（此文多取自孙慰祖、余彦焱、陆明君等人之文）等。今检阅《十钟山房印举》，参以上诸文，并稍增之新资料，重为梳理如下。

陈介祺同治十一年（1872）《宝簠斋集各家彝器释文》自序云：“余于既冠后从子苾六兄游，论古文字，考订金石，姑稍稍有吉金之蓄。”① 咸丰元年（1851）《簠斋印集》自序云：“余集古印二十年。”②《十钟山房印举》（癸未本）自序云：“余自应试始至莱，秋试始至历，见齐鲁三代器秦汉印即好之。”③《潍县志稿》卷三十《人物·文学》之“陈介祺”条云：“十九岁入郡庠，未几食饩。”综上可知，陈介祺未及弱冠，即自道光辛卯（1831）起，便好“齐鲁三代器秦汉印”，并始集吉金古印。阅十六年，陈介祺于道光二十七年（1847）仿《三十五举》之意始辑《簠斋印集》，先成钤印稿本，并请

① 〔清〕陈介祺：《宝簠斋集各家彝器释文》，见《山东文献集成》第二辑第二十二册，山东大学出版社2008年版，第7页。

② 〔清〕陈介祺：《簠斋印集》，咸丰元年（1851）刻钤印本，国家图书馆藏。

③ 〔清〕陈介祺：《十钟山房印举》，光绪九年（1883）陈氏十钟山房刻钤印本，国家图书馆藏。

许瀚、吴式芬、何绍基审定，同时于稿中留白以备考释钤印，后未果。道光三十年（1850），陈介祺复辑《簠斋印集》，于咸丰元年（1851）告竣，然内无考释，仅以印文示人，非陈介祺初愿。

咸丰四年（1854），陈介祺归潍，其后七八年间，僻居来章村，“不入城市者数年”，于林下田间，修墓茔家园，筹建新居，嫁女课孙，防御太平军。其间并继续鉴古存古研古，所藏益富。同治元年（1862），得苏兆年秦汉印二百余方。同治四年（1865），复辑《玉印合编》。同治六年，“一岁三乱”，参与丁宝桢军中机务，此前后十余年间复得印千余。同治十年（1871）春，正妻逝；夏，长子亡。同治十一年春，葬子；中秋后，复葬妻。为遣悲怀，陈介祺复思传古。至此，陈介祺藏秦汉古铜印当为四千余方。

同治十一年九月二日陈介祺致吴云书云：“敝藏古印颇可成书，惜此间无同好解事者助成之，僻陋甚，以不得人相助为苦也。”“《缪篆分韵》《汉印分韵》二书皆割裂印文，不见章法，以致后人强为牵凑。若刻原印而以第二、三、四字分隶各字之下，注明见某字下某印，极佳。印不必我有也，合古今印文为之，亦一大观。书成印去，亦无所憾。”“廿年前，所著《簠斋印集》仅成十部……归来仅存二部，今辍其一赠君，乞即是正。并乞即请子贞兄鉴之，并求一序。其中体例似甚分析，不必若子行之枚举而已……归里后又得千余印，尚有可得千余之望，而玉印尤过之，久思再作。”① 其后并与吴云论拟印书之用纸、版式、刻工、印泥诸事。同年十二月六日又致鲍康书云：“敝藏秦汉印旧有二千，归里后所得，又几一千。今又得潘氏看篆楼印，东翁节署烬余，共千余。刻甫作板，名曰《十钟山房印举》。”②

以上所引所谓“敝藏古印颇可成书”“合古今印文为之，亦一大观”“久思再作”等皆可证陈介祺已早谋重续《簠斋印集》，并于同治十一年安葬亡妻后开始筹备此事。同年九月二日陈氏先致书吴云，此时其已基本形成《十钟山房印举》一书初始样式，包括考释分韵，合古今之印，借他人之印，拟请吴云撰序，寻求良工、佳纸、印泥，等等。几乎与此同时，陈介祺致信张兆

---

① 陈敬第辑：《簠斋尺牍》，见《近代中国史料丛刊》第九十七辑，台湾文海出版社有限公司 1973 年版，第 997、1001～1002、1013～1014 页。

② 陈敬第辑：《簠斋尺牍》，见《近代中国史料丛刊》第九十七辑，台湾文海出版社有限公司 1973 年版，第 696 页。

栋，请与其所熟悉的何昆玉携藏印至潍，共谋印举一事。同治十一年八、九月间，何昆玉来潍①，并更商定体例、样式、印数等，循《簠斋印集》旧例，师元代吾丘衍《三十五举》，始定名为《十钟山房印举》。内所辑印先以陈介祺藏印与何昆玉藏印七千余方为主，另增入李璋煜、吴式芬、鲍康、李佐贤等人少数藏印。此书陈介祺原本计划用一年时间完成，即同治十二年（1873）二月二十四日陈介祺致吴云书内所云"夏秋或可告成"，然终因陈介祺所谋甚巨，数易其稿，毕其一生亦未定稿。《十钟山房印举》一书终未能定稿成书，吴云实早有所担忧，且屡屡道及。《两罍轩尺牍》载同治十一年吴云致陈介祺书云："兄眼界过高，倘不肯降心相从，必欲如从前之精益求精，转恐有因噎废食之患。"② 此时吴云虽尚未知《十钟山房印举》一书之名，然陈介祺于同治十一年九月二日致吴云书时，已略述所谋印之大概。《两罍轩尺牍》载光绪元年（1875）吴云致潘祖荫书③云："簠斋……前年来信，欲荟萃先秦两汉以至六朝官私古印成印举一书，以己之所藏再合他人所有，汇为一书，洵属大观。云虽心以为然，却知其未必能成。盖簠斋作事，每每精益求精，务欲人人叹为空前绝后，无毫发之憾而后已。任此役者，势必因难生畏，望而却走。今阅三年，鄙言果不幸而中。"④

《十钟山房印举》自同治十一年（1872）秋冬之间开始钤印，其间陈介祺屡屡致书吴云、鲍康、吴大澂，商论印书体例诸事。同治十二年（1873）十一月十五日，陈介祺致书吴大澂云："拙著印举成八十卷，今腊明正可脱稿。何君久稽，十五月成廿部，以其四见酬，索每部六十金。所余无几，如欲留，明年上元前书至方可。明年拟再觅友为之，迟则戚友千余印归还矣。"以上数语亦可见于陈氏同日致鲍康书中。以此可知，《十钟山房印举》初稿大

---

① 何昆玉来潍具体时间当在同治十一年（1872）八、九月间。陈介祺同治十二年（1873）十一月十五日致鲍康书有"伯瑜来已十四五月"之语，由此可推知。

② 〔清〕吴云：《两罍轩尺牍》，见《近代中国史料丛刊》第二十七辑，台湾文海出版社有限公司1968年版，第644页。

③ 陆明君《簠斋研究》考此书为同治十三年（1874），然查陈介祺同治十二年（1873）二月二十四日致吴云书方告印举一书之事，此又言"前年来信"，似当定为光绪元年（1875）。

④ 〔清〕吴云：《两罍轩尺牍》，见《近代中国史料丛刊》第二十七辑，台湾文海出版社有限公司1968年版，第585页。

体印成时间当为同治十二年（1873）与同治十三年（1874）之交，比原定计划时间拖后近半年。此书印有广纸十部，“苏纸改稿未成谱者亦十部”，共二十部，皆是散页，并未装订成册。此二十部散册，陈介祺原定分得四部，最终分得六部，何昆玉分得十四部。因是书自同治壬申（1872）始印，故此两部今皆通称为“壬申本”。因未定稿，仅为散页，后流出四散，为人各自装订，故今日见者，册数不一，收印不一，颇为芜杂。

壬申本《印举》稿初成后，陈介祺于同治十三年（1874）二月十六日致鲍康书；同年二月初一日、二月二十二日，五月二十五日、八月十七日、八月二十七日致吴云书五通，同年七月二十四日作《古印一隅序》，同年十月十二日致王懿荣书，同年十月十七日致谭雨帆书，光绪元年（1875）二月十四日致潘祖荫书，皆论《印举》事，其间《印举》编纂迟缓，主要以考释为主。自光绪元年（1875）至光绪八年（1882）秋，陈介祺《印举》编纂近乎停滞，如光绪三年（1877）七月七日其致吴大澂书云：“印举不出在己，已十分焦灼，衰老无友，徒思变计，作一印一页。”① 光绪四年（1878）二月十七日又致吴云书云：“印举久阁，为负期许耳，重惠愧无以报。”②

光绪八年（1882）吴大澂致陈介祺书云：“印举为古今大观，久欲怂恿成之，承示工料计须百金一部，敝处拟留四部，愉庭丈及李香严廉访（鸿裔）必可各得一部。此外如廉生、仲饴必能醵金相助，此举即可谋始刻板。”③ 陈介祺自此又谋重印。是年十一月二十八日，作《十钟山房印举事记》，拟定的体例非常详细，有自叙、凡例、目录、考释等多条。同年十二月三日，陈介祺致李韦卿书，论印举用纸等事。此次印举钤印用陈介祺光绪三年所谓“变计”之行，“一印一页”，光绪九年（1883）九月二十八日，陈介祺作《十钟山房印举》序文；光绪九年年底，《十钟山房印举》六吉棉连纸“一印一页”小本初编完成，共列三十举，仍然未装订，序文、目录、凡例等皆未拟定装入，并非定稿。此稿即今所谓之“癸未本”。

---

① 〔清〕陈介祺：《秦前文字之语》，齐鲁书社 1991 年版，第 306 页。

② 陈敬第辑：《簠斋尺牍》，见《近代中国史料丛刊》第九十七辑，台湾文海出版社有限公司 1973 年版，第 1125 页。

③ 谢国桢：《吴愙斋（大澂）尺牍》，见《近代中国史料丛刊》第七十二辑，台湾文海出版社有限公司 1973 年版，第 346 页。

光绪十年（1884）四月十五日陈介祺致书王懿荣，言《十钟山房印举》“尚未理绪”，同年七月二十日，陈介祺卒。

陈介祺对《十钟山房印举》最终定稿的设想一直处于变动之中，晚年欲定稿之体例大体见于《十钟山房印举事记》中。总体说来，此书定稿当为合古今之印，集友朋之藏，前有吴云等人序文，次列自叙、凡例、考释，分韵，一叶一印，印文考释另行付梓，附于印举一书之后。

自同治十一年（1872）九月至光绪十年（1884）七月，陈介祺《十钟山房印举》因所求尽善尽美，前后阅十五年未能定稿，正如其同治十三年（1874）二月二十二日致吴云书所言：“凡事愈求精愈缓，可见敏事成事之不易易也。”

此书初未装订，经流转珍藏后，各本册数不一、面目各异，版本愈加复杂。就版本而言，主要有同治十一年（1872）钤印本、光绪九年（1883）钤印本两大系统，今可常见者为1922年涵芬楼影印本。余彦焱《〈十钟山房印举〉及其编印过程》、吴义达《十钟山房印举研究》皆引《中国古籍善本书目》列有道光钤印本，此误。道光钤印本为《簠斋印集》，非《十钟山房印举》。

今据1922年涵芬楼影印本列目如下，以见概略：举之一，古玺，一至十册；举之二，官印，一至二十二册；举之三，周秦印，一至十七册；举之四、五，金铁铅银，一册；举之六，玉，一册；举之七、八，晶、水石、石、陶泥、琉璃、骨、漆，一册；举之九，钩印，一册；举之十，巨印，一册；举之十一，泉纽、龙纽，一册；举之十二，五面印、六面印，一册；举之十三，套印，一至二册；举之十四，两面印，一至十七册；举之十五，姓名印，一至二十八册；举之十六，姓名印、姓名回文印，一至三册；举之十七，姓二名印，一至十三册；举之十八，姓二名印，一至十三册；举之十九，姓二名回文印，一至五册；举之二十，姓名私印，一至十五册；举之二十一，姓名之印，一至十五册；举之二十二，姓名印信等，一至四册；举之二十三，言事、白事、启事、言疏、白疏、白笺、白记印，一册；举之二十四，姓名表字印，一册；举之二十五，姓名吉语印，一册；举之二十六，复姓印，一至七册；举之二十七，臣名等印，一至五册；举之二十八，殳篆、鱼鸟、虫篆印，一至二册；举之二十九，吉语印，一至九册；举之三十，象形印，一至四册。凡三十举，一百九十四册。

1985 年，中国书店据涵芬楼本重新影印出版。同年，上海书画出版社据朵云轩所藏光绪九年本拣选两千纽，增补释文，重印作《十钟山房印举选》，2012 年再版。

表 2－5－1　《中国古籍善本书目》著录《十钟山房印举》情况

册　数	版　本	藏　处
五十册	钤印稿本	国家图书馆
一百三十六册	钤印稿本	上海图书馆
十册	道光钤印本①	山东博物馆
八册	同治十一年十钟山房刻钤印本	国家图书馆
十四册	同治十一年十钟山房刻钤印本	国家图书馆
十六册	同治十一年十钟山房刻钤印本	国家图书馆
二十册	同治十一年十钟山房刻钤印本	国家图书馆
二十二册	同治十一年十钟山房刻钤印本	国家图书馆
二十九册	同治十一年十钟山房刻钤印本	山东博物馆
四十册	同治十一年十钟山房刻钤印本	上海图书馆
六十三册	同治十一年十钟山房刻钤印本	北京市文物局
六十四册	同治十一年十钟山房刻钤印本	上海博物馆
七十二册	同治十一年十钟山房刻钤印本	国家图书馆
八十一册	同治十一年十钟山房刻钤印本	国家图书馆
一百册	同治十一年十钟山房刻钤印本	西泠印社
一百零八册	清陈氏十钟山房刻钤印本	国家图书馆
一百二十册	清陈氏十钟山房刻钤印本	上海图书馆
一百九十册	清陈氏十钟山房刻钤印本	南开大学图书馆
一百九十一册	清陈氏十钟山房刻钤印本	中国历史博物馆②

① 《十钟山房印举》无道光钤印本，此误，道光钤印本应为《簠斋印集》。

② 现为国家博物馆。

（续表）

册 数	版 本	藏 处
一百九十一册	清光绪九年陈氏十钟山房刻钤印本	天津图书馆
一百九十一册	清光绪九年陈氏十钟山房刻钤印本 陈敬第跋	国家图书馆
一百九十二册	清光绪九年陈氏十钟山房刻钤印本	四川省图书馆
一百九十二册	清光绪九年陈氏十钟山房刻钤印本 徐钧补录序文并跋	上海博物馆

《十钟山房印举考释》《簠斋印考》《簠斋古印签记》

《十钟山房印举考释》，又作《十钟山房印举考识》，《金石名著汇目》《簠斋先生著述目》《潍县志稿·艺文志》著录。是集乃《十钟山房印举》的附录部分，未定稿。《簠斋印考》，三册，上海博物馆藏。《簠斋古印签记》，二册，《天衡印谭》著录，未知藏处。

同治十三年（1874），陈介祺致王懿荣书云："加以目录（释考附各印下），凡例叙文，今年未知能毕否。"光绪八年（1882）十一月二十八日《十钟山房印举事记》云："考释，考人、考姓、考篆、考官、考地、考奇字。""考释别刻，附后自成一书。"可知陈介祺原欲将考释掺入印稿，考录印下，后欲别刻，另册附于书后。今散见之陈氏诸印考释文，当皆在此书之中。

横田実《中国印谱解题》记《十钟山房印举》有"释文考证手注本"，四十册，东京国立博物馆藏。经孙慰祖研究，此稿与上海博馆所藏《簠斋印考》实为一书，后分散各处。《天衡印谭》著录《簠斋古印签记》云："此为陈氏六十岁时辑《十钟山房印举》之部份（分）原稿。上册收印一百九十四方，多有释文及考释，间注明印材；下册收印一百三十六方。共收印三百三十方。成书于光绪丙子（一八七六）年。有陈氏手书题记。"①

由此可知，《十钟山房印举考释》《簠斋印考》《簠斋古印签记》三种实

① 韩天衡：《天衡印谭》，上海书店出版社 1993 年版，第 324 页。

为一种，所载各印下皆有考释，正是同治十三年（1874）陈介祺致王懿荣书所云“释考附各印下”之例。然其与光绪八年《十钟山房印举事记》内所记尚不相合。陈介祺晚年欲成《十钟山房印举考释》，拟将各印下考释择出别刻，附于《十钟山房印举》书后。

《十钟山房印举事记》

《十钟山房印举事记》，见载于光绪元年（1875）十一月二十八日陈介祺寄王孝禹书函中，为《十钟山房印举》之体例事记，《簠斋鉴古与传古》《万印楼印话》收录。《万印楼印话》云：“光绪八年，簠斋正编辑癸未本《印举》，王孝禹来函请益，簠斋随事所记，写《十钟山房印举》事记，以寄复之。”①

《玉印合编》

《玉印合编》，今未见。陈继揆《簠斋印谱》载有陈介祺《玉印合编》序文。序文为同治四年（1865）三月二十六日所撰，其云：“余自弱冠后，留意求之，积三十年于吾乡燕南中获三十余印。吾友海丰吴子苾阁学式芬与余久为金石至契，亦获十余印，阁学次子重熹为余倩，以先人旧藏属余审定，余既为次第之，复为论切玉碾玉之别，而以阁学与余所藏合为一集，名之曰《玉印合编》。”

咸丰六年（1856），吴式芬卒。吴式芬卒后，其子吴重憙整理其旧稿，并请陈介祺审定。是以此集为陈介祺、吴式芬藏玉印之合集，今未见，当未刻行。

《古印一隅》

《古印一隅》，同治十三年（1874）钤印本，可视作《十钟山房印举》之精选本，未全部完成。《簠斋研究》《万印楼印话》著录，北京大学图书馆藏。

---

① 陈继揆著，陈进整理：《万印楼印话》，天津人民美术出版社 2014 年版，第 18 页。

《簠斋尺牍》载同治十二年（1873）八月二十四日陈氏致吴云书云："次子厚滋任编印举之劳，以卷帙过繁，择其精者拟为《古印一隅》，摘取凡例、目录之义记之，今年或当可就随记即付刻矣。"① 同年八月二十九日其又致鲍康书云："又命次儿于凡例、目录中摘录，每举选精印为小册，曰《古印一隅》，以为刻印者矩矱，拟随刻随印也。"② 陈继揆《簠斋印谱》中列陈介祺《古印一隅》序文，与其《万印楼印话》中所载《〈古玺印文传〉隅叙》全同。详审二文，则知《簠斋印谱》中所载陈介祺《古印一隅》序文为误，实乃《〈古玺印文传〉隅叙》。

《万印楼印话》载《古印一隅》别本云："此篇拟钤印为十册，令厚滋从事之，惜未能全部完成。张暄表兄见其底稿，以为可称《印举选粹》。簠斋为此所作专释，育丞三叔录有副本，虽不完整，亦可窥一斑。"③ 后并载《古印一隅》部分考释文。

《十钟山房印举汉两面印举》

《十钟山房印举汉两面印举》，光绪九年（1883）钤印本，十二册，为汉两面印之汇录，未知藏处。《天衡印谭》著录云此为陈介祺拓赠吴大澂者，有袁克文题记。

《陈簠斋古印集》

《陈簠斋古印集》，又作《陈簠斋手拓古印集》，光绪七年（1881）钤拓，1930 年神州国光社石印本，四册，《金石书录目补编》《山东文献书目》《清史稿艺文志拾遗》《簠斋研究》著录，国家图书馆、山东省图书馆、北京大学图书馆等有藏。1990 年，中国书店重新影印。是集无序跋，无考释，内收印 2000 余方。是集所收录之印，陈继揆、孙慰祖皆言其有伪。

---

① 陈敬第辑：《簠斋尺牍》，见《近代中国史料丛刊》第九十七辑，台湾文海出版社有限公司 1973 年版，第 1059 页。

② 陈敬第辑：《簠斋尺牍》，见《近代中国史料丛刊》第九十七辑，台湾文海出版社有限公司 1973 年版，第 753－754 页。

③ 陈继揆著，陈进整理：《万印楼印话》，天津人民美术出版社 2014 年版，第 25 页。

《簠斋玉印谱》

《簠斋玉印谱》，稿本，《万印楼印话》著录。是书版本有二，皆为稿本，其一有簠斋手书之序，印皆无考释，原由陈育丞藏，后不知下落；其一无序，每印皆有考释，为陈君善所藏。

《簠斋藏玉印谱》

《簠斋藏玉印谱》，一卷，又作《簠斋藏古玉印谱》《簠斋藏玉印》，1930年神州国光社影印本，同治十二年（1873）何昆玉拓，《续修四库全书总目提要（稿本）》《清史稿艺文志及补编》《山东省博物馆藏明清民国山左学者著述知见录》《山东文献书目》《簠斋研究》著录，国家图书馆、山东省图书馆、北京大学图书馆、吉林大学图书馆等有藏。

是集首列光绪十三年（1887）何昆玉序，次列1916年张熙序，末有张熙、褚德彝识文。光绪十三年何昆玉序云："仅蒙寿翁雅爱，出其所藏古玉印六十七事，属拓成谱，计所得凡十册，南归，暇时遂为装治，爰记其始末于后，敬贻清卿大中丞鉴定。"1916年张熙序云："此陈寿卿所藏古玉印玺六十七钮，为何伯瑜榻（拓），贻窸斋者也。近得自万氏梅崖精庐，颗颗夜光，无怪松窗爱不忍释。即以割赠，庶不明珠暗投矣。"

以此二序文，并读1916年褚德彝识文可知，同治十二年（1873），陈介祺在编纂《十钟山房印举》之时，嘱何昆玉拓古玉印谱。何昆玉得十部，并将其中一部赠吴大澂。吴大澂于其内复增考释。此册后由万中立、张熙递藏。褚德彝于张熙处得见此谱，爱不释手，张熙遂转赠褚德彝。后褚德彝付神州国光社影印，原本今未知藏处。

是集共收印67纽，内附吴大澂题记三则。印下皆标注玉材及纽形，并偶有释文。《续修四库全书总目提要（稿本）》"簠斋藏玉印谱"条云"所谓松窗者，即梅崖精庐主人"①，此误。"松窗"乃褚德彝之字，"梅崖精庐"乃万中立斋号。

---

① 中国科学院图书馆整理：《续修四库全书总目提要（稿本）》，齐鲁书社1996年版，第8册，第32页。

《陈簠斋先生手题万印楼玉印谱》

《陈簠斋先生手题万印楼玉印谱》，钤印稿本，今多称作《周秦玉印玺》，国家图书馆藏。

是册《中国古籍善本书目》《山东文献书目》《清史稿艺文志拾遗》《簠斋研究》诸书皆著录为《周秦玉印玺》。今检是册内钤印周秦玉印玺仅五枚，是以题作《周秦玉印玺》未妥。

是册内题即作《陈簠斋先生手题万印楼玉印谱》，前列陈介祺各印释文，并偶附考辨。正文每页钤一玺印，下偶附识论。内载周秦玉印玺五、汉玉印玺一、汉玉私印二十七、汉奇篆水石私印一、汉水石私印二、汉晶私印一、汉玻璃私印四、汉奇篆白石印一、汉松石龙凤两面印一、汉钿私印一，凡44方。

《周秦印谱》

《周秦印谱》，钤印稿本，《中国古籍善本书目》《清史稿艺文志拾遗》《簠斋研究》著录，国家图书馆藏。

是集皆为周秦姓名印，分周秦白文方印、周秦白文长方印、周秦白文圆印，皆以平仄韵分列，每页印数不等，少则一方，多则十余方，每印下皆标有释文，分类极细。如周秦白文方印，下复分周秦姓名印、周秦名一字印、周秦姓名阑文印、周秦名一字阑文印、周秦臣姓名平列印等22类，每类下又分平韵与仄韵，于此可见周秦间姓名之例。

《周秦通用文官印》

《周秦通用文官印》，钤印稿本，二卷，国家图书馆藏。

是册附于《周秦印谱》后，以白文前朱文例，别为编次一册，各印皆有释文，内载“相思得志”“正行治士”“宜士和众”“宜民和众”等周秦间文官印凡一百余方。

《秦汉官印类选》《簠斋藏秦汉官印》

《秦汉官印类选》，钤印稿本，《中国古籍善本书目》《山东文献书目》

《清史稿艺文志拾遗》《簠斋研究》著录，浙江省博物馆藏。

《簠斋藏秦汉官印》，钤印本，一函两册，北京大学图书馆藏。

《簠斋藏古之一》

《簠斋藏古之一》，同治十三年（1874）印本，六册，《印谱考》《天衡印谭》《中国印学年表》《清史稿艺文志拾遗》著录。是集辑录汉官印500余方，印下间有考释。

《万印楼印谱》《万印楼藏印》

《万印楼印谱》，又作《万印楼藏印》，钤印本，四册六十四卷，《中国古籍善本书目》《山东省博物馆藏明清民国山左学者著述知见录》《天衡印谭》《山东文献书目》《清史稿艺文志拾遗》著录，山东博物馆藏。

是集《中国古籍善本书目》著录作清光绪钤印本，《清史稿艺文志拾遗》著录作光绪九年钤印本。《山东省博物馆藏明清民国山左学者著述知见录》著录作道光间钤印本，误。此谱册一收古玺200方，册二收官印204方，册三收私印196方，册四收私、杂印424方，共收印1024方，内有陈介祺释文与题识。

《古朱文官私玺》

《古朱文官私玺》，稿本，《中国古籍善本书目》《清史稿艺文志拾遗》著录，上海图书馆藏。1925年影印本《簠斋藏古目五种二十三卷》收录，国家图书馆、山东大学图书馆藏，《山东文献集成》第四辑第二十册据山东大学图书馆藏本影印。是集无钤印，仅录古朱文官私玺名录二百余，并间有考释。

《万印楼玺印零拾》

《万印楼玺印零拾》，钤印本，十册，《山东省立图书馆善本书目》著录，山东省图书馆藏。今未见。

《古印朱墨合拓》

《古印朱墨合拓》，钤印本，《山东省立图书馆善本书目》著录，山东省图书馆藏。今未见。《五镫精舍印话》之《钤拓与印泥》云："潍县陈簠斋，始有古印朱墨合拓之作，上朱下墨，极为精妙，殆出王西泉诸人之手，书成甚少。"①

《簠斋金印残册》

《簠斋金印残册》，光绪四年（1878）钤印本，《天衡印谭》《中国印学年表》著录，未知藏处。

《天衡印谭》著录云："册页十二面。此册所存多为金、玉质古玺印，并存封泥印一页。存印约一百四十方，册为王石经剪装，成于光绪戊寅（一八七八）年，钤拓精良，有陈介祺手记一则。"②

《簠斋汉铜印集》

《簠斋汉铜印集》，不分卷，《叶氏印谱存目》《清史稿艺文志拾遗》著录。今未见。

《古玺小册》

《古玺小册》，乃鲍康辑陈介祺所赠古玺拓册及陈子振手摹玺文装订成册，共七十四种。今未见。

《观古阁丛稿三编》之《题陈寿卿古玺小册》云："周印最罕觏，惟陈寿卿所收独多，曾拓寄古玺印文朱墨各一，精妙无匹。凡四十有四种，自来印谱所未见也。余手自帖成小册，并以寿卿族弟子振所摹玺文，亦三十种，汇装为一函。"③

《千玺斋古玺选》

《千玺斋古玺选》，光绪元年（1875）钤印本，为吴大澂辑陈介祺所藏古玺摹印成册。《印谱知见传本书目》《中国古籍善本书目》《清史稿艺文志拾

---

① 王献唐：《五镫精舍印话》，齐鲁书社 1985 年版，第 83 页。

② 韩天衡：《天衡印谭》，上海书店出版社 1993 年版，第 324 页。

③〔清〕鲍康：《观古阁丛稿三编》，见《观古阁丛刻九种》，上海古籍出版社 1992 年版，第 428 页。

遗》著录，上海博物馆藏。

《万印楼自用印拓本》

《万印楼自用印拓本》，1936 年钤拓本，一函六册，《簠斋研究》著录，山东博物馆藏。原印时藏于簠斋嫡五世孙陈元章处。

《簠斋研究》著录云："一函六册，簠斋用印五册，陈官俊用印一册。簠斋用印五册分为：簠斋姓名印、收藏印、闲文印、轩馆印、纪年印。"①

2015 年，陈进编《陈介祺自用印存》，收印 195 方，由天津人民美术出版社出版。

《簠斋自用印存》

《簠斋自用印存》，钤印本，陈氏家藏本，《陈介祺年谱》著录。

《古玺释文》

《古玺释文》，稿本，一册，《十钟山房印举纂例考》著录，时簠斋长玄孙陈君善藏。《簠斋研究》据以著录，今未知藏处。

《簠斋官印考》

《簠斋官印考》，稿本，三册，《十钟山房印举纂例考》著录，时簠斋长玄孙陈君善藏。《簠斋研究》据以著录，今未知藏处。

《四巨印考释册》

《四巨印考释册》，《万印楼印话》著录，今未知下落。

《虒钮鱼钮为秦印考》

《虒钮鱼钮为秦印考》，手稿本，又作《簠斋秦印虒钮考》。此二印为吴云所藏，陈介祺为其考之。是稿《十钟山房印举纂例考》著录，时藏簠斋长玄孙陈君善处。《簠斋研究》据以著录，今未知藏处。

---

① 陆明君：《簠斋研究》，荣宝斋出版社 2004 年版，第 170 页。

《古玺目》

《古玺目》，抄本，册数不一，《十钟山房印举纂例考》著录，时簠斋长玄孙陈君善藏。《簠斋研究》据以著录，今未知藏处。

《周秦印目》

《周秦印目》，抄本，二册，《十钟山房印举纂例考》著录，时簠斋长玄孙陈君善藏。《簠斋研究》据以著录，今未知藏处。

《官印目》

《官印目》，抄本，三册，《十钟山房印举纂例考》著录，时簠斋长玄孙陈君善藏。《簠斋研究》据以著录，今未知藏处。

《姓名印目》

《姓名印目》，抄本，十六册，《十钟山房印举纂例考》著录，时簠斋长玄孙陈君善藏。《簠斋研究》据以著录，今未知藏处。

《簠斋钩印集》

《簠斋钩印集》，钤印摹图本，一册，《十钟山房印举纂例考》著录，时簠斋长玄孙陈君善藏。《簠斋研究》据以著录，今未知藏处。

《虺蛇鱼钮印集》

《虺蛇鱼钮印集》，钤印摹图本，一册，《十钟山房印举纂例考》著录，时簠斋长玄孙陈君善藏。《簠斋研究》据以著录，今未知藏处。

《巨玺巨印集存》

《巨玺巨印集存》，朱墨钤拓本，一册，《十钟山房印举纂例考》著录，时簠斋长玄孙陈君善藏。《簠斋研究》据以著录，今未知藏处。

《古玺拓墨》

《古玺拓墨》，二十册，《十钟山房印举纂例考》著录，时簠斋长玄孙陈君善藏。《簠斋研究》据以著录，今未知藏处。

《周秦印拓墨》

《周秦印拓墨》，二十册，《十钟山房印举纂例考》著录，时簠斋长玄孙陈君善藏。《簠斋研究》据以著录，今未知藏处。

《奇钮印拓墨》

《奇钮印拓墨》，一册，《十钟山房印举纂例考》著录，时簠斋长玄孙陈君善藏。《簠斋研究》据以著录，今未知藏处。

《虎符鱼符拓墨》

《虎符鱼符拓墨》，二册，《十钟山房印举纂例考》著录，时簠斋长玄孙陈君善藏。《簠斋研究》据以著录，今未知藏处。

《玉印拓墨》

《玉印拓墨》，一册，《十钟山房印举纂例考》著录，时簠斋长玄孙陈君善藏。《簠斋研究》据以著录，今未知藏处。

《古玺稿》

《古玺稿》，《十钟山房印举》散稿，册数不一，《十钟山房印举纂例考》著录，时簠斋长玄孙陈君善藏。《簠斋研究》据以著录，今未知藏处。

《周秦印稿》

《周秦印稿》，《十钟山房印举》散稿，册数不一，《十钟山房印举纂例考》著录，时簠斋长玄孙陈君善藏。《簠斋研究》据以著录，今未知藏处。

《官印稿》

《官印稿》，四册，《十钟山房印举》散稿，《十钟山房印举纂例考》著录，时簠斋长玄孙陈君善藏。《簠斋研究》据以著录，今未知藏处。

《玉印稿》

《玉印稿》，一册，《十钟山房印举》散稿，《十钟山房印举纂例考》著录，时簠斋长玄孙陈君善藏。《簠斋研究》据以著录，今未知藏处。

《姓名印稿》

《姓名印稿》，有十册本与三十册本，《十钟山房印举》散稿，《十钟山房印举纂例考》著录，时簠斋长玄孙陈君善藏。《簠斋研究》据以著录，今未知藏处。

《殳篆印》

《殳篆印》，一册，《十钟山房印举》散稿，《十钟山房印举纂例考》著录，时簠斋长玄孙陈君善藏。《簠斋研究》据以著录，今未知藏处。

《臣名妾名册》

《臣名妾名册》，一册，《十钟山房印举》散稿，《十钟山房印举纂例考》著录，时簠斋长玄孙陈君善藏。《簠斋研究》据以著录，今未知藏处。

《象形印》

《象形印》，一册，《十钟山房印举》散稿，《十钟山房印举纂例考》著录，时簠斋长玄孙陈君善藏。《簠斋研究》据以著录，今未知藏处。

《封泥考略》

《封泥考略》，十卷，吴式芬、陈介祺辑。是集皇皇巨著，有稿本（多种）、光绪三十年（1904）石印本等多个版本。《清史稿·艺文志》、《石庐金石书志》、《金石书录目》、《簠斋先生著述目》、《采访潍县艺文册》、宣统《山东通志·艺文志》、《续修四库全书总目提要（稿本）》、《贩书偶记》、《中国古籍善本书目》、《山东省博物馆藏明清民国山左学者著述知见录》、《山东文献书目》、《簠斋研究》、《潍坊古籍书目》、《万印楼印话》等著录，《潍县志稿·艺文志》作《封泥考释》。国家图书馆、山东省图书馆、北京大学图书馆、山东大学图书馆、山东博物馆、潍坊市博物馆等多家单位各有藏本。《山东文献书目》另著录有光绪十八年（1892）石印本，此误。1964 年第 4 期《文物》载陈君善、陈继揆于 1963 年将《封泥考略》（存一、二、三卷）手稿本捐赠给国家，未见。1982 年，台北艺文印书馆《封泥考略汇编本》据稿本影印。1990 年，中国书店据光绪三十年（1904）石印本重新影印出版。

《封泥考略》石印本十卷，先列总目，每封泥皆拓原文，注明吴藏抑或陈藏，并有考略。卷一收录古玺封泥、汉皇帝信玺封泥、汉朝官印封泥共 96 枚，卷二收录汉诸侯王玺封泥、汉王国官印封泥、汉侯印封泥、汉侯国官印封泥 68 枚，卷三收录汉郡国官印封泥 112 枚，卷四收录汉郡国官印封泥 99 枚，卷五收录汉县邑道官印封泥 80 枚，卷六收录汉县邑道官印封泥等 132 枚，卷七收录汉县邑道官印封泥、汉县邑道掾史印封泥、地名印封泥、汉县邑道乡官印封泥、汉方士印封泥等 87 枚，卷八收录新莽朝伪官印封泥、新莽郡国伪官印封泥、新莽县邑道伪官印封泥、新莽族女伪封号印封泥等 49 枚，卷九收录新莽伪封号印封泥 57 枚，卷十收录汉臣名印封泥、汉妾名印封泥、汉私印封泥 66 枚，凡 846 枚。《续修四库全书总目提要（稿本）》"封泥考略"条云：

> 各类封泥，每摹一印文字，即附以考证。其印文三代两汉私印而外，西京新莽官印居其八九，可与《汉书》百官公卿表、新（王）莽列传互证，并可补表、传之所遗……虽为考辑封泥之作，实不啻汉新百官地理表志之疏补。继是编而辑者如《齐鲁封泥考存》《铁云封泥存》《郑庵所藏封泥》《齐鲁封泥集存》类，有文字而无考证，且亦较是编为略。论其所辑之博，所考之详，盖无逾是编者矣。①

是书石印本于光绪三十年（1904）刊行，此时吴式芬已谢世 48 年，陈介祺已谢世 20 年。书内又无序跋题记，仅于扉页后有"海丰吴氏、潍县陈氏所藏辑成十卷，光绪甲辰之秋印于沪上"牌记（中国书店 1990 年影印本无），卷首目录前注有"海丰吴式芬子苾、潍县陈介祺寿卿同辑"字样，下载 846

---

① 中国科学院图书馆整理：《续修四库全书总目提要（稿本）》，齐鲁书社 1996 年版，第 2 册，第 337 页。

枚封泥，各有考略。是以光绪三十年（1904）石印本版本梓行源流及各封泥分由何人考释皆未得知，正如孙慰祖《簠斋印事七题》所言："这与晚清金石考据大家的著书成例不大相符，也使得我们对这样一本重要著作的成书过程几乎茫然不知。"①

是集成书过程，孙慰祖《簠斋印事七题》、郑宇清《〈封泥考略〉研究》、孙才顺《吴式芬与金石学》、陆明君《簠斋研究》等诸文虽已探讨甚详，然个别问题如"封泥"一词由何人定名、全书考释究由何人所作、石印本何故潦草成册等，皆未有确论。以下并参考陈介祺《汉官私印泥封考》题记、《续修四库全书总目提要（稿本）》"封泥考略"条、宣统《山东通志·艺文志》"封泥考略"条、孙敬明《潍坊古代文化通论》之"陈介祺与中国金石学"条及《五镫精舍印话》《簠斋尺牍》等文，同时参以己意，择取其要，重为梳理。

封泥，或称泥封。道光二年（1822）始发现于蜀地，刘喜海、龚自珍、阎帖轩先为收藏数枚。道光二十二年（1842）吴荣光《筠清馆金石文字》首为著录六枚，其中龚自珍所藏五枚，吴荣光所藏一枚，时称"汉印泥"，吴荣光误认为即"汉世印范子"。《〈封泥考略〉研究》据吴式芬与龚自珍信函往来时间，推定道光十六年至十八年吴式芬始为收藏封泥，今检吴式芬与龚自珍信函间无一论及封泥者，故此间接之证据只可存一说，未可为定论。陈介祺封泥收藏当略晚于吴式芬，故陈介祺《汉官私印泥封考》题记有"吴子苾六兄与余先后各得三百余"之语。《两罍轩尺牍》载光绪六年（1880）四月二十八日吴云致陈介祺书云："泥封为古印之范，可与汉魏白文相辅而行，然非吾簠斋兄积四十年心力冥访旁搜，断不能萃此大观。"② 如依此说，则陈介祺于道光二十年（1840）始为收藏。孙才顺《吴式芬与金石学》（按：此文封泥一节多有错误）一文云此说为概数，非确数。此"四十年"之说纵以概数论，亦不会晚于道光二十五年（1845）。陈介祺封泥之藏，咸丰元年（1851）《簠斋印集》内收录137枚；至咸丰六年（1856）前，已达300余枚。这个数字一直持续到同治十三年（1874），陈介祺藏封泥300余枚，合吴

① 孙慰祖：《可斋论印三集》，上海辞书出版社2007年版，第169页。

② 〔清〕吴云：《两罍轩尺牍》，见《近代中国史料丛刊》第二十七辑，台湾文海出版社有限公司1968年版，第735页。

式芬所藏共600余枚。至光绪元年（1875），陈介祺所藏封泥达400余枚。至光绪六年（1880），陈介祺复有新获，吴式芬所藏亦有增益，二人合之近千枚。

孙慰祖《〈汉官私印泥封考略〉解题》云吴式芬“道光后期，以所藏封泥编成《海丰吴氏藏汉封泥》四册，收录官私印封泥原拓一百六十五枚，各页有吴氏释文考证之手迹，此本今藏日本东京国立博物馆。”此定以“道光后期”，未知何据。而《海丰吴氏藏汉封泥》之名，亦不似吴式芬自定。如孙慰祖所记属实，则吴式芬是第一位将封泥考释成书之人，亦可能是第一位将“泥封”称之为“封泥”之人。咸丰元年（1851），陈介祺《簠斋印集》编成，内收录泥封137枚，未作考释。咸丰二年（1852），刘喜海、陈介祺以所藏封泥200余枚请胡琨考其是非。同年，胡琨辑录有《泥封印古录》，并自序云：“余疑为汉印之范，相传名为印封，不知所出。刘方伯援《后汉书》守令‘主御纸笔墨及尚书财用诸物及封泥’为证。”① 以现有文献可知，刘喜海当是将“封泥”一词之源流拈出者，亦即为“封泥”定名或正名者。潍坊市博物馆藏《封泥考略》朱书稿本所载陈介祺题记云：“光绪乙卯，余作印文曰‘簠斋藏古封泥’，‘封泥’文似胜‘泥封’。‘封泥’见《百官志》”，此陈介祺当引自刘喜海语。刘喜海虽然早于咸丰二年（1852）即已将“泥封”正名为“封泥”，然时人多有所疑，并未得到普遍认可，而“泥封”一词却已渐成为当时的专用术语。如陈介祺尺牍中便屡言“泥封”，而罕及“封泥”。

陈介祺《汉官私印封泥考略》题记云：“子苾视学浙中，以所藏为《考略》，而翁叔均大年校之，未刊而子苾没，未及余之所藏也。”今检咸丰四年（1854）十月，吴式芬提督浙江学政。又“视学浙中，以所藏为《考略》”，可知咸丰四年吴式芬将所藏封泥始撰《考略》，并请翁大年校订。直至咸丰六年（1856）吴式芬谢世，吴氏《封泥考略》亦未刊行。

吴式芬收藏封泥并考释之时，陈介祺亦将所藏封泥略有考补。陈介祺《汉官私印泥封考》题记云：

> 道光年间，关中出方泥，上有印文，下有绳穿及竹版文。识者考之

① 〔清〕胡琨：《泥封印古录》，上海图书馆藏《湫漻斋丛书》本。

为泥封，前人所未曾见也。吴子苾六兄与余先后各得三百余，为最多。子苾视学浙中，以所藏为《考略》，而翁尗均大年校之，未刊而子苾没，未及余之所藏也。同治壬申，余既编《印举》，屡属子苾之子、吾倩仲饴，以余藏考补，合编摹刻，与《印举》同行矣。甲戌三月，取子苾所著读而订之，复以所藏校而识之，以寄仲饴。长夏无事，乞早成之。刊时当令次儿从事校字也。

由上可知，吴式芬《封泥考略》初稿已近完成，或名《汉泥封考》，惜咸丰六年（1856）吴式芬卒，书尚未刊行。吴式芬卒后不久，约咸丰八年（1858），吴重周即将吴式芬《汉封泥考》一册寄示陈介祺。① 同治十一年（1872）秋，陈介祺既编《十钟山房印举》，“屡属子苾之子、吾倩仲饴，以余藏考补，合编摹刻，与《印举》同行”。其后，陈氏忙于《十钟山房印举》，未之暇遑，然屡屡敦促吴重憙为之考释。同治十三年（1874）二月十六日，陈介祺致鲍康书论《十钟山房印举》，并云：“并望仲饴作泥封考同刻传。”② 同年二月二十二日又致吴云书云：“敝藏泥封与子苾阁学所藏共六百余，敦促仲饴考（旧有考）刻，与印举同传。”③ 同年三月，陈介祺又“取子苾所著读而订之，复以所藏校而识之，以寄仲饴”。据陆明君《陈介祺年表》，光绪二年（1876）六月，吴重憙《封泥考略》之编录“略有眉目”，寄陈介祺审定。光绪六年（1880）七月二十日陈介祺致吴云书云：“考略甫编，尚未写毕，毕再写奉寄弟。”④ 可知光绪六年《封泥考略》已正式编录。光绪八年（1882）十月十七日吴大澂致陈介祺书中有领到“封泥考略目第十卷”之语，又可知光绪八年（1882）《封泥考略》第十卷目录已定。光绪十年（1884），陈介祺卒。复阅二十年之久，即光绪三十年（1904），《封泥考略》石印本方得刊行。石印本付刊之人。今多认为是吴重憙。吴式芬、陈介祺皆为吴重憙

---

① 陆明君《簠斋研究》转引陈氏家藏抄本，咸丰八年（1858）七月二十八日致吴重周书札中有“寄示《汉封泥考》一册，敬谢敬谢”语。

② 陈敬第辑：《簠斋尺牍》，见《近代中国史料丛刊》第九十七辑，台湾文海出版社有限公司1973年版，第817页。

③ 陈敬第辑：《簠斋尺牍》，见《近代中国史料丛刊》第九十七辑，台湾文海出版社有限公司1973年版，第1110页。

④ 陈敬第辑：《簠斋尺牍》，见《近代中国史料丛刊》第九十七辑，台湾文海出版社有限公司1973年版，第1120页。

至亲之人。此书自预想至刊行耗时又长，书稿源流亦复杂，而付梓如此潦草之原因，并无前序后跋说明之，殊不可解。可见此书成书过程依然存有很大的空白以待考证。

此书另一个疑点是，书内考释究竟是何人所作。此问题诸说纷纭。或言吴式芬、陈介祺同撰；或言吴式芬、吴仲饴考释；或言吴式芬、陈介祺、翁大年、吴仲饴共释；或模糊言之。值得注意的是，石印本《封泥考略》仅言吴式芬、陈介祺同辑，未言考释。另外，《石庐金石书志》是书提要云："清海丰吴式芬子苾、潍县陈介祺同辑，是编系就吴、陈二家所藏详加考证。翁叔均大年曾著《泥封考》二卷，惜书未见。"① 此处拈出翁大年《泥封考》，当非无因。《中国古籍善本书目》著录《封泥考》《汉官私印泥封考》《汉泥封考略》三种，皆标明吴式芬、陈介祺藏并辑，翁大年考编。宣统《山东通志·艺文志》转引吴式芬行述云："近时关中汉泥封出土綦多，府君谓足明两京制度，订史册沿讹，裒集榻（拓）本，属幕友据《汉志》编次，加以考证，亲为审正，成十卷。"由此可知，吴式芬始撰《封泥考略》之时，即由吴式芬幕友编次考证，此幕友当即翁大年。《簠斋尺牍》载同治十一年（1872）九月二日陈介祺致吴云书云："汉印少朱文。近来出泥封之多，余与吴子苾阁学合存数百方，亦前人所未有。叔均曾略考之。若得佳工精刻，真足为朱文之矩矱，松雪不足道矣。"②"叔均"，即翁大年。《双行精舍书跋辑存》"集古官印考证"条有"封泥考略多出翁大年手"语，亦可旁证。复查《汉封泥考略》清抄本一种，半页十行，行二十六字，卷首署有"吴江翁大年著"字样，所载内容多同于《汉官私印泥封考》稿本，与石印本《封泥考略》亦多有相重。陈继揆亦云此书为陈介祺、吴式芬、翁大年合编。又有翁大年手稿本《续封泥考略》四卷，卷首标以"海丰吴重憙仲怿考藏，吴江翁大年叔均编释"。此可推知翁大年屡为考释，非仅校订之任，王献唐《双行精舍书跋辑存》中"封泥考略多出翁大年手"语当有可据。

翁大年之外，吴重憙亦多为考释。同治十三年（1874）二月十六日，陈

---

① 林钧：《石庐金石书志》，国家图书馆藏1923年刊本。

② 陈敬第辑：《簠斋尺牍》，见《近代中国史料丛刊》第九十七辑，台湾文海出版社有限公司1973年版，第1001页。

介祺致鲍康书论《十钟山房印举》，并云："并望仲饴作泥封考同刻传。"① 同年二月二十二日致吴云书云："敝藏泥封与子苾阁学所藏共六百余，敦促仲饴考（旧有考）刻，与印举同传。"② 同治十三年（1874）七月初一日又致谭雨帆书云："又有泥封六百余枚，已交小倩吴仲饴水部考。"③ 光绪元年（1875）正月十二日陈介祺致王懿荣书云："泥封则当曰封泥，印文不见秦前，封泥疑均用蜡，仲饴处有校补封泥印文考，可索阅。"④ 此可知吴陈二藏合编后，吴重憙当有不少考补。

《汉官私印泥封考》

《汉官私印泥封考》，稿本，三卷，吴式芬、陈介祺辑，陈介祺校补，《中国古籍善本书目》《山东文献书目》《清史稿艺文志拾遗》著录，上海图书馆藏。是稿本总目标注为"汉官私印泥封考"，而内文分别标注"汉官印泥封考略卷上""汉官印泥封考略卷中""汉官印泥封考略""汉私印泥封考略"，且"汉官印泥封考略卷中"所在页上方另标注有"应卷一"三字。2008 年，《上海图书馆未刊古籍稿本》据以影印，拟名作《汉官私印泥封考略》，前列孙慰祖解题。潍坊市博物馆藏有陈介祺批注校订稿本，稿本封面题为《汉官私印封泥考略》（"封泥"原作"泥封"，二字间有朱笔对调符号）。

是集为《封泥考略》之未定稿，半页十行，行字不等，前有陈介祺题记，正文先列校改意见及目录，次列《汉泥封考总目》。内载陈介祺校识九十余条。册末有陈介祺"刊版乞用印举版式为要"校记。

陈介祺题记云："道光年间，关中出方泥，上有印文，下有绳穿及竹版文。识者考之为泥封，前人所未曾见也。吴子苾六兄与余先后各得三百余，

---

① 陈敬第辑：《簠斋尺牍》，见《近代中国史料丛刊》第九十七辑，台湾文海出版社有限公司 1973 年版，第 817 页。

② 陈敬第辑：《簠斋尺牍》，见《近代中国史料丛刊》第九十七辑，台湾文海出版社有限公司 1973 年版，第 1110 页。

③ 陈敬第辑：《簠斋尺牍》，见《近代中国史料丛刊》第九十七辑，台湾文海出版社有限公司 1973 年版，第 937 页。

④ 陈敬第辑：《簠斋尺牍》，见《近代中国史料丛刊》第九十七辑，台湾文海出版社有限公司 1973 年版，第 351～352 页。

为最多。子苾视学浙中，以所藏为《考略》，而翁叔均大年校之，未刊而子苾没，未及余之所藏也。同治壬申，余既编《印举》，屡属子苾之子、吾倩仲饴，以余藏考补，合编摹刻，与《印举》同行矣。甲戌三月，取子苾所著读而订之，复以所藏校而识之，以寄仲饴。长夏无事，乞早成之。刊时当令次儿从事校字也。”

以上可知，此集即陈介祺“取子苾所著，读而订之，复以所藏校而识之，以寄仲饴”之本，亦即“在吴式芬遗稿基础上，由吴重憙增入陈藏部分并再加考补，又经陈介祺校订补编的一个本子”。

《汉泥封考略》

《汉泥封考略》，清抄本，二卷，吴式芬、陈介祺藏并辑，陈介祺跋，《中国古籍善本书目》《山东文献书目》著录，山东博物馆藏。此本今未见，当与《汉官私印泥封考》相同，唯版本有异。

《泥封印古录》

《泥封印古录》，一卷，刘喜海、陈介祺藏，胡琨考编，今有《湫漻斋丛书》本，《续修四库全书总目提要（稿本）》《中国丛书综录》《清史稿艺文志拾遗》著录。山东省图书馆、首都图书馆、北京大学图书馆、中国科学院图书馆、山东大学图书馆等多家图书馆有藏。《续修四库全书总目提要（稿本）》将是书编考者误题作“刘次瑶”。

书前有咸丰二年（1852）胡琨序，序云：“泥封，印类也……方伯（刘喜海）家藏数十枚，云得之长安土窟。陈伟堂相国令嗣寿卿复得百余枚，出以相示方伯，合而拓之。去其重复，装池成册，属余考其是非。”内载刘喜海、陈介祺所藏封泥二百余枚，并间有考跋。

《续修四库全书总目提要（稿本）》云：“此册所录二百余事，大都刘喜海、陈介祺二家所藏。虽非拓文，但所编次，以汉代官秩为序，整饬有条。其所考证，亦有识力。”①

---

① 中国科学院图书馆整理：《续修四库全书总目提要（稿本）》，齐鲁书社 1996 年版，第 29 册，第 195 页。

《簠斋封泥汇存》

《簠斋封泥汇存》，陈介祺拓本，四册，不分卷，《山东省立图书馆善本书目》著录，山东省图书馆藏，今未见。

《簠斋古泥封目》

《簠斋古泥封目》稿本，一卷，《中国古籍善本书目》《山东文献书目》《清史稿艺文志拾遗》著录，上海图书馆藏。1925年《簠斋藏古目五种二十三卷》影印本收录，国家图书馆、山东大学图书馆藏，《山东文献集成》第四辑第二十册据山东大学图书馆藏本影印。是册无拓文，仅列藏目，共收录陈介祺藏封泥230余枚。

查咸丰二年（1852），陈介祺《簠斋印集》收录封泥137枚；咸丰六年（1856），陈介祺藏封泥300余枚。此目成编当在咸丰二年与咸丰六年之间。

《簠斋藏古封泥》

《簠斋藏古封泥》，一册，《天衡印谭》著录。《天衡印谭》云："册收封泥四十件，每件均附'簠斋藏古封泥'小印，成书约在光绪甲申（一八八四）年。"① 今未见。

《簠斋藏古封泥等五十纸集》

《簠斋藏古封泥等五十纸集》，陈介祺原拓，郭味蕖辑，《郭味蕖艺术年表》著录，1948年编，前有郭味蕖序文。

《簠斋题秦印册》

《簠斋题秦印册》，陈介祺题吴云所赠秦印册，《中国古籍善本书目》《山东省博物馆藏明清民国山左学者著述知见录》《山东文献书目》《清史稿艺文志拾遗》著录，山东博物馆藏。

《山东省博物馆藏明清民国山左学者著述知见录》云此册乃吴云赠与陈氏

① 韩天衡：《天衡印谭》，上海书店出版社1993年版，第325页。

者。陈介祺题识云："吴愉庭赠，光绪庚辰七月十日。至市字，以余藏阳嘉持扶侯钟文'雷师作直二千五百'证之，或仍是市字。"

《〈古玺印文传〉隅叙》

《〈古玺印文传〉隅叙》，《万印楼印话》收录，所载内容及题跋时间与陈继揆《簠斋印谱》所载《古印一隅》序文全同，二篇实为一种，《簠斋印谱》所载当误。《古玺印文传》，陈介祺藏，陈佩纲传刻，拟附于《古印一隅》后。叙云："余从事古文字有年，近编印举，即以今传秦金石篆定秦印，复以钟鼎文定三代印，发先人所未发。因检旧谱中古玺印，属族弟佩纲字子振者模（摹）而传之，附印举古玺后。复以《古玺印文传》为子振名之。倘能精模（摹）秦汉佳印文并传之，则古文传而子振亦传矣。"又《簠斋尺牍》中屡有《古玺印文传》之论，如同治十三年（1874）十月十二日陈介祺致王懿荣书云："《古玺印文传》五册，乞如前式赐题。"

《序〈集古印隽〉》

《序〈集古印隽〉》，《〈簠斋尺牍〉研究》《万印楼印话》收录。《集古印隽》，王石经辑印，陈介祺序，并为之题记。

《批注〈两罍轩官印〉》

《批注〈两罍轩官印〉》，《簠斋尺牍》著录。《两罍轩官印》，吴云藏。同治十二年（1873）八月二十四日陈介祺致吴云书中有"尊藏官印读过数次，谨附管见一纸求正"[①] 之语，文后即附此，共批注考释吴云所藏官印 27 方。

《跋〈甄古斋印谱〉》

《跋〈甄古斋印谱〉》，《潍县志稿·艺文志》《簠斋先生著述目》《万印楼印话》著录。《甄古斋印谱》，原册题名《西泉印存》，王石经刻印，今有涵芬楼影印本。全本中有陈介祺题跋二则，并题诗一首。

---

① 陈敬第辑：《簠斋尺牍》，见《近代中国史料丛刊》第九十七辑，台湾文海出版社有限公司 1973 年版，第 1059 页。

《跋〈苏氏纂集集古印谱〉》

《跋〈苏氏纂集集古印谱〉》，《印谱考》著录。《苏氏纂集集古印谱》，苏宣辑，有道光二十七年（1847）陈介祺跋。陈介祺跋云："刻印以得古人用笔之法为最难，知用笔矣，又往往难于浑成，盖以朴茂之神，达雄秀之气，非精心贯注，动与古会，未易造此真境。受之先生精于刻石，又长摹印，宝此善本，将骎骎入秦、汉之室矣。道光丁未二月廿日镫下，陈介祺观并记。"此跋亦见于韩天衡《历代印学论文选》。

《题〈稽庵古印笺〉》

《题〈稽庵古印笺〉》，《万印楼印话》著录。《稽庵古印笺》，四卷，孙文楷辑，陈介祺为之题识两则。

《跋〈鉴古斋印存〉》

《跋〈鉴古斋印存〉》，《明清山东印学编年史》《陈介祺年谱》著录。《鉴古斋印存》，孙文楷刻印。

《释〈双虞壶斋印存〉》

《释〈双虞壶斋印存〉》，稿本，《山东省立图书馆善本书目》著录。《双虞壶斋印存》，吴氏钤印本，吴式芬辑，陈介祺手释。

《手批〈集古官印考证〉》

《手批〈集古官印考证〉》，稿本，《五镫精舍印话》《双行精舍书跋辑存》《山东省立图书馆善本书目》《簠斋研究》著录，山东省图书馆、山东博物馆递藏。《集古官印考证》，瞿中溶撰，原本十七卷，陈介祺手批本为十二卷，前有陈介祺题记。

《五镫精舍印话》云："近为山东省图书馆收得潍县陈氏旧藏原刻本凡十二卷，来（未）钤印章，每印考证之前，皆留空隙，簠斋题云，光绪壬子十二月廿七日己卯立春，苏景瑀自长安寄至，至卷十三云云，盖方刻至十三卷，故以寄来也。书内笔画错处，簠斋皆以朱笔校正，批注甚夥，多辅（精）到语。”①

《校跋〈窓斋所藏泥封目〉》

《校跋〈窓斋所藏泥封目〉》，稿本，《中国古籍善本书目》《簠斋研究》著录（《簠斋研究》误录为《簠斋所藏封泥目》），国家图书馆藏。《窓斋所藏泥封目》，抄本，一卷，吴大澂撰，陈介祺校并跋。

《批注〈清仪阁古印偶存〉》

《批注〈清仪阁古印偶存〉》，《中国古籍善本书目》《簠斋藏书目》著录，国家图书馆藏。《清仪阁古印偶存》，钤印本，张廷济辑，陈介祺批注。

《评释〈经注经斋校选刘氏辑印〉》

《评释〈经注经斋校选刘氏辑印〉》，《簠斋藏书目》著录，台湾“中研院”史语所傅斯年图书馆藏。《经注经斋校选刘氏辑印》，嘉庆十四年（1809）钤印本，不分卷，刘栻藏并辑，陈介祺评释，叶志诜跋。

第三节 陶瓦石刻镜泉之什

陈介祺藏陶瓦文字，始于同治十一年（1872）；镜泉收藏之始，同于吉金玺印之类，皆在道光十一年（1831）。今陈介祺陶瓦石刻镜泉拓藏类著述35种，目录考记类著述21种，批注校跋类著述16种，凡72种。

《簠斋藏陶》

《簠斋藏陶》，拓本，《金石书录目》《簠斋先生著述目》《山东文献书目》《簠斋研究》各有著录。

陈介祺藏陶拓本多有流传，《金石书录目》《山东文献书目》皆著录八册，北京大学图书馆藏。《簠斋研究》著录一百一十二册，山东博物馆藏。台湾“中研院”史语所傅斯年图书馆藏有《簠斋藏陶》拓本。

① 王献唐：《五镫精舍印话》，齐鲁书社1985年版，第52页。

《簠斋陶文释存》《陶文考释》

《簠斋陶文释存》，稿本，八册，王献唐辑，《山东省立图书馆善本书目》《中国古籍善本书目》《山东省博物馆藏明清民国山左学者著述知见录》《山东文献书目》《清史稿艺文志拾遗》《簠斋研究》著录，山东省图书馆、山东博物馆递藏。

是集为山东省图书馆所辑陈介祺陶文拓释本并装订成册，凡 800 余纸，半页一拓，下列陈介祺释文。

《陶文考释》，《秦前文字之语》著录。今潍人有藏陈介祺《陶文考释》手稿一种，一册，其所载矢朐盘考释文与陈继揆所辑《簠斋论陶》中《周矢朐盘跋》内容全同，唯文字布局行列不同。此《陶文考释》当为《簠斋陶文释存》之一部分。

《齐鲁陶文》

《齐鲁陶文》，陈介祺拓本，不分卷，1933 年王献唐辑，十四函一百一十二册，内收陶文拓本 7000 余份。《双行精舍书跋辑存》《山东省立图书馆善本书目》《山东文献书目》《王献唐研究》著录。山东省图书馆、山东博物馆递藏。

《双行精舍书跋辑存》云："吾东临淄及邹、滕一带所出周秦陶器，多有文字，完器难得。潍邑陈簠斋介祺，摭其有文字之陶片汇集拓存，先后搜得万余件。外间流传拓本，类非全豹。余自十九年，迭向陈氏后裔购集。三次所得，装粘一百一十二册，册各为卷，凡十四函。簠斋所藏陶片文字，尽于是矣。内中同文异器者甚多，亦不复简别，藉存陈氏一家之藏。以其皆为山左出土，总题曰齐鲁陶文。此在周秦文字中别为一支，与金文不同，学者向未探讨，诚文字学上之宝藏也。"① 2006 年，齐鲁书社《陶文图录》据此整理；2009 年，青岛出版社《海岳楼金石丛拓》据以影印。

《簠斋汉量文字》

《簠斋汉量文字》，拓印本，《山东省立图书馆善本书目》《中国古籍善本

---

① 王献唐：《双行精舍书跋辑存》，齐鲁书社 1983 年版，第 146 页。

书目》《山东省博物馆藏明清民国山左学者著述知见录》《山东文献书目》《清史稿艺文志拾遗》著录，山东博物馆藏。

《簠斋古陶文字考释》

《簠斋古陶文字考释》，不分卷，陈介祺藏，吴大澂撰。《中国古籍善本书目》《清史稿艺文志拾遗》著录，国家图书馆藏。

《陶文造像化布杂器考释》

《陶文造像化布杂器考释》，《簠斋先生著述目》《潍县志稿·艺文志》著录，今未见。

《簠斋古陶文字》《临淄陶器文字》

《簠斋古陶文字》，拓本，陈介祺藏拓，王献唐辑，西北民族大学图书馆藏，内收录古陶文字拓片97种。

王献唐跋云："古陶范刻文字，齐鲁唯临淄及邹峄有。邹峄字少，临淄字多，其款式、气体望而可分，此册所载皆临淄出土也。旧为潍邑陈簠斋弆藏，类齐都遗制，间有汉、晋、六朝十数品文字，具皆精妙，其造字结体亦与契文、金文、石文不同，盖又别为一支也。"

《临淄陶器文字》，拓本，一册，《山东省立图书馆善本书目》著录，今未见。《簠斋古陶文字》所收录皆为临淄出土，则《临淄陶器文字》与《簠斋古陶文字》当为一种。

《簠斋论陶》

《簠斋论陶》，是册或名《簠斋论陶藏陶册》，陈继揆辑，2004年文物出版社排印，前有李学勤序文及陈继揆前言。陈继揆以时间为序，辑陈介祺与吴大澂论陶题记联语等14则，摘选陈介祺与吴大澂、吴重憙、潘祖荫、鲍康、吴云、王懿荣等人往来论陶函文100则，共114则。题记之外，论陶信函多选自《簠斋尺牍》《吴愙斋（大澂）尺牍》《两罍轩尺牍》等。其中，陈介祺与吴大澂论陶往来函文57则，与吴云论陶往来函文20则。

《秦诏量瓦残字二十种》

《秦诏量瓦残字二十种》，又作《秦诏瓦量残字》《秦始皇诏瓦量残字》，拓印稿本，《中国古籍善本书目》《山东省博物馆藏明清民国山左学者著述知见录》《山东文献书目》《清史稿艺文志拾遗》著录，山东博物馆藏。

是集于光绪三年（1877）拓释，共辑秦诏瓦量 20 种，前有陈介祺题记。陈氏题跋云："今竟获瓦诏字，与石同，不在泰山、琅耶二刻下。秦之文字亦于斯为盛矣。复审前刻字诏瓦，其上亦似：器口三字一行，当十四行，末行一字，字大于四瓦，似书于器上，刻者尤见笔法刀法。以瓦形校之，皆可得器口圜径大概也。"

另，台湾"中研院"史语所傅斯年图书馆藏有《簠斋秦始皇诏瓦量残字拓本》一种，题名为傅斯年图书馆补订。

《秦诏量瓦集拓》《簠斋秦瓦诏》

《秦诏量瓦集拓》，一册，陈介祺藏拓，王献唐辑。《双行精舍书跋辑存》《山东省立图书馆善本书目》《山东文献书目》《王献唐研究》著录。山东省图书馆、山东博物馆递藏。

《双行精舍书跋辑存》云："陈氏生前，全文拓本散出甚少，偶见一二纸，皆断珪零璧。上虞罗叔蕴获得数幅，印入神州国光集，非全豹也。近岁，陈氏后裔检出全拓数份，本馆先后收得二本，一为此册所载，一为簠斋手跋本，装成四幅，内缺数块。近闻瓦量原器为日商井深购去，此后拓本，益成墨林星凤。爰就所藏，编集为册，题曰秦诏量瓦集拓。"① 2009 年，青岛出版社《海岳楼金石丛拓》收录。

又西北民族大学图书馆藏《秦诏瓦量残字拓片》，陈介祺藏拓，王献唐辑并跋，共有陈介祺藏秦残瓦量 33 纸，与《秦诏量瓦集拓》同为一种，内并载陈介祺秦皇帝乃字残瓦量题记及王献唐题跋 15 则。2010 年，甘肃人民美术出版社《石陶文字拓片与王献唐题跋》收录。

另，台湾"中研院"史语所傅斯年图书馆亦辑有拓册，名为《簠斋秦瓦诏》。

---

① 王献唐：《双行精舍书跋辑存》，齐鲁书社 1983 年版，第 144 ~ 145 页。

《秦汉瓦当文字》

《秦汉瓦当文字》，拓本，陈介祺藏拓，《山东文献书目》《山东省图书馆藏珍品图录著录》著录，山东省图书馆藏。

鲍康《观古阁续丛稿》载《题陈氏秦瓦当拓册》及《再题寿卿瓦当拓册》二文。《题陈氏秦瓦当拓册》云："汉瓦流传甚多，秦瓦殊不数觏，视汉瓦尤胜……癸酉冬，寿卿以所得秦瓦全拓寄余。"①《再题寿卿瓦当拓册》云："寿卿续寄余瓦当文百廿余纸，知前册所装，亦不尽秦瓦也。同时寄潘伯寅者尚有数十种，为余所未有，异日尚拟求备，并乞题识，姑先装为二册，置案头以便省览。"②

《十钟山房藏齐鲁三代两汉瓦当文字目》

《十钟山房藏齐鲁三代两汉瓦当文字目》，稿本，《中国古籍善本书目》《山东文献书目》《清史稿艺文志拾遗》著录，上海图书馆藏。1925 年《簠斋藏古目五种二十三卷》影印本收录，国家图书馆、山东大学图书馆藏，《山东文献集成》第四辑第二十册据山东大学图书馆藏本影印。

是册无序跋，亦无原藏拓印，共录秦汉三代瓦当 100 余种，每种之下皆有小注，或标明出土之处。

《簠斋尺牍》载同治十三年（1874）九月十五日陈介祺致鲍康书云："今日编敝藏齐鲁三代两汉瓦当文字目毕，检所寄，装册多未备。承屡示清卿允为刻传，今又敦促，谨将随得随拓二纸，以一赠兄，以一自存。装册未裁之本先呈，并目又检拓存所有，同复清卿。"③

《十钟山房藏齐鲁秦汉瓦当文字目》

《十钟山房藏齐鲁秦汉瓦当文字目》，稿本，《中国古籍善本书目》《山东

---

① 〔清〕鲍康：《观古阁续丛稿》，见《观古阁丛刻九种》，上海古籍出版社 1992 年版，第 332 ~ 333 页。

② 〔清〕鲍康：《观古阁续丛稿》，见《观古阁丛刻九种》，上海古籍出版社 1992 年版，第 349 页。

③ 陈敬第辑：《簠斋尺牍》，见《近代中国史料丛刊》第九十七辑，台湾文海出版社有限公司 1973 年版，第 857 ~ 858 页。

文献书目》《清史稿艺文志拾遗》著录，上海图书馆藏。1925 年《簠斋藏古目五种二十三卷》影印本收录，国家图书馆、山东大学图书馆藏，《山东文献集成》第四辑第二十册据山东大学图书馆藏本影印。

是册无序跋，亦无原藏拓印，共录秦汉瓦当 55 种，每种之下皆有小注。光绪元年（1875）九月十五日陈介祺致吴大澂书云："子年屡云吾兄欲刻敝藏齐鲁秦汉瓦当文字，愧弗敢荷。今来书敦促，谨将自装未缀之册奉鉴，并检存拓百三十纸奉赠，连夜粗编一目请正。"① 由此可知吴大澂欲刊刻《十钟山房藏齐鲁秦汉瓦当文字目》，后未果。

另，《簠斋研究》著录《十钟山房藏瓦当目》一种，稿本，有陈介祺署检"十钟山房藏齐鲁三代周秦两汉瓦当文字目"，目列 180 余种，时陈继揆藏。此目为《十钟山房藏齐鲁三代两汉瓦当文字目》《十钟山房藏齐鲁秦汉瓦当文字目》之合编，并略有增益。

《簠斋砖瓦文字》

《簠斋砖瓦文字》，拓印本，陈介祺藏拓，1932 年王献唐辑本，四十册，四十卷。《双行精舍书跋辑存》《山东省立图书馆善本书目》《山东省博物馆藏明清民国山左学者著述知见录》《山东文献书目》《王献唐研究》《簠斋研究》著录。山东省图书馆、山东博物馆递藏。

《双行精舍书跋辑存》云："潍邑陈簠斋介祺先生搜藏砖瓦，自秦汉迄唐，有文字花纹者，凡得一千三百余种。拓本流传，多零星不完。上月收得精拓全份，编为四十卷、四十册，总题为簠斋砖瓦文字。各卷时次，间有未合，容于暇日更定之。"②

《三代古陶轩古瓦拓片》

《三代古陶轩古瓦拓片》，拓印本，《山东省博物馆藏明清民国山左学者著述知见录》《山东文献书目》《清史稿艺文志拾遗》著录，山东博物馆、台湾"中研院"史语所傅斯年图书馆藏。

---

① 〔清〕陈介祺：《秦前文字之语》，齐鲁书社 1991 年版，第 296 页。

② 王献唐：《双行精舍书跋辑存》，齐鲁书社 1983 年版，第 143 页。

《山东省博物馆藏明清民国山左学者著述知见录》云："此编用十钟山房印举稿纸拓印成册。每叶拓片一纸，分瓦登瓦器两种。卷首无序，末亦无跋。此拓辑瓦登四十九种，瓦器四十四种。"①

《陈簠斋藏瓦当文字》

《陈簠斋藏瓦当文字》，陈介祺光绪年间拓，国家图书馆辑藏。是书共十八册，毛装，内载战国、秦、汉等时期的瓦当近900种，以汉瓦当为最多。《国家图书馆藏陈介祺藏古拓本选编·瓦当卷》即从中选录而成。

《汉瓦存》

《汉瓦存》，陈介祺拓册，国家图书馆藏。

《国家图书馆藏陈介祺藏古拓本选编·瓦当卷》

《国家图书馆藏陈介祺藏古拓本选编·瓦当卷》，一册，国家图书馆金石拓片组据本馆藏陈介祺瓦当拓片辑编影印而成，2008年浙江古籍出版社出版。内收录陈介祺瓦当200种，每种下皆标注藏器尺寸、器物说明及铭文释读。

《簠斋藏砖》《簠斋藏瓦当》

《簠斋藏瓦当》，同治十二、十三年（1873、1874）拓本；《簠斋藏砖》，光绪元年（1875）拓本。皆藏于台湾"中研院"史语所傅斯年图书馆。

《国家图书馆藏陈介祺藏古拓本选编·古砖卷》

《国家图书馆藏陈介祺藏古拓本选编·古砖卷》，一册，国家图书馆金石拓片组据本馆藏陈介祺古砖拓片辑编影印而成，2008年浙江古籍出版社出版。内收录陈介祺古砖拓数百种，每种下皆标注藏器尺寸、器物说明及铭文释读。

《十钟山房藏石目》

《十钟山房藏石目》，稿本，《金石书目》（黄立猷）、《簠斋先生著述目》、

---

① 崔巍辑释：《山东省博物馆藏明清民国山左学者著述知见录》，山东大学《清人著述总目》编辑部藏2003年印本，第255页。

《潍县志稿·艺文志》、《清史稿艺文志拾遗》著录。《簠斋先生著述目》标注云："稿本，未刻，藏黄氏。"《潍县志稿·艺文志》袭之。《簠斋研究》著录陈继揆藏抄本一种，内收汉至宋、金石目120余种。

《簠斋尺牍》载同治十三年（1874）三月二十三日陈介祺致王懿荣书云："寄上敝藏石目，又石拓十四纸，齐石尚未及注详也。"此藏石目当即《十钟山房藏石目》。①

《潍邑陈氏石陶文字》

《潍邑陈氏石陶文字》，两册，陈介祺藏拓，王献唐辑并跋，《王献唐研究》著录，内有王献唐题跋53则，西北民族大学图书馆藏。2010年，甘肃人民美术出版社《石陶文字拓片与王献唐题跋》收录。

王献唐跋云："月前为允忱先生收得潍邑陈簠斋旧藏石刻砖瓦泉范古匋墨本，装为二册，虽皆小品却无伪制，外间亦不经见。向晚无事篝灯略为题记。"

是集内载汉瓦三、汉石刻一、砖类三十三、泉范二十、陶器瓦当三十五。

《秦琅邪台石刻》

《秦琅邪台石刻》，陈介祺藏拓，王献唐跋，卷轴装，《王献唐研究》著录，西北民族大学图书馆藏。2010年，甘肃人民美术出版社《石陶文字拓片与王献唐题跋》收录。

王献唐跋云："秦琅邪台石刻，潍邑陈簠斋嘱王西泉手拓本，毡墨既精，行字清朗，所见明清诸拓无出其右，世传为陈拓十三行本是也。石在诸城琅邪台，十年前碎落海中。近岁搜集捆合，附刻一跋，漫漶益甚，陈拓已寥若星凤。顷敬古斋帖友王君送此本来，縻银十饼，为允忱先生收得。试持与新旧各拓比对，自不可同年语矣。"

《访碑拓碑笔札》

《访碑拓碑笔札》，1933年丁锡田《潍县文献丛刊》第二辑、《金石书录

① 陈敬第辑：《簠斋尺牍》，见《近代中国史料丛刊》第九十七辑，台湾文海出版社有限公司1973年版，第190页。

目补编》、《潍县志稿·艺文志》、《中国丛书综录》、《山东省博物馆藏明清民国山左学者著述知见录》、《山东文献书目》、《清史稿艺文志拾遗》、《簠斋研究》著录，国家图书馆、山东省图书馆、北京大学图书馆等多家图书馆有藏。《山东文献集成》第四辑第二十一册影印收录。

是集由丁锡田校字，载访碑12则，拓碑8则，凡20则，均为访碑拓碑之技巧说明，类于传古别录。如访碑"造佛像记"条下云："在山洞者则磨崖凿龛，在寺观者则石像铜像。其字多佛座背及佛龛之旁，并像全拓为要。"

《青州访碑目》

《青州访碑目》，附于1933年丁锡田《潍县文献丛刊》第二辑所载之《访碑拓碑笔札》后。是册共列青州古碑55通。

《簠斋藏金石拓片三种》

《簠斋藏金石拓片三种》，黄苗子藏陈介祺金石拓片，即《六朝诸家石佛造像》《齐魏隋唐诸家造像》《簠斋藏镜》三种。2008年，荣宝斋出版社影印出版。

是集所收《六朝诸家石佛造像》《齐魏隋唐诸家造像》皆为蓬莱张允勷旧藏原拓，黄苗子偶于京市得之。其中，《六朝诸家石佛造像》收原拓45纸，末有1953年叶恭绰为黄苗子所题跋文，并云其中"所辑石刻多杂道教，在内签题标以佛教，非其实也"；《齐魏隋唐诸家造像》收原拓37纸，为同治十年（1871）张允勷原拓装册。《簠斋藏镜》凡十二纸，为黄苗子1953年入藏。

《簠斋藏镜》

《簠斋藏镜》二卷，陈介祺藏拓，宣哲编订，1925年蟫隐庐影印本，《金石书目》（黄立猷）、《金石书录目》、《簠斋先生著述目》、《续修四库全书总目提要（稿本）》、《山东文献书目》、《王献唐研究》、《簠斋研究》著录，国家图书馆、山东大学图书馆、山东师范大学图书馆等多家图书馆有藏。1997年江苏广陵古籍刻印社影印再版，《山东文献集成》第四辑第二十一册亦影印收录。

是集前列目录，并附宣哲跋语，卷上收录陈介祺藏镜49方，卷下收录59

方，总108方。宣哲跋云：

右陈簠斋藏镜拓本，丹徒刘氏抱残守缺斋所藏，每纸皆有二百竟斋印记，检之才得一百八镜。按簠斋与吴清卿中丞书称，藏竟不皆精，共拓得百七十纸，自名二百竟斋。以所好不精，未能补足云云。则知当时所藏本无二百之数。此本则所拓，又少意不精者释汰除耶？

上宣哲所引簠斋与吴清卿中丞书即陈介祺光绪二年（1876）五月二十五日致吴大澂书。书内并云："闻尊藏将逾百，吴愉庭藏百四十，拟三家先合装一全分，已乞之罍翁，尤乞以手收即拓之本先寄。"此可见陈介祺虽自言"藏竟不皆精"，然时仍以其所收最多，所藏最精。《续修四库全书总目提要（稿本）》"簠斋藏镜"条云：

簠斋藏器以彝器为最著，以匋器为最多。古镜一类，乃因其广收三代两汉之器连类而及，殊非其精神之所专属……虽其器不甚精，拓未尽备，较之近时罗氏古镜图录多至百五十七器，逊其丰富。而视之钱氏浣花拜石轩镜铭集录仅有二十五器，吴氏遯庵古镜存仅有二十二器，则多且数倍，是亦古器图录之中考秦汉六朝以来之古镜者，所宜备以参考者也。①

《二百镜斋镜文》

《二百镜斋镜文》，又作《二百镜斋镜文汇编》，拓本，陈介祺藏拓，1932年王献唐辑，四卷，四册，《双行精舍书跋辑存》《山东省立图书馆善本书目》《山东文献书目》《王献唐研究》著录。山东省图书馆、山东博物馆递藏。2009年，青岛出版社《海岳楼金石丛拓》收录。

是集前有王献唐跋文，内载古镜201面。《双行精舍书跋辑存》载跋文云："潍县陈簠斋介祺，搜藏古镜有花纹、文字者，自秦、汉迄明，凡二百一面，自署其室为'二百镜斋'。身后子弟分售，先后散佚殆尽。兹为本馆收得簠翁原拓全份，略以时次编为四卷，题曰二百镜斋镜文。"②

---

① 中国科学院图书馆整理：《续修四库全书总目提要（稿本）》，齐鲁书社1996年版，第2册，第241页。

② 王献唐：《双行精舍书跋辑存》，齐鲁书社1983年版，第127页。

《镜拓全目》

《镜拓全目》，陈氏家藏抄本，《簠斋研究》著录，内载藏镜200种。

《二百镜斋藏镜》

《二百镜斋藏镜》，陈介祺拓本，三册，北京大学图书馆藏。

《簠斋手拓镜铭》

《簠斋手拓镜铭》，陈介祺拓本，国家图书馆藏。

《陈介祺藏镜》

《陈介祺藏镜》，陈介祺拓册，2003 年文物出版社出版，内收陈介祺藏镜拓片 182 纸。

《国家图书馆藏陈介祺藏古拓本选编·铜镜卷》

《国家图书馆藏陈介祺藏古拓本选编·铜镜卷》，一册，国家图书馆金石拓片组据本馆藏陈介祺铜镜拓片辑编影印而成，2008 年浙江古籍出版社出版。内收陈介祺藏镜拓片 183 种，每种下皆标注藏器尺寸、器物说明及铭文释读。

《簠斋藏古金化》

《簠斋藏古金化》，拓本，十册，《中国古籍善本书目》《山东文献书目》《清史稿艺文志拾遗》著录，国家图书馆藏。

陈介祺最早收藏泉币的时间未能确知，《双行精舍杂存》之《陈介祺遗文七则》载其道光二十二年（1842）所作《东武刘氏十布题记》云：“十布世不易购，予积三十年之久始获共七。”① 以此可知其始藏泉币时间不晚于道光十三年（1833）。

是册每页拓泉币一枚两面，凡 270 余枚，皆无释文，亦无题记。

① 王献唐：《双行精舍杂存》，见《山东文献集成》第四辑第五十册，山东大学出版社 2011 年版，第 644 页。

《簠斋范金目》

《簠斋范金目》，稿本，一卷，列《簠斋吉金目》后，中国科学院图书馆藏。

是册载布范五、泉范二十六、镞范一。册内并有陈介祺批注。

《簠斋土范目》

《簠斋土范目》，稿本，一卷，列《簠斋吉金目》后，中国科学院图书馆藏。

是册载土泉范二十、土刀范一、土布范一，附土镜范一。册内并有陈介祺批注。

《簠斋所藏齐刀范》

《簠斋所藏齐刀范》，拓本，《山东文献书目》《山东省图书馆馆藏珍品图录》著录，山东省图书馆藏。是册内无序跋，钤有“熙如”印记，则其原为张熙所藏。

陈介祺藏“齐法货”钱范（按：即“齐法化”钱范）共228件，数量巨大。王献唐《鲁省收藏古物》中论陈介祺藏钱范云：“齐法货钱范共二百二十八件。此即齐太公时铸钱所用之范，范文为‘齐法货’三字，均用泥制，国内收藏家偶得三二品，即视为秘珍。现竟搜聚二百余件，非特国内无二，恐全世界收藏‘齐法货’钱范者，亦无如此之多。”

《陈簠斋释齐刀拓本》

《陈簠斋释齐刀拓本》，拓稿本，《中国古籍善本书目》《山东省博物馆藏明清民国山左学者著述知见录》《山东文献书目》《清史稿艺文志拾遗》著录，山东博物馆藏。是册内有陈介祺详释齐刀文字。

《陈寿卿古刀拓册》

《陈寿卿古刀拓册》，三册，陈介祺拓，鲍康辑，今未知藏处。鲍康《观古阁丛稿》之《题陈寿卿泉拓册》云：“近复拓寄古刀二百数十纸，即墨刀一种，不下卅枚。其精且多也若是，余帖成三册。”①

《二百范斋范文汇编》

《二百范斋范文汇编》，又作《二百范斋范文》，拓本，1932 年王献唐辑，《顾黄书寮日记》《山东省立图书馆善本书目》《王献唐研究》著录，山东省图书馆藏。

是册内载陈介祺藏泉范拓片 220 具，陈介祺泉范拓本以此最全。王献唐跋云：

> 潍邑陈簠斋搜集泉范凡二百二十具，自秦至六朝各品悉备，若陶若铜若石，亦无一不具，亦以齐法货范为多。先生生前随收随拓，亦随以赠人，或交易金石拓本，故外间所藏皆畸零不完。晚岁集拓全份，弆藏于家。去岁冬初，始辗转为本馆购得。内有簠翁自题一幅，价尤奇昂，以关系齐鲁文献，全范集拓又为各收藏家所无，亦不敢惜其资也。日来略得少暇，略就泉范类别，编为六卷，题《二百范斋范文汇编》。②

《簠斋泉范》

《簠斋泉范》，拓本，十四册，《中国古籍善本书目》《山东文献书目》《清史稿艺文志拾遗》著录，国家图书馆藏。

每册册端皆标有题识数目，内载泉范拓约 600 张。

另，北京大学图书馆藏有《簠斋泉范》拓本，二函十六册。

《陈寿卿泉范拓册》

《陈寿卿泉范拓册》，二册，陈介祺拓，鲍康辑，今未知藏处。鲍康《观古阁丛稿》之《题陈寿卿泉拓册》云：“寿卿为余阁中前辈，复两世知交。金石之富，甲于海内。虽不甚藏泉币，而贻余泉范拓本至百十有六纸，余装

---

① 〔清〕鲍康：《观古阁丛稿》，见《观古阁丛刻九种》，上海古籍出版社 1992 年版，第 253～254 页。

② 王献唐：《顾黄书寮日记》，未刊稿。

为两巨帙。”①

《簠斋泉范目》

《簠斋泉范目》，稿本，《中国古籍善本书目》《山东文献书目》《清史稿艺文志拾遗》著录，天津图书馆藏。1925年《簠斋藏古目五种二十三卷》影印本收录，国家图书馆、山东大学图书馆藏，《山东文献集成》第四辑第二十册据山东大学图书馆藏本影印。

是册内列铜泉范及铁范34种，各范下多有标注。

《三代货范》

《三代货范》，十六卷，《重修清史艺文志》《清史稿艺文志拾遗》著录，未知藏处。

另有《簠斋藏千货范》拓本，二函十六册，吴湖帆题跋，吴大澂原藏，一函散佚，现存上函八册，私人收藏。此《三代货范》与《簠斋藏千货范》当同为一种。

《汉法钱权异钮印》

《汉法钱权异钮印》，宣统元年（1909）印本，陈介祺藏拓，蒋伯斧跋，私人收藏。内载陈介祺所藏汉钱权及异纽印，权印下皆有标注。钱权非仅以考察秦汉商业历史，更可以文字考证古代地理沿革迁变。

钱权收藏，自陈介祺始。蒋伯斧宣统元年（1909）跋云：“（钱权）历代谱家皆未著录，同光以来，陈簠斋、王文敏始得之。”王献唐《中国古代货币通考》云：“清末陈簠斋得圆四铢二枚于临淄，鲍子年、李竹朋编集《续泉汇》，列入无考正品类。”②

《景印六泉十布拓本》

《景印六泉十布拓本》，陈介祺藏拓，丁福保辑，1935年上海医学书局石

① 〔清〕鲍康：《观古阁丛稿》，见《观古阁丛刻九种》，上海古籍出版社1992年版，第253页。

② 王献唐：《中国古代货币通考》，齐鲁书社1979年版，第767页。

印本，《金石书录目补编》著录，国家图书馆、中山大学图书馆、华东师范大学图书馆等藏。

是集共25纸，前有丁福保《景印六泉十布拓本杂记》，次列陈介祺致吴大澂手书，末有吴大澂题记。

丁福保《景印六泉十布拓本杂记》云："甲戌冬季，余得吕尧仙先生孝建四铢及陈寿卿先生赠与吴清卿中丞之新莽六泉十布两拓本。孝建拓本已用珂罗版影印，公之同好矣。兹又将六泉十布付印，并摘录观古阁正续泉说及汉书数则，冠诸简首，阅者可以知六泉十布之源流矣。"

《汉残甕考》

《汉残甕考》，陈介祺单篇行文，《簠斋论陶》《万印楼印话》著录。

《藏陶记》

《藏陶记》，陈介祺单篇行文，《簠斋论陶》著录。

《瓦釜考释》

《瓦釜考释》，陈介祺单篇行文，《簠斋论陶》著录。

《矢朐盘考》

《矢朐盘考》，光绪四年（1878）十月九日陈介祺致吴大澂手札云："今寄图屏六十二幅，又矢朐盘大纸者一幅（有考未及书）。"陈继揆所辑《簠斋论陶》中载《周矢朐盘跋》。陈介祺另有《陶文考释》手稿一种，其所载矢朐盘考释之文与陈继揆所辑《簠斋论陶》中所载周矢朐盘跋文全同，唯文字布局行列不同，以此可知，此跋当即考耳。

《临淄东汉画像石记》

《临淄东汉画像石记》，陈介祺单篇行文，《簠斋金石文考释》著录。

《钱镈说》

《钱镈说》，陈介祺单篇行文，《观古阁丛稿三编》著录。

《校订〈读古陶文记〉》

《校订〈读古陶文记〉》，《簠斋研究》著录，今可见于《吴愙斋（大澂）尺牍》中。

《读古陶文记》，稿本，吴大澂撰，内有陈介祺《读古陶文后记》："光绪壬午七月十三日，清卿仆正自古肃慎防所寄，九月廿二日至。"

《批注〈百二长生馆藏瓦目〉》

《批注〈百二长生馆藏瓦目〉》，《中国古籍善本书目》著录。

《百二长生馆藏瓦目》，抄本，吴大澂辑，陈介祺批注，国家图书馆藏。

《校注〈攀古小庐砖瓦文字〉》

《校注〈攀古小庐砖瓦文字〉》，《许瀚著述知见录》《簠斋研究》著录。

《攀古小庐砖瓦文字》，许瀚自题原拓本，王献唐辑，内有陈介祺朱笔校注及短跋，山东博物馆藏。王献唐跋云："内有簠斋朱笔校注数事，后有陈氏短跋，再次为印林自写目录，册内砖瓦拓本多有印林题记，砖文用朱笔，瓦当文用墨笔，并有夹签杂记故书数事，为陈簠斋手迹。"

《跋〈唐王居士砖拓铭〉》

《跋〈唐王居士砖拓铭〉》，《陈介祺年谱》著录。《唐王居士砖拓铭》，朱钧藏拓，陈介祺题跋于上。

《释跋汉故领校巴郡太守樊敏府君碑》

《释跋汉故领校巴郡太守樊敏府君碑》，稿本，陈氏后人藏，《陈介祺年谱》著录。

《订〈潍县金石志〉》《〈潍县金石志〉校勘记》

《订〈潍县金石志〉》，《中国古籍善本书目》《山东文献书目》著录。《潍县金石志》，郭麐撰，陈介祺订，山东省图书馆、潍坊市图书馆各有藏本。

郭麐同治十年（1871）十月《潍县金石志》后记云："己巳岁，就正于陈簠斋太史，既为订其疏略，复欣然以所藏邑中金石，属海丰张君子莲衍聪尽拓相付。并属同里王西泉石经、魏新斋得元、陈孟益增共事采访，又搜得若干种。"

《〈潍县金石志〉校勘记》，附于《潍县金石志》后，今潍坊市图书馆藏《潍县金石志》抄本中载有陈介祺光绪十年（1884）七月校勘记。

《订〈潍县宏福寺造像碑考〉》

《订〈潍县宏福寺造像碑考〉》，《金石书录目补编》著录。《潍县宏福寺造像碑考》，郭麐撰，陈介祺订。

按：潍北双杨店后有洪福寺，金石家笔札中或作"宏福寺"。

《题〈王阿善造像拓本〉》

《题〈王阿善造像拓本〉》，今济南张亦轩藏，《陈介祺年谱》著录。

《跋〈张黑女墓志〉》

《跋〈张黑女墓志〉》，《陈介祺年谱》著录。《张黑女墓志》，拓本，时何绍基藏，陈介祺道光二十六年（1846）题跋于上。

《跋〈汉袁氏镜〉》

《跋〈汉袁氏镜〉》，《许瀚年谱》著录。《汉袁氏镜》乃许瀚《小校经阁金文》内一篇。陈介祺跋云："道光丁未五月，销假北行，道出袁浦，重借许印林同年竟（镜），拓取十面。"①

《批校〈古泉汇〉》

《批校〈古泉汇〉》，《簠斋先生著述目》《中国古籍善本书目》《簠斋研究》著录，国家图书馆藏。《古泉汇》，李佐贤撰，同治三年（1864）李氏石泉书屋刻本，陈介祺批注并跋。1994 年，书目文献出版社出版《陈介祺

① 袁寒云：《许瀚年谱》，齐鲁书社 1983 年版，第 199 页。

批校古泉汇》。《簠斋研究》所载甚详。鲍康《观古阁丛稿三编》之《杂题泉册四十二则》云:“寿卿欲更定泉汇,有续评本,为前评所未及者,复以寄示余。余亦照录于卷中,以资参考。竹朋有辨论,并以朱墨分别书之。寿卿释文时有新解,前编尚未尽载,再附一二。”① 同书《再为胡石查题泉汇》云:“甲戌冬日,陈寿卿欲重订泉汇,复以手评本寄余,多所定正。竹朋不能悉从,又因而辨论之,颇足资考校。复以朱墨分写于册中。”② 由此可知陈介祺曾数次批校李佐贤《古泉汇》。今国家图书馆藏陈介祺批校《古泉汇》本,共载陈介祺批校近四百则,其中以元、亨二集批校为多,利、贞二集批校较少。

《〈泉说〉评》

《〈泉说〉评》,《簠斋先生著述目》《簠斋研究》著录。《泉说》,鲍康撰,同治十二年(1873)刻本,陈介祺评,凡三十三则。今可见《观古阁泉说》后所附《陈寿卿评》。

《簠斋尺牍》载同治十二年(1874)十一月十五日陈介祺致鲍康书云:“泉说,此次有祺注数十则,乞削改编次之。匆匆随手写得,殊不可传,或可少有助大雅之采择耳。”③

《〈续泉说〉评》

《〈续泉说〉评》,《续修四库全书总目提要(稿本)》《贩书偶记》《簠斋研究》著录。《续泉说》,李佐贤撰,陈介祺评。《续修四库全书总目提要(稿本)》云:

> 李氏是作,乃因臆园所著《泉说》,其说有挂漏者,其轶事有知之不详言之不尽者,遂及见闻所及,可补《泉说》之未备者,纵笔抒写而成,说凡三十四则。说下陈氏则更加评语,于李氏说待考者,则附以己意;

---

① 〔清〕鲍康:《观古阁丛稿三编》,见《观古阁丛刻九种》,上海古籍出版社 1992 年版,第 372 ~ 373 页。

② 〔清〕鲍康:《观古阁丛稿三编》,见《观古阁丛刻九种》,上海古籍出版社 1992 年版,第 404 页。

③ 陈敬第辑:《簠斋尺牍》,见《近代中国史料丛刊》第九十七辑,台湾文海出版社有限公司 1973 年版,第 786 页。

于李说所无者，则为之申论，与之相辅而行。①

《贩书偶记》则著录《续泉说》作“利津李佐贤、潍县陈介祺同撰”，不复言评。

《批校〈古泉苑〉》

《批校〈古泉苑〉》，《簠斋先生著述目》王献唐补录，云此本藏于潍县陈挚甫家。鲍康《长安获古编》序云：“先生等身著作，身后都散佚。《古泉苑》一百一卷，尤为巨观。陈寿卿前辈得其原本，曾属余梓行。”

《跋〈刘氏十布拓本〉》

《跋〈刘氏十布拓本〉》，《双行精舍书跋辑存》著录。《刘氏十布拓本》即刘喜海十布拓本，陈介祺手跋，山东省图书馆藏。《双行精舍书跋辑存》云：“近为山东图书馆购藏刘氏十布拓本，有原签题字及簠斋跋语三段。”②《山东文献集成》第四辑第五十册所载《双行精舍杂存》之《陈介祺遗文七则》中，有王献唐所抄录《东武刘氏十布题记》，题记云：“十布世不易购，予积三十年之久始获共七。”

第四节 经史尺牍综合之什

陈介祺传古释古，最终目的为揭示吾国经史典籍之真面，以证古之义理仁心，故其虽好蓄金石，终以文字经史为重。此情此志，屡见于其尺牍。今检其经史诸子训释跋记类著述46种，诗文尺牍类著述54种，凡100种。

《诸经训释》

《诸经训释》，《簠斋先生著述目》《潍县志稿·艺文志》《簠斋研究》著录。是书为陈介祺对《周易》《尚书》《礼记》《诗经》等儒家经典著作的批注校释。据《簠斋研究》著录统计，是书凡十二册，分别为《周易注

① 中国科学图书馆整理：《续修四库全书总目提要（稿本）》，齐鲁书社1996年版，第2册，第61页。

② 王献唐：《双行精舍书跋辑存》，齐鲁书社1983年版，第155页。

解》一册，《诗经传说汇纂附抄》六册，《礼记集说》一册，《礼记义疏》二册，《书经集传》一册，《大学中庸训释》一册，《诗经论文》一册，时陈继揆藏。

然查《簠斋先生著述目》内尚著录《诸经训释》之《左传》一种，以此可知，陈介祺于儒家易、书、诗、礼、春秋五经皆有训释。

《周易注解》

《周易注解》，二册，《诸经训释》之一种。

《先天横图读说》

《先天横图读说》一卷，附杂文一卷，清同治间稿本，《重修清史艺文志》《清史稿艺文志拾遗》《簠斋藏书目》著录，台湾某图书馆藏。

《批注〈书经集传〉》

《批注〈书经集传〉》，一册，《诸经训释》之一种。《书经集传》，宋蔡沈撰。另，国家图书馆藏陈介祺批注并跋片善堂惜字公局刻本《书经集传》一种。

《礼记集说》

《礼记集说》，一册，《诸经训释》之一种。

《礼记义疏》

《礼记义疏》，二册，《诸经训释》之一种。

《批注〈诗经汇纂附抄〉》

《批注〈诗经汇纂附抄〉》，六册，《诸经训释》之一种。《诗经汇纂附抄》，清王鸿绪等撰。另，国家图书馆藏陈介祺批注并跋雍正五年内府刻本《诗经汇纂附抄》一种。

《诗经论文》

《诗经论文》，一册，《簠斋先生著述目》《潍县志稿·艺文志》著录，

《诸经训释》之一种。

《大学中庸训释》

《大学中庸训释》，一册，《诸经训释》之一种。

《说文统释》

《说文统释》，《簠斋先生著述目》《潍县志稿·艺文志》著录。

陈介祺于许慎《说文解字》屡欲分编，终未定稿。陈氏于同治十一年（1872）五月二日致吴云书云："窃谓今日当首以传三代文字为第一，考释次之。文字传然后人得有以考订。当依说文部目为一书，而精摹之。"① 同治十二年（1873）十一月三日致吴云书、同治十三年（1874）二月二十二日致吴云书、光绪三年（1877）八月十三日致吴大澂书等皆云此，尤以同治十三年（1874）二月二十二日致吴云书所论最详。又《两罍轩尺牍》吴云致潘祖荫书云："簠斋为当代传人，惟其天性好胜，所作务要出人头地，刻意求工，转致因噎废食。即如汇刻先秦文字一端，若照薛、阮二书之例，选择器之字多而精确者，得好手影摹刻之，再得我二人相助为理，此书一出亦足继往开来，决为必传之作。乃必欲依许氏说文部目，创例成书，条件既繁，诠证匪易，穷年累月，不知何日得成。来谕谓其刻古金文一事，竟不能成，想亦指此也。"②

《〈汉书地理志〉校释》

《〈汉书地理志〉校释》，抄本，一卷，《山东省立图书馆善本书目》《中国古籍善本书目》《潍县志稿·艺文志》著录，《山东省立图书馆善本书目》作《批校汉书地理志目》一卷，《汉书地理志》，汉班固撰。陈介祺批校，山东省图书馆、山东博物馆递藏。

---

① 陈敬第辑：《簠斋尺牍》，见《近代中国史料丛刊》第九十七辑，台湾文海出版社有限公司 1973 年版，第 985 页。

② 〔清〕吴云：《两罍轩尺牍》，见《近代中国史料丛刊》第二十七辑，台湾文海出版社有限公司 1968 年版，第 562 ~ 563 页。

《校〈前汉书百官公卿表〉》

《校〈前汉书百官公卿表〉》，抄本，一卷，《中国古籍善本书目》《山东文献书目》著录。《前汉书百官公卿表》，汉班固撰，唐颜师古注，陈介祺校，上海图书馆藏。

《王莽官名录》

《王莽官名录》，抄本，一卷，陈介祺辑，《中国古籍善本书目》《山东文献书目》著录。上海图书馆藏，附《校〈前汉书百官公卿表〉》后。

《校〈后汉书百官志〉》

《校〈后汉书百官志〉》，抄本，五卷，《中国古籍善本书目》《簠斋藏书目》著录。《后汉书百官志》，晋司马彪撰，梁刘昭注，陈介祺校。上海图书馆藏。

《手校〈说文解字〉》

《手校〈说文解字〉》，十册，《山东省立图书馆善本书目》著录。《说文解字》十五卷附通检十五卷，汉许慎撰，清同治十二年（1873）广州书司刊本，陈介祺校，山东省图书馆、山东博物馆递藏。

《山东文献集成》第四辑第十一册所载《〈说文解字〉四种》之朱筠重刻说文有王献唐录陈介祺跋语云："同治甲戌夏，王廉生农部懿荣赠，共十本。"可知此乃王懿荣所赠。又王献唐跋云："原校用小学汇函本，附《说文通检》，亦间有校语别录崇文刻本上。陈氏著述极矜慎，校用朱笔，楷法精审不苟，惟于古音韵学似未致力，偶有拟议，辄生疣病，亦不能苛求也。"

《校订〈说文解字义证〉》

《校订〈说文解字义证〉》，《中国古籍善本书目》《簠斋藏书目》著录。《说文解字义证》五十卷，清桂馥撰，清道光三十年（1850）至咸丰十年（1860）杨墨林刻连筠簃丛书本，陈介祺校订，国家图书馆藏。

《跋〈说文正字〉》

《跋〈说文正字〉》，二册，《山东省立图书馆善本书目》著录。《说文正字》二卷，嘉庆六年（1801）金陵刊本，王石华、孙凤卿辑，陈介祺等手跋，山东省图书馆藏。

《〈说文古籀补〉叙》

《〈说文古籀补〉叙》，见《说文古籀补》。《说文古籀补》，吴大澂撰。是书前列陈介祺光绪十年（1884）正月三日叙文，叙中有云："祺尝欲辑本朝许氏学之说为《说文统编》，以一字为一类，先列钟鼎古字，次以许氏籀文古文字，古文无则前阙文，古字不可释则附各部后存之，再次以许氏学各家说，又次以古训诂、古音韵各家说。"

《批校〈端溪研志〉》

《批校〈端溪研志〉》，见《端溪研志》。《端溪研志》三卷首一卷，乾隆二十二年（1757）刻本，清吴绳年辑，为论砚专书，陈介祺批校其上，山东省图书馆藏。

《山东文献集成》第四辑第十一册所载《〈说文解字〉四种》之朱筠重刻说文有王献唐跋云："簠老校书，除此尚有稿本《长安获古编》、抄本《汉书地理志目》及《端溪研志》三种，皆归山东图书馆。"

《簠斋尺牍》

《簠斋尺牍》，即陈介祺与诸友朋往来简牍之编，凡属此类，皆可称为《簠斋尺牍》。今广为流传之《簠斋尺牍》，略分两种，一为陈敬第辑本，一为致吴大澂尺牍本。今考察陈介祺生平、交游、著述等诸事几全赖此书，是迄今所见陈介祺研究的最重要的参考文献。两书始末，陈敬第跋文、《续修四库全书总目提要（稿本）》、《〈簠斋尺牍〉研究》所载稍详。唯《〈簠斋尺牍〉研究》发掘不深，并时有疏误。今综合诸书，重为著录。

《簠斋尺牍》稿本，《簠斋轶事》著录。1963 年，陈育丞、陈继揆将其捐赠给国家，今藏于中国文化遗产研究院图书馆。

《簠斋尺牍》1919年上海涵芬楼影印本，内收陈介祺致潘祖荫、王懿荣、鲍康、吴云、谭雨帆、李韦卿、李味琴等尺牍，陈敬第辑。《金石书目》（黄立猷）、《石庐金石书志》、《金石书录目》、《簠斋先生著述目》、《潍县志稿·艺文志》、《续修四库全书总目提要（稿本）》、《山东省博物馆藏明清民国山左学者著述知见录》、《山东文献书目》、《清史稿艺文志拾遗》、《簠斋研究》著录，国家图书馆、山东省图书馆、北京大学图书馆、复旦大学图书馆、南京大学图书馆等多家图书馆有藏。1973年，台湾文海出版社有限公司《近代中国史料丛刊》据此本缩印，列第九十七辑。

另，1919年寿慈阁影印本，五册，为陈介祺致吴大澂尺牍，未知何人所辑。《石庐金石书志》《金石书录目》《簠斋先生著述目》《双行精舍书跋辑存》《续修四库全书总目提要（稿本）》《山东省博物馆藏明清民国山左学者著述知见录》《山东文献书目》《清史稿艺文志拾遗》《簠斋研究》著录，国家图书馆、山东博物馆等藏。

1919年上海涵芬楼影印本，十二册，末有陈敬第跋。第一至第三册载陈介祺致潘祖荫书二十七通，始于同治十三年（1874）十月十三日，止于光绪二年（1876）十月十五日。第四至第七册载致王懿荣书五十七通，始于同治十二年（1873）九月六日，止于光绪十年（1884）五月二十三日。第八至第九册载致鲍康书三十九通，始于同治十一年（1872）十月二日，止于光绪二年（1876）十二月四日。第十册载致谭雨帆书四通、致李韦卿书六通、致李味琴书五通。第十一册至第十二册载致吴云书十九通，始于同治十一年（1872）三月十三日，止于光绪四年（1878）二月十七日。

陈敬第1919年跋云：

先生题识于考辞颇多创解，惜无好事者为之最录成书。丙辰，黄县丁佛言见其与潘文勤公尺椟一册，驰书来告，遂亟收焉。而鲍氏观古阁、王氏天壤阁所藏者，亦先后归余。贵筑姚一鄂又以鲍氏手钞四通借影。裒然一集，窃自珍秘。其中析疑辨难，殆无一酬应语，诚有功金石文字，未可小品目之也。惟潘氏藏册簠斋跋尾云三册，明年会稽任心白谓有人于烟台曲姓家复见二册。余闻之喜而不寐，因疑延津剑固当合耶。展转购得，装潢未改旧观，三册实出一手。今年湘潭周印昆又自都门续寄四叶，可称缘福。至是，余始有传刻之意。长洲章式之同年曾语余云：‘仁和吴伯宛尚藏有与吴退楼者十余通，已移赠沅江郑叔进前辈。’征求未获，幸式之录副，得以借钞。尺椟中署款雨帆，谭姓，陈氏戚，是册藏阁文介家。韦卿、味琴皆利津李竹朋子，余曾求之李氏，只此数通，余皆散佚。海丰吴氏所藏，式之亦曾为探问，盖兵火之后，亡失久矣。昔潘文勤公尝以刻簠斋尺椟为言，先生谦让未遑。今幸吉光片羽，尚在人间，散而复聚。余虽不及窥先生之所藏，弃得先生之尺椟而读之，斯亦有以慰吾饥渴矣。

陈敬第先为抄校陈介祺《簠斋藏古册目并题记》一书，复以数年之功，辗转数家之手，终辑藏刊印《簠斋尺牍》，真乃簠斋先生一大功臣也。

1919 年寿慈阁影印本，五册，无序跋，诸家著录多未载影印时间等。据《石庐金石书志》及《簠斋先生著述目》可知，此为寿慈阁影印本。《石庐金石书志》是书提要云：“簠斋晚年与吴县大澂窸斋先生交最密，寄书亦最勤。函中尽属商订金石，计二百九十余通，为寿慈阁所藏，足补涵芬楼所刊之未尽也。”又《双行精舍书跋辑存》著录云：“民国八年影印本，五册。”“十年前购此于沪上，读已数过。昨又检出重阅，今午蒇事。其装拓陶文之法，谓挖纸衬订者，余昔与书友刘仁斋研究用之，不期与簠老暗合也。”① 由此可知，是书当亦为民国八年（1919）影印。《续修四库全书总目提要（稿本）》云：“札中所考订商榷者，多关于金石文字之学，惟金多于石。而属于金者，又三代彝器多于秦汉以后杂器。”②

陈继揆《万印楼印话》之《与周叔弢先生谈双虞壶斋藏印》引周叔弢语云：“簠斋学术论述当在尺牍中。现传世之簠斋尺牍系商务印书馆所印，原件后为周季木所得，装订为四册，别附有《传古别录》一本。季木死后便属于我。一九五九年五月十二日，由我捐献北京图书馆。”陈继揆复问周叔弢：“现行五卷本乃簠斋致吴清卿书，即是出否?”“先生曰然。”③ 则今所见流传之两种《簠斋尺牍》，后皆聚于周季木手，周季木卒后，皆归周叔弢。周叔弢后将其捐赠给图书馆。以此可知，陈介祺与诸友朋往来书札，因有《秦前文

① 王献唐：《双行精舍书跋辑存》，齐鲁书社 1983 年版，第 274 页。

② 中国科学院图书馆整理：《续修四库全书总目提要（稿本）》，齐鲁书社 1996 年版，第 2 册，第 9 页。

③ 陈继揆：《万印楼印话》，天津人民美术出版社 2014 年版，第 146 页。

字之语》之约，当先有稿抄本多种。后辗转抄录，复增以诸家抄本多种。故影印本之外，簠斋尺牍之版本亦为驳杂。

因陈介祺识见精深，是以其尺牍素为诸家所珍视，竟至有伪造牟利者。《顾廷龙文集》跋《簠斋尺牍》一则云："曩余在孙伯渊处见簠斋致廉生尺牍墨迹数巨册，可谓逼真。借归传钞，随钞随觉可疑，因谛视其笔迹语气之不类也。及至论甲骨一通，系节录王静安语，于是破绽毕露。既得明证，遂即辍笔。"① 以此可知，《簠斋尺牍》后有伪书流传。

陈介祺交游四海，除与潘祖荫、王懿荣、鲍康、谭雨帆、吴云、吴大澂书翰外，尚有与刘喜海、吴式芬、许瀚、吴重憙、翁大年、孙文楷、苏兆年、苏亿年、徐会沣、张兆栋、李佐贤、郭梦龄、翟云升、李恩庆、郭起隆、郭麐、吴廷栋、何绍基、涂宗瀛、苏景瑀、王孝禹、田泮生等人之往来信札需撮录。他如与亲戚故旧之通问及家书等今未知者又不知凡几。即与潘、王、鲍、吴诸人书札亦需摭拾辑佚。然诸藏家珍若拱璧，必不轻易示人，撮录摭拾又何其难也。

《秦前文字之语》

《秦前文字之语》，又作《秦前文字语内外篇》，是书有稿本、排印本等多个版本。《簠斋先生著述目》《潍县志稿·艺文志》《中国古籍善本书目》《山东文献书目》《清史稿艺文志拾遗》《簠斋研究》著录。稿本两册，上海图书馆藏；又有残缺手稿本一种，1963 年被陈育丞、陈继揆捐赠给国家，时由文化部拨付文物博物馆研究所藏，今中国文化遗产研究院图书馆藏。1991 年，齐鲁书社排印出版，共五卷，由陈继揆整理，列《山左名贤遗书》，亦题作《秦前文字之语》，此乃借用潘祖荫、陈介祺初名。是书源流始末陈继揆《秦前文字之语·前言》、陆明君《簠斋研究》中所记虽详，然尚有微误，今另为考补。

《秦前文字之语》原为潘祖荫欲刻陈介祺、王懿荣、鲍康、吴云、吴大澂等往来信函成一书，后未果。今所见陈继揆整理之《秦前文字之语》则仅有陈介祺致他人之书信，非诸人往来翰札，与潘祖荫欲刊行之书相差甚远。同

---

① 顾廷龙：《顾廷龙文集》，上海科学技术文献出版社 2002 年版，第 318 页。

治十三年（1874）十月三十一日陈介祺致王懿荣书云："伯寅坚欲刻吾数人往还书，不可却，乞将来删定之。其标题拟仿齐东野人之语，易为秦前文字之语，未知可否？其非语此者，概可删矣。各器释虽一字之说亦可收，亦不可过以己意去取，其稍有见者皆存之，异日尽可改正，再说再入。伯寅书当检汇寄来，子年书同，清卿书同，乞与贵伯寅师商之，并相约以识古字论古文为语，不涉入赏玩色泽语也。"①

查陈介祺、潘祖荫始成文字交即在同治十二年（1873），则潘祖荫初与陈介祺信函往来即欲刻书札。此年陈介祺与鲍康已相识二十年，与吴云书翰相通已近三十年，与吴大澂、王懿荣简牍往来未足一年。又光绪元年（1875）二月十四日陈介祺致潘祖荫书云："承代刊秦前文字之语，感愧。平斋、清卿处书亦乞索入。始未意如此，不曾斟酌，有许多笑柄，亦无可如何，唯存交迹而已。"② 则潘祖荫初欲刻之"数人往还书"，始计以陈介祺、潘祖荫、王懿荣之书翰互通为要，并未揽入吴云、吴大澂二人，故陈介祺有"平斋、清卿处书亦乞索入"之语。

潘祖荫拟合数人往来书札原文刊行，而陈介祺则数次建议须作修改，这种分歧，意味着潘祖荫、陈介祺对私人书札印行于世的不同态度。同治十三年（1874）十二月四日陈介祺致王懿荣书云："伯寅欲不改恶札即刻，悚愧之甚，是令不敢作札矣。"③ 光绪元年（1875）三月三日陈介祺致潘祖荫书云："若秦前文字之语，则愧其闲字句过多，有一二少可暂存者，亦不成文字也。"④ 此后二三年间，《秦前文字之语》的体例一直未定，而陈介祺亦屡为修改。陈氏于光绪元年（1875）九月二日致潘祖荫书云："秦前文字之语录存勿刊，至企。"⑤ 同年十月二十四日致潘祖荫书云："廿一日寄所校秦

---

① 陈敬第辑：《簠斋尺牍》，见《近代中国史料丛刊》第九十七辑，台湾文海出版社有限公司 1973 年版，第 297～299 页。

② 陈敬第辑：《簠斋尺牍》，见《近代中国史料丛刊》第九十七辑，台湾文海出版社有限公司 1973 年版，第 71～72 页。

③ 陈敬第辑：《簠斋尺牍》，见《近代中国史料丛刊》第九十七辑，台湾文海出版社有限公司 1973 年版，第 320 页。

④ 陈敬第辑：《簠斋尺牍》，见《近代中国史料丛刊》第九十七辑，台湾文海出版社有限公司 1973 年版，第 77 页。

⑤ 陈敬第辑：《簠斋尺牍》，见《近代中国史料丛刊》第九十七辑，台湾文海出版社有限公司 1973 年版，第 110～111 页。

前文字之语卷一，并校删副本一，由廉生代上，想已至。其余仍欲校删，切企切企。"① 同年十二月四日致潘祖荫书云："秦前文字之语正月校删录副。"② 光绪二年（1876）三月七日致潘祖荫书云："秦前文字之语冗未及删，前钞本仍乞还，以便照例，万勿即刊。"③ 自陈介祺上所云"校秦前文字之语卷一""秦前文字之语正月校删录副""秦前文字之语冗未及删，前钞本仍乞还"数语可知，是书似已写定，并有副本，当可随时锓板。此书最终未能刊行，虽或有其他缘故，而陈介祺屡为修改、迟未定稿则属最重要之原因。

今陈继揆整理之《秦前文字之语》多与《簠斋尺牍》同，非陈介祺所拟想之《秦前文字之语》，亦非潘祖荫所拟想之《秦前文字之语》。

《陈簠斋丈笔记附手札》

《陈簠斋丈笔记附手札》，又称《簠斋笔记》，滂喜斋丛书本，《金石书目》（黄立猷）、《石庐金石书志》、《金石书录目》、《簠斋先生著述目》、宣统《山东通志·艺文志》、《潍县志稿·艺文志》、《续修四库全书总目提要（稿本）》、《中国丛书综录》、《山东省博物馆藏明清民国山左学者著述知见录》、《山东文献书目》、《簠斋研究》著录。《潍县志稿·艺文志》著录为《簠斋笔记》，小字注为"滂喜斋刊本"；《簠斋先生著述目》著录为《簠斋笔记及手札》一卷，小字注有"滂喜斋本""鉴宧丛录本"。国家图书馆、山东省图书馆、北京大学图书馆等多家图书馆有藏。1985 年，《丛书集成初编》据滂喜斋丛书本影印，列艺术类第 23 种。

是集列潘祖荫《滂喜斋丛书》第四函第五种，列《传古别录》后，载《簠斋笔记》一卷、手札一卷。《续修四库全书总目提要（稿本）》云：

> 是编乃吴县潘伯寅尚书，采辑其往来手札关于金石一类精湛之语，并选其致吴退楼、王廉生两人札中最关于金石者一二通附之，以成是

① 陈敬第辑：《簠斋尺牍》，见《近代中国史料丛刊》第九十七辑，台湾文海出版社有限公司 1973 年版，第 118 页。

② 陈敬第辑：《簠斋尺牍》，见《近代中国史料丛刊》第九十七辑，台湾文海出版社有限公司 1973 年版，第 138 页。

③ 陈敬第辑：《簠斋尺牍》，见《近代中国史料丛刊》第九十七辑，台湾文海出版社有限公司 1973 年版，第 149 页。

编。……簠斋一生矜慎，凡有述作，从不肯轻易付刊……此编虽采自往来函牍，无段落体例之可言，而其中所论，谓古器应分酒器、食器、温器、爨器、蒸器、盥器、熨器、量器。谓金文宜编体例，金文释文宜定句读、详起结、讲文法。金文标目，宜以作器者为主，不可书其祖若父之名以为器名。皆为考订彝器、分类定名、释字诠文扼要之论。而又经潘氏选择，言简意赅，实不啻采骊得珠。簠斋一生心得，盖已尽萃于此。①

《山东省博物馆藏明清民国山左学者著述知见录》所载全袭于此。

又宣统《山东通志·艺文志》云："按吴重憙撰陈介祺事略称，有与吴县潘文勤公往复论古及拓器诸法，文勤编为四册云云。则今滂喜斋所刊者，尚非其全帙。"

《陈介祺家书》

《陈介祺家书》，稿本，李经国藏，《陈介祺年谱》著录。内载陈介祺致陈子懿等陈氏姻戚之书札。

《师友词翰》

《师友词翰》，不分卷，《山东文献书目》著录，山东省图书馆藏。内载陈介祺与友人往来书札，共17通。

《簠斋书翰》

《簠斋书翰》，稿本，日本高木圣雨藏，《陈介祺年谱》著录。内载陈介祺致翟云升、陈介锡等人书。

《陈介祺书札》

《陈介祺书札》，稿本，共九册，《簠斋研究》《簠斋藏书目》著录，国家图书馆藏。是札载陈介祺致徐东甫等人信函60余通。

---

① 中国科学院图书馆整理：《续修四库全书总目提要（稿本）》，齐鲁书社1996年版，第2册，第8页。

《陈介祺尺牍》

《陈介祺尺牍》，抄本，《陈介祺年谱》著录，中国文化遗产研究院藏。内载陈介祺致李福泰、费幼亭、靳寅谷等人书20余通，与《簠斋尺牍》《陈介祺书札》有相重者。

《潍县陈氏家藏簠斋书札》

《潍县陈氏家藏簠斋书札》，抄本，陈氏后人藏，《陈介祺年谱》著录。内载陈介祺致李鸿章、丁宝桢、何慎修、吴愙斋、田云坡、宋晋等人书。

《潍县陈氏家藏簠斋家书》

《潍县陈氏家藏簠斋家书》，稿本，陈氏后人藏，《陈介祺年谱》著录。

《致许印林书》

《致许印林书》，《顾黄书寮杂录》收录，为咸丰七年（1857）陈介祺致许瀚书，稿有残缺。

《致郭子嘉手札》

《致郭子嘉手札》一册，《簠斋先生著述目》王献唐补录。郭子嘉即郭麐，其所撰《潍县金石志》，颇得陈介祺之力。

《致郭起隆手札》

《致郭起隆手札》，郭起隆后人藏，存陈介祺致郭起隆手札数通。郭起隆，字南庐，号雪埠，撰有《三余书屋诗草》等。

《致翟云升书札》

《致翟云升书札》，潍坊市博物馆藏，内载陈介祺致翟云升书札，《陈介祺年谱》著录。

《致苏兆年信》《致苏景瑀信》

《致苏兆年信》《致苏景瑀信》二函皆见于罗宏才《新发现的两通陈介祺

书信》(《文物》1995 年第 1 期)。致苏兆年信为同治十二年(1873)五月二十五日作，致苏景瑀信为光绪十年(1884)正月二十日作。苏景瑀，罗宏才作“谢景瑀”，今据《五镫精舍印话》改，《陈介祺年谱》亦作更正。

《父亲手谕》

《父亲手谕》，稿本，陈介祺辑，陈氏后人藏。是册乃陈介祺辑录陈官俊手谕。

《簠斋鉴古与传古》

《簠斋鉴古与传古》，陈继揆整理，2004 年文物出版社出版。内载陈介祺复潘祖荫笔记、《传古别录》、《访碑拓碑笔札》、《十钟山房印举事记》，以及陈介祺与鲍康、吴大澂等往来书札等。

《陈介祺遗文七则》

《陈介祺遗文七则》，王献唐抄本，《双行精舍杂存》著录。《山东文献集成》第四辑第五十册影印收录。

内载王献唐抄录陈氏论秦陶文字、秦诏瓦量残字、东武刘氏十布题记、论六朝佛像、新莽六泉拓本题记、贤敦盖题记、跋汉双鱼洗七则遗文。

《哀启》

《哀启》，陈介祺哀母丧启文，清刊印本，青岛徐黎明藏，《陈介祺年谱》著录。

《簠斋题跋》

《簠斋题跋》，陈涌泉辑。《潍县志稿·艺文志》著录为二卷，未题辑者。《簠斋先生著述目》中王献唐补录此目，云其为二册，并注为陈涌泉辑。

《序跋》

《序跋》，一册，《潍县志稿·艺文志》《簠斋先生著述目》著录。《簠斋先生著述目》著录此目下标有《说文古籀补序》《甄古斋印谱跋》。

《奏议书牍》

《奏议书牍》，《簠斋先生著述目》《潍县志稿·艺文志》著录，今未见。

《敬宽书屋联钞》

《敬宽书屋联钞》，稿本，四册，《簠斋研究》著录，陈继揆藏。是书乃陈介祺联语之集，以有格稿纸辑抄，半页九行，分赠人联、自作联、集句联等，联后多有附注。陈介祺闲散诗文甚少，而其联语中多有清丽之句、旖旎之语，其情、学、识皆可从中透出。

《簠斋批伪拓》

《簠斋批伪拓》，陈继遵、陈继揆等辑，陈君藻旧藏。

《朱子文善俗钞》《养蚕成法》

《朱子文善俗钞》《养蚕成法》二种，陈介祺辑并合刻，咸丰三年（1853）令贻堂刻本，国家图书馆藏。半页十行，行二十四字，四周双边，单黑鱼尾。《朱子文善俗钞》为陈介祺摘录朱熹之文并付锓版，计有《公移摘录十四则》《白鹿洞书院揭示》《增损吕氏乡约》。《养蚕成法》为韩梦周主政来安时指导当地乡民养蚕树桑之法，陈介祺重刻。陈介祺咸丰三年（1853）后记云："右《养蚕成法》一册，吾邑韩理堂先生令来安时所作也。"其后列韩梦周、阎循观生平，并及程符山数事。后复云："祺五载之中，三归营葬。每登山仰止，未尝不流连太息，而深鲜民废学之痛也。兹刻朱子文数首为善俗钞，窃欲端本善俗以为乡守先导，并附刻是册于后，因述两乡先生之学行，以志后生景仰焉。"

《家塾授蒙浅语》《习字诀》

《家塾授蒙浅语》一卷，附《习字诀》一卷，今有同治十年（1871）抄本与光绪十八年（1892）吴重憙刻本。

同治十年抄本，一册，北京师范大学图书馆藏。

光绪十八年吴重憙刻本，《潍县志稿·艺文志》《山东省博物馆藏明清民国山左学者著述知见录》《山东文献书目》《簠斋研究》著录，山东博物馆藏。

《山东省博物馆藏明清民国山左学者著述知见录》云："此书乃陈氏授子侄辈童蒙而作，凡二十七条，附习字诀八则。"① 内载吴重憙刻书识语云："先外舅潍县陈寿卿介祺，以协揆蒙嗣乙己翰林，解组还山，家居不仕，在林下者三十余年。中年后服膺朱子之学，与后进言讲指画不倦。此授蒙数则，专训幼学之语。辛未年写寄重熹，俾课儿辈者也。甲申七月，先生下世，忽已九年，今春检点遗书，得之受益童蒙实非浅鲜，爰梓而行之，以广先生教泽。"②

《家塾五言记》

《家塾五言记》，抄本，一卷，《簠斋先生著述目》《潍县志稿·艺文志》《簠斋研究》著录，全篇五言韵文，以教族子，《陈介祺年谱》全文载录。

《杂著》

《杂著》，《簠斋先生著述目》著录。台湾某图书馆藏陈介祺同治年间杂文稿本一卷（附《先天横图读说》后），不知是否即为此种。

《请开铁路说》《海防说》《辨教论》《汇集紫阳之说为一家言》《论民教》《论屯垦》《论治河理财》《论军务》

以上八种，皆为陈介祺单篇行文，《簠斋先生著述目》著录。

《答问担粥厂章程书》

《答问担粥厂章程书》，又名《担粥说》，陈介祺单篇行文，光绪五年（1879）十月十八日撰，今有潘祖荫刻本，国家图书馆藏。半页九行，行二十一字，四周单边，单黑鱼尾，版心上有"敬宽书屋稿"字样。末有潘祖荫题

① 崔巍辑释：《山东省博物馆藏明清民国山左学者著述知见录》，山东大学《清人著述总目》编辑部藏2003年印本，第77页。

② 崔巍辑释：《山东省博物馆藏明清民国山左学者著述知见录》，山东大学《清人著述总目》编辑部藏2003年印本，第77页。

记云："荫刻《救荒活民类要》《请雨经》《祈雨经》《伐蛟说》《治蝗书》及《担粥说》皆有不得已之心未也，观者求其本，斯可矣。"2010年，《中国荒政书集成》第八册收录此文，并点校整理。唯《中国荒政书集成》标注为"光绪五年刻本"，此误。《答问担粥厂章程书》乃陈介祺光绪五年所撰，非潘祖荫光绪五年所付刻。

是文首云："光绪己卯冬，邑人士以前施担粥厂章程问余，应之曰：灾已成而始救之，古无此善政也。不得已而设糜粥，亦非良法也，章程何足云?"其后论议设粥厂之弊端。

《读东抚积谷章程记》

《读东抚积谷章程记》，《陈介祺年谱》著录。《积谷章程》，丁宝桢作，陈介祺应其请作此读记，事见《潍县陈氏家藏簠斋书札》。

《论张之洞疏》

《论张之洞疏》，陈介祺单篇行文，《簠斋研究》著录。光绪六年（1880）八月十六日陈介祺致徐会沣书中附有此文。

《题襄阳唐志即送吴子苾六兄出守江西》

《题襄阳唐志即送吴子苾六兄出守江西》一首，陈介祺五古诗，见《吴式芬年谱》。《陈介祺年谱》著录。

《题许瀚〈六君子砖合本〉》

《题许瀚〈六君子砖合本〉》一首，陈介祺五古诗，见《六君子砖合本》《许瀚年谱》。诗题为笔者加。

《题〈甄古斋印谱〉》

《题〈甄古斋印谱〉》一首，陈介祺五律诗，见《甄古斋印谱》。诗题为笔者加。

《题西泉为致云峭老人通竹幛子》

《题西泉为致云峭老人通竹幛子》四首，陈介祺七绝诗，见《潍县志稿》。

《赠陈诒卿》

《赠陈诒卿》一首，陈介祺七律诗，同治三年（1864）作，诗题为笔者加。陈介祺于诗后跋云："余永感独行退居之叹，今闻从弟诒卿将有从政之愿，抚影怒心，不能自已，而成此篇。呜乎，何其迂之甚耶？同治甲子五月十四日簠斋记。"陈氏家藏稿本，《陈介祺年谱》著录。

《题战国齐字古砖》

《题战国齐字古砖》一首，陈介祺七古诗，陈氏家藏抄本，《陈介祺年谱》著录。

《癸丑四月八日由都入晋，十九日将至太原，途中感怀》

《癸丑四月八日由都入晋，十九日将至太原，途中感怀》两首，陈介祺七律诗，见《潍县陈氏家藏簠斋书札》。《陈介祺年谱》著录。

《癸酉七月晦，与长孙阜论开辟混沌只是文字，人心亦然，小咏附此》

《癸酉七月晦，与长孙阜论开辟混沌只是文字，人心亦然，小咏附此》一首，此诗题今多作《示长孙陈阜》，陈介祺七绝诗，见《簠斋尺牍》。

《小蓬司马画赠残荷，题以志感》

《小蓬司马画赠残荷，题以志感》一首，陈介祺七绝诗，见潍坊市博物馆藏张槃赠簠斋《残荷图》画。

《燕庭方伯获古长安，长歌纪此。张石匏开福、鲍子年康亦皆有诗，而未及前左足之庄字。兹因刻图，为儿子厚滋辨得，赋句志后》

《燕庭方伯获古长安，长歌纪此。张石匏开福、鲍子年康亦皆有诗，而未及前左足之庄字。兹因刻图，为儿子厚滋辨得，赋句志后》一首，陈介祺七绝诗，见《簠斋金石文考释》《簠斋金文考》《簠斋金文题识》。诗题为笔者加。

《题竹朋所书金刚经》

《题竹朋所书金刚经》一首，陈介祺七绝诗，见《簠斋尺牍》。

《咏琅邪台秦石刻》

《咏琅邪台秦石刻》一首，陈介祺七绝诗，同治十三年（1874）正月十二日作，见《簠斋尺牍》《簠斋金文题识》。诗题为笔者加。

《咏秦不韦诏事戈》

《咏秦不韦诏事戈》一首，陈介祺七绝诗，见《簠斋藏古册目并题记》《簠斋金文题识》。

《咏寒亭东皋出土古陶觞》

《咏寒亭东皋出土古陶觞》一首，陈介祺四言诗，见《簠斋论陶》。

《齐刀范诗》

《齐刀范诗》，同治十二年（1873）七月十五日陈介祺致鲍康书云："又诏版考及诗、齐刀范诗并献正。"可知陈介祺有《齐刀范诗》，今未见。

《自题印册》

《自题印册》一首，陈介祺七绝诗，见《簠斋轶事》。《万印楼印话》又云此为张廷济诗。

《论书绝句》

《论书绝句》二首，陈介祺七绝诗，见《簠斋轶事》。

《批注〈周易本义〉》

《批注〈周易本义〉》，《中国古籍善本书目》《簠斋藏书目》著录。《周易本义》，清道光十六年扬州片善堂惜字公局刻本，四卷，宋朱熹撰，陈介祺批注并跋，国家图书馆藏。

《批校〈御纂周易折中〉》

《批校〈御纂周易折中〉》，《中国古籍善本书目》《簠斋藏书目》著录。《御纂周易折中》，康熙五十四年（1715）尊经阁刻本，二十卷，卷首一卷，清李光地等撰，陈介祺批校，山东省图书馆藏。

《批〈战国策去毒〉》

《批〈战国策去毒〉》，《簠斋研究》著录，潍坊市陈介祺故居陈列馆藏。《战国策去毒》，同治九年（1870）求我斋重刊本，二册，清陆陇其撰，陈介祺故居陈列馆藏本内有陈介祺朱笔批注数处。

《校许印林遗著》

《校许印林遗著》，《簠斋尺牍》著录。同治十二年（1873）二月二十四日陈介祺致吴云书云："许印林兄遗著已钞校付吴仲饴，子贞兄可先为之叙否，均乞晤致。"① 光绪九年（1883）九月二十八日又致王懿荣书云："印林兄遗集已校毕，不知可刻否。"② 许印林遗著，今见于潘祖荫《滂喜斋丛书》第三函中。

《校跋〈天文鬼料窍〉》

《校跋〈天文鬼料窍〉》，抄本，《中国古籍善本书目》《簠斋藏书目》《陈介祺年谱》著录。《天文鬼料窍》，清彭氏知圣道斋抄本，五卷，佚名撰，陈介祺校并跋，浙江省图书馆藏。

《天文鬼料窍》一书，《四库全书总目提要》云此即《步天歌》。陈介祺道光十六年（1836）校跋，内载校跋语200余处。

---

① 陈敬第辑：《簠斋尺牍》，见《近代中国史料丛刊》第九十七辑，台湾文海出版社有限公司1973年版，第1028页。

② 〔清〕陈介祺著，陈继揆整理：《秦前文字之语》，齐鲁书社1991年版，第131页。

《评〈甲乙篇〉》

《评〈甲乙篇〉》，《中国古籍善本书目》《簠斋藏书目》著录。《甲乙篇》，手稿本，一卷，龚自珍撰，陈介祺评，上海图书馆藏。

《跋〈勉斋先生黄文肃公集附集〉》

《跋〈勉斋先生黄文肃公集附集〉》，《中国古籍善本书目》《簠斋藏书目》著录。《勉斋先生黄文肃公集》三十七卷，《附集》一卷，抄本，宋黄榦撰，陈介祺跋，国家图书馆藏。

《题记〈庄渠先生遗书〉》

《题记〈庄渠先生遗书〉》，《簠斋藏书目》著录。《庄渠先生遗书》，十六卷，明嘉靖四十二年（1563）苏州知府王道行刊本，明魏校撰，胡松序，陈介祺手书题记，台湾某馆藏。

《批校〈庄氏心法〉》

《批校〈庄氏心法〉》，抄本，《中国古籍善本书目》《簠斋藏书目》著录。《庄氏心法》，一卷，清庄述祖撰，陈介祺抄并批校，山东博物馆藏。

《序校〈外科全生集〉》

《序校〈外科全生集〉》，《簠斋尺牍》《簠斋先生著述目》《簠斋研究》著录。《外科全生集》，又作《外科证治全生》，王维德撰，同治八年（1869）陈介祺再刻，半页十行，行二十四字，四周单边，单黑鱼尾。此即《簠斋先生著述目》中王献唐所补录之“辑刻医书一种，名目俟查”。陈氏之序文，《陈介祺年谱》全为引录。

陈介祺于《外科全生集》一书，最为服膺，与友人往来信札中屡有论及，且多次以全生集方寄王懿荣。

《跋〈棠梓清芬〉》

《跋〈棠梓清芬〉》，《陈介祺与中国经学金石学及考古学研究类稿》著录。《棠梓清芬》乃陈介锡《桑梓之遗》之副册，时赠潍县知县靳昱之书画册页，今潍坊市博物馆藏，末有陈介祺同治十三年（1874）九月二十三日跋。

陈介祺跋云："高西园集乡先辈书画为册，题曰："随意拾瑶草。"即墨郭根莽续之至数十册。从弟晋卿又踵之逾百册，精富过前人矣。以其所副为册，应寅谷邑父母之属，将之掖任，为识册末。"

《跋〈书画鉴真〉》

《跋〈书画鉴真〉》，《中国古籍善本书目》《簠斋藏书目》著录。《书画鉴真》，稿本，六卷，清陶恩培辑，陈介祺跋，青岛图书馆藏。

《题〈楹联集帖〉》

《题〈楹联集帖〉》，《陈介祺年谱》著录。《楹联集帖》，陈氏家藏稿本，何绍基、吴云辑。

《跋〈文昌阁记〉》

《文昌阁记》，郑板桥撰，陈介祺跋后，潍坊市博物馆内有该刻石。

《〈伏生授书画象〉跋》

《〈伏生授书画象〉跋》，陈介祺光绪七年（1881）跋文，见陈蜚声《伏乘》卷十六。跋云："许印林同年行此，拓以寄。余定为伏生，惜无题字。坐者伏生，跪者伏女，俛伏者朝错，下则使者车。余藏有王右丞写伏生卷，有宋人及竹垞、牧仲、石庵跋，唯无伏女及错耳。刘瑞甫藏此旧本。"

《跋〈缩临兰亭序拓本〉》

《跋〈缩临兰亭序拓本〉》，拓本，经折装，一函，潍坊市陈介祺故居陈列馆藏。函封有陈介祺跋。

是本为翁方纲先生用定武落水本重订正李羲民万松山房兰亭石刻，陈介祺跋云："粤东叶氏刻，己亥小浦太史典试至粤得此。庚子上元访小浦，为拓其尊翁缩临十三行，以此为赠。二月廿八日，篝灯识此。古平寿陈介祺书。"

《跋〈张受之传略〉》

《跋〈张受之传略〉》，《陈介祺年谱》著录。《张受之传略》，何绍基为嘉兴张辛作，陈介祺题跋其上，国家图书馆藏。

《跋〈恽南田山水册〉》

《跋〈恽南田山水册〉》，陈氏后人藏抄本。陈介祺于咸丰十年（1860）跋此，《陈介祺年谱》著录。

《跋陈洪绶〈苏武李陵图〉》

陈洪绶《苏武李陵图》，设色绢本，立轴，上有陈洪绶题识："洪绶写似（右行，下无字）先生（左另起一行，与下文意连）。时壬申秋暮，坐鲁伯菜昨梦庵。"钤印"莲子"。陈洪绶，幼名莲子，字章侯，号老莲，晚号老迟、悔迟，明代著名书画家、诗人。

图之鉴藏有"北海于燕受号逸樵收藏书画之印"，裱边有陈介祺款识"陈老迟画苏武李陵故事"。簠斋先生题跋曰："栎园先生宰吾邑，有城守功，其属老迟图此，盖自寓千秋之隐疚，与印文亮也，辜恩负义之辈意同，识者勿徒皮相奇古之笔，而能赏其坚心忠骨之神，则为知画意矣。余昔见此栎园二字尚在，不知何时伧父去之。今归育来，求记其事，育来知赏此，自与皮相异矣。同治癸酉七月廿九日乙亥，海滨病史六十一岁书。"

今诸家读此图，多释为陈洪绶赠周亮工之《苏武李陵图》，其唯一根据即陈介祺此跋。然查陈洪绶之自题"壬申秋暮"与陈介祺跋"栎园先生宰吾邑，有城守功，其属老迟图此"云云，皆有所疑。

是图题识云："洪绶写似先生。时壬申秋暮，坐鲁伯菜昨梦庵。"簠斋先生跋有"栎园先生宰吾邑，有城守功，其属老迟图此"数语。"壬申"为明崇祯五年（1632），据孟晗《周亮工年谱》，崇祯四年（1631），周亮工屡与试事，咸以北籍不得入院，崇祯五年（1632）散居南京。故是年栎园尚为白身，何谈簠斋先生所云"有城守功"？何谈"其属老迟图此"？周亮工守潍邑之时，在崇祯十五年（1642）、十六年（1643）之间，去此已十年之久。此疑一也。

复查黄涌泉《陈洪绶年谱》及孟晗《周亮工年谱》，亦未闻陈洪绶有赠周亮工此画。

《赖古堂集》卷三《赠陈章侯》原注云："甲子岁，予侍家大在暨阳，即索交章侯。"

《读画录》卷一《陈章侯》载："家大人官暨阳时，得交章侯，数同游五泄。余时方十三龄，即得以笔墨定交。"① 可知陈洪绶与周亮工定交时在天启四年（1624），此陈、周二人初识，栎园年尚幼，未能交深。直至崇祯十四年（1641），二人称以莫逆。周亮工《读画录》卷一《陈章侯》载："辛巳，余谒选，再见于都门，同金道隐堡、伍铁山瑞隆诸君子结诗社，章侯谬好余诗，遂成莫逆交。余方赴潍，章侯遽作《归去来图》相赠，可识其旷怀矣。后十余年，再见湖上。"②

此知周亮工三十岁，谒选至潍邑。陈洪绶是年赠以周亮工之《归去来图》。自是年至顺治七年（1650）定香桥之晤，未闻陈洪绶赠以他作。周亮工《赖古堂集》卷二二《题陈章侯图寄林铁崖》云："章侯与予交三十年，十五年前，只在都门为予作《归去图》一幅，再索之，舌敝颖秃弗应也。"③ 此亦旁证。

周亮工《题陈章侯图寄林铁崖》云："庚寅北上，与此君晤于定香桥，君欣然曰：'此予为子作画时矣。'"是以直至顺治七年（1650），陈洪绶方为周亮工作画四十二幅，次年陈洪绶卒。纵陈洪绶此时赠周之作实多，亦未闻有《苏武李陵图》，而陈洪绶《苏武李陵图》中"壬申秋暮"又斑斑在焉，何容置喙？

或曰，陈洪绶早年赠此画与周亮工，周亮工降清二节，自讳不言，难以取信。然陈介祺所云"栎园先生宰吾邑，有城守功，其属老迟图此"，其根据又何在焉？

潍坊市博物馆碑廊有此作刻石，全刻是图与陈介祺题跋，末有高密傅丙

① 〔清〕周亮工：《读画录》，见《清代传记丛刊·画史丛书》，台湾明文书局1985年版，第19页。

② 〔清〕周亮工：《读画录》，见《清代传记丛刊·画史丛书》，台湾明文书局1985年版，第19页。

③ 〔清〕周亮工：《赖古堂集》，南京图书馆藏清康熙刻本。

鉴跋识。傅丙鉴跋曰："陈老莲抱伯夷采薇之心，守鲁连蹈海之节，作此图赠栎园，词严义正尚已。栎园以明季科名，几下位不获展济世之才，故不甘一节，以悔其用，亦仁人君子之用心也。栎园□此图收之，终身而传之。世所以着老莲之节，而不自辩，以听后来之论，广哉熙熙乎，其心也如二光生者，询古之人哉。余及见此，幸矣。年伯星甫先生得此图，使良工刻石，俱足不朽于世矣。岁在己未小阳春月，五星联珠之晨，高密傅丙鉴拜题。"

又丁启喆《老莲汇稿》载此图稿，其题识云："十笏园藏本，经喆摹勒上石。"

由此可知是图先为潍上于祉所藏，后归"育来"，丁毓庚又得之，使丁启喆刻石，傅丙鉴又题之。刻石今存于潍坊市博物馆，原作今藏于苏宁艺术馆。

由上文又可推知，自陈介祺，至丁毓庚、丁启喆、傅丙鉴，又及今日诸家，皆视此图为陈洪绶赠周亮工之作。此种认识，口传语授，亦当非无因，唯文献不足，不敢断论。自陈介祺跋文与傅丙鉴题识观，于周亮工降清二节，皆谅多恕矣。此可察众所谓"贰臣"，亦当知人论世。

抑或另有一解。陈介祺此跋"栎园先生宰吾邑，有城守功，其属老迟图此"数语，不当一句联之。当作"栎园先生宰吾邑，有城守功。其属老迟图此，盖自寓千秋之隐疚"。簠斋公词略或如是矣。"栎园先生宰吾邑，有城守功"一句，其指崇祯十五年（1642）、十六年（1643）周亮工全潍之时；"其属老迟图此"一语，其指周亮工崇祯五年（1632）散居南京之时；作此安排，则陈介祺跋文与陈洪绶之自题不复矛盾。然若此句读，则意气分裂，文法不当如是；固强作安排，则周亮工崇祯五年（1632）"其属老迟图此"之时，又何来"自寓千秋之隐疚"耶？

自宋之后，苏李之图，画人数作，皆寄托国士之心，以见民族气节之弃存。陈洪绶此作，亦如此意。周亮工抗清降清，晚年凄凉，终入《贰臣传》。此构图安排苏武、李陵二人对照，似最能见周亮工行事。陈介祺跋所谓"余昔见此栎园二字尚在，不知何时伧父去之"，其情可怀，其事则未之确证。

故上所谓陈洪绶《苏武李陵图》，当非陈洪绶赠周亮工之作。簠斋金石大家，熟于经史，文牍之间于周栎园亦屡屡致意，且题跋陈洪绶之画，非应酬时人之作可比，岂可潦草漫写？故知陈介祺此跋，或别有隐曲，或借跋寄怀，或偶然忆误。

《题〈李成山水画〉》

《题〈李成山水画〉》，据《陈介祺年谱》转引陈继揆记云："光绪六年，为王石经题李成山水。"

《跋〈沈周山水画〉》

《跋〈沈周山水画〉》，《陈介祺年谱》著录。《沈周山水画》，原为潍县刘嘉颖所藏，陈介祺题跋其上。

第六章 陈介祺文章诗词楹联书法艺术赏析研究

陈介祺的才能是多方面的，除金石学研究外，其在文章、诗词、楹联、书法等方面也有着较高成就。陈介祺的文章，恰如《清史稿》所称“清代学术，超汉越宋。论者至欲特立‘清学’之名，而文学并重，亦足于汉、唐、宋、明以外别树一宗”，可谓“文、学并重”。而陈介祺的诗词、楹联作品，亦是非常典型的“文”与“学”的统一。陈氏的书风，早年严谨凝重、整饬工整；中年后吸收钟鼎篆隶之精意，架构规矩、文雅朴茂、古意盎然。其文章、诗词、楹联、书法创作，从文学艺术的角度全面地展示了陈介祺人格的魅力：既有深刻的思想、执着的追求，又有丰富的学识、过人的才华；既有传统封建思想的局限，又有革弊布新、不断进取的精神。这样，学识渊博、卓有成绩、传古报国、多才多艺的一代金石学大师的形象就全面地展现在我们面前了。

第一节 文 章

由陈介祺的文章不难看出，他的作品绝不是无病呻吟、卖弄风雅，而是因时、因事、因人、因情之不同，有感而发，且言之有物、言之成理。其每一篇文章都直抒胸臆，有很强的针对性。这与他忠君爱国、学养深厚、诚朴谦和、坦率直爽的品行是一致的。

在综合考量现有研究成果的基础上，我们对陈介祺的文章进行了一番粗略的研究，认为其文章之特色可以概括为以下三点：

一、注重经世为用

陈介祺生于官宦家庭，幼承庭训，苦读于京师。《潍县志稿》载其聪慧嗜学，日读百数十行略不遗忘，乡试时考官得其卷疑为耆宿，弱冠之年即以诗文名都下。陈介祺的青壮年时代，一直沿着苦读四书五经、求取功名的道路顺利地前行。陈介祺十九岁时至莱州府应童试，二十三岁时考取举人，三十三岁时中进士并任翰林院编修，后无意仕进，于咸丰四年（1854）致仕，归故里潍县。

陈介祺归里后，深居简出，自称“海滨病史”“林下田间大夫”，并自作联语：“曾种桃花，不知汉魏；犹存松菊，自谓羲皇。”其还以陶渊明所居地“斜川”名其居为“小斜川”，表达了对宁静恬适生活的渴望。然陈氏并不同于淡逸无争的文人隐士，他从小接受的是儒家的“入世”思想，“修身、齐家、治国、平天下”的观念深浸其骨，导致其虽厌倦官场，但忠君报国的志向没有变，即使长期僻居于乡间，仍不忘关心朝政。道光帝去世后，其作文以明心志：“痛念先君受恩之深，君臣一气，痛切寸衷，莫知所以。敬奉遗旨，哭告主前，自念君父之恩，此生皆不能报，心裂肠断，五内崩摧，罔极同深，余生何足惜哉。痛甚，痛甚。”① 陈介祺在致甥婿徐会沣的书函中，多有涉及政务的内容。其在致吴大澂、王懿荣等朝廷官员兼金石挚友的书函中，往往评骘时政。陈氏对改革吏治、赈灾救荒、洋人来华传教及开矿筑路、外敌入侵、富国强兵等均有论述。这些大多写在往来书函附笺上的言论，充分体现了他经世致用的文风，展示出其政治抱负、学识才华和不凡见解。

他曾在文中慨叹“吏治日逊一日，民生日窘一日”，呼吁上层官吏“以经为治，讲求利弊，周知天下，勤恤小民，上法古圣之政典，远取海国之所长”。关于赈济灾荒，其在光绪三年（1877）致督办山西救灾的吴大澂的多次书函中，详论“赈事七病”，提出办赈之要在“积谷平粜”“兴保甲而杜官吏之侵吞”，谨防“富商大贾奸诡之徒拥资厚籴，居为奇货”等，并陈说救荒的具体方法。关于洋人在华设局开矿，其在光绪九年（1883）十一月三日致王

---

① 道光三十年三月二十八日陈介祺致其师。陈氏家抄本。转引自陆明君：《簠斋研究》，荣宝斋出版社2004年版，第14页。

懿荣的书函中云："晋省多煤多铁，必须延德国克鲁伯厂人来领工，而不可令其多带工人至千名外，以防我不能自为，而彼有异志。此即北京之一大机器局，又为北省运买之总名，南省则闽广滇产煤铁处亦同。德不欲法强故可用，吾兄以为然否。"陈介祺晚年僻居乡里，但对国事了如指掌。其还力主抗御外侮，曾言："中国民不知兵，兵不知战，猝募之众，何以御敌。即未早图之，亦不可不再急图之。"并作《海防说》一册寄给朝中友朋，云"虽系纸上之谈，自谓遇至明大公者尚有一二可采"。而在国运临危之时，其又谆谆嘱托朝中友人："津防京防则尤不可忽，以备困兽之斗……须使京师如泰山之安也。"他还撰有《增补请开国铁路说》《论张之洞疏》等，以陈己见。其对朝廷安危的关切之情可见一斑。他甚至还在光绪十年（1884）五月二十三日写给王懿荣的信中专门论及办报问题，体现了他对时务的关心和高于时人之论的见解：

申报芜杂，本无可取，所论者事近而识浅，所毁誉亦未必当，而宦场人多恶之，然藉以讨论，亦有少益处。军务之秘，彼焉能知？今则自言，无可说矣。洋人藉以为中国新闻，可以知我，我则无以知彼。若告之使购外洋各国新闻纸，择其可以知彼者录之，屏其芜杂，少为费纸，使可装裁成本。并访外洋造火器、火药法及图及轻气球等图，似可更获厚利，或不至令人徒费目力，至于厌弃也。①

二、学术化倾向明显

梁启超在《清代学术概论》中精辟地指出：

金石学之在清代又彪然成一科学也。自顾炎武著《金石文字记》，实为斯学滥觞。继此有钱大昕之《潜研堂金石文字跋尾》，武亿之《金石三跋》，洪颐煊之《平津馆读碑记》，严可均之《铁桥金石跋》，陈介祺之《金石文字释》，皆考证精彻，而王昶之《金石萃编》，荟录众说，颇似类书。……道咸以后日益盛，名家者有刘喜海、吴式芬、陈介祺、王懿荣、潘祖荫、吴大澂、罗振玉。……其所以考证，多一时师友互相赏析

---

① 〔清〕陈介祺著，陈继揆整理：《秦前文字之语》，齐鲁书社 1991 年版，第 141 页。

所得，非必著者一人私言也。①

梁启超既肯定了清代为金石学的大发展时期，又指出了这一时期金石学研究的特点，即金石学家的互相切磋，共同探讨，取长补短，集思广益。而这一时期的重要形式之一，就是书函往来。许多金石学研究成果，就是这样聚沙成塔，逐步系统完善，“彪然成一科学”。而这一批金石学家也在相互的交流与渗透中形成了当时影响颇大的金石学研究群体，共同把我国的金石学推向了前所未有的新阶段。

陈介祺在这一互相赏析、共同研讨的过程中，起到非常重要的作用。其在京师期间即与当时的金石学者广泛交游，并与许多著名学者结为金石之交。其中有张廷济、徐同柏、鲍康、吕佺孙、吴廷康、翁大年、陈畯、何绍基、朱钧、韩崇、严福基、叶志诜、吴云、许梿、吴大澂、沈涛、张荐粢、甘熙等。这些大都是南方人。还有一批同乡金石学家如李璋煜、刘喜海、吴式芬、许瀚、翟云升、李佐贤等，也都是陈氏金石学研究方面的挚友。这批金石学家在京师的密切交往、共同探讨，大大推动了金石学的发展。

回到潍县以后，由于条件的限制，陈介祺先是与李佐贤、吴式芬、吴重憙等有姻亲关系的金石之友接触，“识古字论古文”。后来，随着其研究的不断深入，迫切需要进一步扩大交流范围。这时他曾回顾在京师时的金石学研究圈，留恋当时研究群体的规模之大。为了打破这种局面，他开始与鲍康、吴云进行书信往来；经过鲍康介绍，又与潘祖荫、王懿荣、吴大澂等成为文字之交。从此，书信成为其阐述学术观点的最重要手段，尤其是在潍县时，陈介祺随着阅历的增多，学识日益丰富，金石学方面的造诣越来越深，文物收藏越来越多。这一时期，他的书信往来也越来越频繁。

陈介祺性格耿直，知无不言。在研究中只要一有发现，就立即写下手札，与金石学界的朋友切磋。其“用力甚勤，动辄三四千言，甚或一日与四友同时作书”。这在当时邮政通信行业并不发达的情况下，是十分难能可贵的。就这样，在长期频繁的互相通信中，陈介祺提出了大量精辟独到的金石学观点。他论收藏、论辨伪、论传拓、论古文字、论书法、论西洋摄影、论时局、论经世之文字，洋洋洒洒，无所不包，字里行间凝聚着他丰富的实践经验和智

---

① 梁启超：《清代学术概论》，上海古籍出版社1998年版，第58～59页。

慧的光芒，今天读来仍觉受益匪浅。正如著名学者商承祚先生所说："他的论调同批评，不但高出同辈一等，简直可以说'前无古人，后无来者'。"

这些书札，也启发了同时代的金石之友，使他们在各自的研究中得到不少教益。在陈介祺的启发下，吴大澂著成《说文古籀补》，书成后，陈介祺又高兴地为他写了叙。此外，陈介祺亲自为潘祖荫所藏金文款识作注，为鲍康所著《观古阁泉说》作注；与著名金石学家吴式芬在共同切磋、取长补短的基础上，共同编著了我国第一部研究封泥的专著《封泥考略》，为研究秦汉官制、地理以及篆刻艺术提供了重要的依据。这些金石学家也为陈介祺提供了许多学术研究方面的实际支持。

与陈氏书函往来的诸金石学家对陈介祺的手札非常珍视，"或装册珍藏，或抄录传阅"。李佐贤因收藏有陈介祺的书信，自称"人有古董，我有今董"。潘祖荫则将陈介祺的书信刻印成书，又嘱托王懿荣将陈介祺初期的书信编为《簠斋外编》两册。同治十三年（1874），潘祖荫又将各家收藏的陈氏书札汇集起来，定名《秦前文字之语》。

陈介祺的这些书札，商务印书馆曾于1919年影印出版，订名为《簠斋尺牍》，共十二册。后又出版了五册影印本。陈介祺六世嫡长孙陈继揆先生积年整理《秦前文字之语》，并交齐鲁书社于1991年出版。这套书信集是涉猎广泛的学术资料，其中包括陈氏的古文字考释、金石文物鉴定、传拓技艺总结等，成为学界最具研究价值的金石文集之一。

总括而言，陈介祺尺牍创作的最大成就在于他敢于突破常规内容和形式，使原属实用文体的尺牍作品融学术价值、文学价值、艺术价值于一体，成为学术界与收藏界争相传阅、收藏、研究、模仿、欣赏的对象。在赋予"尺牍"新的学术、文学、艺术属性方面，陈介祺可谓起到重要作用。若非陈介祺大胆地冲破樊篱，赋予尺牍新的学术著作的写作方法，今天的我们将看不到这些中国学术宝库中撼人心魄的瑰宝。

三、情真意切

存世的陈介祺散文不多，尤其是表达"情意"的文章极为罕见。其母亲去世后，陈介祺满含悲痛之情亲自撰写的《哀启》一文则为展现其文学造诣的代表。《哀启》是旧时丧家叙述死者生平及病终情况的通用文体，但凡条件稍好一点的人家，在双亲辞世后往往会亲自或请人撰写这样的文章，追思先人，以表哀悼。《哀启》多附于讣告之内，也有单独成文的。

陈介祺自幼事母至孝，问寝视膳、晨省晚侍的礼节，数十年如一日地坚守。母亲病逝后，他不胜唏嘘，撰写《哀启》以致追思。《哀启》全文以孝子对母亲的深厚情感贯穿，陈氏用细腻的笔法描述母亲的病情及治疗、谢世经过，深切怀念并称颂母亲身上所蕴藏的相夫教子、孝敬老人、爱及亲友等传统美德。循读再三，深感其文词悲切、孝思不匮、至性至情、发人深省。

《哀启》于古代是实用文的一种，与文学作品在性质上有所区别。但是在十九岁时即以“诗文名都下”的陈介祺手中，其亦化为一篇极有文学价值的文章。此文之所以能感人至深，是因为其不再是刻板、公式化的实用文，文中情真意切的内容和流露出的哀痛悲伤的情感，读后令人深受感动。陈介祺在《哀启》开篇即自责侍奉母亲不力，没有悉心照料母亲的服药饮食，以致母亲医治无效而去世。文章揭示了那个年代医学的不发达——陈氏延请当时名医诊治，并早晚探视，不敢稍有懈怠，但面对母亲的沉疴，终无力回天。其在文中还追述母亲生前的嘉德懿行，讲述母亲如何孝敬婆母。陈介祺庶母去世后留下的1个女儿和九叔母去世后留下的8个子女都由陈介祺的母亲抚养，他们的起居饮食、吃穿用度均由陈母照顾周到。每次裁剪缝制衣服，陈母往往从早上忙到晚间，动辄忙到四更天也不知疲倦。3个妹妹中年龄稍大的，都和陈母共同起居，陈母爱她们超过爱亲生儿女，并亲自教导她们礼仪，教授针黹，辛劳备至。陈介祺的祖父常教导他要以母亲为榜样。陈介祺的祖父去世后，陈母与陈介祺的祖母共同生活18年。陈母唯恐祖母心力劳累，总是代祖母操劳，即使委屈，也不肯推诿。陈介祺称赞母亲的孝义似乎是天性所成，就像古代传记所称颂的贤母一般，后世的读者即使能详细地知道她们的事迹，也不能知道其中隐藏的细微之处。他通过最细微的观察和体会，得悉母亲淳厚的性格和坚韧的行为中隐藏着古代圣贤的风采，称赞母亲身教胜于言传。

第二节 诗 词

陈介祺虽“天机清妙”，十九岁时即以“诗文名都下”，但是其酷嗜金石之学，以正经补史、传古文字为己任；后来屏居乡里，以金石文物收集研究为日课，并且广与海内博学之金石大家书札往还，日日不辍，夜以继日，有时一日与数人通音问，平素无暇吟咏，所以留下的诗词不多，在文学方面没有产生很大的影响。因此，从诗词这个角度研究陈介祺，只能从迄今所见其为数甚少的诗作中窥见一斑。从散见于《潍县志稿》等处的诗作来看，其风格清丽，类有田园诗文韵致。《潍县志稿》卷三十《人物·文学》下附图影《陈介祺诗草》，即为陈介祺手迹，是所谓典型的“簠斋体”。读其诗文清新典雅，良多妙致：

作势风篁拂石来，谷中交干上徘徊。
连山不尽萧森影，可是云门极顶崖。

闻君爱竹入深林，密叶高柯善取神。
解道胸中有成物，谁从弦外赏遗音。

室虚物少淡无奇，素壁棂疏静处宜。
危坐正襟心定处，漏沉雪积月明时。

我爱湖州仰曲枝，新梢元镇写多姿。
披图试问三君子，猗猗何如有斐诗。

同治七年岁在戊辰十月，西泉老弟为致云峭老人通竹幛子洗涤重装。廿二日夜不寐，咏此，书乞是正。退修居士陈介祺。①

从陈氏以诗文所书中堂布局，即每四句为一组来看，其应是四首。前三首可作为研究和评骘杨涵所画风竹生动传神，及其入深林状写景物的实践之珍贵资料来赏析；末一首及跋则是写陈氏心境及其所藏文与可《竹》《赵兰倪竹合卷》，此亦具有史料价值。据《秦前文字之语》所载，同治十一年(1872)九月四日陈介祺致函吴云谈及其所藏唐、宋、元人书画，其中即罗列：“文与可竹三（一无款）。（极思得东坡、仲圭、禹玉竹。）……赵兰倪竹

① 据《潍县志稿》所附陈介祺墨迹照片。

合卷。”更为有趣的是，王懿荣《考古杂著》中，记其“过潍县，住四日，遍访赏鉴家。在陈寿丈处三日，书画古器不具数”，又由潍县向西，“过寿光，谒仓颉墓，又谒本生高祖妣母家李宗丞祠。西泉即李氏裔婿，闻其家有文与可《大竹》，为寿丈购去，在潍县所见即是”。陈介祺先在诗作中注其所藏文与可《竹》与《赵兰倪竹合卷》，四年后在其与友人信中再提及，又九年后王懿荣于光绪七年（1881）至陈家鉴赏文与可之《大竹》，并且证之陈氏所藏文与可《竹》三，其中《大竹》是从寿光李宗丞家购得。陈介祺诗中所注为之洗涤重装云峭老人画竹者“西泉”，即潍上著名篆刻家王石经，字君都，号西泉。而与王懿荣《考古杂著》中所提之“西泉”为同一人。王懿荣善诗文，王石经亦雅好诗翰，他们三人相交甚洽。

第三节 楹 联

楹联又称对联或对子，素有“诗中之诗”的美称，而唐诗、宋词、元曲的成熟为它的发展提供了良好的基础。由此，对联艺术在清代发展至鼎盛时期似乎也是必然的趋势。从对联专著来看，清代的联书有梁章钜的《楹联丛话》《楹联续话》《楹联三话》《巧对录》，梁恭辰的《楹联四话》《巧对续录》，林庆铨的《楹联述录》《楹联续录》，李伯元的《南亭四话》。顾平旦、曾保泉《对联书目举要》所列举对联专著中，清代以前的仅有 8 种，而清代则有 38 种之多。清代李渔所著的《笠翁对韵》，更是集音韵、对仗、典故等范例之大成，对后人古典诗词楹联创作都有较大影响。

陈介祺亦是楹联名手，作品流传较多，有陈氏家藏稿本《敬宽书屋联钞》传世（本节所选楹联，多选自该稿本，不再一一注明）。其楹联具有题材广博、内容丰富、对仗工整、平仄有度、含蓄淡泊、凝练深刻的特点，大致可分为自律、追求、祝愿、义理、金石等几类。陈介祺创作的楹联，生动记述了其生命中的精彩瞬间，是其从政、为学、交游、居家诸多人生历程的生动记录，大致包含其对官场腐败的批判、对隐逸生活的向往、对金石学的热爱以及对儒家道法观念和生活哲理的阐释等内容。尤其是他的楹联与他的金石书体结合起来，悬挂于室内，反复吟诵品味，有极强的可咀嚼性，是形式和内容的和谐统一。

陈氏所作诸类楹联中，以数量多寡排序，首先是表现其对隐逸生活的向往和追求的楹联。这些作品笔调恬淡幽远，风格秀丽飘逸，追求一种陶渊明式的田园情趣。如：

曾种桃花，不知汉魏；
犹存松菊，自谓羲皇。

云中白鹤神仙侣，山下清泉翰墨香。

开卷直游千载上，闭门如在万山中。

静乐可忘轩冕贵，漫游端胜绮罗尘。

天悬日月光幽谷，雨静风尘出远山。

山川出云作霖雨，日月合璧为文章。

秋风蒲菜鲈堪脍，春水桃花鳜正肥。

鸟哺喜依新借树，燕归犹近旧飞堂。

菊绽黄香霜气秀，山堆秋色露痕斑。

草络篱头花尚碧，树当浦口叶初丹。

陈氏以此表达对现实社会的超然和对官场是非的躲避。但是，他毕竟不是陶渊明，没有陶渊明那种艰难困苦的生活体验，因此也没有那种与农民“相见无杂言，但道桑麻长”的纯朴感情，也没有那种“晨兴理荒秽，戴月荷锄归”的劳动实践。他的作品，流露的不是陶渊明诗文中特有的泥土香，而是儒家知识分子那种“穷则独善其身，达则兼济天下”的思想。

其次，是表现金石学的内容和表达其对金石学的热爱的楹联。如“杕杜兴歌嗟影单”，此句引用《诗经》的典故，将自己比作孤零独立的杜树。全句意思是说，我就像孤零零的树木，叹息自己的孤独。陈介祺正是以这种深沉的忧郁和孤独，在金石学的天地里开辟着自己的乐土，在艰苦地探索中古文化的奥秘中寻找到生命的快慰。于是他写出了一系列与金石学内容有关、表达自己对金石学热爱之情的作品：

瓦当文延年益寿，铜盘铭富贵吉祥。

饕餮云雷真法象，典谟书契古精神。

一室莫如书作伴，千秋唯以古为师。

好古文儆循玩物，明至理耻动机心。

尊彝陶器收三代，幼子曾孙乐一庭。

钟鼎文同漆简面，程朱语见鲁论心。

日守旧编寻孔乐，天留古器补秦燔。

书味养心存赤气，墨华传古附青云。

书味深纯能却老，天机清妙自延年。

铸鼎象百物为备，刻石书名山之高。

字附古书多六国，文征诗说见三家。

闻性理之单微，濂洛关闽真体用；
语商周之文字，典谟书契古精神。

海上归来读书金石，洛中真率觞咏德年。

象山龙以作绘，写竹帛谓之书。

仓颉起鸟迹，奚仲感飞蓬。

古文半六国，诗字多三家。

煎茶为款同心友，拓室因添善本书。

他总结自己的金石收藏情况，还不无自豪地写出“陶文齐鲁四千种，印篆周秦一万方”等楹联。这些作品广泛采用金石研究的专业术语，包含着陈氏对金石学的深刻理解，洋溢着其对金石研究的无穷乐趣，专业性、艺术性都很强。同时，也不缺乏浓浓的生活气息。

再次，是有关儒家道法观念和阐释人生哲理的楹联。陈介祺饱读诗书，对孔孟之道、程朱理学等儒家学说融会贯通，对人生哲理有很深的认识。其在经学方面曾著有《诗经论文》《礼记集说》等著作，这些都是其读书笔记。这一切，也都被他摘编、概括为精炼的楹联。如：

惟愿天常生忠孝，须知人可为圣贤。

地寂心纷，在深山亦多扰攘；
云闲意永，看大造何等从容。

能敬而和，能哲而惠；
不骄而泰，不恶而严。

养心莫善于寡欲，进学则在乎致知。

陈善闭邪谓之敬，进行修业欲及时。

言性须从言气备，今人不外古人知。

忿戒一朝，忍从小节。

有是德宜有是福，得其寿必得其名。

能以身教子孙方有归宿，本此心同义理好自濯磨。

莫不尊亲，入庙共知同血气；
无远兄弟，推心自已有儿孙。

教孝孝忠训秉宣锋，辞尊辞富宜等拒关。

诚敬众知廉勤饬表，宽仁遍育忠信远孚。

诚感岱祈为天下雨，威崇秋阅靖海中涛。

踽凉齐饿者，俎豆古逸民。

梅子真能为大隐，柳公绰不离小斋。

天上旧思星拱北，日中新景地卷南。

抱德推仁含气化物，长生久视美意延年。

家常富贵（汉镜），门宜子孙（汉泉）。

这些格言警句式的楹联，蕴含着陈介祺的人生体验和对后代的希望，可以说言简意赅，语重心长。如“踽凉齐饿者，俎豆古逸民”一联，即陈介祺为潍县东关人、篆刻家韩秀岐所撰，以赞扬其犹如古代齐国的高士一样，志节高尚、不随俗流。同时，陈介祺那种大学者的深沉、饱经沧桑后的睿智、看破红尘后的洒脱，也在这些作品中表现得淋漓尽致。

最后，是表达其对腐败官场、庸俗官吏的厌恶和否定的楹联。这方面，最有说服力的就是他写给友人的感怀诗中的一联：“热闹场中良友少，巧机关内祸根蟠。”在这里，凶险的仕途、虚荣的高官厚禄，都是他批判的对象。一个“良友少”，一个“祸根蟠”，道出他对世态的深刻感知。陈氏所作的这种直截了当揭露官场黑暗的作品，数量虽然不多，但其中流露出的情感是真挚而强烈的。

总之，陈介祺的楹联创作，从思想内容到艺术形式，从质量到数量，都反映了陈介祺的风格气质和精神追求，对于全面研究陈介祺的文化底蕴、学术思想、人格精神都有着非常重要的意义。

第四节　书　法

陈介祺作为著名的金石学家，其书法声名为学术声名所掩，导致后人对于其书作、书风和成就的研究了了，专书未见，专文亦不多。长期的书法研究和书法实践，使陈介祺形成了自己独特的艺术风格。他的书风严整质朴、风格独树，识者普遍以为其“转宜多方、融陶篆隶、功力深厚”。陈介祺书法的指导思想和艺术实践主要有以下五个特点：

一、坚实的书学基础

陈介祺家学渊源、科甲出身，故其小楷工力甚深，出入于颜、柳之间，为世所珍。当时，为适应科举考试的需要，文人必须从少年时代就开始刻苦学习书法，掌握结构、用笔、用墨都极为严谨的“馆阁体”书法。这种书体虽然刻板、僵化，但需要深厚的基本功。因此，他作字“日有课程，用心临古人碑帖”。同时，在临帖时，他既注重形似，更注重神似，反对“徒讲间架尺寸”；强调下笔和运腕，注意运气和用神。对于陈氏的临摹功力，其金石之友翁大年跋《精拓毛公鼎》云：“曾见陈寿卿太史临此鼎铭至数十过后，字之大小丝毫不易，而位置不稍变，且铁笔而易以毛锥已为难事，安得如是之自然合度耶？总之金石文家能窥见古人用笔之所在乃能摹拟酷肖，不然无当也。”① 而陈氏的

① 原拓剪裱稿本，吉林省图书馆藏。转引自陆明君：《簠斋研究》，荣宝斋出版社2004年版，第119页。

小字行草稿札书法，则师颜鲁公《争座位帖》，笔精意足，潇洒流利，甚有书卷气息。吴云称其“附来金石各种墨拓莫不精妙绝伦，边题皆蝇头细字，无一懈笔，具征目力之佳、腕力之健，良由神明完足、志气充盈”。

颜体楷书的秀劲丰腴、雄浑饱满、气势磅礴、方正厚重令陈介祺倾倒，而颜体行书的笔力雄健、气势充沛又显示着颜真卿性格中刚正朴实的力量。这一切，使颜体成为陈介祺最初极力学习的选择。同时，他又十分欣赏柳体的清劲，注意在结体严谨、笔法灵巧上用功，从而吸收了颜、柳二人书体的许多营养。

通过长期的书法学习和严格训练，陈介祺练就了极其深厚的书法基本功，打下了坚实的书法基础。从我们现在能见到的遗墨看，他年轻时的小楷，深得颜体的神韵，并出入于颜、柳之间，结构清秀工整，风格含蓄儒雅，气势老成持重，有浓重的书卷气，在当时的京师有一定的声望。而他在书札中常常使用的行书，则点画干净、露锋峭丽、古雅虚灵、自然流畅，显示了其雄厚的书法实力。

二、强烈的崇古思想

陈介祺好古弥痴，忘情于铜器铭文、古陶文中，心追手摹，并视之为“缘福”。在“愈晚法愈逊”的观点和崇古思想的作用下，其“取法乎上，钟鼎隶篆，皆可为吾师”的书学思想根深蒂固，楷中求隶，又溯追钟鼎，直欲探寻古法。其曾云：“昔年亦喜宋帖，今则不及碑矣。碑昔好博，今则不如古矣。”其所指的“古”，即是三代及秦汉文字之器。同时，这与其隶定古文字字形的现实需要也有密切关系。由于当时许多古文字不能确认，在进行钟鼎款识铭文考释及与金石之友书函交流探讨中，只有依形隶定之。陈氏进行铜器铭文考释以及陶文考释、古钱币文考释等，皆需隶定古文字形，长此以往，形成了以楷书笔法写古文字字形的习惯。

陈介祺认为：“取法乎上，钟鼎隶篆，皆可为吾师。”进而精辟地分析道：“六朝佳书，取其有篆隶笔法耳，非取貌奇，以怪样欺世。求楷之笔，其法莫多于隶。盖由篆入隶之初，隶中脱不尽篆法，由隶入楷之初，楷中脱不开隶法。古人笔法多，后人笔法少，此余所以欲求楷中多得古人笔法，而于篆隶用心。”正是出于这样的认识，他将篆隶之笔法引入楷书，而将颜体的神韵、隶书的笔意、钟鼎文的气势和谐地融为一体，创造出了自成一家的“簠斋体”。他的“簠斋体”，既有钟鼎铭文的古朴，又有遒劲豪放的力度，秀逸奇崛，凝重洒脱，端庄典雅，刚柔相济，体现着严谨的学者风范。他曾说：“得古人一笔，便多一法，一字有十笔，便有十法，一笔有数写法，更多变化，诸法奔赴腕下，无一不善，必成大家。”陈介祺对书法艺术的探讨和追求是沿着这一思路行动的，从而使其成为深受书法界尊敬的“大家”。当时著名的书法家何绍基称赞他的字“古逸绝伦”，可谓知言。

三、深厚的金石学素养

陈介祺的书法给人的感觉是气象端严、整饬工整、出规入矩，庙堂气象跃然纸上，其中无疑流露出陈介祺的金石学素养。其书法原本就深深扎根在传统的沃土之中，这正是其“簠斋体”书风“奇而不诡于正”的真正原因。清代刘熙载说：“笔墨性情，皆以其人之性情为本。”又说：“书，如也，如其学，如其人，如其志，总之曰如其人而已。”

陈介祺五十岁时开始学习汉镜铭体，掌握了新的用笔方法。在长期研究古文字的过程中，他深刻领略到古文字的精妙。尤其是与他朝夕相伴的那些著名青铜器铭文，无不对他产生着潜移默化的影响，如毛公鼎铭文磅礴流畅的气势、错落有致的章法，天亡簋铭文的拙朴生动、变化多姿，盂爵铭文雄健的线条、奇险的结构、跌宕的布局，曾伯霥簠铭文的通畅整饬，等等，都使他产生了一种发自内心的崇拜之情，从而丰富了他的书法视野，提高了他的欣赏品位。面对古人的书法之美，他惊叹道：“古人之法，真是力大于身而丝毫不乱用，眼高于顶明于日而丝毫不乱下，乃作得此等字，所以遒炼之至而出精神，疏散之极而更浑沦。字中字外极有空处，而转能笔笔字字行行篇篇十分完全，以造大成而无小疵，非圣人之心孰能作之始哉。”因此，他情不自禁地要把这些中国古文化的精华在自己的书法表现出来。

四、独特的意境之美

古人云：“书者，心画也。”书法艺术的点线表达的是书法家心灵的律动，书法作品中运动着的气势、力量体现着书法家的涵养与追求。仔细观瞻品味陈介祺的书法可以看出，他虽刻意拟古，实则极重独创，不受成法约束，故能“用笔取六朝，转折师汉隶，结构参金文”，形成“面目奇特，风格独树”的书法新体。陈介祺以前乃至现在的书法家，兼善众体的难以数计，但很少有人像陈介祺一样，在一次创作中兼用几种字体。陈介祺字学基础好，精通楷体，篆、隶、楷、行诸体亦无不娴熟于心，所以他能把用笔、结字各具特色的篆、隶、楷、行等自然地糅合在一字、一作之中。

元朝书法家陈绎曾说：情之喜怒哀乐，各有分数。喜即气和而字舒，怒则气粗而字险，哀则气郁而字敛，乐则气平而字丽。情有重轻，而字之敛舒险丽亦有深浅，变化无穷。可见书法艺术是书法家内心情感的表露，是其心灵的轨迹。陈氏的书风，吸收钟鼎篆隶之精意，架构规矩，文雅朴茂，颇具古意，具有独特的意境之美。其作品给人的最初印象，既没有纵横恣肆、旁逸斜出的大开大合，亦没有怡然自得、清逸淡远的闲情逸致，更多的则是宦海沉浮后的内敛和沉潜学术世界的谨严。

五、大胆的创新精神

清代书坛，前有康熙独尊董书，后有乾隆崇尚赵书，使董其昌、赵孟頫的书法一时身价倍增。上行下效，一般文人学士争相以董书、赵书为干禄正体、求仕捷途。董其昌书法摆脱了元代以来赵孟頫书法的巧丽习气，追求疏淡韵味。至乾隆建淳化轩藏《淳化阁帖》，是时朝野渐觉纤弱的董字与盛世太平的气象不相适应，于是圆腆丰润的赵字又代之而起。再加上科举形成的馆阁书体追求“乌方光”、千人一面、千字一面，沉闷的书坛竞相专事效仿和沿袭，陈陈相因，毫无灵动与生机可言。

陈氏最有代表性的“簠斋体”，在楷书的基础上，兼取钟鼎大篆、汉镜铭文、隶书，形成了糅合篆、隶、楷、行诸体结构与笔意的自家面貌，真率自然，世罕匹俦。陈介祺虽不以狂怪标榜、创新示人，但其在强烈的崇古思想和深厚学养的指导下，在实践中不断追求开拓进取，创立融会篆隶笔意于一体的别具一格的“簠斋体”。陈氏若没有足够的勇气，“簠斋体”是断不能流传下来的。此种独特书体的创立，就是对其书学思想的实践，体现了他大胆创新的精神。纵观我国书法发展史，秦篆、汉隶、北碑、唐楷……无一不是改革创新得来。

陈介祺不仅在书法创作上刻苦实践，还在书法理论的研究上有新建树，写出了《习字诀》等著作。他在尺牍中对书法理论也多有论述。他在书法艺术上取得的成就，使之称誉书坛。凡书画，一经其题识，即声高数倍。同时，陈介祺的个人品质又极佳。他胸怀开阔，能抛弃文人陋习，与贫寒之士相交往；奖掖后进，乐于培养人才，许多有为之士得到过他的帮助而成才；他关心民众疾苦，光绪三年（1877）大灾时亲率家眷设粥厂，“日往施粥，八阅月无间，粥必亲尝”。当时，人们把他与著名学者李佐贤、鲍康并称“三杰士”。陈介祺的人品与书品相映生辉，书以人传，人以书传，其书法作品成为珍贵的收藏品和极有价值的艺术品，至今仍然为人们所称道。

第七章　郭味蕖对陈介祺铜器分类名称与铜镜研究

郭味蕖先生是富有原创精神的著名画家，著作宏富，研究领域广泛。除绘画外，其在文史、美术史论、金石收藏与研究方面亦功力深厚、知识渊博。尤其在金石学方面，其受山左金石学的影响，特别是潍县郭、陈家族文化传统的影响较深。陈、郭家族文化传统悠久，金石研究者名人辈出，以陈介祺为一代宗师，海内仰止。郭味蕖先生的研究领域广泛，涉及金石、考古、建筑、雕刻、古代版画、民间年画，以及古今书画家的个案研究、美术作品评论等。特别是20世纪40年代，郭味蕖先生曾致力于青铜器研究与收藏，著有《殷周青铜器释名考略》《说镜》《镜文考释》等，受郭家祖上影响，其于篆刻艺术也一度铁笔不辍，成就非凡。对于陈介祺的金石书画收藏，由于郭、陈两家族的累世姻亲关系，郭味蕖先生入眼良多，陈介祺去世后陈家散出的藏品，也多有为味蕖先生所弆藏研究者。

第一节　潍县郭氏世家与陈氏以及吴式芬、李佐贤世家的姻亲

明朝成化十九年（1483），有高唐州学廪生郭礼字公制者携子郭翠，为潍县杜凤所请设帐为塾师，爱此风土，遂定居潍县，潍县郭氏家族自此始。① 洪武二十四年（1391），明朝政府徙南人填实高唐，郭岐自江西永丰县迁居高唐

① 《郭氏族谱·墓志》，1936年铅印本，第47页。

州，居城南郭庄。郭岐即郭礼的曾祖父。

郭礼曾孙郭尚友，字从古，又字善儒，号瞻月，万历二十二年（1594）甲午举人，二十九年（1601）辛丑殿试三甲一百零五名进士，官至户部尚书、漕运总督，晋升资政大夫、太子少保。从此，潍县郭家踏入仕途，始大其族，成为著名的科举世家，以文化、著述而成为潍县四大家族之首。康熙十六年拔贡、邑人蔡宗襄在给刘统勋外祖父郭一琪所撰的《授奉政大夫江西抚州府同知郭公传》一文最后说道："然则郭氏为潍邑旧家之首者，夫宁偶然哉？"①

科举世家，往往累世姻亲，门当户对。潍县陈家"始祖陈大，一讳大观，原籍直隶沧州，明初因先世刺潍州②，遂家焉。生三子"③，别为三大支：老长支、老二支、老三支，除老二支多乡居外，老长支、老三支科举兴盛，明清间以累计20名进士排名潍县科举第一家。同为邑中著姓，郭家分支的东大支郭栋后人、西三支郭芸亭后人、西五七六支郭克从后人、西五八五支郭衍汾后人多数与陈家累世姻亲。

郭味蕖先生名忻，潍县东门里郭宅十八世，郭衍汾后人。郭衍汾生三子：郭梦龄、郭梦惠、郭梦星，梦龄、梦惠为进士，梦星为举人。郭梦星生二子：郭祐之申堂、郭焕之炳堂。郭梦龄官至山西巡抚，长子举人郭襄之署西宁兵备道，即郭味蕖高祖；郭襄之长子为举人郭恩观，号藕汀，任浙江秀水知县，即郭味蕖曾祖父；本生祖父郭绍光为郭恩观长子，出嗣祖父为郭恩观三子廪贡生郭肇光。味蕖先生生父郭乃钰为五品衔候选县丞，邑中诗人，系胶东"四大诗人"之一平度白永修的弟子，著有《垂髫吟》诗集；生母陈士柏为潍县陈家老三支进士陈兆鸾的后人，陈兆鸾一股与陈介祺一股同为陈家老三支的分支。

郭味蕖夫人名陈绮，字君绮，谱名陈瑶章，为陈介祺玄孙女。陈介祺长子陈厚钟，字德念，道光二十九年（1849）己酉举人，恩赏内阁候补中书。陈厚钟生一子陈阜，字祐曾，为清廪贡生，即陈君绮祖父。陈阜长子即陈君绮之父陈文会，光绪庚子优贡、陆军部郎中，生三子：长子陈元章字君善，

---

① 《郭氏族谱·传》，1936年铅印本，第43页。

② 《山东乡试中卷光绪癸卯恩科陈绯彬履历》载："原籍直隶沧州，元至正八年举潍州刺史、明洪武二年入潍籍。"

③ 《潍邑陈氏族谱》，清道光辛卯（1831）本。

次子奎章字君藻，三子炎章；生六女：长、次夭殇，三女即郭味蕖夫人陈瑶章字君绮，四女瓌章字君玮，五女缋章，六女陈织章行十一。

1924年，郭味蕖先生十七岁，陈君绮二十岁，二人结为夫妻。此桩婚姻在味蕖十三岁那年，即由其母亲代其定下。陈君绮曾回忆潍县陈府、郭宅的联姻：

（一九）二四年，那年中秋节的前两天——即八月十三，是我和味蕖结婚的日子，那年我虚岁廿岁。我带着满脑子的“烈女传”“教女遗规”和“三从四德”的礼教观念，用着清朝嫁娶的形式嫁到了郭家。我们的结合全是由我婶母撮合成的。因郭家是我婶母的外祖家，他外祖父叫郭藕汀，在江、浙作过三县的知县，仅在秀水就知县多年。郭家又是从明朝就以读书考取功名为业的封建官宦家庭。不过到了我婶母的大舅父手中，这位从来就不懂商业的人，却经起商来，开了许多商号，银号叫“正立堂”。人们多认为是保险商户，所以郭姓的钱，都存入了其中，因自己不懂经商，又不参与管理，后来用人不当受骗，又遭“风”引起挤兑，以致破产还债。姓郭人家的钱，全是打了折扣还的，导致与本族有金钱关系者，不再通往还，所以十几年来本族都不与“笃祜堂”① 往来。到我们结婚的时候，债务事已时隔十余年，陈姓又是老亲，所以我们结婚时，郭姓的三十五支的尊长，全参加了我们的婚礼。从我嫁到了郭家，全体郭姓算是和好如初，都说我们是中兴之家。②

陈介祺次子陈厚滋，字德树，咸丰戊午举人，恩赏山西候补知县，配刘氏，直隶永清县道光癸未进士、署理山东巡抚、云贵总督刘源灏胞侄女，道光乙未科进士、翰林院编修、武昌知府、署荆宜施兵备道刘源濬之女。生三子：陈陔，字孝笙；陈阳，字致扶，一字黼曾；陈陶，字万曾，一字甄甫。陈陔娶郭薰之次女。陈阳配诸城王氏，同治癸酉科举人、特用知府、钦加盐运使衔王印绳之女。陈阳生一子陈文铎，配郭组珍，郭氏祖父郭薰之为署理山西巡抚郭梦龄六子，贡生，内阁侍读；父郭恩赓行十八，为郭薰之长子，光绪戊戌殿试二甲九十六名进士，钦点翰林院庶吉士，钦授翰林院编修。郭

① 郭味蕖本支堂号“笃祜堂”。

② 郭怡孮等：《画家·学者郭味蕖纪年》，人民美术出版社2008年版，第35～36页。

组珍行十九，为郭恩赓长女，新中国成立后捐赠陈介祺所藏青铜器二种：一为曾伯霥簠，一为迟簋器、盖，并获国家颁发的捐赠证书。陈文铎、郭组珍夫妇以胞侄陈清章为嗣子，清章字可新，原青岛九中教师，生三子继枚、继朴、继枢，一女继榴。

陈介祺祖父陈祥桂字省庵，生三子：伯官俊，字伟堂，号恕田；仲官傑，字汉初；季官侨，字敬堂，号惠田。陈官侨长子陈介谋出嗣陈官傑，生二子：厚本、厚泽，陈厚泽娶郭梦龄三弟郭梦星的次女为原配，郭梦星即金石学家郭祐之的父亲，以姻亲而论，陈介祺比郭祐之高一辈。其实，陈官俊自入为京官直到任山西学政期间，就与潍县郭氏西五九支的郭书俊相熟。书俊字遴甫，号蓼莽，嘉庆庚申恩科举人，官至河东盐法监掣同知，著《蓼莽诗存》，所载《遥寄陈伟堂》《晤陈伟堂同年》《吴云麓高佩苍史衡堂陈笈堂陈伟堂诸同年邀饮陶然亭》《访陈伟堂》《喜晤前司成陈伟堂同年》《留别高佩苍史衡堂陈伟堂诸同年》等皆与陈官俊有关，郭书俊与郭梦龄祖父郭守中为从堂兄弟。咸丰三年（1853），朝廷命陈介祺捐银四万两，其年春三月，陈介祺去山西筹款，会晤任山西布政使的表兄郭梦龄，并从郭梦龄处借银两千两，同年九月二十七日致书郭梦龄："晋垣来往，屡接教言，叠饫珍厨，荷关垂之肫切，助设措之多方，感激之私，铭诸心版。"① 字字用心，感谢万端，其与郭梦龄书信往来颇多，于此可略见大概。陈介祺生四子二女，长女名恩培，嫁与吴式芬次子吴重憙，次女嫁与广西巡抚临清徐延旭次子、徐坊胞弟徐埴，因此陈介祺又与金石同道知己无棣吴式芬和侨寓潍县的徐坊家族成了姻亲。

吴式芬家族为海丰（今无棣）望族、科举文化世家。明永乐二年（1404），海丰吴氏始祖吴士安自直隶迁安县（今属河北唐山）迁居山东海丰县坊廓里，居住于东南关。② 一世至九世，吴氏家族潜德不显，以耕稼为业。数世积累之后，吴氏家族走上了半耕半读的道路，遂以耕读传家。吴氏家族自顺治至光绪年间，中进士 9 名，中举人 20 名，并有翰林学士 3 名，被称为"进士世家"。明清以来的科举世家，都是以保持数百年家风不坠而成，家族的家风良好，家学渊源有自。良好的家族教育背景下，海丰吴氏子弟往往具

① 陆明君：《陈介祺年谱》，西泠印社出版社 2015 年版，第 106 页。
② 朱亚非等：《明清山东仕宦家族与家族文化》，山东人民出版社 2009 年版。

备较高的文化素养和文化水平，在文学、法学、金石学、版本目录学方面均有较高成就，多以艺文著述而传承。吴式芬自然也不例外。其本支属海丰吴氏九世长支吴志德之后，海丰吴氏科举主要以此支最为显耀，其他分支则相对较弱。吴志德生子永孕，字绳甫，明代庠生，卒于康熙三十二年（1693），生子二：吴自肃、自治，另有三女。吴自肃于顺治十一年（1654）中举，康熙三年（1664）中进士，初授万载知县。自此，海丰吴氏厚积薄发，终成科举世家。吴自肃后官至河东道，举为河东名宦。其孙吴绍诗，雍正六年（1728）举制科，官至江西巡抚、吏部侍郎，予告加尚书衔。吴绍诗生二子：吴垣、吴坛。长子吴垣，顺天举人，历官兵部侍郎、都察院右御史、广西巡抚、湖北巡抚；次子吴坛，字紫庭，号椒堂，乾隆甲子举人、辛巳恩科进士，历官兵部侍郎、都察院右御史、江苏巡抚。吴坛出嗣给吴绍谟，生子吴之勷，乾隆己亥恩科举人，官至湖北安襄郧荆兵备道。吴之勷即吴式芬祖父。吴式芬字子苾，号诵孙，生于嘉庆元年（1796）二月二十四日，其父吴衔曾在其出生的嘉庆元年十月故去，九岁时其母查氏又病故，因此吴式芬出生起即由祖父抚养长大，随宦南北。祖父为其延请名师，呵护至深，训导至切，使其得中道光乙未科进士。吴式芬十八岁时，在武昌迎娶高阳刘氏。吴式芬年幼即酷好金石文字之学，终成为清代著名金石学家。其金石学著作有《攈古录金文》《陶嘉书屋钟鼎彝器款识目录》《双虞壶斋藏器目》《双虞壶斋印存》《陶嘉书屋秦汉印章》。其与陈介祺之合著《封泥考略》十卷，系由吴式芬次子、陈介祺长婿吴重憙协助完成。吴式芬于咸丰六年（1856）二月始北归，四月抵海丰故里，至十月初八即病逝，享年六十一岁。

吴式芬次子吴重憙，自幼受父亲影响，治学严谨，在金石收藏方面也取得了杰出成就。十九岁时，吴重憙失去双亲，与兄嫂相依为命，更加发奋努力，于同治元年（1862）壬戌恩科并补行辛酉正科中举人。民国《无棣县志》载："历官四十余年，不赫赫为名，竭诚秉公，政简而事治，故以谨慎受知遇，典任封疆，官守其法，民安其志。"吴重憙不但是政界风云人物，也是藏书家、刻书家与金石收藏家。其晚年闭门谢客，专事编辑修订吴氏家族遗书，著有《吴氏文存》《吴氏诗存》《吴氏世德录》等。其中，《吴氏文存》为鸿篇巨制，包含《金石汇目分编》《攈古录》《攈古录金文》《封泥考略》《双虞壶斋八种日记》等有关金石学方面的著作。

陈介祺于道光十一年（1831）十九岁时，开始爱好并收藏青铜彝器及古玺印，道光十五年（1835）山东乡试中举人。同年，吴式芬成进士，第二年陈介祺在京师拜访吴式芬，并同往琉璃厂，二人成为金石收藏好友，互有藏品寄赠交流。咸丰元年（1851），由吴式芬等人协同审定的《簠斋印集》拓成。陈、吴二人于咸丰三、四年间以陈氏长女、吴氏次子定为儿女亲家，咸丰六年（1856）吴式芬卒，卒年六十一岁，陈介祺时年四十四岁。咸丰八年（1858），吴式芬长子吴重周寄赠陈介祺《汉封泥考》一册，七月二十八日陈氏复信时嘱："令弟（吴重憙）婚期如择定，望早示及。"[①] 咸丰九年己未（1859），陈介祺长女陈厚培嫁与海丰吴式芬次子吴重憙。陈厚培长吴重憙两岁，生于道光十六年（1836）九月二十七日，卒于光绪二十四年（1898）十一月初二日，年六十三岁。陈厚培为吴氏生三子，并有一女。其中，长子吴嵚由内阁中书截取江苏同知，诰授中宪大夫；次子吴崶赏戴花翎，调江南江安督粮道，署两淮盐运使，诰授资政大夫，为金石学名家王懿荣女婿。自吴式芬去世后，其金石学等著作尤赖其二子梳理编次，长子吴重周又去世后，金石学方面的有关整理研究就归于吴重憙一人了。陈介祺晚年得其东婿吴重憙之力良多，同治十一年（1872）助其岳父编《潍县陈氏宝簠斋金文册目》《宝簠斋集各家彝器释文》。陈氏《十钟山房印举》中，吴氏古玺印约占三分之一。陈、吴合著之《封泥考略》为第一部研究封泥的著作，吴式芬是最早对封泥进行研究的人之一。陈介祺与吴重憙翁婿二人又常谈论金石文字及论学，《石莲闇诗》卷三载《西汉绥和雁足镫歌》诗，序曰："……同治辛未出关中，今归外舅寿卿先生。又作《荥阳宫镫歌》数韵，为内弟陈厚滋作《为九兰题东魏兴和二年马都爱造像》。"吴重憙受吴式芬与陈介祺的影响，成为金石学领域的后起之秀，后又与晚清著名的金石学家王懿荣家族结为姻亲，闻见既广，吴重憙也就在金石领域的研究和传承方面起到了重要作用。

陈介祺次女嫁与临清徐埴。亲家徐延旭，字晓山，清咸丰十年（1860）进士，光绪八年（1882）任广西布政使，光绪九年（1883）筹办中越边防，升授广西巡抚，驻军越南谅山，在中法战争中，因备战指挥不力，被判监斩候发配新疆，未离京便病逝于狱中。其实，早在听闻亲家徐氏升巡抚之初，

---

① 陆明君：《陈介祺年谱》，西泠印社出版社 2015 年版，第 125 ~ 126 页。

陈介祺曾在信札中说："敝亲家徐晓山，闻于九月八日授广西巡抚，惟恐其文报不速及练兵不及，火器不利，药不足，冬令越南不寒少雨又少疾病，法人得力。……"① 可见陈氏眼光之炬。徐延旭著有《中外交界各隘卡略》《越南世系沿革略》《越南山川略》《越南道路略》等。徐延旭生二子，一度都侨寓潍县，长子徐坊字梧生，国子监祭酒，为宣统帝师，谥"忠勤"，娶鹿传霖之女，生一子三女，次女即著名历史学家刘乃和之母。徐延旭次子即徐埴，字榕生，晚清贡生，民国京城名士。戊辰年（1928）清东陵被军阀孙殿英盗掘后，末代皇帝溥仪派耆寿民、宝瑞臣、陈诒重、徐埴等前往东陵勘察护陵，并办理一切善后事宜。事后徐埴记录了东陵所见，写下了著名的《东陵于役日记》。徐埴十五岁时迎娶大自己三岁的陈介祺次女为原配，生三子徐钟蘧、徐钟蓟、徐钟苏，及三女徐钟蕙、徐钟蘩、徐钟藻，其中徐钟蕙嫁与潍县丁锡桓，即丁承志（又名丁钟）之母。徐埴另娶有四房姨太太，共有九子七女。

利津李佐贤，字仲敏，号竹朋，吴式芬同年，也是著名的金石学家、钱币学家。其与陈介祺先是金石之友，后又成为亲家。陈介祺长子陈厚钟去世较早，长孙陈阜自幼就由陈介祺亲自抚养成人，并娶李佐贤长孙女为妻，这段姻缘在李佐贤《石泉书屋尺牍》中有《答陈寿卿同年为其令孙订婚启》为记：

> 卌年结契夙同李杜交情，两姓缔姻更结朱陈合好。恭惟寿卿世大兄年大人，门高海岱，家声钦鼎鼐之荣；望重蓬瀛，世德衍箕裘之绪。茁庭前之芝树，毓阶下之兰孙。乃凭吉礼于良媒，无遗葑菲，不鄙寒门之弱质，许荐蘋蘩，遂欣秦晋之订盟。顿忘郑齐之非偶，譬蒹葭之依玉树，愧萝蔓之附苍松。琴瑟和鸣，惟冀百年永好，凤凰谐卜，岂徒五世其昌？谨复芜函，伏希荃鉴。

除此之外，《石泉书屋尺牍》中尚有《复陈寿卿京卿》一文，云"廿余年渴别，忽奉手书，如获良觌，为之狂喜者累日。……承惠范拓六十四种，不啻百朋之锡，感铭奚似。各种奇品，皆前人著录所未见闻者，真可谓集泉范之大观"②。由此可见陈、李二人相识有年，子孙有缘。同治十二年

① 陆明君：《陈介祺年谱》，西泠印社出版社 2015 年版，第 415 页。
② 王增山：《李佐贤生平著述考》，齐鲁书社 2014 年版，第 205 页。

(1873) 九月，陈介祺长孙与李佐贤长孙女完婚，陈介祺撰“富俭贵勤直德妇，理明辞达是文人”联以勉励。李佐贤也数次至潍县拜访，同治十一年(1872) 陈氏原配李氏入葬时，李佐贤与吴重憙同去潍县吊唁。李佐贤晚年体弱多病时，与陈介祺交往者多是李贻良与弟弟李贻隽二人。后来，李韦卿介绍同乡同辈李贻功（字书勋）、李泽庚（字星甫，贻功侄子）跟随陈介祺学拓，成为陈介祺的传古助手。利津李氏家谱辈分字为：文贤贻泽长，吉善有余庆。李佐贤为十一世“贤”字辈。其父李文桂，曾任云南通判、广东知州。

第二节 郭味蕖搜集簠斋身后资料

潍县郭氏家族自迁居潍县即以青箱为业，教书育人，至六世郭尚友鱼跃龙门考中进士，仕宦为官，自此而下，因科举而诗文，因诗文而书画篆刻，因篆刻而金石，因金石而收藏宏富，历代传承不辍。自郭尚友起，郭氏家族跻身高官厚禄行列，广交贤良学者，书画名家多成其座上宾客，与之往来酬谢不已。郭家与书画家的交往，最早可追溯到大画家王时敏，在其《王烟客先生集》中录有致郭尚友信札两通，其中《尺牍·上》载《致郭瞻月》（按：郭尚友字善儒，号瞻月）一通：“忆昔辛酉冬，雒州邮舍一逢颜色，比于景星庆云。嗣后，甲子秋仲，复以中州捧诏之役，得操彗台，端蒙老公祖老伯教诲勤拳，惠贶稠叠，种种恩私过逾常格，自非推先君夙昔之爱，何以有此？不肖某感藏中心，靡间寤寐。而河山修阻，鸿鲤浮沉，媵腊屡更，不获一通奏记，歉可知矣。今幸江淮重镇，仰借节旄，河流汤汤，不肖侄实邀余润而引分株守，未敢轻谒以溷台严，徒有感恋一念。……”《尺牍·下》载《致郭瞻月》一通：“……某年家犹子，海邑部民，惟先谊之惠徽，乃恩私之遍渥，往有使事中州，曾曲垂乎盼睐；兹幸镇临南国，尤重赖乎帡幪。伏愿出宣壮猷，奠百城之屏翰；入佐至计，弘一人之股肱。……”由此可知，王时敏对郭尚友执晚辈礼，甚是谦恭，其与郭尚友相交有年矣。至郭尚友曾孙郭伟勣（号芸亭），尤重藏印，铁笔开山，成为潍县最早的篆刻家，著有《松筠桐荫馆印谱》一卷，收录历代藏印。高守训撰《芸亭郭公传》说他“工篆隶。又性嗜图章，闲暇教子侄摹仿秦汉印及诸名家印，积三十余年集为一册名曰《松筠桐荫馆集印》，间有得他家旧印，其佳者即名号不肯毁，并列集中……”。其子侄辈即同为篆刻家的长子郭见龙和侄子郭启翼，郭启翼著《松雪堂印萃》一书，多人为之撰序，郭见龙亲家、安丘李策在乾隆五十年（1785）所撰的《松雪堂印萃叙》中说：“予于赴都之便过其斋头，庋书数千卷，法书名画，尊彝罍洗之属，位置得宜。”可见当时郭启翼的收藏展示已经有“尊彝罍洗之属”了。应该说，在以陈介祺为首的潍县金石收藏研究群体之前，史料所见金石诸类收藏研究，一是郭芸亭收藏秦汉印与创立潍县印学篆刻地位，二是郭启翼“尊彝罍洗之属”，都开创了潍县以及郭家的金石收藏之先河。至郭启翼嫡孙、金石学家郭麐，则有《潍县金石志》《潍县金石遗文录》《金石拓临稿》《四海汉碑图考》《急旧新编》等金石学著作。郭祐之则有《续齐鲁古印捃》；郭焕之以砖瓦为主，兼擅拓工；郭荫之则以藏石为主，藏品见《潍县金石志》各条目下作者注。郭恩坚号闻庭，著《得壶山房印寄》与《齐鲁封泥考存》；郭恩培则以收藏书画印章为主；郭恩嘉著有《知白斋墨谱》四卷；郭恩河字疏九，号景禹，清授修职郎、乡饮大宾，著有《宝墨斋金石书画考证录》四卷、《秦汉碑帖汇考》二卷、《历代铜器汇考》四卷。郭恩观为秀水知县，在外地为官几十年，与当时书画名家如赵之谦等交往良多，其藏品以书画为主，藏品后传承至其曾孙即十八世郭味蕖先生手中。

在郭家这种家传藏风中，郭味蕖先生自幼受熏染，早年即对收藏倾心有加。据《画家·学者郭味蕖纪年》载，郭味蕖十四岁时开始搜集、赏存各类古代信笺、信封，十六岁时痴迷于收藏各类木版年画，十七岁与陈介祺玄孙女陈君绮结婚，以此开创了金石姻缘，开启了其金石收藏与研究的新篇章。陈家自陈介祺以来，非金石鉴赏之家难与陈家联姻，郭味蕖的亲事是陈家继东武李氏、海丰吴氏、利津李氏、福山王氏后的又一桩金石姻缘。婚后，郭味蕖大量地接触郭、陈两家的家藏典籍与金石书画，特别是接触陈介祺传下的大量古代文史典籍与金石书画真迹，对于郭味蕖以后从事绘画、金石、文物、考古的研究，产生了极大的助益。对于这段金石姻缘，有陈君绮《婚后诗》为证：

金石篆刻丹青册，今古文章与诗篇。
惟望与君齐纳取，碧纱窗月共钻研。

与陈氏结婚以来，郭味蕖不断地受到陈氏文化的影响，对陈氏家藏典籍、金石、书画的学习与继承用功颇勤。直到抗战全面爆发后的1937年8月，郭味蕖从北京古物陈列所返回故乡，蓄须明志，深居简出，潜心于学问。其于读书绘画研究以外，开始治印，深入研究金石学。甫一铁笔入手，1938年为族叔祖、书法篆刻家郭谷石刻白文印“宝墨精舍”一方，获得称赞，并得郭谷石亲笔题跋曰：“味蕖侄孙，精缋事，工力涵养，艺林称之。其治印盖自今春始，一入手便不屑蹈小家气，相见落墨之际，煞费经营，奏刀剨然，意兴洒脱，泛乎天机清妙者，迥异恒蹊也。顷为予刻‘宝墨精舍’印，气均古雅，欣赏之余，为题数语。”同时，郭味蕖与内兄陈君藻等本地喜欢篆刻艺术者切磋技艺，钤印《郭味蕖自治印印稿》一册。在此期间，郭味蕖边收藏金石实物，边著录《知鱼堂鉴古录》。其藏品以青铜器、铜镜、造像与拓片为主。

《知鱼堂鉴古录》是一部研究铜镜的专著，内收铜镜100面，所收以汉镜最多，其次为魏晋六朝镜及少数唐镜。书中对各镜的形制、纹饰、铭文、典故、年代以及流传等都进行了考证。全书所附拓片，都是郭味蕖亲自手拓。因其早年沉迷于金石研究，受陈介祺影响，对传拓深有兴趣，曾将陈介祺《传古别录》手抄一遍，并精心拓印，跋文注释，编纂成手稿。1948年潍县解放之初，郭味蕖将收藏的陈介祺藏品编为《簠斋藏古封泥等五十纸集》手稿一册，并自撰序言：

> 戊子（1948）解后市中寻得陶拓二纸，半两钱范四纸，古封泥四十四纸，簠斋旧物也。以二元五角买得，携归粘册玩味。如河东太守章、严道橘园、庐都司马各方，真治章时无言师也。同时并寻成绍宋夫妻造像一纸，池阳宫铜行灯、阳泉熏炉、镜范各一纸，附记于此。六月十六日楼居对雨题记。①

郭味蕖的收藏账单记录截止到1951年，除收藏陈介祺等名家的书画作品外，其金石收藏以铜镜为多，其他类则有造像拓片、砚台、印章，汉代方壶、鼎、铜鼓、洗等青铜器，三代钟、鼎、尊、鬲等青铜器。1951年9月入中央美院后，因教学任务繁重等原因，郭味蕖的主要精力多在书画与著述方面，金石收藏与研究领域就无缘再投入时间了。

---

① 郭怡孮等：《画家·学者郭味蕖纪年》，人民美术出版社2008年版，第105～106页。

第三节　研究方向与著作[①]

旧谓金石学在山左，而山左之中心则在潍县。自清朝嘉庆、道光以来，金石学兴起，以对钟鼎、玺印、封泥、陶文、钱币、砖瓦、碑版造像等的研究最多，至陈介祺达到顶峰，受海内宗仰。受其影响，潍县金石收藏研究群体大有人在，如高庆龄、高鸿裁、郭麐、郭祐之、郭荫之、郭恩坚等，其中以古玺印的收藏为大宗，次则造像、砖瓦、封泥。而青铜器一类，当时不只在潍县，放眼全国亦推陈介祺为第一，一件毛公鼎、一件曾伯霥簠加上十钟，件件是国宝。受此乡风影响，特别是郭味蕖先生与簠斋玄孙女陈君绮结婚后，得以亲见簠斋身后所遗藏品，夫妻共同研究，故在金石学方面有了深厚的造诣。20 世纪 40 年代郭味蕖居潍县时，尤其致力于对青铜器的研究，其对三代两汉青铜器和六朝到唐宋的铜镜都进行了深入的研究，并把研究成果著成《知鱼堂鉴古录》《殷周青铜器释名考略》《说镜》《镜文考释》等书。

自汉代以来，人们对三代吉金的名称多有误判，至陈介祺时，他对器物的定名有很多独到之处，纠正了前人的诸多舛误。郭味蕖经过对陈氏研究成果的借鉴，以及结合张廷济、吴大澂等人的论述进行深入研究后，作出了自己的分析，编成了《殷周青铜器释名考略》一书。郭味蕖梳理文献典籍，结合存世实物，特别是参照陈介祺的一些见解，并根据其所熟悉的簠斋旧藏，对殷周青铜器的形制、器用、名称进行了详细的考订。考释所涉文献浩繁，达数十种之多，体现了作者深厚的训诂学、考据学与经史名物制度的学养功力。郭味蕖是国学功底扎实的书画艺术家，同时又是金石鉴藏家，其对青铜器形制的鉴识具有十分重要的学术价值。

根据青铜器的器用，郭味蕖将殷周青铜器分为以下七类三十八器，并逐一释名：

钟，乐器也。编钟、镈、铎从之。

鼎，烹饪器也。鬲、敦、彝、盉、豆、登从之。

簠、簋，盛黍稷稻粱器也。甗从之。

① 本节主要参考《郭味蕖艺术文集》（人民美术出版社 2008 年版）进行整理。

尊，酒器也。牺尊、爵、角、散、觥、斝、觚、觯、卣、壶、钟、鉼、罍从之。

盘、匜，盥器也。

区、鋘，量器也。

戈、剑，兵器也。矛、戟、瞿、殳从之。

其考释了青铜器名之源流，发掘器用的礼制矩度，对比文献释名的同异并考证其来龙去脉，集藏家之鉴识，辩证歧误。其纵观经史子集，博览众典，攫其精要，所作《殷周青铜器释名考略》，集中了分类、释名、器用、形制、礼制、鉴藏等多个方面的学问，成文万言，形成了较完整的体系。

郭味蕖在青铜器研究方面更重要的工作是对铜镜的研究。他藏有战国、汉代以迄唐宋时期的铜镜 200 多件，其中有些铜镜是陈介祺遗物。陈介祺以精于传拓著称，郭味蕖也擅长传拓，曾手录其《传古别录》，把所藏古镜亲自手拓，所用纸张是陈簠斋自制遗留的，薄如蝉翼且有韧性。郭味蕖所拓铜镜拓片墨色温润，层次丰富，图像纤毫毕现。他对每面铜镜详加著录，予以考证，并于 1946 年写成《知鱼堂鉴古录》一书。

1948 年，在对铜镜进一步深入研究的基础上，郭味蕖先生又著成《镜文考释》一书，相较于先前成书的《知鱼堂鉴古录》，本书是其对古镜铭文的更深层次研读，释读数量也从原先的 100 面增加到 304 面，含汉镜 242 面、魏晋六朝镜 22 面、隋唐镜 40 面。郭味蕖对镜面、镜背各部分逐一进行了描述。考释部分主要集中在镜背，包括镜纽、内轮、中轮、外轮、铭带、乳丁和乳座等，考释内容包括尺寸、形制、纹饰、铭文，间有时代、出处等，对制作、刻工、品相、艺术价值皆有评价。其考释的重点在纹饰内容及镜文，研究方法是对每一面古镜进行描述，对铭文进行释读。这项工作虽繁复而艰巨，又需作者具备极高的修养与功力，然而却是极为重要的基础性研究，具有非常重要的意义。其对镜饰、镜文所蕴含的深层观念的关注，使《镜文考释》超越了一般的资料性研究著作。

1950 年，通过对《知鱼堂鉴古录》和《镜文考释》的成书总结，在对古铜镜进行深入研究的学术基础上，郭味蕖著成《说镜》一书，附图绘制《古镜流源图表》一份，增加了对宋元明清镜鉴的特点的简要介绍。该书对古镜源流的梳理，对各时代、地域古镜特征的分析，对古镜形制的介绍，对镜饰形式的分析，皆条理清晰，极尽详细，是古镜鉴研究领域的经典之作。该书大致可分为三部分：古镜源流、材质成分、制作工艺综述，古镜各部分形制考释，镜鉴型式上的四分期说。其中，四分期说分类有据，梳理得当，颇有见地。其简要分期结果如下：

第一期镜：细线地纹镜、蟠螭纹镜、变形蟠螭纹镜、雷纹镜、细线锯齿纹镜、细线地纹丁字镜等类型；第二期镜：内外区判别分明，背纹大体上呈放射形状，包括方格草纹镜、双叶纹镜、星云纹镜、内行花纹镜的多种，以及夔凤镜、兽首镜等；第三期镜：TVL镜、神兽镜、画像镜、鼍龙镜、兽形镜、“位至三公”镜等；第四期镜：镜背配以阶段状的纹样，这一类型镜出土甚少，为时代所限，不甚盛行，神兽镜的一部分属此。

至此，郭味蕖在古镜方面的鉴识研究用力颇勤，学术上达到了新的高度，是继陈介祺以后，从学术角度对铜镜进行分类研究的第一人。其在金石学方面的研究成果，除了上述青铜器类主要著作外，尚有1942年的《铜鼓考》、1947年的《魏齐周隋造像残石册》、1948年的《簠斋藏古封泥等五十纸集》等。他还结合考古学资料，对东周列国都城遗址以及汉代地面石阙等进行专门研究，并有著作传世。

新中国成立后，郭味蕖于1954年撰《古代建筑与雕刻》，1955年撰《佛都云冈》及《汉画研究》。《汉画研究》是以一个美术家的眼光对汉画像诸方面进行研究的著作，全书分以下几个方面：

1. 汉代经济、政治、文化、思想对汉画的影响。经济上，生产力的提高刺激了工商业的发展；政治上，采取休养生息、发展社会经济的政策，社会安定有序；文化上，东方文化传向了西方，西域文化也交流而来，在艺术上有了新的创造；思想观念上，推崇“生极其欲，死更厚葬”，营造贵重的墓室并加以巧工雕造，为画像石的发展提供了基础。

2. 汉画像的分布地域与当时的社会关系。汉画的载体有缣帛、粉壁、工艺品、刻石、丝毛织品、镜鉴、带钩和金银铜器等。汉画最重要的载体为汉画像石，汉画像石多见于汉代墓葬或祠堂建筑中。

3. 汉画中所表现的题材。分为神话传说、历史故事、现实生活、自然天象、迷信祥瑞等几大类。其描绘内容之广，几乎无所不包。

4. 汉画中所表现的造型技巧与色彩。分线条、色彩与汉画像石刻技法、构图。技法分 6 种，详细论述其不同；构图方法以人物写实为主，多采用俯瞰透视法。

5. 图录。列汉画 117 图，分别详细介绍其出处、内容及艺术技巧。

以金石学标准分类，《汉画研究》是郭味蕖有关金石学之汉画像石类的研究著作。郭味蕖从金石收藏研究之初，到婚后尤其得力于陈介祺藏品及其夫人陈君绮的襄助，垂三十年之久，成为潍县继晚清而起的金石学者。1971 年，郭味蕖在赠夫人陈君绮的《卧游册》中写道："君每于春晨秋夕督予学书学画，课读诗古文词，并导予研搜金石拓本及书画鉴考之学。每陪侍几右，辄亲服涤砚洗笔之劳，予从此对文艺始少感兴趣，并觉逐步有进意。……予师之畏之。……予感之德之。"① 皆是肺腑之言，成功的男人背后都有一个伟大的女性，对于著名画家郭味蕖而言，在金石学领域取得的造诣和成就与其夫人、陈介祺玄孙女陈君绮是分不开的！

---

① 郭怡孮等：《画家·学者郭味蕖纪年》，人民美术出版社 2008 年版，第 35 页。

第八章　陈介祺研究著述目录长编

由于陈介祺对于学术研究十分严谨，故其大部分学术成果未能在生前编辑成书，仅有少量著作得以刊印流传，客观上影响了有关研究的进行。自光绪十年（1884）陈介祺去世后至民国时期，经过几代学人的努力，其学术与收藏成果陆续得到整理和刊印，其学术地位也逐渐确立。20 世纪 90 年代以来，在社会和学术潮流的影响下，陈介祺研究再次回归中外学术视野。近年来，越来越多陈介祺的学术遗产被整理并公布，相关研究的广度和深度都有了长足发展。本章谨就 2020 年之前已公开出版者，择要列为长编。

第一节　著　作

陈介祺研究著作主要有学术成果整理、专题研究两项内容。同时，陈介祺研究作为相涉内容，在诸多著作中有所体现。

一、学术成果整理

1. 《簠斋印集》十二册，咸丰元年（1851）陈畯钤印本；

2. 《陈簠斋丈笔记附手札》一卷，同治十三年（1874）《滂喜斋丛书》本；

3. 《传古别录》，光绪元年（1875）《滂喜斋丛书》本；①

4. 《传古别录》，光绪五年（1879）福山王氏重校刊本；

5. 《家塾授蒙浅语》，光绪十八年（1892）吴重憙刊本；

---

① 以上著作为陈介祺生前刊印。

6.〔清〕江标辑：《簠斋藏器目》，光绪二十二年（1896）《灵鹣阁丛书》本；

7.《封泥考略》（与吴式芬合辑），光绪三十年（1904）吴重憙影印本；

8.《毛公鼎初拓本》，光绪三十三年（1907）罗振玉影印本；

9.《簠斋金石文考释》一册，罗振玉《云窗丛刻》影印本，1913 年；

10.《簠斋藏古玉印谱》朱墨钤印本一册，神州国光社影印本，1916 年；

11. 邓实辑：《簠斋吉金录》，顺德邓氏风雨楼影印本，1918 年；

12. 陈敬第辑：《簠斋尺牍》十二册，商务印书馆涵芬楼影印本（罗振玉题签），1919 年；

13. 邹安校录：《簠斋藏古册目并题记》，广仓学窘铅印本，1920 年；

14.《簠斋旧藏小盂鼎铭拓本》，罗振玉影印本，1921 年；

15.［日］滨田耕作、内藤湖南编：《陈氏旧藏十钟（泉屋清赏别集）》，1922 年；

16.《十钟山房印举》，商务印书馆涵芬楼影印本，1923 年；

17.《簠斋藏古目》一函三册（十八卷，补遗一卷，附目五卷），陈文会委托商务印书馆影印本，1925 年；

18. 宜哲编订：《簠斋藏镜》，上海蟫隐庐影印本，1925 年；

19.《陈簠斋手拓古印集》四册，神州国光社影印本，1930 年；

20.《簠斋访碑拓碑笔札（附青州访碑目）》，丁锡田《潍县文献丛刊》（第二辑），潍县和记印刷局，1933 年；

21.《簠斋金文考》一册，潍县赵录绰据抄本影印本，1937 年；

22.《陈簠斋写东武刘氏款识》一卷，商务印书馆据陈介祺手书影印本，民国时期；

23.《簠斋尺牍》（致吴大澂），民国时期影印本；

24. 陈继揆整理：《秦前文字之语》，齐鲁书社，1991 年；

25.《陈介祺批校古泉汇》，书目文献出版社，1994 年；

26. 陈继揆整理：《簠斋论陶》，文物出版社，2004 年；

27. 陈继揆整理：《簠斋鉴古与传古》，文物出版社，2004 年；

28. 陈继揆整理：《簠斋金文题识》，文物出版社，2005 年；

29. 陈继揆整理：《簠斋金文考》，文物出版社，2005 年；

30.《十钟山房藏齐鲁三代周秦两汉瓦当文字目》，贾贵荣、张爱芳选编《历代陶文研究资料选刊》，北京图书馆出版社，2005 年；

31.《簠斋古泥封目》，贾贵荣、张爱芳选编《历代陶文研究资料选刊》，北京图书馆出版社，2005 年；

32.［日］中村伸夫编著：《簠斋藏古陶文选》，日本大阪书籍株式会社，2006 年；

33. 国家图书馆金石拓片组编著：《国家图书馆藏陈介祺藏古拓本选编》（包括《古砖卷》《铜镜卷》《青铜卷》《瓦当卷》），浙江古籍出版社，2008 年；

34. 文物出版社编：《陈介祺藏拓秦诏量铭文》，文物出版社，2009 年；

35.《宝簠斋集各家彝器释文》，山东文献集成编纂委员会编《山东文献集成》（第三辑），山东大学出版社，2010 年；

36.《秦汉瓦当文字》，山东文献集成编纂委员会编《山东文献集成》（第三辑），山东大学出版社，2010 年；

37.《陈簠斋先生手题奇篆拓本一卷》，山东文献集成编纂委员会编《山东文献集成》（第三辑），山东大学出版社，2010 年；

38.《陈簠斋遗文七则》，山东文献集成编纂委员会编《山东文献集成》（第三辑），山东大学出版社，2010 年；

39. 陈郁整理：《嘉树堂藏陈介祺瓦当拓片集》，嘉树堂自印本，2014 年；

40. 陈进编：《陈介祺自用印存》，天津人民美术出版社，2015 年；

41. 中国文化遗产研究院编：《陈介祺吉金全形拓精选集》，文物出版社，2017 年；

42. 童衍方、张加勇主编：《陈介祺鉴藏考释二百镜斋古镜拓本》，上海书画出版社，2020 年。

二、专题研究

43.［日］小木太法著，史宇译：《簠斋藏秦汉瓦当略辩》，中国国际广播出版社，1993 年；

44. 辛冠洁编：《陈介祺藏镜》，文物出版社，2001 年；

45.［日］中村伸夫著：《陈介祺》，日本二玄社，2000 年；

46. 陆明君著：《簠斋研究》，荣宝斋出版社，2004 年；

47. 孙慰祖主编：《陈介祺学术思想及成就研讨会论文集》，西泠印社出版社，2005 年；

48. 邓华主编：《清代收藏大家陈介祺》，文物出版社，2005 年；

49. 王俊芳著：《陈介祺与潍坊金石学》，中国文史出版社，2012 年；

50. 孙敬明著：《陈介祺与中国经学金石学及考古学研究类稿》（国家社科基金项目“陈介祺研究”先期成果），潍坊市博物馆，2013 年；

51. 潍坊市博物馆编：《金石千秋——纪念陈介祺诞辰二百周年藏品选》，潍坊市博物馆，2013 年；

52. 山东恒昌拍卖有限公司编：《金石相契——纪念陈介祺诞辰二百周年专场》（拍卖图录），山东恒昌拍卖有限公司，2013 年；

53. 陈继揆著，陈进整理：《万印楼印话》，天津人民美术出版社，2014 年；

54. 陆明君著：《陈介祺年谱》，西泠印社出版社，2015 年；

55. 邓华著：《陈介祺传》，齐鲁书社，2015 年；

56. 刘三强、衣雪峰编著：《金石大寿——纪念陈介祺诞辰二百周年》，天津古籍出版社，2013 年。

三、相涉著作

57. 〔清〕李佐贤撰：《古泉汇》《续泉汇》，同治三年（1864）利津李氏石泉书屋刊本；

58. 〔清〕李佐贤撰：《石泉书屋尺牍》，同治十年（1871）利津李氏石泉书屋刊本；

59. 〔清〕鲍康撰：《观古阁丛稿》，同治十二年（1873）刻本；

60. 〔清〕崇实撰：《惕庵年谱》，光绪三年（1877）刻本；

61. 〔清〕吴云撰：《两罍轩尺牍》，光绪十二年（1886）刻本；

62. 〔清〕吴式芬撰：《攈古录金文》，光绪二十一年（1895）刻本；

63. 〔清〕吴大澂撰：《说文古籀补》，光绪二十四年（1898）刊本；

64. 〔清〕王懿荣撰：《天壤阁杂记》，光绪年间江氏《灵鹣阁丛书》本；

65. 《陈氏族谱》，光绪年间刻本；

66. 〔清〕潘祖年撰：《潘文勤公年谱》，光绪年间刻本；

67. 〔清〕叶昌炽撰：《语石》，宣统元年（1909）刻本；

68. 〔清〕吴大澂撰：《权衡度量实验考》，上虞罗氏《永慕园丛书》本，1915 年；

69. 罗振玉编：《泰山金石刻辞》，上虞罗氏影印本，1914 年；

70. 徐士燕编：《徐寿臧（同柏）年谱》，南林刘氏刊本，1914 年；

71. 杨士骧修，孙葆田等纂：《山东通志》，山东通志刊印局排印本，1915 年；

72. 罗振玉辑：《赫连泉馆古印存》，钤印本，1916 年；

73. 〔清〕吴大澂撰：《窸斋集古录》，商务印书馆涵芬楼影印本，1921 年；

74. 梁启超撰：《清代学术概论》，商务印书馆，1921 年；

75. 《续修陈氏支谱》，排印本，1923 年；

76. 林钧撰：《石庐金石书志》，南昌刻本，1923 年；

77. 梁启超著：《中国近三百年学术史》，中华书局，1926 年；

78. 黄立猷编辑：《金石书目》，铅印本，1926 年；

79. 田士懿辑：《金石名著汇目》，铅印本，1926 年；

80. 丁锡田著：《潍县乡贤传》，石印本，1926 年；

81. 王石经撰：《甄古斋印谱》，商务印书馆，1929 年；

82. 黄宾虹撰：《陶玺文字合证》，神州国光社影印本，1930 年；

83. 刘体智辑：《小校经阁金文拓本》，石印本，1935 年；

84. 黄濬辑：《衡斋金石识小录》，北平彩华珂罗印刷局，1935 年；

85. 〔清〕徐同柏撰：《从古堂款识学》，商务印书馆，1936 年；

86. 丁锡田辑：《潍县文献丛刊》（第三辑），潍县和记印刷局，1936 年；

87. 容媛辑，容庚校：《金石书录目》，商务印书馆，1936 年；

88. 陈蜚声总纂：《潍县志稿》，潍县和记印刷局，1941 年；

89. 罗振玉撰：《贞松老人遗稿乙集》之四《影印陈石拓本跋》，石印本，1943 年；

90. 孙浔、孙鼎编：《季木藏陶》，上海精华印刷公司影印本，1943 年；

91. 郭沫若著：《两周金文辞大系图录考释》，科学出版社，1957 年；

92. 容庚、张维持著:《殷周青铜器通论》，文物出版社，1958 年;

93. 金祥恒著:《匋文编》，台湾艺文印书馆，1964 年;

94. 容庚著:《商周彝器通考》，台湾大通书局，1941 年;

95. ［日］白川静著:《金文通释》，日本中村印刷株式会社，1976 年;

96. 故宫博物院编:《古玺汇编》，文物出版社，1981 年;

97. 罗福颐编:《古玺印概论》，文物出版社，1981 年;

98. 王献唐著:《双行精舍书跋辑存》，齐鲁书社，1983 年;

99. 上海图书馆编:《中国丛书综录》，上海古籍出版社，1982 年;

100. 王国维著:《王国维遗书·毛公鼎跋》，上海古籍出版社，1983 年;

101. 袁行云著:《许瀚年谱》，齐鲁书社，1983 年;

102. 王献唐著:《顾黄书寮杂录》，齐鲁书社，1984 年;

103. 王献唐著:《五镫精舍印话》，齐鲁书社，1985 年;

104. 中国古籍善本书目编辑委员会编:《中国古籍善本书目》，上海古籍出版社，1985 年至 1993 年;

105. 马承源主编:《商周青铜器铭文选》，文物出版社，1986 年;

106. 支伟成著:《清代朴学大师列传》，岳麓书社，1986 年;

107. 王钟翰点校:《清史列传》，中华书局，1987 年;

108. 陈金陵等编:《清代碑传全集》，上海古籍出版社，1987 年;

109. 〔清〕孙诒让著:《古籀拾遗·古籀余论》，中华书局，1989 年;

110. 高明编著:《古陶文汇编》，中华书局，1990 年;

111. 〔清〕刘心源撰:《奇觚室吉金文述》，江苏广陵古籍刻印社，1991 年;

112. 韩天衡著:《天衡印谭》，上海书店出版社，1993 年;

113. 王绍曾主编:《山东文献书目》，齐鲁书社，1993 年;

114. 孙慰祖主编:《古封泥集成》，上海书店出版社，1994 年;

115. 中国科学院图书馆编纂:《续修四库全书总目提要（稿本）》，齐鲁书社，1996 年影印本;

116. 何琳仪著:《战国古文字典——战国文字声系》，中华书局，1998 年;

117. ［日］东京国立博物馆编:《中国的封泥》，日本二玄社，1998 年;

118. 吕伟达主编:《王懿荣集》，齐鲁书社，1999 年；

119. 韩天衡编订:《历代印学论文选》，西泠印社出版社，1999 年；

120. 王绍曾主编:《清史稿艺文志拾遗》，中华书局，2000 年；

121. ［日］江村治树著:《春秋战国秦汉时代出土文字资料的研究》，日本汲古书院，2000 年；

122. 〔清〕郭麐撰:《潍县金石志》，同治十年（1871）定稿，近年影印小书巢抄本；

123. 王庆祥、萧文立校注，罗继祖审定:《罗振玉王国维往来书信》，东方出版社，2000 年；

124. 汤余惠主编:《战国文字编》，福建人民出版社，2001 年；

125. 〔清〕许瀚著，崔巍整理:《许瀚日记》，河北教育出版社，2001 年；

126. 顾廷龙著:《顾廷龙文集》，北京图书馆出版社、上海科学技术文献出版社，2002 年；

127. 王国维著:《观堂集林（外二种)》，河北教育出版社，2003 年；

128. 陈梦家著:《西周铜器断代》，中华书局，2004 年；

129. 陈祖光、邓华编著:《潍城陈氏世家简史》，香港天马图书有限公司，2004 年；

130. 贾贵荣、张爱芳选编:《历代陶文研究资料选刊》，北京图书馆出版社，2005 年；

131. 王振民主编:《潍坊文化三百年》，文化艺术出版社，2006 年；

132. 王恩田编著:《陶文图录》，齐鲁书社，2006 年；

133. 西泠印社编:《西泠印社》（总第九辑)，荣宝斋出版社，2006 年；

134. 王恩田编著:《陶文字典》，齐鲁书社，2007 年；

135. 故宫博物院编:《金石千秋——故宫博物院藏二十二家捐献印章》，紫禁城出版社，2007 年；

136. 孙慰祖著:《可斋论印三集》，上海辞书出版社，2007 年；

137. 王鲁湘编著:《黄宾虹全集·金石编》，河北教育出版社，2008 年；

138. 郭怡孮、郭绵孮编:《郭味蕖艺术文集》，人民美术出版社，2008 年；

139. 王壮弘著：《崇善楼笔记》，上海书店出版社，2008 年；
140. 王献唐编：《海岳楼金石丛拓》（上、下），青岛出版社，2009 年；
141. 孙敬明著：《潍坊古代文化通论》，齐鲁书社，2009 年；
142. 罗福颐著：《古玺印考略》，紫禁城出版社，2010 年；
143. 陈烈编：《小莽苍苍斋藏清代学者书札》，人民文学出版社，2013 年；
144. 〔清〕赵允中辑：《印揭》，《印学研究》（第十一辑），文物出版社，2017 年。

第二节　论　文

陈介祺研究论文主要是专题论文，涉及陈介祺研究的各个方面。还有大量的相涉论文，或引用其学术成果，或记录其行实佚事。

一、专题论文

145. 张瑄：《十钟山房印举纂例考》，《东方文化》第 2 卷第 2 期，1955 年；
146. 陈育丞：《簠斋轶事》，《文物》1964 年第 4 期；
147. 刘阶平：《陈簠斋先生与毛公鼎》，《书目季刊》第 7 卷第 3 期，1973 年；
148. ［日］田上惠一：《簠斋陈介祺的书学》，日本《同朋》，1987 年 1 月、2 月；
149. 孙敬明：《“车大夫长画”戈考》，《文物》1987 年第 1 期；
150. 杨鲁安：《清陈介祺监拓“齐法化”范墨本概述》，《中国钱币》1987 年第 4 期；
151. 项昌贵：《试论清陈介祺对古文字学的贡献》，《中山大学研究生学刊（社会科学版）》1995 年第 1 期；
152. 吴民贵：《陈介祺的金石缘》，《历史教学问题》2000 年第 1 期；
153. 李凤海：《清末收藏家陈介祺》，《收藏家》2001 年第 12 期；
154. 孙国强：《陈介祺的金石学成就和历史地位》，《潍坊学院学报》

2004年第3期；

155. 陆明君：《陈介祺的书学思想与书法探析》，《书法研究》2005年第1期；

156. 胡志平：《陈介祺研究两题》，《绥化学院学报》2005年第6期；

157. 吕金成：《陈介祺与王懿荣交往郄视》，《陈介祺学术思想及成就研讨会论文集》，西泠印社出版社，2005年；

158. 张其凤：《刘喜海对陈介祺的影响考绎》，《陈介祺学术思想及成就研讨会论文集》，西泠印社出版社，2005年；

159. 王恩田：《陈介祺与陶文》，《陈介祺学术思想及成就研讨会论文集》，西泠印社出版社，2005年；

160. 林乾良：《从西泠印社宗旨论陈簠斋之伟大成就》，《陈介祺学术思想及成就研讨会论文集》，西泠印社出版社，2005年；

161. 徐畅：《秦汉文字瓦当界定的标准——试论陈介祺对秦汉瓦当断代的贡献》，《陈介祺学术思想及成就研讨会论文集》，西泠印社出版社，2005年；

162. 陈继揆：《簠斋印谱》，《陈介祺学术思想及成就研讨会论文集》，西泠印社出版社，2005年；

163. 余正：《西泠印社藏〈簠斋印集〉》，《陈介祺学术思想及成就研讨会论文集》，西泠印社出版社，2005年；

164. 陆明君：《“万印楼”藏印及〈十钟山房印举〉的成书过程、体例及版本考说》，《陈介祺学术思想及成就研讨会论文集》，西泠印社出版社，2005年；

165. 余彦焱：《〈十钟山房印举〉及其编印过程》，《陈介祺学术思想及成就研讨会论文集》，西泠印社出版社，2005年；

166. 贺文荣：《从〈十钟山房印举〉的编例看陈簠斋对古玺的认识》，《陈介祺学术思想及成就研讨会论文集》，西泠印社出版社，2005年；

167. 林如：《从〈十钟山房印举〉看陈簠斋的古玺印专题收藏》，《陈介祺学术思想及成就研讨会论文集》，西泠印社出版社，2005年；

168. 蔡显良：《陈介祺印学思想探赜》，《陈介祺学术思想及成就研讨会论文集》，西泠印社出版社，2005年；

169. 曲彬：《从〈秦前文字之语〉探陈介祺的印学成就与思想》，《陈介祺学术思想及成就研讨会论文集》，西泠印社出版社，2005 年；

170. 古心：《读〈簠斋尺牍〉想到的》，《陈介祺学术思想及成就研讨会论文集》，西泠印社出版社，2005 年；

171. 舒文扬：《从簠斋用印看陈介祺的篆刻审美和创作思想——兼论翁大年和王石经的篆刻》，《陈介祺学术思想及成就研讨会论文集》，西泠印社出版社，2005 年；

172. 王庆忠：《陈介祺篆刻思想的实践者——王石经》，《陈介祺学术思想及成就研讨会论文集》，西泠印社出版社，2005 年；

173. 江涵：《陈介祺篆刻家身份再讨论》，《陈介祺学术思想及成就研讨会论文集》，西泠印社出版社，2005 年；

174. 张炜羽：《周鼎齐罍有述作秦玺汉印共研求——陈簠斋与吴平斋交往考述》，《陈介祺学术思想及成就研讨会论文集》，西泠印社出版社，2005 年；

175. 胡志平：《论陈介祺的传古思想及其使用西洋照相术的尝试》，《陈介祺学术思想及成就研讨会论文集》，西泠印社出版社，2005 年；

176. 范正红：《论陈介祺与金石学》，《陈介祺学术思想及成就研讨会论文集》，西泠印社出版社，2005 年；

177. 孙慰祖：《簠斋印事七题——关于〈十钟山房印举〉和〈封泥考略〉》，《陈介祺学术思想及成就研讨会论文集》，西泠印社出版社，2005 年；

178. ［日］田上惠一著，［日］谷川雅夫、和田广幸译：《收藏家陈介祺的出现与其研究略史——附交友人物简表》，《陈介祺学术思想及成就研讨会论文集》，西泠印社出版社，2005 年；

179. ［日］松丸道雄著，［日］和田广幸译：《陈介祺与苏氏兄弟——关于陈氏的古董的搜集》，《陈介祺学术思想及成就研讨会论文集》，西泠印社出版社，2005 年；

180. ［日］萩信雄著，［日］和田广幸译：《陈介祺所用印谱》，《陈介祺学术思想及成就研讨会论文集》，西泠印社出版社，2005 年；

181. ［日］清原石门著，［日］和田广幸译：《陈介祺的收藏》，《陈介祺学术思想及成就研讨会论文集》，西泠印社出版社，2005 年；

182. 孙敬明：《陈介祺与中国金石学》，《陈介祺学术思想及成就研讨会论文集》，西泠印社出版社，2005 年；

183. 姜寿民：《陈介祺战国古玺确认的印学史贡献》，《陈介祺学术思想及成就研讨会论文集》，西泠印社出版社，2005 年；

184. 俞黎华：《陈介祺研究三题》，《陈介祺学术思想及成就研讨会论文集》，西泠印社出版社，2005 年；

185. 蒯宪：《陈簠斋之陶器考释文稿》，《西泠印社》（总第九辑），荣宝斋出版社，2006 年；

186. ［日］尾崎苍石著，［日］中山步译：《金石家陈介祺》，《西泠印社》（总第九辑），荣宝斋出版社，2006 年；

187. 西泠印社：《陈介祺遗物观摩展照片选刊》，《西泠印社》（总第九辑），荣宝斋出版社，2006 年；

188. 陆明君：《陈介祺藏古》，《西泠印社》（总第九辑），荣宝斋出版社，2006 年；

189. 李风勇：《金石大家陈介祺》，《档案春秋》2007 年第 1 期；

190. 刘妮丽：《金石大家陈介祺密藏“毛公鼎”》，《北京商报》2008 年 1 月 17 日；

191. 邓华：《陈介祺与〈簠斋吉金录〉》，《收藏》2008 年第 7 期；

192. 陈晶、王淑琴：《陈介祺的藏古、鉴古、释古》，《安徽文学》2008 年第 7 期；

193. 曹菁菁：《簠斋藏弩机考略》，《文献》2009 年第 1 期；

194. 陈许宏：《陈介祺：万印压楼楼欲垮》，《美术报》2009 年 3 月 28 日；

195. 陆明君：《陈介祺与晚清金石学》，《中国文化画报》2009 年第 6 期；

196. 吴翰儒：《簠斋藏书目》，《东吴中文研究集刊》2010 年第 15 期；

197. 艾珺：《嗜古富藏尽在为国传古》，《文化学刊》2011 年第 2 期；

198. 杨莉：《王献唐题跋之陈簠斋旧藏〈秦始皇诏瓦量残字〉释评》，《河北北方学院学报》（社会科学版）2012 年第 5 期；

199. 苏辉：《陈簠斋旧藏莽量的重新发现与研究》，《文博》2013 年第 1 期；

200. 孙翊：《〈簠斋尺牍〉——以陈介祺的金石购藏及传拓活动为中心》，中国美术学院 2013 年硕士学位论文；

201. 徐钢城、钱铁颖：《清陈介祺辑拓审订秦始皇诏瓦量残字稿本考略》，《收藏家》2013 年第 9 期；

202. 蒯宪：《簠斋书法略论》，《中国书画》2013 年第 9 期；

203. 陆明君：《崇古尚理 探赜灵明——清代金石学家陈介祺的鉴藏与学术》，《中国书画》2013 年第 9 期；

204. 孙敬明：《陈介祺在山东经学、金石学与考古学传承发展中的地位》，《文化潍坊》2013 年第 3、4 期合刊；

205. 张志亮：《王维朴藏陈介祺吉金杂拓册》，《东方艺术》2013 年第 12 期；

206. 李勇慧：《民国时期清代山左潍县陈介祺金石学文献流传整理与文献学价值——以山东省立图书馆（山东金石保存所）为例》，《历史文献研究》2014 年第 1 期；

207. 刘光：《何绍基与陈介祺书学的比较》，《艺术品》2014 年第 1 期；

208. 张卫华：《陈介祺楷书简论》，首都师范大学 2014 年硕士学位论文；

209. 程仲霖、王绘：《晚清金石著述刊刻观念异同分析——以潘祖荫、陈介祺及其交游群体为例》，《文艺评论》2014 年第 9 期；

210. 陆明君：《陈介祺与金石传拓》，《中国书法》2015 年第 3 期；

211. 关汉亨：《陈介祺论泉集币及钱范收藏》，《中华珍泉追踪录续篇》（十四），《中国钱币》2015 年第 4 期；

212. 李涛、葛宝宇：《陈介祺金石学遗产与潍坊特色文化产业发展》，《人文天下》2015 年第 4 期；

213. 杨艳丽：《不容小觑的书法“大咖”——陈介祺》，《收藏投资导刊》2015 年第 8 期；

214. 王俊芳：《陈介祺与全形拓》，《潍坊学院学报》2017 年第 1 期；

215. 孙敬明：《陈介祺〈周矢胸瓦盘图〉小笺》，《中国文物报》2017 年 4 月 4 日；

216. 刘霞：《陈介祺与何绍基的尊碑思想比较研究》，沈阳师范大学 2017 年硕士学位论文；

217. 田永德：《天将金石付斯人　清代收藏家金石学家陈介祺》，《收藏家》2017 年第 11 期；

218. 王泽文:《新见陈介祺旧藏衰鼎跋》,《南方文物》2017 年第 4 期;

219. 杨菁:《陈介祺金文研究》,安徽大学 2018 年硕士学位论文;

220. 薛雪:《何绍基与陈介祺书学比较》,淮北师范大学 2018 年硕士学位论文;

221. 肖延安、翟松岩:《周矢胸瓦盘拓轴:陈介祺旧藏珍品》,《中国文化报》2018 年 5 月 31 日;

222. 孙敬明:《富藏精鉴 宗仰海内——从京山出土曾伯铭文浅谈陈介祺铜器收藏》,《中国文物报》2018 年 5 月 1 日;

223. 张祖伟:《山东博物馆藏陈介祺监制全形拓赏析》,《收藏家》2018 年第 5 期;

224. 张春岭:《陈介祺:清代金石学宗师》,《东方收藏》2018 年第 6 期;

225. 黄杰、慈文德:《陈介祺家庙祭器纵览》,《东方收藏》2018 年第 18 期;

226. 孙敬明:《天机清妙 金石载道——陈介祺研究绪论》,《中国书学》2019 年第 1 期;

227. 茹溪:《陈介祺〈传古别录〉中的金石传拓技艺探析》,《美与时代》(上)2020 年第 1 期;

228. 陆明君:《陈介祺以文字为核心的金石鉴藏与研究》,《中国书画家》2020 年第 6 期;

229. 明均:《陈介祺书学与印学思想探论》,《中国书画家》2020 年第 6 期;

230. 张卫华:《陈介祺书法研究二题》,《中国书画家》2020 年第 6 期;

231. 王亮行:《簠斋收藏及其拓片拍卖情况略述》,《中国书画家》2020 年第 6 期;

232. 孙敬明:《陈介祺:天将金石付圣手》,《中国书法报》2020 年 6 月 9 日;

233. 陆明君:《簠斋藏印概略》,《中国书法报》2020 年 6 月 9 日;

234. 邓华:《"万印楼"与〈十钟山房印举〉》,《中国书法报》2020 年 6 月 9 日;

235. 朱琪:《〈十钟山房印举〉"巧工司马"印读记》,《中国书法报》

2020年6月9日；

236. 张振民、刘燕、周晓晴：《陈介祺与潍坊金石文化》，《走向世界》2020年第39期。

二、相涉论文

237. 梁启超：《近代学风之地理的分析》，《清华学报》第1卷第1期，1919年；

238. 鼎堂（郭沫若）：《〈毛公鼎之研究〉追记》，《东方杂志》第28卷16号，1931年；

239. 商承祚：《古代彝器伪字研究》，《金陵学报》第3卷第2期，1933年；

240. 唐兰：《陈常陶釜考》，《国学季刊》第5卷第1期，1935年；

241. 张政烺：《平陵陈得立事岁陶考证》，《史学论丛》1935年第2册；

242. 温廷敬：《毛公鼎之年代》，《史学专刊》第1卷第3期，1936年；

243. 谢国桢：《吴愙斋尺牍跋》，《考古学社社刊》1937年第6期；

244. 谢国桢：《吴陈两家尺牍编年表》，《吴愙斋尺牍》，商务印书馆，1938年；

245. 王襄：《古陶残器絜语》，《燕京学报》1948年总第35期；

246. 董作宾：《毛公鼎考年》，《大陆杂志》第5卷第8期，1952年；

247. 谭旦冏：《毛公鼎之经历》，《大陆杂志》第5卷第9期，1952年；

248. 平心：《甲骨文及金文考释》，《华东师范大学学报》1956年第4期；

249. 杨绍萱：《宗周钟、散氏盘与毛公鼎所记载的西周历史》，《北京师范大学学报（社会科学版）》1961年第4期；

250. 唐兰：《怀念毛公鼎、散氏盘和宗周钟——兼论西周社会性质》，《光明日报》1961年2月2日；

251. 陈育丞：《记王石经治印》，《文物》1963年第10期；

252. 于省吾：《“王若曰”释义》，《中国语文》1966年第2期；

253. 张光远：《西周重器毛公鼎》，《故宫季刊》第7卷第2期，1972年；

254. 裘锡圭：《战国文字中的“市”》，《考古学报》1980年第3期；

255. 王献唐：《访碑图诗》，《文献》1982年第3期；

256. 李学勤：《山东陶文的发现和著录》，《齐鲁学刊》1982 年第 5 期；

257. 王壮弘：《历代碑刻外流考》，《书法研究》1984 年第 2 期；

258. 郑超：《齐国陶文初探》，中国社会科学院研究生院 1984 年硕士学位论文；

259. 叶子刚：《毛公鼎几经沧桑话统一》，《紫禁城》1986 年第 2 期；

260. 孙敬明：《齐陶新探（附益都藏陶）》，《古文字研究》（第十四辑），中华书局，1986 年；

261. 王之厚：《山东省博物馆藏封泥零拾》，《文物》1990 年第 10 期；

262. 陈继揆：《毛公鼎旧事》（上、下），《文物天地》1991 年第 6 期、1992 年第 1 期；

263. 李学勤：《燕齐陶文丛论》，《上海博物馆集刊》（第六期），上海古籍出版社，1992 年；

264. 张宗茹：《山东清代金石学家考略》，《山东省图书馆季刊》1993 年第 2 期；

265. 孙敬明：《齐陶文比较研究》，《管子学刊》1994 年第 3 期、第 4 期；

266. 张世贤：《从毛公鼎的真伪鉴别展望中国古器物学的研究》（上、下），《文物保护与考古科学》1994 年第 2 期、1995 年第 1 期；

267. 石业华：《稀世国宝毛公鼎》，《知识窗》1995 年第 9 期；

268. 孙敬明：《陈氏三量与琅琊台和灵山卫》，《琅琊台与徐福研究论文集》，华夏出版社，1995 年；

269. 王恩田：《齐国地名陶文考》，《考古与文物》1996 年第 4 期；

270. 宋伯良：《毛公鼎的收藏家》，《纵横》1996 年第 8 期；

271. 恒章：《救护〈四库全书〉和“毛公鼎”的徐伯璞》，《炎黄春秋》1997 年第 3 期；

272. 孙敬明：《王懿荣与山东金石学》，《纪念王懿荣发现甲骨文一百周年论文集》，齐鲁书社，2000 年；

273. ［日］尾崎苍石：《战国古陶文考》，日本《篆美》2000 年、2001 年第九十三至九十五号；

274. 孙敬明：《从陶文看战国时期齐都近郊之制陶手工业》，《古文字研究》（第二十一辑），中华书局，2001 年；

275. 徐伯璞：《毛公鼎得失记》，《钟山风雨》2001 年第 6 期；

276. 谢光辉、张俊岭、李梦龙：《学者交游对清代学术的影响——以吴大澂为例》，《求索》2005 年第 6 期；

277. 张业法：《传说时代的开启》，《西泠印社》（总第九辑），荣宝斋出版社，2006 年；

278. 陈家宁：《从齐国文献看战国时齐国的社会经济——战国齐陶文与传世文献的比较研究》，《中国社会经济史研究》2006 年第 3 期；

279. 桑椹：《全形拓之传承与流变》，《紫禁城》2006 年第 5 期；

280. 俞绍宏：《〈说文古籀补〉研究》，安徽大学 2006 年博士学位论文；

281. 卫松涛：《新泰出土陶文及相关问题研究》，山东大学 2006 年硕士学位论文；

282. 罗勇来：《吴大澂的金石学研究与篆书》，《书画艺术》2007 年第 5 期；

283. 孙洵：《漫谈陶文与“古陶文”》，《青少年书法》2007 年第 10 期；

284. 陈振濂：《“金石学”研究的当代意义与我们的作用》，《艺术百家》2008 年第 3 期；

285. 葛亮：《谈谈“小子簋”铭的真伪及相关问题》，《文博》2008 年第 4 期；

286. 梁丽红：《一个半世纪来毛公鼎研究史回顾》，《中国史研究动态》2008 年第 4 期；

287. 李松：《画家·学人郭味蕖——读〈郭味蕖艺术文集〉》，《美术》2008 年第 5 期；

288. 易晴：《郭味蕖三章》，《中国文化画报》2008 年第 5 期；

289. 钱松：《何绍基年谱长编及书法研究》，南京艺术学院 2008 年博士学位论文；

290. 蔡炜：《王献唐研究》，山东大学 2008 年硕士学位论文；

291. 刘伟：《齐国陶文的研究》，山东大学 2008 年硕士学位论文；

292. 贾双喜：《周希丁和青铜器全形拓》，《收藏家》2008 年第 7 期；

293. 刘庆功：《有关毛公鼎的一份档案》，《紫禁城》2008 年第 9 期；

294. 刘庆功：《上海市教育局曾与毛公鼎错失良缘》，《收藏界》2008 年第 11 期；

295. 曹菁菁：《罗振玉题端之毛公鼎全形拓》，《人民日报（海外版）》2008 年 12 月 29 日；

296. 吕金成：《明清山东印学编年史》，《印学研究》（第一辑），山东大学出版社，2009 年；

297. 柳向春、李顺香：《罗振玉与〈十钟山房印举〉》，《山东图书馆学刊》2009 年第 1 期；

298. 张长寿、闻广：《跋落照堂藏毛公鼎拓本——落照堂藏拓之二》，《文物》2009 年第 2 期；

299. 王献唐遗作、路方红整理：《从毛公鼎说到张宗昌韩复榘》，《山东图书馆学刊》2009 年第 3 期；

300. 余少红：《吴大澂战国文字研究成就述评》，《学术界》2009 年第 3 期；

301. 蔡副全：《〈西狭颂〉摩崖现状考》，《文博》2009 年第 4 期；

302. 邢立红、齐春正：《陈祖光的毛公鼎情结》，《两岸关系》2009 年第 8 期；

303. 吕金成：《孙文楷陶文著述考略》，《印学研究》（第二辑），山东大学出版社，2010 年；

304. 迟延璋、朱英：《陈氏〈新莽常乐卫铜饭帻〉拓本赏析》，《文物鉴定与鉴赏》2010 年第 5 期；

305. 张懋镕：《晚清“四大国宝”》，《收藏》2010 年第 6 期；

306. 吴义达：《〈十钟山房印举〉研究》，中国艺术研究院 2010 年硕士学位论文；

307. 范晓娟：《许瀚学术研究》，扬州大学 2010 年硕士学位论文；

308. 李宝垒：《齐国陶文与田氏代齐研究》，《齐鲁文化研究》2010 年刊；

309. 振宇：《青铜器的“全息影像”》，《中华文化画报》2010 年第 8 期；

310. ［美］沈津：《古代印谱的印数》，《收藏》2010 年第 10 期；

311. 化凯：《潍坊“红木嵌银漆器”传统手工技艺调查》，《科技传播》2010 年第 19 期；

312. 张洪峰：《论晚清大篆书法兴起之原因》，《大舞台》2011 年第 1 期；

313. 徐畅：《陶文发现与著录》，《青少年书法》2011 年第 4 期；

314. 徐正考、佟艳泽：《汉代陶文著录与研究述论》，《古籍整理研究学刊》2011 年第 4 期；

315. 李军：《吴大澂交游新证》，复旦大学 2011 年博士学位论文；

316. 李勇慧：《王献唐研究》，山东大学 2011 年博士学位论文；

317. 王忠民：《“郭陈家学”对郭味蕖绘画创作的金石影响》，《湖北美术学院学报》2012 年第 2 期；

318. 张长寿、闻广：《毛公鼎出土年份的一则讹传》，《文物》2012 年第 4 期；

319. 冯磊：《赖有残瓦传秦篆——记〈秦诏量文字册〉》，《书法》2012 年第 5 期；

320. 黄政：《〈灵鹣阁丛书〉十五种藏器目考释》，《古籍整理研究学刊》2012 年第 5 期；

321. 梁丽红：《命运多舛的毛公鼎》，《华夏文化》2012 年第 2 期；

322. 孙刚：《东周齐系题铭研究》，吉林大学 2012 年博士学位论文；

323. 林维：《道尚贯通·艺贵出新——通人郭味蕖的追求与创造》，中央美术学院 2012 年博士学位论文；

324. 曹慧：《清代山东学者交游的历史考察》，山东师范大学 2012 年硕士学位论文；

325. 佟艳泽：《汉代陶文研究概况及文字编》，吉林大学 2012 年硕士学位论文；

326. 陈岩：《从丁敬“润格”看清代篆刻市场》，《中国书画》2012 年第 9 期；

327. 韩荣钧、孙才顺：《无棣吴氏家族婚姻关系的特点》，《滨州学院学报》2013 年第 2 期；

328. 孙敬明：《郭麐与〈潍县金石志〉》，《文化潍坊》2013 年第 2 期；

329. 程仲霖：《晚清金石文化研究——以潘祖荫为纽带的群体分析》，中国艺术研究院 2013 年博士学位论文；

330. 朱世乾：《汉代齐国官制封泥及相关问题研究》，山东大学 2013 年硕士学位论文；

331. 刘雯：《汉代文字瓦当装饰研究》，景德镇陶瓷学院2013年硕士学位论文；

332. 田率：《历经坎坷的国宝重器毛公鼎》，《龙门阵》2013年第9期；

333. 程仲霖：《晚清金石文化对书法艺术的影响》，《美术观察》2013年第10期；

334. 潘静茹：《金文考订与近代学术思潮——以庄述祖、吴大澂、孙诒让〈说文〉古籀研究为中心》，《中国典籍与文化》2014年第3期；

335. 苏士澍：《重塑“万印楼”的印学地位》，《中国书法》2014年第23期；

336. 孙敬明：《王懿荣与潍县金石学界之交游》，《海岱古钱新解》，齐鲁书社，2016年；

337. 张海侠：《巴纳对西周青铜器铭文辨伪研究的贡献——以毛公鼎为中心》，吉林大学2016年硕士学位论文；

338. 孙敬明：《古器绘画与全形拓本》，《走向世界》2018年第14期；

339. 林驰：《清代潍县金石学初探》，曲阜师范大学2019年硕士学位论文；

340. 苏金成、穆青：《晚清民国时期金石传拓技艺发展——以毛公鼎拓本形制演变为例》，2020年第3期。

第九章 潍县高庆龄世家金石砖瓦研究

潍县高庆龄家族是一个科举世家，自四世祖高明考中嘉靖十六年（1537）丁酉科举人任直隶河间府通判始，代有闻人。如万历五年（1577）丁丑科进士高桂官至贵州按察使司副使，著有《北海集》《虚白轩杂录》《词林摘艳》；乾隆五十八年（1793）癸丑科进士高守训任江苏宜兴知县，著有《拙斋文集》；嘉庆十年（1805）乙丑科进士高其召为江西饶州府知府，光绪九年（1883）癸未科进士高承瀛为四川井研县知县。他们都是潍县高氏的代表人物。受山左文化的影响，自清中期以后，科举仕进家族往往有收藏之风，潍县一邑此风尤其炽烈，读书人往往由古籍开始到书画、金石，互相熏染，使得收藏文化成为潍县各家族的一大标志。潍县高庆龄家族中，据史料所见，收藏之风是从他的父亲、曲阜教谕高其绪藏书开始的。该家族中以金石收藏为代表的人物是高庆龄，受其影响，其子高鸿裁、侄子高嘉钰和为陈介祺搜罗藏品的高文翰都是潍县金石界的著名人物。金石收藏文化的特殊性，使得同道中人的研究交流以及日常生活中的交往，成为金石收藏家收藏生涯中不可或缺的方式。高氏金石群体与本县的金石学家陈介祺、宋书升、郭麐、郭祐之、王石经乃至当时国内著名的金石学家潘祖荫、王懿荣、王献唐等人多有交往。高庆龄、高嘉钰与高文翰以古玺印收藏为主，高鸿裁以藏书、砖瓦研究为主。

第一节 高氏世家及其与金石学家之交往

潍县高氏六世祖高朴为高桂胞兄，该家族中喜好金石收藏者多为其后人。十一世高屿生二子：高郁青、高芝青。高郁青生四子，次子高其绪字星街，号启人，以廪贡生任曲阜教谕，署招远县教谕兼理训导，晋赠中议大夫、兵部车驾司郎中加三级。高其绪配陈氏，继李氏，生四子：高安龄、高德龄、高庆龄、高柏龄，均李氏出。高其绪次子高德龄为高鸿训之父，民国著名书法家高芗岩祖父，高小岩曾祖父；三子高庆龄，十五世，生一子高鸿裁（十六世）。高鸿裁生二子高茂榅、高茂杼（十七世）。1928年续修《渤海高氏族谱》所载世系具体如下：

庆龄，其绪三子，李氏出。字叔余，号南郑，清太学生，盐运司知事加光禄寺署正衔，敕授儒林郎，貤封朝议大夫，广东候补同知加一级。卒葬城西教场庄北阡新茔。配陈氏，敕封安人，貤封恭人，生鸿裁。

鸿裁，庆龄子，字翰生。清太学生，候选同知衔加四品衔，诰授朝议大夫。卒葬城西教场庄北阡祖茔。原配陈氏，继配郭氏，侧配张氏。生茂榅、茂杼。茂榅，鸿裁长子，郭氏出，字蔼林，配杨氏。茂杼，鸿裁次子，张氏出，字蔚林，配郭氏，生檠。檠，茂杼长子。

十一世高屿次子高芝青，高郁青同父异母胞弟。芝青生一子高其旋，其旋次子高彭龄。彭龄生二子：高嘉钰、高嘉淦。世表如下：

彭龄，其旋次子，字颐山，清太学生，直隶候补府经历，授修职郎，晋赠奉直大夫、布政司理问加二级。卒葬城西北三里庄新茔。配田氏，封宜人。生嘉钰、嘉淦。

嘉钰，彭龄长子，字丽珍，号式如，清太学生，选授广西灌阳县典史，历署安徽定远、巢县典史，布政司理问钦加五品衔，赏戴蓝翎。配丁氏，继陈氏、蒯氏、张氏、张氏，侧配但氏，生恩隆。恩隆，嘉钰子，字厚甫，但氏出，配郎氏，继杨氏。高嘉钰以藏印编《秦汉印简》八册，曾钤印二十部行世。

高文翰，字薇垣。与本邑赵允中等共同为陈介祺收购金石器物。高文翰辑《印邮》八册，系其生平所得古印钤印本，分古玺、官印、私印三类。王懿荣序略云："潍县高氏，莱之士族也。南郑世丈耆古甚挚，尝辑有《秦汉印谱》行世，其群从子弟习于家学，与之道古，皆娓娓动人，薇垣其一也。薇垣与陈簠斋丈论古为最契合，尝走数千里为簠老访古。万印楼所收印玺多出其手。光绪甲申长夏，薇垣游大梁及关中，累月不得归。比归，则簠丈先数日老去。薇垣乃携遍拓所新得物和白打钱，旷野无人，寒风萧瑟，哭而焚诸墓上，酬以告之。”

高氏与潍县各个世家累世多有姻亲，在文化上互相影响，兴趣相同，在姻亲基础上的金石收藏交往也因之较其他家族更加熟稔。高庆龄父亲为高其绪，高其绪次女嫁郭梦龄三弟郭梦星，生二子郭祐之、郭焕之；另有二女，一嫁与进士陈应聘长子陈尔桢，一嫁与陈官傑之孙、陈介谋四子陈厚泽。郭祐之字锡民，号申堂，潍县著名金石收藏家，著《续齐鲁古印捃》十六卷、《松南书屋书目》、《潍县科第考》六卷。其《续齐鲁古印捃》一书，成书于光绪十七年（1891）辛卯，收印1184方，较其舅父高庆龄的《齐鲁古印捃》多出近倍。所谓“续”，或者是其所收玺印多出《齐鲁古印捃》的缘故，也有对亡舅的怀念之意。所录印章，多为高庆龄去世后所得。宋书升序言：“一日过其斋，出古大玺示余曰：‘此吾作印谱之缘起也！吾舅氏高南郑先生以金石名家，尝辑《齐鲁古印捃》，书甫成而先生遽谢世，嗣君翰生为增补以传。吾向从舅氏稍稍闻绪论，丁亥秋，获此玺，摩挲爱赏，与翰生诧为海内瑰宝，由是古兴益深，收笼日富，今欲编次，附先生之书后，公诸同好，即以此弁简端。’”① 郭祐之之子郭恩涵在《先府君事略》中载：“……居平以书籍自娱，闻有佳本辄典质以购之，至暮年合旧藏不下数十万卷。间蓄古墨，自宋元以来制造家考究源流，必详必备，尝欲就《墨谱》《墨苑》诸书补其罅漏，卒有志未果。……”郭祐之所藏封泥生前未能成书，卒后散归罗振玉，罗振玉择108枚编入所著《齐鲁封泥集存》，又收入1934年国立北京大学研究部编印的《封泥存真》中。郭恩涵，字度容，号袖海，增生，配郭祐之表弟高鸿裁长女。郭祐之同胞弟郭焕之，字蔚卿，号炳堂，配潍县丁氏、署理山西雁平兵备道丁彝绶次女。郭焕之擅捶拓，藏品以秦汉瓦当名世，潍坊市博物馆所藏“永建元年朱提造”铜洗拓片即为其手拓，墨工精妙，落款“光绪丁亥年余月望日炳堂氏手拓”，钤“郭焕之印”白文印。郭焕之与高嘉钰又同为丁彝绶女婿。

郭梦龄二弟郭梦惠，字小莲，号诗塘，咸丰癸丑进士，原配安丘张桧恒女，生三子，次子郭秉之娶高庆龄仲兄高德龄女，嗣子郭恩培为郭兰村祖父。郭恩培以收藏印章为大项，郭氏族内所藏印章流入其手者颇多。郭梦惠侧室李氏，生一女嫁高鸿裁为继配，高鸿裁长子高茂槱即为继配所出。

---

① 见《续齐鲁古印捃·序》，上海书店出版社1989年版，第1页。

高鸿裁原配陈氏，安徽池州府知府、咸丰元年辛亥举人陈介璋长女，陈氏三女嫁翰林院编修、潍县进士田智枚。陈介璋字宜卿，又字嶷卿，为陈介祺同一曾祖的从堂弟，娶潍县廪贡生、临朐县教谕、敕授修职郎、兰山县训导兼理沂州府教授、议叙记录三次于元纯之女。于氏字粹亭，号小酉，别号文谷，酷嗜印章，因藏有高凤翰“一印斋”印，著《一印斋印印》四卷钤印本行世。

潍县丁氏十一世丁炯生五子，次子丁懿行，字长庆，生三子：泰来、泰元、治平。丁治平字奠安，号霁野，乾隆己亥乡试武举，台州卫守备，兵部武库司郎中，生二子三女，长女适协办大学士陈官俊，即陈介祺之母。丁炯四子丁庸行，生一子丁克成。克成三子丁廷举，恩科举人，刑部直隶司主事，配高彦青女，继陈祥蓂女（即陈介璋姑母），生一子丁彝绶，并三女：长适田名来，次适陈钟庆，三适进士、工部都水司郎中陈传奎。丁彝绶字孟符，己酉科举人，署理雁平兵备道，配胶州匡氏，生一子丁敦仁，并三女：长适花翎五品衔、安徽巢县典史高嘉钰，次适浙江候补盐大使郭焕之，三适安徽候补通判于长春。丁克成四子丁廷珍，字致堂，贡生，刑部郎中、诰授中宪大夫，配郎氏，继高氏，副室陈氏，生三子善宝（高氏出）、善庆（陈氏出）、善长（陈氏出）。三人皆以著述传世。其中，丁善庆著《圜币浅说》四卷，《自娱斋玺印谱》四卷，《遁盦古泉存》不分卷一册；丁善长著《石室印萃》四卷。

潍县金石学家郭麐，字子嘉，著有《潍县金石志》八卷、《潍县金石遗文录》一卷、《金石拓临稿》一卷、《四海汉碑图考》一卷，其《潍县金石志》卷一所录高氏金石藏品二条，揭列如下：

周·齐城右戈，右戈援胡已缺，内长四寸，铭在内孔之下，九字二行，字向内孔读。出县北乡，今存高嘉钰丽珍家；

汉·巨宋万匹印，右印长一寸五分，广六分，四字一行，朱文印。出铜市，今存高嘉钰丽珍家。

宋书升，字晋之，一字贞阶，号旭斋，潍县城里人，父玉璞殁后数月才出生，生母郎氏。自幼聪慧绝伦，读书过目不忘，以贫故，授徒邑中，贴补家用。光绪五年（1879）举人，光绪十八年（1892）壬辰科进士，翰林院庶吉士。宋书升为一邑之大儒，入《潍县志稿·儒林志》，知识渊博，通经史诗文兼及金石；著作等身，金石类著作有传抄本《山左金石约录》二卷，所著《旭斋文钞》中金石考据类文章有《释鑃》《跋季良壶拓本》《武靡婴买冢田玉券考》《赵婕妤印文跋》《隋东阿曹子建庙碑跋》。陈蜚声撰《宋先生行状》说他“所交游如孙佩南、蒋箸生、陈寿卿、柯凤荪、法小山、丁黻臣、郭锡侯、徐梧生、郑东甫、高翰生诸先生，皆称莫逆”，且“考据金石最精，是先生又为近代金石家也”。

潍县为山左金石重地，金石或诗文集类著作序跋多出自宋书升之手，如为王石经跋《西泉印存》、为高庆龄《齐鲁古印捃》作序、为郭祐之《续齐鲁古印捃》作序等。宋书升原配张氏，继李氏、丁氏皆前卒，生三子俱殇，生三女次女殇，长女嫁章丘高氏，三女嫁章丘张氏。宋书升晚年卒于长女高氏家，葬于潍县草庙子南原新茔。其及门弟子众多，有郭育才、陈梦庚、王重庆、刘鸣盛、郭恩敷、徐埴、郭恩常等人。1933 年，丁锡田搜罗编次为刊《旭斋文钞》行世，入《潍县文献丛刊》第二辑。

王石经，字君都，号西泉，潍县城里人，武秀才，属于张氏八甲王氏。富藏金石，擅篆隶，尤精治印。天机清妙，直由秦汉上窥秦斯、金石、刻三代器文之法。印风工稳隽秀，奏刀深峻森严，被吴县（今苏州）潘祖荫推为“天下第一”。与邑人陈介祺、郭麐折柬往来，金石玺印收藏亦多，见载于郭麐《潍县金石志》。一时金石名家用印多出其手，其中又以陈介祺用印最多。王石经为高庆龄刻印数种，见于《西泉印存》，计有“南郑所藏”“高庆龄印”“三代秦汉之遗”“汉北海郡高庆龄集印”数种。辑有《甄古斋印谱》《西泉印存》《集古印隽》，与田镕叡、高鸿裁、刘嘉颖同辑《古印偶存》行世。其子王宗彝幼泉、秉彝子常、尊彝子重及孙王端咸能世其家。

王懿荣（1845—1900），字廉生，山东福山（今烟台市福山区）人，官至国子监祭酒。其于残石片瓦无不珍藏，钩稽年代，正经补史，每多创见。著有《汉石存目》《攀古楼藏器释文》《福山金石志稿》《天壤阁杂记》等。光绪二十五年（1899）秋，王氏发现甲骨文，审定为殷商故物，为研究殷墟甲骨文字之始。庚子年，王氏投井殉国。王懿荣与潍县金石收藏家多有交往，其最熟悉的是陈介祺，与潍县高翰生也是至交。他在给黄县金石学家丁树桢的信札中云：“兹于潍县高翰生七兄由海轮东下之便，呈宋刻宋印《戴记》一部，吾丈读礼之际，正宜上尘左右，藉资考察。”① 三人都是藏书家与金石

① 吕伟达主编：《王懿荣集》，齐鲁书社 1999 年版，第 202 页。

家，往来频繁。《天壤阁杂记》中，王氏于光绪七年（1881）辛巳二月返京过潍县，述交往见闻云："住四日，遍访赏鉴家。在陈寿丈处三日，书画古器不具数。见所藏朱子《楚词》与协卿本装潢皆同。见南郑丽珍所藏古泉、古砖、古印。南郑宋板《四书》，闻寿丈称之，未见。槐堂故后，家无长丁。陈九兰藏四朱及賹化种类极多，皆《泉汇》所未收。陈小兰以办盐下乡。《桑梓之遗》书画一大宗，未见，闻有总目。得一六字刀，十五金。又得高君二字，极佳之。大量几专车，今尚存西泉家。得'齐'字砖二。"① 同年三月为高庆龄《齐鲁古印攈》撰序，所述"省墓归里，过潍县晋谒，获睹所藏金石。倾心论古，欢若平生，出其印集见示，属余为之记"即指过潍县拜访高庆龄一事。王懿荣于光绪二十六年（1900）投井殉国，谥"文敏"。其卒后六年，侨寓潍县之荣成孙葆田撰《国子监祭酒王文敏公神道碑铭》述其家世："祖兆琛，嘉庆丁丑翰林，仕至山西巡抚。父祖源，咸丰己酉拔贡，由兵部主事改官知府，选四川龙安府，调署成都府知府，特擢成、绵、龙、茂兵备道，署四川按察司使。……"②

潘祖荫，字伯寅，号郑盦，又作郑庵，吴县人，历任工部、刑部、吏部、户部、礼部侍郎，光绪十一年（1885）任工部尚书，与陈介祺、高庆龄、王懿荣为金石交。潘氏幼好金石文字，闻有彝器出土，辄倾囊购之。著有《海东金石录》《攀古楼彝器款识》等。曾为王筠《说文释例》《说文句读》书后，为郭麐《潍县金石志》撰序，为王石经《甄古斋印谱》撰序。其为高庆龄《齐鲁古印攈》撰序云："高君南郑，余金石交也。……荫好金石文四十余年，独古玺未一得，常以为憾。今吾友高君辑三代、秦、汉所遗玺印六百余，而所得玺不少，可补鼎彝文字所不及，且无一伪者，非精鉴而能若是乎？"

宣统三年（1911）辛亥秋，王献唐与高鸿裁相识，时以墨本互通有无。王氏为一代通才大儒，尤精于金石，著有《国史金石志稿》《海岳楼金石丛拓》《海岳楼金石丛编》《中国古代货币通考》《寒金冷石文字》《王献唐古文字考证》《五镫精舍印话》等行世。③

① 吕伟达主编：《王懿荣集》，齐鲁书社1999年版，第261页。

② 孙葆田：《校经室文集》卷四，南林刘氏求恕斋刊本。

③ 李勇慧：《王献唐著述考》，山东教育出版社2014年版。

第二节　高庆龄古玺印研究著述

印章篆刻一门肇始于殷商，至战国有古玺印。至秦汉勃兴，多以金银铜玉为之，以尽官私之用，兼及急就。至元明，以石入印，并于晚明别为文、何二派。秉此余绪，至康、乾，流派印起，浙、徽二派创于江南，有清遂见西泠横空出世，曰“西泠八家”焉。山左玺印之收藏、篆刻受明崇祯潍县令周亮工影响颇大。周氏为一代学者、文化名家，亦为篆刻艺术家，其所著《赖古堂印谱》为印学研究中著名的“三堂印谱”之一，复撰《印人传》为印家纪略。安丘张贞尝问学于周亮工，兼及篆刻艺术，至“三张”以篆刻名山左，潍县则以郭伟勣、郭见龙、郭启翼父子叔侄横空出世，至此齐鲁印学渐成，实以安丘张氏、潍县郭氏为开端也。安丘张氏传胶州高凤翰、长山聂际茂开枝；潍县郭氏以郭伟勣为代表，传郭见龙、郭启翼散叶，印章一道遂入潍县并别为金石收藏研究与篆刻艺术实践两类。郭伟勣一为古玺印收藏，一为篆刻实践，著《松筠桐荫馆集印》四卷，其中卷四《百岁纪年》印谱所收印章为当时青、莱二府篆刻家所刻，一时印人几无罅漏。郭伟勣族弟、即墨郭廷翕同为篆刻家，也收藏古玺印；郭伟勣为刘统勋从舅，刘统勋之子刘墉也收藏古玺印。自郭伟勣以下，潍县印学兴起，别为藏与刻两类，道咸时人、高鸿裁岳母之父、陈介璋岳父于元纯辑《一印斋印印》四册，含古玺印、潍县各家用印与自用印。至陈介祺横空出世，为金石学一代宗师，海内闻名。陈氏生于京城，与金石学家群体多有往来，研究交流不辍，居京时于咸丰元年（1851）辑成《簠斋印集》十二册。咸丰四年（1854），陈氏辞官归故里潍县，受其影响，在咸丰、同治、光绪三朝，潍县印章之收藏研究达到顶峰。陈介祺所著《十钟山房印举》为印学鸿篇巨制。受其熏染，助其搜集金石的高文翰将所藏古玺印编为《印邮》，赵允中编为《印揭》。同治十三年（1874），陈介祺检视所藏古玺印付族弟陈佩纲摹刻，辑为《古玺印文传》，陈介祺为之撰序。助陈介祺钤印与捶拓、摹印的王石经将所藏编为《集古印隽》，又与高鸿裁、田镕叡、刘嘉颖同辑《古印偶存》。受陈介祺影响与指导的，还有铸仿古铜与铸铜印的胥伦，山东省图书馆藏其《梧园印蜕》一卷，潍坊市博物馆藏其《胥芟塘铸印》一册不分卷。流风所及，古玺印收藏为潍上盛事，一时名家众多，且多有印谱传世。除陈介祺外，研究收藏古玺印最著名的应该是郭祐之舅父高庆龄了。

《印学研究》谓高庆龄约生于道光十一年（1831），未确，不知何据。据宋书升《高庄简先生碑》载，传主高德龄，私谥“庄简”，卒于光绪二年（1876）九月十六日，春秋六十有三，推之生于嘉庆十九年（1814），为高庆龄仲兄。另据宋书升《广东补用同知汉封高公暨德配丁淑人墓志铭》载，公姓高氏讳柏龄，字汉封。考讳其绪，柏龄兄弟四人，次序为季，生于道光四年（1824）十月二十九日，卒于光绪七年（1881）六月八日，春秋五十有八。高庆龄行三，为高德龄弟、高柏龄兄，当生于嘉庆二十年（1815）至道光四年（1824）之间，非《印学研究》所录约生于道光十一年（1831）。其比生于嘉庆十八年（1813）的陈介祺小十岁左右。其父司铎曲阜、招远，藏书数千至上万卷。高庆龄十几岁时即酷爱金石，喜收藏，此后三十余年间收集山东出土的古玺印，并勤于考证校释。山东省在周代为齐鲁之地，齐在济南以东，以临淄为中心；鲁在泰山以南，以曲阜为中心。由于春秋战国时期齐鲁古国在临淄、曲阜等地长期建都，因此埋藏于地下的文物较多，除了古玺印，清中期以降直到现在，临淄、邹城等地依然出土陶文、封泥，足证周时当地文化之盛。

高庆龄卒于光绪九年（1883）癸未，其生前研究玺印用力尤勤，成果丰富，今日所见编为古籍者三种：第一种为《高庆龄集印》一册不分卷，高庆龄藏并辑，清钤印本，现藏于潍坊市博物馆；第二种为《秦汉印章拾遗》三卷，高庆龄藏并辑，清潍县高氏钤印本，现藏于国家图书馆、山东大学图书馆，《山东文献集成》影印收录；第三种为《齐鲁古印攈》存印本，一为光绪七年高氏古雪书庄四卷钤印本，一为五卷本。五卷本之第五卷为其子高鸿裁续辑，《潍坊文化志》载“（高鸿裁）得于濂芳所藏汉魏古印后，集《齐鲁古印攈补》一卷”，或即为此册。四卷本共收印 629 方，五卷本共收印 810 方。

高庆龄一生致力于古玺印收藏研究，以上三种著述中，以《齐鲁古印攈》最为世人所重，韩天衡谓其为“第一部以玺印出土地区分类的专谱”。该书以晚周古玺列谱首，续以秦汉官私印编次，从而拨正了过去在印谱编次上对古玺的疑惑和彷徨，为后世集古印谱编次提供了一种科学的程序。上海书店出版社于1989年依原钤印本影印1000册，并请叶潞渊撰序，序中谓："惟高氏之印捃所收，虽不及千钮，但其抉择谨严，精而完美，绝无赝伪烂铜之弊……印谱中当以《双虞壶斋印存》为最佳者，《齐鲁古印捃》次之，如无前者，后者亦为佼佼者矣。其谱中所录不乏稀见者……尤以'寿唯印''房里唯印'两面印，更属罕见之物。……有五册本者，其第五册为其子所钤附后，乃足本也，尤为难得。"

高庆龄原本《齐鲁古印捃》成书于光绪九年（1883）癸未，仅钤印十部。卷首扉页题"齐鲁古印捃""光绪辛巳年春，高氏所藏"。扉页后有"平寿高氏古雪书庄定本"墨印。内载潘祖荫序、王懿荣序及高庆龄自序三篇，再次为凡例十条。原本高26.7厘米，宽15.5厘米。边框木刻墨印高16厘米，宽9.6厘米。正面朱泥钤印，又中分其二，界其成方块形，印钤其中，而空其下之长方形。书口上署"齐鲁古印捃"，背下署"古雪书庄定本"。第四册末有光绪九年（1883）宋书升后序，最后有"男鸿裁百拜谨识"，并钤"鸿裁之印""小金石学"印记。第四册汉铜肖生印后有"三代秦汉之遗""汉北海郡高庆龄集印"，为王石经所刻，见于王氏印谱。

《齐鲁古印捃》所收玺印种类数量繁多，具体如下：

第一册：收三代铜官玺1方，三代铜私玺28方，三代银私玺1方，三代玉私玺2方，秦铜官印1方，汉铜官印30方，汉铜两面官印1方，汉泥官印1方，汉铜半通印3方，汉铜长方姓名印9方，汉银长方姓名印2方，汉铜子母印1方，汉铜母印14方，汉铜黄神印2方，汉铜四侧文印1方，汉泥私印1方，汉铜殳篆文印16方。合计114方。

第二、三册：收汉铜私印301方。

第四册：收汉铜两面姓名印52方（104印），汉铜两面吉羊印12方（24印），汉铜吉羊印14方，汉铜长方吉羊印8方，汉铜肖生印4方。合计90方（154印）。

高鸿裁续辑第五册：收三代铜私玺6方，秦铜私玺1方，秦铜官印19方，汉铜两面官印1方，汉铜半通印2方，汉铜母印4方，汉铜子印4方，汉铜殳篆文印4方，汉铜私印93方，汉铜横姓名印4方，汉铜两面姓名印6方（12印），汉铜两面吉羊印5方（10印），汉铜肖生印4方。合计153方（164印）。

潘祖荫序言谓："高君南郑，余金石交也。以其所辑古印章寄书于余，属为之序。……然古印流传，大约官印十九，私印十一，私印亦第纪姓名而已。自三代至秦，皆曰鉥，鉥即玺字，从金，尔声，玺有土者之印。古者，诸侯亦曰玺，不独天子，《左传》'玺书追而与之'是也。"

王懿荣序言谓："……潍县高南郑世丈，笃志好古，黾勉以求，所得古印多出齐鲁。以古印玺之官名者冠于前，人名者次之，不强别其为某周某秦某为秦汉之际者，各以类从，而以秦汉官私印附焉，名之曰《古印捃》，其识卓矣。……其升古玺印于秦汉印前者，为从来谱录家所未及，此非深通古文者能如是乎？吾服南丈之卓识矣。"

高庆龄自序云："余好金石文卅余年矣。尤以嗜古印为嫥门。案《周礼·掌节》'货贿用玺节'，秦厘八体，五曰摹印；汉定六书，五曰缪篆，所以摹印也。三代曰玺，秦曰玺曰印，汉曰玺曰印曰章，其中亦有官私之别，尊卑共之是也。由明季以来，以印章著有嫥书者，如顾氏《印薮》、王氏《印统》、甘氏《印正》、陈氏《印选》、丁氏《梦篆居》、查氏《铜鼓书堂》、朱氏《松厓书屋》、潘氏《看篆楼》诸谱，皆玺印错陈，条理未晰。此特变通其例，标古玺于简首，秦汉诸印次于后，较之前谱，稍有伦叙。即历代设官分职，地里姓氏，亦可得其梗概焉。年来家居赋闲，屏绝尘坋，恒藉古缘以娱老，每有一得，于炉香茗碗间，辄摩挲抚拓，参稽考校，骎骎兮神与古会矣。夫辑印之举，未尝限于方域，而所获者据《史》《汉》考之，往往出于齐鲁间，以其遐者难觏，迩者易求也。名其书曰《齐鲁古印捃》。……言摭拾古人之遗也。余尽力搜访，期盈千数，然后逐加诠释，出以问世。欧阳公云：'足吾所好玩而老焉。'比物此志也。然捋聚维坚，历数年仅获其半，益以从子嘉钰所蓄百钮，统计六百余，踌躇殊未满志耳。今海内同好索观，先排比成编，以应访古之求，若云著录成书，当俟之异日。是为记。时光绪七年，岁在重光大荒落，月在终宿丁巳朏，古雪书庄主人高庆龄南郑父自识。"

《齐鲁古印捃》一书凡例如下：

是谱厘为四卷，肇三代迄秦汉。而六朝及唐宋诸印不孱入也。

谱中所录，统计六百余枚，皆去伪存真，悉心甄别；稍有可疑及模糊莫辨者，不收。

凡三代玺未必尽著玺字，考字画篆法与玺文同者，皆从其类。

凡所辑玺印，大半铜质，亦有银、有玉、有泥，就谱中录者，皆悉别之。

官印中如侯将相尉等，及私印中公孙弘、王成、徐咸诸人，皆列正史，俱系考据。其不载者，则亦旁引曲证，必援诸书为论断。兹因诠释未备，容后一并付雕。

古人名印，以姓之多寡依次编之，继以诸姓、复姓，两面姓名印亦仿此例。

私印中先姓名，次某印，次某信印，次某之印，次某私印，虽篆文各异，皆以私印统之。

印钮历代各殊，就中所具者，三代有坛、有覆斗，秦有鼻，汉有龟、有兔、有盘螭、有辟邪、有瓦、有亭、有贝，拟同考释注各印下，诸钮印记不单行标之。

各印随得随入，凡有增益，桉（按）年嗣出，卷首以干支印记之，阅者知其先后也。

统谱条例，就识见所及者定之，未必悉合，倘有错谬芜杂，尚祈博雅君子贶我不逮，幸甚。

宋书升后序谓："……《齐鲁古印攟》者，余表太叔南郑公所著录也。公邃于金石学，鼎彝碑版无不购蓄，而嗜古印为尤最。尝取印中官爵名氏，纪在前典。关于山左可以考证者，汇而成编，上起周秦，下至两汉而止。其印之无可考证而确属出自山左界壤者附焉，共若干卷，名曰《齐鲁古印攟》。厥后，燕秦楚越广为搜访，益聚益夥，凡六百余枚，尽著之谱。仍旧名者，从朔志也。谱既成，而遽捐馆舍。公嗣君翰生表叔，克绍家学，重加厘定，广为流传。……虽物之聚散显晦必有其时，而亦见南郑公振奇好古，其搜罗固匪易也。噫，古人往矣！官爵名氏其为史籍弗载，曷可胜数？幸而即一物以见焉，是古人精神之所托也，是古人手泽之所存也，可不珍重爱惜之与？而况彪炳简策足以风砺来叶者，可不珍重爱惜而复播传之与？若夫偏旁点画区区证文字之同异者，犹其后也。倘是谱出阅之者，乃仅目为清玩，微特非南郑公之心，亦岂后人所以冀成前美之志也哉？"

高鸿裁后识："《齐鲁古印攟》，先君子所手定也。平生耆篆印垂三十年，裒辑成书，未经流传，即已弃养。裁收拾遗编，不禁泫然泣下！日思其饮食，思其耆好，闻之善事亲者，桮棬微物犹弗忘手泽之存，矧性情所托者乎？裁恪绍先志，续辑若干钮，各以类从，至编次条例皆平日所面订，未敢以意为增减。爰陆续抚拓，以公世之好古者。男鸿裁百拜谨识。”

第三节 高鸿裁砖瓦研究

潍县一邑自科举兴盛以后，以收藏名山左，其中以陈介祺为海内所宗仰，成为一代大师。潍县高鸿裁为继起而收藏宏富者，以古籍、金石、砖瓦收藏彪炳山左，特别是其砖瓦收藏研究，正如王献唐所说“任何哪一家，都比不了高翰生”。

高鸿裁（1852—1918），字翰生，室名上陶室、退耕堂，清末潍县城西关人，著名金石收藏家。其父高庆龄酷爱金石、古玺印，辑有《齐鲁古印捃》。受家庭熏陶，高鸿裁自幼胸襟旷迈，不屑世俗利禄之学，好古文，嗜金石，既长益笃，多方披求，所藏以砖瓦、墓志尤多。其与当时学者王懿荣、缪荃孙、罗振玉、孙葆田、徐坊、柯劭忞等为文字交，书函往来，互相切磋研讨，共同提高。当时孙葆田、徐坊、柯劭忞皆侨居潍县，高鸿裁与潍县学者宋书升经常相携往访，相得尤欢。曾得于濂芳所藏汉魏古印，集为《齐鲁古印捃补》一卷，还与潍县王石经、田镕叡、刘嘉颖共同辑有《古印偶存》。光绪九年（1883），与郭恩煌、王宗彝、刘嘉禾、刘嘉颖倡立《重修文昌阁记》碑。光绪二十二年（1896），与郭薰之、陈阜、丁毓庚、刘嘉颖等二十人倡立玉清宫四面碑，请状元曹鸿勋写了《重修玉清宫碑铭》。

高氏精研汉学，且好藏书，凡宋元版本及秘本、抄本、禁书均刻意搜求，后得益都李文藻之藏书，与家藏之书相合达三万卷，分经、史、子、集、丛书、类书六类，著有《齐鲁遗书十八种》三十六卷和《辨蟫居藏书目》一卷。他曾为蒲松龄仅存97首的《聊斋诗集》作跋，又曾受孙葆田延聘参与襄校《山东通志》。过世后，其所藏全部齐鲁各府州县方志118种，于1933年被美国国会图书馆购去，内含诸多稀见版本。

高鸿裁在金石收藏方面独辟蹊径：一是收集历代墓志铭拓片，据此著为《历代志铭征存》，是集为上下两卷，分石部、砖部、杂类三部分，在当时已是搜罗毕至，无人逾越；二是收集古砖瓦，前后所得共有一千多份，剔除重复，以五百多份拓成《上陶室砖瓦文捃》五卷。光绪十三年（1887），高鸿裁于河南得一祠壁古砖，上刻十二个篆字："海内皆臣，岁登成熟，道毋饥人。"字体圆润，极似李斯，他初断为秦砖。王懿荣跋此砖曰"翰生所得，订为秦制，翁阁学所谓以文字定时代也。正拟藉此语为今日天家祝釐耳。"高氏特制木匣收藏此砖。后来此类型古砖在河南又陆续出土，经专家考订，实为汉砖。高鸿裁晚年生活困顿，所藏之物陆续售出。上陶室砖瓦于1931年被日本人大田氏购去，其中十二字砖先被大田氏携归日本，剩余古砖瓦被运至青岛时，幸被车站扣留，辗转被王献唐等收入山东省立图书馆金石保存所，才得以留在国内。

高鸿裁所藏之古砖瓦为海内有数之精华，均为金石精品，堪称国宝。王献唐对高鸿裁与上陶室砖瓦评价极高："中国古代的金石家，最初不甚注意砖瓦。要讲物品真确，文字精雅，花样美富，恐怕任何哪一家，都比不了高翰生。"

高鸿裁的收藏，受其祖父高其绪影响颇深。如宋书升在《辨蟫居藏书记》中说："吾邑高君翰生，星街公之孙、叔余公之子也。星街公为余曾王母群从弟。君年视余为弱，而行则长。每相过从，谦谦自牧，樽酒谈宴际，功名富贵未尝挂齿颊，盖冲夷而澹退，其天性然尔。夙重朴学，嗜书成癖，凡奇编秘函以及宋椠元雕刻意搜罗，不惜巨资，偶或不给，辄典质以酬其价。又辑齐鲁遗书，采摭数十家，表彰先哲，孜孜不遗余力。先是，星街公始有事收藏，获寿光故家书若干卷后，司铎阙里，又得书八椟，捆载东归，尝戏语人曰：'此吾冷官宦橐也。'公捐馆后，叔余公兄弟四人析而分读，公性好金石，鼎彝碑版秦玺汉章之伦，莫不众蓄。故凡小学诸书，足资考证者，咸购之。今得君所续存者，合计卷三万有奇，以三世之勤始获百城之拥，呜呼！何其难也。君惜其聚之难，而思葆诸永久，俾无坠失，爰择精室庋之。""兹以辨蟫名居也，勿以有慨于此欤？夫藏弆虽富，而独能剖别以黜其悖道，则君志之所向可知矣。君之藏书承先泽也。君食旧德，绍清芬，抚摩遗编，必有益生其孝恭而自励，所以可传者固无俟献规于司籥也。"①

至于金石砖瓦收藏，他在《上陶室砖瓦文捃》自序中说："余自髫龄时，

---

①〔清〕宋书升：《辨蟫居藏书记》，见《潍县文献丛刊》第二辑，潍县和记印刷局，1933年。

辄有古文字之好。昔侍先（君）子侧，见考订《齐鲁古印捃》，凡籀文、缪篆尝一一指示之，小子谨志弗敢忘也。洎壮知识驯充，好弥笃而限于力之强，乃于砖瓦一门尤成专嗜。年来，留心搜访，获存者若汉若魏、若晋若南北朝，而犹以世代习见为歉。丁亥夏，自豫获砖一，文云‘海内皆臣，岁登成熟，道毋饥人’，以虑傂尺度之，纵尺有三寸强，阔尺有二寸弱，二寸为其厚，案：此必先秦时物，嬴氏灭六国，天下一家，故言‘海内皆臣’，琅邪刻石云‘六合之内，皇帝之上，西步流沙，南尽北户，东有东海，北过大夏，人迹所至，无不臣者’。语有繁简，而意实同归，足为确证。”“今方地不爱宝，古物日新，区区瓴甋犹得见于穷岩败壤中，使海内积学家参稽考证亦见闻之助，今者尽发所藏，合之瓦当若干种，抚拓成编，而以秦砖弁诸首，署曰《上陶室砖瓦文捃》，窃附古印捃后，则小子述古之意也夫!”

《上陶室砖瓦文捃》以光绪二十年（1894）潍县高氏拓本为定本，前三卷为砖，后三卷为瓦，卷六之末附以残陶文。核其各卷所录砖瓦文字，皆据拓本入录。卷一为秦颂辞砖、秦吉语砖、汉纪元砖、汉姓名砖、汉吉语砖，凡砖五十七。卷二为汉吉语砖、汉画像砖、魏纪元砖、晋纪元砖、晋职官砖、北汉纪元砖、前燕纪元砖、宋纪元砖、魏纪元砖、北齐纪元砖，凡砖七十六。卷三为南北朝姓名砖、南北朝墓砖、南北朝吉语砖、南北朝泉文砖、唐纪元砖、宋地名砖，凡砖七十三。三卷凡砖206种。卷四为秦吉语瓦、秦术字瓦、秦吉语半瓦、汉吉语瓦，凡瓦七十八。卷五为汉吉语瓦、汉宫殿瓦、汉姓名瓦、汉纪元半瓦、汉宫殿半瓦、汉吉语半瓦，凡瓦七十。卷六为汉吉语半瓦、前秦吉语半瓦、南北朝吉语瓦、南北朝吉语半瓦，凡瓦四十六。三卷凡瓦194种。合卷六之末所附陶文26种，总计426种。此本有别于431种、532种、541种诸版本，盖为几经删汰终定之本；其中所收砖瓦，砖多精整之体，瓦极变化之致，残陶亦非向所习见之品，与诸家辑录砖瓦陶文不同也。

上述所录高鸿裁《上陶室砖瓦文捃》实物在其去世后之流传经过，刘阶平曾于1931年8月撰《潍县高氏上陶室藏砖瓦保留沦亡纪略》，并刊于《国闻周报》（1932年）第9卷第1—4期。此文与另篇《陈簠斋先生与毛公鼎》被收入《文史哲学集成》第45集《阶平文存》。《潍县高氏上陶室藏砖瓦保留沦亡纪略》由五部分组成：

一为引子。略谓：入清以来，海内金石家对古代砖瓦之搜集、考释，是为极盛。若毕秋帆、陆刚甫、王心耕、孙诒让、许印林、高翰生等，计不下二十余家。而高氏之《上陶室砖瓦文捃》所载者，尤属精博。翰生先生网罗海内秦汉砖瓦，搜残存佚，惨淡经营者，计三十余载。搜集至一千余件以上，精品几至六百件，惜未及考释，竟赍志以殁！此全国砖瓦之精粹，今也不幸，几经沦亡，所幸此邦国文献又回故都，归公庋藏，永存无替。

二为高翰生先生传。高先生鸿裁，字翰生，先世于元时定居潍州北海。父庆龄，字叔余，号南郑，与吴县潘祖荫为金石交。屏绝尘纷，恒借古缘以娱老，每有一得，于炉香茗碗之间，辄摩挲抚拓参稽考校。骎骎乎神与古会矣！先生自幼胸襟旷迈，克绍家学，与同县宋晋之庶常每相过从……又遍交当世知名之士，如清宗室伯希祭酒，吴县缪小山编修，上虞罗叔言参事，荣成孙佩南京卿，福山王文敏公廉生，临清徐忠勤公梧生，投编赠纻，为文字交。庚子以后，时变愈亟，先生始游京师，慨然有忧世之意，又为孙京卿延至济南，襄校山东通志。又再至京师，史馆延为编修，然不久辄辞去，视当时事荣利泊如也。先生卒于民国七年，时六十有七。有齐鲁印捃补、上陶室砖瓦文捃行世，齐鲁遗书、历代志铭征存藏于家。

三为外人窃运与图书馆保留之经过。略谓：民国七年高鸿裁殁后，家道中落，生活拮据，上陶室砖瓦遂日在飘摇之中。山东省图书馆以责任所在，于民国二十年四月十五日前后命王献唐至潍县接洽转让，适值翰生夫人有病，乃暂返济。讵料返济后，即为日本人大田氏托华人某某，急以一千六百元买走。将上陶室之精粹捆载而去。大田氏购妥后，即择其中特品十二字砖二方，先道返国。其他砖瓦装载七大箱，货单伪填注玉器及石，托日本人久原于五月十八日由潍县运至青岛。省图闻讯，致函青岛各机关，务请扣留此批砖瓦，及运至青岛后，遂被车站扣留。至六月十二日，由山东省教育厅、胶济铁路局、青岛市政府三机关委派人员会同日本领事馆及贩运人，开始检验：

第一箱：长方砖五十方，小长方砖七方。

第二箱：大小方砖一百四十五方。

第三箱：圆形瓦端一百七十四包。

第四箱：大小砖共六十六方。

第五箱：大小砖共八十九方。

第六箱：长条石碣一方。

第七箱：长方形残石碑一方。此箱因前已查过，故未启封。

以上除去石碣、石碑二方，砖瓦合计531种，加上大田氏先期携归日本的十二字砖2种，此批上陶室砖瓦实物应该为533种。联合检验后，日本人又强行阻拦，颇费周折后，经胶济铁路沿线护送，这批砖瓦于六月十五日安然运抵济南。至济南后，教育部会同山东图书馆馆长王献唐先生，至胶济铁路济南站亲运至图书馆。从五月十八日离开潍县，至六月十五日入藏省图，前后耗时一月，高鸿裁所藏此上陶室砖瓦终于归藏山东省图书馆。

四为图书馆保留上陶室砖瓦清册。入藏省图后，工作人员对这批砖瓦重新编号，以新号、原号、文字、备考分类造册。其分类如次：

甲、瓦当类：瓦字一号至二七〇号。

乙、砖类：砖字一号至二〇三号。

丙、杂类：杂字一号至五十二号。

丁、附石类：石字一号至二号。

五为告国内文化机关书。略谓：国内文化机关，负保卫文献之责者，对于本省收藏家之珍秘，平日宜从事调查。其后人能继续保存，则地方政府应予以保护；若家世中落，亟于出让，地方政府可计值购取，不必待其捆载出口，流失海外。

据上所述，上陶室砖瓦未流失海外，王献唐先生可谓功劳至大！此等善果，相信与王氏相识的高鸿裁先生也可安息于地下矣。经查阅相关资料，潍县金石收藏家高鸿裁先生有关金石砖瓦研究的著作，总结如下：《上陶室砖瓦文捃》六卷、《二十三家金文目》四卷、《齐鲁古印捃补》一卷（附高庆龄《齐鲁古印捃》后）、《历代志铭征存》一卷、《古印偶存》（与王石经、田镕叡、刘嘉颖同辑）、《山东金石志稿》（与益都孙文楷合撰，孙文楷撰“金类”二册，著录347种；高鸿裁撰“石类”十二册，著录2892种）。

第十章 故宫博物院、国家图书馆藏陈介祺研究资料辑要

故宫博物院建院之初即收集天下文物精品。陈介祺去世后，其所藏文物因逢时局动荡而大都流散海内外，陈氏后人留存者不多。新中国成立后，陈氏后人或将陈介祺旧藏玺印、铜器等捐献给国家，其中就有为故宫博物院所庋藏者。国家图书馆注重典籍、拓本、手札收藏，量大且精，其收藏的陈氏藏砖，既有画像亦有文字。

第一节 故宫博物院藏《清拓沙南侯获碑》陈介祺本考略

一、引言

在新疆哈密市以北约45千米处的焕彩沟沟口，有一块天然巨石，略呈立方体形，东西长3.2米，南北宽3米，高2米。石之西侧有“焕彩沟”三字，南侧亦刻字三行，首行有“惟汉永和五年六月十五日”等字尚可识读，余字漫漶泐损，今已无法辨认。这块巨石现被称为“焕彩沟汉碑”，其实，它就是沙南侯获碑①，系清代在今新疆地区所发现的三块汉碑之一②。最早发现并记

① 沙南侯获碑当属石刻，但学界历来多约定俗成称之为“碑”，故此文为叙述方便，沿用习称。

② 另外两块分别是清雍正年间发现的裴岑纪功碑和光绪年间发现的刘平国碑。

录该碑的是清代嘉、道时期的著名学者徐松①，他在《西域水道记》卷三中记载如下：

自此层折而下，东南行三十五里，为焕采沟。“焕采沟”三字，立石路侧，理藩院笔帖式正书，填以朱，其石亦汉碑。石之阴隶书四行，首行曰“惟汉永和五年（140）六月十五日（下缺）”，二行曰“臣云中沙南侯”，余皆不可辨识。②

因徐松未言有拓本携归，故一般认为沙南侯获碑的初拓本，系清道光十五年（1835）萨迎阿③经其地，始拓以归。萨氏《寄尹竹农前辈书》略云：

伊吾城北行……为南山口，登天山赴镇西府所必由，入口十里道旁有石刻“焕彩沟”三字，乾隆十五年田辅仁书也。道光十五年许子直游天山归，言石上有隶书不可辨。余遣使往拓得三行有曰“惟汉永和三（五）年六月十五日”下系付字，次行“马”字下有“云中沙南侯”字，碑三面刻字，可辨者尚有“睦堂”“陶君”等字，想亦记功之作。④

此碑书法参差不齐，清方朔推为“遒古瑰丽”。彼时拓本甚少，故天津康氏曾翻刻。同治十二年（1873），潘祖荫滂喜斋亦有木刻本，系吴大澂钩摹、王懿荣手书，并附释文，为世所称，而所据底本则是潘祖荫所藏之六行足本

---

① 徐松（1781—1848），字星伯，原籍浙江上虞，后迁顺天大兴（今北京大兴区），清代著名地理学家。以博学多才，尤长于地理之学，名重当时。嘉庆十三年（1808）以进士任翰林院编修，道光年间任礼部主事、江西道监察御史等。徐松利用编纂《全唐文》之便，从《永乐大典》中辑出《宋会要辑稿》《河南志》《中兴礼书》。又撰写《唐两京城坊考》《登科记考》。嘉庆十五年（1810）被降职至新疆，得机会考察新疆各地，撰写《西域水道记》《汉书西域传补注》《新疆识略》等。嘉庆二十四年（1819）回京。1821年成书的《西域水道记》以西域水道为纲，记述沿岸的城市、聚落、山岭，以及某些地点的经纬度、历史、物产、民族、水利、驻军等，所附地图计里画方，是研究西北史地的重要文献。

② 〔清〕徐松著，朱玉麒整理：《西域水道记（外二种）》卷三，中华书局2005年版，第177页。

③ 萨迎阿（？—1857），字湘林，钮祜禄氏，满洲镶黄旗人，清朝将领。嘉庆十三年（1808）举人，授兵部笔帖式，擢礼部主事，洊升郎中。道光三年（1823），出为湖南永州知府，调长沙。历山东兖沂曹道、甘肃兰州道。道光七年（1827），迁按察使。以治新疆军需，赐花翎。道光六年（1826）擢河南布政使，未任，予副都统衔，充哈密办事大臣，调喀喇沙尔办事大臣。

④ 参见〔清〕董文涣著，李豫、李雪梅等点校：《砚樵山房诗稿》，山西古籍出版社2007年版，第710页。

（现藏于上海图书馆），仲威先生在《汉碑善拓过眼之一》一文中曾有阐述，可资参考。①

虽然沙南侯获碑被发现的时间较晚，但近现代金石文献对其不乏著录。如杨铎《函青阁金石记》卷二、王鎏《十二砚斋金石过眼录》卷一、毛凤枝《关中金石文字存逸考》卷十、丁绍基《求是斋碑跋》卷一、陆增祥《八琼室金石补正》卷四、罗振玉《西陲石刻录》、王树枬《新疆访古录》卷一。其中，尤以《八琼室金石补正》记载最为翔实，既有张之洞的考释，又有吴大澂、王懿荣、潘祖荫的题识，还有陆增祥的按语，多为研究者所参引，而其著录的诸多信息亦主要源自潘祖荫六行足本。

二、故宫博物院藏本

故宫博物院藏有若干件《清拓沙南侯获碑》拓本，新93424号就是其中之一。此拓本为单幅整张，湖色绢托裱，内签题“汉侯获碑”四字。除墨拓外，还有陈介祺、张德容、张之洞、褚德彝等题跋、双钩、释文、识语。兹以时间先后辑录如下（图2－10－1）：

1. 陈介祺题跋：

焕彩沟汉永和碑赠/燕翁年丈。陈介祺。（钤“臣祺读碑印”印）

2. 张德容双钩：

惟汉永和五年六月十五日/马云中沙南侯获安边/夵兼莘率护乌桓校尉讨。

3. 张德容识语：

右汉沙南侯获碑，在镇西府宜禾县焕采沟道旁。此本为刘鹭卿②同官比部时所贻。第（第）三行纸损缺数字，今以/滂憘斋本对校，谛审得二十九字，因钩橅之，以备参考。桉（按）《后汉书·南匈奴传》永和五年夏，匈奴左部句龙王吾/斯、车纽等畔，度辽将军马续与乌桓校尉王元等，发缘边□击破之。又《乌桓传》载阳嘉四年，乌桓寇云中，又战/于沙南。至是相距五年，乌桓大人又与南匈奴吾斯等畔。盖云中沙南本缘

① 仲威：《汉碑善拓过眼之一》，载《书法》2012年第12期。

② 刘鹭卿系刘喜海之子。

边之地，连年寇扰，是时乃大破之。/侯获当是领缘边兵随同讨寇者，因勒石纪功耳。“尞”即“遼”字，“崒”即“率”字。同治辛未仲秋衢州张德容识。

4. 张之洞题跋：

惟汉永和五年六月十五日［伊吾司］① /马云中沙南侯获，字仲奋［举］/孝廉，菑丘、乌、埒、张掖令。

何以定为伊吾司马令，宜禾古伊吾也［碑见在今/宜禾旧县，道光间改名镇西厅］。名获当字奋，以训故知之/也。孝廉获出身也，菑丘［彭城县］、乌［太原县汉志作鄔］、/埒［雁门县］、张掖［武威县，非张掖郡］，获所历官也。永/和五年虽有马续与南匈奴战事，/西河不与伊吾近［西河今汾州府及保德州境，美稷今汾阳县，去伊/吾数千里，南匈奴不寇西边］，故不用之也。以下文不具，碑/失之也。

弟（第）三行以此本及潘侍郎所藏之本/参检，而得之丘字、张字。惟潘藏折叠/未裱本最为章灼［其本右方弟（第）一行有横裂一段，左畔有吴子苾②侍郎/题字两行］，掖字惟此本可辨，令字据潘折叠本/有人字，以义推是令耳。若不见此数本，/将谓以意为说也。又此下余石无几详，碑/文尚多，而潘本弟（第）三行之左余地甚宽，几/与右方等，确无字画，是知非后人破此元/碑以作新刻，当是阴及两侧尚有文字耳。/同治十年（1871）八月二十九日南皮张之洞题记。

今阴已磨刻焕采沟/三字，如两侧有字，尚可/取证耳。(钤“之洞私印”“张孝达”印)

5. 褚德彝题跋：

汉沙南侯获碑，/今在镇西厅，即/汉之宜禾县也。石/已半泐，字画又浅，/文字隐约。首行末/据他本尚存半伊/字。二行首马字当为/伊吾

---

① 方括号内文字为原文中小字，后文同。

② 吴式芬（1796—1856），字子苾，号诵孙，山东海丰（今无棣）人，清代金石学家、考古学家。道光进士，官至内阁学士，生平专攻训诂之学，长于音韵，精于考订，凡鼎彝、碑碣、汉砖、唐镜之文，皆拓本收录。平生著述有《金石汇目分编》《陶嘉书屋钟鼎彝器款识》《双虞壶斋日记八种》《双虞壶斋印存》《唐宋元明人摘句》《缀锦集》《陶嘉书屋诗赋》等。吴式芬还是封泥的发现者和最早研究者。

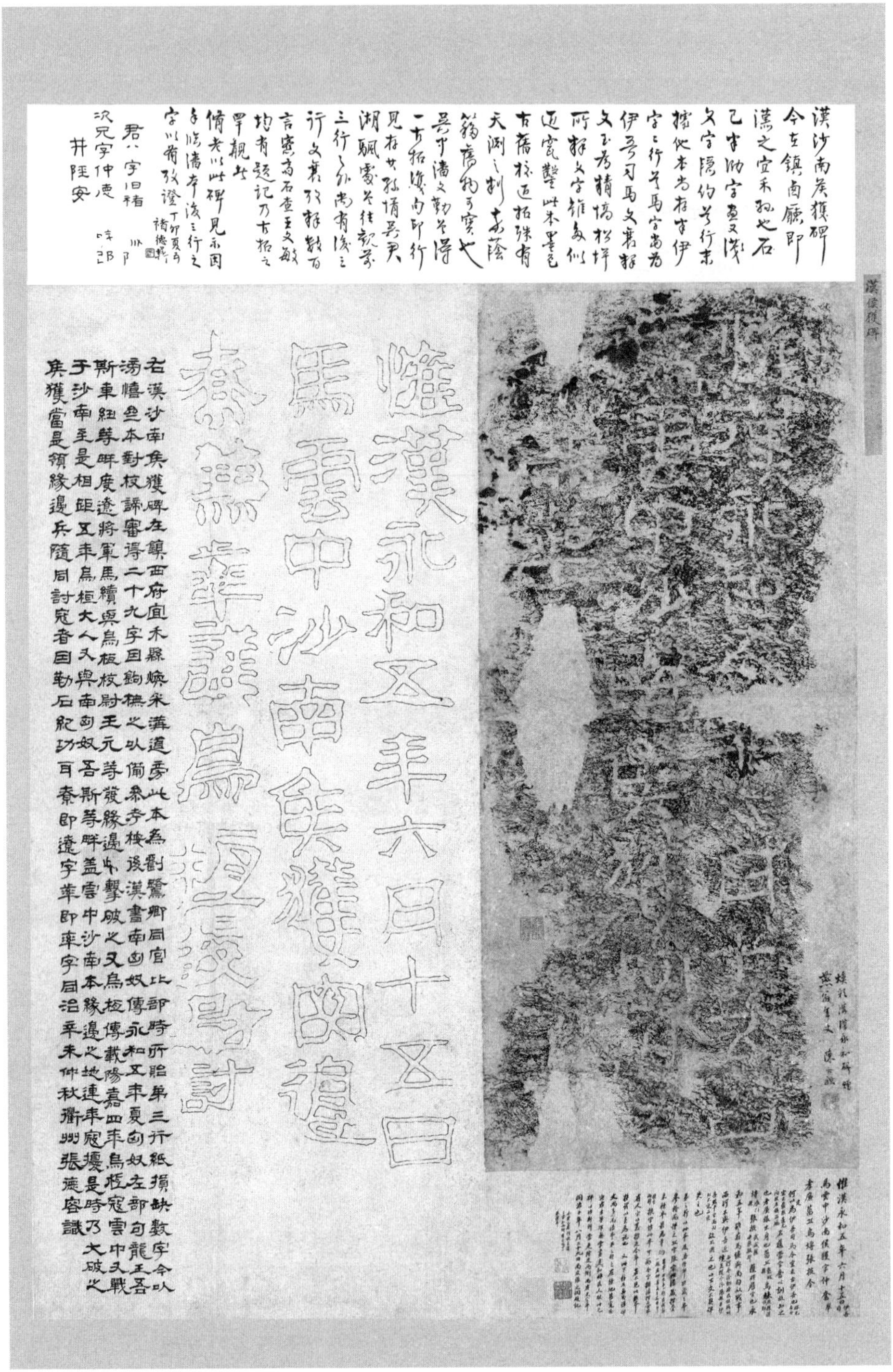

图 2－10－1　故宫博物院藏《清拓沙南侯获碑》拓本

司马。文襄释/文至为精塙。松坪/所释文字虽多，似/近穿凿。此本墨色/古旧，校近拓殊有/天渊之判，嘉荫/簃旧物，可宝也。/吴中潘文勤曾得/一古拓，双勾印行，/见存其孙婿吴君/湖帆处，曾往观。前/三行之外，尚有后三/行。文襄考释数百/言。愙斋、石查、王文敏/均有题记，乃古拓之罕覯者。

修老以此碑见示，因/手临潘本后三行之/字以备考证。丁卯（1927）夏五。褚德彝。（钤“松窗”印）

（摹字不录）

故宫博物院所藏此拓本系道光年间萨迎阿初拓之一。该拓本的第一任收藏者是陈介祺，从所钤“臣祺读碑印”可知，陈氏收藏此拓本的时间当系其在京为官期间，即咸丰四年（1854）以前。嗣后，陈氏将此拓“赠燕翁年丈”，即刘喜海①。陈、刘二人之关系，据陈介祺同治十二年（1873）致鲍康札所言，“弟于燕庭丈至交”，但似乎并非如此简单：“刘喜海生于乾隆五十八年（1793），陈介祺生于嘉庆十八年（1813）。刘喜海长陈介祺二十岁，可谓陈氏长辈。因此陈介祺所言的这个‘至交’，准确点说，应是‘忘年交’！以喜海出道之早，术业之精，应是介祺师长辈，只是关系过于密切，而成为一种亦师亦友的交情而已。介祺称喜海每以‘燕翁’‘刘丈’等尊称，亦足明此。”② 因此，此沙南侯获碑初拓本经陈介祺之手转赠刘喜海，情理之中，无可厚非。只是当时陈氏仅能以出土地点及年号定为“焕彩沟汉永和碑”，可见他并未对该碑进行深入考证研究，其时年纪尚轻（也就二十余岁），阅历尚浅，似亦不必苛求。而刘喜海在金石学方面的造诣和成就，或许正是陈介祺能够割爱的主要原因。随之，此拓因刘喜海而显于世，即所谓诸城刘氏本，于晚清诸金石著述中屡有提及。而此碑“沙南侯获”之名，逮至同治末年经潘祖荫等考释始称之。

---

① 刘喜海（1793—1853），字燕庭（又作燕亭、砚庭）、吉甫，山东诸城人，别号三巴子，清代金石学家、古泉学家。其善鉴赏金石，著有《海东金石苑补遗》（光绪七年成书）等鉴赏书籍。其所补编《古泉汇考》为当时古泉学集大成之巨著，嘉惠后世泉学研究；《三巴金石苑》为巴蜀地区历代金石图文并蓄之第一部著录，对后世影响颇大。

② 张其凤：《刘喜海对陈介祺的影响考绎》，见《陈介祺学术思想及成就研讨会论文集》，西泠印社出版社2005年版。

继刘喜海之后，张德容①成为此拓的第三任收藏者，据他所言，“此本为刘鹭卿同官比部时所贻”。刘鹭卿系刘喜海之子，故传之有序。张德容亦是晚清著名的金石学家，著有《二铭草堂金石聚》，凡十二卷，计收录周秦至南朝金石文字一百四十余种，体例悉仿牛运震之《金石图》，自石鼓文以至瘗鹤铭，每篇文字精心双钩摹刻，金石文字之下，皆附按语，颇有创见，按语中之考证文字，博稽今古，尤为可取。其中《汉侯获碑》条云：“容初得一本乃刘燕庭方伯所藏，鹭卿以之相贻，仅前三行，首行止日字。”又云：“光绪已卯门人平江陈骘民自塞外归，以一本持赠，则首行伊吾字尚可辨。”② 由是可知，张德容所藏《沙南侯获碑》凡二本，刘燕庭本乃是其“初得一本”。

张德容同治辛未（1871）仲秋（八月）双钩、题识于故宫博物院藏本之上，内容与他此前（七月）在潘祖荫旧藏《沙南侯获碑》三行本上的题记如出一辙。却与此后（1872 年以后）《二铭草堂金石聚》所载《汉侯获碑》不尽相同，特别是双钩释文出入很大（表 2－10－1）。究其原因，主要是他最终认同了张之洞③的观点，而改变了自己的最初意见。诚如其所言，“同年（1871）张香涛编修谓，镇西在汉伊吾西河，为地太远，因定为伊吾司马。碑释

---

① 张德容（1820—1888），名谷，字德容，自号松坪，浙江衢州人，清咸丰二年（1852）举人，两度出任岳州（今岳阳）知府，两次大修岳阳楼。其中清光绪五年（1879），时任岳州知府张德容组织的岳阳楼大修，工程最为浩繁、最为大胆，堪称岳阳楼保护史上的里程碑。张德容任职期间关心民瘼，颇有惠政，并精通诗、画，太傅翁同龢《题张松坪潇湘梦游图》评之：“岳州太守贤大夫，吏才诗笔当今无。”

② 〔清〕张德容：《汉侯获碑》，见《二铭草堂金石聚》卷四，清同治十一年（1872）二铭草堂刊本。

③ 张之洞（1837—1909），字孝达，号香涛，晚清名臣、清代洋务派代表人物。因是总督，称“帅”，故时人皆呼之为“张香帅”。出生于贵州兴义府，祖籍河北沧州南皮。咸丰二年（1852）中顺天府解元，同治二年（1863）中探花，授翰林院编修，历任教习、侍读、侍讲、内阁学士、山西巡抚、两广总督、湖广总督、两江总督（多次署理，从未实授）、军机大臣等职，官至体仁阁大学士。张之洞早年是清流首领，后成为洋务派的主要代表人物。教育方面，他创办了自强学堂、三江师范学堂、湖北农务学堂、湖北武昌蒙养院、湖北工艺学堂、慈恩学堂、广雅书院等。政治方面，他主张“中学为体，西学为用”。工业上创办汉阳铁厂、大冶铁矿、湖北枪炮厂等。八国联军入侵时，大沽炮台失守，张之洞会同两江总督刘坤一与驻上海各国领事议订“东南互保”，并镇压维新派的唐才常、林圭、秦力山等自立军起义。光绪三十四年（1908）以顾命重臣晋太子太保，次年病卒，谥文襄。有《张文襄公全集》。张之洞与曾国藩、李鸿章、左宗棠并称晚清“四大名臣”。

云，侯获字伯奋，举孝廉，菑丘、乌、埒、张掖令。当时喜其考鉴精细”①。

表2-10-1 张德容双钩释文之前后差异对比

	故宫藏本双钩（1871年）	《二铭草堂金石聚》双钩（1872年）
1	安边	字伯
2	寮兼	孝廉
3	率护	菑丘
4	武桓校尉讨	乌埒张掖

潘祖荫旧藏《沙南侯获碑》三行本现藏于北京大学图书馆，此本为同治十年（1871）潘祖荫先得之本，第二年潘氏又诒书边帅再得六行足本，遂将此三行本赠与江标，后归费念慈。此本上有赵之谦、胡澍、王懿荣、徐郙、黄钰、韩泰华、张德容、翁同龢、张之洞等人题记、观款。其中，继张德容“同治辛未七月”长题之后，张之洞于观款中即见缝插针，针锋相对，指出：“月日下定为‘伊吾司’三字。‘侯获’下释为‘字仲奋，举孝廉，菑丘、乌、埒、张掖令’十三字。别有说。”② 寥寥数语，既表明了不同的观点，又留下“别有说”的伏笔。《沙南侯获碑》故宫博物院藏本（即彼时刘氏本）上，张之洞“同治十年八月二十九日”的题跋，时间与北京大学图书馆藏本上其所作观款时间相近，而内容亦与“别有说”相契合。但是，时隔不久，在同治十一年（1872）十月，张之洞对其原来的考释又作了大幅的修订和增补，这是在潘祖荫得到《沙南侯获碑》六行足本以后发生的事情。此潘氏六行足本之上，张之洞先后留下了三段考释文字。仲威先生描述三段考释文字之位置及主要内容如下：

1. 卷轴一，前碑拓片之下端题记：

同治十一年十月张之洞碑文考释题记，主要关于前碑三行之释文。

2. 卷轴二，后碑拓片之下端题记：

有同治十一年十月十七日张之洞后三行碑文考释题跋：“（沙南侯获）

① 〔清〕张德容：《汉侯获碑》，见《二铭草堂金石聚》卷四，清同治十一年（1872）二铭草堂刊本。

② 潘祖荫旧藏《沙南侯获碑》三行本张之洞观款，北京大学图书馆藏。

后碑文亦三行，可辨者止十四字。……伯寅前辈向得前碑拓本，已属之洞审释之，寻复诒书边帅拓得足本，乃并前后碑通释之，字画浸就刓灭，后碑尤甚，审谛三日，所得无几何也。较之萨湘林（舲）、何子贞所释则稍免鲁莽矣。边帅书来云：碑大如屋，三面刻字，此后碑三行，则未知其为阴欤？为侧欤？想刻字尚不止是，此两纸已是世间《侯获碑》第一本矣。”

3. 卷轴一，前碑拓片之上端题记：

同治十一年张之洞碑文考释之补记，主要关于后碑三行释文，诸如“德”字、“井陉”“次兄”“安国”等字。①

前后相校，张之洞前三行释文改订之处有二：一是“仲奋”之“仲”字改为“祖”字，二是“张掖令”之“令”字改为“长”字。后者“何以知其为‘长’不为‘令’？此数县皆不能满万户，故不得为‘令’也”。此说颇有根据，而“吴氏精拓本‘长’字微有横画，长波可辨”，则是针对此前“‘令’字据潘折叠本有‘人’字，以义推是‘令’耳”而言，亦能自圆其说。关于对“祖奋”的考证，张之洞的依据是第二行“奋”字上似“伯”字，特通后碑绎之，其兄字“仲”，幺弟不得称“伯”矣，故定从“祖”字。可见《沙南侯获碑》“后三行”即“侯获后碑”的出现，起到了关键的作用，这也成为张之洞释文重要增补之处。其实，早在1871年，赵之谦就已从张德容和潘祖荫的《沙南侯获碑》三行本中辨识出了“祖”字：“‘字’下一字旧释‘伯’，稀视殊非。”“侯君字祖（旧释‘伯’，误）奋。”张之洞则是以二重证据再次证明了这一点。

据张德容所言，“同治辛未，潘伯寅世丈以所得本见示，并属为摹释”②。因此，张德容有机会将自己所得《沙南侯获碑》刘氏本与潘氏藏本（二者皆是三行本）并观比较。那么，潘祖荫是否也有这样的机会呢？答案是肯定的。《翁同龢日记》同治十年（1871）五月十九日记载：“伯寅以宜禾县沙南侯获碑见示，张松坪物。”③ 说明张德容所得刘氏本亦曾被潘祖荫借观。赵之谦尝

---

① 仲威：《汉碑善拓过眼之一》，载《书法》2012年第12期。

② 〔清〕张德容：《汉侯获碑》，见《二铭草堂金石聚》卷四，清同治十一年（1872）二铭草堂刊本。

③ 〔清〕翁同龢著，陈义杰整理：《翁同龢日记》，中华书局1989年版，第859页。

为潘祖荫双钩《侯获碑》并跋曰："同治十年六月，假张松坪太守本双钩一过，始知此碑乃侯君名获，非'沙南侯'。"① 董文涣《题伯寅丈所藏云中沙南侯获碑拓本》亦云"何不持示张岳州，与刘氏本一交参"②，时间则是在同治辛未年（1871）六月十九日。这说明，张德容继得刘氏本之后，名声在外，颇具影响，就递藏而言，或称其为张氏本也不为过。同治末年掀起了研究《沙南侯获碑》的高潮，晚清诸多金石名家如潘祖荫、王懿荣、吴大澂、沈树镛等均参与其中，而引领此番学术者，张之洞当之无愧。北京大学图书馆藏《沙南侯获碑》潘祖荫三行本、故宫博物院藏萨湘林初拓本、上海图书馆藏潘祖荫六行足本上，都留有张之洞的长篇考释题识，其不断修订与完善的研究过程可谓一目了然，而其观点亦多为时人所认同，故晚清民国间金石著述多从之。面对风化严重、漫漶不清、近乎无字的石刻，清代金石学家仍旧投入如此饱满的热情，屡屡研读，详加考释，足见清代金石学之鼎盛，而张氏筚路蓝缕之功殊不可没。

作为这一阶段学术研究的总结，同治十二年（1873）潘祖荫刊刻《汉沙南侯获刻石》一书，将张之洞考释文字收入。其间，张氏尝致信潘祖荫，就该书的"编辑"提出意见和建议，云：

> 沙南碑跋，本拟荟萃为一段，细思究属不妥，金石跋尾之体，本以重叠题记为有致，古人多有之，若欲合并，必致强勉联络蒙茸一片，反致眉目不清。因即改定字句数处，段落仍旧，[前碑三跋，后碑留两跋。]惟将末一段空话删去耳，已送廉生处矣。至前碑额上有消寒会题名一段，[似可删。]是否应录入，请裁酌之。[都计尊跋、吴、王两君及晚跋五段，共八段。]末段有碑大如屋并海内第一本云云，鄙意谓是空话，若尊意欲自张其碑则存之，否则去之，惟酌定可耳。
>
> 前读侯获碑钩本，猥将鄙说采入，而前路晚逐字说文删去，深为惊愕，如此则鄙说一片寱语，无论何人读之，断不能辨晚所说为何言语矣！夫先有释文，后有解说，如先有白文，而后有注释也。使无经文，人知注为何物耶？如尊意欲特创一体，不用释文尽可将晚释文上冠以某人曰，

① 邹涛：《赵之谦年谱》，荣宝斋出版社2003年版，第202页。

② 〔清〕董文涣著，李豫、李雪梅等点校：《砚樵山房诗稿》，山西古籍出版社2007年版，第710页。

装入后数段解说之首连成一片，亦无不可，其实先将晚释文照轴上原式录之，但于前加“张孝达释文”五字为题，则于鄗说既可自圆其说，而于尊书之体仍无所妨，盖尊意所以不用释文者，为其不欲遽断存疑虚中之义也，然晚之释文，加以某人释字样，既已标明，则仍是晚一家之说，非执事定论可知也。若晚一家之说，亦复去半留半，使之有文无题，则晚苦矣。[他金石家之释文，乃著书者论定之词，此释文乃诸人考订各抒所见之语，绝不相同。] 伏望照轴上原式将前路单字释文更刻一纸，[请廉生书之，顷刻即得矣。] 第一行作“张孝达释文”五字为题，字数不多，[书亦不难。] 刻成亦易似尚不甚费事，刻成后增订于鄗说之前一叶，如此则感幸多矣。千万拜祷至恳至恳。[再，闻尊斋他器释文已刻出，务望赐付一校，再令刷印，切恳切恳。] 此碑原石世人既不得见钩本，又只钩前数字，晚所释乌埒以下点画俱无，晚逐字说，文又不载入，人见鄗说未有不斥为虚妄者，执事特未之思耳。

三改侯获碑释文收到，此一事而重烦清神如此，兼以鄗释之故，殊为不安耳。

释文

前三行

惟汉永和五年六月十五日伊 [吾司]

马、云中沙南侯获，字祖奋，

孝廉，菑丘、乌、埒、张掖长，

后三行　[德井陉三字依吴释]

君父字仙绪 [借褚为之]　羽林监，

次兄字仲德，　议郎

井陉安国 [此字续得]

…………①

张之洞对自己所付出的心血颇为珍视。“逐字说文”即释文无疑是其研究成果的集中体现，亦是考证之基础，是绝不可少的，故其一再要求刊印时不

① 苑书义、孙华峰、李秉新主编：《张之洞全集》卷二百九十一，河北人民出版社1998年版，第10394～10395页。

能删去，且标明“张孝达释文”五字。此五字虽有标明文责自负之意，但更是为了尽显“一家之说”。

张之洞坦言“读此碑后十日，见吴君（按：吴大澂）释文，所释弟（第）二行德字，弟（第）三行井陉字是也，当定从之”。而此前张之洞释文与之相去甚远。又云：“王君（按：王懿荣）谓中间本没字，非漫漶可信。至释次兄作次元目为分行题名误。”① 以上吴、王二人的见解，是张氏“改定字句数处”的主要依据。这段修改再三的文字，就是上海图书馆藏潘祖荫六行足本上的张跋文字，张之洞的修改也是直接在原跋上完成的，至今修改痕迹清晰可见。张之洞还从实际出发，保留“重叠题记为有致”，并力求持之有据，无虚妄之语，删去空话。最终成书之文字，亦是如此。

故宫博物院藏本上最晚的题跋是褚德彝②所作，时间为“丁卯夏五”（1927 年五月）。他不仅再次明确了此前嘉荫簃（刘喜海）、松坪（张德容）的流传经过，还提供了“修老以此碑见示”的重要递藏信息。此修老乃张厚谷（约 1883—?），字修府，室名碧葭精舍，河北南皮人，张之洞族孙，精金石之学。1927 年刊印《碧葭精舍印存》时，褚德彝为之作序。张厚谷则是继张德容后第四任收藏者，但他没有留下题跋文字，恐感先祖阐释详尽，以避狗尾续貂之嫌。褚德彝还提到了潘祖荫六行足本，且其“曾往观”。检拓本诸题，确有褚德彝一段，时间是丁卯（1927）十一月，据他所言，“顷吴湖帆先生以此见示，江楼展玩自庆眼福不浅”③。

三、陈介祺与沙南侯获碑

虽然陈介祺早年将“焕彩沟汉永和碑赠燕翁年丈”，而与沙南侯获碑初拓本失之交臂，但他对该碑的关注始终未减，晚年更是不遗余力投入其中。同

① 苑书义、孙华峰、李秉新主编：《张之洞全集》卷二百九十一，河北人民出版社 1998 年版，第 10397 页。

② 褚德彝（1871—1942），原名德义，后避宣统讳更名德彝，字松窗、守隅等，号礼堂，又作里堂，别号汉威、舟枕山民等，浙江余杭人，近代篆刻家、考古家。篆刻初师浙派，后精研秦汉印，所作挺秀苍劲。其侧款刻篆文，亦短峭入古，别有风韵。书宗河南（褚遂良），能得其渊源，隶书学汉礼器碑，功力最深。著有《金石学续录》《竹人录续》《松窗遗印》等。

③ 《沙南侯获碑》潘祖荫六行足本褚德彝题跋，上海图书馆藏。

治十二年（1873）五月二十五日，陈介祺致鲍康札云："沙南侯获竟多出数行字，且定侯获之名，尤快人意。未审可转假见寄，俾精摹一本寄求付刊否，姑妄言之，不敢固请也。"① 又光绪元年（1875）正月十一日，陈介祺致潘祖荫札云："袁筱坞闻移驻巴里坤，汉唐各石当可得精拓。沙南侯获尤企切。"② 出于研究和赠送的需要，虽然是晚期拓本，陈介祺对沙南侯获碑仍旧十分渴望，且需求量颇多。同治癸酉（1873）八月五日，陈介祺致吴大澂札云：

沙南侯获奢望一二十纸，敦煌、仓颉、石门颂诸汉刻均望洗剔，以绵料厚纸，先扑墨，后拭墨，精拓之。水用芨胶去矾。拓费必当即缴。③

光绪元年（1875）元月十二日，陈介祺再次致吴大澂札云：

筱坞移驻巴里坤，沙南侯获、裴岑、姜行本俱可得真石精拓，则乞代为切致，必当缴费，各求十纸。④

时任陕甘学政的吴大澂当然理解好友急切的心情，自是竭尽全力而为。分别于同治十二年（1873）腊月十八日、光绪元年（1875）二月二十四日回信云：

……古刻销磨不少。按临郡邑，有司呈送碑拓类多常品，纸墨粗恶，不足以呈鉴赏。沙南侯获刻石及敦煌、仓颉、石门颂各种，当觅良工精拓，陆续寄呈。⑤

沙南侯获、裴岑、姜行本均未觅到。边外无佳拓手，恐不能精。筱坞前辈与左相不谐，西征已作罢论矣。⑥

光绪元年（1875）七月，吴大澂致信陈介祺云："裴岑纪功碑多无佳拓（朱拓一本奉呈。今日由金营寄来者，墨拓甚劣，如可送人，当寄数本）。沙南石刻已致营友觅拓，俟寄到，必奉数本。"⑦ 吴大澂最终履行了诺言。

陈介祺当然知晓沙南侯获碑远处塞外苦寒之地，一拓难求，却为何总是

---

① 〔清〕陈介祺著，陈继揆整理：《秦前文字之语》，齐鲁书社 1991 年版，第 158 ~ 159 页。

② 白谦慎：《吴大澂和他的拓工》，海豚出版社 2013 年版，第 35 页。

③ 白谦慎：《吴大澂和他的拓工》，海豚出版社 2013 年版，第 31 ~ 32 页。

④ 白谦慎：《吴大澂和他的拓工》，海豚出版社 2013 年版，第 35 页。

⑤ 白谦慎：《吴大澂和他的拓工》，海豚出版社 2013 年版，第 33 页。

⑥ 白谦慎：《吴大澂和他的拓工》，海豚出版社 2013 年版，第 35 页。

⑦ 白谦慎：《吴大澂和他的拓工》，海豚出版社 2013 年版，第 36 页。

索要呢？因为他对访碑拓碑有着自己的原则，即“凡碑之难拓者，高而须打架者，地方远轻易不能到者，年代古而石残者，零星难寻者，家藏或不许轻易拓者，既费一回事，拓多拓少同一辛苦，多拓数张尚合算，纸墨之费，究竟用不多也。其碑大字大用纸墨多者，比小者可少拓数分，然至少亦须四五分，方不负一番辛苦，小者则十余分廿分均可。字佳者及古者，虽易拓亦须多拓精拓。日久碑字更剥落，故亦须多拓也”①。如此看来，像沙南侯获碑这般罕见难得之物，陈介祺索拓“一二十纸”也属正常。

四、余论与补证

综合各方面的文献信息，可知自晚清以来，对沙南侯获碑的发现与研究大致经历了以下过程：徐松实地考察最早发现，并予以记载；萨迎阿始有拓本携归；陈介祺最早得萨氏三行本（即故宫博物院藏本）；刘喜海、吴式芬继而得之；翟云升始双钩锓木于《隶篇》；潘祖荫先得三行本，又得六行足本，凡数本；沈树镛、费念慈等亦相继得之于潘氏；吴大澂尝钩摹潘本刊行，最为世所称；吴大澂任陕甘学政时屡遣使访拓；赵之谦、张德容等亦有双钩；张之洞参检诸本，考鉴最为精细；陆增祥、罗振玉等金石学家著录颇为翔实。而对《沙南侯获碑》之研究能够在同、光年间达到高潮，亦与当时清廷西北用兵的政治军事局势有着必然联系。

作为萨迎阿初拓本之一，此故宫博物院藏本先后经陈介祺、刘喜海、张德容、张厚谷递藏，流传有序。刘氏（燕庭）本、张氏（松坪）本之别称亦随之声名鹊起，显赫一时。而在二人之前的重要收藏者陈介祺似乎被逐渐淡忘，但从碑帖藏本追本溯源的定名惯例而言，将此藏本称之为陈介祺本当是妥当的。

2016 年 5 月，笔者挚友、浙江省博物馆研究馆员桑椹先生来函指出，本文中所谓“因徐松未言有拓本携归，故一般认为沙南侯获碑的初拓本，系清道光十五年（1835）萨迎阿经其地，始拓以归”的说法不准确。其依据为《莫友芝年谱长编》“咸丰十一年辛酉（1861）”条中的有关记载：

① 〔清〕陈介祺著，陈继揆整理：《簠斋鉴古与传古》，文物出版社 2004 年版，第 20 页。

六月初十日，与汪士铎谈，同周钟俊访张曜孙，谈《沙南侯碑》等。

《郘亭日记》：晴。梅岑相访，谈久之。同宅三访张仲远曜孙观察，言《沙南侯碑》是徐星伯拓归，三纸。一自存，一赠刘燕庭，一赠仲远。其碑在新疆焕彩涧，涧旧名棺材，岳大将军经之，嫌其名不雅，为改之。即磨刻三大字于此石之背，不知其有字也。星伯赐还憩此，乃审为汉刻而拓之，其阴之刻焕彩涧者，当亦有字，已磨去矣。①

笔者检莫友芝《郘亭日记》，确如是说，桑椹先生材料援引亦无误。因此，《沙南侯获碑》之初拓本当系“徐星伯拓归”。从徐松的履历来看，初拓时间应是嘉庆二十四年（1819）其“赐还”途经哈密期间。而本文中道光十五年（1835）萨迎阿“始拓以归”“始有拓本携归”“初拓本”的说法，需相应改为“继拓以归”“继有拓本携归”“拓本”为宜。

此外，如果《沙南侯获碑》徐松初拓“三纸”中“一赠刘燕庭”，那么就意味着传世所谓诸城刘氏本至少有两本，陈介祺赠本只是其中之一，且历史价值在徐松赠本之后。徐松初拓本笔者未曾得见，初步分析亦应是三行本，甚至字数更少、更不清晰，艺术价值或不及萨迎阿等后人所拓，于文献研究考订多有不利，彼时“沙南侯碑”之定名似对此已有体现。这或许正是陈介祺仍旧将所得拓本“赠燕翁年丈”的一个主要原因。而此后刘鹭卿将乃父所藏此《清拓沙南侯获碑》复本贻赠张德容也就在情理之中了。

第二节　国家图书馆藏陈介祺藏砖拓片目录

陈介祺以收藏、鉴定称名海内外，“所藏钟鼎、彝器、金石为近代之冠”②，如其所藏毛公鼎是传世青铜器中铭文最多者；所藏《汉君车画像石》中人物车马线条流畅，精美绝伦。陈氏又精传拓，使全形拓拓法得到质的飞跃，在中国传拓史上占有至高地位，叶昌炽评价：“潍县陈簠斋前辈拓法为古今第一……墨淡而有神，非惟不失古人笔意，并不损石。齐鲁之间，皆传其法。”③

---

① 张剑：《莫友芝年谱长编》，中华书局2010年版，第232页。

② 赵尔巽等：《清史稿》卷三百六十五，中华书局1977年版，第11439页。

③〔清〕叶昌炽撰，王其祎校点：《语石》，辽宁教育出版社1998年版，第264页。

陈氏十分重视传古，每有收藏，必精拓若干份，并亲自检点著录。《簠斋吉金录》、《簠斋藏器目》（两种）①、《簠斋藏古目》② 等著述的传世，使我们在陈氏多数藏品不知去向的今天，借此可想见其藏品的丰富和精彩。古砖并非陈氏的主要藏品，因而陈氏并无专门砖目传世，几种传世目录中又都未收古砖，目前可见者只有同治十一年（1872）簠斋婿吴重憙抄本《潍县陈氏宝簠斋藏器目》，今藏于国家图书馆古籍馆，但是该目仅收砖54种125件，陈介祺题首曰："壬申（1872）以后得者不载。"③ 此后陈氏所得不菲，皆不在此目，因此这一砖目尚不能表现陈氏藏砖的全貌。

国家图书馆藏有一批原陈介祺藏砖拓本，按照馆藏编号，有善拓135、善拓585、善拓586。其中，善拓135共七册，拓片凡355张，拓工最精，装裱亦最讲究，而且把同文砖都集中在一起，但拓片上无藏印；善拓585共四册，拓片凡138张，一部分拓片上有藏印；善拓586全八册，前三册全为陈氏藏砖，第四册仅有一张，拓本凡209张，每张拓片上都有藏印。这三部分藏品凡702张，去其复重，凡344件（含同模砖），212种（不含同模砖）；所钤藏印有"簠斋""君子砖馆藏砖""簠斋藏古""簠斋先秦文字""簠斋两京文字""齐东陶父""海滨病史""有周陶正之后""平生有三代文字之好""君车汉石亭长""半生林下田间"十一方。善拓586还有王瓘藏印"王孝禹考藏记""孝玉""王瓘印信长寿"等，每张拓片上皆钤"竹圃"印。因工作之便，笔者得以对这些拓本逐一比对核校。今谨将这部分原陈氏藏砖拓本的目录整理出来，一为陈介祺研究提供一份资料，二为古砖研究者提供一个查阅的线索。希望借此目录描绘出陈介祺藏砖的大致面貌。另：陈氏藏品存山东者甚多，笔者仅见山东博物馆所藏陈氏古砖拓本一种，经核对，无出本目录者。

本砖目的著录体例如下：

1. 按照画像砖、文字砖、图案砖分别著录，文字砖又分为纪年砖、人名砖、吉语砖、铭文砖、标记文字砖等，图案砖又据内容分为模压纹砖、几何纹砖和钱纹砖。

---

① 皆江标灵鹣阁丛书本，只收铜器。

② 1925年商务印书馆影印，有陈文会校补，收铜器、瓦当、封泥、玺印、泉范等。

③ 吴重憙抄本之砖目附于本节后。

2. 同一砖拓本，给出各正本（最佳拓本）的馆藏号，并在（　）内给出正本所属的册数和页码；在［　］内给出副本（即同一古砖的拓本）的馆藏号，不另列一条目。如“骑马武士图”画像砖后“善拓 586－134（三：5）［善拓 135－17、善拓 585－5 同］”，表示该砖拓正本的馆藏号为“善拓 586－134”，在善拓 586 号藏品第三册第 5 页，该砖拓本在馆藏中还有两个副本，馆藏号分别为“善拓 135－17”和“善拓 585－5”。

3. 属于同模翻出的不同古砖的拓本，在第一条目后书“又”字，下列各项内容仅录与第一条目不同者，如尺寸、残泐情况、存字多少及馆藏号等。

4. 文字砖给出释文，砖文完整无缺者曰“题”，文字残者曰“残存”，不可确定残否者曰“存”。

5. 本砖目对一部分非纪年古砖标出了大致的年代，依据的是陈氏相关藏印，如钤“簠斋先秦文字”印者断为先秦砖，钤“簠斋两京文字”印者断为汉砖，无藏印者据纹饰及图案特点判断其年代。

6. 本砖目对各砖出土地的著录，暂从吴重憙抄本，个别从拓本题跋。抄本中未注出土地点且无题跋者阙如。

7. 本砖目著录描述时按照惯例，称古砖最大的两面曰“面”，长条的两面曰“侧”，最小的两面曰“堵”。古砖尺寸以“cm×cm”的形式表述。

一、画像砖

1. 丛林乐舞图：37.5cm×39cm。上乐舞者三人，二男一女，女者危髻高耸，长袖飘摇，下为丛林。签题“南阳汉画像砖”。汉砖。河南南阳出土。善拓 586－1（一：1）［善拓 585－111、善拓 135－18 同］。

2. 骑马武士图：8cm×16cm。右残，存一人，骑一马；人昂首，马阔步。善拓 586－134（三：5）［善拓 135－17、善拓 585－5 同］。

3. 执戈骑士图：8cm×32cm。执戈骑士三人，列队前进。善拓 585－1（一：1）［善拓 135－20 同］。

4. 荷棨戟武士图：7cm×31cm。荷棨戟武士三人，列队前进。善拓 585－3（一：3）［善拓 135－21 同］。

又：善拓 585－2：7.5cm×31cm［善拓 135－22 同］。

5. 狩猎图：6cm×31cm。骑马猎手一，持弓猎手二，四周为山林，林中有鹿、禽、龟、蛇等。善拓 586 – 6（一：6）［善拓 135 – 23、善拓 585 – 6 同］。

6. 迎谒图：7cm × 12.5cm。一人手持名刺，迎接二骑马人士；边略残。善拓 586 – 133（三：4）［善拓 135 – 24、善拓 585 – 12 同］。

7. 车马出行图：8cm × 45cm。略残，前导骑一，后随从一，中一人乘一马轺车。善拓 586 – 7（一：7）［善拓 135 – 19 同，割裱为二纸］。

8. 西王母图：4.5cm × 21.5cm。两边为回字菱形纹，西王母居中，左侧为九尾狐，右侧为三足乌。右残。善拓 586 – 5（一：5）［善拓 135 – 25、善拓 585 – 18 同］。

9. 人物：6.5cm × 11cm。一人右手持长槌，左手持短棒，立于圆形悬挂物前。善拓 586 – 138（三：9）［善拓 135 – 26、善拓 585 – 14 同］。

10. 双马图砖（拓 2 面）：6cm × 32cm，5.5cm × 13.5cm。善拓 586 – 92（二：9）［善拓 135 – 332 同］。

二、文字砖

（一）纪年砖

11. 元和三年砖：7.5cm × 32cm。阳文，反文，隶书，题“元和三年（86）”，元和为东汉章帝刘炟年号，左右为回字菱形纹及鱼纹。善拓 586 – 27（一：27）［善拓 135 – 31 同］。

12. 永元六年砖：31cm × 6.5cm。阳文，隶书，题“永元六年（94）太岁在午”，“永元”为东汉和帝刘肇年号。上为人物图，下为车马迎谒图。善拓 135 – 32（一：32）。

又：善拓 135 – 33：31cm × 6.5cm。

善拓 135 – 34：31.5cm × 6.5cm。

善拓 135 – 35：16.5cm × 5.5cm，下残，字全。

善拓 135 – 36：10.5cm × 6cm，上下皆残，存“永元六年太岁”［善拓 586 – 148 同］。

善拓 135 – 37：10cm × 6.5cm，下残，存“永元”“太”字［善拓 586 – 137 同］。

13. 永元十一年砖：15cm × 6.2cm。阳文，下残，隶书，存“永元十一

□（99）□岁在□□”，“永元”为东汉和帝刘肇年号。上为骑马武士图。善拓 586－136（三：7）［善拓 135－38 同］。

14. 永元十一年砖：17cm×7cm。阳文，隶书，题“永元十一［年］（99）□”“［岁］在己亥八月七日”，“永元”为东汉和帝刘肇年号。上为乳丁回字菱形纹，下残。善拓 586－147（三：18）［善拓 135－39 同］。

15. 延平元年砖（拓 2 面）：5cm×24.5cm，5cm×21cm。阳文，隶书，存“□□延平元年（106）□□”，“延平”为东汉殇帝刘隆年号。有棋子方格，残，泐甚。善拓 586－110（二：27）［善拓 135－40 同］。

16. 元初元年砖：31cm×16.5cm。阳文，隶书，存“元初元年（114）”，“元初”为东汉安帝刘祜年号。边略残。善拓 135－41（一：41）。

17. 嘉平元年砖：19cm×5cm。阳文，下残，隶书，题“嘉平元年（249）十月壬□”，“嘉平”为三国魏齐王曹芳年号。山东掖县（今莱州，同出此地者，后文不再一一注出今地名）出土。善拓 586－25（一：25）［善拓135－124 同］。

18. 嘉平六年砖：15.5cm×5cm。阳文，上残，隶书，存“［嘉］平六年（254）”，“嘉平”为三国魏齐王曹芳年号。善拓 135－125（三：34）。

19. 甘露二年砖（拓 4 面）：11cm×4.5cm，11cm×11cm，4.5cm×11cm，4.5cm×11cm。阳文，反文，隶书，题“甘露二年（257）九月”，“甘露”为三国魏高贵乡公曹髦年号。山东潍县（今潍坊，同出此地者，后文不再一一注出今地名）出土。善拓585－74（三：2）［善拓 586－152、善拓 135－110、善拓 585－132 同，仅一面］。

又：善拓 586－151（拓 1 面）：11.5cm×4cm［善拓 135－111 同］。

20. 甘露三年砖（拓 2 面）：28.5cm×6cm，13cm×6cm。阳文，隶书，题“甘露三年（258）八月丁亥”，“甘露”为三国魏高贵乡公曹髦年号。有界格，上下为乳丁回字菱形纹。另一面为钱纹。山东潍县出土。善拓 586－94（二：11）［善拓 135－27 同］。

又：善拓 586－93：27.2cm×6cm，12.2cm×6cm，上有张伯英录陈介祺跋［善拓 135－28 同，无跋］。

善拓 135－29：15cm×6cm，12cm×6cm，一面上残。

21. 咸熙二年砖：9cm×5cm。阳文，残，隶书，题“咸熙二年（265）九月”，“咸熙”为三国魏元帝曹奂年号。善拓 586－159（三：30）［善拓135－109 同］。

22. 泰始三年砖（拓 2 面）：23cm×6.5cm，12.5cm×6.5cm。阳文，隶书，题“泰始三年（267）”，“泰始”为西晋武帝司马炎年号。另一面为三角重环纹。善拓 585－41（二：7）［善拓 135－152、善拓 586－102 同］。

又：善拓 135－153：11.5cm×6cm，19.5cm×6.5cm，残［善拓586－103 同］。

善拓 586－154（阙 1 面）：13cm×6.5cm［善拓 135－154 同］。

23. 泰始十年砖：23cm×4.5cm。阳文，残，隶书，存“泰始十年（274）”，“泰始”为西晋武帝司马炎年号。善拓 586－26（一：26）［善拓 135－155 同］。

24. 咸宁二年砖：26.5cm×5.5cm。阳文，隶书，题“咸宁二年（276）太岁在申”，“咸宁”为西晋武帝司马炎年号。善拓 135－157（四：29）。

25. 咸宁四年砖：15cm×5.5cm。阳文，篆书，残存“咸宁四年（278）”，“咸宁”为西晋武帝司马炎年号。1869 年 9 月出土于山东蓬莱。善拓 586－157（三：28）［善拓 135－162 同］。

26. 咸宁砖（拓 2 面）：10.5cm×6cm，12cm×6cm。阳文，下残，篆书，存“咸宁（275—280）”，“咸宁”为西晋武帝司马炎年号。另一面为乳丁回字菱形纹。善拓 586－107（二：24）。

27. 太康元年砖：26cm×4.5cm。阳文，隶书，题“太康元年（280）八月一日丁巳”，“太康”为西晋武帝司马炎年号。善拓 586－12（一：12）［善拓 135－163 同］。

按：查太康元年八月乙卯朔，丁巳为三日。疑此处“一日”为“三日”之误。

28. 太康九年砖：29cm×5.5cm。阳文，篆书，题“晋太康九年（288）”，“太康”为西晋武帝司马炎年号。上下为乳丁回字菱形纹。善拓 585－15（一：15）［善拓 586－9、善拓 135－165 同］。

29. 元康元年砖：28.5cm×6cm。阳文，反文，隶书，题“晋元康元（291）岁在辛亥”，“元康”为西晋晋惠帝司马衷年号。山东掖县出土。善拓 586－15（一：15）［善拓 135－130 同］。

又：善拓 586－14：28.5cm×6cm［善拓 135－129 同］。

30. 元康五年砖：27.5cm×6cm。阳文，隶书，题“晋故元康五年（295）□君”，“元康”为西晋惠帝司马衷年号。善拓 586－10（一：10）［善拓 135－132 同］。

又：善拓 135－131：27cm×6cm［善拓 586－11 同］。

善拓 135－133：27cm×5.5cm。

31. 元康七年砖：28cm×5cm。阳文，反文，隶书，题“元康七年（297）”，“元康”为西晋惠帝司马衷年号。下为方格纹。善拓 135－138（三：47）。

32. 元康八年砖（拓 3 面）：28.5cm×14.5cm，28cm×6cm，28cm×6cm。阳文，反文，隶书，十字穿璧纹。交叉处题“八月廿日”“所作故克”，一侧题“晋故元康八年（298）公”，另一侧为乳丁回字菱形纹，有“元”“吉”二字。“元康”为西晋惠帝司马衷年号。山东掖县出土。善拓 586－191（三：62）［善拓 135－142 同］。

又：善拓 586－186：28.5cm×14cm，28cm×6cm，27.5cm×6cm［善拓 135－146 同］。

善拓 586－187：28cm×14cm，28cm×6.3cm，27.5cm×6cm［善拓 135－145、善拓 585－114 同］。

善拓 586－188：28.5cm×14.5cm，28.5cm×6cm，28cm×6cm［善拓135－149 同］。

善拓 586－189：28.5cm×13.5cm，28cm×6cm，27.5cm×6cm［善拓135－151、善拓 585－73 同］。

善拓 586－190：28.5cm×14cm，28cm×6cm，28cm×6cm［善拓 135－143 同］。

善拓 586－192：28.5cm×14.5cm，28cm×6cm，28cm×6cm，上有张伯英等跋［善拓 135－144 同］。

善拓 586－193：28.5cm×14.5cm，28.5cm×6cm，28cm×6cm［善拓135－141 同］。

善拓 586－194：27.5cm×14cm，28cm×6cm，28cm×6cm［善拓 135－147 同］。

善拓 586－195：28.5cm×14cm，28.5cm×6cm，28cm×6cm［善拓 135－150、善拓 585－115、善拓 585－115 同］。

善拓 586－196：28cm×14cm，28cm×5.8cm，27cm×5.8cm［善拓 135－148 同］。

善拓 585－17（拓 2 面）：28cm×6cm，28.5cm×6cm，仅拓两侧［善拓 135－139、善拓 586－105 同］。

善拓 135－140（拓 2 面）：28.5cm×6cm，28cm×6cm，仅拓两侧［善拓 586－106 同］。

33. 元康砖：27cm×5.2cm。阳文，隶书，题“晋元康（291—299）”，“元康”为西晋惠帝司马衷年号。山东掖县出土。善拓 586－13（一：13）［善拓 135－174 同］。

又：善拓 135－175：24.5cm×5cm。

34. 永和十年砖：34cm×5cm。阳文，上残，隶书，题“［永］和十年（354）八月丙子朔廿三日丁酉□作”，“永和”为晋穆帝司马聃年号。善拓 135－177（四：49）。

按：“丁酉”为八月二十二日。

35. 元嘉元年砖：27cm×5cm。阳文，隶书，题“元嘉元年（424）八□作”，“元嘉”为南朝宋文帝刘义隆年号。善拓 586－35（一：35）［善拓 135－208、善拓 585－118 同］。

又：善拓 586－34：26.5cm×5cm［善拓 135－209、善拓 585－107 同］。

36. 元嘉十七年砖：15cm×5cm。阳文，隶书，题“元嘉十七年（440）”，“元嘉”为南朝宋文帝刘义隆年号。善拓 135－211（五：21）。

又：善拓 135－212：13cm×5cm，上残。

37. 元嘉廿年砖：11.5cm×5.5cm。阳文，上残，隶书，存“元嘉廿年（443）”，“元嘉”为南朝宋文帝刘义隆年号。山东潍县出土。善拓 586－153（三：24）［善拓 135－214 同］。

38. 元嘉砖：19.5cm×5cm。阳文，反文，下残，泐甚，隶书，残存“元嘉”，“元嘉”为南朝宋文帝刘义隆年号。善拓 586－33（一：33）［善拓 135－210 同］。

39. 大明五年砖（拓 2 面）：14.5cm×5.5cm，13.5cm×5cm。阳文，隶

书，题“大明五年（461）”，“大明”为南朝宋孝武帝刘骏年号。另一面为回字菱形纹，略残。山东潍县出土。善拓 585－59（二：25）［善拓 135－228、善拓 586－96 同］。

又：善拓 585－61：12.5cm×5.5cm，15cm×5cm［善拓 135－229、善拓 586－97 同］。

40. 大明七年砖（拓 2 面）：12cm×5cm，14.5cm×5cm。阳文，隶书，题“大明年七（463）”，“年”“七”间有倒文符号，“大明”为南朝宋孝武帝刘骏年号。另一面为乳丁四出璧纹。山东潍县出土。善拓 586－98（二：15）［善拓 135－232、善拓 585－78 同］。

按：此倒文符号与古人校勘古籍中所用符号同，为砖文中所少见，可补金石一例。

41. 大明七年砖（拓 2 面）：16.5cm×4.8cm，11.3cm×5cm。阳文，反文，隶书，题“大明七年（463）扈”，“大明”为南朝宋孝武帝刘骏年号。另一面为乳丁四出璧纹。山东潍县出土。善拓 586－99（二：16）［善拓 135－230、善拓 585－136 同］。

又：善拓 586－101（阙 1 面）：15cm×4.5cm，存“大明七年”［善拓 135－231、善拓 585－75 同］。

42. 大明砖（拓 2 面）：8.5cm×4.5cm，11.5cm×4.5cm。阳文，隶书，残存“大明”“专”等字，“大明”为南朝宋孝武帝刘骏年号。山东潍县出土。善拓 586－100（二：17）［善拓 135－227、善拓 585－67 同］。

43. 皇兴五年砖：27cm×5cm。阳文，反文，隶书，题“皇兴五年（471）太岁辛亥”，“皇兴”为北魏献文帝拓跋弘年号。善拓 585－52（二：18）［善拓 585－53、善拓 135－243 同］。

又：善拓 135－241：20.5cm×5cm［善拓 585－50 同］。

善拓 135－242：17.5cm×5cm［善拓 585－60 同］。

善拓 135－244：26cm×5.5cm［善拓 585－62 同］。

善拓 135－245：22.3cm×4.5cm，上残［善拓 585－64 同］。

44. 太和十六年砖：26.5cm×6cm。阳文，隶书，题“太和十六年（492）”，“太和”为北魏孝文帝元宏年号。善拓 586－8（一：8）［善拓 135－239、善拓 585－47 同］。

按："太"字泐甚，未可辨"太""大""元"，查三年号，唯北魏孝文帝元宏之"太和"有23年之久，姑附之。

45. 永平砖：12cm×5cm。阳文，反文，正书，残存"永平年（508—512）"，"永平"为北魏宣武帝元恪年号。善拓586－160（三：31）[善拓135－173同]。

46. □□六年砖：28cm×5.5cm。阳文，反文，隶书，存"□□六年八月□"。泐甚。善拓586－156（三：27）[善拓135－176同]。

47. 五年砖：20cm×5.5cm。阳文，反文，隶书，题"五年九月□"。下泐。善拓135－183（四：55）。

48. 年号砖（拓2面）：28.5cm×5.5cm，14.5cm×5.5cm。阳文，隶书，残存"太□年立""□公王"。善拓135－184（四：56）。

49. 三日砖：26cm×5.5cm。阳文，反文，隶书，题"三日作"。边残。善拓135－179（四：51）。

50. 九月砖：23.5cm×5cm。阳文，反文，隶书，残存"九月"，上下皆为乳丁回字菱形纹。下残。山东掖县出土。善拓586－31（一：31）[善拓135－180同]。

51. 二月六日砖：28cm×5.5cm。阳文，反文，隶书，存"□年二月六日"，上下皆为回字菱形纹。下残。善拓586－43（一：43）[善拓135－178、善拓585－108同]。

（二）人名砖

52. 郰孝廉砖：12.5cm×5cm。阳文，隶书，题"郰孝廉"。汉砖。善拓586－168（三：39）[善拓135－56、善拓585－79同]。

53. 郰氏砖：10.5cm×4.5cm。阳文，隶书，存"郰氏"。汉砖。善拓586－170（三：41）[善拓135－54同]。

又：善拓586－169：12.5cm×5cm[善拓135－55、善拓585－121同]。

按：此砖与"郰孝廉砖"字体相近，砖质极似，疑为同穴所出。

54. 徐仲明砖：34cm×5.5cm。阳文，隶书，题"徐仲明椁"，字规整，有界格。下略残。汉砖。善拓585－90（三：18）[善拓585－122、善拓135－60同]。

又：善拓135－58：17.5cm×5.5cm，存"徐仲"二字[善拓585－124、

善拓 586－44、善拓 586－46 同]。

善拓 135－59：17cm×5cm［善拓 585－95、善拓 586－45 同]。

55. 栗敬砖（拓 2 面）：27.5cm×5.5cm，13cm×5cm。阳文，反文，隶书，题“栗敬”。另一面为钱纹、乳丁回字菱形纹。汉砖。善拓 585－39（二：5）［善拓 135－256、善拓 586－123 同]。

56. 栗仲刘砖：28.5cm×5.5cm。阳文，隶书，题“栗仲刘所”。上为条形纹，下为回字菱形纹。汉砖。善拓 585－123（四：15）［善拓 135－50 同]。

又：善拓 585－126：29cm×5cm［善拓 135－49 同]。

57. 程大利砖：12cm×14cm。阳文，篆书，题“程大利”。字上下为柿蒂纹，两边为条格纹及回字菱形纹。残。汉砖。善拓 586－165（三：36）［善拓 135－76 同]。

58. 李氏砖（上半）：21cm×5cm。阳文，下残，隶书，题“正始二年（241）九月□”，“正始”为三国魏齐王曹芳年号。善拓 586－24（一：24）［善拓 135－114、善拓 585－116 同]。

又：善拓 135－112：14.5cm×5.5cm［善拓 586－22、善拓 585－131 同]。

善拓 135－113：16cm×5.5cm［善拓 586－21 同]。

善拓 135－115：17.5cm×5.5cm［善拓 585－129、善拓 586－23 同]。

善拓 135－116：8.5cm×5.5cm，存“正始”［善拓 586－18 同]。

善拓 135－117：9.5cm×5.5cm，存“正始”［善拓 586－19 同]。

善拓 135－118：12.5cm×5.5cm，存“二年九月”［善拓 585－81、善拓 586－20 同]。

59. 李氏砖（下半）：22.5cm×5.5cm。阳文，上残，隶书，题“□□年九月李氏”。善拓 586－38（一：38）［善拓 135－119、善拓 585－117 同]。

又：善拓 135－120：19cm×5.5cm［善拓 586－40 同]。

善拓 135－121：19.5cm×5.5cm［善拓 585－92、善拓 586－39 同]。

善拓 135－122：16.5cm×5.5cm［善拓 585－133、善拓 586－41 同]。

善拓 135－123：13.5cm×5.5cm［善拓 586－42 同］。

按：此砖从字迹、形制、尺寸看，当与善拓 585－116 为同模砖，年月姑从之。

60. 王道和砖：27cm×4.5cm。阳文，反文，隶书，题“正始三年（242）黔陬王道和”，“正始”为三国魏齐王曹芳年号。善拓 586－17（一：17）［善拓 135－46 同］。

61. 任氏砖：30.5cm×6cm。阳文，隶书，题“咸宁元年（275）八月任氏造”，“咸宁”为西晋武帝司马炎年号。善拓 135－156（四：28）。

62. 吕氏砖：17cm×6cm。阳文，隶书，双行字，题“晋咸宁四年（278）吕氏造泰岁在戊戌”，“咸宁”为西晋武帝司马炎年号。善拓 135－158（四：30）。

又：善拓 135－159：17cm×5.5cm。

善拓 135－160：17cm×5.5cm。

63. 吕君妻墓砖：17cm×5.8cm。阳文，隶书，双行字，题“陈郡太守淮南成德吕府君夫人之椁也”。善拓 135－161（四：33）。

按：此砖形制、尺寸、字体与吕氏砖极似，疑为同一墓穴所出，后检《广仓专录》，知此二砖同出安徽凤台，年月附。

64. 卞光砖：27cm×6cm。阳文，隶书，题“太康六年（285）卞光□”，“太康”为西晋武帝司马炎年号。下泐。善拓 586－16（一：16）［善拓135－164 同］。

65. 黔陬王从事砖：6cm×25cm。阳文，隶书，题“晋故太康八年（287）八月一日乙亥城阳黔陬王从事□□”，“太康”为西晋武帝司马炎年号。有界格，左残。善拓 586－130（三：1）［善拓 135－166 同］。

66. 王氏砖：29cm×5.5cm。阳文，隶书，题“晋太康九年（288）王氏作”，“太康”为西晋武帝司马炎年号。善拓 135－170（四：43）。

又：善拓 135－167：28.5cm×5.5cm。

善拓 135－168：28.5cm×5.5cm。

善拓 135－169：28.5cm×5.5cm。

善拓 135－171：28.5cm×5.5cm。

善拓 135－172：23.5cm×5cm。

67. 金君砖：26.5cm×5cm。阳文，隶书，题“元康七年（297）北海国王都督金君墓”，“元康”为西晋惠帝司马衷年号。左下角残，泐甚。善拓135－135（三：44）[善拓585－88同]。

又：善拓135－134：28cm×5.5cm [善拓585－80同]。

善拓135－136：17.5cm×5cm，下残，存“元康七年北海国王”。

善拓135－137：15.5cm×5cm，上残，存“都督金君墓” [善拓585－85同]。

68. 王君砖（拓2面）：26.8cm×5.5cm，27cm×5.8cm。阳文，隶书，题“晋故胶东令王君”。另一面为乳丁回字菱形纹。山东潍县出土。善拓586－115（二：32）[善拓135－191同]。

又：善拓135－190：18.5cm×6cm，20.5cm×6cm，残存“晋故胶东令”[善拓586－116同]。

善拓135－192：27cm×5cm，26.5cm×5.5cm [善拓585－38同，阙1面]。

善拓135－193：26cm×5cm，27.5cm×5cm。

善拓135－194：18cm×5.5cm，25cm×5.5cm，残存“东令王君”[善拓585－19同]。

善拓585－40：27.5cm×5cm，存一面。

69. 达将军砖：27.2×5.5cm。阳文，隶书，题“晋故达将军”。有边框，有界格。山东掖县出土。善拓585－42（二：8）[善拓135－188、善拓586－48同]。

又：善拓135－187：27cm×5.5cm [善拓586－49同]。

善拓135－189：19cm×5.5cm，残存“晋故达”[善拓586－50同]。

70. 邵公砖：27.5cm×6.5cm。阳文，隶书，题“宋元嘉十八年（441）邵公□□”，“元嘉”为南朝宋文帝刘义隆年号。下残。山东潍县出土。善拓585－119（四：11）[善拓135－213、善拓586－30同]。

71. 刘氏砖：4.5cm×28.5cm。阳文，隶书，题“平原刘氏大吉宋元嘉廿年（443）造”，“元嘉”为南朝宋文帝刘义隆年号。字有棋子方格，两边为四出钱纹。善拓135－219（五：29）。

又：善拓135－217：4.5cm×28cm。

善拓 135－218：5cm×28cm。

善拓 135－220：5cm×28cm。

善拓 135－221：4.5cm×28cm［善拓 585－7、善拓 586－36 同］。

善拓 135－222：4.8cm×28.5cm［善拓 135－223、善拓 586－37 同］。

善拓 585－83：5cm×28.5cm。

善拓 585－134：4.5cm×28cm。

72. 孙君砖（拓 2 面）：30cm×6cm，30cm×6cm。阳文，反文，隶书，题“元嘉廿年（443）孙君造”，“元嘉”为南朝宋文帝刘义隆年号。另一面为回字菱形纹。山东掖县出土。善拓 586－104（二：21）［善拓 135－215 同］。

又：善拓 586－32：30cm×6cm［善拓 135－216 同］。

73. 考士平砖：6cm×22cm。阳文，反文，左行，隶书，题“宋元嘉廿二年（445）西安乡里［考］士平”，“元嘉”为南朝宋文帝刘义隆年号。右残，两边为回字菱形纹。善拓 586－29（一：29）［善拓 585－87、善拓 135－226 同］。

又：善拓 135－224：6cm×15cm，右残［善拓 586－149 同］。

善拓 135－225：6cm×14.5cm［善拓 586－150 同］。

74. 解家砖（拓 2 面）：12.5cm×4.5cm，21cm×4.5cm。阳文，隶书，题“解家造”“大明七年（463）作”，“大明”为南朝宋孝武帝刘骏年号。山东潍县出土。善拓 586－95（二：12）［善拓 135－233、善拓 135－234 合，与此同］。

又：善拓 135－235：13cm×4.5cm［善拓 586－174 同］。

善拓 135－236：13cm×5cm。

善拓 135－237：11cm×5cm。

75. 孙敬□砖（拓 2 面）：17.5cm×4.5cm，10.5cm×4.8cm。阳文，反文，隶书，题“孙敬□”“太和十一年（487）”，“太和”为北魏孝文帝元宏年号。山东潍县出土。善拓 586－109（二：26）［善拓 135－238 同］。

76. 程难儿砖（拓 2 面）：32cm×10.5cm，31cm×4.5cm。隶书，题“□州北海郡平寿县人程难儿妻桓”。侧为乳丁重环纹，有断痕。南北朝砖。善拓

586－184（三：55）［善拓135－276、善拓585－35同］。

按："北海郡"治平寿，西汉和北魏均有北海郡，以平寿县（今潍坊市潍城区浮烟山右平寿村）为治所。此砖风格应属南北朝；又青齐曾一度归刘宋，故附南北朝后。《潍县金石志》卷三十八《金石·陶类》载有此砖，并云"出县西南乡玄家庄，曾存十钟山房"。

77. 玉敷砖：15cm×6.5cm。阳文，篆书，题"玉敷砖"。1869年9月出土于山东蓬莱。善拓585－44（二：10）［善拓585－91、善拓135－251、善拓586－51同］。

78. 时叵棠砖：27cm×5cm。阳文，隶书，题"此人时叵棠作"。善拓135－252（六：12）［善拓585－26同］。

又：善拓135－253：28cm×5cm［善拓585－102同］。

善拓135－254：27.5cm×5cm［善拓585－96同］。

善拓135－255：28cm×5cm［善拓585－98同］。

79. 王彦虎砖：29.5cm×5cm。阳文，隶书，题"王彦虎所制"。下部泐甚。善拓585－86（三：14）［善拓135－181同］。

又：善拓135－182：17.5cm×5cm。

80. 快字砖：11cm×5cm。阳文，隶书，题"快"字。善拓585－25（一：25）［善拓135－266同］。

81. 徐京砖：14cm×5.5cm。阳文，隶书，存"徐京"。山东蓬莱出土。善拓586－167（三：38）［善拓585－31、善拓135－271同］。

又：善拓585－97：14.5cm×6cm［善拓135－272同］。

82. 东乡氏砖：28cm×5cm。阳文，反文，隶书，题"东乡氏"。善拓585－46（二：12）［善拓135－250同］。

83. 叔孙颜卿砖：28.5cm×14cm。隶书，题"太岁□廿五□叔孙彦卿"，字刻于绳纹之上。善拓585－48（二：14）［善拓135－273同］。

84. 陆士云砖：12cm×4.5cm。阳文，篆书，存"陆［士］云"。善拓586－173（三：44）［善拓135－247、善拓585－93同］。

又：善拓586－172：9cm×4.8cm，残［善拓135－248、善拓585－71同］。

85. 孙伯世砖（拓6面）：33cm×13cm，33cm×13cm，33cm×5cm，

33cm×5cm，5cm×13cm，5cm×13cm。阳文，隶书，左行。砖面为绳纹，两侧为回字菱形纹，两堵题“孙伯世”“孙久”。善拓585－113（四：5）[善拓135－274同]。

86. 吕父砖：20cm×5cm。阳文，反文，隶书，存“吕父”。上下皆残，下为条格纹。善拓586－28（一：28）[善拓135－57、善拓585－125同]。

87. 苟大亮砖：11cm×4.2cm。正书，题“苟大亮”。善拓586－162（三：33）[善拓585－128、善拓135－275同]。

88. 王公砖（拓4面）：28cm×5.5cm，14cm×5cm，28.5cm×5.5cm，14.5cm×5.5cm。阳文，隶书，残存“太原王公”“王氏”“太□年立”“□公王”。善拓135－184、135－185（四：56、57）。①

89. 王君砖（拓2面）：27.5cm×3.5cm，15cm×5cm。阳文，隶书，题“王君所”，间有钱纹及变形鱼纹。善拓586－121（二：38）[善拓135－205、善拓585－43同]。

90. 费其氏砖（拓2面）：13cm×5cm，18.5cm×5cm。阳文，反文，隶书，题“费[其]氏好”。另一面为乳丁回字菱形纹。善拓586－114（二：31）[善拓135－249、善拓585－45同]。

91. 徐士秋砖：19.5cm×5.5cm。阳文，反文，隶书，题“徐士秋年廿”，上残。善拓586－47（一：47）[善拓585－65、善拓135－270同]。

按：王瓘藏拓本中有古砖，文曰“牟平徐士秋年廿”，与此砖同模，当为一穴所出。

92. 婴十平砖（拓2面）：13.5cm×4.8cm，21.8cm×4.8cm。阳文，隶书，题“婴十平”。另一面为乳丁回字菱形纹、乳丁田字纹等。善拓586－124（二：41）[善拓135－287同]。

93. 我贤君砖：14cm×4.5cm。阳文，反文，隶书，存“我贤君”。略残。善拓135－262（六：22）。

94. 桓公墓砖（拓2面）：12cm×5cm，14cm×5cm。阳文，隶书，残存“桓公[墓]”。另一面为乳丁重环纹。山东潍县出土。善拓586－119（二：36）[善拓135－277同]。

---

① 此砖国家图书馆藏本分装两页，原以为二砖，后据山东博物馆藏本合二为一。

又：善拓 135－278：10cm×4.5cm，13cm×4.5cm。

善拓 135－279（阙 1 面）：12.5cm×5.5cm［善拓 586－164 同］。

95. 张公墓砖（拓 2 面）：12.5cm×5.5cm，14cm×5.5cm。阳文，隶书，残存“张公墓”三字。另一面为乳丁重环纹。山东潍县出土。善拓 586－120（二：37）［善拓 135－280 同］。

96. 郑公墓砖：12cm×5.5cm。阳文，隶书，残存“郑公墓”三字。山东潍县出土。善拓 135－281（六：42）。

97. 赵公墓砖（拓 3 面）：13.5cm×6cm，13.5cm×5.5cm，29.5cm×5cm。阳文，隶书，题“□河间赵公墓”“大吉”。另一面为乳丁重环纹及变形鱼纹。山东潍县出土。善拓 586－118（二：35）［善拓 135－282、善拓 135－283 合二为一，与此同］。

又：善拓 586－117（拓 2 面）：14cm×6.5cm，18cm×6.5cm［善拓 135－284、善拓 585－57 同］。

善拓 586－163（拓 1 面）：12.5cm×5.5cm［善拓 135－285 同］。

善拓 135－286（拓 1 面）：11.5cm×6cm。

98. 段默砖（拓 3 面）：29cm×5.3cm，11.5cm×5.3cm，11cm×5.3cm。阳文，隶书，题“雁门段府君铭”。一堵题“段默”，一堵为四出璧纹。山东潍县出土。上有陈介祺等三人跋。善拓 586－122（二：39）［善拓 135－246、善拓 585－28 同］。

99. 大王□砖：7cm×5.5cm。阳文，隶书，残存“大王□”。善拓 586－158（三：29）。

（三）吉语砖

100. 千秋砖（拓 3 面）：26cm×36cm，18.5cm×10cm，17cm×9cm。阳文，篆书，存“千秋”，有回字纹及变形鱼纹。两堵作磬状。先秦砖。善拓 585－110（四：2）［善拓 135－9 拓一面：26cm×36cm。善拓 135－10 拓堵之一面：19cm×9cm。皆同］。

101. 未央砖：14cm×13cm。阳文，篆书，存“未央”二字。汉砖。陕西出土。善拓 586－85（二：2）［善拓 135－103、善拓 585－8 同］。

102. 宜钱砖：21cm×5.5cm。阳文，隶书，存“宜钱”，上为乳丁回字菱形纹，下残。善拓 586－58（一：58）［善拓 135－71 同］。

103. 宜钱砖：6cm×22cm。阳文，隶书，存“宜钱”，左残，右为乳丁回字菱形纹。善拓586－59（一：59）［善拓135－70同］。

104. 金钱日至砖：18.5cm×5cm。阳文，反文，隶书，题“金钱日至”。边残。善拓586－55（一：55）［善拓135－72同］。

105. 宜吉官砖：14.5cm×6.5cm。阳文，反文，隶书，存“宜吉官”。善拓135－61（二：13）。

106. 宜子孙砖：27.5cm×5.5cm。阳文，隶书，题“宜子孙王”，字在卷云纹间，上下皆为乳丁回字菱形纹。山东蓬莱出土。善拓586－52（一：52）［善拓135－63同］。

又：善拓586－53：27cm×5cm［善拓135－62同］。

107. 宜子孙砖：5cm×17.5cm。阳文，隶书，题“延寿富贵宜子孙”。善拓135－96（三：5）。

108. 宜子孙砖：6.5cm×20.5cm。阳文，隶书，存“贵宜子孙”。右残。善拓135－97（三：6）。

109. 封万年砖：13.5cm×8cm。阳文，篆书，残存“封万年”，模压文字。下为模压柿蒂纹图案。汉砖。善拓586－166（三：37）［善拓135－75同］。

110. 长安乐砖（拓2面）：14cm×7cm，27.5cm×7cm。阳文，反文，篆书，存“长安乐”，下残。另一面为乳丁回字菱形纹。山东蓬莱出土。善拓586－83（一：83）［善拓135－83同］。

又：善拓586－82（拓2面）：14.5cm×6.5cm，28cm×6.5cm［善拓135－82同］。

善拓586－78（拓1面）：14.5cm×6.8cm［善拓135－81同］。

善拓586－79：15cm×7cm［善拓135－79同］。

善拓586－80：14.8cm×7cm［善拓135－78同］。

善拓586－81：14.5cm×7cm［善拓135－80同］。

111. 万千砖：16.5cm×18cm。阳文，隶书，残存“万千”。有界格，上为回字菱形纹。善拓135－88（二：40）。

112. 千秋万世砖：11cm×7.5cm。阳文，篆书，题“千秋万世”。上下皆为璧纹。汉砖。善拓135－93（二：45）。

113. 千秋万世砖（割裱为3纸）：24cm×35.5cm。阳文，隶书，题“千秋万世”。周为方格纹，间有模压钱纹。略残。汉砖。善拓135－94（三：1、2、3）。

114. 千秋万世砖：25.5cm×20.5cm。阳文，篆书，题“千秋万世”。模压文字，边为条索斜纹。左、下皆残。善拓135－98（三：7）。

115. 千秋万世砖：8cm×7cm。阳文，篆书，题“千秋万世”。残存一角。汉砖。善拓135－99（三：8）。

116. 延年益寿砖：15cm×17.5cm。阳文，隶书，上题“延年益寿长乐未央”，中间模压柿蒂纹及乳丁璧纹，两边为云龙图案。陕西出土。善拓586－89（二：6）［善拓135－102同］。

117. 延年益寿砖：10.5cm×12cm。阳文，篆书，存“延年［益寿］”。左残。陕西出土。善拓586－86（二：3）［善拓135－105同］。

118. 模压长生未央花纹砖：24.5cm×27.5cm。阳文，篆书，模压文字“长生未央”位于璧形纹内，与模压柿蒂纹相间，边为云龙纹。残。陕西出土。善拓586－185（三：56）［善拓135－100同］。

119. 模压千秋万岁砖：40cm×40cm。阳文，篆书，模压文字“千秋万岁”。汉砖。善拓585－112（四：4）［善拓135－91同，割裱为六纸］。

120. 模压长生未央花砖（拓2面）：17cm×9cm，16.5cm×8cm。阳文，篆书，模压“长生未央”。另一面模压柿蒂纹，边为龙、虎、鹿等瑞兽图。残存一角。陕西出土。善拓585－82（三：10）［善拓135－101同］。

121. 千秋万岁砖：13.5cm×14cm。阳文，篆书，残存“千秋［万］岁”。一边有乳丁璧纹。善拓586－84（二：1）［善拓135－92同］。

122. 千秋万岁砖：15.5cm×8cm。阳文，篆书，残存“万岁”。善拓586－178（三：49）［善拓135－186同］。

123. 千秋万岁砖：11cm×11.5cm。阳文，篆书，残存“［千］秋［万］岁”，边十字联纹。善拓135－89（二：41）。

124. 千秋万岁砖：11cm×16cm。阳文，篆书，残存“［千］秋［万］岁”。善拓135－90（二：42）。

125. 千秋万年砖：28.5cm×5.5cm。阳文，反文，隶书，题“千秋万年”。上下皆为回字菱形纹。汉砖。善拓585－55（二：21）［善拓135－77、善拓 586 – 54 同]。

126. 千字残砖：5cm × 9.5cm。阳文，篆书，残存“千”字。善拓 586 – 181（三：52）[善拓 135 – 84 同]。

127. 万字砖：12.5cm × 17cm。阳文，篆书，中间一“万”字，字两边各一未识图案，四周为三角纹。汉砖。善拓 586 – 87（二：4）[善拓 135 – 73 同]。

又：善拓 586 – 88：14.5cm × 15.5cm，残 [善拓 135 – 74、善拓585 – 56 同]。

128. 央字砖：14.5cm × 10.5cm。阳文，篆书，左下角残存一“央”字，边为回字菱形纹，有龙纹。善拓 585 – 84（三：12）[善拓 135 – 104 同]。

129. 安字砖：5.5cm × 11.5cm。阳文，隶书，题“安”字。善拓 585 – 103（三：31）[善拓 586 – 161、善拓 135 – 333 同]。

130. 乐字砖：6.5cm × 7cm。阳文，篆书，残存一“乐”字。善拓 135 – 106（三：15）。

131. 子字残砖：9cm × 4.5cm。阳文，篆书，残存“子”字。善拓 586 – 182（三：53）[善拓 135 – 297 同]。

132. 万世不倾砖：31cm × 7cm。阳文，篆书，题“万世不倾”。上略残。1865 年 10 月出土于山东掖县万岁亭。善拓 586 – 69（一：69）[善拓 135 – 12 同]。

又：善拓 586 – 68：29.5cm × 6cm，上略残 [善拓 135 – 11 同]。

善拓 586 – 70：29cm × 6cm，下泐 [善拓 135 – 14 同]。

善拓 586 – 71：14.5cm × 6cm，存“万世”[善拓 135 – 15 同]。

善拓 586 – 72：13.5cm × 6cm，存“万世”[善拓 135 – 16 同]。

善拓 135 – 13：30cm × 6cm，字全，边残。

133. 大吉乐字鱼纹砖：21.5cm × 5cm。阳文，反文，隶书，题“大吉乐”。有一鱼纹，下为乳丁重环纹。边残。善拓 585 – 23（一：23）[善拓 135 – 330 同]。

又：善拓 135 – 329：20.5cm × 5cm。

134. 年字鱼纹砖（拓 2 面）：8.5cm × 5cm，15cm × 5cm。阳文，隶书，存“年”字。另一面为鱼纹。上残。善拓 586 – 108（二：25）[善拓 135 –

299 同］。

135. 大吉主砖：13cm×5.5cm。阳文，反文，隶书，题“大吉主”。善拓 585－29（一：29）［善拓 135－316 同］。

136. 大吉昌砖：5.5cm×15cm。阳文，隶书，存“大吉昌”。左为四出璧纹，右为奔马图。左右皆残。汉砖。善拓 586－135（三：6）［善拓 135－319、善拓 585－16 同］。

137. 大吉富砖：12.5cm×4cm。阳文，隶书，题“大吉富”。善拓 585－20（一：20）［善拓 135－320 同］。

又：善拓 585－27：11.5cm×4.3cm［善拓 135－321 同］。

善拓 585－89：10.5cm×4cm，上下皆残［善拓 135－322 同］。

138. 大吉利砖（拓 2 面）：12cm×5.5cm，11cm×5.5cm。阳文，隶书，题“大吉利”。另一面为五十文泉纹及乳丁三角纹。山东蓬莱出土。善拓 585－94（三：22）［善拓 135－302 同］。

139. 大吉利砖（拓 2 面）：14.5cm×6.8cm，14.5cm×6.8cm。阳文，反文，隶书，题“大吉利”。另一面为乳丁单环纹。山东蓬莱出土。善拓 586－90（二：7）［善拓 135－301 同］。

140. 大吉利砖：17.5cm×6.5cm。阳文，隶书，题“大吉利”。山东蓬莱出土。善拓 586－143（三：14）。

141. 大吉利砖：12.5cm×5.5cm。阳文，隶书，题“大吉利”。善拓 135－326（七：36）。

142. 大吉砖：13.5cm×4.8cm。阳文，反文，隶书，题“大吉”。善拓 585－63（二：29）［善拓 135－313 同］。

又：善拓 135－309：12.5cm×4.5cm。

善拓 135－311：13cm×6cm。

善拓 135－312：12cm×4.5cm。

善拓 585－4：13cm×4.5cm。

143. 大吉砖：19cm×5cm。阳文，隶书，残存“大吉”。上为回字菱形纹。善拓 586－146（三：17）［善拓 135－310、善拓 585－101 同］。

144. 大吉砖：24cm×7cm。阳文，隶书，存“大吉”，字在规矩纹中，上下皆为乳丁回字菱形纹。下残。善拓 585－34（一：34）［善拓 135－308 同］。

145. 大吉砖：30cm×6.3cm。阳文，隶书，题“大吉”，中间为四出钱纹，上下皆为十字纹及回字方格纹。善拓586－64（一：64）［善拓135－307、善拓585－32同］。

146. 大吉砖：11cm×6cm。阳文，隶书，残存“大吉”。下为乳丁回字菱形纹。善拓585－10（一：10）［善拓135－315同］。

147. 大吉砖：12cm×4.5cm。阳文，隶书，题“大吉”。善拓135－305（七：15）。

又：善拓135－306。

148. 大吉砖：15.5cm×6cm。阳文，隶书，残存“大吉”。善拓135－314（七：24）。

149. 大吉志印砖：17.5cm×6.5cm。阳文，反文，隶书，存“［大］吉志印”。上下皆残。善拓586－144（三：15）［善拓135－327同］。

150. 使人大吉砖：12cm×4cm。阳文，反文，隶书，题“使人大吉”。善拓585－77（三：5）［善拓135－323同］。

151. 大王吉砖：16cm×5cm。阳文，隶书，题“大王吉”。善拓135－317（七：27）。

152. 王吉砖（拓2面）：14cm×5.5cm，30cm×5.5cm。阳文，隶书，存“王［吉］”。另一面为乳丁回字菱形纹。下残。善拓135－318（七：28）。

153. □守安吉砖：13cm×5.5cm。阳文，隶书，存“□［守］安吉”。山东潍县出土。善拓586－175（三：46）［善拓135－334］。

154. 和字砖：5cm×11.5cm。阳文，隶书，存“和”字。左残，右为四出璧纹。善拓586－145（三：16）［善拓135－269同］。

155. 利住砖：17cm×4.5cm。阳文，隶书，残存“利住”二字。善拓135－336（七：46）。

156. 吉利卷云纹砖：10cm×5cm。阳文，反文，隶书，题“吉利”。上为卷云纹。残。善拓585－135（四：27）［善拓135－325同］。

又：善拓135－324：11cm×5cm。

157. 吉利鱼纹砖（拓2面）：14.5cm×6cm，11.5cm×6cm。阳文，反文，隶书，题“吉利”。鱼纹略残。山东潍县出土。善拓585－138（四：30）［善拓135－303同］。

158. 大吉鱼纹砖：17.5cm×5cm。阳文，隶书，存“大吉”。上为乳丁重环三角纹，下残。善拓135－300（七：10）。

又：善拓135－304：13cm×4.5cm。

善拓585－137：15.5cm×5cm。

善拓135－335：15.5cm×4.5cm。

（四）铭文砖

159. 命非金石砖（拓2面）：17cm×4.5cm，26cm×3.8cm。阳文，篆书，题“命非金石兮有”“始有终兮皇上之授予□”。下残。一面上宽下窄。山东平原出土。善拓586－112（二：29）［善拓135－51、善拓585－104同］。

又：善拓585－51（拓2面，下残）：17cm×5cm，7cm×4cm［善拓135－52、善拓586－111同］。

160. 命非金石砖（拓2面）：16cm×5.5cm，24.5cm×3.8cm。阳文，篆书，题“［皇］上之授予天道难诤”“若朝之有夜”。据同文砖命名。上下皆残，一面上窄下宽。山东平原出土。善拓586－113（二：30）［善拓135－53、善拓585－49同］。

161. 行丧如礼砖：5cm×16.5cm。阳文，篆书，题“□□春光行丧如礼”。右残。善拓586－132（三：3）［善拓135－47同］。

162. 行丧如礼砖：5cm×17cm。阳文，篆书，题“□□四年孙□子忧行丧如礼太岁在□□”，字有棋子方格。两边皆残。善拓586－131（三：2）［善拓135－48同］。

163. 鱼玄明墓铭：34cm×17cm。正书，文曰：“皇兴二年（468）戊申岁十一月癸卯朔十九日己酉，安西将军雒州刺史□康公鱼玄明之铭。”“皇兴”为北魏献文帝拓跋弘年号。有棋子方格。山东潍县出土。善拓586－183（三：54）［善拓135－240、善拓585－37同］。

164. 建初元年砖：31cm×8cm。阳文，篆书，题“（上泐）十五（下泐）六受［诗］（下泐）八受易十九受春秋□建初元年（76）（下泐）”，“建初”为东汉章帝刘炟年号。边残，泐甚。善拓135－30（一：30）。

按：罗振玉藏砖拓本中有此同模砖，存“（上泐）大学□□受礼十六受诗十七受（下泐）十九受春秋以建初元年（76）孟夏□□□□平□□六日（下沕）”等字。

（五）标记文字砖

165. 天下驾五车砖：13cm×4.5cm。阳文，反文，隶书，题“天下驾五车”。上下皆残。善拓135－263（六：23）［善拓585－33同］。

又：善拓135－264（拓2面）：9cm×4.5cm，6.5cm×4.5cm。残存“天下驾”。另一面为条形纹［善拓585－21同，阙一面］。

166. 二千石砖：13cm×4.8cm。阳文，隶书，题“大吉二千石”。边略残。善拓135－328（七：38）。

167. 古伕宝塔砖：6cm×23cm。阳文，隶书，题“古伕宝塔”。善拓585－9（一：9）［善拓135－127同］。

168. 大齐古域砖：6cm×24cm。阳文，隶书，题“大齐古域”。善拓585－11（一：11）［善拓135－126同］。

169. 武将墓志砖：5.5cm×23cm。阳文，篆书，题“武将墓志”。善拓585－13（一：13）［善拓135－128同］。

170. 扶风马砖：13cm×4.5cm。阳文，反文，隶书，题“扶风马”。善拓585－24（一：24）［善拓135－258同］。

171. 扶风马砖（拓2面）：13cm×5cm，14cm×5cm。阳文，隶书，题“扶风马”。另一面为乳丁双环纹。下残。善拓585－99（三：27）［善拓135－257同］。

172. 齐字古砖：25.5cm×12cm。篆书。先秦砖。山东潍县出土。善拓586－202（三：73）［善拓135－3同］。

又：善拓586－197：26cm×12cm［善拓135－6同］。

善拓586－198：25cm×12.5cm［善拓135－4同］。

善拓586－199：25.3cm×12cm［善拓135－8同］。

善拓586－200：26cm×12cm［善拓135－7、善拓585－66同］。

善拓586－201：25.5cm×12.5cm［善拓135－2、善拓585－70同］。

善拓586－203：25cm×12.5cm［善拓135－5同］。

善拓586－204：26cm×12cm［善拓135－1同］。

善拓586－205：25.5cm×11.5cm。

善拓586－206：25.5cm×12.3cm。

善拓 586－207：26cm×12cm。

善拓 586－208：25.5cm×12cm。

173. 城王砖：29.5cm×5.5cm，阳文，隶书，题“城王”。上下皆为乳丁菱形纹及卷云纹。下残。善拓 585－120（四：12）［善拓 135－259（26cm×5.5cm）、善拓 586－57（23.5cm×5.5cm）、善拓 585－100（23.5cm×5.5cm）同］。①

又：善拓 585－36［善拓 585－127、善拓 135－260、善拓 586－56 同］。

174. 门王砖：25cm×4.5cm。阳文，隶书，题“门王”。上为钱纹，下为十字纹。上残。善拓 135－261（六：21）［善拓 585－106 同］。

175. 君子砖（拓 5 面）：22.5cm×31.5cm，7.5cm×31.5cm，7.5cm×31.5cm，22.5cm×7cm，22.5cm×7cm。阳文，隶书，砖素面，一侧题“君子”二字，一侧为乳丁回字菱形纹。汉砖。河北河间出土。善拓 586－2（一：2）［善拓 585－109、善拓 135－107 各拓二面；善拓 586－3 拓一面，同］。

176. 君子砖（拓 5 面）：14.5cm×5.5cm，4cm×5cm，4cm×5.5cm，14cm×6cm，14cm×6cm。阳文，隶书，题“君子”。有三角纹、乳丁纹及绳纹。汉砖。河北河间出土。善拓 135－108（三：7）［善拓 586－4（拓一面）同］。

177. □百砖：8cm×4.5cm。阳文，隶书，残存“□百”。下为回字菱形纹。善拓 586－180（三：51）［善拓 135－67 同］。

178. 耳遂砖：12cm×5cm。阳文，隶书，题“耳遂”。善拓 586－177（三：48）［善拓 135－68 同］。

179. 千璧砖：26.5cm×6cm。阳文，隶书，题“千璧”。上下皆为回字菱形纹。善拓 135－69（二：21）。

180. 五千砖：26cm×13cm。反文，隶书，“五千”二字刻于绳纹之上。汉砖。山东潍县西北出土。善拓 586－128（二：45）［善拓 135－85、善拓 585－72 同］。

---

① 古砖在保存过程中，有可能断裂或残损，因此同一古砖在不同时期的拓本，尺寸会有不同。

又：善拓 586－127：26.5cm×13cm［善拓 135－87 同，无印］。

善拓 586－129：26cm×12.5cm［善拓 135－86、善拓 585－68 同］。

181. 君字砖：11cm×4cm。阳文，隶书，残存“君”字。山东潍县出土。上有张伯英跋。善拓 586－176（三：47）［善拓 135－268、善拓 585－69 同］。

182. 毛字砖：3.5cm×12cm。阳文，反文，隶书。山东潍县出土。善拓 585－130（四：22）［善拓 135－265 同］。

183. 车字砖：14cm×4.5cm。阳文，篆书。善拓 586－155（三：26）［善拓 135－289、善拓 585－105 同］。

184. 有字菱纹砖：25cm×5cm。阳文，反文，隶书。上有回字菱形纹，下有十字交叉纹，下残。汉砖。善拓 585－58（二：24）［善拓 135－267、善拓 586－73 同］。

185. 墓字绳纹砖：12.5cm×13cm。阳文，隶书。两边为绳纹。上残。善拓 586－179（三：50）［善拓 135－298 同］。

186. 三官庙奇字砖：14cm×5cm。阳文，字不可识，有边框。上残。陈介祺题签：“潍东关三官庙古阁奇字残砖。”善拓 135－288（六：49）［善拓 586－77 同］。

187. 奇文砖：15cm×6cm。阳文。善拓 586－171（三：42）［善拓 135－296 同］。

188. 中昌砖：12cm×5cm。阳文，隶书，题“中昌”。边残。善拓 135－295（七：5）。

189. 且公砖：15cm×7cm。阳文，篆书，题“且公”。善拓 586－76（一：76）［善拓 135－64 同］。

又：善拓 586－74：13.5cm×7cm［善拓 135－66 同］。

善拓 586－75：15.5cm×6.8cm［善拓 135－65 同］。

三、图案砖

（一）模压纹砖

190. 模压卷云柿蒂纹空心花砖（拓 2 面）：31cm×50.5cm，33cm×17cm（堵）。中间交叉模压卷云纹和柿蒂纹，上下饰以三环纹及璧纹。堵素面，中空。善拓 135－42（一：42）。

191. 模压卷云柿蒂纹空心花砖：33cm×52cm。中间为交叉模压卷云纹和柿蒂纹，上下饰以三环纹及璧纹。善拓 135－43（一：43）。

按：疑以上二砖为同一砖之两面，惜无确据。

192. 模压卷云纹砖：50cm×16cm。模压卷云纹，两边为菱形纹、方格纹。有二穿。善拓 135－44（一：44）。

193. 模压柿蒂纹砖：32cm×17cm。模压柿蒂纹重环纹，两边为联璧纹。有二穿。善拓 135－45（一：45）。

按：疑以上二砖为同一砖之两面。

（二）几何纹砖

194. 乳丁回字菱形纹砖（拓 2 面）：30cm×5.5cm，14cm×5.5cm。善拓 585－22（一：22）［善拓 585－54 同］。

195. 十字联纹砖：6cm×35cm。善拓 135－95（三：4）。

196. 回字菱形纹砖：26cm×5cm。善拓 135－293（七：3）。

197. 几何纹砖：27cm×5cm。有田字纹、十字矩形纹及弓箭纹。善拓 586－60（一：60）［善拓 135－291 同］。

又：善拓 135－290（上残）：15.5cm×5cm。

198. 几何纹砖：32cm×6cm。善拓 586－61（一：61）［善拓 135－292 同］。

199. 几何纹砖：5cm×16cm。残。善拓 586－142（三：13）。

200. 几何纹砖：14cm×4.5cm。善拓 135－294（七：4）。

（三）钱纹砖

201. 五十钱纹砖：29.5cm×5cm。有“五十”钱纹三。上下皆为十字交叉纹。善拓 586－67（一：67）［善拓 135－198 同］。

202. 五十钱纹砖：13.5cm×7cm。有“五十”钱纹。善拓 135－202（五：12）。

203. 五十钱纹砖：18.5cm×5.5cm。有“五十”钱纹。下为米字穿插圆环纹。善拓 586－139（三：10）［善拓 135－195 同］。

204. 五十大泉鱼纹砖：31cm×6cm。“大泉五十”钱纹四。善拓 586－66（一：66）［善拓 135－199 同］。

205. 五十大泉鱼纹砖：6cm×19.5cm。“大泉五十”钱纹。右残。善拓 586－140（三：11）［善拓 135－197 同］。

206. 五铢纹砖（拓2面）：12.8cm×5.3cm，9.5cm×5.5cm。一面为双联五铢钱纹，另一面为乳丁回字菱形纹。善拓586－91（二：8）[善拓135－206同]。

207. 五铢纹砖：5cm×6cm。残存一角。善拓135－207（五：17）。

208. 吉字五铢钱纹砖（拓3面）：28.7cm×5cm，3.5cm×5cm，3.5cm×5cm。阳文，隶书。两边为十字联五铢钱纹，中为乳丁回字菱形纹；一堵为隶书“吉”字，一堵为金钱龟，下书一隶书“牢”字。善拓585－30（一：30）[善拓135－203、善拓586－126同]。

又：善拓586－125（拓3面）：13.5cm×4.5cm，13.5cm×4.5cm，29cm×5cm［善拓135－204同］。

209. 吉字钱纹砖：6cm×24.5cm。阳文，隶书。两边为席纹，略残。善拓586－65（一：65）[善拓135－331同]。

210. 平捂钱纹砖：28.5cm×6.5cm。阳文，反文。有五十文钱纹，间有隶书“平”“捂”二字，四角略残。善拓585－76（三：4）[善拓135－200、善拓586－63同]。

211. 平所钱纹砖：29cm×6.5cm。阳文，反文，隶书“平”“所”二字。善拓586－62（一：62）[善拓135－201同]。

212. 变形钱纹砖：12cm×6cm。上残。善拓586－141（三：12）[善拓135－196同]。

附　　《潍县陈氏宝簠斋藏器目》之砖目

古齐字砖　出潍

又

又

汉君子砖　出河间

汉未央残砖

汉延年益寿残砖　花纹

汉延年益寿长乐未央残砖

汉长生未央花纹大残砖　四种均出陕

命非金石残砖　出平原古墓

又

又

五千砖　出潍

又

又

万世不倾砖　出掖

又

又

又　残

又

又

又

又

长安乐砖　出蓬莱

徐京残砖　同上

魏嘉平元年十月壬□砖　出掖

魏甘露二年九月残砖　出潍

又

魏甘露三年八月丁亥砖　出掖

又

又残

□守安吉残砖　出潍

宜公官砖　出蓬莱

又

又

玉敷砖　出蓬莱

晋太康元年八月一日丁亥砖

晋元康元岁在辛亥砖　出掖，见《隶篇》

又

晋故元康八年公砖　出掖，正面三重轮四出者二，一八月廿日，一所作故克，共八字

又“吉”“元”二字在侧

又

又

又

又

又

又

又

又

又

又

又无重轮残砖

又

晋元康砖

元康砖

九月砖　三种均出掖，见《隶篇》

晋永嘉二年砖　出掖，见《隶篇》（按：国图砖目未见）

又残

晋故达将军砖　出掖

又

又残

晋故胶东令王君砖

又

又

又

又

又

又残

宋元嘉十八年邵公墓砖　出潍

宋元嘉二十年孙君造砖　出掖

又
宋□嘉廿年残砖　许印林旧藏
宋大明五年砖
又　未检
宋大明七年□残砖
又
宋大明砖　纪年下字不可辨
宋大明七年解家砖
又
又
又
又
又
又
又
宋大明壬七残砖
宋大明残砖
鱼形大吉利残砖
又
又
又　存大吉字
又
又
又
又存吉字
又
又存利字
北魏皇兴二年鱼玄明砖志
北魏太和十一年孙敬子残砖
灵门段府君铭砖　段默二字在横

张公墓残砖

恒公墓残砖

郑公墓残砖

毛字残砖

君字残砖　以上均出潍

大吉利砖

又

又

又

又

又

又　一侧作斜界纹

大吉主砖

又　残

又

又

又

又

又

大吉砖

以上出蓬莱

大吉残砖　出掖

□吉砖

唐西坊天宝三五月官砖

宋皇祐残砖　出潍

宋大观元年张忙歌砖志　断，出潍

□潜残砖　六朝

芮大亮未降文　出潍　玄福寺（敬明按：潍西北洪福寺在双杨店后，金石家笔札或写作“宏福寺”。“宏”音同“洪”，“玄”形近“宏”，遂致双讹）

按：总 54 种，125 件。

第十一章　山东博物馆、青岛市博物馆藏陈介祺资料研究

王献唐先生主政山东省图书馆时，致力于山左乡邦文献和先贤遗著与文物典籍的征集收藏，并组织力量研究刊布。当时山东省图书馆收集大量陈介祺旧藏，新中国成立后转交山东博物馆。青岛市博物馆藏有陈介祺陶文资料若干种。陈氏收藏陶文超过两千种，惜陈氏身后多散佚，而今青岛市博物馆所藏弥足珍贵。

第一节　山东博物馆藏陈介祺家族旧物简述

陈介祺是金石大家，“富藏精鉴，宗仰海内”。身后，所藏陆续流散。今山东博物馆藏陈氏旧藏文物、拓本及手札等数量不菲。这些文物大部分是20世纪30年代时任山东省立图书馆馆长的王献唐先生购藏，在抗日战争中损失了一部分，新中国成立后被移交给山东博物馆。还有少量文物是新中国成立后陈氏后人捐赠给国家，后来拨给山东博物馆收藏的。

1918年，褚德彝《簠斋吉金录》题记云：“近闻陈氏所藏古器，半为驵侩贩售，输入海舶。”1926年，“陈介祺后裔将三世收藏之古物，售于德、日人甚多。万印楼印玺在津以4万元押于某银行，毛公鼎亦在押。存潍者，计砖瓦石刻（有文字、花纹者）23箱，共2375件”①。

① 山东省文物事业管理局：《山东省志·山东文物事业大事记（一八四〇——一九九九）》，山东人民出版社2000年版，第43页。

1932年，王献唐从报纸上得知陈氏后人准备出售部分收藏，在当时的山东省教育厅厅长何思源的支持下，前往调查协商。关于这批文物的种类和价值，王献唐在《鲁省收藏古物》中写道："（一）秦汉六朝砖瓦四百零二件。……可以考见秦汉六朝之工艺技术、生活状况、建造情形，为极重要而有系统之史料；（二）周秦有文字之陶器片一千七百二十一件。……其在文字学上之地位，不亚甲骨文、金文。……山东所出古物，在文字学上数百年来之最大贡献，从无逾此者。（三）'齐法货'钱范二百二十八件。……恐全世界收藏'齐法货'钱范者，亦无如此之多。（四）古钱及造像石刻一千五百零九件。历代币制形式，文字范铸者之沿革，均可于此项古钱中求之，为古代货币学宝贵史料。……至六朝造像，其文字久在金石学中居重要地位，不烦赘述。"①

1932年9月16日，山东省府拨款购买部分陈氏旧藏，并将其划归山东省立图书馆收藏。② 此次所收陈氏旧藏文物3826件，价3000元。经过清点，此次购藏文物清单如下：泉币1487品，石刻20石，砖类108件，瓦类300件，陶器255件，陶片豆檠1649件，杂件7件，共计3826件。③

自1930年开始，王献唐从陈氏后人和书贩处为山东省立图书馆陆续购得陈氏金石古物拓片全份，并进行了仔细的整理，准备陆续出版。

1937年抗日战争全面爆发，王献唐先生积极筹措，抢救文物。经山东省教育厅批准，1937年10月12日、10月23日、12月20日，王献唐先后分三批将馆藏图书文物装箱运抵曲阜孔府保存。12月27日，王献唐、屈万里、李义贵一行三人携文物继续南下，在衍圣公孔德成建议下，精挑一部分珍品装箱运走，剩余者存孔府，并与孔府约定，抗战胜利后，这批文物仍归省立图书馆。就在这一天，济南沦陷。王献唐一行携带文物过铜山，经汴郑，出武胜关，多次遭遇空袭，最终抵汉口。1938年2月4日，又徙万县，再迁重庆，最后溯江而上，经泸州、宜宾迁至乐山，将文物藏于古寺和崖墓中。1947年6月，山东省立图书馆存放在孔府的文物被运至南京。新中国成立后，1949年11月，山东省人民政府函请南京市人民政府，于1949年12月将这批文物

---

① 李勇慧：《一代传人王献唐》，山东教育出版社2012年版，第335页。

② 山东省文物事业管理局：《山东省志·山东文物事业大事记（一八四〇——一九九九）》，山东人民出版社2000年版，第56页。

③ 李勇慧：《一代传人王献唐》，山东教育出版社2012年版，第334～336页。

运回山东，交山东省古代文物管理委员会（简称“省古管会”）收藏。1950年12月25日，运至四川乐山的文物精品经北京被运回济南，文化部文物局留下滕县（今滕州）安上村出土的青铜器12件及秦陶量1件，其余悉数归还山东，亦交省古管会。至此，南迁文物基本“完璧归鲁”。1953年2月19日，省古管会正式改称山东省人民政府文物管理委员会（简称“省文管会”）。1953年10月19日，文化部批准，将省文管会的陈列、文物保管部分与省自然博物馆筹备处合并，成立山东省博物馆筹备处，1954年8月15日，筹备处成立，这一天被定为山东省博物馆（今称山东博物馆）建馆纪念日。①

抗战期间，由于一些文物体量和质量较大，无法搬走，故留在济南，遭到巨大破坏。其中与陈氏有关的文物也有损失。

潍县解放后，陈氏族人在陈秉忱、陈君藻等人的带动和说服下，陆续向国家捐赠了大量家藏文物，其中著名的有郭组珍捐献的曾伯霥簠②，同时捐赠的还有迟盨等。曾伯霥簠先存潍坊，后归省博物馆，1959年被调入中国历史博物馆，现藏于国家博物馆。

我们在此选介一部分山东博物馆藏与陈氏有关的文物精品，以飨学界。

（一）迟盨

器体呈椭方形，敛口，鼓腹，下有四蹄形足。腹较窄，两侧有附耳。口上有盖，盖顶有四个矩形纽。口沿、盖沿饰重环纹，腹饰瓦纹，顶及矩形纽饰夔纹。三足上端有兽面扉棱装饰。器、盖对铭，各四行二十二字，重文二字：“迟作姜淠盨，用享孝于姑公，用祈眉寿屯鲁，子子孙孙永宝用。”（图2－11－1）

（二）隋高容铜造像

该铜造像为观世音菩萨立像，头戴冠，着长衣，有披帛、璎珞、项链、手镯。头后双重头光，内重圆形，外重为桃形。戴山字形小冠，缯带垂肩，缯带正中饰3枚小圆形宝珠；中分发髻，头后两侧各梳出一绺小发辫（或为

---

① 山东省文物事业管理局：《山东省志·山东文物事业大事记（一八四〇——一九九九）》，山东人民出版社2000年版，第66～67、84～85页；李勇慧：《一代传人王献唐》，山东教育出版社2012年版，第253～275页。

② 孙敬明：《富藏精鉴　宗仰海内——从京山出土曾伯霥铭文浅谈陈介祺铜器收藏》，载《中国文物报》2018年5月1日；《陈秉忱的传奇人生》，载《潍坊晚报》2016年1月3日。

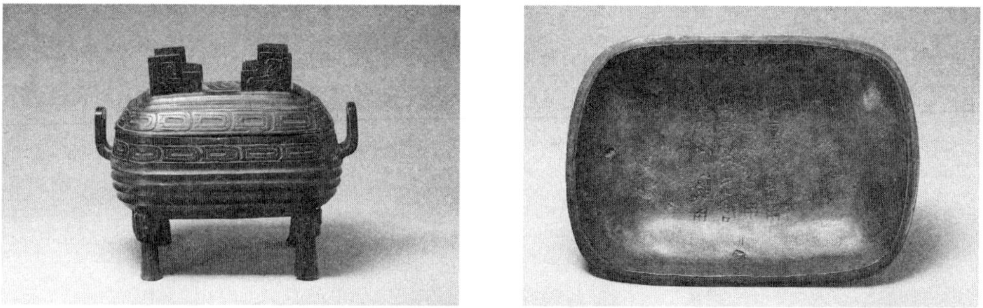

图2-11-1 迟盨

缯带）沿两肩下垂；面圆而短。立姿，右手下垂持莲蕾，左手曲肘上举持物。背后平。下赤足，足下有插榫，铭文位于像身背面，计三行：“大隋仁寿元年岁次辛酉三月甲申朔八日辛卯，佛弟子高容为父（母?）造观世音铜像一区。”

下配方形木座。木座正面中刻莲花形图案，右为陈介祺像，像前书“陈介祺供养”；左为其妻，刻“祺妻李供养”。木座一侧刻两年轻男子，各双手捧举一朵莲花，像前分别刻“祺息平寿供养”“祺息温寿供养”。木座另一侧刻一年轻女子，亦手捧莲花，旁书“祺女桐供养”（图2-11-2）。

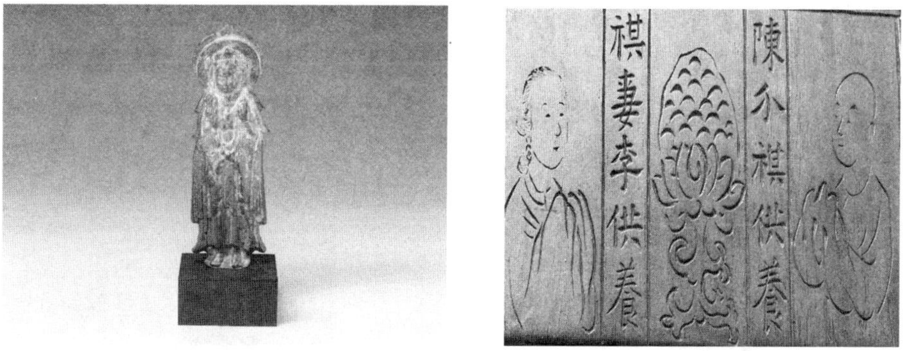

图2-11-2 隋高容铜造像

（三）砖瓦

计60件，其中珍贵文物28件。如汉“长毋相忘”瓦当（图2-11-3），当面圆形，质坚硬，色灰黑，十字穿环界格，印有“长毋相忘”四字，背面已琢为砚。又如汉“维天降灵延元万年天下康宁”瓦当（图2-11-4），当面圆形，质坚硬，色灰，印有“维天降灵延元万年天下康宁”十二字，字间有乳钉十个。再如晋“太康六年卞先生”砖（图2－11－5），长方形，色灰，素面，侧面印有“太康六年卞先生”七字。

图2－11－3　“长毋相忘”瓦当

图2－11－4　“天下康宁”瓦当

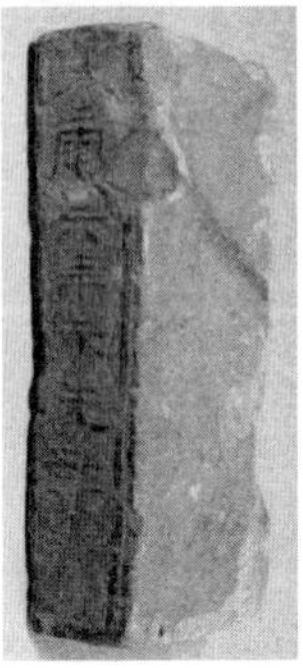

图2－11－5　“太康六年”砖

（四）陈介祺父子用印

如赵之琛刻陈官俊水晶印（图2－11－6），印面3厘米×2.9厘米，通高8厘米，水晶质地，文为“臣陈官俊”。又如陈官俊石印（图2－11－7），印面7.9厘米×7.1厘米，高4.9厘米，青田石质，文为“陈官俊印”。又如翁大年刻寿卿牙印（图2－11－8），印面1.1厘米×1.1厘米，高4.5厘米，文为“寿卿”。再如曾为陈介祺藏牙印（图2－11－9），印面6厘米×1厘米，通高4.5厘米，文为“曾为陈介祺藏”。

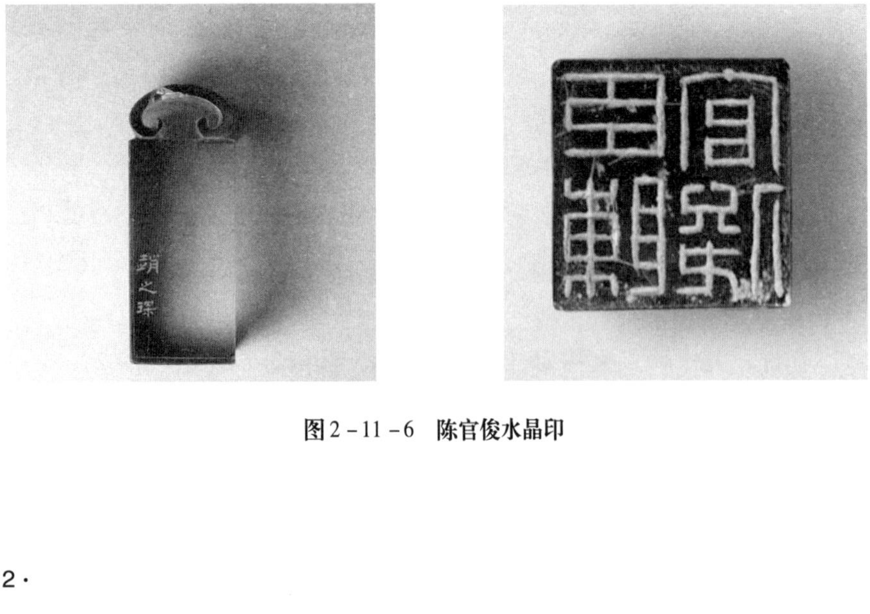

图2－11－6　陈官俊水晶印

图2－11－7　陈官俊石印

图2－11－8　“寿卿”牙印

图2－11－9　“曾为陈介祺藏”牙印

（五）钱币

共计152种，706枚。皆镶嵌于长方形薄木板右上角，板面光润无文。木板纳币最大的优点是能为钱币尤其是比较长而脆弱者起到托附的作用，防止钱币断折变形（图2－11－10）。

（六）《齐鲁陶文》

陈介祺原拓，不分卷，共计112册，王献唐辑并跋曰：“余自十九年，迭向陈氏后裔购集，三次所得，装粘一百一十二册，册各为卷，凡十四函。簠斋所藏陶片文字，尽于是矣。内中同文异器者甚多，亦不复鉴别，藉存陈氏一家之藏。以其皆为山左出土，总题曰《齐鲁陶文》。此在周秦文字中别为一支，与金文不同，学者向未探讨，诚文字学上之宝藏也。”其中包括《簠斋陶文释存》（图 2－11－11）16 册，书高 31.2 厘米，宽 18 厘米，厚 14 厘米，内收陈氏释文。

图 2－11－10　木板纳币

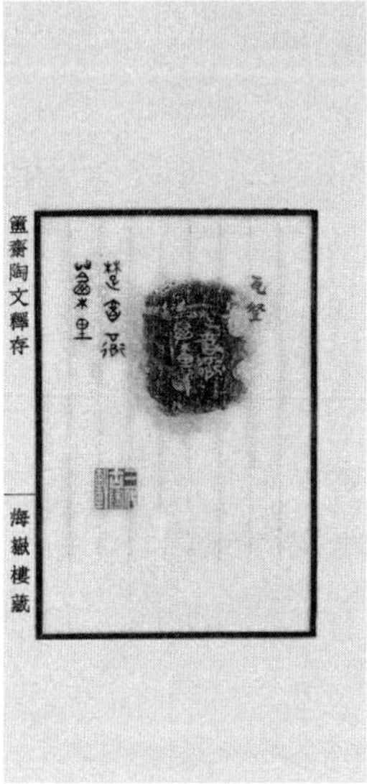

图 2－11－11　《簠斋陶文释存》书影

（七）《二百镜斋镜文》

图 2－11－12　《二百镜斋镜文》书影

四卷四册。1931 年王献唐自敬古斋书店购得陈氏原拓 201 纸，按照时代顺序编辑，并专门印制格纸，版心印有“二百镜斋镜文”“山东省立图书馆藏本”字样。该藏本是目前所见有关陈氏铜镜著述中收镜最多的（图 2－11－12）。

（八）《十钟山房金文》

四卷四册。王献唐所收陈氏全份金文拓本编辑而成，并印制专门格纸粘贴。王氏跋曰：“潍邑陈簠斋所藏吉金款识，邓秋枚已有印本。此其原器拓本，装贴四册，册各为卷，总题为《十钟山房金文》。如毛公鼎诸重器，则装卷轴

藏之。……”（图 2－11－13）

（九）陈介祺题跋陈纯釜全形拓

立轴，纵 137 厘米，横 63 厘米，上有陈氏释文及题跋考订（图 2－11－14）。

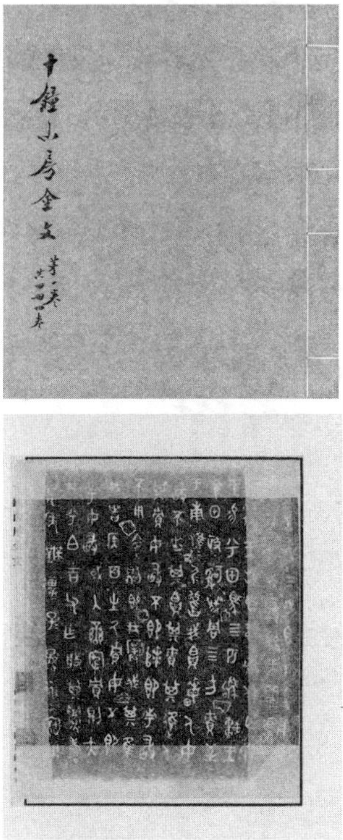

图 2－11－13 《十钟山房金文》书影

图 2－11－14 陈纯釜全形拓立轴

关于山东博物馆是否有陈氏藏陶的问题。陈氏旧藏陶文数量较大，曾作联语“陶文齐鲁四千种，印篆周秦一万方”。后来其所藏陶文的实际数量要更多。山东博物馆藏有吴大澂题写的此联，不常为外界所见（图 2－11－15）。吴氏题云：“簠斋老前辈所收古陶文四千余种，从来金石家所未见；周鉢及秦汉印集至万余，亦古今一巨观。爰书是联寄呈教正。愙斋吴大澂。”关于陈氏藏陶，陆明君《陈介祺与陶文的发现、收藏及研究》① 梳理甚为详细，罗列了

① 陆明君：《陈介祺与陶文的发现、收藏及研究》一文，见《印学研究》第二辑，山东大学出版社 2010 年版，第 119～130 页。

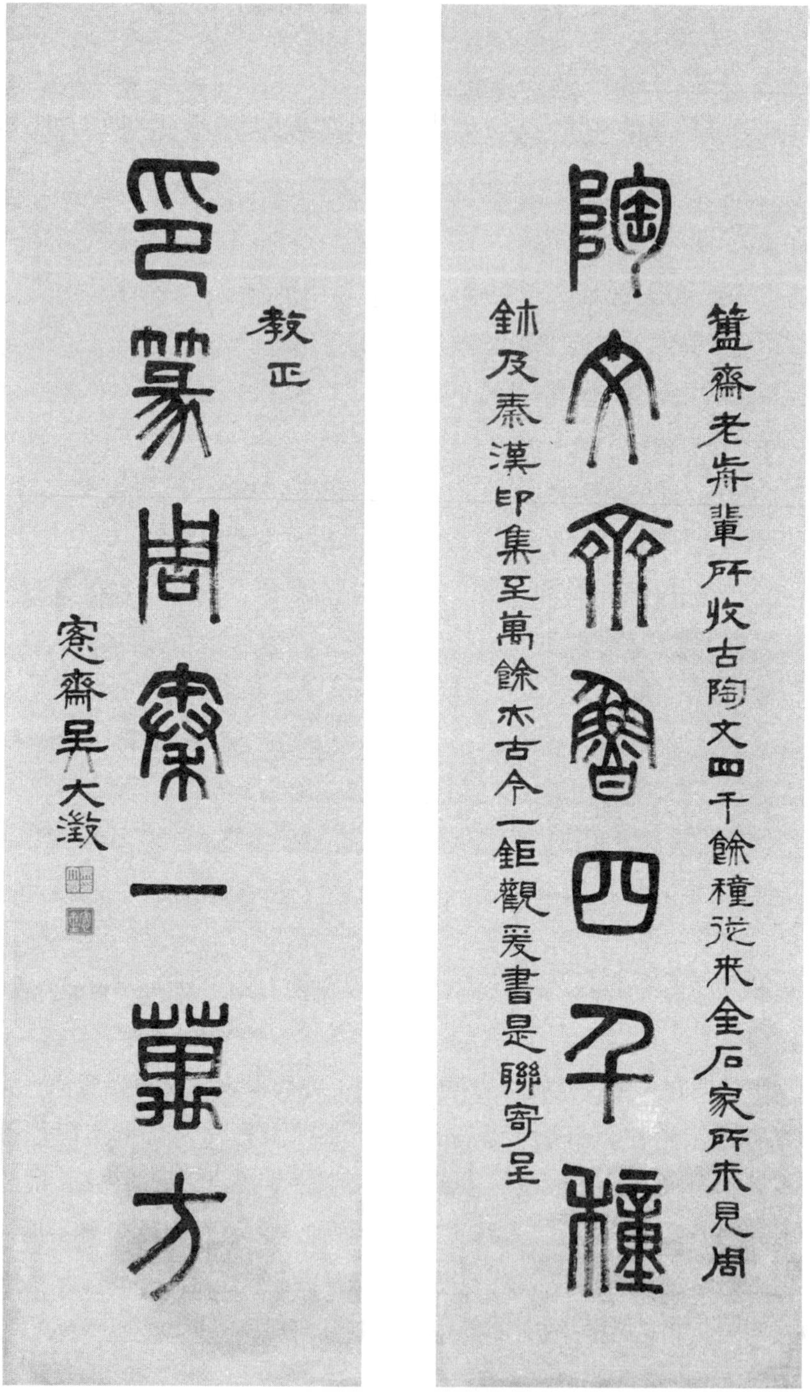

图2-11-15　吴大澂书对联

目前所见到的各方资料及各家观点，兹不赘述。目前所知，青岛市博物馆藏有陈氏旧藏陶文实物1700余件。① 山东博物馆现在的馆藏中并没有明确属于陈氏的陶文实物，但根据购藏陈氏文物清单内有“周秦有文字之陶器片一千七百二十一件”之语，这1721件周秦有文字之陶或即陈氏旧藏陶文之一部分，也有可能是其后人所收。而关于这批陶文的下落，王恩田先生说：“估计是新中国成立后，从四川运回金石保管所途经北京时，这批陶文连同滕县安上村出土的郳国铜器等其他文物一并调拨给其他单位了。”② 根据《四川运回古物目录》，运川文物中并没有陶文，留京文物仅有13件，其中滕县（今滕州）安上村出土铜器12件，秦陶量1件。王献唐1937年运至孔府的第三批文物清单中有“齐鲁陶文”103件，未知是否为陈介祺旧藏，但从文物命名来看，也不排除这种可能性。这103件文物后来由孔德成运至南京，1949年12月运回山东，现藏于山东博物馆。根据1947年罗复唐统计，山东图书馆留存济南的文物，在抗战期间损失巨大，有文字古陶片损失15200件，王献唐购藏的陈氏旧藏陶文大概是在此时遭受毁损从而流失了。③

第二节　青岛市博物馆藏陈介祺陶文资料概述

一、馆藏陈氏陶文资料流转经过

青岛市博物馆藏有陈介祺旧藏的陶文资料早为学界所知道，陈介祺自同治十一年（1872）开始搜集陶文后，为传承之目的，外卖大量陶文拓片。基于此，其所藏陶文拓本常见。陈介祺故去后，其藏品或分散或到了国外，他的收藏中唯一被批量保留下来的是陶文。20世纪50年代王献唐在世时，陈氏家族想出让陶片，王献唐曾积极为山东省立图书馆购藏。王献唐在20世纪中国学术文化史上占据重要的地位。他在青年时代，就在治学领域、学识和方法方面受到山东学术界前辈的直接影响，这些前辈包括日照许瀚、潍县陈介

① 宁昊然：《金石千秋　泽被后世——纪念陈介祺诞辰200周年艺术研讨会在潍坊举办》，载《中国文化报》2013年11月22日。

② 王恩田：《陈介祺与陶文》，见《陈介祺学术思想及成就研讨会论文集》，西泠印社出版社2005年版，第41页。

③ 李勇慧：《一代传人王献唐》，山东教育出版社2012年版，第281~282、337页。

祺、诸城刘喜海，以及献唐的父亲王廷霖，他们分别在训诂学和金石学上成就斐然。王献唐曾写有诗句，讲述自己的师承："精识吾宗古陶主（陈介祺），训诂吾师西海许（许瀚）。归来堂后更嘉簃，中天赤旭照东武（赵明诚、刘喜海）。"他对前辈的考证学、文献学、金石学成果极为重视，细心研究、揣摩，自觉加以继承。同时，他不遗余力地保存山东地方文献、历史文物。他以图书馆馆长之职兼任山东金石保存所负责人，做了大量出色的工作，包括对文物古迹的调查与发掘，对金石文物（三代吉金、陶文、玺印，汉代画像石，秦汉砖瓦、封泥）的收集与整理，对金石文物的典藏与陈列。①

20世纪50年代，对于陈介祺所藏陶文，陈继揆先生在《簠斋论陶》前言中提道："原物于'七七'事变前夕经谢刚主介绍售于青岛博物馆，今据收点者言，总数为四千八百件。"

孙敬明先生记载："陈氏所藏陶文，身后亦并其他文物散出，后存青岛市博物馆。1986年秋，笔者专程赴青岛市博物馆考察这批陶文。有关陶器全部盛在装子弹的小木箱里，每箱约一百余块，约四十余箱。当时因文物库房系借旧宗教庙堂，内中置物纷繁，白日亦觉黑暗，且木箱置于最西部，并上叠硬木大罗汉床，移动不得，故仅取出数箱开验，据保管者称笔者为此批陶文入藏以来首次启箱者。经验：其中以齐都临淄陶文为主，文字特征和内容格式显明。还有所谓鲁陶文，其实主要是今邹城市邾国故城遗址出土者。器物以豆、罐为主，亦有个别较完整陶豆，余者多是带有戳印的豆柄局部，故使一箱盛装许多。"②

据青岛市博物馆现有陶器老账记载，此批陶文为1950年青岛市博物馆接管青岛市人民图书馆（现青岛市图书馆）之文物，为陈介祺旧藏。2005年8月16日至17日，中国社会科学院历史研究所研究员、国务院学位委员会委员李学勤先生来馆鉴定了部分陶片，当时统计共有1730件，可分为陶片和陶足残片。李学勤先生写给时任青岛市博物馆馆长黄耀华先生的信中提道："……返京后查旧笔记，'抄有谢国桢先生1972年11月24日在所藏《簠斋藏陶》上的跋文：一九三七年夏，张彦生君偕余于役潍水，为北平图书馆购置陈氏万印楼所藏陶器，约四千余品……旋存于青岛博物馆，其事相隔已近四十年，犹如前尘梦影矣。'

---

① 陈其泰：《王献唐学术成就的时代意义》，载《淮阴师范学院学报（哲学社会科学版）》2014年第1期。

② 王振民主编：《潍坊文化三百年》，文化艺术出版社2006年版，第149页。

记得谢先生面告，陶文点数约为4800件，至于归青岛时间，似为五十年代，我已经记不太清，但恐不如上跋所说是'旋存于……'。"所以根据青岛市博物馆文物藏品保管账目上的统计，这批陶文的数量为1730件。王恩田《陈介祺与陶文》① 记载："簠斋身后，所藏陶文实物除少量藏品归周季木等各家外，其余分为两批。一批被王献唐先生代山东省图书馆金石保管所购得。金石保管所的文物现归山东省博物馆，但馆内却没有这部分陶文实物。估计是新中国成立后，从四川运回金石保管所途经北京时，这批陶文连同滕县安上村出土的郳国铜器等其他文物一并调拨给其他单位了。另一批陶文实物归了青岛市博物馆。"

2011年7月14日，国家文物鉴定委员会委员朱凤瀚先生来馆鉴定，在鉴定意见中提道："此批陶文的陶器残件为陈介祺旧藏于青岛市博物馆，已早为学界知道，但多年来一直未得到整理、著录与研究。战国时齐国陶文（多出自临淄故城）对于研究当时的行政区划制度、手工业管理制度、手工业者的生产组织与家族情况等，均有重要意义，建议定为一级文物。"

在青岛市博物馆的老账上，有对这批1730件陶文字迹的清晰摹写和文物现状的描述。全部陶文实物被存放于文物库房中，按照博物馆文物保存环境的要求进行恒温恒湿保护，每件实物上都标有馆藏文物编号，便于查找与核对，为陶文自身文物价值研究和古文字研究提供了珍贵的资料，这是博物馆前辈们留给现代人的宝贵财富。馆藏文物中有相当数量的珍贵古籍善本，这和建馆之前郑爰居②、张镜芙③等老一辈文物工作者的辛苦努力息息相关。

---

① 见《陈介祺学术思想及成就研讨会论文集》，西泠印社出版社2005年版。

② 郑爰居，即郑云渠（1891—1958），号爰居，美术家，山东诸城人。自幼聪颖，才气过人。早年毕业于山东政法专科学校，从事律师工作多年。擅长金石、篆刻。对《说文解字》、钟鼎铭文、古陶文、封泥及甲骨也潜心研究。篆书师邓石如，刻印取法甲骨金文，结体奇古，刀法瘦劲，所作均精妙。在治学方面，素以精勤著称，主要著作有《高南阜年谱》、《王筠年谱》二卷、《王筠文集校录》二卷，另有《西昆酬唱集笺注》一书。新中国成立后，将所藏古籍7000余册全部捐献给国家，主要藏于青岛市图书馆和青岛市博物馆。曾任青岛市文物管理委员会主任。1956年退休，1958年病逝于青岛。其生平事迹被编入《中国美术家人名辞典》。

③ 张镜芙，即张鉴祥（1890—1955），字镜夫，一作镜芙，自署千目庐主人，藏书家，山东诸城人。早年就读于青岛德华大学，后任职于青岛市博物馆，文史功底极厚，喜购古籍碑帖，并访求各地书肆收集山东地方文献和先哲遗著，所藏古籍数千种，共数万册。收藏历代书目1041种，3597册，所以命其藏书楼为"千目庐"，遂以"千目庐"自号。编有《张镜芙辑目录书》和《千目庐鬻书简目》。

1949年12月，青岛市政府专门召集了一批专家学者、文物收藏者，组成青岛市文化古物管理委员会，郑爰居被任命为文管会主任。他们对社会上的流散文物进行考证，去伪存真，为青岛市文物局和青岛市博物馆的建立打下了坚实的基础。现青岛市图书馆和青岛市博物馆的古籍图书，作者大都为明清时的山东人，这些图书基本是由他们的后人捐赠或从后人手中购买的，其中以郑爰居、张镜芙两位藏书家的捐赠为主。

二、馆藏古籍《古陶拓本不分卷》与《陶文图录》对比研究

青岛市博物馆收藏有陈介祺辑数件古籍，为陈氏金石传拓、藏品研究成果，如《清吉金及见录不分卷拓本》《清末青箱古集续编不分卷刻本》等。现选取馆藏清光绪《古陶拓本不分卷》与《陶文图录》进行对比，该古籍善本为清代陈簠斋钤拓辑藏，清光绪原拓本，八册一函，共收394幅拓片，种类有封泥、瓦器、瓦鬲等，钤印有“宝康瓠室藏瓦”“齐东陶父”“古陶主人”“齐鲁三代陶器文字”“簠斋藏古封泥”“君子砖馆藏砖”“簠斋两京文字”“簠斋藏古”“簠斋”等。

战国陶文中，齐国陶文不仅数量多，而且内容异常丰富，大体可以分为官营制陶业产品、民营制陶业产品。在馆藏的古籍善本《古陶拓本不分卷》中的瓦器拓片，“昌栎陈固南左里敀亳区”（钤“齐鲁三代陶器文字”），可以与《陶文图录》中已经收录的2.6.1拓本对比，基本吻合（图2－11－16）。齐国官营制陶业产品以陶器为主，饮食器很少。官营制陶业产品制作工艺精湛，铭文规范典雅。量器陶文格式分为繁式和简式两种。繁式内容包括地名（或身份）＋人名＋立事岁＋左里敀＋亳＋量名六项，个别还在量名后加“铭”。立事岁是齐国特有的纪年格式，与楚国以重大事件纪年类似。“立事”即文献中的“莅事”，其原始含义是主持国家的祭祀，后来也泛指主持国家政务的人。人名前的地名是立事者的居住地或者封邑，如“楚郭”“高闾”“瘩都”“平门内”“华门”等，都是立事者的居住地。这里的“陈固”为人名，应为田齐宗室，昌栎为他的封地，陈固也是“陈固立事岁”的省简。齐国称的陶里，即陶工聚居之处，这里的“南左里”即为此意。“敀”是量器的所有者和使用者，“左里敀”即《管子·轻重戊》的“左右伯”和“左司马伯公”。“里”在这里不是乡里之“里”，而应是《管子·小匡》“为高子之里，

为国子之里，为公里，三分齐国以为三军”中所说的“里”。“亳”仅见于量器或陶器器皿。名前冠以“亳”的量器，均为立事者监制，是根据国家统一标准检测、校正过的标准官量。齐国量名有“豆、区、釜、钟”四级，目前无论是官营还是民营制陶业生产的陶量，乃至铜量，都只有前三级而不见“钟”。《左传·昭公三年》记载：“……齐其为陈氏矣。公弃其民，而归于陈氏。齐旧四量，豆、区、釜、钟。四升为豆，各自其四，以登于釜。釜十则钟。陈氏三量皆登一焉，钟乃大矣。以家量贷，而以公量收之。……民人痛疾，而或燠休之。其爱之如父母，而归之如流水。”1857年山东胶州灵山卫古城旁（今属青岛市黄岛区）出土了著名的“陈氏三量”——子禾子釜、陈纯釜、左关鉌，为战国田齐时期所铸，是齐国中央政权在左关安陵地区（即灵山卫一带）征收税赋的专用标准量器。子禾子釜现藏于国家博物馆，陈纯釜和左关鉌现藏于上海博物馆。子禾子釜肩下部有铭文十行，因伤残锈蚀，能识者近九十字，内容是告诫官吏使用标准量器时不得犯戒舞弊，违者论其轻重，施以相应惩罚。由此可见，战国时期度量衡已有明确的校量制度和严格的管理措施。此器实测容量为20460毫升。

	《古陶拓本不分卷》中收录的陶文拓片	《陶文图录》中收录的陶文拓片
昌桥陈固南左里故亳区	 （钤“齐鲁三代陶器文字”）	

图2-11-16　“昌桥陈固南左里故亳区”陶文对比

春秋晚期的齐国，“公量”与“家量”并存，公量小，家量大。陈氏在夺取了齐国的政权之后，便开始对旧齐量制进行改革，并制发了标准器，使齐国量制日趋统一。子禾子釜、陈纯釜、左关鋘就是这一史实的物证。

《古陶拓本不分卷》中收录的吉语陶文“家常富贵”，钤“宝康瓠室藏瓦”“簠斋藏古”。“家常富贵”四字与《陶文图录》中的8.97.1吻合度高（图2－11－17）。《说文解字》云：“富，厚也。”《论语·学而》邢昺疏曰：“多财曰富。”所以，“富”往往用来形容财物之多。“富者，人之性情所不学而俱欲者也”就是这种思想的完整体现。因此，“家常富贵”陶文体现了汉代人祈望自己发财致富并且能够长久富有。汉代典籍中也有很多关于这方面内容的记载，如《史记·货殖列传》云：“宛孔氏之先……连车骑，游诸侯，因通商贾之利……家致富数千金……”《汉书·地理志》云：“南阳好商贾，召父富以本业。”颜师古曰：“召父，谓召信臣也。劝其务农以致富。”《淮南子·精神训》云：“至贵不待爵，至富不待财。”《论衡·命禄》亦云：“勉力勤事以致富，砥才明操以取贵。”同时，汉代瓦当中也经常标有“大富”等吉祥语词。由此可见，汉代人不论从事农业生产还是从事商业活动，都有追求财富的美好愿望。

	《古陶拓本不分卷》中收录的陶文拓片	《陶文图录》中收录的陶文拓片
家常富贵	 （钤“宝康瓠室藏瓦”“簠斋藏古”）	

图2－11－17 “家常富贵”陶文对比

《古陶拓本不分卷》中收录的吉语陶文“长生”，钤“齐东陶父”，与《陶文图录》中的8.88.1吻合度极高（图2－11－18）。与先秦时期相比，秦汉时期的道家方术和神仙思想得到进一步发展和传播，上自封建帝王，下至一般百姓，时刻不忘祈求长生不老、延年益寿、多子多孙。“长寿”“寿乐”“安寿”“长生”“长宜子孙”“千秋万岁”“长生未央”“延年益寿”“延寿万岁常与天久昌”等，都为祈求福寿与子孙蕃息的语词。

	《古陶拓本不分卷》中收录的陶文拓片	《陶文图录》中收录的陶文拓片
长生	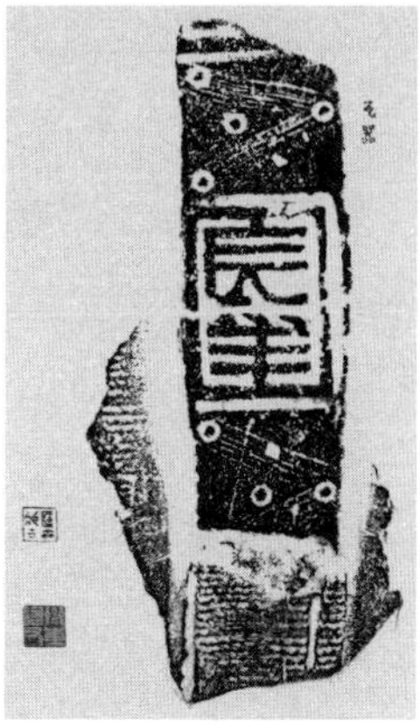 （钤“齐东陶父”）	

图2－11－18　“长生”陶文对比

三、馆藏陶文与《陶文图录》对比研究

青岛市博物馆的老账上，有对这批陶文字迹的清晰摹写和对文物现状的描述，故老账上的记录成为对这批陶文进行辨识、考释的重要资料。

（一）“曹”字陶文

根据“曹”字陶文实物初步推断，其为器物的口沿（图2－11－19）。根据鉴定意见，此陶片不是齐国的，而是邹国的。该陶文与《陶文图录》中的3.414.2、3.414.3、3.414.5、3.414.6吻合度极高（图2－11－20）。《山东邹城郏国故城遗址2017、2018年考古发掘所获文字资料》载，遗址中有一“曹”字陶片出土。通过与其进行对比，可认定该件馆藏“曹”字陶文时代为战国时期。

图2－11－19 “曹”字陶文

	馆藏陈介祺旧藏陶文摹写	《陶文图录》中收录的陶文拓片
曹		   

图2－11－20 “曹”字陶文对比

（二）“日利”陶文

根据“日利”陶文实物推测，该实物为陶器的底部（图2－11－21），“日利”二字约位于器物底部中央。此陶文与《陶文图录》中的8.107.3、

8.107.4匹配度较高（图2－11－22）。

图2－11－21　“日利”陶文

	馆藏陈介祺旧藏陶文摹写	《陶文图录》中收录的陶文拓片
日利		 

图2－11－22　“日利”陶文对比

在古代，人们对于外出活动能否顺利十分关注，希望选择一个最好的日子出行，以保佑自己一路平安与畅通。从商代甲骨卜辞中的“择日”等记载可以看出，出行对于人们的重要意义。随着秦汉时期社会经济的发展，人们在参加活动前，这种对于出行的祈福与美好祝愿的意识更强。“日利”陶文便反映了人们的这种心态。印文“日利”之“利”，王献唐先生认为是盈利之意，这类印章为商人所用，即指商人能够永远盈利或有很大盈利。其实，“利”也可以理解为顺利、吉祥之意，如《广韵》云：“利，吉也。”《周易·乾》云：“飞龙在天，利见大人。”

图2－11－23　“□□北里庆”陶文

（三）“□□北里庆”陶文

“□□北里庆”陶文（图2－11－23），其“庆”字与《陶文图录》中的2.243.2和2.243.1吻合度较高。该陶片与《陶文图录》中的2.661.3“蒦阳甗里人庆”（按：“蒦阳”是齐都西鄙大邑）可作比较研究。经对字形进行仔细对比，发现“北”应为，原档案中摹写有误（图2－11－24）。

	馆藏陈介祺旧藏陶文摹写	《陶文图录》中收录的相似文字
□□北里庆	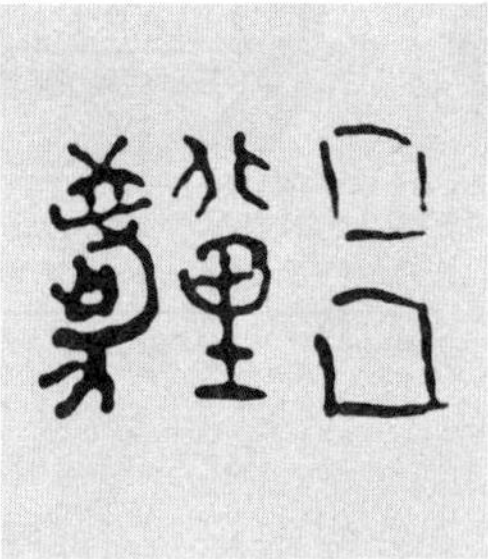	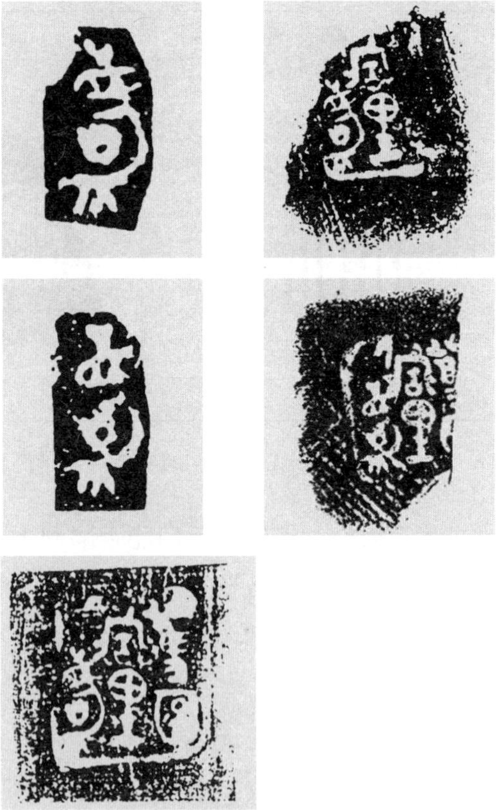

图2－11－24　“□□北里庆”陶文对比

常见的陶文格式为：某里某、某邑某里、某邑某里陶者某、某邑某里人某、某邑某里某、某鄙某里某、某鄙某邑某里某等。《陶文图录》中为标准的“某邑某里陶者某”形式，抑或“□□北里庆”，保留了“某里陶者某”或“某里某”。《说文解字》释“里”曰：“居也。从田从土。凡里之属皆从里。”“里”这一行政单位似乎呈现出一种扩大的趋势，这与当时经济的发展和人口的增长有着必然的联系。同时这一行政组织往往还受地理环境、政治形势等因素的制约，显然不大可能拘泥于传统和设想，必须从实际需要出发。同样，在不同的“乡”中，“里”的多少也不相同。经济愈发达的地区，人口必然增加，从事手工业的人也相应增多，下层的行政单位也自然会随之增加。繇乡（陶乡）制陶业最发达、陶工最集中，已发现的陶器涉及该乡的18个里。

图2－11－25 “市”字陶文

（四）“市”字陶文

馆藏陶文中的“市”字陶文（图2－11－25）与《陶文图录》中的6.399.1、6.409.3、6.434.4相似度较高（图2－11－26）。

	馆藏陈介祺旧藏陶文摹写	《陶文图录》中收录的陶文拓片
市	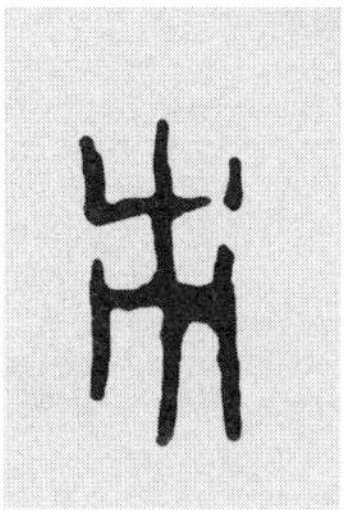	

图2－11－26 “市”字陶文对比

（五）“荠”字陶文

《说文解字》释“荠”曰：“蒺梨（藜）也。从草齐声。《诗》曰：‘墙有荠。’疾咨切。又，徂礼切。”馆藏陶文中的“荠”字陶文与《陶文图录》中的6.445.4相似度极高（图2－11－27、图2－11－28）。

图2－11－27　“荠”字陶文

	馆藏陈介祺旧藏陶文摹写	《陶文图录》中收录的陶文拓片
荠		

图2－11－28　“荠”字陶文对比

青岛市博物馆所藏陈介祺旧藏陶文具有重要的史料价值，是一批珍贵的文献资料，将为后期陶文研究提供资料参考。

第十二章　台湾“中研院”史语所藏陈介祺《簠斋金文手稿》简介

目前陈介祺所藏文物之出版品有陈继揆所编《簠斋金文题识》《簠斋金文考》《簠斋论陶》《簠斋鉴古与传古》四书，以及国家图书馆金石拓片组编《国家图书馆藏陈介祺藏古拓本选编》四卷。而陈氏著作中未刊之善本拓片，台湾“中研院”史语所傅斯年图书馆的善本书室藏有如下几种：《三代古陶轩瓦器文字》六册、《封泥拓片》、《陈文懿公金文题跋手稿》、《陈簠斋手札》、《簠斋吉金拓本》七册、《簠斋土石泉范》三册、《簠斋秦始皇诏瓦量残字拓本》、《簠斋秦瓦诏》六十三册、《簠斋积古金文》、《簠斋积古金文拓本目》、《簠斋积古金文目录》二册、《簠斋藏古拓本题记残册》二十六册、《簠斋藏器目》、《簠斋藏瓦当》十五册（三代秦汉瓦当七百九十四纸）、《簠斋藏石拓片》二册、《簠斋藏砖》、《簠斋藏镜》二册、《簠斋藏陶》、《簠斋评释经注经斋校选刘氏辑印》、《簠斋金文手稿》等书。《簠斋金文手稿》一书中有较多陈介祺之研究成果，其余均属资料性质之收藏品拓片汇集，犹待刊印才能窥其全貌，故本文拟对《簠斋金文手稿》的内容加以介绍。

一、手稿典藏资讯

台湾“中研院”史语所傅斯年图书馆藏有《陈介祺金文手稿》一册，为陈介祺金文研究札记手稿。馆方记录该手稿为清同治年间（1862—1874）散叶手稿，并于1985年编连成册，又被制作为光碟，光碟代号96Y08b0035－38、96Y16b016 4－171，但只有寥寥数页而已。

二、内容介绍

本手稿由台湾“中研院”史语所整理，所方定名为《簠斋金文手稿》（以下简称《手稿》），封面有1985年6月编订并设计手装等题识。本手稿将未装裱的原书书叶摊开影印，亦即保留手稿折页前之原貌，因此《手稿》一页当为原书一叶两面。《手稿》在排序上有些错乱。据文义，《手稿》前三页应当如下所示：

第一页：

一册	大一页
二册	大九中一
三册	大五中一
四册	无
五册	大七
六册	大四中一
七册	大三小一
八册	大五
九册	大十
十册	大十
十一	大五
十二	无
十三	大八
十四	无
十五	大六
十六	大五小一

第二页：

十七	大六笺一
十八	大五中三小三
十九	大九
廿	大七
廿一	大七

廿二　　无

廿三　　无

廿四　　大二中一

廿五　　大二

第三页：

整张　　乙百乙十七张

半张　　七张

条　　五张

笺纸　　乙张

史语所影印本《手稿》的第二页却是对寏长鼎、大僕鼎等器的考释，本该是第二页目录的内容却出现在《手稿》第三页。这三页所说的“一册　大一页”之“大一页”等内容不见于《手稿》，疑为铜器拓片，惜台湾“中研院”史语所未见。

《手稿》基本分为两部分，已知器名者为主要内容，另有一页注明“不知器名而文内有彝字者附此待考”，其中一页称“辛未六月七日毕此册”，可能为最后一页；但另有一页谈“凡物有成之日即有毁之日”，后记有“同治辛未七月四日癸巳”，时间又在“毕此册”之后，在整理本中并未置于最后一页。

初步统计，《手稿》中收录超过600器，内容基本为释文与考释，其中多有记录铜器或拓片之来源者，还有少数记录形制特征者（如“大僕鼎”“叔氏钟”，图2－12－1）。

考释中不乏内容精彩者，此仅举几例略述之如下：

1. 邾公牼钟：“形即蜘蛛之象。”

2. 不嬰簋：于“函”下考释曰“作，即陷省”。

3. 录伯戜簋盖：将“女（汝）肇不”之“”释为“坠”。

4. 大保簋：将“克亡（无）”释为“克敬无遣”。

5. 陈侯因資敦：“枼（世）万子孙，永为典尚”之“尚”读为“常”。

三、学术价值

（一）判断殷周金文及与《尚书》比对

毕段敦：“唯王十又三祀十又一月，丁卯，王贞毕丰戊辰曾。”

《手稿》载："洪范十又三祀，吉金周器作祀，文亦屡见。"

（二）描述器形、判断年代

有关大㑀鼎，《手稿》载："长方形，耳作双虎形，器虎文，足有虎，足形如轮 ，与四耳簋同出。"（图 2－12－1）四耳簋指大丰簋。

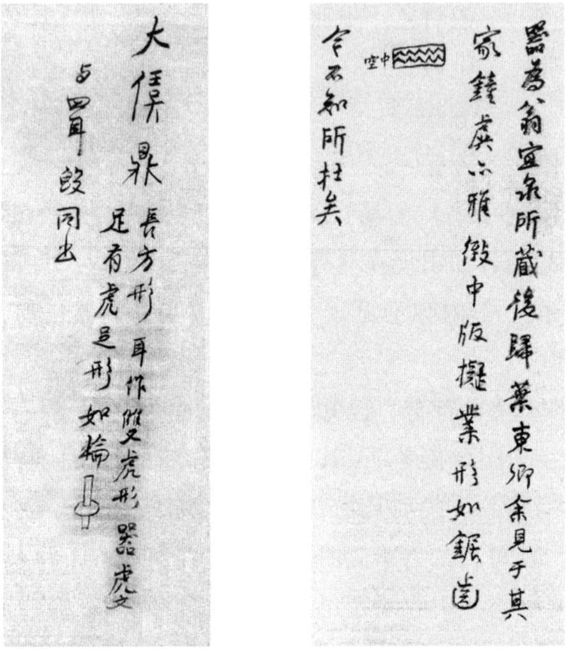

图 2－12－1 《手稿》中有关大㑀鼎、叔氏钟的记录

簋尊、卣："唯十又三月辛卯，王在庠，易超采曰。"

《手稿》载："十又三月以闰计为丑月也，采，采之地也。"

（三）画图存疑

有关钦罍，《手稿》载："以末一字名之，不能定，廿一字后刻，秦汉犹存，必周末器矣。"

（四）考释文字

1. 辨明合文

关于吴尊，《手稿》载："叀之文，余皆疑为三匹合文。"

关于□侯伯晨鼎，《手稿》载："彤即彤弓合文。"

2. 辨明异体

关于史懋壶盖，《手稿》载：“亭仍当释京，窺仍当事亲，王亲命之也，咸金文诚者，和也。”

关于寡长鼎，《手稿》载：“，此与斴扬中休‘扬’字同，当是扬字加。”（按：金文中习见加之文例，如寡作“”、殷作“”、舟作“”、亲作“”、福作“”、禋作“”等例）。

关于諆田鼎，《手稿》载：“饧，饧非阳，食时也。师氏小子，从从合，乃合之異文。”

（五）辨别伪器

关于大�方鼎，《手稿》载：“作者名一字沕似册，比有伪者，近一见之苏，乃所为也。”（按：苏，疑指古董商苏兆年）

关于厘鼎，《手稿》载：“有盖，鼎小而有盖者罕见，器出潍市，乡人贩铜者所为，余谓即陈厘所作鼎也。”

关于虢文公鼎，《手稿》载：“字究可疑，文公之文尤谬。”

关于师旦鼎，《手稿》载：“此与正考父均似宋人伪为，以周公为大姒作器，而文字如此，其伪决矣。”

关于正考父鼎，《手稿》载：“书虽近古而文作之文王宝隮鼎，夫正考父安可作文王器，其伪定矣。周有文王，周之殷人不应如此。”

关于西宫簋，《手稿》载：“字不甚美，而非赝作。”

（六）判定时代

关于番君鼎，《手稿》载：“周末时物，昭穆未安。”

关于蕃鼎、毁朔鼎一又鼎盖，《手稿》载：“文佳，此种文字皆当为商字，此物是方鼎，余见胶西王氏者，兵燹得其有文一片于潍市。”

关于諆田鼎，《手稿》载：“王田猎驰骋而有臣三十家之舍赏，亦滥之甚矣，文字甚古，其穆王之时乎。”

（七）判定器形

关于包君鼎，《手稿》载：“又，器为盉，字在盖，今在海丰吴氏，东卿误以为鼎。”

（八）判定器主

关于阎（函）皇父匜，《手稿》载：“即《诗》皇父。”

关于阎（函）皇父簋，《手稿》载：“㿝字以不嬰簋‘㿝于艱’之‘陷’定为‘㿝’字。㿝，阎省。阎，皇父姓也。皇父见《诗》，器出关中，余得之苏兆年。”

关于不嬰簋，《手稿》载：“弗以我轩（按：疑衍字）车函，作，即陷省。此证阎（函）皇父之。于艱，即艰。女，汝，多擒，折首执嗾，嗾，讯之古文。”

王国维对“㿝”“阎”二字亦有说明：

> 毛公鼎：“勿以乃辟于艱。”吴氏式芬释㿝。此敦字亦然。《逸周书·祭公解》：“我惟不以我辟险于难。”则又借险为㿝。函、㿝、险三字皆同声也。“周娸敦”“周娸匜”之皇父，其女嫁于周，故称周娸。然则皇父即《诗》之皇父卿士。周娸即《诗》之艳妻。艳妻，《汉书·谷永传》引作阎妻。《诗疏》引中候摘洛戒作剡，而彝器作。艳、阎、函、剡四字亦同声也。然则字之为陷字之假借，无疑诸家释是也。①

许印林亦认为：“㿝，皇父姓，与艳、剡、阎皆同音，通借艳、剡、阎，见《诗·十月》正义。”由许、王二氏说法可知，簠斋说法不误。

① 王国维：《观堂古金文考释·不嬰簋盖考释》，见《王国维遗书》第6册，上海书店1983年版，第147～148页。

附

陈介祺年谱

说明：

一、本谱是陆明君所著《陈介祺年谱》（西泠印社出版社2015年版）的缩减版，保留了正文部分，删除了史料引录及考证、按语部分，并对部分内容进行了修正。

二、本谱以考证谱主生平、交游、鉴藏、著述等为主。所涉及的人物，以与谱主直接相关的亲属、金石之友及官员等为限。

三、本谱每年之条目，分两部分：一为谱主事略，二为重要事件及与谱主有关联的人或事在本年的情况。两部分之间，以空行区别。

四、本谱中所载月日，均为农历。本谱中所述古旧地名，不再括注今称。

五、本谱所载陈官俊相关事例，与本书陈官俊年谱中有所出入者，系因本谱与陈官俊年谱所依据或采纳的史料不同所致。本谱与陈官俊年谱及本书其他篇章所载不一致之处，皆遵照陆明君《陈介祺年谱》之原书，不作强行统一处理，特此说明。

嘉庆十八年（1813）癸酉　一岁

十月十日巳时生于京。

是年，父陈官俊三十二岁，任翰林院编修、文颖馆纂修。

母丁氏，出潍县城里丁氏望族，为乾隆间恩科武举人、浙江台州卫守备丁治平之女，永春直隶州知州、台湾凤山县知县丁廷琛之胞姊。嘉庆七年，父陈官俊二十一岁时来归。

庶母张氏。

时有两姊，大姊七岁，二姊三岁。

祖陈祥桂，字省庵。祖母夏氏，邑庠生夏云龙之女。有三子：长子官俊，次子官傑，三子官侨。

是年，已出生且后来与陈介祺关系密切的人物：阮元五十岁，张廷济四十六岁，徐同柏三十九岁，翟云升三十八岁，叶志诜三十五岁，李璋煜三十岁，刘喜海二十一岁，吴廷栋二十一岁，吴式芬十八岁，许瀚十六岁，何绍基十五岁，李恩庆十五岁，李佐贤七岁，鲍康四岁，吴云三岁，翁大年三岁。

吴式芬（字子苾）援例入国子监。

李璋煜（字方赤）选为拔贡，入国子监。

嘉庆十九年（1814）甲戌　二岁

是年，幼，在京。

是年三月，阮元（号芸台）撰《南北书派论》。

是年，吴重周（字长饴，吴式芬长子）生。

瞿中溶（号木夫）成进士。

嘉庆二十年（1815）乙亥　三岁

是年，幼，在京。

四月，父陈官俊升右春坊右赞善。

九月，父陈官俊转左春坊左赞善。

是年，段玉裁（号懋堂）卒（1735—）。

嘉庆二十一年（1816）丙子　四岁

是年，幼，在京。

六月，父陈官俊入直上书房。

八月，父陈官俊充顺天乡试同考官。

八月二十六日，妹（陈官俊三女）生。

九月，父陈官俊充日讲起居注官。

是年，阮元擢湖广总督。

刘喜海（字燕庭）成举人。

嘉庆二十二年（1817）丁丑　五岁

是年，幼，在京。

七月十八日，父陈官俊随侍嘉庆皇帝出京，巡行“木兰行围”。

嘉庆二十三年（1818）戊寅　六岁

是年，幼，在京。

二月，父陈官俊大考二等第二名，赏缎二匹。

七月初三日，父陈官俊授司经局洗马。

十月，父陈官俊迁翰林院侍讲。

嘉庆二十四年（1819）己卯　七岁

是年，曾随父于山西学政任所（参九月条）。

三月，父陈官俊充会试同考官。

六月，父陈官俊充陕甘乡试正考官。

九月，父陈官俊提督山西学政。陈官俊赴任后，陈介祺曾随任所。

是年闰四月，阮元兼署广东巡抚，七月卸任。

王筠（号菉友）应顺天乡试，挑取誊录，供职京师。

嘉庆二十五年（1820）庚辰　八岁

是年，当在太原，随父于山西学政任所。

五月，父陈官俊转侍读。仍在山西学政任。

八月初六日，父陈官俊闻嘉庆帝驾崩，举哀回京。

八月二十七日，父陈官俊嗣道光帝登极，并封加一级。

十月初三日，父陈官俊升右庶子，仍留山西学政任。

十二月，父陈官俊因条陈事，得旨议叙加一级。

是年正月，阮元再兼署广东巡抚，五月卸任。

李璋煜成进士。

道光元年（1821）辛巳　九岁

八月初六日，父陈官俊升侍讲学士，遂奉命回京，入直上书房。

八、九月间，随父回京。

十月初一日，弟讷出生。

十一月，父陈官俊被山西巡抚成格以“在学政任内各款”（殴差、买妾等）奏劾，降为中允赞善，遂解职并赴山西候质。

十二月，父陈官俊旋又降为编修，罢直上书房。

是年，陕西郿县出土西周大盂鼎，鼎内铸有铭文二百九十一字。

王筠顺天乡试中举人。

道光二年（1822）壬午　十岁

父陈官俊充顺天乡试同考官，八月奉旨分校京兆试。

十二月二十九日，妹（陈官俊三女）夭折，年六岁。

是年，首次在四川出土封泥。蜀人掘山药得一窖，封泥凡百余枚，估人携至京师，大半坏裂，刘喜海、龚自珍、阎帖轩各得数枚。当时人们对封泥为何物尚缺乏正确认识。

何凌汉为山东学政。

翟云升（号文泉）成进士，不仕。

吴式芬顺天乡试中举人。吴式芬祖吴之勷在京购宣南坊宅第。

道光三年（1823）癸未　十一岁

是年，父陈官俊于京城开始谋刊同邑韩梦周（理堂）文集及诗集、日记。

是年，吴式芬扶祖母灵柩回海丰。

王筠自是年专治于《说文》。

道光四年（1824）甲申　十二岁

春，朱方为少年陈介祺刻“窃有以得见用心”闲文章。

八月初三日，父陈官俊大考，得三等，罚俸半年。

八月，父陈官俊于京城谋刊同邑韩梦周文集及诗集、日记成书。

是年，郭麐（字子嘉）生。

李遇孙刊行《金石学录》。

阮元《两浙金石志》著成。

道光五年（1825）乙酉　十三岁

八月，父陈官俊奉旨分校京兆乡试。

是年正月，何绍基（字子贞）于济南历下书市购得《张黑女墓志》孤本。

许瀚（字印林）在济南科试第一，以诗、古文为山东学政何凌汉所赏，选为拔贡。

道光六年（1826）丙戌　十四岁

五月初八日，父陈官俊奉充教习庶吉士。

九月二十七日，三弟敬出生（与介祺同父异母，张氏生），半月后夭折。

十二月十八日，二弟讷因痘而亡，年五岁。

是年，许瀚入都，为国子监生员，曾居何凌汉寓邸，与其子何绍基、何绍业等朝夕过从。

道光七年（1827）丁亥　十五岁

是年，李璋煜邀校桂馥《说文解字义证》，参校者许瀚、许梿、王筠、陈宗彝等。

九月初九日，李璋煜邀王筠、许瀚赏菊，并为王筠归里饯别。

冬，许瀚考充武英殿校录，并师事王念孙、王引之父子。

道光八年（1828）戊子　十六岁

五月，父陈官俊充贵州乡试副考官，五月初一日奉命，至十一月初六日回京。

十二月初十日，父陈官俊升右春坊右中允。

是年，徐同柏（号籀庄）馆于舅父张廷济（号叔未）清仪阁，编《清仪阁古印偶存目》并附注六卷。

李佐贤（号竹朋）成举人。

何昆玉（字伯瑜）生。

阮元在京，为刘喜海跋长垣本《华山碑》。

道光九年（1829）己丑　十七岁

三月二十六日，父陈官俊擢国子监祭酒。

约是年，随父晋谒国子监，得观鼎彝及石鼓。

十二月初五日，堂弟介猷（字秩卿）生。

是年七月，许瀚因继母卒，返里守制。

阮元编《皇清经解》成书。

赵之谦（字扔叔）生。

许梿（号珊林）辑《许氏集古印谱》五册。

道光十年（1830）庚寅　十八岁

约在是年成婚，娶诸城李璋煜长女。

是年，潘祖荫（号伯寅）生（—1890）。

道光十一年（1831）辛卯 十九岁

三月，补为博士弟子员（生员），入莱州府郡庠。此时已开始爱好并收藏青铜彝器及古玺印。

至迟在是年三月，与掖县金石文字学家翟云升相识并交往。

六月，父陈官俊奉充江西乡试正考官，前赴江西。

七月初一日，祖陈祥桂在京病亡。时父陈官俊在赴江西途中，初七日于山东滋阳县得官差所报，当即返程，十七日到京。

八月初四日，先祖灵柩暂厝彰仪门内宝应寺。

九月初九日，父陈官俊、叔父官侨奉先祖灵柩回里，于九月二十日抵潍县。

十月二十一日，先祖灵柩安葬。是时，陈介祺亦当回潍县行葬礼。

是年冬，王筠至京师。

瞿中溶撰成《集古官印考证》十八卷稿。

何凌汉出任浙江学政，许瀚应命赴杭州学署校文，居杭三年，与江南学者多有往来。

高庆龄（号南郑）约生于是年。

道光十二年（1832）壬辰 二十岁

是年，父陈官俊丁忧守制。

七月初一日，父陈官俊回潍县上初忌祭。

约是年，始与吴式芬交游，追从于年长的吴氏，论古文字、考订金石，并收藏了部分吉金铜器及古印。

是年，堂叔陈官乂中进士。

是年二月，何绍基随父何凌汉按试宁波，登范氏天一阁，获观所藏碑帖拓本。

十一月，何绍基至焦山冒雪手拓《瘗鹤铭》残字。

是年，阮元擢协办大学士，仍留云贵总督任。

道光十三年（1833）癸巳　二十一岁

七月初一日，叔父陈官侨回潍县上次忌祭。

九月十一日，长子厚钟生。

九月十九日，父陈官俊回潍省墓。

十月，父陈官俊服阕。于十一月初三日具折请安。

十二月初九日，父陈官俊授翰林院侍讲学士。

是年春，何绍基寓杭州，与僧达受（字六舟）相过从，品评金石书画。

是年，许梿成进士。

王石经生（—1918）。

道光十四年（1834）甲午　二十二岁

二月二十三日，父陈官俊擢詹事府詹事。

三月初四日，父陈官俊充日讲起居注官。

五月初二日，长姊亡。

九月十九日，父陈官俊奉旨稽查西四旗觉罗学。

十一月二十日，父陈官俊奉旨补授内阁学士兼礼部侍郎。

十二月二十三日，父陈官俊充文渊阁直阁事。

是年，吴云（号平斋）成举人。

张廷济辑《古印缀存》一册。

道光十五年（1835）乙未　二十三岁

二月二十五日，得师害（寰）簋二。二十六日，致吴式芬函，望其方便时速来一观。

四月二十日，父陈官俊奉旨充殿试读卷官。

五月初一日，父陈官俊奉旨阅新进士朝考卷。

八月，翟云升《隶篇》初稿撰成，陈介祺等曾为其提供所藏拓本以助之。

秋，至济南乡试，中举人。

得天子班觚于济南古董市。

十月初十日，父陈官俊于万寿宫被皇太后恩召，诰封妻室为一品夫人，并赐奉其上三代父母至曾祖父母为光禄大夫、一品夫人等。

是年二月，阮元回朝，拜为体仁阁大学士。

李佐贤成进士，供职都门。

吴式芬亦中进士。

何绍基在湖南乡试成解元。

许瀚回京，顺天乡试中举人。

张廷济辑《清仪阁古印偶存》重订本六册，拓二十部。

徐同柏辑所著款识考释令其子士燕录存，订为《从古堂款识学》。

许梿任山东平度州知州。

吴大澂（字清卿）生于苏州。

道光十六年（1836）丙申　二十四岁

正月二十三日，父陈官俊奉旨充贡举。

三月初九日，父陈官俊奉旨升补右侍郎。

四月三十日，父陈官俊奉旨阅朝考卷，取士五十九人。

五月十六日，父陈官俊奉旨转礼部左侍郎。

七月二十一日，父陈官俊奉旨调吏部右侍郎。

四月二十五日，访许瀚。

立秋日，读阅并校勘《天文鬼料窍》。

七月初十日，访吴式芬，并与来访的许瀚相遇，又同往琉璃厂观孙星衍书，并同访竹溪。

七月二十一日，至许瀚寓所，为其送行。时许瀚将赴河北定州等地，应顺天学政潘锡恩之邀批阅童试及生员卷。

九月十七日，致李恩庆（字季云）师书，求观其为“太年伯母大人”及祖母所作寿屏。

九月二十七日，长女厚培生。

十月初十日，访许瀚。

十月十七日，访许瀚。

十月二十八日，许瀚来陈宅访，并见陈介祺父陈官俊。陈宅在西安门内经板库街中间栅栏门内路北。

是年，陈介祺族叔陈子懿（字季则）倾囊购得书画巨册《桑梓之遗》。《桑梓之遗》书画册乃原胶州高凤翰（号南阜）晚年所辑乡贤书画作品，装七十八册，曾先后经即墨郭廷翕、莱阳南岚左氏递藏。是年，左氏因灾年饥荒，以七十七册辇入潍县城转让，为陈子懿所得。

约是年前后，拜谒阮元，阮氏以“天机清妙”为譬以勉之,并书论钟鼎古文诗三首于纨扇以赠。

是年，何绍基成进士。

道光十七年（1837）丁酉　二十五岁

三月，在故里潍县，并接览翟云升来书。

四月，回京，并接到翟云升三月初七日书函及所赠邹县摩崖精拓本。

五月初三日，致翟云升书，谈金石友等往来事及翟氏编刻《隶篇》事。

八月初二日，父陈官俊署户部右侍郎，兼管钱法堂事务。

八月初六日，父陈官俊充顺天乡试副考官。

十月初二日，致翟云升书，称“奉贺大喜”，并寄赠汉《杨著碑》拓本。

十月二十日，接翟云升九月二十八日书，并所赠東鼎拓本、汉印册等。翟氏书中称嘉簠斋幸遇二杨碑等。

十月二十五日，致翟云升书，转寄吴式芬致翟氏书并沙南侯碑摹本等。又奉寄汉尚浴府金行烛盘拓本。嘱翟氏求拓掖县云峰刻石及平度天柱山郑文公碑刻石等。

十二月初八日，接翟云升书并所寄唐贞休碑阴拓一纸。

十二月初十日，致翟云升书，并寄汉杨震碑拓片、二敏碑摹本、吉金册等。另有致侯登岸（号瘦鹤）书函，嘱翟氏转交。

十二月十一日，杨澥（号龙石）为刻“古平寿陈介祺宜铭金室所藏金石文字”细朱文印。时陈介祺曾以“宝恕堂”为斋号。

十二月二十六日，父陈官俊转为吏部左侍郎。

十二月，曾至故里潍县，并在潍有致翟云升书。

是年前后，屡与翟云升通函，并为其编撰《隶篇》《隶篇续》《隶篇再续》等提供拓本，以供钩摹上书。翟云升与吴式芬、何绍基、汪喜孙、王筠等金石学家的通函与联系，俱由陈介祺转达。

是年，曾于潍县购得郑板桥《墨竹轴》。是时亦致力于书画购藏，并有“宝恕堂藏书印”“宝恕堂藏画印”收藏章。

胞叔官侨中举人。

从堂弟陈介眉（字绥卿）选为拔贡。

是年，外舅李璋煜升任江苏常州府知府。

张之洞（号香涛）生（—1909）。

道光十八年（1838）戊戌　二十六岁

正月十五日，致翟云升书，并寄所借吴式芬藏汉三公山碑拓本及汉钲、汉钫钩摹本等，以供编撰《隶篇》之需。

二月初四日，致翟云升书，嘱吴式芬所求碑刻精拓务为留意，询及许梿搜访、收藏情况等。

二月十三日，致李恩庆书。时请季直为之刻印，并乞付润例。

闰四月二十一日，得翟云升赐寄云峰山石刻十种、唐志一种。翟氏托陈氏转寄吴式芬、何绍基、汪喜孙、王筠等人书函。

闰四月二十四日，致翟云升书，求托翟云升转赠胶西张不群吉金摹本四种，并欲以五十金求购张不群所藏曹党生造像等五种造像石刻及汉黄羊镜。

五月，经陈介祺父陈官俊等力倡，翟云升《隶篇》刊行。陈官俊为之作序。

八月初十日，有致外舅李璋煜书，求僧达受所藏金石拓本等事。时李璋煜任江苏常州府知府。

八月，吴式芬将离京赴任，补阙江西南昌府知府，陈介祺作《题襄阳唐志即送吴子苾六兄出守江西》诗，以赠别。

是年二月，吴重憙生（—1918）。

五月，何绍基授翰林院编修。

是年，刘喜海《清爱堂家藏钟鼎彝器款识法帖》刻成。

阮元致仕。

道光十九年（1839）己亥　二十七岁

二月初二日，汪喜孙赎回押给陈介祺的玉印五方，银二十五两。

二月初三日，父陈官俊充经筵讲官，奉命在文华殿讲《书经》。

二月初六日，为许瀚《六君子砖合本》题诗。

二月十八日，父陈官俊奉旨阅翰詹大考卷。

二月十九日，有致锦江四叔书。

二月二十四日，次子厚滋（字树德）生。

三月初五日，父陈官俊擢工部尚书。

三、四月间，曾回原籍潍县就读。

五月初五日，致锦江四叔书（二纸），询及潍县及周边寿光、昌乐等地的碑石及访拓等事宜。

五月，翁大年（字叔均）为陈介祺刻“陈介祺”朱文三连印。

六月十一日，许瀚来陈宅，观新得山东所拓之碑及佛像。

九月二十七日，许瀚致函陈介祺，并赠琉球笺纸，还向陈介祺推荐张穆。

十一月初七日，天微阴，生晕珥，访许瀚。

十一月十一日，父陈官俊获恩赏于紫禁城内骑马。

十一月二十四日，与顾珩圃同访许瀚。

十一月二十八日，访许瀚。

十一月，翁大年为陈介祺刻“簠斋”朱文印。

十二月，许瀚离京赴济宁，主讲渔山书院。许瀚在京十余年，藏书不下万卷，时与学者相议论，人多重其学，陈介祺与许瀚之面交多集中于此期间。

十二月，父陈官俊奉旨二道，被革职。

约在是年，于京古董市得曾伯霥簠，遂颜其居为“宝簠斋”，并以“簠斋”为号。

是年四月，虎门销烟开始。

是年，林则徐于广州创办《澳门新闻报》《澳门月报》，此两报是我国最早具有参考消息性质的报刊。

吴式芬任南安知府，并著《金石目录》。

法国人达格尔发明摄影术。

道光二十年（1840）庚子　二十八岁

正月十五日，访张芾（字小浦），为拓其尊翁缩临十三行，小浦以“覃溪先生（翁方纲）用定武落水本重订正李羲民万松山房兰亭石刻”本见赠。

四月初六日，父陈官俊补授通政使司通政使。

四月十三日，致潍县陈子懿（季则四叔）书（三纸），称自己诗文颇为老辈所赏识，建议《桑梓之遗》不可轻易改动与装池等。

六月初六日，致潍县锦江四叔书（七纸），书中主要谈科举应试作文之要诀，并云“今从耕亭师而知之”，还有志于在三十岁以前考取进士之想，另忆叙上年夏在潍之情谊等。

九月十六日，致锦江四叔书（三纸），贺其乡试中举。并云“明春吾族公车甚多，亦家运之盛”。

九月十八日，父陈官俊有致“翊思二弟”家书，贺季则四弟中举。

九月，翁大年为刻“子子孙孙永宝用”白文印。

是年前后，受教于费庚吉（号耕亭）。

是年二月，何凌汉卒于户部尚书任内，赠太子太保，赐祭葬，谥文安；三月，何凌汉之柩移厝报国寺；夏，何绍基于报国寺读《礼》；八月，何绍基扶柩南下，十二月抵长沙。

是年，吴式芬辑成《双虞壶斋印存》。

潘仕成（字德畬）辑《宝琴斋古铜印汇》二册。

吴荣光《筠清馆金石文字》刊行。

道光二十一年（1841）辛丑　二十九岁

春，刘喜海来京，赠虢季子白盘拓本。

六月初一日，应陈畯（字粟园）所嘱而题虢季子白盘拓装本，故作虢季子白盘考释数百言（后应吕佺孙索题，又作补考近二千言）。

七月初，作汉桂宫镫题识。此时已购藏汉桂宫镫。

十二月二十四日，父陈官俊奉旨稽查西四旗觉罗学。

是年，御试，授内阁中书，委署侍读，本衙门撰文，办理诰敕房事务。

道光二十二年（1842）壬寅　三十岁

正月十七日，父陈官俊擢户部右侍郎，兼管钱法堂事务。

正月二十七日，父陈官俊复充经筵讲官。

二月十四日，装勉堂叔父所拓汉志小布并题记。

六月，手拓《唐陈义墓志铭》，并作剪裱本册页。

十月十二日，何绍基来访，赏鉴桂馥书法，并观所得白淮父簋、内者镫及刘耽印等。

十一月，父陈官俊调吏部左侍郎。

是年，与许瀚通函谈访拓古石刻等事，并与叶名琛（字昆臣）有联系，求拓江西吴城万寿宫之石刻古篆。

是年，吴荣光辑《筠清馆金石文字》，摹入四川出土六枚封泥，为封泥见于著录之发端。但其尚不知封泥的性质，是作为“汉世印范子”著录的。

翁大年辑《古印文》一册。

瞿中溶卒（1769—）。

道光二十三年（1843）癸卯　三十一岁

四月初九日，父陈官俊奉命监视户部三库总司出纳事务。

六月十八日，父陈官俊奉旨兼署户部右侍郎，兼管钱法堂事务。

七月二十九日，何绍基来访，观柳公权《神策军纪圣德碑》宋拓本。

八月初六日，父陈官俊署兵部尚书。

十一月二十六日，父陈官俊奉旨于紫禁城内骑马。

十二月初，北平杨翰遣工拓得汉樊敏碑，惠赠一纸。急寄于翟云升，以刻入《隶篇·三续》中。

十二月十九日，父陈官俊擢礼部尚书，兼署工部尚书。

十二月二十六日，父陈官俊奉旨充经筵讲官。

是年，天亡簋（又名聃敦、聃簋、大丰簋、周祀刊簋）、毛公鼎于陕西岐山出土。约是年，陈介祺于西安古董商苏兆年（字丰玉）处得天亡簋。

八月，《虎门条约》签订。

英国传教士在上海开办墨海书馆，此为外国人在中国开设的第一家编译、出版机构。

道光二十四年（1844）甲辰　三十二岁

正月初一日，张廷济为陈介祺所藏汉刘耽六面印作赋以颂，并作有“字识子姬千名以上，诗在苏黄两家之间”隶书联及“邹鲁洙原言有物，商周文字识其真”行书联见赠。

正月十六日，父陈官俊幸赴正大光明殿廷臣宴，得赏赐。

二月十三日，父陈官俊调为工部尚书。

三月初四日，父陈官俊充会试正考官。

四月初四日，宴请进京应会试的许瀚和潍县同乡等，同年张香海未到。许瀚受张穆之托借去陈介祺所藏柳公权《神策军纪圣德碑》宋拓本。

四月初六日，有为“森长表兄”书苏东坡《〈和子由记园中草木〉诗十一首之四》行书四条屏。

十月，有致陈畯书，嘱其为觅金石拓本等。时陈畯客于陕西榆林道署。

十二月十六日，父陈官俊奉旨调补吏部尚书、协办大学士。

是年，叶志诜（字东卿）得周遂启諆鼎，是鼎原铭只有九字，陕中人增刻伪字成三百余。陈介祺以为伪刻，叶氏却不以为然，并置之金山作歌纪事，和诗或作考记者四十余人。

是年，与朱钧（号筱沤）多有通函往来。朱钧并为簠斋搜访吉金古器，呈寄毌甲觯等。

是年二月，吴式芬署南昌府事，旋升任广西右江道。六月交卸，九月到京引见，奉旨著赴新任。

宋晋（号雪帆）成进士。

李佐贤授翰林院编修。

宋书升（字晋之）生。

道光二十五年（1845）乙巳　三十三岁

正月初六日，何绍基来陈宅赴陈官俊宴邀，陈介祺出示徐渭画卷、张照书法《鱼枕冠颂》、高凤翰《弄孙八珠》册等以赏。

正月十六日，父陈官俊幸列正大光明殿廷臣宴，得赏赐物七件。

正月，接吴式芬甲辰十二月二十六日由济南所寄书函并襄阳出土唐墓志拓本六纸。时吴式芬南行赴任于广西右江道，途经济南。

三月望日，接陈畯自陕西榆林道署来书，并所赠旧藏盂鼎拓本一纸及封泥、汉印拓本等。

三月，会试应考。

四月初十日，书朱熹论诗句，为翟齐（字青野）作行书条屏。

四月十一日，会试中式，考取贡士一百五十五名。

四月二十一日殿试，二十四日放榜，考取二甲第三名，成进士。

四月二十八日，由进士朝考，得一第第十名。

五月五日引见，由内阁中书改为翰林院庶吉士。

五月二十八日，接吴式芬四月十日书，知吴氏于三月抵广西右江道新任道署。

六月，有致许瀚书并赠吉金拓四件。

春夏，母丁氏患痢，甚剧，中秋后病情稍缓。

春夏间，朱钧致书陈介祺，言及欲谋刊瞿中溶《集古官印考》，并托翁大年校对等事。是时，翁大年亦有致陈介祺书，并附呈汉印一方、距末拓本一册、湖笔四匣、洋纸四册等，委托朱钧以赠寄。

八月上浣，金石友朱钧来京小住数日，因得见其所携明万历年出土初拓本《唐王居士砖拓铭》，并于十二日于该初拓本上作跋语。

八月十七日，接吴式芬六月十七日书，并扬州所获古吉金拓本一份。

八月，许瀚来书并惠寄汉阙及齐、隋碑拓本共十六种。

八月，因进士及第，至山东诸城李璋煜外舅家住数日，并有仿秦李斯小篆体作书联“显陈旧章初平法式，审别职任遂立恒常”，以奉明甫内弟。

八月，翁大年寄其所作《瞿中溶〈古官印考〉补遗目录》。

夏秋间，体甚弱。

是年，吴云谒选入都，下榻沈兆霖寓斋，陈介祺过访，并以《玉枕兰亭》相赠。时潘曾绶亦同日到访，吴、潘、陈三人遂始订交。

是年，簠斋中屡增古宝，收藏之兴甚浓。

是年，“户部推广章程，由部请封者一体给予‘覃恩’字样”。母丁氏乃请于父，将外祖父母遗嘱所分存置母家三十余年的现银千缗捐献，外祖父母因得貤封如父官俊一样的官衔。

约是年，开始专心于程朱理学，自此后与倭仁、吴廷栋、涂宗瀛、何慎修等当时理学诸君子颇多来往，求教商讨，精益求精。

是年三月，吴式芬抵任广西右江道，兼署按察使。

王懿荣（字廉生）生（—1900）。

同乡张兆栋（号友山）中进士。

道光二十六年（1846）丙午　三十四岁

二月初三日，致远任于广西右江道的吴式芬书函。所述甚周，并云年来所得金石三十五种，汉印精者近三百方。

四月初七日，喜闻“式嘉三弟”获补生员，书“立品直须同白璧，读书何止是青云”黄笺本四尺七言联为祝。

闰五月，书“莫嫌地僻经过少，自爱身闲意味长”七言联，寄呈潍县之十二叔父。

六月二十八日，为十三叔父书“但作得来皆事业，若推不去即因缘”楷书楹联。

七月二十六日，跋何绍基藏孤本《张黑女墓志》，称“此直似宋时毡蜡，明以后无此拓也”，认为该拓本为宋时所拓。

九月初一日，跋六舟上人所作吉金全形拓本。

九月初二日，时僧达受来京，寓宣武城南之龙树寺，陈介祺与吕佺孙（字尧仙）昆仲共前往探访，遍观所藏，欣喜不已，并在达受所拓程木庵藏器册上题跋，以记其事。

秋，堂弟介猷山东乡试中举人。

十一月，父陈官俊充玉牒馆副总裁。

十一月，徐同柏遣张稚春、张受之来索陈介祺所藏曾伯霥簠全形拓本，徐氏以曾伯霥簠手书释文赠之。是时与张受之初识。

十二月十九日，何绍基为题所藏姜开先画册。

是年，李佐贤知汀州府。

阮元加太傅。

宋晋充任顺天乡试同考官。

道光二十七年（1847）丁未　三十五岁

正月二十九日早，请金石友、同乡（掖县）之翟齐、张士保来陈宅用早餐，并作半日畅谈。

二月，祖母夏氏九十寿，御书“耆臣寿母”匾、“福”“寿”字并珍绮等件赐之。

二月二十日，跋张辛（字受之）藏《苏氏纂集集古印谱》。

五月，致徐同柏书，并赠吉金款识六种，请为考释。始与徐氏通函。

七月，吴式芬到京，拟赴河南按察使新任，上召见三次。吴氏到京后，作为知己至交，当与陈介祺多有聚叙。

约七月，致徐同柏书，并藏器铭文拓一。徐氏复书，隶定周祀刊簋（天亡簋）、陈侯敦二铭，命子士燕详释寄之。

九月十四日，致翟云升书。是时，堂弟介谋（字诒卿）至掖县，应莱州府（治所在掖县）童子试，陈介祺所致翟氏之函及官燕（燕窝上品）二匣由堂弟介谋携带以呈，还求翟氏饬工印新刻之《再续隶篇》，及其所藏汉印并吉金拓本等。

十一月，荐徐同柏分修刘喜海所著《金石苑》“金部”商周款识。

是年，与张辛频来往。

是年，初编《簠斋印集》，成二册本。或由许瀚、吴式芬、何绍基协助审定。并请何绍基题签，扉页亦由何氏题：“道光廿七年，平寿陈氏刊。日照许瀚印林、海丰吴式芬子苾、道州何绍基子贞同审定。平寿陈氏所藏。”并刊印了带格的印谱专用纸。

是年，吴式芬擢河南按察使，七月到京，上召见三次，因河南被旱应备等事宜，速行赴任。

王筠《说文释例》刊成。

孙文楷（号稽庵）生于益都。

道光二十八年（1848）戊申　三十六岁

二月十六日，检点自藏古玺印，并于自藏印集钤本上题记，称已有古印八百余方。

三月，张辛客京染疾病殁，年三十八，金石诸友为之痛惜。两年来，簠斋与之过从较密，是时当有凭吊。

四月初五日，母丁氏卒，享年六十八。悲痛万分，欲以身继。丁母忧。

四月初七日，何绍基来陈宅吊唁陈介祺母。

九月下浣，何绍基为是年春病殁的张受之作传略，陈介祺亦为之题跋。

冬初，归潍县葬母。其“悉遵礼经，扶柩归葬，徒步千里未尝骑乘”。

十月至十一月间，葬母后游潍县、高密、胶县、诸城等周围各地，搜寻古玺印。在潍县，购得族兄际唐部分古印；又于田氏得“经事得志”古玉玺；在潍县牛驼旅次，于谭二先生（名升九）处购得虎纽“胡光信印”、瓦纽“迟年唯印”等古印五十二方及部分两面印。至高密，得“夏侯赏印”于纪七。至胶州得见“琅邪相印章”龟纽银印。至诸城，亦有所获。

约十一月，返京抵都。

十一月，父陈官俊充上书房总师傅。

是年，授翰林院编修。时家门鼎盛，为人所羡。

是年，外舅李璋煜仕于广东惠潮嘉道署，其外孙温寿兄妹（陈介祺长子及长女）亦随往于粤。

是年二月，金石好友张廷济卒于嘉兴新篁里（1768—）。

潘祖荫蒙恩赏给举人。

道光二十九年（1849）己酉　三十七岁

二月，父陈官俊因翰林院编修童福承为官俊妻作祭文有过当语等，其难辞咎，被罢上书房总师傅。

四月初，回故里潍县，为先母过周年忌日。

闰四月至五月间，在潍县，并至潍县近邻各地寻访古玺印等，得古玺印颇丰。在潍县，十二叔父赠所藏古印六十六方，并赠两面印七方，晋卿二弟赠“司马安·臣安”两面印，于族兄际唐处购古印六十余方，得谭二先生之子汉印五十方，又得谭二先生二十六方及部分两面印。至诸城（东武故地），得“关内侯印”等八方；在胶州纪七，得“季□之印”两面印（字残泐）；至昌乐，雪舫宗叔赐“牟遂之印·牟翁□”两面印等。

约六月，回京。

七月初三日，父陈官俊因痰疾猝发，顷刻殁逝。追赠太子太保，入祀贤良祠，谥文悫，并御赐碑文。另，恩赐其长孙介祺子厚钟为举人，次孙厚滋“俟及岁时，由吏部带领引见，候朕施恩”。

八月，外舅李璋煜致书，并呈寄奠资五百金。

时，长子温寿及长女，已由粤之外舅李璋煜处返京。

九月，西安古董商苏兆年使其弟苏亿年（字锡时）至京鬻古，得其“田孟”琉璃印及铜官印三十一方，“王受·臣受”等两面印十一方，另有面圆穿印一方，又姓名印三十六方。

十月二十八日，陈介祺扶父之灵柩归里，行程半月，于十一月十三日抵潍。

十一月二十九日，开吊，殡父于新阡。十二月初二日安葬。

十二月初十日北上回京，二十日抵都。

是年，于关中古董商苏镐川得“李沱”玉印及姓名印等二十四方。

是年八月，吴式芬奉旨补授直隶布政使。十月到京，召见二次，谕令即行赴任，即于是月抵保定。十二月调补贵州布政使。

十月，阮元卒于扬州，谥文达（1764—）。

张穆（石舟）卒（1805—）。

道光三十年（1850）庚戌　三十八岁

正月初六日，得陕西古董商苏镐川所售“王博之印”（金印龟纽），及“信期·郢人”等两面印四方。

正月十四日申初，闻有旨立奕𬣞为皇太子，旋闻道光帝驾崩，至为哀痛。

二月初一日，四弟病亡。

二月，借刘喜海古玺印一百六十余方，拟入《簠斋印集》。

三月二十七日，同年张凤山之友来售“即墨长印”“斶禁”等五印。

三月二十八日，致业师李恩庆书，详述筹备及安葬先父事及家中境况。时，李恩庆携眷于去秋九月离京抵陕西赴任，中间数有通问。

春，体弱不禁风寒，时作干嗽，感伤时则增剧，少出门户。清明未能归里祭扫，先慈忌日亦未能归。

五月十八日，西安古董商苏亿年至京鬻古，得其古印等。

六月十三日，返故里途中，闻李恩庆师于五月朔启程于陕，月望前后抵京，遂于苑家口道中，致李恩庆师书。

六月，归潍县故里过先父周年忌日。

六月，在潍县。得谭二先生姓名印、吉语印、两面印六十余方。昌乐雪舫宗叔赠三方。

夏，陈畯移榻陈宅，助陈氏钤拓编次《簠斋印集》，历八月余，翌年而成。

七月十日左右，由潍县启程返京。

七月十六日，抵京。

七月十七日，返京后致潍县五叔祖父母、六叔祖父母书，报安。

七月十九日晚，李恩庆师来舍，设宴以叙。

七月二十二日，祖母夏氏卒。

八月十四日，于丽泉病中使其弟来京，将“敬事”“臣长”等古玺五方及两面印二方携来。

九月二十四日，致李恩庆师书。时李恩庆正赴任于甘省途中，此前李恩庆当至陈宅，对陈介祺祖母之逝行唁奠之礼。

约十月，扶祖母灵梓归潍县故里安葬。

十月至十一月间，归里葬祖母。在潍县又得古印，并至诸城等地寻访古玺印。

十一月，西安古董商苏三至京鬻古，得其古印四方。

十二月，得苏镐川所售“田稺季印·田乐人印”二套印。

是年，得印甚丰。除以上已涉及的外，另有明确记载得之于是年的还有：苏镐川五十余方，包括金印一方、玉印二方、绿松石印一方、铜印四十六方，另两面印四方。于河南天中积古斋于丽泉处购得“悊行”等古印三方。

是年，外舅李璋煜引病卸职归里。

是年十二月，洪秀全起兵于广西桂平金田村。

是年，李佐贤辑成《石泉书屋印存》。

吴式芬编《海丰吴氏藏汉封泥》《陶嘉书屋秦汉印章》。

杨澥卒（1781—）。

咸丰元年（1851）辛亥　三十九岁

正月，得“方城都司徒”“司成之玺”“部曲督印”等七印于群玉斋。

二月二十七日，致叔康三弟书，并附何慎修（字子永）批地理全书二本，嘱用心研读。

三月望，时峨卿三弟来都供职，移居初就，嘱书四词补壁，遂作行书四条屏以赠之。

五月，西安古董商苏兆年使其弟苏亿年来，携“张隆私印”玉印等归簠斋。

六月末，陈畯钤拓《簠斋印集》事毕，将归海盐故里。二十三日，簠斋作书致徐同柏，嘱托陈畯南返后转交，并寄上所藏吉金拓本全份，共一百三四十种，求其考释。

立秋前三日，作《簠斋印集》自序。时，在叶志诜、吴式芬、刘喜海、吕佺孙、朱钧、李璋煜、陈官和等人的资助下（订购印集），陈畯钤拓成《簠斋印集》十部。该印集十二册，收官印三百一十七方、私印一千九百三十一方、封泥一百三十七件，并附载虎符、鱼符、龟符等，除假借刘喜海百余方外，余皆陈氏自藏。

九月，堂叔陈官良中举人。从堂兄弟陈介璋、陈介侯并中举人。

十二月，得关中古董商苏镐川所售“兼横野将军司马”等古玺印。

是年，于厂肆亦获有古印。

是年五月，吴式芬由贵州布政使改任陕西布政使，以黔省乏员接署，奏留三月。九月交卸起程，十二月到京，召见六次，谕令赴任。

闰八月，太平军入永安州城，建号太平天国。

约是年，何绍基辑自用印及自刻印成《颐素斋印谱》二册。

咸丰二年（1852）壬子　四十岁

正月二十一日，西安古董商苏兆年寄玉小印一方、铜官印五方、私印十四方，并寄父乙觶、太康奁、王氏镜、宜侯王大吉羊钩、玉钩以及第布、差布各一。

正月十三日，徐同柏复陈介祺去年六月二十三日书，并呈吉金拓本考释十种。

二月，西安古董商苏亿年来，得古玺印一百一十多方，其中两面印七方。

四月初二日，雨中过访刘喜海，同鉴定“高伯厨簋”，认为该器真且精。

五月十一日，作毛公鼎释文并后记，是为毛公鼎铭文作考释的第一人。此时毛公鼎已归簠斋，西安古董商苏亿年将毛公鼎载入都，陈氏以重金（传言“千金”）得之。

三四月，涂宗瀛赴礼部试落第，因次年会试后有大挑，故留京就馆于陈介祺京寓，并课陈氏次子厚滋。

夏，鲍康（字子年）进京应礼部试落第，暂留都门。此间，鲍康至陈宅“经板库旧居”，陈介祺出其所藏及《簠斋印集》以观赏，遂与鲍康获交。

夏，将所藏三代金文拓片七百余种汇编装订成册。

十一月，于栩斋购得“晋率善羌邑长”印及“苏赐·臣赐”“长乐·利出”两面印等共五方。

十二月初八日，苏兆年寄来古印九方及两面印三方。

是年，吕佺孙寄赠“孝建四铢”古钱手拓册，每泉下各钤吕氏印章，并有其识语。

是年，曾助何子恭“滇南之行”，子恭以明天顺年雕本《朱子全书》四十册相赠。

是年，西安古董商苏有年寄“行嘉私印”“杨遂”等姓名印七方及“王喜·王功子”两面印等。

是年，于潍县谭升九处亦获部分古印。

是年，长孙陈皋（字祜曾）生（厚钟子）。

是年，堂弟陈介猷中进士。

是年正月，吴式芬抵西安，任陕西布政使。八月，兼署按察使。

五月，许瀚刊刻桂馥《说文解字义证》讫工，刊入《连筠簃丛书》印行。

八月，何绍基授四川学政。

刘喜海辑《长安获古编》二册。

潘祖荫成进士（恩科探花）。

潍县金石家高鸿裁（字翰生）生。

咸丰三年（1853）癸丑　四十一岁

正月二十七日，跋韩梦周《养蚕成法》。时，谋刻《朱子文善俗钞》及《养蚕成法》成书，并合刊为一册印行。

二月，因太平军攻陷南京等地，清政府军需大增，财政告急，户部因库储匮竭，春季不能放俸，副都御史文瑞奏请皇上，命前朝老臣富绅解囊捐助，凑成巨款，并指列十八家，其中包括陈家。是月十日，惠亲王奕详、恭亲王奕䜣、僧王僧格林沁奉咸丰朱谕，传陈介祺到户部晓谕，代父捐银。迫陈氏认捐四万两，先兑交二万两，允缓期措交二万两，于三个月之内交齐。

三月，“因恐须交产之故”，安排妻李氏及子女等，避往故里潍县。由伯屏（陈介侯）弟来京迎接，于三月二十九日到潍，寄住于城郊来章村，主要由三叔母及子伯屏、仲垣等兄弟关照。并请五叔祖母、六叔祖父母、六叔母、九叔父母等各家关照。

是年春，金石至交刘喜海卒于京，年六十一（1793—）。刘氏卒后，所藏重器归簠斋者，有邢仁钟、兮仲钟、纪侯钟、虢叔旅编钟等，刘氏所藏唐善业泥佛像及铜诏版、铜泉范等物亦多归簠斋。其所著《古泉苑》亦由其后人送至簠斋处。而刘氏所著《长安获古编》乃未刻竟之书，后簠斋于都中坊间得之。

四月初三日，有致潍县五叔祖母、六叔祖母一书，又有致六叔母、九叔父母一书，另有致伯屏大弟及仲垣二弟各一书，述近状并捐银之事，并询嘱及感谢关照回乡之家眷。

四月初，在本衙门“告病就医”，至山西、河南等处筹款。初八日起程，由京赴山西，晚次于长新店。并作书致六叔母、九叔父母及伯屏大弟。

十九日将至太原。途中感怀赋诗。

四月二十一日，已抵太原，有致伯屏大弟及仲垣二弟书。客此期间当与时任山西布政使的表兄郭梦龄（号小房）会晤。

四月二十四日，至介休。当为收抵天裕丰参股之银号或当铺之事。

四月二十六日，致夫人李氏。时，李氏回潍后，又至诸城娘家探亲暂住，嘱其回潍后有关之事。

四月，安排伯屏等三兄弟在来章村增建房屋，并嘱伯屏及仲垣等在潍之近郊购置田地。

五月初四日，在介休，有致伯屏弟书。

五月初八日，由郭梦龄递至伯屏弟四月十日书。

五月初九日，至绵上，并作书复伯屏弟。

五月十七日，又至太原。

五月十九日，晨时辞别山西布政使郭梦龄表兄，由太原起程返京。此次至晋筹措款项，于介休天裕丰收得两千两，向郭梦龄表兄借两千两，共筹得四千两。

五月下旬，由晋至京返途中，曾过井陉，渡滹沱河。

六月初三日到京。初四日具呈，将三月以后所筹措银两呈交。所余四千五百两，准予延期二十日交齐。

六月初五日，有致潍县六叔母、九叔父母书，又致伯屏弟书，另致从弟陈介锡（字晋卿）书。各函俱述由晋返京之近况。

六月初九日，致表兄、山西布政使郭梦龄书。时太平军由河北深州向东行进，将入山东境内，而潍县毫无防备，故有乞假回籍帮助策划之想。

六月初十日，写家书致子厚钟、厚滋等，嘱在潍居乡注意事项。

六月十八日，写家书致夫人李氏及诸子女等，教以子女做事做人之规矩。

六月二十日，致伯屏弟书，述清廷抗御太平军事，并询嘱家事。

六月二十九日，致伯屏弟书，询嘱家事并述清廷抗御太平军事等。

是日，写家书致夫人李氏。时，李氏回诸城父母家探亲住月余，接家书知其于六月初一日由诸城回潍。

六月，捐银事完毕。

六月，不常出门，以读书消日。

七月初八日，复诒卿弟书，询嘱家事。

七月初九日，写家书致夫人李氏，云“但能早归，必不迟迟”。

九月二十七日，致表兄、山西布政使郭梦龄书，述别后情景，并叙太平军活动及各地防御情况。

十一月十二日，有致伯屏弟书，并写有致夫人李氏书。

十一月十九日，写家书致夫人李氏。

十一月二十八日，致伯屏弟书。

十一月二十九日，写家书致夫人李氏。

十二月朔，致伯屏弟书。

十二月初十日，致伯屏弟书。

十二月十八日，写家书致夫人李氏，称常在城外总局中住，料理防御诸事。

是年秋冬，捐银事毕后，当在抗御太平军之“直隶肃清团防”任事。

是年，原拟捐银事毕后，于八、九月乞假回潍，但因太平军逼近京城，“际此急迫之时，实难强辞公议”，故终未成行。

是年，因捐银，敕赏顶戴花翎，加侍讲学士衔。

是年，李佐贤辞官归里。

咸丰四年（1854）甲寅　四十二岁

正月二十二日，致伯屏弟书。询嘱厚滋等立志读书事。是日，并写家书致夫人李氏。

正月二十六日，致伯屏弟书，又写有致夫人李氏及子厚钟、厚滋书。称团防不能即撤，自己则不能引退，归里之期不能预定，尚俟等待。

正月杪，为引退归里计，将年来所收必须读看之书，捡起四箱，先寄回潍县。云此为“勉求嗣续先人之本”，嘱子厚钟、厚滋妥善保存。

二月初四日子时，于松筠庵中，短笺致夫人李氏书。称日内即拟移居入城，如十五日前能将所办事停止，便即归里。并云“小舫”至潍，可使诸子往看并详问一切。

二月初五日，又续写家书致夫人李氏。

二月十五日夜，因有人便，急促中短笺致夫人李氏书。称“今则我无时不思归，第须俟时方可归，不能自主也”。

二月十七日，又写家书致夫人李氏及子女。云追剿敌人至阜城门外，斩捕甚多。并云好友宋晋太太过潍，嘱前往探望。

二月二十二日，有家书致夫人李氏。

三月初一日，写家书致夫人李氏。称“惟时难太迫，日坐愁城，但能无经手之事，即可归里”。

三月初五日，作短笺家书致夫人李氏。

四月，徐同柏携子士燕至海盐与陈畯晤叙，得簠斋毛公鼎拓本，归后即作释文四千余言。

是年，有与吴廷栋（号竹如）通书函。

是年，以病乞假，由京迁归故里潍县，居潍县城郊来章村，从此不再涉入仕途。

是年闰七月，吴式芬抵京，奉旨引见，以四品京堂候补。九月补授鸿胪寺卿。十月授浙江学政，岁除日抵杭州。

九月，徐同柏卒（1775—）。

金石好友王筠卒于山西乡宁知县任，年七十一（1783—）。

咸丰五年（1855）乙卯　四十三岁

二月下旬，由潍县出发，道经无棣、盐山等地至保定途中。二月二十九日途中作致夫人李氏书。

三月十三日，致叔康三弟书。询小庄地丈量清否，嘱家中夜晚早闭门，先母祭辰所备祭馔望留意，届时并令厚钟等前往。

四月初，至保定，谒见吴廷栋，并得阅何慎修致吴廷栋书。时，吴廷栋任直隶按察使。

四月初九日，致叔康三弟书，述其在保定简况。

五、六月间，当已归潍县。

约六月间，接徐同柏子徐士燕来书。书中述其父两年来与陈介祺交往情况，并云其父于九月二十八日辞世等。

是年，有与吴廷栋书函。

是年八月，许瀚应浙江学政吴式芬之邀，赴杭州学署校文。

十一月，吴式芬因病引退，得旨谕允。

吴云辑《秦汉官私铜印谱》二册。

咸丰六年（1856）丙辰　四十四岁

是年，在潍县，居来章村。

十月，金石至交吴式芬卒，年六十一（1796—）。是时，陈介祺当驰书海丰以慰吊。

是年，故交吴廷栋迁山东布政使，当有书函往来。

是年二月，吴式芬买舟北归，四月抵海丰。

三月，潘祖荫充会试同考官。

五月，何绍基至江苏兴化，寓吴云行馆，遍观所藏金石书画。

六月，何绍基应山东巡抚崇恩之聘，任济南泺源书院主讲。

此年，吴云《二百兰亭斋藏金石记》刊行。

咸丰七年（1857）丁巳　四十五岁

四月十二日许瀚致陈介祺书，征询校定吴式芬遗书的意见。吴式芬次子吴重憙于正月赴沂州邀其师许瀚校定吴式芬遗书，时许瀚已抵海丰，开始校定吴式芬遗书，先校定《攈古录》金文部分。

十月，时堂弟陈介谋致书何绍基，请为母杨氏篆题钦旌节孝之坊并为文以寿之。陈介祺复致书何绍基请篆题并为文，云“昔桂未谷先生在敝邑为族中节妇制文素纸，朱方阑书之，传为墨宝，今吾子惠然肯来为明湖鹊华之游，家淑母潜德其待椽笔而益永乎”。时何绍基侨寓济南，应山东巡抚崇恩之聘，任济南泺源书院主讲。

十二月十七日，作书致许瀚，谈关于校定刊刻吴式芬遗书的建议。

是年，胶西灵山卫古城旁土中出土铜器三，为齐之区、鋘，即子和子釜、陈纯釜、左关鋘（左关鉌）。簠斋嘱张祖樾（字筱畇）为购得之。

是年，当与西安古董商苏兆年复通书函，嘱其为搜求古物。

是年，外舅李璋煜卒于故里诸城。当前往行葬礼。

是年十二月，英人入广州，劫持两广总督叶名琛至印度。叶志诜（叶名琛父）所藏古器物尽毁于火，部分古玺印被人抢出（后归簠斋）。

是年，英国传教士创刊《六合丛谈》，为外资始用汉字铅印之中文杂志。

咸丰八年（1858）戊午　四十六岁

正月杪前后，有致涂宗瀛书。时涂氏应山东布政使吴廷栋所邀，携眷由六安来济南避乱，乃刚到济南，寓袁柳庄。

二月，得涂宗瀛来书。

五月，有致涂宗瀛书。

六月，得涂宗瀛来书，并求代觅潍县韩梦周所撰《理堂文集》。

六月，吴重周寄来吴式芬《汉泥封考》一册。

六月二十二日，次子厚滋晋京得引见，奉旨赏给举人。

六月二十三日，致从弟陈介锡书。时陈介锡在省城济南，其在“中丞汇考”中“列保举送部名次第一”，故以致贺，并嘱其为物色古印等。

六月二十四日，致介猷三弟书，书八纸。时秩卿任职于京，簠斋次子陈厚滋进京奉旨恩赏举人，住于秩卿家。书中除问候外，谈书画临摹及收藏。

六月，得翁大年书函及所寄数印。

夏，“居室粗成，有屋两间”。

夏间，收到翁大年来书，并惠寄《义门先生集》及为从弟陈介锡所刻各印。

七月二十八日，吴重周使者自日照许瀚处返海丰，途中专程来潍县，带来吴式芬遗稿《汉泥封考》一册等，并得许瀚近况，故致书吴重周，并呈奉有关物件交于来使。先是许瀚于咸丰七年至海丰校吴式芬遗书，不到一年，因中风得病而搁置，返日照。而此时许瀚适有转愈，簠斋认为此任非许瀚不可，应先编次，录一清稿，释文考据从容为之。并建议请何绍基作序。嘱令弟（吴重憙）婚期如择定，望早示及。

八月初，有致涂宗瀛书。

八月杪，得涂宗瀛来书。

十月初六日，安符三弟过访，为书“鼎象云雷动科斗，鼓文杨柳贯鲂鲔”冷金宣纸四尺七言行书联。

十一月初十日，得吴廷栋来书，并附有何慎修书函，故转叔康三弟一阅。

十一月二十一日，致翁大年书。由任堂叔南行捎呈，并惠赠所刻“成邸”款联等。嘱有金文拓望寄示，并乞见旧拓本务为代购。

十一月三十日，集孔安国《尚书序》、许慎《说文解字叙》中句为联：“宅壁藏科斗，山川得鼎彝。”并书此联。

十二月十八日，复吴重周书（五纸）。时吴重周遣专使携信函及食物四匣，由无棣前来潍县，商定其弟吴重憙婚期等事宜。来使返，惠赠苏糖二种、鱼蛋一篓、松花一篓。书中还询及许瀚近况等。

冬，因劳累过度，呕吐旧疾复发，卧病月余。

是年及前后，与何绍基多有书函往来并求书对联等。

是年，有致吴廷栋书。

是年四月，中俄《瑷珲条约》订立，割黑龙江左岸地。

五月，《中英天津条约》订立，允英国派使驻京，增开牛庄、登州、台湾、潮州、琼州等为通商口岸，赔款四百万两；《中法天津条约》订立，允天主教入内地传教，赔款二百万两。

六月，潘祖荫、翁同龢充陕甘乡试正、副考官。

僧达受卒（1791—）。

咸丰九年（1859）己未　四十七岁

正月十三日夜，作书致从弟陈介锡二弟。时陈介锡搜集乡贤遗存书画，集为《桑梓之遗》，并寄示簠斋此书编辑目录等求教，簠斋阅后奉还，故附有是书。

四月二十一日，得恽南田山水册后作跋。

春夏间，长女嫁于海丰吴式芬次子吴重憙。

五月二十五日，致吴重周书。时，长女婚后归潍小住而返，令次子厚滋前往相送。婿吴重憙参加府试，簠斋翘盼佳音。

十一月，建成家庙于潍县城北门大街路西，自撰大门楹联："孝友泽长，念尽性尽伦，系出自妫之后；德功祀重，庸示俭示礼，观于平仲之乡。"又二门联："莫不尊亲，入庙共知同血气；无远兄弟，推心自己有儿孙。"

十二月二十三日，得西安古董商苏兆年所寄信件、铜钟等。

是年，王懿荣偕弟、妹侍母入京，一家得以团聚。时其父王祖源任兵部主事。

咸丰十年（1860）庚申　四十八岁

正月十六日，复苏兆年，书二纸。云所寄铜钟虽泐尚真，铜印不佳，似有意挑剩余者寄来等。并代堂弟诒卿问候，言如有好旧玉，与诒卿两人各再要几件。

三月初九日，长子厚钟妇生一女。

三月二十一日，因与二叔母家务纠纷，"在家不得清闲"，并"以平生欲为泰安、曲阜之游，思酬此愿"，遂出游，自潍起程，二十四日至济南。

三月二十五日，于济南苗家巷旅次，并作致京中陈官侨叔父书，另有致次子厚滋书，言家中纠纷事。时次子厚滋亦在京，参加会试。

闰三月初一日，又致叔父陈官侨书。言家中纠纷事。

闰三月望前，当有赴泰安、曲阜之行，仆人王升随行。闰三月望后当返潍。

四月，为明甫内弟书"曾种桃花，不知汉魏；犹存松菊，自谓羲皇"联语。

七月，张槃（字小蓬）以北宋院体画法写残荷图相赠，故簠斋作题画诗一首并记于画中。是时前后，与张槃多有往来。张槃离潍回籍后还觅得鸟枪一杆，并专差赠送簠斋。

十月，有致吴廷栋书。

十一月下旬，得涂宗瀛十六日书函。时涂宗瀛客诸城，课吴廷栋两孙。

十一月前后，次子厚滋由京至保定，又由保定返潍县。

是年曾审读许瀚所校吴式芬《捃古录》，并有题记。

是年，从兄陈介眉致仕还乡。是时捻军攻入山东，知县设团练总局，聘为团总。

是年，为抵御捻军，会同官绅捐资募勇办团练。

是年，作有“乌哺喜依新借树，燕归犹近旧飞堂”联。

是年，在潍县城内增福堂街的新居建成（即现尚保留部分的“陈介祺故居陈列馆”处），为避捻军，由来章村迁居潍县城内。

是年四月，太平军攻陷苏州城，陈介祺金石故交朱钧卒。

八月，金石故交韩崇（字履卿）积劳染病卒。

十月，英法联军侵北京，英使额尔金下令烧毁圆明园。

是年，翟云升卒，年八十五（1776—）。

咸丰十一年（1861）辛酉　四十九岁

二月二十一日，张宗禹率捻军抵潍县，从兄介眉带练勇出城迎战，在抗击中与其堂弟介封等二十六名民团首领及一百七十多名团勇阵亡。其余民团退入城内与清兵一同抗守，捻军攻城不克，离去。陈介祺率人求介眉、介封遗骸以归。后奉旨建立专祠，并捐资监造。

三月十七日，致长女厚培书（二纸），时长女居海丰。书中详谈捻军来潍及从兄陈介眉等阵亡之事，并云此次“陈姓亡者数十人，最为可惨”。

夏，为抵御捻军，在潍县城墙上，筹划并亲自设计，筑炮台三座。还主持刊印《乡守辑要》，并劝修加固城堡等。

八月，捻军再过潍，因察有炮台，避之而去。

是年，当与沈希曾书函往来。

是年正月至三月，吴大澂应吴云之邀，客居上海。

七月，咸丰帝崩于行宫，年三十一岁。清穆宗载淳即位，即同治帝。

是年，潍县同乡张兆栋调任广东巡抚。

是年，柯劭忞（字凤荪）从其父柯蘅迁潍，卜居于城南程符山下孙家村。

同治元年（1862）壬戌　五十岁

二月朔，录王羲之诗句“争先非吾事，静照在忘求”，为青藜六弟妹书笺纸本三尺五言联。

三月初三日，作汉“圁水”半通印考释。

七、八月间，西安古董商苏兆年遣其弟苏亿年至潍，携秦汉官私印二百余方（其中套印、两面印若干方）来归簠斋。

约八月，婿吴重憙于济南乡试后至潍县暂住，九月闻捷考中举人，旋回无棣故里。

九月初二日，雨中题记，慨叹归里后得古印日少，用力于课孙，并顾念于疆吏之平匪勘乱等。

九月初三日晚，又检理所藏古玺印，并于山东所得三十二方两面印后有记。

九月初四日，书《“圁水”印考》。

九月初六日夜，作“栒�印信”等印批记。

九月初七日夜，作“鄍令之印”（鼻纽）、“日葩”印题考。

九月初八日，再检核藏印，并有题记。

十月初三日夜，再考“鄍令之印”。

十月初四日，作“郚左尉印”等古印考题。

十月二十二日，致西安古董商苏兆年书（二纸）。谈搜购古物之事，云“旧玉印出土精品务多寄数方，官印暨古器精品、泥封、旧玉均所念也”。

是年，杜门课孙阜，教四书五经，皆亲自说教批阅，而于《易》《诗》用力尤专。

是年，吴云辑《二百兰亭斋古铜印谱》六册本。

许梿卒（1787—）。

同治二年（1863）癸亥　五十一岁

冬，因旧患呕吐畏寒，增咳，不能出房。

是年，次孙陔（厚滋长子）生。

是年，靳昱（字寅谷）由监生授任潍县知县。

张之洞成进士（恩科探花）。

叶志诜卒（1779—）。

同治三年（1864）甲子　五十二岁

五月十四日，闻堂弟陈介谋有从政之志，难以自持，感而作诗，表现出对官场的厌倦与痛恨。

七月二十五日，掖县张士保、翟齐过访，并为翟氏题作潍县出土战国“齐”字古砖七言诗。

十月初三日，外孙吴對（吴重憙次子）生。

十一月初一日，致翁大年书。书中对金石故友纷纷离世深感悲伤与怀念，对乱世中的金石友及收藏表达担忧之情，还反映出其因僻居乡间而缺少沟通的一种失落与无助。并嘱翁大年代为留心搜求古器字多者、古印、宋拓碑帖及汉碑旧拓、上品古玉等。还云归里后，在收藏方面“旧存都置高阁，无地可设，亦无人可谈。惟戚友投赠乡间出土古印及陕贾时寄数纽，为归来所增益耳”。

十一月，同邑郭恩观（字藕汀）以荫选临安，道经吴江，嘱其访问翁大年。

十二月初一日，子厚滋由京返潍。时厚滋曾客京就读。

十二月初五日，致长女厚培书（二纸），书中列所寄各种食用特产一大宗。

是年六月，湘军曾国荃部攻陷天京。

八月，吴大澂与弟大衡乘船南下，应江南乡试，以第六名中式举人。

是年，李佐贤《古泉汇》镌刊（利津李氏石泉书屋刻本）。此书六十四卷，编撰于咸丰九年，历时六载。

吴云辑成《二百兰亭斋古印考藏》，何绍基、吴熙载分别为题签。

赵之谦始与潘祖荫交往，之后多为其治印。

同治四年（1865）乙丑 五十三岁

三月二十六日，作《玉印合编》序。《玉印合编》乃簠斋将己所藏玉印三十余方，及吴式芬所遗十余方合编而钤为一集。

四月二十七日，有致长女厚培书。

五月初四日，有致长女厚培书，二纸。

夏，幼石来拓曾伯霥簠。

十月二十九日，吴重周卒。十一月，长女及婿吴重憙当有来书，或海丰有来使禀报，作为三世至交戚友，陈介祺当有书函慰吊。

冬，撰联语“金钩银错字，青简紫封泥”，并为敦夫九弟书。

是年春，何绍基至苏州，寓吴云两罍轩，跋吴氏所藏李邕《麓山寺碑》宋拓本、颜真卿《争座位帖》宋拓本。

八月，李鸿章奏请设立江南制造总局于上海。

同治五年（1866）丙寅 五十四岁

正月三十日，长子厚钟妻刘氏产后病殁。甚为痛惜，作一联曰：“家妇职无亏，于我奉先治家教孙心无弗画；昊天命不佑，痛汝病夫孤儿幼女身复何依。”

二月初六日，致长女厚培书（三纸），详述长子厚钟妇产后病殁之事。

三月，得刘喜海旧藏齐刀范奇品。十八日赋诗记之。

三月二十八日夜，作《太公区考》。

四月二十五日雨后，在太公区摹图纸上书《太公区考》。

夏，得秦量诏五版，喜而赋诗，末句曰：“兵销祖龙，遗兹量铜。归我簠斋，海东日红。”表达了其对秦量诏版的宝重。

约是年夏，方宗诚来潍拜见，簠斋宴请叙晤。时方宗诚在曾国藩幕府之忠义局，修《两江忠义录》事宜。

是年，娶宗氏为侧室。

是年三月，潘祖荫署刑部左侍郎。

同治六年（1867）丁卯 五十五岁

二月初六日，函复从弟陈介锡，云《百朋合璧册》读过，称册中张在辛（字卯君）之画甚佳，无名者之作亦佳，惜无高凤翰一一题识等。

三月初五日至初八日，至羊山，为长子厚钟亡妇择墓穴而度察。

三月十一日夜、十二日，作致何慎修书。详述为长子厚钟亡妇于羊山择墓穴之事，请其指授。并将墓穴之土石择封一匣寄呈，请其鉴定示悉。

四月十七日，致苏兆年书（二纸），云“所寄璧尚佳，近极欲得玉印并极红血浸有土气之剑把等物”。时，以潍之舍亲郭芷汀赴甘陕之便，捎呈致苏氏书函并鬻古之资京平松江银二十两。

五月中旬，遣助手王石经携部分古物北上出售，经济南，抵天津，再入京。十九日至济南，约二十一日抵天津，盘桓数日，入京。

五月，赖文光、任化邦率东捻军渡过京杭大运河，随即东攻泰安，进逼济南，又途经潍县，并直入山东半岛。战事吃紧，潍县城警报频传，簠斋为守城而忧心忙碌。

五月二十六日，为追击东捻军，山东巡抚丁宝桢督军过潍，并暂扎于潍县城，府台设在簠斋家宅附近的郭家花园中，旋于二十七日东进。簠斋或曾犒师慰问，遂与丁宝桢订交。

六月初二日，山东按察使潘鼎新（李鸿章淮军所部）复统大军计万余人，于初二日驻潍县城东之虞河头，初三日午后东进。

六月十一日，致长女厚培书（四纸）。谈捻军在胶东各地之活动及清军抵御围攻等情况，知之甚详。

六月望，有复山东巡抚丁宝桢书。

六月二十一日，接从昌邑县署呈送来的潘鼎新信函，通报捻军活动等情况。

是日，致长女厚培书（二纸），述捻军在胶东一带活动等情况。

六月二十八日，金石至友许瀚病殁。许瀚殁后，陈介祺撰有挽联，嘉赞其学，并深为痛惜。陈氏挽曰："经训古康成，更释迈薛阮，韵订顾王，文而又儒真不愧；字学今叔重，惜桂版燹焚，吴编病辍，人犹有憾竟云亡。"

夏，防捻军事吃紧，辛劳于守城。

夏，次子厚滋因守城得暑湿病，后引发痉疾，至岁末方愈。

夏，得秦始皇木量诏铜版于西安古董商苏氏兄弟。

七月初四日，有致长女厚培书，询嘱家事等。

七月二十六日，为长子厚钟续室。新妇张氏，为同邑张仞千先生女孙。

八月十九日，始赴羊山为安葬长子妇治圹等。

九月初三日，葬长子妇于羊山。

八月，嫁于诸城臧氏之七妹卒。

九月十七日始赴诸城，为七妹丧事。事毕，游晾甲山、五莲山等。在山中作一联云："地寂心纷，在深山亦多扰攘；云闲意永，看大造何等从容。"

九月二十二日，有致长孙阜书。嘱在家要用心读书。

十月初六日，游晾甲山、五莲山后回潍县。

十月初十日，第三孙阳（厚滋第二子）生。

十月中旬，捻军又逼近潍城，其知之甚详，并参与组织防御。

十月十七日致长女厚培书（六纸），述捻军在潍之周围活动及清军应对之况等。并记至诸诚为七妹丧事，事后游晾甲山、五莲山等。

十月十八日，遣信差傅冬入都。

十一月初九日，捻军逼近潍城，刘铭传、王心安等率清兵亦至，十二日与捻军大战于潍北寿光海滩之南的禹王台一带。击灭捻军二千五百余人，降者三四千人。

十一月初十日，长孙阜之妇殁。

十一月十五日，致李鸿章书。陈防御捻军事，抒己见。

十一月十九日，致长女厚培书（六纸），述家事多艰，料理长孙妇丧事等，还详述捻军在潍附近活动情况等。

十一月二十二日，致陈介锡二弟书，论修圩之事。时陈介锡被推任为北关团总，以护城防御。

十一月二十六日午刻，致从弟陈介锡书。谆嘱其劝阻齐家庄修圩不能掘挖陈氏祖茔涯地等。

十一月二十九日雨中，致长女厚培书（三纸），谈抵御捻军修圩设防之事等。

十二月初三日，在防御捻军吃紧的情形下，是日进城，又登北城详览城防形势，晚间又至从堂弟陈介锡处晤谈。次日遂发呕吐旧疾。

十二月初六日雪中，带病筹划北圩形势，并作书七纸致从弟陈介锡，叮嘱城防筑圩之具体事项，所论颇为具体详细。

十二月初十日，庚寅夜，复山东巡抚丁宝桢书。谈吏治及教化。

是年，赖文光、任化邦率东捻军入山东，往来潍县十余次，城防吃紧，人心恐慌，簠斋更为此担忧，并筹划防御，牵耗了主要精力。

是年，与故交吴廷栋曾谋面。

是年，因簠斋组织抗御捻军，山东巡抚丁宝桢上书奏请，赏加三品衔。

是年夏，吴大澂进京，仍馆于同乡彭蕴章家。

冬，上海江南制造局设翻译馆，翻译西方科学书籍。

曾国藩在南京设金陵书局。

何绍基《东洲草堂诗余》一卷刊行。

同治七年（1868）戊辰　五十六岁

正月，次子厚滋大病半年后，始能出房门。妻李氏病情略有加重。

正月，收到李鸿章“小除夕”日所作复书。

二月初七日雪后，致广东巡抚李福泰书。书七宽纸，数千言，纵论时政，力倡儒学、施行教化等。并建议其在粤宣道重农务本，清廉仁政，敦厚民风等。

闰四月十二日，作致何慎修书，述未通音问一年多来家中事等，云自去冬病后左臂作痛，今课孙陈阜读。

闰四月前后，在潍县城北之北宫缮修先始祖坟茔。偕伯屏、仲垣两弟，日日监督、丈量、修理。

五月初七日，致潍县邑令靳昱书，论官私盐。

六月二十五日，致何慎修书。书中主要述祖茔地风水等情况。

夏，书“偶有嘉酒爱调素琴，散此缃编迟还芳札”联语。

七月初八日，致吴廷栋子吴畏斋书。甚念于师长吴廷栋，嘱其以照顾好先生为最要事。并述近之家况，另及族葬及阳宅风水事。

时，长子厚钟常发痫疾，神智日昏，而其新妇又脚气甚剧。求吴畏斋禀告其父吴廷栋赐方医治。

八月二十三日，致何慎修书。又述先祖茔风水问题，以求何氏详诲。

九月，得见潍县洪福寺造像碑拓本并郭麐所作考释，读而订之。有感其“耆古颛勤，性情与俗学异矣”，二十四日夜而为之题记。

十月二十二日夜，为王西泉致云峭（青州人）老人重装《竹幛图》作诗四首，并书墨轴。

十一月初四日，因冬来拓装秦量诏版而有感，有咏秦量诏版八首，是日题记之。

是年，获钟达十，因名室为“十钟山房”，并嘱王石经刻“十钟山房藏钟”印及自题边款以记之。

是年，读阮元《积古斋钟鼎款识》，作释文考证，并作跋语。

是年吴大澂成进士。朝考入选，钦点翰林院庶吉士。

徐会沣成进士。

同治八年（1869）己巳　五十七岁

三月二十一日，复费学会（号幼亭）书。是书为收到费学会二月二十四日书后所作。书中谈吏治与武备，称“治民之要，以慎择牧令为先，此根本之事也”。

四月，重刻王维德（字洪绪）《外科全生集》，作序以记。此书乃官京师时友人所赠，陈氏以书中药方为亲朋及百姓治愈痈疽疮疖无数，其云“药到病除，百不失一”，“里居二十余年，远近闻风就医者日众，咸称余为‘外科圣手’”。

五月夏至日，书有治学知言，以示长孙阜。

九月二十四日，于莱阳赵姓得元代方从义（号方壶）《云山秋兴图》纸本卷轴（高一尺四寸五分，长四尺二寸九分），上有明代王世贞（号弇州山人）题跋，“欣于奇遇，展赏不已”。二十六日作记，称“真至幸古缘清福也”。

九月，王石经为簠斋刻“海滨病史”印，簠斋作记极称赞之，并刻于此印边款。

九月，得关中友人所寄“王纵之印”。王石经赏此印之字奇古，适有张仔信嘱王石经刻印，遂仿此印，刻以赠之。簠斋记其事。

十月既望，跋《唐王居士砖塔铭》拓本，称该拓本得自于高密单氏。

十二月初五日，跋“潍城北玉清宫后郭家庄”出土汉“双鱼洗”拓，以赠同邑郭麐。

十二月，新访得潍县东南乡六朝石刻绥远将军宋承祖等题名残石经幢，并辇至藏室。

是年，得北齐天统吴莲花等造像石。

是年，得渔阳郡孝文庙铜甗鍑。

是年，有致吴廷栋书。时吴廷栋居金陵。

是年，郭麐纂修《潍县金石志》，请教于陈介祺，陈氏订其疏略，并出已藏潍县所出金石，嘱拓工张衍聪尽拓以相赠，还嘱次子厚滋、助手王石经等多人与之共事，时越三载，于同治十年十月初稿纂成。

是年，刻名贤书联五六十副。

是年二月，潘祖荫调补户部左侍郎。

八月，英、俄、德、美、法公使于北京订立《上海公共租界土地章程》。

是年前后，王懿荣与赵之谦相识，并成为知己。

同治九年（1870）庚午　五十八岁

正月十一日，第四孙陶（厚滋第三子）生。

正月二十一日，致何慎修书。叙去夏以来家族之要事等。

正月，婿吴重憙致书。时潘祖荫托吴重憙向其外舅陈介祺求新得汉残碑三四种拓本。

立春前一日，致张士保，书三纸。时张士保居于济南。书中谈“秩山兄”金石拓本事，并云近济南古董市上作伪者日多等，还寄呈年前新访获之六朝绥远将军宋承祖等题名残幢拓本，望其考订。

二月，有与田云坡书。谈读书治学明理等，并建议其兼习医药之学，留意药性分类，以神农本草为据，以五行为要。时田云坡至济南尚志书院就读，簠斋曾嘱张士保推爱以见之。

三月，有致山东巡抚丁宝桢书，论刻四书五经、《四书大全》、《易本义》等书，详具可采之版本等。

春，蓬莱张允勷自海上来潍，张氏以《黄庭坚书法残石拓本》及《兰亭残石拓本》（颖上本）见赠。时潍县金石家王幼泉亦在簠斋处，而共赏之。

四月初九日，得山东巡抚丁宝桢复书。

五月二十六日暮，又得丁宝桢来书。

五月二十八日，致丁宝桢书，并赠《殿本十三经注疏》及原装明本一部，以助其刻书。

六月二十七日，题蓬莱张允勷所寄六朝“金沙泉”三字拓。

八月十三日，跋《历代钟鼎彝器款识法帖》。

秋，李佐贤来访，得观所藏自周秦至六朝奇异泉范百余品，簠斋以全拓本见赠。李氏遂有续《泉汇》之志。

十月，婿吴重憙来潍度岁。其间，簠斋出自藏金文拓本，指授吴重憙研读编录，是为《簠斋藏古册目》。又出所藏诸城刘氏（刘喜海）、诸城李氏（李璋煜）、利津李氏（李佐贤）、日照许氏（许瀚）四家金文拓本，嘱吴重憙编录，是为《簠斋藏四家金文目》。

闰十月初一日，收到苏兆年九月初八日所致书。

闰十月初八日，复苏兆年，书五纸。记购绥和雁足镫之事，嘱务为购求古器，均须先寄拓本，并教其如何鉴别古器等。

是年，教授长孙阜《诗经》《朱子集传》等，有《〈诗经〉汇纂附抄》，并多有题记。

是年，当有莱州之行。

是年二月，吴大澂谒两广总督李鸿章，并留之幕府。七月，李鸿章奉命查办天津教案，并任直隶总督，吴大澂曾同行至津。

十一月，潘祖荫兼署吏部右侍郎。

何绍基在苏州与沈树镛相晤。

同治十年（1871）辛未 五十九岁

正月，原配李氏卒。

正月下旬，婿吴重憙离潍入都。吴重憙来潍达三月余。

二月初三日，接好友宋晋来书，对簠斋元妻李氏之亡表示垂悼。

二月十五日，致堂弟介憙（字厘卿）书。时堂弟厘卿以候补同知外任安徽，叔母嘱为代理家中财产事，其致厘卿书中申明家中大略收支情况（田赋），并约束其花费支出等。

三月初九日，有致长孙阜书。云同祖兄弟中，唯己之一人在潍，精力不及，又主持家事。

三月十三日，致何慎修书。感于其因亡妻而赐慰并赠葬资六金，及承示葬地事。并叙择葬地之事。

是日，亦致涂宗瀛书。

三月二十二日，王石经于潍县城东白浪河干市上得“纪充国印·纪中卿印”两面印，簠斋题记之。

三月二十四日，将其课孙《习字诀》及《为幼学论书》杂记编次并记之。

是年春，作《授蒙浅语》，寄吴重憙，以课其儿辈。

四月初八日，收到何慎修来书及为亡妻卜地图。

五月初八日申刻，又收到何慎修四月朔复书。

五月十二日，收到涂宗瀛来书，并附何慎修复涂宗瀛二书。何氏致涂宗瀛书中对簠斋所持宋学中的某些观点有所辩驳。

五月十三日，致涂宗瀛书。时，涂宗瀛谋刻《朱子文集大全》，来函索求簠斋所藏嘉靖版本，故有往来通函，并对朱子诸书之版本优劣有所论说。

五月十六日，致何慎修书，叙近况之外，对其所质论学观点作了申述。

五月十九日，长子厚钟卒，年三十八。长子逝后，徐会沣、李肇锡、吴重憙等戚好作挽联、骈文等以悼念。

五月二十一日，“濡泪”作书以示长孙阜，称其六年中先丧母又丧祖母又丧父，艰蹇如此。勉其励志上进。

六月初六日，接堂弟陈介憙来书。时厘卿来书言及署中公事，述说“两案”等，求其指示。复函中嘱其应学公事、读有用吏治之书等，并切嘱要以戒鸦片、戒狎游二者为最要。

夏，暑热中为遣悲苦之心，检金文读之，并作考释，还开始拓所藏金文。

七月初一日，作《周盂鼎铭释文》。初稿写就后，于酷暑中几经改稿，至初九日定稿。

七月初十日，承初九日《周盂鼎铭释文》定稿后，又有引发而补考，故又成释说数百言。

七月二十五日，日前对所藏毛公鼎再作考释，其参以徐同柏咸丰四年夏所作考释，所考甚详，达一万二千余言，是日写释文，题为《周毛公鼎释文》。

七月二十八日辰刻，李纪过潍，携来吴廷栋书函。申刻作书以复，书中申述以经书及宋朱子儒学为教化等。

七月二十九日，致徐会沣书。贺其恩授馆职，勉励其读书穷理。

八月初五日，作《齐侯鉼考释》。

八月初七日，于《东武刘氏款识册目》之“遂启諆鼎”九字拓本上题记，称叶志诜所购此鼎上有铭文三百余，原即疑其乃增刻伪铭，在京时曾见刘喜海所藏此册中之原拓本而得认证。

九月，从所藏十三件汉代铜器中，取大小相称者八件：西汉阳泉熏炉、绥和雁足镫、十六年鋚、池阳宫镫、温卧盘（尚浴府金行烛盘）、桂宫镫、渔阳郡孝文庙甗鍑、开封行镫，命助手、潍人姚学桓（字公符）绘图锓木，刻成八屏。每屏下为器形，上为陈氏题识。

九月既望，作《西汉绥和雁足镫考》，并记曰：“此镫近出关中，苏兆年于庚午得之，拓以寄余，辗转年余始至。”云苏兆年于今春卒，为之怆然久之。

秋，取咸丰三年夏所装金文册读释，以遣丧妻失子之悲伤。

九月，应山东巡抚丁宝桢积谷章程之订议，作有《读东抚积谷章程记》。并以“公积”为旨，以身作则，始着手推行社仓之事。

九月十八日，致吴廷栋书。云涂宗瀛来书，知升授湖南按察使，其刻二程书及《朱子文集大全》已付刊。并附应丁宝桢积谷章程所作《读东抚积谷章程记》请正。

九月十九日，遣专足赴京，购七政新历。

九月二十三日，收到何慎修九月初二日书，对长子之逝给以慰勉，并寄奠资四金。即日复书，并具以在羊山为长子择墓穴之事等。

十月初三日，致洪汝奎（号琴西）书。时，洪汝奎于南京“办理金陵军局”，并与陈介祺故友吴廷栋朝夕过从，陈介祺寄其所作《论社仓》《两湖散勇说》请正，并嘱代呈吴廷栋、曾国藩等。

十月十二日，雨中作《西汉孝文帝铜鍪考释》。

十月晦日，跋刘喜海所作《池阳镫歌》及张石匏之和诗。时，传古助手姚公符制得池阳宫镫图，次子厚滋得识此器前右足处之“庄”字，故赋诗于后。

十月，在簠斋的力助下，时越三载，郭麐纂修之《潍县金石志》初稿成。

十一月初十日，收到甥女徐会沣夫人来书。

十一月十三日，收到宋晋九月二十四日书。

十一月十六日，复徐会沣及其夫人书。

十一月二十二日，致宋晋书。谈论政局国事，勉其破除世俗之见，详察义理之归，采择谠言，以国与天下为重，效忠朝廷，造福后世。

十二月十八日，作《汉阳泉使者舍熏炉考释》。从释文中可知，簠斋所藏此器，旧为扬州秦恩复所藏，外舅李璋煜官京时得之于市。李氏逝后，次子小南以陈氏笃嗜之，遂易归簠斋。

十二月立春前二日，重订道光二十一年所作桂宫镫考文，删定成篇，是为《汉桂宫镫考释》。

十二月二十二日，作《汉镫考记》。

十二月，潍人韩伟功自苏州返乡，捎来何慎修十一月初六日书。

是年，从弟陈介锡据所藏《桑梓之遗》书画百余册，编录成《桑梓之遗录文》十卷。

是年正月，潘祖荫充会试知贡举。

春，金石友、西安古董商苏兆年卒。

是年，吴大澂授翰林院编修。

是年，李佐贤《书画鉴影》二十四卷刊行。

同治十一年（1872）壬申　六十岁

正月初五日，致何慎修书。叙家常外，谈阴阳祛病之道，并有山川形势及水利之论。

正月初九日，潍县同乡、广东巡抚张兆栋赴粤南行之便，托其转致何慎修书（正月初五日一书），并附亡长子坟茔风水册。

正月初十日，作《西汉渔阳郡孝文庙甗鍑并甑考》。

正月二十三日，抱病至羊山，为葬亡长子启圹。

正月二十九日，葬长子厚钟于羊山。二月初二日归。

时，婿吴重憙为内弟厚钟之殡来潍。此间，簠斋还与吴重憙谈金石文字及论学等。二月至三月吴重憙在潍期间，簠斋出示金文册，嘱吴重憙抄录成帙，题为《宝簠斋金文册目》。又出李璋煜、刘喜海、许瀚三家集古册，请吴重憙考编，合《簠斋集古册》（咸丰三年夏所装金文册），辑为《宝簠斋集各家彝器释文》。

二月初，有致何慎修书。叙为亡长子厚钟葬事，并为亡妻卜地事，详具茔穴风水等。还念及南中吴廷栋、涂宗瀛等诸友。

二月中旬，受寒作呕，异于往常，情状略重于去冬。

三月上旬，为亡妻卜茔地，数次赴边家庄勘察相度，顶风冒雨，甚为辛劳。

三月十三日，在从京城来潍友人处得知吴云消息，并于何绍基《东洲集》中得知吴云收集金石书画甚勤。是日，给“别来廿余年”的吴云作书，求索其金石著述，并望觅抄吴东发（字侃叔）、瞿中溶、徐同柏、徐楙（号问蘧）诸先生著作。始与吴云书函往来。

三月二十七日，跋《宝簠斋集各家彝器释文》。

三月，吴重憙由潍至日照，为其师许瀚举乡贤，谒许瀚里第河坞，并叩许瀚墓。

四月十一日，于吴重憙所考录《潍县宝簠斋金文册目》（或称“藏器目”）册前作跋以记。

四月二十三日，又至边庄，为亡妻卜茔穴。晚就近借屋而宿。

四月二十四日，亡妻茔穴启土，率次子厚滋、长孙阜等祀土行礼。族弟友琴、伯屏同来。

四月二十六日，晨即往边庄，审视亡妻茔穴。

五月初二日，接吴云四月十八日复书八纸，并所惠两罍（大、中齐侯罍）及永始鼎拓。即日复书，云“窃谓今日当首以传三代文字为第一，考释次之，文字传，然后人得有以考订。当依《说文》部目为一书而精摹之”“子贞兄想时过从，乞晤时为道切念”等，并附去夏所作《齐侯罍考》请正。

五月初六日，于同邑于姓得即墨古县所出瓦器“陈[illegible]”陶文残片，是为所藏陶文第一片。成为首开陶文价值发现，并将其作为重要的文字遗迹而进行收藏、研究的第一人。自此，陶文成为与吉金文字、古玺印等并重的珍贵遗存，成为金石学的一个重要门类，陈氏为其创始者。

五月初八日，致长女厚培书（一纸），谈料理亡妻后事等。

五月十三日，信差毕芬至，收到何慎修四月初十日两书。或五、六月间，簠斋复书（无年月），又谈论“地学”，称多请益于何慎修，并言及为亡妻卜地事。

六月，鲍康解职夔州知府后入都，归隐臆园，自号臆园野人。从此，不复问闻世事，唯日与潘祖荫、王懿荣、吴大澂、胡义赞等金石同好往来，并与陈介祺、吴云等频传书札。

八月中旬，得鲍康七月中浣书。

八月二十五日，葬元夫人李氏于边家庄新阡。年来，为葬长子及为亡妻择卜茔地，常在田间，身心伤瘁。

是时，利津李佐贤及婿吴重憙来潍参加殡礼。事毕，李佐贤、吴重憙至胶东同游崂山、琅琊台，九月末返回潍县。两人在潍盘桓八九日，于十月初分别归利津、海丰故里。

九月初二日，致吴云书，由专差傅冬经扬州至苏州送达。求其代购长锋羊毫笔，并附近刻自作书额拓请正。附笺数十纸，论金石古文字及记有关之事，所涉事项繁多，考释、鉴藏、辨伪、传拓、摹刻、书法、篆刻等无所不包，并一一具询南中各地金石藏家及旧交详情。还嘱为代购作印谱所用之上等竹纸、六吉棉连纸等。将二十年前所印《簠斋印集》仅存的二部赠一部与吴云。

九月初四日，又致吴云，询问何绍基之况，嘱代求“家常富贵，门宜子孙”汉镜汉泉集联。

九月二十三日，致吴廷栋书。申述近况，称年来为葬长子及料理葬亡妻事甚劳顿，“自觉日衰，眠食俱逊”。

九月，遣拓工拓新出李纯墓志。

秋，孟康将许瀚遗稿并所藏金石书籍交于簠斋。许瀚遗书未经“捻匪”焚毁者，多归于簠斋。

秋，致函潍县同乡、广东巡抚张兆栋，嘱其代为协商收购何昆玉藏印。故何昆玉携其所藏古玺印来潍，归于簠斋。簠斋并为何氏设榻，留于陈宅，嘱其与次子厚滋始钤拓《十钟山房印举》。

十月十四日，致鲍康（书八纸）。述近况外，建议其刻刊刘喜海《古泉苑》等。云李佐贤《古泉汇》“虽过前人，然体例尚未尽善，版本亦属简率，摹刻唐以上泉，甚为不精”，怂恿鲍康在李氏《古泉汇》、刘氏《古泉苑》的基础上再著一古泉力作，必能传远。谈摹刻古文字当精审。附寄蓬莱张氏新得汉李夫人墓门题字一纸。

十月十八日，致吴云，并寄《石门颂》拓一纸，请何绍基题诗。询：“子贞兄有在扬修志之说，确否?”并录呈致鲍康书请正等。

十月二十日前后，商河拓工刘泰（售曹望憘、宝渊二石于簠斋者）自济南至潍县，得其所携汉画像石拓片等。而北魏正光年太和寺赵清女等四百人造像一原石，刘泰因车辇困难，而妄用斧凿，断为五截，甚为惜叹。

十月二十一日或前几日内，与潍县知县靳昱面谈积谷事。

十月二十二日，致潍县令靳昱书，再陈积谷事。

十月二十五日，致鲍康书（四纸）。述商河老拓工刘泰自济南来潍，携汉画像石拓本等事。云刘喜海《长安获古编》原本在本斋。并求金文拓本等。还建议鲍氏聘请一能拓字之友。

是日，致西安古董商苏亿年书（五纸）。书中称其鉴古眼力不及其兄，并云近出铜器作伪几欲乱真，但所刻字终见软弱与错谬处。并希望其来信不必究心于行文，当如面叙家常，得闲写写陕中古物见闻等。

十月，有致扬州张锡五书函，并托吴云转交。

十一月十二日，作《汉开封镫考》。

十一月十四日，作《汉尚浴府金行烛盘考》。

十一月既望，将上年九月以来所作汉器考释八篇汇考之，附《汉镫考记》等，编为《簠斋金文考》一册，是日并作文记之。

十二月初一日，接鲍康十一月复书三缄十五纸。

十二月初六日，致鲍康，书四纸，附笺十三纸。谈金石著述，建议诸同道以《说文》为本，摹吉金古文字附于后，为字学统编，成一著作。附笺为谈金石杂语，并欲借鲍氏所藏数印入《十钟山房印举》，还欲借鲍氏所藏秦量以拓之，以与已藏秦诏版拓而同装。

十二月十四日，读吴荣光《筠清馆金石文字》，批校甚多。

十二月十七日，同乡韩伟功自苏州还，携来吴云十一月十二日书，并所惠珍藏金农书联及羊毫笔十支、松烟墨五锭、唐石经校文、《说文声类》等。

是年，潘祖荫始致函陈介祺。

是年二月，曾国藩卒于两江总督任。追赠太傅，谥文正。

三月，英商美查创办《申报》在上海发行（陈介祺晚年曾订阅《申报》）。

吴云撰成《两罍轩彝器图释》。

潘祖荫撰成并刊行《攀古楼彝器款识》。

同治十二年（1873）癸酉　六十一岁

二月二十四日，致吴云书。询“苏肆收吉金者，如何通问以拓相商者，乞示其肆与人之名”。嘱“苏市去年有老莲书五言联，乞为购寄，佳联或借或购均望在意”。还代求何绍基为许瀚遗著作序。附笺多纸，求吴氏所藏吉金全拓本等，又求为代觅或访借抄寄瞿中溶《集古官印考证》、吴侃叔《商周文字拾遗》、徐同柏《从古堂款识学》等金文著作。还托其饬工代刻作书色笺等。并询嘱“南中旧收藏家张叔未、叶梦渔、夏松如、姚六榆、吴康甫、朱筱沤、韩履卿、严眉岑、文后山、米怀山房，尚有存者否？新藏家知其人者，均乞一一示及”。附惠寄《古泉汇》两套，富贵吉羊图、齐刀范、建武范、绥和雁足镫、太康奁、渔阳郡甗、汉李夫人灵门题字、魏“金沙泉”三字墨拓等。

二月，将庚午（同治九年）冬所得富贵壶，与吉羊洗并摹刊作图，并名室为“富贵吉羊之室”。

时，许瀚遗著已抄校，交付吴重憙，并托吴云代求何绍基为许瀚遗著作序。

三月二十九日，致鲍康书（六纸），并寄拓装之《富贵吉羊图》，以为祝颂。书中云刻书事等，又言王西泉能篆隶刻印，惜其读书少耳。附笺乞代购大张高丽纸，以于祭室板格之用等。

三月，得汉甕残瓦于东汶将入潍处之古杞城，并题记之。

三月，已校毕刘喜海《长安获古编》，托鲍康重刊。

三月杪，所藏古泉范皆已拓毕，共一百一十六种。

是年春，得知李佐贤欲作《续泉汇》，将吕佺孙二十年前所赠“孝建四铢”泉拓本寄给李氏。

春，得西安古董商苏亿年所寄秦始皇铁权铜诏版，该版出土于醴泉县北赵村土中。

四月十七日午前，微雨中，致鲍康书（二纸，又附三纸）。并寄泉范拓共一百一十六种。云年前得古砖瓦数十种。附笺乞代觅教授子孙之师。

是日午后，接鲍康清明后二日书。

四月十八日晨，得一五铢铜范，并得一残砖。

是日，致鲍康书（六纸）。记得一五铢铜范及残砖等。并记“小孙顽稚，不可少纵。每日只有申酉可作他事，不能待良朋之迫促也”。附笺中云“家居苦无友，又无人可代笔墨，疏懒之苦衰惟自喻耳，乐此而又累人亦甚愧不恕”。

四月二十八日，接鲍康十三日书，并接苏亿年二月二十二日书。

五月初七日，接鲍康四月二十六日书。

五月十一日，接吴云四月十一日书。

五月十八日，作“事分万殊折衷惟理，行敦五教明术在文”联语。

五月二十二日，得许大令书。

五月二十五日，复鲍康四月十三日、二十六日书（六纸）。并寄赠四耳簋、兮甲盘、齐归父残盘、许子妆簠拓四种，秦诏版拓七种，嘱与潘祖荫共赏之。云所得二十六年二版，尤创获也。还寄刀泉拓一束。

是日，连得苏亿年所寄两种秦始皇二十六年诏后，复书苏亿年，书十二纸。书中有对来函和所寄拓本、古物等的谢辞，还涉及古器物的鉴定辨伪，叙秦权量诏版存世及伪器情况并购藏等事。

五月，鲍康著《泉说》寄赠，已读毕并作批注。

六月二十六日，接鲍康五月二十二日书，并所作新诗，及潘祖荫所藏四郘钟拓本。

六月二十七日，大雨后酷暑中始作郘钟释文。

六月，潘祖荫通过宋晋转致陈介祺书函并所刻著述数种。

闰六月初六日，复鲍康书（二纸，又附四纸），云刻刘喜海《长安获古编》应补释文等。附笺谈金石杂语，并寄赠秦量、诏版拓各二纸。

是日，复潘祖荫书，始与之通函。时潘氏署吏部左侍郎职。先是经鲍康、宋晋介绍，潘祖荫多次致书簠斋，并赠其新刻丛书，而簠斋因老妻长子相继去世，心绪至恶，故迟复答。并附所作《郘钟释说》，赠金文拓三十二纸。附笺谈释古、名物、传拓等。

闰六月初九日，接鲍康六月二十三日复书，并黄绢绫及《攈古楼款识》、《沙南侯获刻石》钩摹本、齐镈拓本摹本刻本等。

闰六月十二日，致鲍康书（六纸）。云"《印举》恐须八九月乃成，甚望得瞿木夫《古官印考证》一看（已见目），乞一代访""大著《泉说》先缴，外二纸，杂说所见，乞勿示人为企"。寄"婕伃妾娋"汉印拓，并程、张、吴所颂诗，又淮阳王玺等印拓各六纸，嘱分赠潘祖荫、王懿荣等人。

夏，为从子茀庭作"好学深思心知其意，聪颖特达文而又儒"楷书楹联。

七月初九日，接潘祖荫闰六月十八日手复并《攀古楼彝器款识》及金文拓各种，又鲍康复书三缄并所赠盂鼎拓二纸、赐借秦量器一。

七月初十日，接吴云五月二十一日书，并新刊《两罍轩彝器图释》刻本。

是日，复潘祖荫书，并赠簠、簋、鼎、尊等拓片三十纸，请其审定。附笺谈鉴藏、直言潘氏所藏青铜器疑者、伪者甚多，刻彝器款识书应力汰之，并应标记尺寸、斤两等。

是日，又复鲍康（书五纸）。云"《获古编》乞早编辑，稿一成则事定，原稿望早发还，勿迟迟也""伯寅所刻图说一册，乞代付纸墨费，求精本十册"。并寄赠藏量拓、半两石范拓及鼎、甗鍑、镫等拓共十五纸。

七月十五日，致鲍康，书三纸。并附二区一鋘拓本及考释、诏版考及诗、齐刀范诗、陈侯簋拓并释等。附笺云古印装册。

七月二十日前后，所作《传古小启》刻成。《传古小启》乃簠斋为传所藏金石拓本而定的收资启示。

七月二十八日，复鲍康七月朔日、七日两书，并寄《传古小启》四册。云传古刻书事，并记“新得万岁未央残瓦，字似鸟篆，又似殳，乞赏。此初拓本”。

七月二十九日，跋明陈洪绶（号老莲）《苏武李陵图》画轴。陈洪绶此画，乃赠潍县县令周亮工者。

是日，复吴云四月初十日、五月初六日、五月二十一日各书，云“候大著《两罍轩彝器图释》未至，遂迟复”。谢为购衣料并赠寄《古官印册》及秦诏版残字、庚罴卣、师卣簋各拓。直言奉告其所著《两罍轩彝器图释》若汰删十余种，则更增重。附寄所考四部钟释文、秦量诏版释文诗记及新刻《传古小启》，并瓦量、诏版、泉范及鼎彝拓数十种。

是日，跋所藏聃簋（天亡簋）铭文拓。

七月三十日，又审聃簋铭文，认为旧释“朕”之字决是“聃”字，此器为毛叔所作无疑。

七月晦，与长孙阜“论开辟混沌只是文字，人心亦然”，并赋诗云：“天开混沌由文字，人扩灵明亦在兹。大义微言常不觉，终归混沌又何疑。”

七月，鲍康《观古阁丛稿》《观古阁泉说》两书开雕刊刻。《观古阁泉说》后附《陈寿卿评》，乃簠斋所作批注、评说共三十三条。批说直陈己见，可谓泉学研讨之范例。

八月初三日，又审定《聃敦释说》。

是日，致鲍康（书三纸）。谈鉴古、考释等。

八月初五日，首次作书致吴大澂，书三纸。时吴氏刚荣任陕甘学政（十月到陕），并经鲍康介绍，为簠斋长孙陈阜婚礼赐联。故簠斋主动致书于吴氏，并贺其“荣膺新命，视学三秦”，还赠金石拓本二十余纸，同时表达了愿为金石挚友、互相赠送金石拓片的愿望等。

八月初八日，专差毕芬至，接潘祖荫书并所赠款识刻十册，并接鲍康七月二十四日复书及所惠《寿藤斋诗集》。

八月初十日左右，助手及拓工王石经、丁良善、何昆玉、宫昱等始至琅琊台秦刻石、秦时离宫及礼日亭故址等处寻访、捶拓。簠斋并驰书王石经，称此行“甚盛事也”，并期丁少山“作日记见示，以当同游也”。

八月二十日前后，接吴云书，得悉故友何绍基卒于苏州，为之怆然。在复吴云书中有所论及。

时，读吴云两罍轩官印印拓数次，并作鉴定。

八月二十四日，致吴云书，就何绍基去世而发感慨与议论。并记：“《印举》凡例、目录日内甫属稿，恐一时未能就，打本则九、十月可成二十帙，约八十本一帙。”附笺就吴氏两罍轩官印中所载之印，鉴定后分为“伪”“似伪”“疑”，一一列记，供其参考。

八月二十五日，复堂弟陈介憙书。时介熹在鄂，任两淮候补监掣同知，七月杪来书。复书勉其勤政进德。

八月二十九日，复潘祖荫书，谢赠款识刻十册。书中事及从兄介眉专祠赐恤事，嘱潘在京代询，并赠天君鼎、伯鱼鼎、父丁斝等拓十四纸。末附四耳簋考释。

是日，致鲍康，书十三纸。记“《印举》后十部已成十余本，每部竟至八十本，所费不意过多”“凡例目录已命次儿厚滋创稿”“敝藏吉金三代者，将近拓毕，惟余字少小器”。附赠十钟拓本及鼎、鼎盖、半两石范、铜五铢残范等拓多种。

八月，命次子厚滋于《印举》中择其精者，始编为《古印一隅》，以为刻印者矩矱。

九月初，在琅琊台等地拓碑访瓦的助手及拓工有先回潍者，并带回部分碑瓦拓。

九月初五日，接鲍康八月初九日书。

九月初六日，复鲍康，书九纸。并惠寄王石经等访琅琊台石拓数种及所藏十布等古泉拓本。

是日，又致王懿荣，书一纸，并赠所藏石拓十四种等。书中云“大著先缴，乞录副见寄，以便增注”。

九月十二日，接鲍康八月二十日书，并所著新刊之《观古阁泉说》。

九月，为长孙阜完婚，娶利津李佐贤孙女（李枚卿女）。簠斋作“富俭贵勤直德妇，理明辞达是文人”联以勉励。吴大澂等致联颂贺。

九月十七日，杨庭芝自京来，得吴重憙十二日书，并吴重憙所作贺长孙阜新婚幛联及屏烛等贺礼。

九月二十二日，复吴重憙十二日书，对其所作贺联示以赏赞，并询及女儿身体等家务，又谈金石之事。

秋，始教族弟陈佩纲（字子振）学摹钟鼎文作印。

十月初二日，致鲍康，记“竹朋兄奉寄《续泉汇》稿本总封，又续寄一书，并书包一件。《古泉丛话》与《泉说》，均与竹朋兄有无厌之请。拙著本未计及附刻卷尾，幸尚无大纰谬字句”“拓友归去，须月余方来，拓工尚在东武”。

是日，亦致吴云，并寄李佐贤奉赠《书画鉴影》一部。建议吴云将所存古泉书并拓，寄潘祖荫转鲍康，以采入拟将刊刻的《续泉汇》中。

十月初九日，接潘祖荫九月十三日、望日、十九日、二十一日四函，并鲍康九月初七日、十六日、二十日书。

十月初十日，又接鲍康九月二十四日书。

十月十一日，复潘祖荫书，谢饬人录寄先父官册，嘱潘氏再详录全本。并言从兄介眉赠太仆衔已见史传，云盂鼎无可疑，附赠虢叔旅编钟、楚公豪钟、龙姞簋等拓本。

十月十二日，复鲍康九月各书，共十纸，言传拓刻书事及泉、布造册事等。云“闻有专足，自十一日已半夜半日未曾住笔”“专足迟发，遂若作竟日谈矣”，并云愿与杨继震（字幼云）为金石交。附区拓二纸、鋘拓一纸。

是日，接吴云九月十三日、十八日、二十七日三书，并所赠吉金汉瓦各图拓。

十月十三日，“竭一日之力”复吴云书，谈古文字及传古摹刻等，达数千言。并寄鼎、卣、盘、尊、鬲、盉、斝、匜、觚、罍、甗等拓共三十五纸。

十月十六日，有赴扬州者，遂将李佐贤所寄《书画鉴影》一帙，嘱漕署管库宋子舟交韩伟功代转吴云，为之分销。

十月十七日，致潘祖荫书，云细审所寄寰簋拓本是伪器，为都中刻铜墨水匣诸人逐利所为。

十月十八日，助手及拓工王石经、丁少山、何昆玉、宫昱等至琅琊台秦刻石、秦时离宫故址等处寻访碑瓦并捶拓等，历两月余，是日而归。

是日，致吴云书，云“刀范乞早拓寄，并他范可入《泉汇》者，均望拓来，古泉佳者亦然。如有寄竹朋兄书，当为并致也”。又求饬工代制信笺。

是日，又致潘祖荫书，驰寄何昆玉等所拓秦琅琊台刻石精拓四纸，嘱与鲍康分存。乞代索国子监藏石鼓精拓，并求羊毫笔等。

十月，始命工拓所藏秦瓦及齐地所出瓦，包括旧存关中秦汉瓦。

十一月初三日，致吴云书，称得韩伟功来书，知已饬坊为作笺，致谢。询“《印举》腊间可成，六十金，可留一部否？否则俟来年自为之，示复”。附笺乃考释古文字。

是日夜，读李佐贤《续泉说》，并批注。待寄鲍康。

十一月初，“又发旧恙，作呕一次。雪前极温和，雪后骤寒”。

十一月初十日雪夜，接鲍康十月十八日、二十四日书，并鲍康所转苏亿年函及拓件及吴大澂托寄金文拓本九种十纸，还有潘祖荫书。

十一月十五日，是时批校李佐贤《续泉说》已毕，并作有《说泉》一文，对“刀”“布”“币”“泉”“贝”“钱”“货”各名考其源流，进行论说，多有新解。将所批《续泉说》寄鲍康。

是日，致鲍康，书八纸。附寄所批《续泉说》及秦瓦拓等。并有致苏亿年书，嘱鲍康代为早日妥寄。

是日，亦致吴大澂，书十二纸，论传古及篆刻，其于笔法、刀法之说尤有独见。并寄钟鼎彝器拓片二十五纸等。

是日，又致潘祖荫，再嘱为敕吏代为全录先父陈官俊官册事等。称潘氏新得郘钟二，当可以六郘钟名室，并讨论金石文字。后附笺释郘钟。

十一月二十三日，致鲍康，书二纸。云“《续泉说》注求政示。窃又谓泉之为学，论文字已非玩物，论钱法尤为大经济，止论古则不伤时，止论便民则病者可知，唯企君子说之，分类之编，可谓一大著作”。附秦瓦拓五纸。

是日夜，致徐会沣书。叙家常，谈读书，并嘱为安顿将北上参加会试而备习的次子厚滋及陪同的长孙阜，还嘱其代为延请课授儿孙者。

十一月，批注李佐贤《古泉汇》，十一月二十七日并作有题记。簠斋以朱笔批注，多有订正。后寄至鲍康与李佐贤，同治十三年中曾往复辩论之。

十二月十六日，接鲍康十一月杪复书，及所寄《啸堂集古录》影本、《十六长乐堂款识》刻本。并潘祖荫十一月三函，所惠羊毫大笔十支、所刻彝器款识及部钟拓、石鼓拓等。

十二月立春前二日，跋刘喜海《秦铜诏版诗》。是日，并有治学随感记文。

立春后一日，复潘祖荫十一月三函，谢寄赠羊毫大笔、部钟拓及石鼓拓等，并致新春贺语。

是日，又致鲍康，书十一纸，谈刻书传拓及鉴古辨伪等事。记“弟十日来卧病未曾出户，今已愈”。

十二月二十五日，同乡韩伟功自苏州还，携来吴云十一月初二日手书，并惠赐儿孙辈法书及与张之万（字子青）合作山水纨扇二握。

十二月，《十钟山房印举》（壬申本）初钤拓完毕（尚未校订及编目等）。该印集除收簠斋自藏外，还假借其岳丈李璋煜爱吾鼎斋藏印、亲家吴式芬双虞壶斋藏印，以及李佐贤、鲍康所藏各数印。共印二十部，广纸十部，苏纸十部，每部拟定为八十本八函（皆散页未装，即后人称之为壬申本，盖始编纂钤拓于壬申年，上题为“同治壬申作”，乃预先所印题签或格纸，后将印拓分类粘贴于格纸上）。然簠斋因感体例未善，将其搁置，以待增订。钤印即成，簠斋与何昆玉有约，封存潍县。书未定稿，未作序，亦未装册。

是年，为嘉生四弟书“旧学商量加邃密，新知培养转深沉”联语。

是年正月，慈安、慈禧两太后撤帘，同治帝亲政。

三月，潘祖荫以户部行印遗失，部议革职留任。

八月，吴大澂外放陕甘学政。十月到陕接印视事。

十二月，鲍氏观古阁覆刊道光写刻本《嘉荫簃论泉绝句》（刘喜海著）。

是年孙文楷（号稽庵）成举人。

簠斋早年金石友沈树镛卒（1832—）。

簠斋早年金石友吴廷康卒（1799—）。

同治十三年（1874）甲戌　六十二岁

正月十二日，接吴云浴佛日书并范拓。

是日，作《咏琅邪台秦刻石》诗。

正月十九日，有复鲍康书。正月二十日晚，专差傅冬至，接鲍康浴佛前一日书。

正月二十一日，致鲍康，书三纸。论勾摹刻字，称“此盖数十年用心所得”。

是日，又致潘祖荫书，云忽传潘氏以科场磨勘被议，当不以暂退悻悻。又寄精拓琅琊台秦刻石四纸。

正月二十二日夜，信差徐吉至，接鲍康除夕日书，并潘祖荫去腊十九日、二十九日书。

二月初一日，复吴云书。谢其赐儿孙辈法书及与张之万合作山水纨扇二握，并作论画语请正，还论传古等。附赠琅琊台秦刻石东西面精拓二纸及瓦拓二纸。

二月初二日，接潘祖荫正月十九日书。

二月初，时身体虚弱，不抵春寒而病，不寐不食四日夜。

二月初八日，将初一日复吴云一书并各拓件，交谭藜堂由济南正大信局转扬镇苏福兴局寄呈。

二月十一日，李山农妾之兄弟卢云过潍，携交李山农所寄金文拓本。

二月十三日，致鲍康，书九纸。论传古，并谈及李佐贤《古泉汇》等。

是日，又复潘祖荫去腊十九日、二十九日及正月十九日书，并赠秦瓦拓一百九十七纸（其上所题由曹鸿勋代录）。贺潘氏已承恩命，复直南斋。附笺谈金石文字，荐同邑拔贡曹鸿勋，乞令晋京应试后留京处馆，协理金石文事，以补衣食。

二月既望，致鲍康，书三纸。并寄瓦拓共一百二十八纸。

二月二十二日，致吴云书，云“伯寅竟蒙左相以盂鼎相赠，可谓踌躇满志”，并论盂鼎中古文字，又有传古之论，还论古文字书法及秦书八体。附笺询列南中金石各家及重要的吉金器物收藏情况。

二月，次子厚滋公车北上晋京，以考中书。

二月，自去冬十月拓所藏秦汉瓦，至此时历四月，仅得四五份（每份一百九十四纸，装为四册），以一份自题自存，以二份倩曹鸿勋代录，一寄潘祖荫，一寄吴云。

三月二十日，接吴大澂去腊十八日及正月初五日两书，并金文拓本十三纸，汉华山庙碑阴拓四纸。

是日，又接潘祖荫书札数函，并金文拓等。

三月二十三日，竭一日夜检金石文复王懿荣，书四纸。称“去冬得复甚详，愧久未答。兹从子年兄交寄正月二十九日书并房行卷，敬读”，书中谈金石事。并寄《簠斋藏石目》及石拓十四纸、吕不韦戈等古兵拓三十余纸，又附复吴云书，请其与吴大澂就正等。

是日，又致鲍康书。

是日，亦复潘祖荫书，并赠新拓古兵三十三纸。

是日，接吴云三月初十日复书。

三月二十八日，复表弟谭相绅（号雨帆）书，二纸。时谭雨帆幕于“登莱青兵备道”（同治二年兼东海关监督，移驻烟台海口）署中并习得照相技术。谭氏致书簠斋，寄示照春兰样片，并言龚易图索拓之事，故作复。

是日，亦致吴云书。记“弟冬春来亦有小恙，今课孙尚在内室，闭门者几欲不出户庭矣”。附笺中求代购“至薄软之棉纸”三四十刀，并肯望得吴云所藏器精拓及南中各家金文拓。

三月晦，致鲍康，书七纸，谈金石事，附笺言刻书传拓等。是时，闻潘祖荫去职，并作书慰之，并交鲍氏代致。

春，二、三月间，拓古兵器铭文。

三月，读吴式芬《汉官私印泥封考》稿本并考订。吴氏此稿曾经翁大年考订。

三月，李佐贤《续泉说》及簠斋批注，一并由鲍康刊为一书，刻成。《续泉说》列于前，簠斋所批附于后（低一字），并附吴大澂《釿说》、王懿荣《说釿》两文。

三月至五月间，又醵资遣工往琅琊台等地拓古碑。

四月初五日，谒灵阜阡茔地，归后喜得琅琊台西南兰山沂南古城址出土秦百二十斤铁权。

四月初八日，致吴云书，记得秦百二十斤铁权之事，并拓寄同赏。

四月十一日，致鲍康，书三纸。记得秦权事。附新得权拓四纸，并吕不韦戈拓一纸，嘱与诸同好分赏。又吕戈摹本二拓，右卯戈二拓，嘱代致潘祖荫、王懿荣。

四月十二日，致潘祖荫书，寄《簠斋藏金文册目释》一册，云另册尚未录毕，待后即寄。

四月十三日，接鲍康书。旋复鲍康，书一纸。云伯寅之郘钟，不可不珍重，真不易得。

是日，再复潘祖荫二月二十日书，云翟云升书待索得后即寄，谢寄赠所藏各拓。

四月二十六日，接王懿荣本月初五日书，并所惠金文拓及《说文》小学汇函本等。

四月二十九日，因邮差急行，匆就短笺一纸，复王懿荣初五日书并谢赐拓。附寄新获六朝石拓四纸。

四月，致吴大澂书（五月十一日缄发），书十一纸，附笺十九纸，讨论传古、吉金文字考释及辨伪等。并寄赠金文拓二十纸。

四月，在前月批阅校定吴式芬《汉官私印泥封考》稿后，又校定考释自藏封泥，将批阅校定的两家所藏封泥考释稿寄其婿吴重憙，嘱其考补，以期与吴式芬封泥考释稿合编为一书（即后来所刊之《封泥考略》），并期尽早成书。

五月初一日，接潘祖荫四月十五日后书札数函及金文拓等，并鲍康四月十四、十五日两书。

五月初三、初四日雨中，作致王懿荣书，并附笺共十三纸。是书详论鉴古、青铜器辨伪及考释，其辨伪之论皆从实践中所悟，颇为精洽，可谓青铜器辨伪的发轫之言。

五月十一日，致鲍康，书五纸，记“近收叶氏物拓，印惟‘强弩都尉章’可疑，石范大者殊佳，千金钩亦可，古币似古之锯，非币也，钩印廉生疑之甚是”“日内拓友皆归，拓工在琅邪台未还，古文字未及检寄”。附书言传拓。

是日，又复潘祖荫四月望后各书，言传拓事及新获之器等。并寄赠《簠斋藏金文册目释》另册，海味若干。

是日，又致王懿荣，书四纸，论古文字及鉴古。

五月十二日，致客京的次子厚滋及长孙阜。时厚滋在京留试中书，不用心修读并不欲归，簠斋颇有恼意，敦促立即回潍。

五月十三日，接吴云四月二十二日书并拟代购用纸之纸样。

五月甲寅日，复吴云书，求借所藏秦汉私印一读，仍乞代索《集古官印考证》等。

五月二十五日，接潘祖荫四月二十九日、五月二日后书札七函，并鲍康端午日书及所作《秦权量记》。

是日，又致吴云书，请吴云饬工为制信函笺纸，云纸样已交韩伟功。

五月二十六日，致潘祖荫书。时潘祖荫有刻金文之想，故书中论摹刻金文、辨伪等。

五月二十七日，又续作致潘祖荫书。时潘氏谋刻簠斋与诸友论金石书札，以存往还之雅，簠斋建议合致鲍康、王懿荣、吴云、吴大澂以及潘氏各家书札共同删定。并论鉴藏。

五月二十八日，再作致潘祖荫书，论传拓，并提出扩充《捃古录》之想，建议潘氏以揽其事。

五月二十九日，接表弟谭相绅书，即日作复，书三纸。谢龚易图（蔼翁）寄银助拓，并论照兰竹梅菊成谱刻传海内，为艺林盛事，嘱谭氏怂恿龚易图为之。

五月底，次子厚滋试中书毕，长孙阜至京延师已妥，偕与离京回潍。

五月，读王懿荣所赠《说文》小学汇函本，并作校注。

五月，审定所作区鋘考释。

六月初二日，接潘祖荫五月二十三日书，并王懿荣五月二十二日书、鲍康五月二十二日书及苏亿年书。

六月初六日，复潘祖荫五月二十三日书。时簠斋举荐曹鸿勋，潘氏已应允，簠斋云其于书启未必能作，代笔尚能摹仿，须用何职，与吴重憙商定。并谈教拓及延用拓工之难。

是日，亦致王懿荣，书四纸，并录附致潘祖荫书请正。寄新拓琅邪台秦刻石二十四纸（其东面二纸，嘱与吴大澂分存，其余二十纸，乞与吴大澂代销），又乞代求吴大澂付苏亿年京平百金。

又致鲍康，书五纸。记新得叶氏西夏印，不可识而甚古厚。

六月初八日，致潘祖荫书。称《攀古楼款识》以张之洞所释为长，以其博雅而聪颖，于理为近。并有释古、辨伪之论，颇为精当。

六月十三日，与吴云书。时潘祖荫致书屡言吴氏因病于金石事减兴，故簠斋劝言：其病无妨，不必在意，宜养心气，称“移心莫善于文字，安心莫善于淡泊”“游咏文艺，大可涵养性灵”。并言企得吴氏所藏精器拓等。另，书中还询：“昔年严眉岑兄曾以智散真本见赠，其后人如何？所藏如何？知之否？”

六月望，得古距末器物。

六月十七日，有续致吴云书。

六月十八日，致谭雨帆，书二纸。谈龚易图所索金文拓之事。

六月，龚易图以百金索所藏金文拓本，为检藏拓寄之。龚氏复以四十金嘱为装册，成十六册，收青铜器二百八十余种。并始编次题记，为应是册，课孙之余日以继夜，题字甚劳。

六月二十八日，复谭雨帆连来二函，书二纸。云寄龚易图所索金文并题识十六册，封交“永祥号”信局妥寄。

六月，得东汉陈彤钟。

七月初一日，接专差交来谭雨帆二十四日书及龚易图手书。即日复谭雨帆，书三纸。言拓墨少人力，装池唯徐凤岐，蔼翁所索当久候。

七月初三日，有复潘祖荫书。

七月初九日，邮差徐吉从京城还，接潘祖荫六月二十三日书、王懿荣六月二十二日书、鲍康六月二十三日书。并接鲍康所寄新刊刻之《海东金石苑目跋》《论泉绝句》《观古阁丛稿》各书，另有其所惠秦出环范并各拓，又转苏亿年所寄云阳鼎等。

七月十一日，致潘祖荫书。时潘氏已始刻簠斋论金石书札（与潘、王者），订为《簠斋丈笔记附手札》，以版样询示，簠斋云“祺往来简牍皆信手不成文理，属蒙付刻，已悚愧无地，敢再冀精刻耶”。时，左宗棠以重资购得盂鼎，拟舁送关中书院，置之中天阁上，旋闻其师潘祖荫爱之，致书潘氏慨然允赠。簠斋闻讯，嘱潘氏须从速择京差妥运。是书并论摹刻金文等。

是日，又复王懿荣六月二十二日书，十二纸。并寄古齐字砖拓五种、北朝造像石刻拓十二纸及齐太宰归父盘、陈侯因資簋、陈侯鼎、陈子匜各拓。嘱所寄书函当令人写出，将来修饰删节，可付刊，以存二人往来之雅。时《簠斋丈笔记附手札》，王、潘共为谋刻，寄“簠斋”二字小印二式，请仿刻于版中。

是日，又复鲍康六月二十三日书，作三纸。云“承赐大刻《海东金石苑目跋》《论泉绝句》，既为故人感，《丛稿》附以《泉说》，并及鄙说，尤增感愧。将来注《泉汇》至，再乞教正，选附其后，则更感矣。弟不收泉而言泉，盖推三代文字及之，他则仍不求甚解也”。并谢其应允借所藏玺印入《印举》等。

七月十六日，时拓所藏爵毕，交邮差徐吉，以寄潘祖荫。

七月十七日，致王懿荣，书六纸，论古文字，其崇古崇圣思想至极。

七月十九日，有致吴云书。

七月二十日，接谭雨帆十四日书，即日作复，书二纸。云龚易图所索金石拓本“日内将各金文检点补足，同裱先寄”。

七月二十一日，接潘祖荫七月四日书。

七月二十四日，为陈佩纲所摹古玺印集，题为《古玺印文传》，并作序文记之。

七月二十五日，致王懿荣。询劝其“何以不早得科第，不能止是看不起时文，徒咎人无益于事，宜实下功夫，作得完密”。附笺论释古及古器之制，所论古器形制与功用甚为精辟。

七月二十七日，复潘祖荫七月四日书。云潘氏近与延旭堂往还，见其藏金石拓并所藏器等。

是日，又致王懿荣，书二纸，附聃簋拓。嘱所奉书札，及鲍、潘、吴等各书札，均乞索录，刊削改正，共存一稿，以志往来论定之雅。

七月晦，致潘祖荫书，并附《簠斋金文目》注本，还企潘氏汰伪传真。

七月晦，亦致王懿荣书，论古器文字，云从苏纸行得棉连纸甚佳，并嘱吴大澂在京代觅。

是时，接瞿树镐（字经孳）来书，云刻其先父瞿中溶遗著《集古官印考证》事。作复书求寄。

七月，作有论文字诗，喻长孙阜。诗云：“天开混沌由文字，人扩灵明亦在兹。大义微言常不觉，终归混沌又何疑。”

八月初五日，书有“九州半倚东南海，三古初无道佛书”联。

八月初七日，致鲍康，书三纸。并附旧存马伯昂《货金文字说》，请订正，言“如有可采，附大著以传”。

八月初八日，致潘祖荫书。询问盂鼎至否，附寄邢仁母钟拓，求其考释。

是日，亦致王懿荣书，谈金石事。

时，中秋节临近，拓友纷纷归家，唯吕守业尚坚守，拓而不辍。

八月初九日，短笺又致潘祖荫。时，海丰张东山、张同山兄弟在簠斋处习拓墨事数月，欲至京访潘氏并从其拓墨，故簠斋致书以荐之。

是日，收到李佐贤回寄之簠斋前所批《泉汇》注本，遂未启封，附函数语寄鲍康请正，嘱“乞选可存者，附《续泉说》后为幸”。

八月十五日晚，邮差徐吉从都还，接潘祖荫七月至八月初四日七函，并高丽、日本笺各二百，潘氏自制笺四百，《古泉丛话》十册。同时有王懿荣七月二十九日两书，并印石联纸、市平小宝十两。另有鲍康七月二十八日书、罗文纸、鲍氏所刻书二十本，并所转幼云函及币拓二百二十余种等。

八月十七日，接吴云六日书，并所惠古印拓二十纸。即日复书，谢承惠古印拓，并许假入《印举》中。簠斋书中还称“宋以来止知有秦印，不复知有三代，今以钟鼎通之乃定，已于《印举》中首举之”。并寄赠《印举》中三代古官印拓五十方，还寄陈佩纲古印摹本二十六方，瓦文题字七纸等。

八月二十一日，复潘祖荫七月至八月初四日七函，称谢所赐过厚，寄盂鼎旧释稿求正，谈刻印求古，可从钟鼎文字求之，并谈金石文字。

八月二十二日，致吴云书。检得所藏辟邪纽朱文名姓私印、母印之与吴云姓名适相符者之印拓，奉寄吴云，以可为金石书画所钤识。并相商欲以此交换所列大朱文古玺与白文三四印。并附族弟陈佩纲所摹“两罍轩”印稿请正。

秋分前一日，鲍康在簠斋致其书札集册上题记。

八月二十七日致吴云书，记“瓦拓今日始至，匆匆题数字，先缴七纸察存”，书后附记：“盂鼎未至，日下左相已诺伯寅，专弁北来。今先以敝藏盂爵拓请鉴考，确是一手书一人物无疑。”

是日晚，邮差傅冬至，接潘祖荫八月初二日、初十日、十一日、中秋、中秋后五书，并金石拓及所刻《簠斋丈笔记附手札》四十册；另有王懿荣十一日书，并所惠金文拓五种及洋纸；又有鲍康十一日书并唐志拓等。

八月，读校《延煦堂金文册目》。

九月初二日，致潘祖荫书，并附《拓字剔字说》及《防损器拓事目》二十六纸，请潘与王懿荣订定采录之。另赠角拓、觚拓、觯拓共二十五种。

是日，又致王懿荣，书二十三纸，谈治学及金石文字。并寄赠所藏齐刀化拓本二份，嘱一份自存，一份代赠石查。又缴寄王氏所委书联，并云：“如有佳纸，不松而浸渍，不粗而干涩，无矾蜡之新纸，即可书，联大扇小俱无妨。”又将族弟陈佩纲摹刻钟鼎文，所作印拓《古玺印文传》一册（三十余方）寄四，嘱分赠潘、鲍及石查，并嘱代销，以助寒士。书中还称“区鋘释，清卿颇有所见，胜于弟说”“读《论社仓策对》，久钦于怀”。

是日，复鲍康七月二十八日书，书六纸。记“齐刀拓今应廉生、石查之索，止拓二份，昼短令吕工夜作，一寄幼云，一自留”“陕中似又有一识字作伪新手，苏七不知则不能辨，眼力自逊其兄，未必有心。今日为有力者之利，造就出人才不少，甚难觉察，同好当共审之”。

是日，有复杨继震（字幼云）书，并惠赠十钟拓本、藏古化币目并附有注说。

时，复潘祖荫、王懿荣、鲍康及杨继震等甚勤勉，近百纸，秉烛奉答，笔秃目倦。

九月初三日早，又致鲍康，书二纸。荐族弟陈佩纲摹印，并记“两月来为人装敝藏金文二百余种，作十六册，每册二十余页”。

九月初十日，接王懿荣八月二十四日、二十五日书，并鲍康八月二十五日书。

九月十五日，与王懿荣书（五纸），谈所寄方鼎、簋、宜子孙行镫等拓器。

九月望，致鲍康，书七纸。乞将所批注《古泉汇》、论古货名目及复幼云之说采订之，以附鲍氏所著《观古阁泉说》后。

是日，编所藏《齐鲁三代两汉瓦当文字目》毕。

九月十七日，为王石经所辑《集古印隽》题跋。

九月二十三日，接吴云书，并所惠《两罍轩彝器图释》两帙、齐侯两罍拓。是日夜，复吴云书。云“东足即发，秉烛即复，不及检近拓矣”。书中称“古玺在叔未处亦未甚标异，自弟以钟鼎引伸发明，当更增重”。另有附笺，为“近与友人论古人作字及摹钟鼎文作印语”，所论甚精，为簠斋重要的书论、印论观点。

是日，为从弟介锡所藏《棠梓清芬》书画册题书册目并题跋。

九月二十八日，收到谭相绅二十三日书。

秋，吴云寄所刻何绍基楹联集帖（同治二年重刻），簠斋阅并题语三则。

十月初四日，接潘祖荫、王懿荣、鲍康等各书。潘祖荫九月望前后三函，并所惠明善堂藏纸；王懿荣九月十五日，又后二日三函，并所寄古泉拓数种；鲍康九月十四日书。

十月上旬，再审《聃敦考释》，定稿。

十月十二日，致王懿荣，书二十纸，并附论释古文字、以古字作印、古人作字、金文与《尚书》互证四则（亦附于十三日致潘祖荫书）若干纸，又寄聃簋释文、《印举》中古玺印拓五十余纸。书中谈金石事外，还就王氏体虚多病，述以己见，主阴阳之观，并嘱调理治愈方法。还称为传古不得不以售拓为计。

十月十三日，又复潘祖荫九月望前后三函，并附笺共二十纸。论鉴别、考释古文字、古人作字、《尚书》与金文互证、摹吉金作印等，颇有独见之处。

是日午后，得“一古圆玺、二戈，皆齐产”，又得“瓦器上玺文二，一如圆盒子盖，径约五寸余，一则一握而已”。

是日夜，致王懿荣，书三纸，并惠赠是日午后新得古圆玺、二戈拓。又寄陈佩纲《古玺印文传》五册，请赐题，嘱代致潘祖荫一，奉赠一，其三代寄吴大澂。

是日，亦致鲍康，书四纸，谈泉化书刻等。

十月十四日雨后，又致王懿荣，书二纸，云“昨夜缄书后，复读来书，记复日，乃思言拓传事，恐致良友以索拓为难，夫往还古文字既不易，而不能不思扩我见闻，考定古文字更甚难，曷能不思就正于好学深思之大雅，且启中久已白之矣”。

十月十七日，日间、晚两复谭雨帆二十三日书（四纸）。并将龚易图所索金文册页，包好入簏固封，交永祥号信局转寄。称“册式并题已自留稿，藉此编次一过，亦自慰也”。

是日，信差毕芬还，接潘祖荫九月望后三书共一缄，并所赠毕姬鬲拓、金甬拓等；另有王懿荣九月二十九日二书、十月初一日书，并所寄镜、印拓二封三十二种；还有鲍康九月二十九日书。

是日夜，在鲍康书中得闻故友宋晋之逝，痛不能寐，作一联挽之，曰："久不见君矣，北侍则居比邻，学同视东归，则平分俸子促装，三十年休戚未渝，何忍遽闻永诀；尚有典型乎，立朝则持大体，笃棐慨遇物，则尽人情篤古义，七十载悱恻若性，那堪共恸老成。"

十月三十日，致潘祖荫，书五纸。时潘氏已决意刻簠斋与潘、王、鲍、吴等往还书札，并仿宋周密《齐东野人之语》，拟定为《秦前文字之语》，簠斋坚辞请其删汰。

是日，致王懿荣，书十余纸，附寄藏钟文字十一纸、《簠斋藏古册目》（十六册）录稿。簠斋书云《秦前文字之语》，其非语金石文字者概可删，并谓"乞与贵伯寅师商之，并相约以识古字论古文为语，不涉入赏玩色泽语也"。还谈统编与补充字书，提出"字学各书，必以字聚，一字一册，以《说文》为次，以金文居首，得一书即分字剪入之，一拓同。于考释最有益，易贯通，积之富且久，自可于羹墙间遇之，若古人之诏我矣"。并论金文与《尚书》互证。

是日，致鲍康，书四纸，附一纸。云瞿木夫《集古官印考证》已刊，甚慰。拟寄二十金求二部。附笺为追悼宋晋联语。

十月，《簠斋藏古册目》检录并编次毕，该册目是在龚易图索所藏金文拓并嘱装册的前提下，借以编次并题记的。

十一月一日，致王懿荣（附于十月晦致书），书二纸，谈释古文字。附寄藏钟文字十一纸，乞考释；齐刀二种，乞与鲍康、胡义赞各存二纸。另寄藏古十六册目录稿。又言传古之难。

长至日，致王懿荣，书四纸。云"新得齐造邦刀并即墨刀、齐刀三种""今又得赣榆之青口所出秦瓦残字一，敝邑西南土名营丘古城所出瓦一，皆'千秋万岁'字，而秦尤古，当以别于琅邪台者"，并寄拓片数份，嘱分赠吴大澂等。

十一月十九日，邮差傅冬从京还，接潘祖荫十月书四缄（附金文拓多种，潘氏称盂鼎年内可至），以及王懿荣十月二十八日、二十九日书，鲍康十月二十七日书。

十二月初二日，复潘祖荫十月四缄，书七纸，附笺九纸。云盂鼎应精拓、作图摹刻，嘱作图用洋照法，并谈洋照传古之佳。附笺谈古器物。并寄赠金石拓共二百九十七纸，附《藏古册目》一本。

十二月初四日，致王懿荣，书十八纸。时潘祖荫始刻《秦前文字之语》，但仍未删订，簠斋云“伯寅欲不改恶札即刻，悚愧之甚，是令不敢作札矣”。还荐王石经，称其治印能知古意，并寄示《西泉印存》。又寄北魏、隋铜像拓九种，隋铜坐机拓十种，寄近得残瓦拓十五种三份，嘱分赠吴大澂、潘祖荫。

是日，又复鲍康十月二十七日书，三纸。记“归里祺于宗祠告成，刻一门联云：莫不尊亲，入庙共知同血气；无远兄弟，推心自己有儿孙”，并赠兮甲盘拓一纸。

十二月初五日，同邑曹鸿勋由潍北上入京，并携簠斋致潘祖荫、王懿荣、鲍康各书。

除夕，邮差徐吉从京还，接潘祖荫、王懿荣、吴大澂、鲍康书函。有潘祖荫望前书二缄，王懿荣十二月十八日二缄，吴大澂八月二十九日、十一月二十七日两书（王懿荣转交）并所附金石拓一束等。

是年六月，潘祖荫开复侍郎任内革职留任处分，以三品京堂候补。

十二月初五日，同治帝载淳驾崩。

光绪元年（1875）乙亥　六十三岁

正月十一日，复潘祖荫书，附数笺，共二十余纸。关切于同治帝驾崩事，称鼎湖之变实出意外，其惨其难不问可知。并言盂鼎已至，真三千年来之至宝，藏虽多，唯盂鼎与郘钟耳，不可不力汰可疑者。云已嘱西泉、子振为刻南公鼎斋、南公宝鼎之室、南鼎斋、盂斋、盂鼎斋诸印，以及南鼎斋古彝器、古文字，盂斋先秦文字、两京文字，盂斋法化等各印。

正月十二日，复除夕所接吴大澂八月初九日、十一月二十七日两书，九纸。称读其访碑记如身历石门。并寄近得琅琊台秦瓦拓四十七纸、齐出汉瓦四十七纸、无字者二十八纸，及《簠斋藏古目》《陕西碑目》各一册。

是日，复王懿荣书作毕，书二十九纸，又附笺九纸。此书并附笺达三千数百言，“自初十日作复，今日始竟”。前半部分谈读书、惜时、明理，论体与用，谓“求明体于先儒之言，求达用于先王之政”；后半部分谈金石文字，簠斋嘱云“前半或不示人尤幸”。附笺乃闻同治帝痘后驾崩而作，云：“前闻送娘娘之说，即深以痘后枕席之慎戒为忧，及闻大事，则至痛远虑，岂一人之私悲哉?”并谈治痘防痘，为国为主而忧思，谨嘱“外纸止可与子年、伯寅一阅即焚之”。附寄《区鍨考释》二本、区鍨图三纸、区鍨拓六纸、聃簋拓一纸、朱拓古玺印五纸、墨拓八十六纸等。

是日，又致鲍康，书三纸。云复瞿树镐书等。

时，有复瞿树镐书，并赠助刻瞿中溶《集古官印考证》三十金，嘱鲍康代为呈达。

正月十九日，致鲍康，书一纸。言瓦砖拓毕，交还《啸堂集古录》《十六长乐堂款识》二书，并乞代转致王懿荣、吴重憙、何昆玉各函。

是日，又致王懿荣，书三纸。托为小孙女择婚之事，乞留意，云已嘱徐会沣，并期与之商谈。还云拟为潘祖荫荐一监拓可托之人，为之守护收支，不计工值。

是日，致潘祖荫，书三纸。言邰钟、拓工、用印、洋照事。时簠斋令表弟谭雨帆以西洋相机试照鼎彝及铭文，寄示数张与潘氏，并建议照盂鼎，然后据此摹刻。言藏器佳者及碑帖书画均宜照之，可令雨帆秋后北来。

正月二十六日，致吴大澂，书四纸，论“西人照法”（照相）有益于中国艺文。云表弟谭雨帆在潘霨署中习得此技，试令其照金文拓及器量图至佳。并寄所照数纸，期与潘祖荫同鉴之，还嘱转告鲍康、王懿荣、胡石查诸人，且望照各家所藏金石拓本。

正月二十七日，“子嘉太史”之宁仆来，匆匆书函二纸致王懿荣，并附印拓一束，由其代转。

正月，命拓工为所藏砖瓦、封泥上蜡，多亲监视，甚为冗繁。

二月初八日，致李韦卿，书二纸。时李韦卿先后介绍同乡李贻功（字书勋）、李泽庚（字星甫，贻功侄）从簠斋学拓，为其传古助手。

二月十一日晚，邮差傅冬至，接王懿荣正月二十六日手复长函，又附封一，银八十八两，永和侯获碑二轴，印石四方。另有潘祖荫书七缄，及鲍康正月十一日、二十五日书。

二月十三日，复鲍康书，七纸，谈金石事。并谈及助刻瞿中溶《集古官印考证》事等，并荐族弟陈佩纲可为之摹印。

二月十四日，复潘祖荫书，八纸。时潘氏于去年即拟谋刻簠斋与各家往还书札，后粗就为《簠斋丈笔记附手札》，年来潘氏始筹刊刻，并订为《秦前文字之语》。簠斋复云致吴云、吴大澂书亦乞索入。还记："《印举》编者（次儿厚滋）不归姑置之，拓手欲分存亦听之，后再以所赠者自编之。"

是日，致王懿荣书作毕（十二日至十四日），书十九纸，漫谈金石事。附新装缩照五器小册，并寄王石经所作"剑泉"印、陈佩纲为潘祖荫所作"壶天"朱白二印。

二月二十二日，题安丘张贞旧藏《后汉桓侯纪功铭》石刻拓本，以赠榆庭。

二月下旬，潍地风雨多，春寒袭人，患感冒，精神匮乏，未能多作书。

三月初一日，接潘祖荫书及鲍康春分日书，并吴大澂正月十一日书（王懿荣转寄）、正月二十四日书（鲍康转寄），读手翰欣慰无已。

三月初二日，复吴大澂，书五纸，并寄自装《秦金石拓册》（内有拓片五十六幅）。

是日，又致王懿荣，书九纸，附八纸。并寄古玺印拓十三份，嘱一份自存，其余代销。又寄新得齐地出土汉"千秋万岁"残瓦四，拓十二纸，嘱与潘祖荫、吴大澂分存。附笺为议论国事，非作于是日，"已有此稿，故寄"。谨嘱阅后焚销："而求丙之，切企切企。"时朝廷失纲，列强觊觎，其有感于国祚不济，与知己一吐心怀，悄然而呼振朝纲、兴礼制。

时，校订《续泉汇》毕。

三月初三日，复潘祖荫书，五纸。时潘氏以重值购得杞伯簋，簠斋直言此器非吉金中上品，宜蓄资收字多且佳之品。又言"《秦前文字之语》则愧其间字句过多，有一二少可暂存者亦不成文字也"。

是日，致鲍康，书二纸。云"《续泉汇》三卷读注后，并日内即觅妥足寄，以后尚望仍先寄读是企"。

三月初七日，致李佐贤子李韦卿书（二纸），并附鲍康所寄新刊《续泉汇》三卷。云"尊大人春融病减"，"敝藏齐出古瓦，清卿学使已为试刊，良友古谊可感"。

是日，患感冒后始出屋，身体渐复原。

三月初十日，致王懿荣，书二纸，寄王石经为剑泉刻石印二，嘱转致，并言朱文印难刻易工。又附六纸，为簠斋谈拓字、剔字及直言劝告金石友辨伪汰劣之感慨等。

三月二十八日，致王懿荣，书六纸。询祝乔迁新居，又劝勉王氏科考等。

是日晚，正作致王懿荣书时，邮差毕芬来，得王懿荣十八日书。

三月二十九日晚，邮差傅冬至，又接王懿荣十九日书，并求寄之八大山人画册、红布、药丸，及苏信、邸报等。

四月初一日，复王懿荣书，六纸。云"（吴大澂）所收陕残瓦甚佳，宜怂恿力收之"，还谈古砖瓦上蜡等。有"古文字义理第一，文法第二，书法第三。书能毫发不失而有力即是佳刻，方足传古，非易易也"之语。附一纸，再乞留心为孙女择婚之事。

四月初八日，致潘祖荫，书三纸。贺其补授大理寺卿。时阅潘氏所著《攀古楼彝器款识》六册并作题注毕，呈示潘氏，云"所注多妄而不敢隐，乞亮之"。

是日，又致王懿荣，书三纸。谈古器数则。

四月二十二日，致王懿荣，书四纸，附四纸。并寄春来所拓六朝藏石四十种（尚有二十种未拓出），两份八十纸，嘱存之代销。又寄新得九种残瓦拓两份，嘱代致吴大澂、潘祖荫。谈以照相摹刻古器及古文字。附笺亦论照相摹刻。

五月初四日，接王懿荣四月十四日书。

五月初六日，致潘祖荫，书七纸。时潘氏将簠斋致其与王懿荣书中所附《拓字剔字之说》等，拟刊为《传古别录》，已写版，寄簠斋校正，簠斋校后回复，并云请王懿荣勘之。又交付所注《续攀古楼款识彝器》二册，云竭二日力读注毕。

是日，又接王懿荣四月二十日书。并复王懿荣，书三纸，另附新拓六朝石五种十纸。乞代致吴大澂求《石门颂》《西狭颂》精拓等。

五月十八日，拓弩机毕，作《弩机记》。

五月二十三日，致王懿荣，书一纸，寄呈玉拓一、石拓十五，共三十二纸，又《石门颂》碑帖一册。

五月二十四日，又续致王懿荣，书一纸。寄呈王石经为剑泉所刻印一，云"剑泉处久未复，甚惶悚，乞晤时代致"。

五月二十九日，接吴大澂二月二十四日泾州试院、三月二十九日宁夏试院所寄两书（王懿荣转交），并吴氏手自缩摹《孙氏藏瓦册》。是日，并接潘祖荫四月二十八日等书数缄。

六月初七日，接鲍康书，并潘祖荫书。

是日雨中，致吴大澂书，谈金石诸事。并寄赠粤东薄竹纸四束，东汉以后弩拓十八纸等。

六月十五日，致吴云书，谈与王石经论两罍并拟一印文，并有篆刻之论。

六月十六日，继昨与吴云书中论印，复与西泉论印。

是日，致潘祖荫，书五纸。云读注《金文册》，不敢宽，亦不敢有成见，不敢心口相违答之。

是日，又致鲍康，书三纸。谈《续泉汇》等，并言及瞿树镐谋刻其父瞿中溶《集古官印考证》之事。

六月十七日，复吴大澂泾州、宁夏试院两书（九纸）。谈传古教拓、监拓颇多甘苦，建议摹刻精选汰伪。还寄秦十二字瓦拓四束，丰字古铜器二拓各一纸，东汉以后弩十八纸，又古瓦器玺文一，并谈秦瓦鉴别辨伪等。

七月初一日，邮差徐吉至，接王懿荣六月初九日书，及吴大澂四月二十四日凉州试院所寄书并石门、汉魏石刻拓七种十一纸（王懿荣转交）。

七月初八日，致王懿荣，书三纸。询及王氏妻病状。并附寄杞伯敏父鼎拓一，云“有平盖，盖无字，二十年来唯仅增此一器”。又寄晋太康八年城阳黔陬王从事残砖拓一，云“敝藏齐出砖有黔陬字，得此为二”。

时，有致沈学淦书，并托王懿荣代为转交。

七月十二日，复吴大澂凉州书，谢其惠寄拓本等，附藏石拓二份。又致王懿荣，书二纸，嘱代交复吴大澂书等，云潍地“旬余来酷暑为近年所未有”“挥汗不能多作答”。

七月二十五日，邮差傅冬至，接潘祖荫六月十六日、六月二十二日、七月初二日三书，并所刻《传古别录》二十册，新得钱化拓十六种。另有鲍康六月二十九日书，并所惠钱化拓九十二纸。还有王懿荣七月初三日书。

是日，复王懿荣书，十二纸。记“得三日手书，知录科冠首，想糊名易书必当同此，甚望原作一先读也”“年来得钱化拓几四百余，而子苾所藏独无之，加以旧本当可六七百，亦一大观”。

七月二十六日，复潘祖荫书（七纸）。谓《传古别录》不过为手艺先道，止无错字易解可已。又谈洋照照小易而照大佳，不易拓者皆可照。

是日，复鲍康，书五纸。谈古钱化等。

七月二十七日，致王懿荣。言目眊殊甚，视力急速下降，请王懿荣再为选择眼镜寄来一试。

七月二十八日，致吴大澂，书三纸，附古器物目八纸。寄新得瓦拓并漆合者共三十二种，六十四纸，并列具所藏曾伯霥簠等古器物目。

八月初五日，邮差徐吉至，接王懿荣七月二十四日书。

八月初七日，雨中作《簠斋藏古册目》题记。

八月初九日，致王懿荣，书四纸。称“龙姞簋竟是君家旧物，可惜”“子苾之藏当至都门，能拓之否？明年拟使人来京，拓各家所藏”。

是日，寄赠吴大澂砖瓦拓本。是日，亦致潘祖荫，书七纸，并寄新得秦汉瓦三十三种。

八月二十三日，致李韦卿书（三纸），附新得四布拓数纸，嘱其与令尊阅后分致鲍康。时遣拓工吕守业至利津，簠斋嘱李氏云“吕守业来拓石，未知能精好否？其人甚妥，乞善遇之”。

九月初一日，接潘祖荫七月初十日、八月初一日、八月十四日书，并王懿荣八月十八日书。

九月初二日，致潘祖荫，书六纸，并寄新得汉长安乐砖拓二纸，及陈佩纲以画法拓曹望憘石画像四纸。恳乞《秦前文字之语》录存勿刊。

是日，又致吴大澂，书四纸。赠新得汉砖瓦拓共四种（瓦三砖一），并谈摹刻砖瓦之法。

九月初三日，致王懿荣，书七纸。称遣胥伦近往蓬莱张允勷处拓图，云：“石查兄有过情之爱，而不以古文字厚施以相往还，得无以九字刀之故耶?”附赠蓬莱所出长安乐砖拓四纸、节（即）墨小刀化二纸。

九月初四日，得汉千秋万岁瓦，此瓦出土于寿光纪台。

九月初十日，致吴大澂，书三纸，并寄又获一汉瓦拓及蓬莱庄氏龙姞簋拓、张允勷鼎拓等。附笺中求索瞿中溶《集古官印考证》。

是日，亦致潘祖荫，书二纸，赠长生瓦拓等。又致王懿荣，书三纸，云“龙姞簋却可爱，近试询允勷，未知何值便可留？恐庄处未必也”，并盼邮差傅冬还，称王懿荣科考“当有好音，翘颂之至”。

是日，又接吴大澂八月初九日书并新得鼎彝、唐人造像拓等，请簠斋审定。

九月十四日，接潘祖荫九月初十日、十二日、望日书。

九月十五日夜，复吴大澂八月初九日书，书七纸。时鲍康屡向簠斋谈及吴大澂欲刻簠斋所藏齐鲁秦汉瓦当文字，并来书敦促，故将自装未缀之册并检存所藏齐鲁秦汉瓦当文字拓片一百三十纸，又连夜粗编成目，悉奉寄吴大澂。

九月十八日，见顺天进士题名，王懿荣不第。

九月十九日，致王懿荣，书三纸，就其不第而安慰劝勉。

九月二十日，短笺致潘祖荫，询“长生瓦笺”中所言朝中事等。

九月二十七日，有致吴云书。

秋，侧室生一女。

十月初六日，长孙妇（李佐贤孙女）自利津归，并携来李韦卿九月晦书。

十月初七日，复李韦卿书（三纸）。时《续泉汇》版将由京寄利津，簠斋嘱妥善护运，并呈所跋李佐贤书法双卷（李枚卿、李韦卿昆仲所藏）。

十月二十一日，将所校《秦前文字之语》第一册，及校删副本一，寄交王懿荣，嘱审阅并代交潘祖荫。并在校删副本上作题记，称：“拙答不成文，岂足刊？如必欲存往来之迹与所答之事，则不可不力去寻常事语。”

十月二十四日，邮差毕芬至，得吴大澂九月二十一日书及金石文拓一巨束（鲍康转交），吴氏书称簠斋《聃簋释说》可证经文之误，并得潘祖荫初三日、初七日书，及金拓并金文六册。

即日复函致吴大澂，书九纸，谈用山楂黑矾除青铜器土锈法等，并谈金石事。

是日，又致潘祖荫，书八纸。称海东锦山摩崖古字拓钩过必缴，不敢久存，并讨论金石器物。还谈王懿荣乡试之事。

约十月下旬始，因本族家庙小有工程，监工月余，约十一月下旬毕。

十一月初五日，潍地旱后不意降快雪几盈尺，有感于朱子“忧国愿年丰”之语。

十一月十五日，信差回，得李韦卿初三日书。

十一月十六日，致李韦卿书。时得闻李佐贤病情加重，并遣长孙妇（李佐贤孙女）回乡探护。

是日，并致鲍康，书二纸。云近拓所得刘喜海化币等。

是日，又致潘祖荫，书二纸，并附王石经为其所治“伯寅宝藏第一”大印及“潘祖荫印”“伯寅”印拓并边款拓二纸。云印后寄。

十一月二十四日（长至日），致潘祖荫，书三纸。称金文册读毕已记于目，尚未及详注于册。又云冬来唯拓藏瓦。赠新获簠拓。

是日，亦致王懿荣，书五纸。直言其来书谈金石文字事少，未得启发之益。记“苏七寄古钩古熨斗来，祺以字为非而还之，书遂绝”，又记为王石经从子书何绍基集字联语，请王懿荣钩刻并录拓二十纸见寄。

十一月二十七日，接吴大澂七月三十日书并惠寄古印拓、汉《西狭颂》《耿勋碑》《郙阁颂》等碑拓。吴大澂书中云自兰州回陕，在青门得汉官私印数种，颇有精者，故拓以呈赏。

十一月二十八日，接潘祖荫十月二十六日、十一月八日及十一日三书（附钱化拓一束），并王懿荣十月十日书和所转吴大澂三函，及鲍康十一月七日书并所赐初印《续泉汇》二帙。

十一月二十九日，有自邹县古城得“千秋万岁余未央”七字秦瓦来归簠斋者，中有残瓦一，存始皇诏字六（二完四缺），书刻并美，云观者无不诧叹，陈氏欣幸不已。时，已得残瓦二三十片，甚有感慨，云：“此真千古未有之奇。黄金不足比重，海上神光，从吾簠斋片瓦上气如虹见矣。”

十二月初四日，复吴大澂七月三十日书（四纸）。再求《西狭颂》《耿勋碑》诸拓。

是日，亦复潘祖荫书（四纸）。言《秦前文字之语》正月校删录副再寄。附笺谈《全生集》点校。

是日，又复鲍康，书二纸。云新得秦诏字残瓦并拓呈等。

是日，又致王懿荣，书八纸，并附《簠斋藏古目》。谈新得秦诏残瓦事等。

时，已聘请徐会沣课授诸孙。

十二月初五日，致李韦卿，书二纸。关念于其父李佐贤病状，嘱代为请安，并赠“自制酥糖二匣，蒸食一茅囤”等。

十二月二十三日，接王懿荣十一日书，并邸钞一束，银十两（潘祖荫致王石经、陈佩纲治印之润笔费）。另托簠斋转交柯劭忞信函。

是年，次女亡（次女嫁于临清州徐埴）。

是年正月，光绪帝载湉即位。慈禧太后再度垂帘听政。

八月，鲍康、李佐贤同编撰《续泉汇》刊刻行世。

光绪二年（1876）丙子　六十四岁

正月十三日，子厚𤰞生。侧室出。

正月十八日，接王懿荣正月五日书。

二月二十六日晨，有来报者，得悉长孙阜录取，幸入郡庠（莱州府学）。并作致阜孙书。

正月，因初一日后骤冷，旧疾微作，正月中少有出门，而又累心于家事，并课授诸孙等。

二月二十八日，复李韦卿，书三纸。云："去岁两得手书，以岁事将近，属令兄书勋代详，昨书勋来又奉惠函，欣闻尊大人新春康健，并贶新刻联拓，慰谢慰谢！"并谢赐贺得子。

二月二十九日，接王懿荣十五日书，并吴大澂去腊初三日书。

三月初四日，致王懿荣，书十一纸。记"宋元嘉砖出敝邑浮山西古墓，收数十""祺近好书画，不如古文字，而识则进，昔尚有心得之，真唯欲多见扩之，此间苦无从也""去岁闻中外往来说，拟联曰：'门有通德，臣无外交。'守孰有大于此者乎？子母之说，则去岁入几一省矣"。

时，自春节后夜间常失眠，因此而患眼疾，看书作字甚累。

三月初七日，复春节前后所得潘祖荫五书，附古瓦器拓五、刀化拓二，并交还所题识之《海东锦山石拓》与金文册六本。书中切嘱《秦前文字之语》万勿即刊。

三月十一日，作秦始皇诏瓦量残字跋记。

三月二十九日，接潘祖荫十六日书，并吴大澂正月二十二日、二月初十日两书，及吴氏所寄币化范钩拓五、金文拓三、瓦器拓十四、瓦拓五十一、瓦目二、缩本目一、刻金文样本二、瓦刻一束。

二、三月间，有致吴云书，并惠赠南北朝残石拓本十二种，并题跋三种。

春，拓所藏镜，得一百七十种，名室曰“二百镜斋”。

四月初一日，京城信差至，即行，匆匆短笺致吴大澂。寄瓦玺拓五、秦诏瓦拓一及王石经刻印二方，请正。

是日，又致潘祖荫，书三纸，附赠瓦器玺字拓四纸。称公姞卣是佳品等。

四月初四日，作题赞王石经治印诗，并跋记。

四月初五日，有远方来者，得古印十余方。

是日，致王懿荣，书四纸，并寄砖拓七、瓦器拓七、刀拓四、瓦当拓二十纸等。谈即日得十余古印等。

四月十二日，为潘祖荫装簠斋所致书札三册作题记（时潘祖荫将簠斋所致其书札装为三册，寄于簠斋嘱题）。

四月二十二日，接潘祖荫十日两书，并王懿荣十三日书。

四月二十五日，致潘祖荫书（三纸），遥贺光复官职。并寄还所题之潘氏所装簠斋书札三册。

是日，又致王懿荣，书二纸，并附新得古印四、齐刀化十二、六朝石二各拓。云“年来万事不如古文字，而海内唯如君者良朋数人，不胜仰企，唯垂念之”。

四月二十八日，有致吴云书，并惠赠六朝石拓四种、碑阴残石四种。

四月，同邑曹鸿勋中状元。

五月二十日，接潘祖荫五月初七日书，并新得中师父鼎、周业生簋等拓。另接王懿荣十二日复书，并银封、邸钞、日本纸笺等。

五月二十三日，复潘祖荫书（七纸）。称所寄鼎簋爵拓俱佳，龙姞簋竟归尊藏，虽数杞伯敏不足敌。并寄新得汉器拓，请考定。

五月二十五日，复吴大澂去腊初三日及正月二十二日、二月初十日书，十三纸。并寄藏镜拓一百七十纸、藏瓦拓全份五百十一纸等。谈封泥、金石文字及摹刻钩字等。

是日，又致王懿荣，书七纸。谈金石外，叙及王懿荣妻病情及调理，还谈及曹鸿勋之才学与品行等。

闰五月二十日，接吴大澂四月初四日凤翔试院所寄书及金文拓十纸。吴大澂记获周窸鼎，并论“窸”字辩证（吴氏自号窸斋，即源于此鼎），还记秦中所见铜器等。

闰五月二十二日雨后，接潘祖荫后五月初五日、十八日两书及金文拓，并王懿荣十一日书及所寄《丁亥诗钞》一本、邸钞一束、代购日本笺四盒，并吴大澂书。

闰五月二十七日，利津专使来潍，送来讣告，得悉金石至交李佐贤于本月二十四日未时病逝。

闰五月二十八日，致李韦卿书，对其父病逝表示悼唁，劝慰节哀。并云再遣专人前来襄理等。

六月十四日，复吴大澂四月四日书（七纸）。于吴氏所释窓鼎、方鼎颇有辩证。时，簠斋得吴云书知，吴大澂欲请假南旋，然后入都，亟思由王营东来，与之一晤，云迂道不过百余里。其不得与海内一二古文友面论，有僻陋离索之感。

是日，又复潘祖荫后五月两书（三纸）。释其所赠金文拓，并言潍地大旱，不得透雨已将十三月。

是日，还致王懿荣，书七纸。谈金石事，并谈山东大旱情形等。

时，藏砖二百余拓毕。

五、六月间，有致吴云书，十八纸。并惠寄古镜拓一百七十三种、藏古目录一册、周距末拓、瓦字拓，另有王石经为其所刻“乙亥改号愉庭”等印，并奉还所借古印七方等。

六月，吴重憙受簠斋嘱托，已初将《封泥考略》考订大概，“编录略有眉目”，将录目寄簠斋审定。

约六月，因潍地大旱，饥荒甚重，捐资于城隍庙设粥厂，并率儿孙亲往施粥，历年余，至来年五月方毕。济难解危，乡人盛赞。

七月初四日，致吴大澂书（一纸）。并寄新得瓦拓十四种，云其阴款者尤所未见。并云大雨后仍不得不赈，将视粥厂。

是时，发现山东出土“姑幕丞印”封泥，惊叹“东土竟亦有泥封”。

七月十六日，接吴大澂五月二十四日书并石拓五种十三份。吴氏书中称簠斋“藏器之精，纸墨之良，前无古人，后无来者。然非好之真，不知拓之贵，亦不知精拓之难”。索簠斋秦拓十二种，十钟全形拓、镜拓、泉范拓、封泥拓各全份。

是日，亦接潘祖荫六月中及二十三日书，并簋匜等拓。

七月二十日，复潘祖荫书，谈所寄簠匜等拓。并记“园亭之乐，祺不唯无之，即书室亦无一楹，不得已于对门构数间，亦久未就”。

时，北洋大臣李鸿章至烟台，与英使威妥玛谈判，簠斋闻之而深忧，并测度到了不能自强而丧权辱国的结果，故七月二十日致潘祖荫书中疾呼曰：“天乎天乎，奈何不自强耶!”李鸿章与英使威妥玛于七月二十六日签订了《烟台条约》。

八月十二日，有致吴云书，并附赠范拓一百六十纸。

八月二十四日，有致吴云书，并惠致楹帖爵拓款识册等。

八月二十七日，有自记：“古之好古，唯在致知；今之好古，每在玩物。今日而好古，唯多收三代吉金文字欤！三代吉金是古人文字之真，足与古经并重。藏书则次之，藏汉以后碑版、晋以后书画又次之。而皆近玩物矣。”

八月杪，接潘祖荫七月初一日及七月二十五日书，并一壶拓。

八月，将年来所拓自藏铜器铭文拓本装册，寄呈吴云，是为《簠斋吉金录》。

九月十三日，收得“[illegible]”古印。

九月二十六日，接吴大澂七月十二日书。

九月二十八日，致吴云书，并附赠六朝石刻、汉砖瓦及玺拓七纸等。

十月初三日，收得“甫阳都玺”古银官玺，并作记。称此印为益都郑母乡南三里棘林村出土，“以商周吉金文字推之，定为虞时作”，“为坛钮之祖，可为万印楼诸印之首”。

十月十五日，复潘祖荫初一日及七月二十五日书（三纸)。称所寄壶拓之字或为“友”字，谈墨拓刀化等两面小物之法，并赠自作自书楹联。

十月十七日，致吴云书，并附赠秦诏版图刻十六纸、瓦玺一纸等。

约十一月，新得三代有字残瓦近七十，开批量收陶文之先河。

十二月初五日，致吴云书，并附赠陶文拓本等。

十二月初七日夜，复吴大澂五月二十四日、七月十二日书，四纸。寄赠新得三代有字残瓦拓及秦诏瓦小字拓等。

十二月，鲍康《观古阁丛稿三编》二卷刊成，此书多记其与簠斋往来之事及簠斋对古钱币有关问题的观点及考释等。

是年，叶衍兰（字兰台）由簠斋族弟星五之介，借所藏桂馥小像，以摹入《清代学者像传》。

是年八月，潘祖荫署刑部右侍郎，兼署工部右侍郎。

十月，吴大澂于陕甘学政三年任满卸任，请假三月，回籍省亲。

光绪三年（1877）丁丑　六十五岁

正月十一日，复咸庆侄书。时咸庆索阅广东巡抚张兆栋致簠斋书等，故作复。

正月杪，拓工至，复拓昔年所收关中残瓦。

二月十二日，微霰后大风中接吴大澂去腊初五日汉阳舟中书（王懿荣转交），并秦二世诏版、新莽虎符龟符、秦汉印等拓片一束。时愙斋已于上年十月杪交卸陕甘学政任（新学政为陈翼），请假归里南行。愙斋书中谈所见所获金石情况。

二月十八日，复吴大澂去腊初五日书（并由烟台递苏州），书五纸，并赠关中残瓦拓五十二纸。云"舟车之劳，犹相念以文字如此，真可谓不弃不忘"，所惠"龟符、铜铁古币范皆奇绝之品，古缘可诧"。

四月二十七日，接吴大澂三月十八日黑水洋轮泊及三月二十二日吴门两书。

四月，吴大澂入都覆命。时陈介祺族弟陈佩纲入京谋食，由王懿荣介绍而见吴大澂，陈佩纲后遂入吴大澂幕府。

五月初八日，有致吴云书。

五月二十七日，得古泉"五工"一枚，检藏目中未见，欲作考。

六月初七日，作新莽六泉拓本题记。

七月初四日，致长女厚培书（二纸），叙问家事。

七月初七日，复吴大澂黑水洋轮泊及吴门两书，十五纸。云重洋中犹想念，论古以古篆作书，真古所未有。贺愙斋弟大衡中进士，并感慨于吴氏幸得徐同柏《从古堂款识学》稿本，言不可不早公之于世。还言许瀚金文考释亦当刻传、焦山周鼎（叶志诜所购藏"遂启諆鼎"）有疑等。并赠新得杞伯敏父鼎、秦始皇瓦量残字及砖瓦等拓片多种。

七月十二日，得齐刀化砖范三。

七月十六日，致吴云书，并惠赠新得齐刀化砖范拓三纸、瓦量拓四纸等。

是日，作秦瓦诏字记。

七月二十八日，致吴大澂书（五纸）。赠新得刀化砖范拓。云为保存古文字，极力嘱人搜访，故齐鲁百姓田夫始对残瓦古陶等有所认识，多能见而不致弃毁。

八月初十日，致长孙阜书。叙山东巡抚丁宝桢将至潍加赏事。

约八月十二日，山东巡抚丁宝桢到潍，表彰簠斋善行功德。因簠斋去夏以来于城隍庙设粥厂，率孙阜日往赈灾施粥之举，并前数年于祭田庄劝办积谷，又行赈贷之法，一村赖无逃亡，甚得感戴，故丁宝桢奏请赏二品顶戴。

八月十二日，接吴大澂七月二十日书，并附笺及拓十纸。

八月十三日，复吴大澂，书十五纸。讨论金石文字，并论摹刻古文字，云不可以后人之字行比，是第一事；以三代古文字冠许书字前，是第一事。还赠瓦登拓、瓦器拓共七百三十五纸。

八月二十一日，得齐刀化残砖范二。

是日，题“谭君”所赠六朝石造像，称此造像甚精，石泐如沙，字多不清。

八月二十四日亥时，致吴大澂，书四纸。云“今又得齐刀化残砖范二，古陶二十四，竟有完者六，而三代五。三代古陶文字不意于祺发之，三代有文字完瓦器，不意至祺获之，殆祺好古之诚有以格今契古而天实为之耶”。

八月二十五日，续致吴大澂，书二纸。欣感于归里以来数十年力倡搜古藏古，使齐鲁百姓得以重视古文字。

八月二十八日，接吴大澂十八日书。

九月十三日，为高鸿裁跋秦权量诏版拓九纸册，并题“柔毫之祖”署签。是册为高鸿裁得之于簠斋助手、族弟陈佩纲秦拓九纸装册后而求题。

九月十四日，为王石经书“但觅来禽与青李，常撞大吕应黄钟”四尺七言行书联。

九月十八日，致吴大澂，书十一纸，又八纸，并赠瓦登拓百六十又五十八纸、瓦器拓二十四又六纸。记又得古陶二百种，又得齐刀化残砖范数十等。附笺谈三晋办赈救灾之事，云其要在于清保甲而杜官吏之侵吞等。

九月二十七日，接吴大澂八月二十四日书，并所寄徐同柏《从古堂款识学》前四册、金文拓二十种。

九月二十九日，接吴大澂九月初六日书，并徐同柏《从古堂款识学》后四册。

十月初，徐会沣曾至潍，访簠斋。

十月初三日，复吴大澂八月二十四日书，八纸，谈金石、论拯饥之法等。并惠赠古陶拓本三百二十五纸，由徐会沣转致。

十月十一日，有致长孙阜书。时长孙阜客京读，寄示作文，簠斋批正并复。是时，簠斋三四更入睡，尚能起早，精神颇好。

约十月，读徐同柏《从古堂款识学》，并批注。

十一月初六日，致吴大澂，书十六纸。时李鸿章奏请吴大澂至津办赈务，簠斋故有详细阐发议论，其云积谷平粜以分粮施粥为正，而以清保甲为本，保甲清则地方笃实之人出，而利弊通矣。并寄瓦器拓二百十五、瓦登拓四百十二，共六百二十七纸，以期编正阅释。

此时，齐鲁古陶文日出，而几俱归簠斋，已达二千种，终日选收释拓。

十一月，长曾孙文会生。

是年冬，王懿荣寄赠簠斋陈澧（字兰甫）所刻《朱子语类日钞》一本。

十二月始，移修先茔之路，至次年二月方完工。

十二月除夕日，有致吴大澂书并古陶拓本一纸。信差交济南转阎敬铭处，再转寄吴大澂。

是年，收杞柏敏父鼎。

是年，得谭三所售“过坚”“临义”“王武”“徐乐成”等古印。

是年，瞿树镐为其父瞿中溶谋刊《古官印考证》遗稿，在西安开雕。簠斋询嘱镌刻之事，并愿出资以助。瞿树镐在光绪二、三年间与簠斋多有通函。

是年，书有“好古不求秦以下，游心端在物之初”宣纸本四尺七言行书联，以应王石经之嘱。

是年，因伯屏弟改教职，选授滨州训导任，书“教孝教忠训秉宣铎，辞尊辞富宜等抱关”联，以赠勉。

是年四月，在华基督教徒在上海举行第一次传教士大会（簠斋晚年对洋人来华传教多有论说）。

四月，吴大澂入都覆命，仍供职翰林院。九月以后，奉命协办山西赈务。

是年，吴云辑成《二百兰亭斋古铜印存》（十二册，钤印本）。

光绪四年（1878）戊寅　六十六岁

正月初四日，在苏州的同乡韩伟功至，携来吴云新刊之《二百兰亭斋古铜印存》，并问询吴云近况。

正月二十九日，接吴大澂去岁十月二十五日至十一月初一日汤阴道中所寄手书，共十六纸，长篇小字，感慰至深。

二月上中旬，拓两年来所得三代古陶文字二千三百余种，共拓二份。

二月十七日，致吴云书，谢惠赠《二百兰亭斋古铜印存》全帙，并谢其“序中述及贱名”。云“于旱荒后，心气益衰”。附赠新拓古陶文字全份二千三百余种。

二月十八日，续致吴云书。

二月二十三日，再致吴云书。

二月二十七日，得陶文二三百种，至此时共得陶文二千六百余种。

是日夜子正，复吴大澂汤阴道中书，作十三纸。云：“大著《古陶文字释》四卷，二千年来古文字未发之藏，祺之世及见之，祺之友能读之，真至幸矣！”并称：“古陶文字不外地名、官名、器名、作者用者姓名与其事其数。”还言：“祺今年六十有六，而吾兄有万里壮游，晤面无从，寄书不易，可从洋照一识荆州否？”

约二月间，吴云有致簠斋书。吴氏书中云：“李眉生廉访鸿裔欲得尊藏金石各拓本，前曾专函奉求，未知近日已拓齐否？中间或有参差亦无妨碍，惟金器为正宗，不可少耳。”此时吴云病体缠身，精力不怠，医嘱笔墨最耗心，于金石文字之事心有余而力不足，故通问渐疏。

三月初六日，致吴云书，并附赠新获古陶文拓三百余种。

三月，王懿荣携次子、次女到四川探亲（时，其父任四川龙安府知府），次年二月方离川返京，历时一年，故此间与簠斋少通函。

四月初四日，致吴大澂，书六纸。称月余新得古陶文四百又二、汉镜范三，古陶拓已将及三千。并谈古玺文字，称新得古铜玺“似六国书而近西周者”。

四月初九日夜，接吴大澂三月二十一日、二十五日自河间所递手书。

四月二十二日，复吴大澂，书十三纸。谈赈灾之事，并释古玺、鼎彝文字。

五月初五日，致吴大澂（存三纸）。求代购书额用大羊毫笔等，谈有关金石家收藏情况并念及故友所藏有关古玺印等。

五月中旬，接吴大澂四月二十三日、五月初五日书。吴氏前书云至河间曾访君子馆旧址，并言“贵乡距此五百余里，瞻望德星，恨不能插翼而飞，一亲颜色”。后书称簠斋求古之力使齐鲁田夫牧竖皆知古文之可重，不任委弃瓦砾。并述州县赈事之病，言之极为痛切。

五月二十三日，致吴大澂，存一纸（前数页已佚），并附《赈事七病》四纸，又附五纸谈赈灾救荒事等。

六月初九日，作“一室莫如书作伴，千秋唯以古为师”联语。

六月十二日，致长女书，劝勉读书养心等。

七月望，作齐地所出“舶里𡈼”陶文拓本题记。

七月十七日，接吴大澂初九日宁津所寄书并古玉玺拓。吴氏赈事冗集，暇中讨论金石文字。

七月十八日，得周矢胸瓦盘。

七月二十二日，作《周矢胸盘跋》。二十四日又加考订。

七月二十七日，又录记所作《周矢胸盘跋》文。

八月，集孟子、朱熹语为联：“养心莫善于寡欲（孟子），穷理必在乎读书（朱子）。”

八月，撰“诚敬酬知廉勤饬表，宽仁遍育忠信远孚”“诚感岱祈为天下雨，威崇秋阅靖海中涛”辞语，赠山东巡抚文格中丞，以纪其奉命泰山祷雨。

八月二十九日，作“能敬而和，能哲而惠；不骄而泰，不恶而严”联语。

九月二十一日，致长孙阜书。时孙阜与继母、三妹至诸城。当为嫁孙女之事。

秋，选古陶六十余件，由助手姚学桓为作古陶器图屏，共六十三幅。

十月初四日，作“云中白鹤神仙侣，山下清泉翰墨香”联语。

十月初五日，作“书味养心存夜气，墨华传古附青云”联语。

十月初八日，得鲁地出土古陶文五百种，重复者又三百五十。

十月初九日，复吴大澂宁津一书，作六纸，附一纸。贺晋侍读学士衔，寄姚公符摹古陶图六十三幅、矢朐盘大纸者一幅、陶文拓一百四十四纸及秦诏残瓦字各二纸。附自作联六则，乞书并题。

十一月初十日，接吴大澂十月十四日书并所赠彝器、范、镜、印、瓦砖之拓三百五十九种，又他家印文九十八种。吴氏书称，八月杪由津入都，连殇子女，心绪恶劣。

十一月十四日，复吴大澂十月十四日书（五纸），赠新得古陶拓八十八纸。云瞿中溶《集古官印考证》，不必有印，急思一读，乞留意。请代购松竹斋湖色东笺等。

十二月初五日，致吴大澂，书二纸，赠古玺印二十余纸并陶拓三十五纸等。

十二月十三日，接吴大澂十一月二十七日书，并代购东笺一束、长安古印拓本一册。吴氏书称以道员分发晋省，仍留都门。

十二月十九日，致徐会沣书，纵论旱灾之事。

十二月二十日，复吴大澂前月二十七日书（七纸），并赠新得古陶文拓二百三十三纸、秦诏残瓦二纸。请代购傅山、金农书联等，嘱留意厂店傅山书法与画。并考释玺印文字等。

十二月除夕前一日，作“尊彝陶器收三代，幼子曾孙乐一庭”“书味深纯能却老，天机清妙自延年”两联语。

是年，沈希曾来潍县谒访簠斋。

是年，书有“幽溪鹿过苔还静,深树云来鸟不知”宣纸本四尺七言行书联，以赠“子和世五兄”。

是年，书有“心地平安体舒适，杯觞豪举笔纵横”冷金笺本五尺七言篆书联，以赠“惇夫九弟”。

是年，书有“臣能造作八九十年酒，家有留传一三五当钱”宣纸本四尺九言篆书联，以赠“虞尊世讲”。

是年五月，潘祖荫调补户部右侍郎，兼署工部左侍郎。

是年，华北大旱，死数百万人。

光绪五年（1879）己卯 六十七岁

正月初七日，吴大澂致簠斋书。吴书称腊月十八日简授河南河北道，蒙谕即赴新任，族弟陈佩纲亦同行。

二月，吴大澂携眷赴河南河北道之任，陈介祺族弟陈佩纲随行。

三月，崔贞礼得“艾乘私印”古印于潍市，簠斋题记之。

五月十一日，吴大澂致簠斋书，附还刘喜海所著《长安获古编》稿本。吴氏请簠斋传古助手姚公符代拓封泥、十钟。吴氏云王懿荣由蜀入都，过此作两日之谈，二十后抵京。

五月十四日，吴重憙致簠斋书。书中述家事及在外办差情况。

五月，婿吴重憙选授河南陈州知府。

时，簠斋故友、河南巡抚涂宗瀛曾索簠斋相片。

七月十四日，致长孙阜书。时孙阜与其七叔、二妹夫及丁、孙两表叔等，至省城济南应乡试。

七月十七日，再致长孙阜书。叙家中事。

七月二十三日，致长孙阜书。询嘱应试等事项。

八月初二日，致长孙阜书。嘱乡试事。

八月下旬，陈介祺族弟陈佩纲因病猝逝于吴大澂道署。

九月十五日，致吴云书，附赠古陶拓三百二十四种、十布六泉拓二十六纸。书中云春秋间家庭小有怫逆。

九月十八日，接吴大澂八月二十九日书。时陈佩纲猝殁于吴大澂道署，吴氏为之料理后事，驰书簠斋请陈佩纲之子陈开运早来扶柩回籍。

九月十九日，簠斋于灵阜居庐中复吴大澂书（七纸）。谢助传古之资五十两，并交还《长安获古编》原本。为料理子振之丧，令其子开运于二十日星夜遄行前往。云姚公符已作古等。附寄陶器拓四百十二纸计十一束，封泥拓全份共五百零九纸。

九月，在灵阡阜先茔居庐，监视工匠，月末方归。

时，于灵阡阜居庐中曾作“积善好学能造命，存仁寡欲自延年”行书联，以赠同邑郭藕汀。

秋，见王翚中年山水册后郑板桥题语，录之并为新甫书扇面一握。

八、九月间，拓工及摹刻金石高手姚学桓病逝，失却一得力传古助手。

十月初一日，有秦诏瓦量残字题记。

十月十八日，作《答问担粥章程书》，以复邑人。

十一月初八日，作《周龙姞簋说》。

十一月初八日夜，拟有“忿戒一朝忍从小节”语（下联缺），以备缀合为联。

十一月十三日，集《孟子》《周易》句成“陈善闭邪谓之敬，进德修业欲及时”联语。

是日，又题龙姞簋。

十一月十五日，再跋龙姞簋。

是年，又考校所编著之《封泥考略》稿本，并认同“封泥”之称，认为较“泥封”为妥，故作“簠斋藏古封泥”印文，并由王石经刻就。

是年，为同邑郭恩孚（号蓉汀）作有“抱甕荷锄非鄙事，栽花移竹似清淡”宣纸本四尺七言篆书联。

是年二月，吴大澂奉命出都，任河南河北道。

三月，潘祖荫补授工部尚书加太子少保。

光绪六年（1880）庚辰　六十八岁

正月晦日，改定收藏陶文、古玺印联语为“陶文齐鲁四千种，印篆周秦一万方”。时陶文已有四千余种。

此日，又有感于“不易乎世，不成乎名（《易》）”之句，作文以记。

正月，婿吴重憙赴任于河南陈州知府。正月初一日视事，初二日及二月初六日函禀于簠斋，述其到任情况。

三月初一日，复吴重憙正月初二日、二月初六日书。时吴重憙荣任陈州知府，通报到任情况并述及陈州风景等。簠斋复书谆嘱为官理政之道，认为关要在得人，去一己之成见，爱民务本，心识果正等，对吴重憙予以厚望。云“我两家皆世受国恩，不可不思为先人图报”“或可今日中国当有振作气象，实仰望之”，嘱以职守之要，以训勉。书函之外，又附所具列若干条，皆吏治应注意事项。

三月二十四日，吴大澂致簠斋，书三纸。时吴氏在河南河北道任官一年余，奉命赴吉林襄理防务，由汴入都。此书写于德州舟次，并寄所得刘韬墓志拓本。

四月二十四日，有感于《周易》“庸言之信，庸行之谨”语，并作题记。

四月二十六日，致徐会沣，书二纸。嘱其长夏当看有用书，并嘱其再为定一靴鞋，云：“靴底厚，跪起不便，仍乞如式，再定其一。”

四月，韩伟功由潍返苏并至吴云寓所，携来簠斋手书，并所惠古封泥五百余纸等各种拓本。时在金石篆刻上相从翁大年的张玉斧于春二月逝世，遗有老母幼子，生存维艰，而簠斋寄张玉斧之书件等托吴云转呈，已无人领取，吴云将拓本售得十二金，代包封并附上簠斋函札寄去。

四月，子厚宗生。侧室宗氏出。

五月初六日，致徐会沣书。称闻甥女（徐会沣妻）病重，颇焦灼，并望加以善护。

五月十四日，接吴云四月二十九日书。

五月二十五日，作“古文半六国，诗字多三家”联语，并有所感作题记。

五月，为宫昱题恽寿平所作画卷。

六月初九日，收到徐会沣来书，知其妻病危。

六月初十日，致吴云书，并惠寄金石各拓计十九纸。时簠斋欲集其与吴云、吴大澂三家所藏虎符、钩符、龟鱼符合装成册，以互为珍赏，函中道及。并询金石家许少珊近况等。

六月二十一日，致徐会沣书（四纸），对其妻亡逝表示哀悼，并劝勉其节哀。

七月初三日，合《周易》句为联，曰“庸言之信，庸行之谨；不易乎世，不成乎名”，并有感作文以记。

七月十二日，接吴云六月二十九日书，并师田父尊拓、阮刻范藏石鼓拓。

七月十四日，接吴云四月二十八日赐寄所刻《建安弩考》、冯刻《宋本说文韵补》、《养一斋集》、《显志堂集》、《三续疑年录》、《群经平议》、《金石屑》七种，青田石四方。

七月十七日，金石助手王石经北上晋京，访潘祖荫等。

七月二十日，复五月以来所接吴云各书。谢其所赐书册之富、印石之精。

称《封泥考略》始编不久，尚未写毕。云师田父尊当名传卣，并附考释请正。附寄瓦器拓三十种、残瓦器拓七十七纸、瓦登拓本十三纸，及汉镜拓、小半两石范拓、砖拓各一纸。

八月十二日，吴大澂致簠斋，书七纸附龙节歌二纸。云于四月初八日入都召见，五月十七日抵吉林省。书中谈吉省防务。记夏在都中访延旭堂，以龙节歌见赠，曾作歌纪其事，录奉。

八月十六日，作有《论张之洞〈疏〉》。

八月十九日夜，作"确乎不可拔，休焉如有容"联语。

八月杪，致吴云书，由韩伟功捎寄，并附赠有关金石拓本等。

九月既望，为训勉长孙陈阜，题写"静专书塾"横幅。

九月，为厘卿五弟书陆游诗句为联语："安乐本因无事得，功名常忌有心求。"

十月初一日，赴灵阜家茔行祭礼，而受风寒，初三日卧病，不食、不便、不寐十余日，病甚剧，一度神志恍惚不清。冬间体弱，至除夕前方能勉强出门，除夕跪拜行礼，尚不能自起。

十一月二十四日，潍人韩伟功自南返乡，捎来何慎修十月望日所致书。

是年，拓自藏古封泥成册。

是年，为王石经题李成山水画。

是年，书有"深林间数新沾笋，小沼时观旧放鱼"冷金笺本四尺七言篆书联。

是年前后，有与沈希曾书函往来。是时沈氏以所见闻集著为《日知录》四卷，将原稿寄于簠斋，以请益。

是年正月，吴大澂奉命随同铭安赴吉林帮办一切事务，招抚韩效忠。

王懿荣成进士。

孙文楷辑《鉴古斋印存》一册。

光绪七年（1881）辛巳　六十九岁

正月初四日，长孙阜得一子。

正月十九日，为次孙陔（又名孝笙，陈厚滋长子）完婚。

二月初六日，吴大澂于吉林任所致书簠斋，云“一年不奉手教，想长者之意必以大澂为戎马倥偬，更无讨论文字之暇”。记去冬赴宁古塔珲春一带校阅防军并相度山川要隘，正月在省杜门无事，读两汉书，检箧中旧藏印考证，释两汉三国名人私印。

二月二十一日，作致何慎修书。叙家中事外，还谈及去冬病卧之况，而又论及政务及海防御敌等，对国事尤知详备。

二月，王懿荣返里回京，取道北上，过潍县住四日，访簠斋及高庆龄、高嘉钰等各金石收藏家。而客簠斋府舍三日，饱览所藏。此为两金石至交唯一之会面。

四月二十日，致徐会沣书。

五月，方濬益东游芝罘，过访簠斋，谈及陈氏藏“婕伃妾娋”玉印，簠斋并赠以陶文及古玺印拓本。方氏归后，作《汉婕伃玉印考》，从而否定了自明项子京收藏以来皆视为赵飞燕印的观点。

六月二十九日，跋王石经《西泉印存》。

夏，以玉印钤拓于簏，拓钤数种，并有题赠长孙陈阜者。

约八月，为三孙阳完婚，娶诸城王观亭女。

九月初十日，致徐会沣书，称书室移东书房，为以后照料曾孙文会课读之便。

秋，选拓古玺印成册。此即后来（1903 年）神州国光社所刊之《陈簠斋手拓古印集》。

十月初四日，得“□北将军之印”。

十月十三日，致泗水知县宫本昂书，论积谷。

十一月初九日，吴大澂于宁古塔乜河营中致书簠斋。记春初因病得闲，始编集《说文古籀补》，并觅刻工开雕；夏间奉命督办宁古塔、珲春、三姓防务、屯垦事宜；又蒙恩补太仆寺卿。

十一月十三日，致吴大澂书，论经划边事以得民心、得人才为主。附《论积谷事目答问》《担粥厂章程书》，并寄赠刀化范十六册、秦诏瓦量残字大纸装册。

是日，致王瓘（字孝禹，簠斋书函中皆称“小宇”），书五纸，始与王瓘通函。是年二月，王懿荣回里返京途中于潍县过访簠斋，谈及江苏候补道张燕谋欲求簠斋所藏金石拓本，并嘱交王瓘，后徐会沣来函中又寄示王瓘书函表达此意。故簠斋命拓工拓就二份，令专差北上，交徐会沣代呈致王瓘。并惠赠王瓘《秦诏瓦量残字》拓本一册，以考存。

十一月既望，致徐会沣书。并寄金石拓本二份，共八匣。嘱其一份代致王瓘，由其转交张燕谋；一份交王懿荣。并附金石拓目代存，嘱有索拓者付费即寄。

仲冬，得东莱万岁亭残瓦。

十二月立春后六日，为“瑞甫”题王阿善造像拓本。

十二月二十四日，与长安来者说收藏陶文之事，有语后记，称自得古陶文后，潘祖荫、李山农、王念亭等效仿而争收之。

是年，得隋开皇张信造像，并拓四面全图。

是年，得山东任城出土宋元公戈。

是年，为“孝雌”题古玉印钤本折扇，称其能“刻印刻石”，望其“再学刻玉刻金”。

是年正月，沙俄强迫清政府签订《中俄伊犁条约》。

二月，至交何慎修卒。

三月，至交鲍康卒，年七十二（1810—）。

五月，吴大澂奏请于吉林省城，创设机器制造局，并办理屯垦事宜。

是年，同邑张兆栋被任命为福建巡抚。

同邑高庆龄《齐鲁古印攈》初稿成，辑古玺印六百余方，潘祖荫、王懿荣、宋书升为之作序。

吴云增订《二百兰亭斋古印考藏》六卷为《两罍轩印考漫存》九卷，自刊行世。

光绪八年（1882）壬午　七十岁

正月十六日，致礼部侍郎王之翰（字次屏）表弟书，并寄呈先父陈官俊为王之翰先父所书对联，以存两家先人旧谊。书中称自己“似健实衰，家中平安而已”。附笺中托其购乾隆间御刊《宁寿鉴古》。因该书为刻版，不能存文字之真，故乞代为购求《宁寿鉴古》所载御藏原器之吉金文字拓本。

二月十八日、十九日、二十日、二十二日、二十三日、二十五日、二十六日、二十七日、二十八日，作书与吴大澂。时吴大澂遣部下吴副将与傅从九至山东招募屯兵，并嘱过潍晋谒簠斋，故簠斋连日作复，交与来者。并寄鼎、簋、爵、戈、弩、符、镜各种杂器拓一封，古陶拓两封，陶图二封，封泥拓一封，封泥目一封，《积谷事目》六本，瓦量拓册一本。

二月三十日，吴大澂于宁古塔致簠斋，书九纸。此为复簠斋去冬十一月十三日书，称“展缄伸纸，笑与抃会，两年饥渴之怀借以稍慰”，谈边事武备等。

三月初三日，得王瓘自京来书并张燕谋赠藏器拓本等。来书中述两家旧谊。

三月二十五日，复王瓘书（书七纸，附笺五纸）。还惠赠所藏书三代器拓二百六十六纸等。书中感怀于两家旧谊，并论考订古文及集古文字附于《说文》之书，作《说文》统编，成一创例等。

四月二十日前后，金石家王念亭来潍县数日，谒访簠斋。

四月二十五日，雨雹后，复李韦卿，书二纸。时李韦卿欲承其父志，有再续《泉汇》之思，连致两书来，故簠斋作复。

四月二十九日，得吴大澂二月三十日宁古塔行馆所致书，感慨于“二月之久始得开缄，数千里遥同时握管，声气应求，于此见之”。

五月初五日（天中日），致徐会沣书，谈售金石拓本之款项等。

是日，曾至同邑门生、光绪二年状元曹鸿勋家，并得见其由京所寄家中邸报。

五月十一日，致吴大澂书，云用洋照法照许书古文字及宋元明金文刻本等，并有书体源流之论。

五月十四日，致吴大澂书，阐发议论国事。

五月既望，得四年邦戈残柲，乃访古助手高文翰于河南所收。

五月二十日，致吴大澂，书二十五纸，并寄戈、爵、玺、符、钩、古陶、古化、封泥、造像等各拓，及《封泥考略目》第十卷，另有代制嵌银木镇、翎盒、珠盒等。

六月初八日，吴大澂复簠斋二月所作各书，作二十纸。详谈边防、从内地募勇屯田戍边、制造枪炮火器等事。

六月初九日，吴大澂致书簠斋。谈治世用人之法，云《说文古籀补》已刻至第六卷，书至八卷，拟于六、七两月续编成书。

六月十八日，致李韦卿，书三纸。记为助再续《泉汇》，“检旧藏与次儿厚滋所收，校拓所无，以备稿本”，附寄泉拓共三十七纸。

六月二十一日，长孙陈阜始赴济南，寓黑虎庙三升园饭馆读书作文三月余，田椒农时常前往督教。

七月初二日，婿吴重憙致书。禀告家事及官署之事。

七月初三日，为原潍县县令庄述祖所作《庄氏心法》题记。

七月十一日，致徐会沣书（四纸），谢其为长孙阜课文及代垫购物款等。记黄河决口四十余处，为山东之患等。

七月十二日，吴大澂致书簠斋，并寄手拓虎符、龟符、鱼符十四种及龙节拓墨一纸。

七月既望，致书客读于济南的长孙阜。

八月初六日，有致徐会沣书。

是日，作“壴”铜器题记。

八月初七日，曾至同邑曹鸿勋父母家。晚，致徐会沣书（存末一纸），谈兑用款项等事。

约八月，陈介祺外孙、吴重憙次子崶娶王懿荣次女崇瑛为妻。陈介祺与王懿荣之间又增加了一层姻亲关系。

九月初二日，吴大澂致书簠斋，寄赠所藏封泥拓八十种，并书联二及前年函嘱篆联一。

九月十六日雨中，跋甥实甫所藏沈周山水画。

九月二十二日，收到吴大澂七月自古肃慎防所致书，并其所作《读古陶文记》一卷。

九月，收到吴大澂九月初二日函及所改定之“字附古书多六国，文征诗说见三家”等篆书联。

十月十七日，吴大澂致书簠斋，此为复簠斋五月二十日书，谈边防屯兵垦荒之难，及与俄官交涉棘手，令人气愤。

十月十八日，吴大澂又作书致簠斋，书十二纸。怂恿《印举》成书并谋划刻版。其预示竹简将出土，望转嘱收器人遍告乡民留心保护。附寄古器物拓目六纸。

十月二十日，致徐会沣书（二纸）。云洋人在潍买地造房等，认为“事事叵测”，颇感担忧。嘱补寄京中邸报。

十月二十八日，致徐会沣书（五纸，附笺一纸），谈洋人在潍县及周边县区活动情况，深为此而忧虑。

此日，吴大澂致书簠斋，托徐会沣寄呈京市平银三百两，为编集《印举》之费，不足者待春末夏初再寄（此为所订数部《印举》之资）。

十一月初七日，致王懿荣，书五纸。谢所赐金文拓、印拓等。寄赠金鉼拓二、二十三年戈柲拓、平陆戈拓、三代合符钩拓、造像拓数种、五铢土范拓十三、陕出汉瓦拓十六，共寄拓五十九纸。

十一月初十日，已得汉君车画像石，作《临淄东汉君车画像石记》，云此石为临淄人掘土所得，“归里访吾乡著录诸汉刻不得，仅得无年月残字三。今于临淄得此，亦足慰矣”。

十一月十一日夜，跋“徐宣”“张霸”“朱侪”等印。

十一月十五日，又记《临淄东汉君车画像石》。

十一月二十七日，致王瓘书。寄金石拓本外，主要谈拟定的《印举》体例。

十一月二十八日，手书《十钟山房印举事记》一册，赠王瓘。时王瓘来函请益，簠斋致书谈《印举》体例后，并随事所记，成此篇文。

十二月初三日，致李韦卿，书二纸。时李韦卿被荐举督办山东境内黄河堤防。书中云“近闻贵处堤工，由星使特举足下，中丞委任，终日勤劳，想心体并健，功施桑梓”。记“八月后作《印举》稿增遗，每月五千购纸不至，编次无暇。已两月不作谱，仍是摹拓伏案之事”。并谢其赐书轴贺次孙阂、三孙阳同入邑庠。

十二月初九日，记得秦古残诏瓦字之事。称自光绪元年始得秦陶，八年之久，至二十片，诏字三十。

是日，致吴大澂书，并寄赠合符钩、莽八两权、造像、古印等拓片多种。

十二月二十七日，立春之日，得西安古董商苏景瑀书函及所寄瞿中溶《集古官印考证》七册十三卷未竣之本。瞿氏此书，簠斋曾多方索求数年，然此时亦未刻全，至卒而未得见全本。

十二月，得东汉君车画像石后，烘冻朱拓数纸装轴。

是年，有致张之洞书，言归里后所见闻，论述国事，以陈己见。并由王懿荣代致。

是年，得齐刀币八十余种，拓装成册，并释之。

是年，潘祖荫署礼部尚书，于三月二十九日、十月初八日两次得慈禧画兰，十一月授军机大臣。

吴大澂至珲春等地勘察边务，并阅各军操演。

光绪九年（1883）癸未　七十一岁

正月初一日，致王懿荣，书五纸。云"二年之别，忽得手书，知腊望文从至都，并有新婚大喜，上慰高堂，尤为代庆。与仲饴（吴重憙）盘桓数日，想详知小女旧恙已减情况，念念"，言吴大澂寄款促作《印举》等。

正月初二日，有致徐会沣书（三纸），谈有关拓资等事。

正月，读阅并批校瞿中溶《集古官印考证》十三卷未竣本。

正月，潘祖荫丁忧，其父绂庭于正月二十二日卒于京（四月扶輀回籍还葬，光绪十一年五月服阕回都）。潘氏回籍后，曾于六月七日致书簠斋。

二月初六日，吴大澂致书簠斋，谢惠寄钩戈古玺拓本等。时俄人侵占珲春黑顶子，去冬赴珲春索还侵占要地，议久未决，故两国派员会勘边界。

四月初七日，得徐会沣三月二十八日书。

四月初九日，致徐会沣书（四纸）。论治河、开采矿煤等。书末有"此中有不必令人知语，勿置案头使左右见之"语。

五月初七日，致田椒农书。论治理黄河等。

五月十二日，致徐会沣书（三纸，附笺二纸），论治国为政之道，附笺谈海防及越南法国之事。

五月二十八日，致徐会沣书。纵论国事，涉及洋人传教、海防、电信通讯、新闻信息、币制及铸币等。

六月十八日，致徐会沣书。在外国列强觊觎入侵的背景下，忧念国之安危。

六月二十二日，接王懿荣五月二十六日书，并所赠古拓五种六纸，有古剑奇篆文字（鸟虫书）。

是日，有致田椒农书。又与之论黄河水患及治理。

六月二十五日，有致马升一函。

六月二十七日，题王懿荣所寄长剑鸟虫书拓本。

六月二十八日，致王懿荣，书十一纸。贺其廷试一等，考释古剑奇篆文字，称“余所藏古奇字编钟、奇字残剑，皆不若此之蚊脚独重，为今所未有”。并赠所藏古奇字编钟、蚊篆戈、婕伃妾娋、张猛铜印等朱墨拓鸟虫书六种。

是日中夜，作“外不责人，内不恕己；严而不猛，宽而不疏”联语，以示长孙阜。并作致徐会沣书，书中憎恨传教者及地方劣官。

六月，因重修文昌阁，跋郑板桥《文昌阁记》。

七月十七日，王宗彝（字幼泉）为簠斋得益寿合范钩于潍城白浪河干市上。

七月二十六日，有益寿合范钩拓记。

八月初，收到毕道远书函，故开始谋划筹措助赈事宜。

八月二十八日，收到山东巡抚陈士杰（字隽臣）书函。

九月初三日，为刘嘉颖（字实甫）甥书陆游诗句“爱书不厌如平壑，戒酒新严似筑堤”为联，作小篆体，以奉赠。

九月初八日，致徐会沣书（二纸，附笺二纸）。求代购《学古编》，云购不得则钞借均可。附笺谈及得毕道远书及山东巡抚陈隽臣书，谋划赈灾之事等。

是日，作致王懿荣书毕，并交予北行之信差毕芬。书中有论治河及赈荒，并有论吉金拓等。

九月初九日，致徐会沣书。云于《申报》中，见十八日荣补“洗马”之职，以致贺。并谈及京外私铸钱币之事。

是日，因信差毕芬行后发现几案间有寄王懿荣而未封入之瓦诏拓，故作短笺。

九月十五日，复山东巡抚陈士杰书。时陈士杰由昌乐致书簠斋，故有作复。函中主要论河防、疏浚河流等。

九月十六日，致徐会沣书，并附吴大澂一书，乞转致亿卿太史。并寄致山东巡抚陈士杰一书录稿，请其就正，嘱代为就正于毕道远前辈等。

是日，又致书吴大澂，言法争越南边事，云避敌火器之法在于掘土掘坑等。

九月十七日，续致吴大澂书，云“昨缄阅稿，少有增改，再录奉览”，并询传言朝鲜欲借助日本同开海东松岛等事。

是日，致王懿荣，书七纸，并赠饕餮盘图拓等。考释饕餮盘文字。云胥伦为王懿荣所铸印等。并附致吴大澂书请正，并乞转致河南巡抚鹿传霖（字滋轩）及受命筹办中越边防的亲家徐延旭等。

九月二十二日，接王懿荣八月初四日、二十五日书，并剑拓四、元嘉石像字拓一、姚氏刻吾丘衍《三十五举》、桂馥《续三十五举》。

霜降后九日，谒灵阡阜茔地并庐次。归途中作“由道学诗两何莫，察情修已五之其”联语。次日书之。

九月二十六日，致徐会沣书（四纸，又附笺三纸），并录寄亲家徐延旭龙州家书，对洋人来潍立教堂传教等表示担忧。

九月二十八日，作《〈十钟山房印举〉序》。是时《十钟山房印举》当已初编成（尚未最后定稿，亦未钤拓完毕）。《十钟山房印举》最后之本计一百九十余册，存印一万零四百余方，为古今印谱之冠。

是日，致王懿荣，书六纸，言金石事，并寄自叙《印举》录稿请正，赠新得齐出六朝造二万佛砖像拓一、爵拓一、古化拓共二十二纸。

时，收到王懿荣所寄归安姚氏刻本吾丘衍《三十五举》、桂馥《续三十五举》等后，日内作句读、点校并注。

九月，时广西布政使徐延旭受命会同广西提督黄桂兰等筹办中越边防，其有家书谈中越边防事，陈介祺借录于其姊，并作有批注。

是月，校许瀚遗著毕，并欲为之谋刻。

是月，山东学政汪鸣銮（号郎亭）过访簠斋。

十月初五日，致徐会沣书（二纸）。通报亲家徐延旭授广西巡抚，担忧其抗法作战“文报不速及练兵不及，火器不利，药不足”等，关切于刘永福黑旗军与法军作战情况。

十月初五日，又致王懿荣书（二纸）。书中建议诸同道集大小篆文字，如《隶篇》体例而成一书。又关注边防之事，心萦时局。并寄古化等拓二十一。

附笺嘱在京为友人代销《隶篇》二部及八大山人真迹画册等。

十月初八日，接王懿荣九月二十二日、二十三日复书并石范拓一纸，并接徐会沣九月二十四日复书。

十月十八日，致徐会沣书。谈读书涵养、讲求义理等，询问京中近事，张之洞、阎敬铭有何新见等，慨叹吏治日逊，民生日窘。

是日，又致王懿荣，书五纸，附六纸，谈刻古文字书、藏器等。书中记“冬寒拓友将归，又以《印举》须自理”，又云十八岁患痔漏，至将六十方治愈。并寄《印举》格纸样，请正。还赠墨拓君车汉石正面六纸。又嘱代购高丽笺纸一千或二千余张。

是日，吴大澂致书簠斋，书十纸。时值中法战争，吴氏奉命统帅民勇三千航海来津，疏请赴粤，相机进扎越南，未蒙俞允。仍令驻津协助北洋海防，暂扎新城，督率操演。谈刘永福黑旗军及徐晓山率清兵在越南战事。并请簠斋为撰《〈说文古籀补〉叙》及辨析所寄金文六朝造像文字。

十月二十八日，致吴重憙书（二纸）。叙家事，并求觅袁筱坞所刻盂鼎精拓本等。

十月，为王宗彝题汉君车画像石朱拓本，称将此石以朱拓传之海内。

十一月初二日，致书吴大澂，言法人包藏祸心，以教为薮，伏蔓深固，并言察吏爱民御法之事。

十一月初三日，致王懿荣，书三纸。谈洋人来华开矿等，附赠墨拓君车汉画像石背六纸。

是日，致徐会沣书（一纸），谈三孙阳院试等，还云得徐会沣升“侍讲”喜音等。

十一月十九日，致徐会沣书，谈洋人传教、京津沿海形势及防卫等。寄“春山”索求金石拓本，并嘱转致等。

长至日，复王懿荣十月二十二日、十一月六日书（五纸）。称王氏已卜居城内，移入新宅，定如心颂。并谈金石事。时簠斋已认识到了所藏“郏骀”“魏石”“曲革”“仓内”等大印的功用为烙马之火印。

十二月初四日，吴大澂致簠斋书。

十二月初五日，吴大澂复簠斋九月十六日、十七日书。云所询借助日本同开松岛实无其事。仍论军火器械主德国战阵之法。

十二月初六日，吴大澂再致簠斋书。

十二月十二日，为簠斋搜购金石器物的高文翰、赵允中及王氏从西安归来。

是日，接王懿荣十一月书。

十二月十四日，复益都孙文楷书。时孙文楷向簠斋请教考释古文字等，并呈寄所钤《鉴古斋印存》等，故作复。嘱孙氏："藏古以多藏拓墨为有益，有所见即拓寄或购寄，必有以藏报。乞历下代为物色。"

十二月望，致王懿荣，书五纸。谈国政，论吏治。附一纸，谈金石拓，云"新得秦诏瓦量字二片"。并求代取刻坊《泉说》《续泉说》《海东金石苑》《论泉绝句》《古泉丛话》等各十部，交客京的次子厚滋或徐会沣转寄。

十二月既望，时任监察御史的内侄李肇锡过潍，访簠斋，并捎来徐会沣书信及所作贺陔、阳孙入庠书联。

十二月十八日，复宫玉甫书。时堂弟诒卿因借宫玉甫银两，而以借住陈家在京故宅为抵，不欲搬出。李子嘉过访捎来宫玉甫一书，要求通融住宅一事，故复书。

十二月二十日，益都孙文楷使其子延宾以所得铸子鼎二器，来潍请簠斋鉴定考释。簠斋因作有《铸子鼎考》，并有跋记。

十二月，有致杨立山（字豫甫）书。

约是年，山东学政汪鸣銮拟续修《山左金石志》，为商订体例，与簠斋多有书函往返。

是年正月，金石至交吴云卒（1811—）。

二月，中、越军与法军在河内激战。

四月，黑旗军大败法军。

八月，因广东势急，吴大澂奉命率兵赴津，以备援粤。

是年，吴昌硕在苏州拜识潘祖荫。

王瓘等辑王懿荣藏印成《海上精舍藏印》六册。

同邑高庆龄卒（约1831—）。

光绪十年（1884）甲申　七十二岁

甲申春节，手书春联多副。过厅前门联语为："开卷直游千载上，闭门如在万山中。"过厅后门联语为："霁日和风丽绛霄，金钟大镛在东序。"平台屋书房联语为："梅子真能为大隐，柳公绰不离小斋。"

正月初三日，为吴大澂《说文古籀补》作叙，盛赞吴书。

正月初十日，致徐会沣书（三纸），询越南境之中法战争事等。

正月十九日，西安古董商苏景瑀寄来古博具铜镂鞠。

正月二十日，复西安古董商苏景瑀书。

正月二十二日，接王懿荣去腊既望书。

正月二十三日，复王懿荣，书四纸。记"东省元日得电音：'刘义大胜，法国军绝。'八字捷音，真我朝之福。前书躁妄，然忠君爱友之诚不能自已，勿以为不可与言也"，并谈金石事。

二月十五日，法军攻陷越南北宁。簠斋亲家北宁前敌指挥、广西巡抚徐延旭备战不利，滇桂两万人不战溃退。

二月十八日，致徐会沣书，论募勇、练兵、军纪、设机器局等，并谈张之洞等。

是日，有复王懿荣书。

二月十九日，幼子厚达生，侧室宗氏出。

二月二十日，作有《古博具铜镂鞠记》。

三月初四日，收到徐会沣十四日书。

三月十二日，致王懿荣书（六纸）。关切时局，为国而忧，呼吁"以经为治，讲求利弊，周知天下，勤恤小民，上法古圣之政典，远取海国之所长"，选举贤能，握中图治。

是日，并致徐会沣书（二纸）。称越南前线战事消息不佳，甚为忧虑，时因畏寒，月余在室不出。

三月望，作诗以题古剑奇篆（鸟虫书）拓本。

三月十八日，致王懿荣，书二纸。询北宁战况，并忧虑朝廷安危。

是日，有复徐会沣书。

三月，簠斋托同乡福建巡抚张兆栋购周器侯驭方鼎（按：即鄂侯驭方鼎，金文为"噩"，文献作"鄂"，陈氏隶定为"器"，本年谱中从陈氏）事成。

三月二十三日，录旧作《周器侯驭方鼎释文》，称“闻（周器侯驭方鼎）已归余，复校录之”。

四月初三日，作《咏寒亭东阜出土古陶羽觞》诗。

四月初九日，致王懿荣，书二纸。又询及法越战事，忧心于京防津防等。附笺云受舍间乡人之托，为求生计易米，嘱为其代售宋版初印《论语集说》一部八本等。

是日，亦致徐会沣书，议论朝政，并为津防京防而担忧。询吴大澂三月初赴乐亭后之情形等。附笺谈募勇练兵等。

四月十四日晚，信差朱氏还，接王懿荣三月初七日、三月初九日、四月初二日书。

四月十五日，致王懿荣，书五纸。记：“《印举》买纸既已经年，试印竟不能安妥，已误多金。必须手编，无友可助。法越日亟一日，忧心未能专一。春寒多病，今尚未能理绪，伏案至愧至愧!”

四月二十一日，致徐会沣书，并附所作《海防说》一册请正。

四月，次曾孙文征（陈阜之子）生。

五月二十一日，晨起，于二十年前教授长孙阜读本《书经集传》中作题记。

五月二十三日，致王懿荣，书三纸。言张之洞事，称“香翁大用，海内外无不引领仰望设施”。云新得古戈一、小石造像一。谈《申报》芜杂，洋人可借以知我，而我则无以知彼。倡议购外洋新闻报纸，择其可知彼者录之，装册广行。

闰五月初八日，致徐会沣书（二纸）。时，舍弟宪卿托寄致王懿荣书并旧印《论语集说》一匣，昨接王懿荣书，言书非宋版，由徐氏转致退回。簠斋致书于徐会沣，嘱到王懿荣处取书，并云“万勿再交安丘王君”。

闰五月十八日，得吴重憙书函。

闰五月十九日，器侯驭方鼎载归簠斋。

闰五月二十日，重订器侯驭方鼎旧释，再作考。

闰五月二十一日，致徐会沣书（三纸）。书中论平籴等，并对中法时局甚为关切。

闰五月二十二日，有致户部尚书、军机大臣阎敬铭书并所作《铁路说》

《海防说》等四稿请正。又致徐会沣，嘱其代为送呈致阎敬铭书。

是日，又得吴重憙书。复书中主要谈海防之事。

闰五月，陈介祺跋孙文楷《鉴古斋印存》。

闰五月或六月，赠孙文楷器侯驭方鼎精拓本并考释。

六月初一日，山东巡抚陈士杰东来过访，相与晤谈。此后患痢疾，月半后方愈。

六月初七日，作《家塾五言记》。

六月十九日，有感于自作《家塾五言记》，于后又题记。

六月二十五日，偶患“瘟症”，“延医调治，至七月初二日已得汗而愈”。

七月初，校勘《潍县金石志》稿本，并作校勘记。

七月初六日早，忽患“膀胱不化之症”。

七月二十日子时，卒于家。弥留之际，尚忧虑国之海疆安危，而不道及家事。

簠斋逝后，乡谥“文懿”。吴大澂挽：“四十年金石文字深交，仰揖北平，俯视南海；数千里戎马关山间阻，我方东渡，君已西归。”

是年二月，清廷将徐延旭革职拿问，命潘鼎新赴广西办理越地军务。

六月，法军炮击台湾基隆，毁炮台。七月初三日，法舰突袭福建水师，炮轰马尾船厂。福建巡抚张兆栋因马尾失守被革职。

是年，潘祖荫汇旧刻为《滂喜斋丛书》四集，复汇刻《功顺堂丛书》。

国家出版基金项目
NATIONAL PUBLICATION FOUNDATION

2013年国家社科基金项目“陈介祺研究”
（编号：13BF052）结项成果

陳介祺研究

（下）

孙敬明　吉树春　黄　可　主编

齊魯書社

金石名家砚田片羽

清代是中国金石学发展的鼎盛时期，这一时期的金石学家们不但大大拓宽了传统金石学的收藏与研究领域，而且更注重对吉金、砖瓦、碑版、甲骨、竹简、封泥、兵符等所承载的文字的研究、摹写，甚至将古文字引入玺印书画的创作之中。这一时期，涌现了一批集书法印篆与金石铭刻于一身的杰出人物。清初安丘的张贞、张在辛父子，不但能鉴别钟鼎彝器书画之属，而且精金石篆刻，其创立的“齐鲁印派”填补了北方篆刻流派的空白；至清中期的高凤翰、朱文震，承袭“齐鲁印派”一脉，在篆刻艺术创作及玺印收藏研究领域取得了突出成就；而清晚期的潘祖荫、吴大澂、王懿荣，则以陈介祺为师，在陈氏的引领和指导下开展金石学研究。这些杰出的金石学家与陈介祺有着直接或者间接的联系，兹挑选对陈介祺产生过影响或受陈氏影响的二十位金石名家——张贞、张在辛、高凤翰、郭廷翕、朱文震、桂馥、黄易、张廷济、翟云升、刘喜海、许瀚、何绍基、张士保、吴云、张槃、潘祖荫、吴大澂、王懿荣、庄陔兰、王献唐，撷取潍坊市博物馆所藏其书画作品之片羽鸿爪进行简要介绍，以此来管窥他们对金石学的贡献及展现由此而衍生出的诸种艺术交相辉映的瑰丽篇章。

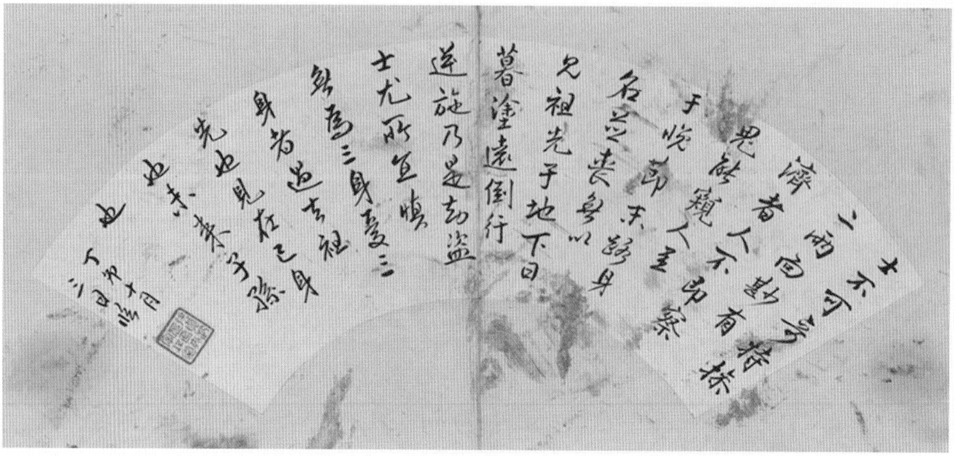

张贞行书扇面之一　纸本　15.5cm×51.5cm　作于清康熙二十六年（1687）

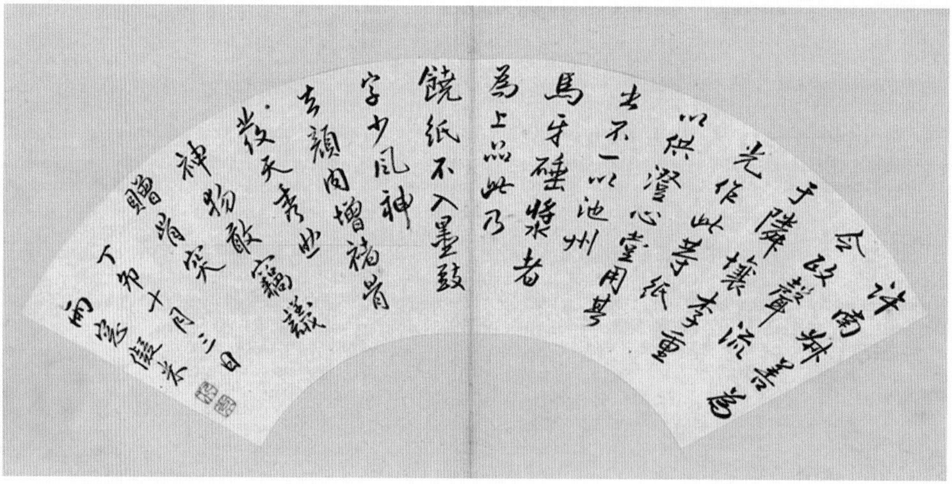

张贞行书扇面之二　纸本　17cm×53.5cm　作于清康熙二十六年（1687）

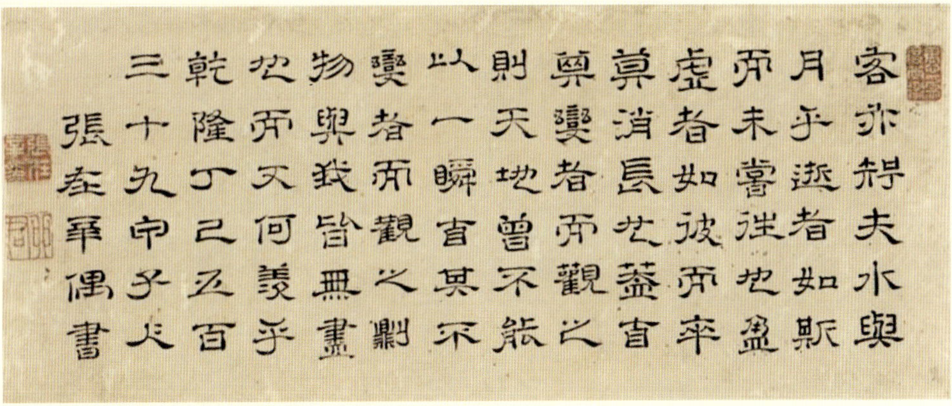

张在辛隶书《赤壁赋》中句　纸本　17.8cm × 50.8cm　作于清乾隆二年（1737）

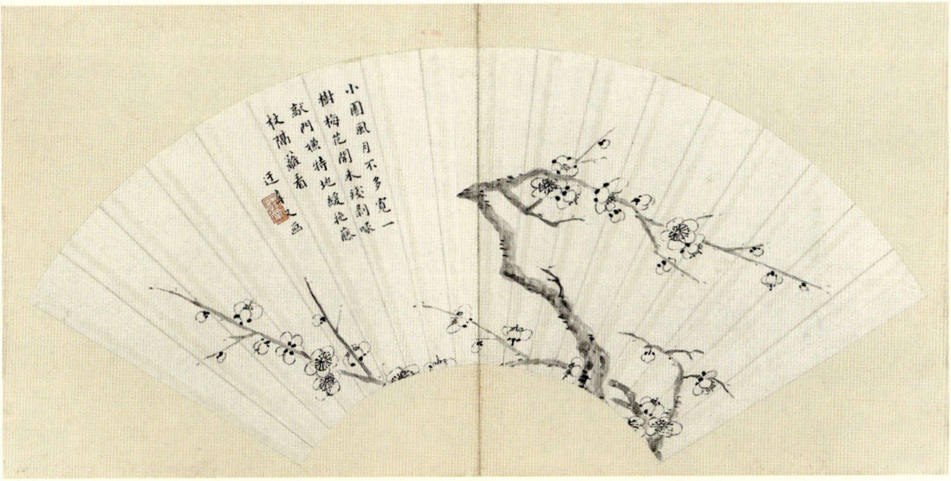

张在辛白梅图扇面　纸本　19cm × 57cm　水墨绘折枝梅花

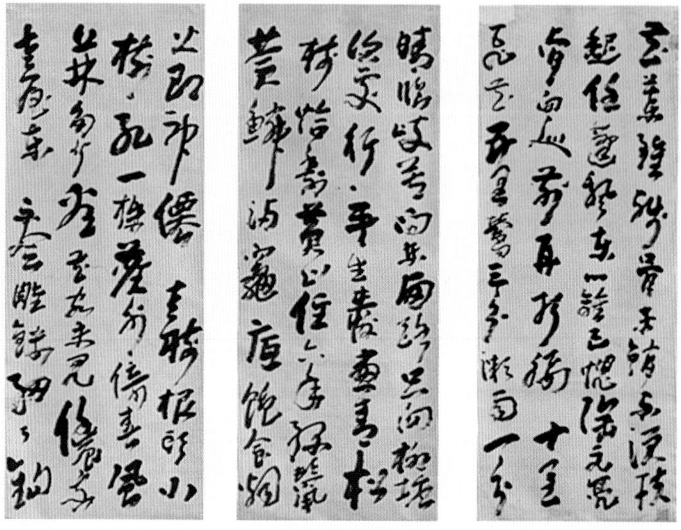

高凤翰左手草书诗作十七首十二幅屏

纸本

127cm × 48cm

作于清乾隆二年（1737）

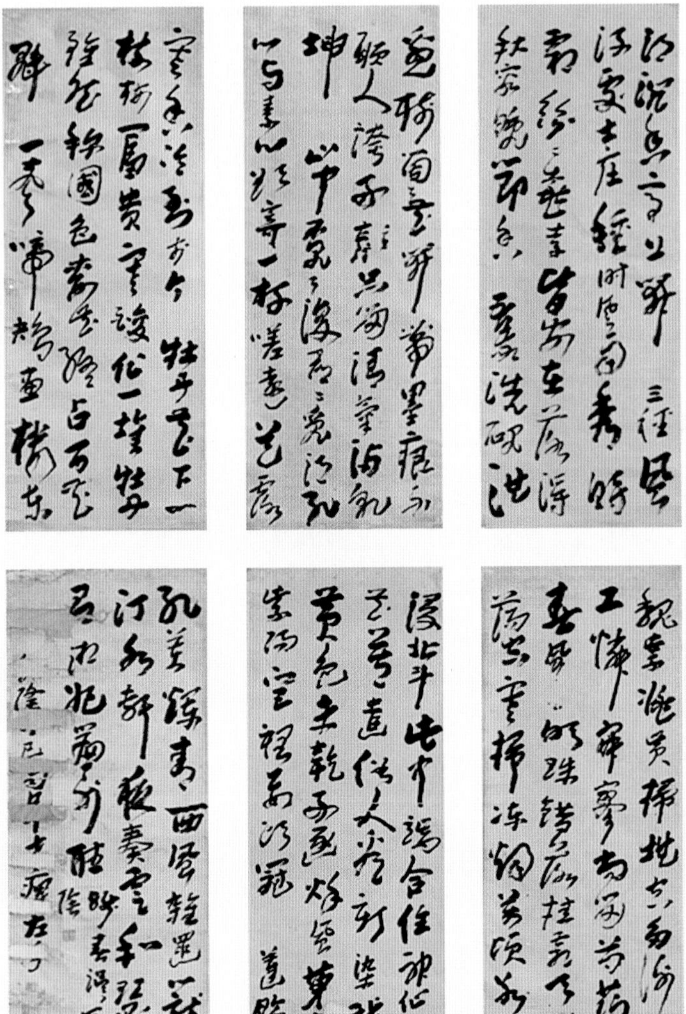

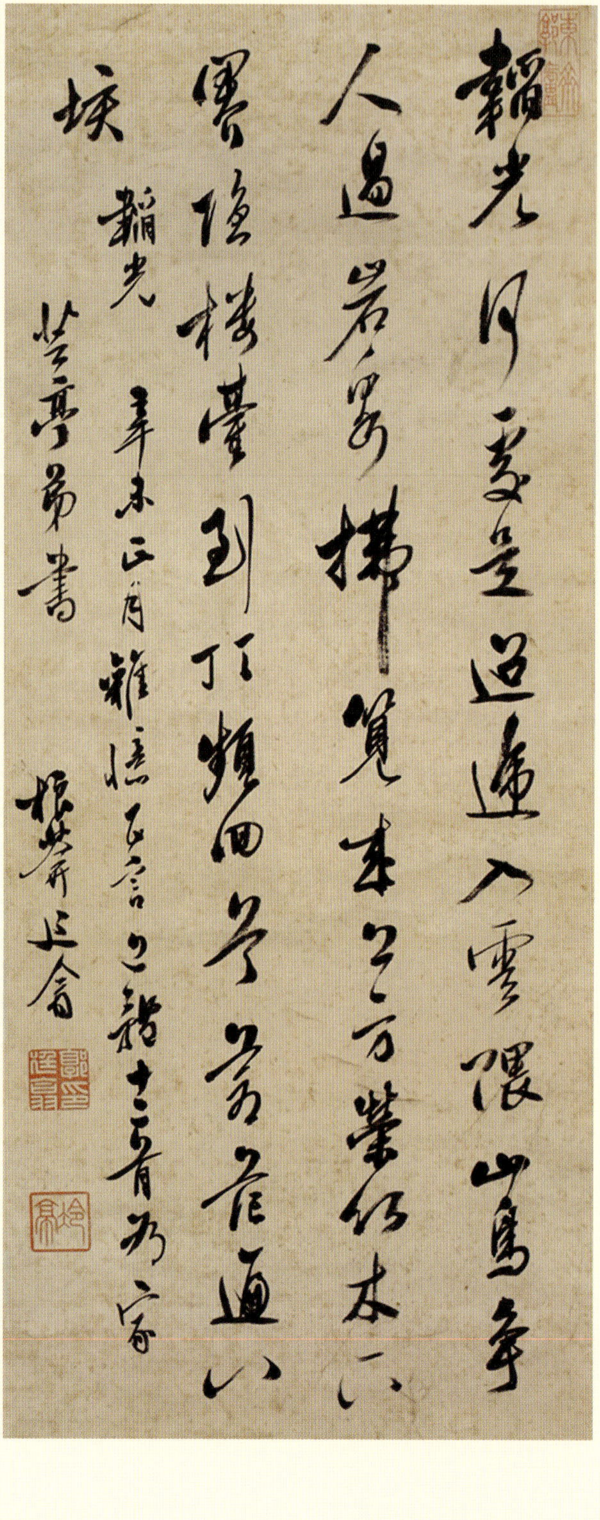

郭廷翕草书五言诗条山

纸本

112cm × 45.5cm

作于清乾隆十六年（1751）

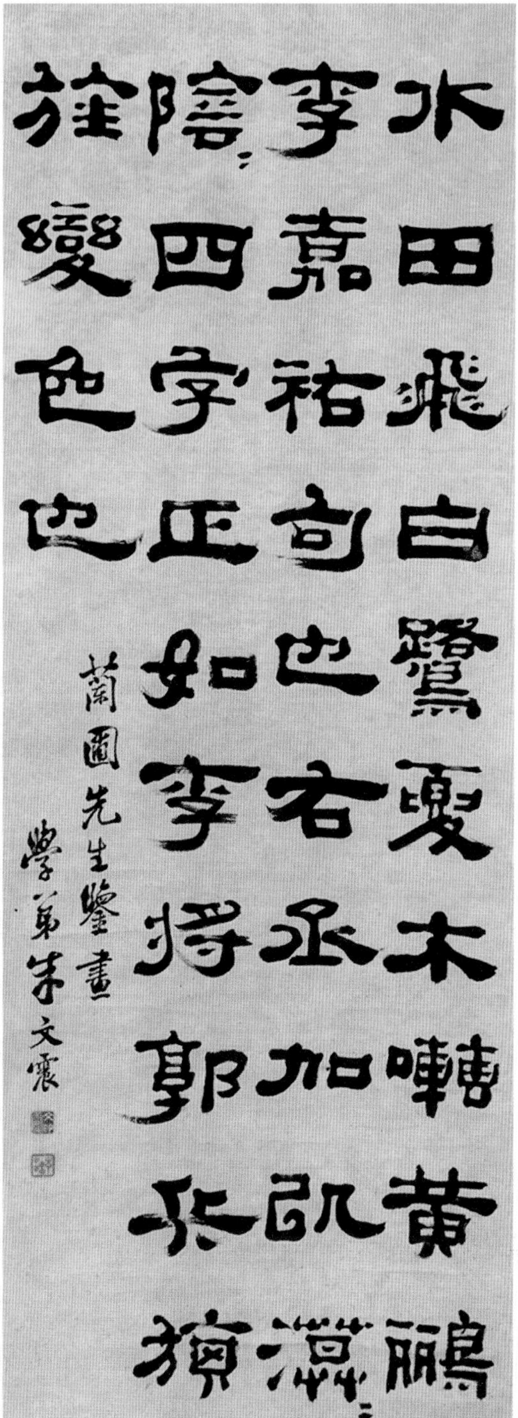

朱文震隶书条山
纸本
157.6cm × 56cm

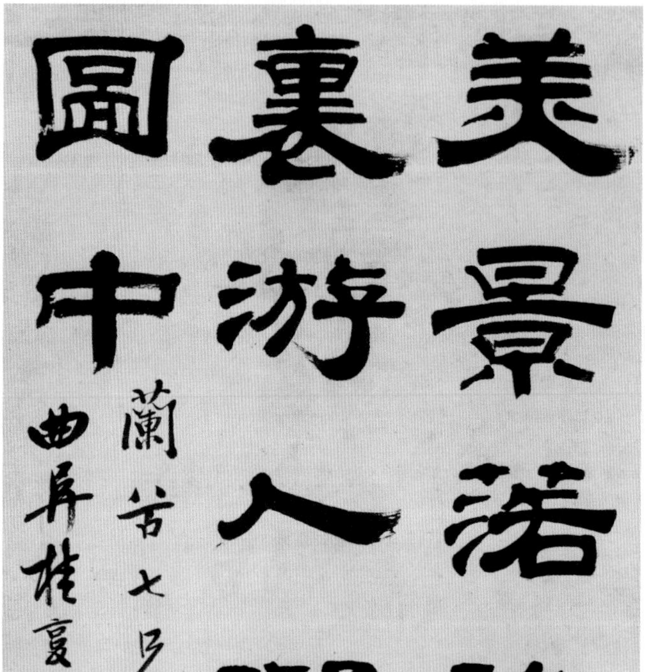

桂馥隶书条山

纸本

95.2cm × 50.2cm

黄易篆书八言联

纸本

105.5cm × 18.3cm

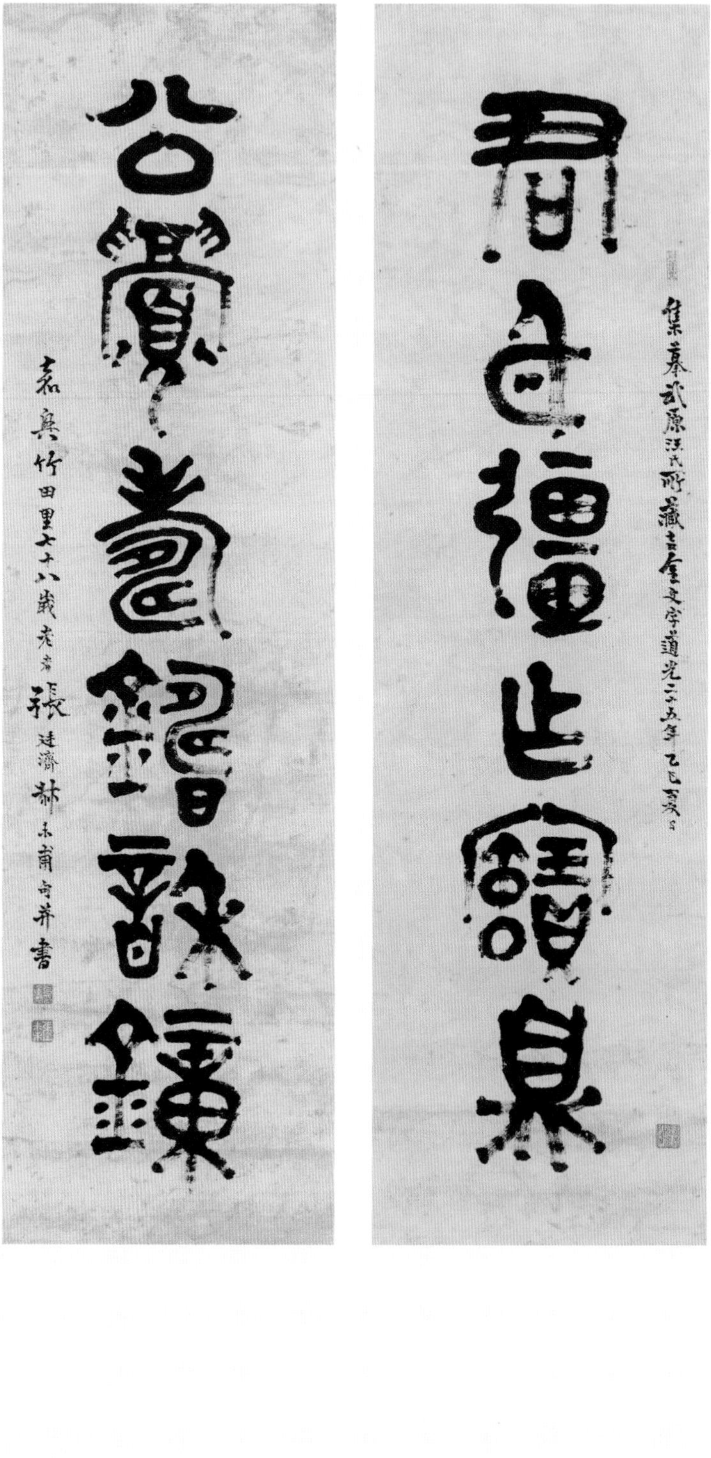

张廷济篆书六言联

纸本

118cm × 320cm

作于清道光二十五年

（1845）

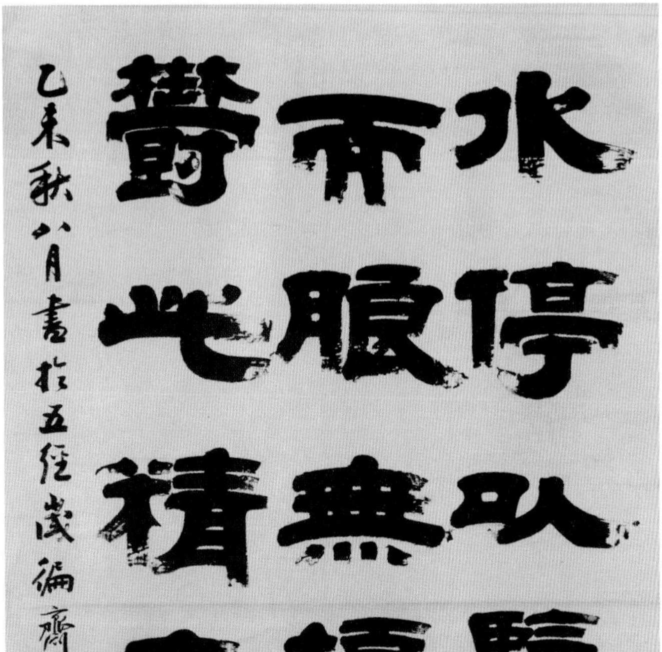

翟云升隶书轴
纸本
210cm × 116.4cm
作于清道光十五年（1835）

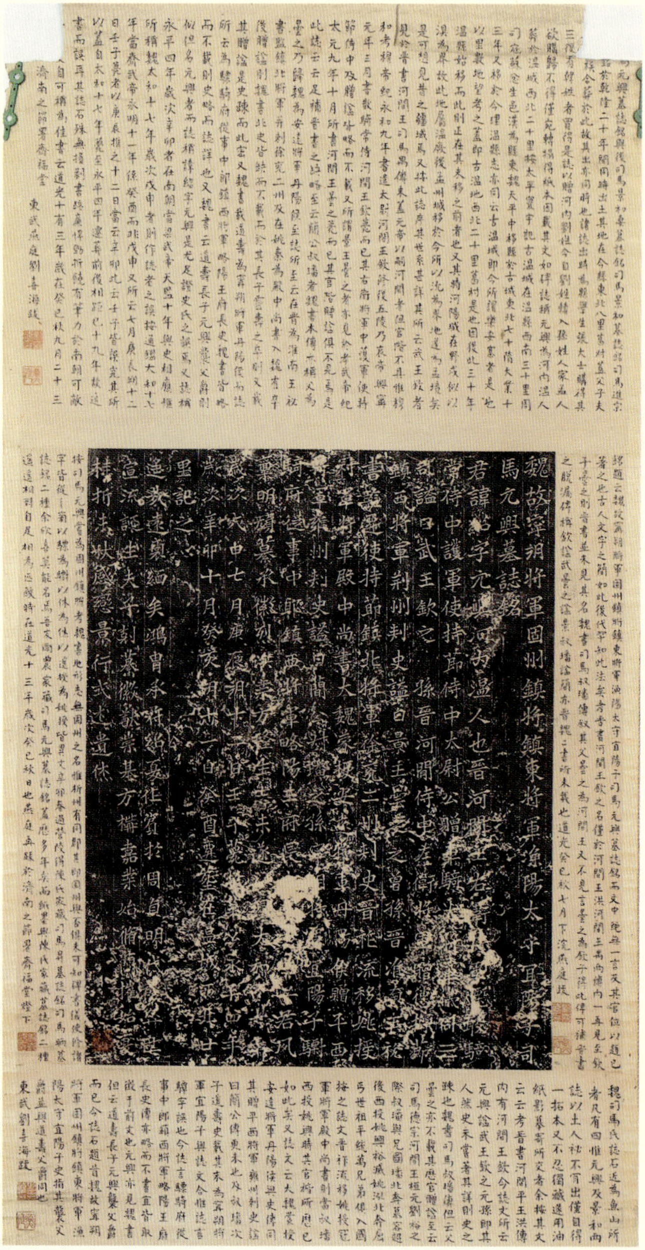

刘喜海跋北魏司马元兴墓志铭影印本

（裱）126cm × 51.5cm

（心）57.3cm × 43.5cm

作于清道光十三年（1833）

许瀚行书七言联

纸本

136.5cm × 29cm

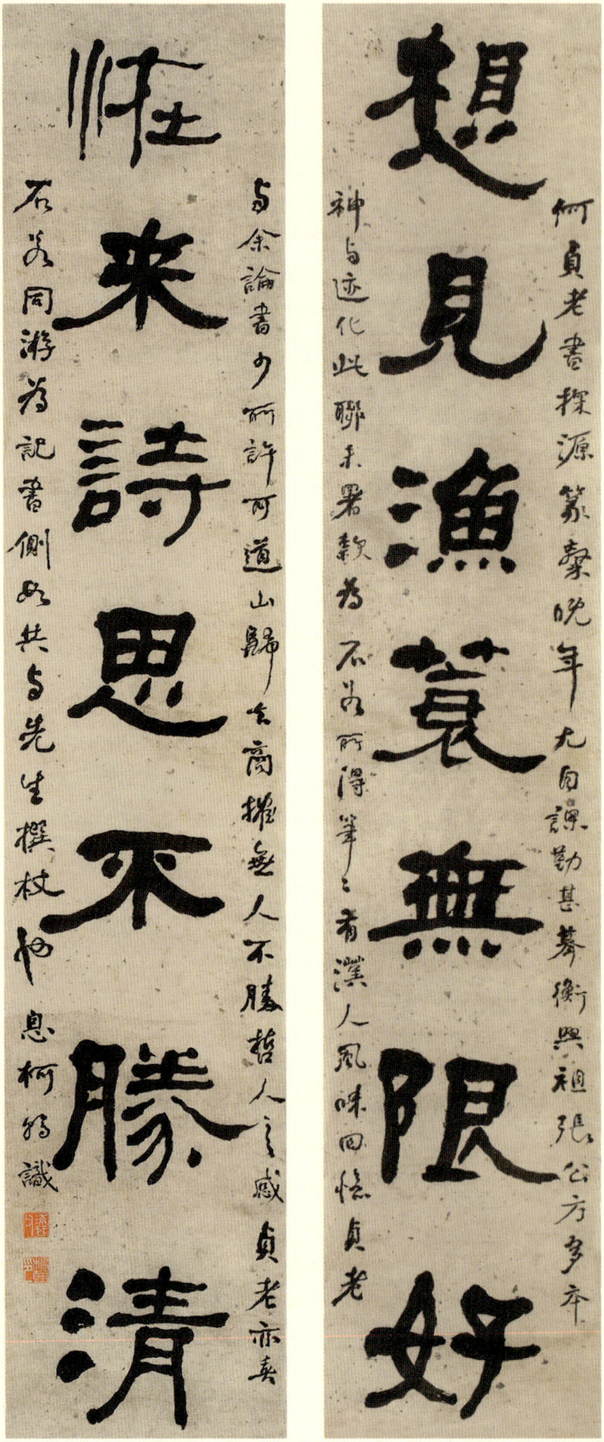

何绍基行书七言联

纸本

120.5cm × 23.5cm

张士保执砚图

纸本

124.5cm × 54cm

作于清咸丰二年（1852）

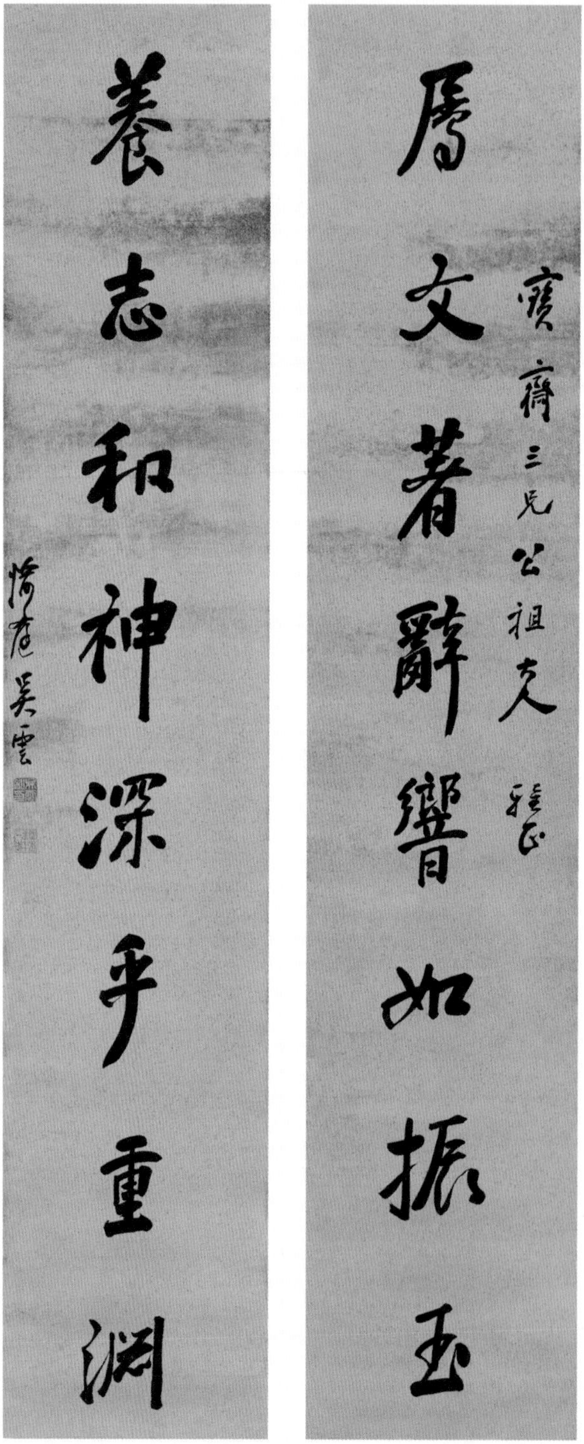

吴云行书八言联

纸本

172.5cm × 32.5cm

作于清光绪七年（1881）

张槃鸳鸯荷花图条山

纸本

99.5cm × 31cm

清道光三十年（1850）张槃为陈介眉所作

潘祖荫楷书七言联

纸本

129cm×31.5cm

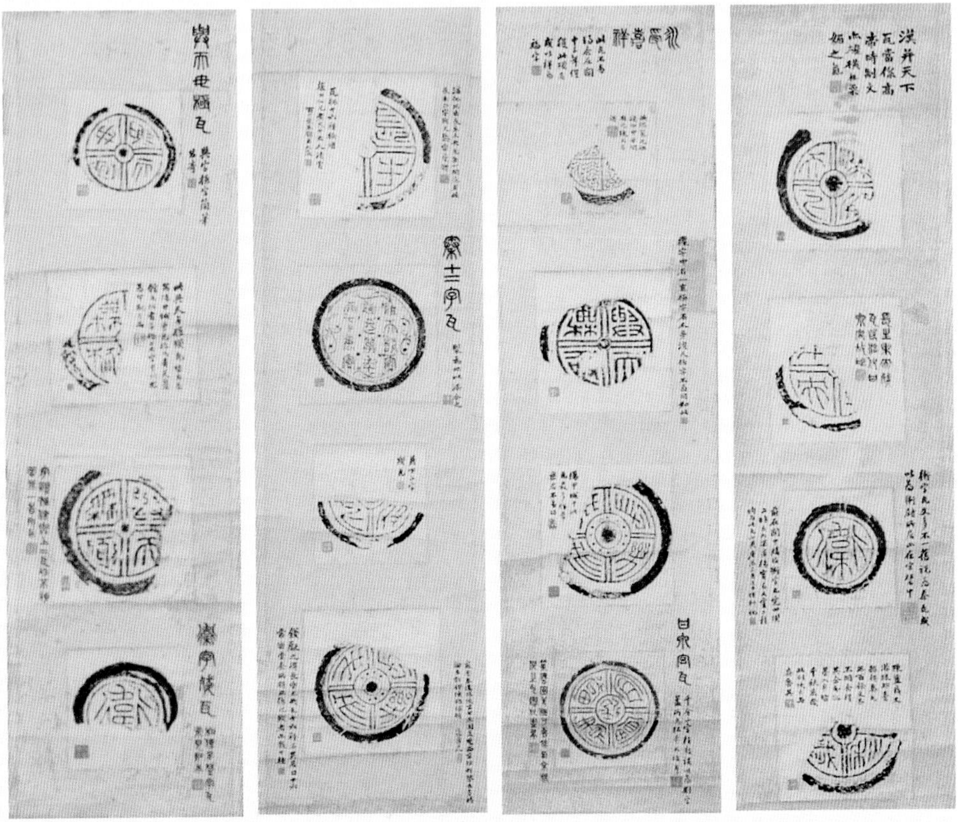

吴大澂题秦汉瓦当十六种

纸本

145cm×35cm

作于清光绪六年（1880）

墨拓秦汉瓦当十六种，裱为四幅屏，赠与孙葆田

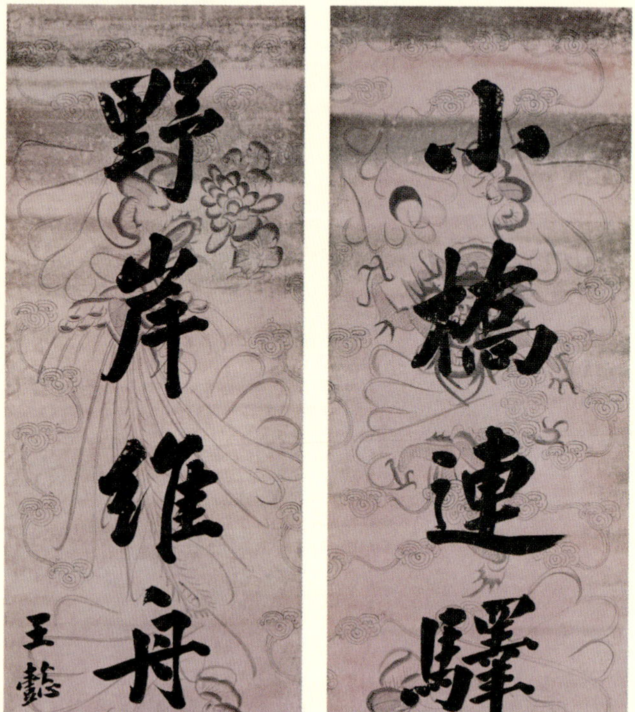

王懿荣楷书七言联

纸本

125cm × 30cm

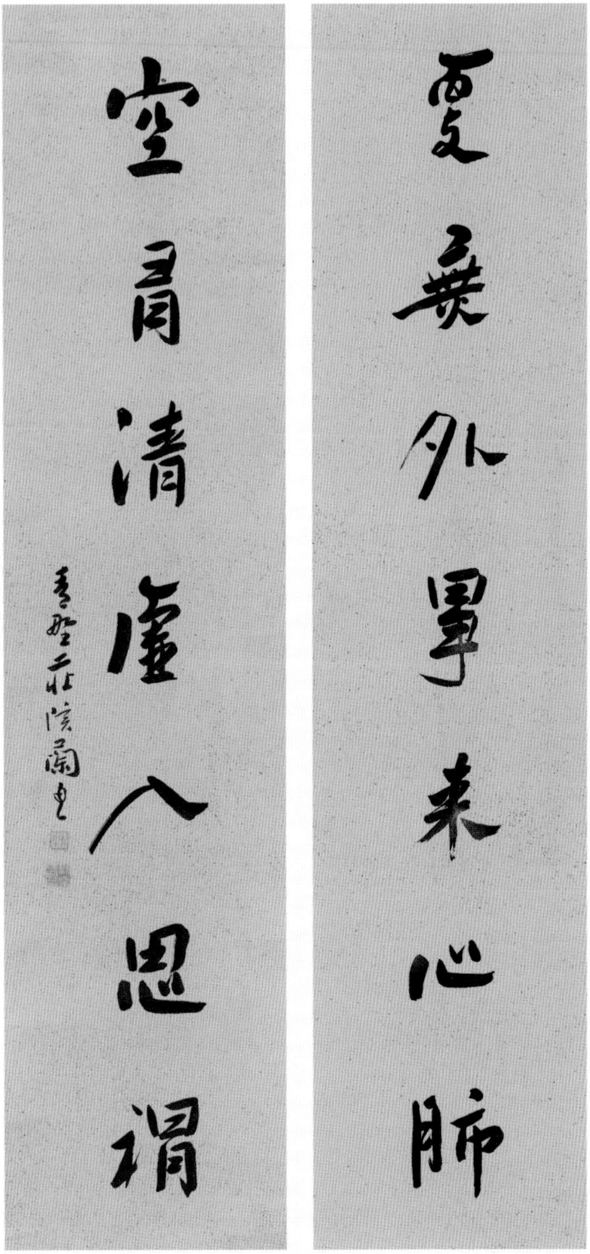

庄陔兰行书七言联

纸本

152.5cm × 34cm

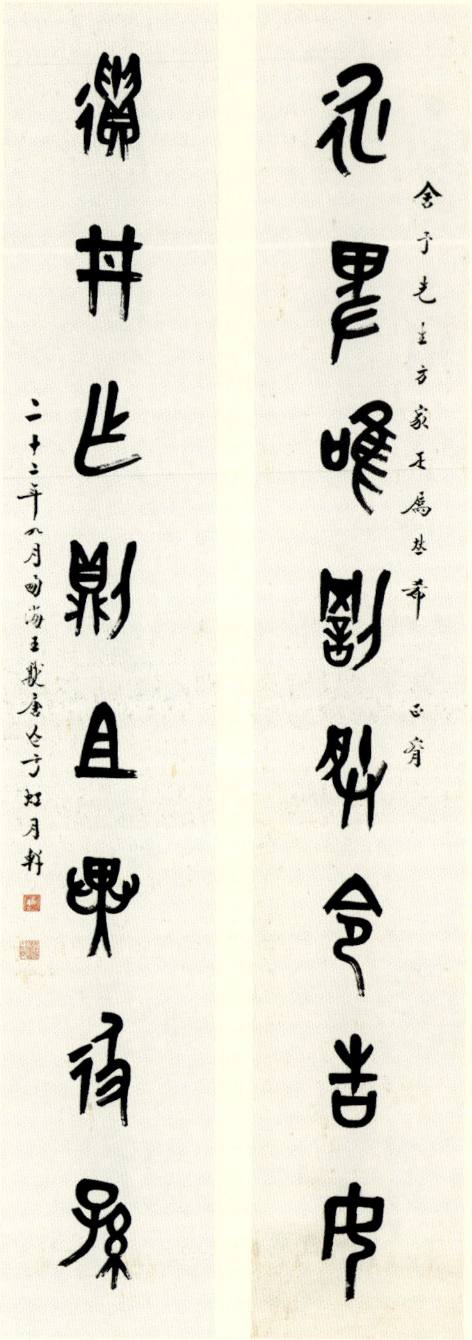

王献唐篆书八言联

纸本

168cm×27.5cm

为作家老舍书

（潍坊市博物馆副研究馆员　衣可红）

遗珠摭拾

目　录

陈氏世家书画作品录遗

潍县陈介祺世家数代传承，翰墨家风。兹就潍坊市博物馆所藏陈调元、陈迪耀、陈官俊、陈官乂、陈介侯、陈介璋、陈恒庆、陈蜚声、陈陶、陈森、陈文会、陈育丞、陈君藻等人的相关作品，胪列于下。

一、陈调元

陈调元（1595—1684），字巽甫，号北溟，别号鸥盟道人。陈调元是陈大观世家第十世陈祝泰的长子。明崇祯十六年（1643）进士。民国《潍县志稿》卷二十八《人物·事功》称："调元善属文，至老不倦。凡所作皆阐发忠孝节义，而流连景物之篇弗屑也。"陈调元博览群书、翰墨怡情，工行书，用笔潇洒飘逸，酣畅淋漓。

馆藏陈调元行书《玉芝咏有序》手卷（图3-1-1、3-1-2），纵31.5厘米，横521厘米，纸本。卷首有清初寿光才子魏之佳题"胜览"二字，行书。款署："甲寅（1674）清和之吉，北海魏之佳。"引首钤白文印"读中秘书"，款后钤二方白文印"元袠氏""才能清正大臣之元子"。

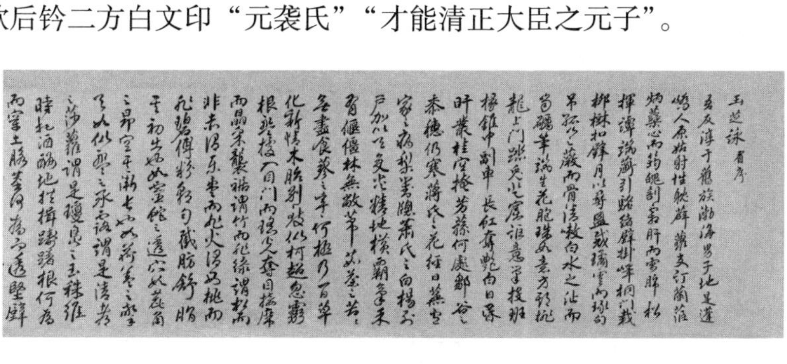

图3-1-1　陈调元行书手卷之一

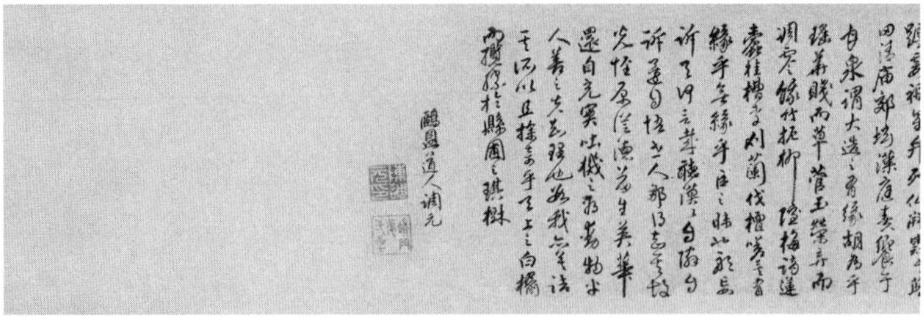

图3－1－2　陈调元行书手卷之二

正文乃陈调元撰书《玉芝咏有序》。因篇幅所限，故仅将卷首移录如次：

吾友淳于旧族，渤海男子。地是蓬峤，人原姑射。性耽薜萝，友订兰茝。炳蘖心而�魄，剖霜肝而雪肺。松挥谭端，蘅引骚绪。壁挂峄桐，门栽柳树。扣壁月以寻盟，裁璚云而琢句。吊孤山之薇而骨清，嗽白水之沚而当砺。笔端生花，胞珠如意。方期挑龙上门，踏兔登窟。讵意笔投班椽，锥中副车。长虹夺艳，白日昏旰。丛桂空掩，芳荪何处？邹谷之黍穗仍寒，蒋氏之花径日芜。卢家之病梨对窗，萧氏之白杨列户。加以天交炎精，地横霸气，禾有偃僵，林无敞芾。茹荼之若若无尽，食蓼之辛辛何极。乃百草化新，情木胎别。致仙柯超忽，灵根盘据。入门而瑶光夺目，接席而晶采袭裾。谓竹而非绿，谓松而非赤，谓东枣而非火，谓西桃而非碧。傅粉朝匀，截肪舒脂。其初出也，如灵蛇之透穴，如鹿角之昂空；其渐长也，如荷盖之擎天，如仙盘之承露。谓是清都之莎萝，谓是琼岛之玉秼。维时托酒酬地，拱揖踌躇。根何为而穿土脉，茎何为而透坚壁。

二、陈迪耀

陈迪耀（1762—1838），字玉章，号远庭。善书画。父陈阳旭，陈氏家族中九世祖陈三奇宗支，是十二世祖陈尚志之曾孙。

馆藏陈迪耀起绘脱稿、谭汝霖补苴设色《自怡园图》手卷（图3－1－3至3－1－11），绢本。内容分卷首、园图、跋文三部分。装裱纵46.5厘米，横1266厘米；题名纵36.3厘米，横123厘米；画心纵40.5厘米，横410.5厘米；题跋纵40.5厘米，横635厘米。民国《潍县志稿》卷三十二《人物·艺术》载：“陈迪耀，字远庭，刑部候补主事。隐居不仕。工山水，筑南松园于小于河上，颜曰‘自怡’。所绘园图，自行脱稿，其补苴罅漏、点缀设色处则邑人谭汝霖①雨岩也。”长卷首尾有翟云升、陈述经、何澍、丁锡纶、郭育才、王统照六人之吟咏题跋。

第一部分为卷首。清代著名书法家翟云升隶书“自怡园图”四字。款署：“道光乙未（1835）重阳后一日，文泉翟云升题。”钤引首白文印“足吾所好玩而老焉”，款后钤朱文“文泉”印、白文“翟云升章”“游山泽观鱼鸟心甚乐之”印。

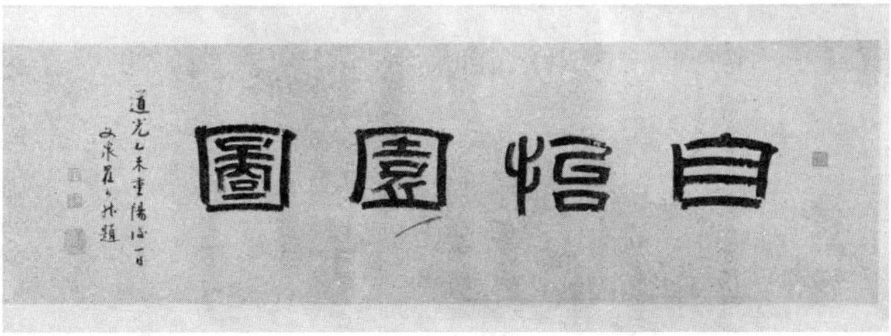

图3-1-3 《自怡园图》手卷之一

第二部分为园图。陈迪耀起绘脱稿，谭汝霖补苴设色，以此园之真实景物描绘初秋园林之景象。这在民国《潍县志稿》卷十一《营缮·园亭》中亦有记载：“自怡园初名南松园，在城西十里许小于河庄，清嘉庆中陈迪耀园也。园址占地三十九亩有奇，经营十三年始就。峰峦层叠，港汊潆洄，秀若天成。有伫月亭、翼然亭、绛雪居、青筠别馆、叠石山房诸胜。楹联、匾额率皆名人手笔。即一几一榻、一石一瓦无不修饰精工，安排妥帖。谭汝霖为作图，张丰为作记，郭麐亦有诗。相传园主人当春日花发即园居，至秋暮乃返，其子若孙辄踵行之。光绪初质于刘漶，刘修葺之，恒会客于此，丁善宝有《观荷》诗。光绪末，陈氏赎回，割裂他售，今已犁为田矣。园图尚存十笏园主人处，偶一披览，当年景物尤可仿佛也。”园图末有款署：“远庭陈老

① 谭汝霖，字雨岩。民国《潍县志稿》卷三十二《人物·艺术》载：“谭汝霖，字雨岩，谟伟弟也。性潇洒，美丰仪，工诗词，尤精绘事。”他的绘画功底扎实，凡人物、山水、花鸟，无所不精。与兄谭谟伟（1786—1849）在清代潍县画坛中占据重要地位，并对潍县画派的发展产生了积极的影响。

伯自怡园成，属余绘图，勉为应命。道光甲午（1834）八月上浣雨岩谭汝霖识。”该图注重传统绘画技法的运用，采用散点透视法构图，移步换景。笔触细腻严谨，点画晕染，施彩皴擦，一丝不苟。整个画面写实真切，饶有生机。

图3-1-4 《自怡园图》手卷之二

图3-1-5 《自怡园图》手卷之三

图3-1-6 《自怡园图》手卷之四

图3-1-7 《自怡园图》手卷之五

第三部分为图后跋文。

其一，翟云升跋：

远庭先生茔别墅于小于河干，曰“自怡园”，楹帖帴文，曾属拙摹，每以不获游览为恨。今见此图如置身于画中，即如置身于园中也，喜而识之。

款署：“文泉翟云升书于五经岁遍斋。”跋前钤拦边朱文“澹泊闲居”印。后钤白文“文泉”印、朱文“翟云升”印。

其二，嘉庆辛未（1811）进士、曾官内阁中书的陈述经跋：

远亭叔精于绘事，更以毫素之余托诸园囿，山水花竹，自然天成，真画境也。园成时曾蒙招饮，迄今已逮三世，而余亦老惫不能复往矣。二侄以此卷见示云：叔授意画者，兼有亲笔点缀之处。对之情景宛然，是又以真境托诸画也。经营惨淡，俱费精心，传之世世，其敬守之哉！

款署：“咸丰庚申（1860）夏六月族侄述经谨题。”后钤白文“陈述经印”印、朱文“子郛”印。

其三，陈述经又跋：

地僻城边河上村，园中风景却堪论。外人那得寻幽入，一色垂杨绿掩门。竹树深深径几条，浓阴绕屋碧云逸。池塘不见楼台影，惟有荷花夹石桥。嶂叠青螺隔水明，长松寒翠覆轩楹。纵教夜半凉风起，老鹤依然梦不惊。月夕烟晨只自怡，此间佳趣问谁知。挥毫聊写溪山胜，是否维摩画里诗。

款署："述经又题。"下钤朱文"偷闲学少年"印。

其四，寓居青州的书画家何澍跋：

"灵山咫尺万千路，尽种人间菩提树。家家引入桃花源，男话桑麻女织布。"此孚圣降坛诗也。世人经营园圃以颐养其形骸，每不数传而等如幻境，何若以有余而济不足，广行善事，以培灵台之为愈乎。丁卯（1927）秋，笏丞婿携此图属题，展玩之余，不禁有感，因录坛诗以冀世人有所觉悟，相率而同趋于渡己渡人之途，以仰副神圣悲世悯人之意，则怡园虽为陈迹，而是图流传人间，于世上不无裨益也。

款署："仲起何澍识。"下钤白文"何澍之印"印、朱文"仲起"印。

其五，丁锡纶①诗，郭育才②书并作跋：

忆惜升平多佳事，远庭先生饶逸致。城西十里辟新园，亭台山林劳位置。入门南院植松竹，苍翠覆径荫满地。沿径曲折到草堂，窗明轩敞喜整治。雨岩法笔文泉书，题遍名贤画与字。台东复筑绛雪居，紫藤花发烟景异。堂前引水作曲池，莲叶莲花游鱼戏。过桥策杖登南山，别有洞天具真意。峰回仰视最上层，朦胧杂树隐萧寺。闻道拙地得古佛，心香供奉志灵瑞。寺后茅亭最清幽，游山慎莫失交臂。先生潇洒喜宾客，春秋陌上多游骑。登山临水乐有余，闲坐堂前共客醉。醉起扶栏看南山，南山烟树何苍翠。兴尽归来日色暝，山前斜月送征辔。嗟余小子生苦晚，追随未能附云骥。先生殁后百余年，我来游览时十二。幼时雅趣非所知，山林池亭彷佛记。苔痕经雨翠欲滴，残荷摇曳迎风坠。倏忽今又三十年，

---

① 丁锡纶（1888—1946），字叔言，以字行，斋号养静轩，潍县知名的实业家、教育家和社会活动家。花卉山水受刘嘉颖、丁启喆教益。1921 年与丁启喆、刘炯组织"同志画社"并任社长。

② 郭育才（1856—1930），字木初，号昇生，又号梅生，潍县人。光绪甲午（1894）进士。工书法，书风苍秀婀娜。

中经浩劫叹憔悴。庭院草深可没人，山阴白昼走狐魅。阿弟出示自怡图，雨岩妙笔何秀媚。池桥亭榭与山林，一树一石无不备。览图怀古思旧游，尘世茫茫真如寄。醉后挥毫忘工拙，题诗聊作登山志。

自怡园据城西小河水上，清幽甲于一邑，百年前陈远庭先生游息之所，余昔往游已半荒废，流风余韵无可追寻，只余蔓草寒烟，徒增凭吊者之慨叹耳！卓千、笏丞表叔昆仲得谭雨岩先生所绘园图，翟文泉先生题首，二美并臻，爱如拱璧，并出其兄叔言长古相视，嘱为书卷末，余览斯图复读叔言诗，不胜沧桑之感也。

款署："戊辰（1928）初秋，木初郭育才识。"下钤白文"郭育才"印、朱文"木初"印。

其六，王统照①跋：

乙酉（1945）春末，余自江南北归，道经潍城，风景不殊，人间剧变，九载历劫，百事皆非。叔言从戎六纪，艰险备尝，卓千客死故都，丁氏昆仲惟笏丞最幼，今亦逾不惑，握手相对，悲忻交集如梦，前尘回首何堪！间日，笏丞出其十数年前所得之《自怡园图》，嘱为题识。名园荒芜虽成荆莽，然百年佳绘未化劫灰，今之园主破家纾难，复得重归，而雨岩先生之画迹竟亦留存，谓非天幸何辞以解！余不知六法，难言鉴赏，但感慨茫茐，览之神动，遂作四诗，聊述所怀。

百年陵谷见升沉，寰宇同蒙巨劫侵。展卷真疑身梦寐，城南屐齿记幽寻。

染丹漂碧费工夫，丘壑经营入画图。文艺多从暇裕得，故难妙手出枵腹。

到处园林践马蹄，高梧修竹爨林资。江南江北岂相异，徼幸能存旧画题。

虚堂良夜话前踪，生死合离感莫从。但愿升平真有日，披图当得醉千钟。

款署："王剑三书于灯下。"后钤朱文"剑三""息庐"印。

① 王统照（1897—1957），字剑三，笔名息庐、容庐，山东诸城人。丁锡纶内弟。现代作家、诗人。善书法，有褚遂良之风。

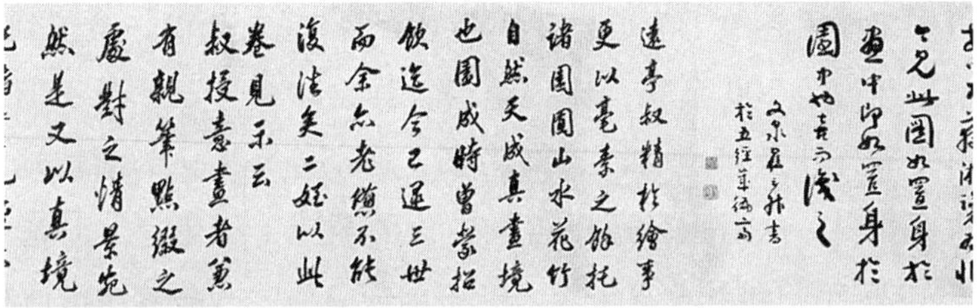

图3-1-8　《自怡园图》手卷之六

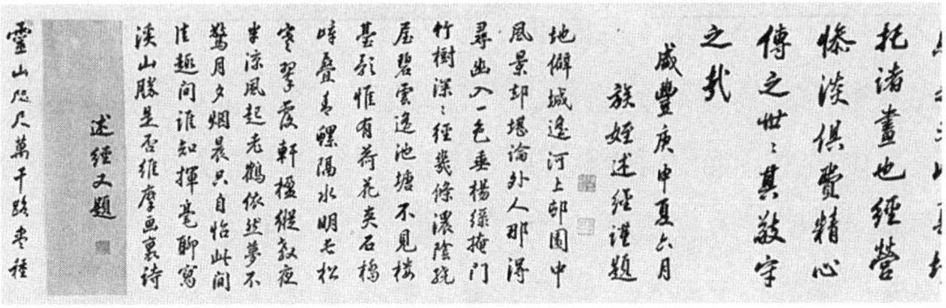

图3-1-9　《自怡园图》手卷之七

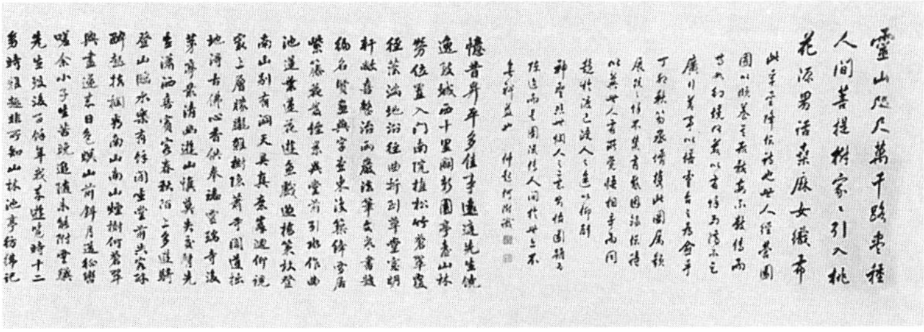

图3-1-10　《自怡园图》手卷之八

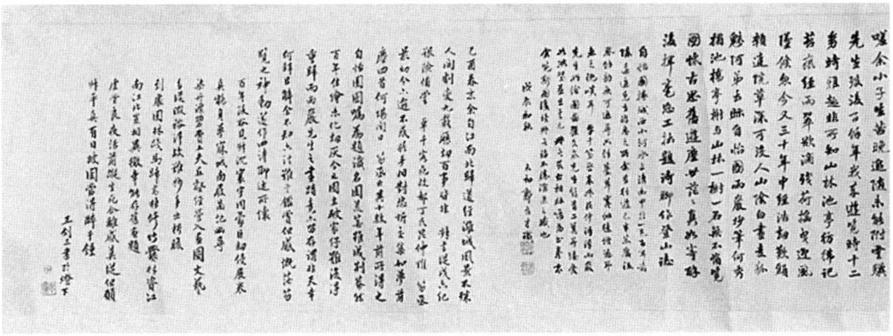

图3-1-11　《自怡园图》手卷之九

由此可知，该手卷绘于清道光十四年（1834），从起稿、绘图到卷首题名及跋文，前后经过了100余年，流传至今，弥足珍贵。该手卷不但具有较高的艺术价值，而且涉及当地名流、书法家、画家等9人，为潍坊地方史的研究提供了重要资料。从后人题跋中得知，该图至咸丰庚申年（1860）尚存陈家，大约于1927年归潍县首富丁氏，新中国成立后，入藏潍坊市博物馆。①

三、陈官俊

陈官俊（1782—1849），字伟堂，号恕田，介祺父。陈官俊善楷书，其书既有颜、欧笔意，又具赵、董遗韵，严谨端庄，饶有庙堂气象。

馆藏陈官俊楷书扇面（图3－1－12），作于清嘉庆二十年（1815），纵16.5厘米，横49.6厘米，纸本。书《登春台赋》诗文：

> 达万类者莫尚于和气，郁万类者莫极于幽情。故登台而豁望，得寓目于春荣。高临乎双阙，迥出乎重城。洞千门而拂曙，披九陌于初晴。云当轩而气润，风溢槛而光清。阴始分而土膏起，阳已动而泉脉生。缥缈九层之端，希微四达之眺。春驭兴而摇裔，兴牵春而窈窕。鸧鹒来于东野，鸿雁去于南津。爱烟霞而改旧，嘉草树而含新。思欣欣于丽景，情艳艳于韶春。

款署：“乙亥（1815）夏为敬轩大侄书，伟堂官俊。”下钤白文“官”“俊”二方印。

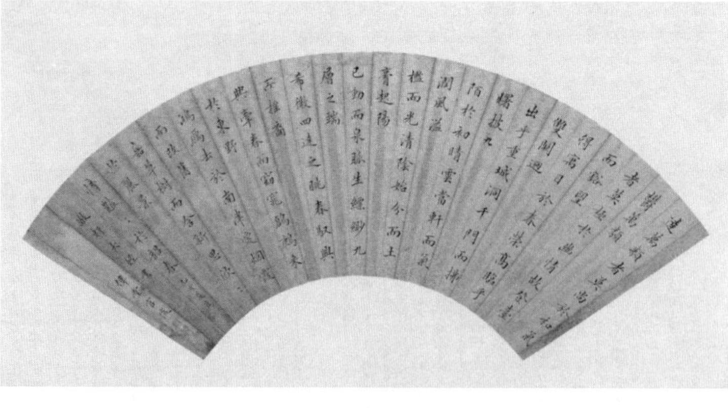

图3－1－12　陈官俊楷书扇面

① 衣可红：《私园佳构　丹青妙手——品读潍坊市博物馆藏手卷〈自怡园图〉》，载《东方收藏》2019年第21期。

馆藏陈官俊楷书七言联（图 3－1－13），纵 129.8 厘米，横 29.7 厘米，纸本。联曰“静以养心和致福，勤能集事敬延康”。款署：“伟堂陈官俊。”下钤白文“官俊陈氏古平寿人”、朱文“伟堂”二方印。

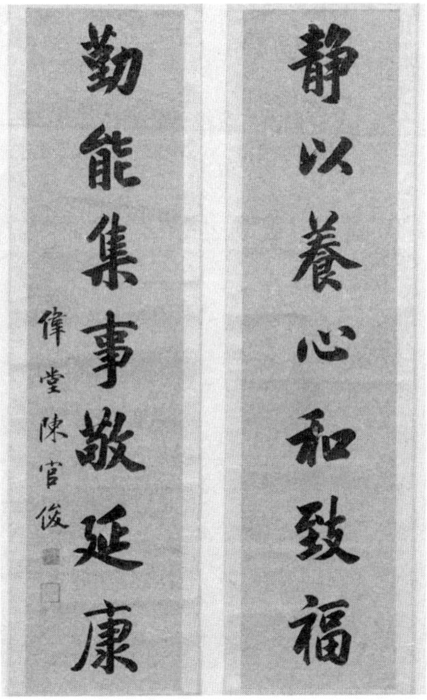

图 3－1－13　陈官俊楷书七言联

四、陈官乂

陈官乂，字纶堂，陈官俊伯父陈祥年长子，陈介祺从堂叔。清道光十二年（1832）进士。工书，隶书方劲古拙，行书飘逸洒脱，有平和简静之风。

馆藏陈官乂隶书轴（图 3－1－14），作于清道光十七年（1837），纵 63.7 厘米，横 37.5 厘米，纸本。书陆机《文赋》中句：“石韫玉而山晖，水怀珠而川媚。”款署：“丁酉（1837）巧月录节《文赋》句。纶堂陈官乂。”引首钤朱文“仿汉斋”印，款下钤白文“陈官乂印”、朱文“纶堂”印。

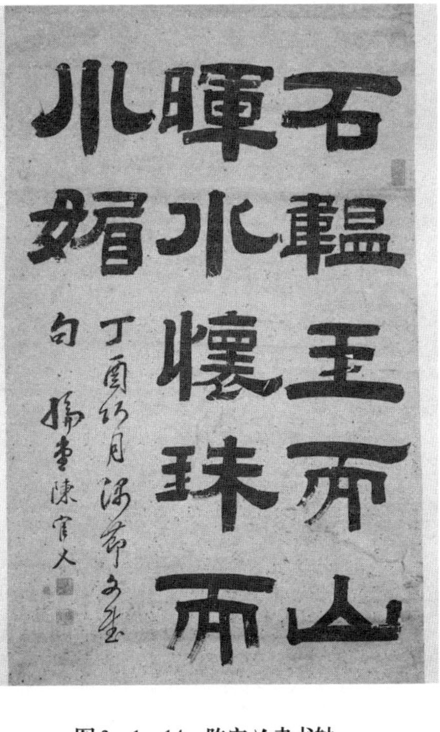

图 3－1－14　陈官乂隶书轴

五、陈介璋

陈介璋（1821—1873），字莪卿，陈祥萁孙，陈官正次子，陈介祺从堂兄弟。十三岁即入府学弟子员，拔贡朝考一等第一名，以七品小京官签分户部。咸丰元年（1851）举人。后回京都供职，先后叙劳记知府，以道员用。同治六年（1867）出守池州，十年（1871）丁外艰服阕，协助文彬督漕清江，襄办善后事宜，叙功加盐运使衔。

馆藏陈介璋楷书八条屏软片（图3－1－15），每幅纵177厘米，横49厘米，纸本，为鹿泽长撰、陈介璋书《貤封太恭人刘老姻嫂王太恭人六秩晋五荣寿序》。祝颂之辞曰：

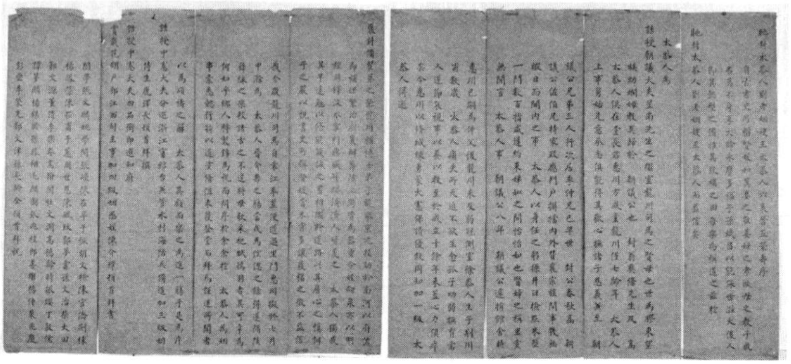

图3－1－15　陈介璋楷书八条屏软片

自古书史所称，贤媛如冀妻之敬，姜妇之孝，欧母之教，子成名莫不身享大龄，永膺多福，子孙炽昌，以能保世滋大，后人即其懿型之备，推其致福之由，每乐为称道之。兹于貤封太恭人刘老姻嫂王太恭人而益信矣。

太恭人，为诰授朝议大夫星南先生之继室，龙川司马之贤母也。世为胶东望族，幼娴姆教。其归于朝议公也，封翁彝条先生及高太恭人俱在堂，长君惠川方成童，龙川仅七龄耳。太恭人上事舅姑，先意承志，俱能得其欢心，抚诸子恩义兼至。朝议公兄弟三人，行次居季，仲兄已早世，封公春秋高。朝议公佐伯兄持家政，应门户摒挡内外，赞襄宗族间事，几无暇日；而闺内之事，太恭人以身任之，躬操井臼，捡点米盐，一门数百指咸遵约束，娣姒之间怡怡如也，贤妇之称，里党无闲言。太恭人事朝议公八年，朝议公遽捐馆舍时，惠川已嗣为仲父后，龙川未及弱冠，侧室徐恭人生子荆川甫数岁，太恭人痛失所天，迫不欲生。念孤子幼弱，抚育需人，遂节哀视事，以养以教，至于成立。十余年来，盖心力俱瘁矣。今惠川以修城练勇，蒙大宪保请优叙同知加一级，太恭人得邀褒封，备翟茀之荣。龙川补博士弟子，旋举京兆，投效于南河，以府佐即补，理繁治剧，襄办筹防，上游皆为器重。令侄剑泉亦以明经司铎汶水，家门鼎盛，簪缨济济，人皆羡之。太恭人独戒其早达，勉以修能箴诫之书，相继于道路。此其居心之慎，训子之严，以视书史所称贤媛，当未肯多让，获福之征，不益信哉！今岁龙川司马自袁江奉差便道过里门，惠川拟于七月中浣为太恭人晋介寿之觞，当戎马倥偬之余，得遂循陔舞彩之乐，较诸古之不遑将母歌《采杞（芑）》赋《鸨羽》者，其可幸为何如乎。乡人将制锦为祝，而问序于余，余于太恭人为姻串，素悉懿行，特以道涂修阻，未获登堂而拜焉，谨述所闻者，以为颂祷之辞。太恭人其顾而乐之，为进一觞乎？是为序。

馆藏陈介侯①、陈介祺、陈介璋行楷书八言联（图 3 –1 –16），纵 208 厘米，横 39.5 厘米，纸本。联曰“如琢如磨，圭璋特达；维桢维干，松柏有心”。款署：“恭贺介村老姻叔大人令器莲洲表弟广文荣捷贤书之喜，姻愚侄陈介侯、陈介祺、陈介璋顿首拜。”

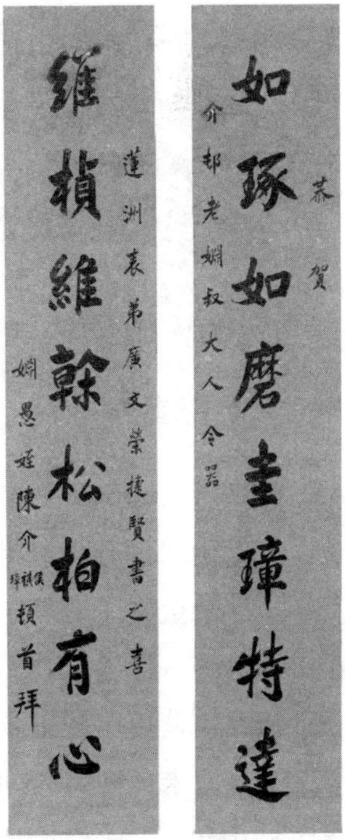

图 3 –1 –16　陈介侯、陈介祺、陈介璋行楷书八言联

陈介侯、陈介璋同为咸丰元年（1851）举人，与陈介祺为同一曾祖的从堂兄弟。此联从书体气势及运笔特点来看，应由陈介祺书写，陈氏三兄弟同署。

六、陈恒庆

陈恒庆（1844—1920），字子久。潍县陈大观家族第十八世孙，陈官俊堂兄弟陈官贤之孙。清光绪十二年（1886）进士。工书法。

馆藏陈恒庆行草书折扇扇面（图 3 –1 –17），纵 18 厘米，横 51.5 厘米，纸本。行草书：“十笏

① 陈介侯，字伯屏，陈祥来孙，陈官贤子，陈介祺从堂弟，庠生，咸丰元年（1851）恩科举人，同治十年（1871）大挑一等，以知县用，请改教职，选授滨州训导。（参见陆明君：《陈介祺年谱》，西泠印社出版社 2015 年版，第 102 页。）

园池荷为吾潍胜景，今夏俗事纷冗未暇往观，迟至末伏始一游览。红莲尚多，只剩白莲一朵，亦殊有别致也。赋诗志之：‘破晓风轻晚伏天，亭台四面水涟涟。露珠落粉呈鲜艳，柳线藕丝互断连。叶大津疑张雨盖，花多不碍放渔船。无瑕美玉从来重，万朵红中一白莲。’又咏十笏园盆中双胎红莲：‘深红染就似胭脂，圆瓣层层密缬丝。出水名花更富贵，权当又看牡丹时。’”款署：“甲寅（1914）夏书赠成之老兄，在十笏园中拂暑，陈恒庆。”下钤朱文“子久”印。

图3－1－17　陈恒庆折扇行书扇面（残）

七、陈蜚声

陈蜚声（1864—1945），字翼如，号鹤侪，又号和斋（鹤斋）。潍县陈大观家族第十八世孙。光绪三十年（1904）进士。擅长书法，书体自成一格。其小楷兼融金文、秦篆、汉隶，行笔稳健；楷行有隶篆意趣；篆书凝而不滞，顿挫而遒婉。

馆藏陈蜚声等题王象瑜①楷书、张士保②山水团扇联珠（图3－1－18），纵111.5厘米，横42.5厘米，纸、绢合本。上团扇王象瑜楷书王羲之《兰亭集序》中句：“夫人之相与，或取诸怀抱，悟言一室之内；或因寄所托，放浪形骸之外。虽趣舍万殊，静躁不同，当其欣于所遇，暂得于己，快然自足，不

① 王象瑜（1818—?），字莲洲，潍县人。工诗善琴，因藏赵秋谷二琴，故称二琴居士。咸丰己未（1859）进士，擅书法。

② 张士保（1805—1878），字鞠如，号菊如，山东掖县（今莱州）人。著名书画家，人物、山水、花卉皆精，亦善书。

知老之将至。”又录王羲之《宾至帖》之语：“想小大悉佳。蔡家宾至，君情感益深。唯当拨遣之耳。”款署：“右临阁帖。”再书王羲之《青李来禽帖》之言：“青李，来禽，樱桃，日给滕，子皆囊盛为佳，函封多不生。”款署：“己未（1859）秋书应锡侯表弟大人之属，莲洲王象瑜。”下钤朱文“玉庚”印。

下团扇为张士保山水图，款署：“仿麓台少司农笔意画，应义堂十兄大人雅属即正。菊如张士保。”下钤白文“臣保”印。

画外裱处依次有陈蜚声、孙仙坡、丁锡纶、丁启喆、丁锡田五位潍县地方名家题跋。

陈蜚声楷书跋：

荫汀①先生精天算，弱冠名登畴人传。年近古稀犹孳孳，宋卿及门称髦彦。岁维丁卯（1927）月逢九，敬手一轴谒下走。云是先德旧便面，两款标题懔懔守。装池匪一朝，藏弃逾岁时。烦君如椽笔，一为我识之。展轴团团两纨素，帖临数行山一幅。画手酷肖王麓台，书法直轶许玄度。莲洲菊如两先辈，六法八法皆名贵。一潜郎署一冷官，迄今啧啧称海内。书耶画耶纵足珍，要之其迹已成陈。能读父书存手泽，斯见仁人孝子心。

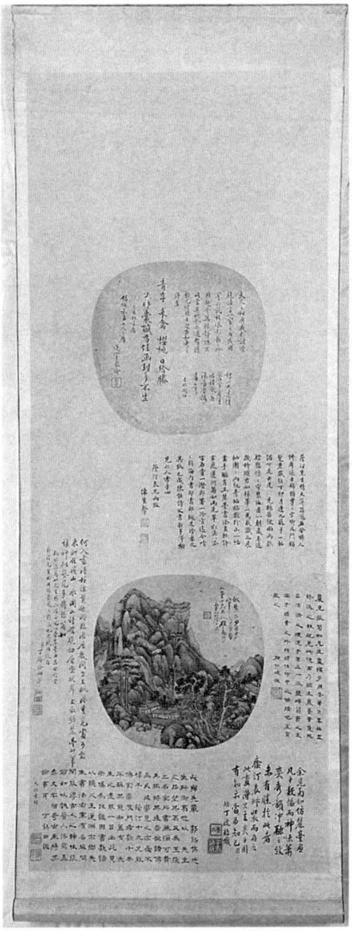

图3－1－18　陈蜚声等题王象瑜楷书、张士保山水团扇联珠

款署：“荫汀表兄两政，陈蜚声。”下钤白文“陈蜚声”印、朱文“鹤斋”印。

孙仙坡②隶书跋：

曩见张菊如先生画幅，多用苍笔焦墨，极尽惨淡之致。既见此便面，

① 荫汀，即郭恩敷（1864—1928），字荫汀，潍县人。教育家。师事邑人宋书升。毕生致力教育事业，精研算术四十余年。

② 孙仙坡，即孙嘉，字仙坡，潍县人。精音律，能操琴，师承诸城王氏。喜古琴收藏，善书、画、治印。

乃临王麓台笔意，纯以活泼之机，运于笔底，一派盘礴蓊郁之气，溢于绢素之外，恂谓佳作中之杰构也，宜宝藏之。

款署："孙仙坡识。"下钤白文"孙名嘉印"印。

丁锡纶行书跋：

何人画得好烟鬟，依树临流屋几间。世上桃源无觅处，可能来此住溪山。水阁山村破晓初，层峦映翠上衣裾。麓台妙笔谁神似，艺苑争传张菊如。

掖水张菊如先生精六法，亦尤以学麓台者为世所重。荫汀先生出此帧索题，乃精品也，为赋两绝句。

款署："弟丁锡纶初草。"下钤朱文"叔言"印、白文"锡纶之印"印。

丁启喆①行书跋：

余见菊如仿麓台画凡十数幅，而神味萧爽秀韵冲融之致，未有胜于此者。荫汀表叔装而存之，此画得其主矣，子固有知，亦当引为知己。

款署："侄丁启喆识。"下钤朱文"东斋"印、白文"平寿布衣"印。

丁锡田②隶书跋：

此乡先辈郭锡侯③先生所御扇也。以先生之品望，其扇又为王、张二名家所书画，弥可贵矣。非特其后裔欲诸传永久，后学见之亦爱不释手。荫汀十九兄能传家学，及门者数千，无不称其慈和，盖有先生之遗风。一日，出此见示，嘱为跋识，因书数语以题之。王莲洲亦乡先生，书法右军，有名咸同间，能得古人之神味。张菊如以魏晋人法，写鼎彝文字犹奇古，画特其余事耳。

款署："丁锡田识。"下钤白文"丁锡田印"印、朱文"倬千"印。

---

① 丁启喆（1873—1938），字东斋，号雪庐，潍县人。在绘画、作诗及中医方面有很大成就。靠刻苦自学成才，自幼爱好绘画，拜刘嘉颖为师，学山水花卉；擅长人物画，风格近似张士保。

② 丁锡田（1893—1941），字倬千，亦作卓千，号稼民。潍县乡绅丁毓赓之子，丁叔言弟。著名文史学家、文献收藏家，酷爱地方史志，并收集、整理与编纂地方史志。他还以收购、互换、抄录等方式搜集山东旧志108县各种版本的县志，出资将部分稀见文本刊印成《潍县文献丛刊》三辑，收录明代丁运隆的《潍县全城记》、周亮工的《全潍纪略》和《潍阳纪事诗》，以及清代郑板桥的《潍县竹枝词》。著有《潍县历史谭》《潍县乡贤集》《潍县疆域沿革》《潍县拆除石坊调查表》等。（参见赵兴涛主编，孙敬明学术主编：《潍坊文化通览》，山东人民出版社2012年版，第451页。）

③ 锡侯，即郭康之，字锡侯，郭梦龄七子，郭恩敷之父。

馆藏陈蜚声、王献唐书法扇面（图3－1－19、3－1－20）作于1932年，纵20.7厘米，横53.5厘米，纸本。折扇一面为陈蜚声楷书韩梦周①日札：

为文勿论工拙，先辨雅俗。予尝谓只如寻常语言便雅，若如梨园宾白，固是官腔，岂复奈雅人听乎！明七子之伪体，梨园宾白也，若更集以瞽儿评话、醉人妄语，则丑态百出矣。织斋师张孝廉从吾，张死壬午之变，织斋过其门，必改容而拜，此一事便足厉薄俗。孙钟元先生云：为学五十年，始识一贫字。诗云：为人百岁只为子，学道终身总学贫。定力原从贫里得，猿啼鬼啸也成邻。此即孔颜家法也。

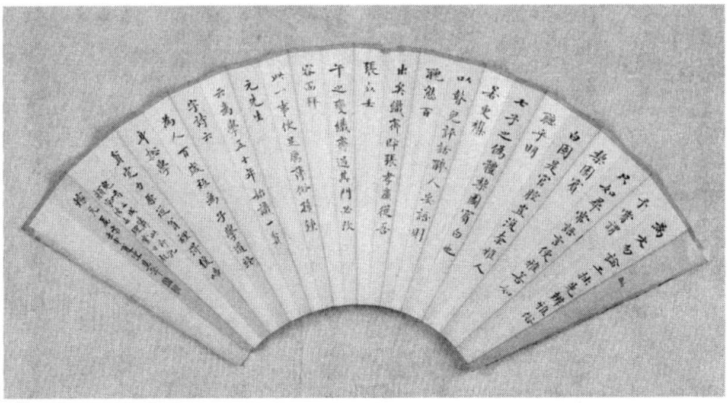

图3－1－19　王献唐、陈蜚声书法扇面（正）

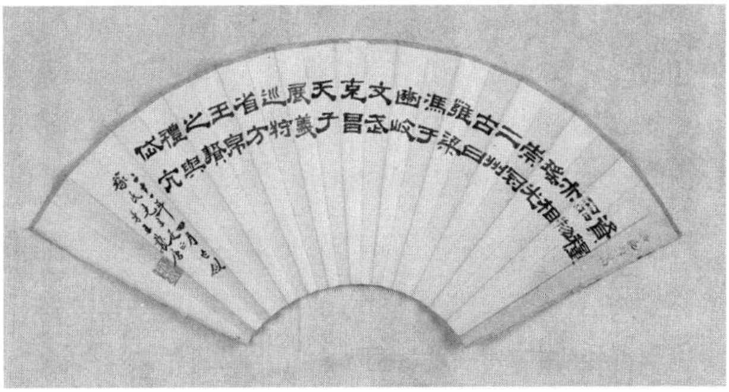

图3－1－20　王献唐、陈蜚声书法扇面（背）

① 韩梦周（1729—1798），字公复，号理堂，潍县东关韩家崖人。少孤勤学，得郑板桥奖掖，乾隆二十二年（1757）中进士。他学宗程朱，是清代中期山东著名理学家，也是潍县古文派的主要人物。在程符山、益都、潍城等地讲学二十余年。他与阎循观、法坤宏被誉为“山左三巨儒”，又称“山左三贤”。

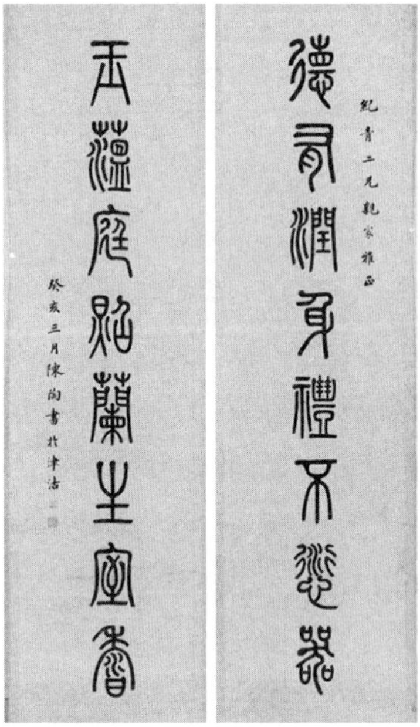

图3－1－21　**陈陶篆书八言联**

图3－1－22　**陈陶隶书七言联**

款署："理堂日札，稼民属书，壬申（1932）夏陈蜚声。"下钤白文"鹤"印、朱文"侪"印。

折扇另一面为王献唐隶书《西岳华山庙碑》中诗句："资粮品物，亦相瑶光。崇冠二州，古曰雍梁。冯于豳岐，文武克昌。天子展义，巡狩省方。玉帛之贽，礼与岱亢。"款署："二十一年（1932）四月作，似稼民先生雅正。弟王献唐。"下钤朱文"献唐诗文书画"印。

八、陈陶

陈陶（1870—?），字萬曾，一字甄甫。陈介祺孙。光绪二十三年（1897）拔贡生。工书，善篆隶。

馆藏陈陶篆书八言联（图3－1－21），纵172厘米，横38.5厘米，纸质。联曰："德有润身礼不愆器，玉蕴庭照兰生室香。"款署："纪青二兄亲家雅正。癸亥（1923）三月陈陶书于津沽。"下钤白文"陈陶""文悫曾孙"二印。"文悫"乃陈官俊谥号。

馆藏陈陶隶书七言联（图3－1－22），纵131厘米，横31厘米，纸质。联曰："庭空径石闲垂草，人静桐花细扑帘。"款署："西山表弟大人雅正。昳曾陈陶。"下钤白文"陈陶"印、朱文"萬曾"印。

九、陈森

陈森（1876—1947），字柏岩，潍县人，陈官侨曾孙。工书法，师从篆刻名家王石经，真草隶篆皆通，尤精小篆。有"善铁笔篆书，笔法圆秀，近似钱坫”之誉。并善绘画、篆刻。

馆藏陈森隶书条山（图3－1－23），纵64厘米，横24厘米，纸本。此为陈森为潍县名医蒯仰山①书《孔宙碑》碑阳《有汉泰山都尉孔君之铭》中句：“帝赖其勋，民斯是皇，乃委其荣，忠告殷勤，屡省乃听，恭俭自终。”款署：“仰山姻台雅属。柏岩陈森。”下钤白文“有妫之后”“陈森”二印。

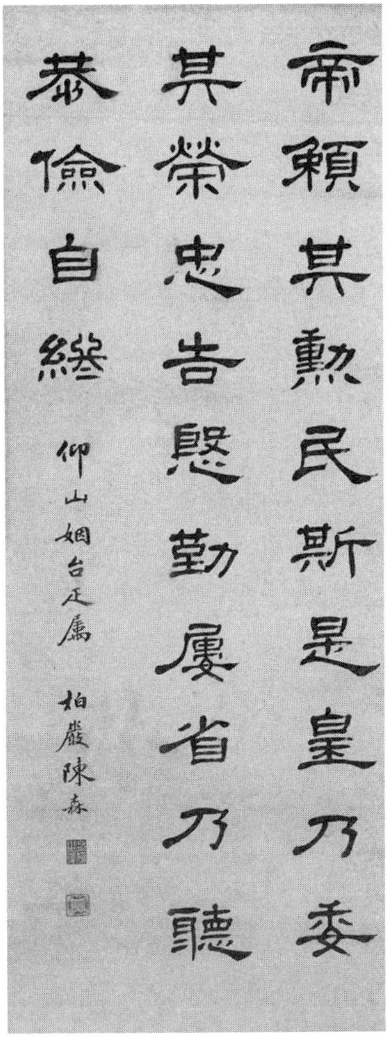

图3－1－23　陈森隶书条山

十、陈文会

陈文会（1877—约1931），字礼臣，号礼丞，又作栗丞，别号海隅逸民、浮烟山外史。陈介祺嫡长曾孙（陈厚钟孙、陈阜子）。新中国成立之前，簠斋遗留的重要古物，如七千余方古玺印及瓦当、封泥等，曾由其保管庋藏。

馆藏陈文会篆书七言联（图3－1－24），纵128厘米，横21厘米，纸本。联曰：“带雨村春辰隔巷，柴门镫火夜留宾。”款署：“吴县吴愙斋中丞喜作大篆，遇古文所无之字，则用小篆结构而以大篆笔法书之，前此所未有也，兹用其例。子由表叔正之。时丙寅（1926）立秋后四日，印述亭长陈文会栗丞。”下钤白文“巨陈”“海隅逸民”二印。

十一、陈育丞

陈育丞（1897—1977），名文郁，字育丞，以字行；号玉芩、爵闇，晚号

① 蒯仰山（1905—1968），字洪涛，潍县人，蒯九龄之孙。蒯九龄（1860—1924），字梦卿，中医儿科名医，曾名噪京城。仰山从祖父学医，后随祖业，专治婴幼疾病，造诣较高。

骀荡老人。陈介祺曾孙。好文史金石，工书。

馆藏陈育丞篆书四言联（图 3－1－25），纵 72 厘米，横 11.5 厘米，纸质。联曰："绍其惠受，乐备鼓钟。"款署："集齐侯罍字。陈育丞。"下钤白文"簠斋曾孙""彧丞"二印。

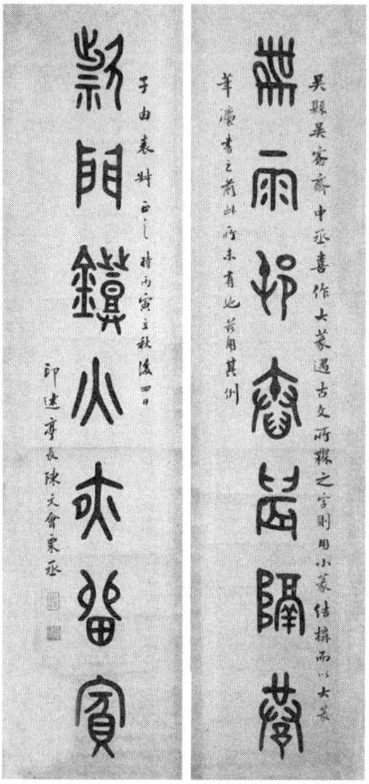

图 3－1－24　陈文会篆书七言联

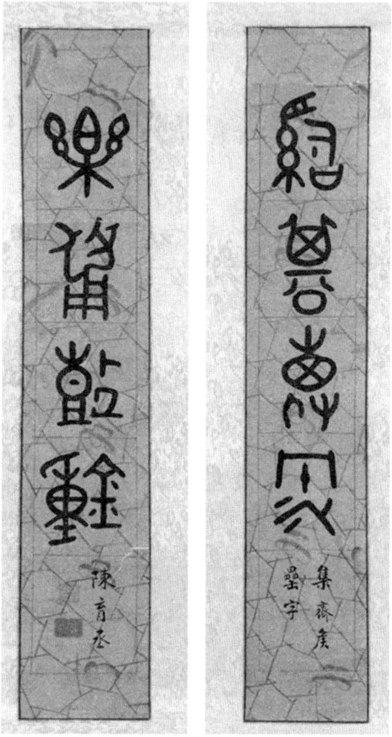

图 3－1－25　陈育丞篆书四言联

十二、陈君藻

陈君藻（1900—1987），名奎章，字君藻，以字行。陈介祺五世孙。善篆书，风格苍峻，作品落款继承陈介祺金石书体之风格。师从丁佛言习书法。其在金石文字、书法、篆刻、国画领域都颇有造诣。

馆藏陈君藻临司簋铭文条山（图 3－1－26），作于 1941 年，纵 132 厘米，横 21.5 厘米，纸本。释文："司作宝毁其万年子子孙孙永用。"款署："辛巳（1941）夏六月临司毁，中岛先生雅正，君藻陈奎章。"下钤白文"奎章之印"印。

馆藏陈君藻、陈以正①题赫保真②观音图轴（图3－1－27），作于1944年，纵78厘米，横30.5厘米，纸本。该画以细劲圆润之笔绘观音像

图3－1－26　陈君藻临司簋铭文条山

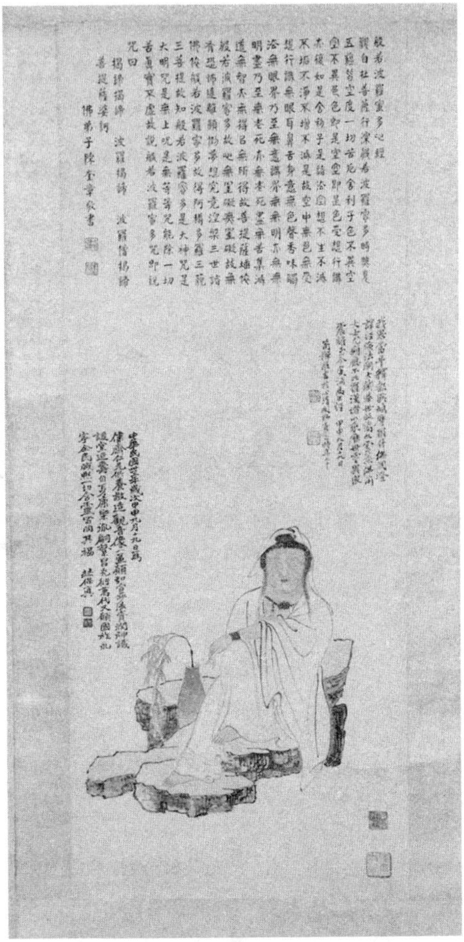

图3－1－27　陈君藻陈以正题赫保真观音图轴

① 陈以正，字谷荪，号筍禅。浙江人。民国初年客居济南，任济南中学美术教师。书画皆能，为时人所称许。（参见潍坊市博物馆：《金石千秋——纪念陈介祺诞辰二百周年藏品选》，内部刊物，2013年，第36页。号作“荀禅”者属误。）

② 赫保真（1904—1987），原名赫宝珍，字聘卿，一字萍青，潍坊人。喜爱绘画，师从丁启喆、刘炯。1921年与郭兰村、傅柳坪组织“益社”研究国画。1922年经丁启喆倡导，在“益社”的基础上成立“同志画社”。擅长花卉，画牡丹形象变化万千，姿态各异，有“赫牡丹”之称。兼画人物、山水，笔力精到，神完气足。

一区，清雅娴静，安详自然。画面顶部为陈君藻篆书《摩诃般若波罗蜜多心经》原文，款署：“佛弟子陈奎章敬书。”下钤朱文“君藻”印、白文“陈奎章”印。画面右侧上方有陈以正行书题跋，款署：“甲申（1944）九月十九日，筍禅敬书于心清闻妙香室，时年七十。”下钤白文“竹隐头陀”印、朱文“陈筍禅”印。画作右下角钤“子孙永保”鉴藏白文印、“伟斋供养”鉴藏朱文印。

总之，陈氏家族500多年来教育兴家，科甲盈门，簪缨继世，曾“祖孙父子兄弟叔侄”科甲，达官显宦层出不穷，累计达八十多人。① 陈介祺的金石考据之学薪火相传，造就了陈氏家族“金石世家”学术文化链条，祖孙父子、兄弟族人累世递嬗，秉承一脉。陈介祺次子陈厚滋，孙陈陶，曾孙陈文会、陈育丞、陈秉忱，五世孙陈君善及六世孙陈继揆，等等，皆乃饱学之士，为鉴古与传古贡献良多。其诗文著述之卓著，丹青笔墨之造诣，引领潍邑文事之风尚，在金石研究、治印藏印、书画篆刻、传拓考释等方面都走在同时代的前列，影响了潍县乃至齐鲁与全国。

（潍坊市博物馆馆员　王　鹏）

① 赵兴涛主编，孙敬明学术主编：《潍坊文化通览》，山东人民出版社2012年版，第456页。

潍坊市博物馆藏陈官俊诸人手札

潍坊市博物馆藏陈官俊诸人手札册页，长29厘米，宽17厘米。册页用宣纸装裱，除封面右下角残缺外，其余保存完整，无伤字迹。封面左上题签："陈官俊诸人手札。"册页共30折，收录陈官俊等人手札15封，内容均为家书，牵涉人物有陈祥凤、陈祥冀、陈祥醴，陈官俊、陈官傑、陈官侨、陈官乂、陈官人、陈介眉、陈介锡、陈介璋、陈介谋，陈家澍、陈家让等陈家四代人，是研究陈氏家族成员之间关系、陈氏家族成员与外人的相互关系、陈氏思想、书法艺术等的重要资料。今按册页先后顺序，揭列如下：

第一札（第一至四折，图3－2－1），为陈官俊、陈官侨致家乡五叔父（陈祥冀）母、六叔父（陈祥醴）母之信札。此信札裱为四折，由于主要内容是报喜事，所以用大红色笺纸写成，字体为楷书，工整庄重。信札内容为：

侄官俊、官侨叩请五叔父、叔母万安，六叔父、叔母万安：

侄等在京平吉，望勿挂念。去冬，俊因臂疼，几不能作字，今获全愈矣，惟年已六十有六，精力觉衰，加以公事繁多，大为辛苦，库务更须慎防，乃受恩太深，不敢引退。所幸母亲年正九旬，精神康健。本年二月初六日，忽蒙特恩赐寿：御书"耆臣寿母"扁额一面，御书"福"字一方、"寿"字一方，白玉如意一柄，大卷库缎褂料贰件，大卷库缎袍料贰件，大卷江绸褂料贰件，大卷江绸袍料贰件。是日，由内领出，当即于初八、初九两日举行贺礼。此事本非自请，亦不敢自请，即未便过缓也。并奉母亲谕，以明年二月初六日作为寿辰，荣君赐也。五月十月概不行贺矣。潍邑已得透雨，此大好事，想他县亦普遍。盐城双洋口一事，侄赶即致书苏臬严查，未知近中有端倪否？可寄信来京。介眉约于三月内到京，廿三日有信来。俊于本月廿四日赴东陵修工。

附问诸弟好，诸侄均吉！

侄官俊、官侨叩

侄孙介谋等叩请五叔祖父叔祖母、六叔祖父叔祖母大人万安！附请伯父伯母暨叔父叔母福安！诸兄诸弟安好！

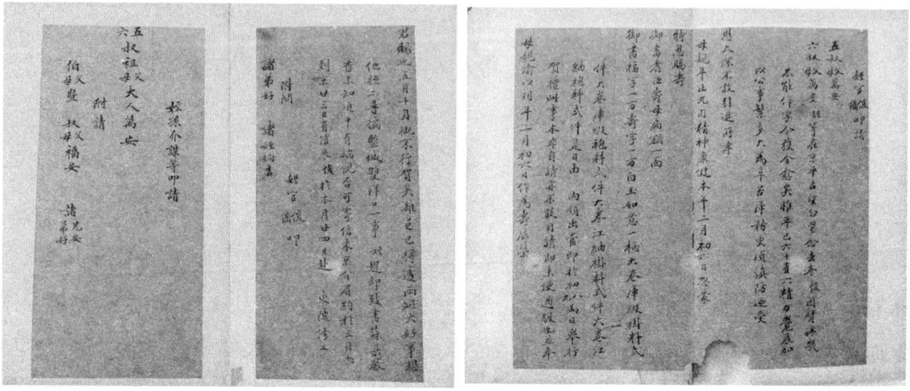

图3－2－1　陈官俊、陈官侨致五叔父叔母、六叔父叔母之信札（道光二十七年二月）

此札写于清道光二十七年（1847）二月，此年陈官俊六十六岁，陈母九十岁。此年二月初六，蒙皇上圣恩为其母贺寿，御赐“福”“寿”字各一方，白玉如意一柄，大卷库缎、江绸袍料、褂料各两件，遂改此日为母亲寿辰日。

陈官俊（1782—1849），字伟堂，号恕田，潍县人，清代著名收藏家、金石学家陈介祺之父。清嘉庆十三年（1808）进士，任翰林院庶吉士，授编修，二十一年（1816）入直上书房，二十三年（1818）迁司经局洗马、翰林院侍讲，二十四年（1819）提督山西学政，二十五年（1820）升侍讲学士。道光元年（1821）被山西巡抚成格弹劾，降职编修，仍直上书房。后再起，历任工部、兵部、礼部、吏部尚书，累官协办大学士、上书房总师傅。道光二十九年（1849）去世，赠太子太保，入贤良祠，谥“文悫”。《清史稿》卷三百六十五有传。民国《潍县志稿》卷二十八《人物·事功》称：“官俊性谦和，好奖励后进，乡人有被其容接者，劝勉周至，词旨蔼如，使人忘其名位之尊。在上书房授读时，宣宗亦在书房读书，暨御极，遂使授皇长子奕纬读，训迪弥力。后皇长子逾冠而薨，上深以为恫，故遇官俊特厚，虽屡获咎而恩礼始终不衰。”

陈官俊兄弟三人，二弟陈官傑，三弟陈官侨。陈官傑，字汉初，庠生，贻封承德郎翰林院编修加二级，晋赠朝议大夫光禄寺署正加四级。陈官侨，字敬堂，清道光丁酉（1837）科举人，内阁中书委署侍读，国史馆分校，本衙门撰文办理诰敕房事务，内廷起居注主事加三级，诰授朝议大夫。①

信札中提及的陈介谋，据陆明君《陈介祺年谱》载，为陈官侨长子，字诒卿，出嗣二伯父陈官傑；陈介猷，字秩卿，陈官侨次子。② 而清道光辛卯（1831）《潍邑陈氏族谱》载，陈官侨生二子：介寰、介宇，以长子介寰出嗣胞二兄陈官傑。不知陈介谋与陈介寰是否为同一人。

据道光辛卯《潍邑陈氏族谱》载，陈官俊父亲陈祥桂兄弟六人，依次为祥年、祥桂、祥来、祥凤、祥蓂、祥醴，他们均以陈官俊贵。

陈祥年：邑庠生，贻封奉政大夫，日讲起居注官，翰林院侍讲加一级，生子官乂、官人。

陈祥桂：诰封奉直大夫，翰林院庶吉士加三级，晋封中宪大夫，翰林院侍讲学士加一级，生子官俊、官傑、官侨。

陈祥来：从九品，贻封中宪大夫，詹事府右春坊右庶子加二级，生子官贤。

陈祥凤：监名祥千，太学生，贻封朝议大夫，詹事府右春坊右庶子加一级，生子官敬、官守（出嗣）、官法。

陈祥蓂：从九品，贻封朝议大夫，翰林院侍讲加二级，生子官伦、官正、官纪、官和。

陈祥醴：太学生，贻封文林郎，翰林院编修，议叙六品，生子官常、官良、官方。

信札中言及陈官俊从侄陈介眉赴京。陈介眉（？—1861），字绥卿，为陈官俊堂兄弟陈官人长子。道光丁酉年（1837）拔贡，朝考一等，以知县分发江苏，历署宿迁、盐城等县事。升通州知州，多次捕获海盗，升任知府，不久又迁河南归德府知府。咸丰三年（1853），太平军攻击河南虞城杨家集，陈介眉率军追歼 300 余人，俘获 200 余人，遂被调赴大营追击南下太平军。离开数日后，归德被太平军攻陷，陈介眉因此被罢官归里。咸丰十一年

---

① 陆明君：《陈介祺年谱》，西泠印社出版社 2015 年版，第 4 页。
② 陆明君：《陈介祺年谱》，西泠印社出版社 2015 年版，第 15 页。

(1861)，捻军进攻山东潍县，陈介眉率领团勇出战，与候选训导陈威凤、武举谭占元、千总陈执蒲等皆战死。督办团练大臣杜翻奏闻，奉旨陈介眉官复原职，加赠太仆寺卿，从优照游击例抚恤白银四百两，“议给云骑尉世职二代，袭次完时，给予恩骑尉世袭罔替”，并在潍县建专祠祭祀，与其同时阵亡的陈执蒲等十三人附祀。① 潍坊市博物馆藏有清同治三年（1846）所立的一方抚恤碑，记载了这段历史。

第二札（第五、六折，图3-2-2），为陈官俊、陈官侨致五叔父（陈祥冀）母、六叔父（陈祥醴）母之信札。

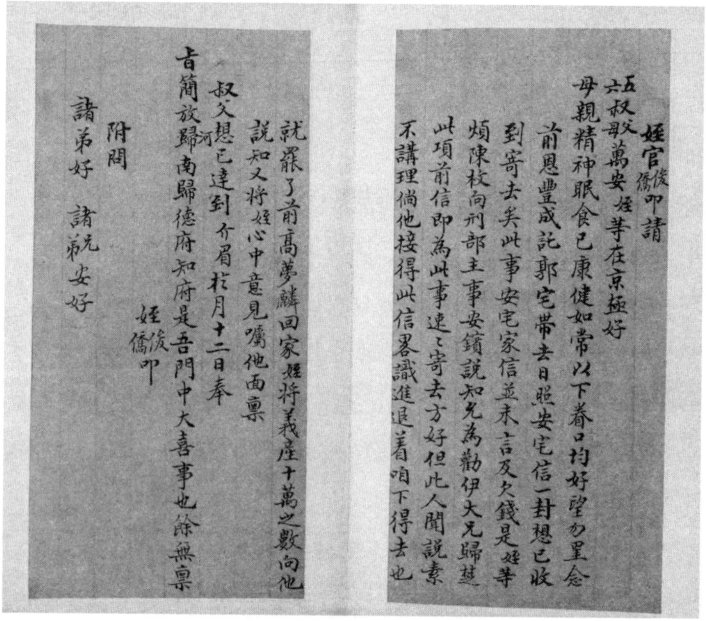
姪官俊 僑叩請
五叔父 六叔母萬安 姪等在京極好
母親精神眠食已康健如常以下眷口均好望勿罣念
前恩豐成託郭宅帶去日照安宅信一封想已收
到寄去矣此事安宅家信並未言及欠錢是姪等
煩陳枚向刑部主事安鏞說知允為勸伊大兄歸楚
此項前信即為此事速速寄去方好但此人聞說素
不講理倘他接得此信略識進退着咱下得去也
就罷了前高夢麟回家姪將義莊十萬之數向他
說知又將姪心中意見囑他面稟
叔父想已達到 介眉於月十二日奉
旨簡放河南歸德府知府是吾門中大喜事也餘無稟
姪俊 僑叩
附問
諸弟好 諸姪安好

图3-2-2 陈官俊、陈官侨致五叔父叔母、六叔父叔母之信札
（道光二十八年八月）

此信札裱为二折，用大红色笺纸写成，字体为楷书，与前札字体不同，前札字体瘦长，此札字体宽扁、貌丰骨劲。信札内容为：

侄官俊、官侨叩请五叔父叔母、六叔父叔母万安：

侄等在京极好，母亲精神眠食已康健如常，以下眷口均好，望勿挂

① 陈蜚声总纂：《潍县志稿》卷三十一《人物·忠烈》，潍县和记印刷局，1941年。

念。前恩丰成，托郭宅带去日照安宅信一封，想已收到寄去矣。此事安宅家信并未言及欠钱，是侄等烦陈枚向刑部主事安镔说知，允为劝伊大兄归楚此项，前信即为此事，速速寄去方好。但此人闻说素不讲理，倘他接得此信，略识进退，着咱下得去也，就罢了。前高梦麟回家，侄将义产十万之数向他说知，又将侄心中意见嘱他面禀叔父，想已达到。介眉于月十二日奉旨简放河南归德府知府，是吾门中大喜事也。余无禀。

侄俊、侨叩

附问诸弟好，诸兄、诸弟安好！

此札当写于清道光二十八年（1848）八月。此年陈官俊六十七岁，其母九十一岁，陈介祺三十六岁。

札中提到安镔。安镔（1799—1866），原名砺金，字冶亭，号铁樵、研山，安枋之孙，安邦宪之子，山东日照人，道光八年（1828）举人，道光二十年（1840）进士，官至工部屯田司主事，工部营膳司员外郎加七级，赏加四品衔，截取知府，诰授奉直大夫，晋授中宪大夫。光绪《日照县志·人物志》载："（安镔）承祖父遗泽，以济物为心，年饥出粟全活甚众，筮仕二十余年，耻于奔竞，济贫拯厄，同僚重其义气。书吏舞弊亏银，例同官兵，偿慨然独任之，一时廉直之名动京师。内艰归，竭诚尽礼。服阕后，兄弟欢聚林下，优游宗党，称孝弟焉。"

安镔兄弟五人，其居仲，信中提到欠陈家钱款之人当是他的大哥。

第三札（第七、八折，图3-2-3），为陈官俊、陈官侨致五叔父（陈祥冀）母、六叔父（陈祥醴）母之信札。笺纸为淡黄色地、紫色地带花卉暗纹，字体为行楷。信札内容为：

侄官俊、官侨叩请五叔父、叔母万安，六叔父、叔母万安：

侄等在京平吉，望勿挂念。五月十六日两弟暨两侄回里，一路想甚平安，然太辛苦矣。

母亲身体康健，眠食如恒，惟介祺哀毁过甚，俊不时以礼谕之，亦尚不能解也。六月朔日酉刻，园中诸友寄上谕一道，侄心中甚喜，今将园信寄潍，益信祖宗泽厚，食报尚远也。

侄官俊、官侨叩

初一日戌刻

诸弟均问好并侄辈均吉！

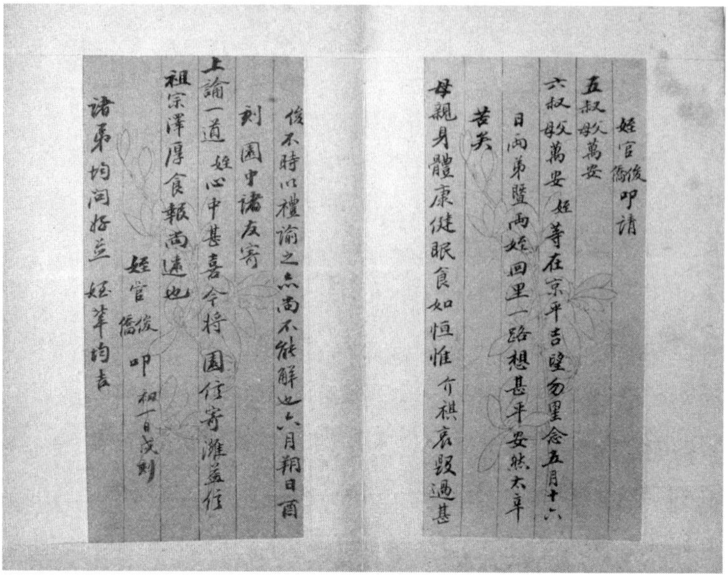
姪官俊叩請
五叔父母萬安
六叔父母萬安 姪等在京平吉望勿罣念五月十六
日兩弟暨兩姪回里一路想甚平安然太平
母親身體康健眠食如恒惟介祺哀毁過甚
俟不時以禮諭之亦尚不能解也六月朔日酉
刻園中諸友寄
上諭一道 姪心中甚喜今將 園信寄潍益任
祖宗澤厚食報尚遠也
姪官俊叩 初一日戌刻
諸弟均問好並 姪輩均吉

图3-2-3 陈官俊、陈官侨致五叔父叔母、六叔父叔母之信札

（道光二十八年六月初一日）

此札写于清道光二十八年（1848）六月初一日，当是陈官俊妻丁氏于四月初五日去世，潍县陈官俊五叔父、六叔父家两堂兄弟、两侄赴京奔丧后回潍，陈官俊写信问候，以表感谢和关怀之意。札中提到上谕一道，当为陈介眉升任河南归德府知府一事。①

据刘鸿翱《诰封一品夫人丁夫人墓志铭》及《清代朱卷集成》载，陈官俊妻、陈介祺生母丁夫人出身于潍县名门望族，是浙江台州卫守备丁治平长

① 凡此文中第二、三、五、六、七、九、十二札之写作时间，皆由诸札中文字及落款分析得来。第六札中陈官俊言及其妻去世及陈介眉捕获海盗之事，札末落款“五月十六日”；陆明君《陈介祺年谱》称陈官俊妻丁氏于道光二十八年（1848）四月初五日去世。据此可知，第六札写于道光二十八年五月十六日。另，陈介眉在当时还未因捕获海盗有功而擢升知府。第九札中陈官俊亦提及此年夏初其妻去世及陈介眉升任知府事，由此可知，陈介眉于道光二十八年擢升河南归德府知府。第三、七札落款为六月“初一日”，札文为欣报陈介眉“得邀特恩”喜讯之事，当是陈官俊居官位之高而提前获悉“园中诸友”示告的信息，故此二札写于道光二十八年六月初一日。第十二札落款“九月初七日”，陈介眉称自己于“八月十二日奉恩旨简放河南归德府知府”，即该札写于道光二十八年九月初七日。而第二、五札中均有“介眉于月十二日奉旨简放河南归德府知府”句，由此知第二、五札亦写于道光二十八年八月。

女，“生于清乾隆四十七年（1782）九月十二日寅时，卒于道光二十八年（1848）四月初五日巳时，得年六十八岁”。陈介祺作有悼母文《哀启》，记述母亲仁孝懿德，表达自己的哀痛之情。①

第四札（第九、十折，图3－2－4），用大红色笺纸写成，字体为行草。根据第六札、第七札文意，此札或为陈官俊致堂弟陈官义之信札。信札内容为：

二弟好，并问诸弟好：

兄身体尚好，可慰远念，惟自揆不望灾及嗣续，讷儿于十二月十八日因痘致殇，父子之情，何能自已！因思吾父、吾母年高，过于钟爱，日增伤悼，又不得不忍涕强为笑语，多方宽譬以仰纾高堂之忧。吾弟其亦悉兄苦衷耶！离合聚散数原一定，亦只可浮云视之耳！

吾弟年已四十有五，尚未得一子，其急切更甚于兄，一切喜音拭目竢之矣，只愿吾兄弟们身体强壮，亦不虞子孙之艰难也。

兄俊书

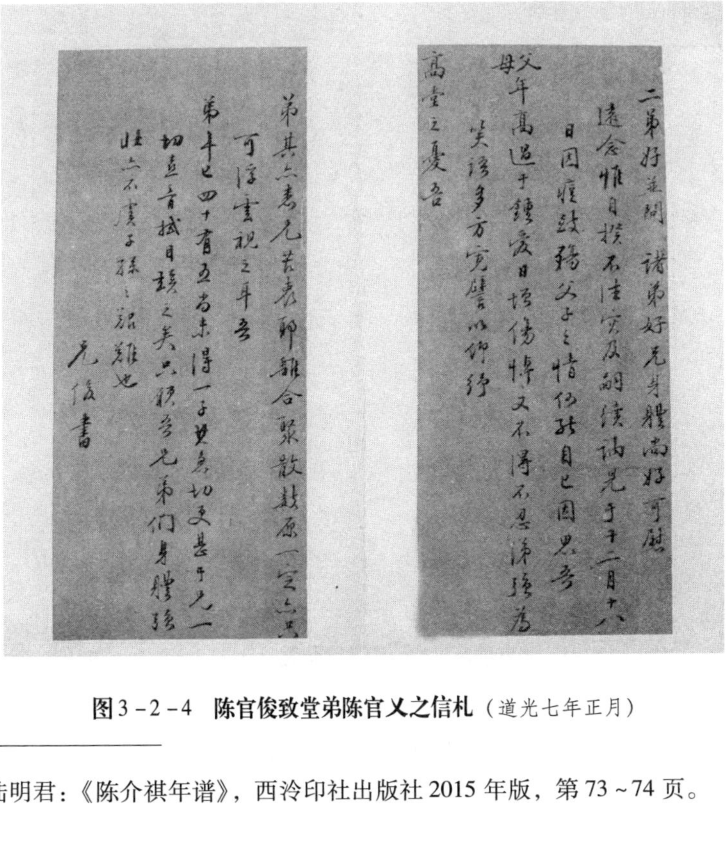
二弟好并问诸弟好兄身体尚好可慰
远念惟自揆不望灾及嗣续讷儿于十二月十八
日因痘致殇父子之情何能自已因思吾
父年高过于钟爱日增伤悼又不得不忍涕强为
母笑语多方宽譬以仰纾
高堂之忧吾
弟其亦悉兄苦衷耶离合聚散数原一定亦只
可浮云视之耳吾
弟年已四十有五尚未得一子其急切更甚于兄一
切喜音拭目竢之矣只愿吾兄弟们身体强
壮亦不虞子孙之艰难也
兄俊书

图3－2－4　陈官俊致堂弟陈官义之信札（道光七年正月）

① 陆明君：《陈介祺年谱》，西泠印社出版社2015年版，第73～74页。

陆明君《陈介祺年谱》载，清道光六年（1826）十二月十八日，陈官俊次子陈介讷生水痘夭折。① 根据信文意，此信当写于次年正月，也就是道光七年（1827）。

陈官乂，字纶堂，清道光十二年（1832）进士，曾任江西上高、东乡县知县，署南康府同知，补授新昌县知县，钦加知州衔，调补丰城县知县。②

第五札（第十一、十二折，图3－2－5），或为陈官俊三弟陈官侨致堂兄陈官乂之信札。此札用大红色笺纸书写，字体为行书。信札内容为：

弟官侨敬问二兄、二嫂近安：

弟在京诸庇平安，足慰友念！介眉于月十二日奉旨简放河南归德府知府，真吾家之喜事也。吾兄自南旋里，闻在安县有覆车之危，想早平贴无虞，念念！到家一切房屋家伙，想皆就绪，但不知是仍住老宅，是另移新房？望示知为幸。兄弟们未获晤面将近廿年矣，渴想之意，不必

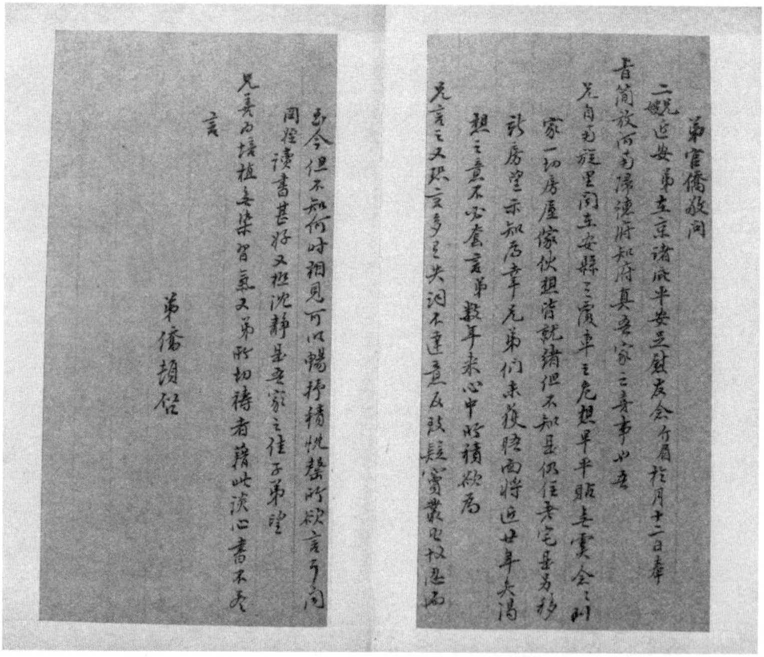

图3－2－5　陈官侨致堂兄陈官乂之信札（道光二十八年八月）

① 陆明君：《陈介祺年谱》，西泠印社出版社2015年版，第13页。

② 陆明君：《陈介祺年谱》，西泠印社出版社2015年版，第19页。

套言。弟数年来心中所积，欲为兄言之，又恐言多有失，词不达意，反致疑窦丛生，便忍而至今，但不知何时相见，可以畅抒积忱，罄所欲言耳！闻冈侄读书甚好，又极沈静，是吾家之佳子弟，望兄善为培植，无染习气，又弟所切祷者。藉此谈心，书不尽言。

弟侨顿启

此札写于清道光二十八年（1848）八月。

第六札（第十三、十四折，图3－2－6），用黄地、紫地带花卉纹笺纸写成，字体为行书。札中提到陈介眉之事，又称陈官俊母亲为收信人之“二婶母”，再联系下面第七札，则此札可能是陈官俊致大伯家堂弟陈官人之信札。信札内容为：

能甫四弟近好：

兄弟聚首为日无多，忽焉东归，在门怅惘者久之。汝嫂病不可救，尽人皆知，吾弟切勿介介也。身后一切事宜俱为妥顺，每逢题主、点主及出殡，天气晴和，在伊亦可无憾矣。汝二婶母精神康健，眠食胜于去年，偶尔悲伤，过而不留，此尤举家之福也。柳叶鱼暨鱼蛋均带到，汝

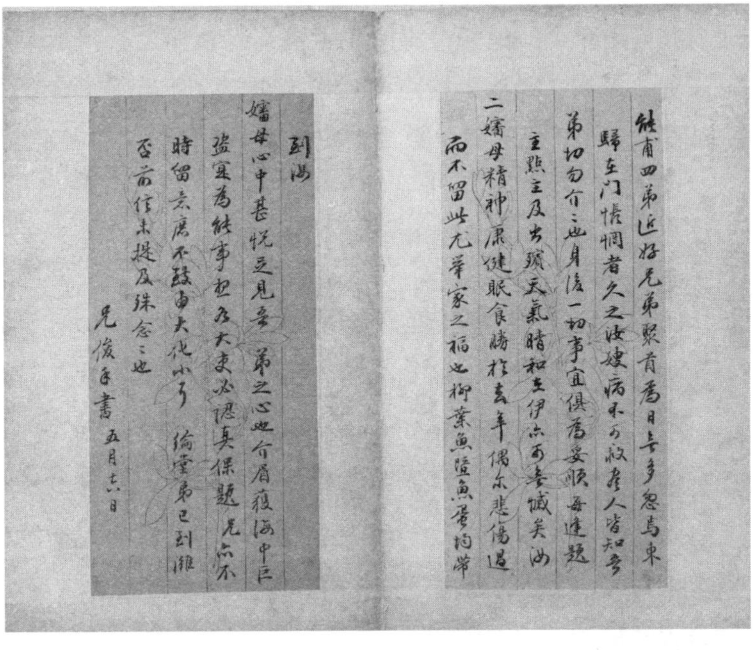
能甫四弟近好兄弟聚首為日無多忽焉東歸在门悵惘者久之汝嫂病不可救盡人皆知吾弟切勿介介也身後一切事宜俱為妥順每逢題主點主及出殯天氣晴和在伊亦可無憾矣汝二嬸母精神康健眠食勝於去年偶尔悲傷過而不留此尤舉家之福也柳葉魚暨魚蛋均帶到汝嬸母心中甚悦足見吾弟之心也介眉獲海中巨盜宜為能事想不大吏必認真保題兄亦不時留意處不致由大化小耳 綸堂弟已到濰否前信未提及殊念念也 兄俊手書 五月十六日

图3－2－6　陈官俊致堂弟陈官人之信札（道光二十八年五月十六日）

婶母心中甚悦，足见吾弟之心也。介眉获海中巨盗，实为能事，想各大吏必认真保题，兄亦不时留意，庶不致由大化小耳。纶堂弟已到潍否？前信未提及，殊念念也。

兄俊手书

五月十六日

此札写于清道光二十八年（1848）五月十六日，是年四月五日陈官俊妻丁氏（也就是陈介祺母亲）去世，陈官俊的堂弟陈官乂等赴京奔丧，事毕归乡后陈官俊写信问候。

陈官人，陈官俊伯父陈祥年次子，太学生，有二子，长为陈介眉，次为陈介锡。陈介锡，字晋卿，号小兰，贡生出身，嗜好收藏名人书画，与陈介祺关系最为密切，常相互交流切磋。曾继高凤翰、郭廷翕后收藏书画册《桑梓之遗》，并续成百册之巨，使之成为山东名人字画集大成者。晚年编订《桑梓之遗目录》十卷、《桑梓之遗录文》十卷、《桑梓之遗考略》一百卷、《续成桑梓之遗书画册序》、《文石杂识》、《文石山房诗钞》等。民国《潍县志稿》卷三十《人物·文学》记载："陈介锡，字晋卿。介眉仲弟也。廪贡生，同治制科征举孝廉方正。性嗜古，授职州同，后不乐仕进，惟日以征文考献为事。先是胶州高南阜、即墨郭根庵两先生辑有《桑梓之遗》七十八册，展转由其族叔子懿。家归，介锡手检点前后未为全望，乃出其家藏缃素，余或乞自知交，或购以兼金，至有教驰数百里凂托数千人而后一获者。统计卷轴、屏障、尺牍、便面、诗文稿不下千余种，殚心抉择，必人与物确足以传者，始赓续为百余册，以竟高、郭两先生之绪。又癖石，蓄文石数十枚，珍逾拱璧，为撰《杂志》二卷，繁征博，行文极瑰丽，抚其篡著。自乃兄咸丰辛酉（1861）殉难后牢落不平，光绪间病殁，所藏弃零落殆尽矣。迄今人尚啧啧称郭子嘉、陈小兰两先生有功于乡邦文献云。"（按：郭子嘉，即郭麐，著有《潍县金石志》等著作多种。陈小兰，即陈介锡。）

纶堂，即陈官人兄长陈官乂。

第七札（第十五折，图3-2-7右），或为陈官俊致陈官人之信札，用黄地带花卉纹笺纸写成，字体为行书。信札内容为：

能甫四弟大喜！

介眉得邀特恩，兄实欢忻难名，今速速送信，言不及多叙，想不余怪也。闻二弟已回潍，谅诸事平安，匆匆亦未及另札，可代我问好，并候近祉不一。

兄俊手书

六月初一日戌刻

此札写于清道光二十八年（1848）六月初一日，信札内容当是报陈介眉升任河南归德府知府一事。

第八札（第十六折，图 3－2－7 左），或为陈官傑致陈官人之信札。该札用黄地暗花笺纸写成，字体为行书。札文内容为：

四兄好：

弟在京亦好，前言所捎之物未有单子，弟亦忘了，近接手札，即将单子交于李三叔，他亦应承了，但他生意甚忙，一二日不能买起，俟后有便车再带。

弟傑顿首

诸兄弟均此问好！

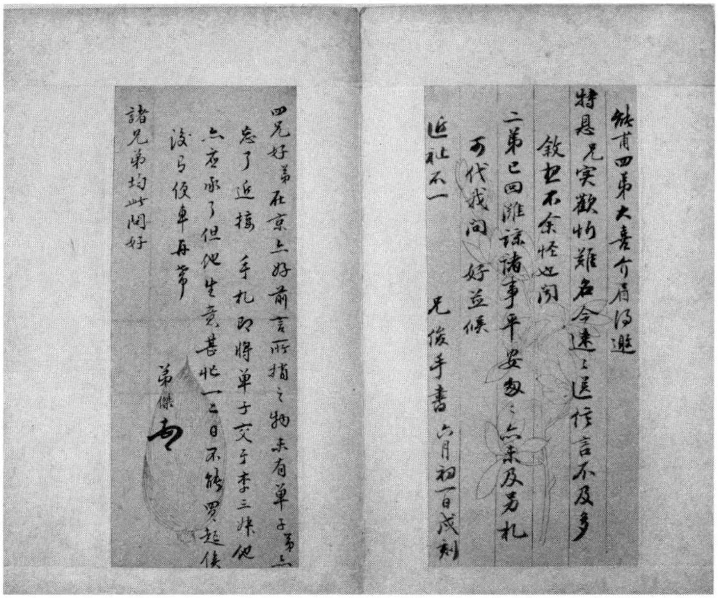

然有四弟大喜亦有得邀
特恩兄实欢忭难名今速速送信言不及多
叙也不余怪也闻
二弟已回潍谅诸事平安匆匆亦未及另札
可代我问好并候
近祉不一
兄俊手书 六月初一日戌刻

四兄好弟在京亦好前言所捎之物未有单子弟亦
忘了近接 手札即将单子交于李三叔他
亦应承了但他生意甚忙一二日不能买起俟
后有便车再带
弟傑 首
諸兄弟均此問好

图 3－2－7　陈官俊致陈官人之信札（右）、陈官傑致陈官人之信札（左）

第九札（第十七、十八折，图 3－2－8），为陈官俊致陈介眉之信札。该札用黄地带花卉纹信笺写成，字体为行书。札文内容为：

介眉近好：

余在京亦好，可勿挂念。汝赏换花翎，记名知府，天恩高厚，至优极渥，汝宜何上酬恩遇、尽心竭力耶，勉之望之。余于夏初遭汝伯母之丧，心绪甚烦，幸汝二祖母慈念尚宽，不致过戚，精神比去年康健，此尤咱举家之福也。南中诸事，信中务详言之，恐传言者有舛错耳。

伟堂手书

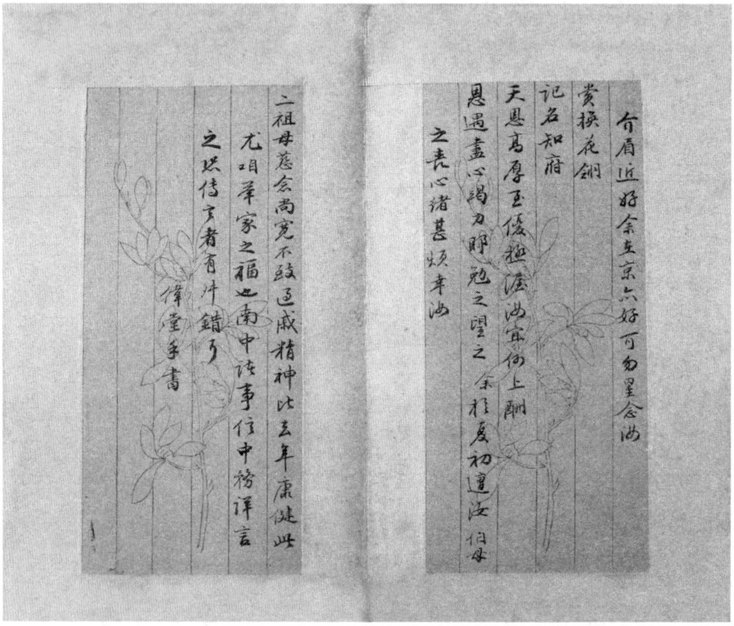

介眉近好余在京亦好可勿罣念汝
賞換花翎
記名知府
天恩高厚至優極渥汝宜何上酬
恩遇盡心竭力耶勉之望之余於夏初遭汝伯母
之喪心緒甚煩幸汝
二祖母慈念尚寬不致過戚精神比去年康健此
尤咱舉家之福也南中諸事信中務詳言
之恐傳言者有舛錯耳
偉堂手書

图3－2－8 陈官俊致陈介眉之信札（道光二十八年）

此札写于清道光二十八年（1848），此年陈官俊妻丁氏去世，陈介眉升任河南归德府知府，陈官俊勉励从侄陈介眉为朝廷尽心竭力、尽职尽责。

第十札（第十九、二十、二十一折，图3－2－9），为陈官俊、陈官侨致四叔父（陈祥凤）母、五叔父（陈祥冀）母、六叔父（陈祥醴）母之信札。该札用淡黄色笺纸写成，字体为行书。札文内容为：

侄官俊、官侨叩请四叔父叔母、五叔父叔母、六叔父叔母万安：

侄等在京极好，望勿挂念！俊于本月十三日到京，一路平安，所过地方，因各处得雨，年成尚在五分以上，惟博兴、盐山、庆云得雨太少，殊形荒歉耳。京案自十二日问起，刑官颇用心，大约先办陈士选，再办陈世英、陈辅世，革除生监以外，恐不能无余罪也。咱只听断，仍不深入，李培经求咱太急，咱能和事为上策，切劝他不可多事，恐难得理。至新茔距城较远，求叔父常令王姓加意看护，无任他人作践。茔后地亦以早置为要。近京中天气暑热，母亲身体康健，以下眷口均各平吉。介祺妇于本月十一日生一女，大人小口均各旺相，可慰尊怀。再杜姓如愿来京，即令同杜老三坐一车，来不来，亦听其便。

侄官俊、官侨叩

附问二弟好！诸弟好！侄辈均吉不另。

有新小米先捎三四斗来，乃母亲所思食者。

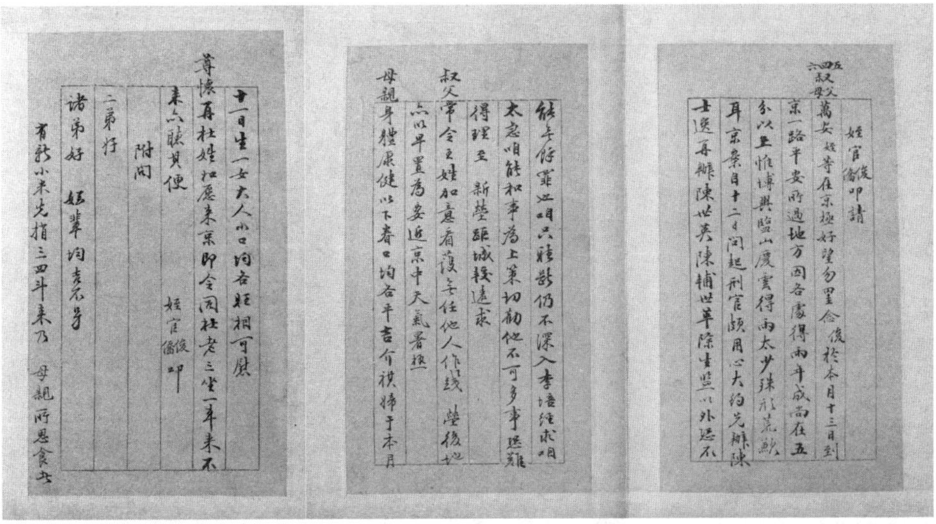

图3-2-9　陈官俊、陈官侨致四叔父叔母、五叔父叔母、六叔父叔母之信札（道光十二年七月）

此札应写于清道光十二年（1832）七月。该年七月初一日，陈官俊回潍县上其父亲陈祥桂的初忌祭，七月十三日回京。陈祥桂于清道光十一年（1831）六月十五日去世，同年九月初九日，陈官俊、陈官侨奉父灵柩回里，二十日抵潍。十月二十一日，陈祥桂下葬。①

据札文知，清道光十二年（1832）七月十一日，陈介祺得一女，此年陈介祺二十岁。

① 陆明君：《陈介祺年谱》，西泠印社出版社2015年版，第17~18页。

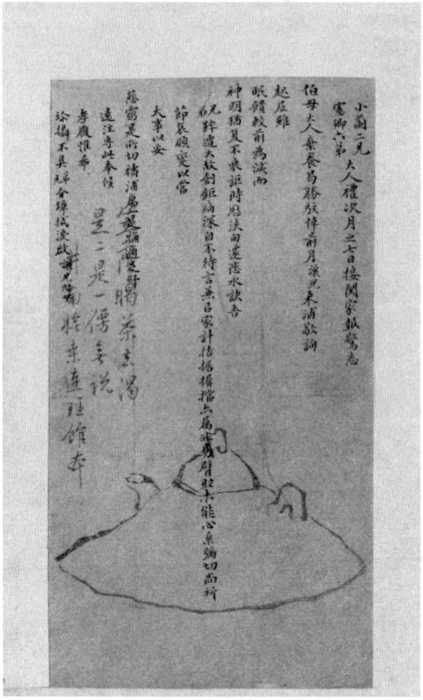

图 3－2－10　陈介璋致陈介锡、宪卿六弟之信札

第十一札（第二十二折，图 3－2－10），为陈介璋致小兰二兄（陈介锡）、宪卿六弟之信札。该札用淡绿色带暗花笺纸写成，字体为楷书。札文内容为：

小兰二兄大人、宪卿六弟大人礼：

次月之七日接阅家报，惊悉伯母大人弃养，曷胜骇悼！前月让儿来浦，敬询起居，虽眠馈较前为减，而神明犹复不衰，讵时历浃旬，遽悲永诀。吾兄、吾弟猝遭大故，创巨痛深，自不待言。兼以家计拮据，摒挡亦属非易，臂助未能，心系弥切，尚祈节哀顺变，以当大事，以妥慈灵，是所切祷。浦寓一是粗适，足纾远注，专此奉候孝履，惟希珍摄不具。

弟、兄介璋拭泪启

让儿附叩

陈介璋（1821—1873），为陈祥冀孙，陈官正次子，陈介祺从堂兄弟。民国《潍县志稿》卷二十八《人物·事功》载，陈介璋字莪卿，十三岁即入府学弟子员，拔贡朝考一等第一名，以七品小京官签分户部。咸丰元年（1851）应顺天乡试，得中举人。咸丰十一年（1861），为防御太平军，陈介璋以户部主事身份跟从户部侍郎杜翻回籍办团练。待事平后回京都供职，先后叙劳记名知府，以道员用。同治六年（1867）出守池州，对经过兵燹后的池州采取休养生息政策。同治十年（1871），丁外艰期间，陈介璋协助文彬督漕清江，襄办善后事宜，振抚集于清江的山东流亡灾民，寝食俱废，叙功加盐运使衔。两年后因积劳卒于怀江，时年五十三岁。

此札为陈介锡母亲去世后，陈介璋致信陈介锡以示慰问。札中陈介璋称自己的寓所为“浦寓”，则此札当写于清同治六年（1867）陈介璋出守池州之后。

宪卿，或为陈介锡弟，待考。

第十二札（第二十三至二十六折，图 3－2－11），为陈介眉致家乡祖父辈之信札。该札用大红色笺纸写成，字体为行草。札文内容为：

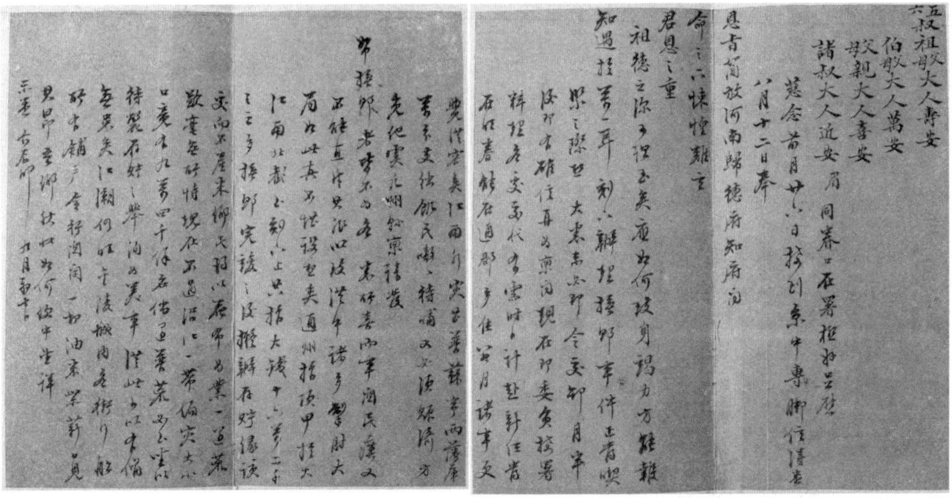

图3-2-11 陈介眉致家乡祖父辈之信札（道光二十八年九月初七日）

五叔祖父叔祖母、六叔祖父叔祖母大人寿安，伯父伯母大人万安，父亲母亲大人喜安，诸叔大人近安：

眉同眷口在署极好，足慰慈念。前月廿六日接到京中专脚信，得悉八月十二日奉恩旨简放河南归德府知府，闻命之下，悚惶难定。君恩之重、祖德之深，可谓至矣，应如何致身竭力方能报知遇于万一耳！刻下办理抚恤事件正将吃紧之际，想大宪未必即今交卸，月半后即有确信，再为禀闻。现在即委负接署料理，各处交代有需时日，计赴新任将在明春，能在通郡多住数月，诸事更觉从容矣。

江南水灾甚普，苏宁两藩库米分支绌，饥民嗷嗷待哺，又必须赈济，方免他虞。凡州县禀请发币抚恤者，皆不为各宪所喜，而事关民瘼，又不能直斥其非，以致从中诸多掣肘，大局如此，真不堪设想矣。通州捐项甲于大江南北，截至刻下，上共捐大钱十六万二千千之多，抚恤完竣之后，拟办存贮，缘该处向不产米，乡民均以花布为业，一遇荒歉，毫无所恃，现在不过沿江一带局灾，大小口竟有九万四千余名，倘遇普荒，必至坐以待毙，存贮之举，洵为美事，从此可以有备无患矣。

江潮仍旺，金陵城内各街行船，所有铺户全行关闭，一切油米柴薪日见其昂。吾乡秋收如何？信中望详示悉。

介眉叩

九月初七日

此札写于清道光二十八年（1848）九月初七日，札文内容除谈到陈介眉自己得任河南归德府知府外，几乎全篇谈及江南水灾及赈灾情况，可见陈介眉是一位心系黎民、勤政贤能的官员。

第十三札（第二十七折，图3-2-12右），为陈介璋致陈介锡之信札。该札用淡黄色带暗花卉纹笺纸（松竹斋制）写成，字体为楷书。札文内容为：

小兰二兄大人安好，伯母慈前叱名敬请福安：

十七日接奉手书敬悉，一是家事幸有头绪，稍慰驰私。分直一节当与冯杏村面酌，另条呈阅，其免试用一层到省后再办不误，缘少一层则省一分结银也。京寓粗平，弟体顽壮，可勿惦念。现拟于六月初六前后回里，未谂月内能命驾否，盼盼，切切。酬应匆烦，临楮不尽欲言，诸容续启。

璋顿首

二嫂阃福！

札中陈介璋称自己的寓所为“京寓”，则其此时正做京官，该札当写于其在清咸丰十一年（1861）回乡办团练之前。

第十四札（第二十八折，图3-2-12左），为陈介璋致陈介锡之信札。该札用淡黄色带暗花卉纹笺纸（松竹斋制）写成，字体为楷书。札文内容为：

晋卿二兄大人近好：

伻来接诵来函，欣悉伯母大人慈躬安健暨合家清吉，慰甚！许翁项幸不辱命，交刘纪收楚留款亦送到，复留帧，乙伍作零赏之，需用后再寄知。西信日紧，近复窜扰兰郯，大有窥伺东府之势。青郡又以诸城尹耀宗与其弟兴宗聚众煽惑，意存叵测。具禀，将来一有决裂，必首祸吾邑。回首乡关，时增惴惴，信便望详示。尹件亦妥侦，以释悬系。临楮依依，不尽欲言，余容刘价面禀一是也。

弟璋顿首

初六日

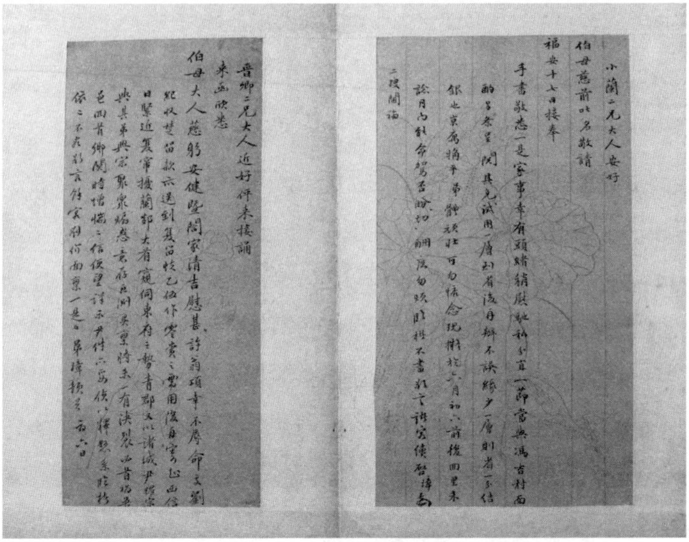

图3－2－12　陈介璋致陈介锡之信札两封

此札当写于清咸丰十一年（1861）。此年秋，捻军转战山东，尹耀宗与其弟尹兴宗奉旨在家乡邓戈庄举办知防团，八月十四日，在与捻军对战中兄弟俩均战死。尹耀宗（？—1861），字怡堂，诸城人，清咸丰三年（1853）进士，初授礼部主事，后迁礼部员外郎。其兄尹辉宗，清道光十八年（1838）进士。①

第十五札（第二十九、三十折，图3－2－13），为陈介璋儿子陈家澍、陈家让致其六叔（或为第十一札中所称“宪卿”者）之信札，该札用黄色、蓝绿色带暗人物纹笺纸写成，字体为楷书。札文内容为：

六叔大人尊右：

日前侄扶先严灵輀旋里，奉安窀穸，仰赖谊笃，孔怀悯深孤弱，俾少不更事者，得以克襄大事，侄何敢更以铭刻为言耶！惟祝福履康和，凡百迪吉，以少抒孺私云尔。侄等匆匆就道，适值风雨，泥涂载路，车行维艰，加以各处谢客，至十月中旬始抵浦垣。质帅十分优睐，命居节署，与文案处诸君子会食，尚属清静妥适，微躯亦颇无疾苦，堪慰垂注。惟侄等羁身千里，家无成丁之男，殊内顾多虑，尚望关拂一是，无任切祷如旨，于无事时到侄处一行，则不第侄等之戴德已也。

清淮近无新政，秋成尚好，入冬多暖，尚未得雪，人情亦极安谧。

① 张崇玖：《诸城明清进士传略》，西泠印社出版社2007年版，第247～248页。

吾潍之在浦者，虽不似从前之有所依，亦不遽遭斥逐，固在人之自为耳。惟裴仲玉旋浦后，未为居停所留，自淮之苏，复之杭，遨游而反，旋又往谒东道，近不知作何情况。进之弟居浦多日，即赴兴化，适遇张叔则大病未愈，不审所事何，似嗣，闻其十一月间行次上海，想刻已到粤东矣。高乐园在太平开大嫖，汉封积金为之弃掷殆尽。宋四老太太到广后，婆媳不相能，仍欲随宋子舟北旋，现以病未即行。

人便尚求训诲时领，俾慰恋忱，不胜翘盼之至。肃禀。敬请金安。伏惟慈鉴。

侄家澍、家让谨禀

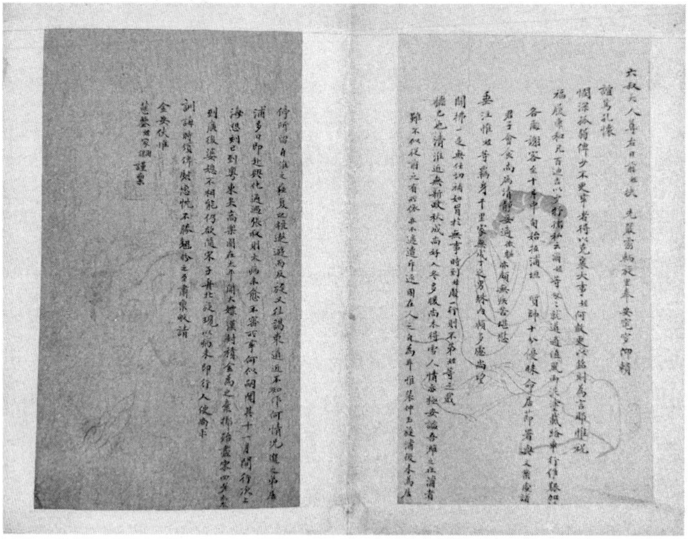

图3－2－13　陈家澍、陈家让致六叔父之信札

陈介璋在清江抚恤灾民，于清同治十二年（1873）积劳成疾去世，其子陈家澍、陈家让扶其灵柩归葬家乡潍县，事毕返回后致潍县六叔父信札，以感谢六叔父在葬礼上的相助，并告知几个在江苏的潍县人的近况。由此可知，此札当写于清同治十二年（1873）或十三年（1874）。

清淮，即清江与淮城的合称，即今江苏省淮安市。清江为今淮安市清江浦区，淮城为今淮安市楚州区。

（潍坊市博物馆副研究馆员　衣可红）

浅析潍坊市博物馆所藏的两套清代“潍县相府陈氏祭器”

潍坊，宋元时期称潍州，明清称潍县，州、县治所设在今潍城。作为著名金石学家、收藏家陈介祺的故乡，潍坊收藏有大量与陈氏家族相关的珍贵文物，潍坊市博物馆所藏的两套清代“潍县相府陈氏祭器”款器物便尤为引人注目。

其中一套清代“潍县相府陈氏祭器”款青花矾红彩云龙纹瓷器，包括大碗、小碗、碟、盏托四种类型，共计 19 件（图 3－3－1）。

图 3－3－1　清代“潍县相府陈氏祭器”款青花矾红彩云龙纹瓷器

碗，共15件，形制相同，均为敞口，深弧壁，圈足。器内施白釉。外口沿饰青花“卍”字锦地纹，器壁以矾红彩绘双龙戏珠纹，朱龙张口怒目，鬃发上冲，四肢开张，爪矫健有力，龙身间隙处饰如意云纹。近足处以青花绘青白相间的海水江崖纹，海水波涛汹涌，浪花激溅，衬托出行龙在无际的云海间追赶火珠之势。圈足内施白釉，以红彩书“潍县相府陈氏祭器”双行八字楷书款。大碗共9件，高6厘米，口径10.4厘米，底径4.7厘米；小碗共6件，高5.6厘米，口径9.9厘米，底径4.1厘米（图3-3-2、3-3-3）。

图3-3-2　清代“潍县相府陈氏祭器”款青花矾红彩云龙纹碗之一

图3-3-3　清代“潍县相府陈氏祭器”款青花矾红彩云龙纹碗之二

盏托，共3件，形制相同，均为敞口，浅斜壁，中心凸起盏槽，圈足。盏槽内绘数朵如意云纹，周围绕着海水江崖纹、二龙戏珠纹及“卍”字纹。款识与整组器物一致。盏托直径分别为8.4厘米、9.1厘米、9.3厘米，高1.8厘米（图3-3-4）。

图3-3-4　清代“潍县相府陈氏祭器”款青花矾红彩云龙纹盏托

碟，共1件，撇口，折沿，浅斜壁，圈足。纹饰、款识与整组器物一致。碟直径10.3厘米，高1.8厘米。

青花矾红彩是青花与红彩相结合的装饰手法，始于明代宣德时期。此类装饰手法需先烧成青花器，再在釉上用矾红彩描绘图案，然后入窑炉低温烘烤。青花属釉下彩，是用氧化钴料为着色剂在陶瓷坯体上描绘纹饰，再罩上一层透明釉，经高温还原焰一次烧成。钴料烧成后呈蓝色，发色稳定、沉着浑厚。矾红彩是在氧化气氛中烧制而成的低温红釉，呈色稳定，色泽艳丽，施彩时深浅分用，可表现纹饰的立体效果。釉下青花与釉上红彩相互辉映，对比鲜明，实属珍贵。

另一套器物为“潍县相府陈氏祭器”款铜胎掐丝珐琅缠枝莲纹器，包括长方形器、方形器、长方碟、方碟四种类型，共计81件（图3-3-5、3-3-6）。

图3－3－5　清代“潍县相府陈氏祭器”款铜胎掐丝珐琅缠枝莲纹器之一

图3－3－6　清代“潍县相府陈氏祭器”款铜胎掐丝珐琅缠枝莲纹器之二

其中，长方形器、方形器形制、装饰统一，皆四壁直立，下承四足。口、边、足沿鎏金包边。器外壁以蓝色珐琅釉为地，以双线勾勒法细细掐出缠枝花卉图案，填红、绿、浅蓝、宝蓝、黄、白六色珐琅釉料。中心饰莲花一朵，周围满饰花叶纹，花朵硕大，枝叶肥厚，伸展自如。底部中央錾阳文楷书“潍县相府陈氏祭器”八字双行款。长方形器共3件，尺寸相同，长37.3厘米，宽18.5厘米，高9.6厘米；方形器共30件，尺寸相同，长18.5厘米，宽18.5厘米，高9.6厘米（图3-3-7）。

图3-3-7　清代“潍县相府陈氏祭器”款铜胎掐丝珐琅缠枝莲纹长方形器

方碟与长方碟的形制、装饰相似，均为直口，浅腹，圈足。口、边、足沿鎏金包边。盘内以蓝色珐琅釉为地，中心饰莲花一朵，周围满布花叶纹，底部中央錾阳文楷书“潍县相府陈氏祭器”八字双行款。方碟共36件，尺寸相同，长12.3厘米，宽12.3厘米，高2.6厘米；长方碟共12件，尺寸相同，长15.6厘米，宽12.3厘米，高2.6厘米（图3-3-8、3-3-9）。

图3-3-8　清代“潍县相府陈氏祭器”款铜胎掐丝珐琅缠枝莲纹方碟之一

图3-3-9　清代“潍县相府陈氏祭器”款铜胎掐丝珐琅缠枝莲纹方碟之二

掐丝珐琅器，是在金属胎体上用细铜丝铆焊成图案，加填各种珐琅彩釉料，然后经高温成色，最后磨光而成的一种金属工艺品。这种工艺品的制作技术在明代景泰年间日臻完善，成品多以蓝色为地，色泽晶莹，又被称为“景泰蓝”。由于金属胎珐琅器制造工艺复杂，釉料配制和烧造技术难度大、生产成本高，所以这种珍贵的珐琅制品在很长的时期内主要在宫廷中制作，供皇帝及皇室享用，也有少量珐琅器被皇室作为贵重礼物恩赐给王公大臣，民间则很少流传。

1972年，这两套器物由陈氏后人陈君藻捐赠给潍坊市博物馆，后被定为国家二级文物。精美的器物和特殊的款识吸引着我们探究其背后的历史，据民国《潍县志稿》记载可推知，这两套“潍县相府陈氏祭器”应该属于潍县陈氏家族。道光二十四年（1844），陈氏十六世陈官俊官至协办大学士①，崇实的《惕庵年谱》中也记载陈官俊在世时已是五相国之一。

潍县陈氏起源于元代。至明末，陈氏宗脉在潍地以书香继世。至清代陈官俊一世，开始官宦连甲，人才辈出。陈官俊，字伟堂，清嘉庆十三年（1808）进士，以名翰林入直上书房，后为上书房总师傅，历任工部、兵部、礼部、吏部尚书，官至协办大学士。道光二十九年（1849），陈官俊逝于任

① 清朝相沿明朝，以大臣授殿阁大学士及协办大学士者为内阁宰辅，亦称入阁。

上，赠太子太保，入赐贤良祠，谥“文悫”。①

其子陈介祺，字寿卿，号簠斋，道光二十五年（1845）进士，官至翰林院编修，著有《传古别录》《十钟山房印举》等。陈介祺是清代金石收藏与研究的杰出代表，在集古、鉴古、释古、传古等领域做出了卓著的贡献。他一生收藏的金石器物及其他文物计两万余件，且藏品门类之广为全国之冠。《清史稿》称赞他“所藏钟鼎、彝器、金石为近代之冠”。

陈介祺自幼随父在京师读书，其父陈官俊去世后，因久见宦海沉浮，吏治腐败，遂绝意于官场，返回潍县故里，从此不再出仕，专心从事古物收藏与研究。②陈介祺归隐潍地后，仍心系国事，忧心百姓，在潍治团练、守城、赈饥，深受潍地百姓爱戴。

故宫博物院研究员王光尧先生认为，这两套祭器虽然不是官窑产品，但其精美程度仅次于官窑御用器。根据这两套器物的特征，可以判定其时代为同治、光绪时期。由此可以推断，陈介祺在盛年致仕回潍后，为父亲陈官俊定制了一批“潍县相府陈氏祭器”款器物，并以此作为一种家族荣耀的象征，用于家庙祭祀，并成为《清史稿》中关于品官士庶家祭用器制度③的实物佐证。④“潍县相府陈氏祭器”在此后的一百多年间，部分器物已经散失，如今我们有幸得见这两套器物，可以借此管窥陈氏家庙祭祀的面貌。陈介祺作为同辈中的佼佼者，充当了“宗主”的角色，这批器物亦是宗族祭祀文化的物化体现。“潍县相府陈氏祭器”这个独一无二的款识，让今天的观者得以领略当年陈氏家族的繁荣光景。

（潍坊市博物馆馆员　于　璐）

① 〔清〕赵尔巽等：《清史稿》卷三百六十五，中华书局 1977 年版，第 11438 ~ 11439 页。

② 陆明君：《簠斋研究》，荣宝斋出版社 2004 年版，第 13 页。

③ 《清史稿》卷八十七《礼六（吉礼六）》中有关于品官士庶家祭的相关规定：“凡品官家祭庙立居室东……定牲器之数，一至三品，羊一、豕一，每案俎二，铏、登各二，笾、豆各六。……入东房治笾、豆，陈铏、登、匕、箸、醢、酱以俟。”（中华书局 1977 年版，第 2611 页。）

④ 王光尧：《清代瓷质祭礼器略论》，载《故宫博物院院刊》2003 年第 2 期。文中通过文献论证，认为清代内廷诸祀用器皆出自当时的实用器，《清史稿》中记载的器类仅余古名，在内廷祭祀中多用大小不一、形制相仿的盘、碗、尊等。上为之，下效之。

陈介祺著述三种书后

潍坊市博物馆藏有陈介祺著述三种：《十钟山房印举》钤印本、《封泥考略》石印本、《簠斋藏镜》影印本，十分珍贵。兹对此三种底本进行简单介绍。

一、《十钟山房印举》钤印本

该书纵 27 厘米，横 17.3 厘米，一函六册。外为木质夹板，呈褐色，两侧为棉绳系装，夹板正中偏上题耑《十钟山房印举》（图 3－4－1），扉页题署《十钟山房印举》并附题“同治壬申（1872）海滨病史六十岁作”字样（图 3－4－2）。

图 3－4－1　钤印本《十钟山房印举》夹板

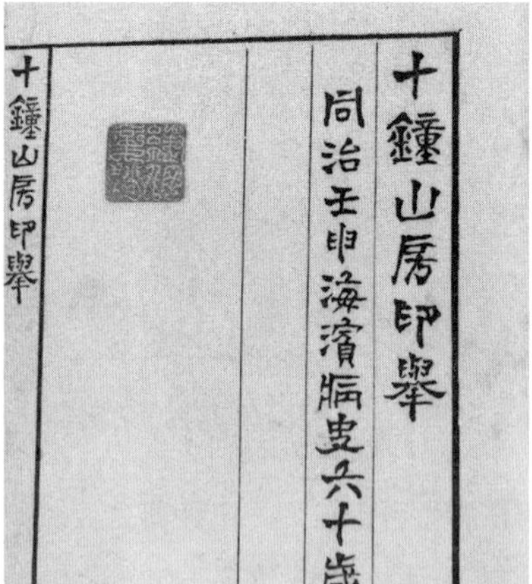

图 3－4－2　钤印本《十钟山房印举》扉页

(一)《十钟山房印举》的编纂体例

古印著录为谱，在唐代已出现，如唐代徐景的《玉玺正录》、纪僧夏的《玉玺谱》、姚察的《传国玺》。宋代的玺印著作，除了杨克一的《集古印格》、宋徽宗的《宣和印谱》，以及王顺伯、姜夔等人辑的印谱，还有大量的古器古玺印散见于浩如烟海的宋代笔记中，如赵希鹄《洞天清录》之“古印章”中有对古玺印纽的作用和汉印文字排列规律的考察，赵彦卫《云麓漫钞》卷二中有对“汉叟邑长印”“寿亭侯印、关南司马印”等官印的举例，以及对“古印文多云‘臣某’”“古印文作白字”的解读，卷十五中有对“玺考”的详细研究，程大昌《演繁露》卷一、王楙《野客丛书》卷二十五、宋敏求《春明退朝录》卷上、王楙《野客丛书》卷二十六中分别对“孔琳之建议众官印即用一印”“晋惟尉用一印”“废印”“唐言金印”进行了考释等，可见宋人玺印研究之梗概。① 元代赵孟頫、吾丘衍也各有集古印所成之书。但以上所列，仅见史籍载记或存目，原印皆失传。明代顾从德作《印薮》《集古印谱》，搜采古玺印达一千七百多方，于万历年间以木刻本行世。至清代，集古印谱不断涌现，如吴观均《稽古斋印谱》、程从龙《秦汉印谱》（又称《程荔江印谱》）、汪启淑《汉铜印丛》《退斋印类》、张邦梁《清仪阁古印偶存跋》、潘毅堂《看篆楼古铜印谱》、张廷济《清仪阁古印偶存》、吴云《二百兰亭斋古印考藏》、吴式芬《双虞壶斋印存》等。而至陈介祺《十钟山房印举》，其所收古玺印数量之多、品类之全、名印之多、编纂体例之善，前所未有。②

《十钟山房印举》开创了集时代、质地、类别、功能等于一体的印谱编纂体例，将古玺、官印、周秦印、姓名印作为四大要类，按印式、印材分门别类，而各类中又以韵为姓之次第。

如潍坊市博物馆所藏《十钟山房印举》首卷首页印有缪篆“婕伃妾娋”（图3－4－3），原印现藏于故宫博物院，印面2.3厘米见方。此印采用装饰性较强的缪篆，在对缪篆文释读知识尚缺的元明时期，“娋”字被误识为“赵”，故此印被误传为汉成帝妃子赵飞燕的遗物。此印自元代开始被藏家争

① 林欢：《宋代古器物学笔记材料辑录》，上海人民出版社2013年版，第81～92页。

② 陆明君：《“万印楼”藏印及〈十钟山房印举〉的成书过程、体例及版本考说》，见《陈介祺学术思想及成就研讨会论文集》，西泠印社出版社2005年版，第171页。

相收藏，后转至陈介祺手中，陈氏将此印钤置为万印首品。

潍坊市博物馆所藏《十钟山房印举》第二卷第二页印文为汉篆字体，白文，五字三竖行排列，右上起顺读为“圜阳马丞印”（图3-4-4），印面2.3厘米见方。此为新莽时官印，是窥见官印文字风格演进的重要资料。

图3-4-3 缪篆“婕伃妾娋”印

图3-4-4 “圜阳马丞印”印

《十钟山房印举》编纂体例之创新性、科学性是此前同类印集难以比拟的。王国维在致罗振玉书中曾言：“原书分装百册。首古玺，次汉以后官印，次私印。私印之中复以‘革带印’、‘私印’、‘之印’及‘无印字’等分类，而各类中又以韵为姓之次第，极有条理。……簠斋印此，分类排印，实其生平一大事业。”① 王献唐也说《十钟山房印举》“凡所甄录，俱精鉴无爽，度其穿处，当皆圆空，当时分定先后，必有取于文字形制二者之间，以但取文字，偶或变化难定，形制则藏然不淆。即此一端，可知簠老之精审。他家印集，类都混合钤打，不分秦汉矣”②。何琳仪指出：“战国玺印曾一度被列入秦汉玺印之后。乾嘉著名学者程瑶田首先释出‘[illegible]’为‘私玺’，并指出‘玺但用[illegible]者，古文省也。’程氏把战国玺印文字归属于‘古文’，见解十分犀利。后来徐同柏索性把古玺称为‘古文印’，吴式芬又进一步分出‘古玺官印’和‘古朱文印’。同治年间，陈介祺荟萃各家印谱编辑《十钟山房印举》，其中古玺材料十分丰富。该书虽兼收汉以下材料，但首列‘古玺’，又进而先列官玺，后列私玺，这一体例至今仍在沿用。陈氏还推测‘朱文铜玺

① 吴泽主编：《王国维全集·书信》，中华书局1984年版，第118～119页。
② 王献唐：《五镫精舍印话》，齐鲁书社1985年版，第27页。

似六国文字，玉印似六国书法近两周者’，也颇有见的（地）。”①

（二）《十钟山房印举》的史料价值

罗福颐在《古玺印概论》和《封泥证史录举隅》中对晚清以来的玺印及封泥考订成果概括为：补官制之缺佚，校郡县之殊异，辨记载之漏略，正史志之违异，明沿袭之讹字。②《十钟山房印举》则为玺印考订成果提供了明确的判断标尺。

《十钟山房印举》透露出铸印工艺、社会审美趋势、社会政治与文化环境、文书制度变化等密切相关，为近现代古玺印学研究和篆刻艺术普及提供了翔实的学术资料。

二、《封泥考略》石印本

书函纵 25.9 厘米，横 15.2 厘米，一函十册。外有青色布面四合函套，每册封面贴有黄地印行宋体“封泥考略”书签（图 3－4－5），书中扉页为篆书“封泥考略”字样（图 3－4－6），牌记“海丰吴氏、潍县陈氏所藏辑成十卷，光绪甲辰（1904）之秋印于沪上”（图 3－4－7）。

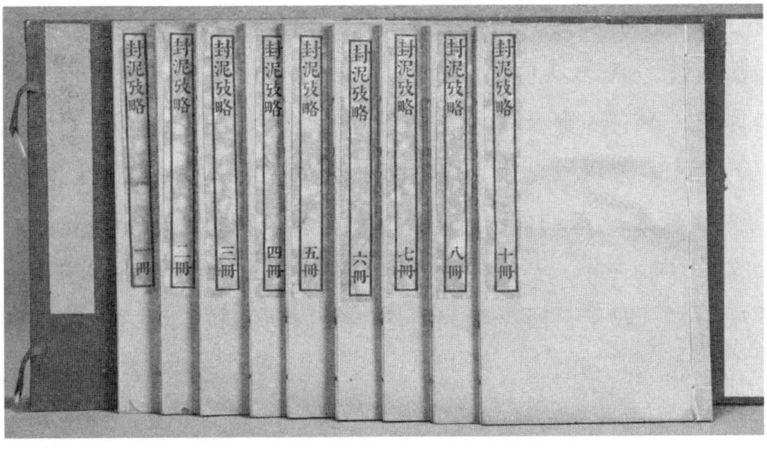

图 3－4－5　石印本《封泥考略》封面

---

① 何琳仪：《战国文字通论》，中华书局 1989 年版，第 8 页。

② 参见孙国强：《陈介祺的金石学成就和历史地位》，载《潍坊学院学报》2004 年第 3 期。

图 3-4-6　石印本《封泥考略》扉页

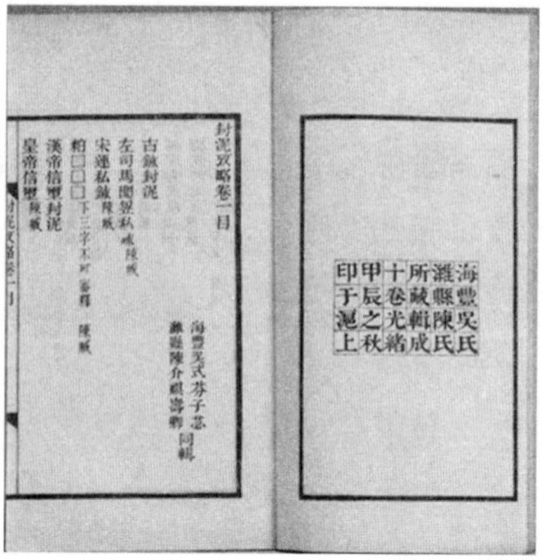

图 3-4-7　石印本《封泥考略》目录

（一）《封泥考略》的考辑情况

《封泥考略》初辑成于光绪二十四年（1898），无专书辑录问世。光绪三十年（1904）《封泥考略》刊行，然吴式芬和陈介祺先后于此前四十六年、二十年辞世。此本巨著既无序跋，又不见书者具款，学界对其成书过程几近茫然。陈介祺在改订吴式芬《汉官私印封泥考略》手稿（图 3-4-8、3-4-9，单册线装，纵 26.3 厘米，横 18.4 厘米）中曰："道光年间，关中出方泥，上有印文，下有绳穿及竹版文。识者考之为泥封，前人所未曾见也。吴子苾六兄与余先后各得三百余，为最多。子苾视学浙中，以所藏为《考略》，而翁赤均大年校之，未刊而子苾没，未及余之所藏也。同治壬申，余既编《印举》，屡属子苾之子、吾倩仲饴，以余藏考补，合编摹刻，与《印举》同行矣。甲戌三月，取子苾所著读而订之，复以所藏校而识之，以寄仲饴。长夏无事，乞早成之。刊时当令次儿从事校字也。甚企甚企。四月廿八日庚子祺记。"这与潍坊市博物馆藏的清手抄本《封泥考略》（图 3-4-10、3-4-11，九册线装，纵 26.5 厘米，横 18.2 厘米）中卷首题"封泥考略目""海丰吴式芬子苾、潍县陈介祺簠斋考藏""吴江翁大年赤均考编"等记载相呼应，说明《封泥考略》的考释由吴式芬和陈介祺分别出自家所藏封泥考校而成，翁大年曾参与考订。

图3－4－8 《汉官私印封泥考略》稿本封面

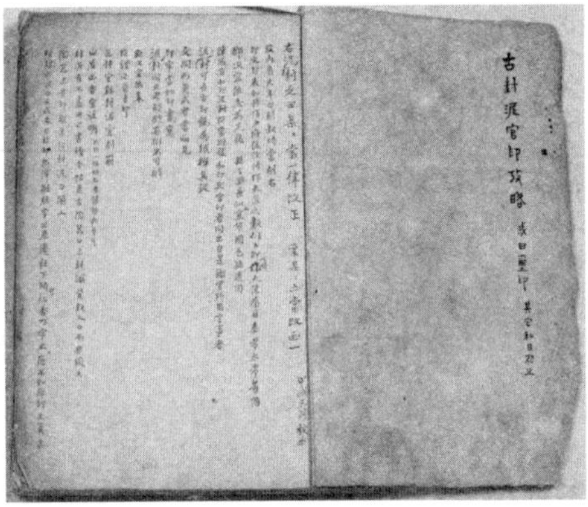

图3－4－9 《汉官私印封泥考略》稿本扉页

图3－4－10 清手抄本《封泥考略》封面

图3－4－11 清手抄本《封泥考略》扉页

（二）《封泥考略》收录封泥数量

咸丰初年（1851），《簠斋印集》十二册本已收录封泥137枚，一部分得自刘喜海。陈介祺归里前，已着意收集蜀地及关中出土的封泥。吴式芬《封泥考略》草创于咸丰初年（1851），同治末年（1875）陈介祺谋划与吴式芬合编《封泥考略》。同治十一年（1872），陈介祺在致吴云书中谈到他与吴式芬收藏的封泥已达数百枚。次年，他在致鲍康书中谈到两人所藏封泥共600余枚，其中400余枚为陈氏所藏。光绪四年（1878），其封泥收藏增至500余枚。光绪六年（1880），他在致吴云的信中说吴式芬家藏封泥500余枚，此时吴式芬离世二十余年，其子吴重憙似继续有所收入。两家所藏封泥总数似达1000枚以上，但陈介祺收入《封泥考略》中的自藏封泥数量为575枚，吴式芬藏封泥数量虽多，仅收录271枚。①

（三）《封泥考略》的学术价值

《吕氏春秋·离俗览·适威》云："故民之于上也，若玺之于涂也，抑之以方则方，抑之以圜则圜。"② 这一记载虽证明了古代封泥的存在，但陈介祺是最先认识到封泥独特的史料价值及其与古玺印的关系，将其与官印、私印同列为三大主要类别，并将封泥与玺印并列归于印集的人。③

《封泥考略》中涉及中央、地方官制序列的封泥比较齐全，是探讨各朝代中央及地方职官设置的第一手材料，也是研究各朝代疆域范围、政区沿革的重要资料。

图3－4－12 "皇帝信玺"拓片

尽管《封泥考略》中有的条文不能确指谁人所作，但已表明陈介祺等人注意到封泥实物遗迹与史籍所载封检方法的相互印证问题，保存了秦代帝玺的印文形态，填补了秦汉阶段多白文印的缺憾。如卷一陈介祺辑录的"皇帝信玺"印面内径2.6厘米见方（图3－4－12），该玺下注云："此封泥色紫，背有版痕、绳痕，当是以版入中，上以绳缄其口，以泥入绳至版，然后加以封印，外加青囊囊之，两端无缝，以护封泥。如藏玉牒于石检，金绳縢之，石泥封之，印之以玺也。'中约署'当是束牍之中，而'署'字以为识也。"④

三、《簠斋藏镜》影印本

该书纵33.5厘米，横22.2厘米，二卷，两册线装。封面为褐色，扉页

① 孙慰祖：《簠斋印事七题——关于〈十钟山方印举〉和〈封泥考略〉》，见《陈介祺学术思想及成就研讨会论文集》，西泠印社出版社2005年版，第150～152页。

② 徐维遹撰，梁运华整理：《吕氏春秋集释》，中华书局2009年版，第528页。

③ 崔璨：《秦泥封的发现与鉴定》，南京大学2018年硕士学位论文。

④ 〔清〕陈介祺、吴式芬：《封泥考略》卷一，中国书店1990年版，第4页。

正面印有“簠斋藏竟（镜），乙丑（1925）季夏孝胥”字样（图 3－4－13）；反面印有“蟫隐庐影印”（图 3－4－14）字样。第一、二页为簠斋藏镜目录，罗列铜镜的名称，第三页为拓本正文（图 3－4－15）。郑孝胥为此书题跋：“钱献之著《镜铭集录》，摹图释铭，仅二十五种。吴石潜遁盦《古竟（镜）存》则从原器椎拓，亦止二十二种。至罗叔言之景（影）本《古竟（镜）图录》，则选至一百五十有七，已为博矣。今获展此本，诚为大观。己巳（1929）秋日，絅伯仁兄属题，孝胥。”

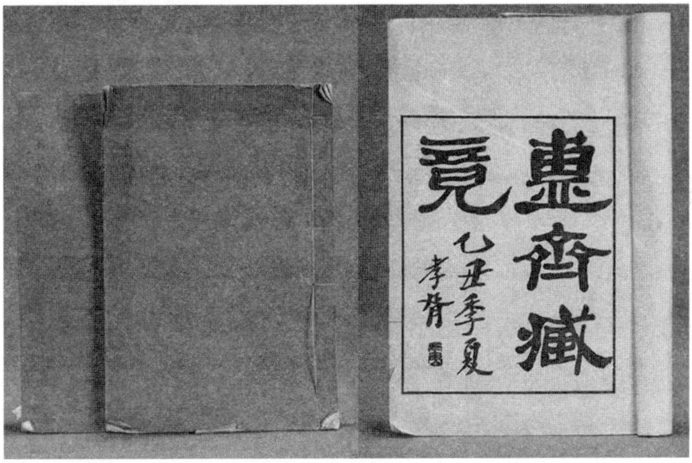

图 3－4－13　**影印本《簠斋藏镜》封面和扉页**

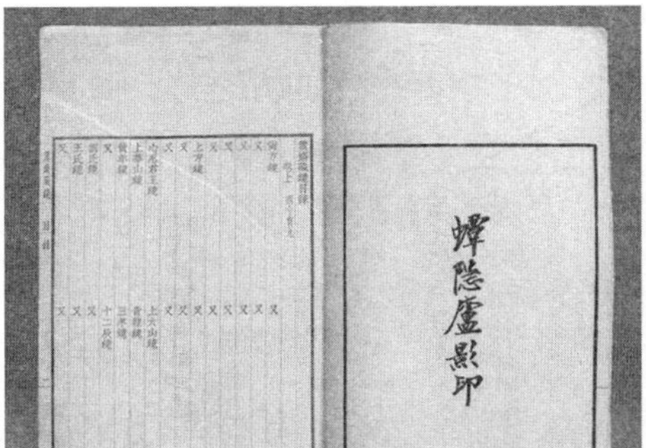

图 3－4－14　**影印本《簠斋藏镜》扉页背面**

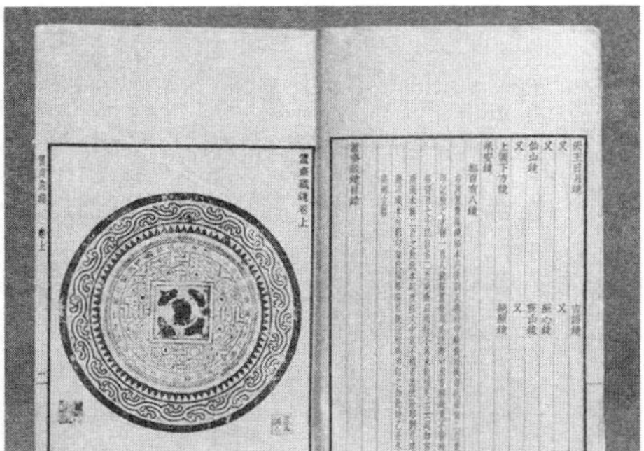

图 3－4－15　**影印本《簠斋藏镜》目录及正文**

《簠斋藏镜》所收铜镜，从流行程度、铸造技术、艺术风格等方面看，不仅包括了两汉、唐代最重要发展时期的铜镜，而且以精美或有文字者为重点收录对象；从拓本内容来看，在纪年基础上以铭文取名排列，不以种类著录；从收藏数量来看，汉镜占绝对比重，其中尤以东汉镜最多，其次为西汉镜。兹具体介绍以下三种。

（一）尚方镜

因有“尚方”铭文而得名。此类镜列于本书卷上，数量为本书之最，共10枚，且均属于规矩镜类。

本书所收尚方镜之铭文有“尚方做镜真大好，上有仙人不知老，渴饮玉泉饥食枣，浮游天下敖四海，寿如金石作天保”（图3－4－16）、“尚方御镜大毋伤，巧工刻之成文章，左龙右虎辟不详，朱鸟玄武调阴阳，子孙备具居中央，长保二亲乐富昌，寿敝金石如侯王兮”（图3－4－17）两种，铭文也有增减字句或改字改词现象。铭文以五句者居多，五句后加“宜侯王”“宜官秩”者属特殊现象。

规矩镜的主要特征是镜背纹饰中带有“┐”“└”“┬”三种符号的纹饰。根据纹饰内容，又可细分为四神规矩镜、简化规矩镜、几何纹规矩镜、鸟兽纹规矩镜等。尚方镜多属四神规矩镜，圆纽，四叶纹纽座（图3－4－16）或圆纽座，纽座外饰方框，方框内有的排列十二地支铭。方框四边中心位置各向外伸出“┬”形符号与“└”形符号相对，“┬”与“└”对应位置长度相等，方框四角又与“┐”形符号相对，将镜的内区八等分，青龙、白虎、朱雀、玄武各踞一等分，其他四等分配以鸟、兽、羽人等。也有的四神介于“└”“┬”符号之间（图3－4－17），形成踞于东西南北四方之势，禽兽则填补空白位置。边缘纹饰较为复杂，以三角锯齿纹（重复齿状纹）、水波云纹

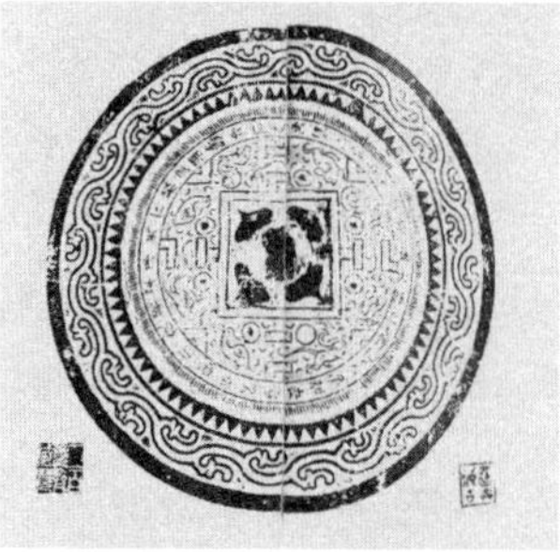

图3－4－16 尚方镜之一

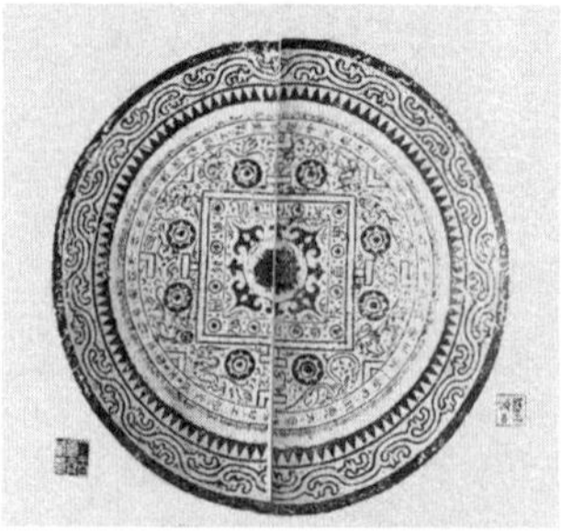

图3－4－17 尚方镜之二

（双线波纹）、流云纹（连续云藻纹）为主。①

（二）长宜子孙镜

因有“长宜子孙”类铭文而得名。此类镜位于本书卷下，共5枚，且均属于连弧纹镜类。本书所收长宜子孙镜，在四叶间有“长宜子孙”或“长生宜子”四字铭文，或在八个内向连弧纹间有四字或八字铭文（图3－4－18、3－4－19）。

连弧纹镜的主要特征是镜背纹饰中以内向连弧纹为主题纹饰，又可细分为云雷连弧纹镜、长宜子孙连弧纹镜、素连孤纹镜等。长宜子孙类镜多属云雷连弧纹镜（图3－4－18、3－4－19）、长宜子孙连弧纹镜（图3－4－20、3－4－21）。云雷连弧纹镜为圆纽座或四叶纹纽座，内区饰八连弧纹，外区饰云雷纹和弦纹，云雷纹一般为八个带圆心之小圆圈，或为带圆点的同心圆圈，或为涡纹。各圆圈之间有数目不等的斜线纹或弦纹相连，素宽缘，有的

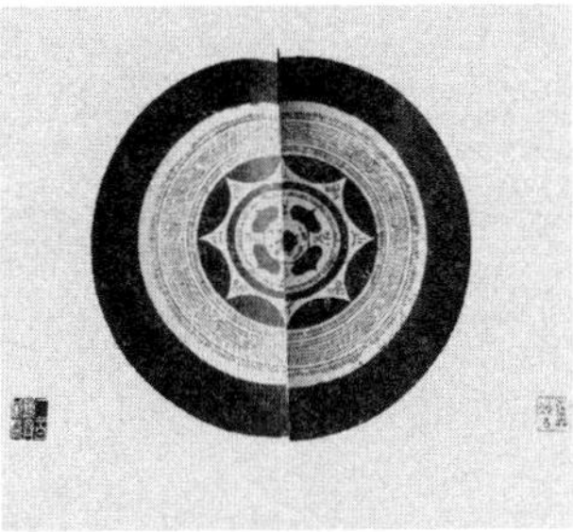

图3－4－18 长宜子孙镜之一

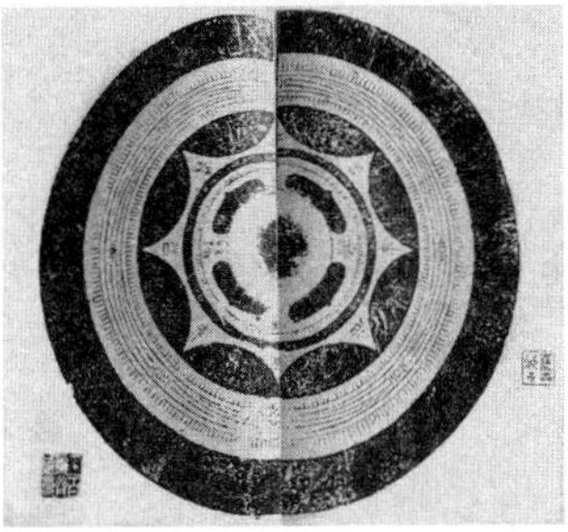

图3－4－19 长宜子孙镜之二

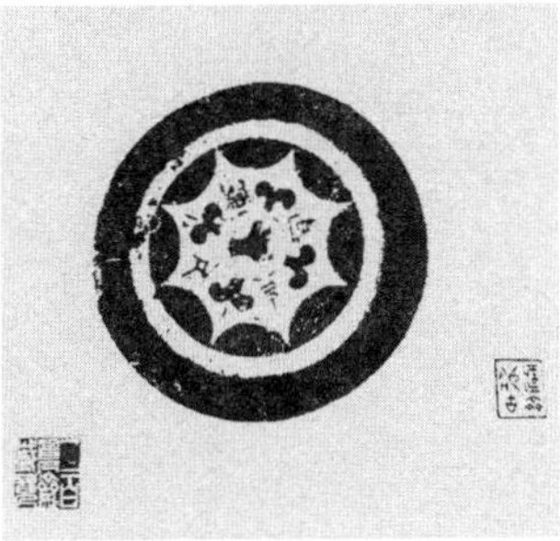

图3－4－20 长宜子孙镜之三

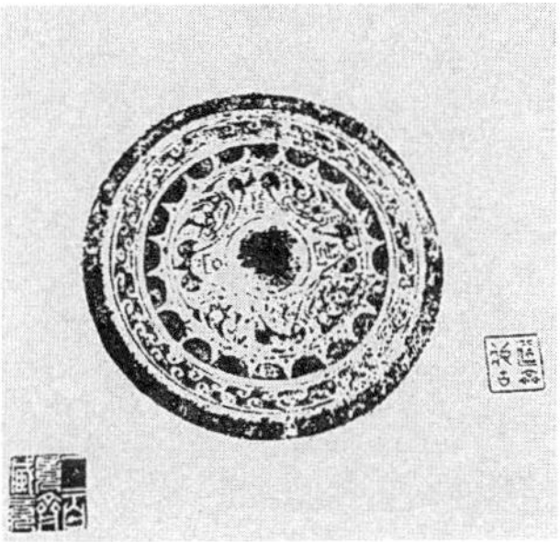

图3－4－21 长宜子孙镜之四

① 孔祥星、刘一曼：《中国古代铜镜》，文物出版社1984年版，第74～83页。

四叶间有“长宜子孙”或“长生宜子”四字铭文，但有铭文的较少。长宜子孙连弧纹镜为圆纽，绝大多数为蝠形叶纹纽座，其外为八个内向弧纹组成的圈带，外区无云雷纹带，素宽缘，蝠形叶纹间往往填以四字铭，以“长宜子孙”铭文最常见，还有“长宜高官”（图3－4－21）、“长生宜子”等铭文，字体作长脚花式篆。①

（三）上圆下方镜

本书所收上圆下方镜又名双凤上圆下方葵花镜（图3－4－22），为唐代铜镜，稀世珍宝，直径22.5厘米，轮辋0.7厘米，现藏于美国克利夫兰博物馆。镜上有“上圆下方象于天地中列八卦备注阴阳辰星镇之日月贞明周流为水以名渎四内置连山以旌五岳”铭文。上天圆下地方，上方圆圈内是八卦。下方正方形内为水形循环，赋予四大河以同一性。双鸾鸟体现了东方对称美。唐代中期开始，铜镜的外形出现了菱花形、葵花形、亚字形等多种形状，使花鸟纹饰与镜形相呼应；铸造工艺上更是创造出金银平脱、螺钿、槌金银、彩漆绘、嵌琉璃、镂空等特种工艺。

图3－4－22　上圆下方镜

陈介祺对镜范的收藏，开学界之先河。铜镜背面铭文和纹饰的产生与流行，与当时的政治、经济、文化等有密切的联系。陈介祺所藏的铜镜均具有典型性和代表性，对铜镜断代、演变序列、纹饰寓意、铭文、传统铸造工艺等研究有重要意义。

（潍坊市博物馆　王曦泽

安丘市教体局　王　惠）

① 孔祥星、刘一曼：《中国古代铜镜》，文物出版社1984年版，第86～91页。

陈介祺书体嬗变证议

陈介祺作为金石学家，生活在书法碑学理论的构建之际，深受阮元、包世臣等人崇古尚理、尊碑抑帖观点的影响，遂大力宣扬碑学理论，并不断探索，努力创新，以崇尚“古法”为核心，广取诸体，法中求变，最终形成独特的个人风格。潍坊市博物馆藏陈介祺扇面册页、条屏楹联、信札笔记、拓本题跋等各类笔墨遗存较为齐全，现撷取其中的主要部分按时序分类举证浅议，窥研其书体演变之轨迹。有鉴于资料珍稀，未曾刊布，故酌附墨迹图影释文，俾便清览。

一、青年时期

陈介祺自幼随父居京师受学，除治学经史子集外，书法亦为必修的课程。他学书从唐楷入手，尤以颜体为主。陈介祺曾孙陈育丞曰：“簠斋书法从颜体入手，早岁以小楷闻于时，出入颜、柳之间。”① 何绍基曾于道光十七年（1837）致陈介祺（时陈氏 25 岁）信中曰：“日来冗甚，雅扇尚未得书，而每诵来札，笔翰精丽，非基所能，奉上册页一开，便乞细字。”② 由此可见何绍基对陈介祺早年书法的肯定。

馆藏作于道光十八年（时陈氏 26 岁）的行书“《世说新语》补二则”扇面（图 3－5－1），纵 17.3 厘米，横 52.7 厘米，蜡笺。所书笔画精到，错落有致，一派儒雅气象。

---

① 陈育丞：《簠斋轶事》，载《文物》1964 年第 4 期。

② 王贞华：《砚边余墨》，中国书画出版社 2011 年版，第 153 页。

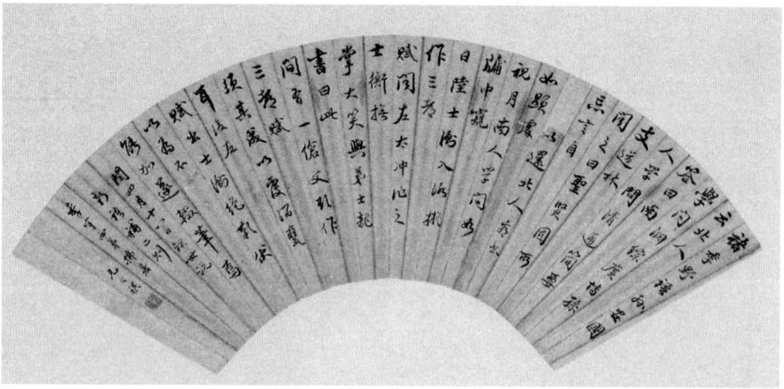

图3－5－1　陈介祺行书“《世说新语》补二则”扇面

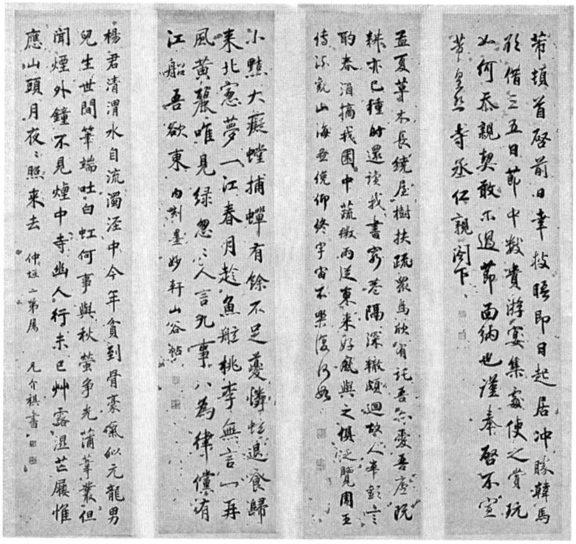

图3－5－2　陈介祺行、楷书四条屏

馆藏陈介祺赠与仲垣二弟的行、楷书四条屏（图3－5－2），纵130.5厘米，横30厘米，洒金色宣。其中第一、第三幅分别为临摹米芾《韩马帖》、黄庭坚《寺斋睡起二首》之书作，第二幅为行书抄录陶渊明《读山海经·其一》之书作，第四幅为自创楷书抄录黄庭坚《次韵杨明叔见饯十首·其二》、苏轼《梵天寺见僧守诠小诗清婉可爱次韵》之书作。楷书结字端庄工稳，笔法瘦劲硬朗。此时虽未形成其个人风格，但所书精彩，反映出其汲取众家之风的学书历程。

馆藏陈介祺行书苏轼《和子由记园中草木诗（十首之四）》四条屏（图3－5－3）、“朱子语录”条幅（图3－5－4）、“苏轼诗题”条屏（图3－5－5）三套行书作品的书写时间均为陈氏30岁后，从字体上看，其书法已愈加成熟，气韵亦更为流畅。苏轼《和子由记园中草木诗（十首之四）》四条屏，纵134厘米，横30.5厘米，洒金色宣。落款：“书应森长表兄之属即求是正，甲辰四月六日镫下，弟陈介祺。”甲辰，即道光二十四年（1844），陈介祺时年32岁。

陈介祺行书“朱子语录”条幅（图3-5-4），纵132厘米，横32.6厘米，纸本。引首钤“乙巳”纪年圆朱文小印。乙巳，即道光二十五年（1845），陈介祺时年33岁。

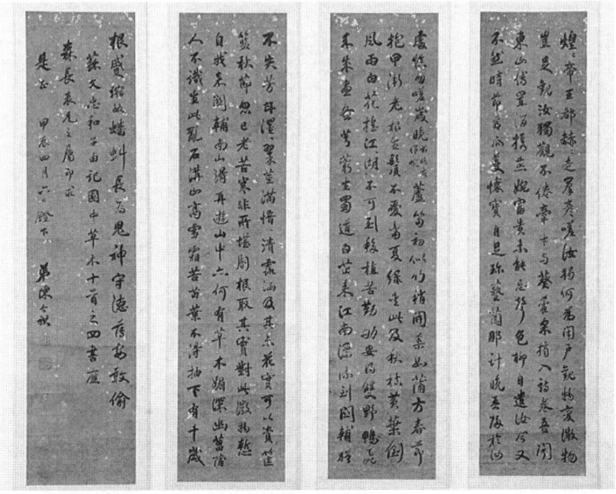

图3-5-3　陈介祺行书苏轼《和子由记园中草木诗（十首之四）》四条屏

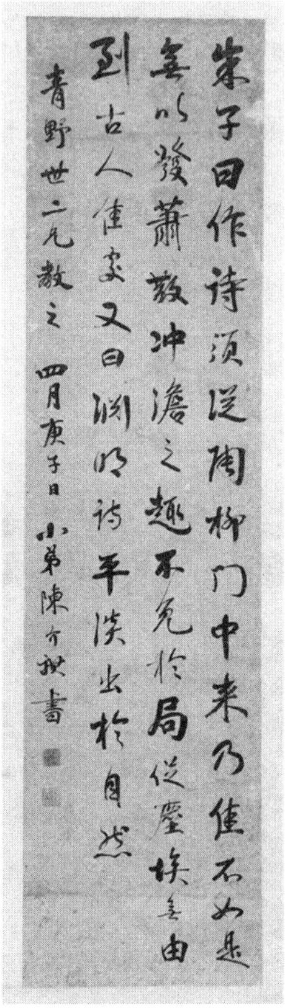

图3-5-4　陈介祺行书“朱子语录”条幅

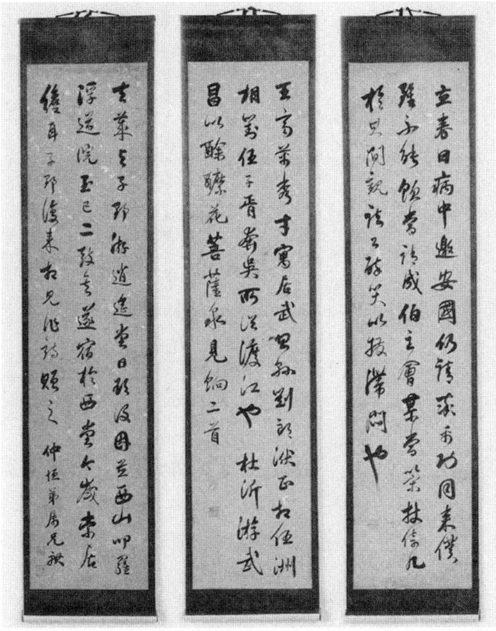

图3-5-5　陈介祺行书“苏轼诗题”条屏

陈介祺行书“苏轼诗题”条屏（图3－5－5，四条缺一），纵135厘米，横30.5厘米，洒金色宣。

陈介祺楷书“莫嫌地僻经过少，自爱身闲意味长”七言联（图3－5－6），纵126.5厘米，横30.5厘米，洒金色宣，落款为“寄呈十二叔父大人尊诲。丙午闰五月侄介祺书于簠斋”。丙午，即道光二十六年（1846），陈介祺时年34岁。该联为标准的馆阁体，结字规整，笔法蕴藉，从中可看出陈氏功力之深厚、书写之用心。

陈介祺行楷“奇书古画不论价，红树青山合有诗”七言联（图3－5－7），纵128.5厘米，横30厘米，洒金色宣。该联结字开合有度，笔法厚重饱满，既有颜体特点，亦有董、赵遗风，是陈氏留存不多的行楷书作品。乾嘉以后，董、赵书风流行，从这副对联中可以看出陈介祺所受时人书风之影响。①

图3－5－6　陈介祺楷书七言联

图3－5－7　陈介祺行楷书七言联

从以上作品来看，这一时期陈介祺的书法多为受馆阁体影响及临摹诸家或兼有他人风貌的行楷书，可谓其书体演变之初的积学之时。

① 张卫华：《陈介祺楷书简论》，首都师范大学2014年硕士学位论文。

二、中年时期

陈介祺早年习书从馆阁体入手，求取功名后，开始摆脱馆阁体的约束，追求更为自由的书法审美形式。此时的清季书坛，金石文字之学蔚盛，碑学理论与碑派书风承金石学的复兴而得以确立和形成。由阮元提出的“南北书派论”和“北碑南帖论”在帖学书法之外开辟了一条新的道路；包世臣则在阮元的基础上，结合自身实践经验完善和发展了碑学，其倡导的“扬碑抑帖”书学主张，引领了时代潮流。陈氏紧随其后，尚碑观点更加鲜明。他在书法实践中除临习与究心北碑外，还对当朝书家的书风多有关注和借鉴，对其影响最为直接者则是何绍基。

陈氏既冠前后，缘于父亲与阮元之旧谊，得以列入阮氏门墙，向其请教金石学，获阮氏“天机清妙”之赞誉，因之也与何绍基（1799—1873）成为同门，在陈介祺辞官返里前，二人交往最为密切。陈介祺与何绍基均受阮元学术思想和书学理论之影响，思想上崇古尚理，学术上鉴古释古，书法理论上大量引用北朝墓志造像作为论述依据，反复强调魏、齐、周、隋碑版的临习价值①，以期“汉、魏古法不为俗书所掩”②，成为阮元学说的宣传者和实践者。其二人不仅学术观点相同，出身背景、生活经历、学书历程等均有相似之处。首先，二人父辈曾同朝为官，取得功名后又同仕翰林院，时常精研学问、商讨艺事，自是感情默契。其次，二人都嗜好金石文字，结交的人物也多有相同。再次，二人无论是执笔书写还是择笔选墨，书法实践中亦有诸多相近之处。但中年时的何绍基以书法为主，金石学为辅，花费了极大的精力深研汉魏名刻，融篆隶于楷行，成为碑派书风最成功的代表；而陈介祺更醉心于金石收藏与金石学研究，书法则为辅，自然用力不多，这也就决定了两人之后在金石学和书法上各自不同的地位。

出于对何绍基书法成就的敬仰、推崇，进入中年时期的陈介祺开始有意识地借鉴何书，目前虽未见其仿习何氏书法的文字资料，但从存世的部分作品风格及用笔上可肯定何氏书法对其构成的影响。正如蒯宪评曰：“何主攻颜

① 刘恒：《中国书法史·清代卷》，江苏教育出版社1999年版，第167页。

② 〔清〕阮元：《南北书派论》，见《历代书法论文选》，上海书画出版社1979年版，第634页。

书，于汉魏碑刻亦多涉猎，故其书法能在颜楷之外以颜味行书和汉隶独步书坛。陈以颜入手，若欲出入其间，自成面貌，何书即为伐柯。”①

中年时期的陈介祺，家事纷扰，被牵耗了大量精力，与金石好友的往来几乎断绝，所留文字甚少，代表书体多为以颜、何书风为基调的行楷书与集众家之长的小行书。如陈介祺行书“节录宋阮阅《诗话总龟后集·隐逸门》”中堂（图 3－5－8），纵 160.5 厘米，横 61 厘米，洒金蜡笺。其书体既参考何氏的六朝笔意，又融合了各家特点。

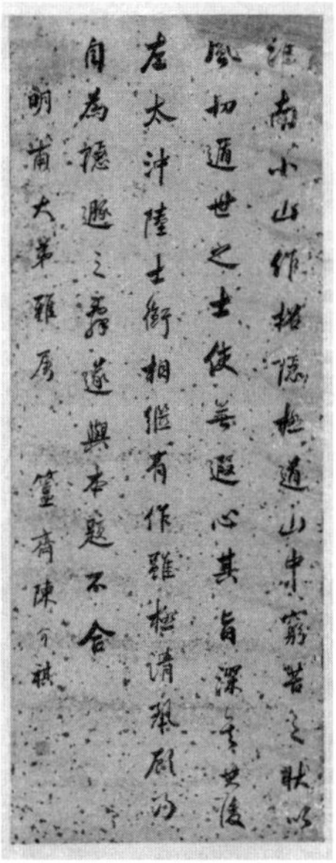

图 3－5－8　陈介祺行书“节录宋阮阅《诗话总龟后集·隐逸门》”中堂

陈介祺行楷“溪山共作窗中绿，松柏仍当雪后青”七言联（图 3－5－9），纵 128.3 厘米，横 31.5 厘米，纸本。该联既汲取了颜体特点，又融入了何氏书风。

随着对金石学研究的逐步深入，参以吉金文字，陈介祺在书写的笔意上已有了金石意味，如楷书“书帷夜朖星辰丽，砚沼春涌雨露多”七言联（图 3－5－10），纵 149 厘米，横 32.4 厘米，洒金蜡笺；楷书“金钟大镛在东序，霁日和风丽绛霄”七言联（图 3－5－11），纵 137.5 厘米，横 31 厘米，纸本。这两副对联的书写追求意趣，明显与早期馆阁书风有了极大差异，略显个人风貌，可谓陈氏中年时期书法的代表作。这一时期署款多为行楷体的“簠斋陈介祺”（图 3－5－12 至 3－5－15）。

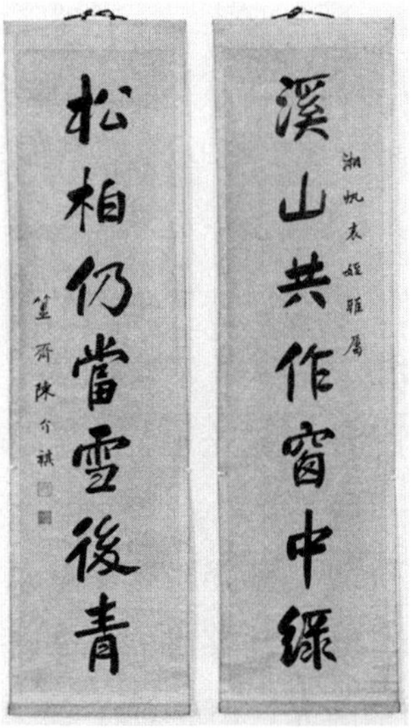

图 3－5－9　陈介祺行楷七言联

馆藏陈氏致亲友信札五通，皆附于《王象瑜及亲友互通信札集册》内，粘贴于清版《平岗诗集》与《缙绅赠言》合订本中，书体为集众家之长的小行书。从书法角度看，信札与笔记最

① 蒯宪：《簠斋书法略论》，载《中国书画》2013 年第 9 期。

图3－5－10　陈介祺楷书七言联之一

图3－5－11　陈介祺楷书七言联之二

图3－5－12
陈介祺书法作品署款之一

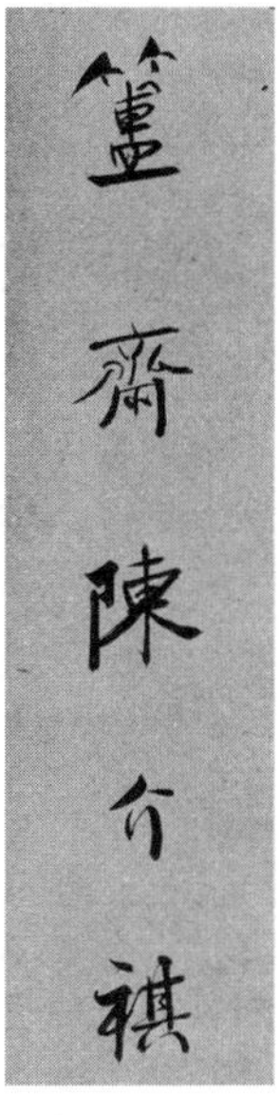

图3－5－13
陈介祺书法作品署款之二

图3－5－14
陈介祺书法作品署款之三

图3－5－15
陈介祺书法作品署款之四

能体现书者之性情，是另一种书法表现形式。其中，“与东阳二兄札”为标准的行书（图3－5－16），纵16.8厘米，横7.6厘米，用山水暗纹花笺纸书写。该札书体融合众家之长，流畅自然。札文内容如下：

东阳二兄足下：

前接二书知安抵保阳，为省垣诸署诊病立方，承竹如先生许可，甚慰。弟不知曾见先生几次？曾论及医道否？兹得六月四日书里悉先生生日不贺，自是正理。署内无事司门，计及家事亦无足异。与先生相处，只可自尽诚敬，不可多心。弟意原欲求先生为兄讲明医理，不知先生可曾指示一二并询所看医书否？寻常写信荐书院、荐馆之事，弟自已已不肯，何敢以此渎先生，想先生可喻此意。第恐先生隐忧在抱，有所不暇耳。倘先生不能常见，见亦不谈医理，吾兄自己在省谋馆又不易，旅费不可支持，即可入都向舍弟秩卿措资归里，弟亦当于家书中及之。然兄此行见先生若无所益，殊为虚行。诸事弟亦未能遥揣，惟吾兄虚心详慎酌之。手此即复，敬问孝履，惟鉴不具。

弟陈介祺顿首

丙辰六月十八日

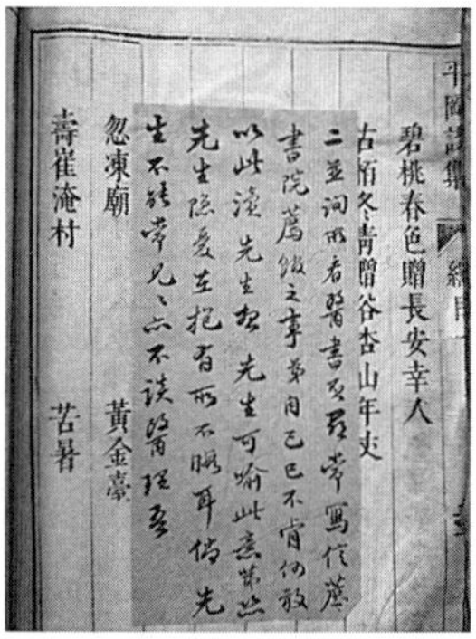
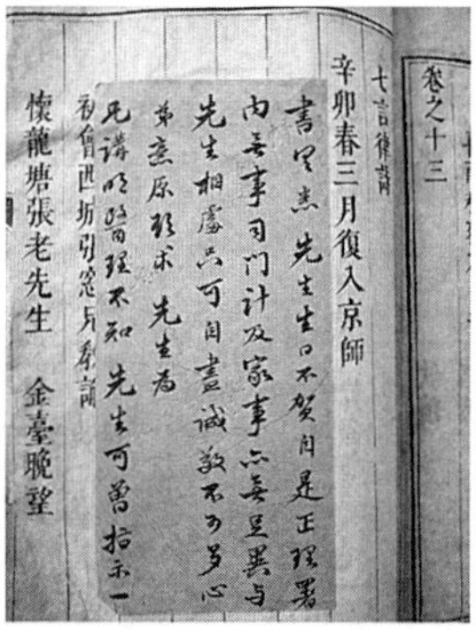
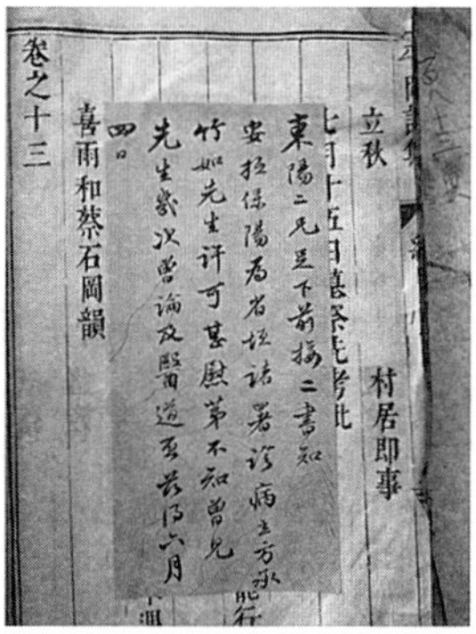
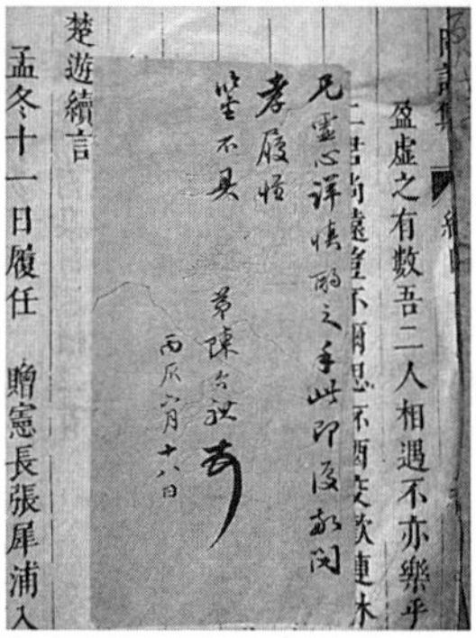
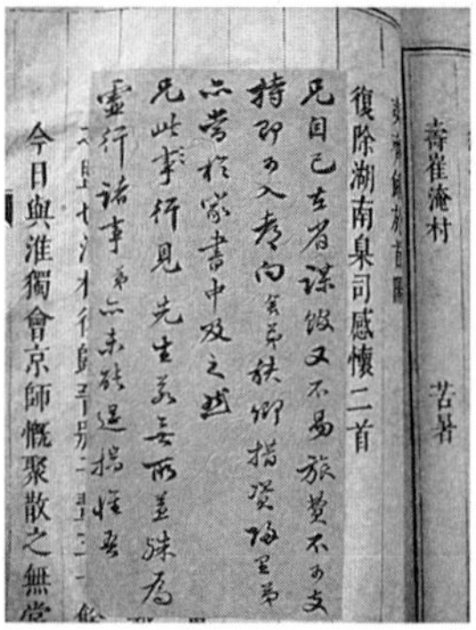

图3-5-16　与东阳二兄札

“与王象瑜札”四通（图3－5－17至3－5－20），略带行草，每通虽然篇幅不大，但皆气韵连贯，行迹飞动，此时的书作已臻完善之境。

如其一，八月九日与王象瑜札，纵23.2厘米，横13厘米，用浅红竖纹笺纸书写。札文内容如下：

莲洲三兄左右：

前闻荣晋外阶，值此时事，正可展布所学，殊为欣慰。未审何日从者可赴保阳？近想兴居安善，福禄便蕃，引企升华，良深遥项。弟家居守拙，无善可闻，惟以课孙为事，知念并闻。谢仆如有用项，乞暂假京平松江廿两一用为感，文起太史来，即当奉缴。此恳。即请升安不具。

祺顿首

八月九日

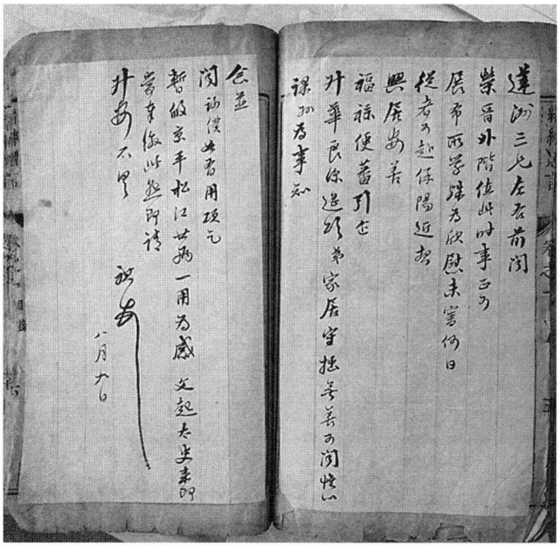
蓮洲三兄左右前聞
榮晋外階值此時事正可
展布所學殊為欣慰未審何日
從者可赴保陽近想
興居安善
福祿便蕃引企
升華良深遥項弟家居守拙無善可聞惟以
課孫為事知
念並
聞謝僕如有用項乞
暫假京平松江廿兩一用為感 文起太史來即
當奉繳此懇即請
升安不具
祺頓首
八月九日

图3－5－17　八月九日与王象瑜札

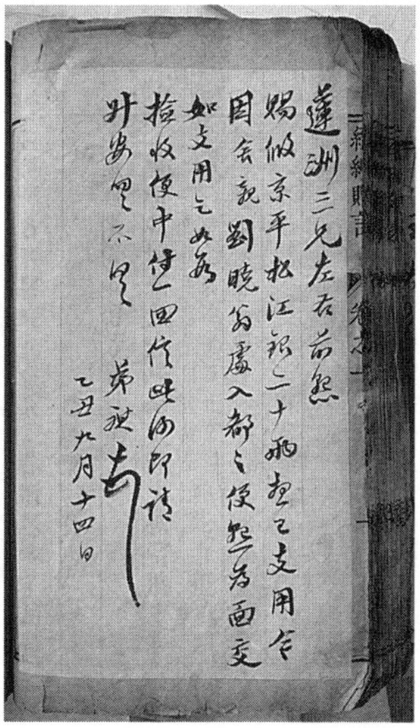
蓮洲三兄左右前懇
賜假京平松江銀二十兩想已支用今
因舍親劉曉翁處入都之便懇為面交
如支用乞如數
檢收便中付一回信此謝即請
升安匆匆不具
弟祺頓首
乙丑九月十四日

图3－5－18　同治四年与王象瑜札

其二，同治四年（1865）与王象瑜札，纵23.2厘米，横12.6厘米，用浅红竖纹笺纸书写。札文内容如下：

莲洲三兄左右：

前恳赐假京平松江银二十两想已支用，今因舍亲刘晓翁处入都之便，恳为面交。如支用，乞如数捡收，便中付一回信。此谢。即请升安，匆匆不具。

弟祺顿首

乙丑九月十四日

其三，同治五年与王象瑜札（图 3 – 5 – 19，缺前页），纵 23 厘米，横 12.5 厘米，用浅红竖纹笺纸书写。札文内容如下：

……有所见闻，亦望示及，以当晤言。手此奉慰，即问近安不具。

愚兄功期陈介祺顿首

令郎表侄处附此奉唁。

丙寅九月四日

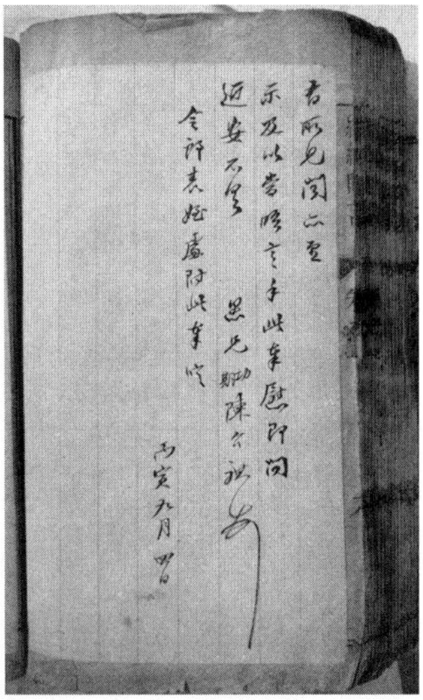

图 3 – 5 – 19　同治五年与王象瑜札

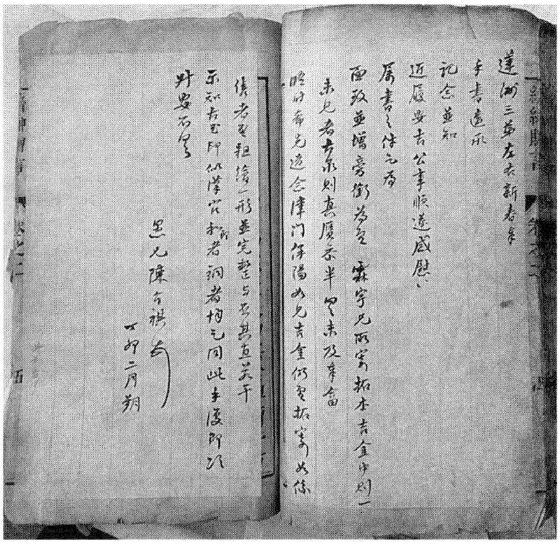

图 3 – 5 – 20　同治六年与王象瑜札

其四，同治六年与王象瑜札（图 3 – 5 – 20），纵 23.2 厘米，横 12.8 厘米，用浅红竖纹笺纸书写。札文内容如下：

莲洲三弟左右：

新春奉手书，远承记念，并知近履安吉，公事顺遂，感慰，感慰。属书之件，乞为面致，并增旁衔为望。霖宇兄所寄拓本，吉金中则一未见者，古泉则真赝参半。匆匆未及奉答，晤时希先道念。津门、保阳如见吉金，仍望拓寄。如系佳者，望粗绘一形并完整与否、其直若干示知。

古玉印、似汉官私印者、铜者均乞，同此手复。即顷升安不具。

愚兄陈介祺顿首

丁卯二月朔

三、晚年时期

陈介祺48岁后定居潍县城，诸事虽息，却又遭丧妻失子之痛。悲伤难遣，遂全身心投入金石文字的考释研究中，并逐渐恢复与金石好友的联系，逐步走向了搜古、藏古、鉴古、释古的巅峰。这一时期在“扬碑抑帖”书学主张的基础上，他又提出了“重古质”“重天然”“取法乎上”的观点。他说：“昔年亦喜宗帖，今则不及碑矣。碑昔好博，今则不如古矣。”其所指的“古”，即三代及秦汉文字。他认为每一种书体一旦达到成熟或鼎盛后，便会走向衰落，故云“有李斯而大篆亡，有蔡邕而汉隶弱，有右军而姿态尚”。一切艺术形式的发展都有类似的规律，文学史上的汉赋、唐诗、宋词等无不如此。而书法史上各书体的巅峰之作，也对应着其创立的时期，后世之作往往难与匹比，原因主要是书法中的“古质”与“天然”的沦落。① 其又指出书法愈晚法愈少，而渐于薄，故提出要在篆隶中求楷法，随之将审美寄兴上溯，直至欲求“圣人所传学书之法”，力倡取法钟鼎大篆，书法实践中亦“楷中求隶，又溯追钟鼎，直欲探寻古法”。他在进行钟鼎款识铭文考释及与金石之友书函交流探讨的过程中，对于大量陶文、古钱币及铜器款识铭文中许多不能确认的古文字，一方面篆摹古文字形状，一方面又以通用的楷书或行书笔记释义，为此需要长时间反复转换运用这两种书体，从而使篆书和楷书之间的规范界限渐渐模糊起来；在书写时，他又采取了强化楷书部首篆形、弱化楷书笔画分势的方法，尽量做到楷书笔画与篆写部首相契合，同时亦撷取北魏刻石、六朝篆隶之笔意，形成了篆、楷相间又糅合诸体的新书风。

对于陈介祺的糅合书体，刘恒认为：“用笔取六朝，转折师汉隶，结构参金文，因而面目奇特，风格独树。”② 这种书体，由于篆隶字形的杂入，加之用笔力求古法，以致金石气十足。

---

① 明均：《陈介祺书学与印学思想探论》，载《中华书画家》2020年第6期。

② 刘恒：《中国书法史·清代卷》，江苏教育出版社1999年版，第227页。

图 3－5－21　陈介祺金石体七言联之一

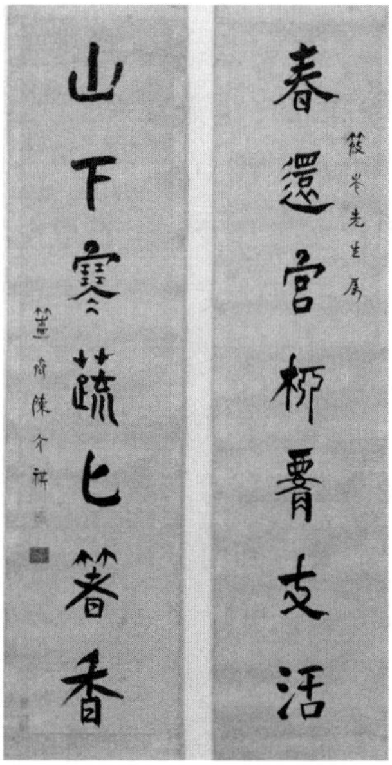

图 3－5－22　陈介祺金石体七言联之二

（一）对联

陈介祺晚年与金石文字之友尺牍往来交流频繁，考释、批注、校订的金石文字、器物数量甚巨，故存世笔墨遗迹较多，馆藏品以书法作品形式的墨迹为主，又以对联占大多数，代表了其书法的最高水平。所藏对联共有三种表现形式。其一，表现为以楷书为基础框架，杂以六朝碑版篆隶笔意，部分偏旁构件以古文篆体字形书写的楷书面貌。① 如“精鉴今之特健药，慎言古有磨兜坚”七言联（图 3－5－21）、“春还宫柳腰支活，山下寒蔬匕箸香”七言联（图 3－5－22）、“茗饮蔗浆携所有，清词丽句必为邻”七言联（图 3－5－23）、“静乐可忘轩冕贵，清游端胜绮罗尘”七言联（图 3－5－24）。

其二，表现为大部分字形偏长，并不局限于某家或某时期篆书风格，间有钟鼎文字、权量诏版字形、泉布古玺陶文等，又杂以六朝楷书等笔意书写的篆书面貌。② 如“秋风莼菜鲈堪脍，春水桃花鳜正肥”七言联（图 3－5－25）、“西偏取路横穿竹，北向开门倒看松”七言联（图 3－5－26、3－5－27）、“杏花时节偏饶雨，杨柳门墙易得春”七言联（图 3－5－28）、“众星古器岐阳碣，腾气扬波河内碑”七言联（图 3－5－29）。其中，“杏花时节偏饶雨，杨柳门墙易得春”七言联无款识，推测为陈氏生前没有完成的精品之作，陈氏逝世后，其家人加盖了他生前经常使用的印章。据上联所钤其晚年常用之“君车汉石亭长”白文印，可断定该联为其 71 岁时所书。

① 张卫华：《陈介祺书法研究二题》，载《中华书画家》2020 年第 6 期。
② 张卫华：《陈介祺书法研究二题》，载《中华书画家》2020 年第 6 期。

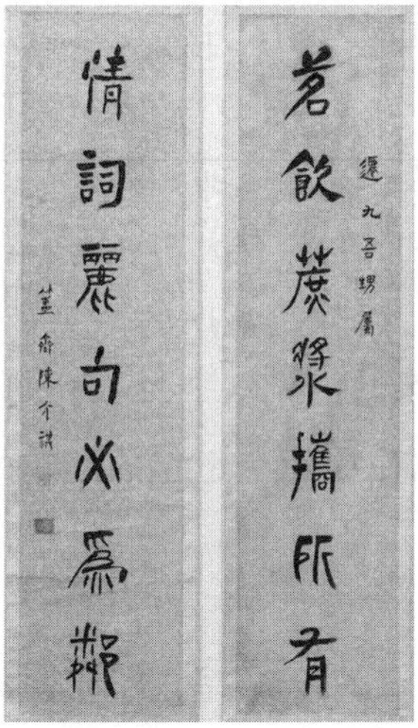

图3－5－23　陈介祺金石体七言联之三

图3－5－24　陈介祺金石体七言联之四

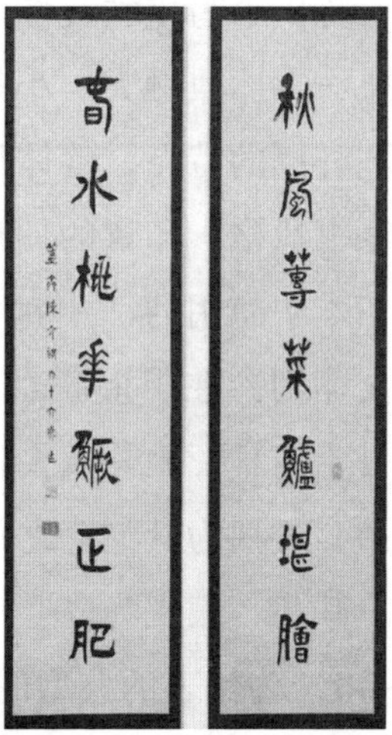

图3－5－25　陈介祺金石体七言联之五

“众星古器岐阳碣，腾气扬波河内碑”七言联落款为：“实甫吾甥属，时光绪六月十三日乙酉，十年甲申。舅氏簠斋七十二老人陈介祺。”实甫，即刘嘉颖（1861—1902），潍县人。陈介祺曾于光绪九年（1883）九月赠刘嘉颖“爱书不厌如平壑，戒酒新严似筑堤”七言联（图3－5－30），上题：“余不作楹字三年矣，实甫吾甥索之不已，因检庚辰所作赠之。”此年陈氏71岁，已三年不作楹联，因刘氏索之不已，于是捡取68岁（庚辰）时的作品赠之。而不久又见陈氏所赠刘嘉颖的精品“西偏取路横穿竹，北向开门倒看松”七言联，亦为同年所书。陈氏72岁时，又将该联赠与刘嘉颖，足见其对刘氏的珍视与喜爱。

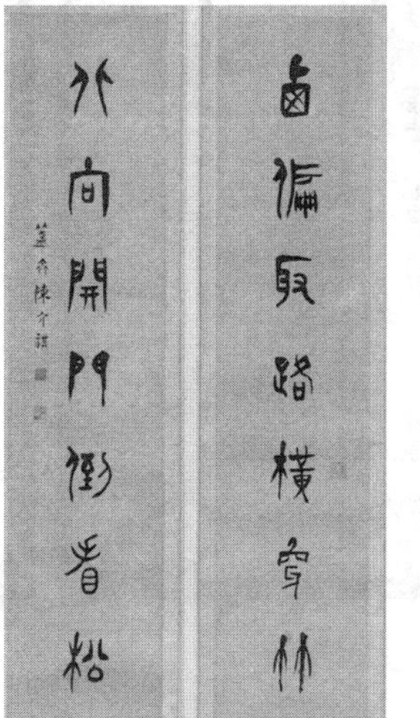

图3－5－26　陈介祺金石体七言联之六

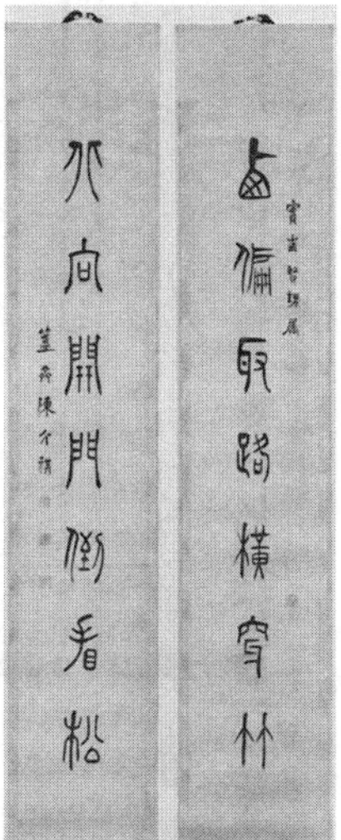

图3－5－27　陈介祺金石体七言联之七

陈氏书写该联（图3－5－29）所用纸张精美，施墨饱满，用笔上亦寻求变化，字体兼融大、小篆书之长，加以楷书笔法走势，具有庄严、大气、浓重、朴厚的特点，整体风貌较此前大为改变。款识题写也与此前迥异，呈现了篆书风格。印章的使用亦与内容、书风相契，在下联中钤有大多在金石器物拓本中使用的“十钟主人”“陈介祺印”白文印，而陈氏常用的“簠斋”白文印则钤在了上联右下角，显示了特别之处。此作书于光绪十年（1884）六月十三日，距陈氏去世仅月余，是目前所见陈氏书作中标有纪年的最晚的作品，可视为其绝笔之作，弥足珍贵。

其三，表现为以“爱书不厌如平壑，戒酒新严似筑堤”七言联（图3－5－30）为代表的典型的小篆风格，但其款识则改为金石书体，呈现了不同的表现形式。

图3－5－28　陈介祺金石体七言联之八

图3－5－29　陈介祺金石体七言联之九

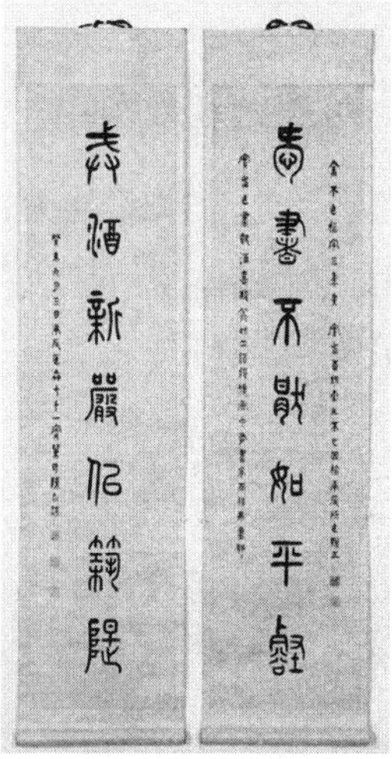

图3－5－30　陈介祺金石体七言联之十

以上对联共十副，为陈介祺65岁至72岁期间的作品。其大字书体不仅多有异同，细观款识中名号，每年的书写形式亦有所变化。从“簠”“斋”二字笔画结构的变化可以看出，随着年龄的增长，其字势结构愈发追溯上古。如“簠”字的写法，65岁、66岁（图3－5－31）与68岁至71岁（图3－5－32）时即有变化。“斋”字的写法，对比65岁所作“精鉴今之特健药，慎言古有磨兜坚”七言联（图3－5－21）中之写法（图3－5－33），可断定

“春还宫柳腰支活，山下寒蔬匕箸香”七言联（图3－5－22）与“茗饮蔗浆携所有，清词丽句必为邻”七言联（图3－5－23）皆为其65岁时所作；66岁至68岁（图3－5－34）则与65岁时的写法明显不同；至71岁（图3－5－35）时又有了微妙变化，其在七年中呈现了三种不同的表现形式。而“陈介祺”（图3－5－36至3－5－38）的写法则变化不大。

图3－5－31　65岁、66岁所书“簠”字

图3－5－32　68岁至71岁所书“簠”字

图3－5－33　65岁所书“斋”字

图3－5－34　66岁至68岁所书“斋”字

图3－5－35　71岁所书“斋”字

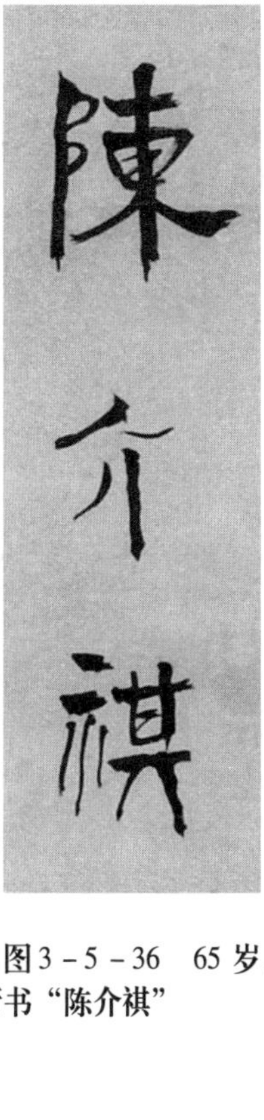

图3－5－36　65岁、66岁所书“陈介祺”

图3－5－37　68岁所书“陈介祺”

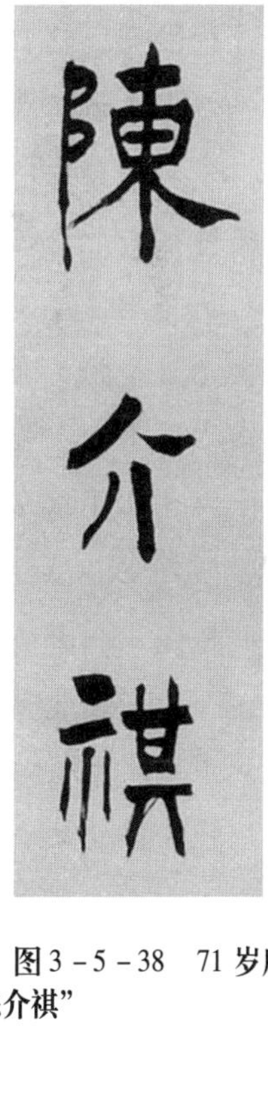

图3－5－38　71岁所书“陈介祺”

（二）笔记、稿本

相较于信札，笔记因皆为遇事随记，只需内容而无形式，所以其自我性情的流露也最充分。馆藏陈介祺笔记散帖稿本由各种零散笔记、简短信札、考释简稿等裁剪拼贴于旧书籍中而成，内容涉及传拓治拓、穴地勘察、外科医方、文字器物考释等多个方面，各部分互不相关。字体多为行草，偶有金石体掺杂，可谓陈介祺笔记体书法之攒集。从其所书内容、书体风格上看，多为晚年手迹，所书皆随意自然而无雕琢之气。

1. 笔记散帖稿本

纵 26.5 厘米，横 15 厘米，纸本，有污渍磨损。书写使用的纸张混杂，尺寸长短不一，多为习字用纸，少有竖条或花纹笺纸。依次释文如下：

试拭墨，拭只一过，手法更要灵巧，拓好易得神，又省事，但墨色易有深浅耳。

孟益得暇，尚望拓弩，勿再久存，使余思之不得见也。一笑。

底下之纸，要透白影。墨黑最忌滞暗，墨淡最忌干燥。极淡，极文秀，极黑亮，仍极文秀，乃得黑彩。手最忌重浊，挨着拓，不可乱，一遍也匀，十遍二十遍也匀。

多用芨胶黏纸令固，候干，以白蜡轻拭，浓墨拓，仍勿连上，数器同拓可已。此尚未试过，可以铜器文试之，先勿拓弩，试得好。

凡拓本深要深的滋润有边沿，浅也要浅的有边沿，深的不要滞墨透纸，走进边沿，浅的不要干，不要边沿不真。得了手法，自然拓下去就好。心里第一不要急，上不的（得）墨还上，便上多了。该上墨不上，便干燥了。墨有胶，胶不干，再连着上便黏。纸略湿，上干浓墨一遍，候干些再上。纸浮上墨，黑、明、滋润，边真、边齐。

拓字用白芨水，昔年问之嘉兴张叔未先生者，归来告王西泉，令试拓。西泉乃以纸隔去白芨水，久不惬意。昨思得，彼云：浓煎白芨胶。当是浓煎之后，用杵捣细，如浓面糊成团，以之拭于金石上，再上纸，再以毡卷等筑之，便极黏，易干，受拓。兹令匠人刘守来作胶，务令如裱画不加水之糊团，试以拓之。扑包宜好绸细棉花，棉花万不可使墨浸透，切切！此病必不可效。上扑包墨，必须使只有一层而不要点。（图 3-5-39）

负形“大吉”砖，既为续大访得，可令存之，以记其事。其四字者，可送香资二千可否？或砖数百，或坡石，助其办砖并订定，凡有字有花者均留之，其碎砖堆仍须一捡。“大吉”二字，一二用笔隶意，后人竟不能及，何耶？不减吉元故谓之晋，书法时代限人，多见自可约略。即本朝康熙、乾隆、嘉庆、道光，一代之字各为一体，不能强也。东明寺自是古，秋凉，可自携七郎同去，留心，仍望有六朝也。

示，《句读》本作“示”，下注云：“金刻皆然，故从小徐。”示，句读亦作“示”，详注“一云善”，《句读》作“一曰善”也。注依《韵会》引考补。

福，注：“祜”也，《句读》作“备”也，“福”《通释》作“神”。

祭，注：《句读》本作“從”，示从“肉”，从“又”，又，“手”也。下注依《释诂》疏引考。

祡，注：《句读》本烧“柴”，“焚”燎以祭天神也。注尝云：尞，烧柴以祭天也。小徐无“焚”字。①

顷晤谭六弟云：“西泉今日即可至，并莱阳亦不去矣，重轮砖所得不少。”当即来书所谓元康吉元者，且有他种及甘露。甘露砖在沙河，有人掘得半段，又弃之，曰□伪。其弩机分名可定否？无事仍望来一谈，与孟益并看他机。子嘉郭君大雅。知名。廿四日。（图3－5－40）

君不至必以为酒食相速，而不知曹王愭来，相待久矣，象与�房寺类耳。子嘉郭君，期祺白。十月十日丁卯。（图3－5－41）

原本宜清钞，每种一页，以便增删为定本。再以定本清录副本，以便就正大雅。而自存其正本，以防遗失。

《全生集》治鹅爪风法：即油灰指甲，日取白凤仙花，捣涂指甲，上下包好，日易。凤仙过时，灰甲换好。

来札具悉，须早洗剔耳。再，费未免太多，以廿千得此数砖，则为不爱物力，若能得石则可，不得而十月可归，后半亦尚可，但过期不归，又难与言耳。诸望费心酌之。院名当切宋建并记得砖事，言后晋尚属重修，须以东明寺碑文证之也。或即作“刘宋东明古院”何如？令其买焦

① 笔者按：以上四段为朱笔。

砖，色深磨不动者，磨细为书之，再捡寺中旧石作文，募请韩君刻之，亦可省耳。东明碑文即可对石再校，晴暖无风，可约子达同去，纸墨由彼处捡，并属人看门也。去后用钱即来。

闻欲先代写稿，心甚不安，以其书远不及许原刻，只欲存序跋以记重刊原委耳。来人守候此书已数日，因闻有王兄，可写是以奉读。张香涛序字务照写，不意重劳大笔也。谢谢！知名。周代西魏、隋代周，乞一查《通鉴》。

所说规矩，恐开口处无，或此式，不如仿洋剪为之。总要无论邪大邪小，俱有如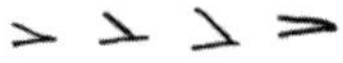，以便画邪线。贵老师来，望过我，切切！

深闺习婉娩，十年后训从班诫、诗继谢吟，侍宦西江娴礼法；宠诏叠恩荣，卌载来举案鸿庄、和丸熊苦，于归颍水盛科名。避字只不改，余字然避矣。不用苦字则改举案、相夫、画荻教子。或鸿举案庄、熊和丸苦。

妇德信无亏，惟遗憾在九秩威姑、六旬夫子。母仪真足法，共艳羡同科昆弟、绕膝孙曾。

闻仲吉五弟噩耗，撰句哭之：五斗谒风尘，那堪羁留旅馆，踟蹰前途，揉尽心中愁血；十年研金石，试诵老屋镫青，虚窗月淡，谁招梦里诗魂。弟《梅影赋》中句。

闻仲吉耗，甚悲之，撰句送阅。如有义举，务言之，兄当有所赙也。此致友琴大弟。簠斋白。十四日。

凡地理，天生之前岸与罗城，皆与穴相抱。其内平满如盘，其高陡者则在外，是以堐内如不能垫平，必须加土坡护之，以象如盘之式。切切！

凡水口出水处，不可直出，不可有声，须逶迤自然方为顺出。若嫌费事不听，将来于财不利，勿悔。切切！

沙堐越往西，于义冢越无损，于前岸越好，越见环抱。惟旧堐插入处，使不碍眼方可。

为先人修茔，至重之事也。为人谋此等事，亦至重之任也。本人可量力，不可草率。以为山覆篑期之，代谋者虽浅陋，不可不竭所知，不敢自欺欺人也。枉尺之论，望勿相商。

义冢少动一冢好一冢，所以须向西移。众人未能作，而自己为先人要作，岂可草率贻日后之悔。力不及，可少作短些。日后易土为沙，须并义地全上护，方为完全。

大对：眉按昔相庄，记政佐宓琴、勤襄褚笠，一百里弹丸岩邑共式母仪，正恩綍膺荣，朱茀霞明褒懿德；背堂今晏处，看珠攒庭树、玉秀砌兰，九十龄秉枋中闺咸钦淑范，倏仙軿促驭，素帷烟冷失慈阴。

瓦面对：鸾诰云封荣膺四品，鹤龄天锡寿迈九旬。

族人对：度协瑀璜垂懿范，训承诗礼著家型。

大匾：寿母纶褒。

小匾，女婿□□笔：泪洒画屏、钟郝遗徽。

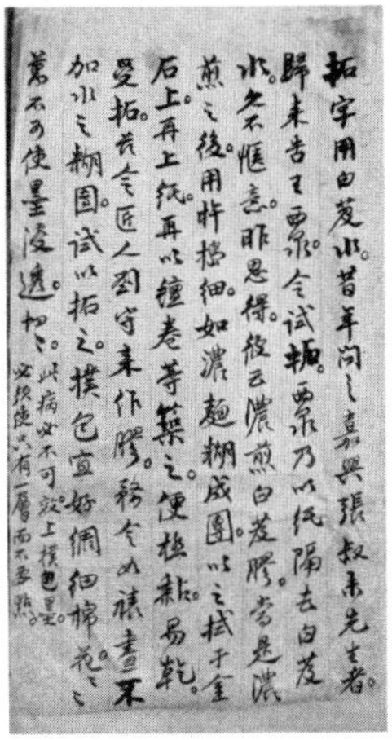

图3－5－39　笔记散帖稿本局部之一

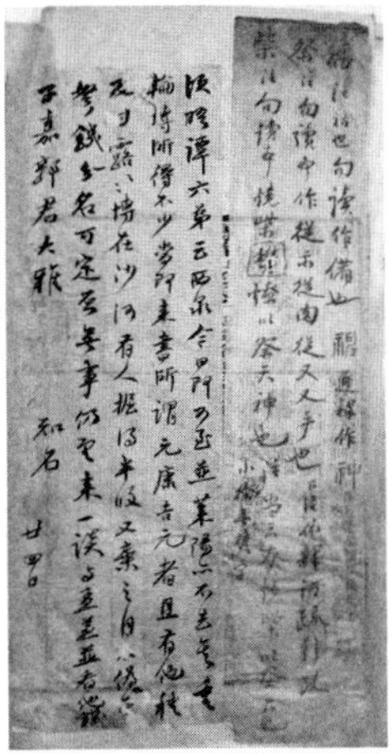

图3－5－40　笔记散帖稿本局部之二

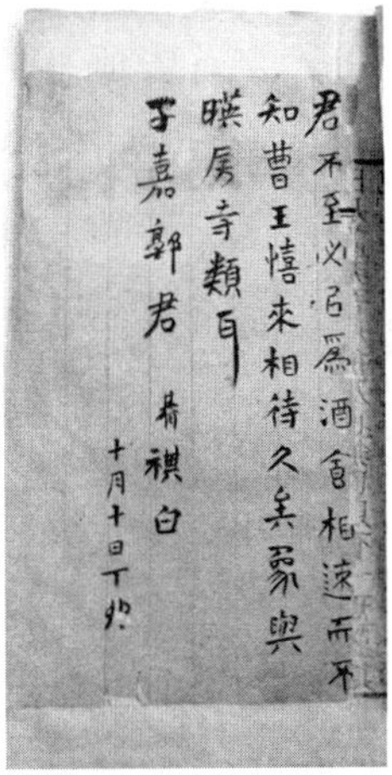

图3－5－41　笔记散帖稿本局部之三

2. 《汉官私印封泥考略》稿本

纵26.3厘米，横18.4厘米，纸本，线装，全一册，边缘有磨损。该稿本为二次校订，墨色不一，但书写精妙，尤能显现章法上的特点和变化。“甲戌校本”（图3－5－42），用朱笔校订，书体大多为小楷，偶有金石体，全文勾圈添改，任意自然；大片的释文章法充满对比，无论是朱墨还是疏密错落，皆寓巧思于不言之中。“己卯又校本”（图3－5－43），用墨书校订，书体基

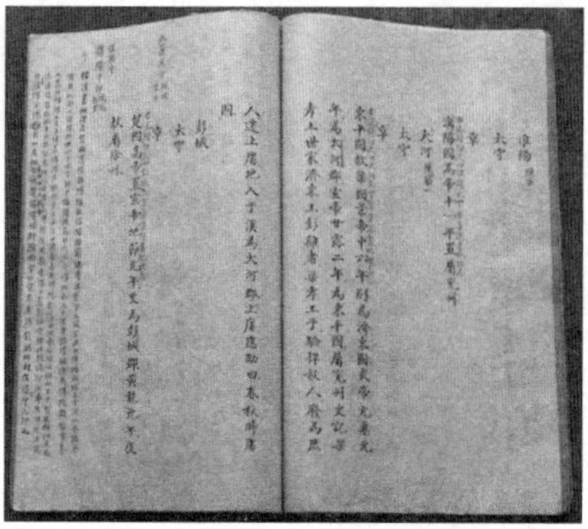

图3－5－42 《汉官私印封泥考略》稿本局部之一

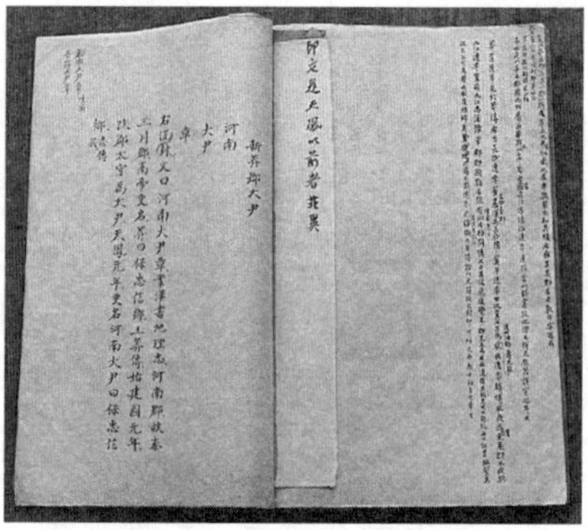

图3－5－43 《汉官私印封泥考略》稿本局部之二

本为楷书，内容涉及古文字时，又转为金石体；题写释文虽然不多，但字势更加精敛，章法愈加考究。如“豫章南昌连率”考释文，书落七行，每行字数不等，字首皆顶至页端，第二、三行书至十余字时即转至下行，使下端留有大段空白；第五、六行则书满行，形成了作品形式上长短、错落、疏密、黑白等对比关系的随意变化，精彩纷呈。其晚年的稿本校订释文小字，笔力雄肆，古雅奇宕，风规超迈，别具一格。

（三）拓本题跋

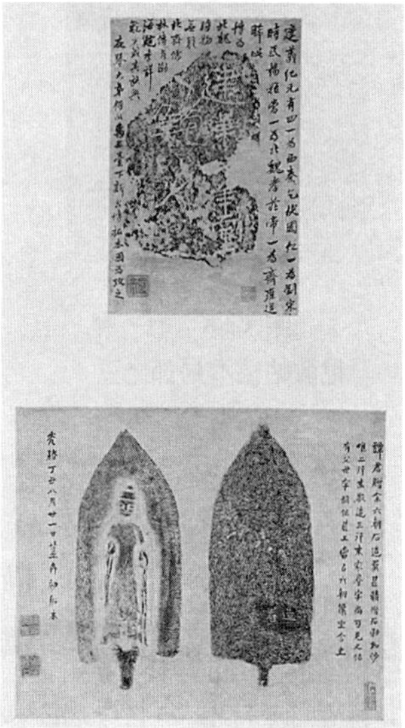

图3－5－44 北魏建义砖、六朝石造像拓合轴

书画、拓本题跋与信札、笔记等不同，它是一种仪式感较强的书写形式，鉴藏者在题写跋文时往往认真谨慎，很少信笔由缰，每件题跋的书法所展现的书写水准，即最接近作者当时的最高书写水准。馆藏书画、拓本中有陈介祺题跋者均为其60岁后的墨迹，是其晚年题跋类书体的代表之作。

金石藏家以古体字题跋拓本的传统由来已久，或表推重，或变换字体以求章法美观。陈介祺对于此项的运用娴熟且水准极高。其不但根据题写对象的不同形式寻求章法和字体上的变化，而且针对不同种类的题写对象，以不同印章分别记之。

北魏建义砖、六朝石造像拓合轴（图3－5－44），因类别不同，使用了两种书体题写。北魏建义砖拓，纵34厘米，横22厘米，纸本，因刻有别具特色、风神逸趣的魏碑体，故其跋文为行迹飞动的行书；庄严祥和的六朝石造像拓，纵35厘米，横42.5厘米，纸本，跋文则为具有楷书意味的金石体。

周矢胸瓦盘图全形拓轴（图3-5-45），纵103厘米，横51厘米，纸本。右上侧以金石体题写的大字标题，施墨浓重，端严平整；跋文四行共196字，以金石体书于左侧，虽每行字数不等，字体长短不一，但皆字字独立，字距匀称，极为协调，与右侧的大字标题形成呼应之势。墨书金石体与拓制的古陶器和古陶文之神韵相契，钤盖的多方朱色印章参差错落，又使该作品极具视觉上的流动美。

图3-5-45 **周矢胸瓦盘图拓轴**

朱拓东汉君车画像石横披（图3-5-46），纵64厘米，横136厘米，纸本。画面为奔跑的车马骑行图，画中车马、人物的衣饰纹路、面部表情等清晰分明，线条灵动，施色匀净沉稳。拓本右下角空白处施以具有篆书意味的金石体墨书跋文，静穆古雅，并使得画面形成了朱墨对比、动静对比，相映生辉。

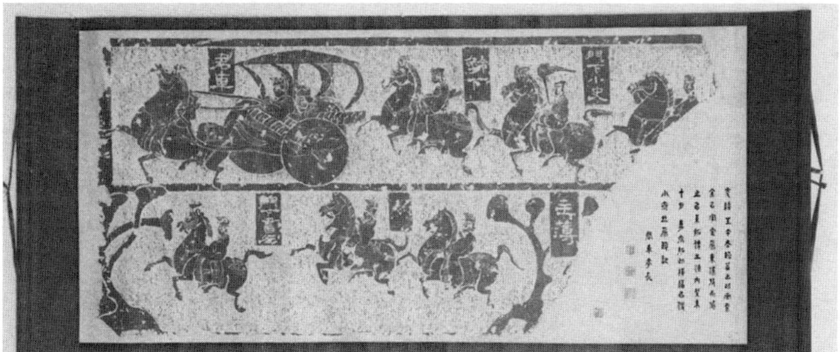

图3-5-46 **朱拓东汉君车画像石横披**

以上这类书法墨迹，可谓另一种独立的书法创作形式，显示了陈介祺全面的艺术素养和审美高度。

四、结语

通过以上梳理，我们可以略见陈介祺的书法演变经历了三个阶段，即早期从馆阁入手，追摹正宗，师法唐楷；中期精研学问，厚植学养，书法上博取北碑精华，广收众家之长，为变法进行了有益的探索；晚期将一生所研金石学与书学实践相结合，独辟蹊径，最终创造了个性突出的金石糅合体。

（潍坊市博物馆副研究馆员　谭霭岚）

陈介祺楷书简论

陈介祺，字寿卿，又字酉生，号伯潜，因得曾伯簠后颜其居为“宝簠斋”，后以“簠斋”为号。生于清嘉庆十八年（1813），卒于光绪十年（1884），享年七十二岁。其父陈官俊，嘉庆十三年（1808）进士，以名翰林入直上书房，后为上书房总师傅、道光皇帝师，并授皇长子读。历任工部、兵部、礼部、吏部尚书，累官协办大学士，道光二十九年（1849）卒于官。陈介祺自幼随父居京师受学，道光二十五年（1845）中进士，授翰林院编修、国史馆协修、方略馆分校。父亲殁后，陈介祺于咸丰四年（1854）辞官归里，潜心于金石收藏和研究，所藏集古今吉金之大成，所论发前人所未发，对中国现代考古学、历史学、古文字学、印学等学科的形成和发展做出了不朽的贡献，成为海内最著名的金石学家之一。

随着晚清金石学的发展，收藏各种古器物、研究古文字成为学界风尚。陈介祺在考古释古之余，对书法颇为用心，其晚年留有大量的书迹文稿，其中以楷书居多。

一、楷书分类

现存陈介祺的楷书可分为小楷、行楷、大楷，尤以晚年大楷为多。

（一）小楷

陈介祺自幼随父学于京师，其早年小楷和大多数在京为官的文人学士一样，迎合取仕要求，宗法纯正，出入颜柳，工稳儒雅。陈介祺父陈官俊位居高官，其书法虽书史无名，但为标准的馆阁体，光洁亮丽，齐整雅致，从中可以看出其具有深厚的唐楷功底。陈介祺幼承庭训，书法当受其影响。陈介祺

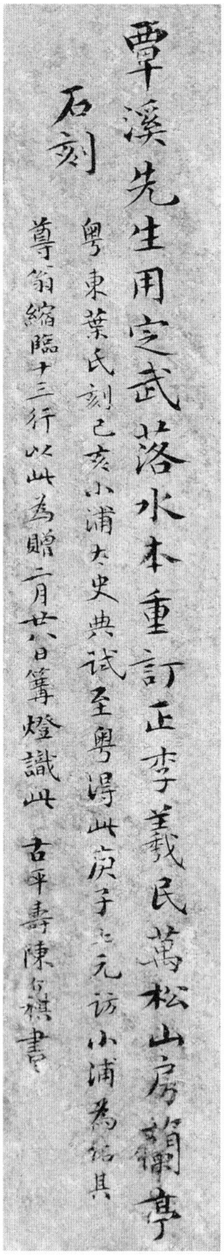

图3－6－1
陈介祺册页题签
（潍坊陈介祺纪念馆藏）

曾孙陈育丞亦记：“簠斋书法从颜体入手，早岁以小楷闻于时，出入颜、柳之间。”① 何绍基曾在道光十七年（1837）致陈介祺（时陈氏25岁）信札曰：“日来冗甚，雅扇尚未得书，而每诵来札，笔翰精丽，非基所能，奉上册页一开，便乞细字。”② 后又于道光二十六年（1846）请陈介祺（时陈氏34岁）在其收藏的《张黑女墓志》孤本上作跋③，由此可见何绍基对陈介祺书法的推崇和肯定；陈氏题签“覃溪先生用定武落水本重订正李义民万松山房兰亭石刻……”近80个小楷字，字小如粟，写在一张小便签上，点画精到，大小错落有致，一派儒雅气象（图3－6－1）。这类小楷取法唐楷，直到陈氏晚年还在其考释文稿中出现，如《汉残瓮腹瓦字》文稿。陈介祺楷书晚年变法，取六朝篆隶笔法，参以各种古文字字形，经常用来写书信、札记文字。此类小楷字已明显区别于此前取法传统唐楷魏碑书法之字，而与陈氏晚年之大字对联作品一样面貌，特点见后文分析。

（二）行楷

陈介祺行楷书作品留存不多。如对联“奇书古画不论价，红树青山合有诗”，点画厚重饱满，结字开合有度，“奇”“书”“不”“合”字有颜体特点，“论”“价”“有”“诗”字有董赵遗风（图3－6－2至3－6－4）。乾嘉以后，董、赵书风流行，时人多取之。从这副对联中可以看出陈介祺受时人书风的影响。

（三）大楷

陈介祺大楷早年取法颜柳，结字工整谨严，不出唐人法度。其大楷以潍坊市博物馆藏其早年楷书五言诗轴“杨君清渭水”为代表（图3－6－5）。该作品点画瘦劲硬朗，

① 陈育丞：《簠斋轶事》，载《文物》1964年第4期。
② 王贞华：《砚边余墨》，中国书画出版社2011年版，第153页。
③ 陆明君：《簠斋研究》，荣宝斋出版社2004年版，第190页。

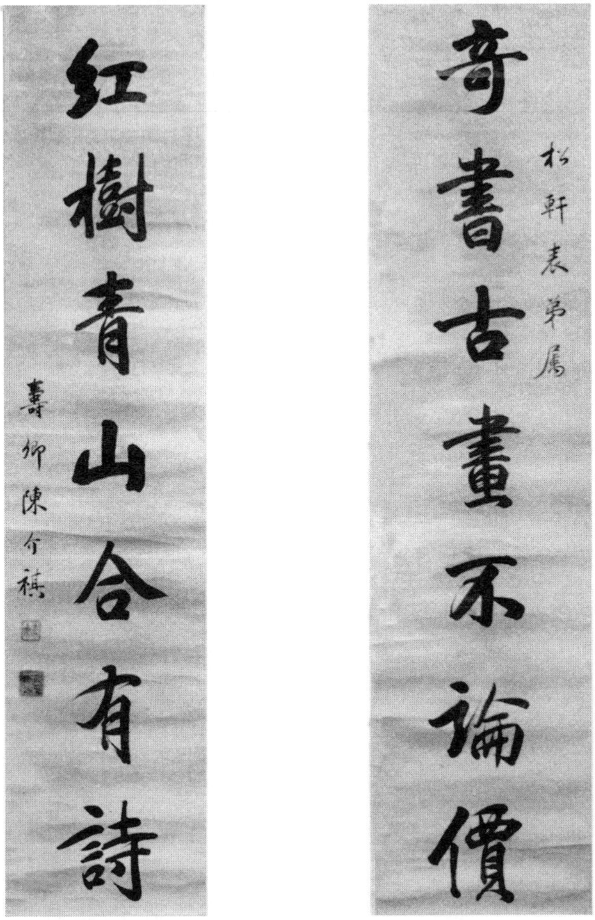

图3-6-2 **陈介祺奇书红树七言联**（潍坊市博物馆藏）

图3-6-3 七言联局部之一

图3-6-4 七言联局部之二

横画收尾顿笔明显，如“清”“钟”“笔”字；“水”“端”“世”字结字端庄工稳，中宫收紧，明显具有柳体特征（图3－6－6）。陈氏晚年楷书多以颜柳体楷书为基础框架主体，杂以六朝碑版篆隶书笔意写横画，部分偏旁构件以古文篆体字形书写，如对联“才子旧称何水部，诗家今得鲍参军”。

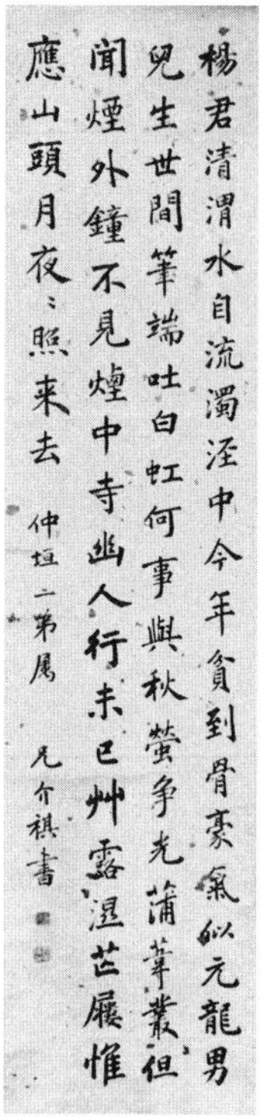

图3－6－5 陈介祺楷书轴（潍坊市博物馆藏）

二、楷书基本特征

陈介祺于咸丰四年（1854）弃官归里，隐潜林下，自号海滨病史、林下田间大夫。其早年所留文字甚少，晚年始潜心释古，与各文字之友尺牍往来，所以晚年书迹存世最多。陈氏晚年楷书也是其楷书书法风格的代表。受当时碑学环境影响，其楷书多以长锋羊毫，大笔写小字；用墨浓重，收笔处易出现干枯涩势，金石气十足。现从对联“才子旧称何水部，诗家今得鲍参军”“旧学商量加邃密，新知培养转深沈”“读书有福，饮酒须才”“细改新诗须枕上，小留剧饮得花前”中选字，分别就其晚年楷书点画结字特征进行分析（图3－6－7至3－6－10）。

（一）点画

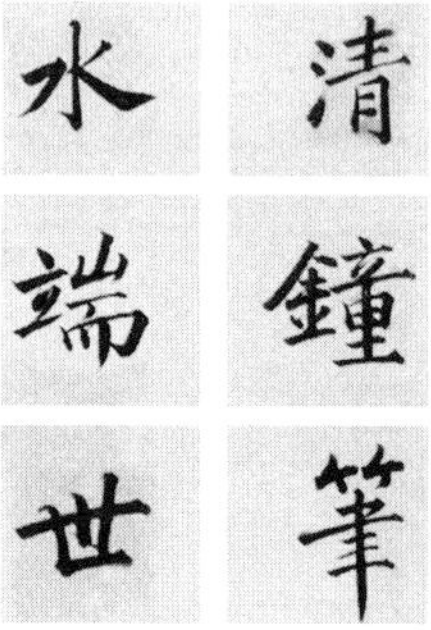

图3－6－6 楷书轴局部

点画用笔讲究起行收。陈介祺书法用笔特别强调“下笔处”。其《习字诀》曰：“若求古人笔法，须于下笔处求之。”“所有之法，全在下笔处，笔行后无法，无从用心用力也。”“‘直落’二字要体会，下笔微茫，全势已具。”① 其致秩卿信札云“……近见弟作字颇胜于前，既不作考试计，便当力追古人，改尽时派习气，须用心于下笔、住笔、转折处求之，先要笔站得住也。”②从中可以看出陈介祺对点画用笔的认识和讲究。陈介祺

① 〔清〕陈介祺：《习字诀》，见《明清书论集》，上海辞书出版社2011年版，第1205～1206页。

② 山东恒昌拍卖有限公司：《金石相契——纪念陈介祺诞辰二百周年专场》，2013年12月6日。

书法起笔处打笔直落，或藏或露，腕运行笔；中段行笔坚实，略有起伏提按；收笔处提笔顺收，不做修饰，亦不回锋。这种用笔法乃取自六朝，与唐法有很大的区别。六朝笔法乃隶法，故古；楷书经晋到唐，三折笔法已完备，故妍。簠斋尚古，乃上溯六朝，直落用笔，卓尔不群。

图3－6－7　陈介祺才子诗家七言联（静专斋私藏）

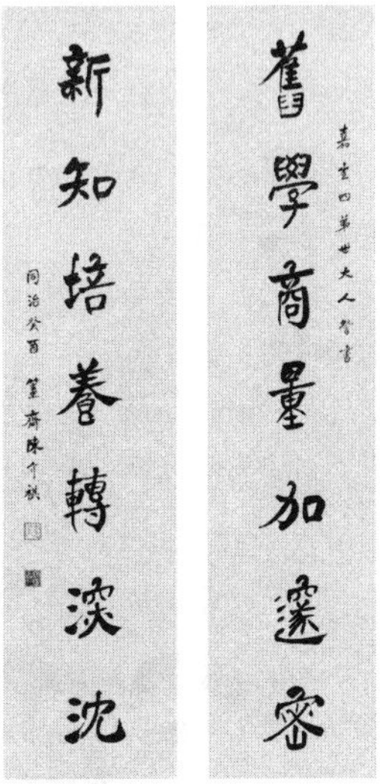

图3－6－8　陈介祺旧学新知七言联（静专斋私藏）

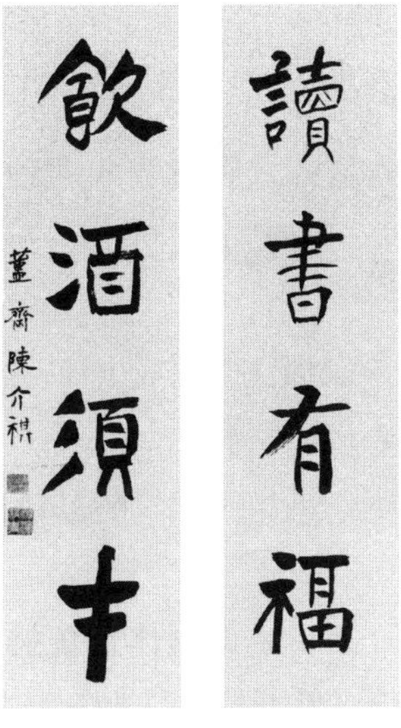

图3－6－9　陈介祺读书饮酒四言联

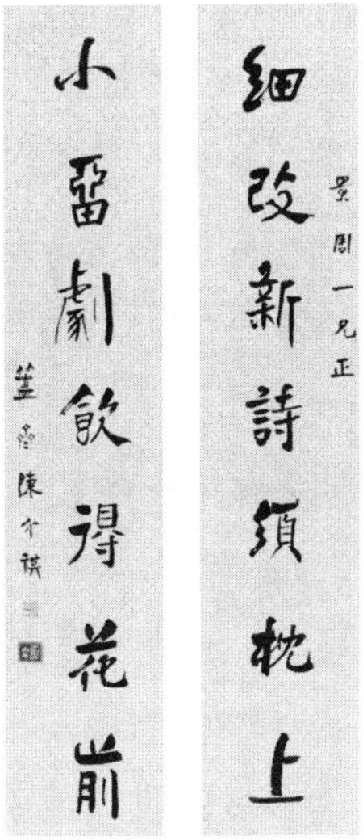

图3－6－10　陈介祺细改小留七言联（日本篆刻家梅舒适兰言室私藏）

1. 横

横画有三种起笔形态。或切锋，如“量”字；或藏锋，如“养”字第三横；或尖锋，如“书”字细横（图3－6－11）。

中段重实，长横略有提按，收尾不做回锋，顺势提起，粗画收笔呈横截状，如“酒”字；细画收尾呈尖状，如“有”字（图3－6－12）。

图3－6－11　“量”“养”“书”字

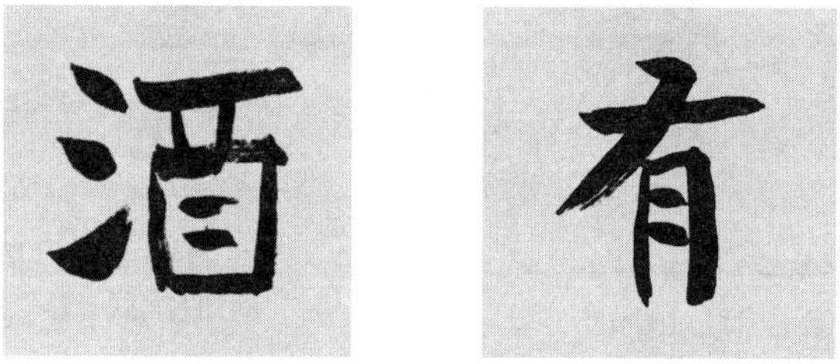

图3－6－12　“酒”“有”字

2. 竖

竖画起笔如同横画，收笔亦不回锋，可分为悬针式和直收式两种。悬针式如“新”“转”“书”字；直收式如“福”“上”“何”字（图3－6－13）。

3. 撇

撇画起笔多藏锋，少数尖锋起笔，如“加”字长撇。收尾或出锋，或藏锋。长撇多出锋，如“参”“加”“养”字；短撇多藏，如“得”“家”字。另类撇画改为篆书写法，变成一直画，如“福”“新”“剧”字（图3－6－14）。

4. 捺

捺画起笔多藏，收笔或引而不发，如“密”字；或似颜体重按挑出，如“养”“深”“邃”“饮”“水”字（图3－6－15）。另类写法是改为篆书写法，如“邃”“剧”字，捺画挑收为一直画。

图3－6－13　“新”“转”“书”“福”“上”“何”字

图3－6－14　“参”“加”“养”“得”“家”“福”“新”“剧”字

5. 点

点画变化较多。或以篆势逆锋回旋成弧状，如“军”字；或点成一短横，凝重饱满，如“部”字；或含蓄侧点，引而不发，如“酒”“沈”“花”字；或率意出锋，呈隶意横向，如“深”字；或活泼灵动，呼应顾盼，如“密”字（图3－6－16）。

6. 钩

钩画起笔多藏锋，收笔写法有两种。一种如颜楷蓄势钩出，如“商”

“枕”“子”“何”字；一种省去钩画，变为弯竖和直竖，如“得”“学”“有”“才”字（图3－6－17）。

7. 折

折有三种写法。一种为弯折，顺势提笔折弯，如“书”字上部折法；一种为顿折，如“福”“书”字下部折法；一种隶分为两笔，搭接成折，如“酒”字（图3－6－18）。

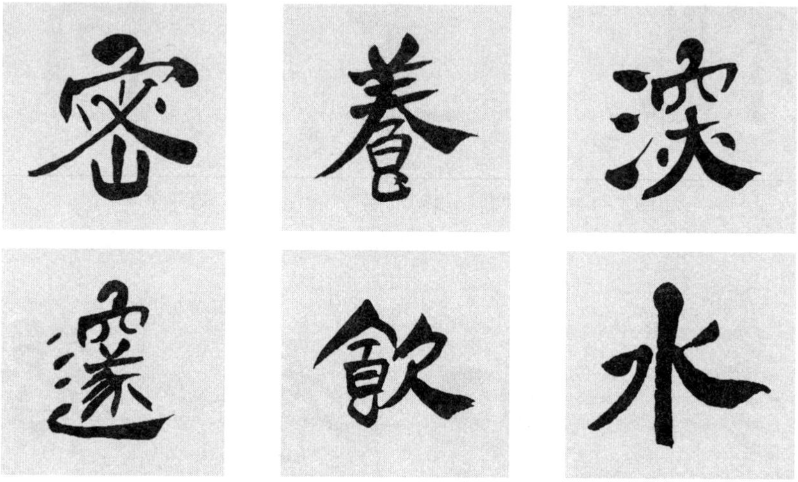

图3－6－15 “密”“养”“深”“邃”“饮”“水”字

图3－6－16 “军”“部”“酒”“沈”“花”“深”“密”字

图3－6－17　“商”“枕”“子”“何”“得”“学”“有”“才”字

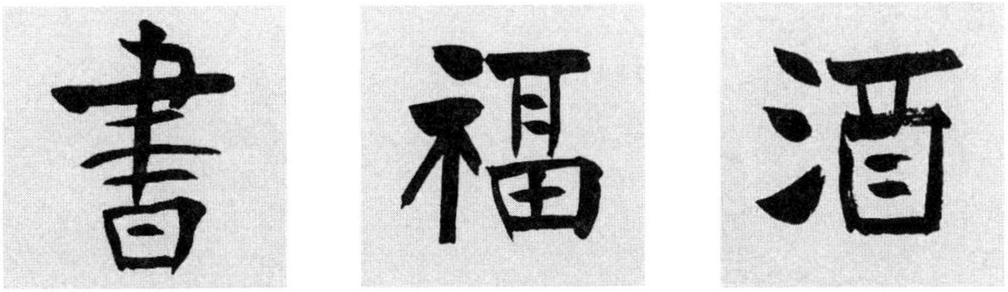

图3－6－18　“书”“福”“酒”字

（二）结字

陈介祺对于结字非常讲究，其曾致信潘祖荫曰：“古人作字，其方圆平直之法，必先得于心手，合乎规矩，唯变所适，无非法者，是以或左或右或伸或缩，无不笔笔卓立，各不相乱，字字相错，各不相妨，行行不排比，而莫不自如，全神相应。”① 这些认识也可以使我们更好地理解他对楷书结构的处理方法。综观其晚年楷书作品，其结字有三大特点。

1. 字势平正，重心平稳

陈介祺楷书取法颜柳，结字很少左右欹侧，字势平正端严，重心平稳，如“培”“养”“商”字（图3－6－19）。

① 〔清〕陈介祺著，陈继揆整理：《秦前文字之语》，齐鲁书社1991年版，第39页。

图 3－6－19 “培”“养”“商”字

2．中宫收紧，字形偏长

陈介祺的早年小楷字形或方或扁。晚年书法字形中宫收紧，本来较扁的字如“上”“留”等字也都做拉长处理，所以晚年楷书结字大都字形偏长。

独体字，如“上”“才”字（图 3－6－20）。

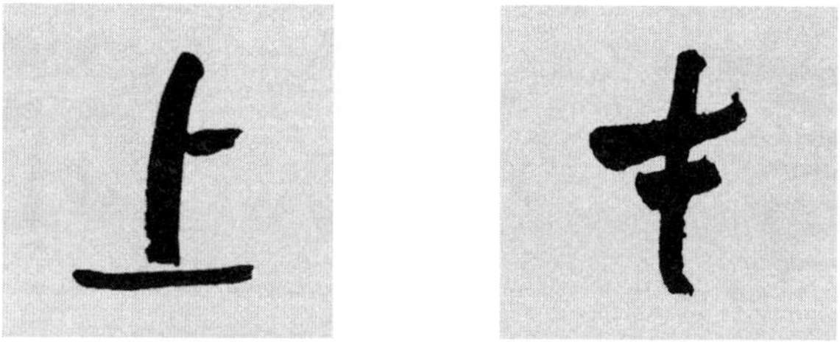

图 3－6－20 “上”“才”字

左右结构，如“诗”“新”字（图 3－6－21）。

上下结构，如“留”“量”字（图 3－6－22）。

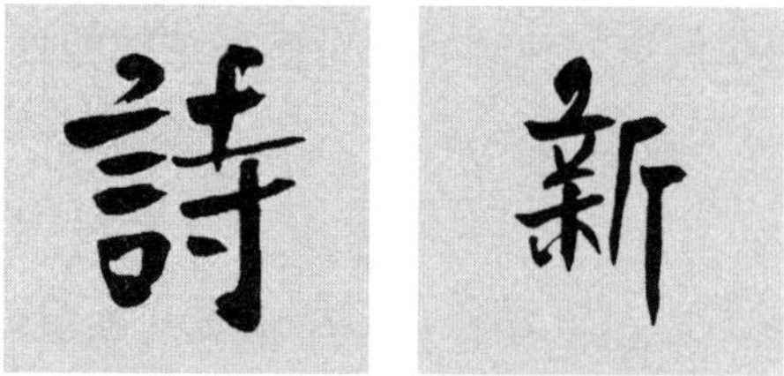

图 3－6－21 “诗”“新”字

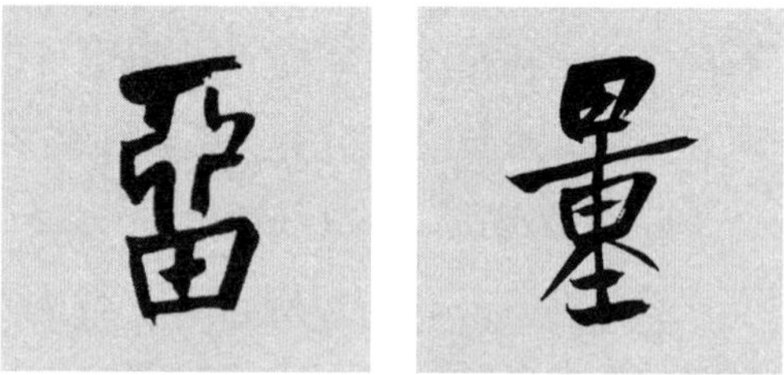

图 3－6－22 “留”“量”字

3．结字复古，直取篆法

陈介祺晚年鉴古释古，隶定古文字，对古文字非常熟悉。因此，他以篆书字形替代楷书部首，简直是顺手拈来，而这也成为其楷书结字的特点。如“饮”字之“食”部、“剧”字左下之“豕”部、“称”字之“爪”部、“量”字之“里”部、“邃”字之“豙”部、“密”字之“山”部（图3－6－23）。

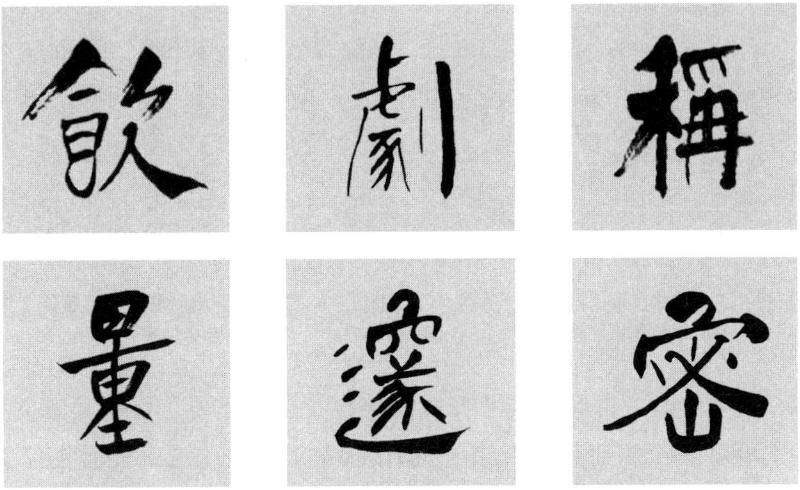

图3－6－23　“饮”“剧”“称”“量”“邃”“密”字

（三）章法

陈介祺因藏古、鉴古，长年研究古文字，故对三代吉金文字用笔、结字和章法都有独到的认识，并常在札记及致友人的书信中谈及。其在《习字诀》中说：“练行不如练气。古人法备精神，大如钟鼎文，行款有全似散底而通篇一气，无不连贯，不惟成行，直是成大片段。”① 陈介祺所存书法墨迹尤其是其长篇书信和札记文字，如陈介祺庚午春致张士达书（图3－6－24）和《秦权量诏版诗文集》（图3－6－25），在章法上力追古人，大都字字独立，很少以连绵字组形式出现，如钟鼎文一样左右上下，全盘贯气，直成一“大片段”，有“列宿晨空，星汉灿烂”之美。

① 〔清〕陈介祺：《习字诀》，见《明清书论集》，上海辞书出版社2011年版，第1207页。

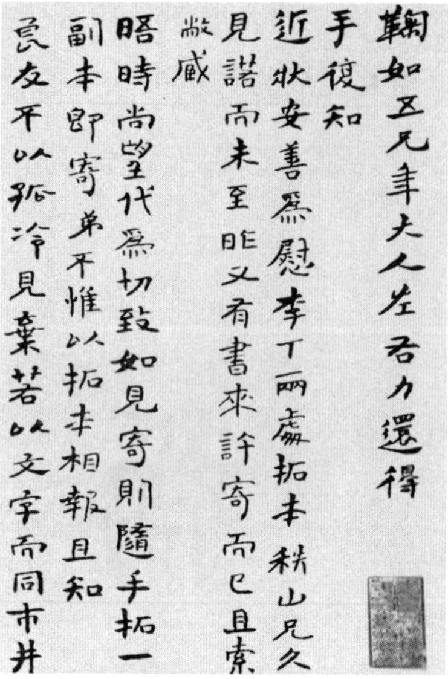

图3-6-24　**陈介祺庚午春致张士达书**
（青岛市博物馆藏）

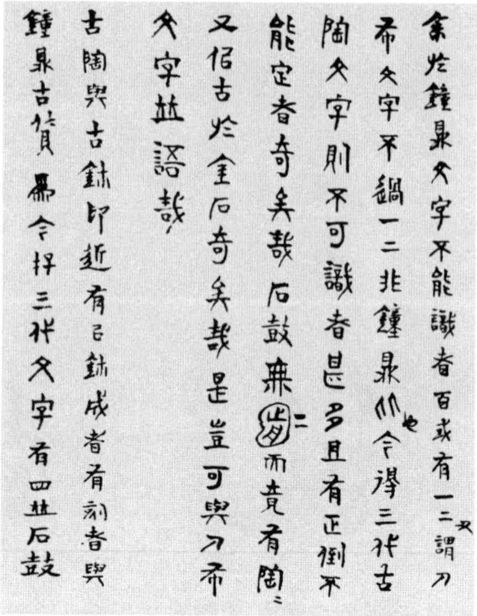

图3-6-25　**陈介祺《秦权量诏版诗文集》**
（陈继揆藏）

陈介祺晚年因考古鉴伪、考释古文字以及传古需要，留有大量文稿。浏览这些文稿可以欣赏到其于章法上的用心考究。如《汉残瓮腹瓦字》文稿（图3-6-26），小楷，唐楷书风格。其右侧错落书五列，每列书字多少不等，并不写满；第二列落一格起笔，第五列中下部起笔。整幅错落，长短不一，与左侧大段考释文字形成对比。又如《秦诏版考释》文稿（图3-6-27），右边四列以小楷书就，典雅规整，顶格低五字左右；左边三列顶纸以朱砂行书字书写。整幅明显分为两部分，中间隔一列距离，圈去数字。其小楷墨书，端正静雅；行书朱迹，飞动醒目。此外，整篇章法充满对比，行楷对比、朱墨对比、疏密对比、错落，寓巧思于无言中，给人赏心悦目之美。再如《咏寒亭东阜出土古陶羽觞》诗稿（图3-6-28）为陈介祺去世前所写，小楷书，四言古诗风格，末尾有纪年。虽是草稿，但字精墨妙，毫无颓势；形势完整，章法丰富，每行中间以注释文字成两行插入其中；改动文字或圈或点，一任自然；再加上楷书中夹杂篆书古文字，使整幅文稿内容极为丰富，可谓陈介祺晚年之书法精品。通过以上文稿分析，我们可以看出陈介祺对于章法上的用心考究。他特别善于运用对比关系，使作品形式上的疏密、黑白、错落、长短等关系随意变化，精彩纷呈。另外，看似不经意的圈点勾画等形式、元素也为作品增色许多，可为后人所借鉴。

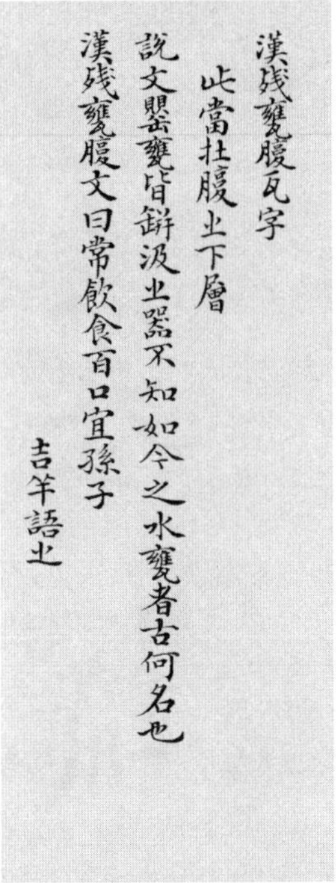

图 3－6－26 陈介祺《汉残瓮腹瓦字》文稿局部

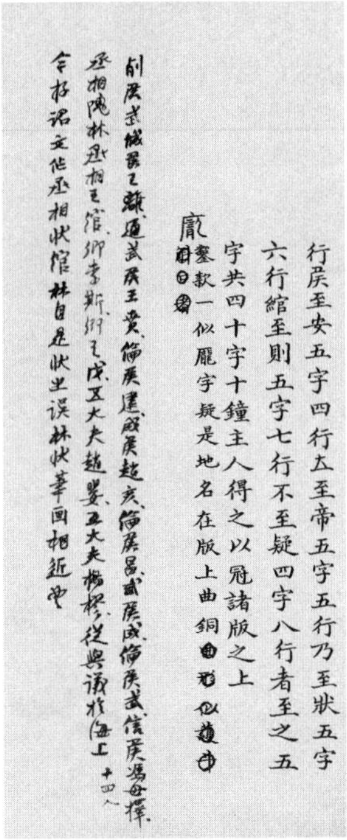

图 3－6－27 陈介祺《秦诏版考释》文稿局部

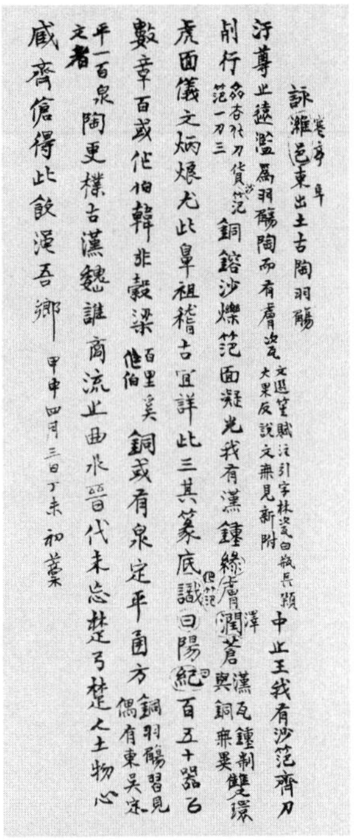

图 3－6－28 陈介祺《咏寒亭东阜出土古陶羽觞》诗稿局部

三、整体风貌

陈介祺早年学书取法唐楷，打下坚实的基础，又受阮元等人的影响，思想上崇古尚理，学术上鉴古释古，对古文字有深刻的认识，故而形成其独具特色的书法面貌。综合来说，其晚年楷书的整体风貌有以下几个特点：

（一）平正

梁启超总结清朝学术“以复古为解放”，在书法上体现为对六朝北碑及三代古文字的推崇和取法。陈介祺之楷书，用笔上参六朝北碑笔法，富含隶意；结字上，以古文字字形代替楷书部件，甚至整字直接以篆书写就，与六朝北碑有异曲同工之意。篆、隶、楷书的杂糅混搭造成了识读上的陌生感，给人以奇特的感觉。陈介祺尚古崇理，认为古文字乃古人之心，可以补《说文》之遗，得古人一笔便得古人一法。所以有些字虽是楷书体势，笔画却是篆法，但绝非臆造。如春还山下对联中“腰”“箸”“寒”“蔬”“柳”“还”字（图

3－6－29、3－6－30）。但从作品整体来说，其大框架还是颜柳的感觉，字势平正端严，不激不厉，笔笔分明，有士大夫处世宠辱不惊之态。

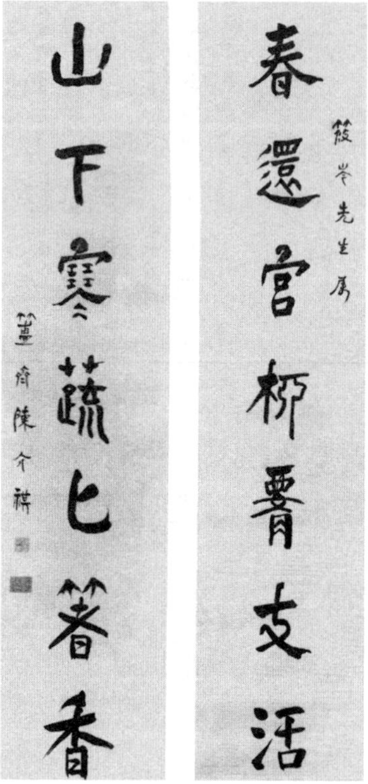

图3－6－29　**陈介祺春还山下七言联**
（潍坊市博物馆藏）

图3－6－30　**七言联局部**

（二）古厚

陈介祺晚年楷书刻意弱化唐楷精丽严谨的法度，而上追六朝汉魏，直指三代。“取法乎上，钟鼎隶篆，皆可为吾师。六朝佳书，取其有篆隶笔法耳，非取貌奇，以怪样欺世。求楷之笔，其法莫多于隶。盖由篆入隶之初，隶中脱不尽篆法，由隶入楷之初，楷中脱不开隶法。古人笔法多，后人笔法少。此余所以欲求楷中多得古人笔法，而于篆隶用心，且欲以凡字所有之点画分类，求其法之不同者，摹原碑字而论之，为汉碑笔法一书也。得古人一笔，便多一法，一字有十笔，便有十法，一笔有数写法，更多变化，诸法奔赴腕下，无一不善，必成大家。笔法千古不易，一笔有一笔之法也。结体须要用功，一字有一字之法也。”① 他常年藏古、鉴古、追摹古字，心中以传古为己任。所思所想，所作所为皆以古为尚。再加上当时碑学环境下受时人的影响，以长锋羊毫饱蘸浓墨书写大字，“大笔写小字”，所以其书法碑意浓重，古质厚重而无轻佻妍美之态，如“得”“参”字（图3－6－31）。

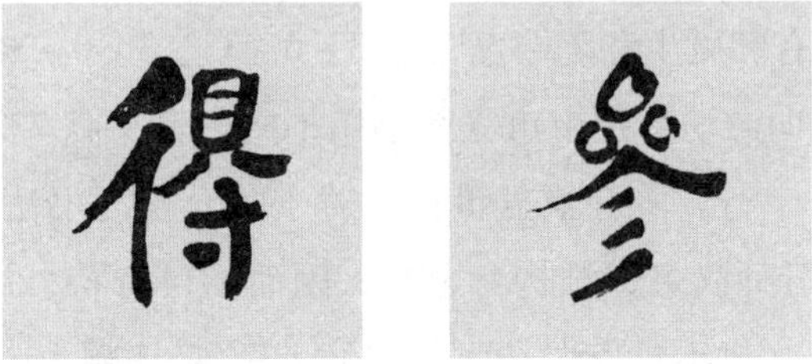

图3－6－31 “得”“参”字

（三）静穆

陈介祺楷书结字寓奇拙于方正中，用笔扎实，笔笔分明，字字分明，干脆利索。其字如金刚杵力透纸背，故奇而不燥，乱而不浮，字里行间静气弥漫。端详品味，如入宝库，宝物杂陈，件件惊奇；如见饱学大儒，尘俗顿消，沉静如僧。如“才”“须”“前”字（图3－6－32）。

图3－6－32 “才”“须”“前”字

四、影响

潘祖荫曾致书吴大澂称：“当世理学而兼金石学者，唯执事与寿卿耳。”②

① 山东省文化厅史志办公室、潍坊市文化局史志办公室：《山东省文化艺术志资料汇编·第十八辑（潍坊市〈文化志〉资料专辑）》，1989年，第291页。

② 〔清〕陈介祺著，陈继揆整理：《秦前文字之语》，齐鲁书社1991年版，第274页。

寿卿即陈介祺。可见陈氏在当时金石学家中的地位和影响。其书法思想集中体现在同治元年（1862）为教导孙子陈阜而写的《习字诀》中。《习字诀》对书法取法及技法诸如用笔、结字、章法、墨法等各方面都有涉及，主张“学者当师北宗，以碑为主”“取法乎上，钟鼎隶篆，皆可为吾师”，对后人学习书法有一定的启示。直到现在，潍坊地区学书者还大都长于篆隶魏碑书法。后世直接取法陈介祺楷书的有郭砥生和陈君藻（图3－6－33、3－6－34）。郭砥生，山东潍坊人，1948年曾向潍坊特别市市立图书馆捐赠古籍文献732种5998册。[①] 陈君藻，名奎章，以字行，陈介祺五世孙。对于陈介祺之书法，刘恒曾评价说：“用笔取六朝，转折师汉隶，结构参金文，因而面目奇特，风格独树。惟其转益多方，少于提炼，故不免有驳杂不精之病。”[②] 是评颇为中肯。

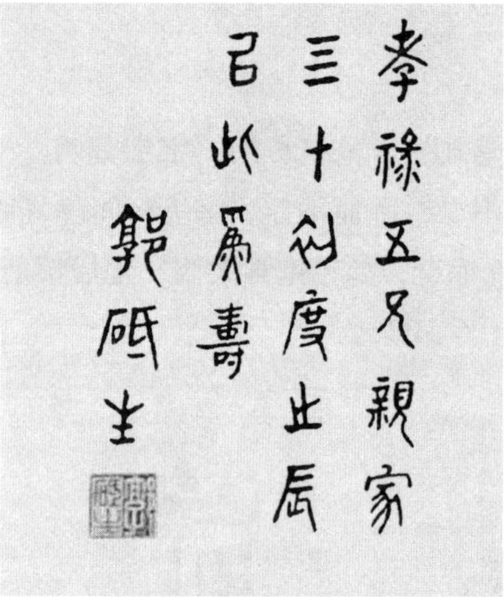

图3－6－33　郭砥生书法作品

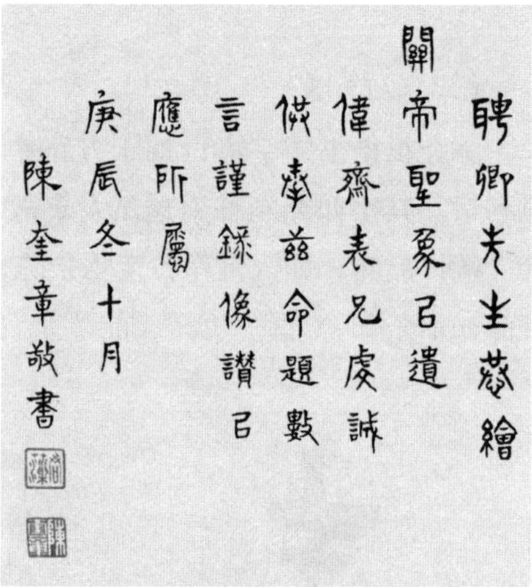

图3－6－34　陈君藻书法作品

（潍坊市于希宁艺术馆副馆长　张卫华）

① 潍坊市博物馆：《金石千秋——纪念陈介祺诞辰二百周年藏品选》，内部刊物，2013年，第130页。

② 刘恒：《中国书法史·清代卷》，江苏教育出版社1999年版，第227页。

陈介祺题刻掇释

陈介祺所藏刻石十分丰富，另有自书木刻、题匾良多，但在其去世后，由于时局所变，遂星散云逸，目前唯有少量被收藏于各地博物馆中。现对潍坊市博物馆所藏陈氏相关题刻进行梳理条述。

一、木刻毛公鼎器物图及石刻铭文

此木刻毛公鼎器物图及石刻铭文，皆是后世为仿作毛公鼎拓本而复刻之物（图3－7－1、3－7－2）。

图3－7－1　木刻毛公鼎器物图

图3－7－2　石刻铭文

木刻毛公鼎器物图，长64厘米，宽52厘米，以上好木板为载体，依毛公鼎原貌剔刻而成。木刻背面书“民国甲子秋造”，即刻于1924年秋。

石刻铭文，长44厘米，宽46厘米，是将毛公鼎内壁铭文分别镌刻于两方形石块之上，铭文布局皆取原物之貌。其刻制年代当与木刻毛公鼎器物图一致。

自咸丰二年（1852）陈介祺从陕西古董商苏亿年手中重金购得此鼎后，由其并子孙庋藏50余年。因怀璧之惧，陈氏对其他收藏重器都乐于公之于世，唯对此鼎深锁密藏，秘不示人。在其撰写的《簠斋藏古目》中枚举了所藏各种古器物名称甚至数量，也唯独未列此鼎，足以看出其对此鼎之珍爱。

潍坊市博物馆现藏毛公鼎拓本五件，其中两件为陈氏监制原器拓本，皆以全形拓技法拓之，精妙绝伦，神韵兼备，极为珍稀（详见本书《陈介祺拓本举隅》）。

二、曾伯霥簠器物刻石

曾伯霥簠器物刻石，高54厘米，宽42厘米，厚11厘米，是依陈介祺所藏青铜重器曾伯簠之样而刻。刻石内容分上下两部分，上部呈长方形，为通篇簠盖铭文，共11行90字；下部为簠之外形图案，虽刻于平面之上却极具立体感（图3－7－3）。

据陆明君《陈介祺年谱》记载，陈介祺约于道光十九年（1839）得此重器。他对此簠异常珍爱，不仅为其配以木座和木匣，并于道光二十七年

（1847）请张受之在匣底和匣前刻徐同柏释文考证及张叔未题名。① 陈氏去世后，该簠由其次子陈厚滋守持，传有三代。1951 年，陈介祺曾孙媳郭组珍将其捐赠给山东博物馆，后移交中国历史博物馆（今国家博物馆）。

图 3－7－3　曾伯霥簠刻石

陈介祺为对曾伯簠进行赏鉴研究，并践行其传古之志，曾组织拓工对该器进行精拓。潍坊市博物馆现藏此簠全形拓本二件，皆为陈氏原器拓本，对于该器的研究具有重要价值（详见本书《陈介祺拓本举隅》）。

三、曹望憘造像刻石

曹望憘造像刻石，是根据曹望憘造像石座的立体四面一一摹刻而成，分一铭文、三图像四块，皆高 44 厘米，宽 81 厘米，厚 17 厘米（图 3－7－4）。其虽属仿刻，然与原石及其拓本对照，神韵气象稍逊一筹，弥足珍贵。

图 3－7－4　曹望憘造像刻石

曹望憘造像，又名襄威将军柏仁令齐州魏郡魏县曹望憘造弥勒下生石像，北魏正光六年（525）三月二十日刻，清代发现于山东临淄县（今淄博临淄区）西桐林庄民居墙内，后归陈介祺。“吴重憙《北魏正光造像考》中记：‘……同治壬申（1872）十月，在潍得此拓于商河拓工刘叟，其曹望憘、宝渊二石久归陈氏宝簠斋中。’”② 由此可推知，在同治十一年（1872）前，曹望

① 陆明君：《陈介祺年谱》，西泠印社出版社 2015 年版，第 71 页。
② 陆明君：《陈介祺年谱》，西泠印社出版社 2015 年版，第 220 页。

憘造像已归陈介祺所有。在陈氏去世后，其后人于“一九二一年左右，由上海来远公司经售与法国巴黎博物馆（一说归瑞典）”①。原石现藏于美国费城大学博物馆，是中国流失海外的著名刻石。

曹望憘造像整体部分早佚，现仅存造像石座。原石座四面刊刻，正面刻雌雄狮子各一，居左右两侧，中间为双手托一博山炉之菩萨，点缀莲花、凤鸟等祥图；左右两面分刻男女供养人及侍者、车马，神态皆栩栩如生。石座后刻“题造像记”，共二十二行，每行九字。文末刻一“大”字，其意蕴未解，待考。

潍坊市博物馆现藏曹望憘造像拓本三件，其中朱拓二件，墨拓一件。据秦公《碑帖的鉴定》所言：“这件作品（按，指曹望憘造像）虽出土较晚，雕刻、书法是第一流的。出土不久就流失国外，藏在国内的拓本不多，因此有不少作伪的。但是作伪者在一些关键地方忽略了。造像的第二层有一匹马，马尾有断痕，作赝者忽视了这一点，所以，凡没断痕的都是赝作。”② 三件拓本中一件朱拓、一件墨拓为陈氏亲拓或监拓的原石拓本，凡着墨处皆由麻点般的“鱼子纹”组成，能传至后世，实弥足珍贵（详见本书《陈介祺拓本举隅》）。另一件朱拓何人所作待考。

图 3-7-5　陈洪绶绘《苏武李陵图》刻石

四、陈洪绶绘《苏武李陵图》刻石

此刻石高 173 厘米，宽 75.5 厘米，厚 21 厘米，内容为明末清初画家陈洪绶为周亮工所绘的《苏武李陵图》。上题：“洪绶写似先生。时壬申秋暮，坐鲁伯菜昨梦庵。”钤印“莲子”（图 3-7-5）。

据考证，《苏武李陵图》在周亮工去世后，先

① 王壮弘：《崇善楼笔记》，上海书店出版社 2008 年版，第 230 页。

② 秦公：《碑帖的鉴定》，载《收藏家》2000 年第 1 期。

被清代潍县著名收藏家于祉收藏，并钤有鉴藏印："北海于燕受，号逸樵，收藏书画之印。"后归陈介祺所有，陈氏对此画进行考证并题签和跋文。陈氏题签"陈老迟画苏武李陵故事。海滨病史书"，钤印"簠斋"，跋文云："栎园先生宰吾邑，有城守功，其属老迟图此，盖自寓千秋之隐疚与印文亮也。辜恩负义之辈意同，识者勿徒皮相奇古之笔，而能赏其坚心忠骨之神，则为知画意矣。余昔见此'栎园'二字尚在，不知何时伧父去之，今归育来，求记其事，育来知赏此，自与皮相异矣。同治癸酉七月廿九日乙亥，海滨病史六十一岁书。"下钤"陈介祺印""海滨病史"两小方印。"同治癸酉"，即清同治十二年（1873）。

此画后辗转归清代潍县富绅丁毓庚所藏，丁氏为之刻石，亦含陈氏题签、跋文。高密诗人傅丙鉴为刻石之事作跋文，居刻石左侧："陈老莲抱伯夷采薇之心，守鲁连蹈海之节，作此图赠栎园，词严义正尚己。栎园以明季科名，沈下位，不获展济世之才，故不甘一节，以晦其用，亦仁人君子之用心也。栎园以此图，收之终身而传之。世所以著老莲子之节而不自辩，以听后来之论，广哉熙熙乎。其心也如二先生者，洵古之人哉。余及见此幸矣。年伯曰星甫先生得此图，使良工刻石，俱足不朽于世矣。岁在己未小阳春月，五星联珠之晨，高密傅丙鉴拜题。"钤印"绍虞"。"己未小阳春月"，即1919年11月。

陈洪绶与周亮工早年因志趣相投而成莫逆之交。明亡后，周亮工失节降清，而陈洪绶拒不屈膝委身。对于故友失节，陈洪绶深感痛惜。据陈洪绶所题，此图作于"壬申秋暮"，即明崇祯五年（1632）秋末，是周亮工嘱托陈洪绶所绘的一幅人物画。画面构图以苏武被俘、李陵劝降的历史典故为主题，苏武手持旌节，左坐昂视，义正言辞，李陵居左下，毡帽佩剑，长揖赧然。陈洪绶利用线条变化，人物动作，淋漓尽致地表现出人物性格，巧妙地传递出两人当时复杂、矛盾并且微妙的内心情感。

《苏武李陵图》是陈洪绶绘赠周亮工之作，周氏去世后，此图为于祉所藏。后归陈介祺所有，陈氏对该画进行考证并题跋，加盖鉴赏印章。此图后流入民间，辗转入丁毓庚之手。后再度流散民间。20世纪60年代，该图被征集收入青岛市博物馆，20世纪80年代被故宫博物院徐邦达在青岛市博物馆整理书画时发现，现藏于苏宁博物馆。

五、郑板桥七言联刻石

图3－7－6　郑板桥七言联刻石

此刻石高137.5厘米，宽30.5厘米，厚14厘米，内容为郑板桥书七言联：“删繁就简三秋树，领异标新二月花。”上联右上角钤“郑板桥”章，下联名款，后钤“乾隆东封书画史”“疒梨阁”印。上联左侧书“与韩生镐论文”，右侧刻陈介祺跋文：“板桥先生蕴书卷之秀，发于政治笔墨，此其一事也，同治己巳，陈介祺刻并记。”下钤“海滨病史”“宝簠斋刊”印（图3－7－6）。

韩镐，字西京，潍县人。民国《潍县志稿》卷二十三《教育·科贡》载：“（乾隆）四十八年癸卯，韩镐，五十三名（举人）。”

乾隆十七年（1752），时任潍县令的郑板桥与潍县后学才俊韩镐谈论为文之道。郑氏认为作文须删繁就简，如三秋之树，瘦劲秀挺，无细枝密叶之繁缛。同时，为文不可过于泥古，应标新立异，似二月之花，如此方能独树一帜、出类拔萃。郑氏后来又以独创的“六分半书”撰写此联赠给韩镐，表现了其倡导文风、奖掖后进的为官、治学之道。韩镐受其点拨，作文精进，后中举，文名大振。

除韩镐外，郑氏对穷困书生韩梦周的培养、发掘，亦展现出其对青年人才的爱惜与提携。

韩梦周（1729—1798），字公复，号理堂，潍县人。清中期山东著名“宋学”学者，曾在程符山、益都、潍城等地讲学。江南北学者皆宗师之，著有《周易解》《理堂文集》等。

嘉庆《重修扬州府志》载：“潍邑韩生贫而好学，（郑）燮夜行，闻读书声，心许之。时给薪水，后成进士，有知己之感。”此处韩生即韩梦周，其少时家贫却刻苦攻读，得郑氏赏识及大力周济，后中乾隆十七年（1752）举人，再中乾隆二十二年（1757）进士，列二甲五十四名。后韩梦周成为山东著名理学学者，讲学潍地，培育了大批优秀人才，影响深远。

此石由陈介祺刻于“同治己巳”，即同治八年（1869）。其题跋中“蕴书卷之秀”句，意为培育青年才俊；“政治笔墨”句，意为以文化人、治理社会的举措。从陈氏题跋中可知，其对郑氏竭心培养、提携青年才俊的行为，由衷地折服与赞赏。

六、郑板桥撰《重修文昌阁记》碑

此碑刻内容为清乾隆十五年（1750）时任潍县令的郑板桥为重修文昌阁撰写的《重修文昌阁记》。碑高46厘米，宽122厘米，厚17厘米。横碑竖写，共26行，每行12至13字，共285字（图3-7-7）。

图3-7-7　郑板桥撰《重修文昌阁记》碑

文昌阁，位于潍县城东南角城墙之上，是清康熙年间举人于泽长等出资所建，内供作为修学和考试守护神的文昌帝君。郑氏重修文昌阁并作记，并非迷信鬼神，而是顺应民心，提倡文事，鼓励实学。其内容为：“文云乎哉！行云乎哉！神云乎哉！修其文，懿其行，祀其神，斯得之矣！潍城东南角，旧有文昌帝君祠，竦峙孤特，翘然为青龙昂首，阖邑之文风赖焉！乾隆来，日就颓坏，今若不葺修，将来必致一砖、一瓦、一木、一石而无之矣。诸绅士慨然捐助，以复旧观，并觅一妥贴精干之人，以为朝夕香火、尘埃草蔓扫除之用，诚盛举，亦要务也。既已妥侑帝君在天之灵，便当修吾文，懿吾行，以付帝君司掌文衡之意。昔人云：‘拜此人，须学此人。’休得要混账，磕了头去也！心何为闷塞而肥？文何为通套而陋？行何为修饰而欺？又何为没利而肆？帝君其许我乎？潍邑诸绅士，皆修文洁行而后致力以祀神者，自不与龌龊辈相比数。本县甚嘉此举，故爱之望之，而亦谆切以警之，是为民父母之心也。乾隆十五年，岁在庚午二月初十日杏苑花繁之际。板桥郑燮书。”钤

“郑燮之印”和“都官”印（图3－7－8）。

郑氏撰书《重修文昌阁记》后，便将其悬于文昌阁祠壁上。后为潍县富绅丁毓庚所藏。光绪八年（1882），陈介祺将其监刻于石，并在文后补跋云：“乾隆十五年修祠时，邑令板桥先生为之记，书而未刻石。闻诸故老云：装悬祠壁上。杨润轩学录曾锓之木。越一百三十三年，光绪壬午再修，始访求墨迹，抚诸石。次年六月，郭恩煌、高鸿裁、王宗彝、刘嘉禾、嘉颖同立石祠壁。先生不可复作，修文洁行之训犹存，后之读书者其共勉之。史氏陈介祺记。”

“光绪壬午”，即光绪八年（1882）。陈介祺于“次年六月”即光绪九年（1883）为再修文昌阁之事立碑记之。此跋文充分表达了陈氏对郑氏兴文事之举的敬仰之情，并希冀后世文人可以之为良鉴，修身养性，求学上进，提振文风。

杨润轩（1788—1861），名玉相，潍县人。曾任鱼台训导。为人慷慨好施，关心地方事业。陈氏跋文中“杨润轩学录曾锓之木”，指其曾将郑氏《重修文昌阁记》刻木以藏。

陈介祺刻石后，将原稿归还丁毓庚。1923年，丁氏将墨迹原文裁剪，装裱成册页，封面由清末翰林潍县郭育才题签“郑板桥先生书文昌阁序”，另有郭育才、陈蜚声、梁文灿、郭恩赓题跋于后。1930年，丁氏去世后，该册页归由其第五子丁笏丞所藏。1938年，丁笏丞又请济南道院统院掌籍弟子何素璞题跋。该册页后为著名新闻工作者、历史学家、收藏家邓拓所得，邓氏在其上加“邓拓文物”鉴藏印。

图3－7－8 邓拓鉴藏郑板桥书《文昌阁序》册页

七、郭恩孚藏五言楹联刻石

图 3-7-9　郭恩孚藏五言楹联刻石

此刻石高 100 厘米，宽 68 厘米，厚 6.5 厘米，内容为陈介祺为高士韩秀岐撰写的五言楹联：“踽凉齐饿者，俎豆古逸民。”上联右侧陈介祺题：“息舟有独行，为余刻石，撰此酬之。”下联左侧落款“海滨病史”，并钤“簠斋”“海滨病史”两方小印（图 3-7-9）。

韩秀岐（1813—1876），字西周，又字息舟，潍县人。民国《潍县志稿》卷二九《人物·高士》载：“（韩秀岐）性朴拙，生平不作欺人语。家贫，一介不苟取。自幼读书不应试，工古篆隶，铁笔精绝，得秦汉家法，又能刻磁。巨室争客之，然无一迎合。”

陈介祺题款中的“息舟”，即韩秀岐。“为余刻石”，指的是同治十年（1871）陈介祺夫人李氏病故，陈介祺托人请韩秀岐在李氏铜棺盖上刻字之事。韩氏镌刻完毕后即行离去。陈介祺为表达谢意，先后酬谢其金银绸缎、粮食田亩等，韩氏皆坚辞不受。陈介祺深为韩氏的高风亮节所感动，故书此楹联相赠。上联“踽凉齐饿者”，赞韩氏志节高尚，犹如不食嗟来之食的齐国饥民；下联“俎豆古逸民”，赞韩氏似上古逸民贤士，高风亮节。

此刻石于 1986 年秋，连同其他十七块刻石，在郭恩孚①旧居拆迁时被当时在潍城区史志办工作的刘秉信发现。刘秉信深知这批刻石的重要价值，便告知了当时的潍坊市博物馆馆长杜在忠，并在其相邀之下一同赶往郭恩孚旧居，劝说郭氏后人将此批刻石捐赠。时年 81 岁的郭华萱老人（郭恩孚孙女）深明大义，爽快地同意将十八块珍贵刻石捐赠给了博物馆。②

---

① 郭恩孚（1846—1915），字伯尹，号蓉汀，又号果园居士，潍县人。著名诗人。曾被人推荐为官而不赴任，归乡建果园墅室而居，自称果园居士。有《果园诗钞》传世。

② 刘秉信讲述，陈瑞曾整理：《郭恩孚珍藏名家手书石刻发现经过》，载《潍坊日报》2016 年 1 月 15 日。

八、“碧云斋”匾额

此“碧云斋”匾额长228厘米，宽70.5厘米，是陈介祺为潍县首富、十笏园主人丁善宝所书。匾额右题“豰臣表弟妹倩属”，边钤“退修居士”白文印；左署“陈介祺”，边钤“陈介祺印”“簠斋”两方白文印（图3－7－10）。

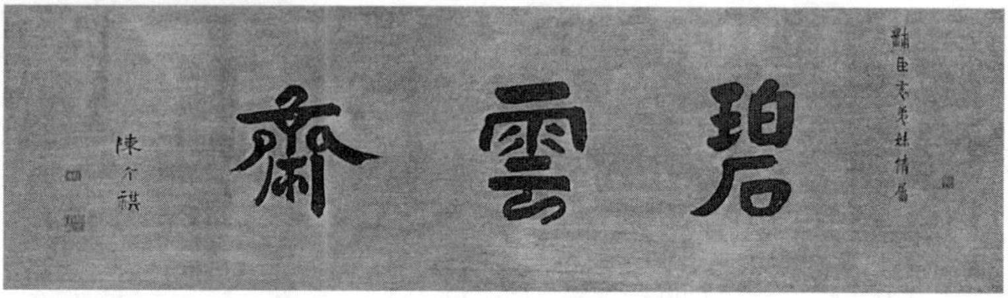

图3－7－10　“碧云斋”匾额

丁善宝（1841—1887），字豰臣，号六斋，潍县人。官至内阁中书。其博览群书，诗宗王士禛，著有《六斋诗存》《六斋文存》等。

丁氏所居十笏园，素有“鲁东明珠”之称，“为城中诸园冠。达官名士，骚人墨客，过潍县者，无不以得游斯园为幸”①。丁氏常延揽张昭潜、柯劭忞等文人墨客雅集于此。众人辗转交接，以园为文，以文会友，文事书画，成为潍县乃至鲁东的文化盛事。丁氏故去后，蒙山东巡抚李秉衡奏请旌表，奉旨敕建善行坊，乡谥“端敏”。②

丁善宝的夫人为举人、直隶顺义知县陈官良之女，其从伯父为陈官俊。陈介祺作为陈官俊之子，故此与丁善宝有较亲密的姻亲关系，即丁善宝是其表妹夫。陈介祺所题“豰臣表弟妹倩属”中之“倩”字，《说文解字详解》注：“东齐婿谓之倩。”③ 意思是在东齐（周朝时齐国，因地处周之东，故称）称“女婿”为“倩”。潍地作为当时齐国核心区域之一，亦有“女婿”称“倩”的文化习俗。因具有这一层关系，故十笏园建成后，丁善宝请陈介祺为其居室题匾。

① 陈蜚声总纂：《潍县志稿》卷十一《营缮·园亭》，潍县和记印刷局，1941年。

② 王振民主编：《潍坊文化三百年》，文化艺术出版社2006年版，第612～614、618～624页。

③ 〔汉〕许慎撰，思履主编：《说文解字详解》，中国华侨出版社2016年版，第217页。

梧桐，在中国古代有象征高洁美好品格之意。丁善宝请陈介祺题匾“碧云斋”，即与梧桐有关。明陈眉公《小窗幽记》云：“凡静室，须前栽梧桐，后种翠竹……然碧梧之趣，春冬落叶，以舒负暄融合之乐；夏秋交荫，以蔽炎烁蒸烈之威。四时得矣，莫此为胜。”① 丁善宝在自撰《十笏园记》中亦言：“园之东，古梧百尺，绿荫满庭，即余家居坐卧之‘碧云斋’也。”② 此亦与其“余之构斯园也，以中年多病，治此为养静之区，非奢逞台榭之观美，以贻后人之逸乐者”③ 的初衷相契合。受其相邀，陈介祺即以特有的“簠斋体”为其正厅匾额题下“碧云斋”之名。其书清劲有力，并有脱俗之姿。匾额书毕，即被丁善宝悬挂于居室正厅。

历百余年风雨，现十笏园博物馆（原十笏园）内之碧云斋依旧挺拔，并供天下游客观览，原陈介祺所书“碧云斋”匾额则藏于潍坊市博物馆。

九、“无数青山拜草庐”匾额

此“无数青山拜草庐”匾额长230厘米，宽50厘米，同是陈介祺为丁善宝所书。匾额左署“陈介祺”，边钤“簠斋”朱文印（图3－7－11）。

图3－7－11　“无数青山拜草庐”匾额

“无数青山拜草庐”，原为郑板桥印章之一，由扬州道人吴于河为其所刻。潍坊市寒亭区文管所藏有郑板桥款“课子小书斋聊可借观鱼鸟，连家新竹圃何须多构湖山”木刻楹联，上联题“乾隆癸酉仲春”，钤“无数青山拜草庐”印。潍坊市博物馆亦有此联拓本。

① 〔明〕陈眉公：《小窗幽记》，中州古籍出版社2008年版，第230页。

② 〔清〕丁善宝：《十笏园记》，见《潍县志稿》卷十一《营缮·园亭》，潍县和记印刷局，1941年。

③ 〔清〕丁善宝：《十笏园记》，见《潍县志稿》卷十一《营缮·园亭》，潍县和记印刷局，1941年。

"乾隆癸酉仲春"，即乾隆十八年（1753）二月。乾隆十七年（1752）秋，郑板桥因为民请赈忤大吏而去官，但因当时天寒无法成行，暂居于关系交好的潍县望族郭氏之南园。民国《潍县志稿》卷十一《营缮·园亭》载："南园，在县署东南天仙宫东，明嘉靖时刘应节园也。天启时归郭尚友，增构旧华轩、知鱼亭、松篁阁、来风轩诸胜。其孙饶州府知府一璐复加修葺。一璐侄伟业字质亭，伟勣字芸亭，均能诗工书，与知县郑燮为文字交，时觞咏其中。今园已无迹可寻，而郑之诗画犹存人间。""郑之诗画犹存人间"，指的是郑氏在潍为官期间曾作《潍县竹枝词四十首》，其中一首即为郭家宅院及南园所写："连云甲第尚书府，带宅园林太守家。是处池塘秋水阔，红荷花间白荷花。"① 另有《在南园画竹赠郭质亭先生》："我被微官困煞人，到君园馆长精神。清秀一片萧萧竹，画里阶前总绝尘。"② 郑氏常与郭氏兄弟在南园品茗赏竹，吟诗作画，此园已成为其聊避官场俗务、暂得身心自由的一方净土。乾隆十八年（1753）春，郑氏辞别郭家南归扬州后，又作《题南园丛竹图》："七载春风在潍县，爱看修竹郭家园。今日写来还赠郭，令人常忆旧华轩。"③ 字里行间皆流露出他对郭氏兄弟和郭家南园的真挚情感。

钤印"无数青山拜草庐"的"课子"十一字联，即郑板桥寄居郭家南园期间所作，表达了郑氏辞官卸任后尚有"无数青山拜草庐"的风雅情趣和豁达胸怀。

陈介祺为丁善宝所书"无数青山拜草庐"匾额，或有取"无数青山，结草为庐，隐者所居也"之意。此既是陈氏向曾经"七载春风在潍县"的郑板桥县令的致敬，也是陈氏自身辞官归里，远离庙堂喧嚣，全心致力于金石研究的真实写照，亦与丁善宝营缮十笏园用于修身养性、雅集文友的目的相契合。

通过以上对潍坊市博物馆所藏陈介祺相关题刻进行梳理条述，我们不仅可以窥见其在金石领域的辉煌成就，而且通过解读其跋文、撰书及题匾等，也可更深入地了解、认知其藏古、鉴古、释古、传古之志，并为研究当时的士人交往、社会习俗、文化风尚等提供珍贵史料。

（潍坊市博物馆馆员　武夫强）

---

① 〔清〕郑燮著，吴可校点：《郑板桥文集》，巴蜀书社1997年版，第332页。
② 李金新：《郑板桥在潍县》，潍坊市新闻出版局1993年版，第116页。
③ 〔清〕郑燮著，吴可校点：《郑板桥文集》，巴蜀书社1997年版，第336页。

陈介祺拓本举隅

潍坊市博物馆收藏陈介祺拓本较为丰富，种类多样，计有青铜器、陶器及铭文全形拓本，造像及铭文拓本，砖瓦拓本，善业泥拓本，碑刻拓本，等等。现酌为分类，例举如下。

一、青铜器全形拓本

对青铜器进行传拓绘图，始于宋代。① 而学界普遍认为，全形拓是清嘉道年间马起凤、僧达受始创。孙敬明指出，早在僧达受之前，就有海盐陈克明、陈畯在东武（今山东诸城）刘燕庭家做青铜器全形拓。②

此时的拓本，在捶拓对象上，多为钟、洗、灯以及兵器、车马饰等形制简单、捶拓相对容易的小器形。对于器形复杂的器物，往往是将其画成图后，翻刻在木板或石板上再拓印，缺乏金石气韵。在技法上，不讲究透视，习惯以拓平面的方法来拓立体，且捶拓不工，墨色略显草率。尽管如此，全形拓本因为能直观反映青铜器等器物的大小、立体形状、花纹等信息，兼有相当高的艺术观赏性，一经出现即受到金石学家的喜爱。特别是到了清晚期由陈介祺加以发展，大大提升了拓本的文物资料价值和艺术审美价值。

作为金石学家，陈介祺对古器物、古文字的捶拓，不同于僧达受等把玩、游戏的性质，正如陈振濂先生所言：“如果说六舟达受因为自己不是金石学家与收藏家，因此从事‘全形拓’还带有游戏性质的话；那么稍后的陈介祺，则是依托宏富的青铜器收藏对传拓和‘全形拓’予以了专业水准的推广与细

① 孙敬明：《陈介祺〈周矢朐瓦盘图〉小笺》，载《中国文物报》2017 年 4 月 4 日。
② 孙敬明：《陈介祺〈周矢朐瓦盘图〉小笺》，载《中国文物报》2017 年 4 月 4 日。

密分类观照。”①

潍坊市博物馆藏陈氏青铜器全形拓本，具有如下特点：

其一，所拓器形准确，文字精准而富神韵。陈介祺强调“精拓”和“传古”，曾言：“拓墨不精，何以信今传古?”对摹刻古文字力求神韵，精益求精，认为“不摹其字而徒释其文，后之读者徒增感叹。古之遗者日就堙没，此学问之事岂玩好之奇耶噫”。②

其二，重“器内施拓”“绘图分拓”。陈氏于《陈簠斋丈笔记附手札》中云：“作图之法，以得其器之中之尺寸为主。以细竹筋丝或铜细丝穿于木片中，使其丝端抵器，则其尺寸可准。……他人则以意绘，以纸背剪拟而已。”《传古别录》则进一步指明：“以纸褙挖出，后有花文、耳、足者，拓出补缀，多者去之使合。”③

其三，吸收他人拓墨经验。将僧达受的拓法、张廷济的白及胶上纸法、延煦堂的山楂除锈法加以发展完善。

其四，注重表现器物的立体感。参照摄影透视技法效果，用墨的浓淡来表现器物的向背，使所拓器物如照片、素描画般形象传神。

其五，所作拓本用纸精良，因器物凹凸程度而特制纸张，坚薄柔韧，能够曲近细微之处，做到不失古人笔意；用墨技巧灵活，拓本干净素雅，墨金纸雪，臻于完美。

吴大澂在光绪元年（1875）腊月三日致陈介祺的信中称赞其“三代彝器之富，鉴别之精，无过长者。拓本之工，亦从古所未有”④。叶昌炽亦评价陈介祺全形拓是“拓法为古今第一”⑤。褚德彝记云：“陈氏收藏彝器鉴别精审，远胜攀古。……其椎拓款识精妙绝伦，为向来所未有。”章炳麟为《簠斋吉金录》题辞称：“陈氏所集纸墨椎拓之工精矣，稍附考订，而不敢恣其辞，将所谓多见阙殆，慎言其余者，篆古书遗，固宜如是也。”

潍坊市博物馆藏陈介祺青铜器全形拓本主要有周十一钟、西周毛公鼎、

---

① 陈振濂：《“全形拓”道古》，载《杭州日报》2015年7月2日。

② 陆明君：《簠斋研究》，荣宝斋出版社2004年版，第80页。

③ 郭玉海：《金石传拓的审美与实践》，故宫出版社2015年版，第64页。

④ 陆明君：《陈介祺年谱》，西泠印社出版社2015年版，第325页。

⑤〔清〕叶昌炽撰，王其祎校点：《语石》，辽宁教育出版社1998年版，第264页。

西周鄂侯驭方鼎、春秋曾伯霥簠、秦诏量、周至秦古器物四种、汉青铜器八种、富贵吉祥洗、汉唐铜镜等，现分类简述如下。

（一）周钟全形拓本十一种

陈介祺藏周代古钟十余件，清同治七年（1868），名其书斋曰“十钟山房”，并请王石经刻“十钟山房藏钟”印章，陈介祺自书印章边款：“古器以钟鼎为重，而钟尤难得于鼎。余年五十有六，乃竟获十，诸家所未有也，因名山房曰‘十钟’，而属西泉刻印记之。退修居士。”① 十钟现大多藏于日本京都泉屋博古馆。

潍坊市博物馆藏陈介祺《周钟全形拓本十一种》（图3－8－1至3－8－11）为纸捻装订本，在版心有“平寿陈氏所藏”字样的空白页面上粘贴古钟全形拓本十一种：䲨钟、纪侯钟、䲨编钟、虢叔旅编钟、兮仲钟、楚公豪钟、邢仁钟、僕儿钟、鳌伯钟、虘秉钟。拓本所用宣纸坚韧轻薄，墨色淡雅，纤毫毕露，似蝉翼。钤印有：朱文“平生有三代文字之好”“千化范室”，白文“海滨病史”“齐东陶父”“文字之福”“十钟山房藏钟”“簠斋”“古陶主人”“簠斋藏三代器”“万印楼”。十一种拓本均为原钟拓本。

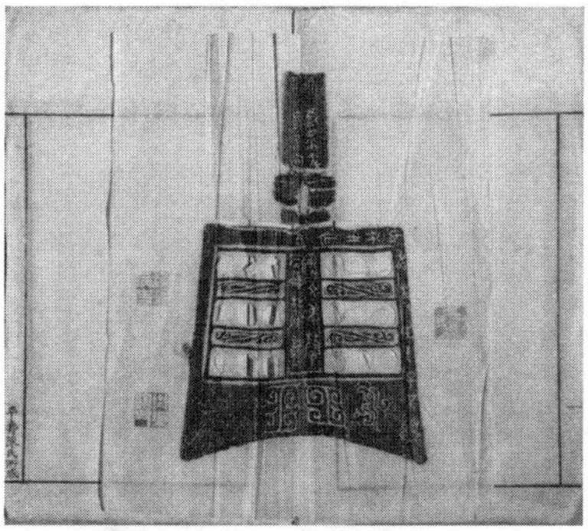

图3－8－1　周钟全形拓本十一种之一（䲨钟）

在这十一钟中，清乾隆年间出土于山东寿光纪台下的纪侯钟，由李载赓、刘金门、刘喜海、陈介祺递藏，今藏于日本京都泉屋博古馆，是唯一一件甬上有旋的钟，由此可见，仅从考证六经名物制度上来看，此钟即具有重要价值。② 另外，陈介祺收藏楚公钟三件，此册收有两件。

清同治八年（1869），王石经用吴天玺《天发神谶碑》笔法为陈介祺刻“海滨病史”印，即此拓本中所钤印者，由此知此拓本当晚于清同治八年（1869）。后页所列“周至秦古器物全形拓本四

① 故宫博物院：《金石千秋——故宫博物院藏二十二家捐献印章》，紫禁城出版社2007年版，第166页。

② 孙敬明：《富藏精鉴　宗仰海内——从京山出土曾伯霥铭文浅谈陈介祺铜器收藏》，载《中国文物报》2018年5月1日。

条屏”“周殳季良父壶全形拓本”上均钤有此印。

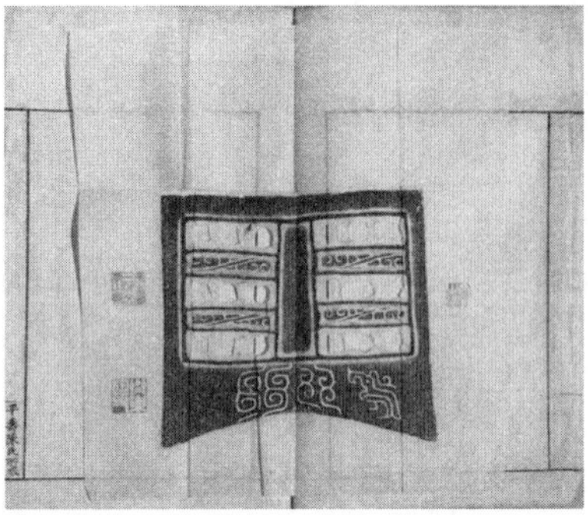

图3-8-2　周钟全形拓本十一种之二（纪侯钟）

图3-8-3　周钟全形拓本十一种之三（𠭯编钟）

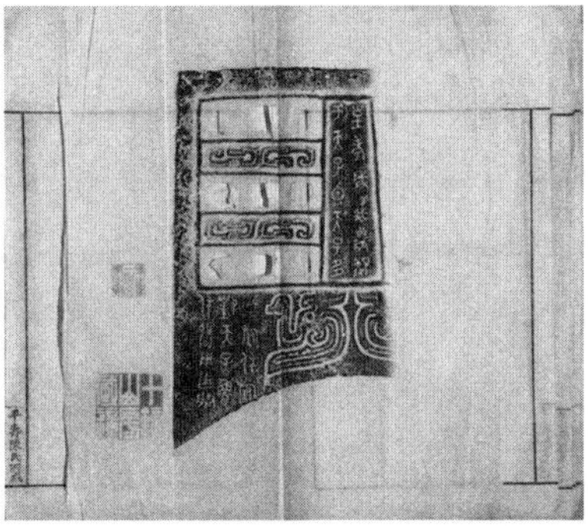

图3-8-4　周钟全形拓本十一种之四（虢叔旅编钟）

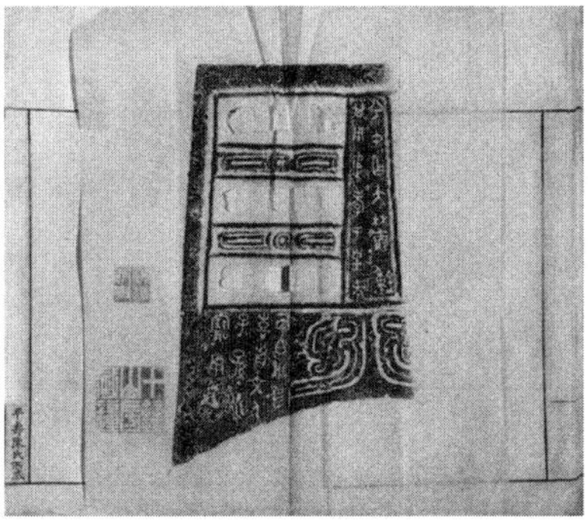

图3-8-5　周钟全形拓本十一种之五（兮仲钟）

图3-8-6　周钟全形拓本十一种之六（楚公冢钟）

图3-8-7　周钟全形拓本十一种之七（楚公冢钟）

图3－8－8　周钟全形拓本十一种之八（邢仁钟）

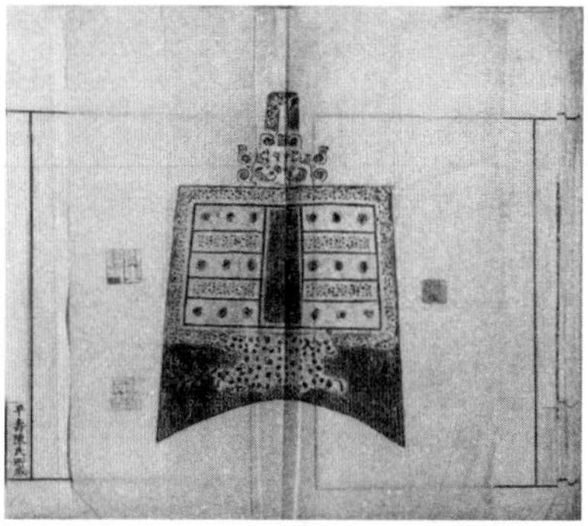

图3－8－9　周钟全形拓本十一种之九（僕儿钟）

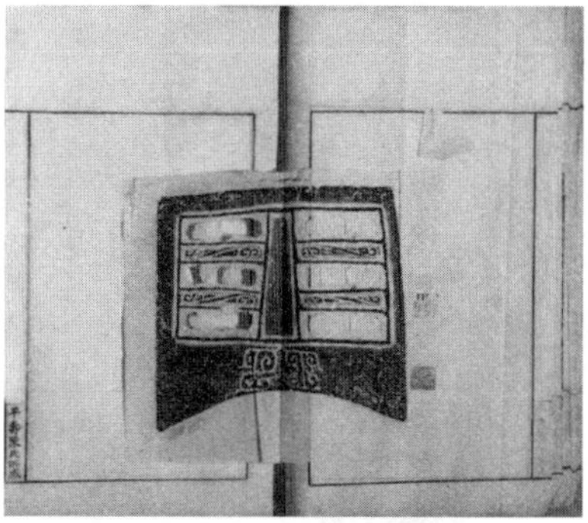

图3－8－10　周钟全形拓本十一种之十（釐伯钟）

图3－8－11　周钟全形拓本十一种之十一（虘秉钟）

（二）西周毛公鼎全形拓本

王国维在《毛公鼎跋》中曾说："此鼎器小而字多，故拓墨不易，余见秦中旧拓与端氏所拓此鼎皆不佳，惟陈氏拓最精。陈氏所拓又有四块与二块两种。初拓四块，后拓乃易为两块，故两块者尤精。"潍坊市博物馆藏毛公鼎拓本5件，所拓年代及原器不一，其中一件系1948年8月陈介祺曾孙媳陈郭组珍捐赠给潍坊特别市古代文物管理委员会，后被移交至潍坊市博物馆。

其一，拓本纵245.5厘米，横115.5厘米。鼎通高73厘米，通宽57.3厘米，腹最大径58.5厘米。整个器物分14段捶拓剪裁拼接而成，呈一足在前、两足在后状，足部刻印符号清晰可见。与原器相比，所拼接器形尺寸大，鼎腹略深且圆鼓。铭文呈靴状，字口清晰，铜锈分明。拓本钤印七方：白文"簠斋藏三代器""秦前文字之语""海滨病史""收秦燔所不及""十钟主人”，朱文“平生有三代文字之好”“半生林下田间”。此为陈氏原器拓本，存世少见，极为珍稀（图3－8－12）。

其二，拓本纵186厘米，横67厘米。鼎通高61.4厘米，通宽47.2厘米，腹最大径45.6厘米。整个器物由十几段分拓剪裁拼接而成，器物呈两足在前、一足在后状，因此足部刻印符号不可见。器形规整，墨色干净利落。铭文中间（底与腹壁相接处）有两道因叠拓而使墨色更为浓重的痕迹。钤印五方：白文“万印楼”“文字之福”“海滨病史”“簠斋”，朱文“半生林下田间”。此拓本为陈氏从原器上所拓的精拓本（图3－8－13）。

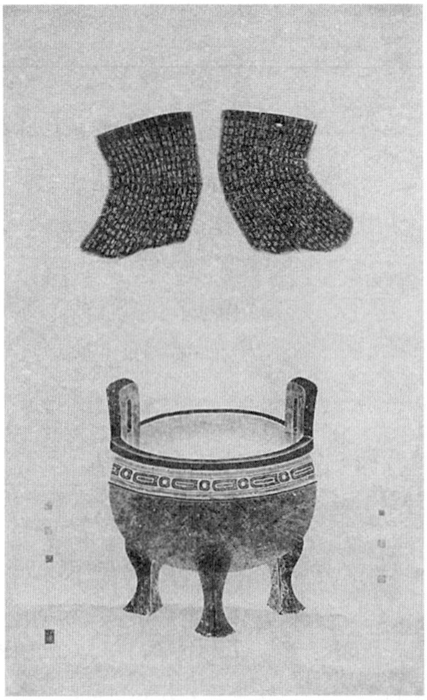
图3－8－12　毛公鼎全形拓本之一

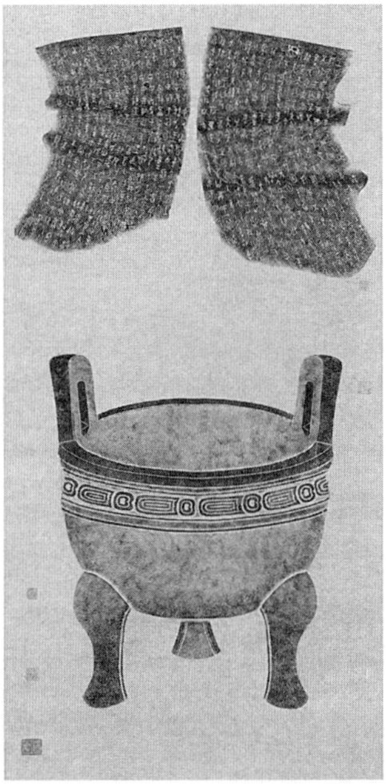
图3－8－13　毛公鼎全形拓本之二

其三，拓本纵180厘米，横72厘米。鼎通高61厘米，通宽47.8厘米，腹最大径46厘米。器形与原器更为契合，只是腹部、口沿与腹部连接处左右略微不对称。两足分拓后与腹部粘接，其他部分拼接痕迹不明显。铭文呈靴状，部分文字因纸张折痕而缺失。拓本右侧钤印两方：白文“文字之福”，朱文“半生林下田间”（图3－8－14）。

其四，拓本纵179厘米，横72厘米。鼎通高62厘米，通宽48.5厘米，腹最大径46.5厘米。此拓本与上一拓本相似，墨色较淡欠均匀，铭文较清晰。钤印四方：白文“簠斋藏三代器”“海滨病史”“簠斋藏古”，朱文“平生有三代文字之好”（图3－8－15）。

其五，拓本纵172厘米，横75厘米。鼎通高61厘米，通宽47.1厘米，腹最大径46.2厘米。拓本钤印五方：朱文“宝汉楼主”，白文“有周陶正之后”“齐东陶父”“海滨病史”“簠斋”，所钤印章无疑是后人所盖（图3－8－16）。器物图拓自复制木刻，铭文拓自复制石刻。木刻作于1924年（背面书“民国甲子秋造”），石刻年代应该与之一致。木刻、石刻现均藏于潍坊市博物馆（详见本书《陈介祺题刻掇释》）。

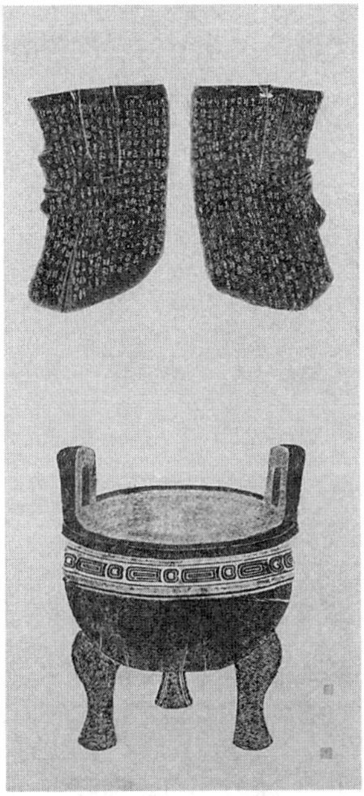

图3－8－14　毛公鼎全形拓本之三

图3－8－15　毛公鼎全形拓本之四

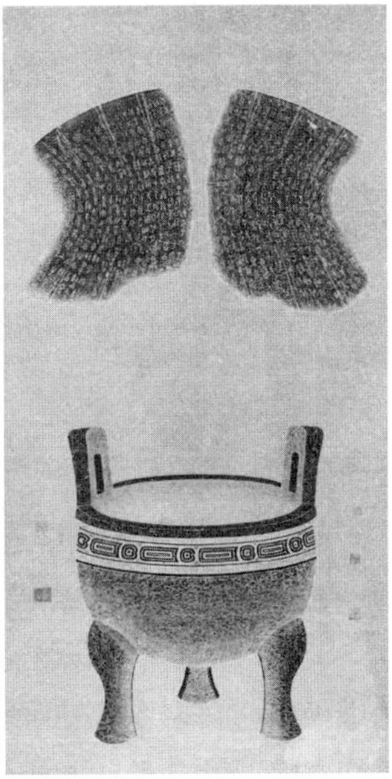

图3－8－16　毛公鼎全形拓本之五

（三）西周鄂侯驭方鼎全形拓本

鄂侯驭方鼎为西周中晚期铜器，铭文记载周王南征淮夷回师经过邳地时受到鄂侯驭方的觐见，并与之宴享、会射的情景。孙敬明对鄂侯驭方鼎铭文有如下评价：“鄂侯驭方鼎铭文内容极为重要，其有涉西周中晚期王室与东方南方古国族之间的关系，对于鄂侯驭方鼎铭文中的鄂国地望，有江苏北境；

湖北西部、东部；河南南部、北部诸说。对鄂侯驭方鼎铭文，陈介祺、郭沫若、陈梦家、唐兰、徐中舒、马承源等均曾做过研究，该篇铭文还可与禹鼎、鄀生盨等结合探究；尤其近十数年湖北随州叶家山以及河南南阳有关考古发掘对商周时期错综纷纭的鄂国之谜的破解大有裨益，而其中鄂侯驭方鼎则是最早发现收藏和著录的，最能提示和探究以及堪当打开鄂国历史关键的锁钥。”①

图3－8－17　鄂侯驭方鼎全形拓本

潍坊市博物馆藏鄂侯驭方鼎拓本2件，拓本木纹明显，为同一复制木刻所拓，此举其一。拓本纵220厘米，横78厘米；鼎通高39.5厘米，通宽31厘米；铭文长15.4厘米，宽17厘米；钤印五方：白文“簠斋藏三代器”“秦前文字之语”“有周陶正之后”“海滨病史”“十钟主人”（图3－8－17）。

（四）春秋曾伯霥簠全形拓本

陈介祺约于清道光十九年（1839）得曾伯霥簠，自此称室名“宝簠斋”，并以“簠斋”为号。翁大年在此年仲冬为陈氏刻“簠斋”印。此器为簠盖，底已失，陈氏为其配木座和木匣。清道光二十七年（1847），张受之为其在匣底和匣前刻张叔未题名和徐同柏释文、跋语。② 1951年，陈郭组珍将曾伯霥簠捐赠给国家。陈介祺六世嫡长孙陈继揆在《陈君藻书法篆刻选·序言》中亦提到其二叔陈君藻带头捐献汉代富贵铜壶，并动员八叔祖母捐献陈介祺名斋之曾伯霥簠。潍坊市博物馆亦收藏有1951年山东古代文物管理委员会张静斋、王景宋写给陈君藻的信，以及中央人民政府文化部文物局写给潍坊市古代文物管理委员会的信函，内容均为陈郭组珍捐献曾伯霥簠之事（图3－8－18至3－8－20）。

① 孙敬明：《富藏精鉴　宗仰海内——从京山出土曾伯霥铭文浅谈陈介祺铜器收藏》，载《中国文物报》2018年5月1日。

② 陆明君：《陈介祺年谱》，西泠印社出版社2015年版，第71页。

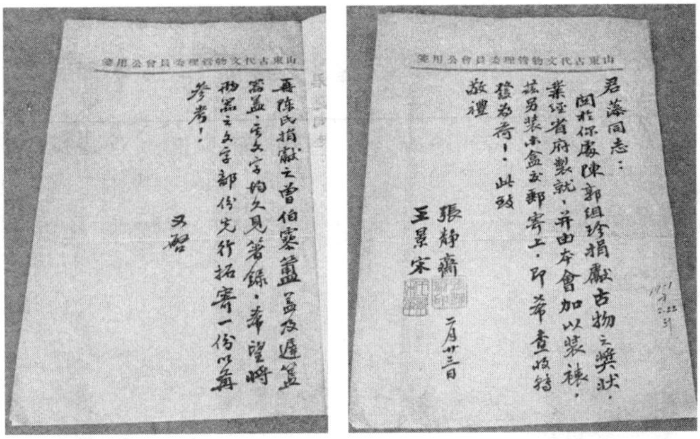
山東古代文物管理委員會公用箋

君藩同志：
關於你處陳郭組珍捐獻古物之獎狀，業經省府製就，並由本會加以裝裱，茲另裝木盒交郵寄上，即希查收轉發為荷！此致
敬禮
張靜齋
王景宋
二月廿三日

山東古代文物管理委員會公用箋

再陳氏捐獻之曾伯霥簠、簠及遟簋蓋，其文字均久見著錄，希望將兩器之文字部份先行拓寄一份以備參考！
又啓

图3-8-18　信函一

图3-8-19　信函二

图3-8-20　信函三

潍坊市博物馆藏曾伯霥簠全形拓本2件，均为四部分通装：曾伯霥簠铭文拓；曾伯霥簠全形拓；器匣所刻曾伯霥簠铭文摹本、释文、张叔未题名、徐同柏释文及跋语拓；器匣所刻徐同柏考释拓。二者均为原器拓本。其中一件系1948年8月陈筱岩①捐赠给潍坊特别市古代文物管理委员会，后被移交至潍坊市博物馆。

其一，拓本纵134厘米，横50厘米。簠通高18厘米，通宽32厘米；铭文纵15厘米，横20.5厘米。器形由十段分拓拼接而成，为簠的侧视全景图，并附有簠匣上所刻张叔未题名和徐同柏释文、跋语。钤印五方：白文“簠斋藏三代器”“海滨病史”“收秦燔所不及”“簠斋”，朱文“平生有三代文字之

① 陈筱岩，名文擢，陈介祺叔父陈官侨之玄孙，陈森之子，善书法。

好”（图3－8－21）。

其二，拓本纵177.5厘米，横67厘米。簠通高19.7厘米，通宽31.7厘米；铭文纵15厘米，横20厘米。器形由三段分拓拼接而成，为簠的正面全景图，并附有簠匣上所刻张叔未题名和徐同柏释文、跋语。钤印五方：白文“簠斋藏三代器”“十钟山房”“秦前文字之语”“海滨病史”“收秦燔所不及”（图3－8－22）。

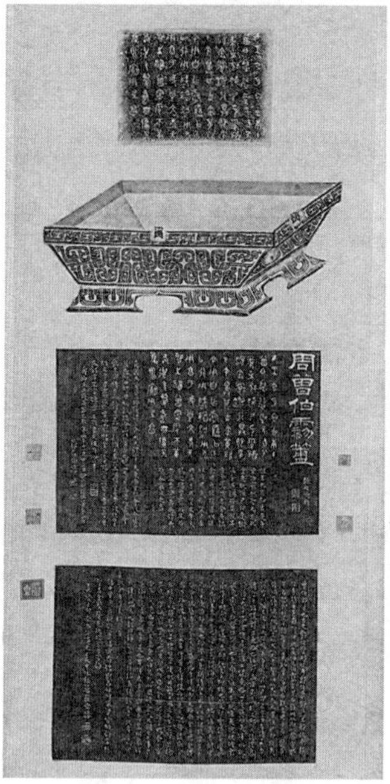

图3－8－21　曾伯霥簠全形拓本之一

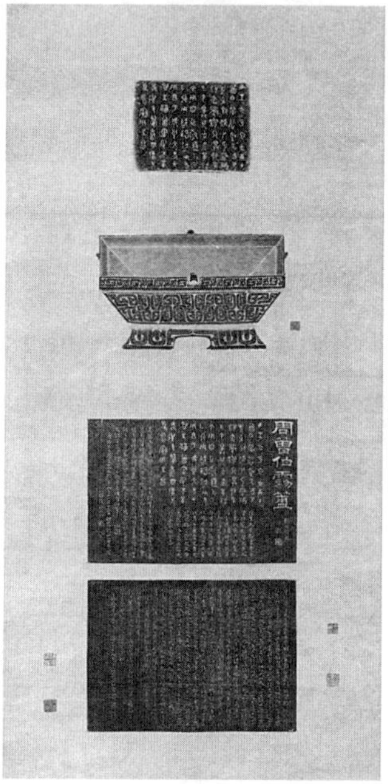

图3－8－22　曾伯霥簠全形拓本之二

（五）秦诏量全形拓本

清同治五年（1866），陈介祺得秦诏量5件，成为当时收藏秦诏量最多的人，喜而赋四言诗，清同治七年（1868）冬拓装时又作诗八首，可见其对秦诏量的宝重。①

潍坊市博物馆藏陈介祺秦诏量全形拓本1轴（图3－8－23），上装秦诏量拓本2件，每件纵31厘米，横43.2厘米，铭文为秦始皇和秦二世统一度量衡

① 陆明君：《陈介祺年谱》，西泠印社出版社2015年版，第152、173页。

诏书。上量通长 23.4 厘米，通宽 12 厘米，左侧铭文 16 厘米 ×6.5 厘米；下量通长 35 厘米，通宽 16.5 厘米，左侧铭文 21.5 厘米 ×11 厘米。各钤印二方：白文“簠斋先秦文字”“集秦斯之大观”。1948 年 8 月，此拓本被陈蓉泉①捐赠给潍坊特别市古代文物管理委员会，后被移交至潍坊市博物馆。

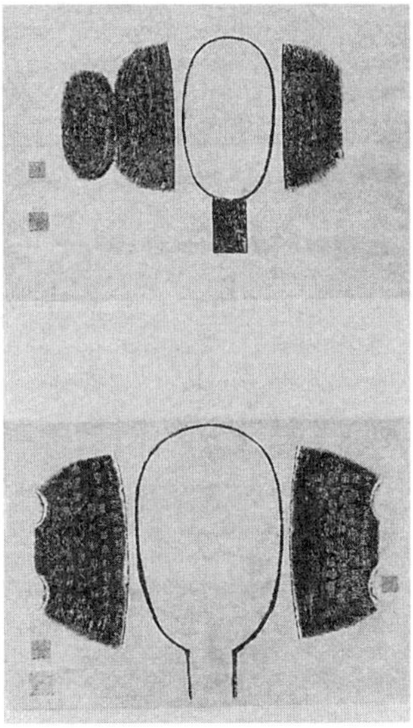

图3－8－23　秦诏量全形拓本

（六）周至秦古器物全形拓本四条屏

每幅拓本纵 110.5 厘米，横 29 厘米。拓器物四：楚公钟，钤朱文印“平生有三代文字之好”“半生林下田间”；周殳季良父壶，钤白文印“齐东陶父”“收秦燔所不及”；郘鬲，钤白文印“簠斋藏三代器”“君车汉石亭长”；秦诏权，钤白文印“海滨病史”“秦铁权斋”（图 3－8－24）。

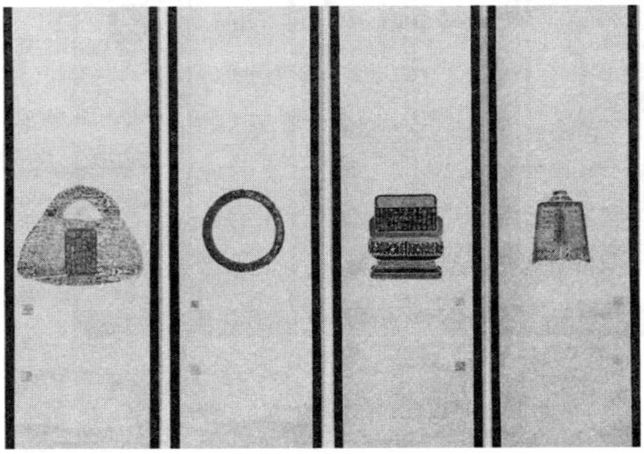

图3－8－24　周至秦古器物全形拓本四条屏

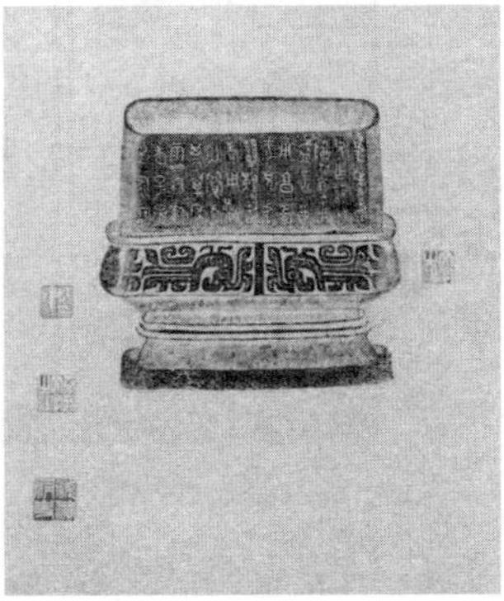

图3－8－25　周殳季良父壶全形拓本

（七）周殳季良父壶全形拓本

拓本纵 61 厘米，横 28 厘米。壶通高 16.5 厘米，通宽 17 厘米。由三段分拓拼接而成，为原器拓本。钤白文印“文字之福”“万印楼”“秦前文字之语”“海滨病史”（图 3－8－25）。

---

① 陈蓉泉（1894—1968），名文格，号蓉泉。陈介祺叔父陈官傑玄孙。

此拓本与上所列“周至秦古器物全形拓本四条屏”中之周殳季良父壶拓本不同，四条屏中的周殳季良父壶通高18.7厘米，通宽16.8厘米，是复制木板所拓，此为原器拓本。

（八）汉青铜器全形拓本八条屏

陈介祺在《簠斋金文考》题记中言其收吉金四十年，得西汉器13件。清同治十年（1871）九月，陈介祺选取所藏汉代青铜器中大小相称者8件，请其助手姚学桓绘图刻版制成八条屏。此八件汉器为：绥和雁足镫、开封行镫、桂宫镫、池阳宫镫、十六年鍪、渔阳郡孝文庙甗鍑、温卧烛盘、阳泉熏炉。①

每幅拓本纵116.3厘米，横30.4厘米。钤白文印“万印楼”“海滨病史”“君车汉石亭长”“宝康瓠室”“文字之福”“簠斋两京文字”，朱文印“半生林下田间”“簠斋西汉器图”（图3－8－26）。

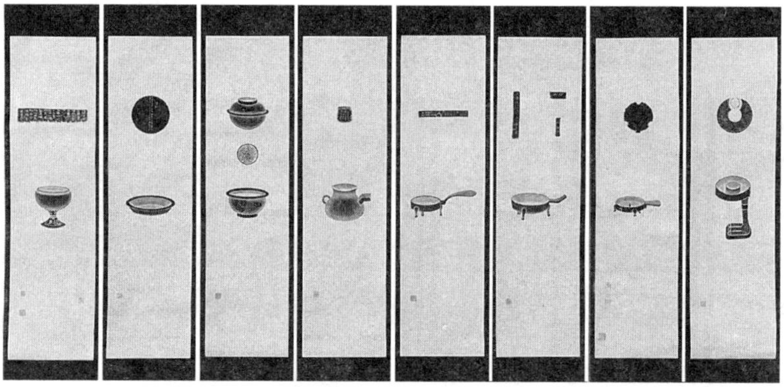

图3－8－26　汉青铜器全形拓本八条屏

（九）富贵吉羊之图拓本

陈介祺于同治九年（1870）冬得富贵壶，同治十二年（1873）春将富贵壶与吉羊洗一并摹刻器形与图案、文字，并名室为“富贵吉羊之室”。汉富贵铜壶（图3－8－27、3－8－28），通高25.7厘米，通宽29.4厘米。长方形底，底长15.5厘米，宽9.5厘米。富贵铜壶后归陈介祺四世孙陈君藻所有。1948年7月，此铜壶被陈君藻捐赠给潍坊特别市古代文物管理委员会，后被移交至潍坊市博物馆。

① 陆明君：《陈介祺年谱》，西泠印社出版社2015年版，第198页。

拓本纵130厘米，横64厘米。上拓富贵壶及隶书铭文“富贵”，下拓吉羊洗及图案、篆书铭文。隶书题“富贵吉羊之图”“十钟主人作”。后钤印“十钟主人”（图3－8－29）。

图3－8－27　汉富贵铜壶

图3－8－28　汉富贵铜壶底部“富贵”二字

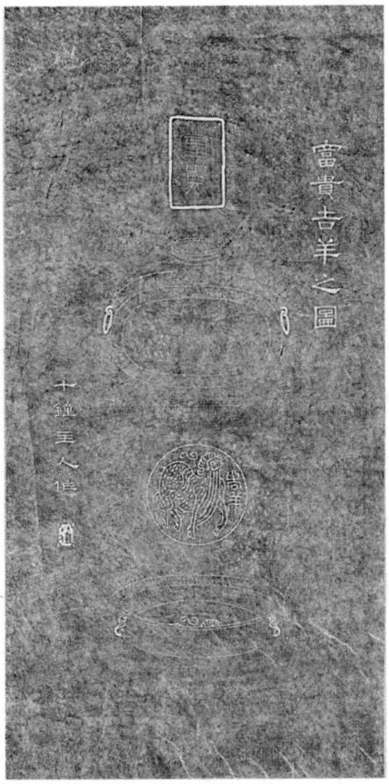

图3－8－29　富贵吉羊之图拓本

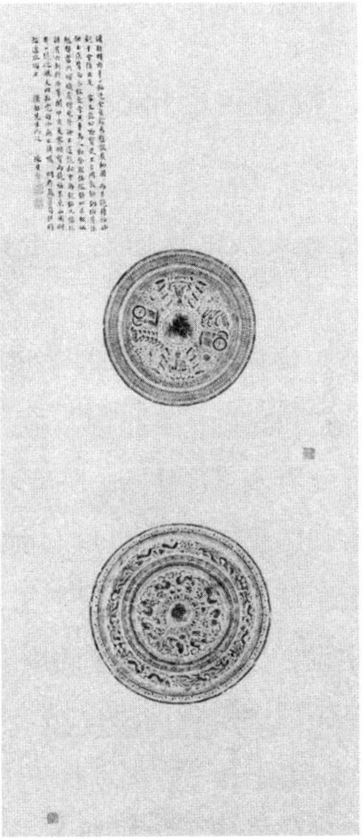

图3－8－30　汉唐铜镜拓本

（十）汉唐铜镜拓本

据光绪二年（1876）五月二十五日陈介祺致吴大澂信札知，陈氏拓铜镜始于此年春，共拓170件，自名二百镜斋。① 镜拓多钤“二百镜斋藏镜”。潍坊市博物馆所藏影印本《簠斋藏镜》，内收陈氏藏镜108件。

馆藏汉唐铜镜拓本（图3－8－30），纵130厘米，横48厘米，拓铜镜二，其一为东汉周仲车马神人画像镜，直径21.3厘米。其二为唐代明逾满月跑兽镜，直径25.5厘米。钤印二：白文“二百镜斋藏镜”“簠斋”。左上有陈蜚声撰书七言诗跋：“潇舫明府手一轴，浼余染翰为题识。展轴团团两古镜，精拓妙绝千金值。云是家文懿公物，宝藏不亚周敦觯。铜斑苍绿蚀土痕，背面花纹更奇异。车马人物暨兽怪，俨铸神鼎照妖魅。想当洪垆炽炭时，鬼斧神工逞诡秘。中勒镜铭尤艳绝，酷肖六朝徐庾笔。闻甲寅夏赛国宝，两镜称羡东西国，嗣有一镜破飞天。此拓完好今无二，慎嘱明府藏箧笥，张壁恐遭风雨夕。潇舫先生两政。陈蜚声。”后钤印二：白文“陈蜚声印”，朱文“鹤侪”。

二、陶器全形拓及砖瓦拓本

陈介祺藏古陶器千百种，并首先运用吉金全形拓技法捶拓先秦陶器。② 陈介祺于同治十一年（1872）发现陶文，其后开始大量搜集，收藏残陶文近5000片（或谓7000片），并兼及砖326件，瓦当815件。③ 潍坊市博物馆藏有吴大澂所拓瓦当朱拓本四条屏，其中一件“千秋万岁”瓦拓本上有吴大澂题跋：“陈簠斋丈游琅邪台，掘得秦瓦三百余，文各不同，余得其全分拓墨，大半皆千秋万岁。”可见，陈介祺从琅琊台一次就得秦瓦300余件。陈介祺发现陶文后，组织拓工夜以继日地捶拓，分赠金石好友研究交流，开辟了古文字研究新领域，并为后世留下了多种版本的《簠斋藏陶》。高明在《古陶文汇编》序中说：“古陶文是继商周时代铜器、玺印、货币、石刻文字之后，在古文字研究领域中出现的另一分支。此一分支学科的开拓者是山东潍县学者陈介祺。”孙敬明在《齐陶新探》中进一步指出，第一个对齐国陶文进行搜集、鉴定和整理的是清末山东潍县著名的金石学家陈介祺先生。④

---

① 陆明君：《簠斋研究》，荣宝斋出版社2004年版，第56页。

② 孙敬明：《陈介祺〈周矢胊瓦盘图〉小笺》，载《中国文物报》2017年4月4日。

③ 陆明君：《簠斋研究》，荣宝斋出版社2004年版，第54、58页。

④ 孙敬明：《齐陶新探》，见《古文字研究》第十四辑，中华书局1986年版。

（一）周矢朐瓦盘全形拓本

周矢朐瓦盘，光绪戊寅（1878）归陈介祺收藏，为方便传拓，交由姚学桓绘图刻版。

此拓本（图3－8－31）纵103厘米，横51厘米。上有矢朐盘内刻文“矢朐”二字拓本和矢朐盘全形拓，右上方有陈介祺题“周矢朐瓦盘图”六字，左侧有陈介祺跋文：

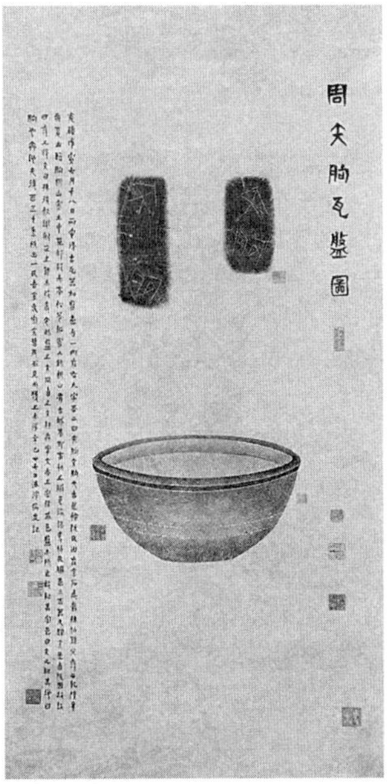

图3－8－31　周矢朐瓦盘全形拓本

光绪戊寅（1878）七月十八日丙寅，得古瓦器如盘盂者一，内左右大字各二，曰“矢朐”。“矢朐”文古甚。桉（按）阮氏《山左金石志》载“孙伯鸡父彝”云：“乾隆辛亥（1791）夏出临朐柳山寨土中。益都段赤亭松苓拓寄入录。柳山有古城基，即春秋之骈邑，《论语》：‘夺伯氏骈邑三百。’”器久归余，是卣，阮因段误曰彝，又释“矢”曰“孙”，后款识刻正之；“鸡”亦改“爵”。今此盘之“矢”同卣之“矢”，疑齐掌矢者之官族或邑，盘亦所作，故纪其官邑曰“矢”，又纪其地曰“朐”也。齐地先后百五十年所出一氏吉金良匋，余皆及见而获之，亦厚幸已。廿七日海滨病史记。

拓本钤陈氏印七方：白文“齐鲁三代陶器文字”“海滨病史”“收秦燔所不及”“古瓦量斋”“有周陶正之后”“齐东陶父”“三代古陶轩”。钤姚学桓印一方：朱文“姚公符作图”。钤周咨度①收藏印三方：白文“咨度藏”，朱文“大兴周咨度收藏金石书画印”“澹然珍秘”。

（二）战国陶器全形拓本

其一，战国陶器全形拓本屏（图3－8－32），姚学桓绘图刻版拓墨。尚存7件，每件纵98.5厘米，横32.7厘米。钤印十四方：白文“齐东陶父”“簠斋”“文字之福”“三代古陶轩”“簠斋藏古”“有周陶正之后”“海滨病

① 周咨度，名振湘，号澹然。北京大兴人，近代收藏家、书法家。

史”“齐鲁三代陶器文字”“古瓦量斋”“宝康瓠室”“收秦燔所不及”“古陶主人”，朱文“平生有三代文字之好”“三代化范之室”。

图3－8－32　战国陶器全形拓本屏

图3－8－33　西晋元康八年砖拓本

（三）西晋元康八年砖拓本

拓本纵121厘米，横56厘米。墨拓砖三面。砖正面为十字穿璧纹，交叉处书“八月廿日”“（所作）故克”；一侧面书“晋故元康八年公”；另一侧面为回字菱形纹，有“元吉”二字。铭文全部为反文，隶书（图3－8－33）。

钤印三方：白文“簠斋”“君子砖馆藏砖”，朱文“介祺审定金石”。

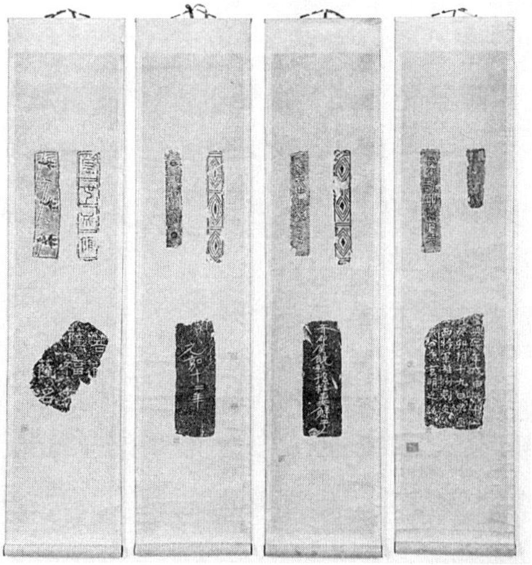

图3－8－34　两晋南北朝砖拓本四条屏

（四）两晋南北朝砖拓本四条屏

每幅拓本纵136厘米，横29.5厘米。四幅拓本共拓两晋、南北朝砖十二种，其中铭文砖九种，画像砖一种，几何纹砖二种，均为陈介祺旧藏，郭麐手拓（图3－8－34）。

其一，拓砖三种：晋咸宁四年（278）砖，阳文，隶书题“晋咸宁四年合氏造泰岁在戊戌”；郑君砖，阳文，隶书题“威寇护军郑府君”；鱼玄明墓铭砖，阴文，正书题“皇兴二年（468）戊申岁十一月癸卯朔十九日辛酉，（安）西将军雍州刺史□康公鱼玄明之铭”。钤印四方：白文“齐东陶父”“海滨病史”“簠斋”“子嘉手拓”。

其二，拓砖三种：乳丁菱形纹砖，饰三组连续的由菱形乳丁纹、菱形纹及直线纹组成的几何图案；孙君砖，反文，隶书题“元嘉廿年（443）孙君造”；孙柱妻鲜于砖，阴文，隶书题“齐郡广饶县孙柱妻鲜于”。钤白文印“齐东陶父”“子嘉手拓”。

其三，拓砖三种：乳丁菱形纹砖，饰三组连续的由菱形乳丁纹、菱形纹及直线纹组成的几何图案；刘氏砖，棋子方格，两边刻四出钱纹，阳文隶书题“平原刘氏大吉宋元嘉廿年（443）造”；元嘉十二年（435）砖，阴文隶书题“元嘉十二年”。钤印三方：白文“文字之福”“君车汉石亭长”“子嘉手拓”。

关于孙柱妻鲜于砖与元嘉十二年砖，潍坊市博物馆尚藏有一张老照片（图3－8－35），内容为元嘉十二年砖和孙柱妻鲜于砖以及两砖的拓本，左侧有陈介祺后人陈蜚声题跋：“刘宋孙柱妻鲜于墓砖。右二砖制同，出潍城东湖住庄外，癸酉春（1933）台增绪访得之。鹤侪。”不知这是陈介祺所藏之砖流散后又被发现，还是另一件具有同样题铭的砖。另外，由照片知，拓本中的乳丁菱形纹砖当为元嘉十二年砖和齐郡广饶县孙柱妻鲜于砖的侧面纹饰。

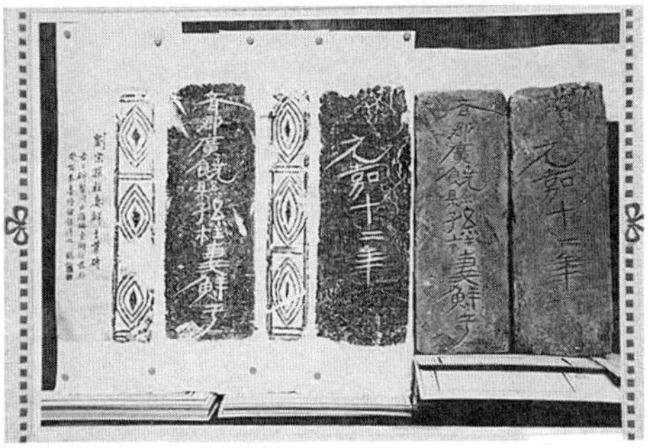

图3－8－35　砖拓照片

其四，砖拓三种：万世不倾砖，阳文篆书题“万世不倾”；荷棨戟武士图砖，阳刻正列队前进的荷棨戟武士三人；福字残砖，阴文，隶书，残存“菩”“萨”“福”“名”等字。钤印一方：白文“君车汉石亭长”。

三、造像拓本

陈介祺藏刻石116种，以北朝造像为大宗，在其所藏造像刻石中，以汉代君车画像石最为知名，其次为北朝曹望憘造像和王阿善造像。①

（一）汉君车画像石拓本

汉君车画像石，清光绪八年（1882）出于山东临淄，后归陈介祺。陈介祺筑亭护之，曰“君车汉石亭”，自署“君车亭长”，并刻印“君车汉石亭长”。此石刻后流入法国，现存于法国巴黎博物馆。画像分上下两层，描绘了汉代官吏出行场景。上层左侧为单骑拉有盖轺车的“君车”，车内有两人，前为御者，后坐官吏；车后随从骑行侍卫“铃下”和“门下小吏”。下层绘随从出行的骑者“门下书佐”“主簿”等，并以简单勾勒的树木相点缀。书佐、主簿为汉代郡县下设官吏，书佐主起草、缮写文书，主簿典领文书、办理事务。整个画面，人物形态各异，马匹健美肥硕，表现了汉代官吏出行时侍从众多、声势浩大的场面。刻石底面以断续的线纹作装饰，烘托出整个画面的生动效果，由此可以管窥汉代线刻造像的高超水平。

潍坊市博物馆藏汉君车画像石拓本 2 种 4 件，均为原石朱拓本，其中一件为潍县著名中医丁士颐于 1948 年 8 月捐赠。另存有复制石刻一套。

清光绪九年（1883）朱拓本（图 3 - 8 - 36），纵 64 厘米，横 136 厘米，王幼泉所拓。右下角有陈介祺题记：“光绪壬午（1882）冬，临淄出此画象，余以字定为东汉，收而藏之，以朱拓传之海内。癸未（1883）十月，幼泉拓此横幅以便小斋，并为题记。君车亭长。”后钤印四方：朱文“癸未簠斋七十一”“半生林下田间”，白文“君车汉石亭长”“簠斋藏石”。

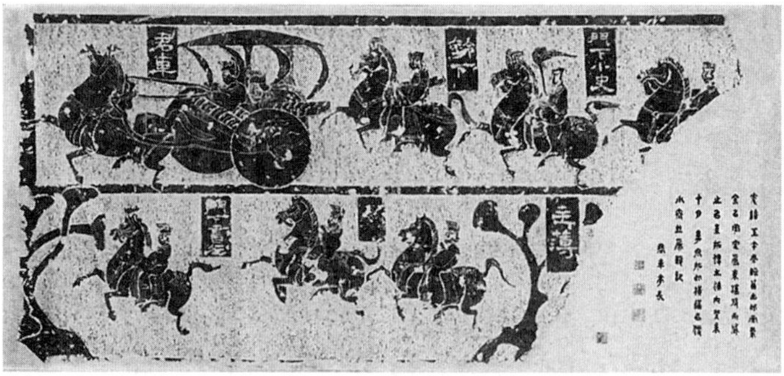

图 3 - 8 - 36 汉君车画像石清光绪九年朱拓本

① 陆明君：《簠斋研究》，荣宝斋出版社 2004 年版，第 57 页。

（二）北魏神龟二年崔懃石刻造像座拓本

崔懃造像，为北魏神龟二年（519）崔氏兄弟所造一佛二菩萨石造像，仅存佛足及造像底座，造像底座上刻莲瓣、浮雕双兽，下题刻崔鸿、崔鹔、崔鹍兄弟三人官衔姓名及崔懃造像纪年、祈愿文。清河崔氏是北朝望族，在历史上影响较大。1986 年，在临朐县冶源镇海浮山南坡发现的北齐崔芬墓，墓室壁画具有极高的历史、社会、艺术价值，墓主崔芬亦是崔氏宗族成员。

馆藏拓本（图 3－8－37）纵 135.2 厘米，横 68.2 厘米，内容分两部分：一为崔懃造像底座，一为发愿人姓名。拓本空白处钤陈介祺白文印两方："簠斋藏石""齐东陶父"。1948 年 8 月，陈蓉泉向潍坊特别市古代文物管理委员会捐赠砖瓦、铜镜、书画、瓷器、拓本等 16 种，此拓本为其中之一。

图 3－8－37　北魏神龟二年崔懃石刻造像座拓本

（三）北魏正光六年曹望憘石刻造像拓本

曹望憘造像，全称襄威将军柏仁令齐州魏郡魏县曹望憘造弥勒下生石像，北魏正光六年（525）三月二十日刻，清代发现于山东临淄西桐林庄。"吴重憙《北魏正光造像考》中记：'……同治壬申（1872）十月，在潍得此拓于商河拓工刘叟，其曹望憘、宝渊二石久归陈氏宝簠斋中。'"① 由此知清同治十一年（1872）前曹望憘造像即归陈介祺所有。1921 年，该造像由上海来远公司卖给法国巴黎博物馆，现藏于美国费城大学博物馆。

此石为曹望憘所造弥勒像底座的四面，其中三面为浮雕画像，一面为题记。第一面刻一菩萨托博山炉坐于莲花座上，左右各蹲坐一狮，辅以飞凤、莲花。第二面为一贵族（或为曹望憘）带领侍卫骑马出行的礼佛场景。第三面为一贵妇（或为曹望憘夫人）带领侍女驾牛车出行礼佛的场景。二人均宽衣博袖，手托博山炉。侍者擎伞盖、障扇、捧礼器。高头骏马披障泥宝鞍，装备华丽。全图形象地反映了北魏时期上层人物的出行方式、衣着发式，生动再现了当时人们的生活，体现出北魏时期线描技艺的精湛水平。第四面为

---

① 陆明君：《陈介祺年谱》，西泠印社出版社 2015 年版，第 220 页。

题记，书体已趋向楷书，结字上紧下松，意态生动，表现出一种井然的秩序和清劲、秀丽、精爽的美感。

潍坊市博物馆藏曹望憘造像拓本3件，其中一件为陈蓉泉于1948年捐赠。三件拓本均有密布的鱼子纹，为清代原石刻拓本。另存有复制石刻一套。

其一，朱拓本。纵120厘米，横65厘米（图3－8－38）。

其二，墨拓本。纵122.5厘米，横63.8厘米。左下角钤白文印“簠斋藏石”（图3－8－39）。

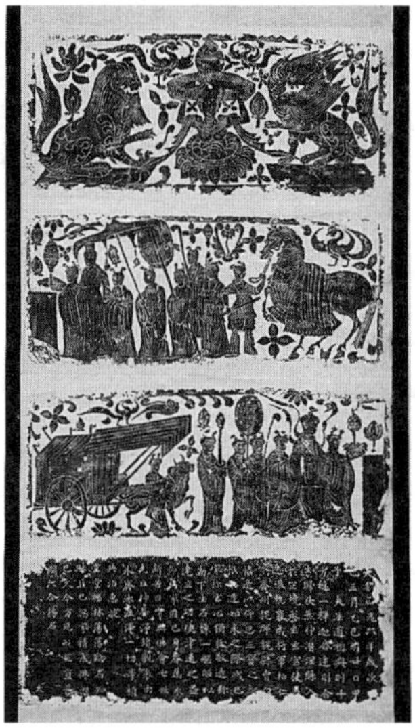

图3－8－38　曹望憘造像拓本之一

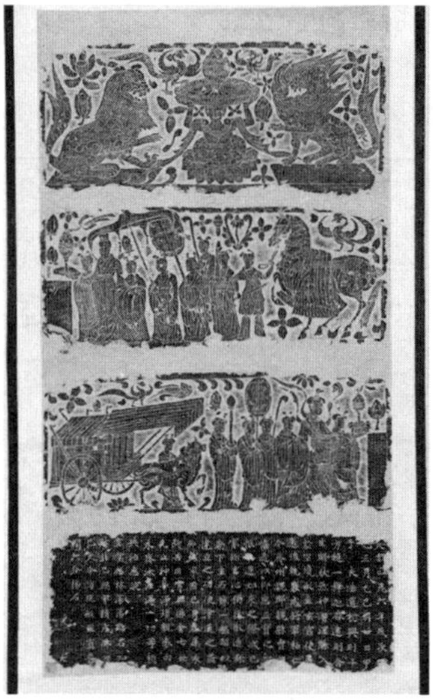

图3－8－39　曹望憘造像拓本之二

（四）六朝铜佛造像拓本

清拓本。纵113厘米，横40厘米。拓铜像正反两面及佛座四面，正面为背屏式佛坐像，背面、佛座有题记。钤陈介祺印二方：朱文“簠斋藏古”、白文“古之田间大夫”。钤收藏者贺伟斋朱文印二方：“伟斋供养”“子孙永保”。拓本上方有陈森题跋：“六朝铜造像。六朝造像久为世珍，今则尤不易得。此为先伯祖文懿公所藏，惜字迹不甚清晰，殊为缺憾。虽年代及人名均难辨释，然在六朝佛像中亦属罕觏。伟斋姻台笃信佛道，虔诚供养，因以此拓为赠，俾朝夕辩香供之，与古佛为缘也。壬午（1942）嘉平月望日，柏岩陈森识。”后钤印白文“柏岩”、朱文“六十以后所作”（图3－8－40）。

由跋文知，此拓本乃陈介祺后人陈森于1942年赠与贺伟斋的。

（五）北魏孝昌三年杨丰生造像拓本

北魏孝昌三年（527）十二月，杨丰生为父杨嵩造像刻石，刻佛龛式一佛二菩萨三尊造像，佛坐于前，二菩萨侍立于后。造像精美，题记书法开张有力，为典型的魏碑体。

馆藏杨丰生造像拓本（图3－8－41），纵133厘米，横63厘米。墨拓佛造像及背面题记，为陈介祺旧藏，钤陈介祺印三方：白文“簠斋藏石”“海滨病史”，朱文“半生林下田间”。1944年，陈介祺玄孙陈君藻将此拓本装裱后赠与贺伟斋。拓本右上角有陈君藻篆书“大魏孝昌三年杨丰生造象”十一字，左下角钤收藏者贺伟斋白文印“伟斋珍藏”，左右两侧有陈君藻、陈以正题跋。

陈以正题跋：“汉分导先路，秦篆非所务，惟有六朝碑，卓荦堪追慕，艺业魏最隆，孝昌书尤趣，试看杨丰生，造象心同契，追福一何专，勒石期永固，贞珉什袭藏，精拓拜手付，至宝存岂多，挂壁神独注，题识不获辞，愧无惊人句。甲申（1944）十月筍禅识。”后钤朱文印“陈筍禅”、白文印“七十以后作”。

陈君藻题跋：“石为先文懿公旧藏造象中之精者，甲申（1944）九月偶检旧箧得此拓，装成以奉伟斋表兄方家真鉴。君藻陈奎章记。”后钤朱文印“奎章印信”。

（六）东魏兴和四年成休祖造像朱拓本

成休祖造像刻于东魏兴和四年（542），为成休祖及妻子李莹、儿子成绍宗祈愿造像。拓本纵136厘米，横60厘米，拓正面观音立像与底座题记及背

图3－8－40　六朝铜佛造像拓本

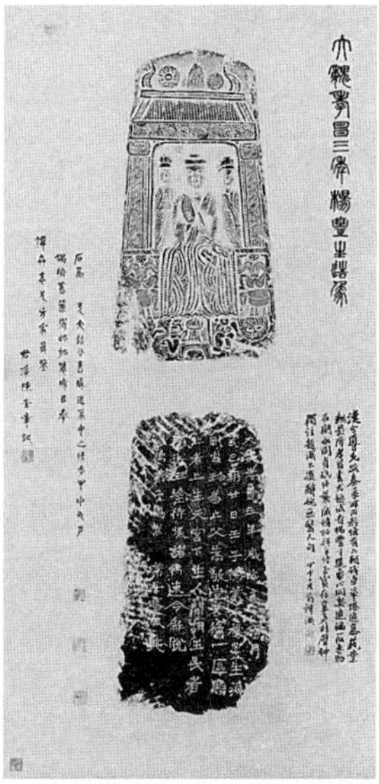

图3－8－41　北魏孝昌三年杨丰生造像拓本

面祈愿题记。钤陈介祺白文印两方:“海滨病史”“簠斋藏石”(图3-8-42)。

图3-8-42 东魏兴和四年成休祖造像朱拓本

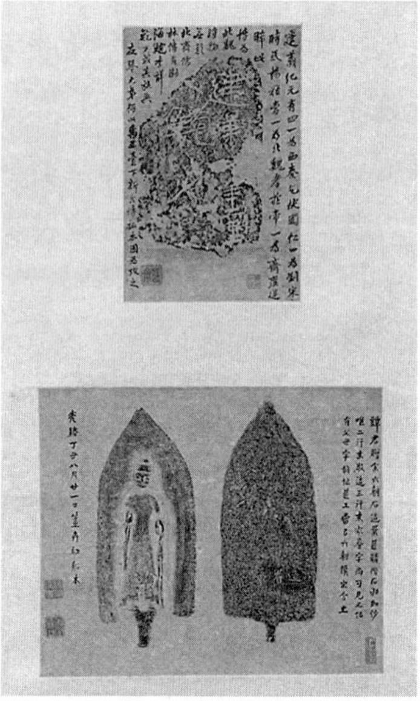

图3-8-43 北魏建义砖、六朝石佛造像拓本

(七)北魏建义砖、六朝石佛造像拓本

北魏建义砖拓本(图3-8-43上),纵34厘米,横22厘米,上有陈介祺题跋:“建义纪元有四,一为西秦乞伏国仁,一为刘宋时氐杨难当,一为北魏孝庄帝,一为齐雍道晞。此砖为北魏时物无疑。《北齐·儒林传》有渤海鲍季详,鲍少或其族与?友琴大弟得此禹王台下新出砖拓本,因为考之。”后钤朱文印“簠斋”。拓本右下角钤周咨度朱文收藏印“澹然珍秘”,由此知其曾为周咨度所藏。

据陈介祺题跋知,此砖出土于禹王台。禹王台位于今潍坊市寒亭区高里镇禹王台村西南角,一说为大禹治水时所筑,一说为秦始皇所筑。乾隆《潍县志》卷一《舆地·古迹》云:“禹王台在望海门北六十里,相传大禹治水时所筑,有禹(王)庙在。”民国《潍县志稿》卷七《疆域·遗迹》称:禹王台,郭麐云“望海台”,郭坛则认为是望台,因台上有禹王庙,俗呼为禹王台,大概是《水经注》所称秦始皇所筑之台。

六朝石佛造像拓本（图 3－8－43 下），纵 35.5 厘米，横 42.5 厘米，拓背屏式立佛造像及背面题记，为陈介祺初拓本，曾为周咨度所藏，上有光绪三年（1877）陈介祺题跋："谭君赠余六朝石造象甚精，惜石泐如沙，唯二行末'敬造'、三行末'家眷'字尚可见，又似有'父母'字。制作甚工，当以六朝像坐合之。光绪丁丑（1877）八月廿一日，簠斋初拓本。"后钤白文印"海滨病史""簠斋藏石"。右下角钤周咨度朱文收藏印"大兴周咨度收藏金石书画印"。

（八）北齐天统三年张静儒造像拓本

拓本纵 60 厘米，横 45.7 厘米，上拓佛龛式一佛二菩萨三尊造像及四周祈愿题记，钤白文印"簠斋藏石"（图 3－8－44）。

图 3－8－44　北齐天统三年张静儒造像拓本

（九）隋开皇十七年张信造像拓本

清光绪八年（1882）陈介祺得隋开皇十七年（597）张信造像，并拓四面全图。①

潍坊市博物馆藏张信造像拓本（图 3－8－45），纵 128.5 厘米，横 61 厘米，为陈介祺旧藏，上拓造像四面全图，三面为弥勒佛坐像，一面为观音菩萨立像，下均刻造像题记。拓本钤陈介祺印三方：白文"簠斋藏石""齐东陶

① 陆明君：《陈介祺年谱》，西泠印社出版社 2015 年版，第 384 页。

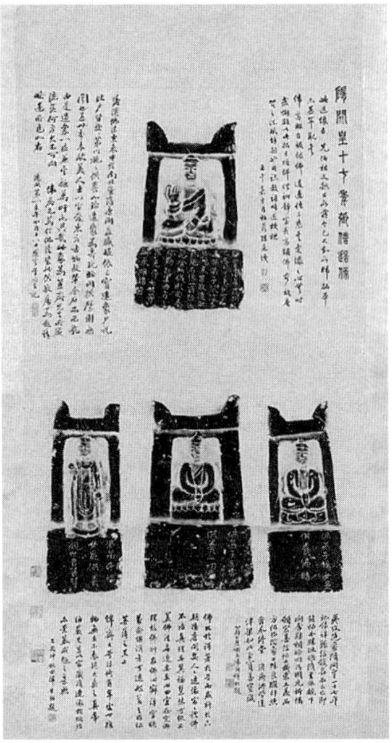

图3-8-45　隋开皇十七年张信造像拓本

父”，朱文“半生林下田间”。拓本有陈森、于均生、陈以正、田泮生题跋。

陈森题跋：“隋开皇十七年张信造像。此造像为先伯祖文懿公所藏，今已不知所归，拓本亦甚罕觏矣。伟斋姻台皈依佛道，通悟三乘，其虔诚之心，无时或懈，敬以此拓为赠，俾供庀静室长斋诵佛，荷效唐贤之流风余韵也，因识数语略述梗概。壬午（1942）嘉平月柏岩陈森识。”后钤朱文印“柏岩书画”、四神肖形白文印“陈森”。

于均生题跋：“后汉佛法东来，中经南北暨隋唐间益盛，皈依三宝，造象尸祝，比户皆然，第以施之供养，如珍造象为奇玩视同拱璧则无闻也。近卅年来，欧美人士以宝爱东方古物，故辇金石而西航，由是造象一区兼金巨万，吁亦异哉！此象为簠斋先生所藏，流落何方，久不可问。伟斋兄笃信佛法，装此供养，属为题识，略述所见如右。建国第一壬午（1942）四月十八日蠖叟于均生记。”后钤白文印“蠖叟”。

陈以正题跋：“夷考造象隋开皇，一十七年记录详。张信镌名石云亡，即兹拓本胜琳琅。隋书承魏下开唐，隶楷极则乃国光。祈福愿宏善信忙，大哉东土羡西方。阿弥陀象工殊良，膜拜焚香奉佛堂。伟斋佛学逮津梁，如此至宝善宝藏。乙酉（1945）五月浙东陈筍禅拜题。”后钤朱文印“陈筍禅”、白文印“七十以后作”。

田泮生题跋：“佛始于汉著于晋而盛行于六朝，隋唐间几人人造像，家家礼佛，不谙真理，妄冀福慧，殊可慨也。盖佛法无边，要在心田，宜究佛理，效佛行，存佛心，寂静空旷，万念俱消，方可造般若之因，征菩萨之果也。伟斋大哥持修有年，处世接物无在不表现大乘之真帝。柏岩先生以家藏隋造像相赠，迨亦景慕戒勉之意欤。乙酉（1945）仲秋田泮生拜题。”后钤朱文印“泮生”。

四、唐善业泥全形拓本

善业泥，亦称善业佛、脱佛、脱塔，是用泥、木、金属等模具压印泥团制成的一种小型佛像。其俗源自古代印度，魏晋南北朝时期传入我国北方地区，唐朝时臻至鼎盛。

馆藏善业泥拓本（图 3－8－46），纵 92.5 厘米，横 33 厘米。拓善业泥正反两面，正面主要为一佛二菩萨像，反面分格楷书阳文题："大唐善业泥，压得真如妙色身。"钤印五方：白文"文字之福""簠斋""海滨病史"，朱文"半生林下田间""簠斋清供"。

图 3－8－46　唐善业泥全形拓本

综上所列，潍坊市博物馆藏陈介祺拓本以两周、汉青铜器全形拓和造像全形拓为主，其中尤以毛公鼎的各版别拓本、十钟拓本、君车画像石拓本、曹望憘石刻造像拓本最为重要。这些拓本不仅是当时陈介祺进行金石交流和研究的不可替代的资料，而且是陈氏为后世留下的精美的艺术珍品，正如叶昌炽所言："其鉴别之审，装池之雅，纸墨毡蜡之精，剖析毫发，无美不臻。"① 从这些拓本中，足以窥见陈介祺作为金石学家所具有的一丝不苟的治学精神和较高层次的审美。不独于此，陈氏对金石学的贡献，还在于其自始至终根植于灵魂中的"传古"思想，他每发现、收藏一件器物，特别是带有文字的器物或陶片、砖瓦，均拓制成拓片分寄全国各地的金石好友共同释读研讨，加之其所具有的更高的专业水准，形成了一个以他为核心的全国的金石圈。在山左之外，无论是年长于他的张廷济、徐桐柏、何绍基、叶志诜、鲍康、吴云，还是年少于他的潘祖荫、吴大澂、王懿荣，均尊他类师；在省内，他上承刘喜海、李璋煜、翟云升等金石前辈，联合海丰（今无棣）吴式

① 〔清〕叶昌炽撰，王其祎校点：《语石》，辽宁教育出版社 1998 年版，第 34 页。

芬、吴重憙父子，安丘王筠，利津李佐贤，日照许瀚，掖县（今莱州）张士保、翟齐，莱阳初尚龄，形成了一个较之全国更为密集的山左金石圈；而在其身边，则培养了王石经、陈佩纲、吕守业、张子达、徐凤岐、李贻功、李泽庚、姚学桓、何昆玉、丁艮善等金石文字从事者及优良拓工，影响并引导郭麐、田镕叡、高庆龄、陈介锡、陈厚滋、陈阜、刘嘉颖、韩秀岐、胥伦等人对金石、书画的笃好热忱及鉴赏水平，甚至泽被后来的高鸿裁、高嘉钰、陈森、陈蜚声、陈君藻、于均生、丁叔言、丁锡田、郭祐之、郭砥生等人，形成了清代金石学在山左而山左之中心在潍县的局面。

（潍坊市博物馆副研究馆员　衣可红）

陈介祺藏吉金墨影

潍坊市博物馆藏《铜器拓片》四册，为线装空白桑皮纸，内夹陈介祺藏青铜器拓片，计有商周青铜器铭文、西周至战国铜戈、秦诏版、汉代铜器铭文等拓片 77 件。拓片所用宣纸洁白如雪，坚薄柔韧；捶拓精细，墨色乌金，配以朱印，典雅精美。为便于比对研究，特循 1918 年邓实编次、风雨楼影印的《簠斋吉金录》之顺序，简释于下。

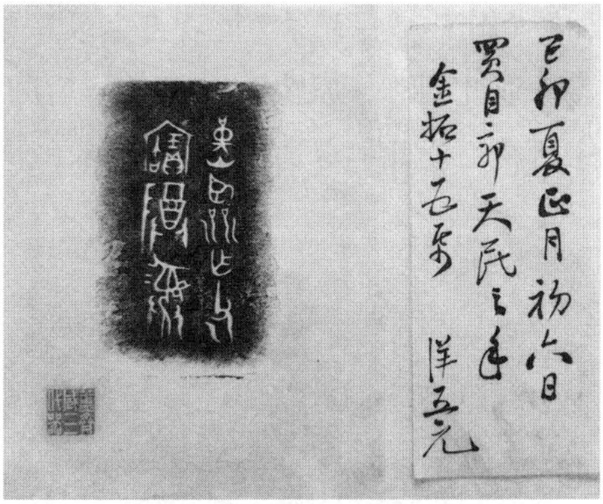

图3－9－1　西周残方鼎铭文拓本

一、商周青铜器铭文拓本

（一）鼎

1. 西周残方鼎铭文拓本

拓该鼎铭文 2 行 9 字：“䖵𠬝䀇作父乙宝尊彝。”钤“簠斋藏三代器”白文印。另有一纸，为后来递藏者之题跋：“己卯夏正月初六日买自郭天民之手。金拓十五纸，洋五元。”（图 3－9－1）《簠斋吉金录》中收录商周铜鼎 22 件，此列第四，陈氏定名为“堇山𠬝䀇方鼎残器”。

2. 西周冉鼎铭文拓本

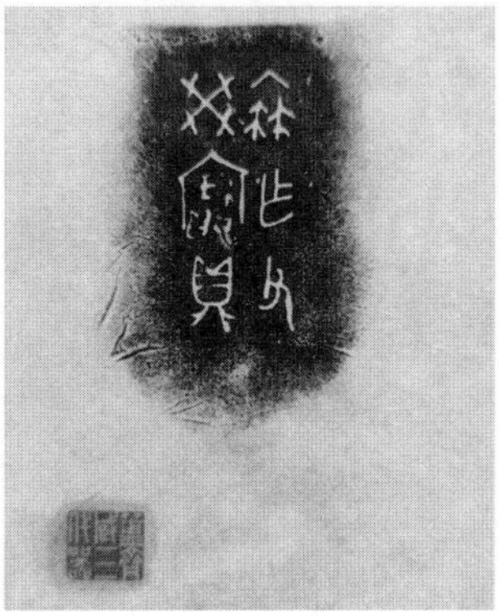

图3－9－2　西周冉鼎铭文拓本

拓铭文 2 行 6 字：“冉作父癸宝鼎。”钤陈介祺白文印“簠斋藏三代器”（图 3－9－2）。此鼎在《簠斋吉金录》内列商周鼎第十，陈氏定鼎名为“衰鼎”。

冉鼎，《金文总集》《商周金文集成》等金石学著作选录此鼎铭文拓本，中国文化遗产研究院编《中国文化遗产研究院藏陈介祺吉金全形拓精选集》中收录此鼎及其铭文拓本。据王泽文《新见陈介祺旧藏衰鼎跋》载，此鼎作器者，历来学者意见不一，或释为“冉”“冄”，或释为“衰”。王泽文先生有幸于西泠印社2017年春季拍卖会上亲见此鼎，并表述此鼎的形制特征为：“立耳；口沿平折；垂腹，腹部的最大径近于腹底；柱足；通高约21厘米。其纹饰朴素，通体素面，只在颈腹间有一道凸弦纹。属于朱凤瀚先生《中国青铜器综论》所分的Ac型V式，立耳垂腹盆鼎。”①

（二）尊

商亚此牺尊铭文拓本，拓铭文“亚此”，钤陈介祺白文印“簠斋藏古酒器”（图3－9－3）。《簠斋吉金录》中收录此拓本。

亚此牺尊，原藏陈介祺处，后归美国纽约姚叔来通运公司，现为某收藏家所藏。亚此牺尊通高21.5厘米，长24厘米，主体为鹿形，全身素面。

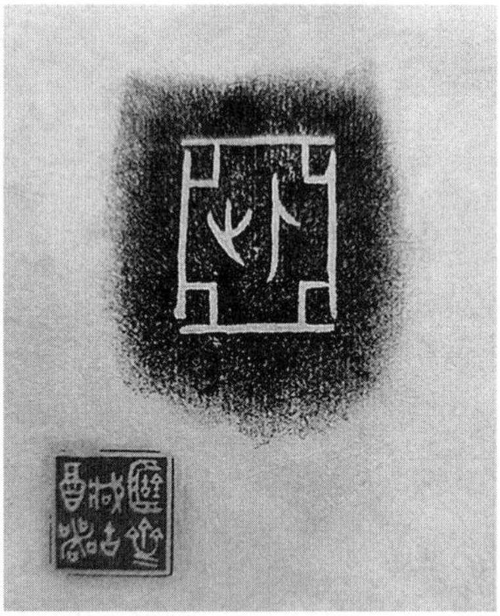

图3－9－3　商亚此牺尊铭文拓本

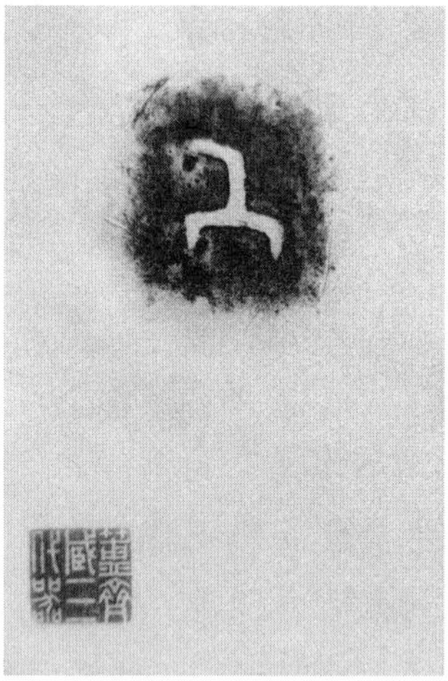

图3－9－4　商乁觚铭文拓本

（三）觚

商乁觚铭文拓本，拓铭文“乁”，《簠斋吉金录》释此字为“举”。拓本钤

①　王文泽：《新见陈介祺旧藏衰鼎跋》，载《南方文物》2017年第4期。

陈氏白文印“簠斋藏三代器”（图3－9－4）。

（四）爵

《簠斋吉金录》第二册收陈介祺藏商周青铜爵44件，褚德彝在册末题跋：“此四十四种皆爵文也，彝器中爵文在鋬内，拓墨不易，故爵文精拓不易得。簠斋藏古器多精品，册内爵文有在流旁者，有在柱者，有在腹内者，古爵奇品几尽于是，而椎拓之精妙为自来藏器家所无，并将近字处花文拓出，尤足备后来之考证也。德彝记。”① 褚氏此语比较客观地评价了这些拓本的价值。

1. 商集父癸爵铭文拓本

拓铭文“集父癸”及近字处花纹，钤白文印“簠斋藏三代器”（图3－9－5）。此列《簠斋吉金录》爵第三十七，书中定名为“雀集木形父癸爵”。

2. 商ㄗ爵铭文拓本

拓铭文“ㄗ”及近字处花纹，钤白文印“簠斋藏三代器”（图3－9－6）。此列《簠斋吉金录》爵第四十三，书中定名为“举爵”。

图3－9－5　商集父癸爵铭文拓本

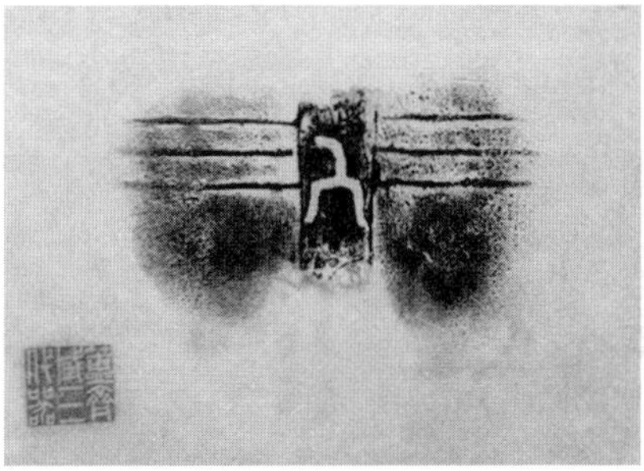

图3－9－6　商ㄗ爵铭文拓本

3. 商史父丁爵铭文拓本

拓铭文及近字处纹饰，铭文为“史父丁”，拓本钤“簠斋藏古酒器”白文印（图3－9－7）。

（五）簋

1. 商癸山簋铭文拓本

拓铭文“癸山”，另有器名签条“商癸山”（图3－9－8）。此器见《簠

① 邓实辑：《簠斋吉金录》，1918年顺德邓氏风雨楼影印本。

图3-9-7　商史父丁爵铭文拓本

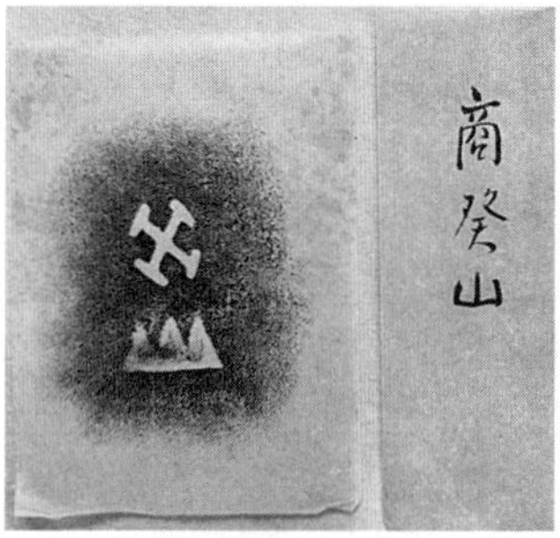

图3-9-8　商癸山簋铭文拓本

斋吉金录》敦第二十一，书中定名为“癸山百乳敦”。将此“簋”定名为“敦”，说明陈介祺得此器的时间较早，其后则确释此“敦”为“簋”。

2. 商双凤集木簋铭文拓本

拓双凤集木簋所铸图案，钤白文印“簠斋藏三代器”，另有器名签条“双凤集木”（图3-9-9）。此器见《簠斋吉金录》簋第二十三。

3. 西周师寰簋铭文拓本

陈介祺藏师寰簋2件，铭文均为器、盖对铭，器盖铭文5行31字：“□生曶父师寰□中曶，以召（昭）其辟，休氒成事，师寰作文考尊簋，子子孙孙永宝用。”器身铭文已磨泐不清。馆藏拓本钤白文印“簠斋藏三代器”。

其一（图3-9-10、3-9-11），见《簠斋吉金录》簋第六。

其二（图3-9-12、3-9-13），见《簠斋吉金录》簋第七。

图3-9-9　商双凤集木簋铭文拓本

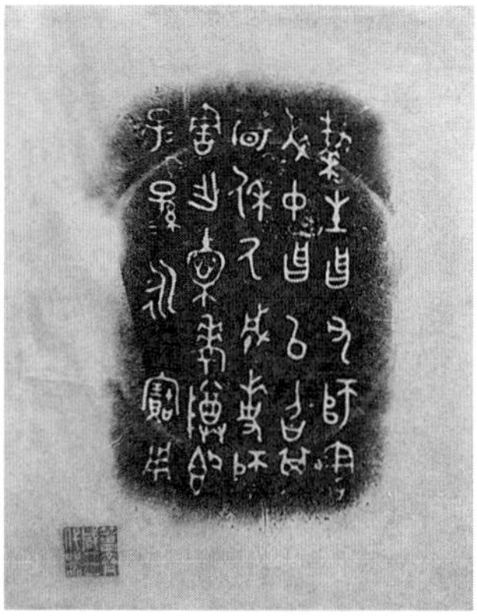

图3-9-10　师寰簋器盖铭文拓本之一

4. 西周𠬤䜌簋铭文拓本

拓铭文6字，第7字泐甚，应为：“𠬤䜌作父簋宝彝。”右侧签条书“𠬤䜌簋”，应为簠斋手题。拓本左下角钤白文印“簠斋藏三代器”（图3－9－14）。《簠斋吉金录》第三册收敦26件，此列第九。

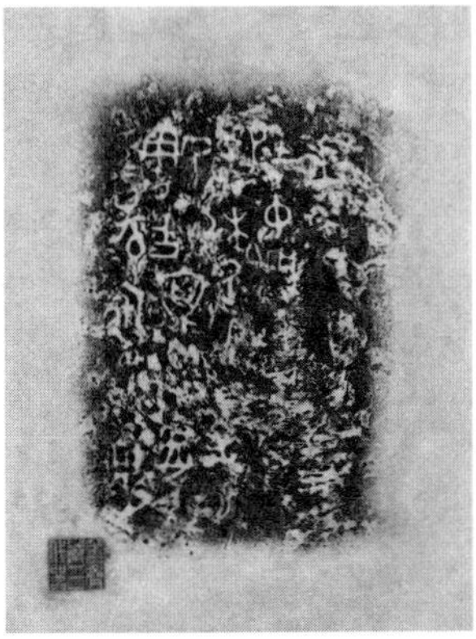

图3－9－11　师寰簋铭文拓本之一

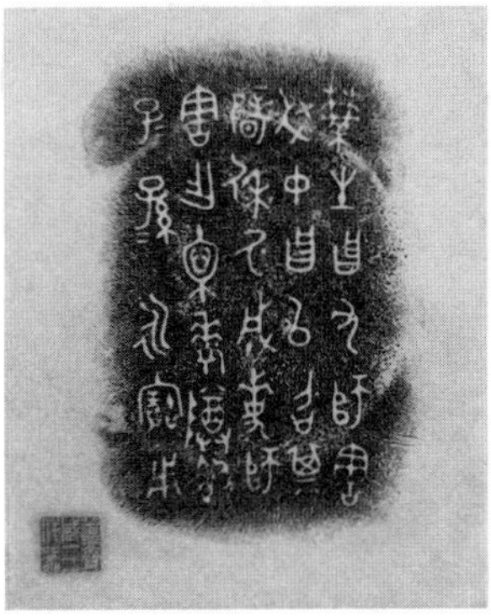

图3－9－12　师寰簋器盖铭文拓本之二

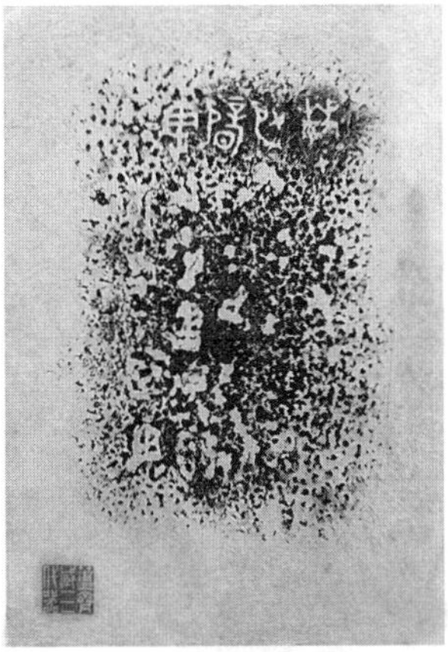

图3－9－13　师寰簋铭文拓本之二

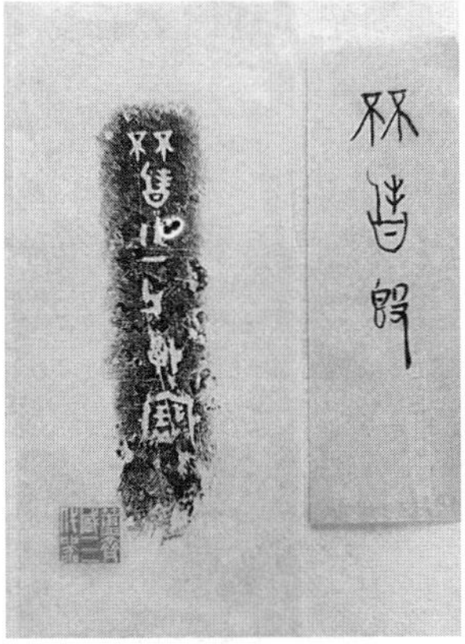

图3－9－14　西周𠬤䜌簋铭文拓本

5. 西周城虢遣生簋铭文拓本

拓铭文3行15字：“城虢遣生作旅簋，其万年子孙永宝用。”拓本钤白文印“簠斋藏三代器”（图3－9－15）。此器见《簠斋吉金录》簋第十三，现藏于上海博物馆。

6. 西周伯关簋铭文拓本

拓铭文2行14字："白（伯）关作尊簋，其子子孙孙万年宝用。"右侧签条书"第六册，伯关残簋"，应为簠斋手题（图3－9－16）。此器见《簠斋吉金录》敦第十四。

图3－9－15 西周城虢遣生簋铭文拓本

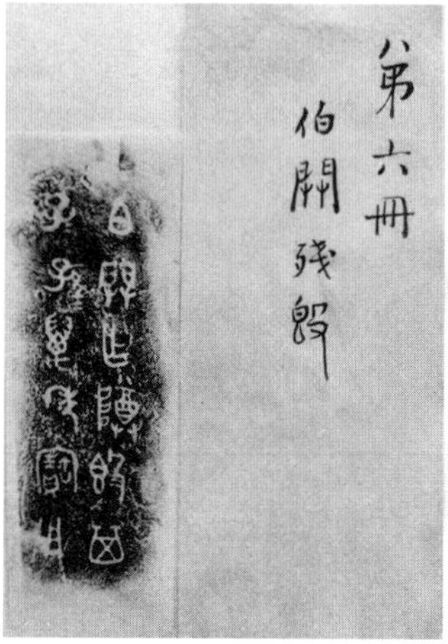

图3－9－16 西周伯关簋铭文拓本

7. 西周纪侯簋铭文拓本

拓器、盖对铭，铭文3行13字："己（纪）侯作姜萦簋，子子孙其永宝用。"右侧签条书"己侯簋盖"，应为簠斋手题（图3－9－17、3－9－18）。此器见《簠斋吉金录》敦第十五。

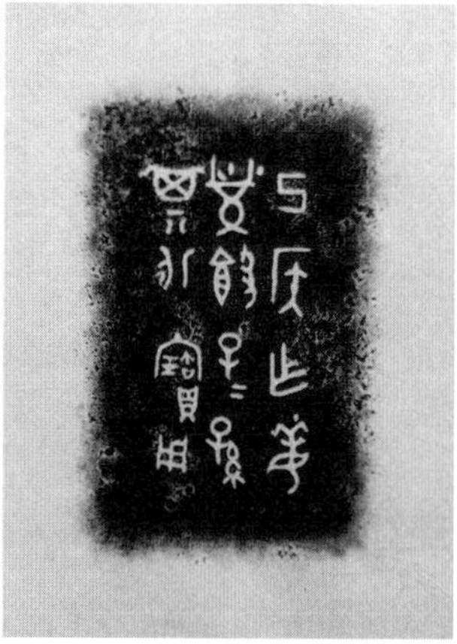

图3－9－17 西周纪侯簋铭文拓本

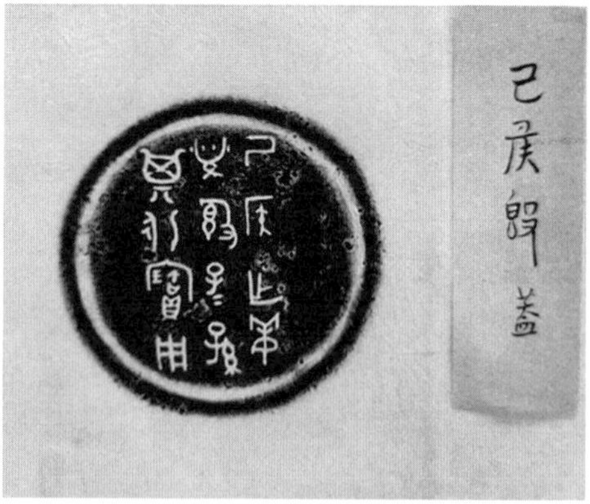

图3－9－18 西周纪侯簋盖铭文拓本

纪侯簋为陈介祺旧藏，后辗转由邱辉捐赠，现藏于上海博物馆。①

8. 西周仲簋铭文拓本

拓铭文及底部龙纹。铭文2行10字：“中（仲）作宝尊彝，其万年永用。”签条书“中簋，底有龙文”，应为簠斋手题（图3－9－19、3－9－20）。仲簋底部直径18.5厘米。此器见《簠斋吉金录》敦第十七。

由此簋铭文中“尊”字形体，可判断此器时代为西周中早期。

图3－9－19　西周仲簋铭文拓本

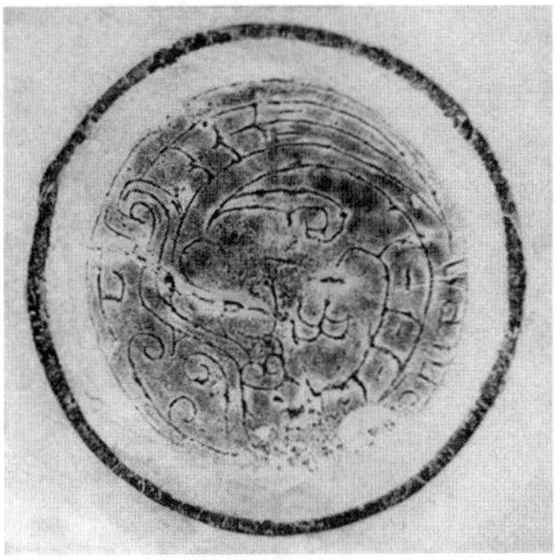

图3－9－20　西周仲簋底部龙纹拓本

9. 西周伯鱼簋铭文拓本

陈介祺藏西周伯鱼簋2件，所铸铭文相同，均为2行6字：“白（伯）鱼作宝尊彝。”由铭文中“尊”之形体，可证此器时代为西周早期。

其一有盖，拓伯鱼簋器、盖对铭。一签题“伯鱼敦”，一签题“伯鱼敦盖”，应为簠斋手题（图3－9－21、3－9－22）。此器见《簠斋吉金录》敦第十八。

其二无盖，拓伯鱼簋铭文（图3－9－23）。此器见《簠斋吉金录》敦第十九。

10. 西周每父乙簋铭文拓本

拓底部纹饰（图3－9－24），纹饰直径7.6厘米。此器铭文为：“每父乙卯妇彝。”底部图案与铭文第一字同，陈氏释为“每”字。此器见《簠斋吉金录》敦第二十六。

---

① 陈佩芬：《上海博物馆新收集的西周青铜器》，载《文物》1981年第9期。

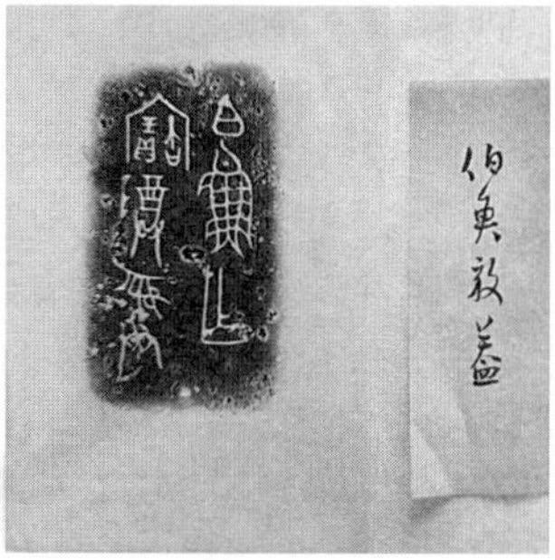

图3－9－21　西周伯鱼簋盖铭文拓本

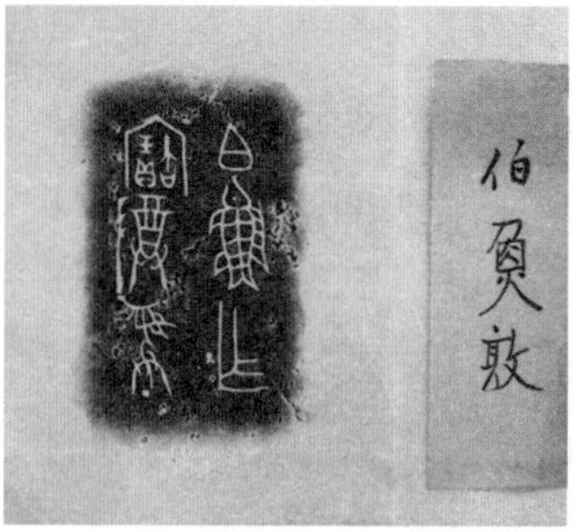

图3－9－22　西周伯鱼簋铭文拓本

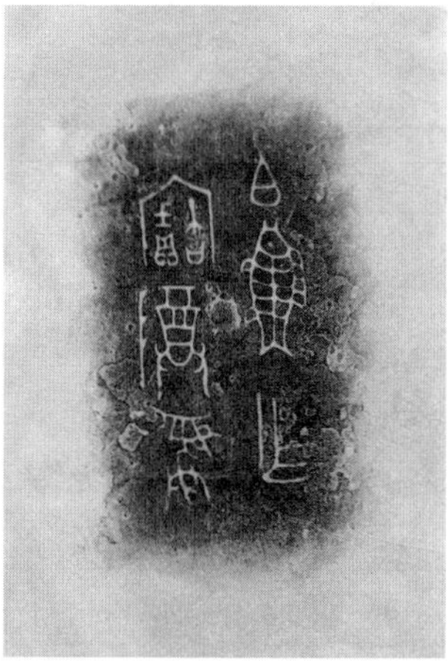

图3－9－23　西周伯鱼簋铭文拓本

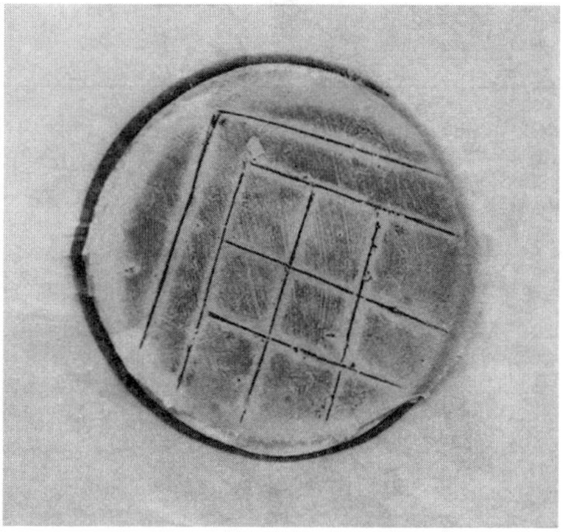

图3－9－24　西周每父乙簋底部纹饰拓本

11. 西周仲殷父簋铭文拓本

拓器、盖对铭，铭文3行19字："中（仲）殷父铸簋，用朝夕享考（孝）宗室，其子子孙永宝用。"（图3－9－25、3－9－26）仲殷父簋现藏于上海博物馆。

（六）敦

战国陈侯因資敦铭文拓本，拓铭文及底部龙纹，铭文8行79字："唯正六月癸未，陈侯因資曰：皇考孝武桓公恭戴！大慕克成。其唯因資扬皇考，昭緟高祖黄帝，侎嗣桓文，朝问诸侯，合扬厥德。诸侯賔荐吉金，用作孝武桓公祭器敦。以登以尝，保有齐邦，世万子孙，永为典尚。"签条书"镦，陈侯因資簋"，应为簠斋手题（图3－9－27）。此器见《簠斋吉金录》敦第二十四。

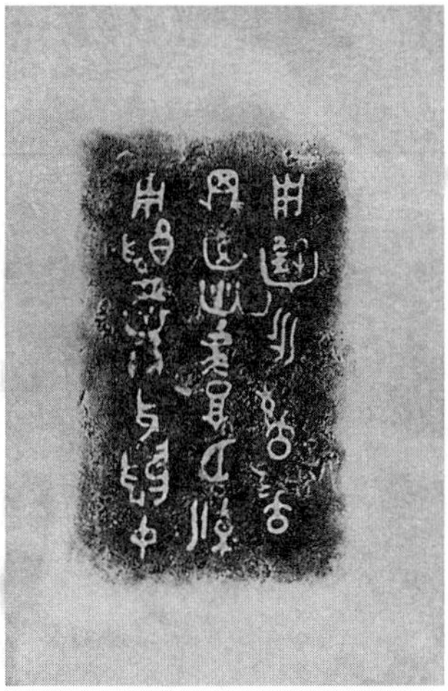

图3-9-25　西周仲殷父簋铭文拓本

图3-9-26　西周仲殷父簋盖铭文拓本

图3-9-27　战国陈侯因资敦铭文拓本

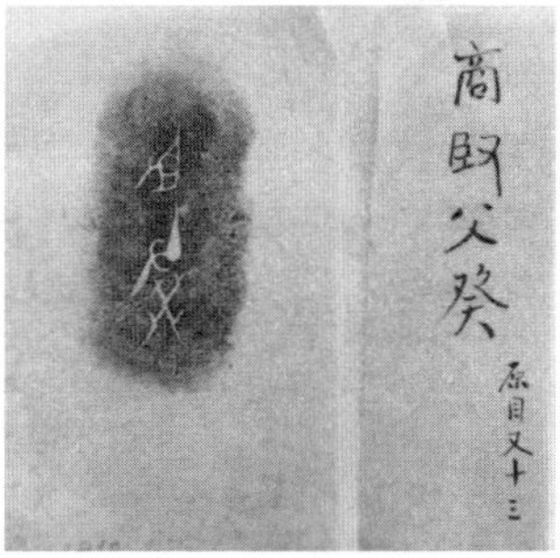

图3-9-28　商臤父癸铜器铭文拓本

（七）商臤父癸铜器

商臤父癸铜器铭文拓本，拓铭文“臤父癸”，签条书“商臤父癸。原目又十三”，应为簠斋手题（图3-9-28）。

二、先秦兵器拓本

《簠斋吉金录》第四册内收陈介祺藏古兵器41件，其中大多数为铜戈。褚德彝在册末跋曰：“此册共古兵四十一种，皆簠斋所藏当时寄与王文敏懿荣者，王殁后，遗物尽为刘铁云所得，余又从刘氏得之。今簠斋吉金分属诸子姓者，半皆斥卖，多为异国人所有，此后陈氏拓本将不可复得，因取古兵拓本付工装裱，附于所得陈氏古器诸拓本之后。”可见，《簠斋吉金录》所收古兵器拓本乃是陈介祺赠与王懿荣之拓本，后为刘鹗、褚德彝所递藏。

陈介祺曾于同治十三年（1874）拓大量兵器，《簠斋尺牍》载此年三月二十三日陈氏致王懿荣信札云："春来拓古兵两月余将毕，今日篆一古兵印，属族弟子振学刻。先以归来所得齐地戈矛奉寄二十纸，为器二十一，瞿在其中，其又十三纸，则非齐出而并附焉。"

潍坊市博物馆藏《铜器拓片》第三册内夹铜戈拓片18件，为铜戈全形拓或戈的局部拓，其中，西周戈2件，春秋戈3件，东周戈1件，战国戈11件。每件拓片均拓铜戈的正反两面，大部分拓本钤朱文印"簠斋古兵"，有的还钤朱文印"平生有三代文字之好"，有的背面边角钤椭圆形朱文印"致"。所钤印章均为小型印，与拓本大小比例协调，主次分明，充满美感。这18件铜戈拓本中，仅7件被收录于《簠斋吉金录》内，因此对研究陈氏所藏古兵器具有重要的资料价值。

（一）西周铜戈

其一，鸟纹戈拓本（图3－9－29）。此戈援长15.5厘米，胡长7.9厘米，内长6.5厘米。援体呈狭长条状，前锋钝圆，近援末处下沿延展成胡，短阑，一穿；内上有菱形鸟纹。此戈为西周时器。拓本钤朱文印"簠斋古兵"，背面左下角钤朱文印"致"。《簠斋吉金录》收录此戈。

其二，龙纹戈拓本（图3－9－30）。此戈援长15.4厘米，胡长5.8厘米，内长5.5厘米。援体呈狭长条状，近援末处下沿延展成胡，长阑，阑上一穿，内较细短，有一圆穿；援末近内处铸有龙纹。此戈为西周时器。拓本钤朱文印"簠斋古兵"。《簠斋吉金录》收录此戈。

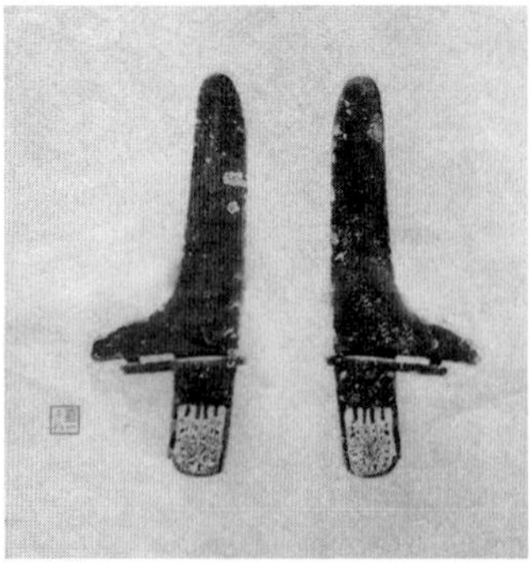

图3－9－29　西周鸟纹戈拓本

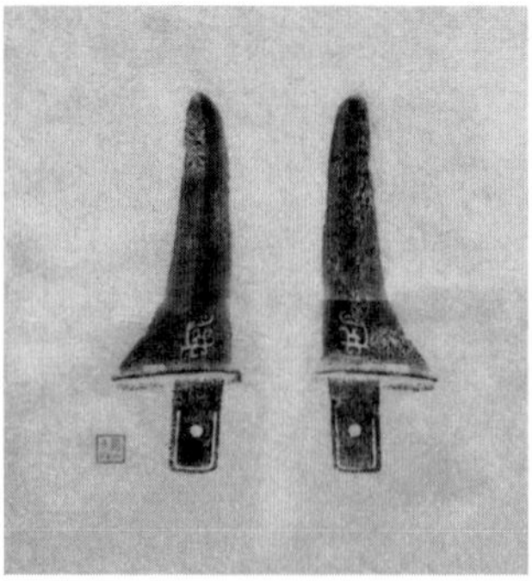

图3－9－30　西周龙纹戈拓本

（二）春秋铜戈

春秋铜戈拓片3件。

其一（图3－9－31），此戈援长10.9厘米，胡长9厘米，内长7厘米。短援，前锋尖锐，胡与内较长，阑上三穿，内上一穿；援后部铸有铭文一字，或释作“裹”。

其二，为戈内拓图（图3－9－32），穿上铭文3字：“我造戈。”

其三（图3－9－33），此戈援长12.2厘米，胡长9厘米，内长7厘米。援较短，前锋尖锐，胡窄长，阑上三穿，内呈长方形，有一长穿；铸铭文3字：“筥散戈。”此戈为春秋晚期齐国兵器。拓本钤朱文印“簠斋古兵”。《簠斋吉金录》收录此戈。

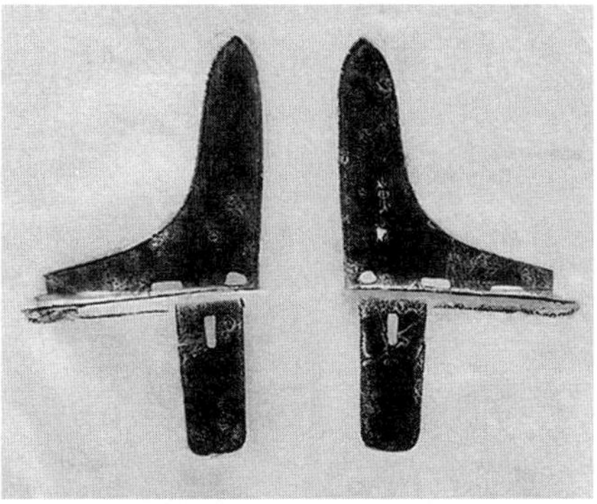

图3－9－31　春秋铜戈拓本

图3－9－32　春秋我造戈拓本

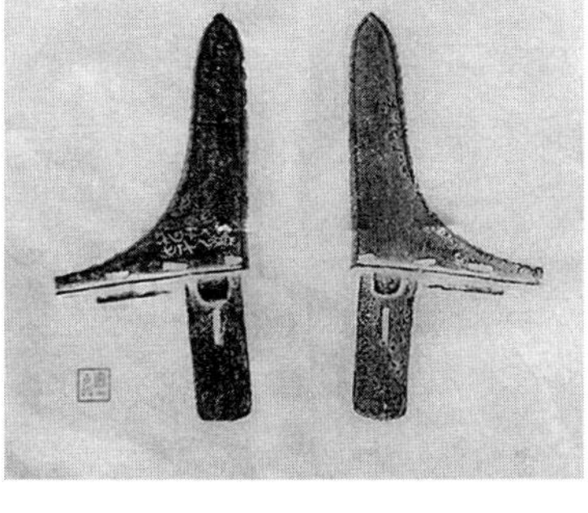

图3－9－33　春秋筥散戈拓本

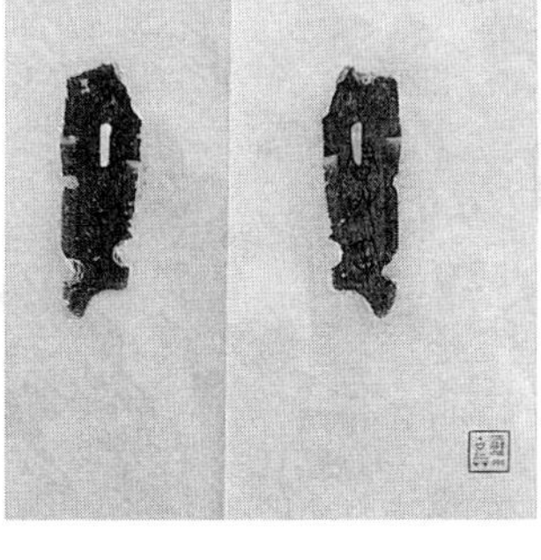

图3－9－34　东周周右库戈内拓本

（三）东周周右库戈内

为东周周右库戈内正、背拓图，右者穿下铭文3字：“周右库。”应为东周时周王城所铸。拓本钤“簠斋古兵”朱文印（图3－9－34）。

（四）战国铜戈

收战国铜戈及戈内拓本共12件，此拣完整铜戈及戈内有铭文者简释。

1. 郑戈内拓本

为同一戈内正、背拓图，右者穿后铭文3字：“奠（郑）戈□。”应为战国时期韩国所铸（图3－9－35）。

2. 伯新戈内拓本

为同一戈内正、背拓图，右者穿下铭文2字：“白（伯）新。”应为战国时期三晋所铸（图3－9－36）。

3. 陈丽子戈内拓本

为同一戈内正、背拓图（图3－9－37），右者穿下铸铭文5字：“陈丽子造戈。”此戈为战国时期齐国兵器。陈丽子为齐国贵族。拓本钤朱文印“簠斋古兵”。《簠斋吉金录》收录此戈。

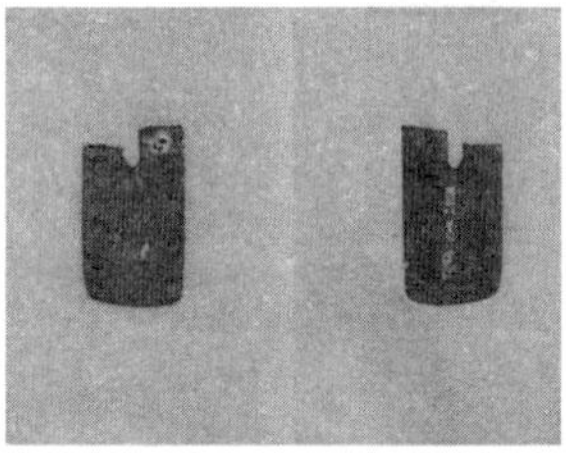
图3－9－35 战国郑戈内拓本

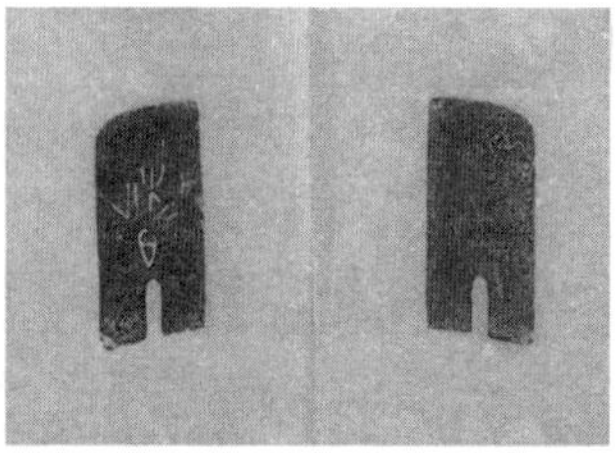
图3－9－36 战国伯新戈内拓本

图3－9－37 战国陈丽子戈内拓本

4. 陈右戈拓本

此戈援长15厘米，胡长9.7厘米，内长9.5厘米，内穿下有铭文4字：“陈右造戟。”由此可知，此戈为戟的一部分，为典型的战国齐国兵器。拓本钤朱文印二方：“簠斋古兵”“平生有三代文字之好”（图3－9－38）。《簠斋吉金录》收录此戈。

孙敬明指出：“按考古类型学划分，战国齐戈主要有三种形式。第一种通体厚重，内、援较平直，援尖作斜边锐角，后部宽肥，内一穿，胡三穿，铭文多在内上，字数较少。第二种内微上翘，前宽后窄，或有明显收分，援长而弧曲，前部稍宽，胡较窄，内一长穿，胡三或四穿，铭文较第一种为多，在内或胡上，极个别在援上，通常为三个字以上。第三种戈体较大，窄内上翘，宛若雀尾，长援弧曲，形似鸡颈，前部宽肥，后则渐窄，内一穿，胡三或四、五穿，铭文少见，铸于内上，字数4至6个不等。”① 此戈即为第三种。

5. 氏五戈拓本

此戈援长13厘米，胡长9.7厘米，内长8厘米。短援弧曲，前部稍宽，胡较长，阑上三穿，内宽而下收呈刃状；内上穿下铸铭文2字“氏五”，刻一字“昌”，为战国时期兵器。拓本钤朱文印“簠斋古兵”（图3－9－39）。

6. 戈拓本

此戈援长11.7厘米，胡长9厘米，内长7.7厘米。短援，长胡，阑上三穿，宽内略呈长方形，内上一穿；内上铸铭文2字，或为“平屯”。拓本钤朱文印“簠斋古兵”（图3－9－40）。

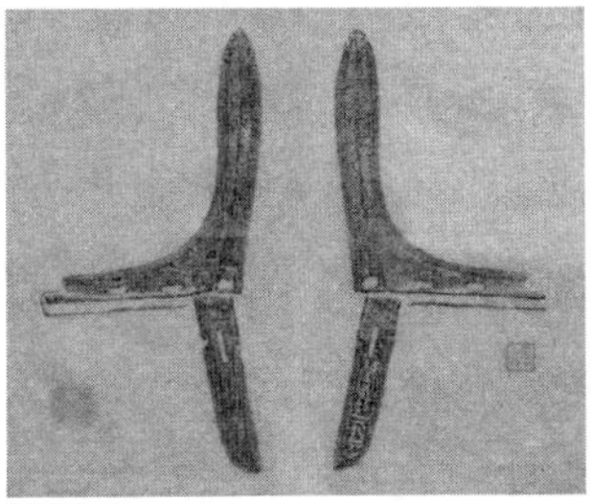

图3－9－38　战国陈右戈拓本

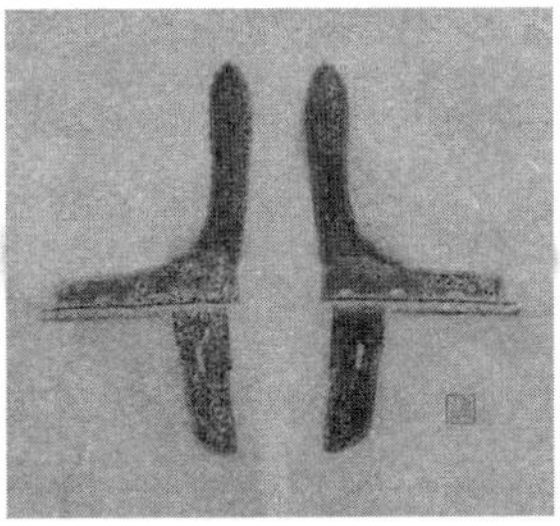

图3－9－39　战国氏五戈拓本

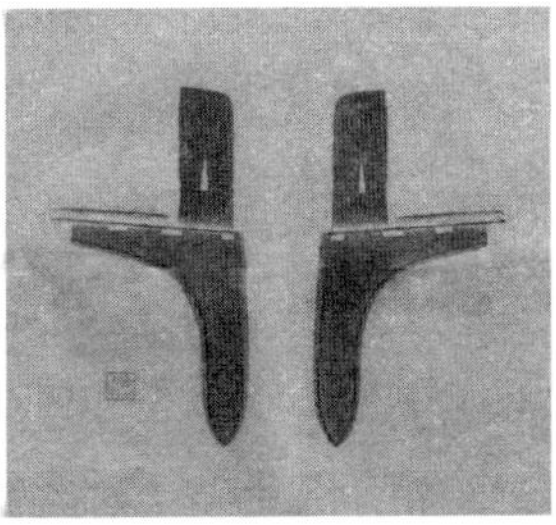

图3－9－40　戈拓本

7. 战国右卯戈拓本

此戈援长16.1厘米，胡10.5厘米，内长9.1厘米，戈内穿下铸铭文2字：“右卯。”为战国时期齐国兵器，与前所列陈右戈相类似。拓本钤朱文印“簠斋古兵”（图3－9－41）。《簠斋吉金录》收录此戈。

8. 战国子众子戈拓本

此戈援长13.8厘米，胡长9.3厘米，内长8.2厘米。戈内穿下铸铭文4字：“子众子戈。”为战国时期齐国兵器（图3－9－42）。齐战国人名，例多称“子某子”，如“子缝子”“子禾子”“子丽子”“子阳子”等。此戈为孙敬明所称战国齐戈之第一种类型。

① 孙敬明：《考古所见战国齐兵器种类及有关问题》，见《考古发现与齐史类征》，齐鲁书社2006年版，第147页。

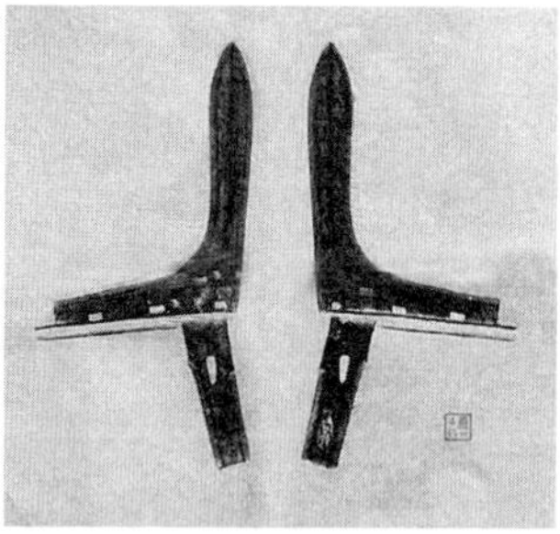

图3-9-41 **战国右卯戈拓本**

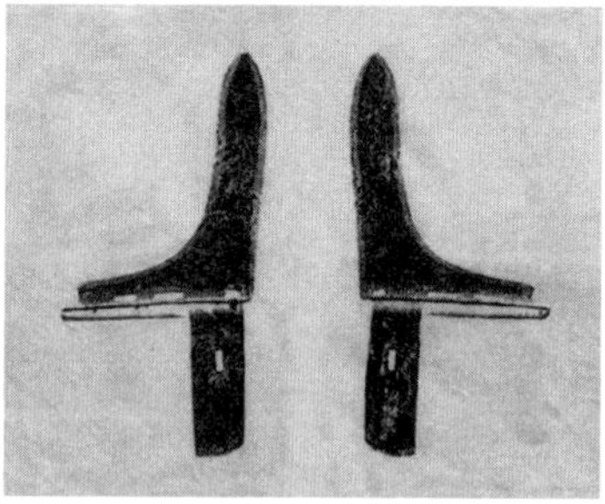

图3-9-42 **战国子众子戈拓本**

9. 战国平陆左戈拓本

此戈援长15.7厘米，胡长9.2厘米，内长8.8厘米。戈内穿下铸铭文4字："平陆左戈。"为战国时期齐国兵器。平陆，地点在今汶上。[①] 拓本钤朱文印"簠斋古兵"，左下角反面钤椭圆形朱文印"致"（图3-9-43）。此戈为孙敬明所称战国齐戈之第三种类型。

10. 战国陈得散戈拓本

此戈援长11.7厘米，胡长7.2厘米，内长7.8厘米。戈内穿下铸铭文4字："陈得散戈。"为战国时期齐国兵器。陈得为齐国贵族，所监造兵器、陶器众多。拓本钤朱文印"簠斋古兵"（图3-9-44）。《簠斋吉金录》收录此戈。此戈为孙敬明所称战国齐戈之第一种类型。

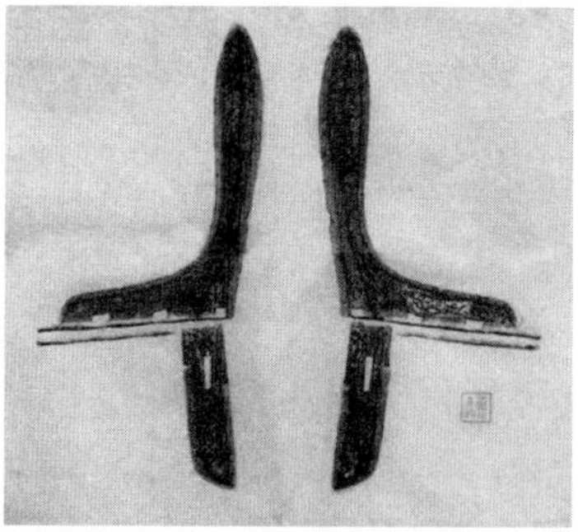

图3-9-43 **战国平陆左戈拓本**

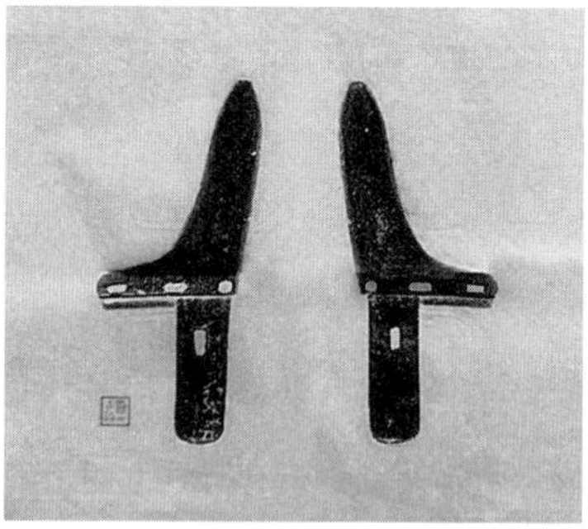

图3-9-44 **战国陈得散戈拓本**

---

① 孙敬明：《战国齐地平陆冶铸兵器考》，见《考古发现与齐史类征》，齐鲁书社2006年版，第229~232页。

三、秦诏版拓本

（一）秦铁权铜诏版

秦铁权铜诏版拓本（图3－9－45），拓秦始皇及秦二世统一度量衡诏书。右侧为秦始皇诏书："廿六年，皇帝尽并兼天下诸侯，黔首大安，立号为皇帝。乃诏丞相状、绾，法度量，则不壹，歉疑者，皆明壹之。"左侧为秦二世诏书："元年，制诏丞相斯、去疾，法度量，尽始皇帝为之，皆有刻辞焉。今袭号，而刻辞不称始皇帝，其于久远也。如后嗣为之者，不称成功盛德。刻此诏，故刻左，使毋疑。"拓本背面钤椭圆形朱文印"致"。此铁权铜诏版见录于《簠斋吉金录》第五册。

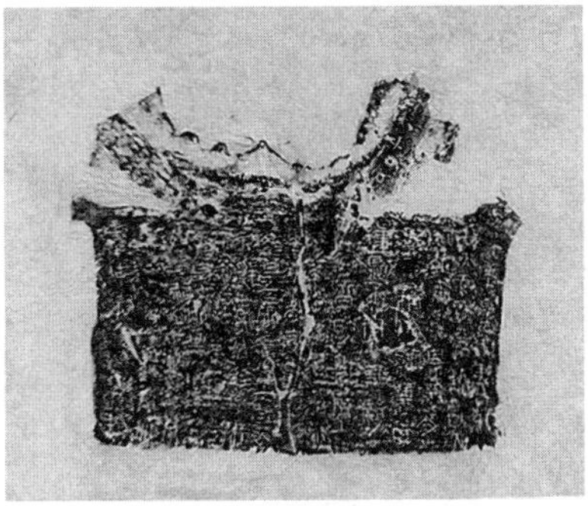

图3－9－45　秦铁权铜诏版拓本

图3－9－46　秦诏版拓本

（二）秦诏版

拓文字三种（图3－9－46）。右者上大字篆书"秦度"，下小字楷书"叔未先生属徐同柏绘写全文并识此二字"。中间为秦诏残本，余字"诏丞相，法度量，壹，歉疑，明壹之"。左者上为徐同柏绘刻的嵌于度量衡上的秦始皇诏版文字；中间空白处当是放置张廷济原收藏残秦诏版处；下为张廷济跋文："《史记·秦始皇本纪》二十六年：'一法度衡石丈尺。'此即度也。全文四十字，载《颜氏家训》《欧阳集古录》，董广川书跋。道光二十年庚子七月廿三日，嘉兴张廷济藏并识，时年七十又三。"拓本右下钤白文印"玉父手拓彝器"。

此诏版为张廷济所藏，徐同柏书"秦度"二字并绘刻秦诏版全文，宫昱手拓拓本。

四、汉代铜器铭文拓本

《铜器拓片》第四册内夹拓本27件，拓汉代鼎、钟、镫（灯）等铜器铭文，包括：犛车宫鼎、阳周仓金鼎、杜共鼎、废丘鼎、云阳鼎、上林鼎、淄川鼎及盖、安成家鼎盖、卫少主鼎、渔阳郡孝文庙铜甗鍑、扶侯钟、新莽中尚方钟，池阳宫行镫、万岁宫镫、临虞宫镫、步高宫镫、荥阳宫镫、曲成家铜锭、晋太康镫、阳泉使者熏炉、青羊毕少郎葆调、前右上广车饰、胶东食官金刀、新莽律八两圜权等。拓本大多钤白文印“簠斋两京文字”。有的拓本边角处钤“林烟松雪”白文印，此印章当为后来的收藏者之印鉴。

（一）鼎

1. 犛车宫鼎铭文拓本

拓隶书铭文2行14字：“犛车宫鼎容一斗重八斤八两名衣。”（图3－9－47）《簠斋吉金录》第五册收录汉铜鼎13件，此列第一。

2. 汉阳周仓金鼎铭文拓本

拓隶书铭文2行20字：“阳周仓金鼎重十四斤十三两，容二斗一升半升。”右侧签条书“阳周仓鼎”（图3－9－48）。此器见《簠斋吉金录》汉铜鼎第二。

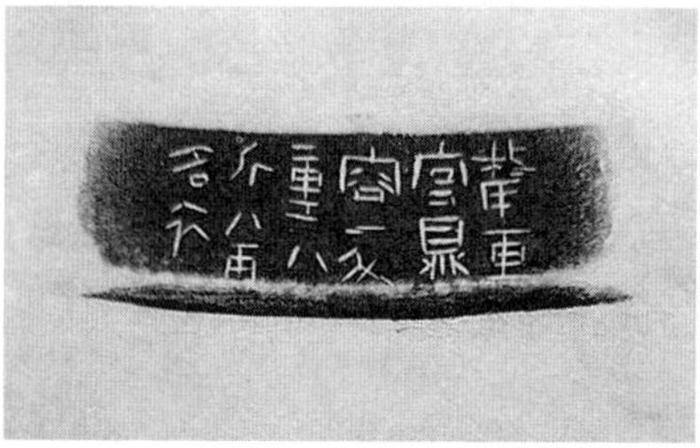

图3－9－47　犛车宫鼎铭文拓本

图3－9－48　汉阳周仓金鼎铭文拓本

3. 汉杜共鼎铭文拓本

拓鼎及鼎盖铭文，铭文隶书，共22字：“杜共第百五十五鼎盖重二斤，名曰百五十五。”“宜共二斤。”右侧签条书“杜共鼎”（图3－9－49）。此鼎见《簠斋吉金录》汉铜鼎第三。

4. 汉废丘鼎铭文拓本

拓隶书铭文5行12字：“废丘一斗少半斗重三斤甲四。”右侧签条书“废丘鼎”（图3－9－50）。此鼎见《簠斋吉金录》汉铜鼎第六。

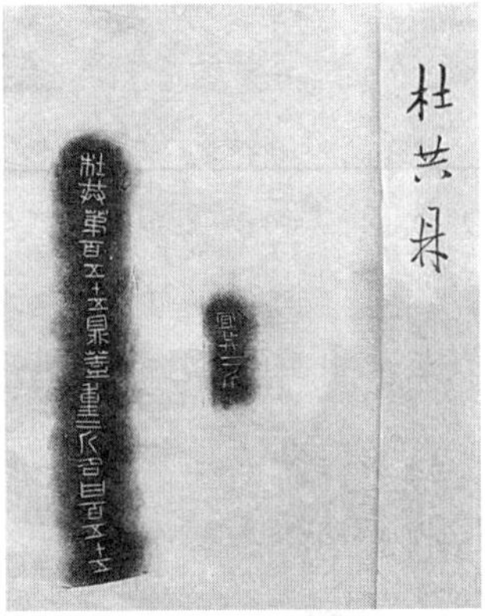

图3－9－49　**汉杜共鼎铭文拓本**

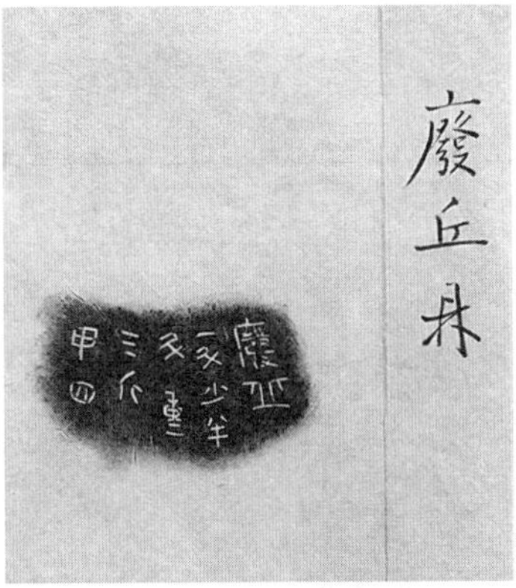

图3－9－50　**汉废丘鼎铭文拓本**

5. 汉云阳鼎铭文拓本

拓隶书铭文3行37字：“云阳一斗九斤三两□食者尚□五十六，今安陵□六斤二两，元年四月受云阳厨第五十六甲。”（图3－9－51）此鼎见《簠斋吉金录》汉铜鼎第五。

云阳鼎，陈介祺于清同治十三年（1874）购自西安古董商人苏亿年。①

6. 汉上林鼎铭文拓本

拓鼎及盖铭文。鼎铭隶书28字：“上林铜鼎容□□重九斤十两，阳朔二年三月工错骏造十百合第四百。”鼎盖铭文隶书7字：“上林第二百六十。”右侧签条分别书“上林铜鼎”“上林第二百六十鼎”（图3－9－52、3－9－53）。此鼎见《簠斋吉金录》汉铜鼎第八。

7. 汉淄川鼎及盖铭文拓本

其一，拓淄川鼎隶书铭文16字：“淄川金鼎容二斗并盖重廿六斤第卅二。”右签条书“淄川鼎”（图3－9－54）。此鼎见《簠斋吉金录》汉铜鼎第十二。

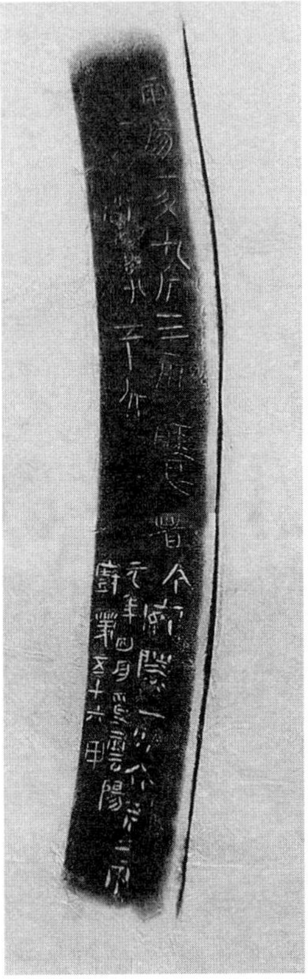

图3－9－51　**汉云阳鼎铭文拓本**

① 陆明君：《陈介祺年谱》，西泠印社出版社2015年版，第279页。

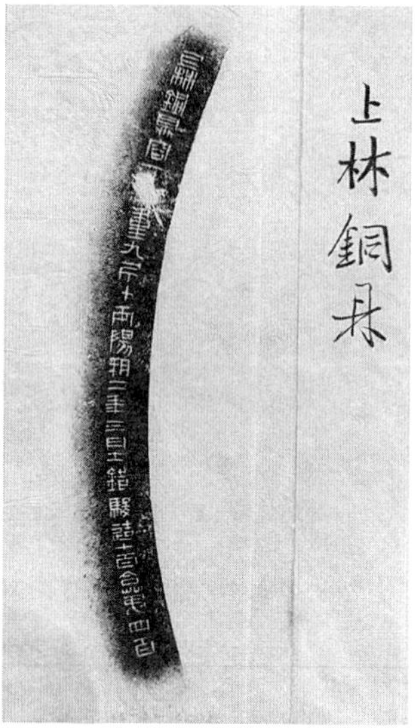

图3－9－52　汉上林鼎铭文拓本

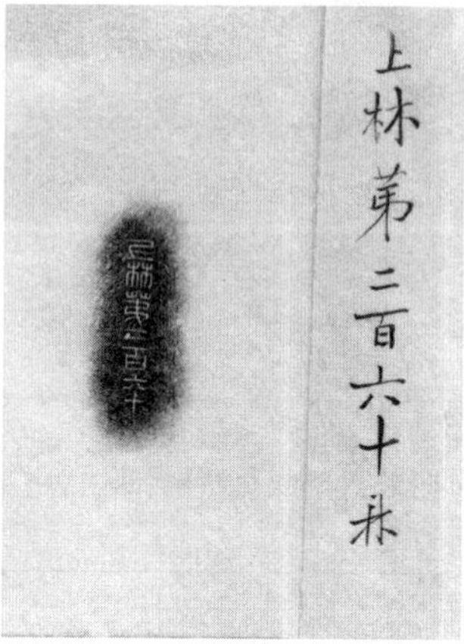

图3－9－53　汉上林鼎盖铭文拓本

其二，拓淄川鼎盖隶书铭文12字：“淄川金鼎盖并重廿四斤第一。”钤白文印“簠斋两京文字”“林烟松雪”。右侧签条二，分别书“淄川鼎盖”“第十二册，原簠斋藏古目十五，汉鼎，云阳鼎。此册共拓片廿七纸，附簠斋释文一纸，均记”（图3－9－55）。此鼎见《簠斋吉金录》汉铜鼎第十一。

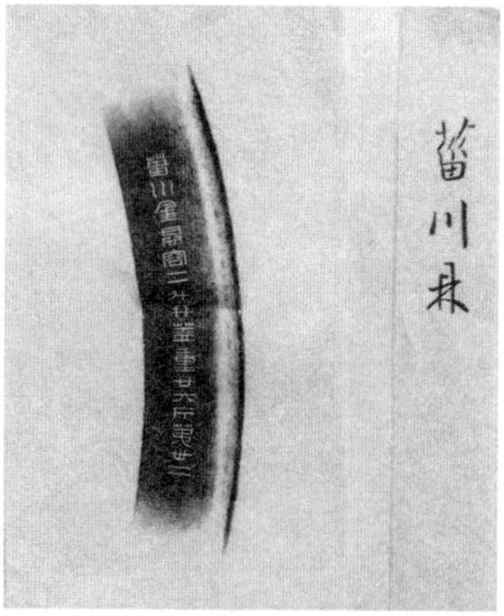

图3－9－54　汉淄川鼎铭文拓本

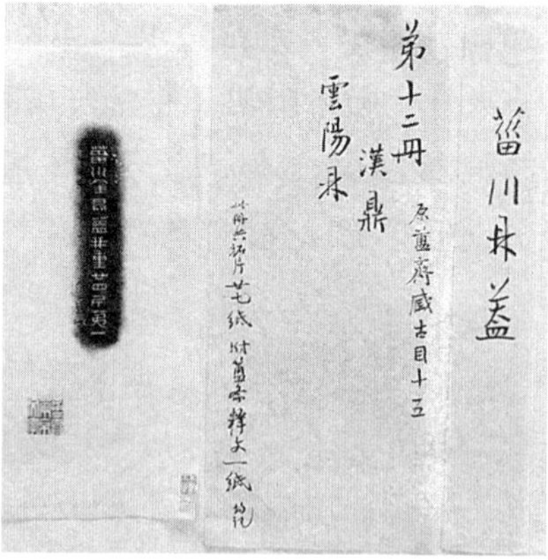

图3－9－55　汉淄川鼎盖铭文拓本

8. 汉安成家鼎盖铭文拓本

拓篆书铭文16字：“安成家铜鼎容一斗盖重十五斤第十六。”钤白文印

“簠斋两京文字”。右侧签条书“安成家铜鼎”（图3－9－56）。此鼎见《簠斋吉金录》汉铜鼎第十三，书中还收录鼎身铭文拓本，铭文为篆书，共4行19字：“安成家铜鼎容一斗重十五斤半第十五至十六。”

9. 汉卫少主鼎铭文拓本

拓卫少主鼎盖及鼎铭文，铭文共32字：“卫少主菅邑家五升鼎盖重十二两第一。”“卫少主菅邑家鼎容五升重六斤第一。”右侧签条书“卫少主”（图3－9－57）。

图3－9－56　汉安成家鼎盖铭文拓本

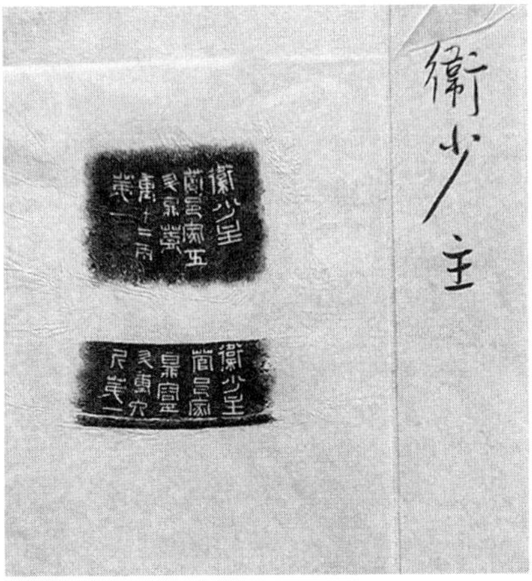

图3－9－57　汉卫少主鼎铭文拓本

（二）汉渔阳郡孝文庙铜甗鍑

清同治八年（1869），陈介祺作《西汉渔阳郡孝文庙铜甗鍑并甑考》曰：“昔余在京师，得关中所出渔阳郡孝文庙铜甗鍑一，如今之小碗，下有孔如甗隔。……又一器如今之圆合子，下似汉鼎腹，腹外出轮，腹上有口，疑甑之类。……始知鍑在上以受米，甑上承鍑足，下入鼎腹，重水以蒸，合三为用，积疑始析。按《史记·（孝）文本纪》：景帝元年十月，诏御史为文帝庙昭德舞，丞相嘉等请郡国诸侯各为文帝立太宗之庙。此渔阳郡所以有孝文庙，而孝庙器所以刻渔阳郡欤。渔阳郡，今蓟州地。……其名当曰甗鼎。”① 从陈氏释文中知，此器出土于关中，为陈介祺居京时所藏。也就是说，至迟在清

① 〔清〕陈介祺著，陈继揆整理：《簠斋金文考》，文物出版社2005年版，第9～11页。

咸丰四年（1854）陈介祺已入藏此器，并考证其应定名为“甗鼎”，由上鍑、中甑、下鼎三部分组合使用，此仅存鍑、甑。

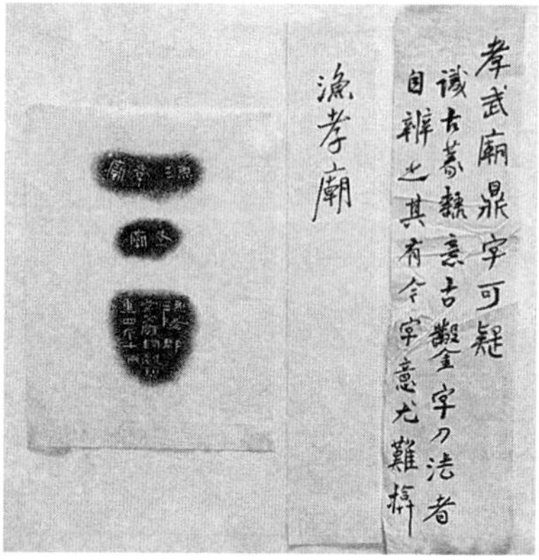

图3－9－58　汉渔孝庙铜甗鍑铭文拓本

此拓本拓渔阳郡孝文庙甗鍑铭文（图3－9－58）：甑上铭文“渔孝庙”，鍑上铭文“孝庙”“渔阳郡孝文庙铜甗鍑重四斤十两”，皆为隶书，共19字。另有两签条分别书“渔孝庙”“孝武庙鼎字可疑，识古篆隶意古鏨字刀法者，自辨之其有今字意尤难拚”。此器见《簠斋吉金录》第五册，陈氏定名为“孝庙铜甗鍑”。

此器全形拓见本书《陈介祺拓本举隅》汉青铜器全形拓本八条屏之六。

（三）钟

1. 汉扶侯钟铭文拓本

拓篆书铭文5字：“扶侯钟回行。”右侧签条书“扶侯钟”（图3－9－59）。《簠斋吉金录》第五册收录汉铜钟拓本3件，此列第一。

2. 新莽中尚方钟铭文拓本

拓隶书铭文“中尚方铜□□钟一重三十六斤始建国四年采户工……”，后字磨泐不清。右侧签条书“新莽中尚方钟”（图3－9－60）。此钟见《簠斋吉金录》汉铜钟拓本第三。

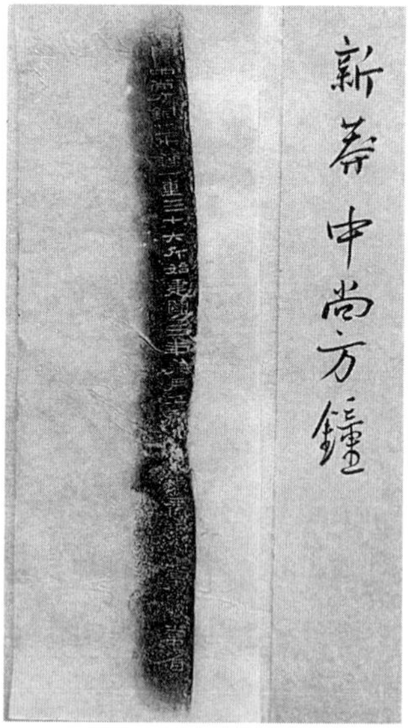

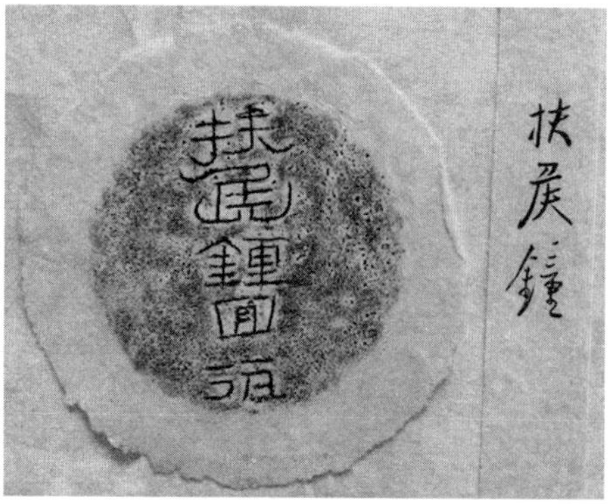

图3－9－59　汉扶侯钟铭文拓本

图3－9－60　新莽中尚方钟铭文拓本

（四）镫

陈介祺在《汉镫考记》中对汉镫铭文有详细的考释：“合而观之，其曰某纪元年月日者，纪时也。曰‘步高、临虞、万岁、桂、池阳、奉山、苦、荥阳’八者，宫名也；曰‘未央’，亦宫也；曰‘中宫’，诸宫之中也；曰‘温’，温室也；温卧，温室之卧内也；曰‘乐卧’，疑即长乐宫之卧内也；曰‘前浴’，浴时执以前引也；曰‘尚浴府’，宫中尚浴之地也；曰‘内者’，宫中内官掌器之地也；曰‘后大厨’，别于前也；曰‘中尚方’，宫中作器之地，犹‘尚方御竟’之‘尚方’也；皆纪地也。曰‘少府’曰‘考工、供工、寺工’：‘少府’，秦官；‘考工’，即考工室，少府属官，见于史；‘供工’，见永始杜陵东园壶，阮氏误曰‘并工’，又见元延铜钫，史误作‘共工’，误曰莽改少府；‘寺工’，见于余藏汉铜半通官印；皆主作器械之官，不同于宫中之尚方者也。曰‘掾、令、史、右丞、右尉、邑丞、佐、属、相、啬夫、武啬夫、宫令、令卒史、工卒史’十四者，官名也，主省二者其事，守护解三者其任，皆纪官也。工之事，故先言造作者之名。既省考而特纪之曰某某，皆纪名也。曰‘镫、行镫、小锺登、高镫、雁足镫、锭、凫喙烛、定钉烛、豆’九者，纪器名也。曰‘凫喙、雁足’，纪器形也。曰‘高’曰‘径’，纪器形之尺寸也。曰‘重’，纪器铜之斤两也。曰‘几几’，纪作器之数也。曰‘画’曰‘刻’，纪字之为刻画也。曰‘信都食官’，诸王之设官；曰‘土军侯’，诸侯之作器；曰‘曲成家、馆陶家、阳平家’，不曰‘侯’而曰‘家’，或谦不言侯，或如汉表之复为家而犹曰某某家与？曰‘开封’，亦侯；皆纪封爵也。皆足见古人作事之敬谨也。”①

1. 汉池阳宫镫铭文拓本

拓篆书铭文 29 字：“池阳宫铜行镫重二斤六两，甘露四年工虞德造。”“守属阳澂邑丞圣佐博临。”另拓前右足“庄”字。右侧签条书“池阳宫镫”（图 3 -9 -61）。《簠斋吉金录》第五册收录汉镫 12 件，此列第二。

据陈介祺《东武刘燕庭方伯池阳镫歌》记载，池阳宫镫原藏刘喜海，刘氏曾作二十九言长诗记之，张开福、鲍康并作和诗。刘氏去世后，其大部分

① 〔清〕陈介祺著，陈继揆整理：《簠斋金文考》，文物出版社 2005 年版，第 44 ~47 页。

藏品归陈介祺，池阳宫镫当为其中之一。清同治十年（1871），陈介祺选取所藏汉代青铜器8件，请其助手姚学桓绘图刻版制成八条屏，其中即有池阳宫镫，在刻图时，陈介祺子陈厚滋发现了此器前右足处之“庄”字。陈介祺喜而赋诗以记：“足下凿文谛曰庄，勒名取义两难详。当年原父犹疏略，一字缣留此日偿。”①

此器全形拓亦见于本书《陈介祺拓本举隅》汉青铜器全形拓本八条屏之四。

2. 汉万岁宫镫铭文拓本

铭文铸于镫足部，隶书31字：“万岁宫铜镫高二尺重廿斤，元延四年工马宽造，掾武守令史宝主解右尉贤省。”右侧签条书“万岁宫镫”（图3－9－62）。此器见《簠斋吉金录》镫第四。

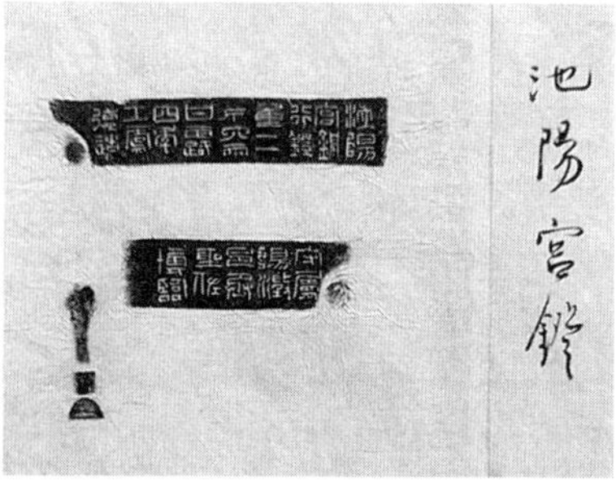

图3－9－61　汉池阳宫镫铭文拓本

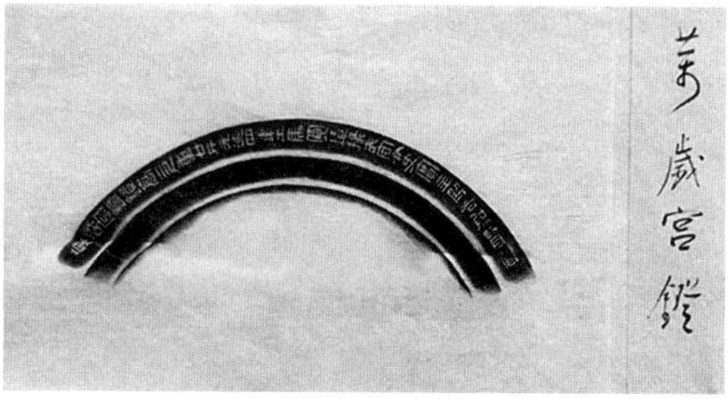

图3－9－62　汉万岁宫镫铭文拓本

3. 汉临虞宫镫铭文拓本

铭文铸于镫足部，隶书30字：“临虞宫铜镫高二尺重廿斤，元延四年工常宣造，掾武令史赛主解右尉贤省。”右侧签条书“临虞宫镫”（图3－9－63）。此器见《簠斋吉金录》镫第五。

马衡《汉延寿宫铜镫跋》曰：“右延寿宫铜镫，铭三十五字，为汉成帝元延四年正月造。按是年所造之器，见于著录者：一、临虞宫镫，诸城刘喜海藏（见《长安获古编》）。二、万岁宫镫，三、临虞宫镫，并潍县陈介祺藏。合此四矣。”马衡并由临虞宫镫铭文比延寿宫镫、刘喜海藏临虞宫镫、万岁宫

① 〔清〕陈介祺著，陈继揆整理：《簠斋金文考》，文物出版社2005年版，第28页。

镫铭文少一“守”字，推断此镫铸造晚于前三，此时赛已由守令史擢升令史。①

4. 汉步高宫镫铭文拓本

铭文分别在镫盘上、中、下三处，共 7 字，上为篆书“步高宫”，中间为隶书“工官造”，下为隶书“温”。右侧签条书“步高宫镫”（图 3 –9 –64）。此器见《簠斋吉金录》镫第六。

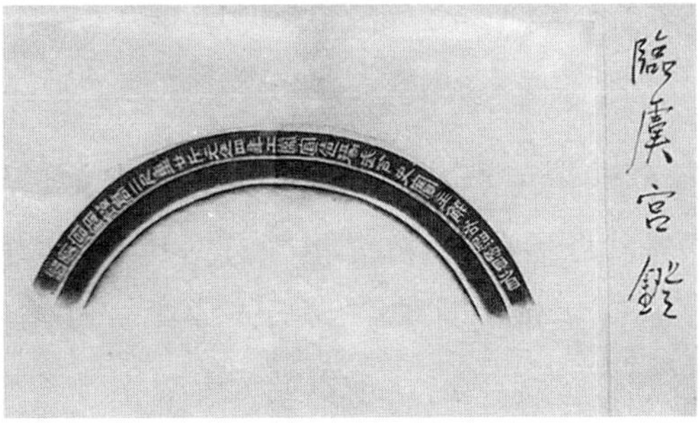

图 3 –9 –63　汉临虞宫镫铭文拓本

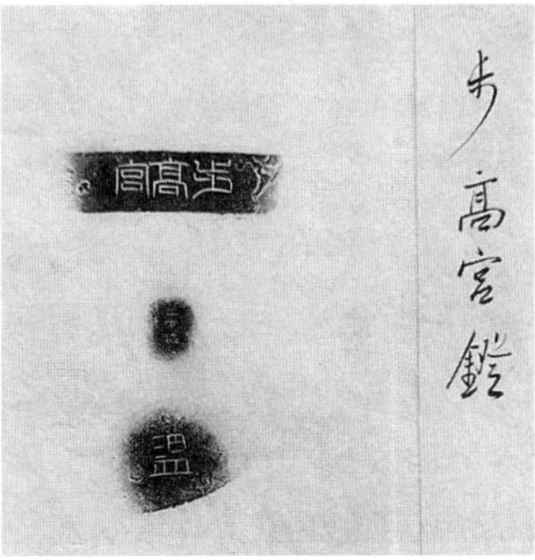

图 3 –9 –64　汉步高宫镫铭文拓本

5. 汉曲成家铜锭铭文拓本

拓铸于镫盘上的隶书铭文 13 字：“曲成家铜锭一，重一斤十两第六。”右签条书“曲成家铜锭”（图 3 –9 –65）。《说文解字》载：“锭，镫也；镫，锭也。”徐铉曰：“锭中置烛，故谓之镫。今俗别作灯，非是。”此器见《簠斋吉金录》镫第十一。

6. 汉荥阳宫镫铭文拓本

拓隶书铭文 11 字：“荥阳宫铜小铧登重十两半。”右侧签条书“荥阳宫铜铧”（图 3 –9 –66）。

7. 晋太康镫铭文拓本

拓隶书铭文 2 行 14 字：“太康十年岁乙酉四月洛阳冶造五。”右侧签条书“晋太康㚆”（图 3 –9 –67）。此器见《簠斋吉金录》镫第十二。

① 马衡：《凡将斋金石丛稿》，中华书局 1977 年版，第 127 页。

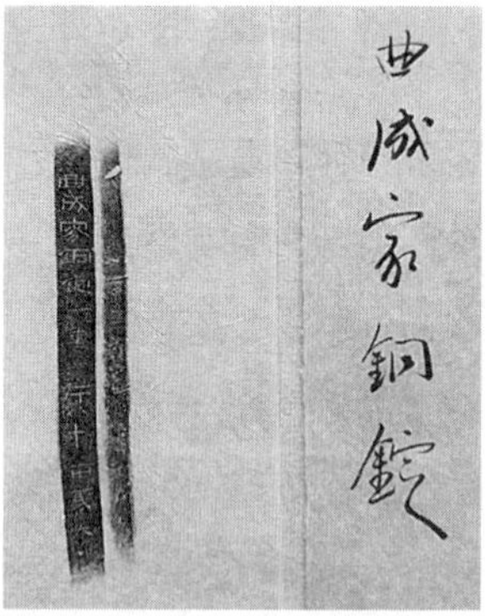

图3-9-65　汉曲成家铜锭铭文拓本

图3-9-66　汉荥阳宫镫铭文拓本

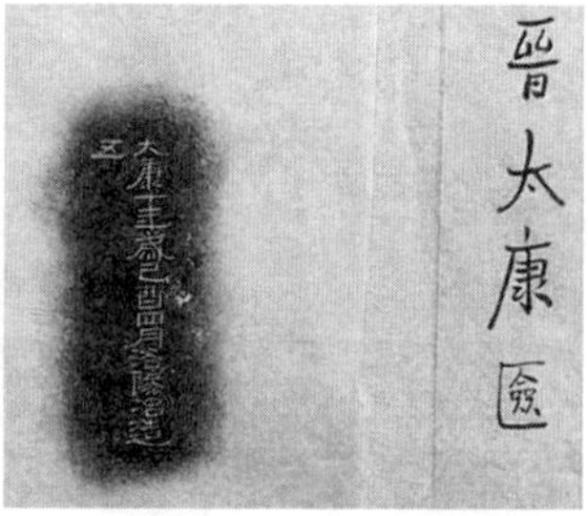

图3-9-67　晋太康镫铭文拓本

（五）汉阳泉使者舍熏炉

《簠斋金文考》载《汉阳泉使者舍熏炉考释》，称阮元以此器铭文“洛阳”之“洛”写作“雒”，而定为“光武以后器”；陈介祺则考据其年代为西汉。陈氏云：“胶东康王少子庆，以元狩二年七月壬子立为六安王，以元核表，惟庆子禄之立十四年，改为十年方合，禄子定立于本始元年，其十三年为神爵元年。宣帝纪载是年正月，行幸甘泉、郊泰畤；三月，幸万岁宫，神爵翔集，诏以五年为神爵元年。此器所缺纪元字处，剜补新铜痕宛然，疑即‘地节’二字，出土后为解事伧父，知史‘地节’无五年者，凿而损之，以为可文其误，而不知其忽于五年三月之始改神爵也。……汉金凿款，书多细小，惟此独大，如武氏祠石。宋以来所传汉金隶刻，无逾此者，直可于几上作汉石名碑读也。旧为扬州秦太史恩复所藏，先外舅东武李方赤方伯公官秋曹时，得之京市，秘若球璧，次君小南以余笃嗜之，遂易归簠斋云。”① 由此释文知，阳泉使者熏炉曾由秦恩复、李璋煜递藏，陈介祺推崇其铭文隶书可与汉石名碑相媲美。

阳泉使者熏炉铭文拓本，拓隶书铭文4行51字：“阳泉使者舍熏炉一，有般（盘）及盖并重四斤□（按：陈氏疑为‘五’②）□（按：陈氏疑为

---

① 〔清〕陈介祺著，陈继揆整理：《簠斋金文考》，文物出版社2005年版，第20~22页。

② 〔清〕陈介祺著，陈继揆整理：《簠斋金文考》，文物出版社2005年版，第20~22页。

‘两’①)，□□（按：陈氏疑为年号‘地节’②）五年，六安，十三年正月乙未内史属贤造，雒阳付守长则丞善掾胜傅舍啬夫兑。”右侧签条书“阳泉使者熏炉”（图3－9－68）。此熏炉见于《簠斋吉金录》第五册，陈氏定名为“阳泉使者舍熏炉”。

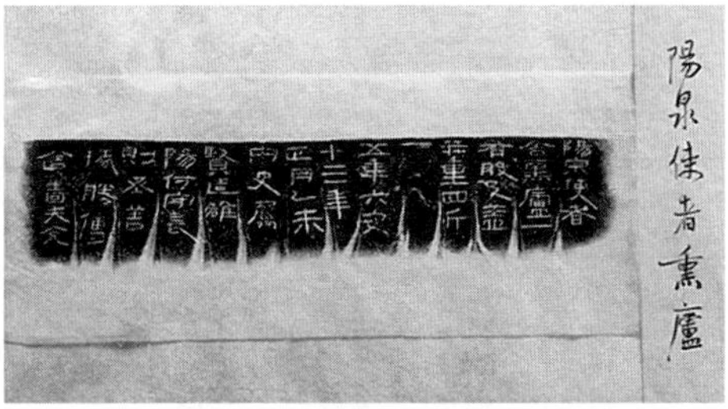

图3－9－68　汉阳泉使者熏炉铭文拓本

此器全形拓见于本书《陈介祺拓本举隅》汉青铜器全形拓本八条屏之八。

（六）汉青羊毕少郎葆调

汉青羊毕少郎葆调拓本，拓青羊毕少郎葆调及铭文。铭文隶书8字：“青羊毕少郎作葆调。”钤白文印“簠斋两京文字”，右下角钤白文印“林烟松雪”，右侧签条书“青羊毕少郎葆调”（图3－9－69）。此器见于《簠斋吉金录》第五册，陈氏定名为“毕少郎葆调”。

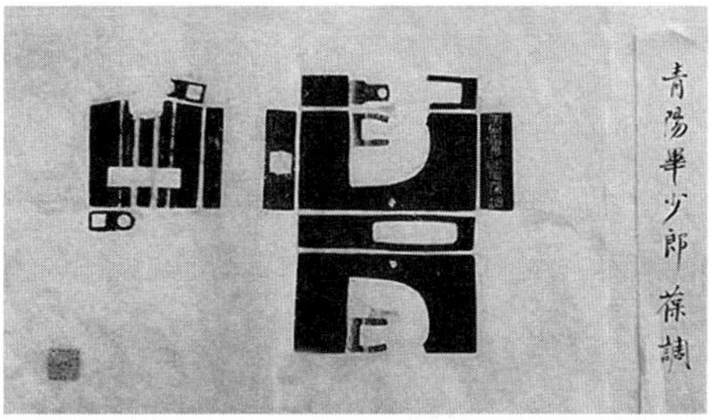

图3－9－69　汉青羊毕少郎葆调铭文拓本

马衡《中国金石学概要》曰：“葆调者，编羽葆之器也，旧藏潍县陈氏。形如今之铜锁，一端有隶书八字，曰：‘主𦍩毕少郎作葆调’，盖汉物也。按《汉书·韩延寿传》，‘植羽葆’，颜师古注曰，‘羽葆，取翟尾为之，亦今纛之类也’。《后汉书·光武帝纪》李贤注曰，‘葆车，谓上建羽葆也，合聚五采羽名为葆’，是此器乃施于车盖，其孔所以饰羽。名曰葆调，其义未详。或以其合聚五采，有调和之义欤?”③

（七）汉前右上广车饰

汉前右上广车饰拓本，拓前右上广车饰及铭文。铭文为：“前右上广。”“在郭下。”钤白文印“簠斋两京文字”，右下角钤白文印“林烟松雪”，签条

---

① 〔清〕陈介祺著，陈继揆整理：《簠斋金文考》，文物出版社2005年版，第20～22页。

② 〔清〕陈介祺著，陈继揆整理：《簠斋金文考》，文物出版社2005年版，第20～22页。

③ 马衡：《凡将斋金石丛稿》，中华书局1977年版，第55页。

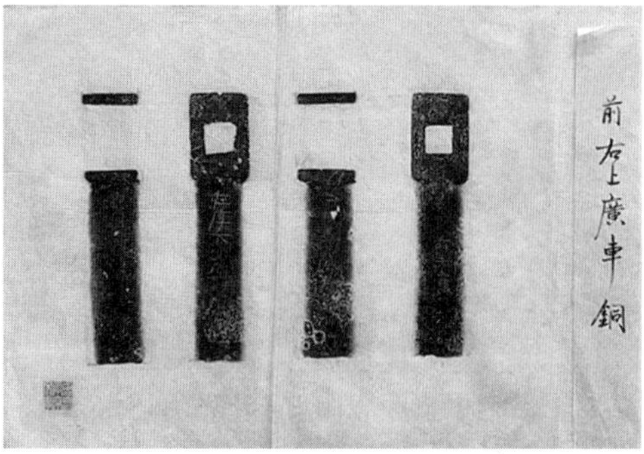

图3－9－70　汉前右上广车饰铭文拓本

书“前右上广车铜”（图3－9－70）。此器见于《簠斋吉金录》第五册，陈氏定名为“上广车饰”。

（八）汉胶东食官金刀

汉胶东食官金刀铭文拓本，拓胶东食官金刀隶书铭文12字：“胶东食官金刀重二斤二两□。”右侧签条书“胶东食宫金刃”（图3－9－71）。此器见于《簠斋吉金录》第五册，陈氏定名为“胶东食官金刃”。

（九）新莽律八两圜权

新莽律八两圜权铭文拓本，拓律八两圜权铭文。铭文可辨“律八两权……”，右侧签条书“新莽律八两圜权”（图3－9－72）。

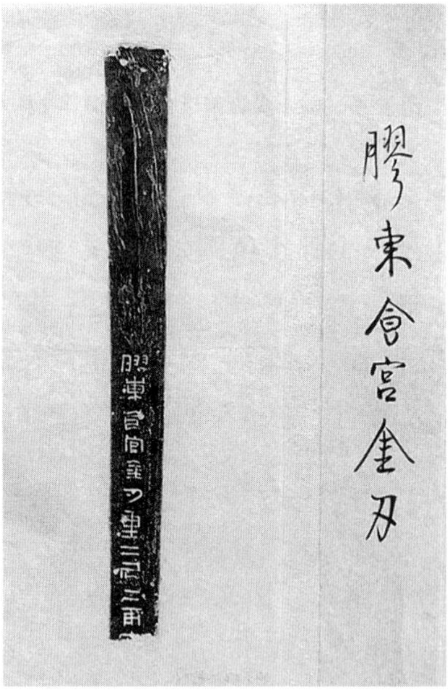

图3－9－71　汉胶东食官金刀铭文拓本

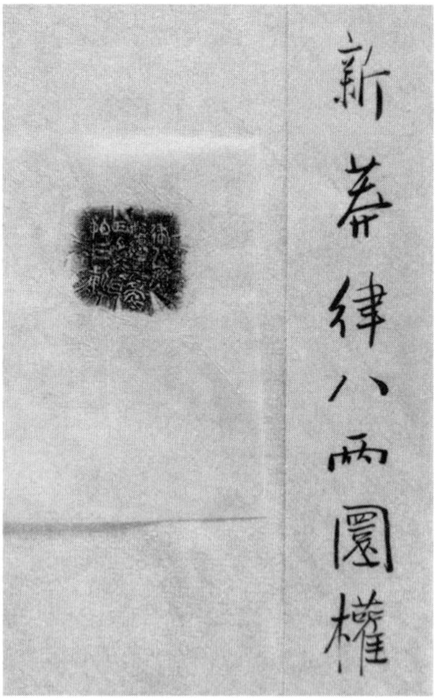

图3－9－72　新莽律八两圜权铭文拓本

（十）其他

其一，汉严此造铜器图拓本（图3－9－73），或为铜洗类器物底部图案，直径18厘米。铸山坡羊图案，山羊昂首，形体肥硕，四肢瘦劲坚硬，短尾如花瓣形上翘，图案上方有篆书“严此造”三字铭文。拓片左下角钤白文印“簠斋两京文字”，右下角钤白文印“林烟松雪”。

其二，汉铜器图拓本（图3-9-74），拓铜器底部图案，亦为山羊造型，直径22.5厘米。山羊头部微斜，形体健硕，满身装饰点纹，前肢线条杂乱。图案右侧有铭文“崮中”二字。

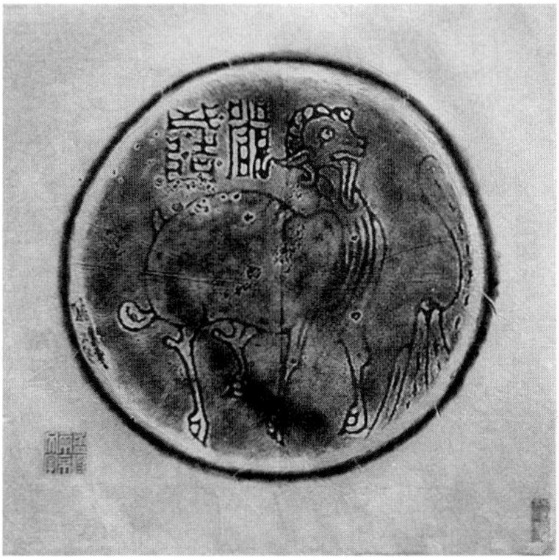

图3-9-73　汉严此造铜器图拓本

图3-9-74　汉铜器图拓本

（潍坊市博物馆副研究馆员　衣可红）

《汉官私印封泥考略》稿本与《封泥考略》比较研究

封泥的发现和研究是晚清金石学的重要成果。中国古代公私简牍大都写在竹简、木札上，封发时用绳捆缚，在绳端或交叉处加以检木，封以黏土，上盖印章，作为信验，以防私拆。封发物件，也常用此法。这种钤有印章的土块便称为封泥。南北朝以后色印渐渐通行开来，封泥的实用价值逐渐消失，封泥也就随之被废弃以致湮没。直到清道光二年（1822），封泥在四川被发现并重新被关注，学者们纷纷开始对封泥的性质和功用进行探索和研究。陈介祺是封泥的最早研究者之一，最先认识到封泥独特的史料价值及其与古玺印的关系，将其与官印、私印同列为三大主要类别，并归于印集。潍坊市博物馆所藏陈介祺批注校订的《汉官私印封泥考略》稿本，是陈介祺封泥研究成果的集中体现，迄今为止，尚没有引起足够重视。本文拟对其卷首、眉批、校语等进行分析，并与《封泥考略》在书名、总目、卷数、正文形式、封泥品目及数量、编次顺序、考释起始语等方面存在的异同进行比较，在此基础上，揭示其重要价值。

一、《汉官私印封泥考略》稿本与《封泥考略》之关系

（一）《汉官私印封泥考略》稿本概况

《汉官私印封泥考略》稿本（以下多简称“稿本”），潍坊市博物馆藏，陈介祺批注校订。全一册，线装，纵 26.3 厘米，横 18.4 厘米。封面题“汉官私印泥封考略”书名，“泥封”二字用朱书对调符号校改，下有“甲戌校本，己卯又校”8 字，右侧篆书“光绪己卯余作印文曰‘簠斋藏古封泥’，

‘封泥’文似胜‘泥封’，‘封泥’见《百官志》”（图 3 – 10 – 1）。封二书“古封泥官印考略。或曰玺印，其官私目刊之”（图 3 – 10 – 2）。正文和总目均为墨书小楷，书中卷首全部朱书，眉批、旁批、校注大部分为朱书，间有墨书，内容主要涉及书名确定、编次顺序、考释增补、封泥辨伪等。

图 3 – 10 – 1 《汉官私印封泥考略》稿本封面

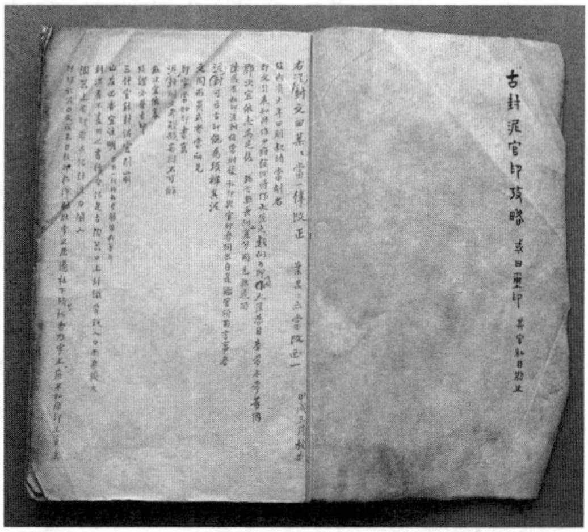

图 3 – 10 – 2 《汉官私印封泥考略》稿本封二及卷首

（二）《封泥考略》简介

《封泥考略》十卷，吴式芬、陈介祺合辑。吴式芬之子吴重憙合两家所藏考补订辑，光绪三十年（1904）刊行，线装，石印本。扉页篆书“封泥考略”四字，牌记题“海丰吴氏、潍县陈氏所藏辑成十卷，光绪甲辰（1904）之秋印于沪上”。此书是系统著录和研究考释封泥的专著，共收录秦汉及少量战国官私封泥 846 枚并逐一考释，重点是对封泥文字史料的历史文献引证，主要着眼于印证史书记载未详的官职地名、补正史书传讹的文字等方面，是利用封泥文字证史、补史的典范。《封泥考略》的编著代表了早期学者利用封泥文字进行古史研究的水平，对研究我国古代官职、地理、印学及篆刻等均有重要参考价值。

（三）人物生平

陈介祺（1813—1884），字寿卿，又字酉生，号簠斋、伯潜，山东潍县

（今潍坊）人。道光十五年（1835）举人，二十五年（1845）进士。咸丰十一年（1861），因协助朝廷筹措军饷，受赐顶戴花翎，累加侍讲学士衔。咸丰四年（1854）致仕，归故里潍县，致力于金石文字的收藏与研究。

吴式芬（1796—1856），字子苾，号诵孙，山东海丰（今无棣）人。道光二年（1822）举人，十五年（1835）进士，累官至内阁学士兼礼部侍郎衔。

（四）《汉官私印封泥考略》稿本与《封泥考略》之关系

1.《封泥考略》的成书过程

研究《汉官私印封泥考略》稿本与《封泥考略》之关系，首先需了解《封泥考略》的成书过程。诸多学者曾对此做过深入探讨，以孙慰祖《封泥发现与研究》叙述最为详尽。①《汉官私印泥封考略》手稿中记：

> 道光年间，关中出方泥，上有印文，下有绳穿及竹版文。识者考之为泥封，前人所未曾见也。吴子苾六兄与余先后各得三百余，为最多。子苾视学浙中，以所藏为《考略》，而翁𬣙均大年校之，未刊而子苾没，未及余之所藏也。同治壬申，余既编《印举》，屡属子苾之子、吾倩仲饴，以余藏考补，合编摹刻，与《印举》同行矣。甲戌三月，取子苾所著读而订之，复以所藏校而识之，以寄仲饴。长夏无事，乞早成之。刊时当令次儿从事校字也。甚企甚企。四月廿八日庚子祺记。

由此可知，早在道光年间，关中已出土封泥，吴、陈各得300余枚。吴式芬在咸丰四年至五年任浙江学政时，将之所藏300余枚封泥考释辑成《考略》一书，并请翁大年校订。吴氏未及此书刊行便辞世，且陈介祺所藏封泥亦未录入。同治壬申（1872），陈介祺将编辑《十钟山房印举》，此间多次敦促吴式芬之子、陈介祺之婿吴重憙将其庋藏与吴式芬所藏封泥合编摹刻，与《十钟山房印举》同传后世。同治甲戌（1874）三月，陈介祺取吴氏所著通读考订，并考释自藏部分，于同年四月寄至吴重憙，嘱其统编再考，促其早刊，并嘱欲出刊时由陈介祺的次子陈厚滋从事校字。

由上述材料可知《封泥考略》编辑的大致过程。《封泥考略》的总成者应该是陈介祺之婿、吴式芬之子吴重憙无疑。然据孙慰祖研究，在此之前，吴式芬于道光后期已编成《海丰吴氏藏汉封泥考释》四册，分官私两类，并

① 孙慰祖：《封泥发现与研究》，上海书店出版社2002年版，第30～34页。

对官印做出考释。① 因此，《海丰吴氏藏汉封泥考释》为目前可知吴式芬考释封泥的初稿；上文中述及由吴式芬视学浙中时辑成的《考略》则是第二稿，此稿经翁大年考释，吴氏未及此书刊行便辞世，且陈介祺所藏封泥亦未录入。馆藏稿本中朱书卷首亦有记："考内有大年曰，则叔均当列名。"陈介祺嘱后人此书有翁大年考释，出版时应将其名字列入。而刊本《封泥考略》署吴式芬、陈介祺合辑，牌记题"海丰吴氏、潍县陈氏所藏辑成十卷，光绪甲辰之秋印于沪上"，并未署名翁大年，其原因不得而知。

2.《汉官私印封泥考略》稿本与《封泥考略》之关系

从稿本中可以看出，未经陈介祺校订前无卷首，开篇即"汉泥封考略总目"，总目仅对官印分了上、中、下卷，后亦无私印部分。又，由"同治壬申，余既编《印举》，屡属子苾之子、吾倩仲饴，以余藏考补，合编摹刻，与《印举》同行矣。甲戌三月，取子苾所著读而订之，复以所藏校而识之，以寄仲饴"可知，陈介祺多次敦促吴重憙后，于甲戌年（1874）三月取吴氏所著《考略》"读而订之"，汇入自藏部分并考释后形成的一个本子，即馆藏稿本封面页署的"甲戌校本"。此书名即封面所题《汉官私印泥封考略》。

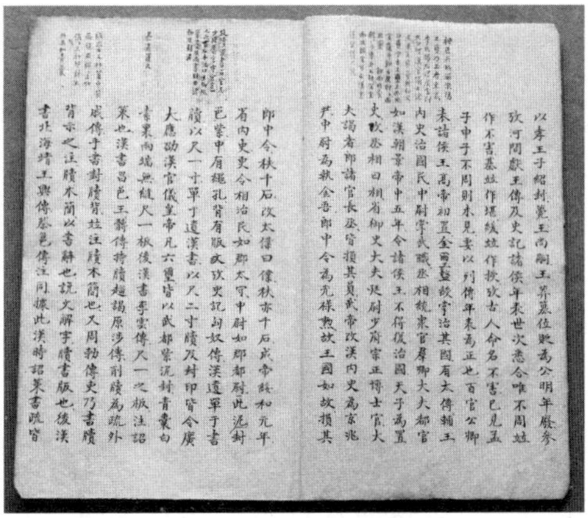

图3－10－3 《汉官私印封泥考略》稿本正文之一

馆藏稿本则是陈介祺在上述《汉官私印泥封考略》基础上于光绪己卯（1879）再度校订的一个本子。此次校订首先是对"泥封"二字逐一进行校改。封面书名《汉官私印泥封考略》中"泥封"二字用朱书对调符号校改，文中凡出现"泥封"二字处均以朱书对调符号标注。同时，正文眉批处墨书标注（图3－10－3）：

考《续汉书·百官志》，少府属官，守宫令一人，六百石。本注曰"主御纸笔墨，及尚书财用诸物及封泥"。

① 孙慰祖：《簠斋印事七题——关于〈十钟山房印举〉和〈封泥考略〉》，见《陈介祺学术思想及成就研讨会论文集》，西泠印社出版社2005年版。

此处，陈介祺考证“封泥”一词最早见于《续汉书·百官志》。

封面页右侧篆书：

> 光绪己卯余作印文曰“簠斋藏古封泥”，“封泥”文似胜“泥封”，“封泥”见《百官志》。

又，书名下题“甲戌校本，己卯又校”，故可以断定“泥封”二字在光绪己卯（1879）被校改为“封泥”，故稿本书名应为《汉官私印封泥考略》。

其次是对全书进行校订、补编。陈氏增订了卷首、眉批、旁批及私印部分，对全书分卷、封泥所含各类职官、各封泥所置次序等都做了周密的考虑，并对原有考释做了部分补订。

综上所述，《封泥考略》的初稿为吴式芬于道光后期编成的《海丰吴氏藏汉封泥考释》，第二稿则是其于咸丰初年视学浙中时编成的《考略》，第三稿为吴重憙整理吴式芬所藏封泥并汇入陈介祺部分藏品后的稿本，即《汉官私印泥封考略》，而馆藏《汉官私印封泥考略》稿本则是陈介祺在第三稿基础上于光绪己卯（1879）校改的一个本子，是《封泥考略》成书过程研究中的重要文献之一。

二、《汉官私印封泥考略》稿本与《封泥考略》之比较

《汉官私印封泥考略》稿本是经陈介祺批注校订的吴重憙整理吴式芬的《考略》并汇入陈介祺部分藏品后的稿本，与正式出版的《封泥考略》存有诸多不同之处。

（一）书名

《汉官私印封泥考略》与《封泥考略》，从字面上看，两者书名虽然不尽相同，后者较前者省去“汉官私印”四字，但仅“封泥”二字的校订，就体现了陈介祺当时封泥研究的新高度。前文中已述及陈介祺如何将“泥封”校订为“封泥”，并于光绪己卯作“簠斋藏古封泥”印文，即我们今天所看到的钤于《封泥考略》中封泥拓片下方的那方印章。稿本封面标注“甲戌校本，己卯又校”，此“甲戌”是指同治十三年（1874），“己卯”为光绪五年（1879）。陈介祺于1884年去世，也就是说，此稿本是在陈介祺去世前十年校订，而去世前五年又校时，陈氏将“泥封”校改为“封泥”。由此可知，至

迟在光绪五年，陈氏经过多方考证和研究，在洞知了封泥的功用和价值后为封泥定名，正如孙敬明所言，“正名之说始于刘鹗则殊为谬讹也”①。

（二）总目

稿本未经陈介祺校订前，总目前既无序跋，又无凡例。仅以小楷墨书将官印分为上、中、下三卷，卷目名后只列出封泥品目分类名，未详细列出封泥细目。经陈介祺校订后，总目前增加了朱文卷首（图3－10－2），曰：

右封泥文曰某某，当一律改正。案某某亦当改画一。考内有大年曰，则叔均当列名。印文引表如将作少府，后改将作大匠之类，似可改以将作大匠为目，奉常太常等同。郡次宜依志为先后，县令县长似亦宜分国邑县道同。陈藏有私印泥封似当附后，私印与官印者同出，自是职官所用言事者。封泥可以古印伪为须辨其泥，文同而异式者当两见。印字当如印书写。封泥同文者，残缺每同不可解。叙次宜依表，考证必兼古印。三代官玺封泥亦列前。山左出者亦注明，出非一地，所知者关雒齐鲁耳。封泥有不尽用之书牍者，似是古陶器口上封识，背锐入口而无绳文。陶器上有印者亦似封泥，勿阑入。……

卷首文字共计五页，内容主要分三部分，首先是对封泥考释语、封泥所含各类职官、各封泥所置次序以及全书刊出所涉及事宜进行的周密的考虑，其次是朱书辑录《汉书·百官公卿表》中的官职，最后为部分封泥名称。《封泥考略》亦无序跋和题署，但目录部分不仅列出封泥品目分类名，还详细列出每一封泥品目分类后的具体名称，并注明封泥收藏者“吴藏”或“陈藏”。

（三）卷数、正文

稿本未校订前只对官印分上、中、下三卷，正文中对上、中卷封泥均做了考释，下卷辑录的新莽官印封泥仅其中部分做了考释。陈介祺校订后，在总目页撰就朱书眉批（图3－10－4）：

依表则公卿、公卿属官为卷一，诸侯王为卷二，监御史、郡守、郡尉、关都尉长、县令长为卷三，新莽为卷四，以依表次为是，私印为卷五。

---

① 王振民主编：《潍坊文化三百年》，文化艺术出版社2006年版，第163～164页。

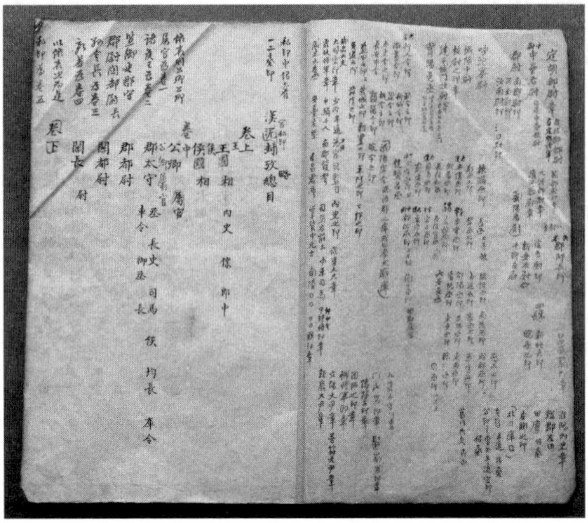

图3－10－4　《汉官私印封泥考略》稿本总目

并依据《汉书·百官公卿表》次序，将官印分为四卷，私印一卷，共计五卷。正文中在封泥品目下注明“陈藏一”“陈藏二”等，并对部分考释进行增补，卷末增订私印部分并朱书列后，但只列出封泥名称，并未及考释。《封泥考略》虽未完全按上述分卷法分卷，但总体上是在借鉴上述分卷法的基础上，按《汉书·百官公卿表》将全书共分为十卷，官印九卷，私印仍单列为一卷，且在正文中对所有封泥逐一考释。

（四）编次顺序

稿本卷首朱书谓：

> 郡次宜依志为先后，县令县长似亦宜分国邑县道同。……叙次宜依表，考证必兼古印。三代官玺封泥宜列前。……

由此可知，陈介祺嘱明后人整理时要以《汉书·地理志》和《汉书·百官公卿表》为纲，表明以实物正史的主旨，陈氏这种将封泥文字与古官制、地理相互联系考证的著书方式可以说是最早的。《封泥考略》虽然是在两位藏辑者下世后数十年才得以刊行，但其编次确实是按照《汉书·地理志》和《汉书·百官公卿表》排列的。

（五）考释起始语

稿本朱书卷首中记载：“右封泥文曰某某，当一律改正。案某某亦当改画一。”未经校订前，考释的起始语格式为“右＋印文＋泥封”，如“右广川相印章泥封”（图3－10－5）；经校订后，为“右＋封泥印文曰＋印文”格式，如“右封泥印文曰广川相印章”。从中可窥见其校改后之形式。《封泥考略》中考释起始语格式则在“封泥”和“印文曰”之间增加印文字数，为“右＋封泥＋字数＋印文曰＋印文”格式，如“右封泥五字印文曰广川相印章”。可见《封泥考略》的考释起始语是在陈介祺对稿本校订的基础上逐步补充完善后厘定的。

（六）封泥数量、封泥品名

稿本未经陈介祺校订前有封泥近330种，校订后又增加100多种，合计430多种。所有封泥品目均未有封泥拓片（图3－10－6）。《封泥考略》有580余种品目，较前者多出150余种品目，并且所有封泥品目后紧跟封泥拓片，拓片下钤有收藏者自用印“双虞壶斋封泥”“簠斋藏古封泥”。稿本收录的封泥中约有19种是后来《封泥考略》中没有收录的，这些封泥是：真定相印章、将作大匠章、御史大夫丞、南郡太守章、上郡太守章、临淮都尉章、江关都尉章、蕲春长印、梁令之印、□阳令印、临淮丞印、□武□印章、相安里附城、阳广里附城、□□左田、□施□印、任何人、荀殳汉、赵印庆余。未收录原因不详。

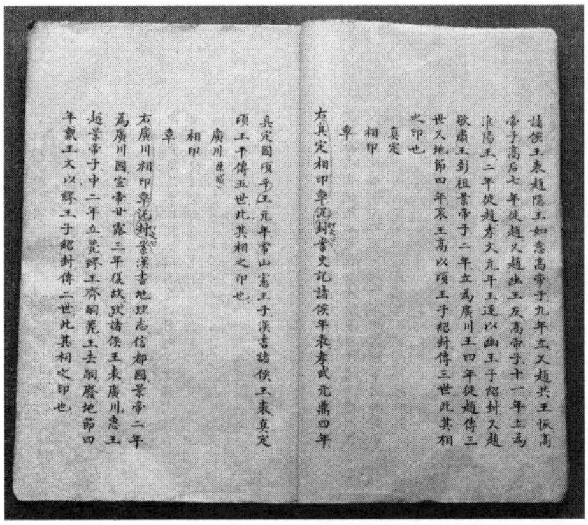

图3－10－5　《汉官私印封泥考略》稿本正文之二

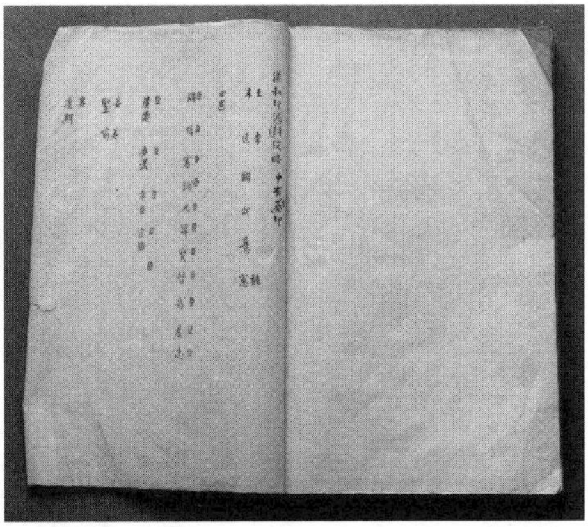

图3－10－6　《汉官私印封泥考略》稿本正文之三

三、结语

以上通过对《汉官私印封泥考略》稿本与《封泥考略》之关系的探讨，对两者在书名、目录、卷数、正文、编次顺序、考释起始语、封泥数量、品目等所存异同的比较分析，可知《汉官私印封泥考略》稿本不仅对《封泥考略》总成研究有重要意义，作为陈介祺课题研究更具文物价值。陈氏在稿本中对编例、考释文字等之用心和谨慎严密，不仅体现出其广博的学识，更体现出其精益求精的治学态度。从中我们亦可见陈氏对此书抱有较高期望，将此书看作与《十钟山房印举》同样地位，欲刊出以与之同传后世。遗憾的是，此书未能在有生之年刊行。但陈氏开封泥研究之先河，在封泥研究领域已远超时贤，极大地促进了晚清金石学的发展与深入研究。

（潍坊市博物馆副研究员　杜晓军、翟松岩）

陈介祺与益都金石

益都（今青州）位于山东中部，南依泰沂山脉，北面渤海，位于连接山东东西、南北交通的孔道上。其东临昌乐县，西靠淄博市的淄川、临淄两区，南接临朐，北与东营市的广饶接壤，东北与寿光市毗连。自西向东分别有淄河、北阳河（浊水、绳水、渑水）、南阳河、弥河等河流从南向北穿过，远古时期交通不便，这些河道尤其是弥河故道成为南北先民交流互通的重要路径。益都地处鲁中山区和鲁北平原洽接地带，西南部群山叠翠，东北部沃野平川，城南自西向东有驼山、云门山、劈山，有“三山连翠，障城如画”之称。

至少在7000年前的北辛文化时期，这里已经有人类居住。苏埠屯商代大墓的发现，证实了在商代，益都境内曾经有一个代商王镇守东部的方国，因出土铜器上有“亚醜”铭记闻名于世。另据史籍记载，商代还有薄姑、逢等古国在此活动。周代这一地区地近齐国统治腹心地区，为齐国国都近郊，因此境内多有齐国古遗址和墓地。秦代属临淄郡。西汉高祖六年（前201）十二月，封将军召欧为广侯，设广县（故址在今南阳河水库南），属齐郡，为益都有记载之城市史开端。另北部、东部属淄川国管辖。东汉仍为广县，属齐国，北部、东部属北海国管辖。三国属魏广县，属齐国，东部属北海郡，南部属东莞郡临朐。西晋仍属广县，属东莞郡。西晋末，青州刺史曹嶷以临淄城大、四野平旷、无险可守，广县城小、不便屯兵，遂于广县北筑广固城，把青州、齐郡、临淄三级行政政府都迁于城内。十六国时期先后属后赵、前燕、前秦、后燕、南燕，其中广固城于399年至410年为南燕国都。东晋义熙五年（409），刘裕率军攻打广固城，翌年二月把广固城夷为平地，后于广固城西南阳河东岸另筑东阳城，以长史羊穆之为青州刺史镇之。北魏皇兴三年（469），慕容白曜陷东阳城，地归北魏。东魏、北齐时期，东阳城一直为青州治所。南北朝时期，益都地界南北，南北文化在这里交流碰撞，迸发出绚丽的地域文化。佛教艺术作为这种文化交流碰撞的体现，在青州地区发展异常繁荣，达到了中国历史上佛教造像发展的顶峰。隋代，把在今寿光境之益都治移入东阳城，正式称益都，为北海郡治。唐代为青州平卢节度使（后为平卢淄青节度使）驻地。五代为青州治所。北宋属青州，为京东东路治所。金代属益都府，为山东东路、山东路治所。元代属中书省益都路，为益都路和山东东西道宣慰司治所。明初，益都县为青州都卫、青州府治所。清代为青州府治所。深厚的历史文化积淀使益都地下埋藏了许多文物，对清代及以后的金石学家产生了强烈的吸引力，阮元、翁方纲、端方等金石学家都对保护益都出土的金石文物做出过贡献。而陈介祺因故乡潍县与益都临近，自然对益都较为关注，并且与益都金石学界交往密切。

一、益都金石学叙略

益都境内的古遗址、古墓葬星罗棋布，在历史上时有被盗掘的情况发生。东晋永嘉末年，广固城的创建者——曹嶷，为筹集军费，曾盗掘属青州的齐景公墓，“得二樽，形亦为牛象”，南朝梁刘杳曾据此纠正郑玄以为古代宗庙牺尊“为画凤皇尾娑娑然”的错误。南朝宋时，“民焦恭破古冢，得玉硙”，郡太守崔道固没收了“玉硙”，把盗掘古墓的焦恭送入了监狱。据《齐乘》记载，此古冢即位于嶕山（今青州谭坊镇香山）的纪侯冢。① 而据近些年香山汉墓的发掘，此“玉硙”当为汉代王侯下葬时所穿之玉衣之类。此二事虽不能看作益都金石学之开端，但成为促使益都金石学发展既早、水平又高的客观条件。

（一）清代以前益都金石学概览

优越的地理环境、沉郁的人文环境和悠久的历史积淀，使益都金石学与中国金石学相始终。尤其是赵明诚、李清照伉俪于归来堂潜心金石，编纂《金石录》，使益都金石学从产生之初就达到了较高的水平。

这一时期的赵明诚，不仅是潍坊地区最重要的收藏家和金石学家，而且是中国历史上最重要的收藏家和金石学家之一。

① 〔元〕于钦：《齐乘》卷一，清乾隆刻本。

赵明诚（1081—1129），字德甫，亦作德夫、德父，北宋密州诸城县（今诸城市）人。少为太学生，以荫入仕。历知莱州、淄州、建康府。南渡后，建炎三年（1129）移知湖州，未赴而卒于建康。

赵明诚为徽宗朝宰相赵挺之少子，母为青州益都郭氏女，所以赵挺之早年治私邸于益都东阳城内。明诚自幼爱好金石收藏，二十一岁时娶时任礼部员外郎、著名学者章丘人李格非之女——十八岁的李清照为妻。二人志气相投，婚后继续各种金石图书拓片的搜集收藏工作，同时也一起继续《金石录》的编纂工作。据《〈金石录〉后序》载："每朔望谒告出，质衣，取半千钱，步入相国寺，市碑文果实归，相对展玩咀嚼。"大观元年（1107），赵挺之病死，由于政敌作梗，赵家被抄，赵氏兄弟入狱，旋既被释放。赵明诚之母郭氏率赵氏族人从东京汴梁回到青州私邸。赵、李二人开始了一生中最幸福甜蜜的乡里屏居生活，这种闲散的生活为他们搜集、整理金石图书提供了极大的方便。"每获一书，即同共勘校，整集签题。得书画、彝鼎，亦摩玩舒卷，指摘疵病，夜尽一烛为率。"在此期间，赵明诚对山东境内古代碑刻进行了详细考察，足迹遍布山东各地。从赵明诚在仰天山的题刻看，为了弄清仰天山的一处题刻，他至少五上仰天山。靖康元年（1126），蔡京倒台，赵挺之得到平反，三个儿子相继起复出仕。赵明诚被任命为莱州知州，不久，又改任淄州知州。同年年底，金兵大举攻宋，不久即攻陷东京。建炎元年（1127）三月，适逢赵明诚母亲病逝于建康，鉴于当时的形势，赵明诚顺便带了十五车金石书画精品运到建康。不久，李清照也带一部分书画奔赴建康。同年十二月，青州兵变，留在青州的十几屋金石书画化为灰烬瓦砾。建炎二年（1128）正月，金兵攻陷青州。南渡后，两人辗转流离于江苏、安徽、浙江、江西各地，所带图书文物不离左右，著述之志未尝稍衰。建炎三年（1129）五月，赵明诚被旨知湖州，离别之季，李清照尚急问赵明诚所带图书文物如遇危急如何处理，赵明诚答曰："必不得已，先弃辎重，次衣被，次书册卷轴，次古器；独所谓宗器者，可自负抱，与身俱存亡，勿忘之！"可见夫妇二人对这批劫后图书、古器的珍视。同年八月，赵明诚病死，李清照忍痛继续《金石录》的编辑整理工作。直至绍兴中，年近七十的李清照把《金石录》上于朝廷，这部金石名著的编纂工作才算最终完成。

赵明诚、李清照一生长期访求金石碑刻，收集自三代至五代之古器铭文石刻拓片二千多卷。《金石录》仿欧阳修《集古录》体例，分三十卷。前十卷按时间顺序排列目录，题下多注明年月及撰书人名，后二十卷集跋尾五百零二篇。该书考证精谨，收罗丰富，其学术思想为人所称道。

赵明诚非常重视金石碑刻的史料作用，他在自序中说：

盖窃尝以谓《诗》《书》以后，君臣行事之迹，悉载于史，虽是非褒贬出于秉笔者私意，或失其实，然至其善恶大节有不可诬，而又传之既久，理当依据。若夫岁月、地理、官爵、世次，以金石刻考之，其抵牾十常三四。盖史牒出于后人之手，不能无失，而刻词当时所立，可信不疑。①

赵明诚不盲从前人，以碑刻证史，所以在书中跋尾纠补正史之处甚多，对前辈学者欧阳修《集古录》中的差误也多有驳议。同时，他还注重利用金石碑刻与地方志书进行互证，例如，他在《金石录》中多次引用当时的地方志资料如《曲江县图经》《韶州图经》《潍州图经》《青州图经》等地方志书。②

此外，赵明诚还在书中表达了对金石领域中一些弊病的不满。如收藏家李伯时对自己收藏的古方鼎，没有根据地以经传比附，以自抬身价，赵明诚认为这种“好古之鄙”“殊可笑”。③

赵明诚在编纂《金石录》过程中，最值得肯定的是他实地考察的工作方法，这改变了以往中国金石学只是作为士大夫书斋中消磨时间的玩物的状况，使金石学成为近代田野考古学的萌芽。在《金石录》的编纂过程中，赵明诚总是想尽办法，亲自考察原器物碑刻，以保证其史料价值的确定无疑。仅以潍坊地区为例，他几乎走遍了各个县市。这种重视第一手资料的态度在当时的士大夫中是难能可贵的。赵、李二人之金石研究始于东京，隐居益都后，他们用全国性的学术视野审视益都周边金石器物，开启了益都金石研究的大门。

《金石录》在中国金石学史上的地位是毋庸置疑的。理学大师朱熹评价

---

① 〔宋〕赵明诚：《金石录·序》，中华书局1991年版，第2页。

② 〔宋〕赵明诚：《金石录》卷十六、十九、二十一，中华书局1991年版，第383、439、500页。

③ 〔宋〕赵明诚：《金石录》卷十二，中华书局1991年版，第298页。

说，《金石录》比欧阳修的《集古录》“诠序益条理，考证益精博”①，“煞做得好”②。

晚清学者李慈铭评价说：

赵氏援碑刻以正史传，考据精慎，远出欧阳文忠《集古录》之上，于唐代尤多订新、旧唐两书之失。当时新史方行，而德夫屡斥其谬误，悉心厘正，务得其平；于旧书亦无所偏徇，真善读书者也。③

由此可见，《金石录》是一部承上启下的著作，在中国金石学史上具有重要的地位。

除《金石录》外，赵明诚还著有《诸道石刻目录》（十卷）、《古器物铭碑》两部金石著作，但可惜都已散佚。

《金石录》中著录今潍坊地区的金石器物多种，如：

卷十二《齐侯盘铭》：“……安丘县民发地得二器，其一此盘……”

卷十三《爵铭》：“……大观中，潍之昌乐丹水岸圮，得此爵及一觚。……”

卷十三《戟铭》：“……其器得于青之益都。……”

卷十三《秦琅邪台刻石》：“……在今密州。……”

卷十七《汉逄童子碑》：“……碑在潍州昌邑县，近岁移置郡中云。”

卷十七《汉安平相孙根碑》：“……碑在今高密县。……”

卷十九《汉逄府君墓石柱篆文》：“……《潍州图经》北海县有逄汾墓，云：‘汾好学，以德义闻。征为博士、赵王傅。卒，门人持衰绖者数百。葬于寒亭南四里。’……”

卷二十一《东魏胶州刺史祖淮碑》：“……云：‘君胶州平昌安丘人也，六世祖逖。’案：后魏永安中，分青州置胶州。隋开皇五年，改为密州焉。”

卷二十一《东魏张烈碑》：“……在今青州界中……”

卷二十一《东魏贾思同碑》：“……今其墓乃在寿光县……”

---

①〔宋〕朱熹：《朱文公文集》卷七十五《家藏石刻序》，四部丛刊本，上海商务印书馆 2017 年版，第 1380 页。

②〔宋〕黎靖德：《朱子语类》卷一百三十，中华书局 1986 年版，第 3122 页。

③〔清〕李慈铭：《越缦堂读书记》史部金石类，咸丰辛酉四月十三日条。上海书店出版社 2000 年版，第 565 页。

卷二十二《北齐临淮王像碑》。

卷二十七《唐云门山投龙诗》。

上述金石器物涉及益都、安丘、昌乐、昌邑、高密、北海、寿光等地，由此可见赵、李二人对当地金石研究之精博。

（二）清代益都金石学简述

元、明两代，学风尚玄浮，不重实学，故金石学出现衰颓趋势。入清以后，金石学重新崛起，尤其是乾隆以后，由于政治环境的重压，乾嘉学派诸家几乎皆精治金石，故这一时期金石学大家辈出。值得注意的是，这一时期全国出现了多个金石学研究中心，自古为学术渊薮的山东就是其中之一。

乾嘉以后，和全国的形势一样，山东境内金石重镇林立，名家辈出。就今天潍坊地区而论，当时存在三个金石研究重镇——东部的潍县、南部的诸城、西部的益都。三地鼎足而立，既互相独立，又紧密相联，在当时山东乃至全国金石学界占有重要地位。当时，潍县著名金石学家有陈介祺、郭麐及高庆龄、高鸿裁父子；诸城著名金石学家有刘喜海、李璋煜、李仁煜，又有王玮庆、王锡棨、王绪祖祖孙三代，皆弆藏甚富，蜚声海内；益都自李文藻后有段松苓、傅洪，后有孙文楷。但与潍县陈氏及诸城刘氏、李氏、王氏相比，益都金石诸家多官位不显，故名不扬于世，殊为憾事。

益都地区历史积淀深厚，金石资源极为丰富，这是促使当地金石学发达的客观条件。益都为东夷故地，东汉末至明初为山东地区政治、经济、文化中心，历史积淀深厚，多有稀见碑碣和青铜重器出土，故包括潍县陈氏和郭氏等各地收藏名家所藏金石多有得之益都者，如陈介祺“十钟”之一纪侯钟最初为益都李氏旧藏，陈氏所藏古印、碑拓更多有得之益都周边者。益都金石收藏显胜潍县、诸城者在于碑刻和佛教造像。益都作为汉末后山东地区政治、经济中心，又是山东乃至中国东部的宗教中心，留下了极为丰富的碑碣、造像、摩崖题刻等石刻资源，故光绪《益都县图志》论当地金石说：“益邑石多金少。”陈介祺也承认“益都好古家多藏碑石，如傅氏、房氏、段氏赤亭、尚氏家皆极富”①。

---

① 〔清〕陈介祺：《簠斋访碑拓碑笔札（附青州访碑目）》，见《潍县文献丛刊》第二辑，潍县和记印刷局，1933 年。

乾嘉学派中坚力量的推动也是益都金石学兴盛的重要原因。乾隆、嘉庆时，宦游山东的钱大昕、翁方纲、阮元、毕沅、孙星衍等金石界“名公大佬”对益都金石学者的推毂奖掖，对当地金石研究的发展起了很大的作用。益都为青州府治，诸大佬或典试或巡察，与当地金石爱好者时相过从。如钱大昕、翁方纲之于李文藻，阮元、孙星衍之于段松苓，都堪称知遇。

本地深厚的历史积淀和文化传统，加上清代中期全国学术界浓厚的考据气氛，使益都一开始就出现了当时山东金石界的领军人物——李文藻。

李文藻（1730—1778），字素伯，一字茝畹，晚号南涧，世居益都东关春牛街。乾隆二十四年（1759）以第二人举乡荐，次年会试中试，又次年成进士。乾隆三十四年（1769），谒选广东恩平知县，又奉檄署新安县，后奏调潮阳县。其间分校广东庚寅、辛卯两科乡试，后擢桂林府同知。据刘序勤先生《青州碑刻文化》载，青州云门山存李文藻题刻两种，其一曰“乾隆丁酉八月十二日，东郭李文藻登山拓唐宋石刻二十余种，信宿乃去。时假传将之桂林府”，当是李氏由粤东潮阳县升桂林府同知之前归家省亲时所刻。乾隆四十三年（1778）八月四日，李文藻卒于桂林官舍。

李文藻磊落淡泊，与人交有始终，当时巨公硕儒如纪昀、钱大昕、翁方纲、戴震多与之交游。钱大昕典试山东，李文藻以第二人举乡荐，钱氏称李文藻为“天下才”。“在京师，日相过从；其归里也，每越月逾时，手书必至，得古书碑刻或访奇士，必以告。”① 纪昀为文藻会试房师，二人亦多有书信往来。

李文藻的金石研究成就主要在于摩崖碑刻。李文藻在粤东“尝乘舟出迎总督，小憩南海庙，命仆拓碑，秉烛竟夜，比晓，问总督舟，已过矣”，其耽于金石如此。其“所过学宫、寺观、岩洞、崖壁，必停骖周览”，见有古碑必拓之。曾寄翁方纲“拓本数十百种”，疾革时遗言寄翁方纲编次者又百种。病危之时，还在诗中叮嘱家人：“归帆还驻三吾驿，好遣游魂读古碑。”在此时，手不能握笔，由自己口述，外甥蒋器笔录成《李南涧先生易箦记》一卷。可见文藻对金石考证的钟情至死不渝。翁方纲在《李南涧墓表》中称：“其余金石则专以所见为主，盖君意欲依曝书亭著录八门之目以编经籍，又欲以朱氏

---

① 青州博物馆藏钱大昕撰文《李南涧墓志铭》。

《经义考》存、阙、佚、未见之例以编金石。”李文藻借鉴朱彝尊《经义考》的编写体例，对金石著作编写体例的规范也做出了自己的贡献。

李文藻著述丰富，在方志、金石等方面都卓有成就。他所修纂之乾隆《诸城县志》《历城县志》皆体例精洽，考订严谨，为清代全国名志。其金石著作主要有《泰山金石考》十二卷、《益都金石考》四卷、《金石书录》四卷、《尧陵考》四卷、《山东元碑录》、《云门碑录》、《粤东金石略》、《粤西金石刻纪》。另还有古迹考证、碑跋多种，“益都、诸城、历城、潮州、泰山、灵岩、浯溪、南海庙、光孝寺零散所录金石文字，皆可自为一书”。李文藻为山东碑刻的传承做出了突出贡献。

李文藻对益都周近文人影响深远，故益都周近学者对其著作广为抄录，视如珠璧。如昌乐阎湘蕙曾辑《南涧文集》三卷、《李南涧先生文集补》一卷、《南涧遗文补编》一卷，潍县高翰生据阎本重辑《南涧文集》，潍县刘鸿翱抄《李文藻四种》三册（此抄本为上海古籍书店1980年影印本底本），由此亦可见李文藻对益都周近学界山高水长、筚路蓝缕之功。至1929年，王献唐先生任山东省立图书馆馆长，曾专意搜集李文藻旧藏。王献唐闻潍县陈氏藏有李文藻画像，告贷辗转购得，并题诗以志。诗曰：

压装石墨倾南国，庋架琅书艳东城。

曾是人天摇落日，伶俜吞泪拜先生。

王献唐以山东省立图书馆馆长之尊聚书尚如此之难，李文藻以州县小官聚书之艰辛更可知。因此王献唐诗中除对乡贤的崇敬外，还有与李文藻同为嗜书、嗜古之人的夫子自道。如果没有对李文藻的感同身受，王献唐也不致见像吞泪，伶俜下拜。鉴于民国时李文藻藏书散失殆尽、无人网罗之惨淡，王献唐在《李南涧之藏书及其他》一文中感叹：“鲁人之负南涧深矣！”①

李文藻后，益都有段松苓。段松苓（1744—1800），字劲伯，又字赤亭。十二岁丧母，十七岁丧父。因不能屈就绳墨，迎合世俗，久困于童子试。知县周嘉猷覆试，发策问青州郡县沿革、疆域、古迹，段松苓条举件系数千言，录为榜首。山东学政、金石大家翁方纲、阮元器之。翁方纲督学山东时，搜

① 王献唐：《李南涧之藏书及其他》，载《山东省立图书馆季刊》第1集第1期，1931年。

集山东碑刻，“青州一府得之松苓者为多”。阮元任山东学政时，延请段松苓与偃师武亿、仁和朱文藻助其修《山左金石志》，其中段松苓以土著出力尤多，“岱麓、沂镇、灵岩、五峰诸山，赤亭或舂粮而行，架岩涸水出之，椎脱载以归”。段松苓修纂《山左金石志》的经历使他的眼界更为开阔，认识到故乡益都金石研究在山东的重要地位，因此他编纂了山东较早的分县金石专书——《益都金石记》，山东后世金石家咸称“各县之有专书，厥推段松苓之《益都金石志》”，此后各县之金石专书才如雨后春笋般不断涌现。段松苓之金石著作除了《益都金石记》，还有《赤亭金石跋》《山左金志》《山左碑目》等。此外，段松苓还出资出版了李文藻的《尧陵考》等著作。段松苓对传承益都先贤著作不遗余力，而自己的著作却直到光绪九年（1883）才由益都丁文田、孙文楷及诸城尹彭寿等勘刻出版。

与段松苓同时的另有傅洪。傅洪，字子涛，号锡畴。因一生沉居下僚，生平资料较少，至清末孙文楷纂《益都县图志》时，已不能辨识傅洪与傅锡畴是否为一人，只能从几则零篇断简中搜寻他的大概境况。青州文人李容赠傅洪诗曰“淡泊为君志，何妨隐吏中。夙婴金石癖，远继赵欧风”云云，说他虽为小吏，但远绍宋代金石家赵明诚、欧阳修。由此可知傅洪为州县胥吏，嗜金石。另外，段松苓《益都金石志》“北齐龙道果残石”条下有注曰“友人傅锡畴”云云，“唐成公墓志铭”条下注曰“在傅洪家”，可见傅、段为同志好友。傅洪的金石著作主要有《益都金石略》《钱谱》等。

乾嘉以后，经陈介祺、刘喜海等金石大家的带动，潍坊地区金石收藏和研究风气大盛。齐国陶文、殷墟契文、秦汉封泥都由潍坊地区的金石学家最先发现，潍坊地区金石研究达到了新的水平。益都界于临淄、潍县之间，自然近水楼台先得月，得以培养出益都金石研究的集大成者——孙文楷。

孙文楷（1847—1912），字模山，又字模卿、穆山、木山，号稽庵、东田耘叟、柳泉，清末益都士绅领袖。同治十二年（1873）举人，屡上公车不第，遂潜心著述，肆力于金石考据，家财多耗于购藏古器。光绪末，继胶州法伟堂后续成《益都县图志》五十四卷，且独撰金石、艺文二志，世称其博洽。后任宣统《山东通志》青州府采访，对其中《金石志》多所添补。清末地方变法时，孙文楷出任益都教育会长、筹备地方自治研究会会长。清帝逊位后，居常郁郁。1912 年农历二月二十一日，仰药自尽。将死前，嘱其子曰：“吾行吾所安耳，毋谓我死节也！”至此走完一位有学识、有风骨、有操守的旧式文人的一生。著有《稽庵古印笺》四卷、《木庵古陶文释》二卷、《古钱谱》、《齐鲁古印粹》、《鉴斋秦汉印存》、《木盦印存》等金石著作多种，另有《老学斋文集》二卷、《今吾吟草》四卷、《适野集》、《一笑集》等著作。《清史稿》有传。

孙文楷之金石收藏门类齐全，举凡甲骨、吉金、印玺、封泥、造像、钱币、摩崖碑刻题拓应有尽有，其搜罗之丰富精湛，周边地区只有潍县陈氏之藏可与之相酹。以青铜器为例，光绪《益都县图志·金石志》记有商立戈觯、周铸子叔黑颐鼎、周铸子叔黑颐簠、周邿鼎等重器，秦汉玺印有秦阜将唯印、秦半通印、汉长广令印等，封泥如汉“平寿丞印”封泥等，都是其收藏中的精品。潍县高文翰曾为陈介祺购置玺印，陈氏殁后，高文翰所收玺印精品多归孙文楷，这批藏品大大提升了其收藏玺印的水平。孙文楷还是清末金石收藏新品种——陶文、甲骨的最早收藏者和研究者之一，其所辑《木庵古陶文释》在中国金石史上有开创意义，王献唐先生称：“前此治齐鲁陶器文字专释成书者，殆以木庵为第一人矣！”① 但因陶文、甲骨材质非金非石，故孙氏未把陶文、甲骨收入《益都县图志·金石志》中，殊为可惜。

孙文楷在参与编纂《益都县图志》《山东通志》的过程中，利用丰富的金石资料，对旧志缺略之《职官志》多所补正，成为近代以金石文字证史的较早实践者之一。其所修之《益都县图志·金石志》堪称清末益都金石收藏研究的集大成之作。以数量而言，《益都县图志·金石志》“此次搜访所得，增多段记（按：指段松苓《益都金石记》）数倍”；以种类而言，“吉金见存者，鼎、簠、泉、玺诸品亦多可喜可愕者”，对乾嘉以来青州的金石研究做了全面精微的总结。孙文楷的古印专著《稽庵古印笺》由陈介祺题签，集钤印考释于一体，“凡印文之声音文字、姓氏事实以及形制镌刻”，多“精邃之言”。② 孙文楷对前辈金石学者的著作的传承也不遗余力，段松苓的《山左碑目》《益都金石记》都是由他校勘后付梓的。

关于孙文楷之仰药自尽，多被理解为殉清，此亦可能因《清史稿》编纂

① 王献唐：《五镫精舍印话》，齐鲁书社 1985 年版，第 39 页。

② 王献唐：《五镫精舍印话》，齐鲁书社 1985 年版，第 37 页。

者把其归入“忠义传”中，故后人多据此把孙文楷归入遗老之列。然孙文楷自尽前“吾行吾所安耳”一句颇值得玩味，说孙文楷殉清，毋宁说他殉的是中国的忠节文化更为恰切。

另外，孙文楷从弟文澜、子延宾亦精于金石。孙文澜，字观亭，幼习武，后随兄研习金石，晚年专于金石，与武进陶祖光、天津周进、胶州柯昌济等人相往还。孙文楷去世后，益都、临淄一代，金石鉴定以孙文澜为巨擘。孙文澜与其兄合纂有《古陶文释》（后由王献唐编入“山左先哲遗书”）。其在金石方面最大的贡献为对殷墟甲骨的收藏。清末殷墟甲骨被潍县古董商发现后，当地收藏家大量收购，潍县、益都一带成为甲骨的重要集散地，驻在此地的美国长老会驻山东潍县牧师方法敛和英国浸礼会驻青州牧师库寿龄也高价大量购置（后大部收入《甲骨卜辞七集》和《库方二氏所藏甲骨卜辞》两书中），甲骨价格随之水涨船高。孙文澜看到甲骨被源源不断运往国外，心急如焚，遂倾其所有购买甲骨100多片。

孙文澜与当时山东省立图书馆馆长王献唐先生为道义交，并为之购置古器。王献唐轻不许人，独称孙文澜为“友人孙君观亭”“观亭”，而不以贾称之。1935年春，孙文澜卒，王献唐挽以联云：与君为道义交，赠纻投缟，一曲广陵思旧雨；遗我以金石簿，出秦入汉，千秋薪火待传人。可见两人交谊之深。孙文澜立下遗嘱，所藏金石古陶先由王献唐拣选，剩余者方可转售他人。其后人拟将孙文澜所藏甲骨低价出让给山东省立图书馆，省教育厅竟然拒绝拨款，所以省立图书馆只能用本馆资金购得8片（现藏于山东博物馆）。王献唐又尽自己全力购得22片（1959年，王献唐把这批甲骨捐赠给中国科学院）。后来有人质疑孙文澜所藏这批甲骨的真伪，20世纪70年代，古文字学家胡厚宣专门撰《临淄孙氏旧藏甲骨文字考辨》（原文载《文物》1973年第9期）论述孙氏所藏甲骨不仅为真，而且多为精品。只是不知什么原因，胡先生把孙文澜的籍贯错定为临淄。或因孙文澜家乡地近临淄，经常来往于益都、临淄间（方法敛也是在临淄认识孙文澜的），所以被误认为是临淄人。

孙文楷长子孙延宾，号瀛客，也能克绍家学，留意金石，并来往于益都、潍县之间，曾亲炙于陈介祺门下。孙文楷《稽庵古印笺》清末曾两次刊刻，但印数较少，流传未广。1912年孙文楷去世后，延宾与其从叔文澜、从弟延福与延禄及长子大田重加校订刊刻，流传于世。

清末青州周边金石学界还活跃着另一股力量——外国传教士。益都、潍县是近代外国传教士较早进入的地区，一批爱好中国文化的传教士也热衷于中国金石的搜罗，其中以库寿龄和方法敛最为有名。他们从1904年至1908年的时间里，从各地古董商（主要为潍县古董商李茹宾等）手中大量收购甲骨，以致益都和潍县成为当时甲骨最大的集散地之一。库寿龄还是山东原始社会石器的最早发现者和研究者。库寿龄在益都传教期间，曾有益都学生把从弥河岸崖发现的古代石器交给库寿龄，他断定这是古代人类的遗物。库寿龄还从青州附近收集了一些化石，给中国传统的金石收藏注入了新的血液。在这种激烈碰撞中，益都金石学完成了向近代考古学的转变。

清代乾嘉以来，益都金石学的发展是当时中国金石学发展的一部分，当地金石学者与周边金石学者相互交流，与乾嘉学派一脉相承，关系密切。同时，又有着自己鲜明的地域特点，比如对当地丰富的碑碣和佛教造像等石质文物的搜集整理以及近代以来传教士的介入，使当地出现中外金石界的碰撞交流，使清代益都金石学研究迸发出异常灿烂的光辉。

二、陈介祺收藏之益都金石及其与益都金石学家之交往

陈介祺的伟大之处不仅在于其收藏之宏富精湛，还在于其对热衷金石的后进的无私提携。由于有了陈介祺这样一位丰碑式的人物，潍县周边的金石资料得到了更好保护和传承，金石学家形成了一种向心的合力，创造出了更大的成就。

潍县西与当时属青州府的昌乐毗邻，距青州府治益都也仅有百里之遥。陈介祺对家乡金石的热烈感情和益都丰富的金石资源，使他与益都金石和益都金石学家有了更多的交流。

（一）陈介祺收藏之益都金石

1. 陈介祺与纪侯钟

陈介祺之金石收藏以青铜器为世人所瞩目，其金石收藏之所亦以青铜收藏名之，一曰“万印楼”，一曰“十钟山房”。陈氏所藏“十钟”之一——纪侯钟，第一任主人为益都人李廓。据民国《寿光县志》卷十三《金石志》载，此钟于乾隆年间出土于寿光纪侯台下，为益都举人李廓所得。据刘喜海《清爱堂家藏钟鼎彝器款识法帖》载，此钟乾隆间寿光农人得之于纪侯台下，

旧在益都李载赓家，后归江西萍乡刘宫保金门先生（刘凤诰），嘉庆甲戌归刘喜海。① 刘喜海故后归陈介祺，为十钟山房“十钟”之一，今藏日本京都泉屋博古馆。

李廓，字容声，又字小岩，益都县城北李家官庄人，乾隆五十九年（1794）顺天榜举人，家室豪富。兄弟六人廪、赓、度、康、庆、廓，皆有名于当时。李廓尝从同邑杨峒游，晚年从潍县韩梦周游，并刻《理堂制义续集》，韩梦周亟称之。李家官庄北与寿光纪台毗邻，故李廓可能是从古董商手中购得纪侯钟的。

2. 陈介祺与益都出土玺印

益都地接临淄，“古玺临淄出土最多，益都西北境亦时有之，多为寻人购去”，故万印楼所藏古玺印多有益都出土者。光绪《益都县图志》列陈介祺藏玺印两种，为益都金石学家孙文楷所考释，兹列如下：

周“左司徒玺”。右印斗钮，白文，曰“左司徒”。案：左右司马、左右司徒皆列国官制也。……此种官印殊不多见。

秦“左将田锜印”。右印斗钮，白文，曰“左将田锜”，“左将”二字自左及右读之，将字从酉，甚奇。高氏《印据》收秦厩将章马印，厩将倒读，篆法亦同此印。

3. 陈介祺与益都出土石刻

益都汉魏北朝碑刻众多，且当地金石学家多热衷于收藏碑石，陈介祺归里潍县后与益都临近，多有来往，故簠斋藏石中有益都出土碑石多种。据笔者所辑《簠斋藏石表》，陈介祺所藏益都出土碑石 11 件（另，金大安二年郑公墓记为段松苓旧藏，后归簠斋），仅次于潍县出土碑石之 18 件。兹举重要几例如下：

（1）北齐河清三年（564）比丘明空等七人造像

据段松苓《益都金石记》卷一，造像石高六寸，字径七寸，十六行，行五字。原在益都城里李文世家，据李文世说，得之于益都旧弥陀寺废址。书法遒劲规整，多北朝别字。据丁培基按语，后有翁方纲刻跋：“此刻可证刘仲宝笔法。翁方纲记。”咸丰初年，陈介祺购归簠斋。而《益都县图志·金石

---

① 据刘喜海《己侯钟歌》序载，嘉庆十九年，刘凤诰遇赦归家乡江西，临行把纪侯钟转赠刘喜海，并赠言：“楚弓楚得，其善藏之。”

志》载比丘明空等造像归潍县郭氏。可能陈氏后人把造像转卖给郭氏。

（2）北齐天统元年（565）严□顺兄弟造四面龛像座

据《益都县图志·金石志》载，石原藏益都古西关房氏，得之于益都西关城隍庙西（即今龙兴寺遗址）。“严□顺”，《益都县图志·金石志》作“严□慎”，约光绪后归簠斋。民国时，王献唐将其收归山东省立图书馆，今藏于山东博物馆。

（3）北齐天统五年（569）曹景略造像座

《簠斋藏金石拓片三种》所收陈介祺赠张允勷之曹景略造像座拓片，上有陈介祺亲笔题跋：“天统佛座，石出益都。”① 造像座两面刻字。民国时，王献唐将其收归山东省立图书馆，今存山东博物馆。

（4）北齐武平三年（572）曹高造像座

《簠斋藏金石拓片三种》所收陈介祺赠张允勷之曹高造像座拓片，上有陈介祺亲笔题跋：“石出益都。”② 造像座两面刻字，拓片均高12厘米，面宽33厘米，背宽30厘米，正书。

（5）北齐武平三年（572）王马居造像座

《簠斋藏金石拓片三种》所收陈介祺赠张允勷之王马居造像座拓片，上有陈介祺亲笔题跋：“此与曹高同出。”③ 由造像记知，王马居为曹高之妻。

（6）北齐武平四年（573）比丘尼纲紬造像

《山左金石志》《益都县图志》称，此造像在青州府署财神阁。1926年，赵德三所编之《烟潍路工赈纪略·古物调查》称，此造像藏邑人陈氏家，或为陈介祺后来购置。

（7）残石

据《簠斋藏古目（石）》载，青州出土北朝佛经残石一种，隶书，存七字；出土北朝残碑两种，其一存字五行，有“胜皇王有”等十六字，其一存字六行，有“琺运赫矣”等十九字；出土唐麟德二年残石一种，存三面，十五字；出土唐福当寺僧智明残石一种。

（8）金大安二年（1210）郑公墓记

① 黄苗子：《簠斋藏金石拓片三种》，荣宝斋出版社2008年版。
② 黄苗子：《簠斋藏金石拓片三种》，荣宝斋出版社2008年版。
③ 黄苗子：《簠斋藏金石拓片三种》，荣宝斋出版社2008年版。

据《北京图书馆藏中国历代石刻拓本汇编》（第四十七册）载，金大安二年（1210）郑公墓记于山东寿光房家庄出土，段松苓、陈介祺递藏。拓片通高57厘米，宽40厘米。

（二）陈介祺与孙文楷

清末益都金石学家孙文楷与陈介祺一样，同样嗜古印收藏，潍县古董商人的影响力及潍县古董市场的吸引力，使孙文楷多次来往于益都、潍县之间，且与陈介祺多有书信交往。民国时，王献唐先生与孙文楷从弟孙文澜为挚友，故对孙氏收藏与生平掌故了解颇详尽，称孙文楷“与潍邑陈簠斋同时，往返商订，陈氏雅重其学，每得一器，辄拓请考定”①。

山东博物馆藏光绪九年（1883）陈介祺致孙文楷信札四纸，为孙文楷以金石文字求教陈介祺后，陈介祺之回信。信札内容如下：

模山五兄足下：

得书辱以古文字下问，愧愧。示及求古人文法，必多见金文拓本，始得参互考证者，必以经文为本，以吉金为例，以上下文义为定，以《说文》为阶。舍《说文》今日无从识古字，舍吉金今日无从正《说文》、补《说文》也。

所询疃京薛释，自非，敝同年许印林兄释[illegible]为缵，学者从之。京或释[illegible]省，[illegible]是地名，非族。释古最不可以以意为之，尤不可以今楷、行推之。[illegible]释[illegible]，释[illegible]省，义通即可。古器有可定时代者而不能皆定，不能强也，无甚关学问者皆非急务。

古货金逊于彝器，徙邦固非，返则太率意，造邦见《书》，厂下从[illegible]，省口。[illegible]字与余藏古小玺颛孙同，刀玺字并是端。端孙亦非颛，或古颛、端同，亦可定。益化释是。古匋文近多有之，非宝，亦非燕。隘省[illegible]，齐威王镈谥之益亦同。索拓乃传闻之讹。《鉴斋印存》仍缴，俟后再奉假原印自选拓之。此问箸安不具。

愚弟陈介祺顿首

腊望前一日庚申

光绪十年（1884），山东肥城出土铸、邿铜器一宗，孙文楷当时为历城毛

---

① 王献唐：《五镫精舍印话》，齐鲁书社1985年版，第37页。

氏西席，独得铸子叔黑颐鼎、邿鼎、铸子叔黑颐簠三器，为孙文楷藏铜器中最重要者。得此三器后，孙文楷修书陈介祺，请教铭文。陈介祺回书曰："承示藏簠，至感！昔徐籀庄谓鄦藏为会，以此器审之，是器非盖，盖上有花文，器底无之，以此见学无止境也。"

陈介祺在得到鄂（按：陈介祺释作"器"）侯鼎后，送孙文楷拓本，并示以铭文考释，孙文楷在钦佩之余，作长歌以记之：

簠斋主人精鉴古，收藏宏富世无偶。十钟山房万印楼，俯视众山皆培塿。复以余力作释文，名山著述终不朽。详推点画溯三仓，旁证古籀探二酉。七十神明不少衰，岿然灵光压海右。嗜好独与文字深，坚贞欲夺金石寿。往年拓古远寄将，商天君鼎父乙卣。古壁苔荒走蜗牛，寒潭月黑盘蝌蚪。周艾伯鬲多奇字，欲读还愁箝在口。陈侯鼎铭尤精绝，玉树珊瑚枝倒纽。今夏又得器侯鼎，传世千年色深黝。书则大篆文纪事，累累明珠八十九。南征淮徐属周宣，伐角于古则未有。或云角触古通借，蛮触交争纪庄叟。器侯受封由异性，联姻帝室得嘉偶。汉阳犹传王姞敦，应偕此鼎昭世守。遐想周宣中兴年，天戈所指屈群丑。鹰扬大帅尽桓桓，兔罝武夫亦赳赳。八骏驰骋越江汉，七萃腾骧凌冈阜。归途登车休将士，铭功或欲刻岣嵝。器侯内宁入王所，侍宴侍射骏奔走。酒醴笙簧膺异数，脱略君臣如宾友。锡玉锡马锡弓矢，小臣拜手稽首受。对扬天子丕显休，勒诸彝鼎垂永久。我思古礼本无经，汉儒掇拾秦火后。当时惜无欧赵辈，旁搜金石供采取。此鼎铭辞多古训，友王合射兼同酒。巨典颇足补礼经，异闻不独资谈薮。篆体大似石鼓文，勒铭如出史籀手。岂无剥蚀生微嫌，夏璜不妨径寸考①。惠我佳拓及释文，森森剑气冲牛斗。摹拓精细穷豪芒，考据详明期不苟。古文早辨窥即亲，取义兼征㪇从㱿。辟门纳谏征古谊，误谏为阑谬可纠。驭方名存穆公鼎，薛氏款识殊否否。千载讹谬为廓清，如培嘉禾除良莠。贱子素抱金石癖，购求无力呼负负。近得铸鼎兼铸簠，爱惜还同享敝帚。对此不觉愧小巫，生平所见此称首。谨藏墨宝作秘玩，欲报厚贶乏琼玖。②

① 此字后有原注——《淮南子》：夏后之璜，不能无考。考读若朽。

② 〔清〕孙文楷：《潍阳陈簠斋年丈近新获侯鼎蒙惠拓本兼以释文相示歌以志之》，见《山东文献集成》第四辑第五十册，山东大学出版社2011年版。

孙文楷著有《公孙弘印跋》，以赴潍县时友人李君（疑为潍县古董商李惠卿）所赠寿光纪台出土公孙弘印，纠正顾炎武《山东考古录》以公孙弘为鲁国薛人而非齐人之误，并考证淄川国薛城之存废，殊为精当。①

清末，在山东巡抚张曜、杨士骧等倡导下，《山东通志》开始编纂，孙文楷受总纂孙葆田之托，任青州府采访并主修《金石志》中之“金志”；宣统二年（1910），为搜罗金石资料，孙文楷曾在潍县居住较长一段时间。②

光绪九年（1883）重刊段松苓《益都金石记》“纪侯钟”条下有孙延宾题跋：“此钟今在潍阳陈寿卿先生处，客冬至十钟山房，见此钟拓本与《山左金石志》同，谨钩摹如右。后学孙延宾识。”由此可见，孙延宾对金石有一定研究，并曾亲炙于陈介祺门下。

（三）陈介祺与《青州访碑目》

道光十九年（1839）五月，时年二十七岁且尚在京邸之陈介祺在致“锦江四叔”（陈子懿）书中，已询及益都、寿光碑刻事宜：

> 祺前所留拓碑法务详阅之为要。祺之望此如望岁月，幸勿忽为祷。《山东碑目》已留润轩姻叔处，可取来一看（钞一份更妙）。寿光碑可并访拓，吾邑城西十六里永平社通明寺晋碑务为一访，益都碑已有眉目否？便中望告我。③

1933年，潍县丁锡田印刷《潍县文献丛刊》第二辑，其中收陈介祺《簠斋访碑拓碑笔札》一卷（可能即为上述书札中所言之“拓碑法”），后附《青州访碑目》，以其中“大周王国小造像”条下小字注“此石谭子犹存，务索之寄京”所述，当为陈介祺尚在北京时按图索骥，购求青州碑石拓本之底稿。

《青州访碑目》共列青州金石53种，除龙兴寺铜钟铭（现藏于山东博物馆）与青州府学铜钟（现藏于青州博物馆）两种铜器外，全部为收藏于青州的各地北朝至隋唐佛教造像、经幢及隋唐墓志等石刻。

陈介祺虽远在北京，但对益都金石知之甚详，“益都好古家多藏碑石，如傅氏、房氏、段氏赤亭、尚氏家皆极富”④。傅氏指益都金石学家傅洪，同诸

① 邱琮玉：《青社琐记》，青州博物馆藏抄本。

② 〔清〕孙文楷：《神道碑跋》，青州一中藏《老学庵杂著》稿本。

③ 陆明君：《陈介祺年谱》，西泠印社出版社2015年版，第40页。

④ 〔清〕陈介祺：《簠斋访碑拓碑笔札（附青州访碑目）》，见《潍县文献丛刊》第二辑，潍县和记印刷局，1933年。

城刘喜海与李璋煜、浙江临海洪颐煊、同邑段松苓相往还。段氏赤亭指益都金石学家段松苓，其曾以诸生佐阮元修《山左金石志》，并著有《益都金石记》，为山东最早的县级金石志。据房重阳先生考证，房氏应指城西古西关房天培。尚氏无考。

陈介祺在罗列此碑目之前，已对益都碑刻了然于胸，因此，在各碑目下又有小注。其不仅详细记录了碑石所在地点或藏于某人某处，而且按自己对各碑刻书法价值的理解，将碑刻分为若干档次，并以此作为搜求拓本的依据。最高档次为“字石甚佳，须力求而宝藏之”“字极佳，千万求之”“字佳甚”，其次为“字甚佳，千万求之”“字甚佳，务求之”，再次为“尚佳，务求之”“字佳，可求之”。列于第一个档次的碑刻有：“比丘尼释修梵石室志铭”（隋开皇十五年修梵石室志铭）、“比丘明空等七人造像”（北齐河清三年比丘明空等造像）、“龙兴寺铜钟铭”（唐龙兴寺铜钟铭）、“青州默曹残碑”、“苏学士醉道士诗”（明衡王府藏北宋醉道士石）、“广福寺造像记”、“大隋开皇十五年造像碑”（据光绪《益都县图志》，当为隋开皇十五年张洪亮造像）、“广福寺磨下造像记”、“张景晖造像”（北齐天保五年张景晖造像）、“大宋龙兴寺石幢”、“窦巩残碑”（唐窦巩残刻）、“魏开府参军事崔府君墓志”（东魏崔頠墓志）十余种。

陈介祺不仅得到了碑目中这些碑石的拓本，有几种刻石，如北齐河清三年比丘明空等造像、金大定十九年郑公墓记等，终归簠斋，金石收藏之聚散离合，令人唏嘘！

（潍坊市寒亭区文物保管所馆员　崔永胜）

陈介祺旧藏齐“平阳”刀币考补

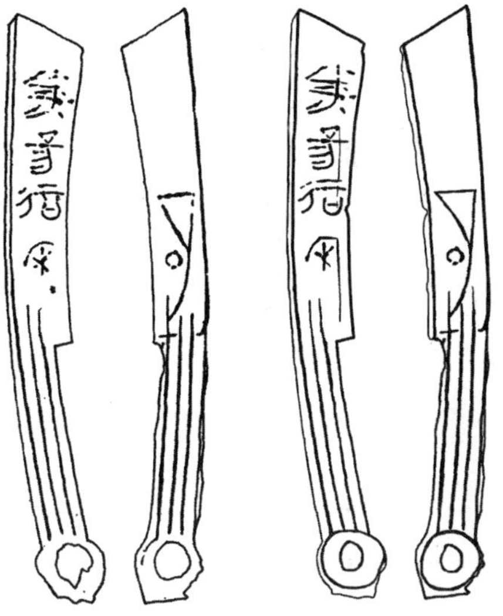

图3-12-1 “平阳”刀摹本

山东博物馆藏“平阳”刀系战国齐币，前人多有著录，如曾见诸《中国古代货币的起源和发展》①（以下简称《币源》）图版叁陆、《古钱新探》②第146页图版、《中国历代货币大系·先秦货币》③（以下简称《货系》）第958页图3797、《齐币图释》④第448页图339，等等。其面文“明”字右上角方折，为典型的“齐明刀”样式；背文四字，笔画轻，线条不甚清晰，拓本多有漫漶之态，完整字形难以被准确把握，即使从实物上看，有些字形肉眼也难以辨清，因此一定程度上影响了人们对文字的释读，旧释为“莒”刀、“安阳”刀等，这件文物的重要经手人王献唐先生也曾将第一字误认作“匋”⑤，山东博物馆朱活先生将末

① 王毓铨：《中国古代货币的起源和发展》，中国社会科学出版社1990年版。

② 朱活：《古钱新探》，齐鲁书社1984年版。

③ 汪庆正主编，马承源审校：《中国历代货币大系·先秦货币》，上海人民出版社1988年版。

④ 山东省钱币学会：《齐币图释》，齐鲁书社1996年版。

⑤ 王毓铨：《中国古代货币的起源和发展》，中国社会科学出版社1990年版，第86页。

字误摹为“Ꭶ*”，可见此刀文字之模糊难辨。裘锡圭、李家浩二先生在《战国平阳刀币考》（以下简称《币考》）中将背文释作“平阳冶宋”①，由于其所据摹本（图3－12－1左）较精准，考据严密，成为学界定论。

此刀的重要性在各家文章中有明确的体现，《币源》将其列为甲型明字刀的典型标本②，《古钱新探》将其列为“明”刀Ⅱ型Ⅱ式的典型代表③。《先秦货币通论》将其归为乙型Ⅱ式的代表。④《齐国货币研究》将其作为“齐明刀”的一种，定为“Ⅴ型Ⅴ式”。⑤

图3－12－2　“平阳”刀照片

然而，由于此刀的来源有不同的说法，所以容易引起一些误解；由于流传拓本不甚清晰，学者们对此刀背文的理解尚有不同看法。笔者在工作中发现其来源有明确的记载，传承有序，并通过对实物进行细致观察、称量，获得了较准确的数据和清晰的图像资料。鉴于这件刀币具有重要的学术价值，因此有必要对其做一个简单的说明，以资补充。

一、数据和图像

该刀币极轻薄，全长13.7厘米，重14克，币面不平，略有弯曲，铸造时合范不严密而错缝，导致边缘溢出，略不规则。面文“明”字较为清晰，背文不易辨认，笔者借助灯光、放大镜进行了较为细致的观察，拍摄了微距照片（图3－12－2），并依据观察结果以《币考》文中较为精准的摹本为蓝本，稍作调整（图3－12－1右）。

① 裘锡圭：《战国货币考（十二篇）》，见《裘锡圭学术文集3》，复旦大学出版社2012年版，第205～229页，原载《北京大学学报（哲学社会科学版）》1978年第2期。裘锡圭、李家浩：《战国平阳刀币考》，见《裘锡圭学术文集3》，复旦大学出版社2012年版，第235～238页，原载《中国钱币》1988年第2期。

② 王毓铨：《中国古代货币的起源和发展》，中国社会科学出版社1990年版，第86页。

③ 朱活：《古钱新探》，齐鲁书社1984年版，第145～146页。

④ 黄锡全：《先秦货币研究》，紫禁城出版社2001年版，第263页。

⑤ 山东省淄博市钱币学会：《齐国货币研究》，齐鲁书社2003年版，第74页。

二、流传经历

关于这件刀币的来源，《币源》称“近年在山东淄博出土”，并称其照片和拓本均为王献唐所赠。① 这种说法影响较大，裘锡圭先生从之，谓“大约在四五十年代之间，山东临淄”出土，《齐国货币研究》亦沿用这种说法，称“四五十年代临淄出土”②。朱活先生在《古钱新典》中称“原山东潍县陈介祺氏藏，今归山东省博物馆”③。《齐币图释》中两种说法皆存。④

此刀币入藏及归馆经历相当坎坷。其本为海内第一藏家陈介祺所有，陈氏身故后，所藏陆续流散。1931 年，陈氏后人将家藏砖瓦、石刻、造像、瓷器、陶文、钱范、历代钱币等文物出售，日本人闻讯，纷往接洽。时任山东省立图书馆馆长的王献唐先生得到消息后，在当时教育厅厅长何思源的支持下，前往协商，最后由山东省府拨款购买，划归山东省立图书馆收藏。此次所收陈氏旧藏文物 3826 件，“泉币 1487 品”⑤，其中即包括此刀。

陈氏集币皆镶嵌于长方形薄木板右上角，“平阳”刀嵌板纵 25.5 厘米，横 12.3 厘米，厚 0.7 厘米（图 3 - 12 - 3），板面光润无文。木板纳币最大的优点是能为钱币尤其是比较长大而脆弱者起到托附的作用，防止其断折变形。山东博物馆藏马国翰“红藕花轩”集币也是镶嵌于木板之上，并且阴刻马国翰考释文字，涂以石绿，更为考究。

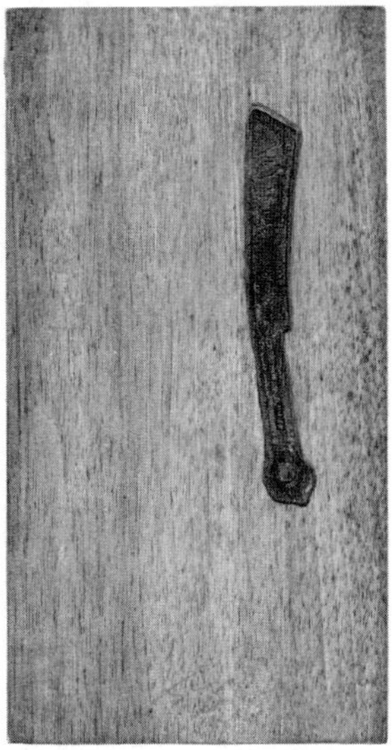

图 3 - 12 - 3 “平阳”刀嵌板

1937 年日本发动全面侵华战争，平津沦陷，战事告急，王献唐先生积极筹措，抢救文物。经省教育厅批准，1937 年 10 月 12 日、10 月 23 日、12 月 20 日，王献唐先生先后分三批将馆藏图书文物

① 王毓铨：《中国古代货币的起源和发展》，中国社会科学出版社 1990 年版，第 86 页。

② 山东省淄博市钱币学会：《齐国货币研究》，齐鲁书社 2003 年版，第 74 页。

③ 朱活：《古钱新典》，三秦出版社 1988 年版，第 88 页。

④ 山东省钱币学会：《齐币图释》，齐鲁书社 1996 年版，第 106 页。

⑤ 李勇慧：《一代传人王献唐》，山东教育出版社 2012 年版，第 334 ~ 335 页。

装箱运抵曲阜孔府保存。12月27日，王献唐、屈万里、李义贵一行三人携文物继续南下，在衍圣公孔德成建议下，精挑一部分珍品装箱运走，剩余者存孔府，并与孔府约定，抗战胜利后，这批文物仍归省立图书馆。王献唐一行携带文物过铜山，经汴郑，出武胜关，多次遭遇空袭，最后抵汉口。1938年2月4日，又徙万县，再迁重庆，最后溯江而上，经泸州、宜宾迁至乐山，文物则先后藏于古寺和崖墓中。

1947年6月，存放在孔府的文物被运至南京。新中国成立后，1949年11月，山东省人民政府函请南京市人民政府，于1949年12月将这批文物运回山东，交山东省古代文物管理委员会（简称“省古管会”）收藏。1950年12月25日，运至四川乐山的文物精品经北京被运回济南，文化部文物局留下滕县（今滕州）安上村出土的青铜器12件及秦陶量1件，其余悉数归还山东，共计2111件，亦交省古管会。至此，南迁文物基本“完璧归鲁”。1953年2月19日，省古管会正式改称山东省人民政府文物管理委员会（简称“省文管会”）。1953年10月19日，文化部批准将省文管会的陈列、文物保管部分与省自然博物馆筹备处合并，成立山东省博物馆筹备处。1957年8月29日，筹备结束，山东省博物馆正式成立，“平阳”刀正式入藏山东省博物馆（今称山东博物馆）。①

“平阳”刀经过此番颠沛流离，最终得归其所。因此，除了其自身的文物价值，它更浓缩了厚重的历史，见证了民族的苦难和新中国文物事业的发展。

三、背文内容

裘锡圭、李家浩先生将背文释作“平阳冶宋”，诸家多从，但部分学者由于对掌握的拓本理解不同，文字隶定有异，仍有不同说法，如朱活先生先释为“安阳冶化”，后改释“平阳冶化”②。《齐国货币研究》比较各家说法，仍采取了“安阳冶化”一释：

① 山东省文物事业管理局：《山东省志·山东文物事业大事记（一八四〇——一九九九）》，山东人民出版社2000年版，第66～67、84～85页。李勇慧：《一代传人王献唐》，山东教育出版社2012年版，第253～275页。

② 朱活：《古钱新典》，三秦出版社1988年版，第88页。

前或释“安阳”二字者，当为齐之地名。“平阳”一地战国时为鲁、郝所属，虽间或属齐，但迄今未见此地曾铸造过齐刀者。依此类刀前二字为地名分析，齐明刀有齐、莒等地名，皆为齐大刀所有，而“平阳”则无，按此应释“安阳冶化”为确。此安阳与齐大刀“安阳之法化”刀之安阳应为同地，应即莒地五阳之安阳。

我们观察实物和照片，并与《币考》摹本相参照，经过修正，得到更为清晰的摹本。背文依次为“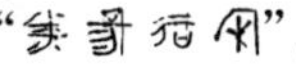”。

首字作“”，《币考》列举了数例战国齐“平”字作比较，此字与齐文字典型写法相符，确定无疑。

齐文字“安”写作“”（《古玺汇编》0237）、“”（《齐币图释》111），与此有很大的不同。

第二字“”，即“昜”，通“阳”。前两字作平阳，为地名。

近年新泰出土大宗战国齐陶文，详见《新泰出土田齐陶文》①（以下简称《新陶》），其中“平阳”铭文两例，“平”字写法均与此相近：

一为“”，出自“平阳廪”陶文（《新陶》W163，图3－12－4）；

二为“”，出自“平阳市□”陶文（《新陶》XNG1，图3－12－5）。

第三字“”为冶，与《币考》所摹“”右部写法略有不同，这两种写法都见于“莒冶”类齐明刀。

末字“”，朱活先生摹为“”，认为是齐币中习见的“”字(《货系》2497)。通过观察，我们认为朱活先生摹本有误。

《币考》摹为“”，释为“宋”。通过观察，我们发现此字右侧有一纵向阳纹，较为长、直，下部几乎延伸到刀身末端，上部断续延伸至“昜”字右侧，应该是铸造产生的纹路，因此《币考》摹本中将其直接滤掉。但是我们通过和上文三字位置的对比，认为在此位置可能存在与此纵纹有关的笔画，并且纵纹在末字右端最为粗壮，因此我们推测是文字的竖笔与铸造痕重合导致了这个现象，由是我们调整了摹本，保留了这个纵纹（图3－12－1右），以方便读者观察判断。

① 山东大学历史文化学院考古学系等：《新泰出土田齐陶文》，文物出版社2014年版。

末字下方所从是否为“木”，我们不敢肯定，该部分左下角非常平，未见摹本“[illegible]”中木字左下方的笔画；右下方有一较细的短斜笔，可能与文字笔画有关，也可能是左上方一笔刻范延长所致，并且通过照片观察，此笔画较不明显，因此末字也可能是从“又”的“守”字。

图3－12－4　“平阳廪”陶文

图3－12－5　“平阳市□”陶文

“平阳”刀与莒“明”刀形制相类，莒“明”刀背文内容较为丰富，有“莒冶某”的格式，还有“莒冶齐刀”或“莒冶大刀”等“冶”后二字表示钱币名称的格式（参见《齐币图释》第442～472页诸例）。“平阳”刀末字的性质应该与常见的部分“莒冶得”类型的刀币末字相同，或为工官。

四、齐国平阳

新泰古称平阳，有文献和出土文物为证。裘锡圭先生论证“平阳”刀有可能为新泰平阳铸造，但同时也不否认鲁地其他称平阳的地区铸造的说法。近年考古所见更加明确了新泰平阳在战国时期属齐国的事实。因此，我们认为此“平阳”刀币很有可能是战国时期齐国铸造于新泰平阳的一种货币，我们期待着进一步的考古发现。

《春秋·宣公八年》记有鲁国“城平阳”，杜预注：“今泰山有平阳县。”杨伯峻注：“平阳，鲁邑，即汉之东平阳，在今山东省新泰县西北。哀二十七年《传》之平阳则为西平阳，与此非一地也。”①

孙敬明先生根据在莒故城新发现的“莒冶”刀范，其冶字与“平阳”刀相同，为齐长城以南书体，认为背文带“平阳”和“莒”字的刀币“应是燕军入齐时，齐国人在齐地所铸造的。”②

新泰城区出土田齐“平阳廩”“平阳市□”陶文，说明战国时期新泰城区一带确名为平阳无疑，并且为齐国都邑。

齐系文字中铭“平阳”者，现在发现有刀币、戈、矛、古玺、陶文等，粗略统计如下：

1. 齐刀币：“平昜冶宋”（《货系》3797）；
2. 平阳左库戈：“平昜左库”（《殷周金文集成》17. 11017）；
3. 平阳戈：“平昜高马里钱”（《殷周金文集成》17. 11156）；
4. 平阳矛：“平昜”（《殷周金文集成》18. 11471）；
5. 古官玺：“平昜信司马玺”（《古玺汇编》0062）；
6. 平阳桁官印：“平昜桁”（《币考》③）；
7. 平阳廩陶文：“平昜廩”（《新陶》④）；
8. 平阳市□陶文：“平昜市□”（《新陶》⑤）。

平阳铭兵器的出土，说明战国时期齐国很可能在平阳进行兵器冶铸，新泰或存在战国时期兵器冶铸作坊。参考近年莒县发现的莒冶刀范，平阳冶刀币的发现证明新泰可能存在战国铸币作坊，其铸币时间不早于燕军入齐。从

---

① 杨伯峻：《春秋左传注》，中华书局 1990 年版，第 695 页。

② 孙敬明：《齐兵新考》，见《考古发现与齐史类征》，齐鲁书社 2006 年版，第 168～177 页。

③ 裘锡圭、李家浩：《战国平阳刀币考》，载《中国钱币》1988 年第 2 期。

④ 山东大学历史文化学院考古学系等：《新泰出土田齐陶文》图版一三三：1，文物出版社 2014 年版，第 225 页。

⑤ 山东大学历史文化学院考古学系等：《新泰出土田齐陶文》图版一三三：1，文物出版社 2014 年版，第 233 页。

实物观察，与“齐大刀”相比，“平阳”刀刀身较短，刀体较薄，应为齐国国力衰微时所铸“劣币”（或即为战国晚期所铸）。兵器和钱币冶铸作坊尚有待于考古发现的证实。

（山东博物馆副研究员　卫松涛）

吴大澂与陈介祺交往及其他

吴大澂（1835—1902），初名大淳，后避清穆宗讳改今名，字止敬、清卿，号恒轩、白云山樵，晚号愙斋（图3－13－1），江苏吴县（今苏州）人。同治七年（1868）进士，历官陕甘学政、河南河北道、太仆寺卿、太常寺卿、广东巡抚、河东河道总督、湖南巡抚等职。早年受外祖父韩崇及陈奂、吴云等人的影响，酷嗜金石文字之学。吴氏一生宦迹遍及西北、东南、东北各地，政声卓著，公事之暇，则留心于钟鼎彝器、古化碑版的访求与摹拓，致力于古文字之考释与研讨，著述颇丰。其中，《说文古籀补》《字说》《愙斋集古录》等著作，久为学界所重。而他在书法创作上的成就丝毫不逊色于此，甚至可以说，其书法对后世的影响，较之金石文字之学更为广泛深远。

图3－13－1　吴大澂像

吴大澂的祖父与父亲，虽均留心学问，但因家道中落，不得已弃儒从商。其祖父吴经堃（1794—1838），字厚安，号慎庵。监生，捐授州同。性好古，素好米襄阳书画，得董其昌书“米庵”二字，摹以颜其室。与金石学家韩崇交好，韩氏以女归吴氏，即吴大澂之母韩太夫人。吴大澂之父吴立纲，究心于宋明诸儒心性之学，对于书画创作、收藏鉴赏均兴趣不大。吴大澂三岁时，其祖父即已去世。吴氏在书画、收藏方面之兴趣，皆受外祖父韩崇的熏染。

同光之际，海内金石学家垂暮凋零，其主要代表，南方有流寓苏州的吴云，北方则是退居潍县的陈介祺。吴大澂作为后辈学人，深为二老所激赏。在众多与吴大澂交往的晚清金石学家之中，陈介祺对吴氏影响巨大，两人却始终未曾晤面，仅以书札论学，前后长达十载有余。

一

潍县陈氏一族，自元至正八年（1348）始祖陈大观由沧州迁往山左，世居潍县，历明清两代，传十六世至陈官俊，是为陈介祺之父。陈官俊（1782—1849），字伟堂，嘉庆十三年（1808）进士，历任工部、兵部、礼部、吏部尚书及上书房总师傅，卒赠太子太保，谥文悫。《清史稿》卷三百六十五有传。

陈介祺（1813—1884），字寿卿，号簠斋，道光十五年（1835）举人，二十五年（1845）进士及第，授翰林院编修。《清史稿·陈官俊传》后附陈介祺小传，颇为简略，其文云：

> 子介祺，道光二十五年进士，官编修。咸丰中，助军饷，加侍讲学士衔。后在籍治团练，守城，赈饥，赐二品顶戴。介祺绩学好古，所藏钟鼎、彝器、金石为近代之冠。①

陈介祺生平事迹，陆明君《簠斋研究》及陈振濂主编之《陈介祺学术思想及成就研讨会论文集》诸书，多有论述。《清史稿》所载殊为简略，但已得其大要。所谓助饷，其实纯为清廷摊派，并非陈氏自愿。咸丰三年（1853）春，太平军攻陷金陵，清廷国库空虚，备战急需饷银，乃依副都御史文瑞所奏，指定前朝老臣富绅十八家捐银助军。由于陈官俊生前官至冢宰，身后名望未衰，传闻家财丰厚，故陈介祺亦奉旨纳捐，计须缴白银四万两。其时陈介祺官仅翰林院编修，家中又迭遭变故，双亲与祖母先后去世，其家境已今非昔比。不过输捐既出于皇命，自不能违逆，陈氏乃不得已四处告贷，终于按期凑足数额复命。此事过后，陈介祺受赏加侍讲学士虚衔，但家境因此益形窘困，他深感宦海浮沉，时生不测之祸，于次年告病返乡，退居林下。是年陈氏四十二岁，自三十三岁中进士，至此前后共计十载。归里后，乡中每逢灾荒，他均热心赈务，甚至毁家纾难，可见其素怀济世之志。

---

① 赵尔巽等：《清史稿》卷三百六十五，中华书局1998年版，第11439页。

陈介祺身为世家子弟，早年随父居京师，有幸获见阮元、刘喜海等前辈。对于早年与友人交往的情况，陈氏在为吴大澂《说文古籀补》作叙时，曾择要言之：

至我朝而许氏之学大明，钟鼎之字亦大显。仪征阮文达公先成《积古斋钟鼎款识》一书，最为精善，传布于天下，所收王复斋钟鼎款识拓册亦为最古。文达为先文悫公童试师，官太傅时，谒于京第，知祺好古文字，以“天机清妙”为譬，书《论钟鼎诗》于纨扇以赐。时汉阳叶东卿驾部、海丰吴子苾阁学、道州何子贞同年，皆以文字及先公门；诸城李方赤外舅、刘燕庭世丈，安丘王菉友姻丈，日照许印林同年，皆在京师；嘉兴张未未解元、徐籀庄明经，皆南中未见忘年交。共以古文相赏析。

潘祖荫在《〈说文古籀补〉叙》中也忆及童年拜见阮元之事，陈介祺拜谒阮元时，年近而立，二人年纪相差十余岁，却不约而同以早年获见阮氏为说。对于《积古斋钟鼎彝器款识》，两家也同样推重之。吴大澂出生稍晚，已不及见阮元，但从其著作、书札中，不难发现他亦曾受阮氏之影响。由此可知，阮元对于晚清金石学之影响，殊为深远。

陈介祺《〈说文古籀补〉叙》中所举师友，大半见于支伟成《清代朴学大师列传》之金石学家列传中。其中，吴式芬（1796—1856），字子苾，山东海丰（今无棣）人，道光十五年（1835）进士，官至礼部侍郎，著有《捃古录》《捃古录金文》等。吴式芬年长于陈氏十余岁，陈介祺自言治金石学受吴氏影响，日后吴氏次子吴重憙娶陈氏长女为妻，两人遂成为儿女亲家，并合著有《封泥考略》一书。叶志诜（1779—1863），字东卿，湖北汉阳人，官至户部郎中，吴云曾从之游，著有《平安馆金石文字》《金山鼎考》等。叶氏晚年随其子叶名琛居广东，第二次鸦片战争时广州城陷，叶氏所藏多毁于兵燹。其残存古印后经何昆玉之手，转归陈氏簠斋。何绍基精于书学，其父何凌汉官山左时，曾延许瀚馆其家。陈介祺书学，颇受何氏影响。李璋煜（1784—1857），字方赤，号月汀，山东诸城人，嘉庆二十五年（1820）进士，官至广东布政使。李氏对陈介祺才识深为欣赏，故以女妻之，并为陈氏引见同道好友。

另外，如刘喜海、王筠、许瀚三家，均为山东籍学人。其中，王氏、许氏以小学名世，许瀚受知于王引之，曾助王筠成《说文释例》一书。李璋煜校刻桂馥《说文解字义证》时，许瀚与王筠均曾任参校之事。许瀚年长陈介祺十六岁，而两人于道光十五年（1835）顺天乡试同时中举，故陈氏称之为同年。至于刘喜海，为诸城刘统勋、刘墉后人，家世显赫，雅好诗书，收藏古泉彝器、古籍善本甚富，著有《清爱堂家藏钟鼎彝器款识法帖》《长安获古编》《海东金石苑》等。刘氏《长安获古编》一书，生前已付梓而未能刻竣，遗稿后归簠斋。其嘉荫簃旧藏古器及遗稿等，亦多归陈氏。二人之交往，今人张其凤《刘喜海对陈介祺的影响考绎》等文曾有所论述①，兹不赘述。南方友人之中，张廷济、徐同柏舅甥二人与陈氏也从未晤面，但数十年间与陈氏书信通问不断，此则与吴大澂情况颇为相似。

陈介祺同道好友之中，上文未言及者，尚有数人。如李佐贤、鲍康以藏古泉著名，与陈氏曾有“三高士”之目②。李佐贤（1807—1876），字仲敏，号竹朋，山东利津人。道光十五年（1835），与吴式芬同年中进士，官至汀州知府，著有《古泉汇》《书画鉴影》等。李佐贤晚年患病，与陈介祺通信，多由其子李枚卿代笔。陈介祺长孙媳即李氏孙女，两人因交好而缔结姻亲。至于鲍康之生平，前文已经论及。对于老友陈介祺，鲍氏曾于《杂题泉册四十二则》中论及，其文云：

> 勰卿之书、沈韵初之碑版书画、寿卿之金石，皆近时收藏家不能有二者。今两君盛年玉折，独寿卿老而弥健，日事摹拓考订，伯寅尝叹曰福人。③

按杨绍和（1830—1875），字彦合，号勰卿，杨以增次子，聊城海源阁第二代主人。杨氏以获汪氏艺芸书舍、京中怡府诸家藏书之菁华，名列晚清四大藏书家之一。潘祖荫辑录《士礼居藏书题跋记》，曾向杨氏借取黄跋本。沈树镛藏碑版书画之富，吴大澂曾有评述。可惜二人均不幸早逝，杨绍和染有烟癖，年四十六即卒于官；沈树镛以瘵疾猝逝，年仅四十二岁。潘祖荫闻沈

---

① 见《陈介祺学术思想及成就研讨会论文集》，西泠印社出版社 2005 年版，第 311 ~ 324 页。

② ［日］田上惠一：《收藏家陈介祺的出现与其研究略史》，见《陈介祺学术思想及成就研讨会论文集》，西泠印社出版社 2005 年版，第 84 ~ 97 页。

③ 〔清〕鲍康：《观古阁丛稿三编》卷上，清刻本。本文所引清刻本、民国影印本等古籍，皆在首次出现处标注版本，后文重复出现时，只注明书名具体篇章名等，不再标注作者、版本等信息。另有部分引用古籍版本不明，故不标注版本信息。

氏病重，曾致函吴大澂云：

均初近状若何？心甚念之。金石书籍，深犯造物之忌，以其无益生民，而享用非常也。然则人生只合收伪器及伪字画耳（书尤甚）。而拥高爵厚禄者，只宜贪污狼藉，若负盛名，又大不祥也。吾辈当能以此为戒，唯当修德而避名，以为如何?①

由此可知，上引鲍康之语，必作于光绪元年（1875）杨绍和卒后。其引潘祖荫语称陈介祺为“福人”，殆谓陈氏所藏古物之富，迥非同辈所能企及，而陈氏晚年身体康健，儿孙绕膝，又胜于诸友远甚。陈氏年迈体弱，虽有著述之心，而已无力成之，李佐贤、鲍康、吴云等至暮年皆有同感。潘祖荫当时正值盛年，却因公务缠身，疾病丛生，不能从容考古，是以同样羡慕陈氏之林下生活。

吴大澂与陈介祺两人首次通信，似由鲍康居中介绍，时在鲍氏自蜀返京之次年，即同治十二年（1873）。陈介祺称：“同治癸酉，友人为乞吴县吴清卿馆丈古篆楹帖，书问先至。”② 按谢国桢编《吴愙斋（大澂）尺牍》第一通作于同治十二年腊月十八日，《簠斋尺牍》（致吴大澂）第一通则作于同年八月五日。陈氏函云：

久于伯寅少司农书中得闻风雅，复于《攈古楼款识》得读大著，已深乡往。昨猥以长孙将行昏礼，辱承宠联远赐，故愧不敢当。而巨文法篆，尤非近今所能及。再拜谨登，以钦以感。前复子年兄，先恳代谢。兹得来复，欣闻荣膺新命，视学三秦。地产周桢，思作人已佐治；春融孔铸，咸好古而敏求。理以文通，才因教著，三年有成，莫名仰企。弟课孙切已，炳烛嗟迟，僻陋滋惭，奖饰加惕。专便奉贺，并敝藏金文廿拓，聊应雅属，由子年兄处代致。惟乞古缘所遇，不忘远人，羡有奇之必搜，企有副之必惠，当悉拓敝藏以报也。沙南侯获奢望一二十纸，敦煌、仓颉、石门颂诸汉刻均望洗剔，以绵料厚纸，先扑墨，后拭墨，精拓之。用芨胶去矾。拓费当即缴，切勿从赐。收拓必详其目，免有遗复。③

① 《潘郑盦致吴愙斋书札》第221通，抄本，苏州博物馆藏。

② 〔清〕吴大澂：《说文古籀补·陈介祺叙》，光绪七年（1881）刻本。

③ 《簠斋尺牍》（致吴大澂）第1通，民国影印本。本文所引《簠斋尺牍》皆为此版本，后文注释中不再标注。

由陈氏所述，知其由潘祖荫《攀古楼彝器款识》中吴大澂所作之绘图、考释，对吴氏学养已有所了解。且鲍康代索对联后，吴大澂曾作书托鲍氏转寄陈氏，因此可以认定两家通信始于同治十二年（1873）八月，时吴大澂三十九岁，陈介祺六十一岁。今检《吴愙斋（大澂）尺牍》，未载同治十二年八月吴氏致陈氏之书札，不过吴氏于同年腊月十八日致陈氏书札中曾提及：

秋间出都时，匆匆未及肃函。曾以拙作释文二篇，并敝藏吉金拓本数种，先后托子年文邮呈雅鉴，计早达到。①

可见吴大澂以行程匆促，出京前仅作短札，并附上藏拓及所作考释文字，一并托鲍康转递。直至安抵秦中，始正式致书陈介祺，其函云：

幼时在外王父韩履卿先生宝铁斋中，得读大著所释金文，私心乡往者二十余年。壬戌入都以后，退楼主人寓书，屡属询问起居。时以诸生橐笔依人，未敢与当代名贤遽通尺牍。戊辰通籍，早应具柬寄呈左右，迟迟至今，良用愧歉。乃蒙手翰先颁，奖勖备至。猥以拙书联语，重荷宠褒，益令惭惶无地。伏审履动康虔，眉寿绰绾，经义兼汉、宋之学，文章补欧、赵之遗，余均流风，后生宗仰，沾丐所及，企抃莫名。承惠汉画石刻二纸，尊藏金文廿种，毡蜡具精，球琳等重，快资眼福，感切心铭。晚谬以菲材，忝司教铎，问邠岐之风土，揽丰镐之人文，辅车所历，亦时策骑荒郊，流连古道，偶访汉唐碑碣。以弇山尚书《金石记》所载，按图而索，十不存五。……古刻销磨不少。按临郡邑，有司呈送碑拓，类多常品，纸墨粗恶，不足以呈鉴赏。《沙南侯获刻石》及敦煌、仓颉、石门颂各种，当觅良工精拓，陆续寄呈。②

据吴氏自述，他十余岁时，已从外祖父韩崇处知陈介祺之名。同治元年（1862），吴大澂入都应试，吴云爱其才，屡向友人推荐，并嘱其与陈介祺通信。吴大澂因科考不利，境况不佳，未贸然致函陈氏。同治七年（1868）四月，吴大澂中进士后，又忙于公私事务，不及与陈氏通问。吴大澂复书所涉，除陈氏先已言及之鲍康、潘祖荫两家外，复牵及外祖父韩崇与吴云。从陈介祺同治十三年（1874）四月复信中可见吴氏复函之得要，其文云：

---

① 《吴愙斋（大澂）尺牍》（致陈介祺）第1通，民国影印本。本文所引《吴愙斋（大澂）尺牍》皆为此版本，后文注释中不再标注。

② 《吴愙斋（大澂）尺牍》（致陈介祺）第1通。

三月廿日奉客腊十八日、新正五日手复两缄，并金拓十三纸，华庙汉碑阴四纸，敬谢。履卿先生知属君之外祖，宜乎天机清妙，文字契古，所会远深，乃奖勖过辞，抝谦尤甚。①

从《簠斋尺牍》致潘祖荫各札后陈介祺所作题记可知，其退居林下后，一度不与外人通问，因老友吴云于劫后自南方来信，始稍稍与友人恢复书信往来。陈氏既与韩崇为故交，得知吴大澂为故人之后，自然对其另眼相待。

从陈介祺与王懿荣两家往来书札看，陈氏久居潍县，足不出户，却能与南北友人时常通信，更有西北估人为其搜觅古物寄至山东，这与其善于处事用人有密切关系。陈氏与京中友人信件，多委同乡后辈王懿荣代办。吴大澂与王氏之相识，早于陈氏数载，吴、王二人一见如故，可称莫逆，吴大澂久已熟闻陈氏其人，只是未获机会投书请益。同治十二年（1873）夏，吴大澂向王懿荣言及拟赴潍县访问陈氏，其对陈氏的仰慕之情，由此可窥一斑：

退楼刻图甚劣，若知兄肯绘图，必大悔矣。鄙人有无聊之思，拟于中秋后薄游贵乡，访寿老、山农，许以绘图摹款，只要得千金之馆，不复吃长安尘土，两公必能为兄力图之。陈、李书成，极天下之大观而无憾矣。人生碌碌，能得一种笔墨，流传不朽，亦足千秋，何必与眼前人争功名富贵耶。此事极快意，先为吾弟告之。②

对于吴云《两罍轩彝器图释》中古器绘图的失真，吴大澂曾不止一次与王氏谈及。而从上文中，吴氏叹息人生碌碌，“何必与眼前人争功名富贵”，可知此函当作于同治十二年（1873）五月吴氏朝考落选之后。如此情景，与昔日顺天乡试未售时归途咏秋之意境颇为相似。吴大澂素有“为天下做些小事”之志，进士及第之后，尤其被放任外职以后，其以天下为己任之豪言壮语，时见于书札、诗文之中。

吴大澂赴潍县拜见陈介祺一事，不久便因奉旨外放陕甘学政而不了了之。自同治十二年（1873）至光绪二年（1876）底，吴大澂远在西北，与陈氏远隔千里，两人一直无缘相见，多由鲍康、王懿荣等从中递信通问。光绪二年夏，吴大澂任满离陕，拟请假回苏省亲。陈介祺从吴云来函中得此消息，以

---

① 《簠斋尺牍》（致吴大澂）第3通。

② 《吴大澂致王懿荣书札》第2通，稿本，吉林省图书馆藏。

为自苏入京，陆路必经山东，拟请吴大澂届时绕道潍县，以图良晤。然而未几山东发生旱灾，陈氏于六月十四日复信中，对前番提议颇有顾虑：

退楼书言，吾兄先请假南旋，然后入都，亟思由王营东来，或得一晤，迂道亦不过一百余里……今则敝省大旱已成，不敢作是想，且自今至来年五月，尤不知如何度日耳。①

光绪二年岁末，吴大澂安抵吴门。次年年初，吴氏曾赴松江探视胞妹及外甥沈毓庆等，从沈树镛遗物中检得徐同柏《从古堂款识学》稿本一种。光绪三年（1877）二月十八日，陈介祺致函吴氏，言及绕道会面时，已有作罢之意：

前请迂道由东之说，不过梦想之甚。若有极妥拓友能为兄来，而三纸留一亦可，或能作谱拓印尤佳。凡此皆不易得之事，而妥人尤难，传古之殷不能已于良友之前耳。

经过三年通信，陈介祺于吴大澂已有较深入的了解，从陈氏之函中，不难看出他对吴大澂之欣赏。可惜绕道见面一事，最终未能实现。同年（1877）四月十八日吴大澂致陈氏函云：

月之九日，游焦山。重访无专鼎，大可疑，当是明人仿铸，故多不成字。阮氏定陶鼎，则不伪也。繇京口乘轮船至上海，昨早渡海北来，今晚可泊烟台。闻舍弟大衡中式，亟欲入都，二十日可达津沽。相距不远，望风驰想。②

由此可见，吴大澂一如既往，航海北上。又因接到胞弟吴大衡中进士之信，急于入京，故船泊山东烟台时，也不及赴潍县面晤陈氏。

光绪三年（1877）四月吴大澂入京师后，潘祖荫嘱其绘图摹款。九月以后，吴大澂奉命赴山西办赈，继而又襄办河间赈灾事宜，次年十二月，授任河南河北道。光绪五年（1879）二月，吴大澂挈眷赴任，陈介祺族弟陈佩纲随行。同年八月下旬，陈佩纲因病猝逝于道署。光绪六年（1880）四月以后，吴大澂随同铭安赴吉林帮办一切事宜，凡七年之久。而陈介祺于光绪十年（1884）七月去世，两人再未有相见的机会。

---

① 《簠斋尺牍》（致吴大澂）第14通。

② 《吴愙斋（大澂）尺牍》（致陈介祺）第21通。

二

陈介祺以金石、小学名世，却也讲求宋明诸儒之学，曾于致王懿荣函中引述理学家吴廷栋之说。吴大澂在两人初通书时，亦赞陈氏“经义兼汉、宋之学，文章补欧、赵之遗”。而吴氏本人亦兼治汉学、宋学，前文已详言之，潘祖荫于致吴大澂函中曾谓“当世理学而兼金石学者，唯执事与寿卿耳”①。光绪八年（1882）六月八日，吴大澂因陈氏来函论及用人之道，故于复函中详述己见，可见其讲求理学之一面。其文云：

> 知人用人，古今所难，承示“吾之德不明，不足以知人之德，吾之理未明，不足以知事之要”，洵探本之确论。凡事皆当责躬，表端则景直，开诚心、布公道，不于本原上用工夫，则语言文字，皆无真际，即无实效，莠之似苗，非不似也，为其无实也。无实则不诚，无物矣。大澂论人甚严，待人则甚宽。笃实之人，无才亦可用，虽有过，亦可原。鄙性不喜为钩拒之术，以察人之隐私。然以诈伪相尝，无不知之，知之而黜去之，即不复用。不敢自诩知人之明，故不敢自护其不知人之短。官不论其大小，皆使之尽言，言不论其可行不可行，皆当存之，以备参考。发之于世，则仍以我心之权衡是非为主。即正人君子，亦各有偏执之见。或泥古而不通于今，或矫枉而不得其正，或去弊而转邻于刻，或求速而不当其时。推原其用心，则忠于我者，其言必真切而有条理，不忠于我者，其言必浮薄而无可取。②

服膺宋明诸儒之说，与陈、吴两家修身立志均有莫大之关系，至于治学之态度，似亦不无影响。陈介祺于著作之编刊，精益求精，不轻言付梓，较之李佐贤、鲍康、吴云、潘祖荫等，其矜持谨慎均过之。

陈介祺鉴别古物，眼光之精到，今人商承祚有定评，谓“他的眼光太好了。他一生收藏的铜器等，不下几千件，没有一件是假的。他的论调同批评，不但高出当时同辈一等，简直可以说‘前无古人，后无来者’”“不但知道真字深义，连假的都能了然无余，这才能算真研究，不是拿古器来作玩好

---

① 《潘郑盦致吴愙斋书札》第136通。

② 《吴愙斋（大澂）尺牍》（致陈介祺）第48通。

的”。[1] 陈介祺在致同辈友人及潘祖荫、王懿荣、吴大澂各家书札中，一再申说收藏古器不可以玩物蓄之，因此辨别真伪、考释文字、绘图摹款、编撰成书，均不能武断轻率，即使古器不伪，亦须精写精刻，不能失真，否则不如不刻。光绪元年（1875）六月，陈介祺致函吴大澂，谈及古泉、古印文字之贵，于老友李佐贤所编《古泉汇》谓：

> 三代文字，唯古化与玺印，惜《泉汇》所刻古化字不精。刻书不论多少，须令后人不能刻第二次，不然，奚重古文字为哉。[2]

吴大澂持论与陈氏相近，他对陈介祺的推重之情，时时见于书札中：

> 尝谓三代彝器，只取其器真、字真，皆可宝贵。只恐市侩妄凿款识，此器便毁。好古弗加深考，贻误后人，滥登著录，强为索解。阮、吴诸书，皆所不免。如老前辈鉴别之精，考证之确，收藏之富，殆古今所罕见。大澂有所见闻，及向来蓄疑未能冰释之处，必罗举以奉质，尚求从直指示，勿吝教诲，何幸如之。[3]

吴氏因陈氏为外祖父的至交好友，故对陈介祺执晚辈礼甚恭。而在传古一事上，吴大澂除与王懿荣论吴云、潘祖荫二家刻书之不惬意外，也曾在致陈介祺函中有所论及：

> 前年怂恿伯寅司农刻图，因无人摹绘，遂力任其役。大澂本不工画，偶尔为之，始意亦拟悉照原器，不用双钩，较为省事。惟文之粗细不等，若坟起处，悉用墨填，须凸文画作阳文，凹文画作阴文，又恐刻手不精，易于粗俗。如二百兰亭斋所刻，前后又不一例。妄谓绘图有二法，一仿《博古》《考古》，除雷文细笔用单线外，其余不论凹凸皆用双钩，一照全形拓本，依器绘图。近有刻板代拓印成挂幅者，仿此为之，亦是一格，若钩勒精工，俨然缩本，墨拓则出前人各图之上，而款识亦须用阴文，方为合法。大澂拟将所见吉金陆续摹绘付梓，未见原器者，仅刻款识，别为一卷。敝藏各器又为一卷，合南北各省知交藏器，集为一巨观。特恐俗尘纷扰，惟日不足，未易集事，过此以往，精力日减，绘图又不能

---

① 商承祚：《古代彝器伪字研究》，载《金陵学报》第3卷第2期，1933年。

② 《簠斋尺牍》（致吴大澂）第7通。

③ 《吴愙斋（大澂）尺牍》（致陈介祺）第1通。

工，未知此愿何日偿耳。①

函中所谓“拟将所见吉金陆续摹绘付梓”“敝藏各器又为一卷”云云，即拟编《恒轩所见所藏吉金录》一书之计划，不过日后所成之书，已与此稍有不同。

陈介祺以吴大澂亲赴西北，有访古之便利，于是时加鼓励，并切嘱互通有无。尤其对于访拓之际施墨用纸等需加注意之处，一再详告吴氏，娓娓不倦。因一旦椎拓不得其法，虽得墨本，亦不能佳，殊为可惜。对此，陈介祺于致王懿荣函中曾经谈及：

清卿所来石拓，殊不致，皆刘泰之俦，不唯不足传古，真是剥古。可语清卿物色一好拓手如吕守业者，或不虚此行也。②

对于绘图摹款诸端，陈介祺也深有心得，在其尺牍中曾遍示友人。潘祖荫为陈介祺辑刻《传古别录》一种，陈氏寄赠吴大澂二册，嘱以其一赠张懋功。张氏即吴大澂在西北时所用拓工，陈氏与之并无交情，而拓工虽身份卑微，传古却不能不假其手，故陈氏重视之。陈介祺对吴氏函中所论如何绘图一事，曾以心得告之：

刻图细文固宜细，粗文则从粗，不必双钩为合兼之，则无能出巨制右矣。拓墨之佳，今亦未有能及吾兄者，但须有善学之人代作方可，纸绵而薄，墨细而黑，字边际真而肥，易于摹刻，则能事毕矣。钩字须中锋运腕，运腕在指不动，凡用手之艺皆然，尤在下笔微茫全力已定已足，若古石则须厚绵料纸，先扑后拭，不妨墨重，方见笔画。③

不久之后，吴大澂自告奋勇，愿为陈介祺刊刻所藏秦汉瓦文。光绪元年（1875）九月二日，陈氏复吴氏函云：

弟裒集秦金文字，洵前所无，吾兄如肯刻传尤胜。刻当候示，再寄精拓。刻古文字，一器一页，随得随刻，积久成书，后再补考，并可更正释文。古泉古印小版，一板一页，亦易编次也。……如欲刻关中瓦当，当再寄与。小倩仲饴所藏，或可二百以内，伊处无好拓手，仅得五十种。

---

① 《吴愙斋（大澂）尺牍》（致陈介祺）第2通。

② 《簠斋尺牍》光绪元年正月十二日致王懿荣函。

③ 《簠斋尺牍》（致吴大澂）第2通。

退楼寄沈仲复藏瓦七种，尚有一二可取也。①

陈介祺素于刻书颇为谨慎，虽函中对吴大澂热心刊刻瓦文之事深为赞许，但不无顾虑。其实，早在同治十三年（1874），吴氏就已提议，陈介祺犹豫再三，迟迟不能决定。陈氏曾于是年九月致王懿荣函中言及此事：

子年屡言清卿欲刻秦瓦，今又来询，云今冬必可刻出，可感也。②

鲍康在《为幼云跋瓦当文存》一文中，对此事缘起曾有所记述：

陈寿卿藏周秦汉瓦三百余，出齐鲁者百八十余枚，惠余拓本，装作三巨册，未全也。余初拟专刻其秦瓦，顾不工钩勒。适吴清卿视学关陇，锐意任之，携全拓去，手摹付梓。他日刊成，洵巨观矣。③

由此可知，吴大澂先从鲍康处借得陈氏所藏瓦拓三册，后以刻瓦事函告鲍氏，对方深表赞同，乃转询陈氏，并加怂恿。思量再三之后，陈介祺勉强应允，以瓦文交吴大澂在西北开雕。光绪元年（1875）正月，陈介祺在致潘祖荫函中谈及此事道：

清卿刻瓦事，不敢重拂子年兄之意，不刻亦不过赠以全分瓦拓耳。④

从此寥寥数语中，即可知陈介祺对刻瓦一事顾虑未消，乃有以全份瓦拓赠鲍氏，以求暂停刻瓦之考虑。其于同月十二日致吴大澂函中云：

敝藏瓦拓想已至，今再寄上近得琅邪台秦瓦拓四十七纸，齐出汉瓦四十七纸（秦残瓦当千百倍于齐，何无求之者），无字者二十八纸。或有复者，乞分别之。方赠孙藏瓦拓乞一目，刻成再乞全帙。至刻字与图，则唯印出者如拓出者为大雅也。十六长乐堂刻瓦皆半叶，其后半叶，或考或再刻一瓦，均可。每瓦须有一目，考跋如少，附总目各瓦下亦可。唯钩刻须直立运腕，而指不动耳。⑤

在鲍氏、吴氏二人一再怂恿之下，陈氏明确答应刻瓦一事，并陆续寄去瓦拓，同时就此提出相关具体要求。至光绪元年（1875）九月十五日，陈介祺致吴大澂函云：

---

① 《簠斋尺牍》（致吴大澂）第9通。
② 《簠斋尺牍》同治十三年九月十五日致王懿荣函。
③ 《观古阁丛稿三编》卷上。
④ 《簠斋尺牍》光绪元年正月十一日致潘祖荫函。
⑤ 《簠斋尺牍》（致吴大澂）第4通。

子年屡云吾兄欲刻敝藏齐鲁秦汉瓦当文字，愧弗敢荷。今来书敦促，谨将自装未缀之册奉鉴，并检存拓百三十纸奉赠，连夜粗编一目请正，乞教之。①

陈介祺将瓦拓悉数寄往陕西，连未加黏缀之拓片亦同时寄与吴氏。从上海图书馆藏吴大澂《刻汉瓦当文日记》残页看，吴大澂于光绪元年（1875）九月以后，连续刻瓦文达数月之久：

初十日，刻甘林瓦。十四日早九点钟刻竣。

十四日，刻长陵西神瓦。十八日早八点钟刻竣。

十八日，刻延寿万岁常与天久长九字瓦。廿四日早九点钟刻竣。

廿五日，刻千秋万岁瓦。廿九日下午四点钟刻竣。

廿九日，刻太岁半瓦。十月初四日下午四点钟刻竣。

初五日，刻千秋万岁瓦。初八日下午五点钟刻竣。

初九日，刻道德顺序瓦。十二日下午三点钟刻竣。

十二日，刻万秋瓦。十七日八点钟刻竣。

十七日，刻曲成之当。廿一日六点钟刻竣。

廿二日，刻鼎胡宫延寿。廿七日早九点钟刻竣。

廿七日，刻秦十二字瓦。十一月初二日晚六点钟刻竣。

十一月初三日，刻长陵东凿。初八日晚三点钟刻竣。

初八日，刻万岁二字瓦。十三日晚六点钟刻竣。

十四日，刻长陵西神瓦。十九日晚五点钟刻竣。

二十日，刻羽阳千岁瓦。廿七日晚四点钟刻竣。

廿七日，刻兰池宫当。②

综上所记，可知刻簠斋藏瓦一事，吴氏倡议于同治十三年（1874），至次年（1875）年初，陈介祺才将藏瓦拓本交吴大澂付刻。光绪元年（1875）九月以后，刻瓦事本应顺利进行，克期竣工，但从《刻汉瓦当文日记》看，刻瓦的进度远不及吴大澂所预计之速。同治十三年（1874）十一月二十七日，吴氏致陈介祺函称：

---

① 《簠斋尺牍》（致吴大澂）第11通。

② 《愙斋公遗稿》，稿本，上海图书馆藏。

敝处刻工邢姓，自都门厂肆招来，属刻彝器图，尚肯用心。敝藏各器无多，钩摹费力，往往停手。因思瓦当易摹，试事稍闲，藉此遣兴，亦不费事。当属其一日刻图，一日刻瓦，每月或可刻瓦当二十余。若双钩则刻工须三倍之，每月不过十瓦。如欲速成，似依拓本刻之，亦无不可。刻资无须另给，将来刷印时，应用纸价再为报明。秦中刷手甚劣，尚未觅得良工，当于省垣书肆从容访之。①

据吴大澂所述，他赴西北时，即从京中招邢篆香同行，抵任后命其刻自藏彝器图。因钩摹器形需吴大澂亲自动手，刻版不能迅速。吴氏以为瓦文既简且小，若直接据拓本雕版，当可利用刻彝器图的间隙，陆续付梓，一举两得。正式开雕之后，发现刻一瓦少则四五日，多则七日，如此大费功夫，实非吴氏始料所及。有鉴于此，吴大澂乃致函王懿荣，欲将刻瓦一事转托王氏在京交刻字铺办理，为此吴氏曾于年末函告陈氏：

惟刻工只此一手，前刻瓦文甚迟，每月不及十叶，所摹款识积压甚多，不及兼刻。鄙意刻瓦较易而款识难，都门厂肆尚有良工，拟将所摹瓦文寄至都中付梓，托廉生经理其事，刻价仍由敝处寄付，则一年之内，瓦文或可全刻。②

虽然钩摹仍出吴氏手，刻资也由其承担，但督责之事改请王氏任其劳，无疑能为吴氏分忧不少。光绪二年（1876）二月，吴大澂将陈介祺陆续所寄瓦拓整理编目，寄还陈氏，附书商议在京刻瓦事宜：

先后所寄尊藏瓦拓计三百四十余种，编目卒匆，因穷数日之力，缩摹一册，细加校对，并原编目录寄缴，乞察入。瓦下注字者，原编所无，注无字者，裱册所有，而见惠纸本所缺，尚求逐一补寄，俾得汇成全本，按图而索，一览可知。苦心孤诣，当蒙鉴及。此册即存尊处，无须发还。长夏事闲，钩摹可毕，由厂肆刻工分刻，计可速成，然亦须一年外也。③

此后陈介祺致吴大澂函，不时言及续寄瓦拓至陕西。王懿荣处则未见动静，京中代刻一事，似未能付诸实践。

吴大澂在陕西所刻瓦文，从当时的记录看，当有数十种之多，但均未见

① 《吴愙斋（大澂）尺牍》（致陈介祺）第 4 通。
② 《吴愙斋（大澂）尺牍》（致陈介祺）第 13 通。
③ 《吴愙斋（大澂）尺牍》（致陈介祺）第 15 通。

印行。目前仅见《砖瓦录》拓本一种，吴氏身后由吴隐于1919年影印问世，著录砖瓦十余件而已。此外，尚有吴氏旧藏瓦拓剪裱本，今分储南北图书馆。刻瓦一事，功败垂成，究其原因，与吴大澂一时不能兼顾刻瓦、刻彝器图二事不无关系。瓦文既未刻竣，依陈氏、吴氏两人性格，断不肯轻易刷印问世。不过，从陈介祺、吴大澂日后通信均不提及刻瓦事可知，内中尚另有曲折。

光绪元年（1875）正月，吴大澂就以手中所存瓦拓交邢篆香试刻，吴氏曾以此事函告陈介祺：

十九日由筱坞前辈处递到去秋九月望日手书，并瓦拓一箧，展读数过，琳琅满目，既精且美，从来著录所未见，考古家所不及搜访。即无字十六种，亦极可爱可宝，真如古璧汉镜，一钩一画，都有朴茂之气，似较未央、长乐宫遗制，尤有古趣。所谓瓦制不始于秦，良不诬也。昨属邢工试刻一叶，先寄呈鉴，似刀法锋棱太露，尚落呆板。拙书极劣，意欲摹尊书，尤恐失真耳。①

此函作于吴大澂征询陈氏意见之初，故有以试刻刷样寄陈介祺审定之语。无论翻刻古籍、传刻款识，自来最忌心存己意、锋芒毕露。匠气十足，必致失真。刻瓦一事，在陈氏未完全应允之前，吴大澂已先开始钩摹。在同年（1875）二月二十四日致陈介祺一函中，吴氏云：

蒙寄瓦拓百廿二种，当与前册细校，并刻去其复者，汇成一集，洵属巨观。前月试刻一叶，交廉生寄上，当已鉴及。刻工留在三原，令其专心覆刻《长安获古编》及尊藏瓦拓，近已钩成二十余叶寄去，属即上板，俟刻出十余叶，陆续刷样寄览。惟拓本浑成，钩本板滞，仅存模范，恐失神采。……俟齐瓦刻竣，再以秦瓦续之。②

至同年八月二十九日，吴大澂为刻瓦版式一事函询陈氏：

闻尊处藏秦瓦有八十余种，倘蒙惠寄拓本，汇成一集，亦属巨观。至钩摹之法，或用双钩，或竟依拓本，亦乞详示为感。如长者有考证语，并祈录示，或仿题跋例，即书于上下四角空处，依阮刻王复斋《钟鼎款识》式，未知可否？板样似宜每页刻一瓦，不用中线，若跨两页，中隔

① 《吴愙斋（大澂）尺牍》（致陈介祺）第6通。

② 《吴愙斋（大澂）尺牍》（致陈介祺）第7通。

边线，未免有割裂处也。①

吴氏对自己钩摹古物之术信心十足，而以刻工不能传神为憾。陈介祺则不仅对刻瓦的版式有所建议，更在乎摹绘、刻版之不可失真，以期传之久远。但刻印效果似不能令人满意。光绪二年（1876）五月，陈氏在致潘祖荫函中谈及刻书时，有感而发：

刻书如有廉生畏人知之见，则可不言为谁藏，而并他藏同传之。传则必不可失真，字与拓图与照者校，皆不失毫发，则必传。祺之所以未成书，固无学力，尤未得人能知此意助成之耳。②

陈氏此言未必针对吴大澂，却反映出他对传刻古器款识标准之严格。吴大澂摹拓技术之精，深得陈介祺、潘祖荫等人的肯定，却未必每件都能达到陈介祺之标准，加之再经过刻工雕版，必然有所失真。光绪三年（1877）八月二十四日，吴大澂自京师致函陈氏，论及砖瓦之鉴别及摹刻云：

顷奉中秋前二日惠书，承赐瓦登、瓦片七百三十五纸，至感至感。……大澂在秦三年，所见砖瓦，伪刻、伪造者无奇不有。近所审定，百无一失。若仅见拓本，则未敢信也。是砖未得，非自藏之物，无所袒护。尊论有过严者，不敢不详论之。摹古文字求似易，求精亦易，求有力则甚难。手临不经意有神似处，影摹经意多形似处，而神采终逊，力亦逊。大澂自摹本较《积古》《筠清》皆胜，恐刻工不良，则大失真。《积古》刻手佳，《筠清》稍次，稍失之肥重，然已不易得。承厚爱不吝教诲，感何可言。③

吴氏以上所论，看似深以传古之不易为言，但隐约可见其对于陈介祺所要求之标准，确有心有余而力不足之惜，故言“尊论有过严者”。吴大澂为陈氏所刻之瓦文，此后所以废而未印，恐亦因此之故。

陈介祺对于著述精益求精的态度，固然值得称道。不过，正因其要求严格，以致生前著作多未能手订问世。李佐贤、鲍康、吴云诸家态度与陈氏略有不同，他们的著作多在生前写定。对此，吴云以不可因噎废食谏陈氏，前文已述及。鲍康曾致函潘祖荫，亦以为陈氏过于严苛，以致不见著作行世：

① 《吴愙斋（大澂）尺牍》（致陈介祺）第11通。

② 《簠斋尺牍》光绪二年五月二十三日致潘祖荫函。

③ 《吴愙斋（大澂）尺牍》（致陈介祺）第25通。

竹朋刻书最勇，来笺云，笑骂由他笑骂，拙稿我自刻之。读之令人失笑，然却宜效法。青园、燕庭诸公皆过于慎重，转留余憾无穷。簠斋集金文至九百种，康每促其早日刊定，但恐奢愿难偿。吾辈成一书，则是器即足以传，并聚散亦可听之。有动平泉一草一木之语，真千古痴人耳。足下之《彝器款识》闻已付枣，窃以先睹为快。①

对于鲍康代李佐贤所刻之《续泉汇》，陈介祺亦有微辞。鲍康曾于致王懿荣函中申明原委，具见其无奈之情：

寿卿颇谓《续泉汇》刻手不佳，又谓何惜以原拓上版，此真局外之言。凡事言之易，而行之难，各拓逐一付钩，大费厥事（且多并无原拓者）。石查诸君既不肯摹，厂肆中人工书通篆隶者少，屡易其人，不但旷时日，亦多费笔资，非得已也。原拓有绿绣、有墨痕，笔画又大率微茫，刻手不知书势，不能时时监刻，动辄舛误挖改，则版无完肤，不如摹本之易辨，虽乏神致，尚存形似耳。圜泉数卷尤不致，盖行楷摹出更难得神。此编不过使后来知有是泉，与刻碑版钟鼎者异。且附在前编之后，俾成一律足矣。试问如刻金文，能有成否，一笑。②

陈介祺处事严谨，固无可厚非，而鲍康所言，亦不无可取。今观陈氏著作，生前行世者仅数种。如《簠斋印集》，乃咸丰元年（1851）友人助编而成。陈氏晚年收藏益富，屡欲重编《十钟山房印举》，终未有定本。其《陈簠斋丈笔记附手札》《传古别录》二种，均在潘祖荫一再怂恿之下编刻而成，陈氏未必惬意。至于潘氏已拟付梓之《秦前文字之语》，也因陈介祺有心藏拙而中辍，今通行本由其后人抄撮书札而成，与潘祖荫旧例相同，谅亦未必合其本意。

鲍康主张著作应及早写定，并非不顾原则，一味求其速成。鲍氏曾与潘祖荫论及刘喜海《古泉苑》、翁树培《古泉汇考》二书，颇可窥见其态度：

簠斋书来，云燕翁《古泉苑》一百一卷，底稿在伊处，宜为代刻。但有图无说，且金银洋钱多至数卷，是物奚必刻乎。诚如来示，不宜丝毫更易，易之则非其原书。翁氏《汇考》，所见皆写本而无图，采取过

① 《鲍臆园丈手札》（致潘祖荫）第6通，潘氏《滂喜斋丛书》本。

② 张季量：《鲍胡泉简摘钞（并序）》（鲍康致王懿荣）第1通，载《泉币》1941年第8期。

多，未经删削。二书皆未可付梓，强为之亦不能惬心贵当。惟青翁《虞夏赎金释文》、燕翁《咏泉绝句》，如得原本，必为梓行，与尊刻之文节《泉语》可以汇存。①

所谓文节《泉语》，即潘祖荫所刻《古泉丛话》。鲍康此函作于同治十一年（1872）定居京师后，次年夏，即获刘师陆《虞夏赎金释文》刻之。同治十三年（1874），鲍氏又获刘喜海《咏泉绝句》刻之，皆收入其《观古阁丛刻》，而刘氏《古泉苑》稿本终未付梓。

吴大澂刻瓦，由其手绘瓦文，相较于鲍康之无人摹绘、径以原本上版已略胜一筹。但两者都须经雕版，神气自然逊于原拓。鲍康、吴云与陈介祺属同辈好友，故能加以辩解，至于吴大澂身为晚辈，个中甘苦，唯其自知而已。

三

吴大澂刻瓦一事，费时三四年之久，竟未能有所成。当日吴氏、陈氏双方均已竭力为之，奈何仍不能尽如人意。此后两人一无间言，书札往还依然如故。吴大澂于致陈介祺函中称“古文字之好，不乏同志，惟长者与大澂为最笃，声气应求，不谋自合”②，此时已在光绪八年（1882），足见二人交情之笃，始终不渝。瓦当文字尚在秦汉之间，至于古陶，则远至三代。吴大澂与陈介祺订交以后，即以所藏古物拓片互通有无，钟鼎款识之外，陈介祺所寄各拓中，古陶文颇多，其文字立即引起吴大澂重视。陈氏曾书“陶文齐鲁四千种，印篆周秦一万方”一联，可见其藏陶之富。顾廷龙先生《古匋文孴录·自叙》云：

古匋出土，通常皆谓前有齐鲁，后有燕赵，惜其地其时，均不甚详。齐鲁所出，传为临淄、历城，是皆齐邑也。陈氏簠斋（介祺）以居处密迩，闻讯最先，收储亦最富。尝读其手札，有涉匋事者，最早为光绪二年致吴氏愙斋（大澂）书，言附古瓦器拓五，前此未之闻也。③

陈介祺将家藏古陶文拓出，分批寄赠吴大澂，时在光绪二年（1876）岁末。光绪三年（1877）三月二十二日，吴大澂自苏州复函陈氏，谢其寄赠拓片：

---

① 《鲍臆园丈手札》（致潘祖荫）第15通。
② 《吴愙斋（大澂）尺牍》（致陈介祺）第52通。
③ 顾廷龙：《古匋文孴录》，1938年影印本。

去冬还里后，即诵惠缄，寄示三代古陶文字各拓，至为心感。因欲以手拓本奉寄，苦于鲜暇，积不多而书亦久不复。①

未几，吴氏浮海进京，因故未能亲赴潍县拜见陈氏。陈介祺于同年八月，又将陆续检出的陶文拓片寄京，并附函云：

顷闻急足北上，自辰至未作复后，检三代古陶拓，计瓦登三百五十七纸，残瓦器三百七十七纸，又陶印一纸，共七百三十五纸，未及用“三代古陶轩”印及“瓦登”“瓦器”木印别之，如欲补则编释后同寄。其非三代瓦器者（登中无），亦未及别，可以前所寄与寄子年者校之。今年之一拓友，日从事于此，良非易易。②

吴大澂见陶文后，即作复函称“古匋八百，中多奇字，尚求赐一全分，必思所以报意”③。其中，“八百”一说，源自鲍康处藏有陈氏所赠拓片八百种，所以陈氏嘱吴大澂向鲍氏借全部拓本逐一校对，开出所缺之目，以便日后再补寄。当时京中各家，潘祖荫亦好藏陶，曾向吴氏函询求取陈氏藏陶一事，吴大澂复云：

簠斋古陶八百种，仅寄年翁一分，大澂苦无拓本可寄。旧所得器，皆在南中，存拓无多。如吾师以藏器精拓数十纸寄去，簠斋必有以相报。仆人拓器近日略好，拓二纸呈鉴，如吾师需拓之件，可驱遣之。大澂亦藉可得尊藏拓本也，函丈藏古至富，每器拓十分留之，可与簠斋随时交易，非精拓不足以动之耳。④

此后，潘祖荫即按吴氏建议，以自藏彝器精拓本赠陈氏并向其索求陶拓，吴大澂应潘氏之命，居中转递。

陈介祺收藏钟鼎彝器、摩崖石刻、古化玺印之富，冠绝一时。瓦当、陶器虽多，但前人多未涉及，故其储藏之余，似并未细加考释。吴大澂既睹陶拓，以为与许慎《说文解字》所收古文有相似处，乃推定为先秦六国文字，亟函告陈介祺。陈氏一向认为“三代文字，唯古化与玺印”，经吴大澂提示，如获至宝。从同年（1877）八月二十四日陈氏复函中，明显可见其欣喜之情

① 《吴愙斋（大澂）尺牍》（致陈介祺）第 21 通。

② 《簠斋尺牍》（致吴大澂）第 20 通。

③ 《吴愙斋（大澂）尺牍》（致陈介祺）第 24 通。

④ 《吴大澂书札》，稿本，国家图书馆藏。

溢于言表：

> 前寄齐刀化砖范拓又古陶拓补全，计已先后至。今又得齐刀化残砖范二，古陶廿四，竟有完者六而三代五。三代古陶文字，不意于祺发之，三代有文字完瓦器，不意至祺获之，殆祺好古之诚有以格今契古而天实为之邪。①

吴大澂此时正意欲精刻古化文字，并兼及古陶文字。陈介祺闻之深表支持，建议古化断代“或止于汉，以补篆隶，亦传古一事，与古匋、古玺并重，不仅编一钱史”，“不可不于《许书》之上集一大成，拟之三代作者，异于玩物者所为”，并寄上第二批“古匋拓、瓦登百六十又五十八纸，瓦器廿四又六纸”②，以供吴氏采择。陈氏之意，既然立志编辑古化文字，其侧重点在古文字，并非古泉币本身之形制，所以全书体例应与通常的古钱币著作有所不同，而更接近于许慎的《说文解字》。陈氏所提建议，高屋建瓴，无怪乎商承祚认为其识见远高出侪辈。陈介祺在同年（1877）十月三日致吴大澂函中，又重申治金石学不同于蓄古董玩物：

> 论古不严不可，如良友不以为妄，且将言所不敢言，而求笔之于书以待后。凡拓均不可不寄读，使竭其颛愚，以多见为至幸，即妄亦可见其用心之不敢苟也。……学古必寝馈其中，以求真知，亦必多见多闻，非名士风雅，好为高论，矜己见即可造极也。……寄上古匋三百二十五拓，古印五拓。徐书之假，感不去心，不敢久留。论定之妄，唯乞大雅姑容之也。③

由此可见，陈介祺于学问一道，强调治学须端正态度，专心致志，厚积薄发，偶有疏误，在所难免，亦不必苛责。函中“徐书之假”云云，指陈介祺向吴大澂借阅徐同柏《从古堂款识学》稿本一事。吴大澂于家藏孤本，轻易不示人，惟恐借者纷至沓来，徒增纷扰。此番慨然以徐氏稿本八册，分两次交专人带往潍县，供陈介祺借阅数月之久，足见陈氏在吴大澂心中之地位非比寻常。

光绪三年（1877）九月，吴大澂因李鸿章荐举，奉命赴山西帮办赈灾事

---

① 《簠斋尺牍》（致吴大澂）第21通。

② 《簠斋尺牍》（致吴大澂）第22通。

③ 《簠斋尺牍》（致吴大澂）第23通。

宜。他与陈介祺通信讨论传刻三代文字时，已在出京途中，因尚未抵达灾区，一路上仍以传古、考古为日课。陈氏函中对其所提计划表示赞许，吴氏深受鼓励，乃复函云：

读九月十八日所惠一缄，承赐古匋拓、瓦登百六十又五十八纸，瓦器廿四又六纸。……长途跋涉，寒夜无聊之际，得此至宝，心感厚爱，何快如之。古匋文字日出不穷，大澂细心考释数千言，未尽录出，兹先寄呈数叶求教之。……来书所谓于许书之上集一大成，儗之三代作者，大澂不敏，窃有志于此，所见所闻，求其广，不厌其緐，亦不敢自执己见，惟虚衷以求益，寝馈于此，博采旁通，以古玺、古匋补彝器所不及。尤企长者时赐启牖，爱古传古，以存秦燔后一线之遗。大澂当力求进益，以报知己之感，不敢自隘自弃也。……他日如摹刻古匋文字，不可不以完器图形冠诸首，亦考古之一助。……古刀币泉摹刻较易，石查惮烦，幼云有力能传古，大澂可任钩摹，再续一编，不过一月之功，即可集事。明春入都，当与幼云共图之。……卫河水浅，洲渚萦纡，一里数曲，日行四五十里，舟中甚闲，录《古陶释文》四卷，迭次惠寄八百余种，均已审绎一过，有不可识、有妄疑者、有可自信者。如尊见有所及，求书于眉，有不然，亦求指示。幸甚幸甚。①

此函作于光绪三年（1877）十一月初一日，据吴大澂所述，他外出时随身携带拓片，白天加紧赶路，夜间不顾舟车劳顿，仍坚持考释古陶文字。对八百余种古陶拓片，逐一释读，撰成考释凡数千字，并在此后数日中，录成《古陶释文》四卷。按《吴愙斋先生年谱》后附吴氏著述目，其所著有关古陶文考释稿四种，依次为《古匋文字释》《簠斋臧匋考释》《三代秦汉古陶文字考》《古陶稽证录》。其中，第一种乃据吴、陈二人书札所拟之目，并未见原稿。吴湖帆所藏《簠斋臧匋考释》，今未见。《三代秦汉古陶文字考》《古陶稽证录》稿本二种，今藏上海图书馆。《三代秦汉古陶文字考》前有吴大澂叙云：

潍县陈寿卿前辈介祺所得三代古陶文字至八百余种，至精之文，不减彝器。有可证《说文》及吉金文字者。又得残瓦量，有始皇诏书字，

① 《吴愙斋（大澂）尺牍》（致陈介祺）第27通。

向来金石家未见未闻，殊可宝贵。录而释之，以备搜辑古文者一助云。

由此可见，吴大澂撰古陶文字考释时，确曾采纳陈氏建议，以补证许慎《说文解字》为依归。至于古化文字考释，二氏往来书札均未及名目。吴大澂所作《古匋文字释》，至次年（1878）二月始寄抵潍县。陈介祺于同月二十七日作函答之曰：

大著《古匋文字释》四卷，二千年来古文字未发之藏，祺之世及见之，祺之友能读之，真至幸矣。退楼书来，言任刊事，诚不可缓。检目似已寄二千种，未知均得达否。兹又检十一月六日以后得者，瓦器百又三拓，瓦登百六十九拓，今日尚得二三百种，未及拓，共二千六百余矣。复者残者过多，伪者亦日出，力亦有不足，拓亦甚不易。君子又有板屋之役，环顾自叹，欲从末由。……尊论许氏所引皆六国时古文，心目之光，实能上炬千古。此非多见能识，真积贯通，焉能及此。今人释古文止可如此，书缺有间，以意为之者，推阐不可不详，断制不可不谨也。古匋文字不外地名、官名、器名、作者用者姓名与其事其数。①

由陈介祺所言，知其对吴氏所作《古匋文字释》深为激赏。所谓“退楼书来，言任刊事”云云，殆指吴云曾致函陈氏，言及愿任《古匋文字释》刊刻之事，详见《两罍轩尺牍》致陈介祺书札第二十五通。据此函所言，吴大澂考释陶文，似于此时正式提出许慎《说文解字》所引古文系六国文字一说。

据陈介祺、吴云、吴大澂等各家书札所记，至光绪三年（1877）年底，簠斋藏陶数量已达两千余种。因其中有不少残损、重复者，又有剔字受损者，拓出者不及过半。又据光绪四年（1878）三月吴大澂书札称，陈氏所寄赠陶拓凡七百三十七纸，将之分类粘册后，已蔚为大观。② 与此同时，山东仍有古陶不断出土，陈介祺于同年四月函告吴氏“月余所收古匋四百又二”③。同年十月九日，陈介祺又函称：

古匋今得邑人姚公符学桓作图，尚静细。……残匋今夏秋少所得，盖日久地面日少，非耕余遇大雨不易觅，有亦剔残而已。出少则觅者亦少，虽有力者亦未易即得，是以不与人争矣（此齐地者）。鲁地远而往者

① 《簠斋尺牍》（致吴大澂）第25通。

② 《吴愙斋（大澂）尺牍》（致陈介祺）第28通。

③ 《簠斋尺牍》（致吴大澂）第26通。

少，是以尚可有得，特复者多。昨日得五百种，复者三百五十。好之故不能汰，又汰甚则不求似古于齐者，齐出似皆秦灭齐所损，故晚也。唯又同得秦瓦量诏字残片二为快，闻有一片二三字者，牧竖持之索一千，未及增，已怒碎之，为可惜耳。今先拓未复者百四十四纸，余虽复，亦有精者，容选拓再寄。又秦诏残瓦，字各二纸，乞鉴之。年来拓事困于古匋，计其成数三千，拓五十文一纸即可。有爱而欲助者，乞留意。①

由于古陶层出不穷，吴大澂所撰《古匋文字释》也不断增订。光绪四年十一月二十七日，吴氏自京复陈介祺书云：

月之五日由津入都，翌晨晤东甫，交到十月九日手书，承惠古匋拓百四十四纸，古匋屏图六十三幅。姚公符兄心细如发，作图之工，从来所未有，敬佩敬谢。当托东甫寄奉十金，聊助纸墨之费。匋拓异文甚多，有前释所未备者，有前所误释尚须更正者，正在编册注释，欲一一求正于长者。而吏部传于十六日引见，遂为它事所扰，未暇伏案作书。……连日酬醋，未得少闲，腊月稍暇，尚可从事古训文字。明春入晋后，便当暂屏一切，未敢纷心。命书联语，当交东甫寄呈。②

所谓四卷本《古匋文字释》，只是草创之稿，并未最后写定。伴随陈介祺陆续补寄新获陶拓，吴大澂也不断增订考释草稿。按国家图书馆藏有《簠斋古陶文字考释》不分卷稿本一种，分装五册，原为民国间上虞陈景陶所藏。该稿本书衣由吴昌硕题签，内封由罗振玉题写，书后有褚德彝、陈景陶两家题记，并有密韵楼后人蒋祖怡藏印。是书第一册四十四开，粘陶文拓片八十七纸；第二册四十开，粘陶文拓片八十纸；第三册四十开，粘陶文拓片七十九纸；第四册四十四开，粘陶文拓片八十纸；第五册四十七开，粘陶文拓片九十四纸，共计陶拓四百二十纸。虽然陈景陶题记称“每种皆经愙斋中丞用细篆书逐一考释，赅博精详，古雅无匹”，但核之原书，仅前四册有考释，第五册仅粘陶拓，并无考释，可见仍为未竟之稿，但其数量已远多于上海图书馆藏《三代秦汉古匋文字考》所著录者。《三代秦汉古陶文字考》稿本体例，与国家图书馆所藏《读古陶文记》（即《吴愙斋（大澂）尺牍》所附）相同，

① 《簠斋尺牍》（致吴大澂）第28通。

② 《吴愙斋（大澂）尺牍》（致陈介祺）第36通。

系吴大澂手摹陶文之后，再加注考释，并未粘有陶拓。以形制而论，吴、陈二氏书札中所谓“《古匋文字释》四卷”，似与国家图书馆所藏《簠斋古陶文字考释》一稿中附考释之前四册相近似。

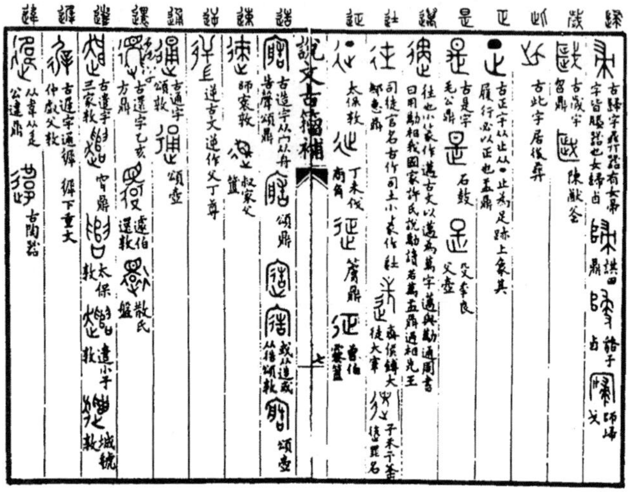

图3－13－2　《说文古籀补》内文

吴大澂考释古陶文体例的变化，似乎缘于陈介祺建议依许氏《说文解字》之例，并不沿用《攀古楼彝器款识》等传统之图、说结合方式。从两家往来书札看，光绪五年（1879）出任河南河北道以后，吴大澂对于古陶文的考释曾一度停滞。光绪六年（1880）四月，吴大澂赴吉林之后，乃撰《说文古籀补》一书（图3－13－2），举凡钟鼎彝器、石鼓、玺印、古陶、刀化文字，靡不采录，循许书之例依次编排，其中收录古陶文近百字。光绪八年（1882）六月八日，吴大澂自关外致陈介祺函云：

五月十七日，吴副将、傅从九行抵宁古塔城，带到二月十八、十九、二十、廿二、廿三、廿五、廿七、廿八日惠复各缄。承寄鼎、簋、爵、戈、弩、符、竟各种杂器拓一封，古匋拓二封，匋图二封，泥封拓一封，泥封目一封，积谷事目六本，瓦量拓册一本。读之竟夕，惟感厚爱之肫挚，期许之远大。……《说文古籀补》已刻至第六卷，书至八卷而止。近数月间，案牍较繁，无暇及古文字，束之高阁者百余日矣。拟于六七两月中续编成之，所收古匋、古玺、古刀化亦不少。惟晚见之字，尚多未录，意在速成以传古，不及钩摹，时有疏漏之字。中年以后，人事日纷，稍一蹉跎，不复能从事铅椠。此书又系专门，别无同志相助，姑于治军之暇，发愤为之，已非少年伏案之精力。拟俟成书后，缀以《补遗》一卷，覆加搜摭其不可识之奇字，及旧释可疑不足以传信者，别为《附录》一卷。①

同年七月二十二日，吴大澂又有函云：

承惠古陶拓，暇时读之，择其偏旁显著者，多已采入《说文古籀补》，附于各部之末，亦不强释。其奇字别为《附录》一卷，并彝器中不可识字，汇而存之，以俟后之好古者考正焉。《读古陶文记》一卷，计七叶，寄呈教正。②

由此可见，《读古陶文记》系光绪八年（1882）六、七月间，吴大澂对陈介祺新寄陶文所作之考释稿。与此同时，吴大澂也选择有关古陶文字补入《说文古籀补》一书。吴大澂曾与陈介祺讨论，有分别编刻刀化、古陶文字之设想，最终未能实现，不免令人遗憾。不过，取观《说文古籀补》，可见吴大澂所作刀化、古陶文字考释之成果多已选载其中，加之可与钟鼎铭文、石鼓文相参证，此书之便利后学，自不待言。

《说文古籀补》一书之编订，虽然出于吴大澂之手，但陈介祺对他的影响显而易见。陈氏为《说文古籀补》撰叙云：

祺尝欲辑本朝许氏学之说为《说文统编》，以一字为一类。先列钟鼎古字，次以许氏籀文、古文字。古文无则前阙文，古字不可释则附各部后存之，再次以许氏学各家说，又次以古训诂、古音韵各家说，有志而学与力不能就。……（吴县吴清卿馆丈）十余年来，虽视学于秦，振荒于燕、豫、晋，筹屯防于古肃慎，未少间，军旅之暇，未尝释卷。癸未，成《说文古籀补》十册，三千五百余字，溯许书之源，快学者之睹，使上古造字之义，尚有可寻，起叔重而质之，亦当谓实获我心，况汉以后乎。

陈氏编书之愿，早年就曾与友人吴云等言及，可惜无人附议。陈氏对待著述之态度，夙称谨慎，故迟迟未见属稿。吴大澂编撰此书，深受吴云、潘祖荫等赞赏。光绪九年（1883）十一月，吴大澂致函陈氏，请其为之撰叙：

十三日毕芬送到手书，匆匆泐复数行。补呈《说文古籀补》一册，即交毕芬带上。允撰《〈说文古籀补〉叙》，至感至感。有人自奉省来，

---

① 《吴窸斋（大澂）尺牍》（致陈介祺）第48通。

② 《吴窸斋（大澂）尺牍》（致陈介祺）第49通。

知梓民佛常济岁暮可至，不日将竣工矣。叙文可不拘格，乞随意书之，外阑补画亦可。①

对于作叙一事，陈介祺欣然应允。从陈氏叙文看，《说文古籀补》“溯许书之源”，颇得陈氏之心。

四

陈介祺以冢宰之子，中年退居林下，杜门却扫，考订金石，治学之名渐重于世。而他于时势也了然于心，虽洞悉官场之利弊，但闭口不言，其济世之志固未捐弃。陈氏虽讲求宋明理学，但思想并没有顽固不化，对于新生事物，不仅不加抵触，反而乐于尝试。

19世纪30年代，照相技术首先由法国人达盖尔发明，嗣经香港、广东等地传入中国。如广东学者邹伯奇（1819—1869）曾自制照相机，并撰有《摄影之器记》。陈介祺表弟谭相绅，在烟台登莱青兵备道潘霨署中学会照相技术，陈氏认为此法用于拍摄彝器，则可避免传古失真之弊。按潘霨，字伟如，潘祖荫族兄。其人精于岐黄之术，官至贵州巡抚，积极参与洋务运动。同治八年（1869）十一月，吴大澂中进士后告假在苏，曾应潘霨之请馆其家。潘霨升任贵州巡抚时，吴大澂曾有信贺之。同治十三年（1874）春，谭相绅受潘霨之托，向陈介祺求取金石拓片，并以所摄照片附寄。陈氏认为此法颇能存古器之真，故于致友人函中多有提及。光绪元年（1875）正月二十六日，陈介祺致远在西北的吴大澂函云：

兹有表弟谭雨帆（名相绅），旧在潘世兄（霨）署中习得西人照法，以其法形似而不大雅，故不取。后见其照山水树木，得迎面法，于凡画稿皆有裨。照碑帖则近雅而未甚古也。今试令照三代古文字拓及器量图，乃至佳，虽缩小而能不失其真，且似在范经铸者，浑朴自然。字虽小而难刻，然上海刻工或能之。器外象形文虽不能甚晰，有拓本相校亦易审，有图及图拓，虽不见器，亦可成书，且可将难得之拓印传之，是法乃为有益于中国艺文之事矣。唯药多未备，须龚蔼人课读馆二三月无事后，伊至上海购药归，先将敝藏吉金试之，再及藏拓藏碑帖书画。唯药纸所

① 《吴窓斋（大澂）尺牍》（致陈介祺）第55通。

费不少，虽减于他人，恐亦甚巨耳。今先寄数纸与兄暨伯寅鉴之（周聃簋拓一纸、说一册，钱款识读记一册，缩照吉金图，五隶、四印、一石、印拓五，乞察入），并告子年、廉生、石查诸公，且望照各吉金与唐宋拓秦汉石，与人间难得本。①

由此可见，陈介祺初见谭氏所摄照片，因角度、取景未妥，效果不甚理想，故对此未加注意。后请其试照金石拓片，虽小而能不失真，即使所需费用甚巨，仍极力向同道推荐。

陈介祺正月所发一函，由王懿荣从京中转寄西北，吴大澂接信已至八月间，旋于九月二十一日复函称：

八月十二日接廉生信内递到正月廿六日惠翰，并缩照吉金图五、款四、印一，又子振兄刻印，王君西泉刻印，一一领到，至感至感。同日又接三月二日手教，所寄秦金石拓并素册五十六幅，斯相书如此富有，前人所未见，展玩十余日，自觉篆书亦稍进。刻木不如刻石，刻识不如刻款，皆的论。惟大澂能摹而不能刻，刻工邢姓，刻阳识尚可，阴款不易肖，字细不能深，刻刷多则墨溢字口，即阮摹王复斋《款识》可见。拟令工人试刻二叶，一款一识，较其优拙，再为广刻。此间石工绝无佳手，他日得遇良工，仍以勒石为贵也。②

可见吴大澂此时正专心于钩摹彝器瓦文付刻，对此新法并未太过留意。而身在苏州的吴云，因邻近上海，于此西洋照相术早有所见，故复陈介祺函云：

承惠寄洋法照册、石印、刻版、铜印及古玉各件，均已领到。……承示用洋法缩照彝器及书画各图，此事南中已数见不鲜，倘因古碑碣字大而欲缩小刻之，则此法甚妙，工省而又能一丝不走，比之贾师宪门客刻玉枕《兰亭》有难易之别矣。惟不能耐久，久则西洋药水之力渐化，将成没字之碑。兄如作游戏笔墨借为消遣则可，倘欲藉以垂远则不可。附去缩照《麻姑仙坛记》数叶，乃何子登太史所赠者，太史精于此道，初颇着魔，闻近亦意兴渐衰矣。此数纸阅时不过三四年，字文已大不如

① 《簠斋尺牍》（致吴大澂）第5通。
② 《吴愙斋（大澂）尺牍》（致陈介祺）第12通。

前，再阅四五年，必更模糊也①。

从上函中看，吴云深知照相术对于传古大有帮助，更比之以宋代贾似道门客翻刻玉枕本《兰亭序》，足见其一时效果之佳，确非传统钩摹所能比拟。但因照相技术尚在初创阶段，还不太成熟，所用药剂稳定性较差，故照片容易褪色。本来传古力求久远，而今照片有此缺陷，与之相悖，故不能不忍痛割舍。吴云还附上旧存《麻姑仙坛记》照片，以为证明。由此可见，在南方如上海、苏州等地，利用照相技术拍摄金石拓片，早已有学者进行尝试。

对于照片不能久存、逐渐褪色的缺陷，陈介祺颇同意吴云以此手段拍照后再行钩刻之法。光绪元年（1875）春，潘祖荫以新获盂鼎拓片二幅，托王懿荣转寄潍县，陈介祺认为其拓手不佳，不如用照相法重制拓片。陈氏于同年四月致函王懿荣云：

> 海内如伯寅所藏，几于无二，而拓未能得古人之真，殊为企望。盂鼎图已装二巨轴，可谓大观，而图甚不如法，未免怅歉。洋照虽不必好其奇，然照古器形，缩三代古文字锓木，以补其不能久存之憾，而用其不失真之长。形则展为巨图，小大如一，则无画工以意揣拟之失，照像则以名人笔法，就其郛廓写之，而运以点睛添豪之妙，则其长皆为我用，而中国传心之学，岂彼所能知哉②。

陈介祺并未因照相技术存有缺陷而弃之不用，而是力图改良，欲取其所长，补其不足，即在西法照相之外，参用传统钩摹、雕版印刷技术补救之。陈氏又云：

> 盂鼎图甚不惬意，既有斯举，岂可不精。当以洋照取其真形再拓。鼎文、鼎耳足原样布于放大足尺寸真形上，使之无一不合乃可（照鼎大者尽其大镜，小者如《攀古楼款识》，便可锓木，与铭与各考自为一册）。不合者，全形多误，耳形内外、前后多误，腹形多误，花文误，足有误。③

陈介祺精益求精的态度，此亦明证之一。他明知西洋照相法存在不足却坚持采用此项技术，与其治学之态度有直接关系。殆其已深知此术之优点，

---

① 〔清〕吴云：《两罍轩尺牍》（致陈介祺）第13通。

② 《簠斋尺牍》光绪元年四月二十二日致王懿荣函。

③ 《簠斋尺牍》光绪元年四月二十二日致王懿荣函。

为传古求真求精计，自不肯轻易舍弃。当时陈氏曾进行总结，认为“照而不刻，则不能久。刻而不照，则不能不失真而悉合，缩字刻之亦至佳。作古文字细书，非此不可。是为古人别开真面矣”，足见其极力主张中西技术结合，以求传古不失真。

对于陈介祺一再向同道建议利用照相术传古一事，当时吴大澂与吴云、潘祖荫、胡义赞等均未响应。自同治十三年（1874）至光绪六年（1880），六七年间，吴大澂从西北返回苏州，假满入京，仍继续绘图摹款，交邢篆香雕版。在西北时，由于地处偏远，不采用照相技术，尚可以不具备条件为借口，但返苏及入京后，条件均已完具，吴氏仍未用之，可见他主观上确实不欲采用照相术。回苏州期间，吴大澂与吴云还曾商议续刻《积古斋钟鼎彝器款识》，所用方式仍主要是传统的勾绘摹拓。究其原因，当时照相技术本身尚不成熟，存在缺陷，其效果虽较传统钩摹图款为优，却不能持久，且所费甚巨，非专人采办器具、药剂并任拍照事宜不能成事。古物照片上版，仍须照样勾描，虽更为真实，却比传统方式多费一番工夫。

尽管照相术所费不赀，诸多同道亦认为此法不便于传古，但陈介祺仍坚持己见，继续向友人推荐此法。对此，吴云曾再复函与陈氏辩论：

> 洋照之法，无论放大缩小，原可一丝不走，然用以刻版则可，若留藏则西洋照法皆用药水，数年之后，渐澹渐灭，久之便成没字碑矣。……清卿所得龙节，兄叹为独出冠时，拟集吾三家所藏虎符、钩符、龟鱼符合装成册，互为珍赏，闻之神往。现出敝藏钩符各种约二十件，拓就奉寄，并以一分寄清卿也。……拙辑《古印考》一书，未经卒业，张玉斧遽赴修文，继其事者无人，遂将已锓之版束之高阁。去冬，从敝友林海如之议，就已成之九卷，先行刷印，此本敝帚自享，无取其全，亟欲就正，特先草钉一部呈上，版未收拾干净，印工愈形其劣，他日再当续寄一部，请先就此部直笔指谬。①

光绪六年（1880），吴大澂奉命远赴吉林，临行前京中好友赠以家藏之龙节，吴氏曾作《龙节歌》一首，于同年八月附信寄示陈介祺。而吴云增编《二百兰亭斋古印考藏》为《两罍轩印考漫存》，因刻工张屿去世，仅成九

---

① 《两罍轩尺牍》（致陈介祺）第42通。

卷，延宕至光绪七年（1881）始刷印问世。可见吴云此函，当作于光绪六、七年间，此距同治十三年（1874）陈介祺接触照相技术，已有六七年之久。

除吴云之外，陈介祺亦建议吴大澂利用照相技术。光绪八年（1882）十月十八日，吴大澂为此曾于吉林复陈氏函云：

金文用洋照法，使大者缩小，小者放大，可不失真，惟钩摹入册，非有专致之心力，不能集数千百字为一编。大澂自揣无此暇日，恐成虚愿，年过五十后，目力亦将不及，若倩它工代为钩摹，学力未深者，于古文字之神理不能完足，求其形似已不易得矣。去夏所编《说文古籀补》皆以拓本对摹，每书一字，必翻阅原拓，心领神会，然后下笔，即不能丝毫不爽，而字体尚不致舛误。今已书至十卷，时有间断，不能握管，岁莫新春，再竭一月之力，此书当可告成。①

从吴大澂复信来看，他此时仍不愿采用照相技术，又不能拂陈氏好意，故推说此法虽好，但付梓之前仍需专人钩摹，此又非常人皆可任之，自己年近半百，忙于应付公务，恐无力办此。而约与此同时，黎庶昌在日本覆刻宋本《广韵》，即收入《古逸丛书》者，其于所作题识中曾涉及利用照相技术一事：

此宋本《重修广韵》，町田君久成所藏，假用西洋印相法影照寿梓。自来刻书仿宋者，但闻橅摹，不闻影照，今创新法为之，实自此书始矣。木村嘉平精力过人，能于原本漫漶处，以意改正。宋人有知，当亦首肯。

黎氏称木村嘉平"能于原本漫漶处，以意改正"，所谓"改正"，谅非镌版时径以刻刀削改之意，应是于上版前，先对字样加以描润。至于用照片付梓，无论古籍善本，抑或古器图款，似均较传统之覆写、钩摹后上版多一番工序，但往往形似而神气无存。黎庶昌之所以津津乐道于照相法"影照寿梓"，殆当时以此为创新手段。陈介祺能厚古而不薄今，生前积极倡用西洋照相技术达十余年，尤为难能可贵。

陈介祺与黎庶昌等使用照相技术拍摄古器、古籍，之所以最后仍回归传统的雕版印刷术，一方面是当时石印与珂罗版印刷技术虽都已发明并传入中国，但其技术并不十分成熟，也未普及，欲使金石碑拓、古籍善本化身千百，

① 《吴愙斋（大澂）尺牍》（致陈介祺）第52通。

不但需要花费巨资请专人拍照，而且并未使传统雕版印刷工序因此简化，既有诸多客观限制，势必难以普遍流行。另一方面，传统雕版印刷技术在中国使用长达千年之久，早已深入人心，新技术从引进到普遍使用，往往需要一定的过程。较之于珂罗版技术，石印技术早在19世纪30年代即已传入中国，但经历数十载，至光绪六年（1880）前后才趋于普及。① 光绪十二年（1886）二月，陈介祺去世两年之后，吴大澂自吉林将手书《篆书论语》寄往上海，交同文书局石印出版。光绪十五年（1889）夏，吴大澂撰《古玉图考》毕，亦寄交同文书局石印（图3－13－3）。次年，又编绘《三省河道全图》，寄上海鸿文书局石印。可见吴大澂并不一味排斥西洋新技术，其对于石印术之便捷确实已经认同，所以一再加以利用。不过，石印本《古玉图考》虽然开本阔大，纸白墨亮，吴大澂却仍坚持于光绪十六年（1890）回苏守制后，重新将之交刻工雕版，刷印成书，分赠友人。由此可见，吴氏固不以石印之能传真，而遽废沿用已久的传统雕版印刷术。对于吴大澂此举，实不能仅冠以顽固或保守之名而大加责难，殆其对著作之要求，不仅限于内容、文辞，同时还涉及其外在的形式。今人所作评断，或过分强调对技术优劣之考虑而忽视当时各家固有之思想与方式，结论也就难免出现偏差。

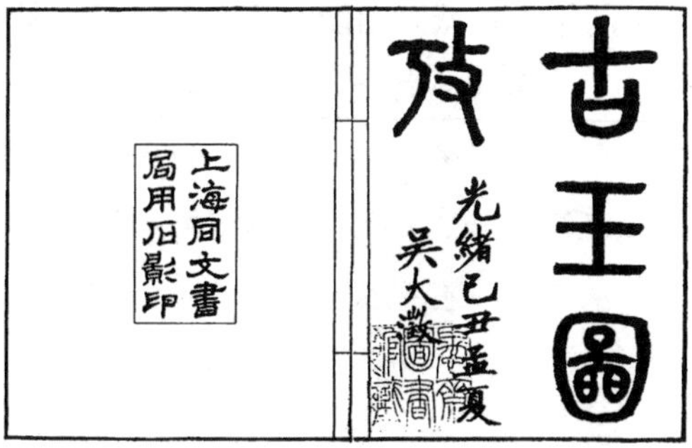

图3－13－3 《古玉图考》光绪石印本

陈介祺生前，吴大澂虽未能响应陈氏利用照相技术的倡议，但他对于陈氏精益求精、宁缺毋滥的治学态度，确是由衷地赞佩。陈氏为传古存真而勇于试用新技术之精神，对吴大澂亦产生一定影响。吴氏从同治末年即蓄志编辑《集古录》，钩摹彝器款识十余载，至其晚年鉴于石印技术日趋成熟，乃果断尽弃旧稿，决定改用拓片附释文考证同付石印，堪为其毅然易辙之证明。

光绪十年（1884）七月二十日，陈介祺卒于潍县家中，时吴大澂正忙于援台事务，未及致唁。至次年春，始致函陈介祺长孙陈阜，深表哀悼之情。继而

① 张秀民称石印术1832年传入中国，但到1880年以后才得到普及，详见其《中国印刷史》，浙江古籍出版社2006年版，第443页。

又于同年八月派尹伯圜专程前往潍县，协助陈氏后人料理簠斋藏印，附函云：

弟与令祖大人金石神交，性情契洽，不图老成凋谢，一面缘悭。以后古文字考订之学，无可就正，展读遗书，时深挂榻抚琴之感。尊斋藏印编次未成，为令祖生平憾事。前接舍亲汪柳门学使来书，述及吾兄善承先志，有绳武之思，并因敝处曾寄三百金，拟俟印谱编齐，惠寄数部，且感且佩。弟思印本有八千余方，卷帙繁多，检点亦非易易，特属尹伯圜躬诣清济，与吾兄相助为理，易于集事。如令祖在日有手编目录，即可按照原目分别先后时代、官私各印，尤为精密。伯圜博雅好古，心细不浮，又能手拓吉金文字，可与陈粟园并驾齐驱。①

从此函中"尊斋藏印编次未成，为令祖生平憾事"等语可知，吴大澂曾有意为陈介祺完成遗愿，编定《十钟山房印存》。而从吴大澂与王懿荣往来书札所述，可知两人确曾有意为陈氏整理遗稿，惜终未成事。

五

吴大澂与陈介祺的交往，除现存信札是直接证明外，两人互赠的拓本更是二人学术交流之明证。两人互赠之拓本，目前可见比较重要的有两件，一件在国内，一件在国外，其中国内这一件名为《簠斋藏封泥考释》（图3-13-4），原为赵叔孺旧藏，顾廷龙曾经寓目，著录于《吴愙斋先生年谱》附录《愙斋先生著述目》之"未刊各书"中：

簠斋藏封泥拓本四册，于其职官地名考证甚多。如曰："汉将军印皆曰章，莽好更汉制，改章为印，改五字为六字。"于"颍川太守章"曰："大澂按《说文》颍川阳城干山，东入淮，豫州浸。《汉书》亦从水作颍，此作颖，乃印文假借字。"又"陇西太守章"曰："按莽改太守为连率，大澂藏有涂金虎符半，文曰'新与压戎西道连率为虎符'。《汉书注》西治，疑西道之误。或始称西治，后又改为西道，不可考矣。"此为屯防宁古塔时所著，今藏鄞赵时棡家。②

此书2012年出现于杭州西泠印社春拍现场，全书较顾廷龙著录多一册，共计五册。书中收录陈介祺藏古封泥拓四百二十二枚，每方封泥拓本左下角

① 《吴大澂书札》，稿本，国家图书馆藏。

② 顾廷龙：《吴愙斋先生年谱》，哈佛燕京学社1935年版，第277页。

均钤有“簠斋藏古封泥”朱文方印。尤其值得注意的是，全书有吴大澂手书考释一百二十九条。首册内封由袁克文题签“古封泥。簠斋藏泥，愙丈考释，今归冰铁盦。丁巳三月，克文观记”（图 3－13－5），册中又钤有“癸亥”朱文长方印，下有赵叔孺题记三行：“癸亥九月得古封泥拓五册于吴县王氏，有愙斋释文，尤可珍也。除夕，孺记。”（图 3－13－6）按丁巳为 1917 年，癸亥为 1923 年，从袁克文于王大炘冰铁盦处见此书，至流散出来被赵叔孺购得，不过五年时间而已。全书最后有王同愈题跋：

此为愙斋师光绪六年所作也。明年拜督办宁姓珲屯垦之命，移驻宁古塔，独当东北半壁矣。同游鸡林者，同乡有顾缉庭观察、李秋亭太守。尔时愈年最少，今皤然老已，回忆前尘，恍如一梦。越五十年庚午五月，王同愈获观谨识。（图 3－13－7）

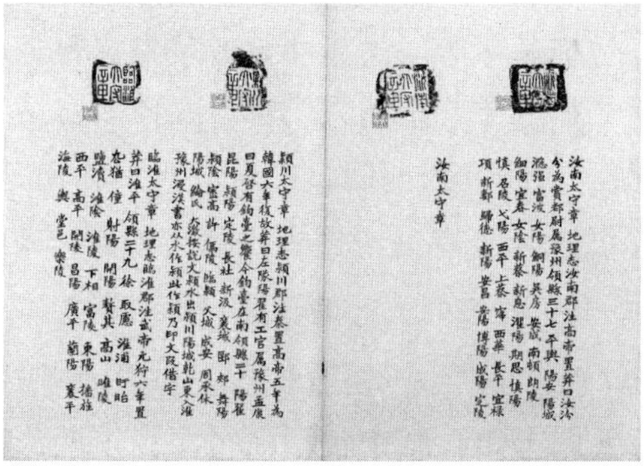

图 3－13－4 《簠斋藏封泥考释》

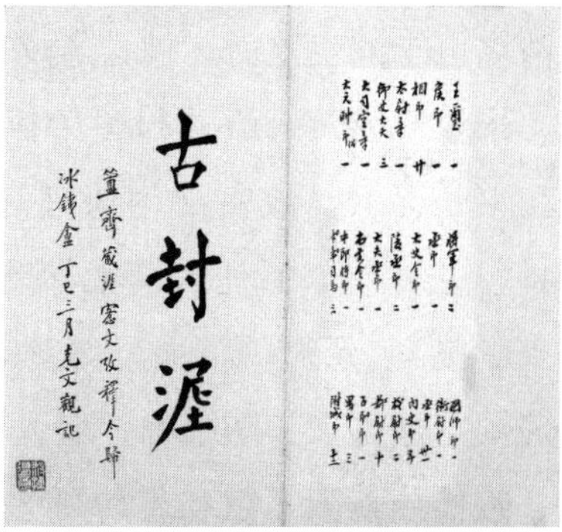

图 3－13－5 《簠斋藏封泥考释》首册内封

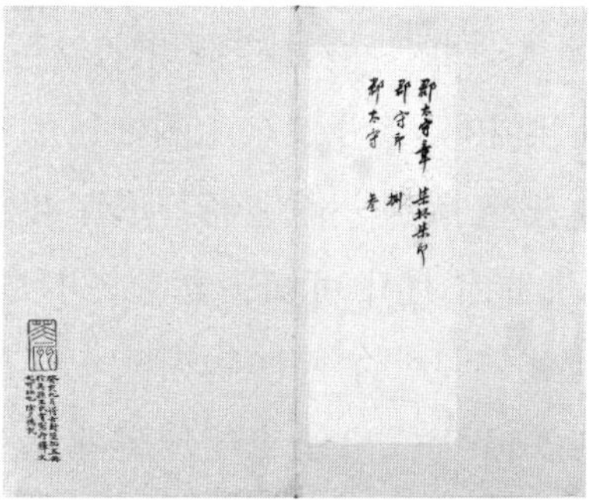

图 3－13－6 《簠斋藏封泥考释》赵叔儒题记

图 3－13－7 《簠斋藏封泥考释》王同愈题跋

庚午为1930年，距离光绪六年（1880）正好五十年。顾廷龙见此书，约在该年前后。八十二年后，此书重新现身，而今又不知流落何所。在吴大澂未刊著作中，复有《古匋文字释》《簠斋藏匋考释》《三代秦汉古陶文字考》等，均与陈介祺有关，前文已言之，兹不赘述。

吴大澂在东北期间，收到陈介祺寄赠《簠斋藏封泥》拓本的同时，也将自己所见所藏的金石拓片回赠陈介祺，外间流传目前所知最集中的一宗可能是李宗侗旧藏的《簠斋存古余录》，此书今藏美国伯克莱加州大学东亚图书馆。

《簠斋存古余录》拓本一种，两函十册，系李宗侗售往美国之物。书中各拓多钤“高阳李宗侗印”白文长方印、“玄伯”朱文小方印、“李玄伯”白文长方印、“生斋台湾行箧记”朱文方印等。

李宗侗（1895—1974），字玄伯，号生斋，河北高阳人，出生于北京，系晚清名臣李鸿藻之孙，张之洞外孙，易培基女婿。早年随叔父李石曾留学法国，毕业于巴黎大学。归国后执教于北京大学、中法大学等，旋任故宫博物院秘书长，参与故宫文物清理和接收。全面抗战期间，护送故宫文物南迁。1948年去台湾，后任台湾大学历史系教授。著有《中国古代社会新研》《中国史学史》《历史的剖面》等。李氏藏书在他生前就开始转让，如古籍善本多归美国芝加哥大学图书馆；名人手札分别于1962年、1974年转让给美国哈佛大学哈佛燕京图书馆和芝加哥大学东亚图书馆，其中包括潘祖荫致李鸿藻手札八大册；碑帖拓本分别归于加州大学伯克莱分校东亚图书馆、芝加哥菲尔德博物馆等。

周欣平在《东西方文明的交汇：加州大学柏克莱分校斯塔东亚图书馆》一文中谈及，“在随后的数十年间，加州大学柏克莱分校东亚图书馆的善本书通过海外收购的方式得以扩充。这些善本书包括贺、蒋佛经善本库和清代金石学家陈介祺的《簠斋存古余录》”①。从他的描述中可知，此种拓本是20世纪五六十年代入藏柏克莱的。据张忠炜《芝加哥菲尔德博物馆藏秦汉碑拓撷英》介绍，李宗侗所藏金石拓本于20世纪60年代出让给芝加哥菲尔德博物

① 周欣平主编：《东学西渐：北美东亚图书馆1868—2008》，高等教育出版社2012年版，第77页。

馆，其中包括宋拓《兰亭序》等，他也特别提道：

在20世纪50或60年代，李宗侗的部分藏品售给或捐赠给柏克莱加州大学图书馆，如陈介祺的《簠斋存古余录》拓本集十册。不论是菲尔德博物馆，还是加州大学柏克莱分校，或来自李宗侗的藏品均可视为名碑善本。①

张忠炜的论断，其实源自2008年出版的《柏克莱加州大学东亚图书馆藏碑帖》一书。借此可知，李宗侗所藏善本碑拓在被他携带去台湾后，再次流入美国，散落于数家图书馆、博物馆中。见证陈介祺、吴大澂两人交往的有力证据就是《簠斋存古余录》。周欣平在序文《碑刻瑰宝　海外遗珠》中也特意提道：

又如原由李宗侗教授收藏的清代著名金石学家陈介祺的《簠斋存古余录》拓本集十册，系以吉金文字为主，拓本上多有陈氏题跋及考证，学术价值颇高。荣宝斋出版社二〇〇四年出版之陆明君《簠斋研究》一书列举了陈介祺各种已刊著作及未刊拓本，但未见《簠斋存古余录》拓本集，足见此集之希世和珍贵。②

他们对此拓本的重视，显而易见。可惜《柏克莱加州大学东亚图书馆藏碑帖》总目部分，并不按册著录，而是将几种书子目打散，归入“吉金”一门，现据总目统计，收录拓本二百九十七件，器物原藏韩崇、顾子嘉、吴大澂、延暄、李佐贤、潘祖荫、劳小山、金陵甘氏、乐安尹氏、王其哲、鲍康等处，摹拓者包括金石僧六舟、魏韵林、李佐贤、陈介祺、吴大澂、苏亿年、叶志诜、张廷济、祝子虔、杜锡九、瞿中溶、陈克明等。除陈氏自藏者外，主要为张廷济、朱善旂、韩崇（图3－13－8）、吴云、王懿荣、吴大澂、瞿中溶等赠与陈介祺者。陈氏自藏者，如第二册“亚守尊”拓本，上有陈介祺题记“余所藏大尊也，后赠苏兆年”③。他人赠者，如第二册“王伯姜鬲”拓本，上有陈介祺手书“潘伯寅拓寄”④；第三册“井人钟”拓本系朱善旂手

① 张忠炜：《芝加哥菲尔德博物馆藏秦汉碑拓撷英》，文物出版社2015年版，第10页。

② 柏克莱加州大学东亚图书馆：《柏克莱加州大学东亚图书馆藏碑帖》上册，上海古籍出版社2008年版，第2～3页。

③ 《柏克莱加州大学东亚图书馆藏碑帖》下册，上海古籍出版社2008年版，第307页。

④ 《柏克莱加州大学东亚图书馆藏碑帖》下册，上海古籍出版社2008年版，第337页。

拓，上有朱氏题记“此鼓右十字，积古斋未经搜及，寿卿大兄鉴录”①；第五册“史颂簋”拓本，上有张廷济题记“史颂敦，失盖。寿卿先生真鉴”②。吴大澂寄赠陈介祺者，初步统计有数十件之多，只有一小部分在题记中署名，其余只能从用印、字迹等方面加以确定。题记落款是吴大澂者，如“猶钟”，该条下有说明文字称“此为《簠斋存古余录》第一函第一册，长 34 厘米，宽 22.7 厘米。内签作‘簠斋存古余录，共十册。共拓片三十又七’，并有李宗侗印两枚。拓本右上有吴大澂题记六行。此拓为鼓部全拓，器旧藏潘祖荫，再藏吴大澂、费念慈、刘体智”③。其上有吴大澂题跋云：

光绪八年六月十八日所得，关中友人杨实斋代购之器，拓寄簠斋老前辈鉴赏。大澂。（图 3－13－9）

图 3－13－8 韩崇赠陈介祺之拓本

图 3－13－9 吴大澂题记

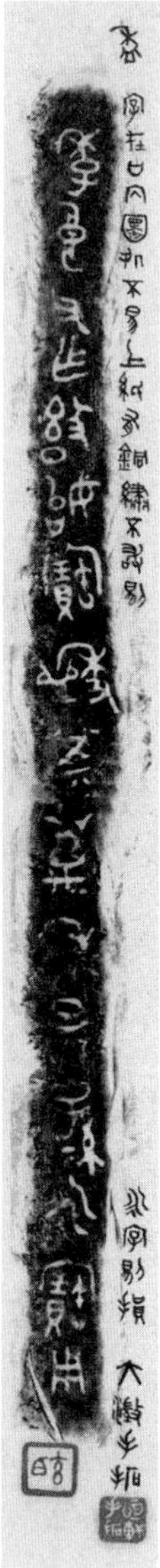

图 3－13－10 “季良父盉”拓本

第一册“中伯壶”拓本，上有吴大澂题记“顾子嘉藏器，大

① 《柏克莱加州大学东亚图书馆藏碑帖》下册，上海古籍出版社 2008 年版，第 304～305 页。

② 《柏克莱加州大学东亚图书馆藏碑帖》下册，上海古籍出版社 2008 年版，第 326 页。

③ 《柏克莱加州大学东亚图书馆藏碑帖》下册，上海古籍出版社 2008 年版，第 303 页。

澂曾观，未及手拓”①；“季良父盉”拓本，上有吴大澂题记“盉，字在口内圜处，不易上纸，有铜锈，不敢剔”“永字剔损，大澂手拓”②（图3－13－10）；“城虢仲簋”拓本，上有吴大澂题记“是已破裂为三，宝鸡东乡出土，同治甲戌八月廿二日大澂得于凤翔”③；“遽伯簋”拓本，上有吴大澂题记“有方坐，坐内有铃，钮舌完好。大澂曾观”④。

第八册“元兴元年弩郭”拓本，上有吴大澂题记“元兴弩机，见之厂肆，愙斋”⑤。“长沙太守虎符”“连率太守虎符”“敦德郡虎符”“压戎郡虎符”“相原府虎符”“福州新铸鱼符”“安阳门龟符”等拓片右侧皆有吴大澂题，“敦德郡虎符”左侧为陈介祺考释，第一句便称“清卿仆正光绪八年七月十二日自古肃慎防营寄”⑥（图3－13－11）；“隋相原府虎符”拓本一侧也有陈介祺注，称“清卿仆正壬午七月自古肃慎防营寄……”⑦（图3－13－12）。

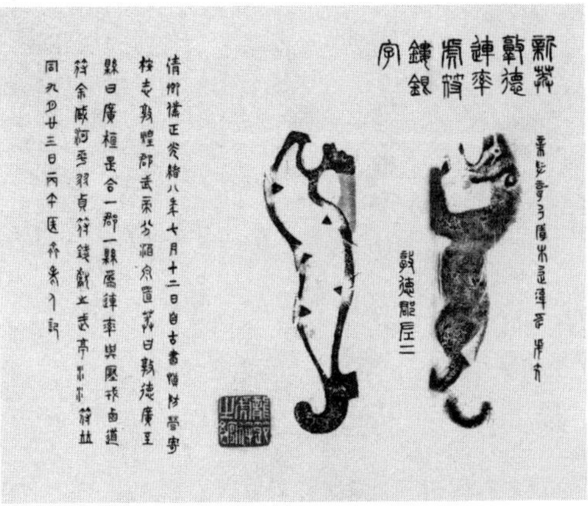

图3－13－11 “敦德郡虎符”拓本

图3－13－12 “隋相原府虎符”拓本

从吴大澂、陈介祺两人所记时间可以肯定，《簠斋存古余录》中吴大澂寄拓片的时间应在光绪八年（1882），即陈介祺赠《簠斋藏封泥》两年之后。

① 《柏克莱加州大学东亚图书馆藏碑帖》下册，上海古籍出版社2008年版，第312页。
② 《柏克莱加州大学东亚图书馆藏碑帖》下册，上海古籍出版社2008年版，第321页。
③ 《柏克莱加州大学东亚图书馆藏碑帖》下册，上海古籍出版社2008年版，第328页。
④ 《柏克莱加州大学东亚图书馆藏碑帖》下册，上海古籍出版社2008年版，第331页。
⑤ 《柏克莱加州大学东亚图书馆藏碑帖》下册，上海古籍出版社2008年版，第345页。
⑥ 《柏克莱加州大学东亚图书馆藏碑帖》下册，上海古籍出版社2008年版，第349页。
⑦ 《柏克莱加州大学东亚图书馆藏碑帖》下册，上海古籍出版社2008年版，第350页。

光绪十年（1884）陈介祺离世，当时两人关于古陶文、封泥研究的商讨仍未结束，以至于这方面的著作均未能完成，殊为可惜。

吴大澂旧藏陈介祺所赠拓本流散四方，在苏州目前未见可以见证二人交往之物。苏州博物馆藏有陈介祺批注之《秦始皇诏瓦量残字》拓本一种，线装二册，系陈坚（侃如）先生旧藏，上有光绪三年（1877）陈介祺长跋。兹附图片若干（图 3－13－13 至 3－13－31），以为苏州与陈介祺之间因缘的旁证。

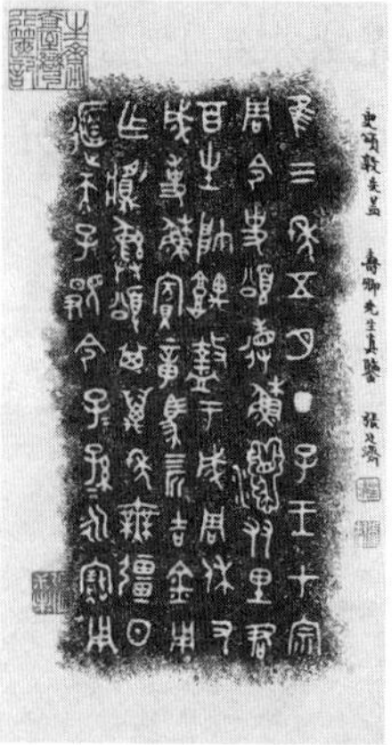

图 3－13－13　**史颂簋**

（张廷济赠陈介祺）

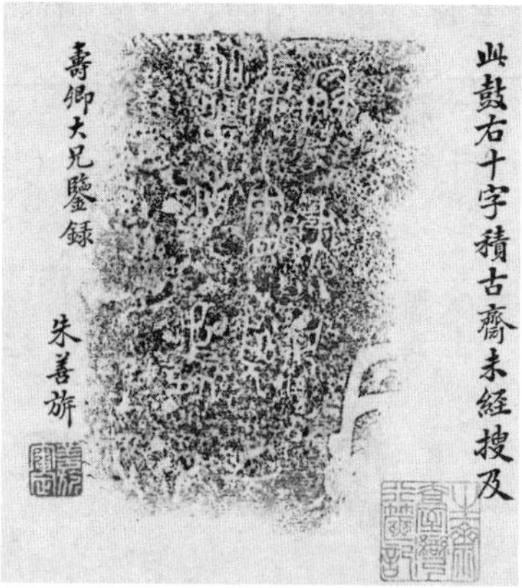

图 3－13－14　**邢仁钟**

（朱善旂赠陈介祺）

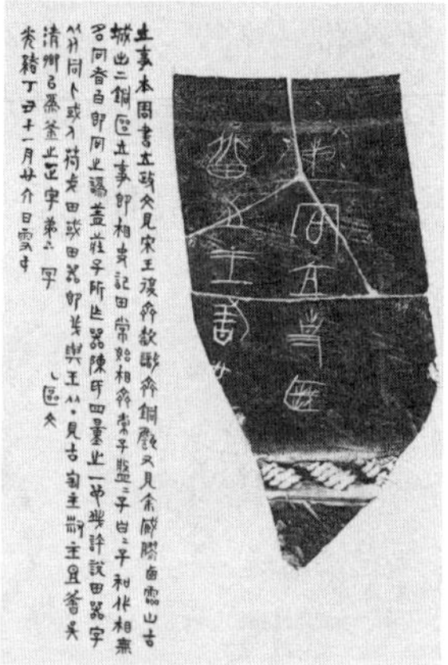

图 3－13－15　**陈同量**

（陈介祺考释提及吴大澂）

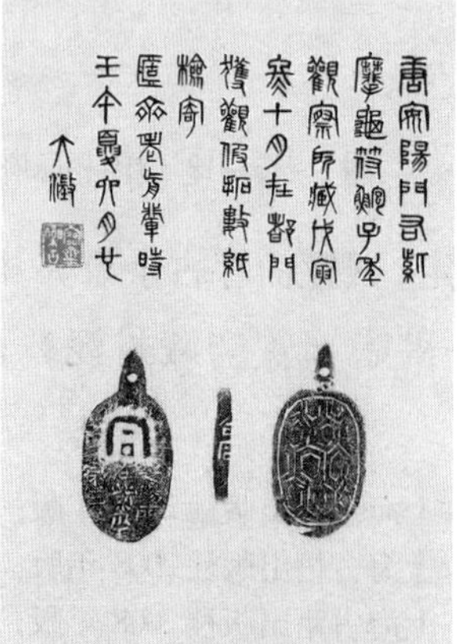

图 3－13－16　**安阳门龟符**

（吴大澂赠陈介祺）

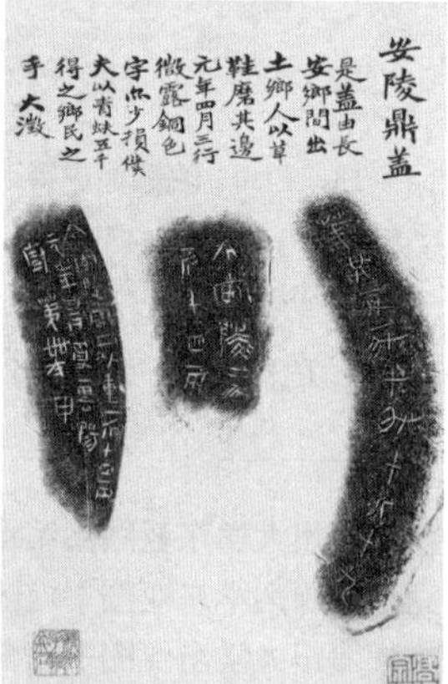

图 3－13－17　**安陵鼎盖**

（吴大澂手拓）

图3－13－18　富子登

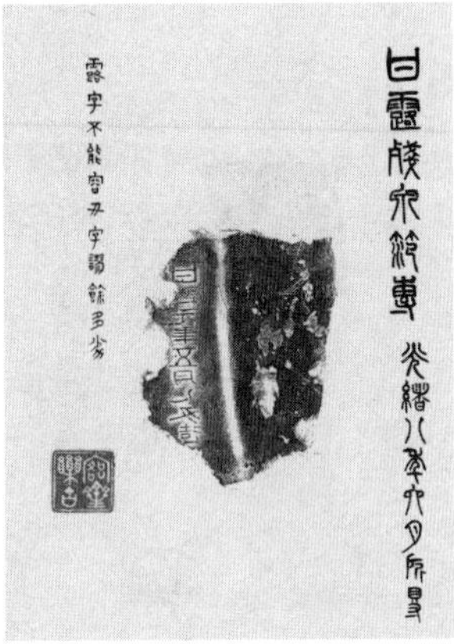

图3－13－19　甘露残泉范砖

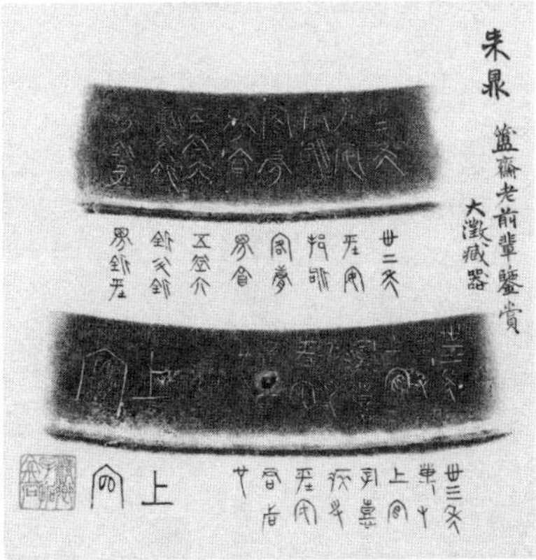

图3－13－20　平安鼎并盖

图3－13－21
遽伯睘簋

图3－13－22　长沙太守虎符

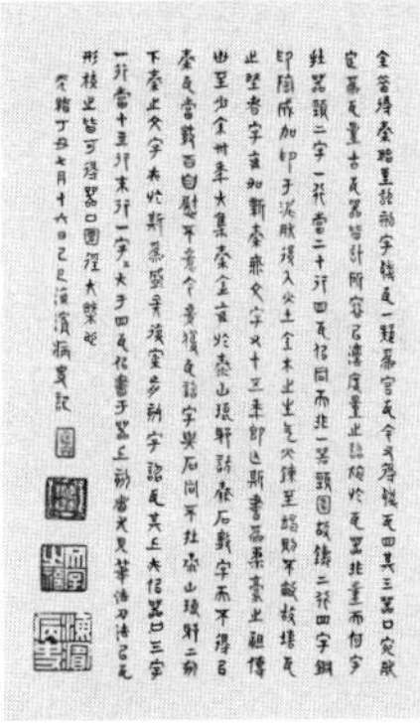

图3－13－23
秦始皇诏瓦量残字拓本之一

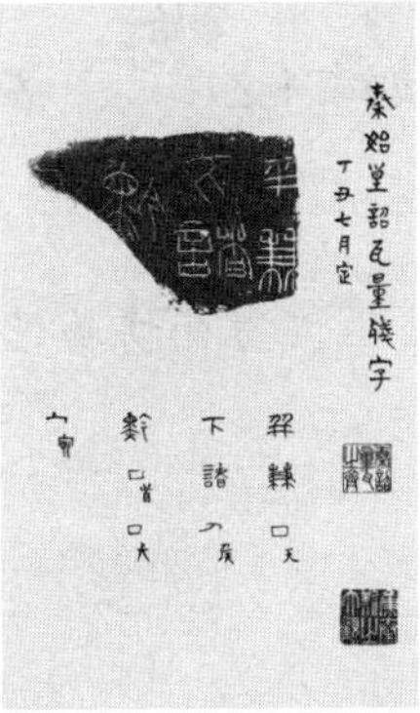

图3－13－24
秦始皇诏瓦量残字拓本之二

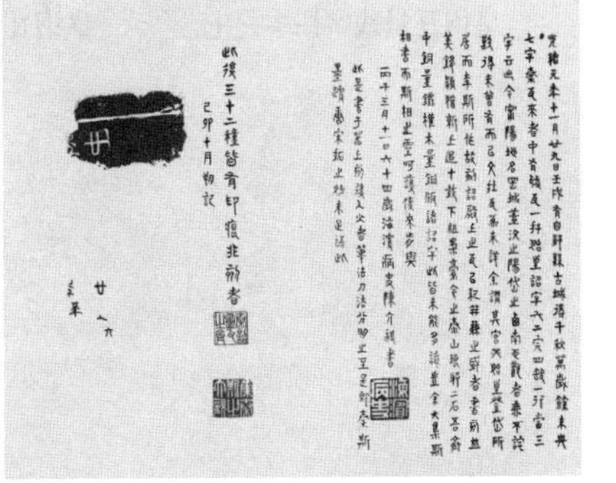

图3－13－25　秦始皇诏瓦量残字拓本之三

图3-13-26　秦始皇诏瓦量残字拓本之四

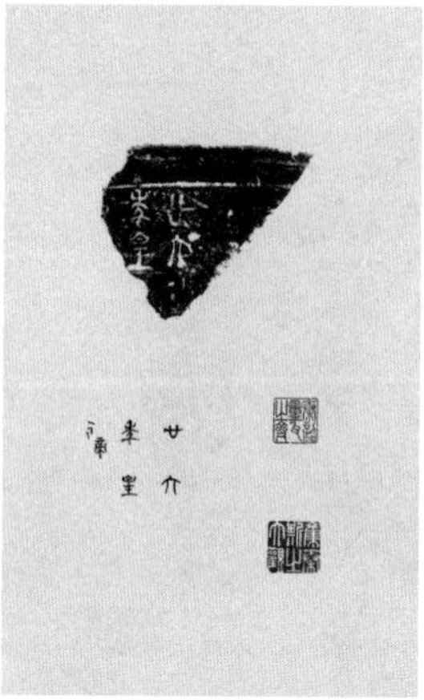

图3-13-27　秦始皇诏瓦量残字拓本之五

图3-13-28　秦始皇诏瓦量残字拓本之六

图3-13-29　秦始皇诏瓦量残字拓本之七

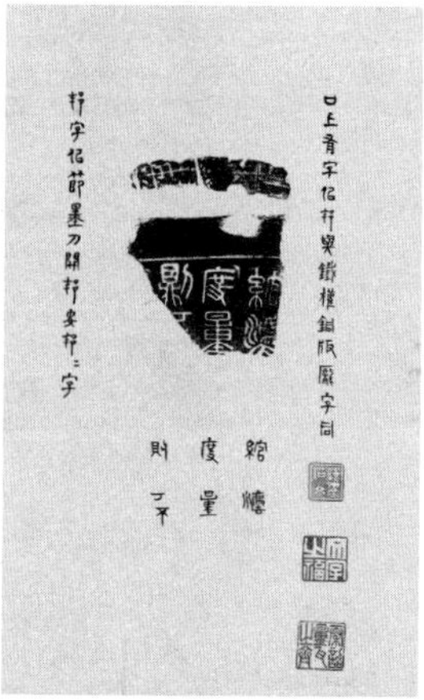

图3-13-30　秦始皇诏瓦量残字拓本之八

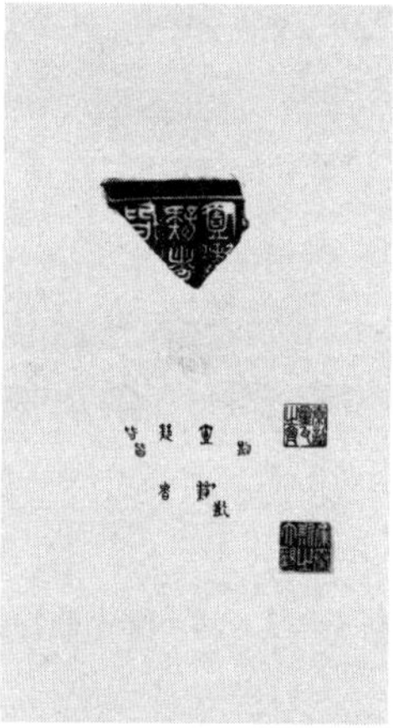

图3-13-31　秦始皇诏瓦量残字拓本之九

（苏州博物馆研究员　李　军）

诸城金石学与陈介祺研究

诸城历史悠久，文化源远流长。据境内考古资料证明，早在七千年前的新石器时代，已有先人在这里稼穑渔猎，繁衍生息。新石器时代晚期，诸城地区属东夷族的活动范围，是古史中“五帝”之一虞舜的故里。春秋时期孔子弟子、贤婿公冶长诞生于诸城，并在这里设馆授徒，施教于民。秦、汉时期，诸城地区学术开放，经学繁盛，百家汇集，一度成为山东半岛地区的文化交流中心。

自秦汉至明初，诸城数次成为郡、州、县治所在地，古迹遍境，文物丰富，史籍中屡有出土文物的记载。清乾隆二十九年（1764）《诸城县志》载：“前志云：‘万历二十六年，知县颜悦道建海神庙，掘地得古瓦文石。瓦制甚大，石方二尺许，皆刻窗棂形，渠深数分而不透，不识何用，或者以为秦时物也。’”又载：“……薛家陵冢近年塌出石门，规圆如车轮，镌花纹甚工。”① “（潍水）其东为昌城，乾隆九年（1744），大雨，平地陷出一墓，隧道门栏石皆巨丽……”②

清乾隆二十九年《诸城县志》，增设了《金石考》卷。知县宫懋让在《重修诸城县志序》中云：“创立《金石考》为从来志乘所无者，重县之所有也。”“县之所有”即谓境内丰富的出土或传世金石遗存，而这些历代的金石遗存便成为诸城世家望族家学文化的重要内容，经世代传承，熏陶孕育出众

① 〔清〕宫懋让修，〔清〕李文藻等纂：《诸城县志·古迹考》，清乾隆二十九年刻本。

② 〔清〕宫懋让修，〔清〕李文藻等纂：《诸城县志·山川考》，清乾隆二十九年刻本。

多金石学家，遂使诸城成为清代中后期金石学研究的重要地区。

一、丰富的金石遗存

厚重的历史文化积淀使诸城境内留下了众多的文化遗存，历代金石遗存是其中的重要组成部分。这些金石遗存内容丰富、源远流长，有的至今保存完好，有的虽已没于历史，却留下了详尽的文字记载。诸城境内丰富的金石遗存中，在全国具有重要影响的有以下六种：

（一）齐长城早期石刻画

齐长城遗址诸城段长约49.8千米。1982年5月，文物部门在对境内齐长城遗址进行考查时，于瓦店镇马山东坡的齐长城遗址处发现一方刻石，石质为当地山石，呈暗褐色，底宽面窄，横断面呈梯形；刻面朝上，南北向平置。刻面长75厘米，宽50厘米；底面长75厘米，宽80厘米，厚40厘米。画面用阴线刻成，线条古朴粗重、自然流畅。画面内容似为古文、人物及日月风雨等自然景物，目前尚无定论。刻石所在的长城墙基残高1米，底宽5米，两边砌石，中间夯土。发现时，刻石下部尚埋在墙基中。1993年，国家文物局专家鉴定组认定该石为全国罕见的早期刻画，应与当年修建齐长城的某种仪式有关，并将其定为国家一级文物。

（二）秦始皇《颂德诗》刻石

世称“琅琊刻石”，系秦始皇二十八年（前219）第一次东巡登琅琊台时所刻。清乾隆二十九年《诸城县志·金石考》载：

> 秦始皇帝琅邪台刻石。其文云：维二十六年，皇帝作始，端平法度，万物之纪。以明人事，合同父子，圣智仁义，显白道理。东抚东土，以省卒士，事已大毕，乃临于海。皇帝之功，勤劳本事，上农除末，黔首是富。普天之下，抟心揖志，器械一量，同书文字。日月所照，舟舆所载，皆终其命，莫不得意。应时动事，是维皇帝，匡饬异俗，陵水经地。忧恤黔首，朝夕不懈，除疑定法，咸知所辟。方伯分职，诸治经易，举措必当，莫不如画。皇帝之明，临察四方，尊卑贵贱，不逾次行。奸邪不容，皆务贞良，细大尽力，莫敢怠荒。远迩辟隐，专务肃庄，端直敦忠，事业有常。皇帝之德，存定四极，诛乱除害，兴利致福。节事以时，诸产繁殖，黔首安宁，不用兵革。六亲保持，终无寇贼，欢欣奉教，尽

知法式。六合之内，皇帝之土，西涉流沙，南尽北户。东有东海，北过大夏，人迹所至，无不臣者。功盖五帝，泽及牛马，莫不受德，各安其宇。

维秦王兼有天下，立名为皇帝。乃抚东土，至于琅邪。列侯武城侯王离、列侯通武侯王贲、伦侯建成侯赵亥、伦侯昌武侯成、伦侯武信侯冯毋择、丞相隗林、丞相王绾、卿李斯、卿王戊、五大夫赵婴、五大夫杨樛从，与议于海上。曰：古之帝者，地不过千里。诸侯各守其封域，或朝或否，相侵暴乱，残伐不止。犹刻金石，以自为纪。古之五帝三皇，知教不同，法度不明，假威鬼神，以欺远方，实不称名，故不久长。其身未没，诸侯倍叛，法令不行。今皇帝并一海内，以为郡县，天下和平。昭明宗庙，体道行德，尊号大成。群臣相与诵皇帝功德，刻于金石，以为表经。①

此石今已无存。

（三）秦二世诏书刻石

公元前209年，秦始皇病逝，胡亥继位，称为二世。二世元年，胡亥率群臣来琅琊，登琅琊台礼海毕，又令丞相李斯书写诏书刻于《颂德诗》刻石之旁，世称“二世诏书”，亦曰“琅琊刻石”。清乾隆二十九年《诸城县志·金石考》载：

秦二世诏书刻石，即琅邪台始皇所刻石也。在台上西偏南向。以工部营造尺计之，石高丈五尺，下宽六尺，中宽五尺，上半宽三尺，顶宽二尺三寸，厚二尺五寸。今存者字十二行，共八十四字。字径寸五分，在石上半西侧，长人跂足探以手，仅及之也。第一行“五夫夫杨樛”五字，第二行七字，第三、四、五、六行各八字，第七行四字，第八行八字，第九行九字，第十、十一行各八字，末行三字。其文云，皇帝曰，金石刻尽始皇帝所为也。今袭号而金石刻辞不称始皇帝，其于久远也，如后嗣为之者，不称成功盛德。丞相臣斯、臣去疾、御史夫夫臣德昧死言：臣请具刻诏书金石刻，因明白矣。臣昧死请。制曰：可。按：第一

① 〔清〕宫懋让修，〔清〕李文藻等纂：《诸城县志·金石考》，清乾隆二十九年刻本。以下所引《诸城县志》皆为此刻本，不再出注。

行五字，苏轼所谓“从臣姓名仅有存者”也。“皇帝曰”以下所谓“二世诏书具在者”也。字皆了了可读，唯末行“制曰：可”三字，微剥蚀，第十行“金石刻”，《史记》作“刻石”，“大夫”字凡两见，皆作“夫夫”，并与泰山诏书同。赵明诚言之甚详。或谓据《史记》始皇刻石，“杨樛”下尚有百三十字，不应直接二世诏文。然考二世元年春，尽刻始皇帝所立刻石，石旁著大臣从者名，其为二世所刻无疑，非颂诗中间姓名也。石色黝青，纹理彻，上下多成罅璺，南面迸裂五分之一，颂诗之所以亡也。今存者罅璺又将迸裂，乾隆二十八年，知县宫懋让束以铁，得不泐。……而天下之秦碑，独琅邪台刻石尚存八十四字。海岸敻阻，人迹不到，故自明诚后，金石之书不能知其存亡，实似有鬼神捍御焉者，亦一奇矣。顺治间，知县程涝于石南面磨其迸裂痕，刻“长天一色”四大字，署名而隐其姓。……

1921 年，该刻石破散荆棘间，时任诸城县教育局局长王景祥、县视学王培祜，以及诸城著名文士、金石爱好者孟昭鸿先生，前往琅琊台收集刻石并将其运回县城，保存于教育局文物保护所内。日寇侵占诸城时，企图将其盗运至日本，后经群众埋藏而未得逞。新中国成立后，该刻石于 1953 年被运往济南，后被调往北京，现藏于国家博物馆。

（四）苏轼《书琅邪篆后》

北宋苏轼知密州时，从民间得到了诏书拓片，请书家临摹复制了刻石置于超然台上，并作《书琅邪篆后》以记此事。清乾隆二十九年《诸城县志·金石考》载：

书琅邪篆后，宋苏轼撰。其文云：秦始皇帝二十六年，初并天下。二十八年，亲巡东方海上，登琅邪台，观出日，乐之忘归，徙黔首三万家台下，刻石颂秦德焉。二世元年，复刻诏书其旁。今颂诗亡矣，其从臣姓名仅有存者，而二世诏书具在。自始皇帝二十八年，岁在壬午，至今熙宁九年丙辰，凡千二百九十五年。而蜀人苏轼来守高密，得旧纸本于民间，比今所见，犹为完好，知其存者，磨灭无日矣。而庐江文勋适以事至密。勋好古善篆，得李斯用笔意，乃摹诸石，置之超然台上。夫秦虽无道，然所立有绝人者。文字之工，世亦莫及，皆不可废。后有君子，得以览观焉。正月七日甲子记。

此碑已失。清道光五年（1825）方观国任诸城知县复刻一碑立于超然台上，并附有跋文，曰：

此秦二世诏书也，旧刻琅邪台上，年久石裂字泯几不可考。宋熙宁九年苏文忠公任密州，曾得□拓于民间，遂令庐江文勋摹置超然台上，存故迹也。道光五年予来令东武，考其石已无存，因思古人名迹，虽真本已失犹以存之，俾流风余韵不致遂尔歇绝。予不敏，无论篆书万不及李斯。即校之文忠公好古之怀，虽不能至心向往之，爰临此七十九字勒于祠辟。

贵池□□□□□

该石碑今存诸城市博物馆。

（五）汉延光残碑

清乾隆二十九年《诸城县志·金石考》载：

汉延光残碑。康熙六十年，修超然台，得自土中。移置县治宅门外，亦弗能珍也，胥徒仆诸地坐焉，受笞者必踞是喘息，碑尽涴，非大雨不露字形。乾隆十二年，寿光知县宫懋让勘灾至县，辨为汉隶，椎拓而去。越二十七年，宫懋让来知诸城，乃嵌于内堂之东垣，构小亭护之，而碑显矣。碑高三尺，广尺四寸，字径二寸，共五行，行可二十字。上半石泐字不可辨，其下半之可辨者，第一行七字“琅邪（缺一字）是吾字安都”，第二行五字“维恩居廿年”，第三行二字“都（缺二字）南”，第四行七字“子（缺一字）长（缺可十一字）业其功誉怚”，第五行十四字“示好延光四年六月廿一日庚戌造”。碑有棋盘，文字或长或短，填其格无余地。其上横小字三，可辨者“孔长”二字，则篆体矣，盖碑额也。揣其文义，似吏民颂长官之辞，而不辨何者为姓字，可惜也。抑自来采金石者，得汉碑如三代彝鼎，而此碑独晚出，且年月历历可读，信夫物之晦显，不可测也。

“延光”系东汉安帝刘祜的年号，延光四年即公元125年，故该碑名为“汉延光残碑”。由于战乱及拆毁县衙等故，碑已无存，现有拓片存于诸城市博物馆。

（六）朱博残碑

系西汉琅琊太守朱博刻石。清光绪《增修诸城县续志·金石考》载：

> 汉朱博残石，汉琅琊太守朱博颂德残碑。计十行存三十余字，光绪元年出东武故城，邑人尹彭寿访得之，按《汉书》本传博初服官在成帝时。首行“惟汉河”三字下缺，当是河平某年也；二行“尉朱博”三字下“迁”字尚存其半，博由护漕都尉迁琅琊太守上下文俱缺矣；三行“曹史诸佐”，四行“布治境史”，五行“赏过必诛”各四字；《传》称博新视事，右曹掾史皆移病卧，乃召见诸曹史书佐，视其可用者出教置之，皆罢斥诸病吏，郡中大惊。又云：视事数年，大改其俗，又尝令属县各用其豪杰以为大吏，尽力有效必加厚赏，怀诈不称诛罚辄行，即其事也；六行“姑幕县捕”，七行“卿奉檄十”，各四字。《传》云姑幕县有群辈八人报仇廷中皆不得，博檄游徼王卿驰骛十余日得五人。姑幕即在今县境，卿即王卿，十字下当“余日”等字也；八行“渐除豪强”下一字似“伐”字；九行“恩周郎邪民”五字；十行“颂万世”三字，上一字露其脚，当是“以”字。盖以博除暴安良，民感其恩，故立石以颂功德也。碑缺下截而其文首尾完具，中间词意虽不联属，以意会之悉与本传吻合，且隶法遒古，在费县新出庶孝禹碑之上。河平距今千九百年，是碑始出为从来金石家所未见，真希世之宝也。①

残碑今已遗失。

二、诸城金石学家考略

金石学作为一门独立学科，形成于北宋，极盛于晚清。诸城是我国较早出现金石学并对金石遗存进行收藏研究的区域之一。北宋时期，诸城人赵明诚与其妻李清照毕生收藏、鉴赏文物，并编著了不朽名著《金石录》。明、清时期，诸城境内经济繁荣，文化发达，涌现出众多的世家望族，一家数代朝廷重臣，父子、兄弟文名并显者大有人在。这些世家望族将内蕴丰厚的家族文化世代传承、创新发展，涌现出了数以百计的文人名士，其中产生了众多金石学家。晚清至民国初期诸城县金石学大家之多、金石收藏之富，国内罕有其比，其中较著名者有刘喜海、李仁煜、李璋煜、尹彭寿、孟昭鸿、郑爰

---

① 〔清〕刘嘉树修，〔清〕苑棻池、邱浚恪纂：《增修诸城县续志·金石考》，清光绪十八年（1892）刻本。以下所引《增修诸城县续志》皆为此刻本，不再出注。

居等。此外，诸城金石学世家尤以王氏家族最为显名，王玮庆、王锡棨、王绪祖、王维朴，一门四代，家风绍继。王氏家族收罗文物之广、著述之丰，是为诸城之冠。可以说，诸城是山东潍县之外的又一金石学较发达的县邑。诸城的金石学有其自身的特点：历史悠久，文物众多，有丰富的金石学资源；境内土地肥沃，经济繁荣，拥有充足的物力、财力；境内世家文化发达，家学传承盛行，金石收藏研究成为多数世家文化传承的重要内容。

诸城籍的金石学家中，在历史上或金石学界产生过较大影响的，主要有：

（一）赵明诚

赵明诚（1081—1129），字德甫，也作德父、德夫，山东诸城人，赵挺之第三子，著名金石学家、文物收藏家。其自幼博览经史，在《金石录》中自述："余自少小，喜从当世学士大夫访问前代金石刻词，以广异闻。"赵明诚十七八岁时，即雅好收藏，所储古籍、字画及前代金石刻拓甚富。二十一岁尚在太学读书时，娶李清照，二人志趣相投，酷爱收藏，竟至嗜之成癖。夫妇二人穷年累月，苦心搜访，摹拓传写，全力以赴，积二十年之功，收集三代以来古器物铭及汉唐石刻凡二千余种，为之考订年月，辨伪纠谬，撰写了跋尾五百零二篇，辑为《金石录》。至赵明诚去世时，该书已初具规模。赵明诚去世之后，李清照历尽艰辛将该稿整理成书，并写了一篇后序。

《金石录》共三十卷，内容丰富，考证翔实。前十卷共二千条，为近二千件古代金石器物、碑刻、书画的目录，后二十卷收录这些器物的跋文，叙述器物出土的时间、地点、收藏者等内容，是当时所见金石文字的总录。赵明诚以其广博的学识、严谨而求实的态度，对其所收录的金石文献作了充分而细致的考证。其在《金石录》之序中表达了他撰写《金石录》的经历和目的：

> 余自少小，喜从当世学士大夫访问前代金石刻词，以广异闻。后得欧阳文忠公《集古录》，读而贤之，以为是正讹谬，有功于后学甚大。惜其尚有漏落，又无岁月先后之次，思欲广而成书，以传学者。于是益访求藏畜，凡二十年而后粗备。上自三代，下迄隋、唐、五季；内自京师，达于四方遐邦绝域夷狄，所传仓史以来古文奇字、大小二篆、分隶行草之书、钟鼎、簠簋、尊敦、甗鬲、盘杅之铭，词人墨客诗歌、赋颂、碑志、叙记之文章，名卿贤士之功烈行治，至于浮屠、老子之说，凡古物奇器、丰碑巨刻所载，与夫残

章断画、磨灭而仅存者，略无遗矣。因次其先后为二千卷，余之致力于斯，可谓勤且久矣，非特区区为玩好之具而已也。①

金石收集十分艰辛，赵明诚把一生中大部分时间、精力、财力多用在收集和考订金石器物及铭文上。李清照所作《〈金石录〉后序》中对收集和研究所得金石之事，进行了较详细的记述：

余建中辛巳，始归赵氏。……侯年二十一，在太学作学生。……每朔望谒告出，质衣，取半千钱，步入相国寺，市碑文、果实归，相对展玩咀嚼，自谓葛天氏之民也。后二年，出仕宦，便有饭疏衣练、穷遐方绝域、尽天下古文奇字之志。日就月将，渐益堆积。丞相居政府，亲旧或在馆阁，多有亡诗、逸史、鲁壁、汲冢所未见之书，遂力传写，浸觉有味，不能自已。后或见古今名人书画、一代奇器，亦复脱衣市易。尝记崇宁间，有人持徐熙《牡丹图》求钱二十万。当时虽贵家子弟，求二十万钱，岂易得耶？留信宿，计无所出而还之。夫妇相向惋怅者数日。

后屏居乡里十年，仰取俯拾，衣食有余。连守两郡，竭其俸入，以事铅椠。每获一书，即同共勘校，整集签题。得书画、彝鼎，亦摩玩舒卷，指摘疵病，夜尽一烛为率。故能纸札精致，字画完整，冠诸收书家。余性偶强记，每饭罢，坐归来堂烹茶，指堆积书史，言某事在某书某卷第几叶第几行，以中否角胜负，为饮茶先后。中即举杯大笑，至茶倾覆怀中，反不得饮而起。甘心老是乡矣，故虽处忧患困穷，而志不屈。②

赵明诚的《金石录》内容丰富，考证翔实，在金石学史上是一部不可多得的著作，是继欧阳修《集古录》之后，规模更大、更有价值的研究金石之学的专著。清初谢启光曾赞扬其“考订精详，品骘严正，往往于残碑断简之中，指摘其生平隐匿，足以诛奸谀于既往，垂炯戒于将来，不特金石之董狐，实文苑之《春秋》也”。

（二）刘喜海

刘喜海（1793—1853），字燕庭、燕亭、砚庭，出身于诸城刘氏家族。刘

---

① 〔宋〕赵明诚著，刘晓东、崔燕南点校：《金石录·序》，齐鲁书社2009年版，第1页。

② 〔宋〕赵明诚著，刘晓东、崔燕南点校：《金石录》，齐鲁书社2009年版，第257页。

氏家族是有清一代闻名海内外的世家望族，一门三公，父子同宰，被誉为“海岱高门第”，清康熙皇帝曾赐刘家御书“清爱堂”匾额。刘喜海是刘氏家族中最为著名的金石学家。他是东阁大学士刘统勋的曾孙，体仁阁大学士刘墉的侄孙；父亲刘镮之，累官至吏部尚书。刘喜海于嘉庆二十一年（1816）中举，道光四年（1824）授户部员外郎，后为户部郎中。道光十三年（1833）外放为福建汀州知府。道光二十一年（1841）又授陕西榆绥道、权潼商道。后升为四川按察使、浙江布政使、浙江巡抚等职。

刘喜海酷爱金石，凡足迹所至，无不留心物色金石。其在汀州时得苍玉洞诸题名，在陕西时得曹植碑。他所藏的造像、石刻、钟鼎、钱币等不可胜数。刘喜海将自己的收藏编目造册，以《嘉荫簃藏器目》为题刊出。他鉴赏金石，过眼即辨；收藏甚富，所居无其他物品，唯有手辑金石文字。为官二十余年，他不慕荣利，唯箧中金石、古书以车辆装载，有“博古君子”之称。道光二十九年（1849），刘喜海奉诏入京。数月后，浙江巡抚上奏，称该省库银二十七年累计亏空数百万两，刘喜海可能与此案有关，又弹劾刘喜海终日耽于金石考究而荒于职守，“玩物丧志，贻误公务”，刘喜海遂被褫职归里。

刘喜海收藏巨富，著述等身，是清代中后期金石学界的领军人物。纵观其对我国金石学的贡献，主要表现在以下三个方面：

1. 对历代钱币的整理与研究

中国钱币学研究至清嘉庆、道光年间逐渐兴盛。刘喜海非常重视对历代钱币的搜集、整理与研究，将所藏古币辑为《古泉苑》，收图4600余种，在当时有“所存古泉，富甲同仁”之称。刘喜海的收藏上起周秦，下迨明季，外藩杂品等也无不搜求，为编定我国系统的钱币史奠定了基础。他是学界公认的中国钱币学的奠基人之一，许多金石学家及文人名士在著述中对其进行了高度评价和赞誉：

> 刘燕庭年丈，既博金石，更富泉刀。其幕中士陈君粟园，精于摹拓手为成《泉苑》一书。复择于泉苑中之稀有者而特出之，曰菁曰华。①

① 钟淦：《刘喜海泉苑菁华自撰像赞小引》，见《顾黄书寮杂录》，齐鲁书社1984年版，第70页。

非一时通用者之钱，皆曰古钱。著钱志者，摹其模范，详其源流，遂为古金之一种，与石刻并称。乾嘉诸儒，以其文字年号与经史相证，故尤重之。鲍康著《观古阁泉说》四种，极精审。刘燕庭方伯喜海、戴文节公熙亦癖嗜之，考核甚精。①

前代金石家有钱谱、印谱，而无所谓范者。范之制始见于朱竹垞，曝书亭集其谱而录之。印范始见于南海吴氏之筠清馆，而海丰吴氏且集成巨部，付诸石。钱范则始见于刘燕庭《长安获古编》。②

大兴翁氏《古泉汇考》与刘氏《古泉苑》、李氏《古泉汇》并为泉学巨制。李书已刻行，此与《泉苑》迄未付梓，学者以不见为憾。燕庭先生旧藏钞本，手自校注，拟刻未果。原书后归福山王廉生。庚子变后，天壤阁藏书散出，安丘赵孝陆先生收得是书，雅自珍秘，不轻示人，再三请求假录，贮之本馆，幸蒙允许，缮写半载始告竣事。刘批色墨一仍旧贯。日后如有机缘，当为印行，书此用当息壤。③

嘉道间未刊之谱，其考据共推详博、搜罗最称宏富者，无过翁宜泉《古泉汇考》、刘燕庭《古泉苑》二书。翁书八帙，但有说无图，刘书分六类，拓为一百一卷，图富矣，而又无说，皆未成之书也。余尝论著谱成谱之难，无学力则引证不博，考核不精，无财力则收藏不富，寡陋贻讥。学力财力具矣，无特具之识力，与不能竭数十年之心力，复不能蔚为大观，成美善之作。即幸免是数者，而不得闲暇之时，从容校正，详加删订，勒为成书，前功犹尽弃也，二先生之书不成也，殆得自尽其力者人，而不得遇其时者命也。④

① 徐珂：《清稗类钞·鉴赏类》，中华书局2010年版。

② 〔清〕杨守敬：《钱范跋》，见《杨守敬题跋书信遗稿》，巴蜀书社1996年出版，第7页。

③ 王献唐：《双行精舍书跋辑存续编》，齐鲁书社1986年版，第109页。

④ 〔清〕饶登秩：《谱录》，见《古泉学》第一期，上海书店1988年版，第48页。

先生自蓄发以来，蓄泉最富。耽玩四十余年，荫尝劝其著一书以传世。力请再三，先生乃先举所见所闻以及耆旧风流交游韵事录成《泉说》二卷，而以题咏附焉。其中遗事逸闻实足资后人之考订，非泛然论古之作也。当与戴文节《古泉丛话》、刘方伯《论泉绝句》鼎足而三矣。①

燕庭藏泉，装潢最精好。匣上镌刻考证铭赞，并及小像。惟其家不知珍惜率为都门大力者以重资购之去。燕庭有《论泉绝句》二百首，乃中年所刻，此外尚有《金石苑》《古泉苑》《长安获古编》《海东金石苑》诸书，皆未及刊行。仅刻《三巴盛古志》一种，钩勒殊精。闻张石匏、陈粟园诸君监刻者也。《获古编》甫刻，有图篆，余拟为编次成之。燕庭半生宦橐，悉购古器。布政浙江时，方思尽付枣梨，因论事辄与中丞不和，遽以好古密劾去，遂诸愿莫偿。身后并书亦散佚，《泉苑》一百一卷，余仅手录其目，念之为腹痛。然缘嗜古罢官，尚不失雅人深致耳。②

从以上所集世人的评赞可以得知，刘喜海在古泉整理研究方面始终走在学界的前列，为后人留下了巨大的财富。

2. 发现唐善业泥造像

唐善业泥造像是我国佛教造像中独具特色的艺术珍品，清代以前却默默无闻，亦无人收藏。刘喜海首先发现了唐善业泥造像，并进行了收藏与研究。清代金石大家鲍康在《题唐泥造象拓册》中云：

唐善业泥造象，前人未经著录。道光己亥（1839），刘燕庭丈游慈恩寺，始于雁塔下拾得。或全或缺，大小凡八具。……六朝以来，铜、石造象有纪年者不知凡几，率皆阴文。而泥质阳文惟此为最致，乃千二百余年迄不传。非遇好古留意如燕庭，则是象终晦。

此事刘喜海亦有详细的记载，其在《唐雁塔泥造像（并序）》中云：

道光己亥夏，余滞迹长安，偕同人出游城南慈恩寺，于雁塔下拾得唐泥造像，或全或缺，大小凡八枚。其全者文曰："大唐善业泥压得真如妙色身"三行十二字，阳文遒劲，不亚敬客书砖塔铭。一面一佛坐莲台，

---

① 〔清〕潘祖荫：《〈观古阁泉说〉序》，见《观古阁泉说》，清同治十二年（1873）鲍氏刻本。

② 〔清〕鲍康：《观古阁泉说》，清同治十二年（1873）鲍氏刻本。

左右二侍者立，荫以两娑罗树，下二兽作对伏状。其残者文同前，造像或作三层，上层列佛三躯，又左右二佛皆坐莲台。中层佛三躯，下层已缺，佛前各执一莲花。又一上层缺，中一佛坐，左右二佛持莲花宝盖，下层亦缺。……昨始得此唐人造像，盖前人所未经见者，爰拓墨并歌成册，亦自幸古缘之不浅也。①

这一重要发现，为我国佛教造像艺术增加了新的门类，丰富了造像艺术的题材和内容，同时为金石学界增加了新的研究领域。刘喜海的发现引起了世人的重视，使这一珍贵文化遗产得到了应有的保护。

3. 与朝鲜学界的交流

刘喜海在京期间与朝鲜文化学者交往密切，嘉庆年间，朝鲜学者金鲁敬与其长子金正喜来中国，见面时刘喜海将自己有意收集海外金石遗存的意向与金氏父子作了表述，当即得到认可。当时二十余岁的金正喜已经是朝鲜著名的金石学家，其书法在朝鲜有“第一神笔”之誉。两个年轻人一见如故，从此开始了他们之间长达三十年的交往。

金正喜回朝鲜后积极向朝鲜学界宣传刘喜海的学术研究，嘉庆二十年（1815），朝鲜学者赵寅永来访，他将专程带来的朝鲜碑拓数十种赠送刘喜海，作为他们初次见面的礼物。在两人的交谈中，刘喜海言及编著《海东金石苑》之事。赵寅永回国后备述刘喜海的文采风流，朝鲜学者对刘喜海编著《海东金石苑》表示钦佩，并给予大力支持。

道光十二年（1832），经十余年的努力，《海东金石苑》终于成书，这是刘喜海对朝鲜金石遗存的一次系统整理，遂成为中朝文化交流史上的佳话。由此，刘喜海与朝鲜学者的交流越来越密切，他还经常邀请朝鲜学者到自己家中，将自己的金石收藏与先辈的文稿、遗物展示给朝鲜友人。其间，阮元主持编写的《皇清经解》全部印成。当阮元的儿子阮福前往京城时就带去了此书，刘喜海按照阮元的授意，将此书交朝鲜使者带去朝鲜，交给金正喜。这也成为中朝文化交流史上的大事之一。

后来，刘喜海在给朝鲜友人的信中又提出了编写《朝鲜书目》的设想，这一设想后由金正喜的弟弟金命喜完成。道光十九年（1839），刘喜海升任陕

① 王宪明：《续东武诗存》，西泠印社出版社2007年版，第49页。

榆绥道。出京外任后，刘喜海与朝鲜友人的联系产生了困难，他便委托在京城的好友转递有关信件与礼物，不曾中断与朝鲜友人的学术交流。

刘喜海去世后，其子孙辈无人承其家学，毕生所集藏品很快流散，珍品多为潍县陈介祺、邑人王锡棨和钟淦所购得。钟淦的后人亦不能守，复归王锡棨所有。王锡棨的《泉苑萃珍》所收钱币实际多为刘喜海藏品。王锡棨所得刘喜海藏品之珍品，见于记载的达14种（类）之多。

（三）相州王氏家族与金石学

诸城相州王氏家族人丁兴旺，分支众多。其中的巴山一支，家学传承，名人辈出，是诸城境内出金石学家最多、延续时间最长的家族。巴山王氏经济富足，官员众多，且都为官清正。尤其是王玮庆、王锡棨、王绪祖、王维朴祖孙四人，皆嗜金石，精赏鉴，不遗余力收集钟、鼎、碑、帖、古印、古币等，收藏巨富，著作颇丰。

1. 王玮庆

王玮庆（1778—1842），号藕塘。嘉庆十九年（1814）进士，由庶吉士授考功司主事，后升文选司员外郎，累官御史、都察院左副都御史、刑部右侍郎。立朝二十年，前后奏章三十余，皆关国家大事。皇上甚为器重王玮庆，多次谕奖之。

王玮庆嗜金石，好收藏，他悉心收集古代诗、画、书法、碑帖、封泥等，所藏精品很多，并精于鉴赏，编有《蕉叶山房书画碑帖目》三卷传世。民国初年，王玮庆曾孙王维朴编《诸城王氏金石丛书》时收入此书，有些条目曾加按语。其提要云：

> 目一册，曾王父手录以备遗忘之需。白摺纸巾箱簿，都三十二页，每页二十六行，以行草书之。首记存书目次，次碑帖目次，次书画目……并非撰述，不过薄目之设，故标志极简，不易窥测。然自道光以迄今日，时经百载，彼时薄中所记，今为朴世守者，尚有十之一二。故就原记第校之，无不相合，今择录副帙，刊入丛书。其为朴所经眼者，则略加按语，以求详备。存置家塾，留示来叶。至公之政绩事实，悉具于国史、县志，生平诗文游踪，备载全集、年谱，如此袖珍小册，虽只志文艺余事，固可与上列各书附丽以行，亦足见公之嗜好所在，为子孙

式也。①

由于多年劳累，王玮庆56岁即卒于官任。著有《藕塘诗集》三卷。其夫人为高密单氏之女单为娟，字茝楼，亦工诗，留有《碧香阁遗稿》一卷。

2. 王锡棨

王锡棨（1833—1870），字戟门，号符斋，又号少舲。王玮庆长子，生母为王玮庆妾谭氏。王锡棨出生后不久谭氏去世，九岁时王玮庆也亡故，王锡棨由王玮庆妾刘氏抚养成人。他多才多艺，书法篆刻造诣颇深，性好嗜古，因名其书斋为“邃古阁”。

王锡棨一生短暂，却给后人留下了众多的著作。清道光《诸城县续志·艺文考》录其著作五种：《泉货汇考》十二卷、《泉苑萃珍》四卷（《选青阁古泉存》）、《邃古阁藏古刻录》四卷、《亦佳室印集》七卷和《青箱古集》十六卷。王维朴《诸城王氏金石丛书》收录王锡棨的著作有《都中收买装潢碑帖清册》二卷、《选青阁日记钞》三卷。此外，王锡棨还编有《选青阁藏器目》，为江标《灵鹣阁丛书》和商务印书馆《丛书集成新编》所收录。据王绍曾《山东文献书目》载，王锡棨著作中现存的仅有《泉货汇考》《选青阁古泉存》《青箱古集》《选青阁藏器目》四种。

王锡棨任刑部郎中居京期间，公余之暇，常到市场上搜购古物。他与京城古董商店多有来往，见诸记载的有27家之多，其中以富华阁、文林阁和德宝斋规模较大，与王锡棨来往密切。第二次鸦片战争爆发后，英法联军攻陷北京，许多皇家珍宝流散到民间。一天，王锡棨在前门市场上发现一件商代铜盉，上有铭文四字，后两字为“父乙”。经查，此物为《西清续鉴》所载之品。传世古器中，盉最少见，故弥足珍贵。王锡棨购得后，将其运回原籍，筑室以贮之，并将自家堂号“种德堂”改为“商盉堂”。从此他注意搜集商周鼎彝、汉魏碑版，并编成《选青阁藏器目》。

王锡棨收藏古钱始于咸丰八年（1858），此时他交往的朋友大都是古钱爱好者，如钟丽泉、任文台和尹怡堂等人，对他影响最大的是金石学家王懿荣。两人认了本家，他比懿荣年长12岁，故被王懿荣尊称为“戟门老叔”。他将所藏历代古币分类研究，精心整理，经五年的努力，完成了《泉货汇考》初稿，他

① 王宪明：《明清诸城王氏家族文化研究》，中华书局2013年版，第348页。

在自序中云："薄游都门，得古泉数种，审其字法陆离，制作奇古……虽宦橐常空，而偶得一泉，辄不惜重资，什袭珍藏，有如拱璧。""孔方阿堵中，得古人心法所寄，于是兄盘古，弟葛天，左拱唐虞，右揖商周。""公退余暇，检所获成一帙，博采群书，荟萃诸谱，考订而详释之，名曰《泉货汇考》。"①

《泉货汇考》收罗宏富，图文精美，考释详备，深受学界称赏。名流学者樊彬、盛襄皆为之作序，称"治古学者，无不群相惊服"。王懿荣两跋其稿，推崇备至，盛赞其书与初尚龄之《吉金所见录》、刘喜海之《古泉苑》和李佐贤之《古泉汇》并为"垂千古百世之文献"。王锡棨学术生涯中，有一个得力的助手，就是他志同道合的妻子王氏。王氏为刑部员外郎王善继女，在家时侍奉母亲至孝，嫁给王锡棨后，随夫到京师，以文翰自娱，著有《竹香馆吟草》。丈夫嗜金石，她亦爱好，每获佳品，夫妇共同评赏。她精于制图椎拓，王锡棨的《泉货汇考》收钱两千五百余种，拓片全部出自她之手。同治八年（1869）王锡棨患重病，王氏割腕肉煎药给丈夫服用，后以火灼臂，取肉灰入药。王锡棨卒后，王氏欲以身相殉，家人阻之，始作罢。

《泉货汇考》成书后，并未梓行。直到1923年，才由社会名流陈叔通推荐给中华书局，珂罗版影印行世。

王锡棨另一部重要钱币著作《泉苑萃珍》四卷，由两部分组成，其一是《泉货汇考》中的古钱拓本精选，其二是《泉货汇考》成书后又陆续收集到的珍品汇集，前图后说，体例与《泉货汇考》相同，仍以古币冠首，齐刀次之，再则古圜钱、周秦汉泉布、六朝唐宋元明正品以及外邦藩属，收钱币五六百种，"皆稀见之品"。其中不乏最为希觏之古钱，如"山阳币""凉造新泉""永隆通宝""背闽铁钱""天策府宝""乾封泉宝"等。这些稀世珍品，流传脉络非常清晰，如"乾封铜钱"九品，"永隆""天策"各一，以一匣贮之，原为徐问渠藏品，后归瞿木夫，再归刘喜海。刘喜海死后，其子孙不能守。散出后，被王锡棨购得。另外"南宋銙牌""天赞通宝""重熙通宝""金卫绍王至宁元宝"等珍品，俱是几经流传，最后归于王锡棨。此书原稿存其长子希祖处，次子绪祖又重抄一遍，白笺纸蓝格，每半页九行，行二十三四字不等，共51页，"纯以坡法写之"，因其时绪祖对苏轼书法产生浓厚兴

① 〔清〕王锡棨：《泉货汇考》，上海古籍出版社1992年版。

趣，朝夕临摹不辍。其出版面世，较《泉货汇考》还晚了几年——20世纪20年代末，王锡棨的孙子王维朴将此书编入《大斋所藏古器物文》丛书内，并付《东方杂志》影印出版。

王锡棨的收藏范围颇广，他笃好篆刻，收集的古代玺印众多。同治五年（1866），他又开始搜求碑帖，所得甚多，并编辑成《邃古阁藏古刻录》，王懿荣为其校订。王锡棨另一部重要著述《金石家题跋存录》，亦为王懿荣作跋。

《青箱古集》共十六卷，是王锡棨收集编录的金、陶拓本（不含碑刻）著作。据王维朴为该书所作提要中描述，其书“原分十六册，二函，梵夹装，高尺许，宽半之，绢面纸签。计三代金文三册，秦汉金文两册，又瓦当两册，汉晋讫明砖甓九册。都七百四十一种”。其中金文部分珍品不少，如散氏盘、盂鼎、虢季子白盘铭文等皆收录较早拓本，且多经名人收藏题跋。最值得一说的是其陶文拓本，《青箱古集》十六册中，陶文就有十一册。王锡棨对陶文之重视，在历代金石学家中是少见的。这在一定程度上表现了他的学术独觉和超前意识。王维朴说：“砖甓在此编内数量最繁，其重要并不在金文之次，而保存为艰，拓墨希见，比诸彝器，犹或逾之。取征今日世传图谱，彝器较多，石刻亦备。惟于陶甓，著录为罕。其故安在？盖质脆易毁，施墨不易。随手弃置，而不时制谱纂辑之过也。”①

《选青阁藏器目》是王锡棨家藏青铜器的清单，共六十七种，这当然不是王氏家藏彝器的全部，大量器小、铭文少、时代晚者没有著录。其子王绪祖所著《王氏吉金释文》是与此书相与表里的，所释诸器多长铭重器，数量较《选青阁藏器目》尤少。《选青阁日记钞》原为王锡棨咸丰年间写在日历上的记事，本来就很简略，王维朴只摘录其中涉及稽古收藏的内容，官场人事皆从略。这些著作对了解王锡棨的学术生涯具有很高的参考价值。

王维朴在为王锡棨《都中收买装潢碑帖清册》所作提要中概括王锡棨一生的学术成就时说：“先祖殁世，仅三十八岁耳，而著述斐然，卓卓可数。其所以继往启来，为功甚巨。世间一日勤学耽古者不绝，我祖著述即无时之或

---

① 王维朴：《诸城王氏金石丛书提要》，见《石刻史料新编》第三辑第三十四册，台湾新文丰出版公司1986年版，第528页。

佚，精神亦时有所寄托。”这是对王锡棨一生非常恰当的评价。

3. 王绪祖

王绪祖（1853—1919），字兰溪，为王锡棨次子，光绪十一年（1885）乙酉科举人，官至内阁中书。王绪祖是王氏家族中著作较多的一位金石学者，计有十九种之多。他除继承父亲对古钱的研究成果，写有《〈古泉汇〉补缺订讹》二卷、《古泉谱》四卷外，还精通碑版、金石和甲骨，涉猎内容十分广泛。

光绪十六年（1890）王绪祖入京求官，得一内阁中书职位。在京期间，他继承了父亲与京城文物商家的关系，广泛收购文物，使藏品种类、数量都达到了前所未有的高度。他还结识了多名文学大家，并认福山王懿荣为本家兄弟。绪祖为人笃于友谊，与朋友坦诚无私，古物共鉴赏，疑义相与析，著作彼此校阅，互写题跋。

八国联军入京后，王绪祖回归故里，继续金石收藏与研究，先后写成《青箱古集续编》十二卷、《北齐标卖乡石柱考》一卷、《东武金石考略》一卷、《汉石画簃藏石记》二卷、《铜印谱》四卷、《绿庵印存》四卷。

王锡棨之学以古钱考证最著。但据王维朴为刘喜海《嘉荫簃古泉随笔》所作提要，王锡棨去世后，他所藏古钱“大半为世父念廷公保守，著入《古泉备考》、《原泉》及《备考稿》。历经丧乱，久已不可询问”。这与清宗室学者盛昱为《青箱古集》所作跋语中说王希祖“多蓄古泉”、王绪祖“多蓄彝器”① 可相参证。在兄弟俩析分遗产时，王绪祖继承的青铜器比较多，父乙盉、殷大敦都在他手，自在情理之中。

王锡棨生前的两部古钱著作《泉货汇考》与《泉苑萃珍》，身后前者归王绪祖，后者归其兄王希祖。王绪祖不仅把《泉货汇考》很好地保存下来，并将《泉苑萃珍》亲笔录副珍藏，在王希祖家藏原稿散失之后，王锡棨的心血仍能借副本传世。

虽然王锡棨藏钱主要归王希祖继承并在后来的离乱中丧失殆尽，但王绪祖藏钱较之乃父其实更完备，并著有《古泉谱》。王维朴《嘉荫簃古泉随笔》

① 王维朴：《诸城王氏金石丛书提要》，见《石刻史料新编》第三辑第三十四册，台湾新文丰出版公司1986年版，第529页。

提要记载："先君与同治末年，则悉收钟氏所有，并于燕庭曾孙手购得颇多，类皆精装详题，工雅异常。洎光绪中叶，先君藏泉益备。乃偕先生妣婉如孙安人，以六吉薄棉捶拓成谱。蓝格八册，阿堵传神处，较《货泉汇考》之拓于公余灯下者，似尤精致。先君骈文自序于首。以摹制费时，只成二部，维朴与季弟分存之。尚待装订编目附说方得影印行世。姑志此用期方来。"据此则《古泉谱》是未完之作，后散失民间。

王绪祖不善刻印，但他对古代玺印的爱好与收藏不减乃父。《东武王氏商盉堂金石丛话》云："古玺汉印，品制虽小，证史之功尤钜。先君晚岁旅津，曾自记前后所得，共计五百四十四方，戊戌冬，印成《印谱》二部。"王绪祖还有《绿庵印存》四卷、《铜印普》四卷。日照王献唐于1930年辑《周句鑃斋印选》，又名《东武王氏古印谱》。①

对于古代碑版，王绪祖不仅继其父、祖收藏拓本，还注意收藏刻石，并著有《周句鑃斋藏石全目》一卷。王维朴《东武王氏商盉堂金石丛话》云：

家藏刻石数十种，会稽顾鼎梅丈著入《石言》，兹从略焉。惟北齐张思文造像佛座一种，记载欠详，特补述之。此石于乾隆五十六年(1791)，诸城李书山先生（仁煜）访得，后流入厂肆，先君以重值购回，精拓传世，维朴以齐传丑姊妹一石配之，名小斋曰"双齐石馆"，记实也。按高恒建元只一载，承光石刻，传世最罕。此座石质坚润，字画俱臻上乘。况楚弓楚得，佛家因缘，信不诬也。书山先生所藏石洛侯印，今不知流落何所。先君有句云："延津剑合知河日，空忆黄金石洛侯。"②

王绪祖一生最值得称道的是他对甲骨文的收藏和研究，在这方面他与其连宗兄弟王懿荣都是先觉先行者。王维朴《东武王氏商盉堂金石丛话》载：

光绪己亥（1899），河南洹阳武乙氏之故墟，发现龟甲文，族伯文敏公定为殷商贞卜文字，彼时先君亦收得数百枚。潍县赵执斋（允中）归来，赵君事母孝，好古录印，曾集《印揭》八册，先君为之序。嗣以国家变乱相寻，又董乡校，遂无暇研讨斯学。洎民国丙辰（1916），避地来津，与侨居日本上虞罗丈，借邮筒商榷旧学，乃整理旧藏，购致新出，

---

① 李毅峰主编：《中国篆刻大辞典》附录《中国印学年表》，河南美术出版社1997年版，第808页。

② 王维朴：《东武王氏商盉堂金石丛话》，载《东方杂志》第27卷第2期，1930年。

积万余枚，选拓成《殷虚书契菁英》一书，已经黄毅侯农部录入《金石书目》中矣。①

现在被学术界称为“甲骨文之父”的王懿荣，他的金石学生涯受王绪祖的父亲王锡棨影响至深。王维朴为家藏王懿荣《寰宇访碑录补遗补目》手稿所作提要云：

福山、诸城、新城、黄县、费县各处王氏族姓，同属系出琅邪。道光时福山族曾伯祖中丞西舶公即与曾祖侍郎藕塘公都门过从，诗文酬唱。维朴尚存有遗迹。殆咸同时族伯祖方伯莲塘公复与祖考比部戟门公同官春明，来往手尺，朴与汉章兄今俱存之。至文敏祖伯，幼时即时至我祖京寓，祖妣擅青囊术，每为公占否塞通达，并授公以毡蜡摹拓之技。于祖伯母黄夫人，则时常晤聚，指导女工。公自少时即不喜帖括，每从祖考为考订金石之学。此汇刊内书牍选录一门，亦略可考见。世人则多不知之，所谓从张文襄、潘文勤云云，则已界光绪初叶。公稽古之功既深，收藏亦琳琅充栋，祖考则已不及见矣。其后世父每至京师，或下榻公邸，或移居近寓，诗酒联欢，昕夕快聚，族谊益笃，金石同契。②

王绪祖去世后，他的家人将他生前收藏的部分精品殉葬墓中。1956年，其墓被村民挖开，出土了众多文物，计有古印、古币、子孙铜灯、吕不韦监造之秦少府残戈、秦权，以及刘燕庭珍藏的齐篆文刀币等，均属王绪祖生前所集藏品。所幸墓中出土文物全部被文物部门收缴保存，现藏于诸城市博物馆。

有关王绪祖收藏北朝六面碑之事，在诸城坊间流传甚广：民国年间，王绪祖来诸城城里办事，回家途中经过东关，看见路边有一处用乱石垒砌的厕所，其垒石中有一残破六面石柱，便立即停车观察，并找到厕所主人，问其六面石柱来处，欲买此石。厕所主人一听，便故意提高其价为五吊钱。王氏听后大喜，即刻令人付款，拆下此石柱，放于车内带回。经洗刷后，石柱呈六面形，刻有高密郡、东武郡之名称，王氏认定其为北朝之物，遂即令人捶拓拓片，盖以“兰溪”印章，在邑出售。拓片售价一银元一张还供不应求。

① 王维朴：《东武王氏商盉堂金石丛话》，载《东方杂志》第27卷第2期，1930年。

② 王维朴：《诸城王氏金石丛书提要》，见《石刻史料新编》第三辑第三十四册，台湾新文丰出版公司1986年版，第533页。

清光绪《增修诸城县续志·金石考》中亦有此碑的记载：

东魏元象造石柱铭柱六面，道光年修石佛寺出土。一面上层：“前州都州主薄行高密郡带黔陬戌主贾还像。”二面：“高密郡主薄田景悦为亡父母敬造像一驱。”三面：“东武郡主薄张镇远敬造石像一驱。”四面：“前高密郡中正祭酒从事史，行黔陬、夷安二县事吕清像夫妻蒋侍佛时。”五面：“邵祖兄弟五人为父母敬造石像一驱，父名黑奴，旨授青州刺史。”下层佛坐像残缺；六面：上层有立像二人，香花立侍，下层缺。中层：“前兼州主薄督高密郡，□平昌郡兼□曹祖遵□亡父见存□居家眷属□造像一躯。”（一面）“维元象元年岁次戊午六月戊子朔二十一日戊申，佛弟子张敬谨建石柱一枚，通天去地九尺。柱之六面（二面）处造释迦之像和一十八驱，图丈六于鹫岳写四大于鹿苑，庶依稀乎。□算冀影响于（下缺九字），（三面）一音停演，七尊已远。千觉犹遐，具怀恋慕。佥类奢花，永言积玉。夙誓从沙，是镌是断复。仿佛祇暗，叩钟则鸣。负绳（四面）者，直藉此丹襟凭兹胜力炎宅，罢游化城谁息树心云在济彼含识。”（六面）仅存“含生敬造”四字。

王氏家败后，六面碑被其后人于青岛卖掉。今诸城市博物馆存有该石拓片，其上盖有“兰溪”印章。

4. 王维朴

王维朴（1897—1931），字齐民，王绪祖长子。民国初年，父亲送他与弟王维实赴青岛就学，不久举家迁居天津，就读于南开中学。20 世纪 20 年代初，赴美国留学。归国后，常驻天津，后移家青岛，并未在社会上任职，而潜心于父祖遗著的整理编辑工作。

维朴父祖三代收集的文物，堆积如山，文稿积箱盈箧，虽遇战乱，几度迁徙，所存者大部完好。他认为，若不及时将其整理出版，一旦有失，将愧对先人。于是，他动手加以整理编辑，定名为《王氏金石丛书》（以下简称《丛书》），并约请商务印书馆出版发行。他制定了编辑原则与计划方案，提出“专纪家藏，不录他氏”的主旨，初拟《丛书》分十二卷，目录如下：

第一、二卷　彝器（上、下）

第三卷　乐器

第四卷　车马器、任器、权量

第五卷　　　货币

第六卷　　　符卷、玺印

第七卷　　　农器、不知名器、梵像

第八、九卷　石刻（上、下）

第十卷　　　古陶、砖甓

第十一卷　　泉范、封泥

第十二卷　　契文

纵观以上各类名目，可知王氏藏品之丰富，几乎囊括了所有文物门类。王懿荣的次子王汉章为《丛书》写序，盛赞此书“方驾陈（簠斋）吴（子苾），凌厉牛（空山）褚（千峰）”，媲美“赵明诚、李易安与欧阳父子”。王维朴不仅秉承家学，师法传统，更将西方地质学、生物学、考古学等学科的科学方法运用到《丛书》的编辑中去。其计划周密而庞大，方法亦合于科学，但面临两大难题。一是藏品堆积如山，亟待整理。尤其那些石碑及石造像，“多重逾千百钧，每一转移，多夫舁之，道路动色。又石质年深蜕化，每拓一次，虽极慎重，必有石屑纷落，如松皮状既重且脆，最难施工”。二是先人遗稿经几度搬迁，散乱如麻，整理不易。如王锡棨日记，每年一册，算起来“应得二十余册，虽极力搜检，才得十册”，且晚年日记损失更多，“仅存两册”。还有函札，都是其父祖与当时名流学者往返研讨学术的记录，也大都丢失，所存残篇断简整理不易，弃之又可惜。

《丛书》第一、二集，于1930年3月编辑完成，记有十三种，四十余卷。完成一、二集后，王维朴立即着手《丛书》第三集的编辑，计七种七十三卷。但不幸的是，王维朴整理遗稿的宏伟计划刚刚开始，他便因病而逝，年仅35岁。他生前希望“先烈遗芬，肃然景向，此诚吾家青箱也，我后人其世守之”。可是他的儿子王津却是个不学无术的纨绔子弟，父祖几代人的心血传到他手里，损失殆尽。王维朴编辑的作品，只有《诸城王氏金石丛书提要》《东武王氏商盉堂金石丛话》等存世。另有王维朴《盉斋研古录》一书，由黄宾虹介绍给神州国光社聚珍版印行。

王维朴在留学美国之前，曾在天津出售了一批家藏文物，以刻石为主，其中有的藏品辗转流至海外。如后秦《辽东太守吕宪墓表》，为王绪祖在天津所购端方藏品，被王维朴出售后，辗转为日本江滕氏所藏。北魏《高洛周七十人造像记》亦为王绪祖所购端方遗物，今藏法国巴黎博物馆。对于王维朴出售文物一事，收藏界颇有微词，王维朴在当时就听到过，他在为王绪祖《周句鑃斋藏石全目》所作提要中曾作解释：

先君弃世后，维朴负笈美洲，家人因将返籍。欲运输无损，是诚难事。矧胶东境况，终未敉靖，若轻装简从，一旦有警，趋避尚易。兹复赘以如许笨重之物，临事只有弃置。百计踌躇，遂就过巨者让出，其易于囊携之品，及在维朴处之本县出土后齐佛座记二种，体积不重，且已架为桯具保留之。如斯措置，亦实具不得已之苦衷，正如潘文勤身后眷属出京时割让陶甓之举略类。盖免千里转运，因而损伤，一也；不致遇警匆遽抛弃，二也；于仓促之际，勉从权变，去重留轻，精品未为全失，三也。兼此三益，亦少弥古物不留之憾矣。至转徙后各石之藏家，如建德周氏、三原于氏，亦俱同好之士，护惜惟勤，物得其所，又何必据为己有而后快，徒见其量之隘耳。且历年自本省流出之古器物，不可胜计，欲从事保存，岂一手一足之烈所能为耶？前读某君著作，述及此事，与实际略异，是以附赘数言，用告世之留心古物者。至物经流传，其日后之变迁，则不得逆睹矣。①

此情此景，与李清照《〈金石录〉后序》所记，何其相似乃尔。

王维朴留学美国，对他治学有一定影响。王维朴留学美国，接受了一些西方文化，但没有走向否定中国传统文化的路子，甚至把西方的科学知识用于整理国故，这与其家学熏陶之深不无关系。王维朴在为《大斋所藏古器物文》所作之提要中写道：

今者西化东渐，考古日盛，复参以所谓地质学以测土层年代之近远，用证掘发物史籍上之确期。又所谓生物学，以考骨骼结构之状况，用明当时人类及动物生活之真象。右其荦荦大者。余如理化、天文、气候诸科，几无不为考古学之羽翼。规模既广，条理复精，较诸昔日，诚属预度不及之变迁，亦吾国士大夫前所忽而今宜留意，以期圣制为本，百科是辅，因以阐扬国光于无穷也，岂不休哉！暇日拟编一考古学概论，申

① 王维朴：《诸城王氏金石丛书提要》，见《石刻史料新编》第三辑第三十四册，台湾新文丰出版公司1986年版，第535页。

明斯学之重要，及其沿革、门类、方法，用书并参考西籍以究此后之蜕嬗，愿与我同志共商之。①

从王维朴已经完成的事项看，他已对其高祖以下数代家学进行了初步总结，而且他的总结不仅在金石学方面。如他曾将王应垣《南行吟稿》、王玮庆《藕塘诗集》《沧浪诗话补注》、单为娟《碧香阁遗稿》四种十八卷，编为《东武王氏家集》印行。他的《东武王氏商盉堂金石丛话》《诸城王氏金石丛书提要》，不啻为两部王氏金石学史。王维朴还著有《盉斋研古录》，生前由著名国画家黄宾虹"介付国光社聚珍版印"，但目前尚未见到有人提及此书。黄宾虹曾是神州国光社的创办者之一，但由于经营亏损，该社于1928年被陈铭枢收购，20世纪30年代初又因陈铭枢反蒋被封，致使其书下落不明。

（四）南城李氏家族与金石学

南城李氏为诸城望族之一。诸城自北魏永安二年（529）始，形成南北两城，南城为县治所在，北城为州治所在。李氏自明代由平度迁诸，初居马耳山下李古庄，后定居南城，世称南城李氏。至清末共十六世。李氏文人甚多，其中以金石学家李仁煜、李璋煜堂兄弟最为显名。

1. 李仁煜

李仁煜，字书山，号溪亭，清雍正庚戌科进士、临漳县知县李宜芳之孙，清乾隆辛巳科进士、扶风令李渠之子，著名金石收藏家、鉴赏家、藏书家、书法家。乾隆五十四年（1789）拔贡，同年恩科举人，大挑，分发直隶知县。但李仁煜性喜金石诗书，不愿为官，即以母老乞归故里，日与金石诗书为伴。清光绪《增修诸城县续志·文苑传》载：

> 李仁煜，字书山，号溪亭，前志渠子，乾隆己酉拔贡，本科举人，家世诗书绩学，能文章，广罗古今图书贮楼内，名曰"万卷书楼"，日枕籍其中，每手一编，必亲雠校，朱墨丹黄盈卷帙。所著文辞，典丽雅饬。嗜金石，尤精赏鉴，收藏历代碑板及钟鼎彝器，皆考源委，别真赝。晚年得汉石洛侯印，为之跋，考据精详，足资掌故，与曲阜桂馥善，每得古器及经史疑义，皆邮寄商榷，往返辩论。善隶书，得其遗墨者皆珍

① 王维朴：《诸城王氏金石丛书提要》，见《石刻史料新编》第三辑第三十四册，台湾新文丰出版公司1986年版，第538页。

蓄之。

关于李仁煜晚年得石洛侯印之事，清道光十四年（1834）《诸城县续志·金石考》中有详细的记载：

汉石洛侯印黄金印，龟钮，文曰“石洛侯印”，县南莲茆庄女子掘菜得之，后归邑举人李仁煜。仁煜曰：按《史记》王子侯年表石洛侯刘敬，城阳顷王子，元狩元年四月戊寅封。则是石洛侯乃汉高祖六世孙武帝所封者。参校《汉书·表》，其世系及始封月日皆合，惟以石洛为原洛，刘敬为刘敢，元狩为元鼎. 盖传写之讹耳。考《汉书·本纪》元狩元年五月晦，为乙巳，则四月不得有戊寅，元鼎或确。敬与敢则无从审定，据此印足证原洛之误。古物之有裨史学如此。余按汉地理志城阳国凡四县，治莒，今之莒州。州与诸接壤，历世沿革疆易参差，宜有不同。孝武帝制诏诸侯王推私恩分子弟，邑今之莲茆岂即石洛故地欤?①

“县南莲茆庄”地望失考，今不知所在。1985 年，诸城市司法局在李仁煜故居新建楼房时，出土了一批窖藏石章，其中有李仁煜所刻“石洛侯印”跋文章，章为青田石质，方体，形体硕大，朱文隶书，文云：

右黄金印，龟钮，文曰“石洛侯印”。金色美钮工细浑沦，制甚古。惟今年春得自县南某村土中。按《史记·王子侯年表》石洛侯刘敬，城阳顷王子，元狩元年四月戊寅封。则是石洛侯乃汉高祖六世孙而武帝所封者。参校《汉书·表》，其世系及始封月日皆合，惟以石洛为原洛，刘敬为刘敢，元狩为元鼎，盖由转写而异。考《汉书·本纪》元狩元年五月晦，为乙巳，则四月不得有戊寅，元鼎或确。敬与敢无从审定，据此印足证原洛之误。古物之有裨史学如此，因略订之。以质博识君子昭阳赤奋若夏五。诸城李仁煜书山氏试鹳鸲眼研，跋于西园池北吉金贞石山房竹廊雨□。

康锡谨印　进士（章）

石印现藏于诸城市博物馆。印文中“跋于西园池北吉金贞石山房”之句，可证某些记载中的“贞金乐石山房”之误。

---

①〔清〕刘光斗等修，〔清〕朱学海纂：《诸城县续志·金石考》，清道光十四年刻本。以下所引《诸城县续志》皆为此刻本，不再出注。

在李仁煜的藏品中，有一件“北齐承光佛教造像石刻”曾引起世人的关注。清道光十四年（1834）《诸城县续志·金石考》载：“承光元年石刻，字画各半，举人李仁煜得之城东南隅丛祠，今藏于家。”清光绪《增修诸城县续志·金石考》中对刻石有详细的记载：

北齐承光造像石刻，石四方，高七寸，宽一尺四寸。第一面：（刻一人束手立后左向；一人跪方毯上，持莲花面左向。）像主李道和供养（中刻莲花宝座，一小儿顶之）。和妻解供养（刻一人跪方毯上，持莲花面右向；一人束手立后亦右向）。第二面：大齐承光元年岁次丁酉正月乙亥朔十五日己丑，佛弟子张思文敬造无量寿像一驱并观音大势至，愿师僧父母□□眷属□。第三面：□称心常□诸佛，国祚永隆民宁道业一切含灵咸同此庆。第四面：和女阿丑供养（刻一人束手立侍左向；一人挑香合跪方毯左向）。和息文昌供养（刻一人端手立侍左向；一人持莲花跪方毯左向）。和息延贵供养（刻一人束手立侍左向；一人持莲花跪方毯左向）。

右北齐石刻，字画各半，邑人李仁煜得自城东南隅丛祠奥草中，相传在汉为云堂寺，苏和仲《玉盘盂》诗序所谓南禅、资福两寺遗址临近，盖其地古矣。

该造像石刻曾先后被李仁煜、王绪祖、孟昭鸿等诸城籍收藏家珍藏，后流传至海外，国内目前仅能见到其拓片。诸城籍著名书法家、收藏家孟庆泰先生曾在其博客中展示刻石拓片的照片，拓片四周空白处留有历代收藏名家的题跋及赞咏：

（1）王绪祖跋：

是刻昔藏李书山先生仁煜家，余幼时爱其书法遒古、画像精妙，曾摩挲手拓，今忽忽卌余年矣，不知何时为京估辇去，戊午二月友人姚贵昉以贱值获之，遂归余斋，楚弓楚得良可忻幸，我佛因缘之说洵非诬也。此石载李氏《品石斋文集》，后入《县志》《山东通志》《山左金石志》《寰宇访碑录》等书，盖久为著名之品矣。戊午六月，东武王绪祖识。

弱冠曾为访古游，吉金贞石喜穷搜。

珠联璧合知何日？空忆黄金石洛侯。

书山先生因得此石与石洛侯黄金印，故名其斋曰“吉金贞石山房”。今石为余获，而金印已不知所之矣！兰畦初稿。

（2）陈格（寿篚）跋：

兵燹余生汗漫游，每闻金石总寻搜。

楚弓楚得真天幸，不羡荣封万户侯。

戊午嘉平月，兰西表阮清品，寿篚格。

（3）卞寿孙跋：

访古搜奇汗漫游，宝城端不事遐搜。吉金贞石辉东武，今属王侯旧李侯。归来万里少年游，旧学商量耐究搜。安得米家书画舫，幽窗雅趣做公侯。许阁年伯大人命步原韵，年世愚侄卞寿孙谨题。

（4）王崇烈跋：

此佛座色色精湛，石质亦坚，吾东著名之品。许阁二叔视如拱璧，宜也。崇烈拜题。

（5）郑爰居跋：

此石自李氏售诸兰西先生之后，吾邑又有人重刻一石，后亦售出，故世间有真伪二本，真者究岁秋尚存于王氏后裔，有居间归余者，以世乱苦于多累未遑也，今则不知如何矣！癸未二月，爰居。

据张崇玖先生考证，李仁煜生于乾隆二十七年（1762）九月初六，卒于道光十五年（1835）三月初一日，寿七十四岁。① 李仁煜好友、曾任诸城县知县的湖北黄冈人王封渭撰写了《例封儒林郎直隶候补知县书山公传》，其文云：

李君讳仁煜，字书山，号溪亭，乾隆辛巳科进士漪园先生长子也。生而颖慧，八岁，祖梅村公授以《三都》《两京》赋，即能成诵，属文彬彬有法。乾隆己酉恩科乡试举，后礼闱屡荐不售，遂无意进取，肆力于古诗文词。贮书满架，丹铅不去手，经史子集无所不窥，而尤精于考据之学。土人掘地得汉石洛侯印，公据《史记》正《汉书》之误。北齐承光碑跋语甚辨，尤征有识。邑人为修志之举，金石古迹诸考皆出君裁定。所作诗文典奥工新，多可传诵，有《磊轩集》若干卷藏于家。性直谅，几友人及生徒问字者一一指授，剖析无遗义，以故，请业者踵相接也。嘉庆戊辰大挑，发直隶知县，捧檄数月，以母年老请急归里。日枕

① 张崇玖：《人才济济的马耳山李氏》，载《超然台》2015 年第 2 期。

菲于古籍中，著述不辍，盖性所笃好云。教子垣举于乡，莁仕河南，寓书训之曰："勿躁进，勿奔竞，公事余暇须静坐观书，增益学问，切勿一行作吏，此事遂废也。"卒年七十四。

李仁煜一生喜好金石收藏，精于文物鉴赏。他收藏历代碑帖、钟鼎彝器颇多，专建一屋，自名为"爱吾鼎斋"，以存放金石古物。他专门到宜兴定做自用之茶具，并用隶书体刻上"爱吾鼎斋记"。李仁煜与曲阜精于碑帖考证的金石学家桂馥相友善，每得古器及有疑问，都寄到曲阜桂馥处与之商榷。有时李仁煜与桂馥的观点不同，则书信频频，与之辩论。李仁煜精于隶书，世人能得其墨迹者，皆珍藏之。其著述颇丰，计有《吉金贞石山房文稿》四卷、《书山杂著》四卷、《书山诗稿》六卷等。

2. 李璋煜

李仁煜之堂弟，字方赤，号月汀，李宜芳孙，李梴次子，"生于乾隆五十七年（1792）十二月二十一日，卒于咸丰七年（1857）十二月十五日，寿六十六岁"①。嘉庆二十四年（1819）恩科进士，曾任刑部主事、知府、按察使等职，清光绪《增修诸城县续志·列传》载：

李璋煜，字方赤，嘉庆癸酉（1813）拔贡、举人，己卯（1819）进士，刑部主事荐升四川司郎中。道光丁酉（1837）简授江苏常州府知府，署扬州府，首禀大吏秦请史忠正从难诸人附祀忠正祠，以保忠节，示禁妇女冶游婚丧违僭，严惩刮儿、刮妻马批诸恶俗。……升江南盐巡道，署江苏按察使、江宁布政使。所至惩讼棍、戢盗贼、禁匪徒讹诈，标示恶人姓名，俾知改悔。于苏常所属尼庵，导有诱良者，年三十以下，概使还俗择配，惩其尤不法者。禁抑勒典当，把持行市，商贾居民咸得安业。丁母忧，服阕，简授广东惠潮嘉道。……立治潮六法，责成绅耆董率，制俚语歌谣，俾妇孺周知。并辑古循吏，导良化莠，诸事刊刻告诫周祥，肫挚潮之人士翕然向化，谓治潮者前有韩昌黎，自唐迄今，继执者惟璋煜一人，作诗颂德有'昔韩今李'之称。升浙江按察使，潮人攀留不得，乃筑讲堂，立石勒像以至景慕。旋调广东按察使，升布政使。莅任后，取民贪狠剽悍者置于法。博延耆逸，虚衷下问，悉其风土人情，

① 张崇玖：《人才济济的马耳山李氏》，载《超然台》2015 年第 2 期。

政治得失，风起霆奋，赏罚若神。而俗之漓者醇，嚣者静，豪强慑粟，皆敛迹而不敢逞。其德泽及人有不可殚述者。庚午以病归，杜门谢客，不预外事，日课幼子诸孙，以娱暮年。

李璋煜一生好学，嗜金石，著有《爱吾鼎斋藏器目》一卷、《月汀诗文集》四卷。王维朴《东武王氏商盉堂金石丛话》载："朴藏李方赤先生集拓一册，有张叔未、叶东卿诸公题字，极堪宝惜。"也应该算李璋煜编著之书。李璋煜在京期间，是金石学界的活跃人物，多次倡导和组织文友聚集唱和，并主持校勘桂馥的《说文解字义证》。他非常赏识陈介祺的才学，对其嗜好金石学尤为赞赏，认为陈介祺的学问功底和悟性非同一般，必将在金石学上有所成就，于是在陈介祺二十岁左右时将女儿许配于他。陈夫人从此在陈府相夫教子四十年，直至1871年陈介祺五十九岁时去世。李璋煜实际上成为陈介祺一生专注于金石学的决定性人物，从学识和物质上都为这位乘龙快婿提供了帮助。

道光三十年（1850），李璋煜以病告归。回故里后，闭门谢客，整日辅导子孙读书习文，与其堂兄李仁煜一起鉴赏金石，切磋技艺。他的女婿陈介祺，在仁煜、璋煜二位长辈的影响下，对金石研究日趋精深，后成为著名的金石学家。在喜好金石的同时，李璋煜还工诗善书，其作品大多写为仕之道，有《洗冤录辨证》一卷、《视己成事斋官书》六卷、《月汀诗文集》四卷、《律例撮要》十二卷等传世。

李璋煜还与朝鲜进士金氏交往甚密，书信往来不断，诸城市博物馆存有李璋煜信札及金氏字卷。今人王宪明先生编著的《续东武诗存》中，收有李璋煜《赠朝鲜进士金山泉命喜》一诗，诗云：

高斋响檐溜，庭树生春风。系予二三子，苔异岑则同。君乘果下马，入门气充融。汉仪制仍古，秦语译难通。挥毫传四座，奋迅如旋蓬。壮年文采绚，簪裾世业崇。乃兄玉堂选，持被勤在公。晤言幸良晤，藻咏凌秋空。

感兹发遐想，神游东海东。

我闻都平壤，郭外山嶙峋。上有胥余墓，礼义牖斯民。

八条岁半佚，人悫俗则淳。谁与绵道续，圃隐超等伦。

微言尊洛闽，后进排王陈。（郑甫隐始倡程朱之学，斥王阳明陈白沙之说，卒以身殉难，配祀圣庑焉。）臣节炳河岳，圣庑陪明禋。

惜哉历星纪，著录多沉沦。渊源一回朔，君独追音尘。

日本炫秘籍，绮丽不足珍。研精洪范理，力将大雅振。

所期更努力，朴学传其人。

沃沮高句丽，旧隶朝鲜地。南闾并右渠，四部汉所置。

曩读班范书，略能观大义。览兹箕田图，画井食其利。

七县设岭东，三州分牧使。为问王险都，今昔应殊异。

甄山浿水间，指画穷奇闷。东译史尚存，海舶遥相寄。①

（五）王森文

清乾隆、嘉庆间，诸城有一位虽不在金石学家之列，却对金石学有重大贡献的人，他就是王森文。

王森文（1754—1819），字春林。其六世祖王家栋，字峻衡，明万历间中举，由费县教谕升河南兰阳县知县，颇有政声。父王萦绪，字成祉，号天馥，乾隆二十二年（1757）进士，官至南雄府知府。王森文兄弟三人，时称“王氏三文”，森文居三。关于王森文的生平，清道光《诸城县续志·列传二》有较详细的记载：

森文，字春林，性狷介，好学，天文、舆志、勾股、乐律，靡不心究，尤精三礼，凡堂序、器物、衣冠等皆有绘图。嘉庆十年（1805）成进士，守镇安知县，值五郎兵变后，其治务为安静无扰。昉李如圭仪礼释宫，修孔子庙廷，率诸生行释奠礼，期年颂声大作。孝义厅获白莲余孽，词连镇安民赵老么等，大吏飞檄属邑禽捕，森文察其诬，谓：“我能解印绶去耳，不忍见人以无罪死也！”卒辨释之。改守安康，坐法去官。士民泣送至百余里。居长安，修《长安志》《武功志》，著《汉唐都城考》。越二年，诏仍以知县用，守略阳，徙补雒南。调繁蒲城，甫三月，卒，年六十五。贫无以殓邑，尚书王鼎遗之棺，同官复赀助之，乃归榇。

以上记载中，王森文与金石学毫无关系，但是在王森文为官期间所著《石门碑醳》一书，对我国金石学做出了重大贡献。王森文曾在陕西的镇安、安康、略阳、雒南、蒲城等地做过知县，因多年奔波，积劳成疾，到蒲城后

① 王宪明：《续东武诗存》，西泠印社出版社2007年版，第39页。

三个月内便因病去世，终年65岁。王森文为官清廉，虽做官多年，但家贫无以入殓。时任刑部尚书的朝廷重臣王鼎亲自捐银，买棺相赠。在王鼎的带动下，其同僚好友纷纷出资相助，王森文灵柩才得以归葬故里。

在陕西期间，王森文不辞劳苦，现场调查，跋山涉水，历经艰险，写出了《石门碑醳》一书，为现存第一部石门石刻研究专著。

石门，位于交通闭塞的陕南地区，修建于东汉永平六年（63），是世界上第一座人工开凿的隧道。在石门的东西两壁及褒河两岸悬崖上，凿有汉魏以来大量题咏和记事刻辞，总数达104件。石门的这些石刻，特别是汉魏石刻，属国内珍稀之物。正因如此，褒斜道石门及其摩崖石刻于1961年被确定为全国第一批重点文物保护单位。《石门碑醳》书内摹录了“石门十三品”及赵敏若碑、范鼐碑、曹济之碑、文冈碑、张伯山碑、安丙碑等众多宋代题刻，并附以己作《游石门记》，对研究石门石刻旧貌具有重要的学术价值。

王森文除去《石门碑醳》外，尚有多篇有关金石的著述，如“石门十三品”之一东汉《右扶风李君通阁道记》，即为王森文所搜获，陆耀遹《金石续编》卷一云：“刻石门西壁‘石门’二大字之南，自来金石家皆未著录。嘉庆中安康县知县诸城王君森文搜剔得之，拓以寄示，海内流传始此。”又如略阳翠峰亭有唐房涣、宋王震摩崖刻记，湮没已久，也是王森文在略阳任时搜访得之，《金石续编》卷八云：“《略阳县志》载翠峰亭而不及二刻，王君森文署略阳县事，访得之。”其在雒南任上，访得阳虚山仓颉刻迹原拓，重为摹石，正面题“龟凤呈瑞”，下大书“仓颉授书处”，碑阴为世传仓圣二十八字。至今碑石犹存。王于金石学之贡献，为当时学林所关注，陆耀遹将其同宋代南郑县令晏袤并举，称：“王君爱古，表彰汉刻，亦晏南郑之流也！”

王森文摹绘石门石刻亦对其后另一位诸城金石学家、嘉道年间陕西延榆绥道、四川按察使刘喜海有很大启迪，他于道光二十六年（1846）入蜀“访碑……取道于五丁担侧（汉中金牛道）……持节西川”，著录反映蜀中历代碑刻的《金石苑》，同样以拓片摹写而保留诸多至今散佚的四川石刻史料。尽管刘氏宦游陕南时是否赴石门访碑不得其详，但他寓目、收藏多本东汉建和二年（148）《石门颂》的确有案可查。如上海博物馆藏晚清书法家李瑞清旧藏《石门颂》，即属刘喜海道光二十五年购于西安，次年秋装裱于陕南商州。此外，上海博物馆尚有刘氏旧藏《郙阁颂》《石门铭》拓本等；另据朱翼盦

《欧斋石墨题跋》载，刘喜海还曾藏传未经洗凿绝旧本《石门颂》。

王森文留世著作多种，清道光《诸城县续志·艺文考》记载："王森文《汉唐都城考》一册，《长安地理志》一册，《禹贡图》一册，《冠裳图》一册，《王氏制义》四册，《然灰文钞》一册，《诗钞》一册。"

（六）尹彭寿

尹彭寿，字慈经，号竹年（一作"祝年"），晚清时期金石学家，光绪十一年（1885）拔贡，十四年（1888）副榜，为咸丰三年（1853）进士尹耀宗侄，曾任沂州府署教授，后弃官专事讲学、著述，尤工小学、金石学。曾任山东学政的汪鸣銮为尹彭寿《汉隶辨体》作序，说其"幼承家学，苦志读书，于汉人训故愿有专功"。据尹氏自己所说，他的文字之学来自叔父，其叔父曾师从掖县（今莱州）翟云升，而翟云升则师事曲阜桂馥。同治时，尹彭寿还师从清代说文四大家之一——王筠的儿子王彦侗，可谓渊源有序，学有家法。尹彭寿一生著作颇丰，主要有《说文类编》《石鼓文音训集证》《山东金石志》《诸城金石小识》《诸城石刻存目》《石鼓文汇》《魏晋石存目》《山左南北朝石刻存目》等多种。其《山左南北朝石刻存目》所著录"东魏张敬等造六面石柱像记""北齐王信天造像记""北齐傅圣头姊妹造像记"三种原石所在都注"诸城巴山王氏"。"巴山王氏"即王锡棨本支。

王维朴《东武王氏商盉堂金石丛话》中也有一则提及尹氏："《朱博颂》，或云伪刻，此本有尹氏大印章，又有匡鹤泉审定印及详跋，谛视书法，实系近古。"

清光绪元年东武故城出土"朱博残碑"为尹彭寿所得，但因尹与其子均善仿造汉碑，故有人认为此碑为伪造。《文物》1964 年第 5 期徐森玉《西汉石刻文字初探》共收西汉刻石 10 种，亦曾述及"朱博残碑"。此碑在王壮弘《增补校碑随笔》及杨震方《碑帖叙录》中均有著录，谓为西汉河平年间刻石，隶书。尹彭寿初拓本有尹氏印记及匡鹤泉跋，称"琅邪太守朱博之颂德碑"，存 10 行，每行 3—5 字不等。两书均引罗振玉《石交录》谓此石为尹彭寿所伪造，尹晚年亦不讳言。据 20 世纪 30 年代《东南日报》副刊《金石书画》所载"朱博残碑"的另种拓本（绍兴章氏翠微楼藏），有王懿荣题识及李慈铭题跋，题作"汉丞相朱子元博碑"，共 39 字。王氏及李氏对该碑似未以为伪。

关于尹彭寿的生平资料传世较少。20世纪30年代初，长兴王修《云蓝笔记》刊有《尹竹年手拓古陶》篇云：1922年在北京“得尹竹年明经彭寿古陶拓本二册，凡二百余纸”，其上册为镫柱，下册为瓦片并附汉器。拓片钤“尹竹年拓”等印。书衣有尹彭寿手题曰：“取秦燔所未及，丙戌（1886）六月潦雨月余，题眉于国子监南学，时二十五日。诸城尹彭寿。又古文即不可识，况列国后之文字异形，正不必强为之解，存古来面目可也。慈经又识。”册后题曰：“余自幼有古文字之好，用丁是册，以备考索。丙戌九月，再观于金泉精舍。”近年台湾出版《丛书集成新编》第51册，有尹彭寿编《山左南北朝石刻存目》，并收入诸城巴山王氏“东魏张敬等造六面石柱像记”（正书，元象元年）、“北齐王信天造像记”（正书，神背，天保元年）、“北齐傅圣头姊妹造像记”（正书，武平三年）、诸城李氏“北齐张思文等造像记”（正书，有象四面，承光元年）、诸城尹氏后归福山王氏“北周齐安戍王时珍墓志”（正书，宣政元年）等石刻。

（七）孟昭鸿

孟昭鸿（1883—1947），字方陆，更字方儒，别署放庐，斋名“宁远堂”“静修堂”（一说“静远堂”）。诸诚人，庠生。其祖父孟继尧，字学山，清道光二十年（1840）庚子科乡试第18名举人，曾任江苏震泽（今吴江）知县，颇有政声，著有《静远堂诗存》传世。其父孟广琛，字献廷，号白玉山樵，附贡生，援例为郎中。清光绪《增修诸城县续志·文苑传》记载孟昭鸿“善书法，搜罗名人石墨迹甚夥”。

孟昭鸿幼传家学，年轻时即以诗名于乡里，曾有《放庐诗集》留世。尤其嗜好金石，其金石成就超过了他的诗名。他精治印，善汉隶，临摹著名古帖，日临百字，数月不辍，终于成为有名的隶体书家。他深研金石古印，经二十余年的艰辛钻研，于1925年撰成《汉印文字类纂》（《印字类纂》）四册，郭金范为之序，略云：

> 孟生方陆，天资超逸，博学多能，而尤癖于镌篆，自其少时即寝馈于斯，数十年乐之而不厌。而物聚所好，凡嗜古之士，居奇之贾，求赏鉴者，争凑其门，于是见闻益广，辨别益精。每叹集字诸书不赅不偏，因仿梅代《字类》，发凡起例，画分部居，另为《印字类纂》一书，剖析毫芒，抉择疑似，去取精审，诠释详明，印非目睹，概从割爱，较之

前人，增字万余，且留其有余，以待随时之赓续。然则是编之出，虽不敢请遂集大成，要亦可称后来居上，其必传世行远无疑也。

1927年秋，孟昭鸿又完成了《汉印分韵三集》，自序云：

余幼耽篆刻，尤嗜汉印，诸家古铜印谱而外，集字之书，独于《汉印分韵》奉为矩矱，尝思其书之成，百有余年矣，汉印之后出日益增多，所集印字，不无遗珠之憾。于是广为搜辑，凡袁、谢二氏所未见及未收者，一依其例，手自钩摹，所得又复七千余字，因用姚晏《再续三十五举》之例，名曰《汉印分韵三集》。

1983年，上海古籍出版社将《汉印文字类纂》与《汉印分韵三集》两部书合编再版，认为该书“字体钩摹较精，具有高度艺术水平”，“是一部较好的篆刻工具书”。后来，孟昭鸿被编入《中国美术家人名辞典》。

孟昭鸿对保护文物的贡献，最值得一提的是他参与收集保护秦琅琊刻石一事。秦琅琊刻石早年已破碎散失，1921年，诸城县文教局局长王景祥及视学王培祜奉省命调查古碑，孟昭鸿即主动配合，亲至琅琊台调查，收集了部分散碎碑刻残块运回诸城，经核对，尚缺数块。第二年，孟昭鸿与王培祜再次前去找寻，又得数块残碑，后经核对，竟成完璧。后王景祥撰文述说收集经过，孟昭鸿书写跋文，附于《二世诏书》石刻之侧。文云：

吾邑琅邪台秦刻石，残蚀破碎，或传倾落海中。中华民国十年，景祥承之邑中教务，选奉省令保存故迹，遂属县视学王君培祜，亲往琅邪台迹，从事搜寻，见零星断石弃置荆棘中。地处海滨，保护匪易，恐日久湮没，乃亟运城中，详绎其文，尚多残缺。翌年春，王君复往访诸道院及台下居人，又得数石，综校前后所获得，竟成完璧。爰命工粘合，嵌置于教育局古物保护所中。二千余年古物，由破碎而完成，非有鬼神呵护，曷以至此。因详书颠末，以志欣幸。中华民国十五年五月，诸城教育局长王景祥识，孟昭鸿书，鞠瑞墀刻石。

如今，《二世诏书》拓片及王景祥跋文拓片，均在诸城市博物馆保存。

孟昭鸿酷好诗文。其诗文律切精深，词风安雅，诗风淡远。1914年，孟昭鸿与仲兄孟昭坛共结甲寅诗社，时常诗酒唱和，并著有《放庐诗集》二卷，多为写景抒情。其后诗文多描述现实，如《诸城辛亥、丙辰独立始末记》《诸城庚午围城日记纪事诗》《避难纪略》《避寇纪略》等，均为研究诸城近现代史的珍贵资料。其传世的《齐武平造像残石》诗，平正隽永，读来朗朗上口。诗云：

光绪丁未秋，耕于城之北，丛寺蔓草中，乃得一断石。
度以建初尺，长三寸有七，石高仅三寸，斑斓苔花蚀。
文字余四行，行四字深刻，曰大齐武平，五年之七月。
岁次为甲午，月朔己未日，朔下字曰十，其后悉残缺。
当是佛座铭，何年一角裂？大齐之武平，窃尝考史帙。
后主所改元，干支无差别，武平所刻石，诸家多著述。
流传十有五，大半为佞佛，五年所立者，等慈寺塔一。
不图千余年，又见此石出，吁嗟齐是年，宇文周建德。
经像悉毁弃，佛教全废黜，蚩蚩北齐人，举国犹蔽惑。
国主逮邑子，佛像大雕饰，镂石更涂金，顶礼求佛力。
噫嘻未四年，邺城周师入，佛法竟何如，不能救高末。
造像沈泥沙，佛光已漫灭，千载出人间，犹带劫灰黑。
作者姓氏湮，纪年尚堪识，残石何足宝？聊以鉴覆辙。
思古发幽情，齐石溯吾邑，承光元年石，旧为李氏物。
微闻近年来，已为贾人得，石佛寺中石，武平三年立。
仅载于邑志，其石盖久佚，惟此十六字，犹藏吾秘笈。
前年辛亥变，贪兵劫吾室，数百年收藏，一旦尽散失。
此石与汉砖，弃之尘甑侧，拂拭尚完好，巾箱重什袭。
老屋风雨中，摩挲长太息。

诗中详细记述了诸城境内出土的佛教石造像的年代、形制、意义等，既抒发了自己的情感，又为后人留下了宝贵的资料。

（八）郑爰居

郑爰居（1891—1958），原名时，又名再时，字爰居，又字云渠、云衢，后以字行。室号“寒松堂”，又号“椒木龛”。曾任山东省立图书馆图书设计委员会委员，后潜心研究金石篆刻书法，对《说文解字》、钟鼎彝铭、古陶、封泥及甲骨也潜心研究。在治学方面，素以精勤著称，著有《说文偶校》《玉篇原本辑存》《荆楚岁时记定本》《文选李善注沿用旧注考》《高凤翰年谱》《王菉友先生年谱附著述考》《西昆酬唱集郑笺注》等。

郑爰居的书法篆刻，早年学邓石如、吴让之、赵之谦等人，后上溯秦汉，直接取法古玺，渐渐获得突破前人藩篱的自由感。历代金石文字与各家各派的作品，他都能取舍，不为所拘。《中国美术家人名辞典》中编有他的条目，对他的篆刻艺术给予高度评价。

1949 年，郑爰居被任命为青岛市文物管理委员会第一届主任。在他的主持下，文管会积极开展工作，接收新中国成立前遗留下来的文物，并在全社会进行文物征收工作，从造纸厂、废品站等处抢救了众多珍贵的文物和典籍。1951 年，其指导青岛文管会组织文物普查，历时数年，主要考察了崂山地区的各类文物，颇有收获。

郑爰居既重视对乡邦文献的搜集和研究，亦注重对金石学和文字学的考证和著录。他认为这两方面有时候是统一的，因为山东地区的一些著作本身就是金石著作，如王绪祖的《〈古泉汇〉订讹》和《竹叶碑释文》两书。郑爰居自幼即攻读王筠有关《说文解字》的研究成果，成年后与诸城地区的文化人士广泛交往，得交潍县大藏书家丁锡田，并向其借录所藏王筠著《清诒堂文集》稿本。随后，郑爰居与同里文人王叙卿几经校雠，复益以已刊各书序跋，写成《王筠文集校录》。

1935 年春，郑爰居到济南拜会了时任山东省立图书馆馆长的王献唐先生，又搜集了一批王筠著作，写成《王菉友年谱》与《王菉友先生著述考》，对王筠诗文和生平的考证做出了巨大贡献。同时他还收集胶州地区著名书画家高凤翰的著作和资料，撰写了《高凤翰年谱》。这两部年谱的稿本现藏于山东博物馆。在从事金石文献研究之余，郑爰居还进行诗词创作以遣兴，与王统照、臧克家等诸城籍文学家多有交往，与孟昭鸿、徐孝闻、王云劬、王昭范、孙景敏、刘少文、刘景农等人也经常有诗词唱和。王统照写有《赠叙卿兼爰居》二首，其中一首写道："海滨云树记同游，廿载飞光梦里求。赌酒楼头邀明月，论文林下惊霜秋。"

郑爰居的收藏以古籍和金石拓片为主，兼及三代和先秦两汉金石器物。其藏书多达两万余卷（七千余册），其中有王筠、陈硕甫手校的《经典释文》，诸城王绪祖的《〈古泉汇〉订讹》、《竹叶碑释文》稿本，《福山王懿荣致诸城尹彭寿手札》等。新中国成立后，郑爰居将大部分寒松堂藏书捐赠给国家，并捐赠了七件青铜器，分别入藏国家博物馆、青岛市图书馆和青岛市博物馆。寒松堂收藏的另一大类是金石碑版拓本，其特点是秦汉的碑刻拓本非常系统，基本上收齐了名碑大碣，从石鼓文、峄山刻石以及西汉的几个著名碑刻如群臣上寿刻石、朱博残碑等，一直到三国的吴天发神谶碑和吴禅国山碑，皆为其所收藏。

郑爰居的碑帖藏品中很多都是同乡王氏家族、刘氏家族的旧藏。这两大家族数代为官，家学渊源，且都精于碑版拓本、金石书画，品类之盛名冠齐鲁。郑爰居收藏的碑帖藏品中，一部分可能间接来自王懿荣，因为在这批藏品上经常可以看到王崇烈的墨迹和王崇烈与王绪祖往来唱和的题跋，而王崇烈为王懿荣的次子，王锡棨、王绪祖、王维朴祖孙三代和王懿荣、王崇烈父子以及刘喜海的收藏基本上代表了清中期以来中国金石碑版收藏的品位和审美取向，是金石拓片收藏的精华。他们完整的收藏体系尚且可以通过他们编写的各种藏品目录看到概貌，而藏品实物则因为各种原因而散失不全，但通过寒松堂的藏品犹可窥其一斑，这是寒松堂藏品的另一珍贵价值所在。

寒松堂的另一类收藏是书画，这一部分收藏在寒松堂的整体收藏中并不十分突出，但亦不可小觑。

三、诸城金石学与陈介祺

诸城的金石学者，不仅为中国金石收藏与研究做出了贡献，而且对一代金石学大师陈介祺的成长产生过极大影响，可以说陈介祺的成名与诸城有着密切关系：诸城是陈介祺夫人的家乡，著名金石学家李璋煜是其岳父；诸城是陈介祺金石学前辈之一“燕翁丈”刘喜海的故乡；诸城是陈介祺得意门生、外甥女婿徐会沣的故里。这些非同一般的情系，将陈介祺与诸城牢牢地连在了一起

（一）“燕翁丈”与陈介祺

“燕翁丈”是陈介祺对刘喜海的尊称，他在同治癸酉（1873）致鲍康手札中云：“弟于燕庭丈至交，吾兄当亦同。”鲍康（1810—1881），字子年，号观古阁主人，安徽歙县人，晚清时期著名钱币学家和金石学家。鲍康自二十九岁认识刘喜海以来，即与其交往频繁，关系甚密。正如鲍康所云：“刘燕庭先生与余三世知交，道光己亥，始识先生于长安，遂过从日以密。”陈介祺自称与刘喜海的交情能跟鲍康相比，可知他们交情至深。然史籍中关于刘喜海

与陈介祺之间直接交往的资料甚少，虽如此，我们仍可从以下诸方面的分析研究中看出刘喜海与陈介祺关系非同一般之端倪。

1. 陈氏家族与刘氏家族的密切交往

刘喜海生于乾隆五十八年（1793），陈介祺生于嘉庆十八年（1813）。刘喜海长陈介祺二十岁，可谓陈介祺的长辈，且为山东同乡。刘喜海出生于山左望族，仕宦兼书香门第家庭，其曾祖父刘统勋位至军机大臣、东阁大学士；伯祖刘墉清廉正直，克绍家声，官至体仁阁大学士，是有清一代帖学大家；父亲刘镮之官至吏部尚书。乾隆帝称誉其家族为“海岱高门第”。陈介祺之父陈官俊在阮元门下中举，阮元既是刘统勋门生，又是刘墉所取之士，与刘镮之关系十分密切，其对刘氏家族盛名的推扬自会竭心尽力。自嘉庆十三年（1808）陈官俊中进士后，刘镮之基本在京为官，且在陈官俊中进士后不到三年时间已官至兵部尚书，其后历任刑部、户部、吏部尚书等要职。作为同乡晚辈，陈官俊自然要经常到刘府走动，这就给陈介祺与年长自己二十岁的刘喜海结成至交提供了机会。陈官俊非但自己擅书，而且支持陈介祺嗜好诗文书法、金石收藏，这些行为亦显示出他在家学传承上是受刘氏家族影响的。可以看出，刘氏家族尤其是刘喜海在陈介祺的志向选择、爱好选择方面产生了一定影响。

2. 刘喜海学术研究对陈介祺的影响

刘喜海与陈介祺之父陈官俊、陈介祺岳父李璋煜曾共同在京任职，既是其长辈又是其乡亲。因刘氏字燕庭，所以陈介祺以“燕翁丈”相称。刘喜海一生对金石收藏研究达到痴迷程度，为此丢掉官职都毫不在乎，他在金石学研究与收藏方面，对青年时期的陈介祺有着重要影响。陈介祺的学术思想与刘喜海有若干相似之处，这应是陈介祺受刘喜海影响的结果。作为晚清时期金石学界的两位顶级大师，刘喜海与陈介祺皆具有超越前人的开拓意识：封泥最早被刘喜海辨识、收藏；唐善业泥造像最早被刘喜海发现并收藏；蜀地南宋铁泉研究的创始者是刘喜海，正如鲍康所云：“自燕庭宦蜀，始一发其奇。”在著作方面，刘氏之《嘉荫簃论泉绝句》二百首，首开论泉诗歌著作之先；《三巴金石苑》为巴蜀地区历代金石图文并叙之第一部著录；《海东金石苑》是海内第一部著录朝鲜金石的著作。而陈介祺的开拓领域虽不如刘喜海广阔，这种大胆创新的意识却是一脉相承的。他是陶文的发现者、最早收藏者和研究者；在封泥研究领域，他与吴式芬父子合作，写出了关于封泥研究的第一部著作——《封泥考略》。而陈介祺在其《宝簠斋集各家彝器释文》自序中云："余于既弱冠后，从子苾六兄游，论古文字，考订金石，始稍稍有吉金之蓄。"可见吴式芬对陈介祺而言是有启蒙之功的人物。在陈介祺的著作中，所有拓片均制作得非常精致，而这些拓片多出自陈畯之手。陈畯，字粟园，浙江海盐人，清代著名拓工。其精于墨拓，尤其工于"全形拓"，而且善于调制印泥和钤印，曾有一段时间为陈介祺传拓金石器物，并为之精拓《簠斋印集》等。而陈畯在与陈介祺合作之前，已与刘喜海合作多年。钟淦《刘燕庭年丈泉苑精华自撰像赞小引》中云："刘燕庭年丈，既博金石，更富泉刀。其幕中士陈君粟园，精于摹拓，手为成泉苑一书。复择于泉苑中之稀有者而特出之，曰菁曰华。"① 关于刘喜海与陈粟园合作之事，鲍康在《为石查题刘燕庭泉册》中亦有详细记载：

> 刘文燕庭《古泉苑》一百一卷，余曾假观旬余，殆不忍释手。今闻归陈寿卿处。亦幸得所矣。石查此册，得之厂肆，次第间有错乱，似是当年副本。虽止小布百三十二品，铲布百二十五品，而工妙一如《泉苑》。乾嘉时老辈拓泉，但取写意，往往不致，自陈南叔粟园辈出，乃日臻精审。燕庭诸拓，率出粟园手也。钟鼎款识，皆阴文，泉币独阳文，有瘦劲如丝者，拓出则波磔毕具，神采焕发，若新书于纸上者然。②

通过陈介祺与陈畯合作之事我们可以推知，对拓片制作质量要求极严的刘喜海，在指导陈畯工作时的许多方法，应该会通过陈畯影响陈介祺，继而被陈介祺借鉴并运用到实践中。

3. 陈介祺传承刘喜海的收藏与研究

刘喜海是当时泉币收藏研究之集大成者，鲍康对此曾给予多次论定，如其在《泉说》中云："泉币之好萃于山左，同时如初渭园、刘燕庭、吴子苾、陈寿卿、李竹朋极一时之盛，当以燕庭为最。"在《李氏古泉汇序》中他更明确地讲道："集大成者，厥惟刘丈燕庭。"刘喜海在泉币学领域的成就不仅体现在其藏品及著述的量大质优上，而且体现在他在当时整个金石收藏界中成

① 王宪明：《清爱堂遗闻》，西泠印社出版社 2007 年版，第 238 页。
② 王宪明：《清爱堂遗闻》，西泠印社出版社 2007 年版，第 292 页。

了领军人物。在藏品方面，其“所得之奇，不下数十品，而宦蜀所收南宋铁泉出奇制胜，至三百余种，尤昔人所未见未闻”。在见到刘喜海的藏品时，鲍康追述自己当时的感受云：“得遍观所蓄，汪洋惊叹，如穷子之入宝船。”由此可见刘喜海藏品在时人心目中的地位。在著述方面，他有为他博得创例之誉的《嘉荫簃论泉绝句》二百首，还有被时人公认为摹刻俱精的皇皇巨著《古泉苑》。前者使鲍康阅后日慕刘喜海，并使陈介祺日后催促鲍康刊刻；后者则使鲍康在比较自宋以来的泉谱后大发感慨：“他日刊布，海内将宋以来诸家之谱，皆可束之高阁。余知世之览者，其望洋兴叹，欢欣倾倒，当更有倍蓰于余者，而不若余之先睹为快也。”刘喜海卒后，《古泉苑》被陈介祺收藏保管，从陈介祺同治癸酉（1873）致鲍康信中对自己出借的《古泉苑》所作特别嘱咐“千乞勿汗损，勿为他人有，切切！”的语气中，不难体会到他对此书的高度重视。而由他给鲍康的建议，以《古泉苑》为正本，亦不难看出他对《古泉苑》的认可程度远在其他泉谱之上。由此我们不难感受到介祺对其至交“燕翁”在泉币学上权威地位的认同。陈介祺比刘喜海年轻二十岁，最初其在金石界的地位根本无法与刘喜海相提并论，只能单方面接受来自刘喜海的影响。

刘喜海的力作《古泉苑》《长安获古编》《海东金石苑目跋》《嘉荫簃论泉绝句》等，在其生前并未刊行。刘氏死后，大部分书稿为陈介祺所搜集、收藏，随后陈介祺积极操作刊行之事。鲍康在《刘氏古泉苑目序》中云：“刘燕庭丈著《古泉苑》一百一卷，余曾为序详言之，其稿本今归陈寿卿处。寿卿属余刊行，以有图无说，不克成，思之为怅惘。”① 刊行暂时难以实现，陈介祺便对书稿尽心保护。金石家吴大澂曾借阅《长安获古编》书稿，为怕出意外，陈介祺多次致信吴大澂催促归还。由此可以看出刘喜海著作在陈介祺心目中占有非常重要的地位。在致鲍康的书信中，他讲道：“《长安获古编》已校过，人来即与原稿本并呈。”这说明陈介祺在原稿之外还有校稿。需知《长安获古编》乃皇皇巨著，粗看一遍即需耗费许多时光，而陈介祺晚年竟然能在仔细阅读之后，对此巨著写出校稿，说明他认为自己为《长安获古编》这样的好书费此心力价有所值。由此不难看出他对刘喜海《长安获古编》这

① 王宪明：《清爱堂遗闻》，西泠印社出版社 2007 年版，第 291 页。

一重要研究成果的重视。刘喜海去世后，其嘉荫簃藏品中亦有多件被陈介祺收藏。在陈介祺致友人的信札中，亦有他托人购买嘉荫簃故物之语。刘喜海故物为陈介祺所得者，有《长安获古编》《古泉苑》等书稿，四件编钟（邢仁钟、兮仲钟、纪侯钟、虢叔旅编钟），四枚秦诏版，建中唐泉之“元”字、“中”字两枚，齐刀范奇品以及唐善业泥造像完整者等，皆为罕见之珍品。这些珍品，极大地提高了陈氏的收藏品位。陈介祺有两个最重要的堂斋号，一为“十钟山房”，一为“万印楼”。“十钟”是他所收十一钟的约数，而在他这项非常重要的收藏品中，来自刘喜海的藏品占三分之一还多。秦诏版四枚亦是令陈介祺醉心之物；建中唐泉之“元”字、“中”字两枚，李佐贤评之为“绝无仅有之品”，鲍康则誉之为“奇绝”。另外，刘喜海收藏的百余件封泥，亦被收入陈介祺的相关著作中。

由此可见，刘喜海无论在家族背景、文化底蕴、人际关系上，还是在收藏门类与治学热忱上，都对作为晚辈同好的陈介祺产生了深刻影响。也正是在像刘喜海、吴式芬这样的金石学界具有重大影响的名家推掖、启发下，“天机清妙”的陈介祺才超迈前贤，成为晚清时期一代金石学巨匠。

（二）陈介祺与诸城的姻缘情

陈介祺的前半生主要跟随父亲陈官俊在京师生活，这一段时间长达四十二年。在此期间，科举世家、三代进士出身的诸城人李璋煜，以进士授刑部主事，亦居京城。李氏与陈官俊既是同乡，又同为京官，自然来往密切。

李璋煜是京城金石学界的活跃人物，多次倡导和组织文友聚集唱和，并主持校勘桂馥的《说文解字义证》，成为文化界翘楚。他非常赏识陈介祺的才学，对其嗜爱金石尤为称赞，认为陈介祺将来必定会在金石学领域有所成就，因此在陈介祺二十岁左右时将女儿许配于他。李璋煜实际上是陈介祺一生专注于金石学的决定性人物，从学识和物质上都为这位乘龙快婿提供了帮助。

李璋煜为官清正，疾恶如仇，道光十七年（1837）任江苏常州知府，兼署扬州府。任职期间，他力除地方婚丧大操大办之陈规陋俗，提倡节俭，使民心大快。后任江宁府（南京）知府。江宁素有不法之徒，借收漕粮之机，折扣漕粮，从中牟利，还美其名曰“会茶费”。李璋煜严厉查办，毫不手软，使刁恶之人销声匿迹。后又移官苏州知府。当时，苏州夜游淫纵之风盛行，商贾放高利贷重利盘剥，一些不法之徒借“供奉邪神”渔利，李璋煜悉心革除之。后升任江南盐巡道，李璋煜将当地恶人的姓名张榜公布，使人人皆知，恶人迫于威力，纷纷改恶从善；对顽固不化者，李璋煜依法予以严惩，民皆安居乐业。后又调任广东惠潮嘉道。当时，潮州人好开赌场，引诱良家子弟上当受骗；又有庵尼暗中传信，组织妇女加入“花会”，男的则互相“逞忿械斗”，经常酿成大祸，社会风气异常败坏。李璋煜到任后，首先下令捕捉匪首曾阿三、黄悟空等置于刑法，继而根绝花会、会党等恶习，遂使治安、风气得到大治。士民赞曰：治潮州者，“前有韩昌黎”，今“惟璋煜一人”。后调任浙江按察使，又转广东按察使，升广东布政使。所至皆以“绥贤良，除强暴，敦教化”为务，政绩卓然，士民称颂。道光三十年（1850），李璋煜以病告归。

道光二十五年（1845），陈介祺曾至李璋煜在诸城的府第连住数日，并仿秦篆作对联。道光二十八年（1848），陈介祺母亲丁氏去世，冬初，陈介祺归潍县葬母，后游周围各地，后至诸城岳父家。道光二十九年（1849），陈介祺父亲陈官俊病逝，其十月底扶先父灵柩归里安葬后，又至诸城岳父家住数日。在短短几年内，陈介祺连葬父母，每次返回潍县故里都要到诸城岳父家，可见他对岳父李璋煜的深厚感情。陈官俊去世五年后，陈介祺因被迫代父捐献巨款，家庭横遭变故，遂携家眷返回故乡潍县定居，直至病故。其间，省亲岳父成为陈介祺的经常之举，直到陈介祺五十六岁时还去诸城，并在初秋九月畅游晾甲山和五莲山。

与陈介祺情结至深的另一位诸城籍人物，则是他的外甥女婿徐会沣。

徐会沣（1837—1906），字东甫，诸城人。祖父徐懋，监生，官布政司经历；父亲徐子瑜，廪贡生，官巨野县教谕。徐会沣出身于书香门第，幼年聪慧过人，喜读书，善辞令。咸丰十一年（1861）拔贡，同治六年（1867）中举，次年举进士，改翰林院庶吉士。同治十年（1871）授编修，后历任侍读、乡试正考官、会试副考官，光绪九年（1883）补国子监司业，转司经局洗马、翰林院侍讲、侍读。光绪十四年（1888）擢侍讲学士，转侍读学士；十七年（1891）三月升任詹事府詹事，后历光禄寺卿、内阁学士、工部右侍郎、礼部右侍郎、礼部左侍郎、吏部右侍郎。光绪二十四年（1898）任国史馆副总裁，七月命署户部左侍郎，补吏部右侍郎，仍在上书房行走；十一月充经筵讲官。光绪二十五年（1899）十一月，迁都察院左都御史；二十六年（1900）四月补工部尚书，七月改礼部尚书，八月命兼管顺天府府尹事务。光绪三十一年（1905）病逝于官邸，终年六十九岁。光绪帝称其“持躬谨慎，学问优长”。徐会沣为官办事谨慎，他在慈禧太后与光绪帝之间巧于应付，成为慈禧太后信赖的重臣，同时也为光绪帝所信任。在诸城徐会沣府邸大门的门额上，曾悬挂慈禧太后所书“养兵蓄锐”金字大匾。

徐会沣精通经史，还工诗善书，其书法风格雍容典雅，在北京故宫及颐和园内尚悬挂着他书写的楹联与中堂，字体端正，笔力苍劲。

徐会沣是陈介祺最钟爱的甥婿，两人关系极为密切，徐会沣的为官之道受到陈介祺的指点与教诲，所以他能在险恶仕途中逢凶化吉，一帆风顺。他们之间的往复通信多达百余封，除了切磋时局变化及政务对应外，多数涉及金石收藏研究课题。这个时期正是陈氏金石收藏研究的鼎盛时期，陈、徐之间对金石学的共同兴趣加深了他们翁婿之间的共同语言，他们书信往复到了无话不谈的程度。在一些涉及国家大事问题的信件中，陈氏有时注上“付丙”字样。

综上所述，诸城历史悠久，人杰地灵。积淀厚重的金石遗存、繁荣发达的经济基础、代代传承的世家文化孕育了众多驰名学界的金石学大家，使诸城在有清一代成为金石学研究兴盛的地区之一，亦是对晚清金石学大师陈介祺的成长发展最具影响力的地方。自宋代赵明诚至当代郑爰居，无论在古泉、彝器、封泥、古籍领域，还是在石刻造像、善业泥造像等领域，都可寻到诸城金石学家的心血和业绩。应该说，诸城的金石学家对我国金石学的研究与发展做出了巨大的贡献。

（诸城市博物馆副研究员　韩　岗）

陈介祺学术思想管窥

中华文化浩如瀚海，博大精深。人类文明自文字、青铜、城市界定始。我们熟知的甲骨文、金文等，据考均由原始陶文发展而来。陶文比甲骨文早数千年。黄河下游的莒县陵阳河、诸城前寨、宁阳于庄、安徽蒙城尉迟寺等新石器时代的大汶口文化遗址中，均有陶文出土。陶文是刻划图形，后演变为线条的象形文字。由此可见我们的文字是由图像符号逐渐演进而成的。其中经秦始皇“焚书”，故中国文字史出现大断代。因此在考古学上辨识古文字至今也是一大学问、一大难题。自古至今，金石学家、训诂学家、史学家灿若星辰，大家都在探究这门学问。由于观点不同、方法各异，所以成就不一、各有短长。其中卓著者当推陈介祺。在此，我们略举陈氏同代及后代名家对陈氏的评价，足以鉴证。

清代金石学家吴云曾说：“当今金石之学定推寿卿，收藏之富，穷绝古今……目光如炬，无微不烛，尤为心服……海内金石同志莫不推崇执事，如众山之有华岳……海内学者奉为山斗，咸为灵光岿然。”① 古文字学家、当代古文字学界泰斗商承祚先生曾说：“提起笔来写这篇文章之先，我就想到一位老先生，是我生平最佩服的；恐怕不仅是我，凡着研究古文字的人都是一致的；何以呢？因为他的眼光太好了。他一生收藏的铜器等，不下几千件，没有一件是假的。他的论调同批评，不但高出当时同辈一等，简直可以说‘前无古人，后无来者’。”②

---

① 转引自潍坊市博物馆：《金石千秋——纪念陈介祺诞辰二百周年藏品选》，内部刊物，2013 年，第 96 页。

② 商承祚：《古代彝器伪字研究》，载《金陵学报》第 3 卷第 2 期，1933 年。

陈氏在金石界的显著成就和泰斗地位，与他科学的研究导向、严谨的治学精神、通达的学术思想不无关系。本文试就陈介祺学术思想略作肤浅考析，以求商榷。

从广义上说，一种主义、一种思想观念的形成，各类人物的成就历程和社会活动的成败与否，都离不开社会历史的推进和实践的验证，其中包括自身历练与修养。从狭义上看，一种学术思想的产生与繁衍与其土壤、环境、条件、氛围密不可分。考其陈氏，亦不例外。

陈介祺出身于书香门第、宦门世家。其父陈官俊为嘉道名流，历任四部尚书、协办大学士、上书房总师傅，卒赠太子太保，入祀贤良祠。陈介祺幼承父训，聪慧嗜学，少时随父在京苦读，“日读百数行，略不遗忘”，少即负诗文盛名于京师，后由名师指授。其于17岁随父入国子监，遍览周代石鼓，观摩石刻铭文、商周钟鼎彝器，眼界大开，同时对古代文物更有兴致。后奉父母之命与刑部主事李璋煜之女结为夫妻。李璋煜，山东诸城人，著名金石学家、收藏家。这些都为陈介祺未来根植于金石学研究创造了土壤、环境和条件。

道光十五年（1835），陈介祺23岁，乡试中举人。此后，陈介祺在京一面随父读书求取功名，一面沉湎于博大深奥的古代历史文化中，并致力于古文字学、金石学的考证与研究。陈氏初以小门生身份求教于一代宗师、德高望重的阮元大学士，得到阮元的称赞赏识，阮盛赞陈“天机清妙”。此间，陈介祺广交师友，潜心金石，与同其父同朝为官的刘墉侄孙、大收藏家刘喜海结为忘年交，以“燕翁丈”相尊。并经吴式芬介绍，与被龚自珍推崇为“北方学者第一人”的日照许瀚相识，后成挚友。还与何绍基、何绍业兄弟过往甚密，张庭济、鲍康、翁大年、吴云等名家学者交情深厚，往来频繁。

道光二十五年（1845），陈介祺33岁，殿试以二甲第三名成进士。进士朝考中，得钦取一等第十名，留任翰林院，授编修。自此，陈介祺步入仕途，功成名就。

清代是历史上收藏风气最盛的时期。除名家学者集收藏、研究于一体外，更有达官贵人、巨贾富豪倾力购藏古物。这些人一般视收藏为闲情逸致，视古物为饭后茶余、烟花酒肆显贵摆谱的谈资，附庸风雅的玩物，嬉曰“文玩”。

陈介祺自中举至致仕期间，收藏具有长篇韵语铭文的春秋古器曾伯霥簠，并做全形拓用于研究，潍坊市博物馆现藏有《清拓曾伯霥簠全形拓轴》（图3－15－1）。刘喜海曾赠陈介祺虢季子白盘拓片，陈介祺反复考证盘内底部铭文，写出考释论文，后应吴佺孙求，复增补考释两千余字，为考释这件著名青铜器铭文做出重大贡献。虢季子白盘为淮军将领刘铭传所藏，轻易不肯示人，拓片概不外传，此拓乃刘喜海在陕西做官时，刘铭传破例所赠，刘喜海后又赠与陈介祺，由此可见刘喜海对陈介祺的信赖程度及亲密忘年之谊。

在此期间，陈介祺委托同科进士且又是同乡的潍县人张兆栋代为收购叶志诜收藏的古玺印二千七百余方。这为陈介祺印学研究奠定了基础。此时的陈介祺在收藏、研究、考证诸方面已成竹在胸，其科学精准的研究方向、严谨缜密的治学精神与广识精鉴的学术思想已渐显端倪，初具规模。

咸丰二年（1852），陈介祺从陕西苏亿年兄弟处购得西周铜器毛公鼎。咸丰四年（1854），

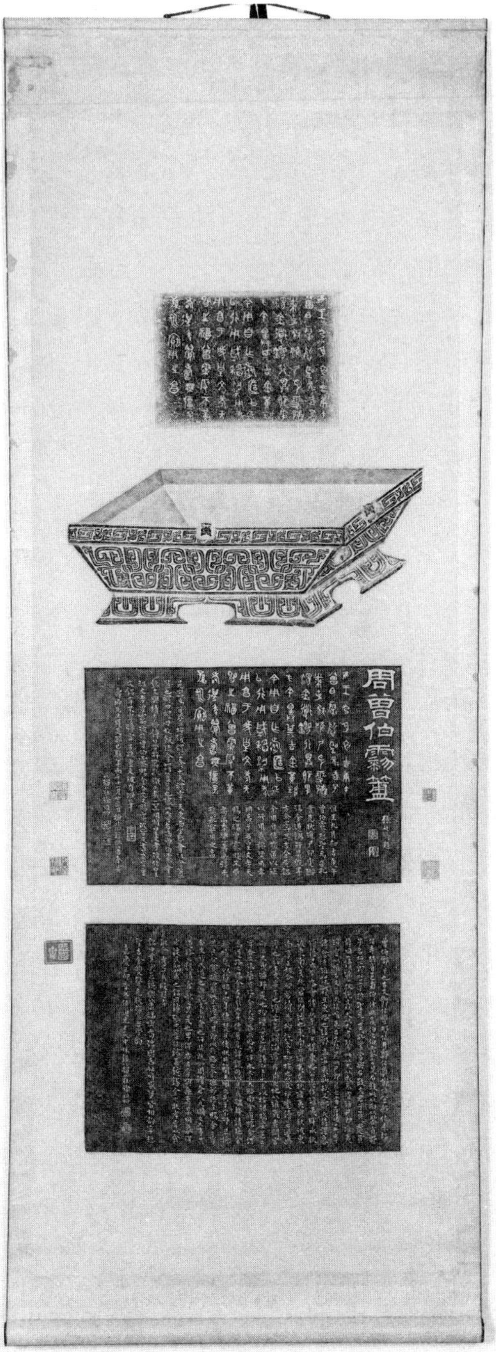

图3－15－1　潍坊市博物馆藏《清拓曾伯霥簠全形拓轴》

陈介祺丁忧回籍再不复仕，时年42岁。已过不惑之年的陈介祺饱经家国沉浮，深感时局动荡，世态炎凉，宦海险恶，正如他诗中所言“热闹场中良友少，巧机关内祸根蟠”。此时的陈介祺远离政治、潜心学问，过起“林下田间”的“隐居”生活，其学术思想已到成熟阶段。由于条件限制，他只能在本县范围内活动，后来随着研究工作的不断深入，他开始与鲍康、吴云等进行书信往来。经鲍康介绍，又与潘祖荫、王懿荣、吴大澂等建立了书信关系。此间大量的书札既是陈介祺学术思想交流的媒介，也是后人研究陈氏学术思想的重要资料。后潘祖荫将各家收藏陈氏书札汇集编辑成《秦前文字之语》，20世纪90年代又由其后人陈继揆整理成《秦前文字之语》并交由齐鲁书社出版。

“富藏精鉴”是陈介祺治学精神的主旨。在潍期间，陈氏将收藏研究范围扩大到古物的各类别。除玺印、青铜器外，封泥、陶器、陶文、碑碣、古砖、瓦当、古币、钱范、兵器、铜镜铭范、造像、书画、古籍等，无所不收且无所不精。他利用潍县当地商贩遍及齐鲁收购古物。一时间，潍县周边贩夫走卒四乡游荡，拉乡收集古物。白浪河沙滩大集开设古董市场，摊担多达三百余。贩卖古董在潍县蔚然成风，遂成一新兴产业。后来贩卖甲骨的潍县范家庄子范维清，即专做古董生意。此间，陶文的发现与研究是陈介祺一生最大学术成就之一。从此，“瓦器”上的古陶文字引起国内学者重视，潘祖荫、王懿荣、王念亭等人都将其加入收藏行列，关中、洛阳、安阳、临淄等商周秦汉古城遗址中也相继发现各种陶文。陈介祺发现考释古陶文比王懿荣发现甲骨文早27年，王懿荣破释甲骨文亦与陈介祺教导其识释研究古文字不无关系。王懿荣比陈介祺小32岁，二人属忘年交，且有姻亲关系，二人切磋金石文字之书信往复频频，仅《秦前文字之语》即载陈氏致王懿荣书札58封。陈介祺曾作诗云：“天开混沌由文字，人扩灵明亦在兹。”这是陈氏学术思想在考古领域的重大突破与发现，即以文字的产生来界定文明社会的产生与断代。

负有“古陶文之父”盛誉的陈介祺找到了古文字的源头，而考古所见最早的汉字则是陶文，据此，在学术上陈介祺不愧为中国古文字学界的魁首。任何一种学术思想，认识、研究、评价直至得出结论的这一过程中，创新无疑是其根本属性。陈介祺在古文字、金石学领域富藏精鉴、高屋建瓴的创新学术思想，奠定了中国近代考古学的基础和导向，具有分水岭、里程碑式重要意义。商承祚“前无古人，后无来者”的评价非为过也。

从咸丰二年（1852）陈氏收藏毛公鼎到同治十一年（1872）陈氏研究成果发布，历时20年，其间陈介祺几易其稿，毛公鼎释文最终得以定稿。陈介祺为我国西周史、冶金史、文字史的研究提供了准确的依据，也确定了毛公鼎的历史文化价值。自此，陈氏将32行、497字（或谓497字、501字）的毛公鼎铭文拓片及释文公布于世，引起轰动。

毛公鼎藏于陈府53年，后几经辗转和磨难，归藏于台北故宫博物院。经专家及现代高科技仪器测定，陈介祺对毛公鼎的所有研究成果与科学测定结果基本一致。

此外，大量的手札、信札、著述、集录都反映了陈氏严谨缜密、一丝不苟的治学精神和通达前瞻、高屋建瓴的学术思想。经牛志鹏最新统计，陈氏著述共有300余种，可见陈氏学术思想之博之深。被誉为“印谱之冠”的《十钟山房印举》是其代表作，也是一部空前绝后的印学巨著。该著作收玺印10402方，是我国历代玺印总成。他与吴式芬合著的《封泥考略》（图3－15－2）是封泥研究史上首部系统的著录、考释封泥的专著，在学术上具有开创意义。陈介祺以毕生的心血，为保存、传承、弘扬中华优秀传统文化做出了不可磨灭的历史功绩。

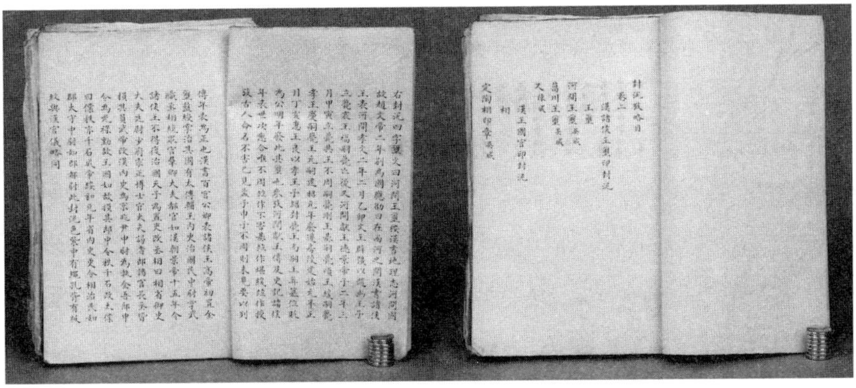

图3－15－2　潍坊市博物馆藏《汉官私印封泥考略》稿本

综上所述，纵观陈介祺学术思想对我国古文字学、金石学诸学科的形成、发展及影响，正如著名历史学家、古文字学家李学勤在《山东陶文的发现和著录》一文中所说："如所周知，第一个鉴定和收藏陶文的学者，是清末山东潍县有名的金石学家陈介祺。"① 清代最大的文物收藏家和杰出的金石学家陈介祺，对中国现代考古学、历史学、古文字学、印学等多学科的形成和发展做出了不朽的贡献。

（潍坊市博物馆馆员　魏茜茜）

① 李学勤：《山东陶文的发现和著录》，载《齐鲁学刊》1982年第5期。

《棠梓清芬》书画册稽考

《棠梓清芬》书画册，是清代山东潍县陈介锡所辑书画巨册《桑梓之遗》的副册，内收周亮工、张端亮、郑燮、王士禛、赵执信、刘以贵、高凤翰、郭廷翕、刘墉、窦光鼐 10 人书法，崔璞、张端亮、高凤翰 3 人书画。前有陈介锡题签、陈介祺所书目录，后又有陈介祺跋尾，被赠与当时离任潍县县令的靳昱。该书画册现藏于潍坊市博物馆，为国家珍贵文物。

一、书画册概况及相关人物

书画册作长方形，推蓬式，纵 33 厘米，横 60.3 厘米，经过重新揭裱，原册题签收录在首开，共二十一开。

（一）第一开原册题签（图 3－16－1）

纵 25.8 厘米，横 8.8 厘米，织锦地。其上有虫蛀现象，四周残损，已修补。右上方陈介锡题大字“棠梓清芬”，下钤“陈晋卿家秘玩书画记”朱文印。后题小字：

> 辑邑贤侯、乡先辈书画为册，奉寅谷老父母鉴存。戊辰（1868）二月望，治下弟陈介锡鉴并题。（题下原当有印，已脱失）

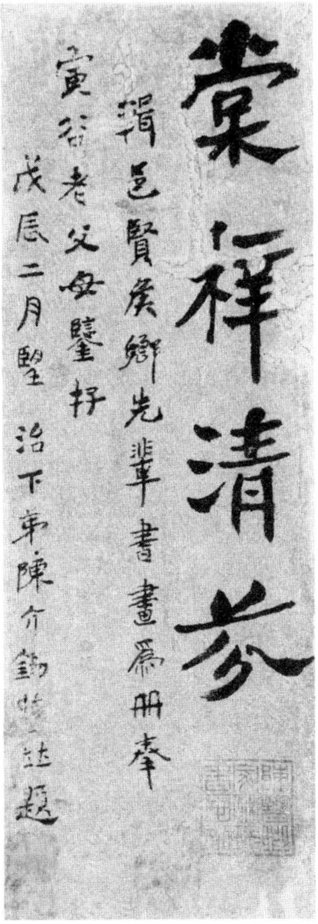

图 3－16－1　陈介锡书题签

陈介锡，字晋卿，号小兰，山东潍县人，陈介祺从堂弟。贡生，不意仕进。善书，嗜好收藏名人书画，与陈介祺关系最为亲密，时常交流切磋。晚年将创始于高凤翰的《桑梓之遗》书画册赓续成百册之巨，并编订《桑梓之遗目录》十卷、《桑梓之遗录文》十卷、《桑梓之遗人物考略》一百卷，又有《文石杂识》《文石山房诗钞》等。

民国《潍县志稿》卷十九《秩官·职官》载：寅谷，即靳昱，字寅谷，顺天大兴（今北京）人，监生，同治二年至十二年（1863—1873）知潍县事。

所书题签虽为小品，但章法布局精致独特，结字巧妙富有变化，彰显了陈介锡的美学修养和书法功力，可谓一幅精巧别致的佳作。

（二）第二开“棠梓清芬册目”（图 3 – 16 – 2）

纵 27 厘米，横 50 厘米，纸本，完好。陈介祺以自创金石糅合体题写：

棠梓清芬册目

周栎园邑侯谏果诗金笺箑，崔子荆邑侯设色山水绫幅，张退荞邑侯书箑、墨山水二幅，郑板桥邑侯书赵敬亭刻印后，渔洋山人札，赵秋谷札，高南阜右手自书诗、柱石长春画箑，郭根荞自书诗箑，刘石庵相国札，窦东皋金书箑，刘沧岚书书古文序稿训①。

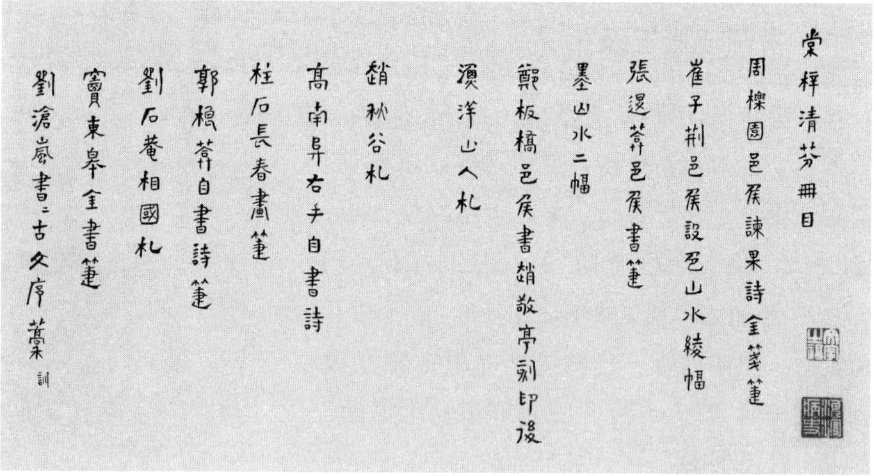

图 3 – 16 – 2　陈介祺书册目

右下角钤“文字之福”“海滨病史”白文印。

---

① “刘沧岚书书古文序稿训”中的“训”字小于前文，为书写者后添加的漏字，其正确顺序应为“刘沧岚书书古文训序稿”。

（三）第三开“周栎园邑侯谏果诗金笺箑”（图3-16-3）

纵16.2厘米，横51.5厘米，金笺，行书七言律诗一首，扇面折痕处字面有磨损。内容为：

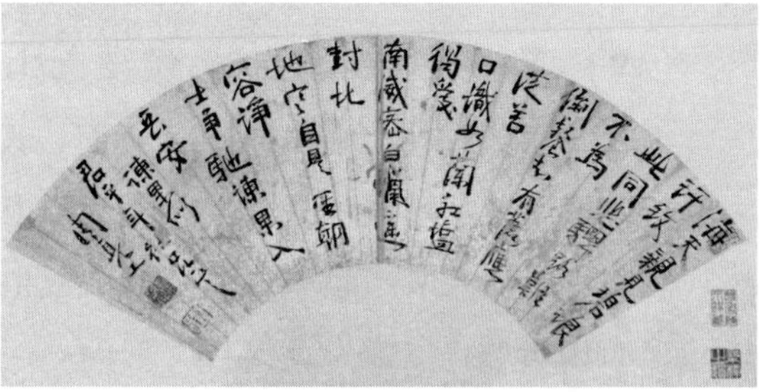

图3-16-3 周亮工书法扇面

海天亲见碧琅玕，致此同悲驿路难。不为倒餐知有蔗，应从逆①口识如兰。红盐（颜）独爱南威密，白蜡遥封北地寒。自是圣朝容诤士，争驰谏果入长安。谏果似君平年社兄正之。周亮工。

右上引首钤“学陶”白文印，左下角钤“周亮工印”朱白相间印、“元谅”朱文印。右下裱处钤“曾为陈介锡藏”鉴藏朱文印、“桑梓之遗”鉴藏白文印。

周亮工（1612—1672），字元亮、陶庵，号适园、栎园等，河南祥符（今开封）人。崇祯十三年（1640）进士，次年授山东潍县知县，在任二年。宰潍期间，体恤民情，关爱民生，深受百姓爱戴。崇祯十五年（1642），率领全县军民拼死守城三月，击退清军进攻，使得城内民众生灵、建筑园林、文化典籍免遭兵燹之灾。离任后，百姓为其建生祠。降清后历任两淮盐法道、淮扬海防兵备道等职。康熙元年（1662）补山东青州海防道，力改宿弊，青州人为他立德政碑。其一生饱经宦海沉浮，博雅多识，熟通经史职官，工诗，善书，好收藏，尤精印篆。他提出了“斯制之妙，原不一趣……惟以秦汉为归，非以秦汉为金科玉律也，师其变动不拘耳”的印学观点，强调篆刻创作要在师法古人的基础上，体现“己意”，表达作者的性情本色。在潍县、青州任职期间，他主持召集诗文书画篆刻雅集，编订诗文集印谱，竭力培养文学和印学人才，为明清山东地区文学和印学的兴盛奠定了基础。有《全潍纪略》《赖古堂集》《赖古堂印谱》《印人传》等十数种著述传世。该册所收其“谏果”书作兼容隶楷，结体冷峻方正，古拙质朴，个性鲜明。当代艺术大师傅

① 此字或释为“苦”，《续修四库全书》作“逆”。

抱石曾赞“栎园精于六书之学，且为中国印学史上最有关系而又最有贡献之人”①。

（四）第四开“崔子荆邑侯设色山水绫幅”（图3－16－4）

纵25.4厘米，横36.8厘米，缎面，设色，有对折痕。该画以乘舟访友为题材，采用披麻皴画法，浅绛淡着色，极为简单地勾画表现出古人崇尚自然、回归自然的人文思想。右上裱处贴一小签，楷书“崔邑侯璞”，左下裱处钤“文石山房所存”鉴藏朱文印。

图3－16－4　崔璞设色山水绫幅

民国《潍县志稿》卷十九《秩官·职官》载：崔璞，河南襄城（今许昌）人，举人，顺治元年至四年（1644—1647）知潍县事。

（五）第五开“张退莽邑侯书笺”（图3－16－5）

纵17.3厘米，横52厘米，蜡笺，左下方有残缺，行草书七言律诗一首，字面有脱墨现象。内容为：

> 阴阴夏木啭黄鹂，斗酒相将听未疲。啼破绿云调舌巧，织残落絮下梭迟。唤晴倍觉催诗急，砭俗真教入耳宜。遥望甘泉能避暑，好音载过上林枝。书似觃老年翁正，张端亮。

右上引首钤“落纸云烟”白文印，左下角钤“端亮”白文印、“退莽”朱

① 傅抱石：《傅抱石美术文集》，江苏文艺出版社1986年版，第337页。

文印。

图3－16－5　张端亮书法扇面

民国《潍县志稿》卷二十《秩官·职官列传》载：张端亮，字寅揆，号退莽（亦作退庵），云南蒙化（今大理）人，康熙八年（1669）举人。吴三桂之乱时，从其父隐居不出，吴屡迫之，乃逃入水目山为僧，事平始返。初服，雍正二年（1724）知潍县事，在任二年，修己爱民，虚橐以归，又重修望海楼，邑人至今称之。工诗，善书，书学晋人，饶有气韵。晚年尤喜写松鹤，称为得神，迤西风雅之彦，实以端亮为首。卒年九十五，著有《抚松吟》。

（六）第六开“（张退莽）墨山水二幅”（图3－16－6）

均纵25厘米，横16.6厘米，纸本，保存完好。画面为水墨简笔，率意简淡，空灵清润。题记为行书，气韵雅逸，古朴灵动。第一幅无款识，右下角钤“端亮”白文印、“退庵”朱文印。第二幅左上自题：

图3－16－6　张端亮墨山水二幅

> 谢潍事后，客窗岑寂，无以自遣，拈案头纸作小品数帖，不敢言画也。奉圣翁年先生一笑。丙午冬，南中弟张端亮时年七十有七。

引首钤“云山”朱文印，尾钤“端亮”白文印、“退庵”朱文印。左下角裱处钤“文石山房所存”鉴藏朱文印。

画作题记中的“丙午”，即雍正四年（1726）。从题记中可看出，这两幅山水图系张端亮卸任潍县知县后，旅居客舍闲寂时随手拈来的消遣之作。

（七）第七开“郑板桥邑侯书赵敬亭刻印后”（图3－16－7）

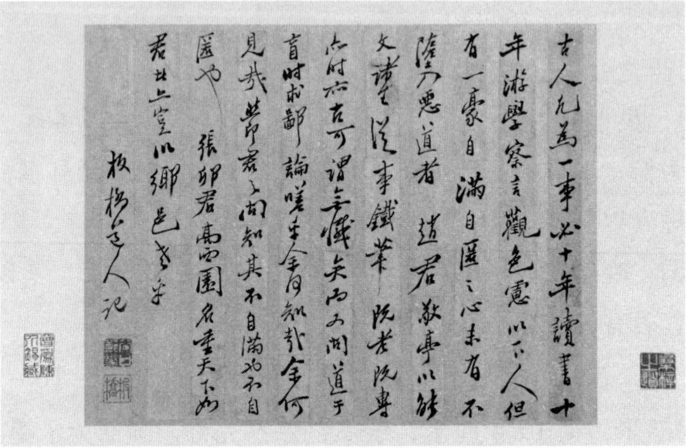

图3－16－7　郑燮书札

纵23.8厘米，横30.2厘米，纸本，行书，经裁剪拼接。内容为：

> 古人凡为一事，必十年读书，十年游学，察言观色，虑以下人。但有一豪自满自匿之心，未有不堕入恶道者。赵君敬亭以能文诸生从事铁笔，既老既专，亦时亦古，可谓无憾矣！而又问道于盲，时求鄙论。嗟乎，余何知哉？余何见哉？然即君之问知其不自满也，不自匿也。张卯君、高西园名重天下，如君者，亦岂以乡邑老乎！板桥道人记。

下钤“谷口郑燮”白文印、“板桥”朱文印。裱处右下侧钤“桑梓之遗”鉴藏白文印，左下侧钤“曾为陈介锡藏”鉴藏朱文印。

民国《潍县志稿》卷二十《秩官·职官列传》载：郑燮（1693—1765），字克柔，号板桥，江苏兴化人，清代著名书画家、“扬州八怪”之一。乾隆元年（1736）进士，授山东范县知县，继调潍县。宰潍时，正值“岁连歉，人相食，斗粟值千百。燮令大兴工役，修城凿池，招徕远近饥民赴工就食。劝邑中大户开厂煮粥轮饲之……全活甚众，潍人为建生祠……燮官东省十二年，无留牍无冤民”。郑燮工诗词，善书画，尤精兰竹。其大量诗文词作皆反映百姓疾苦及对民生的关注与同情；所创书体以隶、楷参半，糅合草、篆，又以兰竹画法挥洒出之，自称“六分半书”；所绘兰竹尤重写生，倡导“意在笔先”“趣在法外”，为绘画艺术创作的精微之论，世人称之为诗、书、画“三绝”。郑燮勤政清廉，政绩显著，又极力提倡文事，对潍县文风影响深远。潍县深厚的文化积淀、人文传统和风土民情也直接影响了他的艺术创作风格。他的思想与艺术，在潍县成熟并趋于完善。此亦是其人生经历的最为得意之时，创作并流传下了大量的诗、书、画艺术佳作。《清史稿》有传。

赵敬亭，山东潍县人，诸生，好印篆。生平不详。

（八）第八开“渔洋山人札”（图 3－16－8）

纵 17.3 厘米，横 23.8 厘米，纸本，行草书，保存完好。内容为：

> 乙丑一别，倏忽二载，知己之难聚而易散也，如是如是。僻壤不通廊庙之音，岁一得见缙绅，年兄同列升转甚多，则年兄之高迁指日可待矣。喜喜。家叔得与选拔，监中诸事一切未谙，惟求老年台指示，余有未周，统求照拂。临楮依依，容面叩，不尽。弟名正顿，左肃。

引首印模糊不清，下钤“晋卿珍秘”鉴藏朱文印、“丽泉所藏”鉴藏白文印。右上裱处贴小签，楷书“王文简公士禛”。

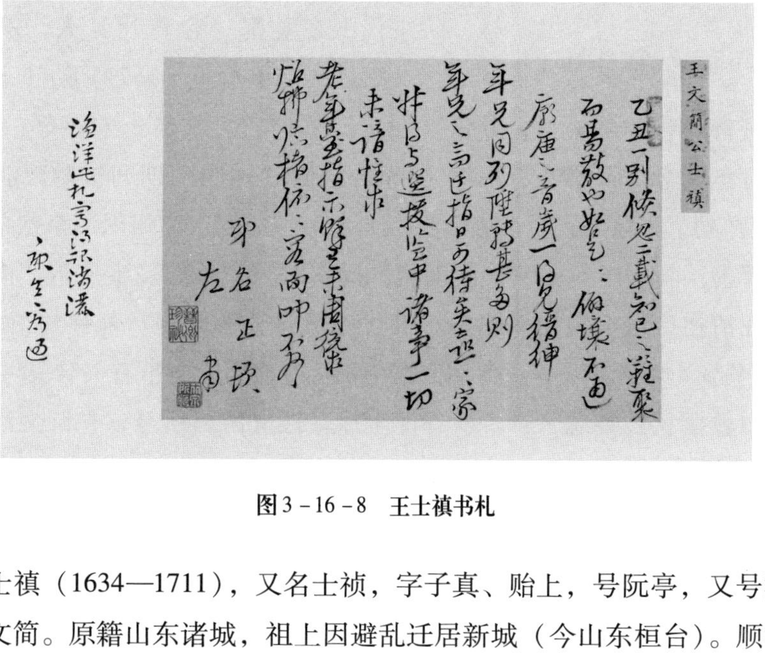

图 3－16－8　王士禛书札

王士禛（1634—1711），又名士祯，字子真、贻上，号阮亭，又号渔洋山人，谥文简。原籍山东诸城，祖上因避乱迁居新城（今山东桓台）。顺治十五年（1658）进士，官至刑部尚书，颇有政声。工诗词，创神韵说，主宰清初诗坛数十年，成一代诗宗。亦精金石篆刻、书画鉴别。其书法韵致清雅、纵逸俊美，颇有晋人法度。《清史稿》有传。

丽泉，即于丽泉，为河南天中（今驻马店）积古斋古玩商，曾为陈介祺、陈介锡搜购古玺印及书画等。①

（九）第九开“赵秋谷札”（图 3－16－9）

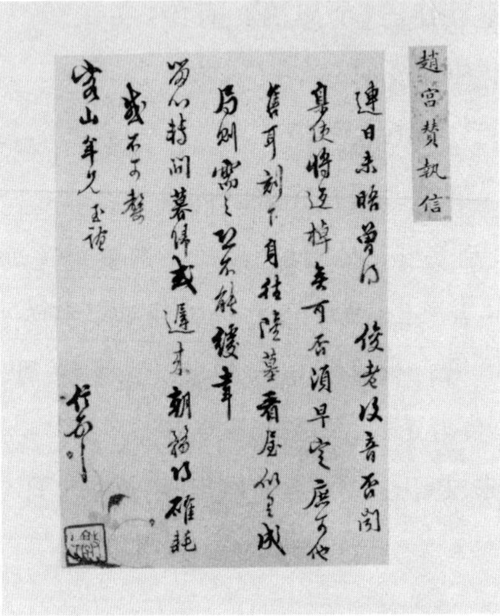
赵宫赞执信

连日未晤曾得俊老复音否闻臬使将返棹矣可否须早定庶可他售耳刻下身往陆墓看屋似有成局则需之恐不能缓幸留心转问暮归或迟来朝务得确耗感不可罄

客山年兄至谊

信顿首

图 3－16－9　**赵执信书札**

纵 18.3 厘米，横 11.8 厘米，彩笺，行草书，保存完好。内容为：

连日未晤，曾得俊老复音否？闻臬使将返棹矣，可否须早定，庶可他售耳。刻下身往陆墓看屋似有成局，则需之恐不能缓，幸留心转问，暮归或迟，来朝务得确耗，感不可罄。客山年兄至谊，信顿首。

下钤“敦父”朱文印。右上裱处贴小签，楷书“赵宫赞执信”。

赵执信（1662—1744），字伸符，号秋谷，晚号饴山老人、知如老人。清代山东益都（今青州）人，王士禛甥婿。康熙十八年（1679）进士，官至右春坊右赞善兼翰林院检讨，并任《明史》纂修官。与名士朱彝尊、陈维崧、毛奇龄订忘年交。康熙二十八年（1689），因“国恤”期间被邀观演《长生殿》，遭弹劾革职除名，后浪迹远游三十余年。一度入苏州织造李煦幕府。工诗文，善书。其诗作多反映社会现状，揭露时弊，关心民生疾苦，极具现实意义，在清初诗坛上独树一帜，对近代诗坛有较大影响。著有《饴山诗集》《饴山文集》《谈龙录》等。他不但在诗坛负有盛名，亦重有书名。

汪由敦撰秋谷墓志云：“秋谷即坐斥，性好游，所至，乞诗文法书者坌至。以知秋谷在当时重有书名，后人少有知之者，殆为其诗文之名所掩尔，观秋谷书，似取径赵吴兴，而上窥山阴者。冲和简静，如泉壑野逸，萧散自

① 陆明君：《陈介祺年谱》，西泠印社出版社 2015 年版，第 86 页。

喜……其平生法书不厄于兵劫水火，得留片纸于天壤间，亦幸事也。”① 《清史稿》有传。

客山，即李果（1679—1751），字实夫，一字硕夫，号客山，又号在亭，晚号悔庐，江苏长洲（今苏州）人，布衣。家贫苦学，后以诗文名。曾入苏州织造李煦幕府，赵执信投奔李煦寓居江南时与之结识，两人时常过往。著有《在亭丛稿》《咏归亭诗钞》《石闾集》。《清史稿》有传。

（十）第十至十三开“刘沧岚书《书古文训序》稿”（图3-16-10至3-16-13）

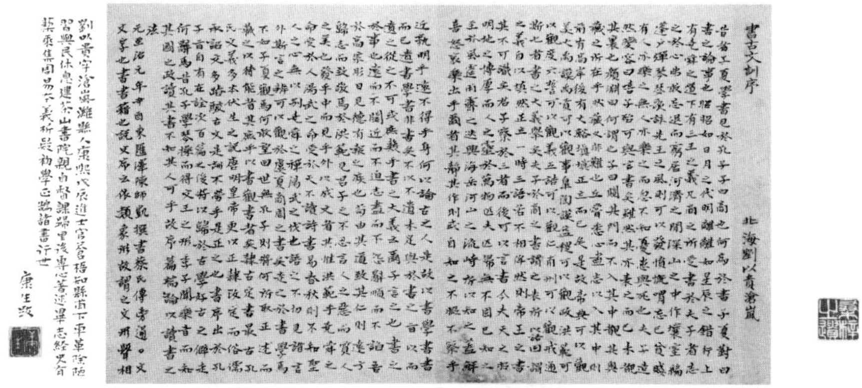

图3-16-10　刘以贵《书古文训序》稿之一

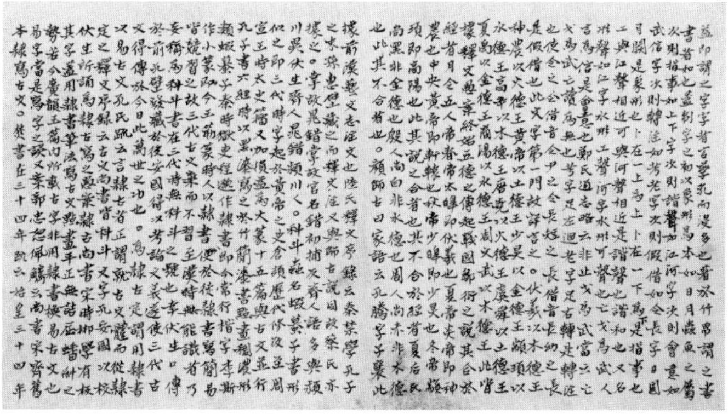

图3-16-11　刘以贵《书古文训序》稿之二

① 台静农：《赵执信行书诗翰》题识，食笋斋珍藏中国书法LOT834拍品，中国嘉德秋拍，2006年。

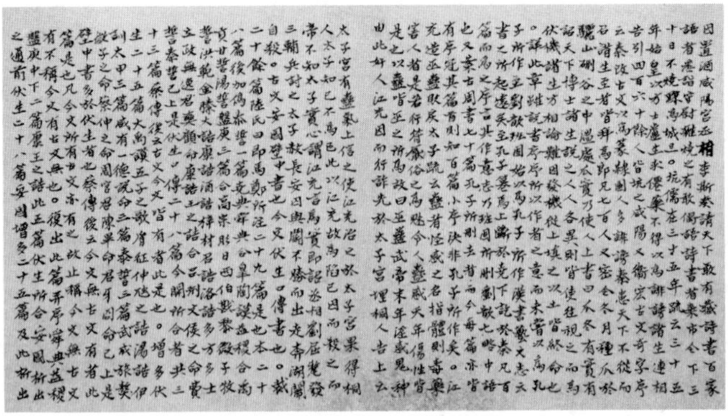

图 3－16－12　刘以贵《书古文训序》稿之三

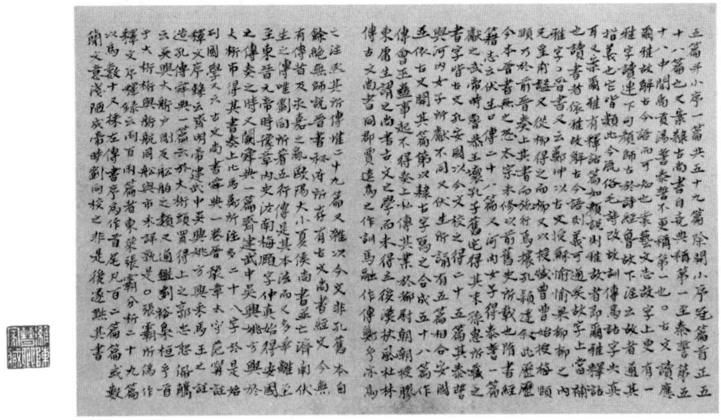

图 3－16－13　刘以贵《书古文训序》稿之四

纵 19.3 厘米，横分别为 33.6 厘米、34.4 厘米、33.4 厘米、29.8 厘米，赭色纸本，页面有污渍、霉斑，中间有对折痕。每页凡三十五至四十行不等，行二十一、二十二字不等，通篇小楷，内容为刘以贵手书《书古文训序》稿及刘以贵抄录元代陈师凯撰《书蔡氏传旁通》卷一上之部分内容。刘以贵《书古文训序》内容如下：

《书古文训序》　　　　北海刘以贵沧岚

昔者子夏学《书》，见于孔子。子曰："商也，何为于《书》？"子夏对曰："《书》之论事也，昭昭如日月之代明，离离如星辰之错行，上有尧舜之道，下有三王之义。凡商之所受书于夫子者，志之于心，弗敢忘。退而穷居河济之间，深山之中，作壤室，编蓬户，弹琴瑟，歌咏先王之风，则可以发愤慨喟，忘己贫贱，有人亦乐之，无人亦乐之，而忽不知忧患与死也。”夫子造然变容曰：“嘻！子殆可与言《书》矣。虽然，其亦表之而已，未睹其里也。”颜渊曰：“何谓也？”子曰：“窥其门而不入其中，睹其奥藏之所在乎？然藏又非难也。丘尝悉心尽志以入其中，则前有高岸，后有大溪，填填正立而已矣。是故《帝典》可以观美，《大禹谟》《禹贡》可以观事，《皋陶谟》《益稷》可以观政，《洪范》可以观度，《六誓》可以观义，《五诰》可以观仁，《甫刑》可以观戒。通斯七者，《书》之大义举矣。”夫子于商之《书》，谓之表，所以语回，谓之义，自以填然正立，一时三语，若不相侔，然则帝王之《书》，其不可识矣，君子察于三者，而后可以言《书》。今夫天之昭明，地之博厚，而人之灵于万物，匹夫、匹妇无不固已知之至，于风霆雨霁之迭兴，海岳河山之流峙，所以知之盖鲜。喜怒哀乐出乎尔者，其静其作，则或自知之不暇。不察乎近，孰明乎远？不得乎身，何以论古之人？是故以《书》学《书》而已。遗《书》学《书》，非《书》矣，不以不遗，未足与于《书》之旨，以而遗之，从之不可，或庶几乎《书》之大义云尔。子言之也：“《书》之于事也，远而不阔，近而不迫，志尽而不怨，辞顺而不谄。吾于《高宗肜日》见德有报之疾也，苟由其道致其仁，则远方归志而致敬焉。于《洪范》见君子之不忍言人之恶而质人之美也，发乎中而见乎外以成文者，其唯《洪范》乎。”“尧舜之命受于人，汤武之命受于天，不读《诗》《书》《易》《春秋》，则不知圣人之心，无以别尧舜之禅、汤武之伐也。”语之不切，见诸言外，斯言之辨，可以观于虞、夏、商、周之书矣。走之于《书》，学焉不如子夏，观焉何敢望回？世无孔子，则将何所取正？述而藏之，以待能者，其庶乎以《书》观《书》者矣。隶古定《书》最古，孔氏文义多本伏生之说。唐明皇帝更以正隶改定，而俗儒承诏，文多踳驳，古文是训不劳乎是正之也。《书序》出于孔子旨，自有在诠次百篇之后，将以归于古学，好古之僻，走何辞焉。昔孔子学琴操而得文王之形，季子闻乐音而知其国之政，读其书不知其人，可乎？故序篇端，论以读《书》之法。

刘以贵抄录的元代陈师凯所撰《书蔡氏传旁通》卷一上之部分内容脱误较多，订正如下①：

① 据《文渊阁四库全书》版《书蔡氏传旁通》修订。

元至治元年辛酉，东汇泽陈师凯撰《书蔡氏传旁通》。

文，文字也；书，书籍也。《说文·序》云："依类象形，故谓之文。形声相益，即谓之字。字者，言孳乳而浸多也。著于竹帛谓之书，书者，如也。"盖制字之初，以象形为本，如日、月、虫、鱼之属。次则指事，如上、下字。次则谐声，如江、河字。次则会意，如武、信字。次则转注，如考、老字。次则假借，如令、长字。日圆月阙，是象形也。卜在一上为上，卜在一下为下，是指事也。工与江声相近，可与河声相近，是谐声也。谐，和也。又名形声，如江字水形工声，河字水形可声也。亡戈为武，人言为信，是会意也。郑氏《通志略》云："非止戈为武，当云亡戈为武，亡读为无也。"考字，足左回，老字，足右转，是转注也。使令之令，借音令尹之令，长短之长，借音长幼之长，是假借也。此文字第一门，故详言之。

伏羲以木德王，神农以火德王，黄帝以土德王，少昊以金德王，颛顼以水德王，高辛以木德王，唐尧以火德王，虞舜以土德王，夏禹以金德王，商汤以水德王，周文武以木德王，此皆据《释文》。愚案：终始五德之传，起战国邹衍之说。其合于经者：《月令》五人帝。春帝太皞，即伏羲也；夏帝炎帝，即神农也；中央黄帝，即轩辕也；秋帝少皞，即少昊也；冬帝颛顼，即高阳也；此其说之合者也。其不合于经者：夏后氏尚黑，非金德也；殷人尚白，非水德也；周人尚赤，非木德也；此其不合者也。

颜师古曰："《家语》云：'孔腾，字子襄。'"此据前汉《艺文志》注文也。陆氏《释文·序录》云："秦禁学，孔子之末孙惠壁藏之。"而《释文》注又与师古说同，故蔡氏亦据之。

掌故晁错。掌故官，名错，初捕反，齐人语多与颍川异。伏生，齐人；晁错，颍川人。

科斗虫名虾蟆子，书形似之，即三代时字。起于黄帝之史仓颉，历代修改，至周宣王时，太史籀又加损益，为《大篆》十五篇，与古文并行。孔子书六经时，以黑漆写之于竹简，漆书点画稠浓，形类虾蟆子。秦时狱吏程邈作隶书，即今常行楷字。李斯作小篆，即今玉箸篆。时人以隶书便于徒隶，书写简易，皆竞习之。故三代古文弃而不习，至汉时无能识者，乃妄称为科斗书，在三代时无科斗之号也。幸伏生口传于前，孔壁发藏于后，安国得以考论文义，遂使三代古文得传于今日，此万世之功也。

为隶古定，谓用隶书以易古文。孔氏《疏》云："言隶古者，正谓就古文体而从隶定之。"《释文·序录》云：古文《尚书》皆科斗文字，孔安国以校伏生所诵，为隶古写之。"愚案：隶古《尚书》，宋时郴学有板，其字盖用隶书笔法写古文，点画平正，无诘屈蟠纠之势，若今《广韵·玉篇》内所载古字，非用隶书换易古文也。"易"字，当是"写"字之误。又案：郭忠恕《佩觿》云："《尚书》宋齐旧本，隶写古文。"

焚书在三十四年。《疏》云："始皇三十四年，因置酒咸阳宫，丞相李斯奏请：'天下敢有藏《诗》、《书》、百家语者，悉诣守、尉杂烧之。有敢偶语《诗》《书》者，弃市。令下三十日不烧，黥为城旦。'"

坑儒在三十五年。《疏》云："三十五年，始皇以方士卢生求仙药不得，以为诽谤，诸生连相告引，四百六十余人皆坑之咸阳。"又卫宏《古文奇字序》云："秦改古文以为篆隶，国人多诽谤。秦患天下不从，而召诸生，至者皆拜为郎，凡七百人。又密令冬月种瓜于骊山硎谷之中温处，瓜实，乃使人上书曰：'瓜冬有实。'有诏天下博士诸生说之，人人各异，则皆使往视之。而为伏机，诸生方相论难，因发机，从上填之以土，皆终命也。"

详此章虽说《书序》序所以为作者之意，而未尝以为孔子所作，至刘歆、班固始以为孔子所作。《汉书·艺文志》云："《书》之所起远矣，至孔子纂焉，上断于尧，下讫于秦，凡百篇。而为之序，言其作意。"《志》乃班固所删，刘歆《七略》中语也。又案：古《周书》七十篇，孔子所删去者，而今每篇亦皆有序冠其篇首，则知百篇小序决非孔子所作矣。

江充造巫蛊败戾太子。《疏》云："蛊者，怪惑之名。指体则毒药害人者是，若行符厌俗之为魅，令人蛊惑夭年伤性皆是也。以蛊皆巫之所为，故曰：'巫蛊。'武帝末年，淫惑鬼神，由此奸人江充因而行诈。先于太子宫埋桐人，告上云：'太子宫有蛊气。'上信之，使江充治之，于太子宫果得桐人。太子知己不为此，以江充故为陷己，因而杀之。而帝不知太子实心，谓江充言为实，即诏丞相刘屈氂发三辅兵讨之。太子赦长安囚与斗，不胜而出走，奔湖关自杀。”

《古文》，安国壁中书也。《今文》，伏生口传书也。

裁二十余篇。陆氏曰：“即马、郑所注二十九篇是也。”本二十八篇，后加伪《泰誓》一篇，《尧典》（《舜典》合），《皋陶谟》（《益稷》合），《禹贡》《甘誓》《汤誓》《盘庚》（三篇合），《高宗肜日》《西伯戡黎》《微子》《牧誓》《洪范》《金縢》《大诰》《康诰》《酒诰》《梓材》《召诰》《洛诰》《多方》《多士》《立政》《无逸》《君奭》《顾命》（《康王之诰》合），《吕刑》《文侯之命》《费誓》《秦誓》，已上是伏生口传二十八篇，今开所合者共三十三篇。蔡《传》后云：“古文、今文皆有者，此是也。”

增多伏生二十五篇。《大禹谟》、《五子之歌》、《胤征》、《仲虺之诰》、《汤诰》、《伊训》、《太甲》三篇、《咸有一德》、《说命》三篇、《泰誓》三篇、《武成》、《旅獒》、《微子之命》、《蔡仲之命》、《周官》、《君陈》、《毕命》、《君牙》、《冏命》，已上是壁中书，多于伏生者也。蔡《传》后云：“今文无古文有者，此篇是也。凡今文所有，古文亦有之，故止称今文无古文有，不称今文有古文无也。”

复出此篇并序。《舜典》、《益稷》、《盘庚》中下二篇、《康王之诰》，此五篇伏生所合，安国析出之，通前伏生二十八篇，安国增多二十五篇，及此析出五篇并小序一篇，共五十九篇，除阙小序冠篇首，正五十八篇也。又案：隶古《尚书》，自《尧典》称第一，至《秦誓》第五十八，中间《禹贡》《汤誓》《泰誓》不更称第一也。

古文读应《尔雅》，故解古今语而可知也。案：《艺文志》“故”字上更有一“雅”字，读连下句。颜师古于《诗经·鲁故下》注云：“故者，通其指义也。它皆类此。”今流俗《毛诗》改“故训传”为“诂”字，失真耳。又案：《尔雅》有《释诂篇》，如颜说则“雅故”者，即“《尔雅》释诂”也。读书者依“雅故”解古今语，则义可通矣。“故”字上当补“雅”字。

《晋书》又云：“郑冲以古文授苏愉，愉（授）梁柳，柳之内兄皇甫谧又从柳得之，而柳又以授臧曹，曹始授梅颐，颐乃于前晋奏上其书，而施行焉。”据孔颖达叙此历历，今本《晋书》无之，恐太宗未修以前旧史所载也。《隋书·经籍志》云："伏生口传二十八篇，又河内女子得《泰誓》一篇，献之武帝。时鲁恭王坏孔子旧宅，得其末孙惠所藏之书，字皆古文。孔安国以今文校之，得二十五篇，其《泰誓》与河内女子所献不同。又伏生所诵，有五篇相合。安国并依古文，开其篇第，以隶古字写之，合成五十八篇作传。会巫蛊事起不得奏上，私传其业于都尉朝，朝授胶东庸生，谓之《尚书》古文之学，而未得立。后汉扶风杜林传古文《尚书》，同郡贾逵为之作训，马融作传，郑元亦为之注。然其所传，唯二十九篇，又杂以今文，非孔旧本。自余绝无师说。《晋书》秘府所存，有古文《尚书》经文，今无有传者。及永嘉之乱，欧阳、大小夏侯《尚书》并亡，济南伏生之传，唯刘向父子所著《五行传》，是其本法，而又多乖戾。至东晋元帝时，豫章内史汝南梅颐，字仲真，始得安国之传奏之，时又缺《舜典》一篇。齐建武中，吴兴姚方兴于大桁市得其书奏上，比马、郑所注多二十八字，于是始列国学。又云古文《尚书·舜典》一卷，晋豫章太守范宁注。《释文·序录》云："齐明帝建武中，吴兴姚方兴采马、王之注，造孔传《舜典》一篇，云于大桁头买得上之。"郭忠恕《佩觿》云："吴兴大舷，户刚反，船舶之类。"又《通鉴》："刘裕枭桓元首于大桁。"桁与舷、航同，船与市未详孰是。

张霸所伪作。《释文·序录》云："百两篇者，东莱张霸分析二十九篇，以为数十，又采《左传》《书序》为作首尾，凡百二篇。篇或数简，文意浅陋。成帝时，刘向校之非是，后遂黜其书。"

第十开右下裱处钤"桑梓之遗"白文印。第十三开左下裱处钤"潍陈晋卿家藏"鉴藏白文印。

刘以贵是清初山东区域著名的经学家，《清史稿》有传。民国《潍县志稿》卷二十九《人物·儒林》载阎循观《刘沧岚传》云："甫能言，母氏口授以四子书，即能熟。十岁遍诵经史，为文奥博，惊其前辈。康熙丁卯（1687）举于乡，海内名流争向之。何屺瞻（何焯）、孙子未（孙勷）、汪武曹（汪份）尤倾服以为绝伦。时徐司寇健庵（徐乾学）方主文盟以号召后进，及其门者多得推引，惟四明万季野（万斯同）、宣城梅定九（梅文鼎）及先生为司寇所欲识而皆不至。司寇因武曹通意先生，先生卒谢焉。及戊辰（1688）中会试，出司寇之门，然后一投刺而退，谒选得苍梧令，调武缘，署思恩府事，皆以廉著声，而在苍梧革羡耗，在武缘平八寨盗尤，至今载人口焉。年甫艾，告归，杜门著述，于《十三经注疏》外，旁搜一百四十余家，而考其异同，辨其得失。”刘以贵仅经学著作即有《周易古本》十六卷、《周易析疑》十四卷、《春秋解》九卷、《周易探源》八卷、《古文尚书》五卷、《尚书集解》五十八卷、《春秋集解》二百四十卷、《三传公案》、《三礼通解》等。阎循观称：“自古说经之言，未有富先生者也。”《书古文训序》当系其所著《古文尚书》序言，其书今已不存。

（十一）第十四至十六开“高南阜右手自书诗”（图 3 - 16 - 14 至 3 - 16 - 16）

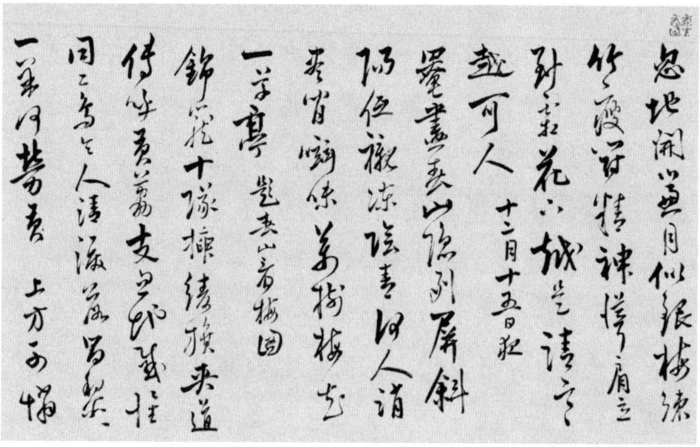

图 3 - 16 - 14　高凤翰书七言诗七首之一

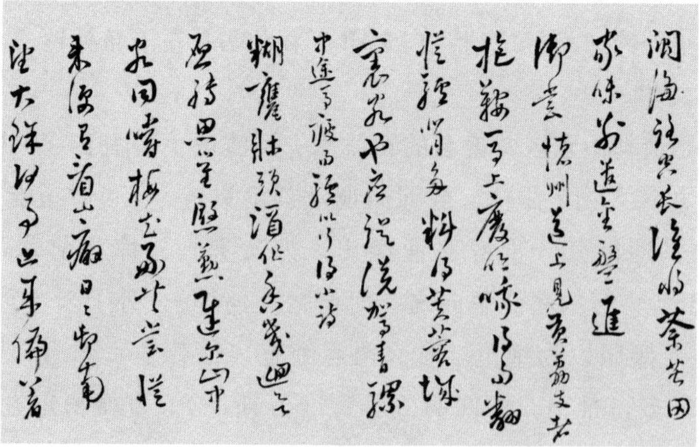

图 3 - 16 - 15　高凤翰书七言诗七首之二

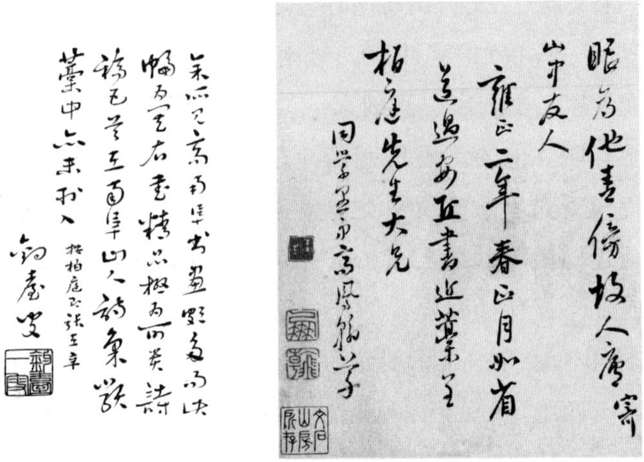

图3－16－16　高凤翰书七言诗七首之三

纵25.7厘米，横分别为40.2厘米、40.6厘米、20.6厘米，纸本，行草书七言绝句诗五题七首，保存完好。内容为：

忽地开帘月似银，梅疏竹瘦斗精神。耸肩立对霜花下，越是清寒越可人。十二月十五日夜。

罨画春山隐列屏，斜阳低衬冻阴青。何人消尽闲滋味，万树梅花一草亭。题春山看梅图。

锦笼十队插绫旗，夹道传呼贡荔支。忽地感怀同二鸟，令人清泪落昌黎。

一果何劳贡上方，可怜闽海路空长。谁将荼苦田家味，别遣金盘进御尝。德州道上见贡荔支者。

抱鞍马上废吟哦，得句翻从驴背多。料得芙蓉城里客，也应从（纵）谈驾青骡。中途马疲易驴以行得小诗。

糊瓮床头酒作香，几回欲启转思量。殷勤迟尔山中客，同嚼梅花好共尝。

从来便有看山癖，日日村南望大珠。何事近来偏着眼，为他青傍故人庐。寄山中友人。

雍正二年春正月如省道过安丘，书近稿呈柏庭先生大兄，同学愚弟高凤翰草。

钤“凤”“翰”朱文印、“文石山房所存”鉴藏朱文印。

高凤翰（1683—1749），字西园，号南村，又号南阜、云阜，山东胶州人。清代著名文学家、书画家、篆刻家，“扬州八怪”之一。以诸生举贤良，任安徽歙县县丞等职。他的诗极负盛名，青年时为王士禛所赏识，许为私淑门人，平生得诗三千余首，有异妙之境；书法则隶、楷、行、草无所不精，功力深厚；绘画各科皆能，又工细、写意兼擅，所画离奇超妙，脱尽笔墨畦径；藏砚制砚成癖，著有《砚史》四册；又痴迷收藏汇集汉印五千方，编有《汉印谱》《南村印辑》等；其篆刻亦为世人所重，一生治印数千方，被誉为诗、书、画、印“四绝”。晚年因风痹，右臂病废，用左手挥洒篆刻，笔愈苍辣。五十八岁时，将其搜罗整理的山左诸前辈书画真迹辑成《桑梓之遗》书画册。

柏庭，即张在辛（1651—1738），字卯君，号柏庭，山东安丘人，著名书法篆刻家张贞长子。康熙二十五年（1686）拔贡，授观城教谕，不就。工书，善画，精篆刻。书法师郑簠；篆刻始学张贞，后学周亮工，刀法追溯秦汉，尤工小印。有《相印轩印谱》《隶法琐言》《篆印心法》《隐厚堂遗诗》等传世，是齐鲁印派的代表人物。

高凤翰十九岁中秀才，二十岁时初应乡试，虽未考中，但就此开阔眼界，结识了张贞、张在辛、朱岷等诸多书画家，对他艺术之路的发展起到很大作用，使其艺术上得到了极大提高。其后二十多年间，又曾七次赴济南参加乡试①，均未考中。直到四十五岁时才被荐应试“贤良方正科”考列一等，授徽州歙县丞，开始为官。

张贞（1636—1712），字起元，号杞园，别号渠亭山人，山东安丘人。康熙年间拔贡，举鸿博，授翰林院孔目不就。出身书香门第，其父辈数人曾于明末为官且皆为饱学之士。张贞本人更是熟通经史，饱读诗书，治学严谨，著述颇丰。又精鉴别，广储文物古籍书画；工书法，善篆刻，其篆刻技法曾学周亮工，后另辟蹊径，独树一帜，创立了齐鲁印学风格。他性直豁达，疏狂不羁，喜结交天下名士，以文会友，文声载誉南北，为朝野名流所尊崇。

---

① 王克捷、郑文光、蔡铁原：《高凤翰编年录》，青岛出版社1991年版，第17～35页。

思想家黄宗羲评曰："张贞问学四十年，俯仰无歉，成名于天下。"周亮工为官山东时将其列为"四才士"之一。

张贞家族是当时山东知名的文人家族，其家族以学术和书画篆刻闻名，族内印人众多。除张贞外，他的三个儿子张在辛、张在戊、张在乙也是清初最具代表性的印人，兄弟三人中以张在辛成就最大。张在辛比高凤翰年长，作为后生的高凤翰慕张家显名，曾十数次来往其家，向他们学习书法和篆刻。高氏前来拜访时，常住二十几日或月余，与其朝夕相处，或赋诗题作、书画唱酬，或切磋书艺、互换印画。高氏早年的书风印风受张在辛影响较大，早期的书画用印也大多为卯君昆仲所治。[①] 他们以文会友，友情极深。其忘年交的情谊，在书画史上被传为佳话。

该书作为雍正二年（1724）正月，高凤翰至济南途中，路过安丘拜访张在辛时为其所作。该作书风古朴厚重、儒雅隽美，用笔果敢、恣肆有力，布白巧妙、自由洒脱，运笔流畅、气脉贯通，实为其中年右手书法代表作。

（十二）第十七开"（高南阜）柱石长春画箑"（图3－16－17）

纵16厘米，横49.7厘米，纸本设色。画中间对折处有折痕，右下角略有残缺。画幅中用小写意笔法绘巨石横踞，用笔挺健，墨法苍润；以没骨法绘出月季掩映石后，轻盈柔美，秀逸动人。左上方的题款古朴厚重又不乏灵动之感。画面清新雅洁，文气俱足，行楷书题：

柱石长春图，岁庚子客安丘，写似仁葊尊兄，胶州弟翰。

右下角钤"画意"白文印，后钤"南""村"白文印。左下角钤"晋卿珍秘"鉴藏朱文印。

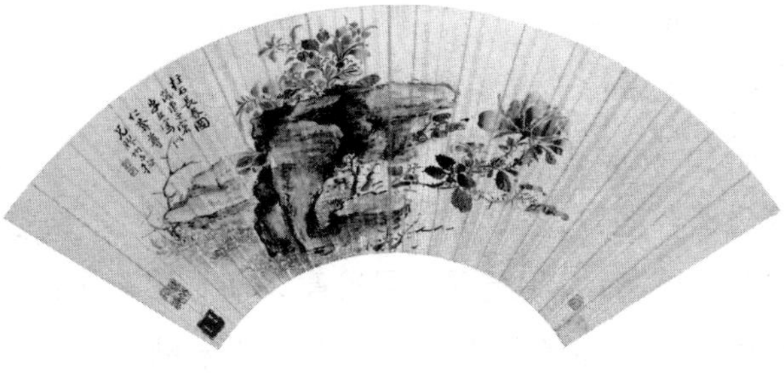

图3－16－17　高凤翰花卉扇面

① 王克捷、郑文光、蔡铁原：《高凤翰编年录》，青岛出版社1991年版，第20～34页。

仁萶，即王寿长，字仁萶，号静山，山东安丘人。雍正五年（1727）进士，授福建邵武知县。在官时，除陋例，禁溺女，锄除恶势，政绩显著，后辞官回乡侍母。著有《白云庐诗》。①

庚子，即康熙五十九年（1720）。此作为高凤翰第六次赴济南应乡试返乡途中路过安丘拜访张在辛兄弟时，为王寿长所绘。②

（十三）第十八开“郭根萶自书诗笺”（图3－16－18）

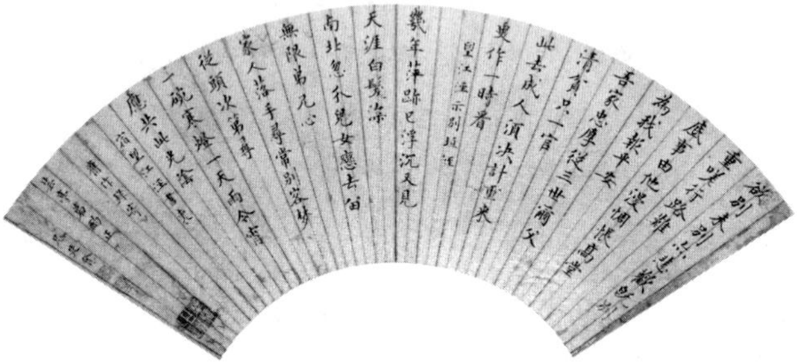

图3－16－18　郭廷翕书法扇面

纵16.5厘米，横50厘米，蜡笺，左右两侧磨损稍重。以清雅工整之楷书作七言律诗二首，内容为：

欲别未别亦悲欢，既别重嗟行路难。底事由他漫惆怅，高堂为我报平安。吾家忠厚从三世，尔父清贫只一官。此去成人须决计，重来更作一时看。望江泾示别垣侄。

几年萍迹已浮沉，又见天涯白发深。南北忽分儿女恋，去留无限弟兄心。家人落手寻常别，客梦从头次第寻。一碗寒灯一天雨，今宵应共此光阴。宿望江泾书怀。

旧作录寄芸亭弟酌正，兄廷翕。

右上引首钤“冷亭”朱文印，后钤“郭廷翕印”白文印、“虞受”朱文印，左下角钤“桑梓之遗”鉴藏白文印。

郭廷翕（1709—1778），字虞受，号冷亭，又号根萶、根庵，清初名臣郭琇季子，山东潍县郭氏（郭尚忠之后）后裔，明末鼎革之际，其祖父携二子

① 李连科、周庆武：《安丘百名进士录》，香港天马出版社2002年版，第155页。

② 宋和修：《高凤翰年谱》，中国文联出版社2002年版，第114页。

因避乱迁居山东即墨。乾隆六年（1741）举人，授湖北宜春知县。工诗，善书，尤善篆刻，精于鉴藏书画碑帖，著有《根莽集》。其秉承胶州高凤翰之志续辑补装《桑梓之遗》达七十八册，保存了大量山左名人书画。

芸亭，即郭伟勣（1710—1791），一名伟绩，字熙虞，号芸亭、松筠道人等，山东潍县人。乾隆五十四年（1789）举人，次年授翰林院检讨。工诗，善书，又好收藏古印，亦能操刀上石，从古印中汲取真蕴，所治玺印别具神采，著有《松筠桐荫馆印谱》。其与兄郭伟业（字贻昆，号质亭，长诗文、书法、篆刻）乐结交文人名士，与郭廷翕、高凤翰、郑板桥等交往甚密。

潍县郭氏世家为山东名门望族，明清以来，科宦相继，连绵十几代。郭氏世家多为官清廉，又热衷于文化教育，擅长艺术，精通书画诗文者尤众，书香之风沿袭久远，对潍县政治、经济、文化等影响巨大。郑板桥任职潍县时，郭芸亭兄弟热心参与地方公益，大力支持赈灾助学、修城凿池等事宜，对其襄助较大，深受板桥器重。又因雅兴相投，志趣相同，板桥时常光顾郭家南园，赋诗品茗，赏竹作画，商讨文事。其为郭氏家族题名唱酬流传后世的诗篇甚多，郭芸亭也曾为其篆刻多枚印章，所辑《松筠桐荫馆印谱》即由郑板桥署签刊行，他们结下了深厚的情谊。乾隆十七年（1752）秋，郑板桥离官，搬入郭家南园借住度岁，直至第二年春天才惜别南归，临行前郭芸亭又为郑板桥篆刻"板桥居士"印章相赠。板桥归乡后，也念念不忘潍县郭家园，与郭氏家族仍有书信往来，成为文坛佳话。

（十四）第十九开"刘石庵相国札"（图3－16－19）

纵21.2厘米，横29.5厘米，纸本，有两处折痕，页面略有污渍、霉斑，行书。内容为：

奉问秋皋妹丈安好，二妹暨阖署俱佳：

县役来，得信为慰，百金称祝，至亲不辞也。带回如意一枝送妹丈，荷包、香袋一匣送舍妹，验收。石庵做生日所费颇多，妹丈可于年内送四百金来相助，还外人借项，亲戚可以不还，即还亦可稍缓，肯与不肯，裁之可耳。豆豉近来亦不给吃，是何故耶？此字所言是真是戏，我自不知，二妹以为如何？

石庵家书

初七日

连日酬应宾友无数，亦不乏困，不可以其老而忽之也。又书。

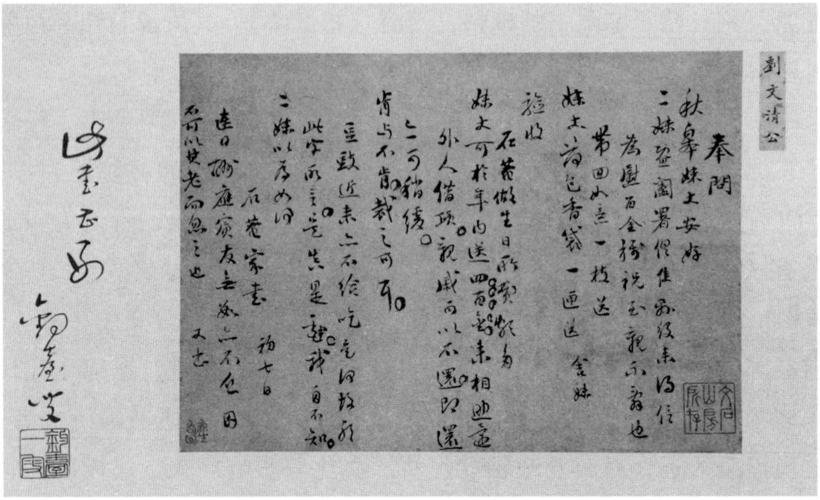

图3-16-19　**刘墉书札**

右下角钤“文石山房所存”鉴藏朱文印，右上裱处贴小签，楷书“刘文清公”。

刘墉（1719—1804），字崇如，号石庵，山东诸城逄戈庄（今属高密）人。乾隆十六年（1751）进士，官至体仁阁大学士加太子太保，卒谥文清。他为官奉公守法、清正廉洁，又博通百家经史，尤善书法，工于行楷。清张维屏《松轩随笔》评其书“初从松雪入，中年后乃自成一家，貌丰骨劲，味厚藏神，不受古人宠拢，超然独出”。为帖学之集大成者。此札可谓其晚年代表书作。

其父刘统勋（1700—1773），字延清，号尔钝，雍正二年（1724）进士，官至翰林院掌院学士、军机大臣等，逝后追授太傅，谥号文正。善诗文、书法，著有《刘文正集》。他为政清廉刚直，秉公无私，在吏治、军事、治河等方面均有显著政绩，被称为治世能臣。

秋皋，即郭守璞（1730—1800），字含瀓，号秋皋，山东潍县人。乾隆二十四年（1759）举人，大挑一等，官至贵州石阡知府，历任二十年，所在多德政碑。著有《中山纪事》《秋皋制艺》。二妹，即刘统勋六弟、户部福建司员外郎刘组焕次女，郭守璞继室。

诸城刘氏家族是山东著名的仕宦望族和文化世家，自清初至道光末年，科甲蝉联，硕宦名儒辈出，人文蔚起。潍县郭氏家族亦是延续明清两代的仕宦文化大家。两家族皆有丰厚的文化底蕴、家学渊源，家风相近。两家族的联姻，得以加强文化交流，促进家学传承、家业相继、家风贯彻，并使传统文化得到弘扬与传播。

（十五）第二十开“窦东皋金书箑”（图3－16－20）

纵15.6厘米，横51.4厘米，墨笺，泥金行书，节录米芾《十纸说》，保存完好。内容为：

越陶竹万杵，在油拳上。余年五十始作此纸，谓之金版也。六合纸，自晋已用，蔡侯渔网遗制也。网，麻也。人因而用木皮。廿年前未使灰，透明有古（骨），骨（古）纸捣细者，不在唐澄心之下。唐人硾浆六合慢（幔）麻纸，书经明透，岁久入水不濡。又有黄皮纸，天性如染，薄紧可爱，亦宜背古书耳。十纸说。东武窦光鼐。

下钤“光”“鼐”白文印。扇面右侧钤“丽泉”鉴藏朱文印、“真赏”鉴藏白文印。

图3－16－20　窦光鼐书法扇面

窦光鼐（1720—1795），字元调，号东皋，山东安丘临浯（原属诸城）人。自幼好学，颖悟过人，童试、乡试皆列榜首，有“神童”之誉。乾隆七年（1742）进士，官至都察院左都御史、上书房总师傅。他为官清廉，忠于职守，又熟通经史，学问精湛，文辞清古，素有“才子”之称，深受乾隆帝雅重，与纪昀、朱圭、翁方刚等在朝主持文坛三十年，对清代文化的发展影响颇深。著有《省吾斋诗稿》《省吾斋文集》等。①“书法亦精，他的擘窠书，

① 李连科、周庆武：《安丘百名进士录》，香港天马出版社2002年版，第171页。

点划端正秀丽，风骨挺劲，状貌严整，有苏轼、米芾之风韵。”① 该书作结体肥厚，字势恣肆，在墨笺上以泥金书写更显气韵华贵，可谓精致之作。

（十六）末开陈介祺题跋（图 3－16－21）

纵 28 厘米，横 26.6 厘米，纸本，以金石糅合体书写，保存完好。内容为：

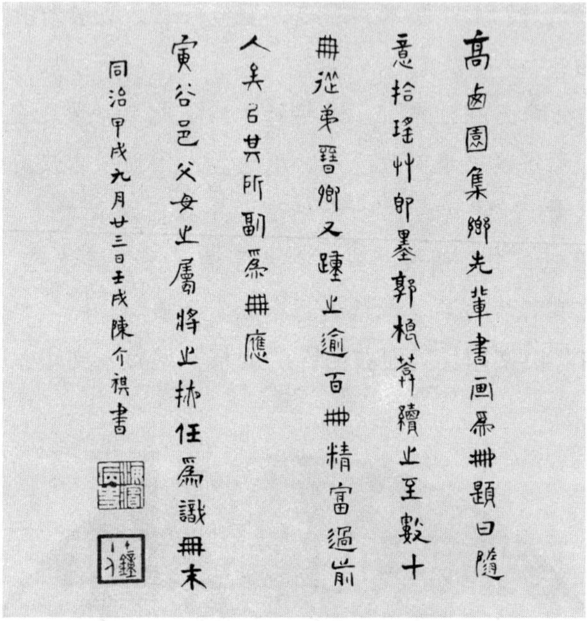

图 3－16－21　陈介祺题跋

高西园集乡先辈书画为册，题曰“随意拾瑶草”。即墨郭根莽续之至数十册，从弟晋卿又踵之逾百册，精富过前人矣。以其所副为册，应寅谷邑父母之属，将之掖任，为识册末。

同治甲戌（1874）九月廿三日壬戌陈介祺书。

下钤“海滨病史”白文印、“十钟主人”朱文印。

跋文记述了该书画册的来源及流传经过。民国《潍县志稿》卷十九《秩官·职官》载靳昱同治二年（1863）始任潍县知县，十二年（1873）离任。此册题于十三年（1874），应为昱靳离潍之时。

乾隆四年（1739）始，山东胶州著名文学家、书画家、篆刻家高凤翰将

① 张崇玖：《诸城明清进士传略》，西泠印社出版社 2007 年版，第 141 页。

自己平日搜集整理的山东籍或寓居山东的先辈书画家的真迹装裱成册，命名为《桑梓之遗》并题写“随意拾瑶草”。高氏在其去世前将其转赠给即墨好友郭廷翕。得到该册后，郭氏即开始广泛搜求自宋元以来山左书画名家之作，欲增为百册。至乾隆四十二年（1777），百册未竟，仅增至七十八册，已蔚为大观。郭廷翕去世后，其后人为偿还旧债出售该册。嘉庆元年（1796），画册转归莱阳南岚富户左家。道光十六年（1836），胶东一带遭受重灾，左氏又将此书画册售给潍县陈子懿。

陈子懿，字季则，山东潍县（今潍坊）人，道光二十年（1840）举人，陈介锡族叔，酷爱书画。陈子懿倾囊购得此书画册后，曾携至广昌知县任所，间遭迫厄，仍须臾不弃。陈子懿去世后，其后人因生活困顿，于咸丰九年（1859）将此书画册转售给陈介锡。

陈介锡得到此书画册后即摒弃一切，锐意访求，刻意续辑。至同治九年（1870）告竣，前后耗费十二年心血，终在晚年凑足百册。该巨册历时一百三十余年，共辑得八百余人的书画作品，其中仅山东籍就达六百余人，其他则涉及今江苏、浙江、河北、安徽、江西、辽宁等十几个地区。所收录的书画家自宋元至明清，“统计所收册页、卷轴、尺牍、便面、诗文草不下千余种”①。而所收书画作者的身份，上起庙堂，下至山林，既有忠臣孝子、名公巨卿、骚人墨客，也有僧道闺秀、流寓名宦，但凡与桑梓有关者皆收列其中。其续编完成的《桑梓之遗》确为一部富藏宏巨、空前绝后的书画大集锦。后陈介锡家道衰落，其子孙将其陆续出售，此巨册遂遭散亡。

二、《棠梓清芬》的征集经过

现存《棠梓清芬》书画册，由陈介祺曾孙陈秉忱于1963年6月19日代潍坊市图书馆购于北京宝古斋。起初，陈秉忱得遇该册，遂致函询问当时的潍坊市图书馆可否收集入藏，得到肯定后，自己先行垫付240元现款，并请画店开具发票，随同画册托请友人带至济南市博物馆，后转交于潍坊市图书馆，1964年移交至新成立的潍坊市博物馆。

---

① 〔清〕陈介锡：《桑梓之遗录文》十卷，见《山东文献集成》第一辑第四十册，山东大学出版社2007年版。

三、结语

《棠梓清芬》书画册汇集清代山东地区13位乡贤、官宦的书画作品而成，虽均为小幅，但大多笔墨精妙，具有极高的艺术价值。而相关诗文钤印，不仅是窥探诸位作者的独特人生经历与社会交往的重要材料，也是进行山东区域文化研究的重要文献佐证。此外，该书画册由陈介锡辑著名大型书画册《桑梓之遗》的余作而成，在现今已知《桑梓之遗》所存册数无多的情况下，尤具重要意义。

（潍坊市博物馆副研究员　谭霭岚
潍坊市博物馆馆员　武夫强）

《桑梓之遗》书画作者分域简析

山东博物馆藏清抄本《桑梓之遗录文》十卷，是山东潍县陈介锡为续辑《桑梓之遗》书画巨册而编订，正文前增录山东昌阳赵曾《征山左名人书画续辑桑梓之遗启》，山东利津李佐贤《桑梓之遗序》，以及陈介锡所作《桑梓之遗书画册序》及“凡例”，以记录其遍搜山左名人书画及续编《桑梓之遗》书画巨册的始末。

现将三序及凡例书录于文前，以备稽考。

征山左名人书画续辑桑梓之遗启

一卷何以长留？奇士胸中之气；千金于焉争买，文人象外之神。是以碑著浯溪，惟平原之忠魄；画称辋水，亦摩诘之诗魂。况乎齐鲁名区，邹滕旧壤。篆有李斯之碣，画余武梁之祠。王右军占籍于当年，邢太仆称名于近代。摩挲乎吉金乐石，挥毫则纸落云烟；渔樵于岱麓沧湄，下笔亦气吞风雨。闲评未尽归于瓮牖，快事尚待补于墨林。欲探琅环之函，先试珊瑚之网。《桑梓之遗》者，即墨郭根庵先生所辑山左名人书画册也。先生门高梓里，望重艺林，雅擅临池，尤勤著录，以尽心于文字，阅过眼之烟云。叹豹死留皮，声华未歇；鸿飞剩爪，手迹将湮。爰以足征，用存掌故；义重桑梓，恭敬人关。河岳英灵，法绘共宝墨争辉。名士与完人交错，有次第而无先后。庐陵金石之编，考姓字而述见闻。益部耆旧之传，盖装成者有七十八册，所收入者至四百余人，固已称海内之巨观，备山左之故实已。顾灯无尽焰，海有遗珠，闻见必亲，便已方隅之囿；搜罗未远，尚多复壁之藏。稽定论于盖棺，俯仰又添陈迹；探奇文于秘笈，呵护赖有神功。前辈飞腾，济以余波而益丽；后来妍秀，揖之娄尾亦何惭。固非凫胫之不可长，而实狗尾所难言续。寸缣尺楮，藏弆为荣；麟甲凤毛，争睹方快。不有同声之相应，何以愿大而能成？敢藉荒芜，用商博雅；率焉有请，休笑发棠。欲者甚奢，仕嘲望蜀。阐扬著美，谅诸公俱有深心；检点付装，惟贱子一循故事。补缀而留真迹，宁云玩赏之私，商略而式乡型；岂曰收藏之富，所愿搜之宝麓，寄以瑶缄。一斑亦识大文，五德全征片羽。无烦市骏，定多良马。真龙果足换鹅，何论家鸡野鹜。笔精墨妙，但有陆离；璧合珠联，允宜什袭。虽恃行以为固难，护持于雷取火收，幸及我而犹存。尚摭拾于蠹余鼠剩，故凭鱼笺而呼助，聊尽后死者心。倘赖鸿宝以合尖，庶遂先生之志。

昌阳赵曾庆孙氏拜。

桑梓之遗序

潍邑陈晋卿孝廉，乃吾师文悫公之犹子，而寿卿同年之群季也。昔年邂逅历下，遂得订交，且嗜书画，与余有同癖，情弥洽也。谓余曰："近集桑梓所遗书画册，尚未竣事，而乡先辈之翰墨已收存不少。"余阅而生羡。别后契阔数载，时深溯洄于所谓桑梓书画者，尤心向往之，以未得一见为憾。今秋里居多暇，访寿卿于潍阳，因与君重晤，始获纵览是册，不禁动观止之叹也。按，是举肇于高南阜先生，续于郭椳庵先生，共得七八十册。君又继两先生之后，汇成一百余册，较前册精益求精。其中忠臣孝子、名公巨卿、骚人墨客，零缣断简，莫不兼收，而方外闺中以及名宦流寓，但于桑梓有关者亦附存焉。且人人著为小传，俾阅者睹遗墨如见其人，可谓搜罗富而用力勤矣。夫记载书画不乏陈编，然如《清河书画舫》《铁网珊瑚》《书画汇考》《墨缘汇观》《庚子销夏记》《江村销夏录》等书，皆不过同云烟之过眼，藉翰墨以娱情而已，从未有荟萃真迹成此巨观者。近代惟顾湘舟参军曾集吴中画扇共为一编，然仅成数册，较量多寡难易，有不可相提并论者。兹之广收博取，发微阐幽，汇存一邦之文献，所关甚重，固不同玩物之丧志，又岂仅供文人之雅好矣乎？惟所收齐人较详，鲁人较略，谅由近者购求易得，远者声气难通，故有不能遍及者欤？君今索序于余，且委余代为访求。余何敢以不敏辞？谨缀芜词，以期附骥，若云增所未备，容缓图报命，可乎？

同治壬申孟秋月下浣，利津后学李佐贤敬序。

桑梓之遗书画册序

《桑梓之遗》一册，胶西高南阜先生晚岁所辑吾乡诸前辈书画真迹也。审定有年，笔墨精粗及授受原委，俱逐加标题。以贻即墨郭棖庵先生，搜罗益富，欲增为百册，仍以南阜《百朋合璧》册为殿。志未竟，仅成七十八册，赏鉴家称巨观焉。昌阳赵庆孙孝廉，嗜同棖庵，自居郭氏甥馆，尝缮启续征，后官江南，续否莫由稽考，而原册辗转质库中，已数易主矣。道光间，为族叔季则公所得，藏诸秘笈，非其人不轻示也。令广昌时，有谋以大县易之者，许调庐陵。公语所亲曰："桑梓旧物，文献攸关，以赠知交，于义则可，以博好官，则必不可。"卒弗与，而携以归。公殁后，原册及备续书画并归余家，以未成全璧为憾。遂锐意访求，除箧笥藏弆外，或乞自良朋，或购以重价，或易以珍玩，甚有奔驰数百里，浼托数十人而后获者。盖自咸丰己未春，迄同治庚午冬，屏弃一切，专致力于斯，非甚剧务相防，未尝一日相摇。统计所收册页、卷轴、尺牍、便面、诗文草不下千余种，反覆审定，必人与物确足以传者，方敢为之续入。是以藏弆虽多，取足旧额，所装不过满百册，以了棖庵之愿，以竟南阜之绪，以成季则公之守，非以供清玩、矜繁富也。考南阜制册，始自乾隆庚申，棖庵续辑，迄于乾隆丁酉，相距三十八年，而此二十二册，又必待八十余年而后成。呜呼，当有定数存焉！念吾乡数百年来，名公巨卿、高人畸士，其硕德峻节，散见于史册及郡邑志，俱足以兴起人心，彪炳千古，而逸兴所发，寄之翰墨，又有此缣素之存，是亦吉光片羽也。裒而辑之，恭敬之忱，即高山仰止之思，如日发潜德之幽光，俾乡前辈藉此以永名焉，则虽以南阜、棖庵且不敢居，况戋陋如锡者乎？爰序所识，以俟后之君子。

同治十年岁次辛未仲秋月吉，潍县后学陈介锡题。

凡　例

是册创始于高南阜，赓续于郭棖庵，征访于赵庆孙，珍藏于季则叔。经四先生之手，阅两甲子之久，期满百册，迄未蒇事。余不揣固陋，竭力补足，以成诸前辈之志，如曰附骥名彰，则非后生所敢望矣。

南阜所辑，有谓三册者。根庵所辑，有谓八十册者。余细考根庵题跋及赵庆孙续征书画启，又证以即墨黄柱山尺牍，始知南阜仅一册，根庵七十七册，向云有八十三册者，传闻之讹也。

《百朋合璧》，《桑梓之遗》末册也。自根庵先生去世，入昌阳左氏，又为吾家季则公所得，展转收藏，不知遗落何所。续辑之初，昌阳左君绍庭，忽远道相贻，百余年旧物，离而复合，如剑化龙津，珠还合浦，真快事也。

莱阳赵庆孙先生续征书画启，裔皇典丽，笃挚缠绵，在当日必有所辑，惜未收入《桑梓之遗》，年久散佚，无从物色，乃取先生所刻《莱阳人帖》并原启装为一册，附于根庵先生诸册后，略存梗概而已。

原辑诸册，季则公曾携至广昌任所，不为势夺，不为利诱。卒能完璧东归，嗣又于其家得青郡人书画二册，内有公印章及乡前辈杨润轩跋，确乎珍藏待续者，遂代为补缀，列于自续册前，以成遗志。

咸丰已未获此册，即刻意续辑，同治庚午告竣。凡阅十有二年，装成一十九册。中更家变，作辍不时，或数年一辑，或一年数辑。自八十一册起至九十九册止，仍用《百朋合璧》为殿，一从根庵志也。

册以桑梓为名，所辑皆乡前辈遗墨。上起廊庙，下至山林，片纸只字，罔不搜罗。其次，如缁流黄冠、贞女烈妇及海内名贤仕宦流寓吾乡者，苟其手迹犹存，亦破格收录，以补文献之阙。

册中书画起自前明，远者数百年，近者亦数十年，旋得旋装。大抵以科名为叙，文学隐逸之士，无从详核，则约略时代以存之。至于附入，或因人相及，或因事类编，皆随宜布置，不可律以成例。

根庵所辑，不第收藏之富也。其装潢之雅，题跋之工，尤非寻常赏鉴家所可跂及。原阙少廿余册，竭力续貂，始成全璧。以香能解蠹，更制桦木为十匣，每匣十册，张鞠如先生标以古隶，亦从前所未有也。

是册撮目以录文为主，爵里姓氏及前后题跋全行录出，画则记其尺度、其款识、图章以备考据，计前后著录共九百余家。有未详者，皆根庵先生旧册所辑也，年久失传，姑从阙疑。

前后百册共收千百余人，别为小传十卷，或稽之史册，或考诸志乘，或旁及于各家谱牒，要必确有依据，庶几后之贤者，可以知人而论世。惟是见闻鄙陋，未免挂一漏万，所冀博雅君子明以教我。

自余续辑，邮筒相寄者，莱郡翟青野征君，张鞠如明经，武定李竹朋太守，济宁许芝山广文。更有簠斋家兄，朝夕商榷；槐堂郭君，四远搜罗；至翦裁位置，始终装演不倦者，则老友徐鸣山也。

晋卿氏识。

陈介锡是陈介祺从堂弟，二人因年龄相仿并具有共同的金石书画爱好而志趣相投、交情深厚。与陈介祺致力于金石收藏研究不同，陈介锡将更多精力投入他所辑录的书画巨册《桑梓之遗》中，并最终让这部“创始于高南阜，赓续于郭根庵，征访于赵庆孙，珍藏于季则公”①，欲囊括山左名人的书画册汇成了洋洋百册。其搜罗之富，藏品之精，所含书画作者之众，覆盖地域之广，“从未有荟萃真迹成此巨观者”②。

一、《桑梓之遗》的编次历程

从清乾隆五年（1740）高凤翰阜始集，至同治九年（1870）冬陈介锡最终续成百册，前后历经一百三十年风雨，“以了根庵之愿，以竟南阜之绪，以成季则公之守”③。

（一）肇于高凤翰，始制首册

高凤翰（1683—1749），字西园，号南村，又号南阜、云阜，山东胶州人。清代著名书画家，“扬州八怪”之一。善诗文，工书法，精于绘画篆刻，著有《汉印谱》《南阜山人文存稿》《南阜山人诗集》等。乾隆五年（1740），高凤翰寓居扬州一带，开始搜罗、整理山左诸前辈书画真迹，欲辑成《桑梓之遗》书画册，并将精心编成的第一册命名为《百朋合璧》，作为《桑梓之遗》的压轴之册。乾隆六年（1741），高凤翰回归故里，继续书画册页的搜求

① 〔清〕陈介锡辑：《桑梓之遗录文》，见《山东文献集成》第一辑第四十册，山东大学出版社2007年版，第4页。

② 〔清〕陈介锡辑：《桑梓之遗录文》，见《山东文献集成》第一辑第四十册，山东大学出版社2007年版，第2页。

③ 〔清〕陈介锡辑：《桑梓之遗录文》，见《山东文献集成》第一辑第四十册，山东大学出版社2007年版，第4页。

整理，但沉疴在身，兼之困顿不堪的人生境遇，让他在有生之年已难以实现宏愿。其在乾隆十四年（1749）病逝之前，将此重任与希望连同已辑成的《桑梓之遗》一册和其余所藏，托付给了与其交情深厚的即墨书画家郭廷翕，并赋诗："明年行四十，转眼别青春。富贵都归命，行藏讵让人。亢宗求令子，报主重儒臣。国史同家乘，须教世业新。"勉励郭廷翕完成自己未竟之事业。清同治《即墨县志》载："胶州高凤翰集先左墨迹三册，言曰《桑梓之遗》授之，遂收辑宋元以来共八十三册。"但陈介锡曾对此考证如下："南阜所辑，有谓三册者。根庵所辑，有谓八十册者。余细考根庵题跋及赵庆孙续征书画启，又证以即墨黄柱山尺牍，始知南阜仅一册，根庵七十七册，向云有八十三册者，传闻之讹也。"① 此处陈介锡之论更具说服力，南阜所辑当为一册。

（二）续于郭根庵，辑成七十七册

郭廷翕（1709—1778），字虞受，号冷亭，又号根庵、根莽，清初名臣郭琇季子，山东即墨人。乾隆六年（1741）举人，授湖北宜春知县。工诗善书，精于篆刻鉴藏，有《根莽集》传世。郭廷翕在得到高凤翰所辑《桑梓之遗》书画册及其他所藏后，即开始广罗搜求自宋元以来山左书画名家之作，欲增为百册。其将高凤翰已辑成的一册《百朋合璧》作为殿册，其余所藏辑录为第一册。至乾隆四十二年（1777），百册未竟，仅成七十七册，却已蔚为大观，当时"赏鉴家称巨观焉"②。此时距高凤翰始编《桑梓之遗》已有三十八年。但天不假年，郭廷翕也未能完成高凤翰遗命，抱憾而逝。其后郭氏家道败落，郭氏后人为还债务，将此巨册转售予莱阳南岚左家。

（三）征访于赵庆孙，惜无从稽考

赵曾（1760—1816），字庆孙，亦字庆之，号北岚，山东昌阳（今莱阳）人。乾隆五十四年（1789）举人，历任江苏嘉定、青浦等知县。好经史，喜金石碑版。著有《辨刀布文字记》《金石题跋》《画鹤轩诗》等。嗜同根庵，自居郭氏甥馆，尝缮启续征并书《征山左名人书画续辑桑梓之遗启》。后官江

---

① 〔清〕陈介锡辑：《桑梓之遗录文》，见《山东文献集成》第一辑第四十册，山东大学出版社 2007 年版，第 3 页。

② 〔清〕陈介锡辑：《桑梓之遗录文》，见《山东文献集成》第一辑第四十册，山东大学出版社 2007 年版，第 3 页。

南，是否再续《桑梓之遗》，无从稽考。陈介锡推断其当日在郭氏甥馆，“必有所辑，惜未收入《桑梓之遗》，年久散佚，无从物色，乃取先生所刻《莱阳人帖》并原启装为一册，附于根庵先生诸册后，略存梗概而已”①。此册即为后来《桑梓之遗》第七十八册，分为《莱阳人帖》上、下两卷，为赵庆孙辑。

（四）藏于季则公，归璧潍上

道光十六年（1836），胶东一带大饥，莱阳左氏遂将《桑梓之遗》售与潍县陈子懿。陈子懿，字季则，道光二十年（1840）举人，曾任江西广昌知县，为陈介锡族叔。陈子懿得到《桑梓之遗》后，曾携至广昌任所，异常珍爱，秘不示人。陈子懿去世后，原册及备续书画为陈介锡重金所购得。陈介锡又于其家“得青郡人书画二册，内有公印章及乡前辈杨润轩跋，确乎珍藏待续者，遂代为补缀，列于自续册前，以成遗志”②，此即为后来《桑梓之遗》第七十九、八十两册，又名《翰墨珍藏》上、《翰墨珍藏》下，原为潍阳杨玉相（字润轩）所藏。

（五）完于陈介锡，终成百册之巨

陈介锡，字晋卿，贡生，山东潍县人。不屑仕进，擅书，嗜收藏。自咸丰九年（1859）陈介锡购得季则公所藏书画册起，即秉承“存一邦之文献，所关甚重，固不同玩物之丧志，又岂仅供文人之雅好矣乎”③ 的信念与职责，摒弃一切，锐意访求，刻意续辑。或求之于友，或购之以重金，或易之以古玩，有时奔走数百里，转托数十人方有一获。至同治九年（1870）告竣，前后耗费十二年心血，始装成十九册。此间，陈介锡因家道有变，有时数年辑一册，有时一年辑数册，自八十一册起至九十九册止。其仍以《百朋合璧》为殿册，一从根庵之志。而《百朋合璧》作为《桑梓之遗》的压轴之册，自根庵先生去世入昌阳左氏，后又为季则公所得，其间辗转收藏，已不知遗落

① 〔清〕陈介锡辑：《桑梓之遗录文》，见《山东文献集成》第一辑第四十册，山东大学出版社2007年版，第4页。

② 〔清〕陈介锡辑：《桑梓之遗录文》，见《山东文献集成》第一辑第四十册，山东大学出版社2007年版，第5页。

③ 〔清〕陈介锡辑：《桑梓之遗录文》，见《山东文献集成》第一辑第四十册，山东大学出版社2007年版，第3页。

何处。后昌阳左绍庭忽然远道来潍，将其赠予陈介锡，这才使百余年后旧物离而复合，实是幸事。同时，精于鉴赏、长于考订的陈介锡在搜罗整理书画册页的同时，编订了《桑梓之遗人物考略》一百卷、《桑梓之遗录文》十卷、《桑梓之遗目录》十卷。但据《桑梓之遗录文》梳理出的"《桑梓之遗》书画作者分域简表"（附后），知悉陈介锡所续从八十一至八十六册皆标注具体数字，后标注八十的只两册，此少一册；九十一至九十三、九十九也都标注具体数字，后标注九十的只四册，也少一册；至此加上"第九十册"与"《百朋合璧》册"，陈介锡所续辑虚两册，该画册实则九十八册。

至此，《桑梓之遗》书画巨册自高凤翰于乾隆五年（1740）始辑，历经即墨郭廷翕（含昌阳赵庆孙）、莱阳左氏、潍县陈子懿，再至陈介锡于同治九年（1870）集成，历时一百三十年，可谓风雨沧桑，沉淀百年厚重。只是陈介锡生前，家道已败，无奈将《桑梓之遗》所辑部分书画出售以作周济，待其故后，其子孙更将其余书画陆续出售。据传先后中转于盛宣怀、孙毓汶等人之手，最终不知所踪。而今所见之实物，除山东博物馆所藏一册外，其他多散毁无存。潍坊市博物馆所藏《棠梓清芬》，则为陈介锡在辑成《桑梓之遗》书画册后，挑选剩余书画册页辑成的副册，并由陈介祺题跋，然后赠与当时离任潍县县令之职的靳昱，以示留念。《棠梓清芬》收录了周亮工、张端亮、郑板桥、刘墉等十三位官宦乡贤的书画精品，具有极高的艺术价值。由此也可窥见原百册《桑梓之遗》的精妙。

二、《桑梓之遗》的富藏宏巨

同治十年（1871），陈介锡在《桑梓之遗书画册序》中写道："念吾乡数百年来，名公巨卿、高人畸士，其硕德峻节，散见于史册及郡邑志，俱足以兴起人心，彪炳千古，而逸兴所发，寄之翰墨，又有此缣素之存，是亦吉光片羽也。裒而辑之，恭敬之忱，即高山仰止之思，如日发潜德之幽光，俾乡前辈藉此以永名焉，则虽以南阜、根庵且不敢居，况戋陋如锡者乎？爰序所识，以俟后之君子。"①

---

① 〔清〕陈介锡辑：《桑梓之遗录文》，见《山东文献集成》第一辑第四十册，山东大学出版社2007年版，第4页。

以上诸语正是其续编《桑梓之遗》的初心与宏愿。而据《桑梓之遗录文》梳理出的“《桑梓之遗》书画作者分域简表”可清晰地看出，《桑梓之遗》为陈介锡继承高南阜、郭根庵、赵庆孙、季则公等人遗志的心血所凝，所收山左乡贤书画作者数量之众、地域覆盖之广、书画作品之琳琅满目，可谓富藏宏巨、蔚为大观。

（一）收录书画作者众多

《桑梓之遗》中所收书画作者众多，从“《桑梓之遗》书画作者分域简表（二）”（附后）统计数据可知：有明确乡籍且身份明确者共 712 人，有完整姓名但具体乡籍模糊者共 1 人，乡籍或姓名不明确者共 118 人，总计 831 人，在当时可谓海内巨观。而所收书画作者身份亦十分庞杂，上起庙堂之高，下至山林之远，既有忠臣孝子、名公巨卿、骚人墨客，也有僧道闺秀、流寓名宦，但凡与桑梓有关者皆收列其中。

（二）收录书画作者覆盖地域广泛

《桑梓之遗》所收书画作者覆盖地域极广，从“《桑梓之遗》书画作者分域表（二）”统计数据可知：按现行区域划分，《桑梓之遗》收录书画作者“有明确乡籍且身份明确者”共 712 人，除山东省外，另有江苏、浙江、河北、安徽、江西、河南、辽宁、福建、北京、四川、山西、广东、云南、上海、重庆、贵州 16 省市，这些人多是为官或寓居山东者，地域覆盖广阔。其中，乡籍为山东的书画作者共 629 人，约占“有明确乡籍且身份明确者”总人数的 88.3%①，约占收录总人数的 75.7%，“桑梓”二字名副其实。而山东省下辖的地级市中皆有人员分布，其中又以青岛（195 人）、潍坊（146 人）、烟台（124 人）为所收书画作者最多区域，三市共计 465 人，约占“有明确乡籍且身份明确者”总人数的 65.3%，约占“乡籍为山东的书画作者”总人数的 73.9%。而青岛、潍坊、烟台三地之中，又以即墨 119 人冠绝省内各地，约占“乡籍山东且身份明确者”总人数的 18.9%；胶州 65 人，居次位，约占 10.3%；莱阳 47 人，居第 3 位，约占 7.5%；莱州 46 人，居第 4 位，约占 7.3%；诸城 42 人，居第 5 位，约占 6.7%。探其缘由，可归之于《桑梓之遗》由胶州高南阜始编，后续于即墨郭根庵，征访于莱阳赵庆孙，藏于潍县

---

① 本文百分比数据皆保留小数点后一位。

季则公，完于潍县陈介锡。这几人为完成《桑梓之遗》书画巨册的汇编，无不广泛搜求，但因地域、交通、人际关系等诸多条件限制，只能以自身乡籍为中心，由近及远，广收博取，加之这几地自古书画之风昌盛，名家辈出，所以造成了这几处地域书画作品及书画家收录较为集中的状况。

（三）收录书画作品琳琅满目

《桑梓之遗》所收录的山左书画作者自宋元至明清，时间跨度极大，而前后百册之巨，收录的书画作品亦上千种，可谓琳琅满目。陈介锡在《桑梓之遗书画册序》中曾言道："统计所收册页、卷轴、尺牍、便面、诗文草不下千余种，反覆审定，必人与物确足以传者，方敢为之续入。是以藏弆虽多，取足旧额，所装不过满百册。"又据《桑梓之遗录文》所梳理的"《桑梓之遗》书画作者分域简表（一）"数据可知，其中有明确数字记载的各式书画、扇面、字帖等即有1150件（套），无数字记录的另有233条，其续编完成的《桑梓之遗》确为一部富藏宏巨、空前绝后的书画大集锦。

《桑梓之遗》的成册及流转，前后历经一百三十年的风雨，最后又不幸散落于历史的长河中，无从一窥全貌，但其对于山左文化、地方宗族、书画作者交流及个体探析研究都有着重要的参考意义。它既见证了历代乡土先贤的才华横溢与山左书画文化的厚重与磅礴，也承载着高南阜、郭根庵、赵庆孙、季则公、陈介锡等人前赴后继、矢志不渝的执着与努力。

为便于此后学者进一步研究，特将据《桑梓之遗录文》梳理出的"《桑梓之遗》书画作者分域简表（一）""《桑梓之遗》书画作者分域简表（二）"附于文后，以备参考。因表格遵照原本所录，并以乡籍、书画作者姓名、官职或身份、书画名称、数量、质地及所见页数等为栏目，所以表中会出现官职名称不全或错漏，以及同一书画作者其官职或身份存有差异等现象，因其非本文讨论之重点，故不予一一校订。

附：

《桑梓之遗》书画作者分域简表(一)

序号	乡籍	书画作者	称谓	书画名称	数量	质地	页数
《桑梓之遗录文》卷一		古北海陈介锡晋卿氏编					40－6
《桑梓之遗》第一册		(南阜山人收藏,庚申)					40－6
1	汴京	宋仁宗	皇帝	宋仁宗皇帝御书飞白“天下升平四民清”(拓本剪贴)	1	纸本	40－6
2	胶州	张应召		墨牡丹	1	纸本	40－6
3	胶州	赵　信	光禄	墨花卉	1	纸本	40－6
4	文登	徐士林	大中丞	字(阙)	1	纸本	40－6
5	胶州	赵　信	光禄	墨花卉	1	绢本	40－6
6	文登	徐士林	大中丞	自书诗(阙)	1	纸本	40－6
7	胶州	法若真	大方伯	白描山水	1	纸本	40－6
8	胶州	法若真	大方伯	行书	1	纸本	40－6
9	淄川	唐梦赉	太史	寿高念东诗	1	纸本	40－7
10	胶州	张应召		墨山水	1	纸本	40－7
11				墨山水	1	绢本	40－7
12	胶州	匡　璜		墨花卉	1	纸本	40－7
13	(附)即墨	黄立世		帖	1	纸本	40－8
《桑梓之遗》第二册		(续南阜老人辑,庚午中秋后二日,根庵题签……冬四日再识)					40－8
14	即墨	杨　盐		大字	1	纸本	40－8
15	即墨	周如锦	运判	自书诗	1	纸本	40－8
16	即墨	周如纶	督水	行书诗扇(残)	1	纸	40－8
17	胶州	张应召		写生	2	纸本	40－8
18	诸城	邱石常	广文	杂书帖	2	纸本	40－8
19	胶州	纪腾蛟	佥事	诗稿草(残)	1	纸本	40－9
20	即墨	黄　培	金吾	诗字(残)	1	纸本	40－9
21	胶州	赵　信	鸣赞	墨山水	1	纸本	40－9
22	即墨	黄宗崇	贡生	墨山水	1	绢本	40－9
23	即墨	江　□		墨山水	1	绢本	40－9

（续表）

序号	乡籍	书画作者	称谓	书画名称	数量	质地	页数
24	莱阳	宋继澄	孝廉	杂书帖	1	纸本	40－10
25	即墨	杨　□		书启	1	纸本	40－10
26	即墨	黄宗庠	进士	行书大字（改装）	1	纸本	40－10
27	即墨	黄宗庠	进士	行书诗（大字改装）	1	纸本	40－10
28	即墨	黄宗臣	孝廉	行书诗扇	1	纸	40－10
29	胶州	郭　经		墨山水	1	纸本	40－10
30	新城	王启磊	文学	画扇（山水）	1	纸	40－10
31	安丘	张在辛	广文	画扇（鹅毛石）	1	纸	40－10
32				指墨山水	1	纸本	40－10
33	海宁	查　昇		诗	1	绫本	40－11
34	金陵	胡玉昆		画	2	绢本	40－11
《桑梓之遗》第三册		（辛未制册，丙戌更题，桹庵翕）					40－11
35	平度	崔　桓	解元	书帖	2	纸本	40－11
36	蓬莱	沙　澄	尚书	行书诗扇	1	金纸	40－11
37		文　涛		细行金谷歌	1	纸本	40－11
38	福山	陈汝弼	文选	书帖	1	纸本	40－19
39	胶州	法若真	大方伯	墨山水扇	1	金纸	40－19
40	胶州	郭　经		设色山水扇	1	金纸	40－19
41	德州	卢道悦	知县（偃师）	楷书诗扇	1	金纸	40－19
42	济南	朱　岷		山水小幅	2	纸本	40－20
43	即墨海印寺	释德清		书帖	4	纸本	40－20
44	胶州	高凤翰		摹刻鲁故官古隶书（朱拓有跋）	1	纸本	40－21
《桑梓之遗》第四册		（……甲子置册，辛未续收，丙戌更题……八月廿日秋分节，桹道者记……）					40－21
45	掖县	刘重庆	少司农	书帖（不全）	1	纸本	40－21
46	胶州	法若真	大方伯	手简	5	纸本	40－21
47	平原	董　讷	大司马	书帖	1	纸本	40－22
48	胶州	纪腾蛟	佥事	杂书帖	7	纸本	40－22

（续表）

序号	乡籍	书画作者	称谓	书画名称	数量	质地	页数
49	即墨	杨　盐		杂书帖	1	纸本	40－23
50	诸城	王　钺	知县（西宁）	诗稿草	1	纸本	40－23
51	诸城	邱石常	广文	诗稿草（三首）	1	纸本	40－24
52	胶州	纪之竹		诗字	1	纸本	40－24
53	诸城	王沛恩（思）		书帖	1	纸本	40－25
54	即墨	宗维翰	文学	书六谦诗	1	纸本	40－25
55	诸城	王沛恂	主政	杂书帖	3	纸本	40－25
56	即墨	黄　垍	广文	杂书帖	5	纸本	40－26
57	即墨	黄　垍	广文	临帖草书	2	纸本	40－26
58	胶州	高凤翰		自书生志铭（稿草有序）	1	纸本	40－26
《桑梓之遗》第五册							40－27
59	当湖	陆陇其	清献公	书帖	1	纸本	40－27
60	即墨	周如纶	督水	雪景山水并诗	2	纸本	40－27
61	即墨	蓝　润	方伯	书余泽录序	5	纸本	40－27
62	即墨	黄　培	金吾	行书诗扇	1	金纸	40－32
63	莱阳	周世求	中翰	草书诗扇	1	纸	40－32
64	胶州	赵　季		墨山水扇	1	金纸	40－32
65	胶州	纪之竹		诗字（行书）	1	纸本	40－32
66	德州	卢道悦	知县（偃师）	赠郭华野先生诗（楷书有序）	1	纸本	40－33
67	即墨	蓝启华		赠郭华野先生诗	2	纸本	40－33
《桑梓之遗》第六册							40－33
68	高密	单务孜	知府（淮安）	楷书	1	绫本	40－33
69	新城	李鸿霆	知县（沅江）	楷书	1	绫本	40－34
70	莱阳	孙笃先		草虫画扇	1	纸	40－34
71	即墨	纪　润		小画	1	纸本	40－34
72	即墨	蓝启华		行书诗扇	1	纸	40－34
73	济南	朱　岷		临山谷帖（大楷书）	1	纸本	40－34
74	掖县	宿　省	孝廉	大小行书	2	纸本	40－34

（续表）

序号	乡籍	书画作者	称谓	书画名称	数量	质地	页数
75	胶州	法宗焞		花卉	1	纸本	40－35
76	安丘	张在辛	广文	隶书六言诗（大字改装）	1	纸本	40－35
77	胶州	匡继武		仿思翁画扇（高西园题）	1	纸	40－35
78	即墨海印寺	释德清		书帖	3	纸本	40－35
79		汪　芝		墨山水扇	1	金纸	40－36
80		龚　逵		墨山水扇	1	金纸	40－36
81	平度	崔　起	太学	墨山水扇	1	金纸	40－36
《桑梓之遗》第七册							40－36
82	益都	赵秉忠	太保	草书诗扇	1	金纸	40－36
83	即墨	宋统殷	大中丞	草书诗扇	1	金纸	40－36
84	即墨	黄作哲	别驾	书王凤洲诗	1	纸本	40－36
85	潍县	刘应节	大司马	行书诗扇	1	金纸	40－36
86	即墨	杨　盐		自书诗稿（二十首）	1	纸本	40－37
87	莱阳	张嗣诚	观察	《和憨山诗》（仲子嗣谟书）	1	纸本	40－39
88	即墨	胡从宾	知县（伊阳）	草书诗扇	1	金纸	40－39
89	莱阳	迟　镳	行人	行书诗扇	1	金纸	40－39
90	即墨	蓝启蕊	秀才	大楷书（改装）	1	纸本	40－39
91	即墨	黄宗臣	孝廉	行书扇	1	金纸	40－39
92	益都	赵执信	宫赞	自书诗（一楷一行改装俱大字）	2	纸本	40－39
93	胶州	张谦宜	进士	一柿山房歌	1	纸本	40－40
《桑梓之遗》第八册			（甲戌夏六月制，铜绿小山精舍续藏）				40－40
94	莱阳	崔子忠	高士	白描人物	1	绢本	40－40
95	莱阳	宋继澄		诗稿草（五十四首）	1	纸本	40－40
96	安丘	刘正宗	少傅	行书扇	1	金纸	40－45
97		□　采		行书扇	1	金纸	40－45
98	诸城	刘翼明	广文	书秋兴诗	1	纸本	40－45
99	胶州	法若真	大方伯	自书寿诗	1	纸本	40－46
100	高密	单扆范	广文	草书扇	1	金纸	40－47

（续表）

序号	乡籍	书画作者	称谓	书画名称	数量	质地	页数
101	胶州	纪之竹		草书扇	1	纸	40－47
102	益都	赵执信	宫赞	楷书诗扇	1	纸	40－47
103	胶州	高凤翰		书画扇	2	纸	40－48
104	胶州	高凤翰		墨竹扇	1	纸	40－48
《桑梓之遗》第九册		（根庵续《桑梓之遗》书画册第九……甲戌秋七月廿八日装成题签……）					40－48
105	临邑	邢　侗	太仆	草书昭君诗	1	纸本	40－48
106	日照	焦　竑	状元	上刘紫星侍御书稿	1	纸本	40－48
107	即墨	蓝　田	侍御	帖	1	纸本	40－49
108	即墨	周如砥	少宗伯	帖	2	纸本	40－49
109	即墨	周如锦		自书诗（八首）	1	纸本	40－49
110	青州法庆寺	释元中		书七绝	1	纸本	40－50
111		□鸿图		楷书	1	纸本	40－50
112	单县	秦　纮	襄毅公	草书诗扇（不全）	1	金纸	40－50
113	胶州	匡　璜		写意山水	1	纸本	40－50
114	即墨	袁肇继		《落花吟》诗扇	1	纸	40－50
115	沾化	苏毓眉		《晚秋图》画扇	1	纸	40－50
116	即墨	蓝　深		杂书	1	纸本	40－51
117	即墨	蓝启肃	中翰	大行书（改装）	1	纸本	40－51
118	即墨	黄贞麟	户曹		1	纸本	40－51
119	即墨	黄鸿中	太史	帖	1	纸本	40－51
120	历城	刘伍宽	贡生	自书诗（《亦园留题旧句》改装）	1	纸本	40－51
121	（附）即墨海印寺	释德清		帖（楷书）	1	纸本	40－51
122	（附）莆田	林尧俞	文简公	《送冯子正馆丈归四明》诗	1	纸本	40－52
123	（附）华亭	董其昌	文敏公	帖	2	纸本	40－52
124	（附）南充	黄　辉	宫詹	帖	5	纸本	40－53
125		王国镛		墨山水扇（《壶华献瑞》）	1	纸	40－53
《桑梓之遗》第十册		（甲戌秋八月，郭根庵学板桥书……）					40－53

（续表）

序号	乡籍	书画作者	称谓	书画名称	数量	质地	页数
126	青州	朱瑞隆		自书诗（六首）	1	纸本	40－53
127	堂邑	许维新	少司农	帖	2	纸本	40－54
128	蒙阴	公　鼐	文介	帖	1	纸本	40－54
129	胶州	赵　僖		行书诗扇	1	金纸	40－54
130	新城	王象咸		临帖草书	1	冷金笺本	40－54
131	胶州	姜长植		临雪侯帖大草（改装）	1	绫本	40－55
132	胶州	法若真	大方伯	墨兰	1	纸本	40－55
133	即墨	蓝　深		录惜花歌	1	纸本	40－55
134	即墨	胡　瑄	进士	书七律	1	纸本	40－55
135	即墨	杨还吉		家书	1	纸本	40－56
136	临清	张东观	明经	大行书（改装）	1	纸本	40－56
137	掖县	林　嵋	贡生	行书诗扇	1	金纸	40－56
138	莱阳	张瑞徵		大字咏鹰诗（改装）	1	纸本	40－56
139	（附）金陵	薛　仁		《柳阴垂钓图》	1	纸本	40－56
140	（附）南海	程可则	太守	草书诗扇	1	金纸	40－56
《桑梓之遗录文》卷二		古北海陈介锡晋卿氏编					40－57
《桑梓之遗》第十一册		（此本全改紫霞阁旧册，甲戌小春与第十二册同日成之，寿道人识）					40－57
141	即墨	周如砥	少宗伯	行书诗扇	1	金纸	40－57
142		孙丕式		墨山水	1	纸本	40－57
143	平度	崔　淳	司马	自书诗二首	1	纸本	40－57
144		赵如献		草书诗	1	纸本	40－57
145	德州	吴思敬		墨山水	1	纸本	40－57
146	即墨	胡从宾	知县（伊阳）	草书诗扇	1	纸	40－57
147	即墨	王一元	茂才	墨山水	2	纸本	40－57
148	即墨	王一元	茂才	湖景山水	1	纸本	40－58
149	即墨	黄宗崇	贡生	行书诗（大字改装）	1	纸本	40－58
150	即墨	黄宗昌	侍御	帖	1	纸本	40－58

（续表）

序号	乡籍	书画作者	称谓	书画名称	数量	质地	页数
151	即墨	黄　坦	知县（浦江）	诗帖	1	纸本	40－58
152	章丘	张笃行	观察	草书诗扇	1	金纸	40－58
153		江少游		行书诗	1	纸本	40－58
154	莱阳	孙笃先	布衣	行书诗（《地僻》之一）	1	纸本	40－58
155	（附）即墨海印寺	释德清		自书诗（扇改装共三首）	2	纸本	40－58
156	（附）胶州	温如玉	太学	帖	2	纸本	40－59
157	（附）胶州	温如玉	太学	隶书陈白沙《古风》	1	纸本	40－59
158	即墨	杨　盐		楷书诗	1	纸本	40－59
159	（附）胶州	温如玉	太学	墨桃花、墨兰	2	纸本	40－59
160	（附）胶州	温如玉	太学	小楷	1	纸本	40－59
161	（附）	张世槙	中翰	楷书诗（《通籍有感自述》）	1	纸本	40－60
《桑梓之遗》第十二册		（……前十一册题签无正书者，余正书生不耐看，故倩吾式亭代书之，根庵识）					40－61
162	即墨	黄作哲	别驾	草书诗	2	色笺	40－61
163	诸城	邱石常		《盟兄王子房古文钞序》（稿草）	1	纸本	40－61
164	即墨	黄陈善		《送罗伯符》诗	1	纸本	40－62
165	平度	崔　燽		草书诗	2	纸本	40－62
166	即墨	王一元		杂画（一方一扇）	2	纸本	40－62
167	胶州	张应召	处士	墨竹	1	纸本	40－62
168	即墨	杨还吉		家书	2	纸本	40－62
169	胶州	姜　錧		草书诗扇	1	纸	40－63
170	胶州	姜　錧		临兰亭记叙	1	纸本	40－63
171	胶州	姜如璋（闺秀）		临帖草书	1	绫本	40－64
172	即墨	范汝琦		书词	1	纸本	40－64
173	即墨	范　禓		李氏藏书跋	1	纸本	40－64
174	胶州	法宗焞		《秋海棠图》	1	纸本	40－65
175	即墨	黄贞观	贡生	行书	1	纸本	40－65

（续表）

序号	乡籍	书画作者	称谓	书画名称	数量	质地	页数
176	即墨	周毓真		诗稿	2	纸本	40－65
177	（附）益都	房可壮	安恪公	草书诗扇	1	金纸	40－65
178	（附）秦淮	徐翩翩	校书	楷书诗扇	1	纸	40－65
《桑梓之遗》第十三册	（……乾隆乙亥清和月之廿五日装成，根庵标识）						40－66
179	掖县	胡来贡	大中丞	题张（题张文学北逢隐居录）	1	纸本	40－66
180	平度	崔　桓	解元		1	纸本	40－66
181	即墨	胡从宾		帖	1	纸本	40－66
182	平度	官一夔	司马	帖	1	纸本	40－66
183	即墨	杨兆鲲		帖	1	纸本	40－67
184	即墨	周鸿图	大参	帖	1	纸本	40－67
185	诸城	李澄中	太史	帖	1	纸本	40－68
186	即墨	黄梦豸	广文	帖	1	纸本	40－68
187	即墨	周日燦	少府	帖	1	纸本	40－68
188	即墨	黄宗辅		诗稿草（止檄并序）	1	纸本	40－68
189	即墨	杨进吉		诗稿草	1	纸本	40－69
190	即墨	杨遇吉		帖	1	纸本	40－69
191	掖县	钱大受	广文	帖	1	纸本	40－69
192	胶州	谭必昌	秀才	帖	1	纸本	40－69
193	（附）莆田	黄　潜	太史	帖	1	纸本	40－70
194	高密	王飏昌	少宗伯	《愚山六谦诗》跋（稿草）	1	纸本	40－70
195	即墨	杨文鼎		代文敬先生帖	1	纸本	40－70
196	即墨	黄　堣	广文	帖	1	纸本	40－70
197	掖县	罗鸿图	贡生	帖	1	纸本	40－71
198	即墨	黄　坦		帖	1	纸本	40－71
199	即墨	周乃沛		帖	1	纸本	40－71
200	（附）宁波	周斯盛	知县（即墨）	帖	1	纸本	40－71
《桑梓之遗》第十四册	（……乙亥四月廿八日，郭廷翕沐手识）						40－72
201	莱阳	左懋（第）	少司马	（改装）	1	纸本	40－72

（续表）

序号	乡籍	书画作者	称谓	书画名称	数量	质地	页数
202	莱阳	姜　垓	行人	行书诗扇（残）	1	金纸	40－72
203	莱阳	张允抡	知府（饶州）	草书诗扇并帖	2	纸本	40－72
204	乐安	成　勇	侍御	《贺黄鹤翁全城序》（稿草）	1	纸本	40－73
205	即墨	黄　培	金吾	旧拓十七帖跋	1	纸本	40－74
206	即墨	王泽洽	秀才	杂书	2	纸本	40－74
207	莱阳	宋　琏		帖	1	纸本	40－75
208	掖县	赵涛、赵瀚		帖	1	纸本	40－75
209	（附）	顾然（吴人流寓）		帖	1	纸本	40－76
210	即墨	王曦如	秀才	楷书（共三条，每条下有御赤小押及数目字）	1	纸本	40－76
211	（附）	吕　□		书明臣王生员传	1	纸本	40－77
《桑梓之遗》第十五册		（乙亥五月制）					40－78
212	即墨	周鸿图	大参	禀稿草	4	纸本	40－78
213	即墨	周鸿谟	都督	帖	2	纸本	40－79
214	莱阳	高　出	副使	大草书（改装）	1	纸本	40－80
215	即墨	蓝再茂	知县（南皮）	帖（其次贴去）	2	纸本	40－80
216	莱阳	孙笃先		小楷回文诗	1	纸本	40－80
217	（附）歙县	方世鸣	山人	墨兰	1	纸本	40－80
218	馆陶	耿大光	主政	大行书	1	纸本	40－80
219	馆陶	耿愿愚	广文	行书诗扇	1	金纸	40－81
220	胶州	郭　经		山水图	4	绫本	40－81
221	诸城	文沛恂		诗稿草（六首）	1	纸本	40－81
《桑梓之遗》第十六册		（……乙亥六月四日，艮庵志）					40－81
222	临邑	邢　侗	太仆	草书扇（不全）	1	金纸	40－81
223	掖县	张　忻	大司寇	草书扇	1	金纸	40－81
224	沂州	黄图昌	知州（泽州）	草书诗扇	1	金纸	40－82

（续表）

序号	乡籍	书画作者	称谓	书画名称	数量	质地	页数
225	淄川	谭诚言		草书诗扇（不全）	1	金纸	40－82
226	莱阳	高　出	副使	草书诗扇（不全）	1	金纸	40－82
227	即墨	黄　坦		草书扇	1	金纸	40－82
228	掖县	王家俊		书画扇（次）	2	金纸	40－82
229	胶州	赵文煦	侍讲	墨山水扇	1	金纸	40－83
230	青州	李百沐	秀才	墨花卉扇	1	金纸	40－83
231	即墨	纪　润	山人	行书诗扇	1	纸	40－83
232	高密	单畴书	少司农	楷书扇	1	纸	40－83
233		李梅朋		隶书诗扇	1	纸	40－83
234	即墨	蓝昌伦	广文	山水扇	1	纸	40－83
235	即墨	江用濬	山人	山水扇	1	纸	40－83
236	（附）即墨海印寺	洪　恩	寓僧	墨牡丹扇	1	纸	40－83
237	（附）天长	陈以刚	教授	行书诗扇	2	纸	40－83
238	（附）掖县	吕　烜		行书扇	1	纸	40－84
239	（附）潍县	郭汝龙		山水扇（指墨）	1	纸	40－84
《桑梓之遗》第十七册		（乙亥六月续集……丙戌中秋望日更题）					40－84
240	安丘	曹贞吉		《评露华亭诗余》		纸本	40－84
241	莱阳	宋　俶		《评露华亭诗余》		纸本	40－87
242	莱阳	宋　□				纸本	40－93
243	新城	王士禄		《评柯村诗》		纸本	40－98
244	新城	王士徵（禛）		《评张萧亭诗》		纸本	40－100
《桑梓之遗》第十八册		（乙亥新秋，梎庵题）					40－101
245	黄县	王时中	大司马	帖	1	纸本	40－101
246	黄县	王时正	知县（宣城）	帖	1	纸本	40－101
247	黄县	王遵古		帖	1	纸本	40－101
248	莱州	石三畏		诗	2	绫本	40－102
249	掖县	钱一鹤	贡生	画	1	绢本	40－102

（续表）

序号	乡籍	书画作者	称谓	书画名称	数量	质地	页数
250	即墨	范鍊金	贡生	诗	1	纸本	40－102
251	寿光	魏之佳		书绝句二首	1	纸本	40－102
252	胶州	张应召	处士	墨竹	1	纸本	40－102
253	平度	张　度	主籍	大字六言诗（改装）	1	纸本	40－102
254	胶州	李　植		墨山水	1	纸本	40－102
255	胶州	纪之盂		行书	1	纸本	40－102
256	即墨	蓝启肃	中翰	楷书（陆士衡《文赋》一则）	1	纸本	40－103
257	新城	王士徵（禛）		札	3	纸本	40－103
258	高密	王俞昌		帖	1	纸本	40－103
259	莱阳	宋　琛		帖	1	纸本	40－104
260	海丰	张可大	教授	帖	1	纸本	40－104
261	潍县	刘以贵		挽诗并联	2	纸本	40－104
262	即墨	黄鸿中	太史	五弟位中书跋	1	纸本	40－104
263	即墨	魏纪青	山人	墨山水	2	纸本	40－104
《桑梓之遗》第十九册		（……乙亥冬制……）					40－104
264	胶州	高宏图	太傅			纸本	40－104
265	东阿	于慎行	文定公	帖（楷书）	1	纸本	40－105
266	益都	房可壮	侍御	帖（楷书）	1	纸本	40－106
267	德州	王幼慈	行人	帖（楷书）	1	纸本	40－106
268	即墨	宋统殷	中丞	帖	2	纸本	40－106
269	高苑	陈文德	广文	帖	4	纸本	40－107
270	莱阳	宋　琮		帖（楷书）	1	纸本	40－108
271	莱阳	宋　玫	少司空	帖（楷书）	1	纸本	40－108
272	莱阳	左懋第		帖	1	纸本	40－108
273	莱阳	宋　琏		帖	3	纸本	40－109
274	（附）黎平	朱万年	太守	帖（楷书）	1	纸本	40－109
《桑梓之遗》第二十册							40－110

（续表）

序号	乡籍	书画作者	称谓	书画名称	数量	质地	页数
275	益都	房可壮	御史	帖	1	纸本	40－110
276	胶州	张懋熺	侍御	帖	1	纸本	40－110
277	新城	王象斗	户曹	帖	1	纸本	40－111
278	即墨	江衍汶	知州（信阳）	帖	1	纸本	40－111
279	即墨	孙元卿	司马	帖	1	纸本	40－111
280	即墨	范养蒙	贡生			纸本	40－112
281	即墨	周日燦	少宗伯	大楷书（改装，有跋）	1	纸本	40－113
282	平度	官靖共	大参			纸本	40－113
《桑梓之遗录文》卷三		古北海陈介锡晋卿氏编					40－114
《桑梓之遗》第二十一册		（乙亥冬十一月，根庵作第二十一册）					40－114
283	益都	王　衮	贡生	行书诗扇	1	纸	40－114
284	安丘	王孟煦	大参	草书诗扇	1	金纸	40－114
285	胶州	纪腾蛟	职方	行书诗扇	1	纸	40－114
286	即墨	蓝思继	太学	帖（楷书）	1	纸本	40－114
287	即墨	黄　基	茂才	帖	1	纸本	40－114
288	即墨	纪中兴	知县（南召）	帖	1	纸本	40－114
289	胶州	姜长馨		书杜工部七言古二（有跋）	2	茧纸	40－115
290	胶州	姜　毅	广文	帖	1	纸本	40－116
291	邹平	马　骕	知县（灵璧）	帖	1	纸本	40－116
292		谭　抑		帖	1	纸本	40－116
293	馆陶	耿大光		帖	1	纸本	40－116
294	即墨	邱孟鼒		草书扇	1	金纸	40－117
295	曲阜	颜光敏	比部	临帖小楷（改装）	1	绫本	40－117
296	胶州	王如辰	督学	帖	1	纸本	40－118
297				帖	1	纸本	40－118
298	胶州	王　懿	少司空	自书诗（《梦游崂山二律》）	1	纸本	40－118
299	临朐	冯　溥	文毅公	帖	1	纸本	40－118

（续表）

序号	乡籍	书画作者	称谓	书画名称	数量	质地	页数
300	诸城	李华之	少司寇	帖	1	纸本	40－119
301	高密	单务爽	孝廉	行书诗扇	1	纸	40－119
302	即墨	周　璛	贡生	稿草	1	纸本	40－119
303	即墨	范士骥	贡生	稿草	1	纸本	40－120
304	即墨	韩鄰佐	茂才	楷书（改装）	1	纸本	40－120
305	（附）宁波	周斯盛	知县（即墨）	帖	1	纸本	40－120
306	（附）	董剑锷		帖	1	纸本	40－121
《桑梓之遗》第二十二册	（于斯堂藏帖上……乾隆丙子五月五日寿道者识）						40－121
307	即墨	黄宗昌	侍御	帖	1	纸本	40－121
308	莱阳	宋应亨	郎中	帖	1	纸本	40－121
309	莱阳	迟大成	侍御	帖	1	纸本	40－122
310	胶州	高宏图	太傅	帖（楷书，残）	1	纸本	40－122
311	益都	房可壮	侍御	帖	1	纸本	40－122
312	胶州	郭竹徵	大参	帖	1	纸本	40－123
313	益都	仇维桢	尚书	帖	1	纸本	40－123
314	胶州	赵　僎	孝廉	帖	1	纸本	40－123
315	即墨	江衍汶	知州（信阳）	帖	1	纸本	40－124
316	即墨	宋统殷	中丞	帖	1	纸本	40－124
317	莱阳	董嗣谌	观察	帖	1	纸本	40－125
318	益都	高有闻	银台	帖	1	纸本	40－125
319	峄县	褚德培	侍御	帖	1	纸本	40－125
《桑梓之遗》第二十三册	（于斯堂藏帖下）						40－126
320	曹州	武起潜	知县（武清）	帖	1	纸本	40－126
321	金乡	秦士奇	知县（同安，应是固安）	帖（楷书）	1	纸本	40－126
322	胶州	宋可久	黄门	帖（楷书）	1	纸本	40－126
323	蓬莱	陈梦琉	大理寺丞（南京）	帖	1	纸本	40－127

（续表）

序号	乡籍	书画作者	称谓	书画名称	数量	质地	页数
324	莱阳	沈时升	端门	帖	1	纸本	40－127
325	莱阳	沈　迅	黄门	帖	1	纸本	40－128
326	莱阳	赵士骥	中翰	帖	1	纸本	40－128
327	诸城	陈司铎	孝廉	帖	1	纸本	40－128
328	莱阳	宋　璜	员外	帖	1	纸本	40－129
329	（附）	无名氏		帖	1	纸本	40－129
330	（附）	无名氏		帖	1	纸本	40－130
331	（附）	无名氏		帖	1	纸本	40－130
332	（附）	无名氏		帖	1	纸本	40－130
《桑梓之遗》第二十四册		（与前二册同，五月五日成……中秋后一日，根庵记）					40－131
333	诸城	邱　橓	冢宰	《黄文节颢昌湖上诗·跋》（残）	1	纸本	40－131
334	临邑	邢　侗	太仆	行书扇	1	金纸	40－131
335	临邑	邢　侗	太仆	帖	3	纸本	40－131
336	聊城	傅光宅	侍御	帖	2	纸本	40－131
337	掖县	刘重庆	少司农	大字诗（草书改装）	1	纸本	40－132
338	安丘	张继伦	贡生	草书扇	1	金纸	40－133
339	文登	徐士林	大中丞	杂书诗	3	纸本	40－133
340	文登	徐士林	大中丞	与高南阜帖	1	纸本	40－133
341	济南	朱　岷		大隶书香城先生《种竹诗》（改装）	1	纸本	40－133
342	胶州	宋云会		诗稿草（四首）	1	纸本	40－134
343	（附）漳浦	黄道周		帖	1	纸本	40－134
《桑梓之遗》第二十五册		（《随意拾瑶草》，截南阜山人废册题句，为根庵续辑《桑梓之遗》标签。丙子夏六月二日记）					40－134
344	即墨	周如砥	少宗伯	家书（楷书）	2	纸本	40－134
345	即墨	周如纶	都水	家书	1	纸本	40－134
346	即墨	周如纶	都水	燕草（四首）	1	纸本	40－135
347	即墨	周如锦	运判	帖（第四贴楷书，不全）	6	纸本	40－135

（续表）

序号	乡籍	书画作者	称谓	书画名称	数量	质地	页数
348	即墨	周　燿	进士	家书	1	纸本	40－137
349	即墨	周　熺	知府（南雄）	帖（稿草）	2	纸本	40－137
350	即墨	周　濬	少尹	行书诗扇	1	金纸	40－137
351	即墨	周　演	贡生	淳化帖跋（行书）	2	纸本	40－138
352	即墨	周　瀚	秀才	草书诗扇	1	纸	40－138
353		栾质简		帖	1	纸本	40－138
354	平度	官　箴	知府（梧州）	帖	2	纸本	40－138
355	潍县	胡邦佐	西曹	帖	1	纸本	40－139
356	日照	李　蕃	侍御	帖	1	纸本	40－139
357	掖县	姜仲轼	尚宝	帖	1	纸本	40－140
358	掖县	姜梦鳌	孝廉	帖（楷书）	1	纸本	40－140
359	潍县	高　桂	职方	帖	1	纸本	40－140
360	诸城	丁惟荐		帖（楷书）	1	纸本	40－141
361	即墨	黄陈善		帖	1	纸本	40－141
362	即墨	孙绳武		帖（楷书）	1	纸本	40－142
363	莒州（今属莒南）	庄　谦	侍御	帖	1	纸本	40－142
364	胶州	温如玉	太学	帖	1	纸本	40－142
365	乐安	成　勇	侍御	帖	1	纸本	40－143
366	即墨	张自蕴	孝廉	帖	1	纸本	40－143
367	胶州	赵　任	评事	行书诗扇	1	金纸	40－143
《桑梓之遗》第二十六册		（桹庵续集之……乾隆二十一年夏六月装成并题）					40－143
368	掖县	胡来贡	中丞	帖	1	纸本	40－143
369	即墨	黄嘉善	太保	自书勅	1	纸本	40－144
370	诸城	冯　源	贡生	帖	1	纸本	40－144
371	胶州	赵　儆	进士	诗稿草（九如歌黄大司马初度）	1	纸本	40－145
372	即墨	范　至	贡生	帐词稿草（有引）	1	纸本	40－145
373	益都	冯可宾	太常	帖	1	纸本	40－146

（续表）

序号	乡籍	书画作者	称谓	书画名称	数量	质地	页数
374	临清	杨　鼐	孝廉	帖	1	纸本	40－147
375	胶州	张若麒	银台	帖	1	纸本	40－147
376	即墨	杨　舟	贡生	行书诗帖（残）	1	纸本	40－147
377	即墨	杨兆鲲		诗稿草（五首）	2	纸本	40－147
378	胶州	高允兹	侍御	帖	1	纸本	40－148
379	莱阳	鞠　珣	侍御	帖	1	纸本	40－148
380	莱阳	宋继澄		帖	2	纸本	40－148
381	莱阳	宋　琏		帖（残）	1	纸本	40－149
382	掖县	任唐臣	秀才	行书诗扇（不全）	1	金纸	40－149
383	高密	任　坪	太史	草书诗	1	色笺	40－149
384	即墨	周　缃	贡生	秋闺诗帖	1	纸本	40－149
385	即墨	周毓真		诗稿草	1	纸本	40－149
386	胶州	万士馨	进士	帖	1	纸本	40－150
387	即墨	黄贞观	贡生	帖	1	纸本	40－150
388	胶州	高凤翰		左手大诗扇（《虎丘玉兰堂八绝句》）	1	纸	40－150
389	（附）歙县	方世鸣	山人	墨兰	2	纸本	40－150
《桑梓之遗》第二十七册		（丙子秋制）					40－151
390	历城	边　贡	尚书	行书《登蓬莱阁诗》	1	纸本	40－151
391	历城	边　贡	尚书	楷书《感事八首》	1	纸本	40－151
392	历城	刘天民		楷书诗帖（《始至家园有述》）	1	纸本	40－151
393	濮州	周显宗	观察	和韵诗帖	1	纸本	40－151
394	即墨	蓝　因	京尹	《游牛首山诗》（行书，改装）	1	纸本	40－152
395	海阳	李本淳	孝廉	临赵楷书（《闲邪公家传》，改装，残）	1	纸本	40－152
396	昌邑	张勿靡	广文	临颜行书（《送刘太冲序》）	1	茧纸	40－154
《桑梓之遗》第二十八册		（以下三册一日而得之……闰九月一日根庵识）					40－154

（续表）

序号	乡籍	书画作者	称谓	书画名称	数量	质地	页数
397	即墨	范　階	户部	帖	1	纸本	40－154
398	即墨	蓝　田	侍御	诗帖（一行一楷共八首）	2	纸本	40－154
399	莱阳	左　英		帖	1	纸本	40－155
400	昌邑	董三迁	进士	帖（楷书）	1	纸本	40－155
401	即墨	黄作哲	别驾	行书诗帖（有序）	1	纸本	40－155
402	莱阳	刘　珖	推官	帖	1	纸本	40－155
403		王道著		帖	1	纸本	40－156
404	胶州	匡　铎	佥事	楷书帖	2	纸本	40－156
405	诸城	张　第	贡生	帖（不全）	1	纸本	40－156
406	蒙阴	熊相周	贡生	帖	2	纸本	40－157
407	昌乐	阎世绳	翰林	帖	1	纸本	40－158
408	益都	王谦志	孝廉	草书诗帖（二首）		纸本	40－158
409	青州	李百沐	秀才	大小帖	2	纸本	40－158
410	乐安	李焕章		帖	1	纸本	40－159
411		董允瑫		帖	1	纸本	40－159
412		迟　鉥		楷书诗帖	1	纸本	40－159
413	莱阳	王成命	秀才	行书诗帖	1	纸本	40－159
414	聊城	邓钟岳	少宗伯	小楷陶诗扇	1	纸	40－160
415		□慎先		行书诗帖	1	纸本	40－160
416	掖县	王家俊		设色山水	1	纸本	40－160
《桑梓之遗》第二十九册							
417	诸城	刘翼明	广文	杂书诗帖	10	纸本	40－160
418	掖县	罗鸿范	秀才	楷书石寅先生诗（《入秦漫央十二首》，有跋）	1	纸本	40－163
419	掖县	罗鸿图	贡生	帖	1	纸本	40－164
420	掖县	钱大受	广文	帖	1	纸本	40－165
421	掖县	赵涛、赵瀚		帖	1	纸本	40－165

（续表）

序号	乡籍	书画作者	称谓	书画名称	数量	质地	页数
422	掖县	赵　瀚		帖	1	纸本	40－165
423	高密	赵遂抡	贡生	山巷吟诗帖	1	纸本	40－166
424	即墨	黄鸿中	太史	楷书万柳先生诗（《感兴十章》）	1	纸本	40－166
425	（附）莱阳	宋继澄	孝廉	论诗帖	1	纸本	40－167
426	掖县	赵　琳		帖	1	纸本	40－167
《桑梓之遗》第三十册		（……小春月，根庵识）					40－168
427	诸城	李澄中		帖	2	纸本	40－168
428	诸城	邱元武		帖	1	纸本	40－168
429	即墨	宗维翰				纸本	40－169
430	淄川	张　询	广文	行书诗并跋（改装）	1	纸本	40－169
431	即墨	蓝启延		帖	1	纸本	40－169
432	胶州	王　纮	少司空	帖（楷书）	1	纸本	40－169
433	泰安	赵国麟	殿学	帖（楷书）	1	纸本	40－170
434	德州	李　棅	翰林	帖	1	纸本	40－170
435	德州	李　柽	孝廉	帖	1	纸本	40－170
436	（附）雄县	马之骦		帖	2	纸本	40－171
《桑梓之遗录文》卷四		古北海陈介锡晋卿氏编					40－172
《桑梓之遗》第三十一册							40－172
437	即墨	杨　玠	知县（赣县）	诗稿草（十首）		纸本	40－172
438	掖县	胡来贡	中丞	帖	1	纸本	40－174
439	平度	崔　燦		帖	1	纸本	40－175
440	历城	许邦才	长史	帖	1	纸本	40－175
441	即墨	周如纶	水部	帖	1	纸本	40－176
442	淄川	张　敬	主政	行书诗帖	2	纸本	40－176
443	即墨	杨嘉祐	秀才	楷书诗稿（残）		纸本	40－176
444	胶州	谭必昌	秀才	帖	1	纸本	40－177
445	即墨	周乃澍	秀才	帖	1	纸本	40－177

（续表）

序号	乡籍	书画作者	称谓	书画名称	数量	质地	页数
446		余　楩		帖	1	纸本	40－177
447	德州	田　霡	贡生	帖	1	纸本	40－177
448	寿光	李　廼	侍郎	帖（楷书）	1	纸本	40－177
449	即墨	杨连吉		帖	1	纸本	40－178
450	诸城	王沛思	宫允	帖	1	纸本	40－178
451	江阴	汤明善	知县（即墨）	帖（楷书）	1	纸本	40－178
《桑梓之遗》第三十二册		（丙子日南至后十日，雪中用式亭左手题）					40－179
452	掖县	毛　纪	文简公	帖	1	纸本	40－179
453	即墨	蓝　因	京尹	帖	1	纸本	40－179
454	临邑	邢　侗	太仆	帖	4	纸本	40－179
455	临邑	邢王称	茂才	行书诗四首		纸本	40－180
456	临邑	邢慈静（闺秀）		小楷千文并跋		金纸	40－180
457	平度	贾毓祥	中丞	大行书（元夕灯联改装）	1	纸本	40－182
458		释本因		草书诗扇	1	纸	40－182
459	胶州	高　简	知府（建宁）	仿巨然山水扇	1	纸	40－182
460	即墨	魏　勋	山人	墨山水扇	1	金纸	40－182
461	（附）铜梁	张佳胤	襄敏公	行书诗（绝句一首）	1	纸本	40－182
《桑梓之遗》第三十三册		（……丙子嘉平月，用三韵成章为桑梓书画第三十三册题，棖庵）					40－182
462	益都	冯起震		父子竹石	1	茧纸	40－182
463	（附）孟津	王　铎	尚书	跋（行书）	1	绫本	40－182
464	掖县	赵　燿	中丞	大行书诗（改装，残一字）	1	纸本	40－183
465	历城	李攀龙	观察	行书诗帖（姚廷城代书）	1	色笺	40－183
466	诸城	丁耀亢		大行书（改装）	1	纸本	40－183
467	诸城	张　衍	贡生	墨菊	2	纸本	40－183
468	掖县	王壮图	主政	大行书（改装）	1	纸本	40－183
469	胶州	姜　錧		行书诗	1	纸本	40－183

（续表）

序号	乡籍	书画作者	称谓	书画名称	数量	质地	页数
470	曲阜	叶　彬		墨竹	1	纸本	40－184
471	胶州	匡继武		仿文敏公山水大扇（高南阜左手题）	1	纸	40－184
472	濮州	桑　溥	观察	墨山水扇	1	金纸	40－184
473	昌乐	刘芳远		墨山水扇	1	金纸	40－184
474	东平	范道坤（闺秀）		墨山水扇	1	金纸	40－184
475		江水汜		帖	1	纸本	40－184
476	即墨	杨嘉祜	秀才	文稿草（三首）	1	纸本	40－184
477	平度	张　度	主籍	行书	1	纸本	40－186
478	青州	徐子茭	道士	墨山水	1	纸本	40－186
479	掖县	任唐臣	贡生	帖	1	纸本	40－186
480	胶州	法若真	大方伯	帖	2	纸本	40－186
481	博兴	张　□		设色山水扇	1	纸	40－186
482	蒙阴	熊相周	贡生	行书诗帖（《历下旅怀二首》）	1	纸本	40－186
483	掖县	毛漪秀	督学	大行书诗（改装）	1	纸本	40－187
484	大名	成　光		行书诗扇	1	金纸	40－187
485	历城	赵于京	知府（河南）	行书诗扇	1	金纸	40－187
486	文登	徐士林	大中丞	书画二（一帖，一墨梅）	2	纸本	40－187
487	即墨	黄体中	秀才	小楷诗四首		色笺	40－187
488	胶州	王　巂	翰林	帖	1	纸本	40－188
489	（附）即墨	黄如锡		小楷千字文	1	纸本	40－188
《桑梓之遗》第三十五册		（……丁丑秋成）					40－193
490	曲阜	孔弘辅	教授	帖（残）	1	纸本	40－189
491	胶州	姜士佐	京尹	帖	1	纸本	40－190
492	掖县	钱祚微	知州（汝州）	帖（残）	1	纸本	40－190
493	诸城	王　镆	方伯	帖	2	纸本	40－190
494	诸城	石张侗		行书帖	1	纸本	40－191

（续表）

序号	乡籍	书画作者	称谓	书画名称	数量	质地	页数
495	新城	王士徵（禛）	文简公	行书诗（大字，王慎庵启沃代书，改装）	1	纸本	40－191
496	德州	赵善述	太学	帖	2	纸本	40－191
497	德州	赵念曾	知州（澧州）	帖	2	纸本	40－192
498	德州	卢见曾	运使	帖	1	纸本	40－192
499	沂水	高淑曾		行书诗帖（三首）	1	纸本	40－192
500	胶州	王　嶲	太史	行书诗帖（二首）	1	纸本	40－193
501	诸城	王沛恂	文孝	行书诗帖	2	纸本	40－193
《桑梓之遗》第三十六册		（词翰珠玑，伯坚题。椳庵藉标桑梓书册第三十六，丁丑）					40－193
502	海丰	杨　巍	太宰	帖（残）	4	纸本	40－193
503	淄川	张至发	少保	帖（楷书）	1	纸本	40－195
504	潍县	齐一经	黄门	帖	2	纸本	40－195
505	平原	董　讷		帖（一楷二行）	3	纸本	40－195
506	邹平	马　光	侍御	帖（楷书）	1	纸本	40－196
507	德州	田　雯	侍郎	帖（楷书）	1	纸本	40－196
508	即墨	蓝启华		帖	1	纸本	40－197
《桑梓之遗》第三十七册							40－198
509	长洲	宋永升	刺史	帖	1	茧纸	40－198
510	秀水	冯景夏	侍郎	帖	1	纸本	40－198
511	掖县	刘　学		草书（一诗一帖）	2	纸本	40－198
512	仁和（实为归安）	戴永椿	进士	行书诗二首（改装）	2	纸本	40－198
513	天长	陈以刚		帖	1	纸本	40－199
514		□弘儒		帖	1	纸本	40－199
515	六安	杨友敬	广文	帖	1	色笺	40－200
516	归安	沉柱臣		帖	1	纸本	40－200
517	归安	沈荣昌	观察	帖	1	纸本	40－200

（续表）

序号	乡籍	书画作者	称谓	书画名称	数量	质地	页数
518				雪罗帖	1	纸本	40－200
519	祁门	马曰琯		帖（一楷二行）	3	纸本	40－201
520	歙县	汪廷章		帖	1	纸本	40－201
521	丹徒	祝应端		行书诗稿二首		纸本	40－201
522	聊城	王午塘		隶书砚铭（墨拓）	1	纸本	40－202
523	丹徒	祝应端		行书诗稿二首		纸本	40－202
524		贾　汉		帖	1	纸本	40－202
525	丹徒	祝应端		行书诗稿并帖各一	2	纸本	40－202
526	胶州	高凤翰		左手印稿	1	纸本	40－202
527		□　明		帖	1	纸本	40－202
528	丹徒	祝应端		行书诗稿（四首）	2	纸本	40－203
529	歙县	方士疌	右军	诗帖（一楷一行）	2	纸本	40－203
《桑梓之遗》第三十八册		（杨中江题。乾隆丁丑冬制第三十八册，桹庵）					40－204
530	高密	单若鲁	祭酒	帖	2	纸本	40－204
531	莱阳	周　正	进士	楷书诗帖四首（残）		纸本	40－204
532	日照	李应廌	阁学	帖	1	纸本	40－204
533	诸城	王沛憻	都宪	帖	1	纸本	40－205
534	淄川	毕世持	解元	帖	1	纸本	40－205
535	即墨	韩鄰佐				纸本	40－205
536	胶州	高曰恭	教谕	帖	1	纸本	40－207
537	胶州	赵泰临	检讨	帖	1	纸本	40－208
538	即墨	江横舟	贡生	挽诗奠文并帖各一	2	纸本	40－208
539	海阳	李本瀧	进士	楷书诗七首		纸本	40－209
540	（附）长洲	王士鋐		帖	3	纸本	40－209
《桑梓之遗》第三十九册		（子支丙年题，桹庵者。此丙子春中作，时风病右臂，几废，书不成，画既已弃之矣。昨于乱纸堆中翻得览之，字亦颇郁屈复理以……已卯初夏之二十二日，桹庵识）					40－210
541	胶州	赵　任	评事	楷书“流俗疑琼”四大字		纸本	40－210

（续表）

序号	乡籍	书画作者	称谓	书画名称	数量	质地	页数
542	沂州	周　京	主政	行书诗扇	1	金纸	40－210
543	临邑	邢　侗	太仆	草生磬石扇	1	金纸	40－210
544	临清	张振秀	太常	行书扇	1	金纸	40－210
545	滨州	杜　濬		墨山水扇	1	金纸	40－210
546	胶州	匡兰馨	太仆	行书诗扇并墨兰扇		俱金纸	40－210
547	（附）莆田	林有章		小行书扇（《前赤壁赋》）	1	金纸	40－210
548	即墨	黄宗崇		墨山水扇	1	金纸	40－211
549		张泰贞		行书诗扇	1	金纸	40－211
550	即墨	黄宗崇		墨山水扇	1	金纸	40－211
551		宋士秀		草书诗扇	1	金纸	40－211
552	（附）襄城	崔　璞	邑侯	墨山水扇	1	金纸	40－212
553	济宁	孙　芳	孝廉	草书诗扇	1	金纸	40－212
554	高密	单　奇		墨山水扇	1	金纸	40－212
555	诸城	高　璿	太史	行书诗扇	1	纸	40－212
556	高密	李师中	侍御	设色花卉扇	1	纸	40－212
《桑梓之遗》第四十册							40－212
557	临邑	邢　佺		草书诗（大字改装）	1	纸本	40－212
558	胶州	赵　僖	鸣赞	行书诗（改装，次大字）	2	纸本	40－212
559	滋阳	孙元振		大行书诗（改装）	1	绫本	40－212
560	胶州	宋世勋	广文	七岁大草书（改装）	1	纸本	40－213
《桑梓之遗录文》卷五	古北海陈介锡晋卿氏编						40－213
《桑梓之遗》第四十一册							40－213
561	即墨	蓝　章	少司寇	《乞休疏》稿草（残）	1	纸本	40－213
562	益都	邱维祯	司马	帖（邱前作仇）	1	纸本	40－213
563	即墨	宋德春		书帖（治家余言并墨庵笔记）	2	纸本	40－214
564	莱阳	王　章	解元	帖	1	纸本	40－214
565	即墨	黄梦豸	广文	帖	1	纸本	40－214

（续表）

序号	乡籍	书画作者	称谓	书画名称	数量	质地	页数
566	即墨	杨万里	贡生	楷书诗帖	1	纸本	40－214
567	即墨	杨万晓	秀才	诗稿草	1	纸本	40－215
568	蓬莱	沙　澄	翰林	帖	1	纸本	40－215
569	寿光	魏之佳		帖(次贴不全)	2	纸本	40－215
570	聊城	任克溥	司寇	帖	1	纸本	40－215
571	安丘	张　贞		书《澹余诗》	1	纸本	40－216
572	长山	石曰琮		书词	1	茧纸	40－216
573	德州	李徵熊		帖	4	纸本	40－216
574	即墨	杨士鏻		帖(古诗一首附)	1	纸本	40－217
《桑梓之遗》第四十二册		(乾隆二十六年春王乙丑，桑梓书画册成)					40－217
575	即墨	蓝　田	侍御	大图画扇(设色山水)	1	纸	40－218
576	济南	袭　□		草书诗	1	纸本	40－218
577		宫应龙		行书诗扇	1	金纸	40－218
578	黄县	姜　隐		设色山水(残)	1	绢本	40－218
579	益都	杨　涵	贡生	诗稿草	3	纸本	40－218
580	济南	张　选	司理	书绝句	1	纸本	40－219
581	(附)邢州天宁寺	僧　烙		设色山水	2	纸本	40－219
582	淄川	赵其昌	进士	行书诗扇	1	金纸	40－220
583	益都	赵执信	宫赞	帖	1	纸本	40－220
584	高密	单　儆	秀才	楷书扇	1	纸	40－220
585	胶州	李大木		帖	1	纸本	40－220
586	诸城	刘　壕	孝廉	自书诗稿(九首)	2	纸本	40－221
587		无名氏		帖	1	纸本	40－222
588	胶州	法坤宏	评事	帖	1	纸本	40－222
《桑梓之遗》第四十三册		(丙子病臂为三十九册书签……桹庵)					40－222
589	胶州	法若真	大方伯	楷书集贤行	1	纸本	40－223

（续表）

序号	乡籍	书画作者	称谓	书画名称	数量	质地	页数
590	新城	王士徵（禛）	文简公	帖	1	纸本	40－223
591	平阴	孙光祀	少司马	大行书(《乐志论》改装)	1	绫本	40－223
592	即墨	黄贞麟	户曹	大行书诗(改装)	1	纸本	40－224
593	益都	杨　涵	贡生	帖(草八分)	2	纸本	40－224
594	高密	单务慎		书词	1	纸本	40－224
595	章丘	焦祈年	京兆	楷书诗(《青海平定凯歌八章》)	1	纸本	40－224
596	胶州	法坤厚		诗一帖(有跋)	1	纸本	40－225
《桑梓之遗》第四十四册		（九月廿二日题，获放轻笔腕力得小耳）					40－225
597	掖县	姜兆张	侍御	帖	1	纸本	40－225
598	益都	杨　涵	贡生	墨竹	6	纸本	40－225
599	诸城	王钦福	观察	大行书诗(改装)	1	纸本	40－226
600	即墨	冯文玠	贡生	帖	1	纸本	40－226
601	历城	张　教		大草书	2	纸本	40－226
602	历城	张　敌		墨梅	1	纸本	40－227
603	(附)潞安	万代尚	太守	草书诗扇(残)	1	金纸	40－227
《桑梓之遗》第四十五册		（……丁亥九月廿二日第四十六册成识）					40－227
604	新城	王象咸		大草书(《秋日入长白山读书》改装)	1	绫本	40－227
605	聊城	刘　镈	孝廉	杂书(第三幅改装)	4	绫本	40－227
606		□　溱		《西园暮鸦图》	1	绢本	40－228
607	聊城	邓钟岳	少宗伯	大行书(改装)	1	纸本	40－228
608	章丘	焦祈年	京兆	大楷书(改装)	1	绫本	40－228
609	海丰	张　镠	中翰	大行书(改装)	1	纸本	40－228
610	历城	朱文震		隶书诗扇	1	纸	40－228
611	济宁	潘　如	孝廉	隶书扇	1	纸	40－228

（续表）

序号	乡籍	书画作者	称谓	书画名称	数量	质地	页数
612	海阳	李　朴	太学	枯木竹石扇(指墨)	1	纸	40－228
613	胶州	温如玉、张应召		合刻大士经像(墨拓)	1	纸本	40－229
《桑梓之遗》第四十六册		(第四十六册……)					40－229
614	海丰	王　清	少宗伯	自叙年谱(稿草)	1	纸本	40－229
615	蓬莱	马金门	太史	楷书诗(改装)	1	纸本	40－231
616	诸城	刘统勋	文正公	楷书诗	1	绫本	40－231
617	德州	宋　弼		大行书(改装)	1	茧纸	40－231
618		孟毓蕃		诗稿草十首		纸本	40－231
619	曲阜	孔继涑	中翰	书课	1	绢本	40－232
620	(附)安丘	张　贞		纪年印笺	1	纸本	40－233
《桑梓之遗》第四十七册		(乾隆卅八年梖庵题)					40－233
621	曲阜	孔传槱	司马		1	纸本	40－233
622	海阳	李承祖		大楷书(改装)	1	纸本	40－234
623	濮州	李廷相	文敏公	大草书诗(改装,残五字)	1	纸本	40－234
624	茌平	朱之蕃	大宗伯	行书(改装)	1	纸本	40－234
625	益都(今属博山)	孙廷铨	文定公	楷书诗(夏日山居三首)	1	茧纸	40－235
《桑梓之遗》第四十八册		(……甲午初伏十日装成,厘为二册……梖庵识……)					40－236
626	莱阳	张嗣谟		大草书诗(改装,残六字)	1	纸本	40－236
627	平度	崔　燽		大草书诗(改装,残二字)	1	纸本	40－236
《桑梓之遗》第四十九册		(甲午孟秋,容庵簪世题)					40－236
628	掖县	刘重庆	少司农	草书扇	1	金纸	40－236
629		杨　立		设色赤壁图扇(残)	1	金纸	40－236
630	即墨	黄宗昌	侍御	草书诗扇(残)	1	金纸	40－236
631		□尊美		松竹芝石扇(残)	1	金纸	40－237

（续表）

序号	乡籍	书画作者	称谓	书画名称	数量	质地	页数
632	诸城	丁　嶒		草书扇	1	金纸	40-237
633	即墨	黄宗崇		墨山水扇	1	金纸	40-237
634	高密	单若鲁	祭酒	行书诗扇	1	金纸	40-237
635		孙　□		墨山水扇	2	金纸	40-237
636	胶州	纪腾蛟	职方	草书诗扇	1	金纸	40-237
637	胶州	姜长植		墨山水扇	1	金纸	40-237
638		孙笃胤		墨山水扇	1	金纸	40-237
639		许　祯		墨山水扇	1	金纸	40-237
640	胶州	赵昌嗣	广文	草书诗扇（原签疑误）	1	金纸	40-237
641	（附）大兴	张永祺	观察	行书诗扇	1	金纸	40-238
642	（附）祥符	周亮工	观察	书画扇 （一行书诗，一墨山水俱）	2	金纸	40-238
643	（附）汉军	白　璧	参戎	草书扇（不全）	1	金纸	40-238
《桑梓之遗》第五十册	（计十八页收装庆远堂屏面折扇书画为一册）						40-238
644				庆远堂屏面折扇书画（改装）	1	纸本	40-238
《桑梓之遗录文》卷六	古北海陈介锡晋卿氏编						40-239
《桑梓之遗》第五十一册							40-239
645	胶州	高宏图	太傅		1	纸本	40-239
646	莱阳	姜桂 （闺秀）			1	纸本	40-239
647	即墨	周祚显	观察		1	纸本	40-239
648	诸城	丁射则		洞庭等图	11	纸本	40-240
649	即墨	朱克柔		刻（缂）丝花鸟	1	刻（缂）丝	40-240
650		张也颠		墨竹（原装面背今移入册内）	1	纸本	40-240
《桑梓之遗》第五十二册	（……甲午根苇，此亦出容苇旧存续成第五十二册，八月廿一）						40-240

（续表）

序号	乡籍	书画作者	称谓	书画名称	数量	质地	页数
651	安丘	张绪伦	侍御	大字书诗（草书改装，残一字）	1	纸本	40－240
652	胶州	姜长馨		楷书陶诗（改装）	1	纸本	40－240
653	胶州	姜　毅	广文	临帖草书（大字改装）	1	纸本	40－241
654	高密	单畴书	少司农	楷书	1	纸本	40－241
655	文登	刘孔昭	进士	楷书诗（大字改装）	1	纸本	40－241
《桑梓之遗》第五十三册		（甲午十月五十三册成，用慧炬院明慈圣后藏经装锦标签）					40－241
656		王　暘		帖	1	纸本	40－241
657	寿光	刘澄甫	参议	帖	1	纸本	40－242
658	高密	李光绪	署正	帖	2	纸本	40－242
659	寿光	李献明	光禄	大书诗（改装，残）	1	纸本	40－242
660		薛　益		草书诗	1	绫本	40－243
《桑梓之遗》第五十四册		（摹苏长公书）					40－243
661	莱阳	左懋第	少司马	诗稿草（三首）	1	纸本	40－243
662	莱阳	宋　琏		诗帖（三首）	1	纸本	40－243
663	曲阜	孔继炘		大隶书	1	纸本	40－244
《桑梓之遗》第五十五册		（甲午小春余二日制，根蕣题并识……）					40－244
664	莱阳	高　出	副使	草书诗扇	1	金纸	40－244
665	临清	邢泰吉	解元	墨山水扇（残）	1	金纸	40－244
666	句容	孔贞运	少宰	行书诗扇	1	金纸	40－244
667	胶州	张应召	处士	墨山水扇	1	金纸	40－244
668				草书诗扇	1	金纸	40－245
669		苏景慎		山水扇	1	金纸	40－245
670		孙　含		楷书诗扇	1	金纸	40－245
671		孙　□		墨山水扇	1	金纸	40－245
672	掖县	王壮畿	贡生	楷书扇	1	纸	40－245
673	掖县	林　峻	秀才	墨山水扇	1	纸	40－245

（续表）

序号	乡籍	书画作者	称谓	书画名称	数量	质地	页数
674	胶州	于　衣		楷书扇	1	纸	40－246
675	潍县	郭汝龙	太学	花卉扇	1	纸	40－246
676	金乡	刘桂甫（圃）	知县（涉县）	楷书诗扇	1	纸	40－246
677	金乡	刘桂甫（圃）	知县（涉县）	设色花鸟扇	1	纸	40－246
678	安丘	张敬舆	贡生	隶书诗扇	2	纸	40－246
679	胶州	高缵业		墨山水扇	1	纸	40－246
680	历城	高　本	孝廉	设色花卉扇	1	纸	40－247
《桑梓之遗》第五十六册		（甲午小雪二日，摹本海岳书意，五十六册续成用之）					40－247
681	溧阳	宋　献	观察	草书诗扇	1	金纸	40－247
682		王穆如		设色山水	1	纸本	40－247
683	莱阳	宫协羽	贡生	墨山水	1	纸本	40－247
684	文登	徐士林	大中丞	题《带经图》诗并跋（南阜左手跋附）	1	纸本	40－247
685	高密	李元直	侍御	书高南阜《顷刻碑记》并自跋	1	纸本	40－247
686	曲阜	孔继涑	中翰	临帖小楷	1	绢本	40－248
687	即墨	王　木	广文	行书（剪贴）	1	纸本	40－250
688	即墨海印寺	释德清		大字诗（行书改装）	1	纸本	40－251
689		酒道人		墨葡萄扇	1	金纸	40－251
690		酒道人		行书诗（大字）	1	纸本	40－252
691		王重先（道士）		楷书诗	1	纸本	40－252
692	（附）			书笠亭存诗四十三首后		纸本	40－252
693	（附）大兴	尤淑孝	邑侯	行书诗	1	纸本	40－252
《桑梓之遗》第五十七册		（虞抡氏刻）					40－253
694	胶州	温正春		大隶书（改装）	1	纸本	40－253
695	掖县	刘学祖	侍御	行书诗（大字改装）	1	纸本	40－253

（续表）

序号	乡籍	书画作者	称谓	书画名称	数量	质地	页数
696	胶州	法坤厚		杂画	7	纸本	40－253
《桑梓之遗》第五十八册		（乙未）					40－253
697		罗于相		大字诗（草书改装，残四字）	1	纸本	40－253
698	胶州	姜如璋（闺秀）		临帖大字（草书改装）	1	纸本	40－253
699	胶州	冷　枚	供奉	设色山水扇	1	纸	40－253
《桑梓之遗》第五十九册		（根庵……）					40－253
700	掖县	王应豸	大中丞	帖	1	纸本	40－253
701	胶州	姜如璋（闺秀）		临帖大字（草书改装）	1	纸本	40－254
702	即墨	袁耀然	知府（九江）			纸本	40－254
703	淄川	张泰来	孝廉			纸本	40－254
704	潍县	王　珍	方伯			纸本	40－254
705	掖县	毛九华				纸本	40－255
706	长清	朱　纯	大参			纸本	40－255
707	朝城	陈赞化				纸本	40－255
708	即墨	江衍汶	知州（信阳）			纸本	40－256
709	胶州	赵昌嗣	教谕			纸本	40－256
710	高苑	陈文德	广文			纸本	40－256
711	新泰	张湘汉				纸本	40－257
712	新城	李鸿霔	太守			纸本	40－257
713	胶州					纸本	40－257
《桑梓之遗》第六十册		（自五十九册至此……乙未九月同日装成记之）					40－257
714	临邑（应为临清）	邢泰吉	解元			纸本	40－257
715	安丘	谢师登	孝廉			纸本	40－258
716	瑞安	林增志	太史			纸本	40－258

（续表）

序号	乡籍	书画作者	称谓	书画名称	数量	质地	页数
717	平都	崔谊之	观察			纸本	40－258
718	安丘	张绪伦	侍御			纸本	40－258
719	馆陶	耿愿愚	广文			纸本	40－258
720	高密	单务爽		（单西山务爽书画两面）		纸本	40－258
721	高密	单务爽		墨山水扇	1	纸本	40－258
722	德州	吕东表				纸本	40－258
723	即墨	周知非				纸本	40－259
724	胶州	于　廓				纸本	40－259
725	海阳	李　果	知府（大同）			纸本	40－259
726	诸城	王　楷	贡生			纸本	40－259
《桑梓之遗录文》卷七		古北海陈介锡晋卿氏编					40－260
《桑梓之遗》第六十一册		（六十六岁寿道人题，乙未）					40－260
727	胶州	宋　汉	副使			纸本	40－260
728	聊城	傅以渐	相国			纸本	40－260
《桑梓之遗》第六十二册		（癸丑辑存……乙未记）					40－260
729	海阳	赵作舟	观察			纸本	40－260
730	莱阳	左敬祖	秀才			纸本	40－261
《桑梓之遗》第六十三册		（乙未闰十月二日，中准题）					40－262
731	济阳	艾元徵	尚书			纸本	40－262
732	章丘	李慎修	观察			纸本	40－262
733	海阳	李　果	知府（大同）			纸本	40－262
734	潍县	郭伟基（�）				纸本	40－262
735	诸城	张曙初	文学			纸本	40－262
736	附（四川）	尚廷枫	主政			纸本	40－263
《桑梓之遗》第六十四册		（山东郭裔占籍江西得二家自成一册……乾隆十七年壬申进士官建昌府学教谕乙未闰十月书册首）					40－263

（续表）

序号	乡籍	书画作者	称谓	书画名称	数量	质地	页数
737	泰和	郭子章	大司马			纸本	40－263
738	安福	郭卫城	教谕			纸本	40－263
《桑梓之遗》第六十五册							40－264
739		□　衮				纸本	40－264
740	潍县	王　瑨	参政			纸本	40－264
741	即墨	孙昌祚				纸本	40－264
742	即墨	姜元衡	侍讲			纸本	40－265
743		沈麟生	山人			纸本	40－265
744		孙培章				纸本	40－265
745	淄川	唐梦赉	太史			纸本	40－265
746	（附）乐清	侯庭训	掖丞			纸本	40－266
747	（附）秀水	冯景夏	侍郎			纸本	40－266
748	胶州	高缵业		高虞服摹冯树岑侍郎山水小幅		纸本	40－267
《桑梓之遗》第六十六册	（旧年小雪节与五十六册同日题，又后十册成检用之，则乙未冬至之前十日也，根庵记，灯下风手）						40－267
749	即墨	蓝　田	侍御	升天图		纸本	40－267
750	高密	李光祚、李光绪	太守、署正			纸本	40－268
751	（附）永昌	张　合	都宪			纸本	40－268
752	（附）青州法庆寺	释大珠				纸本	40－268
753	蓬莱	王　言	侍御	赠赵兵宪廿韵		纸本	40－269
754	汶上	郭士祯	贡生			纸本	40－269
755		张　堂				纸本	40－269
756		张世瑢				纸本	40－269
757	诸城	张　雯	广文			纸本	40－269
758	诸城	张　霖	秀才			纸本	40－270
759	诸城	张　□	教谕			纸本	40－270

（续表）

序号	乡籍	书画作者	称谓	书画名称	数量	质地	页数
760	诸城	高　璿	太史			纸本	40－270
761	诸城	金奇玉	博学士（渑池）			纸本	40－270
762	历城	高　山	方伯			纸本	40－271
763	即墨	魏士铉	童子			纸本	40－271
764	（附）江都	文九皋				纸本	40－271
765	（附）南昌	马世勋	参戎			纸本	40－271
766	胶州	高汝濂		（南阜诸子汝濂摹画《山中雪意》）		纸本	40－271
《桑梓之遗》第六十七册							40－271
767	宁波	周斯盛	邑侯			纸本	40－271
768	磁州	康霖生	邑侯			纸本	40－272
769	辽东	高元爵	邑侯			纸本	40－272
770	即墨	杨懋科	秀才			纸本	40－272
771		丁梦斗				纸本	40－272
772	即墨	蓝启华	秀才			纸本	40－272
773	即墨	范　鞨	贡生			纸本	40－272
774		魏维翰				纸本	40－272
775	莱阳	赵　仑	督学			纸本	40－272
776	文登	丛可植				纸本	40－273
777	日照	丁士劼				纸本	40－273
778	定陶	董梦曾				纸本	40－273
779		□孝徵				纸本	40－273
780		□孝徵		设色梅扇	1	纸	40－273
781		黄贞矜	布衣			纸本	40－273
782	（附）雄县	唐　时	督仓			纸本	40－274
《桑梓之遗》第六十八册		（丙申新正得六十八、九二册，六十七岁根庵者题）					40－274

（续表）

序号	乡籍	书画作者	称谓	书画名称	数量	质地	页数
783	新城	王象春	吏部			纸本	40－274
784	即墨	杨懋林	秀才			纸本	40－275
785	即墨	杨懋科	秀才			纸本	40－275
786		杨兆龙				纸本	40－275
787	即墨	周乃浃	监军			纸本	40－275
788	即墨	王懋中	州佐			纸本	40－276
789	即墨	姜连珠	孝廉			纸本	40－276
790	即墨	王之铉	广文			纸本	40－276
791	即墨	黄宗庠	进士			纸本	40－276
792	即墨	黄大中	知县（武康）			纸本	40－276
793	即墨	黄美中	贡生			纸本	40－276
794	莱阳	赵子泗	贡生			纸本	40－276
795	掖县	刘　学				纸本	40－277
796	海丰	张　缪	中翰			纸本	40－277
797	（附）偏关	万世德	太守			纸本	40－278
《桑梓之遗》第六十九册		（“庶其无媿古欢哉”南皐语……）					40－278
798	莱阳	张瑞徵	太史			纸本	40－278
799	胶州	匡兰馨	太史			纸本	40－278
800	广宁	张问政	侍御			纸本	40－279
801		徐兆极				纸本	40－280
802	胶州	赵　溙	观察	帖	1	纸本	40－281
803	即墨	王　埰	观察			纸本	40－281
804	即墨	王　垓	黄门			纸本	40－282
805	即墨	王无咎	太史			纸本	40－282
806	平原	董元赓	太学			纸本	40－282
807	平原	董　冲	翰林			纸本	40－282
《桑梓之遗》第七十册		（丙申）					40－283

（续表）

序号	乡籍	书画作者	称谓	书画名称	数量	质地	页数
808	诸城	邱云章	知州（琛州）	金刚庵小钞		纸本	40－283
809	莱阳	宋继澄				纸本	40－286
810	莱阳	宋　俶	贡生			纸本	40－292
811	日照	辛有光	翰林			纸本	40－296
812	潍县	朱若宾	孝廉			纸本	40－298
813	即墨	黄克中	教谕			纸本	40－298
814	（附）江南	沈　健	秀才			纸本	40－298
《桑梓之遗录文》卷八		古北海陈介锡晋卿氏编					40－299
《桑梓之遗》第七十一册		（时乾隆四十一年夏，再客昌阳，由青柯坪抵里，辗转交戚中乞得书画人，凡三十二，装成次第之七十一、二、三、四，四册也，桹庵记）					40－299
815		高　锐		杂画	4	纸本	40－299
816	莱阳	赵子泗	贡生	墨山水	1	绫本	40－299
817		杨　汶		墨竹	1	纸本	40－299
818	莱阳	周兆龙		大小行书二并设色墨山水四	6	纸本	40－299
《桑梓之遗》第七十二册		（桹庵题）					40－300
819	宝应	赵开雝		大行书诗（改装）	1	纸本	40－300
820				草书扇	1	金纸	40－300
821	平度	张　度	主籍	草书诗扇	1	金纸	40－300
822	海阳	李本涵	翰林	草书诗扇	1	金纸不全	40－301
823	莱阳	宋　摅	孝廉	大行书（行书改装）并行书扇	2	大行书纸本，扇金纸	40－301
824	海阳	李　果		行书扇（残）	1	金纸	40－301
825	（附）长洲	周天球		赠戚少傅诗扇		金纸	40－301
826	（附）遂安	毛际可		镜山庵图扇（残）	1	金纸	40－301
827	（附）江都	虞　沅		仕女图扇（工细）	1	纸	40－301

（续表）

序号	乡籍	书画作者	称谓	书画名称	数量	质地	页数
《桑梓之遗》第七十三册		（根庵）					40－301
828	海阳	薛　璟		大行书诗（改装）	1	茧纸	40－301
829	海阳	李承芳	进士	大隶书（改装）	1	纸本	40－302
830	滕县	张　昌	知府（汀州）	大行书（名笺改装）	1	纸本	40－302
《桑梓之遗》第七十四册		（根庵）					40－302
831	莱阳	宋惟梁	广文	行书诗	1	纸本	40－302
832	海阳	李汝瑛		草书诗	2	纸本	40－302
833	莱阳	张　鉴	进士	临十三行小楷		纸本	40－302
834	新城	何世璂	端简公	帖	1	纸本	40－303
835	海阳	盛世鸣	孝廉	帖	2	纸本	40－303
836	莱阳	姜　震	秀才	帖	1	纸本	40－303
837	莱阳	姜承梅	孝廉	帖	1	纸本	40－304
838	奉天	连　云	明府	行书	1	纸本	40－304
839	章丘	李慎修	观察	帖	1	纸本	40－304
840	日照	辛有光		帖	1	纸本	40－305
841	胶州	王　巂	太史	行书诗（改装）	1	纸本	40－305
842	海阳	李　杜	秀才	帖	1	纸本	40－305
843	惠民	李本樟	知府（徽州）	帖	1	纸本	40－305
844	海阳	李承统	孝廉	楷书	1	色笺	40－305
845	济宁	孙扩图		行书	1	纸本	40－306
《桑梓之遗》第七十五册							40－306
846	高密	李　昆	少司马	墨刻诗（行书）	2	纸本	40－306
847	高密	綦汝楫	学士	帖（不全）	1	纸本	40－307
848	寿光	安致远	贡生	帖（楷书）	1	纸本	40－307
849	日照	李应廌	阁学	家书	1	纸本	40－307
850	高密	任　坪	太史	草书	2	纸本	40－307

（续表）

序号	乡籍	书画作者	称谓	书画名称	数量	质地	页数
851	胶州	张金砺		行书诗	1	纸本	40－308
852	胶州	张希傑		隶书千字文（少五百八十字）	1	纸本	40－308
853		唐启寿		行书诗帖（五首）	2	纸本	40－309
854	诸城	刘　棨	太学	小楷诗	1	纸本	40－309
855	胶州	高凤翰		帖	1	纸本	40－310
《桑梓之遗》第七十六册							40－310
856	诸城	刘　果	督学	大草书诗（改装，缺七字）	1	纸本	40－310
857		盘江逋客		大草书诗（改装）	1	纸本	40－310
《桑梓之遗》第七十七册		（丁酉初夏，灵山道上用瓜书此）					40－311
858	堂邑	张凤翼	中丞	草书诗扇（残）	1	金纸	40－311
859	海阳	李本瀓		楷书扇	1	金纸	40－311
860	茌平	王曰高	给谏	行书诗扇	1	金纸	40－311
861	黄县	范乃蕃	知府（永州）	行书诗扇	1	金纸	40－311
862	莱阳	左其人	县令（平阳）	稟稿草	1	纸本	40－312
863	莒州（今属莒南）	庄　谦	侍御	帖	1	纸本	40－312
864	胶州	张应召	处士	帖	2	纸本	40－312
865	滨州	王泽苏		帖（楷书）	1	纸本	40－312
866	胶州	宋可发	布政	帖（原签误题张布政）	1	纸本	40－313
867	福山	鹿廷瑄	知县（吴桥）	帖	1	纸本	40－313
868	奉天	刘光业	观察	帖	1	纸本	40－313
869	安丘	马长淑	知州（磁州）	帖	1	纸本	40－314
870	东平	王者臣	秀才	行书诗	1	纸本	40－314
871	海阳	李本渥	太学	行书诗（改装）	1	纸本	40－314
872	即墨	黄嘉善	大司马	帖（残）	1	纸本	40－314
873	诸城	邱石常	广文	诗稿草	1	纸本	40－315
874	即墨	周毓真		诗稿草九首		纸本	40－315

（续表）

序号	乡籍	书画作者	称谓	书画名称	数量	质地	页数
875	益都	赵执信	宫赞	小字《南海传光录》（改装，有序）		纸本	40－316
《桑梓之遗》第七十八册		（莱阳赵曾辑）					40－317
		《莱阳人帖》上卷					40－317
876	莱阳	宋继登	鸿胪	帖	2	纸本	40－317
877	莱阳	宋应亨	节愍公	帖	1	纸本	40－318
878	莱阳	赵士骥	节愍公	帖	1	纸本	40－318
879	莱阳	宋继澄		帖	1	纸本	40－319
880	莱阳	宋　玫	忠节公	诗稿草	1	纸本	40－319
881	莱阳	崔子忠	高士	行书	1	纸本	40－319
		《莱阳人帖》下卷					40－319
882	莱阳	左懋第	忠贞公	自序并诗三首		纸本	40－319
883	莱阳	姜　埰	贞毅	楷书并帖（各一）	2	纸本	40－320
884	莱阳	姜　垓	贞文	帖	3	纸本	40－321
885	莱阳	沈　迅	黄门	帖	1	纸本	40－322
886	莱阳	张允抡	知府（饶州）	草书诗	1	纸本	40－322
887	莱阳	董　樵	高士	行书诗	1	纸本	40－322
888	莱阳	赵庆孙		征山左名人书画续辑桑梓之遗启		纸本	40－323
《桑梓之遗》第七十九册		翰墨珍藏（上）（……吾乡贤名辈笔踪尽在于此，乙亥夏过郡观之，不胜故国乔木之感。寓涓潍间王屿似拜识）					40－324
889	青州	朱载玺	衡藩新乐王	行书诗稿（三首）	2	纸本	40－324
890	益都	陈　经	尚书	帖	2	纸本	40－325
891	临朐	冯惟健	孝廉	楷书诗四首		纸本	40－325
892	临朐	冯惟讷	光禄	帖（改装）	1	纸本	40－326
893	益都	邢　玠	太保	大行书青天歌（改装）		纸本	40－326
894	临朐	冯　琦	文敏公	行书诗扇（残）		金纸	40－327
895	临朐	冯　珣	司马	行书诗扇	1	金纸	40－327
896	益都	曹　璜	参议	帖（改装）	1	纸本	40－327

（续表）

序号	乡籍	书画作者	称谓	书画名称	数量	质地	页数
897	临朐	冯　瑗	参政	帖	1	纸本	40－328
《桑梓之遗》第八十册		翰墨珍藏（下）					40－328
898	益都	赵秉忠	状元	大草书诗（改装）	1	绢本	40－328
899	益都	石　愔		草书诗扇	1	金纸	40－328
900	益都	邢慎言	参政	帖（改装）	1	纸本	40－328
901	益都	冯起震		墨竹扇	1	金纸	40－328
902	益都	冯可宾	太常	墨石扇	1	金纸	40－329
903	益都	冯可宗	指挥	墨竹石扇	1	金纸	40－329
904	益都	王若之	大参	帖	1	纸本	40－329
905	益都	房可壮	侍御	草书诗扇	1	金纸	40－329
906	益都	房之骐	方伯	草书诗扇	1	金纸	40－329
907	（附）杞县	雪蓑道人		苏州诗词稿草（共六首）	3	纸本	40－329
		翰墨珍藏二册，共四十页，潍阳润轩氏亦曾收藏					40－330
《桑梓之遗录文》卷九		古北海陈介锡晋卿氏编					40－331
《桑梓之遗》第八十一册		文石山房续辑					40－331
908	祥符	周亮工	邑侯	墨山水扇（残）	1	金纸	40－331
909	潍县	刘芳声	解元	楷书诗（残，遗歌一首附）	1	纸本	40－331
910	益都	钟　谔	佥事	设色山水扇	1	金纸	40－332
911	潍县	高　伦		诗稿草二十二首		纸本	40－332
912		张　□	孝廉			纸本	40－334
913		姚　□	贡生			绢本	40－334
914		陈　□	孝廉			纸本	40－335
915	蒙化	张端亮	邑侯			纸本	40－335
916	诸城	刘统勋	文正公	帖	1	纸本	40－335
917	胶州	高凤翰				纸本	40－335
918	诸城	刘统勋	文正公	行书《韩烈妇诗》	1	纸本	40－335
919	潍县	朱若宾	孝廉	帖	1	纸本	40－336

（续表）

序号	乡籍	书画作者	称谓	书画名称	数量	质地	页数
920	兴化	郑　燮	邑侯	隶书诗扇（六分半）	1	纸本	40－336
921	兴化	郑　燮	邑侯	墨兰扇	1	纸	40－336
922	兴化	郑　燮	邑侯			纸本	40－336
923	潍县	韩梦周	知县（来安）			纸本	40－336
924	潍县	姜国霖	孝子			纸本	40－338
925	兰山	宋　澍	侍御	帖	1	纸本	40－338
《桑梓之遗》第八十二册							40－339
926		王士禛		寄余澹心（甲子使粤，澹心附予及山公司寇南行）		纸	40－340
927		赵执信	宫赞	行书诗扇	1	纸	40－340
928	胶州	高凤翰		墨山水扇	1	纸	40－340
929	兴化	郑　燮	邑侯	潍县《城隍庙碑》文		纸本	40－340
930	诸城	刘　墉	文清公			纸本	40－342
931	即墨	张　鹤		诗稿草并跋（翁覃溪先生评）	1	纸本	40－343
932		张文鹏	文学			纸本	40－343
933	安丘（邱）	张亚恒	贡生	白桃花扇	1	纸	40－344
934	仪征	阮　元	相国			纸本	40－344
935	曲阜	桂复（馥）	广文	双松诗（行书改装）	1	纸本	40－345
936	遂宁	张问陶		画马并石马诗		纸本	40－345
937	掖县	翟允（云）升		五经岁遍斋文具十六铭（稿草）		纸本	40－346
《桑梓之遗》第八十三册							40－347
938	诸城	丁耀亢		自寿画扇	1	金纸	40－347
939	寿光	安致远		《哭渔村太史》诗	1	纸本	40－347
940	益都	杨　涵		设色《游鹿图》扇	1	纸	40－347
941	益都	王玙似		篆书诗（扇面改装）	1	纸本	40－347
942	乐安	李焕章		其人小传（杨云峭隶书改装）	1	绫本	40－347

（续表）

序号	乡籍	书画作者	称谓	书画名称	数量	质地	页数
943	胶州	张谦宜		画中游诗（改装，高西园代书）	1	绫本	40－348
944	胶州	宋克健		墨山水（高凤翰题）	1	纸本	40－348
945	胶州	高凤翰				纸本	40－348
946	诸城	刘统勋	文正公			纸本	40－349
947	诸城	刘　墉	文清公			纸本	40－350
《桑梓之遗》第八十四册							40－352
948				四帖		纸本	
949	安丘	黄　祯	吏部	帖（残）	1	纸本	40－353
950	济宁	于若瀛	大中丞	墨山水扇	1	金纸	40－355
951	莱阳	左懋第	忠贞公	帖	1	纸本	40－356
952	长山	吴　恺	文学			纸本	40－356
953	益都	王荃可	太仆	行书诗扇	1	金纸	40－356
954	安丘	刘源渌	文学			纸本	40－357
955		李永绍	尚书			纸本	40－357
956		谢乃实	知县（兴宁）			纸本	40－358
《桑梓之遗》第八十五册							40－359
957	历城	边　贡	尚书	上陵杂咏诗十五首		纸本	40－359
958	（附）大兴	翁方纲	阁学	跋诗三首		纸本	40－360
959	濮州	李先芳	少卿			纸本	40－361
960	（附）长洲	文徵明	待诏	帖	2	纸本	40－361
961	临清	谢　榛				纸本	40－361
962	临邑	邢　侗	太仆	楷书扇	1	金纸	40－366
963	掖县	刘重庆	少司农	草书扇	1	金纸	40－366
964	莱阳	崔子忠	文学	《三酸图》扇（残）	1	金纸	40－366
965	（附）宛平	王崇节	供奉	《伏生授经图》扇（设色）	1	金纸	40－367
《桑梓之遗》第八十六册							40－367

（续表）

序号	乡籍	书画作者	称谓	书画名称	数量	质地	页数
966	聊城	傅以渐	状元	行书诗扇	1	金纸	40－367
967	胶州	法若真	大方伯	墨山水扇	1	金纸	40－367
968	惠民	李之芳	文襄公	行书扇	1	纸	40－367
969	高密	李士模	评事	墨山水扇	1	金纸	40－367
970	新城	王士禛	文简公	行书诗扇	1	金纸	40－367
971	胶州	李世钿	孝廉	墨山水扇	1	金纸	40－367
972	德州	谢重辉		行书诗扇	1	纸	40－367
973	德州	田　雯	侍郎	行书诗扇	1	金纸	40－368
974	益都	杨　涵	贡生	墨山水扇	1	纸	40－368
975	曲阜	颜光敏	比部	行书诗扇	1	金纸	40－368
976	新城	王启磊		山水画扇《松溪观瀑图》	1	纸	40－368
977	德州	冯廷櫆	舍人	行书扇	1	纸	40－368
978	高密	单务脊（实为单务孜）		花卉扇	1	纸	40－369
979	潍县	刘以贵	知县（苍梧）	行书诗扇	1	纸	40－369
980	掖县	王道炷	孝廉	墨山水扇	1	金纸	40－369
981	曲阜	孔尚任		行书诗扇	1	纸	40－369
982	曲阜	孔衍栻	广文	墨山水扇	1	纸	40－369
983	德州	卢见曾	运使	楷书诗扇	1	纸	40－369
984	胶州	高凤翰		怪松图扇	1	纸	40－369
985	诸城	窦光鼐	总宪	行书诗扇	1	纸	40－370
986	即墨	郭廷翕		人物画扇	1	金纸	40－370
987	诸城	刘　墉	文清公	临帖草书扇	1	纸	40－370
988	诸城	刘　墫	方伯	设色山水扇	1	纸	40－370
989	莱阳	初彭龄	尚书	楷书扇	1	纸	40－370
990	昌乐	阎学海	仪部	墨山水扇	1	纸	40－371
《桑梓之遗》第八十□册							40－371

（续表）

序号	乡籍	书画作者	称谓	书画名称	数量	质地	页数
991	仁和	沈廷芳	廉访	周生诗扇（行书）	1	纸	40－371
992	大兴	翁方纲	督学	帖	1	纸本	40－371
993	益都	李文藻	司马	帖	1	纸本	40－372
994	曲阜	孔继涵	主政	帖	1	纸本	40－372
995	历城	朱　攸	太守（吉安）	行书诗（典书行）	1	纸本	40－373
996	聊城	邓汝功	进士			纸本	40－373
997	高密	李宪暠		帖（楷书）	1	纸本	40－374
998		南涧先生		哭梁志南（四首）		纸本	40－375
999	益都	李文藻	司马			纸本	40－375
1000	诸城	刘　墉	文清公	草书醉翁操	1	纸本	40－376
1001	文登	于令淓	广文	楷书诗	1	纸本	40－376
1002	阳湖	孙星衍	观察	帖	1	纸本	40－376
1003	邱县	刘大观	刺史	帖	1	纸本	40－377
1004	曲阜	桂复（馥）	广文	行书诗并隶书各一	2	俱茧纸	40－377
1005	济南	张尔岐	贡生	自序墓志（拓本，诸名人跋附）	1	纸本	40－377
《桑梓之遗》第八十□册							40－378
1006	沂水	武　卫	文恪公	馆阁荣寿诗一首	1	纸本	40－378
1007	清平	张天瑞	学士	馆阁荣寿诗一首	1	纸本	40－379
1008	掖县	郭东山	大参	凌云山唱和诗十首		纸本	40－379
1009	（附）掖县	郭从朴		鲁瞻先生行述（文泉先生跋）		纸本	40－379
1010	益都	王　潆	太仆	行书诗扇（残）		金纸	40－380
1011	胶州	赵　佐	光禄	赠王会文昆季诗扇		金纸	40－380
1012	掖县	李宗仪	将军	临帖草书	1	纸本	40－380
1013	掖县	王　汉	大中丞	临帖草书	1	纸本	40－381
1014	掖县	赵　琳		诗稿草	2	纸本	40－381
1015	掖县	满之章		诗稿草	1	纸本	40－381
1016	沾化	苏毓眉、苏本眉	广文、司马	帖	1	纸本	40－382

（续表）

序号	乡籍	书画作者	称谓	书画名称	数量	质地	页数
1017	掖县	刘鑫永	茂才	诗稿草	2	纸本	40－382
1018	掖县	赵士冕		帖	1	纸本	40－383
1019	掖县	刘鍑永		帖	1	纸本	40－383
1020	掖县	钱　馨	广文	行书诗（改装）	1	金扇	40－383
1021	掖县	张之维		掖水先生大节诗	1	纸本	40－383
1022	掖县	王壮图	主政	墨山水扇	1	纸	40－383
1023	掖县	滕之湖	吏目	墨竹扇	1	纸	40－383
1024		林　□	布衣			纸	40－383
1025	掖县	宿　省	孝廉	行书诗（二首）		纸本	40－383
1026	（附）	顾　愿		赠徐贡生兄弟诗扇（残）		纸	40－384
1027	安丘	王孟煦	大参	墨山水扇	1	金纸	40－384
1028	（附）河中	马　远	待诏	墨山水	1	绢本	40－384
1029	临邑	李若诺	参政	题马远画诗（古风一首）	1	纸本	40－384
1030	昌乐	刘芳远		墨山水扇	1	金纸	40－384
1031	诸城	王化贞	大中丞	草书流民歌	1	绫本	40－384
1032	胶州	张应召	处士	墨兰扇	1	金纸	40－385
1033	祥符	周亮工	观察	墨石扇	1	金纸	40－385
1034	益都	杨　涵		杂画	6	纸本	40－385
1035	济宁	刘　淇		行书唐人早朝诗（三首）		茧纸	40－385
1036	济宁	刘　汶		行书诗	1	纸本	40－386
1037	胶州	高凤翰		右手画葵并左手札（画葵有板桥题）	2	纸本	40－386
1038	（附）			设色山水	1	纸本	40－386
1039		孔继涑	内翰			纸本	40－386
《桑梓之遗》第九十册							40－387
1040	曲阜	孔毓圻	恭悫公	墨兰扇	1	金纸	40－387
1041	曲阜	孔尚任		行书诗扇	1	金纸	40－388

（续表）

序号	乡籍	书画作者	称谓	书画名称	数量	质地	页数
1042		邱　□	解元			纸本	40－388
1043		赵　执	太学			纸本	40－388
1044	潍县	韩梦周	知县(来安)			纸本	40－389
1045		申士秀				纸本	40－391
《桑梓之遗录文》卷十		古北海陈介锡晋卿氏编					40－394
《桑梓之遗》第九十一册		文石山房续辑之十一也					40－394
1046		(冯　溥)				纸本	40－394
1047		(沙　澄)				纸本	40－394
1048		(李之芳)				纸本	40－394
1049		(彭鲲躍)				纸本	40－394
1050		[王士徵(禛)]				纸本	40－394
1051		(张实居)		(题杞园杞城别墅图)		纸本	40－395
1052	(济南)	(朱　缃)		(奉题杞园先生杞城别墅图)		纸本	40－395
1053		(朱　纲)		(奉题杞园先生杞城别墅图)		纸本	40－395
1054		(马常沛)				纸本	40－396
1055	(云门)	(马　豫)				纸本	40－396
1056		郭　琇				纸本	40－396
1057		高　梓				纸本	40－396
1058		高公寿				纸本	40－396
1059		(王　灏)				纸本	40－397
1060		张　侗				纸本	40－397
1061		(释成榑)				纸本	40－397
1062		(刘翼明)				纸本	40－397
1063		王　□	广文			纸本	40－398
1064		(王克绍)				纸本	40－398
1065		(释元中)				纸本	40－398
1066		王　□				纸本	40－398

（续表）

序号	乡籍	书画作者	称谓	书画名称	数量	质地	页数
1067		（张安□）				纸本	40－398
1068	诸城	丁耀亢				纸本	40－398
1069	安丘	刘祚远	中丞			纸本	40－398
1070	乐安	李焕章				纸本	40－399
1071	诸城	丁耀亢				纸本	40－399
《桑梓之遗》第九十二册							40－399
1072	掖县	王　汉	大中丞			纸本	40－399
1073	安丘	张继伦	贡生	帖	1	纸本	40－400
1074	安丘	张绪伦	侍御	帖	1	纸本	40－400
1075	诸城	王乘箓		行书诗帖（二首）		纸本	40－400
1076	莱阳	沈士升	端门	帖	1	纸本	40－401
1077	常山	李化熙	大司寇	帖（楷书）	1	纸本	40－401
1078	益都（今属博山）	赵进美	黄门	帖并七律二首		纸本	40－401
1079	掖县	李森先	侍御	行书诗十首		纸本	40－402
1080	诸城	冯世鞏	主政	紫薇诗一首		纸本	40－403
1081	诸城	邱石常		帖	1	纸本	40－404
1082	临清	柳　溙	孝廉	行书诗一首		纸本	40－404
1083	益都（今属博山）	赵双美	贡生	帖	1	纸本	40－404
1084	临清	杨灵圣		帖	1	纸本	40－405
1085	（附）诸城	丁耀亢		自纪年谱诗序（十六首）		纸本	40－405
《桑梓之遗》第九十三册							40－408
1086							40－408
1087							40－408
1088	安丘	刘源渌		友鹤歌并序		纸本	40－409
1089	昌乐	阎循观	考功			纸本	40－413

（续表）

序号	乡籍	书画作者	称谓	书画名称	数量	质地	页数
《桑梓之遗》第九十□册							40－416
1090	掖县	毛似徐		大草书诗（改装）	1	绢本	40－416
1091	济宁	周允元		墨山水	1	纸本	40－416
1092	益都	朱瑞隆		墨山水	1	纸本	40－416
1093	莱阳	高　出	副使	草书诗扇	1	金纸	40－417
1094	益都	冯起震		墨竹扇	1	金纸	40－417
1095	平度	崔　燽		草书	1	纸本	40－417
1096	新城	王象春		楷书诗	1	纸本	40－417
1097	临清	徐尔恒	工部	米仲诏书跋	1	绫本	40－417
1098	莱阳	姜　埰	黄门	楷书诗扇	1	金纸	40－417
1099	沂水	高名衡	中丞	行书诗扇	1	金纸	40－417
1100	掖县	王　汉	中丞	楷书扇	1	金纸	40－418
1101	莱阳	崔子忠	高士	人物画扇	2	次金纸	40－418
1102	益都	杨延孠		大草书词（临雪蓑道人笔）	1	纸本	40－418
1103	历城	韩毓桐		墨兰	1	纸本	40－418
1104	博山	孙宝任		行书诗（改装）	1	茧纸	40－418
1105	安丘	曹　霂		自书词（孙尊彝跋附）	1	纸本	40－419
1106	德州	田同之		行书杜诗	1	绢本	40－419
1107	济宁	焦秉贞	待诏	设色《美人图》	1	绢本	40－419
1108	（附）兴化	郑　燮	邑侯	题《郭景文像》诗	1	纸本	40－419
1109	高密	李怀民		墨山水	3	纸本	40－420
《桑梓之遗》第九十□册							40－420
1110	临清	方元焕	孝廉	大草书诗（改装）	1	纸本	40－420
1111	临邑	邢　侗	太仆	大草书诗（改装）	1	纸本	40－420
1112	茌平	朱之蕃	大宗伯	大行书诗（改装）		纸本	40－420
1113	文登	丛大为	进士	大草书（改装）	1	绫本	40－420
1114	曲阜	孔传志	博士	指墨花卉	1	绢本	40－420

（续表）

序号	乡籍	书画作者	称谓	书画名称	数量	质地	页数
1115	高密	李师中	侍御	杂画（郑板桥题）	3	纸本	40－420
1116	（附）兴化	郑　燮		竹兰	2	纸本	40－421
《桑梓之遗》第九十□册							40－421
1117	章丘	焦祁年	京兆	楷书诗（七首，桂馥签庆霖跋附）		纸本	40－423
1118	胶州	高凤举	文学	杂诗（旧稿）		纸本	40－424
1119	胶州	高凤翰		行书陵州登高诗十首（有跋）		纸本	40－426
1120	兴化	郑　燮	邑侯	折枝兰竹扇	1	纸	40－427
1121	诸城	刘镮之	文恭公	游天台赋		纸本	40－427
1122	曲阜	桂复（馥）		书画扇	2	纸	40－428
1123	历城	郑士芳		写意人物（未谷记笴庵跋附）	1	纸本	40－428
1124	历城	郑士芳		墨山水扇	1	纸	40－429
《桑梓之遗》第九十□册							40－429
1125	临邑	邢　侗	太仆	行书诗扇	2	纸	40－429
1126	滨州	刘馀祐	尚书	行书诗扇	1	金纸	40－429
1127	濮州	叶廷秀	主政	草书诗扇（残）	1	金纸	40－429
1128	濮州	杨本鍼	观察	草书诗扇	1	纸	40－430
1129	曹州	李悦心	参议	行书扇	1	纸	40－430
1130	掖县	李森先	侍御	草书诗扇	1	金纸	40－430
1131	沾化	李呈祥	少詹	楷书诗扇	1	纸	40－430
1132	淄川	高　珩	侍郎	行书诗扇	1	金纸	40－430
1133	掖县	王炳昆	进士	草书诗扇	1	金纸	40－431
1134	蓬莱	王一骥	副使	行书诗扇	1	金纸	40－431
1135	胶州	纪　镛	别驾	临帖草书扇	1	金纸	40－431
1136	馆陶	耿道见	贡生	行书诗扇	1	金纸	40－431
1137	莱阳	张重润	知县（陈留）	行书诗扇	1	金纸	40－432
1138	诸城	刘　墉	文清公	泥金书扇	2	纸	40－433

（续表）

序号	乡籍	书画作者	称谓	书画名称	数量	质地	页数
《桑梓之遗》第九十九册							40－433
1139	桐城	方大猷	大中丞	帖	1	纸本	40－433
1140	奉天	柯永盛	总戎	帖（楷书）	1	纸本	40－434
1141	奉天	丁文盛	观察	帖（楷书）	1	纸本	40－434
1142	辽东	崔光前	观察	帖（楷书）	1	纸本	40－435
1143	安丘	刘正宗	少傅	帖	1	纸本	40－435
1144	莱阳	宋　璜	员外	帖	1	纸本	40－436
1145	潍县	陈调元	黄门	赋稿草	1	纸本	40－436
1146	潍县	张　悫	孝廉	诗稿草（张憼评）	1	纸本	40－437
1147	附			和了座上人诗（牡丹诗六首，回回偈三阕）	1	纸本	40－437
1148	（附）潍县弥陀禅院	释了心		临帖楷书	1	纸本	40－438
1149	清江	杨廷麐	忠节公	杂诗（九首，残）		茧纸	40－438
1150	吉水	刘同升	文忠公	登岱诗（十首，楷书）		绫本	40－439
《百朋合璧》		《桑梓之遗》					40－440
1151	安丘	张在辛	广文	隶书“此中云响”四大字并墨山水	2	纸本	40－440
1152	诸城	张景初	广文	设色画	2	纸本	40－440
1153	胶州	匡若诺		设色山水	3	纸本	40－440
1154	高密	李师中	侍御	设色画并题		纸本	40－440
1155	高密	单承谟		墨山水	1	纸本	40－440
1156	益都	王玙似		设色细画	2	纸本	40－440
	总计（有明确记载数目的书画作品）				1147件/套		
	无数字记录				229条		
备注	1.“书画作者”栏中，姓名不全者，以“□”暂代； 2.“称谓”栏中，部分作者任职地点明确者，亦录入，并以括号注明； 3.“数量”栏中，书画数量按陈介锡所书条目录入，陈氏未标记具体数量者空白不计。						

《桑梓之遗》书画作者分域简表(二)

现省市	乡籍	书画作者/出现次数	作者数目	总数
山东省青岛市	即墨	黄立世1、杨盐4、周如锦3、周如纶5、黄培3、黄宗崇5、黄宗臣2、释德清6、黄宗庠3、黄宗昌3、宗维瀚2、黄垍2、蓝润1、赵僖5、蓝启华4、纪润2、宋统殷3、黄作哲3、胡从宾3、蓝启蕊1、蓝田4、周如砥3、袁肇继1、蓝深2、蓝启肃2、黄贞麟2、黄鸿中3、胡瑄1、杨还吉2、王一元3、黄坦3、黄陈善2、范汝琦1、范褐1、黄贞观2、周毓真3、杨兆鲲2、周鸿图2、黄梦豸2、周日燦2、黄宗辅1、杨进吉1、杨遇吉1、杨文鼎1、黄堣1、周乃沛1、王泽洽1、王曦如1、周鸿谟1、蓝再茂1、蓝昌伦1、江用濬1、洪恩1、范鍊金1、魏纪青1、宋统殷3、江衍汶2、孙元卿1、范养蒙1、蓝思继1、黄基1、纪中兴1、邱孟鼐1、周璛1、范士骥1、韩鄰佐2、江衍汝1、周燿1、周爆1、周濬1、周演1、周瀚1、孙绳武1、张自蕴1、黄嘉善2、范至1、杨舟1、杨兆鲲1、周缃1、蓝因2、范階1、蓝启延1、杨玠1、杨嘉祐2、周乃澍1、杨连吉1、魏勋1、黄体中1、黄如锡1、江横舟1、蓝章1、宋德春1、杨万里1、杨万晓1、杨士鏻1、冯文玠1、周祚显1、朱克柔1、王木1、袁耀然1、周知非1、孙昌祚1、姜元衡1、魏士镃1、杨懋科2、范馤1、杨懋林2、周乃浃1、王懋中1、姜连珠1、王之镃1、黄大中1、黄美中1、王琛1、王垓1、王无咎1、黄克中1、张鹤1、郭廷翕1	119	195
	胶州	张应召9、赵僖5、法若真9、匡璜2、纪腾蛟4、纪之竹3、郭经3、高凤翰13、法宗焞2、匡继武2、张谦宜2、姜长植2、温如玉5、姜如璋(闺秀)3、谭必昌2、赵文煦1、李植1、纪之孟1、张懋熺1、姜长馨2、姜毅2、王如辰1、王懿1、郭竹徵1、赵僎1、宋可久1、宋云会1、赵任2、赵傚1、张若麒1、高允兹1、万士馨1、王纮1、高简1、姜鎗3、王巂3、姜士佐1、高曰恭1、赵泰临1、匡兰馨2、宋世勋1、李大木1、法坤宏1、法坤厚2、赵昌嗣2、于衣1、高缵业2、温正春1、冷枚1、于廓1、宋汉1、高汝澥1、赵焘1、张金砺1、张希傑1、宋可发1、宋克健1、李世钿1、赵佐1、高凤举1、纪镛1、匡若诺1、赵季1、高宏图3、匡铎1	65	
	平都与平度(皆今平度)	崔桓2、崔起1、崔淳1、崔燾3、官一夔1、张度3、官靖共1、官箴1、崔燦1、贾毓祥1、崔谊之1	11	

（续表）

现省市	乡籍	书画作者/出现次数	作者数目	总数
山东省潍坊市	诸城	邱石常5、王钺1、王沛恩(思)2、王沛恂2、刘翼明2、李澄中2、文沛恂1、李华之1、陈司铎1、邱檞1、丁惟荐1、冯源1、张第1、邱元武1、丁耀亢5、张衍1、王锳1、石张侗1、王沛憻1、高璿2、刘壕1、王钦福1、刘统勋4、丁嵱1、丁射则1、王楷1、张嘻初1、张雯1、张霖1、张霸1、金奇玉1、邱云章1、刘棐1、刘墉5、窦光鼐1、刘墫1、王化贞1、王乘箓1、冯世鞏1、刘镮之1、张景初1、刘果1	42	146
	益都（今青州）	赵秉忠2、赵执信5、邱维祯2、陈经1、钟谔1、王潆1、王玓似2、释元中1、朱瑞隆2、李百沐2、徐子茭1、释大珠1、朱载玺1、房可壮5、王衮1、高有闻1、王谦志1、冯起震3、杨涵5、邢玠1、曹璜1、石愔1、邢慎言1、冯可宾2、冯可宗1、王若之1、房之骐1、王荃可1、李文藻2、仇维桢1、杨延孚1	31	
	高密	单务孜1、单宸范1、王飏昌1、单畴书2、王俞昌1、单务爽3、任坪1、赵遂抡1、单若鲁2、单奇1、李师中3、单儆1、单务慎1、李光绪2、李元直1、李光祚1、李昆1、綦汝楫1、任坪1、李士模1、单务脊1、李宪暠1、李怀民1、单承谟1	24	
	潍县（今潍坊）	刘应节1、郭汝龙2、刘以贵2、胡邦佐1、高桂1、齐一经1、王珍1、郭伟基(勣)1、王瑨1、朱若宾2、刘芳声1、高伦1、韩梦周2、姜国霖1、陈调元1、张悫1、释了心1	17	
	安丘	张在辛3、刘正宗2、曹贞吉1、张继伦2、张贞2、张绪伦3、张敬舆1、谢师登1、马长淑1、黄祯1、刘源渌2、王孟煦2、刘祚远1、曹霦1、张亚恒1	15	
	临朐	冯溥1、冯惟健1、冯惟讷1、冯琦1、冯珣1、冯瑗1	6	
	寿光	魏之佳2、李廼1、刘澄甫1、李献明1、安致远2	5	
	昌乐	阎世绳1、刘芳远2、阎学海1、阎循观1	4	
	昌邑	张勿靡1、董三迁1	2	

（续表）

现省市	乡籍	书画作者/出现次数	作者数目	总数
山东省烟台市	莱阳	宋继澄6、周世求1、孙笃先3、张嗣诚1、迟鑛1、崔子忠4、张瑞徵2、姜垓2、张允抡2、宋琏4、高出4、宋俶2、宋琛1、宋琮1、左懋第5、宋应亨2、迟大成1、董嗣谌1、沈时升2、沈迅2、赵士骥2、宋璜2、鞠珣1、左英1、刘珖1、王成命1、周正1、王章1、张嗣谟1、姜桂(闺秀)1、左敬祖2、赵仑1、赵子泗2、周兆龙1、宋摅1、宋惟梁1、张鉴1、姜震1、姜承梅1、左其人1、宋继登1、宋玫2、姜埰2、董樵1、初彭龄1、张重润1、宫协羽1	47	124
	掖县、莱州(皆今莱州)	刘重庆4、宿省2、林嵋1、胡来贡3、钱大受2、罗鸿图2、赵瀚3、赵涛2、张忻1、王家俊2、吕烜1、钱一鹤1、姜仲轼1、姜梦鳌1、任唐臣2、罗鸿范1、赵琳2、毛纪1、王壮图2、毛漪秀1、钱祚徵1、刘学2、姜兆张1、王壮畿1、林峻2、刘学祖1、王应豸1、毛九华1、翟允(云)升1、王道炷1、郭东山1、郭从朴1、李宗仪1、王汉3、满之章1、刘鑫永1、赵士冕1、刘鍑永1、钱馨1、张之维1、滕之湖1、李森先2、毛似徐1、王炳昆1、石三畏1、赵燿1	46	
	海阳	李本淳1、李本瀣1、李朴1、李承祖1、李果3、李汝瑛1、盛世鸣1、李杜1、赵作舟1、李本涵1、薛璟1、李承芳1、李承统1、李本瀓1、李本渥1	15	
	蓬莱	沙澄3、陈梦琉1、马金门1、王言1、王一骥1	5	
	黄县(今龙口)	王时中1、王时正1、王遵古1、姜隐1、范乃蕃1	5	
	海丰	张可大1、杨巍1、张镠2、王清1	4	
	福山	陈汝弼1、鹿廷瑄1	2	
山东省德州市	德州	卢道悦2、吴思敬1、王幼慈1、田霢1、赵善述1、赵念曾1、田雯2、李徵熊1、宋弼1、谢重辉1、冯廷櫆1、卢见曾2、田同之1、李楝1、李柽1、吕东表1	16	24
	临邑	邢侗9、邢王称1、邢慈静1、邢佺1、李若诺1	5	
	平原	董讷2、董元赓1、董冲1	3	

（续表）

现省市	乡籍	书画作者/出现次数	作者数目	总数
山东省济南市	历城	刘伍宽1、许邦才1、李攀龙1、张教1、张敌1、朱文震1、高本1、高山1、边贡3、朱攸1、韩毓桐1、刘天民1、赵于京1、郑士芳2	14	23
	章丘	张笃行1、焦祈年3、李慎修2	3	
	济南	朱岷3、张选1、张尔岐1	3	
	平阴	孙光祀1	1	
	济阳	艾元徵1	1	
	长清	朱纯1	1	
山东省济宁市	曲阜	颜光敏2、叶彬1、孔弘辅1、孔继涑3、孔传橿1、孔继炘1、桂复(馥)3、孔尚任2、孔衍栻1、孔继涵1、孔毓圻1、孔传志1	12	23
	济宁	孙芳1、潘如1、孙扩图1、于若瀛1、刘淇1、刘汶1、周允元1、焦秉贞1	8	
	金乡	秦士奇1、刘桂甫(圃)2	2	
	汶上	郭士祯1	1	
山东省淄博市	淄川	唐梦赉2、谭诚言1、张询1、张敬1、张至发1、毕世持1、赵其昌1、张泰来1、高珩1	9	22
	新城（今桓台）	王启磊2、李鸿霆2、王象咸2、王士禄1、王士徵(禛)7、王象斗1、王象春2、何世琏1	8	
	博山	孙宝任1、孙廷铨1、赵进美1、赵双美1	4	
	常山(实为长山，含今淄博周村区)	李化熙1	1	

（续表）

现省市	乡籍	书画作者/出现次数	作者数目	总数
山东省聊城市	清平与临清（皆今临清）	张东观1、张振秀1、柳桼1、杨灵圣1、徐尔恒1、方元焕1、杨萧1、谢榛1、张天瑞1	9	22
	聊城	傅光宅1、邓钟岳2、王午塘1、任克溥1、刘鏻1、傅以渐2、邓汝功1	7	
	堂邑（今东昌府区）	许维新1、张凤翼1	2	
	茌平	朱之蕃2、王曰高1	2	
	东阿	于慎行1	1	
	朝城（今莘县）	陈赞化1	1	
山东省滨州市	高苑、长山、邹平（皆含今邹平）	陈文德2、马骕1、马光1、石曰琮1、吴恺1	5	13
	滨州	杜溹1、刘馀祐1、王泽苏1	3	
	沾化	苏毓眉2、李呈祥1、苏本眉1	3	
	惠民	李本樟1、李之芳2	2	
山东省菏泽市	濮州（今鄄城）	周显宗1、桑溥1、李廷相1、李先芳1、叶廷秀1、杨本鍼1	6	10
	曹州（今曹县）	武起潜1、李悦心1	2	
	单县	秦纮1	1	
	定陶	董梦曾1	1	
山东省临沂市	沂水	高淑曾1、武卫1、高名衡1	3	9
	蒙阴	公鼐1、熊相周2	2	
	沂州（故址在今兰山等地）	黄图昌1、周京1	2	
	兰山（今兰陵）	宋澍1	1	
	莒南	庄谦2	1	

（续表）

现省市	乡籍	书画作者/出现次数	作者数目	总数
山东省日照市	日照	焦竑1、李蕃1、李应廌2、丁士劼1、辛有光2	5	5
山东省威海市	文登	徐士林6、刘孔昭1、丛可植1、于令滂1、丛大为1	5	5
山东省泰安市	东平	范道坤（闺秀）1、王者臣1	2	4
	泰安	赵国麟1	1	
	新泰	张湘汉1	1	
山东省枣庄市	峄县（今薛城区）	褚德培1	1	2
	滕县（今滕州）	张昌1	1	
山东省东营市	乐安（今广饶）	成勇2、李焕章3	2	2
以上为乡籍山东且身份明确者			小计	629
江苏省	长洲（今苏州）	宋永升1、王士鋐1、周天球1、文徵明1	4	17
	金陵、秦淮（皆今南京）	胡玉昆1、薛仁2、徐翩翩1	3	
	江都（今扬州）	文九皋1、虞沅1	2	
	丹徒（今镇江）	祝应端4	1	
	溧阳（今常州）	宋献1	1	
	阳湖（今常州市武进区）	孙星衍1	1	
	句容	孔贞运1	1	
	宝应	赵开雝1	1	
	兴化	郑燮7	1	
	仪征	阮元1	1	
	江阴	汤明善1	1	

（续表）

现省市	乡籍	书画作者/出现次数	作者数目	总数
浙江省	归安（今湖州）	沈柱臣1、戴永椿1、沈荣昌1	3	11
	宁波	周斯盛3	1	
	秀水（今桐乡）	冯景夏2	1	
	瑞安	林增志1	1	
	当湖	陆陇其1	1	
	海宁	查昇1	1	
	乐清	侯庭训1	1	
	遂安（今淳安）	毛际可1	1	
	仁和（今杭州）	沈廷芳1	1	
河北省	馆陶	耿大光2、耿愿愚2、耿道见1	3	10
	大名与邱县（皆今邯郸）	刘大观1、成光1	2	
	雄县（今保定）	马之骦1、唐时1	2	
	临清州（今临西）	邢泰吉2	1	
	邢州（今邢台）	天宁寺僧熔1	1	
	磁州（今磁县）	康霖生1	1	
安徽省	歙县	方世鸣2、汪廷章1、方士[illegible]1	3	7
	天长	陈以刚2	1	
	六安	杨友敬1	1	
	祁门	马曰瑄1	1	
	桐城	方大猷1	1	

（续表）

现省市	乡籍	书画作者/出现次数	作者数目	总数
河南省	祥符、汴京（今开封）	宋仁宗1、周亮工3	2	6
	孟津	王铎1	1	
	襄城	崔璞1	1	
	滋阳（今濮阳）	孙元振1	1	
	杞县	雪蓑道人1	1	
辽宁省	奉天（今辽宁）	连云1、刘光业1、柯永盛1、丁文盛1	4	6
	辽东（今辽宁东、南部与吉林东南部）	高元爵1、崔光前1	2	
江西省	安福	郭卫城1	1	5
	南昌	马世勋1	1	
	清江（今樟树）	杨廷麐1	1	
	泰和	郭子章1	1	
	吉水	刘同升1	1	
福建省	莆田	林尧俞1、黄潜1、林有章1	3	4
	漳浦（今东山）	黄道周1	1	
北京市	大兴与宛平（皆今北京）	张永祺1、尤淑孝1、翁方纲2、王崇节1	4	4
四川省	四川	尚廷枫1	1	3
	南充	黄辉1	1	
	遂宁	张问陶1	1	
山西省	潞安（今长治）	万代尚1	1	3
	偏关	万世德1	1	
	河中（今永济）	马远1	1	

（续表）

<table>
<tr><th>现省市</th><th>乡籍</th><th>书画作者/出现次数</th><th>作者数目</th><th>总数</th></tr>
<tr><td rowspan="2">广东省</td><td>南海（今佛山）</td><td>程可则1</td><td>1</td><td rowspan="2">2</td></tr>
<tr><td>广宁</td><td>张问政1</td><td>1</td></tr>
<tr><td rowspan="2">云南省</td><td>蒙化（今大理）</td><td>张端亮1</td><td>1</td><td rowspan="2">2</td></tr>
<tr><td>永昌（今保山）</td><td>张合1</td><td>1</td></tr>
<tr><td>上海市</td><td>华亭（今松江区）</td><td>董其昌1</td><td>1</td><td>1</td></tr>
<tr><td>重庆市</td><td>铜梁</td><td>张佳胤1</td><td>1</td><td>1</td></tr>
<tr><td>贵州省</td><td>黎平</td><td>朱万年1</td><td>1</td><td>1</td></tr>
<tr><td colspan="3">以上为有明确乡籍且身份明确者</td><td>小计</td><td>712</td></tr>
<tr><td>江南</td><td>江南（今长江中下游以南）</td><td>沈健1</td><td>1</td><td>1</td></tr>
<tr><td colspan="3">以上为有完整姓名，但具体乡籍模糊者</td><td>小计</td><td>1</td></tr>
<tr><td colspan="2">有乡籍，有姓无名</td><td>江□（即墨）1、杨□（即墨）1、袭□（济南）1、张□（博兴）1、宋□（莱阳）1</td><td>5</td><td>5</td></tr>
<tr><td colspan="2">有乡籍，有名无姓</td><td>无</td><td>0</td><td>0</td></tr>
<tr><td colspan="2">有乡籍，无姓无名</td><td>胶州1</td><td>1</td><td>1</td></tr>
<tr><td colspan="2">无乡籍，有姓有名</td><td>文涛1、汪芝1、龚逵1、王国镛1、孙丕式1、赵如献1、江少游1、张世槙1、顾然1、李梅朋1、谭抑1、董剑锷1、栾质简1、王道著1、黄允瑫1、迟鉥1、余椾1、释本因1、江水汜1、贾汉1、张泰贞1、宋士秀1、宫应龙1、孟毓蕃1、杨立1、孙忏1、孙笃胤1、许祯1、张也颠1、王赐1、薛益1、苏景慎1、孙含1、孙忏2、王穆如1、酒道人2、王重先（道士）1、罗于相1、沈麟生1、孙培章1、张堂1、张世瑢1、丁梦斗1、魏维</td><td></td><td></td></tr>
</table>

（续表）

现省市	乡籍	书画作者/出现次数	作者数目	总数
		翰1、黄贞衲1、杨兆龙1、徐兆极1、高锐1、杨汶1、唐启寿1、盘江逋客1、张文鹏1、李永绍1、谢乃实1、南涧先生1、顾愿1、孔继涑1、赵执1、申士秀1、(冯溥)1、(沙澄)1、(李之芳)1、(彭鲲躍)1、(张实居)1、(朱缃)1、(朱纲)1、(马常沛)1、(马豫)1、郭琇1、高梓1、高公寿1、(王灏)1、张侗1、(释成樽)1、(刘翼明)1、(王克绍)1、(释元中)1、(张安□)1	78	78
无乡籍，有姓无名		吕□1、张□1、姚□1、陈□1、邱口1、王□1、王(广文)□1	7	7
无乡籍，有名无姓		□采1、□鸿图1、□慎先1、□弘儒1、□溱1、□尊美1、□衮1、□孝徵2、□明1	9	9
无乡籍，又无姓名		11、32、297、329、330、331、332、519、588、645、669、693、821、949、1039、1087、1088、1148	18	18
以上为乡籍或姓名不明确者			小计	118
总计				831
备注	1. 此表是在前表的基础上，按作者乡籍整理而得； 2. 表中“无乡籍，有姓有名者”一栏，部分作者姓名虽可查证，但为尊重原文收录时的书写情况，不再归入其他类别，以免造成混乱。			

（潍坊市博物馆馆员　武夫强
潍坊市博物馆副研究员　谭霭岚）

高氏望族金石学

高氏乃潍县世家大族，于科举、金石、书法代有名人。高氏金石学家主要指潍县西关高氏（今潍城区东风大街）的高庆龄、高鸿裁、高嘉钰、高树棠等，他们收藏并著录了大量古玺印和砖瓦文字资料，但囿于条件，著作少且传布未广。今潍坊市博物馆藏有清钤印本《高庆龄集印》《古印偶存》、清拓本集《上陶室砖瓦文捃》等，可作资证。

一、高氏望族

潍县高氏共五族，元末时，其中一支卜居益都路北海县（今潍城区潍城西关），形成以高整为始祖的渤海高氏①（图 3－18－1）。渤海高氏六世从堂

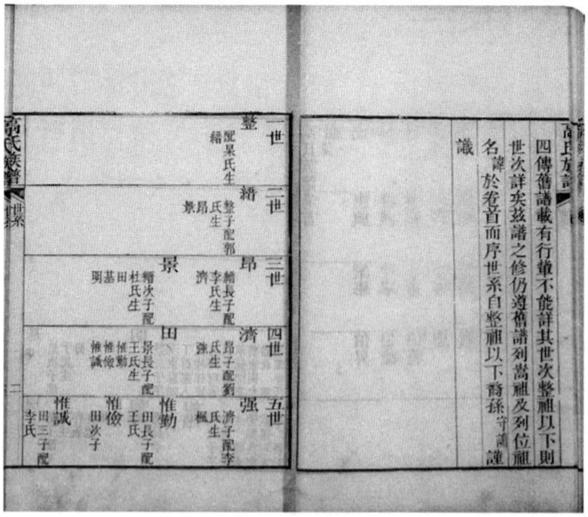

四傳舊譜載有行輩不能詳其世次整祖以下則
世次詳矣茲譜之修仍遵舊譜列嵩祖及列位祖
名諱於卷首而序世系自整祖以下裔孫守訓謹
識

图 3－18－1　《北海高氏族谱》

① 〔清〕高守训：《北海高氏族谱》卷一，嘉庆二十年（1815）刻本。

兄弟六人分领六支：长支高枫居大于河宋家庄，二支高存义居樱桃园，三支高朴居西关，四支高桂居麓台，五支高栻居鞍子街，六支高梓居太平街。明清两代，4 名潍县高姓进士均为高整后裔：麓台的高桂、高守训，西关的高其召、高承瀛。14 名高姓举人中，有 10 名出自渤海高氏（西关 7 人，麓台 3 人），西关高氏最为兴旺。显赫的高整一族，可谓人才辈出。

高明，高氏四世，明嘉靖十六年（1537）举人，官至河间府通判。

高桂，高氏第六世，高明孙，字凤翥，明万历五年（1577）进士，清乾隆《潍县志》说他"双目如电，十行俱下，有气节"。万历十六年（1588）顺天乡试，高桂时任礼部主事，奉旨与右庶子黄洪宪等巡考，发现考生徇私舞弊，考风大坏。高桂奏疏《科场大坏疏》，要求复核试卷，此举冒犯张居正，波及诸多大臣。未几，高桂左迁陕西甘泉知县，后为武选司员郎中。中途母丧，遂告丁忧，返潍县。既而于麓台书院执教 20 余年，官府于西门大街建"乔梓清班坊"以示旌表。

高守训，六世高桂之后，字觐甫，乾隆五十八年（1793）进士，三甲三十七名，任江苏宜兴知县。他继承恩师韩梦周的衣钵，于麓台书院讲学，与其门生刘鸿翥、郭圩、郭墇、陈凤翰、陈官俊（介祺父）、王延年及族侄高其召等共同推广"教育以古文为时文"的理学观念，推崇《春秋》、宋儒《近思录》、陈北溪《字义》等，后执教于潍阳书院。

高其召，六世高朴之后，高氏十四世，字聘三，号雪庭，清嘉庆十年（1805）进士，官至国子监监丞。

高翰国，高氏十四世，字西林，号堇园，清同治元年（1862）举人，官至知府钦加三品衔。

高梦麟，高氏十五世，高其召次子，字石卿，号绂堂，道光十二年（1832）举人，官至饶州知府。

高承瀛，高氏十五世，字石洲，清光绪九年（1883）进士，四川井研县知县，钦加同知衔。著有光绪《井研志》四十二卷、《粤游见闻》等。

高树棠，高氏十五世，字芾村，光绪十二年（1886）贡生，候选教谕，著名书法家。

二、高氏金石学家及其成就

清末，受金石学界领军人物陈介祺的影响，潍县金石学发展鼎盛，仅西关高氏便出三位金石家。

（一）高庆龄《齐鲁古印攈》和清钤印本《高庆龄集印》

高庆龄（？—1883）：字叔余，号南郑，别署古雪书庄主人，廪生。其喜好金石，尤精古玺印，与陈介祺为同代人。

1.《齐鲁古印攈》（图 3－18－2）

图 3－18－2 《齐鲁古印攈》（天衡艺术讲坛）

高庆龄晚年与子高鸿裁、侄高嘉钰共同考订，撰《齐鲁古印攈》四卷，续一卷，收印 688 方，考订精详。潘祖荫、王懿荣、宋书升为之作序。当年王懿荣路经潍县，对其所藏金石文物进行鉴评："过潍县，住四日，遍访赏鉴家。在陈寿丈处三日，书画古器不具数。见所藏朱子《楚词》与协卿本装潢皆同。见南郑丽珍所藏古泉、古砖、古印。"①

《齐鲁古印攈》成书于光绪七年（1881），主要收集并研究山东地区出土的战国至汉魏古印，是首部地域性的古玺印印谱。高庆龄"取地下之实物，与纸上之遗文互相释证"，借此可研究印信制度、封邑、职官、印风等，为古玺印与古文献记载相印证的最早实践者之一，与王国维先生"二重证据法"旨趣相契合。《齐鲁古印攈》的学术价值于潘祖荫、王懿荣、宋书升等学者的序跋中均有体现。

《齐鲁古印攈》编纂体例谨严。开篇先秦古玺，先列官印，次为私印；材质方面，先列铜印，次为银印，再次为玉印。朝代排序方面，依次为：秦铜官印，汉铜官印，汉铜两面印，汉泥官印，汉铜半通印，汉铜长方姓名印，汉银长方姓名印，汉铜子母印，汉铜母印，汉铜黄神印（即"黄神越章"和"黄神□章"两方印），汉铜四侧文印，汉泥私印，汉铜殳篆印，汉铜两面姓名印，汉铜两面吉羊印，汉铜吉羊印，汉铜长方吉羊印，汉铜肖生印。

① 吕伟达主编：《王懿荣集》，齐鲁书社 1999 年版，第 261 页。

2. 《高庆龄集印》

全书共29册，集印3589方（图3－18－3、3－18－4）。每册纵23厘米，横14.5厘米，纸本经折装。现撷取典型玺印酌作介绍，有关释文或参照《故宫博物院藏文物珍品大系　玺印》。

图3－18－3　《高庆龄集印》扉页高庆龄像

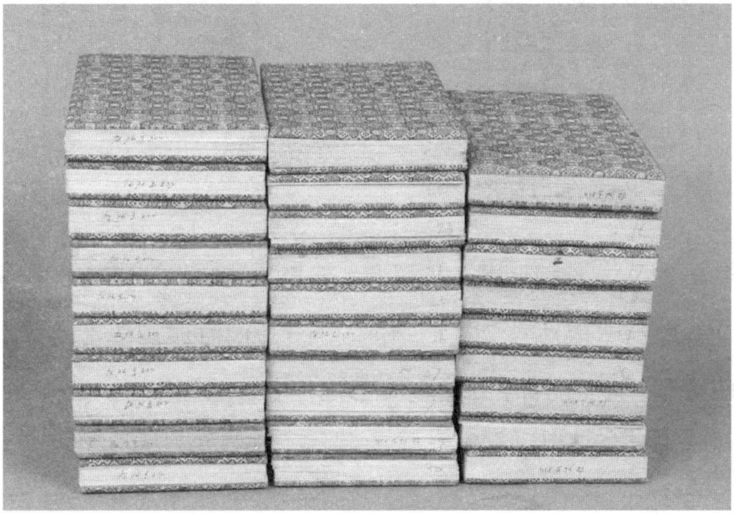

图3－18－4　《高庆龄集印》

（1）“汉北海郡高庆龄集印”印（图3－18－5），白文，汉殳篆印，系高氏自用印。

殳篆为秦书八体之一，最初书之于兵器的殳上。殳是先秦至两汉时期用竹木所制的长柲兵器，通常柲长丈二，装铜殳首、殳镦。

高庆龄自署“汉北海郡”，意其为北海郡人。此印文工稳、丰腴、朴茂大气，为潍县印学名家王石经所刻。①

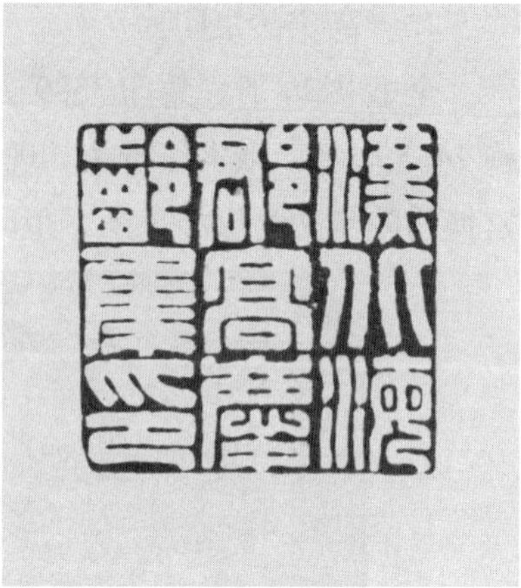

图3－18－5　“汉北海郡高庆龄集印”印

（2）“恭阴都司徒”印（图3－18－6），战国时期燕国官印，阴线边栏，白文。“恭阴”为燕国城邑。玺文“都”的写法为燕国官玺所独有。地名称“都”也是燕玺的一个显著特点。

（3）“䣙郋都司工”印（图3－18－7），战国时期燕国官印，阴线边栏，白文。“䣙郋都”系燕国地名。

图3－18－6　“恭阴都司徒”印

图3－18－7　“䣙郋都司工”印

（4）“柾阳都左司马”（图3－18－8），战国时期燕国官印，阴线边栏，白文。“柾昜都”即桓阳都，战国时期燕国地名，地望待考。此玺为该地主管军事的官员之印。

① 〔清〕王石经著，陈进整理：《西泉印存》，天津人民美术出版社2014年版，第21页。

（5）“专室之玺”印（图3－18－9），战国时期楚国玺，圆形，白文。“专室”即古代的“传室”，以车传递称“传”，以马传递称“驿”，步递则称“邮”，“专室之玺”是古代负责传递军政公文的长官的官印。相同的楚玺，目前国内仅三枚，除此枚外，故宫博物院收藏一枚，陈介祺收藏一枚。此玺为圆形，较少见，齐国有圆形玺，如青州博物馆藏当地出土“左桁廪玺等”①。

图3－18－8 “柾阳都左司马”印

图3－18－9 “专室之玺”印

（6）“别部司马”印（图3－18－10），汉印，白文，字形古朴浑厚，笔画粗壮圆劲。该印的形制与著录中的西汉官印风格接近。

（7）缪篆“新成甲”印（图3－18－11），汉私印，白文。此类印文由先秦鸟虫篆演化而来，书体诘屈盘叠，繁复匀密。

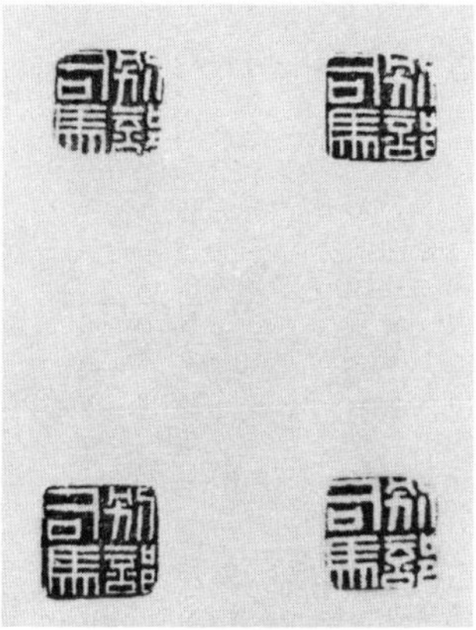

图3－18－10 “别部司马”印

图3－18－11 “新成甲”印

① 青州市博物馆：《青州文明图典》，云南教育出版社2011年版，第40页。

(8)“建威偏将军”印(图3－18－12),东晋铜官印,白文。从书体款识来看,似是急就凿刻之章。

(9)肖形印坐骑图像(图3－18－13),战国,造型精练。凡此宛如齐战国树木对兽纹瓦当人骑马上之形象,故推断其为齐地所出。

图3－18－12 “建威偏将军”印

图3－18－13 肖形印坐骑图像

(二)郭祐之《续齐鲁古印捃》

郭祐之(1847—1912),高庆龄之甥,字锡民,号申堂,贡生,举人郭梦星长子。喜藏三代秦汉玺印,与表弟高鸿裁交流颇多,著有《续齐鲁古印捃》《松南书屋书目》《潍县科第考》。

1.《续齐鲁古印捃》

全书共16册(图3－18－14),钤印本。每册纵27厘米,横16厘米,纸本线装。郭祐之以家藏古玺编成此谱,于光绪十八年(1892)钤拓印行,内

图3－18－14 《续齐鲁古印捃》封面

封题为“续齐鲁古印捃”，下有小字“申堂辑，仲铭署”，左下钤印“鸿勋之印”（图3－18－15），牌记为“光绪壬辰潍县郭氏定本”（图3－18－16）。

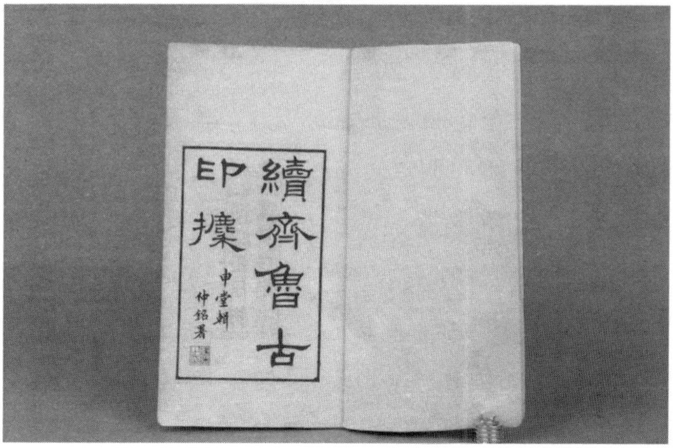

图3－18－15 《续齐鲁古印捃》扉页

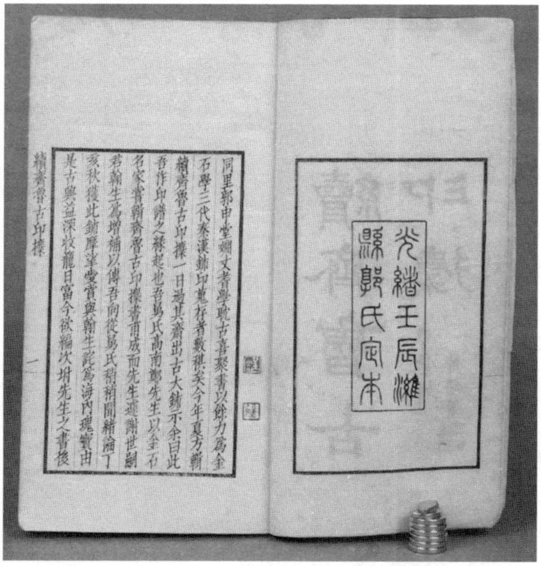

图3－18－16 《续齐鲁古印捃》牌记和序

卷首有清光绪十七年（1891）潍县宋书升序（图3－18－16），谈及此书编辑源流甚详：“同里郭申堂姻丈耆学耽古，喜聚书，以余力为金石学，三代秦汉玺印搜存者数稘矣。今年夏方辑《续齐鲁古印捃》，一日过其斋，出古大玺示余曰：‘此吾作印谱之缘起也，吾舅氏高南郑先生以金石名家，尝辑《齐鲁古印捃》，书甫成而先生遽谢世，嗣君翰生为增补以传。吾向从舅氏稍稍闻绪论，丁亥秋获此玺，摩挲爱赏，与翰生诧为海内瑰宝，由是古兴益深，收笼日富。今欲编次，附先生之书后，公诸同好，即以此弁简端，惟是篆文奇诡，索解为……是非未始非问学之意也。'余韪其说，遂书以为序。"

此谱每页一印，卷一至卷四收古玺287方，卷五收官印80方，卷六至卷十六收私印817方，共收印1184方。

（三）高鸿裁《古印偶存》《上陶室砖瓦文捃》及其他著作

高鸿裁（1852—1918），高庆龄子，字翰生，又字菟伯，室名上陶室、退耕堂等，所藏秦砖、汉瓦、六朝墓志尤多。与王懿荣、缪荃孙、罗振玉、孙葆田、徐坊、柯劭忞等书信往来，切磋研讨，并与宋书升相携往访。辑有《齐鲁古印捃补》《上陶室砖瓦文捃》《辨蟫居藏书目》《齐鲁遗书十八种》《历代志铭征存》，与潍县王石经、田镕叡、刘嘉颖等各出精品辑有《古印偶存》。

1.《古印偶存》

全书共4册（图3－18－17），每册纵21.5厘米，横14.3厘米，纸本线装。每页十行，黑口，四周单边，双黑鱼尾。该书牌记（图3－18－18）云："光绪十六年，岁在上章摄提格，潍县王石经西泉、田镕叡铸叔、高鸿裁菟伯、刘嘉颖实夫同辑。"册中夹有便笺，上为陈秉忱所书"为纪念西泉先生购此印存于国子监中国书店。此印集成于光绪十四年（1888）戊子，是曾祖父

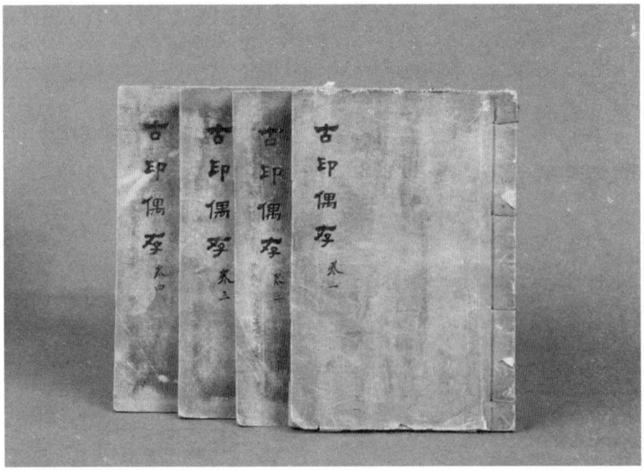

图3－18－17 《古印偶存》封面

簠斋逝世后四年，先生新得古印，未得选入《十钟山房印举》。秉忱于一九六一年元月十日夜”，后钤印“陈”字。该书正文第一页钤战国齐官玺一方，印文为“十四年十一月师绍”。

图3－18－18　《古印偶存》牌记

2.《上陶室砖瓦文捃》

纸本，纵41.5厘米，横34厘米（图3－18－19）。潍坊市博物馆现存砖、瓦各5册，文字精雅，花样美富，为古陶拓之珍本。

图3－18－19　《上陶室砖瓦文捃》内页

高鸿裁竭三十余年之精力，搜集汉魏砖瓦千余件，后拣取五百余件珍品捶拓成《上陶室砖瓦文捃》。高氏上陶室砖瓦位居全国第一。民国《潍县志稿》卷三十《人物·文学》云："鸿裁益购求所藏，多善本，丹铅校雠，日不暇给。尤嗜金石文字，旁及瓦当专甓封泥之属，皆非世所习见，而所获秦颂辞专尤为海内第一。有清以来，乡先达多藏书籍、嗜金石，濡染乡闻，又遍交当世知士如福山王懿荣、江阴缪荃孙、上虞罗振玉、荣成孙葆田、临清徐坊、胶州柯劭忞等为文字之友。"

（1）"齐"字砖（图3－18－20）。陆明君《陈介祺年谱》载潍县所出"齐"字砖为春秋战国时物，簠斋收数方。同治三年（1864）七月二十五日，掖县（今莱州）张士保、翟齐过访，陈介祺作七言诗描述了他们共赏"齐"字砖的情形，从诗中知，翟齐曾戏言"齐"字"篆形如人戴笠，炯目闭口"，好似陈介祺的名与像。① 按"齐"字砖，由书体应断为秦汉时物。

（2）"十二字韵语"砖（图3－18－21）。光绪十三年（1887），高鸿裁从河南得汉时祠壁一砖，上有12字篆文："海内皆臣岁登成熟道毋饥人。"王懿荣命为"十二字韵语砖"，并为之题跋："翰生所得，定为秦制，翁阁学所谓以文字定时代也。正拟藉此语为今日天家祝釐耳。王懿荣记。"②

图3－18－20　"齐"字砖

图3－18－21　"十二字韵语"砖

① 陆明君：《陈介祺年谱》，西泠印社出版社2015年版，第145页。
② 熊龙：《西汉"海内皆臣"砖研究》，载《四川文物》2011年第6期。

（3）“万岁”砖（图 3－18－22），“岁”字反书。先秦铭文习见反书，而汉魏砖瓦文字则罕见。许昌张潘镇汉魏许都故城遗址出土的同铭“万岁”砖，其“岁”字亦反书，两者可互证。

图 3－18－22　“万岁”砖

3. 王懿荣题汉“道德顺序”瓦当图轴

瓦当图轴（图 3－18－23、3－18－24），纵 125.5 厘米，横 33 厘米，纸本墨拓。王懿荣题跋：“此与程氏瓦当文字所录‘仁义自成’四字瓦，语句相对成文。不知所施意，当时名词一片必皆均语。凡此类一句者亦止此一见也。故流传绝少，惟吉语中有励辞，古人之用心如此。即拓寄翰生世老长兄为新年祝釐，养潜居士懿荣。”后钤“石渠瓦斋”朱文印。

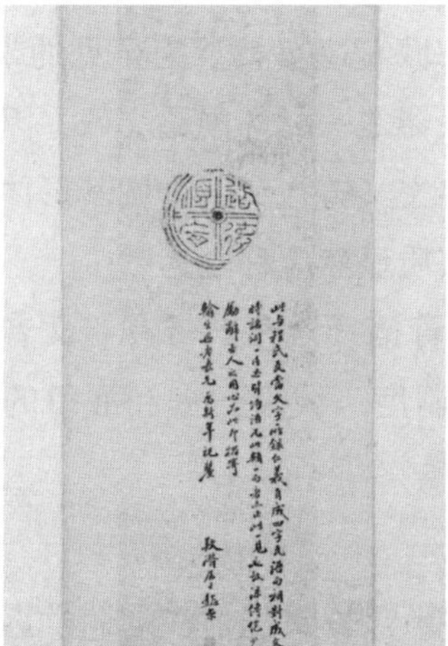

图 3－18－23　瓦当图轴全图

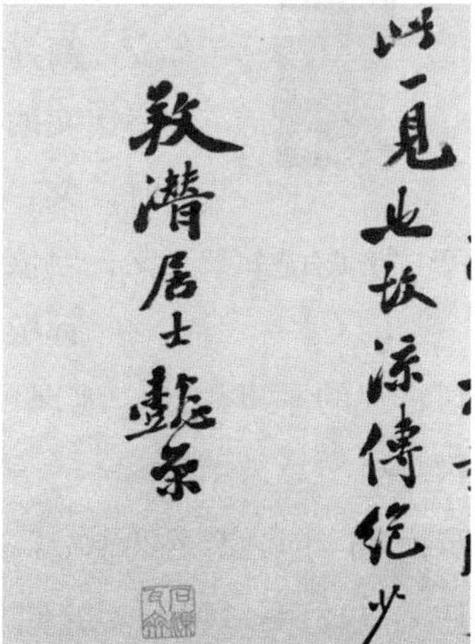

图 3－18－24　瓦当图轴局部

（四）高嘉钰藏齐城右造车戟

高嘉钰，高庆龄族侄，字丽珍，号式如，清太学生，藏辑《秦汉印简》四卷、《古印谱影》等。其藏一件战国铭文戈（戟），《潍县金石志》卷一载："右戈援胡已缺，内长四寸，铭在内孔之下，九字二行，字向内孔读。出县北乡今存高嘉钰丽珍家。"民国《潍县志稿》卷三十八《金石·金类》载："齐城右□车戈侃□□。右戈援、胡已残，内长公尺九分四厘，铭在内孔之下，九字二行，字向孔读。出县北乡，曾存高嘉钰家。"此戟迭经著录，均未注明出处。

图3-18-25 "齐城右造车戟"
（《考古发现与齐史类征》）

孙敬明释此戟铭文曰"齐城右造车戟冶期"（图3-18-25），并指出其为齐战国铜戟，齐城三戟之一。铭文共2行8字，铸于内上。其中"冶"字释作"侃"与形差近；最后的"期"字，因其从"日"从"其"又从"月"，字体过长，似为两字。这种"期"字的写法，也是齐国文字的特点。① 由戟的形制和铭文辞例及书体特点，可推定其为战国晚期所造。

高嘉钰收藏的齐城右造车戟，为罕见的带"冶"字铭文的五件齐国兵器之一。齐国铭文戟，因其出土时，戈、矛分离，铭文又铸在戈上，按其形体当称为戈，但依其用途和实质显然应称之为戟。

孙敬明评价："青铜兵器尤其带有铭文者，其还对于探讨古代的军事思想、地理环境、政治制度、城市防御和战争的时代特点等，极具科学意义。"②

（五）高树棠书《寿卿陈公善行记》

高树棠（1854—1930），光绪十二年（1886）岁贡生，候选儒学训导。通

① 孙敬明：《考古发现与齐史类征》，齐鲁书社2006年版，第169页。
② 孙敬明：《考古发现与齐史类征》，齐鲁书社2006年版，第168页。

晓四书五经。善书法，工行草，参以魏碑体自成风格，尤以四条屏见长。

2021 年夏，潍城区城隍庙在施工过程中，掘得明清石碑数通。其中，前殿东耳房前檐地下出土《寿卿陈公善行记》碑一通（图 3－18－26、3－18－27）。承蒙谢竞超、高玲美意，惠示碑拓图片予孙敬明先生，笔者得同先生赴现场考察出土情景、摩挲碑文，遍检阴阳，剔抉残泐。该碑高 110.5 厘米，宽 74.3 厘米，厚 18.5 厘米，碑文为楷书。碑身下端被整齐裁去十数厘米，故残失底端文字（每行一或二字）。现将碑文内容移录如次：

图 3－18－26 《寿卿陈公行善记》碑

图 3－18－27 《寿卿陈公行善记》碑文拓本

寿卿陈公善行记

吾邑于光绪乙亥（1875），谷不登。来年丙子（1876）麦复不登，遂大饥。荐绅议为粥食饿□，独任其一。始设厂于教场，日至数千人。自七月起浃月少间，以农务兴也。是城隍庙，至丁丑（1877）五月止，日至万余人，是举也，前后八阅月。公尽出藏粟，独与雨寒暑，每日必亲至粥厂，至必遍尝粥。目睹饥黎连肩接踵，辄怵惕不自安。朝加公二品衔。祜曾以正郎用。邑之人咸戴不忘，既以“利物礼仁”“惠我桑梓”

两□。固辞，卒不获已。己卯（1879）秋相与征余文，以为记。余知公之深也。公性沉执，志于实学，养疴里居，持身接物一秉先儒。语录在在，见诸践履。南氛东扰，与不精良巩固，盖实心实力出也。而其济人之众，感人之深，又莫如赈饥一□。在公不获辞，即余援笔以记，亦无所用。其推诿，公固不为名高也。惟愿后□蒙庥于无穷夫。

钦加光禄寺署正衔，乙卯科经魁，青城县训导，加三级卓异候升同邑田名撰拜□。

廪膳生同邑高树棠拜□。光绪五年（1879）岁次己卯孟冬之月谷旦。

再，此石碑背面为参与立碑的阖邑士绅60余人姓名联署（图3－18－28、3－18－29）。

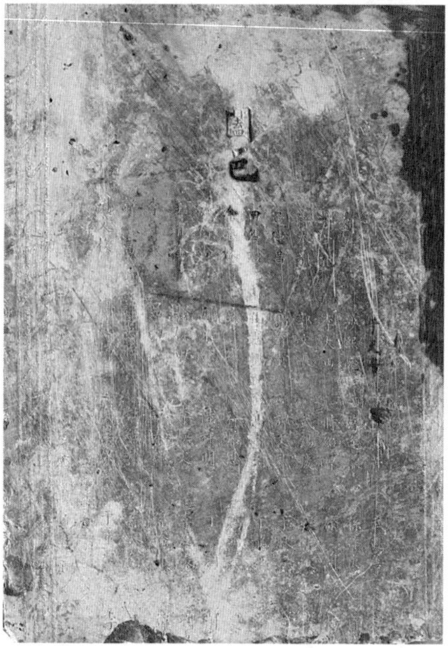

图3－18－28　《寿卿陈公善行记》碑阴

阖邑

张致纯　蒯招晋　刘轶群　丁宗孔　蒋奎训　边德昌　田名哲　徐墨林　谭衍汾　王有奎　李守义　谭富　胡文枚　萧殿奎

于元音　沙熙元　李大田　郭文长　高育贤　孔宪鹏　吴钊　胡东经　郭履田　吕尚德　谭英臣　傅廷瑞

谭其芾　葛逢春　时绍曾　武锡庆　谭文斗　高翰阁　齐培恩　陆祥明　李焕文　谭奉璋　杜经邦　贺隰原

武遵善　孙作庚　徐湖　张作绶　于献谟　丁龙池　高鸿逵　丁钢　李廷俊　孙抡州　李容舒　于希圣

谭　郎郡　杨思　李　赵　徐　边　蒯作　刘　谭　王　李

图3－18－29　《寿卿陈公善行记》碑阴署名

碑文记载，光绪元年至二年（1875—1876），潍县谷麦不收，饥荒遂至，官绅决议施粥救济灾民，陈介祺独任其一，于教场设粥厂，日赈济灾民数千人。又于城隍庙设粥厂，至光绪三年（1877）年五月，赈济灾民日达万余人。陈介祺尽出家中存粟，不避风雨寒暑，每日躬亲粥厂必遍尝粥，目睹饥黎连肩接踵，惶恐难安。朝廷加封他二品衔，长孙陈阜也得表彰。潍县民众感恩戴德，欲赠“利物礼仁” “惠我桑梓”两匾鸣谢，却被坚辞。光绪五年（1879）年秋，潍县世家田名撰，受潍县民人所托，撰写《寿卿陈公善行记》，由高树棠书丹上石。该碑立于潍县城隍庙，俾便众人观瞻，以感怀陈氏之德。

据《潍县志稿》卷三十《人物·文学》载，田名撰，字金诏，号蕉农，少刻励于学。咸丰乙卯（1855），以第四人举于乡。大挑知县，请改教职。丁卯（1867）以守城功，议叙光禄寺署正衔，选授青城县训导。大府重其品，檄监泺源书院前后主讲，巨公皆敬重之。与玉田蒋庆第舍人以道义相规，往来称笃好。汪鸣銮学士视学山左，以其学行闻于朝，得旨优嘉。生平持躬端严，尝语弟子曰：“读书当会古人之旨期于身心有裨，若徒役科名则志已鄙矣。”盖正学是守，犹有乡先辈韩梦周之遗风焉。光绪十三年（1887）卒于济南，年七十，门人私谥曰“贞简先生”。著有《种蕉轩文钞》二卷、《东邹随笔》二卷。孙智枚，字介臣，壬辰（1892）进士。由翰林院编修官至弼德院秘书长。

（六）高树棠书《重修东岳庙碑记》

清光绪二十五年（1899），高树棠为潍县重修东岳庙撰书《重修东岳庙碑记》（图3－18－30）。该碑纵76厘米，横108.5厘米，碑文为楷书，字体工整秀丽。碑文记述了潍县东岳庙建筑轮廓的具体布局、兴盛的历史及后来的修葺过程、捐款修庙的善人善事等。该碑现存潍坊市博物馆。

图3－18－30 《重修东岳庙碑记》

东岳庙建于元至正十年（1350），地址在“潍县治东南，东门大街路北，文庙以西（潍城区政府旧址）。南向大门，两侧各有石鼓”。民国初，东岳庙被辟为“民众教育馆”，新中国成立后，曾为市委、市妇联办公处，后被拆除。

由上所揭列高氏望族一门数代的金石学研究，积淀宏富，自具特色，为研究古代政治、职官制度、地理沿革及区域文化史等提供了全面、系统的佐证。

（潍坊市博物馆　王曦泽
安丘市教体局　王　惠）

王石经书法作品释例

王石经（1833—1918），字君都，号西泉，二十岁中武秀才，一生爱好金石文字，与邑人陈介祺、郭麐折柬往来，夙称莫逆。民国《潍县志稿》卷三十二《人物·艺术》载："凡商周秦汉之钟、鼎、盘、匜、尊、罍、敦、洗之属，得以悉心研究，寝馈其间数十年，详其文辞，取其笔法，嘬其奥蕴，故能善篆隶，工雕镌。"陈介祺在王石经所辑《集古印隽》卷首题记曰："王西泉四弟，余归里来文事友也。能刻印，见余所藏三代秦汉玺印而益进；能作篆隶，见余所藏秦泰山廿九字、汉二杨碑、郭有道碑真本而益笃；能嗜古文字，见余所藏吉金而能读；且善毡墨，能鉴别，见余所藏唐宋来书画而更精审。朝夕过余讨论已二十余年矣。识见日上，藏弆日富，时人已多推之，殆右丞所谓'天机清妙'者与。"① 王石经随从陈介祺检定万印楼所藏古印，练就了较高的鉴赏水平。他的书法由颜真卿入手，上溯古籀、石鼓文字、秦李斯篆及汉碑八分书，笔力遒劲，直追秦汉。篆刻取法秦汉印兼及秦权、诏版、量、瓦文字，成就尤著。著有《甄古斋印谱》《西泉印存》《古印偶存》等，仅《西泉印存》一书，题跋者即有张士保、陈介祺、潘祖荫、宋书升、吴大澂、盛昱、曹鸿勋、匡源、王懿荣、吴重憙、徐会沣、徐世昌等二十人，在这些名家题跋中，陈介祺称赞道："王君通隶法，名字采中郎（字曰君都）。好古天机妙（阮文达公谓，非天机清妙不能好三代文字），多材雅事详。印摹镫照汉，帖抚拓追唐。何日编钟鼎，同登赤重堂。"吴大澂亦说："今观西泉先生篆刻之精，直由秦汉而上窥籀史，融会吉金古玺文字于胸中，故下笔奏刀不求古而自合于古。簠斋丈以为无一近时人习，信然。使执叔尚在，不知

① 〔清〕王石经辑，陈进整理：《集古印隽》，天津人民美术出版社2014年版，第3页。

如何赞叹倾倒也。”潘祖荫赞曰：“西泉之印近今无第二人。”① 均给予王石经治印以极高的评价。陈介祺所用印章多出自王石经之手，可考的有52方之多。王石经曾得陈介祺资助，到国子监观赏石鼓文，又同何昆玉、丁良善等到诸城琅琊台手拓秦刻石，并自制“游太学观周鼓登琅邪拓秦碑”印纪念。王石经所藏书画作品，有宋代山水画大家李成的巨幅松图、南宋画家刘松年的巨幅柏图，由此，吴大澂为他手书斋号“李松刘柏之馆”。又藏有米芾字卷、崔子忠扇面以及武孟子男靡婴买冢田玉券等，可见其鉴赏水平之高。王石经之子王宗彝（字幼泉）、王秉彝（字子常）、王尊彝（字子重）以及孙王端、曾孙王英民均继承家学，精篆刻，善丹青。

潍坊市博物馆藏有王石经书法作品三件，现分别揭列于下。

一、张昭潜撰、王石经书《果园图及序》石刻

果园是清末潍县著名诗人郭恩孚的私家园林，其规模建制未见于志书，潍坊市博物馆藏有《果园图及序》和《果园变相图》石刻一组，为后人了解、研究此园提供了珍贵资料。

郭恩孚（1846—1915），字伯尹，号蓉汀，又号果园居士，其祖父郭梦龄为陈介祺之表兄。郭恩孚幼年颖悟，尤长于诗文，据民国《潍县志稿》卷三十《人物·文学》载，他师事邑人张昭潜②，与高密傅丙鉴（绍虞）、平度白永修（澄泉）、掖县董锦章并称胶东“四大诗人”。郭恩孚好收藏，并将部分书画珍品勒石传世，曾将其收藏的刘嘉颖之绘画、曹鸿勋之书法合册题为“海滨二妙图”。他还热心当地教育事业，组织“来鹤社”，教授诗词。1912年初，入崂山太清宫，易为道家装，改称啜醨道人，数月始返。著有《果园诗钞》《遗诗》等，并刊刻书籍多种，如其父郭襄之所撰《沧江精华录》、其师张昭潜所撰《无为斋文集》、其族叔郭梦星所撰《宝树堂遗书三种》等。清光绪五年（1879），陈介祺为郭恩孚书“抱饔荷锄非鄙事，栽花移竹似清淡”篆书七言联，郭恩孚于联上作跋：“咸同以来，海内金石家推文懿先生为大宗，其书法亦称之。余与先生为后辈，得此珍逾拱璧，装池后曾蒙索阅数

---

① 〔清〕王石经著，陈进整理：《西泉印存》，天津人民美术出版社2014年版，第5～8、46页。

② 张昭潜（1829—1907），字次陶，清末潍县人，史学家、文学家。

次，盖老年得意之笔，割爱非易也。”①

清光绪二十五年（1899），郭恩孚在西关其住宅附近的空旷处盖了几间茅屋，命名为果园，并自称果园居士，常与二三友人在此研究学问、切磋诗词，相与酬唱，并与曹鸿勋、刘嘉颖、王石经、郭育才等书画名家相交甚厚。潍坊市博物馆收藏的《果园图及序》《果园变相图》石刻即是刘嘉颖、张昭潜、王石经、丁叔言、丁启喆等学者、书画家的作品，可以说是集当时潍县文、书、画界顶级水平学者、书画家的佳作。

《果园图及序》石刻原存于郭家，1986 年，在潍城史志办工作的刘秉信于郭恩孚孙女郭华萱住处访得，并向潍坊市博物馆馆长杜在忠报告。杜馆长向郭华萱表达了希望征集石刻的意向，时年 81 岁的郭华萱老人欣然同意，将石刻无偿捐赠给博物馆。同时捐赠的石刻还有陈介祺手书“踽凉齐饿者，俎豆古逸民”对联刻石、周尔墉手书张光启诗二首刻石、曹鸿勋书法刻石等共 18 方。②

《果园图及序》由 14 方纵 45 厘米、横 32.5 厘米的刻石组成，内容分为三部分：第一方刻石为“果园图”，第二至十三方刻石为“果园图序”，第十四方刻石为“后记”。

第一部分：果园图（图 3－19－1）。清代潍县画家刘嘉颖所绘，画面以

图 3－19－1　刘嘉颖《果园图》

① 郭怡孮、郭绵孮主编：《郭味蕖艺术文集》，人民美术出版社 2008 年版，第 550 页。

② 刘秉信讲述，陈瑞曾整理：《郭恩孚珍藏名家手书石刻发现经过》，载《潍坊日报》2016 年 1 月 15 日。

极简练的笔墨描绘山峦中几株古木掩映下的竹篱茅舍。竹叶纷披下垂，树枝山头线条勾勒肥厚，似为小雪后的景色，呈现一处荒寒清冷的隐居之所。画面左上题："城西有真隐，独抱山泽臞。耽乐忘轩冕，放志狎樵渔。灌园勤抱甕，息劳或据梧。兴至一长啸，神往太古初。余亦慕高蹈，良辰频造庐。凭轩瞻果林，春华竞敷腴。为君摸清景，有如追止逋。不惜缣素阔，藉兹怀抱摅。掷笔还惆怅，前有辋川图。戊戌春仲刘嘉颖为果园居士画并题。"后钤"刘嘉颖印""实夫"印。画面右下角钤"戊戌"印，左下角有"季士恒刻首"字样。

刘嘉颖（1861—1902），字实夫，又作石芙、实甫，潍县人。幼聪敏，童年时参加乡试，名列榜首，后无志于仕途。酷爱绘画，善花卉、山水。其花卉学恽南田，山水宗董其昌及清"四王"。与陈介祺有甥舅之称，曾跟随陈介祺学习多年，张昭潜《刘嘉颖墓志》（潍坊市博物馆藏拓）载："君不及侍澹园（于祉），而从太史（陈介祺）□有年，太史收藏之富甲天下，君至，辄出唐宋以来名帧，俾得坐卧游泳其中……君由是得古人秘奥而以神契合之。"刘嘉颖因之眼界开阔而画技大进，造诣日深。其作品构思新颖，笔力遒劲苍润，诗思超脱，情趣高雅。他是潍县"同志画社"画家们的教师和领军人物，被推崇为"潍县画派"的奠基人。

第二部分：果园图序（图3－19－2至3－19－13）。由张昭潜撰文、王石经手书。其文内容为：

果园图序　　　　七十一叟次陶氏撰

余及门郭蓉汀以贵公子隐居不仕，卜居潍西关之南隅，名其墅曰"果园"，既倩刘君实夫绘为图，而请余叙其意。曩者吾尝名吾塾为"饩园"矣，窃于诵读之暇，谓蓉汀曰："吾学饩羊也，无济于事而犹得以识之耳。"而先儒辄谓羊存即礼存，是即蒙泉剥果之所由发生，此何故哉？盖世衰道丧之余，典礼文物皆名存而实亡。有心世道者，不能不有望于后人之补救。然而阴阳剥复消息之理，流行对待，相摩相荡天壤间，固无一息之或停，则先后有待者，诚之复也；于穆不已者，诚之通也。闲尝读《易》而至剥之上九，得其义矣，其繇曰："硕果不食，君子得舆，小人剥庐。"夫既为硕果，固君子所恃以为安者，故有得舆之象；小人亦何尝不赖之以为安，而必欲剥落之，如自剥其庐焉。臭味之不同至于如此！然则硕果亦危矣哉。虽然，又尝读《周易》而知乾为木果矣，乾在后天为西北之卦，是秋收冬藏之时，而圣人顾目之为木果，则又有说。安溪李文贞公有言：乾知大始，所以乾为木果。盖下地种子非大始也，枝上方结之实乃是大始。然则斯道之悬于天壤，旋剥旋复，其断然矣。士君子一念之转移，即天心一息之呼吸也。木落山盎，百卉俱腓。硕果即天心也，夫孰得而食之？彼小人者不明乎此，而必欲鸟雀啄之，虫豸啮之，腥风盲雨侵陵而摇落之，而不知阴霜始凝，坚冰将至，天地一闭，寸草皆斩，在一己亦不免为号寒之虫，非自剥其庐而何！图既成，而即以是说序之，俾读是图者，知乾为木果，其繇在剥之上九，而其理之不远而复，即在士君子之心，或得蓉汀名园之意也夫。

光绪己亥端阳后三日西泉王石经书，时年七十。

后钤“王石经印”“西泉”印。

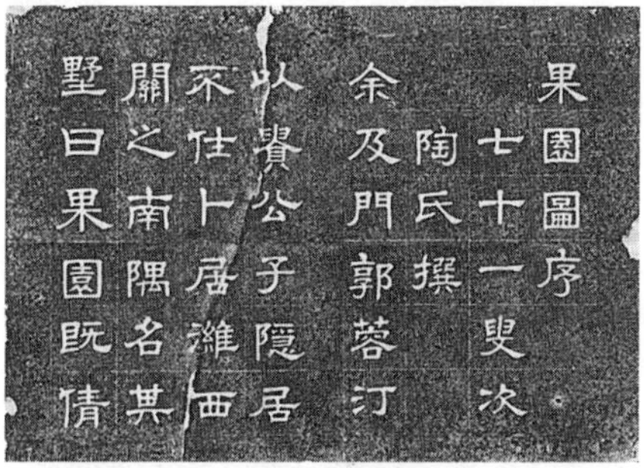
果園圖序
七十一叟次
陶氏撰
余及門郭蓉汀
以貴公子隱居
不仕卜居濰西
關之南隅名其
墅曰果園既情

图3－19－2　《果园图序》之一

劉君實夫繪為
圖而請余敘其
意曩者吾嘗名
吾塾為蔬圃矣
竊於誦讀之暇
謂蓉汀曰吾學
蔬羊也無濟於
事而猶得以識

图3－19－3　《果园图序》之二

之百而先儒輒
謂羊存即禮存
是即蒙泉剝果
之所由發生此
何故矣蓋也衰
道喪之餘典禮
文物皆名存而
實亡有心世道

图3－19－4　《果园图序》之三

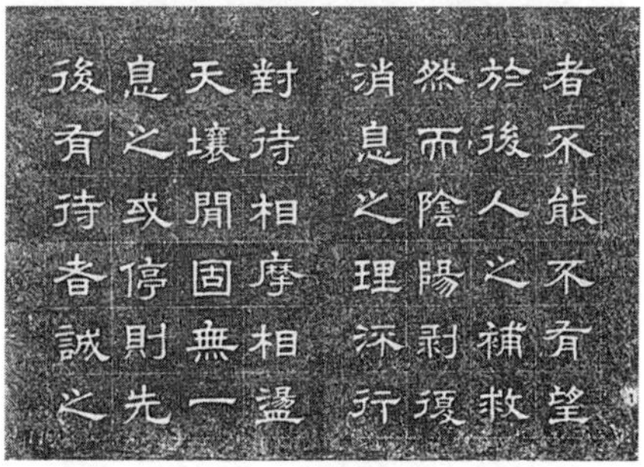
者不能不有望
於後人之補救
然而陰陽剝復
消息之理流行
對待相摩相盪
天壤閒固無一
息之或停則先
後有待者誠之

图3－19－5　《果园图序》之四

图 3－19－6　《果园图序》之五

图 3－19－7　《果园图序》之六

图 3－19－8　《果园图序》之七

图 3－19－9　《果园图序》之八

图 3－19－10　《果园图序》之九

图 3－19－11　《果园图序》之十

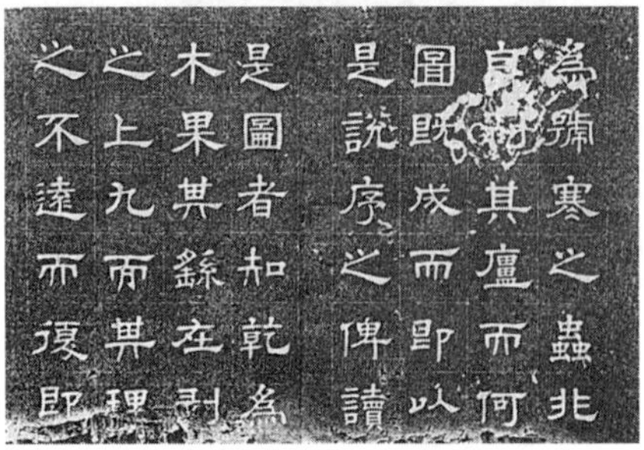

图 3－19－12　《果园图序》之十一

图 3－19－13　《果园图序》之十二

张昭潜所撰序文，从《周易》入手，用六十四卦中的第二十三卦“剥”、第四卦“蒙”、第二十四卦“复”、第十八卦“蛊”四卦，阐述了“果园”命名的深刻内涵。“乾为木果”，因此“果园”即“乾园”。“乾知大始”，所以“果园”代表大自然一切生命的起始，充满朝气与希望。“硕果即天心也”，所谓“天心”，即大自然的生存规律。中国人讲究“天人合一”，认为人只有顺应自然、合乎自然规律，才能安身立命。

12 方石刻均打有界格，每方书 8 行，行 6 字，均用隶书写成，整体匀齐整饬，法度谨严，每字或长方，或正方，或扁方，各随其势，毫无呆板划一之弊，且颇具神采。用笔方圆兼备，字形都取方势，形成了作品雄强稳健的风格。此幅作品是王石经的代表作。

第三部分：后记（图 3－19－14）。为郭恩孚撰文、郭恩赓①手书。其文内容为：

次陶先生为余小子作《果园图序》，□□再四，喟然叹曰：呜呼！是非邃于经义□于程朱以来先儒讲学诸书，而又以韩欧之笔达之，焉能为此！小子之园、刘君之画、王君之书，皆赖斯文传之千古矣，何其幸也！独是余小子从先生游，于今三十有五年矣。质既愚顽，学又荒废，年逾五十行不加修，日侍左右从未能仰赞高深于万一。今以果园区区之地，

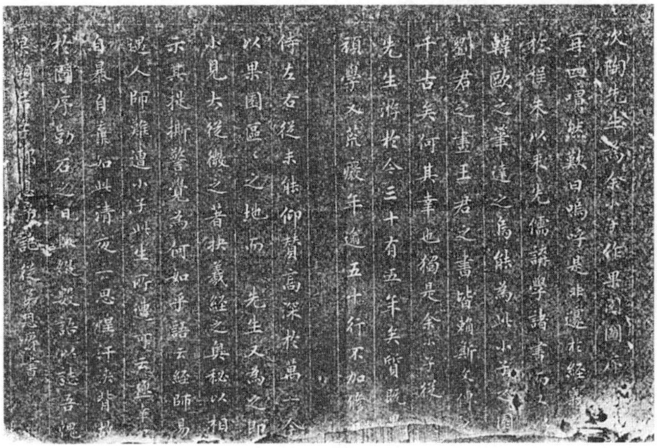

图 3－19－14　后记

① 郭恩赓，字伯飏，号松存，潍县人，光绪二十四年（1898）进士。善书法，著有《蔼斋诗存》。

而先生又为之即小见大，从微之著，抉义经之奥秘以相示，其提撕警觉为何如乎！语云：经师易遇，人师难遭。小子此生所遭可云极幸！乃自暴自弃如此，清夜一思，惶汗浃背，故于图序勒石之日，辄缀数语以志吾愧。

果园居士郭恩孚记，从弟恩赓书。

二、王石经篆书七言联拓本

潍坊市博物馆藏王石经篆书七言联拓本（图3－19－15），纵117厘米，宽31厘米。篆书联语："消摇（逍遥）于城市而外，仿佛兮山水之间。"隶书落款："星甫老弟雅属。八十一叟王石经。"后钤印"王石经印""泉叟"。

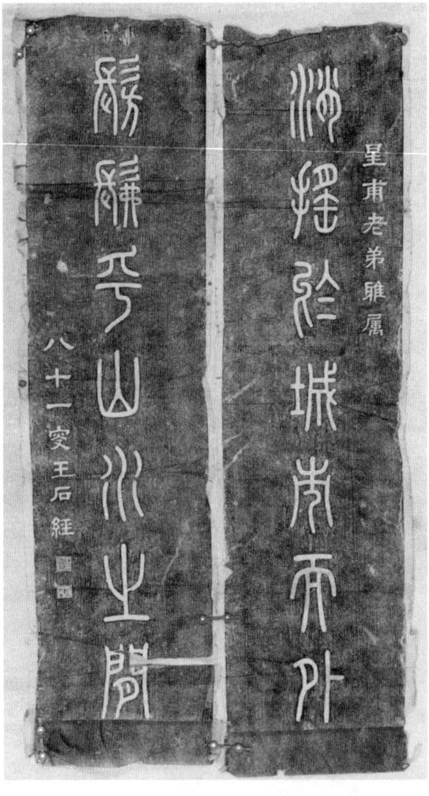

图3－19－15　王石经篆书对联

此对联作于1911年，是写赠当时的潍县富绅丁毓庚的，王石经时年81岁。丁毓庚，字星甫，附贡生，画家丁善长之子，出嗣伯父丁善宝，为丁叔言生父。因为丁毓庚居于潍县城著名园林十笏园中，所以王石经为他书此对联。

由此对联亦可以看出，王石经篆书得石鼓文浸润的源流。清光绪十八年（1892）进士、学者宋书升曾称赞王石经篆书："其致力之精，取法之善，唯以周宣石鼓及秦泰山、琅邪刻石旧拓本，心摹力追，外此如李阳冰、释梦英等遗笔，亦不屑寓目。故为书庄而不佻。其坚也如石嵌壁；其朴也如金在矿；其雄劲而委婉，如鹰隼摩空而螣蛇之出穴也。"①

① 〔清〕王石经著，陈进整理：《西泉印存》，天津人民美术出版社2014年版，第67～69页。

三、王石经隶书汉砖文折扇扇面

王石经隶书汉砖文折扇（图 3－19－16），纵 17.5 厘米，横 53.2 厘米。上书汉砖文：“富贵昌，宜宫堂。意气阳，宜弟兄。长相思，毋相忘。爵禄尊，寿万年。”为使扇面布局匀称充盈，在原书大字下，再以小字重写，然个别字体类有变化。落款：“汉砖文。西泉王石经。”下钤朱文印“西泉”。

图 3－19－16　王石经隶书折扇扇面

陈介祺曾孙陈育丞评价王石经书法“笔力遒健，劲若锥画，以限于本能，即俗所谓‘天赋’者，稍缺生动之致”。王石经的书法及篆刻之所以“端整有余，流丽不足”，是与他个人的性格、学养、经历分不开的，作为一名金石学者，日日浸润于钟鼎彝器、碑版砖瓦、秦汉古印文字的鉴别中，故逐渐形成谨严规整的书法风格。其能够“规秦仿汉”，自成一家，无疑得益于陈介祺的提携与培养。

（潍坊市博物馆副研究馆员　衣可红

麓台文化博物馆馆长　慈文德）

胥伦制印刍议

胥伦因其在铸铜印的技艺上有所创新而知名。民国《潍县志稿》卷二十四《实业·工业》载："潍县铸铜图章者，乃仿汉人遗法铸造。汉人铸印，有拨蜡、范沙两法……潍县铸印者系用范沙法，创始者为城南胥家庄胥伦……所制多名章及六十甲子。又能制套印，合之为一印，分之为二、三、四、五印不等，尤为精致。"《潍县志稿》卷三十二《人物·艺术》载："胥伦，号芰塘，胥家庄人。少游陈介祺之门，尽见所藏三代彝器，遂精铁笔。陈氏有万印楼，秦朱汉白充牣其中，魏晋以下概斥去不与摩挲赏玩。又悟古人铸印法，先以蜡为模刻纽篆文，毫发无憾，然后以精铜写之，一铸而就。俟微冷，再以刀石刮磨，使光泽莹润而印成，所谓拨蜡法也，并精翻砂。伦云：'印不难精工而难于古雅，制纽尤难于制印也。'晚携技游京师，王文敏为之延誉，盛祭酒昱亦激赏之。子伯元能世其业。"胥伦虽称知名，但除以上记载外，其他史料对其介绍甚少，多为坊间流布已久的各种传说。又因潍县铜铸印工艺繁复，不易铸有边款及标注纪年，故坊间所见近似铜印皆不确定为胥伦所铸，以至于陈介祺六世孙陈继揆先生亦称"惟胥伦芰塘尚为一神秘人物"①。

潍坊市博物馆现藏有一册胥伦所制印谱，可为其与陈介祺交结之佐证。该册纵 22.7 厘米，横 14.2 厘米，纸本。封面为传统牛皮纸包裹，楷书"胥芰塘铸印"，内夹便笺"1977.7.18，陈君藻②捐《胥芰塘铸印》一册"。册内多为空白页，钤有印拓的仅 16 页，另有刻前设计印稿散页 2 张及印拓散页 6

① 陈继揆著，陈进整理：《万印楼印话》，天津人民美术出版社 2014 年版，第 151 页。

② 陈君藻系陈介祺五世孙。

张；钤有胥伦制印、多次修改的样印及重钤的印拓共计88枚；墨书设计名号印稿5组；其中8页留有陈介祺简短批语。现就其中所载之印枚举如下：

第一页（图3－20－1），钤印3枚。“幼石”白文长方印，2.18cm×1.24cm，其下有陈介祺墨批“佳印”；“宜官内财”白文方印，1.57cm×1.57cm，左侧有陈介祺墨批“摹汉”；“来欢致福”白文方印，1.57cm×1.57cm。

第二页（图3－20－2），钤印3枚。“小园”白文长方印，2.15cm×1.34cm，左为陈介祺墨批“佳篆”；“又（有）簠”白文长方印，2.15cm×1.34cm；“梦琴”白文长方印，2.15cm×1.34cm，下有陈介祺墨批“佳篆”。

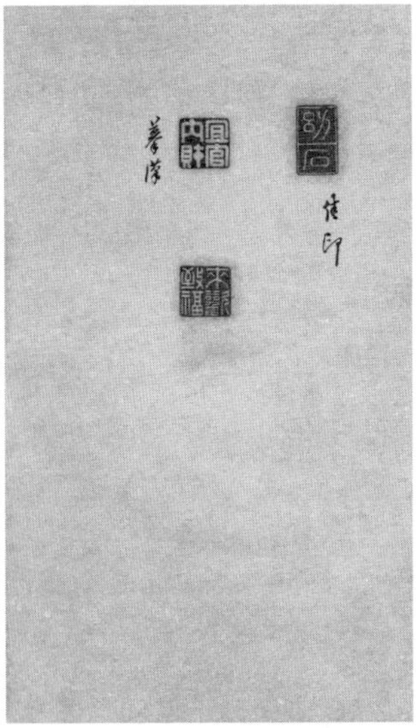

图3－20－1　《胥芰塘铸印》内页之一

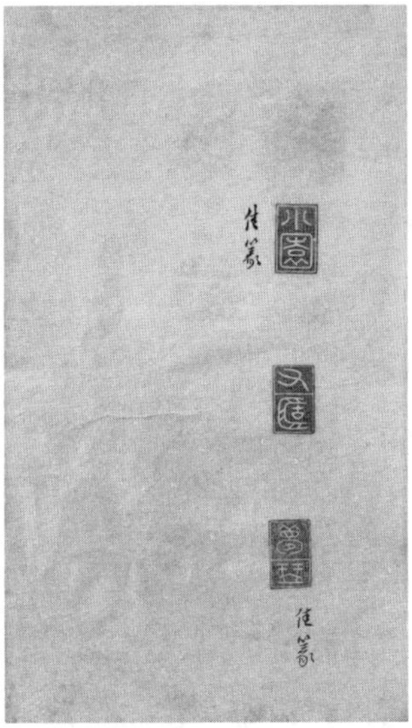

图3－20－2　《胥芰塘铸印》内页之二

第三页，钤印1枚。“簠斋”朱文方印，2.43cm×2.43cm，钤盖不甚清晰。

第四页（图3－20－3），钤印4枚。“陈厚滋印信”白文方印，2.4cm×2.4cm；“九兰”朱文方印，2.2cm×2.2cm，下有陈介祺墨批“佳篆，艸、门布白宜匀称”；“郭百龄印”白文方印，2.03cm×2.03cm，左为陈介祺墨批“亦是佳印”；“仲彭”朱白方印，1.98cm×1.98cm。

第五页（图3－20－4），钤印3枚。“拜手飏言”朱文方印，2.27cm×2.27cm；“琫芗盦印”白文方印，2.28cm×2.28cm，下有陈介祺墨批“佳篆而刻逊”；“出入大吉”朱白方印，1.4cm×1.3cm，下有陈介祺墨批“摹本佳”。

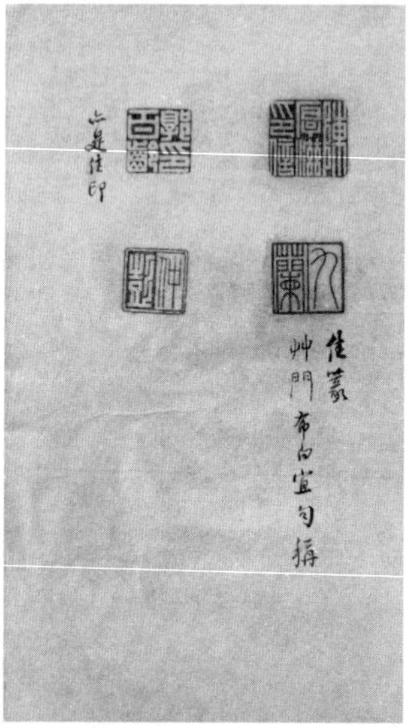

图3-20-3 《胥芟塘铸印》内页之三

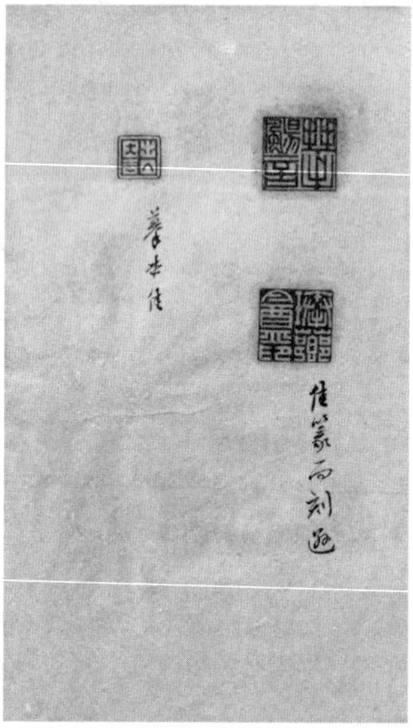

图3-20-4 《胥芟塘铸印》内页之四

第六页，钤印7枚。钤“张汝骧”白文方印1枚，1.8cm×1.8cm。重钤“仲彭”朱白方印3枚；重钤“出入大吉”朱白方印1枚；钤“宜身至前迫事毋闲愿君自发封完印信”白文方印2枚，皆1.98cm×1.98cm，二印印文相同，笔画间有所区别，一枚方笔多，一枚圆笔多，为二稿。

第七页，钤印5枚。重钤“张汝骧”白文方印1枚；重刻“宜身至前迫事毋闲愿君自发封完印信”白文方印1枚，此为第三稿，较前二稿笔画厚重，布白匀称；重钤“出入大吉”朱白方印2枚；重刻“来欢致福”白文方印1枚，1.6cm×1.6cm，此与前印印文相同，但篆法有所改变，表现手法明显不同。

第八页，重钤“簠斋”朱文方印1枚，较第三页清晰。

第九页，钤“厘卿”白文方印1枚，2.17cm×1.3cm。

第十页，钤印4枚。钤“日有喜宜酒食长贵富乐毋事”白文方印3枚，皆1.67cm×1.67cm，此三枚为一印，经修改后，第二、三枚笔画已显厚重、匀称，为三稿；重刻“宜身至前迫事毋闲愿君自发封完印信”白文方印1枚，此为第四稿，较第六、七页之刀法愈加爽朗。

第十一页，钤印8枚。重刻“出入大吉”朱白方印2枚，皆1.4cm×1.4cm，二者印文、尺寸虽相同，但朱白分布有所不同，与第五、六、七页之笔画亦有明显区别，为第二、三稿；重钤第三稿“出入大吉”朱白方印2枚。钤“完封”白文方印4枚，皆1.5cm×1.5cm，为四稿：第一、二枚为一印，经修改，成二稿；第三、四枚单独刻成，为第三、四稿。此四枚“封”字之右边旁“寸”处及其他细微处笔画均有修改。

第十二页（图3－20－5），钤印6枚。钤“思贻令名”白文方印2枚，皆2.46cm×2.46cm，重钤的第二枚更加清晰，下有陈介祺墨批“摹本”；重钤“拜手飏言”朱文方印1枚，下有陈介祺墨批“篆佳而刻逊，勿次，言字佳”；重刻“来欢致福”白文方印1枚，1.6cm×1.6cm，此为第三稿，与第七页之篆法相同，笔画有所不同，此稿笔画略圆，刀法愈加灵活，略有金石气；重钤“仲彭”朱白方印2枚，下有陈介祺墨批“仲字无笔力，彭字佳篆而刻逊。”

第十三页（图3－20－6），钤印3枚。钤“诒卿”白文长方印1枚，2.32cm×1.33cm，下有陈介祺墨批“诒卿佳刻”；钤“庚生”白文长方印2枚，皆2.28cm×1.18cm，此二枚为一印，经修正，第二枚边栏较上枚匀称、规整。

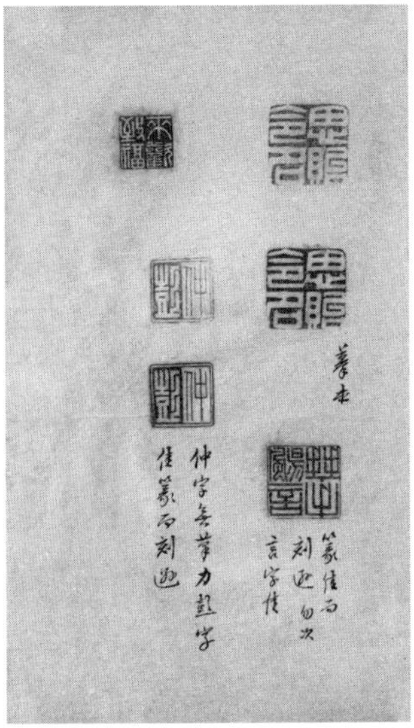

图3－20－5　《胥芰塘铸印》内页之五

图3－20－6　《胥芰塘铸印》内页之六

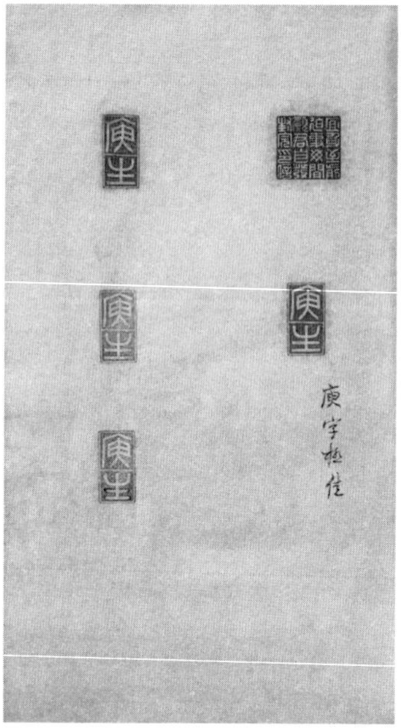

图 3－20－7 《胥芰塘铸印》内页之七

第十四页（图 3－20－7），钤印 5 枚。重刻“宜身至前迫事毋闲愿君自发封完印信”白文方印 1 枚，为第五稿，此稿章法疏密得当，布白愈加协调，刀法益发灵活；重钤第二稿“庚生”白文长方印 4 枚，第一枚下有陈介祺墨批“庚字极佳”，第四枚“生”字二横有墨书勾改痕迹。

第十五页，钤“宜身至前迫事毋闲愿君自发封完印信”白文方印6 枚。该印之笔画篆写、章法布白、刀法运用经过反复修改，成六稿，说明胥伦在多字印上用功较多。

第十六页，重钤“庚生”白文长方印 1 枚。

第十七页，长条散页，钤印 5 枚。重钤第三稿“出入大吉”朱白方印 1 枚。钤“相念”白文长方印 4 枚，皆 2.2cm×1.2cm，为三稿：第三、四枚为一稿，较前二枚边栏有所调正；第三枚右侧有陈介祺墨批“仿汉邪”。

第十八页，散页，钤印 7 枚。重钤“完封”白文方印 3 枚，第一稿二枚，第二稿一枚；钤“诒卿”白文长方印 1 枚，为第二稿；钤“日有喜宜酒食长贵富乐毋事”白文方印 3 枚，此三枚篆法、布白皆有区别，较第十页愈加规整，为第四、五、六稿。

第十九页，长条散页，钤印 6 枚。钤“吴重憙印”白文方印 3 枚，皆 1.73cm×1.73cm，重钤的第二、三枚均有墨书勾改痕迹；钤“庚生”朱文方印 2 枚，皆 1.38cm×1.38cm，为二稿，笔画细微处有区别；钤“篔谷”朱文方印 1 枚，1.28cm×1.28cm。

第二十页，长条散页，钤印 3 枚。钤“陈介祺记宜身至前迫事毋闲愿君自发封完印信”白文方印 2 枚，同稿，皆 1.78cm×1.78cm，篆刻较粗糙，钤盖不清晰；重钤第四稿“宜身至前迫事毋闲愿君自发封完印信”白文方印 1 枚。

第二十一页，散页，钤“出入大吉”朱白方印 2 枚：重钤第一稿 1 枚、第四稿 1 枚。

第二十二页，散页，重钤第二稿“庾生”白文长方印 4 枚。

第二十三页，散页，钤“厚滋”朱文方印 1 枚，1.58cm×1.47cm。

第二十四页，长条散页，墨书设计印稿。有“厚钟”字样。

第二十五页，长条散页，墨书设计印稿。有“贡璜”“荆山”“贡璜之印”字样（图 3－20－8）。

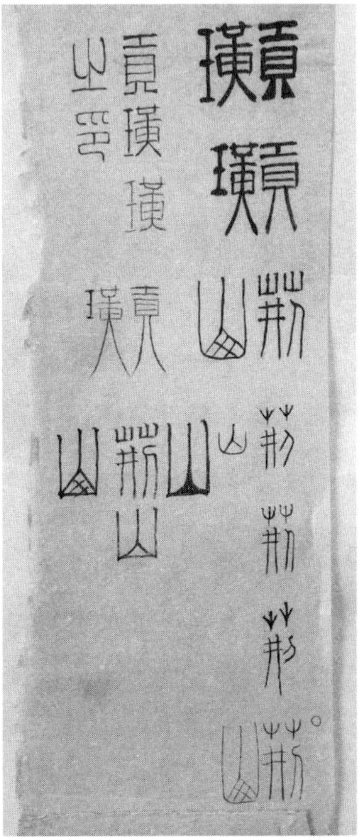

图 3－20－8 《胥芰塘铸印》内页之八

综上所述，该册中所载印文按内容可分为两部分，其一为名号印，其二为吉语印。其中之名号印，皆为陈氏家族中之亲戚眷属或友人之印，如陈介祺长子陈厚钟（字德念）、次子陈厚滋（字树德，号九兰），陈介祺堂弟陈介谋（字诒卿）、陈介憙（字厘卿），陈介祺女婿吴重憙（字仲怡、仲饴），吴重憙兄长吴重周之子吴峋（字庾生），陈介祺之友贡璜（字以黼，号荆山），等等。这些名号印印风取法汉印。吉语印则直接临摹汉印，可见胥伦遵循明清印人所倡“学印不入汉，亦为下品”① 的论述，学印即从摹拟汉印入手，取法正道，打牢根基。该印谱重钤印拓较多，大都为其经过再三修改后的样印，尤其是临摹的吉语汉印，多者至五稿、六稿。无论是印文篆法、布白，还是刀法运用，胥伦都极尽用心揣摩，反复设计，再三施用，可谓精益求精。但细观整体，其印文篆写尚欠妥当，刀法亦显柔弱，布白章法上亦有不甚协调之处。该印谱当为胥伦早期研修篆刻的习作本。由此看出，胥伦应与陈氏及其眷属关系密切，且能借鉴临摹其所藏古玺印，正所谓“少游陈介祺之门，尽见陈氏所藏三代彝器”并“摩挲赏玩”，得其指教。

---

① 黄惇：《中国印论类编》，荣宝斋出版社 2010 版，第 835 页。

因胥伦生卒年不详，册中又无款识纪年，故其钤盖时间则依据册中书有“厚钟”字样的设计墨稿进行推测。厚钟为陈介祺长子，卒于同治十年（1871）五月十九日。根据墨书的“厚钟”设计印稿可断定，陈厚钟在世时，胥伦曾欲为其篆印，由此推断该册的钤盖时间至迟在同治十年（1871）。此时，胥伦篆刻虽为研修阶段，所刻印章亦有诸多不足之处，但已显出不俗的潜质，逐渐为陈介祺所认可。如光绪元年（1875）陈介祺遣胥伦往蓬莱张允勷处拓图后，于同年九月三日致王懿荣的书信中称：“人海之大，竟无一工拓者，遨游于诸收藏家，使之各如其意，而大广古文字之传，亦是缺典。张子达者，拓佳而聋悖，且恐损器。敝斋者则非自督，尚未能解事。敝邑一胥姓，其刻印能胜厂中常行者而有出入，近往张允勷处拓图，尚可无匠人气，然又恐手口不稳，若解事而人又稳妥静细，则粟园后无其人矣。”① 书中言及胥伦不仅刻印“能胜厂中常行者而有出入”且“无匠人气”，“然又恐手口不稳”，不甚老练。光绪二年（1876）六月十四日，陈氏再致王懿荣函谓：“胥印可者尚妥，而不能作篆，刀亦弱，不可久交，甚可惜。一二皮相稍异而不能作篆，焉知作印耶。”② 可知此时的胥伦刻印尚妥，但未通古文字，还不得篆法，并且刀工亦弱，故其制印未致高古。

此后经过不断探究研习，“又悟古人铸印法”，胥伦已能“以蜡为模刻纽篆文，毫发无憾，然后以精铜写之，一铸而就。……所谓拨蜡法也”。光绪九年（1883）九月十七日，陈介祺在致王懿荣的书信中云：“胥芰塘铸印久未就，今将北游，措银交铸，始成银印二方，尊大人名印，西泉少加润色，已似胜汉印次者。”此时，胥伦已能铸印，其为王懿荣父亲所制之印，经王石经稍加修正，酷似汉印。此时，陈介祺71岁，则距该册钤成已过十数年。

陈介祺故后，胥伦中年曾游收藏大家之门，为湖南永明（今江永）周铣诒、周銮诒兄弟之共墨斋访古玺印。成于光绪十二年（1886）的《共墨斋藏古玺印谱》中有周銮诒跋云：“同志鉴定者，宗室伯熙祭酒盛昱、福山王廉生编修懿荣、汉军许旭堂员外延暄、铜梁王孝禹工部瓘。为四方搜致者，高要

① 〔清〕陈介祺著，陈继揆整理：《秦前文字之语》，齐鲁书社1991年版，第116页。

② 〔清〕陈介祺著，陈继揆整理：《秦前文字之语》，齐鲁书社1991年版，第125页。

何昆玉，潍胥伦、高文翰、杜维周。”①

胥伦晚年，仍以铸造铜印为生。陈介祺六世孙陈继揆先生称，簠斋二支五世孙穆倩曾说抗日战争全面爆发前胥伦仍健在，“他每逢进城，常到南门里走走，有时找我谈谈。我还找他给铸造过几个仿古铜章，都是一些五六分大小的名章，每颗代价在十数元左右”②。胥伦晚年为人铸六十干支印，此六十干支印被其编成《梧园印蜕》存世，该书扉页牌记有“光绪十有七年，岁次重光单阏月阳在毕日，得甲子案郁华阁所藏海内金文拓本，摹六十甲子印，潍县胥伦芰塘甫拨蜡铸”字样③，可知该书中的六十甲子印是胥伦以失蜡法铸就的。甲子印文以金文篆刻，分朱布白相得益彰，章法极为完美，水准极高，为书画家所喜爱。

据上所推，胥伦生年大约为咸丰初年，卒年晚至20世纪30年代中期。由潍坊市博物馆所藏印谱可以看出，胥伦年轻时在篆刻上所下功夫之深、研修汉印之用心。加之其有幸游走于陈氏门下，得陈介祺、王石经教授，技艺已臻精湛。胥伦晚年所制六十甲子印可谓其巅峰之作，遂成名天下。潍坊市博物馆所藏胥伦印谱，其中钤印虽然为数不多，却为目前仅见的胥伦早期印存，为研究胥伦印篆风格提供了翔实资料，弥足珍贵。

（潍坊市博物馆副研究馆员　谭霭岚）

① 陈继揆著，陈进整理：《万印楼印话》，天津人民美术出版社2014年版，第152页。

② 陈继揆著，陈进整理：《万印楼印话》，天津人民美术出版社2014年版，第152页。

③《梧园印蜕》，光绪十七年（1891）钤印本，瑞安市文物馆藏。

王懿荣与潍县金石学界之交游

清季海右福山王懿荣为爱国志士、著名学者，对中华民族乃至世界人类文明历史研究有其卓越贡献。在其殉国百数十年来，无论桑梓还是天下有识之士，对其仰敬之心与日弥深：学界精英专门举行与纪念王懿荣及其发现甲骨文相关的各类学术研讨会活动，家乡俊彦则在汇集王氏生平事迹与学术成就出版著述，弘扬彰显其明德之基础上，特创建王懿荣纪念馆，并举行“王懿荣甲骨学国际学术研讨会”。笔者从事考古与古文字之学，三十年来浸淫于山左金石之学，对齐鲁先贤素怀仰敬之忱，按检文献与乡邦志乘，清代潍县金石之学极盛，为天下中心之一，而福山地处东海，辗转京师与幽、并、陕、豫等地必经潍境，加之明代东海移民至潍县，两地渊源丝缕与日俱增，两地世家互为姻娅，东莱、潍水多有亲戚。王氏为著名金石学家，与潍县金石学家之交往尤为密切，驰札音问，制序作跋，甚至亲临潍上拜访陈介祺、陈介锡昆仲，高庆龄、高鸿裁父子等，盘桓数日，并经昌乐、寿光考古访亲，搜求金石，所获良多。十数年后，潍县范姓古董商人持安阳出土甲骨文晋谒京师，经由王氏考释确定为商代文字，石破天惊。凡此诸种，皆有缘由。

一、与陈介祺世家之交游

福山王氏与潍县陈介祺世家互为姻娅。陈氏昆仲子孙多能融通承继家学，累累七世，迄今依然。

（一）与陈介祺

陈氏僻居乡里，与外界之学术交流全凭信札，其频频与山左李佐贤、吴式芬、许瀚、王懿荣以及江淮之潘祖荫、鲍康、吴云、吴大澂等互通音问，致札论学。据《秦前文字之语》载，陈介祺与诸家通札数量分别为：潘祖荫

44通、王懿荣58通、鲍康45通、吴云25通、吴大澂35通①，其中以致王懿荣信札为数最多。遍检刊行札文，《秦前文字之语》所录俱关乎金石文物收藏与研究之谊，而于时局政治者则悉并删削未录。再者，还可从中揆度陈氏与诸位金石文字好友通札所论及内容似有所不同，其中与王懿荣、吴大澂所论多是金石文字研究考证以及六书理论、吉金文字与历史文献合证，并典籍所载之名物制度探讨等，而与其他各家则侧重于收藏传拓与钟鼎、石刻、钱币诸项。

《王懿荣集·王文敏公年谱》② 载，光绪六年庚辰（1880），王懿荣三十六岁时，获殿试二甲第十七名，赐进士出身；朝考一等第三名，授翰林院庶吉士。《王懿荣集·天壤阁杂记》记其归里省墓，十一月离京，庚辰（1880）十二月到家，在村中度岁。其间至亲戚乡里寻访文物，或有所获。如："祠灶后到府城，大雪，仅住二日，尚未登蓬莱阁。……近年蓬、黄、福三县所出之古砖，大约西归黄县王穆庵、丁彝斋，北归蓬莱张允勷，东南则为烟台之官、商取去。挖者孙姓，贩者黄县王秀才。莱、掖以东之物，寿丈万不能得也。"王懿荣借归里之便至周近搜求金石文物，触景生情，尚念念不忘陈介祺，二人之交情由此可见。春节后"益都（敬明按：原误作'州'）人来售古陶。潍之杜估来，售去古陶，乃从益都人得太真实埙"。辛巳（1881）三十七岁，二月即取道北上，过黄县；又"过潍县，住四日，遍访赏鉴家。在陈寿丈处三日，书画古器不具数。见所藏朱子《楚词》与协卿本装潢皆同。见南郑丽珍所藏古泉、古砖、古印。南郑宋板《四书》，闻寿丈称之，未见。槐堂③故后，家无长丁。陈九兰（敬明按：陈介祺次子厚滋）藏四朱及賹化种类极多，皆《泉汇》所未收。陈小兰（敬明按：陈介祺从堂弟介锡）以办盐下乡。《桑梓之遗》书画一大宗，未见，闻有总目。得一六字刀，十五金。又得高君二字，极佳之。大量几专车，今尚存西泉家。得'齐'字砖二。过寿

① 〔清〕陈介祺著，陈继揆整理：《秦前文字之语》，齐鲁书社1991年版。有关与诸家通札数字，为孙敬明遍检全书，逐通统计所得。

② 吕伟达主编：《王懿荣集》，齐鲁书社1999年版。下所称引不另注释者，均见此。

③ 槐堂即郭葕之，郭梦鲤次子，郭祐之申堂、郭焕之炳堂之四服兄弟。《潍县金石志》所载藏品多是郭葕之、王石经、陈介祺、高氏父子等所藏。郭葕之配亦寿光李氏，父配西关高氏。郭祐之父郭梦星配西关高氏，子配西关高氏。郭梦惠子郭秉之配西关高氏。俱为高其绪一支。姻戚圈即金石圈。

光，谒仓颉墓，又谒本生高祖妣母家李宗丞①祠。西泉即李氏裔婿，闻其家有文与可《大竹》，为寿丈购去，在潍所见即是。李氏凋零尤甚。所得古匋、泉范、砖瓦不悉数，并汉印及钱，止一齐刀奇。”② 由此获知，王氏过经潍县，数日之间，搜集文物而得“大量几专车”，可见当地文物之丰富。

据《秦前文字之语》记载，陈氏与王氏之互通信札，始于同治十二年（1873）癸酉九月六日，最后一札，时在光绪十年（1884）甲申闰五月七日。据陆明君《簠斋研究·年表》所记，陈介祺于该年正月二十二日接王懿荣去岁腊月既望札，二十三日复王懿荣札；二月十八日，复王懿荣札（已佚）；三月十二日致王懿荣札；三月十八日致王懿荣札；四月十四日晚接王懿荣三月七日、九日及四月二日札；四月十五日致王懿荣札；五月二十三日致王懿荣札；闰五月七日接王懿荣札。俟之六月二十五日患病，至七月二日病愈；七月六日突病，至二十日子时卒。

由上可知，陈氏在其七十二岁之卒年，仅上半年即收王懿荣五札，而复王氏六札，可见陈氏与王氏之金石交情之笃。

（二）与陈介锡

陈介锡，字晋卿，号小兰，山东潍县人，陈介祺从堂弟。贡生出身，嗜好收藏名人书画，与陈介祺关系最为亲密，时常交流切磋。民国《潍县志稿》卷三十《人物·文学》载：“陈介锡，字晋卿，介眉仲弟也。廪贡生，同治制科征举孝廉方正，性嗜古，授职州同，后不乐仕进，惟日以征文考献为事。

---

① 据同治癸酉（1873）《斟灌李氏宗谱》载，自六世李适为顺治丙戌（1646）进士起，李迥为康熙甲辰（1664）进士，七世李迥长子李懋为康熙乙丑（1685）进士，九世李封为乾隆甲戌（1754）进士，十世李金鳌为嘉庆己巳（1809）进士，李铎为乾隆癸未（1763）进士。《福山古岘王氏族谱》载：本生高祖景曜，字星瑞，行九。诰授奉直大夫，晋赠资政大夫。本生高祖母李氏，诰封宜人，晋赠一品夫人；寿光赠通奉大夫讳炳公女。墓在岗嵛东原，申山寅向，兼庚甲三分。生于乾隆五年（1740）十二月初五子时，卒于嘉庆十七年（1812）四月十九日酉时。从清代康熙至乾隆时期，寿光斟灌李氏人物辈分，依次为李迥—李朴—李炳—李城—李铉。李迥四子李朴，岁贡生；李朴三子李炳，贡生；李炳子李城，官户部员外郎、江西临江府知府；李城次子李铉，举人，累官夔州府知府、山西按察使、广西布政使、顺天府尹、光禄寺正卿、宗人府宗丞。王懿荣拜谒李氏宗丞祠，而此宗丞则是李铉。王氏高祖妣为李炳之女，是李铉的姑姑。李铉为王氏的曾外祖辈表亲。

② 吕伟达主编：《王懿荣集》，齐鲁书社 1999 年版，第 261 页。

先是胶州高南阜、即墨郭根庵两先生辑有《桑梓之遗》七十八册，展转由其族叔子懿家归介锡手。检点前后，未为全望。乃出其家藏缃素，余或乞自知交，或购以兼金，至有教驰数百里浼托数千人而后一获者。统计卷轴、屏幛、尺牍、便面、诗文稿不下千余种。殚心抉择，必人与物确足以传者，始赓续为百余册，以竟高、郭两先生之绪。”陈介锡是乡邦文献所记将《桑梓之遗》续成百册之巨的人，晚年编订《桑梓之遗目录》十卷、《桑梓之遗录文》十卷、《桑梓之遗考略》一百卷、《桑梓之遗书画册序》、《文石杂识》、《文石山房诗钞》等（山东博物馆现存《桑梓之遗书画册目录》三卷附文钞一卷、《桑梓之遗书画册人物考略》十卷、《桑梓之遗录文》十卷）。

上所揭列，光绪七年（1881）二月，王懿荣归里省墓返程，在潍县盘桓四日，提到“《桑梓之遗》书画一大宗，未见”。《王懿荣集》载《跋潍县陈晋卿先生〈桑梓之遗〉书画册目录》云：“此举书画并收，凡字之大轴长卷者，俱裁为蓑衣装，统归为巨册，甚可惜也。创自胶州高南阜手，后归即墨郭根庵，已八十册矣。然渐收及外省人，名曰‘附见’，实亦自乱其例。此居乡既久，或无所得，乃取以自遣无聊之极思耳。后质莱阳典当铺中，中间失去数册。又后遂归陈小兰，推广其例，又以书画之为吾东先辈上款者，及他省名流之曾履吾东者，亦附见焉。开此二门，然较根庵之用意稍密，即后来收者，亦多居上，近闻已二百册。……南阜初意，止集胶人，根庵乃渐推广之。此册为乡里所艳称久矣。……南阜、根庵两先生当年率意集此，无一宋、元名迹可为压卷之品，晋卿（按：原误作‘乡’）丈后来居上，或当稍胜，然其近来簿录，吾未之见也。”①

此跋文之前，原有陈介锡跋语：“即墨郭根庵先生续南阜老人辑《桑梓之遗》，卷帙浩繁。旧存莱阳质库，道光间为族叔季则先生所得。先生曾手撮一目，且欲考其人物，别作小传，以谢世弗果。己未（1859）春，册归余家，并于莱阳访获末册。检点前后，已非全璧。因念是册为海岱名迹，又经南阜、根庵两先生审定，片纸只字，文献攸关，不详为著录，再传百数十年，或致散佚，姓名无征矣。故于出处、款识反覆考订，首标姓氏爵里，安顿前后各题，跋次之。其尺寸大小及叶数种数多少，间为录出，欲使览者不待倾箱倒

① 吕伟达主编：《王懿荣集》，齐鲁书社1999年版，第73～74页。

箧，而法绘宝墨与夫审定之精妙，装池之古雅，如在目前，则区区编次之苦心为不虚费耳。咸丰九年（1859）十二月二十五日，后学陈介锡敬题于文石山房之雪窗。”

郭廷翕（1709—1778），字虞受，号冷亭，又号根庵、根荞，清初名臣郭琇季子，潍县郭氏后裔（郭尚忠之后），后迁山东即墨。乾隆六年（1741）举人，官授湖北宜春知县。工诗善书，精于篆刻。博雅嗜古，精于鉴藏书画古帖，著有《根荞诗集》。秉承高凤翰之志续辑补装《桑梓之遗》达七十八册，保存了大量山左名人书画。

《王懿荣集·近事戏成四绝》云：“十年海岱起英灵，名世文章照眼青。我向家山企遗墨，如何如凤更如星?”原注：“潍县陈氏所藏《桑梓之遗》转入外省某氏。余五年前忽大集先辈遗迹，名曰《海岱人文》。”

《王懿荣集·王文敏公年谱》载，光绪十二年（1886）丙戌，“七月，公赴登州府城谢吊戚党。于张允勷骑尉处见即墨郭根庵（廷翕）、胶州高南阜（凤翰）两先生所辑《桑梓之遗》目录，于齐鲁先哲手迹搜求略备。知原册曾存潍县陈晋卿（介锡）处，旋为势家豪夺以去，公思踵其意收集海岱人文”。潍县陈氏所藏，继承百数十年之期，迭经高、郭、陈数家之手，成《桑梓之遗》百册，蔚成一时之盛。然得失有时。余留意潍上桑梓文献，尤关心《桑梓之遗》巨制，迄今杳无音信；或如王懿荣先辈所言，归于外省，不知今日尚存天壤间否?

王献唐主政山东省立图书馆期间，馆中牟祥农论文《桑梓之遗与海岱人文》，并经王献唐校改。李勇慧称：“牟祥农《桑梓之遗与海岱人文》、李毓麟《杜威图书馆分类表》、屈万里《汉魏石经残字》与《山东省立图书馆善本书目·甲编》等同人论著，皆遵王献唐之嘱而作。王献唐从选题拟定、资料搜集、论文写作与修改，均倾注了大量的心血，但从未在这些论文上署上自己的名字。”① 由此可见王献唐先生对陈氏所藏《桑梓之遗》的重视程度，亦可见如此皇皇巨著的历史与艺术价值，更可看出王懿荣与陈氏世家的深厚情谊。王氏因惋惜《桑梓之遗》为“为势家豪夺以去”，遂“思踵其意收集海岱人文”。后由王献唐策划、牟祥农撰著文章，可知王懿荣果然辑集

---

① 李勇慧：《一代传人王献唐》，山东教育出版社2012年版，第179页。

《海岱人文》。

（三）与陈阜

《王懿荣集·致祜曾》云："祜曾姻世长兄坐右：得书如获拱璧，并拜鱼虾麦饭之惠，祗领谢甚！谨依来命，遵交来人赍上先著印举稿本一包，衡几价京四十金，伏乞察入。印举即如尊恉，谨按祖庭当年所排次者为定，甚善！甚善！所以然者，周玺一门，本为祖老与苾丈所创获，此稿就玺之原来形制为类，而暗中仍有官私之别。可见先辈用心精密，断非后来所可及。累累皆系战国之物，必执一官玺论定孰后孰先，文字自然有后先可分，官制则书缺有间矣。字且不能尽识，何论彼此沿革之时世哉！至汉魏以及南北朝官印，多为史所不载，其足补史缺处，真是一字一珠，此却有端倪可寻。然非心静身闲，破除一二年工夫，尚须延一翻书翻碑之人稍为在行者，相助为理，然后可得先后次第，不至太紊。即此便是一种著作，又不仅为此谱定篇次矣。鄙人优为之，而非鄙人之境地所能遽为之也。若在仅知史事而不知印文之委细者，则亦不能此事。当年祖老遂得遂考，便随时即可成书。惟积之已多，则不轻易动此念头。如鄙人现在所得者亦然，又何况身世家道之远不敌祖老之万一者。呜呼，诚可慨已！将来成书时，足下后跋中，言此谱先人未及排定，遽尔弃世，仅依原来草稿次第编成，未敢僭易一处。是以继志述事之至善者矣。此书有关于史事不浅，不能仅当一种印谱看，以其精而且多也。大致如此，为足下尽言之。装订后许赏一部，不但高义薄云天，亦祖老之嘉言息壤犹在彼也，思之有欲痛哭。荣秋初又抱鸰原之痛，自慨身世，又伤逝者。回头真是一梦，而蒙头盖脑，乃尚自睡而犹未醒也。附上南腿二肘，聊伴芜函。尚乞酱刀鱼一种，此较青鱼稍为易致。活得一日，便要馋得一日，知我如公，谅不我责也。专谢敬颂伉俪双福，合潭欢喜！姻世弟期懿荣顿首。"①

民国《潍县志稿》卷二十九《人物·义行》载："陈阜，字祜曾。郡廪生，介祺孙也。少孤，性孝友好施。光绪二年（1876）岁大饥，襄其祖赈施万人，担粥八阅月如一日。大吏奏闻特赏郎中。其祖殁，奉遗训为善益力……李中丞秉衡委办莱州团练，福山王文敏公奏派会办登州团练。……邑中旧有考院，嗣应试者，多苦不能容，独捐巨资改建号舍十三楹。邑人感德，

---

① 吕伟达主编：《王懿荣集》，齐鲁书社1999年版，第224～225页。

勒石记之。”

据《王懿荣集·王文敏公年谱》载，光绪八年（1882）壬午，王氏遣嫁次女崇英适海丰吴氏，为吴重憙次子吴崶妇。又据《簠斋研究·年表》所记，早在咸丰九年（1859）己未，陈介祺长女即嫁与海丰吴式芬次子吴重憙。王懿荣之次女，乃陈介祺之外甥媳妇，由此可知王懿荣与陈介祺为姻亲。

二、与郭麐世家之交游

潍县之世家望族具有收藏文物与乡邦文献的优良传统，并且对地方历史文化的研究与促进都做出较大贡献。潍县清代之四大世家，以各自兴盛时期的时序，应是郭（尚友）、陈（官俊）、张（兆栋）、丁（善宝）。四大世家望族世为姻娅，相与荣兴。郭氏世家由晚明而兴，清代前期最为兴盛，世家子弟雅好文翰，重收藏而嗜印篆。清初安丘张贞、张在辛父子为山左印学宗师，得周亮工奖掖，胶州高凤翰与潍县郭伟勣俱出张氏门下，而著名的郭氏世家亦属其中之一。乾隆前期郑板桥为潍县令，曾收集当地出土青铜镜百余面，而与之交好的郭氏世家子弟郭伟勣则收藏古玺印并精于篆刻，有郑板桥为之题署《松筠桐荫馆集印》刊行，其侄郭启翼有《松雪堂印萃》传世。齐鲁印学策源于安丘，潍县世家为印学发展起到推波助澜的作用，由此到清代晚期才出现集大成者陈介祺。

王懿荣与潍县郭麐交往尤甚。郭氏传承家学而精于经史与金石之研究，其在潍县金石学的发展史上具有重要地位。而饶有趣味的是，潍县四家望族中，有两家出现著名的金石学家，即陈氏世家之陈介祺、郭氏世家之郭麐，另外两世家即张、丁世家，张家未出现知名学者，而丁家亦是家学湛深，传承有自，出现诸如丁叔言、丁锡田等国内知名藏书家、经史学家。其中，郭麐及其所著《潍县金石志》，对研究潍县乡邦历史裨益良深；而郭氏之所以能够成为著名经史学家、金石学家，既与郭氏世家良好的经史文化氛围分不开，亦与潍县金石学为天下金石学的中心分不开。

据《潍县志稿》卷二十九《人物·高士》载：“郭麐，字子嘉，南康同知启翼孙也。幼承家学，精六书，癖金石文字，傲骨嶙峋，不谐俗。族子熊飞守夔州，悯其穷于所遇，延为诸子师。凡熊飞迁擢所至，罔不从。比熊飞殁藩司任所，乃归。出脯金买瘠田十余亩，于城西杨家庄葺舍居焉，颜所居曰'杨峡别墅'，以庄濒大于河即《水经注》之渏水，复筑室曰'听渏山房'，蘊首穷乡不与世接。种瓜劚菜之暇，亟思搜罗邑中文献于荒冢破寺间，断碣残碑，剥苔剔藓往往而获。然拘于力，十数年仅得九十余种。盖自居乡后，不入城市者六七年。绅富戚族之门阈内外无履迹也。独于考证篆籀、辨别碑版真伪时，一诣陈介祺家。陈与订补得二百三十二种，厘为八卷，名曰《潍县金石志》，即今之传钞本也。光绪间又依妹家，寄居白浪河上，茅舍一椽，藉蔽风雨。逮癸未汪侍郎鸣銮视学山左，屏驺从访焉。谈次缕述说许氏学，心折周其贫以金，辞；许为请奖秩以显之，辞；留金为写书费，并允为校勘诸书，乃起谢。雇佣工抄录所著书近三十卷。时阅三月，力疾校雠。付族孙镇彝上之汪，会汪以谴归里，而书遂不果传矣。麐殁年七十余，病且殆，以遗稿悉付友人王承吉，殁。王为募资启妻刘窀为合葬焉。墓在城西南官家庄西。里人每多王氏之笃友谊云。"郭麐著述十数种，多关乎桑梓文献古迹。

潘祖荫为郭麐《潍县金石志》作序云："门人王廉生以郭君子嘉新著《潍县金石志》属为序。余惟金石之学，我朝乾嘉以来盛矣……今郭君是志，一邑之金石已得二百余种，非搜辑之勤而能若是乎……郭君此举不亦贤哉。光绪二年（1876）岁在丙子二月上旬吴县潘祖荫。"潘祖荫乃王懿荣师辈，故有王懿荣托请潘氏为郭麐著作作序之事。

王懿荣为《潍县金石志》作跋云："吾东县志金石一门，往往阙略。乾隆间仪征阮元文达公视学山东，辑《山左金石志》，仅据各县旧志所载目录访搨，故罅漏大半。夫一邑之为地，其在天下古今甚微，建置沿革、土俗变迁不必尽见诸经史。即后人辗转称引或涉及者亦率多游迻难信。甚不如当时历斯土者之为详确。故重有赖于金石，其不可无专志也。审矣！潍县郭君子嘉，今辑《潍县金石志》既成，余从胶州柯君凤孙处藉读。其自序有云：'摭历代之废石磢；征一邑之爪故。'此二语者得其要领矣。余故于段氏之《益都金石志》、许氏之《济宁州金石志》后，而窃幸郭君此书之有成也。读竟辄为书后，而还柯君。光绪丙子（1876）夏四月十五日福山王懿荣记。"

王氏跋文后为光绪三年（1877）六月周锡晋之跋文，及光绪十年（1884）秋七月陈介祺之《校勘记》。而陈氏于是月二十日卒，可见金石学家交情之笃。

三、与高庆龄世家之交游

由于风气使然，潍县旧族亦崇尚金石文物。高庆龄，号南郑，与陈介祺同时代，家居潍县西关，与陈氏宅邸相距密迩。受乡风包孕，平生嗜好古玺印，积年既久，收集古玺六百余方，且多为山左出土。其子高鸿裁、侄高嘉钰亦爱好古玺陶文，且高嘉钰尚曾收藏带有铭文的战国齐兵器。高氏两代共同考释研究，出版《齐鲁古印捃》。民国《潍县志稿》卷三十《人物·文学》载："高鸿裁，字翰生，自幼胸襟旷迈，不屑为世俗利禄之学。祖其绪，父庆龄，家世藏书，至鸿裁益购求所藏，多善本。丹铅校雠，日不暇给。尤嗜金石文字，旁及瓦当专甓封泥之属，皆非世所习见，而所获秦颂辞专尤为海内第一。有清以来乡先达多藏旧籍，嗜金石，濡染乡闻。又遍交当世知士，如福山王懿荣、江阴缪荃孙、上虞罗振玉、荣成孙葆田、临清徐坊、胶州柯劭忞等为文字之友。孙、徐、柯皆侨潍，鸿裁与同县宋书升昕夕造其庐，相得尤欢。庚子以后始游京师，慨然有忧世之意。又为孙葆田延至济南襄校《山东通志》，再至京师史馆延为编修，然不久辄辞去。未几卒，年六十七，时民国七年也。"高嘉钰，字丽珍，曾收藏潍县北境出土"齐城右造车戟"。此戟后归陈介祺，民国《潍县志稿》收录并附图影。

《王懿荣集》载录其为高庆龄《齐鲁古印捃》作序云："《春秋左氏传》《国语》言玺，《书》《周礼》《韩非》亦言之。应劭、卫宏说秦以前，民皆以金玉为印，惟其所好，尊卑共之，是也。六书大旨，至史籀已失，秦汉印篆又别出一体。然自李斯未画一之前，周末文字各国异形，殊轨分涂，不强同也，盖六书之旨益微矣。其孳乳繁变，莫可究诘，遂无从凿识。存于今者，若石鼓及诸小印玺是，已玺之具官名者是。周秦之际，如司徒、司马、司工、司成之属，半皆周官。又司禄一官，今《周礼》下注阙，而玺印中有之，其上二字亦绝不可识，真汉人所谓奇字矣。人名者渐近小篆，有秦汉之际者，今日而欲以朝代识别之，亦止若是耳，难确属也。至当时玺印所施，识大识小，各随事为用，亦不可概定。潍县高南郑世丈，笃志好古，黾勉以求，所得古印多出齐鲁。以古印玺之官名者冠于前，人名者次之，不强别其为某周某秦，某为秦汉之际者，各以类从，而以秦汉官私印附焉，名之曰《古印捃》，其识卓矣。庚辰（1880）夏，荣备员词臣。越次年，省墓归里，过潍县晋谒，获睹所藏金石。倾心论古，欢若平生，出其印集见示，属余为之记。其升古玺印于秦汉印前者，为从来谱录家所未及。此非深通古文者能如是乎？吾服南丈之卓识矣。光绪辛巳（1881）三月。”①

如前所称引《王懿荣集》卷四《天壤阁杂记》与附录《王文敏公年谱》所记，光绪七年（1881）辛巳，王懿荣三十七岁，二月即取道北上，过黄县，又“过潍县，住四日，遍访赏鉴家。在陈寿丈处三日，书画古器不具数。见所藏朱子《楚词》与协卿本装潢皆同。见南郑丽珍所藏古泉、古砖、古印。南郑宋板《四书》，闻寿丈称之，未见”；“三月，为潍县高南郑（庆龄）撰《齐鲁古印捃序》”。

王懿荣于光绪七年二月由福山故里，经由烟台、黄县、潍县、寿光等地返回京师，在潍县住四日，经访高庆龄家，有所获见。辗转抵京，甫久即为高鸿裁《齐鲁古印捃》作序。

四、与王石经之交游

潍县印学名家王石经是陈介祺归里后的金石文字挚友。王石经（1833—1918），字君都，号西泉，祖居潍县城里，武庠生，有膂力，善书法，精印篆。陈介祺境界高妙，凡俗皆不入眼，而其平生所用印多为王氏刀笔。王氏晚年辑《甄古斋印谱》，陈介祺为之作诗云：“王君通隶法，名字采中郎（字曰君都）。好古天机妙（阮文达公谓，非天机清妙不能好三代文字），多材雅事详。印摹镫照汉，帖抚拓追唐。何日编钟鼎，同登尗重堂。”后跋云：“西泉作印与年俱进，昔师汉印，今则秦斯、金石刻，三代器文之法，有得于心，徒以古印求之，非知西泉者矣。光绪丙子（1876）四月四日海滨病史。”

潘祖荫署题曰：“簠斋丈曾属西泉为余刻印，今年始遇于都门，复为刻数枚。西泉之印近今无第二人。质之知者以为何！于光绪丙戌（1886）春二月下旬吴县潘祖荫识。”

王懿荣题跋：“西泉四兄与荣为戚好，生平最嗜古印，浸馈甚深。其所作印，一笔一画，纯从古印得来。故生于道咸以来竟无邓石如、陈曼生一字阑入也！惟雅不喜为俗人落墨，人故甚忌之！西泉为寿光李氏婿。子幼泉聪颖

① 吕伟达主编：《王懿荣集》，齐鲁书社 1999 年版，第 71 ~ 72 页。

特达，有雏凤之誉。”西泉此印谱为印学盛事，为之题跋者还有匡源、盛昱、吴大澂、张士保、吴重憙等。据2012年出版之《王懿荣先生书作集》称，王懿荣精于书作，屡屡蒙慈禧太后、光绪皇帝之旨意，呈献书作，而其所用印玺多出自王石经之铁笔。

民国《潍县志稿》卷三十二《人物·艺术》载：“王石经，字西泉，城里人。少有膂力，入武庠。顾善学颜清臣书，尤酷嗜金石文字，与邑人陈介祺、郭麐折柬往来，夙称莫逆。凡商周秦汉钟、鼎、盘、匜、尊、罍、敦、洗之属，得以悉心研究，寝馈其间数十年，详其文词，取其笔法，嘬其奥蕴，故能善篆隶、工雕镌。其所刻石印，一笔一画纯从古印玺得来。故生于道咸时，其奏刀殊无邓石如、陈曼生一字阑入，惟不喜为俗人落墨。尝同陈介祺检定万印楼印谱，同王懿荣、盛昱、徐坊诣太学观石鼓，同宫本昂赴琅琊台拓秦碑。一时交游皆海内知名士、博古家也。所辑古印七册，甄古斋所刻之印谱一册，当代名人题跋殆遍。年八十有八卒。子宗彝，字幼泉；丙彝，字子常，由附贡任凉城知县、康保设治局局长，皆工篆隶；尊彝，字子重，工绘事。咸能世其家云。”

王懿荣与潍县王石经同为戚好，交情至厚，光绪七年王懿荣过潍县，住四日，遍访诸赏鉴家，尤可称述者即其在陈介祺家住三日、拜访高庆龄等。另“得一六字刀，十五金。又得高君二字，极佳之。大量几专车，今尚存西泉家。得‘齐’字砖二。过寿光，谒仓颉墓，又谒本生高祖妣母家李宗丞祠。西泉即李氏裔婿，闻其家有文与可《大竹》，为寿丈购去，在潍所见即是。李氏凋零尤甚。所得古匋、泉范、砖瓦不悉数，并汉印及钱，止一齐刀奇”。

寿光斟灌李氏为清代乾嘉世家：李适，顺治二年（1645）进士；李迥，康熙三年（1664）进士；李懋，康熙二十四年（1685）进士；李封，乾隆十九年（1754）进士；李铎，乾隆二十八年（1763）进士；李铤、李铉、李景沆等，民国《寿光县志》皆有传。同治癸酉《斟灌李氏宗谱》载，九世李封，字紫绶，乾隆甲戌（1754）进士，历官翰林院庶吉士、刑部郎中、庐州府知府、镇江府知府、苏州府知府、江西盐法道、浙江按察使、湖南布政使、福建汀漳龙道、江苏布政使、湖北巡抚、刑部左侍郎；十世李铎，乾隆壬午（1762）举人，癸未（1763）进士，翰林院检讨，江西会昌、彭泽、新建知县，宁武同知，江西、山西乡试同考官；李城长子李铤，云南府同知、福建候补通判；李城次子李铉，乾隆乙酉（1765）举人，历任户部江南司主事、广西司员外郎、陕西司郎中、监督宝泉局、夔州府知府、川北兵备道、山西按察使、广西布政使、顺天府尹、光禄寺正卿、宗人府宗丞等。

民国《寿光县志·人物·事功》载："李铉，字振声，铤之弟。乾隆乙酉（1765）举人。任户部主事，迁广西司员外郎，陕西司郎中，授四川夔州府知府……在两川、陕、甘间多战绩，旋授山西按察使，升广西布政使、护理巡抚，简授顺天府府尹，改光禄寺卿，转宗人府宗丞。年七十三致仕归。八十岁卒。"

五、与范氏祖孙之交游

王懿荣祖籍福山，身居京师，友交潍县，潍县不但为其金石师友的聚居地，而且是其发现甲骨文的策源地。世人对王氏发现甲骨文或有异说：在甲骨文发现百年之期，潍上文化名人陈慕虹、刘督宽两先生专门多次走访潍县古董商人范氏村居及其后人，斟酌再三、反复考证而撰成大文《为甲骨文发现者范维清范椿青正名与辨析——范家庄考查访问一得》①，为示敬重，特移录相关章节至此。

> 河南安阳小屯村出土的带字甲骨如何面世，进而引起学者们的搜求与研究，这与潍县范姓古董商直接有关。但其人究竟是何名字，却众说纷纭。甲骨学早期及后来的研究者，对此也不甚重视，未加考证落实。那原因可能是认为，古董商贩卖古董，与甲骨文的研究无大关系。是以近百年来，凡涉及此名（人）者，都因袭前人著述所言，一笔带过，这就使潍县古董商的确切名字，一直在人云亦云中似是而非地传来传去，这对于范姓古董商是不够公平的。今值甲骨学百年之际，笔者特从甲骨学不同著述及《潍县志稿》中，把有关的名字及事例检索在一起。又于1999年秋至2000年春，凡九次去范姓古董商的老家——潍城区符山镇范家庄，进行了访问查证核实。获取了一些可资印证和辨析的文字和"口碑"资料。……②

---

① 陈慕虹、刘督宽：《为甲骨文发现者范维清范椿青正名与辨析——范家庄考查访问一得》，见《潍城文史资料》第十六辑，2000年版，第189～197页。

② 省略号为敬明所加，下同。

（一）百年甲骨　范氏疑云①

甲骨学著述中提到此人的有：

①1903年刘鹗的《铁云藏龟》中说："有范姓客挟百余片赴京师，福山王文敏公懿荣见之狂喜，以厚值留之。"

②1908年罗振玉"从古董商范维卿口中得知甲骨真实出土地是安阳小屯村。(《殷墟古器物图录》序)"（转引自《甲骨学一百年》第30页）

③1935年王襄《题易櫓园殷契拓片》（《簠室题跋》）中载："潍贾范寿轩辈……售古物来余斋，座上讼言所见，乡人孟定生世叔闻之，意为古简，促其诣车访求，时则光绪戊戌冬十月也。翌年秋，携来求售，名曰龟板。人世知有殷契自此始。甲骨之大者，字酬一金，孟氏与余皆困于力，未博收。有全甲之上半，珍贵逾他品，闻售诸福山王文敏公。"

④1936年完稿（因七七事变延至1942年出版）的《潍县志稿·艺术》中说："范春清字守轩，范家庄人，好贩鬻古器，与弟怀清游彰德小屯得商爵一。岁次复往，屯人出龟甲相示，春清以钞数千购四五十片，去京师谒王文敏，懿荣见之惊喜不置曰，君等真神人，何处得此，以厚偿留之……懿荣及刘鹗、端方诸公皆器重之，而甲骨文始显于世。"

⑤陈炜湛著《甲骨文简论》第一章"甲骨文的发现与发掘"中说："当年（按前文指1899年）秋天，山东潍县古董商范维卿以甲骨文字十二版售与王懿荣，每版价银二两。端方知道后，出的价格更高，当时范维卿购了几片甲骨文字献给他，他竟每字酬银二两五钱。一时为之轰动。就这样，六文钱一斤的'龙骨'骤然身价百倍，成了举世闻名的甲骨文。"

以上所引，除刘鹗只提到"范姓客"外，其余四家提到的名字是："范维卿""范寿轩""范春清字守轩""范怀清"。

以上名字各不相同。除去"范怀清"因标明是兄弟辈，且没说出他的"字"，可单作一人确认外，其余三个名字，是一个人，还是两个人，还是三个人呢？无从识别。只能从笔者去范家庄所得资料中加以核对辨识。

---

① 此节及其后两小节之标题皆为敬明所加，非陈、刘二人之原文。

（二）亲历访察　厘清讹误

资料（一）《范氏族谱》载有：

①范维清字辑熙，范氏第十七世；

②范椿青字寿轩，范氏第十五世；

③范怀清（无字），范氏第十五世。

对照《范氏族谱》可以确定：

罗振玉和陈炜湛所记之“范维卿”，应即是“范维清”。“清”与“卿”当系同音字之误。

《范氏族谱》中之“范椿青字寿轩”，即是王襄所记之“范寿轩”，也即是《潍县志稿》中之“范春清字守轩”。此处也因用了同音字，将“椿青”误为“春清”，“寿轩”误为“守轩”（不论因何致误，都应以《范氏族谱》为准，况其后人也有证词，见下文）。

由此可以初步确认三个名字，即范维清字辑熙，范椿青字寿轩，范怀清（无字）。而著述中所记事例，只涉及范维清和范椿青。《潍县志稿》中也只在范春清“与弟怀清游彰德小屯得商爵一”文字中提到范怀清。下文“岁次复往……”所记皆范椿青所为。据此可以断定最早参与甲骨文字的发现和贩卖的范姓古董商，应是范维清和范椿青。

资料（二）笔者九次访问过的有关人员有：

①范守文，81岁。从30年代至今，一直是全村婚丧嫁娶的“管事人”，村里房地产买卖契约的执笔人，范姓家务纠纷的调解人，参与过续谱。

②范守业，83岁。1993年范氏续谱的主持人。

③范安祥，范维清嫡五代孙，乃范信书之子。

④范张氏，83岁。范维佶之子范光之妻。（范维清兄弟五人，维桢行一，维清行二，维佶行五。范张氏乃范维清之侄媳）

⑤范大禹，范延泽之四代孙。

⑥范会宾（今用“彬”字），76岁。范椿青嫡四代孙。现住范家庄以东约4华里之宋家庄。

他们六人分别提供的与范维清、范椿青及甲骨文有关的材料是：

范守文听范云书（范维桢嫡四代孙，当过教师，1998年病故）说过，他二老爷爷卖甲骨给王懿荣时，王极高兴，留下范维清喝酒吃饭并赠字给范。当时天热，是在院子里大树下，脱了上衣，光着膀子，叫范维清磨墨，写了一副对联、一个扇面。由此两人熟悉了，再去时，只要对看门人说他是范维清，即被领至书房见王大人，不用通禀。对联的词是：农事渐兴人满野，霜寒初重雁横空。范维清拿回家后，被当时的庄长范延泽看到，叫维清向王大人给他求一副，也求来一副对联，词是“春深水暖多鱼婢，雨足年丰少麦奴”。范维清兄弟分家时，都想要这副对联，没法分，就商量好不分了，过年时各家轮着挂，挂完后归长支保管。到范云书时对联还有，每年别家挂完后由他保管。“文革”破“四旧”时，他把对联烧了。原因是1957年范云书多说了话，被撵回家，不让教学了，他怕再遭二次不幸，吓得烧了。范云书还会写几个甲骨文字，曾写给范守文看，范守文也学会了几个，曾写给笔者看过。

范守业听范信书（范维清嫡四代孙，1999年夏74岁去世）说过，他家发家是因为卖了一个金香炉发起来的。别看王懿荣买下甲骨文，当时他也不识。听说，他老爷爷的名字刻在了北京的一个大钟上，这钟挂在颐和园或什么山上。范信书也会写几个甲骨文字。

范安祥说，俺老辈卖古董，把甲骨文卖给了北京的王大人，从那就熟悉了，给俺老爷爷写了对联。前些年俺家还有甲骨，上面的字是红色的。听老人们说，当年王大人也不识的。有一次还卖给端方大人一个小铜桌，桌上站着八个小铜人。老人们说王大人是个好人，守北京城时，被八国联军攻进去而投井死了。

范张氏说，她家以前也有古董，过年时还挂王大人的对联，她就亲手挂过，现在什么也没有了。

范大禹说，俺这支的人都知道以前俺家也有王大人的对联，后来不知道哪里去了。

范会宾说，他出生时（1924年），他家已在潍县城里住，以后再没搬回范家庄。他父亲结婚时，曾祖父范椿青已不在世。小时随叔父范之津上坟，见其曾祖父墓碑上所刻是“椿青”二字。他当时不识“椿”字，其叔父告诉他是香椿之椿。“青”即青天之青。由于在城里出生，当时父辈已不做古董生意，所以对范椿青之事知之甚少。（笔者请范会宾再回忆一下。一周后二次访他，又介绍了以下情况）范会宾说，听他母亲说过，他二祖父（范尔藻）结婚时缺钱，曾祖父范椿青连夜跑去北京，向“端五大人”借来的钱。当时范椿青与“端五大人”已很熟，进门不用通禀，有客无客总是先接见范。（注：笔者曾问“端五大人”之“端五”是那两个字，范会宾说他也不知。参考所引资料，应是指端方，字午桥，号陶斋。“端五”应是“端午”）没听说过与王懿荣的交往，他本人知道王懿荣其人，是近几年的事。他还说，30年代时，他父亲在丁叔言家当仆人，他叔父范之津曾在当时的县志局当仆役。

以上“口碑”资料，比较集中地说明一个问题，即首先把甲骨文字卖给王懿荣的是范维清，而且说得具体鲜活。这可与刘鹗、陈炜湛所记互为印证，说明范维清与王懿荣这段“甲骨之缘”是可信的。但与《潍县志稿》所载，则事相似，名不同。《潍县志稿》写成于1936年，距甲骨文的发现才三十几年，较笔者的访问早六十多年，就时间而言，其更（敬明按：原误作“更其”）可信。但是，范维清在早期著述中已多有记载，为什么《潍县志稿》中只字未提，而记范椿青的名和字又都用了同音字？参考范会宾所言，当时其叔父范之津在县志局当仆役，是否采写此文的编辑者只依据了范之津口头提供的资料，而没再到范家庄实地采访核实呢？此是一疑。范会宾所言范椿青与端方的熟悉与交往，范维清后人所言范维清与王懿荣的熟悉与交往，都与《潍县志稿》所记的人和事不太吻合，这又是一疑。我们在前面摘引了陈炜湛《甲骨文简论》中关于范维清在1899年把甲骨文字高价售献给王懿荣和端方的记述。这是可信的。中山大学教授商承祚先生1981年3月给该书作序中，称作者陈炜湛为“确非人云亦云，复述他人成说之辈”，称该书“既是授课的教材……也是自学者之向导”。然而我们也不就此即冒然遽断《潍县志稿》是将人和事张冠李戴，仍欲存疑。退一步说，即使范椿青只将甲骨文字高价售给王襄，他也应是最早参与此事者之一。

（三）初识甲骨　究属何人

依据现有资料，我们想要重点辨析的是：最早发现甲骨上有文字的应是谁的问题。

按事理而论，甲骨文的被发现，自不应从其出土开始，亦不应从研究开始，而应从被发现和认出“文字”开始。有传说是1899年王懿荣因病服药，检视药物时，无意中发现作药用的“龙骨”上刻有与金文相似的文字，因而发现了甲骨文。前引陈炜湛所著《甲骨文简论》第一章后的《注①》中却说：“关于王懿荣发现甲骨文的经过，各书记述不一，有可信者，有不尽可信者。”另有一些著述中亦否定此说（不再赘引有关资料）。我们亦认为，此传说过于巧合、附会。试想，一剂药中的一味药，能有多大分量，不过几钱几分，即算一两，按16两1市斤，不过31克多一点，这能称多大一块“龙骨”，况作煎服之药还要捣碎。从这点儿捣碎的“龙骨”上看出与金文相似的文字，其实是不可能的。当然，若把王懿荣首先断定这是殷商“卜骨”，作为甲骨文面世之始，那又另当别论。因为这与首先发现并认出甲骨上所刻是“字”，已是两回事。若仔细辨析前所引王襄所记之“座上讼言所见”“时则光绪戊戌（1898年）冬十月也”“翌年（1899年）秋，携来求售”“字酬一金”之文义，再与《潍县志稿》“岁次复往，土人出龟甲相示”“购四五十片，去京师谒王文敏，懿荣见之惊喜不置曰，君等真神人，何处得此”等记述相对照，可以看出，是范姓古董商在发现了甲骨上有“文字”之后，才去货卖识家并高价出售的。此事不难理解——

当年范姓古董商去河南安阳小屯村收购古董时，发现当地农民当作药材出卖的（没被捣碎的）“龙骨”上有“字”，他们不是学者，当然不识当时世人从未见过的古代文字是什么文字。但他们是古董商，接触和贩卖过青铜器，也就接触过钟鼎文。而甲骨上所刻，非籀非篆，由是认出（或揣断）应是更早更古的文字，这甲骨应是很有价值的古物。这是很自然的。于是携往京津，谒王襄时要出“字酬一金”的高价（若非认出是“字”，何来“字酬一金”）；谒王懿荣，使王“见之狂喜，以厚值留之”，曰“君等真神人”（若王早已发现了甲骨文，并从达仁堂药铺收购了全部带字甲骨，何以会再惊喜道出此语）。由此而论，最先发现并认出甲骨上所刻是“文字”的，不是首先研究的学者（包括王懿荣、王襄、刘鹗等），而是慧眼识珠的范姓古董商，只不过他们无学识和能力研究辨识罢了。史实如此，若无范姓古董商发现甲骨上的“文字”，并贩予学者手中，也许甲骨文的研究及甲骨学的诞生，还要推迟若干年吧！而范维清不但首先向学者提供甲骨文字，后又将甲骨文字真实出土地点——河南安阳小屯村告知罗振玉，促使沉睡地下几千年的“殷商武乙帝都”逐步为学者们考订证实（1917 年王国维考证确认）。范氏古董商对甲骨文的发现与研究，实是功不可没，他们的真实名字和贡献，理应列项载入甲骨学史册！若果如“口碑”所言，范维清的名字已铸刻在北京的一个大钟上，那也是公正而令人欣慰的！

笔者不是甲骨学的研究者，以上所记仅是此次调查访问之一得，所作评析也是一孔之见，尚希识者指正。若由此而辨清了最早发现甲骨文者之疑问，实乃范氏古董商之大幸。

《王懿荣集·王文敏公年谱》载，光绪二十五年（1899）乙亥，“河南彰德府安阳县小屯地方发现殷代卜骨龟甲甚多，上有文字。估人携之京师，公审定为殷商故物，购得数千片。是为吾国研究殷墟甲骨文字开创之始，事在是年秋”。

由上所揭列，潍县陈慕虹、刘督宽调查潍县范氏后人，所言范氏当年晋见王懿荣时“天热，是在院子里大树下，脱了上衣，光着膀子，叫范维清磨墨，写了一副对联、一个扇面。由此两人熟悉了，再去时，只要对看门人说他是范维清，即被领至书房见王大人，不用通禀”之言尤可征信。

窃以为，潍县金石学积淀良久而影响深远，古董商人亦有真见识者。当时潍县范氏辗转山东、河南等地搜集文物，其足履南至今邹城纪王城（邾国故城遗址），往西则到安阳一带。范氏搜古安阳，得到有字甲骨，乃世所未见，当时潍上陈介祺已经故去，他人不识。基于王懿荣与潍县金石学界之密切交往和当地人对其学识的认可，范氏遂至京师而晋谒王懿荣，甲骨文始经王懿荣鉴定并被定名。王懿荣是甲骨文的发现者，实无疑问。可是，这其中自然也少不了潍县范氏的功劳。

六、与潍县其他人物之交游

王懿荣除了与潍县、寿光金石姻亲有交往，还与其他文人宦达、古董商多有交往。

（一）与曹鸿勋

据民国《潍县志稿》卷二十八《人物·事功》载，曹鸿勋，字仲铭，号兰生，光绪二年（1876）一甲一名进士，授职修撰，累官贵州布政使、湖南布政使、陕西巡抚等。《王懿荣集·王文敏公年谱》载，光绪二十年（1894）甲午，王懿荣署国子监祭酒，“八月十六日，奉恩诏赏加一级，钦此。偕同张仁黼、曹鸿勋、张百熙、高赓恩于十七日联名具疏谢恩”。拙文《陈介祺与中国金石学》曾称：“潍县自古科举之风笃盛，清代以前未曾有中状元者，而清光绪年间则是一条小胡同中，即先后考中了两名状元。第一位状元曹鸿勋，字仲铭或作竹铭，其年少家贫，勤学上进，甚得陈介祺奖掖。翻开《秦前文字之语》，在陈介祺给潘祖荫、王懿荣等的信札中，曾多次向二位推荐曹的才学，而当时曹只是拔贡。潘为礼部侍郎、王则三为国子监祭酒，均是博学有力者，他们受陈氏所托自能举掖曹氏上进。而陈介祺与友人札中，一向极少为人托请，包括自己子孙亦不例外。而其不厌再三地向潘、王推举曹鸿勋，可见其对桑梓之学的关爱之忱。”① 如光绪二年（1876）五月二十五日陈介祺致函王懿荣称：“竹铭诗文字出手即不戾于时，精神亦足，或即是命，人亦稳，有胜人处，考试或不得自是，有人不易知己，有可议处，亦或即是命耶，呵呵。”

（二）与胥伦

民国《潍县志稿》卷三十二《人物·艺术》载：“胥伦，号芰塘，胥家庄人。少游陈介祺之门，尽见所藏三代彝器，遂精铁笔。陈氏有万印楼，秦朱汉白充牣其中，魏晋以下概斥去不与摩挲赏玩。又悟古人铸印法，先以蜡为模刻纽篆文，毫发无憾，然后以精铜写之，一铸而就。俟微冷，再以刀石刮磨，使光泽莹润……晚挟技游京师，王文敏为之延誉，盛祭酒昱亦激赏之。”《秦前文字之语》载光绪元年（1875）九月三日陈介祺致书王懿荣，书中提及胥伦：“敝邑一胥姓，其刻印能胜厂中常行者而有出入，近往张允勷处拓图，尚可无匠人气，然又恐手口不稳，若解事而人又稳妥静细，则粟园后无其人矣。”光绪二年（1876）六月十四日，陈介祺致函王懿荣复提及胥伦：“胥印可者尚妥，而不能作篆，刀亦弱，不可久交，甚可惜。一二皮相稍异而不能作篆，焉知作印耶。小石不佳，改钮尤非易，容与商之。”

① 孙敬明：《陈介祺与中国金石学》，见《潍坊文化三百年》，文化艺术出版社2006年版，第135页。

（三）与杜估

《王懿荣集·天壤阁杂记》载，王懿荣于光绪六年（1880）庚辰归里省墓，十二月到家，在村中度岁。后至烟台住二日，在县城得张刻《玉篇广韵》一函，值三千。春节后，“益都人来售古陶。潍之杜估来，售去古陶，乃从益都人得太真实埙”。

（四）与赵执斋

据吕伟达《王懿荣世家人物传记·清末与王懿荣交厚金石学家、收藏家及古董商人目录》载，赵执斋，山东潍县人，古董商人，1899年、1990年两次卖给王懿荣甲骨500余片。商承祚先生《古代彝器伪字研究》谓：“赵允中，号执斋，死了不过十年，现在常常见到铜器拓片上有‘执斋手拓’的图章，就是他拓的，好交接一班文人。听说他摹刻的手艺还不坏。”①

（五）与王缉

据《王懿荣世家人物传记·清末与王懿荣交厚金石学家、收藏家及古董商人目录》载，王缉，山东潍县人，古董商人，1899年卖给王懿荣甲骨文100余片。

（六）与昌乐刘生

《王懿荣集·记朱留村店刘生语》云：“朱留村店老诸生，炊黍牵驴带笑迎。西北河高人断渡，东南风紧雨难晴。明知春梦心犹动，猝遇秋霖住亦惊。卅载槐黄吾惫矣，使人颠倒是科名。”原注：“刘生老而不中，遂充店商，年六十矣。”又有《昌乐城外遇雨，中途再晤，嘲仲泉广文》云：“才过沙湾复水湄，午鸡声里雨丝丝。一车二仆同泥淖，请看先生独立时。”

七、与潍河诗句

王懿荣诗句中亦有歌咏潍河者，潍河在潍县东境，《尚书·禹贡》载：“海岱惟青州……潍、淄其道。”隋初因潍水之名而设立潍州，至明初改潍州为潍县。王氏晋京入陕，辗转幽并，必先经过潍河，再到潍县城区，其平生往返频频，故多情寄之矣！如其《同郭仲泉广文渡潍》云：“今朝直与郭同舟，风雨潇潇昨已秋。潍水中流天正午，泾云如墨压船头。”又《山

① 商承祚：《古代彝器伪字研究》，载《金陵学报》第3卷第2期，1933年。

下》云："潍河阴雨水连天，山下泥沙不见田。一骑人来深没马，还如黄岳浴汤泉。"

甲午夏至于潍水之湄九龙山知松堂，福山会后修订，戊戌清明再修订，庚子岁杪订讫。

（潍坊市博物馆研究员　孙敬明）

甲骨文的发现与宁文之辨发覆

——以王懿荣与陈介祺往来函札为例

王懿荣（1845—1900），字廉生，谥文敏，山东福山人。陈介祺（1813—1884），字寿卿，号簠斋，山东潍县人。二人对金石都有精深的研究，从他们的往来书信中，时时可见他们对金石研究的重要意见，足供治斯学者参考。而私人函札没有学术文章的规范性限制，从中更可看出二人的真性情。本文拟从二人往来的书信中，探讨他们的情谊及二人在金石研究方面的见解，并着重介绍王懿荣及台湾“中研院”史语所收藏的王氏致陈介祺函札手稿。

一、王懿荣与甲骨

王懿荣是清末一个对金石很有研究的人，官至国子监祭酒，而他最响亮的“头衔”是“甲骨文之父”①，这一头衔在历史上的声名比他的其他事迹更加显赫。

这个头衔固然冠冕堂皇，然而王懿荣对甲骨文没有做过任何研究，甚至没有说过任何话。他对甲骨文的唯一贡献是：第一个认识并购藏甲骨的人。

众所周知，光绪二十五年（1899）王懿荣发现甲骨，后人遂以这一年作为甲骨文发现之年，王懿荣在甲骨学史上也赢得了重要的地位。然而“此地埋藏龟骨，前三十余年已发现，不自今日始也”②，即在此之前甲骨已陆续被

---

① 如吕伟达介绍王懿荣的专著名为《甲骨文之父王懿荣》，山东画报出版社1995年版。

② 罗振常：《洹洛访古记》卷上“宣统三年二月二十三日”条，见《石刻史料新编》第三辑第二十九册，台湾新文丰出版公司1986年版，第535页。

发现，只是没有人知道它的价值，直到光绪二十五年王懿荣才认定它是珍贵文物，加以鉴定和购藏。可惜还来不及做研究，隔年（1900）八国联军攻入北京，王懿荣以“京师团练大臣”的身份，深感“主忧臣辱，主辱臣死”①，遂投井殉国。后来他的甲骨大部分售归刘鹗。

这样看起来，王懿荣对甲骨不但没做过研究，其所藏甲骨也是后来刘鹗刊布的。没有资料证明王懿荣对甲骨有任何见解，甚至连“购藏”一事，也都见于他人的回忆或转述。

刘鹗在1903年出版的《铁云藏龟》自序中说：“庚子岁（1900），有范姓客挟百余片走京师，福山王文敏公懿荣见之狂喜，以厚值留之。后有潍县赵君执斋得数百片，亦售归文敏。”② 这大概是董作宾在1930年发表的《甲骨年表》一文中所说“王懿荣得自北京，为时较晚”的根据。董先生当时并不认为最早购藏甲骨的是王懿荣，他说：

> 相传安阳小屯殷故墟出土的甲骨文字，为王懿荣所发现，但据村人所言，初购求者为古董商人范维卿。范为端方搜买古物，往来武安、彰德一带，见甲骨刻有文字，购若干片献端方，端喜极，每字酬以价银二两五钱，范乃竭力购致，村人至今以为美谈。据访闻，今端方家出售古器物，有甲骨文字，可证村人之言不虚，王懿荣得自北京在次年（按即一九〇〇年）为时较晚。

这是见于《甲骨年表》1899年栏的内容，认为最早购藏甲骨的是端方，而王懿荣购藏甲骨则是1900年的事。

1937年《甲骨年表》出版时③，在1899年的基础上，加上一条“是年秋，范估以甲骨文字十二版售与王懿荣，每版价银二两”④，标示了在1899年秋天王懿荣曾购藏甲骨文的事实。但在此条之前还有所谓刘鹗“客游京师，寓福山王懿荣正儒私第。正儒病痁，服药用龟版……铁云见龟版有契刻篆文，以示正儒，相与惊讶”⑤ 的记载，有人据此认为刘鹗是第一个认识甲骨的人，

① 王懿荣绝命词。

② 〔清〕刘鹗：《铁云藏龟》，清光绪二十九年（1903）刊本。

③ 董作宾、胡厚宣：《甲骨年表》，商务印书馆1937年版。

④ 根据明义士《甲骨研究》讲义引范估所言。见《甲骨年表》，商务印书馆1937年版，第1页。

⑤ 根据汐翁《龟甲文》的说法。见《甲骨年表》，商务印书馆1937年版，第1页。

陈梦家已证明此说不可信。① 王懿荣是否在1899年购藏甲骨，他本人并没有留下任何文字，都是出自后人的传闻，且有人说他此时购藏是“严密其事”的，如王国维说“初出土后，潍县估人得其数片，以售之福山王文敏（懿荣）。文敏命秘其事，一时所出，先后皆归之”②。另外，罗振常亦说“村人得骨，均以售范，范亦仅售与王文敏公，他人无知者”，可见王懿荣1899年购藏甲骨的事，是秘密进行的。刘鹗在王氏生前并未看过他的甲骨，更谈不上“相与惊讶”。

此外，《甲骨年表》在刘鹗“相与惊讶”之后、王懿荣购藏甲骨之前，仍保留“山东潍县古董商人范维卿，为端方搜买古物”的说法，则表明在王懿荣之前发现甲骨的，除了刘鹗还有端方。陈梦家根据各项记载，证明端方收藏甲骨当在王、刘之后，与罗振玉同时或前后，即当光绪末叶。陈梦家说：“宣统三年，端方死于四川，甲骨的大部分归其婿项城袁氏。1947年秋，辗转归于罗福颐，伪品甚多（此点可推知其收藏不能甚早）。”③ 这是很有力的说法。伪品应是在有利可图之后产生的，最初发现时不应该有伪品。

王懿荣的儿子王崇焕（字汉章）在其所辑的《王文敏公年谱》④“光绪二十五年”条中记载：“河南彰德府安阳县小商屯地方发现殷代卜骨龟甲甚多，上有文字。估人携之京师。公审定为殷商故物，购得数千片。是为吾国研究殷墟甲骨文字开创之始，事在是年秋。”⑤ 又在《古董录》中写道：“回忆光绪己亥、庚子间……估取其一稍大者，则文字行列整齐，非篆非籀，携归京师，为先公述之。先公索阅，细为订考，始知为商代卜骨。至其文字，则确在篆籀之前。乃畀以重金，嘱令悉数购归。”⑥ 同一个人的记述，而有“己亥”跟“己亥、庚子间”的不同。王崇焕生于光绪十八年（1892），光绪二

① 陈梦家：《殷虚卜辞综述》，中华书局1998年版，第647页。

② 王国维：《最近二三十年中中国新发见之学问》，载《学衡》1925年总第45期。又收入《静安文集续编》，见《海宁王静安先生遗书》，商务印书馆1940年版，第66页。

③ 陈梦家：《殷虚卜辞综述》，中华书局1988年版，第651页。

④ 王崇焕：《王文敏公年谱》，载《中和月刊》1943年第7期。1971年广文书局曾印入《年谱丛书》，2002年山东大学出版社出版了重新整理的年谱，并“改正原来错误的断句和明显的误字”。

⑤ 此年谱有填讳者李孺在甲子年（1924）写的序，则年谱至迟在1924年应已完成。

⑥ 王崇焕：《古董录》，载《河北第一博物院画报》1933年总第50~51期。

十五年（1899）王懿荣得甲骨时，他不过八岁。相信年谱中“己亥”之说的，认为“虽然当时王崇焕只有八岁，也该记事了”①。而对于其后所提的“己亥、庚子间”之说，则又有人认为王懿荣发现甲骨文时，作者不过十岁左右，因此，他作为非当事人在文章中说王懿荣发现甲骨之年是“光绪己亥、庚子间”，难免有含混、笼统之处。② 连作者的儿子都难免含混、笼统，其他人的说法也都难免只是传闻。当时的“当事人”王懿荣并没有留下任何有关甲骨的文字。另一个“当事人”，是卖甲骨给王懿荣的古董贩子范维卿，他“可称甲骨发现一事的重要证人”③。

至于王懿荣对甲骨文认识到什么程度呢？他的儿子先是说“审定为殷商故物”，其后说“始知为殷商卜骨”，恐怕也是得诸传闻的成分居多。董作宾《甲骨年表》“1900 年”条下记载，范维卿、赵执斋二人先后售甲骨与王懿荣。“当时士夫，议论纷纭，多诋为伪品，王氏谓所记皆商代帝王之名，且文字奇古，必为殷商遗物。”《甲骨年表》于甲骨发现初期，凡所记述皆标所据，唯此则独无，恐亦是得诸传闻。1903 年《铁云藏龟》出版，刘鹗自序定为“殷人刀笔文字”④，则是否在 1900 年时王懿荣已先知其“必为殷商遗物”，恐亦不能确定。陈梦家认为，前引王崇焕的说法“乃是事后的追记，因此有将后来所已知者混入的”⑤，这段话用来评论大部分有关王懿荣和甲骨关系的介绍，应该都是合适的。

王宇信在《甲骨学通论》中，花了很大的篇幅辩证王懿荣确是发现甲骨的第一人，这一点殆无疑义。至于王氏对甲骨文认识到什么程度，则无可论断，但王氏必认识到甲骨文是一种珍贵的文字，否则不可能花钱购藏。汐翁《龟甲文》称“正儒故治金文，知为古物”，应是恰当的说法。

二、陈介祺与甲骨文

国家图书馆藏有《陈簠斋致王廉生手札》稿本六册，首册封面题记：“计

① 吕伟达主编：《甲骨文之父王懿荣》，山东画报出版社 1995 年版，第 43 页。

② 王宇信：《甲骨学通论》，中国社会科学出版社 1999 年版，第 26 页。

③ 见《王懿荣集·序一》，齐鲁书社 1999 年版，第 6 页。

④ 刘鹗见甲骨文“以天干为名，实为殷人之确据也”。又说：“不意二千余年后，转得目睹殷人刀笔文字。”

⑤ 陈梦家：《殷虚卜辞综述》，中华书局 1988 年版，第 648 页。

六百页，皆系考据金石文字者。”书内尚夹着购买发票，载1957年7月3日以480元的价格购于宝古斋。

其中，第四册中有一封陈介祺给王懿荣的信，信中提到甲骨文。全信的内容如下：

廉生仁兄大人左右：

前月蒋贾来，携古龟甲数十片（共八十余片，以二十六金购之），云近出于古羑里西二里名麟村者。土人掊土得之，而质太弱画又纤细，拓墨不易，故择其文之奇者书呈吾兄考定。弟谓古刀笔书即龟甲文字也。甲文既出于刀笔，庯峭古劲，觚折浑成，然则契刻文字自汉时已罕觏，迄今数千年，我辈复能见之，古福何可胜算也。手此即请台安不具。

愚弟陈介祺顿首

四月十五日

信后并附十八片甲骨的临写和考释。

这一封信没有署年，无法推定其年代。陈介祺卒于1884年，就算这封信是陈介祺生前最后一年写的，也比上文讨论的甲骨文发现之年即1899年早了十五年。若果真如此，则甲骨文的发现至少应提前十五年，这是甲骨学史上何等重大的事。而信后所附的对甲骨文的临写和考释，更绝非陈氏发现初期所能办到，如此看来，实际发现甲骨文的年代更要提前。

必须承认，这六册手札的字迹与陈介祺十分神似，用字遣词也是行家里手。笔者在国家图书馆用一天半的时间读了其中大半，确实收获不少。但其关于甲骨的论述，与笔者习知的相差太远，却又觉得似曾相识，限于当时手边完全无资料可查，便在将信将疑中把全信抄了下来。笔者在读这六册手札时，唯一笃定其可疑的是全帙中唯一一方“海滨病史”白文印，但这不足以断定该书稿的真假。

几经翻查，疑案终于水落石出。那一封信的主要内容抄自孙诒让的《〈契文举例〉叙》。至于那十八片甲骨，考释全袭自郭沫若《卜辞通纂》，临写则任意裁剪，以致笔者一开始想从辞例找寻其出处，却徒劳无功。

孙诒让的叙，相关文字是这样写的：

然则契刻文字自汉时已罕觏，迄今数千年，人间殆绝矣。迩年河南汤阴古羑里城掊土得古龟甲甚夥，率有文字，丹徒刘君铁云……定为殷人刀笔书。余谓……刀笔书即契刻文字也。甲文既出刀笔，故庸峭古劲，觚折浑成，恍若读古书手札。①

两相比较，不得不佩服作伪者组织变化的功力。同一“刀笔书”，孙氏的“余谓”，陈氏的“弟谓”，一字之差，几令甲骨学史的序幕全面改写。其抄自《卜辞通纂》者，多属节录，可以不论。

该六册手札，前后笔迹一致，应是一人所为。其仿陈介祺的字也极像，文章也文从字顺，虽多方抄袭，亦颇能融会贯通，全文极其流畅，作伪者一定不是等闲之辈。《卜辞通纂》出版于 1933 年，这个伪本应该是在此后至 1957 年之间产生的。

作伪者在文辞上几乎做到天衣无缝，但仍有疏忽处。如在前面所提到的那封手札的下一封，署年是“丁亥”，这是一个幼稚的错误。跟陈介祺有关的丁亥年只有一个，即 1827 年，那年陈介祺才十五岁，王懿荣还没出生；下一个丁亥则陈已去世三年。而陈介祺与王懿荣订交始于同治十二年（1873），此后至陈介祺去世，更绝无丁亥年。

这六册手稿既为伪作，则有关陈介祺与甲骨文的种种，只能视为无中生有了。

三、王懿荣与金石学

王懿荣虽然因发现甲骨而赢得“甲骨文之父”的大名，但他对甲骨文研究并没有留下任何文字，更没有任何研究心得。而他在金石学和经学方面，则有重要的论述，只是为发现甲骨文的美名所掩，反而未引起人们的重视。王懿荣能首先认识到甲骨的可贵，同他在金石学领域的修养必有密切关系，否则至宝当前，又何能知其所贵？

在吕伟达主编之《王懿荣集》中，卷四为《考古杂著》，主要搜集王懿荣金石方面的文章，但数量不多。而他与清末金石大家的往返书信中，往往有更精彩的内容。陈介祺致友人的书信中，给王懿荣的信是最多的②，但王懿

① 孙诒让《契文举例》成书于 1904 年，1908 年最后写定。参见楼学礼校点：《契文举例》，齐鲁书社 1993 年版。

② 陈敬第辑《簠斋尺牍》（商务印书馆 1919 年版）全帙十二册，其中第四至七册为致王懿荣函札，为数最多；陈继揆整理《秦前文字之语》（齐鲁书社 1991 年版）共五卷，卷二为致王懿荣书。

荣给陈介祺的信，却苦无所见。在《王懿荣集》卷三《书札》部分，并没有一封信是给陈介祺的，这对探究二人的金石论点是一种很大的缺憾。

陈、王二人往来书信中常有非常重要的见解，但因资料不甚易见，而往往被忽略了。如经学上很有名的“宁王”和“文王”的厘清，一般认为是吴大澂提出来的①，其实在吴之前，王懿荣已先言之矣。

《尚书·大诰》的“前宁人”“宁王”等，旧说常迂曲难通，吴大澂《字说》之《“文”字说》论定“宁”为“文”字之误，成为利用金文校勘经书的一个著名的例子。②《字说》刊成年代为光绪十二年（1886）③，而在同治十三年（1874）十月十三日陈介祺致潘祖荫的信中，已提到王懿荣有此说法：

> 尚书至今日无从得确据以定之。其理之至者，固可以孔孟程朱之说定之，其文之古者，则唯吉金古文可以定之。吉金之文，亦唯尚书可以通之。福山王廉生农部懿荣书来，谓大诰宁王宁武皆古文字作作之讹。余谓文人见诗，前文人见兮中钟西宫簋，尤不可移，则大诰之为真古文亦定矣。……则文王、文人之说，甚为有见。④

同年十月晦，陈介祺致王懿荣函中也提道：

> 即如大著识大诰宁为文之讹，虽未可即以为是而不阙疑，推之君奭之宁王，亦皆从文为长。又金文之体例句读，亦皆可证尚书。⑤

---

① 如刘盼遂“宁王即文王之说，实自吴清卿启之”。见《观堂授书记·观堂学书记》刘氏按语（台湾艺文印书馆1975年版，第62页）。屈万里《尚书集释》（台湾联经出版公司1983年版），亦引《字说》之说，见该书第136页。吴大澂之后关于“宁”“文”问题的讨论很多，详见程元敏《〈尚书〉宁王、宁武、宁考、前宁人、宁人、前文人解之衍成及其史的观察》上、下，《中国文哲研究集刊》（台湾“中研院”中国文哲研究所）创刊号、第二期。

② 裘锡圭：《谈谈清末学者利用金文校勘〈尚书〉的一个重要发现》，见《古籍整理与研究》第四期，中华书局1989年版，第9~14页；又收入《古代文史研究新探》，江苏古籍出版社1992年版，第73~80页。

③ 顾廷龙：《吴愙斋先生年谱》（台湾文海出版社1965年版）谓吴大澂于光绪十二年三月初五日“书《‘文’字说》一篇”（第131页），而作于光绪九年八月初三、四的《说文古籀补·叙》（第105页），已谓“鲁恭王所得壁经，又皆战国时诡更变乱之字，至以文考、文王、文人读为宁考、宁王、宁人”。则吴氏至迟在光绪九年已有此说。即便如此，其仍比王懿荣晚了九年。

④ 〔清〕陈介祺著，陈继揆整理：《秦前文字之语》，齐鲁书社1991年版，第40页。

⑤ 〔清〕陈介祺著，陈继揆整理：《秦前文字之语》，齐鲁书社1991年版，第89页。

王懿荣提出这个意见的时间比吴大澂早了十年。裘锡圭先生认为："吴、王二人是好友。王氏之说为吴氏所闻，或吴氏之说为王氏所闻的可能性，都是存在的。但是从他们的学问品行来看，似乎都不会掩友人之说为己有。看来在这个问题上是英雄所见略同。""从清末金石学和经学的发展水平来看，发现《尚书》'宁王''宁武''前宁人'等文中的'宁'是'文'的误字，并不是一件很困难的事。几位学者不约而同地看到这一点，并不奇怪。把这一发现主要归功于吴大澂或某一个人，恐怕是不恰当的。"①

几位学者不约而同地提出类似的见解，而吴大澂的说法之所以特别引起注意，我认为这跟其文章出版的时间及文章的性质有关。吴大澂的《字说》在光绪十二年（1886）就刊行，而陈介祺的信，则直到 1919 年才由商务印书馆印行。虽然陈氏谈此问题的信，早在同治十三年（1874）就已写出，但除了收藏者，在 1919 年《簠斋尺牍》出版前，并没有人有机会知道王懿荣曾经有此说法。此外，《字说》是详解文字的专著，较容易被研究金石文字的人注意，陈、王二人的书信虽然谈论金石的内容颇多，但毕竟不是文字专著，比较容易被忽略。陈介祺的六世孙陈继揆整理《秦前文字之语》时，在每卷卷首都有一篇关于陈介祺致书对象的简介，在卷二对王懿荣的简介中，特别提到簠斋于同治十三年寄给潘祖荫那封信的内容，或即含有表彰之意。

在《簠斋尺牍》和《秦前文字之语》相继出版后，我们得以知道王懿荣早有此说，但那是经由陈介祺的转述，王氏给陈氏的函札仍无从追踪，似又不无遗憾。笔者在研究、整理簠斋藏札时，对此问题一直耿耿于怀，甚至怀疑这么重要的原件是否尚在人间。后来得到北京大学毕业的孙俊同学的帮助，在国家图书馆的珍藏善本中，找到了这封"踏破铁鞋"的重要书信。此信长达 16 页，是同治十三年六月二十二日王懿荣寄给陈介祺的。② 信中内容非常重要，其中关于"宁""文"之辨的内容有：

① 裘锡圭：《谈谈清末学者利用金文校勘〈尚书〉的一个重要发现》，见《古代文史研究新探》，江苏古籍出版社 1992 年版，第 76、78 页。

② 此信但署"六月二十二日"，未署年。从其信中所言"六月二十一日接奉本月六日赐书，知月二日得侄五月二十二日夜病中复上之书"，知其年为同治十三年。该年六月六日陈介祺致王懿荣信札见《秦前文字之语》第 72 ~ 74 页，内容与此相符。陈介祺函札向有署年的习惯。

侄前年与张香涛同居时，尝谓自朱子识破古文《尚书》为伪，而国朝知为今文《尚书》之学者数家是已。《尚书》为经中之史，然欲治今文《尚书》，徒求古注不可，盖汉人已不识古文矣。此非广收古器文证之不可，断无二义可通，止有古器文时代与之相近耳。欲治《尚书》而不知钟鼎古文，犹隔膜也。吾辈何试为之？香涛云然……侄尝举一事示之，出古器铭文内，文考字作㝉字者示之，香涛便悟之而大乐，盖此字形绝似宁字，以知“宁王贻我大宝龟”“率宁人有兹疆土”，宁王、宁人即文王、文人。此不俟前人烦言而解，此犹涉也。又“敉宁武图功”，前人反覆说之不明，不知此宁字亦是文字，若读作“敉文武图功”，又明白晓畅，不烦言而解矣。谓非古器文之有益于《尚书》乎？（图3－22－1）

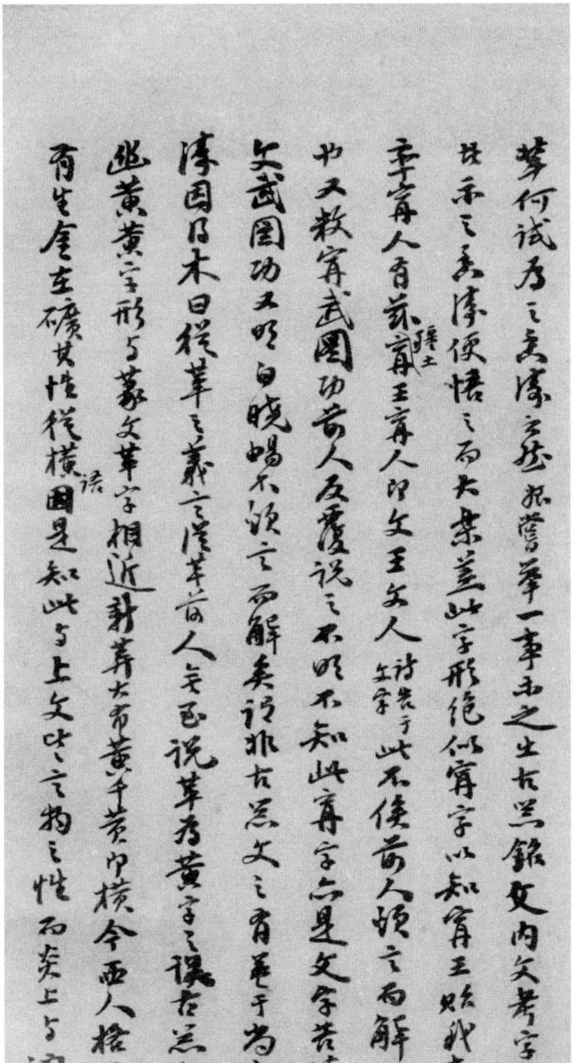

图3－22－1　王懿荣致陈介祺函札手稿（国家图书馆藏）

王懿荣以“宁”“文”为例，强调古器文字对研究古书的重要性。对于古器文字的认识，王懿荣亦有精辟见解，在同一封信中说道：

故又尝谓古器之文

不可强识，其时理使然。譬如古刀币文字纪地、纪数之文，皆当时贵贱妇孺日习惯，不求识而自识者。而今之通才博学，反不能尽识者，其时理使然也。释古器文有一字之确者，则人人声入心通，可以证古经之一义，亦复人人自然无异议，若一人稍有疑回，是其释必有未确切处，不然人同此心，一语道破，虽夷狄仇雠不能异词也。若必执一器而逐字，字字释之，则其势必有所不能，其理必有所不通，势必至于穿凿傅会，强古人之文，以就我之心曲，硬为古人造言生事，如巫姑扶乩一般，真可大笑。故执一器而欲字字释之，真大惑也。

其说极为合理。然而释古字、古经，要做到“人人自然无异议”，恐怕不是一件容易的事。

王懿荣除用金文与《尚书》相证发外，尤重古本《尚书》。其曾有《请复古本〈尚书〉附入〈十三经注疏〉与今本〈尚书〉并行疏》，认为清儒关于古文尚书的撰著“网罗放失，守阙抱残，所录古文为真古文，所采古注为真古注，视晋唐以来所行之‘今本’《尚书》，实为有汉相传古书之遗文，亦即为去古稍近之真本”，且“拟并请特旨，通饬各省督抚学政各官，嗣后凡遇大小考试，命题至《尚书》一经，准其两本并用，颁为功令，以资永远”。① 这样的论点，跟他“性嗜三代鼎彝文字”，并以金文与《尚书》证发的治学态度不无关系。

四、王懿荣致陈介祺书

陈介祺书信现存者，以致王懿荣函札为数最多，二人在往返书信中讨论金石文字，颇多胜义。陈氏致王氏书开始于同治十二年（1873），结束于光绪十年（1884）五月二十三日，是年七月二日陈氏卒。这十二年中，陈氏致王氏书有七十余通。②

① 吕伟达主编：《王懿荣集》，齐鲁书社 1999 年版，第 20～21 页。

② 其中光绪三年（1877）至光绪七年（1881）无书信往返，“其时先生曾往四川探亲，河南访友，书或有间”（《秦前文字之语》陈继揆卷首语）。又陈介祺与王懿荣交往情形，参见吕金成：《陈介祺与王懿荣交往郄视》，见《陈介祺学术思想及成就研讨会论文集》，西泠印社出版社 2005 年版，第 325～339 页。

陈介祺致王懿荣信函最多，俱见于《簠斋尺牍》及《秦前文字之语》。而王懿荣致陈介祺的书信，于理亦当不在少数。陈介祺信中提到的王氏致其信件有近三十封，实际当多于此数。王懿荣致陈介祺的信颇不易见，《王懿荣集》卷三收录王氏致十四人之书信共一百九十六通，竟无一是给陈介祺的，可见王氏致陈氏书信之不易得见。陈继揆云："至于先生书札手迹，吾家悉皆珍存，装裱成册。闻秉忱叔祖言，五十年前，尚见家人誊录，今已不知尚在人间否。"

国家图书馆善本部藏有《王廉生致陈簠斋书札》，八册，经折装，共计774页，主要是王懿荣写给陈介祺的信札，也有几通为别人写给王懿荣的书信(其中包括吴大澂写给王懿荣的)，均为手稿。王氏写给陈氏的信件都没有具年，其写作时间待详考。① 此外，尚有福山吕传达抄本《王懿荣致陈介祺信札》，收录情形待查②，其抄本所据底本亦未知。

台湾"中研院"史语所傅斯年图书馆藏有王懿荣致陈介祺书札手稿十封。其中一封称"寿翁世年伯"署"四月晦日上"者，有云"侄妇转剧，所谓知其不可，而安之若命，则今日之事矣"。按王氏原配黄夫人光绪三年（1877）八月殁，此信当是光绪二三年间所写。其余九封称"簠斋姻世伯"或"簠斋姻世年伯"等，当是光绪八年（1882）以后的事，因光绪八年八月王懿荣嫁次女崇熿给吴重憙的次子吴muted，而吴重憙是陈介祺的女婿，也就是说陈介祺的女儿是王懿荣的亲家母，于是陈、王二人就有了姻亲关系。这九封信均不署年，甚至连月、日也没有，从内容推敲，并参酌陈氏致王氏函所提到的事项，推定其写信时间在光绪九年和光绪十年间。

陈、王二人在往来书信中讨论最多的，当然是金石之学，也有关于拓片的酬酢或文物的买卖等内容。王懿荣的财力显然不如陈介祺，如王氏"力不能置重器，则于玺印、泉货、古陶所收极富"③，又如王氏给陈氏的信中提到"贝子府有彝器七十余，索值千金，侄不敢过问"④。而陈介祺在咸丰二年（1852）

---

① 此资料承北京大学孙俊同学代查，谨此致谢。此外，该馆书目中尚有若干王懿荣致他人函札。

② 前注所标示之吕金成文中提到该抄本，并言藏于国家图书馆古籍部。

③〔清〕陈介祺著，陈继揆整理：《秦前文字之语》，齐鲁书社1991年版，第65页。

④ 光绪十年三月七日王懿荣致陈介祺函札手稿。台湾"中研院"史语所傅斯年图书馆藏。

以千金买下毛公鼎，由此可见两人财力相去甚远。王懿荣最为人所乐道的购藏便是甲骨，当时“每版价银二两”，比起千金重器，只不过小巫见大巫。

王懿荣在致王松溪的信中，提到自己因“贫病交加”而“求之不得”的心情时说：

预计穷年及急债之不可缓，如此壮年，如此磨折……复何论功名事业耶？

又说：

弟贫病交加，穷至今日，可谓已极，然仍想一但钱来，若旧本书……使我今夕有钱，皆将有之。若许赊，则不惜重价。不然，即学赤松辟谷，并饭连菜俱不吃，比饴之兄还省亦可。若铜器、泉、印、砖瓦，等等，皆吾梦寐，皆吾嗜好。稍有一时不贫，一时家无病人，种种不饶。凡此皆与吾兄同情，第二人不能知此况味也。①

上述两封书信，把王氏“无力”收藏的心情描述得入木三分。

《铁云藏龟》自序中提到王懿荣身后仍负债的情形说：“壬寅年（1902）其喆嗣翰甫观察，售所藏，清公夙债。龟板最后出，计千余片，予悉得之。”② 王氏经济之拮据可由此想见。除甲骨售归刘鹗外，王氏收藏的古器物亦有散出。如王懿荣致陈介祺信中提到的北齐翟煞鬼墓记石，王氏“得自山东临淄”③，后为端方所得④，最后被鲁迅在琉璃厂买去⑤，现藏于北京鲁迅博物馆（图3－22－2）。

除了交换金石信息与切磋心得，陈、王二人往还的书信中也有不少对时局的忧思。陈、王晚年正值清政府最积弱的时代，列强入侵，国门被破，二

---

① 吕伟达主编：《王懿荣集》，齐鲁书社1999年版，第230～231页。

② 《甲骨年表》称：“王懿荣之子王翰甫，出所藏古器物，清宿债。”少一“公”字，易滋误会为翰甫之宿债。

③ 光绪九年七月五日王懿荣致陈介祺函札手稿。台湾“中研院”史语所傅斯年图书馆藏。

④ 端方《陶斋藏石记》（清宣统元年石印本）：“亡女翟煞鬼记，石高七寸，中广四寸三分。五行，首两行四字，后三行行二字，正书：天保七年八月八日亡女翟煞鬼记。”

⑤ 《鲁迅日记》载戊午（1918）四月十四日“晴，大风。星期休息。上午往圣安寺吊许季上夫人。午后往留黎厂，以重出拓片就德古斋易他本，作券廿，先取残画象一枚，作券四元，又买北齐翟煞鬼墓记石一方，券廿，云是福山王氏旧物，后归浭阳端氏，今复散出也。下午马幼渔来。李霞卿来。”（参见人民文学出版社1976年版，第273页。）

人信中时有悲愤无奈之语。如陈介祺在光绪十年（1884）三月十二日给王懿荣的信中说：

越南消息甚劣，滇粤孔亟。今日中国民不知兵，兵不知战，猝募之众，何以御敌。即未早图之，亦不可不再急图之。无如今日事，皆是君民中间一段作不到认真二字，遂事事无可如何，有何可说乎。①

王懿荣致陈介祺的信中，则更多激愤语，其对官场的无能、褊护更不以为然。如：

边事一和，则中国愈穷，再接再厉，何所底止。诸公衮衮，真败军之将；世无英雄，华夷扰攘，主少，国家多难，正今日之事矣！②

图3-22-2　翟煞鬼墓记石拓片

又如：

人为京官日久，无论大小必多不开眼处；人为外官日久，无论大小必多骞演不见心处。……总之，无能是近人小病，褊涉护短是近人大病。中进士后自以为遂无所不通，戴红顶后自居识见已老，是京朝士人之通病也。人生到此，天道宁论！③（图3-22-3）

比起陈介祺，王懿荣似更多激愤语。同是忧国忧民与对官场的不满，陈介祺选择辞官归里，而王懿荣则选择“致身君国”，终致以身殉国。

光绪二十二年（1896），王懿荣的母亲谢太夫人病逝。王懿荣在致次子崇烈的信中说：“吾父母吾不能奉养矣，此后之致身君国者，赴汤蹈火亦不敢

① 〔清〕陈介祺著，陈继揆整理：《秦前文字之语》，齐鲁书社1991年版，第138页。

② 光绪十年三月七日王懿荣致陈介祺函札手稿。台湾“中研院”史语所傅斯年图书馆藏。

③ 光绪十年三月九日王懿荣致陈介祺函札手稿。台湾“中研院”史语所傅斯年图书馆藏。

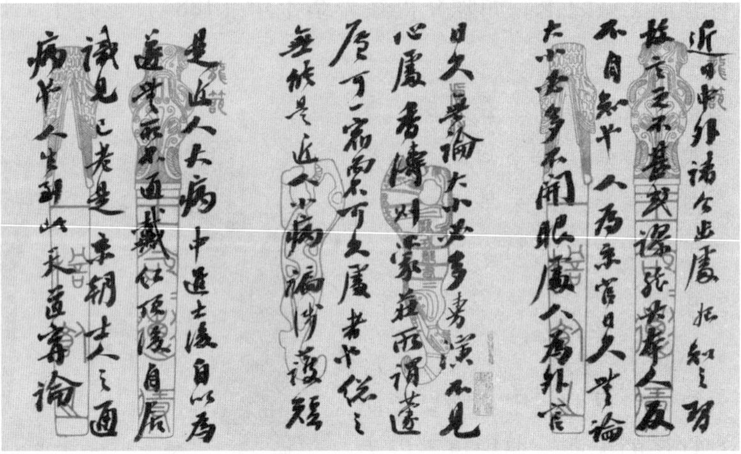

图3－22－3　王懿荣致陈介祺函札手稿（台湾“中研院”史语所傅斯年图书馆藏）

辞。”① 即其父母均已亡故，再无后顾之忧，故为国赴汤蹈火，在所不辞。王氏殉国之念，应始于此时。光绪二十六年（1900），八国联军攻入北京，王懿荣以“京师团练大臣”不能守国，自谓“主忧臣辱，主辱臣死”，遂投井殉国。

从王懿荣信中的忧时激愤语中，足可看出其以身殉国之气节。

（台湾“中研院”原研究员，北京大学
文学人文讲席教授　李宗焜）

① 吕伟达主编：《王懿荣集》，齐鲁书社1999年版，第485页。

“潍县造”与潍坊仿古铜

“潍县造”是人们对清末至民国时期潍县（今潍坊）伪造的古代青铜器的一种称谓。在当时，“潍县造”由于伪造技术高超，常常蒙骗收藏大家，从而名震天下。潍县与北京、西安、苏州并称为当时伪造青铜器的四大产地。在青铜器辨伪、铸造研究的诸多书籍、文章中，“潍县造”的名字屡见不鲜。然而，由于行业和地域限制，学界对“潍县造”的详细研究不多，对“潍县造”资料的系统整理、分析较缺乏。

潍坊仿古铜铸造工艺于2009年9月入选山东省第二批省级非物质文化遗产名录，成为省级非物质文化遗产保护对象。潍坊仿古铜铸造工艺是在“潍县造”传统工艺的基础上发展而来的。新中国成立后，潍坊仿古铜艺人成功复制了“毛公鼎”“长信宫灯”等古代青铜文物，也制作了如“齐鲁风情迎荷瓶”（此物在澳门回归时，被山东省政府选作礼物赠与澳门特别行政区）等著名的现代工艺品。然而，随着科技的发展，传统的仿古铜手工艺在激烈的市场竞争中不断被挤压，逐渐被现代化的制铜工艺替代，面临着断线的危险。目前，潍坊仿古铜铸造工艺传承人只有三人，且年事已高。传统仿古铜铸造工艺的学习难度大、时间久、效益低，使得一些学徒或望而止步，或半途而废。所以，潍坊仿古铜铸造工艺的传承与保护亟须引起社会的重视。只有这样，我们才能保留住这些优秀的非物质文化遗产，避免因其失传而造成文化损失。

一、“潍县造”及潍坊仿古铜文化历史

喜欢收藏古代青铜器的人们对于“潍县造”这一名称应该比较熟悉。它是人们对清末民国时期潍县地区伪造的几可乱真的古代青铜器的一种称谓。“潍县造”由于作假技术高超，常常蒙骗收藏大家，从而令收藏者闻风生畏。

此风甚至影响到了学术界，徐中舒在《论古铜器之鉴别》中曾说研究青铜器首先得辨明青铜器的真伪①，而在青铜器研究和辨伪的书籍中，几乎随处可见“潍县造”的影子：

商承祚在《古代彝器伪字研究》中提到，同治、光绪时期的潍县陈介祺是当时的大收藏家，他经常派人到周边各地收购铜器。因为有利可图，家乡及周边制作假铜器的人也多了起来，无论是翻砂还是刻假字水平都非常高。所以，潍县伪造的青铜器在当时名气非常大，以至于人们看到好的翻砂，即使不是潍县所造，也都称为“潍县造”。②

容庚在《商周彝器通考》第十二章《辨伪》中说，潍县人仿制的陈介祺所藏青铜器，无论是形制还是花纹，与原器比都相差无几，现在见到的有陈侯鼎、大丰簋、史颂簋等数器，收藏家每为所欺。③

梓溪在《后刻花纹的两件青铜器》一文中提到，在清代晚期，潍县的古董商人制作的假铜器最为有名，作伪的方法也多种多样，有在真青铜器上刻假花纹、刻伪铭的，有拼凑青铜器和铭文残片的，真假难辨，甚至影响到了鉴定工作。④

王文昶在《青铜器辨伪概论》一文中，对中国的作伪地区进行了划分，分为东、西、南、北、中五大区域，其中的“东”主要指潍县。⑤

杜廼松在《青铜器所见伪器伪铭之略说》中提到，新中国成立前，山东、上海、苏州、陕西等地是青铜器作伪人才荟萃的地方，其中以山东潍县为最，旧称潍县制造的假铜器为“潍县造”。⑥

另外，张光裕、马承源、张懋镕、朱凤瀚、程长新、丁孟、华觉明、孙敬明等人的青铜器研究辨伪书籍中都对“潍县造”高超的作伪水平有所提及。

“潍县造”是我国青铜文化发展过程中，在一定的历史、社会、文化、经济环境下的特殊地方产物，它代表了我国晚期青铜文化的某些特点，是晚期

---

① 徐中舒：《论古铜器之鉴别》，载《考古学社社刊》1936 年总第 4 期。
② 商承祚：《古代彝器伪字研究》，载《金陵学报》第 3 卷第 2 期，1933 年。
③ 容希白：《商周彝器通考》，台湾大通书局 1941 年版，第 216 页。
④ 梓溪：《后刻花纹的两件青铜器》，载《文物》1959 年第 11 期。
⑤ 王文昶：《青铜器辨伪概论》，载《收藏家》1996 年第 6 期。
⑥ 杜廼松：《青铜器所见伪器伪铭之略说》，载《艺术市场》2012 年第 7 期。

青铜文化的重要组成元素。“潍县造”虽然产自潍县，它的流通、影响却是全国甚至世界范围的。它的形成、发展、繁荣、衰落从一个侧面反映了我国晚期青铜文化的发展面貌，呈现出当时社会尤其是上层社会的文化研究、艺术欣赏的趋向。

本节主要分“潍县造”产生的历史背景、“潍县造”的产生与繁荣、“潍县造”的衰落与潍坊仿古铜的再发展、其他地区青铜器作伪情况、“潍县造”与仿古铜的辩证关系五部分，由古至今、由表及里系统介绍一下“潍县造”和潍坊仿古铜的发展脉络。

（一）“潍县造”产生的历史背景——青铜器的仿与伪

研究“潍县造”和潍坊仿古铜绕不开仿古铜和伪器这两个概念。本小节拟从仿古铜器与青铜伪器的定义以及两者的演变和相互间辩证关系的角度出发，来探讨“潍县造”产生的宏观社会背景。

1. 仿古铜器

有人将“潍县造”称为仿古铜，其实并不准确。“潍县造”最早是清末民国时期北京的古董商人对潍县地区伪造的造型逼真的古代青铜器的一种称谓，后来“潍县造”的“名气”越来越大，在全国古董界逐渐传播开来。“潍县造”当属伪器范畴，它与仿古铜有着一定的区别。

先说一下仿古。“仿”即模仿、仿造，“古”指古代、先人的东西。“仿古”从字面上看就是模仿、仿造古代先人的东西。在模仿对象里面，既包括制度、仪礼，也包括具体的实物器具。好古、敬古、畏古之心一直比较强烈地存在于我国古代社会的意识形态发展过程中，《论语》中曾有“我非生而知之者，好古，敏以求之者”“述而不作，信而好古”等语句，从中我们可以看出孔子对先人的智慧、遗产是何等的崇拜，并在实践中“敏以求之”。而这些思想观点也深刻地影响了孔子以后的历代社会。

仿古是尚古、复古文化的一部分，因而谈仿古，离不开复古文化这个大背景。按照李零先生的说法，复古一般要经历三个阶段：考古、仿古、变古。[①] 考古是积累了解阶段，仿古是摸索实验阶段，变古是结合实际的创新改

① 李零：《铄古铸今——考古发现和复古艺术》，香港中文大学出版社2005年版，第10页。

变、古为今用的阶段。我国历史上比较著名的复古实例有王莽新朝时期的“托古改制”和宋、明、清时期的复古潮流。王莽时期的复古在当时由于缺少考古这一阶段的积累，虽有“古”之名，但无“古”之实，它的仿古产物，无论是遗迹还是遗物，都距夏、商、周三代甚远，多为当时臆想之物。毕竟，王莽的目的终究只是“改制”。宋代是我国历史上复古、仿古的高潮时期，经过五代后期和宋代初期古文字研究、器物学研究的学术积累，随着出土实物的刺激，在整个统治阶级“隆礼作乐”、诏求天下太平的社会氛围的影响下，复古、仿古之风尤甚。“始依仿古制，定郊庙朝飨礼乐”，上行下效，整个社会“以今为俗，以古为雅”，开始搜寻、研究、仿制三代遗物，追思三代遗风，形成了复古、仿古风潮。

仿古铜是仿造的古代青铜器的简称，是复古文化下的产物。这里的“古”一般也是指夏、商、周时期，宋絛《铁围山丛谈》中曾写道：“时所重者，三代之器而已。”① 我们常说“禹铸九鼎”“迁鼎于商”“问鼎中原”，从中可以看出鼎成为三代时期王权的象征，它是社会森严等级制度、行为规范的物化表现，具有特殊的“藏礼”功能，是神圣而不可僭越的。所以在“隆礼作乐”的政治背景下，仿古铜必然会在复古文化中占有举足轻重的地位。仿古铜有狭义和广义之分，狭义的仿古铜指仿古青铜礼器，就是通体仿造三代时期用于各种仪礼中的青铜礼乐器具，比如仿造古代的青铜钟、鼎、爵、觚、簋、盘等礼乐之器；广义的仿古铜指带有复古元素的铜器，比如四川大邑县安仁镇宋代窖藏出土的两件铜瓶，长颈鼓腹，由上下两节组成，器物形制属于晚期样式，但瓶身饰回纹、卷云纹、蝉纹等仿古纹样②。我们一般常说的，也就是本文所说的仿古铜，指的是狭义的仿古铜，即仿古青铜礼器。宋代的青铜礼器政和盨铭文记有：“隹政和丁酉十二月甲子，皇帝肇仿礼器，作盨，以祀太一，其万年永保用。”③ “皇帝肇仿礼器，作盨”，这也可以看作是狭义仿古铜名称的来源。

仿古铜的产生与发展离不开社会的复古文化的渲染，但仅有复古想法或是复古号召是不够的，还需要“考古”“稽古”的文化积累，王莽时期所谓

---

① 〔宋〕蔡絛：《铁围山丛谈》，台湾商务印书馆 1986 年版，第 605 页。

② 胡亮：《四川大邑县安仁镇出土宋代窖藏》，载《文物》1984 年第 7 期。

③ 容希白：《商周彝器通考》，台湾大通书局 1941 年版，第 187 页。

"仿古"，只是对古物的臆想而已。仿古铜的大量兴起，始于宋代，是与金石学的产生相伴生的。宋初，社会中逐渐形成了一股疑古思想，他们开始怀疑经书的真伪、历史的真伪，用怀疑的眼光看待流传下来的文献书籍，他们不再迷信汉唐旧说，敢于挑战儒家经典至高无上的神圣地位，同时他们强调独立思考。这种"破旧立新"的疑古思潮影响了当时的学术界，大家渴望能够找到真正的、证明历史的新材料。而此时三代青铜器相继出土，这些青铜器上的铭文连同碑版上的文字等不能轻易被后人改动的资料，刺激着这种学术精神向金石学研究继续发展。① 一般来说，知识分子的精神生活影响着一个时代社会的研究风格，王国维这样评价宋代知识分子："士大夫亦各有相当之素养，鉴赏之趣味与研究之趣味，思古之性与求新之念，互相错综。"② 就是在这样的思想氛围中，以刘敞、欧阳修为代表的金石学先驱，开始引领金石学的发展，他们不仅喜欢收集古物，还善于研究古物来补正历史之谬误。再加上当时发达的造纸业和传拓技术，各种器物研究图录、铭文拓片书籍相继出现，开始有以刘敞的《先秦古器记》、欧阳修的《集古录》为代表的诸多款识图录书籍，接着又是金石学研究的集大成者吕大临的《考古图》，最后是起于大观年间、止于宣和年间的《宣和博古图》，使得金石学研究达到顶峰。从宋初到宋徽宗时期金石学的学术积累，为复古、仿古文化的爆发奠定了学术基础。这一阶段的酝酿很好地完成了我们所说的复古三个阶段中的"考古"部分的内容。

对于仿古铜的大量产生，金石学的学术研究是基础，而统治阶级对礼乐制度的改革是保障。两者在发展过程中又相互依靠、相互促进，共同引发了宋代仿古铜文化的高潮。五代后周到宋初，统治阶级为了改变连年争战造成的混乱局面，在武力扫平反抗势力的同时，通过仪礼制度改革来维护政治上的稳定。"追三代之风，以充昭太平"，三代的仪礼典章制度成为统治者向往的治国安邦的方法。从宋太祖的《开宝通礼》、仁宗的《礼阁新编》、太宗的《太常新礼》、神宗的《朝会仪注》，一直到徽宗时期的《政和

① 刘心明：《略论金石学兴起于宋代的原因》，载《山东大学学报（哲学社会科学版）》2004 年第 2 期。

② 王国维：《宋代之金石学》，见《王国维文选》，四川文艺出版社 2009 年版，第 95 页。

五礼新仪》,① 仪礼制度前后五变，反映了统治阶级对制礼作乐的重视。青铜礼器是礼乐制度的外在实物表现，这种重视体现在仿古铜上便是不计成本地仿造三代礼器，以换除朝庙祠堂中的不合规的铜器，而这种结合研究积累、考古作新的直接产物就是仿古铜。

宋代仿古铜文化蓬勃发展，在学术上为其以后在各代延续做好了铺垫。明朝自建立初期便着手礼制改革，以期维护王朝统治，先后编成了《大明集礼》《皇朝礼制》《大明礼制》等鸿篇巨制。“式皆仿古簠簋登豆”，遂使整个明王朝开始了“追三代遗风”的复古之路。到宣宗朱瞻基时，国力强盛，一派盛世景象。因“郊坛、太庙、内廷所在陈设鼎彝，式范鄙陋、殊乖古制”，于是皇帝诏令，以宋代《考古图》和《宣和博古图》为范本，不惜人力物力，着力打造精品，重新制作仿古铜，从而出现了历史上著名的宣德炉。这次诏令，也直接导致了中国历史上的又一次文化复古和青铜复兴的小高潮。清代，统治者为平复民心，广修礼制，鼓励考据之学。经过宋明几百年的“考古”学术沉淀，再加上清代本身良好的“考古”风气，人们主张朴学，讲求“无证不信”，金石学又得到复兴，有清一代先后出版了大量的如《西清古鉴》及《西清续鉴》甲乙编等图录、书籍，在统治者制礼作乐的政治诉求下，中国历史上再次掀起了复古、仿古的大潮。而这次复古风潮中，铜器仍然有着不可替代的地位，“考按经典，范铜为器，颁之阙里，俾为世守”，仿古铜再次成为仪礼制度的物化呈现而大量出现在人们的视线之中。②

2. 青铜伪器

伪即假，青铜伪器是人们在利益驱使下制作的假古董、假三代青铜器。作伪是一些匠人通过一定的技术手段，将假器制作得与真器极其相似，让人难辨真假，以此达到蒙骗他人、获取善价的目的。伪器的发迹首先是青铜器鉴赏、收藏风尚的流行，其次是发达的城市发展与市场经济的支持以及成熟的冶炼铸造技术的加持，只有这些条件同时具备，才能保证伪器在利益驱使下的大量产生与流通。伪器与前面所说的仿器有着根本的区别，主要体现在做器目的上。

---

① 李零：《铄古铸今——考古发现和复古艺术》，香港中文大学出版社 2005 年版，第 53 页。

② 王霞：《宋明清仿制三代青铜礼器原因考》，载《中原文物》2005 年第 5 期。

容庚说过“上即仿制以崇古，下便伪造以图利”，一语道破仿器与伪器的本质区别：前者“崇古”，而后者“图利”，目的不同，必然在表现手法或实现途径上产生差异。陈芳妹在《宋古器物学的兴起与宋仿古铜器》前序中便阐明：宋代的仿古铜器与作伪铜器不同，作伪铜器力求与伪造对象完全相同，避免流露出作伪的痕迹，他们往往为商品的利益而作。① 杜廼松认为，仿制的青铜器在造型、纹饰、铭文上不必与被仿造者完全一样，大体相似即可，并且，仿制的青铜器还带有一定的时代特色的创新；作伪青铜器则要求与原器尽量相同，不容易被人识破，以待获得巨大利润。② 朱凤瀚在《古代中国青铜器》的第八章《青铜器的仿造、伪造与辨别》一开始便提出仿与伪的区别：“伪造青铜器主要是为了牟利，而仿造青铜器则是出于对古代文化的尊重与爱好，或是出于复古以宣扬传统礼教之目的，所以仿古与伪造二者制作的目的与性质均不同，由此在器物上也表现出某些不同的特点，有必要加以区别。”③ 丁孟认为青铜器的仿与伪是不同的，伪器即所谓的“赝品”，制作目的是以假充真；仿古则不然，它是一种仿效古制进行生产的公开的社会活动。④

伪器自春秋时期便有之。《韩非子·说林》中曾有这么一段记载，说一次齐国进攻鲁国，向鲁国国君索要“馋鼎”，鲁国国君不舍得把宝鼎拱手相让，于是找来一假“馋鼎”送上。但齐国人对此存疑，便让鲁国乐正子春进行鉴别。乐正子春对鲁国国君说：“为什么不把真的馋鼎送上？”鲁国国君说：“我太爱它而不舍得。”乐正子春说：“我更爱我的名声。”《吕氏春秋》中也有类似的故事记载，只不过把乐正子春换成了柳下季。很多人认为这是历史上关于伪器的最早记载，这还是有待商榷的。

汉代也有伪造青铜器的记载。据《史记·封禅书》记载，西汉初期瑞应之说流行，为讨皇上欢心，民间寻找周鼎之风甚盛。一位名叫新垣平的方士，看上了找鼎致富这条路，于是他先是找来一假周鼎，埋在了汾阴。之后上报

---

① 陈芳妹：《宋古器物学的兴起与宋仿古铜器》，见《美术与考古》，中国大百科全书出版社 2005 年版，第 347 ~ 457 页。

② 杜廼松：《全国青铜器鉴定所见伪器伪铭研究——兼论鉴定的几个理论问题》，载《故宫博物院院刊》2006 年第 1 期。

③ 朱凤瀚：《古代中国青铜器》，南开大学出版社 1995 年版，第 573 页。

④ 丁孟：《中国青铜器真伪识别》，辽宁人民出版社 2004 年版，第 144 页。

汉文帝说："周鼎亡在泗水中，今河溢通泗，臣望东北汾阴直有金宝气，意周鼎其出乎？兆见不迎则不至。"然而，还没来得及捞鼎，新垣平便被人举报，后被诛。① 售假不成，反丢性命。唐代时，关于青铜器伪造的例子并不多。今故宫博物院藏有一件唐代的仿西周觯，是一件熟坑器②，但是不能确定其为伪器还是仿器。在赵希鹄的《洞天清录》中曾提到过一种形状怪异、不合古制的铜器，叫作"句容器"，现看来也非伪器，因为这些器物上面有表明自己身份的监官的"花押"。既然有"花押"，则说明其最初并不是用来蒙骗他人的。

宋代以前，三代青铜礼器由于受到儒家思想的影响而备受推崇，又因出土数量极少，被发现后经常被视为"祥瑞"，故而充满神秘色彩。所以，宋代以前对青铜器的研究与收藏比较罕见，青铜器的伪造现象亦比较少见。

伪器真正大量出现还是从宋代开始的。宋代金石学及器物学的研究异常发达，复古、仿古运动轰轰烈烈。在这场复古运动中，出土的青铜器显得异常的珍贵，它们成为士大夫等文人雅士鉴赏、邀功或收藏研究的重点对象，大家争相收集，以显示自己的高雅情操。同时，这些出土青铜器作为匡正庙堂旧有祭祀礼器的标准器，朝廷也不遗余力地对其进行收集，以"肇作宋器"，正汉唐诸儒之谬误，追三代之仪礼。由此，青铜器收藏、搜集之势蔚然成风。

宋初士大夫阶层中有爱好古器物的风尚，宋代吴曾的《能改斋漫录》中曾写道，夏竦（985—1051，字子乔，北宋大臣，古文字学家，著有《古文四声韵》）生性喜欢古器物和各类奇珍异宝，每当有宴会的时候，则将所有珍藏的古物悉数列于青毡之上，他则卧于象牙雕刻的坐榻上，欣赏观摩。③ 后来的刘敞（1019—1068，字原父，北宋著名的史学家、金石学家）更是惜器如命，欧阳修的《集古录》中曾写道："原父博学好古，多藏古奇器物，能读古文铭识，考知其人事迹。而长安，秦汉故都，时时发掘所得，原父悉购而藏之。"④ 后来，刘敞将所藏青铜器自著一书，名曰《先秦古器记》。之后，经

---

① 〔西汉〕司马迁：《史记》卷二十六，中华书局1959年版，第1382～1383页。

② 丁孟：《中国青铜器真伪识别》，辽宁人民出版社2004年版，第145页。

③ 〔宋〕吴曾：《能改斋漫录》，台湾商务印书馆1986年版，第730页。

④ 〔宋〕欧阳修：《集古录》，台湾商务印书馆1986年版，第6页。

过宋仁宗时期，国内政治经济逐步达到鼎盛，宋仁宗本身也对金石研究推掖有加，青铜器等古物收藏之风越趋激烈。《宋史·食货志》记载，宋神宗熙宁年间，张方平关于铜禁向朝廷进谏时说道："销熔十钱得精铜一两，造作器用，获利五倍。"从中可以看出，当时社会为了追逐高利，已经开始伪造青铜器，以满足士大夫阶层雅好古物的需求。到宋徽宗时期，在朝廷"隆礼作乐"的推动下，金石学研究与青铜器的收藏风气达到顶峰。

《政和五礼新仪》中记载，大观二年（1108），兵部尚书兼侍郎充议礼局详议官薛昂上书宋徽宗，请求"搜集民间古器，以正朝庙祭器"。接着议礼局开始召求天下古器，更制尊、爵、鼎、彝之属。这些活动一方面是因为政治的需要，另一方面也因为宋徽宗对古铜器的艺术喜好。上有所好，下必从之，故青铜器的价值暴增。于是，全国上下开始了对青铜器的大规模搜集活动。在蔡絛的《铁围山丛谈》中有这样一段记述：

> 及大观初，乃仿公麟之《考古》，作《宣和殿博古图》，凡所藏者为大小礼器，则已五百有几。世既知其所以贵爱，故有得一器，其直为金钱数十万，后动至百万不翅者。于是天下冢墓，破伐殆尽矣，独政和间为最盛，尚方所贮至六千余数，百器遂（尽）。见三代典礼文章，而读先儒所讲说，殆有可哂者。①

叶梦得的《避暑录话》中也有类似的记录：

> 宣和间，内府尚古器，士大夫家所藏三代秦汉遗物，无敢隐者，悉献于上。而好事者复争寻求，不较重价，一器有直千缗者。利之所趋，人竞搜剔山泽，发掘冢墓，无所不至，往往数千载藏，一旦皆见，不可胜数矣。②

当时，宋徽宗收集青铜器两万五千多件，为了放置如此数量的铜器，特建宣和殿以庋藏。皇帝及士大夫们对青铜器的喜爱，导致青铜器的搜集活动如火如荼，其价值也步步升高。在巨大利益的诱惑下，青铜器的作伪行为愈演愈烈。赵明诚的《金石录》中有这样一段关于宋哲宗时期伪器的记载：

① 〔宋〕蔡絛：《铁围山丛谈》，台湾商务印书馆1986年版，第604页。

② 〔宋〕叶梦得：《避暑录话》，台湾商务印书馆1986年版，第682页。

右文王尊彝铭。绍圣间，宗室仲忽获此器，以献，有旨下秘阁考验，而馆中诸人皆以为后世诈伪之物，不当进于御府，于是仲忽坐罚金。①

这时的青铜器著录中也出现了伪器，说明当时伪器的盛行，同时说明制作技术的高超能够瞒得过部分藏家，如薛尚功《历代钟鼎彝器款识法帖》著录的封比干墓铜盘，王厚之《钟鼎款识》中的师旦鼎等，如今看来都是伪器。随着伪器的逐渐增多，古铜器辨伪的书籍也随之出现。宋代赵希鹄的《洞天清录》中有古钟鼎彝器辨伪一章，王俅的《啸堂集古录》中也有古铜器辨伪的章节。

元代时，复古之风渐弱，但私营铸造铜器活动还较活跃。明代高濂《遵生八笺》中曾记载，元时杭州姜娘子和平江（今苏州）王吉两家以铸造铜器而闻名。姜氏铜器花纹细小，以方胜、龟纹、回纹居多；王氏铸法精巧，但做工粗糙，远不及姜氏。

明代伪造风气渐盛，《论新铸伪造》记载："近日山东、陕西、河南、金陵等处，伪造鼎彝壶觚尊瓶之类，式皆法古，分寸不遗，而花纹款识，悉从古器上翻砂，亦不甚差，但以古器相形，则迥然别矣。"高濂还对当时做假锈的方法进行了详细记录。明代除了高濂提到的几个作伪地区，江南地区也是作伪重地。当时著名的作伪工匠有松江的胡文明，其仿制伪造古铜鼎彝之器非常精妙；苏州地区的徐守素等人也以伪造铜器出名。明代关于铜器辨伪的书籍中，除了高濂的《遵生八笺》，还有曹昭的《格古要论》一书，书中有"伪古铜"一节，以铜器假锈为切入点，介绍了青铜器辨伪的些许知识。

清代初年大兴文字狱，士人为避风险，纷纷钻入故纸堆，考据学因此日渐发达。统治者也希望通过复兴礼制来维护其统治，复古文化又一次在历史上掀起高潮，作为考据学之一的金石学因而受到重视，青铜器铭文成了正经补史的重要资料。清代对青铜器的研究达到历史高峰，据容媛统计，清代以前有关青铜器研究的书籍大概有十二种，清代时达到六十二种之多。礼制的需要和研究的风靡使得青铜器的收藏价值再一次大增，青铜伪器也层出不穷。在乾隆以前，青铜器研究较少，伪造的青铜器大多以宋《考古图》和《宣和

① 〔宋〕赵明诚：《金石录》，台湾商务印书馆1986年版，第238页。

博古图》为参照，青铜器铭文或抄袭薛尚功的《历代钟鼎彝器款识法帖》，或自己杜撰，制作粗糙，伪造铭文的青铜器本身也是伪造的，鉴别比较容易。乾隆以后，青铜器研究之风兴盛，带铭文的青铜器尤其受到收藏家的喜爱。所以，市场上也出现了在真器上刻伪铭的现象。清末民国时期，随着国外市场对中国青铜器的看重，社会对青铜器的需求量大增。同时，伴随着出土青铜器的增多和照相印刷技术的发展，青铜器的作伪技术不断提高。当时，国内比较著名的制作伪器的地区有潍县、苏州、北京、西安等。这一时期，很多伪器都销往海外市场，至今国外很多博物馆收藏的青铜伪器都是这一时期的产物。

3. 仿与伪的辩证关系

仿古铜器和青铜伪器都是复古文化潮流下的产物，都产生于极度发达的金石学和器物学背景之下，都响应着统治阶级隆礼作乐和召求天下古器的政治诉求，但一个走的是“正路”，一个走的是“邪路”。两者在技术上是相通的，在工艺上是相近的，它们大都采用翻砂、失蜡法制作而成，都以三代青铜器为模仿对象。仿器与伪器的最大区别主要还是体现在做器目的上，即崇古还是图利。目的不同，导致所做器物虽都以三代青铜器为模型，但在外在形制上表现出些许差异。当然，形制的差异只是相对的，只是目的导向下的外在表象不固定的呈现而已。比如当有人非要取宣和三年尊说是三代铜器以欺人逐利时，那宣和三年尊自然也成了伪器。当然，一件伪器一旦被世人识破，它便失去了靠欺骗世人以图利的能力，自然也就变成了一件普通的仿古工艺品，甚至也可叫仿古铜器，但本文为了说明方便，仍将它们称为伪器，以便区别于本文所讨论的其他仿古铜器。

仿古铜的崇古目的主要有三个方面。① 一是供皇家宫廷祭祀所用，包括太庙、名堂、方泽等场所的供奉之用，比如宣和三年尊（图 3－23－1）等。二是作为权贵家庙或是地方寺庙祭器，其中一些权贵家庙祭器由皇帝亲赐，如政和鼎（图 3－23－2）等。三是作为府学释奠器，如上海博物馆收藏的元代铜簠，在其底部铸有“镇江儒学”等 25 个铭文；浙江博物馆收藏有一件清代同治年间的杭州府学青铜盨，清楚地记明了该盨的制作时间与用途。

---

① 王牧：《中国南方地区宋元时期的仿古青铜器》，载《南方文物》2011 年第 3 期。

图3-23-1　宣和三年尊（故宫博物院官网）

图3-23-2　政和鼎（国家博物馆官网）

仿古铜制作是一项公开的生产活动，它的制作者以中央和地方政府为主，民间也有仿古铜作坊，但由于规模小、范本有限而制作较为粗糙。宋代时设有礼制局，负责宫中器物的监造。元代有出蜡局，专门从事仿造青铜祭器等生产活动，器物上一般都会刻本朝的名款，字体大都为楷体。明代宣德年间，政治稳定，国力强盛，明宣宗朱瞻基为改郊庙祭祀之器不合古制之弊，命礼部会同太常寺司礼监诸官，按宋《考古图》《宣和博古图》及库内所藏柴、汝、官、哥、钧等窑款式典雅者为模本，重铸鼎彝，以供朝廷及王府两京文武衙门之用。① 除朝廷外，明代藩王也铸造仿古铜器。一般其所铸仿古铜器底有铭文，阳文篆体，如有的铸有"敬一主人""大明崇祯某年潞国制某器"字样。清代乾隆年间设有内务府造办处，安排专人负责仿古铜器的制作，其仿古铜器制作精美，精致程度大大超过了前几代。伪器的制作目的比较简单直接，就是在市场需求支配下的一种弄假投机行为，作伪也主要是民间所为。

比较著名的仿古青铜器有政和鼎、宣和三年尊、大晟编钟、邵兴豆、仿古凤鸟尊等。政和鼎高23厘米，口径19.1—19.3厘米，立耳与三柱足呈五点式分布，腹部纹饰带较宽，底纹为云雷纹，三组兽面纹以腹部三条扉棱为鼻。内底有铭文："唯政和六年十又一月甲午，帝命作铏鼎，锡领枢密院事贯，以

① 容希白：《商周彝器通考》，台湾大通书局1941年版，第191页。

祀其先，子子孙孙其永保之。”从释文来看，该鼎是徽宗下令赐给童贯的家庙祭器。宣和三年尊是仿照《宣和博古图》中著录的“商祖戊尊”制作的，宣和三年尊高29厘米，口径17.4厘米，侈口，圈足，扉棱将器身四等分，口下饰仰叶纹，腹上与圈足饰兽面纹，以云雷纹为地纹，尊内底铸有铭文：“唯宣和三年正月辛丑，皇帝考古作山尊，豑于方泽，其万年永保用。”从释文可看出，此尊是陈设在方泽坛上的。

仿古铜器的制作目的是追思古代，正当朝仪礼，所以此类器物在外在表现上也有一定的自身特点。首先，从器形、纹饰来说，仿古铜器与三代青铜器相比还有一定的差距，因为不是伪造，不必苛求制作逼真、分毫不差，只要器形相近或相似即可，纹饰既有模仿又有时代特色的自我创新。这就是李零先生在谈复古文化中说到的“考古”“仿古”“变古”中的“变古”。仿古铜器与三代青铜器相比，整体上略显呆滞、古板，纹饰浅显，立体感不足，缺少生气。因为仿古铜器的制作目的是祭祀或其他社会仪礼活动之用，没有刻意伪造，所以仿古铜与三代青铜器从器形上还是较易区分的。其次，仿古铜器的铭文也清楚地表明了仿古铜器并非三代青铜器。仿古铜器铭文内容一般会有制作时间、制作人、器物用途、祝愿辞等内容。如上文所说的宋代政和鼎和宣和三年尊，从铭文的内容中我们可以清楚地了解到有关器物制作的详细信息，从而可以轻易地将其与三代青铜器区分开来。

伪器是收藏热潮中，市场逐利下的产物。它以巨大的经济利益为目标，以欺骗世人为重要手段，因此为了达到目的，它必须与真器惟妙惟肖、分毫不差。伪器多为民间所为，作伪行为为世人所不齿。另外，为了保证隐蔽行业的垄断利润，伪器的制作技术一般以师徒传承的方式传播，外人难以知晓。伪器制作技术的不断发展一是得益于仿古铜器制作技术的发展，二是得益于青铜器修补技术的发展。

青铜器作伪的方法多种多样，可以说是为了达到目的而无所不用其极，粗略归结起来可分为三种。第一种是整器伪铸，即整个器物是后来人铸造的。铸造方式为翻砂或失蜡法，一般为分铸而成，各部分用锡铅焊接。纹饰和铭文有的是直接铸上去的，有的是后来錾刻的。器物铸造、錾刻、打磨后，上假锈伪装。如故宫博物院收藏的周代王仲皇父盉，肩部有铭文：“王仲皇父乍□□盘盉，其万年子子孙孙永宝用。”其铭文见于多部铭文、款识书籍中，但其皮色较差，铭文、花纹均不流畅，器体有压手感，后经李学勤、王文昶等专家鉴定，此器为清末苏州周梅谷等人制作的伪器。① 第二种是拼凑器。拼凑器就是利用不同残缺器物的各部分，通过焊接或补铸的方法组成一件新器物。拼凑器出现的时间比较早，高濂在《遵生八笺》中就曾记载其在京师见到两件这样的青铜器，一件是子父鼎，一件是亚虎父鼎。子父鼎的伪造方法是以一古壶盖为鼎身，以一杂器飞龙形物为鼎足，通过焊接拼凑成一鼎炉。亚虎父鼎器身则是将破碎方镜截为五件方片形器，再加其他炉之耳足焊接而成。高濂对其技法赞叹不已："工巧精绝，技妙入神。"第三种是器真铭伪或花纹伪，即在真器上利用各种方法添加伪铭、花纹。这种作伪方法出现的时间比较晚，一般认为是在乾嘉以后。这一时期训诂学日益发展，学者们越来越重视青铜器铭文正经补史的作用，尤其是刘喜海任职陕西时大肆收集带有铭文的青铜器，而无铭文者一概不收，这大大刺激了一些不法商贩在无铭文青铜器或铭文较少的青铜器上增刻铭文、花纹的做法。如故宫博物院所藏的犀伯鱼父鼎，此鼎本无铭文，作伪者先在鼎腹内壁截取一块长方块，在长方块上仿刻一鼎铭文，然后焊接回原处，用铜丝刷去焊接痕迹，最后用假锈做掩盖，以愚人耳目。②

无论是仿器还是伪器，它们都是青铜器经历了夏商周三代的繁荣逐渐走向衰落后，在宋元明清时期"复古""崇古"理念下，再度受到追捧后的产物，都从一个侧面反映了青铜文化在中国封建王朝晚期的再度繁荣。仿器和伪器都反映了当时的时代特征，具有一定的研究价值。但宋元明清乃至民国的青铜伪器对古代青铜器的研究具有迷惑作用，容易将学问引向歧途，所以辨伪也是青铜器研究中的一项重要内容。

（二）"潍县造"的产生与繁荣

"潍县造"是青铜文化兴盛的产物，它的产生与繁荣离不开复古文化的渗透与积淀，有着明显的地方特色。

1. "潍县造"的产生与繁荣

潍县铜器冶铸的历史非常久远。考古发掘证实，龙山时代的胶州三里河

① 王文昶：《故宫博物院藏部分青铜器辨伪》，载《故宫博物院院刊》1989 年第 1 期。
② 程长新等：《铜器辨伪浅说》（下），载《文物》1989 年第 12 期。

遗址与诸城呈子遗址中便出现了小件铜器等遗物。夏商周时期的青铜遗物则更为丰富，在寿光、青州、诸城、安丘等地均已发现大量制作精美的青铜器，包括各类礼器和兵器。到秦汉时期，随着铁器的流行，铜器在社会生产等方面的作用开始逐步弱化，作为礼器和生产用的铜器的出土量减少，但铜钱的生产量仍然较大。在潍城、安丘、寿光等地发现大量制作铜钱的铜范或石范。魏晋隋唐以降至明清时期，佛教盛行，流行佛像，而佛像的冶铸也反映了一个地区的铜器制作水平。当时，潍县一带寺庙林立，寺庙内也多供奉有大大小小的青铜佛像。现潍坊市博物馆内就收藏了诸多传世或出土的青铜佛像，以明清时期的佛像数量最多也最为精美，其中具有代表性的铜佛像是明代弘治年间铸造的观音大士像(图3－23－3)，由此可以窥见潍县在明代时期铜器铸造方面所达到的水平。

图3－23－3　明代观音大士铜坐像

明代允许民间经营坑冶，再加上商品经济的刺激促进了手工业的发展，地方铜器冶铸业日趋发达。由于收藏、研究、鉴赏风尚所致、利益所驱，青铜器的伪造也在青铜冶铸发达的地区兴起，潍县便是其中之一。明代高濂《论新铸伪造》记载："近日山东、陕西、河南、金陵等处，伪造鼎彝壶觚尊瓶之类，式皆法古，分寸不遗，而花纹款识，悉从古器上翻砂，亦不甚差，但以古器相形，则迥然别矣。"山东地区的青铜作伪活动主要集中在当时的潍县地区，而高濂在指明作伪地点时将山东放在了首位，足见潍县青铜伪器当时在国内已经有一定的影响。

据民国《潍县志稿》记载，明正德五年《重修增福堂记》称潍城西南隅有巷曰"冶坊"，居人以陶冶为生业，故名。而康熙二十年《重修观音堂碑记》则称潍西南隅冶房巷内有白衣观音堂，庑列增福像。无论是"冶坊"还是"冶房"，都可以从中看出明清时期潍城地区已经有专门从事冶炼铸造工艺的人员，并且形成了一定的居住群落，有比较大的规模。①

明代初期，朝廷实行移民政策，于是大量民众从湖北、湖南、广东、广西、云南、四川等地涌入潍县，而潍县也以兼容并包的胸怀接纳了来自五湖四海的文化。各类能工巧匠、文人雅士、名门望族的融入大大丰富了潍县的文化内涵，同时，由于潍县良好的地理环境和历史积淀，在清代中期，潍县手工业等商业文化达到空前发达水平。其中，潍县的铜首饰尤其出名，畅销国内，供不应求。潍县甚至山东地区由于铜矿资源稀缺，需要从其他地区大量收购铜材。而此时，山西、陕西、河南的一些铜贩在将一些铜料运到潍县之时，也将一些出土的残破青铜器送到了潍县，潍县匠人一来出于修补破损之物的自然匠人情愫，二来受潍县地区金石文化的浸染，大多了解一些金石知识，于是对所收青铜器进行了修补。修补后的完整器在发达的潍县商业文化市场中迅速寻得下家，获得善价。于是一些匠人为了获取更高的利益，开始大肆收购残破青铜器，随意拼接、修补甚至按照宋代流传下来的《考古图》和《宣和博古图》伪铸铜器，冒充完整的出土青铜器，以欺骗那些喜欢收藏而又不太懂金石学之人。

“潍县造”的发展以乾隆时期为分界点，分为前后两期。前期是孕育发展期，伪造青铜器的数量相对较少，各种伪器主要是比照宋代的《考古图》和《宣和博古图》翻砂铸造而成，铭文方面伪造较少，制作也较粗糙。当时由于能见到真青铜器者较少，所以这些伪器也能欺骗一群人，但现在看来基本算是“一眼假”。清代中后期到民国初期，“潍县造”开始进入成熟和快速发展期。乾嘉时期提倡汉学，兴起研究音韵、文字、校勘、金石、目录的考据之学，开始重视对金文的研究。所以到清代末期，地方的文字研究风气也如日兴盛，大家业已重视起青铜器上的铭文。潍县地区也不例外，尤其到陈介祺辞官回乡后，形成了以潍县陈介祺为中心的“山左”金石圈。此圈集收藏、鉴赏、研究于一体，极大地刺激了潍县的青铜交易市场，再加上潍县得天独厚的地理及交通条件，全国各地的青铜文物会集于白浪河畔，潍县成为盛极一时的古铜器交易平台。而潍县匠人也窥见商机，凭借良好的手艺和目睹诸多青铜实物的机会，做起了伪造青铜器的买卖。为了迎合藏家的铭文喜好，

---

① 孙敬明：《潍坊古代文化通论》，齐鲁书社2009年版，第140页。

他们增刻铭文、伪造铭文、拼凑铭文等，可谓无所不用其极，以期愚人耳目。

清代末期，西方帝国主义通过武力入侵中国，强行将中国并入世界资本市场。包括青铜器在内的中国文物因其独特的艺术、研究价值而遭到西方列强的疯狂搜刮，这也刺激了中国古玩市场的发展。古玩市场的发达给作伪活动提供了更广阔的生存空间，“潍县造”作为青铜伪器的典型代表，也顺势走上发展顶峰。

陈介祺于光绪年间致王懿荣的尺牍中曾写道：“三十年白浪河市铜担增至数百，几无遗古，今其能者俱将就东家食。”①

1941年出版的《潍县志稿》卷二十四《实业·工业》“仿古铜器”条记载：“仿古铜始于东关李姓，所仿三代秦汉彝器，佳者可以乱真。”

1916—1936年是“潍县造”发展的鼎盛时期，从事该业者已有20多家，产品多至300种，主要作坊店铺有邃古斋、法古斋等。②

著名古文字学家、考古学家商承祚先生，师承金石大家罗振玉、王国维，对青铜辨伪颇有研究，在其大作《古代彝器伪字研究》中，列举了从清代晚期同治、光绪年间到民国时期国内各地从事青铜器伪造的人员。正如商先生所言，不能全部罗列，只是将所打听到的做了一一记录，但从这些记录中也可以看出国内青铜作伪的一些情况。在其记录的工匠名单中，陕西有3人，济南有2人，苏州有1人，潍县有12人（包括范寿轩、展书堂、赵允中、王荩臣、李玉彬、李玉堂、胡延贞、胡延贞的大徒弟潘承霖、胡延贞二徒弟、王海、李懋修、李懋修的老婆）③。

孙敬明先生曾于1989年拜访潍县老人李惠林先生，就李先生回忆，潍县最早进行青铜器伪造者是一胡姓匠人，后来伪造者发展到十余家。其中有一商铺叫“法古斋”，主家姓程，仿制青铜礼器、兵器等。还有一家叫“邃古斋”，主人是潘承霖，其是胡某的徒弟。新中国成立后，潘承霖在山东博物馆进行青铜器修复工作。王九禄是胡某的另一个徒弟，后来转为白铁匠。据李先生讲，当时还有一牟姓匠人，也做过青铜器铸造，主要以《西清古鉴》所

---

① 〔清〕陈介祺著，陈继揆整理：《秦前文字之语》，齐鲁书社1991年版，第140页。

② 潍坊市地方志编纂委员会：《潍坊市志》，中央文献出版社1995年版，第407页。

③ 商承祚：《古代彝器伪字研究》，载《金陵学报》第3卷第2期，1933年。

载之器为模，有鼎、尊、爵等。[①] 李先生口中的胡姓匠人，应该就是商承祚先生《古代彝器伪字研究》一文中的“胡麻子”——胡延贞，这一点从潘承霖作为他的徒弟可以看出。商先生没打听到名字的胡延贞二徒弟，应该就是李惠林先生口中的王九禄。

“潍县造”的繁荣主要发生在清末民国时期，也正是在此时，“潍县造”的称呼响彻京城古董界。从商承祚在《古代彝器伪字研究》中所列举的同治、光绪到民国期间的作伪艺人名单来看，18 个人中潍县占了 12 人。虽然此数据不能代表当时国内所有作伪人员的分布情况，但也能从一定程度上反映出当时潍县作伪铜器在全国的影响力，因为他们既然为一代鉴定大家商承祚先生所记录，说明他们当时在国内也确有一定的知名度。

2. “潍县造”繁荣原因探索

一件事物的产生与发展都有着历史唯物主义的客观必然性。“潍县造”的产生、繁荣也不例外，“潍县造”可以说是潍县区域文化乃至全国社会文化发展到一定阶段的必然产物。“潍县造”也就是伪造古代青铜器，虽说是一门金属工艺，但为了使所造青铜伪器达到逼真的效果，匠人或者说伪造者必须有一定的金石学知识，如了解青铜器的器形、花纹、铭文等。如此，才能防止破绽百出，才能蒙得了一般的古董商人。同时，“潍县造”的繁荣还离不开市场的刺激，只有利益的保证，才能使得伪造的数量和质量得到不断的提升。这样看来，“潍县造”的繁荣原因可主要归结为以下三点：

（1）繁荣的金石文化

自宋朝开始，在隆礼作乐的朝廷政策号召和正经补史的学术需求下，金石学一方面迅速发展，一方面又服务于王朝的复古、仿古文化潮流。至宋徽宗时，金石研究伴随着复古号召达到鼎盛，各类相关书籍尤其是青铜器书籍层出不穷。金石学在经过明代的萧寂后，在有清一代进一步发展，乾嘉时期，金石研究风靡全国。青铜器及其铭文越来越受到世人的重视，清代有关青铜器研究的书籍数量更是前几代总和的数倍。在容媛《金石书录目》及其补编的统计中，清代以前有关青铜器研究的书籍只有十二种，而清代有六十二种

---

① 孙敬明：《潍坊古代文化通论》，齐鲁书社 2009 年版，第 145 页。

之多。整个清王朝掀起了收藏、研究青铜器的热潮。而此时的潍县在金石研究中，不仅紧跟时势，而且大有引领风骚的气象。明代晚期担任潍县知县的周亮工本就是一位饱学之士，热衷于金石、书画、玺印的研究，在他的推动下，潍县的文风、学风日渐兴盛。到清代末期，潍县金石学最为繁荣，而这一盛况的产生，重要的推动者便是陈介祺。陈介祺出身名门，早年身居高位，晚年退仕还乡来到潍县，醉心于金石文物研究（图 3－23－4）。陈介祺有着深厚的传统经史之学素养，加之早年旅居京城，得诸多先贤指点，故其在金石收藏、鉴赏、研究方面造诣极高。

图 3－23－4　陈介祺在潍县的故居“万印楼”

徐中舒先生曾在其《论古铜器之鉴别》中提出，在这个时代里，当得起鉴别家的除了潍县陈介祺，还没有第二个人。① 商承祚先生也对陈介祺钦佩有加，称陈介祺是其生平最为佩服之人。陈介祺返乡后，潜心于金石研究，在其带动下，潍县逐渐形成了以陈介祺为中心，包括高庆龄、高鸿裁、高嘉钰、郭麐、王石经等在内的潍县金石圈，使得当时金石学在山左，而山左之中心则在潍县。金石学的繁盛使得潍县对青铜器的需求大增，当时，陈介祺派到各地为其寻购青铜器者不下 30 人，全国各地出土的青铜器也随之大量涌入潍县。金石学及青铜器古玩在潍县的繁荣，使潍县的青铜铸造匠人具备了国内其他地方工匠所没有的优势，即他们一来可以不断和金石学家们交流知识，二来可以目睹诸多青铜实物，这些都令他们眼界大开，因此，他们的伪造水平也逐步提高。

（2）发达的市场交通

“潍县造”的“声名远播”离不开两个重要的因素——便利的流通渠道

① 徐中舒：《论古铜器之鉴别》，载《考古学社社刊》1936 年总第 4 期。

和一流的工艺水平。只有如此，才能保证在持续高利益诱惑的刺激下，“潍县造”实现源源不断的生产与高品质的输出。而作为“鲁东重镇”的潍县，其发达的地理交通为“潍县造”远销海内外提供了可能；而深厚的手工业传统所培养出的能工巧匠，又使“潍县造”畅行于市。

潍县处于连接山东半岛与山东西部交流往来的关键位置，自古便是山东交通重地，有“东莱首邑”之称。潍县自经历元末明初动乱后，明代中后期政治逐渐稳定。依靠发达的路道、河道及海运等便利的交通条件，潍县逐渐成为区域贸易中心。据民国《潍县志稿》记载，明代万历年间潍县城内的集市活动即已十分的成熟：“市二，一在城内大街十字口，一在东关大街十字口。集场三十，在城内者七，在东关者七，在南关、西关者各一。”“市”一般指每日进行的贸易活动，“集”一般指定期举行的贸易活动。由此可以看出，至明万历年间，潍县内的贸易活动已经十分频繁、兴盛。万历时，潍县属于莱州府，当时潍县的商税超莱州府城掖县两倍之多，居莱州府七县之首。① 至清乾隆时，潍县作为区域贸易中心的属性进一步增强。郑板桥主政潍县时，便留下了见证潍县繁荣的竹枝词：“三更灯火不曾收，玉脍金齑满市楼。云外清歌花外笛，潍州原是小苏州。”通宵达旦的贸易场面，应有尽有的货物品类，郑板桥的竹枝词将潍县繁华的贸易场面形象地记录了下来。鸦片战争后，清政府被迫签订各种不平等条约，“闭关锁国”的政策被打破，中国经济开始并入世界资本市场。烟台、青岛先后成为通商口岸，而这也使潍县的经济枢纽作用得到增强。烟潍商路和青潍商路成为沿海与山东西部及内陆贸易的重要通道，内销的洋货和出口的土货在潍县集结、转运。1904 年，胶济铁路通车，使得山东经济中心转移到胶济铁路沿线，胶济铁路横穿潍县南部。同年，清政府开潍县为商埠，进一步促进了潍县商品贸易的发展。清代晚期，潍县境内的集市数量继续增多。当时，潍县集场多达七十三个，有各种庙会、山会、沙滩大集，每每集会，人头攒动，百商竞争。发达的商业市场促进了潍县手工业的发展，“卖不了的上潍县，买不着的上潍县”成为当时令潍县自豪的一句谚语，潍县商贸远近闻名。到 20 世纪 30

① 许檀：《明清时期山东经济的发展》，载《中国经济史研究》1995 年第 3 期。

年代时，据调查，潍县经济排名列全国第17位。① 当时，潍县跃入全国20个“地区都会”行列②，经济发展达到鼎盛。

“潍县造”与潍县商业的发展轨迹是相似的，都产生于明末清初，并在清末民国时期达到鼎盛。这不是巧合，这是潍县四通八达的商贸系统与深厚手工业传统下的必然产物。“潍县造”作为潍县特种手工艺的一种，它的产生、繁荣伴随着经济利益的刺激——市场越大，带来的经济利益越大，尤其北京、上海等重要的古董圈市场的需求，刺激了“潍县造”的不断发展。

（3）国外市场需求的刺激

清末民国时期，不仅国内青铜器收藏风气靡盛，国外也逐渐刮起了收藏、欣赏、研究中国青铜器的风潮。19世纪，考古学在世界范围内开始兴起，文物的价值越来越受到收藏家的重视。随着西方帝国主义列强对中国的入侵，中国的文物越来越受到世界收藏市场的欢迎。此时，包括日本在内的帝国主义列强开始在中国进行非法的田野考古发掘活动，大肆掠夺我国文物资源。除此之外，他们还在各地收购出土文物，尤其是集艺术与学术于一身、代表中国悠久文明的青铜器。在清朝末期的古董圈里，青铜器的身价最高，最受欢迎，其次才是书画、瓷器。西方搜集中国青铜器始于巴黎塞努齐博物馆。巴黎塞努齐博物馆的创始人是亨利·塞努齐，其在1871年10月至1872年6月与好友杜赫到中国游访过程中收购了大量青铜器。其实，塞努齐在中国收购青铜器的时候，已有大量的外国人在华从事青铜器购藏活动。塞努齐同伴杜赫在记录这趟中国游历的札记《亚洲旅》中，描绘了当时众多欧洲外交使团的公职人员在古玩市场收购青铜器的情形。但是，塞努齐是第一个将中国的青铜展览带到欧洲的人，打破了19世纪欧洲艺术市场上浮世绘独领风骚的局面。塞努齐在法国的第一个中国青铜展览吸引了包括马奈、莫奈、让·雨果、左拉、莫泊桑、都德等艺术或文学名流的参观游览。塞努齐的青铜器展览引领了欧洲中国青铜器收藏风尚，使得西方国家在中国的青铜器收购活

① 潍坊市潍城区史志编纂办公室编：《潍城区志》，齐鲁书社1993年版，第25页。

② 李嘎：《潍县城：晚清民国时期一个区域性大都会的城市地域结构（1904—1937年）》，载《中国历史地理丛论》2012年第4期。

动更加疯狂。① 清末民国时期，中国主要的古玩市场有两大区域——北京和东南苏杭、上海地区。潍县往西依靠京杭大运河，东凭沿海优势，连通京津、苏杭，便利的交通使“潍县造”在巨大的世界市场到来时能够把握机遇，顺势取利。当时，“潍县造”不仅流向西方国家，邻国日本也是其重要的贸易对象。日本在明治维新以前一直以中国为学习对象，对中国文化有着比较深厚的感情，对中国的青铜器喜爱有加。杜赫的札记中曾记录，他们在日本一次性购买了上百件青铜器，这也间接反映了日本当时青铜器市场的繁荣发达。塞努齐在日本收购的青铜器中真伪混杂，其中很多伪器来自当时的潍县。“潍县造”流通到邻国日本，交通极其便利：“潍县造”首先通过烟潍商路到达烟台，然后通过海运到达日本，进入日本收藏市场。潍坊市博物馆孙敬明先生曾指出，烟台市博物馆、蓬莱区博物馆现存不少“潍县造”，应该与这段贸易历史有一定的关系。清末民国时期，就中国范围内来说，社会积贫积弱，对青铜器等古董文物的收藏能力有限；国外市场财力相对雄厚，对当时的中国古董行业来说，是相当重要的贸易对象。所以，当时出现了专门为外国人提供文物藏品服务的行业，这种业务行为当时被称为“洋庄生意”。外国人购买力虽强，但鉴别水平相对较弱，加之当时青铜器作伪技术也有相当高的水平，“洋庄生意”过程中带入了大量伪器，从而刺激了包括潍县在内的伪器制作中心的大量出现。

繁荣的金石文化、优越的地理位置、特殊的世界收藏风尚背景造就了名震一时的“潍县造”，它的历史或许再难以复制，但它的故事会被后人铭记。它在潍坊的金石文化、工艺美术历史甚至商业民俗经济中有着浓墨重彩的一笔。

（三）“潍县造”的衰落与潍坊仿古铜的再发展

“潍县造”在经历了清末民国这段黄金发展期后，伴随着1937年七七事变的爆发，与其他手工艺一同走向衰落。“三千铜砸匠”“九千绣花女”没有了市场需求，为了生计，他们只能各奔东西另谋生业。新中国成立后，古玩市场萧条依旧，再也无法恢复往日的兴盛，这也使得包括“潍县造”在内的

---

① 屈小玲：《巴黎塞努齐博物馆早期中国青铜器搜集相关资料考察》，载《四川师范大学学报（社会科学版）》2011年第6期。

诸多古玩作伪行业逐渐消失。但是，作伪行业消失了，“潍县造”的制作手艺还在。新中国百废待兴，政府注意到继承、发扬潍县传统手工艺的重要性，开始通过行动保护、开发潍县传统优秀手工艺，防止传统手工艺失传，并期望通过这些传统手工艺品出口创汇获利，促进社会经济发展。这让“潍县造”艺人们有了一个转型发展的新机会。1956 年 10 月，政府支持郭兰村创办工艺美术研究室。当时，研究室的主要任务是辅助当时的工艺生产单位进行设计，技术支持并发掘旧有的传统手工艺。“潍县造”以其名震海内外的名气被关注，“潍县造”通过作伪、蒙骗获利已是“过去式”，但其作为工艺品销售还具有很大市场。毕竟，国内外还有众多喜欢古色古香的中国青铜器的群体。从此，“潍县造”退出“江湖”，潍坊仿古铜器开始登上历史的舞台。1957 年 5 月，中央召开全国工艺美术工作会议，潍坊有 6 位老艺人应邀参加，其中包括东关大街仿古铜制作艺人程守仁。会议授予程守仁等 6 位老艺人“全国老艺人”的光荣称号。此次会议的召开，大大激发了潍县发展传统手工艺的热情。工艺美术研究室经调查研究，最终将重点发展方向定在了风筝、仿古铜、拓片等七种潍坊传统特种手工艺上。潍坊仿古铜从此走上了新的发展道路。

1962 年，工艺美术研究室升为工艺美术研究所，规模进一步扩大。1963 年，工艺美术研究所将当时在东关建筑二社当会计的仿古铜艺人玄祖基招入所内，同年成立仿古铜组。玄祖基的加入，大大增加了仿古铜工艺产品研究、设计能力，仿古铜产品种类从原先的十几个品种扩大到几十个品种。1966 年至 1971 年是潍坊仿古铜发展的低潮期。20 世纪七八十年代是潍坊仿古铜的高速发展期，借助改革开放的东风，潍坊仿古铜在国内外市场上的需求量巨大。工艺美术研究所在此期间也快速发展，到 1989 年时，研究所在编职工达到 79 人，当时研究所内已有风筝、拓片、揭裱、仿古铜、玩具等研究生产车间。1988 年，研究所年产值达 110 万，国内外订单供不应求，各类交易会成交频繁，那时主要还是以外贸出口为主，贸易额占到 80%，产品销往我国港澳地区，以及欧美、日韩、东南亚等。1988 年，研究所获得了中国轻工业出口创汇先进企业称号。风筝、玩具狮子滚绣球等多种手工艺产品成为特种纪念邮票，玩具布老虎更是成为央视文艺晚会的吉祥物，潍坊的特种手工艺品驰名国内外，受到世界各地的欢迎。潍坊仿古铜作为潍坊工艺美术研究所重点发展的手工艺产品，也多次获得山东省工艺品百花优秀产品奖。

20世纪70年代，玄祖基与其徒弟季传志、武春香成功复制了1969年甘肃武威东汉墓中出土的“马踏飞燕”青铜文物，他们采用了同比例和缩小比例两种复原方法，成功解决了一只马蹄平衡全身，不致受力不均、变形、不稳定的技术难点，仿造得惟妙惟肖、形神兼似。该产品获得了山东省第一届旅游产品设计制作奖。此后，工艺美术研究所的仿古铜产品多销往北京、济南等地的文物商店，一时间产品订单不断，供不应求。1978年，玄祖基与徒弟创新设计理念，将仿古铜工艺与红木镶嵌工艺、漆器工艺相结合，制作出了典雅新颖的“四扇博古挂屏”，每件挂屏上镶嵌两件仿古铜器，仿古青铜器的种类有钟、觚、爵、罍、卣、鬲、觯、甗八种样式，各仿古青铜器以浮雕的形式呈现在挂屏上，采用做锈、银丝镶嵌、鎏金、镀银四种不同的工艺对其表面进行处理，使整个挂屏典雅中又不失变化。该作品构思巧妙，在全国工艺品展览会上获得创新大奖。毛公鼎最早是潍县陈介祺收藏之物，后流入台北故宫博物院，并成为该院的镇院之宝。工艺美术研究所根据陈介祺留下的毛公鼎铭文和拓片，经过反复设计、研究、讨论，在1981年成功对该国宝进行复制，轰动一时。1982年，工艺美术研究所又成功复制了河北满城西汉中山靖王刘胜夫妇墓中出土的长信宫灯，复制品长信宫灯在全国旅游产品会议上被评为最佳杰作。1999年，由潍城区金石艺术研究所制作的“齐鲁风情迎荷瓶”，被山东省人民政府作为庆祝澳门回归祖国的贺礼，赠与澳门特别行政区。该作品是潍坊仿古铜的创新之作，其将传统的铸铜工艺与特定的文化元素相结合，构成了一件古朴典雅而内涵丰富的现代工艺品。该瓶高1.999米，象征澳门1999年回归；瓶耳作凤鸟回首状，寓意澳门回归祖国；瓶身有泰山、大明湖、蓬莱阁等齐鲁自然风光浮雕纹饰，代表山东特色。该瓶还作有缩小版模型，分别送往国务院和山东省政府等处收藏。

文玩古董市场的消失，使得以作假闻名的“潍县造”失去了生存的空间。但“不废不破”，这也给了“潍县造”突破改变的机会。在潍坊大力发展传统手工艺的洪流中，“潍县造”顺势而为，华丽转身为潍坊仿古铜，不再作为伪器面世，而作为工艺品行走天下。经过青铜工艺大师孜孜不倦的学习、研究、设计、改进，潍坊仿古铜在工艺品市场中成功站稳脚跟，借助国家改革开放的政策红利，迅猛发展，最终走出国门，蜚声海内外。

（四）其他地区青铜器作伪情况

潍县是我国历史上重要的青铜器作伪地区，但不是唯一地区。自宋以来，国内青铜器作伪之风渐甚，多个地区开始铸造青铜伪器。铜器作伪发达的地区，其冶铸和手工业水平也比较高，并有一定的仿古铜制作的历史积累。据明代高濂《遵生八笺》记载，南宋时期，临安（今浙江杭州）姜娘子和平江（今江苏苏州）的王吉以伪造青铜器而闻名。元代时，苏州人陆颐是有名的青铜仿造工匠。明代时，高濂指出山东、陕西、河南、江苏是伪造青铜礼器的重要地区，而且“式皆法古，分寸不遗”，由此可以看出当时的伪造术已经十分高超。此时，南方地区青铜器的仿造、伪造也十分发达，名匠辈出，有嘉兴的张鸣岐、王凤江，松江的胡文明，苏州的徐守素，等等，他们都身怀绝技，作品精湛。青铜器的伪造技术在各地区随着青铜文化的发展而绵延流传，到清末民国时期，收藏、研究风尚所致，国内逐渐形成了潍县、苏州、北京、西安、上海、济南等众多的青铜作伪区域，其中以潍县、苏州、北京、西安为最，号称当时的四大作伪中心。

西安在明末清初之际就已有青铜器作伪活动，且以伪造诏版和度量衡居多。清代晚期，著名的金石学家刘喜海官宦西安，尤其喜欢收藏带有铭文的青铜器。这样一来，一些商人为了牟取利益，便投其所好，在青铜器上刻伪字，这一风气在西安一带逐渐盛行开来。据商承祚的《古代彝器伪字研究》记载，当时的青铜器伪刻高手有三人，他们是“凤眼张”、苏亿年、苏兆年。“凤眼张”是诨号，其具体名字不知。苏亿年与苏兆年是兄弟，前者排行第六，后者排行第七，陈介祺《簠斋尺牍》中经常提到的苏六、苏七就是他们二人。《三代吉金文存》卷三所著录的番仲吴生鼎之铭文，容庚先生认为系“凤眼张”伪刻。

苏州地区也有着悠久的青铜器伪造历史。南宋时期，有平江人王吉，善于伪造青铜器。明代时，王士性的《广志绎》中写道：“姑苏人聪慧好古，亦善仿古法为之，书画之临摹，鼎彝之冶淬，能令真赝不辨。”乾隆《苏州府志》中有“郡中西城，业铜作者不下数千家，精粗巨细，日用之物无不具”等记载。此时，著名的金石学家顾湘舟也加入青铜器的仿制队伍，亲自督工改善，使得苏州的青铜器伪造工艺在成分、花纹、器形、铭文上都表现出高超的水平，令人真假难辨。到清末民国时期，苏州已成为国内伪造青铜器的四大中心之一。“苏州造”的代表人物有周梅谷、刘俊卿、蒋圣宝、骆奇月等，其中周梅谷的作伪技术最为高超。周梅谷善碑刻，懂金石，于民国初年开办作坊，招募能工巧匠冶铸青铜器。当时，该作坊聚集了金润生、金满生、唐发玉等铸铜高手20余人。他们分工协作，各司其职，有负责做范的、雕刻的、拨蜡的、浇铸的、作色的，分工明确，各有所长。周梅谷所用炼铜料中喜加入银，所以其所出的铜器花纹流畅、清晰，这也成了苏州伪造青铜器的一个重要特征。与周梅谷同时的还有一铜器作伪高手叫刘俊卿。当时，周梅谷喜做“熟坑器”，刘俊卿喜做“生坑器”。“熟坑器”多内销，“生坑器”多外销。

北京地区伪造青铜器的时间比较短，但发展迅速，师徒传承有序，自成一体。清末民国时期，一外号叫“歪嘴于”的工匠开了个“万龙合”的古铜作坊，主要以修理、伪造青铜器为主。晚年，“歪嘴于”陆续收了7个徒弟，其中小徒弟张泰恩继承其衣钵，外号“古铜张”。后来，张恩泰将“万龙合”改为“万隆合”。张泰恩修复技艺颇精，伪刻、做锈样样精通，所以他的修复生意红火。张泰恩后来陆续收了11个徒弟，其中有张文普、王德山、贡茂林等。张文普、王德山在原有传统伪器制作技术的基础上，不断尝试改进，又发明了一些作伪、制假的新技术与新方法，如“漆地磨光”“点土喷锈”等。张文普、王德山等人也收了很多徒弟，具有代表性的有高英、赵振茂、王喜瑞、王长青、贾玉波等。新中国成立后，青铜伪器制作工艺逐渐主要用于艺术品复制和青铜文物修复。由于良好的师徒传承关系，这一手艺得以延续，形成了极具传统特色的“京派”修复工艺，为新中国成立后的文物修复事业和艺术品出口贸易做出了相当大的贡献。

（五）“潍县造”与仿古铜的辩证关系

“潍县造”是在特定的历史文化、市场经济刺激下，潍县工匠为了逐利而伪造的古代青铜器。“潍县造”这一称呼最早由北京古董商人提出，后在全国传播开来。仿古铜是人们因追思古代人们的理想生活，在复古、仿古思潮影响下制作的用于鉴赏或祭祀等实用目的的工艺品。“潍县造”一般是在仿古铜铸造工艺基础上发展而来的，它们有着相同的模仿对象、相似的制作手法，但制作目的全然不同。所以，将“潍县造”都统称为仿古铜并不恰当，两者之间应当做出区分，以便分辨两者之间的不同。但两者之间又不是绝对的毫无关系，两者因使用目的的改变也会发生相互的转化。

潍县有着悠久的青铜器铸造历史，很早便开始制作各类仿古铜器。明清时期，尤其是在清代，潍县金石学、手工业、市场经济日趋发达，在利益的驱使下，“潍县造”应运而生，并逐步形成以潍县为中心的制假、售假古董贸易圈子，此黑色市场一直延续到1937年。新中国成立后，潍县青铜器古董市场迅速萎缩，“潍县造”退出历史舞台。在“出口换外汇”的政策指导下，潍县特种手工艺再次焕发生机。此时，代表着中国几千年传统文化的青铜器在国内外受到欢迎，潍坊仿古铜抓住机遇，继承“潍县造”艺人的青铜器制作工艺，制作了大量精美的潍坊仿古铜工艺品，并畅销海内外。

从仿古铜到“潍县造”，再从“潍县造”到潍坊仿古铜，它们都是社会文化在不断变迁中的产物，代表了不同时代的文化需求，见证着潍坊这座城市的历史变化。“潍县造”已成为历史，成为清末民国时期潍县金石学、青铜器研究繁荣的记忆。而潍坊仿古铜作为“潍县造”的继承者，已走出伪造的历史，以非物质文化遗产和现代工艺品的面貌重新站在了世人面前，但它的前世故事令人回味。

二、潍坊仿古铜制作工艺研究

潍坊仿古铜与“潍县造”从制作工艺上来说基本是一脉相承的，只不过前者是对现代工艺品的称谓，后者是古董圈对潍县所造赝品的称谓。因为二者制作工艺相似，所以为了方便陈述，同时兼顾现今潍坊地区对其仿古铜的称谓，在这里统称二者为潍坊仿古铜制作工艺。本节主要从宏观铜器制作工艺演变、潍坊仿古铜制作工艺介绍、仿古铜样品来源推测三部分展开叙述。

（一）铜器制作工艺演变

铜器的制作、使用是人类文明起源的重要标志之一。我国很早就出现了铜制品，并经历了2000多年的青铜时代。根据考古发掘资料，在距今6700年左右的陕西临潼姜寨仰韶文化早期遗址中就发现了原始的黄铜片。仰韶文化时期，建平牛梁河红山文化遗址、东乡林家马家窑文化遗址、永登蒋家坪马家窑文化遗址中也都发现了铜器遗物，并在甘肃东乡林家马家窑文化遗址中发现了最早的原始青铜刀。新石器时代晚期，在龙山文化、齐家文化中均发现了与铜器相关的遗迹、遗物，如河南登封王城岗的青铜片，山东胶县（今胶州）三里河的黄铜锥，甘肃武威皇娘娘台的铜刀、铜锥，等等。中国早期铜器的发现主要在黄河流域及古长城一带，该阶段铜器遗物发现的数量相对较少，分布范围广阔，时间跨度大，反映了早期铜器产生的偶然性与漫长性。该阶段铜器的制作工艺有锻造和铸造两种，铜器合金的成分有原始的黄铜、原始的青铜等，这些都是我国早期铜器的特点，为中国铜器的发展打下了技术基础。①

二里头文化时期，二里头遗址出土的青铜礼器有爵、鼎、斝、铃等，兵器有戈、锛、凿、刀等。从出土铜器遗物来看，当时的铸造技术相当娴熟。尤其是青铜礼器，器壁薄而均匀，说明当时人们已经掌握了制范、合范技术。二里头文化时期的铜器制作方法基本奠定了中国铜器时代青铜器以铸造为主的技术路线。从二里头文化时期到商代早、中期是中国青铜器铸造的形成期，这一阶段青铜器有浑铸和分铸两种铸造方法。商代晚期到西周早期是我国青铜发展的鼎盛时期，这时出现了大规模的铸造作坊，河南殷墟和西安丰镐都发现了大规模的作坊遗址。此时，范铸法中的浑铸法、复合陶范法、分铸法等技术水平达到顶峰。西周中晚期到春秋早期的铸造工艺粗放，器形、纹饰简单、朴素，这也与当时西周国力衰弱、统治力下降有关。

春秋中晚期到战国时期，各诸侯国纷纷通过改革增强国力，使这一时期的文化与经济空前繁荣。这一时期诸侯国也多有自己的官营和私营冶铸业。山西侯马遗址出土了数以万计的陶模、陶范以及与制范、熔炼、精制有关的材料、工具。这一时期，青铜器除继承陶范铸造生产外，又出现了一些崭新的铸造技术，有失蜡铸造法、焊接技术（包括镴焊和铜焊）、叠铸技术、金属范铸造技术等。失蜡法的使用，使一些精致、繁缛的重叠缠绕、立体穿插艺术造型成为可能，这些都是范铸法无法实现的。河南淅川楚墓中出土的铜禁和王子鼎均为失蜡法铸造。先秦时期青铜器表面装饰工艺得到极大的发展，包括青铜器表面的金、银、红铜、宝石、贝壳嵌错技术，包金、贴金技术，鎏金银技术，镀锡技术，刻纹技术，等等。这些技术极大地丰富了青铜器的艺术表现力，对传统的金属工艺产生了深远影响，并一直流传至今。

秦汉时期，青铜器在青铜时代的地位已不复存在，但依然是王侯将相的首选用品，青铜冶炼、铸造业规模进一步扩大。从河北满城中山靖王刘胜墓

---

① 苏荣誉等：《中国上古金属技术》，山东科学技术出版社 1995 年版，第 28 ~ 44 页。

中出土的金属器物来看，当时社会的青铜铸造（包括范铸法和失蜡法）及表面装饰工艺技术进一步提高，大量使用了锤锻、铆接等工艺。南北朝至明清时期，中国青铜器的制作工艺在原有工艺基础上缓慢发展并逐渐定型。形制复杂、烦冗的大型器物的陶范制作工艺逐渐衰亡，陶范铸造工艺逐渐多用于小型、简单的青铜器物的制作之中。因为方法简单，相对易操作，失蜡法制作工艺越来越普遍，复杂、大型器物也多采用分块焊接的方法制作成型，大大简化了制作流程。宋代赵希鹄的《洞天清录》在介绍铜器制作时，也主要介绍了失蜡法成型工艺。明代末期的科学巨著《天工开物》，里面铜鼎、铜钟、铜像的制作方法也是采用失蜡法。书中介绍以牛油十分之八、蜂蜡十分之二为油蜡材料，通过加热使油蜡流失形成泥范空腔，然后浇铸铜液形成器物。这一时期，除采用范铸法和失蜡法外，砂型铸造工艺开始出现。采用砂型法铸造铜器，大大缩短了内外范的成型时间，在一些简单器物的制作过程中，此方法简捷、高效。①

从临潼姜寨距今约6700年的黄铜制品的发现，到近现代金属科学技术的产生，我国的铜器制作工艺经历了近70个世纪的漫长的发展历程。从最初的萌芽到二里头文化铜器制作工艺的初步形成，再到商周时期的繁荣兴盛、延滞发展和突破创新，最后伴随着青铜时代的结束，铜器也走下权利的神坛，进入了缓慢发展期，并延续到明清时期，直到现代科技的引入，使得铜器生产进入现代机械科技行列。纵观铜器制作的工艺历史，稳定性强而变化创新少，无论是成型工艺还是表面装饰工艺，大都出现时间很早，一直慢慢延续、发展。但尽管如此，也不能否认我国青铜文化在整个人类文明及艺术史中的地位。四羊方尊、曾侯乙盘、马踏飞燕、宣德铜炉，一件件巧夺天工、精美绝伦的青铜器，如同人类历史文化长河中的一颗颗璀璨明星，熠熠生辉，照耀着世人。

（二）潍坊仿古铜制作工艺介绍

潍坊仿古铜工艺是我国铜器制作史上一涓富有有特色的民间工艺细流。它延续着我国铜器制作的方向和方法，也有其地方文化特色。潍坊地区有着比较悠久的铜器制作历史，但铜器作伪一般认为从明末清初开始，并一直延

① 谭德睿、孙淑云主编：《金属工艺》，大象出版社2007年版，第3～36页。

续到民国晚期，持续了四百多年。当时，工匠及古董商们为了获取最大的经济利益，不断探索和改进青铜伪器的制作技术和方法，力图将赝品做的与真品几乎无异，以此蒙骗古董藏家。“潍县造”的制作技术，也就是潍坊仿古铜制作工艺，经过几百年的传承与发展，归结起来主要包括：器形的浇铸、铭文及花纹的錾刻、铜器的补配拼凑、包括做假锈在内的青铜表面装饰工艺。

潍坊仿古铜的制作者，多属于社会底层工匠，而且，作假不是光彩的手艺，作假手艺更需靠保密才能获得更多的垄断利润，所以，包括青铜研究、地方乡志在内的诸多书籍中，对其工艺等相关内容的介绍都寥寥无几。但就是此小小特种手工艺，却有着严重干扰我国青铜市场的“风云历史”。为了对这一珍贵的非物质文化遗产进行保护，下文将从为数不多的文献记录、现传承人及其他潍坊仿古铜艺人的口头介绍等方面，来探索潍坊仿古铜的制作工艺，对其工艺进行简要调查、研究、叙述。

1. 文献中记录的“潍县造”工艺特征

有关青铜器辨伪的书籍中，一般都会提到大名鼎鼎的“潍县造”。“潍县造”是青铜器辨伪学习中必须要了解的一关，因为大量的“潍县造”充斥于各大收藏机构当中。但是，对于“潍县造”，也就是潍坊仿古铜的制作工艺的介绍并不多见，也少有讨论。本部分将现有资料做一简单总结，与下文传承人介绍之工艺相对比，供探讨、研究。

关于潍坊仿古铜的成型工艺，一般认为以翻砂铸造为主，失蜡法铸造为辅。伪造器形的来源主要是《西清古鉴》等图录和流入潍县市场、经陈介祺收藏的青铜器。所伪造的器物一般器壁厚重，器物表面砂眼较多，略粗糙。为了便于成型，器物一般采用分铸法，器物各部分分别铸成后采用铅锡方式将其焊接成型。

潍坊仿古铜工艺中，有众多著名匠人在真器表面錾刻铭文及花纹的手法高超，如范守轩、王荩臣、王海等。他们通过苦心钻研古代青铜铭文及花纹特点，潜心练习伪刻，最终使得錾刻铭文、花纹惟妙惟肖，从而掩人耳目、浑水摸鱼，骗过不少行家。

仿古铜工艺中，铜锈的制作是整个仿古铜制作过程中的画龙点睛之笔，也是伪器制作的难点。铜锈的成因复杂且需岁月积累，所以短时间内制作出斑驳陆离、层次分明、形象逼真、紧密结实的铜锈也非常考验艺人们的手艺。

介绍青铜伪器做假锈的文章虽不多，但自宋代便有，《洞天清录》中曾记载“伪者以漆调朱为之”“以水银调锡末在新铜器上令匀，然后以酽醋调细硇砂末，笔蘸匀上，侯干如蜡茶色……”。明代曹昭的《格古要论》中也提到了与《洞天清录》中基本一样的做假锈方法。明代论古铜锈伪造方法比较详细的是万历年间高濂的《遵生八笺》，其中《论新铸伪造》一节这样描述铜锈的作伪方法：“其伪制法：铸出，剔摩光净，或以刀刻纹理缺处，方用井花水调泥矾浸一伏时，取起烘热，再浸再烘，三度为止，名作脚色。候干，以硇砂、胆矾、寒水石、硼砂、金丝矾各为末，以青盐水化净，笔醮刷三两度，候一二日洗去，干又洗之。全在调停颜色、水洗功夫，须三五度方定。次掘一地坑，以炭火烧红令遍，将酽醋泼下坑中，放铜器入内，仍以醋糟罨之，加土覆实，窖藏三日取看，即生各色古斑，用蜡擦之。”今人温廷宽在其文章《几种有关金属工艺的传统技术方法》中，介绍了景德全老艺人的一种传统的古铜锈色制作方法：先将铜器用盐酸擦净，取铜绿半斤、胆矾一两、硇砂三两，捣碎后，加入老醋三斤，用温火煮两天，熬成浓汁；然后分三次刷于铜器表面，每刷一次，干透后，清水冲洗后再刷，如是三次，后烤蜡一层便制作完成。[①] 潍坊仿古铜最令人称道也是至今最为神秘的还是做假锈技术。“潍县造”的锈色多为淡绿色，也就是我们常说的绿漆古，朴素雅致，古韵悠长，诸藏家对其既爱又恨。这也是至今潍坊仿古铜工艺中最为保密的部分，一般非师徒难得真谛，外人以猜测居多。现有的介绍书籍中，多认为该锈色的制作方法是：先将器物用盐酸水浸泡，然后直接埋入黄土中；或在器表加铜末、铁末、硝镪水、盐酸混合物后埋入黄土中。一段时间后取出上蜡，即得淡绿色铜锈。

这些潍坊仿古铜的制作工艺多来自王文昶[②]、程长新[③]、丁孟[④]等人相关著述中的零星记载。据 2015 年 10 月笔者对潍坊地区现有传承人季传志、武春香两位老艺人的拜访所知，青铜器的成型铸造、焊接拼凑、錾刻铭文等方

---

① 温廷宽：《几种有关金属工艺的传统技术方法》，载《文物参考资料》1958 年第 3 期；《几种有关金属工艺的传统技术》（续），载《文物参考资料》1958 年第 4、7、9、11 期。

② 王文昶：《青铜器辨伪概论》，载《收藏家》1996 年第 6 期。

③ 程长新等：《铜器辨伪浅说》（上），载《文物》1989 年第 8 期。

④ 丁孟：《中国青铜器真伪识别》，辽宁人民出版社 2004 年版，第 180 页。

法与上述相关著述中的介绍基本无异，这些艺人对此也倾囊相告，因为这些工艺方法都已被人熟知，将一件器物做得形神兼备主要靠艺人长年累月的经验和技术积累。唯有青铜假锈的制作方法，他们对此仍然讳莫如深，闭口不谈，此技术只限师徒传承，但他们对相关书籍记载中的作锈方法，给予了斩钉截铁的否定。

2. 传承人及工艺大师介绍的潍坊仿古铜制作工艺

潍坊仿古铜的主要工艺基本可以概括为器形的浇铸、铜器的补配拼凑、表面装饰工艺三部分。其中，浇铸器形是基础，表面装饰是工艺的升华。器形浇铸好了、花纹细致漂亮了，可以大大减少后期的处理成本。潍坊仿古铜的器形浇铸工艺主要有翻砂法和失蜡法两种，其中以翻砂法为多。本小节主要叙述潍坊仿古铜传承人季传志介绍的以翻砂法为主的传统潍坊仿古铜制作工艺，对现潍坊仿古铜工艺大师赵益民介绍的在传统失蜡法基础上发展起来的现代潍坊仿古铜中的失蜡法铸造工艺一并加以介绍。

（1）潍坊仿古铜非物质文化遗产传承人季传志翻砂铸铜法

季传志与其妻武春香是潍坊市仿古铜非物质文化遗产传承人，他们有着明确的师承关系。2015 年，季传志因为长期制作仿古铜、冶炼铜材料，吸入了大量有毒气体，造成肺部病变而生病入院。同年 10 月，笔者拜访时恰遇其刚出院，有幸得以会面，但因其身体仍未恢复而未能带笔者去其制铜作坊参观，实属遗憾。本部分工艺介绍内容，多由季传志与其妻武春香两人之口述整理而成，因季老师身体有恙，未多打扰，故获取资料有限。

据季传志老师介绍，“潍县造”的制作工艺以翻砂法为主，苏州等地区采用失蜡法较多。“潍县造”翻砂法制作工艺主要包括塑模、制范、炼铜、浇铸、拼接、表面处理六部分。《荀子·强国》中记载：“刑范正，金锡美，工冶巧，火齐得，剖刑而莫邪已。然而不剥脱，不砥厉，则不可以断绳。剥脱之，砥厉之，则劙盘盂，刎牛马，忽然耳。”在铜器铸造过程中，只有模范制作精致、合金搭配合理、炼铜火候到位、后期处理得当，才能制作出一件精美的铜器。上述文献中所说的是泥范铸工艺的注意要点，但在翻砂法制作铜器的过程中一样适用。下面以青铜觚为例，概括介绍“潍县造”及现潍坊仿古铜中翻砂法制作工艺的过程。

首先是塑模。用黏土比照仿造对象雕塑一大概形状的铜觚泥型。“潍县造”早期以“西清四鉴”中的文物图录为仿造对象，后来随着出土实物的增多，开始以青铜器实物为仿造对象。然后按照参照物雕刻好泥觚表面的纹饰。泥质觚制作完成后，将泥质觚竖劈分成器形对称的两半，作为制作石膏觚的母模。

其后开始第一次制作砂型外范，选取或制作大小合适的木质砂箱，砂箱分上下两层。随后进行练砂，将潍坊当地的泥砂，用箩筛先除去杂质，练出较为精细的砂粒。然后加入适量的水和黏土后搅匀，最后确保调和而成的泥砂用手取一撮捏紧后不自然碎裂或滑落。把下层砂箱放在平整的地面上，将练好的细砂分层倒入其中，边倒边将泥砂压实，将下层砂箱装满，后用刮板将泥砂与砂箱口刮齐。再将之前准备好的半边的泥质觚轻轻压入下层砂箱中，有纹饰的一面朝上，觚内弧部分用泥砂填实。在泥质觚周边泥砂上撒上草木灰，方便砂箱上下层的分离。扣上上层砂箱，将泥砂再一层层填满上层砂箱后，用木棍捣实。用木棍捣实过程中，由边向中心，逐圈进行，同时也需注意用力，不要将泥质觚捣碎。打开上层砂箱，取出泥质觚，用毛刷或尖刀对下层砂箱上的纹饰面进行适当的清理和修整。用一圆管在上层砂箱上做一通向觚砂型腔体的浇道。再扣合好上下两层砂箱，用石膏浇铸，待石膏凝固后，打开上下层砂箱，取出石膏模，对石膏模进行精细修整。然后再用相同流程制作出另一半石膏模。自此，青铜觚的两块比较细致的石膏模制作完成。

石膏模制作完成后，再以石膏模为母模制作铅锡模。铅锡模的制作方法与石膏模的制作方法基本相同，也是使用上下两层砂箱，利用石膏模制作腔体，最后浇铸铅锡模成型。铅锡模浇铸成型后，再对铅锡模觚进行精细化修整。修整完成后，再用铅锡模觚作为母模，制作最后浇铸青铜觚所用的砂范。三次制作砂范的过程基本相同，不同之处在于所用泥砂精细程度要求越来越高，这样才能保证最后成型的青铜纹饰的精细度。母模的制作从泥塑到石膏再到铅锡模，过程烦琐，目的是为了保证制作的模具逼真精致；制作材料由软到硬，雕刻难度逐渐减小，制作效果越来越好。同时，铅锡模不易损坏，容易保存，可以连续多次使用。砂范在制作过程中尽量不要移动，如果确实需要移动，也一定注意轻拿轻放。砂范相较于泥范，较松散且不易粘连，细小砂粒容易滑落，所以一定要注意，确保型腔的完整性。

铜觚的两个砂范制作完成后，开始炼铜。炼铜多采用半地穴式土炉，材料也多是一些废弃的铜材。据传承人季传志介绍，早时多用废弃的铜钱作为炼铜的材料。炼铜是一件非常辛苦和危险的工作，炼铜过程中要不断地搅拌铜液，并用“水玻璃”法①不断提纯。这些操作一般需要工匠距铜炉非常近，而铜炉温度高，经常容易将人烫伤。铜合金的冶炼一定要火候足，若火候不足，浇铸出的铜器颜色不匀、缺陷多。所以，炼铜对经验的要求比较高。季传志说：“铜液得冶炼提纯到看上去五彩斑斓如彩虹般漂亮的时候，那才叫熟了，才能用于浇铸。”浇铸铜液也不简单，不能一勺一勺地取了铜液往砂范里浇铸，这样容易造成铜器冷凝时间不同，从而导致铜器断裂。浇铸铜液需要将一锅铜液全部端起，同时浇铸，在当时防护装备缺少的情况下，危险性极大。在浇铸过程中，为了保证铜液能够充型饱满成功，一般还会将砂范的浇口提高，增加铜液的充型压力。浇铸完成，待铜器冷却后，就可以打开砂范取出铜觚了。两半铜觚（包括其石膏模、铅锡模）的浇铸可以放在同一砂箱中进行，只需在两砂腔间加一通道就可。

浇铸成型后，对两半青铜觚进行表面的处理。先用锯去掉浇道和浇铸过程中产生的毛刺，再进行适当的打磨、抛光。对有浇铸缺陷的地方，用石膏或铅锡进行补铸。翻砂法采用的砂范与泥范比较起来，制作出的铜器的纹饰较粗糙，所以也需要进行一定的后期加工处理。季传志一般使用砧、锤、錾子等工具，采用抛、点、錾等手法，修补青铜器上的纹饰、铭文，来弥补“潍县造”翻砂法带来的技术缺陷。处理完成后，将分铸的两半青铜觚用铅锡焊接成一个整体，然后再将焊接痕迹打磨干净。

最后一步是青铜觚的做假锈。“潍县造”青铜假锈以绿漆古为主，多翠绿和浅绿色。传统“潍县造”假锈的制作方法还是以师徒传承的方式传授，不传外人。所以，笔者了解后也未再多询问。但季传志夫妇对现今流传或书籍中记载的做锈方法给予了否定，说他们的制作材料多为中药材，不是用酸碱腐蚀方法，也不用将器物埋藏于地下。在青铜器表面涂抹特制药液并等待一个月左右，锈色效果便可做好。

---

① “水玻璃”法是季传志师徒自创的一种炼铜方法，即在冶炼铜器的过程中撒入碎玻璃，使这些熔化的碎玻璃与铜液中的杂质结合，然后将其取出。

现将潍坊仿古铜传统翻砂法的工艺流程以树状图的形式呈现，便于阅览（图 3－23－5）：

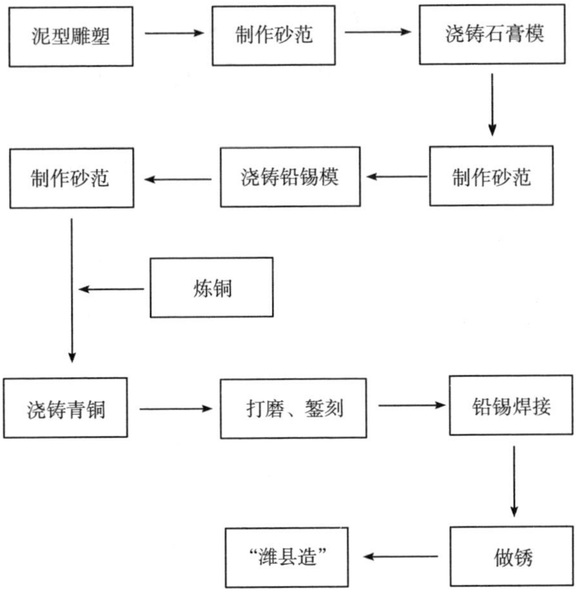

图 3－23－5　潍坊仿古铜传统“翻砂法”工艺流程图

（2）潍坊仿古铜工艺美术大师赵益民失蜡铸铜法

现在潍坊地区另一位比较有名的仿古铜铸造工艺美术大师是赵益民老师。赵益民在潍县传统失蜡法工艺的基础上，结合材料学、精密铸造等现代手段，自创了一套符合现代市场需求的潍坊仿古铜失蜡法铸造工艺。赵益民潍坊仿古铜的大概制作流程与翻砂法相同，也包括器形的浇铸、铜器的补配拼凑、表面装饰工艺三大部分。而其与传统潍坊古铜工艺的区别，一是以失蜡法浇铸为主，二是做锈采用现代化学腐蚀方法。因其工艺简捷、出货快、产品造型逼真，在潍坊仿古铜市场中占有非常重要的地位。2015 年 10 月，笔者有幸拜访到了赵益民老师，并参观了其位于潍坊十笏园文化街区非遗中心的工作室和潍坊南部的生产车间，恰逢其与石亮仿制皿方罍[①]，而得以直观地了解其

① 皿方罍全称皿天全方罍，因器口铭文“皿天全作父已尊彝”而得名，现藏于湖南省博物馆。

失蜡法仿制青铜器的工艺流程。现以皿方罍的仿制为例，概括介绍其潍坊仿古铜制作工艺。

第一步，制作泥质皿方罍（图3－23－6）。以皿方罍实物或图片为参照物，按照1:1的比例，用黏土雕塑一泥质的皿方罍大概形状。参照皿方罍上的花纹，在泥模上雕刻出细节。制作完成后，晾干，作为下一步制作蜡模的母模。

第二步，精修皿方罍蜡模（图3－23－7）。将上一步制作好并完全风干的泥质皿方罍，按照便于浇铸的原则进行分割。然后，对分割后的每一部分进行蜡模的翻制。翻制方法类似于传统工艺中的翻砂法，只是将砂箱换成了硅胶和石膏。翻制原理基本相同，就是以泥质皿方罍的某一分割部分为模，以硅胶和石膏作为外范。制作好后，取出泥质模，填充石蜡，凝固成型后取出蜡模（具体过程参见第三步）。皿方罍的每一部分蜡模制作完成后，将其粘接为整器，再进行细部加工。第一、二步的制作水平决定着最终皿方罍的仿制质量，而这也是检验一个工艺师水平高低的重要指标。所以，仿古铜的制作非常考验一名艺人的美术及雕塑水平。

图3－23－6 用黏土制作泥模

图3－23－7 精修后的皿方罍的蜡质盖组

第三步，制作树脂皿方罍。蜡模精修完成后，再制作皿方罍的树脂模。树脂模不易损坏，可以作为以后继续仿制皿方罍的母模长期保存。制作树脂皿方罍同样采用分铸的方法，先将蜡质皿方罍合理分割成若干小块，然后分部制作。下面以扉棱的制作为例，介绍一下其树脂模制作过程。根据蜡质扉棱的大小制作一石膏外范。然后倒入加入固化剂的硅胶。待硅胶凝固，将蜡质扉棱外均匀涂抹一层脱模剂，然后用黏土将其中一半面固定，再在另一半面上用毛刷细致地涂抹硅胶，晾干后再次涂抹，如此循环多次。之后，将蜡质扉棱带有硅胶的半面放入先前做好的石膏内，倒入硅胶，让硅胶没过蜡质扉棱带有硅胶的半面。在凝固后的硅胶面上做出乳丁状及环状榫卯结构，再用黏土做出浇铸口（图3－23－8）。

等乳丁及环状榫卯结构凝固后，在此面上再次涂抹脱模剂，粉刷硅胶，制作硅胶石膏外范。硅胶石膏外范制作完成后，取出蜡质扉棱，填灌树脂，凝固后做成树脂扉棱。各部分都制作完成后，打磨粘接成完整的树脂皿方罍（图3－23－9）。

图3－23－8　用蜡模制作硅胶石膏范

图3－23－9　树脂皿方罍

第四步，制作皿方罍蜡模。以树脂皿方罍为母模，翻制出用于浇铸铜器的皿方罍蜡模。制作方法与第三、四步基本相同，也是先将树脂皿方罍按便于浇铸的原则进行分割，采用硅胶石膏翻制蜡模。各部分制作完成后，再进行修整，成最终蜡模部件（图3－23－10）。

第五步，制作铜质皿方罍。先在皿方罍各蜡模部件上粘接好浇口和浇道。然后将蜡模放入泥浆（水、玻璃水、石英粉的比例为4∶5∶15）中粉刷均匀，目的是使蜡型便于挂砂。再将其放入40—60目的莫来砂（硅酸铝耐火材料）中，使莫来砂均匀地粘在蜡型表面。完成后，再将其放入氯化铵饱和溶液中浸泡30分钟，做表面硬化处理。蜡型晾干后，重复上述过程6—7次，使蜡型表面形成坚硬的砂壳。每一层莫来砂的颗粒需逐渐增大，最后几遍时采用

10目左右的即可。随后打磨砂壳，漏出浇注口。浇注口朝下，将砂壳放入窑炉内加热，让砂壳内蜡液流出，形成空壳（图3－23－11）。最后，将炼好的铜液注入空砂壳中，冷却后，除掉砂壳，打磨掉浇口、浇道，铜质皿方罍的各部分铸造完成。

图3－23－10　制作砂壳外范用的香炉蜡模

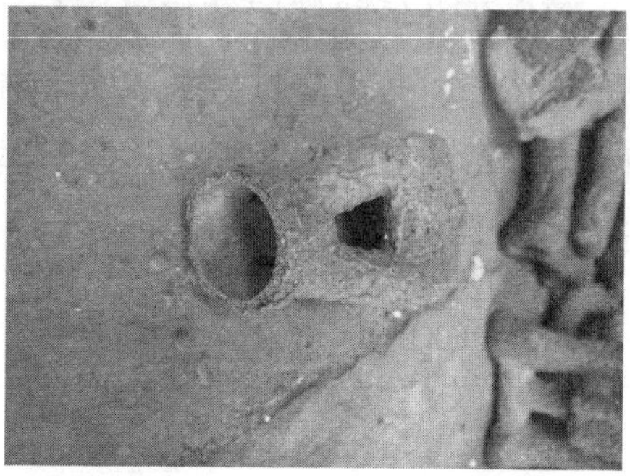

图3－23－11　用于浇铸的砂壳外范

第六步，拼接、表面处理。皿方罍每一部分仿制完成后，将其焊接成整器。然后，将仿制的皿方罍打磨、抛光干净。处理完成后，为了使仿制的皿方罍达到仿古的效果，需要对其表面进行做旧即做假锈处理。赵益民老师的做假锈技术虽依靠现代化学试剂及材料，但也是凭借数年制作经验总结得来，所做锈色具有颜色逼真、层次分明、贴合紧密等优点。其做旧方法是先将刚铸出的青铜器用“三酸”——硫酸、盐酸、硝酸进行表面腐蚀处理，令其产生黑色底子，然后用硫酸铜、镪水、氯化铵、硇砂、硝酸、石粉按比例配制而成绿锈溶液涂抹于其表面，产生绿锈效果；再用硫化钾涂抹于表面，产生黑锈效果。之后，用上文提到的绿锈溶液多次涂抹于器物表面。绿锈的深浅，可以通过绿锈溶液中硫酸铜和氯化铵的比例来控制。需要颜色深一点时，增大硫酸铜和氯化铵的比例；需要颜色浅一点时，适当减小比例。经过化学试剂的处理，皿方罍仿古铜表面产生了黑、绿、红三色层叠、立体效果明显的丰富锈色。器物看上去古色古香，优雅典致。

（三）山东博物馆馆藏青铜伪器来源推测

清末民国时期，商业交通日渐发达，青铜伪器作为商品，流通至各地。因此，国内各大博物馆等收藏机构现今所保存的清代青铜伪器来源复杂。山东博物馆馆藏有两件清代青铜伪器，其中一件是蕉叶纹铜觚，另一件是重环纹铜爵。这两件青铜伪器都是早年山东省文管会收集的，具体来源不明。2016年1月，笔者对山东博物馆收藏的这两件青铜伪器进行了考察，从锈色、铸造工艺等方面与现仿古铜传承人所做仿古铜器进行了对比，认为蕉叶铜觚与重环纹铜爵属“潍县造”的可能性极大。

清蕉叶纹铜觚仿商代铜觚样式，高25厘米，口径15.4厘米。觚体细高，喇叭口，腰部鼓出，圈足较高，平底。口沿下饰由云雷纹构成的蕉叶纹，再下一周为云雷纹。腰部饰变形龙纹。底沿再饰由云雷纹构成的蕉叶纹。蕉叶纹与龙纹主体嵌有银丝。首先，从锈色来看，焦叶纹铜觚表面为浅绿色出土锈，锈色干净素朴，与铜器一体，不掉色，这与现潍坊仿古铜艺人季传志采用“潍县造”传统方法制作的锈色极为接近，此为判断其为“潍县造”的一点理由。其次，从铸造工艺来看，此觚采用先分铸再焊接而成的方法，可以看到铜觚口沿处铅锡焊料脱落漏出的拼接缝隙。由此可知此蕉叶纹铜觚是由左右对称的两半觚拼合而成，经历了先分别翻砂铸造，再焊接为一体的铸造过程。再次，铜觚花纹主线采用嵌银工艺，此工艺是潍县著名的传统手工艺，清末民国时期嵌银业十分发达。所以，此焦叶纹铜觚属“潍县造”的可能性极大。

重环纹铜爵仿商代铜爵样式，通高22.3厘米、流至尾长16.4厘米。两柱发达，尾短，流较长，圜底，三足。爵腰部饰重环纹，鋬上部有一兽首。鋬下的腹壁位置有铭文“大父癸”三字。重环纹铜爵表面的铜锈也呈浅绿色，与现潍坊仿古铜传承人季传志制作的铜锈相近。铸造方式也是先分铸，后焊接成整体。爵身（不包括鋬和三足）沿流、尾所在纵截面分为对称两部分，分别通过翻砂法得到，两半爵身的结合部位有明显的焊接痕迹。鋬与三足分别铸造成型后，与爵身焊接而成。连接点处也有明显的焊接痕迹。

清末民国时期，潍县所造青铜伪器畅销于世。当时，主要的销售地有北京、上海、济南等地。因此，博物馆等收藏机构在济南收集到大量“潍县造”也属正常。所以，结合两件铜器的锈色、铸造工艺和现保存地来看，蕉叶纹铜觚与重环纹铜爵极有可能为“潍县造”。

（四）小结

“潍县造”及潍坊仿古铜制作工艺属于当时社会的底层手工艺，对此工艺进行记载的书籍几乎没有，其工艺主要以师徒传承的方式流传。而在师徒相传的过程中，一些技法也会随着每一位艺人的经验、水平而略微变动。通过对其传承人季传志的拜访并结合相关的文献记载可知："潍县造"主要采用翻砂法制作而成。翻砂法工艺与失蜡法、泥范法相比，砂范风干成型时间明显缩短，"潍县造"假锈的制作也独特、省时、高效，这样就大大提高了"潍县造"的生产效率。由于"潍县造"产品数量巨大，并且源源不断地流入全国乃至世界收藏市场，故其在收藏界名声大震。一些不法商贩为了牟取高利，便慕名来到潍县，搜寻"潍县造"，这样一来又刺激了"潍县造"的生产。

"潍县造"及仿古铜制作工艺因采用翻砂法制作，受困于工艺限制，其自身结构上有诸多明显的特征。首先"潍县造"多为焊接而成，器物构造稍微复杂时，便需要分铸焊接。所以，细心观察"潍县造"器物，会发现锡铅焊接的痕迹。其次，"潍县造"采用翻砂法制作，无法一次浇铸出带有空腔的器物，所以针对一些器物的足，匠人们为了减少工作量，未采用分铸法铸造，而多铸成实心足。这与商周青铜实物是明显不同的。因为采用实心，也使得仿制器物重量增大，所以，一些辨伪书籍中经常提到"潍县造"笨重、压手。再次，"潍县造"因采用翻砂法，砂范粗糙，砂眼较多，潍县艺人多用锡铅进行填补。

"潍县造"锈色以深、浅绿色为主，形象逼真。过去对锈色做旧方法的记载大多属于猜测，这一点也得到潍坊仿古铜传承人季传志的证实。此种方法的传授还是以师徒传授为主，未对外传播。而这，又使得"潍县造"及潍坊仿古铜披上一层神秘的面纱。笔者认为，没有必要过多地纠结"潍县造"锈色的制作方法，为了保护潍坊仿古铜，反而还要有意对其进行保密，因为这层锈色是"潍县造"成名的关键，也是潍坊仿古铜这类工艺品的艺术增值点。

三、潍坊仿古铜非物质文化遗产的传承与保护

2009年，潍坊仿古铜入选山东省第二批省级非物质文化遗产保护名录，其传承与保护开始受到重视。本节对现潍坊仿古铜传承人的传承关系进行了推测，理清了他们的传承谱系。同时，结合当前社会环境，简要分析该非物质文化遗产在传承方面面临的困难，并提出简单、可行的解决方案。

（一）潍坊仿古铜工艺的传承

非物质文化遗产的一大特点就是讲究师徒传承。本小节对今潍坊仅存的

潍坊仿古铜传承人季传志、武春香两位艺人的师辈传承关系进行爬梳，以保证这一非物质文化遗产纵向传承的完整性和可靠性；同时，对过去潍坊仿古铜艺人的传承情况进行简单的介绍。

1. 现潍坊仿古铜非遗传承人的传承谱系推测

“潍县造”及潍坊仿古铜行业在清末民国初期达到顶峰，鼎盛时期，白浪河两岸大大小小的商铺、作坊达数十家，但抗日战争全面爆发后，随着古玩市场的衰退，仿古铜从业者急剧减少，接近消失。现在被潍坊市政府列入潍坊仿古铜非物质文化遗产传承人的仅有两位，即季传志与武春香夫妇。据季传志夫妇所说，他们已是第四代传人。由于“潍县造”属于社会底层行业，从业者在当时又属普通手艺人，所以文字记录稀少，他们对于前辈的认识也多来自师傅的记忆、口述，准确性方面难以保证。本部分将结合季传志、武春香夫妇口述及相关地方文献，对季传志一脉的仿古铜工艺传承路线及其他传承路线做一简单的考证推测，以期理清“潍县造”及潍坊仿古铜的现有传承情况。

潍县青铜器作伪时间较早，大概在明末清初时已有零星匠人开始掌握此种手艺。《潍坊市志》记载，到清代道光年间，李海颜、胡庭桢、刘学涛等艺人在前人的基础上经过不断实践、钻研，伪造铜器的工艺水平逐渐提高，伪造的钟鼎彝器质量日臻。随着他们伪造青铜器的名声在坊间传播，潍县仿古铜的从业者逐渐增多。① 而李海颜、胡庭桢等人，也可以看作是潍县伪器制作兴起与规模化的第一批开拓者。而正是李海颜与胡庭桢的门徒，使得潍坊仿古铜这一手艺，在新中国成立后继续发扬光大，流传至今。

《潍县志稿》卷二十四《实业·工业》记载：“仿古铜始于东关李姓，所仿三代秦汉彝器，佳者可以乱真。”《潍县志稿》及其他书籍中经常提到的“东关李”，笔者认为就是李海颜，这一结论可以从下面的推断中得出。

首先，陈国帆在1935年发表的《潍县手工业调查》② 一文中写道：“缘光绪四年，县东关有李汝颜君，具模仿之才，经数年之苦心，制作三代前之

① 潍坊市地方志编纂委员会：《潍坊市志》，中央文献出版社1995年版，第407页。
② 陈国帆：《潍县手工业调查》，载《实业统计》1935年第5期。

铜器与古逼真，于是声传中外。到光绪十二年李君将研究之心得传授与程子顺，程君即创立法古斋于潍县城内，民国二十年其弟程子方君另设仿古斋于是邑。”

其次，据潍坊仿古铜传承人季传志与武春香两人回忆，他们的祖师爷是人称“东关李”的李汝房。他们还提到一程姓人士，称其为“大程子”，新中国成立后，“大程子”和他们一起做过一段时间的仿古铜，与他们属同一师门。

由此，笔者在此做出推断，上文提到的李海颜、李汝颜、李汝房指同一人，就是在潍县当地鼎鼎有名的“东关李”。因为他们都同属东关地区，都有程氏徒弟，所以李海颜、李汝颜、李汝房极有可能就是一人，就是当时的“东关李”，只不过是名字错传造成的多名而已。毕竟在当时，仿古铜匠地位不高，人们可能更关注其姓而忽略其名，再加上“东关李”名号响亮，对其具体名字的关注便越来越少，从而造成了姓名流传的混乱。另外，细分析三个名字李海颜、李汝颜、李汝房，“海”与“汝”草写字形有几分相像，“颜”与“彦”同音，“彦”与“房”草写后易被混淆，这些都有可能造成“东关李”真实姓名的误传。再者，“东关李”靠制作伪器为生，属于不光彩的行业，为人所不齿。为了避免伪器被人识破后上门来理论，所以也有可能故意将自己的名字错传。

下面梳理一下以“东关李”为源头的潍坊仿古铜的传承谱系。为了便于阅览，做谱系树状图如下（图 3－23－12）：

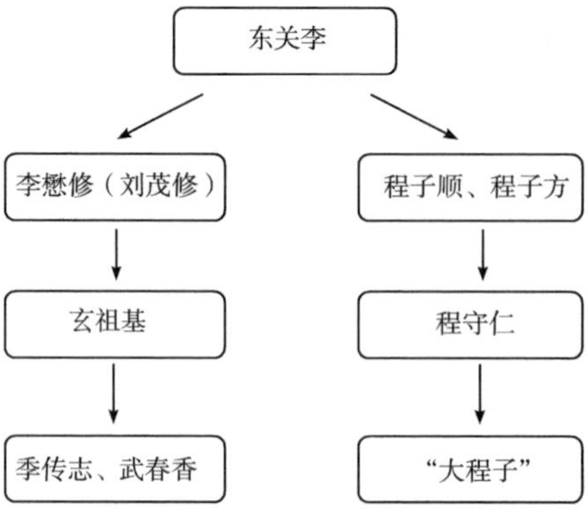

图 3－23－12　潍坊仿古铜的传承谱系

根据现有材料可知，“东关李”的传承主要有两支。一支以程子顺、程子方为第二代传承人，程守仁为第三代传承人，“大程子”（其名未知）为第四代传承人。光绪十二年（1886），“东关李”将多年积累的潍坊仿古铜工艺传授给程子顺，程子顺随后在潍县城内创立法古斋。1931 年，程子顺之弟程子方又开设仿古斋。兄弟两人悉心经营，在当时小有名气。① 第三代传人潍县东关大街铜艺人程守仁，在新中国成立后，作为潍坊仿古铜技艺的代表人物，受邀参加全国工艺美术工作会议，并被授予“全国老艺人”光荣称号，由此可见其技艺也非同一般。第四代传人为季传志口中的“大程子”，新中国成立后曾在潍坊工艺美术研究所工作过一段时间，后来不再从事仿古铜行业，也没有徒弟。至此，此支传承中断。

“东关李”传承的另一支就是现在潍坊仿古铜传承人季传志、武春香这一支。据季传志夫妇介绍，刘茂修是“东关李”仿古铜工艺的第二代传承人。商承祚先生的大作《古代彝器伪字研究》中曾记录了潍县一名叫李懋修的匠人。这样写道：“李懋修刻的字听说比王海好，但不知那一件是他刻的。李懋修能刻不足为奇，他的老婆也能动手帮助；‘夫唱妇随’，共同合作，怪不得胜人一筹了。李懋修还会翻砂。”② 笔者认为，刘茂修与李懋修也是同一人。这一点可以从季传志夫妇的口述中得到印证。他们说，他们的师傅玄祖基入门很晚，“刘茂修年龄很大的时候才收的他这个徒弟。那时，刘茂修也基本不怎么教他，主要是靠他师母教的”。由此可以看出，刘茂修的妻子也会仿古铜的技艺。这一点，与商承祚先生对李懋修的描述一致。据季传志夫妇介绍，刘茂修娶了“东关李”的女儿，是“东关李”的女婿。所以，存在刘茂修因“倒插门”进入李家，而改姓为“李”这种可能，同时，这样也可以继承了“东关李”的招牌。刘茂修与李懋修中“茂”与“懋”字的差别，可能是由于简化书写而造成的不一致。所以“东关李”的第二代传人原名应是刘茂修，后改名为李懋修。刘茂修与李懋修实为同一人。

李懋修的徒弟，也就是“东关李”仿古铜工艺的第三代传人是玄祖基。玄祖基生于 1910 年，1925 年拜李懋修为师，学习仿古铜铸造工艺。在当时，

---

① 陈国帆：《潍县手工业调查》，载《实业统计》1935 年第 5 期。

② 商承祚：《古代彝器伪字研究》，载《金陵学报》第 3 卷第 2 期，1933 年。

当学徒是非常困难的。玄祖基在李懋修处当学徒的三年期间，帮着师傅干各种杂活，但没有任何工钱，甚至吃饭都要自己解决。师傅也从不主动教他任何技艺。玄祖基的铸铜技艺主要是其师娘传授的。三年学徒生涯结束后，玄祖基开始独立铸造仿古铜器。由于玄祖基生性好学，心灵手巧，再加上自己刻苦钻研，铸造出的铜器栩栩如生，深受北京、天津等地的古董商的喜爱，产品销路一直不错。后来，他在城内东门里大街路南租了几间房，开设了基古斋，经营仿古铜和古玩生意，产品主要销往北京、济南、上海等地。抗日战争全面爆发后，基古斋倒闭。1946 年，玄祖基重拾就业，又开设了金石山房，仍以经营仿古铜和古玩为主。但经过战争创伤后，以往繁荣的古玩收藏市场已经不在，商店经营日趋萎靡，后至停业。1963 年，潍坊市工艺美术研究所调玄祖基入所工作，成立仿古铜组，并任命其为负责人，从事仿古铜的研究与创作。玄祖基一直工作至 1979 年，后因病去世。玄祖基在潍坊工艺美术研究所工作的 17 年时间中，运用传统的仿古铜铸造工艺，创作了诸多精美的仿古铜艺术作品，其中，仿制品“马踏飞燕”“长信宫灯”声名远扬。1978 年，他与徒弟季传志设计创作了“四扇博古挂屏”，集嵌银、鎏金、仿古铜于一体，在全国工艺品展览会上获得特别创新大奖。1979 年，玄祖基得到全国工艺品老艺人代表大会的邀请。遗憾的是，其于当年 5 月 1 日去世，未能参会。

玄祖基到潍坊工艺美术研究所后，凭借其制作的仿古铜获奖无数，被潍坊市政府评为“仿古铜老艺人”。玄祖基对潍坊仿古铜的最大贡献在于保留住了这一门手艺，使其没有因战争的破坏而消失。在潍坊工艺美术研究所工作期间，玄祖基共收了 5 名徒弟。正是由于玄祖基这种诲人不倦的精神和对传统工艺的热爱，这一具有地方特色的非物质文化遗产才得以继续流传，继续传播着它和潍县的过去的故事。

季传志与武春香是玄祖基仿古铜工艺的嫡系传人，也就是“东关李”仿古铜工艺的第四代传人。他俩是玄祖基所收的 5 名徒弟中，资质最高、最勤奋的两位。季传志与武春香夫妇均为 1955 年生人，在 1971 年和 1972 年先后拜玄祖基为师，学习仿古铜铸造技艺，接受玄祖基的悉心教导。他们至今仍采用传统的仿古铜工艺方法，包括塑泥模、制石膏模、制铅模、制铜模、翻砂、錾刻、挫花等。夫妇二人尤其擅长对铜器表面进行处理，如上假锈、鎏金、包金等，技法高超，作品惊艳。1991 年，北京人民大会堂山东厅整修，横匾上的“山东厅”三个鎏金大字就是他们负责制作的。他们的许多仿古铜作品，多次获得省内外大奖。季传志和武春香先后被评为潍坊市仿古铜非遗项目代表性传承人。2007 年，季传志被授予“山东省工艺美术大师”称号，被确定为山东省首批民间文化杰出传承人。

季传志和武春香均已年过六十，他们将手艺传给了他们的女儿和武春香的弟弟，但是，他们的女儿和武春香的弟弟未能完全掌握他们的技艺，也未全职从事仿古铜工作。作为山东省工艺美术大师的季传志，也常常担心潍坊仿古铜这一非物质文化遗产手艺失传，后继无人。

2. 其他潍坊仿古铜工艺的传承情况

通过商承祚先生的《古代彝器伪字研究》可知，清末民国初年，潍县作伪高手众多。新中国成立后，仍然健在并从事仿古铜这一行业的人员已经寥寥无几。除去上文中提到的“东关李”一支通过师徒传承使这一技艺得到延续外，还有一支也为新中国的文物事业做出了重要贡献，他们就是胡延贞、潘承霖一支。上文中已经提到，《潍坊市志》中记载，“东关李”、胡庭桢、刘学涛引领了潍县仿古铜的兴盛。笔者认为商承祚笔下的胡延贞与《潍坊市志》中的胡庭桢应为同一人，都是潍县人口中的“胡麻子”，名字可能因书写相似而导致错误。孙敬明于 1989 年 7 月 13 日上午约访潍上老人李惠林先生时，李先生回忆：“潍县仿古铜，最早发明是潍县姓胡的，后来发展到十余家。……再即‘邃古斋’在小十字口，主人潘承霖是胡某的徒弟。潘能在古器上刻字，几乎能乱真。1930 年左右歇业。胡某的徒弟王九禄，后来转为白铁匠。”① 此说与商承祚先生的描述基本相同。

胡延贞一共有两个徒弟，大徒弟是潘承霖，二徒弟是王九禄（早年离世）。潘承霖于新中国成立后被调入山东博物馆从事青铜器的修复工作，修复技艺高超。他曾参与修复众多青铜器，其中比较著名的是“国之重器”——后母戊大方鼎（为其修配一立耳）。潘承霖在山东博物馆工作期间，利用其掌握的潍坊仿古铜铸造手艺，为山东省乃至全国的文物修复事业做出了一定的贡献。但因其

① 孙敬明：《潍县仿古铜器研究》，见《潍坊文化三百年》，文化艺术出版社 2006 年版，第 189 页。

从未收过徒弟，手艺未能传人，未免令人感到遗憾！胡氏仿古铜手艺的传承也就此中断。

（二）潍坊仿古铜的保护发展

潍坊仿古铜往日的繁荣已经消退，近日的情景略显颓废。本小节通过对潍坊仿古铜市场的现状进行简单的概括分析，结合现阶段文博及美术工艺品发展现状，对潍坊仿古铜的保护发展提出针对性的改善建议。

1. 潍坊仿古铜市场现状

从明末清初潍县作伪铜器开始出现，到清末民国“潍县造”的名震海内外，再到战争时期的销声匿迹，又到新中国成立后的顺势复苏，直至今天又陷入低谷，潍坊仿古铜经历了一个跌宕起伏的发展历程。可以说，它的兴衰浮沉与客观市场条件和自身的工艺水平紧密相关。潍坊仿古铜兴盛时，文玩市场发达，国内外仿古铜需求量大，潍坊仿古铜与同时代其他地方仿古铜相比，产品独特、精致，出货量大；潍坊仿古铜衰落时，或是文玩市场萎靡，或是工艺竞争力减弱，或是两者兼具，如今潍坊仿古铜没落的原因也不外乎这两点。

2015 年 10 月，笔者对潍坊仿古铜进行了相关调查，并对其现状有了大致的了解：一是潍坊市当地普通群众对潍坊仿古铜基本不了解，不知道什么是仿古铜，不知道潍坊仿古铜，不知道它的历史、技艺，更不知道它是潍坊的非物质文化遗产；二是在潍坊市区仅发现一家主要经营潍坊仿古铜的商铺（不包括仿古铜印类店铺）；三是从事潍坊仿古铜制作的工厂或人员极少，除去潍坊仿古铜传承人季传志夫妇和潍坊仿古铜工艺美术大师赵益民仍然进行潍坊仿古铜制作外，几乎无他人从事此工作。由此来看，潍坊仿古铜面临的生存环境是比较严峻的，尤其是作为潍坊仿古铜非物质文化遗产传承人的季传志夫妇至今仍未遇到心仪的徒弟，这一流传百年的技艺面临后继无人的窘境。潍坊仿古铜基本上被河南、河北、山西甚至苏州的仿古铜盖过，影响力愈渐式微。

2. 潍坊仿古铜保护、发展建议

我国悠久的历史必然产生众多重要的非物质文化遗产，每一种非物质文化遗产都是一个地区、一个民族、一种文化的特定标识。2009 年，潍坊仿古铜入选山东省第二批省级非物质文化遗产保护名录，体现了政府及社会层面对这一传统技艺的重视。但就现在的发展情况来看，潍坊仿古铜的发展与潍坊其他著名的非物质文化遗产如风筝、年画、核雕等相比，并不尽如人意，并且有继续衰落的趋势，令人唏嘘。为了更好地保护这一传统的手工艺，笔者根据自身的博物馆工作经历和在潍坊当地的调查结果，认为可以结合潍坊仿古铜这一非物质文化遗产的自身特点，从以下几方面进行保护、发展：

一是加强丰富对潍坊仿古铜及“潍县造”的研究。对于作为非物质文化遗产的潍坊仿古铜工艺来说，保护不仅指保护此手工艺技术。在2003年联合国教科文组织通过的《保护非物质文化遗产公约》中，把非物质文化遗产定义为：“指被各社区、群体，有时是个人，视为其文化遗产组成部分的各种社会实践、观念表述、表现形式、知识、技能以及相关的工具、实物、手工艺品和文化场所。这种非物质文化遗产世代相传，在各社区和群体适应周围环境以及与自然和历史的互动中，被不断地再创造，为这些社区和群体提供认同感和持续感，从而增强对文化多样性和人类创造力的尊重。”从中可以看出，对潍坊仿古铜的保护，不应简单停留在对手工艺的保护与传承，更应该重视对其所形成的以潍坊仿古铜手工艺为核心的时空文化系统的研究与保护。潍坊仿古铜工艺不是孤立的，它与当时的社会、地理、人文等因素密切相关，并随时间的推移，与各种因素呈动态、交互式发展。因此，只有全面而整体性的研究保护才能使这一非物质文化遗产的生命力更加旺盛。当前，文物鉴定、藏宝活动众多，群众喜闻乐见，而“潍县造”又以伪器名震收藏圈，所以加强对潍坊仿古铜的研究，可以为潍坊仿古铜的宣传提供更多吸引社会注意力的文化素材、故事素材。

二是重视对潍坊仿古铜的博物馆推广。保护研究是基础，宣传推广是关键。除广告、互联网、电视等相关推广方式外，博物馆推广也应得到重视。潍坊仿古铜工艺在传承技艺的同时，也创造了大量的产品，这些产品因时间的积累也逐渐成为文物，散落在各博物馆内。它们与其他晚期铜器（一般指宋元明清铜器）一样，没有受到博物馆的重视，多藏于库房中，未能与世人见面。宋元明清时期，青铜时代的辉煌虽已不再，但当时的青铜器仍然有着自身的魅力与特色，仍然受到当今社会的喜爱。这种关注与喜爱，从2013年湖南省博物馆推出的典藏展“复兴的铜器艺术——湖南晚期铜器展”的受欢迎程度就可以看出。晚期铜器中必然包含着复古、仿古及作伪等内容。以山东博物馆为例，可以推出晚期铜器与潍坊仿古铜工艺结合的相关展览，一方面介绍晚期铜器，另一方面介绍潍坊仿古铜工艺。将物质文化遗产与非物质文化遗产相结合，可使观众对文化遗产的了解更加全面。同时，也可在博物馆内提供模拟铸造活动，为了保证铸造活动中参与人员的安全，可以将铜液替换为石膏等其他安全材料，让观众更直观地了解潍坊仿古铜工艺。无论是展览还是活动，最终目的还是增强“潍县造”或潍坊仿古铜的社会影响力，让大家了解我们身边的非物质文化遗产。

三是联合培养继承人，打造山东青铜器修复“潍县派”。前文中提到，由于市场的低迷，潍坊仿古铜技艺面临后继无人的窘境。博物馆可以采取与仿古铜传承人联合培养继承人的合作模式。以山东博物馆为例，近年来山东博物馆对文物保护工作越来越重视，为了配合展览，同时防止青铜器因有害锈的腐蚀而损坏，启动了众多青铜器修复保护项目，急需青铜器修复方面的行家。潍坊仿古铜工艺中包括青铜器修复技艺，继承人季传志、武春香夫妇也有早年修复青铜文物的经历，具备一定的青铜器修复能力。所以，可以采用传承人与博物馆联合培养的方法，让传承人在博物馆内部带徒弟，传授技艺。这样，传承人一方面可以继续为我国的文物保护事业做贡献，另一方面又可以让传统的仿古铜技艺在博物馆内延续。同时，还可以利用“潍县造”在青铜界的影响力，通过联合培养的方法锻炼出一只技术过硬的青铜器修复团队，打造山东青铜器修复的“潍县派”，让潍坊仿古铜及“潍县造”品牌多元化发展。

（山东博物馆馆员　马瑞文）

跋 尾

孙敬明

“陈介祺研究”属2013年国家社会科学基金项目，编号13BF052，于2020年结项。山东省潍坊市博物馆研究员孙敬明为课题负责人。课题的研究进展，一直得到国家、省、市各级领导和专家的关怀与支持，得到国内外有关文物收藏、研究机构、学术团体和专家之悉心指导与鼎力襄赞。2015年6月，孙敬明怀虔敬之心，沉潜编撰《陈介祺研究》提纲近万字，凡上（统考会纂）、中（典型绎论）、下（遗珠摭拾）三编，上编、中编共胪列二十四章，章下则分课题研究框架构思与资料重点提示等；下编收录有关研究篇章，或免遗珠之憾。同时，参照同类著作编纂撰写规范，提出统一要求。提纲甫就，分呈国内大家，广求明教。

荷承清华大学李学勤先生，复旦大学裘锡圭先生，复旦大学特聘教授、出土文献与古文字研究中心主任、博士生导师刘钊博士，中山大学古文字研究所所长、博士生导师、教授陈伟武博士，陕西师范大学历史文化学院院长、博士生导师、教授王晖博士，中国钱币博物馆原馆长、国家文物鉴定委员会委员、郑州大学特聘教授黄锡全博士，山东博物馆原常务副馆长（现任孔子博物馆馆长）郭思克研究员，中国文化遗产研究院刘绍刚研究员，山东大学历史文化学院院长、博士生导师、教授方辉博士，教育部人文社会科学重点研究基地山东师范大学齐鲁文化研究院副院长、博士生导师、教授燕生东博士，台湾“中研院”史语所蔡哲茂研究员与陈簠斋七世嫡长孙陈进先生等拨冗赐教。于是绾尊众家，复作修订。

根据国内有关专家对陈介祺研究成果以及陈氏旧藏流转概况，专特敦请故宫博物院秦明研究员，国家图书馆卢芳玉研究员，国家艺术研究院陆明君研究员，苏州博物馆李军研究员，山东博物馆吕金成研究员（特聘）、卫松涛副研究员，山东省古建筑保护研究院苏媛副研究员，山东省科技职业学院孟省副教授，青岛市博物馆赵好研究员、项项馆员，青岛市黄岛区博物馆郭长波副馆长，青岛市城市文化遗产保护中心杨易，台湾“中研院”史语所蔡哲茂研究员、李宗焜研究员（现任北京大学文学讲席教授、博士生导师），以及潍坊市有关专家等承担相关章节。随文稿撰写，酌量时机，数次召开工作研讨会，调整修订、推进研究而渐深化。迄今全书已经完成上编（统考会纂）、中编（典型绎论）各十二章，并下编（遗珠摭拾）若干篇，计一百八十万字。

课题参与者坚持辩证唯物主义与历史唯物主义的观点，上穷碧落下黄泉，寻寻觅觅搜集资料，并且互相助益，信息分享。先期汇集文稿篇章，经由昌邑市博物馆馆长王伟波研究员按规范要求，统一审编后，作者修订数复。最后由孙敬明终审，勒定全编。

上编第一章、第二章及中编第八章由王伟波撰写；上编第三章由潍坊市党史研究院常务副院长吕俊峰、潍坊市博物馆副研究员张华峰、潍坊麓台文化博物馆馆长慈文德合撰；上编第四章由吕金成撰写；上编第五章、第九章由青州博物馆副研究员李亮亮撰写；上编第六章第一节、第三节由陆明君撰写，第二节由吕金成撰写，第四节由青岛市书法家协会学术委员会副主任曲彬撰写；上编第七章、中编第二章由郭长波、杨易合撰；上编第八章由潍坊市文物局馆员李宝垒撰写；上编第十章由寒亭区文管所馆员崔永胜硕士撰写；上编第十一章、中编第一章由吕俊峰撰写；上编第十二章由郭味蕖美术馆馆长郭远航撰写；中编第三章由潍坊学院教授王俊芳、黑龙江省书法家协会副主席胡志平合撰；中编第四章由孙敬明、孟省合撰；中编第五章由安丘市教体局牛鹏志撰写；中编第六章由吕俊峰、苏媛合撰；中编第七章、第九章由潍坊郭氏世家文化研究会会长郭君同撰写；中编第十章第一节由秦明撰写，第二节由卢芳玉撰写；中编第十一章第一节由卫松涛撰写，第二节由赵好、项项撰写；中编第十二章由蔡哲茂撰写。又，陈官俊年谱简编由郭长波撰写，陈介祺年谱由陆明君撰写。再，下编文论著者姓名，分见文后。

2020 年春，荷承齐鲁书社领导、专家奖掖擢举，本书稿幸获国家出版基金资助。兹蒙齐鲁书社副总编辑刘玉林编审卓识远瞻，统筹规划，遂在原结项成果基础上对全书尤其下编篇目予以调整增删，就潍坊市博物馆庋藏与金石学、陈介祺相关名流世家之文物精品如书法绘画、碑拓印篆、题刻札记等，进行系统整理研究并撰文骈入。凡此，更为彰显陈介祺为一时金石学旗帜和潍县为金石学中心之特色。刘玉林编审与责任编辑马安钰女士择疫情稍解亲莅潍上，会同拟定本书体例、明确文字规范，俾便作者遵循一统。凡此承齐鲁书社编辑精研深思，沉潜审正，辩证义理，是正讹谬，编校数复，不惮劳烦，此乃著作之幸、著者之幸也。

荷承中国古文字研究会会长，吉林大学原副校长，教授、博士生导师吴振武先生百忙拨冗，赐题检署，冠诸简端，增辉无限。

课题研究进展亦曾蹉跎，潍坊市博物馆原馆长吉树春研究员履新，即全盘协调、筹措经费而推进研究。潍坊市博物馆馆长黄可研究员赴任，对本书内容、形式、装帧设计与印制通联协调，俾至玉成。潍坊市政协原副主席姜绍华、潍坊市编办主任鞠增玉、潍坊学院传媒学院院长尹建民教授、《潍坊晚报》副总编马道远先生等对课题研究多所助益。吕俊峰承担诸多篇章，同时更为有关文稿编纂补齐。潍坊市博物馆馆员武夫强、王琳琳，为书稿收寄、编排印刷庶务而不辞辛劳；王曦泽造字、摄影、制图，不惮琐细，克求精当。本书资料收集阶段得到香港中文大学惠贶相关文本。

至此对有关领导专家与同仁一并深表感谢之忱！

岁次庚子九秋重阳孙敬明于潍水之湄白浪河干九龙山海岱复盦

附跋尾：

年来遵齐鲁书社规范，悉心审校统编文稿，孜孜矻矻，由春洎秋。每为责编认真谨严、掌控统一、权衡三编，与作者频频通联研讨、追求完美之敬业精神和恪尽职守之工作态度所钦服，敬由心生。而殊为庆幸者，岁惟辛丑六月初吉，潍城区修葺城隍庙，于正殿东耳房前檐下地中发现《寿卿陈公善行记》碑，载光绪初潍县兼年粟麦不登，饥黎连踵，寿卿陈公辄怵惕惊心，遂设粥厂，尽出藏粟，独与风雨寒暑，每日必亲至粥厂，至必遍尝粥。初日接济民众至数千人，继而万人，前后八阅月。民咸感德，议送双匾，辞不受。

故勒石以记。潍县城隍庙肇创既久，更因乾隆间邑令郑燮《新修城隍庙碑记》而闻名天下。陈公善行碑初立于正殿前左。洎民国初庙为县公安局用，甫即碑掩地下。而今出土时日，适值此书付梓在即，承雅先读墨拓碑铭，系潍上世家田名撰著、高树棠书；复躬临城隍庙摩挲检测，发现碑阴阖邑绅众署名。遂嘱录入《遗珠摭拾·高氏望族金石学》，复志陈公仁德善行焉。归不成寐，浮想联翩，窃思凡此良由缘已！爰笔附跋尾。